MICHAELIS

DICIONÁRIO ESCOLAR

ITALIANO

italiano – português
português – italiano

André Guilherme Polito
(Mestre em Linguística: Semiótica
e Linguística Geral pela USP)

MICHAELIS

DICIONÁRIO ESCOLAR

ITALIANO

italiano – português
português – italiano

Nova Ortografia conforme
o Acordo Ortográfico da Língua Portuguesa

Editora Melhoramentos

Editora Melhoramentos

Polito, André Guilherme
MICHAELIS: dicionário escolar italiano: italiano- português, português-italiano / André Guilherme Polito. – 2ª edição. – São Paulo: Editora Melhoramentos, 2009. – (Michaelis escolar)

Edição conforme o Acordo Ortográfico da Língua Portuguesa, 1990.
ISBN 978-85-06-06256-2

1. Italiano - Dicionários - Português 2. Português - Dicionários - Italiano I. Título II. Série.

CDD-453.69

Índices para catálogo sistemático:

1. Italiano: Dicionários: Português 453.69
2. Português: Dicionários: Italiano 469.24

Revisão da transcrição fonética do português: Elvira Wanda Vagones Mauro
Design original da capa: Jean E. Udry
Diagramação: Madrigais Produção Editorial

3.ª edição, 4.ª impressão, outubro de 2021
ISBN: 978-85-06-06256-2
ISBN: 978-85-06-07850-1

Atendimento ao consumidor:
Caixa Postal 729 – CEP 01031-970
São Paulo – SP – Brasil
Tel.: (11) 3874-0880
www.editoramelhoramentos.com.br
sac@melhoramentos.com.br

Impresso no Brasil
Impresso na BMF Gráfica e Editora

Sumário

Prefácio VII
Organização do dicionário VIII
Transcrição fonética do italiano XI
Transcrição fonética do português XV
Abreviaturas usadas neste dicionário XVII
Verbetes italiano-português 1
Verbetes português-italiano 389
Apêndice
Notas gramaticais do italiano 723
Numerais 725
Substantivos e adjetivos pátrios relativos a regiões e cidades da Itália 728
Equivalência dos tempos verbais 729
Conjugação dos verbos em italiano 730
Relação dos verbos irregulares, defectivos ou difíceis em italiano 736
Conjugação dos verbos auxiliares e regulares em português 751
Relação dos verbos irregulares, defectivos ou difíceis em português 760

Prefácio

O **Michaelis Dicionário Escolar Italiano** contém mais de 28.000 verbetes selecionados e adaptados para os brasileiros que estudam a língua italiana e se preocupam em falar e escrevê-la corretamente.

A grafia das palavras em português segue o Vocabulário Ortográfico da Língua Portuguesa (VOLP, 5.ª ed., março de 2009), respeitando as modificações introduzidas pelo Acordo Ortográfico da Língua Portuguesa (veja explicações sobre o Acordo a seguir).

Para complementar o aprendizado, a obra inclui notas sobre gramática e sobre o uso adequado de palavras e expressões italianas, juntamente com o verbete em questão.

Este dicionário segue rigorosas normas de lexicografia que padronizam a estrutura dos verbetes a fim de facilitar a leitura e dar acesso imediato à informação. Para agilizar a consulta, a dedeira impressa e a entrada dos verbetes estão destacadas em cor.

Os verbetes em italiano e em português apresentam divisão silábica, transcrição fonética, classe gramatical, área de conhecimento, várias acepções e expressões atuais. Há também um apêndice para atender a consultas complementares de assuntos não tratados no corpo do dicionário.

O **Michaelis Dicionário Escolar Italiano** contou, em sua elaboração, com uma equipe especializada de dicionaristas, professores de italiano e de português, foneticistas e revisores, entre outros profissionais.

Com a publicação desta obra, a Melhoramentos oferece aos estudantes um valioso instrumento para aperfeiçoar os conhecimentos da língua italiana.

A nova ortografia do português

Para este dicionário foram adotadas as alterações na ortografia do português conforme o Acordo Ortográfico da Língua Portuguesa de 1990.

A implantação das regras desse Acordo é um passo importante em direção à criação de uma ortografia unificada para o português, a ser usada por todos os países de língua oficial portuguesa: Portugal, Brasil, Angola, São Tomé e Príncipe, Cabo Verde, Guiné-Bissau, Moçambique e Timor Leste.

A Editora

Organização do dicionário

1. Entrada

a) A entrada do verbete está em azul e com a indicação da divisão silábica.
Ex.: **ab.ba.ci.na.re** [abbatʃin´are] *vt* **1** deslumbrar. **2** ofuscar, cegar.
a.ba.nar [aban´ar] *vt* **1** sventolare. *vpr* **2** sventolarsi.

b) Os substantivos e adjetivos são apresentados no masculino singular:
Ex.: **ab.bon.dan.te** [abbond´ante] *agg* abundante, copioso.
a.ben.ço.a.do [abẽso´adu] *adj* benedetto, beato.

c) Adjetivos utilizados apenas no masculino ou no feminino são indicados com as abreviaturas *adj m* ou *adj f*:
Ex.: **pre.gno** [pr´eño] *agg* **1** *fig* cheio, impregnado. **2 pregna** *f* prenhe.
pre.nhe [pr´eñi] *adj f* pregna, gravida.

d) As remissões, introduzidas pela abreviatura *V* (vedi/veja), indicam uma forma vocabular mais usual.
Ex.: **ac.qua.rel.lo** [akkwar´ɛllo] *sm V acquerello.*
ac.que.rel.lo [akkwer´ɛllo] *sm* **1** *Pitt* aquarela. **2** *fig* vinho fraco.
en.cho.va [ẽʃ´ovə] *sf Zool V anchova.*
an.cho.va [ãʃ´ovə] *sf Zool* acciuga, alice.

2. Transcrição fonética

A pronúncia figurada aparece representada entre colchetes, seguindo as normas do Alfabeto Fonético Internacional. Veja explicações detalhadas nas páginas X e XVI.

3. Classe gramatical

a) É indicada por abreviatura em itálico, conforme a lista nas páginas XVII e XVIII.
Ex.: **ab.bo.na.to** [abbon´ato] *sm* **1** assinante. **2** associado.
a.ba.nar [aban´ar] *vt* **1** sventolare. *vpr* **2** sventolarsi.

b) Quando o verbete tem mais de uma categoria gramatical, uma é separada da outra por um ponto preto.
Ex.: **al.to** [´alto] *sm* **1** alto, altura. **2** cume, topo. • *agg* **1** alto, elevado. **2** profundo (lago, silêncio, sono). **3** ilustre, nobre. **4** caro (preço). **5** largo (tecido). **6** difícil (leitura). **7** superior. • *avv* **1** alto, altamente. **2** em lugar elevado. • *int* alto!
a.lhei.o [aλ´eju] *sm* l'altrui, roba d'altri. • *adj* **1** altrui. **2** alieno. **3** estraneo.

4. Área de conhecimento

É indicada por abreviatura em itálico, conforme a lista nas páginas XVII e XVIII.
Ex.: **an.gi.na** [andʒ´ina] *sf Med* angina. **angina pectoris** angina do peito.
a.ba.ca.te [abak´ati] *sm Bot* avocado, pera avocado.

5. Tradução

a) Os diferentes sentidos de uma mesma palavra estão separados por algarismos em negrito. Os sinônimos reunidos num algarismo são separados por vírgulas.
Ex.: **an.ne.ga.re** [anneg´are] *vt* **1** afogar. **2** *fig* sufocar, reprimir. *vpr* **3** afogar-se.
a.li.e.ní.ge.na [aljen´iʒenə] *adj* **1** estraneo, straniero. **2** *fig* esotico.

b) A tradução, na medida do possível, fornece os sinônimos na outra língua e, quando estes não existem, define ou explica o termo.
Ex.: **ab.bac.chia.re** [abbak´jare] *vt* **1** colher frutas com bastão. **2** *fig* deprimir, abater. **3** vender barato.
al.can.ce [awk´ãsi] *sm* **1** gettata. **2** *Mús* estensione di uno strumento.

6. Formas irregulares

a) Os plurais do italiano são indicados entre parênteses, em negrito, com o artigo definido e a indicação do gênero:
– plurais irregulares: **uo.mo** [´wɔmo] *sm* (*pl m* **gli uomini**) **1** homem. **2** amante, companheiro.
– plurais com mudança de gênero: **uo.vo** [´wɔvo] *sm* (*pl f* **le uova** ou **le ova**) ovo.

b) Os plurais duplos com significados diferentes são apresentados em uma nota explicativa, logo após o verbete:
Ex.: **mu.ro** [m´uro] *sm* **1** muro. **2** parede. **3** *fig* abrigo, defesa. **4** obstáculo, impedimento. **5** muralha, muro externo de cidade ou fortaleza.

Muro possui dois plurais: um feminino, **le mura**, usado quando nos referimos a “muralha” de cidade ou de fortaleza (acepção **5**); e um masculino, **i muri**, usado nos demais sentidos: *i muri della casa* / os muros da casa. Veja outra nota em **muro** (português).

c) Em italiano, os femininos formam-se, em geral, mudando a vogal final do masculino para **a**. Quando o feminino é formado de outra forma, aparece como verbete:
Ex.: **av.vo.ca.tes.sa** [avvokat´essa] *sf* advogada.
av.vo.ca.to [avvok´ato] *sm* **1** advogado. **2** *fig* protetor, defensor.

d) Do português são apresentados plurais irregulares, plurais de substantivos compostos com hífen, plurais que frequentemente geram dúvidas e os que permitem duas ou mais terminações.
Ex.: **ab.dô.men** [abd´omẽj] *sm V abdome. Pl: abdômenes.*
a.be.lha-ra.i.nha [abeʎəra´iñə] *sf Zool* regina, maestra. *Pl: abelhas-rainhas.*
a.não [an´ãw] *sm+adj* nano. *Pl: anãos, anões, anães.*

7. Exemplificação

Frases elucidativas usadas para esclarecer definições ou acepções são apresentadas em itálico.
Ex.: **ad.den.tra.re** [addentr´are] *vt* **1** colocar dentro, enfiar, fincar. *vpr* **2** penetrar em, entrar em. *il ladro si addentrò nel bosco* / o ladrão entrou no bosque. **3** *fig* aprofundar-se em, estudar a fundo. *addentrarsi nella chimica* / aprofundar-se em química.
a.char [aʃ´ar] *vt* **1** trovare. *achei as chaves* / ho trovato le chiavi. **2** notare. **3** pensare. *o que vocês acham dela?* / che cosa pensate di lei? **4** avere per. *eu te acho inteligente* / ti ho per intelligente. *vpr* **5** trovarsi.

8. Expressões

Expressões usuais são apresentadas em ordem alfabética e destacadas em negrito.
Ex.: **a.ce.to** [atʃ´eto] *sm* vinagre. **alimenti sott’aceto** alimentos em conserva.
a.ca.sa.la.men.to [akazalam´ẽtu] *sm Zool* copula. **voo de acasalamento** volo nuziale.

9. Apêndice

No final do dicionário estão incluídos alguns assuntos frequentemente procurados para consultas complementares:

- notas gramaticais do italiano;
- numerais;
- substantivos e adjetivos pátrios relativos a regiões e cidades da Itália;
- equivalência dos tempos verbais;
- conjugação dos verbos em italiano;
- relação dos verbos irregulares, defectivos ou difíceis em italiano;
- conjugação dos verbos em português;
- relação dos verbos irregulares, defectivos ou difíceis em português.

Transcrição fonética do italiano

I. O alfabeto italiano

letra	nome		letra	nome	
a	a	[´a]	n	enne	[´ɛnne]
b	bi	[b´i]	o	o	[´ɔ]
c	ci	[tʃ´i]	p	pi	[p´i]
d	di	[d´i]	q	cu	[k´u]
e	e	[´e]	r	erre	[´ɛr̃e]
f	effe	[´ɛffe]	s	esse	[´ɛsse]
g	gi	[dʒ´i]	t	ti	[t´i]
h	acca	[´akka]	u	u	[´u]
i	i	[´i]	v	vu	[v´u]
l	elle	[´ɛlle]	z	zeta	[dz´ɛta]
m	emme	[´ɛmme]			

a) O **j** - i lunga [i l´unga] consta de textos antigos (equivale a **i**), e palavras estrangeiras. Exemplos: **judô** [jud´ɔ], **jeep** [dʒ´ip].

b) As letras **k** - cappa [k´appa], **w** - vu doppia [v´u d´oppja] e **y** - ipsilon [´ipsilon] são utilizadas apenas em abreviaturas e palavras estrangeiras.

c) O **x** - ics [´iks] aparece em abreviaturas, algarismos romanos, expressões com **ex**, como incógnita, em raros sobrenomes italianos e palavras estrangeiras.

d) O acento tônico é indicado pelo sinal (´), que precede a vogal tônica.

II. Símbolos fonéticos

a) As vogais são sempre orais, mesmo seguidas de **m** e **n**.

			exemplo
a	[a]	sempre como em **pai**, mesmo se for átono.	**casa** [k´aza], **amare** [am´are], **banda** [b´anda]
e	[e]	fechado como em **vejo**, pode ser átono ou tônico.	**perché** [perk´e], **bellezza** [bell´ettsa], **dello** [d´ello]
	[ɛ]	aberto como em **fé**, é sempre tônico.	**benda** [b´ɛnda], **bello** [b´ɛllo], **lei** [l´ɛj]
i	[i]	sempre como em **vi**.	**ti** [t´i], **simile** [s´imile], **qui** [k´wi]
	[j]	**i semivogal**, como em **lei**.	**aia** [´aja], **buio** [b´ujo]
o	[o]	fechado como em **hoje**, pode ser átono ou tônico.	**ora** [´ora], **molto** [m´olto], **scrittore** [skritt´ore]

o	[ɔ]	aberto como em **nó**, é sempre tônico.	**e**roe [er´ɔe], fu**o**ri [f´wɔri], b**o**tta [b´ɔtta]
u	[u]	sempre como em **nu**.	t**u** [t´u], **u**va [´uva], tr**u**c**u**lento [trukul´ɛnto]
	[w]	**u semivogal**, como em **mau**, **quando**.	ra**u**co [r´awko]

b) As consoantes **b, d, f, m, n, p, t** e **v** pronunciam-se como em português.

[b]	**b**adare [bad´are]
[d]	**d**ata [d´ata]
[f]	**f**iume [f´jume]
[m]	**m**arco [m´arko]
[n]	**n**ave [n´ave]
[p]	**p**arte [p´arte]
[t]	**t**ardi [t´ardi]
[v]	**v**ano [v´ano]

c) As consoantes e dígrafos abaixo diferem da pronúncia portuguesa.

			exemplo
c	[k]	como **c** em **cal**, antes de **a, o, u** ou consoante.	**c**apo [k´apo], **c**lasse [kl´asse]
	[tʃ]	como **tch** em **tcheco**, antes de **e, i**.	**c**erto [tʃ´ɛrto], **c**iondolo [tʃ´ondolo]
ch	[k]	como **c** em **cal**, antes de **e, i**.	**ch**iesa [k´jɛza]
g	[g]	como **g** em **gato**, antes de **a, o, u**.	**g**ola [g´ola]
	[dʒ]	como **dj** em **adjetivo**, antes de **e, i**.	**g**irare [dʒir´are], **g**ià [dʒ´a], **g**elato [dʒel´ato]
gh	[g]	como **g** em **gato** ou **gu** em **gueto**, antes de **e, i**.	**gh**etto [g´eto]
gl	[λ]	como **lh** em palha, antes de **i, ia, ie, io, iu**.	**gl**i [λ´i], a**gl**io [´aλo]
	[gl]	como **gl** em **globo**, antes de **a, e, o, u**.	**gl**obo [gl´ɔbo]
	[gl]	como **gl** em **glicerina**, antes de **i**, em pouquíssimas exceções.	**gl**icerina [glitʃer´ina]
gn	[ñ]	como **nh** em banha.	ba**gn**o [b´año]
gu	[gw]	sempre como **gu** em **água** ou **gu** em **aguentar**.	**gu**adagnare [gwadañ´are]
h		é mudo.	a**h**i [´ai], o**h** [´ɔ]

l	[l]	como **l** em **lápis**, em início de sílaba. Em final de sílaba, pronunciado à moda gaúcha.	**l**ento [l´ɛnto], **il** [´il]
qu	[kw]	sempre como **qu** em **qual** ou **qu** em **líquido**.	**qu**asi [k´wazi], **qu**esto [k´westo]
r	[r]	inicial ou entre duas vogais, como **r** em **caro**, porém com mais vibração da língua.	**r**apido [r´apido], ga**r**a [g´ara]
rr	[r̄]	é um **r** forte duplo (ver item **e** abaixo), sem semelhante em português.	buti**rr**o [but´ir̄o]
s	[s]	como **s** em **sopa**, inicial antes de vogal ou quando seguido de **ca**, **co**, **cu**, **f**, **p**, **q**, **t**.	**s**empre [s´ɛmpre], **s**tare [st´are]
	[z]	como **s** em **frase** ou **z** em **azul**, entre duas vogais ou quando seguido de **b**, **d**, **g**, **l**, **m**, **n**, **r**, **v**.	ca**s**o [k´azo], **s**bavare [zbav´are], **s**mentire [zment´ire]
	[s]	como **s** de **sopa**, entre duas vogais, apenas em algumas palavras.	dino**s**auro [dinos´awro], pre**s**upporre [presupp´or̄e]
sc	[ʃ]	como **ch** em **chave**, apenas antes de **e**, **i**.	**sc**ena [ʃ´ɛna], **sci** [ʃ´i], **sc**iame [ʃ´ame]
	[sk]	como **sc** em **casco**, antes de **a**, **o**, **u** ou consoante.	**sc**abbia [sk´abbja], **sc**rivere [skr´ivere]
sch	[sk]	como **sc** em **casco**, antes de **e**, **i**.	**sch**edario [sked´arjo], **sch**ifo [sk´ifo]
x	[ks]	sempre como **x** em **fixar**.	**x**ilofono [ksil´ɔfono]
z	[ts]	como **ts** em **tsé-tsé**, em algumas palavras.	**z**inco [ts´inko]
	[dz]	como **dz**, sem semelhante em português, em algumas palavras.	**z**odiaco [dzod´iako]

d) As consoantes e dígrafos abaixo aparecem em palavras estrangeiras.

			exemplo
ch	[ʃ]	como **ch** em **chave**.	**ch**oc [ʃ´ɔk]
h	[h]	como **h** em inglês **have**.	**h**obby [h´ɔbbi]
j	[j]	como **i** em **lei.**	**j**udò [jud´ɔ]
	[dʒ]	como **j** em inglês **jeans**.	**j**eep [dʒ´ip]
k	[k]	como **c** em **cal**.	**k**imono [kim´ono]
sh	[ʃ]	como **ch** em **chave**.	**sh**ampoo [ʃamp´u]
w	[w]	como **u** em **quase**.	**w**att [w´ɔtt]
y	[j]	como **i** em **lei**.	**y**ogurt [´jɔgurt]

e) As consoantes duplas devem ser pronunciadas distinta e separadamente, como se houvesse um hífen entre elas:

be**ll**o [b´ɛl-lo]
no**nn**o [n´ɔn-no]
pa**tt**o [p´at-to]
pa**cc**o [p´ak-ko]
so**mm**a [s´ɔm-ma]
sa**ss**o [s´as-so]

O **R** duplo foi transcrito como [r̄], devendo ser pronunciado como [r̄-r̄], ou seja, dois **R** fortes como se houvesse um hífen entre eles.

f) Divergências de pronúncia em italiano:
A influência regional na Itália ainda é forte, causando divergências na pronúncia. Na Toscana, o **S** entre vogais, em certas terminações e algumas palavras, é pronunciado como [s] e não [z], como está em nossa transcrição. Essa pronúncia não foi indicada porque procuramos adotar um padrão razoavelmente "neutro", que não fosse identificado como de uma região específica, e cujo uso fosse mais generalizado.

Exemplos	**Toscano**	**Nossa Transcrição**
così	[kos´i]	[koz´i]
famoso	[fam´oso]	[fam´ozo]
francese	[frantʃ´ese]	[frantʃ´eze]

Transcrição fonética do português

I. O alfabeto português

letra	nome		letra	nome	
a	a	[a]	n	ene	[´eni]
b	bê	[be]	o	o	[ɔ]
c	cê	[se]	p	pê	[pe]
d	dê	[de]	q	quê	[ke]
e	e	[e]	r	erre	[´ɛr̃i]
f	efe	[´ɛfi]	s	esse	[´ɛsi]
g	gê	[ʒe]	t	tê	[te]
h	agá	[ag´a]	u	u	[u]
i	i	[i]	v	vê	[ve]
j	jota	[ʒ´ɔtə]	w	dáblio	[d´abliu]
k	cá	[k´a]	x	xis	[ʃis]
l	ele	[´ɛli]	y	ípsilon	[´ipsilõw]
m	eme	[´emi]	z	zê	[ze]

O acento tônico é indicado pelo sinal (´), que precede a vogal tônica.

II. Símbolos fonéticos

a) vogais orais

[a]	caro [k´aru]
[ɛ]	fé [f´ɛ]
[e]	dedo [d´edu]
[i]	vida [v´idə]
[ɔ]	nó [n´ɔ]
[o]	nome [n´omi]
[u]	uva [´uvə]; livro [l´ivru]
[ə]	mesa [m´ezə]
[Λ]	cama [k´Λmə]; cana [k´Λnə]

b) vogais nasais

[ã]	canto [k´ãtu]
[ẽ]	dente [d´ẽti]
[ĩ]	fim [f´ĩ]
[œ]	onça [´õsə]
[ũ]	bunda [b´ũdə]

c) semivogais

[j]	peixe [p´ejʃi]
[w]	para **u** brando ou **l** final: **mau** [m´aw]; **banal** [ban´aw]

d) consoantes

[b]	**bêb**ado [b′ebadu]
[d]	**dad**o [d′adu]
[f]	**f**aca [f′akə]
[g]	**g** antes de **a**, **o**, **u**: gato [g′atu]; **g**oma [g′omə]; **g**uerra [g′ɛr̄ə]
[ʒ]	**g** antes de **e**, **i**: **g**elo [ʒ′elu], **g**i**g**ante [ʒig′ãti]; para **j**: **j**ato [ʒ′atu]
[k]	**c** antes de **a**, **o**, **u** ou antes de uma consoante: **c**asa [k′azə]; **c**omida [kom′idə], **c**ubo [k′ubu], pa**c**to [p′aktu], fi**c**ção [fiks′ãw]; para **qu**: **qu**eijo [k′ejʒu]
[l]	**l**ago [l′agu]
[λ]	**lh**: **lh**ama [λ′ãmə], ca**lh**a [k′aλə]
[m]	**m**açã [mas′ã]
[n]	**n**ada [n′adə]
[ñ]	**nh**: li**nh**o [l′iñu]
[p]	**p**ato [p′atu]
[r]	**r** brando ou final: a**r**ma [′armə]; acha**r** [aʃ′ar]
[r̄]	**r** forte e aspirado, inicial ou **rr**: **r**ato [r̄′atu], co**rr**er [kor̄′er]
[s]	**s** inicial ou antes de uma consoante, e para **ss**: **s**eda [s′edə], fra**s**co [fr′asku], so**ss**ego [sos′egu]; **c** antes de **e**, **i** e para **ç**: **c**ego [s′ɛgu], **c**inema [sin′emə], ca**ç**a [k′asə]; **x** antes de uma consoante: e**x**plosivo [esploz′ivu]
[ʃ]	**ch** ou **x**: **ch**eiro [ʃ′ejru]; en**x**ame [ẽʃ′Λmi], **x**arope [ʃar′ɔpi]
[t]	**t**udo [t′udu]
[v]	**v**ista [v′istə]
[z]	**s** entre vogais, **z** ou **x** antes de vogal: ro**s**a [r̄′ɔzə], **z**ebra [z′ebrə], e**x**emplo [ez′ẽplu]

Abreviaturas usadas neste dicionário

abbrev	abbreviazione di
abrev	abreviação de
adj	adjetivo
adv	advérbio
Aer	Aeronautica / Aeronáutica
afet	afetivo
agg	aggettivo
Anat	Anatomia
ár	árabe
ar	arabo
Archeol	Archeologia
Archit	Architettura
Arqueol	Arqueologia
Arquit	Arquitetura
art	articolo / artigo
Astrol	Astrologia
Astron	Astronomia
aum	aumentativo
Autom	Automobilismo
avv	avverbio
Biol	Biologia
Bot	Botanica / Botânica
bras	brasilianesimo / brasileirismo
Calc	Calcio
Chim	Chimica
Cin	Cinema
Com	Linguagem Comercial
Comm	Linguaggio Commerciale
compar	comparativo
cong	congiunzione
conj	conjunção
Contab	Contabilità / Contabilidade
def	definido
dep	depreciativo
det	determinativo (articolo)
dim	diminutivo
Dir	Direito
disp	dispregiativo
ecc	eccetera
Econ	Economia
Eletr	Eletricidade
Eletrôn	Eletrônica
Elett	Elettricità
Elettr	Elettronica
Equit	Equitazione / Equitação
Escult	Escultura
Esp	Esporte
Espirit	Espiritismo
f	femminile / feminino
fam	linguaggio familiare / linguagem familiar
fig	linguaggio figurato / linguagem figurada
Fil	Filosofia
Fis	Fisica
Fís	Física
Fisiol	Fisiologia
Fot	Fotografia
fr	francese / francês
Fut	Futebol
Geogr	Geografia
Geol	Geologia
Geom	Geometria
ger	gergo
giap	giapponese
Giorn	Giornalismo
gír	gíria
Giur	Giurisprudenza
Gram	Gramática
Gramm	Grammatica
Hist	História
indef	indefinido
indet	indeterminativo
Inform	Informatica / Informática
ingl	inglese / inglês
int	interiezione
interj	interjeição
inv	invariabile / invariável
iron	linguaggio ironico
irôn	linguagem irônica
jap	japonês
Jorn	Jornalismo

lat latino / latim
Lett Letteratura; Linguaggio Letterario
Ling Linguistica / Linguística
Lit Literatura; Linguagem Literária
loc adv locução adverbial
loc avv locuzione avverbiale
loc prep locuzione prepositiva / locução prepositiva
m maschile / masculino
Mat Matematica / Matemática
Mec Mecânica
Mecc Meccanica
Med Medicina
Met Meteorologia
Mil Militare / Militar
Min Mineralogia
Mit Mitologia
Mus Musica
Mús Música
Naut Nautica
Náut Náutica
num numerale / numeral
p es per esempio
p ex por exemplo
part participio / particípio
pers personale
pes pessoal
Pint Pintura
Pitt Pittura
pl plurale / plural
Poét Poesia, Linguagem Poética
Poet Poesia, Linguaggio Poetico
Pol Politica / Política
pop linguaggio popolare / linguagem popular
port portoghesismo / portuguesismo
pref prefisso / prefixo
prep preposizione / preposição
pron pronome
Psic Psicologia
Quím Química
Rel Religione / Religião
s sostantivo di due generi / substantivo comum de dois
s+adj substantivo comum de dois e adjetivo
s+agg sostantivo di due generi e aggettivo
Scult Scultura
sf sostantivo femminile / substantivo feminino
Sider Siderurgia
Sin Sinonimo / Sinônimo
sing singolare / singular
sm sostantivo maschile / substantivo masculino
Sp Sport
Spirit Spiritismo
St Storia
superl superlativo
Teat Teatro
Tec Linguaggio Tecnico
Téc Linguagem Técnica
TV Televisione / Televisão
V Vedi / Veja
Var Variazione / Variação
vaus verbo ausiliare
vaux verbo auxiliar
vezz vezzeggiativo
vi verbo intransitivo
v impers verbo impersonale
v impess verbo impessoal
vi+vpr verbo intransitivo e pronominale / verbo intransitivo e pronominal
volg linguaggio volgare
vpr verbo pronominale / verbo pronominal
vt verbo transitivo
vt+vi verbo transitivo e intransitivo
vulg linguagem vulgar
Zool Zoologia

ITALIANO-PORTOGHESE
ITALIANO-PORTUGUÊS

a

a[1] [ˊa] *sf* **1** a primeira letra do alfabeto italiano. **2** a, o nome da letra A. **3** *fig* princípio, início. **dall'a alla zeta** do princípio ao fim.

a[2] [ˊa] *prep* Forma expressões que indicam várias relações: **1** a. *a mezzodì* / ao meio-dia. *a faccia a faccia* / cara a cara. **2** de, com. *a occhi chiusi* / de olhos fechados, com os olhos fechados. **3** em. *sono a Milano* / estou em Milão. **4** para. *vado a Roma* / vou para Roma. **5** por. *a sei soldi* / por seis vinténs.

a.ba.co [ˊabako] *sm V abbaco.*

a.ba.te [abˊate] *sm* abade. **stare come un padre abate** ter todo o conforto.

ab.bac.chia.re [abbakˊjare] *vt* **1** colher frutas com bastão. **2** *fig* deprimir, abater. **3** vender barato.

ab.ba.ci.na.re [abbatʃinˊare] *vt* **1** deslumbrar. **2** ofuscar, cegar.

ab.ba.co [ˊabbako] *sm Mat* ábaco. *Var: abaco.*

ab.ba.glia.men.to [abbaʎamˊento] *sm* **1** ofuscação. **2** deslumbramento.

ab.ba.glia.re [abbaʎˊare] *vt* **1** deslumbrar. **2** cegar, turvar a vista. **3** *fig* iludir, fascinar.

ab.ba.glio [abbˊaʎo] *sm fig* erro, engano equívoco. **prendere abbaglio** errar.

ab.ba.ia.re [abbaˊjare] *vi* **1** latir, ladrar. **2** *fig* gritar com voz esganiçada. **abbaiare alla luna** latir para a lua, reclamar inutilmente.

ab.ba.io [abbˊajio] *sm* latido, ladrado.

ab.ban.do.na.re [abbandonˊare] *vt* **1** abandonar. **2** deixar, largar. **3** deixar cair. *abbandonare le braccia, il capo* / deixar cair os braços, a cabeça. *vpr* **4** desanimar, esmorecer. **5** entregar-se. **abbandonarsi a uno** confiar totalmente em alguém.

ab.ban.do.na.to [abbandonˊato] *agg* **1** abandonado. **2** deixado. **3** largado. **abbandonato dai medici** desenganado pelos médicos.

ab.ban.do.no [abbandˊono] *sm* abandono. **in abbandono** ao abandono.

ab.bar.bi.car.si [abbarbikˊarsi] *vpr* (anche *fig*) arraigar-se, enraizar-se, criar raízes.

ab.bas.sa.men.to [abbassamˊento] *sm* **1** abaixamento, rebaixamento. **2** baixa, redução. *abbassamento di prezzi* / baixa de preços. **3** depressão (de terreno). **4** humilhação.

ab.bas.sa.re [abbassˊare] *vt* **1** abaixar, baixar. **2** diminuir, reduzir. **3** *fig* deprimir, humilhar, rebaixar. *vpr* **4** abaixar-se. **5** *fig* rebaixar-se. **abbassare la testa** humilhar-se. **abbassare le ali di qualcuno** cortar as asinhas de alguém. **abbassare un colpo** desferir um golpe. **abbassare un ordine** baixar uma ordem.

ab.bas.so [abbˊasso] *avv* abaixo. • *int* abaixo!

ab.ba.stan.za [abbastˊantsa] *avv* bastante, suficientemente.

ab.bat.te.re [abbˊattere] *vt* **1** abater, derrubar. **2** combater, refutar. **3** *fig* desanimar, humilhar, debilitar. *vpr* **4** esmorecer, abater-se. **5** acontecer.

ab.bat.ti.men.to [abbattimˊento] *sm* **1** abatimento. **2** prostração, enfraquecimento. **3** *fig* humilhação.

ab.ba.zi.a [abbatsˊia] *sf V badia.*

ab.be.ce.da.rio [abbetʃedˊarjo] *sm* á-bê-cê, abecedário, alfabeto.

ab.bel.li.re [abbell´ire] *vt* embelezar, enfeitar.

ab.bic.cì [abbittʃ´i] *sm* **1** á-bê-cê, abecedário. **2** fundamentos. *l'abbiccì di una scienza* / os fundamentos de uma ciência.

ab.bi.glia.men.to [abbiʎam´ento] *sm* **1** roupa. **2** confecção, vestuário.

ab.bi.glia.re [abbiʎ´are] *vt* **1** vestir com elegância. **2** enfeitar, ornar. *vpr* **3** enfeitar-se.

ab.bi.so.gna.re [abbizoñ´are] *vi* precisar, necessitar.

ab.boc.ca.men.to [abbokkam´ento] *sm* encontro, conversa, entrevista.

ab.boc.ca.re [abbokk´are] *vt+vi* **1** abocanhar, morder. **2** embocar, encaixar (canos, tubos). **3** *fig* morder a isca. *vpr* **4** conversar.

ab.boc.ca.to [abbokk´ato] *agg* **1** adocicado, suave (vinho). **2** cheio até a boca.

ab.bo.nac.cia.re [abbonattʃ´are] *vt* **1** acalmar, aplacar. *vpr* **2** acalmar-se, sossegar.

ab.bo.na.men.to [abbonam´ento] *sm* **1** assinatura, subscrição. **2** associação.

ab.bo.na.re [abbon´are] *vt* **1** assinar (publicação). **2** abonar, aceitar como bom, validar. *abbonare un documento* / abonar um documento. *vpr* **3** associar-se.

ab.bo.na.to [abbon´ato] *sm* **1** assinante. **2** associado.

ab.bon.dan.te [abbond´ante] *agg* abundante, copioso.

ab.bon.dan.za [abbond´antsa] *sf* abundância, opulência, fartura.

ab.bon.da.re [abbond´are] *vi* abundar.

ab.bor.da.re [abbord´are] *vt* **1** *Naut* abordar. **2** *fig* abordar: a) aproximar-se de. b) tratar de. *in questo libro, abbordiamo un tema difficile* / neste livro, abordamos um tema difícil.

ab.bor.do [abb´ordo] *sm* (anche *Naut*) abordagem. **a primo abbordo** à primeira vista. **persona di facile abbordo** pessoa acessível.

ab.bor.rac.cia.re [abbor̄attʃ´are] *vt* fazer malfeito.

ab.bot.to.na.re [abbotton´are] *vt* **1** abotoar. *vpr* **2** abotoar-se. **3** *fig* fechar-se. **4** guardar segredo.

ab.bot.to.na.tu.ra [abbottonat´ura] *sf* **1** ato de abotoar. **2** abotoadura.

ab.boz.za.re [abbotts´are] *vt* esboçar, rascunhar.

ab.boz.zo [abb´ɔttso] *sm* esboço, rascunho.

ab.brac.cia.re [abbrattʃ´are] *vt* **1** abraçar. **2** abranger, cingir. **3** *fig* adotar, seguir. *abbracciare una dottrina* / adotar uma doutrina. *vpr* **4** abraçar-se. **da qui si abbraccia tutta Roma** daqui se vê toda a cidade de Roma.

ab.brac.cio [abbr´attʃo] *sm* abraço.

ab.bre.via.re [abbrev´jare] *vt* abreviar, encurtar.

ab.bre.via.tu.ra [abbrevjat´ura] *sf* abreviatura.

ab.bre.via.zio.ne [abbrevjats´jone] *sf* **1** abreviação. **2** encurtamento.

ab.bron.za.re [abbrondz´are] *vt* **1** bronzear. **2** queimar, chamuscar, tostar. *vpr* **3** bronzear-se, queimar-se.

ab.bron.za.to [abbrondz´ato] *agg* **1** bronzeado. **2** *fig* trigueiro.

ab.bron.za.tu.ra [abbrondzat´ura] *sf* **1** bronzeamento. **2** bronzeado.

ab.bru.na.re [abbrun´are] *vt* **1** escurecer. **2** enlutar. *vpr* **3** escurecer. **4** vestir luto.

ab.bru.ni.re [abbrun´ire] *vt* **1** escurecer. **2** bronzear. *vi+vpr* **3** escurecer. **4** bronzear-se.

ab.bru.sto.li.re [abbrustol´ire] *vt* torrar, tostar.

ab.bru.ti.re [abbrut´ire] *vt+vi* embrutecer.

ab.bu.ia.re [abbu´jare] *vt* **1** escurecer, obscurecer. **2** *fig* esconder, ocultar. *vi+vpr* **3** escurecer, anoitecer. **4** *fig* entristecer-se.

ab.bu.ia.to [abbu´jato] *agg* **1** escurecido, apagado. **2** *fig* oculto, escondido. **3** triste.

ab.buo.no [abb´wɔno] *sm* **1** abono. **2** desconto, abatimento. **3** perdão, anistia.

ab.bu.rat.ta.re [abburatt´are] *vt* **1** peneirar. **2** *fig* debater, discutir. **3** sacudir de um lado para outro.

ab.di.ca.re [abdik´are] *vi* abdicar, renunciar.

a.ber.ra.zio.ne [aber̄ats´jone] *sf* aberração.

a.bi.le [´abile] *agg* **1** hábil, capaz, apto. **2** habilidoso.

a.bi.li.tà [abilit´a] *sf* habilidade, capacidade, aptidão.

a.bi.li.ta.re [abilit´are] *vt* **1** habilitar, tornar apto. *vpr* **2** habilitar-se.

a.bi.li.ta.zio.ne [abilitats´jone] *sf* **1** habilitação. **2** diploma, título (profissional).

a.bis.so [ab´isso] *sm* (anche *fig*) abismo. **essere sull'orlo dell'abisso** estar à beira do abismo.

a.bi.ta.re [abit´are] *vt+vi* habitar, morar, residir. **abitare a Firenze** residir em Florença.

a.bi.ta.zio.ne [abitats´jone] *sf* **1** habitação, moradia. **2** domicílio.

a.bi.to [´abito] *sm* **1** traje, roupa. **2** vestido. **3** *Rel* hábito, batina. **4** *fig* hábito, costume. **abito a giacca** saia e casaco, *tailleur*. **abito completo** terno. **abito da sera** vestido de baile. **abito intero** vestido de uma só peça. **abito lungo** longo, vestido comprido. **cambiarsi d'abito** trocar de roupa, trocar-se. **l'abito non fa il monaco** o hábito não faz o monge. **spogliare l'abito** largar a batina. **vestire l'abito** seguir carreira religiosa.

a.bi.tu.a.le [abitu´ale] *agg* habitual, costumeiro.

a.bi.tu.a.re [abitu´are] *vt* **1** habituar, acostumar. *vpr* **2** habituar-se, acostumar-se.

a.bi.tu.di.ne [abit´udine] *sf* hábito, costume.

ab.ne.ga.re [abneg´are] *vt* abnegar, renunciar.

a.bo.li.re [abol´ire] *vt* abolir.

a.bo.mi.na.re [abomin´are] *vt* abominar, detestar.

a.bo.ri.ge.no [abor´idʒeno] *sm+agg* aborígine.

a.bor.ri.men.to [abor̄im´ento] *sm* aborrecimento, aversão, ódio.

a.bor.ri.re [abor̄´ire] *vt* **1** aborrecer. *vi* **2** ter horror a, ter aversão a. *aborro* (ou *aborrisco*) *da queste cose* / tenho horror a estas coisas.

> O verbo **aborrire**, como muitos outros da terceira conjugação italiana, pode ser conjugado com a sílaba *-isc-*: *io aborro* ou *io aborrisco*. Veja os apêndices "Conjugação dos Verbos em Italiano" e "Lista dos Verbos Irregulares em Italiano" para os verbos que se conjugam com ou sem a sílaba *-isc-*.

a.bor.ti.re [abort´ire] *vi* abortar.

a.bor.to [ab´ɔrto] *sm* **1** aborto. **2** *fig* insucesso, fiasco. **3** *fig* obra incompleta.

a.bu.sa.re [abuz´are] *vi* **1** abusar, exagerar. *vpr* **2** *fam* abusar de. *abusarsi della bontà di qualcuno* / abusar da bondade de alguém.

a.bu.si.vo [abuz´ivo] *agg* abusivo, excessivo.

a.bu.so [ab´uzo] *sm* abuso, excesso. *abuso di potere, abuso d'autorità* / abuso de poder, abuso de autoridade.

a.ca.ro [´akaro] *sm* ácaro.

ac.ca [´akka] *sf* **1** agá, o nome da letra H. **2** *fig* nada. **non vale un'acca** não vale nada.

ac.ca.de.mia [akkad´ɛmja] *sf* academia. **fare accademia** conversar à toa, jogar conversa fora.

ac.ca.de.mi.co [akkad´ɛmiko] *sm+agg* acadêmico.

ac.ca.de.re [akkad´ere] *vi* acontecer, realizar-se, suceder. *accadde una disgrazia!* / aconteceu uma desgraça!

ac.ca.gio.na.re [akkadʒon´are] *vt* culpar, acusar, imputar.

ac.ca.lap.pia.ca.ni [akkalappjak´ani] *sm* laçador de cachorro.

ac.ca.lap.pia.re [akkalapp´jare] *vt* **1** laçar, enlaçar, agarrar. **2** *fig* enganar, lograr.

ac.ca.lo.ra.re [akkalor´are] *vt* **1** aquecer, esquentar. *vpr* **2** aquecer-se, esquentar-se. **3** *fig* excitar-se.

ac.cam.pa.men.to [akkampam´ento] *sm* acampamento.

ac.cam.pa.re [akkamp´are] *vt* **1** alegar, apresentar. *accampare una pretesa* / apresentar uma pretensão. *vi+vpr* **2** acampar.

ac.ca.ni.men.to [akkanim´ento] *sm* **1** fúria, ferocidade. **2** tenacidade, afinco. **3** obstinação.

ac.ca.nir.si [akkan´irsi] *vpr* **1** enfurecer-se, irritar-se, irar-se. **2** *fig* aplicar-se a, dedicar-se a.

ac.ca.ni.to [akkan´ito] *agg* **1** furioso, irritado, irado. **2** obstinado, insistente, incansável.

ac.can.to [akk´anto] *avv* ao lado, perto, junto. **accanto a** ao lado de, perto de, junto de.

ac.ca.pi.gliar.si [akkapiʎ´arsi] *vpr* **1** pegar-se, brigar. **2** *pop* sair no braço.

ac.cap.pia.re [akkapp´jare] *vt* **1** enlaçar, ligar, atar. **2** *fig* enganar.

ac.cap.po.na.re [akkappon´are] *vt* **1** capar, castrar. *vpr* **2** *fig* usado na expressão **accapponarsi la pelle** ficar todo arrepiado (de medo).

ac.ca.rez.za.re [akkaretts´are] *vt* **1** acariciar, afagar. **2** *fig* adular, bajular.

ac.ca.ta.sta.re [akkatast´are] *vt* empilhar, amontoar.

ac.cat.ta.re [akkatt´are] *vt* **1** mendigar, pedir esmolas. **2** *fig* pedir emprestado.

ac.cat.to [akk´atto] *sm* **1** mendicância, esmola. **2** *fig* empréstimo.

ac.cat.to.ne [akkatt´one] *sm* mendigo, pedinte.

ac.ce.ca.men.to [attʃekam´ento] *sm* **1** cegueira. **2** *fig* confusão, perplexidade.

ac.ce.ca.re [attʃek´are] *vt* **1** cegar. **2** tapar, fechar. **3** escurecer (cor). **4** *fig* confundir, ofuscar. *vi+vpr* **5** ficar cego. **6** desbotar, esmaecer (cor).

ac.ce.le.ra.re [attʃeler´are] *vt* **1** acelerar. **2** apressar. *vpr* **3** acelerar-se. **4** apressar-se.

ac.ce.le.ra.to.re [attʃelerat´ore] *sm Autom* acelerador.

ac.cen.dere [attʃ´ɛndere] *vt+vi* **1** acender, inflamar, incendiar, pôr fogo. *accendere la luce* / acender a luz. **2** ligar. *accendere la radio* / ligar o rádio. **3** *fig* excitar, estimular. *vpr* **4** pegar fogo, arder. **5** *fig* enamorar-se. **6** irar-se.

ac.cen.di.si.ga.ri [attʃendis´igari] *sm* isqueiro.

ac.cen.na.re [attʃenn´are] *vt+vi* **1** acenar, indicar, mostrar. **2** subentender. **3** esboçar, delinear. **accennare coppe e dar denari** dizer uma coisa e fazer outra.

ac.cen.no [attʃ´enno] *sm* **1** aceno. **2** aviso. **3** esboço. **4** sinal, indício.

ac.cen.to [attʃ´ɛnto] *sm* **1** acento. **2** tom de voz. **3** pronúncia.

ac.cen.tra.re [attʃentr´are] *vt* **1** concentrar. **2** centralizar. *vpr* **3** concentrar-se.

ac.cen.tu.a.re [attʃentu´are] *vt* **1** acentuar. **2** evidenciar. **3** agravar.

ac.cen.tua.zio.ne [attʃentwats´jone] *sf* **1** *Gramm* acentuação. **2** *fig* ênfase.

ac.cer.ta.men.to [attʃertam´ento] *sm* **1** verificação, averiguação. **2** investigação.

ac.cer.ta.re [attʃert´are] *vt* **1** certificar, verificar. **2** investigar, apurar. **3** reconhecer, constatar. *vpr* **4** certificar-se, averiguar.

ac.ce.so [attʃ´ezo] *agg* **1** aceso. **2** *fig* excitado. **3** avermelhado, rubro. **4** ligado. *motore acceso* / motor ligado.

ac.ces.si.bi.le [attʃess´ibile] *agg* (anche *fig*) acessível.

ac.ces.so [attʃ´ɛsso] *sm* **1** acesso. **2** entrada. **3** *Med* ataque, crise. **4** *Giur* averiguação, inquérito. **5** *fig* acesso. *un accesso d'ira* / um acesso de raiva. **uomo di facile accesso** homem acessível.

ac.ces.so.rio [attʃess´ɔrjo] *sm* acessório. • *agg* acessório, secundário, complementar.

ac.cet.ta [attʃ´etta] *sf* machado.

ac.cet.ta.bi.le [attʃett´abile] *agg V accettevole*.

ac.cet.ta.re [attʃett´are] *vt* **1** aceitar, aprovar. **2** receber, acolher, admitir. **3** assumir. *accettare un incarico* / assumir um encargo. **accettare una cambiale** *Comm* assinar uma letra.

ac.cet.te.vo.le [attʃett´evole] *agg* aceitável. *Sin: accettabile*.

ac.cet.to [attʃ´ɛtto] *agg* **1** aceito. **2** estimado, benquisto.

ac.che.ta.re [akket´are] *vt* **1** aquietar, tranquilizar, acalmar, sossegar. *vpr* **2** aquietar-se, acalmar-se, sossegar.

ac.chiap.pa.re [akkjapp´are] *vt* **1** pegar. **2** apanhar, agarrar, capturar. **3** tomar. *vpr* **4** pegar-se, brigar. **acchiappalo!** pega! pega ladrão!

ac.cia [´attʃa] *sf* meada.

ac.ciac.ca.re [attʃakk´are] *vt* **1** achatar, esmagar, amassar. **2** *fig* enfermar, deixar doente.

ac.ciac.co [attʃ´akko] *sm* achaque, mal-estar, distúrbio.

ac.cia.io [attʃ´ajo] *sm* aço. **acciaio inossidabile** aço inoxidável.

ac.ci.den.ta.le [attʃident´ale] *agg* **1** acidental. **2** casual. **3** *fig* supérfluo.

ac.ci.den.te [attʃid´ɛnte] *sm* **1** acidente. **2** *Med* apoplexia. **3** *fig* pessoa feia ou ruim. **accidenti**! caramba! **per accidente** por acaso.

ac.ci.dia [attʃ´idja] *sf* preguiça, indolência.

ac.ci.dio.so [attʃid´jozo] *agg* preguiçoso, indolente.

ac.ci.gliar.si [attʃiʎ´arsi] *vpr* franzir a testa.
ac.cin.ger.si [attʃ´indʒersi] *vpr* preparar-se.
ac.cioc.ché [attʃokk´e] *cong* a fim de, para que.
ac.ciot.to.la.re [attʃottol´are] *vt* calçar, ladrilhar.
ac.ciuf.fa.re [attʃuff´are] *vt* **1** pegar pelos cabelos. **2** agarrar, pegar.
ac.ciu.ga [attʃ´uga] *sf* **1** anchova, enchova. **2** *fig* magrela, mulher magra. **stretti come acciughe** *fig* apertados como sardinhas em lata.
ac.cla.ma.re [akklam´are] *vt* **1** aclamar. **2** aplaudir, celebrar. **3** eleger.
ac.cli.ma.re [akklim´are] *vt* **1** aclimatar. **2** *fig* acostumar, habituar. *vpr* **3** aclimatar-se. **4** *fig* acostumar-se, habituar-se.
ac.cli.ve [akkl´ive] *agg* aclive, íngreme.
ac.clu.de.re [akkl´udere] *vt* anexar, incluir. *accludere lettere, documenti* / anexar cartas, documentos.
ac.coc.ca.re [akkokk´are] *vt* **1** colocar a flecha no arco. **2** pregar, pendurar. **3** *fam* desferir. *accoccare un colpo* / desferir um golpe. **accoccarela a** *fig* pregar uma peça em.
ac.coc.co.lar.si [akkokkol´arsi] *vpr* agachar-se, acocorar-se.
ac.co.glien.za [akkoʎ´ɛntsa] *sf* acolhida, acolhimento, recepção.
ac.co.glie.re [akk´ɔʎere] *vt* **1** acolher, receber. **2** aceitar, aprovar. **3** incluir, admitir.
ac.co.mia.ta.re [akkomjat´are] *vt* **1** despedir, licenciar. *vpr* **2** despedir-se, partir, retirar-se.
ac.co.mo.da.men.to [akkomodam´ento] *sm* **1** acomodação. **2** transação. **3** *fig* conciliação.
ac.co.mo.da.re [akkomod´are] *vt* **1** acomodar, arrumar, arranjar. **2** reparar, consertar. **3** *fig* conciliar, pôr fim a. *accomodare una lite* / pôr fim a uma discussão. *vpr* **4** acomodar-se, arranjar-se. **5** sentar-se. **6** *fig* conciliar-se, concordar. **accomodatevi!** sentem-se!
ac.co.mo.da.tu.ra [akkomodat´ura] *sf* **1** acomodação, ajuste, arranjo. **2** correção, conserto.
ac.com.pa.gna.men.to [akkompañam´ento] *sm* **1** acompanhamento. **2** cortejo, comitiva. **3** *Mus* acompanhamento.
ac.com.pa.gna.re [akkompañ´are] *vt* **1** acompanhar. **2** conduzir, guiar. **3** unir, aliar. **4** *fig* emparelhar, casar (uma coisa com outra). **accompagnare con l'occhio** observar alguém.
ac.com.pa.gna.to.re [akkompañat´ore] *sm* acompanhante.
ac.co.mu.na.re [akkomun´are] *vt* **1** tornar comum. **2** juntar, combinar. *vpr* **3** confraternizar. **4** misturar-se.
ac.con.cia.men.to [akkontʃam´ento] *sm* **1** acomodação. **2** acordo, ajuste. **3** enfeite, adorno.
ac.con.cia.re [akkontʃ´are] *vt* **1** acomodar, arrumar. **2** enfeitar, adornar. **3** preparar conserva de (alimentos). **4** *fig* dar surra em. *vpr* **5** acomodar-se, arranjar-se. **6** enfeitar-se. **7** pentear-se. **8** arrumar-se, recompor-se.
ac.con.cia.tu.ra [akkontʃat´ura] *sf* **1** penteado. **2** vestimenta.
ac.con.cio [akk´ontʃo] *agg* **1** oportuno, adequado, apropriado. **2** enfeitado. **venire in acconcio** vir a propósito, ser oportuno.
ac.con.sen.ti.re [akkonsent´ire] *vt* **1** consentir, permitir. *acconsentire ad un desiderio* / consentir num desejo. *acconsentì a che uscisse* / permiti que saísse. *acconsentire di fare qualcosa* / consentir em fazer alguma coisa. *vi* **2** concordar. *non ho motivi per acconsentire* / não tenho razões para concordar.
ac.con.to [akk´onto] *sm Comm* adiantamento, antecipação.
ac.cop.pia.re [akkopp´jare] *vt* **1** emparelhar. **2** ligar, unir, juntar (duas coisas ou pessoas). *vpr* **3** copular (animais). **4** namorar, flertar. **5** casar-se. **6** *fig* harmonizar-se. **7** *volg* fazer amor, transar.
ac.cor.cia.men.to [akkortʃam´ento] *sm* **1** encurtamento, diminuição. **2** *Gramm* abreviação.
ac.cor.cia.re [akkortʃ´are] *vt* **1** encurtar, diminuir. **2** abreviar. *vpr* **3** diminuir, encolher.
ac.cor.da.re [akkord´are] *vt* **1** *Mus* afinar. **2** conciliar, pacificar. **3** combinar. *accordare i colori* / combinar as cores.

4 permitir. *vpr* **5** concordar, entrar em acordo, pactuar. *tutti si accordarono* / todos concordaram. **accordare il verbo con il soggetto** *Gramm* concordar o verbo com o sujeito.

ac.cor.do [akk´ɔrdo] *sm* **1** acordo, pacto, trato. **2** cumplicidade (ilegal). **3** harmonia. **4** *Mus* acorde. **d'accordo** de acordo. **di comune accordo** de comum acordo. **essere d'accordo** estar de acordo.

ac.cor.ger.si [akk´ɔrdʒersi] *vpr* **1** reparar, compreender, perceber. *adesso si accorse di non poter vivere da sola* / agora percebeu que não pode viver sozinha. **2** pressentir. *accorgersi del pericolo* / pressentir o perigo.

ac.cor.gi.men.to [akkordʒim´ento] *sm* **1** astúcia, sagacidade. **2** estratagema, truque.

ac.cor.tez.za [akkort´ettsa] *sf* **1** atenção, cautela, prudência. **2** perspicácia, sagacidade.

ac.cor.to [akk´ɔrto] *part* reparado, compreendido, percebido. *spero che ti sia accorto di tutto* / espero que você tenha percebido tudo. • *agg* **1** atento, prudente, sensato. **2** perspicaz, sagaz.

ac.co.sta.re [akkost´are] *vt* **1** aproximar, avizinhar. **2** encostar. *accostare la porta* / encostar a porta. *vpr* **3** aproximar-se de, avizinhar-se a, abordar. **accostarsi a un partito** afiliar-se a um partido.

ac.co.sto [akk´ɔsto] *avv* perto, próximo, junto. **accosto a** perto de, próximo de, junto de.

ac.co.stu.ma.re [akkostum´are] *vt* acostumar, habituar.

ac.coz.za.glia [akkotts´aʎa] *sf* **1** multidão, massa. **2** amontoado, confusão.

ac.coz.za.men.to [akkottsam´ento] *sm* amontoado, mistura. *Sin: accozzo.*

ac.coz.za.re [akkotts´are] *vt* **1** juntar, amontoar. **2** misturar. *vpr* **3** juntar-se, reunir-se. **4** pegar-se. **accozzare le carte** embaralhar as cartas. Veja nota em **scozzare.**

ac.coz.zo [akk´ɔttso] *sm V accozzamento.*

ac.cre.di.ta.re [akkredit´are] *vt* **1** creditar. **2** *fig* confirmar, garantir. **vi posso accreditare di mille lire** posso creditar-lhes mil liras.

ac.cre.sce.re [akkr´eʃere] *vt* **1** acrescentar, aumentar. *vpr* **2** crescer, aumentar.

ac.cu.di.re [akkud´ire] *vi* **1** acudir, atender. **2** dedicar-se a, cuidar de.

ac.cu.mu.la.re [akkumul´are] *vt* **1** acumular. **2** amontoar. **3** *fig* capitalizar. **4** economizar.

ac.cu.ra.tez.za [akkurat´ettsa] *sf* precisão, cuidado, esmero.

ac.cu.ra.to [akkur´ato] *agg* acurado, atento, meticuloso, preciso, esmerado, exato. Veja nota em **caprichoso**.

ac.cu.sa [akk´uza] *sf* acusação.

ac.cu.sa.re [akkuz´are] *vt* **1** acusar. **2** culpar, incriminar. **3** reclamar de. *il paziente accusa un dolore alla testa* / o paciente reclama de dor de cabeça.

ac.cu.sa.to [akkuz´ato] *sm* réu, acusado.

ac.cu.sa.to.re [akkuzat´ore] *sm* acusador.

a.cer.bi.tà [atʃerbit´a] *sf* **1** acidez. **2** aspereza, amargor. **3** *fig* imaturidade. **4** dureza, severidade.

a.cer.bo [atʃ´ɛrbo] *agg* **1** azedo, ácido. **2** áspero, amargo. **3** verde. *frutto acerbo* / fruto verde. **4** *fig* imaturo. **5** duro, severo.

a.ce.ta.re [atʃet´are] *vt* avinagrar.

a.ce.ti.re [atʃet´ire] *vi* avinagrar-se.

a.ce.to [atʃ´eto] *sm* vinagre. **alimenti sott'aceto** alimentos em conserva.

a.ci.di.tà [atʃidit´a] *sf* acidez, azedume.

a.ci.do [´atʃido] *sm Chim* ácido. • *agg* **1** ácido, azedo, áspero. **2** *fig* mordaz. **3** rancoroso.

a.ci.no [´atʃino] *sm* bago, grão (de uva).

ac.ne [´akne] *sf Med* acne.

ac.qua [´akkwa] *sf* **1** água. **2** *Min* transparência, coloração (de pedras preciosas). **3** *fig* chuva. **4** rio. **5** mar. **6** urina. **7** líquido, fluido. **acqua benedetta/acqua santa** água benta. **acqua cheta/acqua ferma** água estagnada, água parada. **acqua corrente** água corrente. **acqua di Colonia** água-de-colônia, colônia. **acqua distillata** água destilada. **acqua dolce/acqua fresca** água doce. **acqua in bocca!** cale-se! silêncio! **acqua minerale** água mineral. **acqua ossigenata** água oxigenada. **acqua passata non macina più** águas passadas não movem moinhos. **acqua potabile**

água potável. **acqua termale** água termal. **avere l'acqua alla gola** estar em maus lençóis, correr perigo. **fare acqua** *Naut* fazer água. **fare un buco nell'acqua** dar com os burros n'água. **filo d'acqua** filete de água. **il latte andò in acqua** o leite estragou, ficou aguado. **l'acqua cheta rovina i ponti** as águas paradas são as mais profundas. **pestare l'acqua nel mortaio** perder tempo, fazer alguma coisa inútil. **rovescio d'acqua/scossa d'acqua** temporal. **stare tra due acque** estar em dúvida. **tirare l'acqua al suo mulino** puxar a brasa para a sua sardinha.

ac.qua.io [akk'wajo] *sm* escoadouro, cano de despejo.

ac.qua.ma.ri.na [akkwamar'ina] *sf Min* água-marinha.

ac.qua.ra.gia [akkwar'adʒa] *sf* aguarrás.

ac.qua.rel.lo [akkwar'ɛllo] *sm V acquerello.*

ac.qua.rio [akk'warjo] *sm* **1** aquário. **2 Acquario** *Astron, Astrol* Aquário.

ac.qua.ti.co [akk'watiko] *agg* aquático.

ac.qua.vi.te [akkwav'ite] *sf* aguardente.

ac.quaz.zo.ne [akkwatts'one] *sm* **1** aguaceiro. **2** *pop* pé-d'água, toró.

ac.que.dot.to [akkwed'otto] *sm* aqueduto.

ac.que.rel.la [akkwer'ɛlla] *sf* chuvisco, chuva miúda.

ac.que.rel.lo [akkwer'ɛllo] *sm* **1** *Pitt* aquarela. **2** *fig* vinho fraco.

ac.quie.scen.za [akkwjeʃɛntsa] *sf* consentimento, aquiescência.

ac.quie.ta.re [akkwjet'are] *vt* **1** aquietar, acalmar. *vpr* **2** aquietar-se, acalmar-se.

ac.qui.si.re [akkwiz'ire] *vt Giur* **1** adquirir. **2** ganhar, obter.

ac.qui.sta.re [akkwist'are] *vt+vpr* **1** adquirir, comprar. **2** ganhar. *acquistare terreno* / ganhar terreno. *acquistare tempo* / ganhar tempo. **3** obter, conseguir. *acquistò una fortuna immensa* / conseguiu uma fortuna imensa.

ac.qui.sto [akk'wisto] *sm* **1** aquisição. **2** posse. **3** compra.

ac.qui.tri.no [akkwitr'ino] *sm* pântano, charco, brejo, atoleiro, lamaçal.

ac.quo.so [akk'wozo] *agg* **1** aquoso. **2** aguado.

a.cre ['akre] *agg* **1** acre, azedo, picante. **2** *fig* mordaz, venenoso. **3** rancoroso.

a.cre.di.ne [akr'ɛdine] *sf* **1** acidez, azedume. **2** aspereza. **3** *fig* maldade. **4** rancor.

a.cro.ba.ta [akr'ɔbata] *s* acrobata.

a.cro.ba.zi.a [akrobats'ia] *sf* **1** acrobacia. **2** *fig* manobra política. **3** estratagema.

a.cro.po.li [akr'ɔpoli] *sf* acrópole.

a.cu.i.re [aku'ire] *vt* (anche *fig*) aguçar, afiar. **acuire la mente** *fig* aguçar a mente.

a.cu.le.o [ak'uleo] *sm* **1** ponta (de espora). **2** *Bot* espinho de roseira. **3** *Zool* ferrão. **4** *fig* estímulo, incentivo. **5** zombaria.

a.cu.me [ak'ume] *sm* **1** cume. **2** *fig* esperteza, perspicácia.

a.cu.sti.ca [ak'ustika] *sf Fis* acústica.

a.cu.sti.co [ak'ustiko] *agg* acústico.

a.cu.tez.za [akut'ettsa] *sf* **1** agudeza. **2** *fig* perspicácia, astúcia.

a.cu.to [ak'uto] *agg* **1** agudo. **2** pontudo. **3** *fig* agudo, forte. *dolore acuto* / dor aguda. **4** decisivo. *momento acuto* / momento decisivo. **5** agudo, grave. *malattia acuta* / doença aguda. **6** sagaz, perspicaz. *mente acuta* / mente perspicaz.

a.dac.qua.men.to [adakkwam'ento] *sm* rega, regadura.

a.dac.qua.re [adakk'ware] *vt* aguar, regar.

a.da.gia.re [adadʒ'are] *vt* **1** colocar com cuidado. **2** estender, deitar, descansar. *adagiare un oggetto sulla tavola* / deitar um objeto sobre a mesa. *vpr* **3** acomodar-se, deitar-se.

a.da.gio [ad'adʒo] *sm* **1** adágio, provérbio. **2** *Mus* adágio. • *avv* **1** devagar, lentamente. **2** com cuidado.

a.dat.ta.men.to [adattam'ento] *sm* adaptação.

a.dat.ta.re [adatt'are] *vt* **1** adaptar, ajustar, adequar. *vpr* **2** adaptar-se, arranjar-se. **3** convir. **4** *fig* acostumar-se, conformar-se.

a.dat.to [ad'atto] *agg* **1** adaptado, adequado, conveniente, apropriado. **2** apto, idôneo.

ad.de.bi.ta.re [addebit'are] *vt* **1** *Comm* debitar. **2** *fig* culpar, responsabilizar, acusar.

ad.den.sa.re [addens'are] *vt* **1** adensar. *vpr* **2** adensar-se.

ad.den.ta.re [addent'are] *vt* **1** morder,

mordiscar. **2** pegar com os dentes. **3** *fig* censurar, reprovar.

ad.den.tra.re [addentr´are] *vt* **1** colocar dentro, enfiar, fincar. *vpr* **2** penetrar em, entrar em. *il ladro si addentrò nel bosco* / o ladrão entrou no bosque. **3** *fig* aprofundar-se em, estudar a fundo. *addentrarsi nella chimica* / aprofundar-se em química.

ad.den.tro [add´entro] *avv* **1** dentro, no fundo, interiormente. **2** para dentro.

ad.de.stra.men.to [addestram´ento] *sm* **1** adestramento. **2** treinamento.

ad.de.stra.re [addestr´are] *vt* **1** adestrar. **2** treinar, exercitar. *vpr* **3** adestrar-se, treinar, exercitar-se.

ad.die.tro [add´jɛtro] *avv* atrás. **addietro!** para trás! **dare addietro** a) recuar. b) *fig* mudar de ideia. **essere addietro** estar atrasado. **lasciare addietro** abandonar, deixar. **non tornare addietro** não voltar atrás, não arredar pé. **per l'addietro** no passado. **un giorno addietro** um dia antes. **volgersi addietro** rememorar, pensar no passado.

ad.di.o [add´io] *sm* adeus, despedida. • *int* adeus! **fare gli addii** dar as despedidas. **serata d'addio** a) *Teat* espetáculo de despedida. b) festa de despedida.

ad.di.rit.tu.ra [addiritt´ura] *avv* **1** francamente. **2** realmente, mesmo, exatamente. **3** logo. **4** de uma vez por todas.

ad.di.riz.za.re [addiritts´are] *vt* **1** endireitar. *vpr* **2** endireitar-se.

ad.dir.si [add´irsi] *vpr* convir, ser conveniente.

ad.di.ta.re [addit´are] *vt* **1** apontar, indicar. **2** propor. **3** *fig* acusar.

ad.di.zio.na.re [additsjon´are] *vt* **1** adicionar, somar. **2** acrescentar.

ad.di.zio.ne [addits´jone] *sf* **1** adição, soma. **2** ajuntamento.

ad.dob.ba.to.re [addobbat´ore] *sm* **1** decorador. **2** estofador. **3** tapeceiro.

ad.dob.bo [add´ɔbbo] *sm* **1** mobília. **2** adorno, enfeite. **3** curtimento (de peles).

ad.dol.ci.men.to [addoltʃim´ento] *sm* **1** adoçamento. **2** *fig* alívio, consolação.

ad.dol.ci.re [addoltʃ´ire] *vt* **1** adoçar, adocicar. **2** *fig* aliviar. **3** suavizar, abrandar. *vpr* **4** adoçar, ficar doce. **5** *fig* suavizar-se.

ad.do.lo.ra.re [addolor´are] *vt* **1** magoar. **2** preocupar, angustiar. **3** entristecer. *vpr* **4** magoar-se. **5** preocupar-se, angustiar-se. **6** entristecer-se.

ad.do.me [add´ɔme] *sm* abdome.

ad.do.me.sti.ca.re [addomestik´are] *vt* **1** domesticar, domar, amansar. **2** *fig* educar. **3** acalmar. *vpr* **4** amansar-se. **5** familiarizar-se. *addomesticarsi con le vicinanze* familiarizar-se com as vizinhanças.

ad.do.me.sti.ca.to.re [addomestikat´ore] *sm* domador.

ad.do.mi.na.le [addomin´ale] *agg* abdominal.

ad.dor.men.ta.re [addorment´are] *vt* **1** adormecer. **2** *fig* entorpecer. **3** desanimar, esmorecer. *vpr* **4** adormecer. **5** *fig* entorpecer-se. **6** ficar preguiçoso. **addormentarsi sugli allori** *fig* dormir sobre os louros da vitória.

ad.dos.sa.re [addoss´are] *vt* **1** colocar em cima. **2** vestir. *addossare una camicia* / vestir uma camisa. **3** empilhar, amontoar. **4** imputar, incriminar. **5** incumbir, encarregar. *vpr* **6** encostar, apoiar-se. **7** *fig* assumir, encarregar-se de. *addossarsi la colpa* / assumir a culpa.

ad.dos.sa.ta [addoss´ata] *sf* prova (de roupa).

ad.dos.so [add´ɔsso] *avv* **1** em cima, acima. **2** ao lado, próximo. **3** às costas, nos ombros. **addosso a** a) em cima de, sobre. b) ao lado de, próximo a. c) às costas de, nos ombros de.

ad.dot.to.ra.re [addottor´are] *vt* **1** doutorar. *vpr* **2** doutorar-se, diplomar-se.

ad.dot.tri.na.re [addottrin´are] *vt* **1** doutrinar. **2** instruir, ensinar.

ad.dur.re [add´ure] *vt* **1** alegar, citar. **2** trazer. **3** *Giur* apresentar. *addurre prove* / apresentar provas.

a.de.gua.re [adeg´ware] *vt* **1** adequar, adaptar. **2** igualar. *vpr* **3** adequar-se, adaptar-se. **4** igualar-se. **adeguare al suolo** demolir.

a.de.gua.to [adeg´wato] *agg* adequado, apropriado, conveniente.

a.dem.pie.re [ad´empjere] *vt+vi* **1** cumprir. *adempiere un obbligo* (ou *ad un obbligo*) / cumprir uma obrigação. **2** executar. *adempiere le procedure* (ou *alle proce-*

dure) / executar os procedimentos. *vpr* **3** realizar-se, acontecer, cumprir-se. *si adempì la profezia* / cumpriu-se a profecia. *Var: adempire.*

O verbo **adempiere** e sua variante **adempire** podem ser usados com ou sem a preposição **a**, como nos exemplos das acepções **1** e **2**.

a.dem.pi.re [ademp´ire] *vt V adempiere.* Veja nota em **adempiere**.

a.dep.to [ad´ɛpto] *sm* **1** adepto. **2** partidário, membro, afiliado.

a.de.ren.te [ader´ɛnte] *sm* adepto, associado, afiliado. • *agg* **1** aderente. **2** estreito, apertado. *vestito aderente* / vestido apertado.

a.de.ren.za [ader´ɛntsa] *sf* **1** aderência. **2** *fig* adesão, participação. **3 aderenze** *pl fig* relações sociais, amizades.

a.de.ri.re [ader´ire] *vi* **1** aderir. **2** aprovar, concordar. **3** associar-se, participar.

a.de.sio.ne [adez´jone] *sf* **1** adesão. **2** apoio, aprovação. **3** participação.

a.de.si.vo [adez´ivo] *sm+agg* adesivo.

a.des.so [ad´ɛsso] *avv* agora, neste momento, já. **adesso adesso** agora mesmo. **in adesso** nos dias de hoje, hoje em dia.

a.dia.cen.te [adjatʃ´ɛnte] *agg* adjacente, contíguo.

a.dia.cen.za [adjatʃ´ɛntsa] *sf* **1** adjacência, proximidade. **2 le adiacenze** *pl* as adjacências.

a.di.ra.re [adir´are] *vt* **1** irar, enfurecer. *vpr* **2** enfurecer-se, irritar-se, zangar-se.

a.do.le.scen.te [adoleʃ´ɛnte] *s+agg* adolescente.

a.do.le.scen.za [adoleʃ´ɛntsa] *sf* adolescência.

a.dom.bra.re [adombr´are] *vt* **1** sombrear, assombrear. **2** escurecer. **3** esboçar. **4** *fig* esconder, ocultar, dissimular, mascarar. **5** simbolizar. *vi* **6** escurecer (tempo). *vpr* **7** ofender-se, magoar-se. **8** assustar-se. *il cavallo si adombra facilmente* / o cavalo se assusta facilmente.

a.do.pe.ra.re [adoper´are] *vt* **1** usar, empregar. **2** valer-se de, servir-se de. **3** gastar. *vpr* **4** esforçar-se, empenhar-se.

a.do.ra.bi.le [ador´abile] *agg* adorável, encantador.

a.do.ra.re [ador´are] *vt* adorar, venerar, reverenciar.

a.dor.na.men.to [adornam´ento] *sm* adorno, enfeite, ornamento.

a.dor.na.re [adorn´are] *vt* **1** adornar, enfeitar, embelezar. *vpr* **2** enfeitar-se.

a.dot.ta.re [adott´are] *vt* **1** adotar. **2** usar, empregar. **3** escolher, preferir. **4** *fig* aceitar, reconhecer.

a.dot.tivo [adott´ivo] *agg* adotivo.

a.do.zio.ne [adots´jone] *sf* **1** adoção. **2** emprego, utilização. **3** escolha. **4** *fig* aceitação, reconhecimento.

a.dre.na.li.na [adrenal´ina] *sf* adrenalina.

a.du.la.re [adul´are] *vt* **1** adular, bajular. **2** *pop* lamber. **3** *volg* puxar o saco.

a.du.la.zio.ne [adulats´jone] *sf* **1** adulação, lisonja, bajulação. **2** *volg* puxação de saco.

a.dul.te.ra.re [adulter´are] *vt* **1** adulterar, falsificar. **2** *fig* corromper, estragar.

a.dul.te.ri.no [adulter´ino] *agg* **1** adulterino, ilegítimo, bastardo. **2** *fig* falso, falsificado.

a.dul.te.rio [adult´ɛrjo] *sm* adultério.

a.dul.te.ro [ad´ultero] *sm+agg* adúltero, infiel.

a.dul.to [ad´ulto] *sm+agg* adulto.

a.du.nan.za [adun´antsa] *sf* reunião, assembleia, conselho.

a.du.na.re [adun´are] *vt* **1** reunir, juntar. **2** convocar. *vpr* **3** reunir-se. *i membri si adunano ogni settimana* / os membros se reúnem toda semana.

a.dun.co [ad´unko] *agg* **1** adunco. **2** aquilino.

a.e.ra.re [aer´are] *vt* arejar, ventilar.

a.e.re.o [a´ɛreo] *sm* **1** avião. **2** *Elett* antena externa de rádio. • *agg* **1** aéreo. **2** *fig* inconsistente, infundado, vão. **3** sublime, elevado. **aereo a reazione** avião a jato. **per aereo** de avião.

a.e.ro.di.na.mi.co [aerodin´amiko] *agg* aerodinâmico.

a.e.ro.li.ne.a [aerol´inea] *sf* linha aérea.

a.e.ro.nau.ta [aeron´awta] *s* aeronauta, aviador.

a.e.ro.nau.ti.ca [aeron´awtika] *sf* aeronáutica.

a.e.ro.pla.no [aeropl´ano] *sm* avião, aeroplano.

a.e.ro.por.to [aeropˈɔrto] *sm* aeroporto.
a.e.ro.sol [aerosˈɔl] *sm* aerossol: a) inalação de medicamentos. b) vaporização de líquidos.
a.e.ro.sta.zio.ne [aerostatsˈjone] *sf V aeroporto*.
a.fa [ˈafa] *sf* **1** mormaço. **2** calor sufocante. **3** *fig* tédio, aborrecimento.
af.fa.bi.le [affˈabile] *agg* **1** afável, cortês. **2** bondoso.
af.fac.cen.da.to [affattʃendˈato] *agg* **1** ocupado, atarefado. **2** apressado.
af.fac.cia.re [affattʃˈare] *vt* **1** mostrar à janela. **2** apresentar. **3** declarar. *affacciare intenzioni, motivi* / declarar intenções, motivos. *vpr* **4** mostrar-se. **5** *fig* manifestar-se.
af.fa.ma.to [affamˈato] *agg* esfomeado, faminto.
af.fan.na.re [affannˈare] *vt* **1** causar afã. **2** fazer trabalhar. **3** *fig* afligir, atormentar. *vpr* **4** *fig* afligir-se, atormentar-se.
af.fan.no [affˈanno] *sm* **1** arquejo. **2** afã, ânsia.
af.fa.re [affˈare] *sm* **1** negócio. **2** serviço. **3** assunto. **4** coisa. **5** **affari** *pl* afazeres. **affare di Stato** a) negócio de Estado. b) *iron* coisa insignificante. **affare da nulla** nada. **affare imbrogliato** bicho de sete cabeças, enguiço, complicação. **che affare è questo?** o que é isso? **essere al corrente dell'affare** estar por dentro do assunto. **è un altro affare** é outra coisa. **è un bell'affare!** *iron* que chateação! **non è affare** a) não é bom negócio. b) não convém. **non è affare mio** não é da minha conta. **qui sta l'affare** esse é o ponto! **uomini di male affare** homens maus.
af.fa.ro.ne [affarˈone] *sm aum* pechincha, negócio da China.
af.fa.sci.na.re [affaʃinˈare] *vt* **1** fascinar. **2** encantar. **3** enfeitiçar. **4** *fig* deslumbrar.
af.fa.ti.ca.men.to [affatikamˈento] *sm* cansaço, fadiga.
af.fa.ti.ca.re [affatikˈare] *vt* **1** cansar. *vpr* **2** cansar-se.
af.fat.to [affˈatto] *avv* totalmente, completamente. **niente affatto!** absolutamente! de jeito nenhum!
af.fer.ma.re [affermˈare] *vt* **1** afirmar, confirmar. *vpr* **2** afirmar-se, fortalecer-se.
af.fer.ma.ti.vo [affermatˈivo] *agg* afirmativo.
af.fer.ma.zio.ne [affermatsˈjone] *sf* afirmação.
af.fer.ra.re [afferˈare] *vt* **1** agarrar, pegar, prender, segurar, apanhar. *vpr* **2** apegar-se, agarrar-se, entregar-se. **afferrare l'occasione** *fig* aproveitar a oportunidade.
af.fet.ta.re [affettˈare] *vt* **1** fatiar, afatiar, cortar em fatias. *affettare il pomodoro* / fatiar o tomate. **2** afetar, simular, posar de, fingir. *affettare indifferenza* / fingir indiferença. **3** exibir, ostentar. **4** *fig* cortar, matar. *vpr* **5** afetar-se. **6** *pop* embonecar-se.
af.fet.ta.to [affettˈato] *agg* afetado, pretensioso.
af.fet.ta.zio.ne [affettatsˈjone] *sf* **1** afetação, pretensão. **2** fingimento, falsidade.
af.fet.ti.vo [affettˈivo] *agg* afetivo.
af.fet.to [affˈɛtto] *sm* afeto, amor, afeição, carinho. • *agg* **1** carregado. **2** *Med* atacado. **affetto di madre** amor materno.
af.fet.tu.o.so [affettuˈozo] *agg* afetuoso, amoroso, carinhoso.
af.fe.zio.na.men.to [affetsjonamˈento] *sm* afeição, afeto.
af.fe.zio.na.re [affetsjonˈare] *vt* **1** afeiçoar. *vpr* **2** afeiçoar-se, gostar de. Veja nota em **gostar**.
af.fe.zio.ne [affetsˈjone] *sf* **1** afeição, amor, benevolência. **2** *Med* afecção.
af.fi.da.re [affidˈare] *vt* **1** confiar, entregar. *vpr* **2** ter confiança, fiar-se.
af.fie.vo.li.re [affjevolˈire] *vi* **1** enfraquecer, atenuar, fazer perder a energia. *vpr* **2** debilitar-se.
af.fig.ge.re [affˈiddʒere] *vt* afixar, pregar.
af.fi.la.re [affilˈare] *vt* **1** enfileirar. **2** afiar, amolar, apontar.
af.fi.la.to [affilˈato] *agg* **1** afilado. *naso affilato* / nariz afilado. **2** afiado, amolado. *coltello affilato* / faca afiada. **3** delgado, magro. **lingua affilata** língua ferina.
af.fi.lia.re [affilˈjare] *vt* **1** afiliar, filiar. *vpr* **2** afiliar-se, filiar-se.
af.fi.lia.zio.ne [affiljatsˈjone] *sf* afiliação. *affiliazione ad una società* / afiliação a uma sociedade.

af.fi.na.re [affin´are] *vt* **1** afinar. **2** *fig* melhorar, aperfeiçoar, purificar, refinar.
af.fin.ché [affink´e] *cong* para que, a fim de que, porque.
af.fi.ne[1] [aff´ine] *s+agg* afim, semelhante.
af.fi.ne[2] [aff´ine] ou **a fine** *cong* a fim de que, para que. **affine di** a fim de, para.
af.fi.ni.tà [affinit´a] *sf* afinidade, semelhança, analogia.
af.fio.ca.men.to [affjokam´ento] *sm* **1** enfraquecimento. **2** *fig* rouquidão.
af.fio.ca.re [affjok´are] *vi* **1** enfraquecer, debilitar. **2** *fig* emudecer, perder a voz.
af.fis.sa.men.to [affissam´ento] *sm* **1** olhar fixo, atenção. **2** fixação. **3** *fig* obstinação.
af.fis.sa.re [affiss´are] *vt* **1** fixar, pregar. **2** fitar, olhar fixamente. **3** *fig* teimar.
af.fis.so [aff´isso] *sm* **1** cartaz, edital. **2** *Gramm* afixo.
af.fit.ta.re [affitt´are] *vt* alugar. **affittasi** aluga-se.
af.fit.to [aff´itto] *sm* aluguel. **in affitto** alugado.

Affitto é mais comumente usado para indicar o aluguel de bens imóveis, como casas. Para o aluguel dos demais tipos de bens, usa-se **fitto**[2].

af.fit.tu.a.rio [affittu´arjo] *sm* inquilino, locatário. • *agg* de aluguel, de locação.
af.flig.ge.re [affl´iddʒere] *vt* **1** afligir, angustiar. **2** fazer sofrer, torturar. *vpr* **3** afligir-se, sofrer, preocupar-se.
af.flit.to [affl´itto] *agg* aflito, angustiado, atormentado.
af.fli.zio.ne [afflits´jone] *sf* aflição, angústia, ânsia, sofrimento.
af.fluen.za [affl´wɛntsa] *sf* **1** afluência, convergência. **2** multidão.
af.flu.i.re [afflu´ire] *vt* afluir, convergir.
af.flus.so [affl´usso] *sm Med* afluxo, fluxo.
af.fo.ga.men.to [affogam´ento] *sm* afogamento, sufocação.
af.fo.ga.re [affog´are] *vt* **1** afogar, sufocar. **2** ensopar, mergulhar. *affogare alimenti* / ensopar alimentos. **3** *fig* abafar, esquecer. *vi* **4** morrer afogado, sufocar. **5** *fig* sentir-se oprimido. *vpr* **6** afogar-se.

Affogare também se usa em sentido figurado. *affogare le tristezze nella bibita* / afogar as tristezas na bebida.

af.fo.ga.to [affog´ato] *sm+agg* afogado. **casa affogata** casa escura. **voce affogata** voz abafada.
af.fol.la.men.to [affollam´ento] *sm* multidão, afluência, aglomeração.
af.fol.la.re [affoll´are] *vt* **1** apinhar, aglomerar, encher. *vpr* **2** apinhar-se, aglomerar-se.
af.fon.da.men.to [affondam´ento] *sm* afundamento, submersão, naufrágio.
af.fon.da.re [affond´are] *vt* **1** afundar, submergir. **2** ir a pique (navio). **3** enterrar. **4** *fig* arruinar. *vi* **5** afundar. **6** submergir. **7** naufragar. **8** aprofundar-se.
af.fon.do [aff´ɔndo] *avv* a fundo.
af.fos.sa.men.to [affossam´ento] *sm* vala, escavação.
af.fos.sa.re [affoss´are] *vt* **1** encovar, escavar. **2** afundar, enterrar. **3** *fig* levar à falência.
af.fos.sa.to [affoss´ato] *agg* encovado, côncavo.
af.fran.ca.re [affrank´are] *vt* **1** libertar. **2** resgatar. **3** selar. *affrancare lettere* / selar cartas. **4** *fig* eximir, isentar. *affrancare qualcuno da un obbligo* / isentar alguém de uma obrigação. *vpr* **5** libertar-se. **6** criar coragem.
af.fran.to [affr´anto] *agg* abatido, desesperado, triste.
af.fra.tel.la.re [affratell´are] *vt* **1** confraternizar, irmanar. *vpr* **2** confraternizar-se, unir-se.
af.fre.sco [affr´ɛsko] *sm Pitt* afresco.
af.fret.ta.men.to [affrettam´ento] *sm* pressa.
af.fret.ta.re [affrett´are] *vt* **1** apressar, acelerar. *vpr* **2** apressar-se, fazer às pressas.
af.fron.ta.men.to [affrontam´ento] *sm* agressão, ataque.
af.fron.ta.re [affront´are] *vt* **1** atacar, investir. **2** enfrentar. *affrontare un pericolo* / enfrentar um perigo. **3** examinar, abordar. *affrontare un argomento* / examinar um assunto.
af.fron.to [affr´ɔnto] *sm* afronta, ataque, ofensa, insulto.

O termo **affronto** é usado tanto para palavras quanto para atos ofensivos.

af.fu.mi.ca.re [affumik´are] *vt* **1** defumar. *affumicare pesci* / defumar peixes. **2** esfumaçar, encher de fumaça.

a.fo.no [´afono] *agg Med* afônico.
a.fri.ca.no [afrik´ano] *sm+agg* africano.
a.fro.di.si.a.co [afrodiz´iako] *sm+agg* afrodisíaco.
af.ta [´afta] *sf Med* afta.
a.ga.ta [´agata] *sf Min* ágata.
a.gen.da [adʒ´ɛnda] *sf* **1** agenda, caderneta de anotações. **2** *fig* calendário, diário.
a.gen.te [adʒ´ɛnte] *sm* **1** agente. **2** causa, fator. **3** *fig* encarregado. **4** representante. **5** mediador. **6** intermediário. **7** vendedor. • *agg* agente. **agente di cambio** agente de câmbio, cambista. **agente di polizia** policial. **agente investigativo** investigador de polícia. **agente segreto** agente secreto.
a.gen.zi.a [adʒents´ia] *sf* agência, filial.
a.ge.vo.la.re [adʒevol´are] *vt* **1** favorecer, facilitar. **2** auxiliar, ajudar, apoiar.
a.ge.vo.le [adʒ´evole] *agg* fácil, simples, cômodo. **all'agevole** a) discretamente. b) com facilidade.
a.ge.vo.lez.za [adʒevol´ettsa] *sf* facilidade, prontidão, facilitação.
ag.gan.cia.re [aggantʃ´are] *vt* **1** enganchar, prender. **2** *fig* bloquear, deter. **3** contatar, entrar em contato com.
ag.get.ti.vo [addʒett´ivo] *sm Gramm* adjetivo.
ag.ghiac.cia.re [aggjattʃ´are] *vt* **1** congelar, gelar. **2** *fig* espantar, aterrorizar. *vi* **3** congelar. *vpr* **4** congelar-se. **5** *fig* espantar-se, aterrorizar-se.
ag.gio [´addʒo] *sm* ágio. Veja nota em **agio**.
ag.gior.na.men.to [addʒornam´ento] *sm* **1** adiamento. **2** demora, atualização.
ag.gior.na.re [addʒorn´are] *vt* **1** adiar, procrastinar. *aggiornare l'intervista* / adiar a entrevista. **2** atualizar, modernizar. *aggiornare un prodotto* / modernizar um produto. *vpr* **3** atualizar-se, manter-se informado. *il medico ha bisogno di aggiornarsi* / o médico precisa se atualizar.
ag.gio.tag.gio [addʒot´addʒo] *sm* agiotagem.
ag.gio.ta.to.re [addʒotat´ore] *sm* agiota.
ag.gi.ra.men.to [addʒiram´ento] *sm* **1** rodeio, volta, giro. **2** *fig* embuste, engano.
ag.gi.ra.re [addʒir´are] *vt* **1** rodear, circundar. **2** *fig* evitar, esquivar-se. **3** enganar. **4** *Mil* cercar. *vpr* **5** vagar, vagabundear. **6** aproximar-se (valor).
ag.giun.ge.re [addʒ´undʒere] *vt* **1** acrescentar, agregar, juntar. **2** misturar. **3** inserir. **4** aumentar.
ag.giun.ta [addʒ´unta] *sf* **1** aumento, adição, acréscimo. **2** complemento, suplemento.
ag.giu.sta.men.to [addʒustam´ento] *sm* **1** ajuste. **2** (anche *fig*) acordo, reparação.
ag.giu.sta.re [addʒust´are] *vt* **1** ajustar, corrigir, retificar, acertar. **2** adaptar. **3** colocar ordem em, arrumar. *vpr* **4** acomodar-se, arranjar-se. **aggiustare i conti** ajustar as contas.
ag.glo.me.ra.re [agglomer´are] *vt* **1** aglomerar, reunir. *vpr* **2** amontoar-se, apinhar-se
ag.glu.ti.na.re [agglutin´are] *vt* aglutinar.
ag.gran.di.men.to [aggrandim´ento] *sm* engrandecimento.
ag.gran.di.re [aggrand´ire] *vt* **1** engrandecer, aumentar. *vpr* **2** engrandecer-se, exibir-se.
ag.gra.van.te [aggrav´ante] *sf+agg* agravante.
ag.gra.va.re [aggrav´are] *vt* **1** agravar, piorar. **2** carregar, sobrecarregar. **3** culpar, imputar. *vpr* **4** agravar-se, piorar. *la malattia si aggravò* / a doença se agravou.
ag.gra.vio [aggr´avjo] *sm* **1** acréscimo, sobrecarga (de impostos). **2** imposto, tributo, taxa. **3** agravo. **4** dano. **5** injúria.
ag.gre.di.re [aggred´ire] *vt* **1** agredir, atacar, provocar. **2** *fig* ofender.
ag.gre.ga.re [aggreg´are] *vt* agregar.
ag.gre.ga.to [aggreg´ato] *sm* conglomerado, aglomerado, conjunto.
ag.gres.sio.ne [aggress´jone] *sf* **1** agressão, ataque, ofensa. **2** assalto.
ag.gres.si.vo [aggress´ivo] *agg* **1** agressivo, violento. **2** *Chim* ácido, corrosivo.
ag.gres.so.re [aggress´ore] *sm* **1** agressor. **2** assaltante. **3** atacante.
ag.gro.vi.glia.re [aggroviλ´are] *vt* **1** emaranhar. **2** *fig* atrapalhar, confundir. *vpr* **3** emaranhar-se. **4** *fig* atrapalhar-se, ficar confuso.
ag.gru.mar.si [aggrum´arsi] *vpr* coalhar, coagular.

ag.grup.pa.men.to [aggruppam´ento] *sm* grupo, agrupamento.

ag.grup.pa.re [aggrupp´are] *vt* **1** agrupar, juntar. *vpr* **2** agrupar-se.

ag.guan.ta.re [aggwant´are] *vt* **1** apanhar, pegar, tomar, agarrar. **2** *fig* furtar, afanar, surrupiar.

ag.gua.to [aggw´ato] *sm* **1** emboscada, cilada. **2** *fig* traição, engano, armadilha.

a.gia.tez.za [adʒat´ettsa] *sf* bem-estar, riqueza, conforto, luxo.

a.gia.to [adʒ´ato] *agg* rico, abastado, opulento.

a.gi.le [´adʒile] *agg* **1** ágil, leve. **2** flexível (corpo). **3** vivaz, inteligente. *mente agile* / mente vivaz. **4** despachado, ativo (personalidade). **5** vivo, solto. *stile agile* / estilo vivo.

a.gio [´adʒo] *sm* **1** tempo disponível. **2** comodidade. **3 agi** *pl* riquezas, conforto.

A palavra **agio** em italiano não tem o mesmo significado de "ágio", em português.

a.gi.re [adʒ´ire] *vi* **1** agir, atuar. **2** comportar-se, conduzir-se. **agire da** a) atuar como. b) trabalhar de.

a.gi.ta.re [adʒit´are] *vt* **1** agitar, sacudir, abalar. **2** *fig* comover, excitar, perturbar. *vpr* **3** agitar-se, mover-se. **4** *fig* contorcer--se, debater-se. **5** inflamar-se, alterar-se, enfurecer-se.

a.gi.ta.to.re [adʒitat´ore] *sm* agitador, subversivo.

a.gi.ta.zio.ne [adʒitats´jone] *sf* **1** agitação. **2** abalo. **3** inquietação, excitação. **4** confusão.

a.glio [´aλo] *sm* alho. **spicchio di aglio** dente de alho. **testa di aglio** cabeça de alho.

a.gnel.lo [añ´ɛllo] *sm* cordeiro.

a.go [´ago] *sm* **1** agulha. **2** ferrão. **3** indicador (de um instrumento). **4** ponteiro (de relógio). **5** *Min* cristal longo e fino. **ago da calza** agulha de tricô. **ago da iniezione** agulha hipodérmica. **ago da rammendo** agulha para serzir. **ago da ricamo** agulha para bordado. **ago della bilancia** fiel da balança. **ago della bussola** a) bússola. b) *Naut* agulha de marear. **ago magnetico** agulha magnética. **essere l'ago della bilancia** ser regra geral. **infilare l'ago** passar a linha pelo buraco da agulha.

a.go.gna.re [agoñ´are] *vt* cobiçar, desejar, invejar.

a.go.ni.a [agon´ia] *sf* **1** agonia. **2** *fig* angústia, ânsia, sofrimento, tortura.

a.go.niz.za.re [agoniddz´are] *vi* agonizar.

a.go.pun.tu.ra [agopunt´ura] *sf Med* acupuntura.

a.go.sto [ag´osto] *sm* agosto.

a.gra.rio [agr´arjo] *agg* agrário.

a.gre.ste [agr´ɛste] *agg* **1** agreste, agrícola, campestre, rústico, rural. **2** *fig* bucólico.

a.grez.za [agr´ettsa] *sf* acidez, azedume.

a.gri.co.lo [agr´ikolo] *agg* agrícola.

a.gri.col.to.re [agrikolt´ore] *sm* **1** agricultor, camponês. **2** fazendeiro.

a.gri.col.tu.ra [agrikolt´ura] *sf* agricultura, cultivo.

a.gri.men.so.re [agrimens´ore] *sm* agrimensor.

a.gri.men.su.ra [agrimens´ura] *sf* agrimensura.

a.gro [´agro] *sm* **1** campo. **2** sumo (de frutas cítricas). **3** *fig* tristeza, pesar. • *agg* **1** ácido, azedo, áspero. **2** inoportuno. **3** severo, pungente. **4** sarcástico. *il bambino rispose con un tono agro* / o menino respondeu com um tom de voz sarcástico.

a.gro.dol.ce [agrod´oltʃe] *agg* agridoce, agro-doce. • *sm* molho de açúcar, limão e vinagre.

a.gro.no.mi.a [agronom´ia] *sf* agronomia.

a.gro.no.mo [agr´ɔnomo] *sm* agrônomo.

a.gru.me [agr´ume] *sm* **1** acidez. **2** *fig* aborrecimento, coisa tediosa. **gli agrumi** frutas cítricas.

a.guz.za.re [agutts´are] *vt* **1** aguçar, apontar, afiar. **2** *fig* estimular, excitar.

a.guz.zo [ag´uttso] *agg* aguçado, agudo, pontudo.

ah [´a] *int* ah! **ah ah!** ah ah!

Ah! em italiano serve para exprimir dor, espanto, desdém, ameaça etc. **Ah! Ah!** é o simples riso. Veja outra nota em **h** (italiano).

a.hi [´ai] *int* ai! ui!

a.hi.mè [aim´ɛ] *int* ai de mim! Veja outra nota em **h** (italiano).

AIDS [ajdi´ɛse] *sf* AIDS.
ai.tan.te [ajt´ante] *agg* robusto, imponente, forte, atlético.
a.iuo.la [a´jwɔla] *sf* canteiro (de flores).
a.iu.tan.te [ajut´ante] *sm+agg* ajudante.
a.iu.ta.re [ajut´are] *vt* **1** auxiliar, ajudar, assistir, colaborar com. **2** apoiar, sustentar. **3** facilitar, favorecer. *vpr* **4** ajudar-se. **5** valer-se de, servir-se de. **aiutare la barca** *fig* cooperar. **che Dio ti aiuti!** Deus te ajude! **chi si aiuta, Dio l'aiuta** Deus ajuda a quem se ajuda. **Dio mi aiuti!** valha-me Deus!
a.iu.ta.to.re [ajutat´ore] *sm+agg* ajudante.
a.iu.to [a´juto] *sm* ajuda, auxílio. **aiuto!** socorro!
aiz.za.re [ajddz´are] *vt* **1** instigar. **2** incitar, provocar.
a.la [´ala] *sf* **1** asa. **2** parte. **3** fileira, flanco. *le ale di un esercito* / as fileiras de um exército. **4** ala. *le ale di un edifizio* / as alas de um edifício. **5** facção, partido. **6** aba (de chapéu). **ala destra** *Calc* meia-direita. **ala sinistra** *Calc* meia--esquerda. **avere le ali ai piedi** correr muito. **fare ala** a) perfilar-se (tropas). b) dar passagem. c) abrir alas. **sotto le ali di** a) com a proteção de. b) *fam* debaixo da saia de.

Atenção para os plurais desta palavra: no sentido de "asa", diz-se **le ali** "as asas"; nos outros sentidos, diz-se **le ale** "as partes", "as fileiras", "as alas", "os partidos" etc.

a.la.cre [´alakre] *agg* **1** jovial, animado, ativo, vigoroso. **2** incansável. **3** cuidadoso, diligente.
a.la.cri.tà [alakrit´a] *sf* vigor, entusiasmo.
a.la.to [al´ato] *agg* **1** alado, voador. **2** *fig* lírico, poético, sublime.
al.ba [´alba] *sf* **1** alvorada, aurora. **2** *fig* início, origem.
al.ba.gi.a [albadʒ´ia] *sf* orgulho, presunção, altivez, arrogância.
al.beg.gia.men.to [albeddʒam´ento] *sm* alvorecer, alvorada.
al.beg.gia.re [albeddʒ´are] *vi* alvorecer.
al.be.ra.re [alber´are] *vt* **1** arborizar. **2** *Naut* colocar mastros (em navio). **3** hastear. *alberare la bandiera* / hastear a bandeira.
al.be.re.to [alber´eto] *sm* arvoredo.
al.ber.ga.re [alberg´are] *vt* **1** hospedar, alojar. **2** agasalhar. **3** asilar. **4** *fig* acolher. **5** nutrir. *albergare in petto un sentimento* / nutrir no peito um sentimento. *vi* **6** (anche *fig*) morar, residir, alojar-se. *il senso di dovere alberga in tutti* / o senso de dever reside em todos.
al.ber.ga.to.re [albergat´ore] *sm* **1** hoteleiro. **2** hospedeiro. **3** proprietário.
al.ber.go [alb´ɛrgo] *sm* **1** hotel, pousada, albergue. **2** *fig* hospitalidade, abrigo, refúgio.
al.be.ro [´albero] *sm* **1** árvore. **2** *Naut* mastro. **albero di Natale** árvore de Natal. **albero genealogico/albero di famiglia** árvore genealógica. **dal frutto si conosce l'albero** um homem se conhece por suas obras.
al.bic.cio [alb´ittʃo] *agg* esbranquiçado.
al.bi.coc.ca [albik´ɔkka] *sf* damasco, abricó.
al.bi.coc.co [albik´ɔkko] *sm* damasqueiro, abricoteiro.
al.bi.no [alb´ino] *sm+agg* albino.
al.bo [´albo] *sm* **1** quadro de avisos. **2** lista, relação de pessoas. **3** álbum. • *agg* alvo, branco.
al.bo.re [alb´ore] *sm* alvor, alvura, brancura.
al.bum [´album] *sm* álbum, livro.
al.ca.li.no [alkal´ino] *agg Chim* alcalino.
al.ce [´altʃe] *sm* alce.
al.chi.mi.a [alkim´ia] *sf* **1** alquimia. **2** *fig* artifício, manobra.
al.chi.mi.sta [alkim´ista] *sm* alquimista.
al.co.li.co [alk´ɔliko] *agg* **1** alcoólico. **2** *fig* inebriante.
al.co.liz.za.re [alkoliddz´are] *vt* alcoolizar, embriagar, embebedar.
al.co.ol [´alkool] *sm* álcool.
Al.co.ra.no [alkor´ano] *sm V Corano*.
al.co.va [alk´ova] *sf* **1** alcova, leito. **2** *fig* vida sexual, vida privada.
al.cu.no [alk´uno] *agg* **1** algum, um. **2** **alcuni** *pl* alguns, uns. • *pron* alguém. **ad alcuno** para alguém.

Com **non** e **senza**, a palavra **alcuno** significa "nenhum", "ninguém": *non c'è alcuno* / não há ninguém. *senza alcun mistero* / sem nenhum mistério.

Alcuno, **ciascuno** e **nessuno**, antes de vogal ou consoante (exceto *s* impura, *z*, *ps*, *gn* e *x*), são escritos sem o "o" final: *alcun uomo* / algum homem. *alcun fatto* / algum fato. *ciascun uomo* / cada homem. *nessun fatto* / nenhum fato. Mas: *alcuno studente* / algum estudante. *ciascuno zio* / cada tio. *nessuno specchio* / nenhum espelho.
As formas femininas (**alcuna**, **ciascuna**, **nessuna**), antes de palavra que começa com vogal, escrevem-se **alcun'**, **ciascun'**, **nessun'**. *alcun'amica* / alguma amiga. *ciascun'erba* / cada erva. *nessun'arma* / nenhuma arma. Veja outra nota em **uma**.

al.di.là [aldil´a] *sm* além-túmulo, descanso eterno. • *avv* além, do outro lado.

a.le.a [´alea] *sf* risco, probabilidade, incógnita. **correre l'alea** correr o risco.

a.le.a.to.rio [aleat´ɔrjo] *agg* **1** aleatório. **2** incerto, vago. **3** arriscado.

a.leg.gia.re [aleddʒ´are] *vi* **1** esvoaçar. **2** *fig* pairar, estar no ar.

a.let.to.ne [alett´one] *sm Aer* aleta (dos aviões).

al.fa.be.ti.co [alfab´ɛtiko] *agg* alfabético.

al.fa.be.to [alfab´ɛto] *sm* **1** alfabeto, á-bê-cê, abecedário. **2** *fig* rudimentos, base.

al.fi.ne [alf´ine] *avv* afinal, finalmente, enfim.

al.ga [´alga] *sf* alga.

al.ge.bra [´aldʒebra] *sf* álgebra.

a.lian.te [al´jante] *sm Aer* planador.

a.li.bi [´alibi] *sm Giur* álibi.

a.li.ce [al´itʃe] *sf Zool* anchova.

a.lie.na.re [aljen´are] *vt* **1** alienar, ceder, transferir. **2** apartar, desviar. *vpr* **3** alienar-se.

a.lie.no [al´jɛno] *sm* extraterrestre. • *agg* **1** alheio, diferente, estranho. **2** distante. **3** contrário.

a.li.men.ta.re [aliment´are] *agg* alimentar. • *vt* **1** alimentar, nutrir. **2** fazer funcionar. *alimentare una macchina* / alimentar uma máquina. **3** *fig* sustentar, subsidiar. **4** fomentar, manter. *vpr* **5** alimentar-se.

a.li.men.to [alim´ento] *sm* **1** alimento, comida. **2** prato. **3 alimenti** *pl fig* provisões, mantimentos.

a.li.ne.a [al´inea] *sf Giur* alínea, linha de artigo.

a.li.quo.ta [al´ikwota] *sf* **1** *Comm* alíquota. **2** (anche *fig*) percentual, quota.

a.li.ta.re [alit´are] *vi* **1** soprar. *il vento alitava* / o vento soprava. **2** respirar.

a.li.to [´alito] *sm* **1** hálito, bafo. **2** sopro. **3** *fig* murmúrio, sussurro. **4** brisa. **5** respiração.

al.lac.cia.re [allattʃ´are] *vt* **1** enganchar. **2** enlaçar, atar. **3** unir. *allacciare pezzi* / unir peças. **4** estabelecer. *allacciare un rapporto* / estabelecer um relacionamento.

al.la.ga.men.to [allagam´ento] *sm* alagamento, inundação.

al.la.ga.re [allag´are] *vt* alagar, inundar, submergir.

al.lar.ga.men.to [allargam´ento] *sm* alargamento, dilatação.

al.lar.ga.re [allarg´are] *vt* **1** alargar. **2** difundir, propagar. **3** prolongar, estender. **4** *fig* desenvolver, abrir. *allargare le menti* / desenvolver as mentes. *vpr* **5** alargar-se, propagar-se. **allargare il cuore** confortar o coração. **allargare il freno** afrouxar o freio. **allargarsi con** abrir-se com, fazer confidências a.

al.lar.ma.re [allarm´are] *vt* **1** alarmar. **2** surpreender, assustar. *vpr* **3** alarmar-se, assustar-se.

al.lar.me [all´arme] *sm* alarme, rebate. **falso allarme** alarme falso.

al.lat.ta.men.to [allattam´ento] *sm* **1** amamentação, aleitamento. **2** *fig* criação.

al.lat.ta.re [allatt´are] *vt* amamentar, aleitar.

al.lat.ta.tri.ce [allattatr´itʃe] *sf* ama de leite.

al.le.an.za [alle´antsa] *sf* **1** aliança. **2** tratado, acordo. **3** coalizão.

al.le.a.re [alle´are] *vt* **1** aliar. *vpr* **2** aliar-se.

al.le.a.to [alle´ato] *sm+agg* aliado.

al.le.ga.re [alleg´are] *vt* **1** alegar. **2** amarrar, deixar seca (a boca). **3** incluir, anexar. *allegare documenti* / incluir documentos. **4** unir. **5** *Chim* amalgamar, ligar. *allegare metalli* / amalgamar metais.

al.le.ga.zio.ne [allegats´jone] *sf* **1** alegação, argumento. **2** *Chim* amalgamação, ligação.

al.leg.ge.ri.men.to [alleddʒerim´ento] *sm* alívio, conforto.

al.leg.ge.ri.re [alleddʒer´ire] *vt* **1** aliviar, atenuar. **2** *fig* simplificar, abrandar. *vpr* **3** aliviar-se, livrar-se. **4** vestir roupas leves.

al.le.go.ri.a [allegor´ia] *sf* **1** alegoria. **2** imagem, metáfora.

al.le.go.ri.co [alleg´ɔriko] *agg* **1** alegórico. **2** simbólico, metafórico.

al.le.gra.re [allegr´are] *vt* alegrar.

al.le.gri.a [allegr´ia] *sf* alegria, felicidade, contentamento, satisfação.

al.le.gro [all´egro] *sm Mus allegro.* • *agg* **1** alegre, feliz. **2** vivaz. **3** risonho. **donna allegra** mulher da vida. **tavola allegra** mesa farta.

al.le.lu.ia [allel´uja] *sm+int* aleluia.

al.le.na.men.to [allenam´ento] *sm* treinamento, preparação, instrução.

al.le.na.re [allen´are] *vt* **1** (anche *fig*) instruir, treinar, exercitar. **2** revigorar.

al.len.ta.re [allent´are] *vt* **1** afrouxar, desapertar. **2** acalmar. **3** alargar. **4** *fig* relaxar. *vpr* **5** tornar-se frouxo, alargar-se. **6** desapertar a roupa.

al.ler.gi.a [allerdʒ´ia] *sf* alergia, aversão.

al.le.sti.re [allest´ire] *vt* **1** aprontar, preparar, armar. **2** *Teat* representar.

al.let.ta.men.to [allettam´ento] *sm* **1** tentação. **2** atração, sedução.

al.let.ta.re [allett´are] *vt* **1** tentar. *i vizi ci allettavano* / os vícios nos tentavam. **2** despertar a cobiça. **3** atrair, seduzir. *questa proposta lo alletta* / esta proposta o seduz.

Allettare nunca significa "tentar fazer". Neste caso, usa-se **cercare di**: *lui cercò di arrivare presto* / ele tentou chegar cedo.

al.let.tan.te [allett´ante] *agg* **1** atraente, atrativo. **2** sedutor.

al.le.va.men.to [allevam´ento] *sm* **1** criadouro, criação. **2** aleitamento. **3** educação.

al.le.va.re [allev´are] *vt* **1** alimentar, nutrir. **2** educar, instruir. **3** criar. *allevare figli, animali* / criar filhos, animais.

al.le.via.re [allev´jare] *vt* **1** aliviar, atenuar. **2** *fig* simplificar.

al.lie.ta.re [alljet´are] *vt* **1** alegrar, animar. **2** *fig* embelezar.

al.lie.vo [all´jɛvo] *sm* **1** aluno, estudante. **2** discípulo. **3** cria. Veja nota em **aluno**.

al.li.gna.re [alliñ´are] *vi* **1** arraigar, desenvolver-se, crescer (vegetação). **2** *fig* difundir-se, proliferar.

al.li.ne.a.re [alline´are] *vt* **1** alinhar, enfileirar. *vpr* **2** alinhar-se, dispor-se em fileiras.

al.loc.co [all´ɔkko] *sm* **1** *Zool* mocho. **2** *fig* homem desajeitado e tolo.

al.lo.do.la [all´ɔdola] *sf Zool* cotovia.

al.lo.ga.re [allog´are] *vt* **1** dar lugar. **2** hospedar. **3** utilizar os serviços de alguém. **4** alugar.

al.log.gia.men.to [alloddʒam´ento] *sm V alloggio.*

al.log.gia.re [alloddʒ´are] *vt* **1** hospedar. **2** alojar, acolher, agasalhar. *vi* **3** residir, morar. *Paolo alloggia qui* / Paolo mora aqui.

al.log.gio [all´ɔddʒo] *sm* **1** alojamento. **2** *Mil* acampamento. *Sin: alloggiamento.*

al.lon.ta.na.re [allontan´are] *vt* **1** afastar. **2** mandar embora. **3** despedir, destituir. *allontanare un impiegato* / despedir um empregado. **4** distanciar, separar, apartar. *vpr* **5** afastar-se, partir. **6** *fig* isolar-se. *allontanarsi dal mondo* / isolar-se do mundo.

al.lo.pa.ti.a [allopat´ia] *sf* alopatia.

al.lop.pio [all´ɔppjo] *sm* ópio.

al.lo.ra [all´ora] *avv* então, naquele tempo. • *cong* **1** consequentemente. **2** portanto, por isso. **allora allora** agora há pouco. **d'allora in poi / d'allora innanzi** desde então. **fin d'allora** até então.

al.lor.ché [allork´e] *cong* quando.

al.lo.ro [all´ɔro] *sm* **1** *Bot* loureiro, louro. **2** **allori** *pl fig* louros, glórias, triunfos.

al.lor.quan.do [allork´wando] *cong* quando.

al.lu.ce [´allutʃe] *sm* **1** dedo grande do pé. **2** *pop* dedão.

al.lu.ci.na.re [allutʃin´are] *vt* **1** alucinar. *vpr* **2** enganar-se.

al.lu.ci.no.ge.no [allutʃin´ɔdʒeno] *sm* alucinógeno, entorpecente.

al.lu.de.re [all´udere] *vt* **1** aludir. **2** subentender. **3** referir-se a.

al.lu.mi.nio [allum´injo] *sm* alumínio.

al.lun.ga.men.to [allungam´ento] *sm* **1** alongamento, prolongamento. **2** demora. **3** aguagem, diluição (de líquidos).

al.lun.ga.re [allung´are] *vt* **1** alongar, prolongar. **2** dar, entregar, passar algo. **3** diluir, aguar (líquido). **4** prorrogar, demorar. *allungare il termine* / prorrogar o prazo. *vpr* **5** alongar-se. **6** crescer (em altura). **7** arrastar-se, demorar-se (no tempo). **allungare il collo** *fig* esperar muito tempo por alguma coisa. **allungare il muso** a) emagrecer. b) *fig* amuar-se. **allungare il passo** acelerar o passo. **allungare le orecchie** a) prestar atenção. b) *pop* ficar de antena ligada.

al.lu.sio.ne [alluz´jone] *sf* **1** alusão. **2** referência. **3** indício.

al.lu.vio.ne [alluv´jone] *sf* **1** aluvião. **2** alagamento, inundação. **3** enxurrada.

al.ma.nac.ca.re [almanakk´are] *vi* **1** meditar, refletir. **2** *pop* matutar. **3** *fig* fantasiar.

al.ma.nac.co [alman´akko] *sm* almanaque.

al.man.co [alm´anko] *avv V almeno.*

al.me.no [alm´eno] *avv* ao menos, pelo menos, no mínimo. *vieni a casa mia almeno una volta* / venha à minha casa pelo menos uma vez. *Sin: almanco.*

a.lo.ne [al´one] *sm Astron* halo.

al.pi.ni.smo [alpin´izmo] *sm* alpinismo.

al.pi.no [alp´ino] *agg* alpino.

al.quan.to [alk´wanto] *agg* **1** algum. **2** um pouco de. • *avv* **1** um tanto. **2** um pouco.

al.ta.le.na [altal´ena] *sf* **1** balanço. **2** *fig* revés.

Altalena, no sentido de balanço, refere-se ao brinquedo em que se senta para balançar.

al.ta.re [alt´are] *sm* altar. **porre sugli altari** venerar, exaltar.

al.te.ra.re [alter´are] *vt* **1** alterar, modificar, mudar. **2** adulterar, falsificar. **3** *fig* enervar, perturbar. *vpr* **4** alterar-se. **5** deteriorar-se, arruinar-se. **6** perturbar-se. **7** *fig* irritar-se.

al.ter.ca.re [alterk´are] *vi* questionar, discutir, debater.

al.ter.co [alt´ɛrko] *sm* **1** desacordo. **2** discussão, controvérsia. **3** disputa, litígio.

al.te.rez.za [alter´ettsa] *sf* **1** altivez. **2** dignidade.

al.ter.nan.za [altern´antsa] *sf* **1** alternância, revezamento. **2** *fig* altos e baixos.

al.ter.na.re [altern´are] *vt* **1** alternar. **2** (anche *fig*) espaçar, intercalar. *vpr* **3** alternar-se, revezar-se.

al.ter.na.ti.va [alternat´iva] *sf* alternativa, possibilidade.

al.ter.na.ti.vo [alternat´ivo] *agg* alternativo.

al.ter.no [alt´ɛrno] *agg* alternado.

al.te.ro [alt´ɛro] *agg* **1** altivo, orgulhoso. **2** majestoso, altaneiro. *Var: altiero.*

al.tez.za [alt´ettsa] *sf* **1** altura. **2** largura (de tecidos). **3** Alteza (título de nobreza). **4** *Geogr* altitude. **5** *fig* grandeza, nobreza.

al.tez.zo.so [altetts´ozo] *agg* presunçoso, orgulhoso.

al.tic.cio [alt´ittʃo] *agg* um pouco bêbado, alterado.

al.tie.ro [alt´jɛro] *agg V altero.*

al.ti.pia.no [altip´jano] *sm* altiplano, planalto.

al.ti.tu.di.ne [altit´udine] *sf* altitude.

al.to [´alto] *sm* **1** alto, altura. **2** cume, topo. • *agg* **1** alto, elevado. **2** profundo (lago, silêncio, sono). **3** ilustre, nobre. **4** caro (preço). **5** largo (tecido). **6** difícil (leitura). **7** superior. • *avv* **1** alto, altamente. **2** em lugar elevado. • *int* alto! **al più alto** quando muito, no máximo. **alto dal vino** bêbado. **alto là!** alto lá! **a testa alta** de cabeça erguida. **dall'alto in basso** de cima para baixo. **fare degli alti e bassi** ter altos e baixos. **guardare dall'alto in basso** olhar com desdém. **mare alto** mar agitado. **toni alti** *Mus* tons agudos.

al.to.ma.re [altom´are] *sm* alto-mar, mar aberto.

al.to.par.lan.te [altoparl´ante] *sm* alto-falante.

al.to.ri.lie.vo [altoril´jɛvo] *sm* alto-relevo.

al.tre.sì [altres´i] *avv* ainda, igualmente, também, da mesma forma.

al.tret.ta.le [altrett´ale] *agg* semelhante, parecido.

al.tret.tan.to [altrett´anto] *agg+avv* o mesmo, tanto quanto.

al.tri [´altri] *pron* outra pessoa, outrem. **altri che lei** só ela. **roba d'altri** o alheio.

al.trie.ri [altr´jεri] *avv* antes de ontem, anteontem.
al.tri.men.ti [altrim´enti] *avv* de outra forma, senão. **no, altrimenti!** absolutamente não! de jeito nenhum! **non ne parlerò altrimenti** não falarei mais disso.
al.tro [´altro] *agg* **1** outro. **2** diferente, novo. **3** restante. **4** anterior. **5** seguinte. • *pron* outra pessoa, outra coisa. • *avv* ainda, ainda mais, nada mais. **altro che!** com certeza! **è tutt'altro da quello che credevo** é bem diferente do que eu pensava. **gli altri** os outros. **ha altro a dire?** tem mais alguma coisa a dizer? **l'altr'anno** o ano passado. **l'altra settimana** na semana que vem. **l'altro giorno** outro dia. **nient'altro** nada mais. **non mancherebbe altro!** era só o que faltava! **più che altro** mais do que tudo. **qualcos'altro** algo mais. **se non altro** pelo menos, no mínimo. **senz'altro** certamente, sem dúvida. **senz'altro avviso** sem mais avisos. **tra le altre** entre outras coisas. **verrò un'altra volta** virei outra vez.
al.tron.de [altr´onde] *avv* **1** por outro lado. **2** aliás. **3** de outro lugar.
al.tro.ve [altr´ove] *avv* em outro lugar, alhures.
al.trui [altr´uj] *sm* o alheio, propriedade dos outros. • *agg+pron* dos outros, de outrem, alheio. **la casa altrui** a casa de outra pessoa.
al.tru.i.smo [altru´izmo] *sm* altruísmo, filantropia.
al.tu.ra [alt´ura] *sf* **1** colina, elevação. **2** ondulação. **3** (anche *fig*) proeminência, elevação.
a.lun.no [al´unno] *sm* **1** aluno, estudante. **2** discípulo. Veja nota em **aluno**.
al.ve.a.re [alve´are] *sm* colmeia.
al.ve.o [´alveo] *sm* leito de rio.
al.ve.o.lo [alv´εolo] *sm* alvéolo.
al.za.re [alts´are] *vt* **1** elevar, erguer, levantar. **2** hastear. *alzare la bandiera* / hastear a bandeira. **3** aumentar. *alzare il suono, i prezzi* / aumentar o som, os preços. **4** construir. *alzare un muro* / construir um muro. **5** erigir. *alzare un monumento* / erigir um monumento. *vpr* **6** levantar-se, erguer-se. **7** nascer (sol). **alzare il cane del fucile** engatilhar. **alzare il tacco** fugir. **alzare la voce** gritar. **alzare le carte** cortar o baralho. **alzare le corna** ficar orgulhoso. **alzare le spalle** dar de ombros. **alzare volo** levantar voo.
al.za.ta [alts´ata] *sf* **1** levantamento. **2** elevação.
a.ma.bi.le [am´abile] *agg* **1** amável. **2** agradável. **3** cordial, simpático. **4** doce (vinho).
a.ma.ca [am´aka] *sf* **1** rede para dormir. **2** *Naut* maca, cama suspensa dos marinheiros.
a.mal.ga.ma [am´algama] *sm* amálgama, mistura.
a.mal.ga.ma.re [amalgam´are] *vt* **1** amalgamar, fundir, misturar. **2** incorporar.
a.man.te [am´ante] *s* **1** amante. **2** companheiro, parceiro. **3** amásio. **4** *pop* o outro. **5** companheira, parceira. **6** concubina, amásia. **7** *pop* a outra. • *agg* amante, apaixonado.
a.ma.re [am´are] *vt* **1** amar. **2** gostar de, querer bem a. *vi* **3** amar. **4** estar apaixonado. *vpr* **5** amar-se.
a.ma.reg.gia.re [amaredd3´are] *vt* amargurar, amargar, afligir, entristecer, fazer sofrer.
a.ma.rez.za [amar´ettsa] *sf* **1** amargor. **2** *fig* amargura, tristeza, angústia, desilusão.
a.ma.ro [am´aro] *sm* **1** licor digestivo. **2** *fig* amargura, desilusão. • *agg* **1** amargo. **2** *fig* doloroso, penoso, triste.
a.mar.ra [am´ar̄a] *sf Naut* amarra.
a.ma.sio [am´azjo] *sm* (*f* **amasia**) amante, amásio.
a.ma.to.re [amat´ore] *sm* amante, apaixonado.
a.maz.zo.ne [am´addzone] *sf* **1** *Mit* amazona. **2** *Sp* amazona, cavaleira. **3** *fig* mulher forte.
am.ba.scia.ta [ambaʃ´ata] *sf* **1** embaixada. **2** (anche *fig*) delegação, representação. **3** mensagem.
am.ba.scia.to.re [ambaʃat´ore] *sm* **1** embaixador. **2** (anche *fig*) encarregado, mensageiro.
am.be.du.e [ambed´ue] *pron f pl* ambas, as duas, uma e outra.

am.bi.de.stro [ambid´ɛstro] *agg* ambidestro.
am.bi.du.e [ambid´ue] *pron m pl* ambos, os dois, um e outro.
am.bien.ta.re [ambjent´are] *vt* **1** ambientar, adaptar, harmonizar. **2** situar (uma história). *vpr* **3** ambientar-se, adaptar-se, habituar-se.
am.bien.te [amb´jɛnte] *sm* **1** ambiente. **2** nicho ecológico. **3** cômodo, quarto. *gli ambienti di una casa* / os cômodos de uma casa. **4** *fig* território. **5** círculo, grupo.
am.bi.guo [amb´igwo] *agg* **1** ambíguo, dúbio. **2** suspeito. **3** enigmático, misterioso.
am.bi.re [amb´ire] *vt* ambicionar, aspirar a.
am.bi.to [´ambito] *sm* **1** âmbito. **2** (anche *fig*) ambiente, setor, região. **3** campo, esfera.
am.bi.zio.ne [ambits´jone] *sf* **1** ambição. **2** (anche *fig*) objetivo. **3** desejo, sede, vontade.
am.bi.zio.so [ambits´jozo] *agg* **1** ambicioso. **2** *fig* pretensioso, grandioso. *progetto ambizioso* / projeto grandioso.
am.bra [´ambra] *sf* âmbar.
am.bu.lan.za [ambul´antsa] *sf* ambulância.
am.bu.la.to.rio [ambulat´ɔrjo] *sm+agg* ambulatório.
a.men [´amen] *int* amém.
a.me.ni.tà [amenit´a] *sf* **1** amenidade. **2** *fig* brincadeira, graça.
a.me.no [am´eno] *agg* **1** ameno, agradável. **2** alegre, cômico, curioso, divertido. **3** aprazível, acolhedor, sereno (local).
a.me.ri.ca.no [amerik´ano] *s+agg* americano.
a.me.ti.sta [amet´ista] *sf Min* ametista.
a.mian.to [am´janto] *sm Min* amianto.
a.mi.che.vo.le [amik´evole] *agg* **1** amigável. **2** benévolo, benigno. **partita amichevole** *Sp* jogo amistoso.
a.mi.ci.zia [amitʃ´itsja] *sf* **1** amizade. **2** *fig* cordialidade, simpatia. **3** camaradagem, familiaridade. **4** afeto. **5** afinidade. **6** atração. **7** consideração, estima. **8 amicizie** *pl fig* a) pessoas influentes. b) *pop* pistolão. **fare amicizia con** fazer amizade com.
a.mi.co [am´iko] *sm* **1** amigo, companheiro, aliado. **2** *fig* amante.
a.mi.do [´amido] *sm* **1** amido. **2** goma para roupas. **dare l'amido** engomar.
a.mig.da.la [am´igdala] *sf* amígdala.
a.mi.stà [amist´a] *sf* **1** amizade. **2** união.
am.mac.ca.re [ammakk´are] *vt* **1** achatar. **2** deformar. **3** pisotear.
am.ma.e.stra.re [ammaestr´are] *vt* **1** amestrar, adestrar. **2** instruir, ensinar, doutrinar.
am.mai.na.re [ammajn´are] *vt* recolher, descer. *ammainare le vele, la bandiera* / recolher as velas, a bandeira. **ammainare la bandiera** *fig* jogar a toalha, dar-se por vencido.
am.ma.lar.si [ammal´arsi] *vpr* adoecer.
am.ma.la.tic.cio [ammalat´ittʃo] *agg* **1** meio doente, adoentado. **2** *fam* doentinho.
am.ma.la.to [ammal´ato] *sm+agg* doente, enfermo.
am.ma.lia.men.to [ammaljam´ento] *sm* encantamento, feitiço.
am.ma.lia.re [ammal´jare] *vt* **1** enfeitiçar. **2** *fig* encantar, conquistar, seduzir, fascinar.
am.ma.net.ta.re [ammanett´are] *vt* **1** algemar. **2** (anche *fig*) agarrar, prender, aprisionar.
am.ma.nie.ra.to [ammanjer´ato] *agg* afetado, fingido, presunçoso.
am.man.sa.re [ammans´are] *vt* **1** amansar, domesticar. **2** (anche *fig*) abrandar, acalmar, aplacar.
am.man.ta.re [ammant´are] *vt* **1** cobrir, encobrir. **2** *fig* dissimular, velar, ofuscar.
am.mas.sa.re [ammass´are] *vt* **1** amontoar, acumular, juntar. *vpr* **2** reunir-se, juntar-se.
am.mas.so [amm´asso] *sm* **1** acúmulo, amontoado, pilha. **2** confusão. **3** multidão, tropel.
am.mat.ti.re [ammatt´ire] *vi* enlouquecer.
am.mat.to.na.re [ammatton´are] *vt* ladrilhar.
am.maz.za.re [ammatts´are] *vt* **1** assassinar, matar, trucidar. *ammazzare una persona* / matar uma pessoa. **2** abater. *ammazzare animali* / abater animais. **3** *fig* destruir, arruinar. *vpr* **4** matar-se, suicidar-se.
am.maz.za.to.io [ammattsat´ojo] *sm* matadouro.
am.men.da [amm´ɛnda] *sf* **1** multa. **2** reparação, ressarcimento.

am.men.da.men.to [ammendam´ento] *sm* **1** correção, reparo, conserto. **2** melhoramento.

am.men.da.re [ammend´are] *vt* corrigir, consertar, reparar.

am.met.te.re [amm´ettere] *vt* **1** admitir, aceitar. **2** aprovar, consentir. **3** receber, deixar entrar. **4** confessar, reconhecer. **5** *fig* supor, imaginar. *ammettiamo che abbia ragione* / suponhamos que você tenha razão.

am.mez.za.to [ammeddz´ato] *sm* mezanino. • *agg* de meia-idade.

am.mic.ca.re [ammikk´are] *vi* **1** acenar, dar um sinal. **2** piscar os olhos.

am.mic.co [amm´ikko] *sm* piscar de olhos.

am.mi.ni.stra.re [amministr´are] *vt* **1** administrar, gerir. **2** *Rel* ministrar (sacramentos). **3** aplicar. *amministrare una medicina* / aplicar um medicamento. **4** *fig* dirigir, governar.

am.mi.ni.stra.to.re [amministrat´ore] *sm* **1** administrador. **2** *fig* diretor, gerente.

am.mi.ni.stra.zio.ne [amministrats´jone] *sf* administração.

am.mi.ra.glio [ammir´aλo] *sm* almirante.

am.mi.ra.re [ammir´are] *vt* **1** admirar. **2** (anche *fig*) contemplar. **3** apreciar, venerar.

am.mis.si.bi.le [ammiss´ibile] *agg* admissível, aceitável.

am.mis.sio.ne [ammiss´jone] *sf* admissão, aceitação, aprovação, consenso.

am.mo.bi.lia.re [ammobil´jare] *vt* mobiliar.

am.mo.do [amm´ɔdo] *agg* correto, conveniente, educado, honesto, de bem. • *avv* adequadamente, com cuidado, convenientemente.

am.mol.la.re [ammoll´are] *vt* **1** amaciar, deixar amolecer (na água). **2** banhar.

am.mol.li.re [ammoll´ire] *vt* **1** amolecer, amaciar. **2** facilitar. **3** umedecer.

am.mo.ni.a.ca [ammon´iaka] *sf* amoníaco.

am.mo.ni.re [ammon´ire] *vt* **1** repreender, chamar a atenção, advertir. **2** avisar.

am.mo.ni.zio.ne [ammonits´jone] *sf* **1** repreensão, advertência. **2** aviso. **3** *pop* chamada.

am.mon.ta.men.to [ammontam´ento] *sm* amontoamento, acúmulo.

am.mon.ta.re [ammont´are] *sm* soma, total, montante. • *vt* **1** amontoar, acumular. *vi* **2** totalizar, somar. *il debito ammonta a molti milioni* / a dívida totaliza muitos milhões.

am.mon.to [amm´onto] *sm* montante, total.

am.mor.ba.re [ammorb´are] *vt* **1** (anche *fig*) contaminar, infectar. **2** empestar. **3** envenenar.

am.mor.bi.di.re [ammorbid´ire] *vt* (anche *fig*) amaciar, amolecer, abrandar.

am.mor.ta.men.to [ammortam´ento] *sm* **1** extinção. **2** *Comm* amortização.

am.mor.ta.re [ammort´are] *vt* **1** extinguir. **2** diminuir. **3** *Comm* amortizar.

am.mor.ti.men.to [ammortim´ento] *sm* amortecimento, abafamento.

am.mor.ti.re [ammort´ire] *vt* **1** amortecer, abafar. **2** evitar. **3** *fig* enfraquecer, paralisar. *vi* **4** desfalecer, desmaiar. **5** cair morto.

am.mor.tiz.za.re [ammortiddz´are] *vt* **1** amortizar, extinguir. *ammortizzare un debito* / amortizar uma dívida. **2** amortecer, absorver. *ammortizzare suoni, urti* / amortecer sons, golpes.

am.mor.tiz.za.to.re [ammortiddzat´ore] *sm Autom* amortecedor.

am.mor.za.re [ammorts´are] *vt* **1** extinguir, apagar. **2** diminuir. *vpr* **3** extinguir-se, apagar-se.

am.muf.fi.re [ammuff´ire] *vi* **1** mofar. **2** *fig* estragar-se, arruinar-se.

am.mu.ti.na.men.to [ammutinam´ento] *sm* motim, insurreição, sublevação.

am.mu.ti.na.re [ammutin´are] *vt* **1** amotinar, insurgir. *vpr* **2** amotinar-se, insurgir-se.

am.mu.to.li.re [ammutol´ire] *vt* **1** (anche *fig*) emudecer, calar-se. **2** *pop* ficar de boca fechada, não dar um pio.

am.ne.si.a [amnez´ia] *sf* amnésia, perda de memória.

am.ni.sti.a [amnist´ia] *sf* **1** anistia. **2** (anche *fig*) indulgência, perdão.

a.mo [´amo] *sm* **1** anzol. **2** *fig* isca. **3** engano, embuste. **mordere all'amo** *fig* morder a isca.

a.mo.ra.le [amor´ale] *agg* amoral.

a.mo.re [am´ore] *sm* **1** amor. **2** afeto, afeição. **3** carinho, ternura. **4** atração, desejo. **5**

cuidado, zelo. **6** relacionamento, namoro. **7** pessoa amada, amante. **8** *fig* coisa muito bela, obra de arte. **per amore del cielo!** pelo amor de Deus!

a.mo.reg.gia.re [amoreddʒ´are] *vi* namorar, namoricar.

a.mo.re.vo.le [amor´evole] *agg* afetuoso, carinhoso, meigo, delicado, terno.

a.mo.re.vo.lez.za [amorevol´ettsa] *sf* **1** amor. **2** carinho. **3** afeto.

a.mor.fo [am´ɔrfo] *agg* **1** amorfo, sem forma definida. **2** *fig* insosso, insípido.

a.mo.ro.so [amor´ozo] *agg* **1** amoroso. **2** *fig* suave. **3** agradável.

a.mo.sci.na [amoʃ´ina] *sf* ameixa.

am.piez.za [amp´jettsa] *sf* amplitude, amplidão, extensão.

am.pio [´ampjo] *agg* (*pl m* **ampi**, **ampli**) **1** amplo, largo, extenso. **2** lato. *senso ampio* / sentido lato.

am.pli.a.re [ampli´are] *vt* (anche *fig*) ampliar, alargar, aumentar.

am.pli.fi.ca.re [amplifik´are] *vt* amplificar, aumentar.

am.pol.la [amp´olla] *sf* **1** ampola. **2** bolha. **3** galheta (de óleo, vinagre). **4** *Elett* bulbo de lâmpada.

am.pol.lo.so [ampoll´ozo] *agg* pomposo, empolado, solene, grandiloquente.

am.pu.ta.re [amput´are] *vt* (anche *fig*) amputar, mutilar.

a.mu.le.to [amul´eto] *sm* amuleto, talismã.

a.na.cro.ni.sti.co [anakron´istiko] *agg* **1** anacrônico, antiquado. **2** *pop* fora de moda.

a.na.gra.fe [an´agrafe] *sf* registro civil. **ufficio anagrafe** cartório.

a.nal.co.li.co [analk´ɔliko] *sm* refrigerante.

a.na.le [an´ale] *agg* anal.

a.nal.fa.be.ta [analfab´ɛta] *s+agg* analfabeto.

a.nal.fa.be.ti.smo [analfabet´izmo] *sm* analfabetismo.

a.nal.ge.si.co [analdʒ´ɛziko] *sm+agg* analgésico, calmante.

a.na.li.si [an´alizi] *sf* **1** análise, decomposição, exame. **2** psicanálise, psicoterapia.

a.na.li.ti.co [anal´itiko] *agg* **1** analítico. **2** *fig* minucioso, aprofundado.

a.na.liz.za.re [analiddz´are] *vt* analisar, decompor, examinar, estudar.

a.na.lo.gi.a [analodʒ´ia] *sf* analogia.

a.na.lo.go [an´alogo] *agg* análogo, semelhante, equivalente.

a.na.nas [anan´as] *sm V ananasso.*

a.na.nas.so [anan´asso] *sm* abacaxi, ananás. *Var: ananas.*

a.nar.chi.a [anark´ia] *sf* **1** anarquia. **2** *fig* confusão.

a.nar.chi.co [an´arkiko] *sm+agg* anarquista. • *agg fig* **1** anárquico. **2** confuso, caótico.

a.nar.chi.sta [anark´ista] *s* anarquista.

a.na.to.mi.a [anatom´ia] *sf* **1** anatomia. **2** *fig* forma, estrutura, natureza.

a.na.to.mi.co [anat´ɔmiko] *agg* anatômico.

a.na.tra [´anatra] *sf* pato. *Var: anitra.*

an.ca [´anka] *sf Anat* quadril, ancas.

an.ce.stra.le [antʃestr´ale] *agg* **1** ancestral. **2** *fig* antiquíssimo, primitivo. **3** hereditário.

an.che [´anke] *avv* também, ainda, até. **anche se** ainda que. **ma anche** mas também.

an.cheg.gia.re [ankeddʒ´are] *vi* **1** saracotear, menear-se. **2** *pop* rebolar, requebrar.

an.co.ra[1] [´ankora] *sf* âncora. **gettare l'ancora** lançar âncora. **levare l'ancora** levantar âncora.

an.co.ra[2] [ank´ora] *avv* **1** ainda. **2** de novo, novamente, mais uma vez.

an.co.rag.gio [ankor´addʒo] *sf* **1** ancoradouro, lugar onde se ancora. **2** ancoragem, ato de ancorar.

an.co.ra.re [ankor´are] *vt* **1** ancorar, atracar. **2** *Naut* fundear. **3** *fig* segurar, prender.

an.cor.ché [ankork´e] *cong* ainda que.

an.da.men.to [andam´ento] *sm* **1** andamento, movimento. **2** procedimento. **3** direção, curso. **4** evolução, desenvolvimento. **5** caminho.

an.dan.te [and´ante] *sm Mus* andante. • *agg* **1** fácil. **2** simples. **3** natural, não artificial.

an.da.re [and´are] *vi* **1** ir. **2** encaminhar-se, dirigir-se. **3** mover-se. **4** partir, ir embora. **5** ir bem (negócio). **andare a cuore/andare a grado** agradar. **andare a male** estragar-se. **andare a piedi** ir a pé. **andare bene** a) estar certo (relógio). b) calçar bem. *questi guanti e queste scarpe vano bene* / estas luvas e estes sapatos calçam bem. **andare in bicicletta** ir de bicicleta. **andare in fumo** *fig* virar fumaça, desaparecer, sumir. **andare in macchina** ir de carro. **andare in tram** ir de bonde. **andare per/andare da** ir chamar, ir procurar alguém. **andare per una cosa** ir pegar, ir buscar. **andaresene a ragionamenti** divagar. **andare via/ andaresene** ir embora, partir. **a peggio andare** na pior das hipóteses. **chi va piano, va sano e va lontano** devagar se vai ao longe. **come va che** como foi que. **dimmi con chi vai, ti dirò chi sei** dize-me com quem andas, dir-te-ei quem és. **di questo andare** desse jeito. **lasciar andare** deixar escapar. **ne va dell'onore** é uma questão de honra. **va a finire male** vai acabar mal. **va da sé che** é natural que. **và là!** veja lá! (chamando a atenção). **vattene!** a) vá embora! b) *pop* cai fora!

an.da.ta [and´ata] *sf* ida.

an.da.to [and´ato] *agg* **1** ido. **2** *fig* arruinado, estragado. **3** falecido.

an.da.tu.ra [andat´ura] *sf* **1** porte. **2** movimento. **3** *fig* velocidade, ritmo, cadência.

an.daz.zo [and´attso] *sm* hábito, tendência, costume, uso.

an.di.ri.vie.ni [andiriv´jɛni] *sm* vaivém, movimentação.

an.dro.gi.no [andr´ɔdʒino] *sm+agg* andrógino, hermafrodita.

a.ned.do.to [an´ɛddotto] *sm* anedota, piada.

a.ne.la.re [anel´are] *vi* **1** ofegar. **2** *fig* aspirar a, desejar, ansiar. *anelare a un posto nel gruppo* / aspirar a um lugar no grupo.

a.ne.li.to [an´ɛlito] *sm* **1** arquejo, ofego. **2** *fig* aspiração, desejo, sonho.

a.nel.lo [an´ɛllo] *sm* anel, argola. **anello di capelli** cachos.

a.ne.mi.a [anem´ia] *sf Med* anemia.

a.ne.mi.co [an´ɛmiko] *agg* **1** anêmico. **2** *fig* fraco, debilitado, débil.

a.ne.ste.si.a [anestez´ia] *sf* anestesia. **anestesia generale** anestesia geral. **anestesia locale** anestesia local.

a.ne.ste.ti.co [anest´ɛtiko] *sm+agg* anestésico, narcótico.

a.ne.ste.tiz.za.re [anestetiddz´are] *vt* anestesiar, adormecer, narcotizar.

an.fi.bio [anf´ibjo] *sm+agg* anfíbio.

an.fi.te.a.tro [anfite´atro] *sm* anfiteatro.

an.fi.trio.ne [anfitr´jone] *sm* (anche *fig*) anfitrião.

an.fo.ra [´anfora] *sf* ânfora, vaso antigo.

an.ga.ria.re [angar´jare] *vt* oprimir, atormentar, maltratar, humilhar.

an.ge.li.co [andʒ´ɛliko] *agg* **1** angélico. **2** *fig* delicado, suave. **3** espiritual.

an.ge.lo [´andʒelo] *sm Rel* anjo.

an.ghe.ri.a [anger´ia] *sf* opressão, prepotência, tirania.

an.gi.na [andʒ´ina] *sf Med* angina. **angina pectoris** angina do peito.

an.gi.por.to [andʒip´ɔrto] *sm* beco, viela.

an.go.lo [´angolo] *sm* **1** ângulo. **2** canto. *gli angoli della sala* / os cantos da sala. **3** esquina. **all'angolo di** na esquina de. **in ogni angolo** em toda parte, em todos os cantos.

an.go.ra [´angora] *agg* angorá.

an.go.scia [ang´oʃa] *sf* (anche *fig*) angústia, aflição, preocupação, ânsia.

an.go.scia.re [angoʃ´are] *vt* angustiar, afligir.

an.guil.la [ang´willa] *sf Zool* enguia.

an.gui.na.ia [angwin´aja] *sf* virilha. *Var: inguine.*

an.gu.ria [ang´urja] *sf Bot* melancia.

an.gu.stia [ang´ustja] *sf* **1** angústia, ansiedade, aflição. **2** estreiteza. **3** brevidade (de tempo).

an.gu.stia.re [angust´jare] *vt* **1** angustiar, atormentar, afligir. *vpr* **2** angustiar-se.

an.gu.sto [ang´usto] *agg* estreito, apertado.

a.ni.ce [´anitʃe] *sm* anis.

a.ni.ma [´anima] *sf* **1** alma, espírito. **2** essência, núcleo. **3** *fig* energia, sopro vital, vida. **4** ser vivo, indivíduo. **5** habitante. **6** causador, agente, pessoa que causa algo. **buon'anima** defunto, falecido.

a.ni.ma.le [anim´ale] *sm* **1** animal. **2** bicho. **3** *fig* pessoa ignorante ou violenta.

a.ni.ma.le.sco [animal´esko] *agg* **1** (anche *fig*) animalesco, bestial, brutal. **2** impulsivo, instintivo.

a.ni.ma.re [anim´are] *vt* **1** animar. **2** caracterizar, personalizar. **3** encorajar, incitar. *vpr* **4** animar-se, excitar-se.

a.ni.ma.zio.ne [animats´jone] *sf* animação, entusiasmo, excitação, vivacidade.

a.ni.mo [´animo] *sm* **1** ânimo. **2** essência, índole. **3** *fig* coragem, audácia. **animo!** ânimo! coragem! **avere in animo** pretender. **di animo** de coração. **mettere l'animo in pace** conformar-se. **perdersi d'animo** desanimar-se. **prendere animo di fare qualcosa** ansiar por alguma coisa. **volgere l'animo ad una cosa** ocupar-se com alguma coisa.

a.ni.mo.si.tà [animozit´a] *sf* animosidade, hostilidade, rancor.

a.ni.tra [´anitra] *sf V anatra.*

an.naf.fia.re [annaff´jare] *vt* **1** regar, banhar, dar de beber. **2** espirrar, borrifar.

an.naf.fia.to.io [annaffjat´ojo] *sm* regador.

an.naf.fia.tu.ra [annaffjat´ura] *sf* irrigação, rega.

an.na.li [ann´ali] *sm pl* anais.

an.na.ta [ann´ata] *sf* **1** ano, período de um ano. **2** pagamento anual.

an.neb.bia.re [annebb´jare] *vt* **1** enevoar, nublar. **2** ofuscar, velar.

an.ne.ga.re [anneg´are] *vt* **1** afogar. **2** *fig* sufocar, reprimir. *vpr* **3** afogar-se.

an.ne.ghit.ti.re [annegitt´ire] *vi* ficar preguiçoso.

an.ne.ra.re [anner´are] *vt V annerire.*

an.ne.ri.re [anner´ire] *vt* enegrecer, escurecer. *Sin: annerare.*

an.nes.sio.ne [anness´jone] *sf* anexação.

an.nes.so [ann´ɛsso] *sm+agg* anexo.

an.ne.sta.men.to [annestam´ento] *sm* **1** enxerto. **2** junção, união.

an.net.te.re [ann´ɛttere] *vt* **1** anexar, juntar, reunir. *Roma cercava di annettere nuove provincie* / Roma tentava anexar novas províncias. **2** *fig* atribuir. *annettere importanza alla grammatica* / atribuir importância à gramática.

an.ni.chi.la.re [annikil´are] *vt V annichilire.*

an.ni.chi.li.re [annikil´ire] *vt* **1** aniquilar, eliminar. **2** destruir. **3** *fig* humilhar. *Sin: annichilare.*

an.ni.da.re [annid´are] *vt* **1** aninhar. **2** *fig* acolher, esconder. *vpr* **3** aninhar-se, esconder-se.

an.ni.tri.re [annitr´ire] *vi* relinchar.

an.ni.ver.sa.rio [annivers´arjo] *sm* aniversário.

A palavra **anniversario**, em italiano, é usada para indicar o aniversário de um fato, de um acontecimento: *l'anniversario della rivoluzione* / o aniversário da revolução. Para o aniversário de uma pessoa, usa-se **compleanno**.

an.no [´anno] *sm* **1** ano. **2** *fig* idade, época, era, fase, período. **anno bisestile** ano bissexto. **anno civile** ano civil. **anno scolastico** ano letivo. **da quattro anni** há quatro anos. **due anni fa** faz dois anos. **fra tre anni** daqui a três anos. **l'anno scorso** o ano passado. **l'anno venturo** o ano que vem. **quest'anno** este ano.

an.no.bi.li.re [annobil´ire] *vt* enobrecer.

an.no.da.re [annod´are] *vt* atar, amarrar.

an.no.ia.re [anno´jare] *vt* **1** aborrecer, chatear, entediar. **2** *pop* encher.

an.no.ta.re [annot´are] *vt* **1** anotar, tomar nota, apontar. **2** comentar.

an.no.ta.zio.ne [annotats´jone] *sf* **1** anotação, nota. **2** comentário.

an.not.ta.re [annott´are] *vi* **1** anoitecer. **2** *fig* escurecer.

an.no.ve.ra.re [annover´are] *vt* **1** calcular, enumerar. **2** incluir, compreender.

an.nu.a.le [annu´ale] *agg* anual.

an.nu.a.rio [annu´arjo] *sm* anuário, publicação anual. • *agg* anual.

an.nu.en.za [annu´ɛntsa] *sf* consentimento, permissão.

an.nu.i.re [annu´ire] *vi* anuir, permitir.

an.nul.la.men.to [annullam´ento] *sm* anulação.

an.nul.la.re [annull´are] *vt* anular, eliminar, cancelar, abolir. Veja nota em **anulare**.

an.nun.cia.re [annunt∫´are] *vt* **1** anunciar, comunicar, declarar. **2** noticiar, difundir, divulgar. *Var: annunziare.*

an.nun.cio [ann´unt∫o] *sm* **1** anúncio, comunicado, declaração. **2** propaganda, publicidade. **3** aviso, informação. **4** predição, indicação. *Var: annunzio.*

an.nun.zia.re [annunts´jare] *vt V annunciare.*

an.nun.zio [ann´untsjo] *sm V annuncio.*

an.nuo [´annwo] *agg* anual.

an.nu.sa.re [annuz´are] *vt+vi* **1** cheirar, farejar. *i cani cominciarono ad annusare* *e guaire* / os cães começaram a farejar e a ganir. **2** *fig* perceber, adivinhar, captar. *annusò una catastrofe nell'aria* / percebeu uma catástrofe no ar. **3** *fam* pegar.

an.nu.so [ann´uzo] *sm* faro.

an.nu.vo.la.re [annuvol´are] *vt* enevoar, nublar.

a.no [´ano] *sm Anat* ânus.

a.no.ma.li.a [anomal´ia] *sf* anomalia.

a.no.ma.lo [an´ɔmalo] *agg* **1** anômalo, anormal. **2** irregular. **3** singular.

a.no.ni.ma.to [anonim´ato] *sm* anonimato, obscuridade.

a.no.ni.mo [an´ɔnimo] *agg* **1** anônimo, desconhecido. **2** *fig* obscuro.

a.nor.ma.le [anorm´ale] *agg* anormal, estranho.

an.sa [´ansa] *sf* **1** cabo (de objetos). **2** curva, meandro de rio.

an.sa.pla.sto [ansapl´asto] *sm Med* emplasto, emplastro, unguento.

an.sa.re [ans´are] *vi* **1** ofegar. **2** (anche *fig*) agonizar. **3** bufar.

an.sia [´ansja] *sf* **1** ânsia, angústia, apreensão. **2** *fig* avidez, fome, sede.

an.sie.tà [ansjet´a] *sf* **1** ansiedade, ânsia. **2** tormento, aflição.

an.si.man.te [ansim´ante] *agg* **1** ofegante. **2** *fig* angustiado, aflito.

an.si.ma.re [ansim´are] *vt* ofegar.

an.sio.so [ans´jozo] *agg* ansioso, angustiado, preocupado, apreensivo.

an.ta [´anta] *sf* **1** portinhola. **2** batente, caixilho de janela.

an.ta.go.ni.smo [antagon´izmo] *sm* **1** antagonismo. **2** competição, concorrência, rivalidade.

an.tar.ti.co [ant´artiko] *agg* **1** antártico. **2** *fig* meridional, austral.

an.te.ce.den.za [antetʃed´ɛntsa] *sf* antecedência, precedência.

an.te.ces.so.re [antetʃess´ore] *sm* **1** antecessor, precursor. **2 gli antecessori** os avós, os antepassados.

an.te.fat.to [antef´atto] *sm* **1** *Giur* antecedentes. **2** *fig* situação, cena.

an.te.na.to [anten´ato] *sm* **1** antepassado, ascendente. **2 gli antenati** os antepassados.

an.ten.na [ant´enna] *sf* antena.

an.te.por.re [antep´or̃e] *vt* **1** antepor. **2** *fig* preferir, privilegiar.

an.te.rio.re [anter´jore] *agg* **1** anterior, antecedente. **2** frontal.

an.ti.bio.ti.co [antib´jɔtiko] *sm+agg* antibiótico.

an.ti.ca.me.ra [antik´amera] *sf* **1** antecâmara, entrada, vestíbulo. **2** *fig* início, premissa.

an.ti.chi.tà [antikit´a] *sf* **1** antiguidade. **2 antichità** *pl* relíquias.

A palavra **antichità** tem os mesmos significados de antiguidade, em português: o período histórico ou um objeto antigo.

an.ti.ci.pa.re [antitʃip´are] *vt* **1** antecipar, adiantar. **2** preceder. **3** avisar, prever.

an.ti.ci.pa.zio.ne [antitʃipats´jone] *sf* **1** antecipação, adiantamento. **2** *fig* aviso.

an.ti.ci.po [ant´itʃipo] *sm Comm* adiantamento, sinal.

an.ti.co [ant´iko] *agg* **1** antigo, velho. **2** *fig* antiquado, obsoleto. • *sm pl* **gli antichi** os antepassados. **all'antica** à moda antiga.

an.ti.con.ce.zio.na.le [antikontʃetsjon´ale] *sm+agg* anticoncepcional, contraceptivo.

an.ti.do.to [ant´idoto] *sm* **1** antídoto. **2** *fig* remédio, alívio.

an.ti.fe.con.da.ti.vo [antifekondat´ivo] *sm+agg* anticoncepcional.

an.ti.lo.pe [ant´ilope] *sm Zool* antílope.

an.ti.me.ri.dia.no [antimerid´jano] *agg* matutino.

an.ti.pa.sto [antip´asto] *sm* entrada, antepasto.

an.ti.pa.ti.a [antipat´ia] *sf* antipatia, aversão.

an.ti.pa.ti.co [antip´atiko] *agg* antipático.

an.ti.pe.nul.ti.mo [antipen´ultimo] *sm+agg* antepenúltimo.

an.ti.pi.re.ti.co [antipir´ɛtiko] *sm+agg* antipirético.

an.ti.po.de [ant´ipode] *sm* antípoda.

an.ti.qua.rio [antik´warjo] *sm* antiquário, colecionador de antiguidades.

an.ti.qua.to [antik´wato] *agg* **1** antiquado, obsoleto, ultrapassado. **2** arcaico.

an.ti.sa.la [antis´ala] *sf* antessala.

an.ti.set.ti.co [antis´ɛttiko] *sm+agg* antisséptico, desinfetante.

an.ti.so.cia.le [antisotʃale] *agg* antissocial.
an.ti.te.si [ant´itezi] *sf* **1** antítese. **2** *fig* contraste, contradição.
an.ti.te.ti.co [antit´ɛtiko] *agg* contraditório, contrastante.
an.ti.ve.le.no [antivel´eno] *sm* antídoto.
an.ti.ve.ni.re [antiven´ire] *vi* vir antes, anteceder.
an.ti.vi.gi.lia [antividʒ´ilja] *sf* antevéspera.
an.to.lo.gi.a [antolodʒ´ia] *sf* antologia.
an.tra.ce [antr´atʃe] *sm Med* antraz, furúnculo no pescoço.
an.tro [´antro] *sm* **1** antro, caverna, cova. **2** *fig* casebre, choupana.
an.tro.po.fa.gi.a [antropofadʒ´ia] *sf* antropofagia, canibalismo.
an.tro.po.fa.go [antrop´ɔfago] *sm+agg* antropófago, canibal.
an.tro.po.lo.gi.a [antropolodʒ´ia] *sf* antropologia.
an.tro.po.lo.go [antrop´ɔlogo] *sm* antropólogo.
a.nu.la.re [anul´are] *sm* dedo anular. • *agg* anular.

Não se deve confundir com **annullare**, que é verbo.

an.zi [´antsi] *avv* pelo contrário, ao invés disso. • *prep* antes de. • *cong* antes, senão.
an.zia.no [ants´jano] *sm+agg* ancião, idoso.
an.zia.not.to [antsjan´ɔtto] *sm+agg* velhote, velhinho.
an.zi.ché [antsik´e] *cong* ao invés de, em lugar de, antes que, mais que.
an.zi.det.to [antsid´etto] *agg* referido, acima mencionado, predito.
an.zi.tem.po [antsit´ɛmpo] *avv* antecipadamente, antes da hora.
an.zi.tut.to [antsit´utto] *avv* antes de tudo, antes de mais nada, em primeiro lugar, principalmente.
a.or.ta [a´ɔrta] *sf Anat* aorta.
a.pa.ti.a [apat´ia] *sf* (anche *fig*) apatia, inércia.
a.pa.ti.co [ap´atiko] *agg* apático, desmotivado, passivo, indiferente.
a.pe [´ape] *sf* abelha.
a.pe.ri.ti.vo [aperit´ivo] *sm* aperitivo.
a.per.to [ap´ɛrto] *agg* aberto. • (anche *fig*) **1** amplo, vasto. **2** cordial, franco. *carattere aperto* / caráter cordial. **3** vivaz. **4** alto, profundo. *mare aperto* / mar alto. **all'aperto** ao ar livre.
a.per.tu.ra [apert´ura] *sf* **1** abertura. **2** grandeza (da alma). **3** agilidade (da mente). **4** *Mus* abertura, prelúdio. **5** (anche *fig*) início, inauguração. **6** brecha, entrada.
a.pia.rio [ap´jarjo] *sm* colmeia.
a.pi.ce [´apitʃe] *sm* ápice, apogeu.
a.pi.cul.tore [apikult´ore] *sm* apicultor.
a.po.ca.lis.se [apokal´isse] *sm* **1** Apocalipse. **2** *fig* desgraça, catástrofe.
a.po.ca.lit.ti.co [apokal´ittiko] *agg* **1** apocalíptico. **2** *fig* catastrófico, desastroso.
a.po.cri.fo [ap´ɔkrifo] *agg* apócrifo, falso.
a.po.ge.o [apodʒ´ɛo] *sm* **1** apogeu. **2** *fig* ápice, máximo.
a.po.lo.gi.a [apolodʒ´ia] *sf* apologia, defesa, elogio.
a.po.ples.si.a [apopless´ia] *sf Med* apoplexia.
a.po.sto.la.to [apostol´ato] *sm* apostolado.
a.po.sto.lo [ap´ɔstolo] *sm* **1** apóstolo, defensor, missionário. **2** *fig* seguidor, fiel.
a.po.stro.fo [ap´ɔstrofo] *sm Gramm* apóstrofo.
a.po.te.o.si [apote´ɔzi] *sf* **1** apoteose. **2** *fig* celebração, exaltação. **3** glória, triunfo.
ap.pac.chet.ta.re [appakkett´are] *vt* empacotar.
ap.pa.cia.re [appatʃ´are] *vt* pacificar, apaziguar.
ap.pa.ga.men.to [appagam´ento] *sm* satisfação, contentamento.
ap.pa.ga.re [appag´are] *vt* satisfazer, contentar.
ap.pa.ia.re [appa´jare] *vt* **1** emparelhar. **2** acompanhar, juntar, acoplar.
ap.pal.lot.to.la.re [appallottol´are] *vt* **1** coagular, formar grumos em. *vpr* **2** coagular-se.
ap.pal.ta.to.re [appaltat´ore] *sm* empreiteiro.
ap.pal.to [app´alto] *sm* empreitada.
ap.pan.nag.gio [appann´addʒo] *sm* **1** atributo. **2** propriedade. **3** *fig* privilégio, prerrogativa.
ap.pa.ra.to [appar´ato] *sm* **1** equipamento, aparato, dispositivo. **2** *fig* enfeite, adorno.

ap.pa.rec.chia.men.to [apparekkjam´ento] *sm* aparelho, mecanismo.

ap.pa.rec.chia.re [apparekk´jare] *vt* **1** aparelhar. **2** preparar, aprontar. *vi* **3** pôr a mesa. *vpr* **4** aparelhar-se. **5** preparar-se.

ap.pa.rec.chio [appar´ekkjo] *sm* **1** aparelho, dispositivo, engenho. **2** avião. **apparecchio radio** aparelho de rádio. **apparecchio televisivo** aparelho de televisão.

ap.pa.reg.gia.re [appareddʒ´are] *vt* **1** emparelhar, igualar. **2** comparar.

ap.pa.ren.ta.re [apparent´are] *vt* **1** *fig* aparentar, parecer. **2** comparar. *vpr* **3** aparentar-se.

ap.pa.ren.te [appar´ɛnte] *agg* (anche *fig*) aparente, exterior, superficial, ilusório.

ap.pa.ren.za [appar´ɛntsa] *sf* aparência, aspecto, imagem, figura, semblante.

ap.pa.ri.re [appar´ire] *vi* **1** aparecer. **2** apresentar-se, mostrar-se, manifestar-se. **3** parecer.

ap.pa.ri.scen.te [appariʃ´ɛnte] *agg* **1** aparente, claro, evidente. **2** vistoso, pomposo, pretensioso.

ap.pa.ri.scen.za [appariʃ´ɛntsa] *sf* boa presença, boa aparência.

ap.pa.ri.zio.ne [apparits´jone] *sf* **1** aparição. **2** aparecimento, nascimento. **3** espectro, fantasma.

ap.par.ta.men.to [appartam´ento] *sm* **1** apartamento. **2** *fig* casa, abrigo.

ap.par.ta.re [appart´are] *vt* **1** apartar, separar. **2** segregar, isolar. *vpr* **3** afastar-se, isolar-se.

ap.par.te.nen.za [apparten´ɛntsa] *sf* atribuição, competência.

ap.par.te.ne.re [apparten´ere] *vi* **1** pertencer, ser de. **2** competir, tocar, caber. *questo compito appartiene a Maria* / esta tarefa cabe a Maria. **non mi appartiene** a) não cabe a mim. b) *pop* não é da minha conta.

ap.pas.sio.na.re [appassjon´are] *vt* **1** (anche *fig*) apaixonar, encantar, enamorar. **2** comover, interessar. *vpr* **3** apaixonar-se, interessar-se.

ap.pas.sio.na.to [appassjon´ato] *agg* **1** apaixonado. **2** aflito, triste.

ap.pas.si.re [appass´ire] *vt, vi+vpr* **1** murchar, morrer. *i fiori appassirono* / as flores murcharam. *far appassire le verdure in un tegame con burro* / deixar as verduras murcharem numa panela com manteiga. **2** *fig* declinar, decair, deteriorar.

ap.pas.si.to [appass´ito] *agg* murcho.

ap.pel.la.re [appell´are] *vt* **1** chamar. *vpr* **2** *Giur* apelar, fazer um apelo, recorrer. Veja nota em **recorrer**.

ap.pel.la.ti.vo [appellat´ivo] *sm* nome, denominação, sobrenome. • *agg* apelativo.

ap.pel.la.zio.ne [appellats´jone] *sf* **1** denominação. **2** *Giur* apelação.

ap.pel.lo [app´ɛllo] *sm* **1** apelo. **2** chamado. **3** chamada (na escola). **4** (anche *fig*) invocação. **5** *Giur* apelação. **corte di appello** *Giur* corte de apelação. **fare appello a** apelar para.

ap.pe.na [app´ena] *avv* **1** mal, com dificuldade, penosamente. *era una notte molto oscura, e si intravvedevano appena le faccie delle persone* / era uma noite muito escura, e mal se vislumbravam os rostos das pessoas. *non parlerò di un tema che conosco appena* / não falarei de um tema que mal conheço. **2** agora mesmo, há pouco tempo. *sono appena arrivato* / cheguei agora mesmo. **3** apenas, só. *una bambina di tre o quattro anni appena* / uma menina de apenas três ou quatro anos. • *cong* mal, logo que, assim que. *appena nati, già sanno nuotare* / logo que nascem, já sabem nadar.

> Com o sentido de conjunção, também se usa **appena che** e **non appena**: *appena che ricevé il denaro, lo spese* / assim que recebeu o dinheiro, gastou-o. *non appena ho finito il lavoro, faccio vacanze* / logo que terminar o trabalho, tiro férias. Expressões com **appena** também podem ser traduzidas como "acabar de": *sono appena arrivato* / acabei de chegar.

ap.pen.de.re [app´ɛndere] *vt* pendurar, suspender. *appendere un quadro alla parete* / pendurar um quadro na parede.

ap.pen.di.ce [append´itʃe] *sf* **1** apêndice. **2** *fig* suplemento, atualização.

ap.pen.di.ci.te [appenditʃ´ite] *sf Med* apendicite.

ap.pe.san.ti.re [appezant´ire] *vt* (anche *fig*) carregar, sobrecarregar. *tanti libri appesantiscono la valigia* / tantos livros sobrecarregam a mala. *questo cibo appesantisce la digestione* / esta comida sobrecarrega a digestão.
ap.pe.sta.re [appest´are] *vt* **1** contaminar, envenenar, infectar. **2** *fig* corromper, apodrecer.
ap.pe.ten.za [appet´ɛntsa] *sf* desejo, apetite.
ap.pe.ti.re [appet´ire] *vt* desejar, ambicionar, sonhar com, aspirar a.
ap.pe.ti.to [appet´ito] *sm* **1** apetite, fome. **2** *fig* desejo, vontade. **3** inclinação, impulso.
ap.pe.ti.to.so [appetit´ozo] *agg* **1** apetitoso, gostoso. **2** *fig* atraente, desejável, convidativo.
ap.pez.za.re [appetts´are] *vt* **1** despedaçar. **2** juntar pedaços ou retalhos.
ap.pia.na.re [appjan´are] *vt* **1** aplanar, nivelar. **2** *fig* resolver. *appianare le difficoltà* / resolver as dificuldades.
ap.piat.ta.re [appjatt´are] *vt* esconder, encobrir.
ap.piat.ti.re [appjatt´ire] *vt* achatar, nivelar.
ap.pic.ca.re [appikk´are] *vt* **1** pendurar, suspender. **2** enforcar. *vpr* **3** dependurar-se, suspender-se. **4** enforcar-se. **appiccare una lite** começar uma discussão.
ap.pic.ci.ca.re [appittʃik´are] *vt* **1** colar, pregar. **2** *fig* atribuir, imputar.
ap.pic.ci.co.so [appittʃik´ozo] *agg* **1** pegajoso, adesivo. **2** *fig* entediante, tedioso. **3** enganador.
ap.pic.cio.li.re [appittʃol´ire] *vt* diminuir, reduzir, minimizar.
ap.pie.no [app´jɛno] *avv* realmente, absolutamente, totalmente, completamente. *godere appieno dei benefici* / gozar da totalidade dos benefícios. *non capisco appieno il senso di questa parola* / não compreendo completamente o sentido desta palavra.
ap.pin.za.tu.ra [appintsat´ura] *sf* picada (de inseto).
ap.pio [´appjo] *sm Bot* aipo.
ap.pi.so.lar.si [appizol´arsi] *vpr* cochilar.
ap.plau.di.re [applawd´ire] *vt* **1** aplaudir. **2** (anche *fig*) aprovar, aclamar, elogiar, louvar.
ap.plau.so [appl´awzo] *sm* **1** (anche *fig*) aplauso. **2** aprovação, aclamação, ovação. *Var: plauso.*
ap.pli.ca.re [applik´are] *vt* **1** aplicar, pregar, colar. **2** *fig* adaptar. **3** referir-se. **4** empregar, utilizar. *vpr* **5** dedicar-se, empenhar-se.
ap.pli.ca.zio.ne [applikats´jone] *sf* **1** aplicação. **2** *fig* atenção, empenho, concentração. **3** ornamento, decoração.
ap.pog.gia.re [appoddʒ´are] *vt* **1** apoiar, encostar. **2** colocar. **3** *fig* auxiliar, ajudar, sustentar, favorecer. *vpr* **4** basear-se, fundamentar-se.
ap.pog.gia.to.io [appoddʒat´ojo] *sm* apoio, encosto, amparo.
ap.pog.gio [app´ɔddʒo] *sm* **1** apoio, base, sustentação. **2** *fig* ajuda, favor, suporte.
ap.por.re [app´oṝe] *vt* **1** apor, pôr. **2** acrescentar.
ap.por.ta.re [apport´are] *vt* **1** trazer. **2** levar, conduzir.
ap.por.to [app´ɔrto] *sm* contribuição, ajuda.
ap.po.si.ta.men.te [appozitam´ente] *avv* de propósito, propositalmente.
ap.po.si.to [app´ɔzito] *agg* oportuno, apropriado, conveniente.
ap.po.sta [app´ɔsta] *avv* de propósito, deliberadamente, intencionalmente. *sono venuto apposta alla riunione* / vim deliberadamente à reunião.

A expressão **fatto apposta** é usada como adjetivo, podendo ser traduzida de várias formas: feito especialmente, feito propositalmente, apropriado. Note-se que apenas a primeira parte (**fatto, fatti, fatta, fatte**) varia de acordo com o gênero e número do substantivo: *qui c'è un luogo fatto apposta per impedire fughe* / aqui há um lugar feito especialmente para impedir fugas. *oggetti fatti apposta per turisti* / objetos feitos especialmente para turistas. *questa è una domanda fatta apposta per confonderci* / esta é uma pergunta feita propositalmente para nos confundir. *mani fatte apposta per il lavoro* / mãos feitas especialmente para o trabalho.

ap.po.sta.men.to [appostam´ento] *sm* (anche *fig*) armadilha, emboscada, cilada.

ap.po.sta.re [appost´are] *vt* **1** emboscar, preparar cilada. *vpr* **2** esconder-se, camuflar-se.

ap.poz.za.re [appotts´are] *vt* **1** empoçar. **2** mergulhar em poça.

ap.pren.de.re [appr´ɛndere] *vt* **1** apreender, compreender. **2** vir a saber. **3** conhecer. **4** aprender.

ap.pren.di.men.to [apprendim´ento] *sm* **1** aprendizagem. **2** conhecimento.

ap.pren.di.sta [apprend´ista] *s* aluno, aprendiz.

ap.pren.sio.ne [apprens´jone] *sf* **1** apreensão, preocupação. **2** ansiedade. **3** agitação. **4** receio.

ap.pren.si.vo [apprens´ivo] *agg* **1** apreensivo, preocupado. **2** ansioso. **3** agitado. **4** receoso.

ap.pre.sen.ta.re [apprezent´are] *vt* **1** apresentar, mostrar. **2** presentear, oferecer.

ap.pres.sa.men.to [appressam´ento] *sm* aproximação.

ap.pres.sa.re [appress´are] *vt* **1** aproximar, encostar. *vi+vpr* **2** aproximar-se, avizinhar-se.

ap.pres.so [appr´ɛsso] *avv* **1** em seguida, depois. *questo spiegherò appresso* / isto explicarei em seguida. **2** perto. *non c'era nessuna casa appresso* / não havia nenhuma casa perto. • *prep* **1** junto de. *voleva stare appresso i bambini* / queria ficar junto das crianças. **2** ao lado de, próximo a, perto de. *appresso la città di Verona* / perto da cidade de Verona. **3** atrás de. *l'uomo correva appresso il ladro* / o homem corria atrás do ladrão.

> No sentido de preposição, também se pode dizer **appresso a**: *appresso a Verona* / perto de Verona. *l'uomo correva appresso al ladro* / o homem corria atrás do ladrão.

ap.pre.sta.re [apprest´are] *vt* **1** preparar, aprontar. *vpr* **2** estar prestes a, preparar-se para.

ap.prez.za.bi.le [appretts´abile] *agg* apreciável, admirável, respeitável, notável, louvável.

ap.prez.za.men.to [apprettsam´ento] *sm* (anche *fig*) apreciação, opinião, ponto de vista.

ap.prez.za.re [appretts´are] *vt* **1** apreciar, estimar. **2** *fig* amar, gostar de. Veja nota em **gostar**.

ap.proc.cia.re [apprott∫´are] *vi+vpr* aproximar-se.

ap.proc.cio [appr´ɔtt∫o] *sm* **1** aproximação. **2** oferta, proposta.

ap.pro.da.re [approd´are] *vi* (anche *fig*) aproar, ancorar, atracar, chegar ao porto.

ap.pro.do [appr´ɔdo] *sm Naut* atracadouro, ancoradouro, cala, porto.

ap.pro.fit.ta.re [approfitt´are] *vi* aproveitar, valer-se, levar vantagem, desfrutar. *approfittare delle circostanze* / aproveitar as circunstâncias. *Var: profittare.*

ap.pro.fon.dire [approfond´ire] *vt* **1** aprofundar. **2** acentuar. *vpr* **3** aprofundar-se. **4** *fig* estudar a fundo. *approfondirsi nella matematica* / estudar a fundo a matemática.

ap.pron.ta.re [appront´are] *vt* aprontar, preparar, predispor.

ap.pro.pria.re [appropr´jare] *vt* **1** adaptar, apropriar, acomodar. *vpr* **2** apropriar-se, tomar posse, pegar para si. *appropriarsi di idee, di terre* / apropriar-se de ideias, de terras. **3** adquirir, conquistar. Veja nota em **apropriar**.

ap.pro.pria.to [appropr´jato] *agg* apropriado, adequado, conveniente.

ap.pros.si.ma.re [approssim´are] *vt* **1** aproximar, encostar, chegar perto. *vpr* **2** aproximar-se.

ap.pro.va.re [approv´are] *vt* **1** aprovar, aceitar, consentir, admitir. **2** admirar, elogiar.

ap.pro.vi.gio.na.men.to [approvidʒonam´ento] *sm* **1** (anche *fig*) abastecimento. **2** provisões.

ap.pro.vi.gio.na.re [approvidʒon´are] *vt* (anche *fig*) abastecer, prover, guarnecer, equipar.

ap.pun.ta.men.to [appuntam´ento] *sm* **1** encontro, hora marcada. *oggi ho un appuntamento con il presidente* / hoje tenho uma hora marcada com o presidente. **2** conversa. **3** reunião.

ap.pun.ta.re [appunt´are] *vt* **1** apontar: a) com o dedo. b) fazer mira. **2** repreender, criticar. **3** anotar. *appuntava tutto che dicevano* / anotava tudo o que diziam. **4** apontar, aguçar. **appuntare alcuno di** acusar alguém de. **appuntare gli occhi** fitar, observar.

ap.pun.ta.to [appunt´ato] *agg* aguçado, pontudo.

ap.pun.to [app´unto] *sm* **1** nota, lembrete, anotação. **2** *fig* crítica, censura. • *avv* **1** exatamente, precisamente, mesmo. *vorrei appunto difendere quest'idea* / eu queria exatamente defender esta ideia. **2** de fato. **appunto!** isso!

ap.pu.ra.re [appur´are] *vt* **1** apurar, esclarecer, verificar. **2** purificar.

a.pri.le [apr´ile] *sm* abril.

a.pri.re [apr´ire] *vt* **1** abrir. **2** rachar, fender. **3** alargar (abertura, buraco). **4** dar início a. *aprire la lezione* / dar início à aula. *vpr* **5** abrir-se, dividir-se, separar-se. **6** alargar-se, expandir-se (abertura, buraco). **7** desabrochar (flor). **aprire a forza** rasgar, escancarar, romper. **aprire il cuore a** abrir o coração para. **aprire la casa** recepcionar. **aprire una bottiglia** destampar uma garrafa.

a.qui.la [´akwila] *sf* **1** águia. **2** *fig* gênio.

a.qui.li.no [akwil´ino] *agg* aquilino, adunco (nariz).

a.qui.lo.ne [akwil´one] *sm* papagaio, pipa (brinquedo).

a.ra [´ara] *sf* (anche *fig*) altar.

a.ra.be.sco [arab´esko] *sm* **1** arabesco. **2** *fig* rabisco.

a.ra.bo [´arabo] *sm+agg* **1** árabe. **2** *fig* incompreensível. **è arabo per me!** isso é grego para mim!

a.ra.chi.de [ar´akide] *sf Bot* amendoim.

a.rac.ni.di [ar´aknidi] *sm pl Zool* aracnídeos.

a.ra.go.sta [arag´osta] *sf* lagosta.

a.ral.do [ar´aldo] *sm* **1** arauto. **2** *fig* porta-voz, embaixador, enviado.

a.ran.ce.to [arant∫´eto] *sm* laranjal.

a.ran.cia [ar´ant∫a] *sf* laranja.

a.ran.cia.ta [arant∫´ata] *sf* laranjada.

a.ran.cia.to [arant∫´ato] *agg* alaranjado.

a.ran.cio [ar´ant∫o] *sm* laranjeira.

a.ran.cio.ne [arant∫´one] *s+agg* cor de laranja.

a.ra.re [ar´are] *vt* **1** arar. **2** *fig* cultivar.

a.ra.tro [ar´atro] *sm* arado.

a.raz.zo [ar´attso] *sm* tapete, peça de tapeçaria.

> **Arazzo** é o tapete que se prega na parede. O tapete que se põe no chão, em italiano, chama-se **tappeto**.

ar.bi.tra.re [arbitr´are] *vt* **1** arbitrar. **2** (anche *fig*) decidir, julgar.

ar.bi.tra.rio [arbitr´arjo] *agg* **1** arbitrário. **2** (anche *fig*) abusivo, injusto, parcial.

ar.bi.trio [arb´itrjo] *sm* **1** arbítrio, decisão, julgamento. **2** capricho, desejo.

ar.bi.tro [´arbitro] *sm* árbitro, juiz.

ar.bu.sto [arb´usto] *sm* arbusto.

ar.ca [´arka] *sf* **1** arca, cofre. **2** tumba, cripta.

ar.cai.co [ark´ajko] *agg* **1** arcaico, antigo, primitivo. **2** (anche *fig*) antiquado, obsoleto.

ar.can.ge.lo [ark´andʒelo] *sm* arcanjo.

ar.ca.no [ark´ano] *sm* arcano, mistério, segredo. • *agg* arcano, oculto, misterioso.

ar.ca.ta [ark´ata] *sf* arcada, arco.

ar.ca.to [ark´ato] *agg* arqueado, encurvado.

ar.ca.vo.la [ark´avola] *sf* trisavó.

ar.ca.vo.lo [ark´avolo] *sm* trisavô.

ar.cheg.gia.re [arkeddʒ´are] *vt* **1** arquear, curvar. **2** tocar instrumentos de corda com arco.

ar.che.o.lo.gi.a [arkeolodʒ´ia] *sf* arqueologia.

ar.che.o.lo.go [arke´ɔlogo] *sm* arqueólogo.

ar.che.ti.po [ark´ɛtipo] *sm* arquétipo, modelo.

ar.chet.to [ark´etto] *sm dim Mus* arco.

ar.chi.tet.ta.re [arkitett´are] *vt* **1** arquitetar. **2** *fig* fantasiar, imaginar. **3** tramar, tecer intrigas.

ar.chi.tet.to [arkit´etto] *sm* **1** arquiteto. **2** *fig* criador.

ar.chi.tet.tu.ra [arkitett´ura] *sf* **1** arquitetura, estrutura. **2** *fig* construção, edifício.

ar.chi.via.re [arkiv´jare] *vt* **1** arquivar. **2** *fig* esquecer.

ar.chi.vio [ark´ivjo] *sm* (anche *Inform*) arquivo.

ar.ci.dio.ce.si [art∫idjot∫´ɛzi] *sf Rel* arquidiocese.

ar.ci.gno [artʃ´iño] *agg* carrancudo, de cara fechada, severo.
ar.ci.pe.la.go [artʃip´ɛlago] *sm Geogr* arquipélago.
ar.ci.ve.sco.va.to [artʃiveskov´ato] *sm Rel* arcebispado.
ar.ci.ve.sco.vo [artʃiv´eskovo] *sm* arcebispo.
ar.co [´arko] *sm* **1** arco, curva, curvatura. **2** arcada. **arco celeste** arco-íris.
ar.co.ba.le.no [arkobal´eno] *sm* arco-íris.
ar.cu.a.re [arku´are] *vt* arquear, curvar.
ar.cu.a.to [arku´ato] *agg* arqueado, curvado.
ar.den.te [ard´ɛnte] *agg* **1** ardente, ardoroso. **2** apaixonado, fervoroso. **3** febril. **4** avermelhado (rosto).
ar.den.za [ard´ɛntsa] *sf* ardência, ardor.
ar.de.re [´ardere] *vt+vi* arder, queimar.
ar.de.sia [ard´ɛzja] *sf Min* ardósia.
ar.di.men.to [ardim´ento] *sm* audácia, coragem.
ar.di.re [ard´ire] *vi* ousar, atrever-se, arriscar-se. • *sm* **1** ousadia, audácia, heroísmo. **2** insolência, impertinência.
ar.di.tez.za [ardit´ettsa] *sf* audácia, ousadia, atrevimento.
ar.di.to [ard´ito] *agg* **1** audaz, ousado, corajoso. **2** atrevido.
ar.do.re [ard´ore] *sm* **1** ardor. **2** *fig* fervor, fé, entusiasmo. **3** ímpeto, violência.
ar.duo [´ardwo] *agg* árduo, difícil.
a.re.a [´area] *sf* **1** área, superfície. **2** *fig* região.
a.rem [´arem] *sm V harem.*
a.re.na [ar´ena] *sf* **1** areia. **2** arena. **3** *Sp* campo, estádio.
a.re.na.re [aren´are] *vt* **1** encalhar. *vpr* **2** encalhar. **3** *fig* embaraçar-se.
a.re.no.so [aren´ozo] *agg* arenoso.
ar.gen.tie.ra [ardʒent´jɛra] *sf* mina de prata.
ar.gen.ti.no [ardʒent´ino] *sm+agg* argentino. • *agg* **1** prateado. **2** *fig* claro, cristalino.
ar.gen.to [ardʒ´ɛnto] *sm* **1** *Min* prata. **2** moeda de prata. **3** *fig* dinheiro. **4** cabelos grisalhos. **argento vivo** mercúrio.
ar.gil.la [ardʒ´illa] *sf* argila, barro.
ar.gi.ne [´ardʒine] *sm* **1** dique, barreira. **2** *fig* obstáculo.
ar.go.men.ta.re [argoment´are] *vi* **1** argumentar, discutir. **2** concluir.
ar.go.men.to [argom´ento] *sm* **1** argumento, assunto, tema. **2** *fig* justificativa, desculpa, pretexto. **toccare un argomento** tocar num assunto.
ar.gu.i.re [argu´ire] *vt* concluir, deduzir.
ar.gu.tez.za [argut´ettsa] *sf* sutileza, inteligência.
ar.gu.to [arg´uto] *agg* **1** (anche *fig*) engenhoso, brilhante. **2** malicioso.
ar.gu.zia [arg´utsja] *sf* **1** inteligência, sutileza. **2** chiste, gracejo. **3** *pop* gracinha.
a.ria [´arja] *sf* **1** ar. **2** espaço, céu. **3** aspecto, comportamento. **4** (anche *fig*) atmosfera. **5** *Mus* ária. **6** *fam* gases. **andare per aria** andar distraído. **aria condizionata** ar-condicionado. **buttare tutto all'aria** atirar tudo pelos ares. **darsi delle arie** dar-se ares, demonstrar orgulho.
a.ri.di.tà [aridit´a] *sf* **1** aridez, secura. **2** *fig* pobreza. **3** esterilidade.
a.ri.do [´arido] *agg* **1** árido, seco. *clima arido* / clima árido. **2** desolado, triste. *paesaggio arido* / paisagem desolada. **3** frio, insensível. *persona arida* / pessoa fria. **4** improdutivo, estéril. *suolo arido* / solo improdutivo.
a.rieg.gia.re [arjeddʒ´are] *vt* **1** arejar, ventilar. *aprì la finestra per arieggiare la casa* / abri a janela para arejar a casa. *vt+vi* **2** imitar, assemelhar-se. *arieggiare uno scrittore* / imitar um escritor. *questa camera arieggia quella di una regina* / este quarto se assemelha ao de uma rainha.
a.ri.e.te [ar´iete] *sm* **1** *Zool* carneiro. **2** *Mil* aríete. **3** **Ariete** *Astron, Astrol* Áries.
a.rin.ga [ar´inga] *sf* arenque.
a.rio.so [ar´jozo] *agg* arejado, ventilado.
a.ri.sto.cra.ti.co [aristokr´atiko] *sm* aristocrata. • *agg* aristocrático, nobre.
a.ri.sto.cra.zi.a [aristokrats´ia] *sf* aristocracia, nobreza.
a.rit.me.ti.ca [aritm´ɛtika] *sf* aritmética.
ar.lec.chi.no [arlekk´ino] *sm* **1** arlequim. **2** *fig* homem sem dignidade e firmeza.
ar.ma [´arma] *sf* **1** arma. **2** utensílio, instrumento. **3** **armi** *pl* a) armas. b) arte militar, guerra. c) exército. **arma bianca** arma branca, espada. **arma da fuoco**

arma de fogo. **arma subacquea** arma submarina, torpedo. **deporre le armi** cessar as hostilidades. **muovere le armi** guerrear. **prendere le armi** pegar em armas. **seguire la carriera delle armi** seguir carreira militar. **stare sotto le armi** prestar serviço militar.

ar.ma.col.lo [armak´ɔllo] *avv* na expressão **ad armacollo** a tiracolo.

ar.ma.dil.lo [armad´illo] *sm* tatu.

ar.ma.dio [arm´adjo] *sm* armário.

ar.ma.re [arm´are] *vt* **1** armar, militarizar. *vpr* **2** armar-se. **3** preparar-se, aprontar-se.

Armare tem o sentido de fornecer armas. Para armar no sentido de montar, preparar para uso, arranjar as peças de um mecanismo, usa-se **montare**.

ar.ma.ta [arm´ata] *sf* armada, exército. **armata di mare** marinha, frota. **armata di terra** exército.

ar.ma.tu.ra [armat´ura] *sf* **1** *Mil* armadura. **2** *Archit* armação, esqueleto. **3** *fig* revestimento, cobertura.

ar.meg.gia.men.to [armeddʒam´ento] *sm* torneio, duelo.

ar.meg.gia.re [armeddʒ´are] *vi* **1** lutar, brigar. **2** manejar, manobrar, mexer com. *cominciai ad armeggiare con il motore* / comecei a mexer com o motor. *armeggiò con la barca per partire* / manobrou o barco para partir.

ar.meg.gio [arm´ɛddʒo] *sm* armamento.

ar.mel.li.no [armell´ino] *sm Zool* arminho.

ar.men.to [arm´ento] *sm* gado.

ar.mi.sti.zio [armist´itsjo] *sm* (anche *fig*) armistício, trégua.

ar.mo.ni.a [armon´ia] *sf* **1** harmonia. **2** *fig* coerência, equilíbrio, simetria. **3** amizade, acordo.

ar.mo.ni.ca [arm´ɔnika] *sf Mus* harmônica. **armonica a bocca** gaita de boca.

ar.mo.ni.co [arm´ɔniko] *agg* harmônico, harmonioso.

ar.mo.nio.so [armon´jozo] *agg* harmonioso, equilibrado.

ar.mo.niz.za.re [armoniddz´are] *vt* **1** harmonizar. *vi* **2** *fig* concordar. **3** unir-se, casar-se.

ar.ne.se [arn´eze] *sm* **1** utensílio, instrumento, ferramenta. **2** *fig* aparelho, mecanismo, dispositivo. **3** *iron* sujeito, tipo, indivíduo.

ar.nia [´arnja] *sf* colmeia.

a.ro.ma [ar´ɔma] *sm* **1** aroma, fragrância, perfume. **2 aromi** *pl* especiarias.

a.ro.ma.ti.co [arom´atiko] *agg* aromático, perfumado.

a.ro.ma.tiz.za.re [aromatiddz´are] *vt* aromatizar, perfumar.

ar.pa [´arpa] *sf Mus* harpa.

ar.ra [´ar̄a] *sf* penhor, garantia, sinal.

ar.rab.bia.re [ar̄abb´jare] *vi+vpr* enraivecer, enfurecer-se, irritar-se.

ar.rab.bia.to [ar̄abb´jato] *agg* **1** enfurecido, furioso, irritado. **2** hidrófobo, raivoso. *cane arrabiato* / cão raivoso.

ar.ram.pi.car.si [ar̄ampik´arsi] *vpr* trepar, escalar, subir.

ar.ran.ca.re [ar̄ank´are] *vi* **1** mancar, coxear. **2** *fig* apressar-se, angustiar-se, cansar-se.

ar.ran.gia.men.to [ar̄andʒam´ento] *sm* **1** acordo, pacto. **2** acomodação. **3** *Mus* arranjo.

ar.ran.gia.re [ar̄andʒ´are] *vt* **1** arranjar, acomodar. *arrangiò le cose in modo da soddisfarmi* / arranjou as coisas para me satisfazer. **2** *Mus* arranjar, fazer o arranjo de. *vpr* **3** arranjar-se. *lui si arrangia bene nelle difficoltà* / ele se arranja bem nas dificuldades. **4** concordar, chegar a um acordo. **5** (anche *fig*) adaptar-se. **6** *pop* virar-se. *adesso arrangiati da solo!* / agora se vire sozinho!

ar.re.ca.re [ar̄ek´are] *vt* **1** levar, carregar. **2** *fig* causar, provocar.

ar.re.da.men.to [ar̄edam´ento] *sm pop* móveis, mobília.

ar.re.da.re [ar̄ed´are] *vt* **1** mobiliar. **2** equipar.

ar.re.do [ar̄´ɛdo] *sm* **1** enfeite, adorno. **2** móvel.

ar.ren.der.si [ar̄´ɛndersi] *vpr* render-se, entregar-se, capitular.

ar.re.sta.re [ar̄est´are] *vt* **1** deter, impedir. **2** bloquear, interceptar. **3** *fig* prender, capturar.

ar.re.sto [ar̄´esto] *sm* **1** prisão, captura. **2** detenção.

ar.re.ta.re [ar̄et´are] *vt* enredar, prender com rede.

ar.re.tra.re [ar̄etr´are] *vi* recuar, retroceder.

ar.re.tra.to [ar̄etr´ato] *agg* **1** atrasado. **2** antiquado, obsoleto. **3** vencido. *debito arretrato* / dívida vencida.

ar.ric.chi.men.to [ar̄ikkim´ento] *sm* enriquecimento.

ar.ric.chi.re [ar̄ikk´ire] *vt* **1** enriquecer. **2** (anche *fig*) acrescentar. **3** embelezar. **4** melhorar.

ar.ric.cia.re [ar̄ittʃ´are] *vt* encrespar, encaracolar, ondular. **arricciare il naso** torcer o nariz.

ar.ric.cio.la.re [ar̄ittʃol´are] *vt* encaracolar, enrolar.

ar.ri.de.re [ar̄´idere] *vi* **1** sorrir. **2** ajudar, favorecer. *la fortuna mi arride* / a sorte me ajuda.

ar.ri.schia.re [ar̄isk´jare] *vt* arriscar, ousar.

ar.ri.schia.to [ar̄isk´jato] *agg* **1** arriscado, perigoso. **2** destemido, corajoso.

ar.ri.va.re [ar̄iv´are] *vi* **1** chegar. **2** *Naut* aportar, atracar. **3** bastar. **4** aproximar-se. *arriva la ora di partire* / chega a hora de partir. *vt+vi* **5** *fig* alcançar, conseguir. *arrivare a fare qualcosa* / conseguir fazer algo. **6** igualar, equiparar.

Arrivare é usado com a preposição **a**: *arrivare a casa* / chegar em casa. *arrivare al mare* / chegar ao mar. *arrivare al potere* / chegar ao poder. *arrivare allo scopo* / atingir a meta. *arrivare a una destinazione* / chegar a um destino. Mas com nomes de países, usa-se a preposição **in**: *la nonna è arrivata in Italia oggi* / a vovó chegou à Itália hoje.

ar.ri.va.ta [ar̄iv´ata] *sf* chegada.

ar.ri.ve.der.ci [ar̄ived´ertʃi] *int* até a vista! até logo! até a próxima!

ar.ri.vo [ar̄´ivo] *sm* **1** chegada. **2** destino, local de chegada. **3** carregamento (que chega).

ar.ro.chi.re [ar̄ok´ire] *vt+vi* enrouquecer.

ar.ro.gan.te [ar̄og´ante] *agg* arrogante, presunçoso.

ar.ro.gan.za [ar̄og´antsa] *sf* arrogância, presunção, insolência.

ar.ro.ga.re [ar̄og´are] *vt* **1** *Giur* adotar (criança). *vpr* **2** apropriar-se de (algo que não lhe pertence). **3** reivindicar (algo indevido). Veja nota em **apropriar**.

ar.ros.sa.re [ar̄oss´are] *vt* avermelhar, arroxear.

ar.ros.si.re [ar̄oss´ire] *vi* **1** corar, ficar vermelho, enrubescer. **2** *fig* envergonhar-se.

ar.ro.sti.re [ar̄ost´ire] *vt* assar, tostar.

ar.ro.sto [ar̄´ɔsto] *sm* assado. • *avv* em assado. **carne arrosto** carne assada. **cuocere arrosto** assar.

ar.ro.ta.re [ar̄ot´are] *vt* **1** afiar, amolar. **2** abalroar, atropelar (veículo). **3** ranger (os dentes).

Arrotare em italiano não tem o sentido de "arrotar", em português. Neste sentido, em italiano usa-se **ruttare**.

ar.ro.to.la.re [ar̄otol´are] *vt* **1** enrolar. **2** envolver.

ar.ro.ton.da.re [ar̄otond´are] *vt* arredondar.

ar.ro.ven.ta.re [ar̄ovent´are] *vt* aquecer, escaldar.

ar.ro.ve.scia.re [ar̄oveʃ´are] *vt* **1** virar do avesso. **2** derrubar, fazer cair.

ar.ro.ve.scio [ar̄ov´ɛʃo] *avv* do avesso, ao contrário, às avessas. **andare arrovescio** ir mal.

ar.ruf.fa.re [ar̄uff´are] *vt* **1** despentear, desgrenhar. **2** confundir, atrapalhar, desordenar.

ar.ru.ga.re [ar̄ug´are] *vi* enrugar.

ar.rug.gi.ni.re [ar̄udʒin´ire] *vt* **1** enferrujar, oxidar. *vi+vpr* **2** enferrujar-se, oxidar-se. **3** *fig* deteriorar-se.

ar.ruo.la.re [ar̄wol´are] *vt* **1** recrutar, alistar, chamar às armas. *vpr* **2** alistar-se.

ar.sel.la [ars´ɛlla] *sf Zool* marisco, mexilhão.

ar.se.na.le [arsen´ale] *sm* **1** arsenal. **2** *fig* instrumental, aparelhagem.

ar.se.ni.co [ars´ɛniko] *sm* arsênico.

ar.te [´arte] *sf* **1** arte. **2** *fig* truque, artifício. **3** trabalho, profissão. **4** habilidade, gênio, maestria. **5** experiência, técnica. **ad arte/per arte/con arte** com habilidade. **arte moderna** arte moderna. **arti e mestieri** artes e ofícios. **belle arti** belas-artes.

ar.te.fat.to [artef´atto] *agg* artificial, falso, falsificado, adulterado.

Artefatto em italiano não tem o sentido de "artefato", "objeto feito à mão". Neste sentido, em italiano usa-se **manufatto**.

ar.te.fi.ce [art´efitʃe] *sm* **1** artífice, artista. **2** inventor. **3** mestre.
ar.te.ria [art´ɛrja] *sf* **1** *Med* artéria. **2** *fig* estrada. **3** percurso. **4** rua.
ar.te.rio.scle.ro.si [arterjoskler´ɔzi] *sf Med* arteriosclerose.
ar.ti.co [´artiko] *agg* **1** ártico, boreal, setentrional. **2** *fig* gelado. *clima artico* / clima gelado.
ar.ti.co.la.re [artikol´are] *vt* **1** articular, pronunciar, dizer. **2** (anche *fig*) fracionar, subdividir.
ar.ti.co.lo [art´ikolo] *sm* artigo (de jornal, de lei ou mercadoria).
ar.ti.fi.cia.le [artifitʃ´ale] *agg* **1** artificial. **2** falso, falsificado. **3** sintético. *Var: artifiziale*.
ar.ti.fi.cio [artif´itʃo] *sm* artifício, truque, estratagema. *Var: artifizio*.
ar.ti.fi.zia.le [artifits´jale] *agg V artificiale*.
ar.ti.fi.zio [artif´itsjo] *sm V artificio*.
ar.ti.gia.na.le [artidʒan´ale] *agg* **1** artesanal, manual. **2** caseiro.
ar.ti.gia.no [artidʒ´ano] *sm* artesão.
ar.ti.glie.re [artiλ´ɛre] *sm Mil* artilheiro.
ar.ti.glie.ri.a [artiλer´ia] *sf Mil* artilharia.
ar.ti.glio [art´iλo] *sm* garra, unha.
ar.ti.sta [art´ista] *s* **1** artista. **2** *fig* mestre, virtuoso.
ar.ti.sti.co [art´istiko] *agg* artístico.
ar.to [´arto] *sm* **1** o norte. **2** *Med* junta, articulação. **3** membro articulado. • *agg* estreito.
ar.tri.te [artr´ite] *sf Med* artrite.
ar.zi.go.go.la.re [ardzigogol´are] *vi* **1** divagar, fantasiar. **2** enganar, rodear, usar subterfúgios.
ar.zi.go.go.lo [ardzig´ɔgolo] *sm* rodeio, evasiva, subterfúgio.
ar.zil.lo [arts´illo] *agg* esperto, vivo, vivaz.
ar.zin.ga [arts´inga] *sf* tenaz.
a.scel.la [aʃ´ɛlla] *sf* **1** axila. **2** *pop* sovaco.
a.scen.den.te [aʃend´ɛnte] *s* **1** ascendente, antepassado. **2** *fig* ascendência, predomínio. • *agg* ascendente, que sobe.
a.scen.den.za [aʃend´ɛntsa] *sf* ascendência, progenitores.
a.scen.de.re [aʃ´ɛndere] *vi* **1** ascender, subir, elevar-se. **2** chegar a, atingir (valores). *le spese ascendono a diecimila lire* / as despesas chegam a dez mil liras. Veja nota em **atingir**.
a.scen.sio.ne [aʃens´jone] *sf* ascensão, subida. **l'Ascensione** *Rel* Ascensão de Cristo.
a.scen.so.re [aʃens´ore] *sm* elevador.
a.sce.sa [aʃ´eza] *sf* elevação, ascensão, subida.
a.sces.so [aʃ´ɛsso] *sm Med* abscesso.
a.scia [´aʃa] *sf* machado.
a.scia.re [aʃ´are] *vt* desbastar, afinar.
a.sciu.ga.ma.no [aʃugam´ano] *sm* toalha de mão ou rosto.
a.sciu.ga.re [aʃug´are] *vt* **1** enxugar, secar. *vpr* **2** enxugar-se, secar-se.
a.sciu.ga.to.io [aʃugat´ojo] *sm* pano de prato.
a.sciut.to [aʃ´utto] *agg* **1** enxuto. **2** magro. *persona asciutta* / pessoa magra. **3** áspero, duro, seco (tom de voz). **4** sem dinheiro. **5** *pop* duro.
a.scol.ta.re [askolt´are] *vt+vi* **1** escutar, ouvir. **2** *fig* espionar, espreitar.
a.scol.ta.to.re [askoltat´ore] *sm* **1** ouvinte. **2** espectador.
a.scol.to [ask´olto] *sm* escuta. **in ascolto** à escuta.
a.scri.ve.re [askr´ivere] *vt* **1** inscrever, matricular. *vpr* **2** inscrever-se, matricular-se.
a.se.psi.a [aseps´ia] *sf Med* assepsia.
a.ses.sua.le [asess´wale] *agg* assexual.
a.set.ti.co [as´ɛttiko] *agg* asséptico, desinfetado, esterilizado.
a.sfal.ta.re [asfalt´are] *vt* asfaltar.
a.sfal.to [asf´alto] *sm* asfalto.
a.sfis.si.a [asfiss´ia] *sf Med* asfixia.
a.sfis.si.a.re [asfissi´are] *vt* **1** asfixiar, sufocar. **2** *fig* perturbar, atormentar, molestar.
a.si.a.ti.co [azi´atiko] *sm+agg* asiático.
a.si.lo [az´ilo] *sm* **1** asilo, casa de repouso. **2** asilo político. **3** jardim de infância, escola maternal. **4** *fig* proteção, refúgio, abrigo.
a.sim.me.tri.a [asimmetr´ia] *sf* assimetria.
a.si.ne.ri.a [aziner´ia] *sf* **1** asneira, tolice. **2** *fig* grosseria, estupidez. *Sin: asinità*.
a.si.ni.tà [azinit´a] *sf V asineria*.
a.si.no [´azino] *sm* **1** *Zool* asno, burro. **2** *fig* ignorante, burro. **lavare il capo all'asino** jogar pérolas aos porcos.

a.sma [ˊazma] *sf Med* asma.
a.sma.ti.co [azmˊatiko] *agg* **1** asmático. **2** *fig* cansado, ofegante.
a.so.la [ˊazola] *sf* casa (de botão).
a.spa.ra.go [aspˊarago] *sm* aspargo.
a.sper.ge.re [aspˊɛrdʒere] *vt* **1** borrifar, espirrar. **2** *fig* regar, polvilhar.
a.spe.ri.tà [asperitˊa] *sf* **1** aspereza. **2** *fig* rigidez, austeridade. **3** dificuldade, obstáculo.
a.spet.ta.re [aspettˊare] *vt+vi* **1** esperar, aguardar. *vi* **2** ganhar tempo, adiar.
a.spet.ta.ti.va [aspettatˊiva] *sf* **1** expectativa. **2** espera. **3** *fig* desejo, esperança, intenção.
a.spet.to [aspˊɛtto] *sm* **1** aspecto, aparência, físico, compleição. **2** espera. **in aspetto** à espera.
a.spi.de [ˊaspide] *sm* serpente, áspide.
a.spi.ran.te [aspirˊante] *s+agg* aspirante, candidato.
a.spi.ra.pol.ve.re [aspirapˊolvere] *sm* aspirador de pó.
a.spi.ra.re [aspirˊare] *vt* **1** aspirar, inspirar. *vi* **2** aspirar, desejar, ambicionar, cobiçar.
a.spi.ra.zio.ne [aspiratsˊjone] *sf* **1** aspiração. **2** *fig* desejo, sonho, ideal.
a.spi.ri.na [aspirˊina] *sf* aspirina.
a.sprez.za [asprˊettsa] *sf* **1** aspereza, acidez. **2** *fig* dificuldade, rigor, dureza.
a.spro [ˊaspro] *agg* **1** áspero, azedo, amargo. **2** rude (caráter). **3** frio, inclemente. *tempo aspro* / tempo frio. **4** irregular. *superficie aspra* / superfície irregular. **5** acidentado. *terreno aspro* / terreno acidentado.
as.sag.gia.re [assaddʒˊare] *vt* **1** provar, experimentar. **2** degustar.
as.sag.gio [assˊaddʒo] *sm* **1** degustação. **2** *fig* amostra. **3** pedacinho, um pouquinho.
as.sai [assˊaj] *agg* muitos, muitas, muito. • *avv* **1** muito. **2** bastante, suficientemente. **a fare assai** quando muito. **mi pare assai!** não acredito!
as.sa.le [assˊale] *sm* eixo (de automóvel).
as.sa.li.re [assalˊire] *vt* **1** assaltar. **2** atacar, agredir. **3** ocupar, tomar posse. **4** *fig* insultar, provocar.
as.sa.li.to.re [assalitˊore] *sm* atacante, agressor.
as.sal.ta.re [assaltˊare] *vt* **1** assaltar. **2** tomar de assalto, invadir fortaleza escalando os muros.
as.sal.to [assˊalto] *sm* assalto, ataque. **assalto a mano armata** assalto à mão armada.
as.sa.po.ra.re [assaporˊare] *vt* saborear, degustar.
as.sas.si.na.re [assassinˊare] *vt* **1** assassinar, matar, trucidar. **2** *fig* arruinar, estragar.
as.sas.si.nio [assassˊinjo] *sm* assassinato, homicídio.
as.sas.si.no [assassˊino] *sm* assassino, homicida. • *agg* **1** assassino. **2** *fig* sedutor, irresistível (olhar).
as.se [ˊasse] *sf* **1** tábua, prancha. *sm* **2** *Mecc* eixo. **3** *Geogr* eixo terrestre. **4** *fig* centro.
as.se.con.da.re [assekondˊare] *vt V secondare.*
as.se.dia.re [assedˊjare] *vt* sitiar, assediar, cercar, isolar.
as.se.dio [assˊɛdjo] *sm* sítio, assédio, cerco.
as.se.gna.men.to [asseɲamˊento] *sm* **1** consignação. **2** *fig* confiança. **3** expectativa, esperança. **fare assegnamento su alcuno** contar com alguém.
as.se.gna.re [asseɲˊare] *vt* **1** consignar, entregar. **2** destinar. **3** encarregar. **4** determinar.
as.se.gno [assˊeɲo] *sm* **1** consignação. **2** renda. **assegno bancario** cheque. **assegno sbarrato** cheque cruzado.
as.sem.ble.a [assemblˊɛa] *sf* assembleia, reunião.
as.sem.bra.re [assembrˊare] *vt* reunir, juntar.
as.sen.na.tez.za [assennatˊettsa] *sf* sensatez, juízo.
as.sen.na.to [assennˊato] *agg* sensato, ajuizado, cuidadoso, prudente.
as.sen.so [assˊɛnso] *sm* aprovação, consenso, acordo.
as.sen.tar.si [assentˊarsi] *vpr* ausentar-se, afastar-se, partir.
as.sen.te [assˊɛnte] *agg* **1** ausente, faltante. **2** afastado, longínquo.
as.sen.ti.re [assentˊire] *vi* **1** aprovar, estar de acordo, anuir, assentir. *assento a tue ragioni* / aprovo as tuas razões. **2** consen-

tir, permitir. *non possiamo assentire a che tu faccia così* / não podemos permitir que você faça assim.

as.sen.za [ass´ɛntsa] *sf* **1** ausência. **2** falta. **3** distanciamento, separação.

as.sen.zio [ass´ɛntsjo] *sm* **1** *Bot* absinto. **2** *fig* desgosto. **3** aflição.

as.se.rel.la [asser´ɛlla] *sf dim* ripa, sarrafo.

as.se.ri.re [asser´ire] *vt* afirmar, declarar, atestar.

as.ser.ti.vo [assert´ivo] *agg* afirmativo.

as.ser.zio.ne [asserts´jone] *sf* afirmação, declaração, testemunho.

as.ses.so.re [assess´ore] *sm* assessor.

as.se.sta.men.to [assestam´ento] *sm* ajuste, arranjo, adaptação.

as.se.sta.re [assest´are] *vt* **1** consertar, corrigir, reparar. **2** *fig* acertar, dar. *assestare un colpo, una legnata* / dar um golpe, uma paulada.

as.se.ta.re [asset´are] *vt* **1** deixar sedento. *vi* **2** ter sede.

as.se.ta.to [asset´ato] *agg* **1** sedento. **2** árido, seco. *terra assetata* / terra árida. **3** *fig* ambicioso, ávido.

as.set.ta.re [assett´are] *vt* **1** colocar em ordem, arrumar. *vpr* **2** acomodar-se, sentar-se.

as.set.to [ass´ɛtto] *sm* **1** ordem, arrumação, disposição, arranjo. **2** estabilidade. **3** *fig* equipamento. **4** vestimenta. **5** farda, uniforme.

as.se.ve.ran.za [assever´antsa] *sf* afirmação, confirmação, asseveração.

as.se.ve.ra.re [assever´are] *vt* afirmar, assegurar. **asseverare la bandiera** jurar fidelidade à bandeira.

as.si.cu.ra.re [assikur´are] *vt* **1** assegurar, garantir. *assicuro che lei verrà domani* / asseguro que ela virá amanhã. *la polizia assicurò l'anonimato dei testimoni* / a polícia assegurou o anonimato das testemunhas. **2** prender, afixar. **3** afirmar, declarar. *assicuro di non aver mai comprato questi prodotti* / afirmo que nunca comprei estes produtos. *vpr* **4** assegurar-se, certificar-se, precaver-se. **assicurare una lettera** mandar uma carta registrada com valor declarado.

as.si.cu.ra.zio.ne [assikurats´jone] *sf* **1** (anche *fig*) segurança, garantia. **2** afirmação, testemunho. **3** verificação, apuração. **4** *Comm* seguro. **assicurazione contro furti** seguro contra roubos. **assicurazione sulla vita** seguro de vida.

as.si.de.ra.re [assider´are] *vt+vi* **1** congelar, gelar. *vpr* **2** congelar-se.

as.si.dui.tà [assidujt´a] *sf* **1** assiduidade, constância. **2** fidelidade.

as.si.duo [ass´idwo] *agg* **1** assíduo, constante. **2** fiel. **3** contínuo. **4** diligente.

as.sie.me [ass´jɛme] *sm* conjunto, complexo. • *avv* conjuntamente, junto. *stare assieme* / ficar junto. **assieme a** junto com, na companhia de. *arrivò assieme a due donne bellissime* / chegou junto com duas belíssimas mulheres.

as.sie.pa.re [assjep´are] *vt* **1** cercar. *vpr* **2** aglomerar-se, amontoar-se, formar multidão.

as.sil.la.re [assill´are] *vt* **1** importunar, atormentar. **2** *vi* enfurecer-se. • *agg* axilar.

as.sil.lo [ass´illo] *sm* **1** *fig* preocupação. **2** obsessão, ideia fixa.

as.si.mi.la.re [assimil´are] *vt* **1** assimilar, absorver. **2** *fig* compreender. **3** comparar, confrontar.

as.si.sa [ass´iza] *sf* **1** divisa, insígnia de uniforme. **2** uniforme, farda.

as.si.sten.te [assist´ɛnte] *s+agg* assistente, auxiliar, ajudante.

as.si.sten.za [assist´ɛntsa] *sf* **1** assistência, apoio. **2** controle, vigilância. **3** caridade, beneficência.

as.si.ste.re [ass´istere] *vt* **1** assistir, ajudar, auxiliar, apoiar, socorrer. *il curatore assiste il minore* / o curador assiste o menor. **2** *fig* beneficiar, favorecer. *vi* **3** assistir, presenciar. *assistere alle conferenze* / assistir às conferências.

as.si.to [ass´ito] *sm* **1** divisória, tabique. **2** assoalho de madeira, tablado.

as.so [´asso] *sm* **1** ás. **2** *fig* ás, campeão, recordista. **3** coisa única no gênero.

as.so.cia.re [assotʃ´are] *vt* **1** associar, ligar. **2** acompanhar. *vpr* **3** aderir, afiliar-se. *associarsi ad un gruppo* / afiliar-se a um grupo. **4** associar-se, assinar (publicação).

as.so.cia.zio.ne [assotʃats´jone] *sf* **1** associação, aliança, liga. **2** sociedade. **3**

consórcio, corporação. **4** círculo, grupo. **5** comunidade.

as.so.da.men.to [assodam´ento] *sm* endurecimento, coágulo.

as.so.da.re [assod´are] *vt* **1** esclarecer, apurar, verificar. **2** endurecer, compactar, solidificar. *vpr* **3** endurecer-se, solidificar-se.

as.sog.get.ta.re [assoddʒett´are] *vt* **1** sujeitar, subjugar, submeter. *vpr* **2** sujeitar-se, submeter-se.

as.sol.da.re [assold´are] *vt* **1** alistar, recrutar, engajar. **2** pagar, assalariar.

as.so.lu.ti.smo [assolut´izmo] *sm* **1** absolutismo. **2** despotismo, ditadura.

as.so.lu.to [assol´uto] *agg* **1** absoluto, independente. **2** pleno, total. **3** ilimitado, indiscriminado, incondicional. **4** máximo, supremo.

as.so.lu.zio.ne [assoluts´jone] *sf* **1** absolvição. **2** anistia, perdão, indulgência.

as.sol.ve.re [ass´ɔlvere] *vt* **1** absolver, perdoar. **2** executar, cumprir. *assolvere un dovere* / cumprir um dever.

as.so.mi.glia.re [assomiλ´are] *vi* assemelhar-se, parecer, lembrar.

as.son.na.re [assonn´are] *vt+vi* adormecer.

as.so.pi.men.to [assopim´ento] *sm* sono, sonolência.

as.so.pi.re [assop´ire] *vt* **1** adormecer. *vpr* **2** adormecer, pegar no sono.

as.sor.ben.te [assorb´ɛnte] *sm+agg* absorvente. **assorbente igienico** absorvente higiênico.

as.sor.bi.re [assorb´ire] *vt* **1** absorver, impregnar-se de. **2** *fig* assimilar, compreender.

as.sor.da.re [assord´are] *vt* (anche *fig*) ensurdecer, atordoar, estontear, transtornar.

as.sor.di.re [assord´ire] *vi* **1** ensurdecer. **2** *fig* ficar atordoado, transtornar-se.

as.sor.ti.men.to [assortim´ento] *sm* sortimento, gama, série.

as.sor.ti.re [assort´ire] *vt* **1** sortir, abastecer. **2** escolher, separar, repartir.

as.sor.ti.to [assort´ito] *agg* sortido, variado.

as.sor.to [as´sɔrto] *agg* concentrado, imerso, absorto em pensamentos.

as.sot.ti.glia.re [assottiλ´are] *vt* **1** afinar, afiar, aguçar. *vpr* **2** afinar-se, afiar-se. **3** *fig* emagrecer.

as.sue.fa.re [assweff´are] *vt* **1** acostumar, habituar, condicionar. *vpr* **2** acostumar-se, habituar-se.

as.sue.fa.zio.ne [asswefats´jone] *sf* **1** costume, hábito, condicionamento. **2** (anche *fig*) dependência.

as.su.me.re [ass´umere] *vt* **1** assumir. *assumere una forma, un significato* / assumir uma forma, um significado. **2** assumir, encarregar-se de. *assumere una missione, un incarico, il commando* / assumir uma missão, um encargo, o comando. **3** empregar, recrutar, dar trabalho a. *assumere un commesso per il negozio* / empregar um vendedor para a loja. *vpr* **4** assumir, encarregar-se de. *assumersi la responsabilità, il compito* / assumir a responsabilidade, a tarefa.

as.sun.to [ass´unto] *sm* **1** tese, suposição. **2** afirmação. **3** tarefa.

as.sun.zio.ne [assunts´jone] *sf* assunção, elevação. **l'Assunzione** *Rel* Assunção (de Maria).

as.sur.di.tà [assurdit´a] *sf* **1** (anche *fig*) absurdo, incoerência. **2** *pop* besteira, asneira.

as.sur.do [ass´urdo] *sm* absurdo. • *agg* absurdo, contraditório, incoerente.

a.sta [´asta] *sf* **1** leilão, licitação. **2** haste, bastão, barra. **3** dardo, lança. **asta pubblica** leilão. **aste degli occhiali** hastes dos óculos.

a.stan.te [ast´ante] *sm* espectador, presente.

a.ste.mio [ast´ɛmjo] *agg* **1** abstêmio. **2** sóbrio.

a.ste.ner.si [asten´ersi] *vpr* **1** abster-se, evitar. *astenersi da fumare* / abster-se de fumar. **2** renunciar, desistir. *astenersi dalla disputa* / desistir da disputa. **3** *Pol* abster-se, deixar de votar numa eleição.

a.ste.ri.sco [aster´isko] *sm* **1** asterisco. **2** *fig* anotação, nota, observação, lembrete.

a.ste.roi.de [aster´ɔjde] *sm* *Astron* asteroide.

a.stig.ma.ti.smo [astigmat´izmo] *sm* astigmatismo.

a.sti.nen.za [astin´ɛntsa] *sf* **1** abstinência, privação. **2** (anche *fig*) jejum. **3** renúncia.

a.stio [ˈastjo] *sm* **1** ódio, aversão. **2** inveja.
a.stra.le [astrˈale] *agg* **1** astral, cósmico, estelar. **2** *fig* louco, doido.
a.strar.re [astrˈar̃e] *vt* **1** separar, manter separado, distanciar, isolar. *vi* **2** abandonar, esquecer, prescindir de. *vpr* **3** distrair-se.
a.strat.to [astrˈatto] *agg* **1** abstrato, imaterial. **2** *fig* fantasioso, imaginário, utópico.
a.stra.zio.ne [astratsˈjone] *sf* abstração, hipótese, utopia.
a.stro [ˈastro] *sm* **1** astro, estrela. **2** *fig* astro, vedete. *un astro del cinema* / um astro do cinema.
a.stro.lo.gi.a [astroloʤˈia] *sf* astrologia.
a.stro.lo.go [astrˈɔlogo] *sm* astrólogo.
a.stro.nau.ta [astronˈawta] *s* astronauta.
a.stro.na.ve [astronˈave] *sf* astronave, nave espacial.
a.stro.no.mi.a [astronomˈia] *sf* astronomia.
a.stro.no.mi.co [astronˈɔmiko] *agg* **1** astronômico, cósmico, estelar. **2** *fig* astronômico, exagerado. *numero astronomico, prezzo astronomico* / número astronômico, preço astronômico.
a.stro.no.mo [astrˈɔnomo] *sm* astrônomo.
a.stru.so [astrˈuzo] *agg* difícil, complicado, confuso, obscuro.
a.stuc.cio [astˈuttʃo] *sm* **1** estojo. **2** caixa, caixinha.
a.stu.to [astˈuto] *agg* astuto, astucioso, malicioso, esperto.
a.stu.zia [astˈutsja] *sf* astúcia, esperteza, malícia.
a.te.i.smo [ateˈizmo] *sm* ateísmo.
atelier [atelˈjer] *sm fr* **1** ateliê. **2** alfaiataria. **3** estúdio (de artista plástico).
a.te.o [ˈateo] *sm+agg* ateu.
a.ti.pi.co [atˈipiko] *agg* atípico.
a.tlan.te [atlˈante] *sm* atlas.
a.tlan.ti.co [atlˈantiko] *agg* atlântico. • *sm* **Atlantico** oceano Atlântico.
a.tle.ta [atlˈɛta] *sm* atleta, esportista, ginasta.
a.tle.ti.co [atlˈɛtiko] *agg* **1** atlético, esportivo. **2** *fig* forte, robusto, vigoroso.
at.mo.sfe.ra [atmosfˈɛra] *sf* **1** atmosfera. **2** *fig* clima, ambiente.
at.mo.sfe.ri.co [atmosfˈɛriko] *agg* atmosférico.
a.to.mi.co [atˈɔmiko] *agg* atômico, nuclear.
a.to.mo [ˈatomo] *sm Fis, Chim* átomo.
a.to.no [ˈatono] *agg* **1** *Gramm* átono, não acentuado. *sillaba atona* / sílaba átona. **2** flácido. *corpo atono* / corpo flácido. **3** monótono, uniforme. *voce atona* / voz monótona.
a.trio [ˈatrjo] *sm* **1** átrio, pátio. **2** antecâmara, vestíbulo.
a.tro.ce [atrˈotʃe] *agg* **1** atroz, cruel, desumano, impiedoso. **2** terrível, horrível.
a.tro.fi.a [atrofˈia] *sf Med* atrofia.
a.tro.fiz.za.re [atrofiddzˈare] *vt* **1** atrofiar. *vpr* **2** atrofiar-se.
at.tac.ca.bri.ghe [attakkabrˈige] *s+agg* briguento, brigão.
at.tac.ca.men.to [attakkamˈento] *sm* apego, afeto, dedicação.
at.tac.ca.pan.ni [attakkapˈanni] *sm* cabide.
at.tac.ca.re [attakkˈare] *vt* **1** unir, ligar, prender. **2** atrelar (animais). **3** começar (uma ação). **4** atacar, agredir. **5** contagiar, infectar. **6** pregar (botões etc.). *vi* **7** viver, crescer (plantas). *vpr* **8** arrumar um pretexto. **9** agarrar-se, apegar-se.
at.tac.co [attˈakko] *sm* **1** ataque, agressão. **2** juntura, ligação. **3** parelha (de animais de carga). **4** início, princípio. **5** *Sp* gancho (de esqui). **6** *Med* ataque, acesso. **7** *fig* crítica, reprovação.
at.ta.gliar.si [attaʎˈarsi] *vpr* adaptar-se, ajeitar-se.
at.tar.dar.si [attardˈarsi] *vpr* **1** atrasar-se. **2** perder tempo.
at.tec.chi.re [attekkˈire] *vi* crescer, vingar, criar raízes, desenvolver-se.
at.teg.gia.men.to [atteddʒamˈento] *sm* **1** movimento, porte. **2** *fig* atitude, postura.
at.teg.giar.si [atteddʒˈarsi] *vpr* **1** simular, fingir-se de. **2** fazer papel de.
at.tem.pa.to [attempˈato] *agg* idoso, velho.
at.ten.dar.si [attendˈarsi] *vpr* acampar.
at.ten.de.re [attˈɛndere] *vt* **1** esperar, ficar à espera, aguardar. **2** observar. **3** manter. *attendere una promessa* / manter uma promessa. *vi* **4** executar, dedicar-se a. **5** prestar atenção.
at.te.ne.re [attenˈere] *vi* **1** ter relação, concernir, dizer respeito. *vpr* **2** ater-se a, obedecer.

at.ten.ta.re [attent´are] *vi* atentar, ameaçar.
at.ten.ta.to [attent´ato] *sm* atentado.
at.ten.to [att´ɛnto] *agg* **1** atento, concentrado. **2** *fig* vigilante, cuidadoso, prudente. **attenti al cane** cuidado com o cachorro.
at.te.nu.a.re [attenu´are] *vt* **1** atenuar, diminuir. **2** acalmar, suavizar, abrandar. **3** clarear, esfumaçar (cor). **4** abaixar (som).
at.ten.zio.ne [attents´jone] *sf* **1** atenção, dedicação, interesse. **2** cuidado, cautela. **3** *fig* gentileza, cortesia.
at.ter.rag.gio [atter̄´addʒo] *sf* pouso, aterragem.
at.ter.ra.re [atter̄´are] *vi* pousar, aterrar.
at.ter.ri.men.to [atter̄im´ento] *sm* terror, horror.
at.ter.ri.re [atter̄´ire] *vt* aterrorizar, assustar.
at.te.sa [att´eza] *sf* **1** espera. **2** *fig* expectativa, esperança. **3** pausa, suspensão, parada. **in attesa di** à espera de.
at.te.so [att´ezo] *agg* **1** esperado. **2** *fig* previsto, calculado. **3** desejado, ansiado.
at.te.sta.re [attest´are] *vt* **1** atestar. **2** afirmar, assegurar, garantir, testemunhar.
at.te.sta.to [attest´ato] *sm* **1** atestado, certificado, declaração. **2** *fig* aval, garantia.
at.til.la.tez.za [attilat´ettsa] *sf* elegância, discrição (no vestir).
at.til.la.to [attill´ato] *agg* elegante, bem-vestido, de boa aparência.
at.ti.mo [´attimo] *sm* instante, momento, átimo. **in un attimo** num átimo.
at.ti.nen.za [attin´ɛntsa] *sf* afinidade, ligação, conexão.
at.tin.ge.re [att´indʒere] *vt* **1** puxar, tirar. **2** conseguir, obter. **3** atingir, alcançar, tocar. Veja nota em **atingir**.
at.ti.ra.re [attir´are] *vt* (anche *fig*) atrair, seduzir, enfeitiçar.
at.ti.tu.di.ne [attit´udine] *sf* **1** atitude, comportamento. **2** tendência, predisposição, inclinação, propensão.
at.ti.va.re [attiv´are] *vt* ativar, fazer funcionar.
at.ti.vi.tà [attivit´a] *sf* **1** atividade, função, emprego, trabalho. **2** energia, fervor.
at.ti.vo [att´ivo] *sm Comm* ativo. • *agg* ativo, eficaz, eficiente.
at.tiz.za.re [attitts´are] *vt* atiçar, provocar.
at.to [´atto] *sm* **1** ato. **2** ação, gesto. **3** ato, quadro, parte de uma peça. **4** documento, atestado, contrato. **5** *fig* episódio, fase. **6** **atti** *pl* autos, processo, conjunto de documentos legais. • *agg* apto, pronto. **porre in atto** colocar em prática.
at.to.ni.to [att´ɔnito] *agg* (anche *fig*) atônito, surpreso, maravilhado, desnorteado.
at.tor.ci.glia.re [attortʃiλ´are] *vt* **1** torcer, retorcer. **2** enrolar, envolver.
at.to.re [att´ore] *sm* **1** ator, artista. **2** *fig* hipócrita.
at.tor.nia.re [attorn´jare] *vt* rodear, circundar.
at.tor.no [att´orno] *avv* em torno, ao redor, na vizinhança, próximo. **attorno a** em volta de, ao redor de, perto de.
at.tos.si.ca.men.to [attossikam´ento] *sm* intoxicação, envenenamento.
at.tos.si.ca.re [attossik´are] *vt* intoxicar, envenenar.
at.tra.en.te [attra´ɛnte] *agg* **1** atraente, sedutor, convidativo. **2** belo, gracioso.
at.trar.re [attr´ar̄e] *vt* **1** atrair. **2** *fig* fascinar, seduzir, tentar.
at.trat.ti.va [attratt´iva] *sf* **1** atrativo. **2** (anche *fig*) atração, sedução, fascínio. **3** beleza, graça.
at.tra.ver.sa.re [attravers´are] *vt* **1** atravessar, transpassar. **2** *fig* passar por, experimentar.
at.tra.ver.so [attrav´ɛrso] *avv* transversalmente, de lado a lado. • *prep* através de, por meio de.
at.tra.zio.ne [attrats´jone] *sf* **1** (anche *fig*) atração, magnetismo. **2** fascínio, sedução. **3** *Teat* atração, número.
at.trez.zo [attr´ettso] *sm* **1** utensílio, instrumento. **2** **attrezzi** *pl* adereços, decoração.
at.tri.bu.i.re [attribu´ire] *vt* **1** atribuir, conferir. **2** encarregar de. *vpr* **3** atribuir-se, arrogar-se.
at.tri.bu.to [attrib´uto] *sm* **1** atributo, atribuição. **2** (anche *fig*) título, qualificação.
at.tri.ce [attr´itʃe] *sf* atriz.
at.tri.to [attr´ito] *sm* **1** atrito. **2** *fig* rivalidade.
at.tu.a.le [attu´ale] *agg* **1** atual, presente. **2** *fig* de hoje, moderno, da moda.

at.tua.li.tà [attwalit´a] *sf* **1** atualidade. **2** *fig* moda.
at.tu.a.re [attu´are] *vt* atuar, efetuar, realizar.
at.tua.zio.ne [attwats´jone] *sf* atuação, realização, execução, concretização.
at.tu.ti.re [attut´ire] *vt* **1** atenuar, acalmar. **2** abaixar, diminuir.
au.da.ce [awd´atʃe] *agg* **1** audaz, audacioso. **2** ousado, atrevido. **3** corajoso intrépido. **4** petulante, insolente.
au.da.cia [awd´atʃa] *sf* **1** audácia. **2** ousadia, atrevimento. **3** coragem. **4** insolência
au.di.to.re [awdit´ore] *sm* **1** ouvinte, quem ouve. **2** *Rel* auditor.
au.di.to.rio [awdit´ɔrjo] *sm* auditório.

Auditorio refere-se ao lugar onde se assiste a um espetáculo, a uma palestra etc.: *l'auditorio era pieno zeppo* / o auditório estava lotado. Veja outra nota em **uditorio.**

au.ge [´awdʒe] *sm* **1** *Astron* apogeu. **2** *fig* auge, ponto culminante. **in auge** no auge.
au.gu.ra.re [awgur´are] *vt* **1** predizer, profetizar. *augurare un anno felice* / predizer um ano feliz. **2** desejar (a outra pessoa), fazer votos de. *ti auguro vittoria nella partita* / eu te desejo vitória no jogo.
au.gu.rio [awg´urjo] *sm* **1** voto, desejo. **2** presságio, agouro. **tanti auguri!** boa sorte! parabéns!
au.gu.sto [awg´usto] *sm* augusto, título romano. • *agg* augusto, alto, elevado, nobre.
au.la [´awla] *sf* **1** auditório, salão. **2** classe (de escola). **3** corte, salão real.

É preciso ter atenção com as diferenças entre o italiano e o português. A "sala onde estudam os alunos" é chamada de **aula** ou **classe**. *gli studenti uscirono dall'aula* ou *dalla classe* / os alunos saíram da classe. A "exposição de matéria feita pelo professor", "aula" ou "lição", é chamada de **lezione**. *non mi piaciono le lezioni di matematica* / não gosto das aulas de matemática. O "agrupamento de alunos segundo o ano em que estão na escola ou a matéria que estudam", é chamado de **classe**, como em português. *la classe d'italiano della facoltà* / a classe de italiano da faculdade. *che classe fa tua sorella quest'anno?* / em que classe está a sua irmã este ano?

au.men.ta.re [awment´are] *vt+vi* **1** aumentar, crescer. **2** elevar (altura). **3** acelerar. **4** alastrar-se (epidemia). **5** subir (temperatura). **6** expandir, alargar. **7** acumular (riqueza). **8** amplificar, aumentar (som).
au.men.ta.ti.vo [awmentat´ivo] *agg* aumentativo.
au.men.to [awm´ento] *sm* aumento, crescimento.
au.ra [´awra] *sf* **1** aura. **2** *Poet* brisa. **3** *fig* aplauso, popularidade.
au.re.o [´awreo] *agg* **1** áureo, de ouro. **2** *fig* feliz, esplendoroso.
au.re.o.la [awr´ɛola] *sf* auréola.
au.ro.ra [awr´ɔra] *sf* **1** aurora, alvorada. **2** *fig* início, origem.
au.scul.ta.re [awskult´are] *vt Med* auscultar.
au.si.lia.re [awzil´jare] *s+agg* auxiliar, assistente. *Var: ausiliario.*
au.si.lia.rio [auzil´jarjo] *sm+agg V ausiliare.*
au.si.lio [awz´iljo] *sm* auxílio, ajuda, apoio.
au.spi.cio [awsp´itʃo] *sm* **1** agouro, presságio, augúrio. **2** **auspici** *pl* auspícios, apoio, favores.
au.ste.ro [awst´ɛro] *agg* **1** austero, severo. **2** sério, solene. **3** rígido.
au.stra.le [awstr´ale] *agg* austral, antártico.
au.stra.lia.no [awstral´jano] *sm+agg* australiano.
au.stri.a.co [awstr´iako] *sm+agg* austríaco.
au.tar.chi.a [awtark´ia] *sf* **1** autarquia, entidade autônoma. **2** autonomia.
au.ten.ti.ca.re [awtentik´are] *vt* autenticar, legalizar, reconhecer como verdadeiro. *autenticare documenti* / autenticar documentos.
au.ten.ti.co [awt´ɛntiko] *agg* **1** autêntico, verídico, verdadeiro, real. **2** original.
au.ti.sta [awt´ista] *s* motorista. **autista di piazza** motorista de táxi, chofer de praça.

au.to [´awto] *sf abbrev V automobile*.
au.to.bio.gra.fi.a [awtobjograf´ia] *sf* autobiografia.
au.to.bus [´awtobus] *sm* ônibus.
au.to.car.ro [awtok´ar̄o] *sm* caminhão.
au.to.cra.te [awt´ɔkrate] *s* **1** autocrata. **2** *fig* tirano, déspota.
au.to.di.dat.ta [awtodid´atta] *s+agg* autodidata.
au.to.dro.mo [awt´ɔdromo] *sm* autódromo, circuito, pista.
au.to.gra.fo [awt´ɔgrafo] *sm* autógrafo. • *agg* assinado, autêntico, original.
au.to.let.ti.ga [awtolett´iga] *sf* ambulância.
au.to.ma [awt´ɔma] *sm* **1** autômato, robô. **2** *fig* fantoche, pessoa sem vontade própria.
au.to.ma.ti.co [awtom´atiko] *agg* automático, automatizado.
au.to.mo.bi.le [awtom´ɔbile] *sf* automóvel, carro. **automobile da corsa** carro de corrida. **automobile di serie** carro de série. *Abbrev: auto*. Veja nota em **carro** (português).
au.to.mo.bi.li.smo [awtomobil´izmo] *sm* automobilismo.
au.to.no.mi.a [awtonom´ia] *sf* autonomia.
au.to.no.mo [awt´ɔnomo] *agg* autônomo, independente, livre.
au.to.psi.a [awtops´ia] *sf Med* autópsia.
au.to.re [awt´ore] *sm* **1** autor. **2** *fig* criador, inventor, pai. **3** artista, escritor.
au.to.re.vo.le [awtor´evole] *agg* **1** importante, influente. **2** competente.
au.to.ri.mes.sa [awtorim´essa] *sf* garagem.
au.to.ri.tà [awtorit´a] *sf* **1** autoridade. **2** (anche *fig*) domínio, influência. **3** poder, prestígio. **4** tirania.
au.to.ri.ta.rio [awtorit´arjo] *agg* **1** autoritário. **2** *fig* prepotente, tirânico.
au.to.riz.za.re [awtoriddz´are] *vt* autorizar, permitir, consentir, aprovar.
au.to.stra.da [awtostr´ada] *sf* rodovia, estrada de rodagem.
au.to.tre.no [awtotr´ɛno] *sm* caminhão com reboque.
au.tun.no [awt´unno] *sm* outono. **in autunno** no outono.
a.va [´ava] *sf* avó.
a.val.la.re [avall´are] *vt* **1** avalizar, endossar. **2** *fig* garantir.
a.val.lo [av´allo] *sm* **1** aval. **2** *fig* garantia, aprovação, confirmação.
a.vam.brac.cio [avambr´attʃo] *sm Anat* antebraço.
a.van.guar.dia [avang´wardja] *sf* **1** *Arte* vanguarda. **2** *Mil* vanguarda, dianteira.
a.van.ti [av´anti] *avv* **1** avante, adiante, em frente, defronte. *andare avanti* / ir avante, avançar. **2** antes. • *prep* **1** em frente de, à frente de, diante de, defronte a. *molti anni avanti il suo proprio tempo* / muitos anos à frente de seu próprio tempo. **2** antes de. *avanti il mio arrivo* / antes de minha chegada. • *int* avante! **avanti che** antes que, primeiro que. **farsi avanti** apresentar-se.

Com o sentido de preposição, também se usa **avanti a**: *avanti a un posto* / em frente de um lugar. *avanti alla commissione* / diante da comissão. *avanti al loro viaggio* / antes da viagem deles.

a.van.tie.ri [avant´jɛri] *avv* anteontem, antes de ontem.
a.van.za.men.to [avantsam´ento] *sm* avanço, progresso.
a.van.za.re [avants´are] *vt* **1** ter crédito com, ser credor de. **2** ter um pedido a fazer, alegar. *vi* **3** avançar, progredir. **4** sobrar, restar.
a.van.za.to [avants´ato] *agg* **1** idoso, ancião. **2** excedente, residual. **3** avançado na idade. **4** avançado, de ponta. *tecnologia avanzata* / tecnologia avançada. **5** (anche *fig*) avançado, inovador. **tempo avanzato** tempo livre.
a.van.zo [av´antso] *sm* **1** resto, sobra. **2** resíduo. **3** excedente. **4 avanzi** *pl Archeol* ruínas, vestígios. **avanzi mortali** restos mortais. **d'avanzo** de sobra.
a.va.ri.a [avar´ia] *sf* avaria, defeito, dano.
a.va.ria.re [avar´jare] *vt* **1** avariar, danificar. *vpr* **2** estragar, deteriorar-se.
a.va.ri.zia [avar´itsja] *sf* **1** avareza. **2** *fig* mesquinharia.
a.va.ro [av´aro] *sm+agg* **1** avaro, sovina. **2** *fig* egoísta, mesquinho.
a.ve [´ave] *int* ave! salve!
a.vel.la.na [avell´ana] *sf* avelã.

a.ve.na [av´ena] *sf Bot* aveia.
a.ve.re [av´ere] *sm* (usado no plural **averi**) bens, patrimônio, posses, capital. • *vt+vaus* **1** ter, possuir. **2** conseguir, obter. **3** ganhar, receber. **4** haver, dever, ter de. **avere abbastanza** estar farto de. **avercela con qualcuno** ter ódio de, estar zangado com alguém. **avere con sé** trazer consigo. **avere da fare** a) ter o que fazer. b) haver de fazer. **avere in stima** estimar. **avere per** achar, considerar. *ti ho per intelligente* / eu te acho inteligente. **avere qualcosa a schifo** ter nojo de alguma coisa. Veja outras notas em **h**, **la**[2] e **lo** (italiano).
a.via.rio [av´jarjo] *sm* aviário, viveiro de aves.
a.via.to.re [avjat´ore] *sm* aviador, piloto.
a.via.zio.ne [avjats´jone] *sf* aviação.
a.vi.di.tà [avidit´a] *sf* **1** avidez. **2** *fig* cobiça, ânsia. **3** fome, gula, sede.
a.vi.do [´avido] *agg* ávido, ambicioso, ansioso.
a.vio.get.to [avjodʒ´ɛtto] *sm* avião a jato, jato.
a.vo [´avo] *sm* avô.
a.vo.la [´avola] *sf* avó.
a.vo.lo [´avolo] *sm* avô.
a.vo.rio [av´ɔrjo] *sm* marfim.
a.vul.so [av´ulso] *agg* **1** avulso. **2** *fig* separado.
av.val.la.men.to [avvallam´ento] *sm* vala, depressão, fosso, cavidade, concavidade.
av.va.lo.ra.re [avvalor´are] *vt* dar valor a, creditar, confirmar, autenticar.
av.vam.pa.re [avvamp´are] *vi* **1** acender, pegar fogo, arder. **2** *fig* brilhar, corar, inflamar-se.
av.van.tag.gia.re [avvantaddʒ´are] *vt* **1** dar vantagem, favorecer. *vpr* **2** tirar vantagem, aproveitar, servir-se de, usufruir de. *avvantaggiarsi delle debolezze altrui* / tirar vantagem das fraquezas de outros.
av.van.tag.gio [avvant´addʒo] *sm* vantagem.
av.ve.der.si [avved´ersi] *vpr* **1** perceber, reparar, notar, dar-se conta. *lei non si avvede mai di te* / ela nunca repara em você. *ti avvedi dei tuoi errori?* / você percebe os seus erros? **2** compreender. *Marco si avvede di essere sbagliato* / Marco compreende que está errado.
av.ve.du.to [avved´uto] *agg* esperto, atento, prudente, sagaz.
av.ve.le.na.men.to [avvelenam´ento] *sm* envenenamento.
av.ve.le.na.re [avvelen´are] *vt* **1** envenenar, intoxicar. *fig* **2** empestar. **3** contagiar. **4** corromper.
av.ve.ni.men.to [avvenim´ento] *sm* **1** acontecimento, ocorrência, caso, episódio. **2** incidente, acidente.
av.ve.ni.re [avven´ire] *sm* o futuro, o amanhã. • *vi* acontecer, ocorrer, ter lugar. *la cerimonia avvenne ieri* / a cerimônia ocorreu ontem. *questi fatti avengono in un periodo storico importante* / estes fatos acontecem num período histórico importante.
av.ven.ta.re [avvent´are] *vt* **1** lançar, jogar. *avventare un'occhiata misteriosa* / lançar um olhar misterioso. **2** arriscar. *vpr* **3** lançar-se, jogar-se. **4** agredir, atacar. *avventarsi su qualcuno* / agredir alguém.
av.ven.ta.to [avvent´ato] *agg* **1** impensado, apressado. **2** imprudente. **3** ousado, arrojado.
av.ven.ti.zio [avvent´itsjo] *sm* temporário, empregado temporário. • *agg* **1** temporário, provisório, momentâneo. **2** casual.
av.ven.to.re [avvent´ore] *sm* cliente, freguês, frequentador.
av.ven.tu.ra [avvent´ura] *sf* **1** aventura, episódio, caso, evento. **2** imprevisto. **per avventura** a) por acaso. b) eventualmente.
av.ven.tu.rar.si [avventur´arsi] *vpr* **1** aventurar-se, arriscar-se, ousar. **2** *fig* avançar, ir adiante.
av.ven.tu.rie.re [avventur´jɛre] *sm* aventureiro.
av.ven.tu.ro.so [avventur´ozo] *agg* **1** venturoso, afortunado. **2** movimentado, rico. **3** difícil, trabalhoso. **4** aventurado, perigoso, arriscado.
av.ver.bio [avv´ɛrbjo] *sm Gramm* advérbio.
av.ver.sa.re [avvers´are] *vt* **1** detestar, odiar, sentir aversão. **2** combater, perseguir.
av.ver.sa.rio [avvers´arjo] *sm+agg* **1** adversário, inimigo, opositor. **2** rival, competidor.

av.ver.sio.ne [avvers´jone] *sf* aversão, antipatia.
av.ver.si.tà [avversit´a] *sf* **1** adversidade, azar, infortúnio. **2** (anche *fig*) desastre, calamidade.
av.ver.so [avv´ɛrso] *agg* adverso, contrário, hostil.
av.ver.ten.za [avvert´ɛntsa] *sf* **1** advertência, instrução, conselho. **2** cuidado, atenção, cautela.
av.ver.ti.men.to [avvertim´ento] *sm* **1** advertência, aviso, instrução, conselho, sugestão. **2** *fig* sinal, presságio.
av.ver.ti.re [avvert´ire] *vt* **1** advertir, avisar. **2** repreender. **3** ameaçar. **4** informar, fazer saber. *avvertire gli amici di qualcosa* / informar os amigos de algo. **5** aconselhar, sugerir. *devo avvertirlo di non utilizzare questi instrumenti* / devo aconselhá-lo a não utilizar estes instrumentos. **6** *fig* perceber, aperceber-se, pressentir. *avvertire sintomi di una malattia* / perceber sintomas de uma doença. *avverto segni di nervosismo in lei* / percebo sinais de nervosismo nela. **7** compreender, entender.
av.vez.za.re [avvetts´are] *vt* **1** habituar, acostumar. **2** viciar.
av.vez.zo [avv´ettso] *agg* **1** habituado, acostumado. **2** viciado. Veja nota em **habituado**.
av.via.men.to [avvjam´ento] *sm* **1** começo, princípio. **2** treinamento, instrução, adestramento. **3** partida, ligação (de motor).
av.vi.a.re [avvi´are] *vt* **1** ligar, fazer funcionar. *avviare il motore* / ligar o motor. **2** concretizar, criar, dar início. **3** *fig* encaminhar, endereçar. *avviare i bambini agli studi* / encaminhar as crianças aos estudos. **4** começar, iniciar. *avviare un'attività* / começar uma atividade.
av.vi.cen.da.men.to [avvitʃendam´ento] *sm* **1** revezamento, turno. **2** rodízio. **3** (anche *fig*) ciclo.
av.vi.cen.da.re [avvitʃend´are] *vt* **1** revezar, substituir. *vpr* **2** revezar-se, alternar--se, suceder-se.
av.vi.ci.na.re [avvitʃin´are] *vt* **1** aproximar. **2** *fig* fazer amizade com. **3** comparar. *vpr* **4** aproximar-se, avizinhar-se. **5** *fig* chegar, vir. **6** parecer, lembrar.
av.vi.li.men.to [avvilim´ento] *sm* desmoralização, humilhação, depressão, abatimento.
av.vi.li.re [avvil´ire] *vt* desmoralizar, humilhar, deprimir, abater.
av.vi.lup.pa.re [avvilupp´are] *vt* **1** envolver, enrolar. **2** confundir. **3** *pop* embrulhar.
av.vi.naz.za.to [avvinatts´ato] *sm* bêbado. • *agg* bêbado, embriagado.
av.vin.ce.re [avv´intʃere] *vt* **1** ligar, prender. **2** abranger, cingir. **3** *fig* apaixonar, interessar.
av.vin.ghia.re [avving´jare] *vt* **1** abraçar, apertar com os braços. *vpr* **2** agarrar-se, segurar-se.
av.vi.o [avv´io] *sm* começo, início.
av.vi.sa.glia [avviz´aλa] *sf* **1** presságio, aviso, sinal. **2** briga, escaramuça.
av.vi.sa.re [avviz´are] *vt* **1** avisar, advertir, prevenir. **2** anunciar, comunicar, informar. **3** ameaçar.
av.vi.so [avv´izo] *sm* **1** aviso, anúncio, comunicado. **2** opinião, julgamento. **3** repreensão, censura. **4** ameaça. **5** indicação, sinal.
av.vi.sta.re [avvist´are] *vt* **1** avistar, ver. **2** avaliar.
av.vi.ta.re [avvit´are] *vt* **1** aparafusar. **2** apertar.
av.vi.va.re [avviv´are] *vt* animar, avivar.
av.viz.zi.re [avvitts´ire] *vi* **1** murchar, ficar murcho. **2** *fig* envelhecer.
av.vo.ca.tes.sa [avvokat´essa] *sf* advogada.
av.vo.ca.to [avvok´ato] *sm* **1** advogado. **2** *fig* protetor, defensor.
av.vo.ca.tu.ra [avvokat´ura] *sf* advocacia.
av.vol.ge.re [avv´ɔldʒere] *vt* **1** envolver, enrolar. *la madre avvolge la bambina in una coperta* / a mãe envolve a menina num cobertor. **2** enfaixar, embrulhar, empacotar. *avvolsero le banane in pagine di giornale* / embrulharam as bananas em folhas de jornal. **3** (anche *fig*) cobrir, encobrir. *la notte avvolge la strada in una nebbia* / a noite cobriu a rua numa névoa. **4** cercar, rodear. *vpr* **5** envolver--se, enrolar-se. *si avvolse nelle lenzuola* / enrolou-se nos lençóis. **6** envolver--se, meter-se. *avvolgersi in problemi* / envolver-se em problemas. *Sin: avvoltare.*

av.vol.gi.men.to [avvoldʒim´ento] *sm* **1** envolvimento. **2** evasiva, rodeio. **3** intriga, ardil.
av.vol.ta.re [avvolt´are] *vt V avvolgere*.
av.vol.to.io [avvolt´ojo] *sm* **1** abutre. **2** *fig* agiota, explorador.
a.za.le.a [adzal´ɛa] *sf Bot* azaleia.
a.zien.da [adz´jɛnda] *sf* negócio, empresa, firma.
a.zio.na.re [atsjon´are] *vt* acionar, ligar.
a.zio.ne [ats´jone] *sf* **1** ação, ato, movimento. **2** *Comm* ação.
a.zio.ni.sta [atsjon´ista] *s+agg* acionista.
az.zan.na.re [attsann´are] *vt* morder.

Azzannare é usado apenas para se referir a animais. Para pessoas, usa-se **mordere, morsicare**.

az.zar.da.re [addzard´are] *vt* **1** arriscar, tentar a sorte. *vpr* **2** arriscar-se, aventurar-se.
az.zar.do [addz´ardo] *sm* risco, perigo.
az.zar.do.so [addzard´ozo] *agg* arriscado, perigoso.
az.zec.ca.re [attsekk´are] *vt* **1** picar (inseto). **2** adivinhar. *azzeccare la risposta* / adivinhar a resposta. **3** acertar. *azzeccare il bersaglio* / acertar o alvo. *azzeccare il pronostico* / acertar a previsão.
az.zi.mo [´addzimo] *agg* ázimo, sem fermento.
az.zop.pi.re [attsopp´ire] *vt* **1** aleijar. *vi+vpr* **2** ficar aleijado.
az.zur.reg.gia.re [addzur̄eddʒ´are] *vi* azular.
az.zur.ro [addz´ur̄o] *sm+agg* azul, azul-claro.

b

b [b´i] *sf* a segunda letra do alfabeto italiano.
ba.bau [bab´aw] *sm* **1** bicho-papão. **2** *fig* espantalho.
bab.be.o [babb´ɛo] *sm+agg* **1** tolo, bobo, idiota. **2** simplório, ingênuo.
bab.bo [b´abbo] *sm fam* papai. **Babbo Natale** Papai Noel.
bab.buc.cia [babb´uttʃa] *sf* chinelo, pantufa.
bab.bu.i.no [babbu´ino] *sm Zool* babuíno.
ba.bor.do [bab´ordo] *sm Naut* bombordo. **a babordo** a bombordo.
ba.ca.re [bak´are] *vi* **1** apodrecer, bichar. **2** *fig* corromper-se.
bac.ca.là [bakkal´a] *sm* **1** bacalhau (seco e salgado). **2** *fig* tolo, tonto, idiota, imbecil.
bac.ca.na.le [bakkan´ale] *sm* bacanal, orgia.
bac.ca.no [bakk´ano] *sm* **1** balbúrdia, vozerio. **2** *pop* mercado de peixe.
bac.cel.lie.ra.to [battʃelljer´ato] *sm* bacharelado.
bac.cel.lie.re [battʃell´jɛre] *sm* bacharel.
bac.cel.lo [battʃ´ɛllo] *sm* legume, vagem de leguminosa, fava. **chi ha mangiato i baccelli spazzi i gusci** quem semeia ventos, colhe tempestades.
bac.chet.ta [bakk´etta] *sf* **1** vara, varinha. **2** cabo do chicote. **3** *Mus* baqueta. **bacchetta direttoriale** *Mus* batuta de maestro. **bacchetta magica** varinha de condão, varinha mágica.
bac.chet.to.ne [bakkett´one] *sm disp* carola, beato.
bac.chio [b´akkjo] *sm* vara, pau.
ba.che.roz.zo [baker´ɔttso] *sm* **1** bichinho. **2** lagarta. **3** verme.
ba.cia.pi.le [batʃap´ile] *s disp* beato, carola.
ba.cia.re [batʃ´are] *vt* **1** beijar. *vpr* **2** beijar-se. **baciare la terra** cair de cara, beijar o chão.
ba.cil.lo [batʃ´illo] *sm* bacilo.
ba.ci.no [batʃ´ino] *sm* (anche *Geogr, Anat*) bacia.
ba.cio [b´atʃo] *sm* beijo.
ba.co [b´ako] *sm Zool* **1** lagarta, larva. **2** verme. **baco da seta** bicho-da-seda.
ba.cuc.co [bak´ukko] *sm* capuz. • *agg ger* gagá, esclerosado, decrépito.
ba.da.re [bad´are] *vt* **1** cuidar. **2** vigiar, guardar. *vi* **3** ter cuidado, tomar cuidado. **4** cuidar de, ser responsável por, responder por. **5** *fig* prestar atenção, considerar, levar em conta. **badare a** preocupar-se com. **badare ai fatti propri** cuidar da própria vida. **badate!** atenção! cuidado!
ba.des.sa [bad´essa] *sf* abadessa.
ba.di.a [bad´ia] *sf* abadia. *Var: abbazia.*
baf.fo [b´affo] *sm* (mais usado no plural) bigode. **ridere sotto i baffi** rir consigo mesmo.
ba.ga.glia.io [bagaʎ´ajo] *sm* **1** bagageiro, carro do trem para bagagens. **2** *Autom* porta-malas, mala do carro.
ba.ga.glio [bag´aʎo] *sm* **1** bagagem, malas. **2** *fig* conhecimentos, cultura. **3** carga, fardo, peso.
ba.ga.scia [bag´aʃa] *sf* **1** prostituta, meretriz. **2** *ger* galinha, vagabunda. **3** *volg* puta.
ba.gat.tel.la [bagatt´ɛlla] *sf* bagatela, ninharia, mixaria.
ba.glio.re [baʎ´ore] *sm* brilho, clarão, fulgor.
ba.gna.re [bañ´are] *vt* **1** banhar. **2** molhar. **3**

inundar. **4** embeber, ensopar. *vpr* **5** banhar--se. **6** molhar-se. **bagnarsi le labbra** beber, matar a sede.
ba.gna.ta [bañ´ata] *sf* banho, mergulho.
ba.gna.to [bañ´ato] *agg* **1** molhado. **2** banhado. **3** ensopado. **bagnato fradicio** encharcado. **piovere sul bagnato** *pop* chover no molhado.
ba.gno [b´año] *sm* **1** banho. **2** banheiro. **3** banheira. **bagno al mare** banho de mar. **fare bagno/prendere un bagno** tomar banho.
ba.gno.ma.ri.a [bañomar´ia] *sm* banho--maria.
ba.gor.do [bag´ordo] *sm* (mais usado no plural **bagordi**) **1** orgia, bacanal. **2** *fig* depravação, devassidão.
ba.ia [b´aja] *sf* **1** zombaria, gozação, brincadeira. **2** *Geogr* baía, golfo.
bai.lam.me [bajl´amme] *sm* confusão, bagunça, desordem, balbúrdia.
ba.io [b´ajo] *sm+agg* baio.
ba.io.net.ta [bajon´etta] *sf Mil* baioneta.
bai.ta [b´ajta] *sf* **1** cabana, chalé. **2** *fig* refúgio, esconderijo.
ba.la.u.stra [bala´ustra] *sf Archit* balaústre, balaustrada.
bal.bet.ta.re [balbett´are] *vt* **1** balbuciar. *vi* **2** gaguejar.
bal.bet.ti.o [balbett´io] *sm* balbucio.
bal.bo [b´albo] *agg* gago, balbuciante.
bal.bu.zien.te [balbuts´jɛnte] *s+agg* gago.
bal.co.na.ta [balkon´ata] *sf* **1** varanda. **2** *Teat* galeria, poleiro.
bal.co.ne [balk´one] *sm Archit* balcão, terraço, sacada, varanda.
bal.dan.za [bald´antsa] *sf* audácia, coragem, imprudência.
bal.dan.zo.so [baldants´ozo] *agg* audacioso, cheio de si, imprudente.
bal.do [b´aldo] *agg* **1** audacioso, corajoso, ousado, bravo. **2** forte, potente.
bal.do.ria [bald´ɔrja] *sf* **1** bagunça, confusão, vozerio. **2** *fig* bacanal, orgia.
bal.drac.ca [baldr´akka] *sf* **1** prostituta. **2** *volg* puta.
ba.le.na [bal´ena] *sf* baleia.
ba.le.na.re [balen´are] *vi* **1** relampejar, lampejar. **2** brilhar, resplandecer. **3** *fig* aparecer.
ba.le.no [bal´eno] *sm* **1** relâmpago. **2** *fig* instante, piscar de olhos.
ba.li.a [bal´ia] *sf* autoridade, poder, domínio.
ba.lia [b´alja] *sf* ama de leite. **balia asciutta** babá, ama-seca.
bal.la [b´alla] *sf* fardo, trouxa.
bal.la.re [ball´are] *vi* **1** dançar, bailar. **2** ser muito largo, ficar folgado (calçado ou roupa). **3** *fig* agitar-se, saltar.
bal.la.ta [ball´ata] *sf* **1** dança. **2** balada, canção.
bal.la.to.io [ballat´ojo] *sm* **1** passadiço. **2** passagem ligando edifícios. **3** *Naut* ponte. **4 i ballatoi** *pl* os poleiros (das gaiolas).
bal.le.ri.na [baller´ina] *sf* bailarina, dançarina.
bal.le.ri.no [baller´ino] *sm* **1** bailarino, dançarino. **2** professor de bailado. • *agg* **1** instável, vacilante. **2** *fig* influenciável.
bal.let.to [ball´etto] *sm* balé, bailado.
bal.li.sta [ball´ista] *s+agg ger* mentiroso, fanfarrão.
bal.lo [b´allo] *sm* dança, baile. **ballo in maschera** baile à fantasia.
bal.lot.tag.gio [ballott´addʒo] *sm* **1** desempate. **2** *Pol* segundo turno (eleição).
bal.lot.ta.re [ballott´are] *vt* desempatar.
bal.ne.a.re [balne´are] *agg* balneário.
ba.loc.car.si [balokk´arsi] *vpr* (anche *fig*) divertir-se, brincar, perder tempo.
ba.loc.co [bal´ɔkko] *sm* (anche *fig*) brinquedo, brincadeira, divertimento, diversão.
ba.lor.dag.gine [balord´addʒine] *sf* asneira, tolice.
ba.lor.do [bal´ordo] *sm+agg* bobo, tolo, desmiolado. • *agg fig* doido, instável. *clima balordo* / clima instável.
bal.sa.mo [b´alsamo] *sm* **1** bálsamo. **2** *fig* conforto, alívio, consolação.
bal.ta [b´alta] *sf* impulso, empurrão. **dare balta** a) capotar (carro). b) *Med* regredir (doença).
ba.lu.gi.na.re [baludʒin´are] *vi* **1** relampejar. **2** brilhar, resplandecer.
bal.za [b´altsa] *sf* **1** barranco, declive. **2** precipício. **3** enfeite, adorno de tecido.
bal.za.re [balts´are] *vi* **1** saltar, pular. **2** desmontar, descer. *balzare dal cavallo* / desmontar do cavalo. **balzare addosso**

B

agredir, atacar. **balzare dal letto** pular da cama, levantar. **balzare fuori** aparecer, surgir repentinamente.

bal.zel.la.re [baltsell´are] *vi* saltitar, andar aos pulinhos.

bal.zel.lo [balts´ɛllo] *sm* pedágio, imposto, tributo, taxa.

bal.zel.lo.ne [baltsell´one] *sm* salto, pulo. **camminare a balzelloni** andar aos pulos.

bal.zo [b´altso] *sm* salto, pulo.

bam.bi.na.ia [bambin´aja] *sf* babá, ama-seca.

bam.bi.na.ta [bambin´ata] *sf* criancice, infantilidade.

bam.bi.neg.gia.re [bambinedd3´are] *vi* comportar-se como criança, fazer criancices.

bam.bi.ne.sco [bambin´esko] *agg* infantil, pueril.

bam.bi.no [bamb´ino] *sm* (*f* **bambina**) **1** menino, criança do sexo masculino. **2** bebê, nenê. **Gesù bambino** Menino Jesus. Veja nota em **criança**.

bam.boc.cio [bamb´ɔttʃo] *sm ger* otário, simplório.

bam.bo.la [b´ambola] *sf* **1** boneca. **2** *fig* moça bonita. **3** *pop* gatinha.

bam.bù [bamb´u] *sm* bambu.

ba.na.le [ban´ale] *agg* **1** banal, comum, trivial. **2** insosso, sem graça.

ba.na.li.tà [banalit´a] *sf* **1** banalidade. **2** tolice, besteira. **3** criancice. **4** ninharia. **5** *pop* coisinha de nada, quinquilharia.

ba.na.na [ban´ana] *sf* banana.

ba.na.no [ban´ano] *sm* bananeira.

ban.ca [b´anka] *sf* **1** *Comm* banco. **2** banco, banqueta, assento.

A palavra **banca** em italiano é utilizada para indicar tanto a peça de mobília quanto a instituição financeira. A palavra **banco** em italiano designa apenas a peça de mobília.

ban.ca.rio [bank´arjo] *sm+agg* bancário.

ban.ca.rot.ta [bankar´otta] *sf* **1** *Comm* bancarrota, falência. **2** *fig* desastre, ruína.

ban.chet.ta.re [bankett´are] *vi* banquetear-se, viver em banquetes.

ban.chet.to [bank´etto] *sm* **1** banquinha. **2** banquete, festim.

ban.chie.re [bank´jɛre] *sm* banqueiro.

ban.chi.na [bank´ina] *sf* **1** calçada. **2** acostamento (de estrada). **3** cais. **4** borda, margem.

ban.co [b´anko] *sm* **1** banca de jogo. **2** banca, mesa. *banco di politici, di giudici* / banca de políticos, de juízes. **3** banco, assento. **4** banco de areia. **5** balcão de loja. Veja nota em **banca** (italiano).

ban.co.gi.ro [bankod3´iro] *sm* compensação bancária.

ban.co.no.ta [bankon´ɔta] *sf* nota, papel-moeda. **banconota di taglio grosso** nota de valor alto.

ban.da [b´anda] *sf* **1** lado, parte lateral. **2** *Mus* banda, conjunto musical. **3** bando, quadrilha. **4** faixa de tecido. **5** *Mil* companhia (de soldados). **6** *fig* ambiente. **7** grupo. **da banda** à parte, de lado.

ban.die.ra [band´jɛra] *sf* **1** bandeira, estandarte. **2** *fig* ideal, símbolo, lema.

ban.di.re [band´ire] *vt* **1** banir, exilar, confinar. **2** anunciar, convocar.

ban.di.to [band´ito] *sm* bandido, malfeitor. • *agg* banido, expatriado.

ban.do [b´ando] *sm* **1** decreto, édito. **2** banimento, exílio.

bar [b´ar] *sm* bar, botequim.

ba.ra [b´ara] *sf* caixão, ataúde.

ba.rac.ca [bar´akka] *sf* **1** barraca, cabana. **2** casebre. **3** *fig ger* loja, negócio, trabalho.

ba.ra.on.da [bara´onda] *sf* confusão, bagunça, caos.

ba.ra.re [bar´are] *vi* trapacear.

ba.ra.tro [b´aratro] *sm* abismo, precipício, despenhadeiro.

ba.rat.ta.re [baratt´are] *vt* trocar, permutar.

ba.rat.tie.re [baratt´jɛre] *sm* **1** vendedor ambulante. **2** trapaceiro, larápio.

ba.rat.to [bar´atto] *sm* troca, permuta.

A palavra **baratto** em italiano não tem o sentido de "barato", "que custa pouco".

bar.ba [b´arba] *sf* **1** barba. **2** *ger* chateação, aborrecimento. **alla barba di** a despeito de.

bar.ba.bie.to.la [barbab´jɛtola] *sf* beterraba.

bar.ba.gian.ni [barbad3´anni] *sm* **1** *Zool* mocho, corujão. **2** *fig* tolo.

bar.ba.re.sco [barbar´esko] *agg* bárbaro, barbaresco.

bar.ba.rie [barb´arje] *sf* **1** barbárie. **2** *fig* crueldade, perversidade.
bar.ba.ro [b´arbaro] *sm+agg* **1** bárbaro. **2** selvagem, inculto. **3** *fig* cruel, desumano, bestial.
bar.bie.re [barbj´ɛre] *sm* barbeiro.
bar.bie.ri.a [barbjer´ia] *sf* barbearia, salão de barbeiro.
bar.bo.ne [barb´one] *sm* **1** barbudo. **2** *ger* brega, cafona, caipira. **3** *fig* mendigo, pedinte.
bar.bu.glia.re [barbuλ´are] *vt* **1** balbuciar. *vi* **2** gaguejar.
bar.ca [b´arka] *sf* **1** barco, barca, embarcação. **2** *fig* negócio, loja, atividade, trabalho. **3** *ger* um monte. **barca a remi** barco a remo. **barca a vela** barco a vela.
bar.ca.io.lo [barka´jɔlo] *sm* barqueiro.
bar.ca.me.nar.si [barkamen´arsi] *vpr* **1** manobrar, equilibrar-se. **2** *pop* virar-se, dar um jeitinho.
bar.chet.ta [bark´etta] *sf dim* bote, canoa, barquinho.
bar.col.la.men.to [barkollam´ento] *sm* **1** cambaleio, balanço. **2** vacilação, hesitação.
bar.col.la.re [barkoll´are] *vi* **1** balançar, ondular, oscilar, tremer. **2** vacilar.
bar.col.lo.ni [barkoll´oni] *avv* na expressão **andare barcolloni** cambalear.
bar.da.re [bard´are] *vt* **1** arrear, atrelar, selar. *bardare i cavalli* / selar os cavalos. **2** *fig* enfeitar, adornar.
bar.da.tu.ra [bardat´ura] *sf* arreio.
bar.do [b´ardo] *sm* bardo, poeta.
ba.rel.la [bar´ɛlla] *sf* **1** padiola, maca. **2** andor.
ba.rel.la.re [barell´are] *vt* transportar em padiola ou andor.
ba.ri.le [bar´ile] *sm* barril, barrica, pipa, tonel, barrilete.
ba.ri.sta [bar´ista] *s* balconista de bar, garçom.
ba.ri.to.no [bar´itono] *sm Mus* barítono.
bar.lac.cio [barl´attʃo] *agg* podre, choco (ovo).
bar.lu.me [barl´ume] *sm* **1** claridade, resplendor, brilho. **2** fagulha. **3** *fig* vislumbre.
ba.ro [b´aro] *sm* trapaceiro, embrulhão.
ba.roc.cio [bar´ɔttʃo] *sm* carrinho, carreta.
ba.ro.me.tro [bar´ɔmetro] *sm* barômetro.
ba.ro.ne [bar´one] *sm* **1** barão. **2** *fig* patife, velhaco.
ba.ro.nes.sa [baron´essa] *sf* baronesa.
bar.ra [b´ar̄a] *sf* **1** barra. **2** tranca. **3** estaca, travessão de madeira. **4** barra, lingote. *barra di oro* / barra de ouro.
bar.ra.re [bar̄´are] *vt* **1** barrar. **2** cancelar. **3** bloquear.
bar.ri.ca.re [bar̄ik´are] *vt* **1** erguer (barricadas). **2** *fig* bloquear, barrar. **3** defender, fortificar. *vpr* **4** entrincheirar-se, proteger-se.
bar.rie.ra [bar̄´jɛra] *sf* **1** barreira, paliçada. **2** posto de fronteira, alfândega.
ba.ruf.fa [bar´uffa] *sf* **1** briga, discussão, rixa. **2** *pop* bate-boca, quebra-pau.
bar.zel.let.ta [bardzell´etta] *sf* **1** gracejo, graça, chiste. **2** piada.
ba.sa.men.to [bazam´ento] *sm* **1** base, apoio. **2** pedestal. **3** perna, pé (de objetos).
ba.sa.re [baz´are] *vt* **1** basear. **2** firmar, apoiar, construir. *vpr* **3** basear-se, apoiar-se.
ba.se [b´aze] *sf* **1** base, apoio, suporte. **2** perna, pé (de objetos). **3** *Mil* base militar. **4** as bases, as massas. *la base di un gruppo, di un movimento politico* / as bases de um grupo, de um movimento político. **5** *fig* fonte, origem, início. **6** fundamento.
ba.set.te [baz´ette] *sf pl* costeletas.
ba.si.co [b´aziko] *agg* **1** básico. **2** fundamental.
ba.si.la.re [bazil´are] *agg* **1** básico, fundamental, principal. **2** imprescindível.
ba.si.li.ca [baz´ilika] *sf Rel* basílica.
ba.si.li.co [baz´iliko] *sm Bot* manjericão.
ba.si.re [baz´ire] *vi* desmaiar, desfalecer.
bas.si.fon.di [basif´ondi] *sm pl* **1** ralé. **2** *fig* cortiço, favela.
bas.so [b´asso] *sm* **1** baixo, parte mais baixa. **2** *Mus* baixo (cantor e instrumento). • *agg* **1** baixo, pequeno. *persona bassa* / pessoa baixa. *prezzo basso* / preço baixo. **2** baixo, mais recente (período de tempo). *basso Medioevo* / baixa Idade Média. **3** vil, indecente. *azioni basse* / ações vis. **4** baixo, grave, profundo. *suono basso* / som baixo. • *avv* baixo. **gente bassa** plebe.

bas.so.ri.lie.vo [bassoril´jɛvo] *sm* baixo-relevo.

bas.sot.to [bass´ɔtto] *sm* bassê, certa raça de cachorro. • *agg* baixinho.

ba.sta [b´asta] *sf* alinhavo.

ba.star.do [bast´ardo] *sm+agg* **1** bastardo, ilegítimo. *figlio bastardo* / filho bastardo. **2** *fig* híbrido, cruzado. *animali bastardi* / animais híbridos.

ba.sta.re [bast´are] *vi* **1** bastar, ser suficiente. **2** manter-se, durar. • *int* chega!

ba.sti.men.to [bastim´ento] *sm* embarcação, navio, barco.

ba.sto.na.re [baston´are] *vt* (anche *fig*) bater, espancar.

ba.sto.na.ta [baston´ata] *sf* (anche *fig*) pancada, batida, paulada.

ba.sto.ne [bast´one] *sm* **1** bastão. **2** pau, clava, certo tipo de arma. **3** cabo de vassoura. **4** *fig* amparo, arrimo. **5** **bastoni** *pl* paus (naipe de cartas). **bastone da passeggio** bengala. **bastone da pollaio** poleiro. **bastone di pane** filão de pão.

ba.ta.ta [bat´ata] *sf* batata-doce. Veja nota em **patata**.

ba.to.sta [bat´ɔsta] *sf* **1** briga, rixa. **2** *fig* golpe, fracasso.

bat.ta.glia [batt´aλa] *sf* **1** batalha, combate, luta. **2** empenho, esforço para conseguir algo. **3** *fig* conflito, confronto, rixa. **4** controvérsia.

bat.ta.glio [batt´aλo] *sm* badalo.

bat.ta.glio.ne [battaλ´one] *sm Mil* batalhão.

bat.tel.lo [batt´ɛllo] *sm* barquinho, balsa pequena.

bat.ten.te [batt´ɛnte] *sm* **1** batente. **2** caixilho de janela.

bat.te.re [b´attere] *vt* **1** bater, golpear. **2** bater, vencer. *battere i nemici* / bater os inimigos. **3** frequentar um local. **4** explorar, inspecionar. **5** cunhar (moeda). *vi* **6** bater, dar um golpe. **7** soar, tocar (relógio). **8** pulsar, bater (ritmo). **9** insistir numa ideia. *vpr* **10** bater-se, lutar, duelar. **battere ai punti** vencer por pontos. **battere alla porta** bater à porta. **battere a macchina** bater à máquina, datilografar. **battere in ritirata** bater em retirada, fugir. **battere le gazzette** tiritar de frio. **battere le mani** aplaudir. **battersela** *fam* dar no pé, fugir. **battersi la fronte** quebrar a cara. **in un battere d'occhio** num piscar de olhos. **non sapere dove battere il capo** não saber a quem recorrer.

bat.te.ri.a [batter´ia] *sf Elett* **1** bateria, pilha, gerador. **2** *Mil* bateria, unidade de tiro. **3** *Mus* bateria, percussão. **4** *fig* conjunto de objetos. **batteria di cucina** utensílios de cozinha. **caricare la batteria** carregar a bateria.

bat.te.ria [batt´ɛrja] *sf Biol* **1** bactéria. **2** germe.

bat.te.si.mo [batt´ezimo] *sm* batismo.

bat.tez.za.re [batteddz´are] *vt* **1** batizar, chamar. **2** iniciar, começar. **3** diluir, aguar. *battezzare il vino* / diluir o vinho.

bat.ti.bec.co [battib´ekko] *sm* **1** discussão, debate. **2** disputa, litígio. **3** *pop* bate-boca.

bat.ti.cuo.re [battik´wɔre] *sm* **1** palpitação, taquicardia. **2** (anche *fig*) ansiedade, emoção. **3** agitação, excitação.

bat.ti.ma.no [battim´ano] *sm* aplauso, palmas.

bat.ti.to [b´attito] *sm Fisiol* batimento, palpitação, pulsação cardíaca.

bat.tu.ta [batt´uta] *sf* **1** batida, golpe. **2** *Cin, Teat* fala. *la battuta degli attori* / a fala dos atores. **3** batida policial. **4** *Mus* compasso. **5** *fig* piada, brincadeira. **6** gracejo, chiste. **7** ritmo, cadência. **battuta di aspetto** compasso de espera. **in due battute** em três tempos, num instante.

ba.u.le [ba´ule] *sm* baú, cofre, arca.

ba.va [b´ava] *sf* baba.

ba.va.glio [bav´aλo] *sm* **1** babador. **2** mordaça.

ba.ve.ro [b´avero] *sm* gola.

ba.zar [badz´ar] *sm* bazar, mercado.

baz.za [b´addza] *sf* sorte, felicidade.

baz.ze.co.la [baddz´ɛkola] *sf* bagatela, ninharia, quinquilharia.

baz.zi.ca.re [battsik´are] *vt+vi* frequentar, ser da casa.

be.a.re [be´are] *vt* **1** fazer feliz, beatificar. *vpr* **2** deliciar-se, extasiar-se.

be.a.ti.fi.ca.re [beatifik´are] *vt Rel* beatificar.

be.a.to [be´ato] *sm Rel* beato. • *agg* **1** beato. **2** feliz, abençoado, afortunado. **3** contente, satisfeito, sereno. **beato chi ti vede!** bons olhos o vejam! **beato te!** sorte tua!

be.bè [beb´ɛ] *s* bebê, nenê.

bec.ca.io [bekk´ajo] *sm* açougueiro.

bec.ca.mor.ti [bekkam´ɔrti] *sm* coveiro.

bec.ca.re [bekk´are] *vt* **1** bicar. **2** picar. **3** flagrar, pegar em flagrante. **4** receber. **5** *fig* beliscar, mordiscar.

bec.ca.tura [bekkat´ura] *sf* **1** bicada. **2** picada.

bec.cheg.gia.re [bekkeddʒ´are] *vi Naut* balançar, ondear.

bec.cheg.gio [bekk´eddʒo] *sm* balanceio, ondulação.

bec.che.ri.a [bekker´ia] *sf* **1** açougue. **2** *fig* carnificina.

bec.chi.no [bekk´ino] *sm* coveiro.

bec.co [b´ekko] *sm* **1** bico (de aves). **2** bode, macho da cabra. **3** *fig* bico, boca. *aprire il becco* / abrir o bico.

bef.fa [b´ɛffa] *sf* zombaria, gozação, escárnio.

bef.far.do [beff´ardo] *agg* gozador, zombeteiro, sarcástico.

bef.fa.re [beff´are] *vt* **1** gozar de, zombar. *vpr* **2** zombar de. **3** não ligar, não se importar. **4** *pop* não dar a mínima.

bel.la [b´ɛlla] *sf* **1** mulher bonita. **2** prova final, apresentação definitiva de um trabalho. **3** *fam* querida. **4** *fig* anjo, fada. **5** namorada, noiva.

bel.let.to [bell´etto] *sm* cosmético, maquiagem.

bel.lez.za [bell´ettsa] *sf* **1** beleza, formosura. **2** *fig* graça, leveza. **3** harmonia, equilíbrio.

bel.li.co [b´ɛlliko] *agg* bélico, guerreiro, militar.

bel.li.co.so [bellik´ozo] *agg* **1** belicoso. **2** *fig* agressivo, briguento, violento.

bel.lim.bu.sto [bellimb´usto] *sm* almofadinha, janota.

bel.lo [b´ɛllo] *sm* **1** homem bonito. **2** *fam* querido. • *agg* **1** belo, bonito, lindo. **2** gracioso, harmônico. **3** claro, bom. *bel tempo* / tempo bom. **bello!** *iron* muito bonito! **cosa hai fatto di bello?** o que tem feito de bom? **ma il bello è venuto dopo** *iron* mas o melhor veio depois.

bel.lu.i.no [bellu´ino] *agg* **1** cruel, sanguinário, impiedoso. **2** pavoroso. *grido belluino* / grito pavoroso.

bel.tà [belt´a] *sf* **1** *Poet* beleza. **2** beldade, mulher bonita.

bel.va [b´elva] *sf* **1** fera. **2** *fig* selvagem, animal, pessoa cruel.

bel.ve.de.re [belv´edere] *sm* mirante, terraço.

be.mol.le [bem´ɔlle] *sm Mus* bemol.

be.nal.le.va.to [benallev´ato] *agg* bem-criado, bem-educado.

be.nan.da.ta [benand´ata] *sf* **1** gorjeta, propina. **2** *pop* caixinha.

be.nar.ri.va.to [benar̄iv´ato] *agg* bem-vindo. **dare il benarrivato ad uno** dar as boas-vindas a alguém.

ben.ché [benk´e] *cong* se bem que, apesar de que, a despeito de, ainda que.

ben.da [b´ɛnda] *sf* **1** tira, faixa. **2** *Med* atadura, gaze.

ben.dag.gio [bend´addʒo] *sm* bandagem, atadura.

ben.da.re [bend´are] *vt* enfaixar, pôr atadura.

be.ne [b´ɛne] *sm* **1** o bem. **2 beni** *pl* bens, posses, propriedades. • *avv* **1** bem, corretamente, perfeitamente. **2** muito.

be.ne.det.to [bened´etto] *agg* **1** bendito, bento, abençoado, santo, consagrado, sacro. **2** feliz, afortunado. **3** *fig* desejado.

be.ne.di.re [bened´ire] *vt* **1** benzer, abençoar, dar a bênção. **2** bendizer. **3** consagrar.

be.ne.di.zio.ne [benedits´jone] *sf* **1** bênção. **2** *fig* salvação, sorte. **3** presente. **4** graça.

be.ne.fat.tore [benefatt´ore] *sm* benfeitor, filantropo.

be.ne.fi.ca.re [benefik´are] *vt* **1** beneficiar, favorecer. **2** ajudar, auxiliar. **3** *pop* dar uma mão.

be.ne.fi.cen.za [benefitʃ´ɛntsa] *sf* beneficência, assistência, caridade.

be.ne.fi.cia.re [benefitʃ´are] *vi* levar vantagem, usufruir.

be.ne.fi.cio [benef´itʃo] *sm* **1** benefício, favor. **2** *fig* ganho, vantagem, interesse, conveniência.

be.ne.fi.co [ben´ɛfiko] *agg* **1** benéfico, benfazejo. **2** benigno, positivo, vantajoso. **3** *fig* generoso, caridoso.

be.nes.se.re [ben´ɛssere] *sm* **1** bem-estar, saúde. **2** conforto. **3** alegria, satisfação. **4** riqueza.
be.ne.stan.te [benest´ante] *s+agg* **1** abastado. **2** rico, próspero.
be.ne.vo.len.za [benevol´ɛntsa] *sf* **1** benevolência, inclinação ao bem. **2** compreensão. **3** estima, simpatia.
be.ne.vo.lo [ben´ɛvolo] *agg* **1** benévolo, bondoso. **2** amigável, disposto.
ben.fat.to [benf´atto] *agg* **1** benfeito. **2** *fig* bom.
be.ni.gno [ben´iño] *agg* **1** benigno, benévolo, bom. **2** *Med* benigno. *tumore benigno* / tumor benigno.
ben.ve.nu.to [benven´uto] *sm* **1** boas-vindas. **2** *fig* acolhida, saudação. • *agg* bem-vindo. **benvenuto a Roma!** bem-vindo a Roma!
ben.vo.le.re [benvol´ere] *sm* benevolência.
ben.zi.na [bendz´ina] *sf* **1** benzina. **2** gasolina.
be.o.ne [be´one] *sm* **1** beberrão, bêbado. **2** alcoólatra.
ber.cia.re [bertʃ´are] *vi* **1** gritar, berrar, urrar. **2** falar demais.
ber.cio [b´ɛrtʃo] *sm* grito, berro.
be.re [b´ere] *vt* **1** beber, tomar. **2** queimar, consumir combustível. **3** *fig* escutar, acreditar. **4** absorver.
ber.ga.mot.ta [bergam´ɔtta] *sf* mexerica, tangerina, bergamota.
ber.ga.mot.to [bergam´ɔtto] *sm* pé de tangerina, mexerica, bergamota.
ber.noc.co.lo [bern´ɔkkolo] *sm* **1** hematoma, inchaço. **2** galo (na cabeça). **3** *fig* gênio, inclinação, talento. *ha il bernoccolo della musica* / tem talento para a música.
ber.ret.to [ber̄´etto] *sm* chapéu, boné.
ber.sa.glia.re [bersaλ´are] *vt* **1** alvejar, mirar. **2** *fig* perseguir, perturbar.
ber.sa.glio [bers´aλo] *sm* **1** alvo. **2** *fig* meta, objetivo.
be.stem.mia [best´emmja] *sf* **1** blasfêmia, heresia. **2** asneira, absurdo. **3** *pop* burrada. **4** *fig* maldição, imprecação.
be.stem.mia.re [bestemm´jare] *vt* **1** amaldiçoar, maldizer. *bestemmiare il proprio destino* / maldizer o próprio destino. *vi* **2** blasfemar. **3** praguejar, imprecar. **4** *fig* dizer besteiras, dizer asneiras.
be.stia [b´estja] *sf* **1** besta, animal, fera. **2** *fig* asno, ignorante.
be.stia.le [best´jale] *agg* **1** bestial, animalesco. **2** *fig* brutal, bárbaro, desumano. **3** excitante, interessante. **forza bestiale** força sobre-humana.
be.stia.me [best´jame] *sm* gado.
be.to.ne [bet´one] *sm* concreto.
bet.to.la [b´ettola] *sf* **1** bar. **2** taverna. **3** botequim.
bet.to.lie.re [bettol´jɛre] *sm* **1** dono de bar, taverneiro. **2** dono de botequim, botequineiro.
be.van.da [bev´anda] *sf* bebida, drinque.
be.ve.rag.gio [bever´addʒo] *sm* **1** bebida. **2** beberagem, poção. **3** *fig* gorjeta. Veja nota em **bibita**.
be.ve.ro.ne [bever´one] *sm* beberagem, poção.
be.vic.chia.re [bevikk´jare] *vt* bebericar.
be.vu.ta [bev´uta] *sf* gole, trago, sorvo.
bi [b´i] *sf* bê, o nome da letra B.
bia.da [b´jada] *sf* **1** aveia. **2 biade** *pl* cereais.
bian.cheg.gia.re [bjankeddʒ´are] *vt* **1** branquear, alvejar. **2** *fig* clarear.
bian.che.ri.a [bjanker´ia] *sf* **1** roupa-branca para uso pessoal e caseiro. **2** roupa íntima em geral. **biancheria da letto** roupa de cama. **biancheria da tavola** roupa de mesa.
bian.co [b´janko] *sm* clara do ovo. • *agg* **1** branco, alvo. **2** pálido, claro.
bia.sci.ca.re [bjaʃik´are] *vt* **1** mascar, mastigar. **2** *fig* resmungar. **biascicare le parole** falar com dificuldade.
bia.si.ma.re [bjazim´are] *vt* condenar, criticar, repreender, desaprovar.
bia.si.mo [b´jazimo] *sm* crítica, censura, reprovação, desaprovação.
Bib.bia [b´ibbja] *sf* Bíblia.
bi.be.ron [biber´ɔn] *sm* mamadeira.
bi.bi.ta [b´ibita] *sf* **1** bebida. **2** beberagem, poção.

A palavra **bibita** indica qualquer bebida, alcoólica ou não. A palavra **beveraggio** indica qualquer bebida artificial.

bi.bli.co [b´ibliko] *agg* **1** bíblico. **2** *fig* apocalíptico, dramático. **3** inspirado, solene.

B

bi.blio.gra.fi.a [bibljograf´ia] *sf* bibliografia.
bi.blio.te.ca [bibljot´ɛka] *sf* biblioteca.
bi.blio.te.ca.rio [bibljotek´arjo] *sm* bibliotecário.
bi.car.bo.na.to [bikarbon´ato] *sm Chim* bicarbonato. **bicarbonato di sodio** bicarbonato de sódio.
bic.chie.re [bikk´jɛre] *sm* copo, cálice.
bi.ci.clet.ta [bitʃikl´etta] *sf* bicicleta.
bi.co.lo.re [bikol´ore] *agg* bicolor.
bi.dé [bid´e] *sm* bidê.
bi.del.lo [bid´ɛllo] *sm* bedel.
bi.do.na.re [bidon´are] *vt ger* enganar, embromar.
bi.do.na.ta [bidon´ata] *sf ger* engano, embuste, fraude.
bi.do.ne [bid´one] *sm* **1** barril, pipa. **2** lata **3** *ger* fraude, truque, engano.
bie.co [b´jɛko] *agg* **1** oblíquo, enviesado **2** *fig* ruim, maléfico. **3** ameaçador. **4** duvidoso, torpe.
bien.na.le [bjenn´ale] *agg* bienal.
bi.en.nio [bi´ɛnnjo] *sm* biênio.
bie.to.la [b´jɛtola] *sf* acelga.
biet.ta [b´jetta] *sf* cunha.
bi.fol.co [bif´olko] *sm* camponês, lavrador. • *sm+agg* **1** *fig* grosseiro, malcriado, rústico. **2** caipira, cafona.
bi.for.car.si [bifork´arsi] *vpr* bifurcar-se.
big [b´ig] *s ingl* **1** *fig* figurão, VIP, pessoa importante. **2** prodígio. **3** *Teat* astro, monstro sagrado.
bi.ga.mi.a [bigam´ia] *sf* bigamia.
bi.ga.mo [b´igamo] *sm+agg* bígamo.
bi.ghel.lo.na.re [bigellon´are] *vi* **1** vagabundear, vadiar. **2** *pop* andar por aí.
bi.ghel.lo.ne [bigell´one] *sm* vagabundo, preguiçoso. **stare bighelloni** ficar matando tempo, vagabundear.
bi.gio [b´idʒo] *agg* cinzento, pardo, esfumaçado.
bi.giot.te.ri.a [bidʒotter´ia] *sf* bijuteria.
bi.glia [b´iλa] *sf* **1** bola de bilhar. **2** caçapa.
bi.gliar.do [biλ´ardo] *sm* **1** bilhar, sinuca. **2** salão de bilhar.
bi.gliet.ta.io [biλett´ajo] *sm* bilheteiro, cobrador.
bi.gliet.te.ri.a [biλetter´ia] *sf* bilheteria.
bi.gliet.to [biλ´etto] *sm* **1** bilhete. **2** mensagem. **3** passagem. **4** recibo, comprovante. **biglietto d'andata** passagem só de ida. **biglietto d'andata e ritorno** passagem de ida e volta. **biglietto da visita** cartão de visita. **biglietto di banca** nota, papel-moeda. **biglietto d'ingresso** entrada, ingresso (para espetáculo). **mezzo biglietto** meia passagem.

> A palavra **biglietto** pode referir-se: a uma carta breve, ao ingresso que se compra para assistir a um espetáculo, a uma passagem de trem. Um bilhete de loteria se diz **cartella**. Veja outra nota em **nota** (italiano).

bi.got.to [big´ɔtto] *sm disp* beato, carola.
bi.ki.ni [bik´ini] *sm* biquíni, maiô de duas peças.
bi.lan.cia [bil´antʃa] *sf* **1** balança. **2 Bilancia** *V Libra.*
bi.lan.cia.re [bilantʃ´are] *vt* **1** pesar com balança. **2** balancear, equilibrar. **3** adequar, contrabalançar.
bi.lan.cio [bil´antʃo] *sm Comm* balanço, prestação de contas.
bi.la.te.ra.le [bilater´ale] *agg* **1** bilateral. **2** *fig* recíproco, duplo.
bi.le [b´ile] *sf Fisiol* **1** bile, bílis. **2** *fig* ódio, raiva, rancor.
bi.lia.re [bil´jare] *agg* biliar, da bílis.
bi.li.co [b´iliko] *sm* **1** eixo, amparo. **2** *fig* precariedade. **3** equilíbrio.
bi.lin.gue [bil´ingwe] *agg* bilíngue.
bi.lio.ne [bil´jone] *sm+num* bilhão.
bim.bo [b´imbo] *sm* (*f* **bimba**) **1** *fam* menino, criança (do sexo masculino). **2** bebê. Veja nota em **criança**.
bi.me.stra.le [bimestr´ale] *agg* bimestral, que dura um bimestre ou acontece a cada dois meses.
bi.me.stre [bim´ɛstre] *sm* bimestre.
bi.mo.to.re [bimot´ore] *sm* bimotor.
bi.na.rio [bin´arjo] *sm* **1** trilho (de ferrovia), binário. **2** *fig* hábito, costume. **3** direção, guia, método. • *agg* binário.
bi.no.co.lo [bin´ɔkolo] *sm* binóculo.
bio.gra.fi.a [bjograf´ia] *sf* biografia.
bio.lo.gi.a [bjolodʒ´ia] *sf* biologia.
bion.do [b´jondo] *sm+agg* loiro, louro.

bi.pe.de [b´ipede] *s+agg* bípede.
bi.pla.no [bipl´ano] *sm* biplano.
bir.ban.te [birb´ante] *s+agg* travesso, malandro, maroto, molecote.
bir.ban.te.ri.a [birbanter´ia] *sf* **1** molecagem, travessura, brincadeira. **2** *fig* brincadeira de mau gosto, peça.
bir.bo.ne [birb´one] *sm* malandro, trapaceiro.
bi.ri.chi.no [birik´ino] *sm* moleque travesso. • *agg* travesso, levado.
bi.ro [b´iro] *sm* caneta esferográfica.
bir.ra [b´ir̄a] *sf* cerveja.
bir.re.ri.a [bir̄er´ia] *sf* cervejaria.
bis [b´is] *sm* bis, repetição. • *avv* duas vezes. • *int* bis! de novo!
bi.sa.va [biz´ava] *sf* bisavó. *Var: bisavola.*
bi.sa.vo [biz´avo] *sm* **1** bisavô. **2 bisavi** *pl fig* antepassados, avós. *Var: bisavolo.*
bi.sa.vo.la [biz´avola] *sf V bisava.*
bi.sa.vo.lo [biz´avolo] *sm V bisavo.*
bi.sbe.ti.co [bizb´ɛtiko] *agg* **1** caprichoso. **2** *fig* excêntrico, lunático. **3** intratável, esquivo. Veja nota em **caprichoso**.
bi.sbi.glia.re [bizbiλ´are] *vt+vi* sussurrar, murmurar.
bi.sbi.glio [bizb´iλo] *sm* murmúrio, sussurro.
bi.sca [b´iska] *sf* casa de jogo, espelunca.
bi.scia [b´iʃa] *sf* cobra, serpente.
bi.scot.to [bisk´otto] *sm* **1** biscoito. **2** bolacha.
bi.scu.gi.no [biskudʒ´ino] *sm* primo em segundo grau.
bi.ses.su.a.le [bisessu´ale] *s+agg* bissexual.
bi.se.sti.le [bizest´ile] *agg* bissexto.
bi.se.sto [biz´ɛsto] *sm* o dia vinte e nove de fevereiro.
bi.sil.la.bo [bis´illabo] *agg* bissílabo.
bi.slac.co [bizl´akko] *agg* **1** extravagante, estranho, esquisito, bizarro. **2** insensato, maluco.
bi.sni.po.te [biznip´ote] *s* **1** bisneto, bisneta. **2** sobrinho-neto, sobrinha-neta.
bi.snon.na [bizn´ɔnna] *sf* bisavó.
bi.snon.no [bizn´ɔnno] *sm* bisavô.
bi.so.gna [biz´oña] *sf* **1** negócio. **2** necessidade.
bi.so.gna.re [bizoñ´are] *vi* **1** precisar, necessitar. **2** ser preciso, ser necessário. **bisogna aver pazienza** é preciso ter paciência. Veja nota em **precisar**.
bi.so.gne.vo.le [bizoñ´evole] *sm+agg* necessário, útil.
bi.so.gno [biz´oño] *sm* **1** necessidade. **2** dever, obrigação. **3** miséria, penúria. **4** desejo, vontade.
bi.so.gno.so [bizoñ´ozo] *sm+agg* **1** necessitado, carente. **2** miserável, pobre.
bi.son.te [biz´onte] *sm Zool* bisão.
bis.sa.re [biss´are] *vt Teat* bisar, repetir.
bi.stec.ca [bist´ekka] *sf* bife, bisteca.
bi.stec.chie.ra [bistekk´jɛra] *sf* grelha, chapa.
bi.stic.cia.re [bistittʃ´are] *vi* discutir, brigar.
bi.stic.cio [bist´ittʃo] *sm* **1** discussão, briga, rixa. **2** trocadilho, jogo de palavras.
bi.strat.ta.re [bistratt´are] *vt* **1** maltratar. **2** *pop* judiar.
bi.stu.ri [b´isturi] *sm Med* bisturi.
bi.tor.zo.lo [bit´ortsolo] *sm* **1** verruga. **2** galo, inchação. **3** furúnculo.
bi.tu.me [bit´ume] *sm* betume.
bi.vac.co [biv´akko] *sm* **1** acampamento. **2** pernoite, descanso.
bi.vio [b´ivjo] *sm* **1** bifurcação, cruzamento. **2** *fig* dilema, dúvida. Veja nota em **cruzamento**.
bi.zan.ti.no [bidzant´ino] *agg* **1** bizantino. **2** *fig* complicado, rebuscado, sofisticado.
biz.za [b´iddza] *sf* **1** raiva, zanga. **2** manha, birra, capricho. **far le bizze** fazer manha (criança).
biz.zar.ri.a [biddzar̄´ia] *sf* **1** esquisitice, extravagância. **2** capricho.
biz.zar.ro [biddz´ar̄o] *agg* **1** bizarro, esquisito, extravagante, estranho. **2** caprichoso, manhoso. Veja nota em **caprichoso**.
biz.zef.fe [biddz´ɛffe] *avv* grande quantidade. **a bizzeffe** em grande quantidade.
blan.di.re [bland´ire] *vt* **1** agradar, acariciar, lisonjear. **2** abrandar, amaciar, acalmar, aplacar.
blan.di.zie [bland´itsje] *sf pl* lisonjas, agrados.

blan.do [bl´ando] *agg* **1** brando, moderado, leve. **2** *fig* doce, gentil, paciente.
bla.so.ne [blaz´one] *sm* brasão.
blat.ta [bl´atta] *sf* barata.
blin.dag.gio [blind´addʒo] *sm* blindagem.
blin.da.re [blind´are] *vt* blindar, encouraçar.
bloc.ca.re [blokk´are] *vt* **1** bloquear, imobilizar. **2** estabilizar, fixar. **3** *fig* confinar, isolar. **4** interromper, parar. **5** prender, aprisionar.
bloc.co [bl´ɔkko] *sm* **1** bloqueio. **2** bloco, massa compacta. **3** *fig* interrupção, limitação. **4** obstáculo, dificuldade. **5** grupo, união. **blocco di merce** carregamento, estoque de mercadorias.
blu [bl´u] *sm+agg* azul, azul-escuro.
blu.sa [bl´uza] *sf* **1** blusa (de mulher e criança). **2** camisa de operário.
bo.a [b´ɔa] *sm Zool* boa, jiboia.
bo.a.to [bo´ato] *sm* **1** mugido. **2** estrondo.
bo.bi.na [bob´ina] *sf* bobina, carretel.
boc.ca [b´okka] *sf* **1** boca. **2** abertura, embocadura. **3** paladar. **4** pessoa que come muito. **5 bocche** *pl* bocas, pessoas. **a bocca** verbalmente. **a bocca asciutta** de mãos abanando. **aprire bocca** começar a falar. **bocca da incendio** hidrante. **bocca di fiume** foz, estuário. **cavare di bocca** forçar a falar. **con il cuore in bocca** *pop* com o coração na boca. **di bocca in bocca** boca a boca, de pessoa a pessoa. **dico ciò che viene alla bocca** digo o que me vem à cabeça. **far venire l'acquolina in bocca** dar água na boca. **ha sempre musica in bocca** ele sempre fala de música. **in bocca al lupo**! boa sorte! **levare la parola di bocca altrui** *pop* tirar as palavras da boca de alguém. **mettere bocca in una cosa** intrometer-se em algo. **restare a bocca aperta** *pop* ficar de boca aberta.
boc.ca.por.to [bokkap´ɔrto] *sm* escotilha.
boc.ca.ta [bokk´ata] *sf* **1** bocado. **2** trago. **3** tragada (no cigarro).
boc.cet.ta [bottʃ´etta] *sf* garrafa, vidro, frasco.
boc.cheg.gia.re [bokkeddʒ´are] *vi* ofegar, arfar.
boc.chi.no [bokk´ino] *sm* piteira.
boc.cia [b´ɔttʃa] *sf* **1** botão (de flor). **2** garrafa. **3** *Sp* bocha, bola de madeira. **4** *Med* furúnculo.
boc.cia.re [bottʃ´are] *vt* **1** *Sp* bater (uma bola em outra). **2** *fig* reprovar (em exame). **3** rejeitar. *il professore bocciò il candidato* / o professor rejeitou o candidato. *vi* **4** *fig* ser reprovado, repetir. **5** *pop* levar bomba, levar pau (na escola).
boc.con.ci.no [bokkontʃ´ino] *sm* **1** *dim* bocadinho, pedacinho. **2** petisco.
boc.co.ne [bokk´one] *sm* bocado, pedaço. • *avv* **bocconi** de bruços, de barriga para baixo. *sdraiarsi bocconi* / deitar-se de bruços.
bo.di.no [bod´ino] *sm V budino.*
bo.ia [b´ɔja] *sm* **1** carrasco. **2** *fig* torturador. **3** carcereiro.
boi.cot.tag.gio [bojkott´addʒo] *sm* boicote.
boi.cot.ta.re [bojkott´are] *vt* boicotar, criar obstáculos.
bol.gia [b´ɔldʒa] *sf* **1** sacola, bolsa. **2** *fig* confusão, bagunça, caos. **3** *pop* saco de gatos.
bol.la [b´olla] *sf* **1** bolha (de água). **2** bolha (na pele), pústula. **3** *Rel* bula. **bolla di sapone** a) bolha de sabão. b) *fig* promessa que não é cumprida.
bol.la.re [boll´are] *vt* **1** selar, carimbar. **2** marcar, assinalar.
bol.let.ta [boll´etta] *sf* **1** tacha, pequeno prego achatado. **2** *Comm* recibo, guia, comprovante.
bol.let.ti.no [bollett´ino] *sm* **1** boletim, relatório, prestação de contas. **2** jornal, noticiário.

> Boletim escolar se diz **pagella**, e não **bollettino.**

bol.li.re [boll´ire] *vt* **1** ferver, cozinhar. *vi* **2** ficar fervendo, estar em ebulição. **3** *fig* ficar nervoso, ferver de raiva, agitar-se. **4** suar, ficar com calor. **far bollire e mal cuocere** *pop* ter muito trabalho e não conseguir nada.
bol.lo [b´ollo] *sm* selo, carimbo, timbre, sinete.
bol.lo.re [boll´ore] *sm* **1** fervura. **2** borbulha.
bom.ba [b´omba] *sf* **1** *Mil* bomba, explosivo. **2** *fig* acontecimento inesperado,

notícia sensacional. **a prova di bomba** a) à prova de bombas. b) *fig* indestrutível, invencível. **bomba a gas** bomba de gás. **bomba all'idrogeno** bomba de hidrogênio. **bomba a mano** granada. **bomba a orologeria** bomba-relógio. **bomba atomica** bomba atômica. **bomba incendiaria** bomba incendiária. **tornare a bomba** *fig* voltar ao assunto.

bom.bar.da.men.to [bombardam'ento] *sm Mil* bombardeio.

bom.bar.da.re [bombard'are] *vt* **1** *Mil* bombardear. **2** *fig* atormentar, perturbar, perseguir.

bom.bo.nie.ra [bombon'jɛra] *sf* confeiteira, vasilha para doces.

bo.nac.cia [bon'attʃa] *sf* **1** *Naut* bonança, calmaria. **2** *fig* paz, tranquilidade.

bo.nac.cio.ne [bonattʃ'one] *sm+agg* bonachão, tranquilo, pacífico, pacato.

bon.bon [bomb'ɔn] *sm* bombom, chocolate, confeito.

bon.tà [bont'a] *sf* **1** bondade. **2** boa índole. **3** benevolência.

boomerang [bumer'ang] *sm ingl Sp* bumerangue.

bor.bot.ta.re [borbott'are] *vt+vi* resmungar, reclamar.

bor.da.re [bord'are] *vt* **1** bater, espancar. **2** *Naut* costear.

bor.da.tu.ra [bordat'ura] *sf* **1** fita (de enfeitar tecido). **2** bainha, orla (de tecido).

bor.del.lo [bord'ɛllo] *sm* **1** bordel. **2** *fig* bagunça, confusão, desordem.

bor.do [b'ordo] *sm* **1** borda, margem, limite, orla. **2** debrum, bainha (de tecido). **3** *Naut* bordo, lado do navio. **a bordo** a bordo.

bor.do.ne [bord'one] *sm* **1** bordão, cajado. **2** *Zool* penugem.

bo.re.a.le [bore'ale] *agg* boreal, setentrional.

bor.ghe.se [borg'eze] *s+agg* **1** burguês. **2** *fig* conformista.

bor.ghe.si.a [borgez'ia] *sf* **1** burguesia. **2** classe média.

bor.go [b'orgo] *sm* burgo, aldeia, vila, povoado.

bo.ria [b'ɔrja] *sf* arrogância, presunção, orgulho, vaidade, pretensão.

bo.rio.so [bor'jozo] *agg* **1** vaidoso, orgulhoso, presunçoso. **2** *pop* metido.

bor.rac.cia [bor̄'attʃa] *sf Mil* cantil.

bor.sa [b'orsa] *sf* **1** bolsa. **2** *fig* carteira, porta-níqueis. **3** *Comm* bolsa de valores.

bor.sa.io.lo [borsa'jɔlo] *sm* batedor de carteira, ladrão.

bor.seg.gia.re [borseddʒ'are] *vt* furtar, roubar.

bor.sel.li.no [borsell'ino] *sm* carteira, porta-níqueis.

bo.sca.glia [bosk'aʎa] *sf* matagal, mato.

bo.sca.io.lo [boska'jɔlo] *sm* lenhador.

bo.sco [b'ɔsko] *sm* bosque, mata, floresta.

bo.ta.ni.ca [bot'anika] *sf* botânica.

bo.ta.ni.co [bot'aniko] *sm+agg* botânico.

bo.to.lo [b'ɔtolo] *sm* **1** *dim* cãozinho, cachorrinho. **2** *fig* homem briguento mas sem força.

bot.ta [b'ɔtta] *sf* **1** batida. **2** pancada, golpe. **3** marca, hematoma. **4** choque, abalo, golpe emocional. **5** *Zool* sapo.

bot.te [b'otte] *sf* tonel, barril, barrica, pipa. **la botte dà il vino che ha** cada um dá o que tem.

bot.te.ga [bott'ɛga] *sf* **1** loja, oficina, comércio. **2** atividade, empresa.

bot.te.ga.io [botteg'ajo] *sm* lojista.

bot.ti.glia [bott'iʎa] *sf* garrafa.

bot.ti.glie.ria [bottiʎer'ia] *sf* adega, taberna.

bot.ti.no [bott'ino] *sm* **1** economias. **2** despojo dos vencidos. **3** *fig* lucro, rendimento, resultado, produto.

bot.to.ne [bott'one] *sm* botão: a) de flor. b) de roupa. **bottoni gemelli** abotoaduras. **premere il bottone** apertar o botão.

bot.to.nie.ra [botton'jɛra] *sf* abotoadura, conjunto de botões de uma vestimenta.

bo.va.ro [bov'aro] *sm* vaqueiro, boiadeiro.

bo.vi.le [bov'ile] *sm* curral.

bo.vin.do [bov'indo] *sm* varanda, terraço, sacada.

bo.vi.no [bov'ino] *agg* bovino.

boz.za [b'ɔttsa] *sf* **1** esboço, rascunho. **2** projeto, esquema. **3** prova tipográfica.

boz.zo.lo [b'ɔttsolo] *sm* **1** casulo. **2** *fig* isolamento. **3** refúgio, covil.

brac.ca.re [brakk'are] *vt* **1** (anche *fig*) perseguir, seguir. **2** *pop* ficar de cima.

brac.cia.le [brattʃ´ale] *sm* bracelete. *Sin: braccialetto.*

brac.cia.let.to [brattʃal´etto] *sm V bracciale.*

brac.cio [br´attʃo] *sm* **1** braço. **2** *fig* ajuda, energia, proteção. **3** capacidade, trabalho. **a braccia aperte** de braços abertos. **avere le braccia lunghe** ter influência. **braccio di un edificio** ala, pavilhão. **braccio di un fiume** braço de um rio. **braccio di un mecanismo** eixo, barra. **con le braccia in croce** de braços cruzados. **ha quattro persone sulle braccia** precisa sustentar quatro pessoas.

Braccio é usado nos mesmos sentidos de "braço" em português. Mas tem dois plurais, um feminino, **le braccia**, para indicar braços humanos; e um masculino, **i bracci**, para indicar braços de terra, de mar, de balança, de cruz, de candelabro etc.

brac.co [br´akko] *sm* perdigueiro.

bra.ce [br´atʃe] *sf* **1** brasa. **2** carvão.

bra.chet.ta [brak´etta] *sf* braguilha.

bra.cie.re [bratʃ´ɛre] *sm* braseiro.

bra.cio.la [bratʃ´ɔla] *sf* **1** bife, costeleta. **2** *fig* navalhada, corte (ao fazer a barba).

bra.di.po [br´adipo] *sm Zool* bicho-preguiça, preguiça.

bra.do [br´ado] *agg* bravio, selvagem, não domesticado (animal).

bra.go [br´ago] *sm* **1** lamaçal, lodo, lama. **2** charco, pântano.

bra.ma [br´ama] *sf* **1** desejo. **2** ansiedade, avidez, cobiça. **3** *fig* fome, sede. **4** lascívia, luxúria. *Sin: bramosia.*

bra.ma.re [bram´are] *vt* **1** ansiar, desejar, cobiçar. **2** *pop* morrer de vontade de, dar tudo para.

bra.mo.si.a [bramoz´ia] *sf V brama.*

bran.ca [br´anka] *sf* **1** especialidade, especialização, campo de trabalho, ramo de atividade. **2** lance de escadas. **3** *Zool* garra, unha. **4** *Mecc* pinça, tenaz. **5** *fig* mão.

bran.chia [br´ankja] *sf* (mais usado no plural **branchie**) *Zool* brânquia, guelra.

bran.ci.ca.re [brantʃik´are] *vt* **1** apalpar, tatear. **2** explorar.

bran.co [br´anko] *sm* **1** bando, manada, rebanho. **2** *fig disp* multidão.

bran.co.la.re [brankol´are] *vi* **1** (anche *fig*) andar às cegas, tatear, ficar perdido. **2** tentar, confiar na sorte, experimentar. **3** agitar-se, debater-se.

bran.co.lo.ni [brankol´oni] *avv* apalpando. **andare a brancoloni** ir apalpando, ir tateando.

bran.del.lo [brand´ɛllo] *sm* **1** *dim* pedacinho, bocadinho. **2** retalho, pedaço de pano.

bra.no [br´ano] *sm* **1** trecho, passagem de um texto. **2** fragmento, pedaço. *arrabbiata, ha fatto il vestito a brani* / enfurecida, fez o vestido em pedaços.

bra.si.lia.ni.smo [braziljan´izmo] *sm* brasileirismo, palavra ou expressão do português brasileiro.

bra.si.lia.no [brazil´jano] *sm+agg* brasileiro.

bra.va.re [brav´are] *vt+vi* ameaçar, desafiar.

bra.va.ta [brav´ata] *sf* **1** ameaça. **2** exibição, vanglória.

bra.vo [br´avo] *sm* **1** capanga, matador de aluguel. **2** *bras* jagunço. • *agg* **1** hábil, competente, capaz. **2** inteligente. *un bravo studente* / um aluno inteligente. **3** corajoso, valente, audaz. **4** correto, honesto, de bem, sério. *un bravo uomo* / um homem honesto. • *int* bravo! muito bem! **è un bravo ladro!** *iron* é um belo de um ladrão!

bra.vu.ra [brav´ura] *sf* **1** sabedoria, perícia, habilidade. **2** bravura, valentia, coragem, valor.

brec.cia [br´ettʃa] *sf* **1** brecha, fenda, abertura, fissura. **2** saibro, cascalho, pedregulhos do leito dos rios. **3** *fig* ponto fraco.

bre.tel.la [bret´ɛlla] *sf* **1** suspensório. **2** *fig* ligação, coligação, união.

bre.ve [br´eve] *agg* **1** breve. **2** curto, pequeno. **3** conciso, sintético. *discorso breve* / discurso conciso. **4** passageiro, transitório. **in breve** em breve, brevemente.

bre.vet.ta.re [brevett´are] *vt* **1** patentear. **2** conceder título.

bre.vet.to [brev´etto] *sm* **1** patente. **2** título.

bre.vi.tà [brevit´a] *sf* **1** brevidade. **2** concisão.

brez.za [br´ettsa] *sf* brisa, vento fraco.
bric.co [br´ikko] *sm* **1** chaleira. **2** *Zool* asno.
bric.co.ne [brikk´one] *sm* patife, malandro, trapaceiro, desonesto.
bri.cio.la [br´itʃola] *sf* fragmento, partícula, migalha. *Sin: briciolo.*
bri.cio.lo [br´itʃolo] *sm V briciola.*
bri.ga [br´iga] *sf* **1** incômodo, dor de cabeça, preocupação, problema. **2** atrito, briga, divergência, desacordo.
bri.ga.die.re [brigad´jɛre] *sm Mil* brigadeiro.
bri.gan.te [brig´ante] *sm* **1** bandido, ladrão, assaltante. **2** travesso, arteiro.
bri.ga.re [brig´are] *vi* **1** manobrar, tramar. **2** trabalhar, lidar. *brigare per ottenere qualcosa* / lidar para conseguir alguma coisa.
bri.ga.ta [brig´ata] *sf* **1** turma de amigos. **2** reunião de família. **3** *Mil* brigada.
bri.glia [br´iʎa] *sf* **1** rédea. **2** *fig* guia, comando.
bril.lan.te [brill´ante] *sm* brilhante, diamante. • *agg* **1** brilhante, reluzente, cintilante. **2** *fig* alegre, radiante. **carattere brillante** caráter extrovertido. **futuro brillante** futuro promissor. **idea brillante** ideia genial. **sorriso brillante** sorriso espontâneo.
bril.lan.ti.na [brillant´ina] *sf* brilhantina.
bril.la.re [brill´are] *vi* **1** brilhar, resplandecer, cintilar. **2** *fig* sobressair, distinguir-se.
bril.lo [br´illo] *sm Min* diamante falso. • *agg* **1** bêbado, ébrio. **2** *fig* alto, alterado.
bri.na [br´ina] *sf* geada.
brin.di.si [br´indizi] *sm* brinde. Veja nota em **brinde**.
bri.o [br´io] *sm* alegria, vivacidade.
bri.o.so [bri´ozo] *agg* alegre, extrovertido, vivaz.
bri.tan.ni.co [brit´anniko] *sm+agg* britânico, inglês.
bri.vi.do [br´ivido] *sm* **1** calafrio, arrepio. **2** *fig* horror, terror.
briz.zo.la.to [brittsol´ato] *agg* **1** grisalho. **2** mesclado.
broc.ca [br´ɔkka] *sf* jarro, cântaro.
broc.co.lo [br´ɔkkolo] *sm Bot* brócolos.
bro.do [br´ɔdo] *sm* **1** caldo. **2** sopa.
bro.glio [br´ɔʎo] *sm* trama, intriga, ardil.
bron.chi [br´onki] *sm pl Anat* brônquios.
bron.chi.te [bronk´ite] *sf Med* bronquite.
bron.cio [br´ontʃo] *sm* **1** mau humor, aborrecimento, amuo, enfado. **2** *pop* lua virada.
bron.to.la.re [brontol´are] *vt* **1** resmungar. *vi* **2** reclamar, lamentar-se, protestar.
bron.zo [br´ondzo] *sm* bronze.
bru.cia.pe.lo [brutʃap´elo] *s* usado apenas na expressão **a bruciapelo** à queima-roupa.
bru.cia.re [brutʃ´are] *vt* **1** queimar, incendiar, incinerar. *bruciare legname* / queimar lenha. **2** chamuscar. **3** (anche *fig*) arder. *bruciare dalla passione* / arder de paixão. *vi* **4** queimar-se, incendiar-se, pegar fogo. *la candela bruciava nella camera* / a vela queimava no quarto. **5** *fig* importunar, irritar. **l'acido brucia** o ácido corrói.
bru.cia.tu.ra [brutʃat´ura] *sf* queimadura.
bru.ciore [brutʃ´ore] *sm* ardor, queimação. **bruciore di stomaco** dor de estômago.
bru.co [br´uko] *sm Zool* lagarta, broca.
bru.li.ca.re [brulik´are] *vi* **1** fervilhar. **2** formigar.
brul.lo [br´ullo] *agg* árido, desolado, nu (terreno).
bru.ma [br´uma] *sf* bruma, névoa, neblina, cerração.
bru.ni.re [brun´ire] *vt* polir, dar brilho, lustrar (metais).
bru.no [br´uno] *agg* **1** moreno. **2** escuro. **3** bronzeado.
bru.sco [br´usko] *agg* **1** brusco. **2** áspero, ácido. **3** imprevisto, inesperado (acontecimento). **4** rude, duro, frio. *voce brusca, persona brusca* / voz rude, pessoa rude.
bru.si.o [bruz´io] *sm* **1** ruído. **2** murmúrio, sussurro.
bru.ta.le [brut´ale] *agg* brutal, bestial, cruel, desumano.
bru.ta.li.tà [brutalit´a] *sf* brutalidade.
bru.to [br´uto] *sm* bruto, animal, mal-educado. • *agg* bruto, brutal, animalesco, rude.
brut.to [br´utto] *agg* **1** feio. **2** pálido, cansado (aspecto). **3** encoberto, nublado. *cielo brutto* / céu encoberto. **4** mortal,

incurável. *malattia brutta* / doença mortal. **5** *fig* mau, ruim.

brut.tu.ra [brutt´ura] *sf* **1** coisa feia. **2** sujeira, nojeira.

bub.bo.la [b´ubbola] *sf* **1** *ger* história, lorota, mentira. **2** *fig* fantasia, ilusão. **3** idiotice, besteira.

bub.bo.lo [b´ubbolo] *sm* guizo, sininho.

bub.bo.ne [bubb´one] *sm* **1** *Med* inchaço, tumefação, pústula. **2** *fig* mal, problema. **3** câncer, praga.

bu.ca [b´uka] *sf* **1** buraco, abertura, cova, toca. **2** *Sp* buraco (no jogo de golfe). **buca delle lettere** caixa do correio.

bu.ca.re [buk´are] *vt* esburacar, furar, perfurar.

buc.cia [b´uttʃa] *sf* **1** casca, cortiça. **2** *fig* pele, película. **3** alma, vida.

bu.co [b´uko] *sm* **1** buraco, abertura, furo, orifício. **2** *fig* esconderijo. **3** casebre.

bu.co.li.co [buk´ɔliko] *agg* **1** bucólico, campestre. **2** *fig* tranquilo, calmo.

bud.di.smo [budd´izmo] *sm* budismo.

bu.del.lo [bud´ɛllo] *sm* **1** *Anat* intestino, víscera. **2** *fig* caminho, corredor, túnel.

Budello tem dois plurais, um feminino, **le budella**, para indicar vísceras de animais, para comer, por exemplo; e um masculino, **i budelli**, para indicar vísceras em sentido figurado.

bu.di.no [bud´ino] *sm* pudim. *Var: bodino.*

bu.e [b´ue] *sm* (*pl* **buoi**) **1** boi. **2** *fig* ingênuo.

bu.fa.lo [b´ufalo] *sm* búfalo.

bu.fe.ra [buf´ɛra] *sf* tempestade, temporal (com chuva e neve ou granizo).

buf.fa [b´uffa] *sf* rajada de vento.

buf.fa.re [buff´are] *vi* **1** soprar. **2** gracejar.

buf.fet, buf.fè [buff´ɛ] *sm* **1** bufê (serviço). **2** restaurante de estação de trem.

buf.fo [b´uffo] *agg* **1** cômico, divertido. **2** ridículo.

buf.fo.ne [buff´one] *sm* **1** bufão, palhaço, bobo da corte. **2** *fig* brincalhão, fanfarrão, palhaço.

bu.gi.a [budʒ´ia] *sf* **1** mentira. **2** invenção, história. **3** castiçal.

bu.giar.do [budʒ´ardo] *sm+agg* mentiroso, falso.

bu.io [b´ujo] *sm* **1** o escuro, escuridão. **2** treva. **3** *fig* barbárie, ignorância. • *agg* **1** escuro, tenebroso, sombrio. **2** *fig* lúgubre, triste. **3** difícil (momento).

bul.bo [b´ulbo] *sm* bulbo.

bul.ga.ro [b´ulgaro] *sm+agg* búlgaro.

bul.lo [b´ullo] *sm ger* valentão, briguento.

bul.lo.ne [bull´one] *sm* parafuso.

buo.na.ma.no [bwonam´ano] *sf pop* gorjeta.

buon.gu.sta.io [bwongust´ajo] *sm* **1** gastrônomo. **2** *pop* bom garfo.

buo.no [b´wɔno] *sm* **1** o bem, o que é bom. **2** *Comm* bônus, prêmio. • *agg* **1** bom. **2** benévolo. **3** obediente (criança). **4** limpo, puro (ar). **5** benfeito (trabalho).

buon.sen.so [bwons´ɛnso] *sm* bom senso, sensatez.

buo.nuo.mo [bwon´wɔmo] *sm* **1** bom homem. **2** *fam* ingênuo, tolo.

bu.rat.ti.no [buratt´ino] *sm* fantoche, marionete.

bu.rat.to [bur´atto] *sm* peneira.

bur.be.ro [b´urbero] *agg* fechado, carrancudo, introvertido.

bur.la [b´urla] *sf* **1** brincadeira, gracejo. **2** zombaria, escárnio.

bur.la.re [burl´are] *vt* **1** burlar, enganar, pregar uma peça. **2** *fig* brincar, gracejar.

bur.le.sco [burl´esko] *agg* burlesco, caricato, ridículo, cômico.

bur.lo.ne [burl´one] *sm* brincalhão, gozador.

bu.ro.cra.te [bur´ɔkrate] *s* burocrata.

bu.ro.cra.ti.co [burokr´atiko] *agg* burocrático.

bu.ro.cra.zi.a [burokrats´ia] *sf* burocracia.

bur.ra.sca [bur̄´aska] *sf* borrasca, tempestade, tormenta.

bur.ra.sco.so [bur̄ask´ozo] *agg* **1** agitado. **2** *fig* movimentado, tumultuado.

bur.ro [b´ur̄o] *sm* manteiga.

bur.ro.ne [bur̄´one] *sm* **1** abismo, despenhadeiro, precipício. **2** barranco.

bu.sca [b´uska] *sf* busca, procura. Veja nota em **procura** (italiano).

bu.sca.re [busk´are] *vt* **1** buscar, procurar. **2** obter. *vpr* **3** arrumar, arranjar. *buscarsi problemi* / arrumar problemas. **4** pegar, contrair. *buscarsi una malattia* / pegar uma doença. Veja nota em **procurare**.

bu.sec.chia [buz´ɛkkja] *sf* **1** dobradinha. **2** tripa.

bu.sil.li [buz´illi] *sm* dificuldade, problema. **qui sta il busilli** aqui está o problema.

bus.sa.re [buss´are] *vi* bater à porta, tocar.

bus.se [b´usse] *sf pl* **1** pancadas, batidas. **2** surra.

bus.so.la [b´ussola] *sf* **1** bússola. **2** *fig* orientação, direção. **3** controle.

bu.sta [b´usta] *sf* envelope.

bu.sta.rel.la [bustar´ɛlla] *sf* **1** *ger* gorjeta. **2** *pop* caixinha.

bu.sto [b´usto] *sm* **1** busto. **2** cinta, corpete, espartilho.

but.ta.re [butt´are] *vt* **1** jogar, lançar, atirar. *buttare in aria* / jogar para o ar. *la polizia buttò i ladri in prigione* / a polícia jogou os ladrões na cadeia. **2** *fig* livrar-se de, desvencilhar-se de. *vi* **3** germinar, crescer (planta). *vpr* **4** (anche *fig*) jogar-se, lançar-se, atirar-se. *buttarsi in avventure* / lançar-se em aventuras. *buttarsi in mezzo alla moltitudine* / jogar-se no meio da multidão. *buttarsi tra le braccia di qualcuno* / atirar-se nos braços de alguém. **5** acabar, dar em. **6** jogar-se, mergulhar. *buttarsi in un fiume* / mergulhar num rio. **buttare giù** a) derrubar, demolir. b) deprimir. **buttare in faccia** a) falar às claras. b) *pop* jogar na cara. **buttare via** jogar fora. **buttarsi addosso** agredir, atacar. **buttarsi giù** a) jogar-se debaixo de algo. b) deitar-se. c) desanimar, abater-se.

but.te.ro [b´uttero] *sm* **1** pastor de gado. **2** *Med* bexiga, marca de varíola.

buz.zo [b´uddzo] *sm* **1** bucho: a) miúdos de animais. b) *pop* barriga. **2** *fig* aborrecimento, amuo. • *agg* **1** chateado, amuado. **2** ruim. *tempo buzzo* / tempo ruim.

buz.zur.ro [butts´ur̄o] *sm+agg fig* caipira, cafona, ignorante.

byte [b´ajt] *sm ingl Inform byte.*

C

C

c [tʃ´i] *sf* a terceira letra do alfabeto italiano.
ca.bi.na [kab´ina] *sf* **1** cabina. **2** camarote (de navio). **cabina telefonica** cabina telefônica.
ca.brio.let [kabrjol´ɛ] *sm fr* **1** *Autom* conversível. **2** *Comm fig* cheque sem fundos.
ca.ca.io.la [kaka´jɔla] *sf volg* caganeira.
ca.ca.o [kak´ao] *sm Bot* cacau.
ca.ca.re [kak´are] *vt+vi volg* cagar.
cac.ca [k´akka] *sf* **1** *volg* merda. **2** *pop* cocô. **3** *fig* excremento, estrume. **4** sujeira, porcaria.
cac.cia [k´attʃa] *sf* **1** caça. **2** *pop* presa (de caça). **3** *fig* procura. **4** ganho, resultado. *sm* **5** *Aer* caça, avião de caça. **caccia riservata** caça reservada. **caccia subacquea** pesca submarina.
cac.cia.re [kattʃ´are] *vt* **1** caçar. **2** empurrar. **3** enfiar, inserir. *cacciare un ladro in prigione* / enfiar um ladrão na cadeia. **4** *fig* perseguir, seguir. *vpr* **5** acabar, meter-se, enfiar-se. *cacciarsi nei problemi* / meter--se em problemas. **cacciare un urlo** dar um berro. **cacciare via** expulsar, mandar embora.
cac.cia.ta [kattʃ´ata] *sf* **1** caçada. **2** expulsão, banimento.
cac.cia.vi.te [kattʃav´ite] *sm* chave de fenda, chave de parafusos.
ca.chet [kaʃ´e] *sm fr* **1** tinta para cabelos. **2** comprimido, pílula. **3** cachê, pagamento de artistas.
ca.chet.ti.co [kak´ɛttiko] *agg* caquético.
ca.chi [k´aki] *sm* **1** caqui. **2** caquizeiro. **3** cor cáqui.
ca.co.fo.ni.a [kakofon´ia] *sf Gramm* cacofonia.
ca.co.ne [kak´one] *sm volg* cagão.
cac.to [k´akto] *sm Bot* cacto.
ca.da.ve.re [kad´avere] *sm* cadáver, carcaça.
ca.da.ve.ri.co [kadav´ɛriko] *agg* **1** cadavérico, esquelético. **2** pálido, lívido.
ca.den.za [kad´ɛntsa] *sf* **1** *Mus* cadência, ritmo. **2** *Gramm* entonação, inflexão, tom.
ca.de.re [kad´ere] *vi* **1** cair. **2** tombar, levar um tombo. **3** desmoronar, desabar. *la casa cadde* / a casa desmoronou. **4** diminuir (febre). **5** *Mil* render-se, capitular. **cadere in errore** falhar, enganar-se.
ca.det.to [kad´etto] *sm* cadete.
ca.du.co [kad´uko] *agg* **1** caduco, que cai ou vai cair. **2** *fig* temporário, passageiro, efêmero.
ca.du.ta [kad´uta] *sf* **1** queda, tombo. **2** *fig* abalo, ruína.
caf.fè [kaff´ɛ] *sm* **1** café (a bebida). **2** café, bar, botequim (o local). **caffè al filtro** café de coador. **caffè espresso** café expresso. **caffè in grani** café em grãos. **caffè macinato** café moído, café em pó.
caf.fet.tie.ra [kaffett´jɛra] *sf* **1** cafeteira. **2** *fig ger* peça de museu, equipamento velho que funciona mal.
ca.fo.ne [kaf´one] *sm+agg* **1** camponês, provinciano. **2** *bras* caipira, matuto. **3** *fig* cafona. **4** *ger* brega.
ca.gio.na.re [kadʒon´are] *vt* **1** causar, provocar. **2** suscitar. **3** induzir.
ca.gio.ne [kadʒ´one] *sf* **1** causa, motivo, razão. **2** origem.
ca.gio.ne.vo.le [kadʒon´evole] *agg* fraco, delicado, frágil, doentio.
ca.glia.re [kaʎ´are] *vi* coagular, coalhar.
ca.glio [k´aʎo] *sm* coalho, coágulo.

ca.gna [k´aña] *sf* cadela.
ca.gno.li.no [kañol´ino] *sm dim* cãozinho, cachorrinho.
ca.gnot.to [kañ´otto] *sm* **1** capanga, segurança pessoal. **2** *bras* jagunço.
ca.la [k´ala] *sf Geogr* baía, enseada, golfo.
ca.la.bro.ne [kalabr´one] *sm Zool* zangão, vespão.
ca.la.fa.ta.re [kalafat´are] *vt Naut* calafetar, impermeabilizar.
ca.la.ma.io [kalam´ajo] *sm* **1** tinteiro. **2** olheira. **3** *Zool* lula.
ca.la.ma.ro [kalam´aro] *sm Zool* lula.
ca.la.mi.tà [kalamit´a] *sf* calamidade, desgraça, desastre, desventura.
ca.lap.pio [kal´appjo] *sm* **1** laço, armadilha. **2** *fig* estratagema, ardil.
ca.la.re [kal´are] *vt* **1** abaixar, baixar, inclinar. *vi* **2** descer. **3** pôr-se (sol). **4** *fig* decair, declinar, degradar-se. **5** retroceder, perder terreno. **6** contrair-se, diminuir.
ca.la.ta [kal´ata] *sf* **1** descida. **2** declive, inclinação.
cal.ca [k´alka] *sf* multidão, massa, tropel.
cal.ca.fo.gli [kalkaf´ɔλi] *sm* peso para papéis.
cal.ca.gno [kalk´año] *sm* calcanhar.

Calcagno possui dois plurais: um masculino, **i calcagni**, usado em sentido próprio, quando nos referimos aos calcanhares de alguém; e um feminino, **le calcagna**, usado em sentido figurado, apenas em algumas expressões, como **stare alle calcagna di** estar no encalço de.

cal.ca.re [kalk´are] *sm* calcário. • *vt* **1** calcar, apertar, comprimir. **2** prensar, esmagar, achatar.
cal.ce [k´altʃe] *sf Min* cal. **in calce** ao pé da página, no rodapé.
cal.ci.na.re [kaltʃin´are] *vt* calcinar.
cal.cio [k´altʃo] *sm* **1** pontapé, chute. **2** *Chim* cálcio. **3** *Sp* futebol. **calcio d'angolo** *Sp* escanteio.
cal.co [k´alko] *sm* **1** decalque. **2** molde, modelo.
cal.co.la.re [kalkol´are] *vt* **1** calcular. **2** avaliar. **3** contar com, ter plena confiança em alguém. **4** *fig* medir, pesar. **5** pensar, ponderar. Veja nota em **contar**.
cal.co.la.to.re [kalkolat´ore] *sm* **1** calculadora, máquina de calcular. **2** computador. • *sm+agg* calculista, interesseiro.
cal.co.la.tri.ce [kalkolatr´itʃe] *sf* **1** calculadora, máquina de calcular. **2** computador.
cal.co.lo [k´alkolo] *sm* **1** cálculo, conta, cômputo. **2** *fig* hipótese, previsão, conjetura. **3** interesse, vantagem própria. **4** *Med* cálculo, pedra.
cal.da.ia [kald´aja] *sf* caldeira.
cal.de.ra.io [kalder´ajo] *sm* caldeireiro, operador de caldeira.
cal.do [k´aldo] *sm* **1** calor. **2** *fig* fervor, ímpeto. • *agg* **1** quente. **2** afetuoso, caloroso. **3** apaixonado, sensual. **4** vivaz. **5** vivo. *colore caldo* / cor viva.
ca.lei.do.sco.pio [kalejdosk´ɔpjo] *sm* caleidoscópio.
ca.len.da.rio [kalend´arjo] *sm* **1** calendário. **2** folhinha. **3** *fig* agenda, diário, programa.
ca.les.se [kal´ɛsse] *sm* carruagem, coche, carroça.
ca.li.bra.re [kalibr´are] *vt* **1** calibrar. **2** *fig* medir, pesar.
ca.li.bro [kal´ibro] *sm* **1** calibre. **2** *fig* caráter.
ca.li.ce [k´alitʃe] *sm* **1** cálice, copinho para licor. **2** *Rel, Bot* cálice.
ca.lif.fo [kal´iffo] *sm* califa.
ca.li.gi.ne [kal´idʒine] *sf* escuridão, treva, névoa, caligem.
cal.le [k´alle] *sf* atalho, vereda.
cal.li.gra.fi.a [kalligraf´ia] *sf* caligrafia.
cal.li.sta [kall´ista] *s* calista, pedicuro.
cal.lo [k´allo] *sm* calo (dos pés).
cal.lot.ta [kall´ɔtta] *sf* calota, tampa.
cal.ma [k´alma] *sf* **1** calma, paz, tranquilidade, serenidade. **2** calmaria (no mar). Veja nota em **sussiego**.
cal.man.te [kalm´ante] *s+agg* calmante.
cal.ma.re [kalm´are] *vt* **1** acalmar, pacificar, sossegar. **2** sedar, tranquilizar.
cal.me.ri.a [kalmer´ia] *sf Naut* calmaria.
cal.mo [k´almo] *agg* calmo, tranquilo, pacífico, sereno, sossegado.
ca.lo [k´alo] *sm* **1** abaixamento, diminuição, redução. **2** queda. **3** contração.
ca.lo.re [kal´ore] *sm* **1** calor. **2** *fig* fervor, entusiasmo, paixão, ímpeto.

ca.lo.ri.a [kalor´ia] *sf* caloria.
ca.lo.ri.fe.ro [kalor´ifero] *sm* aquecedor de ambiente.
ca.lo.ro.so [kalor´ozo] *agg* **1** caloroso. **2** afetuoso, cordial, afável.
ca.lo.scia [kal´ɔʃa] *sf* galocha.
cal.pe.sta.re [kalpest´are] *vt* **1** pisar. **2** esmagar, achatar com os pés. **3** *fig* humilhar, insultar.
cal.pe.sti.o [kalpest´io] *sm* pisão, pisadela.
ca.lun.nia [kal´unnja] *sf* calúnia, difamação.
ca.lun.nia.re [kalunn´jare] *vt* caluniar, denegrir, difamar.
cal.vi.zie [kalv´itsje] *sf* calvície.
cal.vo [k´alvo] *sm+agg* calvo, careca.
cal.za [k´altsa] *sf* meia. Veja nota em **meia**.
cal.za.re [kalts´are] *vt* **1** calçar. *calzare calzini, scarpe, guanti* / calçar meias, sapatos, luvas. **2** colocar. *calzare un cappello* / colocar um chapéu. *vi* **3** assentar, aderir. **4** *fig* adaptar-se, acostumar-se.
cal.za.scar.pe [kaltsask´arpe] *sm* calçadeira.
cal.za.tu.ra [kaltsat´ura] *sf* calçado, sapato.
cal.zi.no [kalts´ino] *sm* meia masculina. Veja nota em **meia**.
cal.zo.la.io [kaltsol´ajo] *sm* sapateiro.
cal.zo.le.ria [kaltsoler´ia] *sf* sapataria.
cal.zo.ne [kalts´one] *sm* (mais usado no plural **calzoni**) calças. **farsela nei calzoni** *pop* morrer de medo.
ca.ma.le.on.te [kamale´onte] *sm* **1** *Zool* camaleão. **2** *fig* oportunista, vira-casaca.
cam.bia.le [kamb´jale] *sf Comm* letra de câmbio. **cambiale pagabile a scadenza** letra pagável no vencimento. **cambiale pagabile a vista** letra pagável à vista.
cam.bia.men.to [kambjam´ento] *sm* **1** (anche *fig*) troca. **2** mudança, transformação, alteração.
cam.bia.re [kamb´jare] *vt* **1** trocar, substituir. **2** alterar, modificar, transformar. Veja nota em **trocar**.
cam.bia.va.lu.te [kambjaval´ute] *s* cambista.
cam.bio [k´ambjo] *sm* **1** troca, substituição. **2** *Comm, Mecc* câmbio.
ca.me.lia [kam´ɛlja] *sf Bot* camélia.
ca.me.ra [k´amera] *sf* **1** cômodo, aposento. **2** quarto. **3** câmara, conselho. **4** parlamento, câmara. **camera a un letto** quarto de solteiro. **camera da letto** dormitório, quarto. **camera d'aria** câmara de ar. **camera dei deputati** câmara dos deputados.
ca.me.ra.ta [kamer´ata] *sf* (*pl f* **camerate**) **1** alojamento, dormitório coletivo. *sm* (*pl m* **camerati**) **2** camarada, companheiro.
ca.me.ra.ti.smo [kamerat´izmo] *sm* camaradagem, companheirismo.
ca.me.rie.ra [kamer´jɛra] *sf* **1** camareira, criada, arrumadeira. **2** garçonete.
ca.me.rie.re [kamer´jɛre] *sm* **1** camareiro, criado. **2** garçom.
ca.me.ri.no [kamer´ino] *sm* camarim.
ca.mi.cet.ta [kamitʃ´ɛtta] *sf* blusa (feminina).
ca.mi.cia [kam´itʃa] *sf* camisa (masculina). **camicia da giorno** camiseta (feminina). **camicia da notte** camisola.
ca.mi.cio.la [kamitʃ´ɔla] *sf* camiseta.
ca.mi.no [kam´ino] *sm* chaminé, lareira.
ca.mion [k´amjon] *sm* caminhão.
ca.mio.net.ta [kammjon´etta] *sf dim* jipe.
cam.mel.lo [kam´ello] *sm Zool* camelo.
cam.mi.na.re [kammin´are] *vi* caminhar.
cam.mi.na.ta [kammin´ata] *sf* **1** caminhada, passeio. **2** jeito de andar.
cam.mi.no [kamm´ino] *sm* **1** caminho. **2** *fig* trajeto, percurso, rota, itinerário. **3** desenvolvimento, evolução.
ca.mo.mil.la [kamom´illa] *sf* camomila.
ca.mor.ra [kam´oȓa] *sf* camorra, máfia.
ca.mo.scio [kam´ɔʃo] *sm* **1** camurça (a pele). **2** *Zool* camurça, corça macho.
ca.moz.za [kam´ɔttsa] *sf Zool* camurça, corça fêmea.
cam.pa.gna [kamp´aña] *sf* **1** campo, terreno plano e extenso. **2** *fig* propriedade rural. **3** *Mil, Comm* campanha.
cam.pa.gnuo.lo [kampañ´wɔlo] *sm+agg* camponês, agricultor.
cam.pa.na [kamp´ana] *sf* **1** sino. **2** sineta.
cam.pa.nel.la [kampan´ɛlla] *sf dim* **1** campainha, sineta. **2** *Bot* campânula. **3** **campanelle** *pl* brincos de argola.

cam.pa.ni.le [kampan'ile] *sm* campanário.
cam.pa.re [kamp'are] *vi* viver, sobreviver, sustentar-se.
cam.pa.ta [kamp'ata] *sf Archit* arcada.
cam.peg.gia.re [kampeddʒ'are] *vi* **1** acampar. **2** *fig* dominar, destacar-se, sobressair-se.
cam.peg.gio [kamp'eddʒo] *sm* acampamento.
cam.pe.stre [kamp'ɛstre] *agg* **1** campestre, agrário, rural. **2** *fig* bucólico, sereno, tranquilo. **fiore campestre** flor--do-campo.
cam.pio.na.rio [kampjon'arjo] *sm* **1** catálogo, mostruário. **2** *fig* coleção.
cam.pio.na.to [kampjon'ato] *sm* campeonato, competição.
cam.pio.ne [kamp'jone] *sm* **1** campeão, ás. **2** *Comm* amostra. **3** *fig* norma, regra.
cam.po [k'ampo] *sm* **1** campo. **2** área, setor, zona. **3** raio de ação, especialização. **4** *Sp* campo, gramado.
cam.po.san.to [kampos'anto] *sm* cemitério.
ca.muf.fa.re [kamuff'are] *vt* mascarar, disfarçar, camuflar.
ca.mu.so [kam'uzo] *agg* chato, achatado.
ca.na.glia [kan'aʎa] *sf* **1** gentinha. *sm* **2** canalha, patife, velhaco.
ca.na.glia.ta [kanaʎ'ata] *sf* baixeza, maldade, patifaria.
ca.na.le [kan'ale] *sm* canal. **canale di radio** estação de rádio. **canale di TV** estação de TV, canal de TV.
ca.na.liz.za.re [kanaliddz'are] *vt* canalizar.
ca.na.pa [k'anapa] *sf Bot* cânhamo.
ca.na.po [k'anapo] *sm* corda, cabo.
ca.na.ri.no [kanar'ino] *sm* **1** *Zool* canário. **2** *fig ger* informante, espião.
ca.na.sta [kan'asta] *sf* canastra, certo tipo de jogo de cartas.
can.cel.la.re [kantʃell'are] *vt* **1** cancelar, anular. **2** eliminar, cortar. **3** apagar. **4** *fig* abolir.
can.cel.la.tu.ra [kantʃellat'ura] *sf* **1** risco, traço. **2** rasura.
can.cel.le.ria [kantʃeller'ia] *sf* chancelaria.
can.cel.lie.re [kantʃell'jɛre] *sm* chanceler.
can.che.ro [k'ankero] *sm* **1** *Med* câncer, tumor. **2** *fig* chato, pessoa que perturba.
can.cre.na [kankr'ɛna] *sf Med* gangrena.
can.cro [k'ankro] *sm Med* **1** cancro, câncer, necrose. **2 Cancro** *Astron, Astrol* Câncer, Caranguejo.
can.de.la [kand'ɛla] *sf* **1** vela, círio. **2** *Autom* vela.
can.de.la.bro [kandel'abro] *sm* candelabro, lustre.
can.de.lie.re [kandel'jɛre] *sm* castiçal.
can.di.da.to [kandid'ato] *sm* candidato.
can.di.dez.za [kandid'ettsa] *sf V candore.*
can.di.do [k'andido] *agg* **1** cândido, branco, alvo. **2** *fig* puro, ingênuo.
can.di.re [kand'ire] *vt* **1** branquear. **2** confeitar.
can.di.to [kand'ito] *sm* confeito, docinho.
can.do.re [kand'ore] *sm* **1** candura, brancura. **2** *fig* pureza, ingenuidade. *Sin: candidezza.*
ca.ne [k'ane] *sm* **1** *Zool* cão, cachorro. **2** boticão, tenaz para arrancar dentes. **3** cão (de arma de fogo). **4** *fig* homem mau. **cane che abbaia non morde** cão que muito ladra não morde. **cane da punta** perdigueiro. **cane di guardia** cão de guarda. **chi non possiede un cane va a caccia col gatto** quem não tem cão caça com gato. **essere come cane e gatto** ser como cão e gato, brigar constantemente.
ca.ne.stra [kan'ɛstra] *sf* cesto, cesta. *Sin: canestro.*
ca.ne.stro [kan'ɛstro] *sm V canestra.*
can.fo.ra [k'anfora] *sf* cânfora.
ca.ni.le [kan'ile] *sm* **1** canil. **2** toca, covil (de cachorro). **3** *fig* quartinho escuro.
can.na [k'anna] *sf* **1** cana, bambu. **2** *fig* bengala. **3** vara, vareta. **canna da pesca** vara de pescar.
can.na.io [kann'ajo] *sm* caniço.
can.nel.la [kann'ɛlla] *sf Bot* **1** canela (a casca). **2** canela, caneleira (a árvore).
can.nel.lo.ni [kannell'oni] *sm pl* canelone. Veja nota em **lasagna**.
can.ne.to [kann'eto] *sm* canavial.
can.ni.ba.le [kann'ibale] *s+agg* canibal, antropófago.
can.noc.chia.le [kannokk'jale] *sm* telescópio.

can.no.ne [kann´one] *sm* **1** canhão. **2** *fig* campeão, ás.
can.no.neg.gia.men.to [kannonedd ʒam´ento] *sm* bombardeio.
can.no.neg.gia.re [kannonedd ʒ´are] *vt* bombardear.
ca.no.ne [k´anone] *sm* **1** *Rel* cânon, preceito. **2** relação de nomes. **3** aluguel, taxa.
ca.no.ni.co [kan´ɔniko] *agg* **1** *Rel* canônico, eclesiástico. **2** ortodoxo.
ca.no.niz.za.re [kanoniddz´are] *vt Rel* canonizar.
ca.no.ro [kan´ɔro] *agg* **1** canoro. **2** harmonioso.
ca.not.tag.gio [kanott´addʒo] *sm* canoagem.
ca.not.tie.re [kanott´jɛre] *sm* remador.
ca.not.to [kan´ɔtto] *sm* bote, canoa. **canotto di salvataggio** bote salva-vidas.
ca.no.vac.cio [kanov´attʃo] *sm* **1** pano de prato, toalha. **2** esboço, projeto.
can.tan.te [kant´ante] *s* cantor. • *agg* cantador, cantante.
can.ta.re [kant´are] *vt* **1** cantar. **2** *fig* compor poesia. **3** *ger* soprar (resposta), revelar, trair.
can.ta.ro [k´antaro] *sm* cântaro, jarra.
can.ta.sto.rie [kantast´ɔrje] *s* trovador, bardo.
can.te.rel.la.re [kanterell´are] *vt+vi* cantarolar.
can.ti.ca [k´antika] *sf* **1** poema. **2** canto, parte em que se divide um poema longo.
can.ti.co [k´antiko] *sm* **1** cântico, hino em louvor. **2** canção.
can.tie.re [kant´jɛre] *sm Naut* estaleiro.
can.ti.na [kant´ina] *sf* **1** adega. **2** taberna, bar.
can.to [k´anto] *sm* **1** canto, lado, ângulo. **2** canto, canção. **3** poema, poesia. **da canto di** da parte de, no que diz respeito a.
can.to.ne [kant´one] *sm* **1** canto, lado. **2** cantão, região.
can.to.nie.ra [kanton´jɛra] *sf* cantoneira.
ca.nu.to [kan´uto] *agg* branco, grisalho.
can.zo.na.re [kantson´are] *vt* zombar de, brincar com, gozar de, rir-se de.
can.zo.na.tu.ra [kantsonat´ura] *sf* **1** zombaria, gozação. **2** peça, golpe.
can.zo.ne [kants´one] *sf* **1** canção, canto. **2** cantiga, trova.
can.zo.nie.re [kantson´jɛre] *sm* cancioneiro.
ca.os [k´aos] *sm* caos, desordem, confusão.
ca.o.ti.co [ka´ɔtiko] *agg* **1** (anche *fig*) caótico, desordenado, confuso. **2** frenético, vertiginoso.
ca.pa.ce [kap´atʃe] *agg* capaz, apto, hábil.
ca.pa.ci.ta.re [kapatʃit´are] *vt* **1** capacitar. **2** persuadir. *capacitare qualcuno delle sue ragioni* / persuadir alguém das suas razões. **3** compreender. *vpr* **4** compreender. **5** convencer-se, aceitar, conformar-se. *non ti capaciti di essere sbagliato?* / você não se convence de que está errado?
ca.pan.na [kap´anna] *sf* **1** cabana, barraca. **2** casebre, moradia miserável. **3** *fig* buraco, tapera.
ca.pan.no.ne [kapann´one] *sm* **1** oficina, galpão. **2** depósito, armazém.
ca.par.bio [kap´arbjo] *agg* **1** teimoso, cabeça-dura, turrão. **2** persistente, obstinado.
ca.par.ra [kap´ar̃a] *sf Comm* **1** sinal. **2** penhor.
ca.peg.gia.re [kapeddʒ´are] *vt* **1** chefiar, comandar, governar, reger. *capeggiare una rivoluzione* / chefiar uma revolução. **2** conduzir, guiar, dirigir. *capeggiare un'industria* / dirigir uma indústria.
ca.pel.lie.ra [kapell´jɛra] *sf* cabeleira.
ca.pel.lo [kap´ello] *sm* **1** cabelo. **2** pelo.
ca.pel.lu.to [kapell´uto] *agg* cabeludo.
ca.pe.stro [kap´ɛstro] *sm* **1** cabresto. **2** *fig* enforcamento, forca, pena capital.
ca.pez.za.le [kapetts´ale] *sm* **1** travesseiro. **2** cabeceira da cama.
ca.pez.zo.lo [kap´ettsolo] *sm* mamilo, bico do seio.
ca.pi.do.glio [kapid´ɔʎo] *sm Zool* cachalote.
ca.pien.za [kap´jɛntsa] *sf* capacidade, conteúdo.
ca.pi.glia.tu.ra [kapiʎat´ura] *sf pop* cabeleira.
ca.pil.la.re [kapill´are] *agg* **1** capilar. **2** *fig* finíssimo. **3** minucioso, completo, aprofundado. *una ricerca capillare* / uma pesquisa minuciosa.

ca.pi.re [kap'ire] *vt* **1** compreender, entender. **2** assimilar, perceber. **3** *fig* sentir, captar. *vi* **4** caber.

ca.pi.ta.le [kapit'ale] *sm* **1** capital. **2** bens, patrimônio, fortuna. *sf* **3** capital (sede de governo). • *agg* capital, essencial, fundamental, indispensável. **peccato capitale** pecado capital. **pena capitale** pena capital, pena de morte.

ca.pi.ta.li.smo [kapital'izmo] *sm* capitalismo.

ca.pi.ta.li.sta [kapital'ista] *s* **1** capitalista. **2** *fig* rico.

ca.pi.ta.liz.za.re [kapitaliddz'are] *vt* **1** capitalizar, acumular. **2** economizar, poupar.

ca.pi.ta.na.re [kapitan'are] *vt* **1** capitanear, chefiar, comandar. **2** conduzir, guiar, dirigir.

ca.pi.ta.no [kapit'ano] *sm* **1** capitão. **2** (anche *fig*) chefe, comandante, guia.

ca.pi.ta.re [kapit'are] *vi* **1** chegar por acaso, acabar em, encontrar-se. **2** acontecer, ocorrer, suceder, sobrevir. *capitò di incontrarci ieri* / aconteceu de nos encontramos ontem. *purtroppo queste cose capitano sempre* / infelizmente estas coisas sempre acontecem. **3** *fig* chegar, aparecer.

ca.pi.to.la.re [kapitol'are] *vi* **1** capitular, sucumbir. **2** (anche *fig*) render-se, entregar-se, dar-se por vencido.

ca.pi.to.lo [kap'itolo] *sm* capítulo.

ca.pi.tom.bo.lo [kapit'ombolo] *sm* **1** cambalhota. **2** *fig* tombo, queda, escorregão. **3** falência.

ca.po [k'apo] *sm* **1** início, princípio. **2** chefe, comandante, líder. **3** cume, parte superior. **4** cabeça (de rebanho). **5** tópico, item. **6** artigo fabricado, peça. **7** *Mil* cabo. **8** *Anat* cabeça. **9** *Geogr* cabo, ponta. **a capo alla scala** no alto da escada. **a capo all'ingiù** de cabeça para baixo. **a capo basso** cabisbaixo. **a capo fitto** *V capofitto*. **andare a capo** começar um outro parágrafo. **andare a capo alto** andar de cabeça erguida (com orgulho ou seguro de si). **capo ameno** pessoa alegre, brincalhona. **capo di casa** chefe de família. **da capo** desde o princípio, novamente. **da capo a piedi** da cabeça aos pés. **grattarsi il capo** ficar confuso. **lavata di capo** *pop* bronca, repreensão. **mettersi in capo** cismar, teimar. **togliere qualcosa dal capo** tirar algo da cabeça. **venire a capo** concluir, deduzir.

ca.poc.chia [kap'ɔkkja] *sf* cabeça (de alfinete, prego).

ca.poc.cia [kap'ɔttʃa] *sm* chefe, chefão.

ca.po.cuo.co [kapok'wɔko] *sm* chefe de cozinha.

Ca.po.dan.no [kapod'anno] *sm* Dia de Ano-novo, Primeiro do Ano.

ca.po.fit.to [kapof'itto] *agg* apenas na expressão **a capofitto** de ponta-cabeça, de cabeça para baixo.

ca.po.gi.ro [kapodʒ'iro] *sm* tontura, vertigem.

ca.po.la.vo.ro [kapolav'oro] *sm* obra-prima.

ca.po.li.ne.a [kapol'inea] *sm* ponto final (de ônibus).

ca.po.luo.go [kapol'wɔgo] *sm* capital de região italiana.

ca.po.ma.e.stro [kapoma'ɛstro] *sm* mestre de obras.

ca.po.nag.gi.ne [kapon'addʒine] *sf* teimosia, obstinação.

ca.po.ne [kap'one] *sm* teimoso, cabeçudo, obstinado.

ca.po.pa.gi.na [kapop'adʒina] *sm* cabeçalho.

ca.po.ra.le [kapor'ale] *sm Mil* cabo.

ca.po.sal.do [kapos'aldo] *sm* **1** fundamento, base. **2** fortificação, fortaleza.

ca.po.sca.la [kaposk'ala] *sm* patamar.

ca.po.se.zio.ne [kaposets'jone] *sm* chefe de seção.

ca.po.squa.dra [kaposk'wadra] *sm Mil* comandante.

ca.po.sti.pi.te [kapostip'ite] *sm* **1** antepassado, ancestral, avô. **2** *fig* autor, criador, pai, fundador, iniciador. **3** pensador, teórico.

ca.po.ver.so [kapov'ɛrso] *sm* parágrafo, início de linha ou verso.

ca.po.vol.ge.re [kapov'ɔldʒere] *vt* **1** inverter, pôr de cabeça para baixo. **2** *fig* modificar.

cap.pa [k'appa] *sf* **1** cá, o nome da letra K. **2** capa. **3** manto. **4** capote. **cappa e spada** *Lett, Cin* capa e espada, romance de aventuras.

cap.pel.la [kapp´ɛlla] *sf dim* **1** capela, igrejinha. **2** capela, parte de templo com altar próprio. **3** *fig* erro, engano, passo em falso. **4** *pop* burrada.
cap.pel.la.io [kappell´ajo] *sm* chapeleiro.
cap.pel.la.no [kappell´ano] *sm* capelão.
cap.pel.le.ri.a [kappeller´ia] *sf* chapelaria.
cap.pel.lie.ra [kappell´jɛra] *sf* chapeleira, caixa para guardar chapéus.
cap.pel.lo [kapp´ɛllo] *sm* **1** chapéu. **2** *fig* introdução, apresentação, título (de textos). **cappello duro/cappello a cilindro** cartola.
cap.pio [k´appjo] *sm* **1** laço, laçada. **2** *fig* ligação, vínculo.
cap.pot.ta [kapp´ɔtta] *sf* capote, casaco feminino.
cap.pot.to [kapp´ɔtto] *sm* **1** capote, sobretudo. **2** guarda-pó.
cap.puc.ci.no [kapputtʃ´ino] *sm* **1** café com leite. **2** *Rel* capuchinho, frade franciscano.
cap.puc.cio [kapp´uttʃo] *sm* capuz.
ca.pra [k´apra] *sf Zool* cabra.
ca.pret.to [kapr´etto] *sm* cabrito.
ca.pric.cio [kapr´ittʃo] *sm* **1** capricho, birra, manha. **2** extravagância, fantasia, vontade.
Ca.pri.cor.no [kaprik´ɔrno] *sm Astron, Astrol* Capricórnio.
ca.pri.no [kapr´ino] *agg* caprino, de cabra.
ca.pri.o.la [kapri´ɔla] *sf* **1** cambalhota, salto. **2** *Zool* corça, fêmea do veado.
ca.pri.o.lo [kapri´ɔlo] *sm Zool* veado.
ca.pro [k´apro] *sm Zool* bode.
ca.psu.la [k´apsula] *sf* **1** estojo. **2** cápsula, módulo de astronave. **3** *Med* cápsula, comprimido, pílula.
ca.pta.re [kapt´are] *vt* **1** captar. *captare le onde elettromagnetiche* / captar as ondas eletromagnéticas. **2** capturar, prender.
cap.zio.so [kapts´jozo] *agg* capcioso, enganador.
ca.ra.bi.na [karab´ina] *sf* carabina.
ca.ra.bi.nie.re [karabin´jɛre] *sm* **1** policial. **2** *fig* militar. **3** guardião. **4** intrometido, abelhudo.
ca.raf.fa [kar´affa] *sf* jarro, moringa.
ca.ra.mel.la [karam´ɛlla] *sf* **1** bala. **2** confeito, docinho. **3** monóculo.
ca.ra.mel.la.re [karamell´are] *vt* caramelar.
ca.ra.mel.la.to [karamell´ato] *sm* caramelo, bombom.
ca.ra.tè [karat´ɛ] *sm Sp* caratê.
ca.ra.to [kar´ato] *sm* quilate.
ca.rat.te.re [kar´attere] *sm* **1** caráter. **2** letra. **3** característica. **4** *fig* índole.
ca.rat.te.ri.sta [karatter´ista] *s* cômico.
ca.rat.te.ri.sti.ca [karatter´istika] *sf* característica.
ca.rat.te.riz.za.re [karatteriddz´are] *vt* **1** caracterizar, qualificar. **2** declarar solenemente.
ca.ra.vel.la [karav´ɛlla] *sf* caravela.
car.bo.ne [karb´one] *sm* carvão.
car.bo.nio [karb´ɔnjo] *sm Chim* carbono.
car.bo.niz.za.re [karboniddz´are] *vt* carbonizar, queimar, incinerar.
car.bu.ra.to.re [karburat´ore] *sm Autom* carburador.
car.ca.me [kark´ame] *sm* ossada, esqueleto.
car.cas.sa [kark´assa] *sf* **1** carcaça. **2** *fig* resto.
car.ce.ra.to [kartʃer´ato] *sm+agg* preso, prisioneiro, recluso, encarcerado.
car.ce.ra.zio.ne [kartʃerats´jone] *sf* prisão, detenção, reclusão, aprisionamento.
car.ce.re [k´artʃere] *sm* cárcere, cadeia, penitenciária, casa de detenção.
car.ce.rie.re [kartʃer´jɛre] *sm* carcereiro, guarda carcerário.
car.cio.fo [kartʃ´ɔfo] *sm* alcachofra.
car.del.li.no [kardell´ino] *sm Zool* pintassilgo.
car.di.a.co [kard´iako] *sm+agg* cardíaco.
car.di.na.le [kardin´ale] *sm* **1** *Rel* cardeal. **2** *Zool* cardeal, espécie de pássaro. • *agg* cardinal, principal. **punti cardinali** pontos cardeais.
car.dio.lo.go [kard´jɔlogo] *sm* cardiologista.
car.do [k´ardo] *sm Bot* cardo.
ca.re.na [kar´ɛna] *sf Naut* quilha, querena.
ca.ren.te [kar´ɛnte] *agg* **1** carente, necessitado. **2** *fig* incompleto, insuficiente.
ca.re.sti.a [karest´ia] *sf* **1** carestia. **2** *fig* pobreza, penúria, necessidade financeira.

ca.rez.za [kar´ettsa] *sf* **1** carícia, carinho, afago. **2** agrado, mimo. **3** *iron* surra.

ca.rez.ze.vo.le [karetts´evole] *agg* **1** carinhoso. **2** *fig* afetuoso, amável, terno. **3** cativante, sedutor.

ca.ria.re [kar´jare] *vt+vpr* cariar.

ca.ri.ca [k´arika] *sf* **1** cargo, função. **2** *Mil* carga, ataque.

ca.ri.ca.re [karik´are] *vt* **1** carregar: a) colocar carga em. *caricare la macchina di pacchi* / carregar o carro de pacotes. *caricare una batteria, un fucile* / carregar uma bateria, um fuzil. b) *Inform* copiar para a memória. *caricare un programma* / carregar um programa. **2** exagerar. **3** *fig* sobrecarregar. *caricare uno di lavoro* / sobrecarregar alguém de trabalho.

Caricare em italiano nunca é usado no sentido de levar ou transportar. Neste caso, usa-se **portare**: *lei portò i libri della figlia alla scuola* / ela carregou os livros da filha para a escola.

ca.ri.ca.tu.ra [karikat´ura] *sf* **1** caricatura. **2** *fig* exagero, ressalto.

ca.ri.co [k´ariko] *sm* **1** carga, carregamento. **2** *fig* encargo, ônus, peso. • *agg* **1** carregado. **2** cheio. **3** pesado. **è a mio carico** *pop* fica por minha conta.

ca.rie [k´arje] *sf Med* cárie.

ca.ri.no [kar´ino] *agg* **1** gracioso, bonitinho, atraente. **2** gentil, cortês, amável.

ca.ri.tà [karit´a] *sf* **1** caridade, piedade, compaixão. **2** esmola, ajuda. **3** *fig* generosidade. **per carità!** pelo amor de Deus! por favor!

ca.ri.ta.te.vo.le [karitat´evole] *agg* caridoso, piedoso, generoso, misericordioso.

car.lin.ga [karl´inga] *sf* **1** *Aer* carlinga, cabina. **2** *Naut* carlinga.

car.mi.nio [karm´injo] *sm* carmim.

car.na.le [karn´ale] *agg* **1** carnal, sensual, luxurioso, lascivo. **2** baixo, bestial.

car.na.me [karn´ame] *sm* carniça.

car.ne [k´arne] *sf* carne. **carne macinata** carne moída. **in carne e ossa** em carne e osso.

car.ne.fi.ce [karn´efitʃe] *sm* carrasco, algoz.

car.ne.fi.ci.na [karnefitʃ´ina] *sf* carnificina, massacre, matança, extermínio.

car.ne.va.la.ta [karneval´ata] *sf* brincadeira, palhaçada.

car.ne.va.le [karnev´ale] *sm* Carnaval.

car.ne.va.le.sco [karneval´esko] *agg* carnavalesco.

car.ni.vo.ro [karn´ivoro] *agg* carnívoro.

car.no.so [karn´ozo] *agg* **1** carnudo. **2** *fig* musculoso, maciço, torneado.

ca.ro [k´aro] *agg* **1** caro, querido, amado. **2** amável, terno, gentil, afável. **3** caro, dispendioso.

ca.ro.gna [kar´oña] *sf* carcaça, ossada.

ca.ro.sel.lo [karoz´ɛllo] *sm* **1** carrossel. **2** *fig* vaivém. **3** turbilhão.

ca.ro.ta [kar´ɔta] *sf* **1** cenoura. **2** *fig* mentira.

ca.ro.ti.de [kar´ɔtide] *sf Anat* carótida.

ca.ro.va.na [karov´ana] *sf* **1** caravana. **2** *Mil, Naut* comboio. **3** *fig* comitiva.

car.pen.tie.re [karpent´jɛre] *sm* carpinteiro.

car.pio [k´arpjo] *sm Zool* carpa.

car.pi.re [karp´ire] *vt* tirar, extorquir, surrupiar, tomar, apossar-se de. *carpire informazioni confidenziali a qualcuno* / tirar informações confidenciais de alguém.

car.po.ni [karp´oni] *avv* de gatinhas, engatinhando. **andare carponi** engatinhar, andar de gatinhas.

car.ret.ta [kar̄´etta] *sf* carroça (de duas rodas).

car.ret.ta.ta [kar̄ett´ata] *sf* **1** amontoado, multidão, enormidade. **2** *pop* monte, montão.

car.ret.to [kar̄´etto] *sm* carrinho de mão.

car.rie.ra [kar̄´jɛra] *sf* **1** carreira. **2** corrida. **3** profissão. **4** *fig* progresso, sucesso.

car.ro [k´ar̄o] *sm* **1** carruagem, carro (não motorizado). **2** vagão de trem. Veja nota em **carro** (português).

car.roz.za [kar̄´ɔttsa] *sf* **1** carruagem. **2** vagão de trem.

car.roz.ze.ri.a [kar̄ottser´ia] *sf Autom* carroceria.

car.ru.co.la [kar̄´ukola] *sf Mecc* roldana, polia.

car.ta [k´arta] *sf* **1** papel. **2** atestado, certificado. **3** documento pessoal. **4** planta, mapa. **carta assorbente** papel mata-borrão. **carta da lettere** papel de carta. **carta da parato** papel de parede. **carta d'identità** carteira de identidade. **carta geografica** mapa. **carta igienica** papel higiênico. **carta intestata** papel timbrado. **carta moneta** papel-moeda. **carta moschicida** papel pega-mosca. **dare carta bianca** *fig* dar total liberdade. **giocare a carte scoperte/mettere le carte in tavola** *pop* abrir o jogo. **giocare l'ultima carta** fazer uma última tentativa. **mandare uno a carte quarantotto** mandar alguém para o inferno. Veja nota em **biglietto**.

car.ta.car.bo.ne [kartakarb'one] *sf* papel-carbono.

car.ta.pe.co.ra [kartap'ɛkora] *sf* pergaminho.

car.ta.ve.tra.ta [kartavetr'ata] *sf* lixa.

car.teg.gio [kart'eddʒo] *sm* **1** dossiê, conjunto de documentos. **2** correspondência.

car.tel.la [kart'ɛlla] *sf* **1** cartela, bilhete de jogo. **2** estojo, pasta. **3** *Comm* título, bônus. Veja nota em **biglietto**.

car.tel.li.no [kartell'ino] *sm* **1** etiqueta, ficha. **2** talão, recibo.

car.tel.lo [kart'ɛllo] *sm* **1** cartaz, aviso. **2** sinal. **3** tabela. **cartello indicatore** placa ou sinal de trânsito.

car.ti.la.gi.ne [kartil'adʒine] *sf* cartilagem.

car.ti.la.gi.no.so [kartiladʒin'ozo] *agg* cartilaginoso.

car.toc.cio [kart'ɔttʃo] *sm* **1** cartucho, carga (de arma). **2** pacote, embrulho.

car.to.le.ri.a [kartoler'ia] *sf* papelaria.

car.to.li.na [kartol'ina] *sf* cartão. **cartolina illustrata/cartolina postale** cartão-postal.

car.to.man.te [kartom'ante] *sf* cartomante.

car.to.ne [kart'one] *sm* papelão, cartão. **cartone animato** desenho animado.

ca.sa [k'aza] *sf* **1** casa, habitação. **2** *fig* lar, teto. **3** pátria, terra. **4** família, dinastia. **a casa mia** a) em minha casa. b) *fig* em minha opinião. **casa di commercio/casa commerciale** empresa, firma. **casa di pena** penitenciária, casa de detenção. **casa di piacere** prostíbulo. **casa di rieducazione** reformatório. **casa di riposo** casa de repouso. **casa editrice** editora. **di casa** *pop* de casa, íntimo. **ehi di casa!** ó de casa!

ca.sac.ca [kaz'akka] *sf* casaco, jaquetão.

ca.sa.lin.go [kazal'ingo] *agg* **1** caseiro, doméstico. **2** *fig* tranquilo. • *sm pl* **casalinghi** artigos domésticos.

ca.sa.ta [kaz'ata] *sf* **1** família. **2** descendência, estirpe, clã.

ca.sa.to [kaz'ato] *sm* **1** sobrenome. **2** família, descendência.

ca.sca.re [kask'are] *vi* cair, desabar, ruir.

ca.sca.ta [kask'ata] *sf* cascata, cachoeira, catarata.

ca.sco [k'asko] *sm Mil* capacete.

ca.sel.la [kaz'ɛlla] *sf* **1** divisão, compartimento. **2** quadriculado. **casella postale** caixa postal.

ca.sel.la.rio [kazell'arjo] *sm* arquivo, fichário.

ca.ser.ma [kaz'ɛrma] *sf Mil* caserna, alojamento.

ca.sie.re [kaz'jɛre] *sm* caseiro.

ca.si.nò [kazin'ɔ] *sm* cassino, casa de jogo.

ca.si.no [kaz'ino] *sm* **1** casa de campo. **2** *ger* bagunça, confusão, desordem.

ca.si.po.la [kaz'ipola] *sf* casebre, casinha.

ca.so [k'azo] *sm* **1** acaso, destino. **2** incidente, fatalidade. **3** caso, acontecimento, episódio.

ca.so.la.re [kazol'are] *sm* casebre, casa velha.

ca.sot.to [kaz'ɔtto] *sm* **1** banca, quiosque, barraca. **2** *Mil* guarita. **3** *fig* confusão, desordem.

ca.spi.ta [k'aspita] *int* caramba! puxa!

cas.sa [k'assa] *sf* caixa, bilheteria, guichê. **cassa di risparmio** caixa econômica.

cas.sa.for.te [kassaf'ɔrte] *sf* caixa-forte, cofre.

cas.sa.pan.ca [kassap'anka] *sf* banco, assento.

cas.sa.re [kass'are] *vt* **1** riscar, rasurar, apagar. *cassare un nome da un elenco* / apagar um nome de uma lista. **2** *Giur* cassar, anular. *cassare una sentenza* / cassar uma sentença. **3** (anche *fig*) eliminar, abolir.

cas.sa.ta [kass'ata] *sf cassata*, sorvete.

cas.sa.zio.ne [kassats'jone] *sf Giur* cassação, anulação.
cas.se.ruo.la [kasser'wɔla] *sf* caçarola. *Var: cazzeruola.*
cas.set.ta [kass'etta] *sf* caixinha. **cassetta delle lettere** caixa do correio. **cassetta di sicurezza** cofre de aluguel (em banco).
cas.set.to [kass'etto] *sm* gaveta. **cassetto del cruscotto** *Autom* porta-luvas.
cas.set.to.ne [kassett'one] *sm* cômoda, gaveteiro.
cas.sie.re [kass'jɛre] *sm* caixa, tesoureiro.
cas.si.no [kass'ino] *sm* **1** carrocinha de cachorro. **2** caminhão de lixo.
ca.sta [k'asta] *sf* casta, classe social.
ca.sta.gna [kast'aña] *sf* castanha.
ca.sta.gno [kast'año] *sm* castanheiro.
ca.stel.lo [kast'ɛllo] *sm* **1** castelo, palácio. **2** estrado, armação. **fare castelli in aria** fazer castelos no ar, fantasiar.
ca.sti.ga.re [kastig'are] *vt* castigar, punir.
ca.sti.go [kast'igo] *sm* **1** castigo, punição, pena. **2** *fig* sofrimento, cruz.
ca.sto [k'asto] *agg* **1** casto, virgem. **2** inocente, puro. **3** virtuoso.
ca.sto.ro [kast'oro] *sm Zool* castor.
ca.stra.re [kastr'are] *vt* **1** castrar. **2** *fig* frustrar, impedir, destruir.
ca.su.a.le [kazu'ale] *agg* casual, acidental, ocasional.
ca.sua.li.tà [kazwalit'a] *sf* casualidade, acaso.
ca.ta.com.ba [katak'omba] *sf* catacumba.
ca.ta.les.si [katal'ɛssi] *sf* **1** *Med* catalepsia. **2** *fig* apatia, desânimo.
ca.ta.liz.za.re [kataliddz'are] *vt* **1** catalisar. **2** *fig* acelerar, incentivar, intensificar.
ca.ta.lo.ga.re [katalog'are] *vt* **1** catalogar, classificar. **2** arquivar, registrar.
ca.ta.lo.go [kat'alogo] *sm* **1** catálogo, lista. **2** *Comm* cotação, lista de preços.
ca.ta.pec.chia [katap'ekkja] *sf* **1** casebre. **2** lugar miserável.
ca.ta.pla.sma [katapl'azma] *sm* cataplasma, emplastro.
ca.ta.pul.ta [katap'ulta] *sf Mil* catapulta.
ca.tar.ro [kat'aro] *sm Med* catarro.
ca.ta.sta [kat'asta] *sf* amontoado, ajuntamento, acúmulo.
ca.ta.sta.le [katast'ale] *agg* cadastral.
ca.ta.sto [kat'asto] *sm* cadastro.
ca.ta.stro.fe [kat'astrofe] *sf* catástrofe, desastre, desgraça.
ca.te.che.si [katek'ɛzi] *sf* catequese.
ca.te.chiz.za.re [katekiddz'are] *vt* **1** catequizar, converter. **2** *fig* doutrinar, instruir.
ca.te.go.ri.a [kategor'ia] *sf* categoria, classe, tipo.
ca.te.go.ri.co [kateg'ɔriko] *agg* **1** categórico, absoluto. **2** imperativo, inevitável. **3** resoluto.
ca.te.na [kat'ena] *sf* **1** corrente. **2** grilhão. **3** *fig* cadeia, sucessão, série, sequência. *una catena di negozi* / uma cadeia de lojas. *reazione a catena* / reação em cadeia. **4** ligação, encadeamento. **5** *fig* escravidão. *liberarsi dalla catena* / libertar-se da escravidão. **catena di montagne** cadeia de montanhas, cordilheira.

A palavra **catena** em italiano não é usada no sentido de cadeia ou prisão.

ca.te.rat.ta [kater'atta] *sf* **1** catarata, queda-d'água. **2** *Med* catarata.
ca.ter.va [kat'ɛrva] *sf* **1** amontoado, multidão. **2** *pop* monte, montão.
ca.te.te.re [kat'ɛtere] *sm Med* cateter.
ca.te.to [kat'eto] *sm Geom* cateto.
ca.tra.me [katr'ame] *sm* alcatrão.
cat.te.dra [k'attedra] *sf* cátedra.
cat.te.dra.le [kattedr'ale] *sf* catedral.
cat.te.dra.ti.co [kattedr'atiko] *agg* **1** catedrático. **2** *fig* convencido, presunçoso.
cat.ti.var.si [kattiv'arsi] *vpr* cativar, atrair, conquistar, ganhar. *cattivarsi la fiducia e l'amicizia di qualcuno* / conquistar a confiança e a amizade de alguém.
cat.ti.ve.ri.a [kattiv'ɛrja] *sf* **1** maldade, ruindade. **2** *fig* baixeza, mesquinhez. **3** *ger* baixaria.
cat.ti.vi.tà [kattivit'a] *sf* cativeiro, servidão.
cat.ti.vo [katt'ivo] *agg* **1** mau, ruim. **2** malvado. **3** pesado (ar). **4** desobediente (criança). **5** mesquinho, vil. **cattiva parola** ofensa, desaforo.
cat.to.li.ci.smo [kattolitʃ'izmo] *sm* catolicismo.
cat.to.li.co [katt'ɔliko] *sm+agg* católico.

cat.tu.ra [katt´ura] *sf* captura, prisão, aprisionamento.
cat.tu.ra.re [kattur´are] *vt* **1** capturar, prender, aprisionar. **2** *fig* pegar em flagrante.
cauc.ciù [kawttʃ´u] *sm* **1** caucho. **2** borracha.
cau.le [k´awle] *sm Bot* caule.
cau.sa [k´awza] *sf* **1** causa. **2** origem, motivo. **3** *Giur* causa, acusação, processo. **a causa di / a causa che** por causa de. **parlare con cognizione di causa** falar com conhecimento de causa.
cau.sa.re [kawz´are] *vt* **1** causar, motivar. **2** originar.
cau.sti.co [k´awstiko] *agg* **1** cáustico, corrosivo. **2** *fig* irônico, sarcástico, mordaz.
cau.te.la [kawt´ɛla] *sf* cautela, cuidado, prudência, precaução.
cau.te.riz.za.re [kawteriddz´are] *vt Med* cauterizar.
cau.to [k´awto] *agg* **1** cuidadoso, atento, prudente, cauto. **2** *fig* cético, desconfiado.
cau.zio.ne [kawts´jone] *sf* **1** cautela, prudência, segurança. **2** *Giur* caução.
ca.va [k´ava] *sf* **1** mina. **2** cova, buraco, fossa.
ca.va.den.ti [kavad´ɛnti] *sm disp* dentista.
ca.val.ca.re [kavalk´are] *vt+vi* cavalgar, andar a cavalo, montar.
ca.val.ca.ta [kavalk´ata] *sf* cavalgada.
ca.val.cio.ni [kavaltʃ´oni] *avv* usado na expressão **a cavalcioni** a cavalo.
ca.va.lie.re [kaval´jɛre] *sm* cavaleiro.
ca.val.la [kav´alla] *sf* égua.
ca.val.leg.gie.re [kavalledʒ´ere] *sm Mil* soldado de cavalaria.
ca.val.le.re.sco [kavaller´esko] *agg* **1** cavalheiresco, galante, cortês. **2** elevado, nobre, senhoril.
ca.val.le.ri.a [kavaller´ia] *sf* **1** cavalaria. **2** cavalheirismo.
ca.val.le.riz.za [kavaller´ittsa] *sf* cavalariça, estrebaria, cocheira.
ca.val.le.riz.zo [kavaller´ittso] *sm* cavalariço.
ca.val.let.ta [kavall´etta] *sf* gafanhoto.
ca.val.let.to [kavall´etto] *sm* **1** cavalete. **2** *Sp* cavalo (para ginástica).
ca.val.li.no [kavall´ino] *sm* cavalinho, potro. • *agg* cavalar, de cavalo.
ca.val.lo [kav´allo] *sm* cavalo. **a cavallo donato non si guarda in bocca** a cavalo dado não se olham os dentes. **cavallo da corsa** cavalo de corrida. **cavallo vapore/ cavallo dinamico** cavalo-vapor, cavalo de força.
ca.val.lo.ne [kavall´one] *sm* vagalhão.
ca.va.re [kav´are] *vt* **1** cavar, escavar. **2** tirar, extrair. *cavare un dente* / extrair um dente. **cavarsela** *pop* virar-se, arranjar-se. *se la cava bene da solo* / ele se vira bem sozinho.
ca.va.tap.pi [kavat´appi] *sm* saca-rolhas.
ca.ver.na [kav´ɛrna] *sf* caverna, gruta.
ca.ver.no.so [kavern´ozo] *agg* **1** cavernoso. **2** profundo. **voce cavernosa** voz cavernosa.
ca.via.le [kav´jale] *sm* caviar.
ca.vi.glia [kav´iʎa] *sf* **1** cavilha. **2** *Anat* tornozelo.
ca.vi.tà [kavit´a] *sf* cavidade, buraco.
ca.vo [k´avo] *sm* **1** cavidade, buraco. **2** molde oco. **3** cabo, corda. • *agg* **1** oco, vazio, cavo. **2** côncavo.
ca.vol.fio.re [kavolf´jore] *sm* couve-flor.
ca.vo.lo [k´avolo] *sm* repolho, couve. **andare a ingrassare i cavoli** *volg* bater as botas, morrer. **non me ne importa un cavolo** não me importo nem um pouco com isso.
caz.za.ta [katts´ata] *sf volg* cagada, burrada.
caz.ze.ruo.la [kattser´wɔla] *sf V* casseruola.
caz.zo [k´attso] *sm volg* pinto, pênis.
caz.zot.to [katts´ɔtto] *sm* murro, soco.
caz.zuo.la [katts´wɔla] *sf* colher de pedreiro.
CD [tʃ´i d´i] *sm* CD, disco compacto. **lettore di CD** aparelho de CD.
ce [tʃ´e] *pron* nos, a nós, para nós. • *avv* aqui, ali etc.

A forma **ce** é usada quando precede imediatamente os pronomes **lo, la, li, le, ne**. *Maria ci diede un regalo* / Maria nos deu um presente. Mas: *Maria ce lo diede* / Maria o deu para nós. E como advérbio: *ce lo trovai* / achei-o ali.

ce.ce [tʃ´etʃe] *sm* grão-de-bico.
ce.ci.tà [tʃetʃit´a] *sf* **1** cegueira. **2** *fig* limitação, burrice.
ce.de.re [tʃ´ɛdere] *vt* **1** ceder, conceder. *cedere il posto* / ceder o lugar. *vi* **2** ceder, desabar, romper-se, quebrar-se. **3** ceder, desistir, entregar-se, conformar-se. *anche se fosse stanco, non voleva cedere* / ainda que estivesse cansado, não queria desistir.
ce.de.vo.le [tʃed´evole] *agg* **1** maleável, flexível. **2** mole, tenro.
ce.de.vo.lez.za [tʃedevol´ettsa] *sf* **1** maleabilidade, flexibilidade. **2** moleza. **3** condescendência.
ce.di.men.to [tʃedim´ento] *sm* **1** desabamento, rompimento. **2** renúncia, desistência.
ce.do.la [tʃ´ɛdola] *sf* cédula, cupom.
ce.dro [tʃ´edro] *sm Bot* **1** cedro. **2** cidreira, cidra.
ce.dro.nel.la [tʃedron´ɛlla] *sf Bot* erva-cidreira.
cef.fo [tʃ´ɛffo] *sm* **1** focinho. **2** *iron* rosto, cara.
cef.fo.ne [tʃeff´one] *sm* bofetada, bofetão, tapa.
ce.la.re [tʃel´are] *vt* **1** esconder, ocultar. **2** encobrir.
ce.la.ta [tʃel´ata] *sf Mil* capacete, elmo.
ce.le.bra.re [tʃelebr´are] *vt* **1** elogiar, glorificar, exaltar. *celebrare una persona* / elogiar uma pessoa. **2** *Rel* celebrar (a missa). **3** *fig* celebrar, comemorar, recordar, festejar. *celebrare l'Independenza* / celebrar a Independência.
ce.le.bre [tʃ´ɛlebre] *agg* célebre, famoso, renomado, ilustre, conhecido.
ce.le.bri.tà [tʃelebrit´a] *sf* **1** celebridade, fama, glória, renome. **2** *fig* astro, estrela. *una celebrità del cinema* / uma celebridade do cinema.
ce.le.re [tʃ´ɛlere] *agg* rápido, veloz, célere.
ce.le.ste [tʃel´ɛste] *sm* azul-celeste, cor do céu. • *agg* **1** celeste, divino. **2** *fig* angélico, suave.
ce.le.stia.le [tʃelest´jale] *agg* celestial, divino, sublime, paradisíaco.
ce.lia [tʃ´ɛlja] *sf* **1** brincadeira, divertimento. **2** graça, gracejo. **3** zombaria.
ce.lia.re [tʃel´jare] *vi* brincar, gracejar.
ce.li.ba.ta.rio [tʃelibat´arjo] *sm+agg* **1** celibatário. **2** *pop* solteirão.
ce.li.ba.to [tʃelib´ato] *sm* celibato.
ce.li.be [tʃ´ɛlibe] *sm+agg* **1** solteiro. **2** *fig* livre.
cel.la [tʃ´ɛlla] *sf* **1** cela, quarto onde dormem os religiosos. **2** adega.
cel.lu.la [tʃ´ɛllula] *sf* **1** *Biol* célula. **2** *fig* núcleo, germe.
cel.lu.la.re [tʃellul´are] *agg* celular.
cel.lu.loi.de [tʃellul´ɔjde] *sm* celuloide.
cel.lu.lo.sa [tʃellul´ɔza] *sf* celulose.
cem.ba.lo [tʃ´embalo] *sm Mus* cravo.
ce.men.ta.re [tʃement´are] *vt* **1** cimentar. **2** *fig* consolidar, reforçar, fortalecer, firmar.
ce.men.to [tʃem´ento] *sm* cimento, argamassa. **cemento armato** cimento armado.
ce.na [tʃ´ena] *sf* **1** ceia. **2** jantar.
ce.na.re [tʃen´are] *vt+vi* **1** cear. **2** jantar.
cen.cio [tʃ´entʃo] *sm* **1** trapo, farrapo. **2** (anche *fig*) pedaço, retalho.
cen.cio.so [tʃentʃ´ozo] *agg* **1** esfarrapado, maltrapilho. **2** rasgado, gasto, roto (tecido).
ce.ne.re [tʃ´enere] *sf* (mais usado no plural **ceneri**) cinza. **dì delle ceneri/le ceneri** quarta-feira de cinzas.

Esta palavra não tem o sentido de cor cinza.

ce.ne.ri.no [tʃener´ino] *agg* cinzento, cinza, acinzentado.
cen.no [tʃ´enno] *sm* **1** aceno, gesto. **2** sinal, aviso, indicação. **3** notícia.
cen.so [tʃ´ɛnso] *sm* **1** censo. **2** patrimônio, bens. **3** renda, rendimento.
cen.so.re [tʃens´ore] *sm* censor, recenseador.
cen.su.ra [tʃens´ura] *sf* censura, crítica, repreensão.
cen.su.ra.re [tʃensur´are] *vt* **1** censurar. **2** proibir, vetar. **3** repreender, criticar, reprovar.
cen.tel.li.na.re [tʃentellin´are] *vt* saborear, bebericar.
cen.te.na.rio [tʃenten´arjo] *agg* **1** centenário. **2** *fig* antiquíssimo, secular.
cen.te.si.ma.le [tʃentezim´ale] *agg* centesimal.

C

cen.te.si.mo [tʃent´ɛzimo] *sm+num* centésimo.
cen.ti.na.io [tʃentin´ajo] *sm* (*pl f* **centinaia**) centena. *centinaia di persone* / centenas de pessoas.
cen.to [tʃ´ɛnto] *sm* **1** cem. **2** centena, cento. • *num* cem.
cen.to.gam.be [tʃentog´ambe] *sm* centopeia.
cen.tra.le [tʃentr´ale] *agg* **1** central. **2** *fig* principal.
cen.tra.liz.za.re [tʃentraliddz´are] *vt* centralizar, centrar, concentrar.
cen.tri.fu.go [tʃentr´ifugo] *agg* centrífugo.
cen.tri.pe.to [tʃentr´ipeto] *agg* centrípeto.
cen.tro [tʃ´ɛntro] *sm* **1** centro. **2** *fig* coração, núcleo. **3** sumo, essência. **centro avanti** *Sp* centro-avante.
cen.tu.pli.ca.re [tʃentuplik´are] *vt* centuplicar, multiplicar por cem.
cen.tu.plo [tʃ´ɛntuplo] *sm+num* cêntuplo.
cen.tu.rio.ne [tʃentur´jone] *sm* centurião.
cep.pa [tʃ´eppa] *sf Bot* cepa.
cep.po [tʃ´eppo] *sm* **1** cepo, tora. **2** estirpe, origem de uma família.
ce.ra [tʃ´era] *sf* **1** cera. **2** vela. **3** *fig* aspecto do rosto, semblante. **cera da scarpe** graxa de sapatos.
ce.ra.lac.ca [tʃeral´akka] *sf* lacre de cera.
ce.ra.mi.ca [tʃer´amika] *sf* cerâmica.
cer.ca [tʃ´erka] *sf* **1** busca, procura. **2** investigação.
cer.ca.re [tʃerk´are] *vt* **1** procurar. *cercava un albergo per riposare* / procurava um hotel para descansar. **2** investigar, pesquisar. **cercare di** tentar. *il bambino cercò di cogliere la mela, ma era troppo basso* / o menino tentou pegar a maçã, mas era baixo demais. Veja notas em **allettare** e **procurare**.
cer.chia [tʃ´erkja] *sm* **1** muralha (de cidade). **2** *fig* grupo, roda, círculo.
cer.chio [tʃ´erkjo] *sf* **1** círculo, circunferência. **2** circuito. **3** anel.
ce.re.a.le [tʃere´ale] *sm* cereal.
ce.re.bra.le [tʃerebr´ale] *agg* **1** cerebral. **2** *fig* sofisticado. **3** complicado.
ce.re.bro [tʃ´ɛrebro] *sm Anat* cérebro.
ce.re.o [tʃ´ɛreo] *agg* **1** de cera. **2** *fig* branco, pálido, cadavérico, lívido.
ce.ri.mo.nia [tʃerim´ɔnja] *sf* **1** cerimônia, celebração, ritual. **2** formalidade, etiqueta, cerimonial, praxe. **3 cerimonie** *pl* cortesia exagerada, afetação.
ce.ri.mo.nie.re [tʃerimon´jɛre] *sm* mestre de cerimônias.
ce.ri.mo.nio.so [tʃerimon´jozo] *agg* cerimonioso.
ce.ri.no [tʃer´ino] *sm dim* **1** fósforo de cera. **2** pavio, mecha.
cer.nie.ra [tʃern´jɛra] *sf* **1** fecho. **2** dobradiça.
ce.ro [tʃ´ero] *sm* círio, vela grande de cera.
ce.ro.so [tʃer´ozo] *agg* de cera.
cer.ta.me [tʃert´ame] *sm* **1** concorrência, disputa. **2** luta, combate.
cer.tez.za [tʃert´ettsa] *sf* certeza, convicção, segurança.
cer.ti.fi.ca.re [tʃertifik´are] *vt* **1** certificar, autenticar, legalizar. *il notaio certifica i documenti* / o tabelião autentica os documentos. **2** afirmar, confirmar, assegurar. *certificare l'adesione all'accordo* / confirmar a adesão ao acordo. **3** atestar, testemunhar, provar, demonstrar. *il medico certificò la buona salute dell'impiegato* / o médico atestou a boa saúde do empregado.
cer.ti.fi.ca.to [tʃertifik´ato] *sm* certificado, atestado, declaração, documento.
cer.to [tʃ´ɛrto] *sm* o que é certo, certeza. • *agg* **1** certo, verdadeiro. **2** seguro, assegurado. • *avv* certamente, com certeza.
cer.tu.no [tʃert´uno] *pron* alguém, um tal.
ce.ru.me [tʃer´ume] *sm* **1** resto de cera. **2** cera dos ouvidos.
cer.va [tʃ´ɛrva] *sf* corça, fêmea do veado.
cer.vel.lag.gi.ne [tʃervell´addʒine] *sf* capricho, extravagância, excentricidade.
cer.vel.let.to [tʃervell´etto] *sm Anat* cerebelo.
cer.vel.lo [tʃerv´ɛllo] *sm* **1** cérebro. *fig* **2** inteligência, mente. **3** bom senso, juízo, razão, discernimento. **4** cérebro, pessoa inteligente.

Cervello possui dois plurais: um masculino, **i cervelli**, usado no sentido de "inteligência" ou "pessoas inteligentes";

e um feminino, **le cervella**, usado no sentido de "cérebro, órgão do corpo", e de "miolos de animais".

cer.vel.lo.ti.co [tʃervell'ɔtiko] *agg* extravagante, complicado, distorcido, sofisticado.

cer.vi.ce [tʃerv'itʃe] *sf* **1** nuca. **2** *fig* cabeça.

cer.vo [tʃ'ɛrvo] *sm* veado, cervo. **cervo volante** a) *Zool* besouro. b) *fig* papagaio, pipa.

ce.sa.re.o [tʃez'areo] *agg* cesariano.

ce.sel.la.re [tʃezell'are] *vt* **1** gravar, entalhar, cinzelar. **2** *fig* aprimorar, elaborar, polir.

ce.sel.lo [tʃez'ɛllo] *sm* cinzel.

ce.so.ie [tʃez'oje] *sf pl* tesoura.

ce.spi.te [tʃ'ɛspite] *sm* ganho, provento.

ce.spu.glio [tʃesp'uʎo] *sm* moita.

ces.sa.re [tʃess'are] *vi* cessar, acabar, parar, terminar.

ces.sa.zio.ne [tʃessats'jone] *sf* interrupção, fim. Veja nota em **fim**.

ces.sio.ne [tʃess'jone] *sf* cessão, transferência.

ces.so [tʃ'ɛsso] *sm* **1** *ger* latrina, privada. **2** *fig* porcaria, imundície.

ce.sta [tʃ'esta] *sf* cesta, cesto.

ce.sti.no [tʃest'ino] *sm dim* **1** cestinho, cesto para bebê. **2** lixeira para papéis.

ce.sto [tʃ'esto] *sm* cesto, cesta.

ce.ta.ce.o [tʃet'atʃeo] *s+agg Zool* cetáceo.

ce.to [tʃ'eto] *sm* **1** classe social, casta. **2** *Zool* baleia. **ceto medio** classe média.

ce.tri.o.lo [tʃetri'ɔlo] *sm* **1** *Bot* pepino. **2** *fig* bobo, tolo.

che[1] [k'e] *pron* **1** que, o qual, a qual, os quais, as quais. *la donna che è arrivata lavora qui* / a mulher que chegou trabalha aqui. **2** que, quanto, quanta. • *cong* que. *so che non leggerà la lettera* / sei que não lerá a carta. **che cosa?** o quê?

che[2] [k'ɛ] *int* quê! o quê! nunca! **che! non è possibile!** o quê! não é possível!

ché [k'e] *cong* porque, a fim de que.

chec.ches.si.a [kekkess'ia] *pron* o que quer que seja, qualquer coisa.

che.le [k'ɛle] *sm pl Zool* pinças, garras (de caranguejo, escorpião etc.).

che.pì [kep'i] *sm Mil* quepe.

che.ru.bi.no [kerub'ino] *sm Rel* querubim.

che.ta.re [ket'are] *vt* acalmar, apaziguar, sossegar, aquietar.

che.ti.chel.la [ketik'ɛlla] *sf* usado na expressão **alla chetichella** de mansinho, sorrateiramente.

che.to [k'eto] *agg* **1** quieto, silencioso. **2** calmo, tranquilo. **3** secreto.

chi [k'i] *pron* quem. **chi?** quem?

chiac.chie.ra [k'jakkjera] *sf pop* **1** conversa fiada, papo furado. **2** fofoca, mexerico.

chiac.chie.ra.re [kjakkjer'are] *vi pop* **1** conversar. **2** tagarelar. **3** fofocar, caluniar.

chiac.chie.ra.ta [kjakkjer'ata] *sf pop* **1** bate-papo, papo, papinho. **2** conversa fiada. Veja nota em **papo**.

chiac.chie.ri.o [kjakkjer'io] *sm pop* conversa fiada, papo furado, tagarelice.

chiac.chie.ro.ne [kjakkjer'one] *sm pop* **1** falador, tagarela. **2** fofoqueiro, mexeriqueiro.

chia.ma.re [kjam'are] *vt* **1** chamar, batizar, denominar. *come chiamerai il bambino?* / como você chamará o bebê? **2** chamar (alguém), convidar. *mandò chiamare gli amici in Italia* / mandou chamar os amigos na Itália. **3** despertar, acordar. **4** pedir ajuda. **5** designar, eleger. *vpr* **6** chamar-se. *mi chiamo Lucia* / eu me chamo Lúcia.

chia.ma.ta [kjam'ata] *sf* **1** chamada. **2** convocação.

chiap.pa [k'jappa] *sm pop* nádega.

chiap.pa.re [kjapp'are] *vt* **1** agarrar, pegar. **2** encontrar, achar.

chia.ra [k'jara] *sf* clara (do ovo).

chia.reg.gia.re [kjaredd3'are] *vt* clarear.

chia.rez.za [kjar'ettsa] *sf* **1** clareza. **2** precisão. **3** simplicidade. **4** *fig* honestidade, honradez, retidão.

chia.ri.re [kjar'ire] *vt* **1** clarear. **2** esclarecer, explicar. **3** verificar, apurar, averiguar.

chia.ro [k'jaro] *agg* **1** claro. **2** luminoso, brilhante. **3** limpo, límpido (céu). **4** transparente, cristalino, nítido. **5** distinto, evidente. **6** óbvio, patente. **7** ilustre, famoso.

chia.ro.re [kjar'ore] *sm* clarão, brilho intenso, resplandecência.

chia.ro.veg.gen.te [kjarovedd ʒ´ɛnte] *s+agg* clarividente, sensitivo, vidente, adivinho.
chias.sa.re [kjass´are] *vi* fazer barulho.
chias.so [k´jasso] *sm* ruído, barulheira, rumor, balbúrdia.
chias.so.so [kjass´ozo] *agg* **1** barulhento, ruidoso, tumultuado. **2** *fig* clamoroso, sensacional. **3** alegre, extrovertido. **4** vistoso, vivo (colorido).
chiat.ta [k´jatta] *sf Naut* chata, barcaça.
chiat.to [kj´atto] *agg* achatado, chato.
chia.ve [k´jave] *sf* **1** chave. **2** *fig* sistema, método, modo. **3** *Mus* clave (de instrumento).
chia.vi.ca [k´javika] *sf* esgoto, cloaca.
chia.vi.stel.lo [kjavist´ɛllo] *sm* ferrolho, tranca, tranqueta, barra.
chiaz.za [k´jattsa] *sf* mancha, nódoa, mácula.
chiaz.za.to [kjatts´ato] *agg* manchado, malhado.
chic.che.ra [k´ikkera] *sf* xícara.
chic.ches.si.a [kikkess´ia] *pron* quem quer que seja, qualquer pessoa.
chic.chi.ri.chì [kikkirik´i] *sm* canto do galo.
chic.co [k´ikko] *sm* grão, bago, grânulo. **chicchi di grandine** granizo, pedra de gelo.
chie.de.re [k´jɛdere] *vt* **1** perguntar, pedir. **2** implorar. **3** pedir esmolas.
chie.ri.co [kj´ɛriko] *sm* clérigo, religioso.
chie.sa [k´jɛza] *sf* **1** igreja. **2** templo, santuário. **3** *fig* religião, clero, eclesiásticos.
chie.sta [k´jɛsta] *sf* pedido, pergunta.
chie.sto [k´jɛsto] *part* pedido, perguntado.
chi.glia [k´iλa] *sf Naut* quilha.
chi.lo [k´ilo] *sm V chilogramma.*
chi.lo.gram.ma [kilogr´amma] *sm* quilograma, quilo. *Abbrev: chilo.*
chi.lo.me.tro [kil´ɔmetro] *sm* quilômetro.
chi.me.ra [kim´ɛra] *sf* **1** quimera. **2** *fig* ilusão, sonho. **3** fantasia, imaginação. **4** miragem, alucinação.
chi.me.ri.co [kim´ɛriko] *agg* **1** quimérico. **2** *fig* ilusório, onírico. **3** fantástico, imaginário, irreal.
chi.mi.ca [k´imika] *sf* química.
chi.mi.co [k´imiko] *sm+agg* químico.
chi.na [k´ina] *sf* descida, declive, inclinação.
chi.na.re [kin´are] *vt* **1** abaixar, curvar, inclinar, reclinar. *vpr* **2** abaixar-se, inclinar-se, curvar-se. *lui si chinava per salutare le visite* / ele se curvava para cumprimentar os visitantes.
chin.ca.glie.ri.a [kinkaλer´ia] *sf* quinquilharia, miudeza.
chi.no [k´ino] *sm* **1** inclinação, declive. **2** cumprimento, mesura. • *agg* inclinado, reclinado.
chioc.cia [k´jɔttʃa] *sf* galinha choca.
chioc.cia.re [kjottʃ´are] *vi* **1** cacarejar. **2** *fig* lamentar-se, reclamar.
chioc.cia.ta [kjottʃ´ata] *sf* ninhada.
chioc.cio.la [k´jɔttʃola] *sf* **1** caracol, caramujo. **2** porca (de parafuso). **scala a chiocciola** caracol, escada em caracol.
chioc.co.la.re [kjokkol´are] *vi* assobiar, cantar (voz de certos pássaros).
chio.do [k´jodo] *sm* **1** prego. **2** *fig* dor de cabeça.
chio.ma [k´jɔma] *sf* **1** cabeleira. **2** *Astron* cabeleira de cometa. **3** *Bot* copa, folhagem, fronde.
chio.sa [k´jɔza] *sf* nota, anotação, comentário.
chio.sco [k´jɔsko] *sm* banca, quiosque, barraquinha.
chio.stro [k´jɔstro] *sm* **1** claustro, clausura. **2** *fig* convento, mosteiro.
chi.ro.man.te [kirom´ante] *sf* quiromante.
chi.ro.man.zi.a [kiromants´ia] *sf* quiromancia.
chi.rur.gi.a [kirurdʒ´ia] *sf* cirurgia, operação.
chi.rur.go [kir´urgo] *sm* cirurgião.
chi.tar.ra [kit´ar̄a] *sf Mus* **1** violão, viola. **2** guitarra.
chi.tar.ri.sta [kitar̄´ista] *s* **1** guitarrista. **2** violonista.
chiu.den.da [kjud´ɛnda] *sf* **1** tapume. **2** divisória. **3** lugar fechado.
chiu.de.re [k´judere] *vt* **1** fechar, cerrar. *chiudere le scatole* / fechar as caixas. **2** cobrir, esconder. **3** extinguir, frear, estagnar. *chiudere il flusso del gas* / extinguir o fluxo do gás. **4** bloquear, impedir. *chiudere il passaggio* / bloquear a passagem. **5**

cercar, delimitar. *chiudere una zona, una regione* / delimitar uma zona, uma região. *vpr* **6** fechar-se. *sbattuta, si chiuse nella camera* / deprimida, fechou-se no quarto. **7** *fig* isolar-se.

chi.un.que [ki´unkwe] *pron* qualquer um, qualquer pessoa.

chiu.sa [k´juza] *sf* **1** dique, barragem, eclusa. **2** encerramento, fim, final, fechamento.

chiu.so [k´juzo] *agg* **1** fechado, cerrado. **2** *fig* reservado, privado. **3** proibido. **4** inacessível, introvertido.

chiu.su.ra [kjuz´ura] *sf* **1** fechamento. **2** *Rel* clausura (de mosteiro). **chiusura lampo** zíper.

choc [ʃ´ɔk] *sm fr V shock.*

ci [tʃ´i] *sm* cê, o nome da letra C. • *pron pl* **1** nos. **2** a nós. • *avv* aí, ali, lá, aqui, para cá, para lá etc.

Como pronome, **ci** representa tanto o objeto direto quanto o objeto indireto do verbo: *Maria ci vede* / Maria nos vê. *Maria ci scrisse una lettera* / Maria nos escreveu uma carta. Como advérbio, **ci** indica o lugar onde se está ou para onde se vai. *ci sono abitato dieci anni* / morei ali dez anos. *ci vado domani* / vou para lá amanhã.

cia.bat.ta [tʃab´atta] *sf* chinelo, pantufa.

cia.bat.ti.no [tʃabatt´ino] *sm* sapateiro.

cial.tro.ne [tʃaltr´one] *sm* **1** preguiçoso, indolente. **2** *fig* canalha, malandro, velhaco, tratante.

ciam.bel.la [tʃamb´ɛlla] *sf* rosca (o pão).

cian.cia [tʃ´antʃa] *sf* mentira, conversa fiada, boato.

cian.cia.re [tʃantʃ´are] *vi* tagarelar, dizer besteiras.

cia.o [tʃ´ao] *int* **1** oi! *ciao, come stai?* / oi, como está? **2** adeus! tchau! *ciao, vediamoci presto!* / tchau, nos vemos em breve!

Ciao é usado tanto na chegada quanto na despedida.

ciar.la [tʃ´arla] *sf* **1** conversa à toa. **2** mexerico, fofoca.

ciar.la.re [tʃarl´are] *vi* **1** papear, tagarelar. **2** fofocar.

ciar.la.ta.no [tʃarlat´ano] *sm* **1** charlatão. **2** embrulhão. **3** impostor, enganador.

ciar.lie.ro [tʃarl´jɛro] *sm* tagarela, falador.

cia.sche.du.no [tʃasked´uno] *pron V ciascuno.*

cia.scu.no [tʃask´uno] *pron* cada um, cada. *Var: ciascheduno*. Veja nota em **alcuno**.

ci.ba.re [tʃib´are] *vt* alimentar, nutrir.

ci.ba.ria [tʃib´arja] *sf* (mais usado no plural **cibarie**) alimentos, comida, provisões, víveres.

ci.bo [tʃ´ibo] *sm pop* **1** comida, alimento. **2** nutrição. **3** prato, iguaria.

ci.ca.la [tʃik´ala] *sf Zool* cigarra.

ci.ca.la.re [tʃikal´are] *vi fig* **1** tagarelar, falar muito. **2** fofocar.

ci.ca.tri.ce [tʃikatr´itʃe] *sf* cicatriz.

ci.ca.triz.za.re [tʃikatriddz´are] *vt* **1** cicatrizar, regenerar. *vpr* **2** cicatrizar-se, fechar-se, regenerar-se. **3** sarar.

cic.ca [tʃ´ikka] *sf* **1** *fam* ponta de cigarro. **2** *fig* ninharia.

cic.chet.to [tʃikk´etto] *sm* **1** cálice, copinho para licor. **2** *ger* bronca, lavada.

cic.cia [tʃ´ittʃa] *sf* **1** *fam* carne. **2** *fig* gordura, banha.

cic.cio.lo [tʃ´ittʃolo] *sm* torresmo.

cic.cio.so [tʃittʃ´ozo] *agg* gorducho.

ci.ce.ro.ne [tʃitʃer´one] *sm* cicerone, guia.

ci.cli.co [tʃ´ikliko] *agg* cíclico, periódico.

ci.cli.smo [tʃikl´izmo] *sm* ciclismo.

ci.cli.sta [tʃikl´ista] *s+agg* ciclista.

ci.clo [tʃ´iklo] *sm* ciclo, período.

ci.clo.ne [tʃikl´one] *sm* ciclone, furacão, tufão.

ci.clo.pe [tʃ´iklope] *sm Mit* ciclope.

ci.co.gna [tʃik´oña] *sf Zool* cegonha.

ci.co.ria [tʃik´ɔrja] *sf* chicória.

cie.co [tʃ´ɛko] *sm* cego. • *agg* **1** cego. **2** *fig* transtornado, alucinado. **3** sem saída, fechado. *strada cieca* / rua sem saída. *cammino cieco* / caminho sem saída.

cie.lo [tʃ´ɛlo] *sm* **1** céu, firmamento. **2** *fig* paraíso. *buone anime vanno al cielo* / boas almas vão para o céu.

ci.fra [tʃ´ifra] *sf* **1** cifra, número. **2** *fig* iniciais, sigla, sinal. **3** código, escrita.

ci.fra.re [tʃifr´are] *vt* **1** cifrar. **2** codificar, escrever em código. **3** colocar as iniciais.

ci.glio [tʃ´iλo] *sm* **1** borda, margem, extremidade. **2** *Anat* cílio, pestana.

Ciglio possui dois plurais: um feminino, **le ciglia**, usado quando nos referimos aos "cílios", às "pestanas"; e um masculino, **i cigli**, usado quando nos referimos a "bordas", "margens", "extremidades": *i cigli della montagna* / as beiradas da montanha. Veja outra nota em **extremidade**.

ci.gno [tʃ'iño] *sm Zool* cisne.
ci.go.la.re [tʃigol'are] *vi* chiar, ranger.
ci.go.li.o [tʃigol'io] *sm* chiado, rangido.
ci.lie.gia [tʃil'jɛdʒa] *sf* cereja.
ci.lie.gio [tʃil'jɛdʒo] *sm* cerejeira.
ci.lin.dri.co [tʃil'indriko] *agg* cilíndrico.
ci.lin.dro [tʃil'indro] *sm* **1** cilindro. **2** cartola, tipo de chapéu. **3** *fig* rolo, tubo, carretel.
ci.ma [tʃ'ima] *sf* **1** cima, cume, parte superior, ápice, cúmulo. **2** extremidade, ponta. Veja nota em **extremidade**.
ci.ma.re [tʃim'are] *vt* podar, aparar.
cim.ba.lo [tʃ'imbalo] *sm Mus* **1** címbalo. **2 cimbali** *pl* pratos.
ci.men.ta.re [tʃiment'are] *vt* **1** arriscar, pôr em risco. *l'eroe cimenta la vita per la libertà* / o herói arrisca a vida pela liberdade. **2** testar, pôr à prova. *cimentare il valore di qualcosa* / pôr à prova o valor de algo. *vpr* **3** arriscar-se, aventurar-se, expor-se ao perigo. *cimentarsi in avventure* / arriscar-se em aventuras. **4** competir, medir-se com. *gli atleti volevano cimentarsi con i rivali brasiliani* / os atletas queriam competir com os rivais brasileiros.
ci.men.to [tʃim'ento] *sm* **1** perigo, risco. **2** provocação, desafio. **3** batalha, combate, duelo, luta. **4** *fig* exame, prova, teste.
ci.mi.ce [tʃ'imitʃe] *sm Zool* percevejo.
ci.mi.nie.ra [tʃimin'jɛra] *sf* chaminé.
ci.mi.te.ro [tʃimit'ɛro] *sm* **1** cemitério. **2** catacumba, necrópole.
cin.ci.glia [tʃintʃ'iʎa] *sf Zool* chinchila.
cin.ci.schia.re [tʃintʃisk'jare] *vt* **1** despedaçar, trinchar, cortar mal. *vi* **2** *fig* atrasar-se, retardar-se, perder tempo.
ci.ne.ma [tʃ'inema] *sm* cinema. **andare al cinema** ir ao cinema.
ci.ne.re.o [tʃin'ɛreo] *agg* **1** cinzento, cinza. **2** cadavérico, pálido, lívido.
ci.ne.se [tʃin'eze] *s+agg* chinês.
ci.ne.te.ca [tʃinet'ɛka] *sf* cinemateca.
cin.ge.re [tʃ'indʒere] *vt* cingir, rodear, cercar.
cin.ghia [tʃ'ingja] *sf* **1** cilha, cinta para selas. **2** cinto, cinta, faixa.
cin.ghia.le [tʃingjale] *sm Zool* javali.
cin.ghia.re [tʃing'jare] *vt* cilhar, encilhar, prender com cilha.
cin.guet.ta.re [tʃingwett'are] *vi* **1** cantar, gorjear. **2** *fig* tagarelar.
ci.ni.co [tʃ'iniko] *agg* **1** cínico, indiferente, insensível. **2** *pop* descarado, cara de pau.
ci.ni.smo [tʃin'izmo] *sm* **1** cinismo. **2** descaramento.
cin.quan.ta [tʃinkw'anta] *sm+num* cinquenta.
cin.quan.te.si.mo [tʃinkwant'ɛzimo] *sm+num* **1** quinquagésimo. **2** cinquenta avos. *Sin: quinquagesimo.*
cin.que [tʃ'inkwe] *sm+num* cinco.
cin.que.cen.to [tʃinkwetʃ'ɛnto] *sm+num* quinhentos. **il Cinquecento** o século XVI.
cin.qui.na [tʃink'wina] *sf* quina, cinco números em série.
cin.ta [tʃ'inta] *sf* **1** muralha, muro. **2** cinta, cinto, cinturão, faixa.
cin.ta.re [tʃint'are] *vt* **1** delimitar. **2** cercar, contornar, circundar.
cin.to [tʃ'into] *sm* cinto.
cin.to.la [tʃ'intola] *sf* **1** cinto. **2** *Anat* cintura.
cin.tu.ra [tʃint'ura] *sf* cintura, cinto, cinta. **cintura di salvataggio** *Naut* cinto salva-vidas. **cintura di sicurezza** *Autom* cinto de segurança.
cin.tu.ro.ne [tʃintur'one] *sm* cinturão.
ciò [tʃ'ɔ] *pron* isto, aquilo, o que, tudo o que.
cioc.ca [tʃ'ɔkka] *sf* **1** cacho. *ciocca di uve, dei capelli* / cacho de uvas, dos cabelos. **2** tufo (folhagem). **3** ramalhete. **4** madeixa.
cioc.co [tʃ'ɔkko] *sm* **1** lenha (para fogueira). **2** *fig* tolo, estúpido.
cioc.co.la.ta [tʃokkol'ata] *sf* chocolate. **tavoletta di cioccolata** barra de chocolate. *Sin: cioccolato.*

Cioccolata se refere tanto ao doce quanto à bebida; **cioccolato**, apenas ao doce.

cioc.co.la.ti.no [tʃokkolat´ino] *sm* bombom.

cioc.co.la.to [tʃokkol´ato] *sm V cioccolata.* Veja nota em **cioccolata**.

cio.è [tʃo´ɛ] *avv* isto é, ou seja, a saber. *il capo, cioè Giovanni, ha detto questo* / o chefe, ou seja, Giovanni, disse isto.

cion.do.la.re [tʃondol´are] *vt+vi* **1** bambolear, balançar. *ciondolava la testa, negando le accuse* / balançava a cabeça, negando as acusações. *vi* **2** pender. *la sigaretta ciondolava dalla sua bocca* / o cigarro pendia da sua boca.

cion.do.lo [tʃ´ondolo] *sm* **1** brinco. **2** pingente, penduricalho.

cion.do.lo.ni [tʃondol´oni] *avv* **1** balançando. *l'ubriacone venne con le braccia ciondoloni* / o bêbado veio com os braços balançando. **2** pendurado, dependurado. *i bambini si sedevano con le gambe ciondoloni* / as crianças se sentavam com as pernas dependuradas.

cio.to.la [tʃ´ɔtola] *sf* taça, xícara.

ciot.to.lo [tʃ´ɔttolo] *sm* pedra, pedregulho.

ci.pi.glio [tʃip´iʎo] *sm* carranca, cara feia.

ci.pol.la [tʃip´olla] *sf* **1** *Bot* cebola. **2** bulbo, raiz (de plantas ou cabelos). **3** *fig* cabeça.

ci.pres.so [tʃipr´ɛsso] *sm Bot* cipreste.

ci.pria [tʃ´iprja] *sf* pó de arroz.

cir.ca [tʃ´irka] *prep* **1** quase, por volta de. *ritornò dopo circa un mese* / voltou depois de quase um mês. **2** sobre, com relação a, a propósito de. *un discorso circa la società e la legge* / um discurso sobre a sociedade e a lei. • *avv* cerca, aproximadamente, mais ou menos, quase. *lo spazio di due ore circa* / o espaço de mais ou menos duas horas. *questa città è discosta da Roma quindici chilometri circa* / esta cidade fica distante de Roma quinze quilômetros aproximadamente. **circa a/circa di** cerca de. *bevve circa di un litro d'acqua* / bebeu cerca de um litro de água. *circa a tre ore* / cerca de três horas.

cir.cen.se [tʃirtʃ´ɛnse] *agg* circense, de circo.

cir.co [tʃ´irko] *sm* circo.

cir.co.la.re [tʃirkol´are] *vi* **1** circular. **2** *fig* transitar, passear, caminhar. • *agg* circular.

cir.co.la.zio.ne [tʃirkolats´jone] *sf* **1** circulação. **2** difusão, propagação. **3** movimento, passagem, tráfego. **circolazione stradale** trânsito, tráfego.

cir.co.lo [tʃ´irkolo] *sm* **1** círculo, circunferência. **2** clube. **3** associação, sociedade. **4** ambiente.

cir.con.ci.de.re [tʃirkontʃ´idere] *vt* circuncidar.

cir.con.ci.sio.ne [tʃirkontʃiz´jone] *sf* circuncisão.

cir.con.da.re [tʃirkond´are] *vt* **1** circundar, contornar, cercar, circunscrever. *vpr* **2** cercar-se.

cir.con.fe.ren.za [tʃirkonfer´ɛntsa] *sf Geom* circunferência, círculo.

cir.con.fles.so [tʃirkonfl´ɛsso] *agg* circunflexo.

cir.co.scri.ve.re [tʃirkoskr´ivere] *vt* **1** circunscrever. **2** bloquear. **3** conter. **4** delimitar, restringir.

cir.co.spet.to [tʃirkosp´ɛtto] *agg* cuidadoso, prudente, ajuizado, circunspecto.

cir.co.spe.zio.ne [tʃirkospets´jone] *sf* circunspecção, prudência.

cir.co.stan.te [tʃirkost´ante] *agg* adjacente, limítrofe, contíguo, próximo.

cir.co.stan.za [tʃirkost´antsa] *sf* **1** circunstância, situação, caso, contingência. **2** acontecimento, acidente.

cir.co.stan.zia.le [tʃirkostants´jale] *agg* circunstancial.

cir.cu.i.re [tʃirku´ire] *vt* **1** circundar, dar a volta. **2** *fig* enganar, ludibriar, embrulhar.

cir.cui.to [tʃirk´ujto] *sm* circuito, giro, volta. **corto circuito** curto-circuito.

ci.sal.pi.no [tʃizalp´ino] *agg* cisalpino.

ci.scran.na [tʃiskr´anna] *sf* **1** cadeira com braços. **2** móvel velho. **3** *pop fig* mulher acabada, feia.

ci.spa [tʃ´ispa] *sf* remela, ramela.

ci.ste [tʃ´iste] *sm Med* cisto, quisto.

ci.ster.na [tʃist´ɛrna] *sf* cisterna, poço.

ci.ta.re [tʃit´are] *vt* **1** citar, mencionar, referir. **2** indicar, assinalar. **3** *Giur* citar, chamar a juízo. *citare gli accusati* / citar os acusados.

C

ci.ta.zio.ne [tʃitats´jone] *sf* **1** citação, menção. **2** indicação, sinal. **3** *Giur* citação, intimação.
ci.tri.co [tʃ´itriko] *agg* cítrico.
ci.trul.lo [tʃitr´ullo] *sm* bobo, tolo, idiota.
cit.tà [tʃitt´a] *sf* **1** cidade. **2** *fig* centro, capital, metrópole. **3** coletividade, comunidade.
cit.ta.di.nan.za [tʃittadin´antsa] *sf* **1** cidadania. **2** população, cidadãos.
cit.ta.di.no [tʃittad´ino] *sm* cidadão. • *agg* urbano, municipal.
ciuc.cio [tʃ´uttʃo] *sm* **1** *Zool* burro, asno. **2** *fam* tonto, bobo.
ciu.cia.re [tʃutʃ´ate] *vi* **1** assobiar. **2** vaiar.
ciu.cia.ta [tʃutʃ´ata] *sf* **1** assobio. **2** vaia.
ciu.co [tʃ´uko] *sm Zool* asno, burro.
ciuf.fo [tʃ´uffo] *sm* **1** topete (dos cabelos). **2** *fig* maço, ramalhete. **3** moita, arbusto.
ciur.ma [tʃ´urma] *sf* **1** *pop* tripulação. **2** *fig* gentalha, gentinha.
ci.van.zo [tʃiv´antso] *sm* **1** utilidade, vantagem. **2** ganho. **3** resto.
ci.vet.ta [tʃiv´etta] *sf* **1** *Zool* coruja. **2** *fig pop* namoradeira, assanhada, perua.
ci.vet.ta.re [tʃivett´are] *vi* **1** atrair, seduzir. **2** *fig* namoricar. **3** *pop* paquerar, saçaricar.
ci.vet.te.ri.a [tʃivetter´ia] *sf* **1** *fig* namorico. **2** *pop* paquera.
ci.vet.to.ne [tʃivett´one] *sm* **1** *Zool* corujão. **2** *fig* namorador. **3** *pop* paquerador.
ci.vi.co [tʃ´iviko] *agg* **1** cívico. **2** urbano, municipal. **3** *fig* comunitário, social.
ci.vi.le [tʃiv´ile] *sm* civil, paisano. • *agg* **1** civil. *diritto civile* / direito civil. **2** civilizado, moderno, progressivo. **3** bem-educado, educado, cortês, gentil. *un uomo molto civile* / um homem muito educado.
ci.vi.liz.za.re [tʃiviliddz´are] *vt* **1** civilizar. **2** educar.
ci.vi.liz.za.zio.ne [tʃiviliddzats´jone] *sf* civilização.
ci.vil.tà [tʃivilt´a] *sf* **1** civilização, cultura. **2** progresso, modernidade. **3** educação, boas-maneiras, gentileza.
ci.vi.smo [tʃiv´izmo] *sm* civismo.
clac.son [klaks´on] *sm Autom* buzina.
cla.mo.re [klam´ore] *sm* **1** (anche *fig*) clamor, ruído, barulho, rumor. **2** sensação.
cla.mo.ro.so [klamor´ozo] *agg* **1** (anche *fig*) clamoroso, ruidoso. **2** sensacional.
clan.de.sti.no [klandest´ino] *sm*+*agg* clandestino, ilegal.
cla.ri.net.to [klarin´etto] *sm Mus* clarineta.
cla.ri.no [klar´ino] *sm Mus V clarinetto.*
clas.se [kl´asse] *sf* **1** classe, gênero, tipo. **2** classe social, casta. **3** categoria. **4** classe.

Em italiano, **classe** significa a "sala" ou o "agrupamento de alunos". *il professore arriva alla classe alle otto* / o professor chega à classe às oito horas. *classe di portoghese* / classe de português. Veja outra nota em **aula** (italiano).

clas.si.co [kl´assiko] *agg* **1** clássico, tradicional. **2** *fig* harmonioso, exemplar.
clas.si.fi.ca.re [klassifik´are] *vt* **1** classificar, catalogar, agrupar. **2** julgar, avaliar.
clau.so.la [kl´awzola] *sf* **1** cláusula, parágrafo. **2** condição.
clau.su.ra [klawz´ura] *sf* clausura.
cla.va [kl´ava] *sf* clava, maça, porrete.
cla.vi.cem.ba.lo [klavitʃ´ɛmbalo] *sm* cravo.
cla.vi.co.la [klav´ikola] *sf Anat* clavícula.
cle.men.te [klem´ɛnte] *agg* **1** clemente, piedoso, misericordioso. **2** indulgente, benévolo.
cle.men.za [klem´ɛntsa] *sf* **1** clemência, piedade, misericórdia. **2** bondade, indulgência.
clep.to.ma.ne [klept´ɔmane] *s*+*agg* cleptomaníaco.
cle.ri.ca.le [klerik´ale] *agg* **1** clerical, eclesiástico. **2** *fig* conservador, convencional, ortodoxo.
cle.ro [kl´ɛro] *sm pop* clero, Igreja, religiosos.
cliché [kliʃ´e] *sm fr* **1** clichê, matriz. **2** lugar-comum, estereótipo, chavão. **3** *fig* modelo, esquema.
cli.en.te [kli´ɛnte] *s* cliente, freguês.
clien.te.la [kljent´ɛla] *sf* clientela, freguesia.
cli.ma [kl´ima] *sm* **1** clima. **2** *fig* ambiente, condição.
cli.ni.ca [kl´inika] *sf* clínica, hospital.

cli.ni.co [kl´iniko] *sm* clínico, médico. • *agg* clínico.
clip [kl´ip] *sm ingl* clipe para papel. Veja nota em **clipe**.
clo.a.ca [klo´aka] *sf* cloaca, esgoto, fossa.
clo.ro [kl´ɔro] *sm Chim* cloro.
clo.ro.fil.la [klorof´illa] *sf Bot* clorofila.
clo.ro.for.mio [klorof´ɔrmjo] *sm Chim* clorofórmio.
club [kl´ab] *sm ingl* clube, associação.
co.a.bi.ta.re [koabit´are] *vi* coabitar, conviver.
co.a.diu.va.re [koadjuv´are] *vt* ajudar, auxiliar, assistir, colaborar com, cooperar com.
co.a.gu.la.men.to [koagulam´ento] *sm* coagulação, coalhadura.
co.a.gu.la.re [koagul´are] *vt* coagular, coalhar.
co.a.gu.lo [ko´agulo] *sm* coágulo, coalho.
co.a.li.zio.ne [koalits´jone] *sf* coalizão, aliança, associação, união, liga.
co.a.liz.zar.si [koaliddz´arsi] *vpr* coalizar-se, fazer coalizão, aliar-se, federar-se.
co.at.to [ko´atto] *agg* coagido, constrangido, obrigado, restringido.
co.a.zio.ne [koats´jone] *sf* coação, constrangimento, restrição.
co.bal.to [kob´alto] *sm Chim* cobalto.
co.ca [k´ɔka] *sf Bot* coca.
co.ca.i.na [koka´ina] *sf* cocaína.
coc.chie.re [kokk´jɛre] *sm* cocheiro.
coc.chio [k´ɔkkjo] *sm* coche, carruagem, carroça.
coc.ci.ge [k´ɔttʃidʒe] *sm Anat* cóccix.
coc.ci.nel.la [kottʃin´ɛlla] *sf Zool* joaninha.
coc.cio [k´ɔttʃo] *sm* **1** caco de vasilha de barro. **2** vasilha de barro. **3** *Zool* concha (de caramujo). **4** *fig* restos, fragmentos, refugo. **5** doente.
coc.ciu.to [kottʃ´uto] *agg* teimoso, obstinado, perseverante, cabeçudo.
coc.co[1] [k´ɔkko] *sm ger* queridinho, preferido, pupilo.
coc.co[2] [k´okko] *sm Bot* coco, coqueiro.
coc.co.dril.lo [kokkodr´illo] *sm Zool* crocodilo, jacaré.
coc.co.la.re [kokkol´are] *vt* **1** acariciar, afagar, mimar. **2** adular, bajular. *vpr* **3** divertir-se.
coc.co.lo [k´ɔkkolo] *sm* **1** diversão, divertimento. **2** satisfação, prazer.
coc.co.lo.ni [kokkol´oni] *avv* sentado sobre os calcanhares.
co.cen.te [kotʃ´ɛnte] *agg fig* apaixonado, ardente, fervoroso, intenso.
co.cio.re [kotʃ´ore] *sm* **1** queimadura. **2** ardor, queimação.
co.co.me.ro [kok´omero] *sm* melancia.
co.cuz.za [kok´uttsa] *sf* **1** abóbora. **2** *fig* cabeça.
co.cuz.zo.lo [kok´uttsolo] *sm* **1** cume, ápice, cimo. **2** cocuruto, alto da cabeça.
co.da [k´oda] *sf* **1** cauda, rabo. **2** *fig* fila, anexo, prolongamento. **coda di rondine** *fam* casaca. **piano a coda** piano de cauda.
co.dar.di.a [kodard´ia] *sf* covardia, medo.
co.dar.do [kod´ardo] *sm+agg* covarde, medroso.
co.daz.zo [kod´attso] *sm* comitiva, corte, cortejo, séquito.
co.de.sta [kod´esta] *pron f sing* **1** essa. **2** **codeste** *pl* essas. Veja nota em **codesto**.
co.de.sto [kod´esto] *pron m sing* **1** isso. **2** esse. **3** **codesti** *pl* esses.

Codesto, **codesta**, **codesti** e **codeste** indicam pessoa ou coisa próxima de quem ouve. **Codest'** é usado: a) em vez de **codesto** e **codesta**, quando ligado a palavra que começa com vogal: *codest'uomo* / esse homem. *codest'amicizia* / essa amizade. b) em vez de **codesti**, quando ligado a palavra que começa com a vogal **i**: *codest'istituti* / esses institutos. c) em vez de **codeste**, quando ligado a palavra que começa com a vogal **e**: *codest'erbe* / essas ervas.
O uso de **codesto** e suas formas é restrito à linguagem literária, e principalmente na região da Toscana.

co.dia.re [kod´jare] *vt* seguir, espionar.
co.di.ce [k´ɔditʃe] *sm* **1** código. **2** lei, legislação, norma. **3** texto antigo.
co.di.fi.ca.re [kodifik´are] *vt* **1** codificar, catalogar, classificar. **2** pôr em ordem, organizar, regulamentar. **3** cifrar, escrever em código.
co.di.no [kod´ino] *sm dim* **1** rabicho, rabinho. **2** *fig* reacionário, conservador.

co.ef.fi.cien.te [koeffitʃ´ɛnte] *sm* coeficiente.
co.er.ci.ti.vo [koertʃit´ivo] *agg* coercitivo, repressor, limitativo.
co.er.ci.zio.ne [koertʃits´jone] *sf* **1** coação, coerção, imposição. **2** prepotência, opressão.
co.e.ren.te [koer´ɛnte] *agg* coerente, concordante, lógico, harmonioso, uniforme.
co.e.sio.ne [koez´jone] *sf* **1** coesão, ligação das moléculas. **2** *fig* acordo, harmonia.
co.e.si.sten.za [koezist´ɛntsa] *sf* coexistência.
co.e.si.ste.re [koez´istere] *vi* coexistir.
co.fa.no [k´ɔfano] *sm* **1** cofre, baú, caixa. **2** *Autom* capota, capô.
co.gi.ta.bon.do [kodʒitab´ondo] *agg* **1** pensativo. **2** absorto, imerso em pensamentos.
co.glia [k´oλa] *sf* **1** bolsa escrotal, escroto. **2** *fig* homem frívolo e insolente.
co.glie.re [k´ɔλere] *vt* **1** colher, recolher. *cogliere fiori* / colher flores. **2** agarrar, arrancar. **3** surpreender, pegar em flagrante. **4** compreender, entender. *cogliere il significato di una parola* / compreender o significado de uma palavra. **cogliere l'opportunità** aproveitar a oportunidade.
co.glio.ne [koλ´one] *sm volg* **1** saco. **2** *fig* imbecil, idiota, estúpido.
co.gli.tu.ra [koλit´ura] *sf* colheita.
cognac [koñ´ak] *sm fr* conhaque.
co.gna.to [koñ´ato] *sm* cunhado.
co.gni.to [k´ɔñito] *agg* conhecido, famoso.
co.gni.zio.ne [koñits´jone] *sf* **1** conhecimento, notícia, informação. **2** compreensão, cognição. **3 cognizioni** *pl* doutrina.
co.gno.me [koñ´ome] *sm* **1** sobrenome. **2** título.
co.in.ci.den.te [kointʃid´ɛnte] *agg* coincidente, simultâneo.
co.in.ci.den.za [kointʃid´ɛntsa] *sf* **1** coincidência, simultaneidade. **2** *fig* correspondência, correlação.
co.in.ci.de.re [kointʃ´idere] *vi* coincidir, combinar, convergir, concordar. *la mia storia coincide in molti punti con quella del personaggio del libro* / a minha história coincide em muitos pontos com a do personagem do livro.
co.in.vol.ge.re [koinv´ɔldʒere] *vt* envolver, comprometer, tornar cúmplice.
coi.to [k´ɔjto] *sm* coito, cópula, relação sexual.
co.la [k´ola] *sf* **1** ciranda, peneira grossa. **2** coador.
co.là [kol´a] *avv* ali, lá, naquele lugar.
co.la.bro.do [kolabr´ɔdo] *sm* coador (recipiente).
co.lag.gio [kol´addʒo] *sm* coadura.
co.la.re [kol´are] *vt* **1** coar, filtrar. *vi* **2** escoar, pingar, gotejar.
co.la.to.io [kolat´ojo] *sm* coador, filtro.
co.la.zio.ne [kolats´jone] *sf* **1** almoço. **2** café da manhã. **colazione del mattino/prima colazione** café da manhã, desjejum.

Colazione pode significar tanto "almoço" quanto "café da manhã", dependendo da região da Itália.

co.lei [kol´ɛj] *pron f sing* **1** ela, aquela **2** fulana. Veja nota em **colui**.
co.le.ra [kol´ɛra] *sm Med* cólera.
co.le.ri.co [kol´ɛriko] *agg* colérico.
co.li.brì [kolibr´i] *sm* colibri, beija-flor.
co.li.ca [k´ɔlika] *sf Med* cólica.
col.la [k´ɔlla] *sf* cola.
col.la.bo.ra.re [kollabor´are] *vt* **1** colaborar, cooperar, auxiliar, ajudar. **2** *pop* dar uma mão.
col.la.na [koll´ana] *sf* **1** colar. **2** coleção, série de livros, muitas vezes com assuntos semelhantes e publicados por uma mesma editora. *la collana di dizionari Michaelis* / a coleção de dicionários Michaelis.
col.la.re [koll´are] *sm* **1** coleira. **2** gola. **3** colarinho. **4** *Rel* colarinho de padre. **cane vecchio non si avvezza al collare** papagaio velho não aprende a falar.
col.la.ret.to [kollar´etto] *sm dim* **1** gola. **2** colarinho (de camisa).
col.la.ri.no [kollar´ino] *sm dim* **1** colarinho. **2** *Rel* colarinho de padre.
col.las.so [koll´asso] *sm Med* colapso.
col.la.te.ra.le [kollater´ale] *s* colateral (parente). • *agg* colateral, paralelo.

col.la.zio.na.re [kollatsjon´are] *vt* conferir, comparar, cotejar.
col.la.zio.ne [kollats´jone] *sf* conferência, cotejo.
col.le [k´ɔlle] *sm* colina, morro.
col.le.ga [koll´ega] *s* colega, companheiro, amigo.
col.le.ga.men.to [kollegam´ento] *sm* coligação, liga, confederação, união, associação.
col.le.ga.re [kolleg´are] *vt* **1** coligar, conectar, coordenar. **2** ligar, unir. *vpr* **3** ligar-se, unir-se. **4** concordar, entrar em acordo.
col.le.gia.le [kolledʒ´ale] *s+agg* colegial.
col.le.gio [koll´edʒo] *sm* **1** colégio, escola. **2** reunião, assembleia.
col.le.ra [k´ɔllera] *sf* cólera, fúria, raiva, ira.
col.le.ri.co [koll´ɛriko] *agg* colérico, enfurecido, enraivecido, irado.
col.let.ta [koll´ɛtta] *sf* coleta, recolhimento.
col.let.ti.vo [kollett´ivo] *agg* coletivo, comum.
col.let.to [koll´etto] *sm* **1** colarinho (de camisa). **2** gola. **colletto dritto** colarinho reto.
col.let.to.re [kollett´ore] *sm* coletor, cobrador.
col.le.zio.ne [kollets´jone] *sf* **1** coleção. **2** reunião, conjunto.
col.le.zio.ni.sta [kolletsjon´ista] *s* colecionador.
col.li.na [koll´ina] *sf* colina, morro.
col.li.rio [koll´irjo] *sm* colírio.
col.li.sio.ne [kolliz´jone] *sf* colisão, batida.
col.lo [k´ɔllo] *sm* **1** pescoço. **2** gargalo. **3** pacote, fardo. **4** colarinho (de camisa). **5** *Anat* colo (de osso).
col.lo.ca.men.to [kollokam´ento] *sm* colocação.
col.lo.ca.re [kollok´are] *vt* **1** colocar, acomodar. *vpr* **2** colocar-se, posicionar-se, acomodar-se.
col.lo.quio [koll´ɔkwjo] *sm* conversa, conversação, colóquio.
col.lo.so [koll´ozo] *agg* pegajoso, grudento, viscoso.
col.ma.re [kolm´are] *vt* **1** encher, completar. **2** acumular.
col.mo [k´olmo] *sm* cume, ápice, auge. • *agg* **1** cheio, completo. **2** convexo.
co.lom.ba.ia [kolomb´aja] *sf* pombal.
co.lom.bia.no [kolomb´jano] *sm+agg* colombiano.
co.lom.bo [kol´ombo] *sm Zool* pombo. **pigliare due colombi ad una fava** matar dois coelhos com uma cajadada só.
co.lon [k´ɔlon] *sm Anat* cólon.
co.lo.nia [kol´ɔnja] *sf* colônia.
co.lo.nia.le [kolon´jale] *agg* colonial.
co.lo.niz.za.re [koloniddz´are] *vt* colonizar, povoar.
co.lon.na [kol´onna] *sf Archit* coluna. **colonna sonora** trilha sonora. **colonna vertebrale** *Anat* coluna vertebral.
co.lon.nel.lo [kolonn´ɛllo] *sm Mil* coronel.
co.lon.ni.no [kolonn´ino] *sm* **1** coluna (de texto). **2** *Archit* pilar, marco.
co.lo.no [kol´ono] *sm* colono, lavrador.
co.lo.ran.te [kolor´ante] *s+agg* corante, colorante.
co.lo.ra.re [kolor´are] *vt* **1** colorir, pintar, tingir. **2** simular, fingir. *Sin: colorire.*
co.lo.ra.to [kolor´ato] *agg* colorido, tingido, pintado.
co.lo.ra.zio.ne [kolorats´jone] *sf* coloração, cor.
co.lo.re [kol´ore] *sm* **1** cor. **2** tinta. **3** *fig* partido, opinião política. **4** aspecto. **colore ad acquarello** tinta aquarela. **colore a olio** tinta a óleo.
co.lo.ri.re [kolor´ire] *vt V colorare.*
co.lo.ri.to [kolor´ito] *sm* **1** colorido, cor. **2** homem de rosto corado.
co.lo.ro [kol´oro] *pron pl* aqueles, eles. Veja nota em **colui**.
co.los.sa.le [koloss´ale] *agg* colossal, gigantesco, enorme.
co.los.se.o [koloss´eo] *sm* coliseu.
co.los.so [kol´osso] *sm* **1** colosso, estátua gigantesca. **2** *fig* grandalhão.
col.pa [k´olpa] *sf* **1** culpa. **2** falha, pecado.
col.pe.vo.le [kolp´evole] *s+agg* **1** culpado. **2** réu.
col.pi.re [kolp´ire] *vt* **1** golpear, bater. **2** ferir. Veja nota em **atingir**.

col.po [k´olpo] *sm* **1** golpe, batida, pancada. **2** ferimento, hematoma. **3** *Pitt* pincelada. **4** *fig* golpe, fraude, peça. **5** abalo, choque emocional. **colpo da maestro** golpe de mestre. **colpo di grazia** golpe de misericórdia. **colpo di stato** golpe de Estado. **colpo d'occhio** golpe de vista.

col.po.so [kolp´ozo] *agg Giur* culposo, involuntário.

col.tel.lac.cio [koltell´attʃo] *sm* cutelo, faca.

col.tel.lie.ra [koltell´jɛra] *sf* faqueiro.

col.tel.lo [kolt´ɛllo] *sm* faca.

col.ti.va.re [koltiv´are] *vt* **1** cultivar, plantar. **2** *fig* criar, educar. **3** acostumar, habituar. **4** promover, incitar. **5** estudar, aplicar-se a. *coltivare le scienze* / estudar as ciências.

col.ti.va.zio.ne [koltivats´jone] *sf* cultivo, cultura, plantação.

col.to[1] [k´olto] *part* cultivado, plantado. • *agg* **1** culto, instruído, erudito. **2** educado.

col.to[2] [k´ɔlto] *part+agg* **1** colhido. **2** pego. *colto in flagrante* / pego em flagrante.

col.tre [k´oltre] *sm* colcha, coberta.

col.tu.ra [kolt´ura] *sf* **1** cultura, cultivo. **2** *fig* cultura, erudição.

co.lui [kol´uj] *pron m sing* **1** ele, aquele. **2** fulano.

> **Colui**, **colei** e **coloro** são usados junto com o pronome relativo **che**: *colui che ti conosce, ti saluta* / aquele que te conhece te cumprimenta. *coloro che sono presenti voteranno* / aqueles que estão presentes votarão.

co.ma [k´ɔma] *sm Med* coma.

co.man.da.men.to [komandam´ento] *sm* **1** comando, ordem. **2** mandamento, preceito.

co.man.dan.te [komand´ante] *sm* **1** comandante. **2** chefe, guia.

co.man.da.re [komand´are] *vt* **1** comandar. **2** chefiar. **3** guiar, dirigir. **4** decretar, ordenar.

co.man.do [kom´ando] *sm* **1** comando, ordem, prescrição. **2** decreto, preceito. **3** autoridade, direção, domínio. **4** *Inform* comando.

co.ma.re [kom´are] *sf* **1** comadre, madrinha. **2** *ger* fofoqueira, mexeriqueira.

com.ba.cia.re [kombatʃ´are] *vt* **1** encaixar, unir. *vpr* **2** encaixar-se, ajustar-se.

com.bat.te.re [komb´attere] *vt* **1** combater. *i soldati combattevano i nemici* / os soldados combatiam os inimigos. **2** agredir, atacar. **3** *fig* contrariar, opor-se a. *l'autore combatte questa teoria* / o autor se opõe a esta teoria. *vi* **4** combater, guerrear.

com.bat.ti.men.to [kombattim´ento] *sm* **1** combate, luta, batalha, conflito. **2** *fig* disputa, polêmica. **3** *Sp* jogo, partida.

com.bi.na.re [kombin´are] *vt* **1** combinar. **2** conectar, ligar. **3** organizar, pactuar.

com.bi.na.zio.ne [kombinats´jone] *sf* **1** combinação. **2** acaso, acidente.

com.bric.co.la [kombr´ikkola] *sf* bando, quadrilha.

com.bu.sti.bi.le [kombust´ibile] *sm+ agg* combustível.

com.bu.stio.ne [kombust´jone] *sf* **1** combustão, queima. **2** *fig* labuta, trabalho intenso, afã.

co.me [k´ome] *avv* como, assim como, dessa maneira. *come stai?* / como vai? • *int* como? (indica surpresa).

co.me.ta [kom´eta] *sf* cometa.

co.mi.co [k´ɔmiko] *sm* cômico, comediante. • *agg* cômico, engraçado.

co.min.cia.men.to [komintʃam´ento] *sm* começo, princípio, início.

co.min.cia.re [komintʃ´are] *vt* **1** começar, iniciar, principiar. **2** abrir, fundar.

co.mi.no [kom´ino] *sm Bot* cominho.

co.mi.ta.to [komit´ato] *sm* comitê, comissão, conselho, representação, delegação. Veja nota em **comissão**.

co.mi.ti.va [komit´iva] *sf* comitiva, companhia.

co.mi.zio [kom´itsjo] *sm* **1** comício, assembleia. **2** *fig* discurso, sermão.

com.ma [k´ɔmma] *sf* **1** *Giur* inciso, parágrafo (de lei). **2** *Gramm* partícula gramatical.

com.me.dia [komm´ɛdja] *sf* **1** comédia. **2** *fig* cena, teatro. *subito pensai se lo svenimento della ragazza non era commedia* / logo pensei se o desmaio da moça não era cena.

com.me.dian.te [kommed'jante] *s* comediante.

com.me.mo.ra.re [kommemor'are] *vt* comemorar, festejar, celebrar.

com.me.mo.ra.ti.vo [kommemorat'ivo] *agg* comemorativo, celebrativo.

com.men.da [komm'ɛnda] *sf* comenda, condecoração.

com.men.da.re [kommend'are] *vt* **1** louvar, aprovar. **2** recomendar.

com.men.da.ti.zia [kommendat'itsja] *sf* carta de recomendação.

com.men.da.to.re [kommendat'ore] *sm* comendador.

com.men.ta.re [komment'are] *vt* **1** comentar, interpretar. **2** *fig* criticar. **3** fofocar.

com.men.ta.rio [komment'arjo] *sm* comentário.

com.men.to [komm'ento] *sm* **1** comentário, explicação. **2** nota, anotação, observação.

com.mer.cia.le [kommertʃ'ale] *agg* comercial.

com.mer.cian.te [kommertʃ'ante] *s* **1** comerciante. **2** *fig* lojista, negociante, mercador.

com.mer.cia.re [kommertʃ'are] *vi* comerciar, negociar.

com.mer.cio [komm'ɛrtʃo] *sm* **1** comércio. **2** *fig* negócio, negociação. **3** contato, relação. **commercio all'ingrosso** comércio por atacado. **commercio al minuto** comércio a varejo. **commercio esterno** comércio exterior.

com.mes.so [komm'esso] *sm* vendedor. **commesso viaggiatore** caixeiro--viajante.

com.mes.su.ra [kommess'ura] *sf* encaixe, junta.

com.me.sti.bi.le [kommest'ibile] *agg* comestível, digerível. • *sm pl* **commestibili** gêneros alimentícios, comida, alimentos, víveres.

com.met.te.re [komm'ettere] *vt* **1** cometer, praticar. *commettere azioni, delitti, peccati* / cometer ações, delitos, pecados. **2** encarregar, recomendar. *il capo mi commette di fare cose difficili* / o chefe me encarrega de fazer coisas difíceis.

com.mia.to [komm'jato] *sm* despedida, adeus, partida.

com.mi.li.to.ne [kommilit'one] *sm* companheiro, camarada.

com.mi.se.ra.re [kommizer'are] *vt* ter pena de, ter compaixão, compadecer-se de.

com.mi.se.ra.zio.ne [kommizerats'jone] *sf* comiseração, pena, compaixão, piedade.

com.mis.sa.rio [kommiss'arjo] *sm* comissário.

com.mis.sio.ne [kommiss'jone] *sf* **1** comissão, delegação. **2** missão, tarefa, encargo, incumbência. **3** encomenda. **commissione parlamentare** comissão parlamentar. Veja nota em **comissão**.

com.mo.do.ro [kommod'ɔro] *sm Mil* comodoro.

com.mos.so [komm'ɔsso] *agg* **1** comovido, impressionado, enternecido. **2** perturbado.

com.mo.ven.te [kommov'ɛnte] *agg* comovente, tocante, enternecedor.

com.mo.zio.ne [kommots'jone] *sf* comoção, agitação, abalo.

com.muo.ve.re [komm'wɔvere] *vt* **1** comover, sensibilizar, tocar. **2** abalar, conturbar.

com.mu.ta.re [kommut'are] *vt* trocar, permutar, comutar.

co.mo.di.no [komod'ino] *sm* mesa de cabeceira, criado-mudo.

co.mo.di.tà [komodit'a] *sf* comodidade, conforto.

co.mo.do [k'ɔmodo] *agg* **1** cômodo, confortável. **2** funcional, prático. **3** conveniente, oportuno.

com.pa.e.sa.no [kompaez'ano] *sm* compatriota, concidadão, paisano.

com.pa.gni.a [kompañ'ia] *sf* **1** companhia, sociedade, empresa. **2** comitiva, grupo. **compagnia di navigazione aerea** companhia aérea. **compagnia teatrale** companhia teatral, grupo de teatro.

com.pa.gno [komp'año] *sm* **1** amigo, colega. **2** marido. **3** acompanhante, companheiro. **4** seguidor, discípulo.

com.pa.ra.re [kompar'are] *vt* comparar, confrontar, equiparar.

com.pa.ra.ti.vo [komparat'ivo] *sm+agg* (anche *Gramm*) comparativo.

com.pa.re [komp'are] *sm* compadre, padrinho.

com.pa.ri.re [kompar´ire] *vi* **1** comparecer, apresentar-se. *un invito a comparire nella festa* / um convite para comparecer à festa. **2** aparecer, revelar-se. *il ladro si nascose quando comparirono i poliziotti* / o ladrão se escondeu quando apareceram os policiais.
com.par.sa [komp´arsa] *sf* **1** comparecimento. **2** aparecimento. **3** chegada, vinda. *Cin, Teat* **4** figurante. **5** coadjuvante.
com.par.te.ci.pa.re [kompartetʃip´are] *vt* compartilhar.
com.par.ti.men.to [kompartim´ento] *sm* compartimento, repartição, divisão, setor.
com.par.ti.re [kompart´ire] *vt* **1** compartilhar, dividir, partilhar. **2** repartir. **3** dar, ceder.
com.pas.sio.ne [kompass´jone] *sf* **1** compaixão, piedade, pena. **2** misericórdia, indulgência.
com.pas.so [komp´asso] *sm* compasso.
com.pa.ti.bi.le [kompat´ibile] *agg* compatível, conciliável.
com.pa.ti.men.to [kompatim´ento] *sm* compaixão, piedade, indulgência.
com.pa.ti.re [kompat´ire] *vt* **1** compadecer-se de, mostrar compaixão. *lei compatisce le mie sventure* / ela se compadece das minhas desventuras. **2** perdoar, desculpar, tolerar. *occorre compatire le debolezze altrui* / é necessário perdoar as fraquezas dos outros.
com.pa.triot.ta [kompatr´jɔtta] *s* compatriota, conterrâneo, concidadão.
com.pat.tez.za [kompatt´ettsa] *sf* solidez, densidade.
com.pat.to [komp´atto] *agg* **1** compacto, denso, sólido, maciço. **2** *fig* unânime.
com.pen.dia.re [kompend´jare] *vt* compendiar, resumir, sintetizar.
com.pen.dio [komp´ɛndjo] *sm* compêndio, resumo, síntese, sumário.
com.pe.ne.tra.re [kompenetr´are] *vt* invadir, penetrar, permear. *la fidanzata si lasciò compenetrare dalla felicità* / a noiva se deixou invadir pela felicidade.
com.pen.sa.re [kompens´are] *vt* **1** compensar, retribuir, recompensar. **2** indenizar, ressarcir. *fig* **3** balancear, contrabalançar.
com.pen.so [komp´ɛnso] *sm* **1** compensação, retribuição, recompensa. **2** indenização, reembolso, reparação. **3** troca.
com.pe.ten.te [kompet´ɛnte] *s+agg* **1** competente, hábil, capaz. **2** especialista, perito.
com.pe.ten.za [kompet´ɛntsa] *sf* **1** competência, habilidade, capacidade. **2** conhecimento, perícia. *fig* **3** campo, jurisdição. **4** autoridade. **5 competenze** *pl* a) honorários. b) deveres, obrigações.
com.pe.te.re [komp´ɛtere] *vi* **1** competir, disputar, confrontar-se. *competere solo per la vittoria* / competir somente pela vitória. **2** concorrer, participar, tomar parte. **3** competir, caber, tocar, dizer respeito. *non compete a me comentare spettacoli teatrali* / não compete a mim comentar espetáculos teatrais.
com.pia.ce.re [kompjatʃ´ere] *vi* **1** agradar, comprazer. *vpr* **2** alegrar-se, deleitar-se, regozijar-se. **3** *fig* gabar-se, vangloriar-se.
com.pia.ci.men.to [kompjatʃim´ento] *sm* complacência, prazer, satisfação.
com.pian.ge.re [komp´jandʒere] *vt* **1** compadecer-se de, lastimar. *vpr* **2** lamentar-se, reclamar.
com.pie.re [k´ompjere] *vt* **1** cumprir, realizar. *compiere i doveri* / cumprir os deveres. **2** concluir, terminar. **3** cometer. *compiere azioni illegali* / cometer atos ilegais. *vpr* **4** cumprir-se, ter lugar, acontecer. *la profezia si compì* / a profecia se cumpriu. *Var: compire.*
com.pi.la.re [kompil´are] *vt* compilar, reunir.
com.pi.men.to [kompim´ento] *sm* **1** conclusão, fim. **2** execução, efetuação.
com.pi.re [komp´ire] *vt+ vpr V compiere.*
com.pi.to[1] [k´ompito] *sm* **1** tarefa, dever, encargo. **2** exercício, prova, lição de casa.
com.pi.to[2] [komp´ito] *agg* educado, formal.
com.ple.an.no [komple´anno] *sm* aniversário (de uma pessoa). Veja nota em **anniversario**.
com.ple.men.to [komplem´ento] *sm* complemento.
com.ples.sio.ne [kompless´jone] *sf* **1** compleição, constituição. **2** temperamento, disposição.

com.ples.so [kompl´ɛsso] *sm* **1** complexo. **2** conjunto, grupo. **3** ideia fixa, fixação, mania. • *agg* complexo, complicado, difícil, tortuoso.
com.ple.ta.re [komplet´are] *vt* **1** completar, aperfeiçoar. **2** concluir, terminar.
com.ple.to [kompl´eto] *agg* **1** completo, integral, íntegro. **2** concluído, terminado.
com.pli.ca.re [komplik´are] *vt* **1** complicar. **2** *fig* dificultar, agravar.
com.pli.ce [k´ɔmplitʃe] *sm* cúmplice, conivente.
com.pli.men.ta.re [kompliment´are] *vt* **1** cumprimentar, elogiar, exaltar. *vpr* **2** cumprimentar-se, felicitar-se, congratular-se.
com.pli.men.to [komplim´ento] *sm* **1** cumprimento. **2** elogio, lisonja. **3** cortesia, gentileza. **4 complimenti** *pl* parabéns.
com.po.ni.men.to [komponim´ento] *sm* composição, texto, trabalho.
com.por.re [komp´or̃e] *vt* **1** compor. *comporre una canzone* / compor uma canção. **2** ordenar, combinar, unir. **3** *Lett* escrever, criar, produzir. *comporre un capolavoro* / escrever uma obra-prima. **4** pacificar, reconciliar. *comporre gli antichi nemici* / reconciliar os antigos inimigos. *vpr* **5** compor-se.
com.por.ta.men.to [komportam´ento] *sm* comportamento, conduta, maneiras.
com.por.ta.re [komport´are] *vt* **1** comportar, implicar, incluir. *questo comporta una serie de rischi* / isto comporta uma série de riscos. **2** causar, levar a. *i tuoi atti comportano grandi problemi* / os teus atos causam grandes problemas. *vpr* **3** comportar-se, agir, conduzir-se. *comportarsi bene* / comportar-se bem. *comportarsi da bugiardo* / comportar-se como mentiroso.
com.po.si.to.re [kompozit´ore] *sm* compositor.
com.po.si.zio.ne [kompozits´jone] *sf* composição, obra.
com.po.sta [komp´ɔsta] *sf* **1** composição, mistura de coisas. **2** compota de frutas.
com.po.stez.za [kompost´ettsa] *sf* compostura, decoro, dignidade.
com.pra [k´ɔmpra] *sf* compra, aquisição.
com.pra.re [kompr´are] *vt* **1** comprar, adquirir. **2** *fig* seduzir, fascinar, conquistar, convencer.
com.pra.to.re [komprat´ore] *sm* comprador.
com.pren.de.re [kompr´ɛndere] *vt* compreender: a) entender, perceber. *comprendo le tue ragioni, ma non posso aiutarti* / compreendo as tuas razões, mas não posso te ajudar. b) abranger, incluir. *la società comprende diversi classi* / a sociedade compreende diversas classes.
com.pren.sio.ne [komprens´jone] *sf* **1** compreensão, entendimento. **2** percepção. **3** inteligência, intuição.
com.pres.sa [kompr´ɛssa] *sf Med* **1** compressa. **2** comprimido, cápsula, pílula.
com.pri.me.re [kompr´imere] *vt* **1** comprimir, apertar, calcar. **2** *fig* reprimir, sufocar.
com.pro.mes.so [komprom´ɛsso] *sm* compromisso, comprometimento. • *agg* comprometido.
com.pro.met.te.re [komprom´ettere] *vt* **1** comprometer. **2** arriscar, expor.
com.pro.va.men.to [komprovam´ento] *sm* comprovação.
com.pro.va.re [komprov´are] *vt* comprovar, demonstrar.
com.pul.so.rio [kompuls´ɔrjo] *agg* compulsório, obrigatório.
com.pu.ta.re [komput´are] *vt* computar, calcular, contar. Veja nota em **contar**.
computer [komp´juter] *sm ingl Inform* computador.
com.pu.ti.sta [komput´ista] *sm* contador, guarda-livros.
com.pu.ti.ste.ri.a [komputister´ia] *sf* contabilidade.
com.pu.to [k´ɔmputo] *sm* **1** cômputo, cálculo, conta. **2** nota (na escola).
co.mu.ne [kom´une] *sm* município. • *agg* **1** comum. **2** coletivo. **3** normal, usual. **4** banal.
co.mu.ni.ca.re [komunik´are] *vt* **1** comunicar, informar, avisar. **2** difundir, divulgar. **3** infectar, contaminar. **4** *Rel* ministrar a comunhão. *vi* **5** comunicar-se, ligar-se, unir-se. *vpr* **6** *Rel* comungar.

co.mu.ni.ca.ti.vo [komunikat'ivo] *agg* comunicativo, extrovertido, expansivo.

co.mu.ni.ca.to [komunik'ato] *sm* comunicado, aviso, anúncio. • *agg* comunicado.

co.mu.ni.ca.zio.ne [komunikats'jone] *sf* **1** comunicação. **2** difusão. **3** mensagem. **4** *Rel* comunhão.

co.mu.nio.ne [komun'jone] *sf* **1** comunhão. **2** grupo com as mesmas ideias. **3** *Rel* comunhão.

co.mu.ni.smo [komun'izmo] *sm* comunismo.

co.mu.ni.tà [komunit'a] *sf* comunidade, sociedade.

co.mu.ni.ta.ti.vo [komunitat'ivo] *agg* comunitário.

co.mun.que [kom'unkwe] *avv* seja como for, de qualquer modo.

con [k'on] *prep* com.

con.ca [k'onka] *sf* **1** bacia. **2** comporta, eclusa. **3** *Geogr* vale.

con.ca.te.na.re [konkaten'are] *vt* concatenar, encadear, relacionar, ligar.

con.ca.vi.tà [konkavit'a] *sf* **1** concavidade, cavidade. **2** profundidade.

con.ca.vo [k'ɔnkavo] *agg* côncavo, cavado, escavado.

con.ce.de.re [kontʃ'ɛdere] *vt* **1** conceder, dar. *concedere un'intervista* / conceder uma entrevista. **2** permitir, consentir. *gli concessi di restare a casa* / permiti que ele ficasse em casa. **3** aceitar, admitir, tolerar. *vpr* **4** permitir-se. *il re non può concedersi di riposare durante la guerra* / o rei não pode se permitir descansar durante a guerra. **5** entregar-se. **6** ceder. **7** confessar-se.

con.cen.tra.men.to [kontʃentram'ento] *sm* concentração.

con.cen.tra.re [kontʃentr'are] *vt* **1** concentrar, centralizar. *vpr* **2** concentrar-se em, dedicar-se a, aprofundar-se em.

con.ce.pi.men.to [kontʃepim'ento] *sm* **1** concepção, concebimento. **2** entendimento.

con.ce.pi.re [kontʃep'ire] *vt* **1** conceber, gerar, dar à luz. *fig* **2** conceber, criar, projetar, idealizar. **3** compreender, entender, imaginar.

con.cer.ne.re [kontʃ'ɛrnere] *vt* concernir, dizer respeito a, referir-se a.

con.cer.ta.re [kontʃert'are] *vt* **1** dar concerto, concertar. **2** *Mus* harmonizar (vozes e instrumentos). **3** ensaiar. *vpr* **4** entrar em acordo, combinar.

con.cer.to [kontʃ'ɛrto] *sm Mus* **1** concerto. **2** harmonia (dos sons). **3** sala de concertos. **4** *fig* acordo. *un concerto fra le parti* / um acordo entre as partes. **di concerto** de acordo.

con.ces.sio.ne [kontʃess'jone] *sf* concessão, autorização, licença, permissão.

con.cet.to [kontʃ'ɛtto] *sm* **1** conceito, ideia, representação. **2** *fig* imagem, opinião, parecer, ponto de vista.

con.ce.zio.ne [kontʃets'jone] *sf* **1** concepção, geração. **2** percepção, entendimento. **3** conceito, pensamento.

con.chi.glia [konk'iλa] *sf* concha (de molusco).

con.cia [k'ontʃa] *sf* **1** curtume. **2** curtimento. **3** *fig* enfeite, adorno. **4** fragrância.

con.cia.re [kontʃ'are] *vt* **1** curtir. *conciare pelli* / curtir peles. **2** tratar. *conciare olivi, tabacco* / tratar azeitonas, tabaco. **3** *fig* sujar. **4** estragar, danificar.

con.ci.lia.re [kontʃil'jare] *vt* **1** conciliar, combinar. **2** promover, causar. *vpr* **3** reconciliar-se.

con.ci.lia.zio.ne [kontʃiljats'jone] *vt* **1** conciliação. **2** promoção. **3** reconciliação.

con.ci.lio [kontʃ'iljo] *sm* **1** conselho, assembleia. **2** *Rel* concílio.

con.ci.ma.re [kontʃim'are] *vt* adubar, fertilizar.

con.ci.me [kontʃ'ime] *sm* adubo, fertilizante. **concime animale** estrume.

con.ci.sio.ne [kontʃiz'jone] *sf* concisão, brevidade.

con.ci.so [kontʃ'izo] *agg* conciso, sucinto, resumido, breve.

con.cit.ta.di.no [kontʃittad'ino] *sm* compatriota, conterrâneo, concidadão.

con.clu.de.re [konkl'udere] *vt* **1** concluir. **2** resolver. **3** terminar, acabar, completar.

con.clu.sio.ne [konkluz'jone] *sf* **1** conclusão. **2** final, fim, término. **3** decisão, resolução. **4** consequência, resultado, efeito. Veja nota em **fim**.

con.clu.si.vo [konkluz´ivo] *agg* conclusivo, concludente.

con.co.mi.tan.te [konkomit´ante] *agg* concomitante, simultâneo.

con.cor.dan.za [konkord´antsa] *sf* **1** acordo. **2** obediência, respeito à lei. **3** coerência, correspondência. **4** *Gramm* concordância.

con.cor.da.re [konkord´are] *vt* **1** combinar, definir, estabelecer. *concordare obiettivi, strategie* / definir objetivos, estratégias. *vi* **2** concordar, estar de acordo. *lei non concorda mai con le mie idee* / ela nunca concorda com as minhas ideias.

con.cor.da.to [konkord´ato] *sm* concordata.

con.cor.de [konk´ɔrde] *agg* **1** de acordo, concordante, concorde. **2** coletivo, geral. **3** harmônico, coerente. **4** semelhante, similar.

con.cor.dia [konk´ɔrdja] *sf* **1** acordo, concordância. **2** harmonia, paz, tranquilidade.

con.cor.ren.te [konkor̄´ɛnte] *s+agg* **1** concorrente, adversário, competidor, rival. **2** aspirante. **3** candidato.

con.cor.re.re [konk´or̄ere] *vi* **1** concorrer, competir, disputar. *concorrere a premi in denaro* / concorrer a prêmios em dinheiro. **2** afluir, convergir. *queste rette concorrono in un ponto* / estas retas convergem num ponto. **3** concorrer, contribuir para. *i progressi della medicina concorrono a migliorare la vita umana* / os progressos da medicina contribuem para melhorar a vida humana.

con.cor.so [konk´orso] *sm* **1** concurso, exame, prova, teste. **2** convergência, afluência.

con.cre.ta.re [konkret´are] *vt* **1** concretizar, realizar, materializar. **2** criar, dar vida a, executar.

con.cre.to [konkr´ɛto] *agg* **1** concreto, palpável. **2** autêntico, real, efetivo.

con.cu.bi.na [konkub´ina] *sf* amante, concubina.

con.cu.pi.scen.za [konkupiʃ´ɛntsa] *sf* **1** desejo, vontade, ânsia. **2** *fig* sensualidade, sexualidade.

con.dan.na [kond´anna] *sf* **1** condenação, castigo, punição. **2** *fig* crítica, reprovação.

con.dan.na.bi.le [kondann´abile] *agg* condenável, reprovável.

con.dan.na.re [kondann´are] *vt* **1** condenar, castigar, punir. **2** *fig* criticar, reprovar.

con.de.gno [kond´eño] *agg* digno, devido, merecido.

con.den.sa.re [kondens´are] *vt* **1** condensar, comprimir, concentrar. **2** *fig* resumir, esquematizar.

con.den.sa.zio.ne [kondensats´jone] *sf* condensação.

con.di.men.to [kondim´ɛnto] *sm* tempero, condimento.

con.di.re [kond´ire] *vt* **1** temperar, condimentar. **2** *fig* tornar agradável.

con.di.scen.den.za [kondiʃend´ɛntsa] *sf* condescendência, compreensão, tolerância.

con.di.scen.de.re [kondiʃ´ɛndere] *vi* **1** condescender. **2** aceitar, permitir, consentir. *condiscendere a dare spiegazioni* / aceitar dar explicações.

con.di.zio.na.le [konditsjon´ale] *sm Gramm* condicional. • *agg* condicional.

con.di.zio.na.re [konditsjon´are] *vt* **1** condicionar, subordinar. *il cliente condizionò il pagamento alla consegna della macchina* / o cliente condicionou o pagamento à entrega do automóvel. **2** acondicionar, embalar. *condizionare prodotti* / acondicionar produtos.

con.di.zio.ne [kondits´jone] *sf* **1** condição. **2** requisito, atributo. **3** tipo, qualidade. **4** maneira, jeito. **5** *fig* acordo, pacto. **6** cláusula. **7** restrição. **8** classe, posição social. **a condizione che** com a condição de que. **in buone condizioni** em boas condições.

con.do.glian.ze [kondoλ´antse] *sf pl* pêsames, condolências.

con.do.ler.si [kondol´ersi] *vpr* condoer-se, apiedar-se, sentir. *condolersi della morte di una persona* / condoer-se da morte de uma pessoa.

con.do.mi.nio [kondom´injo] *sm* condomínio.

con.do.mi.no [kond´ɔmino] *sm* condômino.
con.do.re [kond´ɔre] *sm Zool* condor.
con.dot.ta [kond´otta] *sf* conduta, comportamento, atitude.
con.dot.tie.re [kondott´jɛre] *sm* chefe, comandante, líder.
con.dot.to [kond´otto] *sm* tubulação, tubo, canal, conduto.
con.du.cen.te [kondutʃ´ɛnte] *sm* **1** condutor, guia. **2** *fig* piloto, motorista, chofer.
con.dur.re [kond´ur̄e] *vt* **1** conduzir, guiar, acompanhar. **2** levar, transportar. **3** *fig* convencer, persuadir. **4** induzir, obrigar. **5** chefiar, comandar, dirigir. *vpr* **6** conduzir-se, comportar-se. *condursi male* / conduzir-se mal.
con.dut.to.re [kondutt´ore] *sm* **1** gerente (de um estabelecimento). **2** condutor (de um veículo). **3** *Fis* condutor.
con.du.zio.ne [konduts´jone] *sf* **1** condução, propagação, difusão, transmissão. **2** *fig* administração, gerência, governo, gestão.
con.fa.cen.te [konfatʃ´ɛnte] *agg* **1** conveniente, oportuno. **2** adequado, apropriado.
con.far.si [konf´arsi] *vpr* **1** convir, ser conveniente. *questo si confà a me* / isto me convém. **2** condizer com, ser apropriado. *tale condotta non si confà alla tua educazione* / tal conduta não condiz com a tua educação.
con.fe.de.rar.si [konfeder´arsi] *vpr* confederar-se, unir-se em confederação.
con.fe.de.ra.zio.ne [konfederats´jone] *sf* **1** confederação, federação. **2** *fig* associação, união.
con.fe.ren.te [konfer´ɛnte] *agg* **1** conveniente, apropriado, útil. **2** conferente, que confere.
con.fe.ren.za [konfer´ɛntsa] *sf* **1** conferência, assembleia, congresso, simpósio. **2** discurso.
con.fe.ri.re [konfer´ire] *vt* **1** conferir, conceder, atribuir a alguém. *conferire un premio, un titolo* / conferir um prêmio, um título. **2** comunicar. *vi* **3** conversar, falar com. **4** conferenciar, debater. *vado a conferire con il ministro* / vou conferenciar com o ministro.

Conferire em italiano não é usado comumente com o sentido de "conferir", "verificar", "confrontar". Nesse sentido, prefere-se **controllare**.

C

con.fer.ma [konf´erma] *sf* **1** confirmação, demonstração, comprovação. **2** repetição. **3** aprovação, ratificação. **4** *Rel* crisma.
con.fer.ma.re [konferm´are] *vt* **1** confirmar, demonstrar, comprovar. **2** repetir. **3** aprovar, ratificar.
con.fes.sa.re [konfess´are] *vt* **1** confessar, admitir, reconhecer. *vpr* **2** confessar-se.
con.fes.sio.na.le [konfessjon´ale] *sm* confessionário. • *agg* confessional.
con.fes.sio.ne [konfess´jone] *sf Giur, Rel* confissão.
con.fet.ta.re [konfett´are] *vt* **1** confeitar. **2** *fig* tornar agradável. **confettare un discorso** fazer um discurso afetado.
con.fet.to [konf´ɛtto] *sm* confeito, doce.
con.fe.zio.na.re [konfetsjon´are] *vt* **1** confeccionar, preparar, fazer. **2** empacotar, embrulhar, embalar.
con.fe.zio.ne [konfets´jone] *sf* **1** confecção, preparo. **2** embalagem. **3 confezioni** *pl* confecções, roupas.
con.fic.ca.re [konfikk´are] *vt* fincar, cravar, enfiar.
con.fi.da.re [konfid´are] *vt* **1** confidenciar, revelar. *confidare segreti e problemi agli amici* / confidenciar segredos e problemas aos amigos. *vi* **2** confiar em, ter fé em, contar com. *bisogna confidare in se stesso* / é preciso confiar em si mesmo. *vpr* **3** abrir-se para, ser franco com alguém. *la ragazza non vuole confidarsi con la madre* / a menina não quer se abrir com a mãe.
con.fi.den.za [konfid´ɛntsa] *sf* **1** confidência. **2** confiança. **3** intimidade, familiaridade.
con.fi.den.zia.le [konfidents´jale] *agg* **1** confidencial, oficioso. **2** íntimo, amigável, familiar.
con.fi.nan.te [konfin´ante] *agg* vizinho, próximo, adjacente, contíguo.
con.fi.na.re [konfin´are] *vt* **1** confinar, deportar, exilar. **2** *fig* aprisionar, prender.
con.fi.ne [konf´ine] *sm* **1** confim, limite,

fronteira, extremidade. 2 alfândega. Veja nota em **extremidade**.
con.fi.no [konf'ino] *sm* exílio, banimento, desterro, expatriação.
con.fi.sca [konf'iska] *sf* apreensão, confisco.
con.fi.sca.re [konfisk'are] *vt* confiscar, sequestrar (objetos).
con.flit.to [konfl'itto] *sm* **1** conflito, guerra, luta. **2** batalha, combate. **3** rixa, rivalidade. **4** *fig* desacordo, contraste.
con.flu.i.re [konflu'ire] *vi* **1** confluir, juntar-se. *i fiumi confluiscono nel mare* / os rios confluem para o mar. **2** *fig* convergir, encontrar-se. *molti giovani artisti confluivano in quella scuola* / muitos jovens artistas convergiam para aquela escola.
con.fon.de.re [konf'ondere] *vt* **1** confundir, tomar (uma coisa por outra). **2** *fig* humilhar, envergonhar. **3** ofuscar, deslumbrar. **4** surpreender. **5** desorientar, perturbar. *vpr* **6** confundir-se. **7** enganar-se, errar.
con.for.ma.re [konform'are] *vt* **1** adaptar, ajustar, amoldar. **2** uniformizar.
con.for.me [konf'ɔrme] *agg* **1** conforme. **2** semelhante. **3** concorde. • *avv* de maneira semelhante. • *prep+cong* conforme, segundo, como.
con.for.ta.re [konfort'are] *vt* **1** confortar, reconfortar, consolar. **2** *fig* dar razão.
con.for.te.vo.le [konfort'evole] *agg* confortável, cômodo.
con.for.to [konf'ɔrto] *sm* **1** conforto, comodidade. **2** ajuda, apoio, consolo.
con.fra.tel.lo [konfrat'ɛllo] *sm* confrade.
con.fron.ta.re [konfront'are] *vt* confrontar, comparar, equiparar.
con.fron.to [konfr'onto] *sm* **1** confronto, comparação, paralelo. **2** *fig* competição, luta.
con.fu.sio.ne [konfuz'jone] *sf* **1** confusão, desordem. **2** anarquia, caos. **3** agitação, tumulto.
con.fu.so [konf'uzo] *agg* **1** confuso, desorganizado, caótico, desordenado. **2** *fig* incompreensível, obscuro, indeterminado. **3** confuso, perplexo, desconcertado.
con.fu.ta.re [konfut'are] *vt* contestar, contrariar, opor-se a, refutar, objetar.
con.ge.da.re [kondʒed'are] *vt* **1** despedir, demitir, dispensar. **2** licenciar. *vi* **3** despedir-se.
con.ge.do [kondʒ'ɛdo] *sm* licença, despedida.
con.ge.gno [kondʒ'eño] *sm* aparelho, mecanismo, máquina, dispositivo.
con.ge.la.re [kondʒel'are] *vt* **1** congelar, gelar, resfriar. **2** *fig* paralisar, bloquear, imobilizar. *vpr* **3** congelar-se.
con.ge.ne.re [kondʒ'enere] *agg* congênere, semelhante, idêntico.
con.ge.ni.to [kondʒ'ɛnito] *agg* congênito, hereditário, genético, instintivo, natural.
con.ge.stio.na.re [kondʒestjon'are] *vt* congestionar, dar congestão.
con.ge.stio.ne [kondʒest'jone] *sf* **1** *Med* congestão. **2** *fig* aglomeração.
con.get.tu.ra [kondʒett'ura] *sf* suposição, hipótese, conjetura.
con.get.tu.ra.re [kondʒettur'are] *vt* conjeturar, julgar, supor, presumir.
con.giun.ge.re [kondʒ'undʒere] *vt* ligar, unir, conectar.
con.giun.ti.vi.te [kondʒuntiv'ite] *sf Med* conjuntivite.
con.giun.to [kondʒ'unto] *sm* parente, familiar. • *agg* ligado, unido, junto, anexo. **parente congiunto** parente próximo.
con.giun.tu.ra [kondʒunt'ura] *sf* **1** conjuntura, circunstância, momento. **2** junta, articulação, conexão, junção. **3** *fig* crise.
con.giun.zio.ne [kondʒunts'jone] *sf* **1** união, ligação. **2** *Gramm* conjunção.
con.giu.ra [kondʒ'ura] *sf* conspiração, intriga, trama, conjuração.
con.giu.ra.re [kondʒur'are] *vi* conspirar, tramar, conjurar.
con.glo.me.ra.re [konglomer'are] *vt* conglomerar, amontoar.
con.gra.tu.lar.si [kongratul'arsi] *vpr* congratular-se, cumprimentar-se, felicitar-se.
con.gra.tu.la.zio.ne [kongratulats'jone] *sf* **1** congratulação, cumprimento. **2 congratulazioni** *pl* parabéns.

con.gre.ga [kongr´ɛga] *sf V congregazione.*

con.gre.ga.re [kongreg´are] *vt* congregar, agrupar, reunir, juntar.

con.gre.ga.zio.ne [kongregats´jone] *sf* congregação, confraria, associação religiosa. *Sin: congrega.*

con.gres.si.sta [kongress´ista] *s+agg* congressista, parlamentar.

con.gres.so [kongr´ɛsso] *sm* **1** congresso, parlamento. **2** assembleia, convenção, reunião.

co.nia.re [kon´jare] *vt* **1** cunhar, emitir moeda. **2** *fig* criar, inventar.

co.ni.co [k´ɔniko] *agg* cônico.

co.ni.glio [kon´iλo] *sm* **1** coelho. **2** *fig* tímido, medroso.

co.nio [k´ɔnjo] *sm* **1** cunha, instrumento para rachar lenha, apertar ou levantar objetos. **2** cunho, placa para cunhar moedas.

co.niu.ga.le [konjug´ale] *agg* conjugal, matrimonial, marital.

co.niu.ga.re [konjug´are] *vt* **1** *Gramm* conjugar. *vpr* **2** *Gramm* conjugar-se. **3** *fig* casar-se.

co.niu.ga.zio.ne [konjugats´jone] *sf* **1** união, ligação. **2** *Gramm* conjugação.

co.niu.ge [k´ɔnjudʒe] *s* **1** cônjuge. **2** marido, esposo. **3** mulher, esposa.

con.nes.sio.ne [konness´jone] *sf* **1** conexão, junção. **2** *fig* afinidade, ligação, relação.

con.net.te.re [konn´ɛttere] *vt* ligar, juntar.

con.ni.ven.te [konniv´ɛnte] *agg* conivente, mancomunado.

con.nu.bio [konn´ubjo] *sm* **1** casamento, matrimônio. **2** concubinato. **3** *fig* aliança, ligação.

co.no [k´ɔno] *sm* cone.

co.no.scen.za [konoʃ´ɛntsa] *sf* **1** conhecimento, informação. **2** experiência, prática. **3** *fig* amizade, familiaridade. **4** amigo, conhecido. *le mie conoscenze mi aiutarono molto* / os meus amigos me ajudaram muito.

co.no.sce.re [kon´oʃere] *vt* **1** conhecer, saber. **2** entender de, ter experiência em, ter prática com. **3** reconhecer, lembrar-se de.

co.no.sciu.to [konoʃ´uto] *agg* conhecido, famoso, renomado, popular, célebre, notório.

con.qui.sta.re [konkwist´are] *vt* **1** conquistar. **2** invadir. **3** subjugar. **4** encantar, cativar, atrair.

con.sa.cra.re [konsakr´are] *vt* **1** consagrar. **2** *fig* dedicar.

con.san.gui.ne.o [konsang´wineo] *sm+agg* consanguíneo.

con.sa.pe.vo.le [konsap´evole] *agg* conhecedor, consciente, ciente. *Sin: conscio.*

con.scio [k´ɔnʃo] *agg V consapevole.*

con.se.cu.ti.vo [konsekut´ivo] *agg* consecutivo, seguido. **tre volte consecutive** três vezes seguidas.

con.se.gna [kons´eña] *sf* **1** entrega, distribuição. **2** *Mil* ordem, comando.

con.se.gna.re [konseñ´are] *vt* **1** entregar, distribuir. **2** confiar alguma coisa a alguém.

con.se.guen.te [konseg´wɛnte] *sm* consequência. • *agg* **1** consequente, conseguinte. **2** subsequente. • *avv* depois, em seguida.

con.se.guen.za [konseg´wɛntsa] *sf* consequência, resultado, efeito.

con.se.gui.re [konseg´wire] *vt* **1** conseguir, obter, conquistar, ganhar. *possiamo conseguire i nostri obiettivi* / podemos conseguir os nossos objetivos. *vi* **2** resultar, derivar, originar-se, nascer de, vir de. *consegue da ciò che ...* / disso resulta que ... Veja nota em **atingir**.

con.se.gui.ta.re [konsegwit´are] *vi* **1** seguir-se, suceder, vir depois. **2** derivar, resultar.

con.sen.so [kons´ɛnso] *sm* **1** consenso, acordo. **2** consentimento, autorização, permissão. *Sin: consentimento.*

con.sen.ti.men.to [konsentim´ento] *sm V consenso.*

con.sen.ti.re [konsent´ire] *vt* consentir, permitir, autorizar, deixar.

con.ser.ta.re [konsert´are] *vt* **1** inserir. **2** entrelaçar.

con.ser.to [kons´ɛrto] *agg* **1** entrelaçado, unido. **2** inserido.

con.ser.va [kons´ɛrva] *sf* **1** conserva (de alimentos). **2** conservação. **3** reservatório de água. **4** despensa.

con.ser.va.re [konserv´are] *vt* **1** conservar, preservar, manter. **2** defender, salvar. **3** economizar, reservar.

con.ser.va.to.re [konservat´ore] *sm+agg* conservador, burguês, reacionário.

con.ser.va.to.rio [konservat´ɔrjo] *sm* conservatório, escola de artes.

con.si.de.ra.re [konsider´are] *vt* **1** considerar. *consideriamo un onore visitare il presidente* / consideramos uma honra visitar o presidente. **2** examinar, estudar. **3** calcular, avaliar. **4** considerar, ter consideração por, apreciar, estimar. *vpr* **5** considerar-se, achar-se. *già mi considero una persona vitoriosa* / já me considero uma pessoa vitoriosa.

con.si.de.ra.zio.ne [konsiderats´jone] *sf* consideração, comentário, observação; apreciação, estima; respeito, reverência.

con.si.de.re.vo.le [konsider´evole] *agg* considerável, significativo, respeitável, notável.

con.si.glia.re [konsiλ´are] *vt* **1** aconselhar. **2** sugerir, propor. *vpr* **3** aconselhar-se com. **4** *fig* consultar-se com, deixar-se guiar por.

con.si.glie.re [konsiλ´ɛre] *sm* conselheiro.

con.si.glio [kons´iλo] *sm* **1** conselho. **2** parecer, ponto de vista. **3** sugestão, advertência, aviso. **4** conselho, assembleia.

con.si.sten.za [konsist´ɛntsa] *sf* (anche *fig*) **1** consistência, solidez, densidade. **2** dureza, resistência. **3** fundamento, base, motivo, justificativa.

con.si.ste.re [kons´istere] *vi* consistir, compor-se de, ser formado de. *il racconto consiste in due parti* / o conto consiste em duas partes. *la ricetta consiste di pochi ingredienti* / a receita consiste de poucos ingredientes.

con.so.la.re [konsol´are] *vt* **1** consolar, confortar. **2** aliviar, suavizar. *consolare il dolore altrui* / aliviar a dor de outra pessoa.

con.so.la.to [konsol´ato] *sm* consulado.

con.so.le [k´ɔnsole] *sm* cônsul.

con.so.li.da.re [konsolid´are] *vt* consolidar, reforçar, estabilizar, tornar sólido.

con.so.nan.te [konson´ante] *sf Gramm* consoante. • *agg* consonante.

con.so.no [k´ɔnsono] *agg* coerente, correspondente, conforme, consoante, de acordo.

con.sor.zio [kons´ɔrtsjo] *sm* consórcio, associação, sociedade, cooperativa.

con.sta.re [konst´are] *vi* constar de, ser constituído de, compor-se de.

con.sta.ta.re [konstat´are] *vt* esclarecer, demonstrar, apurar, verificar.

con.su.e.to [konsu´ɛto] *agg* habitual, costumeiro, comum, rotineiro, normal, usual.

con.sue.tu.di.ne [konswet´udine] *sf* hábito, costume, rotina, tradição, uso.

con.sul.ta [kons´ulta] *sf* conferência, conselho.

con.sul.ta.re [konsult´are] *vt* consultar, informar-se, pedir conselhos a.

con.sul.to [kons´ulto] *sm* consulta (a médico, a advogado).

con.sul.to.rio [konsult´ɔrjo] *sm* consultório.

con.su.ma.re [konsum´are] *vt* **1** consumir, utilizar, empregar. *consumare acqua, luce* / consumir água, luz. **2** consumar, realizar. *consumare il matrimonio* / consumar o matrimônio. **3** cometer. *consumare un delitto* / cometer um delito. **4** gastar, dissipar, dilapidar. *vpr* **5** consumir-se. **6** (anche *fig*) arruinar-se, degradar-se. **7** destruir-se, desmanchar-se. **8** sofrer, atormentar-se. *si consumò per amore* / sofreu por amor.

con.su.ma.to [konsum´ato] *sm* caldo de carne. • *agg* **1** consumido, gasto, usado. **2** estragado, destruído. **3** consumado, terminado, findo. **4** especialista. *consumato in meccanica* / especialista em mecânica.

con.su.ma.zio.ne [konsumats´jone] *sf* **1** consumação, finalização. **2** despesa. **3** enfraquecimento.

con.su.mo [kons´umo] *sm* **1** consumo, uso, utilização. **2** despesa. **3** estrago.

con.ta.bi.le [kont´abile] *sm* contador, contabilista. • *agg* contábil.

con.ta.bi.li.tà [kontabilit´a] *sf* contabilidade.

con.ta.chi.lo.me.tri [kontakil´ɔmetri] *sm Mecc* velocímetro.

con.ta.di.no [kontad´ino] *sm* **1** agricultor, camponês. **2** *fig* mal-educado, grosseirão, matuto. • *agg* do campo, rural, agrícola.

con.ta.gia.re [kontadʒ´are] *vt* **1** contagiar, contaminar, infectar. **2** comunicar, transmitir. **3** *fig* influenciar, convencer.

con.ta.gio [kont´adʒo] *sm* **1** *Med* contágio, contaminação, infecção. **2** *fig* influência. **3** praga.

con.ta.goc.ce [kontag´ottʃe] *sm* conta-gotas.

con.ta.mi.na.re [kontamin´are] *vt* **1** contaminar, infectar, envenenar. **2** corromper, viciar.

con.tan.te [kont´ante] *agg Comm* corrente (moeda). **pagamento in contanti** pagamento à vista.

con.ta.re [kont´are] *vt* **1** contar, calcular, numerar. **2** *fig* estimar, considerar (pessoas). **3** possuir, ter. *vi* **4** contar, calcular. *contò fino a dieci* / contou até dez. **5** contar, ser importante, ter peso. *questa è la gente che conta* / esta é a gente que conta. **contare di** pretender, propor-se. *conta di essere in Europa fino a 2004* / ele pretende estar na Europa em 2004. **contare su** contar com. *tutti contano sulla vittoria* / todos contam com a vitória. *posso contare su di te?* / posso contar com você? Veja nota em **contar**.

con.tat.ta.re [kontatt´are] *vt* contatar, ter contato com, encontrar-se com.

con.tat.to [kont´atto] *sm* **1** contato, adjacência, proximidade. **2** *fig* amizade, conhecimento, relacionamento. **3** ligação.

con.te [k´onte] *sm* conde.

con.tem.pla.re [kontempl´are] *vt* **1** contemplar, admirar, observar. *vorrei contemplare l'orizzonte* / gostaria de contemplar o horizonte. **2** considerar, examinar, levar em consideração. *la legge contempla il tuo caso* / a lei considera o teu caso.

con.tem.po [kont´ɛmpo] *sm* usado na expressão **nel contempo** enquanto isso, ao mesmo tempo, nesse meio-tempo, entretanto.

con.tem.po.ra.ne.o [kontempor´aneo] *agg* **1** contemporâneo. **2** simultâneo, sincronizado. **3** atual, moderno, de hoje.

con.ten.den.te [kontend´ɛnte] *s+agg* adversário, competidor, antagonista.

con.ten.de.re [kont´ɛndere] *vt* **1** negar, contestar, questionar. **2** proibir, vetar. **3** discutir, debater. *vi* **4** competir. *nelle favole, gli eroi contendono con i giganti* / nas fábulas, os heróis competem com os gigantes. **5** discutir, brigar. *vpr* **6** competir por, disputar. *quelle compagnie si contendono il monopolio dello zucchero* / aquelas companhias disputam o monopólio do açúcar.

con.te.ne.re [konten´ere] *vt* **1** conter, incluir, compreender. *la lettera contiene segreti importanti* / a carta contém segredos importantes. **2** controlar, dominar, bloquear, limitar. *contenere l'entusiasmo, un'epidemia* / conter o entusiasmo, uma epidemia. *vpr* **3** conter-se, controlar-se.

con.ten.ta.re [kontent´are] *vt* **1** contentar, satisfazer, fazer a vontade de, agradar. *vpr* **2** contentar-se, satisfazer-se.

con.ten.tez.za [kontent´ettsa] *sf* contentamento, satisfação. **mala contentezza** chateação, incômodo.

con.ten.to [kont´ɛnto] *agg* contente, feliz, alegre, satisfeito.

con.te.nu.to [konten´uto] *sm* **1** conteúdo. **2** argumento, tema. **3** conceito, ideia. **4** índole, natureza, essência. • *agg* **1** contido. **2** justo, normal, proporcional. **3** controlado, educado, correto, sóbrio, moderado, comedido (pessoa).

con.ter.ra.ne.o [konter̄´aneo] *sm+agg* conterrâneo, compatriota, concidadão.

con.te.sa [kont´eza] *sf* **1** contenção. **2** desacordo, discórdia. **3** discussão, debate. **4** disputa, luta.

con.tes.sa [kont´essa] *sf* condessa.

con.tes.se.re [kont´ɛssere] *vt* entrelaçar, entretecer.

con.te.sta.re [kontest´are] *vt* contestar, discutir, debater, duvidar.

con.te.sto [kont´ɛsto] *sm* contexto, situação.

con.ti.guo [kont´igwo] *agg* contíguo, vizinho, próximo, adjacente.

con.ti.nen.ta.le [kontinent´ale] *agg* continental.

con.ti.nen.te [kontin'ɛnte] *sm Geogr* continente, terra firme. • *agg* moderado, prudente.

con.tin.gen.te [kontindʒ'ɛnte] *sm* **1** grupo de pessoas. **2** *Mil* contingente, guarnição militar. • *agg* contingente, casual, imprevisto, eventual, ocasional, esporádico.

con.tin.gen.za [kontindʒ'ɛntsa] *sf* **1** contingência, situação, caso, fato. **2** acidente, imprevisto. **3** equiparação, abono, aumento salarial.

con.ti.nu.a.re [kontinu'are] *vt* **1** continuar, prosseguir, levar adiante, seguir. *vi* **2** continuar. **3** persistir, insistir. **4** durar, prolongar-se (no tempo).

con.ti.nu.a.to [kontinu'ato] *agg* continuado, contínuo, duradouro, ininterrupto, constante.

con.ti.nuo [kont'inwo] *sm* sequência, série, sucessão. • *agg* contínuo, constante, ininterrupto, regular, eterno, prolongado.

con.to [k'onto] *sm* **1** conta, cálculo, contagem. **2** conta, despesa. **3** conto, história curta. **4** *fig* consideração, estima, valor. **5** *Contab* conta, registro. **6** balanço, prestação de contas. **a conti fatti/in fine dei conti** no final das contas, em conclusão. **conto corrente** conta corrente. **dare buon conto di sé** comportar-se devidamente. **fare conto che** fazer de conta, imaginar, supor. **fare conto di** propor-se a. **fare i conti** (anche *fig*) prestar contas. **mettere conto/tornare conto** valer a pena, ser útil. **per mio conto** a) em meu nome, a meu cargo. b) no que me diz respeito. **per nessun conto/in nessun conto** de jeito nenhum. **rendere conto di una cosa** justificar, dar satisfações sobre uma coisa. **sapere il conto suo** saber o que fazer, ser especialista. **tenere di conto** tomar conta de, cuidar de.

con.tor.ce.re [kont'ɔrtʃere] *vt* **1** contorcer, torcer, retorcer. *vpr* **2** contorcer-se (de dor).

con.tor.na.re [kontorn'are] *vt* **1** contornar, circundar. **2** rodear, cercar. **3** limitar, delimitar.

con.tor.no [kont'orno] *sm* **1** contorno. **2** silhueta. **3** acompanhamento (de verduras ou legumes). **4** margem, borda.

con.tor.sio.ne [kontors'jone] *sf* **1** contorção, torção. **2** acrobacia.

con.trab.ban.die.re [kontrabband'jɛre] *sm* contrabandista.

con.trab.ban.do [kontrabb'ando] *sm* contrabando. **di contrabbando** às escondidas, furtivamente.

con.trab.bas.so [kontrabb'asso] *sm Mus* contrabaixo.

con.trac.cet.ti.vo [kontrattʃett'ivo] *sm+agg* anticoncepcional, contraceptivo.

con.trac.col.po [kontrakk'olpo] *sm* **1** contragolpe. **2** *fig* repercussão, reação.

con.tra.da [kontr'ada] *sf* **1** vizinhança, bairro. **2** rua de vilarejo.

con.trad.di.re [kontradd'ire] *vt* **1** contradizer, contestar, discordar. *vpr* **2** contradizer-se.

con.trad.dit.to.rio [kontradditt'ɔrjo] *agg* contraditório, contrastante, oposto.

con.tra.en.te [kontra'ɛnte] *s+agg* **1** contraente. **2 i contraenti** *pl* a) os noivos (ao se casarem). b) as partes de um contrato.

con.traf.fa.re [kontraff'are] *vt* **1** falsificar, adulterar. **2** manipular. **3** imitar, copiar, plagiar.

con.trap.pe.so [kontrapp'ezo] *sm* contrapeso (de balança).

con.trap.por.re [kontrapp'or̃e] *vt* **1** contrapor, opor. *contrappongo la mia teoria alla tua* / contraponho a minha teoria à tua. **2** contestar, refutar, rebater. *vpr* **3** contrapor-se, opor-se. *il partito vuole contrapporsi alla proposta* / o partido quer se contrapor à proposta.

con.trap.pun.to [kontrapp'unto] *sm Mus* contraponto.

con.tra.ria.re [kontrar'jare] *vt* **1** contrariar, desagradar, indispor. **2** contestar, opor-se.

con.tra.rie.tà [kontrarjet'a] *sf* **1** contrariedade. **2** oposição, diversidade. **3** adversidade, tribulação.

con.tra.rio [kontr'arjo] *sm* contrário, inverso, oposto. • *agg* **1** contrário, oposto, contraditório. **2** contraposto, fronteiro, frontal. **3** *fig* inimigo.

con.trar.re [kontr'aře] *vt* **1** contrair, encolher. **2** entrar em acordo.

con.tras.se.gno [kontrass'eño] *sm* **1** senha. **2** marca, distintivo, sinal. **3** palavra de ordem. **4** *fig* testemunho.

con.tra.sta.re [kontrast'are] *vt* **1** contestar, discordar, opor-se. **2** contrastar, combater, impedir.

con.tra.sto [kontr'asto] *sm* **1** contraste, divergência. **2** oposição, contradição, antítese. **3** *fig* conflito, luta, antagonismo.

con.trat.tac.ca.re [kontrattakk'are] *vt* contra-atacar, reagir, defender-se, revidar.

con.trat.ta.re [kontratt'are] *vt* **1** contratar, fazer um contrato. *vi* **2** negociar, tratar.

con.trat.ta.zio.ne [kontrattats'jone] *sf* **1** contratação. **2** negociação. **3** ajuste, acordo.

con.trat.tem.po [kontratt'ɛmpo] *sm* contratempo, acidente, problema.

con.trat.to [kontr'atto] *sm* contrato, acordo, tratado, convenção. • *agg* contraído, encolhido, rígido, teso.

con.trav.ve.le.no [kontravvel'eno] *sm* antídoto, contraveneno.

con.trav.ven.zio.ne [kontravvents'jone] *sf* **1** contravenção, transgressão. **2** multa.

con.tra.zio.ne [kontrats'jone] *sf* contração, encolhimento, retraimento.

con.tri.bu.en.te [kontribu'ɛnte] *s+agg* contribuinte.

con.tri.bu.i.re [kontribu'ire] *vi* contribuir, ajudar, tomar parte em, cooperar com. *la nostra iniziativa contribuisce alla realizzazione del programma* / a nossa iniciativa contribui para a realização do programa.

con.tri.bu.to [kontrib'uto] *sm* **1** contribuição, ajuda, participação. **2** quota, parte em dinheiro. **3** pagamento, taxa.

con.tri.zio.ne [kontrits'jone] *sf Rel* contrição, arrependimento.

con.tro [k'ontro] *sm* contra, obstáculo, objeção. • *prep* **1** contra. **2** de encontro a, defronte a. • *avv* contra, contrariamente. **andare contro corrente** *fig* navegar contra a corrente. **contro di me** contra mim. **contro il muro/contro al muro/contro del muro** de encontro ao muro. **scommettere una lira contro cento** apostar uma lira contra cem. **stare contro** opor-se a. Veja nota em **contra**.

con.tro.bi.lan.cia.re [kontrobilantʃ'are] *vt* contrabalançar, balancear, equilibrar.

con.tro.fir.ma.re [kontrofirm'are] *vt* (anche *fig*) aprovar, aceitar, autenticar, ratificar.

con.trol.la.re [kontroll'are] *vt* **1** controlar, fiscalizar, supervisionar. **2** conferir. **3** apurar, esclarecer, verificar. **4** vigiar, observar, tomar conta de. **5** *fig* dominar, governar, dirigir. Veja nota em **conferire**.

con.trol.lo [kontr'ɔllo] *sm* **1** controle, fiscalização, supervisão. **2** conferência. **3** vigilância, observação. **4** disciplina, comando. **5** prova, verificação. **6** *fig* domínio, governo, direção.

con.trol.lo.re [kontroll'ore] *sm* **1** fiscal. **2** conferente.

con.tro.sen.so [kontros'ɛnso] *sm* contrassenso, absurdo, incoerência, disparate.

con.tro.sto.ma.co [kontrost'omako] *avv* usado na expressão **a controstomaco** a contragosto.

con.tro.ver.sia [kontrov'ɛrsja] *sf* controvérsia, desacordo, discussão, disputa, litígio.

con.tro.ver.so [kontrov'ɛrso] *agg* controverso, controvertido, discutível, pendente.

con.tro.ver.te.re [kontrov'ɛrtere] *vt+vi* discutir, contestar, controverter.

con.tro.vo.glia [kontrov'ɔλa] *avv* contra a vontade, à força, forçosamente.

con.tun.den.te [kontund'ɛnte] *agg* contundente, que machuca.

con.tun.de.re [kont'undere] *vt* contundir, machucar, pisar.

con.tur.ba.re [konturb'are] *vt* conturbar, perturbar.

con.tu.sio.ne [kontuz'jone] *sf Med* contusão, ferimento, pisadura.

con.tut.to.ché [kontuttok'e] *cong* embora, se bem que, conquanto, posto que, mesmo que.

con.va.le.scen.za [konvaleʃ'ɛntsa] *sf* convalescença, recuperação (da saúde).

con.va.li.da [konv'alida] *sf* visto, autenticação, confirmação, ratificação.
con.ve.gno [konv'eño] *sm* **1** reunião, encontro. **2** assembleia, congresso, conselho.
con.ve.ne.vo.le [konven'evole] *sm* **1** conveniência. **2 convenevoli** *pl* a) saudações, cumprimentos. b) formalidades, cerimônia. • *agg* conveniente, oportuno. **fare i convenevoli** a) dar os cumprimentos. b) fazer cerimônia.
con.ve.nien.te [konven'jɛnte] *agg* conveniente, oportuno, adequado, apropriado.
con.ve.nien.za [konven'jɛntsa] *sf* conveniência, interesse, vantagem, utilidade.
con.ve.ni.re [konven'ire] *vt* **1** *Giur* intimar, chamar em juízo. *vi* **2** convir, ser conveniente, ser apropriado. **3** juntar-se, convergir, acorrer, afluir. **4** entrar em acordo. **5** unir-se, associar-se.
con.ven.to [konv'ɛnto] *sm* convento, mosteiro.
con.ven.zio.na.le [konventsjon'ale] *agg* **1** convencional, normal, comum. **2** habitual, costumeiro. **3** aceito, de praxe.
con.ven.zio.ne [konvents'jone] *sf* **1** convenção, acordo, tratado, ajuste. **2 convenzioni** *pl fig* normas, regras, costumes, tradições.
con.ver.ge.re [konv'ɛrdʒere] *vi* **1** convergir, concentrar-se, cruzar-se, unir-se. **2** dirigir-se, aproximar-se, confluir.
con.ver.sa.re [konvers'are] *vi* **1** conversar, dialogar, falar. **2** *pop* bater papo.
con.ver.sa.zio.ne [konversats'jone] *sf* **1** conversa, conversação. **2** *pop* bate-papo. **attaccare conversazione** a) iniciar a conversa. b) *pop* puxar assunto. Veja nota em **papo**.
con.ver.sio.ne [konvers'jone] *sf* **1** transformação, mudança. **2** *Autom* conversão, desvio, volta. **3** *Rel* conversão, mudança de religião.
con.ver.ti.bi.le [konvert'ibile] *agg* **1** conversível, comerciável. **2** *Autom* conversível.
con.ver.ti.re [konvert'ire] *vt* **1** converter. **2** transformar, alterar. *vpr* **3** converter-se. **4** arrepender-se, reconhecer os erros.
con.ves.so [konv'ɛsso] *agg* **1** convexo. **2** arredondado.
con.vin.ce.re [konv'intʃere] *vt* **1** convencer, persuadir. *vpr* **2** convencer-se, persuadir-se.
con.vin.ci.men.to [konvintʃim'ento] *sm* *V convinzione*.
con.vin.zio.ne [konvints'jone] *sf* **1** convicção, crença, fé. **2** convencimento, persuasão. *Sin: convincimento*.
con.vit.to [konv'itto] *sm* colégio interno, internato. Veja nota em **internato**.
con.vi.ve.re [konv'ivere] *vi* conviver, viver junto.
con.vo.ca.re [konvok'are] *vt* convocar, convidar, chamar.
con.vo.glio [konv'oλo] *sm* **1** comboio. **2** caravana.
con.vul.sio.ne [konvuls'jone] *sf Med* convulsão.
co.o.pe.ra.re [kooper'are] *vi* cooperar com, colaborar com, ajudar, auxiliar.
co.o.pe.ra.ti.va [kooperat'iva] *sf* cooperativa, associação, sociedade.
co.or.di.na.re [koordin'are] *vt* **1** coordenar, organizar, ordenar. **2** harmonizar, arranjar.
co.or.di.na.ta [koordin'ata] *sf Mat* coordenada.
co.or.di.na.zio.ne [koordinats'jone] *sf* coordenação, organização, planejamento.
co.per.ta [kop'ɛrta] *sf* **1** cobertor, coberta. **2** *Naut* ponte, coberta, toldo. **3** *fig* pretexto, desculpa.
co.per.ti.na [kopert'ina] *sf* capa (de livro).
co.per.tu.ra [kopert'ura] *sf* **1** cobertura. **2** teto. **3** glacê, cobertura (de doce). **4** *fig* proteção. **5** fachada, disfarce, máscara. **6** *Mil* defesa, cobertura.
co.pia [k'ɔpja] *sf* **1** cópia, duplicata. **2** *fig* imitação, reprodução, falsificação. **3** cópia, exemplar, unidade. *vendiamo duemila copie del libro al mese* / vendemos duas mil cópias do livro por mês. **bella copia** prova final. **brutta copia** esboço, rascunho. **duplice copia** duas vias.
co.pia.let.te.re [kopjal'ɛttere] *sm* copiadora.
co.pia.re [kop'jare] *vt* **1** copiar. **2** trans-

crever. **3** imitar. **4** falsificar. **5** plagiar, roubar.

co.pio.ne [kop'jone] *sm Cin, Teat* **1** copião. **2** manuscrito.

co.pi.o.so [kopi'ozo] *agg* abundante, copioso.

cop.pa [k'ɔppa] *sf* **1** taça, cálice. **2 coppe** *pl* copas (naipe de carta de baralho).

cop.pia [k'ɔppja] *sf* **1** par. **2** dupla. **3** casal.

cop.pie.re [kopp'jɛre] *sm* copeiro.

co.pri.bu.sto [koprib'usto] *sm* corpete.

co.pri.re [kopr'ire] *vt* **1** cobrir, recobrir, revestir. **2** proteger, amparar. **3** *fig* esconder, ocultar. *coprire gli errori* / esconder os erros. **4** compensar, cobrir. *coprire spese* / cobrir despesas. **5** abranger, compreender. *questa tesi copre tutta la storia* / esta tese abrange toda a história. *vpr* **6** cobrir-se. **7** proteger-se.

co.pu.la [k'ɔpula] *sf* **1** cópula, ato sexual. **2** ligação, união. **3** *Gramm* cópula, conjunção aditiva.

co.pu.la.re [kopul'are] *vt* **1** copular, acasalar (animais). **2** ligar, unir.

co.rag.gio [kor'addʒo] *sm* **1** coragem, bravura, valor. **2** ousadia, audácia.

co.rag.gio.so [koraddʒ'ozo] *agg* **1** corajoso, bravo, valoroso. **2** ousado.

co.ral.lo [kor'allo] *sm Zool* coral.

Co.ra.no [kor'ano] *sm Rel* Alcorão, Corão. *Var: Alcorano.*

co.raz.za [kor'attsa] *sf* **1** couraça, armadura. **2** *fig* carapaça, concha. **3** escudo, proteção.

co.raz.za.to [koratts'ato] *agg* **1** couraçado, encouraçado, blindado. **2** *fig* imunizado.

cor.da [k'ɔrda] *sf* corda, cabo. **corda armonica** *Mus* corda. **corde vocali** *Anat* cordas vocais.

cor.dia.le [kord'jale] *agg* cordial, amável, afetuoso.

cor.di.cel.la [korditʃ'ɛlla] *sf* barbante.

cor.do.ne [kord'one] *sm* cordão (do chapéu, ou enfeite de roupa). **cordone ombelicale** *Anat* cordão umbelical. **cordone sottomarino/cordone elettrico** cabo submarino. **cordoni littorali** bancos de areia.

co.re.o.gra.fi.a [koreograf'ia] *sf* coreografia.

co.rian.do.lo [kor'jandolo] *sm* **1** *Bot* coentro. **2 coriandoli** *pl* confetes.

co.ri.ca.re [korik'are] *vt* **1** deitar, colocar, estender, estirar. *vpr* **2** deitar-se.

cor.nac.chia [korn'akkja] *sf* **1** *Zool* gralha. **2** *fig* tagarela, falador.

cor.na.mu.sa [kornam'uza] *sf Mus* gaita de foles, cornamusa.

cor.ne.a [k'ɔrnea] *sf Med* córnea.

cor.net.ta [korn'etta] *sf* **1** fone, receptor do telefone. **2** *Mus* corneta, trombeta.

cor.net.to [korn'etto] *sm* **1** ponta (da bigorna). **2** *croissant*. **3** *Bot* vagem, fava.

cor.ni.ce [korn'itʃe] *sf* **1** moldura. **2** *Archit* caixilho. **3** *fig* situação, ambiente, quadro.

cor.ni.cia.re [kornitʃ'are] *vt* **1** emoldurar, enquadrar. **2** encaixilhar.

cor.no [k'ɔrno] *sm* **1** chifre, corno. **2** antena (do caracol). **3** galo, calombo (na cabeça). **4** *fig* extremidade, ponta. **5** braço de rio. **6** *Mus* corne. **corno per calzature/corno da scarpe** calçadeira. **non valere un corno** não valer nada. **un corno!** *volg* uma pinoia! não é nada disso!

Corno possui dois plurais: um masculino, **i corni**, usado quando nos referimos a "corne" (instrumento musical), "braços de rio", "extremidades" etc.; e um feminino, **le corna**, usado quando nos referimos a "cornos", "chifres de animais". O plural feminino também é usado em sentido figurado, para indicar "cornos", "chifres no marido traído". E também em algumas expressões, como: a) **rompersi le corna** levar a pior. b) **dire corna di** falar mal de.

cor.nu.to [korn'uto] *agg* **1** chifrudo, cornudo. **2** *volg* cornudo (diz-se do marido traído).

co.ro [k'oro] *sm* **1** coro, grupo de cantores. **2** *Archit* coro, semicírculo.

co.ro.na [kor'ona] *sf* **1** coroa. **2** grinalda, guirlanda, coroa de flores. **3** *Astron* coroa, halo. **4** *Rel* rosário. **5** *fig* majestade. **6** reino. **7** glória, honras.

co.ro.na.re [koron'are] *vt* **1** coroar. **2** adornar. **3** circundar.

cor.pet.to [korp'etto] *sm* corpete.

cor.po [k´ɔrpo] *sm* **1** corpo. **2** objeto. **3** físico, constituição, figura (do ser humano). **4** corpo, cadáver. **5** grupo, conjunto, coleção de objetos. **6** corporação, classe de pessoas. **7** *fig* consistência, solidez. **corpo del delitto** *Giur* corpo de delito. **corpo di ballo** corpo de baile. **dare corpo ad una cosa** dar consistência a algo.

cor.po.ra.le [korpor´ale] *agg* corporal, do corpo.

cor.po.ra.tu.ra [korpobat´ura] *sf* estatura, compleição, corpo, constituição.

cor.pu.len.to [korpul´ento] *agg* corpulento, encorpado, robusto, grande.

cor.re.da.re [kor̄ed´are] *vt* **1** equipar, fornecer, prover, munir. **2** mobiliar, enfeitar, adornar.

cor.re.do [kor̄´ɛdo] *sm* **1** enxoval. **2** mobília. **3 corredi** *pl* preparativos.

cor.reg.ge.re [kor̄´ɛddʒere] *vt* **1** corrigir, emendar. **2** melhorar, aperfeiçoar. **3** modificar, ajustar. *vpr* **4** corrigir-se, redimir-se, arrepender-se.

cor.re.la.zio.ne [kor̄elats´jone] *sf* correlação, correspondência, conexão, relação.

cor.re.li.gio.na.rio [kor̄elidʒon´arjo] *sm+agg* correligionário, companheiro.

cor.ren.te [kor̄´ɛnte] *sf* **1** corrente, fluxo. **2** movimento, afluxo (de pessoas). **3** inspiração, influência, escola (de ideias). • *agg* **1** veloz, rápido. **2** corrente, atual, presente. **corrente d'aria** corrente de ar.

cor.ren.tez.za [kor̄ent´ettsa] *sf* **1** velocidade, rapidez. **2** facilidade. **3** atualidade.

cor.ren.ti.sta [kor̄ent´ista] *s Comm* correntista.

cor.re.re [k´or̄ere] *vi* **1** correr. *il bambino corse verso la porta* / o menino correu para a porta. **2** escorrer, fluir. *l'acqua corre* / a água corre. **3** existir, acontecer (relacionamento). **4** atravessar, percorrer. *correre un cammino, una strada* / percorrer um caminho, uma estrada. **5** passar, correr, avançar. **lasciar correre** deixar acontecer.

cor.ret.tez.za [kor̄ett´ettsa] *sf* **1** correção, exatidão. **2** *fig* honestidade. **3** educação, gentileza.

cor.ret.to [kor̄´ɛtto] *agg* **1** correto, certo, exato. **2** *fig* honesto. **3** irrepreensível. **4** educado, bem-educado, gentil.

cor.re.zio.ne [kor̄ets´jone] *sf* correção, emenda, aperfeiçoamento.

cor.ri.do.io [kor̄id´ojo] *sm Arch* corredor, parte estreita e longa da casa, que serve de passagem.

cor.ri.do.re [kor̄id´ore] *sm* **1** corredor, aquele que corre. **2** piloto de corrida. **3** passagem interna. • *agg* corredor.

cor.rie.ra [kor̄´jɛra] *sf* ônibus (de excursão etc.).

cor.rie.re [kor̄´jɛre] *sm* **1** mensageiro, enviado. **2** empresa transportadora.

cor.ri.spon.den.te [kor̄ispond´ɛnte] *sm* correspondente, pessoa com quem se mantém correspondência. • *agg* correspondente, apropriado.

cor.ri.spon.den.za [kor̄ispond´ɛntsa] *sf* correspondência: a) cartas. *ho letto tutta la corrispondenza* / li toda a correspondência. b) correlação. *corrispondenza fra due termini* / correspondência entre dois termos.

cor.ri.spon.de.re [kor̄isp´ondere] *vt* **1** corresponder, retribuir, recompensar. *vi* **2** corresponder, equivaler, coincidir. *la mia parte corrisponde alla metà del denaro* / a minha parte corresponde à metade do dinheiro. **3** corresponder-se com. *lei corrisponde con me da molti anni* / ela se corresponde comigo há muitos anos.

cor.ro.de.re [kor̄´odere] *vt* **1** corroer. **2** gastar, consumir.

cor.rom.pe.re [kor̄´ompere] *vt* **1** corromper, estragar, perverter, degradar. **2** *fig* corromper, subornar, comprar.

cor.ro.sio.ne [kor̄oz´jone] *sf* **1** corrosão. **2** desgaste.

cor.ro.si.vo [kor̄oz´ivo] *agg* **1** corrosivo, ácido, cáustico. **2** destruidor.

cor.rot.to [kor̄´otto] *agg* **1** corrupto, corrompido. **2** estragado, podre.

cor.ru.zio.ne [kor̄uts´jone] *sf* **1** corrupção. **2** estrago, degradação. **3** *fig* perversão, depravação. **4** suborno. **corruzione di minorenni** *Giur* corrupção de menores.

cor.sa [k´orsa] *sf* **1** corrida. **2** percurso, trajeto. **3** *fig* velocidade, rapidez. **4** pressa. **5** *pop* visitinha, pulinho, passadinha. **corsa a ostacoli** corrida com obstáculos.

cor.si.a [kors'ia] *sf* **1** corredor, passagem. **2** enfermaria, parte do hospital com vários leitos.

cor.sie.re [kors'jɛre] *sm* cavalo de corrida, corcel. *Var: corsiero.*

cor.sie.ro [kors'jɛro] *sm V corsiere.*

cor.si.vo [kors'ivo] *sm* nota, observação, comentário em jornal. • *agg* cursivo, diz-se da letra escrita à mão.

cor.so [k'orso] *sm* **1** rua. **2** corrida. **3** corrimento (de líquidos). **4** percurso, curso, fluxo. **moneta fuori corso** moeda sem valor / fora de circulação.

cor.te [k'orte] *sf* **1** corte, palácio real. **2** pátio. **3** corte, cortejo, séquito.

cor.tec.cia [kort'ɛttʃa] *sf* **1** cortiça. **2** casca. *la corteccia di un albero, del pane, di una frutta* / a casca de uma árvore, do pão, de uma fruta.

cor.teg.gia.men.to [korteddʒam'ento] *sm* namoro, galanteio.

cor.teg.gia.re [korteddʒ'are] *vt* **1** namorar, cortejar. **2** *fig* bajular, lisonjear.

cor.teg.gio [kort'eddʒo] *sm* cortejo, comitiva, séquito.

cor.te.se [kort'eze] *agg* **1** cortês, educado, gentil, delicado. **2** cordial, amável.

cor.te.si.a [kortez'ia] *sf* **1** cortesia, educação, gentileza. **2** cordialidade, amabilidade. **3** atenção, respeito. **4** favor, graça, obséquio.

cor.ti.gia.no [kortidʒ'ano] *sm+agg* cortesão, palaciano.

cor.ti.le [kort'ile] *sm* quintal, pátio interno de edifício.

cor.ti.na [kort'ina] *sf* **1** cortina. **2** *fig* disfarce, cobertura, máscara.

cor.to [k'orto] *agg* **1** curto, breve. **2** *fig* medíocre, limitado. **a farla corta** em suma. **essere a corto** *pop* estar duro, não ter um tostão.

cor.vo [k'orvo] *sm* corvo.

co.sa [k'ɔza] *sf* **1** coisa, objeto, negócio. **2** acontecimento, fato. **cosa vuole?** o que você quer? **non è da cosa alcuna** não presta para nada.

co.scia [k'ɔʃa] *sf Anat* coxa.

co.scien.za [koʃ'ɛntsa] *sf* **1** consciência, percepção. **2** honestidade, seriedade, retidão.

co.scien.zio.so [koʃents'jozo] *agg* consciencioso, consciente, honesto, sério, escrupuloso.

co.scrit.to [koskr'itto] *sm Mil* recruta.

co.sì [koz'i] *agg* igual, semelhante. *avete mai letto una storia così?* / vocês já leram uma história semelhante? • *avv* **1** assim, desse modo, dessa maneira. *non si può fare così* / não se pode fazer assim. **2** igualmente, do mesmo modo. **3** tão, tanto (pode ser seguido de **che**). *era così bella che tutti la guardavano* / era tão bonita que todos a olhavam. *una pioggia così forte* / uma chuva tão forte. • *cong* assim, por isso, portanto, pois. *fa molto freddo, così non uscirò* / faz muito frio, por isso não sairei. **così così** mais ou menos (em sentido pejorativo). **così è!** isso mesmo! apoiado! **così non venisse oggi!** gostaria que não viesse hoje! **e così ?** e então? **e così sia** e assim seja.

co.sic.ché [kozikk'e] *cong* de modo que, de forma que, que. *ho lavorato troppo, cosicché sono stanco* / trabalhei demais, de modo que estou cansado.

co.sme.ti.co [kozm'ɛtiko] *sm+agg* cosmético.

co.smi.co [k'ɔzmiko] *agg* cósmico.

co.smo [k'ɔzmo] *sm* cosmo, cosmos.

co.smo.nau.ta [kozmon'awta] *s* cosmonauta, astronauta.

co.smo.po.li.ta [kozmopol'ita] *s+agg* cosmopolita.

co.so [k'ɔzo] *sm fam* **1** coisa, negócio. **2** fulano, sujeito. **3** *pop* cara, indivíduo. **4** *fig* bobo, tolo, estúpido.

As acepções de **1** a **3** desse termo são usadas quando não nos lembramos do nome do objeto ou pessoa. *dammi quel coso!* / dê-me aquela coisa! Veja outra nota em **negozio**.

co.spar.ge.re [kosp'ardʒere] *vt* espargir, espalhar, borrifar, espirrar.

co.spi.ra.re [kospir'are] *vi* conspirar, tramar, conjurar.

co.spi.ra.zio.ne [kospirats'jone] *sf* conspiração, intriga, trama, conjuração.

co.sta [k'ɔsta] *sf* **1** costa, litoral. **2** encosta, vertente de montanha. **3** costelas.

co.stan.te [kost'ante] *agg* **1** constante, assíduo, persistente. **2** invariável, estável, contínuo.

co.stan.za [kost'antsa] *sf* constância, assiduidade, persistência.

co.sta.re [kost'are] *vt* **1** custar, implicar, exigir. **2** *fig* causar, provocar, levar a. *vi* **3** (anche *fig*) custar, valer. **costare un occhio della testa** *pop* custar os olhos da cara.

co.sta.ta.re [kostat'are] *vt* verificar, comprovar, averiguar.

co.steg.gia.re [kostedd3'are] *vt Naut* costear.

co.stei [kost'ɛj] *pron f sing* esta, esta mulher. Veja nota em **costui**.

co.stel.la.zio.ne [kostellats'jone] *sf Astron* constelação.

co.ster.na.re [kostern'are] *vt* **1** consternar, causar desgosto. **2** abater, desesperar.

co.stie.ra [kost'jɛra] *sf* **1** praia, litoral. **2** região costeira. **3** encosta.

co.stie.ro [kost'jɛro] *agg* costeiro, litorâneo.

co.sti.pa.zio.ne [kostipats'jone] *sf Med* constipação: a) gripe. b) prisão de ventre. Veja nota em **constipação**.

co.sti.tu.i.re [kostitu'ire] *vt* **1** constituir, concretizar, realizar, formar. **2** fundar, instituir.

co.sti.tu.zio.ne [kostituts'jone] *sf* **1** constituição, formação, criação. **2** temperamento. **3** *Giur* constituição, lei fundamental.

co.sto [k'ɔsto] *sm* **1** custo, preço, valor. **2** *fig* condição, acordo.

co.sto.la [k'ɔstola] *sf* **1** *Anat* costela. **2** costas da faca. **3** dorso de livro. **4** *Bot* talo.

co.sto.la.tu.ra [kostolat'ura] *sf* **1** costado. **2** conjunto das costelas. **la costolatura di una nave** o costado de um navio.

co.sto.let.ta [kostol'etta] *sf* costeleta, costela (alimento).

co.sto.ro [kost'oro] *pron pl* estes, estas, estas pessoas. Veja nota em **costui**.

co.sto.so [kost'ozo] *agg* caro, custoso.

co.stret.to [kostr'etto] *agg* constrangido, forçado, obrigado.

co.strin.ge.re [kostr'ind3ere] *vt* constranger, obrigar, forçar.

co.stri.zio.ne [kostrits'jone] *sf* **1** constrangimento. **2** aperto, constrição.

co.stru.i.re [kostru'ire] *vt* **1** construir, edificar. **2** fabricar. **3** *fig* organizar, colocar em ordem.

co.strut.ti.vo [kostrutt'ivo] *agg* construtivo, positivo, útil, produtivo.

co.strut.to [kostr'utto] *sm* **1** frase, oração. **2** sentido, senso. **3** conclusão. **4** utilidade.

co.stru.zio.ne [kostruts'jone] *sf* construção, fabricação.

co.stui [kost'uj] *pron m sing* este, este homem.

Costui, **costei** e **costoro** são usados sempre com referência a pessoas, e geralmente têm sentido depreciativo.

co.stu.man.za [kostum'antsa] *sf* **1** costume, uso. **2** *fig* educação. **3** moralidade.

co.stu.ma.re [kostum'are] *vt* **1** acostumar, adestrar, amestrar. *vi* **2** costumar.

co.stu.me [kost'ume] *sm* **1** costume, hábito, tradição, uso. **2** traje, roupa. **costume da bagno** maiô.

co.stu.ra [kost'ura] *sf* costura.

co.ta.le [kot'ale] *sm disp* uma coisa, um sujeito. • *pron* **1** um tal, um certo. **2** qual, tal.

Cotale geralmente tem sentido depreciativo. É escrito sem a vogal **e** final antes de substantivos que começam com vogal ou consoante, exceto **s** impura (st, sp, sc ...), **z**, **ps**, **gn** e **x**: *cotal uomo* / um homem tal. *cotal casa* / uma casa tal. Mas: *cotale studente* / um estudante tal.

co.tan.to [kot'anto] *pron* tanto. • *avv* tão, tanto.

co.te.chi.no [kotek'ino] *sm* paio, linguiça. *Var: coteghino.*

co.te.ghi.no [koteg'ino] *sm V cotechino.*

co.ten.na [kot'enna] *sf* **1** pele de porco. **2** *disp* couro cabeludo. **3** *fig* superfície.

co.to.gna [kot'oña] *sf* marmelo.

co.to.gno [kot'oño] *sm* marmeleiro.

co.to.ne [kot'one] *sm* algodão. **cotone idrofilo** algodão hidrófilo.

Cotone tem os mesmos sentidos que em português: a planta, o material que ela fornece e o tecido feito desse material.

cot.ta [k'ɔtta] *sf* **1** *St* cota, veste medieval. **2** cozimento. **3** *fig* namoro. **4** *fam* embriaguez.

cot.to [k'ɔtto] *sm* cozido, cozimento. • *agg* **1** cozido, cozinhado. **2** queimado de sol. **3** *fig* bêbado. **4** enamorado, apaixonado. **lavoro di cotto** trabalho de argila, de terracota. **muro di cotto** muro de tijolos.

cot.tu.ra [kott'ura] *sf* **1** cozimento, cozedura. **2** queimadura, marca de queimadura.

co.tur.ni.ce [koturn'itʃe] *sf Zool* codorna.

co.tur.no [kot'urno] *sm* coturno, bota de cano alto usada na Antiguidade.

co.va [k'ɔva] *sf* **1** covil. **2** incubação, choco. **3** ninho.

co.va.re [kov'are] *vt+vi* **1** chocar, incubar. *vt* **2** esconder, ocultar. *vi* **3** esconder-se, ocultar-se.

co.va.tic.cio [kovat'ittʃo] *agg* choco. **gallina covaticcia** galinha choca.

co.vi.le [kov'ile] *sm* **1** covil, toca. **2** *fig* casebre.

co.vo [k'ovo] *sm* **1** covil. **2** ninho. **3** caverna, buraco, furna. **4** *fig* refúgio, esconderijo.

coz.za [k'ɔttsa] *sf* **1** marisco. **2** mexilhão.

coz.za.re [kotts'are] *vi* **1** chocar-se, encontrar-se com. **2** bater.

coz.zo [k'ɔttso] *sm* batida, golpe.

cram.po [kr'ampo] *sm* cãibra.

cra.nio [kr'anjo] *sm* **1** *Anat* crânio. **2** *fig* cérebro, inteligência.

cra.pu.la [kr'apula] *sf* devassidão, vício, libertinagem, orgia, excesso.

cra.si [kr'azi] *sf Gramm* crase.

cras.so [kr'asso] *agg* crasso, grande.

cra.te.re [krat'ɛre] *sm* cratera.

cra.vat.ta [krav'atta] *sf* gravata.

cre.an.za [kre'antsa] *sf* educação, gentileza, cortesia.

cre.an.za.to [kreants'ato] *agg* bem-educado, gentil, cortês.

cre.a.re [kre'are] *vt* **1** criar, inventar, imaginar. **2** fundar, instituir. **3** *fig* provocar, causar. **4** eleger, nomear. **5** produzir, forjar.

cre.a.ti.vo [kreat'ivo] *agg* criativo, criador.

cre.a.to [kre'ato] *sm* criação, universo, mundo, cosmo. • *agg* criado, inventado, imaginado, produzido, provocado.

C

cre.a.to.re [kreat'ore] *sm* **1** criador. **2** inventor, descobridor. **3** fundador. **Il Creatore** o Criador, Deus.

cre.a.tu.ra [kreat'ura] *sf* **1** criatura. **2** feto. **3** recém-nascido. **4** filho, filha.

cre.a.zio.ne [kreats'jone] *sf* **1** criação, invenção, ideia. **2** modelo (de roupa). **3** *fig* obra, fruto.

cre.den.te [kred'ɛnte] *s+agg* crente, fiel.

cre.den.za [kred'ɛntsa] *sf* **1** crença, fé, credo, ideologia. **2** dispensa, bufete (tipo de móvel para cozinha). **3** *fig* lenda, tradição.

cre.den.zia.le [kredents'jale] *agg* credencial. **lettera credenziale** ou apenas **credenziale** credencial, procuração.

cre.de.re [kr'edere] *vt* **1** crer, acreditar. **2** julgar, reputar. *vi* **3** ter fé, ter certeza, ter confiança.

cre.di.to [kr'edito] *sm* **1** crédito (financeiro). **2** *fig* reputação, nome, fama. **pigliare una cosa a credito** comprar alguma coisa a prestação.

cre.di.to.re [kredit'ore] *sm* credor.

cre.do [kr'ɛdo] *sm* **1** credo, crença, fé. **2** religião. **3** doutrina, ideal, ideologia.

cre.du.li.tà [kredulit'a] *sf* credulidade, ingenuidade, boa-fé.

cre.du.lo [kr'ɛdulo] *agg* crédulo, ingênuo, de boa-fé.

cre.ma [kr'ɛma] *sf* **1** creme. **2** nata do leite.

cre.ma.re [krem'are] *vt* cremar, incinerar, queimar.

cre.o.lo [kr'ɛolo] *sm St* crioulo, descendente de europeus nascido nas colônias de ultramar.

cre.pa [kr'ɛpa] *sf* fenda, rachadura, fissura.

cre.pa.re [krep'are] *vt* **1** rachar, fender. *vi* **2** morrer, expirar, perecer. **crepare dalle risa** morrer de rir. **crepare di voglia** morrer de vontade.

cre.pi.ta.re [krepit'are] *vi* crepitar, estalar.

cre.pi.to [kr'ɛpito] *sm* estalo.

cre.pu.sco.lo [krep'uskolo] *sm* **1** crepúsculo. **2** anoitecer, entardecer.

cre.sce.re [kr'eʃere] *vt* **1** *fig* educar, criar. *vi* **2** crescer, aumentar. **3** amadurecer, desenvolver-se. **4** inchar, dilatar-se.
cre.scio.ne [kreʃ'one] *sm* agrião.
cre.sci.ta [kr'eʃita] *sf* **1** crescimento. **2** aumento.
cre.si.ma [kr'ɛzima] *sf* **1** *Rel* crisma. **2** *fig* confirmação, aprovação, apoio.
cre.sta [kr'esta] *sf* **1** crista de galinha. **2** pico, cume, parte mais alta. **3** *fig* orgulho.
cre.ta [kr'eta] *sf Min* **1** giz. **2** argila. **3** cerâmica.
cre.ti.no [kret'ino] *sm* cretino, estúpido, imbecil, idiota.
cri.mi.na.le [krimin'ale] *s* criminoso, bandido, malfeitor, delinquente. • *agg* criminal, criminoso.
cri.mi.ne [kr'imine] *sm* crime.
cri.ne [kr'ine] *sm* **1** crina e rabo de cavalo. **2** cabeleira. **3** *Astron* cauda, cabeleira de cometa.
cri.nie.ra [krin'jɛra] *sf Zool* **1** crina. **2** juba. **3** *Astron* cauda, cabeleira de cometa.
cri.pta [kr'ipta] *sf* cripta.
cri.si [kr'izi] *sf* **1** crise, dificuldade, conjuntura. **2** *fig* descontentamento, incômodo. **3** *Med* crise, ataque.
cri.stal.li.no [kristall'ino] *sm Anat* cristalino (do olho). • *agg* **1** cristalino. **2** *fig* límpido, claro. **3** azul, limpo (céu). **4** honesto, irrepreensível. *morale cristallina* / moral irrepreensível. **5** agudo, metálico (som).
cri.stal.lo [krist'allo] *sm* **1** cristal. **2** vidro.
cri.stia.no [krist'jano] *sm+agg* cristão.
cri.te.rio [krit'ɛrjo] *sm* **1** critério, juízo, discernimento. **2** método, norma.
cri.ti.ca [kr'itika] *sf* **1** crítica, avaliação. **2** comentário, nota, resenha. **3** *fig* censura, reprovação, condenação.
cri.ti.ca.re [kritik'are] *vt* **1** criticar, avaliar. **2** comentar, resenhar. **3** *fig* censurar, reprovar.
cri.ti.co [kr'itiko] *sm+agg* crítico.
cri.vel.la.re [krivell'are] *vt* **1** crivar, esburacar, encher de furos. **2** peneirar. **3** *fig* censurar, criticar.
cri.vel.lo [kriv'ɛllo] *sm* crivo, peneira.
croc.chet.ta [krokk'etta] *sf* croquete, bolinho.
croc.chio [kr'ɔkkjo] *sm* agrupamento, ajuntamento, reunião de pessoas.
cro.ce [kr'otʃe] *sf* **1** cruz. **2** *fig* sofrimento, tormento. **3** castigo, punição, pena. **4** **Croce** *Astron* Cruzeiro do Sul. **Croce Rossa** Cruz Vermelha. **gridare la croce addosso** criticar, perseguir. **ognuno ha la sua croce** cada um com sua cruz. **segno della croce** sinal da cruz.
cro.ce.vi.a [krotʃev'ia] *sm* cruzamento, encruzilhada. *Sin: crocicchio*. Veja nota em **cruzamento**.
cro.cia.ta [krotʃ'ata] *sf* **1** *Archit* cruzeiro, parte da igreja em forma de cruz. **2** *St, fig* cruzada.
cro.cia.to [krotʃ'ato] *sm St* cruzado.
cro.cic.chio [krotʃ'ikkjo] *sm V crocevia.*
cro.cie.ra [krotʃ'ɛra] *sf Naut* cruzeiro.
cro.ci.fig.ge.re [krotʃif'iddʒere] *vt* crucificar.
cro.ci.fis.so [krotʃif'isso] *sm* crucifixo. • *agg* **1** crucificado, preso na cruz. **2** *fig* atormentado.
crol.la.re [kroll'are] *vt* **1** balançar, sacudir. **2** abalar. *vi* **3** cair, tombar. **4** arruinar-se, abater-se.
crol.lo [kr'ɔllo] *sm* **1** queda, tombo. **2** ruína. **3** redução, queda. *crollo dei prezzi* / redução dos preços. **crollo del mercato** *Econ* retração do mercado, crise.
cro.mo [kr'ɔmo] *sm Chim* cromo.
cro.na.ca [kr'ɔnaka] *sf* **1** crônica, narração, descrição. **2** noticiário.
cro.ni.co [kr'ɔniko] *agg* **1** crônico, contínuo, permanente. **2** *fig* habitual, costumeiro.
cro.no.gram.ma [kronogr'ama] *sm* cronograma.
cro.no.lo.gi.a [kronolodʒ'ia] *sf* cronologia.
cro.no.me.tro [kron'ɔmetro] *sm* cronômetro.
cro.sta [kr'ɔsta] *sf* **1** crosta. **2** casca (de pão ou ferimento). **3** *fig* fachada, aparência.
cro.sta.ce.o [krost'atʃeo] *sm Zool* crustáceo.
cro.sti.no [krost'ino] *sm* torrada.

cro.ta.lo [kr'ɔtalo] *sm Zool* cascavel.
cru.de.le [krud'ɛle] *agg* **1** cruel, impiedoso, desumano. **2** *fig* bárbaro, selvagem. **3** bestial, animalesco.
cru.del.tà [krudelt'a] *sf* **1** crueldade, maldade, desumanidade. **2** *fig* selvageria.
cru.dez.za [krud'ettsa] *sf* **1** crueza. **2** crueldade. **3** *fig* severidade, dureza.
cru.do [kr'udo] *agg* **1** cru. **2** verde (fruta). **3** realístico, desumano (jeito de falar, linguagem).
cru.na [kr'una] *sf* buraco da agulha.
cru.sca [kr'uska] *sf* **1** farelo. *la crusca del pane* / o farelo do pão. **2** sarda.
cru.scot.to [krusk'ɔtto] *sm Autom* painel.
cu [k'u] *sf* quê, o nome da letra Q.
cu.bi.co [k'ubiko] *agg* cúbico.
cu.bi.co.lo [kub'ikolo] *sm* **1** cubículo: a) pequeno quarto de dormir dos antigos romanos. b) lugar pequeno. **2** cela de penitenciária.
cu.bi.to [k'ubito] *sm Anat* **1** cotovelo. **2** cúbito. **3** *Mat* côvado (medida).
cu.bo [k'ubo] *sm* cubo. **metro cubo** metro cúbico.
cuc.ca.gna [kukk'aña] *sf* **1** paraíso, terra prometida. **2** *fig* abundância.
cuc.chia.ia [kukk'jaja] *sf* colher de pedreiro.
cuc.chia.i.no [kukkja'ino] *sm* colher de café.
cuc.chia.io [kukk'jajo] *sm* colher.
cuc.cia [k'uttʃa] *sf* **1** covil (do cão). **2** casinha de cachorro. **3** cadelinha.
cuc.cio.lo [k'uttʃolo] *sm* cachorro novo.
cuc.co [k'ukko] *sm* **1** *Zool* cuco. **2** *fam* queridinho, xodó, preferido. • *agg* bobo, tolo, tonto.
cuc.cu.ma [k'ukkuma] *sf* bule, cafeteira.
cu.ci.na [kutʃ'ina] *sf* **1** cozinha. *la nuova cucina italiana* / a nova cozinha italiana. *stare in cucina* / estar na cozinha. **2** fogão.
cu.ci.na.re [kutʃin'are] *vt* **1** cozinhar, cozer. **2** *fig* preparar, aprontar. **3** sistematizar, ordenar.
cu.ci.nie.re [kutʃin'jɛre] *sm* cozinheiro.
cu.ci.re [kutʃ'ire] *vt* **1** costurar, coser. **2** (anche *fig*) remendar.
cu.ci.to [kutʃ'ito] *sm* costura. • (anche *fig*) *agg* costurado.
cu.ci.tri.ce [kutʃitr'itʃe] *sf* **1** costureira. **2** grampeador.
cu.cu.lo [kuk'ulo] *sm Zool* cuco.
cuf.fia [k'uffja] *sf* **1** touca. **2** véu para o rosto. **3** fone de ouvido, usado pelas telefonistas.
cu.gi.no [kudʒ'ino] *sm* (*f* **cugina**) primo. **cugino di secondo grado** primo em segundo grau.
cui [k'uj] *pron* o qual, a qual, ao qual, do qual etc.

Cui é invariável, podendo se referir a pessoa, coisa ou animal, no singular e no plural: *l'uomo a cui scrivo è il direttore* / o homem a quem escrevo é o diretor. *le case in cui vivono sono antiche* / as casas em que vivem são antigas.
Quando indica "posse", não é usado com a preposição **di**. Nesse caso é precedido do artigo definido, concordando com o gênero e o número da coisa possuída, e pode ser traduzido como "cujo", "cuja", "cujos", "cujas": *la donna, il cui marito è morto, non è qui* / a mulher, cujo marido morreu, não está aqui. *è arrivato il bambino la cui sorella conosciamo* / chegou o menino cuja irmã conhecemos.

cu.li.ce [k'ulitʃe] *sm Zool* pernilongo, mosquito.
cu.li.na.rio [kulin'arjo] *agg* culinário.
cul.la [k'ulla] *sf* **1** berço. **2** *fig* origem, início.
cul.la.re [kull'are] *vt* **1** embalar, ninar. *cullare i bambini* / ninar as crianças. **2** *fig* auxiliar, ajudar, favorecer. *vpr* **3** iludir-se, deixar-se levar, acomodar-se.
cul.mi.ne [k'ulmine] *sm* **1** cume, pico, topo. *il culmine della montagna* / o cume da montanha. **2** *fig* apogeu, ápice, máximo. *il culmine della bellezza* / o máximo da beleza.
cu.lo [k'ulo] *sm volg* **1** cu, ânus. **2** *fig* nádegas, traseiro. **3** rabo, sorte. **fare in culo** tomar no cu.
cul.to [k'ulto] *sm* (anche *fig*) **1** culto, ritual, liturgia. **2** adoração, homenagem. **3** amor, dedicação, esmero. • *agg* culto, educado, instruído.
cul.to.re [kult'ore] *sm+agg* **1** cultivador. **2** amador, apaixonado, conhecedor.

cul.tu.ra [kult´ura] *sf* **1** cultura, educação, instrução. **2** cultura, civilização. **3** cultivo, cultivação. *la cultura del riso* / o cultivo do arroz.

cu.mu.lo [k´umulo] *sm* **1** monte, montão, pilha. **2 cumuli** *pl Met* cúmulos, um tipo de nuvem.

cu.ne.o [k´uneo] *sm* **1** cunha. **2** molde, cunho.

cu.net.ta [kun´etta] *sf* sarjeta, valeta.

cuo.ce.re [k´wɔtʃere] *vt* **1** cozinhar, cozer. **2** queimar, ressecar. *il sole cuoce la nostra pelle e la terra* / o sol queima a nossa pele e a terra. **3** *fig* incomodar, molestar, atormentar, afligir. **4** apaixonar. *vpr* **5** morrer de amor. **6** embebedar-se.

cuo.co [k´wɔko] *sm* cozinheiro.

cuo.io [k´wɔjo] *sm* couro.

Cuoio possui dois plurais: um masculino, **i cuoi**, e um feminino, **le cuoia**. O plural masculino é usado quando nos referimos ao couro de animais. O plural feminino é usado quando nos referimos ao couro humano e em expressões como **tirar le cuoia** *iron* bater as botas, esticar as canelas, morrer.

cuo.re [k´wɔre] *sm* **1** coração. **2** *fig* coragem, valentia. **3** generosidade, bondade, piedade, sensibilidade. **4** amor, afeto. **5** centro, base, essência. **6 cuori** *pl* copas (naipe de carta de baralho). **di cuore/del cuore** a) de coração, afetuosamente. b) sinceramente. **di mal cuore** de má vontade. **di tutto cuore** com prazer. **strappare il cuore** partir o coração.

cu.pè [kup´ɛ] *sm* **1** cupê. **2** carruagem.

cu.pi.di.gia [kupid´idʒa] *sf* cobiça, ambição, ganância.

cu.pi.do [k´upido] *agg* cúpido, ganancioso, ávido.

cu.po [k´upo] *agg* **1** escuro. **2** triste, lúgubre. **3** cavernoso. *un suono cupo* / um som cavernoso. **4** *fig* fechado, introvertido. **5** pensativo, taciturno.

cu.po.la [k´upola] *sf* cúpula.

cu.po.ne [kup´one] *sm* **1** cupom. **2** cédula. **cupone internazionale** cupom internacional (do correio).

cu.ra [k´ura] *sf* **1** tratamento, terapia. **2** cuidado, atenção, dedicação. *avere cura di qualcosa* / ter cuidado com algo. **3** administração, controle, vigilância. *la cura di una ditta* / a administração de uma empresa. **4** emprego, cargo. **5** paróquia. **a cura di** editado por. *dispensa a cura del maestro Rossi* / apostila organizada pelo professor Rossi.

cu.ra.re [kur´are] *vt* **1** tratar; cuidar de, tomar conta de, administrar, controlar, vigiar; branquear, corar ao sol (roupas). *vpr* **2** manter-se, tratar-se; preocupar-se, ocupar-se.

cu.ra.to [kur´ato] *sm Rel* pároco, vigário, cura. • *agg* tratado, cuidado.

cu.ria [k´urja] *sf* **1** *Rel* cúria. **2** *Giur* foro.

cu.rio.sa.re [kurjoz´are] *vi* **1** intrometer-se, meter-se. **2** *pop* bisbilhotar, fuçar, xeretar. **3** *fig* explorar, indagar.

cu.rio.si.tà [kurjozit´a] *sf* **1** curiosidade. **2** raridade. **levami una curiosità** mate minha curiosidade.

cu.rio.so [kuri´ozo] *agg* curioso, original. • *sm+agg* **1** curioso, intrometido, indiscreto. *non ci piacciono persone troppo curiose* / não gostamos de pessoas curiosas demais. **2** *pop* bisbilhoteiro, xereta.

cur.ri.cu.lum [kur̄´ikulum] *sm* currículo, histórico, carreira.

cur.so.re [kurs´ore] *sm Inform, Mecc* cursor.

cur.va [k´urva] *sf* curva, volta, curvatura. **curva in discesa** curva em declive. **curva in salita** curva em aclive.

cur.va.re [kurv´are] *vt* **1** curvar, encurvar, dobrar. *vi* **2** virar, voltar, fazer uma curva. *vpr* **3** curvar-se, dobrar-se.

cur.va.tu.ra [kurvat´ura] *sf* curvatura, arco.

cur.vo [k´urvo] *agg* **1** curvo, encurvado, curvado. **2** *fig* servil, obediente.

cu.sci.no [kuʃ´ino] *sm* almofada, travesseiro.

cu.sto.de [kust´ɔde] *sm* **1** zelador (de prédio). **2** porteiro, guarda, guardião. **3** administrador, tutor.

cu.sto.dia [kust´ɔdja] *sf* **1** custódia, tutela, controle. **2** administração, conservação. **3** estojo, caixa.

cu.sto.di.re [kustod´ire] *vt* guardar, proteger, tratar, vigiar.

cu.te [k´ute] *sf Anat* cútis, pele humana.

cu.ti.co.la [kut´ikola] *sf* Anat cutícula.

d

d [d´i] *sf* a quarta letra do alfabeto italiano.
da [d´a] *prep* **1** de. *arrivare da Milano* / chegar de Milão. *tremare dal freddo* / tremer de frio. *ragazza da capelli biondi* / moça de cabelos loiros. *cavallo da corsa* / cavalo de corrida. **2** para. *casa da vendere* / casa para vender. **3** por. *è stato fatto da noi* / foi feito por nós. **4** a. *c'è molto da fare* / há muito a fazer. **5** desde. *siamo qui da venerdì* / estamos aqui desde sexta-feira. **6** em casa de, no escritório de, no consultório de. *sono da Maria* / estou na casa de Maria. *andare dal medico* / ir ao consultório do médico. **da ... a ...** de ... até ..., desde ... até ... *contare da uno a dieci* / contar de um até dez.
dab.bas.so [dabb´asso] *avv* abaixo, debaixo, embaixo.
dac.can.to [dakk´anto] *avv* ao lado, próximo. • *prep* ao lado de, próximo de.
dac.ca.po [dakk´apo] *avv* desde o início, do começo, novamente, de novo.
dac.ché [dakk´e] *cong* **1** desde que, desde aquele tempo. **2** uma vez que, já que.
da.do [d´ado] *sm* **1** dado. **2** pedestal. **trarre il dado** arriscar, tentar a sorte.
da.ga [d´aga] *sf* adaga, punhal, espada curta.
dai [d´aj] *int* vamos!
dai.no [d´ajno] *sm Zool* veado, corço.
da.lia [d´alja] *sf Bot* dália.
dal.to.ni.smo [dalton´izmo] *sm Med* daltonismo.
da.ma [d´ama] *sf* **1** dama, senhora. **2** dama ou peão com valor de dama, no jogo de xadrez. **dama di compagnia** dama de companhia. **gioco della dama** jogo de damas.
da.me.ri.no [damer´ino] *sm* **1** almofadinha, janota. **2** galanteador.
da.mi.gia.na [damidʒ´ana] *sf* garrafão de vinho com revestimento externo de palha.
dam.ma [d´amma] *sf Zool* corça.
da.na.ro [dan´aro] *sm V denaro.*
da.ne.se [dan´eze] *s+agg* dinamarquês.
dan.na.re [dann´are] *vt* **1** *Rel* danar, condenar ao inferno. *vpr* **2** *Rel* ir para o inferno, perder-se.
dan.neg.gia.re [danneddʒ´are] *vt* danificar, estragar, prejudicar.
dan.no [d´anno] *sm* **1** dano, estrago. **2** prejuízo, perda. **3** avaria, defeito.
dan.no.so [dann´ozo] *agg* danoso, nocivo, prejudicial, negativo.
dan.za [d´antsa] *sf* dança.
dan.za.re [dants´are] *vi* dançar, bailar.
dan.za.to.re [dantsat´ore] *sm* dançarino, bailarino.
dan.za.tri.ce [dantsatr´itʃe] *sf* dançarina, bailarina.
dap.per.tut.to [dappert´utto] *avv* em todo lugar, em toda parte.
dap.pri.ma [dappr´ima] *avv* **1** primeiro. **2** antes.
dar.do [d´ardo] *sm* dardo, flecha.
da.re [d´are] *sm Comm* débito, obrigação. • *vt* **1** dar. **2** entregar, confiar. **3** ceder, conceder, conferir. **4** fornecer, doar. **5** causar, produzir. *vpr* **6** dar-se, dedicar-se, entregar-se. **dare addosso a** *fam* dar uma surra em. **dare ad intendere** dar a entender. **dare a vedere** persuadir. **dare del tu** tratar por você, chamar de você. **dare in qualcuno** *fig* encontrar alguém por acaso.
da.ta [d´ata] *sf* data.
da.ta.re [dat´are] *vt+vi* datar.

da.to [d´ato] *sm* dado, fato. • *agg* **1** dado, determinado. **2** admitido. **3** concedido.
dat.te.ro [d´attero] *sm* **1** tâmara. **2** tamareira.
dat.ti.lo.gra.fa.re [dattilograf´are] *vt* datilografar, escrever à máquina.
dat.ti.lo.gra.fi.a [dattilograf´ia] *sf* datilografia.
dat.ti.lo.gra.fo [dattil´ɔgrafo] *sm* datilógrafo.
da.van.ti [dav´anti] *sm* dianteira, frente. *il davanti* / a frente. • *agg* anterior. • *avv* na frente, diante, adiante. **davanti a** a) em frente a. *lei sta davanti alla porta* / ela está em frente à porta. b) na presença de. c) ante.
da.van.za.le [davants´ale] *sm* parapeito, peitoril de janela.
dav.ve.ro [davv´ero] ou **da vero** *avv* **1** na verdade. **2** a sério. **3** sem dúvida, indubitavelmente.
da.zio [d´atsjo] *sm* imposto sobre mercadorias.
de.a [d´ɛa] *sf* **1** deusa. **2** *fig* amada.
deb.bia.re [debb´jare] *vt* fazer queimada, roçar.
deb.bio [d´ebbjo] *sm* queimada, roçagem.
de.bel.la.re [debell´are] *vt Lett* debelar, vencer, derrotar (em guerra).
de.bi.li.tà [debilit´a] *sf Med* debilidade, fraqueza.
de.bi.li.ta.re [debilit´are] *vt Med* debilitar, enfraquecer.
de.bi.to [d´ebito] *sm* **1** *Comm* débito, dívida, obrigação. **2** *fig* dever. • *agg* devido, justo, oportuno. **debito pubblico** dívida pública. **trovarsi in debito** estar endividado.
de.bi.to.re [debit´ore] *sm* devedor.
de.bo.le [d´ebole] *sm* **1** fraqueza. **2** ponto fraco. **3** propensão. • *agg* **1** fraco, débil. **2** leve, tênue.
de.bo.lez.za [debol´ettsa] *sf* **1** fraqueza. **2** debilidade. **3** defeito, propensão.
de.but.ta.re [debutt´are] *vi* estrear.
de.but.to [deb´utto] *sm* estreia.
de.ca.de [d´ɛkade] *sf* década, série de dez.
de.ca.den.za [dekad´ɛntsa] *sf* decadência. *Sin: decadimento.*
de.ca.de.re [dekad´ere] *vi* decair, declinar.
de.ca.di.men.to [dekadim´ento] *sm V decadenza.*
de.can.ta.re [dekant´are] *vt* **1** celebrar, louvar, exaltar. **2** *Chim* decantar.
de.ca.pi.ta.re [dekapit´are] *vt* decapitar.
de.ca.sil.la.bo [dekas´illabo] *sm+agg* decassílabo.
de.ce.de.re [detʃ´ɛdere] *vi* falecer, morrer.
de.cen.nio [detʃ´ɛnnjo] *sm* decênio.
de.cen.tra.re [detʃentr´are] *vt* descentralizar.
de.cen.za [detʃ´ɛntsa] *sf* **1** decência. **2** honestidade.
de.ces.so [detʃ´ɛsso] *sm* falecimento, morte.
de.ci.bel [detʃib´ɛl] *sm Fis* decibel.
de.ci.de.re [detʃ´idere] *vt* **1** decidir, resolver. **2** definir. **3** julgar. *vpr* **4** decidir-se, resolver-se. *decidersi a fare qualcosa* / decidir-se a fazer algo. *decidersi per il ritorno alla scuola* / decidir-se pela volta à escola.
de.ci.fra.re [detʃifr´are] *vt* decifrar.
de.ci.ma [d´ɛtʃima] *sf* dízimo.
de.ci.ma.le [detʃim´ale] *agg* decimal. **cifra decimale** casa decimal. **frazione decimale** fração decimal.
de.ci.ma.re [detʃim´are] *vt* dizimar, destruir.
de.ci.mo [d´ɛtʃimo] *sm+num* décimo.
de.ci.sio.ne [detʃiz´jone] *sf* **1** decisão. **2** *Giur* resolução, determinação, sentença.
de.ci.si.vo [detʃiz´ivo] *agg* **1** decisivo. **2** definitivo.
de.ci.so [detʃ´izo] *agg* **1** decidido, resolvido. **2** definido. **3** julgado.
de.cla.ma.re [deklam´are] *vt* **1** declamar. **2** *fig* ofender, agredir verbalmente. *vi* **3** enfatizar.
de.cla.ra.re [deklar´are] *vt Giur* declarar, explicar, especificar.
de.cli.na.re [deklin´are] *vt* **1** declinar, recusar. **2** *Gramm* declinar. *vi* **3** recusar (convite, honra). **4** inclinar, abaixar aos poucos. **5** afastar-se, distanciar-se. **6** decair. **7** pôr-se (sol, lua).
de.cli.na.zio.ne [deklinats´jone] *sf* **1** recusa. **2** declínio. **3** *Med* melhora (de doença). **4** *Gramm* declinação, série de casos de um substantivo.
de.cli.no [dekl´ino] *sm* declínio, abaixamento.
de.cli.vio [dekl´ivjo] *sm* declive, inclinação, descida.
de.col.lag.gio [dekoll´addʒo] *sm V decollo.*

de.col.lo [dek'ɔllo] *sm* decolagem. *Sin: decollaggio.*
de.col.la.re [dekoll'are] *vt* **1** degolar, decapitar. *vi* **2** *Aer* decolar.
de.com.por.re [dekomp'or̃e] *vt* **1** decompor. *vpr* **2** decompor-se. **3** estragar-se, apodrecer.
de.com.po.si.zio.ne [dekompozits'jone] *sf* **1** decomposição. **2** apodrecimento, putrefação.
de.co.ra.re [dekor'are] *vt* decorar, enfeitar, adornar, embelezar.
de.co.ra.ti.vo [dekorat'ivo] *agg* decorativo.
de.co.ra.zio.ne [dekorats'jone] *sf* **1** decoração, enfeite, adorno. **2** condecoração, medalha.
de.co.ro [dek'ɔro] *sm* decoro, honra, dignidade.
de.cor.re.re [dek'or̃ere] *vi* decorrer, transcorrer.
de.cor.so [dek'orso] *sm* **1** decurso, sucessão, passagem do tempo. **2** percurso. **3** desenvolvimento (de doença, guerra).
de.cre.pi.to [dekr'ɛpito] *agg* **1** decrépito, velho, caduco. **2** arruinado, estragado.
de.cre.sce.re [dekr'eʃere] *vt* decrescer, diminuir.
de.cre.ta.re [dekret'are] *vt* **1** decretar. **2** determinar.
de.cre.to [dekr'eto] *sm* **1** decreto. **2** determinação, disposição, desígnio. **decreto legge** decreto-lei.
de.di.ca [d'ɛdika] *sf* **1** dedicatória. **2** dedicação.
de.di.ca.re [dedik'are] *vt* **1** dedicar. **2** consagrar. *vpr* **3** dedicar-se, entregar-se.
de.di.ca.zio.ne [dedikats'jone] *sf* dedicação, consagração.
de.dur.re [ded'ur̃e] *vt* **1** deduzir, concluir, perceber. **2** deduzir, desfalcar. **3** derivar.
de.fal.ca.re [defalk'are] *vt* desfalcar, diminuir.
de.fal.co [def'alko] *sm* **1** desfalque. **2** diminuição.
de.fe.ca.re [defek'are] *vi* defecar.
de.fe.ren.za [defer'ɛntsa] *sf* deferência, consideração, respeito, atenção.
de.fe.ri.re [defer'ire] *vt* deferir, atender.
de.fe.zio.na.re [defetsjon'are] *vi* **1** desertar. **2** falhar (com uma obrigação).
de.fe.zio.ne [defets'jone] *sf* **1** deserção. **2** descumprimento (de promessa ou obrigação).
de.fi.cien.te [defitʃ'ɛnte] *s+agg* **1** deficiente, insuficiente. **2** defeituoso. **3** raro. **4** *fig* idiota.
de.fi.cien.za [defitʃ'ɛntsa] *sf* deficiência, carência, falta. **deficienza mentale** deficiência mental.
de.fi.cit [d'ɛfitʃit] *sm* **1** *Econ* déficit. **2** deficiência.
de.fi.ni.re [defin'ire] *vt* **1** definir, precisar. **2** decidir, resolver. Veja nota em **precisar**.
de.fi.ni.to [defin'ito] *part+agg* definido, preciso, determinado
de.fla.gra.re [deflagr'are] *vi* **1** arder, incendiar-se. **2** *fig* deflagrar, estourar (guerra).
de.flo.ra.re [deflor'are] *vt* deflorar.
de.for.ma.re [deform'are] *vt* deformar.
de.for.me [def 'orme] *agg* **1** disforme. **2** feio, monstruoso.
de.for.mi.tà [deformit'a] *sf* **1** deformidade. **2** feiúra, monstruosidade.
de.fun.to [def'unto] *sm+agg* defunto, morto.
de.ge.ne.ra.re [dedʒener'are] *vt* degenerar, piorar, corromper-se, desvirtuar-se.
de.ge.ne.re [dedʒ'ɛnere] *agg* degenerado, corrompido.
de.glu.ti.re [deglut'ire] *vt* deglutir, engolir.
de.gna.re [deñ'are] *vt* **1** julgar digno. *vpr* **2** dignar-se a, ter a bondade de.
de.gno [d'eño] *agg* digno, merecedor.
de.gra.da.re [degrad'are] *vt* **1** degradar. **2** *Geol* desgastar (pela erosão). *vpr* **3** degradar-se.
de.gu.sta.re [degust'are] *vt* degustar, provar.
dei.fi.ca.re [dejfik'are] *vt* **1** deificar. **2** divinizar, glorificar.
dei.tà [dejt'a] *sf* deidade, divindade.
de.la.to.re [delat'ore] *sm* **1** delator. **2** traidor. **3** informante, espião.
de.le.ga.re [deleg'are] *vt* delegar, encarregar.
de.le.ga.to [deleg'ato] *sm* delegado, encarregado. • *agg* **1** delegado, encarregado, incumbido. **2** dado, transmitido.
del.fi.no [delf'ino] *sm Zool* golfinho, delfim.
de.li.be.ra.re [deliber'are] *vt+vi* deliberar, decidir, resolver. *deliberare riforme* / deliberar reformas. *deliberò di viaggiare* / decidiu viajar.

D

de.li.ca.tez.za [delikat´ettsa] *sf* **1** delicadeza. **2** gentileza, cortesia.

de.li.ca.to [delik´ato] *agg* **1** delicado, frágil, suave. **2** gentil, cortês. **3** *fig* embaraçoso (assunto).

de.li.mi.ta.re [delimit´are] *vt* **1** delimitar, limitar, circunscrever. **2** assinalar, marcar os limites.

de.li.ne.a.re [deline´are] *vt* **1** delinear. **2** *fig* planejar, projetar, esboçar.

de.lin.quen.te [delink´wɛnte] *s+agg* delinquente, infrator, criminoso.

de.li.rio [del´irjo] *sm* **1** *Med* delírio, alucinação. **2** *fig* loucura, insensatez, desvario.

de.lit.to [del´itto] *sm* **1** delito, crime. **2** infração, transgressão.

de.li.zia [del´itsja] *sf* **1** delícia, gostosura, deleite. **2** prazer, alegria.

de.li.zia.re [delits´jare] *vt* **1** deliciar, deleitar, agradar. *vpr* **2** deliciar-se, gozar.

de.li.zio.so [delits´jozo] *agg* delicioso, gostoso, deleitoso.

del.ta [d´ɛlta] *sm Geogr* delta (de rio).

de.lu.de.re [del´udere] *vt* **1** enganar, iludir, trair. **2** frustrar.

de.ma.go.gi.a [demagodʒ´ia] *sf* demagogia.

de.mar.ca.re [demark´are] *vt* demarcar, limitar.

de.men.te [dem´ɛnte] *s+agg* demente, louco.

de.me.ri.ta.re [demerit´are] *vt* desmerecer.

de.me.ri.to [dem´ɛrito] *sm* **1** desmerecimento, culpa. **2** *fig* vergonha, indignidade.

de.mo.cra.ti.co [demokr´atiko] *sm Pol* democrata. • *agg* democrático.

de.mo.cra.zi.a [demokrats´ia] *sf* democracia.

de.mo.gra.fi.a [demograf´ia] *sf* demografia.

de.mo.li.re [demol´ire] *vt* **1** demolir, derrubar. **2** *fig* destruir, arruinar.

de.mo.ne [d´ɛmone] *sm* **1** demônio. **2** espírito.

de.mo.ni.a.co [demon´iako] *agg* demoníaco, endemoninhado.

de.mo.nio [dem´ɔnjo] *sm* **1** demônio, diabo, satanás. **2** *fig* pessoa má.

de.mo.ra.liz.za.re [demoraliddz´are] *vt* **1** desmoralizar. **2** perverter, depravar. *vpr* **3** perverter-se.

de.na.ro [den´aro] *sm* **1** dinheiro. **2** moeda. **3** *fig* capital, riqueza. **4 denari** *pl* ouros (naipe de carta de baralho). **denari fanno denari** dinheiro chama dinheiro.

de.ni.gra.re [denigr´are] *vt* denegrir, difamar.

de.no.mi.na.re [denomin´are] *vt* **1** denominar, chamar. **2** apelidar. *vpr* **3** denominar-se, chamar-se.

de.no.ta.re [denot´are] *vt* **1** denotar, significar, simbolizar. **2** indicar, mostrar.

den.so [d´ɛnso] *agg* denso, espesso, cerrado.

den.ta.ta [dent´ata] *sf* dentada, mordida.

den.te [d´ɛnte] *sm* **1** dente. *dente dell'ingranaggio, del saracco* / dente da engrenagem, do serrote. **2** *Anat* dente (humano). **3** *Zool* dente, presa. **4** *fig* rancor. **5** maledicência. **dente canino** canino. **dente da latte/dente deciduo** dente de leite. **dente del giudizio** dente do siso. **dente d'oro** dente de ouro. **dente incisivo** incisivo. **dente molare** molar. **dente premolare** pré-molar. **togliere un dente/estrarre un dente** arrancar um dente.

den.tie.ra [dent´jɛra] *sf* dentadura.

den.ti.fri.cio [dentifr´itʃo] *sm* dentifrício, pasta de dentes, creme dental.

den.ti.sta [dent´ista] *s* dentista.

den.ti.zio.ne [dentits´jone] *sf Anat* dentição.

den.tro [d´entro] *avv* **1** dentro, no interior. *chi è là dentro?* / quem está lá dentro? **2** *fig* na alma, no coração. • *prep* **1** em, dentro de. **2** para dentro. *siamo dentro la stazione* / estamos dentro da estação. *dentro il mese di aprile* / no mês de abril. **dentro di/dentro a** dentro de, em. *lei nasconde sentimenti dentro del cuore* / ela esconde sentimentos no coração. *il cuoco pose i dolci dentro a vasi di vetro* / o cozinheiro põe os doces dentro de vasilhas de vidro.

de.nu.da.re [denud´are] *vt* **1** desnudar, despir. **2** *fig* descobrir, revelar. *denudare la verità* / descobrir a verdade. *vpr* **3** despir-se.

de.nun.cia [den´untʃa] *sf V denunzia.*

de.nun.cia.re [denuntʃ´are] *vt V denunziare.*

de.nun.zia [den´untsja] *sf* **1** denúncia, queixa, acusação. **2** traição, delação. **fare una denunzia** dar queixa. *Var: denuncia.*

de.nun.zia.re [denunts´jare] *vt* **1** denunciar, acusar. **2** trair, delatar. **3** *fig* revelar, demonstrar. *Var: denunciare.*

de.nu.tri.to [denutr´ito] *agg* desnutrido.

de.nu.tri.zio.ne [denutrits´jone] *sf* desnutrição.

de.o.do.ran.te [deodor´ante] *sm+agg* desodorante.

de.pau.pe.ra.re [depawper´are] *vt* **1** empobrecer. **2** enfraquecer, debilitar, extenuar.

de.pe.ri.re [deper´ire] *vi* **1** enfraquecer, definhar. *il malato deperisce a vista d'occhio* / o doente definha a olhos vistos. **2** deteriorar-se. *le tradizione deperiscono* / as tradições se deterioram. **3** *fig* piorar.

de.pi.la.re [depil´are] [epil´are] *vt* depilar.

de.plo.ra.re [deplor´are] *vt* **1** deplorar, lamentar, lastimar. **2** *fig* condenar, censurar.

de.por.re [dep´oře] *vt* depor: a) pôr no chão. b) *fig* destronar, destituir. *deporre il re* / depor o rei. c) *Giur* declarar, testemunhar em juízo. d) renunciar a.

de.por.ta.re [deport´are] *vt* deportar, exilar.

de.po.si.ta.re [depozit´are] *vt* **1** depositar, fazer depósito. **2** armazenar. *vi* **3** *Chim* depor, assentar (partículas de um líquido).

de.po.si.to [desp´ɔzito] *sm* **1** depósito, armazém. **2** *Comm* depósito. **3** *Chim* sedimento, deposição. **deposito bagagli** depósito de bagagens.

de.po.si.zio.ne [depozits´jone] *sf* **1** deposição. *la deposizione del presidente* / a deposição do presidente. **2** *Chim* deposição de sedimento. **3** *Giur* depoimento, testemunho.

de.pra.va.re [deprav´are] *vt* **1** depravar, corromper, perverter. *vpr* **2** perverter-se, degenerar.

de.pre.da.re [depred´are] *vt* depredar, saquear.

de.pres.sio.ne [depress´jone] *sf* **1** depressão (de terreno). **2** *fig* depressão, abatimento, melancolia.

de.prez.za.re [depreddz´are] *vt* depreciar, desvalorizar.

de.pri.me.re [depr´imere] *vt* **1** deprimir. **2** enfraquecer. **3** humilhar, abater. *vpr* **4** deprimir-se, abater-se.

de.pu.ra.re [depur´are] *vt* **1** depurar, purificar, limpar, purgar. *vi* **2** tornar-se puro, purificar-se.

de.rat.tiz.za.re [derattiddz´are] *vt* desratizar.

de.re.ta.no [deret´ano] *sm* traseiro. • *agg* traseiro, posterior.

de.ri.de.re [der´idere] *vt* zombar, gozar de.

de.ri.va [der´iva] *sf Naut* **1** deriva, desvio. **2** corrente. **andare alla deriva** *Naut* a) ficar à deriva. b) *fig* deixar-se levar, entregar-se ao destino.

de.ri.va.re [deriv´are] *vt* **1** derivar. **2** desviar do curso normal. *vi* **3** originar-se. **4** provir. *le mie speranze derivano da questo* / minhas esperanças provêm disto. **5** concluir. *da ciò lui ha derivato che era inutile continuare* / disso ele concluiu que era inútil continuar.

der.ma [d´ɛrma] *sf Anat* derme.

der.ma.to.lo.gi.a [dermatolodʒ´ia] *sf Med* dermatologia.

de.ru.ba.re [derub´are] *vt* privar, roubar, tomar.

de.scri.ve.re [deskr´ivere] *vt* **1** descrever, representar, retratar. **2** *Geom* traçar. *descrivere una retta* / traçar uma reta.

de.scri.zio.ne [deskrits´jone] *sf* descrição.

de.ser.to [dez´ɛrto] *sm* deserto. • *agg* **1** deserto, desabitado, vazio. **2** árido. **3** solitário, ermo.

de.si.de.ra.re [dezider´are] *vt* **1** desejar, querer, ansiar. **2** cobiçar, ambicionar.

de.si.de.re.vo.le [dezider´evole] *agg* desejável.

de.si.de.rio [dezid´ɛrjo] *sm* **1** desejo, vontade. **2** cobiça, ambição.

de.si.gna.re [deziñ´are] *vt* **1** designar, determinar. **2** propor. **3** indicar, simbolizar, denotar.

de.si.nen.za [dezin´ɛntsa] *sf Gramm* desinência, terminação.

de.si.ste.re [dez´istere] *vi* **1** desistir. **2** renunciar.

de.so.la.re [dezol´are] *vt* **1** desolar, causar desolação. **2** devastar, arruinar.

de.so.la.zio.ne [dezolats´jone] *sf* **1** desolação, tristeza, solidão. **2** devastação, estrago, ruína.

de.spo.ta [d´ɛspota] *s+agg* **1** déspota, tirano. **2** *fig* pessoa dominadora.

D

de.sta.re [dest´are] *vt* **1** acordar, despertar. **2** *fig* excitar. *vpr* **3** acordar, despertar.

de.sti.na.re [destin´are] *vt* **1** destinar, determinar, designar. **2** decidir, resolver, deliberar.

de.sti.no [dest´ino] *sm* **1** destino, sorte, fatalidade. *ebbe un destino terribile* / teve um destino terrível. **2** destino, direção, destinação. *aereo destino Roma* / avião com destino a Roma.

de.sti.tu.i.re [destit´uire] *vt* **1** destituir, depor. **2** demitir, despedir.

de.stra [d´ɛstra] *sf* **1** direita. **2** mão direita. **3** *Pol* ala direita (do parlamento).

de.strez.za [destr´ettsa] *sf* **1** destreza, agilidade, perícia. **2** esperteza.

de.stro [d´ɛstro] *sm* **1** oportunidade. **2** comodidade. **3** *Sp* direita, direito (golpe). • *agg* **1** destro, direito. **2** hábil, ágil, rápido.

de.te.ne.re [deten´ere] *vt* **1** deter. **2** guardar, conservar, manter. **3** deter, prender, deixar na prisão. **4** *Giur* receptar. *detenere mercanzie rubate* / receptar mercadorias roubadas.

de.ter.gen.te [deterdʒ´ɛnte] *sm+agg* detergente. *Sin: detersivo.*

de.te.rio.ra.re [deterjor´are] *vt* **1** deteriorar, estragar, danificar. **2** adulterar. *vpr* **3** deteriorar-se, estragar-se, danificar-se.

de.ter.mi.na.re [determin´are] *vt* **1** determinar, estabelecer. **2** decidir, especificar. **3** causar. **4** motivar, originar. *vpr* **5** determinar-se, decidir-se.

de.ter.mi.na.ti.vo [determinat´ivo] *agg Gramm* definido (artigo).

de.ter.si.vo [deters´ivo] *sm+agg V detergente.*

de.te.sta.re [detest´are] *vt* detestar, odiar.

de.to.na.re [deton´are] *vt* detonar, explodir.

de.tri.men.to [detrim´ento] *sm* detrimento, dano, prejuízo.

de.tri.to [detr´ito] *sm* detrito, resto, resíduo.

de.tro.niz.za.re [detroniddz´are] *vt* destronar, destituir (um rei).

det.ta.glia.re [dettaλ´are] *vt* detalhar, pormenorizar.

det.ta.glio [dett´aλo] *sm* detalhe, pormenor.

det.ta.re [dett´are] *vt* **1** ditar. *la maestra dettava parole difficili* / a professora ditava palavras difíceis. **2** *fig* impor. *dettare modificazioni* / ditar mudanças. **3** sugerir.

det.to [d´etto] *sm* dito, frase, sentença. • *agg* **1** dito, mencionado. **2** comunicado. **3** chamado, denominado. **4** acima mencionado.

de.tur.pa.re [deturp´are] *vt* **1** deturpar, desfigurar. **2** corromper, perverter, estragar.

de.va.sta.re [devast´are] *vt* **1** devastar, assolar, desolar. **2** danificar, estragar.

de.vi.a.re [dev´iare] *vt* **1** desviar, sair do caminho. **2** *fig* afastar-se, distanciar-se.

de.via.zio.ne [devjats´jone] *sf* **1** desvio, ato de desviar. **2** afastamento.

de.vo.to [dev´ɔto] *sm Rel* devoto, beato. • *agg* **1** devoto, beato. **2** dedicado, afeiçoado.

de.vo.zio.ne [devots´jone] *sf* **1** devoção, adoração, veneração. **2** afeição, dedicação. **3** obediência.

di [d´i] *sf* dê, o nome da letra D. • *prep* de.

A preposição **di** forma expressões que indicam diversas relações, como: a) posse. *la casa di Laura* / a casa de Laura. b) especificação. *il sindaco da Torino* / o prefeito de Turim. *sala di lettura* / sala de leitura. c) material. *fatto di legno* / feito de madeira. d) proveniência. *sono di Milano* / sou de Milão. e) tempo. *di domenica* / de domingo. *di notte* / de noite. f) medida. *una sala di tre metri per tre* / uma sala de três metros por três. g) meio, modo, causa. *piangere di paura* / chorar de medo. h) assunto. *libro di medicina* / livro de medicina.

Também é usada no comparativo (em português, "que"): *lui è più alto di me* / ele é mais alto que eu. E no superlativo (em português, "de"): *questa storia è la più bella di tutte* / esta história é a mais bela de todas.

Precedendo verbo no infinitivo, pode ser traduzida por "de", ou mais comumente, "que". *so di aver sbagliato* / sei que errei. *Madre Teresa è degna di esser lodata* / Madre Teresa é digna de ser louvada.

A preposição **di** contraída com os artigos (**del, della, degli, delle** ...) pode ser usada para indicar uma parte de um todo. Nesse

caso, equivale, no singular, a "um pouco de", e no plural, a "alguns", "algumas". Geralmente não se traduz, mas no plural pode ser traduzida pelo artigo indefinido ("uns", "umas"). *bere del latte* / beber leite. *vuoi dei cioccolatini?* / quer (uns) bombons? Veja outras notas em **senza** e **uma**.
Veja lista de todas as contrações e combinações em italiano no apêndice.

dì [d'i] *sm* **1** dia (usado nas divisões de tempo). **2** *fig* tempo. **a dì ventiquattro** no dia vinte e quatro. **al dì d'oggi** nos dias de hoje. Veja nota em **dia**.

dia.be.te [djab'ɛte] *sm Med* diabete, diabetes. **diabete zuccherino/diabete mellito** diabete sacarino, diabete melito.

dia.bo.li.co [djab'ɔliko] *agg* **1** diabólico. **2** *fig* perverso.

dia.de.ma [djad'ɛma] *sm* diadema, coroa.

dia.fa.no [d'jafano] *agg* diáfano, transparente, translúcido.

dia.fram.ma [djafr'amma] *sm Anat, Mus* diafragma.

dia.gno.si [d'jañozi] *sf Med* diagnóstico, diagnose.

dia.gno.sti.ca.re [djañostik'are] *vt Med* diagnosticar.

dia.go.na.le [djagon'ale] *sf Geom* diagonal, segmento de reta. • *agg* diagonal, oblíquo.

dia.gram.ma [djagr'amma] *sm* diagrama, esquema, representação.

dia.let.ti.ca [djal'ɛttika] *sf* dialética, lógica.

dia.let.to [djal'ɛtto] *sm* dialeto.

dia.li.si [d'jalizi] *sf Chim* diálise, separação.

dia.lo.ga.re [djalog'are] *vt* **1** dialogar. *vi* **2** dialogar, conversar.

dia.lo.go [d'jalogo] *sm* diálogo, conversa.

dia.man.te [djam'ante] *sm* diamante.

dia.me.tro [d'jametro] *sm* diâmetro.

dian.zi [d'jantsi] *avv* há pouco, pouco tempo atrás. *l'ho visto dianzi nel ristorante* / eu o vi há pouco no restaurante.

dia.pa.son [d'japazon] *sm Mus* diapasão. **toccare il diapason** *fig* chegar ao êxtase.

dia.ria [d'jarja] *sf* diária, pagamento diário.

dia.rio [d'jarjo] *sm* diário, jornal.

diar.re.a [djar̃'ɛa] *sf Med* diarreia.

dia.spro [d'jaspro] *sm Min* jaspe.

dia.vo.lo [d'javolo] *sm* diabo, satanás, demônio. • *int* diabos! **avere il diavolo addosso / in corpo / in testa** *pop* estar com o diabo no corpo, estar com a macaca. **buon diavolo** *pop* bom sujeito. **diavolo scatenato** moleque travesso. **povero diavolo** *pop* pobre coitado, pé de chinelo. **quando si nomina il diavolo, se ne vede spuntare la coda** *pop* falou no diabo, aparece o rabo. **va al diavolo!** *volg* vá para o inferno!

di.bat.te.re [dib'attere] *vt* **1** sacudir, agitar. **2** *fig* debater, discutir. *vpr* **3** debater-se, agitar-se.

di.bat.ti.to [dib'attito] *sm* debate, discussão.

di.cem.bre [ditʃ'ɛmbre] *sm* dezembro.

di.ce.ri.a [ditʃer'ia] *sf* boato, balela.

di.chia.ra.re [dikjar'are] *vt* **1** declarar, notificar, expor, proclamar. **2** intimar.

di.chia.ra.zio.ne [dikjarats'jone] *sf* **1** declaração, notificação. **2** intimação.

di.cian.no.ve [ditʃann'ɔve] *sm+num* dezenove.

di.cias.set.te [ditʃass'ɛtte] *sm+num* dezessete.

di.ciot.to [ditʃ'ɔtto] *sm+num* dezoito.

di.da.sca.li.a [didaskal'ia] *sf* **1** ensinamento, lição. **2** *Cin* legenda.

di.dat.ti.co [did'attiko] *agg* didático.

die.ci [d'jɛtʃi] *sm+num* dez.

die.ci.na [djetʃ'ina] *sf* **1** dezena. **2** uns dez, umas dez.

die.re.si [d'jɛrezi] *sf Gramm* diérese.

die.ta [d'jɛta] *sf Med* dieta, regime. **stare a dieta** ficar de dieta.

die.te.ti.co [djet'ɛtiko] *agg* dietético.

die.to.lo.ga [djet'ɔloga] *sf* nutricionista.

die.tro [d'jɛtro] *avv* **1** atrás. *là dietro* / lá atrás. **2** depois, posteriormente. • *prep* **1** atrás de. *dietro la casa* / atrás da casa. **2** depois de. *sono arrivati uno dietro l'altro* / eles chegaram, um depois do outro. **3** segundo, conforme. **di dietro** a) *sm* traseira, parte de trás; *fam* traseiro. b) *agg* posterior. c) *loc avv* depois; atrás. *lei sedeva davanti e io di dietro* / ela sentava em frente, e eu atrás. d) *loc prep* detrás de. *il ladro era di dietro della porta* / o ladrão estava detrás da porta.

di.fen.de.re [dif'ɛndere] *vt* **1** defender, proteger. **2** justificar. *vpr* **3** defender-se, proteger-se. **4** justificar-se, explicar-se.

D

di.fen.so.re [difens´ore] *sm* defensor. **avvocato difensore** advogado de defesa.
di.fe.sa [dif´eza] *sf* **1** defesa, proteção. **2** justificação, explicação. **difesa personale** defesa pessoal.
di.fet.ti.vo [difett´ivo] *agg* **1** defectivo, defeituoso, imperfeito. **2** *Gramm* defectivo (verbo).
di.fet.to [dif´ɛtto] *sm* **1** defeito, falha. **2** vício.
di.fet.to.so [difett´ozo] *agg* defeituoso, imperfeito.
dif.fa.ma.re [diffam´are] *vt* difamar, caluniar.
dif.fe.ren.te [differ´ɛnte] *agg* diferente, diverso, distinto.
dif.fe.ren.za [differ´ɛntsa] *sf* **1** diferença, diversidade. **2** *fig* controvérsia, divergência, desavença. **3** *Mat* resto, diferença.
dif.fe.ren.zia.le [differents´jale] *sm Med* diferencial. • *agg* diferencial. **calcolo differenziale** *Mat* cálculo diferencial.
dif.fe.ren.zia.re [differents´jare] *vt* **1** diferenciar, distinguir, diversificar. *vpr* **2** diferenciar-se.
dif.fe.ri.re [differ´ire] *vt* **1** adiar, prorrogar, prolongar. *vi* **2** diferir, ser diferente. **3** discordar, divergir.
dif.fi.ci.le [diff´itʃile] *agg* **1** difícil, trabalhoso, árduo, penoso. **2** *fig* irritado, intratável.
dif.fi.col.tà [diffikolt´a] *sf* **1** dificuldade. **2** obstáculo, impedimento, oposição. Veja nota em **raffinamento**.
dif.fi.col.to.so [diffikolt´ozo] *agg* dificultoso, cheio de dificuldades, difícil, trabalhoso.
dif.fon.de.re [diff´ɔndere] *vt* difundir, propagar, espalhar, divulgar.
dif.fu.sio.ne [diffuz´jone] *sf* **1** difusão, propagação. **2** transmissão radiofônica.
di.ga [d´iga] *sf* **1** dique, barragem. **2** *fig* obstáculo, impedimento.
di.ge.ri.re [didʒer´ire] *vt* **1** digerir, assimilar. **2** *fig* examinar atenciosamente. **3** sofrer calado.
di.ge.stio.ne [didʒest´jone] *sf* digestão.
di.ge.sti.vo [didʒest´ivo] *agg* digestivo.
di.ghiac.cia.re [digjattʃ´are] *vi* derreter, degelar.
di.gi.ta.le [didʒit´ale] *agg* digital, dos dedos.
di.gi.ta.re [didʒit´are] *vt* **1** digitar. **2** *Mus* dedilhar.
di.giu.na.re [didʒun´are] *vi* jejuar, fazer jejum.
di.giu.no [didʒ´uno] *sm* **1** jejum. **2** *fig* privação, abstinência. • *agg* **1** em jejum. **2** *fig* privado, carente.
di.gni.tà [diñit´a] *sf* **1** dignidade, nobreza. **2** cargo, função importante. **3** *fig* dignitário.
di.gra.da.re [digrad´are] *vt* **1** *Pitt* matizar, graduar. *vi* **2** descer, diminuir aos poucos.
di.gra.da.zio.ne [digradats´jone] *sf* **1** *Pitt* matiz, gradação. **2** descida, diminuição gradual.
di.gre.di.re [digred´ire] *vi* **1** divagar. **2** desviar-se.
di.gres.sio.ne [digress´jone] *sf* **1** digressão, divagação. **2** desvio, mudança de direção.
di.gros.sa.re [digross´are] *vt* **1** desengrossar, estreitar, afinar, desbastar. **2** esboçar, ensinar os fundamentos. **3** *fig* enobrecer, tornar menos rude.
di.la.pi.da.re [dilapid´are] *vt* esbanjar, gastar, dilapidar (patrimônio).
di.la.ta.re [dilat´are] *vt* **1** dilatar. **2** *fig* aumentar. *vpr* **3** dilatar-se. **4** *Fis fig* expandir-se.
di.lem.ma [dil´ɛmma] *sm* dilema.
di.let.ta.re [dilett´are] *vt* **1** deleitar, deliciar. **2** alegrar, divertir. *vi* **3** agradar. *vpr* **4** deleitar-se, deliciar-se. **5** divertir-se.
di.let.to [dil´ɛtto] *sm* **1** deleite, delícia. **2** divertimento, prazer, satisfação, gozo. • *sm+agg* predileto, querido, preferido.
di.let.to.so [dilett´ozo] *agg* **1** delicioso. **2** divertido, agradável, prazeroso.
di.li.gen.te [dilidʒ´ɛnte] *agg* **1** diligente. **2** cuidadoso, benfeito, caprichado. *lavoro diligente* / trabalho caprichado. **3** atento, atencioso. **4** organizado, meticuloso, metódico. **5** aplicado, estudioso, disciplinado. *studente diligente* / estudante aplicado. Veja nota em **caprichoso**.
di.lu.i.re [dil´uire] *vt* diluir.

di.lu.via.re [diluv´jare] *vt* **1** inundar, alagar. **2** *fam* devorar. *vi* **3** chover torrencialmente.
di.lu.vio [dil´uvjo] *sm* **1** dilúvio. **2** inundação. **3** chuva torrencial. **4** rede (de caça e pesca). **5** *fig* montão. **Diluvio Universale** *Rel* o Dilúvio.
di.ma.gri.re [dimagr´ire] *vi* emagrecer.
di.men.sio.ne [dimens´jone] *sf* dimensão, tamanho.
di.men.ti.can.za [dimentik´antsa] *sf* esquecimento.
di.men.ti.ca.re [dimentik´are] *vt* **1** esquecer. *vpr* **2** esquecer-se.
di.met.te.re [dim´ɛttere] *vt* **1** demitir, despedir. **2** depor, destituir. **3** *Rel* perdoar. *vpr* **4** demitir-se, renunciar.
di.mi.nu.i.re [dimin´uire] *vt* **1** diminuir, reduzir. *vi* **2** diminuir. **3** baixar de preço. *vpr* **4** diminuir, reduzir-se.
di.mi.nu.ti.vo [diminut´ivo] *sm+agg* *Gramm* diminutivo.
di.mi.nu.zio.ne [diminuts´jone] *sf* diminuição, redução, abaixamento.
di.mis.sio.ne [dimiss´jone] *sf* demissão, renúncia.
di.mo.ra [dim´ɔra] *sf* **1** domicílio, residência, habitação. **2** permanência. **3** atraso, retardo.
di.mo.ra.re [dimor´are] *vi* residir, morar, habitar.
di.mo.stra.re [dimostr´are] *vt* **1** demonstrar, mostrar. *dimostrare interesse* / demonstrar interesse. *vi* **2** aparentar, parecer. *vpr* **3** revelar-se, manifestar-se. *dimostrarsi coraggioso* / revelar-se corajoso.
di.na.mi.co [din´amiko] *agg* **1** dinâmico. **2** ativo.
di.na.mi.te [dinam´ite] *sf* dinamite.
di.na.mo [d´inamo] *sf* dínamo.
di.nan.zi [din´antsi] *avv* diante, em frente, de frente. **dinanzi a** a) diante de, em frente de, de frente para. b) na presença de.
di.na.sti.a [dinast´ia] *sf* dinastia.
di.no.sau.ro [dinos´awro] *sm* dinossauro.
din.tor.no [dint´orno] *sm* **1** perfil, contorno. **2 dintorni** *pl* arredores, redondezas. • *avv* **1** em torno, em volta. **2** próximo, perto.
di.o [d´io] *sm* deus. **Dio dà noci a chi non ha denti** Deus dá nozes a quem não tem dentes. **Dio manda il freddo secondo i panni** Deus dá o frio conforme o cobertor.
di.o.ce.si [di´otʃɛzi] *sf Rel* diocese.
di.par.ti.men.to [dipartim´ento] *sm* **1** departamento. **2** repartição, compartimento.
di.par.tir.si [dipart´irsi] *vpr* **1** partir. **2** afastar-se, distanciar-se.
di.pen.den.za [dipend´ɛntsa] *sf* **1** dependência. **2** submissão, sujeição. **3** anexo (local). **4** sucursal, filial. **in dipendenza** em consequência.
di.pen.de.re [dip´ɛndere] *vi* **1** depender de. *la vittoria solo dipende da noi* / a vitória só depende de nós. **2** subordinar-se a, sujeitar-se a. *questa ditta dipende da una compagnia straniera* / esta empresa se subordina a uma companhia estrangeira.
di.pin.ge.re [dip´indʒere] *vt* **1** pintar, colorir. **2** *fig* descrever, representar.
di.plo.ma [dipl´ɔma] *sm* **1** diploma. **2** certificado.
di.plo.ma.ti.co [diplom´atiko] *sm* diplomata. • *agg* **1** diplomático. **2** *fig* hábil, perito, destro. **corpo diplomatico** corpo diplomático.
di.plo.ma.zi.a [diplomats´ia] *sf* **1** diplomacia. **2** pessoal diplomático. **3** *fig* habilidade, tato.
di.re [d´ire] *sm* **1** dito, modo de dizer. **2** fala. • *vt* **1** dizer. **2** falar. **3** responder. **4** comandar. **5** discursar. **6** contar. **7** afirmar. **dico la mia** digo o que penso. **dire bene** elogiar, louvar. **dire davvero** falar a sério. **dire male** difamar, caluniar.
di.ret.to [dir´ɛtto] *sm* trem direto. • *agg* **1** direto, direito, reto. **2** *fig* justo. **3** imediato.
di.ret.to.re [dirett´ore] *sm* diretor, dirigente.
di.ret.tri.ce [direttr´itʃe] *sf* **1** diretora, dirigente. **2** *Geom* diretriz.
di.re.zio.ne [direts´jone] *sf* **1** direção, ato de dirigir. **2** diretoria (local). **3** administração. **4** rumo, destino.
di.ri.ge.re [dir´idʒere] *vt* **1** dirigir. **2** enviar, mandar, endereçar. **3** guiar. **4** *fig* administrar, governar, comandar. *vpr* **5** dirigir-se, ir.
di.rit.ta [dir´itta] *sf* **1** direita. **2** mão direita. *Var: dritta.*

di.rit.to [dir´itto] *sm* **1** direito, parte direita de objeto. **2** direito, privilégio, prerrogativa. **3** taxa, imposto. **4** *fig* justiça. **5** *Giur* direito, jurisprudência. • *agg* **1** direito, reto. **2** destro. **3** *fig* direito, honesto. *uomo diritto* / homem direito. • *avv* **1** diretamente. **2** *fig* com lealdade, lealmente. **diritto d'autore** direito autoral. *Var: dritto.*

di.roc.ca.re [dirokk´are] *vt* demolir, derrubar, derrocar.

di.ru.po [dir´upo] *sm* despenhadeiro, precipício, penhasco, barranco.

di.sa.bi.ta.to [dizabit´ato] *agg* desabitado, despovoado, deserto.

di.sa.bi.tu.a.re [dizabit´uare] *vt* desabituar, desacostumar.

di.sac.cor.do [dizakk´ɔrdo] *sm* **1** desacordo, divergência, desunião. **2** *Mus* dissonância.

di.sa.dat.to [dizad´atto] *agg* **1** inoportuno, inapropriado. **2** despreparado. **3** inapto, inepto.

di.saf.fe.zio.ne [dizaffets´jone] *sf* **1** desafeição, desamor. **2** inimizade.

di.sag.gre.ga.re [dizaggreg´are] *vt V disgregare.*

di.sa.gia.re [dizadʒ´are] *vt* **1** desacomodar, desorganizar, desarranjar. **2** incomodar. *vpr* **3** desacomodar-se. **4** incomodar-se.

di.sa.gio [diz´adʒo] *sm* **1** incômodo, transtorno. **2** necessidade, pobreza, penúria. **3** mal-estar, indisposição. **a disagio** mal, de forma desagradável.

di.sa.mo.re [dizam´ore] *sm* desamor, desafeição.

di.sa.ni.ma.re [dizanim´are] *vt* **1** desanimar, desencorajar. *vpr* **2** desanimar-se, esmorecer.

di.sap.pro.va.re [dizapprov´are] *vt* desaprovar, reprovar.

di.sap.pun.to [dizapp´unto] *sm* **1** desapontamento, desilusão. **2** contratempo. **3** incômodo.

di.sar.ma.re [dizarm´are] *vt* **1** desarmar. **2** *fig* pacificar, apaziguar. **3** saquear, espoliar (navio). **4** *Mil* licenciar, dispensar (os soldados).

di.sar.mo [diz´armo] *sm* **1** desarmamento, desarme. **2** *Mil* baixa (da tropa inteira).

di.sar.mo.ni.a [dizarmon´ia] *sf* (anche *fig*) desarmonia, divergência, discordância.

di.sar.ti.co.la.re [dizartikol´are] *vt* **1** desarticular, dividir. *disarticolare un osso, un membro* / desarticular um osso, um membro. *vpr* **2** desconjuntar-se, desmanchar.

di.sa.stro [diz´astro] *sm* **1** desastre, desgraça, acidente, fatalidade. **2** fracasso, insucesso, fiasco.

di.sat.ten.to [dizatt´ɛnto] *agg* desatento, descuidado, negligente.

di.sa.van.zo [dizav´antso] *sm* **1** perda, prejuízo. **2** falta. **3** *Comm* déficit, passivo.

di.sav.ven.tu.ra [dizavvent´ura] *sf* **1** desventura, desgraça. **2** problema, dificuldade.

di.sca.ri.co [disk´ariko] *sm* **1** descarga. **2** *fig* desencargo, justificativa.

di.scen.den.te [diʃend´ɛnte] *s+agg* descendente.

di.scen.den.za [diʃend´ɛntsa] *sf* **1** descendência. **2** geração, estirpe.

di.scen.de.re [diʃ´endere] *vt+vi* **1** descender, provir. **2** descer, baixar, abaixar. **3** *Comm* cair (preços). **4** *fig* pôr-se (sol, lua).

di.sce.po.lo [diʃ´epolo] *sm* **1** discípulo, seguidor. **2** aluno. Veja nota em **aluno**.

di.scer.ne.re [diʃ´ɛrnere] *vt* **1** discernir, diferenciar, distinguir. **2** julgar. **3** reconhecer.

di.scer.ni.men.to [diʃernim´ento] *sm* discernimento, juízo, prudência.

di.sce.sa [diʃ´eza] *sf* **1** descida, declive, inclinação. **2** *fig* declínio, decadência.

di.schet.to [disk´etto] *sm dim Inform* disquete.

di.scio.glie.re [diʃ´ɔʎere] *vt+vpr V sciogliere.*

di.sci.pli.na [diʃipl´ina] *sf* **1** disciplina, ordem, organização. **2** matéria, disciplina (de estudo). **3** flagelo, um tipo de instrumento de penitência. **4** *fig* castigo, pena.

di.sco [d´isko] *sm* (anche *Sp, Mus, Inform*) disco. **disco volante** disco voador.

di.sco.lo [d´iskolo] *sm+agg* **1** desobediente, rebelde, irrequieto. **2** *pop* endiabrado, travesso.

di.scol.pa [disk´olpa] *sf* desculpa, justificativa, explicação.

di.scol.pa.re [diskolp´are] *vt* **1** desculpar. **2** perdoar. **3** justificar. *vpr* **4** desculpar-se, justificar-se.

di.sco.no.sce.re [diskon´oʃere] *vt+vi V sconoscere.*
di.scon.ten.to [diskont´ɛnto] *agg* descontente, desgostoso, insatisfeito.
di.scon.ti.nuo [diskont´inwo] *agg* descontínuo, interrompido.
di.scor.dan.za [diskord´antsa] *sf* **1** discordância, diferença. **2** *Mus* desafinação. **3** *Pitt* desarmonia (das cores). **4** *fig* divergência, discrepância. **5** desunião. **6** diversidade.
di.scor.da.re [diskord´are] *vi* discordar, divergir, destoar. *discordare da opinioni* / discordar de opiniões. *quei colori discordano* / aquelas cores destoam.
di.scor.de [disk´ɔrde] *agg* discordante, divergente, discrepante.
di.scor.dia [disk´ɔrdja] *sf* **1** discórdia, desunião, divergência, discordância. **2** disputa, briga.
di.scor.re.re [disk´or̃ere] *vt* **1** percorrer, atravessar. *vi* **2** discorrer, discutir, falar sobre.
di.scor.so [disk´orso] *sm* **1** discurso. **2** discussão, conversa. **3** exposição, argumentação.
di.sco.sto [disk´ɔsto] *agg* distante, longínquo, afastado. • *avv* longe.
di.scre.de.re [diskr´edere] *vt* **1** mudar de opinião. **2** desacreditar, não acreditar, descrer.
di.scre.di.to [diskr´edito] *sm* descrédito, desonra, má reputação.
di.scre.pan.za [diskrep´antsa] *sf* **1** discrepância, desacordo, divergência. **2** oposição. **3** diferença.
di.scre.to [diskr´eto] *agg* **1** discreto. **2** moderado, ajuizado. **3** razoável, passável. **4** suave, brando.
di.scre.zio.ne [diskrets´jone] *sf* **1** discrição. **2** discernimento. **3** modéstia. **4** moderação, comedimento. **5** arbítrio. **6** suavidade, brandura. **mangiare e bere a discrezione** comer e beber à vontade.
di.scri.mi.na.re [diskrimin´are] *vt* discriminar, distinguir, diferenciar.
di.scus.sio.ne [diskuss´jone] *sf* **1** discussão. **2** debate. **3** exame, avaliação. **4** briga, disputa.
di.scu.te.re [disk´utere] *vt* **1** discutir, debater. **2** examinar, avaliar.
di.sde.gna.re [dizdeñ´are] *vt* desdenhar, desprezar.
di.sde.gno [dizd´eño] *sm* desdém, desprezo.
di.sdet.ta [dizd´etta] *sf* **1** rescisão de contrato. **2** desdita, desventura (em jogo). **3** azar.
di.sdi.ce.vo.le [dizditʃ´evole] *agg* **1** inconveniente, impróprio. **2** indecente, indiscreto.
di.sdi.re [dizd´ire] *vt* **1** rescindir (um contrato). **2** desdizer, desmentir, negar. *vi* **3** não condizer, ser inconveniente. *vpr* **4** retratar-se. **5** recusar-se.
di.se.gna.re [dizeñ´are] *vt* **1** desenhar, traçar. **2** *fig* planejar, projetar. **3** imaginar, conceber.
di.se.gno [diz´eño] *sm* **1** desenho, figura. **2** plano, projeto. **3** imagem, ideia, concepção.
di.se.re.da.re [dizered´are] *vt* deserdar.
di.ser.ta.re [dizert´are] *vt* **1** tornar deserto, despovoar. **2** devastar. **3** *fig* abandonar, fugir de. *disertare un posto, una riunione* / abandonar um posto, uma reunião. *disertare obblighi* / fugir de obrigações. *vi* **4** *Mil* desertar.
di.ser.zio.ne [dizerts´jone] *sf* **1** *Mil* deserção. **2** traição.
di.sfa.re [disf´are] *vt* **1** desfazer, desmanchar. **2** desarmar, desmontar. **3** despedaçar. **4** *fig* destruir, estragar. **5** gastar, consumir. *vpr* **6** desfazer-se, desmanchar-se. **7** livrar-se, desvencilhar-se de.
di.sfat.ta [disf´atta] *sf* derrota.
di.sfat.ti.smo [disfatt´izmo] *sm* **1** derrotismo. **2** *fig* pessimismo, ceticismo. **3** falta de fé.
di.sfun.zio.ne [disfunts´jone] *sf Med, fig* disfunção.
di.sgra.do [dizgr´ado] *sm* desagrado.
di.sgra.zia [dizgr´atsja] *sf* desgraça, desventura, infelicidade, infortúnio.
di.sgre.ga.re [dizgreg´are] *vt* **1** desagregar. **2** separar, desunir. *vpr* **3** separar-se, desunir-se. *Var: disaggregare.*
di.sgre.ga.zio.ne [dizgregats´jone] *sf* **1** desagregação, separação (das partes). **2** *Fis* fissão. **3** desintegração. **4** *fig* desunião (política ou social).
di.sgu.sta.re [dizgust´are] *vt* **1** desgostar, desagradar. **2** irritar, aborrecer. *vi* **3** não

gostar. *vpr* **4** desgostar-se. **5** irritar-se, aborrecer-se.

di.sgu.sto [dizg´usto] *sm* **1** desgosto, desprazer. **2** aversão, repugnância, repulsa. **3** desconfiança.

di.sgu.sto.so [dizgust´ozo] *agg* **1** desgostoso. **2** repugnante, repulsivo.

di.si.dra.ta.re [dizidrat´are] *vt* desidratar.

di.sil.lu.de.re [dizill´udere] *vt* desiludir, decepcionar, desenganar.

di.sil.lu.sio.ne [dizilluz´jone] *sf* desilusão.

di.sim.ba.raz.za.re [dizimbaratts´are] *vt* **1** desembaraçar, livrar de embaraço. **2** desimpedir.

di.sim.pe.gna.re [dizimpeñ´are] *vt* **1** tirar do penhor. **2** liberar (de obrigação). **3** desempenhar, exercer. *disimpegnare funzioni* / desempenhar funções. *vpr* **4** desobrigar-se. *disimpegnarsi da carichi* / desobrigar-se de encargos. **5** saldar, pagar. *disimpegnare un debito* / saldar uma dívida. **6** pagar (uma promessa). **7** virar-se, sair-se bem.

di.sim.pe.gno [dizimp´eño] *sm* **1** pagamento, desobrigação. **2** desempenho.

di.sin.ca.glia.re [dizinkaλ´are] *vt Naut* desencalhar.

di.sin.fet.tan.te [dizinfett´ante] *sm+agg* desinfetante.

di.sin.fet.ta.re [dizinfett´are] *vt* desinfetar.

di.sin.gan.na.re [dizingann´are] *vt* **1** desenganar, desiludir. *vpr* **2** desenganar-se, desiludir-se.

di.sin.te.gra.re [dizintegr´are] *vt* desintegrar, desagregar.

di.sin.te.res.sa.re [dizinteress´are] *vt* **1** desinteressar. *vpr* **2** desinteressar-se de.

di.sin.te.res.se [dizinter´ɛsse] *sm* **1** desinteresse, despreocupação. **2** abnegação, desprendimento.

di.sin.vol.to [dizinv´ɔlto] *agg* **1** franco. **2** desenvolto, desembaraçado, ativo. **3** descarado, atirado.

di.sin.vol.tu.ra [dizinvolt´ura] *sf* **1** franqueza. **2** desenvoltura, desembaraço. **3** *fig* descaramento.

di.sli.vel.lo [dizliv´ɛllo] *sm* **1** desnível. **2** pendência, inclinação.

di.slo.ca.men.to [dizlokam´ento] *sm* deslocamento, mudança de lugar ou de posição.

di.slo.ca.re [dizlok´are] *vt* deslocar, mudar de lugar ou de posição.

di.smi.su.ra [dizmiz´ura] *sf* excesso, demasia. **a dismisura** excessivamente, em demasia.

di.sob.be.di.re [dizobbed´ire] *vt* **1** desobedecer. **2** desrespeitar, transgredir. *Var: disubbidire.*

di.sob.bli.ga.re [dizobblig´are] *vt* **1** desobrigar, dispensar, livrar, isentar. **2** desvincular.

di.soc.cu.pa.re [dizokkup´are] *vt* desocupar.

di.soc.cu.pa.to [dizokkup´ato] *sm+agg* **1** desocupado. **2** desempregado.

di.soc.cu.pa.zio.ne [dizokkupats´jone] *sf* **1** desocupação. **2** desemprego.

di.so.do.ran.te [dizodor´ante] *agg* desodorante.

di.so.ne.sto [dizon´ɛsto] *agg* **1** desonesto, desleal. **2** indecente, obsceno.

di.so.no.ra.re [dizonor´are] *vt* **1** desonrar, ofender a honra de, infamar. *vpr* **2** desonrar-se.

di.so.no.re [dizon´ore] *sm* desonra, vergonha.

di.so.pra [dis´opra] *sm* parte de cima, parte superior. *V sopra.*

di.sor.di.na.re [dizordin´are] *vt* **1** desordenar. *vi* **2** exceder-se, ultrapassar (limites). *vpr* **3** decompor-se, desfazer-se.

di.sor.di.ne [diz´ordine] *sf* **1** desordem, confusão. **2** irregularidade. **3** **disordini** *pl* tumultos, distúrbios.

di.sor.ga.niz.za.re [dizorganiddz´are] *vt* **1** desorganizar, desordenar, desarrumar, desarranjar. **2** decompor (materiais orgânicos).

di.so.rien.ta.re [dizorjent´are] *vt* **1** desorientar, desnortear. **2** *fig* desconcertar.

di.sos.sa.re [dizoss´are] *vt* desossar.

di.sot.to [dis´otto] *sm* parte de baixo, parte inferior. *V sotto.*

di.spac.cio [disp´attʃo] *sm* despacho, comunicação oficial.

di.spa.ra.to [dispar´ato] *agg* diferente, variado.

di.spa.ri [d´ispari] *agg* **1** ímpar. **2** desigual.

di.spen.dio [disp´ɛndjo] *sm* dispêndio, gasto, despesa.

di.spen.dio.so [dispend´jozo] *agg* dispendioso, caro, custoso.

di.spen.sa [disp'ɛnsa] *sf* **1** apostila, folheto (escolar). *il maestro ha scritto le dispense per la lezione di grammatica* / o professor escreveu as apostilas para a aula de gramática. **2** dispensa, liberação, isenção, desobrigação. *dispensa da un incarico* / dispensa de um encargo. **3** dispensa, demissão, exoneração. **4** distribuição. **5** despensa, copa.

di.spen.sa.re [dispens'are] *vt* **1** dispensar, liberar, isentar, desobrigar. **2** dispensar, demitir, exonerar. *dispensare un impiegato* / dispensar um empregado. **3** distribuir. *dispensare favori* / distribuir favores. *vpr* **4** abster-se, eximir-se. *dispensarsi dal fare qualcosa* / abster-se de fazer algo.

di.spe.ra.re [disper'are] *vt+vi* **1** desesperar, perder a esperança. *vpr* **2** desesperar-se.

di.spe.ra.to [disper'ato] *agg* **1** desesperado. **2** pobre. **3** incurável. **4** *fig* cruel, malvado.

di.spe.ra.zio.ne [disperats'jone] *sf* **1** desespero. **2** angústia, tormento.

di.sper.de.re [disp'ɛrdere] *vt* **1** dispersar. **2** desperdiçar, gastar, consumir. **3** destroçar, despedaçar. *vpr* **4** perder-se. **5** dispersar-se, debandar.

di.sper.sio.ne [dispers'jone] *sf* dispersão, debandada.

di.spet.to [disp'ɛtto] *sm* despeito, rancor.

di.spet.to.so [dispett'ozo] *agg* despeitoso, rancoroso.

di.spia.ce.re [dispjatʃ'ere] *sm* **1** desprazer, dor, desgosto, incômodo. **2** distúrbio, contrariedade. • *vi* desagradar. **mi dispiace!** sinto muito!

di.spo.ni.bi.le [dispon'ibile] *agg* **1** disponível. **2** *fig* solteiro, livre.

di.spor.re [disp'or̃e] *vt* **1** dispor. **2** prescrever, estabelecer. **3** declarar em testamento. **4** colocar em ordem, organizar. **5** preparar. *vi* **6** dispor de, servir-se, ter à disposição. *l'esercito disponde di armi modernissime* / o exército dispõe de armas moderníssimas. *vpr* **7** dispor-se a, colocar-se. *disporsi in fila* / dispor-se em fila. **8** dispor-se, decidir-se, resolver-se a. *il prigioniero si dispose a fuggire* / o prisioneiro se dispôs a fugir. **9** acomodar-se, arranjar-se.

di.spo.si.ti.vo [dispozit'ivo] *sm* **1** *Giur* dispositivo. **2** *Mecc* mecanismo, aparelho, dispositivo.

di.spo.si.zio.ne [dispozits'jone] *sf* **1** disposição, colocação, ordem. **2** vontade, disposição para algo. **3** declaração (em testamento). **4** decreto, prescrição. **5** estado de espírito, estado de saúde. **6** inclinação, tendência. **7** predisposição.

di.spo.sto [disp'osto] *sm* **1** decreto, ordem. **2** prescrição, preceito. • *agg* disposto, organizado, preparado, acomodado. **ben disposto** a) bem-disposto. b) bem-intencionado, favorável a. c) predisposto. d) saudável, robusto.

di.spo.ti.co [disp'ɔtiko] *agg* despótico, tirânico.

di.spre.gia.re [dispredʒ'are] *vt* **1** desprezar. **2** desdenhar. *vpr* **3** descuidar-se. *Var: spregiare*.

di.spre.gia.ti.vo [dispredʒat'ivo] *agg* *Gramm* depreciativo.

di.spre.gio [dispr'edʒo] *sm V disprezzo.*

di.sprez.za.re [dispretts'are] *vt* **1** desprezar. **2** desdenhar. *Var: sprezzare*.

di.sprez.zo [dispr'ettso] *sm* **1** desprezo. **2** desdém. *Var: dispregio*.

di.spu.ta [disp'uta] *sf* **1** disputa. **2** discussão, debate. **3** defesa de tese, argumentação.

di.spu.ta.re [disput'are] *vt* **1** disputar. *vi* **2** discutir, debater. *vpr* **3** brigar, lutar, disputar.

dis.san.gua.re [dissang'ware] *vt* **1** sangrar. **2** *fig* desperdiçar, gastar (dinheiro). *vpr* **3** esvair-se em sangue. **4** *fig* perder quase tudo.

dis.se.ca.re [dissek'are] *vt* *Med* dissecar.

dis.se.mi.na.re [dissemin'are] *vt* **1** *Bot* semear, espalhar sementes. **2** *fig* disseminar, difundir.

dis.sen.so [diss'ɛnso] *sm* **1** divergência, diferença de opinião. **2** desavença, discórdia, desarmonia.

dis.sen.te.ri.a [dissenter'ia] *sf* *Med* disenteria.

dis.sen.ti.re [dissent'ire] *vi* **1** discordar, divergir. **2** não convir, não ser conveniente.

dis.sep.pel.li.re [disseppell'ire] *vt* **1** desenterrar. **2** exumar. **3** *fig* trazer à luz. *disseppellire i fatti* / trazer à luz os fatos.

dis.ser.ta.re [dissert´are] *vi* **1** dissertar, discorrer. **2** discutir.

dis.se.sta.re [dissest´are] *vt* **1** desordenar, desorganizar. **2** desequilibrar. **3** endividar, onerar. *vpr* **4** desequilibrar-se. **5** endividar-se.

dis.si.den.te [dissid´ɛnte] *sm Pol* dissidente. • *agg* dissidente, divergente, discordante.

dis.si.mi.le [diss´imile] *agg* diferente, variado.

dis.si.mu.la.re [dissimul´are] *vt* **1** dissimular, disfarçar. **2** *Mil* camuflar.

dis.si.pa.re [dissip´are] *vt* **1** dissipar. **2** *fig* destruir, estragar. **3** gastar, esbanjar, consumir. *vpr* **4** dissipar-se, dissolver-se. **5** perder-se.

dis.si.pa.to.re [dissipat´ore] *agg* gastador, esbanjador.

dis.so.cia.re [dissotʃ´are] *vt* dissociar, separar, desunir.

dis.so.lu.tez.za [dissolut´ettsa] *sf* **1** devassidão, libertinagem, vício. **2** desonestidade.

dis.so.lu.to [dissol´uto] *agg* **1** devasso, libertino, vicioso, dissoluto. **2** desonesto.

dis.sol.ven.te [dissolv´ɛnte] *sm+agg* dissolvente, solvente.

dis.sol.ve.re [diss´ɔlvere] *vt* **1** dissolver, desmanchar. **2** decompor, separar as partes. *vpr* **3** dissolver-se, desmanchar-se. **4** decompor-se.

dis.so.nan.te [disson´ante] *agg* **1** dissonante. **2** discordante.

dis.so.na.re [disson´are] *vi* **1** destoar, dissonar, produzir dissonância. **2** *fig* discordar, divergir.

dis.sua.de.re [disswad´ere] *vt* dissuadir. *l'avvocato cercò di dissuadere il cliente da quell'intrapresa* / o advogado tentou dissuadir o cliente do empreendimento.

di.stac.ca.re [distakk´are] *vt* **1** destacar, separar. **2** *fig* alienar, afastar, desviar. *vpr* **3** destacar-se, separar-se.

di.stac.co [dist´akko] *sm* **1** destaque, separação. **2** *fig* alienação, afastamento, desvio.

di.stan.te [dist´ante] *agg* distante, longínquo. *il consolato è distante di qui* / o consulado é distante daqui. • *avv* longe. *vivere distante* / viver longe.

di.stan.zia.re [distants´jare] *vt* **1** distanciar. **2** deixar para trás.

di.sta.re [dist´are] *vi* distar, ficar distante. *la città dista pochi chilometri da Milano* / a cidade dista poucos quilômetros de Milão.

di.sten.de.re [dist´ɛndere] *vt* **1** distender, estender, esticar. **2** colocar deitado. **3** deitar, derrubar, abater. **4** *Mil* enfileirar, perfilar (soldados). **5** *fig* desenvolver. *distendere un'idea* / desenvolver uma ideia. **6** ampliar. *distendere un testo* / ampliar um texto. *vpr* **7** estender-se. **8** esticar-se. **9** deitar-se. **10** *fig* difundir-se, espalhar-se.

di.sten.sio.ne [distens´jone] *sf* **1** estiramento, alongamento. **2** extensão. **3** afrouxamento (de tensão). **4** *fig* distensão, apaziguamento.

di.stil.la.re [distill´are] *vt* **1** destilar. *vi* **2** gotejar, pingar. *vpr* **3** *fig* enlouquecer, perder a cabeça.

di.stil.la.to.io [distillat´ojo] *sm* destilador, alambique.

di.stil.le.ri.a [distiller´ia] *sf* destilaria.

di.stin.gue.re [dist´ingwere] *vt* **1** distinguir. **2** diferenciar, discernir. **3** separar. *vpr* **4** distinguir-se, separar-se. **5** *fig* mostrar-se, exibir-se.

di.stin.ti.vo [distint´ivo] *sm* distintivo, emblema, insígnia. • *agg* distintivo, que distingue.

di.stin.to [dist´into] *agg* **1** distinto. **2** separado, dividido. **3** diferente, diverso. **4** inconfundível, notável, que sobressai. **5** nítido, claro (som). **6** educado, elegante, nobre.

di.stin.zio.ne [distints´jone] *sf* **1** distinção, diferença. **2** educação, elegância, nobreza.

di.stor.sio.ne [distors´jone] *sf* **1** *Fis* distorção. **2** *Med* torção, contorção, luxação.

di.strar.re [distr´are] *vt* **1** distrair, desconcentrar. **2** desviar. **3** divertir, recrear. **4** furtar, surrupiar. *vpr* **5** distrair-se, divertir-se.

di.strat.to [distr´atto] *agg* **1** distraído, desatento, entretido, desconcentrado. **2** desviado.

di.stra.zio.ne [distrats´jone] *sf* **1** distração,

divertimento. **2** desatenção, descuido, dispersão.

di.stret.to [distr'etto] *sm* distrito. • *agg* **1** apertado, estreito. **2** angustiado.

Em italiano, **distretto** não é usado com o sentido de "distrito policial", como em português. Em italiano, "distrito policial" é **stazione di polizia**.

di.stri.bui.re [distrib'wire] *vt* **1** distribuir, repartir. **2** dispor, colocar em ordem, classificar.

di.stri.bu.to.re [distribut'ore] *sm* distribuidor. **distributore di benzina** bomba de gasolina.

di.stri.bu.zio.ne [distributs'jone] *sf* **1** distribuição, divisão, repartição. **2** *Mecc* distribuição.

di.strug.ge.re [distr'uddʒere] *vt* **1** destruir. **2** demolir, derrubar. **3** desorganizar. **4** *fig* estragar, danificar. **5** gastar, consumir. **6** exterminar, aniquilar. *vpr* **7** destruir-se, consumir-se.

di.strug.gi.bi.le [distruddʒ'ibile] *agg* destrutível.

di.strut.to.re [distruttore] *sm* destruidor.

di.stur.ba.re [disturb'are] *vt* **1** perturbar, incomodar. **2** *fam* chatear, encher. **3** *fig* agitar, abalar. **4** interromper. *vpr* **5** perturbar-se, incomodar-se. **6** *fig* agitar-se, abalar-se.

di.stur.bo [dist'urbo] *sm* **1** aborrecimento, chateação, desgosto, incômodo. **2** obstáculo, impedimento. **3** *Med* distúrbio, disfunção. **4** *fig* distúrbio, agitação, desordem.

di.sub.bi.di.re [dizubbid'ire] *vt V disobbedire.*

di.su.gua.le [dizug'wale] *agg* desigual, diferente, irregular.

di.su.ma.no [dizum'ano] *agg* desumano, cruel.

di.su.ni.re [dizun'ire] *vt* **1** desunir, separar, dividir. *vpr* **2** desunir-se, separar-se.

di.su.so [diz'uzo] *sm* desuso, falta de costume.

di.svia.re [dizv'jare] *vt* desviar, desencaminhar, tirar do caminho, afastar.

di.svi.o [dizv'io] *sm* **1** desvio. **2** extravio, perda.

di.ta.le [dit'ale] *sm* dedal.

di.to [d'ito] *sm* dedo (da mão, do pé ou da luva). **dito grosso** polegar, dedão do pé. **non muovere un dito** *fig* não mover um músculo. **sapere sulla punta delle dita** *fig* saber na ponta da língua.

Dito possui dois plurais, um feminino, **le dita**; e um masculino, **i diti**. O plural feminino é usado quando nos referimos ao conjunto dos dedos: *la fiamma mi bruciava le dita* / a chama me queimava os dedos. O plural masculino é usado quando especificamos os dedos: *i diti anulari* / os dedos anulares.

dit.ta [d'itta] *sf* empresa, firma.

dit.ta.to.re [dittat'ore] *sm* ditador.

dit.ta.tu.ra [dittat'ura] *sf* **1** ditadura. **2** *fig* despotismo, tirania, poder absoluto.

dit.ton.go [ditt'ɔngo] *sm Gramm* ditongo.

diu.re.ti.co [djur'ɛtiko] *sm+agg Med* diurético.

diur.no [d'jurno] *agg* diurno, do dia.

diu.tur.no [djut'urno] *agg* diuturno, longo.

di.va [d'iva] *sf* **1** deusa. **2** *fig* estrela, vedete.

di.va.ga.re [divag'are] *vt* **1** distrair. *vi* **2** divagar. **3** errar, vagar. **4** *fig* afastar-se, distanciar-se. *vpr* **5** distrair-se, divertir-se.

di.va.no [div'ano] *sm* divã, sofá.

di.ve.ni.re [diven'ire] *vi V diventare.*

di.ven.ta.re [divent'are] *vi* tornar-se, ficar, transformar-se. *Sin: divenire.*

di.ver.bio [div'ɛrbjo] *sm* **1** discussão acalorada. **2** *pop* bate-boca.

di.ver.gen.za [diverdʒ'ɛntsa] *sf* **1** divergência, desvio, afastamento. **2** desacordo.

di.ver.ge.re [div'ɛrdʒere] *vi* **1** divergir. **2** desviar-se, afastar-se um do outro. **3** discordar.

di.ver.si.fi.ca.re [diversifik'are] *vt* **1** diversificar, diferenciar, variar. *vi* **2** diferenciar-se.

di.ver.sio.ne [divers'jone] *sf* **1** desvio, divergência. **2** volta, curva.

di.ver.so [div'ɛrso] *agg* **1** diverso, diferente. *questo non è la stessa cosa, il mio caso è un poco diverso* / isto não é a mesma coisa, o meu caso é um pouco diferente. **2 diversi** *pl* diversos, vários, muitos. *ho visto diversi studenti che non conoscevo* / vi vários estudantes que não conhecia.

di.ver.ten.te [divert´ɛnte] *agg* divertido, alegre.

di.ver.ti.men.to [divertim´ento] *sm* divertimento, distração, passatempo, entretenimento.

di.ver.ti.re [divert´ire] *vt* **1** divertir, distrair, recrear, entreter. *vpr* **2** divertir-se, distrair-se.

di.vi.den.do [divid´ɛndo] *sm Comm, Mat* dividendo.

di.vi.de.re [div´idere] *vt* **1** dividir. **2** separar. **3** distribuir. **4** repartir. **5** *fig* desunir. *vpr* **6** dividir-se, separar-se, repartir-se.

di.vie.to [div´jɛto] *sm* **1** proibição. **2** *Rel* jejum. **divieto di affissione** proibido colocar cartazes. **divieto di ingresso** entrada proibida.

di.vi.na.re [divin´are] *vt* **1** adivinhar, predizer, prever o futuro. **2** pressentir.

di.vi.na.zio.ne [divinats´jone] *sf* **1** adivinhação, previsão. **2** pressentimento.

di.vin.co.la.re [divinkol´are] *vt* **1** torcer, contorcer. *vpr* **2** torcer-se, contorcer-se, agitar-se.

di.vi.ni.tà [divinit´a] *sf* **1** divindade. **2** essência ou qualidade de Deus. **3** Deus.

di.vi.niz.za.re [diviniddz´are] *vt* divinizar, deificar.

di.vi.no [div´ino] *agg* **1** divino. **2** *fig* perfeito, excelente, sublime.

di.vi.sa [div´iza] *sf* **1** distintivo, emblema, insígnia. **2** risca (dos cabelos). **3** *fig* lema, mote. **4** uniforme. **5** *Econ* divisa, moeda.

di.vi.sa.re [diviz´are] *vt+vi* **1** imaginar, idealizar, conceber, planejar. *divisare una vendetta* / planejar uma vingança. *vi* **2** planejar, propor-se a, decidir. *hai divisato di partire?* / você decidiu partir?

di.vi.sio.ne [diviz´jone] *sf* **1** divisão. **2** separação. **3** secção, repartição. **4** *Mat* divisão. **5** *Mil* divisão, unidade. **6** *fig* desunião, desavença.

di.vi.so.re [diviz´ore] *sm+agg* divisor. **massimo comune divisore** máximo divisor comum.

di.vo.ra.re [divor´are] *vt* **1** devorar. **2** *fig* destruir, estragar, gastar, consumir. **3** olhar com desejo. *vpr* **4** devorar-se. **5** *fig* destruir-se, consumir-se. **6** desejar ardentemente.

di.vor.zia.re [divorts´jare] *vi* **1** divorciar de. *vpr* **2** divorciar-se.

di.vor.zio [div´ɔrtsjo] *sm* divórcio. **far divorzio** divorciar. **far divorzio da** *fig* deixar de, parar com.

di.vul.ga.re [divulg´are] *vt* divulgar.

di.zio.na.rio [ditsjon´arjo] *sm* **1** dicionário. **2** *fig* vocabulário.

di.zio.ne [dits´jone] *sf* **1** frase, locução. **2** dicção, modo de falar. **3** jurisdição, domínio.

do [d´ɔ] *sm Mus* dó, primeira nota.

doc.cia [d´ottʃa] *sf* **1** ducha, chuveiro. **2** *fig* calmante. **fare la doccia/prendere la doccia** tomar banho. **una doccia fredda** *fig* uma ducha de água fria, notícia desanimadora.

do.cen.te [dotʃ´ɛnte] *sm+agg* docente, professor, mestre. **libero docente** livre--docente.

do.ci.le [d´ɔtʃile] *agg* **1** dócil, manso, calmo. **2** obediente, submisso. **3** flexível, maleável.

do.cu.men.ta.rio [dokument´arjo] *sm Cin* documentário.

do.cu.men.ta.zio.ne [dokumentats´jone] *sf* documentação. Veja nota em **documentação**.

do.cu.men.to [dokum´ento] *sm* documento.

do.di.ci [d´oditʃi] *sm+num* doze.

do.ga.na [dog´ana] *sf* **1** alfândega. **2** taxa alfandegária.

do.ga.nie.re [dogan´jɛre] *sm* alfandegueiro, guarda aduaneiro, funcionário da alfândega.

do.glia [d´ɔλa] *sf* **1** dor (física ou moral). **2** *Med* dor do parto. **3** *fig* aflição, angústia.

dog.ma [d´ɔgma] *sm Rel, fig* dogma.

dog.ma.ti.co [dogm´atiko] *agg* **1** dogmático. **2** *fig* autoritário, sentencioso.

dol.ce [d´oltʃe] *sm* **1** doce, confeito. **2** *fig* doçura. • *agg* **1** doce, adocicado. **2** *fig* amável, afetuoso, terno. **3** delicado, suave. **4** agradável, gracioso, encantador. **5** macio, mole. **6** ameno, temperado. *clima dolce* / clima temperado. **7** maleável, flexível. *metallo dolce* / metal maleável. **dolce far niente** ócio.

dol.cez.za [doltʃ´ettsa] *sf* **1** doçura. **2** *fig* encanto, graciosidade. **3** prazer. **4** delicadeza, suavidade. **5** amabilidade, afetuosidade.
dol.cie.re [doltʃ´ɛre] *sm* doceiro.
do.len.te [dol´ɛnte] *agg* **1** dolorido, doloroso, doído. **2** magoado, aflito, pesaroso.
do.le.re [dol´ere] *vi* **1** doer. **2** sentir dor. **3** *fig* desagradar, desgostar. **4** sentir, lamentar. *vpr* **5** queixar-se, lamentar-se, reclamar. **6** afligir-se.
dol.la.ro [d´ɔllaro] *sm* dólar.
do.lo [d´ɔlo] *sm Giur* dolo, má-fé, fraude.
do.lo.re [dol´ore] *sm* **1** dor. **2** sofrimento. **3** *fig* aflição, preocupação, desgosto. **dolori colici** cólicas.
do.lo.ro.so [dolor´ozo] *agg* **1** doloroso, dolorido. **2** penoso. **3** *fig* aflito, desolado. **4** infeliz.
do.lo.so [dol´ozo] *agg Giur* **1** doloso, enganoso, de má-fé, fraudulento. **2** premeditado.
do.man.da [dom´anda] *sf* **1** pergunta, interrogação. **2** pedido, súplica.
do.man.da.re [domand´are] *vt* **1** perguntar, interrogar. *lei domandò il tuo nome?* / ela perguntou o teu nome? **2** pedir, suplicar. *domandare un favore, un consiglio* / pedir um favor, um conselho.
do.ma.ni [dom´ani] *avv* amanhã. **domani l'altro** depois de amanhã. **domani mattina** *V domattina.* **domani sera** amanhã à noite.
do.ma.re [dom´are] *vt* **1** domar, domesticar. **2** amansar. **3** *fig* submeter, dominar. **4** moderar.
do.mat.ti.na [domatt´ina] ou **domani mattina** *loc avv* amanhã de manhã.
do.me.ni.ca [dom´ɛnika] *sf* domingo. **Domenica delle Palme** *Rel* Domingo de Ramos.
do.me.sti.ca [dom´ɛstika] *sf* criada, empregada, servidora, camareira.
do.me.sti.co [dom´ɛstiko] *sm* criado, empregado. • *agg* **1** doméstico, caseiro. **2** domesticado.
do.mi.ci.lio [domitʃ´iljo] *sm* domicílio, residência. **domicilio coatto** *Giur* prisão domiciliar.
do.mi.na.re [domin´are] *vt* **1** dominar. **2** *fig* subjugar, submeter. **3** guiar, conduzir. **4** manipular. *vi* **5** prevalecer. *vpr* **6** dominar-se, controlar-se, conter-se.
do.mi.na.zio.ne [dominats´jone] *sf* **1** dominação, autoridade, governo. **2** domínio, território sob controle de outro Estado.
do.mi.nio [dom´injo] *sm* **1** domínio. **2** dominação. **3** posse, propriedade. **4** poder, controle. **5** governo. **6** território dominado. **7** campo, esfera. *il dominio di una scienza, di un'arte* / o campo de uma ciência, de uma arte. **di pubblico dominio** de domínio público.
do.mi.no [d´ɔmino] *sm* dominó.
do.na.re [don´are] *vt* **1** doar, presentear, dar. *donare il sangue* / doar o sangue. *vpr* **2** dedicar-se, consagrar-se. *donarsi a qualcuno, a qualcosa* / dedicar-se a alguém, a alguma coisa.
do.na.ti.vo [donat´ivo] *sm* donativo, doação.
don.do.la [d´ondola] ou **sedia a dondolo** *sf* cadeira de balanço.
don.do.la.re [dondol´are] *vt* **1** balançar. **2** *fig* iludir, enganar. *vi* **3** pender. **4** vagabundear. *vpr* **5** balançar-se. **6** *fig* vadiar, vagabundear.
don.do.lo [d´ondolo] *sm* **1** balanço, embalo, oscilação, balanceio. **2** brincadeira, passatempo. **3** balanço, tipo de brinquedo. **4** *pop* pêndulo.
don.na [d´ɔnna] *sf* **1** mulher. **2** dama. **3** dona (título de nobreza). **4** rainha, dama (no jogo de cartas, no xadrez). **donna di servizio** criada, empregada.
don.no.la [d´onnola] *sf Zool* doninha.
do.no [d´ono] *sm* **1** presente. **2** dádiva. **3** *fig* dom, talento. **in dono/a dono** de graça, grátis.
don.zel.la [dondz´ɛlla] *sf* **1** *Poet* senhorita, moça solteira. **2** *St* donzela, moça nobre.
do.po [d´opo] *avv* depois, após, posteriormente. *arrivammo alle due, e lei venne subito dopo* / chegamos às duas, e ela veio logo depois. • *prep* depois de. *devo partire dopo il pranzo* / devo partir depois do almoço. • *cong* depois de. *dopo aver studiato, dormì* / depois de ter estudado, dormiu. **dopo di** depois de (usado antes de *pron* pessoal). *dopo di me* / depois de mim. Veja nota em **depois**.

D

do.po.ché [dopok´e] *cong* depois que. Veja nota em **depois**.
do.po.do.ma.ni [dopodom´ani] *avv* depois de amanhã.
do.po.tut.to [dopot´utto] *avv pop* **1** depois de tudo, apesar de tudo. **2** no fim das contas.
dop.piag.gio [dopp´jaddʒo] *sm Cin* dublagem.
dop.pia.re [dopp´jare] *vt* **1** dobrar, duplicar. **2** *Naut* dobrar, passar além de. *la nave doppia il Capo di Buona Speranza* / o navio dobra o Cabo da Boa Esperança. **3** *Cin* dublar.
dop.pio [d´oppjo] *sm* **1** dobro, duplo. **2** dobre, toque de sinos. **3** duplicata, cópia. • *agg* **1** duplo, dobrado, duplicado. **2** *fig* ambíguo. **3** fingido. • *num* dobro, duplo. **doppio fondo** fundo falso.
dop.pio.ne [dopp´jone] *sm* **1** duplicata, cópia de um livro. **2** dobrão, tipo antigo de moeda. **3** fio duplo.
do.ra.re [dor´are] *vt* dourar, dar cor de ouro.
dor.mic.chia.re [dormikk´jare] *vi* **1** cochilar, dormitar. **2** *pop* tirar uma soneca.
dor.mi.glio.ne [dormiʎ´one] *sm* dorminhoco.
dor.mi.re [dorm´ire] *vi* **1** dormir, adormecer. **2** *fig* parar, ficar parado. **dormire con gli occhi aperti** dormir de olhos abertos, ficar de guarda. **mettere a dormire** colocar de lado, deixar à parte.
dor.mi.to.rio [dormit´ɔrjo] *sm* **1** dormitório. **2** alojamento. **dormitorio popolare** albergue para pobres.
dor.sa.le [dors´ale] *agg* dorsal, do dorso.
dor.so [d´ɔrso] *sm* dorso, costas.

Dorso, em italiano, pode se referir ao dorso de uma pessoa, de um animal ou de um objeto. Veja outra nota em **dosso**.

do.sa.re [doz´are] *vt* dosar, misturar.
do.se [d´ɔze] *sf* **1** dose. **2** *fig* medida.
dos.so [d´ɔsso] *sm* **1** dorso, costas. **2** cume, proeminência. **3** *Geogr* espinhaço (de montanha).

Dosso, em italiano, na acepção **1**, aplica-se tanto ao dorso de uma pessoa quanto ao de um animal. Veja outra nota em **dorso**.

do.ta.re [dot´are] *vt* **1** dotar, constituir dote. **2** providenciar, prover. **3** *fig* fundar **4** favorecer.
do.te [d´ɔte] *sf* **1** dote, bens da noiva. **2** *Teat* subvenção. **3** *fig* dom, graça, talento
dot.to [d´ɔtto] *sm* **1** sábio. **2** *Anat* ducto canal. • *agg* douto, culto, sábio, erudito.
dot.to.ra.to [dottor´ato] *sm* doutorado.
dot.to.re [dott´ore] *sm* **1** doutor. **2** médico.
dot.to.res.sa [dottor´essa] *sf* doutora.
dot.tri.na [dottr´ina] *sf* **1** doutrina. **2** ciência, saber. **3** treinamento. **4** catecismo.
do.ve [d´ove] *pron* onde, em que, no qual, na qual. *questa è la città dove abitavamo* / esta é a cidade onde morávamos. • *avv* **1** onde. *dove sono i libri?* / onde estão os livros? **2** aonde, para onde. *dove vai?* / aonde você vai? • *cong* enquanto, quando, se. • *sm* lugar. **di dove** de onde. **dove che sia** a) em qualquer lugar. b) em todo lugar. **per ogni dove** em todo lugar.
do.ve.re [dov´ere] *vt+vi* dever. *dobbiamo riconoscenza agli amici* / devemos reconhecimento aos amigos. *devi dire la verità* / você deve dizer a verdade. • *sm* **1** dever, obrigação. **2** cumprimento, execução. **3** lição de casa, trabalho escolar. **4** *fig* débito, dívida. **5 doveri** *pl* cumprimentos, saudações.
do.ve.ro.so [dover´ozo] *agg* devido, obrigatório, necessário.
do.vi.zia [dov´itsja] *sf* riqueza, fartura, abundância.
do.vun.que [dov´unkwe] *avv* **1** onde quer que, em qualquer lugar que. *ti cercherò dovunque tu sia* / vou procurá-la onde quer que esteja. **2** em todo lugar, em toda parte. *queste cose si trovano dovunque* / estas coisas se encontram em todo lugar.
do.vu.to [dov´uto] *sm* dívida, débito, dever. • *agg* devido, obrigatório, conveniente.
doz.zi.na [doddz´ina] *sf* **1** dúzia. **2** pensão, moradia. **di dozzina/da dozzina** *pop* ordinário, grosseiro, de segunda. **stare a dozzina** pagar pensão. **tenere a dozzina** dar pensão, pensionar. Veja nota em **pensão**.
doz.zi.nan.te [doddzin´ante] *agg* pensionista.
dra.ga [dr´aga] *sf* draga.

dra.ga.re [drag´are] *vt* dragar.
dra.go [dr´ago] *sm Zool, Mit* dragão. *Sin: dragone.*
dra.go.ne [drag´one] *sm V drago.*
dram.ma [dr´amma] *sm* **1** *Teat* drama. **2** *fig* catástrofe, tragédia.
dram.ma.ti.co [dramm´atiko] *agg* **1** dramático. **2** *fig* comovente.
dram.mo.ne [dramm´one] *sm disp* dramalhão.
drap.po [dr´appo] *sm* **1** tecido, pano. **2** vestimenta. **3** *Med* esparadrapo.
dra.sti.co [dr´astiko] *agg* drástico, enérgico, violento.
dre.nag.gio [dren´addʒo] *sf* drenagem. **tubo di drenaggio** *Med* dreno, tubo de drenagem.
drit.ta [dr´itta] *sf V diritta.*
drit.to [dr´itto] *sm+agg V diritto.*
driz.za.re [dritts´are] *vt* **1** endireitar, desentortar. **2** *fig* enviar. *vpr* **3** levantar-se, erguer-se.
dro.ga [dr´ɔga] *sf* **1** droga, entorpecente, alucinógeno. **2** especiaria, erva aromática.
dro.ga.re [drog´are] *vt* **1** drogar. **2** temperar com especiarias, aromatizar. *vpr* **3** drogar-se.
dro.ghe.ri.a [droger´ia] *sf* mercearia.
dro.ghie.re [drog´jɛre] *sm* merceeiro.
dru.i.da [dr´uida] *sm* druida.
dub.bio [d´ubbjo] *sm* **1** dúvida, incerteza, suspeita. **2** *fig* medo, temor. **3** perigo, dificuldade. • *agg* **1** dúbio, duvidoso, vago, ambíguo. **2** hesitante. **mettere in dubbio** pôr em dúvida.
dub.bio.so [dubb´jozo] *agg* **1** duvidoso, incerto. **2** indeciso, perplexo, vacilante, hesitante.
du.bi.ta.re [dubit´are] *vi* **1** duvidar. **2** suspeitar. **3** titubear, vacilar, hesitar. **4** descrer. **5** temer.
du.ca [d´uka] *sm* **1** duque. **2** *Poet fig* guia.
du.ca.to [duk´ato] *sm* ducado.
du.ches.sa [duk´essa] *sf* duquesa.
du.e [d´ue] *sm+num* dois.
du.e.cen.to [duetʃ´ɛnto] *sm+num* duzentos. **il Duecento** *sm* o século XIII.
duel.la.re [dwell´are] *vi* duelar, bater-se em duelo.
duel.lo [d´wɛllo] *sm* duelo.
duet.to [d´wetto] *sm* (anche *Mus*) dueto, duo. *Sin: duo.*
du.na [d´una] *sf* duna, monte de areia.
dun.que [d´unkwe] *cong+avv* **1** portanto, pois, logo, por isso. *quella macchina non mi piace, dunque non la comprerò* / não gosto daquele carro, por isso não o comprarei. **2** então. *che temi dunque?* / do que você tem medo, então?
du.o [d´uo] *sm V duetto.*
duo.de.no [dwod´ɛno] *sm Anat* duodeno.
duo.mo [d´wɔmo] *sm* **1** catedral. **2** domo, cúpula.
du.pli.ca.re [duplik´are] *vt* duplicar, dobrar.
du.pli.ca.to [duplik´ato] *sm* **1** duplicata, cópia (de documento ou de livro). **2** *Comm* duplicata. • *agg* duplicado, dobrado.
du.pli.ca.to.re [duplikat´ore] *sm* copiadora.
du.pli.ce [d´uplitʃe] *num* dúplice.
du.plo [d´uplo] *sm* duplicata, cópia. • *agg* duplo, dobrado.
du.ran.te [dur´ante] *agg* durável, que dura. • *prep* durante, no decorrer de, no curso de. *durante la notte* / durante a noite.
du.ra.re [dur´are] *vt* **1** suportar, aguentar, sustentar. *vi* **2** durar, continuar. *la festa durò due giorni* / a festa durou dois dias. **3** *fig* perseverar.
du.ra.ta [dur´ata] *sf* **1** duração, extensão de tempo. **2** estabilidade. **di durata** duradouro.
du.ra.tu.ro [durat´uro] *agg* **1** duradouro, prolongado. **2** *fig* perpétuo, contínuo.
du.re.vo.le [dur´evole] *agg* durável.
du.rez.za [dur´ettsa] *sf* **1** dureza, solidez, robustez, rigidez, resistência. **2** calombo. **3** *fig* severidade, rigorosidade. **4** crueldade, rigor. **5** dificuldade. **6** obstinação, teimosia.
du.ro [d´uro] *sm* **1** duro, parte dura. **2** dureza. **3** calosidade. **4** *fig* dificuldade. • *agg* **1** duro, sólido, robusto, resistente. **2** compacto, denso, maciço. **3** *fig* teimoso, obstinado. **4** rígido, rigoroso. **5** cruel, insensível. **6** brusco, rude, áspero. **7** árduo, difícil, cansativo. **8** doloroso, amargo. **9** desarmonioso. *stile duro* / estilo desarmonioso. • *avv duro, duramente.*

e[1] [ˈe] *sf* **1** a quinta letra do alfabeto italiano. **2** ê, o nome da letra E.

e[2] [ˈe] *cong* **1** e. *una casa e una macchina* / uma casa e um carro. **2** mas, porém, ao invés disso. *doveva arrivare alle otto, e ancora non è venuto* / devia chegar às oito, mas ainda não veio.

Antes de vogal, pode-se escrever **ed**: *forza ed energia* / força e energia.

e.ba.no [ˈɛbano] *sm* ébano.

eb.brez.za [ebbrˈettsa] *sf* **1** embriaguez, bebedeira. **2** *fig* loucura, perturbação.

eb.bro [ˈɛbbro] *agg* **1** embriagado, bêbado, ébrio. **2** *fig* louco, fora de si.

e.bol.li.zio.ne [ebollitsˈjone] *sf* ebulição, fervura.

e.brai.co [ebrˈajko] *sm+agg* hebraico.

e.bre.o [ebrˈɛo] *sm* hebraico, a língua hebraica. • *sm+agg* hebreu, israelita, judeu.

e.ca.tom.be [ekatˈombe] *sf* **1** *St* hecatombe. **2** *fig* massacre, matança, carnificina.

ec.ce.den.te [ettʃedˈɛnte] *sm* excedente, sobra, resto. • *agg* excedente, que sobra.

ec.ce.de.re [ettʃˈɛdere] *vt* **1** exceder, ultrapassar, superar. *vi* **2** exceder-se, passar dos limites.

ec.cel.len.te [ettʃellˈɛnte] *agg* excelente, ótimo.

ec.cel.len.za [ettʃellˈɛntsa] *sf* excelência, perfeição. **Sua Eccellenza il Ministro** Sua Excelência, o Ministro. **Vostra Eccellenza/l'Eccellenza Vostra** Vossa Excelência.

ec.cel.so [ettʃˈɛlso] *agg* **1** excelso, magnífico, superior. **2** *fig* sublime.

ec.cen.tri.co [ettʃˈɛntriko] *agg* **1** excêntrico, fora de centro. **2** *fig* extravagante, bizarro.

ec.ces.si.vo [ettʃessˈivo] *agg* **1** excessivo, excedente. **2** exagerado.

ec.ces.so [ettʃˈɛsso] *sm* **1** excesso, excedente. **2** devassidão, libertinagem. **3** atrocidade, bestialidade. **4** *fig* crime. **all'eccesso** excessivamente, exageradamente.

ec.ce.te.ra [ettʃˈɛtera] *avv* (*abbrev* **ecc.**) et cetera etc.

ec.cet.to [ettʃˈɛtto] *prep* exceto, à exceção de, salvo, menos.

ec.cet.tu.a.re [ettʃettuˈare] *vt* excetuar, excluir.

ec.ce.zio.na.le [ettʃetsjonˈale] *agg* excepcional.

ec.ce.zio.ne [ettʃetsˈjone] *sf* exceção. **l'eccezione conferma la regola** a exceção confirma a regra.

ec.ci.ta.re [ettʃitˈare] *vt* **1** excitar, estimular. **2** *fig* provocar, causar. **3** instigar. *vpr* **4** excitar-se, animar-se. **5** irar-se.

ec.cle.sia.sti.co [ekklezˈjastiko] *sm* sacerdote, padre, eclesiástico. • *agg* eclesiástico, da Igreja.

ec.co [ˈɛkko] *avv+int* eis! aqui está! **eccomi!** aqui estou!

e.cheg.gia.re [ekeddʒˈare] *vt* **1** repetir, repercutir. *vi* **2** ecoar, ressonar.

e.clis.sa.re [eklissˈare] *vt* **1** *Astron* eclipsar, escurecer. **2** *fig* ultrapassar, sobrepujar. *vpr* **3** *Astron* eclipsar-se, escurecer-se. **4** *fig* desaparecer, esconder-se.

e.clis.si [eklˈissi] *s Astron* eclipse.

e.co [ˈɛko] *s* **1** eco. **2** *fig* consequência.

O substantivo **eco,** no singular, pode ser masculino ou feminino. No plural, fica no masculino **gli echi** os ecos.

e.co.lo.gi.a [ekolodʒˈia] *sf* ecologia.

e.co.no.mi.a [ekonom'ia] *sf* **1** economia, poupança, parcimônia. **2** *fig* harmonia.

e.co.no.mi.co [ekon'ɔmiko] *agg* econômico: a) da economia. *crisi economica* / crise econômica. b) poupador, que economiza. *persona economica* / pessoa econômica.

e.co.no.miz.za.re [ekonomiddz'are] *vt* economizar, poupar.

e.cu.me.ni.co [ekum'ɛniko] *agg Rel* ecumênico, universal.

e.de.ma [ed'ɛma] *sm Med* edema.

E.den ['ɛden] *sm* **1** *Rel* Éden. **2** *fig* paraíso.

e.de.ra ['edera] *sf Bot* hera.

e.di.co.la [ed'ikola] *sf* **1** banca de jornais. **2** *Rel* capela, pequeno templo. **3** nicho para imagem. Veja nota em **nicho**.

e.di.fi.ca.re [edifik'are] *vt* **1** edificar, construir, erguer. **2** *fig* dar bom exemplo. *vpr* **3** seguir bons exemplos.

e.di.fi.ca.zio.ne [edifikats'jone] *sf* **1** edificação, construção. **2** *fig* bom exemplo.

e.di.fi.cio [edif'itʃo] *sm* **1** edifício, construção. **2** *fig* instituição. *Var: edifizio.*

e.di.fi.zio [edif'itsjo] *sm V edificio.*

e.di.to ['ɛdito] *agg* editado, publicado.

e.di.to.re [edit'ore] *sm* editor.

e.di.tri.ce [editr'itʃe] *sf* editora (pessoa, feminino de editor). **casa editrice** editora (empresa), casa editorial.

e.di.zio.ne [edits'jone] *sf* edição, publicação.

e.du.can.da.to [edukand'ato] *sm* internato, colégio interno para moças. Veja nota em **internato**.

e.du.ca.re [eduk'are] *vt* **1** educar, instruir, ensinar. **2** criar. **3** *fig* acostumar, habituar.

ef.fe ['ɛffe] *sf* efe, o nome da letra F.

ef.fe.mi.na.re [effemin'are] *vt* **1** efeminar. **2** *fig* enfraquecer, debilitar.

ef.fer.ve.scen.te [effervеʃ'ɛnte] *agg* efervescente.

ef.fet.ti.vo [effett'ivo] *sm Mil* efetivo, número de soldados. • *agg* **1** efetivo. **2** real. **3** eficiente.

ef.fet.to [eff'ɛtto] *sm* **1** efeito. **2** resultado. **3** fim, escopo. **4** *Comm* cédula, letra. **5** **effetti** *pl* a) vestuário, roupas. b) mobília. **in effetto** efetivamente. Veja nota em **fim**.

ef.fet.tua.re [effett'ware] *vt* efetuar, executar, realizar, cumprir.

ef.fi.ca.ce [effik'atʃe] *agg* **1** eficaz. **2** adequado. **3** forte, ativo, enérgico, potente.

ef.fi.ca.cia [effik'atʃa] *sf* **1** eficácia. **2** força, energia, potência. Veja nota em **força**.

ef.fi.cien.te [effitʃ'ɛnte] *agg* **1** eficiente. **2** útil.

ef.fi.me.ro [eff'imero] *agg* **1** efêmero. **2** *fig* passageiro.

ef.fon.de.re [eff'ondere] *vt* **1** derramar, verter. **2** espalhar, expandir. *vpr* **3** expandir-se.

e.ge.mo.ni.a [edʒemon'ia] *sf* **1** hegemonia. **2** *fig* domínio, supremacia.

e.gi.zia.no [edʒits'jano] *sm+agg* egípcio. Veja nota em **egípcio**.

e.gli ['eʎi] *pron m sing* ele.

O pronome **egli** se refere apenas a pessoas. É mais usado na linguagem literária. Na linguagem coloquial, é substituído por **lui**.

e.go.cen.tri.co [egotʃ'ɛntriko] *agg* egocêntrico.

e.go.i.smo [ego'izmo] *sm* egoísmo.

e.gre.gio [egr'ɛdʒo] *agg* **1** egrégio, distinto, respeitável, insigne. **2** excelente, exímio.

e.gua.glian.za [egwaʎ'antsa] *sf V uguaglianza.*

e.gua.glia.re [egwaʎ'are] *vt V uguagliare.*

e.gua.le [eg'wale] *agg V uguale.*

eh ['ɛ] *int* eh! ih! oh!

A interjeição **eh** indica espanto, surpresa, indignação.

ehi ['ei] *int* ei! ó!

A interjeição **ehi** é usada como chamamento.

e.ia ['ɛja] *int* eia! vamos!

e.ia.cu.la.zio.ne [ejakulats'jone] *sf* ejaculação.

e.la.bo.ra.re [elabor'are] *vt* elaborar, preparar.

e.la.sti.co [el'astiko] *sm* **1** elástico. **2** jarreteira, liga elástica. **3** cama de molas. • *agg* elástico.

e.le.fan.te [elef'ante] *sm Zool* elefante.

e.le.fan.tes.sa [elefant'esa] *sf Zool* elefanta, aliá, fêmea do elefante.

e.le.gan.te [eleg'ante] *agg* elegante, gracioso.

e.leg.ge.re [el´ɛddʒere] *vt* **1** eleger. *il gruppo elesse a rappresentante il suo membro più giovane* / o grupo elegeu o seu membro mais jovem como representante. **2** escolher, preferir. **3** nomear. *eleggere uno a un incarico* / nomear alguém para uma missão.

e.le.men.ta.re [element´are] *agg* elementar, rudimentar. **scuola elementare** escola primária.

e.le.men.to [elem´ɛnto] *sm* **1** elemento. **2** *Chim* elemento químico, corpo simples. **3** *fig* fundamento, princípio. **4** ambiente, meio.

e.le.mo.si.na [elem´ɔzina] *sf* **1** esmola, donativo. **2** caridade. **3** pagamento pela missa. **fare un'elemosina** dar uma esmola, fazer um donativo.

e.le.mo.si.na.re [elemozin´are] *vt+vi* **1** esmolar, pedir esmolas, mendigar. **2** *fig* mendigar, implorar. *non è neccessario elemosinare un poco di attenzione* / não é necessário mendigar um pouco de atenção.

e.len.ca.re [elenk´are] *vt* listar, relacionar.

e.len.co [el´ɛnko] *sm* **1** lista, relação, índice. **2** catálogo. **elenco telefonico** lista telefônica.

e.let.ta [el´ɛtta] *sf* **1** escolha. **2** elite, nata, fina flor.

e.let.to [el´ɛtto] *sm Rel* eleito (para a vida eterna). • *agg* **1** eleito, escolhido. **2** *fig* favorito.

e.let.to.re [elett´ore] *sm* eleitor.

e.let.tri.ci.tà [elettritʃit´a] *sf* eletricidade.

e.let.tri.co [el´ɛttriko] *agg* elétrico.

e.let.tri.fi.ca.re [elettrifik´are] *vt* eletrificar.

e.let.triz.za.re [elettriddz´are] *vt* **1** eletrizar. **2** *fig* entusiasmar, animar. *vpr* **3** entusiasmar-se, animar-se.

e.let.tro.car.dio.gram.ma [elettrocardiogr´amma] *sm Med* eletrocardiograma.

e.let.tro.do [elettr´ɔdo] *sm Fis, Chim* eletrodo.

e.let.tro.do.me.sti.co [elettrodom´ɛstiko] *sm* eletrodoméstico.

e.let.tro.ne [elettr´one] *sm Fis, Chim* elétron.

e.let.tro.ni.ca [elettr´ɔnika] *sf* eletrônica.

e.let.tro.ni.co [elettr´ɔniko] *agg* eletrônico. **tubo elettronico** tubo da televisão.

e.let.tro.tre.no [elettrotr´ɛno] *sm* trem elétrico.

e.le.va.re [elev´are] *vt* **1** elevar, levantar, erguer. *elevare un muro* / erguer um muro. *elevare lo sguardo* / elevar o olhar. **2** *fig* exaltar, elogiar. *vpr* **3** elevar-se, subir. *le torri si elevano in mezzo alla piazza* / as torres se elevam no meio da praça.

e.le.va.zio.ne [elevats´jone] *sf* **1** elevação, levantamento. **2** *fig* exaltação, elogio. **elevazione a potenza** *Mat* potenciação.

e.le.zio.ne [elets´jone] *sf* **1** eleição, escolha. **2** nomeação. **3** vontade.

e.li.ca [´ɛlika] *sf* **1** hélice. **2** escada em caracol.

e.li.cot.te.ro [elik´ɔttero] *sm* helicóptero.

e.li.mi.na.re [elimin´are] *vt* eliminar, excluir, retirar.

e.lio [´ɛljo] *sm* **1** *Chim* hélio. **2** *fig* Sol.

e.li.si.re [eliz´ire] *sm* elixir. **elisire di lunga vita** elixir da longa vida.

el.la [´ɛlla] *pron f sing* **1** ela. **2** vossa senhoria, vossa excelência.

O pronome **ella** se refere apenas a pessoas. É mais usado na linguagem literária. Na linguagem coloquial, é substituído por **lei**.

el.le [´ɛlle] *sf* ele, o nome da letra L.

el.le.ni.co [ell´ɛniko] *agg* helênico, dos gregos.

el.lis.se [ell´isse] *sf Geom* elipse.

el.lis.si [ell´issi] *sf Gramm* elipse, omissão. *ellissi del verbo* / elipse do verbo.

el.mo [´ɛlmo] *sm* **1** capacete. **2** elmo.

e.lo.gia.re [elodʒ´are] *vt* elogiar, louvar.

e.lo.gi.o [el´ɔdʒo] *sm* elogio, louvor.

e.lo.quen.te [elok´wɛnte] *agg* eloquente, expressivo.

e.lu.ci.da.re [elutʃid´are] *vt* elucidar, explicar.

e.ma.na.re [eman´are] *vt* **1** emanar, exalar, emitir. *le lampade emanavano luci rosse e gialle* / as lâmpadas emanavam luzes vermelhas e amarelas. *emanare gas, odori* / emanar gás, odores. **2** publicar, promulgar. *emanare leggi* / publicar leis. *vi* **3** emanar, exalar. **4** originar-se de, nascer de. *la tua autorità emana dalla tua fede* / a tua autoridade emana da tua fé.

e.man.ci.pa.re [emantʃip´are] *vt* **1** emancipar, livrar. *vpr* **2** emancipar-se, livrar-se, desvincular-se.
e.ma.to.ma [emat´oma] *sm Med* hematoma.
e.ma.zia [em´atsja] *sf Med* hemácia.
em.bar.go [emb´argo] *sm* **1** *Giur* embargo, sequestro de bens. **2** *fig* impedimento.
em.ble.ma [embl´ɛma] *sm* emblema, símbolo.
em.bo.lo [´embolo] *sm Med* êmbolo.
em.brio.na.le [embrjon´ale] *agg* embrionário.
em.brio.ne [embr´jone] *sm* **1** *Med* embrião, feto. **2** *Bot* feto, germe. **3** *fig* plano, ideia.
e.men.da [em´ɛnda] *sf* emenda, correção.
e.men.da.re [emend´are] *vt* **1** emendar, corrigir, modificar. **2** ressarcir (prejuízo). **3** *Giur* reformar. *vpr* **4** emendar-se, corrigir-se, melhorar.
e.mer.gen.za [emerdʒ´ɛntsa] *sf* **1** emersão. **2** emergência, situação, circunstância, conjuntura.
e.mer.ge.re [em´ɛrdʒere] *vi* **1** emergir. **2** *fig* surgir. **3** distinguir-se, destacar-se.
e.met.te.re [em´ettere] *vt* **1** emitir, expedir, enviar. **2** exprimir. *emettere opinioni* / exprimir opiniões. **emettere moneta** emitir moeda.
e.mi.gra.re [emigr´are] *vi* emigrar.
e.mi.nen.te [emin´ɛnte] *agg* **1** eminente, superior. **2** *fig* alto, elevado, sublime.
e.mi.nen.za [emin´ɛntsa] *sf* eminência, altura, elevação do terreno. **Eminenza** Eminência (forma de tratamento).
e.mi.sfe.ro [emisf´ɛro] *sm* hemisfério.
e.mis.sa.rio [emiss´arjo] *sm* **1** emissário. **2** esgoto, tubo para escoamento. **3** explorador. **4** espião, agente secreto.
e.mis.sio.ne [emiss´jone] *sf* **1** emissão, expedição, envio. **2** *Comm* emissão (de moeda, ações). Veja nota em **emissão**.
e.mit.ten.te [emitt´ɛnte] *sf* emissora, estação de rádio ou televisão. • *agg* emitente, emissor.
em.me [´ɛmme] *sf* eme, o nome da letra M.
e.mo.fi.li.a [emofil´ia] *sf Med* hemofilia.
e.mo.glo.bi.na [emoglob´ina] *sf* hemoglobina.
e.mo.lu.men.to [emolum´ento] *sm* **1** emolumento, ganho. **2** retribuição. **3** salário, pagamento.
e.mor.ra.gi.a [emoȓadʒ´ia] *sf Med* hemorragia.
e.mor.roi.di [emoȓ´ɔjdi] *sf pl Med* hemorroidas.
e.mo.ti.vo [emot´ivo] *agg* emotivo.
e.mo.zio.ne [emots´jone] *sf* **1** emoção, comoção, perturbação. **2** *fig* agitação, entusiasmo.
em.pie.re [´ɛmpjere] *vt* **1** encher. *empiono i bicchieri di vino* / enchem os copos de vinho. *il successo lo empie di felicità* / o sucesso o enche de felicidade. **2** acumular. **3** fartar, saciar. *vpr* **4** encher-se. *l'aria si empì di lucciole* / o ar se encheu de vagalumes. **5** fartar-se, saciar-se. *Var: empire.*
em.pio [´ɛmpjo] *sm+agg* **1** ímpio, incrédulo, ateu. **2** *fig* cruel.
em.pi.re [emp´ire] *vt V empiere.*
em.pi.ri.co [emp´iriko] *agg* empírico.
em.po.rio [emp´ɔrjo] *sm* **1** empório, mercado, centro comercial. **2** *fig* abundância.
en.ce.fa.li.te [entʃefal´ite] *sf Med* encefalite.
en.ce.fa.lo [entʃ´ɛfalo] *sm Anat* encéfalo.
en.ci.clo.pe.di.a [entʃikloped´ia] *sf* enciclopédia.
en.de.mi.a [endem´ia] *sf Med* endemia.
en.do.cri.no.lo.gi.a [endokrinolodʒ´ia] *sf Med* endocrinologia.
en.do.sco.pi.a [endoskop´ia] *sf Med* endoscopia.
e.ner.gi.a [enerdʒ´ia] *sf* **1** energia, força, vigor. **2** firmeza de caráter. **energia elettrica** energia elétrica. **energia termica** energia térmica. Veja nota em **força**.
e.ner.gi.co [en´ɛrdʒiko] *agg* enérgico, vigoroso.
e.ner.gu.me.no [energ´umeno] *agg* **1** energúmeno, endemoninhado, possuído. **2** *fig* furioso.
en.fa.si [´ɛnfazi] *sf* ênfase, exagero.
en.fia.re [enf´jare] *vt* **1** inchar, intumescer. *vi* **2** inchar-se, intumescer-se.
en.fia.to [enf´jato] *sm Med* tumor, inchaço, intumescimento. • *agg* **1** inchado. **2** vaidoso, arrogante.

E

e.nig.ma [en´igma] *sm* **1** enigma, charada, adivinhação. **2** mistério.

e.nig.ma.ti.co [enigm´atiko] *agg* **1** enigmático. **2** misterioso.

en.ne [´ɛnne] *sf* ene, o nome da letra N.

en.ne.si.mo [enn´ɛzimo] *agg* enésimo, infinito, inumerável, indefinido (número).

e.nor.me [en´orme] *agg* **1** enorme. **2** gigantesco, desmedido, descomunal.

e.nor.mi.tà [enormit´a] *sf* **1** enormidade. **2** *fig* coisa extraordinária. **3** maldade, malvadeza. **4** gravidade. **5** atrocidade.

en.te [´ɛnte] *sm* **1** ente, ser. **2** coisa, objeto. **l'Ente supremo** ou apenas **l'Ente** Deus, o Senhor.

en.ti.tà [entit´a] *sf* **1** entidade, ente, ser. **2** *fig* importância, relevância. **2** gravidade, seriedade.

en.tra.gna [entr´aña] *sf* **1** entranha, víscera. **2** *fig* interior, coração.

en.tram.be [entr´ambe] *pron f pl* ambas, uma e outra, todas as duas.

en.tram.bi [entr´ambi] *pron m pl* ambos, um e outro, todos os dois.

en.tra.re [entr´are] *vi* **1** entrar, penetrar. *l'autobus entrò in Roma* (ou *a Roma*) / o ônibus entrou em Roma. *entrare a casa* / entrar em casa. **2** intrometer-se, meter--se. **entrarci** ter a ver com. *cosa c'entri in tutta questa storia?* / o que você tem a ver com toda esta história?

en.tra.ta [entr´ata] *sf* **1** entrada, abertura. **2** *Comm* renda, entrada. **3** *Mus* prelúdio, introdução. **entrata e uscita** *Contab* ativo e passivo, receita e despesa.

en.tu.sia.sma.re [entuzjazm´are] *vt* entusiasmar.

en.tu.sia.smo [entuz´jazmo] *sm* **1** entusiasmo, animação, excitação. **2** inspiração.

e.nu.me.ra.re [enumer´are] *vt* enumerar, numerar, relacionar.

e.nun.cia.re [enuntʃ´are] *vt* enunciar, declarar, exprimir, expor ideias. *Var: enunziare.*

e.nun.zia.re [enunts´jare] *vt V enunciare.*

en.zi.ma [ents´ima] *sf* enzima.

e.pa.ti.te [epat´ite] *sf Med* hepatite.

e.pi.co [´ɛpiko] *sm+agg Lett* épico.

e.pi.de.mi.a [epidem´ia] *sf* epidemia.

e.pi.der.mi.de [epid´ɛrmide] *sf An* epiderme.

e.pi.gra.fe [ep´igrafe] *sf* epígrafe, inscrição.

e.pi.les.si.a [epiless´ia] *sf Med* epilepsia.

e.pi.let.ti.co [epil´ɛttiko] *sm+agg* epilético

e.pi.lo.go [ep´ilogo] *sm* **1** epílogo, conclusão. **2** recapitulação.

e.pi.sco.pa.le [episkop´ale] *agg* episcopal, bispal. *Sin: vescovile.*

e.pi.so.dio [epiz´ɔdjo] *sm* **1** episódio, fato, acontecimento, caso. *questo è un episodio molto triste* / este é um episódio muito triste. **2** episódio, capítulo. *gli episodi del libro* / os episódios do livro.

e.pi.taf.fio [epit´affjo] *sm* epitáfio.

e.pi.te.to [ep´iteto] *sm* epíteto, título, adjetivo.

e.po.ca [´ɛpoka] *sf* época, período, tempo.

e.po.pe.a [epop´ɛa] *sf* epopeia, poesia épica.

ep.pu.re [epp´ure] *avv+cong V pure.*

E.qua.to.re [ekwat´ore] *sm Geogr* Equador.

e.qua.to.ria.le [ekwator´jale] *agg Geogr* equatorial.

e.qua.zio.ne [ekwats´jone] *sf Mat* equação.

e.qui.di.stan.te [ekwidist´ante] *agg* equidistante.

e.qui.la.te.ro [ekwil´atero] *agg Geom* equilátero.

e.qui.li.bra.re [ekwilibr´are] *vt* **1** equilibrar. *vpr* **2** equilibrar-se.

e.qui.li.brio [ekwil´ibrjo] *sm* equilíbrio.

e.qui.li.bri.sta [ekwilibr´ista] *s* equilibrista.

e.qui.no [ek´wino] *agg* equino. **gli equini** *pl Zool* os equinos.

e.qui.no.zio [ekwin´ɔtsjo] *sm Astron* equinócio. **equinozio d'autunno** equinócio do outono. **equinozio di primavera** equinócio da primavera.

e.qui.pag.gia.re [ekwipaddʒ´are] *vt* equipar.

e.qui.pag.gio [ekwip´addʒo] *sm* **1** equipamento, equipagem. **2** *Mil, Aer, Naut* tripulação.

e.qui.pa.ra.re [ekwipar´are] *vt* **1** equiparar, igualar. **2** comparar.

e.qui.tà [ekwit´a] *sf* **1** equidade, igualdade. **2** justiça, retidão.

e.qui.ta.zio.ne [ekwitats´jone] *sf* equitação.

.qui.va.le.re [ekwival´ere] *vi+vpr* equivaler.

.qui.vo.ca.re [ekwivok´are] *vi* equivocar, enganar-se, errar.

.qui.vo.co [ekw´ivoko] *sm* **1** equívoco, engano, erro. **2** palavra de duplo sentido.

.ra [´ɛra] *sf* **1** era. **2** *fig* época, tempo. **era volgare/era cristiana** era cristã.

.ra.rio [er´arjo] *sm* erário, tesouro público.

r.ba [´ɛrba] *sf* **1** erva. **2** grama. **erba mala presto cresce** erva ruim geada não mata. **essere in erba** estar ainda verde, estar despreparado. **fare di ogni erba fascio** não saber separar o joio do trigo. **ogni erba si conosce per lo seme** a árvore se conhece pelos frutos.

r.bac.cia [erb´attʃa] *sf disp* erva daninha.

r.bi.vo.ro [erb´ivoro] *sm+agg Zool* herbívoro.

r.cu.le.o [erk´uleo] *agg* **1** hercúleo. **2** *fig* robusto, muito forte, valente.

.re.de [er´ɛde] *s* herdeiro, herdeira.

.re.di.tà [eredit´a] *sf* herança. **principio di eredità** ou apenas **eredità** *Fisiol* lei da herança.

e.re.di.ta.re [eredit´are] *vt+vi* herdar.

e.re.di.ta.rio [eredit´arjo] *agg* hereditário, congênito.

e.re.si.a [erez´ia] *sf* **1** heresia. **2** *fig* erro. **3** besteira.

e.re.ti.co [er´ɛtiko] *sm+agg* herético, herege.

e.re.zio.ne [erets´jone] *sf* **1** levantamento, construção. **2** fundação. **3** *Fisiol* ereção.

e.ri.ge.re [er´idʒere] *vt* **1** erigir, erguer, levantar. **2** construir, edificar. **3** fundar, instituir. *vpr* **4** erguer-se, levantar-se. **5** surgir.

er.ma.fro.di.to [ermafrod´ito] *sm+agg* hermafrodita.

er.mel.li.no [ermell´ino] *sm Zool* arminho.

er.me.ti.co [erm´ɛtiko] *agg* **1** hermético. **2** *fig* oculto, misterioso. **3** obscuro.

er.mo [´ɛrmo] *sm* ermo, deserto. • *agg Poet* ermo, solitário.

e.ro.e [er´ɔe] *sm* herói.

e.roi.co [er´ɔjko] *agg* **1** heroico. **2** corajoso, valoroso. **3** *fig* legendário, épico, mítico.

e.ro.i.na [ero´ina] *sf* **1** heroína (feminino de herói). **2** *Chim* heroína, um tipo de droga.

e.rom.pe.re [er´ompere] *vi* irromper, brotar.

e.ro.sio.ne [eroz´jone] *sf* **1** *Geol* erosão. **2** corrosão, desgaste.

e.ro.ti.co [er´ɔtiko] *agg* **1** erótico. **2** sensual.

er.pe.te [´ɛrpete] *sm Med* herpes.

er.ran.te [er̄´ante] *agg* **1** errante, vagabundo. **2** distante. *uno sguardo errante* / um olhar distante. **cavaliere errante** cavaleiro errante.

er.ra.re [er̄´are] *vi* **1** errar, vagar. **2** perder-se. **3** *fig* errar, enganar-se. **errando si impara** errando é que se aprende. **è umano errare** errar é humano.

er.ra.ta [er̄´ata] *sf* errata, lista de erros.

er.re [´ɛr̄e] *sf* erre, o nome da letra R.

er.ro.ne.o [er̄´ɔneo] *agg* errôneo, incorreto.

er.ro.re [er̄´ore] *sm* **1** erro. **2** inadvertência. **3** defeito, imperfeição. **4** *fig* absurdo, contrassenso. **5** excesso. **errore tipografico** erro de impressão.

er.ta [´ɛrta] *sf* ladeira, subida. **all'erta!** em guarda! atenção! **stare all'erta** ficar alerta.

er.to [´ɛrto] *agg* íngreme, escarpado, a pique.

e.ru.di.to [erud´ito] *sm+agg* erudito, culto, literato, douto.

e.rut.ta.re [erutt´are] *vt* **1** expelir, lançar (lava). **2** vomitar. *vi* **3** arrotar.

e.ru.zio.ne [eruts´jone] *sf Geol, Med* erupção.

e.sa.cer.ba.re [ezatʃerb´are] *vt* exacerbar, irritar, encolerizar.

e.sa.ge.ra.re [ezadʒer´are] *vt* exagerar, aumentar.

e.sa.ge.ra.zio.ne [ezadʒerats´jone] *sf* exagero.

e.sa.go.no [ez´agono] *sm Geom* hexágono.

e.sa.la.re [ezal´are] *vt+vi* exalar, emanar. **esalare l'anima/esalare lo spirito** *fig* expirar, morrer.

e.sal.ta.re [ezalt´are] *vt* **1** exaltar, elogiar, louvar, engrandecer, glorificar. **2** *fig* excitar, inebriar. *vpr* **3** exaltar-se, enfurecer-se.

e.sa.me [ez´ame] *sm* **1** exame. **2** observação, investigação. **3** prova, teste. **4** *Giur* interrogatório. **dare un esame/sostenere un esame/fare un esame** prestar um exame, fazer uma prova. *il laureando darà un esame domani* / o formando prestará um exame amanhã.

Fare un esame também é utilizado em outros sentidos: *fare un esame della situazione mondiale* / fazer um exame da situação mundial. *fare un esame del sangue* / fazer um exame de sangue.

e.sa.mi.na.re [ezamin´are] *vt* **1** examinar, observar, investigar. **2** *Giur* interrogar. *vpr* **3** fazer exame de consciência.

e.sa.spe.ra.re [ezasper´are] *vt* exasperar, irritar.

e.sat.tez.za [ezatt´ettsa] *sf* **1** exatidão, correção, diligência. **2** precisão. **3** pontualidade.

e.sat.to [ez´atto] *agg* **1** exato, correto, diligente. **2** preciso, impecável. **3** verdadeiro, real. **4** pontual.

e.sau.ri.re [ezawr´ire] *vt* **1** exaurir, consumir, gastar. **2** esgotar, acabar (mercadorias). **3** *fig* esgotar. *esaurire un argomento* / esgotar um assunto. *vpr* **4** exaurir-se, consumir-se. **5** *fig* perder a autoridade.

e.sau.sto [ez´awsto] *agg* **1** exausto, abatido, debilitado. **2** gasto, consumido.

e.sca [´eska] *sf* **1** isca. **2** chamariz, engodo.

Esca em italiano é utilizado também em sentido figurado, como "isca" em português. *la propaganda era solo un'esca* / a propaganda era apenas uma isca.

e.schi.me.se [eskim´eze] *s+agg* esquimó.

e.scla.ma.re [esklam´are] *vi* **1** exclamar, gritar, bradar. **2** enfatizar.

e.sclu.de.re [eskl´udere] *vt* **1** excluir, excetuar, tirar. **2** rejeitar, negar. **3** *Giur* privar (de um direito).

e.sclu.si.vo [eskluz´ivo] *agg* **1** exclusivo, privativo. **2** intransigente, intolerante.

e.sco.ria.re [eskor´jare] *vt* escoriar, esfolar.

e.sco.ria.zio.ne [eskorjats´jone] *sf* escoriação.

e.scre.men.to [escrem´ento] *sm* **1** excremento, excreção. **2 escrementi** *pl* fezes, excrementos.

e.scre.zio.ne [eskrets´jone] *sf* excreção.

e.scur.sio.ne [eskurs´jone] *sf* **1** excursão, passeio turístico. **2** *Mil* incursão, ataque inimigo.

e.se.cra.re [ezekr´are] *vt* execrar, detestar.

e.se.cu.to.re [ezekut´ore] *sm+agg* executor, realizador. **esecutore di giustizia** *Giur* carrasco.

e.se.cu.zio.ne [ezekuts´jone] *sf* **1** execução, cumprimento. **2** *Mus* execução, toque, canto. **esecuzione capitale** pena de morte.

e.se.gui.re [ezeg´wire] *vt* **1** executar, cumprir. *eseguire ordini, una pena* / executar ordens, uma pena. **2** *Mus* executar, tocar, cantar. *eseguire un pezzo di Bach* / executar uma peça de Bach.

e.sem.pio [ez´ɛmpjo] *sm* exemplo, exemplar, modelo. **ad esempio/per esempio** por exemplo.

e.sem.pla.re [ezempl´are] *sm* **1** exemplar, cópia de uma obra. **2** caderno de caligrafia. **3** espécime, indivíduo. • *agg* exemplar, modelar.

e.sen.ta.re [ezent´are] *vt* **1** isentar, dispensar, livrar. *vpr* **2** isentar-se, eximir-se, dispensar-se.

e.sen.te [ez´ɛnte] *agg* isento, livre, liberado.

e.se.quie [ez´ɛkwje] *sf pl* exéquias.

e.ser.ci.re [ezertʃ´ire] *vt* exercer, administrar.

e.ser.ci.ta.re [ezertʃit´are] *vt* **1** exercitar, praticar. **2** treinar, adestrar. *vpr* **3** exercitar-se, praticar.

e.ser.ci.to [ez´ɛrtʃito] *sm* **1** exército. **2** *fig* multidão.

e.ser.ci.zio [ezertʃ´itsjo] *sm* **1** exercício. **2** prática, uso. **3** treinamento, adestramento. **4** negócio, atividade comercial. **5** estudo, dedicação. **6** *Comm* exercício, ano fiscal. **7** *Mil* manobra, exercício.

e.si.bi.re [ezib´ire] *vt* **1** exibir, mostrar. **2** oferecer. **3** *Giur* apresentar. *esibire prove* / apresentar provas. *vpr* **4** exibir-se. **5** oferecer-se.

e.si.gen.za [ezidʒ´ɛntsa] *sf* **1** exigência. **2** pretensão. **3** necessidade.

e.si.ge.re [ez´idʒere] *vt* **1** exigir, pretender. **2** reclamar, requerer, querer.

e.si.guo [ez´igwo] *agg* **1** exíguo, escasso. **2** minguado, minúsculo.

e.si.le [´ɛzile] *agg* **1** fraco, magro. **2** fino, tênue.

e.si.lia.re [ezil´jare] *vt* **1** exilar, expulsar, expatriar. *vpr* **2** exilar-se, afastar-se, separar-se.

e.si.lio [ez´iljo] *sm* exílio, expulsão, degredo.

e.si.me.re [ez´imere] *vt* **1** eximir, isentar, liberar, livrar. *vpr* **2** eximir-se, isentar-se, livrar-se.

e.si.mio [ez'imjo] *agg* **1** exímio, ótimo, excelente. **2** ilustre, eminente.
e.si.ste.re [ez'istere] *vi* **1** existir, haver. **2** subsistir.
e.si.tan.za [ezit'antsa] *sf* hesitação, indecisão, perplexidade, vacilação.
e.si.ta.re [ezit'are] *vi* hesitar, vacilar.
e.si.to ['ɛzito] *sm* **1** êxito, sucesso, resultado. **2** conclusão, solução, desenlace. **3** despesa.
e.so.do ['ɛzodo] *sm* **1** êxodo, saída. **2** *fig* emigração.
e.so.fa.go [ez'ɔfago] *sm Anat* esôfago.
e.so.ne.ra.re [ezoner'are] *vt* **1** exonerar, demitir. **2** dispensar, isentar.
e.so.ne.ro [ez'onero] *sm* exoneração.
e.sor.bi.tan.za [ezorbit'antsa] *sf* exorbitância, excesso.
e.sor.bi.ta.re [ezorbit'are] *vi* **1** sair da órbita. **2** exorbitar, exceder-se, passar dos limites.
e.sor.ci.smo [ezortʃ'izmo] *sm Rel* exorcismo, esconjuro.
e.sor.ciz.za.re [ezortʃiddz'are] *vt* **1** *Rel* exorcizar, esconjurar. **2** exortar, incitar, convencer.
e.sor.ta.re [ezort'are] *vt* exortar, induzir, incitar.
e.so.te.ri.co [ezot'ɛriko] *agg* esotérico, secreto.
e.so.ti.co [ez'ɔtiko] *agg* **1** exótico, extravagante. **2** *fig* estrangeiro, alienígena.
e.span.de.re [esp'andere] *vt* **1** expandir, estender, alargar. *espandere i suoi domini* / expandir os seus domínios. *vpr* **2** expandir-se, estender-se. **3** *fig* difundir-se. *l'odore si spande in tutta la sala* / o cheiro se difunde por toda a sala. **4** abrir-se, fazer confidências.
e.span.sio.ne [espans'jone] *sf* **1** expansão, extensão. **2** manifestação (de sentimentos).
e.spa.tria.re [espatr'jare] *vt* expatriar, exilar, desterrar, banir.
e.spe.dien.te [esped'jɛnte] *sm* expediente, meios (para se conseguir algo). • *agg* útil. *Var: spediente.*
e.spel.le.re [esp'ɛllere] *vt* **1** expelir, expulsar, enxotar. **2** *Med* expelir, expectorar.
e.spe.rien.za [esper'jɛntsa] *sf* **1** experiência, sabedoria. **2** habilidade, perícia. **3** *Chim, Fis* experimento, experiência, ensaio.
e.spe.ri.men.to [esperim'ento] *sm* experimento, experiência científica, ensaio, teste. *Var: sperimento.*
e.sper.to [esp'ɛrto] *sm+agg* especialista, prático.
e.spet.to.ra.re [espettor'are] *vt* expectorar, escarrar.
e.spia.re [esp'jare] *vt* **1** expiar, pagar. *espiare i peccati* / expiar os pecados. **2** sofrer, padecer. *espiare patimenti, pene, castighi* / sofrer provações, penas, castigos.
e.spi.ra.re [espir'are] *vt* expirar, expelir o ar.
e.spli.ca.re [esplik'are] *vt* explicar, esclarecer.
e.spli.ci.to [espl'itʃito] *agg* explícito, expresso.
e.splo.de.re [espl'ɔdere] *vt+vi* explodir, estourar.
e.splo.ra.re [esplor'are] *vt* **1** explorar. *esplorare un luogo* / explorar um local. **2** pesquisar, estudar, examinar, analisar.
e.splo.sio.ne [esploz'jone] *sf* **1** explosão, estouro. **2** *fig* explosão sentimental, comoção.
e.splo.si.vo [esploz'ivo] *sm+agg* explosivo.
e.spo.nen.te [espon'ɛnte] *sm* **1** *Mat* expoente. **2** *fig* sinal, indicador. **3** representante. • *agg* expoente, expositor, postulante.
e.spor.re [esp'oȓe] *vt* **1** expor, mostrar. *le ditte espongono merci nella fiera* / as empresas expõem mercadorias na feira. **2** narrar, contar, explicar. *esporre teorie* / expor teorias. **3** arriscar. *vpr* **4** expor-se, aventurar-se, arriscar-se, sujeitar-se. *così si espose a pericoli* / assim ele se expôs a perigos.
e.spor.ta.re [esport'are] *vt* exportar.
e.spor.ta.zio.ne [esportats'jone] *sf* exportação.
e.spo.si.zio.ne [espozits'jone] *sf* **1** exposição. **2** mostra, feira. **3** narração. **4** explicação.
e.spo.sto [esp'osto] *sm* **1** explicação. **2** narração, conto. • *agg* **1** exposto. **2** explicado.
e.spres.sio.ne [espress'jone] *sf* **1** expressão,

E

demonstração. **2** força, valor. **espressione algebrica/espressione letterale** *Mat* expressão algébrica. **espressione aritmetica** *Mat* expressão aritmética.

e.spres.si.vo [espress´ivo] *agg* expressivo.

e.spres.so [espr´ɛsso] *sm* expresso (trem, correio). • *agg* expresso, explícito, claro, manifesto. **caffè espresso** ou apenas **espresso** café expresso.

e.spri.me.re [espr´imere] *vt* **1** exprimir, manifestar. **2** significar, demonstrar. **3** *Arte* representar.

e.spro.pria.re [espropr´jare] *vt Giur* desapropriar, expropriar.

e.spul.sio.ne [espuls´jone] *sf* **1** expulsão. **2** evacuação. **3** banimento, degredo.

e.spur.ga.re [espurg´are] *vt* **1** expurgar, purgar, purificar. **2** censurar, corrigir. *espurgare un libro* / censurar um livro.

es.sa [´essa] *pron f sing* **1** ela. **2 esse** *pl* elas.

O pronome **essa** se refere apenas a coisas e animais. O pronome **esse** se refere tanto a pessoas quanto a coisas e animais. São mais usados na linguagem literária. Na linguagem coloquial, são substituídos por **lei** e **loro**.

es.se [´ɛsse] *sf* esse, o nome da letra S.

es.sen.za [ess´ɛntsa] *sf* essência: a) parte essencial, substância. b) perfume. **in essenza** essencialmente.

es.sen.zia.le [essentsj´ale] *sm* essencial. • *agg* **1** essencial. **2** necessário, indispensável.

es.se.re [´ɛssere] *sm* **1** ser, vida, existência. **2** corpo, indivíduo. **3** condição, estado. • *vaus* **1** ser. *lei è ballerina* / ela é bailarina. *di chi sono queste scarpe?* / de quem são estes sapatos? **2** existir. *essere o non essere* / ser ou não ser. **3** estar, encontrar-se. *sono qui!* / estou aqui! *quel posto è libero* / aquele lugar está livre. **4** compor-se de, consistir em. **esserci** a) haver, existir. b) *pop* ter. **essere per** estar prestes a. **essere sul punto di** estar a ponto de. **essere vivente** ser vivo. **non c'è di che** de nada, não há de quê.

Esserci é usado apenas nas terceiras pessoas, singular e plural, de acordo com a quantidade de coisas ou pessoas a que se refere. Assim, no singular: *c'è qualcosa nel pacco?* / tem alguma coisa no pacote *cosa c'è di nuovo?* / o que há de novo E no plural: *ci sono storie fantastiche ne libro* / há histórias fantásticas no livro. *c sono persone che non sanno perdere* / ter pessoas que não sabem perder.

Essere é usado para formar tempo compostos: *siamo venuti alle dieci* / vie mos às dez. *queste camicie sono fatte i Italia* / estas camisas são feitas na Itália Também forma orações impessoais: *è i 20 aprile* / é vinte de abril. *è possibil che piova* / é possível che chova. *già tardi!* / já é tarde! Veja outra nota en **estar**.

es.so [´esso] *pron m sing* **1** ele. **2 essi** *p* eles.

O pronome **esso** se refere apenas a coisas e animais. O pronome **essi** se refere tanto a pessoas quanto a coisas e animais. São mais usados na linguagem literária. Na linguagem coloquial, são substituídos por **lui** e **loro**.

est [´ɛst] *sm Geogr* **1** leste. **2** oriente.

e.sta.si [´ɛstazi] *sf Rel fig* êxtase, admiração, arrebatamento, enlevo, júbilo.

e.sta.sia.re [estaz´jare] *vt* **1** extasiar, arrebatar, enlevar. *vpr* **2** extasiar-se, admirar-se, enlevar-se.

e.sta.te [est´ate] *sf* verão. **d'estate** no verão.

e.stem.po.ra.ne.o [estempor´aneo] *agg* **1** extemporâneo, fora de seu tempo. **2** improvisado, impensado, intempestivo. **3** inoportuno.

e.sten.de.re [est´ɛndere] *vt* **1** estender, alongar. **2** aumentar, engrandecer. *vpr* **3** estender-se, alongar-se. **4** difundir-se, espalhar-se.

e.sten.sio.ne [estens´jone] *sf* **1** extensão, ato de estender. **2** *Mus* alcance (de um instrumento).

e.ste.nua.re [esten´ware] *vt* **1** extenuar, debilitar, enfraquecer. *vpr* **2** enfraquecer. **3** emagrecer.

e.ste.rio.re [ester´jore] *sm* exterior, aspecto, parte externa. • *agg* exterior, externo.

e.ster.na.re [estern´are] *vt* externar, exprimir, manifestar, exteriorizar.

e.ster.no [est´ɛrno] *agg* **1** externo, exterior. **2** estrangeiro.

e.ste.ro [ˈɛstero] *sm* o estrangeiro, o exterior, países estrangeiros. • *agg* estrangeiro, forasteiro. **all'estero** no exterior.
e.ste.so [estˈezo] *agg* **1** estendido, alongado, ampliado. **2** extenso, vasto. **per esteso** por extenso.
e.ste.ti.ca [estˈɛtika] *sf* estética.
e.sti.mo [ˈɛstimo] *sm* **1** *Comm* avaliação, estimativa. **2** perícia, inspeção. **3** cadastro.
e.stin.gue.re [estˈingwere] *vt* **1** extinguir. **2** *fig* destruir, anular. **3** matar. *vpr* **4** extinguir-se. **5** *fig* morrer. **estinguere un debito** saldar uma dívida.
e.stin.to [estˈinto] *sm* defunto, morto. • *agg* **1** extinto, acabado, morto. **2** pago, cancelado. *debito estinto* / débito cancelado. **calce estinta** cal extinta.
e.stin.to.re [estintˈore] *sm* extintor de incêndio.
e.stin.zio.ne [estintsˈjone] *sf* **1** extinção. **2** *Comm* amortização.
e.stir.pa.re [estirpˈare] *vt* **1** extirpar, extrair. **2** *fig* destruir, erradicar.
e.stor.ce.re [estˈɔrtʃere] *vt* **1** extorquir. **2** tomar.
e.stor.sio.ne [estorsˈjone] *sf* extorsão.
e.stra.da.re [estradˈare] *vt Giur* extraditar.
e.stra.di.zio.ne [estraditsˈjone] *sf* extradição.
e.stra.ne.o [estrˈaneo] *sm* estrangeiro, estranho, forasteiro. • *agg* **1** estrangeiro, estranho. **2** alheio, separado, à parte, distante.
e.strar.re [estrˈar̃e] *vt* **1** extrair, retirar, tirar. **2** exportar. **estrarre a sorte** sortear, tentar a sorte.
e.strat.to [estrˈatto] *sm* **1** resumo, sumário. **2** trecho, fragmento. **3** *Chim* extrato, essência.
e.stre.mi.tà [estremitˈa] *sf* **1** extremidade, ponta. **2** *fig* miséria. **3** extremo, exagero. **le estremità dell'uomo** *Anat* os membros, as extremidades. Veja nota em **extremidade**.
e.stre.mo [estrˈɛmo] *sm* extremo, excesso, exagero. • *agg* **1** extremo, último, final. **2** *fig* avançado, afastado. **essere agli estremi** *pop* estar nas últimas. **estrema unzione** *Rel* extrema-unção.
e.strin.se.co [estrˈinseko] *agg* extrínseco, exterior, de fora.
e.stro.ver.so [estrovˈɛrso] *agg* extrovertido.
e.stua.rio [estˈwarjo] *sm Geogr* estuário, foz.
e.su.be.ran.te [ezuberˈante] *agg* exuberante, repleto, farto, cheio.
e.sul.ta.re [ezultˈare] *vi* exultar, regozijar-se.
e.su.ma.re [ezumˈare] *vt* **1** exumar, desenterrar. **2** *fig* tirar do esquecimento.
e.tà [etˈa] *sf* **1** idade. **2** tempo, duração. **3** geração. **4** século. **5** era. **di età** idoso. **di mezza età** de meia-idade. **Età Contemporanea** *St* Idade Contemporânea. **età maggiore** maioridade. **età minore** menoridade. **Età Moderna** *St* Idade Moderna.
e.te.re [ˈɛtere] *sm* **1** *Chim* éter. **2** *Poet* céu.
e.te.re.o [etˈɛreo] *agg* **1** etéreo, relativo ao éter. **2** *Poet* celeste, celestial.
e.ter.na.re [eternˈare] *vt* **1** eternizar. **2** *fig* imortalizar. *vpr* **3** eternizar-se. **4** *fig* imortalizar-se.
e.ter.ni.tà [eternitˈa] *sf* eternidade.
e.ter.no [etˈɛrno] *agg* eterno, perpétuo, imortal. **l'Eterno** Deus.
e.te.ro.dos.so [eterodˈɔsso] *agg* heterodoxo.
e.te.ro.ge.ne.o [eterodʒˈɛneo] *agg* heterogêneo, misturado.
e.ti.ca [ˈɛtika] *sf* ética.
e.ti.chet.ta [etikˈetta] *sf* etiqueta: a) formalidades, cerimônias. *quello non è adeguato all'etichetta del ballo* / aquilo não é adequado à etiqueta do baile. b) rótulo. *riesci a leggere l'etichetta del prodotto?* / você consegue ler a etiqueta do produto?
e.ti.co [ˈɛtiko] *sm+agg* ético. • *agg Med* tísico, tuberculoso.
e.ti.mo.lo.gi.a [etimolodʒˈia] *sf* etimologia.
e.ti.o.pe [etˈiope] *s+agg* **1** etíope. **2** *fam* árabe.
e.tni.co [ˈɛtniko] *agg* étnico. • *s+agg Rel* gentio, pagão.
e.tru.sco [etrˈusko] *sm+agg* etrusco.
et.ta.ro [ˈɛttaro] *sm* hectare.
eu.ca.li.pto [ewkalˈipto] *sm Bot* eucalipto.
eu.fe.mi.smo [ewfemˈizmo] *sm Gramm* eufemismo.
eu.fo.ni.a [ewfonˈia] *sf Gramm* eufonia.
eu.fo.ri.a [ewforˈia] *sf* euforia, alegria intensa.

E

eu.nu.co [ewn´uko] *sm* eunuco. • *agg fig* fraco.
eu.ro.pe.o [ewrop´ɛo] *agg* europeu, da Europa.
eu.ta.na.sia [ewtan´azja] *sf Med* eutanásia.
e.va.cua.re [evak´ware] *vt* evacuar: a) desocupar. *evacuare un luogo* / evacuar um lugar. b) defecar.
e.va.de.re [ev´adere] *vi* evadir-se, fugir, escapar de prisão.
e.van.ge.liz.za.re [evandʒeliddz´are] *vt Rel* evangelizar.
e.va.po.ra.re [evapor´are] *vt* **1** evaporar. *vi* **2** evaporar. **3** *fig* desaparecer, sumir.
e.va.sio.ne [evaz´jone] *sf* evasão, fuga.
e.ven.to [ev´ɛnto] *sm* evento, acontecimento, caso, circunstância, episódio.
e.ven.tua.le [event´wale] *agg* eventual, casual.
e.vi.den.te [evid´ɛnte] *agg* evidente, ma nifesto, claro, aberto.
e.vi.den.za [evid´ɛntsa] *sf* evidênci clareza. **mettere in evidenza** colocar er evidência.
e.vi.ta.re [evit´are] *vt* evitar, fugir d *evitare conflitti* / evitar conflitos. *evit di parlare!* / evite falar! *sarebbe megli evitare il dolore alla sorella* / seria melhc evitar a dor à irmã.
e.vo [´ɛvo] *sm* idade (histórica). **Ev Antico** Antiguidade. **Medio Evo** *Medioevo.*
e.vo.ca.re [evok´are] *vt* **1** evocar (as almas **2** lembrar, recordar.
e.vo.lu.zio.ne [evoluts´jone] *sf* evoluçãc desenvolvimento.
ev.vi.va [evv´iva] *int* viva! salve! **evviv l'Italia!** viva a Itália!

f

f [ˈɛffe] *sf* a sexta letra do alfabeto italiano.
fa [fˈa] *sm Mus* fá.
fab.bri.ca [fˈabbrika] *sf* **1** fábrica, indústria, manufatura. **2** edifício. **3** *fig* artifício.
fab.bri.ca.re [fabbrikˈare] *vt* **1** fabricar, produzir. **2** construir, edificar. **3** *fig* inventar, fantasiar.
fab.bro [fˈabbro] *sm* **1** artífice, operário. **2** *fig* inventor. **fabbro ferraio** ferreiro.
fac.cen.da [fattʃˈɛnda] *sf* afazer, negócio.
fac.cet.ta [fattʃˈetta] *sf* faceta (de pedra preciosa). **a faccette** facetado.
fac.chi.no [fakkˈino] *sm* **1** carregador. **2** *fig* grosseirão.
fac.cia [fˈattʃa] *sf* **1** cara, face, rosto. **2** focinho de animal. **3** face, superfície (de objetos). **4** *fig* aspecto, aparência. **5** coragem, audácia. **6** *pop* cara de pau. **avere due facce** ter duas caras. **faccia a faccia** cara a cara. **in faccia** na cara.
fac.cia.ta [fattʃˈata] *sf* **1** fachada (de edifício). **2** página (inteira). **3** *fig* fachada, exterior.
fa.chi.ro [fakˈiro] *sm* faquir.
fa.cia.le [fatʃˈale] *agg* facial, da face.
fa.ci.le [fˈatʃile] *agg* **1** fácil, simples, cômodo. **2** natural. **3** compreensível. **4** *fig* dócil.
fa.ci.li.tà [fatʃilitˈa] *sf* **1** facilidade, simplicidade. **2** bondade, condescendência.
fa.ci.li.ta.re [fatʃilitˈare] *vt* facilitar.
fa.col.tà [fakoltˈa] *sf* **1** capacidade, possibilidade. **2** faculdade, instituto de ensino superior. **3** direito, autoridade. **4** bens.
fa.col.to.so [fakoltˈozo] *agg* rico, abastado.
fac.si.mi.le [faksˈimile] *sm* fac-símile.
fa.gia.no [fadʒˈano] *sm Zool* faisão.
fa.gio.li.no [fadʒolˈino] *sm Bot* vagem, feijão verde.
fa.gio.lo [fadʒˈɔlo] *sm Bot* feijão. **andare a fagiolo** *fam* agradar, cair no agrado de.
fa.got.to [fagˈɔtto] *sm* **1** fardo, trouxa de roupas. **2** *fig* pessoa malvestida. **3** *Mus* fagote. **4** fagotista. **fare fagotto** a) *pop* escapar. b) *fam* morrer.
fa.i.na [faˈina] *sf Zool* fuinha.
fa.lan.ge [falˈandʒe] *sf* **1** *Anat* falange. **2** *St* falange, infantaria grega. **3** *fig* tropa. **4** multidão.
fal.ce [fˈaltʃe] *sf* foice. **falce fienaia** segadeira, foice grande. **falce messoria** foice de mão.
fal.cia.re [faltʃˈare] *vt* **1** ceifar, cortar. **2** *fig* matar. **3** mutilar, decepar.
fal.co [fˈalko] *sm Zool* falcão.
fal.da [fˈalda] *sf* **1** aba. *la falda del cappello* / a aba do chapéu. *le falde di un vestito* / as abas de um vestido. **2** camada. **3** lombo de boi. **4** floco de neve. **5** *Min* veio, filão.
fa.le.gna.me [faleɲˈame] *sm* carpinteiro.
fa.le.na [falˈɛna] *sf Zool* mariposa.
fal.la.ce [fallˈatʃe] *agg* falso, enganador, enganoso.
fal.la.re [fallˈare] *vt+vi* falhar, errar. *fallare il colpo* / errar o golpe. *lei non può fallare* / ela não pode falhar.
fal.li.men.to [fallimˈento] *sm* **1** fracasso, falha, insucesso. **2** *Comm* falência.
fal.li.re [fallˈire] *vt* **1** errar. *fallire il bersaglio* / errar o alvo. *vi* **2** errar, falhar. *il mio piano fallì* / o meu plano faliu. **3** faltar, ser de menos. *la speranza mi falle* / falta-me a esperança. **4** *Comm* falir. *la ditta fallì* / a empresa faliu.

fal.lo [f´allo] *sm* **1** falha, erro, culpa. **2** falo, pênis. **falli fatti** *Sp* faltas cometidas. **senza fallo** sem falta, com certeza.

fa.lò [fal´ɔ] *sm* fogueira.

fal.sa.re [fals´are] *vt V falsificare*.

fal.sa.rio [fals´arjo] *sm* falsário, falsificador.

fal.si.fi.ca.re [falsifik´are] *vt* falsificar, adulterar. *Sin: falsare*.

fal.so [f´also] *agg* **1** falso, mentiroso, ilusório. **2** falsificado, adulterado. **3** ambíguo. • *sm* **1** cópia, imitação. **2** falso, mentiroso, hipócrita.

fa.ma [f´ama] *sf* **1** fama, celebridade, renome, reconhecimento. **2** reputação (boa ou má).

fa.me [f´ame] *sf* **1** fome, apetite. **2** *fig* desejo, ânsia, avidez. **morto di fame** *pop* pobretão.

fa.me.li.co [fam´ɛliko] *agg* **1** esfomeado. **2** *fig* desejoso, ávido.

fa.mi.glia [fam´iλa] *sf* **1** família. **2** descendência, estirpe, linhagem. **capo famiglia** chefe de família. **Sacra Famiglia** *Rel* Sagrada Família.

fa.mi.glia.re [famiλ´are] *s* familiar, parente.

fa.mi.lia.re [famil´jare] *agg* **1** familiar. **2** habitual, conhecido. **3** confidente, íntimo.

fa.mi.lia.ri.tà [familjarit´a] *sf* familiaridade, intimidade.

fa.mi.lia.riz.za.re [familjariddz´are] *vt* **1** familiarizar, acostumar, habituar. *vpr* **2** familiarizar-se, acostumar-se, habituar-se.

fa.mo.so [fam´ozo] *agg* **1** famoso, célebre. **2** solene. **3** *iron* infame. **4** difamatório. *testi famosi* / textos difamatórios.

fa.na.le [fan´ale] *sm* **1** farol (a torre). **2** lampião, lanterna. **3** sinal luminoso.

fa.na.li.no [fanal´ino] *sm Autom* lanterna. **fanalino d'arresto** lanterna traseira.

fa.na.ti.co [fan´atiko] *sm+agg* **1** fanático. **2** fã.

fan.ciul.lo [fant∫´ullo] *sm* menino, garoto.

Fanciullo se aplica aos meninos na terceira infância e na puberdade, ou seja, aproximadamente dos sete aos treze anos.

fan.fa.ra [fanf´ara] *sf Mus* fanfarra, banda.

fan.fa.ro.ne [fanfar´one] *sm* fanfarrão, valentão.

fan.go [f´ango] *sm* **1** lama, lodo. **2** pântano, charco. **3** *fig* vício.

fan.nul.lo.ne [fannull´one] *sm* preguiçoso, vagabundo.

fan.ta.scien.za [fanta∫´ɛntsa] *sf* ficção científica.

fan.ta.si.a [fantaz´ia] *sf* **1** fantasia, imaginação. **2** pensamento. **3** vontade, capricho. **4** inspiração.

fan.ta.sio.so [fantaz´jozo] *agg* **1** fantasioso. **2** imaginário, fantástico.

fan.ta.sma [fant´azma] *sm* **1** fantasma, espectro, aparição. **2** imagem, ilusão.

fan.ta.sti.ca.re [fantastik´are] *vt* **1** fantasiar, imaginar, inventar. *il pittore fantasticava strani animali* / o pintor fantasiava estranhos animais. *vi* **2** fantasiar, sonhar, delirar, devanear.

fan.ta.sti.che.ri.a [fantastiker´ia] *sf* capricho, extravagância.

fan.ta.sti.co [fant´astiko] *agg* **1** fantástico, irreal. **2** extravagante, estranho, bizarro. **3** quimérico.

fan.te [f´ante] *sm* **1** valete, certa carta do baralho. **2** *Mil* soldado de infantaria.

fan.te.ri.a [fanter´ia] *sf Mil* infantaria.

fan.ti.no [fant´ino] *sm* jóquei.

fan.toc.cio [fant´ɔtt∫o] *sm* **1** espantalho. **2** manequim. **3** (anche *fig*) fantoche. **4** *fam* menino.

fa.ra.but.to [farab´utto] *sm* velhaco, patife.

fa.ra.o.ne [fara´one] *sm* faraó.

far.del.lo [fard´ɛllo] *sm* **1** fardo, trouxa de roupas. **2** *fig* peso, encargo.

fa.re [f´are] *vt* **1** fazer, criar, produzir. *cosa feci?* / o que você fez? *fare una festa* / fazer uma festa. **2** fabricar, construir, compor. *fare una casa* / construir uma casa. **3** efetuar, executar. *fare un compito* / executar uma tarefa. **4** constituir. **5** fazer, forçar. *l'hanno fatto uscire* / eles o fizeram sair. **6** fazer-se, fingir-se de. *fare l'innocente* / fazer-se de inocente. **7** esculpir. **8** adquirir. **9** eleger. *mi hanno fatto direttore* / elegeram-me diretor. **10** *Teat* representar. *fare un personaggio importante* / representar um personagem importante. **11** *fig* ajudar, favorecer. **12** importar. *vpr* **13** acostumar-se, habituar-se. **14** tornar-se. *mio figlio vuole farsi medico* / meu filho quer se tornar médico. • *sm* jeito de ser, comportamento, conduta. **chi fa da sé, fa per tre** quem quer, faz. **fare il giuoco di** fazer o jogo de. **fare per** convir a. **fare proprio/fare suo** apropriar-se de. **far Roma e toma** *fam* fazer de tudo (para conseguir algo). **farsi la parte del leone** *pop* ficar com a parte do leão.

Fare também é usado para formar orações impessoais: *fa caldo, fa freddo* / faz calor, faz frio.

far.fal.la [farf´alla] *sf* **1** *Zool* borboleta. **2** *fig* pessoa volúvel.

fa.ri.na [far´ina] *sf* farinha. **farina gialla** farinha de milho.

fa.rin.ge [far´indʒe] *sf Anat* faringe.

far.ma.ci.a [farmatʃ´ia] *sf* farmácia.

far.ma.ci.sta [farmatʃ´ista] *s* farmacêutico.

far.ma.co [f´armako] *sm* medicamento, remédio.

far.ne.ti.ca.re [farnetik´are] *vi* delirar, desvairar.

fa.ro [f´aro] *sm Naut, Autom* farol. **faro abbagliante** farol alto. **faro antiabbagliante** farol baixo. **faro antinebbia** farol antineblina.

far.sa [f´arsa] *sf* **1** *Teat* farsa. **2** *fig* ato ridículo.

fa.scia [f´aʃa] *sf* faixa, tira.

fa.scia.re [faʃ´are] *vt* enfaixar.

fa.scia.tu.ra [faʃat´ura] *sf* **1** enfaixamento. **2** *Med* atadura.

fa.sci.na.zio.ne [faʃinats´jone] *sf* fascinação, fascínio, atração. *Sin: fascino.*

fa.sci.no [f´aʃino] *sm V fascinazione.*

fa.scio [f´aʃo] *sm* **1** feixe, molho, braçada. **2** maço (de papel). **fascio luminoso** feixe de luz.

fa.se [f´aze] *sf Astron, Fis* **1** fase. **2** *fig* estágio, período, época. **3** mudança, alteração.

fa.sti.dio [fast´idjo] *sm* **1** fastio, incômodo, tédio. **2** náusea, repulsa. **dar fastidio** incomodar.

fa.sto [f´asto] *sm* fausto, luxo, riqueza, pompa, ostentação.

fa.sto.so [fast´ozo] *agg* luxuoso, pomposo.

fa.ta [f´ata] *sf* fada, maga. **fata morgana** *Fis* fada morgana, miragem.

fa.ta.le [fat´ale] *agg* **1** fatal, mortal, mortífero. **2** inevitável. **3** sinistro, funesto. **l'ora fatale** a morte.

fa.ta.li.tà [fatalit´a] *sf* **1** fatalidade. **2** acaso. **3** desventura.

fa.ti.ca [fat´ika] *sf* **1** fadiga. **2** cansaço, trabalho, esforço. **3** *fig* tédio, aborrecimento.

fa.ti.ca.re [fatik´are] *vi* trabalhar, esforçar-se. *faticò per convincere gli altri* / esforçou-se para convencer os outros.

fa.ti.co.so [fatik´ozo] *agg* **1** trabalhoso, difícil. **2** cansativo. **3** pesado. *testo faticoso* / texto pesado. *lettura faticosa* / leitura pesada.

fa.to [f´ato] *sm* destino, sorte, fado.

fat.ta [f´atta] *sf* **1** forma, feitio. **2** jeito, maneira, índole. **3** tipo, espécie, gênero. **di ogni fatta** de todas as maneiras, de todos os tipos. Veja nota em **apposta**.

fat.ti.bi.le [fatt´ibile] *agg* factível, possível.

fat.to [f´atto] *sm* **1** fato, acontecimento, evento. **2** negócio, serviço. **3** experiência, fenômeno. **4** história, narração. • *agg* **1** feito. **2** produzido. **3** fabricado. **4** construído. **in fatto/di fatto** de fato. **sta di fatto che** é fato que. Veja nota em **apposta**.

fat.to.re [fatt´ore] *sm* **1** procurador. **2** feitor, capataz. **3** criador. **4** *Fis, Mat* fator, coeficiente.

fat.to.ri.no [fattor´ino] *sm* **1** aprendiz, ajudante. **2** contínuo, mensageiro.

fat.tu.ra [fatt´ura] *sf* **1** feitura, manufatura, trabalho. **2** artesanato. **3** feitio (de roupa). **4** *Arte* obra, peça. **5** *Comm* fatura. **fattura pro forma** *Comm* fatura pro forma.

fat.tu.ra.re [fattur´are] *vt* **1** tratar, alterar (alimentos). **2** adulterar, falsificar. **3** *Comm* faturar.

fau.na [f´awna] *sf* fauna.

fau.sto [f´awsto] *agg* afortunado, venturoso, feliz, próspero.

fa.va [f´ava] *sf Bot* fava.

F

fa.vil.la [fav´illa] *sf* fagulha, centelha.
fa.vo [f´avo] *sm* favo de mel.
fa.vo.la [f´avola] *sf* **1** fábula, alegoria. **2** lenda, mito. **3** zombaria, gozação. **4** *fig* lorota.
fa.vo.lo.so [favol´ozo] *agg* **1** fabuloso, fantástico, incrível. **2** *fam* elevado, alto, exorbitante. *prezzo favoloso* / preço exorbitante. *valore favoloso* / valor elevado.
fa.vo.re [fav´ore] *sm* **1** favor, gentileza, cortesia, obséquio. **2** graça. **3** proteção, favorecimento. **4** benefício, serviço. **5** benevolência. **6** *fig* ajuda, apoio.
fa.vo.reg.gia.re [favoreddʒ´are] *vt* favorecer, ajudar (más ações).
fa.vo.re.vo.le [favor´evole] *agg* favorável, propício.
fa.vo.ri.re [favor´ire] *vt* **1** favorecer. **2** proteger. **3** ajudar. **4** aceitar. *favorire un regalo, un'offerta* / aceitar um presente, uma oferta. **5** presentear.
fa.vo.ri.to [favor´ito] *sm+agg* **1** favorito. **2** favorecido, protegido, preferido, ajudado.
fa.zio.ne [fats´jone] *sf* **1** facção, divisão de partido. **2** *Mil* serviço militar. **3** sentinela, guarda.
faz.zo.let.to [fattsol´etto] *sm* lenço.
feb.bra.io [febbr´ajo] *sm* fevereiro.
feb.bre [f´ɛbbre] *sf* **1** febre. **2** *fig* paixão, exaltação. **3** ambição, desejo ardente. **febbre da fieno** febre de feno. **febbre gialla** febre amarela.
feb.bri.le [febbr´ile] *agg* febril.
fec.cie [f´ɛtʃe] *sf pl V feci.*
fe.ci [f´ɛtʃi] *sf pl* fezes. *Var: feccie.*
fe.co.la [f´ɛkola] *sf* fécula.
fe.con.da.re [fekond´are] *vt* fecundar.
fe.con.do [fek´ɔndo] *agg V fertile.*
fe.con.di.tà [fekondit´a] *sf V fertilità.*
fe.de [f´ede] *sf* **1** fé, crença, confiança, crédito. **2** lealdade. **3** testemunho. **4** certificado, documento, apólice. **far fede a** confirmar. **la fede trasporta montagne** a fé move montanhas.
fe.de.de.gno [feded´eño] *agg* fidedigno.
fe.de.le [fed´ele] *sm Rel* fiel, seguidor. • *agg* **1** fiel, leal. **2** verdadeiro, sincero. **3** honesto, íntegro.
fe.de.ra [f´ɛdera] *sf* fronha.
fe.de.ra.le [feder´ale] *agg* federal, de federação.
fe.de.ra.zio.ne [federats´jone] *sf* **1** federação, confederação, liga. **2** união, associação.
fe.ga.to [f´egato] *sm* **1** *Anat* fígado. **2** *fig* coragem, audácia.
fel.ce [f´eltʃe] *sf Bot* feto, samambaia.
fe.li.ce [fel´itʃe] *agg* **1** feliz, alegre, contente. **2** afortunado, próspero. **3** satisfeito.
fe.li.ci.tà [felitʃit´a] *sf* **1** felicidade, alegria. **2** êxito.
fe.li.ci.ta.re [felitʃit´are] *vt* **1** felicitar. **2** cumprimentar. *vpr* **3** felicitar-se, congratular-se. **4** cumprimentar-se. **felicitarsi con uno per** congratular-se com alguém por.
fe.li.no [fel´ino] *sm+agg Zool* felino, felídeo.
fel.pa [f´elpa] *sf* felpa.
fel.tro [f´eltro] *sm* **1** feltro. **2** chapéu de feltro.
fem.mi.na [f´emmina] *sf* **1** mulher. **2** fêmea. **3** *iron* esposa. **4** *disp* fracote, maricas.
fem.mi.ni.le [femmin´ile] *sm Gramm* gênero feminino. • *agg* **1** feminino. **2** afeminado.
fe.mo.re [f´ɛmore] *sm Anat* fêmur.
fen.de.re [f´ɛndere] *vt* **1** fender, rachar, rasgar. **2** *fig* cortar. *vpr* **3** fender-se, partir--se, rachar-se.
fen.di.tu.ra [fendit´ura] *sf* fenda, rachadura.
fe.ni.ce [fen´itʃe] *sf* **1** *Mit* fênix. **2** *fig* raridade.
fe.no.me.no [fen´ɔmeno] *sm* **1** fenômeno, maravilha. **2** *Chim* fenômeno, modificação.
fe.re.tro [f´ɛretro] *sm* féretro, caixão.
fe.ria [f´ɛrja] *sf* **1** feriado. **2** descanso, repouso. **3 ferie** *pl* férias.
fe.ria.le [fer´jale] *agg* útil, de trabalho. *giorno feriale* / dia útil.
fe.ri.men.to [ferim´ento] *sm* ferimento.
fe.ri.no [fer´ino] *agg* **1** feroz, bestial, de fera. **2** ferino, cruel, desumano.
fe.ri.re [fer´ire] *vt* **1** ferir, machucar.

2 *fig* ofender, magoar. *vpr* **3** ferir-se, machucar-se.

fe.ri.ta [fer´ita] *sf* **1** ferida, lesão. **2** *fig* ofensa.

fer.ma.glio [ferm´aλo] *sm* **1** fecho (de roupas etc.). **2** broche.

fer.ma.re [ferm´are] *vt* **1** parar, deter. **2** firmar, fixar. *fermare lo sguardo* / fixar o olhar. *vpr* **3** parar, deter-se. *lei si fermò a guardare la vetrina* / ela parou para olhar a vitrine. **4** demorar-se. *non posso fermarmi qui* / não posso me demorar aqui.

fer.ma.ta [ferm´ata] *sf* **1** parada, pausa. **2** ponto de ônibus, parada de trem. **3** repouso, pernoite. Veja nota em **parata**.

fer.men.ta.re [ferment´are] *vi* fermentar.

fer.men.to [ferm´ento] *sm* **1** fermento, levedura. **2** enzima. **fermento della birra** lêvedo de cerveja.

fer.mez.za [ferm´ettsa] *sf* **1** firmeza. **2** solidez. **3** decisão, resolução. **4** *fig* estabilidade.

fer.mo [f´ermo] *agg* **1** firme, fixo, seguro, imóvel. **2** durável. **3** decidido, resoluto. **4** sólido, duro. **5** *fig* estável. **6** constante. • *sm* **1** coisa firme, imutável. **2** detenção, prisão, captura. **3** *Giur* embargo, sequestro, rapto. **cane da fermo** cão de parada. **canto fermo** *Mus* cantochão. **mettere il fermo a** *Econ* tirar de circulação (moeda, títulos etc.). **punto fermo** *Gramm* ponto final.

fe.ro.ce [fer´otʃe] *agg* **1** feroz, selvagem. **2** *fig* terrível, cruel. **3** fogoso, impetuoso. **4** *iron* severo.

fe.ro.cia [fer´ɔtʃa] *sf* **1** ferocidade. **2** *fig* crueldade, brutalidade.

fer.ra.glia [fer̄´aλa] *sf* ferro-velho, material de sucata.

fer.ra.io [fer̄´ajo] *sm* **1** ferreiro. **2** serralheiro.

fer.ra.re [fer̄´are] *vt* ferrar, colocar ferro ou ferradura. *il vaccaro ferrò il cavallo* / o vaqueiro ferrou o cavalo.

fer.ra.tu.ra [fer̄at´ura] *sf* **1** ato e modo de ferrar. **2** armação de ferro. **3** conjunto de ferraduras.

fer.ra.vec.chio [fer̄av´ɛkkjo] *sm* **1** ferro-velho, estabelecimento que vende ferro velho. **2** velharia, coisa fora de uso. **3** *fig* pessoa antiquada.

fer.re.o [f´ɛr̄eo] *agg* **1** férreo. **2** *fig* rígido, severo. **3** sólido, robusto. **salute ferrea** saúde de ferro. **volontà ferrea** vontade férrea.

fer.ro [f´ɛr̄o] *sm* **1** ferro (o metal). **2** peça de ferro. **3** *pl* **ferri** a) patins. b) instrumentos cirúrgicos. c) ferramentas. d) algemas, grilhões. e) grelhas. f) *fig* escravidão, dominação, jugo. **ai ferri** grelhado. **battere il ferro mentre è caldo** *pop* malhar o ferro enquanto está quente. **ferri da calza** agulhas de tricô. **ferro battuto** ferro batido. **ferro da cavallo** ferradura. **ferro da stiro** ferro de passar. **stomaco di ferro** *fig* estômago de avestruz. **testa di ferro** *fig* cabeça-dura, teimosia. Veja nota em **ferro** (português).

fer.ro.vi.a [fer̄ov´ia] *sf* ferrovia, estrada de ferro. **viaggiare per ferrovia** viajar de trem.

fer.ro.vie.re [fer̄ov´jɛre] *sm* ferroviário.

fer.ru.gi.no.so [fer̄udʒin´ozo] *agg* ferruginoso.

fer.ti.le [f´ɛrtile] *agg* **1** fértil, fecundo, produtivo. **2** *fig* rico, abundante.

fer.ti.li.tà [fertilit´a] *sf* fertilidade, fecundidade.

fer.ti.liz.zan.te [fertiliddz´ante] *sm* fertilizante, adubo. • *agg* fertilizante, que fertiliza.

fer.ti.liz.za.re [fertiliddz´are] *vt* fertilizar, adubar.

fer.ven.te [ferv´ɛnte] *agg* **1** fervente. **2** *fig* ardente, intenso, fervoroso.

fer.ve.re [f´ɛrvere] *vi* **1** ferver, ebulir. **2** *fig* agitar-se, vibrar, pulsar.

fer.vo.re [ferv´ore] *sm* **1** fervor, calor. **2** *fig* ardor, desejo, paixão.

fer.vo.ro.so [fervor´ozo] *agg* fervoroso, ardente, apaixonado.

fes.su.ra [fess´ura] *sf* fissura, fenda, rachadura.

fe.sta [f´ɛsta] *sf* **1** festa, recepção, reunião. **2** feriado, dia santo. **3** festival. **4** carinho, carícia. **festa d'addio** festa de despedida. **festa nazionale** feriado nacional. **feste mobili** feriados móveis.

fe.steg.gia.re [festeddʒ'are] *vt* **1** festejar, comemorar, celebrar. *festeggiare il compleanno* / festejar o aniversário. *vi* **2** festejar.

fe.sti.val [f'ɛstival] *sm* festival.

fe.sti.vo [fest'ivo] *agg* **1** festivo. **2** alegre, divertido, agradável.

fe.ten.te [fet'ɛnte] *sm* **1** delinquente. **2** patife, velhaco. • *agg* **1** fétido, fedido, malcheiroso. **2** *fig* nojento, repugnante. **3** vil, desprezível. **4** indecente, indigno. **5** desonesto. *Sin: fetido*.

fe.tic.cio [fet'ittʃo] *sm* **1** fetiche, amuleto. **2** ídolo.

fe.ti.do [f'ɛtido] *sm+agg V fetente*.

fe.to [f'ɛto] *sm Med, Zool* feto, embrião.

fe.to.re [fet'ore] *sm* fedor, mau cheiro.

fet.ta [f'etta] *sf* fatia, pedaço, porção.

fet.to.ne [fett'one] *sm* naco, pedaço, fatia.

fet.tuc.cia [fett'uttʃa] *sf* cadarço, fita, cordão.

feu.da.le [fewd'ale] *agg* feudal, de feudo.

feu.do [f'ɛwdo] *sm* **1** feudo. **2** *iron* propriedade pequena.

fia.ba [f'jaba] *sf* **1** fábula, lenda, mito. **2** conversa fiada, mentira, palavreado.

fiac.ca.re [f'jakkare] *vt* **1** despedaçar, destroçar, romper. **2** *fig* fatigar, cansar. **3** reprimir. *vpr* **4** romper-se. **5** *fig* fatigar-se, cansar-se.

fiac.chez.za [fjakk'ettsa] *sf* **1** fraqueza. **2** cansaço.

fiac.co [f'jakko] *agg* **1** fraco. **2** cansado. **3** apático.

fiac.co.la [f'jakkola] *sf* **1** facho, archote, tocha de madeira. **2** *fig* chama, paixão.

fiam.ma [f'jamma] *sf* **1** chama, labareda. **2** rubor. **3** *Naut* flâmula. **4** *fig* paixão.

fiam.meg.gia.re [fjammeddʒ'are] *vt* **1** chamejar, flamejar. **2** resplandecer, cintilar.

fiam.mi.fe.ro [fjamm'ifero] *sm* fósforo.

fiam.min.go [fjamm'ingo] *sm+agg* flamengo, de Flandres. • *sm Zool* flamingo.

fian.cheg.gia.re [fjankeddʒ'are] *vt* **1** flanquear, ficar de lado. **2** *Mil* flanquear, defender o flanco. **3** *Naut* costear. **4** *fig* ajudar, auxiliar. *fiancheggiare un partito, un movimento* / ajudar um partido, um movimento. **5** acompanhar.

fian.co [f'janko] *sm* **1** *Anat* quadril, anca, ilharga. **2** lado, lateral. *il fianco di una montagna* / o lado de uma montanha. **3** *Mil* flanco. **4** **fianchi** *pl Anat* cadeiras. **di fianco** de lado.

fia.sca [f'jaska] *sf* garrafa, garrafão pequeno.

fia.sco [f'jasko] *sm* **1** garrafão. **2** *fig* fiasco, fracasso, insucesso. **fare fiasco** fracassar.

fia.ta.re [fjat'are] *vi* **1** respirar. *lei non mi lascia tempo di fiatare* / ela não me deixa tempo para respirar. **2** *fig* falar, dizer. *restò qui senza fiatare* / ficou aqui sem falar.

fia.to [f'jato] *sm* **1** hálito. **2** respiração. **3** sopro, assopro. **4** *fig* força, vigor. **prendere fiato** recobrar as forças. Veja nota em **força**.

fib.bia [f'ibbja] *sf* fivela.

fi.bra [f'ibra] *sf Anat, Bot* **1** fibra. **2** *fig* força. **3** vontade. **4** sensibilidade. **fibra tessile** fibra têxtil. Veja nota em **força**.

fi.bu.la [f'ibula] *sf* fivela, fecho.

fi.ca [f'ika] *sf volg* boceta.

fic.ca.na.so [fikkan'azo] *sm* intrometido, metido, abelhudo.

fic.ca.re [fikk'are] *vt* **1** fincar, cravar. **2** enfiar, inserir, introduzir. *vpr* **3** cravar-se. **4** *fig* intrometer-se, meter-se. Veja nota em **introduzir**.

fi.co [f'iko] *sm Bot* **1** figo. **2** figueira. **fico d'India** figo-da-índia. **non valere un fico secco** *fig* não valer nada.

fi.dan.za.re [fidants'are] *vt* **1** prometer em casamento. *vpr* **2** noivar.

fi.dan.za.to [fidants'ato] *sm* noivo.

fi.da.re [fid'are] *vt* **1** fiar, confiar, entregar. *vpr* **2** confiar, ter confiança em, fiar-se de. *non ti fidare di nessuno* / não confie em ninguém. **fidare è bene, ma non fidare è meglio** seguro morreu de velho.

fi.do [f'ido] *sm Comm* fiado, crédito. • *agg* fiel, leal. **vendere a fido** vender a crédito.

fi.du.cia [fid'utʃa] *sf* **1** confiança. **2** crédito.

fie.le [f'jɛle] *sm* **1** *Fisiol* bílis, fel. **2** *Anat* vesícula biliar. **3** *fig* ódio. **4** amargor.

fie.no [f'jɛno] *sm* feno.
fie.ra [f'jɛra] *sf* **1** fera, animal selvagem. **2** feira, mercado. **fiera campionaria** exposição.
fie.rez.za [fjer'ettsa] *sf* **1** orgulho, altivez. **2** impetuosidade, veemência.
fie.ro [f'jɛro] *agg* **1** orgulhoso, altivo. **2** impetuoso, veemente. **3** feroz, indomável, indômito. **4** austero. **5** audaz. **6** vivaz.
fi.fa [f'ifa] *sf* **1** medo, temor. **2** *ger* cagaço.
fig.ge.re [f'iddʒere] *vt* **1** fincar, cravar. **2** fixar, firmar. **figgersi in mente** teimar em, insistir em.
fi.glia [f'iʎa] *sf* filha.
fi.glia.stro [fiʎ'astro] *sm* **1** enteado. **2** *disp* bastardo.
fi.glia.ta [fiʎ'ata] *sf* ninhada.
fi.glio [f'iʎo] *sm* **1** filho. **2 i figli** *pl* os descendentes.
fi.glioc.cio [fiʎ'ɔttʃo] *sm* afilhado.
fi.glio.lo [fiʎ'ɔlo] *sm* **1** filho. **2** menino. **3** filhote de animal. **4** *fam* rapaz, jovem. **figliolo prodigo** filho pródigo. **il Figliolo** *Rel* o Filho, segunda pessoa da Trindade.
fi.gu.ra [fig'ura] *sf* **1** figura. **2** desenho, ilustração. **3** imagem. **4** aspecto, forma. **5** face, rosto. **6** símbolo, sinal. **7** *Teat* personagem, protagonista. **brutta figura** vexame. **fare una brutta figura** fazer feio, dar vexame.
fi.gu.ra.re [figur'are] *vt* **1** figurar, delinear, descrever. **2** desenhar, pintar, retratar. **3** esculpir. **4** ilustrar. *vi* **5** comparecer. *il tuo abito non è adeguato per figurare nel ballo* / a tua roupa não é adequada para aparecer no baile. **6** aparecer. *la storia figura nella prima pagina del giornale* / a história aparece na primeira página do jornal. **7** dar boa impressão. *vpr* **8** imaginar, pensar. *come ti figuri la vita eterna?* / como você imagina a vida eterna? **9** supor, crer. *lei si fida che la risposta sia corretta* / ela supõe que a resposta seja correta. **si figuri!** com prazer! pois não! à vontade!
fi.gu.ra.to [figur'ato] *agg* figurado. **linguaggio figurato** linguagem figurada.
fi.gu.ri.no [figur'ino] *sm* **1** figurino, revista de moda. **2** *fig* almofadinha. **3 figurini** *pl Teat, Cin* figurinos.
fi.la [f'ila] *sf* **1** fila, série. **2** *Mil* fileira. **fare la fila** fazer fila. **fila indiana** fila indiana.
fi.la.men.to [filam'ento] *sm* **1** *Bot, Anat* filamento. **2** fibra.
fi.lan.tro.pi.a [filantrop'ia] *sf* **1** filantropia. **2** caridade.
fi.lan.tro.po [fil'antropo] *sm* filantropo.
fi.la.re [fil'are] *vt* **1** fiar, tecer. *filare lana* / fiar lã. **2** transformar em fio (metais). *vt+vi* **3** *fam* namoricar, paquerar. *filare qualcuno* / paquerar alguém. *lui filava le bionde* / ele paquerava as loiras. *vi* **4** escorrer, gotejar. **5** *fig* correr. *il treno filava venti chilometri all'ora* / o trem corria vinte quilômetros por hora. **6** fugir, escapar. **filare dritto** *pop fig* andar na linha.
fi.la.ri.no [filar'ino] *sm* **1** namoro, flerte. **2** namorado.
fi.lar.mo.ni.ca [filarm'ɔnika] *sf* filarmônica.
fi.la.te.li.a [filatel'ia] *sf* filatelia.
fi.la.tu.ra [filat'ura] *sf* fiação.
fi.let.to [fil'etto] *sm* **1** *dim* fiozinho, fitinha. **2** fita, galão. **3** filete (da escrita). **4** espiral, rosca de parafuso. **5** filé. **6** *Archit* filete, adorno.
fi.lia.le [fil'jale] *sf Comm* filial, sucursal, agência. • *agg* filial. **banca filiale** agência bancária.
film [f'ilm] *sm* **1** filme, película para foto e cinema. **2** filme, fita (obra cinematográfica). **danno un buon film al cinema X** está passando um bom filme no cinema X. **film a colori** filme em cores. **film a tre dimensioni** filme em três dimensões. **film comico** comédia. **film giallo** filme de suspense, filme de mistério. **film in bianco e nero** filme em branco e preto. **film muto** filme mudo. **film poliziesco** filme policial. **film sonoro** filme falado. **film *western*** bangue-bangue.
fil.ma.re [film'are] *vt Cin* filmar.
fi.lo [f'ilo] *sm* **1** fio (de tecido, metal). **2** cabo, fio (telegráfico, telefônico). **3**

barbante, linha de costura. **4** cordão de marionete. **5** fio, corte (de facas, tesouras). **6** colar (de pérolas, de pedras preciosas). **7** *fig* sequência de ideias. **8** migalha, ninharia. **filo a piombo** prumo. **filo di terra** *Elett* fio terra. **filo spinato** arame farpado.

fi.lo.bus [filob'us] *sm* ônibus elétrico.

fi.lo.lo.gi.a [filolodʒ'ia] *sf Gramm* filologia.

fi.lon.den.te [filond'ɛnte] *sm* lona.

fi.lo.ne [fil'one] *sm* **1** filão, pão de forma afilada. **2** *Min* filão, veio. **3** *fam* espertalhão.

fi.lo.so.fa.re [filozof'are] *vi* filosofar.

fi.lo.so.fi.a [filozof'ia] *sf* **1** filosofia. **2** ideologia. **3** *fig* frieza, calma. **4** autocontrole.

fi.lo.so.fo [fil'ɔzofo] *sm* filósofo.

fil.tra.re [filtr'are] *vt* **1** filtrar, coar. **2** *fig* separar. **3** escolher. *vi* **4** gotejar, escoar.

fil.tro [f'iltro] *sm* **1** filtro, coador, aparelho que purifica. **2** filtro, elixir do amor. **3** feitiçaria.

fi.na.le [fin'ale] *sm* **1** final, fim, desfecho. **2** *Mus* final. *sf* **3** *Gramm* terminação. **4** *Sp* final, partida decisiva. • *agg* final, último, definitivo. Veja nota em **fim**.

fi.na.li.tà [finalit'a] *sf* **1** intenção, intento, propósito. **2** finalidade, objetivo, fim, meta.

fi.nan.za [fin'antsa] *sf* (mais usado no plural **finanze**) fazenda, finanças do Estado. **guardia di finanza** ou **finanziere** guarda alfandegário.

fi.nan.zia.re [finants'jare] *vt* **1** financiar. **2** subvencionar.

fi.nan.zia.rio [finants'jarjo] *agg* financeiro.

fi.nan.zie.ra [finants'jɛra] *sf* casaca.

fi.nan.zie.re [finants'jɛre] *sm* **1** financeiro, financista. **2** *V finanza*.

fin.ché [fink'e] *cong* até que, até quando.

fi.ne[1] [f'ine] *sf* **1** fim, final. **2** *fig* saída. **3** morte. *sm* **4** finalidade, objetivo, fim, meta. **a fine** *V affine*. **fine settimana** fim de semana. Veja nota em **fim**.

fi.ne[2] [f'ine] *agg* **1** fino, delgado, afilado. **2** *fig* agudo, afiado, pontudo. **3** educado, delicado, gentil. **4** sofisticado, refinado. *gusto fine* / gosto refinado. **5** astuto, astucioso, perspicaz. *mente fine* / mente astuta. **6** leve, miúdo, minúsculo. **7** *pop* chique. *Var: fino*[2].

fi.ne.stra [fin'ɛstra] *sf* (anche *Inform*) janela.

fi.nez.za [fin'ettsa] *sf* **1** finura. **2** *fig* fineza, educação, gentileza, cortesia. **3** agudeza. **4** elegância, sofisticação. **5** astúcia, perspicácia. **6** miudeza.

fin.ge.re [f'indʒere] *vt* **1** fingir, simular. *fingere sorpresa* / fingir surpresa. **2** imaginar, inventar. **3** supor. **4** representar. *vi* **5** fingir, dissimular. *lui finge di non capire* / ele finge que não entende. *vpr* **6** fingir-se de. *fingersi matto* / fingir-se de louco.

fi.ni.men.to [finim'ento] *sm* **1** fim, conclusão, acabamento. **2** enfeite, adorno, adereço. **3** serviço de mesa, baixela. **4** arreios de montaria.

fi.ni.re [fin'ire] *vt* **1** terminar, acabar, concluir. *hai già finito il lavoro?* / você já acabou o trabalho? **2** retocar, aperfeiçoar. **3** *fig* matar, liquidar. *vi* **4** parar, cessar, desistir. *finì di piovere* / parou de chover. **5** terminar, acabar, chegar ao fim. *come finisce il libro?* / como termina o livro? **6** morrer. **7** *Gramm* terminar em.

fi.no[1] [f'ino] *avv* ainda, também, até mesmo. • *prep* até, até a. **fin ora** *V finora*.

fi.no[2] [f'ino] *agg V fine*[2].

fi.noc.chio [fin'ɔkkjo] *sm* **1** *Bot* funcho, erva-doce. **2** *fig* tolo, tonto, bobo. **3** *ger* bicha, homossexual.

fi.no.ra [fin'ora] *avv* até agora, até hoje, até esta época.

A expressão "até agora" no sentido de "até este exato momento" em italiano é **fin ora**. Já no sentido de atualmente, presentemente usa-se **finora**.

fin.ta [f'inta] *sf* **1** fingimento, dissimulação. **2** *Sp* drible, finta.

fin.to [f'into] *agg* **1** fingido, falso, simulado. **2** fictício, irreal. **3** postiço.

fin.zio.ne [fints'jone] *sf* **1** fingimento, simulação. **2** mentira, falsidade, hipocrisia. **3** trapaça, engano. **4** *fig* invenção. **5** brincadeira, peça.

da. 7 obrigação, débito. **foglio elettronico** *Inform* planilha eletrônica.

fo.gna [f´oña] *sf* **1** esgoto, fossa, cloaca. **2** furo, que se faz em fundo de vaso.

fo.la [f´ɔla] *sf* **1** história, conto, fábula. **2** conversa fiada, palavrório. **3** mentira, lorota.

fo.la.ta [fol´ata] *sf* **1** multidão. **2** bando. **folata di vento** rajada de vento.

fol.clo.re, fol.klo.re [folkl´ore] *sm* **1** folclore. **2** costumes, tradições, usos.

fol.go.ra.re [folgor´are] *vt* **1** ofuscar, cegar. **2** *Elett* eletrocutar. **3** *fig* criticar, repreender. *vi* **4** fulgurar, relampejar. **5** brilhar, resplandecer.

fol.go.re [f´olgore] *sf* **1** *Poet* raio, relâmpago. **2** *fig* castigo, condenação. **3** raio. **4** ação rápida.

fol.la [f´ɔlla] *sf* **1** multidão. **2** montão. **3** aglomeração, grande quantidade.

fol.le [f´ɔlle] *agg* **1** louco, alienado. **2** solto. **3** *fig* absurdo, insensato. *ingranaggio folle* / engrenagem solta. **4** arriscado, imprudente. **5** agitado, exaltado.

fol.li.a [foll´ia] *sf* **1** loucura, demência. **2** *fig* exagero. **3** capricho, fantasia.

fol.to [f´olto] *agg* denso, compacto, cerrado.

fo.men.ta.re [foment´are] *vt* **1** fomentar. **2** incitar, provocar. **3** promover.

fon.da.men.ta.le [fondament´ale] *agg* fundamental, básico.

fon.da.men.ta.re [fondament´are] *vt* **1** fundamentar, fundar, lançar as bases. *vpr* **2** fundamentar-se, basear-se.

fon.da.men.to [fondam´ento] *sm* **1** alicerce, fundação (de uma construção). **2** *fig* fundamento, base. *il fondamento di una scienza* / o fundamento de uma ciência. **3** princípio. **4** essência.

F[illegible]**nto** tem dois plurais: um fe[illegible]**menta**, usado quando [illegible]"fundações [illegible]sculino, i[illegible]

apoiar-se. *la teoria si fonda sulle nuove scoperte* / a teoria se funda nas novas descobertas. **5** aprofundar-se em. **6** *Comm* reunir fundos, capital.

fon.da.zio.ne [fondats´jone] *sf* **1** fundação. **2** sociedade, instituição. **3** suporte, base para máquinas. **4** *Archit* alicerce, fundação.

fon.de.re [f´ondere] *vt* **1** fundir, derreter, liquefazer. **2** combinar, misturar. **3** *Med* dissolver. **4** *fig* destruir, desfazer. *vpr* **5** liquefazer-se, derreter-se. **6** fundir-se, unir-se. **7** destruir-se.

fon.de.ri.a [fonder´ia] *sf* fundição.

fon.di.na [fond´ina] *sf pop* prato fundo.

fon.do [f´ondo] *sm* **1** fundo, profundidade. **2** propriedade, terreno. **3** sedimento, depósito, borra (de líquidos). **4** fundo, base de um tecido ou pintura. **5** *fig* extremo, parte mais distante. **6** íntimo, interior (de uma pessoa). **7 fondi** *pl Comm, Econ* fundos, capital. • *agg* **1** fundo, profundo. **2** cavado, escavado. • *avv* profundamente. **a fondo perduto** *Econ* a fundo perdido. **andar**[illegible] **fondo** a) afundar. b) *f*[illegible] investigação). **fondo** [illegible] de estoque. **fondo di** [illegible] de pensão. **fondo di ri**[illegible] fundo de reserva legal. [illegible] no fundo.

fo.ne.ti.ca [fon´ɛtika] *sf* [illegible]

fo.ne.ti.co [fon´ɛtiko] [illegible] nético. **scrittura fone**[illegible] fonética. **segno fon**[illegible] fonético.

fon.ta.na [font´ana] *sf* font[illegible]

fon.ta.nel.la [fontan´ɛlla] [illegible] pequena. **2** *Anat* fontanela[illegible] ra, espaços entre os ossos [illegible] crianças pequenas. **4** bebed[illegible]

fon.ta.nie.re [fontan´jɛre] *s*[illegible] nador.

fon.te [f´onte] *sf* **1** fonte, n[illegible] água). **2** *fig* início, princípio[illegible] causa, motivo. *la fonte dei* [illegible] a causa dos meus problema[illegible] original.

[illegible]´addʒo] *sm* forrag[illegible] furar, perfu[illegible]

fiocco

fioc.co [f´jɔkko] *sm* **1** cadarço, cordão de sapato. **2** fita, laço. **3** floco de neve. **4** pedaço de lã.

fio.ci.na [f´jɔtʃina] *sf* arpão.

fio.co [f´jɔko] *agg* **1** rouco. **2** indistinto, apagado. *suono fioco* / som indistinto. **3** fraco, débil. *luce fioca* / luz fraca.

fion.da [f´jonda] *sf* **1** funda. **2** estilingue, atiradeira. *Var: frombola.*

fio.ra.io [fjor´ajo] *sm* **1** florista, vendedor de flores. **2** jardineiro.

fio.re [f´jore] *sm* **1** *Bot* flor. **2** *fig* nata, fina flor. **3 fiori** *pl* paus (naipe das cartas de baralho). **il fiore all'occhiello** *fig* a menina dos olhos. **sul fiore dell'età** na flor da idade.

fio.reg.gia.re [fjoreddʒ´are] *vi* **1** florear, enfeitar com flores. **2** *fig Mus* fazer floreios.

fio.ri.cul.tu.ra [fjorikult´ura] *sf* floricultura, cultivo de flores.

fio.ri.no [fjor´ino] *sm* florim, nome de certas moedas.

fio.ri.re [fjor´ire] *vi* **1** florir, florescer. **2** pintar flores. **3** *fig* aparecer, surgir. **4** estar em bom estado. **5** ficar famoso. **6** embelezar-se, enfeitar-se.

fio.ri.sta [fjor´ista] *s* florista.

fiot.to [f´jɔtto] *sm* **1** fluxo, corrimento. **2** maré, enchente. **3** onda, vaga, vagalhão. **4** *fig* multidão.

fir.ma [f´irma] *sf Comm* firma, assinatura.

fir.ma.men.to [firmam´ento] *sm* firmamento.

fir.ma.re [firm´are] *vt* **1** firmar, assinar, subscrever. **2** confirmar, sancionar, ratificar.

fir.ma.ta.rio [firmat´arjo] *sm Comm* signatário, assinante.

fi.sar.mo.ni.ca [fizarm´ɔnika] *sf Mus* acordeão, sanfona.

fi.sca.le [fisk´ale] *agg* **1** fiscal, do fisco. **2** *fig* rígido, severo, rigoroso, exigente. **3** meticuloso.

fi.sca.leg.gia.re [fiskaleddʒ´are] *vi* fiscalizar.

fi.schia.re [fisk´jare] *vt* **1** vaiar. *vi* **2** assobiar.

fi.schia.ta [fisk´jata] *sf* vaia.

fi.schio [f´iskjo] *sm* **1** assobio. **2** apito (instrumento e som).

fi.sco [f´isko] [illegible] erário.

fi.si.ca [f´izika] *sf* física.

fi.si.co [f´iziko] *sm* **1** físico, constituição física, compleição. **2** físico, estudioso de física. • *agg* **1** físico. **2** material, natural. **educazione fisica** educação física.

fi.si.ma [f´izima] *sf* **1** extravagância, esquisitice, capricho. **2** fixação, mania. **3** utopia.

fi.sio.lo.gi.a [fizjolodʒ´ia] *sf* fisiologia.

fi.sio.no.mi.a [fizjonom´ia] *sf* **1** fisionomia, semblante, feições. **2** aspecto. **3** *fig* características, caracteres.

fis.sa.re [fiss´are] *vt* **1** fixar, estabilizar. **2** determinar, estabelecer. **3** fitar, olhar atentamente. **4** marcar. *fissare un orario, un appuntamento* / marcar um horário, um encontro. **5** memorizar. *vpr* **6** fixar-se, estabilizar-se. **7** estabelecer-se. **8** *fig* teimar, perseverar, obstinar-se.

fis.sa.zio.ne [fissats´jone] *sf* **1** fixação, atenção. **2** *fig* ideia fixa, capricho, teima, obstinação.

fis.sio.ne [fiss´jone] *sf Fis* fissão nuclear.

fis.so [f´isso] *agg* **1** fixo, firme, estável. **2** determinado, estabelecido. **3** invariável, constante. **4** resoluto, decidido. **5** *fig* preciso. **6** obstinado.

fi.sto.la [f´istola] *sf* **1** tubo, cano, sifão. **2** *Med* fístula, úlcera.

fit.ta [f´itta] *sf* **1** pontada, dor repentina. **2** ferimento.

fit.ti.zio [fitt´itsjo] *agg* **1** fictício, imaginário, irreal. **2** fingido, falso, simulado.

fit.to[1] [f´itto] *sm* mata fechada. • *part* fixo, fincado, cravado. • *agg* **1** denso, espesso, compacto. **2** *fig* abundante, copioso. • *avv* copiosamente, densamente. **notte fitta** noite escura.

fit.to[2] [f´itto] *V affitto.* Veja nota em **affitto**.

fiu.me [f´jume] *sm* **1** rio. **2** *fig* rio, grande quantidade. *un fiume di lacrime* / um rio de lágrimas.

fiu.ta.re [fjut´are] *vt+vi* **1** cheirar. **2** far[illegible] *i cani fiutano la preda* / os cães f[illegible] a presa. **3** *fig* pressentir, sentir.[illegible] **5** *pericolo, un buon affare* / p[illegible] perigo, um bom negócio. [illegible] *disp* bisbilhotar.

fo.ra.to.io [forat´ojo] *sm* furador.
for.bi.ci [f´ɔrbitʃi] *sf pl* **1** tesoura. **2** *Zool* pinças (de escorpião, caranguejo).
for.ca [f´orka] *sf* **1** forca, patíbulo. **2** forcado, forquilha. **3** pala (de camisa).
for.cel.la [fortʃ´ɛlla] *sf* **1** forquilha, forcado. **2** grampo para os cabelos. Veja nota em **grampo**.
for.chet.ta [fork´etta] *sf dim* garfo.
for.ci.na [fortʃ´ina] *sf* grampo para os cabelos. Veja nota em **grampo**.
for.ci.pe [f´ɔrtʃipe] *sm Med* fórceps.
for.cu.to [fork´uto] *agg* bifurcado.
fo.ren.se [for´ɛnse] *agg* forense, dos tribunais.
fo.re.sta [for´ɛsta] *sf* floresta, mata, selva.
fo.re.stie.re [forest´jɛre] *sm+agg V forestiero*.
fo.re.stie.ro [forest´jɛro] *sm* **1** forasteiro, estrangeiro. **2** hóspede de hotel. • *agg* forasteiro, estrangeiro. *Var: forestiere*.
for.fo.ra [f´orfora] *sf* caspa.
for.gia.re [fordʒ´are] *vt* **1** forjar. **2** *fig* formar.
for.ma [f´orma] *sf* **1** forma. **2** figura, aspecto. **3** aparência, imagem. **4** semblante. **5** formalidade, regra, praxe. **6** modo, maneira, jeito. **7** forma de sapato. **8** matriz (de escultura). **9** *Lett* estilo. **10** *Sp* forma. **essere in forma** estar em forma.
for.mag.gio [form´addʒo] *sm* queijo.
for.ma.le [form´ale] *agg* **1** formal. **2** oficial, público. **3** expresso, declarado. **4** cerimonioso.
for.ma.li.tà [formalit´a] *sf* formalidade, praxe.
for.ma.liz.za.re [formaliddz´are] *vt* **1** formalizar. **2** formar. *vpr* **3** escandalizar-se, pasmar-se.
for.ma.re [form´are] *vt* **1** formar, fazer, construir, fabricar, modelar. *formare un gruppo* / formar um grupo. *formare immagini* / construir imagens. **2** *fig* criar, instituir, fundar. **3** discar (número de telefone). **4** dar vida a, iniciar. **5** compor, constituir. **6** instruir, educar. *questa scuola forma scienzati* / esta escola forma cientistas. *vpr* **7** formar-se, delinear-se. *così si formano le nuvole* / assim se formam as nuvens. **8** *fig* formar-se, instruir-se. *lui si formò alla facoltà di diritto* / ele se formou na faculdade de direito.
for.ma.zio.ne [formats´jone] *sf* **1** formação. **2** constituição. **3** educação, instrução.
for.mi.ca [form´ika] *sf Zool* formiga.
for.mi.ca.io [formik´ajo] *sm* **1** *Zool* formigueiro. **2** *fig* multidão, série.
for.mi.co.la.re [formikol´are] *vi* formigar, fervilhar.
for.mi.co.li.o [formikol´io] *sm* formigamento, comichão, prurido.
for.mi.da.bi.le [formid´abile] *agg* **1** formidável, fabuloso, excepcional. **2** espantoso, assustador.
for.mo.lo [form´ɔlo] *sm Chim* formol.
for.mo.so [form´ozo] *agg Poet* formoso, belo, lindo, benfeito.
for.mu.la [f´ɔrmula] *sf* **1** fórmula, regra, norma. **2** costume, moda, modelo, uso. **3** *Mat, Chim* fórmula.
for.mu.la.re [formul´are] *vt* **1** formular. **2** exprimir.
for.mu.la.rio [formul´arjo] *sm* **1** coleção de fórmulas. **2** *fig* formulário, ficha.
for.na.ce [forn´atʃe] *sf* forno, fornalha.
for.na.io [forn´ajo] *sm* **1** padeiro. **2** *Zool* joão-de-barro.
for.nel.lo [forn´ɛllo] *sm* **1** fogão. **2** fogareiro. **3** boca (do fogão).
for.ni.ca.re [fornik´are] *vi* **1** *Rel, Giur* fornicar. **2** *Pol* tramar, conspirar.
for.ni.men.to [fornim´ento] *sm* **1** fornecimento. **2** arreios de montaria. **fornimento da tavola** serviço de mesa, baixela.
for.ni.re [forn´ire] *vt* **1** fornecer, prover. **2** equipar, munir. **3** *fig* dar, oferecer. **4** cumprir. *fornire un'impresa* / cumprir uma tarefa.
for.no [f´orno] *sm* **1** forno. **2** fornalha. **3** panificadora, padaria. **4** *fig* forno, lugar muito quente. **al forno** ao forno.
fo.ro[1] [f´oro] *sm* furo, buraco, abertura.
fo.ro[2] [f´ɔro] *sm* **1** foro, praça pública. **2** foro, fórum, tribunal, corte de justiça. **3** jurisdição.
for.se [f´orse] *avv* **1** talvez, porventura, quiçá. *forse non verrà* / ... venha. **2** ...

faro para os negócios. **3** *fig* indício. **4** pressentimento, intuição, instinto.
flac.ci.do [fl´attʃido] *agg* flácido, frouxo, lânguido.
fla.gel.la.re [fladʒell´are] *vt* **1** flagelar, chicotear. **2** *fig* afligir, atormentar, torturar. **3** ofender, insultar. **4** amaldiçoar, maldizer. **5** arruinar.
fla.gel.lo [fladʒ´ɛllo] *sm* **1** chicote, chibata, flagelo. **2** *Zool* flagelo, filamento móvel dos protozoários. **3** *fig* castigo, punição, pena. **4** maldição, maledicência. **5** ofensa, insulto. **6** ruína.
fla.gran.te [flagr´ante] *agg* **1** ardente, acalorado. **2** *Giur* flagrante. **3** *fig* evidente, claro, manifesto. **cogliere in flagrante** pegar em flagrante. **in flagrante** *Giur* em flagrante, no ato.
fla.nel.la [flan´ɛlla] *sf* flanela.
fla.tu.len.za [flatul´ɛntsa] *sf* flatulência, gases.
flau.ti.sta [flawt´ista] *s* flautista.
flau.to [fl´awto] *sm* flauta. **a flauto** obliquamente.
flem.ma [fl´emma] *sf* **1** fleuma. **2** *fig* calma, tranquilidade, paciência, lentidão.
flem.ma.ti.co [flemm´atiko] *agg* **1** fleumático. **2** *fig* calmo, tranquilo, paciente, pacato.
fles.si.bi.le [fless´ibile] *agg* **1** flexível. **2** *fig* dócil, condescendente.
fles.sio.ne [fless´jone] *sf* flexão, curvatura.
flir.ta.re [flirt´are] *vi* flertar, namoricar. *flirtava con i ragazzi* / flertava com os rapazes.
flo.ra [fl´ɔra] *sf* flora.
flo.re.scen.za [floreʃ´ɛntsa] *sf* **1** florescência. **2** inflorescência.
flo.ri.do [fl´ɔrido] *agg* **1** florido, cheio de flores. **2** *fig* próspero, florescente, vigoroso, viçoso.
flo.scio [fl´ɔʃo] *agg* **1** frouxo, mole. **2** *fig* debilitado, sem forças.
flot.ta [fl´ɔtta] *sf* **1** *Naut* frota. ...

foglio

agg **1** fluido, fluente, corrente. **2** *fig* espontâneo.
flu.i.re [flu´ire] *vi* fluir, correr, escorrer.
fluo.re [fl´wore] *sm* **1** *Chim* flúor. **2** *Med* fluxo.
fluo.re.scen.za [flworeʃ´ɛntsa] *sf* fluorescência.
flus.so [fl´usso] *sm* **1** fluxo. **2** vaivém de pessoas. **3** *Naut* fluxo, preamar.
flut.to [fl´utto] *sm* vagalhão, vaga.
flut.tua.re [flutt´ware] *vi* **1** flutuar, ondular. **2** *fig* hesitar. **3** flutuar, variar. *la popolazione fluttua fra dieci e undicimila* / a população flutua entre dez e onze mil. *il valore fluttua secondo il mercato* / o valor varia segundo o mercado.
flu.via.le [fluv´jale] *agg* fluvial, de rio.
fo.bi.a [fob´ia] *sf* **1** temor, medo, terror. **2** aversão. **3** *Psic* fobia, ódio irracional.
fo.ca [f´ɔka] *sf* **1** *Zool* foca. **2** *fam iron* canhão, mulher gorda e feia.
fo.cac.cia [fok´attʃa] *sf* fogaça.
fo.ce [f´otʃe] *sf Geogr* **1** foz, estuário. **2** garganta (de montanha). **3** entrada (de porto ou golfo).
fo.chi.sta [fok´ista] *s* **1** foguista. **2** fogueteiro, fabricante de fogos.
fo.co.la.io [fokol´ajo] *sm* **1** forno, fornalha. **2** *Med* foco de infecção. **3** *fig* centro, foco.
fo.co.la.re [fokol´are] *sm* **1** lareira. **2** chaminé. **3** *Mecc* forno, fornalha. **4** *fig* lar, casa, família.
fo.co.so [fok´ozo] *agg* **1** fogoso. **2** impetuoso.
fo.de.ra [f´ɔdera] *sf* forro (de roupa, de chapéu).
fo.de.ra.re [foder´are] *vt* forrar.
fo.de.ro [f´ɔdero] *sm* bainha (de espada).
fog.gia [f´ɔddʒa] *sf* **1** maneira. **2** jeito de vestir.
fo.glia [f´ɔʎa] *sf* **1** folha, lâmina de metal. **2** *Bot* folha. **3** pétala. **4** membrana, película de cebola. **5** casca, envoltório. **6** *Archit* folha.
fo.glia.me ...

qui / há cerca de trinta pessoas aqui. • *sm* dúvida, incerteza. **forse che** talvez. **forse forse** é bem provável que. **senza forse** com certeza.

for.te [f´ɔrte] *agg* **1** forte. **2** robusto, possante. **3** *fig* valente, valoroso. **4** eficiente, eficaz. **5** enérgico, severo. **6** potente. **7** violento. **8** impetuoso, intenso. **9** considerável, substancioso. *quantità forte* / quantidade considerável. **10** resistente, sólido. **11** trabalhoso, cansativo. • *sm* **1** *Mil* forte, fortificação. **2** *fig* o melhor, o ponto forte. *s* **3** homem ou mulher forte. • *avv* **1** com força. **2** em voz alta. *parlare forte* / falar em voz alta. **dare mano forte** ajudar. Veja nota em **poderoso** (português).

for.tez.za [fort´ettsa] *sf* **1** força, coragem, bravura, firmeza de caráter. **2** *Mil* fortaleza, forte, fortificação. **fortezza volante** *Aer* fortaleza voadora, bombardeiro. Veja nota em **força**.

for.ti.fi.ca.re [fortifik´are] *vt* **1** fortificar, fortalecer, reforçar. **2** *Mil* fortificar. *vpr* **3** fortalecer-se, fortificar-se. **4** *Mil* fortificar-se.

for.tu.i.to [fort´uito] *agg* fortuito.

for.tu.na [fort´una] *sf* **1** sorte. **2** acaso, ventura. **3** *Naut* borrasca. **4** *fig* condição, estado. **5** oportunidade. **6** fortuna, riqueza. **7** felicidade.

for.tu.na.le [fortun´ale] *sm Naut* borrasca.

fo.run.co.lo [for´unkolo] *sm Med* furúnculo.

for.za [f´ɔrtsa] *sf* **1** força, robustez. **2** virtude, valor. **3** solidez; significado. **4** *fig* violência, força bruta. **5** energia, intensidade. **6** *Fis* força. **7** *Mil* potência. **di forza/di tutta forza** com força, com vigor. **forza maggiore** *Giur* força maior. **forza pubblica** polícia, força pública. **le Forze Armate** as Forças Armadas. **per forza** à força. **per forza!** que remédio! Veja nota em **força**.

for.za.re [forts´are] *vt* **1** forçar. **2** obrigar, coagir.

for.zie.re [forts´jɛre] *sm* cofre.

for.zo.so [forts´ozo] *agg* **1** forçoso, inevitável. **2** obrigatório, necessário.

for.zu.to [forts´uto] *agg* forte, robusto.

fo.schi.a [fosk´ia] *sf* neblina, cerração, bruma.

fo.sco [f´osko] *agg* **1** fosco, embaçado. **2** nebuloso, nevoento. **3** *fig* triste. **4** desconhecido.

fo.sfa.to [fosf´ato] *sm Chim* fosfato.

fo.sfo.re.scen.za [fosforeʃ´ɛntsa] *sf* fosforescência.

fo.sfo.ro [f´ɔsforo] *sm Chim* fósforo.

fos.sa [f´ɔssa] *sf* **1** fosso, vala. **2** sepultura, cova. **3** cavidade, depressão. **4** *fig* morte. **avere i piedi nella fossa** *pop* estar com o pé na cova.

fos.si.le [f´ɔssile] *sm+agg* fóssil.

fos.si.liz.za.re [fossiliddz´are] *vt* fossilizar.

fos.so [f´ɔsso] *sm* **1** rego, vala para águas. **2** fosso de castelo.

fo.to [f´ɔto] *sf V fotografia.*

fo.to.co.pia.re [fotokop´jare] *vt* fotocopiar.

fo.to.ge.ni.co [fotodʒ´ɛniko] *agg* fotogênico.

fo.to.gra.fa.re [fotograf´are] *vt* fotografar.

fo.to.gra.fi.a [fotograf´ia] *sf* fotografia. *Abbrev: foto.*

fo.to.ro.man.zo [fotorom´antso] *sm* fotonovela.

fo.to.sin.te.si [fotos´intezi] *sf* fotossíntese.

fot.te.re [f´ottere] *vt* **1** *volg* foder, comer, trepar com. **2** *volg fig* ferrar, sacanear, enganar.

fra [fr´a] *prep* entre, no meio de. *Var: tra.* Veja nota em **tra**.

frac [fr´ak] *sm* fraque. *Var: frack.*

fra.cas.sa.re [frakass´are] *vt* **1** quebrar, romper, fazendo ruído. *vpr* **2** romper-se, despedaçar-se.

fra.cas.so [frak´asso] *sm* **1** ruído, barulho. **2** vozerio, algazarra. **3** *fig* monte.

fra.ci.dez.za [fratʃid´ettsa] *sf* podridão, putrefação.

fra.ci.do [fr´atʃido] *sm+agg V fradicio.*

frack [fr´ak] *sm V frac.*

fra.di.cio [fr´aditʃo] *sm* **1** lamaçal. **2** podridão. • *agg* **1** ensopado pela chuva. **2** podre, apodrecido. **3** *fig* gasto. **4** doente. *Var: fracido.*

fra.gi.le [fr´adʒile] *agg* **1** frágil, delicado. **2** *fig* instável, passageiro. **3** fino, delgado. **4** fraco, débil.

F

fra.go.la [fr´agola] *sf Bot* **1** morango. **2** morangueiro.

fra.go.ro.so [fragor´ozo] *agg* fragoroso, ruidoso, barulhento, estrondoso.

fra.gran.za [fragr´antsa] *sf* fragrância, perfume, aroma.

fra.in.ten.de.re [fraint´ɛndere] *vt* compreender mal, entender o contrário.

fram.men.ta.re [framment´are] *vt* fragmentar.

fram.men.to [framm´ento] *sm* **1** fragmento, pedaço. **2** caco, resto. **3** trecho, excerto.

fram.mez.zo [framm´ɛddzo] *avv* no meio. • *prep* **1** no meio de. **2** entre.

fra.na [fr´ana] *sf* desmoronamento, desabamento de terra.

fra.na.re [fran´are] *vi* **1** desmoronar, desabar. **2** ruir.

fran.ca.re [frank´are] *vt* **1** franquear. **2** selar. **3** *Lett* liberar, desvincular. **4** estabilizar, fixar.

fran.ca.tu.ra [frankat´ura] *sf* **1** franquia. **2** selagem.

fran.ce.sca.no [frantʃesk´ano] *sm+agg* franciscano.

fran.ce.se [frantʃ´eze] *s+agg* francês.

fran.chez.za [frank´ettsa] *sf* **1** franqueza, sinceridade. **2** liberdade, desenvoltura. **3** descaramento, ousadia. **4** *pop* cara de pau.

fran.chi.gia [frank´idʒa] *sf* **1** franquia, isenção. **2** *Pol* imunidade, privilégio.

fran.co [fr´anko] *agg* **1** franco, sincero, espontâneo. **2** livre, isento. **3** desembaraçado, desimpedido. **4** franqueado. **5** ousado, corajoso. **6** *St* franco, de um antigo povo da Europa. **7** *fig* descarado. • *sm* franco, nome de certas moedas antigas. • *avv* francamente. **franco di spese** livre de despesas.

fran.co.bol.lo [frankob´ollo] *sm* selo.

fran.co.ti.ra.to.re [frankotirat´ore] *sm* franco-atirador, guerrilheiro.

fran.ge.re [fr´andʒere] *vt* **1** quebrar, romper, despedaçar. *vpr* **2** romper-se, despedaçar-se.

fran.get.ta [frandʒ´etta] *sf* franja, cabelo que cai sobre a testa. Veja nota em **franja**.

fran.gia [fr´andʒa] *sf* franja, remate de um tecido, feito de fios soltos. *Sin: frappa*. Veja nota em **franja**.

fran.gi.on.da [frandʒi´onda] *sm* quebra-mar.

fran.tu.ma.re [frantum´are] *vt* despedaçar.

fran.tu.me [frant´ume] *sm* pedaço, caco.

frap.pa [fr´appa] *sf V frangia*. Veja nota em **franja**.

frap.por.re [frapp´ore] *vt* **1** interpor, colocar no meio. *vpr* **2** intrometer-se, interferir.

fra.sca [fr´aska] *sf* **1** ramo. **2** trocadilho. **3** *fig* leviano. *lui è una frasca* / ele é um leviano. **4** pessoa volúvel. **5 frasche** *pl* a) folhagem. b) *fig* vaidade. c) ninharia, mixaria. *frasche inutili* / ninharias inúteis. d) capricho, extravagância.

fra.schet.ta [frask´etta] *sf dim* **1** raminho. **2** armadilha para passarinhos. **3** *ger* galinha, namoradeira.

fra.se [fr´aze] *sf* **1** *Gramm* frase, locução, expressão. **2** *Mus* frase, fraseado. **frase fatta** *iron* frase feita, chavão.

fra.sta.glia.re [frastaʎ´are] *vt* **1** retalhar, recortar. **2** entalhar, gravar.

fra.stor.na.re [frastorn´are] *vt* transtornar, atrapalhar, perturbar.

fra.stuo.no [frast´wɔno] *sm* estrondo, barulho.

fra.te [fr´ate] *sm* frade.

fra.tel.lan.za [fratell´antsa] *sf* **1** fraternidade. **2** *fig* amizade, harmonia. **3** irmandade.

fra.tel.la.stro [fratell´astro] *sm* meio-irmão.

fra.tel.lo [frat´ɛllo] *sm* **1** irmão. **2** *Rel* irmão, confrade. **3** *fig* amigo, companheiro.

fra.ter.ni.tà [fraternit´a] *sf* **1** fraternidade. **2** parentesco entre irmãos. **3** amizade, harmonia.

frat.tem.po [fratt´ɛmpo] *avv* na expressão **nel frattempo** enquanto isso, nesse meio-tempo.

frat.tu.ra [fratt´ura] *sf Med* fratura, ruptura.

frat.tu.ra.re [frattur´are] *vt* **1** fraturar, quebrar. *vpr* **2** romper-se, despedaçar-se.

frau.do.len.to [frawdol´ɛnto] *agg* fraudulento, doloso.

fra.zio.na.rio [fratsjon´arjo] *agg* fracionário.

fra.zio.ne [frats´jone] *sf* fração, parte.

frec.cia [fr´ettʃa] *sf* **1** flecha, seta, dardo. **2** *Fis* agulha da bússola.
frec.cia.re [frettʃ´are] *vt* **1** flechar. **2** *fig* pedir dinheiro emprestado a. **3** ofender alguém.
fred.da.re [fredd´are] *vt* **1** esfriar, resfriar. **2** *fig* matar. *vi+vpr* **3** esfriar-se. **4** resfriar-se.
fred.dez.za [fredd´ettsa] *sf* **1** frieza, frio. **2** *fig* frieza, indiferença. **3** calma. **4** descuido, desatenção.
fred.do [fr´eddo] *sm* **1** frio. **2** *fig* inverno. **3** prato frio. • *agg* **1** frio. **2** *fig* frio, indiferente. **3** calmo. **a freddo** *fig* a) sem entusiasmo. b) sem motivo. **a sangue freddo** a sangue-frio. **fa un freddo da cani!** está um frio dos diabos! **sudare freddo** suar frio.
fred.du.ra [fredd´ura] *sf* gracinha, gracejo.
fre.ga [fr´ega] *sf* **1** desejo ardente. **2** impaciência. **3** desespero.
fre.ga.re [freg´are] *vt* **1** esfregar, friccionar. **2** *fig* iludir, burlar, ludibriar. *vpr* **3** esfregar-se. **4** *fig volg* não se importar, não dar a mínima.
fre.ga.ta [freg´ata] *sf* **1** esfrega, esfregação. **2** *Naut, Zool* fragata.
fre.ga.tu.ra [fregat´ura] *sf* **1** esfrega, esfregação. **2** *ger* sacanagem, trapaça.
fre.gia.re [fredʒ´are] *vt* **1** frisar, decorar com friso. **2** *fig* enfeitar, embelezar, adornar. *vpr* **3** embelezar-se. **4** ostentar, exibir-se.
fre.gio [fr´edʒo] *sm* **1** friso. **2** ornamento, enfeite.
fre.go [fr´ego] *sm* linha, traço, risco.
fre.go.la [fr´egola] *sf* **1** *fam fig* desejo. **2** impaciência. **3** *ger volg* tesão.
fre.me.re [fr´ɛmere] *vi* **1** fremir, rugir, bramir. **2** relinchar. **3** agitar-se, tremer, vibrar.
fre.mi.to [fr´ɛmito] *sm* **1** frêmito, rugido, bramido. **2** relincho. **3** agitação, tremor, tremedeira.
fre.na.re [fren´are] *vt* **1** frear. *frenare un veicolo* / frear um veículo. **2** *fig* refrear, controlar, moderar. *non riesce a frenare l'ira* / não consegue controlar a ira. *vpr* **3** conter-se, controlar-se.
fre.ne.si.a [frenez´ia] *sf* **1** frenesi. **2** *fig* delírio, loucura. **3** desejo, furor.
fre.ne.ti.co [fren´ɛtiko] *agg* **1** frenético. **2** *fig* delirante, louco, furioso. **3** apaixonado, desejoso.
fre.no [fr´eno] *sm* **1** freio. **2** *fig* controle, sujeição. **freno a mano** *Autom* freio de mão. **scuotere il freno** *fig* a) revoltar-se. b) libertar-se. **tenere a freno** *fig* controlar, guiar.
fre.quen.ta.re [frekwent´are] *vt* **1** frequentar. **2** *pop* ser da casa, ser da família. **frequentare l'Università** estudar na universidade.
fre.quen.ta.to.re [frekwentat´ore] *sm* **1** frequentador. **2** cliente.
fre.quen.te [frek´wɛnte] *agg* frequente, repetido. **di frequente** com frequência, frequentemente.
fre.quen.za [frek´wɛntsa] *sf* **1** frequência, repetição, assiduidade. **2** multidão. **3** *Fis* frequência.
fre.sco [fr´esko] *agg* **1** fresco. **2** *fig* puro, inocente. **3** simples, natural, espontâneo. **4** leve (tecido). **5** alegre, vivaz, vívido. **6** novo, recente. • *sm* frescor, frescura. **faccia fresca** cara de pau, descaramento. **fresco di studi** recém-formado.
fret.ta [fr´etta] *sf* pressa, precipitação.
fret.to.lo.so [frettol´ozo] *agg* apressado, precipitado, impaciente.
frig.ge.re [fr´iddʒere] *vt* **1** frigir, fritar. *vi* **2** ferver, arder. **3** *fig* agitar-se. **mandare uno a farsi friggere** *volg* mandar alguém para o inferno.
fri.gi.di.tà [fridʒidit´a] *sf* frigidez, frieza.
fri.gi.do [fr´idʒido] *agg* **1** frígido, frio. **2** refrescante. **3** indiferente. **4** *fig* estéril. *suolo frigido* / solo estéril.
fri.gna.re [friñ´are] *vi* **1** choramingar. **2** *disp* chorar.
fri.gno.ne [friñ´one] *sm* chorão.
fri.go.ri.fe.ro [frigor´ifero] *sm* geladeira, refrigerador. • *agg* frigorífero. **cella frigorifera** câmara frigorífica.
frit.ta.ta [fritt´ata] *sf* **1** omeleta. **2** *fig* erro.
frit.to [fr´itto] *sm* fritura. • *agg* frito. **essere fritto** *fig* estar frito, estar arruinado.
frit.tu.ra [fritt´ura] *sf* **1** fritura. **2** fritada.
fri.vo.lez.za [frivol´ettsa] *sf* frivolidade, futilidade, leviandade.

fri.vo.lo [fr'ivolo] *agg* frívolo, fútil, leviano.

fri.zio.ne [frits'jone] *sf* **1** fricção, atrito. **2** esfregação. **3** *Autom* embreagem.

friz.zo [fr'iddzo] *sm* **1** gracejo, ironia, brincadeira, sarcasmo. **2** *fig* alfinetada.

fro.da.re [frod'are] *vt* **1** fraudar. **2** roubar. **3** calotear, enganar. **4** contrabandear.

fro.de [fr'ɔde] *sf* **1** fraude. **2** trapaça, logro.

from.bo.la [fr'ombola] *sf V fionda.*

fron.ta.le [front'ale] *sm* **1** *Archit* fachada. **2** *Anat* frontal, nome de um osso. • *agg* **1** frontal. **2** *fig* anterior. **3** aberto, direto, decidido.

fron.te [fr'onte] *sf* **1** fronte, testa. **2** rosto, cabeça. **3** frontispício (de livro). **4** *Archit* fachada. *la fronte di un edifizio* / a fachada de um edifício. **5** *Mil* vanguarda. **6** frente de combate. **a fronte alta** de cabeça erguida. **fare fronte** fazer frente.

fron.te.spi.zio [frontesp'itsjo] *sm* **1** frontispício (de livro). **2** *Archit* fachada.

fron.tie.ra [front'jɛra] *sf* fronteira, limite. **passare la frontiera** atravessar a fronteira.

fron.zu.to [fronts'uto] *agg* frondoso, espesso, copado (árvore).

frot.ta [fr'ɔtta] *sf* grupo, pequena multidão.

frot.to.la [fr'ɔttola] *sf* mentira, invenção.

fru.ga.le [frug'ale] *agg* frugal, simples, moderado, comedido.

fru.ga.re [frug'are] *vt* **1** apalpar, tatear, procurar. **2** *fam* investigar, explorar, inspecionar, revistar. **3** *pop* fuçar, xeretar. **4** *fig* procurar desesperadamente. *vpr* **5** procurar nos bolsos.

frui.re [fr'wire] *vi* usufruir, desfrutar, gozar.

frul.la.re [frull'are] *vt* **1** bater. *frullare latte, uova* / bater leite, ovos. *vi* **2** girar, rodar. **3** esvoaçar (aves). **4** ventar forte. **5** *fig* ter caprichos, fantasiar.

frul.la.to [frull'ato] *sm* leite batido.

frul.la.to.re [frullat'ore] *sm* batedeira.

frul.li.no [frull'ino] *sm* batedeira manual.

fru.men.to [frum'ento] *sm Bot* trigo.

fru.sci.o [fruʃ'io] *sm* **1** murmúrio, sussurro das folhagens. **2** rangido dos sapatos.

fru.sta [fr'usta] *sf* **1** chicote, açoite, chibata. **2** vara, cajado. **3** *fig* crítica, censura.

fru.sta.re [frust'are] *vt* chicotear, açoitar.

fru.stra.re [frustr'are] *vt* frustrar, inutilizar.

frut.ta [fr'utta] *sf* (*pl* **frutta**) fruta.

frut.ta.io.lo [frutta'jɔlo] *sm* fruteiro.

frut.ta.re [frutt'are] *vt+vi* **1** frutificar. **2** produzir. **3** render (juros). *l'investimento frutta il due percento al mese* / o investimento rende dois por cento ao mês. **4** *fig* servir. *questo non frutta a nessuno* / isso não serve para ninguém. **5** causar.

frut.ta.to [frutt'ato] *sm* **1** produção, produto agrícola. **2** rendimento de capital.

frut.te.to [frutt'eto] *sm* pomar.

frut.tie.ra [frutt'jɛra] *sf* fruteira.

frut.ti.fe.ro [frutt'ifero] *agg* **1** frutífero, fértil, fecundo. **2** *fig* saudável, salutar. **3** *Comm* lucrativo.

frut.ti.fi.ca.re [fruttifik'are] *vi Bot* frutificar.

frut.to [fr'utto] *sm* **1** fruto. **2** *Comm* juros. **3** renda, lucro. **4** *fig* resultado. **5** vantagem.

Frutto tem dois plurais: um feminino, **le frutta**, usado quando nos referimos a "frutas", "frutos" de vegetais (como maçã, banana, uva); e um masculino, **i frutti**, usado quando nos referimos a "frutos do mar", "frutos do trabalho", "vantagens" etc.

fu [f'u] *agg* defunto, falecido, finado.

fu.ci.la.re [futʃil'are] *vt* fuzilar.

fu.ci.la.zio.ne [futʃilats'jone] *sm* fuzilamento.

fu.ci.le [futʃ'ile] *sm* fuzil.

fu.ci.lie.re [futʃil'jɛre] *sm Mil* **1** fuzileiro. **2** soldado de infantaria.

fu.ci.na [futʃ'ina] *sf* **1** forja. **2** oficina de artesão.

fu.ga [f'uga] *sf* **1** fuga, escapada. **2** perda de gás. **3** *Mus* fuga. **di fuga** a) com pressa. b) fugindo.

fu.ga.ce [fug'atʃe] *agg* **1** fugaz, breve, momentâneo, efêmero, transitório. **2** rápido, veloz.

fu.ga.re [fug'are] *vt* **1** afugentar. **2** *fig* dispersar.

fug.gia.sco [fuddʒ'asko] *sm+agg V fuggitivo.*

fug.gi.re [fuddʒ´ire] *vt* **1** evitar, esquivar. *vi* **2** fugir, escapar, correr. **3** faltar. **4** *fam* dar no pé.

fug.gi.ti.vo [fuddʒit´ivo] *sm* **1** fugitivo. **2** *Mil* desertor. • *agg* **1** fugitivo, fugidio. **2** *fig* fugaz, transitório. *Sin: fuggiasco.*

ful.gen.te [fuldʒ´ɛnte] *agg* fulgente, fulgurante, brilhante.

ful.go.re [fulg´ore] *sm* fulgor, brilho, esplendor.

fu.lig.gi.ne [ful´iddʒine] *sf* fuligem.

ful.mi.na.re [fulmin´are] *vt* **1** fulminar, eletrocutar. **2** incinerar, carbonizar. **3** *fig* matar, destruir, aniquilar. *vi* **4** relampejar.

ful.mi.ne [f´ulmine] *sm* **1** raio. **2** *fig* pessoa ou coisa muito veloz. **3** ira divina. **4** condenação.

ful.vo [f´ulvo] *agg* fulvo, ruivo.

fu.ma.io.lo [fuma´jɔlo] *sm* chaminé.

fu.ma.re [fum´are] *vt* **1** fumar. *vi* **2** fumegar. **3** *fig* perder a paciência, ferver.

fu.ma.to.re [fumat´ore] *sm* fumante.

fu.met.ti [fum´etti] *sm pl dim* história em quadrinhos.

fu.mi.ca.re [fumik´are] *vi* fumegar.

fu.mo [f´umo] *sm* **1** fumaça, vapor. **2** *fig* vaidade, orgulho, presunção. **3** sinal, indício.

fu.ne [f´une] *sf* **1** corda, cabo. **2** *Naut* amarra.

fu.ne.bre [f´unebre] *agg* **1** fúnebre. **2** *fig* macabro, lúgubre.

fu.ne.ra.le [funer´ale] *sm* funeral.

fu.ne.ra.rio [funer´arjo] *sm* agente funerário. • *agg* **1** funerário. **2** fúnebre.

fu.ne.sto [fun´ɛsto] *agg* funesto, sinistro, lúgubre, desastroso, azarento, que dá azar.

fun.ge.re [f´undʒere] *vt* **1** exercer, executar. *vi* **2** funcionar, trabalhar como. *la scatola funge da base per la scultura* / a caixa funciona como base para a escultura. *voleva fungere da segretaria* / ela queria trabalhar como secretária. **3** servir de. *fungere da modello* / servir de modelo. **4** representar.

fun.go [f´ungo] *sm Bot* **1** cogumelo. **2** fungo.

fu.ni.cel.la [funitʃ´ɛlla] *sf dim* barbante, cordel.

fu.ni.vi.a [funiv´ia] *sf* **1** bondinho. **2** teleférico.

fun.zio.na.le [funtsjon´ale] *agg* **1** funcional, prático, racional. **2** eficiente, válido.

fun.zio.na.re [funtsjon´are] *vi* **1** funcionar, trabalhar. *l'apparecchio non funziona* / o aparelho não funciona. **2** exercer função de. *lui funziona da rappresentante* / ele exerce a função de representante.

fun.zio.na.rio [funtsjon´arjo] *sm* funcionário público.

fun.zio.ne [funts´jone] *sf* **1** função, cargo, ofício. **2** *Rel* cerimônia, solenidade, função religiosa. **3** *Mecc, Med* função. **funzioni vitali** funções vitais.

fuo.co [f´wɔko] *sm* **1** fogo, chama. **2** incêndio. **3** disparo. **4** *Fis* foco. **5** *fig* raiva, ira. **6** desentendimento, discórdia. **7** paixão, ardor. **8** casa, lar. • *int Mil* fogo! **essere a fuoco** estar em foco. **fuochi di artifizio/ fuochi artificiali** fogos de artifício. **fuoco di paglia** *fig* fogo de palha. **mettere a fuoco** enfocar, pôr em foco.

fuor.ché [fwork´e], **fuor che** *prep* exceto, salvo, à exceção de.

fuo.ri [f´wɔri] *avv* fora, exteriormente. • *int* fora! saia daqui! **di fuori** estrangeiro, do exterior. **essere fuori di sé** ficar fora de si, delirar. **fuori di mano** fora de mão, longe. **fuori di misura** extraordinariamente. **fuori di tempo** a) fora da estação. b) *fig* inoportunamente. **fuori uso** gasto. **il di fuori** o exterior, a parte externa. **passare fuor fuori** transpassar, furar de lado a lado.

fuo.ri.giuo.co [fworidʒ´wɔko] *sm Sp* impedimento.

fuo.ru.sci.to [fworuʃ´ito] *sm* exilado, desterrado, proscrito.

fuor.vi.a.re [fworvi´are] *vt* **1** desviar, desencaminhar. **2** *fig* enganar. **3** aturdir. *vi* **4** desviar-se.

fur.be.ri.a [furber´ia] *sf V furbizia.*

fur.bi.zia [furb´itsja] *sf* esperteza, astúcia. *Sin: furberia.*

fur.bo [f´urbo] *sm* espertalhão. • *agg* **1** esperto, astuto, velhaco. **2** inteligente, atento. **3** malicioso.

fu.ret.to [fur´etto] *sm Zool* furão.

fur.fan.te [furf´ante] *sm+agg* **1** malandro, patife, velhaco, tratante. **2** *pop* sem-vergonha.

F

fur.fan.te.ri.a [furfanter´ia] *sf* **1** malandragem, patifaria, velhacaria. **2** *pop* sem-vergonhice.
fur.go.ne [furg´one] *sm* furgão, perua.
fur.gon.ci.no [furgontʃ´ino] *sm dim* caminhonete.
fu.ria [f´urja] *sf* **1** fúria, raiva, ira, cólera. **2** ímpeto, furor. **3** pressa, impaciência. **4** *fig* multidão enfurecida. **5** megera, mulher má. **essere nelle furie/sulle furie** enfurecer-se.
fu.rio.so [fur´jozo] *agg* **1** furioso, enfurecido. **2** impetuoso, veemente.
fu.ro.re [fur´ore] *sm* **1** furor, exaltação. **2** ímpeto, impetuosidade. **3** raiva, ira, cólera.
fur.ti.vo [furt´ivo] *agg* **1** furtivo, escondido. **2** furtado, roubado.
fur.to [f´urto] *sm* **1** furto, roubo. **2** plágio.
fu.sio.ne [fuz´jone] *sf* **1** fundição (de metais). **2** *Fis* fusão, liquefação. **3** *fig* reunião, junção.
fu.so [f´uzo] *sm* **1** fuso. **2** eixo. • *agg* fundido, derretido. **fuso orario** fuso horário.

Fuso tem dois plurais: um regular, masculino, **i fusi**; e um feminino, **le fusa**, usado apenas na expressão **far le fusa** ronronar. *i gatti fanno le fusa* / os gatos ronronam.

fu.so.lie.ra [fuzol´jɛra] *sf Aeron* fuselagem.
fu.sti.ga.re [fustig´are] *vt Lett* fustigar, açoitar.
fu.sto [f´usto] *sm* **1** *Anat* torso, busto. **2** *Bot* tronco, caule. **3** *Naut* mastro.
fu.ti.le [f´utile] *agg* **1** fútil, frívolo, leviano. **2** inútil. **3** vão.
fu.ti.li.tà [futilit´a] *sf* futilidade, frivolidade, leviandade.
fu.tu.ri.sti.co [futur´istiko] *agg Arte* futurista, avançado.
fu.tu.ro [fut´uro] *sm* futuro, porvir. • *agg* futuro, vindouro, próximo. **il futuro dei verbi** o futuro dos verbos. **in futuro** no futuro.

g

g [dʒ´i] *sf* a sétima letra do alfabeto italiano.

gab.ba.re [gabb´are] *vt* **1** enganar, iludir, burlar. *vpr* **2** zombar de, fazer gozação de.

gab.bia [g´abbja] *sf* **1** gaiola, jaula. **2** engradado. **3** armadilha para passarinho. **4** cerca. **5** *Naut* gávea, cesto da gávea. **6** *fig* prisão. **gabbia degli accusati** banco dos réus. **gabbia di matti** *fam* saco de gatos. **gabbia toracica** caixa torácica.

gab.bia.no [gabb´jano] *sm Zool* gaivota.

gab.bo [g´abbo] *sm* usado nas expressões **farsi gabbo** zombar de. *farsi gabbo di uno* / zombar de alguém. **prendere a gabbo** levar na brincadeira, não levar a sério. *perché prendi a gabbo i miei problemi?* / por que você não leva a sério os meus problemas?

ga.bi.net.to [gabin´etto] *sm* **1** gabinete. **2** quartinho. **3** estúdio, escritório. **4** consultório. **5** laboratório. **6** congresso, ministério. **7** *fam* privada, latrina. **gabinetto da bagno** banheiro.

ga.gà [gag´a] *sm* almofadinha.

ga.gliar.di.a [gaλard´ia] *sf* **1** vigor, robustez. **2** valentia.

ga.gliar.do [gaλ´ardo] *agg* **1** vigoroso, robusto. **2** valente, destemido. **3** violento. **4** intenso (vento, ataque). **5** numeroso (exército).

ga.gliof.fo [gaλ´ɔffo] *sm* canalha, cafajeste.

ga.gno.la.re [gañol´are] *vi* **1** ganir (cão). **2** *fig* choramingar, reclamar, queixar-se.

ga.io [g´ajo] *agg* **1** alegre, feliz. **2** jovial, vivaz. **3** vivo, claro. *colore gaio* / cor viva.

ga.la [g´ala] *sf* **1** galão, enfeite, adorno. **2** cerimônia, recepção oficial. **3** *fam* gala, luxo, pompa. **serata di gala** noite de gala.

ga.lan.te [gal´ante] *agg* **1** galante, gentil, amável, cortês. **2** elegante, gracioso. **3** cerimonioso.

ga.lan.teg.gia.re [galanteddʒ´are] *vi* galantear.

ga.lan.tuo.mo [galant´wɔmo] *sm* homem de palavra, homem honesto. **da galantuomo** seriamente.

ga.las.sia [gal´assja] *sf Astron* galáxia.

ga.le.a [gal´ɛa] *sf V galera.*

ga.le.ra [gal´ɛra] *sf* **1** *Naut* galera. **2** *fig* prisão, cárcere. *Var: galea.*

gal.leg.gia.re [galleddʒ´are] *vi* **1** boiar, flutuar. **2** *fig* defender-se, sobreviver, virar-se.

gal.le.ri.a [galler´ia] *sf* **1** galeria, corredor subterrâneo. **2** túnel. **3** *fig* galeria (de arte, de lojas, de espetáculo).

gal.le.se [gall´eze] *sm+agg* galês, de Gales.

gal.let.to [gall´etto] *sm dim* **1** *Zool* galeto, frango. **2** *fig* menino irritadiço.

gal.li.ci.smo [gallitʃ´izmo] *sm Gramm* galicismo, francesismo.

gal.li.na [gall´ina] *sf* galinha.

gal.li.na.io [gallin´ajo] *sm* **1** galinheiro. **2** ladrão de galinhas. **3** criador de galinhas.

gal.lo [g´allo] *sm* **1** galo. **2** cata-vento (usado nos telhados). • *agg* gaulês, da Gália.

gal.lo.ne [gall´one] *sm* galão.

> **Gallone** é usado nos mesmos sentidos de "galão" em português: medida, enfeite para roupas, insígnia militar.

ga.lop.pa.re [galopp´are] *vi* **1** galopar, andar a galope. **2** caminhar rápido. **3** *iron* fugir, escapar.

ga.lop.po [gal'ɔppo] *sm* galope.

gam.ba [g'amba] *sf* **1** *Anat* perna. **2** *Zool* pata, perna de animal. **3** *Bot* pedúnculo, haste. **4** *fig* perna de objetos. **di sotto gamba** com facilidade, sem dificuldade. **essere in gamba** estar bem das pernas, estar com saúde. **le bugie hanno gambe corte** a mentira tem perna curta. **raddrizzare le gambe ai cani** dar murro em ponta de faca.

gam.ba.le [gamb'ale] *sm* **1** cano (de botas). **2** *Bot* haste.

gam.be.ret.to [gamber'etto] *sm dim Zool* camarão.

gam.be.ro [g'ambero] *sm Zool* **1** lagostim. **2** *bras* pitu. **3** *fig* erro crasso. **andare come i gamberi** *fam* andar para trás. **gambero di mare** lagosta.

gam.bet.to [gamb'etto] *sm dim* rasteira. **dare il gambetto** a) dar uma rasteira em. b) *fig* prejudicar, tentar derrubar.

gam.bo [g'ambo] *sm Bot* pedúnculo, haste da flor.

gam.ma [g'amma] *sf* **1** gama, letra grega. **2** gama, grande quantidade de coisas.

ga.na.scia [gan'aʃa] *sf* **1** queixada (de animal). **2 ganascie** *pl* garras da tenaz.

gan.cio [g'antʃo] *sm* **1** gancho. **2** fivela, colchete para roupas.

gan.ghe.ro [g'angero] *sm* dobradiça. **uscire dei gangheri** *fam* sair do sério.

gan.glio [g'anglio] *sm* **1** *Anat* gânglio. **2** *fig* centro (comercial, de tráfego).

gan.zo [g'antso] *sm* amante, amásio.

ga.ra [g'ara] *sf* **1** competição, disputa, luta. **2** rivalidade, rixa. **3** concorrência, concurso. **4** *Equit* páreo. **entrare in gara/essere in gara** disputar, estar disputando. **fare a gara** competir, disputar.

ga.ra.ge [gar'adʒe] *sm* **1** garagem. **2** oficina de automóveis.

ga.ran.te [gar'ante] *s+agg* **1** fiador, fiadora. **2** endossante.

ga.ran.ti.re [garant'ire] *vt* garantir, afiançar.

ga.ran.zi.a [garants'ia] *sf* **1** garantia, fiança, caução. **2** endosso.

gar.ba.re [garb'are] *vi* agradar.

gar.bo [g'arbo] *sm* garbo, educação, modos, cortesia, elegância, graça.

gar.bu.glio [garb'uλo] *sm* **1** confusão, desordem, bagunça. **2** intriga. **3** trapaça, engano, embuste.

ga.reg.gia.re [gareddʒ'are] *vi* **1** competir, disputar, lutar. **2** rivalizar.

gar.ga.ri.smo [gargar'izmo] *sm* gargarejo.

gar.ga.riz.za.re [gargariddz'are] *vi+vt +vpr* gargarejar, fazer gargarejo.

ga.rit.ta [gar'itta] *sf Mil* guarita.

ga.ro.fa.no [gar'ɔfano] *sm Bot* cravo.

gar.ret.to [gar̄'etto] *sm* **1** peça de carne. **2** *Anat* canela. **3** jarrete.

gar.ri.re [gar̄'ire] *vi* **1** chilrear. **2** agitar-se ao vento. *le bandiere garriscono* / as bandeiras se agitam. **3** gritar, berrar. **4** brigar.

gar.za [g'artsa] *sf* **1** *Zool* garça. **2** *Med* gaze.

gar.zo.ne [garts'one] *sm* **1** garçom, copeiro, empregado. **2** aprendiz.

gas [g'as] *sm* **1** *Chim* gás. **2** *Med* gases, flatulência. **gas lacrimogeno** gás lacrimogêneo.

ga.si.fi.ca.re [gazifik'are] *vt Chim* gaseificar.

gas.so.so [gass'ozo] *agg* gasoso.

ga.stri.co [g'astriko] *agg* gástrico, estomacal.

ga.stri.te [gastr'ite] *sf Med* gastrite.

ga.stro.no.mi.a [gastronom'ia] *sf* gastronomia.

ga.stro.no.mo [gastr'ɔnomo] *sm* gastrônomo.

gat.ta [g'atta] *sf* gata. **al buio tutte le gatte sono bigie** à noite todos os gatos são pardos. **gatta ci cova!** neste mato tem coelho! **gatta morta/gattamorta** santo do pau oco, fingido.

gat.ta.bu.ia [gattab'uja] *sf ger* cana, xadrez, cadeia.

gat.to [g'atto] *sm* **1** gato. **2** *fig* gatuno, ladrão. **3** *Archit* bate-estacas. **via il gatto, ballano i topi** quando o gato sai, os ratos fazem a festa.

gat.to.mam.mo.ne [gattomamm'one] *sm* **1** bicho-papão. **2** *fig* homem mau e feio.

gat.to.ne [gatt'one] *sm aum* **1** gatarrão, gato grande. **2 gattoni** *pl Med* caxumba.

gat.to.ni [gatt'oni] *avv* na expressão **gatton gattoni** engatinhando, de gatinhas.

gat.to.par.do [gattop´ardo] *sm Zool* leopardo.
gaz.za [g´addza] *sf* **1** *Zool* pega. **2** *fig* papagaio, tagarela.
gaz.zar.ra [gaddz´ar̄a] *sf* **1** algazarra, balbúrdia, vozerio. **2** foguetório. **3** estampido de arma.
gaz.zel.la [gaddz´ɛlla] *sf Zool* gazela.
gaz.zet.ta [gaddz´etta] *sf* **1** jornal. **2** gazeta, publicação. **cose da gazzetta** histórias, mentiras.
ge.co [dʒ´ɛko] *sm Zool* lagartixa.
ge.la.re [dʒel´are] *vt* **1** gelar, congelar, resfriar. **2** *fig* dar medo, assustar, aterrorizar. *vi* **3** congelar, ficar gelado. *vpr* **4** gelar-se, congelar-se.
ge.la.ta [dʒel´ata] *sf* geada.
ge.la.tie.ra [dʒelat´jɛra] *sf* sorveteira.
ge.la.tie.re [dʒelat´jɛre] *sm* sorveteiro.
ge.la.ti.na [dʒelat´ina] *sf* gelatina. **gelatina esplosiva** dinamite.
ge.la.to [dʒel´ato] *sm* sorvete. • *agg* gelado, frio.
ge.li.do [dʒ´ɛlido] *agg* **1** *Lett* gélido, gelado, frio. **2** *fig* frígido, impassível.
ge.lo [dʒ´ɛlo] *sm* **1** frio intenso. **2** geada.
ge.lo.ne [dʒel´one] *sm* frieira.
ge.lo.si.a [dʒeloz´ia] *sf* **1** ciúme, possessividade. **2** *fig* inveja. **3** precisão, cuidado, meticulosidade. **4** temor, suspeita. **5** *Archit* veneziana.
ge.lo.so [dʒel´ozo] *agg* **1** ciumento, possessivo. **2** *fig* invejoso. **3** cuidadoso, meticuloso. **4** temeroso, receoso.
gel.sa [dʒ´ɛlsa] *sf Bot* amora.
gel.so [dʒ´ɛlso] *sm Bot* amoreira.
gel.so.mi.no [dʒelsom´ino] *sm Bot* **1** jasmim. **2** jasmineiro.
ge.mel.lo [dʒem´ɛllo] *sm* **1** gêmeo. **2** **Gemelli** *pl Astron, Astrol* Gêmeos. • *agg* **1** gêmeo. **2** semelhante, igual, parecido. **gemelli da polsini** abotoaduras.
ge.me.re [dʒ´ɛmere] *vi* gemer, choramingar, lamentar-se. *gemere di dolore* / gemer de dor.
ge.mi.na.re [dʒemin´are] *vt* **1** *Archit, Bot* geminar, emparelhar. **2** *Lett* dobrar, duplicar.
ge.mi.no [dʒ´ɛmino] *agg* **1** *Archit, Bot* geminado, emparelhado. **2** *Lett* gêmeo, dobrado, duplicado.
ge.mi.to [dʒ´ɛmito] *sm Lett* gemido, lamento, pranto, suspiro.
gem.ma [dʒ´ɛmma] *sf* **1** *Min* gema, pedra preciosa. **2** *Bot* rebento, gomo. **3** *fig* querido, pessoa querida. **4** raridade, preciosidade.
gen.dar.me [dʒend´arme] *sm* **1** policial, gearda. **2** *fig* mulher mandona.
ge.ne.a.lo.gi.a [dʒenealodʒ´ia] *sf* genealogia.
ge.ne.a.lo.gi.co [dʒeneal´ɔdʒiko] *agg* genealógico.
ge.ne.ra.le [dʒener´ale] *sm Mil* general. • *agg* **1** geral, comum, coletivo. **2** genérico, vago. **in generale** em geral, geralmente. **le generali** *sf pl* ideias, princípios gerais.
ge.ne.ra.les.sa [dʒeneral´essa] *sf* **1** *Mil* generala. **2** *Rel* madre superiora, abadessa.
ge.ne.ra.liz.za.re [dʒeneraliddz´are] *vt* **1** generalizar, tornar geral. *vi* **2** generalizar, fazer generalizações.
ge.ne.ra.re [dʒener´are] *vt* **1** gerar: a) procriar. *generare dei figli* / gerar filhos. b) *fig* gerar, criar. *generare risorse* / gerar recursos. **2** *fig* causar, provocar. *questa notizia genera in noi timori inesplicabili* / esta notícia causa em nós temores inexplicáveis. *vpr* **3** gerar-se.
ge.ne.ra.to.re [dʒenerat´ore] *sm Elett* gerador.
ge.ne.ra.zio.ne [dʒenerats´jone] *sf* geração, descendência, estirpe.
ge.ne.re [dʒ´ɛnere] *sm* **1** gênero, tipo, classe, espécie. **2** modo, maneira, estilo. **3** *Comm* gênero, mercadoria, artigo. **4** *Gramm, Lett* gênero. **generi alimentari** gêneros alimentícios. **in genere** em geral.
ge.ne.ri.co [dʒen´ɛriko] *agg* genérico, geral.
ge.ne.ro [dʒ´ɛnero] *sm* genro.
ge.ne.ro.si.tà [dʒenerozit´a] *sf* **1** generosidade, bondade. **2** compreensão. **3** altruísmo.
ge.ne.ro.so [dʒener´ozo] *agg* **1** generoso, bondoso. **2** compreensivo, indulgente. **3** altruísta, desinteressado. **4** nobre. **5** *fig* forte. *un vino generoso* / um vinho forte.

G

6 fértil. *suolo generoso* / solo fértil. **7** vantajoso, proveitoso. *contratto generoso* / contrato vantajoso.

ge.ne.si [dʒ'ɛnezi] *sf* **1** *Lett* gênese, nascimento, formação. **2 Genesi** *Rel* o Gênese.

ge.ne.ti.ca [dʒen'ɛtika] *sf Biol* genética.

ge.ne.ti.co [dʒen'ɛtiko] *agg Biol* genético, hereditário, congênito.

gen.gi.va [dʒendʒ'iva] *sf Anat* gengiva.

ge.ni [dʒ'ɛni] *sm pl Biol* genes.

ge.nia.le [dʒen'jale] *agg* **1** genial, brilhante, original. **2** agradável, simpático.

ge.nio [dʒ'ɛnjo] *sm* **1** gênio. **2** inteligência rara. **3** pessoa muito inteligente. **4** engenho, talento extraordinário. **5** inclinação, índole, gosto. **6** *Rel* anjo da guarda. **7** *Mit* gênio, espírito.

ge.ni.ta.le [dʒenit'ale] *sm+agg Anat* genital.

ge.ni.to.re [dʒenit'ore] *sm Lett* **1** genitor, pai. **2 i genitori** *pl* os pais, pai e mãe.

gen.na.io [dʒenn'ajo] *sm* janeiro.

gen.ta.glia [dʒent'aλa] *sf disp* gentalha, ralé, plebe. Veja nota em **scoria**.

gen.te [dʒ'ɛnte] *sf* **1** gente. **2** nação, povo. **3** multidão. **4** parentes. **gente bassa** *disp* gentinha.

gen.til.don.na [dʒentild'ɔnna] *sf* dama, senhora.

gen.ti.le [dʒent'ile] *sm St* gentio, pagão. • *agg* **1** gentil, amável, cortês. **2** nobre. **3** delicado.

gen.ti.lez.za [dʒentil'ettsa] *sf* **1** gentileza, cortesia, amabilidade. **2** delicadeza, fineza. **3** favor, bondade.

gen.ti.luo.mo [dʒentil'wɔmo] *sm* cavalheiro, senhor.

ge.nui.no [dʒen'wino] *agg* **1** genuíno. **2** puro, verdadeiro, autêntico. **3** *fig* ingênuo, singelo.

ge.o.gra.fi.a [dʒeograf'ia] *sf* geografia.

ge.o.gra.fi.co [dʒeogr'afiko] *agg* geográfico.

ge.o.gra.fo [dʒe'ɔgrafo] *sm* geógrafo.

ge.o.lo.gi.a [dʒeolodʒ'ia] *sf* geologia.

ge.o.lo.gi.co [dʒeol'ɔdʒiko] *agg* geológico.

ge.o.lo.go [dʒe'ɔlogo] *sm* geólogo.

ge.o.me.tri.a [dʒeometr'ia] *sf* geometria.

ge.ra.nio [dʒer'anjo] *sm Bot* gerânio.

ge.rar.chi.a [dʒerark'ia] *sf* hierarquia.

ge.ren.te [dʒer'ɛnte] *sm* **1** gerente. **2** administrador.

ge.ren.za [dʒer'ɛntsa] *sf* **1** gerência. **2** administração.

ger.go [dʒ'ɛrgo] *sm* gíria, jargão.

ger.ma.ni.co [dʒerm'aniko] *sm+agg* germânico, alemão, da Alemanha.

ger.me [dʒ'ɛrme] *sm* **1** germe. **2** rebento. **3** *Poet* filho, descendente. **4** *fig* início. **5** causa. **germe patogeno** *Med* germe patogênico, micróbio.

ger.mi.na.re [dʒermin'are] *vi V germogliare*.

ger.mo.glia.re [dʒermoλ'are] *vi* **1** germinar, brotar, florescer. **2** *fig* originar-se, ter origem, nascer. **3** crescer. *Var: germinare*.

ger.mo.glio [dʒerm'ɔλo] *sm* **1** rebento, broto. **2** *fig* início, princípio. **3** causa, origem.

ge.ro.gli.fi.co [dʒerogl'ifiko] *sm* **1** hieróglifo. **2** *fig* escrita ilegível.

ge.ron.tro.fio [dʒerontr'ɔfjo] *sm* asilo de idosos.

ge.run.dio [dʒer'undjo] *sm Gramm* gerúndio.

ges.set.to [dʒess'etto] *sm dim* giz (para escrever).

ges.so [dʒ'ɛsso] *sm* **1** gesso. **2** *fig* obra em gesso.

ge.sta.zio.ne [dʒestats'jone] *sf* **1** gestação, gravidez. **2** *fig* preparação. **in gestazione** em preparação.

ge.sti.co.la.re [dʒestikol'are] *vi* gesticular.

ge.stio.ne [dʒest'jone] *sf* gestão, governo.

ge.sti.re [dʒest'ire] *vt* **1** gerir, governar. *vi* **2** fazer gestos, gesticular.

ge.sto [dʒ'ɛsto] *sm* (*pl* **i gesti**) **1** gesto, aceno. **2** comportamento, atitude, postura. **3 gesta** *sf pl* façanhas, feitos heroicos. **bel gesto** boa ação.

Ge.sù [dʒez'u] *sm Rel* Jesus. **Compagnia di Gesù** Companhia de Jesus. **Gesù Cristo** Jesus Cristo.

ge.su.i.ta [dʒezu'ita] *sm* **1** jesuíta. **2** *fig disp* hipócrita, mentiroso, fingido.

get.ta.re [dʒett´are] *vt* **1** jogar, lançar, arremessar. *i bambini gettavano sassi* / os meninos jogavam pedras. **2** jogar fora. **3** jorrar, esguichar. *la fontana getta molta acqua* / a fonte jorra muita água. **4** vazar, despejar metal fundido. **5** *Bot* brotar, germinar, florescer. **6** *fig* desperdiçar, esbanjar. **7** vender por menos. *vpr* **8** jogar-se, lançar-se. *gettarsi in terra* / jogar-se no chão. *si gettò in un'impresa* / ele se lançou numa empreitada. **9** desembocar. *il fiume si getta in mare* / o rio desemboca no mar. **10** confluir, terminar em.

get.ta.ta [dʒett´ata] *sf* **1** vazamento, despejo de metal fundido. **2** alcance (de tiro).

get.to [dʒ´ɛtto] *sm* **1** lançamento, arremesso, lance. **2** desperdício, esbanjamento. **3** jorro, esguicho. *getto di sangue* / jorro de sangue. **4** *Bot* rebento, broto. **5** vazamento, derramamento. **6** peça moldada.

get.to.ne [dʒett´one] *sm* **1** ficha telefônica. **2** ficha de jogo.

gher.mi.re [germ´ire] *vt* **1** agarrar, aferrar (usa-se para aves de rapina). *l'aquila ghermisce la preda* / a águia agarra a presa. **2** *fig* roubar, furtar, levar embora.

ghet.ta [g´etta] *sf* polaina.

ghet.to [g´etto] *sm* **1** gueto. **2** *fig* confusão.

ghiac.cia.io [gjattʃ´ajo] *sm* geleira.

ghiac.cia.re [gjattʃ´are] *vt* **1** congelar, gelar. *vi* **2** congelar, gelar. *vpr* **3** congelar-se, gelar-se.

ghiac.cio [g´jattʃo] *sm* **1** gelo. **2** frio excessivo. **3** *fig* insensibilidade, indiferença. **cuore di ghiaccio** *fig* coração de pedra. **ghiaccio secco** gelo seco. **rompere il ghiaccio** *fig* quebrar o gelo.

ghia.ia [g´jaja] *sf* pedregulho, seixo.

ghian.da [g´janda] *sf Bot* bolota, fruto do carvalho.

ghi.gliot.ti.na [giλott´ina] *sf* guilhotina.

ghiot.to [g´jɔtto] *sm* guloso, comilão, glutão. • *agg* **1** guloso, comilão, glutão. **2** gostoso, saboroso, apetitoso. **3** *fig* ávido, ansioso.

ghiot.to.ne.ri.a [gjottoner´ia] *sf* **1** gulodice, guloseima. **2** *fig* isca, engodo.

ghi.ri.biz.zo [girib´iddzo] *sm* capricho, extravagância.

ghi.ri.go.ro [girig´ɔro] *sm* **1** rabisco. **2** arabesco.

ghir.lan.da [girl´anda] *sf* guirlanda, grinalda.

gi [dʒ´i] *sf* gê, o nome da letra G. Veja nota em **j** (italiano).

già [dʒ´a] *avv* **1** já. **2** no passado, antigamente, outrora. **3** agora. **già!** pois é! é isso mesmo!

giac.ca [dʒ´akka] *sf* **1** paletó, casaco masculino. **2** jaqueta. **giacca a vento** agasalho. **giacca da sera** *smoking*.

giac.ché [dʒakk´e] *cong* já que, uma vez que. *preferisco riposare, giacché ho lavorato molto* / prefiro descansar, já que trabalhei muito.

giac.chet.ta [dʒakk´etta] *sf dim* jaqueta.

giac.chet.to [dʒakk´etto] *sm dim* jaqueta, casaquinho feminino.

giac.chet.to.ne [dʒakkett´one] *sm aum* jaquetão.

gia.cen.te [dʒatʃ´ɛnte] *agg* **1** jacente, que jaz. **2** colocado, situado. **3** deitado. **4** *fig* restante (correspondência). **5** não vendido. *merci giacenti* / mercadorias não vendidas.

gia.ce.re [dʒatʃ´ere] *vi* **1** jazer. **2** localizar-se, situar-se. **3** estar doente. **4** estar deprimido, abatido.

gia.ci.men.to [dʒatʃim´ento] *sm* **1** *Min* jazida, mina, filão, depósito. **2** estratificação.

gia.da [dʒ´ada] *sf Min* jade.

gia.gua.ro [dʒag´waro] *sm Zool* onça, jaguar.

gial.la.stro [dʒall´astro] *agg disp* amarelado.

gial.lo [dʒ´allo] *sm* amarelo. • *agg* **1** amarelo. **2** pálido, desbotado. **giallo d'uovo** gema de ovo.

giam.mai [dʒamm´aj] *avv* jamais, nunca.

giap.po.ne.se [dʒappon´eze] *s+agg* japonês.

gia.ra [dʒ´ara] *sf* jarra, jarro.

giar.di.nag.gio [dʒardin´addʒo] *sm* jardinagem.

giar.di.net.ta [dʒardin´etta] *sf dim* perua, automóvel de passeio.

G

giar.di.nie.ra [dʒardin'jɛra] *sf* jardineira: a) feminino de jardineiro. b) móvel para plantas. c) salada de legumes.
giar.di.nie.re [dʒardin'jɛre] *sm* jardineiro.
giar.di.no [dʒard'ino] *sm* jardim. **giardino botanico** jardim botânico. **giardino d'infanzia** jardim de infância, escola maternal. **giardino zoologico** jardim zoológico.
gib.bo.so [dʒibb'ozo] *agg* corcunda, encurvado.
gi.gan.te [dʒig'ante] *sm* **1** homenzarrão, grandalhão. **2** *Mit* gigante, titã. **3** *fig* gênio, astro.
gi.gan.te.sco [dʒigant'esko] *agg* **1** gigantesco, enorme, colossal. **2** poderoso, possante. Veja nota em **poderoso** (português).
gi.glio [dʒ'iʎo] *sm Bot* lírio.
gi.lè [dʒil'ɛ] *sm* **1** colete. **2** espartilho.
gim.ca.na [dʒimk'ana] *sf* gincana.
gi.ne.co.lo.gi.a [dʒinekolodʒ'ia] *sf* ginecologia.
gi.ne.pro [dʒin'epro] *sm Bot* gengibre.
gin.gil.la.re [dʒindʒill'are] *vi+vpr* **1** brincar, divertir-se. **2** perder tempo, adiar, protelar.
gin.gil.lo [dʒindʒ'illo] *sm* **1** penduricalho, badulaque. **2** brinquedo, passatempo. **3** ninharia, bagatela. **4** *fig* futilidade. **5** tolice, besteira.
gin.na.sio [dʒinn'azjo] *sm* ginásio, escola secundária.
gin.na.sta [dʒinn'asta] *s* **1** ginasta, atleta. **2** professor de ginástica. **3** *fig* acrobata, malabarista.
gin.na.sti.ca [dʒinn'astika] *sf* ginástica, educação física, atletismo. **ginnastica da camera** ginástica de salão. **ginnastica ritmica** ginástica rítmica.
gi.noc.chiel.lo [dʒinokkj'ɛllo] *sm dim Sp* joelheira.
gi.noc.chio [dʒin'ɔkkjo] *sm Anat* joelho.

Ginocchio tem dois plurais, um masculino, **i ginocchi**, e um feminino, **le ginocchia**.

gio.ca.re [dʒok'are] *vt+vi* **1** jogar, brincar. **2** *fig* zombar, gozar, brincar. **3** enganar, enrolar, iludir. **4** arriscar. *vpr* **5** enganar-se. **6** perder, desperdiçar. **giocare a** *Sp* jogar. **giocare a tennis** jogar tênis. **giocare una persona** enganar uma pessoa.
gio.cat.to.lo [dʒok'attolo] *sm* brinquedo, passatempo.
gio.chet.to [dʒok'etto] *sm dim* **1** joguinho, divertimento. **2** brincadeira de mau gosto, peça.
gio.co [dʒ'ɔko] *sm* **1** jogo. **2** brincadeira, divertimento, diversão, passatempo. **3** *fig* farsa, engano. **4** truque, artifício. **5** gracejo, graça. **6** *Mecc* molejo. **7** *Sp* partida, competição. **avere buon gioco** ter esperança. **casa di gioco** cassino, casa de jogo. **gioco a premio/ gioco di azzardo** jogo de azar. **gioco di parole** trocadilho, jogo de palavras. *Var: giuoco.*
gio.co.lie.re [dʒokol'jɛre] *sm* **1** prestidigitador. **2** malabarista.
gio.co.so [dʒok'ozo] *agg* **1** jocoso, engraçado, divertido. **2** humorístico, burlesco. **3** *Mus* cômico.
gio.ia [dʒ'ɔja] *sf* **1** alegria, felicidade. **2** joia. **3** pedra preciosa. **4** *fam* amorzinho, querido.
gio.iel.le.ri.a [dʒojeller'ia] *sf* joalheria.
gio.iel.lie.re [dʒojell'jɛre] *sm* joalheiro.
gio.iel.lo [dʒo'jɛllo] *sm* **1** joia. **2** *fig* obra de arte, obra-prima, maravilha. **3** orgulho.
gio.io.so [dʒo'jozo] *agg* alegre, feliz.
gio.i.re [dʒo'ire] *vi* **1** alegrar-se. *la gente gioisce di poter ritornare al paese* / a gente se alegra de poder voltar ao país. **2** gozar, usufruir. *gioire delle piccole cose della vita* / gozar das pequenas coisas da vida.
gior.na.la.io [dʒornal'ajo] *sm* jornaleiro.
gior.na.le [dʒorn'ale] *sm* **1** jornal, noticiário, diário. **2** redação, sede do jornal. **3** *Comm* livro diário. **giornale di bordo** *Naut* diário de bordo.
gior.na.lie.ro [dʒornal'jɛro] *agg* **1** diário, cotidiano. **2** diurno. **3** moderno, recente, atualizado.
gior.na.li.smo [dʒornal'izmo] *sm* jornalismo.
gior.na.lis.ta [dʒornalista] *s* jornalista.
gior.na.ta [dʒorn'ata] *sf* **1** jornada. **2**

trabalho de um dia. **3** caminho, marcha. **4** dia. **5** diária, salário de um dia. **6** *Mil* jornada, expedição militar. Veja nota em **dia**.

gior.no [dʒ'orno] *sm* **1** dia. **2** jornada. **3** *fig* tempo. **4** **giorni** *pl* época. **ai miei giorni** no meu tempo. **al giorno d'oggi** nos dias de hoje. **buon giorno!** bom dia! **che giorno è oggi?** que dia é hoje? **di giorno in giorno** dia após dia. **essere a giorno** estar bem informado. **giorno dei morti** dia de finados. **giorno feriale** dia útil. **giorno festivo** feriado. **tenere a giorno** manter-se bem informado. Veja nota em **dia**.

gio.va.ne [dʒ'ovane] *s* **1** jovem. **2** moça, mocinha. **3** moço, rapaz. **4** aprendiz, auxiliar. • *agg* **1** jovem, novo. **2** solteiro. **3** *fig* imaturo. **4** ingênuo. **5** imprudente. **6** recente, novo, atual. **7** *pop* na moda. **giovane esploratore** escoteiro. **giovane esploratrice** bandeirante. *Var: giovine*.

gio.va.nez.za [dʒovan'ettsa] *sf* **1** juventude, adolescência. **2** *fig* inocência, ingenuidade. *Var: giovinezza*.

gio.va.ni.le [dʒovan'ile] *agg* **1** juvenil. **2** *fig* ativo, dinâmico. **3** forte, vigoroso. **4** fresco, exuberante. **5** prático, casual. *abito giovanile* / roupa casual. **6** inocente, ingênuo. **7** novo. *sensazione giovanile* / sensação nova. **8** lúcido, bem-conservado. *il nonno è ancora una persona giovanile* / o vovô ainda é uma pessoa lúcida.

gio.va.not.to [dʒovan'ɔtto] *sm* **1** rapaz, adolescente, jovem. **2** *fig* aprendiz, auxiliar.

gio.va.re [dʒov'are] *vt* **1** ajudar, auxiliar. **2** favorecer. **3** servir. *vi* **4** ser favorável, ser útil. *giova sapere lingue straniere* / é útil saber línguas estrangeiras. *vpr* **5** servir--se de. *giovarsi di qualcosa* / servir-se de algo. **6** ajudar-se mutuamente.

gio.ve.dì [dʒoved'i] *sm* **1** quinta-feira. **2** *pop* quinta.

gio.ven.co [dʒov'ɛnko] *sm* novilho, bezerro.

gio.ven.tù [dʒovent'u] *sf* **1** juventude, adolescência. **2** *fig pop* a juventude, os jovens em geral.

gio.via.le [dʒov'jale] *agg* **1** jovial, alegre. **2** amável, cordial.

gio.vi.ne [dʒ'ovine] *s+agg V giovane*.

gio.vi.nez.za [dʒovin'ettsa] *sf V giovanezza*.

gi.ra.ca.po [dʒirak'apo] *sm* vertigem, tontura.

gi.ra.di.schi [dʒirad'iski] *sm* **1** toca-discos. **2** vitrola.

gi.raf.fa [dʒir'affa] *sf Zool* girafa.

gi.ran.do.la [dʒir'andola] *sf* **1** cata-vento (brinquedo). **2** *fig* pessoa volúvel.

gi.ra.re [dʒir'are] *vt* **1** girar, rodar. **2** mover, deslocar, inverter. **3** filmar. **4** *Comm* endossar. *vi* **5** girar, circular, passear, vaguear. **6** desviar. **girare il mondo** conhecer o mundo. **girarsi la testa** ter vertigem.

gi.ra.so.le [dʒiras'ole] *sm Bot* girassol.

gi.ra.ta [dʒir'ata] *sf* **1** giro. **2** passeio, excursão. **3** vaivém. **4** *Comm* endosso. **5** *fig* volta.

gi.rel.la [dʒir'ɛlla] *sf* **1** pião. **2** *Mecc* roldana, polia. **3** *fig* vira-casaca.

gi.ri.go.go.lo [dʒirig'ɔgolo] *sm* **1** rabisco. **2** enfeite extravagante. **3** *fig* conversa fiada.

gi.ri.no [dʒir'ino] *sm Zool* girino.

gi.ro [dʒ'iro] *sm* **1** giro, rotação, volta. **2** círculo, órbita. **3** desvio, conversão. **4** passeio, excursão, viagem. **5** rotação por minuto (nos discos). **6** *Sp* volta. **7** circuito para corrida. **8** *fig* arco, ciclo. **9** campo, ramo, setor. **10** ambiente. **11** grupo. *lui è del nostro giro* / ele é do nosso grupo. **in giro** a) em torno, ao redor. *guardarsi in giro* / olhar ao redor. b) um depois do outro. **prendere in giro** zombar de.

gi.ro.va.ga.re [dʒirovag'are] *vi* vagabundear, errar.

gi.ro.va.go [dʒir'ɔvago] *sm+agg* **1** vagabundo, errante, nômade. **2** cigano.

gi.ta [dʒ'ita] *sf* **1** passeio, excursão. **2** visita.

gi.ta.no [dʒit'ano] *sm+agg* cigano da Espanha.

giù [dʒ'u] *avv* **1** abaixo, embaixo. **2** no fundo. **dare giù/andare giù** decair. **giù di lì** por ali, ali perto. **mandare giù** a) engolir. b) *fig* tolerar. **porre giù** depor, colocar. **su per giù** aproximadamente, mais ou menos. **un po'giù** deprimido.

giub.ba [dʒ´ubba] *sf* **1** paletó, jaqueta. **2** *Zool* juba do leão.

giu.bi.la.re [dʒubil´are] *vt* **1** aposentar, jubilar. **2** dispensar, isentar, exonerar. *vi* **3** alegrar-se, ficar contente, regozijar-se.

giu.bi.le.o [dʒubil´ɛo] *sm* **1** jubileu. **2** bodas.

giu.bi.lo [dʒ´ubilo] *sm* júbilo, contentamento.

giuc.co [dʒ´ukko] *sm+agg* tonto, bobo.

giu.dai.co [dʒud´ajko] *agg* judaico.

giu.de.o [dʒud´ɛo] *sm+agg* judeu, hebreu, israelita.

giu.di.ca.re [dʒudik´are] *vt* **1** julgar, crer, pensar. **2** considerar, examinar, avaliar. **3** definir, diagnosticar. **4** decidir, resolver.

giu.di.ce [dʒ´uditʃe] *sm* juiz, árbitro.

giu.di.zia.le [dʒudits´jale] *agg* judicial.

giu.di.zia.rio [dʒudits´jarjo] *agg* judiciário.

giu.di.zio [dʒud´itsjo] *sm* **1** juízo. **2** discernimento, critério. **3** bom senso, sensatez, razão. **4** opinião, parecer. **5** *Giur* veredicto, sentença. **bel giudizio!/che giudizio!** *iron* que estupidez! que loucura! **Giorno del Giudizio** *Rel* Dia do Juízo Final. **il Giudizio Finale/Universale** *Rel* o Juízo Final.

giu.gno [dʒ´uño] *sm* junho.

giu.gu.la.re [dʒugul´are] *agg Anat* jugular.

giu.li.vo [dʒul´ivo] *agg* **1** alegre, contente, feliz. **2** entusiasmado, vivo, vivaz, radiante.

giul.la.re [dʒull´are] *sm* **1** menestrel, trovador. **2** bobo da corte, bufão.

giu.men.to [dʒum´ento] *sm* jumento, besta.

giun.co [dʒ´unko] *sm Bot* junco. **giunco d'India/canna d'India** cana-da-índia.

giun.ge.re [dʒ´undʒere] *vt* **1** alcançar. *la donna corse, ma non riesce a giungere il gruppo* / a mulher correu, mas não conseguiu alcançar o grupo. **2** unir, juntar. **3** pegar, agarrar. **4** surpreender. **5** golpear, atingir. *vi* **6** chegar. *giungeva la notte* / chegava a noite. **7** chegar a, alcançar. *giungere in una città sconosciuta* / chegar a uma cidade desconhecida. *giungere in una condizione di sicurezza* / chegar a uma condição de segurança. Veja nota em **atingir**.

giun.ta [dʒ´unta] *sf* **1** *Anat* junta, articulação. **2** *Comm* acréscimo. **3** *Pol* junta, reunião. **alla prima giunta** num primeiro momento.

giun.ta.re [dʒunt´are] *vt* juntar, ligar, unir.

giun.to [dʒ´unto] *sm Mecc* junta, conexão de tubos etc. • *agg* **1** alcançado. **2** unido, junto, acrescentado. **3** pego, agarrado. **4** atingido.

giuo.co [dʒ´wɔko] *sm V gioco.*

giu.ra.men.to [dʒuram´ento] *sm* juramento, promessa solene. **dare il giuramento** obrigar a jurar.

giu.ra.re [dʒur´are] *vt* **1** jurar. *vi* **2** jurar. **3** *Giur* prestar juramento.

giu.ra.to [dʒur´ato] *sm Giur* jurado. • *agg* **1** jurado, prometido. **2** juramentado. **traduttore giurato** tradutor juramentado.

giu.ri.a [dʒur´ia] *sf* (anche *Giur*) júri.

giu.ri.di.co [dʒur´idiko] *agg* jurídico, da lei.

giu.ri.sdi.zio.ne [dʒurizdits´jone] *sf* **1** *Giur* jurisdição, competência. **2** âmbito, campo de ação.

giu.ri.spru.den.za [dʒurisprud´ɛntsa] *sf Giur* jurisprudência.

gius [dʒ´us] *sm Lett* jus, direito.

giu.sta.por.re [dʒustap´or̄e] *vt* **1** justapor, aproximar, sobrepor. **2** comparar, confrontar.

giu.sti.fi.ca.zio.ne [dʒustifikats´jone] *sf* **1** justificação, justificativa. **2** desculpa, defesa.

giu.sti.fi.ca.re [dʒustifik´are] *vt* **1** justificar. **2** esclarecer, explicar. **3** defender. **4** desculpar, relevar. *vpr* **5** justificar-se, desculpar-se, provar a própria inocência.

giu.sti.zia [dʒust´itsja] *sf* **1** justiça. **2** *fig* tribunal, corte de justiça. **giustizia sommaria** julgamento sumário. **rendere giustizia** ministrar justiça.

giu.sto [dʒ´usto] *sm* **1** justiça, retidão. **2** valor real. **3** *fig* justo, pessoa justa. • *agg* **1** justo, imparcial, correto. **2** exato, preciso. **3** adequado, apropriado. • *avv* justamente, exatamente.

gla.cia.le [glatʃ´ale] *agg* glacial. *fig* excessivamente frio. **accoglienza glaciale** recepção fria.
gla.dia.to.re [gladjat´ore] *sm St* gladiador.
glan.de [gl´ande] *sm Anat* glande.
glan.du.la [gl´andola] *sf Anat* glândula. **glandule endocrine** glândulas endócrinas. **glandule lacrimali, mammarie, salivari, gastriche** glândulas lacrimais, mamárias, salivares, gástricas. **glandule surrenali** glândulas suprarrenais.
glan.du.la.re [glandul´are] *agg Anat* glandular.
glau.co.ma [glawk´ɔma] *sm Med* glaucoma.
gli [λ´i] *art det m pl* os. *gli specchi* / os espelhos. *gli uomini* / os homens. • *pron m sing* lhe, a ele.

O artigo definido **gli** é escrito **gl'** antes de palavras que começam com a vogal **i**. *gl'ingegneri* / os engenheiros. Veja outra nota em **os**.
O pronome **gli** representa o objeto indireto do verbo: *Maria gli scrisse una lettera* / Maria escreveu uma carta para ele. Quando precede imediatamente os pronomes **lo, la, li, le, ne**, liga-se a eles, transformando-se em **glie**. *Maria gli diede un regalo* / Maria deu um presente para ele. Mas: *Maria glielo diede* / Maria o deu para ele.

gli.ce.ri.na [glitʃer´ina] *sf Chim* glicerina.
gli.co.sio [glik´ɔzjo] *sm V glucosio*.
glo.ba.le [glob´ale] *agg* **1** global, de globo. **2** *fig* universal, geral, total.
glo.bo [gl´ɔbo] *sm* **1** globo, esfera, bola. **2** *Aer* balão. **3** *fig* mundo, terra. **globo dell'occhio** globo ocular. **globo terraqueo** globo terrestre, usado nas escolas etc. **globo terrestre** o planeta Terra.
glo.bu.lo [gl´ɔbulo] *sm dim* **1** globinho, globo pequeno. **2** *Anat* glóbulo. **globulo bianco** glóbulo branco. **globulo rosso** glóbulo vermelho.
glo.me.ri.de [glom´eride] *sf Zool* tatuzinho.
glo.ria [gl´ɔrja] *sf* **1** glória. **2** fama, celebridade. **3** *fig* glória, ação gloriosa. **4** personagem ilustre.
glo.riar.si [glor´jarsi] *vpr* vangloriar-se, gabar-se.
glo.ri.fi.ca.re [glorifik´are] *vt* **1** glorificar, louvar, exaltar. **2** *Rel* beatificar. *vpr* **3** vangloriar-se, gabar-se. **4** tornar-se glorioso.
glo.rio.so [glor´jozo] *agg* glorioso, honroso.
glos.sa.rio [gloss´arjo] *sm* **1** glossário, dicionário, léxico. **2** nomenclatura.
glot.ti.de [gl´ɔttide] *sf Anat* glote.
glot.to.lo.gi.a [glottolodʒ´ia] *sf Ling* glotologia, linguística.
glu.co.sio [gluk´ɔzjo] *sm Quim, Biol* glicose, glucose. *Var: glicosio.*
glu.tei [gl´utej] *sm pl Anat* glúteos.
glu.ti.ne [gl´utine] *sm Chim* glúten.
gnau.la.re [ñawl´are] *vi* miar.
gnoc.co [ñ´ɔkko] *sm* **1** nhoque. **2** *fig* bobo, tolo.
gno.mo [ñ´ɔmo] *sm Mit* gnomo, espírito.
gnor.ri [ñ´ɔr̄i] *sm fam* apenas em **fare lo gnorri** fazer-se de miguel, fingir não compreender.
gob.ba [g´ɔbba] *sf* **1** corcunda. **2** corcova. *le gobbe del cammello* / as corcovas do camelo. **3** elevação, protuberância.
gob.bo [g´ɔbbo] *sm+agg* corcunda.
goc.cia [g´ottʃa] *sf* **1** gota, pingo. **2** pingente. **3** brinco. **a goccia a goccia** pouco a pouco, aos poucos. **a goccia a goccia s'incava anche la pietra** água mole em pedra dura, tanto bate até que fura.
goc.cia.re [gottʃ´are] *vi V gocciolare*.
goc.cio.la.re [gottʃol´are] *vi* gotejar, pingar. *Sin: gocciare.*
goc.cio.la.to.io [gottʃolat´ojo] *sm Archit* goteira, telha do beiral.
go.de.re [god´ere] *vt* **1** gozar, ter, possuir. *godere la protezione di qualcuno* / gozar da proteção de alguém. *vt, vi+vpr* **2** gozar, gozar de, aproveitar, beneficiar-se de. *godere di una lunga vita* / gozar de uma vida longa. *godersi la propria libertà* / gozar a própria liberdade. *godere la vita* / gozar a vida. *vi* **3** gozar, ter prazer. **4** divertir-se, alegrar-se. *vpr* **5** divertir-se. **6** saborear, provar.
go.di.bi.le [god´ibile] *agg* **1** agradável. **2** divertido.

G

go.di.men.to [godim´ento] *sm* **1** gozo, prazer. **2** posse, uso, usufruto.

gof.fo [g´ɔffo] *agg* **1** grosseiro, deselegante. **2** insosso. **3** *fig* incapaz, inábil. **4** desleixado.

go.gna [g´oña] *sf fig* berlinda. **mettere alla gogna** colocar na berlinda, expor às críticas.

go.la [g´ola] *sf* **1** tubo, cano. **2** *Anat* garganta. **3** *pop* goela. **4** *Rel* gula. **5** *Geogr* garganta, desfiladeiro. **6** *fig* cobiça, avidez. **7** guloseima.

golf [g´ɔlf] *sm ingl* **1** pulôver, malha. **2** *Sp* golfe.

gol.fo [g´olfo] *sm Geogr* golfo.

go.lo.si.tà [golozit´a] *sf* **1** gula, gulodice. **2** guloseima.

go.lo.so [gol´ozo] *agg* **1** guloso, comilão, glutão. **2** *fig* ávido, voraz.

go.mi.ta.ta [gomit´ata] *sf* cotovelada. **fare alle gomitate** abrir caminho à força.

go.mi.to [g´ɔmito] *sm* **1** curva, volta. *i gomiti del fiume, della strada* / as curvas do rio, da estrada. **2** esquina. **3** braço de mar. **4** *Anat* cotovelo.

go.mi.to.lo [gom´itolo] *sm* novelo, fio enrolado.

gom.ma [g´omma] *sf* **1** goma, borracha, seiva de certas plantas. **2** pneu. **3** borracha de apagar. **gomma arabica** goma-arábica. **gomma da masticare** ou apenas **gomma** chiclete, goma de mascar.

gon.do.la [g´ondola] *sf* gôndola, embarcação típica de Veneza.

gon.do.lie.re [gondol´jɛre] *sm* gondoleiro.

gon.fa.lo.ne [gonfal´one] *sm* **1** bandeira, estandarte. **2** *fig* símbolo. **3** insígnia, emblema.

gon.fa.lo.nie.re [gonfalon´jɛre] *sm* porta-bandeira, porta-estandarte.

gon.fia.re [gonf´jare] *vt* **1** inchar, intumescer, dilatar. **2** encher (pneu). **3** *fig* exagerar. **4** aborrecer, importunar. *vi* **5** inchar, intumescer, dilatar. **6** encher (rio, maré). *vpr* **7** inchar-se, intumescer-se. **8** *fig* envaidecer-se.

gon.fio [g´onfjo] *sm* inchaço, inchação, intumescimento. • *agg* **1** inchado. **2** *fig* fútil, vazio, vão. **3** orgulhoso, arrogante.

gon.fio.re [gonf´jore] *sm* **1** inchaço, inchação, intumescimento. **2** *Med* tumor.

gong [g´ɔng] *sm Mus* gongo.

gon.go.la.re [gongol´are] *vi* alegrar-se, contentar-se, regozijar-se.

gon.na [g´ɔnna] *sf* saia. *Sin: gonnella.*

gon.nel.la [gonn´ɛlla] *sf V gonna.*

gon.nel.li.na [gonnell´ina] *sf* **1** saiote, saia curta. **2** vestido de bebê.

go.nor.re.a [gonor̄´ɛa] *sf Med* gonorreia, blenorragia.

gon.zo [g´ɔntso] *agg* crédulo, ingênuo, tolo.

gor.gheg.gia.re [gorgeddʒ´are] *vi* **1** gorjear. **2** *fig* cantar.

gor.gheg.gio [gorg´eddʒo] *sm* **1** gorjeio. **2** *fig* canto.

gor.gon.zo.la [gorgonddz´ola] *sm* gorgonzola.

go.ril.la [gor´illa] *sf* **1** *Zool* gorila. **2** *fig* guarda-costas. **3** capanga. **4** *ger* gorila.

go.ti.co [g´ɔtiko] *agg* gótico. **carattere gotico** letra gótica.

got.ta [g´otta] *sf Med* gota.

go.ver.na.le [govern´ale] *sm Naut* **1** timão. **2** timoneiro.

go.ver.nan.te [govern´ante] *s+agg* governante. • *sm* **1** *Naut* timoneiro. *sf* **2** governanta.

go.ver.na.re [govern´are] *vt* **1** governar. **2** conduzir, guiar. **3** dirigir, administrar. **4** suavizar, moderar. **5** adubar. **6** *Naut* dirigir o timão. *vpr* **7** conter-se, dominar-se. **8** regular-se.

go.ver.no [gov´ɛrno] *sm* **1** governo. **2** condução, guia. **3** direção, administração. **4** os governantes. **5** o Estado.

goz.zo [g´ɔttso] *sm* **1** *Anat* papo. **2** *Zool* papo das aves. **3** *pop* goela, garganta. **4** *Med* papo. Veja nota em **papo**.

goz.zo.vi.glia [gottsov´iλa] *sf* **1** comilança. **2** festança, orgia.

grac.chia [gr´akkja] *sf* gralha fêmea.

grac.chio [gr´akkjo] *sm* **1** grasnido. **2** *Zool* gralha macho.

grac.chia.re [grakk´jare] *vi* grasnar, crocitar.

gra.ci.da.re [gratʃid´are] *vi* **1** coaxar. **2** *fig* tagarelar, falar coisas sem importância.

gra.ci.le [gr'atʃile] *agg* delgado, magro, fino.
gra.da.zio.ne [gradats'jone] *sf* **1** gradação. **2** *Pitt* esfumatura. **gradazione alcolica** teor alcoólico.
gra.de.vo.le [grad'evole] *agg* agradável, gostoso, aprazível.
gra.di.na.ta [gradin'ata] *sf* escada, escadaria.
gra.di.no [grad'ino] *sm* **1** degrau. **2** *fig* etapa.
gra.di.re [grad'ire] *vt* **1** aceitar, receber com agrado. *gradisci un bicchiere di vino?* / você aceita um copo de vinho? **2** agradar. **3** apreciar, prezar. *il cane gradisce la carne* / o cachorro aprecia a carne. *vi* **4** agradar. *questa festa non mi gradisce* / esta festa não me agrada.
gra.do [gr'ado] *sm* **1** grau. **2** gênero, espécie. **3** estado, situação. **4** cargo, encargo. **5** agrado, prazer, satisfação. **6** *Mil* posto, grau. **7** *Fis, Mat* grau. **cugino in primo grado** primo em primeiro grau. **di buon grado** de bom grado, de boa vontade, espontaneamente, por vontade própria. **equazione di primo grado** equação de primeiro grau. **essere in grado di** estar em condições de.
gra.du.a.re [gradu'are] *vt* graduar.
gra.dua.zio.ne [gradwats'jone] *sf* **1** graduação. **2** promoção de cargo.
graf.fa [gr'affa] *sf* **1** garra, unha de felino. **2** colchete, parêntese (sinal tipográfico). **3** grampo, para prender papel, caixas de papelão. **4** gancho. Veja nota em **grampo**.
graf.fia.re [graff'jare] *vt* **1** arranhar, unhar. **2** *fig* ofender levemente. **3** roubar, afanar.
graf.fio [gr'affjo] *sm* arranhão.
gra.fi.co [gr'afiko] *sm* gráfico, diagrama, desenho. • *agg* gráfico. **arti grafiche** artes gráficas.
gra.fi.te [graf'ite] *sf Min* grafite.
gra.fo.lo.gi.a [grafolodʒ'ia] *sf* grafologia.
gra.gnuo.la [grañ'wɔla] *sf* **1** granizo. **2** *pop* chuva de pedra. **3** *fig* chuva, grande quantidade.
gra.mi.gna [gram'iña] *sf Bot* grama, capim.
gram.ma.ti.ca [gramm'atika] *sf* gramática.
gram.ma.ti.ca.le [grammatik'ale] *agg* gramatical.
gram.mo [gr'ammo] *sm* grama, unidade de medida de massa.
gram.mo.fo.no [gramm'ɔfono] *sm* **1** toca-discos. **2** vitrola.
gra.na.di.glia [granad'iλa] *sf Bot* maracujá.
gra.na.io [gran'ajo] *sm* celeiro.
gra.na.ta [gran'ata] *sf* **1** vassoura. **2** *Mil* granada. **granata a mano** granada de mão.
gra.na.to [gran'ato] *sm Bot* **1** romã. **2** romãzeira. **3** *Min* granada.
gran.cas.sa [grank'assa] *sf* **1** *Mus* bumbo, zabumba, tambor grande. **2** *fig* alarde, barulho.
gran.chio [gr'ankjo] *sm* **1** garra (de um instrumento). **2** unha do martelo. **3** *Zool* caranguejo (marinho ou de rio). **4** *Med* cãibra. **5** *fig* erro, engano. **pigliare un granchio** errar, enganar-se.
gran.dac.cio [grand'attʃo] *sm fam disp* grandalhão, brutamontes, pessoa grande e tola.
gran.de [gr'ande] *agg* **1** grande, extenso, vasto. **2** excelente. **3** respeitável, importante. **4** brilhante, genial (ideia). **5** abundante, considerável (quantidade). **6** adulto, maduro. **7** famoso, ilustre, renomado. **8** nobre, alto, elevado.
gran.deg.gia.re [grandeddʒ'are] *vi* **1** sobrepujar, sobressair. **2** *fig* dominar. **3** ser generoso.
gran.dez.za [grand'ettsa] *sf* **1** grandeza. **2** excelência, superioridade. **3** *Fis, Mat* grandeza, medida, extensão. **grandezza d'animo** generosidade, magnanimidade.
gran.di.na.re [grandin'are] *vi* chover ou cair granizo, granizar.
gran.di.ne [gr'andine] *sf* **1** granizo. **2** *fig* chuva, grande quantidade.
gran.dio.so [grand'jozo] *agg* **1** grandioso, imponente, pomposo, magnífico. **2** orgulhoso.
gra.nel.lo [gran'ɛllo] *sm dim* **1** grão. *granelli di frumento, di granturco* / grãos de trigo, de milho. **2** semente de fruta. **3** *fig* ninharia.

G

gran.fia [gr´anfja] *sf* **1** garra de ave. **2** *fig* avarento, sovina. **3** *pop* pão-duro, mão de vaca.

gran.fia.ta [granf´jata] *sf* unhada, arranhão.

gra.ni.to [gran´ito] *sm Min* granito. • *agg* **1** granuloso, granulado. **2** *fig* desenvolvido.

gra.no [gr´ano] *sm* **1** trigo. **2** grão. **3** semente de aveia. **4** pitada. **5** *fig* um pouquinho, uma pequena quantia. **grano turco** *V granturco*.

gran.tur.co [grant´urko], **grano turco** *sm* milho.

gra.nu.la.re [granul´are] *vt+agg* granular.

gra.nu.lo [gr´anulo] *sm* grânulo, pequeno grão.

grap.pa [gr´appa] *sf* **1** bebida alcoólica, aguardente. **2** colchete (sinal tipográfico).

grap.po.lo [gr´appolo] *sf Bot* cacho. *grappolo d'uva, di fiori* / cacho de uva, de flores.

gras.sez.za [grass´ettsa] *sf* **1** gordura, obesidade. **2** *fig* opulência. **3** fertilidade.

gras.so [gr´asso] *sm* **1** gordura. **2** obesidade. **3** banha. **4** mancha de gordura. **5** alimento gordo. **6** *Mecc, Autom* graxa, lubrificante. **7** *fam* gordo. **8** *fig* abundância, opulência. **9** região mais rica de uma cidade, de um país etc. • *agg* **1** gordo. **2** gorduroso. **3** *fig* rico, opulento, abastado. **4** fértil, abundante. **5** denso, espesso. **6** grosso, estúpido. **7** desbocado, obsceno. **8** significativo. *guadagno grasso* / ganho significativo. **9** vantajoso. *un negozio grasso* / um negócio vantajoso. **fare grasse risate** dar boas risadas, rir com gosto.

gras.soc.cio [grass´ɔttʃo] *agg* gorducho, gordinho. *Var: grassotto*.

gras.sot.to [grass´ɔtto] *agg V grassoccio*.

gra.ta [gr´ata] *sf* grade.

gra.ti.fi.ca.re [gratifik´are] *vt* **1** gratificar. **2** recompensar, premiar. **3** *pop* dar gorjeta.

gra.ti.fi.ca.zio.ne [gratifikats´jone] *sf* **1** gratificação. **2** *pop* gorjeta, caixinha.

gra.tis [gr´atis] *avv* grátis, de graça.

gra.ti.tu.di.ne [gratit´udine] *sf* gratidão, agradecimento, reconhecimento.

gra.to [gr´ato] *agg* **1** grato, agradecido. **2** agradável, gostoso, aprazível. **3** aceito **4** benévolo.

grat.ta.ca.po [grattak´apo] *sm fam* **1** dor de cabeça, preocupação. **2** incômodo chateação.

grat.ta.cie.lo [grattatʃ´ɛlo] *sm* arranha--céu.

grat.ta.re [gratt´are] *vt* **1** arranhar, raspar. **2** coçar. **3** *fig* elogiar, lisonjear. **4** provocar, estimular. *vpr* **5** arranhar-se. **grattare uno strumento** arranhar um instrumento. **grattarsi in testa** *pop* quebrar a cabeça. **grattarsi la pancia** ficar ocioso.

gra.tu.i.to [grat´uito] *agg* **1** gratuito, de graça. **2** dado. **3** sem motivo.

gra.va.me [grav´ame] *sm* **1** peso. **2** imposto. **3** *Giur* gravame. **4** *Comm* encargo, ônus.

gra.va.re [grav´are] *vt* **1** pesar, deixar mais pesado. **2** acusar. **3** onerar, taxar. *vi* **4** pesar. **5** *fig* perturbar, importunar. *vpr* **6** sobrecarregar-se.

gra.ve [gr´ave] *sm* **1** situação grave. **2** *Mus* grave. • *agg* **1** pesado. **2** grave. **3** carregado. **4** profundo. **5** *fig* digno, nobre. **6** importante. **7** respeitável, fidedigno. **8** doloroso, aflitivo. **9** perigoso, arriscado. **10** preguiçoso, lento. **accento grave** *Gramm* acento grave. **età grave** idade avançada.

gra.vi.dan.za [gravid´antsa] *sf* gravidez, gestação.

gra.vi.do [gr´avido] *agg* **1** carregado, cheio. **2** **gravida** grávida. *donna gravida* / mulher grávida. **3** prenhe. *cavalla gravida* / égua prenhe. **panino gravido** sanduíche.

gra.vi.tà [gravit´a] *sf* **1** gravidade, peso. **2** importância. **3** *Fis* força da gravidade. **4** *fig* dor. **5** compostura, comedimento.

gra.vi.ta.re [gravit´are] *vi* **1** pesar, ficar pesado. **2** *Fis* gravitar. **3** *fig* seguir, ir na direção de.

gra.vi.ta.zio.ne [gravitatsj´one] *sf* gravitação. **gravitazione universale** gravitação universal.

gra.vo.so [grav´ozo] *agg* **1** pesado, oneroso, gravoso. **2** cansativo. **3** *fig* enfadonho. **4** severo.

gra.zia [gr´atsja] *sf* **1** graça, beleza, leveza,

elegância. **2** agradecimento, reconhecimento. **3** simpatia, estima. **4** favor, auxílio. **5** educação, gentileza. **6** buquê (do vinho). **7** *Rel* graça, benevolência divina. **8** *Giur* indulto, perdão, misericórdia. **colpo di grazia** a) golpe de misericórdia. b) *fig* golpe decisivo. **di grazia** de graça, grátis. **grazie!** obrigado! **grazie a** graças a, com a ajuda de, por intermédio de. **grazie di tutto!** obrigado por tudo! **tante grazie!** muito obrigado!

gra.zia.re [grats'jare] *vt* **1** perdoar, desculpar, absolver. *graziare il reo* / absolver o réu. **2** conceder, dar.

gra.zio.so [grats'jozo] *agg* **1** gracioso, leve. **2** simpático, amável. **3** agradecido, grato. **4** gratuito.

gre.co [gr'ɛko] *sm+agg* grego.

greg.ge [gr'eddʒe] *sm* **1** rebanho. **2** vara de porcos. **3** *fig* a massa.

greg.gio [gr'eddʒo] *agg* **1** bruto, grosseiro. **2** virgem, cru. **3** natural, primitivo. **4** mal-educado, despreparado. *una persona greggia* / uma pessoa mal-educada. **materia greggia** matéria-prima. **zucchero greggio** açúcar mascavo. *Var: grezzo.*

grem.biu.le [gremb'jule] *sm* avental.

grem.bo [gr'ɛmbo] *sm* **1** colo. **2** seio. **in grembo della famiglia** no seio da família.

gre.mi.re [grem'ire] *vt* **1** encher. *vpr* **2** encher-se.

grep.pia [gr'eppja] *sf* manjedoura. **la greppia dello Stato** *fig, iron* as tetas do governo.

gret.tez.za [grett'ettsa] *sf* **1** mesquinharia, avareza, mesquinhez. **2** *fig* baixeza, vileza.

gret.to [gr'etto] *agg* **1** mesquinho, avarento, sovina, avaro. **2** *fig* miserável. **3** estreito, apertado.

grez.zo [gr'eddzo] *agg V greggio.*

gri.dac.chia.re [gridakk'jare] *vi* ralhar.

gri.da.re [grid'are] *vt* **1** gritar. **2** apregoar. **3** *Lett* celebrar, louvar, aclamar. *vi* **4** gritar, bradar. **5** *fig* ralhar. **6** xingar. **gridare ai quattro venti** gritar aos quatro ventos.

gri.da.ta [grid'ata] *sf* gritaria, vozerio.

gri.do [gr'ido] *sm* **1** grito, berro, brado. **2** *fig* fama, reputação. **lanciare un grido** dar um grito. **un pittore di grido** um famoso pintor.

Grido possui dois plurais: um feminino, **le grida**, usado para indicar os "gritos de seres humanos"; e um masculino, **i gridi**, para "gritos de animais".

gri.fa.gno [grif'año] *agg* **1** *Zool* de rapina (ave). **2** *fig* adunco, aquilino. *naso grifagno* / nariz aquilino. **3** ameaçador, sinistro. *sguardo grifagno* / olhar ameaçador.

gri.fo [gr'ifo] *sm* **1** focinho. **2** *fig disp* cara. **rompere il grifo** *pop* quebrar a cara. **torcere il grifo** *pop* torcer o nariz.

gri.gia.stro [gridʒ'astro] *agg* cinzento, acinzentado.

gri.gio [gr'idʒo] *sm* cinza, a cor cinza. • *agg* **1** cinza. **2** grisalho. *capelli grigi* / cabelos grisalhos. **3** *fig* triste, monótono, melancólico. **4** insosso, sem graça. *persona grigia* / pessoa insossa.

gril.let.to [grill'etto] *sm dim* **1** pequeno grilo. **2** gatilho. **3** *fig* capricho, frescura.

gril.lo [gr'illo] *sm* **1** andaime. **2** *Zool* grilo. **3** *fig* capricho.

grin.ta [gr'inta] *sf* carranca, cara amarrada.

grin.za [gr'intsa] *sf* **1** ruga. **2** prega.

grip.pe [gr'ippe] *sf Med* gripe.

grom.ma [gr'omma] *sf* **1** sedimento, borra. **2** tártaro dos tonéis.

grom.mo [gr'ɔmmo] *sm* grumo, coágulo, grânulo.

gron.da [gr'ɔnda] *sf* **1** goteira, biqueira (do telhado). **2** canaleta, telha.

gron.da.ia [grond'aja] *sf* **1** extremidade da goteira ou biqueira. **2** água que escorre da goteira. **gatto di grondaia** gato vira-lata. Veja nota em **extremidade**.

grop.pa [gr'ɔppa] *sf* **1** garupa, costas, dorso de animal. **2** *iron* costas (de uma pessoa).

gros.sez.za [gross'ettsa] *sf* **1** grossura, espessura. **2** *fig* grosseria, rudeza.

gros.si.sta [gross'ista] *s+agg* atacadista.

gros.so [gr'ɔsso] *agg* **1** grosso. **2** grande, volumoso. **3** inchado. **4** importante, notável. **5** ordinário, grosseiro. • *sm* a maior parte. **dirle grosse** dizer disparates.

gros.so.la.no [grossol'ano] *agg* grosseiro, ordinário, bruto, rude, tosco.

grot.ta [gr´ɔtta] *sf* **1** gruta, caverna. **2** *fig* amparo.

grot.te.sco [grott´esko] *agg* **1** grotesco. **2** estranho.

gro.vi.glio [grov´iλo] *sm* **1** emaranhado, nó. **2** *Lett* enredo, complicação.

gru [gr´u] *s* **1** *Zool* grou, grua. **2** *Mecc* guindaste, grua.

gruc.cia [gr´uttʃa] *sf* **1** muleta. **2** cabo de bengala. **3** maçaneta de porta. **4** cabide de roupas.

gru.fo.la.re [grufol´are] *vi* **1** fuçar (porcos). **2** *fig* devorar.

gru.gni.re [gruñ´ire] *vi* **1** grunhir. **2** *fig disp* resmungar.

gru.gno [gr´uño] *sm* **1** focinho. **2** *fig disp* cara, rosto (de uma pessoa). **3** *iron* bico, careta. *fare il grugno* / fazer bico, estar amuado.

gru.mo [gr´umo] *sm* **1** grumo, grânulo na farinha. **2** coágulo do sangue. **3** leite coagulado.

grup.po [gr´uppo] *sm* **1** grupo, conjunto, reunião. **2** gama, série. **3** âmbito, ambiente. **4** classe, categoria. **5** pacote, embrulho.

gua.da.gna.re [gwadañ´are] *vt* **1** ganhar. *ieri guadagnò fiori dal fidanzato* / ontem ela ganhou flores do noivo. *guadagnare una somma di denaro* / ganhar uma soma em dinheiro. **2** lucrar. *vt+vpr* **3** conseguir, obter, conquistar. *guadagnarsi la simpatia del capo* / conquistar a simpatia do chefe. *vpr* **4** sofrer (desgraça, acidente). **5** levar (prejuízo). **guadagnare tempo** a) ganhar tempo. b) antecipar. **guadagnare terreno** ganhar terreno, progredir, avançar.

gua.da.gno [gwad´año] *sm* **1** ganho, lucro. **2** proveito, vantagem.

gua.i.na [gwa´ina] *sf* bainha: a) para colocar a espada. b) *Bot* da folha.

gua.io [g´wajo] *sm* **1** problema, dificuldade. **2** desastre. **3** briga, discussão. **guai!** olha! (ameaçando). **guai a te!** pobre de você!

gua.i.re [gwa´ire] *vi* **1** ganir. **2** *fig* choramingar.

gua.i.to [gwa´ito] *sm* **1** ganido. **2** *fig* lamentação.

guan.cia [g´wantʃa] *sf* bochecha, maçã do rosto, face.

guan.cia.le [gwantʃ´ale] *sm* travesseiro, almofada. **dormire tra due guanciali** *fig* estar tranquilo.

guan.cia.ta [gwantʃ´ata] *sf* bofetão, tapa.

guan.tie.ra [gwant´jɛra] *sf* bandeja.

guan.to [g´wanto] *sm* luva. **guanto di ferro** *fig* mão de ferro, controle rígido. **trattare coi guanti** tratar com luvas de pelica, com muito cuidado.

gua.ra.na [gwar´ana] *sm* guaraná.

guar.da.bo.schi [gwardab´ɔski] *sm* guarda-florestal.

guar.da.co.ste [gwardak´ɔste] *sm Naut* **1** guarda costeira, polícia marítima. **2** soldado da guarda costeira. *sf* **3** *Naut* guarda-costas, navio da guarda costeira.

guar.da.re [gward´are] *vt* **1** olhar, ver. **2** examinar. **3** vigiar. **4** guardar, conservar. **5** defender, proteger. **6** dar vista para, ficar de frente para.

guar.da.ro.ba [gwardar´ɔba] *sm* guarda-roupa, armário.

guar.da.spal.le [gwardasp´alle] *sm* guarda-costas.

guar.da.ta [gward´ata] *sf* olhar, olhada.

guar.dia [g´wardja] *sf* **1** guarda, vigilância, defesa, ato de guardar. **2** guarda, vigilante, sentinela, pessoa que guarda. **3** turno. *guardia di soldati, d'infermieri* / turno de soldados, de enfermeiros. **4** guarda, folha em branco. **corpo di guardia** corpo da guarda. **guardia del corpo** guarda pessoal (de governante). **guardia notturna** guarda-noturno. **in guardia!** em guarda! **stare in guardia** ficar em guarda. **vecchia guardia** velha guarda.

guar.dia.no [gward´jano] *sm* **1** guardião, guarda. **2** guarda penitenciário. **3** *Rel* guardião, superior franciscano.

guar.din.go [gward´ingo] *agg* cuidadoso, prevenido, prudente, precavido.

gua.ri [g´wari] *avv* não muito, pouco, um pouco.

Guari é usado apenas com a negação. **non ha guari** há pouco tempo. **fra non guari** daqui a pouco.

gua.ri.gio.ne [gwaridʒ´one] *sf* cura, restabelecimento.

gua.ri.re [gwar'ire] *vt* **1** curar, sanar. *vi+vpr* **2** curar-se, restabelecer-se.

guar.ni.gio.ne [gwarnidʒ'one] *sf Mil* guarnição.

guar.ni.re [gwarn'ire] *vt* **1** guarnecer. **2** enfeitar, adornar. **3** munir. **4** *Mil* pôr tropas. **5** *fig* enriquecer, embelezar. *vpr* **6** armar-se, munir-se.

gua.sta.fe.ste [gwastaf'εste] *s* desmancha-prazeres.

gua.sta.re [gwast'are] *vt* **1** estragar, danificar. **2** desmanchar, desfazer. **3** devastar, arruinar. **4** *fig* alterar, corromper. **5** incomodar. *vpr* **6** estragar-se, apodrecer. **guastarsi con** cortar relações com.

gua.sto [g'wasto] *sm* **1** estrago, avaria. **2** dano, prejuízo. **3** deterioração. **4** devastação, ruína. • *agg* **1** estragado, avariado. **2** danificado. **3** deformado, malfeito. **4** corrompido.

guaz.za [g'wattsa] *sf* **1** orvalho. **2** *fig* mixaria.

guaz.za.bu.glio [gwattsab'uλo] *sm* confusão, mistura.

guaz.zet.to [gwatts'etto] *sm* guisado.

guer.cio [g'wεrtʃo] *sm+agg* estrábico, vesgo.

guer.ra [g'wεr̄a] *sf* **1** guerra. **2** *fig* luta. **3** fadiga. **4** trabalho. **5** hostilidade. **guerra civile** guerra civil. **Guerra Fredda** *St* Guerra Fria.

guer.reg.gia.re [gwer̄eddʒ'are] *vi* **1** guerrear, combater, atacar. **2** perseguir, perturbar. *vpr* **3** guerrear um contra o outro. **4** *fam* trocar insultos.

guer.re.sco [gwer̄'esko] *agg* guerreiro, belicoso.

guer.rie.ro [gwer̄'jεro] *sm+agg* guerreiro.

guer.ri.glia [gwer̄'iλa] *sf* guerrilha.

guer.ri.glie.ro [gwer̄iλ'jεro] *sm* guerrilheiro.

gu.fo [g'ufo] *sm* **1** *Zool* mocho. **2** *fig* solitário.

gui.da [g'wida] *sf* **1** guia, cicerone. **2** condução, pilotagem. **3** guia, manual. **4** *fig* comando, direção. **5** acompanhante. **6** batedor. **7** chefe, líder. **8** diretor, gerente, administrador. **9** trilho de janela etc. **10** *Autom* direção, volante. **11 guide** *pl* a) instruções, normas. b) sugestões, conselhos.

gui.da.re [gwid'are] *vt* **1** guiar, ciceronear. **2** conduzir, pilotar. **3** *fig* comandar, dirigir, governar. **4** acompanhar. **5** chefiar, liderar.

guin.za.glio [gwints'aλo] *sm* correia, corrente, trela (para cachorro, gato).

G

gui.sa [g'wiza] *sf* modo, maneira, jeito. **a guisa di** à guisa de. **di guisa che** de maneira que.

guiz.za.re [gwitts'are] *vi* **1** fugir rápido, chispar. **2** faiscar, aparecer como um relâmpago. **3** vibrar.

guiz.zo [g'wittso] *sm* **1** disparada, escapada. **2** aparição rápida, faísca.

gu.scio [g'uʃo] *sm* **1** concha de animal. **2** casca. *guscio dell'uovo, delle semi, di frutta* / casca do ovo, das sementes, de frutas. **3** esqueleto, armação de carroça. **4** prato da balança. **5** fronha. **6** bote, barquinho. **7** *pop* vagem de leguminosa.

gu.sta.re [gust'are] *vt* **1** saborear, provar, experimentar. *lui gustò il cioccolato* / ele provou o chocolate. **2** degustar. *gustare vini* / degustar vinhos. **3** *fig* apreciar. *vi* **4** *fam* agradar, ser do agrado de. *mi gusta la tua presenza* / a tua presença me agrada.

gu.sto [g'usto] *sm* **1** gosto, sabor. **2** paladar. **3** satisfação, prazer. **4** bom gosto, discernimento. **5** simpatia por alguém. **6** vontade. **di buon gusto** de bom gosto. **di cattivo gusto** de mau gosto.

gu.sto.si.tà [gustozit'a] *sf* **1** gosto, sabor agradável. **2** bom gosto.

gu.sto.so [gust'ozo] *agg* gostoso, saboroso, delicioso, apetitoso.

gut.tu.ra.le [guttur'ale] *adj* gutural.

h

h [ˊakka] *sf* a oitava letra do alfabeto italiano.
É inicial apenas de quatro palavras (*ho, hai, ha, hanno*, formas do verbo *avere*) em que não tem som, e de palavras estrangeiras.
Serve apenas como sinal ortográfico nos dígrafos *ch* e *gh*.
É usada também em algumas interjeições: *ah! oh! ahimè!*

hangar [angˊar] *sm fr* hangar.

hardware [hˊardwer] *sm ingl Inform* *hardware*.

harem [ˊarem] *sm ar* harém. *Var: arem.*

hascisc [aʃˊiʃ] *sm ar* **1** *Bot* haxixe. **2** *ger* coca, fumo, erva.

hobby [hˊɔbbi] *sm ingl* passatempo, divertimento.

hockey [hˊɔkki] *sm ingl Sp* hóquei. **hockey su ghiaccio** hóquei sobre o gelo.

hostess [hˊostes] *sf ingl* aeromoça.

hotel [ˊɔtel] *sm fr* hotel.

humus [hˊumus] *sm lat Biol* humo, húmus.

i

i[1] [ˈi] *sf* **1** a nona letra do alfabeto italiano. **2** i, o nome da letra I. **i lunga** jota, o nome da letra J. Veja nota em **j** (italiano).

i[2] [ˈi] *art det m pl* os. *i cani* / os cães. Veja nota em **os**.

ia.to [ˈjato] *sm Gramm* hiato.

i.be.ri.co [ibˈεriko] *agg* ibérico.

i.ber.na.zio.ne [ibernatsˈjone] *sf Zool* hibernação.

i.bri.do [ˈibrido] *agg* **1** híbrido. **2** *fig* misturado, confuso, heterogêneo.

i.co.na [ikˈɔna] *sm* ícone.

i.co.no.cla.sta [ikonoklˈasta] *s+agg* iconoclasta.

ics [ˈiks] *sf* xis, o nome da letra X.

Id.di.o [iddˈio] *sm* Deus.

i.de.a [idˈεa] *sf* **1** ideia. **2** projeto, esboço. **3** imagem, lembrança. **4** capricho. **5** opinião, conceito. **nemmeno per idea!** nem sonhando!

i.de.a.le [ideˈale] *sm* **1** ideal, objetivo, meta. **2** *fig* sonho. • *agg* **1** ideal, perfeito. **2** imaginário.

i.de.a.li.smo [idealˈizmo] *sm* idealismo.

i.de.a.liz.za.re [idealiddzˈare] *vt Lett* idealizar.

i.de.a.re [ideˈare] *vt+vpr* idealizar, imaginar, planejar.

i.den.ti.co [idˈεntiko] *agg* idêntico.

i.den.ti.fi.ca.re [identifikˈare] *vt* **1** identificar, reconhecer. *vpr* **2** identificar-se.

i.den.ti.tà [identitˈa] *sf* identidade.

i.de.o.lo.gi.a [ideoloʒˈia] *sf* ideologia.

i.dil.lio [idˈilljo] *sm Lett, fig* idílio.

i.dio.ma [idˈjɔma] *sm* idioma, língua.

i.dio.ma.ti.co [idjomˈatiko] *agg* idiomático.

i.dio.ta [idˈjɔta] *s+agg* **1** idiota, estúpido, imbecil, tolo. **2** *Med* idiota.

i.dio.zi.a [idjotsˈia] *sf Med* idiotia.

i.do.la.tra.re [idolatrˈare] *vt* **1** idolatrar. **2** *fig* adorar, venerar, amar excessivamente.

i.do.la.tri.a [idolatrˈia] *sf* **1** idolatria. **2** *fig* adoração, veneração, amor exagerado.

i.do.lo [ˈidolo] *sm* **1** ídolo, estátua. **2** *fig* ídolo, pessoa adorada.

i.do.nei.tà [idonejtˈa] *sf* idoneidade, aptidão, competência, habilidade.

i.do.ne.o [idˈɔneo] *agg* idôneo, apto, hábil.

i.dran.te [idrˈante] *sm* hidrante.

i.drar.gi.ro [idrardʒˈiro] *sm Chim* mercúrio.

i.dra.ta.re [idratˈare] *vt Chim* hidratar.

i.dra.to [idrˈato] *sm Chim* hidrato.

i.drau.li.ca [idrˈawlika] *sf Fis* hidráulica.

i.dro.e.let.tri.co [idroelˈεttriko] *agg* hidrelétrico.

i.dro.fo.bi.a [idrofobˈia] *sf Med* hidrofobia, raiva.

i.dro.gra.fi.a [idrografˈia] *sf Geogr* hidrografia.

i.dro.pla.no [idroplˈano] *sm Naut* lancha.

i.dro.vo.lan.te [idrovolˈante] *sm* hidroavião.

iel.la [ˈjεlla] *sf ger* uruca, azar.

ie.na [ˈjεna] *sf* **1** hiena. **2** *fig* pessoa má.

ie.ri [ˈjεri] *avv* ontem. **ieri l'altro** anteontem. **l'altro ieri** há alguns dias.

iet.ta.tu.ra [jettatˈura] *sf* mau-olhado, quebranto.

i.gie.ne [idʒˈεne] *sf* higiene.

i.gna.ro [iñˈaro] *agg* **1** ignorante, analfabeto, inculto. **2** inexperiente. **3** inconsciente.

i.gni.zio.ne [iñits´jone] *sf* ignição, combustão.
i.gno.bi.le [iñ´ɔbile] *agg* ignóbil, baixo, vil.
i.gno.ran.te [iñor´ante] *s+agg* **1** ignorante, analfabeto, inculto. **2** mal-educado. **3** inexperiente.
i.gno.ran.za [iñor´antsa] *sf* **1** ignorância, analfabetismo, falta de cultura. **2** falta de educação. **3** inexperiência. **4** *fig* barbárie, obscurantismo.
i.gno.ra.re [iñor´are] *vt* ignorar, desconhecer.
i.gnu.do [iñ´udo] *agg* **1** nu, despido. **2** *fig* espoliado, privado.
i.gua.na [ig´wana] *sf Zool* iguana, lagarto.
ih [´i] *int* ih! xi!

A interjeição **ih** indica aborrecimento ou vergonha.

il [´il] *art det m sing* o. *il cane* / o cão. Veja nota em **o** (português).
i.la.re [´ilare] *agg* risonho, alegre, divertido.
il.lan.gui.di.re [illangwid´ire] *vt* enfraquecer.
il.le.ci.to [ill´etʃito] *agg* ilícito, imoral.
il.le.ga.le [illeg´ale] *agg* ilegal, ilegítimo.
il.leg.gi.bi.le [illeddʒ´ibile] *agg* ilegível.
il.le.git.ti.mo [illedʒ´ittimo] *agg* **1** ilegítimo, ilegal. **2** bastardo, natural. **3** arbitrário.
il.le.so [ill´ɛzo] *agg* ileso, são e salvo, intacto, intocado.
il.let.te.ra.to [illetter´ato] *agg* **1** iletrado. **2** analfabeto.
il.li.mi.ta.to [illimit´ato] *agg* **1** ilimitado, sem limites. **2** absoluto, pleno.
il.lo.gi.co [ill´ɔdʒiko] *agg* ilógico, incoerente, absurdo, irracional.
il.lu.de.re [ill´udere] *vt* **1** iludir, enganar. **2** *fig* atrair, seduzir. *vpr* **3** iludir-se.
il.lu.mi.na.re [illumin´are] *vt* **1** iluminar, clarear. **2** *fig* esclarecer, explicar, dar explicações. *vpr* **3** iluminar-se. **4** *fig* estudar, instruir-se.
il.lu.sio.ne [illuz´jone] *sf* **1** ilusão, erro, engano. **2** fantasia, quimera. **illusione ottica** ilusão de óptica.
il.lu.sio.ni.sta [illuzjon´ista] *s* ilusionista, mágico.
il.lu.so.rio [illuz´ɔrjo] *agg* **1** ilusório, enganoso, falso. **2** vão.
il.lu.stra.re [illustr´are] *vt* **1** ilustrar. **2** explicar, elucidar. **3** *fig* tornar ilustre. **4** dar lustro.
il.lu.stra.zio.ne [illustrats´jone] *sf* **1** ilustração, gravura, figura, desenho. **2** explicação, esclarecimento.
il.lu.stre [ill´ustre] *agg* **1** ilustre, famoso, célebre, eminente. **2** nobre. **illustre sconosciuto** *iron* ilustre desconhecido.
im.bal.lag.gio [imball´addʒo] *sm* **1** embalagem. **2** empacotagem, ação de empacotar. **3** pacote.
im.bal.la.re [imball´are] *vt* embalar, empacotar.
im.bal.sa.ma.re [imbalsam´are] *vt* embalsamar.
im.ba.raz.za.re [imbaratts´are] *vt* **1** embaraçar, incomodar, perturbar. **2** atrapalhar, impedir.
im.ba.raz.zo [imbar´attso] *sm* **1** embaraço, incômodo, perturbação. **2** impedimento, obstáculo, dificuldade. **3** *fam* tédio, chateação.
im.bar.ca.re [imbark´are] *vt* **1** embarcar. *vi* **2** embarcar, ir a bordo. **3** *fig* fazer alguém se arriscar. *vpr* **4** embarcar. **5** *fig* arriscar-se.
im.bar.ca.to.io [imbarkat´ojo] *sm* embarcadouro.
im.bar.ca.zio.ne [imbarkats´jone] *sf* **1** embarcação, barco, navio. **2** ação de embarcar.
im.bar.co [imb´arko] *sm* **1** embarque: a) ação de embarcar. b) valor pago pelo embarque. **2** embarcadouro.
im.ba.sa.re [imbaz´are] *vt Archit* embasar, alicerçar, colocar sobre uma base.
im.ba.sti.re [imbast´ire] *vt* **1** alinhavar. **2** *fig* preparar, escrever (discurso).
im.ba.sti.tu.ra [imbastit´ura] *sf* alinhavo.
im.bat.ter.si [imbatt´ersi] *vpr* cruzar com, encontrar-se com alguém por acaso.
im.ba.va.glia.re [imbavaʎ´are] *vt* **1** amordaçar. **2** *fig* não deixar falar ou opinar.
im.ba.va.re [imbav´are] *vt* babar, sujar com baba.
im.be.cil.le [imbetʃ´ille] *s+agg* **1** imbecil, estúpido, idiota. **2** *Med* imbecil, débil mental.
im.be.cil.li.tà [imbetʃillit´a] *sf* **1** imbecilidade, estupidez, idiotice, burrice. **2** *Med* imbecilidade, debilidade intelectual.

im.ber.be [imb'ɛrbe] *agg* imberbe, sem barba.

im.be.ve.re [imb'evere] *vt* **1** embeber, ensopar, umedecer, encher com um líquido. **2** *fig* meter na cabeça (ideia). *vpr* **3** ensopar-se.

im.bian.ca.re [imbjank'are] *vt* **1** embranquecer, branquear. **2** limpar, lavar. **3** caiar, rebocar. *imbiancare le pareti* / caiar as paredes. *vpr* **4** embranquecer. **5** *fig* ficar grisalho (cabelo).

im.bion.di.re [imbjond'ire] *vt* **1** alourar. *vi+vpr* **2** alourar-se.

im.boc.ca.re [imbokk'are] *vt* **1** pôr na boca. *imboccò la bottiglia e bevve* / pôs a garrafa na boca e bebeu. **2** dar de comer na boca. **3** entrar em (estrada, rua). *imboccare una via* / entrar em uma rua. *vi* **4** terminar, dar em (estrada). **5** desembocar (corrente de água). **6** encaixar, ajustar-se (peças). **7** *fig* sugerir. *vpr* **8** encaixar-se, ajustar-se.

im.boc.co [imb'okko] *sm* **1** entrada (de rua, túnel). **2** encaixe (de peça). **3** *Geogr* foz, embocadura de rio.

im.bo.sca.re [imbosk'are] *vt ger* **1** esconder, ocultar. **2** levar embora, tirar. **3** acumular, monopolizar. *vpr* **4** esconder-se.

im.bo.sca.ta [imbosk'ata] *sf* **1** emboscada, cilada. **2** *fig* traição.

im.bot.ti.glia.re [imbottiʎ'are] *vt* engarrafar.

im.bot.ti.re [imbott'ire] *vt* estofar, rechear.

im.brat.ta.re [imbratt'are] *vt* **1** emporcalhar, sujar. **2** *fam* rabiscar, desenhar mal. **3** *fig* estragar. *vpr* **4** emporcalhar-se, sujar-se.

im.bro.glia.re [imbroʎ'are] *vt* **1** confundir, enganar, iludir. **2** atrapalhar, perturbar, embaraçar. *vpr* **3** confundir-se, enganar-se, iludir-se. **4** atrapalhar-se, perturbar-se.

im.bro.glio [imbr'ɔʎo] *sm* **1** confusão, engano, ilusão. **2** obstáculo, dificuldade, perturbação.

im.bro.glio.ne [imbroʎ'one] *sm* trapaceiro, golpista, embusteiro.

im.bru.ni.re [imbru'nire] *vi* **1** escurecer. *vpr* **2** anoitecer, escurecer. **3** bronzear-se.

im.bu.ca.re [imbuk'are] *vt* **1** colocar num buraco, enfurnar. **2** pôr no correio. *vpr* **3** esconder-se, enfurnar-se. **4** *fam* meter-se.

im.bu.to [imb'uto] *sm* funil.

i.me.ne [im'ɛne] *sm Anat* hímen.

i.mi.ta.re [imit'are] *vt* imitar, copiar.

i.mi.ta.zio.ne [imitats'jone] *sf* imitação, cópia.

im.ma.co.la.to [immakol'ato] *agg* imaculado.

im.ma.gaz.zi.na.re [immagaddzin'are] *vt* armazenar, colocar em armazém.

im.ma.gi.na.re [immadʒin'are] *vt+vpr* **1** imaginar, fantasiar, inventar, idealizar, criar. *immaginavo cose meravigliose* / imaginava coisas maravilhosas. *s'immaginò di essere in un altro mondo* / imaginou estar num outro mundo. *vpr* **2** considerar-se, supor-se.

im.ma.gi.na.rio [immadʒin'arjo] *agg* imaginário, fantástico, fictício, ilusório.

im.ma.gi.ne [imm'adʒine] *sf* **1** imagem, figura. **2** semelhança. **3** aparência, aspecto. **4** recordação, lembrança.

im.ma.ne [imm'ane] *agg* **1** imenso, enorme, gigantesco. **2** assustador, monstruoso.

im.ma.nen.te [imman'ɛnte] *agg Lett* imanente, permanente.

im.ma.te.ria.le [immater'jale] *agg* imaterial, espiritual.

im.ma.tri.co.la.re [immatrikol'are] *vt* matricular.

im.ma.tu.ro [immat'uro] *agg* **1** imaturo. **2** verde (fruta). **3** *fig* precoce, prematuro.

im.me.de.si.ma.re [immedezim'are] *vt* **1** igualar. **2** identificar. *vpr* **3** confundir-se. **4** igualar-se. **5** identificar-se. **6** *fig* personificar.

im.me.dia.to [immed'jato] *agg* **1** imediato, instantâneo. **2** próximo, contíguo.

im.me.di.ta.to [immedit'ato] *agg* **1** impensado. **2** inesperado, imprevisto.

im.men.so [imm'enso] *agg* imenso, enorme, gigantesco. • *sm* imensidão.

im.mer.ge.re [imm'ɛrdʒere] *vt* **1** imergir, mergulhar, afundar. *immergemmo le mani nell'acqua fredda* / mergulhamos as mãos na água fria. *vpr* **2** imergir, mergulhar, afundar. **3** *fig* entregar-se. *immergersi nello studio* / entregar-se ao estudo.

im.mer.sio.ne [immers'jone] *sf* imersão, afundamento.

im.met.te.re [imm'ettere] *vt* **1** pôr dentro, fazer entrar. **2** *Giur* empossar.
im.mi.gra.re [immigr'are] *vi* imigrar.
im.mi.nen.te [immin'ɛnte] *agg* **1** iminente, prestes a acontecer. **2** ameaçador.
im.mi.schia.re [immisk'jare] *vt* **1** misturar, mesclar. *vpr* **2** misturar-se. **3** *fig* imiscuir-se.
im.mi.se.ri.re [immizer'ire] *vt* **1** empobrecer. **2** enfraquecer, debilitar, depauperar. *vpr* **3** empobrecer. **4** enfraquecer, debilitar-se.
im.mo.bi.le [imm'ɔbile] *sm Comm* imóvel, bem imóvel. • *agg* **1** imóvel, parado. **2** *fig* firme, fixo.
im.mo.bi.liz.za.re [immobiliddz'are] *vt* **1** imobilizar, deixar imóvel. **2** parar, impedir, bloquear.
im.mo.la.re [immol'are] *vt* **1** imolar, sacrificar. *vpr* **2** imolar-se, sacrificar-se.
im.mon.dez.za [immond'ettsa] *sf* **1** imundície, sujeira, porcaria. **2** lixo. **3** *fig* obscenidade. *Sin pop: immondizia.*
im.mon.di.zia [immond'itsja] *sf pop V immondezza.*
im.mon.do [imm'ondo] *agg* **1** imundo, sujo. **2** sórdido, torpe. **3** *Rel* pecaminoso. **4** *fig* impuro, indecente, obsceno. **5** *fam* porco.
im.mo.ra.le [immor'ale] *agg* **1** imoral. **2** *fig* indecente, obsceno.
im.mor.ta.le [immort'ale] *agg* **1** imortal, eterno. **2** perpétuo. • *s* imortal.
im.mor.ta.li.tà [immortalit'a] *sf* imortalidade, eternidade.
im.mu.ne [imm'une] *agg* imune, isento, livre.
im.mu.ni.tà [immunit'a] *sf* **1** imunidade. **2** isenção. **3** privilégio, prerrogativa.
im.mu.niz.za.re [immuniddz'are] *vt Med* imunizar, vacinar.
im.mu.ta.bi.le [immut'abile] *agg* imutável, inalterável, estável.
im.pa.dro.nir.si [impadron'irsi] *vpr* **1** apropriar-se, apossar-se, tomar posse de. **2** *fig* aprender, aprofundar-se (em trabalho, estudo). Veja nota em **apropriar**.
im.pa.glia.re [impaʎ'are] *vt* empalhar.
im.pa.la.re [impal'are] *vt* **1** empalar. **2** prender em estaca (planta). *vpr* **3** ficar parado.
im.pal.li.di.re [impallid'ire] *vi* **1** empalidecer, ficar pálido. **2** ofuscar-se. **3** desbotar.
im.pa.ra.re [impar'are] *vt* **1** aprender. **2** estudar.
im.pa.ri ['impari] *agg* **1** ímpar. **2** desigual, díspar.
im.par.zia.le [imparts'jale] *agg* imparcial, justo, reto.
im.pas.si.bi.le [impass'ibile] *agg* **1** impassível, inalterável. **2** insensível, frio, indiferente.
im.pa.sta.re [impast'are] *vt* **1** amassar, fazer massa. **2** misturar, mesclar. **3** sovar. **4** *fig* juntar, unir.
im.pa.sto [imp'asto] *sm* **1** massa. **2** mistura, mescla. **3** amassadura, ato de fazer a massa.
im.pat.ta.re [impatt'are] *vt+vi* empatar, igualar
im.pau.ri.re [impawr'ire] *vt* **1** amedrontar, apavorar. *vi+vpr* **2** amedrontar-se, apavorar-se.
im.pa.zien.te [impatsj'ɛnte] *agg* **1** impaciente, inquieto, irrequieto. **2** ansioso, desejoso. **3** precipitado.
im.pa.zien.za [impats'ɛntsa] *sf* **1** impaciência, inquietude. **2** precipitação, pressa.
im.paz.za.re [impatts'are] *vi V impazzire.*
im.paz.zi.re [impatts'ire] *vi* **1** enlouquecer, endoidecer, ficar louco. *impazzire dal dolore* / ficar louco de dor. *lui impazzì di gelosia* / ele enlouqueceu de ciúme. **2** *fig* apaixonar-se, perder a cabeça. *Sin: impazzare.*
im.pec.ca.bi.le [impekk'abile] *agg* impecável, perfeito, correto.
im.pe.di.men.to [impedim'ento] *sm* impedimento, obstáculo, estorvo.
im.pe.di.re [imped'ire] *vt* impedir, estorvar.
im.pe.gna.re [impeñ'are] *vt* **1** empenhar, entregar ao penhor. **2** prometer. *vpr* **3** obrigar-se, vincular-se. **4** arriscar-se, aventurar-se.
im.pe.gno [imp'eño] *sm* **1** empenho. **2** obrigação, dívida. **3** atenção, diligência.
im.pel.le.re [imp'ɛllere] *vt Lett* **1** impelir, empurrar. **2** incitar, provocar.
im.pe.ne.tra.bi.le [impenetr'abile] *agg* **1** impenetrável. **2** *fig* incompreensível.

im.pen.sa.to [impens´ato] *agg* impensado, imprevisto, inesperado.
im.pe.pa.re [impep´are] *vt* **1** apimentar, temperar com pimenta. **2** *fig* apimentar, tornar um texto picante, irônico ou malicioso.
im.pe.ra.re [imper´are] *vi* **1** imperar. **2** *fig* mandar, comandar totalmente.
im.pe.ra.ti.vo [imperat´ivo] *sm Gramm* imperativo. • *agg* imperativo, que comanda.
im.pe.ra.to.re [imperat´ore] *sm* imperador.
im.per.cet.ti.bi.le [impert∫ett´ibile] *agg* imperceptível.
im.per.fet.to [imperf´ɛtto] *agg* imperfeito, defeituoso, incompleto. • *sm Gramm* imperfeito.
im.per.fe.zio.ne [imperfets´jone] *sf* imperfeição, defeito, incorreção, falha.
im.pe.ria.le [imper´jale] *agg* imperial.
im.pe.ria.li.smo [imperjal´izmo] *sm* imperialismo.
im.pe.rio.so [imper´jozo] *agg* imperioso, orgulhoso, arrogante, soberbo.
im.pe.ri.zia [imper´itsja] *sf* imperícia, inexperiência, incompetência.
im.per.me.a.bi.le [imperme´abile] *agg* impermeável. • *sm* capa de chuva.
im.per.me.a.bi.liz.za.re [impermeabiliddz´are] *vt* impermeabilizar.
im.pe.ro [imp´ɛro] *sm* **1** império. **2** comando, autoridade, predomínio.
im.per.so.na.le [imperson´ale] *agg* impessoal.
im.per.ti.nen.te [impertin´ɛnte] *agg* impertinente, insolente, inoportuno, atrevido.
im.per.ti.nen.za [impertin´ɛntsa] *sf* impertinência, insolência, atrevimento.
im.per.tur.ba.bi.le [imperturb´abile] *agg* imperturbável, impassível, tranquilo.
im.pe.sta.re [impest´are] *vt* empestar, contaminar, contagiar.
im.pe.to [´impeto] *sm* **1** ímpeto. **2** impetuosidade. **3** fúria. **4** ataque. **5** *fig* entusiasmo.
im.pe.tuo.so [impet´wozo] *agg* impetuoso, impulsivo, exaltado, arrebatado.
im.pian.ta.re [impjant´are] *vt* **1** implantar. **2** fundar, inaugurar, abrir (empresa etc.).
im.pian.to [imp´janto] *sm* **1** implantação. **2** fundação, inauguração. **3** aparelho, aparelhagem.
im.pia.stra.re [impjastr´are] *vt* **1** emplastrar. **2** ungir. **3** sujar, emporcalhar. **4** estragar. *vpr* **5** ungir-se. **6** sujar-se, emporcalhar-se.
im.pia.stro [imp´jastro] *sm* **1** emplastro. **2** *fam, fig* chato, cacete. **3** *ger* pentelho.
im.pic.ca.gio.ne [impikkadʒ´one] *sf* enforcamento.
im.pic.ca.re [impikk´are] *vt* **1** enforcar. *vpr* **2** enforcar-se.
im.pic.cio [imp´itt∫o] *sm* incômodo, estorvo, chateação.
im.pie.ga.re [impjeg´are] *vt* **1** empregar, usar, aplicar. **2** dar emprego. *vpr* **3** empregar-se.
im.pie.go [imp´jɛgo] *sm* **1** emprego, uso, utilização, aplicação. **2** função, cargo.
im.pie.tri.re [impjetr´ire] *vt* **1** petrificar, empedernir, empedrar. *vi+vpr* **2** petrificar-se.
im.piom.ba.re [impjomb´are] *vt* **1** chumbar. **2** obturar. *impiombare un dente* / obturar um dente.
im.piu.ma.re [impjum´are] *vt* **1** emplumar, ornar com plumas. *vpr* **2** enfeitar-se com plumas.
im.pla.ca.bi.le [implak´abile] *agg* implacável, insensível.
im.pla.ci.di.re [implat∫id´ire] *vt* acalmar, apaziguar, pacificar.
im.pli.ca.re [implik´are] *vt* **1** implicar, envolver. **2** conter, compreender. *vpr* **3** envolver-se, implicar-se.
im.pli.ci.to [impl´it∫ito] *agg* implícito, subentendido.
im.plo.ra.re [implor´are] *vt* implorar, suplicar.
im.pol.ve.ra.re [impolver´are] *vt* **1** empoeirar. *vpr* **2** empoeirar-se. **3** *iron* empoar-se.
im.po.nen.za [impon´ɛntsa] *sf* imponência, orgulho, arrogância, altivez.
im.po.po.la.re [impopol´are] *agg* impopular.
im.por.ca.re [impork´are] *vt* emporcalhar, sujar.
im.por.re [imp´ore] *vt* **1** impor, mandar, ordenar. **2** prescrever, atribuir. **3** intimar. **4** colocar (um nome). **5** *fig* incutir respeito. *vpr* **6** impor-se, afirmar-se.

I

im.por.tan.te [import´ante] *agg* importante, relevante. • *sm* parte importante, ponto essencial.
im.por.tan.za [import´antsa] *sf* importância, autoridade, consideração, valor.
im.por.ta.re [import´are] *vt* **1** importar, trazer de outro país. *importare petrolio* / importar petróleo. **2** *Lett* significar. *vi* **3** importar. *ciò che importa è la verità* / o que importa é a verdade. *la tua volontà non mi importa* / não me importa a tua vontade. **4** interessar, pesar. **5** atingir, somar (valor).
im.por.ta.zio.ne [importats´jone] *sf* importação.
im.por.to [imp´ɔrto] *sm Comm* importância, soma, valor, custo.
im.por.tu.na.re [importun´are] *vt* importunar, perturbar, incomodar.
im.por.tu.no [import´uno] *agg* **1** importuno, incômodo, maçante. **2** *fam* chato, cacete.
im.po.si.zio.ne [impozits´jone] *sf* imposição, determinação.
im.pos.si.bi.le [imposs´ibile] *agg* impossível.
im.pos.si.bi.li.tà [impossibilit´a] *sf* impossibilidade.
im.pos.si.bi.li.ta.re [impossibilit´are] *vt* impossibilitar, tornar impossível.
im.po.sta [imp´osta] *sf* tributo, imposto. **imposta sul reddito** imposto de renda.
im.po.sta.re [impost´are] *vt* **1** postar, pôr no correio. **2** *Contab* escriturar, registrar. *vpr* **3** colocar-se a postos.
im.po.sto [imp´osto] *agg* imposto, colocado.
im.po.sto.re [impost´ore] *sm+agg* impostor, embusteiro.
im.po.ten.te [impot´ɛnte] *agg* impotente, incapaz.
im.po.ten.za [impot´ɛntsa] *sf* impotência, incapacidade.
im.po.ve.ri.re [impover´ire] *vt* **1** empobrecer, tornar pobre. *vi+vpr* **2** empobrecer, ficar pobre.
im.pra.ti.ca.bi.le [impratik´abile] *agg* **1** impraticável. **2** intratável. **3** intransitável. *una strada impraticabile* / uma rua intransitável.
im.pre.ca.re [imprek´are] *vi* imprecar, praguejar, amaldiçoar, blasfemar.
im.pre.ca.zio.ne [imprekats´jone] *sf* imprecação, praga, maldição, blasfêmia.
im.pre.ci.sio.ne [impretʃiz´jone] *sf* imprecisão, indeterminação, incerteza.
im.pre.ci.so [impretʃ´izo] *agg* impreciso, indeterminado, vago, incerto, ambíguo.
im.pre.gna.re [impreñ´are] *vt* **1** emprenhar, engravidar (animais). **2** encher. **3** impregnar, embeber, ensopar. *vpr* **4** emprenhar-se (animal). Veja nota em **engravidar**.
im.pren.de.re [impr´ɛndere] *vt* empreender.
im.pren.di.to.re [imprendit´ore] *sm* empreendedor.
im.pre.sa [impr´eza] *sf* **1** obra, empreendimento, empreitada, tarefa. **2** *Comm* empresa.
im.pre.sa.rio [imprez´arjo] *sm* empresário, empreiteiro, empreendedor.
im.pre.scin.di.bi.le [impreʃind´ibile] *agg* imprescindível, indispensável, insubstituível.
im.pres.sio.na.re [impressjon´are] *vt* impressionar: a) causar impressão.b) comover, abalar.
im.pres.sio.ne [impress´jone] *sf* **1** impressão. **2** edição. **3** marca. **4** *fig* impressão, ideia.
im.pre.vi.den.za [imprevid´ɛntsa] *sf* imprevidência, descuido, desleixo, descaso.
im.pre.vi.sto [imprev´isto] *sm* imprevisto, incidente, contratempo, contrariedade. • *agg* imprevisto, inesperado.
im.pri.gio.na.re [impridʒon´are] *vt* aprisionar, prender, encarcerar.
im.pri.me.re [impr´imere] *vt* **1** imprimir. **2** estampar. **3** *fig* publicar. **4** marcar (a lembrança).
im.pro.ba.bi.le [improb´abile] *agg* improvável, duvidoso.
im.pro.bo [´improbo] *agg* **1** árduo, fatigante. **2** desonesto, desonrado, desacreditado.
im.pro.dut.ti.vo [improdutt´ivo] *agg* improdutivo, estéril, árido.

im.pron.ta [impr'onta] *sf* **1** marca, sinal. **2** impressão. **3** rastro, pista. **impronta digitale** impressão digital. **prendere l'impronta** tirar o molde.

im.pron.ta.re [impront'are] *vt* **1** imprimir. **2** marcar, deixar sinal.

im.pro.pe.rio [improp'ɛrjo] *sm* impropério, ofensa.

im.pro.prio [impr'ɔprjo] *agg* impróprio, inconveniente, inoportuno, inadequado.

im.prov.vi.sa.re [improvviz'are] *vt* improvisar.

im.prov.vi.so [improvv'izo] *sm* improviso, improvisação. • *agg* imprevisto, inesperado. **all'improvviso** de repente, repentinamente.

im.pru.den.te [imprud'ɛnte] *agg* imprudente, desajuizado.

im.pu.gna.re [impuñ'are] *vt* **1** empunhar, pegar. **2** *fig* refutar, contestar, opor-se a.

im.pul.sio.ne [impuls'jone] *sf Fis* impulsão, impulso.

im.pul.si.vo [impuls'ivo] *agg* impulsivo, impetuoso, irrefletido.

im.pul.so [imp'ulso] *sm* **1** impulso, empurrão. **2** *Elett* impulso. **3** *fig* estímulo, provocação.

im.pu.ne [imp'une] *agg* impune.

im.pu.ro [imp'uro] *agg* **1** impuro. **2** imundo, sujo. **3** indecente. **4** contaminado.

im.pu.ta.re [imput'are] *vt* acusar, imputar.

im.pu.tri.di.re [imputrid'ire] *vi* apodrecer.

in ['in] *prep* **1** em. **2** dentro de. **3** para, na direção de. **4** de.

A preposição **in** é usada em expressões que indicam diversas circunstâncias. As mais comuns, entre outras, são: a) tempo: *arrivarono in autunno* / chegaram no outono. *è nato nel 1967* / nasceu em 1967. *in gioventù* / na juventude. b) lugar onde se está: *abito in Sicilia* / moro na Sicília. c) lugar para onde se vai: *vado in America* / vou para a América. *andare in campagna* / ir para o campo. d) modo: *lei era lì, in piedi* / ela estava ali, em pé. *tradurre in portoghese* / traduzir para o português. e) meio: *viaggiare in treno, in aereo, in macchina* / viajar de trem, de avião, de carro. f) finalidade: *venire in soccorso di qualcuno* / vir em socorro de alguém. *dare in regalo* / dar como presente. g) medida: *siamo in sei* / somos seis. h) matéria: *statua in marmo* / estátua de mármore. i) divisão: *tagliò il pane in quattro* / cortou o pão em quatro. j) mudança: *la strega si trasformò in un mostro* / a bruxa se transformou num monstro. *andare di città in città* / ir de cidade em cidade.

i.na.bi.le [in'abile] *agg* inábil, incapaz, incompetente.

i.na.bi.ta.to [inabit'ato] *agg* desabitado, deserto, ermo.

i.nac.cet.ta.bi.le [inattʃett'abile] *agg* inaceitável, inadmissível.

i.na.cer.bi.re [inatʃerb'ire] *vt* **1** azedar, amargar. *vpr* **2** azedar, ficar amargo.

i.na.dat.to [inad'atto] *agg* impróprio, inadequado, inconveniente.

i.na.dem.pi.men.to [inadempim'ento] *sm Giur, Comm* inadimplência, descumprimento.

i.na.la.re [inal'are] *vt* inalar, aspirar.

i.nal.be.ra.re [inalber'are] *vt* **1** içar, erguer. **2** hastear (bandeira). **3** *fig* enfurecer. **4** explicar. *vpr* **5** empinar se (cavalo). **6** *fig* enfurecer-se.

i.na.lie.na.bi.le [inaljen'abile] *agg* inalienável.

i.nal.te.ra.bi.le [inalter'abile] *agg* inalterável, imutável, constante.

i.nal.te.ra.to [inalter'ato] *agg* inalterado, estável, estabilizado, fixo.

i.nam.mis.si.bi.le [inammiss'ibile] *agg* inadmissível, inaceitável.

i.na.ni.ma.to [inanim'ato] *agg* inanimado, sem vida.

i.na.ni.zio.ne [inanits'jone] *sf Med* inanição.

i.nap.pe.ten.za [inappet'ɛntsa] *sf Med* inapetência, falta de apetite.

i.nar.ca.re [inark'are] *vt* arquear, curvar.

i.na.spet.ta.to [inaspett'ato] *agg* inesperado, imprevisto. *Sin: inatteso.*

i.nat.te.so [inatt'ezo] *agg V inaspettato.*

i.nat.ti.vo [inatt'ivo] *agg* inativo, inoperante, inerte.

i.nat.to [in'atto] *agg* inapto, incapaz, inábil.

i.nau.di.to [inawd'ito] *agg* inaudito, extraordinário, incrível, nunca visto.

i.nau.gu.ra.le [inawgur'ale] *agg* inaugural, inicial.

i.nau.gu.ra.re [inawgur'are] *vt* **1** inaugurar. **2** iniciar, começar. **3** abrir. *inaugurare una ditta* / abrir uma firma.

i.nav.ver.ten.za [inavvert'ɛntsa] *sf* inadvertência, descuido, imprevidência, irreflexão.

in.ca.glia.re [inkaʎ'are] *vi* **1** *Naut* encalhar. **2** *Comm* parar, ficar interrompido (tráfego, comércio etc.). **3** *fig* encontrar obstáculos.

in.cal.co.la.bi.le [inkalkol'abile] *agg* incalculável, inumerável.

in.cal.za.re [inkalts'are] *vt* **1** perseguir, seguir, sair no encalço. **2** *fig* insistir, solicitar, requerer.

in.cal.zo [ink'altso] *sm* encalço, perseguição.

in.ca.me.ra.re [inkamer'are] *vt* confiscar, apreender, arrestar.

in.cam.mi.na.re [incammin'are] *vt* **1** encaminhar, dirigir, guiar. *vpr* **2** encaminhar-se, dirigir-se.

in.ca.na.la.re [inkanal'are] *vt* **1** canalizar, encanar. **2** *fig* encaminhar, guiar.

in.can.cre.ni.re [inkankren'ire] *vi* **1** *Med* gangrenar. **2** *fig* corromper-se, perverter-se.

in.can.de.scen.te [inkandeʃ'ɛnte] *agg* incandescente, ardente.

in.can.te.si.mo [inkant'ezimo] *sm* **1** encantamento, encanto, ação de encantar. **2** sedução, fascinação, enlevo. **3** magia, feitiçaria, bruxaria. **rompere l'incantesimo** quebrar o encanto.

in.can.ta.re [inkant'are] *vt* **1** encantar. **2** seduzir, fascinar. **3** maravilhar, deliciar. **4** enfeitiçar. **5** hipnotizar. *vpr* **6** encantar-se, maravilhar-se, deliciar-se.

in.can.to [ink'anto] *sm* **1** encanto, encantamento, ação e efeito de encantar. **2** maravilha. **3** magia, feitiçaria. **4** *fig* encanto, sedução, atração, fascínio. **5** *Comm* leilão. **d'incanto** muito bem, maravilhosamente. **è un incanto!** que maravilha!

in.ca.pa.ce [inkap'atʃe] *agg* **1** incapaz, incompetente. **2** *Giur* incapacitado.

in.ca.po.nir.si [inkapon'irsi] *vpr* teimar, insistir em. *lei s'incaponisce a viaggiare in Italia* / ela teima em viajar para a Itália.

in.cap.pot.ta.re [inkappott'are] *vt* **1** encapotar. *vpr* **2** encapotar-se.

in.cap.puc.cia.re [inkapputtʃ'are] *vt* **1** encapuzar. *vpr* **2** encapuzar-se. **3** *fig* tornar-se frade.

in.car.ce.ra.re [inkartʃer'are] *vt* **1** encarcerar, prender, pôr na cadeia. **2** *fig* fechar, recolher.

in.ca.ri.ca.re [inkarik'are] *vt* **1** encarregar, incumbir. *vpr* **2** encarregar-se, assumir o encargo.

in.ca.ri.ca.to [inkarik'ato] *sm* encarregado. • *agg* encarregado, incumbido.

in.ca.ri.co [ink'ariko] *sm* **1** encargo, incumbência, obrigação. **2** missão, tarefa. **3** ordem.

in.car.na.re [inkarn'are] *vt* **1** encarnar. **2** *fig* representar. *vpr* **3** cravar, encravar (dente, unha). **4** *fig* fundir-se. **5** *Rel* encarnar-se.

in.car.na.to [inkarn'ato] *agg* **1** encarnado. **2** cor de carne.

in.car.na.zio.ne [inkarnats'jone] *sf* *Rel* encarnação.

in.car.ta.re [inkart'are] *vt* empapelar, embrulhar, empacotar, enrolar com papel.

in.cas.sa.re [inkass'are] *vt* **1** encaixotar, colocar em caixa. **2** *Comm* cobrar, resgatar (dinheiro). *vi* **3** adaptar-se, combinar, encaixar.

in.ca.te.na.re [inkaten'are] *vt* **1** acorrentar, algemar. **2** barrar, cercar com corrente. **3** *fig* ligar, vincular. **4** dominar, subjugar. *vpr* **5** juntar-se, unir-se. **6** *fig* encadear-se, concatenar-se.

in.cau.to [ink'awto] *agg* incauto, descuidado, imprudente.

in.ca.val.ca.re [inkavalk'are] *vt* encavalar, sobrepor.

in.ca.va.re [inkav'are] *vt* encavar, escavar, cavar, deixar côncavo ou oco.

in.ca.va.to [inkav'ato] *agg* **1** cavado, encavado. **2** côncavo, oco. **3** encovado, fundo (olho).

in.cen.dia.re [intʃend'jare] *vt* incendiar.

in.cen.dio [intʃ'ɛndjo] *sm* **1** incêndio. **2** *fig* fogo, paixão ardente. **avvisatore d'incendio** alarme de incêndio. **pompa da incendio** hidrante.

in.ce.ne.ri.re [intʃener´ire] *vt* **1** incinerar. **2** cremar, queimar. **3** calcinar (ossos). **4** *fig* destruir.

in.cen.sa.re [intʃens´are] *vt* **1** incensar. **2** *fig* bajular, adular. *vpr* **3** *fig* trocar elogios.

in.cen.so [intʃ´ɛnso] *sm* **1** incenso. **2** *fig* bajulação, lisonja, adulação.

in.cen.ti.vo [intʃent´ivo] *sm* incentivo, estímulo, exortação.

in.cen.tra.re [intʃentr´are] *vt* **1** centralizar, concentrar. *vpr* **2** centralizar-se, concentrar-se.

in.ce.ra.re [intʃer´are] *vt* encerar.

in.cer.tez.za [intʃert´ettsa] *sf* incerteza, indecisão, dúvida, hesitação.

in.cer.to [intʃ´ɛrto] *agg* incerto, indeterminado, duvidoso, hesitante, irresoluto.

in.ce.sto [intʃ´ɛsto] *sm* incesto.

in.chie.sta [ink´jɛsta] *sf* pesquisa, investigação.

in.chi.na.re [inkin´are] *vt* **1** inclinar, abaixar, dobrar, reclinar. *vpr* **2** inclinar-se, abaixar-se, dobrar-se. **3** cumprimentar, fazer reverência. **4** conformar-se, resignar-se.

in.chi.no [ink´ino] *sm* reverência, mesura.

in.chio.da.re [inkjod´are] *vt* **1** pregar, fixar com prego. **2** *fig* deter, segurar.

in.chio.stro [ink´jɔstro] *sm* tinta. **inchiostro di China** tinta nanquim.

in.ciam.pa.re [intʃamp´are] *vi* **1** tropeçar, topar. *inciampare in una pietra* / tropeçar numa pedra. **2** deparar. *inciampare in pericoli* / deparar com perigos. **3** encontrar por acaso. *inciampare in un amico* / encontrar um amigo. *vpr* **4** encontrar-se, topar com.

in.ci.den.ta.le [intʃident´ale] *agg* incidental, insólito, episódico.

in.ci.den.te [intʃid´ɛnte] *sf* incidente, acidente, episódio. • *agg* **1** incidente. **2** *Gramm* acessório. **incidente stradale** acidente de trânsito.

in.ci.de.re [intʃ´idere] *vt* **1** incidir. **2** cortar, talhar. **3** gravar, entalhar. **4** *Med* cortar. **5** pungir.

in.ci.ne.ra.zio.ne [intʃinerats´jone] *sf* **1** incineração. **2** cremação.

in.cir.ca [intʃ´irka] *avv* quase, mais ou menos. **all'incirca** aproximadamente.

in.ci.sio.ne [intʃiz´jone] *sf* **1** incisão, corte, abertura. **2** gravura.

in.ci.so [intʃ´izo] *sm Giur, Gramm* inciso. • *agg* **1** cortado, inciso. **2** gravado, entalhado.

in.ci.ta.re [intʃit´are] *vt* incitar, instigar.

in.ci.vi.le [intʃiv´ile] *agg* mal-educado, descortês, bruto, rude, grosseiro.

in.cle.men.te [inklem´ɛnte] *agg* **1** inclemente. **2** impiedoso. **3** rigoroso, severo. **4** fechado (tempo).

in.cli.na.re [inklin´are] *vt* **1** inclinar, dobrar, curvar. *vi* **2** ter inclinação, tender.

in.cli.na.zio.ne [inklinats´jone] *sf* **1** inclinação. **2** declive. **3** *fig* inclinação, propensão.

in.clu.de.re [inkl´udere] *vt* incluir, inserir.

in.clu.sio.ne [inkluz´jone] *sf* inclusão.

in.clu.so [inkl´uzo] *agg* incluído, incluso, compreendido.

in.co.e.ren.te [inkoer´ɛnte] *agg* incoerente, ilógico, contraditório, disparatado, desconexo.

in.co.gni.ta [ink´ɔgnita] *sf* **1** incógnita. **2** *fig* incógnita, coisa desconhecida.

in.co.gni.to [ink´ɔgnito] *agg* incógnito, desconhecido, oculto, misterioso.

in.col.le.ri.re [inkoller´ire] *vi+vpr* encolerizar-se, zangar-se, irritar-se.

in.co.lo.re [inkol´ore] *agg* incolor, sem cor.

in.col.pa.re [inkolp´are] *vt* **1** culpar, acusar, imputar, incriminar. *vpr* **2** acusar-se.

in.col.to [ink´olto] *agg* **1** não cultivado. **2** *fig* inculto, iletrado. **3** desleixado, negligente.

in.com.ben.za [inkomb´ɛntsa] *sf* incumbência, encargo, missão.

in.com.be.re [ink´ombere] *vt* incumbir, caber, ser obrigação.

in.co.min.cia.re [inkomintʃ´are] *vt pop* começar, iniciar, principiar.

in.co.mo.da.re [inkomod´are] *vt* **1** incomodar, molestar, transtornar. *vpr* **2** incomodar-se, dar-se o trabalho de, perturbar-se. *Var: scomodare.*

in.co.mo.do [ink´ɔmodo] *sm* **1** incômodo, aborrecimento, transtorno. **2** *fam* chateação. **3** *fig* distúrbio. • *agg* incômodo, importuno. *Var: scomodo.*

in.com.pa.ra.bi.le [inkompar´abile] *agg* incomparável, único, ímpar, excepcional.

in.com.pa.ti.bi.le [incompat´ibile] *agg* incompatível, inconciliável.

in.com.pe.ten.te [inkompet´ɛnte] *agg* incompetente, incapaz.

in.com.ple.to [inkompl´ɛto] *agg* incompleto, imperfeito, mutilado.

in.com.pren.si.bi.le [inkomprens´ibile] *agg* incompreensível, estranho, obscuro.

in.con.ce.pi.bi.le [inkontʃep´ibile] *agg* inconcebível, inacreditável, inimaginável.

in.con.di.zio.na.to [inkonditsjon´ato] *agg* incondicional.

in.con.se.guen.te [inkonseg´wɛnte] *agg* inconsequente, incoerente, contraditório.

in.con.si.sten.te [inkonsist´ɛnte] *agg* inconsistente, frágil, infundado.

in.con.te.sta.bi.le [inkontest´abile] *agg* incontestável, indiscutível.

in.con.tra.re [inkontr´are] *vt* **1** encontrar. *incontrare difficoltà* / encontrar dificuldade. **2** topar com. **3** ir de encontro a. **4** deparar com. *vi* **5** acontecer. *vpr* **6** chocar-se com.

in.con.tro [ink´ontro] *sm* **1** encontro. **2** oportunidade, ocasião. **3** choque, batida. **4** competição, disputa entre dois atletas ou equipes. **incontro amichevole** jogo amistoso.

in.con.ve.nien.te [inkonven´jɛnte] *agg* inconveniente, inoportuno, impróprio, inadequado.

in.co.rag.gia.re [inkoraddʒ´are] *vt* encorajar.

in.cor.ni.cia.re [inkornitʃ´are] *vt* emoldurar, enquadrar.

in.co.ro.na.re [inkoron´are] *vt* **1** coroar. **2** *fig* recompensar. *vpr* **3** coroar-se.

in.cor.po.ra.re [inkorpor´are] *vt* **1** incorporar, fundir. **2** anexar. *vpr* **3** incorporar-se, fundir-se.

in.cor.reg.gi.bi.le [inkor̄eddʒ´ibile] *agg* incorrigível.

in.cor.re.re [ink´or̄ere] *vi* **1** incorrer. **2** arriscar-se.

in.cor.ret.to [inkor̄´ɛtto] *agg* incorreto, errado.

in.co.scien.te [inkoʃ´ɛnte] *agg* inconsciente.

in.co.stan.te [inkost´ante] *agg* inconstante, volúvel, variável.

in.cre.di.bi.le [inkred´ibile] *agg* incrível, extraordinário, inacreditável.

in.cre.du.lo [inkr´ɛdulo] *agg* **1** incrédulo, descrente. **2** ateu.

in.cre.men.to [inkrem´ento] *sm* incremento, aumento, crescimento, desenvolvimento.

in.cre.spa.re [inkresp´are] *vt* **1** encrespar. **2** encaracolar, enrolar (os cabelos). **3** enrugar, franzir (a testa). *vpr* **4** encrespar-se. **5** enrolar-se. **6** enrugar-se.

in.cri.mi.na.re [inkrimin´are] *vt* **1** incriminar. **2** acusar, imputar.

in.cri.na.re [inkrin´are] *vt* **1** rachar, trincar. *vpr* **2** rachar-se, trincar.

in.cro.cia.re [inkrotʃ´are] *vt* **1** cruzar, encruzar. **2** *Naut, Aeron* cruzar. *vpr* **3** cruzar-se. **incrociare le braccia** *fig* fazer greve, não trabalhar.

in.cro.cia.ta [inkrotʃ´ata] *sf* encruzilhada.

in.cro.cia.to.re [inkrotʃat´ore] *sm Naut* cruzador.

in.cro.cio [inkr´ɔtʃo] *sm* cruzamento (de ruas). Veja nota em **cruzamento**.

in.cro.sta.re [inkrost´are] *vt* incrustar, embutir.

in.cu.ba.tri.ce [inkubatr´itʃe] *sf Med, Biol* incubadora (para bebês; para ovos).

in.cu.ba.zio.ne [inkubats´jone] *sf Med, Biol* incubação (de doença; de ovos). **incubazione artifiziale** incubação artificial.

in.cu.bo [´inkubo] *sm* **1** pesadelo. **2** *Mit* íncubo, fantasma, espírito masculino. **3** *fig* angústia. **4** pessoa importuna.

in.cu.di.ne [ink´udine] *sf* (anche *Anat*) bigorna. **essere tra l'incudine ed il martello** estar entre a cruz e a espada.

in.cu.ra.bi.le [inkur´abile] *agg* incurável.

in.cu.ria [ink´urja] *sf* negligência, descuido.

in.cur.sio.ne [inkurs´jone] *sf* **1** correria. **2** *Mil* incursão, invasão.

in.cur.va.re [inkurv´are] *vt* **1** encurvar, arquear, curvar. *vpr* **2** curvar-se, arquear-se.
in.cu.te.re [ink´utere] *vt* **1** incutir, inspirar, infundir. *incutere paura, rispetto* / incutir medo, respeito. **2** impor (à força).
in.da.co [´indaco] *sm* índigo, anil, um tipo de tinta de cor azul.
in.da.ga.re [indag´are] *vt* **1** indagar, perguntar. **2** investigar, averiguar. **3** *Pol* fazer sindicância.
in.da.gi.ne [ind´adʒine] *sf* **1** pesquisa, investigação, averiguação. **2** interrogatório. **3** sindicância.
in.de.bi.ta.re [indebit´are] *vt* **1** endividar. *vpr* **2** endividar-se.
in.de.bi.to [ind´ebito] *sm* indébito, apropriação indébita. • *agg* **1** indevido, injusto. **2** inoportuno.
in.de.bo.li.re [indebol´ire] *vt* **1** enfraquecer, debilitar. *vpr* **2** enfraquecer, debilitar-se.
in.de.cen.te [indetʃ´ɛnte] *agg* **1** indecente, obsceno, indecoroso. **2** desonesto.
in.de.ci.so [indetʃ´izo] *agg* **1** indeciso, hesitante. **2** duvidoso, indeterminado, vago.
in.de.co.ro.so [indekor´ozo] *agg* indecoroso.
in.de.fi.ni.bi.le [indefin´ibile] *agg* indefinível, indeterminado, ambíguo.
in.de.fi.ni.to [indefin´ito] *agg* indefinido, impreciso, vago, genérico.
in.de.gno [ind´eño] *agg* indigno, desprezível, ordinário, baixo.
in.de.li.ca.to [indelik´ato] *agg* **1** indelicado, grosseiro, rude. **2** desonesto.
in.de.mo.nia.re [indemon´jare] *vt* **1** *fig* endemoninhar. *vi+vpr* **2** endemoninhar-se, ficar possuído.
in.den.niz.za.re [indenniddz´are] *vt* indenizar, compensar, ressarcir, reparar.
in.den.niz.zo [indenn´idzzo] *sm Comm* indenização, compensação.
in.de.scri.vi.bi.le [indeskriv´ibile] *agg* indescritível.
in.de.ter.mi.na.ti.vo [indeterminat´ivo] *agg Gramm* indefinido (artigo).
in.de.ter.mi.na.to [indetermin´ato] *agg* **1** indeterminado, vago. **2** irresoluto, indeciso.
in.dia.no [ind´jano] *sm+agg* **1** indiano. **2** índio. **fare l'indiano** fazer vista grossa.
in.dia.vo.la.re [indjavol´are] *vt* **1** endemoninhar. *vi* **2** enfurecer-se, ficar furioso.
in.di.ca.re [indik´are] *vt* **1** indicar, apontar, mostrar. **2** designar.
in.di.ca.ti.vo [indikat´ivo] *sm Gramm* indicativo. • *agg* indicativo, indicador, que indica.
in.di.ca.to.re [indikat´ore] *sm* indicador, mostrador. **indicatore a freccia** *Autom* seta luminosa. **indicatore livello carburante** *Autom* indicador do nível de gasolina.
in.di.ce [´inditʃe] *sm* **1** indicador, mostrador. **2** ponteiro. *indici dell'orologio* / ponteiros do relógio. **3** índice. *l'indice del libro* / o índice do livro. **4** *Anat* dedo indicador.
in.die.tro [indj´etro; indj´ɛtro] *avv* atrás, para trás. **essere indietro** estar atrasado.
in.di.fe.so [indif´ezo] *agg* **1** indefeso. **2** fraco. **3** desarmado.
in.dif.fe.ren.te [indiffer´ɛnte] *agg* indiferente, desinteressado, negligente, apático.
in.di.ge.no [ind´idʒeno] *sm+agg* indígena, nativo, natural do país.
in.di.gen.te [indidʒ´ɛnte] *agg* indigente, necessitado, pobre.
in.di.ge.sto [indidʒ´ɛsto] *agg* **1** indigesto. **2** *fig* antipático. **3** incompreensível. **4** pesado.
in.di.gna.re [indiñ´are] *vt* **1** indignar, revoltar. *vpr* **2** indignar-se, revoltar-se.
in.di.men.ti.ca.bi.le [indimentik´abile] *agg* inesquecível.
in.di.pen.den.te [indipend´ɛnte] *agg* independente, livre, autônomo.
in.di.ret.to [indir´ɛtto] *agg* indireto, oblíquo.
in.di.riz.za.re [indiritts´are] *vt* **1** endereçar, encaminhar, remeter, mandar. *indirizzare lettere* / remeter cartas. *indirizzò i libri agli amici* / mandou os livros para os amigos. **2** dirigir. *indirizzare la parola a qualcuno* / dirigir a palavra a alguém. **3** dedicar. *vpr* **4** dirigir-se: a) ir para. *indirizzarsi alla segreteria* / dirigir-se à secretaria. b) falar com. *indirizzarsi a qualcuno* / dirigir-se a alguém.

in.di.riz.zo [indir´ittso] *sm* **1** endereço. **2** encaminhamento, remessa. **3** dedicatória.

in.di.sci.pli.na [indiʃipl´ina] *sf* indisciplina, insubordinação.

in.di.scre.to [indiskr´eto] *agg* indiscreto, imprudente, falador.

in.di.scre.zio.ne [indiskrets´jone] *sf* indiscrição, imprudência, inconveniência.

in.di.spor.re [indisp´or̄e] *vt* indispor, incomodar.

in.di.spo.si.zio.ne [indispozits´jone] *sf* indisposição, incômodo.

in.di.strut.ti.bi.le [indistrutt´ibile] *agg* indestrutível.

in.di.vi.du.a.le [individu´ale] *agg* individual, pessoal, característico.

in.di.vi.duo [indiv´idwo] *sm* **1** indivíduo. **2** *fig, disp* sujeito, elemento.

in.di.zia.re [indits´jare] *vt* **1** denunciar, dar indícios de. **2** *Giur* indiciar.

in.di.zio [ind´itsjo] *sm* **1** indício, sinal, indicação, vestígio. **2** *Med* sintoma.

in.do.ci.le [ind´ɔtʃile] *agg* indócil, indomável.

in.dol.ci.re [indoltʃ´ire] *vt* **1** adoçar. **2** *fig* acalmar, amansar. *vi+vpr* **3** ficar doce.

in.do.le [´indole] *sf* **1** índole, natureza, caráter, gênio. **2** inclinação, tendência, propensão.

in.do.len.te [indol´ɛnte] *s+agg* indolente, preguiçoso, negligente.

in.do.len.za [indol´ɛntsa] *sf* indolência, preguiça, negligência.

in.do.ma.ni [indom´ani] *sm* usado como *avv* **tornerò l'indomani** voltarei amanhã.

in.do.ma.to [indom´ato] *agg* indomado, bravo, bravio.

in.do.ra.re [indor´are] *vt* dourar, tornar dourado. **indorare la pillola** *fig* dourar a pílula.

in.dos.sa.re [indoss´are] *vt* **1** vestir. **2** carregar, levar às costas. *vpr* **3** vestir-se.

in.dos.sa.ta [indoss´ata] *sf* prova (de roupa). **dare un'indossata** provar, experimentar.

in.dos.sa.to.re [indossat´ore] *sm* modelo, manequim.

in.dos.sa.tri.ce [indossatr´itʃe] *sf* modelo, manequim.

in.do.vi.na.re [indovin´are] *vt+vi* **1** adivinhar. **2** prever, predizer.

in.do.vi.nel.lo [indovin´ɛllo] *sm* adivinha, charada, adivinhação.

in.du.gia.re [indudʒ´are] *vt* **1** atrasar, adiar, protelar. *vi* **2** demorar, perder tempo. **3** hesitar.

in.du.gio [ind´udʒo] *sm* **1** atraso, adiamento, protelação. **2** demora, perda de tempo. **3** hesitação.

in.dul.gen.te [induldʒ´ɛnte] *agg* indulgente, tolerante, clemente, benigno.

in.du.ri.re [indur´ire] *vt* **1** endurecer, enrijecer. **2** *fig* insensibilizar. *vi+vpr* **3** endurecer.

in.dur.re [ind´ur̄e] *vt* **1** induzir, levar a, exortar. *indurre qualcuno a fare qualcosa* / induzir alguém a fazer alguma coisa. *indurre in errore* / induzir a erro. **2** obrigar. **3** decidir. **4** causar, produzir. **5** concluir. **6** *Fis* induzir. *vpr* **7** decidir-se a.

in.du.stria [ind´ustrja] *sf* **1** fabricação, indústria, ato de fabricar. **2** trabalho, produção. **3** arte, ofício. **cavaliere d'industria** *iron* ladrão de casaca.

in.du.stria.le [industr´jale] *s+agg* industrial.

in.du.zio.ne [induts´jone] *sf* indução, conclusão.

i.ne.di.to [in´ɛdito] *agg* inédito, não publicado.

i.nef.fi.ca.ce [ineffik´atʃe] *agg* ineficaz, inútil.

i.ne.gua.le [ineg´wale] *agg* desigual, diferente.

i.ne.ren.te [iner´ɛnte] *agg* inerente, pertencente, intrínseco, essencial.

i.ner.te [in´ɛrte] *agg* **1** inerte, imóvel. **2** morto, inanimado. **3** inativo, preguiçoso, indolente.

i.ner.zia [in´ɛrtsja] *sf* **1** inatividade, preguiça, indolência. **2** *Fis* inércia.

i.ne.sat.tez.za [inezatt´ettsa] *sf* inexatidão, erro.

i.ne.sat.to [inez´atto] *agg* inexato, errado.

i.ne.si.sten.te [inezist´ɛnte] *agg* inexistente.

i.ne.spe.rien.za [inesper'jɛntsa] *sf* inexperiência, ingenuidade, imperícia.
i.ne.sper.to [inesp'ɛrto] *agg* inexperiente, sem experiência.
i.ne.spli.ca.bi.le [inesplik'abile] *agg* inexplicável.
i.ne.splo.ra.to [inesplor'ato] *agg* inexplorado, desconhecido, virgem.
i.ne.sti.ma.bi.le [inestim'abile] *agg* inestimável, precioso, incalculável.
i.net.to [in'ɛtto] *agg* **1** inepto, incapaz. **2** inapto, leviano, frívolo, fútil.
i.ne.vi.ta.bi.le [inevit'abile] *agg* inevitável, fatal.
i.ne.zia [in'ɛtsja] *sf* **1** inépcia, tolice. **2** ninharia.
in.fal.li.bi.le [infall'ibile] *agg* **1** infalível, inevitável, certo. **2** que não falha.
in.fa.ma.re [infam'are] *vt* **1** infamar, difamar, caluniar, desonrar. *vpr* **2** infamar-se, desonrar-se.
in.fa.me [inf'ame] *agg* **1** infame, de má fama. **2** péssimo, vil. **3** obsceno. **4** mal frequentado. *un luogo infame* / um lugar mal frequentado.
in.fa.mia [inf'amja] *sf* **1** infâmia, má fama, desonra. **2** ofensa grave. **3** *iron* coisa malfeita.
in.fan.ti.le [infant'ile] *agg* infantil, pueril.
in.fan.zia [inf'antsja] *sf* **1** infância, meninice. **2** *fig* início. *l'infanzia di una scienza, di un'arte* / o início de uma ciência, de uma arte.
in.far.to [inf'arto] *sm Med* infarto.
in.fa.sti.di.men.to [infastidim'ento] *sm* aborrecimento, tédio, fastio, enfado.
in.fa.sti.di.re [infastid'ire] *vt* **1** aborrecer, entediar, enfastiar, enfadar. *vpr* **2** aborrecer-se, entediar-se, enfastiar-se, enfadar-se.
in.fat.ti [inf'atti] *cong* de fato, realmente, na realidade, mesmo.
in.fa.tua.re [infat'ware] *vt* **1** orgulhar, envaidecer. *vpr* **2** orgulhar-se, envaidecer-se.
in.fe.con.do [infek'ɔndo] *agg* infecundo, estéril, infrutífero.
in.fe.de.le [infed'ele] *sm Rel* infiel, pagão. • *agg* infiel, traidor, desonesto, desleal.
in.fe.del.tà [infedelt'a] *sf* **1** infidelidade, deslealdade. **2** ateísmo, incredulidade.
in.fe.li.ce [infel'itʃe] *agg* **1** infeliz, azarado, desventurado. **2** ineficaz (opinião, ideia).
in.fe.li.ci.tà [infelitʃit'a] *sf* infelicidade, desventura, fracasso, infortúnio.
in.fe.rio.re [infer'jore] *sm* inferior, subalterno. • *agg compar* (de **basso**) **1** inferior. **2** *fig* inadequado. **3** indigno. **4** insuficiente.
in.fe.rio.ri.tà [inferjorit'a] *sf* inferioridade.
in.fer.ma.re [inferm'are] *vt* **1** adoecer, deixar doente. *vi+vpr* **2** adoecer, ficar doente.
in.fer.me.ri.a [infermer'ia] *sf* enfermaria.
in.fer.mic.cio [inferm'ittʃo] *agg* **1** meio doente. **2** *fam* doentinho.
in.fer.mie.ra [inferm'jɛra] *sf* enfermeira.
in.fer.mie.re [inferm'jɛre] *sm* enfermeiro.
in.fer.mi.tà [infermit'a] *sf* **1** enfermidade, doença. **2** *fig* fraqueza, debilidade. **3** imbecilidade.
in.fer.mo [inf'ermo] *agg* enfermo, doente.
in.fer.no [inf'ɛrno] *sm* **1** inferno. **2** castigo eterno. **3** *fig* sofrimento, padecimento. **4** desordem.
in.fe.sta.re [infest'are] *vt* **1** hostilizar. **2** assolar. **3** molestar, importunar. **4** *Med, fig* infestar.
in.fe.sto [inf'ɛsto] *agg* **1** inimigo, hostil. **2** nocivo, prejudicial.
in.fet.ta.re [infett'are] *vt* **1** infectar, infeccionar, contaminar. **2** *fig* corromper. *vpr* **3** infectar-se, contaminar-se. **4** *fig* corromper-se.
in.fet.to [inf'ɛtto] *agg* **1** infecto, infeccionado. **2** fedorento, fétido. **3** estragado, corrompido.
in.fe.zio.ne [infets'jone] *sf* infecção, contágio.
in.fiac.chi.re [infjakk'ire] *vt* **1** enfraquecer, debilitar. *vpr* **2** enfraquecer.
in.fiam.ma.re [infjamm'are] *vt* **1** inflamar, acender. **2** *fig* excitar. *vpr* **3** inflamar-se, acender-se. **4** *fig* apaixonar-se. **5** excitar-se.
in.fiam.ma.to.rio [infjammat'ɔrjo] *agg* inflamatório.
in.fiam.ma.zio.ne [infjammats'jone] *sf Med* inflamação.
in.fia.sca.re [infjask'are] *vt* engarrafar, enfrascar.

in.fig.ge.re [inf´iddʒere] *vt* **1** fincar, cravar. *vpr* **2** fincar-se, cravar-se.
in.fi.la.re [infil´are] *vt* **1** enfiar, passar o fio pelo buraco da agulha. *vpr* **2** vestir-se.
in.fil.trar.si [infiltr´arsi] *vpr* **1** infiltrar-se. **2** *fig* introduzir-se, penetrar. Veja nota em **introduzir**.
in.fil.tra.zio.ne [infiltrats´jone] *sf* infiltração.
in.fil.za.re [infilts´are] *vt* **1** enfiar, espetar em série. **2** vestir uma roupa.
in.fi.mo [´infimo] *agg superl* (de **basso**) **1** ínfimo, insignificante, o mais baixo. **2** *fig* o pior.
in.fi.ne [inf´ine] *avv* enfim, finalmente.
in.fin.ge.re [inf´indʒere] *vi+vpr* fingir, simular, mentir.
in.fi.ni.tà [infinit´a] *sf* **1** infinidade. **2** multidão.
in.fi.ni.ti.vo [infinit´ivo] *sm Gramm* infinitivo.
in.fi.ni.to [infin´ito] *sm* infinito. • *agg* infinito, sem fim, eterno, interminável, infindável.
in.fi.no [inf´ino] *avv* até. **infino a ché** até que. **infino ad ora** até agora. *Var: insino.*
in.fio.chi.re [infjok´ire] *vi* **1** enfraquecer, ficar fraco. **2** ficar rouco (som; voz).
in.fio.ra.re [infjor´are] *vt* **1** enfeitar com flores, espalhar flores. **2** *fig* embelezar. *vpr* **3** florescer. **4** enfeitar-se com flores. **5** *fig* embelezar-se.
in.fio.re.scen.za [infjoreʃ´ɛntsa] *sf Bot* inflorescência.
in.fi.schiar.si [infisk´jarsi] *vpr* **1** ignorar, não fazer caso de. **2** *pop* não dar bola.
in.fis.so [inf´isso] *agg* fincado, cravado.
in.fla.zio.ne [inflats´jone] *sf Comm* inflação.
in.fles.si.bi.le [infless´ibile] *agg* inflexível, implacável, indiferente, insensível.
in.fles.sio.ne [infless´jone] *sf* **1** inflexão, curvatura, inclinação. **2** *Gramm* flexão, inflexão.
in.flig.ge.re [infl´iddʒere] *vt* **1** infligir, aplicar. *infliggere punizioni* / infligir punições. **2** impor.
in.fluen.za [infl´wɛntsa] *sf* **1** influência. **2** *Med* gripe. **3** *Fis* indução, influxo. **4** *fig* autoridade, prestígio. **prendere un'influenza** pegar uma gripe.
in.fluen.za.re [inflwents´are] *vt* influenciar.
in.flui.re [infl´wire] *vi* influir, inspirar, incutir.
in.fo.ca.re [infok´are] *vt* **1** afoguear, abrasar. **2** queimar. *vpr* **3** afoguear-se, abrasar-se. **4** *fig* queimar-se. **5** zangar-se, irar-se.
in.fo.ca.to [infok´ato] *agg* **1** aceso, vermelho como fogo. **2** *fig* ardente. **3** vermelho de raiva.
in.fo.gnar.si [infoñ´arsi] *vpr* atolar-se.
in.fol.ti.re [infolt´ire] *vt* **1** adensar, tornar espesso. *vi+vpr* **2** tornar-se denso, ficar espesso.
in.fon.da.to [infond´ato] *agg* infundado, sem fundamento, fictício, imaginário.
in.fon.de.re [inf´ondere] *vt* infundir, incutir.
in.for.ca.re [infork´are] *vt* **1** enforcar. **2** montar, ficar a cavalo sobre. *inforcare la bicicletta* / montar na bicicleta.
in.for.ma.re [inform´are] *vt* **1** formar, dar forma, enformar. **2** informar, dar informação. **3** advertir. **4** moldar. **5** *fig* inspirar. *vi* **6** informar-se. *vpr* **7** formar-se. **8** informar-se. **informare di** *Giur* instruir (processo etc.).
in.for.ma.ti.vo [informat´ivo] *agg* informativo.
in.for.ma.to.re [informat´ore] *sm* **1** informante. **2** mensageiro. **3** *Mil* batedor.
in.for.ma.zio.ne [informats´jone] *sf* **1** informação, esclarecimento. **2** dados. **3** *Comm* referência. **chiedere un'informazione** pedir uma informação.
in.for.me [inf´orme] *agg* informe, deformado.
in.for.na.re [inforn´are] *vt* enfornar.
in.for.tu.nio [infort´unjo] *sm* **1** infortúnio, infelicidade, desventura. **2** *Naut* naufrágio. **infortunio sul lavoro** acidente de trabalho.
in.fra.di.cia.re [infraditʃ´are] *vt* **1** molhar. *vpr* **2** molhar-se. **3** apodrecer (fruta).
in.fram.met.ten.te [inframmett´ɛnte] *agg* intrometido, metido, abelhudo.
in.fram.met.te.re [inframm´ettere] *vt* **1** colocar no meio. *vpr* **2** intrometer-se, meter-se no meio.

in.fran.ge.re [infr'andʒere] *vt* **1** quebrar, romper. **2** infringir, violar, transgredir. *vpr* **3** quebrar-se.
in.fran.gi.bi.le [infrandʒ'ibile] *agg* inquebrável.
in.fra.ros.so [infrar'osso] *agg Fis, Med* infravermelho.
in.fra.zio.ne [infrats'jone] *sf* infração, transgressão, violação.
in.fred.da.re [infredd'are] *vt* **1** esfriar, resfriar. *vi+vpr* **2** resfriar-se, pegar resfriado.
in.fred.da.tu.ra [infreddat'ura] *sf* resfriado, constipação. Veja nota em **constipação**.
in.fri.gi.di.re [infridʒid'ire] *vt* **1** esfriar. *vi+vpr* **2** esfriar, esfriar-se.
in.frol.li.re [infroll'ire] *vt* **1** afrouxar. **2** *fig* amaciar. *vi+vpr* **3** ficar frouxo, afrouxar.
in.frut.ti.fe.ro [infrutt'ifero] *agg* infrutífero.
in.fu.ria.re [infur'jare] *vi+vpr* enfurecer, ficar furioso, irar-se.
in.fu.ria.to [infur'jato] *agg* enfurecido, furioso, irado, raivoso.
in.fu.sio.ne [infuz'jone] *sf Med* infusão, maceração.
in.gab.bia.re [ingabb'jare] *vt* **1** engaiolar. **2** *fig* prender, colocar na cadeia.
in.gag.gia.re [ingaddʒ'are] *vt* **1** engajar. **2** alistar, recrutar. **3** empregar. *vpr* **4** alistar-se.
in.gan.cia.re [ingantʃ'are] *vt* enganchar.
in.gan.na.re [ingann'are] *vt* **1** enganar, iludir, tapear. *vpr* **2** errar, enganar-se, julgar mal.
in.gan.no [ing'anno] *sm* engano, embuste, logro, tapeação.
in.ge.gne.re [indʒeñ'ɛre] *sm* engenheiro.
in.ge.gne.ri.a [indʒeñer'ia] *sf* engenharia.
in.ge.gno [indʒ'eño] *sm* **1** engenho, talento, inteligência. **2** *Lett* artifício, estratagema.
in.ge.gno.so [indʒeñ'ozo] *agg* **1** engenhoso, talentoso. **2** hábil.
in.ge.lo.si.re [indʒeloz'ire] *vt* **1** enciumar, despertar ciúme em. *vi+vpr* **2** ficar com ciúme de.
in.ge.ne.ra.re [indʒener'are] *vt* gerar, produzir.
in.ge.nui.tà [indʒenwit'a] *sf* ingenuidade, inocência.
in.ge.nuo [indʒ'ɛnwo] *agg* ingênuo, inocente.
in.ge.ren.za [indʒer'ɛntsa] *sf* ingerência, intromissão, intervenção, influência.
in.ge.ri.re [indʒer'ire] *vt* **1** ingerir, engolir. *vpr* **2** ingerir-se, intrometer-se, intervir.
in.ghiot.ti.re [ingjott'ire] *vt* **1** engolir. **2** tragar.
in.gial.li.re [indʒall'ire] *vt+vi* amarelar.
in.gi.noc.chiar.si [indʒinokk'jarsi] *vpr* ajoelhar-se, pôr-se de joelhos, cair de joelhos.
in.giù [indʒ'u] *avv* para baixo. *V giù.*
in.giu.ria [indʒ'urja] *sf* **1** injúria, insulto, ofensa, ultraje. **2** dano, perda, incômodo.
in.giu.ria.re [indʒur'jare] *vt* **1** injuriar, insultar, ofender. **2** causar dano ou perda, incomodar.
in.giu.sti.zia [indʒust'itsja] *sf* injustiça.
in.giu.sto [indʒ'usto] *agg* injusto, infundado.
in.gle.se [ingl'eze] *sm+agg* inglês.
in.gol.la.re [ingoll'are] *vt* **1** engolir sem mastigar. **2** *fig* devorar.
in.gom.bra.re [ingombr'are] *vt* **1** obstruir, entupir, entulhar. **2** atrapalhar.
in.gom.ma.re [ingomm'are] *vt* **1** engomar, colocar goma. **2** colar, grudar.
in.gor.di.gia [ingord'idʒa] *sf* **1** gula insaciável, voracidade. **2** *fig* cobiça, avidez.
in.gor.do [ing'ordo] *agg* **1** glutão, guloso, voraz. **2** insaciável. **3** *fig* cobiçoso, ávido.
in.goz.za.re [ingotts'are] *vt* **1** engolir, devorar. **2** *fig* engolir, suportar, aguentar. *ingozzare offese, l'ingiustizia* / engolir ofensas, a injustiça.
in.gra.nag.gio [ingran'addʒo] *sm* engrenagem.
in.gra.na.re [ingran'are] *vt+vi* engrenar.
in.gran.di.men.to [ingrandim'ento] *sm* engrandecimento, crescimento, aumento.
in.gran.di.re [ingrand'ire] *vt* engrandecer, aumentar.
in.gras.sa.re [ingrass'are] *vt* **1** engordar. **2** adubar.
in.gra.to [ingr'ato] *agg* **1** ingrato, mal-agradecido. **2** desagradável.

I

in.gra.vi.da.re [ingravid´are] *vt+vi* engravidar. Veja nota em **engravidar**.
in.gre.dien.te [ingred´j3nte] *sm* **1** ingrediente. **2** componente, integrante.
in.gres.so [ingr´3sso] *sm* **1** entrada. **2** posse (de cargo). **3** *Teat* ingresso, entrada.
in.gros.sa.re [ingross´are] *vt* **1** engrossar. **2** aumentar, engrandecer. *vi+vpr* **3** aumentar, crescer.
in.gros.so [ingr´6sso] *sm* usado na expressão **all'ingrosso** a) em grande quantidade, no atacado. b) aproximadamente, mais ou menos.
in.gui.ne [´ingwine] *sf V anguinaia.*
i.ni.bi.re [inib´ire] *vt* **1** inibir. **2** proibir, vetar. **3** *fig* limitar, impedir.
i.ni.bi.zio.ne [inibits´jone] *sf* **1** inibição. **2** proibição.
i.niet.ta.re [injett´are] *vt* injetar. **iniettarsi di sangue** injetar-se de sangue (olhos).
i.nie.zio.ne [injets´jone] *sf* injeção.
i.ni.mi.ci.zia [inimit8´itsja] *sf* inimizade, aversão, hostilidade.
i.nin.tel.li.gi.bi.le [inintellid9´ibile] *agg* ininteligível.
i.nin.ter.rot.to [ininteR´otto] *agg* ininterrupto, contínuo.
i.ni.zia.le [inits´jale] *agg* inicial. • *sf* inicial, letra inicial. *l'iniziale di un nome* / a inicial de um nome.
i.ni.zia.re [inits´jare] *vt* **1** iniciar, começar. **2** preparar. **3** acolher, aceitar. *iniziare in un gruppo, in una setta* / acolher num grupo, numa seita.
i.ni.zia.ti.va [initsjat´iva] *sf* iniciativa.
i.ni.zio [in´itsjo] *sm* início, começo, princípio. **dare inizio a** dar início a, começar.
in.nal.za.re [innalts´jare] *vt* **1** levantar, erguer. **2** construir. *innalzare un edificio* / construir um edifício. **3** *fig* exaltar. *vpr* **4** levantar-se, erguer-se. **5** *fig* impor-se, destacar-se.
in.na.mo.ra.re [innamor´are] *vt* enamorar; encantar, fascinar.
in.na.mo.ra.to [innamor´ato] *sm* namorado, amante. • *agg* enamorado, apaixonado.
in.nan.zi [inn´antsi] *avv* **1** em frente, à frente. *essere innanzi* / estar à frente. **2** antes, anteriormente. *il giorno innanzi* / o dia anterior. **3** avante, em diante. *tirare innanzi* / ir avante. • *prep* antes de. **d'oggi innanzi** de hoje em diante. **innanzi a** perante: a) em frente de, frente a. b) na presença de. *giurare innanzi a Dio* / jurar perante Deus. **innanzi di** antes de. *innanzi di criticare, sarebbe meglio leggere il testo* / antes de criticar, seria melhor ler o texto. **innanzi tempo** antes da hora. **innanzi tutto** antes de mais nada. **più innanzi** a) depois. b) a partir de.
in.na.to [inn´ato] *agg* inato, congênito.
in.ne.ga.bi.le [inneg´abile] *agg* inegável, incontestável.
in.ne.sta.re [innest´are] *vt* **1** enxertar. **2** *Med* vacinar. **3** *fig* ligar, unir (pedaços).
in.ne.sto [inn´3sto] *sm* **1** enxerto. **2** *Med* vacinação.
in.no [´inno] *sm* hino. **inno nazionale** hino nacional.
in.no.cen.te [innot8´3nte] *agg* **1** inocente. **2** ingênuo. **3** inofensivo.
in.no.cen.za [innot8´3ntsa] *sf* **1** inocência. **2** ingenuidade.
in.no.cuo [inn´6kwo] *agg* inócuo.
in.no.va.re [innov´are] *vt* **1** inovar. **2** mudar, reformar.
in.no.va.zio.ne [innovats´jone] *sf* **1** inovação, novidade. **2** mudança, reforma.
in.nu.me.ra.bi.le [innumer´abile] *agg V innumerevole.*
in.nu.me.re.vo.le [innumer´evole] *agg* inumerável, incontável. *Sin: innumerabile.*
i.noc.cu.pa.to [inokkup´ato] *agg* desempregado, desocupado.
i.no.cu.la.re [inokul´are] *vt* inocular, injetar.
i.no.do.ro [inod´oro] *agg* inodoro, sem cheiro.
i.nof.fen.si.vo [inoffens´ivo] *agg* inofensivo.
i.nol.tra.re [inoltr´are] *vt* **1** *Comm* transmitir, enviar, encaminhar. *vpr* **2** avançar, ir adiante.
i.nol.tre [in´oltre] *avv* além disso, além do mais.
i.non.da.re [inond´are] *vt* inundar, alagar.
i.non.da.zio.ne [inondats´jone] *sf* inundação, alagamento.

i.no.pe.ro.so [inoper´ozo] *agg* **1** inativo. **2** ocioso, desocupado. **capitale inoperoso** *Comm* capital inativo.
i.nop.por.tu.no [inopport´uno] *agg* inoportuno, intempestivo.
i.nor.go.gli.re [inorgoλ´ire] *vt* **1** orgulhar, dar orgulho a. *vi+vpr* **2** orgulhar-se, sentir orgulho.
i.nor.ri.di.re [inor̃id´ire] *vt* **1** horrorizar, aterrorizar. *vi* **2** horrorizar-se, ficar horrorizado.
in.qua.dra.re [inkwadr´are] *vt* **1** emoldurar. **2** *fig* ajustar, adaptar. *vpr* **3** *fig* ajustar-se a, adaptar-se a.
in.qui.e.ta.re [inkwiet´are] *vt* **1** inquietar. *vpr* **2** inquietar-se, perturbar-se. **3** aborrecer-se.
in.qui.e.to [inkwj´ɛto] *agg* **1** inquieto, desassossegado. **2** preocupado, apreensivo.
in.qui.e.tu.di.ne [inkwiet´udine] *sf* **1** inquietação, desassossego. **2** preocupação, apreensão.
in.qui.li.no [inkwil´ino] *sm+agg* inquilino, locatário.
in.qui.na.men.to [inkwinam´ento] *sm* **1** poluição. **2** *Lett* infecção, contaminação. **3** degradação.
in.qui.na.re [inkwin´are] *vt* **1** poluir. **2** *Lett* infectar, contaminar. **3** degradar, corromper.
in.qui.si.re [inkwiz´ire] *vt* **1** investigar. **2** *Giur* inquirir, interrogar.
in.qui.si.zio.ne [inkwizits´jone] *sf* **1** investigação. **2** *Giur* inquérito. **l'Inquisizione** *St* a Inquisição.
in.sac.ca.re [insakk´are] *vt* **1** ensacar. *vpr* **2** esconder-se, ocultar-se.
in.sa.la.ta [insal´ata] *sf* salada. **insalata russa** salada russa.
in.sa.la.tie.ra [insalat´jɛra] *sf* saladeira.
in.sa.lu.bre [insal´ubre] *agg* insalubre.
in.sa.na.bi.le [insan´abile] *agg* incurável.
in.san.gui.na.re [insangwin´are] *vt* ensanguentar.
in.sa.no [ins´ano] *agg Lett* insano, louco.
in.sa.po.na.re [insapon´are] *vt* **1** ensaboar. **2** *fig* adular, bajular. *vpr* **3** ensaboar-se.
in.sa.zia.bi.le [insats´jabile] *agg* insaciável.
in.sce.na.re [inʃen´are] *vt* **1** encenar. **2** fingir.
in.se.dia.re [insed´jare] *vt* **1** empossar, dar posse de um cargo a. *vpr* **2** tomar posse.
in.se.ga.re [inseg´are] *vt* ensebar.
in.se.gna [ins´eña] *sf* **1** insígnia, emblema. **2** bandeira. **3** estandarte. **4** brasão, brasão de armas.
in.se.gna.men.to [inseñam´ento] *sm* ensino, instrução, ensinamento.
in.se.gnan.te [inseñ´ante] *s* **1** professor. **2** professora. • *agg* docente. **corpo insegnante** corpo docente.
in.se.gna.re [inseñ´are] *vt* ensinar, instruir.
in.se.gui.re [inseg´wire] *vt* perseguir.
in.se.gui.men.to [insegwim´ento] *sm* perseguição.
in.sel.var.si [inselv´arsi] *vpr* embrenhar-se.
in.se.na.tu.ra [insenat´ura] *sf Geogr* enseada.
in.sen.sa.tez.za [insensat´ettsa] *sf* insensatez, imprudência.
in.sen.sa.to [insens´ato] *agg* insensato, imprudente.
in.sen.si.bi.le [insens´ibile] *agg* insensível, frio.
in.se.pa.ra.bi.le [insepar´abile] *agg* inseparável.
in.se.ri.men.to [inserim´ento] *sm V inserzione*.
in.se.ri.re [inser´ire] *vt* **1** inserir, introduzir. **2** enxertar (plantas). **3** conectar, ligar. *inserire pezzi* / conectar peças. **4** publicar. *inserire nei giornali* / publicar nos jornais. *vpr* **5** intrometer-se em. **6** infiltrar-se em. Veja nota em **introduzir**.
in.ser.zio.ne [inserts´jone] *sf* **1** inserção, introdução. **2** enxerto de plantas. **3** conexão, ligação de peças. **4** publicação. *Sin: inserimento*.
in.set.ti.ci.da [insettitʃ´ida] *sm* inseticida.
in.set.to [ins´ɛtto] *sm* inseto.
in.sie.me [ins´jɛme] *avv* **1** junto, juntamente. *vivono insieme* / vivem juntos. **2** ao mesmo tempo. • *sm* conjunto, complexo. *l'insieme dei professori* / o conjunto dos professores. **insieme a/insieme con** junto com. *è andata alla festa insieme con il fidanzato* / ela foi à festa junto com o noivo. *mangiare il pane insieme al formaggio* / comer o pão junto com o queijo.

in.si.gne [ins'iñe] *agg* insigne, célebre, eminente, notável.
in.si.gni.fi.can.te [insiñifik'ante] *agg* insignificante.
in.si.gno.rir.si [insiñor'irsi] *vpr* apossar-se de, tornar-se senhor de.
in.si.no [ins'ino] *avv V infino.*
in.si.nu.a.re [insinu'are] *vt* **1** insinuar. **2** *fig* dar a entender. *vpr* **3** infiltrar-se em, penetrar em.
in.si.nua.zio.ne [insinwats'jone] *sf* **1** insinuação. **2** acusação. **3** dúvida, suspeita.
in.si.pi.do [ins'ipido] *agg* insípido, insosso.
in.si.sten.te [insist'ɛnte] *agg* **1** insistente, persistente. **2** importuno, maçante. **3** *pop* chato.
in.si.ste.re [ins'istere] *vi* insistir, perseverar.
in.sod.di.sfat.to [insoddisf'atto] *agg* insatisfeito, descontente.
in.so.la.zio.ne [insolats'jone] *sf Med* insolação.
in.so.len.te [insol'ɛnte] *agg* insolente, atrevido.
in.so.len.za [insol'ɛntsa] *sf* insolência, atrevimento.
in.so.li.to [ins'ɔlito] *agg* insólito, extraordinário.
in.som.ma [ins'omma] *avv* em suma, em conclusão, finalmente.
in.son.nia [ins'ɔnnja] *sf* insônia.
in.sop.por.ta.bi.le [insopport'abile] *agg* insuportável.
in.sor.di.re [insord'ire] *vi* ensurdecer.
in.sor.ge.re [ins'ordʒere] *vi* **1** surgir, nascer. **2** insurgir-se, rebelar-se, revoltar-se.
in.spi.ra.re [inspir'are] *vt* inspirar (ar).
in.spi.ra.zio.ne [inspirats'jone] *sf* inspiração (de ar).
in.sta.bi.le [inst'abile] *agg* instável.
in.stal.la.re [install'are] *vt* **1** instalar. **2** empossar. *vpr* **3** instalar-se. **4** acomodar-se.
in.stan.ca.bi.le [instank'abile] *agg* incansável.
in.stau.ra.re [instawr'are] *vt Lett* instaurar, instituir.
in.sù [ins'u] *avv* **1** em cima, acima. **2** no alto.
in.su.bor.di.na.to [insubordin'ato] *agg* insubordinado, indisciplinado.
in.su.ces.so [insutʃ'ɛsso] *sm* insucesso.
in.su.di.cia.re [insuditʃ'are] *vt* **1** sujar. **2** *fig* comprometer, manchar. *vpr* **3** sujar-se.
in.suf.fi.cien.te [insuffitʃ'ɛnte] *agg* insuficiente.
in.su.la.re [insul'are] *s* **1** ilhéu. **2** ilhoa. • *agg* insular.
in.sul.so [ins'ulso] *agg* **1** insosso, insulso, insípido. **2** *fig* bobo, sem graça.
in.sul.ta.re [insult'are] *vt* insultar, ofender.
in.sul.to [ins'ulto] *sm* insulto, ofensa.
in.su.pe.ra.bi.le [insuper'abile] *agg* insuperável.
in.su.per.bi.re [insuperb'ire] *vt* **1** orgulhar, envaidecer. *vi+vpr* **2** orgulhar-se, envaidecer-se.
in.sur.re.zio.ne [insur̃ets'jone] *sf* insurreição, rebelião.
in.tac.ca.re [intakk'are] *vt* **1** entalhar. **2** corroer. **3** danificar. **4** gastar, consumir. **5** *fig* ofender. **6** manchar (reputação). *vi* **7** gaguejar.
in.ta.glia.re [intaλ'are] *vt* entalhar.
in.ta.glio [int'aλo] *sm* entalhe, gravura.
in.tan.to [int'anto] *avv* **1** enquanto isso, nesse meio-tempo, nesse mesmo momento. **2** no momento, por enquanto. **intanto che** enquanto.
in.tat.to [int'atto] *agg* intacto, inteiro.
in.te.gra.le [integr'ale] *agg* integral. **calcolo integrale** cálculo integral. **farina integrale** farinha integral. **pane integrale** pão integral.
in.te.gra.re [integr'are] *vt* **1** integrar. **2** completar.
in.te.gra.zio.ne [integrats'jone] *sf* integração.
in.te.gro ['integro] *agg* **1** íntegro. **2** completo. **3** honesto.
in.tel.let.to [intell'ɛtto] *sm* intelecto, inteligência.
in.tel.let.tu.a.le [intellettu'ale] *s+agg* intelectual.
in.tel.li.gen.te [intellidʒ'ɛnte] *agg* inteligente.
in.tel.li.gen.za [intellidʒ'ɛntsa] *sf* **1** inteligência. **2** astúcia, esperteza. **3** habilidade, capacidade.
in.tel.li.gi.bi.le [intellidʒ'ibile] *agg* **1** inteligível, compreensível. **2** legível.

in.tem.pe.rie [intemp'ɛrje] *sf pl* intempérie.
in.tem.pe.sti.vo [intempest'ivo] *agg* intempestivo, inoportuno.
in.ten.den.te [intend'ɛnte] *s* intendente, administrador.
in.ten.de.re [int'ɛndere] *vt* **1** entender, compreender. **2** pretender. *intendeva in tal modo evitare problemi* / ele pretendia assim evitar problemas. **3** ouvir, escutar. *vi* **4** pretender, tencionar. *la tesi intende a dimostrare l'importanza di quel lavoro* / a tese pretende demonstrar a importância daquele trabalho. **5** querer, exigir. **6** estar de acordo, concordar. *vpr* **7** entender de. *intendersi di scienze* / entender de ciências. **8** entender-se, estar de acordo. **darla ad intendere** dar uma ideia errada. **intendere a rovescio** entender o contrário. **intendersela/intendersi con** a) entender-se com, entrar em acordo com. *se la intendono!* / eles se entendem! b) amar-se, ter relações íntimas com.
in.ten.di.men.to [intendim'ento] *sm* **1** entendimento, compreensão. **2** intenção. **3** objetivo.
in.te.ne.ri.re [intener'ire] *vt* **1** amaciar, amolecer. **2** comover. *vpr* **3** amaciar, amolecer. **4** comover-se.
in.ten.si.vo [intens'ivo] *agg* intensivo. **coltivazione intensiva** agricultura intensiva.
in.ten.so [int'ɛnso] *agg* intenso, enérgico.
in.ten.to [int'ɛnto] *sm* **1** intento, intenção. **2** fim, objetivo. • *agg* **1** disposto, pronto. **2** atento. Veja nota em **fim**.
in.ten.zio.na.le [intentsjon'ale] *agg* **1** intencional. **2** premeditado.
in.ten.zio.na.to [intentsjon'ato] *agg* usado nas expressões **bene intenzionato** bem-intencionado. **male intenzionato** mal-intencionado.
in.ten.zio.ne [intents'jone] *sf* **1** intenção. **2** objetivo, fim, finalidade. Veja nota em **fim**.
in.ter.ca.la.re [interkal'are] *vt* intercalar.
in.ter.ce.de.re [intertʃ'ɛdere] *vt* **1** interceder. *vi* **2** *Lett* mediar, ficar entre. **intercedere da ... per** interceder junto a ... em favor de.
in.ter.ces.sio.ne [intertʃess'jone] *sf* intercessão.
in.ter.cet.ta.re [intertʃett'are] *vt* interceptar.
in.ter.di.re [interd'ire] *vt* interditar, proibir.
in.ter.di.zio.ne [interdits'jone] *sf* interdição, proibição.
in.te.res.san.te [interess'ante] *agg* interessante.
in.te.res.sa.re [interess'are] *vt* **1** interessar a, provocar interesse em. *vi* **2** dizer respeito a, concernir. **3** ser do interesse de. *vpr* **4** interessar-se.
in.te.res.sa.to [interess'ato] *sm Comm* interessado, associado. • *agg* **1** interessado. **2** interesseiro.
in.te.res.se [inter'ɛsse] *sm* **1** interesse. **2** lucro, ganho, renda. **3** **interessi** *pl* a) negócios, interesses. b) juros. **nell'interesse di** no interesse de. **tasso d'interesse** juro.
in.te.rez.za [inter'ettsa] *sf* **1** inteireza, integridade. **2** totalidade, plenitude.
in.ter.fe.ri.re [interfer'ire] *vt* interferir em, intrometer-se em.
in.te.rie.zio.ne [interjets'jone] *sf Gramm* interjeição.
in.te.ri.no [inter'ino] *agg* interino.
in.te.rio.re [inter'jore] *sm* **1** interior, parte interna. **2** *fig* mente. **3** alma. **4** **interiori** *sm pl*, **interiora** *sf pl* vísceras, entranhas de animal. • *agg* interior, interno.

O plural regular de **interiore** é masculino, **gl'interiori**. Mas quando se refere a "vísceras de animais" pode ser também feminino: **le interiora**.

in.ter.li.ne.a [interl'inea] *sf* entrelinha.
in.ter.lo.cu.to.re [interlokut'ore] *sm* interlocutor.
in.ter.me.dia.rio [intermed'jarjo] *sm* intermediário, mediador. • *agg* intermediário.
in.ter.mez.zo [interm'ɛddzo] *sm Mus, Teat* intervalo.
in.ter.mi.na.bi.le [intermin'abile] *agg* interminável.
in.ter.mit.ten.te [intermitt'ɛnte] *agg* intermitente.
in.ter.na.re [intern'are] *vt* **1** internar. **2** introduzir. *vpr* **3** internar-se em. **4** introduzir-se em. **5** *fig* aprofundar-se em (uma ciência ou arte). Veja nota em **introduzir**.

in.ter.na.zio.na.le [internatsjon´ale] *agg* internacional.

in.ter.no [int´ɛrno] *sm* **1** interior, parte interior. **2** interno, aluno que mora no colégio. • *agg* interno, interior. **Ministro dell'Interno** Ministro do Interior.

in.te.ro [int´ero] *sm* inteiro, todo, total. • *agg* **1** inteiro. **2** completo. **per intero** por inteiro.

in.ter.pel.la.re [interpell´are] *vt* interpelar.

in.ter.po.la.re [interpol´are] *vt* **1** interpolar. **2** alternar. **3** inserir (num texto).

in.ter.por.re [interp´or̄e] *vt* **1** interpor. *vpr* **2** interpor-se em. **3** mediar em. **4** intrometer-se em.

in.ter.pre.ta.re [interpret´are] *vt* **1** interpretar. **2** explicar. **3** *Mus, Teat* interpretar.

in.ter.pre.te [int´ɛrprete] *sm* intérprete.

in.ter.ra.re [inter̄´are] *vt* **1** enterrar. **2** encher de terra.

in.ter.ro.ga.re [inter̄og´are] *vt* interrogar, perguntar. **interrogare se stesso** perguntar a si mesmo.

in.ter.ro.ga.to.rio [inter̄ogat´ɔrjo] *sm* interrogatório. • *agg* interrogativo.

in.ter.ro.ga.zio.ne [interrogats´jone] *sf* interrogação, pergunta.

in.ter.rom.pe.re [inter̄´ompere] *vt* **1** interromper. **2** proibir, suspender. **3** fazer um aparte (em assembleia). *vpr* **4** parar de falar.

in.ter.rut.to.re [inter̄utt´ore] *sm+agg* interruptor. **interruttore elettrico** interruptor elétrico.

in.ter.ru.zio.ne [inter̄uts´jone] *sf* **1** interrupção. **2** aparte em assembleia.

in.te.rur.ba.no [interurb'ano] *agg* interurbano.

in.ter.val.lo [interv´allo] *sm* **1** intervalo. **2** distância. **3** *Teat* entreato.

in.ter.ve.ni.re [interven´ire] *vi* **1** acontecer. **2** estar presente. **3** *fig* intervir, ingerir-se em.

in.ter.ven.to [interv´ɛnto] *sm* **1** intervenção. **2** presença. **intervento chirurgico** *Med* operação, cirurgia.

in.ter.vi.sta [interv´ista] *sf Giorn* entrevista.

in.ter.vi.sta.re [intervist´are] *vt Giorn* entrevistar.

in.te.sti.na.le [intestin´ale] *agg* intestinal.

in.te.sti.no [intest´ino] *sm Anat* intestino. • *agg* intestino, interno.

in.tie.pi.di.re [intjepid´ire] *vt* **1** amornar. *vpr* **2** amornar-se. **3** esfriar-se, abrandar-se.

in.ti.ma.re [intim´are] *vt Giur* intimar.

in.ti.ma.zio.ne [intimats´jone] *sf Giur* intimação.

in.ti.mi.di.re [intimid´ire] *vt* **1** intimidar, ameaçar. *vi+vpr* **2** intimidar-se.

in.ti.mo [´intimo] *sm* íntimo, interior. • *agg* **1** íntimo. **2** *fig* íntimo, profundo, da alma. **indumenti intimi** roupas íntimas. **parti intime** partes íntimas.

in.ti.mo.ri.re [intimor´ire] *vt* **1** amedrontar, atemorizar. *vpr* **2** amedrontar-se, ficar com medo.

in.ti.to.la.re [intitol´are] *vt* **1** intitular. **2** chamar. **3** *fig* dedicar. *vpr* **4** intitular-se. **5** chamar-se.

in.tol.le.ra.bi.le [intoller´abile] *agg* **1** intolerável, insuportável. **2** inaceitável, inadmissível.

in.tol.le.ran.te [intoller´ante] *agg* intolerante.

in.to.na.ca.re [intonak´are] *vt* rebocar (parede).

in.to.na.co [int´ɔnako] *sm* reboque (de parede).

in.to.na.re [inton´are] *vt* **1** entoar. **2** afinar (instrumento). *vpr* **3** harmonizar-se, combinar (cores, sons etc.).

in.to.na.zio.ne [intonats´jone] *sf* entonação, entoação.

in.top.pa.re [intopp´are] *vt* **1** encontrar por acaso. *vi* **2** tropeçar. *vpr* **3** encontrar-se por acaso.

in.top.po [int´ɔppo] *sm* **1** encontro ao acaso. **2** obstáculo, impedimento. **3** topada.

in.tor.bi.da.re [intorbid´are] *vt* **1** turvar. **2** *fig* confundir. **3** perturbar. *vpr* **4** ficar turvo, turvar-se. *Sin: intorbidire.*

in.tor.bi.di.re [intorbid´ire] *vt+vpr V intorbidare.*

in.tor.men.ti.re [intorment´ire] *vt* **1** entorpecer. *vpr* **2** entorpecer-se.

in.tor.no [int´orno] *avv* **1** em torno, ao redor. *qui intorno* / aqui ao redor. **2** aproximadamente, mais ou menos. **intorno a** a) em torno de, ao redor de, em volta de. b) aproximadamente, mais ou menos, cerca de. c) a respeito de, sobre. *parlare intorno alla politica* / falar a respeito da política.

in.tor.pi.di.re [intorpid'ire] *vt* **1** entorpecer, deixar entorpecido. *vi+vpr* **2** entorpecer-se.

in.tos.si.ca.re [intossik'are] *vt* **1** intoxicar. **2** envenenar.

in.tran.si.gen.te [intranzidʒ'ɛnte] *agg* intransigente, intolerante.

in.tran.si.ti.vo [intranzit'ivo] *agg Gramm* intransitivo.

in.trap.po.la.re [intrappol'are] *vt* **1** prender em armadilha, aprisionar. **2** *fig* ludibriar.

in.tra.pren.den.te [intraprend'ɛnte] *agg* empreendedor. **spirito intraprendente** espírito empreendedor.

in.tra.pren.de.re [intrapr'ɛndere] *vt* **1** empreender. **2** começar. **3** entregar-se a (carreira).

in.tra.pre.sa [intrapr'eza] *sf* empreendimento, empresa.

in.trat.ta.bi.le [intratt'abile] *agg* **1** intratável, difícil. **2** duro, rígido.

in.trat.te.ne.re [intratten'ere] *vt* **1** entreter, divertir. *vpr* **2** divertir-se. **3** deter-se, parar.

in.trav.ve.de.re [intravved'ere] *vt* **1** entrever, vislumbrar, ver de forma confusa. **2** *fig* prever, adivinhar.

in.trec.cia.re [intrettʃ'are] *vt* **1** entrelaçar, entrançar. *vpr* **2** entrelaçar-se, entrançar-se.

in.tre.pi.do [intr'ɛpido] *agg* intrépido, corajoso.

in.tri.ca.re [intrik'are] *vt* **1** intrincar, emaranhar, embaraçar. **2** confundir, complicar.

in.tri.de.re [intr'idere] *vt* **1** empastar. **2** ensopar. **3** sujar. *vpr* **4** sujar-se.

in.tri.ga.re [intrig'are] *vt* **1** dificultar, atrapalhar. *vi* **2** fazer intriga, tramar. *vpr* **3** intrometer-se.

in.tri.go [intr'igo] *sm* intriga, trama.

in.trin.se.co [intr'inseko] *sm* interior, parte de dentro. • *agg* intrínseco.

in.tri.sti.re [intrist'ire] *vi* **1** entristecer, ficar triste. **2** ficar mau, perverter-se.

in.tro.dur.re [introd'ur̄e] *vt* **1** introduzir. **2** apresentar. *introdurre una persona, un personaggio* / apresentar uma pessoa, um personagem. **3** iniciar (um estudo). *vpr* **4** introduzir-se, entrar. **5** *fig* infiltrar-se, penetrar. Veja nota em **introduzir**.

in.tro.du.zio.ne [introduts'jone] *sf* **1** introdução. **2** apresentação. **3** *Mus* introdução.

in.tro.met.te.re [introm'ettere] *vt* **1** intrometer, intercalar. *vpr* **2** intrometer-se. **3** intervir.

in.tro.mis.sio.ne [intromiss'jone] *sf* **1** intromissão, ingerência. **2** intervenção. **3** mediação.

in.tro.niz.za.re [introniddz'are] *vt* entronizar.

in.tro.spe.zio.ne [introspets'jone] *sf* introspecção.

in.tro.ver.sio.ne [introvers'jone] *sf* introversão.

in.tro.ver.so [introv'ɛrso] *agg* introvertido.

in.tru.de.re [intr'udere] *vt* **1** introduzir (com deslealdade ou às escondidas). *vpr* **2** intrometer-se, infiltrar-se, penetrar. Veja nota em **introduzir**.

in.tui.re [int'wire] *vt* intuir, perceber.

in.tui.ti.vo [intwit'ivo] *agg* intuitivo.

in.tu.i.to [int'uito] *sm V intuizione.*

in.tui.zio.ne [intwits'jone] *sf* intuição. *Sin: intuito.*

i.nu.ma.re [inum'are] *vt* **1** inumar, enterrar. **2** sepultar.

i.nu.mi.di.re [inumid'ire] *vt* **1** umedecer, umectar. *vpr* **2** umedecer, ficar úmido.

i.nu.si.ta.to [inuzit'ato] *agg* inusitado.

i.nu.ti.le [in'utile] *agg* inútil.

in.va.de.re [inv'adere] *vt* **1** invadir, entrar à força em. **2** inundar, alagar. **3** infestar.

in.va.li.da.re [invalid'are] *vt* invalidar.

in.va.li.do [inv'alido] *sm* inválido. • *agg* **1** inválido, inutilizado. **2** fraco, debilitado.

in.va.no [inv'ano], **in vano** *avv* em vão.

in.va.ria.bi.le [invar'jabile] *agg* invariável.

in.va.sa.re [invaz'are] *vt* **1** entusiasmar, arrebatar. **2** endemoninhar, possuir (uma alma). *vpr* **3** enlouquecer. **4** entusiasmar-se, perder a cabeça.

in.va.sio.ne [invaz'jone] *sf* invasão.
in.vec.chia.re [invekk'jare] *vt+vi* envelhecer.
in.ve.ce [inv'etʃe] *avv* **1** ao invés. **2** ao contrário, pelo contrário. **invece di** ao invés de, em lugar de.
in.ve.i.re [inve'ire] *vi* **1** maldizer, praguejar, xingar. **2** ralhar. **3** blasfemar.
in.ven.ta.re [invent'are] *vt* **1** inventar. **2** criar. **3** *fig* imaginar, idealizar.
in.ven.ta.rio [invent'arjo] *sm Comm, Giur* inventário. **inventario di libri** catálogo de livros.
in.ven.to.re [invent'ore] *sm* inventor.
in.ven.zio.ne [invents'jone] *sf* **1** invenção. **2** *fig* fingimento. **3** mentira, história.
in.ver.di.re [inverd'ire] *vt, vi+vpr* esverdear.
in.ver.no [inv'ɛrno] *sm* inverno. **d'inverno** no inverno.
in.ve.ro [inv'ero], **in vero** *avv* na verdade.
in.ve.ro.si.mi.le [inveros'imile] *agg* inverossímil.
in.ver.sio.ne [invers'jone] *sf* **1** inversão. **2** *Fis* reversão. **3** *Psic* inversão, degeneração.
in.ver.so [inv'ɛrso] *sm* inverso, contrário, oposto. • *agg* inverso, invertido. • *prep* **1** na direção de. **2** contra. **all'inverso** ao contrário, às avessas.
in.ver.te.bra.to [invertebr'ato] *sm+agg Zool* invertebrado.
in.ver.ti.men.to [invertim'ento] *sm* inversão.
in.ver.ti.re [invert'ire] *vt* **1** inverter. **2** reverter.
in.ver.ti.to [invert'ito] *agg* homossexual.
in.ve.sti.ga.re [investig'are] *vt* investigar.
in.ve.sti.ga.zio.ne [investigats'jone] *sf* investigação.
in.ve.sti.men.to [investim'ento] *sm* **1** investimento. **2** atropelamento.
in.ve.sti.re [invest'ire] *vt* **1** investir, empossar. **2** atropelar. **3** ofender, insultar. **4** *Comm* investir.
in.ve.te.ra.to [inveter'ato] *agg* inveterado, viciado.
in.ve.tria.ta [invetr'jata] *sf V vetrata.*
in.via.re [inv'jare] *vt* **1** enviar, mandar, expedir. *vpr* **2** encaminhar-se, pôr-se a caminho.
in.vi.dia [inv'idja] *sf* inveja.
in.vi.dia.re [invid'jare] *vt* invejar.
in.vi.dio.so [invid'jozo] *agg* invejoso.
in.vi.li.re [invil'ire] *vt* **1** rebaixar, envilecer *vi+vpr* **2** rebaixar-se, tornar-se vil.
in.vi.lup.po [invil'uppo] *sm* **1** embrulho **2** cobertura. **3** nó, emaranhado. **4** *fig* embrulhada.
in.vin.ci.bi.le [invintʃ'ibile] *agg* invencível.
in.vio [inv'io] *sm* envio, expedição.
in.vio.la.bi.le [invjol'abile] *agg* inviolável
in.vi.si.bi.le [inviz'ibile] *agg* invisível.
in.vi.ta.re [invit'are] *vt* **1** convidar. **2** *fig* estimular, incitar. **invitare a pranzo** convidar para jantar.
in.vi.ta.ti.vo [invitat'ivo] *agg* convidativo
in.vi.to [inv'ito] *sm* convite.
in.vit.to [inv'itto] *agg* invicto.
in.vo.ca.re [invok'are] *vt* invocar.
in.vo.glia.re [invoλ'are] *vt* **1** tentar, excitar. *vpr* **2** desejar, ter vontade. **3** enamorar-se de.
in.vol.ge.re [inv'ɔldʒere] *vt* **1** envolver, enrolar. **2** embrulhar. *involgere le merci* / embrulhar as mercadorias. **3** *fig* envolver, compreender, abranger. *questa parola involge in sé l'idea di vittoria* / esta palavra envolve em si a ideia de vitória. *vpr* **4** envolver-se, enrolar-se. **5** *fig* envolver-se em, comprometer-se com.
in.vo.lon.ta.rio [involont'arjo] *agg* involuntário.
in.vol.to [inv'ɔlto] *sm* embrulho, pacote. • *agg* envolvido, enrolado.
in.vo.lu.cro [inv'ɔlukro] *sm* **1** revestimento, cobertura. **2** *Bot* invólucro, película.
in.vul.ne.ra.bi.le [invulner'abile] *agg* invulnerável.
in.zac.che.ra.re [intsakker'are] *vt* enlamear.
in.zep.pa.re [intsepp'are] *vt* **1** abarrotar. *vpr* **2** abarrotar-se. **3** *fig* fartar-se, encher-se.
in.zo.ti.chi.re [indzotik'ire] *vt+vi* embrutecer.
in.zup.pa.re [intsupp'are] *vt* **1** ensopar. **2** embeber. *vpr* **3** ensopar-se. **4** banhar-se.
i.o ['io] *pron* eu. • *sm* o eu, ego.

O pronome **io** é sempre usado como sujeito do verbo, sendo geralmente omitido: *parlo italiano* / eu falo italiano.

io.dio [ˈjɔdjo] *sm Chim* iodo.
io.ga [ˈjɔga] *sf* **1** ioga, doutrina e ginástica indiana. *praticare l'ioga* / praticar a ioga. *s* **2** iogue, pessoa que pratica a ioga.
io.ne [ˈjɔne] *sm Chim* íon.
i.per.bo.le [ipˈɛrbole] *sf Geom, Gramm* hipérbole.
i.per.ten.sio.ne [ipertensˈjone] *sf Med* hipertensão.
i.pno.si [ipnˈɔzi] *sf* hipnose.
i.pno.ti.smo [ipnotˈizmo] *sm* **1** hipnotismo. **2** *fig* sugestão.
i.pno.tiz.za.re [ipnotiddzˈare] *vt* **1** hipnotizar. **2** *fig* sugestionar. **3** fascinar.
i.po.cri.si.a [ipokrizˈia] *sf* hipocrisia.
i.po.cri.ta [ipˈɔkrita] *s* hipócrita.
i.po.cri.to [ipˈɔkrito] *agg* hipócrita.
i.po.der.mi.co [ipodˈɛrmiko] *agg* hipodérmico, subcutâneo.
i.po.fi.si [ipˈɔfizi] *sf Anat* hipófise.
i.po.te.ca [ipotˈɛka] *sf Giur* hipoteca.
i.po.te.ca.re [ipotekˈare] *vt* hipotecar.
i.po.te.si [ipˈɔtezi] *sf Fil, Mat* hipótese.
i.po.te.ti.co [ipotˈɛtiko] *agg* hipotético.
ip.pi.ca [ˈippika] *sf* hipismo, turfe.
ip.pi.co [ˈippiko] *agg* hípico.
ip.po.cam.po [ippokˈampo] *sm Zool* cavalo-marinho.
ip.po.dro.mo [ippˈɔdromo] *sm* hipódromo.
ip.po.po.ta.mo [ippopˈɔtamo] *sm Zool* hipopótamo.
i.psi.lon [ˈipsilon] *sf* ipsilon, o nome da letra Y.
i.ra [ˈira] *sf* ira, raiva.
i.ra.sci.bi.le [iraʃˈibile] *agg* irascível.
i.re [ˈire] *vi Lett, Poet* **1** ir. **2** arruinar-se.
i.ri.de [ˈiride] *sf* **1** *Anat* íris. **2** *Met* arco-íris. **diaframma a iride** *Fot* diafragma íris.
ir.lan.de.se [irlandˈeze] *s+agg* irlandês.
i.ro.ni.a [ironˈia] *sf* ironia. **ironia della sorte** ironia do destino.
i.ro.ni.co [irˈɔniko] *agg* irônico.
ir.ra.dia.re [ir̄adˈjare] *vt* **1** irradiar. *vi+vpr* **2** *Med* espalhar-se. **3** *fig* expandir-se.
ir.ra.dia.zio.ne [ir̄adjatsˈjone] *sf* **1** irradiação. **2** *Fis* radiação.
ir.ra.gio.ne.vo.le [ir̄adʒonˈevole] *agg* **1** irracional. **2** *fig* absurdo, despropositado. **animali irragionevoli** *Zool* animais irracionais.
ir.ra.zio.na.le [ir̄atsjonˈale] *agg* irracional. **numeri irrazionali** *Mat* números irracionais.
ir.re.a.le [ir̄eˈale] *agg* irreal.
ir.re.cu.sa.bi.le [ir̄ekuzˈabile] *agg* irrecusável.
ir.re.fu.ta.bi.le [ir̄efutˈabile] *agg* irrefutável.
ir.re.go.la.re [ir̄egolˈare] *agg* irregular. **milizia irregolare** *Mil* corpo de voluntários.
ir.re.go.la.ri.tà [ir̄egolaritˈa] *sf* irregularidade.
ir.re.pren.si.bi.le [ir̄eprensˈibile] *agg* irrepreensível.
ir.re.qui.e.to [ir̄ekwiˈɛto] *agg* irrequieto, agitado.
ir.re.si.sti.bi.le [ir̄ezistˈibile] *agg* irresistível.
ir.re.so.lu.to [ir̄ezolˈuto] *agg* irresoluto, indeciso.
ir.re.spon.sa.bi.le [ir̄esponsˈabile] *agg* irresponsável.
ir.re.ver.si.bi.le [ir̄eversˈibile] *agg* irreversível.
ir.ri.co.no.sci.bi.le [ir̄ikonoʃˈibile] *agg* irreconhecível.
ir.ri.ga.re [ir̄igˈare] *vt* **1** irrigar. **2** banhar. *vi* **3** escorrer, fluir.
ir.ri.ga.zio.ne [ir̄igatsˈjone] *sf* irrigação.
ir.ri.gi.di.re [ir̄idʒidˈire] *vt* **1** enrijecer. **2** entorpecer. **3** *fig* tornar inerte. *vi+vpr* **4** enrijecer-se. **5** entorpecer. **6** *fig* tornar-se insensível.
ir.ri.le.van.te [ir̄ilevˈante] *agg* irrelevante.
ir.ri.tan.te [ir̄itˈante] *agg* irritante.
ir.ri.ta.re [ir̄itˈare] *vt* **1** irritar. **2** *Med* irritar, inflamar, produzir irritação em. *vpr* **3** irritar-se.
ir.ri.ta.zio.ne [ir̄itatsˈjone] *sf* **1** irritação. **2** *Med* irritação, inflamação.
ir.ri.ve.ren.te [ir̄iverˈɛnte] *agg* **1** irreverente, insolente, mal-educado. **2** gozador, zombeteiro.
ir.ro.bu.sti.re [ir̄obustˈire] *vt* **1** robustecer. *vpr* **2** robustecer-se.
ir.rom.pe.re [ir̄ˈompere] *vi* **1** irromper, entrar com violência. **2** transbordar.

ir.ru.zio.ne [ir̄uts´jone] *sf* invasão, irrupção.
ir.su.to [irs´uto] *agg* hirsuto.
ir.to [´irto] *agg* **1** eriçado, arrepiado. **2** áspero. **3** *fig* inculto (estilo).
i.scri.ve.re [iskr´ivere] *vt* **1** inscrever, registrar. *iscrisse l'amico al club* / inscreveu o amigo no clube. *vpr* **2** inscrever-se em, associar-se a. *iscriversi a una gara* / inscriver-se numa competição. *iscriversi a un partito* / inscrever-se em um partido. **3** matricular-se em. *iscriversi all'università* / matricular-se na universidade. **4** *Mil* alistar-se em.
i.scri.zio.ne [iskrits´jone] *sf* **1** inscrição. **2** gravação. **3** registro. **4** matrícula. **5** *Mil* alistamento. Veja nota em **registro** (português).
i.sla.mi.co [izl´amiko] *agg* islâmico, do islamismo.
i.slan.de.se [izland´eze] *s+agg* islandês.
i.so.la [´izola] *sf* ilha. **isola su fiume** ilha fluvial.
i.so.la.men.to [izolam´ento] *sm* isolamento.
i.so.lan.te [izol´ante] *sm+agg* isolante.
i.so.la.re [izol´are] *vt* **1** isolar. **2** separar. **3** segregar. **4** *Elett* isolar. *vpr* **5** isolar-se, separar-se.
i.so.la.to [izol´ato] *sm* quarteirão. • *agg* isolado.
i.spa.ni.co [isp´aniko] *agg* hispânico, espanhol. *Sin: ispano.*
i.spa.no [isp´ano] *agg V ispanico.*
i.spet.to.re [ispett´ore] *sm* inspetor.
i.spe.zio.na.re [ispetsjon´are] *vt* inspecionar.
i.spe.zio.ne [ispets´jone] *sf* inspeção.
i.spi.ra.re [ispir´are] *vt* **1** inspirar (ideia). **2** sugerir. *vpr* **3** inspirar-se. **ispirarsi in** inspirar-se em.
i.spi.ra.zio.ne [ispirats´jone] *sf* inspiração.
i.sra.e.li.ta [israel´ita] *s+agg* israelita.
is.sa.re [iss´are] *vt Naut* içar.
i.stan.ta.ne.o [istant´aneo] *agg* instantâneo.
i.stan.te [ist´ante] *sm* instante, momento. **all'istante** logo, no mesmo instante.
i.ste.ri.co [ist´ɛriko] *sm+agg* histérico.
i.sti.ga.re [istig´are] *vt* **1** instigar, incitar. **2** induzir, levar a.
i.sti.ga.zio.ne [istigats´jone] *sf* instigação, estímulo.
i.stin.ti.vo [istint´ivo] *agg* instintivo.
i.stin.to [ist´into] *sm* **1** instinto. **2** inclinação, propensão.
i.sti.tui.re [istitu´ire] *vt* instituir, fundar. **istituire erede qualcuno** constituir alguém herdeiro.
i.sti.tu.to [istit´uto] *sm* **1** instituto. **2** *Giur* instituição, fato jurídico. **istituto di bellezza** salão de beleza.
i.sti.tu.zio.ne [istituts´jone] *sf* instituição, fundação. **istituzione pubblica** instituição pública.
i.stri.ce [´istritʃe] *sf* **1** porco-espinho. **2** *fig* bicho, pessoa intratável.
i.strui.re [istr´wire] *vt* **1** instruir. **2** treinar, adestrar. **3** *Giur* instruir. *vpr* **4** instruir-se.
i.strut.ti.vo [istrutt´ivo] *agg* instrutivo.
i.strut.to.re [istrutt´ore] *sm+agg* instrutor.
i.stru.zio.ne [istruts´jone] *sf* **1** instrução. **2** educação.
i.ta.lia.no [ital´jano] *sm+agg* italiano, da Itália. **all'italiana** à italiana, à moda italiana.
i.ta.li.co [it´aliko] *sm* itálico, cursivo. • *agg Poet* itálico, da Itália antes dos romanos. Veja nota em **itálico**.
i.ta.lo [´italo] *agg Lett, Poet* ítalo, da Itália.
i.ti.ne.ra.rio [itiner´arjo] *sm* itinerário, trajeto.
it.te.ri.zia [itter´itsja] *sf Med* icterícia.
iu.nio.re [jun´jore] *sm+agg* júnior.
iu.ta [´juta] *sf* juta.
i.vi [´ivi] *avv* **1** ali, lá. **2 naquele tempo, então.**

j [i l´unga] *sf* jota, antigamente a décima letra do alfabeto italiano.

Em italiano, atualmente, a letra **j** é utilizada apenas em palavras estrangeiras, sendo geralmente substituída por **i** ou **gi**.

jazz [dʒ´ɛs] *sm ingl jazz.*

jeep [dʒ´ip] *sm ingl* jipe.

jersey [dʒ´ɛrsej] *sm ingl* jérsei.

jiu-jitsu [ju´jitsu] *sm giap Sp* jiu-jítsu.

jo-jo [jɔj´ɔ] *sm ingl* io-iô.

judò [jud´ɔ] *sm giap Sp* judô.

ju.go.sla.vo [jugozl´avo] *sm+agg* iugoslavo.

k

k [k´appa] *sf* cá, letra que não faz parte do alfabeto italiano, utilizada apenas em palavras estrangeiras. Geralmente, é substituída por **c** ou **ch**.

kimono [kim´ono] *sm giap* quimono.

l

l [ˈɛlle] *sf* a décima letra do alfabeto italiano.
la[1] [lˈa] *sm* lá, sexta nota musical. **dare il la** *fig* dar o tom de uma discussão.
la[2] [lˈa] *art det f sing* a. *la casa* / a casa. • *pron f sing* **1** a, la. **2** o senhor, a senhora.

O artigo definido **la** é escrito **l'** antes de palavra que começa com vogal. *l'aquila* / a águia. *l'erba* / a erva. Veja outras notas em **a**[2] (português), **ce**, **gli**, **le**, **me**, **se**, **te** e **ve** (italiano).
O pronome **la** representa o objeto direto do verbo: *Paolo la vede* / Paolo a vê. Antes das formas do verbo **avere**, também se escreve **l'**: *Paolo l'ha vista ieri* / Paolo a viu ontem.
Quando nos referimos a altas autoridades, como títulos como "senhoria", "alteza", "excelência", escreve-se com inicial maiúscula.

là [lˈa] *avv* **1** lá, naquele lugar. **2** naquele tempo. **di là** de lá, do outro lado. **eccolo là!** lá está ele! **il mondo di là** o outro mundo. **in là** distante, longe.
lab.bro [lˈabbro] *sm Anat* lábio. **leccarsi le labbra** *fig* lamber os beiços.

Labbro possui dois plurais: um feminino, **le labbra**, usado quando nos referimos aos lábios dos seres humanos; e um masculino, **i labbri**, quando nos referimos a lábios de animais ou de plantas.

la.bia.le [labˈjale] *sf Gramm* labial. • *agg* labial.
la.bi.rin.to [labirˈinto] *sm* **1** labirinto. **2** *Anat* labirinto, ouvido interno. **3** *fig* confusão.
la.bo.ra.to.rio [laboratˈɔrjo] *sm* **1** laboratório. **2** oficina de artesão.
la.bo.rio.so [laborˈjozo] *agg* **1** trabalhoso, complicado. **2** trabalhador.
lac.ca [lˈakka] *sf* laca.
lac.ca.re [lakkˈare] *vt* laquear.
lac.cio [lˈattʃo] *sm* **1** liga, ligação. **2** armadilha, cilada. **prendere/cogliere al laccio** *fig* fazer cair na armadilha.
la.ce.ra.re [latʃerˈare] *vt* **1** lacerar. **2** dilacerar, despedaçar. *vpr* **3** dilacerar-se, despedaçar-se.
la.ce.ra.zio.ne [latʃeratsˈjone] *sf* **1** laceração. **2** *fig* tormento, angústia.
la.cri.ma [lˈakrima] *sf* **1** lágrima. **2** gota. **lacrime di coccodrillo** *fig* lágrimas de crocodilo.
la.cri.ma.le [lakrimˈale] *agg* lacrimal.
la.cri.ma.re [lakrimˈare] *vi* **1** lacrimejar. **2** chorar.
la.cu.na [lakˈuna] *sf* **1** lacuna, espaço. **2** falha.
lad.do.ve [laddˈove] *avv* ali, naquele lugar. • *cong* enquanto.
la.dro [lˈadro] *sm* ladrão. • *agg* ruim, detestável. **ladro di cuori** *fig* ladrão de corações. **ladro in guanti gialli** *fig* ladrão de casaca.
la.dro.ci.nio [ladrotʃˈinjo] *sm V latrocinio*.
la.dro.ne.ri.a [ladronerˈia] *sf* roubo, ladroeira.
lag.giù [laddʒˈu] *avv* **1** lá embaixo. **2** lá longe.
la.gnan.za [lañˈantsa] *sf* lamento, queixa.
la.gnar.si [lañˈarsi] *vpr* lamentar-se, queixar-se.
la.go [lˈago] *sm Geogr, fig* lago.
lai.co [lˈajko] *agg* **1** laico. **2** leigo. **3** secular.

K L

la.ma [l'ama] *sf* **1** lâmina. *sm* **2** *Rel* lama. **3** *Zool* lhama. **lama da barba** lâmina de barbear.
lam.bic.ca.re [lambikk'are] *vt* destilar. **lambiccarsi il cervello** *vpr fig* quebrar a cabeça.
lam.bic.co [lamb'ikko] *sm* alambique.
lam.bi.re [lamb'ire] *vt* **1** lamber. **2** *fig* roçar, tocar de leve.
la.men.ta.re [lament'are] *vt* **1** lamentar. **2** lastimar. **3** deplorar. *vpr* **4** lamentar-se de, queixar-se de.
la.men.ta.zio.ne [lamentats'jone] *sf* lamentação, queixa.
la.men.te.vo.le [lament'evole] *agg* lamentável, deplorável.
la.men.to [lam'ento] *sm* lamento.
la.met.ta [lam'etta] *sf dim* lâmina de barbear.
la.mi.na [l'amina] *sf* **1** lâmina. **2** chapa fina.
la.mi.na.re [lamin'are] *vt* laminar, chapear. • *agg* laminar, em forma de lâmina.
lam.pa.da [l'ampada] *sf* lâmpada. **lampada al neon** lâmpada de néon. **lampada fluorescente** lâmpada fluorescente.
lam.pa.da.rio [lampad'arjo] *sm* lustre.
lam.peg.gia.re [lampeddʒ'are] *vi* **1** relampejar. **2** *fig* resplandecer.
lam.peg.gia.to.re [lampeddʒ'atore] *sm Autom* pisca-pisca.
lam.pio.ne [lamp'jone] *sm* lampião, lanterna.
lam.po [l'ampo] *sm* **1** relâmpago. **2** *fig* raio, coisa velocíssima.
lam.po.ne [lamp'one] *sm* **1** framboesa. **2** framboeseiro.
lam.pre.da [lampr'eda] *sf Zool* lampreia.
la.na [l'ana] *sf* lã. **buona lana** *iron, fig* mau sujeito. **lana d'acciaio** palhinha de aço.
lan.cet.ta [lantʃ'etta] *sf dim* ponteiro.
lan.cia [l'antʃa] *sf* **1** lança. **2** lanceiro. **3** *Naut* lancha. **lancia di salvataggio** bote salva-vidas.
lan.cia.fiam.me [lantʃaf'jamme] *sm Mil* lança-chamas.
lan.cia.re [lantʃ'are] *vt* **1** lançar, jogar, arremessar, atirar. *vpr* **2** lançar-se, jogar-se. **lanciare un prodotto** *Comm fig* lançar um produto.
lan.cie.re [lantʃ'ɛre; lantʃ'ere] *sm Mil* lanceiro.
lan.cio [l'antʃo] *sm* **1** lançamento. **2** arremesso. **di lancio** a) de repente. b) imediatamente, logo. **di primo lancio** num primeiro momento. **lancio pubblicitario** lançamento publicitário.
lan.da [l'anda] *sf* charneca.
lan.gui.dez.za [langwid'ettsa] *sf* **1** languidez. **2** fraqueza, debilidade.
lan.gui.do [l'angwido] *agg* **1** lânguido. **2** fraco, débil.
la.ni.fi.cio [lanif'itʃo] *sm* lanifício, fábrica de lã.
lan.ter.na [lant'ɛrna] *sf* **1** lanterna, lampião. **2** *Archit* claraboia. **3** *Naut* farol.
la.nu.gi.ne [lan'udʒine] *sf* **1** penugem. **2** buço.
la.pi.da.re [lapid'are] *vt* apedrejar.
la.pi.de [l'apide] *sf* lápide.
la.pis [l'apis] *sm* lápis.
lar.do [l'ardo] *sm* **1** toucinho. **2** gordura de porco.
lar.gheg.gia.re [largeddʒ'are] *vi* **1** ser generoso. **2** ser liberal.
lar.ghez.za [larg'ettsa] *sf* **1** largura. **2** *fig* generosidade. **3** liberalidade. **4** abundância.
lar.go [l'argo] *sm* **1** largura. **2** largo, praça. **3** *Mus* largo. • *agg* **1** largo. **2** *fig* aberto, amplo. **3** abundante, copioso. **4** liberal, generoso. **5** folgado. *abito largo* / roupa folgada. **alla larga!** atenção! **al largo** *Naut* em alto-mar.
lar.gu.ra [larg'ura] *sf* amplidão, extensão.
la.rin.ge [lar'indʒe] *sf Anat* laringe.
la.rin.gi.te [larindʒ'ite] *sf Med* laringite.
lar.va [l'arva] *sf* **1** larva. **2** *fig* fantasma, espectro. **3** esqueleto, pessoa magra.
la.sa.gna [laz'aña] *sf* lasanha.

Lasagna é mais usado no plural **lasagne**, como acontece com todos os nomes dos tipos de macarrão.

la.scia.re [laʃ'are] *vt* **1** deixar. **2** abandonar. **3** desistir de. **4** permitir. **5** afrouxar. **6** legar, deixar em testamento. *vpr* **7** deixar-se.
la.sci.to [l'aʃito] *sm Giur* legado.
la.sci.via [laʃ'ivja] *sf* lascívia, libidinagem.
la.sci.vo [laʃ'ivo] *agg* lascivo, libidinoso.

las.sa.ti.vo [lassat´ivo] *sm+agg Med* laxante.
las.so [l´asso] *sm* lapso. • *agg* cansado. frouxo.
las.sù [lass´u] *avv* ali em cima, lá em cima.
la.stra [l´astra] *sf* **1** laje, lousa, pedra de forma achatada. **2** lajota. **3** chapa de metal.
la.stri.ca.re [lastrik´are] *vt* **1** lajear, calçar com lajes. **2** *fig* facilitar.
la.stri.ca.to [lastrik´ato] *sm* lajeado. **ridursi sul lastricato** *fig* ficar na miséria. *Sin: lastrico.*
la.stri.co [l´astriko] *sm V lastricato.*
la.ten.te [lat´ɛnte] *agg* **1** latente. **2** escondido.
la.te.ra.le [later´ale] *agg* lateral, do lado. • *sm Calc* lateral.
la.ti.fon.di.sta [latifond´ista] *s* latifundiário.
la.ti.fon.do [latif´ondo] *sm* latifúndio.
la.ti.no [lat´ino] *sm* o latim, língua latina. • *agg* latino. **latino antico/latino arcaico** latim arcaico. **latino volgare** latim vulgar.
la.ti.tu.di.ne [latit´udine] *sf Geogr* latitude.
la.to [l´ato] *sm* **1** lado. **2** flanco. **3** parte. • *agg Lett* lato, amplo, espaçoso, largo. **a lato di** ao lado de. **dal lato paterno** por parte de pai. **dal mio lato** por mim, de minha parte. **da questo lato** a) desta parte. b) *fig* deste ponto de vista. **da un lato all'altro** de um lado para outro.
la.tra.re [latr´are] *vi* ladrar, latir.
la.tri.na [latr´ina] *sf* latrina, privada.
la.tro.ci.nio [latrotʃ´injo] *sm* latrocínio. *Var: ladrocinio.*
lat.ta [l´atta] *sf* **1** lata. **2** lâmina de metal.
lat.ta.io [latt´ajo] *sm+agg* leiteiro. **vacca lattaia** vaca leiteira.
lat.ta.io.lo [latta´jɔlo] *agg* de leite (dente).
lat.tan.te [latt´ante] *s+agg* lactante.
lat.ta.re [latt´are] *vt* **1** amamentar, aleitar. *vi* **2** mamar.
lat.ta.zio.ne [lattats´jone] *sf* **1** lactação. **2** amamentação.
lat.te [l´atte] *sm* leite. **fiore di latte** nata. **fratello di latte** irmão de leite. **latte condensato** leite condensado. **latte di cocco** leite de coco. **latte pastorizzato** leite pasteurizado.
lat.te.o [l´atteo] *agg* lácteo, de leite. **Via Lattea** *Astron* Via Láctea.
lat.te.ri.a [latter´ia] *sf* leiteria.
lat.ti.ce [l´attitʃe] *sm Bot* látex.
lat.ti.ci.nio [lattitʃ´injo] *sm* laticínio.
lat.tie.ra [latt´jɛra] *sf* leiteira.
lat.to.sio [latt´ɔzjo] *sm Chim* lactose.
lat.tu.ga [latt´uga] *sf* alface.
lau.re.a [l´awrea] *sf* formatura. **il diploma di laurea** ou apenas **laurea** diploma de doutor.
lau.re.an.do [lawre´ando] *sm* formando.
lau.re.a.re [lawre´are] *vt* **1** diplomar. *vpr* **2** diplomar-se, formar-se. *laurearsi in legge* / diplomar-se em direito.
lau.ro [l´awro] *sm Bot* **1** louro, loureiro. **2** **i lauri** *pl fig* os louros, a glória.
lau.to [l´awto] *agg* **1** suntuoso, luxuoso. **2** abundante.
la.va [l´ava] *sf Geol* lava.
la.va.bo [lav´abo] *sm* pia, lavabo, lavatório.
la.va.ca.po [lavak´apo] *sm* **1** repreensão. **2** *pop* bronca.
la.vag.gio [lav´addʒo] *sm* lavagem. **lavaggio del cervello** lavagem cerebral.
la.va.gna [lav´aña] *sf* **1** lousa, quadro-negro. **2** *Min* ardósia.
la.van.da [lav´anda] *sf* **1** lavagem, lavadura. **2** *Bot* alfazema. **3** lavanda, um tipo de essência.
la.van.da.ia [lavand´aja] *sf* lavadeira.
la.van.de.ri.a [lavander´ia] *sf* lavanderia. **lavanderia automatica** lavanderia automática.
la.va.piat.ti [lavap´jatti] *s* **1** lavador ou lavadora de pratos, pessoa que lava pratos. **2** lava-louças, máquina de lavar pratos, copos, vasilhas etc.
la.va.re [lav´are] *vt* **1** lavar. **2** *fig* purificar. *vpr* **3** lavar-se. **lavarsi le mani** lavar as mãos.
la.va.tri.ce [lavatr´itʃe] *sf* máquina de lavar.
la.va.tu.ra [lavat´ura] *sf* lavagem, lavadura. **lavatura a secco** lavagem a seco. **lavatura gastrica** *Med* lavagem do estômago.

L

la.vo.ra.re [lavor´are] *vt* **1** trabalhar. **2** elaborar. **3** cultivar, arar. *vi* **4** trabalhar. **5** agir, operar. **lavorare a maglia** tricotar. **lavorare a vuoto** trabalhar de graça. **lavorare senza posa** trabalhar sem descanso. **lavorare sott'acqua** agir às escondidas.

la.vo.ra.to.re [lavorat´ore] *sm* trabalhador.

la.vo.ra.zio.ne [lavorats´jone] *sf* **1** trabalho. **2** cultivo, lavra. **3** lavoura.

la.vo.ro [lav´oro] *sm* trabalho. **datore di lavoro** empregador. **lavori di casa** serviços domésticos. **lavori forzati** trabalhos forçados. **lavoro ai ferri** tricô. **malattie del lavoro** doenças do trabalho.

laz.za.ro.ne [laddzar´one] *sm* **1** vagabundo, vadio. **2** patife, canalha.

le [l´e] *art det f pl* as. *le anime* / as almas. *le donne* / as mulheres. • *pron f sing* **1** lhe, a ela. **2** ao senhor, à senhora. *pl* **3** a) as. b) os senhores, as senhoras.

O artigo definido **le** pode ser escrito **l'** antes de palavra que começa com a vogal **e**. *l'erbe* ou *le erbe* / as ervas. Veja outras notas em **as** (português), ce, gli, **me**, **se**, **te** e **ve** (italiano).
O pronome **le** (plural) representa o objeto direto do verbo: *Paolo le vede* / Paolo as vê. O pronome **le** (singular) representa o objeto indireto do verbo: *Paolo le scrisse una lettera* / Paulo lhe escreveu uma carta. (lhe = a ela)
Quando nos referimos a altas autoridades, com títulos como "senhoria", "alteza", "excelência", escreve-se com inicial maiúscula.
Quando precede imediatamente os pronomes **lo, la, li, le, ne**, liga-se a eles, transformando-se em **glie**. *Paolo le diede un regalo* / Paolo deu um presente para ela. Mas: *Paolo glielo diede* / Paolo o deu para ela.

le.a.le [le´ale] *agg* **1** leal. **2** fiel.

le.al.tà [lealt´a] *sf* **1** lealdade. **2** fidelidade.

leb.bra [l´ɛbbra] *sf Med* lepra.

lec.ca.pie.di [lekkap´jɛdi] *s disp* **1** bajulador. **2** *pop* puxa-saco.

lec.ca.re [lekk´are] *vt* **1** lamber. *fig* **2** bajular. *vpr* **3** lamber-se.

lec.ca.ta [lekk´ata] *sf* lambida.

lec.cor.ni.a [lekkorn´ia] *sf* guloseima, gulodice.

le.ci.to [l´etʃito] *agg* **1** lícito, legal. **2** permitido.

le.ga [l´ega] *sf* **1** liga, aliança, união. **2** ligação. **3** classe, tipo. *gente di bassa lega* / gente de classe baixa. **4** légua. **5** *fig disp* bando, cambada. **6** combinação, conchavo.

le.ga.le [leg´ale] *agg* legal, da lei. • *sm* **1** legista. **2** advogado.

le.ga.liz.za.re [legaliddz´are] *vt Giur* autenticar, legalizar um documento.

le.ga.me [leg´ame] *sm* **1** ligação. **2** *fig* vínculo.

le.ga.men.to [legam´ento] *sm* **1** ligação. **2** **legamenti** *pl Anat* ligamentos.

le.ga.re [leg´are] *vt* **1** ligar, unir. **2** prender, fixar. **3** encadernar. **4** *Giur* legar. *vpr* **5** ligar-se a, unir-se a. **legare amicizia** fazer amizade. **legare le mani** *fig* atar as mãos, impedir de agir.

le.ga.to [leg´ato] *sm* **1** *Giur* legado, herança. **2** *Rel* núncio. **3** *Pol* embaixador, legado.

le.ga.tu.ra [legat´ura] *sf* **1** ligação, união. **2** encadernação. **3** *Mus* ligadura. **4** *Med* laqueadura.

le.ga.zio.ne [legats´jone] *sf Pol* legação.

leg.ge [l´eddʒe] *sf* **1** lei. **2** norma. **3** *fig* direito. **4** ordem universal. **dettar legge** comandar. **di legge** necessariamente. **fuori legge** ilegal.

leg.gen.da [leddʒ´ɛnda] *sf* **1** lenda. **2** legenda.

leg.gen.da.rio [leddʒend´arjo] *agg* lendário, legendário.

leg.ge.re [l´ɛddʒere] *vt+vi* **1** ler. **2** lecionar. **3** *fig* compreender, entender.

leg.ge.rez.za [leddʒer´ettsa] *sf* **1** leveza. **2** agilidade. **3** ligeireza. **4** *fig* inconstância. **5** leviandade.

leg.ge.ro [leddʒ´ɛro], **leggiero** *agg* **1** leve. **2** ágil. **3** ligeiro, rápido, veloz. **4** *fig* volúvel. **5** leviano. **a cuore leggero** despreocupadamente.

leg.gia.dri.a [leddʒadr´ia] *sf* graça, formosura.

leg.gia.dro [leddʒ´adro] *agg* gracioso, formoso.

eg.gi.bi.le [ledd3´ibile] *agg* legível.
e.gio.ne [led3´one] *sf Mil* legião. **legione straniera** legião estrangeira.
e.gi.sla.ti.vo [led3islat´ivo] *agg* legislativo.
e.gi.sla.to.re [led3islat´ore] *sm* legislador.
e.gi.sla.tu.ra [led3islat´ura] *sf* legislatura.
e.gi.sla.zio.ne [led3islats´jone] *sf* legislação.
le.gi.sta [led3´ista] *sm* legista.
le.git.ti.ma.re [led3ittim´are] *vt* legitimar.
le.git.ti.mo [led3´ittimo] *agg* **1** legítimo, legal. **2** genuíno, verdadeiro. **3** apropriado, conveniente.
le.gna [l´eña] *sf* (*pl* **le legna, le legne**) lenha.
le.gna.me [leñ´ame] *sm* **1** madeira. **2** lenha.
le.gna.re [leñ´are] *vt* espancar, bater.
le.gna.ta [leñ´ata] *sf* paulada, pancada.
le.gno [l´eño] *sm* **1** madeira. **2** *Bot* lenho, tecido que forma o caule das árvores. **legno compensato** madeira compensada.
le.gu.me [leg´ume] *sm* legume.
le.gu.mi.no.so [legumin´ozo] *agg Bot* leguminoso.
lei [l´ɛj] *pron f sing* **1** ela. **2** a, la. **3** o senhor, a senhora.

O pronome **lei** é usado: a) como sujeito do verbo: *lei è venuta* / ela veio. b) como objeto direto: *Paolo vede lei* / Paolo a vê. c) depois de preposições e alguns advérbios: *scrivi a lei* / escreva para ela. *parlo come lei* / eu falo como ela.
Como forma de cortesia, **lei** é usado para falar com pessoas importantes ou de posição superior, pessoas mais velhas ou desconhecidas. *come sta lei oggi?* / como o senhor está hoje? Quando nos referimos a altas autoridades, com títulos como "senhoria", "alteza", "excelência", escreve-se com inicial maiúscula. Veja outras notas em **a**[2] (português), **ella** e **essa**.

len.di.ne [l´ɛndine] *sf Zool* lêndea.
le.ni.re [len´ire] *vt* **1** *Med* lenir, abrandar, suavizar. **2** *fig* aliviar.
le.no.ne [len´one] *sm* alcoviteiro.
len.te [l´ɛnte] *sf* **1** lente. **2** *Bot* lentilha. **3 lenti** *pl* óculos. **lente da ingrandimento** lente de aumento, lupa.
len.tez.za [lent´ettsa] *sf* lentidão, vagarosidade.
len.tic.chia [lent´ikkja] *sf Bot* lentilha.
len.tig.gi.ne [lent´idd3ine] *sf* sarda.
len.to [l´ɛnto] *agg* **1** lento, vagaroso. **2** preguiçoso. **3** frouxo, solto. • *avv* lentamente. **cuocere a fuoco lento** cozinhar em fogo lento.
len.za [l´ɛntsa] *sf* linha de pesca.
len.zuo.lo [lents´wɔlo] *sm* lençol.

Lenzuolo possui dois plurais: um masculino, **i lenzuoli**, quando nos referimos aos lençóis em geral, sem formar conjunto; e um feminino, **le lenzuola** quando nos referimos ao par de lençóis que se coloca na cama (jogo de lençóis).

le.o.ne [le´one] *sm* **1** leão. **2 Leone** *Astron, Astrol* Leão.
le.o.nes.sa [leon´essa] *sf Zool* leoa.
le.o.ni.no [leon´ino] *agg* leonino.
le.o.par.do [leop´ardo] *sm Zool* leopardo. **leopardo americano** onça.
le.pre [l´ɛpre] *s* lebre ou lebrão (macho da lebre).
ler.cio [l´ɛrtʃo] *agg* **1** imundo. **2** asqueroso.
le.sbi.ca [l´ɛzbica] *sf* lésbica.
le.si.na [l´ezina] *sf* **1** *fig* avarento, sovina. **2** *pop* pão-duro.
le.si.na.re [lezin´are] *vt* **1** economizar. *vi* **2** ser avarento.
le.sio.na.re [lezjon´are] *vt* **1** danificar, estragar. **2** machucar, ferir.
le.sio.ne [lez´jone] *sf* **1** lesão. **2** *fig* ofensa.
les.si.co [l´ɛssiko] *sm Gramm* **1** léxico. **2** vocabulário.
les.si.co.gra.fi.a [lessikograf´ia] *sf Gramm* lexicografia.
les.so [l´esso] *sm+agg* cozido.
le.stez.za [lest´ettsa] *sf* **1** presteza, prontidão. **2** agilidade.
le.sto [l´ɛsto] *agg* **1** rápido, veloz. **2** esperto, astuto. **lesto di mano** de mão-leve (ladrão).
le.ta.le [let´ale] *agg* letal, mortal, mortífero.
le.ta.me [let´ame] *sm* esterco, estrume.
le.tar.go [let´argo] *sm* **1** *Med* letargia. **2** *Zool* hibernação. **3** *fig* preguiça, torpor.
let.ta [l´ɛtta] *sf* lida, olhada, leitura superficial.

L

let.te.ra [l'ɛttera] *sf* **1** letra. **2** carta. **3** *Comm* letra. **4 lettere** *pl* letras, literatura. **alla lettera** ao pé da letra, literalmente. **lettera aerea** carta via aérea. **lettera anonima** carta anônima. **lettera assicurata** carta registrada com valor declarado. **lettera capitale** inicial maiúscula. **lettera di cambio** letra de câmbio. **lettera morta** letra morta, escrito sem validade. **lettera raccomandata** carta registrada sem valor declarado.

let.te.ra.le [letter'ale] *agg* literal, ao pé da letra.

let.te.ra.to [letter'ato] *sm* literato, letrado. • *agg* letrado, culto, erudito.

let.te.ra.tu.ra [letterat'ura] *sf* literatura.

let.ti.ga [lett'iga] *sf* **1** maca, padiola. **2** liteira.

let.to [l'ɛtto] *sm* **1** cama, leito. **2** *Geogr* leito de rio. • *agg* lido. **letto a castello** beliche. **letto a due piazze/letto matrimoniale** cama de casal. **letto a una piazza/letto singolo** cama de solteiro. **letto di rose** *fig* mar de rosas.

let.to.re [lett'ore] *sm* leitor.

let.tu.ra [lett'ura] *sf* leitura.

leu.ce.mi.a [lewtʃem'ia] *sf Med* leucemia.

le.va [l'ɛva] *sf* **1** *Mecc* alavanca. **2** *Mil* convocação. **leva del cambio** *Autom* alavanca do câmbio.

le.va.re [lev'are] *vt* **1** levantar, erguer. *levare gli occhi* / levantar os olhos. **2** tirar, retirar, remover. *levare un dente* / tirar um dente. *levare un divieto* / retirar uma proibição. *vpr* **3** levantar-se, erguer--se. *una persona si levò* / uma pessoa se levantou. **4** retirar-se, sair. **5** nascer. *il sole si leva* / o sol nasce. **levare il latte a un bambino** desmamar uma criança. **levare la maschera** desmascarar. **levarsi presto** acordar cedo.

Levare não tem o mesmo sentido de "levar", "carregar" em português. Nesse sentido, usa-se **portare, trasportare**.

le.va.ta [lev'ata] *sf* **1** levantamento. **2** retirada, remoção. **3** nascer do sol. **4** *Comm* retirada, saque.

le.va.tri.ce [levatr'itʃe] *sf* parteira.

le.va.tu.ra [levat'ura] *sf* **1** importância. **2** *fig* inteligência.

le.vi.ta.re [levit'are] *vi* levitar.

le.vi.ta.zio.ne [levitats'jone] *sf* levitação.

le.zio.ne [lets'jone] *sf* **1** lição. **2** ponto, tópico. **3** ensinamento. **4** *fig* repreensão. Veja nota em **aula** (italiano).

lez.zo [l'eddzo] *sm* **1** cheiro (de corpo). **2** mau cheiro, fedor. **3** *fig* indecência, obscenidade.

li [l'i] *pron m pl* os, los.

O pronome **li** representa o objeto direto do verbo: *Paolo li vede* / Paolo os vê. Veja outras notas em **ce, gli, le, me** (italiano), **os** (português), **se, te** e **ve** (italiano).

lì [l'i] *avv* **1** ali, lá. **2** para lá. **andare per lì** ir para lá. **essere lì lì per** estar prestes a, estar para. **giù di lì** aproximadamente, mais ou menos. **venire di lì/da lì** vir de lá.

li.ba.ne.se [liban'eze] *s+agg* libanês.

lib.bra [l'ibbra] *sf* libra, medida de massa inglesa.

li.bel.lu.la [lib'ɛllula] *sf Zool* libélula.

li.be.ra.le [liber'ale] *s* liberal. • *agg* **1** liberal. **2** generoso. **professioni liberali** profissões liberais.

li.be.ra.re [liber'are] *vt* **1** libertar, livrar. **2** liberar. *vpr* **3** libertar-se, livrar-se.

li.be.ra.zio.ne [liberats'jone] *sf* **1** libertação. **2** liberação.

li.be.ro [l'ibero] *agg* **1** livre. **2** independente. **3** isento. **professione libera** profissão liberal. **traduzione libera** tradução livre, não literal.

li.ber.tà [libert'a] *sf* liberdade.

li.ber.ta.rio [libert'arjo] *agg* libertário.

li.ber.ti.nag.gio [libertin'addʒo] *sm* libertinagem, devassidão.

li.ber.ti.no [libert'ino] *sm+agg* libertino, devasso.

li.bi.di.ne [lib'idine] *sf* **1** libidinagem, luxúria, lascívia. **2** libido.

li.bi.di.no.so [libidin'ozo] *sm+agg* libidinoso, lascivo.

Li.bra [l'ibra] *sf Astron, Astrol* Libra, Balança. *Sin: Bilancia.*

li.bra.io [libr'ajo] *sm* livreiro.

li.bre.ri.a [librer'ia] *sf* **1** livraria. **2** biblioteca. **3** estante.

li.bret.to [libr'etto] *sm dim* **1** livrinho. **2** caderneta. **3** *Mus* libreto. **libretto d'assegni**

talão de cheques. **libretto di circolazione** licença do veículo. **libretto di risparmio** caderneta de poupança.

li.bro [l´ibro] *sm* livro. **libro cassa** *Comm* livro caixa. **libro mastro** *Comm* livro razão. **libro tascabile** livro de bolso.

li.cen.za [litʃ´ɛntsa] *sf* **1** licença, permissão. **2** atestado de conclusão de curso. **3** licenciosidade. **4** *Mil* licença, dispensa. **licenza poetica** licença poética.

li.cen.zia.re [litʃents´jare] *vt* **1** licenciar, dispensar. *finita la conferenza, il re licenziò l'ambasciatore* / terminada a conferência, o rei dispensou o embaixador. **2** despedir, demitir. *licenziare impiegati* / despedir empregados. **3** diplomar. *vpr* **4** demitir-se. *lui si licenziò dal lavoro* / ele se demitiu do trabalho.

li.cen.zio.so [litʃents´jozo] *agg* **1** licencioso, devasso. **2** obsceno, vulgar. **3** desbocado.

li.ce.o [litʃ´ɛo] *sm* escola secundária. **liceo classico** colegial em humanas. **liceo scientifico** colegial em biológicas e exatas.

li.che.ne [l´ikɛne] *sm Bot* líquen.

li.ci.ta.zio.ne [litʃitats´jone] *sf Comm* licitação.

li.do [l´ido] *sm* **1** praia. **2** *Poet* terra, lugar.

lie.to [l´jɛto] *agg* ledo, alegre, feliz, contente. **molto lieto!** muito prazer! **sono lieto di fare la vostra conoscenza!** tenho muito prazer em conhecê-lo(a)!

lie.ve [l´jɛve] *agg* **1** leve. **2** fraco, débil. **3** insignificante.

lie.vi.ta.re [ljevit´are] *vi* **1** levedar, fermentar. **2** aumentar, crescer.

lie.vi.to [l´jɛvito] *sm* fermento, lêvedo, levedura.

li.ga.men.to [ligam´ento] *sm Anat* ligamento.

li.gnag.gio [liñ´addʒo] *sf* linhagem, estirpe.

lil.la [l´illa], **lil.là** [lill´a] *sf* **1** lilás, cor lilás. **2** *Bot* lilás, tipo de flor arroxeada.

li.ma [l´ima] *sf* **1** lima. **2** *fig* preocupação.

li.mac.cio.so [limattʃ´ozo] *agg* lamacento.

li.ma.glia [lim´aλa] *sf* limalha.

li.ma.re [lim´are] *vt* **1** limar. **2** *fig* retocar.

li.met.ta [lim´etta] *sf dim* **1** lima pequena. **2** *Bot* lima. Veja nota em **raspa** (italiano).

li.met.ti.na [limett´ina] *sf dim* lima de unhas.

li.mi.ta.re [limit´are] *vt* **1** limitar. **2** delimitar. **3** restringir. *vpr* **4** limitar-se, restringir-se. **5** conter-se. • *sm* **1** *Lett* soleira. **2** *fig* limiar, princípio.

li.mi.ta.to [limit´ato] *agg* **1** limitado. **2** delimitado, restrito. **3** confinado.

li.mi.te [l´imite] *sm* **1** limite. **2** fronteira. **3** *fig* termo, fim. **limite di velocità** limite de velocidade.

li.mi.tro.fo [lim´itrofo] *agg* limítrofe.

li.mo [l´imo] *sm Lett* limo, lama, lodo.

li.mo.na.ta [limon´ata] *sf* limonada.

li.mo.ne [lim´one] *sm* **1** limão. **2** limoeiro.

lim.pi.dez.za [limpid´ettsa] *sf* **1** limpidez, transparência. **2** clareza, nitidez.

lim.pi.do [l´impido] *agg* **1** límpido, transparente. **2** claro, nítido. **3** limpo, sem nuvens (céu).

lin.ce [l´intʃe] *sf* lince.

lin.cia.re [lintʃ´are] *vt* linchar.

lin.dez.za [lind´ettsa] *sf* **1** asseio, esmero. **2** limpeza.

lin.do [l´indo] *agg* **1** asseado, esmerado. **2** limpo.

li.ne.a [l´inea] *sf* **1** linha. **2** traço, risco. **3** forma, figura. **4** fila, sequência. **5** trajetória de projétil. **6** *Pitt* contorno. **aeroplano di linea** avião de carreira. **linea aerea** linha aérea. **linea d'autobus** linha de ônibus. **linea ferroviaria** linha de trem. **linea retta** linha reta. **linea telefonica** linha telefônica. **linea tranviaria** linha de bonde.

li.ne.a.men.ti [lineam´enti] *sm pl* fisionomia, feições.

li.ne.a.re [line´are] *agg* linear. • *vt* delinear.

li.ne.et.ta [line´etta] *sf dim* **1** travessão. **2** hífen.

lin.fa.ti.co [linf´atiko] *agg* **1** linfático. **2** *fig* anêmico, fraco. **sistema linfatico** sistema linfático.

lin.got.to [ling´ɔtto] *sm dim* lingote, barra.

lin.gua [l´ingwa] *sf* **1** língua, idioma. **2** *Anat* língua. **3** *fig* labareda. **lingua del sì** língua italiana. **lingua morta** língua

L

morta. **lingua viva** língua viva. **lingue classiche** línguas clássicas. **lingue dotte** línguas antigas. **un mala lingua** um difamador.

lin.guac.ciu.to [lingwattʃ´uto] *agg* linguarudo, tagarela.

lin.guag.gio [ling´waddʒo] *sm* linguagem.

lin.gua.ta [ling´wata] *sf Zool* linguado.

lin.guet.ta [ling´wetta] *sf dim* **1** língua do sapato. **2** lingueta.

lin.gui.sta [ling´wista] *s* linguista.

lin.gui.sti.ca [ling´wistika] *sf* linguística.

li.no [l´ino] *sm* linho.

li.que.fa.re [likwef´are] *vt* **1** liquefazer. **2** derreter. *vpr* **3** liquefazer-se. **4** derreter. **5** *fig* suar.

li.qui.da.re [likwid´are] *vt* **1** liquidar, vender a baixo preço. *liquidade merci* / liquidar mercadorias. **2** pagar, ajustar, liquidar. *liquidade debiti* / liquidar dívidas. **3** resolver. *liquidare una questione* / resolver uma questão. **4** *fig* liquidar, eliminar, matar. *liquidare il nemico* / liquidar o inimigo. **5** *Comm* fechar, encerrar. *liquidare un negozio* / fechar um negócio.

li.qui.da.zio.ne [likwidats´jone] *sf* **1** pagamento, ajuste. **2** resolução. **3** *Comm* liquidação.

li.qui.do [l´ikwido] *sm* **1** líquido. **2** *Comm* valor líquido. • *agg* **1** líquido. **2** *Comm* líquido. *credito liquido* / crédito líquido.

li.quo.re [lik´wore] *sm* licor.

li.ra [l´ira] *sf* **1** lira, moeda italiana. **2** *Mus* lira. **3** *ger* grana. **lira sterlina** libra esterlina.

li.ri.co [l´iriko] *agg* lírico.

li.sca [l´iska] *sf* espinha de peixe.

li.scez.za [liʃ´ettsa] *sf* lisura.

li.scia.re [liʃ´are] *vt* **1** alisar. **2** pentear. **3** *fig* bajular. **4** *pop* lamber.

li.scio [l´iʃo] *agg* **1** alisado, liso. **2** puro. **3** fácil. **4** simples. **passarla liscia a** não castigar.

li.so [l´izo] *agg* gasto, consumido.

li.sta [l´ista] *sf* **1** lista. **2** listra, risca. **3** catálogo, relação. **4** cardápio, menu. **fatto a liste** listado. **lista dei vini** carta de vinhos. **lista delle vivande** cardápio. **lista elettorale** registro eleitoral.

li.sta.re [list´are] *vt* listrar.

li.ta.ni.a [litan´ia] *sf* **1** *Rel* litania, ladainha **2** *fig* lengalenga.

li.te [l´ite] *sf* **1** divergência, controvérsia. **2** discussão, briga. **3** *Giur* litígio, demanda.

li.ti.ga.re [litig´are] *vi* **1** divergir. **2** discutir, brigar. *litigare con la moglie* / discutir com a mulher. *i bambini litigavano tra loro per i giocattoli* / as crianças brigavam entre si pelos brinquedos. **3** *Giur* ter litígio, litigiar.

li.ti.gio [lit´idʒo] *sf Giur* litígio.

li.ti.gio.so [litidʒ´ozo] *agg Giur* litigioso.

li.to.ra.le [litor´ale] *sm* litoral, costa. • *agg* litorâneo.

li.to.ra.ne.o [litor´aneo] *agg* litorâneo.

li.tro [l´itro] *sm* litro. **mezzo litro** meio litro.

li.tur.gi.a [liturdʒ´ia] *sf Rel* liturgia.

li.tur.gi.co [lit´urdʒiko] *agg* litúrgico.

liu.to [l´juto] *sm* alaúde.

li.vel.la [liv´ɛlla] *sf* nível, instrumento usado para verificar se um plano está na horizontal. Veja nota em **nível**.

li.vel.la.re [livell´are] *vt* **1** nivelar. **2** aplainar. **3** igualar. *vpr* **4** nivelar-se. **5** igualar-se.

li.vel.lo [liv´ɛllo] *sm* **1** nível. **2** *fig* situação, estado. **livello di vita** nível de vida. **livello sociale** nível social. **passaggio a livello** passagem de nível. Veja nota em **nível**.

li.vi.do [l´ivido] *agg* lívido, pálido. • *sm* contusão, marca.

li.vo.re [liv´ore] *sm* **1** inveja. **2** ódio, rancor.

li.vre.a [livr´ɛa] *sf* uniforme (de empregados).

lo [l´o] *art det m sing* o. *lo specchio* / o espelho. *lo zio* / o tio. • *pron m sing* o, lo.

O artigo definido **lo** é escrito **l'** antes de palavra que começa com vogal. *l'aereo* / o avião. *l'uomo* / o homem. Veja outras notas em **ce**, **gli**, **le**, **me** (italiano), **o**[2] (português), **se**, **te** e **ve** (italiano).

O pronome **lo** representa o objeto direto do verbo: *Maria lo vede* / Maria o vê. Antes das formas do verbo **avere**, também se escreve **l'**: *Maria l'ha visto ieri* / Maria o viu ontem.

lo.bo [l´ɔbo] *sm Anat* lobo. **lobo dell'orecchio** ou **lobulo dell'orecchio** lóbulo da orelha.

lo.bu.lo [l´ɔbulo] *sm Anat dim* pequeno lobo, lóbulo. *V anche lobo.*

lo.ca.le [lok´ale] *sm* **1** nativo. **2** quarto, aposento. **3** trem local. • *agg* local. **locale notturno** boate.

lo.ca.li.tà [lokalit´a] *sf* **1** localidade. **2** vilarejo.

lo.ca.liz.za.re [lokaliddz´are] *vt* **1** localizar, situar. **2** isolar, limitar.

lo.can.da [lok´anda] *sf* estalagem, pousada.

lo.can.die.re [lokand´jɛre] *sm* estalajadeiro.

lo.ca.ta.rio [lokat´arjo] *sm* locatário, inquilino.

lo.ca.to.re [lokat´ore] *sm* locador, proprietário.

lo.ca.zio.ne [lokats´jone] *sf Comm* locação, arrendamento.

lo.co.mo.ti.va [lokomot´iva] *sf* locomotiva.

lo.co.mo.zio.ne [lokomots´jone] *sf* locomoção.

lo.cu.sta [lok´usta] *sf Zool* gafanhoto.

lo.cu.zio.ne [lokuts´jone] *sf Gramm* locução, frase.

lo.da.re [lod´are] *vt* **1** elogiar, louvar. *vpr* **2** gabar-se, vangloriar-se.

lo.de [l´ode] *sf* **1** elogio, louvor. **2** *fig* mérito.

lo.do [l´ɔdo] *sm Giur* laudo.

lo.ga.ri.tmo [logar´itmo] *sm Mat* logaritmo.

log.gia [l´ɔddʒa] *sf* **1** loja maçônica. **2** *Archit* galeria.

lo.ghic.cio.lo [logittʃ´ɔlo] *sm dim* lugarejo.

lo.gi.ca [l´ɔdʒika] *sf* lógica, raciocínio.

lo.gi.co [l´ɔdʒiko] *agg* **1** lógico. **2** racional, sensato. • *sm* lógico.

lo.glio [l´ɔλo] *sm Bot* joio. **distinguere il grano dal loglio** *fig* separar o joio do trigo.

lo.go.ra.re [logor´are] *vt* **1** gastar, consumir. **2** estragar. **3** *fig* enfraquecer. *vpr* **4** gastar-se, consumir-se. **5** estragar-se.

lo.go.ro [l´ogoro] *sm* gasto, consumo. • *agg* **1** gasto, consumido. **2** *fig* estragado. **3** enfraquecido.

lo.go.ti.po [logot´ipo] *sm* logotipo.

lom.ba.re [lomb´are] *agg* lombar.

lom.bo [l´ombo] *sm Anat* lombo, costas. **avere buoni lombi** ser robusto.

lom.bri.co [lombr´iko] *sm Zool* **1** minhoca. **2** lombriga.

lon.ga.ni.me [long´anime] *agg* clemente, indulgente.

lon.ge.vi.tà [londʒevit´a] *sf* longevidade.

lon.gin.quo [londʒ´inkwo] *agg* longínquo, remoto.

lon.gi.tu.di.ne [londʒit´udine] *sf* longitude.

lon.ta.nan.za [lontan´antsa] *sf* **1** distância. **2** *fig* ausência. **3** afastamento, separação.

lon.ta.no [lont´ano] *agg* **1** longe, distante, afastado. **2** remoto. **3** ausente. **4** *fig* diverso, diferente. • *avv* longe, distante. **lontano da** longe de. **luogo lontano** lugar remoto. **parente lontano** parente distante. **tenersi lontano da** manter-se afastado de.

lon.tra [l´ontra] *sf Zool* lontra.

lord [l´ɔrd] *sm ingl* lorde.

lor.da.re [lord´are] *vt* **1** sujar. *vpr* **2** sujar-se.

lor.do [l´ordo] *agg* **1** sujo, imundo. **2** *Contab* bruto, sem desconto. **3** *Comm* bruto. **peso lordo** peso bruto. **ricavo lordo/rendita lorda** rendimento bruto.

lor.du.ra [lord´ura] *sf* **1** sujeira, imundície. **2** fezes, excremento. **3** *fig* libertinagem, indecência.

lo.ro [l´oro] *pron pl* **1** eles, elas. **2** os, as. **3** lhes, a eles, a elas. **4** os senhores, as senhoras. **5** aos senhores, às senhoras. • *pron* **1** seu, sua, seus, suas, deles, delas. **2** dos senhores, das senhoras. **il loro** *fig* os seus bens, os bens deles/delas. **i loro** *fig* os seus (parentes), os parentes deles/delas.

O pronome **loro** é usado: a) como sujeito do verbo: *loro sono venuti* / eles (ou elas) vieram. b) como objeto direto: *Paolo vede loro* / Paolo os (ou as) vê. c) depois de preposições e alguns advérbios: *scrivi a loro* / escreva para eles (ou para elas). *parlo come loro* / eu falo como eles (ou como elas). d) como objeto indireto: *la segretaria scrisse loro* / a secretária

L

escreveu para eles (ou para elas). Veja outras notas em **os, seu** (português), **essa, esso, malgrado e suo.**
Como forma de cortesia, **loro** é usado para falar com pessoas importantes ou de posição superior, pessoas mais velhas ou desconhecidas. *loro sono bravi professori* / os senhores são bons professores. Quando nos referimos a altas autoridades, com títulos como "senhoria", "alteza", "excelência", escreve-se com inicial maiúscula.

lo.san.ga [loz´anga] *sf Geom* losango.

lo.sco [l´osko] *agg* **1** caolho, zarolho. **2** *fig* suspeito, duvidoso. **3** desonesto.

lot.ta [l´otta] *sf* **1** luta. **2** combate. **3** conflito, disputa. **lotta di classe** luta de classes. **lotta giapponese** jiujitsu. **lotta greco-romana** luta greco-romana. **lotta libera** luta livre.

lot.ta.re [lott´are] *vi* lutar, combater.

lot.te.ri.a [lotter´ia] *sf* loteria.

lot.to [l´ɔtto] *sm* **1** loto. **2** lote. **polizza del lotto** cartela de loto. **vincere un terno al lotto** a) fazer um terno na loto. b) *fig* ter um golpe de sorte.

lo.zio.ne [lots´jone] *sf* loção.

lu.bri.co [l´ubriko] *agg* **1** escorregadio. **2** *fig* indecente, imoral, lascivo.

lu.bri.fi.ca.re [lubrifik´are] *vt* lubrificar.

luc.chet.to [lukk´etto] *sm dim* cadeado.

luc.ci.ca.re [luttʃik´are] *vi* brilhar, reluzir.

luc.ci.chi.o [luttʃik´io] *sm* brilho, clarão.

luc.cio.la [l´uttʃola] *sf Zool* vaga-lume, pirilampo. **far vedere lucciole per lanterne** *fig* vender gato por lebre.

lu.ce [l´utʃe] *sf* **1** luz. **2** claridade. **3** *Anat* pupila. **4** *fig* verdade. **5** explicação, esclarecimento. **6** dia. **accendere la luce** acender a luz. **anno luce** ano-luz. **dare alla luce** dar à luz. **luci della ribalta** luzes da ribalta. **mettere in luce** colocar em evidência. **spegnere la luce** apagar a luz.

lu.cen.te [lutʃ´ɛnte] *agg* reluzente, resplandecente.

lu.cer.na [lutʃ´ɛrna] *sf* lamparina, lampião, candeeiro.

lu.cer.na.rio [lutʃern´arjo] *sm* claraboia.

lu.cer.to.la [lutʃ´ɛrtola] *sf Zool* **1** lagarto. **2** lagartixa.

lu.ci.da.re [lutʃid´are] *vt* **1** lustrar, polir. **2** engraxar. **3** encerar.

lu.ci.da.tri.ce [lutʃidatr´itʃe] *sf* enceradeira.

lu.ci.di.tà [lutʃidit´a] *sf* **1** brilho, clareza. **2** *fig* lucidez.

lu.ci.do [l´utʃido] *sm* **1** brilho, lustro. **2** graxa de sapatos. **3** cera para assoalho. • *agg* **1** brilhante, lustroso. **2** *fig* lúcido.

lu.ci.gno.lo [lutʃ´iñolo] *sm* pavio.

lu.cra.re [lukr´are] *vt* **1** ganhar. *vi* **2** lucrar.

lu.cra.ti.vo [lukrat´ivo] *agg* lucrativo.

lu.cro [l´ukro] *sm* lucro, ganho.

lu.do [l´udo] *sm Poet* **1** jogo. **2** competição. **3 ludi** *pl St* jogos públicos (na Roma antiga).

lu.glio [l´uλo] *sm* julho.

lu.gu.bre [l´ugubre] *agg* lúgubre, tétrico.

lui [l´uj] *pron m sing* **1** ele. **2** o, lo.
O pronome **lui** é usado: a) como sujeito do verbo: *lui è venuto* / ele veio. b) como objeto direto: *Maria vede lui* / Maria o vê. c) depois de preposições e alguns advérbios: *scrivi a lui* / escreva para ele. *parlo come lui* / eu falo como ele. Veja outras notas em **egli, esso** e **o²**.

lu.ma.ca [lum´aka] *sf Zool, fig* lesma.

lu.me [l´ume] *sm* **1** lâmpada, lampião, candeeiro. **2** luminosidade, luz, brilho. **3** *fig* conselho, sugestão. **a questi lumi di luna** em momentos difíceis como este. **perdere il lume della ragione** a) enlouquecer. b) *fig* ficar fora de si.

lu.mi.no.so [lumin´ozo] *agg* **1** luminoso, brilhante. **2** exemplar. **3** *fig* admirável, exemplar.

lu.na [l´una] *sf* lua. **avere la luna** *pop* ser mal-humorado. **chiaro di luna** luar. **essere in buona luna** estar de bom humor. **luna calante/ultimo quarto** quarto minguante. **luna crescente/primo quarto** quarto crescente. **luna di miele** lua de mel. **luna nuova** lua nova. **luna piena** lua cheia.

lu.na.re [lun´are] *agg* lunar.

lu.na.ti.co [lun´atiko] *agg* **1** lunático, excêntrico. **2** *fig* instável, volúvel, inconstante.

lu.ne.dì [luned´i] *sm* **1** segunda-feira. **2** *pop* segunda.

lun.ghez.za [lung'ettsa] *sf* **1** comprimento, extensão. **2** estatura, altura. **3** demora, prolixidade.

lun.go [l'ungo] *sm* comprimento. *due metri di lungo* / dois metros de comprimento. *fune lungo un metro* / cabo com um metro de comprimento. • *agg* **1** longo, comprido. *capelli lunghi* / cabelos longos. **2** demorado, lento. *un discorso troppo lungo* / um discurso muito demorado. **3** alto. *una persona lunga* / uma pessoa alta. **4** aguado, fraco. *vino lungo, caffè lungo* / vinho aguado, café fraco. • *prep* ao longo de. *camminavano lungo la strada deserta* / caminhavam ao longo da estrada deserta. *abbiamo visto molte cose esotiche lungo il viaggio* / nós vimos muitas coisas exóticas ao longo da viagem. • *avv* longamente. **alla lunga** por muito tempo. **a lungo** demoradamente. **a lungo andare** com o passar do tempo. **andare per le lunghe** ficar adiando. **avere le braccia lunghe** ter muito poder. **mandare in lungo** adiar.

luo.go [l'wɔgo] *sm* **1** lugar, local. **2** vila, aldeia. **3** oportunidade, ensejo. **a tempo e luogo** no momento oportuno. **aver luogo** ter lugar, acontecer. **fuori di luogo** em hora inoportuna. **in luogo di** em vez de. **luogo comodo** latrina. **luogo comune** *fig* lugar-comum, chavão.

lu.pa [l'upa] *sf* loba. **mal della lupa** *Med* bulimia.

lu.pi.no [lup'ino] *sm Bot* tremoço. • *agg* lupino, de lobo.

lu.po [l'upo] *sm* lobo. **chi va col lupo impara a urlare** quem anda com coxo aprende a coxear. **fame da lupo** fome insaciável. **il lupo perde il pelo ma non il vizio** um leopardo nunca perde as suas manchas. **lupo cerviero** *Zool* lince. **lupo di mare** a) *Zool* foca, lobo-marinho. b) *fig* lobo do mar, marinheiro experiente. **lupo mannaro** *Mit* lobisomem.

lu.sco [l'usko] *agg* usado na expressão **tra il lusco ed il brusco** no crepúsculo, ao lusco-fusco.

lu.sin.ga [uz'inga] *sf* **1** lisonja, bajulação. **2** ilusão. **3 lusinghe** *pl* carícias, carinhos.

lu.sin.ga.re [luzing'are] *vt* **1** lisonjear, bajular. *vpr* **2** iludir-se.

lu.sin.ghie.ro [luzing'jɛro] *agg* **1** lisonjeiro, bajulador. **2** encorajador, animador. **3** suave, doce.

lus.sa.re [luss'are] *vt* **1** *Med* luxar, deslocar. *vpr* **2** *Med* deslocar-se (osso).

lus.sa.zio.ne [lussats'jone] *sf Med* luxação.

lus.so [l'usso] *sm* **1** luxo. **2** ostentação, pompa. **3** capricho.

lus.suo.so [luss'wozo] *agg* **1** luxuoso. **2** pomposo.

lus.su.reg.gian.te [lussuredd ʒ'ante] *agg* luxuriante, exuberante, viçoso.

lus.su.ria [luss'urja] *sf* luxúria, sensualidade.

lus.su.rio.so [lussur'jozo] *agg* luxurioso, sensual.

lu.stra.men.to [lustram'ento] *sm* lustro, polimento, ação de polir.

lu.stra.re [lustr'are] *vt* **1** lustrar, polir. **2** engraxar. **3** *fam* lisonjear, bajular. *vi* **4** reluzir, luzir.

lu.stra.scar.pe [lustrask'arpe] *sm* engraxate.

lu.stri.no [lustr'ino] *sm* **1** lantejoula. **2** engraxate. **3** *fig* afetação, aparência enganosa.

lu.stro [l'ustro] *sm* **1** lustro, brilho. **2** cera, polimento. **3** lustro, período de cinco anos. **4** *fig* honra. • *agg* lustroso, brilhante.

lu.te.ra.no [luter'ano] *sm+agg Rel* luterano.

lut.to [l'utto] *sm* luto. **lutto chiuso/lutto stretto** luto profundo. **mettere a lutto** enlutar. **portare il lutto** vestir luto.

L

m

m [´ɛmme] *sf* a décima primeira letra do alfabeto italiano.
ma [m´a] *cong* mas. • *sm* dúvida, senão, objeção. **ma, figlio mio!** oh, meu filho! **ma che fai?** mas que diabos você está fazendo? **ma come?** mas como? **ma tuttavia** mas, porém.
ma.ca.bro [m´akabro] *agg* macabro, fúnebre.
ma.ca.co [mak´ako] *sm* macaco.
mac.che.ro.na.ta [makkeron´ata] *sf* macarronada.
mac.che.ro.ne [makker´one] *sm* **1** macarrão. **2** *fam, fig* tolo, bobo. **cascare come il cacio sui maccheroni** vir bem a calhar.
mac.chia [m´akkja] *sf* **1** mancha. **2** pinta, sinal na pele. **3** mato, matagal. **4** *fig* defeito, mácula. **andare alla macchia/ vivere alla macchia** roubar, assaltar. **fare alla macchia** fazer por baixo dos panos.
mac.chia.re [makk´jare] *vt* **1** manchar. **2** sujar. **3** *fig* manchar, macular, denegrir. *vpr* **4** manchar-se. **5** sujar-se. **6** *fig* desonrar-se.
mac.chie.to [makk´jeto] *sm* bosque, mata.
mac.chi.na [m´akkina] *sf* **1** máquina. **2** carro, automóvel. **3** *fig* trama, intriga, maquinação. **fatto a macchina** feito à máquina. **macchina a vapore** máquina a vapor. **macchina da cucire** máquina de costura. **macchina da scrivere** máquina de escrever. **macchina fotografica** máquina fotográfica. **macchina operatrice** máquina operatriz. **macchina targata Genova** carro com placa de Gênova. Veja nota em **carro** (português).
mac.chi.na.re [makkin´are] *vt* maquinar, tramar, urdir.
mac.chi.na.zio.ne [makkinats´jone] *sf* maquinação, trama, intriga.
mac.chi.ni.sta [makkin´ista] *sm* maquinista.
ma.cel.la.io [matʃell´ajo] *sm* açougueiro.
ma.cel.la.re [matʃell´are] *vt* **1** abater (animais). **2** *fig* massacrar, chacinar.
ma.cel.le.ri.a [matʃeller´ia] *sf* açougue.
ma.cel.lo [matʃ´ɛllo] *sm* **1** matadouro, abatedouro. **2** *fig* massacre, matança.
ma.ce.ra.re [matʃer´are] *vt* **1** macerar. **2** machucar. **3** torturar. **4** *fig* dilacerar, lacerar. *vpr* **5** penitenciar-se com açoite. **6** *fig* morder-se de. *macerarsi dall'invidia* / morder-se de inveja.
ma.ci.gno [matʃ´iño] *sm* **1** pedra. **2** rochedo. **3** *fig* cabeça-dura. **4** chateação.
ma.ci.na [m´atʃina] *sf* **1** mó, pedra de moinho. **2** *iron* dor forte. **3** ladainha, lengalenga.
ma.ci.na.re [matʃin´are] *vt* **1** moer, triturar. **2** *iron* devorar. **3** *fig* tramar, arquitetar.
ma.ci.ni.no [matʃin´ino] *sm* **1** moedor. **2** *fig* calhambeque, ferro-velho.
ma.cu.la.re [makul´are] *vt* **1** manchar, macular. **2** *fig* manchar, infamar, sujar. *maculare la reputazione di qualcuno* / manchar a reputação de alguém.
ma.don.na [mad´ɔnna] *sf* dama (medieval). **La Madonna** Nossa Senhora. **Madonna mia!** minha Nossa Senhora!
ma.dor.na.le [madorn´ale] *agg* gigantesco, colossal.
ma.dre [m´adre] *sf* **1** mãe. **2** madre. **3** molde, matriz. **4** *fig* causa, origem. **madre artificiale** incubadora.
ma.dre.per.la [madrep´ɛrla] *sf* madrepérola.

ma.dre.vi.te [madrev´ite] *sf Mecc* porca, fêmea (do parafuso).
ma.dri.na [madr´ina] *sf* madrinha.
ma.e.stà [maest´a] *sf* majestade. **Sua Maestà** Sua Majestade. **Vostra Maestà** Vossa Majestade.
ma.e.sto.so [maest´ozo] *agg* **1** majestoso. **2** *Mus* solene.
ma.e.stra [ma´ɛstra] *sf* **1** professora primária. **2** mestra. **3** *Mus* maestrina. **4** *Naut* vela mestra. **5** *Zool* abelha-rainha. **6** *fig* ensinamento. **albero di maestra** *Naut* mastro principal.
ma.e.stra.to [maestr´ato] *sm* mestrado.
ma.e.stri.a [maestr´ia] *sf* maestria, perícia.
ma.e.stri.na [maestr´ina] *sf* professorinha.
ma.e.stro [ma´ɛstro] *sm* **1** professor primário. **2** mestre. **3** *Mus* maestro. **4** grande compositor. • *agg* **1** magistral, de mestre. **2** principal, mestre. **il dolore è un gran maestro** a dor é uma grande mestra. **maestro di cerimonie** mestre de cerimônias.
ma.fia [m´afja] *sf* **1** máfia. **2** *fig* máfia, grupo criminoso organizado.
ma.ga [m´aga] *sf* **1** maga, feiticeira. **2** *fig* sedutora.
ma.ga.ri [mag´ari] *avv* **1** talvez, é possível, pode ser que. *tornerò magari un'altra volta in Italia* / talvez eu volte outra vez à Itália. **2** até, até mesmo. • *int* queira Deus! se Deus quiser! *vinceremo la partita? magari!* / vamos ganhar o jogo? se Deus quiser! **magari fosse così!** quisera Deus que fosse assim!
ma.gaz.zi.no [magaddz´ino] *sm* **1** armazém, depósito. **2** magazine, loja. **3** supermercado.
mag.gio [m´addʒo] *sm* maio. **Primo Maggio** Dia do Trabalho, Primeiro de Maio.
mag.gio.ra.na [maddʒor´ana] *sf Bot* manjerona.
mag.gio.ran.za [maddʒor´antsa] *sf* **1** superioridade. **2** maioria. **maggioranza assoluta** maioria absoluta.
mag.gio.ra.re [maddʒor´are] *vt* majorar, aumentar.
mag.gior.do.mo [maddʒord´omo] *sm* mordomo.
mag.gio.re [maddʒ´ore] *sm* **1** sênior, membro mais velho. **2** *Mil* major. **3** **i maggiori** *pl* os antepassados. • *agg compar* (de **grande**) **1** maior. **2** mais velho.
mag.gio.ren.ne [maddʒor´ɛnne] *s+agg* maior de idade.
mag.gio.ri.tà [maddʒorit´a] *sf* **1** maioridade. **2** maioria.
ma.gi.a [madʒ´ia] *sf* **1** magia. **2** *fig* fascínio, encanto. **magia bianca** magia branca. **magia nera** magia negra.
ma.gi.co [m´adʒiko] *agg* **1** mágico. **2** *fig* fascinante, encantador. **bacchetta magica** varinha mágica, varinha de condão.
ma.gi.ste.ro [madʒist´ɛro] *sm* **1** magistério. **2** *fig* influência, poder.
ma.gi.stra.le [madʒistr´ale] *agg* **1** magistral, de mestre. **2** principal.
ma.gi.stra.to [madʒistr´ato] *sm* magistrado, juiz.
ma.glia [m´aλa] *sf* **1** malha, cada uma das voltas ou nós dos fios trançados ou tecidos. **2** malha, blusa. **3** camiseta. **maglia di lana** malha de lã, jérsei. **maglia di seta** malha de seda, jérsei de seda.
ma.glie.ri.a [maλer´ia] *sf* malharia.
ma.glio [m´aλo] *sm* malho.
ma.glio.ne [maλ´one] *sm* pulôver, malha grossa.
mag.ma [m´agma] *sm* magma.
ma.gna.ni.mo [mañ´animo] *agg* magnânimo, generoso.
ma.gna.te [mañ´ate] *sm* **1** magnata. **2** *fig* milionário.
ma.gne.sio [mañ´ɛzjo] *sm Chim* magnésio.
ma.gne.te [mañ´ɛte] *sm* **1** ímã. **2** *Mecc* magneto. **magnete artificiale** ímã artificial. **magnete naturale** ímã natural, magnetita.
ma.gne.ti.co [mañ´ɛtiko] *agg* magnético. **campo magnetico** campo magnético. **poli magnetici** polos do ímã. **polo magnetico** polo magnético, o Norte.
ma.gne.ti.smo [mañet´izmo] *sm* magnetismo.
ma.gne.tiz.za.re [mañetiddz´are] *vt* **1** magnetizar, imantar. **2** *fig* hipnotizar. **3** encantar, enfeitiçar.
ma.gne.to.fo.no [mañet´ɔfono] *sm* gravador de som.

M

ma.gni.fi.ca.re [mañifik´are] *vt* magnificar, glorificar.
ma.gni.fi.cen.za [mañifitʃ´ɛntsa] *sf* **1** magnificência, generosidade. **2** luxo, pompa, ostentação.
ma.gni.fi.co [mañ´ifiko] *agg* **1** magnífico, esplêndido. **2** luxuoso, pomposo. **3** generoso, magnânimo.
ma.gno [m´año] *agg Lett* magno, grande.
ma.gno.lia [mañ´ɔlja] *sf Bot* magnólia.
ma.go [m´ago] *sm* mago, feiticeiro.
ma.grez.za [magr´ettsa] *sf* **1** magreza. **2** *fig* infertilidade, esterilidade.
ma.gro [m´agro] *agg* **1** magro. **2** árido. **3** *fig* infértil, estéril. **4** insignificante. **5** escasso.
mai [m´aj] *avv* nunca, jamais. *lui non è mai venuto qui* / ele nunca veio aqui. **come mai?** como? **mai da Dio** nem uma só vez. **peggio che mai!** pior do que nunca. **più che mai** mais do que nunca. **se mai/caso mai** se, no caso de.
ma.ia.la [ma´jala] *sf volg* porca.
ma.ia.le [ma´jale] *sm* **1** porco castrado. **2** carne de porco. **3** *fig* porco, porcalhão.
ma.io.ne.se [majon´eze] *sf* maionese.
mais [m´ajs] *sm* milho.
ma.iu.sco.la [ma´juskola], **lettera maiuscola** *sf* letra maiúscula.
ma.iu.sco.lo [ma´juskolo] *agg* **1** maiúsculo. **2** *iron* grande.
ma.la.cre.an.za [malakre´antsa] *sf* malcriação, grosseria, indelicadeza.
ma.la.fe.de [malaf´ede] *sf* má-fé, deslealdade.
ma.la.gra.zia [malagr´atsja] *sf* maus modos, deselegância.
ma.la.lin.gua [malal´ingwa] *s* fofoqueiro.
ma.lan.dri.no [malandr´ino] *sm* salteador.
ma.la.ni.mo [mal´animo] *sm* aversão, animosidade.
ma.lan.no [mal´anno] *sf* **1** desgraça, tragédia. **2** *fig* doença, enfermidade.
ma.la.pe.na [malap´ɛna] *avv* na expressão **a malapena** com dificuldade.
ma.la.ria [mal´arja] *sf Med* malária.
ma.la.tic.cio [malat´ittʃo] *agg* adoentado, meio doente.
ma.la.to [mal´ato] *sm+agg* doente, enfermo.
ma.lat.ti.a [malatt´ia] *sf* doença, enfermidade. **malattia contagiosa** doença contagiosa. **malattia infettiva** doença infecciosa.
ma.lau.gu.rio [malawg´urjo] *sm* mau agouro.
ma.la.vi.ta [malav´ita] *sf* marginalidade, submundo.
ma.la.vo.glia [malav´ɔλa] *sf* má vontade. **di malavoglia** de má vontade, a contragosto, contra a vontade.
mal.con.cio [malk´ontʃo] *agg* estragado, danificado.
mal.con.ten.to [malkont´ɛnto] *sm* descontentamento, insatisfação. • *agg* descontente.
mal.co.stu.me [malkost´ume] *sm* **1** mau costume, mau hábito. **2** *fig* imoralidade. **3** corrupção.
mal.cre.a.to [malkre´ato] *agg* malcriado.
mal.de.stro [mald´ɛstro] *agg* desajeitado, desastrado.
mal.di.cen.te [malditʃ´ɛnte] *agg* maledicente, caluniador.
ma.le [m´ale] *sm* **1** mal. **2** doença. **3** delito, infração. **4** *fig* dano, estrago. *fare male a qualcuno* / fazer mal a alguém. **5** dor, tormento. **6** desgraça, calamidade. • *avv* **1** mal. *parlare male* / falar mal. **2** incorretamente, erroneamente. **3** injustamente, desonestamente. **mal caduco** epilepsia. **mal d'aria** enjoo de avião. **mal di** dor de. **mal di gola** dor de garganta. **mal di mare** enjoo de navio. **mal di paese** saudade da terra natal. **mal di testa** dor de cabeça. **mal di ventre** dor de barriga. **non c'è male!** não faz mal! **non tutto il male viene per nuocere** há males que vêm para bem.
ma.le.det.to [maled´etto] *agg* **1** maldito, condenado. **2** *fig* terrível, horrível. **3** odiado.
ma.le.di.re [maled´ire] *vt* **1** amaldiçoar, maldizer. **2** detestar, odiar.
ma.le.di.zio.ne [maledits´jone] *sf* maldição.
ma.le.du.ca.to [maleduk´ato] *agg* mal-educado.
ma.le.fi.cio [malef´itʃo] *sm* **1** malefício. **2** encanto, feitiço. **3** *fig* mal, dano.

ma.le.fi.co [mal´ɛfiko] *agg* **1** maléfico, maligno. **2** nocivo, danoso. **3** venenoso.
ma.les.se.re [mal´ɛssere] *sm* **1** indisposição, mal-estar. **2** *fig* inquietação, insatisfação. **3** penúria.
ma.le.stro [mal´ɛstro] *sm* **1** estrago, dano. **2** travessura.
ma.le.vo.lo [mal´evolo] *agg* malévolo, malevolente.
mal.fat.to [malf´atto] *agg* **1** malfeito. **2** disforme.
mal.fat.to.re [malfatt´ore] *sm* malfeitor, bandido.
mal.fi.da.to [malfid´ato] *agg* desconfiado.
mal.gra.do [malgr´ado] *prep* malgrado, apesar de, não obstante. *malgrado lo sforzo, non riesce a finire quel lavoro* / apesar do esforço, não consegue terminar aquele trabalho. • *cong* ainda que, se bem que.

Malgrado é usado com os possessivos (**mio, tuo, suo, nostro, vostro, loro**), com o sentido de "contra a vontade": *mio malgrado* / contra a minha vontade. *loro malgrado* / contra a vontade deles. *questo avverrà tuo malgrado* / isto acontecerá contra a tua vontade.

mal.gu.sto [malg´usto] *sm* mau gosto.
ma.li.a [mal´ia] *sf* **1** feitiço, encantamento. **2** *fig* fascínio, atração.
ma.liar.da [mal´jarda] *sf* **1** feiticeira. **2** *fig* sedutora, mulher fatal.
ma.liar.do [mal´jardo] *agg* encantador, sedutor.
ma.li.gno [mal´iño] *agg* **1** maligno. **2** nocivo, danoso.
ma.lin.co.ni.a [malinkon´ia] *sf* melancolia.
ma.lin.co.ni.co [malink´ɔniko] *agg* melancólico.
ma.lin.cuo.re [malink´wɔre] *avv* na expressão **a malincuore** a) contra a vontade. b) com pesar.
ma.lin.ten.zio.na.to [malintentsjon´ato] *agg* mal-intencionado.
ma.lin.te.so [malint´ezo] *sm* equívoco, mal-entendido. *vorrei chiarire un malinteso fra noi* / eu gostaria de esclarecer um mal-entendido entre nós. • *agg* mal-interpretado, distorcido. *questione malintesa* / questão mal-interpretada.
ma.li.zia [mal´itsja] *sf* **1** malícia. **2** astúcia, esperteza. **3** truque, estratagema.
ma.li.zio.so [malits´jozo] *agg* **1** malicioso. **2** astuto, esperto.
mal.le.a.bi.le [malle´abile] *agg* **1** maleável. **2** *fig* compreensivo, condescendente.
mal.me.na.re [malmen´are] *vt* **1** estragar, gastar. **2** maltratar, ultrajar.
ma.lo [m´alo] *agg* **1** mau, ruim. **2** malvado. **3** feio.
ma.loc.chio [mal´ɔkkjo] *sm* mau-olhado, quebranto. **vedere in malocchio** não ver com bons olhos.
ma.lo.ra [mal´ora] *sf* **1** perdição. **2** ruína. **alla malora!/in malora!** *volg* vá para o inferno! **andare in malora/alla malora** arruinar-se. **mandare in malora** arruinar, desgraçar.
ma.lo.re [mal´ore] *sm* indisposição, mal súbito.
mal.sa.no [mals´ano] *agg* **1** doente, enfermo. **2** insalubre.
mal.si.cu.ro [malsik´uro] *agg* inseguro.
mal.ta [m´alta] *sf* **1** argamassa. **2** malta
mal.to [m´alto] *sm* malte.
mal.trat.ta.re [maltratt´are] *vt* **1** maltratar. **2** usar mal.
ma.lu.mo.re [malum´ore] *sm* mau humor.
mal.va [m´alva] *sf Bot* **1** malva. **2** *fig* conservador, reacionário.
mal.va.gio [malv´adʒo] *agg* malvado, mau, perverso.
mal.va.gi.tà [malvadʒit´a] *sf* malvadeza, maldade, perversidade.
mal.ve.sti.to [malvest´ito] *agg* mal-vestido, maltrapilho.
mal.vi.sto [malv´isto] *agg* malvisto.
mal.vi.ven.te [malviv´ɛnte] *s+agg* bandido, marginal.
mal.vo.len.tie.ri [malvolent´jɛri] *avv* de má vontade, contra a vontade.
mam.ma [m´amma] *sf* **1** *fam* mamãe. **2** *Lett*, *Poet* mama, glândula mamária.
mam.mel.la [mamm´ɛlla] *sf Anat* mama.
mam.mi.fe.ro [mamm´ifero] *sm+agg* mamífero.
mam.mi.na [mamm´ina] *sf dim fam* mamãezinha, mãezinha.
mam.mo.la [m´ammola] *sf* violeta.

mam.mut [mamm'ut] *sm Zool* mamute.

man.ca.men.to [mankam'ento] *sm* **1** defeito, imperfeição. **2** falta, erro, falha. **3** mal súbito, indisposição.

man.can.za [mank'antsa] *sf* **1** falta. **2** carência. **3** defeito, imperfeição. **4** erro, falha. **5** delito, infração. **6** desmaio.

man.ca.re [mank'are] *vi* **1** faltar, ser insuficiente. *manca denaro per la ricerca* / falta dinheiro para a pesquisa. **2** desmaiar. **3** errar, cometer um erro. **4** faltar, estar ausente. *mancare alla riunione* / faltar à reunião. **5** morrer, falecer. **6** *fig* sentir falta. **ci mancava solo questa!** só nos faltava essa! **mancarci** faltar (tempo). *ci manca poco alle otto* / falta pouco para as oito horas. **mancare di parola** faltar com a palavra.

man.cia [m'antʃa] *sf* gorjeta. **vietate le mance** proibido dar gorjetas.

man.cia.ta [mantʃ'ata] *sf* punhado.

man.ci.no [mantʃ'ino] *sm* **1** canhoto. **2** canhota, mão esquerda. **3** pé esquerdo. **4** *fig* maroto, malandro. • *agg* **1** canhoto. **2** esquerdo (mão, pé).

man.co [m'anko] *agg* **1** canhoto. **2** esquerdo. • *avv* **1** menos. **2** nem, nem mesmo. **manco per sogno** nem sonhando.

man.dan.te [mand'ante] *s Giur* mandante. • *agg* mandante, que manda.

man.da.re [mand'are] *vt* **1** mandar, enviar. **2** dar (grito). **3** emitir (som). **mandare al diavolo** mandar para o inferno. **mandare a morte** condenar à morte. **mandare a spasso** dispensar, deixar ir. **mandare giù** a) engolir. b) suportar. **mandare via** mandar embora. Veja nota em **passare**.

man.da.ri.no [mandar'ino] *sm* **1** *Bot* mexerica. **2** *St* mandarim, magistrado chinês.

man.da.to [mand'ato] *sm* **1** mandato. **2** encargo. **3** ordem, comando. **4** *Giur* procuração, mandato. **mandato di cattura** *Giur* mandado de prisão. **mandato di comparizione** *Giur* intimação. **mandato di pagamento** *Comm* ordem de pagamento.

man.di.bo.la [mand'ibola] *sf Anat* mandíbula.

man.do.li.no [mandol'ino] *sm Mus* bandolim.

man.dor.la [m'andorla] *sf Bot* amêndoa. **occhi a mandorla** olhos amendoados.

man.dor.la.to [mandorl'ato] *agg* amendoado.

man.dor.lo [m'andorlo] *sm Bot* amendoeira.

man.dra [m'andra] *sf* **1** rebanho, manada. **2** estábulo, estrebaria. **3** redil, curral de ovinos.

man.dril.lo [mandr'illo] *sm Zool* mandril, espécie de macaco africano.

man.dri.no [mandr'ino] *sm Mecc* mandril, ferramenta que se usa adaptada a um torno ou furadeira, para alargar ou calibrar furos.

ma.neg.gia.re [maneddʒ'are] *vt* **1** manejar, operar. **2** controlar (cavalos). *vpr* **3** exercitar-se.

ma.neg.gio [man'eddʒo] *sm* **1** manejo, operação. **2** trama, intriga. **3** escola de equitação. **4** conspiração. **5** *Mil*, *Naut* manobra, evolução.

ma.net.ta [man'etta] *sf* **1** pouquinho, punhado. **2 manette** *pl* algemas.

man.ga.nel.lo [mangan'ɛllo] *sm dim* **1** cassetete. **2** bastão, cajado.

man.ga.no [m'angano] *sm* **1** *Mecc* guindaste. **2** *Mil* catapulta.

man.ge.rec.cio [mandʒer'ettʃo] *agg V mangiabile*.

man.gia.bi.le [mandʒ'abile] *agg* comestível. *Var: mangereccio.*

man.gia.re [mandʒ'are] *vt* **1** comer. **2** *fam* roubar, afanar. **3** *fig* estragar, gastar. **4** ganhar ilegalmente. *vi* **5** comer, alimentar-se. • *sm* **1** comida, alimento. **2** refeição. **mangiare con gli occhi** *fig* comer com os olhos. **mangiare vivo uno** *fig* comer alguém vivo, repreender severamente. Veja nota em **comer**.

man.gio.ne [mandʒ'one] *sm fam* guloso, comilão.

man.go [m'ango] *sm Bot* **1** manga. **2** mangueira, pé de manga.

ma.ni.a [man'ia] *sf* **1** *Med* mania. **2** *fig* mania, obsessão.

ma.ni.a.co [man'iako] *sm+agg* maníaco.

ma.ni.ca [m'anika] *sf* **1** manga (de roupa).

2 *fig* quadrilha. **manica a vento** *Aer* biruta. **rimboccare le maniche** arregaçar as mangas.
ma.ni.ca.ret.to [manikar'etto] *sm* petisco, quitute.
ma.ni.chi.no [manik'ino] *sm* **1** manequim. **2** modelo de roupas.
ma.ni.co [m'aniko] *sm* **1** cabo. **2** asa (de vaso, xícara). **3** *Mus* braço. *il manico della chitarra* / o braço da guitarra.
ma.ni.co.mio [manik'ɔmjo] *sm* **1** manicômio, hospício. **2** *fig* confusão, bagunça.
ma.ni.cu.re [man'ikure] *s* manicura.
ma.nie.ra [man'jɛra] *sf* **1** maneira, modo. **2** uso, costume, hábito. **3** estilo artístico. **alla maniera di Giotto** à maneira de Giotto.
ma.nie.ra.to [manjer'ato] *agg* **1** formal. **2** afetado, forçado.
ma.ni.fat.tu.ra [manifatt'ura] *sf* manufatura.
ma.ni.fe.sta.re [manifest'are] *vt* **1** manifestar, mostrar. *vpr* **2** manifestar-se, mostrar-se.
ma.ni.fe.sto [manif'ɛsto] *sm* **1** cartaz, anúncio. **2** manifesto. • *agg* **1** manifestado, mostrado. **2** conhecido, notório.
ma.ni.glia [man'iʎa] *sf* **1** maçaneta. **2** alça.
ma.nio.ca [man'jɔka] *sf* mandioca.
ma.ni.po.la.re [manipol'are] *vt* **1** manipular. **2** preparar. **3** *Med* massagear. **4** *fam* alterar.
man.na.ia [mann'aja] *sf* **1** machado. **2** cutelo, machadinha. **3** lâmina da guilhotina.
ma.no [m'ano] *sf* **1** mão. **2** lado. **3** demão, mão de pintura. **4** trabalho, obra. **5** *fig* ajuda, auxílio. **6** autoridade. **a mano armata** à mão armada. **chiedere la mano** pedir a mão. **dare la mano a/stringere la mano a** apertar a mão de. **fatto a mano** feito à mão. **fuori di mano** fora de mão (caminho). **lavarsi le mani di** lavar as mãos de. **mano d'opera** mão de obra. **mano forte** ajuda, auxílio. **mettere mano a/porre mano a** colocar as mãos em, apossar-se de. **sotto mano** às escondidas. **tenere a mano** ter à mão, ter à disposição. **ultima mano** último retoque, fim de uma obra.
ma.no.scrit.to [manoskr'itto] *sm* manuscrito. • *agg* escrito à mão.
ma.no.vel.la [manov'ɛlla] *sf* **1** manivela. **2** alavanca.
ma.no.vra [man'ɔvra] *sf* **1** manobra. **2** *Mil* manobra, evolução.
ma.no.vra.re [manovr'are] *vt* **1** manobrar, dirigir. **2** *fig* tramar, arquitetar. *vi* **3** *Mil* manobrar.
ma.no.vra.to.re [manovrat'ore] *sm* motorista, condutor. **vietato parlare al manovratore** proibido falar com o motorista.
man.sio.ne [mans'jone] *sf* **1** atribuição, dever. **2** ofício, cargo.
man.sue.to [mans'wɛto] *agg* **1** manso, domesticado. **2** *fig* calmo, doce, pacífico.
man.te.ca [mant'ɛka] *sf* brilhantina.
man.tel.lo [mant'ɛllo] *sm* **1** mantô. **2** casaco. **3** *Zool* pelagem, cor dos pelos.
man.te.ne.re [manten'ere] *vt* **1** manter. *mantenere una promessa* / manter uma promessa. **2** conservar. **3** sustentar. *mantenere la famiglia* / sustentar a família. *vpr* **4** manter-se. *mantenersi calmo* / manter-se calmo. **5** conservar-se. **6** sustentar-se.
man.te.ni.men.to [mantenim'ento] *sm* **1** manutenção, conservação. **2** mantimento, provisão.
man.ti.le [mant'ile] *sm* toalha.
man.to [m'anto] *sm* **1** manto. **2** *fig* véu, coberta.
man.tò [mant'ɔ] *sm* mantô.
ma.nu.a.le [manu'ale] *sm+agg* manual.
ma.nu.fat.to [manuf'atto] *sm* artefato, produto feito à mão. • *agg* manufaturado, feito à mão. Veja nota em **artefatto**.
man.zo [m'andzo] *sm* **1** novilho. **2** bife. **manzo allo spiedo** churrasco.
ma.o.met.ta.no [maomett'ano] *sm+agg* maometano.
map.pa [m'appa] *sf* mapa.
map.pa.mon.do [mappam'ɔndo] *sm* mapa-múndi.
ma.ra.gia [mar'adʒa], **ma.ra.già** [maradʒ'a] *sm* marajá.
ma.ra.sma [mar'azma] *sm* **1** *Med* marasmo, enfraquecimento. **2** *fig* decadência. **3** desorganização.

M

ma.ra.to.na [marat'ona] *sm* **1** maratona. **2** *fig* corrida. **3** maratona, esforço, luta.
mar.ca [m'arka] *sf* **1** carimbo, sinal impresso. **2** *Comm* marca de mercadoria. **3** canhoto, comprovante. **marca da bollo** estampilha, selo para documentos. **marca di fabbrica** marca comercial.
mar.ca.re [mark'are] *vt* **1** marcar. **2** colocar em evidência, ressaltar.
mar.che.sa [mark'eza] *sf* marquesa.
mar.che.se [mark'eze] *sm* marquês.
mar.chio [m'arkjo] *sm* **1** marca comercial. **2** *fig* fama, renome. *Var: marco.*
mar.cia [m'artʃa] *sf* (anche *Mus*, *Autom* e *Mil*) marcha. **fare marcia indietro** a) *Autom* dar marcha a ré. b) *fig* arrepender-se. c) *pop* dar para trás. **marcia funebre** marcha fúnebre. **marcia indietro** marcha a ré. **marcia in folle** ponto morto.
mar.cia.pie.de [martʃap'jɛde] *sm* calçada.
mar.cia.re [martʃ'are] *vi* **1** marchar. **2** *fig* avançar.
mar.ci.me [martʃ'ime] *sm* estrume.
mar.cio [m'artʃo] *sm* **1** parte podre, podridão. **2** *fig* corrupção. • *agg* **1** podre. **2** *fig* tísico, tuberculoso. **3** estragado, deteriorado. **4** corrupto, desonesto. **5** depravado, imoral.
mar.ci.re [martʃ'ire] *vi* **1** apodrecer, estragar. **2** *fig* degenerar, corromper-se.
mar.co [m'arko] *sm* **1** marco, antiga moeda e unidade monetária alemã. **2** *V marchio.*
ma.re [m'are] *sm* **1** mar. **2** *fig* mar, monte, grande quantidade. *un mare di gente* / um mar de gente. *un mare di guai* / um monte de problemas. **alto mare** alto-mar. **cercare per mare e per terra** procurar por todos os lados. **in alto mare** em alto-mar. **per mare** por mar. **promettere mari e monti** prometer mundos e fundos.
ma.re.a [mar'ɛa] *sf* maré. **alta marea** maré alta. **bassa marea** maré baixa.
ma.reg.gia.ta [mareddʒ'ata] *sf* tempestade, borrasca.
ma.re.mo.to [marem'ɔto] *sm* maremoto.
ma.re.scial.lo [mareʃ'allo] *sm Mil* marechal.
mar.ga.ri.na [margar'ina] *sf* margarina.
mar.ghe.ri.ta [marger'ita] *sf* **1** *Bot* margarida. **2** *Lett* pérola. **3** gema, pedra preciosa.
mar.gi.na.le [mardʒin'ale] *agg* **1** marginal, das margens. **2** *fig* secundário, supérfluo.
mar.gi.ne [m'ardʒine] *sm* **1** margem. **2** borda, orla. **3** *fig* ganho, lucro.
ma.ri.na [mar'ina] *sf* **1** litoral, praia. **2** *Mil* marinha. **marina da guerra** marinha de guerra. **marina mercantile** marinha mercante.
ma.ri.na.io [marin'ajo] *sm* marinheiro. *Var pop: marinaro.*
ma.ri.na.ro [marin'aro] *sm pop V marinaio.*
ma.ri.no [mar'ino] *sm* marujo, marinheiro. • *agg* marinho. **acqua marina** água do mar. **vento marino** vento marítimo.
ma.rio.net.ta [marjon'etta] *sf* **1** marionete, títere. **2** *fig* testa de ferro.
ma.ri.ta.re [marit'are] *vt* **1** casar. **2** *fig* unir, juntar. *vpr* **3** casar-se. **4** *fig* unir-se, juntar-se.
ma.ri.to [mar'ito] *sm* marido. **ragazza da marito** moça casadoura.
ma.rit.ti.mo [mar'ittimo] *agg* marítimo, marinho. • *sm* marinheiro.
mar.mel.la.ta [marmell'ata] *sf* geleia.
mar.mit.ta [marm'itta] *sf* marmita.
mar.mo [m'armo] *sm* mármore.
mar.mo.riz.za.re [marmoriddz'are] *vt* marmorizar.
mar.ra [m'ar̄a] *sf* enxada, sacho.
mar.ro.ne [mar̄'one] *sm* **1** marrom. **2** *fig* erro.
mar.si.na [mars'ina] *sf* fraque.
mar.su.pia.li [marsup'jali] *sm pl Zool* marsupiais.
mar.te.dì [marted'i] *sm* **1** terça-feira. **2** *pop* terça. **martedì grasso** terça-feira gorda.
mar.tel.la.re [martell'are] *vt* **1** martelar. **2** malhar, trabalhar. **3** *fig* atormentar, perturbar. *vi* **4** disparar (as batidas do coração).
mar.tel.lo [mart'ɛllo] *sm* **1** martelo. **2** *fig* tormento. **martello dell'orecchio** *Anat* martelo do ouvido. **martello del pianoforte** *Mus* martelo do piano.
mar.ti.net.to [martin'etto] *sm Mecc* **1** macaco. **2** guindaste. **3** malho.
mar.ti.re [m'artire] *sm* (anche *fig* mártir).
mar.ti.rio [mart'irjo] *sm* **1** martírio. **2** *fig* tormento.

mar.ti.riz.za.re [martiriddz´are] *vt* **1** martirizar. **2** *fig* atormentar. *vpr* **3** atormentar-se.
mar.xi.smo [marks´izmo] *sm Pol* marxismo.
mar.za.pa.ne [martsap´ane] *sm* marzipã.
mar.zia.le [marts´jale] *agg* **1** *Lett* marcial, de Marte. **2** *fig* marcial, militar, bélico. **corte marziale** corte marcial. **legge marziale** lei marcial.
mar.zo [m´artso] *sm* março.
ma.scal.zo.ne [maskalts´one] *sm* patife, velhaco.
ma.sca.va.to [maskav´ato] *sm* açúcar mascavo.
ma.scel.la [maʃ´ɛlla] *sf Anat* **1** maxila. **2** maxilar. **3** *fam* bochecha.
ma.scel.la.re [maʃell´are] *agg* maxilar.
ma.sche.ra [m´askera] *sf* **1** máscara. **2** lanterninha (do cinema). **3** *Teat* máscara. **4** *fig* fingimento, disfarce. **ballo in maschera** baile de máscaras. **maschera antigas** máscara antigases.
ma.sche.ra.re [masker´are] *vt* **1** mascarar. **2** *fig* esconder, ocultar. *vpr* **3** mascarar-se *mascherarsi da colombina* / fantasiar-se de colombina.
ma.schi.le [mask´ile] *agg* **1** masculino. **2** *fig* másculo, viril. **scuola maschile** escola para rapazes.
ma.schio [m´askjo] *sm* **1** macho. **2** menino, filho. **3** *Mecc* macho, peça ou parte saliente que se encaixa na fêmea • *agg* **1** macho. **2** *fig* viril, másculo. Veja nota em **macho**.
ma.sco.li.ni.tà [maskolinit´a] *sf* masculinidade.
ma.sco.li.no [maskol´ino] *agg* masculino.
ma.sna.da [mazn´ada] *sf* **1** bando, quadrilha. **2** *fig pop* ralé, gentalha.
ma.sna.die.re [maznad´jɛre] *sm* bandoleiro, salteador. *Var: masnadiero.*
ma.sna.die.ro [maznad´jɛro] *sm V masnadiere.*
ma.so.chi.smo [mazok´izmo] *sm* masoquismo.
mas.sa [m´assa] *sf* **1** massa. **2** *Fis* massa. **3** *Elett* terra. **4 le masse** *pl* as massas. **in massa** em massa. **massa del fallimento** *Comm* massa falida. **massa di rispetto** *Comm* fundo de reserva.
mas.sa.cra.re [massakr´are] *vt* massacrar, trucidar.
mas.sa.cro [mass´akro] *sm* massacre, carnificina.
mas.sag.gia.re [massaddʒ´are] *vt Med* massagear.
mas.sag.gio [mass´addʒo] *sm Med* massagem.
mas.sic.cio [mass´ittʃo] *sm Geogr* maciço. • *agg* **1** maciço, sólido. **2** forte, robusto. **3** *fig* crasso, grave (erro).
mas.si.ma [m´assima] *sf* **1** máxima. **2** preceito, princípio. **3** norma de vida.
mas.si.mo [m´assimo] *agg superl* (de **grande**) máximo.
mas.so [m´asso] *sm* rocha.
mas.so.ne [mass´one] *sm* maçom.
mas.so.ne.ri.a [massoner´ia] *sf* maçonaria.
ma.sti.ca.re [mastik´are] *vt* **1** mastigar. **2** *fig* pensar em, meditar. **3** resmungar. **masticare le parole** pronunciar mal as palavras. **masticare una lingua** *fam* arranhar uma língua.
ma.sti.no [mast´ino] *sm* **1** mastim. **2** *fig* tirano.
ma.stro [m´astro] *agg* principal, mestre. **capo mastro** mestre de obras. **libro mastro** livro mestre, livro-razão.
ma.stur.bar.si [masturb´arsi] *vpr* masturbar-se.
ma.tas.sa [mat´assa] *sf* **1** novelo. **2** meada. **3** *fig* confusão, embrulhada. **trovare il bandolo della matassa** encontrar o fio da meada.
ma.te [m´ate], **ma.tè** [mat´ɛ] *sm* mate, erva-mate.
ma.te.ma.ti.ca [matem´atika] *sf* matemática.
ma.te.ma.ti.co [matem´atiko] *sm* matemático. • *agg* **1** matemático. **2** *fig* preciso. **3** evidente.
ma.te.ras.sa [mater´assa] *sf* colchão.
ma.te.ria [mat´ɛrja] *sf* **1** matéria. **2** material. **3** matéria de estudo, disciplina. **4** assunto, tema. **5** *Med* fezes, excrementos. **6** *fig* causa, motivo. **materia prima** matéria-prima.
ma.te.ria.le [mater´jale] *agg* **1** material. **2** concreto. **3** *fig* efetivo, real. • *sm* material.

M

materiali da costruzione materiais de construção.

ma.te.ria.li.smo [materjal'izmo] *sm* materialismo.

ma.te.ria.liz.za.re [materjaliddz'are] *vt* materializar.

ma.ter.ni.tà [maternit'a] *sf* maternidade, estado de ser mãe. **casa di maternità** maternidade (o hospital).

ma.ter.no [mat'ɛrno] *agg* **1** materno, da mãe. **2** materno, nativo. *paese materno* / país nativo. *lingua materna* / língua materna.

ma.ti.ta [mat'ita] *sf* **1** lápis. **2** grafite para lapiseira. **matita colorata** lápis de cor. **matita copiativa** lápis indelével. **matita nera** lápis preto. **matita per gli occhi** lápis para os olhos.

ma.ti.ta.to.io [matitat'ojo] *sm* lapiseira.

ma.triar.ca.to [matrjark'ato] *sm* matriarcado.

ma.tri.ce [matr'itʃe] *sf* **1** matriz, molde. **2** *Med* útero. **3** *Comm* talão. **4** *fig* origem. **5** instrução.

ma.tri.co.la [matr'ikola] *sf* **1** matrícula, registro de aluno e de diploma. **2** calouro, primeiranista (universitário).

ma.tri.co.la.re [matrikol'are] *vt* **1** matricular. *vpr* **2** matricular-se.

ma.tri.co.la.zio.ne [matrikolats'jone] *sf* matrícula, ação de matricular.

ma.tri.co.li.no [matrikol'ino] *sm* calouro, primeiranista (universitário).

ma.tri.gna [matr'iña] *sf* **1** madrasta. **2** *fig* mãe desnaturada. • *agg fig* ingrata, malvada.

ma.tri.mo.nio [matrim'ɔnjo] *sm* matrimônio. **matrimonio civile** casamento civil. **matrimonio religioso** casamento religioso.

mat.ta [m'atta] *sf* curinga.

mat.ta.to.io [mattat'ojo] *sm* matadouro.

mat.te.rel.lo [matter'ɛllo] *sm dim* rolo de macarrão.

mat.tez.za [matt'ettsa] *sf* loucura, maluquice. *Sin: mattia.*

mat.ti.a [matt'ia] *sf V mattezza.*

mat.ti.na [matt'ina] *sf* **1** manhã. **2** de manhã. **domani mattina** amanhã de manhã.

mat.ti.na.le [mattin'ale] *agg* matinal, matutino.

mat.ti.na.ta [mattin'ata] *sf* **1** manhã inteira. **2** matinê.

mat.ti.no [matt'ino] *sm* **1** manhã. **2** *fig* princípio.

mat.to [m'atto] *sm+agg* **1** louco, doido. **2** *fam* maluco. **3** *pop* pirado. • *agg* **1** opaco. **2** *fig* estranho, esquisito. **3** intenso, extremo. **andare matto** enlouquecer. **fare il matto** *fam* fazer loucuras. **testa matta** pessoa sem juízo.

mat.to.na.ia [matton'aja] *sf* olaria.

mat.to.ne [matt'one] *sm* **1** tijolo. **2** *fig pop* chatice. **3 mattoni** *pl* ouros (naipe de carta de baralho).

mat.to.nel.la [matton'ɛlla] *sf* ladrilho.

mat.tu.ti.no [mattut'ino] *agg* matutino, matinal. • *sm* manhã.

ma.tu.ra.re [matur'are] *vt* **1** amadurecer. **2** *fig* examinar, analisar. **3** terminar, acabar. *vi* **4** amadurecer. **5** *Med* supurar. *vpr* **6** amadurecer.

ma.tu.ra.zio.ne [maturats'jone] *sf* **1** amadurecimento, maturação. **2** *Med* supuração.

ma.tu.ri.tà [maturit'a] *sf* **1** maturidade, idade madura. **2** *fig* sabedoria, prudência.

ma.tu.ro [mat'uro] *agg* **1** maduro. **2** *fig* sábio, prudente. **età matura** idade adulta.

mau.so.le.o [mawzol'ɛo] *sm* mausoléu.

maz.za [m'attsa] *sf* **1** maça, clava. **2** vara, bastão. **3** baliza. **4** marreta. **5** rebento.

maz.za.ca.val.lo [mattsacav'allo] *sm* bate-estacas.

maz.za.ta [matts'ata] *sf* **1** cacetada, bordoada. **2** *fig* golpe, choque. **3** desgraça, calamidade.

maz.zo [m'attso] *sm* **1** maço. **2** ramo, ramalhete. **3** buquê de flores. **4** baralho, maço de cartas. **5** molho de chaves.

me [m'e] *pron sing* **1** me. **2** mim. **a me** a mim. **con me** comigo. **di me** de mim. **fra me e me** no meu íntimo. **per me** quanto a mim. **secondo me** para mim, no meu entender. **senza di me** sem mim.

O pronome **me** é usado: a) como objeto direto do verbo: *Maria vede me* / Maria me vê. b) depois de preposições e alguns advérbios: *scrivi a me* / escreva para mim.

il ragazzo era tanto giovane quanto me / o rapaz era tão jovem quanto eu. Também é usado quando precede imediatamente os pronomes **lo, la, li, le, ne.** *Maria mi diede un regalo* / Maria me deu um presente. Mas: *Maria me lo diede* / Maria o deu para mim.

me.an.dro [me´andro] *sm* **1** meandro. **2** *fig* labirinto.

mec.ca.ni.ca [mekk´anika] *sf* mecânica.

mec.ca.ni.co [mekk´aniko] *sm* **1** mecânico. **2** engenheiro mecânico. • *agg* **1** mecânico, da mecânica. **2** *fig* mecânico, inconsciente. *risposta meccanica* / resposta mecânica.

mec.ca.ni.smo [mekkan´izmo] *sm* **1** mecanismo. **2** organização, sistema.

me.ce.na.te [metʃen´ate] *s* mecenas.

me.da.glia [med´aλa] *sf* medalha. **medaglia commemorativa** medalha comemorativa.

me.da.glio.ne [medaλ´one] *sm aum* medalhão.

me.de.si.mo [med´ezimo] *agg* mesmo, idêntico. • *pron* mesmo. • *sm* o mesmo, mesma coisa.

me.dia [m´ɛdja] *sf* média. **In media** em média.

me.dia.no [med´jano] *agg* **1** mediano, médio. **2** intermediário. • *sm Calc* médio.

me.dian.te [med´jante] *prep* **1** mediante, por meio de. *lui spiegò il processo mediante il quale si ottiene l'olio d'oliva* / ele explicou o processo mediante o qual se obtém o azeite. **2** com a ajuda de, graças a.

me.dia.re [med´jare] *vt* mediar, servir de intermediário.

me.dia.to.re [medjat´ore] *sm* **1** mediador, intermediário. **2** *Comm* corretor.

me.dia.zio.ne [medjats´jone] *sf* **1** mediação, intermediação. **2** *Comm* corretagem.

me.di.ca.men.to [medikam´ento] *sm* **1** medicamento. **2** medicação.

me.di.ca.re [medik´are] *vt* **1** medicar, tratar. **2** *fig* corrigir, consertar. *vpr* **3** medicar-se.

me.di.ca.zio.ne [medikats´jone] *sf* medicação.

me.di.ches.sa [medik´essa] *sf* médica, doutora.

me.di.ci.na [meditʃ´ina] *sf* **1** medicina. **2** remédio, medicamento. **3** *fig* terapia. **medicina allopatica** medicina alopática. **medicina legale** medicina legal. **medicina omeopatica** medicina homeopática. **prendere una medicina** tomar um remédio.

me.di.ci.na.le [meditʃin´ale] *agg* medicinal. • *sm* remédio, medicamento.

me.di.co [m´ɛdiko] *sm* médico, doutor. • *agg* médico. **clinica medica** clínica médica. **medico chirurgo** cirurgião.

me.dio [m´ɛdjo] *sm Anat* médio, dedo médio. • *agg* **1** médio. **2** razoável, mediano. **ceto medio** classe média. **orecchio medio** ouvido médio.

me.dio.cre [med´jɔkre] *agg* medíocre.

me.dio.e.va.le [medjoev´ale] *agg* medieval.

Me.dio.e.vo [medjo´evo] *sm* Idade Média.

me.di.ta.re [medit´are] *vi* meditar, pensar, refletir.

me.di.ta.zio.ne [meditats´jone] *sf* meditação.

me.di.ter.ra.ne.o [mediteř´aneo] *agg* mediterrâneo. **Il Mediterraneo** o Mediterrâneo.

me.dium [m´ɛdjum] *sm* médium.

me.du.sa [med´uza] *sf Zool* medusa.

me.ga.lo.ma.ni.a [megaloman´ia] *sf* megalomania, mania de grandeza.

me.ge.ra [medʒ´ɛra] *sf fig* megera, bruxa, mulher má.

me.glio [m´ɛλo] *agg compar* (de **buono**) melhor. *sto meglio di lui* / estou melhor que ele. • *avv compar* (de **bene**) melhor. *mio fratello gioca meglio di te* / meu irmão joga melhor que você. • *sm* **1** o melhor, a melhor parte. *sf* **2** a melhor, vitória. **avere la meglio** levar a melhor. **di bene in meglio** a) de bem para melhor. b) *iron* cada vez pior. **meglio tardi che mai** antes tarde do que nunca.

me.la [m´ɛla] *sf* maçã. **mela cotogna** marmelo.

me.lo.gra.na [melogr´ana] *sf Bot* romã.

me.lo.gra.no [melogr´ano] *sm* romãzeira.

me.lan.za.na [melandz´ana] *sf* berinjela.

mel.lo.ne [mell´one] *sm V melone.*

mel.ma [m´elma] *sf* **1** lodo do fundo dos rios. **2** *fig* indecência, libertinagem.

M

me.lo [m´elo] *sm Bot* macieira. **melo cotogno** marmeleiro.
me.lo.di.a [melod´ia] *sf* **1** melodia. **2** *fig* prazer.
me.lo.dram.ma [melodr´amma] *sm* melodrama.
me.lo.ne [mel´one] *sm* **1** *Bot* melão. **2** *Bot* meloeiro. **3** *fig* tolo, bobo. *Var: mellone.*
mem.bra.na [membr´ana] *sf Anat* membrana.
mem.bro [m´ɛmbro] *sm* **1** *Anat, Gramm* membro. **2** *fig* membro, associado. **3** *Anat fig* pênis, membro, órgão sexual masculino.

Membro possui dois plurais: um feminino, **le membra**, usado quando nos referimos aos "membros" do corpo humano; e um masculino, **i membri**, usado nos demais sentidos: *i membri del gruppo* / os membros do grupo.

me.mo.ra.bi.le [memor´abile] *agg* memorável, inesquecível.
me.mo.ran.dum [memor´andum] *sm* **1** memorando. **2** *Pol* nota diplomática.
me.mo.ria [mem´ɔrja] *sf* **1** memória. **2** lembrete, anotação. **3** vestígio, reminiscência. **4** *Inform* memória. **5 memorie** *pl* memórias, biografia. **imparare a memoria** decorar.
me.na.di.to [menad´ito] *avv* na expressão **a menadito** muito bem, perfeitamente. **sapere a menadito** saber de cor e salteado.
me.na.re [men´are] *vt* **1** conduzir, levar. *la guida menava i turisti* / o guia levava os turistas. **2** induzir, levar a. **3** bater, golpear. *menare qualcuno* / bater em alguém. **4** agitar, balançar. *menare le mani* / balançar as mãos. **5** administrar. **6** governar. **menare il cieco** guiar o cego.
men.di.can.te [mendik´ante] *s* mendigo. • *agg* mendicante.
men.di.ca.re [mendik´are] *vt* **1** mendigar. **2** *fig* procurar em vão. *vi* **3** mendigar.
men.di.co [mend´iko] *sm* mendigo. • *agg* mendicante.
me.ne.strel.lo [menestr´ɛllo] *sm* menestrel.
me.nin.gi.te [menindʒ´ite] *sf Med* meningite.
me.no [m´eno] *avv compar* (de **poco**) menos. **meno male** menos mal. **né più, né meno** nem mais nem menos. **venire meno** faltar. • *sm* **1** a menor parte. **2** *Mat* sinal de subtração.
me.no.pau.sa [menop´awza] *sf Med* menopausa.
men.sa [m´ɛnsa] *sf* **1** mesa para refeições. **2** *fig* comida. **3** refeição. **mensa eucaristica/sacra mensa** *Rel* comunhão. **mensa studentesca** refeitório estudantil.
men.si.le [mens´ile] *agg* mensal. • *sm* salário mensal.
men.ta [m´enta] *sf* menta, hortelã.
men.ta.le [ment´ale] *agg* mental. **alienazione mentale** alienação, loucura.
men.te [m´ente] *sf* **1** mente. **2** inteligência, intelecto. **3** meta, objetivo. **4** lembrança, memória.
men.te.cat.to [mentek´atto] *sm+agg* mentecapto, alienado, idiota, louco.
men.ti.re [ment´ire] *vi* mentir, dizer mentiras. *mentire a qualcuno su qualcosa* / mentir a alguém sobre alguma coisa.
men.to [m´ento] *sm Anat* queixo.
men.to.re [m´ɛntore] *sm Lett* mentor, guia.
men.tre [m´entre] *cong* **1** enquanto. *mentre leggevo, i bambini giocavano* / enquanto eu lia, as crianças brincavam. **2** ao passo que. *un bambino ha più facilità per imparare, mentre è difficile per un adulto lasciare le vecchie abitudini* / uma criança tem mais facilidade para aprender, ao passo que é difícil para um adulto abandonar os velhos hábitos. • *sm* momento, instante. **in quel mentre** naquele momento.
me.nù [men´u] *sm* (anche *Inform*) menu.
men.zio.na.re [mentsjon´are] *vt* mencionar, fazer menção.
men.zio.ne [ments´jone] *sf* menção, citação. **far menzione di** fazer menção a, citar. **menzione d'onore/menzione onorevole** menção honrosa.
men.zo.gna [ments´oña] *sf* mentira.
men.zo.gne.ro [mentsoñ´ɛro] *sm+agg* mentiroso.
me.ra.vi.glia [merav´iʎa] *sf* **1** admiração. **2** maravilha, milagre. **le sette meraviglie del mondo** as sete maravilhas do mundo. **l'ottava meraviglia del mondo** a oitava maravilha do mundo.

me.ra.vi.glia.re [meraviʎ΄are] *vt* **1** maravilhar, causar admiração a. *vpr* **2** maravilhar-se com.

me.ra.vi.glio.so [meraviʎ΄ozo] *agg* maravilhoso.

mer.can.te [merk΄ante] *sm* **1** comerciante, negociante. **2** mercador, mercante. **far orecchi di mercante** fazer ouvidos de mercador, fazer-se de surdo, fingir que não ouve.

mer.can.teg.gia.re [merkantedd3΄are] *vt+vi* **1** comerciar, negociar. **2** traficar, contrabandear. **3** contratar. **4** *fig* vender. *mercanteggiare l'onore, il voto* / vender a honra, o voto.

mer.can.ti.le [merkant΄ile] *agg* mercantil.

mer.can.zi.a [merkants΄ia] *sf* **1** mercadoria. **2** comércio. **far mercanzia di** explorar ilegalmente.

mer.ca.to [merk΄ato] *sm* **1** mercado. **2** feira. **3** *Comm* mercado, comércio. **a buon mercato** a) *agg+avv* barato. b) *pop* em conta. **mercato nero** mercado negro.

mer.ce [m΄ɛrtʃe] *sf* mercadoria, produto.

mer.cé [mertʃ΄e] *sf* **1** arbítrio, discernimento. **2** *Lett* piedade, mercê. **3** *Poet* recompensa. • *avv* graças a, com a ajuda de. **la Dio mercé** com a graça de Deus. **mercé vostra** com a ajuda de vocês.

mer.ce.na.rio [mertʃen΄arjo] *sm+agg* mercenário. **soldato mercenario** soldado mercenário.

mer.ce.ri.a [mertʃer΄ia] *sf* **1** armarinho. **2 mercerie** *pl* armarinhos, miudezas.

mer.co.le.dì [merkoled΄i] *sm* **1** quarta-feira. **2** *pop* quarta. **di mercoledì** às quartas-feiras. **Mercoledì delle Ceneri** Quarta-Feira de Cinzas.

mer.cu.rio [merk΄urjo] *sm Chim* mercúrio.

mer.da [m΄ɛrda] *sf volg* merda.

me.ren.da [mer΄ɛnda] *sf* merenda, lanche.

me.ren.da.re [merend΄are] *vt* merendar, lanchar.

me.re.tri.ce [meretr΄itʃe] *sf* meretriz.

me.re.tri.cio [meretr΄itʃo] *sm* meretrício.

me.ri.dia.no [merid΄jano] *sm Geogr* meridiano. • *agg* meridiano, do meio-dia.

me.ri.dio.na.le [meridjon΄ale] *agg* meridional. • *sm* sulista.

me.ri.ta.re [merit΄are] *vt* merecer. *lei merita un premio* / ela merece um prêmio.

me.ri.te.vo.le [merit΄evole] *agg* merecedor.

me.ri.to [m΄ɛrito] *sm* mérito, merecimento. **entrare nel merito di** entrar no mérito de. **merito della causa** *Giur* mérito da causa. **per merito di qualcuno** graças a alguém.

mer.let.to [merl΄etto] *sm dim* renda (tecido).

mer.luz.zo [merl΄uttso] *sm Zool* bacalhau.

me.ro [m΄ɛro] *agg* mero, puro, simples.

me.sa.ta [mez΄ata] *sf* **1** mês. **2** salário mensal.

me.schi.ni.tà [meskinit΄a] *sf* **1** miséria, pobreza. **2** *fig* avareza, mesquinhez.

me.schi.no [mesk΄ino] *sm* miserável, pobretão. • *agg* **1** mísero, pobre. **2** *fig* mesquinho, sovina.

me.sco.lan.za [meskol΄antsa] *sf* **1** mescla, mistura. **2** *fam* bagunça.

me.sco.la.re [meskol΄are] *vt* **1** misturar, mesclar. *vpr* **2** misturar-se. **3** *fig* intrometer-se. Veja nota em **scozzare**.

me.se [m΄eze] *sm* **1** mês. **2** salário mensal.

mes.sa [m΄essa] *sf* **1** colocação. **2** aposta. **3** *Comm* entrada de capital. **4** *Bot* rebento. **5** *Rel* missa. **messa a punto/messa in moto** a) ligação (de máquina). b) partida (de automóvel). **Messa di Mezzanotte** Missa do Galo. **messa in piega** penteado.

mes.sag.ge.ro [messadd3΄ero] *sm+agg* mensageiro.

mes.sag.gio [mess΄add3o] *sm* **1** mensagem. **2** *fam* recado. **3** *fig* ensinamento, doutrina. **lasciare un messaggio** deixar um recado.

mes.se [m΄ɛsse] *sf* **1** colheita. **2** *Lett* messe. **3** *fig* conquista, obtenção.

mes.si.a.ni.co [messi΄aniko] *agg* messiânico.

mes.si.ca.no [messik΄ano] *sm+agg* mexicano.

mes.so [m΄esso] *sm* **1** mensageiro. **2** mensagem. • *agg* colocado, posto.

me.stie.re [mest΄jɛre] *sm* **1** ofício, profissão. **2 mestieri** *pl* necessidade. **essere del mestiere** *fam* ser do ramo, entender do assunto. **essere mestiere di/fare mestiere di** é necessário, é preciso.

me.sto [m΄ɛsto] *agg* **1** triste, infeliz. **2** aflito. **3** *fig* melancólico, que entristece.

me.sto.la [m´estola] *sf* **1** escumadeira. **2** colher de pedreiro.
me.stru.a.re [mestru´are] *vi* menstruar.
me.strua.zio.ne [mestrwats´jone] *sf* menstruação.
me.ta [m´ɛta] *sf* **1** meta, linha de chegada. **2** *fig* meta, objetivo.
me.tà [met´a] *sf* **1** metade. **2** *fam* a cara-metade.
me.ta.fi.si.ca [metaf´izika] *sf* metafísica.
me.ta.fi.si.co [metaf´iziko] *sm+agg* metafísico.
me.ta.fo.ra [met´afora] *sf Gramm* metáfora.
me.ta.fo.ri.co [metaf´ɔriko] *agg* metafórico.
me.tal.li.co [met´alliko] *agg* metálico.
me.tal.liz.za.re [metalliddz´are] *vt* **1** metalizar, dar brilho metálico. **2** purificar (um metal).
me.tal.lo [met´allo] *sm Chim* metal. **il vil metallo** *disp* a) o vil metal, o ouro. b) *fig* o dinheiro. **metallo leggiero** metal leve.
me.tal.lur.gi.a [metallurdʒ´ia] *sf* metalurgia.
me.tal.lur.gi.co [metall´urdʒiko] *agg* metalúrgico.
me.ta.mor.fo.si [metam´ɔrfozi] *sf* metamorfose.
me.ta.no [met´ano] *sm Chim* metano.
me.te.o.ri.te [meteor´ite] *sm Astron* meteorito.
me.te.o.ro.lo.gi.a [meteorolodʒ´ia] *sf* meteorologia.
me.tic.cio [met´ittʃo] *sm+agg* **1** mestiço. **2** mulato.
me.ti.co.lo.so [metikol´ozo] *agg* meticuloso.
me.to.di.co [met´ɔdiko] *agg* metódico.
me.to.do [m´ɛtodo] *sm* **1** método. **2** norma. **3** maneira, costume. **metodo deduttivo** método dedutivo. **metodo induttivo** método indutivo. **metodo sperimentale** método experimental.
me.tri.co [m´ɛtriko] *agg* métrico. **sistema metrico decimale** sistema métrico decimal.
me.tro [m´ɛtro] *sm* **1** metro (medida). **2** *Lett, Poet* metro do verso. **3** *fig* modo, maneira.
me.tro.not.te [metron´ɔtte] *sm* guarda-noturno.
me.tro.po.li [metr´ɔpoli] *sm* metrópole.
me.tro.po.li.ta.na [metropolit´ana] *sf bras* metrô, trem metropolitano.
me.tro.po.li.ta.no [metropolit´ano] *agg* metropolitano.
met.te.re [m´ettere] *vt* **1** colocar, pôr. *dove metteste i libri di matematica?* / onde vocês colocaram os livros de matemática? **2** vestir, usar. *devi mettere una giacca a vento per uscire* / você deve vestir um agasalho para sair. **3** supor, imaginar. *mettiamo che tu sia il capo* / suponhamos que você seja o chefe. **4** apostar. **5** passar, empregar (tempo). *vi* **6** germinar. **7** nascer (pelos, penas). **8** desaguar. *vpr* **9** colocar-se, pôr-se. **10** pôr-se, começar a. *quando lo vede, si mette a ridere* / quando o vê, põe-se a rir. **mettere addosso** imputar. **mettere al fuoco una vivanda** cozinhar um alimento. **mettere conto** ser conveniente. **mettere il denaro a frutto** aplicar o dinheiro a juros. **mettere i puntini sugli i** colocar os pingos nos is. **mettere in dubbio** colocar em dúvida. **mettere in guardia** avisar. **mettere in testa** colocar na cabeça (ideia). **mettere in vendita** colocar à venda. **mettere in volgare** falar claro. **mettere male** criar discórdia. **mettere paura** dar medo. **mettere uno alla porta/sulla strada** despedir, demitir. *pop* colocar no olho da rua. **metter lo zampino in una faccenda** meter o bedelho num assunto. **mettersi a** pôr-se a, começar a.
mez.za [m´ɛddza] *sf* **1** meia porção. **2** meia hora.

O substantivo **mezza**, na acepção **2**, é usado apenas com **mezzogiorno** e **mezzanotte**: *mezzogiorno e mezza* / meio-dia e meia. *mezzanotte e mezza* / meia-noite e meia.
Com outras horas, usa-se **mezzo**: *tre e mezzo* / três e meia.

mez.za.lu.na [meddzal´una] *sf* meia-lua.
mez.za.ni.no [meddzan´ino] *sm* mezanino.
mez.za.no [meddz´ano] *sm* alcoviteiro, rufião. • *agg* médio.
mez.za.not.te [meddzan´ɔtte] *sf* **1** meia-noite. **2** *fig* o Norte. Veja nota em **mezza**.

mez.zo[1] [m´ɛddzo] *sm* **1** meio. **2** centro. **3** maneira, procedimento. **4** meia hora. **5 mezzi** *pl* meios, recursos financeiros. • *agg* **1** meio. *mezzo litro di latte* / meio litro de leite. **2** central. **3** médio. **4** razoável. **5** mediano. • *avv* meio, quase. *mezzo caldo* / meio quente. **mezzo di trasporto/di locomozione** meio de transporte. **non c'è mezzo** não há saída. **per mezzo di** por meio de. **stare di mezzo** ficar neutro. Veja nota em **mezza**.

mez.zo[2] [m´ettso] *agg* **1** molhado, ensopado. **2** passado, quase podre.

mez.zo.dì [meddzod´i] *sm* meio-dia.

mez.zo.gior.no [meddzodʒ´orno] *sm* meio-dia. **il Mezzogiorno** *Geogr* o Sul. Veja nota em **mezza**.

mez.zo.so.pra.no [meddzosopr´ano] *sm Mus* meio-soprano.

mi[1] [m´i] *sm Mus* mi.

mi[2] [m´i] *pron sing* me.

O pronome **mi** representa tanto o objeto direto quanto o objeto indireto do verbo: *Maria mi vede* / Maria me vê. *Maria mi scrisse una lettera* / Maria me escreveu uma carta.

mi.a [m´ia] *pron f sing* minha. **dico la mia** digo o que penso.

mia.go.la.re [mjagol´are] *vi* miar.

mia.go.lo [m´jagolo] *sm* miado.

mi.ca [m´ika] *sf* ninharia, mixaria. • *avv* **1** por acaso. *non sarà mica arrivato?* / por acaso ele não chegou? **2** *fam* nada (usado como reforço). *mica male!* / nada mal! **non ... mica** a) de forma alguma. *non parlerò, mica, in nome altrui* / não falarei, de forma alguma, em nome dos outros. b) nunca. *quel bambino non piange mica* / aquele menino nunca chora. Veja nota em **nada**.

mic.cia [m´ittʃa] *sf* pavio.

mic.co [m´ikko] *sm* mico.

mi.cio [m´itʃo] *sm* gato.

mi.co.si [mik´ɔzi] *sf Med* micose.

mi.cro.bo [m´ikrobo] *sm* **1** micróbio. **2** *fig* chato, pessoa maçante.

mi.cro.fo.no [mikr´ɔfono] *sm* microfone.

mi.cro.pro.ces.so.re [mikroprotʃess´ore] *sm Inform* microprocessador.

mi.cror.ga.ni.smo [mikrorgan´izmo] *sm* microrganismo.

mi.cro.sco.pio [mikrosk´opjo] *sm* microscópio.

mi.dol.la [mid´olla] *sf* **1** miolo de pão. **2** polpa de fruta.

mi.dol.lo [mid´ollo] *sm* (*pl f* **le midolla**) **1** *Anat* medula, tutano. **2** *fig* força, energia. **3** ideia central. **midollo spinale/midollo vertebrale** medula espinhal.

mi.e [m´ie] *pron f pl* minhas.

miei [m´jɛj] *pron m pl* **1** meus. **2 i miei** *fig* os meus (parentes), a minha família.

mie.le [m´jɛle] *sm* mel. **miele rosato** *Med* mel-rosado.

mie.te.re [m´jɛtere] *vt* **1** ceifar, segar. **2** *fig* matar.

mi.glia.io [miʎ´ajo] *sm* (*pl f* **migliaia**) **1** milhar. **2** *fig* milhares. *un migliaio di persone* / milhares de pessoas.

mi.glio[1] [m´iʎo] *sm* milho.

mi.glio[2] [m´iʎo] *sm* (*pl f* **le miglia**) milha. **miglio inglese** milha inglesa. **miglio marino** milha marítima. **mille miglia** *fig* muito longe.

mi.glio.ra.men.to [miʎoram´ento] *sm* **1** melhoramento, melhoria. **2** melhora.

mi.glio.ra.re [miʎor´are] *vt+vi* **1** melhorar. *vpr* **2** melhorar-se.

mi.glio.re [miʎ´ore] *agg compar* (de **buono**) melhor. *ho già letto libri migliori* / eu já li livros melhores. • *sm* o melhor, a melhor parte. *aspetto sempre il migliore* / espero sempre o melhor.

mi.glio.ri.a [miʎor´ia] *sf* **1** melhoria. **2** melhora de saúde. **3** benfeitoria, melhoramento agrícola.

mi.gnat.ta [miñ´atta] *sf* **1** sanguessuga. **2** *fig* explorador, usurário. **3** chato, importuno.

mi.gno.lo [m´iñolo] *sm Anat* **1** dedo mínimo. **2** *pop* mindinho.

mi.gra.re [migr´are] *vi* migrar.

mi.gra.zio.ne [migrats´jone] *sf* migração.

mi.liar.do [mil´jardo] *sm+num* bilhão.

mi.lio.na.rio [miljon´arjo] *sm+agg* milionário.

mi.lio.ne [mil´jone] *sm+num* milhão.

mi.li.tan.te [milit´ante] *s Pol* militante.

mi.li.ta.re [milit´are] *sm+agg* militar. • *vi*

M

1 servir, seguir carreira militar. *militare in marina* / servir na marinha. 2 *fig* militar em, participar de, aderir a. *Marco militava in un piccolo partito* / Marco militava num pequeno partido.
mi.li.te [m´ilite] *sm* **1** soldado, militar. **2** voluntário da Cruz Vermelha. **militi del fuoco** soldados do fogo. **milite ignoto** soldado desconhecido.
mi.li.zia [mil´itsja] *sf* milícia.
mil.lan.ta.re [millant´are] *vt* **1** gabar, elogiar. *millantare le proprie imprese* / elogiar as próprias obras. *vpr* **2** gabar-se, vangloriar-se. *chi troppo si millanta, non fa niente* / quem se vangloria demais não faz nada.
mil.lan.te.ri.a [millanter´ia] *sf* exibição, ostentação.
mil.le [m´ille] *sm+num* (*pl* **mila**) mil.
O plural **mila** é utilizado nos compostos: *duemila* / dois mil. *tremila* / três mil. *ventimila* / vinte mil.
mil.le.na.rio [millen´arjo] *agg* milenar.
mil.len.nio [mill´ɛnnjo] *sm* milênio.
mil.le.si.mo [mill´ɛzimo] *sm+num* **1** milésimo. **2** milênio, mil anos.
mil.li.gram.mo [milligr´ammo] *sm* miligrama.
mil.li.me.tro [mill´imetro] *sm* milímetro.
mil.za [m´iltsa] *sf Anat* baço.
mi.mi.ca [m´imika] *sf* mímica (arte).
mi.mi.co [m´imiko] *agg* **1** mímico. **2** cômico.
mi.mo [m´imo] *sm* mímico, artista que faz mímica.
mi.na [m´ina] *sf* **1** mina, explosivo. **2** grafite do lápis. **mina di ricambio** grafite.
mi.nac.ce.vo.le [minattʃ´evole] *agg* ameaçador.
mi.nac.cia [min´attʃa] *sf* ameaça.
mi.nac.cia.re [minattʃ´are] *vt* **1** ameaçar, fazer ameaça a. *vi* **2** ameaçar, correr perigo de. *l'edifizio minaccia di cadere* / o edifício ameaça cair.
mi.na.re [min´are] *vt* **1** minar, colocar mina em, fazer mina em. **2** *fig* minar, enfraquecer.
min.chio.ne [mink´jone] *sm volg* babaca.
mi.ne.ra.le [miner´ale] *sm+agg* mineral. **acqua minerale** água mineral. **regno minerale** reino mineral.
mi.ne.stra [min´ɛstra] *sf* sopa.
mi.ne.stro.ne [minestr´one] *sm* minestrone, sopa italiana de arroz ou macarrão e legumes.
min.ge.re [m´indʒere] *vi volg* mijar.
mi.nia.tu.ra [minjat´ura] *sf* miniatura. **in miniatura** em miniatura.
mi.nie.ra [min´jɛra] *sf* **1** mina. *miniera d'oro* / mina de ouro. **2** *fig* monte, poço, abundância. *non capisco niente di questa miniera d'informazioni* / não entendo nada deste monte de informações.
mi.ni.mo [m´inimo] *sm* **1** minuto. **2** *Fis* átomo. • *agg superl* (de **piccolo**) mínimo.
mi.ni.ste.ro [minist´ɛro] *sm* ministério. **pubblico ministero** *Giur* ministério público.
mi.ni.stra.re [ministr´are] *vt Lett* ministrar, fornecer, dar.
mi.ni.stres.sa [ministr´essa] *sf* ministra.
mi.ni.stro [min´istro] *sm* ministro. **ministro degli esteri** ministro das Relações Exteriores. **ministro degli interni** ministro do Interior. **ministro di Dio** ministro da Igreja. **primo ministro** primeiro-ministro.
mi.no.ran.za [minor´antsa] *sf* minoria.
mi.no.ra.re [minor´are] *vt* **1** diminuir, reduzir. *vi* **2** diminuir, ficar menor.
mi.no.re [min´ore] *sm* **1** menor de idade. **2** subalterno, subordinado. • *agg compar* (de **piccolo**) menor. **ordini minori** *Rel* ordens menores.
mi.no.ren.ne [minor´ɛnne] *s+agg* menor de idade.
mi.no.ri.tà [minorit´a] *sf* **1** menoridade. **2** minoria.
mi.nu.sco.la [min´uskola], **lettera minuscola** *sf* letra minúscula.
mi.nu.sco.lo [min´uskolo] *agg* **1** minúsculo. **2** *fig* minúsculo, pequenino. **3** exíguo.
mi.nu.ta [min´uta] *sf* minuta, rascunho.
mi.nu.ta.glia [minut´aλa] *sf pop* **1** miudezas, quinquilharias. **2** ralé, gentalha.
mi.nu.te.ri.a [minuter´ia] *sf pop* miudezas, quinquilharias.
mi.nu.tez.za [minut´ettsa] *sf* **1** miudeza. **2** minúcia, detalhe.
mi.nu.to [min´uto] *sm* **1** minuto. **2** *fig* instante, momento. • *agg* **1** miúdo,

minúsculo, diminuto. **2** fino, delicado. **3** insignificante. **4** minucioso, preciso. **bestiame minuto** gado de pequeno porte, pequenos animais. **spaccare il minuto** a) ser muito preciso (relógio). b) ser bastante pontual (pessoa).

mi.nu.zia [min´utsja] *sf* minúcia, detalhe.

mi.nu.zio.so [minuts´jozo] *agg* **1** minucioso, detalhado. **2** meticuloso, escrupuloso.

mi.o [m´io] *pron m* **1** *sing* meu. **2 il mio** *pl fig* os meus bens. Veja nota em **malgrado** (italiano).

mi.o.pe [m´iope] *s* **1** míope. **2** *fig* pessoa pouco inteligente. • *agg* **1** míope. **2** *fig* pouco inteligente.

mio.pi.a [mjop´ia] *sf* miopia.

mi.ra [m´ira] *sf* **1** mira, pontaria. **2** *fig* meta, objetivo. **3** aspiração, intenção. **4 mire** *pl* a) fins. b) fixação, cobiça. **prendere la mira** fazer mira, mirar.

mi.ra.bi.le [mir´abile] *agg* admirável, extraordinário.

mi.ra.co.lo [mir´akolo] *sm* **1** milagre. **2** *fig* maravilha, prodígio.

mi.ra.co.lo.so [mirakol´ozo] *agg* **1** milagroso. **2** *fig* sobrenatural.

mi.rag.gio [mir´addʒo] *sm* **1** *Fis* miragem. **2** *fig* sonho, ilusão.

mi.ra.re [mir´are] *vt* **1** fitar. **2** *fig* considerar, analisar. **3** aspirar, almejar. *vi* **4** mirar, apontar.

mi.ri.no [mir´ino] *sm* **1** mira. **2** visor de câmera.

mi.scel.la.ne.a [miʃell´anea] *sf* miscelânea, mistura.

mi.scu.glio [misk´uʎo] *sm* **1** mistura desordenada. **2** *fig* confusão, bagunça.

mi.se.ra.bi.le [mizer´abile] *agg* **1** miserável, digno de compaixão. **2** *disp* desprezível, infame. *Var: miserevole*.

mi.se.re.vo.le [mizer´evole] *agg V miserabile*.

mi.se.ria [miz´ɛrja] *sf* **1** miséria. **2** avareza, mesquinhez. **3** ninharia, bagatela.

mi.se.ri.cor.dia [mizerik´ɔrdja] *sf* **1** misericórdia. **2** perdão. **senza misericordia** sem misericórdia.

mi.se.ri.cor.dio.so [mizerikord´jozo] *agg* misericordioso.

mi.se.ro [m´izero] *sm* miserável, pobretão. • *agg* **1** mísero. **2** miserável. **3** avarento, mesquinho.

mi.sfat.to [misf´atto] *sm* crime, delito grave.

mis.si.le [m´issile] *sm Mil* míssil.

mis.sio.na.rio [missjon´arjo] *sm Rel* missionário.

mis.sio.ne [miss´jone] *sf* **1** missão, incumbência. **2** *Rel* missão.

mi.ste.rio.so [mister´jozo] *agg* misterioso.

mi.ste.ro [mist´ɛro] *sm* **1** mistério, enigma. **2** segredo. **3** *Rel* mistério.

mi.sti.ci.smo [mistitʃ´izmo] *sm* misticismo.

mi.sti.co [m´istiko] *sm+agg* místico.

mi.sti.fi.ca.re [mistifik´are] *vt* mistificar, enganar.

mi.sto [m´isto] *sm* misto, mistura. • *agg* misto, misturado.

mi.stu.ra [mist´ura] *sf* mistura, mescla.

mi.stu.ra.re [mistur´are] *vt* misturar, mesclar.

mi.su.ra [miz´ura] *sf* **1** medida. **2** medição. **3** fita métrica. **4** medidor. **5** *Poet* metro do verso. **6** *fig* limite, termo. **7** equilíbrio, moderação. **8** providência, medida. **abito su misura** roupa sob medida. **oltre misura** demasiadamente, exageradamente.

mi.su.ra.re [mizur´are] *vt* **1** medir. *misurare un tessuto, una parete* / medir um tecido, uma parede. **2** *fig* considerar, avaliar. *misurare le circostanze* / avaliar as circunstâncias. **3** comparar. *vi* **4** medir. *quanto misura la sala?* / quanto mede a sala? *vpr* **5** medir-se com, competir com. *l'atleta voleva misurarsi con gli avversari* / o atleta queria competir com os adversários. **6** *fig* controlar-se. *misurarsi nel fumare* / controlar-se no fumo. **misurare i gesti** agir com cuidado. **misurare le parole** falar com prudência.

mi.su.ra.zio.ne [mizurats´jone] *sf* medição. **misurazione di terreni** agrimensura.

mi.te [m´ite] *agg Lett* **1** moderado, suave. **2** módico.

mi.ti.co [m´itiko] *agg* mítico, fabuloso.

mi.ti.ga.re [mitig´are] *vt* **1** *Lett* mitigar, suavizar, acalmar. *vpr* **2** acalmar-se.

M

mi.to [m'ito] *sm* mito.
mi.to.lo.gi.a [mitolodʒ'ia] *sf* mitologia.
mi.tra.glia.re [mitraʎ'are] *vt* metralhar.
mi.tra.glia.tri.ce [mitraʎatr'itʃe] *sf* metralhadora.
mit.ten.te [mitt'ɛnte] *s* remetente.
mo.bi.le [m'ɔbile] *sm* móvel, peça de mobília. • *agg* **1** móvel. **2** *fig* volúvel, inconstante. **beni mobili** *Comm* bens móveis. **feste mobili** feriados móveis.
mo.bi.lia [mob'ilja] *sf* mobília.
mo.bi.lia.re [mobil'jare] *vt* mobiliar.
mo.bi.li.tà [mobilit'a] *sf* **1** mobilidade. **2** *fig* volubilidade, inconstância.
mo.cas.si.no [mokass'ino] *sm* mocassim.
mo.da [m'ɔda] *sf* moda. **l'ultima moda** a última moda.
mo.del.la [mod'ɛlla] *sf* modelo, manequim.
mo.del.la.re [modell'are] *vt* **1** modelar. **2** *fig* conceber, criar. *vpr* **3** modelar-se, tomar como modelo.
mo.del.lo [mod'ɛllo] *sm* **1** modelo. **2** maquete. **3** molde, forma. **4** *fig* exemplo, pessoa a ser imitada. **modello fotografico** modelo fotográfico.
mo.de.ra.re [moder'are] *vt* **1** moderar, regular. *moderare le spese* / moderar as despesas. *vpr* **2** conter-se, controlar-se. *bisogna moderarsi per evitare guai* / é preciso se conter para evitar problemas.
mo.de.ra.to [moder'ato] *agg* **1** moderado, limitado, controlado. **2** contido, comedido. • *sm Pol* moderado.
mo.de.ra.to.re [moderat'ore] *sm* **1** moderador (político). **2** regulador (de uma máquina).
mo.de.ra.zio.ne [moderats'jone] *sf* moderação, comedimento.
mo.der.ni.smo [modern'izmo] *sm* modernismo.
mo.der.ni.tà [modernit'a] *sf* modernidade.
mo.der.no [mod'ɛrno] *agg* moderno, atual.
mo.de.stia [mod'ɛstja] *sf* **1** modéstia. **2** pudor, decência. **modestia a parte** modéstia à parte.
mo.de.sto [mod'ɛsto] *agg* **1** modesto. **2** pudico, decente. **3** módico. **4** medíocre, regular.
mo.di.co [m'ɔdiko] *agg* módico, moderado.
mo.di.fi.ca.re [modifik'are] *vt* modificar, mudar.
mo.di.fi.ca.zio.ne [modifikats'jone] *s* modificação, mudança.
mo.di.sta [mod'ista] *sf* modista.
mo.do [m'ɔdo] *sm* **1** modo. **2** maneira, jeito. **3** meio, maneira. **4** aparência, aspecto. **5** *Gramm*, *Mus* modo. **6 modi** *p* modos, comportamento. **ad ogni modo** de qualquer maneira. **brutti modi** maus modos. **di modo che** de maneira que. **in questo modo** desta maneira. **modo di dire** expressão, locução.
mo.du.la.re [modul'are] *vt* modular.
mo.du.lo [m'ɔdulo] *sm* **1** formulário, impresso. **2** módulo de astronave.
mo.ga.no [m'ɔgano] *sm Bot* mogno.
mo.gio [m'ɔdʒo] *agg* abatido, deprimido.
mo.glie [m'oʎe] *sf* esposa, mulher.
mo.la [m'ɔla] *sf* mó, pedra de moinho, pedra de amolar.
mo.la.re [mol'are] *sm* molar (dente). • *agg* molar, moedor.
mo.le.co.la [mol'ɛkola] *sf Chim* molécula.
mo.le.sta.re [molest'are] *vt* molestar, incomodar.
mo.le.stia [mol'ɛstja] *sf* incômodo, chateação.
mo.le.sto [mol'ɛsto] *agg* incômodo, enfadonho.
mo.li.nel.lo [molin'ɛllo] *sm dim V mulinello.*
mo.li.no [mol'ino] *sm V mulino.*
mol.la [m'ɔlla] *sf* **1** mola. **2** *fig* incentivo.
mol.le [m'ɔlle] *agg* **1** mole. **2** molhado, ensopado. **3** *fig* fraco, débil. **4** delicado, fino. **5** afeminado. • *sf pl* **1** tenaz. *sm sing* **2** molho (para amolecer coisas).
mol.lez.za [moll'ettsa] *sf* **1** moleza. **2** *fig* fraqueza, debilidade. **3** delicadeza, fineza.
mol.li.ca [moll'ika] *sf* miolo de pão.
mol.lu.sco [moll'usko] *sm* molusco.
mol.ti.pli.ca.re [moltiplik'are] *vt+vi* **1** multiplicar. *vpr* **2** multiplicar-se.
mol.ti.pli.ci.tà [moltiplitʃit'a] *sf* multiplicidade, grande número.
mol.ti.tu.di.ne [moltit'udine] *sf* multidão.
mol.to [m'olto] *agg+pron* muito. *molto rispetto* / muito respeito. *molte donne* / muitas mulheres. • *avv* **1** muito. *molto pic-*

colo / muito pequeno. **2** muito tempo. • *sm* grande quantidade. **di molto** muitíssimo.

mo.men.ta.ne.o [moment´aneo] *agg* momentâneo.

mo.men.to [mom´ento] *sm* **1** momento, instante. **2** *Fis* momento. **3** *fig* importância, oportunidade. **4** situação, ocasião. **al momento** na hora. **a momento** momentaneamente, por um momento. **dal momento che** desde que, desde quando. **momento di agire** hora de agir. **momento storico** momento histórico. **per il momento** por enquanto.

mo.na.ca [m´ɔnaka] *sf* freira, irmã, monja.

mo.na.co [m´ɔnako] *sm* frade, irmão, monge.

mo.nar.ca [mon´arka] *sm* monarca.

mo.nar.chi.a [monark´ia] *sf* monarquia.

mo.nar.chi.co [mon´arkiko] *agg* monárquico. • *sm* monarquista.

mo.na.ste.ro [monast´ɛro] *sm* mosteiro, convento.

mon.co [m´onko] *agg* **1** maneta. **2** *fig* mutilado, aleijado. **3** incompleto, defeituoso.

mon.da.no [mond´ano] *agg* mundano.

mon.da.re [mond´are] *vt* **1** limpar. **2** *fig* purgar, purificar.

mon.dez.za [mond´ettsa] *sf* **1** limpeza. **2** *fig* pureza.

mon.dia.le [mond´jale] *agg* mundial.

mon.do [m´ondo] *sm* **1** mundo. **2** a Terra. **3** Universo. **4** *fig* mundo, grande quantidade. **5** a humanidade. • *agg* **1** limpo. **2** *fig* puro. **cose dell'altro mondo** coisas do outro mundo. **essere in capo al mondo** ficar no fim do mundo, muito longe. **il gran mondo/il bel mondo** a alta sociedade. **Mondo Antico** Velho Mundo. **Mondo Nuovissimo** Novíssimo Continente. **Nuovo Mondo/Mondo Nuovo** Novo Mundo. **per nulla al mondo** por nada neste mundo.

mo.nel.lo [mon´ɛllo] *sm* moleque, menino travesso.

mo.ne.ta [mon´eta] *sf* **1** moeda. **2** dinheiro. **3** *fig* recompensa. **moneta antica** moeda antiga. **ricambiare della stessa moneta** pagar na mesma moeda.

mo.ne.ta.rio [monet´arjo] *agg* monetário.

mo.ni.le [mon´ile] *sm* enfeite, joia.

mo.no.co.lo [mon´ɔkolo] *sm* monóculo.

mo.no.col.tu.ra [monokolt´ura] *sf* monocultura.

mo.no.ga.mi.a [monogam´ia] *sf* monogamia.

mo.no.ga.mo [mon´ɔgamo] *sm+agg* monógamo.

mo.no.lo.go [mon´ɔlogo] *sm* monólogo.

mo.no.po.lio [monop´ɔljo] *sm* **1** *Comm* monopólio. **2** *fig* privilégio.

mo.no.po.liz.za.re [monopoliddz´are] *vt* *Comm* monopolizar.

mo.no.sil.la.bo [monos´illabo] *agg* monossilábico. • *sm* *Gramm* monossílabo.

mo.no.te.i.smo [monote´izmo] *sm* *Rel* monoteísmo.

mo.no.to.ni.a [monoton´ia] *sf* monotonia.

mo.no.to.no [mon´ɔtono] *agg* **1** monótono. **2** uniforme, invariável. **3** chato, enfadonho.

mon.tag.gio [mont´addʒo] *sm* montagem.

mon.ta.gna [mont´aña] *sf* **1** *Geogr* montanha. **2** *fig* monte, grande quantidade.

mon.ta.gno.so [montañ´ozo] *agg* montanhoso.

mon.ta.na.ro [montan´aro] *sm+agg* montanhês.

mon.ta.re [mont´are] *vt* **1** subir. *montare le scale* / subir as escadas. **2** montar, armar. *il tecnico montò le macchine* / o técnico montou as máquinas. **3** *fig* exagerar. *quel giornalista sempre monta le notizie* / aquele jornalista sempre exagera as notícias. **4** cavalgar, montar (cavalo). *vi* **5** subir. *montare in bicicletta* / subir na bicicleta. *montare in autobus* / subir no ônibus. **6** crescer, aumentar. *il vento montava di notte* / o vento aumentava à noite. **7** copular, cobrir (animal). *vpr* **8** ficar orgulhoso. **9** agitar-se, inflamar-se. **montare a** chegar a, somar (valor). *le spese montano a milioni* / as despesas chegam a milhões. **montare sulle furie** irritar-se. **montare un orologio** dar corda num relógio. **montare un uovo** bater um ovo. Veja nota em **armare**.

mon.ta.ta [mont´ata] *sf* **1** subida. **2** ladeira.

mon.ta.tu.ra [montat´ura] *sf* **1** montagem. **2** armação de óculos. **3** *fig* exagero. **montatura di tartaruga** armação com aro de tartaruga.

mon.te [m´onte] *sm* **1** *Geogr* monte, montanha. **2** *fig* montão. **a monte** do lado mais alto. **andare a monte** não continuar. **mandare a monte** interromper. **monte di carte** monte de cartas.

mon.to.ne [mont´one] *sm* **1** *Zool* carneiro. **2** *Mil* aríete. **3 Montone** *Astron, Astrol* Áries, Carneiro.

mo.nu.men.ta.le [monument´ale] *agg* **1** monumental. **2** *fig* grandioso, majestoso.

mo.nu.men.to [monum´ento] *sm* monumento.

mo.ra [m´ɔra] *sf* **1** *Bot* amora. **2** *Giur* mora, atraso.

mo.ra.le [mor´ale] *sf* **1** a moral. *la morale della favola* / a moral da história. *sm* **2** o moral, espírito. • *agg* **1** moral. **2** honesto, correto. **3** espiritual.

mo.ra.li.sta [moral´ista] *s+agg* moralista.

mo.ra.liz.za.re [moraliddz´are] *vt* **1** moralizar. *vi* **2** moralizar, discutir sobre a moral.

mo.ra.to.ria [morat´ɔrja] *sf Giur, Comm* moratória.

mor.bi.dez.za [morbid´ettsa] *sf* **1** maciez. **2** suavidade. **3** *fig* delicadeza.

mor.bi.do [m´ɔrbido] *agg* **1** macio. **2** suave, pastoso. **3** *fig* delicado. **4** maleável, condescendente.

mor.bil.lo [morb´illo] *sm Med* sarampo.

mor.bo [m´ɔrbo] *sm* **1** *Med* doença, enfermidade. **2** *fig* peste, praga, epidemia.

mor.dac.chia [mord´akkja] *sf* **1** focinheira. **2** mordaça. **3** *fig* mordaça, repressão da liberdade de expressão.

mor.da.ce [mord´atʃe] *agg* **1** mordaz, que morde. **2** *fig* irônico, sarcástico. **3** *pop* venenoso.

mor.de.re [m´ɔrdere] *vt* **1** morder. **2** *fig* criticar. *vpr* **3** morder-se. **mordersi le labbra/mordersi la lingua** morder a língua (para não falar). Veja nota em **azzannare**.

mor.fi.na [morf´ina] *sf Chim* morfina.

mor.fo.lo.gi.a [morfolodʒ´ia] *sf Gramm* morfologia.

mor.ga.na [morg´ana] *sf* miragem.

mo.ri.bon.do [morib´ondo] *sm+agg* moribundo.

mo.ri.re [mor´ire] *vi* **1** morrer, falecer. **2** perecer. **3** *fig* acabar, terminar. **morire di fame** morrer de fome. **morire di rabbia** morrer de raiva.

mor.mo.ra.re [mormor´are] *vi* **1** murmurar, sussurrar. **2** rumorejar. **3** reclamar, resmungar.

mor.mo.reg.gia.re [mormoreddʒ´are] *vi* rumorejar, murmurar (das águas).

mor.mo.ri.o [mormor´io] *sm* **1** murmúrio. **2** burburinho. **3** *fig* lamentação, queixa.

mo.ro [m´ɔro] *sm* **1** *Bot* amoreira. **2** *St* mouro. • *agg* moreno, trigueiro.

mor.si.ca.re [morsik´are] *vt* morder. Veja nota em **azzannare**.

mor.so [m´ɔrso] *sm* **1** mordida. **2** pedaço, bocado. • *agg* mordido.

mor.ta.del.la [mortad´ɛlla] *sf* mortadela.

mor.ta.io [mort´ajo] *sm* **1** pilão. **2** *Mil* morteiro.

mor.ta.le [mort´ale] *agg* **1** mortal. **2** mortífero. • *sm* **1** mortal. **2 i mortali** *pl* os mortais.

mor.te [m´ɔrte] *sf* **1** morte. **2** pena de morte. **3** *fig* fim, término.

mor.tic.cio [mort´ittʃo] *agg* mortiço.

mor.ti.fe.ro [mort´ifero] *agg* **1** mortífero, mortal. **2** *fig* prejudicial, nocivo.

mor.ti.fi.ca.re [mortifik´are] *vt* **1** mortificar. **2** *Med* gangrenar, necrosar. **3** *fig* humilhar.

mor.to [m´ɔrto] *sm* morto, cadáver. • *agg* **1** morto. **2** cansado, exausto. **3** apagado. **capitale morto** capital improdutivo.

mo.sai.co [moz´ajko] *sm* mosaico.

mo.sca [m´oska] *sf* **1** *Zool* mosca. **2** *fig* mosca: a) tufo de barba, que se deixa crescer embaixo do lábio inferior. b) centro do alvo. **3** importuno, chato. **mosca cieca** cabra-cega. **mosca tsetse** mosca tsé-tsé.

mo.sche.a [mosk´ɛa] *sf Rel* mesquita.

mo.scio [m´oʃo] *agg* **1** flácido. **2** frouxo.

mos.sa [m´ɔssa] *sf* **1** movimento. **2** movimentação. **3** gesto. **4** *Mil* manobra. **essere sulle mosse** estar prestes a partir. **pigliare le mosse** começar algo.

mos.so [m´ɔsso] *agg* **1** movido. **2** movimentado. **3** deslocado. **4** levado. **mare mosso** mar encrespado. **mosso dalla pietà** movido pela piedade.

mo.star.da [most´arda] *sf* mostarda.
mo.stra [m´ostra] *sf* **1** mostra, exposição. **2** ostentação, exibicionismo. **3** amostra. **4** mostrador de relógio. **5** *fig* fingimento.
mo.stra.re [mostr´are] *vt* **1** mostrar. **2** indicar. **3** expor, exibir. **4** *fig* ensinar. **5** manifestar. **6** provar, demonstrar. *vpr* **7** mostrar-se, aparecer. **mostrare i denti** mostrar os dentes, ameaçar.
mo.stro [m´ostro] *sm* (anche *fig*) monstro.
mo.stru.o.so [mostru´ozo] *agg* **1** monstruoso. **2** disforme. **3** cruel.
mo.ta [m´ɔta] *sf* lama, barro.
mo.ti.va.re [motiv´are] *vt* **1** motivar, causar. **2** explicar. **3** justificar.
mo.ti.vo [mot´ivo] *sm* motivo, causa. **per motivo di** por causa de.
mo.to [m´ɔto] *sm* **1** movimento. **2** gesto. **3** impulso, comoção. **4** *Pol* movimento, revolução. *sf* **5** *abbrev* moto, motocicleta.
mo.to.ci.clet.ta [mototʃikl´etta] *sf* motocicleta. *Sin: motociclo. Abbrev: moto.*
mo.to.ci.cli.smo [mototʃikl´izmo] *sm Sp* motociclismo.
mo.to.ci.clo [mototʃ´iklo] *sm V motocicletta.*
mo.to.re [mot´ore] *sm+agg* motor. **motore a reazione** motor a reação. **motore a scoppio** motor de explosão. **motore a vapore** motor a vapor.
mo.to.ret.ta [motor´etta] *sf* lambreta, vespa.
mo.to.ri.sta [motor´ista] *sm Aer* mecânico de avião.
mo.to.sca.fo [motosk´afo] *sm* lancha.
mo.tri.ce [motr´itʃe] *sf* **1** máquina motriz. **2** locomotiva. • *agg* motriz. **forza motrice** força motriz.
mot.teg.gia.re [motteddʒ´are] *vt* **1** gozar de, zombar de. **2** imitar, copiar.
mot.teg.gio [mott´eddʒo] *sm* motejo, gracejo.
mot.to [m´ɔtto] *sm* **1** graça, gracejo. **2** mote, legenda em brasão. **3** palavra de ordem.
mouse [m´awz] *sm ingl Inform* mouse.
mo.ven.te [mov´ɛnte] *sm* **1** motivo, razão. **2** impulso.
mo.ven.za [mov´ɛntsa] *sf* **1** movimento. **2** porte.
mo.ve.re [m´ɔvere] *vt, vi+vpr V muovere.*
mo.vi.men.ta.re [moviment´are] *vt* movimentar.
mo.vi.men.to [movim´ento] *sm* **1** movimento. **2** transferência de empregados. **3** movimento político, rebelião. **4** *Comm* movimento. **5** *fig* mudança. **6** tumulto. **7** incentivo, impulso.
mo.zio.ne [mots´jone] *sf* moção, proposta.
moz.za.re [motts´are] *vt* **1** cortar, decepar. *il tiranno mandò mozzare la testa ai nemici* / o tirano mandou cortar a cabeça dos inimigos. **2** abreviar. **3** truncar. **mozzare il fiato** prender a respiração.
moz.za.rel.la [mottsar´ɛlla] *sf* muçarela.
moz.zi.co.ne [mottsik´one] *sm* **1** toco, coto. **2** ponta de cigarro.
moz.zo [m´ottso] *sm Naut* grumete. • *agg* **1** truncado. **2** decepado.
muc.chio [m´ukkjo] *sm* **1** monte. **2** multidão.
mu.co [m´uko] *sm Fisiol* muco.
mu.co.sa [muk´oza] *sf Anat* mucosa.
mu.da.re [mud´are] *vi* mudar, trocar de penas ou pele.
muf.fa [m´uffa] *sf* **1** mofo, bolor. **2** *fig* raiva.
mug.ghia.re [mugg´jare] *vi* **1** mugir. **2** rugir (animal, vento, mar). **3** *fig* berrar, urrar de raiva ou dor.
mug.gi.re [muddʒ´ire] *vi* **1** mugir. **2** ribombar, rugir (vento, mar).
mug.gi.to [muddʒ´ito] *sm* **1** mugido. **2** rugido (do vento, do mar).
mu.gna.io [muñ´ajo] *sm* **1** moleiro. **2** *Zool* gaivota.
mu.go.la.re [mugol´are] *vi* **1** ganir, uivar. *i cani mugolano* / os cães uivam. **2** *fig* choramingar, reclamar. *mugolava di dolore e di rabbia* / choramingava de dor e de raiva.
mu.go.li.o [mugol´io] *sm* **1** ganido. **2** *fig* reclamação, lamentação.
mu.lat.to [mul´atto] *sm+agg* mulato.
mu.li.nel.lo [mulin´ɛllo] *sm dim* **1** molinete. **2** redemoinho, remoinho. **3** cata-vento. *Var: molinello.*
mu.li.no [mul´ino] *sm* moinho. **combattere i mulini a vento** lutar contra moinhos de vento. **mulino ad acqua** moinho de

M

água. **mulino a vento** moinho de vento. *Var: molino.*

mu.lo [m'ulo] *sm* (*f* **mula**) mulo.

mul.ta [m'ulta] *sf Giur* multa. **pagare la multa** pagar a multa. **prendere una multa** levar uma multa.

mul.ta.re [mult'are] *vt* multar.

mul.ti.co.lo.re [multikol'ore] *agg* multicolorido, multicor.

mul.ti.plo [m'ultiplo] *sm+agg Mat* múltiplo. **minimo comune multiplo** mínimo múltiplo comum.

mum.mia [m'ummja] *sf* **1** múmia. **2** *fig* velho, pessoa velha. **3** pele e osso, pessoa muito magra.

mum.mi.fi.ca.re [mummifik'are] *vt* mumificar.

mun.ge.re [m'undʒere] *vt* **1** ordenhar. **2** *fig* explorar.

mun.gi.tu.ra [mundʒit'ura] *sf* ordenha.

mu.ni.ci.pa.le [munitʃip'ale] *agg* municipal.

mu.ni.ci.pio [munitʃ'ipjo] *sm* município.

mu.ni.re [mun'ire] *vt* **1** munir, prover. **2** validar. *vpr* **3** munir-se de, prover-se de. *munirsi di denaro, di coraggio* / munir-se de dinheiro, de coragem. **4** armar-se de. *i soldati si munirono di rivoltelle* / os soldados se armaram de revólveres.

mu.ni.zio.ne [munits'jone] *sf Mil* **1** munição. **2** provisões.

muo.ve.re [m'wɔvere] *vt* **1** mover. *muovere le braccia* / mover os braços. **2** deslocar. **3** transferir. **4** empurrar, impelir. **5** provocar, inspirar, incitar. *vorrei muoverlo a fare sempre il bene* / queria inspirá-lo a fazer sempre o bem. *vi* **6** ter origem em, nascer de. *la mia risposta muove da una riflessione profonda sul problema* / a minha resposta nasce de uma reflexão profunda sobre o problema. *vpr* **7** mover-se, movimentar-se. *muoviti!* / mova-se! **8** *fig* gesticular. **muovere lite** brigar. *Var: movere.*

mu.ra.glia [mur'aʎa] *sf* **1** muralha. **2** *fig* obstáculo, impedimento, barreira.

mu.ra.re [mur'are] *vt* **1** murar, fechar com muro. **2** construir, edificar.

mu.ra.to.re [murat'ore] *sm* pedreiro. **franco muratore/libero muratore** maçom.

mu.re.na [mur'ɛna] *sf Zool* moreia.

mu.ret.to [mur'etto] *sm dim* muro (de casa). Veja nota em **muro** (português).

mu.ro [m'uro] *sm* **1** muro. **2** parede. **3** *fig* abrigo, defesa. **4** obstáculo, impedimento. **5** muralha, muro externo de cidade ou fortaleza. **mandare al muro** condenar ao paredão. **mettere al muro** fuzilar. **mettere con le spalle al muro** encostar na parede, obrigar a se decidir. **muro di cotto** muro de tijolos. **muro di tramezzo** parede divisória, divisória. **parlare al muro** falar com as paredes.

Muro possui dois plurais: um feminino, **le mura**, usado quando nos referimos a “muralha” de cidade ou de fortaleza (acepção **5**); e um masculino, **i muri**, usado nos demais sentidos: *i muri della casa* / os muros da casa. Veja outra nota em **muro** (português).

mu.sa [m'uza] *sf* **1** *Mit* musa. **2** *fig* inspiração. **3** poesia.

mu.schio [m'uskjo] *sm* almíscar.

mu.sco [m'usko] *sm Bot* musgo.

mu.sco.la.re [muskol'are] *agg* muscular.

mu.sco.la.tu.ra [muskolat'ura] *sf* musculatura.

mu.sco.lo [m'uskolo] *sm Anat* músculo.

mu.sco.lo.so [muskol'ozo] *agg* **1** musculoso. **2** *fig* forte, robusto.

mu.se.o [muz'ɛo] *sm* museu.

mu.se.ruo.la [muzer'wɔla] *sf* **1** focinheira. **2** *fig* mordaça, repressão. **mettere la museruola a qualcuno** *fam* calar a boca de alguém.

mu.si.ca [m'uzika] *sf* **1** música. **2** *fig* som agradável. **3** *iron* ladainha, lengalenga. **musica da ballo** música para dançar.

mu.si.ca.le [muzik'ale] *agg* musical.

mu.si.co [m'uziko] *sm* **1** músico. **2** compositor. • *agg* músico, musical.

mu.so [m'uzo] *sm* **1** focinho. **2** *disp* cara, fuça. **3** *fig* beiço, amuo. **allungare il muso** *fam* emagrecer.

mus.so.la [m'ussola] *sf V mussolina.*

mus.so.li.na [mussol'ina] *sf* musselina. *Sin: mussola.*

mu.sul.ma.no [musulm´ano] *sm+agg* muçulmano.
mu.ta [m´uta] *sf* **1** mudança. **2** troca. **3** muda (de penas, pelos e pele). **4** junta, parelha. **5** muda de roupa. **muta della guardia** troca da guarda.
mu.ta.bi.le [mut´abile] *agg* **1** mutável. **2** *fig* volúvel, inconstante.
mu.ta.men.to [mutam´ento] *sm* **1** mudança. **2** troca. **3** alteração. **4** mutação.
mu.tan.de [mut´ande] *sf pl* **1** cuecas. **2** calcinhas.
mu.tan.di.ne [mutand´ine] *sf pl* calcinhas.
mu.ta.re [mut´are] *vt* **1** mudar. *mutare opinione* / mudar de opinião. **2** trocar. *alcuni animali mutano il pelo* / alguns animais trocam de pelo. **3** alterar. **4** despir, tirar (roupa). *vi* **5** mudar, transformar-se. *mutare di colore* / mudar de cor. *mutare in meglio* / mudar para melhor. *vpr* **6** mudar, transformar-se. *la soluzione si mutò in un altro problema* / a solução transformou-se num outro problema. **mutare casa** mudar-se. Veja nota em **trocar**.
mu.ta.zio.ne [mutats´jone] *sf* **1** mutação. **2** transformação, metamorfose. **3** mudança.
mu.tez.za [mut´ettsa] *sf* mudez.
mu.ti.la.re [mutil´are] *vt* **1** mutilar. **2** amputar. **3** *fig* truncar.
mu.to [m´uto] *sm* mudo. • *agg* **1** mudo. **2** calado, silencioso. **cinema muto** cinema mudo. **consonante muta** *Gramm* consoante muda. **film muto** filme mudo. **muto come un pesce** silenciosamente.
mu.tua.ta.rio [mutwat´arjo] *sm Giur* mutuário.
mu.tuo [m´utwo] *sm Giur* mútuo, empréstimo. • *agg* mútuo, recíproco. **prendere a mutuo** fazer empréstimo.

M

n

n [´ɛnne] *sf* a décima segunda letra do alfabeto italiano.
nac.che.re [n´akkere] *sf pl Mus* castanholas.
naf.ta [n´afta] *sf Chim* nafta.
naf.ta.li.na [naftal´ina] *sf Chim* naftalina.
na.ia [n´aja] *sf Zool* naja.
nai.lon [n´ajlon] *sm* náilon.
nan.dù [nand´u] *sf Zool* ema, nhandu.
nan.na [n´anna] *sf fam* nana. **andare a nanna** ir fazer naninha, ir dormir. **fare la nanna** fazer naninha, dormir.
na.no [n´ano] *sm+agg* anão.
nap.pa [n´appa] *sf* **1** pingente de cortina. **2** *iron* narigão.
nar.ci.si.smo [nartʃiz´izmo] *sm* narcisismo.
nar.ci.so [nartʃ´izo] *sm Bot, fig* narciso.
nar.co.ti.co [nark´ɔtiko] *sm* narcótico, droga. • *agg* **1** narcótico. **2** *fig* pesado, tedioso.
nar.co.tiz.za.re [narkotiddz´are] *vt* **1** narcotizar, drogar. **2** *Med* anestesiar.
na.ri.ce [nar´itʃe] *sf Anat* narina.
nar.ra.re [nar̄´are] *vt* narrar, contar. Veja nota em **contar**.
nar.ra.ti.va [nar̄at´iva] *sf* narrativa.
nar.ra.ti.vo [nar̄at´ivo] *agg* narrativo.
nar.ra.to.re [nar̄at´ore] *sm* narrador.
nar.ra.zio.ne [nar̄ats´jone] *sf* **1** narração. **2** *Lett* conto, narrativa.
na.sa.le [naz´ale] *agg* nasal, do nariz. **consonante nasale** *Gramm* consoante nasal. **le fosse nasali** as fossas nasais.
na.sce.re [n´aʃere] *vi* **1** nascer: a) vir ao mundo. *tutti i giorni nascono bambini nella casa di maternità* / todos os dias nascem crianças na maternidade. b) *fig* surgir, aparecer. *da quella conversazione nacque una bell'amicizia* / daquela conversa nasceu uma bela amizade. c) surgir no horizonte (astro). *nasce il sole* / nasce o sol. **2** florescer. **3** brotar (planta). **4** nascer, brotar (água). **nascere sotto buona stella** nascer com boa estrela.
na.sci.men.to [naʃim´ento] *sm* **1** nascimento. **2** origem, princípio. **3** estirpe.
na.sci.ta [n´aʃita] *sf* **1** nascimento. **2** estirpe, descendência. **certificato di nascita** certidão de nascimento.
na.scon.de.re [nask´ondere] *vt* **1** esconder, ocultar. *vpr* **2** esconder-se.
na.scon.di.glio [naskond´iλo] *sm* esconderijo.
na.sco.sto [nask´osto] *agg* escondido, oculto.
na.sel.lo [naz´ɛllo] *sm Zool* badejo.
na.so [n´azo] *sm* **1** nariz. **2** olfato. **3** *fig* faro, intuição, sexto sentido. **avere buon naso** ter sexto sentido. **menare per il naso** *fam* levar no bico, enganar. **naso affilato** nariz afilado. **naso aquilino** nariz aquilino. **restare con un palmo di naso** ficar chupando o dedo, ficar desiludido. **soffiarsi il naso** assoar o nariz.
na.stro [n´astro] *sm* fita (de tecido). **nastro isolante** fita isolante.
na.ta.le [nat´ale] *sm* **1** dia do nascimento, natalício. **2 Natale** *Rel* Natal. • *agg* natal, natalício. **terra natale** terra natal, pátria.
na.ta.li.zio [natal´itsjo] *sm* **1** dia do nascimento. **2** aniversário. • *agg* natalício.
na.ta.to.ia [natat´oja] *sf* nadadeira.
na.ti.ca [n´atika] *sf Anat* nádega.
na.ti.o [nat´io] *sm+agg V nativo.*
na.ti.vi.tà [nativit´a] *sf Rel* natividade.
na.ti.vo [nat´ivo] *sm* **1** nativo. **2** indígena. • *agg* nativo. *Var: natio.*

na.to [n´ato] *agg* **1** nascido. **2** nato. *un poeta nato* / um poeta nato.

na.tu.ra [nat´ura] *sf* **1** natureza. **2** essência. **3** índole, caráter. **4** tipo, espécie. **cose di questa natura** coisas desta natureza. **natura morta** natureza-morta.

na.tu.ra.le [natur´ale] *agg* **1** natural. **2** bastardo (filho). **3** lógico. **4** espontâneo. • *sm* índole, caráter.

na.tu.ra.lez.za [natural´ettsa] *sf* **1** naturalidade. **2** simplicidade, espontaneidade.

na.tu.ra.li.smo [natural´izmo] *sm Arte, Fil* naturalismo.

na.tu.ra.li.tà [naturalit´a] *sf* **1** naturalidade. **2** cidadania.

na.tu.ra.liz.zar.si [naturaliddz´arsi] *vpr* naturalizar-se.

nau.fra.ga.re [nawfrag´are] *vi* **1** naufragar. **2** *fig* falhar, falir. *il nostro progetto naufragò* / o nosso projeto falhou.

nau.fra.gio [nawfr´adʒo] *sm* **1** naufrágio. **2** *fig* fracasso, ruína. **far naufragio** *fig* fracassar.

nau.fra.go [n´awfrago] *sm+agg* náufrago.

nau.se.a [n´awzea] *sf* **1** *Med* náusea. **2** *fig* aversão, nojo.

nau.se.an.te [nawze´ante] *agg* nauseante.

nau.se.a.re [nawze´are] *vt* nausear.

nau.ti.ca [n´awtika] *sf* náutica, arte de navegar.

nau.ti.co [n´awtiko] *agg* náutico.

na.va.le [nav´ale] *agg* **1** naval. **2** marítimo.

na.va.ta [nav´ata] *sf Archit* nave. *la navata centrale della chiesa* / a nave central da igreja.

na.ve [n´ave] *sf* **1** navio, nau. **2** embarcação de grande porte. **nave a vela** navio de vela. **nave da carico** navio de carga. **nave da guerra** navio de guerra. **nave mercantile** navio mercante. **nave passeggeri** navio de passageiros. **nave spaziale** nave espacial.

na.vi.cel.lo [navitʃ´ɛllo] *sm dim* barquinho, bote.

na.vi.gan.te [navig´ante] *s+agg* navegante.

na.vi.ga.re [navig´are] *vt+vi* navegar. **navigare contro vento** navegar contra o vento. **navigare i mari** navegar pelos mares.

na.vi.ga.to.re [navigat´ore] *sm* navegador.

na.vi.ga.zio.ne [navigats´jone] *sf* navegação. **navigazione aerea** navegação aérea. **navigazione fluviale** navegação fluvial. **navigazione maritima** navegação marítima.

na.vi.glio [nav´iλo] *sm Naut* **1** navio, embarcação. **2** frota.

na.vo.ne [nav´one] *sm Bot* nabo.

na.zio.na.le [natsjon´ale] *agg* nacional.

na.zio.na.li.smo [natsjonal´izmo] *sm Pol* nacionalismo.

na.zio.na.li.tà [natsjonalit´a] *sf* **1** nacionalidade, cidadania. **2** *fig* nação.

na.zio.na.liz.za.re [natsjonaliddz´are] *vt* nacionalizar, tornar nacional.

na.zio.ne [nats´jone] *sf* nação.

na.zi.smo [nats´izmo] *sm Pol* nazismo.

ne [n´e] *pron* dele, dela, deles, delas, deste, desta, disto, daquilo, disso etc. • *avv* daí, dali, de lá.

O pronome **ne** equivale a **di lui**, **di lei**, **di loro**, **di questo** etc: *non ne capisco niente* / não entendo nada disso.
Também pode indicar uma parte de um todo: *quanti anni hai? ne ho venti* / quantos anos você tem? tenho vinte.
Pode ainda se referir a alguma coisa ou pessoa mencionada anteriormente na oração: *comprai cioccolatini e ne divise fra i bambini* / comprei bombons e os dividi entre as crianças.
Como advérbio, **ne** indica "lugar de onde": *arriverò a Roma domani, e ne partirò presto* / chegarei a Roma amanhã, e partirei (de lá) logo.
Às vezes, é usado apenas como expletivo, e não se traduz: *me ne vado* / eu vou embora.
Veja outras notas em **ce**, **gli**, **le**, **me**, **se**, **te** e **ve** (italiano).

né [n´e] *cong* nem.

ne.an.che [ne´anke] *avv+cong* nem, nem mesmo, tampouco. **neanche per sogno!** nem sonhando!

neb.bia [n´ebbja] *sf* **1** neblina, névoa. **2** *fig* ignorância.

neb.bio.ne [nebb´jone] *sm* nevoeiro, névoa densa.

neb.bio.so [nebb´jozo] *agg* **1** nebuloso, nevoento. **2** *fig* confuso, incerto. **3** obscuro. *Var: nebuloso.*

ne.bu.lo.sa [nebul´oza] *sf* **1** *Astron* nebulosa. **2** *fig* confusão.

ne.bu.lo.so [nebul´ozo] *agg V nebbioso.*

ne.ces.sa.rio [netʃess´arjo] *agg* **1** necessário. **2** indispensável, essencial. • *sm* o necessário.

ne.ces.si.tà [netʃessit´a] *sf* **1** necessidade. **2** aperto, necessidade financeira.

ne.ces.si.ta.re [netʃessit´are] *vt+vi* **1** necessitar de, precisar de. *necessito la vostra attenzione* / necessito da sua atenção. *quell'uomo necessitava di denaro* / aquele homem precisava de dinheiro. *vi* **2** ser necessário. *ecco quel che necessita fare innanzi tutto* / eis o que é necessário fazer antes de mais nada. Veja nota em **precisar**.

ne.cro.po.li [nekr´ɔpoli] *sf* **1** necrópole, cemitério antigo. **2** *fig* cidade fantasma.

ne.cro.si [nekr´ɔzi] *sf Med* necrose, gangrena.

ne.cro.tiz.za.re [nekrotiddz´are] *vt Med* necrosar.

ne.fa.sto [nef´asto] *agg* **1** nefasto, funesto, de mau agouro. **2** *fig* triste.

ne.ga.re [neg´are] *vt* **1** negar. *l'avvocato negò l'accusa* / o advogado negou a acusação. **2** recusar, rejeitar. **3** refutar. *negare la possibilità di accordo* / refutar a possibilidade de acordo. **4** proibir. **5** impedir. **6** não reconhecer.

ne.ga.ti.va [negat´iva] *sf* **1** negativa, negação. **2** negativo fotográfico. **3** *Gramm* partícula negativa.

ne.ga.ti.vo [negat´ivo] *sm* negativo fotográfico. • *agg* negativo. **polo negativo** polo negativo.

ne.ga.zio.ne [negats´jone] *sf* negação.

ne.glet.to [negl´etto] *agg* **1** negligente, descuidado. **2** abandonado, esquecido.

ne.gli.gen.te [neglidʒ´ɛnte] *s+agg* negligente, descuidado.

ne.gli.gen.za [neglidʒ´ɛntsa] *sf* **1** negligência. **2** desatenção. **3** desleixo, descuido.

ne.go.zian.te [negots´jante] *s* negociante, comerciante.

ne.go.zia.re [negots´jare] *vt* **1** negociar: a) comerciar. b) pactuar. *negoziare la pace fra due nazioni* / negociar a paz entre duas nações. *vi* **2** negociar, comerciar. *negoziare in titoli* / negociar com títulos. *negoziare in borsa* / negociar na bolsa.

ne.go.zio [neg´ɔtsjo] *sm* **1** negócio. **2** operação comercial. **3** loja. **4** trabalho.

Em italiano, **negozio** não é usado no sentido de "coisa". Nesse sentido, usa-se **coso**: *che coso è questo?* / que negócio é este?

ne.gro [n´egro] *sm+agg Lett* negro.

ne.mi.co [nem´iko] *sm+agg* inimigo.

nem.man.co [nemm´anko] *cong V nemmeno.*

nem.me.no [nemm´eno] *cong* nem, nem mesmo. *Sin: nemmanco.*

ne.o [n´ɛo] *sm* **1** sinal, pinta (na pele). **2** *fig* ninharia, mixaria. **3** defeito, imperfeição. **neo finto** pinta falsa.

ne.o.clas.si.co [neokl´assiko] *agg* neoclássico.

ne.o.gre.co [neogr´ɛko] *sm+agg* grego moderno, da Grécia moderna.

ne.o.la.ti.no [neolat´ino] *agg* neolatino.

ne.o.li.ti.co [neol´itiko] *sm+agg Archeol* neolítico.

ne.o.lo.gi.smo [neolodʒ´izmo] *sm Gramm* neologismo.

ne.on [n´ɛon] *sm Chim* néon.

ne.o.na.to [neon´ato] *sm* recém-nascido.

ne.po.ti.smo [nepot´izmo] *sm* nepotismo.

nep.pu.re [nepp´ure] *avv+cong* nem, nem mesmo.

ner.bo [n´ɛrbo] *sm* **1** açoite, chicote. **2** *Anat* tendão. **3** *pop* nervo. **4** *fig* força, vigor. **il nerbo di un esercito** o forte de um exército.

ne.ret.to [ner´etto] *sm* negrito.

ne.rez.za [ner´ettsa] *sf* negrura.

ne.ro [n´ero] *sm* negro, cor negra. • *agg* negro, preto. **mettere il nero sul bianco** pôr o preto no branco, fazer por escrito. **nero animale** carvão animal. **umor nero** humor negro. **vedere nero** ver com pessimismo.

ner.vo [n´ɛrvo] *sm* **1** *Anat* nervo. **2** *Bot* talo (de folha). **3** corda (de um arco). **4** *fig* força, vigor. **avere i nervi** estar nervoso. **avere i nervi scoperti** ter os nervos à flor da pele. **dare ai nervi a qualcuno** dar nos nervos de alguém, irritar. **nervo ottico** nervo óptico.

ner.vo.si.smo [nervoz´izmo] *sm* nervosismo.

ner.vo.so [nerv´ozo] *agg* **1** nervoso, dos nervos. **2** nervoso, irritadiço. **3** forte, robusto. **sistema nervoso** *Anat* sistema nervoso. **tessuto nervoso** tecido nervoso.

ne.sci [n´ɛʃi] *sm+agg* néscio.

É usado apenas na expressão **fare il nesci** fazer-se de bobo, fingir que não sabe.

ne.spo.la [n´ɛspola] *sf* **1** *Bot* nêspera. **2** *fig* golpe, batida. **col tempo e con la paglia maturano le nespole** é preciso dar tempo ao tempo.

ne.spo.lo [n´ɛspolo] *sm Bot* nespereira.

nes.so [n´ɛsso] *sm* nexo, ligação.

nes.su.no [ness´uno] *pron* **1** ninguém. **2** nenhum. **3** algum. *non c'è nessuno* / não há ninguém. *non vedo nessuno* / não vejo ninguém. *non ebbe nessuna risposta* / não teve nenhuma resposta; não teve resposta alguma. *Sin: niuno*. Veja nota em **alcuno**.

net.ta.re[1] [n´ɛttare] *sm* **1** *Bot* néctar. **2** *fig* bebida suave. **nettare degli dei** *Mit* néctar dos deuses.

net.ta.re[2] [nett´are] *vt* **1** limpar. **2** purgar, purificar.

net.tez.za [nett´ettsa] *sf* **1** limpeza, asseio. **2** *fig* lealdade, fidelidade. **3** franqueza, sinceridade. **nettezza urbana** limpeza urbana.

net.to [n´etto] *agg* **1** limpo. **2** *fig* leal, fiel. **3** franco, sincero. **4** líquido.

net.tur.bi.no [netturb´ino] *sm* gari.

neu.ro.lo.gia [newrolodʒ´ia] *sf Med* neurologia.

neu.tra.li.tà [newtralit´a] *sf* (anche *Chim*) neutralidade.

neu.tra.liz.za.re [newtraliddz´are] *vt* **1** neutralizar. **2** *Sp* anular (ponto). *vpr* **3** neutralizar-se.

neu.tro [n´ɛwtro] *agg* **1** neutro. **2** *Chim, Fis, Gramm* neutro. **territorio neutro** território neutro. **verbo neutro** verbo intransitivo.

neu.tro.ne [newtr´one] *sm Chim* nêutron.

ne.ve [n´eve] *sf* **1** neve. **2** *fig* grisalho, cabelos brancos.

ne.vi.ca.re [nevik´are] *vi* **1** nevar. **2** *fig* embranquecer, ficar grisalho.

ne.vi.ca.ta [nevik´ata] *sf* nevada, queda de neve.

ne.vo.so [nev´ozo] *agg* nevado, cheio de neve.

ne.vral.gi.a [nevraldʒ´ia] *sf Med* neuralgia, nevralgia.

ne.vral.gi.co [nevr´aldʒiko] *agg Med* neurálgico, nevrálgico. **punto nevralgico** *fig* ponto nevrálgico, ponto muito importante.

ne.vra.ste.ni.a [nevrasten´ia] *sf Med* neurastenia.

ne.vra.ste.ni.co [nevrast´ɛniko] *agg* **1** neurastênico. **2** *fig* nervoso, irritadiço.

ne.vro.si [nevr´ɔzi] *sf Med* neurose.

ne.vro.ti.co [nevr´ɔtiko] *agg* neurótico.

nic.chio [n´ikkjo] *sm* concha de molusco.

ni.chel [n´ikel] *sm Chim* níquel.

ni.che.la.re [nikel´are] *vt* niquelar.

ni.chi.li.smo [nikil´izmo] *sm* niilismo.

ni.co.ti.na [nikot´ina] *sf* nicotina.

ni.dia.ta [nid´jata] *sf* **1** ninhada. **2** *fig, fam* filharada.

ni.di.fi.ca.re [nidifik´are] *vi* nidificar.

ni.do [n´ido] *sm* **1** ninho. **2** covil, toca. **3** *fig* ninho, lar, casa. **4** *fam* cama. **nido d'infanzia** creche.

nien.te [n´jɛnte] *agg* nenhum, nada de. *niente zucchero, per favore* / nada de açúcar, por favor. • *pron* **1** nada. *non ho mai visto niente* / eu nunca vi nada. **2** de jeito nenhum. • *sm* o nada. **di niente!** de nada! não há de que! **non fa niente** não faz mal. **per niente** a) de maneira nenhuma. b) grátis, gratuitamente, de graça. **uomo da niente** nulidade, joão-ninguém. Veja nota em **nada**.

night-club [n´ajtklab] *sm ingl* boate.

nin.fa [n´infa] *sf* **1** *Zool* ninfa. **2** *Mit* ninfa. **3** *fig* amante. **4** mocinha.

nin.fet.ta [ninf´etta] *sf ger* ninfeta.

nin.fo.ma.ni.a [ninfoman´ia] *sf Psic* ninfomania.

nin.na [n´inna] *sf fam* nana. **fare la ninna nanna** ninar. **ninna nanna** canção de ninar.

nin.na.re [ninn´are] *vt fam* ninar.

nin.no.lo [n´innolo] *sm* **1** brinquedo. **2** bagatela, ninharia.

ni.no [n´ino] *sm fam* filhinho, meu querido.

ni.po.te [nip´ote] *s* **1** sobrinho, sobrinha. **2** neto, neta. Veja notas em **neto** e **sobrinho**.

ni.ti.dez.za [nitid´ettsa] *sf* **1** nitidez. **2** precisão. **3** limpidez. **4** clareza.

ni.ti.do [n´itido] *agg* **1** nítido. **2** definido, preciso, claro. **3** límpido, claro.

ni.tra.to [nitr´ato] *sm Chim* nitrato.

N

ni.tri.re [nitr´ire] *vi* relinchar.

ni.tri.to [nitr´ito] *sm* relincho.

ni.tro.ge.no [nitr´ɔdʒeno] *sm Chim* nitrogênio.

ni.tro.gli.ce.ri.na [nitroglitʃer´ina] *sf Chim* nitroglicerina.

ni.u.no [ni´uno] *sm+pron V nessuno.*

ni.ve.o [n´iveo] *agg* níveo, branco como a neve.

no [n´ɔ] *avv* não. • *sm* um não, negação. *rispondere con un no* / responder com um não. *essere tra il sì ed il no* / estar em dúvida. **se no** senão, caso contrário.

No é usado em resposta, isoladamente. *hai letto questo libro? no!* / você leu este livro? não! Veja outra nota em **non**.

no.bil.don.na [nobild´ɔnna] *sf* **1** dama, senhora. **2** nobre.

no.bi.le [n´ɔbile] *s* nobre. • *agg* **1** nobre, aristocrático. **2** *fig* ilustre. **3** generoso, magnânimo.

no.bil.tà [nobilt´a] *sf* **1** nobreza, aristocracia. **2** *fig* grandeza. **3** generosidade.

no.bi.luo.mo [nobil´wɔmo] *sm* **1** cavalheiro, senhor. **2** nobre.

noc.cio.la [nottʃ´ɔla] *sf Bot* avelã.

noc.cio.lo[1] [nottʃ´ɔlo] *sm Bot* aveleira.

noc.cio.lo[2] [n´ɔtʃolo] *sm* **1** *Bot* caroço. **2** *fig* núcleo, centro. *il nocciolo di una questione* / o centro da questão.

no.ce [n´otʃe] *sf* **1** *Bot* noz. *sm* **2** *Bot* nogueira. **noce del collo** *Anat* pomo de adão, nó da garganta. **noce del piede** *Anat* tornozelo. **noce di cocco** coco. **noce moscata** noz-moscada.

no.cel.la [notʃ´ɛlla] *sf* **1** *Bot* avelã. **2** *Anat* tornozelo. **nocella della mano** osso do pulso.

no.ci.vo [notʃ´ivo] *agg* nocivo, danoso.

no.do [n´ɔdo] *sm* **1** nó. **2** cruzamento. **3** *Med* tumor subcutâneo. **4** *Naut* nó. **5** *fig* dificuldade, obstáculo. **6** ligação, vínculo. **nodo coniugale** matrimônio. **nodo scorsoio** nó corrediço.

no.du.lo [n´ɔdulo] *sm dim* **1** nozinho. **2** *Med* tumor subcutâneo.

noi [n´oj] *pron pl* **1** nós. **2** nos. **a noi** a nós. **con noi** conosco.

O pronome **noi** é usado: a) como sujeito do verbo: *noi siamo venuti* / nós viemos. b) como objeto direto: *Maria vede noi* / Maria nos vê. c) depois de preposições e alguns advérbios: *scrivi a noi* / escreva para nós, escreva-nos. *tutti partirono, fuorché noi* / todos partiram, exceto nós.

no.ia [n´ɔja] *sf* **1** tédio, aborrecimento. **2** *pop* chateação.

no.io.so [no´jozo] *agg* **1** tedioso, entediante, aborrecido. **2** *pop* chato.

no.leg.gia.re [noleddʒ´are] *vt* fretar.

no.leg.gio [nol´eddʒo] *sm* **1** fretamento, ato de fretar. **2** frete, valor que se paga.

no.lo [n´ɔlo] *sm* frete. **dare a nolo** fretar, ceder a frete. **prendere a nolo** fretar, tomar a frete.

no.ma.de [n´ɔmade] *s+agg* **1** nômade. **2** *fig* errante.

no.me [n´ome] *sm* **1** nome. **2** fama, renome. **3** sobrenome. **4** *Gramm* substantivo. **a nome mio** de minha parte, em meu nome. **conoscere di nome** conhecer de nome. **nome d'arte** pseudônimo. **nome di battesimo** nome de batismo. **nome di famiglia** nome de família, sobrenome. **nome proprio** nome próprio. **senza nome** vil, desprezível. **sotto falso nome** com nome falso.

no.men.cla.tu.ra [nomenklat´ura] *sf* nomenclatura.

no.mi.gno.lo [nom´iñolo] *sm* **1** apelido. **2** cognome.

no.mi.na [n´ɔmina] *sf* **1** nomeação, designação. **2** *fig* encargo. **3** *pop* fama.

no.mi.na.le [nomin´ale] *agg* nominal. **valore nominale** *Comm* valor nominal.

no.mi.na.re [nomin´are] *vt* **1** nomear. *il gruppo deve nominare un rappresentante* / o grupo deve nomear um representante. *il re nominò il duca ministro* / o rei nomeou o duque ministro. **2** chamar de, denominar. **3** designar. **4** mencionar, citar pelo nome. *lo scienziato nominerà le sostanze scoperte nella ricerca* / o cientista mencionará as substâncias descobertas na pesquisa. *vpr* **5** chamar-se, denominar-se.

non [n´ɔn] *avv* não. **non so che** um não sei quê, alguma coisa. **non solo ... ma anche** não só ... mas também. *viag-*

giavamo non solo in Italia, ma anche in Germania e Francia / viajávamos não só para a Itália, mas também para a Alemanha e a França.

Non é usado junto com os verbos: *non parliamo italiano* / não falamos italiano. Veja outras notas em **alcuno** e **no.**

no.na.ge.si.mo [nonadʒ´ɛzimo] *sm+ num V novantesimo.*

non.cu.ran.za [nonkur´antsa] *sf* **1** negligência, descuido. **2** indiferença.

non.di.me.no [nondim´eno] *avv* contudo, apesar de tudo, não obstante.

non.na [n´ɔnna] *sf* **1** avó. **2** *fam* vó, vovó. **3** *fig* velha.

non.no [n´ɔnno] *sm* **1** avô. **2** *fam* vô, vovô. **3** *fig* velho.

non.nul.la [nonn´ulla] *sm* ninharia, mixaria, bagatela.

no.no [n´ɔno] *sm+num* nono.

no.no.stan.te [nonost´ante] *prep* não obstante, apesar de, a despeito de. *nonostante il lavoro, ha molto tempo libero* / apesar do trabalho, ele tem muito tempo livre. **ciò nonostante** apesar disso. **nonostante che** se bem que, embora. *la tua salute è buona nonostante che mangi poco* / a sua saúde é boa, embora você coma pouco.

non.sen.so [nons´ɛnso] *sm* absurdo, disparate, contrassenso.

nord [n´ɔrd] *sm Geogr* norte.

nor.di.co [n´ɔrdiko] *agg* nórdico.

nor.ma [n´ɔrma] *sf* norma, regra, preceito.

nor.ma.le [norm´ale] *agg* **1** normal. **2** regular.

nor.ma.li.tà [normalit´a] *sf* normalidade.

nor.ma.liz.za.re [normaliddz´are] *vt* **1** normalizar. **2** regularizar.

nor.ve.ge.se [norvedʒ´eze] *s+agg* norueguês.

no.stal.gi.a [nostaldʒ´ia] *sf* **1** nostalgia. **2** saudade da pátria.

no.stal.gi.co [nost´aldʒiko] *agg* **1** nostálgico. **2** saudoso da pátria.

no.stra [n´ɔstra] *pron f sing* nossa.

no.stra.no [nostr´ano] *agg* **1** local, do país de quem fala. **2** caseiro, feito em casa.

no.stre [n´ɔstre] *pron f pl* nossas.

no.stri [n´ɔstri] *pron m pl* **1** nossos. **2 i nostri** *fig* os nossos (parentes), a nossa família.

no.stro [n´ɔstro] *pron m* **1** *sing* nosso. **2 il nostro** *pl fig* os nossos bens. Veja nota em **malgrado** (italiano).

no.stro.mo [nostr´ɔmo] *sm Naut* timoneiro.

no.ta [n´ɔta] *sf* **1** nota. **2** anotação. **3** comunicação. **4** comentário. **5** conta, nota a pagar. **6** lista, relação. **7** sinal, marca. **a chiare note** claramente. **nota diplomatica** nota diplomática. **nota musicale** nota musical.

Nota não é usada no sentido de "cédula", "nota de dinheiro". Nesse caso, diz-se **biglietto** ou **biglietto di banca.**

no.ta.bi.le [not´abile] *agg* notável, digno de nota. • *sm* notável, pessoa ilustre.

no.ta.io [not´ajo] *sm* tabelião, notário público. *Var: notaro.*

no.ta.re [not´are] *vt* **1** anotar. *gli studenti notano tutto quello che dici* / os alunos anotam tudo o que você diz. **2** assinalar, marcar. **3** notar, perceber. *notasti qualcosa di strano?* / você notou algo estranho? **farsi notare** fazer-se notar.

no.ta.ro [not´aro] *sm V notaio.*

no.ta.zio.ne [notats´jone] *sf* **1** anotação. **2** *Mus* notação. **3** *Chim* símbolo, abreviatura.

no.te.vo.le [not´evole] *agg* **1** notável, importante, ilustre. **2** abundante, elevado, considerável.

no.ti.fi.ca [not´ifika] *sf V notificazione.*

no.ti.fi.ca.re [notifik´are] *vt* **1** notificar, avisar, comunicar. **2** *Giur* notificar.

no.ti.fi.ca.zio.ne [notifikats´jone] *sf* **1** notificação, aviso, comunicação. **2** *Giur* notificação. *Sin: notifica.*

no.ti.zia [not´itsja] *sf* **1** notícia, artigo. **2** informação, conhecimento (sobre algo).

no.ti.zia.rio [notits´jarjo] *sm* noticiário.

no.to [n´ɔto] *agg* **1** conhecido. **2** famoso, notório.

no.to.rie.tà [notorjet´a] *sf* notoriedade, fama.

no.to.rio [not´ɔrjo] *agg* notório, público.

not.ta.ta [nott´ata] *sf* **1** noitada. **2** noite.

not.te [n´ɔtte] *sf* **1** noite. **2** *fig* escuridão, trevas. **3** ignorância. **buona notte!** a) boa noite! b) *iron* chega! acabou! **da notte** para a noite. **di notte** à noite, durante a noite. **la notte porta consiglio** a noite é boa conselheira. **notte bianca** noite em branco, noite sem dormir.

not.to.la [n´ɔttola] *sf Zool* morcego.

not.tur.no [nott´urno] *agg* noturno, da noite. • *sm Mus* noturno.

no.van.ta [nov´anta] *sm+num* noventa.

no.van.te.si.mo [novant´ɛzimo] *sm+num* **1** nonagésimo. **2** noventa avos.

no.ve [n´ɔve] *sm+num* nove.

no.ve.cen.to [novetʃ´ento] *sm+num* novecentos. **il Novecento** o século XX.

no.vel.la [nov´ɛlla] *sf* **1** notícia, nova. **2** *Lett* novela. **3** conto.

no.vel.lie.re [novell´jɛre] *sm* novelista.

no.vel.lo [nov´ɛllo] *agg* **1** novo. **2** jovem.

no.vem.bre [nov´ɛmbre] *sm* novembro.

no.ve.na [nov´ɛna] *sf Rel* novena.

no.vi.tà [novit´a] *sf* **1** novidade. **2** nova, notícia. **3** inovação.

no.vi.zia.to [novits´jato] *sm* **1** noviciado. **2** estágio, aprendizagem.

no.vi.zio [nov´itsjo] *agg* novato, principiante, inexperiente.

no.zio.ne [nots´jone] *sf* **1** noção, ideia. **2** significado. **3 nozioni** *pl* noções, fundamentos, bases.

noz.ze [n´ottse] *sf pl* núpcias, casamento, bodas. **fare nozze coi fichi secchi** fazer algo sem gastar muito. **nozze d'argento** bodas de prata. **nozze di diamanti** bodas de diamante. **nozze d'oro** bodas de ouro.

nu.bi.le [n´ubile] *agg* casadouro.

nu.ca [n´uka] *sf Anat* nuca.

nu.cle.a.re [nukle´are] *agg* **1** nuclear, do núcleo. **2** *Fis* nuclear. **fisica nucleare/atomica** física nuclear.

nu.cle.o [n´ukleo] *sm* **1** núcleo, centro. **2** *Fis, Chim, Biol* núcleo.

nu.di.smo [nud´izmo] *sm* nudismo.

nu.di.tà [nudit´a] *sf* nudez.

nu.do [n´udo] *sm Pitt* nu. • *agg* **1** nu, despido. **2** *pop* pelado. **3** *fig* sincero, simples. **4** miserável, pobre.

nul.la [n´ulla] *pron* nada. **per nulla** de jeito nenhum. Veja nota em **nada**.

nul.la.te.nen.te [nullaten´ɛnte] *s* miserável, pobre.

nul.li.tà [nullit´a] *sf* **1** nulidade. **2** *fig* nada.

nul.lo [n´ullo] *agg* **1** nulo, inválido. **2** *fig* inútil, ineficaz.

nu.me.ra.le [numer´ale] *agg* numeral, de número. **aggettivi numerale** *Gramm* numerais.

nu.me.ra.re [numer´are] *vt* **1** numerar, colocar número em. **2** contar, calcular. Veja nota em **contar**.

nu.me.ra.zio.ne [numerats´jone] *sf* numeração.

nu.me.ri.co [num´ɛriko] *agg* numérico.

nu.me.ro [n´umero] *sm* **1** número. **2** numeral. **3** *Teat* número, quadro. **numero dei giri** rotação (de máquina). **numero interno** ramal (telefônico). **numero singolare e plurale** *Gramm* número singular e plural. **numero uno** *fam* número um, excelente. **senza numero** sem número, incontável.

nu.me.ro.so [numer´ozo] *agg* **1** numeroso. **2** abundante, copioso.

nuo.ce.re [n´wɔtʃere] *vi* fazer mal, prejudicar, causar dano.

nuo.ra [n´wɔra] *sf* nora.

nuo.ta.re [nwot´are] *vi* **1** nadar. **2** *fig* flutuar, boiar. **3** nadar em, ter em abundância. *nuotare nell'oro* / nadar em dinheiro.

nuo.ta.to.re [nwotat´ore] *sm* nadador.

nuo.to [n´wɔto] *sm* natação.

nuo.va [n´wɔva] *sf* nova, notícia.

nuo.vo [n´wɔvo] *agg* **1** novo. **2** recente, moderno. **3** *fig* ingênuo. **di nuovo** de novo, novamente.

nu.tri.men.to [nutrim´ento] *sm* **1** nutrição, alimento. **2** alimentação, sustento.

nu.tri.re [nutr´ire] *vt* **1** nutrir, alimentar. **2** *fig, Lett* criar. **3** educar, instruir.

nu.tri.ti.vo [nutrit´ivo] *agg* nutritivo.

nu.tri.zio.ne [nutrits´jone] *sf* **1** nutrição. **2** alimentação.

nu.vo.la [n´uvola] *sf Met* nuvem. **avere la testa nelle nuvole** *fig* ter a cabeça nas nuvens, ser distraído. **cadere dalle nuvole** *fig* cair das nuvens, surpreender-se.

nu.vo.lo.so [nuvol´ozo] *agg* nublado, nebuloso.

nu.zia.le [nuts´jale] *agg Lett* nupcial.

O

o[1] [ˈɔ] *sf* **1** a décima terceira letra do alfabeto italiano. **2** ô, o nome da letra O.

o[2] [ˈɔ] *cong* ou. • *int* ó. *o ragazzo!* / ó menino! *o Dio!* / ó Deus! **o ... o** ou ... ou.

> A conjunção **o**, antes de vogal, costuma-se escrever **od**: *sette od otto* / sete ou oito. *abbassare od alzare* / abaixar ou levantar. Para diferenciar a interjeição **o** da conjunção **o**, costuma-se escrever a interjeição com **h** no final: *oh, caro amico!* / oh, caro amigo!

o.a.si [ˈɔazi] *sf* **1** *Geogr* oásis. **2** *fig* conforto. **un'oasi di felicità** um oásis de felicidade.

ob.be.dien.te [obbedˈjɛnte] *agg V ubbidiente.*

ob.be.die.nza [obbedjˈɛnttsa] *sf V ubbidienza.*

ob.be.di.re [obbedˈire] *vt+vi V ubbidire.*

ob.bli.ga.re [obbligˈare] *vt* **1** obrigar, constranger. *obbligare uno a fare qualcosa* / obrigar alguém a fazer alguma coisa. *vpr* **2** obrigar-se, comprometer-se. *lui si obbligò ad aiutare i poveri* / ele se comprometeu a ajudar os pobres.

ob.bli.ga.to.rio [obbligatˈɔrjo] *agg* obrigatório, compulsório.

ob.bli.ga.zio.ne [obbligatsˈjone] *sf* **1** obrigação. **2** *Comm* obrigação, dívida.

ob.bli.go [ˈɔbbligo] *sm* **1** obrigação. **2** dever.

o.be.li.sco [obelˈisko] *sm* obelisco.

o.be.so [obˈɛzo] *agg* obeso.

o.biet.ta.re [objettˈare] *vt Lett* objetar, fazer objeção.

o.biet.ti.vo [objettˈivo] *sm* objetivo, fim. • *agg* objetivo. Veja nota em **fim**.

o.biet.to [obˈjɛtto] *sm Fil, Lett* **1** objeto, assunto, matéria. **2** objetivo, fim.

o.bie.zio.ne [objetsˈjone] *sf* **1** objeção. **2** oposição. Veja nota em **contra**.

o.bi.to [ˈɔbito] *sm* óbito, falecimento.

o.bla.zio.ne [oblatsˈjone] *sf* óbolo, doação.

o.bli.quo [oblˈikwo] *agg* **1** oblíquo. **2** *Gramm* indireto, oblíquo. **3** *fig* ambíguo, duvidoso.

o.blun.go [oblˈungo] *agg* **1** alongado. **2** oval, elíptico.

o.bo.e [ˈɔboe] *sm Mus* oboé.

ob.so.le.to [obsolˈɛto] *agg* obsoleto, ultrapassado.

o.ca [ˈɔka] *sf* **1** ganso. **2** *fig* tonto, tolo. **fare il becco all'oca** *fam* dar o último retoque. **far venire la pelle d'oca** arrepiar os cabelos. **oca selvatica** ganso selvagem, ganso bravo.

oc.ca.sio.na.le [okkazjonˈale] *agg* ocasional, casual, fortuito.

oc.ca.sio.ne [okkazˈjone] *sf* **1** ocasião, oportunidade. **2** circunstância. **3** situação. **4** pretexto, desculpa. **5** *Comm* oferta, pechincha. **l'occasione fa l'uomo ladro** a ocasião faz o ladrão.

oc.ca.so [okkˈazo] *sm Lett, Poet* ocaso, pôr do sol.

oc.chia.ia [okkˈjaja] *sf* **1** olheira. **2** *Anat* órbita ocular.

oc.chia.let.to [okkjalˈetto] *sm dim* monóculo. *Sin: occhialino.*

oc.chia.li [okkˈjali] *sm pl* óculos. **mettersi gli occhiali** colocar os óculos. **occhiali a stanghetta** óculos (comuns, com hastes). **occhiali da sole** óculos de sol. **occhiali di metallo** óculos de soldador.

oc.chia.li.no [okkjal'ino] *sm dim V occhialetto.*

oc.chia.ta [okk'jata] *sf* olhada.

oc.chiel.lo [okk'jɛllo] *sm* casa (de botão).

oc.chio ['ɔkkjo] *sm* **1** *Anat* olho. **2** *Zool* olho (da cauda de pavão). **3** *Mecc* olho de um instrumento. **4** *fig* olhar. **5** controle. **a chius'occhio** às cegas. **ad occhi chiusi** de olhos fechados. **ad occhio nudo** a olho nu. **chiudere gli occhi** morrer. **chiudere un occhio** *fig* fazer vista grossa, fingir que não vê. **globo dell'occhio** globo ocular. **in un batter d'occhio** num piscar de olhos. **mettere gli occhi addosso ad uno** escolher alguém. **occhio!** atenção! em guarda! **occhio d'aquila/di lince** olhos de águia/de lince, olhos aguçados. **occhio di pernice** olho de peixe. **occhio per occhio, dente per dente** olho por olho, dente por dente.

oc.ci.den.ta.le [ottʃident'ale] *s+agg* ocidental.

oc.ci.den.te [ottʃid'ɛnte] *sm* ocidente.

oc.cor.ren.te [okkor̄'ɛnte] *sm+agg* necessário.

oc.cor.ren.za [okkor̄'ɛntsa] *sf* **1** ocorrência, ocasião. **2** necessidade.

oc.cor.re.re [okk'or̄ere] *vi* **1** precisar, ser necessário. *mi occorrono ancora molte cose* / ainda preciso de muitas coisas. *occorre che tu venga domani* / é necessário que você venha amanhã. *occorre fare sempre il bene* / é necessário sempre fazer o bem. **2** ocorrer, acontecer. *può occorrere che ...* / pode ocorrer que ... Veja nota em **precisar**.

oc.cul.ta.re [okkult'are] *vt* **1** ocultar, esconder. *vpr* **2** ocultar-se, esconder-se.

oc.cul.to [okk'ulto] *agg* **1** oculto, escondido. **2** misterioso. **3** desconhecido.

oc.cu.pa.re [okkup'are] *vt* **1** ocupar. *occupare spazio* / ocupar espaço. **2** invadir, conquistar. *i nemici occuparono la città* / os inimigos invadiram a cidade. **3** usurpar. *vpr* **4** ocupar-se de. *la pettegola si occupa di affari altrui* / a fofoqueira se ocupa de assuntos alheios. **5** entregar-se a, dedicar-se a. *occuparsi di una ricerca* / dedicar-se a uma pesquisa.

oc.cu.pa.zio.ne [okkupats'jone] *sf* **1** ocupação. **2** invasão, conquista. **3** trabalho.

o.ce.a.no [otʃ'ɛano] *sm* **1** *Geogr* oceano. **2** *fig* oceano, imensidão.

o.cu.la.re [okul'are] *agg* ocular, do olho. **testimonio oculare** testemunha ocular.

o.cu.li.sta [okul'ista] *s* oculista.

o.da.li.sca [odal'iska] *sf* odalisca.

o.dia.re [od'jare] *vt* **1** odiar, detestar. *vpr* **2** odiar-se (um ao outro).

o.dier.no [od'jɛrno] *agg* hodierno, moderno.

o.dio ['ɔdjo] *sm* **1** ódio. **2** rancor, ressentimento. **3** antipatia, aversão. **in odio alla legge** contra a lei.

o.di.o.so [odi'ozo] *agg* **1** odioso. **2** detestável. **3** repulsivo, repelente.

o.dis.se.a [odiss'ɛa] *sf fig* odisseia, aventura.

o.don.to.lo.gi.a [odontolodʒ'ia] *sf* odontologia.

o.do.ra.re [odor'are] *vt* **1** cheirar, sentir o cheiro de. **2** *fig* sentir, pressentir. *vi* **3** exalar cheiro. **odorare di** (anche *fig*) cheirar a, ter cheiro de.

o.do.ra.to [odor'ato] *sm* olfato. • *agg* cheiroso.

o.do.re [od'ore] *sm* **1** odor, cheiro. **2** perfume. **3** fedor. **4** *fig* indício, sinal.

of.fen.de.re [off'ɛndere] *vt* **1** ofender, insultar. **2** ferir, machucar. **3** violar, profanar. *vpr* **4** ofender-se, sentir-se ofendido. **offendere Dio** cometer um pecado.

of.fen.si.va [offens'iva] *sf* ofensiva, ataque. **prendere l'offensiva** atacar primeiro.

of.fen.si.vo [offens'ivo] *agg* ofensivo.

of.fer.ta [off'ɛrta] *sf* **1** oferta. **2** oferenda. **3** doação, esmola.

of.fe.sa [off'eza] *sf* **1** ofensa, afronta. **2** palavrão. **3** dano, prejuízo.

of.fe.so [off'ezo] *agg* **1** ofendido, insultado. **2** lesado.

of.fi.cia.re [offitʃ'are] *vt* oficiar, celebrar (missa).

of.fi.ci.na [offitʃ'ina] *sf* oficina. **officina riparazioni** oficina mecânica.

of.fri.re [offr'ire] *vt* **1** oferecer. *offrire una sigaretta* / oferecer um cigarro. **2** sacrificar a Deus. **3** mostrar, apresentar. **4** presentear. *offrì una macchina alla fidanzata* / ele presenteou a noiva com um carro. *vpr* **5** oferecer-se, propor-se.

offrirsi di fare una cosa / oferecer-se para fazer uma coisa. **6** apresentar-se, mostrar-se. **offrirsi in olocausto** *fig* sacrificar-se por causa nobre.

of.fu.sca.re [offusk'are] *vt* **1** ofuscar, obscurecer. **2** *fig* manchar. *vpr* **3** ofuscar-se, obscurecer-se. **4** *fig* depreciar-se.

o.fi.dio [of'idjo] *sm Zool* ofídio.

of.tal.mo.lo.gi.a [oftalmolodʒ'ia] *sf Med* oftalmologia.

of.tal.mo.lo.go [oftalm'ɔlogo] *sm Med* oftalmologista.

og.get.to [oddʒ'ɛtto] *sm* **1** objeto. **2** tema, assunto. **3** *Gramm* objeto. **4** *pop* coisa. **5** *fig* objetivo, fim, propósito. **complemento oggetto** *Gramm* objeto direto. Veja nota em **fim**.

og.gi ['ɔddʒi] *avv* **1** hoje. **2** nesta época, no tempo atual. • *sm* o dia de hoje. **da oggi in poi** de hoje em diante. **oggi a otto** daqui a oito dias.

og.gi.gior.no [oddʒidʒ'orno] *avv* hoje em dia, nos dias de hoje. *Sin: oggidì.*

og.gi.dì [oddʒid'i] *avv V oggigiorno.*

o.gni ['oñi] *pron* **1** cada. *ogni studente ha il suo posto* / cada estudante tem o seu lugar. **2** todos. *c'è una televisione in ogni casa* / em todas as casas há uma televisão. **a ogni modo/in ogni modo** de qualquer maneira. **ogni cosa** tudo, todas as coisas. **ogni due giorni** a) a cada dois dias. b) dia sim, dia não. **ogni qualvolta** sempre que, toda vez que. **ogni tanto/ogni poco** de vez em quando, de quando em quando. **ogni tre giorni** a cada três dias.

Deve-se notar que **ogni** é usado sempre com substantivos no singular, mesmo tendo sentido plural.

O.gnis.san.ti [oñiss'anti] *sm Rel* Dia de Todos os Santos.

o.gno.ra [oñ'ora] *avv* a toda hora, sempre.

o.gnu.no [oñ'uno] *pron* cada um, todos.

oh ['ɔ] *int* oh!

A interjeição **oh** indica dor, espanto, surpresa etc. Veja outra nota em **h** (italiano).

o.hi ['ɔi] *int* ui! ai!

o.hi.bò [oib'ɔ] *int* **1** oh! **2** não! nunca!

Na acepção **1**, a interjeição **ohibò** indica maravilha, surpresa; na acepção **2**, indica negação, reprovação etc.

o.hi.mè [oim'ɛ] *int* ai de mim! piedade!

o.là [ol'a] *int* olá! oi!

o.lan.de.se [oland'eze] *s+agg* holandês.

o.len.te [ol'ɛnte] *agg Poet* perfumado, cheiroso.

o.le.o.so [ole'ozo] *agg* oleoso.

ol.fat.to [olf'atto] *sm* olfato.

O.lim.pi.a.de [olimp'iade] *sf pl* Olimpíadas.

o.lim.pi.co [ol'impiko] *agg* olímpico. **i dei olimpici** os deuses olímpicos.

o.lio ['ɔljo] *sm* **1** azeite. **2** óleo. **3** *Chim* óleo. **olio di fegato di merluzzo** óleo de fígado de bacalhau. **olio di ricino** óleo de rícino. **olio d'oliva** azeite de oliva. **olio minerale** óleo mineral. **pittura a olio** pintura a óleo. **sott'olio** ao azeite.

o.li.va [ol'iva] *sf* azeitona, oliva. **colore oliva** verde-oliva. *Var: uliva.*

o.li.va.stro [oliv'astro] *agg* cor de azeitona.

o.li.vo [ol'ivo] *sm* oliveira. *Var: ulivo.*

o.lo.cau.sto [olok'awsto] *sm* **1** *St* holocausto. **2** *fig* holocausto, massacre.

ol.trag.gia.re [oltraddʒ'are] *vt* **1** ultrajar. **2** violar.

ol.trag.gio [oltr'addʒo] *sm* **1** ultraje, afronta, ofensa grave. **2** *Giur* estupro. **oltraggio al pudore** *Giur* atentado ao pudor.

ol.trag.gio.so [oltraddʒ'ozo] *agg* ultrajante.

ol.tran.za [oltr'antsa] *avv* na expressão **a oltranza/a tutta oltranza** até o fim, até as últimas.

ol.tre ['oltre] *prep* **1** além de. *camminavano oltre la frontiera* / caminhavam além da fronteira. **2** depois de. *lei arriverà oltre il venti maggio* / ela chegará depois de vinte de maio. **3** mais de (tempo). *il processo durò oltre quattro mesi* / o processo durou mais de quatro meses. • *avv* **1** além. *andare oltre* / ir além. **2** avante. **3** depois, em seguida. **oltre a** além de. *parliamo il tedesco ed il francese, oltre all'italiano* / falamos alemão e francês, além do italiano. **oltre a che** além do que. **oltre a ciò** além disso.

ol.tre.ma.re [oltrem'are] *sm* ultramar, azul ultramarino. • *avv* além-mar.

ol.tre.ma.ri.no [oltremar'ino] *agg* ultramarino. **azzurro oltremarino** azul ultramarino.

ol.tre.mi.su.ra [oltremiz´ura] *avv* desmesuradamente, além da conta.
ol.tre.mo.do [oltrem´ɔdo] *avv* sem moderação.
ol.tre.pas.sa.re [oltrepass´are] *vt* **1** ultrapassar, superar. **2** exceder, passar de.
o.mag.gio [om´addʒo] *sm* homenagem.
o.ma.ro [´ɔmaro] *sm Zool* lagosta.
om.be.li.ca.le [ombelik´ale] *agg* umbilical. *Var: umbilicale.*
om.be.li.co [ombel´iko] *sm* **1** *Anat* umbigo. **2** *fig* centro. *Var: umbilico.*
om.bra [´ombra] *sf* **1** sombra. **2** *fig* noite, visão, fantasma, aparição. **3** defeito, imperfeição. **all'ombra** à sombra. **dare corpo alle ombre** *fig* preocupar-se com coisas imaginárias. **essere un'ombra** ser uma sombra, ser esquelético. **nell'ombra** às escondidas. **nemmeno per ombra** nem sombra, de jeito nenhum. **ombre cinesi** *pl* sombras chinesas.
om.breg.gia.re [ombreddʒ´are] *vt* **1** sombrear, fazer sombra em. **2** *Pitt* sombrear, dar sombreado. **3** *fig* esconder, mascarar.
om.brel.lo [ombr´ɛllo] *sm* guarda-chuva.
om.brel.lo.ne [ombrell´one] *sm aum* guarda-sol.
o.me.o.pa.ti.a [omeopat´ia] *sf* homeopatia.
o.me.o.pa.ti.co [omeop´atiko] *sm* homeopata. • *agg* homeopático.
o.me.ro [´ɔmero] *sm* **1** *Anat* úmero. **2** *Lett* ombro.
o.met.te.re [om´ettere] *vt* omitir.
o.met.to [om´etto] *sm dim* (anche *fig*) homenzinho.
o.mi.ci.dio [omitʃ´idjo] *sm* homicídio.
o.mis.sio.ne [omiss´jone] *sf* **1** omissão. **2** esquecimento.
o.mo.fo.no [om´ɔfono] *agg* homófono.
o.mo.ge.ne.o [omodʒ´ɛneo] *agg* homogêneo.
o.mo.lo.ga.re [omolog´are] *vt Lett* homologar, ratificar.
o.mo.ni.mo [om´ɔnimo] *sm+agg* homônimo.
o.mo.pla.ta [omopl´ata] *sf Anat* omoplata.
o.mo.ses.su.a.le [omosessu´ale] *s* homossexual.
on.cia [´ontʃa] *sf* onça, medida de peso inglesa.
on.da [´onda] *sf* onda. *le onde del mare* / as ondas do mar. **onde acustiche/sonore** ondas acústicas ou sonoras. **onde corte e medie** ondas curtas e médias.
on.deg.gia.re [ondeddʒ´are] *vi* **1** ondear. **2** encrespar-se, agitar-se. **3** *fig* hesitar, vacilar.
on.du.la.re [ondul´are] *vt* **1** ondular, fazer ondas em. *vi* **2** ondular.
on.du.la.zio.ne [ondulats´jone] *sf* ondulação. **ondulazione dei capelli** permanente.
o.ne.ra.re [oner´are] *vt Giur* onerar, agravar.
o.ne.re [´ɔnere] *sm* **1** encargo, incumbência. **2** *Giur, Comm* ônus, gravame.
o.ne.ro.so [oner´ozo] *agg* oneroso.
o.ne.stà [onest´a] *sf* honestidade.
o.ne.sto [on´ɛsto] *sm* honesto, pessoa honesta. • *agg* **1** honesto. **2** justo. **3** lícito, legal.
o.ni.ri.co [on´iriko] *agg* onírico, de sonho.
on.ni.po.ten.te [onnipot´ɛnte] *s+agg* onipotente. **l'Onnipotente** *Rel* o Todo-Poderoso, Deus.
on.ni.vo.ro [onn´ivoro] *agg Biol* onívoro.
o.no.ma.sti.co [onom´astiko] *agg* onomástico. **giorno onomastico** *Rel* dia do santo. **lessico onomastico** dicionário de nomes próprios.
o.no.ma.to.pe.a [onomatop´ɛa] *sf* onomatopeia.
o.no.ran.ze [onor´antse] *sf pl* **1** honras, honrarias. **2** funerais.
o.no.ra.re [onor´are] *vt* **1** honrar. *onorare il re* / honrar o rei. **2** adorar, venerar. *vpr* **3** honrar-se, vangloriar-se de, orgulhar-se de. *mi onoro della sua amicizia* / honro-me com a sua amizade. *onorarsi di appartenere ad un gruppo* / orgulhar-se de pertencer a um grupo.
o.no.ra.rio [onor´arjo] *sm Comm* honorários, pagamento. • *agg* honorário, de honra.
o.no.ra.tez.za [onorat´ettsa] *sf* honradez, honra.
o.no.re [on´ore] *sm* **1** honra. **2** consideração, estima. **3** adoração, veneração. **4** funerais. **avere l'onore di** ter a honra

de. **campo dell'onore** campo de batalha. **debito d'onore** dívida de honra. **fare gli onori di casa** fazer as honras da casa. **fare onore** fazer jus. **parola d'onore** palavra de honra. **posto d'onore** lugar de honra. **punto d'onore** questão de honra.

o.no.re.vo.le [onor'evole] *agg* honrado, digno.

o.pa.co [op'ako] *agg* **1** opaco. **2** turvo, fosco. **3** *fig* apagado, sem vida. **4** abafado, velado (som).

o.pe.ra ['ɔpera] *sf* **1** obra. **2** ação. **3** trabalho, serviço. **4** construção. **5** *Mus* ópera. **compire l'opera** a) terminar a obra. b) *iron* prejudicar mais ainda. **opere pie** instituições de caridade.

o.pe.ra.io [oper'ajo] *sm* operário.

o.pe.ra.re [oper'are] *vt* **1** operar, executar, realizar. **2** *Med* operar. *vi* **3** operar. **4** agir, obrar.

o.pe.ra.to.re [operat'ore] *sm* operador. **chirurgo operatore** médico-cirurgião. **operatore cinematografico** ou apenas **operatore** câmera, pessoa que opera as câmeras.

o.pe.ra.to.rio [operat'ɔrjo] *agg* operatório, de operação. **sala operatoria** sala de operação.

o.pe.ra.zio.ne [operats'jone] *sf* **1** operação. **2** plano, projeto. **3** *Med* operação, cirurgia. **operazione plastica** operação plástica.

o.pe.ret.ta [oper'etta] *sf dim* **1** trabalhinho. **2** *Mus* opereta.

o.pe.ro.so [oper'ozo] *agg* operoso, ativo, trabalhador.

o.pi.fi.cio [opif'itʃo] *sm* fábrica, indústria.

o.pi.na.re [opin'are] *vt+vi Lett* opinar. *opinare su* (ou *circa*) *un argomento* / opinar sobre um assunto.

o.pi.nio.ne [opin'jone] *sf* **1** opinião, ideia, modo de ver. **2** parecer, avaliação, julgamento. **3** *fig* reputação, conceito. **esprimere un'opinione** dar uma opinião. **essere d'opinione che** achar que.

op.pio ['ɔppjo] *sm* ópio.

op.por.re [opp'oȓe] *vt* **1** opor, contrapor. *opporre resistenza* / opor resistência. **2** contestar, discordar, objetar. *vpr* **3** opor-se, ficar contra. *i politici si opposero ai cambiamenti proposti* / os políticos se opuseram às alterações propostas. **4** contestar, discordar de, objetar. *opporsi ad un'idea* / discordar de uma ideia.

op.por.tu.ni.tà [opportunit'a] *sf* **1** oportunidade. **2** ensejo.

op.por.tu.no [opport'uno] *agg* oportuno, conveniente.

op.po.sto [opp'osto] *sm* o oposto, o contrário. • *agg* oposto, contrário.

op.pres.sio.ne [oppress'jone] *sf* **1** opressão, tirania. **2** preocupação, angústia. **3** sufoco.

op.pri.men.te [opprim'ɛnte] *agg* **1** opressor. **2** *fig* tedioso, aborrecido.

op.pri.me.re [oppr'imere] *vt* **1** oprimir. **2** *fig* preocupar, angustiar. **3** sufocar.

op.pu.re [opp'ure] *cong* ou.

o.pta.re [opt'are] *vi Giur* optar, escolher.

o.pu.len.to [opul'ɛnto] *agg* opulento, rico.

o.pu.sco.lo [op'uskolo] *sm* folheto, livreto.

op.zio.ne [opts'jone] *sf* **1** *Giur* opção, escolha. **2** *Comm* opção.

o.ra ['ora] *sf* **1** hora. **2** momento. • *avv* já, agora, neste momento. *ora non voglio parlare con te* / agora não quero falar com você. • *cong* ora, portanto, consequentemente. **che ora è?** que horas são? **di buon'ora** de madrugada. **mezz'ora** meia hora. **ora di punta** horário de pico. **ora legale/ora estiva** *V orario*. **ora ... ora** ora ... ora. *lui ora risponde, ora tace* / ele ora responde, ora se cala. **or ora** há pouco tempo, pouco tempo faz. **suonare le ore** dar as horas (o relógio). **un quarto d'ora** um quarto de hora.

o.ra.co.lo [or'akolo] *sm* **1** *Mit* oráculo. **2** *fig* previsão, profecia. **3** *iron* sabe-tudo.

o.ra.le [or'ale] *agg* oral. **esame orale** exame oral.

o.ra.mai [oram'aj] *avv V ormai*.

o.ran.gu.tan [orangut'an] *sm Zool* orangotango.

o.ra.rio [or'arjo] *sm* horário. **in orario** na hora (trem, avião). **orario estivo/ora legale/ora estiva** horário de verão. **orario invernale** horário de inverno.

o.ra.to.ria [orat'ɔrja] *sf* oratória.

O

o.ra.to.rio [orat´ɔrjo] *sm Rel, Mus* oratório. • *agg* oratório, da oratória.
o.ra.zio.ne [orats´jone] *sf* **1** *Lett* discurso. **2** *Rel* oração, prece.
or.be.ne [orb´ɛne] *cong* ora, bem.
or.bi.ta [´ɔrbita] *sf Anat, Astron* órbita.
or.bo [´ɔrbo] *sm* cego. • *agg* **1** cego. **2** vesgo, zarolho. **3** *Lett* desprovido, privado.
or.ca [´ɔrka] *sf Zool* orca.
or.che.stra [ork´ɛstra] *sf* orquestra.
or.chi.de.a [orkid´ɛa] *sf Bot* orquídea.
or.da [´ɔrda] *sf* **1** *St* horda. **2** *fig* multidão.
or.di.na.le [ordin´ale] *agg* ordinal.
or.di.na.men.to [ordinam´ento] *sm* **1** ordem, ordenação. **2** regulamento, norma, regra.
or.di.nan.za [ordin´antsa] *sf* decreto. **ufficiale d'ordinanza** ou apenas **ordinanza** *Mil* ordenança.
or.di.na.re [ordin´are] *vt* **1** ordenar: a) comandar. *il direttore ordinerà la sua graduazione* / o diretor ordenará a sua promoção. b) dispor, colocar em ordem. *la segretaria ordinò le schede* / a secretária ordenou as fichas. c) mandar. *lui ordinò che uscissimo* / ele mandou que saíssemos. **2** *Comm* encomendar. *ordinare merci* / encomendar mercadorias. **3** *Rel* ordenar. *vpr* **4** ordenar-se, colocar-se em ordem. **5** *Rel* ordenar-se, receber as ordens.
or.di.na.rio [ordin´arjo] *sm* **1** ordinário, habitual. **2** *Rel* ordinário, superior eclesiástico. • *agg* **1** ordinário. **2** habitual, comum. **3** medíocre, reles.
or.di.ne [´ordine] *sm* **1** ordem. **2** regra. **3** classe, categoria. **4** comando. **5** decreto, lei. **6** *Zool* ordem. **7** *Comm* pedido. **all'ordine di** à ordem de. **essere di primo ordine** ser de primeira classe. **in ordine** em ordem. **ordine degli avvocati** ordem dos advogados. **ordine del giorno** ordem do dia. **ordine di battaglia** ordem de batalha. **ordine religioso** ordem religiosa. **ordini architettonici** ordens arquitetônicas. **ordini sacri** ordens sacras.
or.di.re [ord´ire] *vt* **1** urdir. **2** *fig* tramar, conspirar.
o.rec.chia [or´ekkja] *sf V orecchio.*
o.rec.chi.no [orekk´ino] *sm* brinco.
o.rec.chio [or´ekkjo] *sm* **1** orelha, ouvido. **2** *fig* atenção. **abassare gli orecchi** humilhar-se. **avere orecchio per la musica** ter ouvido para a música. **dire una parolina in un orecchio** dizer alguma coisa no ouvido. **essere tutt'orecchi** ser todo ouvidos. **tendere gli orecchi/stare a orecchi tesi** ficar de orelha ligada. **tirata d'orecchi** puxão de orelhas. **venire agli orecchi di** chegar aos ouvidos de, chegar ao conhecimento de. *Sin: orecchia.*
o.rec.chio.ni [orekk´joni] *sm pl Med pop* caxumba.
o.re.fi.ce [or´efitʃe] *sm* ourives.
or.fa.no [´ɔrfano] *sm+agg* órfão.
or.fa.no.tro.fio [orfanotr´ɔfjo] *sm* orfanato.
or.ga.net.to [organ´etto] *sm Mus* **1** realejo. **2** acordeão.
or.ga.ni.smo [organ´izmo] *sm* **1** organismo. **2** *fig* organização, sistema. **3** instituição, entidade.
or.ga.niz.za.re [organiddz´are] *vt* **1** organizar. *vpr* **2** organizar-se.
or.ga.no [´organo] *sm* **1** *Fisiol* órgão. **2** *Mus* órgão. **3** *fig* jornal, órgão de imprensa.
or.ga.smo [org´azmo] *sm* **1** *Fisiol* orgasmo. **2** *fig* entusiasmo, excitação.
or.gia [´ɔrdʒa] *sf* orgia, bacanal.
or.go.glio [org´oλo] *sm* **1** orgulho. **2** soberba. **3** honra.
or.go.glio.so [orgoλ´ozo] *agg* orgulhoso.
o.rien.ta.le [orjent´ale] *s+agg* oriental.
o.rien.ta.re [orjent´are] *vt+vi* **1** orientar, encaminhar. *l'eco orienta i pipistrelli nel volo* / o eco orienta os morcegos no voo. *questo pensiero orienta lo studente a* (ou *verso*) *soluzioni creative* / este pensamento orienta o estudante a soluções criativas. *vpr* **2** orientar-se. *orientarsi in una città sconosciuta* / orientar-se numa cidade desconhecida.
o.rien.te [or´jɛnte] *sm* oriente. **Estremo Oriente** Extremo Oriente.
o.ri.fi.zio [orif´itsjo] *sm* **1** orifício, furo. **2** *Anat* canal, conduto.
o.ri.ga.no [or´igano] *sm Bot* orégano.
o.ri.gi.na.le [oridʒin´ale] *sm* **1** original. **2** manuscrito. **3** *fig* excêntrico. • *agg* **1** original. **2** *fig* singular, estranho.

o.ri.gi.na.re [oridʒin´are] *vt* **1** *Lett* originar, dar origem a. *vi* **2** originar-se de.
o.ri.gi.na.rio [oridʒin´arjo] *agg* originário.
o.ri.gi.ne [or´idʒine] *sf* **1** origem, princípio, início. **2** origem, procedência. **3** nascimento.
o.ri.na [or´ina] *sf Fisiol* urina. *Var: urina.*
o.ri.na.le [orin´ale] *sm* **1** urinol. **2** *pop* penico.
o.ri.na.re [orin´are] *vt* **1** urinar. **2** *volg* mijar.
o.riun.do [or´jundo] *agg* oriundo.
o.riz.zon.ta.le [oriddzont´ale] *agg* horizontal.
o.riz.zon.te [oriddz´onte] *sm* **1** horizonte. **2** *fig* âmbito, campo.
or.la.re [orl´are] *vt* **1** orlar. **2** fazer bainha em.
or.lo [´ɔrlo] *sm* **1** bainha de roupa. **2** borda, margem. **3** *fig* extremidade, ponta. Veja nota em **extremidade**.
or.ma [´orma] *sf* **1** pegada, rastro. **2** pisada. **3** pista. **4** *fig* marca, recordação. **5** exemplo.
or.mai [orm´aj] *avv* **1** agora, já. *tutto questo è ormai passato* / tudo isto já passou. **2** desde já, de agora em diante. *Var: oramai.*
or.mo.ne [orm´one] *sm Fisiol* hormônio.
or.na.men.ta.le [ornament´ale] *agg* ornamental, decorativo.
or.na.men.to [ornam´ento] *sm* ornamento, adorno, enfeite.
or.na.re [orn´are] *vt* **1** ornar, adornar. *vpr* **2** ornar-se, adornar-se.
or.na.to [orn´ato] *sm* ornamento, adorno. • *agg* ornado, adornado.
or.ni.to.lo.gi.a [ornitolodʒ´ia] *sf* ornitologia.
o.ro [´ɔro] *sm* **1** ouro. **2** *fig* riqueza. **3** dinheiro. **4** moeda de ouro. **cuor d'oro** coração de ouro. **non è tutt'oro quel che riluce** nem tudo o que reluz é ouro. **oro bianco** ouro branco. **per tutto l'oro del mondo** por todo o ouro do mundo. **valere tanto oro quanto pesa** valer tanto quanto pesa.
o.ro.lo.ge.ri.a [orolodʒer´ia] *sf* relojoaria.
o.ro.lo.gia.io [orolodʒ´ajo] *sm* relojoeiro.
o.ro.lo.gio [orol´ɔdʒo] *sm* relógio. **caricare l'orologio** dar corda no relógio. **essere un orologio** a) funcionar como um relógio. b) ser pontual. **l'orologio corre di un'ora al giorno** o relógio adianta uma hora por dia. **l'orologio è fermo** o relógio parou. **l'orologio ritarda** o relógio atrasa. **orologio ad acqua** relógio de água. **orologio a sabbia** relógio de areia, ampulheta. **orologio a sveglia** despertador. **orologio da muro** relógio de parede. **orologio da polso** relógio de pulso. **orologio da tasca** relógio de bolso. **orologio solare** relógio solar.
o.ro.sco.po [or´ɔskopo] *sm* horóscopo. **tirare l'oroscopo** fazer o horóscopo.
or.ren.do [or̄´ɛndo] *agg* **1** horrendo, horroroso. **2** assustador.
or.ri.bi.le [or̄´ibile] *agg* horrível, assustador. • *sm* horror, coisa horrorosa.
or.ri.pi.lan.te [or̄ipil´ante] *agg* horripilante.
or.ro.re [or̄´ore] *sm* **1** horror, terror. **2** monstruosidade.
or.sa [´orsa] *sf Zool* ursa. **Orsa Minore** e **Orsa Maggiore** *Astron* Ursa Menor e Ursa Maior.
or.so [´orso] *sm* **1** *Zool* urso. **2** *fig* pessoa antissocial. **grazioso come un orso** *iron* desajeitado, desastrado. **orso bianco** urso-branco.
or.sù [ors´u] *int* vamos! vamos lá!
or.tag.gio [ort´addʒo] *sm* hortaliça.
or.ten.sia [ort´ɛnsja] *sf Bot* hortênsia.
or.ti.ca [ort´ika] *sf Bot* urtiga.
or.to [´ɔrto] *sm* **1** horta. **2** horto. **orto botanico** jardim botânico.
or.to.dos.so [ortod´ɔsso] *sm Rel* **1** ortodoxo. **2 gli ortodossi** *pl* os gregos ortodoxos. • *agg* ortodoxo.
or.to.gra.fi.a [ortograf´ia] *sf Gramm* ortografia.
or.to.pe.di.a [ortoped´ia] *sf Med* ortopedia.
or.to.pe.di.co [ortop´ɛdiko] *agg Med* ortopédico. • *sm Med* ortopedista.
or.za.io.lo [ortsa´jɔlo] *sm Med* terçol.
or.zo [´ɔrtso] *sm Bot* cevada.
o.sa.re [oz´are] *vt* ousar, atrever-se a.
o.sce.no [oʃ´ɛno] *agg* obsceno, imoral.
o.scil.la.re [oʃill´are] *vi* **1** oscilar. **2** *fig* hesitar, vacilar. **3** variar (preços, valores).

o.scu.ra.re [oskur´are] *vt* **1** obscurecer. **2** escurecer. **3** *fig* esconder, ocultar. *vpr* **4** obscurecer-se.

o.scu.ri.tà [oskurit´a] *sf* **1** obscuridade, escuridão. **2** *fig* ignorância. **3** anonimato, obscuridade.

o.scu.ro [osk´uro] *agg* **1** escuro. **2** *fig* obscuro. **3** incompreensível, ininteligível. **4** desconhecido, anônimo.

o.smo.si [ozm´ɔzi] *sf Fis* osmose.

o.spe.da.le [osped´ale] *sm* hospital.

o.spi.ta.le [ospit´ale] *agg* hospitaleiro, acolhedor.

o.spi.ta.li.tà [ospitalit´a] *sf* hospitalidade.

o.spi.ta.re [ospit´are] *vt* hospedar.

o.spi.te [´ɔspite] *s* **1** anfitrião. **2** hóspede. **l'ospite è come il pesce, fra tre giorni rincresce** hóspede é como peixe, com três dias fede.

o.spi.zio [osp´itsjo] *sm* asilo (para pobres, idosos, órfãos).

os.se.o [´ɔsseo] *agg* ósseo.

os.se.quio [oss´ɛkwjo] *sm* **1** homenagem, reverência. **2** saudação. **in ossequio a** em obediência a.

os.ser.va.re [osserv´are] *vt* **1** observar. **2** examinar, considerar. **3** manter. **4** respeitar. *osservare una legge, una regola* / respeitar a lei, uma regra.

os.ser.va.to.rio [osservat´ɔrjo] *sm* observatório. **osservatorio astronomico** observatório astronômico.

os.ser.va.zio.ne [osservats´jone] *sf* **1** observação, análise, exame. **2** conclusão. **3** repreensão, crítica.

os.ses.sio.ne [ossess´jone] *sf* **1** obsessão, possessão. **2** ideia fixa, fixação, mania. **3** *Psic* obsessão.

os.ses.so [oss´ɛsso] *sm+agg* endemoninhado, possuído.

os.si.a [oss´ia] *cong* ou seja.

os.si.da.re [ossid´are] *vt* **1** oxidar, enferrujar. *vpr* **2** oxidar-se, enferrujar-se.

os.si.do [´ɔssido] *sm Chim* óxido.

os.si.ge.na.re [ossidʒen´are] *vt* oxigenar. **ossigenare i capelli** oxigenar os cabelos.

os.si.ge.no [oss´idʒeno] *sm* **1** *Chim* oxigênio. **2** *fig* ajuda, amparo.

os.si.to.no [oss´itono] *agg Gramm* oxítono.

os.so [´ɔsso] *sm* **1** *Anat* osso. **2** *Bot* caroço. **avere l'osso di qualcosa** ser alguma coisa por natureza. **bagnarsi fino alle ossa** encharcar-se. **essere pelle ed ossa** estar/ser pele e osso. **osso duro** osso duro de roer. **osso sacro** *Anat* osso sacro.

Osso possui dois plurais: um masculino, **gli ossi**, usado quando nos referimos aos ossos considerados separadamente; e um feminino, **le ossa**, usado quando nos referimos ao conjunto dos ossos de um animal.

o.sta.co.lo [ost´akolo] *sm* **1** obstáculo. **2** impedimento. **corsa ad ostacoli** corrida de obstáculos. Veja nota em **contra**.

o.stag.gio [ost´addʒo] *sm* refém.

o.steg.gia.re [osteddʒ´are] *vt* hostilizar.

o.sten.si.bi.le [ostens´ibile] *agg V ostensivo.*

o.sten.si.vo [ostens´ivo] *agg* ostensivo. *Sin: ostensibile.*

o.sten.ta.re [ostent´are] *vt* ostentar, exibir.

o.ste.ri.a [oster´ia] *sf* **1** taverna, taberna. **2** estalagem.

o.ste.tri.cia [ostetr´itʃa] *sf Med* obstetrícia.

o.ste.tri.co [ost´ɛtriko] *sm Med* médico obstetra. • *agg* obstétrico.

o.stia [´ɔstja] *sf Rel, Med* hóstia.

o.sti.le [ost´ile] *agg* hostil, adverso.

o.sti.nar.si [ostin´arsi] *vpr* obstinar-se, persistir. *ostinarsi su qualcosa* / persistir em alguma coisa. *lei si ostinò a viaggiare* / ela se obstinou em viajar.

o.sti.na.to [ostin´ato] *agg* obstinado.

o.sti.na.zio.ne [ostinats´jone] *sf* obstinação.

o.stra.ci.smo [ostratʃ´izmo] *sm St* ostracismo. **dare l'ostracismo a qualcosa** banir a utilização de algo. **dare l'ostracismo a qualcuno** expulsar ou exilar alguém.

o.stri.ca [´ostrika] *sf* ostra. **ostrica perlifera** ostra perlífera.

o.stru.i.re [ostru´ire] *vt* obstruir.

o.ti.te [ot´ite] *sf Med* otite.

o.to.ri.no.la.rin.go.ia.tra [otorinolaringo´jatra] *s Med* otorrinolaringologista.

o.tre [´otre] *sm* **1** odre. **2** *fig, disp* pança, barriga. **otre gonfio di vento** *Lett* orgulhoso, pessoa orgulhosa. **pieno come un otre** *fig* empanturrado de comida.

pa.ra.fan.go [paraf'ango] *sm Autom* para-lama.
pa.raf.fi.na [paraff'ina] *sf Chim* parafina.
pa.ra.fra.si [par'afrazi] *sf Lett* paráfrase.
pa.ra.ful.mi.ne [paraf'ulmine] *sm* para--raios.
pa.ra.go.na.re [paragon'are] *vt* **1** comparar, cotejar. *paragonare una cosa ad altra* / comparar uma coisa a outra. *vpr* **2** comparar-se. *ti vuoi comparare con me?* você quer se comparar comigo?
pa.ra.go.ne [parag'one] *sm* comparação, cotejo.
pa.ra.gra.fo [par'agrafo] *sm* parágrafo.
pa.ra.li.si [par'alizi] *sf* **1** *Med* paralisia. **2** *fig* inatividade, imobilidade. **3** interrupção, pausa. **paralisi infantile** paralisia infantil.
pa.ra.li.ti.co [paral'itiko] *agg* paralítico.
pa.ra.liz.za.re [paraliddz'are] *vt* paralisar.
pa.ral.le.la [parall'ɛla] *sf* **1** *Geom* paralela. **2 parallele** *pl Sp* barras paralelas.
pa.ral.le.le.pi.pe.do [parallelep'ipedo] *sm Geom* paralelepípedo.
pa.ral.le.lo [parall'ɛlo] *agg* paralelo. **circuiti in parallelo** *Elett* circuitos paralelos.
pa.ra.lu.me [paral'ume] *sm* abajur, quebra--luz.
pa.ra.me.tro [par'ametro] *sm* parâmetro, convenção.
pa.ra.nin.fo [paran'info] *sm* paraninfo.
pa.ra.no.ia [paran'ɔja] *sf Psic* paranoia.
pa.ra.oc.chi [para'ɔkki] *sm* antolhos (para cavalo).
pa.ra.pet.to [parap'ɛtto] *sm* parapeito, peitoril.
pa.ra.ple.gi.a [parapledʒ'ia] *sf Med* paraplegia.
pa.ra.re [par'are] *vt* **1** enfeitar, decorar. **2** evitar, impedir. *parare un colpo* / evitar um golpe. **3** proteger, defender. *vpr* **4** aparecer. *una donna si parò davanti a loro* / uma mulher apareceu à frente deles. **5** proteger-se, defender-se.
pa.ra.so.le [paras'ole] *sm* guarda-sol.
pa.ras.si.ta [parass'ita] *sf* **1** *Zool, Bot* parasita. **2** *fig* parasita, sanguessuga, aproveitador.
pa.ra.ta [par'ata] *sf* parada, desfile.

> **Parata** não é usado no sentido de "parada", "lugar onde se para"; nesse sentido, usa-se **fermata**.

pa.ra.to.ia [parat'oja] *sm* comporta.
pa.ra.ur.ti [para'urti] *sm Autom* para--choque.
pa.ra.ven.to [parav'ento] *sm* **1** biombo, para-vento. **2** *fig* defesa, proteção.
par.cel.la [partʃ'ɛlla] *sf* conta, nota de prestação de serviços.
par.cheg.gia.re [parkeddʒ'are] *vt* estacionar.
par.cheg.gio [park'eddʒo] *sm* estacionamento.
par.co [p'arko] *sm* parque. • *agg* parco, frugal. **parco nazionale** parque nacional.
pa.rec.chio [par'ekkjo] *agg* abundante, numeroso. • *avv* muito, bastante (em quantidade). • *pron pl* **parecchi** alguns.
pa.reg.gia.re [pareddʒ'are] *vt* **1** emparelhar. **2** igualar, equiparar. **3** nivelar. **4** equilibrar. *vpr* **5** emparelhar-se. **6** igualar--se, equiparar-se.
pa.reg.gio [par'eddʒo] *sm* **1** *Sp* empate. **2** *Comm* ajuste das contas.
pa.ren.ta.do [parent'ado] *sm Lett V parentela.*
pa.ren.te [par'ɛnte] *s* parente, familiar.
pa.ren.te.la [parent'ɛla] *sf* **1** parentesco, consanguinidade. **2** parentes, parentela. **3** *fig* ligação. *Sin: parentado.*
pa.ren.te.si [par'ɛntezi] *sf* **1** parêntese, explicação. **2** *fig* pausa, intervalo. **parentesi quadra** *Gramm* colchetes. **parentesi tonda** *Gramm* parênteses.
pa.re.re [par'ere] *sm* **1** parecer, opinião de especialista. **2** conselho, aviso. • *vi* **1** parecer, assemelhar-se a. **2** *fig* parecer a, julgar, crer, pensar. *mi pare che ...* / parece-me que ...

> **Parere** pode ser usado impessoalmente: *pare di sì* / parece que sim. *pare che in Italia non ci sono questi animali* / parece que na Itália não existem estes animais.

pa.re.te [par'ete] *sf* **1** *Archit, Anat* parede. **2** *fig* defesa, proteção.
pa.ri [p'ari] *sm* **1** igual, semelhante. **2** *St, Pol* par, lorde. • *agg* **1** par. **2** igual, equivalente. **alla pari** de igual para igual. **al pari di** como (usado em comparação). **andare**

alla pari con equiparar-se a. **essere pari con alcuno** estar quite com alguém. **fare a pari e caffo** tirar no par ou ímpar. **senza pari** maravilhoso, excelente.

pa.ri.glia [par´iλa] *sf* **1** parelha. **2** restituição.

pa.ri.men.ti [parim´enti] *avv* igualmente, da mesma forma.

pa.ri.tà [parit´a] *sf* **1** paridade. **2** igualdade.

par.la.men.ta.re [parlament´are] *s* **1** parlamentar. **2** embaixador, representante. • *vi* parlamentar, negociar (em guerra). • *agg* parlamentar.

par.la.men.to [parlam´ento] *sm* **1** parlamento, assembleia legislativa. **2** *Mil* negociação.

par.lan.te [parl´ante] *agg* **1** falante. **2** *fig* expressivo, vivo.

par.la.re [parl´are] *sm* **1** fala. **2** linguagem. **3** discurso. • *vt* **1** falar, dizer, pronunciar. *vi* **2** falar. **parlare del più e del meno** falar sobre tudo. **parlare di** falar de, falar sobre. **parlare grasso** dizer palavrões.

par.la.ta [parl´ata] *sf* **1** fala. **2** discurso. **3** pronúncia.

pa.ro.di.a [parod´ia] *sf Lett* paródia.

pa.ro.dia.re [parod´jare] *vt* parodiar.

pa.ro.la [par´ɔla] *sf* **1** palavra. **2** afirmação. **3** fala. **4** *fig* promessa. **5 parole** *pl* suposições, hipóteses. **a buon intenditore mezza parola** para bom entendedor meia palavra basta. **avere la parola** conseguir a palavra (em reunião). **chiedere la parola** pedir a palavra (em reunião). **dare la parola** dar a palavra (em reunião). **la parola è d'argento, il silenzio è d'oro** a palavra é de prata, o silêncio é de ouro. **parola d'ordine** palavra de ordem. **parole incrociate** palavras cruzadas. **uomo di parola** homem de palavra.

pa.ro.lac.cia [parol´attʃa] *sf* palavrão.

pa.ro.la.io [parol´ajo] *sm+agg* falador, fanfarrão.

pa.ros.si.to.no [paross´itono] *sm+agg Gramm* paroxítono.

par.roc.chet.to [par̄okk´etto] *sm dim Zool* periquito australiano.

par.roc.chia [par̄´ɔkkja] *sf Rel* paróquia.

par.ro.co [p´ar̄oko] *sm Rel* pároco.

par.ruc.ca [par̄´ukka] *sf* **1** peruca. **2** *fam* esfrega, sermão.

par.ruc.chie.re [par̄ukk´jɛre] *sm* cabeleireiro.

par.si.mo.nia [parsim´ɔnja] *sf* **1** parcimônia, economia. **2** *fig* moderação.

par.te [p´arte] *sf* **1** parte. **2** porção pedaço. **3** trecho. **4** facção. **5** *Teat Cin* papel (do ator). **6 parti** *pl* bandas lados. **d'altra parte** por outro lado, pelo contrário. **da parte di** da parte de, por ordem de. **la maggior parte** a maior parte. **mettere da parte** economizar, guardar. **per parte di madre** por parte de mãe. **per parte mia** de minha parte, quanto a mim.

par.te.ci.pa.re [partetʃip´are] *vt* **1** participar, comunicar, informar. *vorrei partecipare l'incidente alla familia* / gostaria de comunicar o incidente à família. *vi* **2** participar de, tomar parte em. *partecipare di* (ou *a*) *una riunione* / participar de uma reunião.

par.te.ci.pa.zio.ne [partetʃipats´jone] *sf* **1** participação. **2** comunicação, aviso.

par.teg.gia.re [partedd ʒ´are] *vi* participar de.

par.ten.za [part´ɛntsa] *sf* partida. **punto di partenza** ponto de partida.

par.ti.cel.la [partitʃ´ɛlla] *sf dim* partícula.

par.ti.ci.pio [partitʃ´ipjo] *sm Gramm* particípio.

par.ti.co.la.re [partikol´are] *sm* **1** particular. **2** indivíduo. **3** circunstância. • *agg* **1** particular. **2** individual, privativo. **3** singular. **in particolare** em particular.

par.ti.co.la.ri.tà [partikolarit´a] *sf* particularidade, singularidade.

par.ti.gia.no [partidʒ´ano] *sm* **1** partidário. **2** *Mil* guerrilheiro, franco-atirador. • *agg* **1** partidário. **2** parcial. **3** injusto.

par.ti.re [part´ire] *vt* **1** partir, repartir, dividir. **2** *fig* desunir (pessoas). *vi* **3** partir. *il treno partì da qui alle otto* / o trem partiu daqui às oito. **4** ir embora. *partirai in macchina?* / você vai embora de carro? **5** começar. *vpr* **6** afastar-se, distanciar-se.

par.ti.ta [part´ita] *sf* **1** partida. **2** parte, porção. **3** *Sp* partida, jogo. **4** *Comm* partida de mercadorias. **5** *Contab* registro, lançamento contábil. **partita d'onore** duelo. **una partita di caffè** uma partida de café. Veja nota em **registro** (português).

par.ti.to [part´ito] *sm* **1** escolha, decisão. **2** partido, vantagem. **3** *Pol* partido. **partiti estremi** *Pol* partidos de esquerda.

par.ti.tu.ra [partit´ura] *sf Mus* partitura.

par.to [p´arto] *sm* **1** parto. **2** *fig* criação, obra, invenção.

par.to.rien.te [partor´jɛnte] *sf+agg* parturiente.

par.to.ri.re [partor´ire] *vt* **1** dar à luz a. **2** parir. **3** *fig* criar, inventar.

par.zia.le [parts´jale] *agg* **1** parcial. **2** injusto, faccioso.

pa.sce.re [p´aʃere] *vt, vi+vpr V pascolare*. Veja nota em **comer**.

pa.sco.la.re [paskol´are] *vt* **1** pastar. **2** pastorear. *vi* **3** pastar, ruminar. **4** *fig* alimentar. *vpr* **5** alimentar-se. *Sin: pascere*. Veja nota em **comer**.

pa.sco.lo [p´askolo] *sm* pasto.

Pa.squa [p´askwa] *sf* **1** Páscoa. **2 pasqua** *fig* festa. **Pasqua di Ceppo** Natal.

pa.squi.na.ta [paskwin´ata] *sf* pasquim, sátira.

pas.sag.gio [pass´addʒo] *sm* **1** passagem. **2** bilhete. **3** trânsito. **4** carona. **5** passo, desfiladeiro. **chiedere un passaggio** pedir carona. **essere di passaggio a** estar de passagem por. **passaggio a livello** passagem de nível. **passaggio pedonale** faixa de pedestres.

pas.sa.por.to [passap´ɔrto] *sm* passaporte.

pas.sa.re [pass´are] *vt+vi* **1** passar. *passare in banca* / passar no banco. *passò le vacanze in Italia* / passou as férias na Itália. **2** transitar. *da qui passano molti stranieri* / por aqui passam muitos estrangeiros. **3** decorrer, transcorrer. *gli anni passano presto* / os anos passam rápido. **4** acabar. *il dolore passò* / a dor passou. **5** passar por, atravessar. *la luce passa tra il vetro* / a luz passa pelo vidro. **passare al nemico** passar para o lado inimigo. **passare da innocente** passar por inocente. **passare da qualcuno** passar na casa de alguém. **passare di moda** sair de moda. **passare di vita** passar desta para melhor, morrer. **passare il segno** *fig* passar dos limites. **passare la classe** passar de ano (na escola). **passare la notte in bianco** passar a noite em branco. **passare oltre** ultrapassar. **passare un brutto momento** passar maus bocados. **passarsela bene** viver bem.

Passare, em italiano, não é usado nos sentidos de: a) "enviar", "remeter". Nesse caso, usa-se **mandare, spedire** etc. *mandare un telegramma* / passar um telegrama. b) "passar roupa". Nesse caso, usa-se **stirare**.

pas.sa.ta [pass´ata] *sf* **1** passagem. **2** trecho, passagem de um texto. **3** chuva de verão, temporal passageiro. **4** *Equit* passo (do cavalo).

pas.sa.tem.po [passat´ɛmpo] *sm* passatempo.

pas.sa.to [pass´ato] *sm+agg* passado.

pas.seg.ge.ro [passeddʒ´ero] *sm* passageiro, viajante. • *agg* passageiro, transitório.

pas.seg.gia.re [passeddʒ´are] *vi* passear.

pas.seg.gia.ta [passeddʒ´ata] *sf* passeio. **fare una passeggiata** dar um passeio.

pas.seg.gio [pass´eddʒo] *sm* passeio. **andare a passeggio** ir passear.

pas.se.rel.la [passer´ɛlla] *sf* passarela.

pas.se.ro [p´assero] *sm Zool* pardal.

pas.sio.na.le [passjon´ale] *agg* passional.

pas.sio.ne [pass´jone] *sf* **1** paixão. **2** ardor. **3** sofrimento, padecimento. **la Passione di Gesù Cristo** *Rel* a Paixão de Jesus Cristo.

pas.si.vo [pass´ivo] *sm* **1** *Comm* passivo. **2** débito. • *agg* **1** passivo. **2** inativo. **3** fraco. **4** *Gramm, Comm* passivo.

pas.so [p´asso] *sm* **1** passo. **2** passagem, trecho. **3** *Geogr* passo, passagem estreita. **4** *fig* passo, ato, procedimento. **5** passagem (de pássaros, em algumas estações do ano). • *agg* passado, seco (fruta). **a passo svelto** com passadas rápidas. **cedere il passo** ficar para trás. **fare quattro passi** dar uma voltinha.

P

pa.sta [p´asta] *sf* **1** massa. **2** macarrão. **3** pasta (mistura). **4 paste** *pl* doces. **pasta asciutta** macarronada. **pasta dentifricia** pasta de dente. Veja nota em **pasta**.

pa.stic.ca [past´ikka] *sf* (anche *Med*) pastilha. *Sin: pastiglia*.

pa.stic.ce.ri.a [pastittʃer´ia] *sf* **1** doceria. **2** doces.

pa.stic.cie.re [pastittʃ´εre] *sm* doceiro.

pa.stic.ci.no [pastittʃ´ino] *sm* docinho.

pa.stic.cio [past´ittʃo] *sm* **1** pastel, empada. **2** *Arte* pasticho. **3** *fig* confusão, desordem. **4** problema. **5** *pop* bagunça. Veja nota em **pastel**.

pa.sti.glia [past´iλa] *sf V pasticca*.

pa.sto [p´asto] *sm* **1** alimento, comida. **2** refeição. **pasto a bordo** refeição a bordo.

pa.sto.re [past´ore] *sm* **1** pastor. **2** *Rel* pastor, sacerdote protestante. **3** *fig* pároco, padre.

pa.sto.riz.za.re [pastoriddz´are] *vt* pasteurizar.

pa.sto.so [past´ozo] *agg* **1** pastoso. **2** vivo, quente. **3** encorpado (vinho). **4** agradável (voz).

pa.stra.no [pastr´ano] *sm* sobretudo, capote.

pa.ta.ta [pat´ata] *sf* batata. **patata dolce** batata-doce. **patate fritte** batatas fritas.

A palavra **patata** indica apenas a batata inglesa. Para indicar a batata-doce, diz-se **patata dolce** ou **batata**.

pa.tè [pat´ε] *sm* patê.

pa.ten.te [pat´εnte] *sf* **1** diploma, certificado. **2** patente de invento. **3** licença. • *agg* patente, evidente. **patente di guida** carteira de motorista.

pa.ter.na.le [patern´ale] *sf* **1** repreensão, reprovação, pito. **2** *pop* bronca, lavada.

pa.ter.no [pat´εrno] *agg* **1** paterno, paternal. **2** *fig* amoroso, afetuoso.

pa.te.ti.co [pat´εtiko] *sm Anat* patético. • *agg* patético, comovente.

pa.ti.men.to [patim´ento] *sm* **1** sofrimento, padecimento. **2** dor. **3** aflição.

pa.ti.na [p´atina] *sf* **1** verniz. **2** cera. **3** graxa de sapatos. **4** pátina.

pa.ti.na.re [patin´are] *vt* **1** envernizar. **2** encerar. **3** engraxar.

pa.ti.re [pat´ire] *vt* **1** padecer, sofrer. **2** tolerar. *vi* **3** sofrer, sentir dor.

pa.to.lo.gi.a [patolodʒ´ia] *sf Med* patologia.

pa.tria [p´atrja] *sf* pátria.

pa.tri.ar.ca [patri´arka] *sm* **1** *St* patriarca. **2** *fig* patriarca, chefe de família. **3** sábio.

pa.tri.gno [patr´iño] *sm* padrasto.

pa.tri.mo.nio [patrim´ɔnjo] *sm* patrimônio, bens. **patrimonio culturale** patrimônio cultural.

pa.trio [p´atrjo] *agg* **1** pátrio, referente ao pai ou à pátria. **2** paterno. **patria potestà** pátrio poder.

pa.tri.o.ta [patri´ɔta] *s* patriota.

pa.trio.ti.smo [patrjot´izmo] *sm* patriotismo.

pa.tri.zio [patr´itsjo] *sm+agg* patrício.

pa.tro.ci.na.re [patrotʃin´are] *vt* **1** *Giur* patrocinar, defender. **2** *Comm* patrocinar, promover, subvencionar.

pa.tro.ci.nio [patrotʃ´injo] *sm* **1** *Giur* patrocínio, defesa. **2** *Comm* patrocínio, custeio.

pa.tro.no [patr´ɔno] *sm* **1** patrono. **2** *Rel* padroeiro.

pat.ta [p´atta] *sf* empate. **fare patta** empatar. **pari e patta** *agg* quite.

pat.teg.gia.re [patteddʒ´are] *vt+vi* pactuar.

pat.ti.nag.gio [pattin´addʒo] *sm* patinação.

pat.ti.na.re [pattin´are] *vi* patinar.

pat.ti.no [p´attino] *sm* patim. **pattino a rotelle** patim com rodas.

pat.to [p´atto] *sm* **1** pacto, acordo, trato. **2** cláusula, condição. **a niun patto** de maneira nenhuma. **a patto che** contanto que.

pat.tu.glia [patt´uλa] *sf Mil* patrulha.

pat.tu.i.re [pattu´ire] *vt+vi* **1** negociar. *pattuire una retribuzione in denaro* / negociar uma compensação em dinheiro. **2** pactuar.

pat.tu.mie.ra [pattum´jεra] *sf* lata de lixo.

pa.u.ra [pa´ura] *sf* **1** medo, temor. **2** dúvida, incerteza. **3** receio.

pau.ro.so [pawr´ozo] *agg* **1** medroso, covarde. **2** aterrorizante, assustador. **3** hesitante, indeciso.

pau.sa [p´awza] *sf* (anche *Mus*) pausa, interrupção.

pa.vi.men.ta.re [paviment´are] *vt* pavimentar.
pa.vi.men.to [pavim´ento] *sm* **1** pavimento, piso. **2** pavimento, andar. **pavimento a piastrelle** piso de ladrilhos. **pavimento di legno** assoalho.
pa.vo.ne [pav´one] *sm Zool* pavão.
pa.vo.nes.sa [pavon´ɛssa] *sf* **1** *Zool* pavoa. **2** *fig* perua, mulher vaidosa.
pa.zien.te [patsj´ɛnte] *s Med* paciente. • *agg* **1** paciente. **2** calmo. **3** *Gramm* paciente.
pa.zien.za [pats´jɛntsa] *sf* paciência. **gioco di pazienza** jogo de paciência. **perdere la pazienza** perder a paciência.
paz.zi.a [patts´ia] *sf* **1** *Med* loucura, demência. **2** *fig* loucura, extravagância, exagero.
paz.zo [p´attso] *sm Med* louco, demente. • *agg* **1** *Med* louco, demente. **2** *fig* arriscado, perigoso. **3** insensato, irracional. **andare pazzo per** estar louco por. **pazzo da legare** doido varrido.
pec.ca [p´ɛkka] *sf* **1** falha, deficiência. **2** vício, tara.
pec.ca.re [pekk´are] *vi* **1** pecar. **2** *fig* errar, falhar.
pec.ca.to [pekk´ato] *sm* **1** *Rel* pecado. **2** *fig* erro, falha. **3** defeito. **essere un peccato** ser uma pena. **peccato!/che peccato!** que pena! **peccato mortale** pecado mortal. **peccato originale/peccato di Adamo** pecado original.
pe.ce [p´etʃe] *sf* **1** piche. **2** *fig* vício, mania.
pe.co.ra [p´ɛkora] *sf* **1** ovelha. **2** *fig* moleirão.
pe.co.ra.me [pekor´ame] *sm* **1** rebanho de ovelhas. **2** *fig* massa, rebanho.
pe.co.ri.no [pekor´ino] *sm* **1** cordeirinho. **2** queijo de ovelha. • *agg* **1** ovino. **2** *fig* tolo, bobo.
pe.co.ro [p´ɛkoro] *sm* **1** carneiro. **2** *fig* tolo, bobo.
pe.cu.lia.re [pekul´jare] *agg* peculiar, particular.
pe.cu.lia.ri.tà [pekuljarit´a] *sf* peculiaridade.
pe.cu.lio [pek´uljo] *sm* pecúlio, reserva.
pe.dag.gio [ped´addʒo] *sm* pedágio.
pe.da.go.gi.a [pedagodʒ´ia] *sf* pedagogia.
pe.da.go.go [pedag´ɔgo] *sm* pedagogo.
pe.da.la.re [pedal´are] *vi* pedalar.
pe.da.le [ped´ale] *sm* **1** pedal. **2** *Bot* tronco.
pe.da.na [ped´ana] *sf* **1** apoio ou encosto para os pés. **2** *Sp* trampolim. **3** *Equit* estribo. **4** *Autom* degrau, estribo. **5** *fig* trampolim, impulso.
pe.dan.te [ped´ante] *s+agg* pedante, presunçoso, pernóstico.
pe.dan.te.ri.a [pedanter´ia] *sf* pedantismo, presunção.
pe.da.ta [ped´ata] *sf* **1** pegada. **2** pisada. **3** pisão.
pe.de.ra.sta [peder´asta] *sm* **1** pederasta, homossexual. **2** *volg* bicha.
pe.de.stre [ped´ɛstre] *agg* **1** pedestre, que vai a pé. **2** *fig* banal, comum. **3** pobre, fraco.
pe.dia.tra [ped´jatra] *s Med* pediatra.
pe.dia.tri.a [pedjatr´ia] *sf Med* pediatria.
pe.di.cu.re [pedik´ure] *s* pedicura.
pe.di.na [ped´ina] *sf* **1** peão, peça do xadrez. **2** pedra, peça do jogo de damas. **3** *fig* mulher do povo.
pe.do.ne [ped´one] *sm* **1** pedestre. **2** peão, peça do xadrez.
peg.gio [p´eddʒo] *agg compar* (de **cattivo**) pior. *lui sta peggio di me* / ele está pior que eu. • *avv compar* (de **male**) pior. *lei danza peggio di mia sorella* / ela dança pior que minha irmã. • *sm* **1** o pior, a pior parte. *sf* **2** a pior, derrota. **avere la peggio** levar a pior, perder. **di male in peggio** de mal a pior.
peg.gio.ra.men.to [peddʒoram´ento] *sm* piora.
peg.gio.ra.re [peddʒor´are] *vt+vi* piorar.
peg.gio.ra.ti.vo [peddʒorat´ivo] *agg* pejorativo.
peg.gio.re [pedd´ʒore] *agg compar* (de **cattivo**) pior. *hai fatto cose peggiori, non è vero?* / você fez coisas piores, não é verdade? • *sm* o pior, a pior parte. *il peggiore è già passato* / o pior já passou.
pe.gno [p´eño] *sm* **1** penhor. **2** garantia, fiança. **3** sinal. **4** *fig* testemunho, prova.
pe.la.me [pel´ame] *sm Zool* pelame, pelagem.
pe.la.re [pel´are] *vt* **1** pelar, tirar os pelos.

P

2 depenar. 3 *fig* limpar, depenar de bens materiais.
pel.le [p'ɛlle] *sf* **1** pele. **2** *Anat* pele, cútis. **3** *fig* vida. **salvare la pelle** salvar a pele.
pel.le.gri.na.re [pellegrin'are] *vi* peregrinar. *Var: peregrinare.*
pel.le.gri.no [pellegr'ino] *sm* peregrino. *Var: peregrino.*
pel.lic.cia [pell'ittʃa] *sf* **1** pele. **2** casaco de pele, peliça.
pel.li.co.la [pell'ikola] *sf* **1** película. **2** *Cin, Fot* filme. **pellicola a colori** filme colorido.
pe.lo [p'elo] *sm* **1** pelo. **2** pelagem de cavalo. **3** *fig* quase nada, um fio. **4** rachadura, fenda. **a pelo** exatamente. **cercare il pelo nell'uovo** procurar pelo em ovo. **essere a un pelo** faltar pouco. **foderato di pelo** forrado de pelos. **per un pelo** por um triz, por um fio.
pe.lo.so [pel'ozo] *agg* peludo. **carità pelosa** caridade por interesse.
pel.tro [p'eltro] *sm* estanho refinado.
pel.vi [p'ɛlvi] *sf Anat* pélvis.
pe.na [p'ena] *sf* **1** pena. **2** dor, aflição. **3** castigo, punição. **a mala pena** a duras penas. **fare pena** dar dó. **pena capitale** pena capital. **pena la vita/pena la testa** sujeito à pena de morte.
pe.na.le [pen'ale] *agg* penal. • *sf Giur* multa.
pe.na.li.tà [penalit'a] *sf* penalidade.
pe.na.re [pen'are] *vi* **1** penar, sofrer. **2** custar, ter dificuldade para. *penare a fare qualcosa* / custar para fazer alguma coisa.
pen.da.glio [pend'aʎo] *sm* pingente. **pendaglio da forca** *fig* bandido, malfeitor.
pen.den.te [pend'ɛnte] *sm* pingente. • *agg* **1** pendente. **2** pendurado, dependurado. **3** indefinido. **4** iminente. **5** inclinado.
pen.den.za [pend'ɛntsa] *sf* **1** pendência, controvérsia. **2** inclinação. **3** declive.
pen.de.re [p'ɛndere] *vi* **1** pender, estar dependurado. **2** inclinar. **3** estar pendente.
pen.di.o [pend'io] *sm* inclinação, declive.
pen.do.lo [p'ɛndolo] *sm* pêndulo. • *agg* pendente.
pe.ne [p'ɛne] *sm Anat* pênis.
pe.ne.tra.re [penetr'are] *vt* **1** penetrar atravessar. **2** *fig* compreender, assimilar *vi* **3** penetrar, entrar. **4** *fig* invadir.
pe.ni.cil.li.na [penitʃill'ina] *sf Med* penicilina.
pe.ni.so.la [pen'izola] *sf Geogr* península.
pe.ni.ten.za [penit'ɛntsa] *sf* **1** penitência, castigo. **2** *Rel* penitência, expiação. **3** *fig* tédio. **4** incômodo. **fare penitenza** fazer penitência, jejuar.
pe.ni.ten.zia.rio [penitents'jarjo] *sm* penitenciária, prisão. • *agg* penitenciário.
pen.na [p'enna] *sf* **1** pena de ave. **2** caneta. **3** pena para escrever. **4** *Mus* palheta. **5** *Geogr* cume, pico. **penna a sfera** caneta esferográfica. **penna stilografica** caneta-tinteiro.
pen.nac.chio [penn'akkjo] *sm* penacho.
pen.nel.la.re [pennell'are] *vt+vi* pincelar.
pen.nel.la.ta [pennell'ata] *sf* pincelada.
pen.nel.lo [penn'ɛllo] *sm* pincel. **a pennello** perfeitamente. **pennello per barba** pincel de barba. **stare a pennello** *fam* cair bem (roupa).
pe.nom.bra [pen'ombra] *sf* penumbra.
pe.no.so [pen'ozo] *agg* penoso, doloroso.
pen.sa.men.to [pensam'ento] *sm* pensamento.
pen.sa.re [pens'are] *vt+vi* **1** pensar. *a che pensi?* (ou *che stai pensando?*) / em que você está pensando? *pensare di fare qualcosa* / pensar em fazer algo. **2** achar. *che cosa pensate di lei?* o que vocês acham dela? **3** acreditar. *pensavamo che la cosa sarebbe più facile* / acreditávamos que a coisa seria mais fácil. **4** inventar. **ci penso io**! deixe comigo! **penso di no** acho que não. **penso di sì** acho que sim.
pen.sie.ro [pens'jɛro] *sm* **1** pensamento, raciocínio. **2** doutrina, filosofia. **3** preocupação, apreensão. **mettere pensiero** inspirar cuidados.
pen.sie.ro.so [pensjer'ozo] *agg* **1** pensativo. **2** preocupado.
pen.si.le [p'ɛnsile] *agg Lett* pênsil.

pen.sio.nan.te [pensjon´ante] *s* **1** pensionista. **2** aposentado. **3** aposentada.
pen.sio.na.to [pensjon´ato] *sm* bolsa de estudos. • *agg* aposentado.
pen.sio.ne [pens´jone] *sf* **1** pensão. **2** aposentadoria. **andare in pensione** aposentar-se. Veja nota em **pensão**.
pen.ta.go.no [pent´agono] *sm Geom* pentágono.
pen.ta.tlo [p´ɛntatlo] *sm Sp* pentatlo.
pen.ti.men.to [pentim´ento] *sm* **1** arrependimento. **2** remorso. **3** *Rel* arrependimento, contrição.
pen.tir.si [pent´irsi] *vpr* arrepender-se.
pen.to.la [p´entola] *sf* panela, caçarola. **pentola a pressione** panela de pressão.
pe.nul.ti.mo [pen´ultimo] *agg* penúltimo.
pe.nu.ria [pen´urja] *sf* **1** penúria, escassez. **2** necessidade.
pen.zo.la.re [pendzol´are] *vi* pender.
pen.zo.lo.ni [pendzol´oni] *avv* dependurado, pendurado. *sedersi con le gambe penzoloni* / sentar-se com as pernas penduradas.
pe.pa.to [pep´ato] *agg* **1** apimentado. **2** *fig* irônico, mordaz.
pe.pe [p´epe] *sm* **1** pimenteira. **2** pimenta. **essere tutto pepe** ser muito vivo. **rispondere con sale e pepe** responder mal, responder com grosseria.
pe.pe.ro.ne [peper´one] *sm* pimentão. **rosso come un peperone** vermelho como um pimentão.
pe.pi.ta [pep´ita] *sf Min* pepita.
per [p´er] *prep* **1** por. *amore per una donna* / amor por uma mulher. *cercò i libri per tutta la casa* / procurou os livros por toda a casa. *dividere dieci per cinque* / dividir dez por cinco. *due per volta* / dois por vez. *ho comprato la casa per molti soldi* / comprei a casa por muito dinheiro. *per molto tempo* / por muito tempo. *per via aerea* / por via aérea. *viaggiare per mare* / viajar por mar. **2** para, na direção de. *prese il treno per Milano* / pegou o trem para Milão. *c'è una medicina per questa malattia* / há um remédio para esta doença. *per me era come un padre* / para mim ele era como um pai. **3** através de. *la luce passa per la finestra* / a luz passa através da janela. **4** por volta de (tempo). *ritornerò per le cinque* / voltarei por volta das cinco. **5** por causa de, graças a. *l'impiegato non viene per motivo di salute* / o empregado não vem por motivo de saúde. **6** durante. *ho lavorato per tutta l'estate* / trabalhei durante todo o verão. **7** em. *seduto per terra* / sentado no chão.

Per também pode introduzir orações. *è stata lodata per aver studiato* / ela foi elogiada por ter estudado. *ha fatto questo per illudere* / ele fez isso para iludir.

pe.ra [p´era] *sf* **1** pera. **2** *iron* cabeça. **3** *ger* dose de droga. **4** *fig* mentira.
pe.ral.tro [per´altro] *cong* não obstante, contudo. • *avv* apesar disso, a despeito disso.
per.be.ne [perb´ɛne] *agg* honesto, de bem, correto. • *avv* bem, inteiramente.
per.cen.to [pertʃ´ɛnto] *sm* **1** porcentagem. **2** por cento. *il trenta percento della popolazione* / trinta por cento da população.
per.cen.tu.a.le [pertʃentu´ale] *sf+agg* percentual.
per.ce.pi.re [pertʃep´ire] *vt* **1** perceber. **2** compreender. **3** *Comm* resgatar, receber (dinheiro).
per.ce.zio.ne [pertʃets´jone] *sf* percepção.
per.ché [perk´e] *cong* **1** por quê? por que razão? *perché ridi?* / por que você está rindo? *lei non è venuta alla festa. e perché?* / ela não veio à festa. e por quê? **2** porque, visto que. *non ho lavorato oggi perché sono malato* / não trabalhei hoje porque estou doente. **3** para que, a fim de que. *Laura mi prestò il libro perché facessi il riassunto del capitolo dieci* / Laura me emprestou o livro para que eu fizesse o resumo do capítulo dez. • *sm* o porquê, causa, motivo. *sai dirmi il perché?* você sabe me dizer o porquê?
per.ciò [pertʃ´ɔ] *cong* **1** por isso, por essa razão. **2** então, portanto.
per.cor.re.re [perk´orere] *vt* **1** percorrer. **2** atravessar. **3** *fig* folhear, ler rapidamente.

per.cor.so [perk'orso] *sm* percurso. • *agg* **1** percorrido. **2** atravessado.

per.cos.sa [perk'ɔssa] *sf* golpe, batida.

per.cuo.te.re [perk'wɔtere] *vt* **1** golpear, bater. **2** *fig* impressionar, repercutir.

per.cus.sio.ne [perkuss'jone] *sf* **1** golpe, batida. **2** *Mus* percussão.

per.de.re [p'ɛrdere] *vt* **1** perder. *vi* **2** perder, ser derrotado. *vpr* **3** perder-se, ficar desorientado. **4** *fig* desgraçar-se, arruinar-se. **5** confundir-se. **perdere la testa** perder a cabeça, descontrolar-se. **perdere tempo** perder tempo.

per.di.ta [p'ɛrdita] *sf* perda. **a perdita d'occhio** a perder de vista.

per.di.zio.ne [perdits'jone] *sf* **1** perdição, desgraça. **2** depravação, vício.

per.do.na.re [perdon'are] *vt+vi* **1** perdoar, desculpar. **2** *Giur* absolver. **non perdonare ad alcuno** *fig* não perdoar, não respeitar ninguém.

per.do.no [perd'ono] *sm* **1** perdão, desculpa. **2** *Giur* perdão, indulto. **3** *Rel* perdão, remissão.

per.du.ra.re [perdur'are] *vi Lett* perdurar.

pe.re.gri.na.re [peregrin'are] *vi V pellegrinare.*

pe.re.gri.no [peregr'ino] *sm V pellegrino.*

pe.ren.ne [per'ɛnne] *agg* perene, perpétuo. **pianta perenne** planta perene.

per.fet.to [perf'ɛtto] *sm Gramm* perfeito. • *agg* **1** perfeito, impecável. **2** completo, terminado. **numero perfetto** *Mat* número perfeito. **più che perfetto** mais-que-perfeito.

per.fe.zio.na.re [perfetsjon'are] *vt* **1** aperfeiçoar. **2** acabar, concluir. *vpr* **3** aperfeiçoar-se, melhorar.

per.fe.zio.ne [perfets'jone] *sf* **1** perfeição. **2** acabamento, conclusão.

per.fi.dia [perf'idja] *sf* **1** perfídia, infidelidade, deslealdade. **2** maldade, perversão.

per.fi.do [p'ɛrfido] *agg* **1** pérfido, infiel, desleal. **2** mau, perverso.

per.fi.no [perf'ino] *prep* até, até mesmo. *Var: persino.*

per.fo.ra.re [perfor'are] *vt* **1** perfurar, furar. **2** atravessar, transpassar.

per.fo.ra.tri.ce [perforatr'itʃe] *sf* perfuratriz. **perforatrice ad aria compressa** perfuratriz a ar comprimido.

per.fo.ra.zio.ne [perforats'jone] *sf* perfuração.

per.ga.me.na [pergam'ɛna] *sf* pergaminho.

pe.ri.co.lo [per'ikolo] *sm* **1** perigo. **2** risco. **correre pericolo** correr perigo. Veja nota em **raffinamento**.

pe.ri.co.lo.so [perikol'ozo] *agg* perigoso, arriscado.

pe.ri.fe.ri.a [perifer'ia] *sf* periferia, subúrbio.

pe.ri.me.tro [per'imetro] *sm* perímetro.

pe.rio.di.co [per'jɔdiko] *sm* periódico, jornal não diário. • *agg* periódico. **corrente periodica** *Elett* corrente alternada.

pe.ri.o.do [per'iodo] *sm* (anche *Gramm, Astron, Fis*) período.

pe.ri.pe.zi.a [peripets'ia] *sf* **1** peripécia, aventura. **2** acidente, desventura.

pe.ri.re [per'ire] *vi* **1** perecer, morrer. **2** *fig* arruinar-se, sucumbir.

pe.ri.sco.pio [perisk'ɔpjo] *sm* periscópio.

pe.ri.to [per'ito] *sm Giur* perito. • *agg* perito, especialista. **perito agronomo** agrônomo. **perito contabile** técnico contábil.

pe.ri.zia [per'itsja] *sf* **1** perícia, destreza. **2** *Giur* perícia, vistoria.

per.la [p'ɛrla] *sf* pérola. **perla barocca** pérola barroca. **perla coltivata** a) pérola cultivada. b) *fig* menina dos olhos. **perla orientale/perla giapponese** pérola artificial.

per.lu.stra.re [perlustr'are] *vt* patrulhar, explorar.

per.ma.lo.so [permal'ozo] *agg* sensível, irritadiço.

per.ma.nen.te [perman'ɛnte] *sf* permanente (nos cabelos). • *agg* permanente, duradouro, durável. **esercito permanente** exército permanente.

per.ma.nen.za [perman'ɛntsa] *sf* **1** permanência. **2** durabilidade.

per.ma.ne.re [perman'ere] *vi* permanecer, ficar.

per.mes.so [perm'esso] *sm* permissão, licença, autorização. **con permesso!** com licença! **permesso di caccia** licença de caça. **permesso d'ingresso** permissão

para entrar. **permesso d'uscita** permissão para sair.
per.met.te.re [perm'ettere] *vt* **1** permitir, deixar. *vpr* **2** permitir-se. **permettete?** com licença? posso entrar?
per.mis.sio.ne [permiss'jone] *sf* **1** permissão. **2** licença.
per.mu.ta [p'ɛrmuta] *sf Giur* **1** permuta. **2** comutação de pena.
per.mu.ta.re [permut'are] *vt* permutar, trocar. Veja nota em **trocar**.
per.ni.ce [pern'itʃe] *sf* **1** perdigão. **2** perdiz.
per.ni.cio.so [pernitʃ'ozo] *agg* pernicioso, danoso.
per.nio [p'ɛrnjo] *sm V perno*.
per.no [p'ɛrno] *sm* **1** *Mecc* perno, eixo. **2** fiel da balança. **3** *fig* apoio, suporte. **4** fundamento, base, princípio.
per.not.ta.men.to [pernottam'ento] *sm* pernoite.
per.not.ta.re [pernott'are] *vi* pernoitar.
pe.ro [p'ero] *sm* pereira.
pe.rò [per'ɔ] *cong* porém, todavia, mas.
pe.ro.ne.o [peron'ɛo] *sm Anat* perônio, fíbula.
per.pen.di.co.la.re [perpendikol'are] *agg* perpendicular. **linea perpendicolare** ou apenas **perpendicolare** perpendicular.
per.pe.tra.re [perpetr'are] *vt* **1** perpetrar. **2** cometer (crime).
per.pe.tu.a.re [perpetu'are] *vt* **1** perpetuar. *vpr* **2** perpetuar-se, eternizar-se.
per.pe.tuo [perp'ɛtwo] *agg* perpétuo, contínuo.
per.ples.so [perpl'ɛsso] *agg* **1** perplexo, atônito. **2** hesitante, indeciso.
per.se.cu.zio.ne [persekuts'jone] *sf* perseguição.
per.se.gui.ta.re [persegwit'are] *vt* **1** perseguir, seguir. **2** *fig* atormentar, não dar sossego a.
per.se.ve.ran.za [persever'antsa] *sf* perseverança, persistência.
per.se.ve.ra.re [persever'are] *vi* perseverar, persistir, insistir. *perseverare in qualcosa* / perseverar em algo.
per.sia.na [pers'jana] *sf* persiana.
per.si.no [pers'ino] *prep V perfino*.
per.si.sten.za [persist'ɛntsa] *sf* persistência, insistência.
per.si.ste.re [pers'istere] *vi* **1** persistir. **2** perseverar. **3** perdurar, continuar.
per.so.na [pers'ona] *sf* (anche *Gramm*) pessoa. **di persona** pessoalmente.
per.so.nag.gio [person'addʒo] *sm* **1** personagem. **2** *fig* figurão, personagem ilustre.
per.so.na.le [person'ale] *sm* **1** compleição, figura. **2** *pop* pessoal, funcionários. • *agg* pessoal.
per.so.na.li.tà [personalit'a] *sf* personalidade.
per.so.ni.fi.ca.re [personifik'are] *vt* personificar.
per.spi.ca.ce [perspik'atʃe] *agg* **1** perspicaz. **2** *fig* inteligente, sagaz.
per.sua.de.re [perswad'ere] *vt* **1** persuadir, convencer. *vpr* **2** persuadir-se, convencer-se.
per.sua.sio.ne [perswaz'jone] *sf* persuasão.
per.tan.to [pert'anto] *cong* **1** por isto, por isso. **2** portanto. **non pertanto** não obstante, todavia.
per.ti.ca [p'ɛrtika] *sf* **1** vara. **2** *fig* varapau, pessoa magra e alta. **pertica per il salto** *Sp* vara para salto em altura.
per.ti.na.ce [pertin'atʃe] *agg* pertinaz, obstinado, teimoso.
per.ti.na.cia [pertin'atʃa] *sf* pertinácia, obstinação, teimosia.
per.ti.nen.te [pertin'ɛnte] *agg* pertinente, concernente, relativo.
per.tos.se [pert'osse] *sf Med* coqueluche, tosse comprida.
per.tur.ba.re [perturb'are] *vt* **1** perturbar. *vpr* **2** perturbar-se, ficar perturbado.
per.tur.ba.zio.ne [perturbats'jone] *sf* **1** perturbação. **2** desordem, confusão.
per.ver.sio.ne [pervers'jone] *sf* **1** perversão, perversidade. **2** depravação.
per.ver.so [perv'ɛrso] *agg* perverso, malvado.
per.ver.ti.re [pervert'ire] *vt* **1** perverter, depravar, corromper. *vpr* **2** perverter-se, depravar-se, corromper-se.
pe.sag.gio [pez'addʒo] *sm* pesagem.
pe.san.te [pez'ante] *agg* **1** pesado. **2** deselegante (roupa). **3** lento, vagaroso (movimento). **4** de difícil digestão (alimento). **5** *fig* tedioso, aborrecido. **aria**

P

pesante ar pesado, abafado. **giornata pesante** dia cansativo. **lavoro pesante** trabalho pesado.
pe.san.tez.za [pezant´ettsa] *sf* peso.
pe.sa.re [pez´are] *vt* **1** pesar. *pesare merci* / pesar mercadorias. *questo pesa un chilo* / isto pesa um quilo. **2** *fig* analisar, avaliar. *pesare le conseguenze* / avaliar as consequências. **3** considerar, ponderar. *pesare le osservazioni e le opinioni* / considerar as observações e as opiniões. *vi* **4** pesar, ter peso. *quanto pesi?* / quanto você pesa? *una condanna pesa su di me* / uma condenação pesa sobre mim. **5** *fig* pesar, importar, ter importância. *qui la tua opinione pesa molto di più* / aqui a tua opinião pesa muito mais.
pe.sca[1] [p´ɛska] *sf* pêssego.
pe.sca[2] [p´eska] *sf* **1** pesca. **2** pescado.
pe.sca.re [pesk´are] *vt* **1** pescar. **2** sortear um número. **3** *fig* procurar. **pescare coralli** pescar corais. **pescare perle** pescar pérolas.
pe.sca.to.re [peskat´ore] *sm* pescador.
pe.sce [p´eʃe] *sm* **1** peixe. **2** *fig* pato, trouxa. **3 Pesci** *pl Astron, Astrol* Peixes. **essere un pesce fuori dell'acqua** ser um peixe fora da água. **non essere né carne né pesce** não ser nem uma coisa nem outra. **non sapere che pesci pigliare** não saber o que fazer. **pesce cane** *V pescecane*. **pesce spada** peixe-espada. **pesce volante** peixe-voador.
pe.sce.ca.ne [peʃek´ane] ou **pesce cane** *sm* tubarão.
pe.sco [p´ɛsko] *sm* pessegueiro.
pe.so [p´ezo] *sm* **1** peso. **2** *Giur, Comm* ônus, gravame. **3** *fig* peso, importância, valor. **4** incômodo. **a peso d'oro** a peso de ouro. **essere di peso** *fig* incomodar, importunar. **peso atomico** *Chim* peso atômico. **peso della bilancia** peso da balança. **peso lordo** peso bruto. **peso massimo, medio, leggiero, gallo, piuma** *Sp* peso pesado, médio, leve, galo, pluma (do boxe). **peso morto** *fig* peso morto, empecilho. **peso netto** peso líquido.
pes.si.mi.smo [pessim´izmo] *sm* pessimismo.
pes.si.mo [p´ɛssimo] *agg superl* (de **cattivo**) péssimo.
pe.sta [p´esta] *sf* rastro, pegada.
pe.sta.re [pest´are] *vt* **1** moer, triturar. **2** pisar. **3** bater. **4** *fam* espancar. **5** *iron* tocar mal (piano, órgão). **pestare i calli ad uno** pisar no calo de alguém, incomodar. **pestare i piedi** bater os pés (de raiva).
pe.sta.ta [pest´ata] *sf* **1** pisada. **2** *fam* surra, sova.
pe.ste [p´ɛste] *sf* **1** peste, praga. **2** doença contagiosa. **3** sífilis. **4** fedor. **5** *fig* peste, pessoa má. **6** pestinha, moleque levado. **peste americana/peste gialla** febre amarela. **peste bubbonica** peste bubônica. **peste suina** peste suína.
pe.sti.len.te [pestil´ɛnte] *agg* **1** pestilento. **2** *fig* maléfico, maligno.
pe.sto [p´esto] *sm* pesto, molho de ervas e alho. • *agg* **1** moído, triturado. **2** pisado. **buio pesto** breu, escuridão. **occhio pesto** olho roxo.
pe.ta.lo [p´ɛtalo] *sm* pétala.
pe.ti.zio.ne [petits´jone] *sf* petição.
pe.to [p´eto] *sm volg* peido.
pe.tra.ia [petr´aja] *sf* pedreira.
pe.tro.lie.ra [petrol´jɛra] *sf Naut* petroleiro, navio-petroleiro.
pe.tro.lio [petr´ɔljo] *sm* petróleo.
pet.te.go.leg.gia.re [pettegoleddʒ´are] *vi* fofocar, mexericar.
pet.te.go.lez.zo [pettegol´ettso] *sm* fofoca, mexerico.
pet.te.go.lo [pett´egolo] *sm+agg* fofoqueiro, mexeriqueiro.
pet.ti.na.re [pettin´are] *vt* **1** pentear. *vpr* **2** pentear-se.
pet.ti.na.tu.ra [pettinat´ura] *sf* penteado.
pet.ti.ne [p´ɛttine] *sm* pente.
pet.to [p´ɛtto] *sm* **1** peito. **2** seio, mamas. **3** peitilho da camisa. **4** *fig* coração, alma. **5** coragem. **6** força. **a petto** em comparação. **a petto a petto** frente a frente. **petto carenato** peito de pombo.
pe.tu.lan.te [petul´ante] *agg* petulante, arrogante.
pez.za [p´ɛttsa] *sf* **1** peça de tecido, fazenda. **2** remendo. **3** fralda de pano. **4** rolo de fita.
pez.zen.te [petts´ɛnte] *agg* pedinte, mendigo.

pez.zo [p´ɛttso] *sm* **1** pedaço. **2** fragmento. **3** *Mecc* peça (de máquina). **4** *Mus* peça musical. **due pezzi** biquíni, maiô de duas peças. **fare a pezzi** despedaçar, fazer em pedaços (com raiva). **pezzo di asino** *iron* pedaço de asno. **pezzo di ricambio** peça de reposição. **pezzo grosso** *fam* figurão.

pez.zuo.la [petts´wɔla] *sf* lenço.

pi [p´i] *sf* pê, o nome da letra P.

piac.ci.co.so [pjattʃik´ozo] *agg* pegajoso, grudento.

pia.cen.te [pjatʃ´ɛnte] *agg* **1** agradável. **2** afável.

pia.ce.re [pjatʃ´ɛre] *sm* **1** prazer, gentileza, favor. **2** divertimento, passatempo. **3** desejo, capricho. • *vi* **1** agradar. **2** satisfazer. **a mio piacere** segundo a minha vontade. **a piacere** à vontade. **fare un piacere** fazer um favor. **per piacere!** por favor! **questo mi piace un mondo/un sacco** gosto muito disso. **viaggio di piacere** viagem de turismo. Veja nota em **gostar**.

pia.ce.vo.le [pjatʃ´evole] *agg* **1** agradável. **2** gentil, afável, simpático. **3** alegre, jovial.

pia.ce.vo.lez.za [pjatʃevol´ettsa] *sf* **1** gentileza, afabilidade, simpatia. **2** alegria, jovialidade.

pia.ci.men.to [pjatʃim´ento] *sm* **1** prazer. **2** divertimento, passatempo. **3** desejo, vontade.

pia.ga [p´jaga] *sf* **1** chaga. **2** *fig* dor. **3** aflição.

piag.gia [p´jaddʒa] *sf* **1** praia. **2** declive, barranco.

pia.gni.ste.o [pjañist´ɛo] *sm* choradeira, lamúria, lamentação.

pia.gnu.co.la.re [pjañukol´are] *vi* choramingar.

pial.la [p´jalla] *sf* plaina.

pial.la.re [pjall´are] *vt* aplainar.

pia.ne.rot.to.lo [pjaner´ɔttolo] *sm* patamar (de escada).

pia.ne.ta [pjan´eta] *sm Astron* planeta.

pian.ge.re [pjandʒere] *vt* **1** lamentar, chorar. *vi* **2** chorar. **piangere miseria** *fam* reclamar de barriga cheia, fazer-se de coitado.

pia.ni.no [pjan´ino] *avv* devagarinho, aos poucos.

pia.ni.sta [pjan´ista] *s* pianista.

pia.no [p´jano] *sm* **1** plano. **2** parte plana. **3** projeto. **4** degrau. **5** andar, pavimento. **6** *Geom* plano. **7** *Mus* piano. • *agg* **1** plano. **2** *fig* claro, compreensível. **3** lento, vagaroso. • *avv* **1** lentamente, devagar. **2** em silêncio, sem ruído. **piano piano si va lontano** devagar se vai ao longe.

pia.no.for.te [pjanof´ɔrte] *sm Mus* piano. **pianoforte a coda** piano de cauda.

pian.ta [p´janta] *sf* **1** *Bot* planta. **2** *Anat* planta do pé. **3** *Archit* planta, traçado.

pian.ta.gio.ne [pjantadʒ´one] *sf* plantação.

pian.ta.re [pjant´are] *vt* **1** plantar. **2** cravar, fincar. **3** *fig* abandonar, deixar. **4** interromper, largar. *vpr* **5** plantar-se em, fixar-se em. **piantare chiodi** *pop* contrair dívidas. **piantare occhi addosso a** cravar o olhar em, olhar fixamente para.

pian.ter.re.no [pjanter̄´eno] *sm* térreo, andar térreo.

pian.to [p´janto] *sm* **1** pranto, choro. **2** *fig* dor, sofrimento. **3** lamento.

pia.nu.ra [pjan´ura] *sf Geogr* planície.

pia.stra [p´jastra] *sf* lâmina, chapa de ferro.

pia.strel.la [pjastr´ɛlla] *sf dim* **1** ladrilho. **2** lajota. **3** azulejo.

piat.ta.for.ma [pjattaf´orma] *sf* plataforma.

piat.ta.ia [pjatt´aja] *sf* escorredor de pratos.

piat.ti.no [pjatt´ino] *sm* pires.

piat.to [p´jatto] *sm* **1** prato. **2** **piatti** *pl Mus* pratos. • *agg* **1** chato, achatado. **2** *fig* vulgar. **il piatto del giradischi** o prato do toca-discos. **il primo piatto** o primeiro prato. **i piatti della bilancia** os pratos da balança. **piatto da portata** travessa. **piatto volante** disco voador.

piat.to.la [p´jattola] *sf Zool* **1** barata. **2** chato. **3** *fig, fam* chato, pessoa inoportuna.

piaz.za [p´jattsa] *sf* **1** praça. **2** *Comm* praça, mercado. **3** *fig, disp* massa, multidão. **fare la piazza** *Comm* visitar os clientes de uma praça. **fare piazza pulita** dispersar, evacuar (multidão).

pic.ca [p´ikka] *sf* **1** *St* lança, zagaia. **2** *fig*

P

despeito. **3** birra, capricho. **4 picche** *pl* espadas (naipe de cartas). **fante di picche** a) valete de espadas. b) *fig* presunçoso, metido.

pic.can.te [pikk´ante] *agg* **1** picante. **2** *fig* malicioso. **storia piccante** história picante.

pic.car.si [pikk´arsi] *vpr* **1** pretender, presumir, achar. *lo sciocco si picca di saper tutto* / o tolo acha que sabe tudo. **2** insistir. *lei si picca di riuscire bene* / ela insiste em ter sucesso. **3** ressentir-se, magoar-se.

pic.chet.to [pikk´etto] *sm dim* **1** baliza. **2** estaca. **3** piquete de grevistas.

pic.chia.re [pikk´jare] *vt* **1** bater. **2** surrar, espancar. *vi* **3** bater à porta. **4** *Aer* mergulhar de nariz. *vpr* **5** bater-se. **6** brigar, lutar.

pic.chio [p´ikkjo] *sm* **1** pancada. **2** batida (à porta). **3** *Zool* pica-pau. **in picchio** de uma só vez.

pic.ci.no [pittʃ´ino] *sm* menino. • *agg* **1** baixo. **2** novo, pequeno. **3** *fig* avarento, mesquinho.

pic.cio.na.ia [pittʃon´aja] *sf* **1** pombal. **2** *fig Teat* geral, galeria.

pic.cio.ne [pittʃ´one] *sm* pombo. **piccione torraiolo** pombo doméstico. **piccione viaggiatore** pombo-correio.

pic.co [p´ikko] *sm Geogr* pico. **andare a picco** *Naut* ir a pique, naufragar. **a picco** perpendicularmente. **mandare a picco** *Naut* submergir.

pic.co.li.no [pikkol´ino] *agg vezz* pequenino, pequerrucho.

pic.co.lo [p´ikkolo] *sm* **1** menino. **2** filhote. • *agg* **1** pequeno. **2** novo, jovem. **3** breve, curto (tempo). **4** mísero. **5** baixo, pequeno. **6** limitado, restrito.

pic.co.ne [pikk´one] *sm* picareta.

picnic [pikn´ik] *sm ingl* piquenique.

pi.doc.chio [pid´ɔkkjo] *sm* piolho.

piè [p´jɛ] *sm Poet* pé. **a piè di pagina** no rodapé, ao pé da página. **a piè pari** a) de pés juntos. b) *fig* sem dificuldade. **piè di pagina** rodapé.

pie.de [p´jɛde] *sm* **1** *Anat* pé. **2** *Bot* tronco. **3** pé (de plantas). **4** *Geogr* sopé, pé de montanha. **5** *Mat* pé (medida). **6** *Poet* pé de um verso. **andare a piedi** ir a pé. **andare coi piedi di piombo** agir com cautela. **in piede di guerra** *Mil* em pé de guerra. **in piedi** em pé. **mettere piede in un luogo** colocar os pés num lugar, entrar. **non reggersi in piedi** a) não se aguentar de pé. b) não ter fundamento. **pigliare piedi** tomar pé, ganhar força. **restare a piedi** a) ficar a pé, perder o ônibus, trem etc. b) *fig* ficar desiludido.

pie.di.piat.ti [pjedip´jatti] *sm ger* tira, policial.

pie.di.stal.lo [pjedist´allo] *sm* pedestal. **mettere sul piedistallo** colocar num pedestal, exaltar.

pie.ga [p´jɛga] *sf* prega, dobra.

pie.ga.re [pjeg´are] *vt* **1** dobrar. **2** curvar, arquear. **3** *fig* dominar, reprimir. **4** obrigar, constranger. *vi* **5** dobrar. **6** desviar. **7** fugir. *vpr* **8** inclinar-se, curvar-se. **9** *fig* render-se, curvar-se.

pie.ghet.ta.re [pjegett´are] *vt* preguear.

pie.na [p´jɛna] *sf* **1** cheia, inundação. **2** abundância, fartura. **3** multidão.

pie.nez.za [pjen´ettsa] *sf* plenitude.

pie.no [p´jɛno] *sm* **1** plenitude. **2** auge, ápice. • *agg* **1** cheio. **2** pleno. **3** satisfeito (com a comida). **a piena voce** a plenos pulmões. **a pieno** plenamente. **fare il pieno** *Autom* encher (tanque). **in pieno giorno** em plena luz do dia. **nel pieno delle forze** no auge das forças. **pieno zeppo** lotado.

pie.tà [pjet´a] *sf* **1** piedade. **2** devoção. **fare pietà** dar pena.

pie.tan.za [pjet´antsa] *sf* **1** prato (comida). **2** petisco, quitute.

pie.to.so [pjet´ozo] *agg* piedoso.

pie.tra [p´jɛtra] *sf* **1** *Min* pedra. **2** *Med* cálculo, pedra. **Età della Pietra** Idade da Pedra. **metterci una pietra sopra** *fig* colocar uma pedra em cima de algo, não pensar mais num assunto. **pietra dello scandalo** semente da discórdia. **pietra miliare** a) pedra miliar. b) *fig* ponto de referência. **pietra preziosa** pedra preciosa.

pie.tra.ta [pjetr´ata] *sf* pedrada.

pie.tri.fi.ca.re [pjetrifik´are] *vt* **1** petrificar.

2 *fig* aturdir, maravilhar. *vpr* **3** petrificar--se, virar pedra. **4** *fig* ficar aturdido, maravilhado.

pie.va.no [pjev´ano] *sm Rel* pároco.

pie.ve [p´jɛve] *sf Rel* **1** paróquia. **2** igreja paroquial.

pi.gia.ma [pidʒ´ama] *sf* pijama.

pi.gia.re [pidʒ´are] *vt* **1** pisar. **2** apertar, premer. *vi* **3** *fig* persistir, insistir. **pigiare le uve** pisar as uvas.

pi.gio.ne [pidʒ´one] *sm Comm* aluguel. **dare a pigione** alugar (diz-se do proprietário). **prendere a pigione** alugar (diz-se do inquilino).

pi.glia.re [piʎ´are] *vt* **1** pegar, apanhar. **2** prender. **3** compreender, entender. **4** comprar, adquirir. **5** tomar. *vpr* **6** agarrar--se. **7** brigar.

pig.men.to [pigm´ento] *sm Fisiol* pigmento.

pig.me.o [pigm´ɛo] *sm* **1** pigmeu. **2** *fig* ingênuo.

pi.gna [p´iña] *sf V pina.*

pi.gnat.ta [piñ´atta] *sf* **1** caçarola. **2** panela.

pi.gno.le.ri.a [piñoler´ia] *sf* perfeccionismo, meticulosidade.

pi.gno.lo [piñ´ɔlo] *sm* **1** *Bot* pinhão. **2** *fig* perfeccionista, pedante. *Sin: pinocchio.*

pi.gno.ra.re [piñor´are] *vt Giur* **1** confiscar, sequestrar bens. **2** penhorar.

pi.gno.ra.zio.ne [piñorats´jone] *sf Giur* **1** confisco, sequestro. **2** penhora.

pi.go.la.re [pigol´are] *vi* **1** piar. **2** *fig* reclamar.

pi.go.li.o [pigol´io] *sm* piado.

pi.gri.zia [pigr´itsja] *sf* preguiça, indolência.

pi.gro [p´igro] *agg* preguiçoso, indolente.

pi.la [p´ila] *sf* **1** pilar. **2** pia de água benta. **3** pilão. **4** *Fis* pilha. **5** *fam* monte, montão. **pila atomica** reator nuclear.

pil.lo.la [p´illola] *sf Med* pílula.

pi.lo.ta [pil´ɔta] *sm* **1** piloto. **2** *fig* governante. **3** guia, orientador. *Var: piloto.*

pi.lo.tag.gio [pilot´addʒo] *sm* pilotagem.

pi.lo.ta.re [pilot´are] *vt* pilotar.

pi.lo.to [pil´ɔto] *sm V pilota.*

pi.men.to [pim´ento] *sm Bot* pimenta.

pi.na [p´ina] *sf Bot* pinha. *Var: pigna.*

ping-pong [pingp´ɔng] *sm ingl Sp* pingue--pongue.

pin.gue [p´ingwe] *agg* **1** gordo. **2** *pop* balofo, gordão. **3** *fig* lucrativo, rendoso. **4** fértil, frutífero.

pin.gui.no [ping´wino] *sm Zool* pinguim.

pin.na [p´inna] *sf* **1** *Zool* barbatana, nadadeira. **2** *Sp* pé de pato, nadadeira. **3** *Anat* venta.

pi.no [p´ino] *sm Bot* pinheiro, pinho.

pi.noc.chio [pin´ɔkkjo] *sm V pignolo.*

pin.za [p´intsa] *sf* **1** alicate. **2 pinze** *pl Zool* pinças, garras do caranguejo.

pin.zet.ta [pints´etta] *sf* pinça.

pin.zet.te [pints´ette] *sf pl V pinzetta.*

pi.o [p´io] *sm* pio, piado. • *agg* **1** pio, devoto, religioso. **2** compreensivo, humano.

piog.ge.rel.la [pjoddʒer´ɛlla] *sf dim* chuvisco.

piog.gia [p´jɔddʒa] *sf* **1** chuva. **2** *fig* chuva, grande quantidade.

piom.ba.re [pjomb´are] *vt* **1** chumbar, soldar com chumbo. **2** obturar. *vi* **3** cair, desabar.

piom.ba.tu.ra [pjombat´ura] *sf* **1** solda. **2** soldadura. Veja nota em **solda**.

piom.bi.no [pjomb´ino] *sm Archit* prumo. • *agg* de chumbo.

piom.bo [p´jombo] *sm* **1** *Chim* chumbo. **2** *Archit* prumo. **3** *Mil* munição. **a piombo** *avv* a prumo.

pio.va.no [pjov´ano] *sm Rel* pároco. • *agg* pluvial, de chuva.

pio.ve.re [p´jɔvere] *vi* **1** chover. **2** *fig* chover, vir ou aparecer em grande quantidade.

pio.vo.so [pjov´ozo] *agg* chuvoso.

pio.vra [p´jɔvra] *sf* **1** *Zool* polvo. **2** *fig* aproveitador, parasita, sanguessuga.

pi.pa [p´ipa] *sf* cachimbo. **caricare la pipa** encher o cachimbo.

pi.pi.strel.lo [pipistr´ɛllo] *sm* morcego.

pi.ra [p´ira] *sf* pira.

pi.ra.mi.de [pir´amide] *sf Geom, Archit* pirâmide.

pi.ra.ta [pir´ata] *sm* **1** pirata. **2** *fig* aproveitador.

P

pi.ra.teg.gia.re [piratedd3ˊare] *vt+vi* **1** piratear. **2** *fig Comm* piratear, copiar.
pi.ro.et.ta [piroˊetta] *sf* pirueta.
pi.ro.sca.fo [pirˊɔskafo] *sm Naut* navio a vapor.
pi.scia.re [piʃˊare] *vt volg* mijar.
pi.sci.na [piʃˊina] *sf* piscina.
pi.scio [pˊiʃo] *sm volg* mijo.
pi.sel.lo [pizˊɛllo] *sm* **1** ervilha. **2** *volg* pau, pênis.
pi.so.la.re [pizolˊare] *vi* cochilar, tirar uma soneca.
pi.so.li.no [pizolˊino] *sm dim* cochilo, soneca. **fare un pisolino** tirar uma soneca, dar um cochilo.
pi.sta [pˊista] *sf* **1** pista. **2** pegada, rastro, pista de corridas. **essere sulle piste di uno** estar no encalço de alguém. **pista da ballo** pista de dança. **pista di atterraggio** pista de aterragem. **pista di decollo** pista de decolagem.
pi.stac.chio [pistˊakkjo] *sm* pistache.
pi.sto.la [pistˊɔla] *sf* pistola, arma de fogo portátil.
pi.sto.ne [pistˊone] *sm Mus, Mecc* pistão.
pi.toc.ca.re [pitokkˊare] *vi* mendigar.
pi.toc.co [pitˊɔkko] *sm* mendigo.
pit.to.re [pittˊore] *sm* pintor.
pit.to.re.sco [pittorˊesko] *agg* **1** pitoresco. **2** *fig* original, exótico.
pit.tu.ra [pittˊura] *sf* **1** pintura. **2** *fig* pintura, descrição minuciosa. **pittura ad acquarello** pintura a aquarela. **pittura a guazzo** pintura a guache. **pittura a olio** pintura a óleo.
più [pˊju] *agg* mais. *addesso ho più denaro* / agora tenho mais dinheiro. • *avv* mais. *i più belli* / os mais belos. *non ne posso più* / não aguento mais. • *sm* a maioria, a maior parte. *il più è già fatto* / a maior parte já foi feita. **i più grandi** os maiores. **mai più** nunca mais. **né più né meno** nem mais nem menos. **non gioco di più** não jogo mais. **per lo più** na maior parte das vezes. **più o meno** mais ou menos.
piu.ma [pˊjuma] *sf* **1** pluma. **2** *fig* pessoa indecisa, volúvel.
piu.mag.gio [pjumˊadd3o] *sm* plumagem.
piu.mi.no [pjumˊino] *sm dim* **1** acolchoado, edredom. **2** penugem de pássaro. **3** jaqueta acolchoada. **4** esponja para pó de arroz.
piut.to.sto [pjuttˊɔsto] *avv* **1** antes, melhor. **2** ao invés, ao contrário. **piuttosto bene** razoavelmente. **piuttosto male** não muito bem.
pi.va [pˊiva] *sf Mus* **1** gaita de foles. **2** pífaro.
piz.za [pˊittsa] *sf* pizza.
piz.za.io.lo [pittsaˊjɔlo] *sm pizzaiolo.*
piz.ze.ri.a [pittserˊia] *sf* pizzaria.
piz.zi.ca.re [pittsikˊare] *vt* **1** picar, bicar. **2** beliscar. **3** *Mus* dedilhar. **4** *fig* surpreender, pegar em flagrante. *vi* **5** ser picante. **6** coçar, dar comichão.
piz.zi.co [pˊittsiko] *sm* **1** picada, bicada. **2** beliscão. **3** pitada. **4** pouco, pouquinho.
piz.zi.co.re [pittsikˊore] *sm* **1** comichão, prurido. **2** *fig* desejo, vontade, capricho.
piz.zo [pˊittso] *sm* **1** cavanhaque. **2** renda (tecido). **3** *Geogr* pico. **4 pizzi** *pl* bigodes.
pla.ca.re [plakˊare] *vt* **1** acalmar, aplacar. *vpr* **2** acalmar-se, ficar calmo.
plac.ca [plˊakka] *sf* **1** *Autom* chapa, placa. **2** *Med* placa, mancha.
plac.ca.re [plakkˊare] *vt* laminar com ouro ou prata. *placcare in oro* / laminar a ouro.
pla.ci.dez.za [platʃidˊettsa] *sf* placidez, calma, tranquilidade. *Sin: placidità.*
pla.ci.di.tà [platʃiditˊa] *sf V placidezza.*
pla.ci.do [plˊatʃido] *agg* plácido, calmo.
pla.ci.to [plˊatʃito] *sm* **1** sentença, decreto. **2** arbítrio, vontade. **3** aprovação.
pla.gia.re [plad3ˊare] *vt* plagiar.
pla.gio [plˊad3o] *sm* plágio.
pla.na.re [planˊare] *vi* planar.
pla.ne.ta.rio [planetˊarjo] *sm+agg* planetário.
plan.ta.re [plantˊare] *agg Anat* plantar.
pla.sma [plˊazma] *sm* plasma.
pla.sma.re [plazmˊare] *vt* **1** plasmar, modelar. **2** *fig* formar, educar.
pla.sti.ca [plˊastika] *sf* **1** artes plásticas. **2** plástico. **3** *Med* plástica, operação plástica.
pla.sti.co [plˊastiko] *sm* modelo, maquete. • *agg* plástico.

pla.te.a [plat´ea] *sf* plateia, auditório. **platea continentale** plataforma continental.
pla.ti.no [pl´atino] *sm Chim, Min* platina.
pla.to.ni.co [plat´ɔniko] *agg* **1** platônico. **2** *fig* ideal, casto.
plau.so [pl´awzo] *sm V applauso.*
ple.ba.glia [pleb´aλa] *sf disp* ralé, gentalha.
ple.be [pl´ɛbe] *sf* **1** plebe. **2** *pop* povão.
ple.be.o [pleb´ɛo] *sm* **1** plebeu. **2** *fig disp* plebeu. **3 i plebei** *pl* o povo. • *agg* **1** plebeu, da plebe. **2** *fig* ordinário, grosseiro. **3** vulgar.
ple.bi.sci.to [plebiʃ´ito] *sm Pol* plebiscito.
ple.ni.lu.nio [plenil´unjo] *sm Astron* plenilúnio, lua cheia.
ple.o.na.smo [pleon´azmo] *sm Gramm* pleonasmo.
ples.so [pl´ɛsso] *sm Anat* plexo.
plet.tro [pl´ɛttro] *sm Mus* palheta (para instrumento de cordas).
pleu.ra [p´lɛwra] *sf Anat* pleura.
pli.co [pl´iko] *sm* **1** maço, pacote de papéis. **2** *fig* dossiê, documentação.
plo.to.ne [plot´one] *sm Mil* pelotão.
plum.be.o [pl´umbeo] *agg* **1** plúmbeo. **2** *fig* opaco, fosco. **3** sufocante, oprimente.
plu.ra.le [plur´ale] *sm+agg Gramm* plural.
plu.ra.li.tà [pluralit´a] *sf Lett* **1** pluralidade, multiplicidade. **2** maior parte, maioria.
plu.via.le [pluv´jale] *agg Lett* pluvial, da chuva.
pneu.ma.ti.co [pnewm´atiko] *sm Autom* pneu. • *agg* pneumático.
po' [p´ɔ] *sm+avv V poco.*
po.chez.za [pok´ettsa] *sf* insignificância, pequenez.
po.co [p´ɔko] *sm* **1** pouco, pequena quantidade. **2 pochi** *pl* poucas pessoas. • *agg* **1** pouco, escasso, insuficiente. *poco denaro* / pouco dinheiro. *poche cose* / poucas coisas. **2** breve, curto, exíguo. • *avv* pouco, em pequena quantidade. **a ogni poco** frequentemente. **a poco a poco** pouco a pouco. **fra poco** daqui a pouco, logo. **per poco** a) barato. b) por pouco, quase. **poc'anzi** *avv* há pouco, há pouco tempo, pouco tempo atrás. **poco fa** há pouco, pouco tempo atrás.

Poco é às vezes abreviado para **po'**: *un po' di* / um pouco de. *un bel po'* / bastante, muito.

po.de.re [pod´ere] *sm* fazenda.
po.de.ro.so [poder´ozo] *agg Lett* **1** poderoso. **2** forte. **3** valente. Veja nota em **poderoso** (português).
po.dio [p´ɔdjo] *sm* pódio, tribuna.
po.e.ma [po´ɛma] *sm* poema. **è un bel poema!** *fam* é uma beleza! **poema sinfonico** poema sinfônico.
po.e.si.a [poez´ia] *sf* **1** poesia. **2** poema. **3** *fig* beleza, graça.
po.e.ta [po´ɛta] *sm* poeta.
po.e.tes.sa [poet´essa] *sf* poetisa.
po.e.ti.co [po´ɛtiko] *agg* **1** poético. **2** *fam* estranho, fantástico. **licenza poetica** *Lett* licença poética. **vena poetica** *fig* veia poética, inspiração.
pog.gia.re [poddʒ´are] *vi* apoiar-se em.
pog.gio [p´ɔddʒo] *sm* colina, morro.
poi [p´ɔj] *sm* o futuro. • *avv* depois, em seguida. **da ora in poi** de agora em diante. Veja nota em **depois**.
poi.ché [pojk´e] *cong* **1** depois que. **2** já que, uma vez que. Veja nota em **depois**.
poker [p´oker] *sm ingl* pôquer.
po.lac.co [pol´akko] *sm+agg* polonês, polaco.
po.la.re [pol´are] *agg* **1** polar. **2** *fig* gelado.
po.le.mi.ca [pol´ɛmika] *sf* polêmica.
po.le.mi.co [pol´ɛmiko] *agg* **1** polêmico. **2** *fig* combativo, batalhador.
po.le.miz.za.re [polemiddz´are] *vi* **1** polemizar, fazer polêmica. **2** discutir, debater.
po.len.ta [pol´ɛnta] *sf* **1** polenta. **2** *fig* lesma.
po.li.fo.ni.a [polifon´ia] *sf Mus* polifonia.
po.li.ga.mi.a [poligam´ia] *sf* poligamia.
po.li.ga.mo [pol´igamo] *sm+agg* polígamo.
po.li.go.no [pol´igono] *sm Geom* polígono.
po.lio.mie.li.te [poljomjel´ite] *sf Med* poliomielite, pólio.
po.li.re [pol´ire] *vt* **1** aperfeiçoar, refinar.

polire un lavoro / aperfeiçoar um trabalho. **2** *Lett V pulire.*

po.li.sil.la.bo [polis´illabo] *sm+agg Gramm* polissílabo.

po.li.te.i.smo [polite´izmo] *sm Rel* politeísmo.

po.li.ti.ca [pol´itika] *sf* **1** política. **2** *fig* lábia.

po.li.ti.co [pol´itiko] *sm* **1** político. **2** *fig* raposa. • *agg* político. **delitto politico** crime político.

po.li.zi.a [polits´ia] *sf* polícia. **polizia sanitaria** polícia sanitária. **polizia scientifica** polícia científica.

po.li.ziot.to [polits´jɔtto] *sm* policial, guarda. **cane poliziotto** cão policial.

po.liz.za [p´ɔlittsa] *sf Comm* apólice. **polizza d'assicurazione** apólice de seguros.

pol.la.io [poll´ajo] *sm* galinheiro.

pol.la.stro [poll´astro] *sm* **1** frango. **2** *fig, pop* frangote.

pol.le.ri.a [poller´ia] *sf* aviário.

pol.li.ce [p´ɔllitʃe] *sm* **1** polegar. **2** polegada.

pol.li.ne [p´ɔlline] *sm Bot* pólen.

pol.lo.ne [poll´one] *sm Bot* rebento, broto (de árvore).

pol.lu.zio.ne [polluts´jone] *sf Med* polução.

pol.mo.ne [polm´one] *sm Anat* pulmão. **polmone d'acciaio** pulmão artificial.

pol.mo.ni.te [polmon´ite] *sf Med* pneumonia.

po.lo [p´ɔlo] *sm* **1** *Geogr, Sp* polo. **2** *fig* extremidade, ponta. **3 poli** *pl Fis, Geogr* polos. **poli della calamita** polos do ímã. **poli magnetici** polos magnéticos. **polo positivo e negativo** polo positivo e negativo. Veja nota em **extremidade**.

pol.pa [p´olpa] *sf* **1** polpa. **2** *fig* ponto central. **polpa dentaria** polpa dentária.

pol.pac.cio [polp´attʃo] *sm Anat* barriga da perna, panturrilha.

pol.pet.ta [polp´etta] *sf* almôndega.

pol.pet.to.ne [polpett´one] *sm* **1** bolo de carne moída. **2** *fig* pasticho.

pol.po [p´olpo] *sm Zool* polvo.

pol.so [p´olso] *sm* **1** pulso. **2** punho. **3** *fig* força, vigor. **4** *Fisiol* pulso, batimento. **con polso fermo** com pulso firme, com rigor.

pol.tro.na [poltr´ona] *sf* poltrona.

pol.tro.ne [poltr´one] *sm+agg* vadio, vagabundo.

pol.ve.re [p´olvere] *sf* **1** pó. **2** poeira. **dare la polvere negli occhi** enganar, iludir. **mordere la polvere** beijar o chão, cair vencido. **orologio a polvere** clepsidra. **polvere di riso** pó de arroz. **ridurre in polvere** reduzir a cinzas.

pol.ve.riz.za.re [polveriddz´are] *vt* pulverizar.

po.ma.rio [pom´arjo] *sm Lett V pometo.*

po.ma.ta [pom´ata] *sf* **1** pomada. **2** brilhantina.

po.me.ri.dia.no [pomerid´jano] *agg* da tarde.

po.me.rig.gio [pomer´iddʒo] *sm* tarde.

po.me.to [pom´eto] *sm* pomar. *Sin Lett: pomario.*

po.mi.ce [p´omitʃe] *sm Min* pedra-pomes.

po.mi.do.ro [pomid´ɔro] *sm pop V pomodoro.*

po.mo [p´omo] *sm* **1** pomo, fruta. **2** macieira. **3** punho da espada. **pomo d'Adamo** pomo de adão. **pomo della discordia** *Mit, fig* pomo da discórdia. **pomo di terra** batata.

po.mo.do.ro [pomod´ɔro] *sm* **1** tomate. **2** tomateiro. *Var pop: pomidoro.*

pom.pa [p´ompa] *sf* **1** bomba (de água, para encher pneus etc.). **2** pompa, luxo, ostentação.

pom.pa.re [pomp´are] *vt* bombear (água).

pom.pie.re [pomp´jɛre] *sm* bombeiro (que combate incêndios).

pom.po.so [pomp´ozo] *agg* pomposo, luxuoso.

pon.ce [p´ontʃe] *sm* ponche (bebida).

pon.de.ra.re [ponder´are] *vt* ponderar.

po.nen.te [pon´ɛnte] *sm Geogr* poente, oeste.

pon.te [p´onte] *sm* **1** ponte. **2** andaime. **3** *Naut* convés. **ponte di comando** *Naut* ponte de comando. **ponte levatoio** ponte levadiça. **ponte pensile** ponte pênsil.

pon.te.fi.ce [pont´efitʃe] *sm Rel* pontífice. **Sommo Pontefice** Sumo Pontífice.

pon.ti.le [pont´ile] *sm Naut* cais, embarcadouro.

po.po.lac.cio [popol´attʃo] *sm* populacho, ralé. Veja nota em **scoria**.

po.po.la.re [popol´are] *sm Pol* democrata. • *agg* popular. • *vt* **1** povoar. **2** *fig* encher. *vpr* **3** encher-se.

po.po.la.ri.tà [popolarit´a] *sf* popularidade.

po.po.la.zio.ne [popolats´jone] *sf* população. **popolazione relativa** densidade populacional.

po.po.lo [p´ɔpolo] *sm* **1** povo. **2** nação. **3** multidão. **4** *Rel* rebanho, paroquianos. **uomo del popolo** homem do povo. **venire dal popolo** vir do povo.

po.po.lo.so [popol´ozo] *agg* populoso.

po.po.ne [pop´one] *sm Bot* **1** meloeiro. **2** melão.

pop.pa [p´oppa] *sf* **1** *Naut* popa. **2** *Zool* mama, teta. **3** *fig* leite. **dare la poppa** amamentar.

pop.pa.re [popp´are] *vt* mamar.

pop.pa.ta [popp´ata] *sf* mamada.

pop.pa.to.io [poppat´ojo] *sm* mamadeira.

por.ca [p´ɔrka] *sf* porca, fêmea do porco.

por.cac.cio.ne [porkattʃ´one] *sm* porcalhão.

por.ca.io [pork´ajo] *sm V porcaro.*

por.ca.ro [pork´aro] *sm* **1** chiqueiro, pocilga. **2** *fig* chiqueiro, lugar sujo. *Sin: porcile. Var: porcaio.*

por.cel.la.na [portʃell´ana] *sf* porcelana.

por.che.ri.a [porker´ia] *sf* **1** porcaria, imundície, sujeira. **2** *fig* obscenidade, vulgaridade. **3** porcaria, coisa malfeita.

por.ci.le [portʃ´ile] *sm V porcaro.*

por.ci.no [portʃ´ino] *agg* suíno.

por.co [p´ɔrko] *sm* **1** porco. **2** carne de porco. **3** *fig* porco, porcalhão. • *agg* sujo, indecente. **porco selvatico** javali.

por.co.spi.no [porkosp´ino] *sm* **1** *Zool* porco-espinho. **2** *fig* bicho, pessoa intratável.

por.ge.re [p´ɔrdʒere] *vt* **1** alongar, estender. **2** *fig* dar. **3** oferecer. *vi* **4** expor, exprimir. *porgere idee, opinioni* / expor ideias, opiniões. **porgere la mano** estender a mão, ajudar.

por.no.gra.fi.a [pornograf´ia] *sf* pornografia.

po.ro [p´ɔro] *sm* poro.

po.ro.so [por´ozo] *agg* **1** poroso. **2** *fig* absorvente, esponjoso.

por.po.ra [p´orpora] *sf* púrpura.

por.po.ri.na [porpor´ina] *sf* purpurina.

por.re [p´or̃e] *vt+vi* **1** pôr, colocar. *quando arrivò, pose le chiavi sulla tavola* / quando chegou, pôs as chaves sobre a mesa. **2** supor. *poniamo che ...* / suponhamos que ... **3** estabelecer. *porre condizioni* / estabelecer condições. **4** erigir, construir. *gli operai pongono la fondazione dell'edificio* / os operários constroem o alicerce do edifício. **5** impor. *vpr* **6** pôr-se, colocar-se. *porsi in salvo* / colocar-se a salvo. **porre termine** pôr fim. **porre una questione/una domanda** fazer uma pergunta. **porsi a** pôr-se a, começar a. *lei si pose a piangere* / ela se pôs a chorar.

por.ta [p´ɔrta] *sf* **1** porta. **2** portão. **3** *Sp* gol. **andare di porta in porta** esmolar de porta em porta. **a porte chiuse** *Giur* a portas fechadas (sentença). **porta d'ingresso** portão. Veja nota em **gol**.

por.ta.ba.ga.gli [portabag´aλi] *sm* **1** carregador. *Autom* **2** bagageiro. **3** porta-malas.

por.ta.ban.die.ra [portaband´jɛra] *sm* **1** *Mil* porta-bandeira. **2** *fig* divulgador, apóstolo.

por.ta.bi.le [port´abile] *agg* portátil.

por.ta.ce.ne.re [portatʃ´enere] *sm* cinzeiro.

por.ta.chia.vi [portak´javi] *sm* chaveiro.

por.ta.e.rei [porta´ɛrej] *sm Naut* porta-aviões.

por.ta.fo.gli [portaf´ɔλi] *sm* pasta (para papéis). *Sin portafoglio.*

por.ta.fo.glio [portaf´ɔλo] *sm V portafogli.*

por.ta.gio.ie [portadʒ´ɔje] *sm* porta-joias. *Sin: portagioielli.*

por.ta.gio.iel.li [portadʒo´jɛlli] *sm V portagioie.*

por.ta.lam.pa.da [portal´ampada] *sf Elett* soquete.

P

por.ta.la.pis [portal´apis] *sm* lapiseira.
por.ta.le [port´ale] *sm Archit* portal.
por.ta.let.te.re [portal´ɛttere] *sm* carteiro.
por.ta.men.to [portam´ento] *sm* **1** porte, modo de andar. **2** comportamento, conduta.
por.ta.mo.ne.te [portamon´ete] *sm* porta-moedas.
por.tan.ti.na [portant´ina] *sf* liteira.
por.ta.pac.chi [portap´akki] *sm* **1** entregador (de encomendas). **2** *Autom* bagageiro.
por.ta.re [port´are] *vt* **1** portar, carregar, transportar. *le donne portavano i figli* / as mulheres carregavam os filhos. **2** vestir, usar. *portare un vestito, occhiali, scarpe* / usar um vestido, óculos, sapatos. **3** conduzir, levar. *questa strada porta alla città* / esta estrada leva à cidade. **4** causar, provocar. *portare problemi* / causar problemas. **5** comunicar, transmitir. *portare notizie* / transmitir notícias. **6** suportar. *vpr* **7** ir, dirigir-se a. **8** portar-se, comportar-se. *non si portava bene* / ele não se portava bem. **portare fortuna** trazer sorte. **portare in palmo di mano** *fig* proteger. **portare in tavola** servir (comida, bebida). **portare via** levar embora. Veja notas em **caricare** e **levare**.
por.ta.ri.trat.ti [portaritr´atti] *sm* porta-retratos.
por.ta.si.ga.ret.te [portasigar´ɛtte] *sm* cigarreira.
por.ta.to [port´ato] *agg* **1** levado. **2** transportado. • *sm fig* **1** resultado. **2** conquista. **3** *Poet* parto. **4** filho. **essere portato per** *fig* ter jeito para.
por.ta.vo.ce [portav´otʃe] *sm* **1** megafone. **2** alto-falante. **3** *fig* porta-voz.
por.ti.co [p´ɔrtiko] *sm Archit* pórtico.
por.tie.ra [port´jɛra] *sf* **1** porta de carro. **2** porteira.
por.tie.re [port´jɛre] *sm* porteiro.
por.ti.na.io [portin´ajo] *sm* **1** porteiro. **2** *Calc* goleiro.
por.ti.ne.ri.a [portiner´ia] *sf* portaria, entrada de edifício.
por.to [p´ɔrto] *sm* **1** *Naut* porto. **2** *Comm* porte. **3** licença. **4** *fig* abrigo, refúgio. **5** fim, término. **porto d'armi** porte de arma. **porto pagato** porte pago.
por.to.ghe.se [portog´eze] *s+agg* português.
por.to.ghe.si.smo [portogez´izmo] *sm* portuguesismo, palavra ou expressão do português europeu.
por.tu.a.le [portu´ale] *agg* portuário.
por.zio.ne [ports´jone] *sf* porção, pedaço, parte. **porzione di patate** porção de batatas.
po.sa [p´ɔza] *sf* **1** parada. **2** repouso, descanso. **3** *Arte* pose. **4** *fig* pose, afetação. **teatro di posa** *Cin* estúdio.
po.sa.ce.ne.re [pozatʃ´enere] *sm* cinzeiro.
po.sa.re [poz´are] *vt* **1** colocar, depor. *posare gli occhi su qualcuno* / colocar os olhos em alguém. *vi* **2** sedimentar. **3** posar de, comportar-se como, fingir ser. *lei posa a grande attrice* / ela posa de grande atriz. **4** *Arte* posar. *vpr* **5** pousar. *l'uccello si posò* / o pássaro pousou. **6** colocar-se. **7** repousar.
po.sa.ta [poz´ata] *sf* **1** talher. **2** *Mil* pousada.
po.sa.tez.za [pozat´ettsa] *sf* **1** prudência, cautela. **2** calma, tranquilidade.
po.si.ti.va [pozit´iva] *sf Fot* positivo.
po.si.ti.vo [pozit´ivo] *agg* **1** positivo. **2** real. **3** efetivo. **4** prático.
po.si.zio.ne [pozits´jone] *sf* **1** posição. **2** situação, condição. **3** postura. **posizione delicata** situação delicada, embaraçosa.
po.spor.re [posp´or̄e] *vt* **1** pospor, adiar, deixar para depois. **2** *fig* desprezar.
pos.se.de.re [possed´ere] *vt* **1** possuir, ter. **2** *fig* conhecer a fundo, dominar. *vi* **3** ter posses, ser rico. *vpr* **4** dominar-se, controlar-se.
pos.se.di.men.to [possedim´ento] *sm* **1** possessão, posse. **2** *Pol* possessão, colônia. **3** *fig* domínio.
pos.sen.te [poss´ɛnte] *agg Poet* possante, potente.
pos.ses.sio.ne [possess´jone] *sf* **1** possessão. **2** domínio.
pos.ses.si.vo [possess´ivo] *agg* **1** *Gramm* possessivo. **2** *fig* possessivo, dominador, prepotente.
pos.ses.so [poss´ɛsso] *sm* **1** posse. **2**

propriedade, possessão. **3** *fig* domínio, controle.

pos.ses.so.re [possess´ore] *sm* possessor, possuidor.

pos.si.bi.le [poss´ibile] *sm+agg* possível. **fare il possibile e l'impossibile** fazer o possível e o impossível, fazer de tudo.

po.sta [p´ɔsta] *sf* **1** posto, lugar determinado. **2** correio. **3** aposta. **4** cilada. **5** *Contab* registro, lançamento. **posta aerea** correio aéreo. Veja nota em **registro** (português).

po.sta.le [post´ale] *agg* postal.

po.sta.re [post´are] *vt* **1** colocar. *vpr* **2** postar-se.

po.steg.gia.re [postedd℥´are] *vt* estacionar.

po.steg.gio [post´edd℥o] *sm* estacionamento.

po.ster.ga.re [posterg´are] *vt* postergar.

po.ste.rio.re [poster´jore] *agg* posterior.

po.stic.cio [post´ittʃo] *agg* postiço, artificial.

po.sti.ci.pa.re [postitʃip´are] *vt* **1** adiar. **2** pospor.

po.sti.no [post´ino] *sm* carteiro.

po.sto [p´osto] *sm* **1** lugar. **2** poltrona, lugar em auditório etc. **3** *Mil* posto. *posto di colonnello* / posto de coronel. **4** *fig* cargo, posto, emprego. • *agg* **1** posto, colocado. **2** situado. **3** suposto. **a posto!** a postos! **avere la testa a posto** ter a cabeça no lugar. **fuori posto** fora do lugar. **occupare un buon posto** ter um bom emprego. **ognuno stia al suo posto** cada macaco no seu galho. **posto a sedere** lugar sentado (em ônibus). **posto avanzato** posto avançado. **posto che** posto que, uma vez que. **posto ciò** isso posto. **posto di guardia** posto de guarda. **posto di pronto soccorso** posto de pronto-socorro. **posto di tassì** ponto de táxi. **posto in piedi** lugar em pé (em ônibus). **posto riservato** lugar reservado. **posto telefonico pubblico** telefone público. **tenere la lingua a posto** não falar sem pensar.

po.stri.bo.lo [postr´ibolo] *sm* prostíbulo.

po.stu.la.re [postul´are] *vt* **1** postular, requerer, requisitar. **2** supor, fazer hipóteses.

po.stu.mo [p´ɔstumo] *agg* póstumo. • *sm* **1** *Med* sequela. **2** *fig* resto, resíduo.

po.ta.bi.le [pot´abile] *agg* potável.

po.ta.re [pot´are] *vt* podar (árvores).

po.tas.sio [pot´assjo] *sm Chim* potássio.

po.ten.te [pot´ɛnte] *agg* **1** potente. **2** forte, vigoroso. **3** eficaz, eficiente. **4** viril.

po.ten.za [pot´ɛntsa] *sf* **1** potência. **2** força, vigor. **3** eficácia, eficiência. **4** virilidade. Veja nota em **força.**

po.ten.zia.le [potents´jale] *sm+agg* potencial.

po.te.re [pot´ere] *sm* **1** poder. **2** autoridade. • *vi* poder. **i poteri dello Stato** *Pol* os poderes do Estado. **pieni poteri** plenos poderes. **potere calorifico** poder calórico (dos alimentos). **potere d'acquisto** *Econ* poder de compra. **potere legislativo, esecutivo e giudiziario** poder legislativo, executivo e judiciário. **può darsi (che)** pode ser (que), talvez. **quarto potere** quarto poder, imprensa.

po.ve.ro [p´ɔvero] *sm* pobre. • *agg* **1** pobre. **2** fraco. **3** estéril. **povero me!** pobre de mim!

po.ver.tà [povert´a] *sf* pobreza.

po.zio.ne [pots´jone] *sf* poção.

poz.za [p´ottsa] *sf* poça.

poz.zan.ghe.ra [potts´angera] *sf* **1** poça. **2** lamaçal.

poz.zo [p´ottso] *sm* poço, cisterna. **pozzo artesiano** poço artesiano. **pozzo di sapere** poço de sabedoria. **pozzo nero** fossa negra. **pozzo petrolifero** poço de petróleo.

pran.za.re [prandz´are] *vi* **1** almoçar. **2** jantar.

pran.zo [pr´andzo] *sm* **1** almoço. **2** jantar. **dopo pranzo** à tarde. **pranzo di gala** jantar de gala.

pras.si [pr´assi] *sf* praxe, prática.

pra.te.ri.a [prater´ia] *sf* pradaria.

pra.ti.ca [pr´atika] *sf* **1** prática: a) experiência. b) exercício. c) perícia, destreza. **2** amizade. **3** documentação, papelada. Veja nota em **documentação.**

pra.ti.ca.re [pratik´are] *vt* **1** praticar, exercitar. **2** ter amizade, conhecer. **3** fazer, executar.

P

pra.ti.co [pr´atiko] *sm* prático, perito. • *agg* **1** prático, funcional. **2** experiente. **essere pratico di** ter prática em, experiência com.

pra.to [pr´ato] *sm* prado.

pre.am.bo.lo [pre´ambolo] *sm* **1** preâmbulo. **2** prefácio. **3** *fig* divagação, palavreado.

pre.an.nun.cia.re [preannuntʃ´are] *vt* preanunciar, prognosticar. *Var: preannunziare.*

pre.an.nun.zia.re [preannunts´jare] *vt V preannunciare.*

pre.ca.rio [prek´arjo] *agg* **1** precário, instável. **2** momentâneo, passageiro.

pre.cau.zio.ne [prekawts´jone] *sf* precaução.

pre.ce [pr´ɛtʃe] *sf Lett, Poet* prece.

pre.ce.den.te [pretʃed´ɛnte] *sm* precedente. • *agg* precedente, antecedente, anterior.

pre.ce.de.re [pretʃ´ɛdere] *vt* **1** preceder, anteceder. *vi* **2** preceder, ser precedente.

pre.cet.to [pretʃ´ɛtto] *sm* preceito, norma.

pre.ci.pi.ta.re [pretʃipit´are] *vt* **1** precipitar: a) despenhar, jogar para baixo. b) acelerar. *precipitare le decisioni* / precipitar as decisões. *vi* **2** precipitar-se, cair. *l'alpinista aveva paura di precipitare nell'abisso* / o alpinista tinha medo de precipitar-se no abismo. *precipitare in una vita sordida* / precipitar-se numa vida sórdida. *vpr* **3** precipitar-se: a) despencar, cair. *il fiume si precipita in cascate* / o rio se precipita em cascatas. b) antecipar-se.

pre.ci.pi.ta.zio.ne [pretʃipitats´jone] *sf* **1** precipitação. **2** pressa.

pre.ci.pi.zio [pretʃip´itsjo] *sm* precipício, despenhadeiro, abismo. **a precipizio** impetuosamente.

pre.ci.sa.re [pretʃiz´are] *vt* precisar, especificar. Veja nota em **precisar**.

pre.ci.sio.ne [pretʃiz´jone] *sf* precisão, exatidão. **bilancia di precisione** balança de precisão. **strumenti di precisione** instrumentos de precisão.

pre.ci.so [pretʃ´izo] *agg* preciso, exato.

pre.co.ce [prek´ɔtʃe] *agg* **1** precoce, prematuro. **2** temporão.

pre.con.cet.to [prekontʃ´ɛtto] *sm* preconceito. • *agg* preconcebido.

pre.co.niz.za.re [prekoniddz´are] *vt Lett* preconizar, prever.

pre.cur.so.re [prekurs´ore] *sm+agg* precursor.

pre.da [pr´ɛda] *sf* **1** presa, caça. **2** *Mil* presa de guerra, despojo, espólio.

pre.da.re [pred´are] *vt* **1** tomar à força, apreender. **2** saquear. **3** roubar.

pre.da.to.re [predat´ore] *sm* predador.

pre.de.ces.so.re [predetʃess´ore] *agg* predecessor, antecessor.

pre.de.sti.na.re [predestin´are] *vt* predestinar.

pre.de.ter.mi.na.re [predetermin´are] *vt* predeterminar.

pre.di.ca [pr´ɛdika] *sf* **1** *Rel* pregação, sermão. **2** *fam* pito, lavada. **da che pulpito viene la predica!** olha só quem fala!

pre.di.ca.re [predik´are] *vt* **1** apregoar, divulgar. **2** *Rel* pregar. **3** *fig* exortar a, convidar a. **predicare al deserto** *fig* pregar no deserto.

pre.di.ca.to [predik´ato] *sm Gramm* predicado. • *agg* pregado, apregoado.

pre.di.ca.to.re [predikat´ore] *sm* **1** *Rel* pregador. **2** *fig* divulgador.

pre.di.let.to [predil´ɛtto] *agg* predileto, preferido.

pre.di.le.zio.ne [predilets´jone] *sf* predileção, preferência.

pre.di.re [pred´ire] *vt* predizer, profetizar.

pre.di.spor.re [predisp´ore] *vt* **1** predispor, preparar, dispor previamente. *il professore vuole predisporre testi più attuali per gli studenti* / o professor quer preparar textos mais atuais para os alunos. *vpr* **2** predispor-se, preparar-se. *predisporsi a fare qualcosa* / predispor-se a fazer algo.

pre.di.spo.si.zio.ne [predispozits´jone] *sf* predisposição, tendência.

pre.di.zio.ne [predits´jone] *sf* profecia, predição.

pre.do.mi.na.re [predomin´are] *vt* **1** dominar, subjugar. **2** superar. *vi* **3** predominar, prevalecer.

pre.do.mi.nio [predom´injo] *sm* predomínio.

pre.fa.zio.ne [prefats´jone] *sf* prefácio, apresentação.
pre.fe.ren.za [prefer´ɛntsa] *sf* preferência, predileção.
pre.fe.ri.re [prefer´ire] *vt* preferir. *preferisco la prosa alla poesia* / prefiro a prosa à poesia. *preferisci di restare a casa?* / você prefere ficar em casa?
pre.fet.to [pref´ɛtto] *sm* prefeito.
pre.fet.tu.ra [prefett´ura] *sf* prefeitura.
pre.fig.ge.re [pref´iddʒere] *vt* **1** prefixar, predeterminar. *vpr* **2** propor-se a, decidir-se a.
pre.fis.so [pref´isso] *sm Gramm* prefixo. • *agg* prefixado, prescrito.
pre.ga.re [preg´are] *vt* **1** rezar. **2** pedir. *pregò l'amico di venire subito* / pediu ao amigo que viesse logo. **3** suplicar. *ti prego, lasciami uscire!* / te suplico, deixe-me sair! *vi* **4** rezar, orar. **prego!** de nada! não há de quê!
pre.ghie.ra [preg´jɛra] *sf* **1** oração, prece. **2** pedido. **3** súplica.
pre.gia.re [predʒ´are] *vt* **1** prezar, apreciar. *vpr* **2** orgulhar-se de, vangloriar-se de.
pre.gio [pr´ɛdʒo] *sm* **1** prestígio, estima, consideração. **2** valor, mérito.
pre.giu.di.ca.re [predʒudik´are] *vt* **1** prejudicar, lesar. *vi* **2** causar prejuízo. *vpr* **3** prejudicar-se.
pre.giu.di.zia.le [predʒudits´jale] *agg* prejudicial.
pre.giu.di.zio [predʒud´itsjo] *sm* **1** prejuízo, dano. **2** preconceito.
pre.gno [pr´eño] *agg* **1** *fig* cheio, impregnado. **2 pregna** *f* prenhe.
prei.sto.ri.co [prejst´ɔriko] *agg* pré-histórico.
pre.li.mi.na.re [prelimin´are] *sm+agg* preliminar.
pre.lu.dio [prel´udjo] *sm* **1** prelúdio, início, princípio. **2** *Mus* prelúdio.
pre.ma.tu.ro [premat´uro] *agg* **1** prematuro, precoce. **2** inoportuno.
pre.me.di.ta.re [premedit´are] *vt Giur* premeditar.
pre.me.re [pr´ɛmere] *vt* **1** premer, comprimir, apertar. *la bambina premeva qualcosa nelle mani* / a menina apertava alguma coisa nas mãos. **2** espremer. *vi* **3** importar. *addesso gli premeva di sapere la verità* / agora importava-lhe saber a verdade.
pre.mia.re [prem´jare] *vt* premiar.
pre.mio [pr´ɛmjo] *sm* **1** prêmio, recompensa. **2** *Sp* prêmio, competição. **3** *Comm* prêmio, dividendo. **premio di assicurazione** prêmio de seguro. **premio di consolazione** prêmio de consolação.
pre.mo.la.re [premol´are] *sm+agg* pré-molar.
pre.mo.ni.zio.ne [premonits´jone] *sf* premonição, pressentimento.
pre.mu.ra [prem´ura] *sf* **1** atenção, cortesia, solicitude. **2** pressa, precipitação.
pre.mu.ro.so [premur´ozo] *agg* atento, cortês, solícito.
pren.de.re [pr´ɛndere] *vt* **1** pegar, apanhar. *lei ha preso la spazzola dalla borsa* / ela pegou a escova da bolsa. **2** tomar. *prendere il treno* / tomar o trem. *non sa che direzione prendere* / não sabe que direção tomar. *prendi un caffè?* / você toma um café? **3** receber. *quanto prendete al mese?* / quanto vocês recebem por mês? **4** prender. *la polizia ha preso il ladro* / a polícia prendeu o ladrão. **5** roubar. **6** confundir. *prendere una cosa per altra* / confundir uma coisa com outra. *ti ho preso per il direttore* / confundi você com o diretor. **7** ocupar, invadir. **8** atacar. *vi* **9** criar raízes, arraigar-se. **prendere fuoco** pegar fogo. **prendere il toro per le corna** pegar o touro à unha. **prendere le misure di qualcuno** tirar as medidas de alguém. **prendere sul serio** levar a sério. **prendere tempo** demorar, perder tempo. **prendere una medicina** tomar um remédio.
pre.no.me [pren´ome] *sm* prenome, nome de batismo.
pre.no.ta.re [prenot´are] *vt* **1** reservar. **2** marcar. *vpr* **3** inscrever-se.
pre.nun.zio [pren´untsjo] *sm Lett* prenúncio, aviso.
pre.oc.cu.pa.re [preokkup´are] *vt* **1** preocupar. *vpr* **2** preocupar-se.
pre.oc.cu.pa.zio.ne [preokkupats´jone] *sf* **1** preocupação. **2** apreensão.

P

pre.pa.ra.re [prepar´are] *vt* **1** preparar, aprontar. *vpr* **2** preparar-se.
pre.pa.ra.ti.vi [preparat´ivi] *sm pl* preparativos.
pre.pa.ra.to.rio [preparat´ɔrjo] *agg* preparatório.
pre.pa.ra.zio.ne [preparats´jone] *sf* **1** preparação. **2** *fig* treinamento, aprendizagem. **3** preparado.
pre.pon.de.ra.re [preponder´are] *vi* preponderar, prevalecer.
pre.po.si.zio.ne [prepozits´jone] *sf Lett, Gramm* preposição.
pre.po.ten.te [prepot´ɛnte] *sm* prepotente, tirano. • *agg* **1** prepotente. **2** autoritário, dominador. **3** forte, irresistível (sentimento).
pre.pu.zio [prep´utsjo] *sm Anat* prepúcio.
pre.ro.ga.ti.va [prerogat´iva] *sf* **1** prerrogativa, privilégio. **2** *fig* característica, particularidade.
pre.sa [pr´eza] *sf* **1** pitada. **2** asa, cabo. **3** conduto, condutor (de ar, água). **4** *Mil* captura, conquista. **5** *fig* ocasião, oportunidade. **6** pretexto, desculpa. **presa dell'acqua** nascente de água. **presa di corrente** *Elett* tomada. **venire alle prese** pegar-se, brigar.
pre.sa.gio [prez´adʒo] *sm* **1** presságio, agouro. **2** previsão. **3** pressentimento. **4** prognóstico.
pre.sa.gi.re [prezadʒ´ire] *vt* **1** pressagiar, profetizar. **2** pressentir.
pre.sbi.te.ria.no [prezbiter´jano] *sm+agg* presbiteriano.
pre.scin.de.re [preʃ´indere] *vi* prescindir de, dispensar, deixar de lado. *la mia ricerca prescinde da questi dati* / a minha pesquisa prescinde destes dados.
pre.scri.ve.re [preskr´ivere] *vt* **1** prescrever. **2** *fig* ordenar, comandar. **3** sugerir, aconselhar.
pre.scri.zio.ne [preskrits´jone] *sf* **1** prescrição, norma, preceito. **2** *Med* receita, prescrição médica. **prescrizione del delitto** *Giur* prescrição do crime.
pre.sen.ta.re [prezent´are] *vt* **1** apresentar. **2** presentear. **3** dar, entregar. **4** oferecer. *vpr* **5** apresentar-se. **6** vir à presença de. **7** *fig* sobrevir, acontecer. **presentare le armi** *Mil* apresentar armas.
pre.sen.ta.zio.ne [prezentats´jone] *sf* **1** apresentação. **2** prefácio.
pre.sen.te [prez´ɛnte] *sm+agg Gramm* presente. • *sm* **1** o presente, tempo presente. **2 i presenti** a) os presentes. b) os espectadores. • *agg* **1** presente. **2** atual. **al presente** no presente, atualmente. **presente!** presente!
pre.sen.ti.re [present´ire] *vt* pressentir.
pre.sen.za [prez´ɛntsa] *sf* presença. **bella presenza** boa aparência. **in presenza di** na presença de. **presenza di spirito** presença de espírito.
pre.sen.zia.re [prezents´jare] *vi* presenciar, assistir.
pre.se.pio [prez´ɛpjo] *sm Rel* presépio.
pre.ser.va.re [prezerv´are] *vt* **1** preservar, conservar. *vpr* **2** preservar-se, defender-se.
pre.ser.va.ti.vo [prezervat´ivo] *sm* preservativo, anticoncepcional. • *agg* preservativo.
pre.si.den.te [prezid´ɛnte] *sm+agg* presidente.
pre.si.den.za [prezid´ɛntsa] *sf* **1** presidência. **2** residência presidencial.
pre.si.dio [prez´idjo] *sm Mil* **1** guarnição, destacamento. **2** posto avançado. **3** *fig* defesa, proteção.
pre.sie.de.re [prez´jɛdere] *vt+vi* **1** presidir. **2** *fig* dirigir, conduzir.
pre.so [pr´ezo] *agg* **1** pego, apanhado. **2** ocupado, invadido. **3** aprisionado, preso. **4** atacado, afetado (por doença). **5** tomado.
pres.sa [pr´ɛssa] *sf* **1** multidão. **2** *Mecc* prensa. **pressa idraulica** prensa hidráulica.
pres.sa.re [press´are] *vt* prensar, imprensar.
pres.sio.ne [press´jone] *sf* pressão. **fare pressione** pressionar. **pressione sanguigna/pressione arteriosa** pressão sanguínea ou arterial.
pres.so [pr´ɛsso] *avv* **1** próximo, perto. *qui presso* / aqui perto. **2** ao redor, em volta. • *prep* **1** próximo a, perto de. *sediamoci presso la porta* / sentemo-nos perto da porta. **2** ao redor de, em volta

de. **3** junto a. *trovò protezione presso il re di Francia* / encontrou proteção junto ao rei da França. *aver successo presso i giovani* / ter sucesso junto aos jovens. • **pressi** *sm pl* proximidades, arredores. *nei pressi di Firenze* / nos arredores de Florença.

pre.sta.re [prest´are] *vt* **1** prestar, dar. **2** emprestar. *vpr* **3** prestar-se a, servir para. **prestare aiuto** prestar ajuda. **prestare omaggio** prestar homenagem.

pre.stez.za [prest´ettsa] *sf* **1** presteza, prontidão. **2** rapidez, ligeireza.

pre.sti.gia.to.re [prestidʒat´ore] *sm* prestidigitador.

pre.sti.gio [prest´idʒo] *sm* **1** prestígio. **2** influência. **3** prestidigitação. **4** *fig* encanto, fascínio.

pre.sti.to [pr´ɛstito] *sm* empréstimo.

pre.sto [pr´ɛsto] *agg* **1** rápido, ligeiro. **2** solícito, diligente. • *avv* **1** cedo. **2** logo, daqui a pouco. **3** rapidamente, rápido. **presto e bene non si conviene** a pressa é inimiga da perfeição.

pre.su.me.re [prez´umere] *vt* **1** *Lett* presumir, supor. *vi* **2** ser presunçoso.

pre.sun.tu.o.so [prezuntu´ozo] *agg* presunçoso, arrogante.

pre.sun.zio.ne [prezunts´jone] *sf* **1** presunção, arrogância. **2** pressuposto, suposição.

pre.sup.por.re [presupp´oȓe] *vt* pressupor, conjecturar.

pre.te [pr´ɛte] *sm Rel* **1** padre. **2** pároco.

pre.ten.de.re [pret´ɛndere] *vt+vi* **1** pretender: a) pleitear (um direito). b) aspirar a. **2** exigir.

pre.ten.sio.ne [pretens´jone] *sf* pretensão: a) exigência, desejo de algo. b) presunção, arrogância.

pre.ten.zio.so [pretents´jozo] *agg* pretensioso, presunçoso, arrogante.

pre.te.ri.re [preter´ire] *vt* **1** preterir. **2** omitir.

pre.te.ri.to [pret´ɛrito] *sm* **1** *Gramm* pretérito. **2** *fam* traseiro.

pre.te.sa [pret´eza] *sf* pretensão: a) exigência, desejo de algo. b) *fig* presunção, arrogância.

pre.te.sto [pret´ɛsto] *sm* **1** pretexto, desculpa. **2** oportunidade.

pre.va.le.re [preval´ere] *vi* prevalecer, preponderar.

pre.ve.de.re [preved´ere] *vt* prever.

pre.ve.di.bi.le [preved´ibile] *agg* previsível.

pre.ve.ni.re [preven´ire] *vt* **1** prevenir, precaver. **2** evitar. **3** preceder.

pre.ven.ti.vo [prevent´ivo] *sm* estimativa, avaliação. • *agg* preventivo. **carcere preventivo** prisão preventiva.

pre.ven.zio.ne [prevents´jone] *sf* **1** prevenção. **2** precaução. **3** preconceito.

pre.vi.den.za [previd´ɛntsa] *sf* previdência, precaução, prudência. **previdenza sociale** previdência social.

pre.vio [pr´ɛvjo] *agg* prévio, precedente. **previo avviso** aviso prévio.

pre.vi.sio.ne [previz´jone] *sf* previsão.

pre.zio.so [prets´jozo] *agg* **1** precioso, muito caro. **2** raro. **3** *fig* pretensioso, afetado.

prez.ze.mo.lo [pretts´emolo] *sm Bot* salsa.

prez.zo [pr´ɛttso] *sm* **1** preço. **2** valor, importância. **3** *fig* estima, apreço, consideração. **4** castigo, punição. **prezzo di costo** preço de custo. **prezzo di vendita** preço de venda.

pri.gio.ne [pridʒ´one] *sf* prisão, cárcere. **prigione di rigore** solitária.

pri.gio.nie.ro [pridʒon´jɛro] *sm* **1** prisioneiro. **2** preso, detento. **prigioniero di** *fig* escravo de.

pri.ma [pr´ima] *avv* **1** antes, primeiro. *sono arrivato prima* / eu cheguei primeiro. **2** certa vez, uma vez. **3** mais cedo. **prima che** antes que. *ritorna prima che piova* / volte antes que chova. **prima di** a) *loc prep* antes de. *non so se posso venire prima di marzo* / não sei se posso vir antes de março. b) *loc cong* antes de. *sempre leggo prima di dormire* / sempre leio antes de dormir. **prima o poi** mais cedo ou mais tarde. **quanto prima** o quanto antes, o mais cedo possível.

pri.ma.rio [prim´arjo] *agg* **1** primário. **2** primitivo. **3** principal, fundamental.

pri.ma.ti [prim´ati] *sm pl Zool* primatas.

pri.ma.ti.sta [primat´ista] *s* recordista.

pri.ma.to [prim´ato] *sm* recorde.

pri.ma.ve.ra [primav´ɛra] *sf* **1** primavera.

2 *fig* adolescência, primavera da vida. 3 **primavere** *pl fig* anos. **avere molte primavere sulle spalle** ter muitos anos de vida. **in primavera** na primavera. **una rondine non fa primavera** uma só andorinha não faz verão.

pri.mi.ti.vo [primit'ivo] *agg* 1 primitivo. 2 antiquíssimo. 3 *fig* rústico, simples, rudimentar.

pri.mo [pr'imo] *num* primeiro. • *agg* 1 *fig* fundamental, primário. 2 *Teat, Cin* primeiro, principal (ator, cantor etc.). • *sm* primeiro dia. **numero primo** número primo. **per primo** em primeiro lugar, antes dos outros.

pri.mo.ge.ni.to [primodʒ'ɛnito] *sm+agg* primogênito.

pri.mor.dia.le [primord'jale] *agg* primordial, primitivo, ancestral.

prin.ci.pa.le [printʃip'ale] *agg* 1 principal. 2 essencial. • *sm* 1 patrão, dono. 2 chefe.

prin.ci.pe [pr'intʃipe] *sm* 1 príncipe. 2 soberano. 3 *fig* rei (de uma arte, ciência etc.).

prin.ci.pes.sa [printʃip'essa] *sf* princesa.

prin.ci.pian.te [printʃip'jante] *s+agg* principiante, iniciante.

prin.ci.pia.re [printʃip'jare] *vt+vi* principiar, começar.

prin.ci.pio [printʃ'ipjo] *sm* 1 princípio. 2 início. 3 convicção. 4 *Fis* lei, princípio. 5 **principi** *pl* fundamentos, princípios. **dal principio alla fine** do princípio ao fim. **in principio/da principio** no início.

prio.ri.tà [prjorit'a] *sf* prioridade.

pri.sma [pr'izma] *sm* prisma. **prisma ottico** prisma óptico.

pri.va.re [priv'are] *vt* 1 privar. *vpr* 2 privar-se, renunciar.

pri.va.ti.vo [privat'ivo] *agg* privativo.

pri.va.to [priv'ato] *agg* privado, particular. • *sm* cidadão.

pri.va.zio.ne [privats'jone] *sf* 1 privação, falta. 2 sofrimento, necessidade material.

pri.vi.le.gia.re [priviledʒ'are] *vt* privilegiar.

pri.vi.le.gio [privil'ɛdʒo] *sm* privilégio, prerrogativa.

pri.vo [pr'ivo] *agg* privado, desprovido.

pro [pr'ɔ] *sm* pró, vantagem, interesse. *valutare il pro ed il contro* / avaliar os prós e os contras. • *prep* para, em favor de.

pro.ba.bi.le [prob'abile] *agg* provável, possível.

pro.ba.bi.li.tà [probabilit'a] *sf* probabilidade, possibilidade.

pro.ble.ma [probl'ɛma] *sm* problema: a) questão. *problemi matematici* / problemas matemáticos. b) dificuldade, obstáculo. *problemi personali* / problemas pessoais.

pro.ble.ma.ti.co [problem'atiko] *agg* 1 problemático. 2 *fam* indeciso, inseguro. 3 delicado, preocupante (situação).

pro.bo [pr'ɔbo] *agg* probo, honesto, digno.

pro.ce.den.za [protʃed'ɛntsa] *sf* procedência.

pro.ce.de.re [protʃ'ɛdere] *vi* 1 prosseguir, ir avante. 2 proceder, derivar, nascer de.

pro.ce.di.men.to [protʃedim'ento] *sm* 1 procedimento. 2 comportamento, conduta. 3 desenvolvimento, desenrolar (dos acontecimentos).

pro.ces.sa.re [protʃess'are] *vt* processar.

pro.ces.sio.ne [protʃess'jone] *sf* 1 desenvolvimento, desenrolar (de fatos). 2 *Rel* procissão.

pro.ces.so [protʃ'ɛsso] *sm* 1 processo. 2 procedimento, método, técnica. 3 desenvolvimento, evolução. 4 *Giur* processo, litígio.

pro.cla.ma [prokl'ama] *sm* 1 proclamação, anúncio. 2 decreto.

pro.cla.ma.re [proklam'are] *vt* 1 proclamar, anunciar. 2 decretar. 3 *fig* declarar. 4 divulgar.

pro.cra.sti.na.re [prokrastin'are] *vt* procrastinar, adiar.

pro.cre.a.re [prokre'are] *vt* procriar, gerar.

pro.cu.ra [prok'ura] *sf Giur* 1 procuração. 2 procuradoria. **per procura** por procuração.

Procura, em italiano, nunca tem o sentido de "ato de procurar". Nesse sentido, usa-se **busca**, **ricerca**.

pro.cu.ra.re [prokur'are] *vt* 1 tentar. *procurare di fare una cosa* / tentar fazer uma coisa. *procurò di aiutare* / ele tentou ajudar. **2** obter, conseguir. *procurare una cosa a qualcuno* / obter uma coisa para alguém. **3** *fig* causar, originar, provocar. *procurare danni, problemi* / causar danos, problemas.

Procurare, em italiano, não tem o sentido de "procurar", "esforçar-se para achar". Nesse sentido, usa-se **cercare**, **buscare**. *cercarono il bambino, ma nessuno lo trovò* / procuraram o menino, mas ninguém o encontrou.

pro.cu.ra.to.re [prokurat´ore] *sm Giur* procurador. **procuratore della Repubblica** procurador da República.

pro.de [pr´ɔde] *sm* bravo. • *agg* valente, heroico, corajoso.

pro.di.gio [prod´idʒo] *sm* **1** prodígio, maravilha. **2** milagre.

pro.di.gio.so [prodidʒ´ozo] *agg* **1** prodigioso, maravilhoso. **2** milagroso.

pro.di.go [pr´ɔdigo] *agg* **1** pródigo. **2** generoso.

pro.dot.to [prod´otto] *sm* **1** produto, artigo. **2** *Mat* produto. **3** *fig* resultado, consequência. • *agg* **1** produzido, fabricado. **2** criado, gerado. **3** exposto publicamente.

pro.dur.re [prod´ur̄e] *vt* **1** produzir. **2** fabricar. **3** frutificar. **4** *fig* causar, originar. **5** exibir, mostrar. *vpr* **6** exibir-se, mostrar-se.

pro.dut.ti.vo [produtt´ivo] *agg* produtivo.

pro.du.zio.ne [produts´jone] *sf* **1** produção, fabricação. **2** *Giur* apresentação (de documentos, provas). **3** *Teat* produção.

pro.fa.na.re [profan´are] *vt* **1** profanar. **2** *fig* desonrar, violar.

pro.fa.no [prof´ano] *agg* **1** profano, mundano. **2** amador, inexperiente. **3** incompetente. • *sm* **1** profano. **2** *fig* amador, inexperiente.

pro.fe.ri.re [profer´ire] *vt* **1** proferir. **2** declarar, proclamar. **proferire una sentenza** proferir uma sentença.

pro.fes.sa.re [profess´are] *vt* **1** professar, seguir. *professare una religione, un'ideologia* / professar uma religião, uma ideologia. **2** afirmar, declarar. **3** exercer (profissão). *vi* **4** *Rel* fazer votos, professar. *vpr* **5** declarar-se. **professare i voti** *Rel* fazer os votos.

pro.fes.sio.ne [profess´jone] *sf* **1** profissão, ofício. **2** confissão, declaração. **professione di fede** *Rel, Pol* profissão de fé.

pro.fes.sio.ni.sta [professjon´ista] *s* profissional, especialista.

pro.fes.so.re [profess´ore] *sm* **1** professor. **2** *fig* doutor, estudioso.

pro.fes.so.res.sa [professor´essa] *sf* **1** professora. **2** *fig* doutora, estudiosa.

pro.fe.ta [prof´ɛta] *sm* **1** profeta. **2** adivinho, vidente.

pro.fe.tes.sa [profet´essa] *sf* **1** profetisa. **2** adivinha, vidente.

pro.fe.tiz.za.re [profetiddz´are] *vt* **1** profetizar, predizer. *vi* **2** profetizar.

pro.fe.zi.a [profets´ia] *sf* **1** profecia. **2** previsão, predição.

pro.fi.la.re [profil´are] *vt* **1** perfilar. *vpr* **2** perfilar-se.

pro.fi.las.si [profil´assi] *sf Med* profilaxia.

pro.fi.lo [prof´ilo] *sm* **1** perfil. **2** ponto de vista, óptica. **profilo letterario** perfil literário.

pro.fit.ta.re [profitt´are] *vt V approfittare.*

pro.fit.te.vo.le [profitt´evole] *agg* proveitoso, vantajoso.

pro.fit.to [prof´itto] *sm* **1** proveito, vantagem. **2** *fig* lucro, renda, ganho. **3** progresso, evolução.

pro.fon.di.tà [profondit´a] *sf* **1** profundidade. **2** profundeza, abismo. **3** *fig* importância, intensidade. **4** sabedoria.

pro.fon.do [prof´ondo] *sm* fundo, profundidade. • *agg* **1** profundo, fundo. **2** *fig* íntimo, pessoal. **3** intenso, apaixonado. **4** baixo, cavernoso (som). • *avv* profundamente.

pro.fu.ma.re [profum´are] *vt* **1** perfumar. *vi* **2** ter perfume.

pro.fu.me.ri.a [profumer´ia] *sf* perfumaria.

pro.fu.mo [prof´umo] *sm* **1** perfume. **2** aroma.

pro.fu.sio.ne [profuz´jone] *sf* **1** profusão. **2** abundância.

pro.ge.nie [prodʒ´ɛnje] *sf* **1** estirpe, geração. **2** *fig, disp* ralé, gentalha.

P

pro.ge.ni.to.re [prodʒenit´ore] *sm* progenitor.
pro.get.ta.re [prodʒett´are] *vt* **1** projetar. **2** *fig* arquitetar, tramar.
pro.get.to [prodʒ´ɛtto] *sm* **1** projeto, plano. **2** intenção.
pro.gram.ma [progr´amma] *sm* **1** programa, plano, projeto. **2** *Teat, Inform* programa.
pro.gram.ma.re [programm´are] *vt* (anche *Inform*) programar.
pro.gre.di.re [progred´ire] *vi* progredir.
pro.gres.sio.ne [progress´jone] *sf* progressão. **progressione aritmetica** progressão aritmética. **progressione geometrica** progressão geométrica.
pro.gres.so [progr´ɛsso] *sm* progresso, avanço, evolução. **fare progresso in** fazer progresso em.
proi.bi.re [projb´ire] *vt* proibir, vetar.
proi.bi.ti.vo [projbit´ivo] *agg* proibitivo.
proi.bi.zio.ne [projbits´jone] *sf* **1** proibição. **2** *fig* obstáculo, impedimento.
pro.iet.ta.re [projett´are] *vt* **1** jogar, lançar. **2** projetar, planejar. **proiettare un film** projetar um filme.
pro.iet.ti.le [pro´jɛttile] *sm* projétil.
pro.iet.to.re [projett´ore] *sm* projetor.
pro.ie.zio.ne [projets´jone] *sf* projeção, arremesso, lançamento. **proiezione cartografica** *Geogr* projeção cartográfica.
pro.le [pr´ɔle] *sf Lett* prole, descendência.
pro.le.ta.rio [prolet´arjo] *sm* proletário.
pro.li.fe.ra.re [prolifer´are] *vi* proliferar, multiplicar-se, aumentar.
pro.lis.so [prol´isso] *agg* **1** prolixo. **2** *fig* tedioso.
pro.lo.go [pr´ɔlogo] *sm Lett* prólogo.
pro.lun.ga.men.to [prolungam´ento] *sm* **1** prolongamento. **2** *fig* prorrogação. **3** adiamento.
pro.lun.ga.re [prolung´are] *vt* **1** prolongar. **2** *fig* prorrogar. **3** adiar.
pro.mes.sa [prom´essa] *sf* promessa. **promessa di marinaio** promessa vã.
pro.met.te.re [prom´ettere] *vt* **1** prometer. **2** ameaçar. **3** *fig* prometer, ser promissor. *vpr* **4** dedicar-se, empenhar-se. **5** prometer a si mesmo. **prometter Roma e toma** *fam* prometer mundos e fundos.
pro.mi.nen.te [promin´ɛnte] *agg* proeminente, elevado.
pro.mi.scuo [prom´iskwo] *agg* heterogêneo, misturado. **matrimonio promiscuo** casamento de pessoas de religião diferente. **scuola promiscua** escola mista.
pro.mo.to.re [promot´ore] *sm* promotor.
pro.mo.zio.ne [promots´jone] *sf* promoção.
pro.mul.ga.re [promulg´are] *vt Giur* promulgar.
pro.muo.ve.re [prom´wɔvere] *vt* **1** promover. **2** incentivar. **3** causar, provocar.
pro.ni.po.te [pronip´ote] *s* **1** bisneto, bisneta. **2** sobrinho-neto, sobrinha-neta. **3 i pronipoti** *pl* os descendentes. Veja nota em **sobrinho-neto**.
pro.no.me [pron´ome] *sm Gramm* pronome.
pro.no.sti.ca.re [pronostik´are] *vt* prognosticar, prever.
pro.no.sti.co [pron´ɔstiko] *sm* **1** prognóstico, previsão. **2** conjetura, hipótese.
pron.tez.za [pront´ettsa] *sf* **1** prontidão, presteza. **2** rapidez, esperteza.
pron.to [pr´onto] *agg* **1** pronto, preparado. **2** rápido, esperto. **3** veloz, rápido, ligeiro. **a pronti** *Comm* à vista. **pronto!** alô!
pro.nun.cia [pron´untʃa] *sf V pronunzia.*
pro.nun.cia.re [pronuntʃ´are] *vt+vpr V pronunziare.*
pro.nun.zia [pron´untsja] *sf* pronúncia. *Var: pronuncia.*
pro.nun.zia.re [pronunts´jare] *vt* **1** pronunciar. **2** *fig* declarar, enunciar. **3** anunciar. **4** decretar, sentenciar. *vpr* **5** pronunciar-se, manifestar-se. *Var: pronunciare.*
pro.pa.gan.da [propag´anda] *sf* propaganda.
pro.pa.ga.re [propag´are] *vt* **1** propagar, difundir. **2** *fig* divulgar. *vpr* **3** propagar-se, difundir-se.
pro.pa.la.re [propal´are] *vt* **1** propalar, divulgar. **2** difundir. *vpr* **3** difundir-se.
pro.pen.de.re [prop´ɛndere] *vi* tender para, ter tendência para. *lui propende per*

la pace / ele tende para a paz. *secondo l'inchiesta, solo il venti percento propende ad accettare nuove idee* / segundo a pesquisa, somente vinte por cento tendem a aceitar novas ideias.

pro.pi.na [prop'ina] *sf* propina, gorjeta.

pro.pi.zia.re [propitsj'are] *vt* propiciar.

pro.pi.zio [prop'itsjo] *agg* propício, favorável.

pro.po.li [pr'ɔpoli] *sf* própolis.

pro.po.ni.men.to [proponim'ento] *sm* propósito, intenção.

pro.por.re [prop'ore] *vt* **1** propor, sugerir. *mi proponi di vendere la casa?* / você está me propondo vender a casa? *proponiamo una soluzione al direttore* / sugerimos uma solução ao diretor. **2** oferecer. **3** apresentar, indicar (para um cargo). *vpr* **4** propor-se, oferecer-se. *lui si propose di spiegare il caso* / ele se propôs a explicar o caso.

pro.por.zio.na.le [proportsjon'ale] *agg* proporcional. **tassa proporzionale** *Comm, Giur* imposto proporcional.

pro.por.zio.na.re [proportsjon'are] *vt* tornar proporcional.

pro.por.zio.ne [proports'jone] *sf* proporção. **in proporzione** proporcionalmente.

pro.po.si.to [prop'ɔzito] *sm* **1** propósito, resolução, deliberação. **2** intenção, intento. **a proposito** a propósito, oportunamente. **di proposito** seriamente. **male a proposito** em má hora. **persona di proposito** pessoa equilibrada. **venire a proposito** vir a calhar.

pro.po.sta [prop'osta] *sf* proposta, oferta.

pro.prie.tà [proprjet'a] *sf* **1** propriedade. **2** adequação.

pro.prie.ta.rio [proprjet'arjo] *sm+agg* proprietário, dono.

pro.prio [pr'ɔprjo] *agg* **1** próprio, particular. *vedere con i propri occhi* / ver com os próprios olhos. *tali caratteristiche sono proprie della poesia di Dante* / tais características são próprias da poesia de Dante. **2** adequado, apropriado. **3** preciso, exato. *senso proprio* / sentido exato. • *pron* (usado sempre com artigo definido) próprio. *qui è il proprio paradiso* / aqui é o próprio paraíso. • *avv* **1** mesmo. *la vita è proprio così* / a vida é assim mesmo. **2** exatamente, precisamente. **3** realmente. *sei proprio sicuro di quello che dici?* / você está realmente seguro daquilo que diz? **in proprio** por conta própria.

pro.pul.sio.ne [propuls'jone] *sf Fis* propulsão.

pro.ra [pr'ɔra] *sf Naut* proa. *Var: prua.*

pro.ro.ga [pr'ɔroga] *sf* prorrogação.

pro.ro.ga.re [prorog'are] *vt* prorrogar.

pro.sa [pr'ɔza] *sf Lett* prosa. **prosa narrativa** ficção.

pro.sai.co [proz'ajko] *agg* prosaico, trivial.

pro.sciut.to [proʃ'utto] *sm* presunto.

pro.scrit.to [proskr'itto] *sm+agg* proscrito, exilado, banido.

pro.scri.ve.re [proskr'ivere] *vt* **1** proscrever, exilar, banir. **2** extinguir, abolir.

pro.se.gui.men.to [prosegwim'ento] *sm* prosseguimento, continuação.

pro.se.gui.re [proseg'wire] *vt+vi* prosseguir, continuar.

pro.spe.ra.re [prosper'are] *vi* **1** prosperar, progredir. **2** florescer.

pro.spe.ro [pr'ɔspero] *agg* **1** próspero, afortunado. **2** propício, favorável. **3** florescente.

pro.spet.ti.va [prospett'iva] *sf* **1** *Arte* perspectiva. **2** *fig* perspectiva. **3** ponto de vista, aspecto. **4** expectativa, previsão.

pro.spet.to [prosp'ɛtto] *sm* **1** fachada, frente. **2** prospecto, projeto, plano.

pros.si.mi.tà [prossimit'a] *sf* proximidade.

pros.si.mo [pr'ɔssimo] *sm* próximo. • *agg* **1** próximo. **2** vizinho, adjacente. **3** seguinte.

pro.sta.ta [pr'ɔstata] *sf Anat* próstata.

pro.sti.tu.i.re [prostitu'ire] *vt* **1** prostituir. **2** desmoralizar, degradar. *vpr* **3** prostituir-se. **4** rebaixar-se.

pro.sti.tu.ta [prostit'uta] *sf* prostituta.

pro.stra.re [prostr'are] *vt* **1** prostrar. **2** cansar. **3** *fig* humilhar. *vpr* **4** prostrar-se, ajoelhar-se.

pro.ta.go.ni.sta [protagon'ista] *s* (anche *fig*) protagonista.

pro.teg.ge.re [prot'ɛddʒere] *vt* **1** proteger. **2** defender. **3** favorecer, beneficiar.

pro.te.i.na [prote´ina] *sf* proteína.

pro.ten.de.re [prot´ɛndere] *vt* **1** estender, alongar. *vpr* **2** espreguiçar-se. **3** estender-se, alongar-se.

pro.te.si [pr´ɔtezi] *sf Med* prótese. **protesi dentaria** prótese dentária.

pro.te.sta [prot´ɛsta] *sf* protesto. Veja nota em **protesto** (português).

pro.te.stan.te [protest´ante] *s+agg Rel* protestante.

pro.te.stan.te.si.mo [protestant´ɛzimo] *sm Rel* protestantismo.

pro.te.sta.re [protest´are] *vt* **1** protestar, jurar. *protestò la propria innocenza* / protestou a própria inocência. *vi* **2** protestar. *protestavano contro le nuove misure* / protestavam contra as novas medidas. *vpr* **3** declarar-se. **protestare una cambiale** *Comm* protestar uma letra de câmbio.

pro.te.sto [prot´ɛsto] *sm Giur* protesto. **mandare una cambiale in protesto** mandar uma letra de câmbio para protesto. Veja nota em **protesto** (português).

pro.tet.to.re [protett´ore] *sm* protetor.

pro.te.zio.ne [protets´jone] *sf* **1** proteção, defesa. **2** apoio, amparo. **3** privilégio, favor.

pro.to.col.lo [protok´ɔllo] *sm* protocolo. **carta protocollo/carta di formato protocollo** papel ofício.

pro.to.ti.po [prot´ɔtipo] *sm* protótipo, original.

pro.tu.be.ran.za [protuber´antsa] *sf* protuberância, saliência.

pro.va [pr´ɔva] *sf* **1** prova, exame. **2** experiência. **3** *Teat* ensaio. **4** *Giur* prova, indício. **a tutta prova** a toda prova. **banco di prova** *Mecc* banco de provas. **la prova del nove** *Mat* a prova dos nove. **mettere alla prova** colocar à prova.

pro.va.re [prov´are] *vt* **1** provar. *l'avvocato provò la verità* / o advogado provou a verdade. *provare le scarpe, l'abito* / provar os sapatos, a roupa. *provare un alimento, una bibita* / provar um alimento, uma bebida. **2** comprovar. *provare una teoria* / comprovar uma teoria. **3** experimentar, testar. *provare una macchina* / testar uma máquina. **4** tentar. *vi* **5** sofrer, padecer. *vpr* **6** arriscar-se, aventurar-se. **7** exercitar-se. **provare con alcuno** competir com alguém.

pro.ve.nien.za [proven´jɛntsa] *sf* proveniência.

pro.ve.ni.re [proven´ire] *vi* **1** provir de, proceder de, vir de. **2** derivar de.

pro.ven.to [prov´ɛnto] *sm* **1** provento, renda, rendimento. **2** ganho, lucro.

pro.ver.bio [prov´ɛrbjo] *sm* provérbio.

pro.vin.cia [prov´intʃa] *sf* província.

pro.vo.can.te [provok´ante] *agg* provocante, sedutor, atraente.

pro.vo.ca.re [provok´are] *vt* **1** provocar. **2** causar. **3** estimular, incitar. **4** irritar. **5** *fig* excitar, atrair.

pro.vo.ca.zio.ne [provokats´jone] *sf* provocação, desafio.

prov.ve.de.re [provved´ere] *vt* **1** prover, dotar de. **2** aparelhar, equipar. *vi* **3** prover, cuidar de.

prov.ve.di.men.to [provvedim´ento] *sm* **1** providência, medida. **2** *fig* ato, gesto.

prov.vi.den.za [provvid´ɛntsa] *sf* **1** previdência. **2** providência, medida. **la Divina Provvidenza** *Rel* a Divina Providência. **provvidenza sociale** previdência social.

prov.vi.sio.ne [provviz´jone] *sf Mil* provisão.

prov.vi.so.rio [provviz´ɔrjo] *sm* empregado temporário. • *agg* provisório, transitório.

pru.a [pr´ua] *sf V prora.*

pru.den.te [prud´ɛnte] *agg* prudente, cauteloso, cuidadoso.

pru.den.za [prud´ɛntsa] *sf* prudência, cautela.

pru.de.re [pr´udere] *vi* coçar.

pru.gna [pr´uña] *sf Bot* ameixa. **prugne secche** ameixas secas.

pru.gno [pr´uño] *sm Bot* ameixeira.

pru.ri.to [prur´ito] *sm* **1** prurido, comichão, coceira. **2** *fig* desejo, vontade.

pseu.do.ni.mo [psewd´ɔnimo] *sm* pseudônimo.

psi.ca.na.li.si [psikan´alizi] *sf* psicanálise.

psi.chia.tra [psik´jatra] *sm Med* psiquiatra.

psi.chi.co [ps´ikiko] *agg* psíquico.

psi.co.lo.gi.a [psikolodʒ´ia] *sf* psicologia.
psi.co.lo.go [psik´ɔlogo] *sm* psicólogo.
psi.co.si [psik´ɔzi] *sf* psicose.
psi.co.te.ra.pi.a [psikoterap´ia] *sf* psicoterapia.
pub.bli.ca.re [pubblik´are] *vt* **1** publicar, editar. **2** divulgar, anunciar.
pub.bli.ca.zio.ne [pubblikats´jone] *sf* **1** publicação. **2** edital. **3** proclamas.
pub.bli.ci.tà [pubblicit´a] *sf* **1** publicidade. **2** propaganda, anúncio. **fare pubblicità** fazer propaganda.
pub.bli.co [p´ubbliko] *sm* **1** público, plateia, os espectadores. **2** povo. • *agg* público. **forza pubblica** força pública. **pubblico ufficiale** funcionário público.
pu.be [p´ube] *sm Anat* púbis.
pu.ber.tà [pubert´a] *sf* puberdade.
pu.di.co [pud´iko] *agg* **1** pudico, casto. **2** discreto, reservado. **3** *fig* tímido, envergonhado.
pu.do.re [pud´ore] *sm* **1** pudor, castidade. **2** discrição, reserva. **3** *fig* timidez, vergonha.
pue.ri.le [pwer´ile] *agg* **1** pueril. **2** *fig* bobo, inocente.
pu.gi.la.to [pudʒil´ato] *sm Sp* boxe.
pu.gi.la.to.re [pudʒilat´ore] *sm Sp* pugilista.
pu.gna.la.re [puñal´are] *vt* **1** apunhalar. **2** *fig* trair.
pu.gna.le [puñ´ale] *sm* punhal.
pu.gno [p´uño] *sm* **1** punho, a mão fechada. **2** soco, murro. **3** punhado. **lettera di proprio pugno** carta de próprio punho. **restare con un pugno di mosche** ficar de mãos abanando. **tenere alcuno in pugno** ter alguém nas mãos.
pul.ce [p´ultʃe] *s* pulga. **mettere una pulce nell'orecchio** deixar com a pulga atrás da orelha.
pul.ci.no [pultʃ´ino] *sm Zool* pinto, pintinho.
pu.le.dro [pul´ɛdro] *sm* potro.
pu.leg.gia [pul´eddʒa] *sf Mecc* polia, roldana.
pu.li.men.to [pulim´ento] *sm* **1** polimento. **2** limpeza.
pu.li.re [pul´ire] *vt* **1** limpar. **2** polir. *Var Lett: polire.*
pu.li.to [pul´ito] *agg* **1** limpo. **2** polido. **3** *fig* educado, gentil, cortês. **4** honesto.
pu.li.zi.a [pulits´ia] *sf* **1** limpeza. **2** dignidade, honestidade.
pul.lu.la.re [pullul´are] *vi* **1** brotar, florescer. **2** *fig* abundar, pulular.
pul.sa.re [puls´are] *vi* **1** pulsar, palpitar, bater. **2** *fig* agitar-se, vibrar.
pun.gen.te [pundʒ´ɛnte] *agg* pungente.
pun.ge.re [p´undʒere] *vt* **1** pungir, picar. **2** *fig* afligir. **3** irritar. **4** ofender.
pun.gi.glio.ne [pundʒiʎ´one] *sm* ferrão.
pu.ni.re [pun´ire] *vt* punir, castigar.
pu.ni.zio.ne [punits´jone] *sf* punição, castigo.
pun.ta [p´unta] *sf* **1** ponta, extremidade. **2** pico, cume. **3** ferrão. **fare la punta** apontar (lápis). **uscire in punta di piedi** sair na ponta dos pés. Veja nota em **extremidade**.
pun.ta.re [punt´are] *vt* **1** apontar, mirar. *il ladro puntava l'arma contro il poliziotto* / o ladrão mirava a arma contra o policial. *puntò il dito verso l'alto e gridò* / apontou o dedo para o alto e gritou. **2** apoiar, assentar. **3** apostar. *puntavano su di una squadra brasiliana* / eles apostavam num time brasileiro. **4** fitar. *puntare gli occhi su* (ou *addosso*) *uno* / fitar os olhos em alguém. *vi* **5** fazer força.
pun.ta.ta [punt´ata] *sf* **1** pontada. **2** aposta. **3** capítulo (de obra literária).
pun.teg.gia.re [punteddʒ´are] *vt* **1** pontuar. **2** pontilhar.
pun.teg.gia.tu.ra [punteddʒat´ura] *sf Gramm* pontuação.
pun.teg.gio [punt´eddʒo] *sm Sp* pontuação, contagem.
pun.te.ri.a [punter´ia] *sf* pontaria.
pun.ti.no [punt´ino] *sm* pontinho. **a puntino** com precisão. **puntini sospensivi** reticências.
pun.to [p´unto] *sm* **1** furo, orifício. **2** ponto (em papel, tecido). **3** nota (na escola). **4** *Geogr* ponto. **5** *Sp* ponto (em jogo). **6** *Gramm* ponto final. **7** *fig* momento, instante. **8** ponto (no tempo ou no espaço). **9** tema, assunto. • *agg* **1** picado. **2** *fig* ofendido. **3** estimulado. • *avv* nada, nem um pouco. *non è punto bene* / não está nada bem. **di punto in bianco** inespera-

P

damente. **due punti** *Gramm* dois pontos. **essere in punto di** estar a ponto de, estar prestes a. **fare il punto** *Comm* suspender o pagamento. **in punto** em ponto. **mettere al punto** provocar. **punto cardinale** *Geogr* ponto cardeal. **punto di fusione** *Fis* ponto de fusão. **punto di riferimento** ponto de referência. **punto di vista** ponto de vista. **punto e basta!** e não se fala mais nisso! assunto encerrado! **punto esclamativo** *Gramm* ponto de exclamação. **punto e virgola** *Gramm* ponto e vírgula. **punto interrogativo** *Gramm* ponto de interrogação. **punto morto** *Autom* ponto morto. Veja nota em **nada**.

pun.tu.a.le [puntu´ale] *agg* pontual.

pun.tu.ra [punt´ura] *sf* **1** picada. **2** injeção. **3** *fig* pontada. **puntura lombare** injeção lombar.

pun.zec.chia.re [puntsekk´jare] *vt* **1** picar. **2** *fig* ofender, insultar.

pun.zo.ne [punts´one] *sm* **1** punção. **2** *fig* marca, sinal.

pu.pa [p´upa] *sf* **1** boneca. **2** menina linda, bonequinha. **3** *Biol* pupa.

pu.pil.la [pup´illa] *sf* **1** *Anat* pupila. **2** *Giur* pupila, menor. **3** *fig* protegida, queridinha. **4** *fam, fig* menina dos olhos, xodó.

pu.pil.lo [pup´illo] *sm* **1** *Giur* pupilo, menor. **2** *fig* protegido, queridinho.

pu.po [p´upo] *sm* **1** marionete, fantoche. **2** *fig* menino, moleque.

pur.ché [purk´e] *cong* contanto que, desde que. *comprerò il quadro, purché non sia troppo caro* / comprarei o quadro, contanto que não seja caro demais.

pur.ches.si.a [purkess´ia] *agg+avv* qualquer um, qualquer que seja. *un lavoro purchessia* / um trabalho qualquer.

pu.re [p´ure] *avv* **1** apenas, somente. **2** também. *ho visitato Roma e pure Milano* / visitei Roma e também Milão. **3** além disso. **4** pois não, por favor (dando permissão). *dica pure!* / diga, por favor! pois não, diga! • *cong* **1** mas, porém, todavia. *so che piove, pure non posso restare a casa* / sei que está chovendo, mas não posso ficar em casa. **2** (seguido de verbo no gerúndio) embora, se bem que. *pur leggendo e studiando, non riesce a capire il testo* / embora leia e estude, não consegue entender o texto. **se pure** se for o caso. **pur troppo** *V purtroppo*. *Sin: eppure*.

pu.re.a [pur´ɛa] *sf* purê.

pu.rez.za [pur´ettsa] *sf* **1** pureza. **2** *fig* virgindade. **3** inocência. **4** honestidade.

pur.gan.te [purg´ante] *sm Med* purgante. • *agg* purgante, purgatório.

pur.ga.re [purg´are] *vt* **1** purgar, purificar. **2** limpar. **3** *Med* purgar, tratar com purgante. **4** *fig* expiar. *vpr* **5** tomar purgante. **6** *fig* purificar-se.

Pur.ga.to.rio [purgat´ɔrjo] *sm* **1** *Rel* Purgatório. **2** **purgatorio** *fig* purgatório, sofrimento. **3** pena, castigo, punição. • *agg* purgante, purgatório.

pu.ri.fi.ca.re [purifik´are] *vt* **1** purificar. *vpr* **2** purificar-se.

pu.ri.ta.no [purit´ano] *sm+agg* **1** *Rel* puritano. **2** *fig, disp* puritano, moralista.

pu.ro [p´uro] *agg* **1** puro. **2** limpo. **3** simples. **4** *fig* honesto, íntegro. **5** casto, virgem. **puro sangue** puro-sangue, cavalo de raça.

pur.trop.po [purtr´ɔppo], **pur trop.po** *avv+int* infelizmente.

pu.ru.len.to [purul´ɛnto] *agg* **1** *Med* purulento. **2** *fig* podre.

pus [p´us] *sm Med* pus.

pu.tre.fa.re [putref´are] *vi* **1** apodrecer. *vpr* **2** putrefazer-se.

pu.tre.fat.to [putref´atto] *agg* putrefato, podre.

pu.tri.do [p´utrido] *agg* pútrido.

put.ta.na [putt´ana] *sf volg* puta.

put.ti.no [puttino] *sm dim* **1** menino. **2** anjinho.

put.to [p´utto] *sm* anjinho.

puz.za.re [putts´are] *vi* feder. **puzzare di** *fig* cheirar a (alguma má qualidade).

puz.zo [p´uttso] *sm* fedor, mau cheiro.

puz.zo.la [p´uttsola] *sf Zool* doninha.

puz.zo.len.te [puttsol´ɛnte] *agg fedorento, fétido*.

q [k´u] *sf* a décima quinta letra do alfabeto italiano.

qua [k´wa] *avv* aqui, cá. **di qua** a) aqui, neste lugar. b) daqui, de cá. **in qua** para cá, nesta direção. **più di là che di qua** *fig* mais morto do que vivo. **qua e là** aqui e acolá, cá e lá.

qua.der.no [kwad´ɛrno] *sm* **1** caderno. **2** canteiro. **quaderno a righe** caderno pautado. **quaderno di cassa** livro-caixa. **quaderno quadrettato** caderno quadriculado.

qua.dra.ge.si.mo [kwadradʒ´ɛzimo] *sm+num V quarantesimo.*

qua.dran.te [kwadr´ante] *sm* **1** quadrante. **2** mostrador. *il quadrante della bussola, dell'orologio* o mostrador da bússola, do relógio.

qua.dra.to [kwadr´ato] *sm+agg* quadrado. **quadrato di un numero** *Mat* quadrado de um número. **radice quadrata** *Mat* raiz quadrada. **spalle quadrate** ombros largos.

qua.drel.lo [kwadr´ɛllo] *sm* tijolo.

qua.dret.to [kwadr´etto] *sm dim* **1** quadrinho. **2** casa de xadrez. **a quadretti** xadrez, quadriculado.

qua.dri.fo.glio [kwadrif´ɔλo] *sm Bot* trevo de quatro folhas.

qua.dri.glia [kwadr´iλa] *sf Mus* quadrilha.

qua.dri.la.te.ro [kwadril´atero] *sm+agg Geom* quadrilátero.

qua.dro [k´wadro] *sm* **1** quadro, quadrado. **2** *Pitt* quadro, pintura. **3** *Elett* painel. **4** *fig* situação, quadro. **5 quadri** *pl* ouros (naipe das cartas). • *agg* quadrado. **quadro di soldati in un battaglione** quadro de soldados num batalhão. **una testa quadra** *fig* um gênio.

qua.dru.pe.de [kwadr´upede] *sm+agg* quadrúpede.

qua.dru.pli.ca.re [kwadruplik´are] *vt* quadruplicar.

quag.giù [kwaddʒ´u] *avv* aqui embaixo, cá embaixo.

qua.glia [k´waλa] *sf Zool* codorna.

qua.glia.men.to [kwaλam´ento] *sm* coagulação.

qua.glia.re [kwaλ´jare] *vt, vi+vpr* coalhar, coagular.

qua.glio [k´waλo] *sm* coalho, coágulo.

qual.che [k´walke] *pron* algum, alguma. **qualche cosa** *V qualcosa.*

qual.che.du.no [kwalked´uno] *pron V qualcuno.*

qual.co.sa [kwalk´oza], **qualche cosa** *pron* alguma coisa, algo.

qual.cu.no [kwalk´uno] *pron* alguém. *Var: qualcheduno.*

qua.le [k´wale] *agg+pron* qual, que. **il quale, la quale** o qual, a qual. **i quali, le quali** os quais, as quais.

> **Quale** perde a vogal **e** final em certos casos. *qual era il tuo libro?* / qual era o seu livro? *qual casa hai comprato?* / que casa você comprou?

qua.li.fi.ca.re [kwalifik´are] *vt* qualificar.

qua.li.fi.ca.zio.ne [kwalifikats´jone] *sf* qualificação.

qua.li.tà [kwalit´a] *sf* **1** qualidade. **2** característica. **3** tipo, espécie.

qua.li.ta.ti.vo [kwalitat´ivo] *agg* qualitativo.

qua.lo.ra [kwal´ora] *avv* quando. • *cong* se, no caso de, supondo que.

qual.si.a.si [kwals'iasi] *agg+pron* **1** qualquer. **2** qualquer que seja. *Sin: qualsisia, qualsivoglia.*

qual.si.si.a [kwalsis'ia] *agg+pron V qualsiasi.*

qual.si.vo.glia [kwalsiv'oλa] *agg+pron V qualsiasi.*

qua.lun.que [kwal'unkwe] *agg+pron* **1** qualquer. **2** qualquer que seja. **3** quem quer que.

quan.do [k'wando] *avv* quando. *quando arriveremo a Roma?* quando chegaremos em Roma? • *cong* quando, se. *vengo quando posso* / eu venho quando posso. **di quando in quando** de quando em quando, às vezes. **quando che sia** mais cedo ou mais tarde. **quando pure/quand'anche** ainda que.

quan.ti.tà [kwantit'a] *sf* quantidade. **in quantità** em quantidade, em grande quantidade, em grande número.

quan.ti.ta.ti.vo [kwantitat'ivo] *agg* quantitativo.

quan.to [k'wanto] *sm* quanto, quantidade. • *agg* quanto. *hai visto quanti uccelli?* / você viu quantos pássaros? • *avv* quanto. *quanto costa?* / quanto custa? **quanto a/in quanto a** com relação a, a respeito de. **quanto più ..., tanto più** quanto mais ..., tanto mais. **quanto prima** o quanto antes, o mais rápido possível. **tanto quanto** tanto quanto.

Quanto concorda em gênero e número com os substantivos que acompanha: *quanto amore* / quanto amor. *quanta bellezza* / quanta beleza. *quanti amici* / quantos amigos. *quante cose* / quantas coisas.

quan.tun.que [kwant'unkwe] *cong* se bem que, ainda que.

qua.ran.ta [kwar'anta] *sm+num* quarenta.

qua.ran.te.na [kwarant'ɛna] *sf* quarentena.

qua.ran.ten.ne [kwarant'ɛnne] *s+agg* quarentão.

qua.ran.te.si.mo [kwarant'ɛzimo] *sm+num* **1** quadragésimo. **2** quarenta avos.

qua.ran.tot.to [kwarant'ɔtto] *sm fig* caos, confusão.

Qua.re.si.ma [kwar'ezima] *sf Rel* Quaresma. **far Quaresima** jejuar. **lungo come la Quaresima** *fig* tedioso, maçante.

quar.ta.buo.no [kwartab'wɔno] *sm* esquadria, esquadro.

quar.ta.to [kwart'ato] *agg* robusto, forte.

quar.ta.vo.la [kwart'avola] *sf* tataravó.

quar.ta.vo.lo [kwart'avolo] *sm* tataravô.

quar.tet.to [kwart'etto] *sm* (anche *Mus*) quarteto.

quar.tie.re [kwart'jɛre] *sm* **1** bairro. *vivono in un quartiere prossimo al centro* / eles vivem num bairro próximo do centro. **2** *Mil* quartel. **quartiere generale** quartel--general.

quar.ti.na [kwart'ina] *sf Lett* quadra, quarteto.

quar.to [k'warto] *sm+num* quarto. **quarta dimensione** quarta dimensão. **quarta velocità** ou apenas **quarta** *Autom* quarta, quarta marcha.

quar.zo [k'wartso] *sm Min* quartzo.

qua.si [k'wazi] *avv* quase, próximo de. **quasi che/quasi come** como se.

quas.sù [kwass'u] *avv* aqui em cima, cá em cima.

quat.to [k'watto] *agg* **1** inclinado, abaixado. **2** silencioso, furtivo. **quatto quatto** quietinho, em absoluto silêncio.

quat.to.ni [kwatt'oni] *avv* em silêncio.

quat.tor.di.ci [kwatt'orditʃi] *sm+num* quatorze, catorze.

quat.tri.na.io [kwattrin'ajo] *sm* rico, milionário.

quat.tri.no [kwattr'ino] *sm* (mais usado no plural) dinheiro. **non vale un quattrino** não vale um centavo.

quat.tro [k'wattro] *sm+num* quatro. **dirne quattro a uno** falar às claras. **farsi in quattro** fazer de tudo (para conseguir algo). **parlare a quattro occhi** falar cara a cara.

quat.troc.chi [kwattr'ɔkki] *sm pop* quatro--olhos, quem usa óculos.

quat.tro.cen.to [kwattrotʃ'ɛnto] *sm+num* quatrocentos. **il Quattrocento** o século XV.

quat.tro.mi.la [kwattrom'ila] *sm+num* quatro mil.

que.gli [k'weλi] *agg+pron m pl* aqueles. • *pron m sing* aquele, aquele homem. Veja nota em **quello**.

quei [kwej] *agg+pron m pl* aqueles. Veja nota em **quello**.

quel [kwel] *agg+pron m sing* aquele. Veja nota em **quello**.

quel.la [k´wella] *agg+pron f sing* aquela.

Quella e seu plural **quelle** indicam pessoa ou coisa distante de quem fala e de quem ouve. Obedecem às mesmas regras do artigo definido. Assim:
Usa-se **quella** antes de palavra que começa com consoante: *quella casa* / aquela casa. *quella strada* / aquela rua. *quella zia* / aquela tia. Antes de qualquer vogal, escreve-se **quell'**: *quell'amica* / aquela amiga. *quell'ombra* / aquela sombra.
Usa-se **quelle** antes de palavra que começa com consoante ou vogal (exceto **e**): *quelle case* / aquelas casas. *quelle strade* / aquelas ruas. *quelle amiche* / aquelas amigas. Antes da vogal **e**, escreve-se **quell'**: *quell'erbe* / aquelas ervas.
Podem ser usados sem substantivo: *quella è mia sorella* / aquela é minha irmã. *quelle sono mie cose* / aquelas são minhas coisas.

quel.le [k´welle] *agg+pron f pl* aquelas. Veja nota em **quella**.

quel.li [k´welli] *agg+pron m pl* aqueles. Veja nota em **quello**.

quel.lo [k´wello] *agg+pron m sing* **1** aquilo. **2** aquele.

Quello e suas formas **quel**, **quegli**, **quei** indicam pessoa ou coisa distante de quem fala e de quem ouve. Obedecem às mesmas regras do artigo definido. Assim:
Usa-se **quello** antes de palavra que começa com *s impura, ps, z, gn, x*: *quello specchio* / aquele espelho. *quello zio* / aquele tio.
Usa-se **quel** antes de palavra que começa com consoante (exceto *s impura, ps, z, gn, x*): *quel cane* / aquele cão. *quel libro* / aquele livro.
Usa-se **quell'** antes de palavra que começa com vogal: *quell'amico* / aquele amigo.
Usa-se **quei** antes de palavra que começa com consoante (exceto *s impura, ps, z, gn, x*): *quei cani* / aqueles cães. *quei libri* / aqueles livros.
Usa-se **quegli** antes de palavra que começa com *s impura, ps, z, gn, x* e vogal (exceto **i**): *quegli specchi* / aqueles espelhos. *quegli amici* / aqueles amigos.
Usa-se **quegl'** antes de palavra que começa com a vogal **i**: *quegl'istituti* / aqueles institutos.
Podem ser usados sem substantivo: a) **quello**: *quello è il mio libro* / aquele é o meu livro. *quale studente hai trovato? quello.* / qual estudante você encontrou? aquele. Atenção: **quello** sem substantivo, indicando pessoa de gênero masculino, no singular, nunca tem função de sujeito. Nesse caso, usa-se **quegli** (veja abaixo). b) **quelli**: *quelli sono i miei libri* / aqueles são os meus livros. *quelli sono i miei amici* / aqueles são os meus amigos. c) **quegli** sem substantivo indica pessoa de gênero masculino, no singular, e sempre tem função de sujeito: *quegli è il direttore* / aquele é o diretor.
Quello também é o pronome neutro, sem plural: *quello non mi piace* / aquilo não me agrada.

quer.cia [k´wɛrtʃa] *sf* (*pl* **le querce**) carvalho. **forte come una quercia** *fig* forte como um touro.

que.re.la [kwer´ela] *sf* querela, acusação, queixa. **dar querela** *V querelare*.

que.re.la.re [kwerel´are] *vt* **1** acusar. **2** *Giur* querelar. *vpr* **3** queixar-se, lamentar-se. **4** *Giur* querelar, prestar queixa.

Também se diz **dar querela**, com os mesmos significados.

que.si.to [kwez´ito] *sm* **1** quesito. **2** questão, pergunta. • *agg Giur* procurado.

que.sta [k´westa] *agg+pron f sing* esta.

Questa indica pessoa ou coisa próxima de quem fala. *questa casa* / esta casa. *questa strada* / esta rua. Antes de qualquer vogal, escreve-se **quest'**: *quest'anima* / esta alma.
Pode ser usado sem substantivo: *questa è Giovanna* / esta é Giovanna.

que.ste [k´weste] *agg+pron f pl* estas.

Queste indica pessoa ou coisa próxima de quem fala. *queste cose* / estas coisas. *queste isole* / estas ilhas. Antes da vogal **e**, escreve-se **quest'**: *quest'erbe* / estas ervas.

Pode ser usado sem substantivo: *queste sono mie sorelle* / estas são minhas irmãs.

que.sti [k´westi] *agg+pron m pl* estes. • *pron m sing* este, este homem.

Questi indica pessoa ou coisa próxima de quem fala. *questi cani* / estes cães. *questi uomini* / estes homens. Antes da vogal **i**, escreve-se **quest'**: *quest'istituti* / estes institutos.
Pode ser usado sem substantivo: *questi sono i miei amici* / estes são os meus amigos.
Atenção para o fato de que **questi** sem substantivo pode indicar pessoa, de gênero masculino, no singular, mas sempre com função de sujeito: *questi è il direttore* / este é o diretor.

que.stio.na.re [kwestjon´are] *vi* questionar.

que.stio.na.rio [kwestjon´arjo] *sm* questionário.

que.stio.ne [kwest´jone] *sf* **1** questão, problema. **2** briga, rixa. **3** discussão. **questione di lana caprina** discussão inútil.

que.sto [k´westo] *agg+pron m sing* **1** este. **2** isto. **con questo che** desde que, com a condição de que. **per questo** por isso. **questo e quello** isto e aquilo, um e outro.

Questo indica pessoa ou coisa próxima de quem fala. *questo cane* / este cão. *questo studente* / este estudante. Antes de qualquer vogal, escreve-se **quest'**: *quest'uomo* / este homem.
Pode ser usado sem substantivo: *questo è il mio libro* / este é o meu livro. *quale studente hai trovato? questo.* / qual estudante você encontrou? este. Usado sem substantivo, quando indica pessoa, nunca tem função de sujeito (veja nota em **questi**).
Questo também é pronome neutro, sem plural: *questo mi piace molto* / isto me agrada muito.

que.sto.re [kwest´ore] *sm* chefe de polícia.

que.stu.a.re [kwestu´are] *vi* esmolar, pedir esmolas.

que.stu.ra [kwest´ura] *sf* chefatura de polícia.

que.stu.ri.no [kwestur´ino] *sm pop* guarda, policial.

que.to [k´wɛto] *agg Lett V quieto.*

qui [k´wi] *avv* **1** aqui, neste lugar. *preferisco restare qui* / prefiro ficar aqui. **2** neste caso. **di qui a un anno** daqui a um ano.

quie.tan.za [kwjet´antsa] *sf* **1** quitação. **2** recibo de quitação.

quie.tan.za.re [kwjetants´are] *vt* quitar, saldar, pagar uma dívida.

quie.ta.re [kwjet´are] *vt Lett* **1** aquietar, acalmar. **2** *fig* contentar, satisfazer.

quie.te [k´wjɛte] *sf* **1** imobilidade, repouso. **2** calma, tranquilidade. Veja nota em **sussiego**.

quie.to [k´wjɛto] *agg* **1** quieto, parado. **2** calmo, tranquilo. *Var Lett: queto.*

quin.di [k´windi] *cong* **1** portanto, consequentemente. *domani c'è esame, quindi cominciamo a studiare* / amanhã tem exame, portanto comecemos a estudar. **2** por isto, por esta razão. • *avv* **1** daqui, de cá, deste lugar. *di quindi se ne andò a Pisa* / daqui ele foi para Pisa. **2** depois, em seguida.

quin.di.ci [k´winditʃi] *sm+num* quinze.

quin.di.ci.na [kwinditʃ´ina] *sf* quinzena.

quin.di.ci.na.le [kwinditʃin´ale] *agg* quinzenal.

quin.qua.ge.si.mo [kwinkwadʒ´ɛzimo] *sm+num V cinquantesimo.*

quin.quen.nio [kwink´wɛnnjo] *sm* quinquênio.

quin.ta [k´winta] *sf Teat* bastidor. **dietro le quinte** nos bastidores.

quin.tet.to [kwint´etto] *sm* (anche *Mus*) quinteto.

quin.to [k´winto] *sm+num* quinto.

quin.tu.pli.ca.re [kwintuplik´are] *vt* quintuplicar.

qui.pro.quo [kwiprok´wɔ] *sm* quiproquó, equívoco, engano, mal-entendido.

qui.squi.lia [kwisk´wilja] *sf* bagatela, mixaria, ninharia.

qui.vi [k´wivi] *avv* ali, naquele lugar. **quivi entro** ali dentro.

quo.ta [k´wɔta] *sf* **1** quota, cota, parte. **2** prestação. **3** *Aer, Geogr* altitude. **4** *Sp* probabilidade. **prender quota** ganhar altitude. **quota di ammortamento** quota de amortização.

quo.ta.re [kwot´are] *vt* **1** cotar. *questa moneta è stata quotata a due dollari* / esta moeda foi cotada a dois dólares. **2** avaliar, estimar.

quo.ta.zio.ne [kwotats´jone] *sf* **1** cotação. **2** *fig* avaliação.

quo.ti.dia.no [kwotid´jano] *sm* diário, jornal diário. *ho già letto i quotidiani* / já li os jornais de hoje. • *agg* quotidiano, diário. *lavoro quotidiano* / trabalho quotidiano.

quo.zien.te [kwots´jɛnte] *sm* **1** *Mat* quociente. **2** *Pol quorum.* **quoziente elettorale** quociente eleitoral, resultado da divisão do número de eleitores votantes pelo número de cadeiras a serem preenchidas numa eleição.

Q

r

r [ˈɛre] *sf* a décima sexta letra do alfabeto italiano.

rab.bia [rˈabbja] *sf* **1** raiva, ira, cólera. **2** *Med* raiva, hidrofobia. **3** *fig* cobiça. **4** obstinação.

rab.bio.so [rabbˈjozo] *agg* **1** *Med* raivoso, hidrófobo. **2** *fig* enraivecido, furioso, irado.

rab.bo.ni.re [rabbonˈire] *vt* **1** pacificar. **2** acalmar, aquietar. *vpr* **3** acalmar-se, aquietar-se.

rab.bri.vi.di.re [rabbrividˈire] *vi* **1** tremer, estremecer. **2** arrepiar-se, ter calafrios.

rab.buf.fo [rabbˈuffo] *sm* **1** repreensão. **2** *pop* bronca, esfrega.

rac.ca.pez.za.re [rakkapettsˈare] *vt* **1** juntar, agrupar. *vpr* **2** compreender, entender.

rac.chet.ta [rakkˈetta] *sf Sp* raqueta, raquete.

rac.chiu.de.re [rakkˈjudere] *vt* **1** fechar, cerrar. **2** conter, incluir.

rac.co.glie.re [rakkˈoλere] *vt* **1** recolher, receber (pessoas). **2** colher. *raccogliere fiori* / colher flores. **3** pegar, apanhar. **4** reunir, juntar, unir. **5** colecionar. *vpr* **6** reunir-se, encontrar-se, juntar-se. **7** concentrar-se, meditar. **raccogliere le idee** ordenar as ideias.

rac.co.gli.men.to [rakkoλimˈento] *sm* **1** recolhimento. **2** concentração, meditação.

rac.col.ta [rakkˈɔlta] *sf* **1** colheita. **2** coleção. **3** antologia. **sonare a raccolta** *Mil* dar toque de recolher.

rac.co.man.da.re [rakkomandˈare] *vt* **1** recomendar. **2** aconselhar, sugerir. *vpr* **3** implorar por proteção. **raccomandare una lettera** registrar uma carta.

rac.co.man.da.zio.ne [rakkomandatsˈjone] *sf* recomendação. **lettera di raccomandazione** carta de recomendação.

rac.con.ta.re [rakkontˈare] *vt* contar, narrar. **raccontare per filo e per segno** contar tudo nos mínimos detalhes. Veja nota em **contar**.

rac.con.to [rakkˈonto] *sm* conto.

rac.cor.da.re [rakkordˈare] *vt* **1** reconciliar. **2** juntar, ligar, unir, conectar. *vpr* **3** reconciliar-se.

ra.chi.ti.co [rakˈitiko] *agg* raquítico.

ra.da [rˈada] *sf* **1** *Geogr* baía, enseada. **2** porto, ancoradouro.

ra.dar [rˈadar] *sm Mil* radar.

rad.dop.pia.re [raddoppˈjare] *vt* **1** dobrar, duplicar. *vi+vpr* **2** dobrar, redobrar. **3** aumentar.

rad.dop.pio [raddˈoppjo] *sm* dobramento, duplicação.

rad.driz.za.re [raddrittsˈare] *vt* **1** endireitar. **2** *fig* corrigir.

ra.de.re [rˈadere] *vt* **1** raspar, rapar. **2** barbear. **3** depilar. **4** *fig* roçar, passar rente a. **5** derrubar, demolir. *vpr* **6** barbear-se. **7** depilar-se.

ra.dian.te [radˈjante] *agg* radiante, fulgurante.

ra.dia.re [radˈjare] *vt* **1** cancelar, riscar de uma lista. *vi* **2** radiar. **3** *fig* resplandecer, luzir.

ra.dia.to.re [radjatˈore] *sm* radiador.

ra.dia.zio.ne [radjatsˈjone] *sf* radiação. **radiazione cosmica** *Fis* radiação cósmica.

ra.di.ca.le [radikˈale] *sm Chim, Mat, Gramm, Pol* radical. • *agg* **1** radical. **2** *fig* drástico.

ra.di.ca.re [radik´are] *vi+vpr* (também *fig*) criar raízes, enraizar-se, radicar-se, fixar-se, arraigar-se. *questa pianta radica anche in terreni aridi* / esta planta também cria raízes em terrenos áridos. *vorrei radicarmi a Roma* / gostaria de me radicar em Roma.

ra.dic.chio [rad´ikkjo] *sm Bot* chicória.

ra.di.ce [rad´itʃe] *sf* **1** *Bot, Gramm* raiz. **2** *fig* causa, origem.

ra.dio [r´adjo] *sm* **1** *Anat, Chim* rádio. **2** *sf* rádio, aparelho de rádio. **radio ricevente** rádio receptor. **radio trasmittente** rádio transmissor.

ra.dio.a.ma.to.re [radjoamat´ore] *sm* radioamador.

ra.dio.at.ti.vo [radjoatt´ivo] *agg Fis* radioativo.

ra.dio.gra.fi.a [radjograf´ia] *sf Med* radiografia.

ra.dio.sco.pi.a [radjoskop´ia] *sf Med* radioscopia.

ra.do [r´ado] *agg* **1** raro. **2** ralo. **di rado** raramente. **non di rado** amiúde, frequentemente.

ra.du.na.re [radun´are] *vt* **1** reunir, juntar. *vpr* **2** reunir-se, juntar-se.

ra.du.no [rad´uno] *sm* congresso, encontro.

raf.faz.zo.na.re [raffattson´are] *vt* **1** consertar, reparar. **2** concertar, arrumar, ajustar.

raf.fi.ca [r´affika] *sf* rajada.

raf.fi.gu.ra.re [raffigur´are] *vt* **1** figurar, representar. **2** simbolizar.

raf.fi.na.men.to [raffinam´ento] *sm* **1** refinamento. **2** *fig* apuro.

Raffinamento significa "apuro" no sentido de "requinte no falar, no vestir ou no escrever". Apuro no sentido de "situação difícil", em italiano, pode ser traduzido como **difficoltà** ou **pericolo**.

raf.fi.na.re [raffin´are] *vt* **1** refinar. **2** *fig* apurar, aperfeiçoar. **3** educar. *vpr* **4** refinar-se.

raf.fi.na.tez.za [raffinat´ettsa] *sf* refinamento, requinte, elegância, bom gosto.

raf.for.za.men.to [raffortsam´ento] *sm* **1** reforço. **2** fortalecimento.

raf.for.za.re [raffort s´are] *vt* **1** reforçar. *vpr* **2** fortalecer-se, revigorar-se.

raf.fred.da.men.to [raffreddam´ento] *sm* resfriamento, refrigeração. **raffreddamento ad acqua o ad aria** *Autom* refrigeração a água ou a ar.

raf.fred.da.re [raffredd´are] *vt* **1** resfriar, refrigerar. *vpr* **2** resfriar-se, esfriar.

raf.fred.do.re [raffredd´ore] *sm Med* resfriado. Veja nota em **constipação**.

raf.fre.na.re [raffren´are] *vt* **1** frear, refrear. *il bambino raffrenò il pianto* / o menino refreou o choro. **2** *fig* reprimir. *sarebbe meglio raffrenare la tua ira* / seria melhor reprimir a tua ira. **3** moderar. *vpr* **4** refrear-se, conter-se. *non posso più raffrenarmi, ho bisogno di dirti la verità* / não posso mais me conter, preciso te dizer a verdade.

raf.fron.ta.re [raffront´are] *vt* comparar, confrontar.

ra.ga.nel.la [ragan´ɛlla] *sf Zool* perereca.

ra.gaz.zo [rag´attso] *sm* **1** moço, rapaz. **2** menino. **3** *fig* namorado. **4** ajudante, aprendiz.

rag.gie.ra [raddʒ´ɛra; raddʒ´era] *sf Rel* auréola.

rag.gio [r´addʒo] *sm Geom, Fis* raio. **raggio di orologio** ponteiro de relógio. **raggio X** raio X.

rag.gi.ra.re [raddʒir´are] *vt* enganar, iludir.

rag.gi.ro [raddʒ´iro] *sm* engano, embuste.

rag.giun.ge.re [raddʒ´undʒere] *vt* **1** alcançar. *il cane non raggiunse il gatto* / o cachorro não alcançou o gato. *la temperatura raggiungerà i trentacinque gradi* / a temperatura alcançará os trinta e cinco graus. *raggiungere un obiettivo* / alcançar um objetivo. **2** *fig* conseguir, obter. *il professore raggiunse una carica importante nella facoltà* / o professor conseguiu um cargo importante na faculdade. *vpr* **3** unir-se.

rag.giu.sta.re [raddʒust´are] *vt* **1** reajustar. **2** reparar. **3** *fig* reconciliar. *vpr* **4** reconciliar-se.

rag.grin.za.re [raggrints´are] *vt* **1** enrugar, encrespar. *vi+vpr* **2** enrugar-se, encrespar-se. *Sin: raggrinzire*.

rag.grin.zi.re [raggrints´ire] *vt, vi+vpr V raggrinzare*.

rag.grup.pa.re [raggrupp´are] *vt* agrupar, reunir, juntar.

ra.gio.na.men.to [radʒonam´ento] *sm* **1** raciocínio. **2** debate, discussão, argumentação.

R

ra.gio.na.re [radʒon´are] *vt* **1** raciocinar. **2** debater, discutir, argumentar.
ra.gio.ne [radʒ´one] *sf* **1** razão. **2** lógica, raciocínio. **3** causa, motivo. **4** prova, fundamento. **aver ragione** ter razão, estar certo. **ragione aritmetica** e **geometrica** *Mat* razão aritmética e geométrica. **ragione sociale** *Comm* razão social. **render ragione** a) fazer justiça. b) justificar-se.
ra.gio.ne.ri.a [radʒoner´ia] *sf Comm* contabilidade.
ra.gio.ne.vo.le [radʒon´evole] *agg* **1** razoável. **2** racional, lógico. **3** conveniente. **4** moderado.
ra.gio.nie.re [radʒon´jɛre] *sm Comm* **1** contador, contabilista. **2** guarda-livros.
ra.glia.re [raλ´are] *vi* **1** zurrar. **2** *fig* desafinar.
ra.gna [r´aña] *sf* **1** teia de aranha. **2** *fig* cilada.
ra.gna.te.la [rañat´ela] *sf* **1** teia de aranha. **2** *fig* armadilha.
ra.gno [r´año] *sm* aranha.
ra.gù [rag´u] *sm* **1** ensopado, guisado. **2** molho.
ral.le.gra.men.to [rallegram´ento] *sm* **1** alegria, diversão. **2 rallegramenti** *pl* parabéns, felicitações.
ral.le.gra.re [rallegr´are] *vt* **1** alegrar, divertir. *vpr* **2** alegrar-se, divertir-se. **3** congratular-se.
ral.len.ta.re [rallent´are] *vt* **1** desacelerar. **2** atrapalhar. **3** *fig* afrouxar. *vpr* **4** desacelerar-se.
ra.man.zi.na [ramandz´ina] *sf* **1** repreensão, censura, pito. **2** *pop* bronca.
ra.me [r´ame] *sm* **1** *Chim* cobre. **2 rami** *pl* utensílios de cozinha.
ra.mi.fi.ca.re [ramifik´are] *vi+vpr* ramificar-se.
ra.min.go [ram´ingo] *sm+agg* errante, nômade, vagabundo.
ram.ma.ri.ca.re [rammarik´are] *vt* **1** afligir. **2** magoar. *vpr* **3** lamentar-se. **4** arrepender-se.
ram.ma.ri.co [ramm´ariko] *sm* **1** aflição. **2** amargura. **3** arrependimento, remorso.
ram.men.da.re [rammend´are] *vt* remendar.
ram.men.do [ramm´endo] *sm* remendo.
ram.men.ta.re [ramment´are] *vt* **1** lembrar, recordar. *vpr* **2** lembrar-se, recordar-se.
ram.mol.li.re [rammoll´ire] *vt+vi* **1** amolecer. *vpr* **2** amolecer. **3** *fig* comover-se. **4** caducar.
ra.mo [r´amo] *sm* **1** *Bot* ramo. **2** *Geogr* braço de rio. **3** *fig* linhagem, estirpe, ramo familiar. **4** ramificação, divisão. **5** ramal de estrada. **avere un ramo di pazzia** ter um parafuso a menos.
ra.mo.scel.lo [ramoʃ´ɛllo] *sm Bot* raminho.
ram.pa [r´ampa] *sf* **1** rampa, declive, ladeira. **2** lance de escadas. **3** garra.
ram.pi.no [ramp´ino] *sm* **1** gancho. **2** *fig* pretexto, desculpa.
ram.pol.lo [ramp´ollo] *sm* **1** *Bot* rebento, broto. **2** *fig* descendente, filho.
ram.po.ne [ramp´one] *sm Naut* arpão.
ra.na [r´ana] *sf Zool* rã. *Sin: ranocchio.*
ran.ci.do [r´antʃido] *sm* ranço. • *agg* **1** rançoso. **2** mofado, estragado. **3** *fig* antiquado, velho.
ran.cio [r´antʃo] *sm Mil* rancho, refeição. • *agg* laranja, alaranjado.
ran.co.re [rank´ore] *sm* rancor, ressentimento.
ran.da.gio [rand´adʒo] *agg* **1** errante, vagabundo. **2** sem dono, vira-lata. *cane randagio* / cão vira-lata.
ran.del.lo [rand´ɛllo] *sm* bastão, porrete.
ran.go [r´ango] *sm* **1** classe, nível. **2** grau, condição. **3** *Mil* fileira.
ran.nic.chiar.si [rannikk´jarsi] *vpr* agachar-se, acocorar-se.
ran.nu.vo.lar.si [rannuvol´arsi] *vpr* **1** ficar nublado, anuviar-se. **2** *fig* fazer cara feia.
ra.noc.chio [ran´ɔkkjo] *sm V rana.*
ran.to.lo [r´antolo] *sm* estertor.
ra.pa [r´apa] *sf* **1** nabo. **2** *fig* estúpido, burro.
ra.pa.ce [rap´atʃe] *sm Zool* ave de rapina. • *agg* **1** de rapina. **2** *fig* ávido, insaciável.
ra.pa.re [rap´are] *vt* **1** raspar, rapar. **2** tosquiar, tosar. *vpr* **3** barbear-se.
ra.pè [rap´ɛ] *sm* rapé.
ra.pi.di.tà [rapidit´a] *sf* rapidez.
ra.pi.do [r´apido] *sm* trem expresso. • *agg* **1** rápido, veloz. **2** *fig* decidido, resoluto. **3** fácil.

ra.pi.men.to [rapim´ento] *sm* **1** rapto, sequestro. **2** êxtase, arrebatamento.

ra.pi.na [rap´ina] *sf* **1** assalto, furto, latrocínio. **2** *fig* roubo, ladroeira, exploração. **rapina a mano armata** assalto à mão armada.

ra.pi.na.re [rapin´are] *vt* **1** assaltar. **2** roubar. **3** pilhar, saquear.

ra.pi.na.to.re [rapinat´ore] *sm* assaltante, ladrão.

ra.pi.re [rap´ire] *vt* **1** raptar, sequestrar. **2** arrebatar, tomar. **3** *fig* extasiar, enlevar.

rap.pa.ci.fi.ca.re [rappatʃifik´are] *vt* **1** reconciliar, pacificar. *vpr* **2** reconciliar-se, fazer as pazes.

rap.pez.za.re [rappetts´are] *vt* **1** remendar. **2** reparar, consertar.

rap.pez.zo [rapp´ɛttso] *sm* **1** remendo. **2** reparo, conserto. **3** *fig* desculpa, pretexto.

rap.por.ta.re [rapport´are] *vt* **1** relatar, contar. **2** copiar (desenho). *vpr* **3** referir-se, reportar-se. Veja nota em **contar**.

rap.por.to [rapp´ɔrto] *sm* **1** relatório. **2** relação. **3** conexão. **4** relacionamento. **5** *Mat* razão, proporção. **6 rapporti** *pl* relações, conhecidos. **per rapporto** relativamente. **rapporto sessuale** relação sexual.

rap.pre.sa.glia [rapprez´aλa] *sf* represália.

rap.pre.sen.tan.te [rapprezent´ante] *s+agg* representante.

rap.pre.sen.ta.re [rapprezent´are] *vt* **1** representar. **2** reproduzir, retratar. **3** simbolizar, significar. **4** *Teat* representar, interpretar.

rap.pre.sen.ta.zio.ne [rapprezentats´jone] *sf* **1** representação (imagem). **2** *Teat* representação, espetáculo.

ra.ri.tà [rarit´a] *sf* raridade.

ra.ro [r´aro] *agg* **1** raro. **2** escasso. **3** especial, único. **4** extraordinário, excepcional.

ra.sa.re [raz´are] *vt* **1** barbear. **2** aparar, podar (árvores). *vpr* **3** barbear-se.

ra.schia.re [rask´jare] *vt* **1** raspar, arranhar. **2** limpar (a garganta).

ra.sen.ta.re [razent´are] *vt* **1** roçar, passar bem junto de. *l'uccello volava rasentando la terra* / o pássaro voava roçando o chão. **2** *fig* beirar, aproximar-se de. *queste idee rasentano l'assurdo* / estas ideias beiram o absurdo.

ra.sen.te [raz´ɛnte] *prep* **1** rente a, muito perto de, rasante. **2** ao longo de. • *avv* rente, muito perto.

ra.so [r´azo] *sm* cetim. • *agg* **1** raso. **2** raspado. **3** rente. • *avv* rente a. **raso terra** rente à terra. **un cucchiaio raso** uma colher rasa.

ra.so.io [raz´ojo] *sm* navalha. **camminare sul filo di un rasoio** *fig* caminhar no fio de uma navalha, arriscar-se. **rasoio di sicurezza** aparelho de barba, gilete. **rasoio elettrico** barbeador elétrico.

ra.spa [r´aspa] *sf* lima.

Raspa refere-se ao "instrumento para limar", e não ao "fruto da limeira". Nesse sentido, diz-se **limetta**.

ra.spa.re [rasp´are] *vt* **1** raspar. **2** *fig* roubar. *vi* **3** ciscar, escavar o chão.

ras.se.gna [rass´eña] *sf* **1** *Mil* revista. **2** *fig* exame. **3** resenha (de jornal).

ras.se.gna.re [rasseñ´are] *vt* **1** entregar (um cargo). **2** resenhar. **3** *Mil* passar em revista. *vpr* **4** conformar-se, resignar-se.

ras.se.re.na.re [rasseren´are] *vt, vi+vpr* serenar, tranquilizar, acalmar.

ra.su.ra [raz´ura] *sf* rasura.

ra.ta [r´ata] *sf* **1** *Comm* prestação. **2** quota, parte, fração. **vendere e pagare a rate** vender e pagar a prazo/em prestações.

ra.ti.fi.ca.re [ratifik´are] *vt* ratificar, confirmar.

ra.ti.fi.ca.zio.ne [ratifikats´jone] *sf* ratificação, confirmação.

ra.tiz.za.re [ratiddz´are] *vt* *Comm* ratear, dividir proporcionalmente.

rat.to [r´atto] *sm* **1** *Giur* rapto, sequestro. **2** *Rel* êxtase. **3** *Zool* rato.

rat.top.pa.re [rattopp´are] *vt* **1** remendar. **2** *fig* reparar, consertar.

rat.top.po [ratt´ɔppo] *sm* **1** remendo. **2** *fig* reparo, conserto.

rat.tri.sta.re [rattrist´are] *vt* **1** entristecer. *vi* **2** entristecer-se, ficar triste.

rau.ce.di.ne [rawtʃ´ɛdine] *sf* rouquidão.

rau.co [r´awko] *agg* rouco. *Var: roco*.

ra.va.nel.lo [ravan´ɛllo] *sm* rabanete.

ra.vi.o.li [ravi´ɔli] *sm pl* ravióli. Veja nota em **lasagna**.

rav.ve.der.si [ravved´ersi] *vpr* emendar-se, corrigir-se, reconhecer os erros.

rav.vi.a.re [ravvi´are] *vt* **1** pentear, escovar (cabelos). **2** arrumar. *vpr* **3** pentear-se. **4** arrumar-se.
rav.vi.ci.na.re [ravvitʃin´are] *vt* **1** avizinhar. *vpr* **2** avizinhar-se.
rav.vi.sa.re [ravviz´are] *vt* reconhecer, distinguir.
rav.vi.va.re [ravviv´are] *vt* **1** reviver, ressuscitar. **2** animar. *vpr* **3** reviver.
ra.zio.ci.na.re [ratsjotʃin´are] *vi* raciocinar.
ra.zio.ci.nio [ratsjotʃ´injo] *sm* **1** raciocínio. **2** bom senso, discernimento.
ra.zio.na.le [ratsjon´ale] *agg* **1** racional. **2** lógico. **3** apropriado, adequado.
ra.zio.ne [rats´jone] *sf* ração.
raz.za[1] [r´attsa] *sf* **1** raça. **2** tipo, gênero. **3** *fig* povo, gente. **4** família, linhagem.
raz.za[2] [r´addza] *sf Zool* raia, arraia.
raz.zi.a [ratts´ia] *sf* **1** *Mil* ataque, assalto, incursão. **2** saque, ato de saquear.
raz.zia.le [ratts´jale] *agg* racial.
raz.zia.re [ratts´jare] *vt* **1** atacar, assaltar. **2** saquear.
raz.zi.smo [ratts´izmo] *sm* racismo.
raz.zo [r´addzo] *sm* foguete. **propulsione a razzo** propulsão a jato.
re[1] [r´e] *sm* **1** rei. **2** *fig* rei, pessoa que supera os outros em alguma coisa. **re di picche** *fig* joão-ninguém.
re[2] [r´ɛ] *sm Mus* ré, segunda nota musical.
re.a.gi.re [readʒ´ire] *vi* **1** reagir. *reagì calmamente a quell'offesa* / reagiu calmamente àquela ofensa. *reagire con parole aggressive* / reagir com palavras agressivas. **2** opor-se, rebelar-se. **3** *Chim, Med* reagir.
re.a.le [re´ale] *sm* **1** realidade. **2** real, nome de uma moeda antiga. **3 i Reali** *pl* os Reis, a família real. • *agg* **1** real. **2** régio, do rei. **3** verdadeiro. **4** de raça (animal).
re.a.li.smo [real´izmo] *sm* realismo.
re.a.li.sta [real´ista] *s+agg* realista.
re.a.li.sti.co [real´istiko] *agg* **1** realístico. **2** realista. **3** prático, concreto.
re.a.liz.za.re [realiddz´are] *vt* **1** realizar, concretizar, efetuar. *vpr* **2** realizar-se. **realizzare un patrimonio** *Comm* realizar um patrimônio.
re.al.tà [realt´a] *sf* realidade. **in realtà** na realidade, realmente.
re.a.to [re´ato] *sm Giur* crime, delito.
re.at.to.re [reatt´ore] *sm* **1** *Aer* jato de avião. **2** *Fis, Chim* reator. **reattore nucleare** reator nuclear.
re.a.zio.na.rio [reatsjon´arjo] *sm+agg* reacionário, conservador.
re.a.zio.ne [reats´jone] *sf* reação.
re.ca.pi.ta.re [rekapit´are] *vt* entregar, dar.
re.ca.pi.to [rek´apito] *sm* **1** endereço. **2** domicílio. **3** entrega, distribuição.
re.ca.re [rek´are] *vt* **1** levar, conduzir. *recare un dono* / levar um presente. **2** induzir, levar a. **3** causar. *recare danni* / causar danos. *recare gioia* / causar alegria. **4** *fig* trazer. *recare sollievo* / trazer alívio. *vpr* **5** dirigir-se, ir. *si recò in Italia* / foi para a Itália. **recare ad effetto** levar a cabo, efetuar. **recare in altra lingua** traduzir.
re.ce.de.re [retʃ´ɛdere] *vi* **1** retroceder. **2** desistir.
re.cen.sio.ne [retʃens´jone] *sf* **1** recensão, crítica, resenha. **2** revisão de texto.
re.cen.si.re [retʃens´ire] *vt* **1** criticar, resenhar. **2** revisar.
re.cen.te [retʃ´ɛnte] *agg* recente, novo. **di recente** recentemente.
re.ces.sio.ne [retʃess´jone] *sf* **1** retrocesso, recuo. **2** desistência. **3** *Econ* recessão, crise econômica.
re.ces.so [retʃ´ɛsso] *sm* **1** recesso, intervalo. **2** *Lett* recanto, esconderijo.
re.ci.de.re [retʃ´idere] *vt* **1** cortar. *vpr* **2** quebrar-se.
re.cin.to [ret´ʃinto] *sm* **1** recinto, local, espaço. **2** cerca, muro. **3** cercado de bebê.
re.ci.pien.te [retʃip´jɛnte] *sm* recipiente.
re.ci.pro.co [retʃ´iproko] *agg* recíproco, mútuo.
re.ci.ta [r´ɛtʃita] *sf* **1** *Cin, Teat* récita, espetáculo, representação. **2** *fig* fingimento, afetação.
re.ci.ta.re [retʃit´are] *vt* **1** recitar, declamar. **2** *Cin, Teat* representar, atuar. **3** *fig* fingir.
re.cla.ma.re [reklam´are] *vt* **1** reclamar, reivindicar. *vi* **2** reclamar, protestar.
réclame [rekl´ame] *sf fr* **1** reclame, propaganda, publicidade. **2** anúncio.
re.cla.mo [rekl´amo] *sm* **1** reclamação, queixa, protesto. **2** lamentação. Veja nota em **protesto**.

re.cli.na.re [reklin´are] *vt* **1** *Lett* reclinar. **2** apoiar, inclinar (a cabeça). *vi* **3** inclinar-se, curvar-se.

re.clu.sio.ne [rekluz´jone] *sf Giur* reclusão, prisão.

re.clu.so [rekl´uzo] *sm* recluso, preso, prisioneiro. • *agg* recluso, encarcerado.

re.clu.ta [r´ɛkluta] *sf* **1** *Mil* recruta. **2** *fig* principiante.

re.clu.ta.re [reklut´are] *vt Mil* recrutar.

record [r´ɛkord] *sm ingl Sp* recorde.

re.cri.mi.na.re [rekrimin´are] *vt* recriminar.

re.cu.pe.ra.re [rekuper´are] *vt* **1** recuperar, reconquistar, reaver. **2** reutilizar, reciclar.

re.dar.gui.re [redarg´wire] *vt* repreender, reprovar.

re.dat.to.re [redatt´ore] *sm* redator.

re.da.zio.ne [redats´jone] *sf* **1** redação, composição. **2** *Giorn* redação de um jornal.

red.di.to [r´ɛddito] *sm* renda, rendimento, ganho. **reddito per abitante** renda *per capita*.

re.den.to.re [redent´ore] *sm* **1** redentor. **2** salvador.

re.den.zio.ne [redents´jone] *sf* **1** redenção. **2** salvação.

re.di.ge.re [red´idʒere] *vt* redigir, escrever.

re.di.me.re [red´imere] *vt* **1** redimir, resgatar, salvar. **2** *Giur* remir, liberar de ônus.

re.di.ne [r´edine] *sf* **1** rédea. **2** *fig* controle.

re.fe.ren.za [refer´ɛntsa] *sf* referência, informação.

re.fet.to.rio [refett´ɔrjo] *sm* refeitório.

re.fe.zio.ne [refets´jone] *sf* refeição.

re.frat.ta.rio [refratt´arjo] *sm+agg* refratário.

re.fri.ge.ra.re [refridʒer´are] *vt* refrigerar, resfriar.

re.fri.ge.rio [refridʒ´ɛrjo] *sm* refrigério, alívio, conforto.

re.ga.la.re [regal´are] *vt* **1** presentear. **2** oferecer.

re.ga.le [reg´ale] *agg* **1** real, régio. **2** majestoso.

re.ga.li.a [regal´ia] *sf* **1** regalia, privilégio, prerrogativa. **2** gorjeta.

re.ga.lo [reg´alo] *sm* **1** presente. **2** brinde. **3** *fig* cortesia, favor. **fare un regalo** dar um presente. Veja nota em **brinde**.

re.ga.ta [reg´ata] *sf Sp* regata.

reg.gen.za [reddʒ´ɛntsa] *sf* regência.

reg.ge.re [r´ɛddʒere] *vt* **1** reger, governar, guiar. *reggere il cocchio* / guiar a carruagem. *reggere i passi* / guiar os passos. **2** segurar. *gli studenti reggevano libri pesanti* / os estudantes seguravam livros pesados. **3** sustentar, manter. *il chiodo non regge il peso del quadro* / o prego não sustenta o peso do quadro. **4** deter, impedir. *la muraglia reggeva l'avanzo dell'esercito* / a muralha impedia o avanço do exército. **5** suportar, tolerar. *non reggerò tali comportamenti* / não vou tolerar tais comportamentos. **6** *Gramm* reger. *vi* **7** resistir. **8** durar. *vpr* **9** sustentar-se. *il malato non si regge in piedi da solo* / o doente não se sustenta em pé sozinho. **10** manter-se. **11** conter-se.

reg.gi.men.to [reddʒim´ento] *sm* **1** governo, regime. **2** *Gramm* regência. **3** *Mil* regimento.

reg.gi.se.no [reddʒis´eno] *sm* sutiã.

re.gi.a [redʒ´ia] *sf* **1** *Cin, Teat* direção. **2** *fig* comando, coordenação.

re.gi.me [redʒ´ime] *sm* **1** *Pol* regime político, forma de governo. **2** *Med* regime, dieta.

re.gi.na [redʒ´ina] *sf* **1** rainha. **2** rainha, dama (no jogo de xadrez). **3** *Zool* abelha-rainha.

re.gio.ne [redʒ´one] *sf* região.

re.gi.sta [redʒ´ista] *s Cin, Teat* diretor.

re.gi.stra.re [redʒistr´are] *vt* **1** registrar. **2** gravar (fita, disco). **3** *ger* entender, compreender.

re.gi.stra.to.re [redʒistrat´ore] *sm* **1** gravador. **2** toca-fitas.

re.gi.stra.zio.ne [redʒistrats´jone] *sf* **1** registro, ação de registrar. **2** gravação. Veja nota em **registro** (português).

re.gi.stro [redʒ´istro] *sm* **1** registro: a) livro de registro. b) registro civil. **2** *fig* comportamento. Veja nota em **registro** (português).

re.gna.re [reñ´are] *vi* **1** reinar. **2** *fig* dominar. **3** predominar, prevalecer.

re.gno [r´eño] *sm* **1** reino. **2** reinado. **3** *fig* autoridade, domínio. **4** âmbito, setor.

R

re.go.la [r´ɛgola] *sf* **1** regra, norma, regulamento. **2** método, metodologia. **3** *fig* moderação, controle de si. **regola del tre** *Mat* regra de três. **regola d'interesse** *Comm* regra de juros.

re.go.la.men.ta.re [regolament´are] *vt* **1** regulamentar. **2** normalizar, regular. • *agg* regulamentar.

re.go.la.men.to [regolam´ento] *sm* regulamento.

re.go.la.re [regol´are] *vt* **1** regular. **2** ajustar (instrumento). **3** regulamentar. **4** definir, estabelecer. **5** *Comm* pagar, liquidar uma dívida. *vpr* **6** regular-se, orientar-se. • *agg* **1** regular. **2** regulamentar. **3** uniforme, constante. **4** harmonioso.

re.go.la.riz.za.re [regolariddz´are] *vt* regularizar.

re.go.lo [r´ɛgolo] *sm* régua. **regolo a corsoio** *Mecc* calibre. **regolo calcolatore** *Mat* régua de cálculo.

re.gre.di.re [regred´ire] *vi* **1** regredir, retroceder. **2** retornar.

re.gres.sio.ne [regress´jone] *sf* regressão, retrocesso.

re.gres.so [regr´ɛsso] *sm* **1** regresso, volta, retorno. **2** regressão, retrocesso.

re.in.te.gra.re [reintegr´are] *vt* **1** reintegrar. **2** indenizar, ressarcir.

re.i.te.ra.re [reiter´are] *vt* reiterar, repetir.

re.la.ti.vi.tà [relativit´a] *sf* relatividade.

re.la.ti.vo [relat´ivo] *agg* relativo, referente, concernente. **relativo a** relativo a. **pronome relativo** *Gramm* pronome relativo.

re.la.zio.ne [relats´jone] *sf* **1** relação, relacionamento. **2** relatório. **3** estudo, tratado. **4** *fig* amizade. **essere in buone relazioni con** ter boas relações com. **rompere relazioni con** romper relações com. **stringere relazioni con** estabelecer relações com.

re.le.ga.re [releg´are] *vt* relegar, exilar, banir.

re.li.gio.ne [relidʒ´one] *sf* **1** religião. **2** *fig* crença, fé, convicção.

re.li.gio.so [relidʒ´ozo] *sm* religioso, sacerdote. • *agg* **1** religioso. **2** devoto, crente. **3** *fig* escrupuloso.

re.li.quia [rel´ikwja] *sf* **1** resto, ruína. **2** *Rel* relíquia.

re.ma.re [rem´are] *vi* remar.

re.mi.ni.scen.za [reminiʃ´ɛntsa] *sf* reminiscência, lembrança, recordação.

re.mis.sio.ne [remiss´jone] *sf* **1** remissão, tolerância, condescendência. **2** perdão.

re.mo [r´ɛmo] *sm* remo.

re.mo.li.no [remol´ino] *sm* redemoinho, remoinho.

re.mo.to [rem´ɔto] *agg* remoto, distante. **passato remoto** *Gramm* passado remoto.

re.mu.ne.ra.re [remuner´are] *vt* remunerar, premiar, recompensar.

re.mu.ne.ra.zio.ne [remunerats´jone] *sf* remuneração, prêmio, recompensa.

re.na [r´ena] *sf* areia.

ren.de.re [r´endere] *vt* **1** render, produzir. *gl'investimenti rendono il dieci percento* / os investimentos rendem dez por cento. **2** devolver, restituir. *i farmaci rendono la salute* / os remédios restituem a saúde. *ti rendo quello che mi hai prestato* / eu devolvo o que você me emprestou. **3** interpretar, traduzir. *rendere un testo in portoghese* / traduzir um texto em português. **4** descrever, exprimir. *lo scrittore rende nel libro la vita dei contadini* / o escritor descreve no livro a vida dos camponeses. **5** tornar. *i fatti ci rendono tristi* / os fatos nos tornam tristes. *vpr* **6** render-se, entregar-se. **7** tornar-se. **rendere l'anima a Dio** entregar a alma a Deus. **rendere onore** prestar as honras. **rendersi conto di** perceber.

ren.di.con.to [rendik´onto] *sm* prestação de contas. *Sin: resoconto.*

ren.di.men.to [rendim´ɛnto] *sm* **1** *Comm* rendimento, renda. **2** *Mecc* rendimento, produtividade.

ren.di.ta [r´ɛndita] *sf* **1** *Comm* renda, rendimento. **2** *fig* ganho. **3** vantagem, utilidade. **rendita pubblica** receita pública.

re.ne [r´ɛne] *sm Anat* **1** rim. **2 i reni** *sm pl* os rins. **3 le reni** *sf pl* as costas.

re.ni.ten.te [renit´ɛnte] *agg* renitente, obstinado.

ren.na [r´ɛnna] *sf Zool* rena.

re.o [r´ɛo] *sm+agg* **1** réu, acusado. **2** culpado.

re.par.to [rep´arto] *sm* repartição, seção, setor.

re.pel.len.te [repell´ɛnte] *agg* repelente, repugnante.
re.pen.ti.no [repent´ino] *agg* **1** repentino, inesperado. **2** instantâneo.
re.per.to [rep´ɛrto] *sm* **1** resto, resíduo. **2** prova, testemunho. **reperto medico** perícia médica.
re.per.to.rio [repert´ɔrjo] *sm* **1** repertório. **2** coleção. **3** índice, relação.
re.ple.to [repl´ɛto] *agg* repleto, cheio.
re.pli.ca [r´ɛplika] *sf* **1** réplica, resposta. **2** repetição. **3** cópia.
re.pli.ca.re [replik´are] *vt* **1** replicar, responder, rebater. **2** repetir, reiterar.
reporter [rep´ɔrter] *sm ingl* repórter.
re.pres.sio.ne [repress´jone] *sf* **1** repressão, contenção. **2** opressão, sufocação (de um movimento). *repressione politica* / repressão política.
re.pri.me.re [repr´imere] *vt* **1** reprimir, conter. **2** controlar, limitar. **3** *fig* oprimir, dominar.
re.pub.bli.ca [rep´ubblika] *sf* república.
re.pul.si.vo [repuls´ivo] *agg* repulsivo, nojento.
re.pu.ta.re [reput´are] *vt* reputar, considerar.
re.pu.ta.zio.ne [reputats´jone] *sf* reputação, fama.
re.qui.si.to [rekwiz´ito] *sm* requisito.
re.sa [r´eza] *sf* **1** rendição. **2** restituição, devolução. **3** renda, rendimento, ganho.
re.scin.de.re [reʃ´indere] *vt* **1** cortar. **2** *Giur* rescindir, romper.
re.si.den.te [rezid´ɛnte] *s+agg* residente, habitante, morador, moradora.
re.si.den.za [rezid´ɛntsa] *sf* residência, moradia, casa, domicílio. **certificato di residenza** comprovante de residência.
re.si.duo [rez´idwo] *sm* resíduo, resto. • *agg* **1** residual. **2** restante.
re.si.na [r´ezina] *sf Bot* resina.
re.si.sten.te [rezist´ɛnte] *agg* resistente, sólido, robusto. • *sm Mil* membro da resistência.
re.si.sten.za [rezist´ɛntsa] *sf* **1** resistência. **2** *Giur* oposição. **resistenza elettrica** *Fis* resistência elétrica.
re.si.ste.re [rez´istere] *vi* **1** resistir. **2** aguentar, suportar. **3** persistir, continuar.
re.so.con.to [rezok´onto] *sm V rendiconto*.
re.spin.ge.re [resp´indʒere] *vt* **1** repelir, rechaçar. **2** defender-se, resistir. **3** rejeitar, refutar, recusar.
re.spi.ra.re [respir´are] *vt+vi* **1** respirar. **2** *fig* viver.
re.spi.ra.zio.ne [respirats´jone] *sf* respiração.
re.spi.ro [resp´iro] *sm* **1** respiração. **2** repouso, pausa. **trattenere il respiro** prender a respiração.
re.spon.sa.bi.le [respons´abile] *s* responsável, encarregado, encarregada. • *agg* responsável.
re.spon.sa.bi.li.tà [responsabilit´a] *sf* **1** responsabilidade. **2** obrigação, dever.
re.sta.re [rest´are] *vi* **1** restar, sobrar. *restano ancora due bottiglie di vino* / restam ainda duas garrafas de vinho. **2** ficar, permanecer. *restò felice con la vittoria* / ficou feliz com a vitória. *resterai a casa?* / você vai ficar em casa?
re.stau.ra.re [restawr´are] *vt* **1** restaurar. **2** reparar. **3** restabelecer.
re.sti.tu.i.re [restitu´ire] *vt* **1** restituir, devolver. **2** restabelecer.
re.sti.tu.zio.ne [restituts´jone] *sf* restituição, devolução.
re.sto [r´ɛsto] *sm* **1** resto. **2** saldo. **3** troco, diferença. Veja nota em **troco**.
re.strin.ge.re [restr´indʒere] *vt* **1** restringir, limitar. *vpr* **2** restringir-se, limitar-se.
re.strit.ti.vo [restritt´ivo] *agg* restritivo.
re.stri.zio.ne [restrits´jone] *sf* restrição, limitação.
re.sur.re.zio.ne [resur̃ets´jone] *sf* ressurreição.
re.su.sci.ta.re [resuʃit´are] *vt+vi* **1** ressuscitar. **2** *fig* reviver.
re.te [r´ete] *sf* **1** rede. **2** *Calc* gol (o ponto). **3** *fig* armadilha, cilada. **rete telefonica** rede telefônica. Veja nota em **gol**.
re.ti.cel.la [retitʃ´ɛlla] *sf Autom* bagageiro.
re.ti.cen.te [retitʃ´ɛnte] *agg* reticente, reservado, calado.
re.ti.na [r´ɛtina] *sf Anat* retina.
re.to.ri.ca [ret´ɔrika] *sf* **1** retórica, eloquência, oratória. **2** *fig* prolixidade.
re.tra.zio.ne [retrats´jone] *sf* retração.
re.tri.bu.i.re [retribu´ire] *vt* retribuir, recompensar, compensar.

re.tri.bu.zio.ne [retributs'jone] *sf* retribuição, recompensa, compensação.
re.tro [r'ɛtro] *sm* verso, costas, parte de trás. **vedi retro** *vide* verso.
re.tro.at.ti.vo [retroatt'ivo] *agg* retroativo.
re.tro.ce.de.re [retrotʃ'ɛdere] *vt* **1** *Mil* rebaixar. *vi* **2** retroceder, recuar, voltar. **3** regredir, piorar.
re.tro.ces.sio.ne [retrotʃess'jone] *sf* retrocesso.
re.tro.gra.do [retr'ɔgrado] *agg* **1** retrógrado. **2** *fig* nostálgico, passadista.
re.tro.sce.na [retroʃ'ɛna] *sf* **1** *Teat* bastidor. **2** *fig* conspiração, tramoia.
re.tro.spet.ti.vo [retrospett'ivo] *agg* retrospectivo.
ret.ta [r'ɛtta] *sf* **1** *Geom* reta. **2** *Comm* mensalidade, pensão. **dar retta** prestar atenção. Veja nota em **pensão**.
ret.tan.go.lo [rett'angolo] *sm+agg Geom* retângulo.
ret.ti.fi.ca [rett'ifika] *sf* **1** retificação. **2** correção.
ret.ti.fi.ca.re [rettifik'are] *vt* **1** retificar, endireitar. **2** *fig* remediar, corrigir. **3** purificar.
ret.ti.le [r'ɛttile] *sm* **1** *Zool* réptil. **2** *fig* víbora, verme, sujeito vil.
ret.ti.li.ne.o [rettil'ineo] *agg Geom* retilíneo. • *sm* reta (em estrada).
ret.ti.tu.di.ne [rettit'udine] *sf* retidão.
ret.to [r'ɛtto] *sm* **1** anverso. **2** *Anat* reto. • *agg* **1** reto. **2** direito. **3** *fig* honesto, justo. **angolo retto** *Geom* ângulo reto. **caso retto** *Gramm* caso reto.
ret.to.re [rett'ore] *sm* reitor.
ret.to.ri.a [rettor'ia] *sf* reitoria.
reu.ma [r'ɛwma] *sm V reumatismo*.
reu.ma.ti.smo [rewmat'izmo] *sm Med* reumatismo. *Sin: reuma*.
re.ve.ren.do [rever'ɛndo] *sm Rel* reverendo, padre, pastor. • *agg* reverendo.
re.ve.ren.za [rever'ɛntsa] *sf V riverenza*.
re.ve.ri.re [rever'ire] *vt V riverire*.
re.vi.sio.ne [reviz'jone] *sf* revisão.
re.vi.so.re [reviz'ore] *sm* **1** revisor. **2** *Comm, Contab* auditor.
re.vo.ca [r'ɛvoka] *sf* revogação, anulação.
re.vo.ca.re [revok'are] *vt* revogar, anular.
revolver [rev'ɔlver] *sm ingl* revólver.
ri.al.to [ri.alto] *sm* **1** elevação do terreno. **2** base, pedestal.
ri.al.zo [ri'altso] *sm* **1** elevação, local alto. **2** *Comm* alta, aumento.
ri.a.ni.ma.re [rianim'are] *vt* **1** reanimar. **2** *fig* revigorar. **3** encorajar. *vpr* **4** reanimar-se.
ri.ap.pa.ri.re [riappar'ire] *vi* reaparecer, ressurgir.
ri.a.pri.re [riapr'ire] *vt* **1** reabrir. **2** *fig* recomeçar.
ri.as.su.me.re [riass'umere] *vt* **1** reassumir. **2** resumir, recapitular.
ri.as.sun.to [riass'unto] *sm* resumo, recapitulação. • *agg* resumido.
ri.at.tac.ca.re [riattakk'are] *vt* **1** reatar. **2** pregar novamente. **3** *fig* recomeçar, reiniciar (discurso).
ri.at.ta.re [riatt'are] *vt* restaurar, reconstituir.
ri.at.ti.va.re [riattiv'are] *vt* reativar.
ri.a.ve.re [riav'ere] *vt* **1** reaver, recuperar, reconquistar. *vpr* **2** recuperar-se, revigorar-se.
ri.ba.di.re [ribad'ire] *vt* **1** martelar, bater um prego. **2** *fig* insistir, persistir. **3** repetir.
ri.bal.ta.re [ribalt'are] *vt* **1** virar. *vi* **2** *Autom* capotar. **3** *Naut* afundar, naufragar, soçobrar.
ri.bat.te.re [rib'attere] *vt* **1** rebater. **2** bater de novo. **3** *fig* refutar, contestar. **4** afiar (faca etc.). *vi* **5** *fig* replicar, retrucar. **6** insistir, teimar.
ri.bel.la.re [ribell'are] *vt* **1** rebelar. *vpr* **2** rebelar-se, insurgir-se. **3** contestar, protestar.
ri.bel.le [rib'ɛlle] *s* **1** rebelde. **2** dissidente. • *agg* **1** rebelde. **2** desobediente, indisciplinado. **3** teimoso.
ri.bel.lio.ne [ribell'jone] *sf* rebelião, revolta.
ri.bes [r'ibes] *sm Bot* **1** groselha. **2** groselheira.
ri.bol.li.re [riboll'ire] *vi* **1** ferver. **2** fermentar. **3** *fig* agitar-se.
ri.brez.zo [ribr'ettso] *sm* **1** arrepio, calafrio. **2** náusea, nojo, repulsa, repugnância.
ri.ca.du.ta [rikad'uta] *sf Med* recaída.
ri.cal.ca.re [rikalk'are] *vt* **1** decalcar, copiar (desenho). **2** imitar, seguir o exemplo de.

ri.ca.ma.re [rikam΄are] *vt* **1** bordar. **2** *fig* enfeitar, florear um discurso.
ri.ca.mo [rik΄amo] *sm* **1** bordado. **2** *fig* enfeite, floreio.
ri.cam.bia.re [rikamb΄jare] *vt* **1** devolver, restituir. **2** retribuir. **3** *Comm* recambiar.
ri.cam.bio [rik΄ambjo] *sm* **1** devolução, restituição. **2** carga, recarga. **3** *Comm* recâmbio.
ri.ca.pi.to.la.re [rikapitol΄are] *vt* recapitular, resumir.
ri.ca.pi.to.la.zio.ne [rikapitolats΄jone] *sf* recapitulação, resumo.
ri.ca.ri.ca.re [rikarik΄are] *vt* recarregar.
ri.cat.ta.re [rikatt΄are] *vt Giur* chantagear.
ri.cat.to [rik΄atto] *sm Giur* **1** chantagem. **2** resgate.
ri.ca.va.re [rikav΄are] *vt* **1** extrair, tirar. **2** obter lucro. **3** concluir, deduzir. **4** provar, demonstrar.
ri.ca.vo [rik΄avo] *sm* **1** resultado, produto. **2** lucro.
ric.chez.za [rikk΄ettsa] *sf* **1** riqueza. **2** fortuna. **3** abundância, fartura. **4** *fig* luxo, pompa. **5** capital, patrimônio. **6 ricchezze** *pl* riquezas, bens.
ric.cio [r΄ittʃo] *sm* **1** cacho, caracol (dos cabelos). **2** *Zool* ouriço, porco-espinho. • *agg* crespo, encaracolado. **riccio di mare** *Zool* ouriço-do-mar.
ric.cio.lo [r΄ittʃolo] *sm* cacho, caracol (dos cabelos).
ric.co [r΄ikko] *sm* rico. • *agg* **1** rico. **2** abundante, copioso. **3** *fig* fértil, produtivo (terreno). **4** luxuoso, pomposo. **5** valioso, caro. **6** substancioso, nutritivo (alimento). **ricco sfondato** podre de rico.
ri.cer.ca [ritʃ΄erka] *sf* **1** procura. **2** pesquisa. **3** investigação. **4** *Chim* análise. Veja nota em **procura** (italiano).
ri.cer.ca.re [ritʃerk΄are] *vt* **1** procurar. **2** pesquisar. **3** investigar, indagar.
ri.cer.ca.tez.za [ritʃerkat΄ettsa] *sf* **1** classe, elegância, sofisticação. **2** afetação.
ri.cer.ca.to [ritʃerk΄ato] *agg* **1** procurado, pesquisado, investigado. **2** *fig* elegante, fino, sofisticado. **3** afetado, exibicionista.
ri.cet.ta [ritʃ΄ɛtta] *sf* **1** receita. **2** prescrição médica. **3** *fig* fórmula.
ri.cet.ta.re [ritʃett΄are] *vt* **1** recolher, abrigar. **2** *Giur* receptar. **3** *Med* receitar.
ri.cet.ti.vo [ritʃett΄ivo] *agg* receptivo.
ri.ce.ve.re [ritʃ΄evere] *vt* **1** receber. **2** acolher. **3** aceitar, admitir (numa organização).
ri.ce.vi.men.to [ritʃevim΄ento] *sm* recebimento, recepção.
ri.ce.vi.to.re [ritʃevit΄ore] *sm* receptor: a) pessoa que recebe. b) aparelho de recepção.
ri.ce.vu.ta [ritʃev΄uta] *sf Comm* recibo, quitação.
ri.chia.ma.re [rikjam΄are] *vt* **1** chamar novamente. **2** recordar, lembrar. **3** repreender. **4** *Cin, Teat* atrair (público). *vpr* **5** referir-se a, mencionar. **richiamare l'attenzione** chamar a atenção.
ri.chia.mo [rik΄jamo] *sm* **1** chamado. **2** atração. **3** repreensão, advertência. **4** nota, observação num texto. **5** isca, engodo. **6** reclame, propaganda.
ri.chie.de.re [rik΄jɛdere] *vt* **1** requerer, requisitar. *hai richiesto il certificato al notaio?* / você requereu o certificado ao tabelião? *richiesero l'ausilio* / requisitaram o auxílio. **2** exigir, reclamar. *richiedere attenzione* / reclamar atenção. **3** *fig* requerer, necessitar de. *la situazione richiede misure energiche* / a situação requer medidas enérgicas.
ri.chie.sta [rik΄jɛsta] *sf* **1** pedido. **2** *Comm* demanda, procura.
ri.chiu.de.re [rik΄judere] *vt* **1** fechar novamente. *vpr* **2** cicatrizar, fechar-se (ferida).
ri.ci.cla.re [ritʃikl΄are] *vt* reciclar, reutilizar.
ri.ci.no [r΄itʃino] *sm Bot* mamona, rícino.
ri.co.gni.zio.ne [rikoɲits΄jone] *sf* **1** reconhecimento. **2** mérito, recompensa. **3** *Mil* reconhecimento, exploração.
ri.col.mo [rik΄olmo] *agg* cheio, transbordante.
ri.co.min.cia.re [rikomintʃ΄are] *vt+vi* recomeçar, reiniciar.
ri.com.pen.sa [rikomp΄ɛnsa] *sf* **1** recompensa, prêmio. **2** remuneração, pagamento. **3** compensação, retribuição.
ri.com.pen.sa.re [rikompens΄are] *vt* **1** recompensar, premiar. **2** remunerar, pagar. **3** retribuir.
ri.com.por.re [rikomp΄oře] *vt* **1** recompor. **2** refazer, reconstruir.

R

ri.con.ci.lia.re [rikontʃil'jare] *vt* **1** reconciliar. *vpr* **2** reconciliar-se.

ri.co.no.scen.za [rikonoʃ'ɛntsa] *sf* reconhecimento, gratidão.

ri.co.no.sce.re [rikon'oʃere] *vt* **1** reconhecer: a) identificar, distinguir. *riconobbe l'amico alla voce* / reconheceu o amigo pela voz. b) admitir, aceitar. *riconobbe che gli avversari avevano vinto* / reconheceu que os adversários tinham vencido. *riconobbe la vittoria degli avversari* / reconheceu a vitória dos adversários. c) certificar, autenticar. *riconoscere la firma* / reconhecer a assinatura. *vi* **2** reconhecer, ser grato. **3** *Mil* reconhecer, explorar. **riconoscere un diritto** reconhecer um direito.

ri.co.no.sci.men.to [rikonoʃim'ento] *sm* reconhecimento.

ri.con.qui.sta.re [rikonkwist'are] *vt* **1** reconquistar. **2** recuperar, retomar.

ri.co.pri.re [rikopr'ire] *vt* **1** recobrir. **2** *fig* esconder, ocultar. *vpr* **3** cobrir-se. **4** garantir-se.

ri.cor.da.re [rikord'are] *vt* **1** recordar, lembrar. *vpr* **2** recordar-se, lembrar-se.

ri.cor.do [rik'ɔrdo] *sm* recordação, lembrança.

ri.cor.ren.te [rikor̃'ɛnte] *sm Giur* recorrente, postulante. • *agg* recorrente, periódico. **febbre ricorrente** febre intermitente.

ri.cor.re.re [rik'or̃ere] *vi* **1** recorrer: a) correr de novo. b) dirigir-se a. *ricorse all'amico per consiglio* / recorreu ao amigo em busca de conselho. c) valer-se de. *ricorrere alle armi* / recorrer às armas. d) *Giur* recorrer. **2** cair em, ser celebrado em (feriado etc.). *oggi ricorre il compleanno di Marina* / o aniversário de Marina cai hoje. Veja nota em **recorrer**.

ri.cor.so [rik'orso] *sm* **1** recurso, meio. **2** apelo. **3** reclamação. **4** *Giur* recurso, apelação.

ri.co.sti.tu.i.re [rikostitu'ire] *vt* **1** reconstituir, recompor, restabelecer. **2** *fig* revigorar.

ri.co.stru.i.re [rikostru'ire] *vt* **1** reconstruir. **2** recriar, reproduzir. **3** *fig* reformar, reestruturar.

ri.cot.ta [rik'ɔtta] *sf* ricota.

ri.co.ve.ra.re [rikover'are] *vt* **1** abrigar, refugiar. *vpr* **2** abrigar-se, refugiar-se.

ri.co.ve.ro [rik'overo] *sm* **1** abrigo, refúgio. **2** asilo. **ricovero antiaereo** abrigo antiaéreo. **ricovero di mendicità** asilo para os pobres.

ri.cre.a.re [rikre'are] *vt* **1** recriar, reconstituir. **2** recrear, divertir, alegrar.

ri.cre.a.zio.ne [rikreats'jone] *sf* **1** recriação. **2** recreação, divertimento, passatempo. **3** recreio (escolar).

ri.cur.vo [rik'urvo] *agg* recurvado, encurvado.

ri.cu.sa [rik'uza] *sf* recusa.

ri.cu.sa.re [rikuz'are] *vt* **1** recusar, rejeitar, negar. *vi* **2** recusar, não aceitar. *vpr* **3** recusar-se, negar-se.

ri.den.te [rid'ɛnte] *agg* **1** risonho, alegre. **2** calmo, agradável (lugar). **3** favorável (sorte).

ri.de.re [r'idere] *vi* **1** rir. *vpr* **2** rir-se de, zombar. **3** desprezar, fazer pouco-caso de. **far ridere i polli** dizer asneiras, expor-se ao ridículo. **ride bene chi ride ultimo** ri melhor quem ri por último. **ridere a crepapelle** morrer de rir. **ridere di** zombar de. **ridersene** rir-se de alguma coisa.

ri.de.sta.re [ridest'are] *vt* acordar, despertar.

ri.di.co.lo [rid'ikolo] *sm* ridículo. • *agg* **1** ridículo. **2** absurdo, ilógico. **3** *fam* insignificante.

ri.di.re [rid'ire] *vt* **1** repetir. **2** reprovar. **3** contestar.

ri.don.dan.te [ridond'ante] *agg* **1** redundante. **2** excessivo, supérfluo.

ri.dot.to [rid'otto] *sm Teat* saguão, sala de espera. • *agg* **1** reduzido, diminuto. **2** mudado, modificado. **3** adaptado, resumido (texto).

ri.dur.re [rid'ur̃e] *vt* **1** reduzir, diminuir. **2** mudar, modificar. **3** adaptar, resumir (texto). *vpr* **4** reduzir-se, chegar a.

ri.du.zio.ne [riduts'jone] *sf* **1** redução, diminuição. **2** adaptação de um texto.

ri.em.pie.re [ri'empjere] *vt+vpr V riempire.*

ri.em.pi.re [riemp'ire] *vt* **1** encher. **2** preencher (formulário). *vpr* **3** encher-se. **4** *fig* saciar-se, fartar-se. *Var: riempiere.*

ri.en.tra.re [rientr´are] *vi* **1** entrar de novo. **2** regressar. **3** retrair-se. **4** *Med* desinchar (tumor).

ri.e.pi.lo.ga.re [riepilog´are] *vt* recapitular, resumir, sintetizar.

ri.e.pi.lo.go [riep´ilogo] *sm* recapitulação, resumo.

ri.fa.re [rif´are] *vt* **1** refazer. **2** reconstruir. **3** repetir, reiterar. **4** imitar. **5** consertar, corrigir. *vpr* **6** refazer-se, revigorar-se. **7** vingar-se. **rifare il letto** fazer a cama.

ri.fe.ri.men.to [riferim´ento] *sm* referência.

ri.fe.ri.re [rifer´ire] *vt* **1** referir, contar, relatar. **2** acusar, culpar. *vpr* **3** referir-se, aludir a.

rif.fa [r´iffa] *sf* **1** rifa. **2** violência. **o di riffa o di raffa** a todo o custo, por bem ou por mal.

ri.fi.ni.re [rifin´ire] *vt* **1** acabar. **2** retocar. **3** *fig* consumir, desgastar (a saúde). *vi* **4** desistir. *vpr* **5** acabar-se, consumir-se, desgastar-se.

ri.fiu.ta.re [rifjut´are] *vt* **1** recusar, rejeitar, negar. *non posso rifiutare questo regalo* / não posso recusar este presente. *rifiutare il permesso* / recusar a permissão. *rifiutò di parlare sul caso* / recusou falar sobre o caso. *vpr* **2** negar-se, recusar-se. **3** opor-se.

ri.fiu.to [rif´juto] *sm* **1** recusa, negação. **2** refugo, resto. **3 rifiuti** *pl* lixo, sujeira. **vietato gettare rifiuti** proibido jogar lixo.

ri.fles.sio.ne [rifless´jone] *sf* **1** reflexão, meditação. **2** sensatez, prudência.

ri.fles.si.vo [rifless´ivo] *agg* (anche *Gramm*) reflexivo.

ri.fles.so [rifl´ɛsso] *sm* **1** reflexo. **2** *fig* consequência, efeito. • *agg* refletido, reflexo.

ri.flet.te.re [rifl´ɛttere] *vt* **1** refletir, espelhar. **2** *fig* indicar, mostrar. *vi* **3** refletir, meditar, pensar, ponderar. *vpr* **4** refletir-se, repercutir.

ri.fo.cil.la.re [rifotʃill´are] *vt* **1** restaurar. **2** saciar, fartar. *vpr* **3** restaurar-se. **4** saciar-se, fartar-se.

ri.fon.de.re [rif´ondere] *vt* **1** reescrever, refazer um texto. **2** *fig* indenizar, ressarcir.

ri.for.ma [rif´orma] *sf* **1** reforma. **2** reestruturação. **3** modificação, mudança, renovação. **4** *Mil* reforma. **5** *fig* melhora.

ri.for.ma.re [riform´are] *vt* **1** reformar. **2** reestruturar. **3** modificar, mudar, renovar. **4** *fig* melhorar, aperfeiçoar. **5** *Mil* reformar.

ri.for.ma.to.rio [riformat´ɔrjo] *sm* reformatório.

ri.for.ni.men.to [rifornim´ento] *sm* **1** suprimento, fornecimento. **2** provisões, víveres. **stazione di rifornimento** posto de gasolina.

ri.for.ni.re [riforn´ire] *vt* fornecer, prover.

ri.fra.zio.ne [rifrats´jone] *sf Fis* refração.

ri.fug.gi.re [rifuddʒ´ire] *vi* fugir de novo. **rifuggire da** *fig* a) evitar, afastar-se de. b) detestar, odiar.

ri.fu.gia.re [rifudʒ´are] *vt* **1** refugiar, abrigar. *vpr* **2** refugiar-se, abrigar-se.

ri.fu.gio [rif´udʒo] *sm* **1** refúgio, abrigo. **2** *fig* ajuda, auxílio. **3** conforto, alívio.

ri.ga [r´iga] *sf* **1** linha. **2** fila, fileira. **3** régua. **4** risca (nos cabelos). **5** listra, lista. **6** *Poet* verso. **leggere tra le righe** *fig* ler nas entrelinhas. **riga a T** régua-tê.

ri.ga.gno.lo [rig´añolo] *sm Geogr* regato, córrego.

ri.ga.re [rig´are] *vt* **1** pautar, fazer linhas num papel. **2** listrar. *vi* **3** *fig* comportar-se bem.

ri.gat.tie.re [rigatt´jɛre] *sm* vendedor de ferro velho.

ri.ge.ne.ra.re [ridʒener´are] *vt* **1** regenerar. **2** corrigir (moralmente). *vpr* **3** reproduzir-se. **4** regenerar-se, corrigir-se.

ri.get.ta.re [ridʒett´are] *vt* **1** jogar de novo. **2** vomitar. **3** rejeitar, recusar.

ri.get.to [ridʒ´ɛtto] *sm* **1** rejeição, recusa, repúdio. **2** *fig* nojo, repulsa.

ri.gi.di.tà [ridʒidit´a] *sf* **1** rigidez. **2** *fig* rigor, severidade. **rigidità cadaverica** rigidez cadavérica.

ri.gi.do [r´idʒido] *agg* **1** rígido. **2** duro, rijo. **3** *fig* rigoroso, severo.

ri.gi.ra.re [ridʒir´are] *vt* **1** girar de novo. **2** circular, circundar. **3** *Comm* empregar, girar (capital). **4** *fig* enganar, iludir.

ri.gi.ro [ridʒ´iro] *sm* **1** giro. **2** *fig* trapaça.

ri.go [r'igo] *sm* **1** linha, traço. **2** nota, mensagem.

ri.go.re [rig'ore] *sm* **1** rigor, rigidez. **2** severidade, dureza. **a rigore** a rigor. **calcio di rigore** *Calc* pênalti, penalidade máxima. **di rigore** obrigatório.

ri.go.ro.so [rigor'ozo] *agg* **1** rigoroso. **2** rígido, severo, duro. **3** meticuloso, minucioso.

ri.guar.da.re [rigward'are] *vt* **1** olhar de novo. **2** considerar, reputar. *la riguardo una persona onesta* / eu a considero uma pessoa honesta. **3** observar, olhar atentamente. **4** pertencer, concernir, referir-se. *per quel che riguarda la mia opinione, non puoi dire queste cose* / pelo que concerne a minha opinião, você não pode dizer estas coisas. *vpr* **5** resguardar-se: a) proteger-se. *riguardarsi dal freddo* / proteger-se do frio. b) abster-se.

ri.guar.do [rig'wardo] *sm* **1** atenção. **2** prudência, cautela, precaução. **3** respeito, consideração. **mancare di riguardo** faltar com o respeito.

ri.gur.gi.ta.re [rigurdʒit'are] *vt* **1** regurgitar, vomitar. **2** lançar, expelir. **3** *fig* transbordar.

ri.la.scia.re [rilaʃ'are] *vt* **1** soltar, liberar. **2** expedir, emitir (documento). **3** ceder, conceder.

ri.las.sa.men.to [rilassam'ento] *sm Med* relaxamento.

ri.las.sa.re [rilass'are] *vt* **1** relaxar. **2** afrouxar. **3** *fig* enfraquecer. *vpr* **4** descansar, repousar. **5** *fig* relaxar-se, descuidar-se, tornar-se negligente.

ri.le.ga.re [rileg'are] *vt* encadernar. **rilegare in** encadernar com.

ri.le.gat.tu.ra [rilegat'ura] *sf* encadernação.

ri.le.van.te [rilev'ante] *agg* relevante, importante, considerável.

ri.le.va.re [rilev'are] *vt* **1** adquirir. **2** perceber. **3** revezar, substituir. *vi* **4** importar, relevar. **5** ressaltar. *vpr* **6** levantar-se. **7** *fig* recuperar-se.

ri.lie.vo [ril'jɛvo] *sm* **1** relevo. **2** elevação, saliência. **3** *fig* evidência. **4** valor. **5** observação. **alto e basso rilievo** *Archit* alto-relevo e baixo-relevo.

ri.lu.ce.re [ril'utʃere] *vi Lett* reluzir, brilhar.

ri.lut.tan.te [rilutt'ante] *agg* **1** relutante. **2** perplexo, hesitante.

ri.ma [r'ima] *sf* **1** *Poet* rima. **2** *fig* poema.

ri.man.da.re [rimand'are] *vt* **1** mandar novamente. **2** devolver, restituir. **3** adiar, prorrogar, protelar. **4** reprovar num exame.

ri.man.do [rim'ando] *sm* **1** devolução, restituição. **2** adiamento, prorrogação. **3** reprovação (em exame). **4** nota, referência (num texto).

ri.ma.nen.te [riman'ɛnte] *sm* resto, restante, resíduo. • *agg* restante.

ri.ma.ne.re [riman'ere] *vi* **1** restar, sobrar. **2** permanecer. **3** sobreviver. **rimanere addietro** a) ficar para trás. b) atrasar-se. **rimanere di stucco** ficar surpreso.

ri.ma.re [rim'are] *vi* rimar.

ri.ma.su.glio [rimaz'uʎo] *sm* resto, restinho.

rim.bal.za.re [rimbalts'are] *vi* ricochetear.

rim.bal.zo [rimb'altso] *sm* ricochete.

rim.bam.bi.re [rimbamb'ire] *vi* caducar.

rim.boc.ca.re [rimbokk'are] *vt* **1** emborcar, virar para baixo (vasilha). **2** arregaçar (manga). **3** dobrar (lençol). **rimboccare la terra** revolver a terra.

rim.bor.sa.re [rimbors'are] *vt* **1** reembolsar. **2** restituir, devolver dinheiro. **3** indenizar, ressarcir.

rim.bor.so [rimb'orso] *sm* **1** reembolso. **2** indenização.

rim.bo.schi.re [rimbosk'ire] *vt* reflorestar.

rim.brot.ta.re [rimbrott'are] *vt* repreender, reprovar, censurar.

ri.me.dia.re [rimed'jare] *vt+vi* **1** remediar. **2** medicar. **3** emendar, corrigir.

ri.me.dio [rim'ɛdjo] *sm* **1** *Med* remédio, medicamento. **2** *fig* solução, correção. **3** auxílio.

ri.me.sco.la.re [rimeskol'are] *vt* **1** remexer, revolver. **2** *fig* perturbar. **3** emocionar, agitar.

ri.mes.sa [rim'essa] *sf* **1** remessa, envio. **2** garagem. **3** hangar. **4** *Bot* broto, rebento.

ri.me.sta.re [rimest'are] *vt* **1** remexer, revolver. **2** mexer, manusear.

ri.met.te.re [rim'ettere] *vt* **1** repor, recolocar. *rimisero i libri nella scansia* / repuseram os livros na estante. **2** devolver, restituir. **3** remeter, enviar. *la ditta rimette le merci ai clienti* / a empresa remete as mercadorias aos clientes. **4** confiar, entregar. **5** vomitar. **6** perdoar. **7** perder. **8** adiar. *vi* **9** *Bot* renascer, brotar. *vpr* **10** recomeçar, retomar. **11** recuperar-se, curar-se. **12** remeter-se, referir-se. **13** acalmar-se. **14** clarear (tempo).

ri.mon.ta.re [rimont´are] *vt* **1** remontar, montar de novo. **2** subir o curso de um rio. *vi* **3** remontar a. *questi oggetti rimontano all'epoca di Gesù* / estes objetos remontam à época de Jesus.

ri.mor.chia.re [rimork´jare] *vt* **1** rebocar. **2** *fig* induzir a.

ri.mor.chia.to.re [rimorkjat´ore] *sm Naut* rebocador.

ri.mor.chio [rim´ɔrkjo] *sm* reboque.

ri.mor.so [rim´ɔrso] *sm* remorso, arrependimento.

ri.mo.zio.ne [rimots´jone] *sf* **1** remoção. **2** demissão, exoneração.

rim.pa.tria.re [rimpatr´jare] *vt* **1** repatriar. *vi* **2** voltar à pátria, voltar à terra natal.

rim.pa.trio [rimp´atrjo] *sm* repatriação.

rim.pian.ge.re [rimp´jandʒere] *vt* lamentar, lastimar, arrepender-se de.

rim.pian.to [rimp´janto] *sm* **1** remorso, arrependimento. **2** *fig* saudade.

rim.pin.za.re [rimpints´are] *vt* **1** empanturrar, fartar. *vpr* **2** empanturrar-se, fartar-se.

rim.pro.ve.ra.re [rimprover´are] *vt* **1** repreender, criticar. **2** *pop* dar uma bronca.

rim.pro.ve.ro [rimpr´ɔvero] *sm* **1** repreensão, crítica. **2** *pop* bronca, esfrega.

ri.muo.ve.re [rim´wɔvere] *vt* **1** remover, tirar, eliminar. **2** afastar. **3** demitir, exonerar. **4** destituir, depor.

ri.na.scen.za [rinaʃ´ɛntsa] *sf* renascimento. **la Rinascenza** *St* a Renascença.

ri.na.sce.re [rin´aʃere] *vi* **1** renascer. **2** *fig* ressurgir, reaparecer.

ri.na.sci.men.to [rinaʃim´ento] *sm* renascimento. **il Rinascimento** *St* o Renascimento.

ri.na.sci.ta [rin´aʃita] *sf* renascimento.

rin.ca.ra.re [rinkar´are] *vt+vi* encarecer.

rin.cre.sce.re [rinkr´eʃere] *vi* aborrecer, desagradar, perturbar. *mi rincresce che tu non capisca la mia volontà* / me desagrada que você não compreenda a minha vontade.

rin.cre.sci.men.to [rinkreʃim´ento] *sm* **1** aborrecimento, desprazer. **2** arrependimento.

rin.cu.la.re [rinkul´are] *vi* recuar, retroceder.

rin.cu.lo [rink´ulo] *sm* recuo.

rin.cuo.ra.re [rinkwor´are] *vt* **1** consolar, confortar. **2** encorajar.

rin.for.za.re [rinforts´are] *vt* **1** reforçar. **2** fortalecer, fortificar. **3** revigorar.

rin.for.zo [rinf´ɔrtso] *sm* reforço.

rin.fran.ca.re [rinfrank´are] *vt* **1** revigorar. **2** *fig* encorajar. *vpr* **3** revigorar-se. **4** *fig* encorajar-se.

rin.fran.co [rinfr´anko] *sm* **1** ânimo, alento. **2** reforço.

rin.fre.sca.re [rinfresk´are] *vt* **1** refrescar. **2** refrigerar. **3** restaurar. **4** *fig* recriar. **5** renovar. *vpr* **6** refrescar-se. **7** *fig* banhar-se. **8** matar a fome ou a sede. **rinfrescare il suo inglese** melhorar o inglês. **rinfrescare la memoria** refrescar a memória, lembrar-se.

rin.fre.sco [rinfr´esko] *sm* refresco, refrescamento.

ring [r´ing] *sm ingl Sp* ringue.

rin.ghia.re [ring´jare] *vi* **1** rosnar. **2** *fig* resmungar.

rin.ghie.ra [ring´jɛra] *sf* **1** *Archit* parapeito, balaustrada. **2** *St* tribuna.

rin.ghio [r´ingjo] *sm* rosnado.

rin.gio.va.ni.re [rindʒovan´ire] *vt* **1** rejuvenescer, remoçar. *vi+vpr* **2** rejuvenescer.

rin.gra.zia.men.to [ringratsjam´ento] *sm* agradecimento.

rin.gra.zia.re [ringrats´jare] *vt* agradecer.

rin.ne.ga.re [rinneg´are] *vt* **1** renegar. **2** desmentir, negar. **3** trair, desertar.

rin.ne.ga.to [rinneg´ato] *sm+agg* renegado, desertor, traidor.

rin.no.va.re [rinnov´are] *vt* **1** renovar. **2** refazer. **3** mudar. **4** repetir. *vpr* **5** renovar-se. **6** repetir-se.

rin.no.va.zio.ne [rinnovats´jone] *sf* **1** renovação. **2** reforma.

ri.no.ce.ron.te [rinotʃer´onte] *sm Zool* rinoceronte.

ri.no.man.za [rinom´antsa] *sf* renome, fama.

ri.no.ma.to [rinom´ato] *agg* renomado, famoso, popular, célebre.

rin.sa.vi.re [rinsav´ire] *vi* recuperar o juízo.

rin.toc.ca.re [rintokk´are] *vi* **1** dobrar, tocar (sino). **2** badalar (relógio).

rin.toc.co [rint´ɔkko] *sm* **1** dobre, toque do sino. **2** badalada do relógio. *l'orologio suonò dodici rintocchi* / o relógio soou doze badaladas.

rin.tro.na.re [rintron´are] *vt* **1** atordoar. *vi* **2** retumbar.

ri.nun.cia [rin´untʃa] *sf V rinunzia.*

ri.nun.cia.re [rinuntʃ´are] *vi V rinunziare.*

ri.nun.zia [rin´untsja] *sf* **1** renúncia. **2** abdicação. *Var: rinuncia.*

ri.nun.zia.re [rinunts´jare] *vi* **1** renunciar. **2** abdicar. **3** desistir. *Var: rinunciare.*

rin.ve.ni.re [rinven´ire] *vt* **1** reencontrar. *vi* **2** voltar a si, recobrar os sentidos.

rin.vi.go.ri.re [rinvigor´ire] *vt* **1** revigorar, fortalecer, fortificar. *vpr* **2** revigorar-se.

ri.o.ne [ri´one] *sm* bairro, distrito.

ri.or.di.na.re [riordin´are] *vt* **1** reordenar. **2** concertar, restaurar.

ri.or.ga.niz.za.re [riorganiddz´are] *vt* **1** reorganizar, reestruturar. **2** modificar, mudar.

ri.ot.to.so [riott´ozo] *agg* **1** briguento. **2** *Giur* litigioso. **3** *fig* indócil, rebelde.

ri.pa [r´ipa] *sf* **1** margem, beira. **2** penhasco.

ri.pa.ga.re [ripag´are] *vt* **1** repagar, pagar de novo. **2** reembolsar, ressarcir. **3** *fig* recompensar.

ri.pa.ra.re [ripar´are] *vt* **1** amparar, proteger, defender. **2** reparar, consertar, remediar. *vi+vpr* **3** amparar-se, proteger-se.

ri.pa.ra.zio.ne [riparats´jone] *sf* **1** amparo, proteção. **2** reparo, conserto. **3** *Giur* reparação. **riparazioni di guerra** *Mil* reparação de guerra.

ri.pa.ro [rip´aro] *sm* **1** abrigo, defesa. **2** amparo, proteção. **3** refúgio. **4** *fig* remédio, solução.

ri.par.ti.re [ripart´ire] *vt* **1** repartir, dividir, distribuir. *vi* **2** partir novamente.

ri.par.ti.zio.ne [ripartits´jone] *sf* **1** divisão, subdivisão. **2** parte, porção. **3** repartição, setor, seção.

ri.par.to [rip´arto] *sm* **1** divisão, subdivisão. **2** *Comm* quota, parte.

ri.pas.sa.re [ripass´are] *vt* **1** repassar. **2** *fig* reler, repassar um texto. **3** corrigir, retocar, aperfeiçoar. *vi* **4** passar de novo por um lugar.

ri.pen.sa.re [ripens´are] *vi* **1** pensar de novo. **2** mudar de ideia.

ri.per.cuo.te.re [riperk´wɔtere] *vt* **1** bater novamente. *vi+vpr* **2** repercutir, refletir. **3** ecoar.

ri.per.cus.sio.ne [riperkuss´jone] *sf* **1** repercussão. **2** contragolpe. **3** eco.

ri.pe.te.re [rip´ɛtere] *vt* **1** repetir. **2** imitar, copiar. *vpr* **3** repetir-se. **4** insistir, persistir. **5** continuar.

ri.pe.ti.zio.ne [ripetits´jone] *sf* **1** repetição. **2** revisão, recapitulação, repasse das lições. **3** aula particular. **arma a ripetizione** arma de repetição.

ri.pia.no [rip´jano] *sm* **1** prateleira. **2** *Geogr* terraço, planalto.

ri.pi.do [r´ipido] *agg* íngreme, escarpado.

ri.pie.ga.re [ripjeg´are] *vt* **1** dobrar. *vi* **2** *Mil* recuar, retirar-se. *vpr* **3** curvar-se, dobrar-se.

ri.pie.no [rip´jɛno] *sm* **1** recheio. **2** enchimento. • *agg* **1** repleto, muito cheio, abarrotado. **2** recheado.

ri.por.re [rip´or̃e] *vt* **1** repor. **2** reservar, guardar. *vpr* **3** recolocar-se. **4** afastar-se. **5** esconder-se.

ri.por.ta.re [riport´are] *vt* **1** tornar a trazer. **2** citar. **3** relatar, contar. **4** obter, conseguir. **5** sofrer (ferimento). *vpr* **6** reportar-se, aludir a.

ri.po.sa.re [ripoz´are] *vt* **1** repousar, descansar. *vi+vpr* **2** repousar, descansar. **3** *fig* jazer (defunto).

ri.po.si.zio.ne [ripozits´jone] *sf* reposição.

ri.po.so [rip´ɔzo] *sm* **1** repouso, descanso. **2** *fig* paz. **3** *Mus* intervalo, pausa. **a riposo** *Mil* reformado. **eterno riposo** descanso eterno.

ri.po.sti.glio [ripost´iλo] *sm* **1** quarto de despejo. **2** esconderijo.

ri.pren.de.re [ripr´ɛndere] *vt* **1** repreender. **2** pegar de novo. **3** recuperar. **4** reconquistar. **5** retomar. **6** filmar. **7** encolher (roupa). *vpr* **8** corrigir-se.

ri.pren.sio.ne [riprens´jone] *sf* repreensão, advertência.

ri.pre.sa [ripr´eza] *sf* **1** retomada, recomeço, reinício. **2** *Autom* arranco. **3** *Cin* tomada. **4** *Sp* tempo de um jogo. **5** *Mus, Poet* refrão, estribilho. **6** *Fot* exposição.

ri.pro.dur.re [riprod´ure] *vt* **1** reproduzir. **2** copiar, duplicar. **3** publicar, editar. *vpr* **4** reproduzir-se.

ri.pro.dut.to.re [riprodutt´ore] *sm+agg* reprodutor.

ri.pro.du.zio.ne [riproduts´jone] *sf* **1** reprodução. **2** cópia, imitação, duplicata.

ri.pro.va [ripr´ɔva] *sf* **1** prova, testemunho. **2** demonstração. **3** *Giur* acareação. **4** *Mat* prova.

ri.pro.va.re [riprov´are] *vt* **1** reprovar. **2** tentar novamente. **3** desaprovar, rejeitar.

ri.pro.va.zio.ne [riprovats´jone] *sf* **1** reprovação. **2** censura, crítica. **3** *pop* bomba (em exame).

ri.pro.ve.vo.le [riprov´evole] *agg* reprovável, condenável, deplorável.

ri.pu.dia.re [ripud´jare] *vt* repudiar, rejeitar.

ri.pu.dio [rip´udjo] *sm* repúdio, rejeição.

ri.pu.gnan.te [ripuñ´ante] *agg* repugnante, nojento, asqueroso.

ri.pu.gnan.za [ripuñ´antsa] *sf* repugnância, repulsa, nojo.

ri.pu.gna.re [ripuñ´are] *vi* repugnar, enojar.

ri.pul.sa [rip´ulsa] *sf* **1** repulsa, aversão. **2** *Fis* repulsão.

ri.sac.ca [riz´akka] *sf Naut* ressaca.

ri.sa.ia [riz´aja] *sf* arrozal.

ri.sa.li.re [rizal´ire] *vt* **1** navegar contra a corrente. *vi* **2** subir de novo. **risalire a** remontar a

ri.sal.ta.re [risalt´are] *vi* ressaltar, sobressair.

ri.sal.to [ris´alto] *sm* **1** ressalto, relevo, saliência. **2** *fig* realce, evidência.

ri.sa.na.re [risan´are] *vt* **1** curar, sanar. *la medicina lo risanò* / o remédio o curou. **2** *fig* ganhar, recuperar. **3** restaurar. *il governo risanerà quel quartiere storico* / o governo restaurará aquele bairro histórico.

ri.sar.ci.re [risartʃ´ire] *vt* ressarcir, indenizar.

ri.sa.ta [riz´ata] *sf* risada. **fare una risata** dar uma risada.

ri.scal.da.re [riskald´are] *vt* **1** aquecer, esquentar. **2** estragar, apodrecer (fruta). *vpr* **3** aquecer-se, esquentar. **4** *fig* ficar nervoso, irar-se.

ri.scat.ta.re [riskatt´are] *vt* **1** resgatar (refém). **2** readquirir. **3** recuperar, reaver. **4** *fig* redimir, libertar. *vpr* **5** redimir-se, libertar-se.

ri.scat.to [risk´atto] *sm* **1** resgate. **2** *Rel* redenção, expiação.

ri.schia.ra.re [riskjar´are] *vt* **1** clarear. **2** iluminar. *vi+vpr* **3** clarear (céu, tempo).

ri.schia.re [risk´jare] *vt* **1** arriscar. *vi* **2** arriscar-se.

ri.schio [r´iskjo] *sm* risco, perigo. **correre il rischio** correr o risco. **mettere a rischio/ porre a rischio** colocar em risco.

ri.schio.so [risk´jozo] *agg* **1** arriscado, perigoso. **2** ousado.

ri.sciac.qua.re [riʃakk´ware] *vt* **1** enxaguar. *vpr* **2** enxaguar-se.

ri.sciac.quo [riʃ´akkwo] *sm* enxágue.

ri.scon.tra.re [riskontr´are] *vt* **1** encontrar. *l'ho riscontrato ieri, mentre cercavo i libri nel centro della città* / eu o encontrei ontem, enquanto procurava os livros no centro da cidade. **2** comparar. *riscontrare la copia con l'originale* / comparar a cópia com o original. **3** verificar. *i controllori riscontravano il peso dei pacchi* / os fiscais verificavam o peso dos pacotes. *vi* **4** combinar, calhar. *vpr* **5** encontrar-se. **6** combinar, entrar em acordo. *una parte riscontra con l'altra* / uma parte combina com a outra.

ri.scon.tro [risk´ontro] *sm* **1** encontro casual. **2** comparação, cotejo. **3** verificação, averiguação. **4** *Comm* recibo, canhoto.

ri.scos.sio.ne [riskoss´jone] *sm* cobrança, arrecadação.

ri.scuo.te.re [risk´wɔtere] *vt* **1** sacudir. **2** acordar, despertar (sacudindo). **3** cobrar, arrecadar. **4** *fig* receber. *vpr* **5** sacudir-se. **6** livrar-se.

ri.sec.chi.re [risekk´ire] *vi* **1** ressecar, secar. **2** *fig* emagrecer.

ri.sen.ti.men.to [risentim´ento] *sm* ressentimento, rancor.

R

ri.sen.ti.re [risent´ire] *vt* **1** ouvir, ouvir de novo. *vpr* **2** ressentir-se, magoar-se. **3** reanimar-se, recuperar os sentidos. **risentire di** sentir o efeito de.
ri.ser.bo [riz´ɛrbo] *sm V riservatezza.*
ri.ser.va [riz´ɛrva] *sf* **1** reserva. **2** provisão, estoque. **3** resto. **4** substituto. **5** *Giur* ressalva, exceção. **6** *Comm* fundo. **7** *Sp* jogador reserva. **8** *fig* recato, retraimento. **9** dúvida, suspeita. **riserva di caccia** reserva de caça.
ri.ser.va.re [rizerv´are] *vt* **1** reservar, guardar. **2** conservar. **3** marcar (hora, encontro).
ri.ser.va.tez.za [rizervat´ettsa] *sf* reserva, discrição. *Sin: riserbo.*
ri.ser.va.to [rizerv´ato] *agg* **1** reservado. **2** marcado (horário). **3** *fig* reservado, discreto. **4** privado, confidencial. **5** secreto.
ri.sie.de.re [riz´jɛdere] *vi* residir, morar.
ri.sma [r´izma] *sf* **1** resma. **2** baralho, maço de cartas. **3** *fig* tipo, espécie. **ragazzacci della stessa risma** *iron, disp* todos farinha do mesmo saco.
ri.so [r´izo] *sm* (*pl f* **le risa**) **1** riso, risada. **2** *fig* alegria, felicidade. **3** zombaria. **4** *Bot* arroz.
ri.so.lu.tez.za [risolut´ettsa] *sf* determinação, decisão.
ri.so.lu.ti.vo [risolut´ivo] *agg* decisivo, definitivo, determinante.
ri.so.lu.to [risol´uto] *agg* **1** dissolvido. **2** *fig* resoluto, decidido. **3** corajoso.
ri.so.lu.zio.ne [risoluts´jone] *sf* **1** resolução. **2** solução. **3** decisão, deliberação. **4** *Chim* dissolução. **5** *Giur* rescisão, dissolução. **6** *fig* coragem, bravura.
ri.sol.ve.re [ris´ɔlvere] *vt* **1** resolver. *risolvere una questione* / resolver uma questão. **2** decidir. *risolverò tutto oggi* / resolverei tudo hoje. *ha risolto di rimanere in Brasile* / decidiu ficar no Brasil. **3** explicar, esclarecer. *risolvere un enigma* / esclarecer um enigma. **4** *Chim* dissolver. *vi* **5** resolver, decidir. *non sapevo che cosa risolvere* / eu não sabia o que decidir. *vpr* **6** resolver-se, decidir-se. *mi sono risolto a non fare queste cose* / eu me decidi a não fazer estas coisas. **7** dissolver-se. **8** *Med* melhorar. **risolvere un contratto** *Giur* rescindir um contrato.
ri.so.ne [riz´one] *sm Bot* arroz integral.
ri.sor.ge.re [ris´ordʒere] *vi* **1** ressurgir, reaparecer. **2** *fig* ressuscitar, renascer. **3** prosperar, florescer.
ri.sor.gi.men.to [risordʒim´ento] *sm* **1** ressurgimento, reaparecimento. **2** *fig* renascimento. **il Risorgimento** *St* a unificação da Itália.
ri.sor.sa [ris´orsa] *sf* **1** recurso, meio. **2** *fig* capacidade. **3** **risorse** *pl* recursos, dinheiro.
ri.sot.to [riz´ɔtto] *sm* risoto.
ri.spar.mia.re [risparm´jare] *vt* **1** economizar, poupar. **2** evitar fazer algo. *vpr* **3** poupar-se, descansar. **4** cuidar-se.
ri.spar.mio [risp´armjo] *sm* **1** economia, poupança. **2** **risparmi** *pl* economias, reservas.
ri.spec.chia.re [rispekk´jare] *vt* espelhar, refletir.
ri.spet.ta.bi.le [rispett´abile] *agg* **1** respeitável, honesto, honrado. **2** *fig* considerável, notável.
ri.spet.ta.re [rispett´are] *vt* **1** respeitar. **2** honrar, reverenciar. **3** obedecer, acatar. *vpr* **4** respeitar-se. **farsi rispettare** impor respeito. **rispettare la propria firma** cumprir com a palavra.
ri.spet.to [risp´ɛtto] *sm* **1** respeito. **2** estima, consideração. **3** reverência, devoção. **a rispetto di** em comparação a. **rispetto a** com respeito a, com relação a. *non c'è un'opinione chiara rispetto a tutto questo* / não existe uma opinião clara com respeito a tudo isto.
ri.spet.to.so [rispett´ozo] *agg* **1** respeitoso. **2** educado, reverente.
ri.splen.de.re [rispl´ɛndere] *vi* resplandecer, brilhar.
ri.spon.de.re [risp´ondere] *vi* **1** responder. **2** contestar, retrucar. **3** corresponder. **rispondere a** responder para. **rispondere a traverso** responder mal. **rispondere di** responder por.
ri.spo.sta [risp´osta] *sf* **1** resposta. **2** réplica, contestação.
ris.sa [r´issa] *sf* rixa, briga, discussão.
ris.so.so [riss´ozo] *agg* briguento, brigão.
ri.sta.bi.li.re [ristabil´ire] *vt* **1** restabelecer. *vpr* **2** restabelecer-se, melhorar.

ri.sta.gna.re [ristañ´are] *vt* **1** estagnar. **2** coagular. **3** *Comm fig* estar em crise. *vi+vpr* **4** estagnar-se. **5** coagular-se. **6** *Comm fig* entrar em crise.

ri.stam.pa.re [ristamp´are] *vt* reimprimir, reeditar.

ri.sto.ran.te [ristor´ante] *sm* restaurante. • *agg* restaurador.

ri.sto.ra.re [ristor´are] *vt* **1** dar descanso. *vpr* **2** descansar, restabelecer-se.

ri.sto.ro [rist´ɔro] *sm* **1** descanso. **2** *fig* conforto.

ri.stret.tez.za [ristrett´ettsa] *sf* **1** restrição, limitação. **2** estreiteza. **3** aperto (econômico). **4** *fig* escassez. **5** **ristrettezze** *pl* pobreza, miséria.

ri.stret.to [ristr´etto] *sm* resumo. • *agg* **1** restrito, limitado. **2** estreito, apertado. **3** reduzido, exíguo. **4** resumido. **5** concentrado, condensado.

ri.sul.ta.re [rizult´are] *vi* **1** resultar, provir. *la tua condizione attuale risulta dagli errori del passato* / a tua condição atual resulta dos erros do passado. **2** aparecer. **3** importar. **4** *Mat* dar como resultado.

ri.sul.ta.to [rizult´ato] *sm* **1** resultado. **2** efeito, consequência. **3** *Mat* resultado.

ri.suo.na.re [riswon´are] *vi* **1** ressoar. **2** ecoar. **3** *fig* repercutir.

ri.sve.glia.re [rizveλ´are] *vt* **1** acordar, despertar. **2** *fig* provocar. *vpr* **3** acordar, despertar.

ri.sve.glio [rizv´eλo] *sm* **1** o despertar. **2** *fig* renascimento, retorno, renovação.

ri.svol.to [rizv´ɔlto] *sm* **1** lapela. **2** bainha de calça. **3** punho de manga. **4** aba de bolso. **5** *fig* resultado, consequência, repercussão.

ri.ta.glia.re [ritaλ´are] *vt* **1** retalhar (um tecido). **2** recortar (uma figura).

ri.ta.glio [rit´aλo] *sm* **1** retalho. **2** resto (de tecido, papel).

ri.tar.da.re [ritard´are] *vt* **1** retardar, atrasar. *vi* **2** demorar, atrasar-se. **3** atrasar (relógio).

ri.tar.da.to [ritard´ato] *sm* **1** deficiente mental. **2** *fig* idiota. • *agg* **1** retardado. **2** atrasado. Veja nota em **retardado**.

ri.tar.do [rit´ardo] *sm* **1** atraso. **2** *Fis* retardamento. **essere in ritardo** estar atrasado.

ri.te.ne.re [riten´ere] *vt* **1** reter. *il governo ritiene l'imposta sul reddito* / o governo retém o imposto de renda. **2** manter, conservar. *ritenere un segreto* / manter um segredo. **3** deter, parar. *ritenne la volontà di uscire* / deteve a vontade de sair. **4** deduzir, subtrair (valor). *ritenere le spese* / deduzir as despesas. **5** decorar, aprender de cor. *ritiene a mente tutte le date* / decora todas as datas. **6** considerar, julgar. *la ritengo una brava studentessa* / eu a considero uma boa aluna. **7** acreditar, crer. *vpr* **8** julgar-se. **9** acreditar-se. **10** deter-se, parar.

ri.ten.zio.ne [ritents´jone] *sf Med* retenção, acúmulo.

ri.ti.ra.re [ritir´are] *vt* **1** retirar, remover. **2** negar, desmentir. **3** encolher (roupa). **4** reimprimir. *vpr* **5** retirar-se, afastar-se. **6** demitir-se. **7** aposentar-se. **8** *fig* desistir de, abandonar (concurso). **9** refugiar-se. **10** *Mil* recuar, bater em retirada. **ritirarsi in buon ordine** desistir a tempo.

ri.ti.ra.ta [ritir´ata] *sf* **1** banheiro, latrina. **2** *Mil* retirada. **ritirata strategica** retirada estratégica.

ri.tmi.co [r´itmiko] *agg Lett* rítmico. **ginnastica ritmica** *Sp* ginástica rítmica.

ri.tmo [r´itmo] *sm* **1** *Mus, Poet* ritmo, cadência. **2** *Med* batimento cardíaco. **3** *Mecc* rendimento (de máquina). **4** *fig* ciclo.

ri.to [r´ito] *sm* **1** *Rel* rito, ritual, cerimônia. **2** *fig* cerimonial, etiqueta. **di rito** a) de hábito, como de costume. b) *Giur* conforme a lei.

ri.toc.ca.re [ritokk´are] *vt* **1** retocar. **2** tocar de novo. **3** corrigir, importunar (com perguntas).

ri.toc.co [rit´okko] *sm* **1** retoque. **2** correção.

ri.tor.ce.re [rit´ɔrtʃere] *vt* **1** retorcer. **2** *fig* replicar, retrucar.

ri.tor.na.re [ritorn´are] *vi* **1** retornar, voltar, regressar. **2** voltar ao que era antes. **ritornare in sé** voltar a si, recuperar os sentidos.

ri.tor.nel.lo [ritorn´ɛllo] *sm Poet, Mus* refrão, estribilho.

ri.tor.no [rit´orno] *sm* **1** retorno, volta. **2** reaparecimento.

ri.trar.re [ritr'ar̄e] *vt* **1** tirar. **2** puxar, arrastar. **3** representar. **4** retratar. **5** imitar. **6** *pop* fotografar. *vi* **7** parecer, assemelhar-se. *vpr* **8** retirar-se, afastar-se. **9** *fig* retrair-se, encolher-se. **ritrarre vantaggi** obter vantagens.

ri.trat.ta.zio.ne [ritrattats'jone] *sf* **1** retratação. **2** desmentido.

ri.trat.ta.re [ritratt'are] *vt* **1** retratar. **2** negar, desmentir. *vpr* **3** retratar-se, desdizer-se.

ri.trat.to [ritr'atto] *sm* **1** retrato. **2** *pop* fotografia. **3** *fig* semelhança. **4** modelo.

ri.tra.zio.ne [ritrats'jone] *sf* **1** retração. **2** diminuição.

ri.tro.va.men.to [ritrovam'ento] *sm* **1** reencontro. **2** descoberta.

ri.tro.va.re [ritrov'are] *vt* **1** reencontrar. **2** descobrir. **3** *fig* reconhecer. *vpr* **4** reencontrar-se, reunir-se. **5** encontrar-se, estar presente. **6** compreender.

ri.tro.va.to [ritrov'ato] *sm* **1** descoberta, invenção. **2** expediente, artifício.

ri.tro.vo [ritr'ɔvo] *sm* **1** ponto de encontro. **2** boate. **3** bar.

rit.to [r'itto] *sm* **1** estaca, suporte. **2** direito de um tecido. • *agg* ereto, reto. • *avv* em pé.

ri.tu.a.le [ritu'ale] *sm* **1** ritual, cerimônia. **2** *fig* cerimonial, etiqueta. • *agg* ritual, cerimonial.

riu.nio.ne [rjun'jone] *sf* **1** reunião. **2** união. **3** congresso, assembleia.

riu.ni.re [rjun'ire] *vt* **1** reunir, juntar. **2** convocar. **3** reconciliar. *vpr* **4** reunir-se, juntar-se. **5** encontrar-se.

riu.sci.re [rjuʃ'ire] *vi* **1** sair de novo. **2** conseguir. **3** ter efeito, resultar. **riuscire a** conseguir (fazer). *non riuscì a dormire con il chiasso delle bambine* / não consegui dormir com o barulho das meninas. **riuscire bene** ter sucesso. **riuscire male** fracassar.

riu.sci.ta [rjuʃ'ita] *sf* êxito, sucesso.

ri.va [r'iva] *sf* **1** praia. **2** margem, beira de rio.

ri.va.le [riv'ale] *s+agg* rival, adversário.

ri.va.leg.gia.re [rivaleddʒ'are] *vi* rivalizar, competir, concorrer.

ri.va.ler.si [rival'ersi] *vpr* **1** utilizar-se de novo. **2** vingar-se.

ri.va.li.tà [rivalit'a] *sf* rivalidade, antagonismo.

ri.val.sa [riv'alsa] *sf* **1** vingança, desforra. **2** *Comm* recâmbio.

ri.ve.de.re [rived'ere] *vt* **1** rever. **2** reestudar. **3** revisar. **4** reencontrar.

ri.ve.la.re [rivel'are] *vt* **1** revelar. **2** descobrir. **3** mostrar. **4** divulgar. *vpr* **5** revelar-se, mostrar-se.

ri.ve.la.zio.ne [rivelats'jone] *sf* revelação.

ri.ven.de.re [riv'endere] *vt* **1** revender. **2** vender no varejo. **aver ragioni da rivendere** *fig* ter razões de sobra.

ri.ven.di.ca.re [rivendik'are] *vt Giur* reivindicar, reclamar.

ri.ven.di.ca.zio.ne [rivendikats'jone] *sf Giur* reivindicação, reclamação.

ri.ven.di.ta [riv'ɛndita] *sf* **1** revenda. **2** loja.

ri.ven.di.to.re [rivendit'ore] *sm Comm* **1** revendedor. **2** varejista.

ri.ver.be.ra.re [riverber'are] *vt, vi+vpr* **1** reverberar, refletir. **2** repercutir.

ri.ve.ren.za [river'ɛntsa] *sf* **1** reverência. **2** veneração, respeito. **3** mesura, cumprimento. *Var: reverenza.*

ri.ve.ri.re [river'ire] *vt* **1** reverenciar. **2** venerar. **3** cumprimentar. *Var: reverire.*

ri.ve.sti.men.to [rivestim'ento] *sm* revestimento, cobertura.

ri.ve.sti.re [rivest'ire] *vt* **1** vestir de novo. **2** revestir, cobrir. *vpr* **3** trocar-se, trocar de roupa. Veja nota em **trocar**.

ri.vie.ra [riv'jɛra] *sf* costa.

ri.vin.ci.ta [riv'intʃita] *sf Sp* desforra, revanche. **prendersi una rivincita** vingar-se, desforrar-se.

ri.vi.sta [riv'ista] *sf* **1** revista. **2** revisão de texto. **3** *Mil* revista, inspeção. **4** *Teat* revista teatral.

ri.vi.ve.re [riv'ivere] *vt* **1** reviver. *vi* **1** reviver. **2** ressurgir, renascer.

ri.vo.ca.re [rivok'are] *vt Giur* revogar, anular.

ri.vol.ge.re [riv'ɔldʒere] *vt* **1** revirar, virar. **2** dirigir. **3** endereçar. *vpr* **4** dirigir-se a, interpelar. **5** dedicar-se. **rivolgere da** afastar de, tirar de. **rivolgere la parola a** dirigir a palavra a. **rivolgersi a** ir para.

ri.vol.ta [riv´ɔlta] *sf* **1** revolta, rebelião, insurreição. **2** dobra, prega. **3** *Mil* motim.

ri.vol.ta.re [rivolt´are] *vt* **1** revirar, virar. **2** *fig* virar do avesso. **3** revoltar, enojar. *vpr* **4** voltar atrás. **5** *fig* revoltar-se, rebelar-se.

ri.vol.tel.la [rivolt´ɛlla] *sf* revólver, pistola.

ri.vol.to.so [rivolt´ozo] *sm+agg* revoltoso, rebelde, revolucionário.

ri.vo.lu.zio.na.re [rivolutsjon´are] *vt* revolucionar, mudar, modificar.

ri.vo.lu.zio.na.rio [rivolutsjon´arjo] *sm* revolucionário. • *agg* **1** revolucionário. **2** inovador.

ri.vo.lu.zio.ne [rivoluts´jone] *sf* **1** revolução, insurreição. **2** *fig* transformação. **3** confusão.

riz.za.re [ritts´are] *vt* **1** levantar, erguer. *aiutò a rizzare la donna caduta* / ajudou a erguer a mulher caída. *rizzare la testa* / levantar a cabeça. **2** construir, erigir. *rizzare una statua, una parete* / erigir uma estátua, uma parede. **3** arrepiar, eriçar os cabelos. *il vento rizzò i miei capelli* / o vento arrepiou os meus cabelos. **4** hastear bandeira. *vpr* **5** levantar-se, ficar de pé. *si rizzò in punta ai piedi per afferrare i biscotti* / levantou-se na ponta dos pés para pegar os biscoitos. **6** eriçar-se. *si rizzarono i capelli dallo spavento* / os cabelos se arrepiaram com o susto. **rizzare gli orecchi** aguçar os ouvidos.

ro.ba [r´ɔba] *sf* **1** coisa. **2** artigo. **3** bem. **4** tecido, pano. **5** roupa, vestimenta. **roba da matti** coisa de louco. **roba da museo** *iron* peça de museu, velharia. **roba da nulla** coisa insignificante.

ro.bot [rob´ot] *sm* robô, autômato.

ro.bu.stez.za [robust´ettsa] *sf* **1** robustez. **2** vigor.

ro.bu.sto [rob´usto] *agg* **1** robusto. **2** vigoroso.

roc.ca [r´ɔkka] *sf* **1** fortaleza. **2** torre de castelo.

roc.ca.for.te [rokkaf´ɔrte] *sf* **1** fortaleza. **2** *fig* abrigo, lugar seguro.

roc.chet.to [rokk´etto] *sm* **1** carretel. **2** *Elett, Fis* bobina.

roc.cia [r´ɔttʃa] *sf* **1** rocha. **2** *fig* montanha, monte. **3** pico, cume. **4** *Naut* recife. **5** *fam* cascão.

roc.cia.to.re [rottʃat´ore] *sm Sp* alpinista.

roc.cio.so [rottʃ´ozo] *agg* **1** rochoso. **2** *fam* encardido, sujo.

ro.chez.za [rok´ettsa] *sf* rouquidão.

ro.co [r´ɔko] *agg V rauco.*

ro.de.re [r´odere] *vt* **1** roer. **2** corroer, consumir. *vpr* **3** sofrer, torturar-se.

ro.di.to.re [rodit´ore] *sm+agg Zool* roedor.

rog.gia [r´ɔddʒa] *sf* canal, fosso.

ro.gna [r´oña] *sf* **1** *Med* sarna. **2** *fig* azar.

ro.gno.ne [roñ´one] *sm Anat* rim de animal.

ro.go [r´ɔgo] *sm* **1** pira. **2** fogueira (em que se queimavam os condenados). **3** *fig* incêndio. **4** fogo.

ro.ma.no [rom´ano] *sm+agg* romano, de Roma. **carattere romano** caráter romano (tipo de escrita). **numeri romani** *Mat* algarismos romanos.

ro.man.ti.ci.smo [romantitʃ´izmo] *sm* romantismo.

ro.man.ti.co [rom´antiko] *agg* romântico.

ro.man.zie.re [romants´jɛre] *sm* **1** romancista. **2** escritor.

ro.man.zo [rom´antso] *sm Lett* romance. **romanzo a puntate** folhetim. **romanzo giallo** romance de suspense.

ro.me.no [rom´ɛno] *sm+agg* romeno.

ro.me.o [rom´ɛo] *sm* romeiro, peregrino.

rom.pe.re [r´ompere] *vt* **1** romper, quebrar, despedaçar. **2** estragar, arruinar. **3** fraturar. **4** *fig* irritar, aborrecer. **5** interromper. **6** violar, transgredir. *vi* **7** irromper, despontar, surgir. *vpr* **8** romper-se, quebrar-se. **9** brigar. **rompersi il collo** *pop* quebrar a cara. **rompere rapporti** romper relações.

rom.pi.ca.po [rompik´apo] *sm* **1** quebra-cabeça. **2** *fig* mistério, charada. **3** problema, incômodo.

rom.pi.men.to [rompim´ento] *sm* rompimento, quebra. **rompimento di tasche** *fam* chatice.

rom.pi.sca.to.le [rompisk´atole] *s* **1** *fam* chato, impertinente. **2** *ger* mala, pentelho.

ron.da [r´onda] *sf Mil* ronda.

ron.del.la [rond´ɛlla] *sf Mecc* arruela.

ron.di.ne [r´ondine] *sf Zool* andorinha. **rondine di mare/pesce rondine** peixe--voador.
ron.za.re [ronds´are] *vi* zumbir, zunir.
ron.zi.o [ronds´io] *sm* zumbido, zunido.
ro.sa[1] [r´oza] *sf* coceira, comichão.
ro.sa[2] [r´ɔza] *sf Bot* **1** rosa. **2** roseira. *sm* **3** rosa, cor-de-rosa. • *agg* rosa, cor-de-rosa, rosado. **non c'è rosa senza spine** toda rosa tem espinhos. **rosa dei venti** rosa dos ventos.
ro.sa.io [roz´ajo] *sm Bot* roseira.
ro.sa.rio [roz´arjo] *sm Rel* rosário.
ro.sbif.fe [rozb´iffe] *sm* rosbife.
ro.se.o [r´ɔzeo] *agg* **1** róseo, rosado. **2** *fig* feliz.
ro.set.ta [roz´etta] *sf* **1** roseta. **2** *Mecc* arruela.
ro.si.can.te [rozik´ante] *sm+agg* roedor.
ro.si.ca.re [rozik´are] *vt V rosicchiare.*
ro.sic.chia.re [rozikk´jare] *vt* **1** roer. **2** mordiscar. *Var: rosicare.*
ro.so.li.a [rozol´ia] *sf Med* rubéola, sarampo alemão.
ro.spo [r´ɔspo] *sm* **1** *Zool* sapo. **2** *fig* monstro, monstrengo, pessoa feia. **ingoiare un rospo** *fig* engolir um sapo, aguentar algo desagradável.
ros.seg.gia.re [rosseddʒ´are] *vi* avermelhar.
ros.set.to [ross´etto] *sm* batom.
ros.so [r´osso] *sm* **1** vermelho, cor vermelha. **2** ruivo, pessoa ruiva. **3** *fig* comunista. • *agg* **1** vermelho. **2** ruivo (cabelo). **esser rosso di vergogna** ficar vermelho de vergonha. **rosso d'uovo** gema de ovo. **rosso per guance** ruge.
ro.stic.ce.ri.a [rostittʃer´ia] *sf* churrascaria.
ro.stro [r´ɔstro] *sm* **1** bico das aves. **2** *fig* ponta, bico de objeto.
ro.ta.ia [rot´aja] *sf* trilho de trem.
ro.ta.re [rot´are] *vt+vi V ruotare.*
ro.ta.zio.ne [rotats´jone] *sf* rotação. **rotazione agraria** rotação de culturas.
ro.te.a.re [rote´are] *vt+vi* rodar, girar.
ro.tel.la [rot´ɛlla] *sf dim* **1** rodinha. **2** rodízio (de um móvel). **3** *Anat* rótula.
ro.to.la.re [rotol´are] *vt, vi+vpr* rolar.
ro.to.lo [r´ɔtolo] *sm* rolo. *rotolo di carta, di panno* / rolo de papel, de tecido. **andare a rotoli** *fig* arruinar-se.
ro.to.lo.ne [rotol´one] *sm* tombo. • *avv* **rotoloni** ou **a rotoloni** rolando. *venire giù rotoloni* ou *a rotoloni* / cair rolando.
ro.ton.do [rot´ondo] *agg* **1** redondo. **2** circular. **3** esférico. **4** *fig* grande, volumoso.
rot.ta[1] [r´otta] *sf* **1** derrota. **2** quebra. **a rotta di collo** em altíssima velocidade. **essere in rotta con uno** estar de relações cortadas com alguém.
rot.ta[2] [r´ɔtta] *sf Aer, Naut* rota, itinerário. **dare la rotta** marcar a rota.
rot.ta.me [rott´ame] *sm* **1** caco, fragmento. **2** resto. **3 rottami** *pl Aer, Naut* destroços.
rot.to [r´otto] *sm* **1** ruptura, quebra. **2 rotti** *pl* troco. • *agg* **1** roto, quebrado. **2** fraturado. **3** *fig* cansado. **4** emocionado (tom de voz). **rotto a** habituado a (mau hábito). *è rotto a tutte le malizie* / está habituado a todas as malícias. Veja nota em **habituado.**
rot.tu.ra [rott´ura] *sf* **1** ruptura, quebra. **2** interrupção. **3** *fig* rompimento (diplomático). **4** aborrecimento, incômodo.
ro.tu.la [r´ɔtula] *sf Anat* rótula.
ro.ve.scia.re [roveʃ´are] *vt* **1** inverter. **2** virar do avesso ou de ponta-cabeça. **3** derrubar, abater. **4** depor, destituir. **5** derramar (líquido). *vpr* **6** revirar-se, virar-se.
ro.ve.scio [rov´eʃo] *sm* **1** avesso. **2** verso, reverso. **3** contrário, oposto. **4** temporal, aguaceiro. **5** *fig* revés, fatalidade, desgraça. • *agg* **1** avesso. **2** contrário, oposto. **alla rovescia** do avesso, ao contrário. **il rovescio della medaglia** *fig* o reverso da medalha. **prendere a rovescio** *fig* levar a mal.
ro.vi.na [rov´ina] *sf* **1** ruína. **2** desastre, destruição. **3** *Comm* falência, bancarrota. **4 rovine** *pl* a) ruínas. b) *fig* vestígios, traços.
ro.vi.na.re [rovin´are] *vt* **1** arruinar. **2** destruir. **3** corromper, viciar. **4** *fig* estragar, danificar. *vi* **5** cair, desabar. **6** falir. **7** *fig* corromper-se. *vpr* **8** arruinar-se. **9** ficar na miséria.
ro.vi.no.so [rovin´ozo] *agg* **1** desastroso, destrutivo, catastrófico. **2** perigoso, arriscado.

ro.vi.sta.re [rovist´are] *vt* **1** remexer. **2** revistar.
roz.zez.za [rotts´ettsa] *sf* **1** rudeza. **2** descortesia.
roz.zo [r´ottso] *agg* **1** grosseiro, rude. **2** tosco.
ru.ba.re [rub´are] *vt* roubar, furtar. **rubare i cuori** roubar os corações, conquistar.
ru.be.ri.a [ruber´ia] *sf* **1** roubo, latrocínio. **2** *pop* ladroeira, roubalheira.
ru.bi.net.to [rubin´etto] *sm* torneira.
ru.bi.no [rub´ino] *sm Min* rubi.
ru.bri.ca [rubr´ika] *sf* **1** rubrica, título, cabeçalho em tinta vermelha. **2** caderno de endereços. **3** *Giorn* coluna.
ru.de [r´ude] *agg Lett* **1** áspero (tecido). **2** rude, grosso, descortês. **3** pesado (trabalho).
ru.di.men.ta.le [rudiment´ale] *agg* **1** rudimentar. **2** elementar. **3** primitivo. **4** fundamental.
ru.di.men.ti [rudim´enti] *sm pl* rudimentos, fundamentos, princípios.
ruf.fia.na [ruff´jana] *sf* **1** alcoviteira. **2** *bras* cafetina.
ruf.fia.no [ruff´jano] *sm* **1** rufião, alcoviteiro. **2** *bras* cafetão.
ru.ga [r´uga] *sf* ruga.
rug.gi.ne [r´uddʒine] *sf* **1** ferrugem. **2** *fig* ódio, inimizade.
rug.gi.re [ruddʒ´ire] *vi* **1** rugir, urrar. **2** *fig* bramir, retumbar.
rug.gi.to [ruddʒ´ito] *sm* **1** rugido, urro. **2** *fig* bramido, estrondo.
ru.gia.da [rudʒ´ada] *sf* orvalho, sereno.
ru.go.so [rug´ozo] *agg* rugoso, enrugado.
rul.lo [r´ullo] *sm* **1** rufo (de tambor). **2** rolo, cilindro. **rullo compressore** rolo compressor.
rum [r´um] *sm* rum.
ru.mi.nan.te [rumin´ante] *sm+agg* ruminante.
ru.mi.na.re [rumin´are] *vt+vi* **1** ruminar. **2** *fig* maquinar, pensar muito.
ru.mo.re [rum´ore] *sm* **1** rumor, ruído, barulho. **2** boato. **3** cochicho, murmúrio de vozes.
ru.mo.reg.gia.re [rumoreddʒ´are] *vi* **1** rumorejar. **2** cochichar, murmurar. **3** protestar, reclamar.
ru.mo.ro.so [rumor´ozo] *agg* rumoroso, ruidoso, barulhento.
ruo.lo [r´wɔlo] *sm* **1** rol, lista. **2** pessoal, funcionários. **3** posto, cargo. **4** *Cin, Teat* papel.
ruo.ta [r´wɔta] *sf* roda. **far la ruota** a) voar em círculos. b) *iron* paquerar. **mettere i bastoni fra le ruote** *fig* criar obstáculos. **ruota della fortuna** a roda da fortuna. **ruota dentata** *Mecc* roda dentada. **ruota di ricambio/ruota di scorta** pneu sobressalente, estepe.
ruo.ta.re [rwot´are] *vt+vi* rodar, girar. *Var: rotare.*
ru.pe [r´upe] *sf Geogr* rochedo, penhasco.
ru.ra.le [rur´ale] *sm* camponês. • *agg* rural.
ru.scel.lo [ruʃ´ɛllo] *sm dim* córrego, regato.
rus.sa.re [russ´are] *vi* roncar, ressonar.
rus.so [r´usso] *sm+agg* russo.
ru.sti.co [r´ustiko] *sm* **1** rústico, camponês. **2** casa de campo. • *agg* **1** rústico, tosco. **2** camponês, agrícola. **3** rude, grosseiro.
rut.ta.re [rutt´are] *vt+vi volg* arrotar. **ruttare improperi** xingar. Veja nota em **arrotare**.
rut.to [r´utto] *sm volg* arroto.
ru.vi.dez.za [ruvid´ettsa] *sf* **1** aspereza. **2** *fig* rudez, grosseria, descortesia.
ru.vi.do [r´uvido] *agg* **1** áspero. **2** *fig* rude, grosseiro, descortês.
ruz.zo.la.re [ruttsol´are] *vi+vpr* rolar.
ruz.zo.lo.ne [ruttsol´one] *sm* **1** tombo, queda. **2** *fig* falência, bancarrota. **a ruzzoloni** *avv* rolando.

R

S

s [ˈɛsse] *sf* esse, a décima sétima letra do alfabeto italiano.

Em italiano, chama-se *s impura* a letra **s**, quando inicial de palavra e seguida de outra consoante, como em: **strada** "rua", **specchio** "espelho", **sbaglio** "erro", **scuola** "escola".

sa.ba.to [sˈabato] *sm* sábado. **di sabato** aos sábados. **Sabato di Alleluia** *Rel* Sábado de Aleluia.

sab.bia [sˈabbja] *sf* **1** areia. **2** **sabbie** *pl Med* cálculos, pedras. **sabbie mobili** areias movediças.

sab.bio.so [sabbˈjozo] *agg* arenoso.

sa.bo.tag.gio [sabotˈaddʒo] *sm* sabotagem.

sa.bo.ta.re [sabotˈare] *vt* sabotar.

sac.ca [sˈakka] *sf* **1** sacola, bolsa. **2** vala, buraco.

sac.ca.ri.na [sakkarˈina] *sf Chim* sacarina.

sac.cen.te [sattʃˈɛnte] *s+agg* **1** sabichão. **2** exibicionista, presunçoso.

sac.cheg.gia.re [sakkeddʒˈare] *vt* saquear, pilhar, roubar. **saccheggiare un autore** *fig* plagiar um autor.

sac.cheg.gio [sakkˈeddʒo] *sm* saque, pilhagem.

sac.co [sˈakko] *sm* **1** saco. **2** *fig* barriga. **3** monte, grande quantidade. **4** saque, roubo. **cogliere con le mani nel sacco** *fig* pegar com a boca na botija. **mettere a sacco** saquear. **sacco da montagna** mochila. **tornare con le pive nel sacco** *fig* voltar de mãos abanando.

Sacco tem dois plurais, um masculino, **i sacchi**, usado para indicar "sacos de pano, plástico, estopa ou papel"; e um feminino, **le sacca**, usado para indicar "sacos em geral, vazios" ou "sacos usados como unidade de medida". *dieci sacca di frumento* / dez sacos de trigo.

sa.cer.do.te [satʃerdˈɔte] *sm Rel* **1** sacerdote. **2** padre. **sommo sacerdote** sumo sacerdote.

sa.cer.do.tes.sa [satʃerdotˈessa] *sf Rel* sacerdotisa.

sa.cer.do.zio [satʃerdˈɔtsjo] *sm* **1** *Rel* sacerdócio. **2** *fig* apostolado, missão importante.

sa.cra.men.to [sakramˈento] *sm* **1** *Rel* sacramento. **2** *Lett* juramento.

sa.cra.re [sakrˈare] *vt* sagrar, consagrar.

sa.cri.fi.ca.re [sakrifikˈare] *vt* **1** sacrificar, imolar, oferecer em sacrifício. *vpr* **2** sacrificar-se.

sa.cri.fi.cio [sakrifˈitʃo] *sm* **1** sacrifício. **2** *fig* privação, renúncia.

sa.cri.le.gio [sakrilˈɛdʒo] *sm Rel* **1** sacrilégio. **2** profanação.

sa.cro [sˈakro] *agg* **1** sacro, sagrado. **2** *Anat* sacro.

sa.di.co [sˈadiko] *sm+agg* **1** sádico. **2** *fig* cruel.

sa.di.smo [sadˈizmo] *sm Psic* sadismo.

sa.et.ta [saˈetta] *sf Lett* **1** seta, flecha. **2** raio. **3** ponteiro de relógio. **4** *fig* moleque travesso.

sa.et.ta.re [saettˈare] *vt* **1** flechar. **2** arremessar, lançar. **3** *fig* atormentar, torturar. *vi* **4** relampejar. **5** correr como um relâmpago.

sa.fa.ri [safˈari] *sm* safári.

sa.ga [sˈaga] *sf* **1** bruxa, feiticeira. **2** *Poet* saga.

sa.ga.ce [sagˈatʃe] *agg* sagaz, perspicaz, astuto.

sa.ga.ci.tà [sagatʃit´a] *sf* sagacidade, perspicácia, astúcia.
sag.gia.re [saddʒ´are] *vt* experimentar, provar. *saggiare la propria intelligenza* / provar a própria inteligência. *saggiare un vino* / experimentar um vinho.
sag.gez.za [saddʒ´ettsa] *sf V saviezza.*
sag.gio [s´addʒo] *sm* **1** sábio. **2** ensaio, dissertação. **3** amostra. **4** experiência, experimento. • *agg* **1** sábio. **2** prudente, cauteloso.
sa.git.ta.rio [sadʒitt´arjo] *sm* **1** arqueiro. **2** **Sagittario** *Astron, Astrol* Sagitário.
sa.gre.sta.no [sagrest´ano] *sm Rel* sacristão.
sa.la [s´ala] *sf* sala. **sala da ballo** salão de baile. **sala da pranzo** sala de jantar. **sala da soggiorno** sala de estar. **sala di aspetto** sala de espera. **sala di udienza** *Giur* sala do tribunal. Veja nota em **classe**.
sa.la.man.dra [salam´andra] *sf Zool* salamandra.
sa.la.me [sal´ame] *sm* **1** salame. **2** *fig* tonto, bobo.
sa.la.mo.ia [salam´ɔja] *sf* salmoura.
sa.la.re [sal´are] *vt* salgar. **salare la scuola** *fig* cabular, matar aula.
sa.la.rio [sal´arjo] *sm* salário.
sa.las.sa.re [salass´are] *vt* **1** *Med* sangrar. **2** *fig* explorar, extorquir.
sa.las.so [sal´asso] *sm* **1** *Med* sangria. **2** *fig* roubo. **fare un salasso** tirar muito dinheiro.
sa.la.to [sal´ato] *agg* **1** salgado. **2** *fig* caro. **3** picante, mordaz, irônico.
sal.da.re [sald´are] *vt* **1** soldar. **2** *Med* cicatrizar. **3** *Comm* saldar, pagar.
sal.da.tu.ra [saldat´ura] *sf* **1** solda. **2** soldadura. **3** *Med* cicatrização. **4** sutura. Veja nota em **solda**.
sal.dez.za [sald´ettsa] *sf* **1** firmeza, estabilidade. **2** *fig* determinação, convicção.
sal.do [s´aldo] *sm Comm* saldo. • *agg* **1** compacto. **2** *fig* constante, estável. **3** são, robusto.
sa.le [s´ale] *sm* **1** sal. **2** *fig* astúcia, inteligência. **avere poco sale in zucca** *fig* ter um parafuso a menos. **restare di sale** ficar surpreso.
sa.lien.te [sal´jεnte] *agg* **1** saliente. **2** *fig* fundamental, importante.
sa.lie.ra [sal´jεra] *sf* saleiro.
sa.li.na [sal´ina] *sf* salina.
sa.li.re [sal´ire] *vt+vi* **1** subir. *salì in terrazza per la scala* / subiu ao terraço pela escada. **2** *fig* crescer, aumentar. *la febbre salì* / a febre aumentou.
sa.li.ta [sal´ita] *sf* **1** subida. **2** ladeira. **3** rampa.
sa.li.va [sal´iva] *sf Fisiol* saliva.
sa.li.va.re [saliv´are] *vi* salivar, produzir saliva.
sal.ma [s´alma] *sf* despojos, cadáver.
sal.ma.stro [salm´astro] *agg* salobre.
sal.mo [s´almo] *sm Rel* salmo.
sal.mo.ne [salm´one] *sm Zool* salmão.
sal.ni.tro [saln´itro] *sm Chim* salitre.
sa.lot.to [sal´ɔtto] *sm* sala de visitas.
sal.pa.re [salp´are] *vt+vi Naut* zarpar. **salpare l'ancora** levantar âncora.
sal.sa [s´alsa] *sf* molho. **salsa bianca** molho branco. **salsa di pomodoro** molho de tomate.
sal.sic.cia [sals´ittʃa] *sf* salsicha.
sal.so [s´also] *agg* **1** salgado. **2** salino.
sal.ta.re [salt´are] *vt* **1** saltar, pular. **2** omitir. *vi* **3** saltar, pular. **saltare agli occhi** saltar aos olhos, ser evidente. **saltare la mosca al naso** ficar irritado.
sal.tel.la.re [saltell´are] *vi* saltitar.
sal.tel.lo.ni [saltell´oni] *avv* aos saltos, aos pulos.
sal.tim.ban.co [saltimb´anko] *sm* **1** *Teat* saltimbanco. **2** *fig* fanfarrão, bagunceiro.
sal.to [s´alto] *sm* **1** salto, pulo. **2** *Geogr* salto, cascata. **far quattro salti** *fig* dançar um pouco. **in un salto** de um salto, num átimo. **salto con l'asta** *Sp* salto com vara. **salto mortale** salto-mortal. **salto nel buio** *fcm* tiro no escuro.
sa.lu.bre [sal´ubre] *agg* salubre, saudável, sadio.
sa.lu.ta.re [salut´are] *vt* **1** saudar, cumprimentar. **2** *Mil* bater continência. **3** *fig* aclamar. **4** acolher, receber alguém. *vpr* **5** cumprimentar-se. • *agg* salutar, saudável.
sa.lu.te [sal´ute] *sf* **1** saúde. **2** sanidade. **3** salvação, redenção. **alla salute!** à saúde! **salute!** saúde!
sa.lu.to [sal´uto] *sm* **1** saudação, cumprimento. **2** *fig* aclamação. **3** acolhida, rece-

S

bimento. **4** *Mil* continência. **tanti saluti!** minhas lembranças!
sal.va [s´alva] *sf Mil* salva. **una salva di applausi** *fig* uma salva de aplausos.
sal.va.gen.te [salvadʒ´ɛnte] *sm* salva-vidas, colete salva-vidas.
sal.va.guar.da.re [salvagward´are] *vt* **1** salvaguardar. **2** defender, proteger.
sal.va.re [salv´are] *vt* **1** salvar. **2** redimir. **3** guardar, economizar. **4** proteger, defender. *vpr* **5** salvar-se. **6** redimir-se. **salvare capra e cavoli** agradar a gregos e troianos. **salve!** salve!
sal.vez.za [salv´ettsa] *sf* **1** salvamento, salvação. **2** saúde. **3** *fig* redenção. **4** defesa, proteção.
sal.viet.ta [salv´jetta] *sf* guardanapo.
sal.vo [s´alvo] *agg* **1** salvo. **2** ileso, imune. • *prep* salvo, exceto, com exceção de. *sono venuti tutte, salvo Anna e Laura* / vieram todas, salvo Ana e Laura. • *sm* lugar seguro. **mettersi in salvo** colocar-se a salvo.
san [s´an] *agg V santo.*
sa.na.re [san´are] *vt* **1** sanar, curar. **2** *fig* reparar, remediar.
sa.na.to.rio [sanat´ɔrjo] *sm Med* sanatório.
san.da.lo [s´andalo] *sm* **1** sandália. **2** *Bot* sândalo.
san.gue [s´angwe] *sf* **1** sangue. **2** *fig* família, estirpe. **3** coragem, energia, fibra. **donatore di sangue** doador de sangue. **sangue blu** sangue azul, nobreza. **trasfusione di sangue** transfusão de sangue.
san.gui.gno [sang´wiño] *agg* **1** sanguíneo. **2** sangrento.
san.gui.na.re [sangwin´are] *vt* **1** ensanguentar. *vi* **2** sangrar.
san.gui.na.rio [sangwin´arjo] *agg* **1** sanguinário. **2** sádico, cruel.
san.gui.su.ga [sangwis´uga] *sf* **1** *Zool* sanguessuga. **2** *fig* parasita, aproveitador.
sa.ni.tà [sanit´a] *sf* sanidade, saúde.
sa.ni.ta.rio [sanit´arjo] *sm* médico. • *agg* sanitário. **ufficio sanitario** posto de saúde.
sa.no [s´ano] *agg* **1** são, sadio, saudável. **2** *fig* ileso. **3** honesto, íntegro.
san.ti.fi.ca.re [santifik´are] *vt* santificar, canonizar.
san.ti.tà [santit´a] *sf* santidade.
san.to [s´anto] *sm Rel* santo. • *agg* **1** santo. **2** sagrado, sacro. **3** divino, celestial. **4** *fig* honesto, íntegro. **avere qualche santo in Paradiso** *fig* ter alguém lá em cima ajudando. **Santo Padre** Santo Padre, o Papa.

Antes de nomes iniciados por consoante, usa-se **san**: *San Pietro* / São Pedro.

san.tu.a.rio [santu´arjo] *sm* santuário.
san.zio.na.re [santsjon´are] *vt Giur* sancionar, ratificar.
san.zio.ne [sants´jone] *sf Giur* **1** sanção. **2** aprovação. **3** pena, multa.
sa.pe.re [sap´ere] *sm* **1** saber. **2** ciência. **3** erudição. • *vt* **1** saber. *sai cosa significa questa parola?* / você sabe o que significa esta palavra? **2** conhecer. *lui sa molte lingue straniere* / ele sabe muitas línguas estrangeiras. **3** saber fazer. *lei non sa nuotare* / ela não sabe nadar. *vi* **4** ter gosto de. *questo sa di ciliegie* / isto tem gosto de cereja. **5** cheirar a. *quel profumo sa di rose* / aquele perfume cheira a rosas. **6** ser especialista.
sa.pien.te [sap´jɛnte] *sm* sábio. • *agg* **1** sabedor, conhecedor. **2** amestrado, adestrado (animal).
sa.pien.za [sap´jɛntsa] *sf* **1** sapiência, sabedoria. **2** cultura, erudição.
sa.po.ne [sap´one] *sm* sabão. **sapone da bucato** sabão para roupa. **sapone da** ***toilette*** sabonete. **sapone per barba** creme de barbear.
sa.po.net.ta [sapon´etta] *sf* sabonete.
sa.po.nie.ra [sapon´jɛra] *sf* saboneteira.
sa.po.re [sap´ore] *sm* **1** sabor, gosto. **2** *fig* gosto bom, delícia.
sa.po.ri.to [sapor´ito] *agg V saporoso.*
sa.po.ro.so [sapor´ozo] *agg* **1** saboroso, gostoso, delicioso. **2** *fig* picante, mordaz. *Sin: saporito.*
sa.pu.to [sap´uto] *part* sabido, conhecido. • *agg* **1** sábio. **2** conhecedor. **essere saputo di/in una cosa** ser especialista em alguma coisa.
sa.rac.co [sar´akko] *sm* serrote.
sar.ca.smo [sark´azmo] *sm* sarcasmo.
sar.ca.sti.co [sark´astiko] *agg* sarcástico, irônico.

sar.del.la [sard´ɛlla] *sf Zool V sardina.*
sar.di.na [sard´ina] *sf Zool* sardinha. *Sin: sardella.*
sar.ta [s´arta] *sf* costureira.
sar.to [s´arto] *sm* alfaiate.
sas.so [s´asso] *sm* **1** rocha, pedra. **2** pedregulho. **3** pico, cume. **cuore di sasso** coração de pedra. **rimanere di sasso** ficar petrificado, ficar apavorado.
sas.so.fo.no [sass´ɔfono] *sm Mus* saxofone.
sa.ta.na [s´atana] *sm Rel* satanás, satã, diabo.
sa.ta.ni.co [sat´aniko] *agg* satânico, diabólico.
sa.tel.li.te [sat´ɛllite] *sm Astron* satélite.
sa.ti.ra [s´atira] *sf Lett, fig* sátira.
sa.ti.reg.gia.re [satiredd3´are] *vt+vi* satirizar.
sa.ti.ri.co [sat´iriko] *agg* **1** satírico. **2** irônico, mordaz.
sa.tol.la.re [satoll´are] *vt* **1** saciar. *vpr* **2** saciar-se.
sa.tu.ra.re [satur´are] *vt* saturar.
sau.na [s´awna] *sf* sauna.
sa.viez.za [sav´jettsa] *sf* **1** sabedoria. **2** *fig* prudência, cautela. *Var: saggezza.*
sa.vio [s´avjo] *sm* sábio. • *agg* **1** sábio. **2** prudente, cauteloso.
sa.zia.re [sats´jare] *vt* **1** saciar, fartar, matar a fome de. **2** satisfazer. **3** *fig* nausear, enojar. **4** fartar, encher, cansar.
sa.zio [s´atsjo] *agg* **1** satisfeito, farto. **2** *fig* cansado, cheio, entediado. **sazio di** cansado de.
sba.da.to [zbad´ato] *agg* **1** desatento, distraído. **2** descuidado, desleixado.
sba.di.glia.re [zbadiʎ´are] *vi* bocejar.
sba.di.glio [zbad´iʎo] *sm* bocejo.
sba.glia.re [zbaʎ´are] *vt* **1** errar. *sbagliare il tiro, il calcolo* / errar o tiro, o cálculo. **2** trocar. *sbagliare l'indirizzo* / errar o endereço. *vi* **3** errar, enganar-se. *credo che sbagli a fare così* / creio que você se engana ao fazer assim. *sbagliando s'impara* / errando se aprende. *sbaglia nell'uso delle parole* / erra no uso das palavras. **sbagliare i conti/sbagliare i calcoli** *fig* julgar mal alguém. **sbagliare il passo** errar o passo. **sbagliare strada** a) pegar a estrada errada. b) *fig* não saber se comportar. **se non sbaglio** se não me engano.
sba.glio [zb´aʎo] *sm* **1** erro, engano. **2** descuido.
sbal.la.re [zball´are] *vt* **1** desembrulhar, desembalar. **2** *fig* mentir. *vi* **3** exceder-se, passar dos limites.
sbal.lo.ta.re [zballot´are] *vt* sacudir, balançar.
sba.lor.di.re [zbalord´ire] *vt* assombrar, maravilhar, aturdir.
sbal.za.re [zbalts´are] *vt* **1** lançar, jogar para longe. *vi* **2** pular, saltar.
sbal.zo [zb´altso] *sm* salto, pulo. **di sbalzo** de um salto, repentinamente.
sban.ca.re [zbank´are] *vt* desbancar (no jogo).
sban.da.re [zband´are] *vt* **1** debandar, dispersar. *vi* **2** *Autom* derrapar. **3** *Naut* inclinar-se. *vpr* **4** dispersar-se.
sba.ra.glia.re [zbaraʎ´are] *vt Mil* desbaratar, derrotar um exército.
sba.ra.glio [zbar´aʎo] *sm Mil* derrota, desbarate. **mettersi allo sbaraglio** aventurar-se, arriscar-se. **porre allo sbaraglio** colocar em perigo. **pronto a ogni sbaraglio** pronto para o que der e vier.
sba.raz.za.re [zbaratts´are] *vt* **1** desembaraçar, desimpedir. *vpr* **2** desembaraçar-se, livrar-se.
sbar.ca.re [zbark´are] *vt* **1** descarregar. *vi* **2** desembarcar.
sbar.co [zb´arko] *sm* **1** desembarque. **2** *fig* chegada. **3** cais, porto.
sbar.ra [zb´ar̄a] *sf* barra, trave. **sbarra per ginnastica** barra para ginástica.
sbar.ra.re [zbar̄´are] *vt* barrar, impedir. **sbarrare gli occhi** arregalar os olhos.
sbat.te.re [zb´attere] *vt* **1** bater. **2** agitar, sacudir. **3** jogar, arremessar. *vi* **4** bater (porta, janela, asa). *vpr* **5** debater-se, agitar-se. **sbattere la porta in faccia** bater a porta na cara.
sbat.tu.to [zbatt´uto] *agg* **1** batido. **2** agitado. **3** *fig* abatido. **4** deprimido, desmotivado.
sba.va.re [zbav´are] *vi* **1** babar. **2** *fig* desejar.
sbian.ca.re [zbjank´are] *vi* embranquecer.

sbie.co [zb'jɛko] *agg* **1** oblíquo, enviesado. **2** inclinado. **3** torto. **di sbieco** de soslaio, obliquamente.
sbi.got.ti.men.to [zbigottim'ento] *sm* desânimo, esmorecimento.
sbi.got.ti.re [zbigott'ire] *vt* **1** amedrontar, aterrorizar. *vpr* **2** desanimar, esmorecer.
sbi.lan.cia.re [zbilantʃ'are] *vt* **1** desequilibrar. **2** *fig* confundir. *vpr* **3** *fig* comprometer-se.
sbi.lan.cio [zbil'antʃo] *sm* **1** desequilíbrio. **2** *Comm* falência. **3** déficit.
sbir.ro [zb'iro] *sm ger* tira, policial.
sbloc.ca.re [zblokk'are] *vt* **1** desbloquear. **2** *fig* autorizar, permitir.
sboc.ca.re [zbokk'are] *vi* **1** desembocar, desaguar. *il fiume sbocca nel Mediterraneo* / o riu desemboca no Mediterrâneo. **2** dar em, sair em (rua). *la strada sbocca nella piazza centrale* / a rua dá na praça central. **3** transbordar.
sboc.ca.to [zbokk'ato] *agg* **1** desbeiçado, com a boca quebrada. **2** *fig* desbocado.
sboc.cia.re [zbottʃ'are] *vi* desabrochar, abrir-se.
sboc.co [zb'okko] *sm* **1** saída de uma rua. **2** *Geogr* foz, estuário, desembocadura de rio. **3** *Comm* saída, venda de mercadorias.
sbor.nia [zb'ɔrnja] *sf* bebedeira, porre. **prendere una sbornia** embebedar-se, tomar um porre.
sbor.niar.si [zborn'jarsi] *vpr* embebedar-se.
sbor.sa.re [zbors'are] *vt* **1** desembolsar. **2** pagar.
sbor.so [zb'orso] *sm* **1** desembolso. **2** pagamento.
sbot.ta.re [zbott'are] *vi* **1** explodir, estourar. **2** *fig* perder a calma, descontrolar-se.
sbot.to.na.re [zbotton'are] *vt* **1** desabotoar. *vpr* **2** despir-se. **3** *fig* abrir-se, fazer confidências.
sboz.za.re [zbotts'are] *vt* esboçar, delinear.
sboz.zo [zb'ottso] *sm* esboço, rascunho.
sbra.na.re [zbran'are] *vt* despedaçar, dilacerar.
sbri.cio.la.re [zbritʃol'are] *vt* esmigalhar, triturar, pulverizar.
sbri.ga.re [zbrig'are] *vt* **1** apressar. **2** concluir, terminar. *vpr* **3** apressar-se.
sbri.ga.ti.vo [zbrigat'ivo] *agg* **1** apressado, precipitado. **2** rápido, ligeiro. **3** ativo, esperto.
sbu.ca.re [zbuk'are] *vi* **1** sair. **2** dar, desembocar. **3** *fig* aparecer, surgir.
sbuc.cia.re [zbuttʃ'are] *vt* descascar.
sbu.del.la.re [zbudell'are] *vt* **1** estripar, destripar. **2** *fig* matar. *vpr* **3** usado na expressão **sbudellarsi dalle risa** rachar de rir.
sbuf.fa.re [zbuff'are] *vi* **1** bufar, refolegar. **2** enfurecer-se.
sbuf.fo [zb'uffo] *sm* **1** sopro. **2** rajada de vento.
scab.bia [sk'abbja] *sf Med* sarna.
scab.bio.so [skabb'jozo] *agg* sarnento.
sca.bro [sk'abro] *agg V scabroso.*
sca.bro.so [zkabr'ozo] *agg* **1** escabroso, áspero. **2** *fig* difícil, árduo. *Sin: scabro.*
scac.chie.ra [skakk'jɛra] *sf* tabuleiro de xadrez.
scac.cia.re [skattʃ'are] *vt* expulsar, enxotar.
scac.co [sk'akko] *sm* **1** xadrez (em tecido). **2** xeque (no jogo de xadrez). **3** *fig* dano, prejuízo. **4** fracasso, insucesso. **5** **gli scacchi** *pl* a) o xadrez (jogo). b) as peças do jogo. **dare scacco matto** a) dar xeque-mate. b) *fig* vencer, derrotar. **scacco matto** xeque-mate. **vedere il sole a scacchi** *fig* ver o sol nascer quadrado, estar preso.
sca.den.za [skad'ɛntsa] *sf* **1** *Comm* vencimento. **2** prazo, termo. **a breve scadenza** a curto prazo. **a lunga scadenza** a longo prazo.
sca.de.re [skad'ere] *vi* **1** decair, deteriorar--se. **2** perder o valor. **3** *Comm* vencer.
sca.di.men.to [skadim'ento] *sm* **1** decadência, declínio. **2** *Comm* desvalorização.
sca.fan.dro [skaf'andro] *sf* **1** *Naut* escafandro. **2** *Astron* traje espacial.
scaf.fa.le [skaff'ale] *sm* prateleira.
sca.fo [sk'afo] *sm Naut* casco de navio.
sca.gio.na.re [skadʒon'are] *vt* **1** desculpar. *vpr* **2** desculpar-se.

sca.glia [sk'aλa] *sf* **1** *Zool* escama. **2** *Min* lasca.
sca.glia.re [skaλ'are] *vt* **1** jogar, atirar, arremessar. **2** descamar (peixe). *vpr* **3** jogar-se, atirar-se.
sca.glio.la [skaλ'ɔla] *sf Bot* alpiste.
sca.glio.ne [skaλ'one] *sm* **1** degrau. **2** *Geogr* planalto. **3** *Mil* escalão.
sca.la [sk'ala] *sf* **1** escada. **2** escala, graduação. **scala a chiocciola** escada em caracol. **scala mobile** escada rolante.
sca.la.re [skal'are] *vt* **1** escalar, subir. **2** graduar, ordenar. **3** descontar.
sca.la.ta [skal'ata] *sf* escalada, subida.
scal.da.re [skald'are] *vt* **1** aquecer, esquentar. **2** *fig* animar. *vpr* **3** aquecer-se, esquentar-se. **4** *fig* animar-se. **5** enfurecer-se, irritar-se.
sca.le.no [skal'ɛno] *agg Geom* escaleno.
scal.fi.re [skalf'ire] *vt* arranhar.
scal.fi.tu.ra [skalfit'ura] *sf* arranhão.
sca.li.na.ta [skalin'ata] *sf* **1** lanço de escadas. **2** escadaria.
sca.li.no [skal'ino] *sm* degrau.
sca.lo [sk'alo] *sm* **1** *Naut* porto, cais, embarcadouro. **2** *Aeron* aeroporto. **3** *Comm* redução de preço. **4** *fig* escala, etapa.
sca.lo.gna [skal'oña] *sf fig pop* uruca, azar.
scal.pel.lo [skalp'ɛllo] *sm* **1** formão. **2** cinzel. **3** *fig* escultor.
scal.po.re [skalp'ore] *sm* **1** gritaria, barulho, discussão em voz alta. **2** *fig* escândalo, escarcéu, alvoroço. **fare scalpore** causar sensação.
scal.trez.za [skaltr'ettsa] *sf* esperteza, astúcia.
scal.tro [sk'altro] *agg* esperto, astuto.
scal.za.re [skalts'are] *vt* **1** descalçar. **2** *fig* expulsar. **3** depor, destituir. *vpr* **4** tirar os sapatos.
scal.zo [sk'altso] *agg* **1** descalço. **2** *fig* nu, despido.
scam.bia.re [skamb'jare] *vt* **1** trocar. *mi piacerebbe scambiare la macchina con una più moderna* / eu gostaria de trocar o carro por um mais moderno. **2** confundir (uma pessoa ou coisa com outra). *il cuoco scambiò il pollo per il tacchino* / o cozinheiro confundiu o frango com o peru. *ti ho scambiato per il tuo amico* / eu te confundi com o teu amigo. **3** inverter. **4** desviar (trem). **scambiare moneta** trocar moeda. *scambiare centomila lire* / trocar cem mil liras. Veja nota em **trocar**.
scam.bie.vo.le [skamb'jevole] *agg* recíproco, mútuo.
scam.bio [sk'ambjo] *sm* **1** troca. **2** desvio de ferrovia. **3** *Comm* comércio. **libero scambio** livre comércio (internacional).
scam.pa.gna.ta [skampañ'ata] *sf* passeio no campo.
scam.pa.na.re [skampan'are] *vi* repicar.
scam.pa.na.ta [skampan'ata] *sf* repique, toque dos sinos.
scam.pa.re [skamp'are] *vt* **1** livrar, salvar. *vi* **2** fugir. **3** livrar-se, salvar-se. **Dio ci scampi!** Deus nos livre!
scam.po [sk'ampo] *sm* **1** salvação, libertação. **2** fuga, escapada.
scam.po.lo [sk'ampolo] *sm* **1** *Comm* retalho de tecido. **2** *fig* resto, sobra.
scan.da.glia.re [skandaλ'are] *vt* **1** sondar. **2** *fig* examinar. **3** investigar.
scan.da.glio [skand'aλo] *sm* **1** sonda. **2** *fig* tentativa.
scan.da.liz.za.re [skandaliddz'are] *vt* **1** escandalizar. *vpr* **2** escandalizar-se.
scan.da.lo [sk'andalo] *sm* **1** escândalo, mau exemplo. **2** indignação. **3** tumulto, escarcéu.
scan.da.lo.so [skandal'ozo] *agg* escandaloso, vergonhoso, imoral.
scan.di.na.vo [skand'inavo] *sm+agg* escandinavo.
scan.na.re [skann'are] *vt* **1** degolar. **2** *fig* matar, assassinar. *vpr* **3** pegar-se, brigar.
scan.sa.fa.ti.che [skansafat'ike] *s* preguiçoso, vagabundo.
scan.sa.re [skans'are] *vt* **1** afastar. **2** evitar, esquivar-se de. *vpr* **3** afastar-se, distanciar-se.
scan.si.a [skans'ia] *sf* estante.
sca.pi.glia.re [skapiλ'are] *vt* emaranhar, desgrenhar (cabelos).
sca.pi.to [sk'apito] *sm* dano, prejuízo. **a scapito di** em detrimento de, com o prejuízo de.

sca.po.la [sk´apola] *sf Anat* omoplata.
sca.po.lo [sk´apolo] *sm+agg* solteiro.
scap.pa.re [skapp´are] *vi* escapar, sumir-se. *il ladro scappò di prigione* / o ladrão escapou da prisão.
scap.pa.ta [skapp´ata] *sf* **1** escapada. **2** passeio. **3** *pop* visitinha.
scap.pa.to.ia [skappat´oja] *sf* escapatória, pretexto, desculpa, subterfúgio.
sca.pric.ciar.si [skapritt∫´arsi] *vpr* satisfazer-se.
sca.ra.be.o [skarab´ɛo] *sm Zool* escaravelho.
sca.ra.boc.chia.re [skarabokk´jare] *vt* **1** rabiscar. **2** *fig disp* escrevinhar.
sca.ra.boc.chio [skarab´ɔkkjo] *sm* **1** garrancho, rabisco. **2** *fig disp* monstrengo, pessoa feia.
sca.rac.chia.re [skarakk´jare] *vi* escarrar, expectorar.
sca.rac.chio [skar´akkjo] *sm* escarro, expectoração.
sca.ra.fag.gio [skaraf´addʒo] *sm* barata.
sca.ra.muc.cia [skaram´utt∫a] *sf* **1** *Mil* escaramuça. **2** *fig* rixa.
scar.ce.ra.re [skart∫er´are] *vt* soltar, libertar (da cadeia).
sca.ri.ca [sk´arika] *sf* descarga. **scarica di ventre** ou apenas **scarica** diarreia.
sca.ri.ca.re [skarik´are] *vt* **1** descarregar. **2** evacuar, defecar. **3** *fig* liberar, aliviar. *vpr* **4** descarregar-se, perder a carga. **5** *fig* livrar-se, aliviar-se.
sca.ri.co [sk´ariko] *sm* **1** descarga. **2** alívio. **3** *Comm* saída de dinheiro, mercadorias. **4** *fig* desculpa, justificativa. • *agg* **1** descarregado. **2** *fig* alegre, despreocupado.
scar.lat.to [skarl´atto] *sm+agg* escarlate.
scar.na.re [skarn´are] *vt* **1** descarnar. *vpr* **2** emagrecer.
scar.no [sk´arno] *agg* **1** descarnado, magro. **2** *fig* pobre, miserável.
scar.pa [sk´arpa] *sf* sapato. **scarpa alta** sapato alto. **scarpa da montagna** bota de alpinismo.
scar.pa.ta [skarp´ata] *sf* **1** escarpa. **2** sapatada.
scar.seg.gia.re [skarseddʒ´are] *vi* escassear, rarear.
scar.sez.za [skars´ettsa] *sf* **1** escassez, raridade. **2** miséria, penúria. *Sin: scarsità.*
scar.si.tà [skarsit´a] *sf V scarsezza.*
scar.so [sk´arso] *agg* **1** escasso, raro. **2** insuficiente. **3** curto (roupa). **4** *fig* avarento, sovina.
scar.ta.re [skart´are] *vt* **1** descartar. **2** eliminar. **3** recusar, rejeitar. **4** *Mil* dispensar.
sca.te.na.re [skaten´are] *vt* **1** soltar, libertar (das correntes). **2** *fig* desencadear, provocar. *quella politica scatenò reazioni negative* / aquela política desencadeou reações negativas. *vpr* **3** soltar-se, libertar-se. **4** *fig* perder a cabeça. **5** desencadear-se. *si scatenò una tempesta* / desencadeou-se uma tempestade.
sca.to.la [sk´atola] *sf* **1** caixa. **2** lata, latinha. **rompere le scatole** *fam* encher a paciência.
scat.ta.re [skatt´are] *vi* **1** saltar, pular. **2** disparar. **3** *fig* perder o controle, enfurecer-se.
scat.to [sk´atto] *sm* **1** salto, pulo. **2** impulso, ímpeto. **3** explosão de raiva. **4** disparo. **a scatti** aos saltos. **di scatto** de repente, repentinamente.
sca.tu.ri.re [skatur´ire] *vi* **1** manar, brotar. **2** *fig* nascer, surgir.
sca.val.ca.re [skavalk´are] *vt* **1** pular por cima. **2** *fig* vencer, superar. *vi* **3** apear, desmontar do cavalo.
sca.va.re [skav´are] *vt* **1** escavar, cavar. **2** *fig* remexer, tocar em assuntos passados.
sca.va.tu.ra [skavat´ura] *sf* escavação.
sca.vo [sk´avo] *sm* **1** escavação. **2** fossa, cavidade. **scavo archeologico** sítio arqueológico.
sce.glie.re [∫´eλere] *vt* **1** escolher. **2** selecionar. **3** eleger. **4** preferir.
sce.ic.co [∫e´ikko] *sm* xeque, chefe árabe.
scel.le.ra.to [∫eller´ato] *agg* malvado, perverso.
scel.ta [∫´elta] *sf* **1** escolha. **2** seleção. **3** eleição, nomeação. **4** *fig* elite, nata. **a scelta** à escolha.
sce.ma.re [∫em´are] *vt* **1** diminuir, reduzir. **2** enfraquecer. *vi* **3** faltar. *vpr* **4** diminuir, reduzir-se.
sce.mo [∫´emo] *sm* imbecil, idiota. • *agg* **1** minguado, reduzido, diminuto. **2** *fig* imbecil, idiota.

scem.pio [ʃ´empjo] *agg* **1** simples, singelo. **2** *fig* simplório, tolo, inocente.
sce.na [ʃ´ɛna] *sf Teat* **1** cena, quadro. **2** palco. **3** cenário. **4** *fig* fato. **5** escândalo. **entrare in scena** entrar em cena. **mettere in scena** encenar.
sce.na.rio [ʃen´arjo] *sm Teat* cenário.
scen.de.re [ʃ´endere] *vt* **1** descer, abaixar. *vi* **2** descer. **3** cair, diminuir (preço, temperatura). **scendere ad un albergo** hospedar-se num hotel.
scen.di.let.to [ʃendil´ɛtto] *sm* tapete de beira de cama.
sce.neg.gia.re [ʃeneddʒ´are] *vt Teat* encenar, dramatizar.
sce.ni.co [ʃ´ɛniko] *agg Teat* cênico.
sce.rif.fo [ʃer´iffo] *sm* xerife.
sce.sa [ʃ´eza] *sf* **1** descida. **2** ladeira, declive.
scet.ti.co [ʃ´ɛttiko] *agg* **1** cético. **2** incrédulo.
scet.tro [ʃ´ɛttro] *sm* **1** cetro. **2** *fig* reino. **3** domínio.
sche.da [sk´ɛda] *sf* **1** ficha. **2** cartão. **3** formulário. **scheda elettorale** cédula eleitoral.
sche.da.rio [sked´arjo] *sm* fichário, catálogo.
scheg.gia [sk´eddʒa] *sf* **1** lasca. **2** estilhaço. **3** *fig* amostra.
scheg.gia.re [skeddʒ´are] *vt* **1** lascar. **2** estilhaçar.
sche.le.tri.co [skel´ɛtriko] *agg* **1** esquelético. **2** *fig* seco, muito magro. **3** inconsistente (texto).
sche.le.tro [sk´ɛletro] *sm* **1** *Anat* esqueleto. **2** *Naut, Aer* armação, carcaça. **3** *fig* esquema, esboço. **4** pessoa muito magra.
sche.ma [sk´ɛma] *sm* **1** esquema, esboço, modelo. **2** plano, projeto.
sche.ma.ti.co [skem´atiko] *agg* esquemático.
scher.ma [sk´erma] *sf Sp* esgrima.
scher.ma.re [skerm´are] *vt* amparar, proteger.
scher.mi.to.re [skermit´ore] *sm Sp* esgrimista, espadachim.
scher.mo [sk´ermo] *sm* **1** *Lett* amparo, proteção. **2** *Cin, TV* tela. **schermo televisivo** tela de televisão.
scher.ni.re [skern´ire] *vt* zombar de, gozar de.
scher.no [sk´erno] *sm* escárnio, zombaria.
scher.za.re [skerts´are] *vi* brincar, contar piadas. **scherzare col fuoco** brincar com fogo. **scherzare con la morte** brincar com a morte.
scher.zo [sk´ertso] *sm* **1** brincadeira. **2** gracejo. **3** gozação, zombaria. **4** *fig* besteira, ninharia. **da scherzo/per scherzo** por brincadeira, de gozação. **senza scherzi?** sem brincadeira? está falando sério?
scher.zo.so [skerts´ozo] *agg* **1** brincalhão. **2** alegre, divertido.
schiac.cia.no.ci [skjattʃan´otʃi] *sm* quebra-nozes.
schiac.cia.re [skjattʃ´are] *vt* **1** quebrar, romper. **2** achatar, amassar, esmagar. **3** *fig* derrotar.
schiaf.fo [sk´jaffo] *sm* **1** tapa, bofetada. **2** *fig* ofensa, insulto.
schia.maz.za.re [skjamatts´are] *vi* **1** cacarejar. **2** fazer barulho, falar alto.
schia.maz.zo [skjam´attso] *sm* **1** cacarejo. **2** barulheira, vozerio.
schian.ta.re [skjant´are] *vt* **1** romper, quebrar. **2** destroçar, dilacerar. *vpr* **3** romper-se, quebrar-se. **4** rachar. **5** explodir, estourar. **6** *fig* ruir, desabar. **schiantarsi il cuore** ficar de coração partido.
schia.ri.re [sk´jarire] *vt* **1** clarear. *vi* **2** clarear. **3** abrir, limpar (tempo). **4** acalmar-se (humor).
schia.vi.tù [skjavit´u] *sf* **1** escravidão. **2** *fig* submissão, dependência. **3** coação, constrangimento.
schia.vo [sk´javo] *sm+agg* **1** escravo. **2** *fig* prisioneiro, submisso. **3** coagido, constrangido.
schie.na [sk´jɛna] *sf Anat* dorso, costas.
schie.ra [sk´jɛra] *sf* **1** *Mil* fileira. **2** *fig* multidão, turma. **a schiera** em grupo.
schie.ra.re [skjer´are] *vt* **1** enfileirar. *vpr* **2** enfileirar-se. **schierarsi dalla parte di uno** juntar-se às fileiras de alguém, unir-se a uma pessoa.
schiet.tez.za [skjett´ettsa] *sf* **1** pureza, simplicidade. **2** *fig* sinceridade, franqueza.

S

schiet.to [sk´jɛtto] *agg* **1** puro, simples. **2** *fig* sincero, franco. **caffè schietto** café puro.
schi.fa.re [skif´are] *vt* **1** enojar, nausear. **2** desdenhar, desprezar.
schi.fo [sk´ifo] *sm* **1** nojo, náusea, repulsa. **2** vergonha, indecência. **far schifo** enojar.
schi.fo.so [skif´ozo] *agg* **1** nojento, repugnante, repulsivo. **2** vergonhoso, indecente.
schiop.po [sk´jɔppo] *sm* espingarda, carabina.
schiu.de.re [sk´judere] *vt* **1** entreabrir. *vpr* **2** abrir, desabrochar (flor).
schiu.ma [sk´juma] *sf* **1** espuma. **2** *fig* escória. **3** ralé, gentalha. **4** impureza, imundície.
schiu.ma.re [skjum´are] *vt* **1** tirar a espuma. *vi* **2** espumar, formar espuma. **3** *fig* enfurecer-se.
schi.va.re [skiv´are] *vt* **1** esquivar, evitar. *vpr* **2** esquivar-se, afastar-se, fugir.
schi.vo [sk´ivo] *agg* **1** esquivo. **2** tímido. **3** modesto.
schi.zo.fre.ni.co [skidzofr´ɛniko] *sm+agg* **1** *Psic* esquizofrênico. **2** *fig* louco. **3** nervoso, agitado.
schiz.za.re [skitts´are] *vt+vi* **1** esguichar, espirrar, jorrar. **2** esboçar. **3** manchar. **schizzare fuoco/schizzare veleno** *fig* soltar fumaça de raiva.
schiz.zo [sk´ittso] *sm* **1** esguicho. **2** esboço, rascunho. **3** mancha.
sci [ʃ´i] *sm Sp* esqui. **sci d'acqua** esqui aquático.
scia.bo.la [ʃ´abola] *sf Mil* sabre.
scia.cal.lo [ʃak´allo] *sm Zool* chacal.
scia.gu.ra [ʃag´ura] *sf* **1** desgraça, infortúnio. **2** calamidade, catástrofe.
scia.gu.ra.to [ʃagur´ato] *agg* **1** malvado, perverso. **2** infeliz, miserável.
scia.lac.qua.re [ʃalakk´ware] *vt* esbanjar, desperdiçar.
scia.lac.quo [ʃal´akkwo] *sm* desperdício, esbanjamento.
scia.la.re [ʃal´are] *vi* **1** viver com fartura. **2** esbanjar, desperdiçar.
scial.bo [ʃ´albo] *agg* **1** pálido, apagado. **2** *fig* banal, sem graça, insignificante.
scial.le [ʃ´alle] *sm* xale.
scia.lo [ʃ´alo] *sm* **1** desperdício. **2** luxo, ostentação.
scia.me [ʃ´ame] *sm* **1** enxame. **2** *fig* enxame, multidão.
sciam.pa.gna [ʃamp´aña] *sf* champanha.
scia.po [ʃ´apo] *agg* insípido, insosso, sem gosto.
scia.ra.da [ʃar´ada] *sf* **1** charada. **2** *fig* enigma.
sci.a.re [ʃi´are] *vi* esquiar.
sciar.pa [ʃ´arpa] *sf* cachecol.
sci.a.to.re [ʃiat´ore] *sm* esquiador.
sciat.tag.gi.ne [ʃatt´addʒine] *sf* desleixo, desmazelo, negligência.
sciat.to [ʃ´atto] *agg* desleixado, desmazelado.
scien.te [ʃ´ɛnte] *agg* ciente, consciente, sabedor.
scien.ti.fi.co [ʃent´ifiko] *agg* científico.
scien.za [ʃ´ɛntsa] *sf* **1** ciência. **2** conhecimento. **3** *fig* matéria, disciplina. **arca di scienza/pozzo di scienza** poço de conhecimento, pessoa muito culta.
scien.zia.to [ʃents´jato] *sm* cientista, estudioso.
scim.mia [ʃ´immja] *sf* macaco.
scim.pan.zé [ʃimpandz´e] *sm* chimpanzé.
sci.mu.ni.to [ʃimun´ito] *sm+agg* idiota, bobo.
scin.til.la [ʃint´illa] *sf* **1** centelha, faísca, fagulha. **2** *fig* inspiração.
scin.til.la.re [ʃintill´are] *vi* **1** cintilar. **2** faiscar.
scioc.chez.za [ʃokk´ettsa] *sf* **1** bobeira, tolice. **2** ninharia.
scioc.co [ʃ´ɔkko] *sm* bobo, tolo. • *agg* **1** insípido, sem gosto. **2** bobo, tolo, simplório.
scio.glie.re [ʃ´ɔʎere] *vt* **1** soltar: a) desatar, desligar. *sciogliere un nodo* / desatar um nó. b) libertar. *sciogliere il cane dal guinzaglio* / libertar o cão da corrente. **2** liberar, absolver, isentar. *sciogliere il prigioniero* / liberar o prisioneiro. **3** dissolver, desmanchar, diluir. *i direttori sciolsero l'assemblea* / os diretores dissolveram a assembleia. *sciogliere una pastiglia in acqua* / diluir uma pastilha na água. **4** fundir, derreter, liquefazer.

il sole scioglie la neve / o sol derrete a neve. **5** desvendar. *sciogliere un mistero* / desvendar um mistério. *vpr* **6** soltar-se, libertar-se, livrar-se. **7** fundir-se. **8** dissolver-se, desmanchar-se. **sciogliere i muscoli** relaxar os músculos. **sciogliere una bandiera** desfraldar uma bandeira. **sciogliersi in pianto** derramar-se em prantos. *Var: disciogliere.*

scio.gli.men.to [ʃoλim´ento] *sm* **1** dissolução. **2** derretimento, liquefação. **3** desfecho, desenlace de um romance. **4** *Med* diarreia.

sciol.ta [ʃ´ɔlta] *sf pop* disenteria, diarreia.

sciol.tez.za [ʃolt´ettsa] *sf* **1** franqueza. **2** agilidade, destreza. **3** *fig* desenvoltura.

sciol.to [ʃ´ɔlto] *agg* **1** solto, livre. **2** ágil, destro. **3** *fig* desenvolto.

scio.pe.ra.re [ʃoper´are] *vi* fazer greve.

scio.pe.ro [ʃ´ɔpero] *sm* greve. **sciopero della fame** greve de fome.

scio.ri.na.re [ʃorin´are] *vt* **1** estender, distender. **2** *fig* exibir, mostrar. **3** listar, enumerar.

sci.pi.to [ʃip´ito] *agg* **1** insípido. **2** *fig* bobo.

sci.rop.po [ʃir´ɔppo] *sm Med* xarope.

scis.sio.ne [ʃiss´jone] *sf* cisão, divisão.

scis.so [ʃ´isso] *agg* **1** separado, dividido. **2** avulso.

sciu.pa.re [ʃup´are] *vt* **1** estragar, danificar. **2** esbanjar. *vpr* **3** estragar-se, danificar-se.

sci.vo.la.re [ʃivol´are] *vi* **1** deslizar, escorregar. **2** *fig* escapar, fugir. **3** mudar de assunto.

sci.vo.lo.so [ʃivol´ozo] *agg* **1** escorregadio. **2** liso. **3** viscoso.

scle.ro.si [skler´ozi] *sf Med* esclerose.

scoc.ca.re [skokk´are] *vt* **1** atirar, disparar. *scoccare freccie* / atirar flechas. *vi* **2** atirar, disparar. **3** *fig* bater, dar (horas). *scoccarono le due al campanario della chiesa* / bateram duas horas no campanário da igreja. **4** começar.

sco.del.la [skod´ɛlla] *sf* tigela, terrina.

sco.glio [sk´ɔλo] *sm* **1** *Geogr* recife, escolho. **2** *fig* obstáculo, impedimento.

sco.iat.to.lo [sko´jattolo] *sm Zool* esquilo.

sco.la.re[1] [skol´are] *vt* **1** coar. *vi* **2** escoar, escorrer, pingar.

sco.la.re[2] [skol´are] *sm V scolaro.*

sco.la.ro [skol´aro] *sm* **1** aluno, estudante. **2** discípulo. *Var: scolare.* Veja nota em **aluno**.

sco.la.to.io [skolat´ojo] *sm* escoadouro.

scol.la.re [skoll´are] *vt* **1** descolar, desgrudar. **2** decotar. *vpr* **3** descolar-se, desprender-se. **4** usar decote.

scol.la.to [skoll´ato] *sm* decote. • *agg* **1** descolado, despregado. **2** decotado.

sco.lo [sk´olo] *sm* **1** escoamento. **2** *ger* gonorreia.

sco.lo.ri.re [skolor´ire] *vt* **1** descolorir, descorar. *vi* **2** desbotar. **3** *fig* empalidecer.

scol.pa.re [skolp´are] *vt* **1** desculpar. *vpr* **2** desculpar-se, justificar-se.

scol.pi.re [skolp´ire] *vt* **1** esculpir. **2** gravar, entalhar. **3** *fig* impressionar. **4** destacar, realçar.

scol.ta [sk´olta] *sf Poet* escolta, guarda. **fare la scolta** escoltar.

scol.tel.la.re [skoltell´are] *vt* **1** esfaquear. *vpr* **2** cortar-se com faca.

scom.bi.na.re [skombin´are] *vt* **1** confundir, desordenar. **2** desmentir, anular.

scom.mes.sa [skomm´essa] *sf* aposta.

scom.met.te.re [skomm´ettere] *vt* **1** apostar. **2** desconjuntar, desconectar. *vpr* **3** desconjuntar-se, desconectar-se.

sco.mo.da.re [skomod´are] *vt+vpr V incomodare.*

sco.mo.do [sk´ɔmodo] *sm+agg V incomodo.*

scom.pa.ri.re [skompar´ire] *vi* **1** desaparecer. **2** *fig* morrer, falecer.

scom.par.sa [skomp´arsa] *sf* **1** desaparecimento. **2** *fig* morte, falecimento.

scom.par.ti.men.to [skompartim´ento] *sm* **1** compartimento. **2** partilha. **3** seção, repartição. **scompartimento per fumatori** sala reservada para fumantes.

scom.par.ti.re [skompart´ire] *vt* **1** repartir, partilhar. **2** separar, dividir.

scom.pi.glia.re [skompiλ´are] *vt* **1** desorganizar, desordenar. **2** confundir.

scom.pi.glio [skomp´iλo] *sm* **1** confusão, desordem, bagunça. **2** perturbação, distúrbio.

S

scom.po.si.zio.ne [skompozits'jone] *sf* decomposição.

scom.por.re [skomp'oře] *vt* **1** decompor, desfazer. *vpr* **2** decompor-se, desfazer-se. **3** *fig* enfurecer-se, perder a calma.

scom.po.sto [skomp'osto] *agg* **1** decomposto. **2** *fig* desalinhado. **3** indecente.

sco.mu.ni.ca [skom'unika] *sf Rel* excomunhão.

sco.mu.ni.ca.re [skomunik'are] *vt Rel* excomungar.

scon.cer.ta.re [skontʃert'are] *vt* **1** desconcertar, perturbar, desnortear. **2** bagunçar, desordenar. *vpr* **3** desconcertar-se, desarranjar-se.

scon.cer.to [skontʃ'ɛrto] *sm* **1** desarranjo. **2** desordem, perturbação. **3** *Med* desarranjo.

scon.cez.za [skontʃ'ettsa] *sf* **1** indecência, vergonha, obscenidade. **2** feiúra, repugnância.

scon.cio [sk'ontʃo] *agg* **1** inconveniente, impróprio. *atti sconci* / atos inconvenientes. **2** nojento, repugnante, disforme. **3** feio. *una casa sconcia* / uma casa feia. **4** imoral, indecente, vergonhoso. *persona sconcia, parole sconcie* / pessoa imoral, palavras indecentes. **5** luxado (pé).

scon.clu.sio.na.to [skonkluzjon'ato] *agg* incoerente, ilógico, insensato.

scon.fes.sa.re [skonfess'are] *vt* **1** desmentir, negar. *sconfessare la propria fede* / negar a própria fé. **2** desaprovar, invalidar, repudiar.

scon.fig.ge.re [skonf'iddʒere] *vt* vencer, derrotar.

scon.fi.na.re [skonfin'are] *vi* **1** passar a fronteira. **2** *fig* passar dos limites, exceder-se.

scon.fi.na.to [skonfin'ato] *agg* **1** ilimitado, infinito. **2** enorme, imenso.

scon.fit.ta [skonf'itta] *sf* **1** derrota. **2** *fig* fracasso, insucesso. **3** falência, ruína.

scon.for.to [skonf'ɔrto] *sm* desânimo, desolação.

scon.nes.so [skonn'ɛsso] *agg* **1** desconexo, desconjuntado. **2** *fig* incoerente. **3** confuso, caótico.

scon.net.te.re [skonn'ɛttere] *vt* **1** desconectar, desconjuntar. **2** desunir. *vi* **3** *fig* falar ou escrever coisas sem nexo.

sco.no.sce.re [skon'oʃere] *vt* **1** desconhecer. **2** ignorar. *vi* **3** desconhecer, ser ingrato. *Var: disconoscere.*

sco.no.sciu.to [skonoʃ'uto] *sm* desconhecido. • *agg* **1** desconhecido. **2** *fig* anônimo, obscuro. **3** inexplorado, virgem (território).

scon.si.de.ra.tez.za [skonsiderat'ettsa] *sf* imprudência, insensatez.

scon.si.de.ra.to [skonsider'ato] *agg* imprudente, insensato, incauto.

scon.si.glia.re [skonsiλ'are] *vt* **1** desaconselhar. **2** desencorajar, dissuadir.

scon.so.la.re [skonsol'are] *vt* desconsolar, entristecer, afligir.

scon.ta.re [skont'are] *vt Comm* **1** descontar. **2** deduzir. **scontare la pena** cumprir a pena.

scon.ten.ta.re [skontent'are] *vt* descontentar, desagradar, desgostar.

scon.ten.tez.za [skontent'ettsa] *sf* descontentamento, desgosto.

scon.ten.to [skont'ɛnto] *sm* descontentamento, desgosto. • *agg* descontente, desgostoso, insatisfeito, frustrado.

scon.to [sk'onto] *sm Comm* desconto.

scon.tra.re [skontr'are] *vt* **1** bater, colidir com, chocar-se com. *scontrò la macchina con un autocarro* / bateu o carro num caminhão. **2** *Comm* bater, verificar as contas. *vpr* **3** encontrar, encontrar-se com. **4** *fig* confrontar-se, combater. *scontrarsi con l'avversario* / confrontar-se com o adversário. **5** discutir, discordar.

scon.tri.no [skontr'ino] *sm dim Comm* recibo, canhoto.

scon.tro [sk'ontro] *sm* **1** batida, colisão. **2** *fig* combate, batalha. **3** discussão, bate-boca.

scon.ve.nien.te [skonven'jɛnte] *agg* **1** inconveniente, inoportuno. **2** descortês, mal-educado.

scon.ve.nien.za [skonven'jɛntsa] *sf* **1** inconveniência. **2** descortesia, grosseria.

scon.vol.ge.re [skonv'ɔldʒere] *vt* **1** remexer, agitar. **2** desorganizar, bagunçar. **3** subverter.

sco.pa [sk´opa] *sf* vassoura.
sco.pa.re [skop´are] *vt* **1** varrer. **2** *ger* transar com.
sco.per.ta [skop´ɛrta] *sf* descoberta, descobrimento.
sco.per.to [skop´ɛrto] *agg* **1** descoberto. **2** *fig* indefeso, desprotegido. **3** evidente, patente. **allo scoperto** *Comm* sem cobertura.
sco.po [sk´ɔpo] *sm* **1** escopo, fim, propósito, intento. **2** *Mil* alvo. **3** mira. **a tale scopo** para este fim. Veja nota em **fim**.
scop.pia.re [skopp´jare] *vi* **1** explodir, estourar. **2** *fig* descontrolar-se, perder o controle.
scop.piet.ta.re [skoppjett´are] *vi* crepitar, estalar.
scop.pio [sk´ɔppjo] *sm* crepitação, estalo.
sco.pri.men.to [skoprim´ento] *sm* descobrimento.
sco.pri.re [skopr´ire] *vt* **1** descobrir: a) tirar a cobertura de. *scoprire un tegame* / descobrir a caçarola. b) vir a saber de. *il poliziotto scoprì la verità* / o policial descobriu a verdade. *scoprire una sostanza chimica* / descobrir uma substância química. **2** *fig* deixar indefeso. *vpr* **3** revelar-se, expor-se. **4** ficar indefeso. **5** despir-se. *lei si scoprì per prendere un bagno* / ela se despiu para tomar banho.
sco.rag.gia.re [skoraddʒ´are] *vt* **1** desencorajar, desanimar. *vpr* **2** perder a coragem, desanimar-se, esmorecer.
scor.cia.men.to [skortʃam´ento] *sm* **1** encurtamento, diminuição. **2** encolhimento.
scor.cia.re [skortʃ´are] *vt* **1** encurtar, diminuir. **2** cortar (cabelos). *vpr* **3** encurtar, diminuir.
scor.cio [sk´ortʃo] *sm* **1** tempo que resta. **2** *fig* ponto de vista. **di scorcio** a) de lado. b) de esguelha.
scor.da.re [skord´are] *vt* **1** esquecer. **2** *fig* perdoar. *vi* **3** *Mus* desafinar. *vpr* **4** esquecer-se.
scor.ge.re [sk´ɔrdʒere] *vt* **1** avistar, ver de longe. **2** entrever. **3** discernir, distinguir.
sco.ria [sk´ɔrja] *sf* **1** escória (dos metais). **2** **scorie** *pl* restos, sobras.

Não se usa **scoria**, em italiano, com o sentido de “ralé”, “gentalha”. Nesse sentido, usa-se **gentaglia**, **popolaccio**.

scor.pio.ne [skorp´jone] *sf* **1** escorpião. **2** **Scorpione** *Astron, Astrol* Escorpião.
scor.re.re [sk´or̄ere] *vt* **1** saquear, devastar. **2** percorrer. **3** ler rapidamente. *scorrere un testo* / ler rapidamente um texto. *vi* **4** deslizar, correr. **5** escorrer, fluir. *l'acqua scorreva dal rubinetto* / a água escorria da torneira. **6** passar, transcorrer. *gli anni scorrono presto* / os anos passam rápido.
scor.re.ri.a [skor̄er´ia] *sf Mil* incursão, ataque.
scor.ret.to [skor̄´ɛtto] *agg* **1** incorreto, errado, inexato. **2** *fig* mal-educado, indelicado, descortês.
scor.re.vo.le [skor̄´evole] *agg* **1** corrente, fluente, fluido. **2** ágil, desenvolto.
scor.sa [sk´orsa] *sf* **1** olhada. **2** passeio rápido.
scor.ta [sk´ɔrta] *sf* **1** escolta. **2** guarda-costas. **3** provisão, reserva.
scor.ta.re [skort´are] *vt* escoltar.
scor.te.se [skort´eze] *agg* descortês, indelicado.
scor.te.si.a [skortez´ia] *sf* descortesia, indelicadeza, grosseria.
scor.ti.ca.re [skortik´are] *vt* **1** esfolar. **2** tirar a pele de. **3** escoriar, arranhar. **4** descascar. *vpr* **5** esfolar-se, arranhar-se.
scor.za [sk´ɔrtsa] *sf* **1** cortiça, casca de árvore. **2** casca de fruta. **3** pele de cobra. **4** cascão, sujeira. **5** *fig* aparência, fachada.
scos.sa [sk´ɔssa] *sf* **1** sacudida, sacudidela. **2** solavanco. **3** *fig* susto, choque, sobressalto. **scossa elettrica** choque elétrico.
scos.so [sk´ɔsso] *agg* **1** sacudido. **2** *fig* assustado, chocado. **3** impressionado.
sco.sta.re [skost´are] *vt* **1** afastar, separar. **2** remover, tirar. *vpr* **3** afastar-se, retirar-se.
sco.stu.ma.tez.za [skostumat´ettsa] *sf* desregramento, devassidão, libertinagem.
sco.stu.ma.to [skostum´ato] *agg* **1** desregrado, devasso, imoral, libertino. **2** malcriado, grosso.
scot.ta.re [skott´are] *vt* **1** queimar. **2** escaldar. **3** *fig* ofender, agredir. *vi* **4** queimar, estar muito quente. *vpr* **5** queimar-se. **6** *fig* ofender-se.

S

scot.ta.tu.ra [skottat´ura] *sf* queimadura. **scottatura di primo grado** queimadura de primeiro grau.

scoz.za.re [skotts´are] *vt* embaralhar. Veja nota em **embaralhar**.

Scozzare é usado apenas no sentido de "embaralhar cartas de jogo". No sentido de "misturar", usa-se **accozzare, mescolare** etc.

scoz.ze.se [skotts´eze] *s+agg* escocês.

scre.an.za.to [skreants´ato] *agg* malcriado, mal-educado, indelicado.

scre.di.ta.re [skredit´are] *vt* desacreditar, difamar.

scre.di.to [skr´ɛdito] *sm* descrédito, má fama.

scric.chio.la.re [skrikkjol´are] *vi* ranger.

scric.chio.li.o [skrikkjol´io] *sm* **1** rangido. **2** *Med* chiadeira (dos pulmões).

scri.gno [skr´iño] *sm* arca, cofre.

scrit.ta [skr´itta] *sf* **1** escrita. **2** inscrição. **3** cartaz. **4** *Comm* contrato.

scrit.to [skr´itto] *sm* **1** escrito. **2** *fig* carta. **3** livro, texto, composição. **4** anotação. **5** documento. • *agg* escrito.

scrit.to.io [skritt´ojo] *sm* escrivaninha.

scrit.to.re [skritt´ore] *sm* escritor.

scrit.tu.ra [skritt´ura] *sf* **1** escrita, grafia, modo de escrever. **2** *Giur* escritura, contrato. **3** *Comm* registro. **4** escrituração, escrita contábil. Veja nota em **registro** (português).

scrit.tu.ra.re [skrittur´are] *vt Contab* escriturar.

scri.va.ni.a [skrivan´ia] *sf* escrivaninha.

scri.va.no [skriv´ano] *sm* escrivão.

scri.ven.te [skriv´ɛnte] *s* escrevente.

scri.ve.re [skr´ivere] *vt* **1** escrever. **2** anotar, registrar. *vpr* **3** inscrever-se.

scro.fa [skr´ɔfa] *sf* porca.

scrol.la.re [skroll´are] *vt* **1** sacudir, agitar. **2** *fig* acordar. *vpr* **3** sacudir-se. **4** *fig* acordar.

scrol.la.ta [skroll´ata] *sf* sacudida, sacudidela.

scro.scia.re [skroʃ´are] *vi* **1** rumorejar (água). **2** chover torrencialmente. **3** borbulhar, ferver. **4** ranger (sapatos).

scro.scio [skr´ɔʃo] *sm* **1** rumor, rumorejo (de água). **2** aguaceiro, chuvarada.

scro.to [skr´ɔto] *sm Anat* escroto.

scru.po.lo [skr´upolo] *sm* **1** escrúpulo. **2** hesitação, dúvida. **3** honestidade. **4** *fig* meticulosidade.

scru.po.lo.so [skrupol´ozo] *agg* **1** escrupuloso. **2** honesto. **3** *fig* consciencioso, meticuloso.

scru.ti.nio [skrut´injo] *sm* escrutínio, apuração.

scu.ci.re [skutʃ´ire] *vt* **1** descosturar. **2** *fig* pagar, desembolsar. **3** extorquir.

scu.de.ri.a [skuder´ia] *sf St, Sp* escuderia.

scu.die.ro [skud´jɛro] *sm St* escudeiro, pajem.

scu.di.scio [skud´iʃo] *sm* chicote, chibata.

scu.do [sk´udo] *sm* **1** escudo. **2** *fig* proteção.

scu.gniz.zo [skuñ´ittso] *sm ger* moleque, menino travesso.

scul.to.re [skult´ore] *sm* escultor.

scul.tu.ra [skult´ura] *sf* escultura.

scuo.la [sk´wɔla] *sf* **1** escola. **2** *fig* ensinamento. **scuola elementare** escola primária. **scuola media/scuola secondaria** escola secundária.

scuo.te.re [sk´wɔtere] *vt* **1** sacudir, agitar. **2** *fig* impressionar, emocionar, abalar, chocar.

scu.re [sk´ure] *sf* machado.

scu.ri.re [skur´ire] *vt, vi+vpr* escurecer.

scu.ri.tà [skurit´a] *sf* **1** escuridão. **2** trevas.

scu.ro [sk´uro] *sm* **1** escuro, escuridão. **2** veneziana. • *agg* **1** escuro. **2** obscuro. **3** triste (futuro).

scu.sa [sk´uza] *sf* **1** desculpa. **2** pretexto, evasiva.

scu.sa.re [skuz´are] *vt* **1** desculpar, perdoar. *vpr* **2** desculpar-se.

sde.gna.re [zdeñ´are] *vt* **1** desdenhar, desprezar. *vpr* **2** irritar-se, enfurecer-se.

sde.gno [zd´eño] *sm* **1** desdém, desprezo. **2** indignação. **3** raiva, ira.

sde.gno.so [zdeñ´ozo] *agg* **1** desdenhoso. **2** arrogante, orgulhoso.

sdo.ga.na.re [zdogan´are] *vt Comm* desembaraçar (na alfândega).

sdop.pia.men.to [zdoppjam´ento] *sm* desdobramento.

sdop.pia.re [zdopp´jare] *vt* desdobrar.

sdra.ia.re [zdra´jare] *vt* **1** deitar. *i medici sdraiarono il malato sul letto* / os médicos deitaram o doente na cama. *vpr* **2** deitar-se. *sdraiarsi per terra* / deitar-se no chão. *si è sdraiato sul sofà* / ele se deitou no sofá. **3** espreguiçar-se.

sdra.io [zdr´ajo] *sm* usado apenas nas expressões: **a sdraio** deitado. **mettersi a sdraio** deitar-se. **stare a sdraio** estar deitado.

sdruc.cio.la.re [zdruttʃol´are] *vi* **1** escorregar. **2** vir abaixo, ruir.

sdruc.cio.le.vo.le [zdruttʃol´evole] *agg* **1** escorregadio. **2** *fig* perigoso.

sdruc.cio.lo.ne [zdruttʃol´one] *sm aum* escorregão, tombo. **sdruccioloni** escorregando.

se [s´e] *pron sing+pl* se. • *cong* se, caso. • *sm fam* dúvida. **se mai** se for o caso. **se non altro** pelo menos.

A forma **se** do pronome é usada quando precede imediatamente os pronomes **lo, la, li, le, ne**. Quando não há nenhum desses pronomes, usa-se **si**. Compare os exemplos seguintes: a) *Carlo si comprò delle penne* / Carlo comprou para si mesmo umas canetas. b) *Carlo se le comprò* / Carlo as comprou para si mesmo.

sé [s´e] *pron sing+pl* si. **con sé** consigo. **da sé** sozinho, por si só. **essere pieno di sé** estar cheio de si. **fra sé** consigo mesmo.

O pronome **sé** vale tanto para o masculino quanto para o feminino, quando o objeto e o sujeito do verbo são a mesma pessoa. É usado: a) como objeto direto do verbo: *Maria vede sé* / Maria vê a si mesma. b) depois de preposições e alguns advérbios: *lui pensa a sé* / ele pensa em si mesmo.
Quando acompanha o adjetivo **stesso**, "mesmo", é escrito sem o acento: **se stesso** si mesmo. **se stessa** si mesma.

seb.be.ne [sebb´ɛne] *cong* se bem que, embora.

se.bor.re.a [sebor̄´ɛa] *sf Med* seborreia.

sec.can.te [sekk´ante] *s+agg* **1** maçante, aborrecido. **2** *pop* chato.

sec.ca.re [sekk´are] *vt* **1** secar, enxugar. **2** esvaziar. **3** esgotar, exaurir. **4** *fig* aborrecer, importunar. **5** *pop* encher. *vpr* **6** secar-se, enxugar-se. **7** *fig* aborrecer-se, importunar-se. **8** *pop* encher-se.

sec.chez.za [sekk´ettsa] *sf* **1** secura. **2** *fig* fraqueza, magreza.

sec.chia [s´ekkja] *sf* balde de poço. **piovere a secchie** chover a cântaros.

sec.chio [s´ekkjo] *sm* balde comum.

sec.co [s´ekko] *agg* **1** seco. **2** enxuto. **3** magro, ressecado. **4** *fig* duro, frio, severo. • *sm* seca, aridez. **carne secca** carne-seca. **dare in secco** *Naut* encalhar. **essere al secco** não ter recursos. **risposta secca** resposta definitiva. **tosse secca** tosse seca.

se.co.la.re [sekol´are] *agg* **1** secular. **2** mundano, temporal, laico. **3** *fig* milenar, centenário.

se.co.lo [s´ɛkolo] *sm* **1** século. **2** *fig* época, era.

se.con.da.re [sekond´are] *vt* ajudar, auxiliar. *Var: assecondare.*

se.con.da.rio [sekond´arjo] *agg* **1** secundário. **2** auxiliar, complementar.

se.con.do [sek´ondo] *sm* **1** segundo (de tempo, grau). **2** ajudante, assistente. **3** padrinho num duelo. **4** *Naut* segundo em comando. **5** *fig* instante, minutinho. *aspetta un secondo, per favore* / espere um instante, por favor. • *num* segundo. • *agg fig* **1** secundário, complementar. **2** inferior, menor. • *prep* segundo, conforme, de acordo com. *secondo la legge, sei sbagliato* / segundo a lei, você está errado. **di secondo** a) em segundo lugar. b) como segundo prato. *vorrei filetto di pesce di secondo* / gostaria de filé de peixe como segundo prato. **seconda velocità** ou apenas **seconda** *Autom* segunda marcha.

se.cre.zio.ne [sekrets´jone] *sf Fisiol* secreção.

se.da.no [s´edano] *sm Bot* aipo.

se.da.re [sed´are] *vt Lett* sedar, acalmar.

se.da.ti.vo [sedat´ivo] *sm+agg Med* sedativo.

se.de [s´ɛde] *sf* **1** sede, matriz. **2** residência, domicílio. **3** encaixe de uma peça. **4** *Med* foco. **5** *Rel* sé. **la Santa Sede** a Santa Sé.

se.den.ta.rio [sedent´arjo] *agg* **1** sedentário. **2** *fig* firme, estável. **3** calmo, pacífico.

se.de.re [sed´ere] *sm* **1** *Anat* traseiro, nádegas. **2** *pop* bunda. • *vi* **1** sentar, estar

S

sentado. *sedere in poltrona* / sentar na poltrona. *sedere sul muro* / sentar sobre o muro. *sieda, prego!* / sente, por favor! *siede alla tavola* / sentou à mesa. *vpr* **2** sentar-se. *sedetevi qui* / sentem-se aqui. **3** *fig* localizar-se, ficar (cidade). *la città si siede vicino alle montagne* / a cidade se localiza perto das montanhas. **sedere in Parlamento** ser um parlamentar.

se.dia [s'ɛdja] *sf* cadeira. **sedia a sdraio** espreguiçadeira. **sedia elettrica** cadeira elétrica.

se.di.ci [s'editʃi] *sm+num* dezesseis.

se.di.le [sed'ile] *sm* **1** assento. **2** banco (para sentar).

se.di.men.to [sedim'ento] *sm* **1** sedimento, depósito, borra. **2** *fig* resíduo, restos.

se.du.cen.te [sedutʃ'ɛnte] *agg* **1** sedutor. **2** atraente.

se.dur.re [sed'ur̃e] *vt* **1** seduzir. **2** *fig* corromper, depravar. **3** atrair, fascinar, conquistar.

se.dut.to.re [sedutt'ore] *sm* sedutor.

se.du.zio.ne [seduts'jone] *sf* **1** sedução. **2** *fig* atração, fascínio.

se.ga [s'ega] *sf* serra. **sega circolare** serra circular.

se.ga.le [seg'ale] *sf Bot* centeio.

se.ga.re [seg'are] *vt* **1** serrar. **2** ceifar, segar.

se.ga.tu.ra [segat'ura] *sf* **1** serragem, pó da madeira. **2** ceifa, segadura. **3** colheita.

seg.gio [s'ɛddʒo] *sm* **1** assento. **2** *fig* poltrona. **3** trono. **4** cargo, posto. **seggio elettorale** seção eleitoral.

seg.gio.la [s'ɛddʒola] *sf* cadeira.

se.ghe.ri.a [seger'ia] *sf* serraria.

seg.men.to [segm'ento] *sm Geom* segmento.

se.gna.la.re [señal'are] *vt* **1** assinalar. **2** indicar, apontar, mostrar. **3** tornar famoso. **4** colocar em evidência. *vpr* **5** ficar famoso.

se.gna.le [señ'ale] *sm* **1** sinal. **2** gesto. **3** aviso, sinalização. **4** indício. **5** *Med* sintoma. **6** *Naut* boia. **segnale stradale** sinalização das estradas.

se.gna.li.bro [señal'ibro] *sm* marcador de livros.

se.gna.re [señ'are] *vt* **1** marcar, assinalar. **2** anotar, registrar. **3** assinar, firmar. **4** indicar, mostrar. *vpr* **5** *Rel* fazer o sinal da cruz.

se.gna.tu.ra [señat'ura] *sf* **1** marcação, marca, sinal. **2** timbre, selo. **3** símbolo, sigla. **4** *fig* assinatura.

se.gno [s'eño] *sm* **1** sinal. **2** gesto. **3** indício. **4** cicatriz, marca. **5** pegada, rastro. **6** alvo. **7** *Astrol* signo. **segno della croce** *Rel* sinal da cruz.

se.go [s'ego] *sm* sebo.

se.go.so [seg'ozo] *agg* seboso.

se.gre.ga.re [segreg'are] *vt* **1** segregar, isolar, separar. *vpr* **2** segregar-se, isolar-se.

se.gre.ta.rio [segret'arjo] *sm* secretário. **segretario di Stato** secretário de Estado.

se.gre.te.ri.a [segreter'ia] *sf* secretaria.

se.gre.to [segr'eto] *sm* **1** segredo. **2** mistério, enigma. **3** confidência. • *agg* **1** secreto. **2** escondido, oculto. **3** misterioso. **4** confidencial, particular. **segreto della confessione** *Rel* segredo da confissão. **segreto epistolare** sigilo da correspondência. **segreto professionale** segredo profissional.

se.guen.te [seg'wɛnte] *agg* **1** seguinte. **2** posterior, futuro.

se.guen.za [seg'wɛntsa] *sf* sequência, sucessão.

se.gui.re [seg'wire] *vt* **1** seguir. *seguire il consiglio di qualcuno* / seguir o conselho de alguém. *seguire la moda* / seguir a moda. **2** continuar, prosseguir. *e segue studiando* / e continua estudando. **3** seguir, acompanhar. *seguire le notizie sul giornale* / acompanhar as notícias no jornal. **4** vir depois de. *il dieci segue il nove* / o dez vem depois do nove. **5** imitar. *vi* **6** seguir-se. *la spiegazione segue al capitolo* / a explicação se segue ao capítulo. **7** continuar, persistir.

se.gui.to [s'ɛgwito] *sm* **1** seguimento, continuação. **2** séquito, comitiva, cortejo. **3** sequência, série. **al seguito** em seguida.

sei [s'ɛj] *sm+num* seis.

sei.cen.to [sejtʃ'ɛnto] *sm+num* seiscentos. **il Seicento** o século XVII.

sel.cia.to [seltʃ'ato] *sm* calçamento, pavimentação.

se.let.ti.vo [selett´ivo] *agg* **1** seletivo, selecionador. **2** *fig* rigoroso, difícil (exame).

se.le.zio.na.re [seletsjon´are] *vt* selecionar, escolher.

se.le.zio.ne [selets´jone] *sf* seleção, escolha.

sel.la [s´ɛlla] *sf* sela.

sel.la.re [sell´are] *vt* selar, colocar a sela.

sel.li.no [sell´ino] *sm* selim de bicicleta.

sel.va [s´elva] *sf* **1** selva. **2** floresta. **3** bosque, mata.

sel.vag.gi.na [selvaddʒ´ina] *sf* caça.

sel.vag.gio [selv´addʒo] *sm* selvagem. • *agg* **1** selvagem. **2** *fig* agreste. **3** duro, frio. **4** cruel, desumano. **5** grosseiro, rude.

sel.va.ti.chez.za [selvatik´ettsa] *sf* **1** selvageria. **2** *fig* rudeza, grosseria.

sel.va.ti.co [selv´atiko] *sm* animal de caça. • *agg* **1** silvestre, selvagem. **2** *fig* malcriado, descortês. **3** rústico, rude. **4** intratável, pouco sociável.

se.ma.fo.ro [sem´aforo] *sm* semáforo.

se.man.ti.ca [sem´antika] *sf Gramm* semântica.

sem.bian.te [semb´jante] *sm Poet* **1** semblante, rosto, face. **2** aspecto, aparência. **fare sembiante** fingir.

sem.bian.za [semb´jantsa] *sf* **1** rosto, face. **2** semblante, feição. **3** semelhança. **4** aparência. **5 sembianze** *pl* aparências.

sem.bra.re [sembr´are] *vi* **1** parecer. **2** assemelhar-se. **sembra di sì** parece que sim.

se.me [s´eme] *sm* **1** naipe (de cartas). **2** *Bot* semente. **3** *Fisiol* sêmen. **4** *fig* início, princípio, origem. **5** filhos, prole.

se.men.te [sem´ente] *sf* **1** semeadura. **2** semente.

se.me.stre [sem´ɛstre] *sm* semestre.

se.mi.cir.co.lo [semitʃ´irkolo] *sm Geom* semicírculo.

se.mi.na.re [semin´are] *vt* **1** semear, plantar sementes. **2** *fig* divulgar, difundir.

se.mi.na.rio [semin´arjo] *sm* **1** seminário, congresso, simpósio. **2** *Rel* seminário.

se.mi.ta [sem´ita] *s* **1** semita. **2** *fig* judeu, israelita.

se.mi.vo.ca.le [semivok´ale] *sf Gramm* semivogal.

se.mo.la [s´emola] *sf* **1** farelo. **2** *fig* sarda.

sem.pli.ce [s´emplitʃe] *agg* **1** simples. **2** puro. **3** *fig* inocente, ingênuo. **4** fácil, elementar. **5** modesto, pobre. • *sm* pessoa simples.

sem.pli.ciot.to [semplitʃ´ɔtto] *sm+agg* simplório.

sem.pli.ci.tà [semplitʃit´a] *sf* **1** simplicidade. **2** pureza. **3** *fig* inocência. **4** facilidade. **5** modéstia.

sem.pli.fi.ca.re [semplifik´are] *vt* simplificar.

sem.pre [s´ɛmpre] *avv* sempre, todas as vezes.

sem.pro.nio [sempr´ɔnjo] *sm+pron* beltrano.

se.na.pe [s´ɛnape] *sf Bot* mostarda.

se.na.to [sen´ato] *sm Pol* senado.

se.na.to.re [senat´ore] *sm Pol* senador.

se.ni.le [sen´ile] *agg* **1** senil. **2** decrépito.

se.ni.li.tà [senilit´a] *sf* **1** senilidade. **2** decrepitude.

se.nio.re [sen´jore] *sm+agg* sênior.

sen.no [s´ɛnno] *sm* **1** bom senso, juízo, critério. **2** prudência. **da senno** realmente.

se.no [s´eno] *sm* **1** *Anat* seio, peito. **2** *Geogr* meandro (de rio). **3** *Geogr* baía, enseada. **4** *Mat* seno. **5** *fig* íntimo, alma, coração. **nel seno della società** *fig* no seio da sociedade.

sen.sa.le [sens´ale] *sm Comm* corretor, intermediário.

sen.sa.tez.za [sensat´ettsa] *sf* **1** sensatez, juízo. **2** prudência, cuidado.

sen.sa.to [sens´ato] *agg* **1** sensato, ajuizado. **2** prudente, cuidadoso.

sen.sa.zio.na.le [sensatsjon´ale] *agg* sensacional, fantástico, impressionante.

sen.sa.zio.ne [sensats´jone] *sf* **1** sensação, impressão. **2** *fig* emoção. **3** suspeita.

sen.si.bi.le [sens´ibile] *agg* **1** sensível. **2** emotivo. **3** preciso (instrumento). **4** significativo.

sen.si.bi.li.tà [sensibilit´a] *sf* **1** sensibilidade. **2** emotividade. **3** precisão de um instrumento.

sen.si.ti.vo [sensit´ivo] *sm+agg* **1** sensitivo. **2** *fig* médium.

sen.so [s´ɛnso] *sm* **1** sentido. **2** senso. **3** significado, acepção. **4** opinião, ponto de vista. **5** direção. **6** essência, substância. **avere senso** ter sentido. **buon senso** bom senso. **doppio senso** duplo sentido. **i cinque sensi** os cinco sentidos. **senso comune** senso comum. **senso unico** *Autom* mão única. **sesto senso** sexto sentido.

sen.su.a.le [sensu´ale] *agg* **1** sensual. **2** *fig* erótico. **3** libidinoso, lascivo.

sen.sua.li.tà [senswalit´a] *sf* **1** sensualidade. **2** *fig* licenciosidade, lascívia.

sen.ten.za [sent´ɛntsa] *sf* **1** *Giur* sentença, veredicto. **2** *fig* provérbio, dito.

sen.ten.zia.re [sentents´jare] *vi* **1** *Giur* sentenciar, julgar. **2** *fig* pregar, fazer sermão.

sen.tie.ro [sent´jɛro] *sm* **1** caminho estreito, vereda. **2** *fig* rumo, caminho (moral). **3** fé.

sen.ti.men.ta.le [sentiment´ale] *agg* **1** sentimental. **2** emotivo. **3** patético.

sen.ti.men.to [sentim´ento] *sm* **1** sentimento. **2** sensibilidade, emotividade. **3** paixão, atração.

sen.ti.nel.la [sentin´ɛlla] *sf Mil* sentinela, guarda. **stare di sentinella** ficar de guarda.

sen.ti.re [sent´ire] *vt* **1** sentir. *sentire paura, pietà* / sentir medo, pena. **2** ouvir, escutar. *sentivamo un rumore strano nella casa* / ouvíamos um ruído estranho na casa. **3** *fig* compreender, entender. **4** pressentir, sentir. *sento che ci saranno problemi* / sinto que haverá problemas. *vi* **5** acreditar, achar. **6** sentir. **7** *fig* comover-se. **8** ter gosto, ter cheiro de. *vpr* **9** sentir-se. *non mi sento bene* / não me sinto bem.

sen.za [s´ɛntsa] *prep* sem. **senz'altro/ senza più** a) de uma vez. b) sem demora.

Antes de pronome pessoal, **senza** é usado junto com a preposição **di**: *senza di me* / sem mim. *senza di te* / sem você. Veja outra nota em **alcuno.**

se.pa.ra.re [separ´are] *vt* **1** separar, desunir. **2** dividir. **3** apartar. *vpr* **4** separar-se, desligar-se.

se.pa.ra.zio.ne [separats´jone] *sf* **1** separação. **2** afastamento, distanciamento. **3** *Giur* separação dos cônjuges.

se.pol.cro [sep´olkro] *sm* sepulcro, sepultura.

se.pol.tu.ra [sepolt´ura] *sf* **1** sepultamento, enterro. **2** funeral. **3** sepultura, túmulo. **avere un piede nella sepoltura** *pop* estar com o pé na cova.

sep.pel.li.men.to [seppellim´ento] *sm* sepultamento, enterro.

sep.pel.li.re [seppell´ire] *vt* **1** sepultar, enterrar. **2** *fig* esquecer, abandonar. **3** esconder, ocultar. **seppellirsi in** *fig* dedicar-se, entregar-se.

se.que.la [sek´wɛla] *sf Lett* série, sequência.

se.quen.za [sek´wɛntsa] *sf* **1** sequência, série, sucessão. **2** *Cin* sequência cinematográfica.

se.que.stra.re [sekwestr´are] *vt* **1** segregar, isolar. *Giur* **2** sequestrar. **3** raptar. **4** embargar.

se.que.stro [sek´wɛstro] *sm Giur* **1** sequestro. **2** rapto. **3** embargo.

se.ra [s´era] *sf* **1** tarde. **2** *fig* velhice. **buona sera** a) boa tarde. b) boa noite (diz-se quando se chega). **di sera** à tarde.

se.ra.ta [ser´ata] *sf* **1** tarde, período da tarde. **2** *fig* recepção, festa. **3** sarau.

ser.ba.re [serb´are] *vt* **1** guardar, conservar. **2** *fig* manter. *vpr* **3** conservar-se, ficar, permanecer.

ser.ba.to.io [serbat´ojo] *sm* **1** reservatório. **2** *Autom* tanque de gasolina.

se.re.na.re [seren´are] *vt* **1** serenar, acalmar, tranquilizar. *vi* **2** clarear, limpar (céu). *vpr* **3** serenar-se, acalmar-se, tranquilizar-se. **4** clarear, limpar (céu).

se.re.na.ta [seren´ata] *sf* serenata.

se.re.ni.tà [serenit´a] *sf* **1** serenidade, calma, tranquilidade. **2** clareza do céu.

se.re.no [ser´eno] *agg* **1** sereno, calmo, tranquilo. **2** limpo, claro (céu).

ser.gen.te [serdʒ´ɛnte] *sm Mil* sargento.

se.rie [s´ɛrje] *sf* **1** série. **2** sequência, sucessão. **3** coleção (de livros).

se.rie.tà [serjet´a] *sf* **1** seriedade. **2** sisudez. **3** gravidade.

se.rio [s´ɛrjo] *agg* **1** sério. **2** severo, sisudo. **3** grave. **4** importante. • *sf* seriedade.

ser.mo.ne [serm´one] *sm* **1** *Rel* sermão, pregação. **2** *fig* repreensão, censura.
ser.pe [s´ɛrpe] *sm* **1** serpente, cobra, víbora. **2** *fig* traidor. *Sin: serpente.*
ser.pen.te [serp´ente] *sm V serpe.*
ser.pen.ti.na [serpent´ina] *sf* serpentina.
ser.ra [s´er̄a] *sf* **1** estufa para plantas. **2** *Geogr* serra, cadeia de montanhas.
ser.ra.re [ser̄´are] *vt* **1** fechar, cerrar. *serrare la porta* / fechar a porta. *serrò il negozio alle sei* / fechou a loja às seis. **2** apertar, comprimir. *serrare le labbra* / apertar os lábios. **3** *fig* prender, aprisionar. *serrare uno in casa* / prender alguém em casa. *vpr* **4** fechar-se. **5** apertar-se. **serrarsi a** apertar (roupa). *il vestito si serra alla vita* / o vestido aperta na cintura.
ser.ra.ta [ser̄´ata] *sf* **1** barragem, açude. **2** *Econ* greve patronal, locaute.
ser.ra.tu.ra [ser̄at´ura] *sf* fechadura.
ser.ven.te [serv´ɛnte] *s* servente.
ser.vi.le [serv´ile] *agg* **1** servil. **2** *fig* bajulador. **3** medroso, covarde.
ser.vi.re [serv´ire] *vt* **1** servir. **2** pôr à mesa (comida). *vi* **3** servir, prestar, ser útil. *vpr* **4** servir-se, valer-se de.
ser.vi.to.re [servit´ore] *sm* servidor, serviçal.
ser.vi.tù [servit´u] *sf* **1** servidão. **2** escravidão. **3** criadagem, empregados.
ser.vi.zio [serv´itsjo] *sm* **1** serviço. **2** emprego, trabalho. **3** função. **4** aparelho, jogo (de jantar etc.). **servizio divino** serviço divino, missa. **servizio funebre** serviço fúnebre.
ser.vo [s´ɛrvo] *sm* **1** servo, criado. **2** escravo. **3** *pop* puxa-saco.
ses.sa.ge.na.rio [sessadʒen´arjo] *sm+agg* sexagenário. *Sin: sessantenne.*
ses.sa.ge.si.mo [sessadʒ´ɛzimo] *sm+num V sessantesimo.*
ses.san.ta [sess´anta] *sm+num* sessenta.
ses.san.ten.ne [sessant´ɛnne] *s+agg V sessagenario.*
ses.san.te.si.mo [sessant´ɛzimo] *sm+num* **1** sexagésimo. **2** sessenta avos. *Sin: sessagesimo.*
ses.sio.ne [sess´jone] *sf* **1** sessão. **2** assembleia.
ses.so [s´ɛsso] *sm* **1** sexo. **2** *Anat* órgão sexual.
ses.su.a.le [sessu´ale] *agg* **1** sexual. **2** *fig* erótico.
ses.sua.li.tà [sesswalit´a] *sf* sexualidade.
se.stet.to [sest´etto] *sm an Mus* sexteto.
se.sto [s´ɛsto] *sm+num* sexto.
se.ta [s´eta] *sf* seda. **seta artificiale** seda artificial.
se.te [s´ete] *sf* **1** sede. **2** *fig* desejo, ambição.
se.to.la [s´etola] *sf* **1** cerdas (do porco). **2** crina.
set.ta [s´ɛtta] *sf* **1** seita. **2** *fig* partido, facção.
set.tan.ta [sett´anta] *sm+num* setenta.
set.tan.te.si.mo [settant´ɛzimo] *sm+num* **1** setuagésimo. **2** setenta avos. *Sin: settuagesimo.*
set.ta.rio [sett´arjo] *sm* **1** sectário, seguidor fanático. **2** *fig* dissidente. **3** herege. • *agg* **1** sectário, faccioso. **2** *fig* dissidente. **3** herético.
set.te [s´ɛtte] *sm+num* sete.
set.te.cen.to [settetʃ´ɛnto] *sm+num* setecentos. **il Settecento** o século XVIII.
set.tem.bre [sett´ɛmbre] *sm* setembro.
set.ten.trio.na.le [settentrjon´ale] *agg Geogr* setentrional, do norte.
set.ti.ma.na [settim´ana] *sf* semana. **Settimana Santa** Semana Santa.
set.ti.ma.na.le [settiman´ale] *sm* **1** pagamento semanal. **2** semanário. • *agg* semanal.
set.ti.mo [s´ɛttimo] *sm+num* sétimo.
set.to.re [sett´ore] *sm* **1** setor, seção. **2** *Pol* bancada.
set.tua.ge.si.mo [settwadʒ´ɛzimo] *sm+num V settantesimo.*
se.ve.ri.tà [severit´a] *sf* **1** severidade, rigorosidade. **2** dureza, frieza. **3** seriedade, austeridade.
se.ve.ro [sev´ɛro] *agg* **1** severo, rígido, rigoroso. **2** duro, impassível. **3** sério, austero.
se.zio.na.re [setsjon´are] *vt* secionar, dividir, decompor.
se.zio.ne [sets´jone] *sf* **1** seção. **2** segmento, divisão. **3** repartição, departamento.

S

sfac.cen.da.to [sfattʃend´ato] *agg* preguiçoso, vadio, vagabundo.
sfac.cia.tag.gi.ne [sfattʃat´addʒine] *sf* **1** descaramento, atrevimento. **2** *ger* cara de pau.
sfac.cia.to [sfattʃ´ato] *agg* **1** descarado, atrevido. **2** *ger* cara de pau.
sfa.ma.re [sfam´are] *vt* saciar, matar a fome de.
sfar.zo [sf´artso] *sm* fausto, pompa.
sfar.zo.so [sfarts´ozo] *agg* faustoso, pomposo.
sfa.vil.la.re [sfavill´are] *vi* **1** faiscar. **2** cintilar. **3** brilhar, resplandecer, reluzir.
sfa.vil.li.o [sfavill´io] *sm* brilho, cintilação, resplendor.
sfa.vo.re.vo.le [sfavor´evole] *agg* desfavorável, contrário, adverso.
sfe.ra [sf´ɛra] *sf Geom* **1** esfera. **2** globo. **3** *fig* ambiente, âmbito, círculo social.
sfe.ri.co [sf´ɛriko] *agg* esférico.
sfer.za [sf´ɛrtsa] *sf* **1** chicote, açoite, chibata. **2** *fig* castigo, punição. **3** estímulo, incentivo.
sfer.za.re [sferts´are] *vt* **1** chicotear, açoitar. **2** *fig* castigar, punir. **3** estimular, incentivar.
sfer.za.ta [sferts´ata] *sf* **1** chicotada, chibatada. **2** *fig* castigo, punição. **3** estímulo, incentivo.
sfi.da [sf´ida] *sf* **1** desafio. **2** duelo, confronto.
sfi.da.re [sfid´are] *vt* **1** desafiar. **2** duelar, competir. *vpr* **3** desafiar-se. **4** duelar, competir entre si.
sfi.du.cia [sfid´utʃa] *sf* **1** desconfiança, suspeita. **2** desânimo, abatimento.
sfi.du.cia.to [sfidutʃ´ato] *agg* **1** desconfiado. **2** desanimado, abatido.
sfi.gu.ra.re [sfigur´are] *vt* **1** desfigurar. *vi* **2** fazer feio. *vpr* **3** desfigurar-se.
sfi.la.re [sfil´are] *vt* **1** desfiar. **2** cegar (faca etc.). *vi* **3** desfilar. **4** *Mil* marchar. *vpr* **5** desfiar-se.
sfi.la.ta [sfil´ata] *sf* **1** desfile. **2** parada. **3** série, sequência.
sfil.za [sf´iltsa] *sf* série, sequência.
sfin.ge [sf´indʒe] *sf St, Mit* esfinge.
sfi.ni.re [sfin´ire] *vi* **1** enfraquecer. **2** desmaiar.
sfin.te.re [sfint´ɛre] *sm Anat* esfíncter.
sfio.ri.re [sfjor´ire] *vi* **1** murchar, mirrar, secar, perder o viço. **2** envelhecer.
sfo.ca.re [sfok´are] *vt Fot* desfocar.
sfo.cia.re [sfotʃ´are] *vi* **1** desembocar, desaguar. **2** *fig* terminar em, dar em (rua). **3** causar.
sfo.ga.re [sfog´are] *vt* **1** desafogar, deixar sair. **2** *fig* desabafar. *vi* **3** exalar, jorrar. *vpr* **4** desabafar, abrir-se, fazer confidências.
sfog.gio [sf´ɔddʒo] *sm* **1** exibição. **2** luxo, fausto.
sfo.glia.re [sfoλ´are] *vt* **1** desfolhar. **2** folhear (livro). *vpr* **3** desfolhar-se, perder as folhas.
sfo.go [sf´ogo] *sm* **1** saída, abertura. **2** *Comm* venda. **3** *fig* desabafo, alívio.
sfol.la.gen.te [sfolladʒ´ɛnte] *sm* cassetete.
sfon.da.re [sfond´are] *vt* **1** quebrar, romper. **2** arrombar. *vi* **3** afundar. **4** vencer, subir na vida.
sfon.da.to [sfond´ato] *agg* **1** sem fundo. **2** arrombado. **3** *fig* insaciável. **ricco sfondato** riquíssimo. *è ricco sfondato* / ele é riquíssimo.
sfon.do [sf´ondo] *sm* **1** fundo. **2** horizonte, perspectiva. **3** *Pitt* fundo (de quadro).
sfo.rac.chia.re [sforakk´jare] *vt* esburacar.
sfor.ma.re [sform´are] *vt* **1** deformar, desfigurar. *vpr* **2** perder a forma, engordar.
sfor.ma.to [sform´ato] *sm* torta salgada, suflê. • *agg* deformado, disforme, desfigurado.
sfor.ni.re [sforn´ire] *vt* **1** desprover. *vpr* **2** privar-se.
sfor.ni.to [sforn´ito] *agg* desprovido, carente.
sfor.tu.na [sfort´una] *sf* **1** azar, má sorte, infelicidade. **2** desgraça, desventura, infortúnio.
sfor.tu.na.to [sfortun´ato] *agg* **1** azarado, desafortunado. **2** desventurado.
sfor.za.re [sforts´are] *vt* **1** forçar, obrigar. **2** arrombar. *vpr* **3** esforçar-se, empenhar-se.
sfor.zo [sf´ɔrtso] *sm* **1** esforço. **2** *fig* tentativa.
sfra.cel.la.re [sfratʃell´are] *vt* esfacelar, esmigalhar.
sfrat.ta.re [sfratt´are] *vt* **1** expulsar, mandar embora. **2** banir, degredar.

sfrat.to [sfr´atto] *sm* **1** expulsão. **2** degredo.

sfre.ga.re [sfreg´are] *vt* **1** esfregar. **2** riscar. **3** raspar.

sfre.na.tez.za [sfrenat´ettsa] *sf* **1** descomedimento, descontrole. **2** libertinagem, licenciosidade.

sfre.na.to [sfren´ato] *agg* **1** desenfreado, livre. **2** libertino, licencioso.

sfron.da.re [sfrond´are] *vt* **1** desfolhar. **2** *fig* limpar. **3** simplificar. *vpr* **4** desfolhar-se.

sfron.ta.tez.za [sfrontat´ettsa] *sf* descaramento, insolência, impertinência.

sfron.ta.to [sfront´ato] *agg* **1** descarado, impertinente, despudorado. **2** *pop* cara de pau.

sfrut.ta.men.to [sfruttam´ento] *sm* **1** exploração. **2** desfrute, uso, utilização. **3** proveito, abuso.

sfrut.ta.re [sfrutt´are] *vt* **1** explorar. **2** desfrutar de, usar, utilizar. *sfruttare un'occasione* / desfrutar de uma oportunidade. **3** aproveitar-se de, abusar de. *sfruttò l'ingenuità dell'amico* / aproveitou-se da ingenuidade do amigo.

sfrut.ta.to.re [sfruttat´ore] *sm* **1** aproveitador. **2** *fig* parasita. **sfruttatore di donne** cafetão.

sfug.ge.vo.le [sfuddʒ´evole] *agg* **1** fugitivo, fugidio. **2** passageiro, temporário, transitório.

sfug.gi.re [sfuddʒ´ire] *vt* **1** fugir de, evitar, escapar de. *sfuggire i pericoli* / fugir dos perigos. *preferisco sfuggire di parlare* / prefiro evitar falar. *vi* **2** fugir, escapar. *i rapinatori non sfuggiranno alla polizia* / os assaltantes não fugirão da polícia. **3** passar despercebido. *non gli sfugge nulla* / nada lhe passa despercebido.

sfu.ma.re [sfum´are] *vt* **1** *Pitt* esfumar. *vi* **2** evaporar. **3** empalidecer, descolorir. **4** *fig* sumir.

sfu.ma.to [sfum´ato] *agg fig* **1** impreciso, indefinido, vago. **2** pálido, tênue (cor). **3** fraco, velado, distante (som).

sfu.ma.tu.ra [sfumat´ura] *sf* **1** esfumatura, matiz, tom. **2** *fig* sutileza, nuança (de significado). **dare una sfumatura** dar uma vaga ideia.

sga.bel.lo [zgab´ɛllo] *sm* banquinho.

sgam.bet.ta.re [zgambett´are] *vi* espernear.

sga.na.sciar.si [zganaʃ´arsi] *vpr* morrer de rir.

sgan.ghe.ra.re [zganger´are] *vt* desengonçar, desconjuntar.

sgan.ghe.ra.to [zganger´ato] *agg* **1** desengonçado, desconjuntado, deselegante. **2** inconcludente (discurso). **3** exagerado, descomedido.

sgar.ba.tez.za [zgarbat´ettsa] *sf* falta de educação, grosseria, descortesia.

sgar.ba.to [zgarb´ato] *agg* malcriado, mal-educado, grosseiro, descortês.

sgar.bo [zg´arbo] *sm* malcriação, descortesia.

sgar.gian.te [zgardʒ´ante] *agg* vistoso, chamativo.

sghem.bo [zg´embo] *agg* torto, enviesado.

sgher.ro [zg´ɛro] *sm* **1** capanga. **2** *ger, disp* tira.

sghi.gnaz.za.re [zgiñatts´are] *vi* **1** dar gargalhadas, rachar de rir. **2** caçoar, zombar.

sgob.ba.re [zgobb´are] *vi* **1** trabalhar muito, dar duro. **2** esforçar-se nos estudos.

sgob.bo.ne [zgobb´one] *sm* **1** trabalhador esforçado. **2** estudante aplicado. **3** *ger* caxias, cê-dê-efe.

sgoc.cio.la.re [zgottʃol´are] *vi* gotejar, pingar.

sgom.be.ra.re [zgomber´are] *vt+vi V sgombrare.*

sgom.bra.re [zgombr´are] *vt* **1** levar, remover. **2** desimpedir, liberar. **3** mandar embora, expulsar. **4** *Mil* desocupar uma posição. *vi* **5** afastar-se, ir embora. **6** mudar-se. *Var: sgomberare.*

sgo.men.ta.re [zgoment´are] *vt* **1** aterrorizar, atemorizar. **2** desconcertar, perturbar. *vpr* **3** aterrorizar-se, atemorizar-se.

sgo.men.to [zgom´ento] *sm* **1** terror, medo, temor. **2** desorientação. **3** desânimo, abatimento.

sgo.mi.na.re [zgomin´are] *vt* **1** transtornar, perturbar. **2** derrotar, desbaratar, vencer.

sgon.fia.re [zgonf´jare] *vt* **1** desinchar. **2** *volg* encher o saco. *vpr* **3** desinchar-se. **4** *fig* esmorecer, desanimar-se, abater-se.

S

sgor.bia.re [zgorb´jare] *vt* rabiscar.
sgor.bio [zg´ɔrbjo] *sm* **1** rabisco. **2** *fig* monstrengo, pessoa feia.
sgor.ga.re [zgorg´are] *vi* **1** brotar, jorrar, fluir. **2** nascer, surgir.
sgor.go [zg´orgo] *sm* jorro, jato de líquido.
sgoz.za.re [zgotts´are] *vt* **1** degolar. **2** *fig* trucidar.
sgra.de.vo.le [zgrad´evole] *agg* desagradável.
sgra.di.re [zgrad´ire] *vi* desagradar, descontentar.
sgra.di.to [zgrad´ito] *agg* indesejado, importuno, malvisto.
sgra.na.re [zgran´are] *vt* **1** debulhar. **2** *fig* devorar, comer com apetite. **3** esbugalhar, arregalar (os olhos). *vpr* **4** sangrar (ao se barbear). **sgranare il rosario** debulhar o rosário, rezar.
sgra.va.re [zgrav´are] *vt* **1** aliviar, tirar um peso de. **2** descarregar. **3** *Comm* minorar (encargos, impostos). *vpr* **4** aliviar-se, desobrigar-se, livrar-se de um peso. **5** gerar, dar à luz, parir.
sgra.vio [zgr´avjo] *sm* **1** alívio. **2** *Fisiol* evacuação. **3** *Comm* desencargo. **4** *fig* justificativa.
sgra.zia.to [zgrats´jato] *agg* desajeitado, deselegante, pesado, sem graça.
sgre.to.la.re [zgretol´are] *vt* **1** esmigalhar, triturar. *vpr* **2** esfacelar-se. **3** *fig* desmanchar-se.
sgri.da.re [zgrid´are] *vt* **1** gritar com, ralhar com, repreender. **2** *ger* dar uma bronca em.
sgri.da.ta [zgrid´ata] *sf* **1** repreensão, censura. **2** *pop* bronca, sabão, esfrega, corretivo.
sgua.ia.to [zgwa´jato] *agg* **1** desajeitado, deselegante. **2** vulgar, inconveniente.
sgual.ci.re [zgwaltʃ´ire] *vt* amarrotar, amassar.
sgual.dri.na [zgwaldr´ina] *sf* **1** prostituta, meretriz. **2** *ger* vaca, rameira. **3** *volg* puta.
sguar.do [zg´wardo] *sm* **1** olhar. **2** olhada. **gettare uno sguardo** dar uma olhada.
sgu.scia.re [zguʃ´are] *vt* **1** descascar. *vi* **2** fugir, escapar, escorregar por entre as mãos.
shampoo [ʃamp´u] *sm ingl* xampu.
shock [ʃ´ɔk] *sm ingl* **1** choque. **2** golpe, batida. **3** trauma. *Var fr: choc.*
sì [s´i] *sm Mus* si. • *avv* **1** sim. **2** *Lett* (*abbrev* **così**) assim, dessa maneira. **fare di sì** afirmar com a cabeça. **ma sì** mas sim.
si [s´i] *pron sing+ pl* se.

O pronome **si** representa tanto o objeto direto quanto o objeto indireto do verbo, sempre que o objeto e o sujeito forem a mesma pessoa: *Maria e Anna si vedono spesso* / Maria e Anna se veem com frequência. *Pietro si diede un regalo* / Pietro se deu um presente.
Forma os verbos reflexivos: *vedere, vedersi* / ver, ver-se. *trovare, trovarsi* / encontrar, encontrar-se.

si.a [s´ia] *cong* seja, quer.
sia.me.se [sjam´eze] *s+agg* siamês, do Sião. **gatto siamese** gato siamês. **fratelli siamesi** a) irmãos siameses. b) *fig* companheiros inseparáveis.
si.bi.la.re [sibil´are] *vi* sibilar, silvar, assobiar.
si.bi.lo [sib´ilo] *sm* sibilo, silvo, assobio.
si.ca.rio [sik´arjo] *sm* capanga, matador de aluguel.
sic.ché [sikk´e] *cong* **1** de modo que, de maneira que. **2** então.
sic.ci.tà [sittʃit´a] *sf* **1** seca. **2** aridez. **3** estiagem.
sic.co.me [sikk´ome] *cong* uma vez que, já que, considerando que, dado que. *siccome era al verde, preferì non viaggiare* / uma vez que estava duro, preferiu não viajar.
si.cu.rez.za [sikur´ettsa] *sf* **1** segurança. **2** certeza. **3** confiança. **Pubblica Sicurezza** Segurança Pública.
si.cu.ro [sik´uro] *agg* **1** seguro. **2** certo. **3** confiante. **4** firme, sólido. **5** *fig* decidido, determinado. • *avv* sem dúvida, certamente. **di sicuro!** com certeza! **mettersi al sicuro** colocar-se a salvo.
si.de.rur.gi.a [siderurdʒ´ia] *sf* siderurgia.
si.de.rur.gi.co [sider´urdʒiko] *agg* siderúrgico.
si.dro [s´idro] *sm* sidra, vinho de maçã.
sie.ro [s´jɛro] *sm Fisiol, Med* soro.

si.fi.li.de [sif´ilide] *sf Med* sífilis.
si.fo.ne [sif´one] *sm* sifão.
si.ga.ret.ta [sigar´ɛtta] *sf* cigarro.
si.ga.ro [s´igaro] *sm* charuto. **sigaro avana** charuto havana.
si.gil.la.re [sidʒill´are] *vt* **1** selar. **2** lacrar. **3** *fig* fechar.
si.gil.lo [sidʒ´illo] *sm* **1** selo, timbre. **2** sinete. **3** sigilo, segredo. **4** *Rel* segredo da confissão.
si.gla [s´igla] *sf* **1** sigla. **2** selo, timbre. **3** iniciais, monograma.
si.gni.fi.can.te [siñifik´ante] *agg* significante, expressivo. • *sm Ling* significante.
si.gni.fi.ca.re [siñifik´are] *vt* **1** significar, denotar. **2** *Giur* notificar. **3** *fig* importar, pesar.
si.gni.fi.ca.ti.vo [siñifikat´ivo] *agg* significativo, expressivo, importante.
si.gni.fi.ca.to [siñifik´ato] *sm* **1** significado. **2** sentido, significação, acepção. **3** peso, importância. • *agg Giur* notificado.
si.gni.fi.ca.zio.ne [siñifikats´jone] *sf* **1** significação, significado. **2** *Giur* notificação.
si.gno.ra [siñ´ora] *sf* **1** senhora. **2** *fig* patroa, dona. **3** dama, nobre, fidalga. **4** esposa. **Nostra Signora** *Rel* Nossa Senhora.
si.gno.re [siñ´ore] *sm* **1** senhor. **2** *fig* patrão, dono. **3** cavalheiro, nobre. **Nostro Signore** *Rel* Nosso Senhor.
si.gno.reg.gia.re [siñoreddʒ´are] *vt* **1** senhorear, dominar. *vi* **2** senhorear. **3** impor-se, brilhar.
si.gno.ri.a [siñor´ia] *sf* **1** *St* senhoria, domínio de um príncipe. **2** *fig* posse, poder, dominação. **3** âmbito, alçada, campo de ação. **4** reino.
si.gno.ri.le [siñor´ile] *agg* **1** senhoril. **2** elegante, refinado, educado.
si.gno.ri.na [siñor´ina] *sf* **1** senhorita. **2** moça.
si.len.zio [sil´ɛntsjo] *sm* **1** silêncio. **2** *fig* calma, tranquilidade. **silenzio di tomba** (anche *fig*) silêncio de morte. **soffrire in silenzio** sofrer calado.
si.len.zio.so [silents´jozo] *agg* **1** silencioso. **2** calmo, tranquilo. **3** calado, introvertido.
sil.la.ba [s´illaba] *sf Gramm* sílaba. **non dire sillaba** *fam* não dizer uma só palavra.
si.lo [s´ilo] *sm* silo.
si.lu.et.ta [silu´etta] *sf* silhueta.
si.lu.ro [sil´uro] *sm* **1** *Naut* torpedo. **2** *Aer* míssil.
sil.ve.stre [silv´ɛstre] *agg Lett* silvestre.
sil.vi.cul.tu.ra [silvikult´ura] *sf* silvicultura.
sim.bo.leg.gia.re [simboleddʒ´are] *vt* simbolizar.
sim.bo.li.co [simb´ɔliko] *agg* simbólico.
sim.bo.lo [s´imbolo] *sm* **1** símbolo. **2** emblema. **3** representação, alegoria.
si.mi.la.re [simil´are] *agg* similar, semelhante.
si.mi.le [s´imile] *sm* similar. • *agg* similar, semelhante.
si.mi.li.tu.di.ne [similit´udine] *sf* similitude, semelhança.
sim.me.tri.a [simmetr´ia] *sf* **1** simetria. **2** harmonia, equilíbrio.
sim.me.tri.co [simm´ɛtriko] *agg* **1** simétrico. **2** harmonioso, equilibrado.
sim.pa.ti.a [simpat´ia] *sf* **1** simpatia. **2** atração, inclinação.
sim.pa.ti.co [simp´atiko] *agg* **1** simpático. **2** atraente. **3** gentil, amável.
sim.pa.tiz.za.re [simpatiddz´are] *vt* simpatizar com.
sim.po.sio [simp´ɔzjo] *sm* simpósio, seminário.
si.mu.la.re [simul´are] *vt* **1** simular, fingir. **2** representar, recriar (uma cena).
si.mu.la.zio.ne [simulats´jone] *sf* **1** simulação, fingimento. **2** representação, recriação de uma cena.
si.mul.ta.ne.o [simult´aneo] *agg* **1** simultâneo. **2** contemporâneo, concomitante.
si.na.go.ga [sinag´ɔga] *sf Rel* sinagoga.
sin.ce.ri.tà [sintʃerit´a] *sf* sinceridade, franqueza.
sin.ce.ro [sintʃ´ɛro] *agg* **1** sincero, franco, aberto, direto. **2** *fig* verdadeiro, autêntico, genuíno.
sin.co.pe [s´inkope] *sf Med, Gramm, Mus* síncope.

S

sin.cro.ni.co [sinkr´ɔniko] *agg* sincrônico.
sin.da.ca.to [sindak´ato] *sm* sindicato.
sin.da.co [s´indako] *sm* **1** prefeito. **2** síndico. **3** *Comm, Contab* auditor.
sin.do.ne [s´indone] *sf* sudário, mortalha. **la Santa Sindone** *Rel* o Santo Sudário.
sin.dro.me [s´indrome] *sf Med* síndrome.
sin.fo.ni.a [sinfon´ia] *sf Mus* sinfonia.
sin.fo.ni.co [sinf´ɔniko] *agg Mus* sinfônico.
sin.ghioz.za.re [singjotts´are] *vi* **1** soluçar. **2** *fig* chorar, gemer.
sin.ghioz.zo [sing´jottso] *sm* **1** soluço. **2** *fig* choro, gemido.
sin.go.la.re [singol´are] *sm Gramm* singular. • *agg* **1** singular, raro. **2** curioso, original.
sin.go.lo [s´ingolo] *sm* **1** indivíduo, pessoa. **2** *Sp* partida de simples. • *agg* **1** só, sozinho, desacompanhado. **2** singular, único. **3** individual.
si.ni.stra [sin´istra] *sf* **1** esquerda. **2** mão esquerda. **3** *Naut* bombordo. **4** *Pol* a esquerda. **a sinistra** à esquerda. **voltare a sinistra** virar à esquerda.
si.ni.stro [sin´istro] *sm* sinistro, acidente, desastre. • *agg* **1** esquerdo. **2** *fig* sinistro, maligno.
si.no [s´ino] *avv* ainda, também, até mesmo. *ha mangiato sino il contorno* / comeu até o acompanhamento. • *prep* até, até a. *abbiamo lavorato sino a ieri* / nós trabalhamos até ontem.
si.no.ni.mo [sin´ɔnimo] *sm+agg Gramm* sinônimo.
si.no.ra [sin´ora] *avv* até agora, até hoje.
si.nos.si [sin´ɔssi] *sf* sinopse, resumo, síntese.
si.not.ti.co [sin´ɔttiko] *agg* sinóptico, resumido.
sin.tas.si [sint´assi] *sf Gramm* sintaxe.
sin.tat.ti.co [sint´attiko] *agg Gramm* sintático.
sin.te.si [s´intezi] *sf* **1** síntese, resumo, sinopse. **2** quadro, esquema. **3** *Fil, Chim* síntese.
sin.te.ti.co [sint´ɛtiko] *agg* **1** sintético. **2** resumido. **3** artificial, de laboratório. **4** sucinto, conciso.
sin.te.tiz.za.re [sintetiddz´are] *vt* **1** sintetizar. **2** resumir, esquematizar.
sin.to.ma.ti.co [sintom´atiko] *agg Med* sintomático.
sin.to.mo [s´intomo] *sm* **1** *Med* sintoma. **2** *fig* indício, sinal, aviso.
si.nu.o.so [sinu´ozo] *agg* **1** sinuoso, tortuoso, ondulado. **2** *fig* harmonioso, gracioso.
si.nu.si.te [sinuz´ite] *sf Med* sinusite.
si.pa.rio [sip´arjo] *sm Teat* pano de boca. **sipario di ferro** *Pol* Cortina de Ferro.
si.re.na [sir´ɛna] *sf* **1** sirene. **2** *Mit* sereia. **sirena d'allarme** *Mil* alarme antiaéreo.
si.rin.ga [sir´inga] *sf Med* seringa.
si.rio [s´irjo] *sm+agg* sírio.
si.ste.ma [sist´ɛma] *sm* **1** sistema. **2** método. **3** doutrina, teoria. **4** equipamento. **5** *Inform* sistema. **sistema di equazioni** *Mat* sistema de equações. **sistema nervoso** *Anat* sistema nervoso.
si.ste.ma.re [sistem´are] *vt* **1** organizar. **2** arrumar. **3** *fig* castigar, punir. *vpr* **4** acomodar-se.
si.ste.ma.ti.co [sistem´atiko] *agg* **1** sistemático. **2** metódico. **3** organizado, ordenado.
si.to [s´ito] *sm Lett* sítio, local, lugar. • *agg* sito, situado, localizado.
si.tu.a.re [situ´are] *vt* situar, colocar.
si.tua.zio.ne [sitwats´jone] *sf* **1** situação. **2** local, lugar. **3** estado, condição, circunstâncias.
slac.cia.re [zlattʃ´are] *vt* **1** desamarrar, desatar. **2** *fig* liberar. **3** soltar, libertar. *vpr* **4** desamarrar-se. **5** *fig* soltar-se, libertar-se.
slan.cia.re [zlantʃ´are] *vt* **1** lançar, jogar (uma pessoa). *vpr* **2** lançar-se, jogar-se.
slan.cio [zl´antʃo] *sm* **1** lançamento, arremesso. **2** salto. **3** *fig* entusiasmo, ímpeto, ardor.
sla.va.to [zlav´ato] *agg* **1** desbotado, descolorido. **2** *fig* pálido, apagado. **3** inexpressivo (rosto).
sla.vo [zl´avo] *sm+agg* eslavo.
sle.a.le [zle´ale] *agg* desleal, infiel, traidor.
sle.al.tà [zlealt´a] *sf* deslealdade.
sle.ga.re [zleg´are] *vt* **1** desamarrar, desatar.

2 soltar. *vpr* **3** desamarrar-se. **4** soltar-se. **5** *fig* separar-se, desligar-se.

slit.ta [zl´itta] *sf* trenó.

slit.ta.re [zlitt´are] *vi* **1** andar de trenó. **2** escorregar, deslizar. **3** *fig* inflacionar (dinheiro).

slo.ga.tu.ra [zlogat´ura] *sf Med* deslocamento, luxação.

slog.gia.re [zloddʒ´are] *vt* **1** desalojar, expulsar. *vi* **2** mudar-se, partir, ir embora.

smal.ta.re [zmalt´are] *vt* esmaltar.

smal.to [zm´alto] *sm* esmalte: a) tinta. b) *Anat* dos dentes. c) cosmético. **smalto per unghie** esmalte para unhas.

sma.nia [zm´anja] *sf* **1** impaciência, inquietação. **2** afetação. **3** *fig* obsessão. **4** cobiça, avidez.

sma.nia.re [zman´jare] *vi* **1** inquietar-se. **2** desejar, ansiar. **smaniare di** ansiar por.

sma.nio.so [zman´jozo] *agg* **1** impaciente, inquieto. **2** afetado. **3** *fig* desejoso, ávido.

smar.ri.men.to [zmar̃im´ento] *sm* **1** extravio, perda. **2** *fig* desorientação.

smar.ri.re [zmar̃´ire] *vt* **1** perder, extraviar. *vpr* **2** perder-se, extraviar-se. **3** *fig* desanimar.

sma.sche.ra.re [zmasker´are] *vt* **1** desmascarar. **2** desacreditar. *vpr* **3** desmascarar-se. **4** *fig* revelar-se, expor-se, mostrar-se. **5** trair-se.

smem.bra.re [zmembr´are] *vt* **1** desmembrar, desarticular. **2** desagregar, decompor.

smen.ti.re [zment´ire] *vt* **1** desmentir, negar. **2** desacreditar. *vpr* **3** desmentir-se. **4** trair-se.

smen.ti.ta [zment´ita] *sf* **1** desmentido. **2** negação. **3** correção, retificação.

sme.ral.do [zmer´aldo] *sm Min* esmeralda.

smer.cia.re [zmertʃ´are] *vt* vender, comerciar.

smer.cio [zm´ɛrtʃo] *sm* venda, comércio.

smet.te.re [zm´ettere] *vt* **1** deixar, abandonar, colocar à parte. *smettere le vecchie idee* / abandonar as velhas ideias. **2** interromper. *sarebbe meglio smettere la riunione* / seria melhor interromper a reunião. *vi* **3** parar, cessar, deixar de. *smettere di fumare* / deixar de fumar. *smetti con questa discussione, per piacere* / pare com esta discussão, por favor. **smettila!** pare com isso!

smi.dol.la.to [zmidoll´ato] *agg* desmiolado, imbecil.

smil.zo [zm´iltso] *agg* **1** fino, delgado. **2** magro.

smi.nu.i.re [zminu´ire] *vt* **1** diminuir. *vpr* **2** diminuir. **3** menosprezar-se, depreciar-se.

smi.nuz.za.re [zminutts´are] *vt* esmiuçar.

smi.sta.re [zmist´are] *vt* **1** classificar, separar em classes. **2** postar, pôr no correio. **3** *Mil* postar.

smi.su.ra.to [zmizur´ato] *agg* **1** desmedido, excessivo. **2** enorme, gigantesco. **3** imenso.

smo.da.to [zmod´ato] *agg* excessivo, exagerado.

smoking [zm´ɔking] *sm ingl smoking.*

smon.ta.re [zmont´are] *vt* **1** desmontar, desarmar. *il tecnico smontò la radio* / o técnico desmontou o rádio. **2** concluir (turno de trabalho). **3** *Aeron* abater, derrubar o inimigo. **4** *fig* deprimir. *vi* **5** apear, desmontar. *smontare dal cavallo* / desmontar do cavalo. **6** descer, saltar (de veículo). *smontare dall'autobus* / descer do ônibus. **7** (anche *Naut, Aer*) desembarcar. *smontarono dal treno alla stazione centrale* / eles desembarcaram do trem na estação central. **8** *Comm* diminuir, abaixar (preços). *vpr* **9** desistir, ceder.

smor.fia [zm´ɔrfja] *sf* **1** careta, trejeito. **2** denguice, afetação.

smor.fio.so [zmorf´jozo] *agg* dengoso, afetado.

smor.to [zm´ɔrto] *agg* pálido, desbotado.

smor.za.re [zmorts´are] *vt* **1** apagar, extinguir. **2** abafar (ruído). **3** diminuir (luz).

smoz.zi.ca.re [zmottsik´are] *vt* **1** cortar em pedaços. **2** encurtar, abreviar.

smun.to [zm´unto] *agg* **1** descarnado, esquelético. **2** pálido, exangue. **3** *fig* gasto, esgotado.

smuo.ve.re [zm´wɔvere] *vt* **1** remover, arrancar, extirpar. **2** mover, deslocar. **3** *fig* comover, sensibilizar.

S

smus.sa.re [zmussˊare] *vt* **1** cortar, aplainar (pontas). **2** *fig* atenuar, minimizar. **smussare gli angoli** aparar as arestas, conciliar as diferenças.

snel.li.re [znellˊire] *vt* **1** emagrecer. **2** *fig* acelerar, apressar (um processo). *vpr* **3** emagrecer.

snel.lo [znˊɛllo] *agg* **1** ágil. **2** veloz, ligeiro. **3** esbelto, magro.

sner.va.re [znervˊare] *vt* **1** enervar, debilitar. *vpr* **2** enervar-se, debilitar-se.

sner.va.to [znervˊato] *agg* fraco, debilitado.

sno.da.re [znodˊare] *vt* **1** desatar, desamarrar. **2** soltar. *vpr* **3** ziguezaguear (estrada, rio).

snu.da.re [znudˊare] *vt* desnudar, despir.

so.a.ve [soˊave] *agg* **1** suave. **2** doce, amável. **3** agradável. **4** tranquilo, calmo.

so.a.vi.tà [soavitˊa] *sf* **1** suavidade. **2** *fig* amabilidade, cortesia.

sob.bal.za.re [sobbaltsˊare] *vi* **1** saltar, pular. **2** estremecer.

sob.bor.go [sobbˊorgo] *sm* subúrbio, periferia.

so.brie.tà [sobrjetˊa] *sf* **1** sobriedade. **2** moderação. **3** simplicidade, parcimônia.

so.brio [sˊɔbrjo] *agg* **1** sóbrio, lúcido. **2** moderado. **3** simples, parco.

soc.chiu.de.re [sokkˊjudere] *vt* entreabrir.

soc.com.be.re [sokkˊombere] *vi* **1** *Lett* sucumbir, perder, ser derrotado. **2** *fig* morrer, perecer.

soc.cor.re.re [sokkˊor̄ere] *vt* **1** socorrer. **2** ajudar. *vpr* **3** ajudar-se mutuamente.

soc.cor.so [sokkˊorso] *sm* **1** socorro. **2** ajuda, auxílio. **pronto soccorso** primeiros socorros.

so.cia.le [sotʃˊale] *agg* social. **assicurazioni sociali** seguro social.

so.cia.li.smo [sotʃalˊizmo] *sm* *Pol* socialismo.

so.cie.tà [sotʃetˊa] *sf* **1** sociedade. **2** coletividade. **3** associação, organização, união. **4** empresa, companhia. **5** comunhão. **società anonima** sociedade anônima. **società a responsabilità limitata** sociedade por responsabilidade limitada.

so.cie.vo.le [sotʃˊevole] *agg* sociável, extrovertido.

so.cio [sˊɔtʃo] *sm* **1** sócio. **2** associado, membro. **3** assinante. **4** *fig* cúmplice.

so.cio.lo.gi.a [sotʃolodʒˊia] *sf* sociologia.

so.cio.lo.go [sotʃˊɔlogo] *sm* sociólogo.

so.da [sˊɔda] *sf* *Chim* soda. **soda caustica** soda cáustica.

sod.di.sfa.cen.te [soddisfatʃˊɛnte] *agg* satisfatório.

sod.di.sfa.re [soddisfˊare] *vt* **1** satisfazer. **2** cumprir. **3** pagar (dívida). *vi* **4** satisfazer. **5** agradar. *vpr* **6** satisfazer-se.

sod.di.sfa.zio.ne [soddisfatsˊjone] *sf* **1** satisfação, prazer. **2** cumprimento. **3** pagamento.

so.dio [sˊɔdjo] *sm* *Chim* sódio.

so.do [sˊɔdo] *agg* **1** denso, compacto. **2** sólido. **3** duro, maciço. **4** inculto. **5** *fig* firme, estável. • *avv* duramente, com força. • *sm* **1** solidez, dureza. **2** charneca, terreno árido, de vegetação rasteira. **3** *Archit* base, fundação. **dormire sodo** dormir como uma pedra.

so.do.mi.a [sodomˊia] *sf* sodomia.

so.fà [sofˊa] *sm* sofá, divã.

sof.fe.ren.za [sofferˊentsa] *sf* **1** sofrimento, padecimento. **2** paciência, tolerância.

sof.fer.ma.re [soffermˊare] *vt+vpr* parar um pouco.

sof.fia.re [soffˊjare] *vt* **1** soprar, assoprar. **2** *fig* revelar. **3** denunciar. *vi* **4** soprar, assoprar. **5** ofegar. **6** bufar de raiva. *vpr* **7** assoar o nariz.

sof.fi.ce [sˊɔffitʃe] *agg* macio, fofo.

sof.fio [sˊɔffjo] *sm* **1** sopro, assopro. **2** vento. **3** respiração. **4** *Med* sopro. **in un soffio** num instante.

sof.fit.ta [soffˊitta] *sf* sótão.

sof.fo.ca.re [soffokˊare] *vt* **1** sufocar, asfixiar. **2** afogar. **3** abafar, extinguir (fogo). **4** reprimir. *vi* **5** sufocar, respirar com dificuldade. **soffocare uno scandalo** abafar um escândalo.

sof.fri.re [soffrˊire] *vt+vi* **1** sofrer, padecer. **2** suportar, tolerar, aguentar, aturar.

so.fi.sti.ca.re [sofistikˊare] *vt* **1** sofisticar. **2** adulterar, alterar. **3** falsificar.

software [sˊɔftwer] *sm ingl Inform software.*

sog.get.ti.vo [soddʒettˊivo] *agg* subjetivo.

sog.get.to [soddʒ'ɛtto] *sm* **1** assunto, tema. **2** sujeito, indivíduo, pessoa. **3** *Gramm* sujeito. • *agg* **1** sujeito. **2** exposto. **3** dependente.
sog.ge.zio.ne [soddʒets'jone] *sf* **1** sujeição, submissão. **2** dependência.
sog.gia.ce.re [soddʒatʃ'ere] *vi* **1** sujeitar-se, submeter-se. **2** estar sujeito, expor-se a.
sog.gio.ga.re [soddʒog'are] *vt* **1** subjugar. **2** vencer, dominar.
sog.gior.na.re [soddʒorn'are] *vi* parar em, passar um tempo em.
sog.gior.no [soddʒ'orno] *sm* **1** estadia, visita, parada. **2** sala de visitas.
so.glia [s'ɔλa] *sf* **1** soleira. **2** *fig* limiar, início.
so.gna.re [soñ'are] *vt+vi* **1** sonhar. **2** *fig* imaginar, fantasiar. **3** desejar, almejar.
so.gno [s'oño] *sm* **1** sonho. **2** *fig* imaginação, ilusão. **3** desejo, meta. **nemmeno per sogno!** de jeito nenhum!
so.ia [s'ɔja] *sf Bot* soja.
sol [s'ɔl] *sm Mus* sol.
so.la.io [sol'ajo] *sm* **1** soalho. **2** forro do teto.
so.la.re [sol'are] *agg* **1** solar, do Sol. **2** *fig* brilhante, luminoso. **3** maravilhoso, divino.
sol.co [s'olko] *sm* **1** sulco. **2** *fig* ruga, prega. **3** rastro.
sol.da.to [sold'ato] *sm Mil* soldado.
sol.do [s'ɔldo] *sm* **1** *Mil* soldo. **2** *fig* moeda, dinheiro. **3** pagamento, salário. **4 soldi** *pl* dinheiro. **avere i soldi** ter dinheiro.
so.le [s'ole] *sm* **1** *Astron* sol. **2** *Poet* dia. **3** *fig* luz. **colpo di sole** insolação. **prendere sole** tomar sol.
so.len.ne [sol'ɛnne] *agg* **1** solene, pomposo. **2** imponente, majestoso. **3** austero.
so.len.ni.tà [solennit'a] *sf* **1** solenidade. **2** pompa. **3** imponência. **4** *Giur* formalidade.
so.let.ta [sol'etta] *sf* palmilha, soleta.
sol.fo [s'olfo] *sm V zolfo.*
so.li.da.le [solid'ale] *agg Giur* solidário.
so.li.di.tà [solidit'a] *sf* (anche *fig*) **1** solidez. **2** dureza, consistência.
so.li.do [s'ɔlido] *sm Fis, Geom* sólido. • *agg* (anche *fig*) **1** sólido. **2** duro, maciço, consistente.
so.li.sta [sol'ista] *s Mus* solista.
so.li.ta.rio [solit'arjo] *sm* solitário. • *agg* **1** solitário, sozinho. **2** deserto, desabitado, ermo.
so.li.to [s'ɔlito] *sm* costume, hábito. • *agg* costumeiro, habitual. **di solito** de costume.
so.li.tu.di.ne [solit'udine] *sf* **1** solidão. **2** ermo.
sol.le.ci.ta.re [solletʃit'are] *vt* **1** solicitar, pedir. **2** apressar. **3** incitar, estimular. *vpr* **4** apressar-se.
sol.le.ci.ta.zio.ne [solletʃitats'jone] *sf* solicitação.
sol.le.ci.to [soll'etʃito] *agg* **1** solícito, zeloso, cuidadoso. **2** atencioso, prestativo.
sol.le.ci.tu.di.ne [solletʃit'udine] *sf* **1** solicitude. **2** presteza. **3** cuidado, zelo. **4** atenção.
sol.le.va.re [sollev'are] *vt* **1** levantar, erguer. **2** *fig* liberar, aliviar. **3** consolar, confortar. **4** sublevar, amotinar. *vpr* **5** levantar-se, erguer-se. **6** *fig* consolar-se, confortar-se. **7** sublevar-se, rebelar-se.
sol.le.va.zio.ne [sollevats'jone] *sf* rebelião, insurreição, revolta.
sol.lie.vo [soll'jɛvo] *sm* **1** alívio. **2** consolo, conforto, consolação. **3** descanso, trégua.
so.lo [s'olo] *sm Mus* solo. • *agg* **1** só, sozinho, solitário. **2** simples, puro. • *avv* só, somente.
sol.sti.zio [solst'itsjo] *sm Astron* solstício. **solstizio boreale/solstizio estivo** solstício de verão. **solstizio meridionale/solstizio invernale** solstício de inverno.
sol.tan.to [solt'anto] *avv* apenas, somente.
so.lu.bi.le [sol'ubile] *agg* solúvel.
so.lu.zio.ne [soluts'jone] *sf* **1** solução. **2** diluição. **3** decisão, resolução.
sol.ven.te [solv'ɛnte] *sm+agg* **1** solvente, dissolvente. **2** *fig* pagador.
so.ma [s'ɔma] *sf* **1** carga, peso. **2** *Comm, fig* encargo, gravame. **bestia da soma** a) animal de carga. b) *fig* burro de carga, quem trabalha pesado.

so.ma.ro [som'aro] *sm* **1** asno, burro. **2** *fig* ignorante, estúpido.

so.mi.glian.te [somiλ'ante] *sm* semelhante. • *agg* **1** semelhante, parecido. **2** similar.

so.mi.glian.za [somiλ'antsa] *sf* **1** semelhança, similaridade. **2** *fig* afinidade, analogia. **a somiglianza di** da mesma forma que.

so.mi.glia.re [somiλ'are] *vi+vpr* assemelhar-se a, parecer com. *il figlio somiglia al padre* / o filho parece com o pai. *tutti i fratelli si somigliano* / todos os irmãos se assemelham.

som.ma [s'ɔmma] *sf Mat* **1** soma. **2** total. **3** adição. **4** *Comm* soma, montante, quantia. **5** *fig* conjunto. **6** sumário, resumo. **7 somme** *pl* conclusões. **in somma** em suma, concluindo.

som.ma.re [somm'are] *vt Mat* somar, adicionar.

som.ma.rio [somm'arjo] *sm* **1** sumário, índice. **2** resumo, sinopse. • *agg* **1** sumário. **2** breve.

som.mer.ge.re [somm'ɛrdʒere] *vt* **1** submergir, mergulhar. *vpr* **2** submergir-se, mergulhar.

som.mer.gi.bi.le [sommerdʒ'ibile] *sm Naut* submarino.

som.mer.sio.ne [sommers'jone] *sf* submersão.

som.mis.sio.ne [sommiss'jone] *sf V sottomissione*.

som.mi.tà [sommit'a] *sf* **1** cúmulo, ápice, apogeu. **2** cume, topo. **3** *fig* celebridade, sumidade.

som.mo [s'ommo] *sm* cúmulo, ápice, apogeu. • *agg superl* (de **alto**) sumo, supremo.

som.mos.sa [somm'ɔssa] *sf* **1** confusão, desordem. **2** rebelião, revolta.

so.na.glio [son'aλo] *sm* **1** guizo. **2** chocalho.

so.na.re [son'are] *vt+vi V suonare*.

so.na.ta [son'ata] *sf Mus* sonata.

son.da [s'onda] *sf Med, Mecc* sonda.

son.da.re [sond'are] *vt* **1** *Med, Mecc* sondar. **2** *fig* investigar, tentar saber.

so.net.to [son'etto] *sm Lett* soneto.

son.nam.bu.lo [sonn'ambulo] *sm Med* sonâmbulo.

son.nec.chia.re [sonnekk'jare] *vi* cochilar.

son.ni.fe.ro [sonn'ifero] *sm+agg Med* sonífero, tranquilizante, narcótico.

son.no [s'onno] *sm* **1** sono. **2** sonolência, torpor. **il sonno eterno** *fig* o sono eterno. **perdere il sonno** perder o sono (de preocupação).

son.no.len.to [sonnol'ɛnto] *agg* sonolento.

son.no.len.za [sonnol'ɛntsa] *sf* **1** sonolência. **2** torpor.

so.no.ro [son'ɔro] *agg* **1** sonoro. **2** ruidoso, rumoroso, ressonante.

son.tu.o.so [sontu'ozo] *agg* **1** suntuoso, luxuoso, pomposo. **2** caro, custoso.

so.po.ri.fe.ro [sopor'ifero] *agg* **1** soporífero, sonífero. **2** *fig* tedioso, monótono. **3** *pop* chato.

sop.pe.ri.re [sopper'ire] *vt* **1** suprir, fornecer, prover. *vi* **2** bastar, chegar para.

sop.pe.sa.re [soppez'are] *vt* **1** pesar, ver o peso de. **2** *fig* considerar, avaliar, ponderar sobre.

sop.pian.ta.re [soppjant'are] *vt* suplantar, substituir.

sop.por.ta.re [sopport'are] *vt* **1** suportar. **2** sustentar. **3** sofrer, aguentar, tolerar.

sop.pres.sio.ne [soppress'jone] *sf* supressão, abolição, eliminação.

sop.pri.me.re [soppr'imere] *vt* **1** suprimir, abolir, eliminar. **2** *fig* exterminar, liquidar.

so.pra [s'opra] *prep* **1** sobre, acima de. **2** ao norte de. • *avv* **1** em cima, acima. **2** ao norte. **3** na parte de cima, no andar de cima. **di sopra/disopra** da parte de cima. *Var Poet: sovra*.

so.pra.bi.to [sopr'abito] *sm* sobretudo.

so.prac.ci.glio [soprattʃ'iλo] *sm Anat* (*pl f* **le sopracciglia**) sobrancelha.

so.prac.co.per.ta [soprakkop'ɛrta] *sf* **1** colcha, acolchoado. **2** sobrecapa de livro.

so.prad.det.to [sopradd'etto] *agg* acima mencionado. *Sin: suddetto*.

so.prag.giun.ge.re [sopraddʒ'undʒere] *vi V sopravvenire*.

so.pram.mo.do [sopramm'ɔdo] *avv* sobremodo, sobremaneira, desmesuradamente.

so.pram.mo.bi.le [sopramm'ɔbile] *sm* enfeite, bibelô.

so.pran.na.tu.ra.le [soprannatur´ale] *sm* sobrenatural. • *agg* **1** sobrenatural, sobre-humano. **2** milagroso, divino. **3** *fig* misterioso, inexplicável.
so.pran.no.me [soprann´ome] *sm* apelido, alcunha.
so.pran.nu.me.ro [soprann´umero] *avv* usado na expressão **in soprannumero** a mais, sobrando.
so.pra.no [sopr´ano] *sm Mus* soprano.
so.pras.sal.to [soprass´alto] *sm* **1** sobressalto. **2** susto. **di soprassalto** repentinamente.
so.pras.se.de.re [soprassed´ere] *vi* adiar, protelar, deixar para depois.
so.prat.tas.sa [sopratt´assa] *sf Comm* sobretaxa, acréscimo, adicional.
so.prat.tut.to [sopratt´utto] *avv* sobretudo, acima de tudo, principalmente.
so.pra.van.za.re [sopravants´are] *vt* **1** exceder, superar. *sempre sopravanzò gli avversari* / sempre superou os adversários. *vi* **2** sobressair-se. **3** sobrar, restar.
so.pra.van.zo [soprav´antso] *sm* **1** excedente, excesso. **2** sobra, resto.
so.prav.ve.ni.re [sopravven´ire] *vi* **1** chegar inesperadamente. **2** sobrevir, acontecer. *Sin: sopraggiungere.*
so.prav.vi.ven.te [sopravviv´ɛnte] *s+agg* sobrevivente.
so.prav.vi.ven.za [sopravviv´ɛntsa] *sf* sobrevivência.
so.prav.vi.ve.re [sopravv´ivere] *vi* **1** sobreviver. **2** *fig* salvar-se, escapar, fugir.
so.pru.so [sopr´uzo] *sm* **1** opressão. **2** injustiça.
soq.qua.dro [sokk´wadro] *sm* **1** ruína, estrago. **2** confusão, desordem, bagunça.
sor.bet.tie.re [sorbett´jɛre] *sm* sorveteiro.
sor.bet.to [sorb´etto] *sm* sorvete.
sor.bi.re [sorb´ire] *vt* sorver, beber.
sor.cio [s´ortʃo] *sm* rato.
sor.di.do [s´ordido] *agg* **1** sórdido, asqueroso, nojento. **2** imundo.
sor.di.na [sord´ina] *sf Mus* surdina. **alla sordina** na surdina, às escondidas.
sor.di.tà [sordit´a] *sf* surdez.
sor.do [s´ordo] *sm* surdo. • *agg* **1** surdo. **2** *fig* indiferente, frio. **3** surdo, baixo (som). **non è peggior sordo di chi non vuol udire** pior cego é aquele que não quer ver.
sor.do.mu.to [sordom´uto] *sm+agg* surdo-mudo.
so.rel.la [sor´ɛlla] *sf* irmã.
sor.gen.te [sordʒ´ɛnte] *sf* **1** nascente, fonte, manancial. **2** *Min* poço. **3** *fig* origem, causa.
sor.ge.re [s´ɔrdʒere] *vi* **1** surgir, aparecer. **2** *fig* nascer, originar-se, derivar.
so.ria.no [sor´jano] *sm+agg* sírio. • *agg Zool* pardo. **gatto soriano** gato pardo.
sor.mon.ta.re [sormont´are] *vt* **1** superar, vencer. *vi* **2** elevar-se, subir. **3** sobrar, restar.
sor.nio.ne [sorn´jone] *sm+agg* **1** soturno, fechado, introvertido. **2** *pop* fingido, falso.
sor.pas.sa.re [sorpass´are] *vt* **1** superar, exceder, ultrapassar. **2** sobrepujar.
sor.pren.den.te [sorprend´ɛnte] *agg* surpreendente, admirável, extraordinário.
sor.pren.de.re [sorpr´ɛndere] *vt* **1** surpreender. **2** maravilhar.
sor.pre.sa [sorpr´eza] *sf* surpresa, pasmo. **di sorpresa** de surpresa, inesperadamente. **fare una sorpresa** fazer uma surpresa.
sor.reg.ge.re [sor̄´ɛddʒere] *vt* **1** segurar, sustentar, suster. **2** *fig* ajudar, apoiar.
sor.ri.de.re [sor̄´idere] *vi* **1** sorrir. **2** *fig* ajudar.
sor.ri.so [sor̄´izo] *sm* sorriso.
sor.so [s´orso] *sm* gole, trago.
sor.ta [s´ɔrta] *sf* **1** tipo, classe. **2** modo, maneira. **in sorta** *Comm* sortido. *Var: sorte.*
sor.te [s´ɔrte] *sf* **1** sorte. **2** destino. **3** acaso. **4** *V sorta.*
sor.teg.gia.re [sorteddʒ´are] *vt* sortear.
sor.teg.gio [sort´eddʒo] *sm* sorteio.
sor.ti.le.gio [sortil´ɛdʒo] *sm* sortilégio, encantamento, feitiçaria.
sor.ti.re [sort´ire] *vt* **1** sortear. *vi* **2** ser sorteado. **3** surtir, conseguir. **sortire effetto** surtir efeito.
sor.ve.glia.re [sorveʎ´are] *vt* **1** vigiar. **2** espreitar.
sor.vo.la.re [sorvol´are] *vt* **1** *Lett* sobrevoar, voar por cima. **2** *fig* omitir, pular.

so.spen.de.re [sosp´ɛndere] *vt* **1** suspender. *il direttore sospenderà due alunni dalla scuola* / o diretor suspenderá dois alunos da escola. *la cameriera sospese la sedia per pulire il tapetto* / a camareira suspendeu a cadeira para limpar o tapete. **2** pendurar. **3** *fig* interromper, parar. *l'università sospenderà la ricerca per due mesi* / a universidade vai interromper a pesquisa por dois meses. **4** adiar. *vpr* **5** suspender-se, pendurar-se. **6** enforcar-se. **sospendere un assegno** sustar um cheque.

so.spen.sio.ne [sospens´jone] *sf* **1** suspensão. **2** interrupção. **3** adiamento.

so.spe.so [sosp´ezo] *agg* **1** suspenso. **2** interrompido. **3** adiado. **4** *fig* indeciso, incerto.

so.spet.ta.re [sospett´are] *vt+vi* **1** suspeitar. **2** supor, julgar. **3** desconfiar.

so.spet.to [sosp´etto] *sm* **1** suspeita, desconfiança. **2** dúvida. • *agg* **1** suspeito. **2** duvidoso.

so.spin.ge.re [sosp´indʒere] *vt* **1** impelir, empurrar. **2** *fig* provocar, incitar, instigar.

so.spi.ra.re [sospir´are] *vt* **1** *fig* desejar, ansiar. *vi* **2** suspirar. **3** *fig* lamentar-se, gemer.

so.spi.ro [sosp´iro] *sm* **1** suspiro. **2** *fig* lamento.

so.sta [s´ɔsta] *sf* **1** parada. **2** interrupção, pausa. **3** *Autom* estacionamento.

so.stan.ti.vo [sostant´ivo] *sm Gramm* substantivo.

so.stan.za [sost´antsa] *sf* **1** substância. **2** *fig* essência. **3 sostanze** *pl* bens. **in sostanza** em suma.

so.stan.zio.so [sostants´jozo] *agg* **1** substancioso. **2** nutritivo.

so.sta.re [sost´are] *vi* **1** sustar. **2** parar, estacionar.

so.ste.gno [sost´eño] *sm* **1** sustento, suporte. **2** *Mecc* eixo. **3** *fig* ajuda, apoio.

so.ste.ne.re [sosten´ere] *vt* **1** sustentar, segurar. **2** manter. **3** suportar. **4** *Calc* torcer (para um time). **5** *Teat* representar. *vpr* **6** sustentar-se, manter-se.

so.sten.ta.re [sostent´are] *vt* **1** sustentar, manter, alimentar. *vpr* **2** sustentar-se, manter-se.

so.ste.nu.to [sosten´uto] *agg* **1** sustentado. **2** *fig* austero, reservado (pessoa). **3** alto, elevado (estilo). **4** firme, forte. **5** *Mus* sustenido.

so.sti.tu.i.re [sostitu´ire] *vt* substituir.

so.sti.tu.to [sostit´uto] *sm* substituto.

so.sti.tu.zio.ne [sostituts´jone] *sf* substituição. **in sostituzione di** em substituição a, ao invés de.

so.stra.to [sostr´ato] *sm* **1** substrato. **2** *fig* essência.

sot.ta.na [sott´ana] *sf* **1** saia. **2** *Rel* batina, sotaina. **3** *fig* mulher.

sot.ta.nie.re [sottan´jɛre] *sm* mulherengo.

sot.ter.fu.gio [sotterf´udʒo] *sm* **1** subterfúgio, ardil, truque. **2** desculpa, pretexto.

sot.ter.ra.ne.a [sotter̄´anea] *sf bras* metrô.

sot.ter.ra.ne.o [sotter̄´aneo] *sm* **1** subterrâneo, subsolo, local subterrâneo. **2** porão. • *agg* subterrâneo.

sot.ter.ra.re [sotter̄´are] *vt* **1** enterrar. **2** soterrar. **3** sepultar.

sot.ti.gliez.za [sottiʎ´ettsa] *sf* **1** sutileza. **2** fineza. **3** delicadeza.

sot.ti.le [sott´ile] *agg* **1** sutil. **2** fino, estreito. **3** delicado. **4** perspicaz. **mal sottile** tuberculose.

sot.tin.ten.de.re [sottint´ɛndere] *vt* **1** subentender, dar a entender. **2** supor.

sot.to [s´otto] *avv* abaixo, embaixo. • *prep* **1** sob, embaixo de, abaixo de. **2** no governo de. **andare sotto** pôr-se. **di sotto/disotto** embaixo.

sot.to.cu.ta.ne.o [sottokut´aneo] *agg* subcutâneo.

sot.to.li.ne.a.re [sottoline´are] *vt* **1** sublinhar, grifar. **2** *fig* salientar, acentuar.

sot.to.li.ne.a.tu.ra [sottolineat´ura] *sf* sublinhado, grifo.

sot.to.ma.ri.no [sottomar´ino] *sm Naut* submarino. • *agg* submarino.

sot.to.mes.so [sottom´esso] *agg* submisso, servil, humilde.

sot.to.met.te.re [sottom´ettere] *vt* **1** submeter. *vpr* **2** submeter-se.

sot.to.mis.sio.ne [sottomiss´jone] *sf* submissão. *Sin: sommissione*.

sot.to.pas.sag.gio [sottopass´addʒo] *sm* passagem subterrânea, túnel.

sot.to.por.re [sottop´oȓe] *vt* **1** colocar debaixo. **2** submeter. **3** obrigar, constranger. *vpr* **4** submeter-se, sujeitar-se. **5** conformar-se.

sot.to.scrit.to [sottoskr´itto] *sm* o abaixo assinado (a pessoa que assinou). • *agg* subscrito.

sot.to.scri.ve.re [sottoskr´ivere] *vt* **1** subscrever, assinar. **2** *fig* aceitar, aprovar. **3** aderir a.

sot.to.scri.zio.ne [sottoskrits´jone] *sf* subscrição, assinatura.

sot.to.so.pra [sottos´ɔpra] *avv* de cabeça para baixo, de pernas para o ar, em desordem.

sot.to.stan.te [sottost´ante] *agg* inferior.

sot.to.suo.lo [sottos´wɔlo] *sm Geogr* subsolo.

sot.to.ve.ste [sottov´ɛste] *sf* combinação (roupa íntima).

sot.trar.re [sottr´aȓe] *vt* **1** subtrair. **2** cortar. **3** ocultar. **4** furtar. *vpr* **5** isentar-se. **6** esquivar-se.

sot.tra.zio.ne [sottrats´jone] *sf* **1** subtração. **2** *Giur* furto, roubo.

so.ven.te [sov´ɛnte] *avv* frequentemente.

so.ver.chia.re [soverk´jare] *vt* superar, vencer.

so.vra [s´ovra] *prep Poet V sopra.*

so.vrac.ca.ri.co [sovrakk´ariko] *sm* sobrecarga, excesso de peso. • *agg* sobrecarregado.

so.vra.ni.tà [sovranit´a] *sf* **1** soberania. **2** *fig* autoridade, governo, domínio.

so.vra.no [sovr´ano] *sm* **1** soberano. **2** rei. • *agg* **1** soberano. **2** sumo, superior. **3** *fig* senhor de si.

so.vrap.pe.so [sovrapp´ezo] *sm* sobrecarga, excedente.

so.vrap.por.re [sovrapp´oȓe] *vt* **1** sobrepor. **2** acrescentar, adicionar. **3** *fig* preferir. *vpr* **4** sobrepor-se.

so.vra.stan.te [sovrast´ante] *agg* iminente, próximo.

so.vrin.ten.den.te [sovrintend´ɛnte] *s+agg* **1** superintendente. **2** supervisor, supervisora.

so.vrin.ten.den.za [sovrintend´ɛntsa] *sf* **1** superintendência. **2** supervisão.

so.vrin.ten.de.re [sovrint´endere] *vt* **1** superintender. **2** supervisar.

sov.ven.zio.na.re [sovventsjon´are] *vt Econ* subvencionar, subsidiar.

sov.ven.zio.ne [sovvents´jone] *sf Econ* subvenção, subsídio.

sov.ver.sio.ne [sovvers´jone] *sf* **1** subversão. **2** *Med* enjoo, distúrbio estomacal.

sov.ver.si.vo [sovvers´ivo] *sm+agg* subversivo, agitador, revolucionário.

sov.ver.ti.re [sovvert´ire] *vt* **1** subverter. **2** revolver.

soz.zo [s´oddzo] *agg* **1** sujo, imundo. **2** obsceno.

soz.zu.ra [soddz´ura] *sf* **1** sujeira, imundície. **2** baixeza, obscenidade, vulgaridade.

spac.ca.re [spakk´are] *vt* partir, rachar, fender.

spac.ca.tu.ra [spakkat´ura] *sf* rachadura, fenda.

spa.da [sp´ada] *sf* **1** espada. **2 spade** *pl* espadas (naipe das cartas). **chi di spada ferisce, di spada perisce** quem com ferro fere, com ferro será ferido.

spa.dac.ci.no [spadattʃ´ino] *sm* espadachim.

spa.ghet.to [spag´etto] *sm* **1** barbante. **2** *pop* medo. **3 spaghetti** *pl* espaguete. Veja nota em **lasagna**.

spa.gno.lo [spañ´ɔlo] *sm+agg* espanhol.

spa.go [sp´ago] *sm* **1** barbante. **2** cordão, cordel.

spa.lan.ca.re [spalank´are] *vt* **1** escancarar. **2** arregalar, esbugalhar (olhos).

spal.la [sp´alla] *sf* **1** *Anat* ombro, espádua. **2** *fig* flanco (de exército). **3** lado. **4 spalle** *pl Anat* costas, dorso. **alzare le spalle/ stringersi alle spalle** encolher os ombros (em sinal de indiferença). **avere le spalle grosse** ter as costas largas. **dare le spalle** fugir. **ridere alle spalle di** rir pelas costas de.

spal.leg.gia.re [spalleddʒ´are] *vt* **1** ajudar, auxiliar. *vpr* **2** defender-se.

span.de.re [sp´andere] *vt* **1** espalhar, espargir. **2** derramar. **3** *fig* expandir. **4** propagar, divulgar. *vpr* **5** espalhar-se. **6** *fig* expandir-se, difundir-se.

spa.ra.drap.po [sparadr´appo] *sm Med* esparadrapo.

spa.ra.re [spar´are] *vt* **1** disparar (arma). **2** chutar.

spa.ra.to.ria [sparat´ɔrja] *sf* tiroteio.

spar.ge.re [sp´ardʒere] *vt* **1** espalhar, espargir. **2** *fig* divulgar. *vpr* **3** espalhar-se. **4** divulgar-se.

spa.ri.re [spar´ire] *vi* **1** desaparecer, sumir. **2** *fig* morrer.

spa.ri.zio.ne [sparits´jone] *sf* **1** desaparecimento, sumiço. **2** *fig* morte.

spa.ro [sp´aro] *sm* disparo, tiro de arma.

spar.pa.glia.re [sparpaλ´are] *vt* **1** dispersar, disseminar. *vpr* **2** dispersar-se, disseminar-se.

spar.so [sp´arso] *agg* disperso, disseminado.

spar.ti.re [spart´ire] *vt* **1** partir, dividir. **2** repartir, distribuir. *la compagnia spartì il lucro tra i soci* / a companhia repartiu o lucro entre os sócios. *vpr* **3** dividir-se. **4** afastar-se.

spa.ru.to [spar´uto] *agg* **1** macilento, esquelético, mirrado. **2** insignificante, reduzido.

spa.si.mo [sp´azimo] *sm* **1** *Med* espasmo. **2** *fig* cobiça. **3** dor, aflição. *Var: spasmo.*

spa.smo [sp´azmo] *sm V spasimo.*

spas.sa.re [spass´are] *vt* **1** divertir, alegrar. *vpr* **2** divertir-se.

spas.sio.nar.si [spassjon´arsi] *vpr* desabafar.

spas.so [sp´aso] *sm* **1** divertimento, diversão, passatempo. **2** passeio. **mandare a spasso** mandar passear, mandar embora. **prendersi spasso di** divertir-se às custas de.

spau.rac.chio [spawr´akkjo] *sm* espantalho.

spa.ven.ta.re [spavent´are] *vt* **1** espantar, assustar. *vpr* **2** espantar-se, assustar-se.

spa.ven.to [spav´ɛnto] *sm* espanto, susto.

spa.ven.to.so [spavent´ozo] *agg* espantoso, assustador.

spa.zia.le [spats´jale] *agg* espacial. • *sm* astronauta.

spa.zia.re [spats´jare] *vt* **1** espaçar, espacejar. *vi* **2** vagar, mover-se no espaço. **3** *fig* divagar.

spa.zieg.gia.re [spatsjeddʒ´are] *vt* espaçar, espacejar.

spa.zio [sp´atsjo] *sm* espaço.

spa.zio.so [spats´jozo] *agg* espaçoso, amplo.

spaz.za.re [spatts´are] *vt* **1** varrer. **2** *fig* retirar.

spaz.za.tu.ra [spattsat´ura] *sf* sujeira, imundície.

spaz.zo.la [sp´attsola] *sf* escova.

spaz.zo.la.re [spattsol´are] *vt* escovar.

spaz.zo.li.no [spattsol´ino] *sm dim* escovinha. **spazzolino da denti** escova de dentes.

spec.chiar.si [spekk´jarsi] *vpr* **1** espelhar-se. **2** refletir-se. **3** *fig* seguir, imitar.

spec.chiet.to [spekk´jetto] *sm dim* **1** espelhinho. **2** *fig* resumo, esquema. **specchietto retrovisivo** *Autom* espelho retrovisor.

spec.chio [sp´ekkjo] *sm* **1** espelho. **2** *fig* exemplo.

spe.cia.le [spetʃ´ale] *agg* **1** especial. **2** particular.

spe.cia.li.sta [spetʃal´ista] *s* especialista, perito, técnico.

spe.cia.liz.za.re [spetʃaliddz´are] *vt* **1** especificar. *vpr* **2** especializar-se.

spe.cie [sp´ɛtʃe] *sm* **1** espécie, tipo, classe. **2** *Zool* espécie. **3** *fig* surpresa, maravilha. **fare specie a** surpreender, maravilhar.

spe.ci.fi.ca.re [spetʃifik´are] *vt* especificar.

spe.ci.fi.co [spetʃ´ifiko] *agg* específico, particular, peculiar.

spe.cu.la.re [spekul´are] *vt+vi Fil, Comm* especular.

spe.dien.te [sped´jɛnte] *sm+agg V espediente.*

spe.di.re [sped´ire] *vt* **1** expedir, remeter, enviar, despachar. *il re spedisce un corriere* / o rei envia um mensageiro. *spedire una lettera per via aerea* / expedir uma carta por via aérea. **2** *Med* aviar. *spedire una ricetta* / aviar uma receita. *vpr* **3** apressar-se. Veja nota em **passare**.

spe.di.to [sped´ito] *agg* **1** ligeiro, rápido. **2** ágil. **3** ativo, desembaraçado.

spe.di.zio.ne [spedits´jone] *sf* **1** expedição. **2** remessa, envio.

spe.gne.re [sp´ɛñere] *vt* **1** apagar, extinguir (fogo). **2** *fig* satisfazer. **3** matar. **4** pagar (débito). *vpr* **5** apagar-se, extinguir-se. **6** *fig* morrer, falecer. **7** perder-se. **8** acabar.

spe.la.re [spel´are] *vt* **1** pelar, tirar o pelo de. *vpr* **2** perder os pelos.
spel.la.re [spell´are] *vt* **1** esfolar, pelar, tirar a pele de. **2** *fig* extorquir. *vpr* **3** perder a pele.
spe.lon.ca [spel´onka] *sf* **1** espelunca, caverna, gruta. **2** *fig* casebre.
spen.dac.cio.ne [spendattʃ´one] *sm fam, disp* mão-aberta, gastador, esbanjador.
spen.de.re [sp´ɛndere] *vt* **1** gastar. *ho speso molto per questa casa* / gastei muito por esta casa. **2** empregar, utilizar. *spesi tutta la mia sperienza per finire questo lavoro* / empreguei toda a minha experiência para concluir este trabalho. **3** passar (tempo). *lei spende molto tempo a tessere quelle sopraccoperte* / ela passa muito tempo tecendo aquelas colchas. **chi più spende, meno spende** o barato sai caro.
spen.na.re [spenn´are] *vt* **1** depenar. **2** *fig* extorquir, tirar dinheiro.
spen.sie.ra.to [spensjer´ato] *agg* **1** descuidado, imprudente. **2** impensado, irrefletido.
spen.to [sp´ɛnto] *agg* **1** apagado, extinto. **2** *fig* pálido. **3** apático. **4** *Lett* morto.
spe.ran.za [sper´antsa] *sf* **1** esperança. **2** fé. **3** aspiração, anseio. **finché v'è fiato, v'è speranza** a esperança é a última que morre.
spe.ran.zo.so [sperants´ozo] *agg* **1** esperançoso. **2** confiante.
spe.ra.re [sper´are] *vt* **1** esperar. *spero che sia felice* / espero que você seja feliz. *spero di poter viaggiare presto* / espero poder viajar em breve. *spero molto da te* / espero muito de ti. **2** confiar. **3** desejar. *vi* **4** ter esperança. **spero di no** espero que não. **spero di sì** espero que sim.
sper.giu.ra.re [sperdʒur´are] *vt Giur, Rel* perjurar.
sper.giu.ro [sperdʒ´uro] *sm Giur, Rel* perjúrio.
spe.ri.men.ta.re [speriment´are] *vt* **1** experimentar, testar. **2** *fig* tentar, arriscar.
spe.ri.men.to [sperim´ento] *sm V esperimento.*
sper.ma [sp´ɛrma] *sm Fisiol* esperma, sêmen.
sper.ma.to.zoi [spermatodz´ɔj] *sm pl Fisiol* espermatozoides.
spe.ro.ne [sper´one] *sm V sprone.*
sper.pe.ra.re [sperper´are] *vt* **1** desperdiçar, esbanjar. *fig* **2** estragar. **3** jogar fora.
sper.pe.ro [sp´ɛrpero] *sm* desperdício, esbanjamento.
spe.sa [sp´eza] *sf* **1** despesa, gasto, dispêndio. **2** compra. **a proprie spese** por conta própria.
spes.so [sp´esso] *agg* **1** espesso, grosso, denso, compacto. **2** frequente. • *avv* frequentemente.
spes.so.re [spess´ore] *sm* **1** espessura, grossura. **2** *fig* densidade.
spet.ta.co.la.re [spettakol´are] *agg* espetacular, grandioso, extraordinário.
spet.ta.co.lo [spett´akolo] *sm* **1** espetáculo, apresentação. **2** *fig* quadro, panorama, vista.
spet.tan.za [spett´antsa] *sf* alçada, competência, atribuição.
spet.ta.re [spett´are] *vi* caber a, competir a.
spet.ta.to.re [spettat´ore] *sm* **1** espectador. **2** *fig* testemunha.
spet.ti.na.re [spettin´are] *vt* **1** despentear, descabelar. *vpr* **2** despentear-se, descabelar-se.
spet.tro [sp´ɛttro] *sm* **1** espectro, fantasma, assombração. **2** *fig* ameaça, perigo.
spe.zia.le [spets´jale] *sm* **1** farmacêutico. **2** boticário.
spe.zie [sp´ɛtsje] *sf pl* **1** especiarias. **2** *Med* drogas, produtos farmacêuticos.
spez.za.re [spetts´are] *vt* **1** quebrar, romper. **2** trocar (dinheiro). **3** despedaçar. *vpr* **4** quebrar-se, romper-se, partir-se. **5** despedaçar-se. Veja nota em **trocar**.
spez.zet.ta.re [spettsett´are] *vt* esmigalhar.
spi.a [sp´ia] *sf* **1** espião. **2** informante (da polícia). **3** olho mágico. **spia doppia** agente duplo.
spia.ce.re [spjatʃ´ere] *sm* desprazer. • *vi* **1** desagradar. *la guerra spiace alle persone intelligenti* / a guerra desagrada às pessoas inteligentes. **2** incomodar. *ti spiace quando apro le finestre?* / incomoda quando abro as janelas?

Spiacere é usado também para exprimir arrependimento, ou suavizar uma recusa, uma negativa. *mi spiace di non poter aiutarla* / desculpe-me por não poder ajudá-la.

spia.ce.vo.le [spjatʃ´evole] *agg* **1** desagradável. **2** incômodo.

spiag.gia [sp´jaddʒa] *sf* **1** praia. **2** litoral, costa.

spia.na.re [spjan´are] *vt* **1** aplainar, aplanar. **2** alisar. **3** *fig* explicar. **4** facilitar. **5** apontar, mirar.

spi.a.re [spi´are] *vt* **1** espiar, espreitar. **2** espionar.

spic.ca.re [spikk´are] *vt* **1** arrancar, destacar, separar. **2** despachar (ordem). **3** colher (fruto, flor). *vi* **4** destacar-se, ressaltar-se. *vpr* **5** brilhar, destacar-se, fazer sucesso. **spiccare il volo** levantar voo.

spic.chio [sp´ikkjo] *sm* **1** dente de alho. **2** gomo de fruta.

spic.cio.li [sp´ittʃoli] *sm pl* troco. Veja nota em **troco**.

spie.de [sp´jɛde] *sm V spiedo*.

spie.do [sp´jɛdo] *sm* espeto. *Var: spiede*.

spie.ga.re [spjeg´are] *vt* **1** desdobrar, estender. **2** explicar, esclarecer, precisar. **3** desfraldar (bandeira). *vpr* **4** desdobrar-se, estender-se. **5** explicar-se, fazer-se entender. **6** tremular (bandeira). Veja nota em **precisar**.

spie.ga.zio.ne [spjegats´jone] *sf* explicação, esclarecimento.

spie.ta.to [spjet´ato] *agg* impiedoso, desumano.

spif.fe.ra.re [spiffer´are] *vt fam* desembuchar.

spi.ga [sp´iga] *sf* espiga.

spil.la [sp´illa] *sf* broche.

spil.lo [sp´illo] *sm* alfinete. **spillo di sicurezza** alfinete de segurança.

spil.lo.ne [spill´one] *sm* broche.

spi.lor.cio [spil´ɔrtʃo] *sm+agg* **1** avarento, sovina. **2** *pop* pão-duro, mão de vaca.

spi.na [sp´ina] *sf* **1** *Bot* espinho. **2** *Zool* espinha de peixe. **3** ferrão de abelha ou vespa. **4** *Anat* espinha. **5** *Elett* pino de tomada. **6** *fig* dor, aflição, tormento. **spina dorsale** espinha dorsal.

spi.na.cio [spin´atʃo] *sm* espinafre.

spi.na.le [spin´ale] *agg Anat* espinhal.

spin.gar.da [sping´arda] *sf* espingarda.

spin.ge.re [sp´indʒere] *vt* **1** impelir, empurrar. **2** *fig* instigar, incitar, provocar. *vpr* **3** avançar, adiantar-se. **4** *fig* aventurar-se, arriscar.

spi.no.so [spin´ozo] *agg* **1** espinhoso. **2** *fig* árduo.

spin.ta [sp´inta] *sf* **1** empurrão. **2** impulso. **3** *fig* estímulo.

spio.nag.gio [spjon´addʒo] *sm* espionagem.

spi.ra.glio [spir´aʎo] *sm* **1** fenda, fresta, rachadura. **2** *fig* abertura, passagem.

spi.ra.le [spir´ale] *sf+agg* espiral.

spi.ra.re [spir´are] *vt* **1** exalar, emanar. **2** *fig* exprimir, manifestar. *vi* **3** expirar. **4** respirar. **5** soprar, assoprar. **6** morrer, falecer.

spi.ri.ti.smo [spirit´izmo] *sm* espiritismo.

spi.ri.ti.sta [spirit´ista] *s* espírita.

spi.ri.to [sp´irito] *sm* **1** espírito. **2** alma. **3** entidade, ser sobrenatural. **4** fantasma, aparição. **5** *fig* inteligência. **6** imaginação, criatividade. **7** coragem, ânimo. **8** graça, humor. **9** *Chim* espírito, álcool. **lo Spirito Santo** o Espírito Santo. **spirito di corpo** *Mil* espírito de corporação.

spi.ri.to.sag.gi.ne [spiritoz´addʒine] *sf* gracinha, brincadeira, gracejo.

spi.ri.to.so [spirit´ozo] *agg* espirituoso, divertido, alegre.

spi.ri.tu.a.le [spiritu´ale] *agg* **1** espiritual. **2** *fig* imaterial. **3** místico. **4** religioso.

splen.de.re [spl´ɛndere] *vi* **1** resplandecer. **2** reluzir.

splen.di.do [spl´ɛndido] *agg* **1** esplêndido, brilhante. **2** *fig* grandioso, fabuloso.

splen.do.re [splend´ore] *sm* **1** esplendor, resplendor, fulgor. **2** *fig* grandiosidade, luxo, pompa.

spo.de.sta.re [spodest´are] *vt* **1** depor, destituir. **2** destronar. *vpr* **3** abdicar, renunciar.

spo.glia.re [spoʎ´are] *vt* **1** espoliar. **2** despir. **3** despojar. **4** roubar, saquear. *vpr* **5** despir-se. **6** *fig* despojar-se, privar-se.

spo.glia.rel.lo [spoλar´εllo] *sm strip-tease.*
spo.glie [sp´ɔλe] *sf pl* **1** despojos. **2** restos mortais. **3** saque.
spo.glio [sp´ɔλo] *sm* apuração de votos. • *agg* **1** despido. **2** desnudo, nu. **3** despojado, simples, austero. **spoglio di** livre de.
spol.ve.ra.re [spolver´are] *vt* **1** tirar o pó de, limpar. **2** escovar. **3** polvilhar, empoar. **4** *fig* devorar.
spon.da [sp´onda] *sf* **1** praia. **2** parapeito. **3** beira, borda, orla. **4** *fam* proteção, apoio.
spon.ta.ne.o [spont´aneo] *agg* **1** espontâneo. **2** voluntário. **3** natural (vegetação). **combustione spontanea** combustão espontânea.
spo.po.la.re [spopol´are] *vt* **1** despovoar, desabitar. *vpr* **2** despovoar-se.
spo.ra.di.co [spor´adiko] *agg* esporádico, raro.
spor.cac.cio.ne [sporkattʃ´one] *sm pop* porcalhão, porco, pessoa suja.
spor.ca.re [spork´are] *vt* **1** sujar. **2** manchar. **3** *fig* desonrar, envergonhar. *vpr* **4** sujar-se.
spor.ci.zia [sportʃ´itsja] *sf* **1** sujeira, imundície. **2** *fig* indecência, baixeza.
spor.co [sp´ɔrko] *agg* **1** porco, sujo, imundo. **2** *fig* desonesto. **3** sórdido. **4** imoral, vulgar.
spor.gen.za [spordʒ´εntsa] *sf* saliência, protuberância, proeminência.
spor.ge.re [sp´ɔrdʒere] *vt* **1** estender, distender. *vpr* **2** esticar-se, estender-se. **3** erguer-se.
sport [sp´ɔrt] *sm ingl* esporte.
spor.tel.lo [sport´εllo] *sm dim* **1** portinhola. **2** guichê.
spor.ti.sta [sport´ista] *s* esportista.
spor.ti.vo [sport´ivo] *agg* esportivo.
spo.sa [sp´ɔza] *sf* **1** mulher, esposa. **2** *Giur* cônjuge. **promessa sposa** noiva.
spo.sa.li.zio [spozal´itsjo] *sm* casamento, matrimônio.
spo.sa.re [spoz´are] *vt* **1** desposar, casar. **2** *fig* juntar, unir. *vpr* **3** casar-se.
spo.so [sp´ɔzo] *sm* **1** marido, esposo. **2** *Giur* cônjuge. **promesso sposo** noivo.
spos.sa.re [sposs´are] *vt* **1** enfraquecer. **2** cansar.
spo.sta.re [spost´are] *vt* **1** deslocar. **2** adiar. *vpr* **3** deslocar-se. **4** mudar-se, transferir-se.
spran.ga [spr´anga] *sf* **1** tranca, ferrolho. **2** barra.
spre.ca.re [sprek´are] *vt* **1** desperdiçar. **2** estragar.
spre.co [spr´εko] *sm* **1** desperdício. **2** estrago.
spre.gia.re [spredʒ´are] *vt+vpr V dispregiare.*
spre.gio [spr´edʒo] *sm V sprezzo.*
spre.me.re [spr´εmere] *vt* **1** espremer, apertar. **2** *fig* extorquir, arrancar (dinheiro).
spre.mi.to.io [spremit´ojo] *sm* espremedor.
sprez.za.re [spretts´are] *vt V disprezzare.*
sprez.zo [spr´ettso] *sm* **1** desprezo. **2** desdém. *Var: spregio.*
spro.na.re [spron´are] *vt* **1** esporar. **2** *fig* estimular, encorajar, incitar.
spro.ne [spr´one] *sm* **1** espora. **2** pala da camisa. **3** *fig* estímulo. *Var: sperone.*
spro.por.zio.na.to [sproportsjon´ato] *agg* desproporcional, desproporcionado, assimétrico, desigual.
spro.po.si.ta.to [spropozit´ato] *agg* **1** despropositado, inoportuno. **2** *fig* excessivo, desmedido.
spro.po.si.to [sprop´ɔzito] *sm* despropósito, disparate.
spruz.za.re [sprutts´are] *vt* **1** borrifar, aspergir. *vi* **2** chuviscar.
spruz.zo [spr´uttso] *sm* borrifo.
spu.do.ra.to [spudor´ato] *agg* **1** despudorado, desavergonhado. **2** *pop* sem-vergonha.
spu.gna [sp´uña] *sf* **1** esponja. **2** *fig* beberrão. **bere come una spugna** beber como uma esponja.
spu.gno.so [spuñ´ozo] *agg* esponjoso.
spu.ma [sp´uma] *sf* espuma.
spu.ma.re [spum´are] *vi* espumar.
spun.ta.re [spunt´are] *vt* **1** embotar, tirar o fio de instrumento cortante. *spuntare il coltello* / embotar a faca. **2** verificar, conferir (contas). **3** *fig* vencer, superar. *spuntare gli ostacoli della vita* / vencer os obstáculos da vida. **4** aparar (cabelo). *spuntare i baffi, i capelli* / aparar o bigode, os cabelos. **5** podar. *il giardiniere spuntò i rami degli alberi* / o jardineiro

podou os galhos das árvores. *vi* **6** despontar, aparecer. *quando uscivo, lui spuntò nell'angolo* / quando eu estava saindo, ele despontou na esquina. **7** nascer (sol, dia etc.). *spuntò il giorno* / nasceu o dia. *vpr* **8** embotar-se.

spun.ti.no [spunt´ino] *sm* **1** refeição rápida. **2** *pop* boquinha.

spur.ga.re [spurg´are] *vt* **1** expurgar, purgar, purificar, limpar. *vpr* **2** *Med* expectorar, escarrar.

spur.go [sp´urgo] *sm* **1** expurgo, depuração, limpeza. **2** *Comm* restos de mercadoria.

spu.rio [sp´urjo] *agg* **1** espúrio, ilegítimo, bastardo. **2** *fig* falso, falsificado.

spu.ta.re [sput´are] *vt* **1** cuspir. **2** *fig* jogar, lançar. *vi* **3** cuspir. **sputare veleno** *fig* xingar.

spu.to [sp´uto] *sm* cuspe.

squa.dra [sk´wadra] *sf* **1** esquadro. **2** esquadrão de polícia. **3** turma (de operários). **4** *Mil, Naut, Aer* esquadra. **5** *Sp* time.

squa.dra.re [skwadr´are] *vt* **1** esquadrar, colocar em ângulo reto. **2** *fig* esquadrinhar.

squa.dri.glia [skwadr´iλa] *sf Mil, Aer* esquadrilha.

squa.dro.ne [skwadr´one] *sm Mil* esquadrão.

squa.glia.re [skwaλ´are] *vt* **1** derreter, fundir. *vpr* **2** derreter-se. **3** *fam* evaporar, desaparecer.

squa.li.fi.ca.re [skwalifik´are] *vt* **1** *Sp* desqualificar. **2** *fig* desacreditar.

squal.li.do [sk´wallido] *agg* **1** esquálido, pálido. **2** *fig* miserável. **3** desalinhado. **4** árido, desolado.

squa.lo [sk´walo] *sm* **1** tubarão. **2** *fig* aproveitador, parasita.

squa.ma [sk´wama] *sf* escama.

squa.mo.so [skwam´ozo] *agg* **1** escamoso. **2** *fig* áspero.

squar.cia.re [skwartʃ´are] *vt* **1** rasgar, dilacerar. **2** *fig* abrir, escancarar. **3** arrancar, tirar. *vpr* **4** rasgar-se, dilacerar-se.

squar.cio [sk´wartʃo] *sm* **1** rasgão, rasgo. **2** laceração. **3** fissura. **4** *fig* trecho, parte, pedaço.

squar.ta.re [skwart´are] *vt* **1** esquartejar. **2** rachar.

squas.sa.re [skwass´are] *vt* sacudir, abalar.

squas.so [sk´wasso] *sm* abalo, sacudida.

squat.tri.na.to [skwattrin´ato] *sm+agg* pobre, miserável, indigente.

squi.li.bra.re [skwilibr´are] *vt* **1** desequilibrar. **2** *fig* desarrumar. *vpr* **3** desequilibrar-se. **4** *fig* desarrumar-se.

squi.li.brio [skwil´ibrjo] *sm* **1** desequilíbrio. **2** *fig* loucura. **squilibrio mentale** desequilíbrio mental.

squi.si.tez.za [skwizit´ettsa] *sf* **1** delícia, iguaria, petisco. **2** excelência, perfeição. **3** fineza, delicadeza. **4** educação, elegância, classe.

squi.si.to [skwiz´ito] *agg* **1** excelente. **2** *fig* delicioso, gostoso. **3** fino, delicado (gosto). **4** elegante, refinado. **5** maravilhoso, admirável.

Squisito, em italiano, nada tem a ver com "esquisito", em português, ou seja, nunca é usado no sentido de "estranho" ou "extravagante". Nesse sentido, usa-se **strano**, **stravagante**.

sra.di.ca.re [zradik´are] *vt* **1** erradicar. **2** extirpar.

sra.gio.na.re [zradʒon´are] *vi* delirar, devanear.

sre.go.la.tez.za [zregolat´ettsa] *sf* **1** desregramento, devassidão, libertinagem. **2** desordem.

sre.go.la.to [zregol´ato] *agg* **1** desregrado, devasso, libertino. **2** desordenado, desregulado.

sta.bi.le [st´abile] *agg* **1** estável, equilibrado. **2** firme. **3** duradouro. **4** *Giur* imóvel (bem).

sta.bi.li.men.to [stabilim´ento] *sm* **1** estabelecimento. **2** fábrica, indústria. **3** instituto.

sta.bi.li.re [stabil´ire] *vt* **1** estabelecer. *stabilire le condizioni* / estabelecer as condições. *hanno stabilito la data della partita?* / estabeleceram a data do jogo? **2** decidir, resolver. *stabilì che tornerebbe in Brasile* / decidiu que retornaria ao Brasil. *stabilì di tornare in Brasile* / decidiu retornar ao Brasil. **3** fundar, instituir. **4** colocar, assentar. *stabilirono la sede* *dell'azienda a Milano* / estabeleceram a sede da empresa em Milão. **5** firmar, fixar. **6** decretar. *il governo stabilisce le regole* / o governo decreta as leis. *vpr* **7** estabelecer-se.

sta.bi.li.tà [stabilit´a] *sf* **1** estabilidade. **2** firmeza.

sta.bi.liz.za.re [stabiliddz´are] *vt* **1** estabilizar, consolidar, reforçar. *vpr* **2** estabilizar-se.

stac.ca.re [stakk´are] *vt* **1** separar, desligar. **2** arrancar, destacar. **3** desatrelar. *vi* **4** destacar, ressaltar. *vpr* **5** abandonar, ir embora. **6** separar-se, desligar-se. **7** afastar-se.

stac.cia.re [stattʃ´are] *vt* **1** peneirar. **2** *fig* examinar, analisar minuciosamente.

stac.cio [st´attʃo] *sm* peneira.

stac.co [st´akko] *sm* **1** destaque, evidência. **2** diferença, contraste. **stacco d'abito** corte de tecido.

sta.dio [st´adjo] *sm* **1** estádio. **2** etapa. **3** época.

staf.fa [st´affa] *sf Equit, Anat* estribo. **perdere le staffe** perder as estribeiras.

staf.fi.le [staff´ile] *sm* açoite, chicote.

sta.gio.na.re [stadʒon´are] *vt* **1** amadurecer (fruta). **2** conservar (queijo). *vpr* **3** amadurecer.

sta.gio.ne [stadʒ´one] *sf* estação do ano. **alla stagione** oportunamente. **fuori di stagione** fora de hora, em momento inoportuno. **mezza stagione** meia-estação. **stagione teatrale** temporada teatral. Veja nota em **estação**.

sta.gna.re [stañ´are] *vt* **1** estanhar, revestir de estanho. **2** estagnar. **3** estancar (sangue). *vi* **4** estagnar-se. **5** *fig* parar.

sta.gni.no [stañ´ino] *sm* funileiro.

sta.gno [st´año] *sm* **1** pântano, charco. **2** *Min* estanho. • *agg* **1** impermeável, à prova de água. **2** hermeticamente fechado.

stal.la [st´alla] *sf* **1** estábulo, estrebaria. **2** *fig* chiqueiro, lugar imundo.

stal.lo.ne [stall´one] *sm* garanhão.

sta.ma.ni [stam´ani] *avv V stamattina.*

sta.mat.ti.na [stamatt´ina] *avv* esta manhã, hoje pela manhã. *Sin: stamani.*

stam.ber.ga [stamb´ɛrga] *sf* casebre, choupana.

stam.pa [st´ampa] *sf* **1** estampa, figura. **2** gravura. **3** impressão. **4** imprensa. **5** folheto, impresso. **6** volume, edição. **7** *fig* modelo. **8** tipo.

stam.pa.re [stamp´are] *vt* **1** estampar, imprimir. **2** gravar. **3** *fig* inventar.

stam.pa.tel.lo [stampat´ɛllo] *sm* letra de forma.

stam.pa.to.re [stampat´ore] *sm* **1** impressor. **2** tipógrafo.

stam.pel.la [stamp´ɛlla] *sf* **1** muleta. **2** cabide.

stam.pi.glia [stamp´iλa] *sf* **1** carimbo. **2** cartaz. **3** formulário.

stam.po [st´ampo] *sm* **1** molde vazado. **2** forma para bolo etc. **3** *fig* natureza, tipo. **4** modelo.

stan.ca.re [stank´are] *vt* **1** cansar, fatigar. *vi+vpr* **2** cansar-se, fatigar-se.

stan.chez.za [stank´ettsa] *sf* cansaço, canseira, fadiga.

stan.co [st´anko] *agg* cansado, exausto. **stanco morto** morto de cansaço.

stan.ga [st´anga] *sf* tranca, barra.

stan.ga.re [stang´are] *vt* trancar, barrar.

stan.ghet.ta [stang´etta] *sf dim* haste dos óculos.

sta.not.te [stan´ɔtte] *avv* esta noite, hoje à noite.

stan.ti.o [stant´io] *agg* **1** rançoso, passado (alimento). **2** pesado, viciado (ar).

stan.za [st´antsa] *sf* **1** cômodo, aposento, quarto. **2** *Lett, Poet* estrofe, estância. **3** *fig* acampamento, alojamento. **fare stanza** permanecer. **stanza da bagno** banheiro.

stan.zia.re [stants´jare] *vt* **1** *Comm* destinar, reservar (verba). *vpr* **2** estabelecer-se, residir.

stap.pa.re [stapp´are] *vt* destampar (garrafa).

sta.re [st´are] *vi* **1** estar: a) permanecer, ficar. *sto qui* / estou aqui. b) sentir-se. *sto bene* / estou bem. c) encontrar-se, localizar-se. *la statua stava nel museo* / a estátua estava no museu. **2** deter-se, parar. **3** residir, morar. **come state?** como vão? **lasciar stare** deixar como está. **starci** a) caber. b) concordar. **stare a** dizer respeito a. **stare a occhi aperti**

S

ficar de olhos abertos. **stare dietro a** a) seguir. b) vigiar. **stare per** estar prestes a. Veja nota em **estar**.

star.nu.ti.re [starnut´ire] *vi* espirrar.

star.nu.to [starn´uto] *sm* espirro.

sta.se.ra [stas´era] *avv* esta noite, hoje à noite.

sta.ta.le [stat´ale] *sm* funcionário público. • *agg* estatal, do Estado.

sta.ta.liz.za.re [stataliddz´are] *vt Econ* estatizar, nacionalizar. *Sin: statizzare.*

sta.ti.co [st´atiko] *agg* estático, imóvel, estável.

sta.ti.sta [stat´ista] *s* estadista, governante.

sta.ti.sti.ca [stat´istika] *sf* estatística.

sta.tiz.za.re [statiddz´are] *vt V statalizzare.*

sta.to [st´ato] *sm* **1** estado. **2** condição, situação. **3** posição social. **lo Stato** *Pol* o Estado, o governo. **stato civile** estado civil. **stato d'animo** estado de espírito. **stato d'assedio** estado de sítio. **stato di grazia** estado de graça.

sta.tua [st´atwa] *sf* estátua. **restare come una statua** ficar como uma estátua, ficar impassível.

sta.tu.et.ta [statu´etta] *sf dim* estatueta.

sta.tu.ni.ten.se [statunit´ɛnse] *s+agg* estadunidense, norte-americano.

sta.tu.ra [stat´ura] *sf* **1** estatura, altura. **2** *fig* personalidade, valor.

sta.tu.to [stat´uto] *sm* estatuto, regulamento.

sta.zio.na.re [statsjon´are] *vi* estacionar, parar.

sta.zio.ne [stats´jone] *sf* **1** estação. **2** parada. **stazione balneare** balneário. **stazione di polizia** distrito policial. **stazione di testa** estação inicial. **stazione radiofonica** estação de rádio.

stazione T.V. estação de televisão, emissora. Veja nota em **estação**.

stec.ca [st´ekka] *sf* **1** vareta. **2** taco de bilhar. **3** tira de madeira para cestas. **4** *Med* tala. **stecche dell'ombrello** varetas do guarda-chuva.

stec.ca.to [stekk´ato] *sm* cerca, cercado.

stel.la [st´ella] *sf* **1** estrela. **2** roseta da espora. **3** *Mecc* roda dentada. **4** *Cin, Teat* estrela, vedete. **5** *fig* destino, sorte. **portare uno alle stelle** colocar alguém nas alturas. **stella cadente/stella decidua** estrela cadente. **stella di mare** *Zool* estrela-do-mar. **stelle filanti** serpentina. **vedere le stelle** ver estrelas.

stel.la.re [stell´are] *agg* estelar.

stel.la.to [stell´ato] *agg* estrelado.

stel.lio.na.to [stelljon´ato] *sm Giur* estelionato.

ste.lo [st´ɛlo] *sm Bot* **1** haste. **2** pedúnculo. **3** *fig* suporte, sustentação.

stem.ma [st´ɛmma] *sf* brasão de armas.

sten.dar.do [stend´ardo] *sm* **1** estandarte, pavilhão. **2** *fig* insígnia, símbolo.

sten.de.re [st´ɛndere] *vt* **1** estender, distender. **2** redigir, escrever. **3** derrubar, abater. *vpr* **4** estender-se. **5** alongar-se, prolongar-se.

ste.no.gra.fi.a [stenograf´ia] *sf* estenografia.

sten.ta.re [stent´are] *vi* **1** sofrer, penar. **2** viver com dificuldade. **3** ter trabalho, ter dificuldade. *lei stenta in matematica* / ela tem dificuldade em matemática. *lui stenta a reggersi in piedi* / ele tem dificuldade para se manter de pé.

sten.to [st´ento; st´ɛnto] *sm* **1** dificuldade, custo. **2** esforço. **3** necessidade. **a stento/a grande stento** com dificuldade, a muito custo.

ster.co [st´ɛrko] *sm* esterco, fezes de animais.

ste.re.o [st´ɛreo] *sm ger* toca-discos, estéreo. • *agg* estéreo, estereofônico.

ste.re.o.fo.ni.co [stereof´ɔniko] *agg* estereofônico, estéreo.

ste.re.o.ti.pa.to [stereotip´ato] *agg fig* estereotipado, convencional.

ste.re.o.ti.po [stere´ɔtipo] *sm* estereótipo.

ste.ri.le [st´erile] *agg* **1** estéril, infecundo. **2** infrutífero, improdutivo. **3** *Med* esterilizado, asséptico. **4** *fig* inútil, ineficiente.

ste.ri.li.tà [sterilit´a] *sf* **1** esterilidade. **2** improdutividade.

ste.ri.liz.za.re [steriliddz´are] *vt* **1** esterilizar. **2** desinfetar, descontaminar. **3** exaurir (solo).

ster.mi.na.re [stermin´are] *vt* **1** exterminar, destruir, massacrar. **2** *fig* derrotar, vencer.

ster.mi.nio [sterm´injo] *sm* extermínio, massacre, carnificina.
ster.no [st´ɛrno] *sm Anat* esterno.
ster.za.re [sterts´are] *vi* virar, voltar, desviar.
ster.zo [st´ɛrtso] *sm* **1** guidão da bicicleta. **2** *Autom* volante, direção.
stes.so [st´esso] *agg* **1** mesmo. **2** igual, semelhante. **essere alle stesse** *fam* estar na mesma. **fa lo stesso** a) tanto faz. b) dá na mesma. **io stesso** eu mesmo. Veja nota em **sé** (italiano).
ste.to.sco.pio [stetosk´ɔpjo] *sm Med* estetoscópio.
stig.ma [st´igma] *sm* **1** *Bot* estigma. **2** *Lett* selo, timbre. **3** *Med* cicatriz, marca.
sti.le [st´ile] *sm* **1** estilo. **2** modo, maneira. **3** comportamento. **4** índole, natureza. **5** classe, educação. **in grande stile** em grande estilo.
sti.let.to [stil´etto] *sm dim* punhal, estilete. *Sin: stilo.*
sti.li.sta [stil´ista] *s* **1** estilista, modista. **2** artista.
stil.la.re [still´are] *vt* **1** estilar, destilar. *vt+vi* **2** gotejar, pingar. **stillarsi il cervello** meditar.
sti.lo [st´ilo] *sm* **1** pena de escrever. **2** *V stiletto.*
sti.ma [st´ima] *sf* **1** estima, apreço. **2** *Comm* avaliação.
sti.ma.re [stim´are] *vt* **1** estimar, apreciar, prezar. **2** julgar, considerar. **3** *Comm* avaliar. *vpr* **4** acreditar-se, julgar-se.
sti.mo.lan.te [stimol´ante] *sm* **1** *Med* estimulante. **2** *fig* estímulo, incentivo. • *agg* **1** *Med* estimulante. **2** *fig* excitante, incentivador.
sti.mo.la.re [stimol´are] *vt* **1** picar. **2** *fig* estimular, excitar, instigar, incitar, encorajar.
sti.mo.lo [st´imolo] *sm* **1** aguilhão. **2** *fig* estímulo, incentivo.
stin.co [st´inko] *sm Anat* **1** canela. **2** tíbia.
stin.ge.re [st´indʒere] *vt+vi* desbotar, descolorir.
stin.to [st´into] *agg* **1** desbotado, descolorido. **2** *fig* pálido.
sti.pa.re [stip´are] *vt* **1** amontoar, acumular, apinhar. **2** aglomerar, juntar, encher (de gente).
sti.pen.dio [stip´ɛndjo] *sm* salário, ordenado. **prendere uno stipendio** ganhar um salário.
sti.pi.te [st´ipite] *sm* **1** *Archit* umbral. **2** *fig* família, raça, estirpe.
sti.pu.la.re [stipul´are] *vt* estipular, convencionar.
sti.ra.re [stir´are] *vt* **1** estirar, esticar. **2** passar roupa. *vpr* **3** espreguiçar-se. Veja nota em **passare**.
stir.pe [st´irpe] *sf* **1** estirpe, descendência, linhagem. **2** raça, povo. **3** tipo, gênero. **4** origem.
sti.ti.chez.za [stitik´ettsa] *sf Med* constipação, prisão de ventre. Veja nota em **constipação**.
sti.ti.co [st´itiko] *agg Med* constipado.
sti.va.le [stiv´ale] *sm* bota. **lustrare gli stivali ad uno** lamber os pés de alguém, bajular uma pessoa. **rompere gli stivali** *volg* encher o saco.
sti.va.let.to [stival´etto] *sm dim* botina.
stiz.za [st´ittsa] *sf* raiva, ira, cólera, zanga.
stiz.zi.re [stitts´ire] *vt* **1** enfurecer, zangar. *vpr* **2** enfurecer-se, zangar-se.
stiz.zo.so [stitts´ozo] *agg* mal-humorado, rabugento, irritadiço.
stoc.ca.fis.so [stokkaf´isso] *sm* **1** *Zool* bacalhau (seco e sem sal). **2** *fig* palito, esqueleto, pessoa muito magra.
stof.fa [st´ɔffa] *sf* **1** fazenda, tecido. **2** *fig* tipo, laia, condição. **3** matéria, assunto de um texto.
sto.la [st´ɔla] *sf* estola.
stol.to [st´olto] *agg* **1** tolo, bobo. **2** insensato.
sto.ma.co [st´ɔmako] *sm* **1** *Anat* estômago. **2** *fig* ânimo, coragem. **avere uno stomaco di struzzo** ter estômago de avestruz. **essere a stomaco vuoto** estar de estômago vazio.
sto.na.re [ston´are] *vi* **1** desafinar. **2** *fig* destoar.
stop.pa [st´oppa] *sf* **1** estopa. **2** *fig* bebedeira.
stop.pi.no [stopp´ino] *sm* **1** pavio. **2** estopim, mecha.
stor.ce.re [st´ɔrtʃere] *vt* **1** torcer. **2** retorcer.

S

3 distorcer (um sentido). 4 *Med* deslocar, luxar. **storcere il viso** ou **il naso** torcer o nariz.

stor.di.re [stord'ire] *vt* **1** aturdir, atordoar. **2** maravilhar. *vpr* **3** atordoar-se. **4** maravilhar-se.

sto.ria [st'ɔrja] *sf* **1** história. **2** conto. **3** *fig* lorota. **4** **storie** *pl pop* rodeios, evasivas.

sto.ri.co [st'ɔriko] *agg* **1** histórico. **2** *fig* verdadeiro, real. **3** notório. • *sm* historiador.

sto.rio.ne [stor'jone] *sm Zool* esturjão.

stor.mi.re [storm'ire] *vi* sussurrar, murmurar (de folhas).

stor.na.re [storn'are] *vt* **1** dissuadir, demover. **2** desviar. **3** *Comm* estornar. **4** *Giur* anular, cancelar um contrato. *vpr* **5** voltar atrás, mudar de opinião. **6** afastar-se, distanciar-se.

stor.no [st'orno] *sm* **1** *Comm* estorno. **2** *Giur* anulação, cancelamento.

stor.pia.re [storp'jare] *vt* **1** estropiar, aleijar. **2** *fig* deturpar, alterar. *vpr* **3** estropiar-se, aleijar-se.

stor.pio [st'ɔrpjo] *sm+agg* **1** estropiado, aleijado. **2** disforme, deformado.

stor.to [st'ɔrto] *agg* **1** torto, oblíquo, transversal. **2** retorcido, recurvado. **3** *fig* errado, inexato. **4** hostil, ameaçador (olhar).

sto.vi.glie [stov'iλe] *sf pl* louça.

stra.bi.co [str'abiko] *sm+agg* **1** estrábico. **2** *pop* vesgo.

stra.bi.lian.te [strabil'jante] *agg* espantoso, surpreendente, inacreditável, incrível.

stra.bi.smo [strab'izmo] *sm Med* estrabismo.

strac.cia.re [strattʃ'are] *vt* rasgar, dilacerar.

strac.cia.to [strattʃ'ato] *agg* **1** rasgado. **2** maltrapilho, esfarrapado.

strac.cio [str'attʃo] *sm* **1** trapo, farrapo, andrajo. **2** retalho, resto, sobra.

strac.cio.ne [strattʃ'one] *sm* **1** maltrapilho, esfarrapado. **2** *fig* miserável, indigente.

stra.cot.to [strak'otto] *sm* guisado. • *agg* passado, cozido demais.

stra.da [str'ada] *sf* **1** estrada. **2** rodovia. **3** rua. **4** *fig* caminho, direção. **fare strada/farsi strada** subir na vida, fazer carreira. **ragazzo di strada** menino de rua. **strada a senso unico** rua de mão única. **strada ferrata** ferrovia. **strada maestra** rua preferencial. **strada senza uscita** rua sem saída.

stra.ge [str'adʒe] *sf* **1** matança, carnificina. **2** ruína, devastação.

stra.lu.na.re [stralun'are] *vt* arregalar, esbugalhar (os olhos).

stram.be.ri.a [stramber'ia] *sf* **1** excentricidade. **2** esquisitice, extravagância.

stram.bo [str'ambo] *agg* **1** torto (pé, perna). **2** estrábico, vesgo. **3** *pop, disp* excêntrico. **4** esquisito, extravagante.

stram.pa.la.to [strampal'ato] *agg* **1** excêntrico. **2** esquisito, extravagante.

stra.nez.za [stran'ettsa] *sf* estranheza, esquisitice, extravagância.

stran.go.la.re [strangol'are] *vt* **1** estrangular, esganar. **2** *fig* sufocar. *vpr* **3** estrangular-se.

stra.nie.ro [stran'jɛro] *sm+agg* **1** estrangeiro. **2** forasteiro.

stra.no [str'ano] *agg* **1** estranho. **2** esquisito. **3** insólito, original. **4** estrangeiro. **5** misterioso. Veja nota em **squisito.**

stra.or.di.na.rio [straordin'arjo] *sm* **1** extra, empregado temporário. **2** hora extra. • *agg* **1** extraordinário, excepcional. **2** surpreendente.

stra.paz.za.re [strapatts'are] *vt* **1** maltratar. **2** cansar, fatigar. **3** estragar, não ter cuidado com. *vpr* **4** cansar-se. **5** descuidar-se.

stra.paz.zo [strap'attso] *sm* **1** maus-tratos. **2** cansaço, fadiga. **3** *fig* repreensão, advertência. **cosa da strapazzo** coisa insignificante.

strap.pa.re [strapp'are] *vt* **1** arrebatar, arrancar. **2** rasgar, dilacerar. **3** *fig* extorquir. **4** conseguir com astúcia. **strappare il cuore** cortar o coração.

strap.po [str'appo] *sm* **1** puxão, arranque. **2** rasgo, rasgão. **3** *Med* luxação, deslocamento. **4** *Giur* infração.

stra.sci.ca.re [straʃik'are] *vt* **1** arrastar. *vpr* **2** arrastar-se, caminhar com dificuldade.

stra.sci.co [str'aʃiko] *sm* **1** arrastamento.

2 cauda de vestido. **3** *fig* consequência, resultado.

stra.ta.gem.ma [stratadʒ´ɛmma] *sm* **1** *Mil* estratagema. **2** *fig* astúcia. **3** truque, artimanha.

stra.te.gi.a [stratedʒ´ia] *sf* estratégia.

stra.te.gi.co [strat´ɛdʒiko] *agg* **1** estratégico. **2** *fig* engenhoso, esperto, astuto. • *sm* estrategista.

stra.to [str´ato] *sm Geol* estrato, camada. **strato funebre** mortalha. **strato sociale** classe social.

stra.va.gan.te [stravag´ante] *agg* extravagante, esquisito, estranho. Veja nota em **squisito**.

stra.va.gan.za [stravag´antsa] *sf* extravagância, esquisitice, estranheza.

stra.ve.de.re [straved´ere] *vt+vi* **1** ver bem. **2** sonhar, delirar. **3** idolatrar, venerar. *la madre stravedeva per i figli* / a mãe idolatrava os filhos. **4** adorar. *stravede per la musica* / adora a música.

stra.vi.zio [strav´itsjo] *sm* **1** comilança. **2** intemperança, destemperança.

stra.zian.te [stratsj´ante] *agg* **1** dilacerante, atroz (dor). **2** doloroso, penoso.

stra.zia.re [strats´jare] *vt* **1** dilacerar, ferir. **2** estragar, executar mal. **3** *fig* afligir, angustiar.

stra.zio [str´atsjo] *sm* **1** massacre, carnificina. **2** destruição, ruína. **3** porcaria, lixo, coisa malfeita. **4** *fig* aflição, angústia. **5** dor, sofrimento.

stre.ga [str´ega] *sf* **1** bruxa, feiticeira. **2** *fig* mulher feia.

stre.ga.re [streg´are] *vt* **1** enfeitiçar. **2** *fig* fascinar.

stre.go.ne [streg´one] *sm* **1** bruxo, feiticeiro. **2** xamã. **3** *bras* pajé. **4** *fig* astrólogo, adivinho.

stre.ma.re [strem´are] *vt* cansar, fatigar.

stre.pi.ta.re [strepit´are] *vi* **1** estrepitar, fazer barulho. **2** gritar, berrar.

stre.pi.to [str´ɛpito] *sm* **1** estrépito, barulho, ruído. **2** gritaria.

stre.pi.to.so [strepit´ozo] *agg* estrepitoso, barulhento, ruidoso.

stret.ta [str´etta] *sf* **1** aperto, apertão. **2** *Geogr* passo, garganta, desfiladeiro. **3** *fig* aperto, dor, aflição. **stretta al cuore** *fig* aperto no coração. **stretta di mano** aperto de mão. **venire alle strette** chegar a uma conclusão.

stret.tez.za [strett´ettsa] *sf* **1** estreiteza. **2** limitação. **3** restrição. **4 strettezze** *pl* miséria, pobreza, dificuldades econômicas. **5** *pop* dureza.

stret.to [str´etto] *sm Geogr* **1** estreito. **2** canal. **3** *Mil* desfiladeiro, garganta. • *agg* **1** estreito. *una strada stretta* / uma rua estreita. **2** restrito, limitado. **3** apertado. *scarpe strette* / sapatos apertados. *il vestito aveva le maniche strette* / o vestido tinha as mangas apertadas. **4** comprimido. **5** estrito, rigoroso. *senso stretto* / sentido estrito. *dice lo stretto necessario* / ele diz o estritamente necessário. **6** *fig* íntimo, chegado. *in stretta conversazione* / em conversa íntima. *amicizia stretta* / amizade íntima. **7** avarento, sovina. **8** *Gramm* fechado (som de vogal).

stret.to.ia [strett´oja] *sf fig* **1** problema, dificuldade, crise. **2** garganta, desfiladeiro. **3** estreitamento de pista.

stri.a [str´ia] *sf* **1** estria. **2** sulco. **3** listra, traço, risca.

stri.a.re [stri´are] *vt* listrar, riscar.

stri.den.te [strid´ɛnte] *agg* **1** estridente, agudo. **2** chiante. **3** *fig* desarmônico, discordante, destoante.

stri.de.re [str´idere] *vi* **1** gritar. **2** chiar. **3** ranger. **4** *fig* não combinar, destoar, discordar.

stri.do.re [strid´ore] *sm* **1** rangido. **2** chiado. **3** *fig* frio intenso.

stril.la.re [strill´are] *vi* **1** gritar, berrar. **2** lamentar-se, chorar. **3** protestar, reclamar.

stril.lo [str´illo] *sm* **1** grito, berro. **2** protesto. Veja nota em **protesto**.

stri.min.zi.to [strimints´ito] *agg* **1** insuficiente, escasso, exíguo. **2** magro, desnutrido.

strin.ga [str´inga] *sf* cordão de sapato.

strin.ge.re [str´indʒere] *vt* **1** apertar. *stringere un nodo* / apertar um nó. **2** espremer. **3** estreitar. **4** restringir, diminuir. **5** segurar, empunhar. *il soldato stringeva una spada* / o soldado empunhava uma espada. **6** sintetizar,

S

resumir. 7 *fig* contrair, fazer (amizade). 8 ratificar, subscrever (contrato). *vpr* 9 aproximar-se. 10 unir-se, juntar-se. **stringere il cuore** apertar o coração, angustiar, comover. **stringere la mano a** apertar a mão de. *il professore stringeva la mano agli alunni* / o professor apertava a mão dos alunos.

stri.scia [str'iʃa] *sf* 1 tira, fita. 2 listra, linha. 3 faixa (em uniforme). 4 rastro, vestígio, raio de luz. **strisce pedonali** faixa de pedestres.

stri.scia.re [striʃ'are] *vt* 1 arrastar. 2 arranhar, riscar. 3 esfregar. *vi* 4 arrastar-se, engatinhar. 5 bajular, adular. 6 humilhar-se. 7 *fig* difundir-se.

stri.scio [str'iʃo] *sm* arranhão, arranhadura.

stri.to.la.re [stritol'are] *vt* 1 triturar, esmigalhar. 2 esmagar, amassar. 3 *fig* derrotar, desbaratar.

striz.za.re [stritts'are] *vt* espremer. **strizzare gli occhi** piscar os olhos (como sinal).

stro.fa [str'ɔfa] *sf Lett* estrofe.

stro.fi.nac.cio [strofin'attʃo] *sm* trapo, pano para limpeza.

stro.fi.na.re [strofin'are] *vt* 1 esfregar com pano. *vpr* 2 esfregar-se. 3 *fig* bajular, adular.

stron.ca.re [stronk'are] *vt* 1 truncar, cortar, decepar. 2 *fig* criticar impiedosamente. 3 frustrar, reprimir. 4 derrubar, demolir.

stron.zo [str'ontso] *sm volg* 1 cagão, medroso. 2 cachorro, verme.

stroz.za.re [strotts'are] *vt* 1 estrangular, esganar. 2 *fig* cortar pela metade. 3 usurar. *vpr* 4 estrangular-se. 5 cansar-se, fatigar-se.

stroz.za.tu.ra [strottsat'ura] *sf* 1 estrangulamento. 2 estreitamento de pista. 3 *fig* usura, agiotagem, exploração.

stroz.zi.no [strotts'ino] *sm* 1 usurário, agiota. 2 atravessador, aproveitador, parasita.

strug.gen.te [struddʒ'ɛnte] *agg* 1 patético, tocante. 2 apaixonado, ardente, fervoroso.

strug.ge.re [str'uddʒere] *vt* 1 derreter, fundir. 2 *fig* consumir, torturar. *vpr* 3 derreter-se, fundir-se. 4 *fig* consumir-se, torturar-se. 5 cobiçar, ansiar.

stru.men.ta.le [strument'ale] *agg* instrumental.

stru.men.to [strum'ento] *sm* 1 instrumento. 2 ferramenta, apetrecho, utensílio. 3 mecanismo, dispositivo. 4 *fig* bode expiatório. **strumento a corda** *Mus* instrumento de cordas. **strumento a fiato** *Mus* instrumento de sopro. **strumento a percussione** *Mus* instrumento de percussão.

strut.tu.ra [strutt'ura] *sf* 1 estrutura. 2 armação, esqueleto. 3 conformação. 4 *fig* construção.

struz.zo [str'uttso] *sm Zool* avestruz.

stuc.ca.re [stukk'are] *vt* 1 estucar, rebocar com estuque. 2 *fig* saciar, fartar. *vpr* 3 *fig* saciar-se. 4 fartar-se. 5 enfeitar-se, embelezar-se.

stuc.che.vo.le [stukk'evole] *agg* 1 tedioso, entediante, maçante. 2 *pop* chato, cacete.

stuc.co [st'ukko] *sm* estuque. • *agg* farto, cheio. **persona di stucco** coração de pedra.

stu.den.te [stud'ɛnte] *sm+agg* estudante, aluno (de curso superior). Veja nota em **aluno**.

stu.den.te.sco [student'esko] *agg* estudantil.

stu.den.tes.sa [student'essa] *sf* estudante, aluna (de curso superior). Veja nota em **aluno**.

stu.dia.re [stud'jare] *vt* 1 estudar. 2 examinar, analisar. *vpr* 3 empenhar-se em, esforçar-se para. **studiare la parola** pensar antes de falar.

stu.dio [st'udjo] *sm* 1 estudo. 2 projeto, monografia. 3 ateliê de artista. 4 escritório, gabinete. 5 estúdio de televisão.

stu.dio.so [stud'jozo] *sm* estudioso, cientista, pensador. • *agg* 1 estudioso. 2 *fig* cuidadoso.

stu.fa [st'ufa] *sf* 1 estufa. 2 aquecedor.

stu.fa.re [stuf'are] *vt* 1 guisar. 2 *fig* encher, fartar. *vpr* 3 *fig* encher-se, fartar-se.

stu.fa.to [stuf'ato] *sm* guisado.

stu.fo [st'ufo] *agg* 1 aborrecido, entediado. 2 cheio, farto. **stufo di** cheio de.

stuo.ia [st'wɔja] *sf* esteira (de palha etc.).
stu.pe.fa.cen.te [stupefatʃ'ɛnte] *sm* entorpecente, narcótico, droga. • *agg* **1** assombroso, espantoso. **2** *Med* estupefaciente, entorpecente.
stu.pen.do [stup'ɛndo] *agg* estupendo, admirável, extraordinário.
stu.pi.dag.gi.ne [stupid'addʒine] *sf* **1** estupidez. **2** asneira, burrice. **3** ninharia, mixaria, bagatela.
stu.pi.do [st'upido] *sm* **1** estúpido, imbecil. **2** *pop* asno, burro, cavalgadura. • *agg* **1** estúpido, imbecil. **2** *fig* ridículo, irrisório.
stu.pi.re [stup'ire] *vt* **1** pasmar, assombrar. *vi+vpr* **2** pasmar-se, assombrar-se.
stu.po.re [stup'ore] *sm* pasmo, assombro, estupor.
stu.pra.re [stupr'are] *vt* estuprar, violentar.
stu.pro [st'upro] *sm* estupro.
stu.ra.re [stur'are] *vt* destapar, destampar.
stuz.zi.ca.den.ti [stuttsikad'ɛnti] *sm* palito de dentes.
stuz.zi.can.te [stuttsik'ante] *agg* **1** estimulante, convidativo. **2** atraente, excitante. **3** apetitoso.
stuz.zi.ca.re [stuttsik'are] *vt* **1** picar, cutucar. **2** estimular. **3** atiçar o fogo. **4** *fig* irritar. **5** provocar. **6** excitar.
su [s'u] *avv* acima, em cima. • *prep* **1** sobre. **2** em cima de. **3** a respeito de. • *int* vamos! **su per giù** cerca de, mais ou menos.
su.a [s'ua] *pron f sing* sua, dele, dela. **dire la sua** dizer o que pensa. Veja nota em **suo**.
su.bal.ter.no [subalt'ɛrno] *sm+agg* subalterno, subordinado.
sub.bu.glio [subb'uʎo] *sm* agitação, desordem.
sub.co.scien.te [subkoʃ'ɛnte] *sm Psic* subconsciente.
su.ben.tra.re [subentr'are] *vi* suceder, substituir.
su.bi.re [sub'ire] *vt* **1** suportar, sofrer, padecer. **2** sujeitar-se, submeter-se a. **3** tolerar, aturar.
su.bis.sa.re [subiss'are] *vt* **1** lançar num abismo. **2** arruinar, destruir. **3** *fig* encher. **4** cobrir, encobrir, recobrir. **5** submergir. *vi* **6** arruinar-se.
su.bis.so [sub'isso] *sm* **1** abismo. **2** ruína, destruição. **3** *fig* monte, abundância. **4** multidão.
su.bi.ta.ne.o [subit'aneo] *agg* **1** súbito, repentino, inesperado. **2** *fig* impulsivo.
su.bi.to [s'ubito] *agg* **1** veloz, rápido. **2** súbito, repentino. • *avv* **1** logo, imediatamente. **2** subitamente, de repente, inesperadamente.
su.bli.me [subl'ime] *agg* **1** sublime, excelso. **2** *fig* excelente. **3** perfeito. **4** magnífico, majestoso.
su.bor.di.na.re [subordin'are] *vt* **1** subordinar, sujeitar. **2** condicionar.
su.bor.di.na.to [subordin'ato] *sm+agg* subordinado, subalterno. **proposizione subordinata** *Gramm* oração subordinada.
su.bor.na.re [suborn'are] *vt* subornar, corromper.
su.bor.na.zio.ne [subornats'jone] *sf* suborno.
su.bur.ba.no [suburb'ano] *agg* suburbano.
suc.ce.de.re [suttʃ'ɛdere] *vi* **1** suceder: a) seguir-se. *la notte succede alla sera* / a noite sucede à tarde. b) acontecer, ocorrer. *successe uno scandalo politico* / aconteceu um escândalo político. *un giorno succede che qualcuno mi telefonò* / um dia aconteceu que alguém me telefonou. *vpr* **2** suceder-se, seguir-se. *fatti strani si succedevano in quella città* / fatos estranhos se sucediam naquela cidade.
suc.ces.sio.ne [suttʃess'jone] *sf* **1** sucessão. **2** série, sequência. **3** herança.
suc.ces.si.vo [suttʃess'ivo] *agg* sucessivo, seguinte, consecutivo, posterior.
suc.ces.so [suttʃ'ɛsso] *sm* **1** resultado, efeito, consequência. **2** sucesso, êxito. **3** ocorrido, acontecimento. • *agg* **1** acontecido. **2** sucedido.
suc.ces.so.re [suttʃess'ore] *sm* **1** sucessor. **2** herdeiro. **3** substituto.
suc.chia.re [sukk'jare] *vt* sugar, chupar. **succhiare il sangue a** *fig* sugar o sangue de.

S

suc.chiel.lo [sukk´jɛllo] *sm* verruma.
suc.chiot.to [sukk´jɔtto] *sm* chupeta.
suc.cin.to [suttʃ´into] *agg* sucinto, conciso, resumido, breve.
suc.co [s´ukko] *sm* suco (de frutas). **succo di frutta** suco de frutas. **succo gastrico** suco gástrico. **succo intestinale** suco intestinal.
suc.cu.len.to [sukkul´ɛnto] *agg* **1** suculento. **2** substancioso.
suc.cur.sa.le [sukkurs´ale] *sf+agg* sucursal.
sud [s´ud] *sm Geogr* sul.
su.da.re [sud´are] *vt* **1** suar. **2** *fig* conseguir com esforço. *vi* **3** suar. **4** *fig* fatigar-se, trabalhar pesado. **sudare freddo** suar frio.
sud.det.to [sudd´etto] *agg V sopraddetto*.
sud.di.to [s´uddito] *sm* súdito. • *agg* submetido, submisso, dominado.
sud.di.vi.de.re [suddiv´idere] *vt* subdividir.
sud-est [sud´ɛst] *sm* sudeste.
su.di.cio [s´uditʃo] *agg* **1** sujo, imundo. **2** obsceno, vulgar (linguagem). **3** sórdido, vil. **4** depravado.
su.di.ciu.me [suditʃ´ume] *sm* **1** sujeira, imundície. **2** lixo, porcaria.
su.do.re [sud´ore] *sm* **1** suor. **2** *fig* trabalho.
sud-ovest [sudov´ɛst] *sm* sudoeste.
su.e [s´ue] *pron f pl* suas, dele, dela. **farne una delle sue** fazer uma das suas, aprontar alguma. Veja nota em **suo**.
suf.fi.cien.te [suffitʃ´ɛnte] *sm* o suficiente. • *agg* **1** suficiente, bastante. **2** apto, capaz.
suf.fi.cien.za [suffitʃ´ɛntsa] *sf* **1** suficiência. **2** capacidade, aptidão. **3** *fig* idoneidade. **4** arrogância, presunção, orgulho. **a sufficienza** suficientemente.
suf.fis.so [suff´isso] *sm Gramm* sufixo. **suffisso vezzeggiativo** *Gramm* sufixo afetivo.
suf.fra.gio [suffr´adʒo] *sm* sufrágio, voto. **suffragio universale** sufrágio universal.
sug.ge.ri.men.to [suddʒerim´ento] *sm* **1** sugestão, conselho. **2** ideia, inspiração.
sug.ge.ri.re [suddʒer´ire] *vt* **1** sugerir, aconselhar. **2** lembrar, recordar. **3** insinuar.
sug.ge.stio.na.bi.le [suddʒestjon´abile] *agg* sugestionável, impressionável, influenciável.
sug.ge.stio.na.re [suddʒestjon´are] *vt* sugestionar, impressionar, influenciar.
sug.ge.stio.ne [suddʒest´jone] *sf* **1** *Psic* sugestão (por hipnose). **2** *fig* fascínio, encanto, magia.
sug.ge.sti.vo [suddʒest´ivo] *agg* **1** sugestivo. **2** *fig* fascinante, encantador, atraente.
su.go [s´ugo] *sm* **1** suco, caldo, sumo (de carne, frutas). **2** molho. **3** *Bot* seiva. **4** *fig* essência.
sui.ci.da [switʃ´ida] *s* suicida.
sui.ci.dar.si [switʃid´arsi] *vpr* suicidar-se.
sui.ci.dio [switʃ´idjo] *sm* suicídio.
su.i.no [su´ino] *sm* suíno, porco. • *agg* suíno.
sul.ta.no [sult´ano] *sm* sultão.
sun.to [s´unto] *sm* resumo, síntese, sinopse.
su.o [s´uo] *pron m sing* seu, dele, dela. **il suo** *fig* os seus bens, os bens dele (ou dela).

Suo e suas formas **sua**, **suoi**, **sue** são usados apenas quando o possuidor é da terceira pessoa do singular. Para a terceira pessoa do plural, usa-se o pronome **loro**, que é invariável. Assim: *la sua casa* / a sua casa, a casa dele (ou dela). *i suoi amici* / os seus amigos, os amigos dele (ou dela). Mas: *la loro casa* / a sua casa, a casa deles (ou delas). *i loro amici* / os seus amigos, os amigos dele (ou dela). Veja outras notas em **malgrado** (italiano) e **seu**.

suo.ce.ro [s´wɔtʃero] *sm* (*f* **suocera**) sogro.
suoi [sw´ɔj] *pron m pl* **1** seus, dele, dela. **2** **i suoi** *fig* os seus (parentes), a família dele (ou dela). Veja nota em **suo**.
suo.la [s´wɔla] *sf* sola de sapato.
suo.lo [s´wɔlo] *sm* **1** solo. **2** terreno. **3** pavimento, calçamento. **4** camada.
suo.na.re [swon´are] *vt* **1** tocar (instrumento, música). *vi* **2** soar. **3** *fig* significar, querer dizer. **4** bater, soar (horas). *Var: sonare*.
suo.no [s´wɔno] *sm* **1** som. **2** ruído, voz. **3** canção.

suo.ra [s´wɔra] *sf Rel* irmã, freira, sóror.
su.pe.ra.re [super´are] *vt* **1** superar. **2** exceder, sobrepujar. **3** vencer, dominar. **4** passar (em exame). **superare se stesso** superar a si mesmo.
su.per.bia [sup´ɛrbja] *sf* arrogância, presunção, altivez, soberba.
su.per.bo [sup´ɛrbo] *agg* **1** soberbo. **2** arrogante, presunçoso, altivo. **3** grandioso, magnífico.
su.per.fi.cia.le [superfitʃ´ale] *agg* **1** superficial. **2** *fig* leve, despreocupado. **3** fútil, frívolo.
su.per.fi.cie [superf´itʃe] *sf* **1** superfície. **2** área, espaço. **3** *fig* aparência, aspecto, apresentação.
su.per.fluo [sup´ɛrflwo] *sm* o supérfluo, luxo. • *agg* supérfluo, dispensável, secundário.
su.pe.rio.ra [super´jora] *sf Rel* superiora, madre superiora.
su.pe.rio.re [super´jore] *sm* superior, chefe. • *agg compar* (de **alto**) **1** superior. **2** mais elevado, mais alto. **3** melhor. **4** *fig* distinto.
su.pe.rio.ri.tà [superjorit´a] *sf* superioridade.
su.per.la.ti.vo [superlat´ivo] *sm+agg Gramm* superlativo.
su.per.mer.ca.to [supermerk´ato] *sm* supermercado.
su.per.so.ni.co [supers´ɔniko] *agg* supersônico, ultrassônico. **aereo supersonico** avião supersônico.
su.per.sti.te [sup´ɛrstite] *sm+agg* **1** sobrevivente. **2** veterano (de guerra).
su.per.sti.zio.ne [superstits´jone] *sf* superstição.
su.per.sti.zio.so [superstits´jozo] *agg* supersticioso.
sup.pel.let.ti.le [suppell´ɛttile] *sf* **1** mobília. **2** enfeite, bibelô. **3** *fig* conhecimento.

Suppellettile é frequentemente usado no plural, com os mesmos sentidos.

sup.per.giù [supperdʒ´u] *avv* aproximadamente, cerca de, mais ou menos, por volta de.
sup.ple.men.ta.re [supplement´are] *agg* **1** suplementar. **2** adicional.
sup.ple.men.to [supplem´ento] *sm* **1** suplemento. **2** acréscimo, aumento.
sup.plen.te [suppl´ɛnte] *s+agg* suplente, substituto.
sup.pli.ca [s´upplika] *sf* **1** súplica. **2** *Giur* petição, requerimento.
sup.pli.ca.re [supplik´are] *vt* **1** suplicar, implorar, rogar. **2** *Giur* requerer.
sup.pli.re [suppl´ire] *vt* **1** suprir, completar. **2** substituir. *vi* **3** substituir. **supplire a un obbligo** *fam* cumprir uma obrigação.
sup.pli.zio [suppl´itsjo] *sm* **1** suplício. **2** *fig* agonia, sofrimento. **supplizio estremo** pena capital.
sup.por.re [supp´or̃e] *vt* **1** supor, presumir, conjeturar. **2** *fig* imaginar.
sup.por.to [supp´ɔrto] *sm* **1** *Mecc* suporte, sustentação. **2** base, pé, pedestal.
sup.po.si.zio.ne [suppozits´jone] *sf* suposição, hipótese, conjetura.
sup.po.sta [supp´ɔsta] *sf Med* supositório.
sup.pu.ra.re [suppur´are] *vi Med* supurar.
su.pre.ma.zi.a [supremats´ia] *sf* supremacia, superioridade, predomínio.
su.pre.mo [supr´ɛmo] *agg superl* (de **alto**) **1** supremo, sumo. **2** *fig* último, extremo.
sur.re.a.le [sur̃e´ale] *agg* **1** surreal. **2** *fig* insólito.
su.scet.ti.bi.le [suʃett´ibile] *agg* **1** suscetível, exposto, sujeito. **2** *fig* melindroso, irascível.
su.sci.ta.re [suʃit´are] *vt* **1** suscitar, provocar, originar. **2** *fig* estimular, incitar, incutir, inspirar.
su.si.na [suz´ina] *sf* ameixa.
su.si.no [suz´ino] *sm* ameixeira.
sus.se.guen.te [susseg´wɛnte] *agg* subsequente, seguinte, imediato.
sus.si.dia.re [sussid´jare] *vt* **1** subsidiar, subvencionar, financiar. **2** ajudar, auxiliar, apoiar.
sus.si.dia.rio [sussid´jarjo] *agg* subsidiário, auxiliar, suplementar.
sus.si.dio [suss´idjo] *sm* **1** subsídio, subvenção, financiamento. **2** auxílio, ajuda, apoio.
sus.sie.go [suss´jɛgo] *sm* **1** afetação, presunção. **2** superioridade, vaidade, orgulho.

Sussiego, em italiano, nada tem a ver com "sossego", "tranquilidade". Nesse sentido, usa-se **calma**, **quiete**.

sus.si.sten.za [sussist´ɛntsa] *sf* **1** subsistência, sobrevivência. **2** *fig* sustento, alimentação.

sus.si.ste.re [suss´istere] *vi* subsistir, existir.

sus.sul.ta.re [sussult´are] *vi* **1** estremecer, tremer. **2** *fig* assustar-se, sobressaltar-se.

sus.sur.ra.re [sussur̄´are] *vt+vi* **1** sussurrar, murmurar. **2** *fig* difamar, caluniar.

sus.sur.ro [suss´ur̄o] *sm* sussurro, murmúrio.

su.tu.ra [sut´ura] *sf Med* sutura.

su.tu.ra.re [sutur´are] *vt Med* suturar.

sva.ga.re [zvag´are] *vt* **1** divertir. *la TV svaga i bambini* / a televisão diverte as crianças. **2** distrair. *il chiasso mi svaga, non posso studiare* / o barulho me distrai, não consigo estudar. *vpr* **3** divertir-se. *dopo tanto lavoro, bisogna svagarsi* / depois de tanto trabalho, é preciso divertir-se. **4** distrair-se, desconcentrar-se. *non svagarti al guidare la macchina* / não se distraia quando dirigir o carro.

sva.go [zv´ago] *sm* divertimento, distração, passatempo, recreação.

sva.lu.ta.re [zvalut´are] *vt* **1** desvalorizar. **2** depreciar. **3** inflacionar. **4** *fig* subestimar.

sva.ni.re [zvan´ire] *vi* **1** esvair-se, dissipar-se. **2** desaparecer, sumir. **3** *fig* fugir, esconder-se.

svan.tag.gio [zvant´addʒo] *sm* **1** desvantagem. **2** prejuízo, detrimento.

sva.ria.to [zvar´jato] *agg* **1** variado. **2** múltiplo, numeroso.

sve.de.se [zved´eze] *s+agg* sueco, da Suécia.

sve.glia [zv´eʎa] *sf* **1** despertador. **2** *Mil* toque de levantar. **3** *fig* estímulo. **4** aviso, advertência.

sve.glia.re [zveʎ´are] *vt* **1** acordar, despertar. *il padre sveglia la figlia sempre alle sette* / o pai sempre acorda a filha às sete horas. **2** *fig* estimular, excitar. *una medicina per svegliare l'appetito* / um remédio para estimuar o apetite. *vpr* **3** acordar, despertar. *mi sveglio alle sei* / eu acordo às seis horas. **4** *fig* revelar-se, surgir. *si sveglia in lei il desiderio di tornare alla terra natale* / surge nela o desejo de voltar à terra natal.

sve.glio [zv´eʎo] *agg* **1** acordado, desperto. **2** *fig* esperto, vivo.

sve.la.re [zvel´are] *vt* **1** tirar o véu. **2** *fig* revelar. **3** declarar, manifestar. **4** descobrir.

svel.ti.re [zvelt´ire] *vt* **1** acelerar, apressar. *vpr* **2** apressar-se.

svel.to [zv´ɛlto] *agg* **1** rápido, veloz, ligeiro. **2** vivo, esperto, vivaz. **3** esbelto.

sve.ni.men.to [zvenim´ento] *sm* desmaio, colapso, desfalecimento.

sve.ni.re [zven´ire] *vi* desmaiar, desfalecer.

sven.ta.re [zvent´are] *vt* **1** desvendar, descobrir, desmascarar. **2** frustrar, impedir.

sven.to.la.re [zventol´are] *vt* **1** desfraldar. **2** abanar, ventilar. *vi* **3** tremular. *vpr* **4** abanar-se.

sven.tra.re [zventr´are] *vt* eviscerar, estripar.

sven.tu.ra [zvent´ura] *sf* **1** desventura. **2** calamidade, desgraça. **3 sventure** *pl* aventuras, peripécias.

sven.tu.ra.to [zventur´ato] *agg* desventurado, infeliz, desafortunado.

sver.gi.na.re [zverdʒin´are] *vt* desvirginar.

sver.go.gna.to [zvergoñ´ato] *agg* **1** desavergonhado, descarado. **2** *pop* sem-vergonha.

sve.sti.re [zvest´ire] *vt* **1** despir, desnudar. *vpr* **2** despir-se, desnudar-se.

svez.za.re [zvetts´are] *vt* **1** desacostumar. **2** desmamar. *vpr* **3** desacostumar-se. **4** desmamar.

svi.a.re [zv´iare] *vt* **1** desviar. **2** desencaminhar. *vpr* **3** desviar. **4** desencaminhar-se.

svi.lup.pa.re [zvilupp´are] *vt* **1** desenvolver. **2** desenrolar, desembrulhar. **3** *Fot* revelar. *vpr* **4** desenvolver-se, crescer. **5** progredir (mentalmente). **6** formar-se, amadurecer (ideia).

svi.lup.po [zvil´uppo] *sm* **1** desenvolvimento. **2** incremento. **3** *Fot* revelação.

svin.co.la.re [zvinkol´are] *vt* **1** soltar, desatar. **2** *Comm* liberar uma mercadoria. **3** *Giur* desvincular. *vpr* **4** soltar-se. **5** libertar-se.

svi.sce.ra.re [zviʃer´are] *vt* **1** eviscerar, estripar. **2** *fig* estudar, examinar, analisar a fundo.

svi.sce.ra.to [zviʃer´ato] *agg fig* **1** apaixonado, ardente. **2** íntimo (amigo).

svi.sta [zv´ista] *sf* descuido, erro, engano.

sviz.ze.ro [zv´ittsero] *sm+agg* suíço.

svo.glia.to [zvoλ´ato] *agg* **1** apático, desanimado. **2** *fig* preguiçoso, indolente.

svo.laz.za.re [zvolatts´are] *vi* **1** esvoaçar. **2** flutuar, pairar. **3** *fig* vagar, perambular. **4** *pop* zanzar.

svol.ge.re [zv´ɔldʒere] *vt* **1** desembrulhar, desenrolar. **2** folhear um livro. **3** *fig* esmiuçar. *vpr* **4** desenvolver-se, crescer. **5** acontecer.

svol.gi.men.to [zvoldʒim´ento] *sm* desenvolvimento, progresso.

svol.ta [zv´ɔlta] *sf* **1** volta. **2** curva. **3** desvio. **4** *fig* reviravolta. **5** momento de decisão.

svol.ta.re [zvolt´are] *vt* **1** desembrulhar, desenrolar. *vi* **2** voltar-se, dar volta, fazer uma curva. **3** desviar. **4** *fig* mudar de assunto.

svuo.ta.re [zvwot´are] *vt* **1** esvaziar. *vi+vpr* **2** evacuar, defecar. **3** fig desabafar.

S

t

t [t´i] *sf* tê, a décima oitava letra do alfabeto italiano.

ta.bac.ca.io [tabakk´ajo] *sm* charuteiro.

ta.bac.che.ri.a [tabakker´ia] *sf* tabacaria, charutaria.

ta.bac.co [tab´akko] *sm* **1** tabaco. **2** fumo. **tabacco da fiuto** rapé. **tabacco da masticare** tabaco para mascar. **tabacco da pipa** fumo para cachimbo.

ta.bar.ro [tab´aro] *sm* capote, capa masculina.

ta.bel.la [tab´ɛlla] *sf* **1** tabela, quadro. **2** lista, catálogo.

ta.bù [tab´u] *sm+agg* tabu.

tac.ca [t´akka] *sf* **1** corte, incisão, talho. **2** entalhe. **3** marca, sinal. **4** *fig* defeito, imperfeição.

tac.ca.gno [takk´año] *agg* tacanho, sovina, avarento.

tac.chi.no [takk´ino] *sm Zool* peru.

tac.cia [t´attʃa] *sf* **1** tacha, acusação. **2** má fama.

tac.cia.re [tattʃ´are] *vt* tachar, acusar, culpar.

tac.co [t´akko] *sm* salto de sapato. **alzare il tacco/battere il tacco** dar no pé, fugir.

tac.cui.no [takk´wino] *sm* **1** caderneta, livrinho de notas. **2** calendário de bolso.

ta.ce.re [tatʃ´ere] *vt* **1** calar, não dizer. *tacere la verità* / calar a verdade. **2** manter em segredo. *vi* **3** calar, silenciar. *a volte è meglio tacere* / às vezes é melhor calar. *tacete, per favore* / calem-se, por favor. **4** não responder. **5** *fig* ser silencioso, não fazer ruído. **far tacere** silenciar, fazer calar. **taci!** cala a boca!

ta.chi.car.di.a [takikard´ia] *sf Med* taquicardia.

ta.chi.gra.fi.a [takigraf´ia] *sf* taquigrafia.

ta.ci.to [t´atʃito] *agg* **1** tácito. **2** silencioso, calado. **3** *fig* implícito, subentendido.

ta.ci.tur.no [tatʃit´urno] *agg* **1** taciturno, reservado. **2** *fig* introvertido, fechado.

taf.fe.ru.glio [taffer´uλo] *sm* **1** tumulto, desordem, confusão. **2** briga, rixa.

ta.glia [t´aλa] *sf* **1** tamanho, dimensão. **2** estatura, compleição. **3** resgate. **4** prêmio, recompensa. **5** número (de roupas).

ta.glia.bor.se [taλab´orse] *sm* batedor de carteira, ladrão.

ta.glia.bo.schi [taλab´ɔski] *sm* lenhador.

ta.glian.do [taλ´ando] *sm Comm* **1** cédula. **2** cupom.

ta.glia.re [taλ´are] *vt* **1** cortar, talhar. *tagliare una torta* / cortar um bolo. **2** amputar. *tagliare la gamba* / amputar a perna. **3** atravessar, cruzar. *tagliare una strada* / atravessar uma rua. **4** cortar, interromper, parar o fornecimento. *tagliare il gas* / cortar o gás. *vi* **5** cortar caminho. *taglieremo per il campo* / cortaremos caminho pelo campo. *vpr* **6** cortar-se, ferir-se. **tagliare i capelli** cortar os cabelos. **tagliare i panni addosso ad uno** falar mal de alguém. **tagliare la strada** bloquear o caminho.

ta.glia.tel.le [taλat´ɛlle] *sf pl V traglierini.*

ta.glie.ri.ni [taλer´ini] *sm pl* talharim. *Sin: tragliatelle.* Veja nota em **lasagna**.

ta.glio [t´aλo] *sm* **1** corte, talho. **2** fio de lâmina. **3** fatia, pedaço. **arma a doppio taglio** *fig* faca de dois gumes. **strumento da taglio** instrumento cortante. **taglio cesareo** operação cesariana. **taglio d'abito** corte de tecido. **taglio di capelli** corte de cabelo.

ta.gliuz.za.re [taλutts´are] *vt* picotar, cortar em pedacinhos.
tal.ché [talk´e] *cong* de modo que, de maneira que.
tal.co [t´alko] *sm* talco.
ta.le [t´ale] *sm* fulano, sujeito, indivíduo. • *agg* **1** tal. **2** tão grande. • *pron* alguém, certa pessoa. **a tale** a tal ponto. **il tale dei tali** fulano de tal.
ta.len.to [tal´ɛnto] *sm* **1** talento, engenho. **2** tendência, aptidão, inclinação. **mal talento** má vontade.
ta.li.sma.no [talizm´ano] *sm* talismã.
tal.lo [t´allo] *sm Bot* talo de cogumelo etc.
tal.lon.ci.no [tallontʃ´ino] *sm Comm* **1** talão. **2** recibo.
tal.lo.ne [tall´one] *sm Anat* talão, calcanhar. **tallone d'Achille** calcanhar de aquiles, ponto fraco.
ta.lo.ra [tal´ora] *avv* às vezes, de vez em quando. *Sin: talvolta.*
ta.lu.no [tal´uno] *agg* algum.
tal.vol.ta [talv´ɔlta] *avv V talora.*
tam.bu.ri.no [tambur´ino] *sm Mus* tamborim.
tam.bu.ro [tamb´uro] *sm Mus* tambor.
tam.bu.ro.ne [tambur´one] *sm Mus* bumbo, zabumba.
tam.po.ne [tamp´one] *sm Med* tampão.
ta.na [t´ana] *sf* **1** covil, toca de animal. **2** *fig* casebre.
ta.na.glia [tan´aλa] *sf* **1** tenaz, torquês. **2** **tanaglie** *pl fig* pinças (de caranguejo, escorpião). *Var: tenaglia.*
tan.fo [t´anfo] *sm* fedor, mau cheiro.
tan.gen.te [tandʒ´ɛnte] *sf Geom* tangente.
tan.go [t´ango] *sm Mus* tango.
tan.to [t´anto] *agg* **1** tanto, tão. **2** muito. • *pron* tanto. • *avv* tanto, de tal maneira. • *sm* **1** tanto, quantidade indeterminada. **2** soma, valor. **di tanto in tanto/ogni tanto** de quanto em quando, de vez em quando. **esser da tanto** ser suficiente, bastar. **tanto ... come** tão ... como, tanto ... como. **tanto ... quanto** tão ... quanto, tanto ... quanto. **una volta tanto** apenas uma vez.
ta.pi.no [tap´ino] *sm+agg* **1** miserável. **2** infeliz.
ta.pio.ca [tap´jɔka] *sf* tapioca.
ta.pi.ro [tap´iro] *sm Zool* tapir, anta.
tap.pa [t´appa] *sf* **1** parada, intervalo, repouso. **2** etapa, fase.
tap.pa.re [tapp´are] *vt* **1** tampar, fechar. *vpr* **2** fechar-se. **tappare la bocca** calar a boca. **tapparsi in casa** ficar fechado em casa.
tap.pe.to [tapp´eto] *sm* tapete. **mettere una cosa sul tappeto** propor uma coisa. **tappeto verde** pano verde (de mesa de jogo). Veja nota em **arazzo**.
tap.pez.ze.ri.a [tappettser´ia] *sf* **1** tapeçaria. **2** papel de parede.
tap.pez.zie.re [tappetts´jɛre] *sm* tapeceiro.
tap.po [t´appo] *sm* **1** rolha. **2** tampa de garrafa. **3** *fig* tampinha, baixinho. **tappo fusibile** *Elett* fusível.
ta.ra [t´ara] *sf* **1** *Med, Comm* tara. **2** *fig* desconto.
ta.ran.to.la [tar´antola] *sf Zool* tarântula.
tar.chia.to [tark´jato] *agg* robusto, forte.
tar.da.re [tard´are] *vt* **1** retardar, adiar. *vi* **2** tardar, demorar.
tar.di [t´ardi] *avv* **1** tarde. **2** devagar, lentamente. **a più tardi!** até mais tarde!
tar.do [t´ardo] *agg* **1** lento, preguiçoso. **2** atrasado. **3** *fig* distante. **4** avançado, adiantado (tempo).
tar.ga [t´arga] *sf* chapa, placa. **la targa delle automobili** a chapa dos automóveis.
ta.rif.fa [tar´iffa] *sf* tarifa.
ta.rif.fa.re [tariff´are] *vt* tarifar.
tar.lo [t´arlo] *sm* **1** *Zool* caruncho. **2** *fig* angústia, preocupação.
tar.ma [t´arma] *sf Zool* traça.
tar.ta.glia.re [tartaλ´are] *vt* **1** balbuciar. *vi* **2** gaguejar.
tar.ta.glio.ne [tartaλ´one] *sm* gago.
tar.ta.ro [t´artaro] *sm* tártaro (dos dentes, garrafas). • *sm+agg* tártaro, da Tartária.
tar.ta.ru.ga [tartar´uga] *sf* **1** *Zool* tartaruga. **2** casco de tartaruga. **3** *fig* lesma, tartaruga, pessoa lenta.
tar.ti.na [tart´ina] *sf* **1** canapé. **2** sanduíche.
tar.tu.fo [tart´ufo] *sm* **1** *Bot* trufa. **2** *fig* tartufo, hipócrita. **3** beato, falso devoto.
ta.sca [t´aska] *sf* bolso. **rompere le tasche** *volg* encher o saco. **star con le mani in tasca** ficar de braços cruzados, não mover um dedo.

T

tas.sa [t´assa] *sf* **1** taxa. **2** imposto, tributo. **tassa di dogana** taxa alfandegária.
tas.sa.me.tro [tass´ametro] *sm* taxímetro.
tas.sa.re [tass´are] *vt* taxar, estabelecer taxa.
tas.sa.ti.vo [tassat´ivo] *agg Giur* taxativo.
tas.sì [tass´i] *sm* táxi, carro de praça. **prendere un tassì** tomar um táxi. *Var: taxi.*
ta.sta.re [tast´are] *vt* **1** tatear, tocar. *tastò la parete per trovare l'interruttore* / tateou a parede para encontrar o interruptor. **2** apalpar. *la donna tastava i pacchi per scoprire quali erano i regali* / a mulher apalpava os pacotes para descobrir quais eram os presentes. **3** *fig* explorar, investigar. **4** experimentar, provar um alimento. *tastare il cibo, il vino* / experimentar a comida, o vinho. **5** indagar, sondar uma pessoa.
ta.stie.ra [tast´jɛra] *sf Mus, Inform* teclado.
ta.sto [t´asto] *sm* **1** toque. **2** tato. **3** *Mus, Mecc, Inform* tecla.
ta.sto.ni [tast´oni] *avv* usado na expressão **andar tastoni** ir às cegas, ir tateando.
tat.ti.ca [t´attika] *sf* **1** tática, estratégia. **2** *fig* astúcia, esperteza. **3** manobra, truque.
tat.to [t´atto] *sm* **1** tato (sentido). **2** *fig* diplomacia, delicadeza. **3** bom senso, discernimento.
ta.tù [tat´u] *sm Zool* tatu.
ta.tu.ag.gio [tatu´addʒo] *sm* tatuagem.
tau.ri.no [tawr´ino] *agg* **1** taurino, de touro. **2** *fig* forte, robusto, vigoroso.
ta.ver.na [tav´ɛrna] *sf* **1** taverna, taberna. **2** *disp* botequim, bodega.
ta.ver.nie.re [tavern´jɛre] *sm* taverneiro, taberneiro.
ta.vo.la [t´avola] *sf* **1** mesa. **2** tábua, prancha de madeira. **3** tabela, quadro. **4** índice. **5** tela para pintura. **6** *fig* gastronomia, culinária. **7** diagrama, esquema. **8** mapa, planta. **le Tavole della Legge** *Rel* as Tábuas da Lei. **tavola da gioco** mesa de jogo. **tavola da stirare** tábua de passar. **tavola di salvamento** *fig* tábua de salvação. **tavola operatoria/tavolo operatorio** *Med* mesa de operação.
ta.vo.la.to [tavol´ato] *sm* **1** tablado, assoalho. **2** divisória.
ta.vo.let.ta [tavol´etta] *sf dim* **1** tabuleta. **2** tablete de medicamento. **3** barra de chocolate.
ta.vo.lie.re [tavol´jɛre] *sm* **1** tabuleiro de jogo. **2** *Geogr* tabuleiro, chapada.
ta.vo.li.no [tavol´ino] *sm dim* mesinha. **tavolino da notte** criado-mudo, mesinha de cabeceira. **tavolino parlante** *Spirit* mesa girante.
ta.vo.loz.za [tavol´ɔttsa] *sf Pitt* palheta.
ta.xi [taks´i] *sm V tassì.*
taz.za [t´attsa] *sf* xícara, taça. **tazza da caffè** xícara para café. **tazza da tè** xícara para chá.
te [t´e] *pron sing* **1** te, a ti, para ti. **2** a você, para você, lhe. **a te** a) a ti. b) a você. **con te** a) contigo. b) com você. **di te** a) de ti. b) seu. **secondo te** a) para ti, no teu entender. b) para você, no seu entender. **senza di te** a) sem ti. b) sem você.

O pronome **te** é usado: a) como objeto direto do verbo: *Maria vede te* / Maria vê você. b) depois de preposições e alguns advérbios: *scriverò a te* / eu lhe escreverei. *il ragazzo parla come te* / o rapaz fala como você. Também é usado quando precede imediatamente os pronomes **lo, la, li, le, ne**. *Maria ti diede un regalo* / Maria deu um presente a você. Mas: *Maria te lo diede* / Maria o deu a você.

tè [t´ɛ] *sm* chá.
te.a.tro [te´atro] *sm* **1** teatro. **2** *fig* espetáculo. **teatro d'avanguardia** teatro de vanguarda. **teatro lirico** teatro lírico.
tec.ni.ca [t´ɛknika] *sf* **1** técnica. **2** *fig* perícia, habilidade. **tecnica di laboratorio** técnica de laboratório, pesquisadora.
tec.ni.co [t´ɛkniko] *sm* técnico, especialista. • *agg* técnico. **tecnico della TV** técnico de TV.
tec.no.lo.gi.a [teknolodʒ´ia] *sf* tecnologia.
te.de.sco [ted´esko] *sm+agg* alemão.
te.dia.re [ted´jare] *vt* entediar, aborrecer.
te.dio [t´ɛdjo] *sm* **1** tédio, aborrecimento. **2** *fig* tristeza, melancolia.
te.ga.me [teg´ame] *sm* caçarola, panela.
te.go.la [t´egola] *sf* **1** telha. **2** *fig* desgraça, adversidade.
te.go.la.to [tegol´ato] *sm* telhado.

te.ie.ra [te'jɛra] *sf* bule.
te.la [t'ela] *sf* **1** tela. **2** *Pitt* quadro, pintura, tela. **3** *Lett* trama, enredo de romance. **4** *Naut* velas. **5** *Zool* teia. **6** *Teat* cortina, pano de boca. **7** *fig* teia, trama, intriga.
te.la.io [tel'ajo] *sm* **1** tear. **2** armação, estrutura. **3** caixilho da janela. **4** *Autom* chassi.
te.le.ca.me.ra [telek'amera] *sf* câmera de televisão.
te.le.com.man.do [telekomm'ando] *sm* controle remoto.
te.le.fe.ri.ca [telef'ɛrika] *sf* teleférico.
te.le.fo.na.re [telefon'are] *vt+vi* telefonar. *telefonami le novità!* / telefone-me as novidades! *puoi telefonare alle otto?* / você pode telefonar às oito horas?
te.le.fo.na.ta [telefon'ata] *sf* telefonema, chamada telefônica.
te.le.fo.ni.co [telef'ɔniko] *agg* telefônico. **centrale telefonica** central telefônica.
te.le.fo.ni.sta [telefon'ista] *s* telefonista.
te.le.fo.no [tel'ɛfono] *sm* telefone. **telefono pubblico** a) telefone público. b) *bras* orelhão.
te.le.gior.na.le [teledʒorn'ale] *sm* telejornal.
te.le.gra.fa.re [telegraf'are] *vt* telegrafar.
te.le.gra.fo [tel'ɛgrafo] *sm* telégrafo.
te.le.gram.ma [telegr'amma] *sm* telegrama. **telegramma ordinario** telegrama comum. **telegramma urgente** telegrama urgente.
te.le.pa.ti.a [telepat'ia] *sf* telepatia.
te.le.ro.man.zo [telerom'antso] *sm* novela, telenovela.
te.le.sco.pio [telesk'ɔpjo] *sm* telescópio.
te.le.se.le.zio.ne [teleselets'jone] *sf* **1** discagem direta à distância, DDD. **2** código DDD.
te.le.spet.ta.to.re [telespettat'ore] *sm* telespectador.
te.le.vi.sio.ne [televiz'jone] *sf* televisão.
te.le.vi.so.re [televiz'ore] *sm* televisor, aparelho de TV. **televisore a colori** televisor em cores.
te.ma[1] [t'ema] *sf* temor, medo.
te.ma[2] [t'ɛma] *sm* **1** tema, assunto. **2** composição, dissertação. **3** *Gramm, Mus* tema.
te.me.re [tem'ere] *vt+vi* **1** temer, ter medo. *temeva la reazione dell'amico* / ele temia a reação do amigo. **2** duvidar, desconfiar, suspeitar. *teme una trappola* / desconfia de uma armadilha. **3** recear. *temo che succeda qualche incidente* / receio que aconteça algum incidente. *temiamo di fallire* / tememos errar.
te.me.ri.tà [temerit'a] *sf* **1** temeridade, imprudência. **2** ousadia, audácia.
te.mi.bi.le [tem'ibile] *agg* temível.
tem.pe.ra [t'ɛmpera] *sf* **1** *Tec, Pitt* têmpera. **2** *fig* temperamento, caráter. **3** força, fibra. *Var: tempra.* Veja nota em **força**.
tem.pe.ra.la.pis [temperal'apis] *sm V temperamatite.*
tem.pe.ra.ma.ti.te [temperamat'ite] *sm* apontador de lápis. *Sin: temperalapis.*
tem.pe.ra.men.to [temperam'ento] *sm* temperamento, personalidade, índole, caráter.
tem.pe.ra.re [temper'are] *vt* **1** apontar, fazer a ponta em. *la segretaria temperò le matite* / a secretária apontou os lápis. **2** temperar metais. *temperare l'acciaio* / temperar o aço. **3** *fig* moderar, regular, atenuar, acalmar. *temperare la passione* / moderar a paixão. *vpr* **4** controlar-se. *temperarsi nella bibita* / controlar-se na bebida.
tem.pe.ra.to [temper'ato] *agg* **1** apontado, com ponta. **2** *Geogr* temperado (clima).
tem.pe.ra.tu.ra [temperat'ura] *sf* temperatura. **temperatura di ebollizione** temperatura de ebulição. **temperatura di fusione** temperatura de fusão.
tem.pe.ri.no [temper'ino] *sm* canivete.
tem.pe.sta [temp'ɛsta] *sf* **1** tempestade, temporal, borrasca. **2** *fig* furor, explosão emocional. **far tempesta in un bichier d'acqua** fazer tempestade num copo de água.
tem.pia [t'ɛmpja] *sf Anat* têmpora.
tem.pio [t'ɛmpjo] *sm* (*pl m* **i tempi**, **i templi**) templo.
tem.po [t'ɛmpo] *sm* **1** tempo. **2** época. **3** tempo atmosférico. **4** *Teat* ato, quadro. **5** *Gramm, Mus, Sp* tempo. **6** *fig* oportunidade. **acquistare tempo** ganhar tempo. **a**

T

miglior tempo na ocasião mais oportuna. **ammazzare il tempo** matar o tempo. **a suo tempo** a seu tempo, no tempo devido. **bel tempo** *Met* tempo bom. **darsi buon tempo** divertir-se. **dar tempo al tempo** dar tempo ao tempo, ter paciência. **il tempo è denaro** tempo é dinheiro. **in tempo utile** em tempo útil. **tempo brutto** *Met* mau tempo. **tempo fa** faz pouco tempo. **un tempo** certa vez.

tem.po.ra.le [tempor´ale] *sm* **1** temporal, tempestade. **2** *Anat* osso temporal. • *agg* **1** temporário. **2** temporal, secular. **3** *Anat* temporal, das têmporas. **scoppiare un temporale** cair um temporal.

tem.po.ra.ne.o [tempor´aneo] *agg* temporário, temporâneo.

tem.pra [t´ɛmpra] *sf V tempera.*

te.na.ce [ten´atʃe] *agg* **1** tenaz. **2** *fig* obstinado, perseverante. **3** duro, resistente. **4** firme, estável.

te.na.cia [ten´atʃa] *sf* **1** tenacidade. **2** *fig* obstinação, perseverança. **3** dureza, resistência. **4** firmeza, estabilidade.

te.na.glia [ten´aλa] *sf V tanaglia.*

ten.da [t´ɛnda] *sf* **1** tenda, barraca. **2** toldo. **3** *Teat* cortina, pano de boca. **piantar le tende** acampar. **tenda da campo/tenda da campeggio** a) barraca de acampar. b) *Mil* barraca de campanha.

ten.den.za [tend´ɛntsa] *sf* tendência, inclinação, propensão.

ten.de.re [t´ɛndere] *vt* **1** estender, esticar. **2** desdobrar. **3** *fig* tramar. *vi* **4** tender a. **5** dirigir-se a. **6** *fig* desejar, aspirar a. **tendere gli orecchi** aguçar os ouvidos. **tendere la mano** pedir esmolas.

ten.di.ne [t´ɛndine] *sm Anat* tendão. **tendine d'Achille** tendão de Aquiles.

te.ne.bra [t´ɛnebra] *sf* (mais usado no plural **tenebre**) **1** treva. **2** *fig* ignorância.

te.ne.bro.so [tenebr´ozo] *agg* **1** tenebroso. **2** escuro. **3** *fig* misterioso, obscuro. **4** pavoroso, lúgubre.

te.nen.te [ten´ɛnte] *sm Mil* tenente. **tenente colonnello** tenente-coronel.

te.ne.re [ten´ere] *vt* **1** segurar. *la madre teneva il bambino per la mano* / a mãe segurava o menino pela mão. **2** pegar. *tenga un confetto, per piacere* / pegue um doce, por favor. **3** manter, conservar. *tenete la porta chiusa* / mantenham a porta fechada. **4** ter, possuir. **5** administrar, governar. **6** *fig* julgar, considerar. *la tengo una donna bellissima* / eu a considero uma mulher belíssima. *vpr* **7** segurar-se. **8** manter-se. *tenersi a sinistra* / manter-se à esquerda. **9** conter-se. **10** julgar-se, considerar-se. **tenere la destra** manter a direita. **tenersi insieme** ficar junto. **tieni!** aqui está!

te.ne.rez.za [tener´ettsa] *sf* **1** maciez. **2** *fig* ternura, meiguice. **3 tenerezze** carícias, carinhos.

te.ne.ro [t´ɛnero] *agg* **1** tenro, macio. **2** *fig* terno, meigo, afetuoso. **3** sensível.

ten.nis [t´ɛnnis] *sm Sp* tênis.

te.no.re [ten´ore] *sm* **1** teor, nível, porcentagem. **2** *fig* conteúdo, significado. **3** *Mus* tenor. **tenore alcolico** teor alcoólico. **tenore di vita** *Econ* nível de vida.

ten.sio.ne [tens´jone] *sf* tensão. **tensione arteriosa** *Med* tensão arterial. **tensione elettrica** tensão elétrica. **tensione nervosa** tensão nervosa.

ten.ta.co.lo [tent´akolo] *sm* **1** *Zool* tentáculo. **2** *fig* ramificação.

ten.ta.re [tent´are] *vt* **1** tentar, experimentar. **2** sondar, explorar. **3** *fig* tocar levemente. **4** tentar, instigar, provocar, causar desejo. **tentare la sorte** tentar a sorte, arriscar.

ten.ta.ti.vo [tentat´ivo] *sm* **1** tentativa. **2** esforço, intento. **3** experiência, experimento.

ten.ta.zio.ne [tentats´jone] *sf* tentação.

ten.ten.na.re [tentenn´are] *vt* **1** balançar, oscilar. **2** sacudir. *vi* **3** balançar, oscilar. **4** sacudir-se. **5** *fig* hesitar, vacilar, ficar em dúvida.

te.nue [t´ɛnwe] *agg* **1** tênue, fino. **2** *fig* frágil, fraco. **intestino tenue** *Anat* intestino delgado.

te.nu.ta [ten´uta] *sf* **1** terreno, propriedade. **2** capacidade de um recipiente. **3** roupa, vestimenta. **4** *Mil* uniforme, farda. **5** *fig* firmeza, solidez. **6** *Mus* duração de uma nota.

te.o.lo.gi.a [teolodʒ´ia] *sf Rel* teologia.

te.o.re.ma [teor´ɛma] *sm* teorema.

te.o.ri.a [teor´ia] *sf* **1** teoria. **2** *fig* dedução, suposição. **teoria della relatività** *Fis* teoria da relatividade.
te.o.ri.co [te´ɔriko] *agg* teórico, especulativo. • *sm* **1** teórico. **2** filósofo.
te.ra.peu.ta [terap´ɛwta] *s* terapeuta.
te.ra.pi.a [terap´ia] *sf Med* terapia.
ter.ge.re [t´ɛrdʒere] *vt* **1** enxugar. **2** limpar, polir.
ter.gi.cri.stal.lo [terdʒikrist´allo] *sm Autom* limpador de para-brisa.
ter.gi.ver.sa.re [terdʒivers´are] *vi* tergiversar, usar evasivas, procurar rodeios.
ter.me [t´ɛrme] *sf pl* termas.
ter.mi.co [t´ɛrmiko] *agg* térmico.
ter.mi.na.le [termin´ale] *agg* **1** terminal. **2** final.
ter.mi.na.re [termin´are] *vt* **1** terminar, concluir, acabar. *vi+vpr* **2** terminar, acabar.
ter.mi.na.zio.ne [terminats´jone] *sf* **1** término, final, fim. **2** *Gramm* terminação, desinência.
ter.mi.ne [t´ɛrmine] *sm* **1** termo. **2** término, final. **3** prazo, limite de tempo. **4** extremidade, confim. **5** resultado. **6** *Mat* termo, fator. **7** *Gramm* termo, vocábulo. **a rigor di termine** ao pé da letra. **in altri termini** em outras palavras, em outros termos. Veja nota em **extremidade**.
ter.mo.me.tro [term´ɔmetro] *sm* termômetro. **un termometro della situazione politica** *fig* um termômetro da situação política.
ter.mos [t´ɛrmos] *sm* garrafa térmica.
ter.mo.si.fo.ne [termosif´one] *sm* **1** aquecedor. **2** aquecimento central.
ter.mo.sta.to [term´ɔstato] *sm* termostato.
ter.no [t´ɛrno] *sm* **1** terno (em jogo). **2** trio, conjunto de três. • *agg* tríplice. **vincere un terno al lotto** *fig* ter sorte inesperada.
ter.ra [t´ɛr̄a] *sf* **1** terra. **2** solo. **3** chão. **4** terreno. **5** barro, argila. **6** região, lugar. **7 Terra** *Astron* Terra. **essere a terra** estar arrasado. **pigliar terra** *Naut* atracar. **terra ferma** terra firme.
ter.ra.glia [ter̄´aλa] *sf* **1** cerâmica. **2** louça.
ter.ra.pie.na.re [ter̄apjen´are] *vt+vi* terraplenar, aterrar.
ter.ra.pie.no [ter̄ap´jɛno] *sm* **1** terrapleno, aterro. **2** dique, barreira. **3** *fig* obstáculo.
ter.raz.za [ter̄´attsa] *sf V terrazzo.*
ter.raz.zo [ter̄´attso] *sm* terraço. *Sin: terrazza.*
ter.re.mo.to [ter̄em´ɔto] *sm* terremoto.
ter.re.no [ter̄´eno] *sm* **1** terreno, propriedade. **2** solo, terra cultivável. **3** lote de terra. **4** *Mil* campo de batalha. • *agg* **1** terreno. **2** terrestre. **3** *fig* mundano. **acquistare terreno** ganhar terreno, progredir. **perdere terreno** perder terreno, regredir. **preparare il terreno** *fig* preparar o terreno. **tastar il terreno** sondar as intenções de outra pessoa.
ter.re.o [t´ɛr̄eo] *agg* **1** térreo, da terra. **2** terroso, embaçado, pálido.
ter.re.stre [ter̄´ɛstre] *agg* terrestre.
ter.ri.bi.le [ter̄´ibile] *agg* **1** terrível, horrível. **2** desumano, impiedoso. **3** excessivo.
ter.ri.na [ter̄´ina] *sf* terrina, sopeira.
ter.ri.to.rio [ter̄it´ɔrjo] *sm* território.
ter.ro.re [ter̄´ore] *sm* terror, horror.
ter.ro.ri.sta [ter̄or´ista] *s* terrorista.
ter.zet.to [terts´etto] *sm* **1** trio. **2** *Mus, Poet* terceto.
ter.zi.no [terts´ino] *sm Calc* zagueiro.
ter.zo [t´ɛrtso] *sm Sp* árbitro, juiz. • *sm+num* **1** terço. **2** terceiro. **terza velocità** ou apenas **terza** *Autom* terceira, terceira marcha. **una terza persona** um terceiro.
te.si [t´ɛzi] *sf* **1** tese. **2** dissertação. **tesi di laurea** tese de graduação.
te.so [t´ezo] *agg* **1** teso, esticado. **2** tenso, nervoso, agitado. **rapporti tesi** relações hostis. **situazione tesa** situação problemática.
te.so.re.ri.a [tezorer´ia] *sf* tesouraria.
te.so.rie.re [tezor´jɛre] *sm* tesoureiro.
te.so.ro [tez´ɔro] *sm* **1** tesouro. **2** riqueza, fortuna. **3** *fig* tesouro, querido, pessoa amada. **tesoro pubblico** erário público.
tes.se.ra [t´ɛssera] *sf* carteirinha, carteira, cartão.
tes.se.re [t´ɛssere] *vt* **1** tecer. **2** *fig* compor, criar, construir. **3** tramar, maquinar.
tes.si.le [t´ɛssile] *agg* têxtil. **fibra tessile** fibra têxtil.
tes.si.tu.ra [tessit´ura] *sf* **1** textura. **2** *Lett* enredo, intriga.

te.ssu.to [tess´uto] *sm* **1** tecido, pano. **2** *Anat, Bot* tecido. **3** *fig* apoio, base, fundamento. **4** temperamento, caráter, índole. **tessuto striato** tecido listrado.

te.sta [t´ɛsta] *sf* **1** cabeça. **2** *fig* inteligência, intelecto. **3** chefe, guia. **che testa!** a) que grande homem! b) *iron* que estúpido! **colpo di testa** a) capricho. b) decisão precipitada. **domandar la testa di uno** pedir a cabeça de alguém. **grattarsi la testa** quebrar a cabeça, estar preocupado. **lavata di testa** puxão de orelhas, repreensão. **mettersi alla testa** ficar à frente de todos. **perder la testa** perder a cabeça, confundir-se. **piegare la testa/chinare la testa** curvar-se, humilhar-se. **testa coronata** cabeça coroada, rei. **testa di cavolo/testa di rapa** cabeça de melão, imbecil. **testa quadra** gênio.

te.sta.men.to [testam´ento] *sm* testamento. **il Nuovo Testamento** o Novo Testamento. **il Vecchio Testamento** *Rel* o Antigo Testamento.

te.star.dag.gi.ne [testard´addʒine] *sf* teimosia, obstinação.

te.star.do [test´ardo] *agg* teimoso, obstinado.

te.sta.ta [test´ata] *sf* **1** extremidade, cabeça de objeto. **2** cabeçada. **3** cabeçalho, título.

te.sti.co.lo [test´ikolo] *sm Anat* testículo.

te.sti.mo.nian.za [testimon´jantsa] *sf* **1** testemunho, depoimento. **2** *fig* prova, indício.

te.sti.mo.nia.re [testimon´jare] *vt* **1** testemunhar. **2** afirmar, declarar. **3** atestar, comprovar.

te.sti.mo.nio [testim´ɔnjo] *sm V testimone.*

te.sti.mo.ne [testim´ɔne] *sm* **1** testemunha. **2** testemunho. *Sin: testimonio.*

te.sto [t´ɛsto] *sm* texto, escrito. **elaboratore di testi** *Inform* processador de textos. **far testo** ter autoridade. **i Testi Sacri** os textos sagrados.

te.sto.ne [test´one] *sm+agg* **1** cabeçudo. **2** teimoso, obstinado. **3** burro, estúpido.

te.stu.a.le [testu´ale] *agg* **1** textual. **2** literal. **3** exato, preciso.

te.stug.gi.ne [test´uddʒine] *sf Zool* tartaruga.

te.ta.no [t´ɛtano] *sm Med* tétano.

te.tro [t´ɛtro] *agg* **1** tétrico, fúnebre, sinistro. **2** assustador, horrível, tenebroso. **3** escuro.

tet.ta [t´ɛtta] *sf ger* teta, peito, mama.

tet.ta.rel.la [tettar´ɛlla] *sf dim* **1** chupeta. **2** bico de mamadeira.

tet.to [t´ɛtto] *sm* **1** teto, telhado. **2** *fig* casa, lar. **3** refúgio. **4** máximo, ápice. **chi ha il tetto di vetro non lancia pietre** quem tem telhado de vidro não joga pedras no do vizinho.

ti[1] [t´i] *sf* tê, o nome da letra T.

ti[2] [t´i] *pron sing* **1** te, a ti. **2** a você, para você, lhe.

O pronome **ti** representa tanto o objeto direto quanto o objeto indireto do verbo: *Maria ti vede* / Maria te vê. *Maria ti scrisse una lettera* / Maria te escreveu uma carta.

tia.ra [t´jara] *sf* tiara.

ti.bia [t´ibja] *sf Anat* tíbia.

tic [t´ik] *sm Med* tique.

tic.chio [t´ikkjo] *sm* **1** capricho, desejo, extravagância. **2** *pop* frescura. **3** *Med* tique.

ti.fo [t´ifo] *sm* **1** *Med* tifo. **2** *Sp* fanatismo.

ti.fo.ne [tif´one] *sm* tufão, furacão, ciclone.

ti.fo.so [tif´ozo] *sm pop* **1** fã, fanático. **2** *Sp* torcedor. • *agg Med* tifoso.

ti.gre [t´igre] *s* **1** tigre. **2** *fig* fera, pessoa cruel.

til.de [t´ilde] *sm* til.

tim.bal.lo [timb´allo] *sm* **1** torta, empadão. **2** *Mus* timbale.

tim.bra.re [timbr´are] *vt* timbrar, carimbar, selar.

tim.bro [t´imbro] *sm* **1** timbre, carimbo, selo. **2** *Mus* timbre.

ti.mi.dez.za [timid´ettsa] *sf* **1** timidez, acanhamento. **2** indecisão, insegurança.

ti.mi.do [t´imido] *agg* **1** tímido, acanhado. **2** indeciso, temeroso.

ti.mo.ne [tim´one] *sm* **1** *Naut, Aer* timão, leme. **2** *fig* direção, comando.

ti.mo.nie.re [timon´jɛre] *sm* timoneiro.

ti.mo.re [tim´ore] *sm* **1** temor, medo. **2** receio. **3** preocupação. **4** dúvida, incerteza.

ti.mo.ro.so [timor´ozo] *agg* **1** temeroso,

medroso. **2** tímido. **3** indeciso, hesitante. **4** receoso.

tim.pa.no [t´impano] *sm Anat, Mus* tímpano. **rompere i timpani** a) ensurdecer. b) perturbar.

tin.ge.re [t´indʒere] *vt* **1** tingir, pintar. **2** *fig* sujar, manchar. *vpr* **3** tingir-se, pintar-se. **4** *fig* sujar-se, manchar-se.

ti.no [t´ino] *sm* tina.

ti.noz.za [tin´ɔttsa] *sf* **1** banheira. **2** tina.

tin.ta [t´inta] *sf* **1** tinta, tintura. **2** cor, coloração. **3** *fig* noção superficial, rudimento.

tin.tin.na.re [tintinn´are] *vi* tinir.

tin.to.ri.a [tintor´ia] *sf* **1** tinturaria. **2** *bras* lavanderia.

tin.tu.ra [tint´ura] *sf* **1** tintura, tinta, colorante. **2** tingimento. **3** *fig* noção superficial, rudimento. **tintura per i capelli** tintura para os cabelos.

ti.pi.co [t´ipiko] *agg* típico, característico.

ti.po [t´ipo] *sm* **1** tipo, categoria. **2** original, modelo. **3** tipo para impressão. **4** sujeito, indivíduo. **5** *pop* cara. **6** *fam* tipo, figura, pessoa esquisita.

ti.po.gra.fi.a [tipograf´ia] *sf* tipografia.

ti.ran.ni.a [tirann´ia] *sf* **1** tirania, ditadura, despotismo. **2** *fig* opressão, prepotência.

ti.ran.ni.co [tir´anniko] *agg* tirânico, despótico.

ti.ran.no [tir´anno] *sm* **1** tirano, ditador, déspota. **2** *fig* prepotente, dominador.

ti.ra.re [tir´are] *vt* **1** puxar. *i cavalli tiravano la carrozza* / os cavalos puxavam a carruagem. **2** lançar, jogar. *i monelli tiravano sassi* / os moleques jogavam pedras. **3** tirar, extrair. **4** imprimir. *tirare libri* / imprimir livros. **5** *fig* atrair, aliciar. *queste cose tirano i giovani* / estas coisas atraem os jovens. *vi* **6** puxar. **7** disparar, atirar com arma de fogo. *i soldati tiravano con i fucili* / os soldados ativaram com fuzis. **8** soprar (vento). *tira molto vento* / está ventando muito. *vpr* **9** afastar-se, distanciar-se. **10** suicidar-se com tiro. **tirare al bersaglio** atirar no alvo. **tirare a sorte/estrarre a sorte** sortear. **tirare avanti** viver com dificuldade, viver às duras penas. **tirare gli orecchi** dar um puxão de orelhas, repreender. **tirare su** criar, educar. **tirare via** ir adiante, seguir.

tir.chie.ri.a [tirkjer´ia] *sf* avareza.

tir.chio [t´irkjo] *agg* avarento.

ti.ret.to [tir´etto] *sm* gaveta.

ti.ro [t´iro] *sm* **1** tiro, disparo. **2** arremesso, lançamento. **3** tração, tracionamento. **4** parelha. **5** *Sp* chute. **6** *fig* brincadeira, peça. **7** golpe, ação desonesta. **8** tentativa. **esser a tiro** estar ao alcance. **esser fuori tiro** estar fora de alcance. **tiro a segno** tiro ao alvo. **tiro cieco** tiro às cegas.

ti.ro.ci.nio [tirotʃ´injo] *sm* tirocínio, aprendizagem.

ti.sa.na [tiz´ana] *sf* chá, infusão.

ti.si [t´izi] *sf Med* tísica, tuberculose.

ti.si.co [t´iziko] *sm+agg* tísico, tuberculoso.

ti.to.la.re [titol´are] *sm+agg* titular.

ti.to.lo [t´itolo] *sm* **1** título. **2** cabeçalho. **3** nome, denominação. **4** palavrão, ofensa. **5** *Comm* título, bônus. **titolo accademico** título acadêmico. **titolo nobiliare** título nobiliárquico.

ti.tu.ban.za [titub´antsa] *sf* titubeação, titubeio, hesitação, vacilação, indecisão.

ti.tu.ba.re [titub´are] *vi* titubear, hesitar, vacilar.

ti.zio [t´itsjo] *sm* fulano.

to.bo.ga [tob´ɔga] *sf* tobogã.

toc.ca.re [tokk´are] *vt* **1** tocar, apalpar. *toccò il viso dell'amata* / ele tocou o rosto da amada. **2** tocar num assunto, mencionar. *non toccare cose come queste nella festa* / não mencione coisas como estas na festa. **3** alterar, modificar. **4** *fig* comover, impressionar. *quella scena mi toccava* / aquela cena me comovia. *vi* **5** caber, competir a. *tocca a te risolvere i problemi* / cabe a você resolver os problemas. **toccare il cuore** tocar o coração, comover. **toccare sul vivo** *fig* meter o dedo na ferida. **toccare uno strumento** tocar um instrumento. **toccare un porto** *Naut* fazer escala num porto. Veja nota em **atingir**.

toc.ca.ta [tokk´ata] *sf* **1** toque. **2** *Mus* tocata.

toc.co [t´okko] *sm* **1** toque, tato. **2** *fig* modo, maneira, estilo. **il tocco del campanello** o toque da campainha.

T

to.ga [t´ɔga] *sf* toga. **gente di toga** a magistratura.
to.glie.re [t´ɔλere] *vt* **1** tirar, remover, retirar. **2** tomar, roubar. **3** tolher, impedir. *vpr* **4** afastar-se, livrar-se. **5** tirar (roupa).
toilette [twal´ɛt] *sf fr V toletta.*
to.let.ta [tol´etta] *sf* **1** toalete. **2** banheiro, sanitário. **3** toucador, penteadeira. **toletta donne** banheiro feminino. **toletta uomini** banheiro masculino. *Var fr: toilette.*
tol.le.ran.za [toller´antsa] *sf* tolerância.
tol.le.ra.re [toller´are] *vt* tolerar, suportar.
tom.ba [t´omba] *sf* tumba, sepultura.
tom.bo.la [t´ombola] *sf* **1** tômbola, loto. **2** tombo, queda. **3** erro, engano.
tom.bo.lo [t´ombolo] *sm* tombo, queda.
to.mo [t´ɔmo] *sm* **1** tomo, volume. **2** *fig* tipo, figura, pessoa diferente.
to.na.ca [t´ɔnaka] *sf* **1** hábito, traje religioso. **2** túnica (de sacerdote). **3** *Anat, Bot V tunica.* Veja nota em **túnica**.
to.na.li.tà [tonalit´a] *sf* tonalidade, tom (de cor e som).
ton.do [t´ondo] *sm* círculo, circunferência. • *agg* **1** redondo, circular. **2** esférico. **3** arredondado. **4** *fig* simples, rústico. **conto tondo** conta exata.
ton.fa.re [tonf´are] *vi* **1** mergulhar. **2** cair, levar um tombo.
ton.fo [t´onfo] *sm* **1** mergulho. **2** queda, tombo.
to.ni.co [t´ɔniko] *sm* **1** *Gramm* acento tônico. **2** *Med* tônico, fortificante. • *agg* tônico.
to.ni.fi.ca.re [tonifik´are] *vt* tonificar, fortificar, fortalecer.
ton.nel.la.ta [tonnell´ata] *sf* tonelada.
ton.no [t´onno] *sm* atum.
to.no [t´ɔno] *sm* **1** tom de voz, entonação, inflexão. **2** *Mus* tom. **3** *Pitt* tom, matiz. **4** *fig* vigor, força. **rispondere al tono** responder à altura.
ton.to [t´onto] *sm+agg fam* tonto, bocó.
to.pa.zio [top´atsjo] *sm Min* topázio.
to.po [t´ɔpo] *sm* **1** rato. **2** *bras* camundongo. **molto sa il topo ma di più ne sa il gatto** muito sabe o rato, mas mais o gato. **topo di biblioteca** *fig* rato de biblioteca, estudioso.
to.po.gra.fi.a [topograf´ia] *sf* **1** topografia. **2** mapa, planta.
to.po.gra.fo [top´ɔgrafo] *sm* topógrafo.
top.po [t´oppo] *sm* toco, cepo.
to.ra.ce [tor´atʃe] *sm Anat* tórax.
tor.bi.da.re [torbid´are] *vt* turvar.
tor.bi.do [t´orbido] *agg* **1** turvo. **2** *fig* escuro, apagado. **3** obscuro, misterioso. **4** conturbado, perturbado. • *sm* **1** *fig* vício, podridão. **2** **torbidi** *pl* distúrbios, tumultos, agitação política.
tor.ce.re [t´ɔrtʃere] *vt* **1** torcer, retorcer. **2** dobrar, virar. *vpr* **3** torcer-se. **4** contorcer--se, debater-se, retorcer-se. **dar filo da torcere** *fig* procurar encrenca. **non torcere un capello** *fig* não tocar num fio de cabelo, não fazer mal nenhum. **torcere il collo** torcer o pescoço, esganar.
tor.cia [t´ɔrtʃa] *sf* tocha, archote.
tor.ci.col.lo [tortʃik´ɔllo] *sm Med* torcicolo.
tor.men.ta [torm´enta] *sf* **1** tormenta, tempestade. **2** nevasca, tempestade de neve.
tor.men.ta.re [torment´are] *vt* **1** torturar. **2** *fig* atormentar, afligir. *vpr* **3** *fig* atormentar-se, torturar-se, afligir-se.
tor.men.to [torm´ento] *sm* **1** tortura. **2** *fig* tormento, aflição. **3** sofrimento, padecimento. **4** pena, castigo.
tor.na.con.to [tornak´onto] *sm* **1** lucro, ganho. **2** vantagem, proveito, benefício.
tor.na.re [torn´are] *vi* **1** voltar, retornar, regressar. *tornerai a casa tua dopodomani?* / você voltará para casa depois de amanhã? **2** voltar a, recomeçar a, retomar. *la bambina tornò a chiedere dov'era la madre* / a menina voltou a perguntar onde estava a mãe. **tornare a galla** voltar à baila. **tornare a sé** voltar a si, recobrar os sentidos. **tornare indietro** voltar atrás, mudar de opinião.
tor.ne.o [torn´ɛo] *sm* torneio.
tor.nio [t´ornjo] *sm* torno.
tor.ni.re [torn´ire] *vt* **1** tornear, trabalhar no torno. **2** *fig* retocar, aperfeiçoar.
to.ro [t´ɔro] *sm* **1** *Zool* touro. **2** **Toro** *Astron, Astrol* Touro.
tor.pe.di.ne [torp´ɛdine] *sm Naut* torpedo.
tor.pe.do.ne [torped´one] *sm* ônibus de excursão.

tor.po.re [torp´ore] *sm* **1** torpor, entorpecimento. **2** sonolência. **3** *fig* preguiça, indolência.

tor.re [t´ore] *sf* torre. **torre di comando** *Naut* torre de comando. **torre di controllo del traffico** *Aer* torre de controle de tráfego.

tor.re.fa.re [toref´are] *vt* torrar, torrefazer.

tor.ren.te [tor´ɛnte] *sf* **1** torrente. **2** *fig* torrente, monte, grande quantidade. **a torrente** aos montes, em grande quantidade.

tor.ren.zia.le [torents´jale] *agg* **1** torrencial. **2** *fig* impetuoso, violento.

tor.ri.do [t´ɔrido] *agg* **1** tórrido. **2** ardente.

tor.sio.ne [tors´jone] *sf* torção.

tor.so [t´orso] *sm* **1** *Anat* torso. **2** *Bot* caroço.

tor.so.lo [t´orsolo] *sm Bot* caroço.

tor.ta [t´orta] *sf* **1** torta. **2** bolo.

tor.tie.ra [tort´jɛra] *sf* assadeira.

tor.to [t´ɔrto] *sm* **1** erro, engano. **2** injustiça. **3** culpa. • *agg* torcido, retorcido. **a torto o a ragione** quer queira quer não, de qualquer maneira. **aver torto** não ter razão. **esser dalla parte del torto** ser do contra.

Atenção para a expressão **aver torto**: apesar do verbo na afirmativa, tem significado negativo. *tu hai torto* / você não tem razão.

tor.tu.o.so [tortu´ozo] *agg* **1** tortuoso, sinuoso. **2** *fig* complicado, complexo.

tor.tu.ra [tort´ura] *sf* **1** tortura. **2** *fig* tormento, aflição.

tor.tu.ra.re [tortur´are] *vt* **1** torturar. **2** *fig* atormentar, afligir. *vpr* **3** *fig* torturar-se, atormentar-se, afligir-se.

to.sa.re [toz´are] *vt* tosar, tosquiar.

tos.se [t´osse] *sf Med* tosse. **tosse convulsa** coqueluche.

tos.si.co [t´ɔssiko] *sm* tóxico, toxina, veneno. • *agg* tóxico, venenoso.

tos.si.na [toss´ina] *sf* toxina.

tos.si.re [toss´ire] *vi* tossir.

to.sta.re [tost´are] *vt* **1** tostar. **2** torrar (café etc.).

to.sto [t´ɔsto] *agg* **1** tostado, torrado. **2** *fig* ousado, despudorado. **3** duro, sólido. • *avv* **1** logo, imediatamente. **2** rapidamente. **faccia tosta** *fig* cara de pau, caradura, cínico, descarado.

to.ta.le [tot´ale] *sm* total. • *agg* **1** total, global. **2** pleno, integral.

to.ta.li.tà [totalit´a] *sf* totalidade, soma.

to.ta.liz.za.re [totaliddz´are] *vt* totalizar, somar.

to.va.glia [tov´aλa] *sf* toalha de mesa.

to.va.glio.lo [tovaλ´ɔlo] *sm* guardanapo.

toz.zo [t´ɔttso] *sm* pedaço de pão. • *agg* **1** atarracado. **2** *fig* grande, robusto.

tra [tr´a] *prep* entre, no meio de. *Var: fra.*

É indiferente usar **tra** ou **fra**. *tra amici* ou *fra amici* / entre amigos. Entretanto, evita-se usar **tra** antes de palavras que começam com **tra**, e **fra** antes de palavras que começam com **fra**. Assim: *tra fratelli* / entre irmãos. *fra tradittori* / entre traidores.

tra.boc.ca.re [trabokk´are] *vi* **1** transbordar, extravasar. **2** estar cheio de gente, estar abarrotado.

tra.boc.chet.to [trabokk´etto] *sm* **1** alçapão. **2** *fig* armadilha, cilada, tramoia.

trac.cia [tr´attʃa] *sf* **1** rastro, pegada, pista. **2** *fig* sinal, marca. **3** resto, resíduo. **4** esboço. **andare in traccia di** ir no encalço de, seguir.

trac.cia.re [trattʃ´are] *vt* **1** seguir, perseguir. **2** traçar, esboçar, projetar.

trac.cia.to [trattʃ´ato] *sm* traçado, caminho, percurso. • *agg* **1** traçado. **2** esboçado, planejado.

tra.che.a [trak´ɛa] *sf Anat* traqueia.

tra.col.la [trak´ɔlla] *sf* tiracolo, correia. **a tracolla** a tiracolo.

tra.col.lo [trak´ɔllo] *sm* **1** queda, descida. **2** *fig* colapso, ruína. **3** bancarrota, falência.

tra.co.tan.za [trakot´antsa] *sf* **1** arrogância, orgulho. **2** insolência.

tra.di.men.to [tradim´ento] *sm* traição. **alto tradimento** alta traição.

tra.di.re [trad´ire] *vt* **1** trair. **2** ser infiel. **3** *fig* falhar, faltar. **4** revelar (segredo).

tra.di.to.re [tradit´ore] *sm* **1** traidor. **2** infiel.

tra.di.zio.na.le [traditsjon´ale] *agg* tradicional.

tra.di.zio.ne [tradits´jone] *sf* **1** tradição. **2** *fig* lenda, mito.

tra.dur.re [trad´ure] *vt* **1** traduzir. **2** trasladar, transferir. **3** *fig* explicar, interpretar.

T

tra.dut.to.re [tradutt´ore] *sm* tradutor.
tra.du.zio.ne [traduts´jone] *sf* **1** tradução. **2** traslado, transferência.
traf.fi.can.te [traffik´ante] *sm* **1** comerciante, negociante. **2** *fig* traficante.
traf.fi.ca.re [traffik´are] *vt+vi* **1** traficar. *trafficare droga* ou *trafficare in droghe* / traficar drogas. *vi* **2** comerciar, vender. *trafficare in prodotti importati* / comerciar produtos importados. **3** *fig* ocupar-se de, lidar com.
traf.fi.co [tr´affiko] *sm* **1** comércio. **2** trânsito, tráfego. **3** tráfico.
tra.fig.ge.re [traf´iddʒere] *vt* **1** transpassar, trespassar. **2** ferir. *vpr* **3** ferir-se.
tra.fo.ra.re [trafor´are] *vt* **1** furar, perfurar. **2** entalhar, gravar.
tra.ge.dia [tradʒ´ɛdja] *sf* **1** tragédia. **2** *iron* escândalo, drama, exagero.
tra.ghet.to [trag´etto] *sm Naut* **1** balsa, barca. **2** transporte de balsa.
tra.gi.co [tr´adʒiko] *agg* **1** trágico, dramático. **2** doloroso, triste. **3** sinistro. • *sm Lett* trágico.
tra.git.to [tradʒ´itto] *sm* trajeto, caminho, percurso.
tra.iet.to.ria [trajett´ɔrja] *sf* **1** trajetória, trajeto. **2** *fig* caminho, estrada.
trai.na.re [trajn´are] *vt* **1** arrastar, puxar. **2** rebocar.
tra.li.gna.re [traliñ´are] *vi* **1** sair da linha, desviar-se, desgarrar-se. **2** *fig* degenerar.
tram [tr´am] *sm* bonde. *Sin: tranvai, tranvia.*
tra.ma [tr´ama] *sf* **1** trama. **2** *fig* intriga, trapaça, tramoia. **3** *Lett* enredo.
tra.ma.re [tram´are] *vt* **1** tramar, tecer. **2** *fig* conspirar, maquinar.
tram.bu.sto [tramb´usto] *sm* **1** confusão, desordem, bagunça. **2** tumulto, motim.
tra.mez.zi.no [trameddz´ino] *sm* sanduíche.
tra.mez.zo [tram´ɛddzo] *sm* divisória. • *prep* entre.
tra.mi.te [tr´amite] *sm* **1** caminho, via. **2** *Giur* trâmite. **3** *fig* intervenção, mediação.
tra.mon.ta.na [tramont´ana] *sf Geogr* **1** vento norte. **2** o norte. **perdere la tramontana** *fig* perder o rumo, desnortear-se, não saber o que fazer.
tra.mon.ta.re [tramont´are] *vi* pôr-se.
tra.mon.to [tram´onto] *sm* **1** pôr do sol, ocaso. **2** poente. **3** *fig* declínio, decadência. **4** fim. Veja nota em **fim**.
tram.po.li.no [trampol´ino] *sm* trampolim. **far da trampolino a uno** *fig* servir de trampolim para alguém, ajudar alguém.
tra.nel.lo [tran´ɛllo] *sm* emboscada, cilada.
tran.ne [tr´anne] *prep* exceto, salvo.
tran.quil.lan.te [trankwill´ante] *sm Med* tranquilizante.
tran.quil.la.re [trankwill´are] *vt+vpr V tranquillizzare.*
tran.quil.liz.za.re [trankwilliddz´are] *vt* **1** tranquilizar. *vpr* **2** tranquilizar-se. *Sin: tranquillare.*
tran.quil.lo [trank´willo] *agg* tranquilo, calmo, quieto.
tran.sa.zio.ne [transats´jone] *sf* **1** *Giur, Comm* transação. **2** *fig* compromisso.
tran.se.un.te [transe´unte] *agg Giur, Lett* transeunte, transitório, passageiro.
tran.si.ge.re [trans´idʒere] *vt Giur* transigir, condescender.
tran.si.to [tr´ansito] *sm* **1** passagem. **2** trânsito, tráfego.
tran.si.to.rio [transit´ɔrjo] *agg* transitório, passageiro, temporário.
tran.slu.ci.do [tranzl´utʃido] *agg V traslucido.*
tran.vai [tranv´aj] *sm V tram.*
tran.vi.a [tranv´ia] *sf V tram.*
tran.vie.re [tranv´jɛre] *sm* condutor de bonde.
tra.pa.no [tr´apano] *sm* **1** broca. **2** *Med* trépano. **3** broca de dentista.
tra.pas.sa.re [trapass´are] *vt* **1** transpassar, atravessar. **2** furar, penetrar. **3** *Giur* ceder (direito, propriedade). *vi* **4** *fig* morrer, falecer.
tra.pas.sa.to [trapass´ato] *sm* **1** morto, falecido. **2** *Gramm* mais-que-perfeito. • *agg* **1** transpassado, atravessado. **2** furado.
tra.pe.zio [trap´ɛtsjo] *sm* (anche *Geom, Anat*) trapézio.
trap.po.la [tr´appola] *sf* **1** armadilha. **2** ratoeira. **3** *fig* ardil, engano. **4** mentira.
trar.re [tr´ar̄e] *vt* **1** puxar, arrastar. *trarre i mobili* / arrastar os móveis. **2** trazer, levar. **3** obter, conseguir. *trarre profitto da una cosa* / obter lucro de uma coisa. **4** extrair.

trarre minerali dal sottosuolo / extrair minerais do subsolo. **5** *Comm* sacar. **trarre a fine** levar a cabo, terminar. **trarre in inganno** enganar. **trarre una cambiale** emitir uma letra de câmbio.

tra.san.da.to [trazand´ato] *agg* **1** relaxado, desleixado. **2** desalinhado.

tra.sbor.da.re [trazbord´are] *vt+vi* baldear, fazer baldeação, passar de um veículo para outro. *la compagnia trasbordò i passeggeri* / a companhia baldeou os passageiros. *i passeggeri trasbordano su un altro treno* / os passageiros fazem baldeação para um outro trem.

tra.sbor.do [trazb´ordo] *sm* baldeação.

tra.scen.den.te [traʃend´ɛnte] *sm+agg* transcendente, sobrenatural, místico.

tra.scen.de.re [traʃ´endere] *vt* **1** *Lett* transcender, exceder, ultrapassar. *vi* **2** transcender, passar dos limites.

tra.sci.na.re [traʃin´are] *vt* **1** arrastar, puxar. **2** *fig* atrair. **3** convencer, persuadir. *vpr* **4** arrastar-se, rastejar. **5** prolongar-se, perdurar (tempo). **trascinare una misera vita** levar uma vida miserável.

tra.scor.re.re [trask´orere] *vt* **1** ultrapassar. **2** passar, gastar (tempo). *vi* **3** transcorrer, decorrer. **trascorrere un libro** folhear um livro.

tra.scor.so [trask´orso] *sm* **1** erro, falha. **2** decurso, curso (do tempo). • *agg* transcorrido, passado.

tra.scri.ve.re [traskr´ivere] *vt* transcrever.

tra.scu.ran.za [traskur´antsa] *sf* negligência, descuido.

tra.scu.ra.re [traskur´are] *vt* **1** negligenciar, descuidar-se de. **2** ignorar, não dar importância a.

tra.sfe.ri.men.to [trasferim´ento] *sm* transferência.

tra.sfe.ri.re [trasfer´ire] *vt* **1** transferir. *vpr* **2** transferir-se, mudar de casa.

tra.sfi.gu.ra.re [trasfigur´are] *vt* **1** transfigurar. **2** transformar, mudar.

tra.sfor.ma.re [trasform´are] *vt* **1** transformar, mudar. *trasformare una cosa in altra* / transformar uma coisa em outra. *vpr* **2** transformar-se, virar. *la tristezza presto si trasformò in gioia* / a tristeza logo se transformou em alegria.

tra.sfor.ma.to.re [trasformat´ore] *sm Elett* transformador.

tra.sfor.ma.zio.ne [trasformats´jone] *sf* transformação, mudança.

tra.sgre.di.re [trazgred´ire] *vt* transgredir, infringir.

tra.sgres.sio.ne [trazgress´jone] *sf* transgressão, infração.

tra.slu.ci.do [trazl´utʃido] *agg* translúcido, diáfano. *Var: translucido.*

tra.smet.te.re [trazm´ettere] *vt* **1** transmitir. **2** anunciar, comunicar. **3** transferir.

tra.smet.ti.to.re [trazmettit´ore] *sm* (anche *Elett*) transmissor.

tra.smis.sio.ne [trazmiss´jone] *sf* (anche *Autom, Med*) transmissão. **trasmissione del pensiero** transmissão de pensamento. **trasmissione radiofonica** transmissão de rádio. **trasmissione radiovisiva** transmissão de TV.

tra.spa.ren.te [traspar´ɛnte] *agg* **1** transparente, diáfano. **2** *fig* evidente, claro. **3** honesto.

tra.spa.ren.za [traspar´ɛntsa] *sf* **1** transparência. **2** *fig* clareza.

tra.spi.ra.re [traspir´are] *vi* **1** transpirar, suar, perspirar. **2** *fig* revelar-se.

tra.spi.ra.zio.ne [traspirats´jone] *sf* transpiração, suor.

tra.spor.re [trasp´ore] *vt* **1** transpor, inverter. **2** transportar. **3** *Lett* traduzir. **4** *Mus* transpor, transportar, mudar de tom.

tra.spor.ta.re [trasport´are] *vt* **1** transportar, levar. **2** *Lett* traduzir. *vpr* **3** transportar-se. Veja nota em **levare**.

tra.spor.to [trasp´ɔrto] *sm* **1** transporte. **2** *Lett* tradução. **3** *fig* êxtase, entusiasmo, ardor.

tra.stul.lo [trast´ullo] *sm* **1** brinquedo, brincadeira. **2** divertimento, distração, passatempo.

tra.sver.sa.le [trazvers´ale] *sf* **1** travessa, via lateral. **2** *Geom* transversal. • *agg* transversal.

trat.ta.men.to [trattam´ento] *sm* **1** tratamento, procedimento. **2** acolhida.

trat.ta.re [tratt´are] *vt+vi* **1** tratar, manusear, manipular. **2** tratar de, cuidar de. *trattare bene* / tratar bem. **3** *fig* negociar,

T

discutir. *trattare la pace* / negociar a paz. *vi* **4** tratar de, discutir (um assunto). *il libro tratta dell'Italia medioevale* / o livro trata da Itália medieval. **5** lidar. *trattare con qualcuno* / lidar com alguém. *vpr* **6** tratar-se de. *di che cosa si tratta?* / de que se trata?

trat.ta.to [tratt´ato] *sm* tratado. **trattato di biologia** tratado de biologia. **trattato di pace** tratado de paz.

trat.te.ne.re [tratten´ere] *vt* **1** deter, reter. **2** prender, aprisionar. **3** entreter. **4** *fig* conter, impedir. *vpr* **5** deter-se, demorar-se. **6** entreter-se. **7** *fig* conter-se, controlar-se.

trat.te.ni.men.to [trattenim´ento] *sm* **1** entretenimento, diversão. **2** demora, retenção. **3** detenção.

trat.ti.no [tratt´ino] *sm dim* **1** tracinho. **2** *Gramm* travessão. **3** hífen.

trat.to [tr´atto] *sm* **1** traço, linha. **2** momento, instante. **3** período, intervalo de tempo. **4** trecho, passagem de texto. **5** espaço, distância. **6** **tratti** *pl* a) modos, comportamento. b) aspectos, características. • *agg* **1** trazido, levado. **2** incitado. **ad un tratto/d'un tratto** a) de repente. b) imediatamente. **a ogni tratto** com muita frequência. **a tratti** em intervalos. **di primo tratto** no princípio. **di tratto in tratto** de vez em quando. **un tratto di buon cuore** um ato de bondade.

trat.to.ri.a [trattor´ia] *sf* **1** restaurante. **2** taberna, taverna. **3** estalagem.

trau.ma [tr´awma] *sm Med* **1** trauma. **2** contusão, lesão. **trauma psichico** trauma psicológico.

trau.ma.ti.co [trawm´atiko] *agg* **1** *Med* traumático. **2** *fig* traumatizante.

trau.ma.tiz.za.re [trawmatiddz´are] *vt* traumatizar.

tra.va.glia.re [travaλ´are] *vt* **1** atormentar, angustiar, afligir. *vi* **2** sofrer, padecer. *vpr* **3** afligir-se.

tra.va.glio [trav´aλo] *sm* **1** trabalho pesado, labuta. **2** *fig* tormento, angústia, aflição. **travaglio del parto** trabalho de parto.

tra.ve [tr´ave] *sf* trave, viga.

tra.ver.sa [trav´ɛrsa] *sf* **1** travessa, rua transversal. **2** barra, trave.

tra.ver.so [trav´ɛrso] *sm* bofetão, sopapo. • *agg* transversal, oblíquo, atravessado. **andare a traverso** naufragar. **di traverso** lateralmente. **guardare di traverso** olhar atravessado, fazer cara feia.

tra.ve.sti.re [travest´ire] *vt* **1** disfarçar, mascarar. *vpr* **2** disfarçar-se, mascarar-se.

tra.ve.sti.to [travest´ito] *sm* travesti. • *agg* disfarçado, mascarado.

tra.vi.a.re [travi´are] *vt* **1** desviar, desencaminhar. **2** *fig* corromper, perverter, desvirtuar. *vpr* **3** desviar-se. **4** *fig* corromper-se, perverter-se.

tra.zio.ne [trats´jone] *sf* tração.

tre [tr´e] *sm+num* três.

trec.cia [tr´ettʃa] *sf* trança.

tre.cen.to [tretʃ´ɛnto] *sm+num* trezentos. **il Trecento** o século XIV.

tre.di.ci [tr´editʃi] *sm+num* treze.

tre.gua [tr´egwa; tr´ɛgwa] *sf* **1** trégua, armistício. **2** *fig* descanso, repouso, calma.

tre.ma.re [trem´are] *vi* **1** tremer. **2** estremecer, sacudir. **3** ter medo. **4** hesitar, vacilar.

tre.ma.rel.la [tremar´ɛlla] *sf* **1** *fam* tremedeira, medo. **2** *volg* cagaço.

tre.men.do [trem´ɛndo] *agg* horripilante, horroroso, assustador, terrível.

tre.mi.to [tr´ɛmito] *sm* **1** tremor. **2** estremecimento, vibração.

tre.mo.la.re [tremol´are] *vi* **1** tremular. **2** bruxulear, tremeluzir.

tre.mo.re [trem´ore] *sm* **1** tremor. **2** estremecimento, vibração. **3** *fig* inquietação. **4** temor, medo.

tre.mu.lo [tr´ɛmulo] *agg* **1** trêmulo. **2** bruxuleante (luz).

tre.no [tr´ɛno] *sm* trem. **treno a vapore** trem a vapor. **treno diretto** trem direto. **treno elettrico** trem elétrico. **treno espresso/treno direttissimo** trem expresso. **treno locale** trem local. **treno merci** trem de carga. **treno rapido** trem rápido. **viaggio in treno** viagem de trem.

tren.ta [tr´ɛnta] *sm+num* trinta.

tren.te.si.mo [trent´ɛzimo] *sm+num* **1** trigésimo. **2** trinta avos. *Sin: trigesimo.*

tre.pi.da.re [trepid´are] *vi* **1** trepidar, tremer. **2** preocupar-se, angustiar-se.
tri.an.go.la.re [triangol´are] *vt+agg* triangular.
tri.an.go.lo [tri´angolo] *sm Geom, Mus* triângulo. **a triangolo** triangular, em forma de triângulo.
tri.bo.la.re [tribol´are] *vt* **1** atribular, inquietar, afligir. *vpr* **2** inquietar-se, afligir-se. **3** sofrer.
tri.bor.do [trib´ordo] *sm Naut* estibordo.
tri.bù [trib´u] *sf* tribo.
tri.bu.na [trib´una] *sf* tribuna.
tri.bu.na.le [tribun´ale] *sm* tribunal.
tri.bu.ta.re [tribut´are] *vt* tributar.
tri.bu.to [trib´uto] *sm* **1** tributo, imposto, taxa. **2** *fig* contribuição, ajuda. **3** homenagem.
tri.ci.clo [tritʃ´iklo] *sm* triciclo.
tri.co.lo.re [trikol´ore] *agg* tricolor. • *sm* bandeira tricolor.
tri.en.nio [tri´ɛnnjo] *sm* triênio.
tri.fo.glio [trif´ɔλo] *sm Bot* trevo.
tri.ge.mi.no [tridʒ´ɛmino] *sm+agg* trigêmeo. **parto trigemino** parto de trigêmeos.
tri.ge.si.mo [tridʒ´ɛzimo] *sm+num V trentesimo.*
tri.go.no.me.tri.a [trigonometr´ia] *sf* trigonometria.
tri.lio.ne [tril´jone] *sm* trilhão.
tril.la.re [trill´are] *vi* trinar, gorjear.
tril.lo [tr´illo] *sm* trinado, gorjeio.
tri.me.stre [trim´ɛstre] *sm* trimestre.
trin.ce.a [trintʃ´ɛa] *sf* **1** trincheira. **2** barricada.
trin.ce.ra.re [trintʃer´are] *vt* **1** entrincheirar. *vpr* **2** entrincheirar-se.
trin.cia.re [trintʃ´are] *vt* **1** trinchar, destrinchar, cortar. *vpr* **2** desmanchar-se, desfazer-se (roupas).
tri.ni.tà [trinit´a] *sf* trindade. **la Trinità** *Rel* a Santíssima Trindade.
tri.o [tr´io] *sm an Mus* trio.
trion.fa.le [trjonf´ale] *agg* triunfal.
trion.fa.re [trjonf´are] *vi* **1** triunfar, vencer. **2** exultar, ficar radiante.
trion.fo [tr´jonfo] *sm* **1** triunfo, vitória. **2** *fig* aplauso, aclamação, ovação. **portare uno in trionfo** carregar alguém em triunfo.
tri.pli.ca.re [triplik´are] *vt* triplicar, multiplicar por três.
tri.pli.ce [tr´iplitʃe] *num* tríplice.
tri.plo [tr´iplo] *sm+num* triplo.
trip.pa [tr´ippa] *sf* **1** miúdos de animal. **2** *fig iron* pança, barriga.
tri.sil.la.bo [tris´illabo] *sm Gramm* trissílabo. • *agg Gramm* trissílabo, trissilábico.
tri.ste [tr´iste] *agg* **1** triste, infeliz. **2** deprimido, melancólico. **3** *fig* sombrio. **4** funesto.
tri.stez.za [trist´ettsa] *sf* **1** tristeza, infelicidade. **2** depressão, melancolia.
tri.sto [tr´isto] *agg* **1** mau, malvado, perverso. **2** mesquinho, vil.
tri.ta.re [trit´are] *vt* triturar, moer. *Sin: triturare.*
tri.to [tr´ito] *agg* **1** triturado, moído. **2** *fig* gasto, consumido. **3** comum, banal (ideia, assunto).
trit.ton.go [tritt´ongo] *sm Gramm* tritongo.
tri.tu.ra.re [tritur´are] *vt V tritare.*
tri.vel.la [triv´ɛlla] *sf Min* sonda, perfuratriz.
tri.via.le [triv´jale] *agg* **1** trivial, comum. **2** vulgar, ordinário.
tro.fe.o [trof´ɛo] *sm* **1** *Sp* troféu. **2** *Mil* despojo, saque.
tro.ia [tr´ɔja] *sf* **1** porca. **2** *fig* vaca, galinha, prostituta. **3** *volg* puta.
trom.ba [tr´omba] *sf* **1** *Zool* tromba. **2** *Autom* buzina. **3** *Mus, Anat* trompa. **4** *Mecc* bomba de água. **5** *Naut* tromba-d'água.
trom.bet.ta [tromb´etta] *sf Mus* trombeta.
trom.bo.ne [tromb´one] *sm* **1** *Mus* trombone. **2** *Mil* bacamarte.
tron.ca.re [tronk´are] *vt* **1** truncar, mutilar. **2** *fig* interromper, suspender.
tron.co [tr´onko] *sm* **1** *Anat, Bot* tronco. **2** *Naut* mastro. **3** *fig* ramal, trecho de estrada. **4** linhagem, estirpe. • *agg* **1** truncado, mutilado. **2** *Gramm* oxítono. **3** *fig* interrompido, suspenso.
tro.no [tr´ɔno] *sm* **1** trono. **2** *fig* governo, controle, dominação. **3** império, reino.
tro.pi.ca.le [tropik´ale] *agg* tropical.

T

Tro.pi.co [tr´ɔpiko] *sm* Trópico. **Tropico del Cancro** Trópico de Câncer. **Tropico del Capricorno** Trópico de Capricórnio.

trop.po [tr´ɔppo] *sm* **1** excesso, demasia. **2** muita gente, muita coisa. • *agg* demasiado, excessivo. • *avv* demais, excessivamente.

tro.ta [tr´ɔta] *sf Zool* truta.

trot.ta.re [trott´are] *vi* **1** trotar (cavalos). **2** *fig* correr, apressar-se (pessoas). *trottare dietro a qualcuno* / correr atrás de alguém.

trot.te.rel.la.re [trotterell´are] *vi fam* saltitar.

trot.to.la [tr´ɔttola] *sf* pião.

tro.va.re [trov´are] *vt* **1** encontrar, achar. *trovò le chiavi sotto il guanciale* / encontrou as chaves debaixo do travesseiro. *trovare per caso* / encontrar por acaso. **2** inventar, criar. **3** descobrir. **4** *fig* achar, considerar. *trovare giusto* / achar justo. *trovo quella signora molto raffinata* / considero aquela senhora muito refinada. *vpr* **5** encontrar-se, achar-se. **6** localizar-se, situar-se. *dove si trova il tribunale?* / onde se localiza o tribunal? **7** sentir-se. *non mi trovo bene* / não me sinto bem. **andare a trovare qualcuno** ir encontrar-se com alguém.

tro.va.ta [trov´ata] *sf* **1** achado, ideia brilhante. **2** artifício, artimanha.

tro.va.to.re [trovat´ore] *sm* trovador.

truc.ca.re [trukk´are] *vt* **1** disfarçar, mascarar. **2** *fig* falsificar, adulterar. *vpr* **3** disfarçar-se, mascarar-se. **4** maquiar-se.

truc.co [tr´ukko] *sm* **1** disfarce, máscara. **2** maquiagem, cosmético. **3** truque, artimanha, expediente. **4** fraude, engano.

tru.ci.da.re [trutʃid´are] *vt* trucidar, massacrar.

tru.cu.len.to [trukul´ɛnto] *agg* truculento, cruel.

trup.pa [tr´uppa] *sf Mil* tropa, regimento.

tu [t´u] *pron sing* **1** tu. **2** você. **darsi del tu** tratar-se reciprocamente por tu, ser íntimo de alguém.

O pronome **tu** é apenas usado como sujeito do verbo: *tu sei venuto* / você veio; tu vieste. É usado para pessoas com quem temos intimidade, como um familiar ou amigo mais próximo.

tu.a [t´ua] *pron f sing* tua.

tu.ba [t´uba] *sf* **1** cartola. **2** *Anat* canal, conduto. **3** *Mus* trompa, tuba.

tu.ba.zio.ne [tubats´jone] *sf* tubulação.

tu.ber.co.lo.si [tuberkol´ɔzi] *sf Med* tuberculose.

tu.ber.co.lo.so [tuberkol´ozo] *sm+agg Med* tuberculoso.

tu.bet.to [tub´etto] *sm dim* tubinho, bisnaga.

tu.bo [t´ubo] *sm* **1** tubo. **2** canudo. **tubo digerente** *Anat* tubo digestivo. **tubo di lancio** *Naut* tubo de lançamento de torpedos. **tubo di saggio** *Chim* tubo de ensaio.

tu.e [t´ue] *pron f pl* tuas.

tuf.fa.re [tuff´are] *vt* **1** mergulhar. *tuffare nell'acqua* / mergulhar na água. **2** afundar, imergir. **3** molhar. *vpr* **4** mergulhar. *il nuotatore si tuffò dal trampolino* / o nadador mergulhou do trampolim. *tuffarsi nella piscina* / mergulhar na piscina. **5** *fig* concentrar-se em, dedicar-se a. *tuffarsi nei piaceri, negli studi* / mergulhar nos prazeres, nos estudos.

tuf.fo [t´uffo] *sm* **1** mergulho. **2** imersão. **3** *fig* choque, abalo, sobressalto. **fare un tuffo** dar um mergulho.

tu.li.pa.no [tulip´ano] *sm Bot* tulipa.

tu.mo.re [tum´ore] *sm Med* tumor. **tumore benigno** tumor benigno. **tumore maligno** tumor maligno, câncer.

tu.mu.lo [t´umulo] *sm* túmulo, sepulcro.

tu.mul.to [tum´ulto] *sm* **1** tumulto. **2** agitação. **3** *fig* rebelião, revolta, insurreição.

tu.mul.tu.a.re [tumultu´are] *vi* tumultuar, fazer tumulto.

tu.ni.ca [t´unika] *sf* **1** túnica. **2** *Anat, Bot* membrana. *Var: tonaca* (na acepção 2). Veja nota em **túnica**.

tu.o [t´uo] *pron m sing* teu. **il tuo** *fig* os teus bens. Veja notas em **malgrado** (italiano), **seu** e **suo**.

tuoi [t´wɔj] *pron m pl* teus. **i tuoi** *fig* os teus (parentes), a tua família. Veja notas em **seu** e **suo**.

tuo.na.re [twon´are] *vi* **1** trovejar. **2** estrondear. **3** gritar, berrar.

tuo.no [t´wɔno] *sm* **1** trovão. **2** *fig* estrondo, estouro.

tu.rac.cio.lo [tur´attʃolo] *sm* **1** rolha. **2** tampa de garrafa.
tu.ra.re [tur´are] *vt* tampar, tapar, fechar.
tur.ban.te [turb´ante] *sm* turbante.
tur.ba.re [turb´are] *vt* **1** perturbar. **2** angustiar, preocupar. **3** transtornar, desnortear. *vpr* **4** perturbar-se, preocupar-se. **5** perder a calma.
tur.ba.zio.ne [turbats´jone] *sf* **1** perturbação. **2** transtorno. **3** agitação, confusão.
tur.bi.na [turb´ina] *sf* turbina.
tur.bi.ne [t´urbine] *sm* turbilhão: a) remoinho. *turbine di vento, di polvere* / turbilhão de vento, de poeira. b) *fig* o que nos arrasta ou excita violentamente. *un turbine di idee* / um turbilhão de ideias. c) *fig* grande quantidade. *un turbine di clienti* / um turbilhão de clientes.
tur.bo.len.to [turbol´ɛnto] *agg* **1** turbulento, agitado. **2** irrequieto, vivaz.
tur.che.se [turk´eze] *sf Min* turquesa.
tur.co [t´urko] *sm+agg* turco, da Turquia. **fumare come un turco** fumar exageradamente. **parlar turco** *fig* falar grego, usar palavras incompreensíveis.
tu.ri.sta [tur´ista] *s* turista.
tur.no [t´urno] *sm* **1** turno. **2** turma (de operários). **3** alternância, rotação. **turno di notte** turno da noite.
tur.pe [t´urpe] *agg* **1** torpe, repugnante, monstruoso. **2** infame, vil. **3** obsceno, imoral.
tu.ta [t´uta] *sf* macacão.
tu.te.la [tut´ɛla] *sf* **1** *Giur* tutela, guarda. **2** *fig* defesa, proteção.
tu.te.la.re [tutel´are] *vt* **1** tutelar. **2** proteger, defender. *vpr* **3** proteger-se, defender-se. • *agg* **1** tutelar. **2** protetor, defensor.
tu.to.re [tut´ore] *sm* **1** tutor. **2** protetor, defensor.
tut.ta.vi.a [tuttav´ia] *cong* todavia, contudo, apesar disso, entretanto.
tut.to [t´utto] *sm* todo, inteiro. • *agg* todo, inteiro, completo. *ho mangiato tutto il pane* / eu comi o pão inteiro. • *pron* **1** tudo. *adesso tutto va bene* / agora vai tudo bem. **2** todo. *tutto il mondo lo conosce* / o mundo todo o conhece. **3 tutti** *pron pl* todos, todo mundo. *tutti sono venuti* / todos vieram. • *avv* inteiramente, totalmente. *è un problema tutto diverso* / é um problema totalmente diferente. **a tutta prova** a toda prova. **a tutta velocità** a toda velocidade. **del tutto** totalmente, inteiramente. **in tutto e per tutto** em todos os sentidos. **per tutto** em toda parte. **tutt'altro che** tudo menos. **tutte e due** ambas, todas as duas. **tutti e due** ambos, todos os dois. **tutti e tre** todos os três. **tutto il giorno** todo o dia, o dia inteiro.

T

U

u [´u] *sf* **1** a décima nona letra do alfabeto italiano. **2** u, o nome da letra U.

ub.bi.dien.te [ubbid´jɛnte] *agg* **1** obediente. **2** submisso, dócil. *Var: obbediente.*

ub.bi.die.nza [ubbid´jɛnttsa] *sf* **1** obediência. **2** submissão, docilidade. *Var: obbedienza.*

ub.bi.di.re [ubbid´ire] *vt+vi* obedecer. *ubbidire i genitori* ou *ubbidire ai genitori* / obedecer aos pais. *Var: obbedire.*

u.bria.ca.re [ubrjak´are] *vt* **1** embriagar, embebedar. *vpr* **2** embriagar-se, embebedar-se. **3** *fig* inebriar-se, exaltar-se, entusiasmar-se.

u.bria.chez.za [ubrjak´ettsa] *sf* **1** embriaguez. **2** *fig* êxtase, enlevo.

u.bria.co [ubr´jako] *agg* **1** embriagado, bêbado. **2** *fig* exaltado, entusiasmado.

u.bria.co.ne [ubrjak´one] *sm* bêbado, alcoólatra.

uc.cel.lie.ra [uttʃell´jɛra] *sf* **1** gaiola. **2** aviário.

uc.cel.lo [uttʃ´ɛllo] *sm* **1** pássaro, ave. **2** *volg* passarinho, pinto. **a volo d'uccello** a) de cima para baixo. b) *fig* de relance, superficialmente. *leggevamo i testi a volo d'uccello* / nós líamos os textos superficialmente. **uccello di malaugurio** ave de mau agouro. **uccello di preda** ave de rapina. **uccello mosca** beija-flor, colibri.

uc.ci.de.re [uttʃ´idere] *vt* **1** matar, assassinar. **2** *fig* abater. **3** destruir.

uc.ci.sio.ne [uttʃiz´jone] *sf* **1** assassinato. **2** matança, massacre.

u.die.nza [ud´jɛntsa] *sf* **1** audiência. **2** sessão. **avere udienza** conseguir audiência.

u.di.re [ud´ire] *vt* **1** ouvir. **2** escutar. • *sm* audição.

u.di.to [ud´ito] *sm* audição. • *agg* ouvido, escutado.

u.di.to.re [udit´ore] *sm* **1** ouvinte, quem ouve. **2** aluno ouvinte. **3** *Rel, Giur* auditor.

u.di.to.rio [udit´ɔrjo] *sm* auditório.

Uditorio refere-se às pessoas que assistem a um espetáculo, uma palestra etc. *l'uditorio applaudì il cantante* / o auditório aplaudiu o cantor. Veja outra nota em **auditorio.**

uf.fi.cia.le [uffitʃ´ale] *sm* **1** funcionário. **2** *Mil* oficial. • *agg* oficial. **Ufficiale di Stato Civile** tabelião. **ufficiale giudiziario** oficial judiciário.

uf.fi.cio [uff´itʃo] *sm* **1** ofício, cargo. **2** emprego, serviço. **3** função, dever. **4** escritório, agência. **5** repartição pública. **d'ufficio** a) oficial. b) oficialmente. **ufficio di cambio** agência de câmbio. **ufficio di dogana** alfândega, repartição aduaneira. **ufficio informazioni** balcão de informações. **ufficio postale** agência do correio. **ufficio telegrafico** agência telegráfica.

uf.fi.cio.so [uffitʃ´ozo] *agg* oficioso, não oficial.

u.fo [´ufo] *avv* de graça, às custas de outra pessoa. *vivere a ufo* / viver às custas de outra pessoa.

ug.gio.la.re [uddʒol´are] *vi* ganir, uivar.

u.go.la [´ugola] *sf* **1** *Anat* úvula. **2** *fig* garganta, voz para cantar. **bagnarsi l'ugola** *fig, iron* molhar a garganta, beber.

u.gua.glian.za [ugwaʎ´antsa] *sf* **1** igualdade. **2** uniformidade. **3** equivalência, correspondência. *Var: eguaglianza.*

u.gua.glia.re [ugwaʎ´are] *vt* **1** igualar, tornar igual. *il denaro uguaglia tutti gli* *uomini* / o dinheiro iguala todos os homens. **2** comparar, confrontar. **3** nivelar, uniformizar. *vpr* **4** igualar-se. *il padre e il figlio si uguagliano in intelligenza* / o pai e o filho se igualam em inteligência. *Var: eguagliare*.

u.gua.le [ug'wale] *agg* **1** igual, idêntico. **2** constante. **3** regular, uniforme. **4** *fig* monótono. *Var: eguale*.

uh ['u] *int V uhi*.

u.hi ['ui] *int* **1** ui! ai! *uhi! così mi rompi il braccio!* / ui! assim você me quebra o braço! **2** oh! ah! *uhi! che bella!* / oh! que linda! *Sin: uhi*.

ul.ce.ra ['ultʃera] *sf Med* úlcera. **ulcera duodenale** úlcera duodenal. **ulcera gastrica** úlcera gástrica.

u.li.va [ul'iva] *sf V oliva*.

u.li.vo [ul'ivo] *sm V olivo*.

ul.te.rio.re [ulter'jore] *agg* **1** ulterior, posterior, seguinte. **2** *fig* complementar, secundário.

ul.ti.ma.re [ultim'are] *vt* **1** terminar, concluir. **2** completar.

ul.ti.mo ['ultimo] *sm+agg* último. **da ultimo** por fim. **in ultimo** no final. **le ultime volontà** a última vontade (no testamento). **l'ultima ora** as últimas, a morte. **l'ultima parola** a palavra final, decisiva.

ul.tra.suo.no [ultras'wɔno] *sm Fis* ultrassom.

ul.tra.vio.let.to [ultravjol'etto] *agg Fis, Med* ultravioleta.

u.ma.ne.si.mo [uman'ezimo] *sm Lett, St* humanismo.

u.ma.ni.tà [umanit'a] *sf* **1** humanidade, raça humana. **2** *fig* caridade, piedade, benevolência. **le umanità** as humanidades, as ciências humanas.

u.ma.ni.ta.rio [umanit'arjo] *agg* humanitário.

u.ma.niz.za.re [umaniddz'are] *vt* **1** humanizar. *vpr* **2** humanizar-se.

u.ma.no [um'ano] *agg* **1** humano. **2** *fig* caridoso, piedoso, benevolente.

um.bi.li.ca.le [umbilik'ale] *agg V ombelicale*.

um.bi.li.co [umbil'iko] *sm V ombelico*.

u.mi.di.re [umid'ire] *vt* umedecer.

u.mi.di.tà [umidit'a] *sf* umidade.

u.mi.do ['umido] *agg* **1** úmido. **2** molhado, banhado. • *sm* umidade. **aver gli occhi umidi** estar com os olhos cheios d'água. **in umido** guisado.

u.mi.le ['umile] *agg* **1** humilde. **2** modesto. **3** submisso, servil. **4** pobre, plebeu.

u.mi.lian.te [umil'jante] *agg* **1** humilhante. **2** vergonhoso.

u.mi.lia.re [umil'jare] *vt* **1** humilhar. **2** envergonhar, vexar. *vpr* **3** humilhar-se, rebaixar-se.

u.mi.lia.zio.ne [umiljats'jone] *sf* humilhação.

u.mil.tà [umilt'a] *sf* **1** humildade. **2** modéstia, simplicidade. **3** submissão.

u.mo.re [um'ore] *sm* **1** *Anat* humor, secreção. **2** *fig* humor, estado de espírito. **umore acqueo** humor aquoso.

u.mo.ri.sta [umor'ista] *s+agg* humorista.

u.mo.ri.sti.co [umor'istiko] *agg* humorístico, cômico.

un ['un] *art indet m sg* um.

O artigo **un** é usado antes de palavras que começam com vogal ou consoante (exceto *s impura, z, ps, gn, x*): *un cane* / um cão. *un poeta* / um poeta. *un aereo* / um avião. *un uomo* / um homem. Veja outra nota em **uno**.

u.na ['una] *art indet f sg* uma.

O artigo **una** é usado antes de palavras que começam com consoante: *una casa* / uma casa. *una pietra* / uma pedra. *una zia* / uma tia. *una psicologa* / uma psicóloga. Antes de vogal, usa-se **un'**: *un'aquila* / uma águia. *un'erba* / uma erva. *un'orchestra* / uma orquestra. Veja outra nota em **uma**.

u.na.ni.me [un'anime] *agg* unânime.

un.ci.na.re [untʃin'are] *vt* enganchar.

un.ci.na.to [untʃin'ato] *agg* adunco, encurvado.

un.ci.net.to [untʃin'etto] *sm dim* agulha de crochê.

un.ci.no [untʃ'ino] *sm* **1** gancho. **2** *fam* garrancho, letra ruim. **3** *fig* pretexto, desculpa.

un.di.ci ['unditʃi] *sm+num* onze.

un.ge.re ['undʒere] *vt* **1** ungir, untar. **2** lubrificar. **3** *fig* bajular, adular. **4** subornar, corromper.

un.ghe.re.se [unger´eze] *s+agg* húngaro, da Hungria.
un.ghia [´ungja] *sf* **1** unha. **2** garra. **metter le unghie addosso a** pôr as garras em. **mordersi le unghie** roer as unhas. **mostrare le unghie/metter fuori le unghie** mostrar as garras, ameaçar. **unghia del cavallo** casco do cavalo. **unghia incarnata** unha encravada.
un.ghia.ta [ung´jata] *sf* unhada, arranhão.
un.gi.tu.ra [undʒit´ura] *sf* unção.
un.guen.to [ung´wɛnto] *sm* unguento.
u.ni.co [´uniko] *agg* **1** único, singular. **2** *fig* superior, ótimo.
u.ni.fi.ca.re [unifik´are] *vt* **1** unificar. **2** englobar, fundir. **3** uniformizar, padronizar.
u.ni.for.ma.re [uniform´are] *vt* **1** uniformizar, padronizar. *la legge uniformò i procedimenti* / a lei uniformizou os procedimentos. *vpr* **2** conformar-se, adequar-se, adaptar-se. *devi uniformarti alle regole di questa scuola* / você deve se adequar às regras desta escola.
u.ni.for.me [unif´orme] *sf* uniforme, farda. • *agg* **1** uniforme, homogêneo. **2** constante, invariável. **moto uniforme** *Fis* movimento uniforme.
u.nio.ne [un´jone] *sf* **1** união, ligação. **2** acordo, aliança. **3** concórdia. **4** *fig* casamento, matrimônio.
u.ni.re [un´ire] *vt* **1** unir, ligar. **2** *fig* casar. *vpr* **3** unir-se, ligar-se. **4** combinar-se. **unirsi in matrimonio** unir-se em matrimônio, casar-se.
u.ni.so.no [un´isono] *sm+agg* uníssono. **all'unisono** em uníssono, de acordo.
u.ni.tà [unit´a] *sf* **1** unidade. **2** unificação. **3** *Mil* unidade, regimento. **4** *fig* união. **5** harmonia, concórdia. **le unità di misura** *Fis, Chim* as unidades de medida.
u.ni.ta.rio [unit´arjo] *agg* unitário. **prezzo unitario** preço unitário.
u.ni.ver.sa.le [univers´ale] *sm+agg* universal. **Diluvio Universale** *Rel* Dilúvio Universal. **erede universale** *Giur* herdeiro universal. **Giudizio Universale** *Rel* Juízo Final.
u.ni.ver.si.tà [universit´a] *sf* universidade.
u.ni.ver.si.ta.rio [universit´arjo] *sm+agg* universitário.
u.ni.ver.so [univ´ɛrso] *sm* **1** universo, cosmo. **2** mundo, globo terrestre. • *agg* universal.
u.ni.vo.co [un´ivoko] *agg* unívoco.
u.no [´uno] *art indet m sg* um. • *sm+num* um. • *pron* alguém, alguma pessoa. **a uno a uno** um a um. **uno alla volta** um por vez.

O artigo **uno** é usado antes de palavras que começam com *s impura, z, ps, gn, x*: *uno specchio* / um espelho. *uno zio* / um tio. *uno psicologo* / um psicólogo. Veja outra nota em **un**.

uo.mo [´wɔmo] *sm* (*pl m* **gli uomini**) **1** homem. **2** amante, companheiro. **all'uomo sazio il dolce pare amaro** para barriga cheia goiaba tem bicho. **a tutt'uomo** *fig* com toda a força. **gli uomini** a) a humanidade. b) todo mundo. **l'Uomo** o Homem, a humanidade. **uomo allegro il cielo l'aiuta** quem canta, seus males espanta. **uomo d'affari** homem de negócios. **uomo d'arme** homem de armas, militar. **uomo d'azione** homem de ação, ativo. **uomo di lettere** homem de letras. **uomo di pensiero** pensador. **uomo di stoppa** marionete, homem submisso. **uomo fatto** homem feito. **uomo rana** homem-rã.
uo.po [´wɔpo] *sm* necessidade. **esser d'uopo** ser mister, ser necessário.
uo.vo [´wɔvo] *sm* (*pl f* **le uova** ou **le ova**) ovo. **meglio un uovo oggi che una gallina domani** é melhor um pássaro na mão do que dois voando. **uovo al tegame** ovo estrelado. **uovo da bere** ovo quente. **uovo fritto** ovo frito. **uovo sodo** ovo duro. **uovo strapazzato** ovo mexido. *Var: ovo.*
u.ra.ga.no [urag´ano] *sm* **1** furacão. **2** tempestade, temporal. **3** *fig* ruína, desgraça.
u.ra.nio [ur´anjo] *sm Chim* urânio.
ur.ba.ne.si.mo [urban´ɛzimo] *sm* urbanismo.
ur.ba.no [urb´ano] *agg* **1** urbano, da cidade. **2** educado, gentil, cortês.
u.re.tra [ur´ɛtra] *sf Anat* uretra.
ur.gen.te [urdʒ´ɛnte] *agg* **1** urgente. **2** iminente.
ur.ge.nza [urdʒ´ɛntsa] *sf* **1** urgência. **2** iminência.

ur.ge.re [ˈurdʒere] *vt+vi* **1** urgir, ser necessário. *urge un buon avvocato* / é necessário um bom advogado. *urge comprare nuovi lenzuoli per l'ospitale* / urge comprar novos lençóis para o hospital. **2** *fig* incitar, induzir. **3** obrigar, forçar.

u.ri.na [urˈina] *sf V orina.*

ur.la.re [urlˈare] *vi* **1** uivar. **2** gritar, berrar.

ur.lo [ˈurlo] *sm* **1** uivo. **2** grito, berro.

ur.na [ˈurna] *sf* **1** urna. **2** *St* urna, vaso para água.

ur.ta.re [urtˈare] *vt* **1** colidir. *ho urtato un altro veicolo* / colidi num outro veículo. **2** bater. *la donna urtò il ladro con la borsa* / a mulher bateu no ladrão com a bolsa. **3** *fig* contradizer. **4** contrastar. **5** incomodar, irritar. *vi* **6** colidir, bater. *la nave urtò negli scogli* / o navio colidiu nos recifes. **7** contrastar. *la conclusione del capitolo urta con la spiegazione* / a conclusão do capítulo contrasta com a explicação. *vpr* **8** chocar-se. *la gente si urtava per scappare dall'incendio* / as pessoas se chocavam para fugir do incêndio. **9** irritar--se, incomodar-se.

ur.to [ˈurto] *sm* **1** colisão, batida, choque. **2** golpe. **3** encontrão. **4** *fig* contraste. **5** divergência, discrepância.

u.sa.nza [uzˈantsa] *sf* **1** uso, costume, tradição. **2** hábito. **3** norma, regra.

u.sa.re [uzˈare] *vt* **1** usar, utilizar, empregar. *lei usava abiti colorati* / ela usava roupas coloridas. **2** consumir, gastar. *usò l'acqua delle bottiglie* / usou a água das garrafas. *vi* **3** costumar, ter o hábito de. *uso leggere i giornali tutte le domeniche* / costumo ler os jornais todos os domingos. **4** usar-se, ser costume. *qui in Italia usa parlare così* / aqui na Itália é costume falar assim. **5** usar-se, estar na moda. *questi orecchini non usano più* / estes brincos não se usam mais. *vpr* **6** usar-se. *qui si usano abiti freschi* / aqui se usam roupas leves.

u.sa.to [uzˈato] *sm* uso, hábito, costume. • *agg* **1** usado, consumido, gasto. **2** costumeiro, habitual.

u.scie.re [uʃˈɛre; uʃˈere] *sm* **1** oficial de justiça. **2** porteiro.

u.scio [ˈuʃo] *sm* porta. **essere a uscio con qualcuno** estar próximo de alguém. **il peggior passo è quello dell'uscio** *fig* todo começo é difícil. **mettere all'uscio** mandar embora. **prendere l'uscio** ir embora, sair.

u.sci.re [uʃˈire] *vi* **1** sair. **2** partir, ir embora. **3** deixar, abandonar (cargo). **4** ser sorteado. **5** ser publicado (jornal, revista). **uscire da** nascer de, vir de. **uscire dal seminato** *fig* mudar de assunto. **uscire di sé/uscire di senno** a) perder os sentidos, desmaiar. b) ficar fora de si, enlouquecer. **uscire di squadra** a) sair de esquadro, ficar torto. b) *fig* passar dos limites. c) *fig* levar vida desregrada. **uscire in** a) sair em, levar a (rua, estrada). b) *Gramm* terminar em, ter desinência em (palavra).

u.sci.ta [uʃˈita] *sf* **1** saída. **2** *Comm* despesa, saída. **3** *Gramm* terminação. **4** *fig* abertura, passagem. **l'uscita di un attore** a entrada em cena de um ator. **uscita di sicurezza** saída de emergência, saída de incêndio.

u.si.gno.lo [uziñˈɔlo] *sm Zool* rouxinol.

u.so [ˈuzo] *sm* **1** uso, emprego, utilização. **2** gasto, consumo. **3** hábito, costume. **4** moda. **fare uso di** usufruir de.

u.su.a.le [uzuˈale] *agg* usual, habitual, comum.

u.su.fru.i.re [uzufruˈire] *vt+vi* usufruir, beneficiar-se, fazer uso de.

u.su.frut.to [uzufrˈutto] *sm* usufruto.

u.su.ra [uzˈura] *sf* usura, agiotagem. **a usura/con usura** em medida excessiva.

u.su.ra.io [uzurˈajo] *sm+agg* usurário, agiota.

u.sur.pa.re [uzurpˈare] *vt* **1** usurpar. **2** tomar, apropriar-se de.

u.sur.pa.to.re [uzurpatˈore] *sm* usurpador.

u.ten.si.le [utensˈile] *sm* **1** utensílio. **2** ferramenta.

u.te.ri.no [uterˈino] *agg* **1** uterino. **2** *fig* impulsivo, instintivo. **3** irracional.

u.te.ro [ˈutero] *sm* **1** *Anat* útero. **2** *fig* ventre, seio materno.

u.ti.le [ˈutile] *agg* útil, aproveitável. • *sm* **1** *Comm* lucro, ganho. **2** renda, rendimento. **l'utile ed il dilettevole** o útil e o agradável. **utile lordo** lucro bruto. **utile netto** lucro líquido.

u.ti.li.tà [utilit´a] *sf* **1** utilidade, serventia. **2** vantagem.

u.ti.liz.za.re [utiliddz´are] *vt* utilizar, usar, empregar.

u.to.pi.a [utop´ia] *sf* **1** utopia. **2** *fig* fantasia, sonho, ideal.

u.to.pi.sti.co [utop´istiko] *agg* **1** utópico. **2** *fig* fantasioso, ilusório. **3** impossível.

u.va [´uva] *sf* uva. **un grappolo d'uva** um cacho de uva. **uva passa** uva passa.

V

v [v´u] *sf* vê, a vigésima letra do alfabeto italiano.
va.can.za [vak´antsa] *sf* **1** feriado. **2** folga do trabalho. **3 vacanze** *pl* férias. **fare vacanze** tirar férias.
vac.ca [v´akka] *sf* **1** *Zool* vaca. **2** carne ou couro de vaca. **3** *volg* vaca, galinha, prostituta.
vac.ca.ro [vakk´aro] *sm* vaqueiro.
vac.ci.na.re [vattʃin´are] *vt* vacinar.
vac.ci.na.zio.ne [vattʃinats´jone] *sf Med* **1** vacina. **2** vacinação. **vaccinazione antirabbica** vacina antirrábica. **vaccinazione antitetanica** vacina antitetânica.
va.cil.la.men.to [vatʃillam´ento] *sm V vacillazione*.
va.cil.la.zio.ne [vatʃillats´jone] *sf* vacilação, hesitação. *Sin: vacillamento*.
va.cil.la.re [vatʃill´are] *vi* **1** cambalear. **2** *fig* vacilar, hesitar.
va.cuo [v´akwo] *sm* vácuo, vazio. • *agg* **1** *Lett* vácuo, vazio. **2** *fig* fútil, frívolo, tolo.
va.ga.bon.dag.gio [vagabond´addʒo] *sm* vagabundagem.
va.ga.bon.da.re [vagabond´are] *vi* **1** vagabundear, vadiar. **2** vagar, errar. **3** distrair-se, divagar.
va.ga.bon.do [vagab´ondo] *sm+agg* **1** vagabundo, vadio. **2** errante, nômade.
va.ga.re [vag´are] *vi* **1** vagar, errar. **2** *fig Lett* divagar, perder-se.
va.gi.na [vadʒ´ina] *sf Anat* vagina.
va.glia [v´aʎa] *sf* **1** valor. **2** prestígio. *sm* **3** *Comm* ordem de pagamento. **4** *Comm* vale. **uomo di vaglia** homem de valor. **vaglia postale** vale postal.
va.glio [v´aʎo] *sm* **1** peneira, crivo. **2** *fig* exame, teste, prova, avaliação.
va.go [v´ago] *agg* **1** vago, incerto, indeterminado. **2** desejoso, ávido. **3** abstrato, impalpável.
va.go.ne [vag´one] *sm* vagão, carro de trem. **vagone letto** carro-dormitório. **vagone ristorante** carro-restaurante.
va.lan.ga [val´anga] *sf* **1** avalancha. **2** *fig* avalancha, grande quantidade.
va.len.te [val´ɛnte] *agg* **1** talentoso, hábil, exímio. **2** perito, experiente. **3** *fig* valente, corajoso.
va.len.ti.a [valent´ia] *sf* **1** talento, habilidade. **2** perícia, experiência. **3** *fig* valentia, coragem.
va.le.re [val´ere] *vt* **1** valer, render. *quello gli ha valso il primo premio* / aquilo lhe valeu o primeiro prêmio. *vi* **2** valer, ter valor. *ciò che dico vale anche per te* / isto que eu digo vale também para você. *la legge vale ancora* / a lei anda vale. **3** custar. *questo vale trentamila lire* / isto custa trinta mil liras. **4** *fig* contar, influir. **5** corresponder, equivaler a. *la mia parte vale la metà del capitale* / a minha parte vale corresponde à metade do capital. **6** significar. *vpr* **7** valer-se de. *valersi dell'aiuto di qualcuno* / valer-se da ajuda de alguém. **farsi valere** impor respeito. **valere la pena** valer a pena.
va.li.di.tà [validit´a] *sf* **1** validade. **2** utilidade, eficiência. **3** valor, bravura.
va.li.do [v´alido] *agg* **1** válido. **2** útil, eficaz. **3** valoroso, bravo.
va.li.gia [val´idʒa] *sf* mala. **fare le valigie** fazer as malas. **valigia diplomatica** mala diplomática.

val.le [v´alle] *sf Geogr* **1** vale. **2** laguna. **a valle** descendo.
val.let.to [vall´etto] *sm St* valete, pajem.
va.lo.re [val´ore] *sm* **1** valor. **2** custo. **3** preço de mercadoria. **4** virtude, mérito. **5** bravura, coragem. **6 valori** *pl* a) objetos de valor. b) *Comm* títulos, cédulas. **di valore** valioso. **mettere in valore** valorizar.
va.lo.riz.za.re [valoriddz´are] *vt* **1** valorizar. **2** *fig* melhorar, aperfeiçoar.
va.lo.ro.so [valor´ozo] *agg* valoroso, valente, bravo, corajoso, destemido.
va.lu.ta [val´uta] *sm Comm* **1** moeda, dinheiro, divisa. **2** valor de uma letra. **franco valuta** sem cobertura cambial. **valuta intesa** valor combinado.
va.lu.ta.re [valut´are] *vt Comm* **1** avaliar. **2** estimar. **3** *fig* considerar, julgar.
va.lu.ta.zio.ne [valutats´jone] *sf Comm* **1** avaliação. **2** estimativa. **3** cálculo, previsão.
val.vo.la [v´alvola] *sf Anat, Mecc, Elett* válvula. **valvola di sicurezza** válvula de segurança.
val.zer [v´altser] *sm Mus* valsa.
vam.pa [v´ampa] *sf* **1** chama, labareda. **2** ar quente. **3** *fig* rubor. **4** paixão. *Sin: vampata.*
vam.pa.ta [vamp´ata] *sf V vampa.*
vam.peg.gia.re [vampeddʒ´are] *vi* chamejar.
vam.pi.ro [vamp´iro] *sm* **1** vampiro. **2** *fig* aproveitador, sanguessuga.
va.na.glo.ria [vanagl´ɔrja] *sf* vanglória, vaidade, presunção, ostentação.
va.na.glo.riar.si [vanaglor´jarsi] *vpr* vangloriar-se.
van.da.li.smo [vandal´izmo] *sm* vandalismo, destruição.
van.da.lo [v´andalo] *sm* vândalo.
van.ga [v´anga] *sf* pá.
Van.ge.lo [vandʒ´ɛlo] *sm Rel* **1** Evangelho. **2 vangelo** *fig* crença, fé, doutrina.
va.ni.glia [van´iλa] *sf* baunilha.
va.ni.tà [vanit´a] *sf* **1** vaidade, presunção. **2** inconsistência. **3** *fig* futilidade, inutilidade.
va.ni.to.so [vanit´ozo] *agg* vaidoso, presunçoso.
va.no [v´ano] *sm* **1** vão. **2** vazio, oco. **3** cômodo de uma casa. • *agg* **1** vão. **2** vazio. **3** inútil. **4** *fig* vaidoso. **in vano** *V invano.*
van.tag.gio [vant´addʒo] *sm* **1** vantagem. **2** ganho, proveito. **3** favor, benefício. **4** *Sp* liderança, vantagem. **5** dianteira. **ritrarrre vantaggi** obter vantagens.
van.tag.gio.so [vantaddʒ´ozo] *agg* **1** vantajoso, proveitoso. **2** conveniente.
van.ve.ra [v´anvera] *avv* usado na expressão **a vanvera** a) à toa, a esmo. b) ao acaso. **parlare a vanvera** falar sem pensar.
va.po.re [vap´ore] *sm* **1** vapor. **2** locomotiva a vapor. **3** *Naut* vapor, navio a vapor. **a tutto vapore** a todo o vapor. **a vapore** cozido ao vapor.
va.po.ret.to [vapor´etto] *sm dim Naut* barco a vapor.
va.po.ro.so [vapor´ozo] *agg* **1** vaporoso. **2** *fig* indeterminado, vago. **3** vaporoso, transparente (roupa).
var.ca.re [vark´are] *vt* **1** passar, atravessar. **2** *fig* ultrapassar, exceder os limites.
var.co [v´arko] *sm* **1** passagem, abertura. **2** passo nas montanhas. **aspettare al varco** (anche *fig*) emboscar, ficar de tocaia.
va.rian.te [var´jante] *sf* variante, variação, modificação. • *agg* variante.
va.ria.re [var´jare] *vt* **1** variar, mudar, alterar. *vi* **2** diferir, ser diferente. **3** mudar, transformar-se.
va.ria.zio.ne [varjats´jone] *sf* **1** variação, mudança, alteração. **2** diferença. **3** *Mus* variação.
va.ri.ce [var´itʃe] *sf Med* variz.
va.rie.tà [varjet´a] *sf* **1** variedade, diversidade, multiplicidade. **2** gênero, tipo. *sm* **3** espetáculo de variedades, revista. **teatro di varietà** teatro de variedades.
va.rio [v´arjo] *agg* **1** variado, diferente, diverso. **2** instável, volúvel. **3 vari** *pl* vários, diversos, muitos.
va.sa.io [vaz´ajo] *sm* oleiro.
va.sca [v´aska] *sf* **1** tanque, reservatório de água. **2** piscina. **vasca da bagno** banheira.
va.scel.lo [vaʃ´ɛllo] *sm Naut* nau, vaso. **vascello da guerra** vaso de guerra.

va.sco.la.re [vaskol´are] *agg Anat* vascular. **sistema vascolare** sistema vascular.

va.se.li.na [vazel´ina] *sf* vaselina.

va.sel.la.me [vazell´ame] *sm pop* vasilhame, louça.

va.so [v´azo] *sm* **1** vaso, vasilha. **2 vasi** *pl Anat* vasos. **vasi linfatici** vasos linfáticos. **vasi sanguigni** vasos sanguíneos. **vaso da fiori** vaso de flores. **vaso da gabinetto** privada, latrina. **vaso da notte** urinol. **vaso di cantina** tonel, barrica.

vas.sal.lag.gio [vassall´addʒo] *sm* **1** *St* vassalagem. **2** *fig* servidão, submissão.

vas.sal.lo [vass´allo] *sm* **1** *St* vassalo. **2** *fig* súdito, servo.

vas.so.io [vass´ojo] *sm* bandeja.

va.sti.tà [vastit´a] *sf* vastidão.

va.sto [v´asto] *agg* vasto, amplo.

ve [v´e] *pron* **1** vos, a vós, para vós. **2** a vocês, para vocês. • *avv* aqui, ali, etc.

A forma **ve** é usada quando precede imediatamente os pronomes **lo, la, li, le, ne**. *Maria vi diede un regalo* / Maria deu um presente para vocês. Mas: *Maria ve lo diede* / Maria o deu para vocês.

E como advérbio: *ve lo trovai* / achei-o ali.

vec.chia.ia [vekk´jaja] *sf* velhice.

vec.chio [v´ɛkkjo] *sm* velho. • *agg* **1** velho. **2** antigo. **3** envelhecido (vinho). **4** antiquado, fora de moda. **i nostri vecchi** os nossos ancestrais. **vecchio scapolo** solteirão.

ve.ce [v´etʃe] *sf* **1** vez. **2** alternativa. **3** ocasião. **4 veci** *pl fig* posição, lugar (de alguém). **fare le veci di** substituir. **in vece di** em vez de, ao invés de.

ve.de.re [ved´ere] *vt* **1** ver. *il gatto vede gli uccelli nella gabbia* / o gato vê os passarinhos na gaiola. **2** *fig* compreender, entender. *vidi que tutto quello era impossibile* / vi que tudo aquilo era impossível. **3** observar, notar, perceber. *ho visto che c'era una nuova alunna* / vi que havia uma aluna nova. **4** encontrar, visitar. *vado a vedere un'amica* / vou visitar uma amiga. **5** examinar, avaliar. *vi* **6** ver, enxergar. *lei non vede più* / ela não enxerga mais. *vedi di non errare* / veja se não erra. *vpr* **7** ver-se, ver a si mesmo. **8** encontrar-se. *ci vediamo domani* / nós nos vemos amanhã. **9** *fig* considerar-se, acreditar ser. **10** sentir-se. • *sm* **1** visão. **2** ver, opinião, julgamento. **aver che vedere con** ter a ver com. **non vedere l'ora di** não ver a hora de. **non vedere più in là del naso** não enxergar um palmo diante do nariz, ter vista curta. **star a vedere** assistir, ser espectador de. **vedere bene** ou **male una persona** julgar bem ou mal uma pessoa. **vedere di (fare qualcosa)** tentar (ou procurar) fazer algo. **vedere doppio** ver dobrado (bêbado). **vedere le stelle** ver estrelas, sentir muita dor. **vedere nero** ser pessimista. **vedere rosa** ser otimista.

ve.det.ta [ved´etta] *sf* **1** torre de vigia, atalaia. **2** vigilância, guarda. **3** *Mil* vigia, sentinela. **4** *Naut* barco-patrulha.

ve.do.va.nza [vedov´antsa] *sf* viuvez.

ve.do.vo [v´edovo] *sm+agg* viúvo.

ve.du.ta [ved´uta] *sf* **1** olhar, olhada. **2** vista, perspectiva. **3** quadro, imagem. **4** ideia, concepção.

ve.e.men.za [veem´ɛntsa] *sf* veemência, intensidade, ênfase.

ve.e.men.te [veem´ɛnte] *agg* **1** veemente, intenso. **2** enérgico.

ve.ge.ta.le [vedʒet´ale] *sm+agg* vegetal. **regno vegetale** reino vegetal. **terra vegetale** terra vegetal.

ve.ge.ta.re [vedʒet´are] *vi* **1** vegetar, florescer, crescer (planta). **2** *fig* vegetar, viver como vegetal.

ve.ge.ta.ria.no [vedʒetar´jano] *sm+agg* vegetariano.

ve.ge.ta.ti.vo [vedʒetat´ivo] *agg* vegetativo. **vita vegetativa** vida vegetativa.

ve.ge.ta.zio.ne [vedʒetats´jone] *sf* **1** vegetação. **2** *Geogr* flora, vegetação nativa.

veg.gen.te [veddʒ´ɛnte] *sm Poet* vidente, profeta.

ve.glia.re [veʎ´are] *vt* **1** guardar. **2** assistir um doente. *vi* **3** velar. **4** vigiar, ficar de vigia. **5** fazer serão.

ve.i.co.lo [ve´ikolo] *sm* **1** veículo. **2** *fig* veículo, meio de transmissão ou comunicação.

ve.la [v´ela] *sf* **1** *Naut* vela. **2** *fig* navio a vela. **a gonfie vele** a) com vento favorável. b) *fig* com condições favoráveis. **andare**

V

a vela navegar à vela. **volo a vela** *Sp* voo com planador.

ve.la.re [vel´are] *vt* **1** velar, cobrir com véu. **2** *fig* esconder, encobrir, ocultar. *vpr* **3** cobrir-se com véu. **4** *fig* virar freira. **velare una negativa** *Fot* velar um negativo.

ve.leg.gia.re [veleddʒ´are] *vi* velejar.

ve.le.no [vel´eno] *sm* **1** veneno. **2** *fig* ódio.

ve.le.no.so [velen´ozo] *agg* **1** venenoso. **2** *fig* mau, ruim. **3** maligno. **4** nocivo.

ve.lie.ro [vel´jɛro] *sm Naut* veleiro.

vel.lu.to [vell´uto] *sm* veludo.

ve.lo [v´elo] *sm* **1** véu. **2** película. **3** *fig* névoa. **4** sombra. **5** desculpa, pretexto. **prendere il velo** tornar-se freira. **un velo di polvere** um véu de poeira. **velo palatino** *Anat* palato mole.

ve.lo.ce [vel´otʃe] *agg* veloz, rápido.

ve.lo.ci.tà [velotʃit´a] *sf* velocidade, rapidez.

ve.na [v´ena] *sf* **1** *Anat* veia. **2** *Min* veio, filão. **3** *fig* disposição, inclinação, inspiração. **vena poetica** *fig* veia poética, inspiração.

ve.na.le [ven´ale] *agg* **1** venal. **2** *fig, disp* corrupto, mercenário.

ven.dem.mia [vend´ɛmmja] *sf* **1** vindima. **2** *fig* colheita.

ven.de.re [v´endere] *vt* **1** vender. **2** *fig* trair. *vpr* **3** vender-se, deixar-se corromper. **averne da vendere** ter (algo) para dar e vender. **da vendere** à venda, vende-se. **ha salute da vendere!** está vendendo saúde! **vendere l'anima al diavolo** *fig* estar desesperado. **vendere la pelle dell'orso prima di averlo ucciso** contar com o que ainda não possui.

ven.det.ta [vend´etta] *sf* vingança, desforra.

ven.di.ta [v´endita] *sf* **1** venda. **2** loja, negócio. **3** comércio, compra e venda. **vendita all'asta** venda em leilão. **vendita all'ingrosso** atacado. **vendita al minuto** varejo. **vendita di liquidazione** liquidação.

ven.di.to.re [vendit´ore] *sm* **1** vendedor. **2** negociante. **3** lojista.

ve.ne.ra.re [vener´are] *vt* venerar, reverenciar.

ve.ne.ra.zio.ne [venerats´jone] *sf* veneração, reverência.

ve.ner.dì [venerd´i] *sm* **1** sexta-feira. **2** *pop* sexta. **di venerdì** às sextas-feiras. **gli manca un venerdì** *fam* ele tem um parafuso a menos, ele é maluco. **Venerdì Santo** Sexta-Feira Santa, Sexta-Feira da Paixão.

ve.ne.re.o [ven´ɛreo] *agg* **1** erótico, sensual. **2** libidinoso, lascivo. **3** *Med* venéreo. **morbo venereo** sífilis.

ve.ne.zia.na [venets´jana] *sf* veneziana.

ve.ni.re [ven´ire] *vi* **1** vir. *venire alla scuola* / vir à escola. **2** chegar. *sono venuti i tuoi regali* / os teus presentes chegaram. **3** aparecer, surgir. **4** acontecer. **5** derivar de, ter origem em. *quella parola viene dal latino* / aquela palavra deriva do latim. **6** *fig* ejacular. **quanto viene?** quanto custa? **un andare e un venire di gente** um vai e vem de pessoas. **venire a capo di** terminar, concluir. **venire addosso** acontecer (coisa ruim). **venire alle mani** pegar-se, lutar. **venire al mondo** vir ao mundo, nascer. **venire a sapere** vir a saber. **venire giù** cair do alto. **venire in taglio** vir a calhar, ser apropriado. **venire su** crescer, prosperar.

O verbo **venire** também pode formar a voz passiva: *lei viene amata dagli amici* / ela é amada pelos amigos.

ven.ta.glio [vent´aλo] *sm* leque. **aprirsi a ventaglio** abrir-se em leque.

ven.ta.re [vent´are] *vi* ventar, soprar (vento).

ven.te.si.mo [vent´ɛzimo] *sm+num* **1** vigésimo. **2** vinte avos.

ven.ti [v´ɛnti] *sm+num* vinte.

ven.ti.la.re [ventil´are] *vt* ventilar. **ventilare una proposta** *fig* discutir uma proposta.

ven.ti.la.to.re [ventilat´ore] *sm* ventilador.

ven.to [v´ɛnto] *sm* **1** vento. **2** *fig* vaidade. **avere il vento in poppa** a) *Naut* navegar com vento favorável. b) *fig* ir de vento em popa. **esser sotto vento** a) *Naut* navegar contra o vento. b) *fig* remar contra a maré, lutar contra condições desfavoráveis. **navigare secondo vento** a) *Naut* navegar com vento favorável. b) *fig* dançar conforme a música, mudar conforme a

situação. **nodo di vento** turbilhão. **tirar vento** ventar.
ven.to.sa [vent´oza] *sf* ventosa.
ven.tre [v´ɛntre] *sm* **1** *Anat* ventre, abdômen. **2** *fig* seio. **3** bojo (de barrica).
ven.tri.co.lo [ventr´ikolo] *sm Anat* ventrículo do coração.
ven.tri.lo.quo [ventr´ilokwo] *sm* ventríloquo.
ven.tu.ra [vent´ura] *sf* ventura, sorte. **alla ventura** ao acaso. **predire la ventura** prever o futuro.
ven.tu.ro [vent´uro] *agg* vindouro, futuro.
ven.tu.ro.so [ventur´ozo] *agg* venturoso, afortunado, feliz.
ve.nu.ta [ven´uta] *sf* **1** vinda. **2** chegada. **3** aparecimento, surgimento. **4** retorno, volta.
ve.ra.ce [ver´atʃe] *agg Lett* veraz, verídico, verdadeiro, autêntico.
ve.ra.ci.tà [veratʃit´a] *sf Lett* veracidade.
ve.ra.men.te [veram´ente] *avv* realmente, na verdade.
ve.ran.da [ver´anda] *sf* varanda, terraço.
ver.ba.le [verb´ale] *agg* verbal, oral. • *sm* ata, minuta de reunião.
ver.bo [v´ɛrbo] *sm* **1** verbo, palavra. **2** *Gramm* verbo. **Verbo Divino** *Rel* Verbo Divino. **Verbo Incarnato** *Rel* Verbo Encarnado, Jesus Cristo. **verbo regolare** verbo regular.
ver.de [v´erde] *sm* **1** verde, cor verde. **2** vegetal, planta. **3** *fig* vigor. • *agg* **1** verde. **2** *fig* jovem. **3** florescente. **4** vivo. **anni verdi** verdes anos, juventude. **essere al verde** estar duro, sem dinheiro. **frutto verde** fruta verde. **legume verde** legume fresco.
ver.deg.gia.re [verdeddʒ´are] *vi* verdejar.
ver.det.to [verd´etto] *sm Giur* veredicto. • *agg* um pouco verde.
ver.du.ra [verd´ura] *sf* **1** verdura. **2** legume, hortaliça. **3** *pop* salada.
ver.ga [v´erga] *sf* **1** vara, ramo fino, vareta. **2** barra de metal. **3** listra de tecido. **4** *volg* pica, pau, genital masculino. **5** *fig* punição, castigo. **tremare a verga a verga/ tremare come una verga** tremer como vara verde.
ver.gi.na.le [verdʒin´ale] *agg* virginal.
ver.gi.ne [v´erdʒine] *sf* **1** virgem, donzela. **2** **Vergine** *Astron, Astrol* Virgem. • *agg* **1** virgem, casto. **2** puro, inocente. **3** imaculado, intacto. **foresta vergine** floresta virgem, inexplorada. **terra vergine** terra virgem, não cultivada.
ver.gi.ni.tà [verdʒinit´a] *sf* **1** virgindade, castidade. **2** pureza.
ver.go.gna [verg´oña] *sf* **1** vergonha. **2** vexame. **3** desonra. **4** **vergogne** *pl* vergonhas, partes pudendas.
ver.go.gnar.si [vergoñ´arsi] *vpr* envergonhar-se, sentir vergonha.
ver.go.gno.so [vergoñ´ozo] *agg* **1** vergonhoso. **2** tímido, envergonhado.
ve.ri.di.co [ver´idiko] *agg* verídico.
ve.ri.fi.ca [ver´ifika] *sf* verificação, averiguação. *Sin: verificazione*.
ve.ri.fi.ca.re [verifik´are] *vt* **1** verificar, averiguar, apurar. *vpr* **2** realizar-se, acontecer, verificar-se.
ve.ri.fi.ca.zio.ne [verifikats´jone] *sf V verifica*.
ve.ri.tà [verit´a] *sf* **1** verdade. **2** veracidade. **3** sinceridade. **in verità/per verità** na verdade, realmente.
ver.me [v´ɛrme] *sm* **1** verme. **2** *fig* verme, desprezível, nojento. **verme solitario** solitária, tênia.
ver.mut [v´ɛrmut] *sm* vermute.
ver.na.co.lo [vern´akolo] *sm* vernáculo, língua nacional. **poesia vernacola** poesia dialetal.
ver.ni.ce [vern´itʃe] *sf* **1** verniz. **2** tinta. **3** *Pitt* vernissagem. **4** *fig* verniz, enfeite superficial, aparência agradável. **vernice fresca** tinta fresca.
ver.ni.cia.re [vernitʃ´are] *vt* **1** envernizar. *vpr* **2** *fig* enfeitar-se com exagero.
ve.ro [v´ero] *sm* verdade. • *agg* **1** vero, verdadeiro. **2** real, efetivo. **3** genuíno, legítimo. **da vero** *V davvero*. **è ben vero che** todavia, porém. **in vero** *V invero*. **per vero** na verdade, realmente.
ve.ro.ne [ver´one] *sm* varanda, terraço.
ve.ro.si.mi.glian.te [verosimiʎ´ante] *agg* verossímil, verossimilhante.
ve.ro.si.mi.le [veros´imile] *sm* verossimilhança. • *agg* verossímil, verossimilhante.

V

ver.ru.ca [veř´uka] *sf* verruga.
ver.sa.men.to [versam´ento] *sm* **1** vazamento. **2** *Comm* depósito. **3** pagamento.
ver.sa.re [vers´are] *vt* **1** verter, derramar. **2** despejar. **3** *Comm* depositar. **4** pagar. *vi* **5** derramar, transbordar, vazar. *vpr* **6** desembocar, afluir (rio).
ver.sa.ti.le [vers´atile] *agg* **1** versátil. **2** flexível, elástico. **3** *fig* inconstante, mutável.
ver.set.to [vers´etto] *sm Rel* versículo.
ver.sio.ne [vers´jone] *sf* **1** versão, interpretação, explicação. **2** *Gramm* versão.
ver.so [v´ɛrso] *sm* **1** verso, parte de trás. **2** *Zool* voz de animal. **3** canto de pássaro. **4** *Lett, Poet* verso de um poema. **5** *fig* gesto. **6** direção, sentido. • *prep* **1** para, na direção de. **2** aproximadamente, cerca de. **3** contra. **4** com respeito a, com relação a. **per ogni verso** por todos os motivos. **pigliar le parole per il loro verso** levar ao pé da letra. **verso sciolto** *Lett* verso livre. Veja nota em **contra**.
ver.te.bra [v´ɛrtebra] *sf Anat* vértebra.
ver.te.bra.to [vertebr´ato] *sm+agg Zool* vertebrado.
ver.ti.ca.le [vertik´ale] *sf+agg* vertical.
ver.ti.ce [v´ɛrtiʃe] *sm* **1** vértice, cume. **2** *fig* máximo, apogeu, ápice.
ver.ti.gi.ne [vert´idʒine] *sf Med* vertigem, tontura.
ver.ti.gi.no.so [vertidʒin´ozo] *agg* **1** vertiginoso. **2** *fig* frenético, impetuoso.
ve.sci.ca [veʃ´ika] *sf Anat, Zool* **1** bexiga. **2** vesícula. **3** *Med* bolha de queimadura. **4** *fig* conversa fiada. **5** pessoa fútil. **vescica gonfia/vescica piena di vento** *fig* presunçoso, metido. **vescica natatoria** bexiga natatória.
ve.sci.co.la [veʃ´ikola] *sf* **1** *Anat* vesícula. **2** *Med* bolha. **vescicola biliare** vesícula biliar.
ve.sco.va.to [veskov´ato] *sm Rel* bispado.
ve.sco.vi.le [veskov´ile] *agg V episcopale*.
ve.sco.vo [v´eskovo] *sm Rel* bispo.
ve.spa [v´ɛspa] *sf Zool* vespa.
ve.spa.io [vesp´ajo] *sm* **1** vespeiro. **2** *fig* confusão, intriga. **sollevare un vespaio/stuzzicare un vespaio** *fig* provocar discórdia.
ve.spro [v´ɛspro] *sm* **1** tarde. **2** anoitecer. **3** *Rel* vésperas, orações da tarde.
ves.sa.re [ves´are] *vt* vexar, maltratar, atormentar.
ves.sa.to.rio [vessat´ɔrjo] *agg* vexatório.
ve.sta.glia [vest´aλa] *sf* roupão.
ve.ste [v´ɛste] *sf* **1** vestido. **2** aparência, aspecto. **3** capa, cobertura. **4** *fig* autoridade, comando. **aver veste** ter autoridade.
ve.stia.rio [vest´jarjo] *sm* vestuário, roupas.
ve.sti.bo.lo [vest´ibolo] *sm* vestíbulo, átrio, entrada de edifício.
ve.sti.gio [vest´idʒo] *sm* **1** vestígio, pegada, rastro. **2** *fig* indício, sinal.

Vestigio tem dois plurais, um masculino (**i vestigi**), e um feminino (**le vestigia**), usados indiferentemente. Esses plurais (**vestigi** e **vestigia**) também podem significar "restos", "ruínas".

ve.sti.re [vest´ire] *vt* **1** vestir. **2** usar (roupa). **3** *fig* cobrir, revestir. *vpr* **4** vestir-se. **5** *fig* enfeitar-se, embelezar-se.
ve.sti.to [vest´ito] *sm* **1** terno. **2** vestido. • *agg* **1** vestido. **2** coberto, revestido. **riso vestito** arroz integral. **vestito da donna** vestido. **vestito da uomo** terno.
ve.te.ra.no [veter´ano] *sm+agg* veterano. **veterano di guerra** veterano de guerra.
ve.te.ri.na.rio [veterin´arjo] *sm* **1** veterinário. **2** *fig* açougueiro, médico incompetente. • *agg* veterinário.
ve.to [v´ɛto] *sm* **1** veto. **2** proibição. **3** oposição.
ve.tra.io [vetr´ajo] *sm* vidraceiro.
ve.tra.ta [vetr´ata] *sf* **1** vidraça. **2** vitral. **vetrate a colori** vitrais coloridos. **vetrate artistiche** vitrais artísticos. *Sin: invetriata*.
ve.tre.ri.a [vetrer´ia] *sf* vidraçaria, vidraria.
ve.tri.na [vetr´ina] *sf* vitrina.
ve.tro [v´etro] *sm* **1** vidro. **2** lente. **3** vidraça, vidro para janela. **4 vetri** *pl* vidros, frascos. **vetro infrangibile** vidro inquebrável. **vetro smerigliato** vidro esmerilhado.
vet.ta [v´etta] *sf* **1** cume, cimo. **2** *fig* máximo, apogeu, ápice.
vet.to.va.glie [vettov´aλe] *sf pl* provisões, víveres.

vet.tu.ra [vett´ura] *sf* **1** carro, automóvel. **2** vagão. **3** carruagem, coche. **vettura di piazza** carro de praça, táxi. **vettura letto** carro-leito. **vettura ristorante** carro-restaurante. **vettura sport** carro esporte. Veja nota em **carro** (português).

vet.tu.ri.no [vettur´ino] *sm* **1** motorista. **2** cocheiro.

vez.zo [v´ettso] *sm* **1** hábito, costume. **2** carícia, afago, agrado. **3** gargantilha, cordão.

vez.zo.so [vetts´ozo] *agg* gracioso, mimoso, engraçadinho.

vi [v´i] *pron pl* **1** vos, a vós. **2** a vocês, para vocês. • *avv* aí, ali, lá, aqui, para cá, para lá, etc.

O pronome **vi** é usado para pessoas com quem temos intimidade, como familiares ou amigos. Ele representa tanto o objeto direto quanto o objeto indireto do verbo: *Maria vi vede* / Maria vê vocês. *Maria vi scrisse una lettera* / Maria escreveu uma carta para vocês.
Como advérbio, **vi** indica o lugar onde se está ou para onde se vai. *vi sarò domattina* / estarei ali amanhã de manhã.

vi.a [v´ia] *sf* **1** rua. **2** via, modo, maneira, método. **3** *Giur* trâmite, via legal. **4** *Med* canal, conduto, via. **5** *fig* trajeto, percurso. **6** passagem, entrada. • *avv* embora. • *int* **1** vamos! avante! **2** fora! vá embora! **3** *Sp* já! foi dada a largada! **andar via** a) ir embora. b) desaparecer. **cinque via due, dieci** *Mat* cinco vezes dois, dez. **dare il via** dar o sinal de partida. **essere in via di guarigione** *pop* estar quase curado. **per via di terra, di mare, d'aria** via terrestre, marítima, aérea. **va' via, non ti credo!** pare com isso! **venir via** vir embora. **via traversa** atalho. **via via/e così via** e assim por diante.

via.dot.to [vjad´otto] *sm* viaduto.

viag.gia.re [vjaddʒ´are] *vi* viajar. *viaggiare in treno, in aereo, in nave* / viajar de trem, de avião, de navio. *viaggiare a cavallo* / viajar a cavalo. *viaggiare per terra, per mare* / viajar por terra, por mar. *viaggiare per lavoro* / viajar a trabalho. *viaggiare per istruzione* / viajar para estudar. *i miei pensieri viaggiano* / os meus pensamentos viajam.

viag.gia.to.re [vjaddʒat´ore] *sm* viajante.

vi.ag.gio [vi´addʒo] *sm* **1** viagem. **2** *fig* caminho, percurso. **buon viaggio!** boa viagem! **l'ultimo viaggio/l'estremo viaggio** a morte. **viaggio di nozze** viagem de lua de mel.

vi.a.le [vi´ale] *sm* avenida.

vi.bra.re [vibr´are] *vt* **1** vibrar. *vi* **2** vibrar, estremecer. **3** zumbir, zunir. **4** *fig* excitar-se, agitar-se.

vi.bra.zio.ne [vibrats´jone] *sf* **1** vibração. **2** tremor, estremecimento. **3** zumbido.

vi.ca.rio [vik´arjo] *sm Rel* vigário.

vi.ce [v´itʃe] *sm* vice, substituto.

vi.cen.da [vitʃ´ɛnda] *sf* acontecimento, episódio, evento, fato. **a vicenda** alternadamente.

vi.ce.ver.sa [vitʃev´ɛrsa] *avv* vice-versa, reciprocamente.

vi.ci.na.le [vitʃin´ale] *agg* vicinal. **strada vicinale** estrada vicinal.

vi.ci.nan.za [vitʃin´antsa] *sf* vizinhança, proximidade. **in vicinanza** vizinho, próximo, perto. **le vicinanze** os arredores, as vizinhanças.

vi.ci.no [vitʃ´ino] *sm* vizinho. • *agg* vizinho, próximo. *le case vicine* / as casas vizinhas. • *avv* **1** perto, próximo. **2** na vizinhança, nos arredores. **vicino a** perto de, próximo a. *eravamo vicino alla porta* / estávamos perto da porta.

vi.co [v´iko] *sm Lett* **1** beco. **2** vila, vilarejo, aldeia.

vi.co.lo [v´ikolo] *sm* beco. **vicolo cieco** (anche *fig*) beco sem saída. *siamo in un vicolo cieco* / estamos num beco sem saída, em situação difícil ou sem solução.

vi.deo [v´ideo] *sm* **1** videoclipe. **2** *Inform* monitor.

vi.deo.cas.set.ta [videokass´etta] *sf* videocassete.

videoclip [videokl´ip] *sm ingl inv* videoclipe.

vie.ta.re [vjet´are] *vt* vetar, proibir.

vie.ta.to [vjet´ato] *agg* vetado, proibido. **vietato fumare** proibido fumar.

vi.ge.re [v´idʒere] *vi Lett* vigorar, estar em vigor.

V

vi.gen.te [vidʒ´ɛnte] *agg* vigente, em vigor.
vi.ge.si.mo [vidʒ´ɛzimo] *sm+num V ventesimo.*
vi.gi.lan.te [vidʒil´ante] *agg* **1** vigilante. **2** cuidadoso, atento.
vi.gi.lan.za [vidʒil´antsa] *sf* **1** vigilância. **2** cuidado, atenção.
vi.gi.la.re [vidʒil´are] *vt* **1** vigiar. *vi* **2** vigiar, ficar de vigia, montar guarda.
vi.gi.le [v´idʒile] *sm* guarda municipal. • *agg* vigilante. **vigile urbano** guarda municipal. **vigili del fuoco** soldados do fogo, bombeiros.
vi.gi.lia [vidʒ´ilja] *sf* **1** véspera. **2** velório. **3** *Rel* vigília, jejum. **vigilia di Natale** vigília, véspera de Natal.
vi.gliac.che.ri.a [viλakker´ia] *sf* **1** velhacaria, patifaria. **2** covardia.
vi.gliac.co [viλ´akko] *sm+agg* **1** velhaco, patife. **2** covarde.
vi.gna [v´iña] *sf* **1** vinha. **2** *fig* atividade lucrativa. **3** *pop* pechincha. **questo non è terreno da piantar vigna** *fig* não se pode contar com isso.
vi.gne.to [viñ´eto] *sm* vinhedo.
vi.go.re [vig´ore] *sm* **1** vigor, força. **2** firmeza, coragem. **entrare in vigore** entrar em vigor. **essere in vigore** ser vigente, vigorar. Veja nota em **força**.
vi.go.ro.so [vigor´ozo] *agg* **1** vigoroso, forte. **2** corajoso. **3** enérgico, decidido.
vi.le [v´ile] *sm+agg* vil, desprezível.
vil.la [v´illa] *sf* **1** vila, casa de campo. **2** *port* quinta.
vil.lag.gio [vill´addʒo] *sm* vila, vilarejo, aldeia.
vil.la.ni.a [villan´ia] *sf* **1** ofensa, insulto, injúria. **2** grosseria, falta de educação.
vil.la.no [vill´ano] *sm* aldeão, camponês. • *agg* grosso, mal-educado, malcriado.
vil.leg.gia.tu.ra [villeddʒat´ura] *sf* férias, descanso.
vil.tà [vilt´a] *sf* **1** vileza. **2** covardia.
vi.mi.ne [v´imine] *sm* vime.
vin.ce.re [v´intʃere] *vt* **1** vencer, derrotar. *vincere i nemici nella guerra* / derrotar os inimigos na guerra. *vincere la battaglia* / vencer a batalha. **2** dominar. *ha vinto la paura* / dominou o medo. **3** ganhar. *vincere un premio* / ganhar um prêmio. *Marco vinse il posto di direttore* / Marco ganhou o cargo de diretor. *vi* **4** vencer, derrotar. *infine, vinsi* / finalmente, venci. *vpr* **5** controlar-se, dominar-se. *si vinse per non picchiarlo* / controlou-se para não bater nele.
vin.ci.ta [v´intʃita] *sf* **1** vitória. **2** ganho, lucro.
vin.ci.to.re [vintʃit´ore] *sm+agg* vencedor, ganhador, vitorioso.
vin.co.la.re [vinkol´are] *vt* **1** vincular. *vpr* **2** vincular-se, obrigar-se.
vin.co.lo [v´inkolo] *sm* **1** vínculo, ligação. **2** *fig* obrigação, peso.
vi.no [v´ino] *sm* vinho. **dir pane al pane e vino al vino** falar claramente. **la botte dà il vino che ha** cada um dá o que tem. **vino bianco** vinho branco. **vino caldo** vinho quente. **vino da pasto** vinho de mesa. **vino di mele** vinho de maçã, sidra. **vino dolce** vinho doce. **vino moscato** vinho moscatel. **vino rosso** vinho tinto. **vino secco** vinho seco. **vino spumante** vinho espumante, champanha.
vin.to [v´into] *agg* **1** vencido, derrotado. **2** ganho, conquistado. **3** convencido, persuadido. **darla vinta** ceder. **non darsi per vinto** não se dar por vencido, não dar o braço a torcer.
vio.la [v´jɔla] *sf* **1** *Bot* violeta. **2** *Mus* viola (de orquestra, que é tocada com arco). • *sm* violeta, roxo.
vio.la.re [vjol´are] *vt* **1** violar. **2** infringir, transgredir. **3** *fig* profanar.
vio.la.zio.ne [vjolats´jone] *sf* **1** violação. **2** infração, transgressão. **3** *fig* profanação.
vio.len.ta.re [vjolent´are] *vt* **1** violentar, estuprar. **2** *fig* forçar, constranger, obrigar.
vio.len.to [vjol´ɛnto] *agg* **1** violento. **2** *fig* impetuoso. **3** intenso.
vio.len.za [vjol´ɛntsa] *sf* **1** violência. **2** *fig* paixão, furor. **3** ímpeto.
vio.let.ta [vjol´etta] *sf Bot* violeta.
vio.let.to [vjol´etto] *sm+agg* violeta (cor).
vio.li.no [vjol´ino] *sm* violino, rabeca. **violino di spalla** a) *Mus* primeiro--violino. b) *fig* braço direito, pessoa de confiança.
vio.lon.cel.lo [vjolontʃ´ɛllo] *sm* violoncelo.

vio.lo.ne [vjol´one] *sm* contrabaixo, rabecão.
vi.ot.to.la [vi´ɔttola] *sf V viottolo*.
viot.to.lo [vi´ɔttolo] *sm* atalho, vereda. *Sin: viottola*.
vi.pe.ra [v´ipera] *sf* víbora. **lingua di vipera** *fig* fofoqueiro. **vipera dagli occhiali** cobra naja.
vi.ra.re [vir´are] *vt+vi Naut, Aer* virar, mudar de direção.
vir.go.la [v´irgola] *sf* vírgula. **badare a tutte le virgole** prestar atenção aos mínimos detalhes. **non levare nemmeno una virgola** não mudar uma vírgula, não alterar um texto. **stare a virgola** obedecer às normas rigorosamente.
vir.go.let.te [virgol´ette] *sf pl* aspas.
vi.ri.le [vir´ile] *agg* **1** viril. **2** *fig* forte, másculo.
vi.ri.li.tà [virilit´a] *sf* **1** virilidade. **2** *fig* força, robustez.
vir.tù [virt´u] *sf* **1** virtude. **2** *fig* eficácia. **3** valor, força. **in virtù di** em virtude de, por causa de.
vir.tu.a.le [virtu´ale] *agg* virtual.
vir.tu.o.so [virt´uoso] *sm Mus* virtuoso, virtuose. • *agg* **1** virtuoso. **2** *fig* eficaz, eficiente.
vi.rus [v´irus] *sm Med* vírus.
vi.sce.re [v´iʃere] *sm* **1** *Anat* víscera. **2** *fig* íntimo. **3 i visceri** *sm pl* a) intestinos. b) miúdos de animal. **4 le viscere** *sf pl* (anche *fig*) vísceras, entranhas. *le viscere della Terra* / as entranhas da Terra.
vi.scon.te [visk´onte] *sm* visconde.
vi.scon.tes.sa [viskont´essa] *sf* viscondessa.
vi.schio.so [visk´jozo] *agg* viscoso, pegajoso.
vi.si.bi.le [viz´ibile] *agg* **1** visível. **2** *fig* evidente, claro. **3** acessível.
vi.sie.ra [viz´jɛra] *sf* **1** viseira. **2** aba de chapéu.
vi.sio.na.rio [vizjon´arjo] *sm+agg* visionário, sonhador.
vi.sio.ne [viz´jone] *sf* **1** visão. **2** aparição, alucinação, miragem. **3** sonho, fantasia. **prima visione** primeira exibição. **seconda visione** reprise. **visione cinematografica** projeção cinematográfica.
vi.si.ta [v´izita] *sf* **1** visita. **2** visitante. **fare una visita** fazer uma visita. **visita di dogana** inspeção aduaneira. **visita medica** visita médica.
vi.si.ta.re [vizit´are] *vt* **1** visitar (lugar ou pessoa). **2** vistoriar, inspecionar.
vi.so [v´izo] *sm* **1** rosto, face. **2** *fig* aparência, aspecto, figura. **a viso aperto** de coração aberto, sem medo. **a viso a viso** cara a cara, face a face. **far buon viso a cattivo giuoco** fingir que está gostando. **fare il viso lungo** fazer uma cara triste. **sul viso** pessoalmente, na cara de alguém.
vi.sta [v´ista] *sf* **1** vista. **2** perspectiva, paisagem. **3** visão (sentido). **4** *fig* aspecto, aparência. **5** intenção, pretensão. **a prima vista** à primeira vista. **aver corta vista** *fig* ter vista curta, não compreender bem as coisas. **far bella vista** causar boa impressão. **in vista di** em vista de, considerando-se. **mettere in vista** colocar à vista. **non perder di vista** não perder de vista. **pagabile a vista** *Comm* pagável à vista. **perder di vista** não ver mais, não saber mais nada sobre alguém. **vista sul mare** vista para o mar.
vi.sto [v´isto] *sm Comm* visto. • *agg* **1** visto. **2** considerado, examinado. **visto che** visto que.
vi.sto.so [vist´ozo] *agg* **1** vistoso. **2** afetado, ostentoso.
vi.su.a.le [vizu´ale] *agg* visual. • *sf* parecer, opinião.
vi.ta [v´ita] *sf* **1** vida. **2** existência. **3** biografia. **4** *Anat* cintura. **5** *fig* energia, saúde, vitalidade. **6** amor, pessoa muito querida. **l'altra vita/la vita eterna** a vida eterna. **passare a miglior vita** passar desta para melhor, morrer.
vi.ta.le [vit´ale] *agg* **1** vital. **2** *fig* essencial, necessário, indispensável.
vi.ta.li.tà [vitalit´a] *sf* **1** vitalidade. **2** energia, força, vigor.
vi.ta.mi.na [vitam´ina] *sf Med* vitamina.
vi.te [v´ite] *sf* **1** *Bot* videira. **2** *Mecc* parafuso. **scendere in vite/cadere in vite** *Aeron* mergulhar em parafuso. **vite perpetua/vite senza fine** parafuso sem fim.
vi.tel.lo [vit´ɛllo] *sm* **1** vitelo, novilho,

bezerro. **2** carne de vitela. **vitello marino** *Zool* foca.

vit.ti.ma [v´ittima] *sf* **1** *Giur* vítima. **2** *iron* coitadinho, vítima. **3** *fig* bode expiatório.

vit.to [v´itto] *sm* **1** alimento, comida. **2** refeição diária.

vit.to.ria [vitt´ɔrja] *sf* **1** vitória. **2** *fig* sucesso, êxito. **vittoria regia** *Bot* vitória-régia.

vit.to.rio.so [vittor´jozo] *sm+agg* vitorioso, vencedor.

vi.va.ce [viv´atʃe] *agg* **1** vivaz, vivo. **2** esperto. **bambino vivace** menino travesso. **colore vivace** cor viva. **intelligenza vivace** inteligência aguda.

vi.va.ci.tà [vivatʃit´a] *sf* **1** vivacidade. **2** esperteza.

vi.va.io [viv´ajo] *sm* viveiro.

vi.van.da [viv´anda] *sf* prato, iguaria.

vi.ve.re [v´ivere] *vt* **1** viver. *vivere una buona vita* / viver uma boa vida. *vi* **2** viver. *visse dal 1900 al 1980* / ele viveu de 1900 a 1980. *la tribù vive di pesca e di caccia* / a tribo vive da pesca e da caça. **3** morar, residir. *vivere in città* / viver na cidade. *siamo vissuti a Torino* / nós vivemos em Turim. • *sm* modo de vida. **chi vivrà, vedrà** quem viver, verá. **i viveri** *sm pl* víveres, alimentos. **viva!** *int* viva! **vivere alla giornata** viver ao deus-dará.

vi.vo [v´ivo] *agg* **1** vivo. **2** *fig* forte, vigoroso. • *sm* essência, íntimo, fundo. **avere addosso l'argento vivo** *fig* ser do chifre furado, ser muito travesso (criança). **calce viva** cal viva. **farsi vivo** dar sinal de vida. **non esserci anima viva** não haver viva alma. **trasmissione dal vivo** transmissão ao vivo.

vi.zia.re [vits´jare] *vt* **1** viciar. **2** *fig* corromper, depravar. *vpr* **3** viciar-se. **4** *fig* corromper-se, depravar-se.

vi.zio [v´itsjo] *sm* **1** vício, mau hábito. **2** defeito.

vi.zio.so [vits´jozo] *agg* **1** vicioso. **2** defeituoso. **3** corrompido. **circolo vizioso** círculo vicioso.

viz.zo [v´ittso] *agg* **1** murcho. **2** passado (fruto).

vo.ca.bo.la.rio [vokabol´arjo] *sm* vocabulário, dicionário.

vo.ca.bo.lo [vok´abolo] *sm* vocábulo.

vo.ca.le [vok´ale] *sf Gramm* vogal. • *agg* vocal.

vo.ca.zio.ne [vokats´jone] *sf* **1** vocação. **2** inclinação, predisposição.

vo.ce [v´otʃe] *sf* **1** voz. **2** boato. **3** item, artigo. **4** *Gramm* vocábulo, palavra. **5** *Mus* voz. **6** som de instrumento. **ad alta voce** em voz alta. **aver voce in capitolo** *fig* ter voz ativa, ter autoridade num assunto. **a viva voce** de viva voz, pessoalmente. **coro a cinque voci** coro a cinco vozes. **corre voce che** diz-se que. **sotto voce** em voz baixa. **voce della coscienza** voz da consciência. **voce di popolo, voce di Dio** a voz do povo é a voz de Deus. **voce di tenore** voz de tenor. **voce infondata** boatos infundados.

vod.ca [v´ɔdka] *sf* vodca.

vo.ga [v´oga] *sf* **1** voga, moda, onda. **2** *fig* ímpeto, ardor. **essere in voga** estar em moda, estar em voga. **essere in voga di fare qualcosa** estar muito disposto a fazer algo. **mettersi in voga a** dedicar-se com ardor a.

vo.ga.re [vog´are] *vi* vogar, remar.

vo.glia [v´ɔλa] *sf* **1** vontade, querer. **2** desejo. **3** capricho. **4** *fig* intenção, disposição. **di buona voglia** de boa vontade. **esser di buona voglia** estar bem disposto.

voi [v´oj] *pron pl* **1** vós. **2** vos. **3** vocês, a vocês. **4** o senhor, a senhora. **con voi** a) convosco. b) com vocês. **per voi** a) por vós. b) por vocês. **voi stessi** a) vós mesmos. b) vocês mesmos.

O pronome **voi** é usado: a) como sujeito do verbo: *voi siete venuti* / vocês vieram. b) como objeto direto: *Maria vede voi* / Maria vê vocês. c) depois de preposições e alguns advérbios: *scriverò a voi* / escreverei a vocês. *siamo felici come voi* / somos felizes como vocês.

vo.la.no [vol´ano] *sm* **1** *Sp* peteca. **2** *Mecc* volante, roda de máquina.

vo.lan.te [vol´ante] *sm Autom* volante, direção. • *agg* voador.

vo.la.re [vol´are] *vi* **1** voar. **2** *fig* voar, passar ou mover-se rapidamente. *il tempo vola* / o tempo voa.

vo.la.ta [vol´ata] *sf* **1** voo. **2** *Mil* trajetória de um projétil.
vo.la.ti.le [vol´atile] *agg* volátil. • *sm Zool* ave, pássaro.
vo.len.tie.ri [volent´jɛri] *avv* com prazer, de boa vontade, com muito gosto.
vo.le.re [vol´ere] *vt+vi* **1** querer. *voglio comprare nuove scarpe* / quero comprar sapatos novos. **2** desejar. *vorrei questi confetti* / eu queria estes doces. **3** comandar, mandar. *voglio che tu legga il libro* / quero que você leia o livro. **4** ser necessário, ser preciso. *ci vuole molto coraggio per fare queste cose* / é preciso muita coragem para fazer estas coisas. *vpr* **5** querer-se. *si vogliono bene* / eles se querem bem. • *sm* querer, vontade. **a mio volere** como eu quero. **che ci vorrebbe a fare questo?** o que custa fazer isto? **chi troppo vuole, niente ha** quem tudo quer tudo perde. **di buon volere** de boa vontade. **di mio volere** por minha livre e espontânea vontade. **volere bene** querer bem, amar. **volere dire** querer dizer, significar. **volere male** querer mal, odiar. **volere o volare** a todo custo.
vol.ga.re [volg´are] *sm Lett, Gramm* vulgar, língua vernácula. • *agg* **1** vulgar. **2** comum, ordinário. **3** obsceno, grosseiro.
vol.ga.riz.za.re [volgariddz´are] *vt* **1** vulgarizar. **2** popularizar, divulgar.
vol.ge.re [v´ɔldʒere] *vt+vi* **1** volver, virar. *volgere il viso* / virar o rosto. **2** traduzir. *volgere il testo in portoghese* / traduzir o texto em português. **3** mudar (o tempo). *vpr* **4** virar-se, voltar-se. *volgersi a destra* / virar-se para a direita. **5** dirigir-se para. **6** *fig* entregar-se a, ocupar-se de. *è meglio volgersi agli studi* / é melhor entregar-se aos estudos. **volgersi al tramonto** a) *Astron* pôr-se, desaparecer no ocaso. b) *fig* estar em decadência.
vol.go [v´olgo] *sm* vulgo, plebe.
vo.lo [v´olo] *sm* **1** voo. **2** *fig* sonho, divagação. **di volo/a volo** instantaneamente, num átimo. **prendere il volo** a) levantar voo. b) *fig* fugir, escapar. c) *pop* dar no pé. **volo nuziale** *Zool* voo de acasalamento. **volo radente** *Mil* voo rasante.
vo.lon.tà [volont´a] *sf* **1** vontade, desejo. **2** disposição, inspiração. **3** determinação, força de vontade. **a volontà** à vontade. **ultima volontà** *Giur* última vontade, disposição testamentária.
vo.lon.ta.rio [volont´arjo] *sm+agg* voluntário.
vol.pe [v´olpe] *sf* **1** raposa. **2** *fig* raposa velha, espertalhão. **la volpe perde il pelo, non il vizio** pau que nasce torto morre torto.
vol.ta[1] [v´ɔlta] *sf Elett* volt.
vol.ta[2] [v´ɔlta] *sf* **1** volta. **2** vez. **3** verso de uma folha. **4** *Archit* arco, abóbada. **a volte/alle volte** às vezes. **c'era una volta** era uma vez. **dar di volta al cervello** *fig* enlouquecer. **rare volte** poucas vezes. **volta celeste** abóbada celeste. **volta palatina** a) *Anat* palato. b) *pop* céu da boca.
vol.ta.gab.ba.na [voltagabb´ana] *s* vira-casaca.
vol.tag.gio [volt´addʒo] *sm Elett* voltagem.
vol.ta.re [volt´are] *vt* **1** virar, girar. *voltò le spalle agli altri* / virou as costas para os outros. *voltare pagina* / virar a página. **2** mudar, converter. **3** traduzir. *vi* **4** virar, voltar. *da qui devi voltare a sinistra per arrivare alla piazza* / daqui você deve virar para a esquerda para chegar à praça. *vpr* **5** voltar-se, virar-se. *voltarsi indietro* / virar-se para trás. **6** mudar de opinião. **voltare la giubba/voltare la casacca** virar casaca, trair. **voltarsi contro** revoltar-se contra, odiar.
vol.teg.gio [volt´eddʒo] *sm Sp* volteio, pirueta.
vol.to [v´olto] *sm* **1** *Poet* rosto, face. **2** *fig* aparência.
vo.lu.bi.le [vol´ubile] *agg* volúvel, instável, inconstante.
vo.lu.me [vol´ume] *sm* **1** volume. **2** tomo. **3** capacidade de um recipiente. **4** quantidade (de água, etc.).
vo.lu.mi.no.so [volumin´ozo] *agg* volumoso: a) grande. b) com muitos volumes. *un'enciclopedia voluminosa* / uma enciclopédia de muitos volumes.
vo.lu.ta [vol´uta] *sf* espiral, volta.

V

vo.lut.tà [volutt´a] *sf* volúpia, sensualidade.

vo.lut.tuo.so [volutt´wozo] *agg* voluptuoso, sensual.

vo.mi.ta.re [vomit´are] *vt+vi* **1** vomitar. **2** *fig* expelir, jorrar. **3** rejeitar, recusar. **vomitare improperi contro** dizer impropérios a.

vo.mi.to [v´ɔmito] *sm Med* vômito.

vo.ra.ce [vor´atʃe] *agg* **1** voraz. **2** *fig* destruidor.

vo.stra [v´ɔstra] *pron f sing* **1** vossa. **2** de vocês, sua.

vo.stre [v´ɔstre] *pron f pl* **1** vossas. **2** de vocês, suas.

vo.stri [v´ɔstri] *pron m pl* **1** vossos. **2** de vocês, seus. **3 i vostri** *fig* os vossos (parentes), a vossa família.

vo.stro [v´ɔstro] *pron m sing* **1** vosso. **2** de vocês, seu. **3 il vostro** *fig* os vossos bens. Veja notas em **malgrado** (italiano), **suo** e **seu**.

vo.ta.re [vot´are] *vt* **1** votar. *il parlamento votò la proposta* / o parlamento votou a proposta. **2** devotar, dedicar. *votò la vita ai poveri* / devotou a vida aos pobres. *gli antichi votavano animali alle divinità* / os antigos dedicavam animais às divindades. **3** *fig* eleger, nomear. **4** escolher. *vi* **5** votar. *votare per un candidato* / votar num candidato. *votare in favore di qualcosa* / votar a favor de alguma coisa. *vpr* **6** devotar-se, consagrar-se. *votarsi alla carriera di medico* / devotar-se à carreira de médico. **7** dedicar-se, entregar-se.

vo.to[1] [v´oto] *sm* **1** voto. **2** nota (na escola). **3** *Rel* votos, juramento. **4** *fig* sonho, desejo. **far voto di castità** fazer voto de castidade. **prendere un buon voto** tirar uma boa nota. **voto di fiducia** voto de fé.

vo.to[2] [v´ɔto] *sm+agg V vuoto.*

vu [v´u] *sf* vê, o nome da letra V. **vu doppia** dáblio, o nome da letra W.

vul.ca.no [vulk´ano] *sm Geogr* vulcão.

vul.go [v´ulgo] *sm Poet* vulgo, plebe. • *avv* comumente, vulgarmente.

vul.ne.ra.bi.le [vulner´abile] *agg* vulnerável.

vul.va [v´ulva] *sf Anat* vulva.

vuo.ta.re [vwot´are] *vt* esvaziar.

vuo.to [v´wɔto] *sm* **1** vazio. **2** falta, ausência. **3** *Fis* vácuo. **4** *fig* superficialidade, frivolidade. • *agg* **1** vazio. **2** oco. **3** vago, livre (posto). **4** *fig* vão, vazio. **a mani vuote** de mãos vazias. **andare a vuoto** não conseguir. **assegno a vuoto** cheque sem fundos. **a vuoto** em vão, inutilmente. **mandare a vuoto** impedir. **restare a mani vuote** ficar de mãos abanando, ficar sem nada. **testa vuota** cabeça oca. **vuoto d'aria** *Aer* vácuo. *Var: voto.*

W

w [v´u d´oppja] *sf* dáblio, letra que não faz parte do alfabeto italiano, utilizada apenas em palavras estrangeiras. É substituída por **v**.

watt [´wɔt] *sm ingl watt.*

whisky [´wiski] *sm ingl* uísque.

X

x [ˈiks; ˈikkeze] *sf* **1** xis, letra que não faz parte do alfabeto italiano, utilizada apenas em palavras estrangeiras. É substituída por **s**. *sm* **2** xis, incógnita.

xe.no.fo.bi.a [ksenofobˈia] *sf* xenofobia.

xi.lo.fo.no [ksilˈɔfono] *sm Mus* xilofone.

xi.lo.gra.fi.a [ksilografˈia] *sf* xilografia.

xe.ro.co.pi.a [kserokˈɔpja] *sf* xerocópia, fotocópia.

y

y [ˈipsilon] *sf* ípsilon, letra que não faz parte do alfabeto italiano, utilizada apenas em palavras estrangeiras. É substituída por **i**.

yankee [ˈjanki] *sm+agg ingl* ianque, norte-americano.

yogurt [ˈjɔgurt] *sm turco* iogurte.

Z

z [dz´ɛta] *sf* a vigésima primeira letra do alfabeto italiano.
za.ba.io.ne [dzaba´jone] *sm* zabaione.
zaf.fe.ra.no [dzaffer´ano] *sm Bot* açafrão.
zaf.fi.ro [dzaff´iro] *sm* safira.
zai.no [dz´ajno] *sm* **1** mochila. **2** bolsa de pastor. • *agg* zaino (cavalo).
zam.pa [ts´ampa] *sf* **1** pata. **2** *iron* mão. **cavar la castagna dal fuoco con la zampa del gatto** tirar a castanha do fogo com a mão do gato. **zampa di porco/piede di porco** pé de cabra. **zampe di gallina** *pl fam* a) pé de galinha. b) garrancho, letra ruim.
zam.pa.ta [tsamp´ata] *sf* **1** patada, coice. **2** pegada, rastro. **3** *fig* grosseria, indelicadeza.
zam.pet.ta.re [tsampett´are] *vi* **1** mover as patas. **2** *iron* espernear.
zam.pil.la.re [tsampill´are] *vi* esguichar.
zam.pil.lo [tsamp´illo] *sm* esguicho, jato.
zam.po.gna [tsamp´oña] *sf Mus* gaita de foles, cornamusa.
zan.na [ts´anna] *sf* presa de animal. **mostrar le zanne** mostrar as garras, arreganhar os dentes.
zan.za.ra [dzandz´ara] *sf* **1** mosquito, pernilongo. **2** *fig* abelhudo, intrometido. **3** *pop* chato, pessoa chata.
zan.za.rie.ra [dzandzar´jɛra] *sf* mosquiteiro.
zap.pa [ts´appa] *sf* enxada. **darsi la zappa sui piedi** *pop* prejudicar a si mesmo.
zat.te.ra [ts´attera] *sf* jangada.
zaz.ze.ra [ts´attsera] *sf* cabeleira.
ze.bra [dz´ɛbra] *sf* zebra.
ze.bù [dzeb´u] *sm* zebu.
zec.ca [ts´ɛkka] *sf* **1** casa da moeda. **2** *Zool* carrapato. **nuovo di zecca** novinho em folha.
ze.lan.te [dzel´ante] *agg* zeloso, dedicado, diligente.
ze.lo [dz´ɛlo] *sm* zelo, dedicação, diligência.
zen.ze.ro [dz´ɛndzero] *sm* gengibre.
zep.pa [dz´eppa] *sf* **1** cunha. **2** *fig* redundância, supérfluo.
zep.po [ts´eppo] *agg* cheio. **pieno zeppo** abarrotado, entulhado, apinhado.
zer.bi.no [dzerb´ino] *sm* **1** capacho. **2** *V zerbinotto.*
zer.bi.not.to [dzerbin´ɔtto] *sm* almofadinha, janota. *Sin: zerbinotto.*
ze.ro [dz´ɛro] *sm+num* **1** zero. **2** *fig* nada. **3** incapaz, joão-ninguém. **non vale uno zero** não vale nada. **sopra zero** acima de zero. **sotto zero** abaixo de zero. **zero assoluto** *Fis* zero absoluto.
ze.ta [dz´ɛta] *sf* zê, o nome da letra Z.
zi.a [ts´ia] *sf* **1** tia. **2** *fam* tia, senhora idosa.
zig.zag [dzigdz´ag] *sm* ziguezague. **andare a zigzag** ziguezaguear.
zim.bel.lo [tsimb´ɛllo] *sm* **1** chamariz, ave usada como isca. **2** *fig* chamariz, engodo. **3** palhaço, objeto de riso.
zin.co [ts´inko] *sm* zinco.
zin.ga.ro [ts´ingaro] *sm* **1** cigano. **2** *fig* nômade, errante.
zin.zi.no [tsints´ino] *sm* **1** pitada, bocadinho. **2** amostra. **3** golinho.
zi.o [ts´io] *sm* **1** tio. **2** *fam* tio, senhor idoso.
zip [dz´ip] *sm* zíper.
zit.tel.la [tsitt´ɛlla] *sf* senhorita, moça solteira.
zit.tel.lo.na [tsittell´ona] *sf iron* solteirona, titia.

zit.ti.re [tsitt´ire] *vt* **1** calar, fazer calar-se. **2** *Teat* desaprovar. *vi* **3** pedir silêncio, mandar calar. *vpr* **4** calar-se, fazer silêncio.
zit.to [ts´itto] *agg* quieto, silencioso. **alla zitta** às escondidas. **star zitto** calar-se, ficar calado. **zitto!** silêncio!
ziz.za.nia [dziddz´anja] *sf* **1** *Bot* joio. **2** *fig* discórdia, desentendimento.
zoc.co.lo [ts´ɔkkolo] *sm* **1** tamanco. **2** *Zool* casco de cavalo, boi. **3** *Archit* rodapé. **4** *fig* joão-ninguém.
zo.di.a.co [dzod´iako] *sm Astron, Astrol* zodíaco.
zol.fa.nel.lo [tsolfan´ɛllo] *sm* fósforo (de enxofre).
zol.fo [ts´olfo] *sm* enxofre. *Var: solfo.*
zol.la [ts´ɔlla] *sf* **1** torrão de terra. **2** pedaço, bocado. **una zolla di zucchero** um torrão de açúcar.
zo.na [dz´ɔna] *sf* **1** zona, faixa. **2** região. **3** área. **4** território. **zona verde** cinturão verde.
zon.zo [dz´ondzo] *sm fig* usado na expressão **andare a zonzo** vagar, andar para lá e para cá.
zo.o [dz´ɔo] *sm* zoo, jardim zoológico.
zo.o.lo.gi.a [dzoolodʒ´ia] *sf* zoologia.
zo.o.lo.gi.co [dzool´ɔdʒiko] *agg* zoológico.
zo.o.lo.go [dzo´ɔlogo] *sm* zoólogo.
zo.o.tec.ni.a [dzootekn´ia] *sf* zootecnia.
zop.pi.ca.re [tsoppik´are] *vi* **1** mancar, coxear. **2** *fig* ter um vício. **3** funcionar mal.
zop.po [ts´ɔppo] *sm+agg* **1** manco, coxo. **2** *fig* defeituoso, faltante. **chi pratica lo zoppo impara a zoppicare** quem anda com coxo aprende a coxear.
zo.ti.co [dz´ɔtiko] *sm+agg* grosseiro, rude.
zuc.ca [ts´ukka] *sf* **1** abóbora. **2** aboboreira. **3** *fig, disp* cuca, cachola, cabeça. **4** careca. **aver la zucca vuota** *fig* ter cabeça de vento.
zuc.ca.ta [tsukk´ata] *sf iron* cabeçada.
zuc.che.ra.re [tsukker´are] *vt* açucarar.
zuc.che.rie.ra [tsukker´jɛra] *sf* açucareiro.
zuc.che.ri.fi.cio [tsukkerif´itʃo] *sm* engenho de açúcar.
zuc.che.ri.no [tsukker´ino] *sm* **1** torrão de açúcar. **2** *fig* isca, chamariz. **3** prêmio, recompensa. • *agg* **1** açucarado. **2** muito doce (fruta).
zuc.che.ro [ts´ukkero] *sm* **1** açúcar. **2** *fig* doçura.
zuc.chi.na [tsukk´ina] *sf dim V zucchino.*
zuc.chi.no [tsukk´ino] *sm dim* abobrinha. *Sin: zucchina.*
zuf.fa [ts´uffa] *sf* **1** briga, rixa. **2** luta corporal.
zu.fo.la.re [tsufol´are] *vt* **1** *fig* sussurrar. *vi* **2** tocar flauta. **3** apitar. **4** assobiar. **zufolare qualcosa negli orecchi a qualcuno** insinuar algo a alguém.
zu.fo.lo [ts´ufolo] *sm Mus* **1** flauta. **2** apito. **3** assobio.
zup.pa [ts´uppa] *sf* **1** sopa (com fatias de pão). **2** *fig* ladainha, lengalenga. **3** confusão, mistura. **se non è zuppa è pan bagnato** *fig* é tudo a mesma coisa. **zuppa inglese** doce feito de massa, coberto com creme e frutas.
zup.pie.ra [tsupp´jɛra] *sf* sopeira, terrina.
zup.po [ts´uppo] *agg* ensopado, molhado.
zuz.zu.rel.lo.ne [dzudzurell´one] *sm+agg fam* fanfarrão, brincalhão.

PORTUGUÊS-ITALIANO
PORTOGHESE-ITALIANO

A B C D E F G H I J K L M N O P Q R S T U V W X Y Z

a[1] [´a] *sm* **1** la prima lettera dell'alfabeto portoghese. **2** a, il nome della lettera A.

a[2] [´a] *art def f sing* la (l'). • *pron f sing* **1** la. **2** lei. Veja notas em **la**[2], **lei** e **loro**.

O artigo definido feminino singular em italiano varia conforme a letra inicial da palavra seguinte. Antes de consoante, usa-se **la**: *la casa* / a casa. *la pietra* / a pedra. *la scuola* / a escola. Antes de vogal, usa-se **l'**: *l'anima* / a alma. *l'erba* / a erva. *l'orsa* / a ursa.

a[3] [´a] *prep* **1** a. *vou a Roma* / vado a Roma. *opor-se a uma ideia* / oporsi a un'idea. *a poucos metros de* / a pochi metri da. *pertencer a* / appartenere a. **2** in. *viajar à Itália* / viaggiare in Italia. **3** da. *tenho muito a fazer* / ho molto da fare.

a.ba [´abə] *sf* **1** falda. **2** ala. **3** risvolto. **aba do chapéu** visiera. Veja nota em **ala** (italiano).

a.ba.ca.te [abak´ati] *sm Bot* avocado, pera avocado.

a.ba.ca.tei.ro [abakat´ejru] *sm Bot* pero avocado.

a.ba.ca.xi [abakaʃ´i] *sm Bot* ananasso, ananas.

á.ba.co [´abaku] *sm* abbaco, abaco.

a.ba.de [ab´adi] *sm Rel* abate.

a.ba.des.sa [abad´esə] *sf Rel* badessa, generalessa.

a.ba.di.a [abad´iə] *sf Rel* badia, abbazia.

a.ba.fa.do [abaf´adu] *adj* **1** soffocante (ar). **2** affogato (som).

a.ba.fa.men.to [abafam´ẽtu] *sm* **1** soffocazione. **2** ammortimento.

a.ba.far [abaf´ar] *vt* **1** soffocare. *abafar o fogo, um escândalo* / soffocare il fuoco, uno scandalo. **2** affogare (som). **3** ammortire. Veja nota em **affogare**.

a.bai.xa.do [abajʃ´adu] *adj* quatto, chino.

a.bai.xa.men.to [abajʃam´ẽtu] *sm* **1** abbassamento. **2** calo. **3** diminuzione. **4** declino.

a.bai.xar [abajʃ´ar] *vt* **1** abbassare. **2** calare. **3** chinare. **4** attenuare. *vi* **5** discendere. **6** smontare, ribassare (preços). *vpr* **7** abbassarsi. **8** chinarsi.

a.bai.xo [ab´ajʃu] *adv* abbasso, dabbasso, giù, sotto. • *interj* abbasso! *abaixo os tiranos!* / abbasso i tiranni! **abaixo de** sotto. **o abaixo-assinado** (a pessoa que assina ao pé de um documento) il sottoscritto.

a.ba.jur [abaʒ´ur] *sm* paralume.

a.ba.lar [abal´ar] *vt* **1** scuotere, crollare, squassare. **2** agitare. **3** commuovere. **4** *fig* disturbare. *vpr* **5** commuoversi. **6** *fig* disturbarsi.

a.ba.lo [ab´alu] *sm* **1** squasso. **2** agitazione. **3** botta. **4** commozione. **5** *fig* caduta.

a.bal.ro.ar [abawr̄o´ar] *vt* arrotare. Veja nota em **arrotare**.

a.ba.nar [aban´ar] *vt* **1** sventolare. *vpr* **2** sventolarsi.

a.ban.do.nar [abãdon´ar] *vt* **1** abbandonare. **2** lasciare. **3** smettere. **4** lasciare addietro. **5** *fig* ritirarsi da. *vpr* **6** abbandonarsi, lasciarsi.

a.ban.do.no [abãd´onu] *sm* abbandono. **ao abandono** in abbandono.

a.bar.ro.ta.do [abar̄ot´adu] *adj* pieno zeppo, ripieno. **estar abarrotado** traboccare.

a.bar.ro.tar [abar̄ot´ar] *vt* **1** inzeppare. *vpr* **2** inzepparsi.

a.bas.ta.do [abast´adu] *sm* benestante. • *adj* benestante, agiato.
a.bas.te.cer [abastes´er] *vt* approvvigionare, assortire.
a.bas.te.ci.men.to [abastesim´ẽtu] *sm* approvvigionamento.
a.ba.te.dou.ro [abated´owru] *sm* macello.
a.ba.ter [abat´er] *vt* **1** abbattere. **2** uccidere, ammazzare. **3** macellare (animais). **4** avvilire, deprimere, abbacchiare. **5** debilitare. **6** stendere. **7** *Com* scontare. **8** *Aer* smontare. *vpr* **9** abbattersi. **10** crollare. **11** deprimersi. **12** *fig* sgonfiarsi.
a.ba.ti.do [abat´idu] *adj* **1** esausto. **2** affranto. **3** sbattuto, mogio. **4** sfiduciato. **estar abatido** esser avvilito, giacere.
a.ba.ti.men.to [abatim´ẽtu] *sm* **1** abbattimento, depressione. **2** *Com* sconto, abbuono.
ab.di.ca.ção [abdikas´ãw] *sf* rinuncia.
ab.di.car [abdik´ar] *vt* **1** abdicare, rinunciare a. *vi* **2** abdicare, rinunciare, spodestarsi.
ab.do.me [abd´omi] *sm Anat* addome, ventre.
ab.dô.men [abd´omẽj] *sm V abdome. Pl: abdômenes.*
ab.do.mi.nal [abdomin´aw] *adj* addominale. *Pl: abdominais.*
a.bê.cê [abes´e] *sm V abecedário.*
a.be.ce.dá.rio [abesed´arju] *sm* abbecedario, abbicì, alfabeto. *Sin: a-bê-cê.*
a.be.lha [ab´eʎə] *sf Zool* ape.
a.be.lha-ra.i.nha [abeʎər̄a´iñə] *sf Zool* regina, maestra. *Pl: abelhas-rainhas.*
a.be.lhu.do [abeʎ´udu] *sm* ficcanaso. • *adj* inframmettente, indiscreto.
a.ben.ço.a.do [abẽso´adu] *adj* benedetto, beato.
a.ben.ço.ar [abẽso´ar] *vt* benedire.
a.ber.ra.ção [aber̄as´ãw] *sf* aberrazione.
a.ber.to [ab´ɛrtu] *adj* **1** aperto. **2** sincero. **3** evidente, chiaro. **4** *fig* largo, ampio.
a.ber.tu.ra [abert´urə] *sf* **1** apertura. **2** buco, buca, foro, bocca. **3** breccia, entrata, varco. **4** sfogo. **5** *fig* spiraglio. **6** uscita.
a.bis.mo [ab´izmu] *sm* **1** abisso. **2** baratro, precipizio. **3** *fig* abisso. **estar à beira do abismo** essere sull'orlo dell'abisso. **lançar num abismo** subissare.
ab.ne.ga.ção [abnegas´ãw] *sf* abnegazione, disinteresse.
ab.ne.gar [abneg´ar] *vt* abnegare.
a.bó.ba.da [ab´ɔbadə] *sf Arquit* volta. **abóbada celeste** volta celeste.
a.bó.bo.ra [ab´ɔborə] *sf Bot* zucca, cocuzza.
a.bo.bo.rei.ra [abobor´ejrə] *sf Bot* zucca.
a.bo.bri.nha [abɔbr´iñə] *sf dim* zucchino.
a.bo.ca.nhar [abokañ´ar] *vt* abboccare.
a.bo.li.ção [abolis´ãw] *sf* abolizione, soppressione.
a.bo.lir [abol´ir] *vt* **1** abolire. **2** sopprimere. **3** proscrivere. **4** annullare, cancellare.
a.bo.mi.nar [abomin´ar] *vt* abominare, detestare.
a.bo.nar [abon´ar] *vt* abbonare.
a.bo.no [ab´onu] *sm* abbuono.
a.bor.da.gem [abord´aʒẽj] *sf* (também *Náut*) abbordo.
a.bor.dar [abord´ar] *vt* **1** abbordare: a) affrontare, trattare di (um assunto, um tema). b) accostarsi a (uma pessoa). **2** *Náut* abbordare.
a.bo.rí.gi.ne [abor´iʒini] *s+adj* aborigeno.
a.bor.re.cer [abor̄es´er] *vt* **1** aborrire. **2** annoiare, tediare, infastidire. **3** disgustare, rincrescere a. **4** *fig* seccare, gonfiare. *vi* **5** rincrescere. *vpr* **6** disgustarsi, inquietarsi, infastidirsi. **7** *fig* stufarsi. Veja nota em **aborrire**.
a.bor.re.ci.do [abor̄es´idu] *adj* **1** annoiato. **2** stufo. **3** noioso, seccante. **4** *fig* pesante.
a.bor.re.ci.men.to [abor̄esim´ẽtu] *sm* **1** aborrimento. **2** noia, tedio. **3** incomodo. **4** *gír* barba. **5** *fig* fatica, afa, rottura.
a.bor.tar [abort´ar] *vi* abortire.
a.bor.to [ab´ortu] *sm* aborto.
a.bo.to.a.du.ra [abotoad´urə] *sf* **1** abbottonatura. **2** bottoniera. **3 abotoaduras** *pl* gemelli da polsini.
a.bo.to.ar [aboto´ar] *vt* **1** abbottonare. *vpr* **2** abbottonarsi.
a.bra.çar [abras´ar] *vt* **1** abbracciare. *vpr* **2** abbracciarsi.
a.bra.ço [abr´asu] *sm* abbraccio.
a.bran.dar [abrãd´ar] *vt* **1** blandire. **2** attenuare. **3** *fig* ammorbidire. **4** *Med* lenire. *vpr* **5** intiepidirsi. **6** *fig* ammorbidirsi.

a.bran.ger [abrãʒ´er] *vt* **1** comprendere, abbracciare. **2** *fig* coprire, involgere.

a.bra.sar [abraz´ar] *vt* **1** infocare. *vpr* **2** infocarsi.

a.bre.vi.a.ção [abrevias´ãw] *sf* abbreviazione, accorciamento.

a.bre.vi.ar [abrevi´ar] *vt* abbreviare, accorciare, mozzare.

a.bre.vi.a.tu.ra [abrevjat´urə] *sf* **1** abbreviatura. **2** *Quím* notazione.

a.bri.có [abrik´ɔ] *sm* albicocca.

a.bri.co.tei.ro [abrikot´ejru] *sm* albicocco.

a.bri.gar [abrig´ar] *vt* **1** ricoverare. **2** ricettare. **3** rifugiare. *vpr* **4** ricoverarsi. **5** rifugiarsi.

a.bri.go [abr´igu] *sm* **1** ricovero. **2** riparo. **3** rifugio. **4** *fig* albergo, asilo, ospizio. **abrigo antiaéreo** ricovero antiaereo.

a.bril [abr´iw] *sm* aprile.

a.brir [abr´ir] *vt* **1** aprire. **2** inaugurare. **3** cominciare. **4** impiantare. *vi* **5** sbocciare, schiudersi. **6** schiarire. *vpr* **7** aprirsi. **8** *fig* sbottonarsi, confidarsi con.

abs.ces.so [abs´ɛsu] *sm Med* ascesso.

ab.sin.to [abs´ĩtu] *sm Bot* assenzio.

ab.so.lu.ta.men.te [absolutam´ẽti] *adv* assolutamente, appieno. **absolutamente!** niente affatto!

ab.so.lu.tis.mo [absolut´izmu] *sm* assolutismo.

ab.so.lu.to [absol´utu] *adj* assoluto, categorico, illimitato.

ab.sol.ver [absowv´er] *vt* **1** assolvere, sciogliere. **2** *Dir* assolvere, perdonare.

ab.sol.vi.ção [absowvis´ãw] *sf* assoluzione.

ab.sor.to [abs´ortu] *adj* assorto, cogitabondo.

ab.sor.ven.te [absorv´ẽti] *sm+adj* assorbente. **absorvente higiênico** assorbente igienico.

ab.sor.ver [absorv´er] *vt* **1** assorbire. **2** assimilare. **3** ammortizzare. **4** *fig* bere.

abs.tê.mio [abst´emju] *adj* astemio.

abs.ter [abst´er] *vt* **1** privare. *vpr* **2** astenersi, riguardarsi. **3** *Pol* astenersi, non votare.

abs.ti.nên.cia [abstin´ẽsjə] *sf* **1** astinenza. **2** *fig* digiuno.

abs.tra.ção [abstras´ãw] *sf* astrazione.

abs.tra.to [abstr´atu] *adj* astratto, vago.

ab.sur.do [abs´urdu] *sm* **1** assurdo, assurdità, controsenso, nonsenso. **2** *fig* errore. • *adj* **1** assurdo, illogico. **2** *fig* folle, irragionevole.

a.bun.dân.cia [abũd´ãsjə] *sf* **1** abbondanza. **2** dovizia. **3** ricchezza. **4** *fig* cornucopia, subisso, cuccagna.

a.bun.dan.te [abũd´ãti] *adj* **1** abbondante. **2** copioso. **3** lauto. **4** ricco. **5** numeroso, parecchio. **6** *fig* grasso. **7** fertile, fecondo.

a.bun.dar [abũd´ar] *vi* **1** abbondare. **2** *fig* pullulare.

a.bu.sar [abuz´ar] *vt* **1** abusare, sfruttare di. **2** *fam* abusarsi di. *abusar da bondade de alguém* / abusarsi della bontà di qualcuno.

a.bu.si.vo [abuz´ivu] *adj* **1** abusivo. **2** *fig* arbitrario.

a.bu.so [ab´uzu] *sm* abuso, sfruttamento. *abuso de poder, abuso de autoridade* / abuso di potere, abuso d'autorità.

a.bu.tre [ab´utri] *sm* avvoltoio.

a.ca.ba.do [akab´adu] *adj* **1** finito. **2** estinto. **3** stanco.

a.ca.ba.men.to [akabam´ẽtu] *sm* finimento, perfezione.

a.ca.bar [akab´ar] *vt* **1** finire. **2** terminare. **3** concludere. **4** rifinire. **5** *fig* maturare. *vi* **6** finire. **7** cessare. **8** terminare. **9** *fig* morire. *vpr* **10** terminarsi. **11** esaurirsi. **12** rifinirsi. **acabar de** avere appena, essere appena. *acabei de chegar* / sono appena arrivato. *acabei de fechar a porta* / ho appena chiuso la porta. **acabou!** *irôn* buona notte! **vai acabar mal** va a finire male. Veja nota em **appena**.

a.ca.de.mi.a [akadem´iə] *sf* accademia.

a.ca.dê.mi.co [akad´emiku] *sm+adj* accademico.

a.ça.frão [asafr´ãw] *sm Bot* zafferano.

a.cal.mar [akawm´ar] *vt* **1** calmare. **2** placare. **3** rasserenare. **4** blandire. **5** *fig* ammansare. *vi+vpr* **6** calmarsi. **7** placarsi. **8** rasserenarsi.

a.ca.lo.ra.do [akalor´adu] *adj* accalorato, ardente, flagrante.

a.cam.pa.men.to [akãpam´ẽtu] *sm* **1** accampamento, campeggio, bivacco. **2** *Mil* alloggiamento, alloggio.

a.cam.par [akãp´ar] *vt+vi* accampare, campeggiare, attendarsi, piantar le tende.
a.ca.nha.do [akañ´adu] *adj* timido.
a.ca.nha.men.to [akañam´ẽtu] *sm* timidezza.
a.ção [as´ãw] *sf* **1** azione, atto, opera. **2** *Com* azione. **boa ação** bel gesto.
a.ca.re.a.ção [akareas´ãw] *sf Dir* riprova.
a.ca.ri.ci.ar [akarisi´ar] *vt* accarezzare, coccolare.
á.ca.ro [´akaru] *sm* acaro.
a.ca.sa.la.men.to [akazalam´ẽtu] *sm Zool* copula. **voo de acasalamento** volo nuziale.
a.ca.sa.lar [akazal´ar] *vt Zool* copulare.
a.ca.so [ak´azu] *sm* **1** caso. **2** casualità, fatalità. **3** fortuna, sorte. **ao acaso** a vanvera, alla ventura. **por acaso** a) mica. b) per accidente, per avventura.
a.ca.tar [akat´ar] *vt* rispettare (conselho, ordem).
a.cei.ta.ção [asejtas´ãw] *sf* **1** ammissione. **2** *fig* adozione.
a.cei.tar [asejt´ar] *vt* **1** accettare. **2** accogliere. **3** ammettere. **4** ricevere, iniziare. **5** approvare. **6** riconoscere. **7** favorire. **8** *fig* sottoscrivere.
a.cei.tá.vel [asejt´avew] *adj* accettevole, ammissibile. *Pl: aceitáveis*.
a.cei.to [as´ejtu] *adj* accetto, convenzionale. **bem aceito** ben affetto.
a.ce.le.ra.dor [aselerad´or] *sm Autom* acceleratore.
a.ce.le.rar [aseler´ar] *vt* **1** accelerare, affrettare, sveltire. **2** *fig* catalizzare. *vi+vpr* **3** accelerarsi.
a.cel.ga [as´ɛwgə] *sf* bietola.
a.ce.nar [asen´ar] *vi* accennare, additare, ammiccare.
a.cen.der [asẽd´er] *vt* **1** accendere. **2** infiammare. *vi+vpr* **3** accendersi. **4** infiammarsi.
a.ce.no [as´enu] *sm* accenno, cenno, gesto.
a.cen.to [as´ẽtu] *sm Gram* accento. **acento tônico** accento tonico.
a.cen.tu.a.ção [as´ẽtwas´ãw] *sf Gram* accentuazione.
a.cen.tu.ar [asẽtu´ar] *vt* **1** accentuare. **2** *fig* sottolineare, approfondire.
a.cep.ção [aseps´ãw] *sf* senso, significato.
a.cer.tar [asert´ar] *vt* **1** azzeccare. *acertar o alvo* / azzeccare il bersaglio. **2** regolare, aggiustare. *acertar o relógio* / aggiustare l'orologio. **3** assestare, affibbiarsi. *acertar um golpe* / assestare un colpo.
a.cer.to [as´ertu] *sm* correzione.
a.ce.so [as´ezu] *adj* **1** acceso. **2** infocato.
a.ces.sí.vel [ases´ivew] *adj* (também *fig*) accessibile. **uma pessoa acessível** una persona di facile abbordo. *Pl: acessíveis*.
a.ces.so [as´ɛsu] *sm* **1** accesso, entrata, uscio. **2** *Med, fig* accesso, attacco. **acesso de raiva** accesso d'ira.
a.ces.só.rio [ases´ɔrju] *sm* accessorio. • *adj* (também *Gram*) accessorio.
a.cha.do [aʃ´adu] *sm* trovata.
a.cha.que [aʃ´aki] *sm* acciacco, malessere.
a.char [aʃ´ar] *vt* **1** trovare. *achei as chaves* / ho trovato le chiavi. **2** notare. **3** pensare. *o que vocês acham dela?* / che cosa pensate di lei? **4** avere per. *eu te acho inteligente* / ti ho per intelligente. *vpr* **5** trovarsi. **achar que** essere d'opinione che. **achar uma moça bonita** trovare bella una ragazza. **acho que não** penso di no. **acho que sim** penso di sì.
a.cha.ta.do [aʃat´adu] *adj* piatto, chiatto, camuso.
a.cha.tar [aʃat´ar] *vt* **1** appiattire, schiacciare. **2** ammaccare, acciaccare. **3** calcare. **achatar com os pés** calpestare.
a.ci.den.ta.do [asidẽt´adu] *adj* irregolare, aspro (terreno).
a.ci.den.tal [asidẽt´aw] *adj* accidentale, casuale, contingente. *Pl: acidentais*.
a.ci.den.te [asid´ẽti] *sm* **1** accidente. **2** avvenimento. **3** incidente, sinistro, disastro. **4** contrattempo. **acidente de trabalho** infortunio sul lavoro. **acidente de trânsito** incidente stradale.
a.ci.dez [asid´es] *sf* acidità, agrezza, acerbità.
á.ci.do [´asidu] *sm Quím* acido. • *adj* **1** acido, agro, acerbo. **2** corrosivo.
a.ci.ma [as´imə] *adv* sopra, su, insù. **acima de** a) sopra. b) *Poét* sovra. **acima de tudo** soprattutto. **acima mencionado** anzidetto.
a.cin.zen.ta.do [asĩzẽt´adu] *adj* grigiastro, cenerino.

a.ci.o.nar [asjon´ar] *vt* azionare.
a.ci.o.nis.ta [asjon´istə] *s+adj* azionista.
a.cla.ma.ção [aklamas´ãw] *sf* **1** acclamazione, ovazione, applauso. **2** *fig* saluto.
a.cla.mar [aklam´ar] *vt* **1** acclamare, applaudire. **2** *fig* salutare.
a.cli.ma.tar [aklimat´ar] *vt* **1** acclimare. *vpr* **2** acclimarsi.
a.cli.ve [akl´ivi] *sm* erta, salita. • *adj* acclive.
ac.ne [´akni] *sf Med* acne.
a.ço [´asu] *sm* acciaio. **aço inoxidável** acciaio inossidabile.
a.co.co.rar [akokor´ar] *vt* **1** fare accoccolarsi. *vpr* **2** accoccolarsi.
a.çoi.tar [asojt´ar] *vt* **1** sferzare, frustare. **2** *Lit* fustigare.
a.çoi.te [as´ojti] *sm* sferza, frusta, staffile.
a.col.cho.a.do [akowʃo´adu] *sm* sopraccoperta, piumino.
a.co.lhe.dor [akoʎed´or] *adj* accogliente, ameno.
a.co.lher [akoʎ´er] *vt* **1** accogliere. **2** ricevere. **3** accettare. **4** iniziare. **5** alloggiare. **6** *fig* albergare.
a.co.lhi.da [akoʎ´idə] *sf* **1** accoglienza, trattamento. **2** *fig* saluto, benvenuto.
a.co.mo.da.ção [akomodas´ãw] *sf* accomodamento, acconciamento, arrangiamento.
a.co.mo.dar [akomod´ar] *vt* **1** accomodare. **2** arrangiare, acconciare. *vpr* **3** accomodarsi, sistemarsi, adagiarsi. **4** cullarsi.
a.com.pa.nha.men.to [akõpañam´ẽtu] *sm* (também *Mús*) accompagnamento. **acompanhamento de verduras ou legumes** contorno.
a.com.pa.nhan.te [akõpañ´ãti] *s* **1** accompagnatore, compagno. **2** *fig* guida.
a.com.pa.nhar [akõpañ´ar] *vt* **1** accompagnare. **2** condurre. **3** seguire. **4** appaiare. **5** *fig* guidare. **6** fiancheggiare.
a.con.di.ci.o.nar [akõdisjon´ar] *vt* condizionare.
a.con.se.lhar [akõseʎ´ar] *vt* **1** consigliare. **2** avvertire. **3** raccomandare. **4** suggerire. **5** *fig* prescrivere. *vpr* **6** consigliarsi con.
a.con.te.cer [akõtes´er] *vi* **1** succedere, avvenire, accadere, capitare. **2** aver luogo, sopraggiungere. **3** abbattersi. **deixar acontecer** lasciar correre.
a.con.te.ci.do [akõtes´idu] *adj* successo.
a.con.te.ci.men.to [akõtesim´ẽtu] *sm* avvenimento, fatto, episodio, evento.
a.co.plar [akopl´ar] *vt Mec* accoppiare, appaiare.
a.cor.da.do [akord´adu] *adj* sveglio.
a.cor.dar [akord´ar] *vt* **1** svegliare, destare, chiamare. *vi* **2** svegliarsi, destarsi. **acordar cedo** levarsi presto.
a.cor.de [ak´ɔrdi] *sm Mús* accordo.
a.cor.de.ão [akorde´ãw] *sm Mús* fisarmonica, organetto.
a.cor.do [ak´ordu] *sm* **1** accordo. **2** concordia, consenso. **3** contratto, patto. **4** *fig* armonia. **de acordo** a) concorde, consono. b) d'accordo, di concerto. **de acordo com** secondo. **de comum acordo** di comune accordo. **estar de acordo** essere d'accordo.
a.cor.ren.tar [akor̃ẽt´ar] *vt* incatenare.
a.cos.ta.men.to [akostam´ẽtu] *sm* banchina.
a.cos.tu.ma.do [akostum´adu] *adj* abituato, avvezzo.
a.cos.tu.mar [akostum´ar] *vt* **1** abituare, avvezzare, assuefare. *vpr* **2** abituarsi, familiarizzarsi.
a.çou.gue [as´owgi] *sm* macelleria, beccheria.
a.çou.guei.ro [asowg´ejru] *sm* **1** macellaio, beccaio. **2** *fig* veterinario, medico incompetente.
a.cre [´akri] *adj* **1** acre. **2** acido. **3** aspro.
a.cre.di.tar [akredit´ar] *vt* **1** credere. **2** pensare. *eu acreditava que o exame seria mais fácil* / pensavo che l'esame sarebbe più facile. *vpr* **3** ritenersi. **não acredito!** mi pare assai!
a.cres.cen.tar [akresẽt´ar] *vt* **1** accrescere. **2** addizionare. **3** aggiungere. **4** sovrapporre.
a.crés.ci.mo [akr´ɛsimu] *sm* **1** aumento. **2** addizione. **3** supplemento. **4** aggiunta. **5** *Com* giunta, soprattassa.
a.cro.ba.ci.a [akrobas´iə] *sf* acrobazia.
a.cro.ba.ta [akrob´atə] *s* acrobata.
a.cró.po.le [akr´ɔpoli] *sf* acropoli.
a.çú.car [as´ukar] *sm* zucchero. **açúcar mascavo** mascavato.

a.çu.ca.ra.do [asukar´adu] *adj* zuccherino.
a.çu.ca.rar [asukar´ar] *vt* zuccherare.
a.çu.ca.rei.ro [asukar´ejru] *sm* zuccheriera.
a.çu.de [as´udi] *sm* diga, serrata.
a.cu.dir [akud´ir] *vt* accudire.
a.cu.mu.lar [akumul´ar] *vt* **1** accumulare, ammassare. **2** *gír* imboscare.
a.cú.mu.lo [ak´umulu] *sm* **1** ammasso, ammontamento, catasta. **2** *Med* ritenzione.
a.cu.pun.tu.ra [akupũt´urə] *sf Med* agopuntura.
a.cu.ra.do [akur´adu] *adj* accurato.
a.cu.sa.ção [akuzas´ãw] *sf* **1** accusa, denunzia. **2** insinuazione. **3** taccia. **4** *Dir* querela, causa.
a.cu.sa.do [akuz´adu] *sm+adj* accusato, reo.
a.cu.sar [akuz´ar] *vt* **1** accusare, denunziare, imputare, incriminare. *vpr* **2** incolparsi. Veja nota em **querelare**.
a.cús.ti.ca [ak´ustikə] *sf Fís* acustica.
a.cús.ti.co [ak´ustiku] *adj* acustico.
a.da.ga [ad´agə] *sf* daga.
a.dá.gio [ad´aʒju] *sm* **1** adagio, proverbio. **2** *Mús* adagio.
a.dap.ta.ção [adaptas´ãw] *sf* **1** adattamento. **2** assestamento. **3** riduzione.
a.dap.ta.do [adapt´adu] *adj* **1** adatto. **2** ridotto.
a.dap.tar [adapt´ar] *vt* **1** adattare. **2** ambientare. **3** appropriare, adeguare. **4** ridurre (texto). **5** *fig* inquadrare. *vpr* **6** adattarsi. **7** ambientarsi. **8** adeguarsi. **9** *fig* inquadrarsi in.
a.de.ga [ad´ɛgə] *sf* cantina, cella.
a.den.sar [adẽs´ar] *vt* **1** addensare, infoltire. *vpr* **2** addensarsi, infoltirsi.
a.dep.to [ad´ɛptu] *sm* adepto, aderente.
a.de.qua.ção [adekwas´ãw] *sf* **1** adattamento. **2** proprietà.
a.de.qua.da.men.te [adekwadam´ẽti] *adv* adeguatamente, ammodo.
a.de.qua.do [adek´wadu] *adj* adeguato, adatto, acconcio, appropriato, conveniente.
a.de.quar [adek´war] *vt* **1** adeguare, adattare, bilanciare. *vpr* **2** adeguarsi, uniformarsi.
a.de.re.ço [ader´esu] *sm* **1** finimento. **2** **adereços** *pl* attrezzi.
a.de.rên.cia [ader´ẽsjə] *sf* aderenza.
a.de.ren.te [ader´ẽti] *adj* aderente.
a.de.rir [ader´ir] *vt* aderire, associarsi a. **aderir a um partido** accostarsi a un partito.
a.de.são [adez´ãw] *sf* **1** adesione. **2** *fig* aderenza.
a.de.si.vo [adez´ivu] *sm* adesivo. • *adj* adesivo, appiccicoso.
a.des.tra.men.to [adestram´ẽtu] *sm* **1** addestramento. **2** avviamento. **3** esercizio.
a.des.trar [adestr´ar] *vt* **1** addestrare. **2** istruire. **3** esercitare.
a.deus [ad´ews] *sm* addio, commiato. • *interj* addio! ciao! Veja nota em **ciao**.
a.di.a.do [adi´adu] *adj* **1** differito, ritardato. **2** sospeso.
a.di.a.men.to [adjam´ẽtu] *sm* differimento, aggiornamento.
a.di.an.ta.do [adjãt´adu] *adj* **1** anticipato. **2** accelerato. **3** *fig* tardo.
a.di.an.ta.men.to [adjãtam´ẽtu] *sm* **1** anticipazione. **2** *Com* anticipo. **3** acconto.
a.di.an.tar [adjãt´ar] *vt* **1** anticipare. **2** accelerare. *vpr* **3** avanzare, spingersi.
a.di.an.te [adi´ãti] *adv* avanti. **ir adiante** andare avanti, inoltrarsi. Veja nota em **avanti**.
a.di.ar [adi´ar] *vt* **1** differire, aggiornare, rimandare. **2** procrastinare, mandare in lungo. **3** *fig* sospendere.
a.di.ção [adis´ãw] *sf* **1** addizione. **2** somma. **3** aggiunta.
a.di.ci.o.nal [adisjon´aw] *sm Com* soprattassa. • *adj* addizionale, supplementare. *Pl: adicionais*.
a.di.ci.o.nar [adisjon´ar] *vt* **1** addizionare. **2** sommare. **3** sovrapporre.
a.di.vi.nha [adiv´iñə] *sf* **1** indovinello. **2** profetessa.
a.di.vi.nha.ção [adiviñas´ãw] *sf* divinazione, indovinello, enigma.
a.di.vi.nhar [adiviñ´ar] *vt* **1** indovinare, divinare, azzeccare. **2** *fig* annusare, intravvedere.
a.di.vi.nho [adiv´iñu] *sm* **1** chiaroveggente, profeta. **2** *fig* stregone.
ad.ja.cên.cia [adʒas´ẽsjə] *sf* **1** adiacenza, contatto. **2** **as adjacências** *pl* le adiacenze.
ad.ja.cen.te [adʒas´ẽti] *adj* adiacente, contiguo, prossimo, confinante.

ad.je.ti.vo [adʒet´ivu] *sm Gram* aggettivo.

ad.mi.nis.tra.ção [administras´ãw] *sf* **1** amministrazione. **2** gerenza. **3** direzione, governo. **4** custodia. **5** *fig* conduzione.

ad.mi.nis.tra.dor [administrad´or] *sm* **1** amministratore. **2** gerente. **3** custode. **4** intendente. **5** *fig* guida.

ad.mi.nis.trar [administr´ar] *vt* **1** amministrare. **2** dirigere, governare. **3** ministrare.

ad.mi.ra.ção [admiras´ãw] *sf* **1** ammirazione, meraviglia. **2** *fig* estasi.

ad.mi.ra.dor [admirad´or] *sm+adj* ammiratore.

ad.mi.rar [admir´ar] *vt* **1** ammirare. **2** contemplare. **3** approvare. *vpr* **4** meravigliarsi.

ad.mi.rá.vel [admir´avew] *adj* **1** ammirabile, sorprendente, stupendo. **2** *fig* squisito. *Pl: admiráveis.* Veja nota em **squisito**.

ad.mis.são [admis´ãw] *sf* ammissione.

ad.mis.sí.vel [admis´ivew] *adj* ammissibile. *Pl: admissíveis.*

ad.mi.tir [admit´ir] *vt* **1** ammettere. **2** accettare. **3** approvare. **4** ricevere, accogliere. **5** confessare, riconoscere.

ad.mo.es.tar [admoest´ar] *vt* ammonire.

a.do.ça.men.to [adosam´ẽtu] *sm* addolcimento.

a.do.ção [ados´ãw] *sf* adozione.

a.do.çar [ados´ar] *vt* addolcire, indolcire.

a.do.ci.ca.do [adosik´adu] *adj* **1** dolce. **2** abboccato (vinho).

a.do.ci.car [adosik´ar] *vt* addolcire.

a.do.e.cer [adoes´er] *vi* **1** ammalarsi. **2** infermare, infermarsi.

a.do.en.ta.do [adoẽt´adu] *adj* malaticcio, ammalaticcio.

a.do.en.tar [adoẽt´ar] *vt* infermare.

a.do.les.cen.te [adoles´ẽti] *sm+adj* adolescente, giovane.

a.do.les.cên.cia [adoles´ẽsjə] *sf* **1** adolescenza, gioventù, giovinezza. **2** *fig* primavera.

a.do.ra.ção [adoras´ãw] *sf* **1** adorazione, devozione. **2** *fig* culto, idolatria.

a.do.ra.dor [adorad´or] *sm+adj* adoratore.

a.do.rar [ador´ar] *vt* **1** adorare, venerare. **2** *fig* idolatrare.

a.do.rá.vel [ador´avew] *adj* adorabile. *Pl: adoráveis.*

a.dor.me.cer [adormes´er] *vt* **1** addormentare, assopire. **2** anestetizzare. *vi* **3** addormentarsi, assonnare, assopirsi.

a.dor.nar [adorn´ar] *vt* **1** adornare, ornare. **2** *fig* fregiare. *vpr* **3** adornarsi, ornarsi.

a.dor.no [ad´ornu] *sm* **1** arredo, finimento. **2** adornamento, ornamento, ornato. **3** *Arquit* filetto. **4** *fig* apparato, concia.

a.do.tar [adot´ar] *vt* **1** adottare. **2** *Dir* arrogare (uma criança). **3** *fig* abbracciare.

a.do.ti.vo [adot´ivu] *adj* adottivo.

ad.qui.rir [adkir´ir] *vt* **1** acquistare. **2** appropriarsi di. **3** comprare. **4** contrarre. **5** *Dir* acquisire.

a.dre.na.li.na [adrenal´inə] *sf* adrenalina.

a.du.bar [adub´ar] *vt* concimare, ingrassare, fertilizzare.

a.du.bo [ad´ubu] *sm* concime, fertilizzante.

a.du.la.ção [adulas´ãw] *sf* **1** adulazione. **2** *fig* incenso.

a.du.la.dor [adulad´or] *sm* adulatore.

a.du.lar [adul´ar] *vt* **1** adulare, lusingare, coccolare. **2** *fig* incensare, insaponare.

a.dul.te.ra.ção [aduwteras´ãw] *sf* adulterazione.

a.dul.te.rar [aduwter´ar] *vt* **1** adulterare, contraffare. **2** *fig* truccare.

a.dul.té.rio [aduwt´ɛrju] *sm* adulterio.

a.dúl.te.ro [ad´uwteru] *sm+adj* adultero.

a.dul.to [ad´uwtu] *sm+adj* adulto.

a.dun.co [ad´ũku] *adj* **1** adunco, uncinato. **2** aquilino. **3** *fig* grifagno.

ad.vér.bio [adv´ɛrbju] *sm Gram* avverbio.

ad.ver.sá.rio [advers´arju] *sm+adj* **1** avversario. **2** rivale. **3** concorrente, contenente.

ad.ver.si.da.de [adversid´adi] *sf* **1** avversità, contrarietà. **2** *fig* tegola.

ad.ver.so [adv´ɛrsu] *adj* **1** avverso. **2** ostile, sfavorevole.

ad.ver.tên.cia [advert´ẽsjə] *sf* **1** avvertimento. **2** avvertenza. **3** ammonizione. **4** consiglio. **5** *fig* sveglia.

ad.ver.tir [advert´ir] *vt* **1** avvertire. **2** avvisare. **3** informare. **4** ammonire, riprendere.

ad.vir [adv´ir] *vi* avvenire, sopraggiungere.

ad.vo.ca.ci.a [advokas'iə] *sf* avvocatura.
ad.vo.ga.da [advog'adə] *sf* avvocatessa.
ad.vo.ga.do [advog'adu] *sm* avvocato, legale. **advogado de defesa** avvocato difensore.
a.é.reo [a'ɛrju] *adj* aereo.
a.e.ro.di.nâ.mi.co [aɛrodin'Λmiku] *adj* aerodinamico.
a.e.ro.mo.ça [aɛrom'osə] *sf hostess.*
a.e.ro.nau.ta [aɛron'awtə] *s* aeronauta.
a.e.ro.náu.ti.ca [aɛron'awtikə] *sf* aeronautica.
a.e.ro.na.ve [aɛron'avi] *sf* velivolo.
a.e.ro.pla.no [aɛropl'Λnu] *sm* aeroplano.
a.e.ro.por.to [aɛrop'ortu] *sm* aeroporto, aerostazione.
a.e.ros.sol [aɛros'ɔw] *sm* aerosol. *Pl: aerossóis.*
a.fã [af'ã] *sm* **1** affanno. **2** *fig* combustione.
a.fa.bi.li.da.de [afabilid'adi] *sf* affabilità, piacevolezza.
a.fa.gar [afag'ar] *vt* accarezzare, coccolare.
a.fa.go [af'agu] *sm* carezza, vezzo.
a.fa.nar [afan'ar] *vt* **1** graffiare. **2** *fam* mangiare. **3** *fig* agguantare.
a.fas.ta.do [afast'adu] *adj* lontano, discosto, assente. **manter-se afastado de** tenersi lontano da.
a.fas.ta.men.to [afastam'ẽtu] *sm* **1** separazione. **2** deviazione. **3** *fig* lontananza. **4** distacco.
a.fas.tar [afast'ar] *vt* **1** allontanare. **2** scostare, scansare. *vpr* **3** allontanarsi. **4** scostarsi, scansarsi. **5** appartarsi. **6** assentarsi. **7** ritirarsi.
a.fa.ti.ar [afati'ar] *vt* affettare.
a.fá.vel [af'avew] *adj* **1** affabile. **2** piacevole, piacente. **3** caloroso. *Pl: afáveis.*
a.fa.ze.res [afaz'eris] *sm pl* affari, faccende.
a.fec.ção [afeks'ãw] *sf Med* affezione.
a.fei.ção [afejs'ãw] *sf* affezione, affetto, affezionamento, amore, devozione.
a.fei.ço.ar [afejso'ar] *vt* **1** affezionare. *vpr* **2** affezionarsi.
a.fe.mi.na.do [afemin'adu] *adj* **1** effeminato, femminile. **2** *fig* molle.
a.fer.rar [afer̄'ar] *vt* afferrare, acchiappare, ghermire.
a.fe.ta.ção [afetas'ãw] *sf* **1** affettazione, ostentazione, smorfia. **2** *fig* posa. Veja nota em **sussiego**.
a.fe.ta.do [afet'adu] *adj* **1** affettato. **2** manierato. **3** smorfioso. **4** preso, attaccato da una malattia. **5** *fig* prezioso, ricercato.
a.fe.tar [afet'ar] *vt* **1** affettare. **2** ostentare, fingere. *vpr* **3** affettarsi.
a.fe.ti.vo [afet'ivu] *adj* affettivo.
a.fe.to [af'ɛtu] *sm* **1** affetto, amore, amorevolezza, attaccamento. **2** *fig* cuore. **3** amicizia.
a.fe.tu.o.si.da.de [afetwozid'adi] *sf* **1** affettuosità. **2** *fig* dolcezza.
a.fe.tu.o.so [afetu'ozu] *adj* **1** affettuoso, amorevole, caloroso, cordiale. **2** *fig* dolce, tenero.
a.fi.a.do [afi'adu] *adj* **1** affilato. **2** *fig* fine.
a.fi.an.çar [afjãs'ar] *vt* garantire.
a.fi.ar [afi'ar] *vt* **1** affilare, arrotare. **2** aguzzare, assottigliare, acuire. *vpr* **3** assottigliarsi. Veja nota em **arrotare**.
a.fi.la.do [afil'adu] *adj* affilato, fine.
a.fi.lha.do [afiλ'adu] *sm* figlioccio.
a.fi.li.a.ção [afiljas'ãw] *sf* affiliazione.
a.fi.li.a.do [afili'adu] *sm* affiliato, adepto.
a.fi.li.ar [afili'ar] *vt* **1** affiliare. *vpr* **2** affiliarsi, associarsi, accostarsi.
a.fim [af'ĩ] *s+adj* affine.
a.fi.nal [afin'aw] *adv* finalmente, alfine.
a.fi.nar [afin'ar] *vt* **1** affinare, assottigliare, digrossare. **2** *Mús* accordare, intonare. *vpr* **3** assottigliarsi.
a.fin.co [af'ĩku] *sm* accanimento, tenacia.
a.fi.ni.da.de [afinid'adi] *sf* **1** affinità. **2** attinenza. **3** *fig* amicizia. **4** connessione. **5** somiglianza.
a.fir.ma.ção [afirmas'ãw] *sf* **1** affermazione, asserzione, assunto. **2** asseveranza.
a.fir.mar [afirm'ar] *vt* **1** affermare, asserire, asseverare, attestare, dire. *vpr* **2** affermarsi, imporsi. **afirmar com a cabeça** fare di sì.
a.fir.ma.ti.vo [afirmat'ivu] *adj* affermativo, assertivo.
a.fi.xar [afiks'ar] *vt* affiggere, assicurare.
a.fi.xo [af'iksu] *sm Gram* affisso.
a.fli.ção [aflis'ãw] *sf* **1** afflizione. **2** ansietà, angoscia. **3** patimento, pena. **4** *fig* dolore. **5** tormento, tortura. **6** travaglio.

a.fli.gir [afliʒ´ir] *vt* **1** affliggere. **2** angosciare. **3** travagliare. **4** *fig* tormentare, torturare. *vpr* **5** affliggersi. **6** travagliarsi. **7** dolersi. **8** *fig* tormentarsi, torturarsi.
a.fli.to [afl´itu] *adj* afflitto, dolente, mesto.
a.flu.ên.cia [aflu´ẽsjə] *sf* **1** affluenza. **2** concorso. **3** affollamento.
a.flu.en.te [aflu´ẽti] *sm Geogr* affluente.
a.flu.ir [aflu´ir] *vt* **1** affluire. **2** versarsi in. **3** convenire.
a.flu.xo [afl´uksu] *sm Med* afflusso. **afluxo de pessoas** corrente.
a.fo.ba.ção [afobas´ãw] *sf* fuggi fuggi.
a.fo.ga.do [afog´adu] *sm+adj* affogato. **morrer afogado** affogare.
a.fo.ga.men.to [afogam´ẽtu] *sm* affogamento.
a.fo.gar [afog´ar] *vt* **1** affogare. **2** soffocare. **3** annegare. *vpr* **4** affogarsi, annegarsi. Veja nota em **affogare**.
a.fo.gue.ar [afoge´ar] *vt* **1** infocare. *vpr* **2** infocarsi.
a.fô.ni.co [af´oniku] *adj Med* afono.
a.for.tu.na.do [afortun´adu] *adj* venturoso, beato, benedetto, fausto, prospero.
a.fres.co [afr´esku] *sm Pint* affresco.
a.fri.ca.no [afrik´ʌnu] *sm+adj* africano.
a.fro.di.sí.a.co [afrodiz´iaku] *sm+adj* afrodisiaco.
a.fron.ta [afr´õtə] *sf* affronto, offesa, oltraggio. Veja nota em **affronto**.
a.frou.xa.men.to [afrowʃam´ẽtu] *sm* distensione.
a.frou.xar [afrowʃ´ar] *vt* **1** allentare, rilassare, infrollire. *vi+vpr* **2** infrollirsi. **afrouxar o freio** allargare il freno.
af.ta [´aftə] *sf Med* afta.
a.fu.gen.tar [afuʒẽt´ar] *vt* fugare.
a.fun.da.men.to [afũdam´ẽtu] *sm* affondamento, immersione.
a.fun.dar [afũd´ar] *vt* **1** affondare. **2** immergere. **3** *Náut* mandare a picco. *vi* **4** affondare. **5** immergersi. **6** *Náut* andare a fondo.
a.gá [ag´a] *sm* acca, nome della lettera H.
a.ga.char-se [agaʃ´arsi] *vpr* accoccolarsi, rannicchiarsi.
a.gar.ra.do [agar̃´adu] *adj* afferrato, acchiappato, giunto.
a.gar.rar [agar̃´ar] *vt* **1** afferrare, ghermire, agguantare. **2** *fig* abboccare. *vpr* **3** afferrarsi, attaccarsi, avvinghiarsi.
a.ga.sa.lhar [agazaλ´ar] *vt* **1** vestire, ammantare. **2** albergare, alloggiare.
a.ga.sa.lho [agaz´aλu] *sm* **1** giacca a vento. **2** riparo, protezione.
á.ga.ta [´agatə] *sf Min* agata.
a.gên.cia [aʒ´ẽsjə] *sf* **1** agenzia. **2** ufficio. **3** filiale. **agência bancária** banca filiale. **agência de câmbio** ufficio di cambio. **agência do correio** ufficio postale. **agência telegráfica** ufficio telegrafico.
a.gen.da [aʒ´ẽdə] *sf* **1** agenda. **2** *fig* calendario.
a.gen.te [aʒ´ẽti] *sm+adj* agente. **agente de câmbio** agente di cambio. **agente duplo** spia doppia. **agente funerário** funerario. **agente secreto** agente segreto.
á.gil [´aʒiw] *adj* **1** agile. **2** destro. **3** leggero, sciolto. **4** snello, scorrevole. **5** spedito. **6** vivace (mente). *Pl: ágeis.*
a.gi.li.da.de [aʒilid´adi] *sf* **1** agilità. **2** destrezza, lestezza. **3** leggerezza. **4** vivacità (da mente).
á.gio [´aʒju] *sm* aggio. Veja nota em **agio**.
a.gi.o.ta [aʒi´ɔtə] *s* **1** aggiotatore, usuraio. **2** *fig* strozzino, avvoltoio.
a.gi.o.ta.gem [aʒjot´aʒẽj] *sf* **1** aggiotaggio, usura. **2** *fig* strozzatura.
a.gir [aʒ´ir] *vi* **1** agire. **2** operare. **3** comportarsi. **4** lavorare. **agir às escondidas** *fig* lavorare sott'acqua.
a.gi.ta.ção [aʒitas´ãw] *sf* **1** agitazione. **2** apprensione, batticuore. **3** tumulto, torbidi. **4** confusione, subbuglio. **5** *fig* palpito. **6** disturbo.
a.gi.ta.do [aʒit´adu] *adj* **1** agitato. **2** apprensivo. **3** irrequieto. **4** turbolento. **5** burrascoso. **6** *fig* folle.
a.gi.ta.dor [aʒitad´or] *sm Pol* agitatore, sovversivo.
a.gi.tar [aʒit´ar] *vt* **1** agitare. **2** scuotere. **3** sconvolgere, disturbare. *vpr* **4** agitarsi. **5** dibattersi. **6** sbattersi. **7** disturbarsi. **agitar-se ao vento (bandeira)** garrire.
a.glo.me.ra.ção [aglomeras´ãw] *sf* **1** agglomerazione. **2** folla, affollamento. **3** *fig* congestione.
a.glo.me.ra.do [aglomer´adu] *sm* aggregato.

a.glo.me.rar [aglomer´ar] *vt* **1** agglomerare. **2** affollare, stipare. *vpr* **3** agglomerarsi. **4** affollarsi.

a.glu.ti.nar [aglutin´ar] *vt* agglutinare.

a.go.ni.a [agon´iə] *sf* **1** agonia. **2** sofferenza. **3** *fig* supplizio.

a.go.ni.zan.te [agoniz´ãti] *adj* agonizzante, moribondo.

a.go.ni.zar [agoniz´ar] *vi* **1** agonizzare, ansare. **2** *fig* ansare.

a.go.ra [ag´ɔrə] *adv* **1** adesso, ora. **2** già. **3** ormai. **agora há pouco** allora allora. **agora mesmo** appena, adesso adesso. **de agora em diante** d'ora innanzi, d'ora in poi. Veja nota em **appena**.

a.gos.to [ag´ostu] *sm* agosto.

a.gou.ro [ag´owru] *sm* augurio, auspicio, presagio. **mau agouro** malaugurio.

a.gra.dar [agrad´ar] *vt* **1** piacere. **2** gradire. **3** soddisfare, contentare. **4** blandire. **5** deliziare, dilettare. **6** *fam* andare a fagiolo. **7** *fig* andare a cuore. **agradar a gregos e troianos** salvare capra e cavoli.

a.gra.dá.vel [agrad´avew] *adj* **1** piacevole. **2** gradevole, godibile. **3** amabile. **4** piacente. **5** ameno, ridente. **6** soave. **7** dilettoso. *Pl: agradáveis*.

a.gra.de.cer [agrades´er] *vt* ringraziare.

a.gra.de.ci.do [agrades´idu] *adj* grato.

a.gra.de.ci.men.to [agradesim´ẽtu] *sm* ringraziamento, gratitudine.

a.gra.do [agr´adu] *sm* carezza, vezzo, blandizie. **ser do agrado de** *fam* gustare.

a.grá.rio [agr´arju] *adj* agrario, campestre.

a.gra.van.te [agrav´ãti] *sf+adj* aggravante.

a.gra.var [agrav´ar] *vt* **1** aggravare, accentuare. **2** *Dir* onerare. **3** *fig* complicare. *vpr* **4** aggravarsi.

a.gra.vo [agr´avu] *sm* aggravio, ingiuria.

a.gre.dir [agred´ir] *vt* **1** aggredire. **2** attaccare. **3** assalire.

a.gre.gar [agreg´ar] *vt* aggregare, aggiungere.

a.gres.são [agres´ãw] *sf* aggressione, affrontamento, attacco.

a.gres.si.vo [agres´ivu] *adj* **1** aggressivo. **2** *fig* bellicoso.

a.gres.sor [agres´or] *sm* aggressore, assalitore.

a.gres.te [agr´ɛsti] *adj* **1** agreste. **2** *fig* selvaggio.

a.gri.ão [agri´ãw] *sm* crescione.

a.grí.co.la [agr´ikolə] *adj* agricolo, agreste, contadino, rustico.

a.gri.cul.tor [agrikuwt´or] *sm* agricoltore, contadino, campagnuolo.

a.gri.cul.tu.ra [agrikuwt´urə] *sf* agricoltura.

a.gri.do.ce [agrid´osi] *adj* agrodolce.

a.gri.men.sor [agrimẽs´or] *sm* agrimensore.

a.gri.men.su.ra [agrimẽs´urə] *sf* agrimensura.

a.gro.no.mi.a [agronom´iə] *sf* agronomia.

a.grô.no.mo [agr´onomu] *sm* agronomo, perito agronomo.

a.gru.pa.men.to [agrupam´ẽtu] *sm* aggruppamento, crocchio.

a.gru.par [agrup´ar] *vt* **1** aggruppare, raggruppare, congregare. **2** classificare. *vpr* **3** aggrupparsi.

á.gua [´agwə] *sf* acqua. **água benta** acqua benedetta / santa. **água corrente** acqua corrente. **água destilada** acqua distillata. **água doce** acqua dolce, acqua fresca. **água estagnada/parada** acqua morta/ ferma. **água mineral** acqua minerale. **água mole em pedra dura, tanto bate até que fura** a goccia a goccia s'incava anche la pietra. **água oxigenada** acqua ossigenata. **água potável** acqua potabile. **águas passadas não movem moinhos** acqua passata non macina più. **água termal** acqua termale. **as águas paradas são as mais profundas** l'acqua cheta rovina i ponti. **dar água na boca** far venire l'acquolina in bocca. **fazer água** *Náut* fare acqua. **filete de água** filo d'acqua. **movido a água** *Téc* ad acqua.

a.gua.cei.ro [agwas´ejru] *sm* acquazzone.

á.gua-de-co.lô.nia [´agwədikol´onjə] *sf* acqua di Colonia. *Pl: águas-de-colônia*.

a.gua.do [ag´wadu] *adj* **1** acquoso. **2** lungo. **ficar aguado** (o leite) andare in acqua.

á.gua-ma.ri.nha [agwamar´iñə] *sf Min* acquamarina. *Pl: águas-marinhas*.

a.guar [ag´war] *vt* **1** adacquare. **2** allungare.

a.guar.dar [agward´ar] *vt* aspettare, attendere.

a.guar.den.te [agward´ẽti] *sf* acquavite, grappa.
a.guar.rás [agwar̄´as] *sf* acquaragia.
a.gu.ça.do [agus´adu] *adj* **1** aguzzo. **2** appuntato.
a.gu.çar [agus´ar] *vt* **1** aguzzare. **2** appuntare, assottigliare. **3** acuire. **aguçar a mente** *fig* acuire la mente. **aguçar os ouvidos** rizzare gli orecchi.
a.gu.de.za [agud´ezə] *sf* **1** acutezza. **2** *fig* finezza.
a.gu.do [ag´udu] *adj* **1** acuto. **2** aguzzo. **3** stridente. **4** *fig* cristallino. **inteligência aguda** intelligenza vivace. **tons agudos** *Mús* toni acuti / toni alti.
a.guen.tar [agwẽt´ar] *vt* **1** sopportare. **2** soffrire. **3** durare. **4** resistere a. **5** *fig* ingozzare.
á.guia [´agjə] *sf* aquila.
a.gui.lhão [agiλ´ãw] *sm* stimolo.
a.gu.lha [ag´uλə] *sm* ago. **agulha de crochê** uncinetto. **agulha de marear** *Náut* ago della bussola. **agulha de tricô** ago da calza. **agulha hipodérmica** ago da iniezione. **agulha magnética** ago magnetico. **agulha para bordado** ago da ricamo. **agulha para serzir** ago da rammendo. **passar a linha pelo buraco da agulha** infilare l'ago.
ah [´a] *interj* **1** ah! (de dor, susto, desprezo, ameaça etc). **2** uh! uhi! (horror, maravilha). **ah ah!** ah ah! (riso, ironia). Veja nota em **ah!** (italiano).
ai [´aj] *interj* ahi! uh! uhi! ohi! **ai de mim!** ahimè! ohimè!
a.í [a´i] *adv* ci, vi, ce, ve. Veja notas em **ci**, **vi**, **ce** e **ve**.
a.in.da [a´ĩdə] *adv* **1** ancora. **2** anche. **3** altresì. **ainda que** anche se, benché, quantunque.
ai.po [´ajpu] *sm Bot* appio, sedano.
a.jei.tar [aʒejt´ar] *vt* **1** assettare, aggiustare. *vpr* **2** attagliarsi.
a.jo.e.lhar [aʒoeλ´ar] *vi+vpr* **1** inginocchiarsi. **2** cadere sui ginocchi.
a.ju.da [aʒ´udə] *sf* **1** aiuto. **2** ausilio. **3** soccorso. **4** contributo. **5** sussidio. **6** carità. **7** *fig* braccio, mano. **8** sostegno, appoggio. **9** favore. **com a ajuda de** grazie a, mediante, mercé. **com a ajuda de vocês** grazie a voi, mercé vostra. Veja nota em **braccio**.
a.ju.dan.te [aʒud´ãti] *s* **1** aiutante, assistente. **2** secondo. **3** fattorino. **4** *fig* ragazzo.
a.ju.dar [aʒud´ar] *vt* **1** aiutare. **2** assistere, coadiuvare. **3** spalleggiare, dare mano forte. **4** agevolare, giovare, favorire. **5** sussidiare. **6** *fig* appoggiare. **7** fiancheggiare. *vpr* **8** aiutarsi, giovarsi, soccorrersi.
a.ju.i.za.do [aʒwiz´adu] *adj* sensato, discreto, assennato.
a.jun.ta.men.to [aʒũtam´ẽtu] *sm* catasta, crocchio.
a.jus.tar [aʒust´ar] *vt* **1** aggiustare, adattare, conformare. **2** correggere, regolare, raffazzonare. *vpr* **3** imboccare (peças). **4** aggiustarsi. **5** *fig* inquadrarsi. **ajustar as contas** aggiustare i conti.
a.jus.te [aʒ´usti] *sm* aggiustamento, convenzione, assestamento, assetto. **ajuste de contas** *Com* pareggio.
a.la [´alə] *sf* ala. **abrir alas** fare ala. **ala direita (do parlamento)** destra. Veja nota em **ala** (italiano).
a.la.do [al´adu] *adj* alato.
a.la.ga.men.to [alagam´ẽtu] *sm* allagamento, inondazione, alluvione.
a.la.gar [alag´ar] *vt* allagare, inondare, diluviare.
a.lam.bi.que [alãb´iki] *sm* lambicco, distillatoio.
a.la.ran.ja.do [alarãʒ´adu] *adj* aranciato, rancio.
a.lar.de [al´ardi] *sm* **1** iattanza. **2** *fig* grancassa.
a.lar.ga.men.to [alargam´ẽtu] *sm* allargamento.
a.lar.gar [alarg´ar] *vt* **1** allargare. **2** aprire. **3** ampliare. **4** espandere. **5** aumentare. *vpr* **6** allargarsi. **7** aprirsi.
a.lar.mar [alarm´ar] *vt* **1** allarmare. *vpr* **2** allarmarsi.
a.lar.me [al´armi] *sm* allarme. **alarme antiaéreo** *Mil* sirena d'allarme. **alarme de incêndio** avvisatore d'incendio. **alarme falso** falso allarme.
a.las.trar [alastr´ar] *vt* **1** propagare. *vpr* **2** propagarsi, diffondersi, aumentare.
a.la.ú.de [ala´udi] *sm Mús* liuto.

a.la.van.ca [alav´ãkə] *sf Mec* leva. **alavanca do câmbio** *Autom* leva del cambio.
al.ber.gue [awb´ɛrgi] *sm* albergo. **albergue para os pobres** dormitorio popolare.
al.bi.no [awb´inu] *sm+adj* albino.
ál.bum [´awbũ] *sm* album, albo.
al.ça [´awsə] *sf* maniglia.
al.ca.cho.fra [awkaʃ´ofrə] *sm Bot* carciofo.
al.ça.da [aws´adə] *sf* **1** spettanza. **2** *fig* signoria.
al.ca.li.no [awkal´inu] *adj Quím* alcalino.
al.can.çar [awkãs´ar] *vt* **1** raggiungere. **2** attingere. **3** giungere a. **4** *fig* arrivare a. Veja nota em **arrivare**.
al.can.ce [awk´ãsi] *sm* **1** gettata. **2** *Mús* estensione di uno strumento. **estar ao alcance** esser a tiro. **estar fora de alcance** esser fuori tiro.
al.ça.pão [awsap´ãw] *sm* **1** botola. **2** trabocchetto.
al.ca.trão [awkatr´ãw] *sm* catrame.
al.ce [´awsi] *sm Zool* alce.
ál.co.ol [´awkoɔw] *sm* alcool, spirito. *Pl: álcoois*.
al.co.ó.la.tra [awko´ɔlatrə] *s* alcolizzato, ubriacone.
al.co.ó.li.co [awko´ɔliku] *adj* alcolico.
al.co.o.li.zar [awkooliz´ar] *vt* alcolizzare.
Al.co.rão [awkor´ãw] *sm Rel* Alcorano, Corano. *Var: Corão*.
al.co.va [awk´ovə] *sf* alcova.
al.co.vi.tei.ra [awkovit´ejrə] *sf* ruffiana.
al.co.vi.tei.ro [awkovit´ejru] *sm* ruffiano, lenone, mezzano.
al.cu.nha [awk´uñə] *sf* soprannome.
al.de.ão [alde´ãw] *sm* villano, paesano.
al.dei.a [awd´ejə] *sf* **1** villaggio, paese, borgo. **2** *Lit* vico.
a.le.a.tó.rio [aleat´ɔrju] *adj* aleatorio.
a.le.ga.ção [alegas´ãw] *sf* allegazione.
a.le.gar [aleg´ar] *vt* allegare, avanzare, addurre.
a.le.go.ri.a [alegor´iə] *sf* **1** allegoria, simbolo. **2** *Lit* parabola.
a.le.gó.ri.co [aleg´ɔriku] *adj* allegorico.
a.le.grar [alegr´ar] *vt* **1** rallegrare, allegrare. **2** allietare. **3** ricreare, spassare. *vpr* **4** rallegrarsi, compiacersi, gioire.
a.le.gre [al´ɛgri] *adj* **1** allegro. **2** brioso, gaio. **3** contento, felice, lieto. **4** ilare, scherzoso, spiritoso. **5** ameno. **6** piacevole, ridente.
a.le.gri.a [alegr´iə] *sf* **1** allegria. **2** brio. **3** felicità. **4** gioia. **5** delizia. **6** *fig* riso.
a.lei.ja.do [alejʒ´adu] *sm* zoppo, storpio. • *adj* **1** storpio. **2** *fig* monco. **ficar aleijado** azzoppirsi.
a.lei.jar [alejʒ´ar] *vt* **1** azzoppire, storpiare. *vpr* **2** storpiarsi.
a.lei.ta.men.to [alejtam´ẽtu] *sm* allattamento, allevamento.
a.lei.tar [alejt´ar] *vt* allattare, lattare.
a.le.lui.a [alel´ujə] *sf+interj* alleluia.
a.lém [al´ẽj] *adv* **1** oltre. **2** aldilà. • *sm* l'aldilà. **além da conta** oltremisura. **além de** oltre, oltre a. *falamos alemão e francês, além do italiano* / parliamo il tedesco ed il francese, oltre all'italiano. **além disso/além do mais** inoltre, pure, oltre a ciò. **além do que** oltre a che.
a.le.mão [alem´ãw] *sm+adj* tedesco, germanico. *Pl: alemães*.
a.lém-mar [alẽjm´ar] *adv* oltremare. *Pl: além-mares*.
a.lém-tú.mu.lo [alẽjt´umulu] *sm* aldilà. *Pl: além-túmulos*.
a.len.to [al´ẽtu] *sm* rinfranco.
a.ler.gi.a [alerʒ´iə] *sf* allergia.
a.ler.ta [al´ɛrtə] *adj* attento. **ficar alerta** stare all'erta.
a.le.ta [al´etə] *sf Aer* alettone.
al.fa.bé.ti.co [awfab´ɛtiku] *adj* alfabetico.
al.fa.be.to [awfab´ɛtu] *sm* alfabeto, abbecedario.
al.fa.ce [awf´asi] *sf* lattuga.
al.fai.a.ta.ri.a [awfajatar´iə] sf sartoria.
al.fai.a.te [awfaj´ati] *sm* sarto.
al.fân.de.ga [awf´ãdegə] *sf* dogana.
al.fan.de.gá.rio [awfãdeg´arju] *sm* doganiere.
al.fa.ze.ma [awfaz´emə] *sf Bot* lavanda.
al.fi.ne.ta.da [awfinet´adə] *sf* **1** puntura con spillo. **2** *fig* frizzo.
al.fi.ne.te [awfin´eti] *sm* spillo. **alfinete de segurança** spillo di sicurezza.
al.ga [´awgə] *sf* alga.
al.ga.ris.mo [awgar´izmu] *sm* numero, cifra.
al.ga.zar.ra [awgaz´ar̄ə] *sf* gazzarra, fracasso.

ál.ge.bra [ˈawʒebrə] *sf* algebra.
al.ge.mar [awʒemˈar] *vt* incatenare, ammanettare.
al.ge.mas [awʒˈemas] *sf pl* manette, ferri.
al.go [ˈawgu] *pron* qualcosa, qualche cosa. **algo mais** qualcos'altro. **fazer algo sem gastar muito** fare nozze coi fichi secchi.
al.go.dão [awgodˈãw] *sm* cotone. **algodão hidrófilo** cotone idrofilo. Veja nota em **cotone**.
al.goz [awgˈɔs] *sm* carnefice.
al.guém [awgˈẽj] *pron* alcuno, qualcuno, certuno, uno. **para alguém** ad alcuno. **ter alguém lá em cima ajudando** *fig* avere qualche santo in Paradiso.
al.gum [awgˈũ] *pron m sing* **1** alcuno, qualche. **2** nessuno (com negativa). *não vi aluno algum* / non ho visto nessuno studente. Veja nota em **alcuno**.
al.gu.ma [awgˈumə] *pron f sing* **1** alcuna, qualche. **2** nessuna (com negativa). *não teve resposta alguma* / non ebbe nessuna risposta. **3 algumas** *pl* alcune, qualche. **tem mais alguma coisa a dizer?** ha altro a dire?
al.guns [awgˈũs] *pron m pl* alcuni, qualche, parecchi.
a.lhei.o [aʎˈeju] *sm* l'altrui, roba d'altri. • *adj* **1** altrui. **2** alieno. **3** estraneo.
a.lho [ˈaʎu] *sm* aglio. **cabeça de alho** testa di aglio. **dente de alho** spicchio di aglio.
a.lhu.res [aʎˈuris] *adv* altrove.
a.li [alˈi] *adv* **1** lì, colà. **2** ci, vi, ce, ve. *estarei ali amanhã de manhã* / vi sarò domattina. **3** ivi, laddove, quivi. **ali dentro** quivi entro. **ali embaixo** laggiù. **ali em cima** lassù. **por ali** giù di lì. Veja notas em **ci**, **vi**, **ce** e **ve**.
a.li.á [aliˈa] *sf Zool* elefantessa.
a.li.a.do [aliˈadu] *sm+adj* alleato.
a.li.an.ça [aliˈãsə] *sf* **1** alleanza. **2** associazione. **3** coalizione, lega. **4** *fig* connubio.
a.li.ar [aliˈar] *vt* **1** alleare. *vpr* **2** allearsi, legarsi, coalizzarsi.
a.li.ás [aliˈas] *adv* **1** altrimenti. **2** altronde. **3** ossia. **4** a proposito.
á.li.bi [ˈalibi] *sm Dir* alibi.
a.li.ca.te [alikˈati] *sm* pinza.
a.li.cer.çar [alisersˈar] *vt Arquit* imbasare.
a.li.cer.ce [alisˈɛrsi] *sm Arquit* fondazione, fondamento. Veja nota em **fondamento**.
a.li.ci.ar [alisiˈar] *vt* tirare, attrarre.
a.li.e.na.ção [aljenasˈãw] *sf* **1** alienazione mentale. **2** *fig* distacco.
a.li.e.na.do [aljenˈadu] *adj* alienato, folle.
a.li.e.nar [aljenˈar] *vt* **1** alienare. **2** *fig* distaccare. *vpr* **3** alienarsi.
a.li.e.ní.ge.na [aljenˈiʒenə] *adj* **1** estraneo, straniero. **2** *fig* esotico.
a.li.men.ta.ção [alimẽtasˈãw] *sf* **1** alimentazione, nutrizione, nutrimento. **2** *fig* sussistenza.
a.li.men.tar [alimẽtˈar] *vt* **1** alimentare. **2** allevare, cibare, nutrire. **3** sostentare. *vpr* **4** alimentarsi, mangiare. • *adj* alimentare.
a.li.men.to [alimˈẽtu] *sm* **1** alimento, nutrimento, pasto, vitto. **2** *pop* cibo. **3** *fig* pane. **4 alimentos** *pl* alimenti, viveri. **alimento gordo** alimento grasso.
a.lí.nea [alˈinjə] *sf Dir* alinea, capoverso di un articolo.
a.li.nha.men.to [aliñamˈẽtu] *sm* allineamento.
a.li.nhar [aliñˈar] *vt* **1** allineare. *vpr* **2** allinearsi.
a.li.nha.var [aliñavˈar] *vt* imbastire.
a.li.nha.vo [aliñˈavu] *sm* imbastitura, basta.
a.lí.quo.ta [alˈikwotə] *sf Com* aliquota.
a.li.sa.do [alizˈadu] *adj* liscio.
a.li.sar [alizˈar] *vt* lisciare.
a.lis.ta.men.to [alistamˈẽtu] *sm* arruolamento, iscrizione.
a.lis.tar [alistˈar] *vt* **1** arruolare. **2** assoldare, ingaggiare. *vpr* **3** arruolarsi, iscriversi a.
a.li.vi.ar [aliviˈar] *vt* **1** alleviare, alleggerire. **2** *fig* lenire *vpr* **3** alleggerirsi. **4** *fig* scaricarsi.
a.lí.vio [alˈivju] *sm* **1** alleggerimento, sollievo, sgravio. **2** *fig* balsamo. **3** sfogo.
al.le.gro [alˈɛgro] *sm Mús* allegro.
al.ma [ˈawmə] *sf* **1** anima. **2** spirito. **3** *fig* interiore, petto, seno. **não haver nem uma só alma** non esserci anima viva. Veja nota em **interiore**.
al.ma.na.que [awmanˈaki] *sm* almanacco.

al.me.jar [awmeʒ´ar] *vt* **1** desiderare. **2** *fig* mirare a, sognare.
al.mi.ran.te [awmir´ãti] *sm* ammiraglio.
al.mís.car [awm´iskər] *sm* muschio.
al.mo.çar [awmos´ar] *vi* pranzare.
al.mo.ço [awm´osu] *sm* pranzo. Veja nota em **colazione**.
al.mo.fa.da [awmof´adə] *sf* cuscino, guanciale.
al.mo.fa.di.nha [awmofad´iñə] *sm dep* damerino, zerbinotto, bellimbusto, gagà.
al.môn.de.ga [awm´ondegə] *sf* polpetta.
a.lô [al´o] *interj* pronto!
a.lo.ja.men.to [aloʒam´ẽtu] *sm* **1** alloggiamento, alloggio. **2** camerata, dormitorio. **3** caserma.
a.lo.jar [aloʒ´ar] *vt* **1** alloggiare. *vpr* **2** alloggiarsi.
a.lon.ga.do [alõg´adu] *adj* allungato, esteso, oblungo.
a.lon.ga.men.to [alõgam´ẽtu] *sm* allungamento, distensione.
a.lon.gar [alõg´ar] *vt* **1** allungare. **2** estendere. **3** porgere. *vpr* **4** allungarsi. **5** estendersi.
a.lo.pa.ti.a [alopat´iə] *sf* allopatia.
a.lou.rar [alowr´ar] *vt* **1** imbiondire. *vpr* **2** imbiondirsi.
al.pi.nis.mo [awpin´izmu] *sm* alpinismo.
al.pi.nis.ta [awpin´istə] *s* alpinista, rocciatore.
al.pi.no [awp´inu] *adj* alpino.
al.pis.te [awp´isti] *sm Bot* scagliola.
al.qui.mi.a [awkim´iə] *sf* alchimia.
al.qui.mis.ta [awkim´istə] *s* alchimista.
al.ta [´awtə] *sf Com* rialzo.
al.ta.nei.ro [awtan´ejru] *adj* altero, altiero.
al.tar [awt´ar] *sm* altare, ara.
al.te.ra.ção [awteras´ãw] *sf* **1** alterazione. **2** cambiamento, mutamento.
al.te.ra.do [awter´adu] *adj* **1** alterato. **2** *fig* alticcio, brillo, un po'briaco.
al.te.rar [awter´ar] *vt* **1** alterare. **2** cambiare, mutare. **3** sofisticare, fatturare. **4** *fam* manipolare. *vpr* **5** alterarsi. **6** *fig* agitarsi.
al.ter.nân.cia [awtern´ãsjə] *sf* alternanza, turno.
al.ter.nar [awtern´ar] *vt* **1** alternare, interpolare. *vpr* **2** alternarsi, avvicendarsi.
al.ter.na.ti.va [awternat´ivə] *sf* alternativa, vece.
al.ter.na.ti.vo [awternat´ivu] *adj* alternativo.
al.te.za [awt´ezə] *sf* altezza, titolo dei principi. Veja nota em **la**[2], **le** e **lei** (italiano).
al.ti.pla.no [awtipl´ʌnu] *sm* altipiano.
al.ti.tu.de [awtit´udi] *sf Geogr, Aer* altitudine, quota. **ganhar altitude** prender quota.
al.ti.vez [awtiv´es] *sf* alterezza, fierezza, imponenza, superbia.
al.ti.vo [awt´ivu] *adj* altero, fiero, superbo.
al.to [´awtu] *sm* alto. • *adj* **1** alto. **2** lungo. **3** grande, augusto. **4** aperto (mar). **5** sostenuto (estilo). **6** *fam* favoloso. **7** *fig* eminente. • *adv* alto. • *interj* alto! **alto lá!** alto là! **no alto** insù. **no alto da escada** a capo alla scala. **ter altos e baixos** fare degli alti e bassi.
al.to-fa.lan.te [awtufal´ãti] *sm* altoparlante, portavoce. *Pl: alto-falantes.*
al.to-mar [awtum´ar] *sm Náut* alto mare. **em alto-mar** in alto mare. *Sin: mar alto. Pl: altos-mares.*
al.to-re.le.vo [awtuȓel´evu] *sm* altorilievo. *Pl: altos-relevos.*
al.tru.ís.mo [awtru´izmu] *sm* altruismo, generosità.
al.tru.ís.ta [awtru´istə] *adj* altruista, generoso.
al.tu.ra [awt´urə] *sf* **1** altezza. **2** statura. **3** elevazione, **colocar alguém nas alturas** portare uno alle stelle. **responder à altura** rispondere al tono.
a.lu.ci.na.ção [alusinas´ãw] *sf* **1** allucinazione, visione, delirio. **2** *fig* chimera.
a.lu.ci.na.do [alusin´adu] *adj* **1** allucinato. **2** *fig* cieco.
a.lu.ci.nar [alusin´ar] *vt* allucinare.
a.lu.ci.nó.ge.no [alusin´ɔʒenu] *sm* allucinogeno, droga.
a.lu.dir [alud´ir] *vt* alludere, riferirsi, a.
a.lu.ga.do [alug´adu] *adj* in affitto, in fitto.
a.lu.gar [alug´ar] *vt* **1** affittare. **2** dare a pigione. **3** prendere a pigione. **aluga-se** affittasi.
a.lu.guel [alug´ɛw] *sm* affitto, fitto, pigione. *Pl: aluguéis.* Veja nota em **affitto**.

a.lu.mí.nio [alum´inju] *sm Quím* alluminio.

a.lu.na [al´unə] *sf* **1** allieva, alunna. **2** studentessa. Veja nota em **aluno**.

a.lu.no [al´unu] *sm* **1** allievo, alunno, scolaro. **2** studente. **3** discepolo. **aluno ouvinte** uditore.

Studente e **studentessa** referem-se a aluno ou aluna de curso superior.

a.lu.são [aluz´ãw] *sf* allusione.

a.lu.vi.ão [aluvi´ãw] *sm* alluvione.

al.ve.jar [awveʒ´ar] *vt* **1** biancheggiare. **2** bersagliare.

al.vé.o.lo [awv´ɛolu] *sm* alveolo.

al.vo [´awvu] *sm* bersaglio, segno, scopo. • *adj* albo, bianco, candido. **atirar no alvo** tirare al bersaglio.

al.vor [awv´or] *sm* albore.

al.vo.ra.da [awvor´adə] *sf* alba, aurora.

al.vo.re.cer [awvores´er] *sm* albeggiamento. • *vi* albeggiare.

al.vo.ro.ço [awvor´osu] *sm* **1** agitazione. **2** confusione. **3** tumulto. **4** baccano.

al.vu.ra [awv´urə] *sf* albore.

a.ma.bi.li.da.de [amabilid´adi] *sf* **1** amabilità, cortesia, gentilezza. **2** *fig* dolcezza.

a.ma.ci.ar [amasi´ar] *vt* ammollire, ammorbidire.

a.ma de lei.te [ʌmədil´ejti] *sf* balia, allattatrice.

a.ma.do [am´adu] *sm+adj* amato, caro.

a.ma.dor [amad´or] *sm+adj* amatore, cultore.

a.ma.du.re.cer [amadures´er] *vt* **1** maturare. **2** stagionare. *vi* **3** maturarsi. **4** stagionarsi. **5** svilupparsi (ideia).

a.ma.du.re.ci.men.to [amaduresim´ẽtu] *sm* maturazione.

a.mal.di.ço.ar [amawdiso´ar] *vt* maledire, bestemmiare.

a.mál.ga.ma [am´awgamə] *s* amalgama.

a.mal.ga.ma.ção [amawgamas´ãw] *sf Quím* allegazione.

a.mal.ga.mar [amawgam´ar] *vt Quím* amalgamare, allegare.

a.ma.men.ta.ção [amamẽtas´ãw] *sf* allattamento.

a.ma.men.tar [amamẽt´ar] *vt* allattare, lattare, dare la poppa.

a.ma.nhã [amañ´ã] *adv* domani, l'indomani. • *sm* l'avvenire. **amanhã à noite** domani sera. **amanhã de manhã** domani mattina, domattina. **depois de amanhã** domani l'altro, dopodomani.

a.man.sar [amãs´ar] *vt* ammansare, domare.

a.man.te [am´ãti] *s* **1** amante. **2** amasio, ganzo. **3** amasia, concubina. **4** *fig* amico. **5** amica. • *adj* amante.

a.mar [am´ar] *vt* **1** amare. **2** voler bene a. **3** *fig* apprezzare. *vpr* **4** amarsi. **5** intendersi con, aver relazioni intime con.

a.ma.re.la.do [amarel´adu] *adj dep* giallastro.

a.ma.re.lar [amarel´ar] *vt+vi* ingiallire.

a.ma.re.lo [amar´ɛlu] *sm+adj* giallo.

a.mar.gar [amarg´ar] *vt* amareggiare, inacerbire.

a.mar.go [am´argu] *adj* **1** amaro, acerbo, aspro. **2** *fig* duro.

a.mar.gor [amarg´or] *sm* **1** amarezza, acerbità. **2** *fig* fiele.

a.mar.gu.ra [amarg´urə] *sf* **1** rammarico. **2** *fig* amarezza, amaro.

a.mar.gu.rar [amargur´ar] *vt* amareggiare.

a.mar.ra [am´ar̄ə] *sf Náut* amarra, fune.

a.mar.rar [amar̄´ar] *vt* **1** annodare, allacciare. **2** allegare (a boca; diz-se de uma fruta, por exemplo).

a.mar.ro.tar [amar̄ot´ar] *vt* sgualcire.

a.ma-se.ca [ʌməs´ekə] *sf* bambinaia, balia asciutta. *Pl: amas-secas*.

a.má.sio [am´azju] *sm* amasio, amante.

a.mas.sa.du.ra [amasad´urə] *sf* impasto.

a.mas.sar [amas´ar] *vt* **1** impastare. **2** schiacciare. **3** stritolare. **4** sgualcire.

a.má.vel [am´avew] *adj* **1** amabile. **2** cordiale, simpatico, galante. **3** gioviale. **4** *fig* dolce. *Pl: amáveis*.

a.ma.zo.na [amaz´onə] *sf Esp, Mit* amazzone.

âm.bar [´ãbar] *sm* ambra.

am.bas [´ãbas] *pron f pl* ambedue, entrambe, tutte e due.

am.bi.ção [ãbis´ãw] *sf* **1** ambizione. **2** cupidigia. **3** desiderio. **4** *fig* sete, febbre.

am.bi.ci.o.nar [ãbisjon´ar] *vt* ambire, desiderare, aspirare a.

am.bi.ci.o.so [ãbisi´ozu] *adj* **1** ambizioso, avido. **2** *fig* assetato.

am.bi.des.tro [ãbid´estru] *adj* ambidestro.

am.bi.en.tar [ãbjẽt´ar] *vt* **1** ambientare. *vpr* **2** ambientarsi.

am.bi.en.te [ãbi´ẽti] *sm* **1** ambiente. **2** circolo, gruppo. **3** *fig* elemento. **4** clima. **5** ambito, sfera.

am.bí.guo [ãb´igwu] *adj* **1** ambiguo. **2** dubbio. **3** indefinibile. **4** impreciso. **5** *fig* obliquo.

âm.bi.to [´ãbitu] *sm* **1** ambito. **2** *Dir* giurisdizione. **3** *fig* sfera. **4** regno, signoria.

am.bos [´ãbus] *pron m pl* ambidue, entrambi, tutti e due.

am.bu.lân.cia [ãbul´ãsjə] *sf* ambulanza, autolettiga.

am.bu.la.tó.rio [ãbulat´ɔrju] *sm+adj* ambulatorio.

a.me.a.ça [ame´asə] *sf* **1** minaccia. **2** avviso. **3** bravata. **4** *fig* spettro.

a.me.a.ça.dor [ameasad´or] *adj* **1** minaccevole. **2** imminente. **3** *fig* bieco, grifagno.

a.me.a.çar [ameas´ar] *vt* **1** minacciare. *a casa ameaça cair* / la casa minaccia di cadere. **2** far minacce, avvertire, avvisare. **3** bravare. **4** promettere. **5** essere in pericolo di.

a.me.dron.tar [amedrõt´ar] *vt* **1** intimorire, sbigottire, impaurire. *vpr* **2** intimorirsi.

a.mei.xa [am´ejʃə] *sf Bot* prugna, susina. **ameixas secas** prugne secche.

a.mei.xei.ra [amejʃ´ejrə] *sf Bot* prugno, susino.

a.mém [am´ẽj] *interj* amen.

a.mên.doa [am´ẽdwə] *sf Bot* mandorla.

a.men.do.a.do [amẽdo´adu] *adj* mandorlato.

a.men.do.ei.ra [amẽdo´ejrə] *sf Bot* mandorlo.

a.men.do.im [amẽdo´ĩ] *sm Bot* arachide.

a.me.ni.da.de [amenid´adi] *sf* amenità.

a.me.no [am´enu] *adj* **1** ameno. **2** *fig* dolce (clima).

a.me.ri.ca.no [amerik´ʌnu] *sm+adj* americano.

a.mes.trar [amestr´ar] *vt* ammaestrare, addestrare.

a.me.tis.ta [amet´istə] *sf Min* ametista.

a.mi.an.to [ami´ãtu] *sm Min* amianto.

a.mi.do [am´idu] *sm* amido.

a.mi.ga [am´igə] *sf* amica, compagna.

a.mi.gá.vel [amig´avew] *adj* **1** amichevole. **2** confidenziale. *Pl: amigáveis.*

a.míg.da.la [am´i(g)dalə] *sf* amigdala.

a.mi.go [am´igu] *sm* **1** amico, compagno, collega. **2** *fig* fratello. **amigo íntimo** amico intimo / amico stretto.

a.mis.to.so [amist´ozu] *adj* amichevole. **jogo amistoso** *Esp* partita amichevole.

a.mi.za.de [amiz´adi] *sf* **1** amicizia. **2** amistà. **3** fraternità. **4** pratica. **5** *fig* conoscenza, relazione. **fazer amizade com** fare amicizia con.

am.né.sia [amn´ɛzjə] *sf Med* amnesia.

a.mo.la.do [amol´adu] *adj* affilato.

a.mo.lar [amol´ar] *vt* affilare, arrotare. Veja nota em **arrotare**.

a.mol.dar [amowd´ar] *vt* conformare.

a.mo.le.cer [amoles´er] *vt* **1** ammollire, ammorbidire, intenerire. *vi* **2** rammollirsi. **deixar amolecer na água** ammollare.

a.mo.ní.a.co [amon´iaku] *sm Quím* ammoniaca.

a.mon.to.a.do [amõto´adu] *sm* accozzaglia, ammasso, catasta, carrettata.

a.mon.to.a.men.to [amõtoam´ẽtu] *sm* ammontamento, cumulo.

a.mon.to.ar [amõto´ar] *vt* ammontare, ammassare, accatastare.

a.mor [am´or] *sm* **1** amore. **2** affetto, affezione. **3** amorevolezza. **4** desiderio. **5** *fig* culto. **amor materno** affetto di madre. **fazer amor** *pop* accoppiarsi. **morrer de amor** cuocersi. **pelo amor de Deus!** per amore del cielo! per carità!

a.mo.ra [am´ɔrə] *sf Bot* mora, gelsa.

a.mo.ral [amor´aw] *adj* amorale. *Pl: amorais.*

a.mor.da.çar [amordas´ar] *vt* **1** imbavagliare. **2** *fig* impedir di parlare.

a.mo.rei.ra [amor´ejrə] *sf Bot* moro, gelso.

a.mor.fo [am´ɔrfu] *adj* amorfo.

a.mor.nar [amorn´ar] *vt* **1** intiepidire. *vpr* **2** intiepidirsi.

a.mo.ro.so [amor´ozu] *adj* **1** amoroso. **2** affettuoso.

a.mor.te.ce.dor [amortesed´or] *sm Autom* ammortizzatore.

a.mor.te.cer [amortes´er] *vt* ammortire, ammortizzare.
a.mor.te.ci.men.to [amortesim´ẽtu] *sm* ammortimento.
a.mor.ti.za.ção [amortizas´ãw] *sf Com* ammortizzazione, estinzione, ammortamento.
a.mor.ti.zar [amortiz´ar] *vt Com* ammortizzare, ammortare.
a.mor.zi.nho [amorz´iñu] *sm dim fam* gioia.
a.mos.tra [am´ɔstrə] *sf* **1** mostra, saggio. **2** *Com* campione.
a.mo.ti.nar [amotin´ar] *vt* **1** ammutinare. *vpr* **2** ammutinarsi.
am.pa.rar [ãpar´ar] *vt* **1** riparare, coprire, diffendere, proteggere. **2** appoggiare. *vpr* **3** ripararsi.
am.pa.ro [ãp´aru] *sm* **1** riparo, riparazione, protezione. **2** appoggiatoio. **3** *Lit* schermo. **4** *fig* bastone.
am.pli.a.ção [ãpljas´ãw] *sf* ampliazione.
am.pli.ar [ãpli´ar] *vt* **1** ampliare. **2** *fig* distendere. *ampliar um texto* / distendere un testo.
am.pli.dão [ãplid´ãw] *sf* ampiezza, largura.
am.pli.fi.car [ãplifik´ar] *vt* amplificare.
am.pli.tu.de [ãplit´udi] *sf* ampiezza.
am.plo [´ãplu] *adj* **1** ampio. **2** vasto. **3** spazioso. **4** aperto. **5** *Lit* lato. **6** *fig* largo.
am.po.la [ãp´olə] *sf* ampolla.
am.pu.lhe.ta [ãpuλ´etə] *sf* orologio a sabbia.
am.pu.ta.ção [ãputas´ãw] *sf* amputazione.
am.pu.tar [ãput´ar] *vt* amputare.
a.mu.a.do [amu´adu] *adj* buzzo. **estar amuado** fare il grugno, tenere il grugno.
a.mu.ar [amu´ar] *vt* **1** aborrire. *vpr* **2** *fig* allungare il muso.
a.mu.le.to [amul´etu] *sm* amuleto, feticcio.
a.mu.o [am´uu] *sm* **1** broncio. **2** *fig* muso.
a.na.crô.ni.co [anakr´oniku] *adj* anacronistico.
a.nais [an´ajs] *sm pl* annali.
a.nal [an´aw] *adj* anale. *Pl: anais.*
a.nal.fa.be.tis.mo [anawfabet´izmu] *sm* analfabetismo.
a.nal.fa.be.to [anawfab´ɛtu] *sm+adj* **1** analfabeta. **2** ignorante.
a.nal.gé.si.co [anawʒ´ɛziku] *sm+adj* analgesico.
a.na.li.sar [analiz´ar] *vt* **1** analizzare. **2** osservare. **3** studiare. **4** *fig* pesare. **analisar a fundo** *fig* sviscerare. **analisar minuciosamente** *fig* stacciare.
a.ná.li.se [an´alizi] *sf* **1** analisi. **2** esamine, osservazione. **3** ricerca, studio.
a.na.lí.ti.co [anal´itiku] *adj* analitico.
a.na.lo.gi.a [analoʒ´iə] *sf* **1** analogia, affinità. **2** *fig* somiglianza.
a.ná.lo.go [an´alogu] *adj* analogo.
a.na.nás [anan´as] *sm* ananasso, ananas. *Pl: ananases.*
a.não [an´ãw] *sm+adj* nano. *Pl: anãos, anões, anães.*
a.nar.qui.a [anark´iə] *sf* **1** anarchia. **2** confusione.
a.nár.qui.co [an´arkiku] *adj* anarchico.
a.nar.quis.ta [anark´istə] *s* anarchista, anarchico. • *adj* anarchico.
a.na.to.mi.a [anatom´iə] *sf* anatomia.
a.na.tô.mi.co [anat´omiku] *adj* anatomico.
an.ca [´ãkə] *sf Anat* anca, fianco.
an.ces.tral [ãsestr´aw] *sm* capostipite. • *adj* **1** ancestrale. **2** primordiale. **os nossos ancestrais** *fig* i nostri vecchi. *Pl: ancestrais.*
an.cho.va [ãʃ´ovə] *sf Zool* acciuga, alice.
an.ci.ão [ãsi´ãw] *sm+adj* anziano. *Pl: anciãos, anciães, anciões.*
ân.co.ra [´ãkorə] *sf* ancora. **lançar âncora** gettare l'ancora. **levantar âncora** levare l'ancora.
an.co.ra.dou.ro [ãkorad´owru] *sm Náut* ancoraggio, approdo, rada.
an.co.ra.gem [ãkor´aʒẽj] *sf Náut* ancoraggio.
an.co.rar [ãkor´ar] *vt Náut* ancorare, approdare.
an.dai.me [ãd´Λjmi] *sm* ponte, palco, grillo.
an.da.men.to [ãdam´ẽtu] *sm* andamento.
an.dan.te [ãd´ãti] *sm Mús* andante.
an.dar [ãd´ar] *sm* piano, pavimento. • *vi* camminare. **andar às cegas** (também *fig*) brancolare. **andar distraído** andare per aria. **andar para lá e para cá** *fig* andare a zonzo. **andar para trás** *fam* andare come i gamberi. **andar por aí** *pop* bighellonare. **andar térreo** pianterreno. **dize-me com quem andas, dir-te-ei quem és** dimmi con chi vai, ti dirò chi sei.

an.dor [ãd'or] *sm* barella.
an.do.ri.nha [ãdor'iñə] *sf Zool* rondine. **uma só andorinha não faz verão** una rondine non fa primavera.
an.dra.jo [ãdr'aʒu] *sm* straccio.
an.dró.gi.no [ãdr'ɔʒinu] *sm+adj* androgino.
a.ne.do.ta [aned'ɔtə] *sf* aneddoto.
a.nel [an'ɛw] *sm* **1** anello. **2** cerchio. *Pl: anéis.*
a.ne.mi.a [anem'iə] *sf Med* anemia.
a.nê.mi.co [an'emiku] *adj* anemico.
a.nes.te.si.a [anestez'iə] *sf* anestesia. **anestesia geral** anestesia generale. **anestesia local** anestesia locale.
a.nes.te.si.ar [anestezi'ar] *vt* anestetizzare, narcotizzare.
a.nes.té.si.co [anest'ɛziku] *sm+adj* anestetico.
a.ne.xa.ção [aneksas'ãw] *sf* annessione.
a.ne.xar [aneks'ar] *vt* **1** annettere. **2** incorporare. **3** includere, accludere.
a.ne.xo [an'ɛksu] *sm* **1** annesso. **2** dipendenza. • *adj* annesso, congiunto.
an.fí.bio [ãf'ibju] *sm+adj Zool* anfibio.
an.fi.te.a.tro [ãfite'atru] *sm* anfiteatro.
an.fi.tri.ão [ãfitri'ãw] *sm* anfitrione, ospite.
ân.fo.ra ['ãforə] *sf* anfora.
an.gé.li.co [ãʒ'ɛliku] *adj* **1** angelico. **2** *fig* celeste.
an.gi.na [ãʒ'inə] *sf Med* angina. **angina do peito** angina pectoris.
an.go.rá [ãgor'a] *adj* angora.
an.gra ['ãgrə] *sf* insenatura.
ân.gu.lo ['ãgulu] *sm* angolo, canto.
an.gús.tia [ãg'ustjə] *sf* **1** angustia. **2** angoscia. **3** afflizione. **4** *fig* agonia. **5** doglia.
an.gus.ti.a.do [ãgusti'adu] *adj* **1** afflitto, ansioso. **2** *fig* ansimante. Veja nota em **distretto**.
an.gus.ti.ar [angusti'ar] *vt* **1** angustiare. **2** angosciare. **3** affliggere. **4** *fig* straziare. *vpr* **5** angustiarsi. **6** addolorarsi.
a.nil [an'iw] *sm* indaco. *Pl: anis.*
a.ni.ma.ção [animas'ãw] *sf* **1** animazione. **2** entusiasmo.
a.ni.ma.do [anim'adu] *adj* vivace, allegro.
a.ni.ma.dor [animad'or] *adj* lusinghiero.
a.ni.mal [anim'aw] *sm* **1** animale, bestia. **2** *fig* belva, persona crudele. **3** ignorante. **animal de carga** bestia da soma. **pequenos animais** bestiame minuto. *Pl: animais.*
a.ni.ma.les.co [animal'esku] *adj* **1** animalesco, bestiale. **2** *fig* crudele.
a.ni.mar [anim'ar] *vt* **1** animare. **2** avvivare. **3** allietare. **4** *fig* elettrizzare. *vpr* **5** animarsi. **6** eccitarsi. **7** *fig* elettrizzarsi.
â.ni.mo ['Λnimu] *sm* **1** animo. **2** rinfranco. **3** *fig* spirito. • *interj* animo!
a.ni.mo.si.da.de [animozid'adi] *sf* **1** animosità. **2** malanimo.
a.ni.nhar [aniñ'ar] *vt* **1** annidare. *vpr* **2** annidarsi.
a.ni.qui.lar [anikil'ar] *vt* **1** annichilare, annichilire. **2** *fig* distruggere, fulminare.
a.nis [an'is] *sm* anice. *Pl: anises.*
a.nis.ti.a [anist'iə] *sf* **1** amnistia. **2** abbuono. **3** assoluzione.
a.nis.ti.ar [anisti'ar] *vt* amnistiare.
a.ni.ver.sá.rio [anivers'arju] *sm* **1** compleanno, natalizio. **2** anniversario. Veja nota em **anniversario**.
an.ji.nho [ãʒ'iñu] *sm dim* putto, puttino.
an.jo ['ãʒu] *sm Rel* angelo. **anjo caído** demonio. **anjo da guarda** genio.
a.no ['Λnu] *sm* **1** anno. **2** annata. **ano bissexto** anno bisestile. **ano civil** anno civile. **ano fiscal** *Com* esercizio. **ano letivo** anno scolastico. **daqui a três anos** fra tre anni. **este ano** quest'anno. **faz dois anos** due anni fa. **há quatro anos** da quattro anni. **o ano passado** l'anno scorso. **o ano que vem** l'anno venturo. **ter muitos anos de vida** avere molte primavere sulle spalle.
a.noi.te.cer [anojtes'er] *sm* crepuscolo, vespro. • *vi* annottare, imbrunirsi.
a.no-luz [Λnul'us] *sm* anno luce. *Pl: anos-luz.*
a.no.ma.li.a [anomal'iə] *sf* anomalia.
a.nô.ma.lo [an'omalu] *adj* anomalo.
a.no.ni.ma.to [anonim'atu] *sm* **1** anonimato. **2** *fig* oscurità.
a.nô.ni.mo [an'onimu] *adj* **1** anonimo. **2** *fig* oscuro, sconosciuto.

a.nor.mal [anorm´aw] *adj* anormale, anomalo. *Pl: anormais*.
a.no.ta.ção [anotas´ãw] *sf* **1** annotazione. **2** appunto, nota. **3** commento, chiosa. **4** *fig* scritto. Veja nota em **nota** (italiano).
a.no.tar [anot´ar] *vt* annotare, appuntare, notare, segnare.
an.sei.o [ãs´eju] *sm* desiderio, speranza.
ân.sia [´ãsjə] *sf* **1** ansia. **2** angoscia. **3** avidità. **4** affanno. **5** *fig* agonia. **6** fame.
an.si.ar [ãsi´ar] *vt* **1** anelare a, desiderare, bramare, smaniare di. **2** *fig* sospirare per.
an.si.e.da.de [ãsjed´adi] *sf* **1** ansietà. **2** angustia, apprensione, batticuore. **3** brama, bramosia.
an.si.o.so [ãsi´ozu] *adj* **1** ansioso, apprensivo. **2** impaziente. **3** avido. **4** *fig* ghiotto.
an.ta [´ãtə] *sf Zool* tapiro.
an.ta.go.nis.mo [ãtagon´izmu] *sm* **1** antagonismo. **2** *fig* contrasto.
an.ta.go.nis.ta [ãtagon´istə] *s+adj* antagonista, contenente.
an.tár.ti.co [ãt´artiku] *adj* antartico, australe.
an.te [´ãti] *prep* davanti a.
an.te.bra.ço [ãtebr´asu] *sm Anat* avambraccio.
an.te.câ.ma.ra [ãtek´ʌmarə] *sf* anticamera, atrio.
an.te.ce.dên.cia [ãtesed´ẽsjə] *sf* antecedenza.
an.te.ce.den.te [ãtesed´ẽti] *adj* **1** antecedente, precedente, anteriore. **2 antecedentes** *pl Dir* antefatto.
an.te.ce.der [ãtesed´er] *vt* precedere, antivenire.
an.te.ces.sor [ãteses´or] *sm* antecessore. • *adj* predecessore.
an.te.ci.pa.ção [ãtesipas´ãw] *sf* (também *Com*) anticipazione.
an.te.ci.pa.da.men.te [ãtesipadam´ẽti] *adv* anticipatamente, anzitempo.
an.te.ci.par [ãtesip´ar] *vt* **1** anticipare. *vpr* **2** precipitarsi.
an.te.na [ãt´enə] *sf* **1** antenna. **2** corno (do caracol). **antena externa de rádio** *Elet* aereo. **ficar de antena ligada** *pop* allungare le orecchie. Veja nota em **corno** (italiano).
an.te.on.tem [ãte´õtẽj] *adv* ieri l'altro, avantieri, altrieri.
an.te.pas.sa.do [ãtepas´adu] *sm* **1** capostipite, antenato, ascendente. **2 os antepassados** *pl* a) gli antenati, gli antecessori. b) *fig* i bisavi.
an.te.pas.to [ãtep´astu] *sm* antipasto.
an.te.pe.núl.ti.mo [ãtepen´uwtimu] *sm+adj* antipenultimo.
an.te.por [ãtep´or] *vt* anteporre.
an.te.ri.or [ãteri´or] *adj* anteriore, precedente.
an.tes [´ãtis] *adv* **1** prima, avanti, innanzi. **2** anzi, piuttosto. **antes da hora** innanzi tempo. **antes de** prima di, avanti, innanzi di. **antes de tudo/antes de mais nada** innanzi tutto, anzitutto. **antes que** prima che, avanti che, anziché. **o quanto antes** quanto prima. **um dia antes** un giorno addietro. Veja nota em **avanti**.
an.tes.sa.la [ãtis´alə] *sf* antisala.
an.te.vés.pe.ra [ãtev´ɛsperə] *sf* antivigilia.
an.ti.bi.ó.ti.co [ãtibi´ɔtiku] *sm+adj* antibiotico.
an.ti.con.cep.ci.o.nal [ãtikõsepsion´aw] *sm+adj* anticoncezionale, antifecondativo. *Pl: anticoncepcionais*.
an.tí.do.to [ãt´idotu] *sm* antidoto, contravveleno, antiveleno.
an.ti.go [ãt´igu] *adj* **1** antico. **2** vecchio. **3** arcaico.
an.ti.gui.da.de [ãtigwid´adi] *sf* **1** antichità. **2 Antiguidade** *Hist* Antichità. Veja nota em **antichità**.
an.tí.lo.pe [ãt´ilopi] *sm Zool* antilope.
an.ti.pa.ti.a [ãtipat´iə] *sf* **1** antipatia. **2** avversione. **3** odio.
an.ti.pá.ti.co [ãtip´atiku] *adj* **1** antipatico. **2** *fig* indigesto.
an.ti.pi.ré.ti.co [ãtipir´ɛtiku] *sm+adj* antipiretico.
an.tí.po.da [ãt´ipodə] *sm Geogr* antipode.
an.ti.qua.do [ãtik´wadu] *adj* **1** antiquato. **2** anacronistico. **3** arcaico. **4** *fig* rancido. • *sm fig* ferravecchio.
an.ti.quá.rio [ãtik´warju] *sm* antiquario.
an.tis.sép.ti.co [ãtis´ɛptiku] *sm+adj Med* antisettico.

an.tis.so.ci.al [ãtisosi´aw] *adj* antisociale.
an.tí.te.se [ãt´itezi] *sf* antitesi, contrasto.
an.to.lhos [ãt´ɔλus] *sm pl* paraocchi.
an.to.lo.gi.a [ãtoloʒ´iə] *sf* antologia, raccolta.
an.traz [ãtr´as] *sm Med* antrace.
an.tro [´ãtru] *sm* **1** antro, caverna. **2** *fig* luogo di perdizione.
an.tro.po.fa.gi.a [ãtropofaʒ´iə] *sf* antropofagia.
an.tro.pó.fa.go [ãtrop´ɔfagu] *sm+adj* antropofago, cannibale.
an.tro.po.lo.gi.a [ãtropoloʒ´iə] *sf* antropologia.
an.tro.pó.lo.go [ãtrop´ɔlogu] *sm* antropologo.
a.nu.al [anu´aw] *adj* annuale, annuo. *Pl: anuais*.
a.nu.á.rio [anu´arju] *sm* annuario.
a.nu.ir [anu´ir] *vt+vi* annuire a, assentire.
a.nu.la.ção [anulas´ãw] *sf* **1** annullamento. **2** *Dir* revoca, cassazione.
a.nu.lar [anul´ar] *vt* **1** annullare. **2** cancellare. **3** *Dir* revocare, cassare. **4** *Esp* neutralizzare. **5** *fig* estinguere. • *adj* anulare.
a.nun.ci.ar [anũsi´ar] *vt* **1** annunciare. **2** avvisare, trasmettere. **3** pubblicare, bandire. **4** proclamare. **5** *fig* pronunciare.
a.núnc.io [anũsju] *sm* **1** annuncio. **2** avviso. **3** pubblicità. **4** manifesto. **5** proclama. **6** indizio.
â.nus [´Λnus] *sm sing+pl* **1** *Anat* ano. **2** *vulg* culo.
a.nu.vi.ar [anuvi´ar] *vt* **1** annuvolare. **2** *fig* rattristare. *vpr* **3** rannuvolarsi.
an.ver.so [ãv´ɛrsu] *sm* retto.
an.zol [ãz´ɔw] *sm* amo. *Pl: anzóis*.
a.on.de [a´õdi] *adv* dove. *aonde você vai?* / dove vai?
a.or.ta [a´ɔrtə] *sf Anat* aorta.
a.pa.ga.do [apag´adu] *adj* **1** spento. **2** morto. **3** abbuiato. **4** fioco. **5** *fig* opaco, torbido.
a.pa.gar [apag´ar] *vt* **1** spegnere, smorzare. **2** cancellare, cassare. **3** abbuiare. *vpr* **4** spegnersi.
a.pai.xo.na.do [apajʃon´adu] *adj* **1** appassionato, innamorato. **2** ardente, caldo. **3** *fig* cotto. **4** profondo. • *sm* cultore, amante di un'arte.
a.pai.xo.nar [apajʃon´ar] *vt* **1** appassionare. **2** *fig* cuocere. *vpr* **3** appassionarsi.
a.pal.par [apawp´ar] *vt* **1** palpare. **2** tastare. **3** frugare. **4** brancicare. **ir apalparando** andare a brancoloni.
a.pa.nhar [apañ´ar] *vt* **1** pigliare. **2** raccogliere. **3** prendere. **4** afferrare. *vi* **5** esser bastonato. **6** *Esp* perdere, esser vinto.
a.pa.ra.fu.sar [aparafuz´ar] *vt* avvitare.
a.pa.rar [apar´ar] *vt* **1** cimare. **2** rasare. **3** spuntare. **aparar as arestas** smussare gli angoli.
a.pa.ra.to [apar´atu] *sm* apparato, ostentazione.
a.pa.re.cer [apares´er] *vi* **1** apparire. **2** sorgere. **3** mostrarsi. **4** *fig* nascere, fiorire. **5** sbucare.
a.pa.re.ci.men.to [aparesim´ẽtu] *sm* **1** apparizione, comparsa. **2** inizio, principio.
a.pa.re.lha.gem [apareλ´aʒẽj] *sf* **1** impianto. **2** *fig* arsenale.
a.pa.re.lha.men.to [apareλam´ẽtu] *sm* congegno.
a.pa.re.lhar [apareλ´ar] *vt* **1** apparecchiare. **2** provvedere. *vpr* **3** apparecchiarsi.
a.pa.re.lho [apar´eλu] *sm* **1** apparecchio, congegno, impianto, dispositivo. **2** *fig* arnese. **aparelho de barba** rasoio di sicurezza. **aparelho de jantar etc.** servizio. **aparelho de rádio** apparecchio radio. **aparelho de televisão** apparecchio televisivo, televisore.
a.pa.rên.cia [apar´ẽsjə] *sf* **1** apparenza. **2** sembianza, aspetto. **3** immagine, forma. **4** *Poét* sembiante. **5** *fig* viso. **6** **aparências** *pl* sembianze. **aparência enganosa** *fig* lustrino. **boa aparência** appariscenza, bella presenza. **de boa aparência** attillato.
a.pa.ren.tar [aparẽt´ar] *vt* **1** apparentare, dimostrare. *vpr* **2** apparentarsi.
a.pa.ren.te [apar´ẽti] *adj* apparente, appariscente.
a.pa.ri.ção [aparis´ãw] *sf* **1** apparizione. **2** spirito, visione, fantasma. **3** *fig* ombra.
a.par.ta.men.to [apartam´ẽtu] *sm* appartamento.
a.par.tar [apart´ar] *vt* **1** appartare. **2** separare. **3** allontanare, alienare.

a.par.te [ap´arti] *sm* interruzione (em assembleia). **fazer um aparte** interrompere.
a.pa.ti.a [apat´iə] *sf* **1** *Med* apatia. **2** *fig* apatia, catalessi, indifferenza.
a.pá.ti.co [ap´atiku] *adj* **1** apatico. **2** indifferente, svogliato. **3** *fig* spento.
a.pa.vo.ra.do [apavor´adu] *adj* impaurito. **ficar apavorado** *fig* rimanere di sasso.
a.pa.vo.rar [apavor´ar] *vt* **1** impaurire. *vpr* **2** impaurirsi, aver paura.
a.pa.zi.guar [apazig´war] *vt* **1** rappacificare, appacciare. **2** chetare, implacidire. **3** *fig* disarmare.
a.pe.ar [ape´ar] *vt* scavalcare, smontare da.
a.pe.dre.jar [apedreʒ´ar] *vt* **1** lapidare. **2** *fig* offendere.
a.pe.gar-se [apeg´arsi] *vpr* attaccarsi, afferrarsi, affezionarsi.
a.pe.go [ap´egu] *sm* attaccamento.
a.pe.la.ção [apelas´ãw] *sf Dir* appellazione, appello, ricorso.
a.pe.lar [apel´ar] *vi Dir* appellarsi. **apelar para** fare appello a.
a.pe.la.ti.vo [apelat´ivu] *adj* appellativo.
a.pe.li.dar [apelid´ar] *vt* denominare, chiamare per il nomignolo.
a.pe.li.do [apel´idu] *sm* nomignolo, soprannome.
a.pe.lo [ap´elu] *sm* appello, ricorso.
a.pe.nas [ap´enas] *adv* **1** solo, soltanto, pure. **2** appena. *a distância era de apenas trinta metros* / la distanza era di appena trenta metri. Veja nota em **appena**.
a.pên.di.ce [ap´ẽdisi] *sm* **1** appendice, supplemento. **2** *Anat* appendice.
a.pen.di.ci.te [apẽdis´iti] *sf Med* appendicite.
a.per.ce.ber [aperseb´er] *vt* **1** percepire, notare. *vpr* **2** accorgersi.
a.per.fei.ço.ar [aperfejso´ar] *vt* **1** perfezionare, correggere, polire. **2** *fig* raffinare, riformare. *vpr* **3** perfezionarsi.
a.pe.ri.ti.vo [aperit´ivu] *sm* aperitivo.
a.per.ta.do [apert´adu] *adj* **1** ristretto, angusto. **2** stretto. **3** aderente. Veja nota em **distretto**.
a.per.tão [apert´ãw] *sm* stretta.
a.per.tar [apert´ar] *vt* **1** stringere. **2** premere, comprimere. **3** serrare. **4** spremere. **5** calcare. **6** avvinghiare. **7** serrarsi a (roupa). *o vestido aperta na cintura* / il vestito si serra alla vita. **apertar o coração** stringere il cuore, commuovere.
a.per.to [ap´ertu] *sm* **1** stretta. **2** necessità, ristrettezza. **3** *fig* stretta, affanno. **aperto de mão** stretta di mano. **aperto no coração** *fig* stretta al cuore.
a.pe.sar [apez´ar] na locução **apesar de** nonostante, malgrado. **apesar de que** benché. **apesar de tudo** a) nondimeno. b) *pop* dopotutto. **apesar disso** tuttavia, peraltro, ciò nonostante. Veja nota em **malgrado** (italiano).
a.pe.ti.te [apet´iti] *sm* **1** appetito, appetenza, fame. **2** *fig* desiderio.
a.pe.ti.to.so [apetit´ozu] *adj* appetitoso, gustoso, stuzzicante.
a.pe.tre.cho [apetr´eʃu] *sm* strumento, utensile.
á.pi.ce [´apisi] *sm* **1** apice, sommo, colmo. **2** *fig* apogeo, vertice, tetto.
a.pi.cul.tor [apikuwt´or] *sm* apicultore.
a.pi.e.dar-se [apjed´arsi] *vpr* condolersi.
a.pi.men.ta.do [apimẽt´adu] *adj* pepato.
a.pi.men.tar [apimẽt´ar] *vt* **1** impepare. **2** *fig* impepare. *apimentar um discurso* / impepare un discorso.
a.pi.nha.do [apiñ´adu] *adj* affollato, pieno zeppo.
a.pi.nhar [apiñ´ar] *vt* **1** affollare, stipare. *vpr* **2** affollarsi, agglomerarsi.
a.pi.tar [apit´ar] *vi* zufolare, fischiare.
a.pi.to [ap´itu] *sm Mús* **1** zufolo. **2** fischio.
a.pla.car [aplak´ar] *vt* **1** placare. **2** blandire. **3** ammansare.
a.plai.nar [aplajn´ar] *vt* **1** piallare. **2** spianare, livellare. **3** smussare.
a.pla.nar [aplan´ar] *vt* appianare, spianare.
a.plau.dir [aplawd´ir] *vt* applaudire, acclamare.
a.plau.so [apl´awzu] *sm* **1** applauso, battimano. **2** *fig* trionfo.
a.pli.ca.ção [aplikas´ãw] *sf* **1** applicazione. **2** impiego, uso. **3** concentramento, attenzione.
a.pli.ca.do [aplik´adu] *adj* diligente, studioso.
a.pli.car [aplik´ar] *vt* **1** applicare. **2** impiegare. **3** amministrare (um medicamento). *vpr* **4** coltivare. **5** *fig* accanirsi a.

aplicar o dinheiro a juros mettere il denaro a frutto.

A.po.ca.lip.se [apokal´ipsi] *sm* Apocalisse.

a.po.ca.líp.ti.co [apokal´iptiku] *adj* **1** apocalittico. **2** *fig* biblico, drammatico.

a.pó.cri.fo [ap´ɔkrifu] *adj* apocrifo.

a.po.dre.cer [apodres´er] *vt* **1** render putrido. **2** *fig* appestare. *vi* **3** imputridire, marcire, putrefare.

a.po.dre.ci.do [apodres´idu] *adj* putrido, marcio, fradicio.

a.po.geu [apoʒ´ew] *sm* **1** *Astron* apogeo. **2** *fig* apogeo, auge, culmine.

a.poi.a.do [apoj´adu] *adj* **1** appoggiato. **2** basato. **3** aiutato. • *interj* bravo! così è!

a.poi.ar [apoj´ar] *vt* **1** appoggiare. **2** basare. **3** aiutare, assistere, agevolare. **4** sussidiare. **5** *Lit* reclinare (a cabeça). **6** *fig* sorreggere. *vpr* **7** fondarsi, basarsi. **8** poggiare su.

a.poi.o [ap´oju] *sm* **1** appoggio. **2** base, basamento. **3** ausilio, assistenza. **4** adesione. **5** *fam* sponda. **6** *fig* perno, sostegno. **7** favore.

a.pó.li.ce [ap´ɔlisi] *sf* *Com* polizza, fede. **apólice de seguros** polizza d'assicurazione.

a.po.lo.gi.a [apoloʒ´iə] *sf* apologia.

a.pon.ta.do [apõt´adu] *adj* temperato.

a.pon.ta.dor [apõtad´or] *sm* **apontador de lápis** temperamatite, temperalapis.

a.pon.ta.men.to [apõtam´ẽtu] *sm* appunto, nota.

a.pon.tar [apõt´ar] *vt* **1** appuntare, additare. **2** *fig* segnalare, indicare. **3** affilare, aguzzare. **4** appuntare, mirare a, puntare. **5** annotare. **apontar lápis** temperare, fare la punta.

a.po.ple.xi.a [apopleks´iə] *sf* *Med* apoplessia.

a.por [ap´or] *vt* apporre.

a.por.tar [aport´ar] *vi* *Náut* arrivare. Veja nota em **arrivare**.

a.pós [ap´ɔs] *adv* dopo.

a.po.sen.ta.do [apozẽt´adu] *sm* pensionante. • *adj* pensionato.

a.po.sen.ta.do.ri.a [apozẽtador´iə] *sf* pensione.

a.po.sen.tar [apozẽt´ar] *vt* **1** giubilare. *vpr* **2** andare in pensione, ritirarsi.

a.po.sen.to [apoz´ẽtu] *sm* stanza, camera.

a.pos.sar-se [apos´arsi] *vpr* impadronirsi, insignorirsi di, porre mano a.

a.pos.ta [ap´ɔstə] *sf* scommessa, puntata.

a.pos.tar [apost´ar] *vt* scommettere, puntare.

a.pos.ti.la [apost´ilə] *sf* dispensa.

a.pos.to.la.do [apostol´adu] *sm* **1** apostolato. **2** *fig* sacerdozio.

a.pós.to.lo [ap´ɔstolu] *sm* **1** apostolo. **2** *fig* portabandiera.

a.pós.tro.fo [ap´ɔstrofu] *sm* *Gram* apostrofo.

a.po.te.o.se [apote´ɔzi] *sf* apoteosi.

a.pra.zí.vel [apraz´ivew] *adj* gradevole, ameno. *Pl: aprazíveis.*

a.pre.ci.a.ção [apresjas´ãw] *sf* apprezzamento, valutazione.

a.pre.ci.ar [apresi´ar] *vt* **1** apprezzare. **2** pregiare, gradire. **3** considerare, stimare.

a.pre.ci.á.vel [apresi´avew] *adj* apprezzabile. *Pl: apreciáveis.*

a.pre.ço [apr´esu] *sm* apprezzamento, stima, considerazione.

a.pre.en.der [apreẽd´er] *vt* **1** incamerare, indemaniare, sequestrare beni. **2** apprendere, capire.

a.pre.en.são [apreẽs´ãw] *sf* **1** apprensione, preoccupazione, inquietudine. **2** comprensione, intendimento.

a.pre.en.si.vo [apreẽs´ivu] *adj* apprensivo, inquieto, ansioso.

a.pre.go.ar [aprego´ar] *vt* predicare.

a.pren.der [aprẽd´er] *vt* **1** imparare, apprendere. **2** *fig* impadronirsi di.

a.pren.diz [aprẽd´is] *s* **1** apprendista, giovane. **2** *fig* ragazzo.

a.pren.di.za.gem [aprẽdiz´aʒẽj] *sf* **1** apprendimento, tirocinio, noviziato. **2** *fig* preparazione.

a.pre.sen.ta.ção [aprezẽtas´ãw] *sf* **1** presentazione. **2** introduzione. **3** prefazione. **4** *Teat* spettacolo. **5** *Dir* produzione di prove.

a.pre.sen.tar [aprezẽt´ar] *vt* **1** presentare. **2** affacciare. **3** proporre. **4** offrire. **5** introdurre (pessoa, personagem). **6** *Dir* esibire, addurre prove. *vpr* **7** presentarsi. **8** offrirsi. **9** apparire. **apresentar as armas** *Mil* presentare le armi.

a.pres.sa.do [apres´adu] *adj* **1** frettoloso. **2** sbrigativo, avventato.
a.pres.sar [apres´ar] *vt* **1** affrettare. **2** sollecitare. **3** accelerare, sveltire. *vpr* **4** affrettarsi. **5** sbrigarsi. **6** sollecitarsi. **7** accelerarsi, sveltirsi.
a.pri.mo.rar [aprimor´ar] *vt* **1** perfezionare. **2** *fig* cesellare.
a.pri.si.o.na.men.to [aprizjonam´ẽtu] *sm* carcerazione, cattura.
a.pri.si.o.nar [aprizjon´ar] *vt* **1** imprigionare. **2** catturare. **3** intrappolare. **4** *fig* confinare.
a.pro.ar [apro´ar] *vt* approdare.
a.pro.fun.da.do [aprofũd´adu] *adj* **1** approfondito. **2** *fig* analitico, capillare.
a.pro.fun.dar [aprofũd´ar] *vt* **1** approfondire. *vpr* **2** approfondirsi. **3** affondare. **4** *fig* internarsi, fondarsi in (estudo, ciência etc.).
a.pron.tar [aprõt´ar] *vt* **1** approntare, allestire, apprestare, preparare. *vpr* **2** armarsi. Veja nota em **armare**.
a.pro.pri.a.ção [aproprjas´ãw] *sf* appropriazione.
a.pro.pri.a.do [apropri´adu] *adj* appropriato, adeguato, apposito, confacente.
a.pro.pri.ar [apropri´ar] *vt* **1** appropriare. *vpr* **2** appropriarsi, impadronirsi. **3** arrogarsi.

Arrogarsi é usado no sentido de “apropriar-se de algo que não lhe pertence”.

a.pro.va.ção [aprovas´ãw] *sf* **1** approvazione. **2** consenso. **3** ammissione. **4** conferma. **5** applauso.
a.pro.var [aprov´ar] *vt* **1** approvare. **2** ammettere. **3** autorizzare. **4** confermare. **5** applaudire.
a.pro.vei.ta.dor [aprovejtad´or] *sm* **1** sfruttatore. **2** *fig* parassita, sanguisuga.
a.pro.vei.tar [aprovejt´ar] *vt* approfittare, avvantaggiarsi, sfruttare. **aproveitar a oportunidade** cogliere l’opportunità.
a.pro.vei.tá.vel [aprovejt´avew] *adj* profittevole, utile. *Pl: aproveitáveis*.
a.pro.xi.ma.ção [aprosimas´ãw] *sf* approccio, appressamento.
a.pro.xi.ma.da.men.te [aprosimadam´ẽti] *adv* circa, all’incirca, forse.
a.pro.xi.mar [aprosim´ar] *vt* **1** avvicinare, approssimare, appressare, accostare. *vpr* **2** avvicinarsi, approssimarsi, appressarsi, accostarsi a. **3** *fig* abbordare (uma pessoa). Veja nota em **arrivare**.
ap.ti.dão [aptid´ãw] *sf* **1** attitudine, talento, abilità. **2** idoneità.
ap.to [´aptu] *adj* **1** atto. **2** capace, abile. **3** idoneo.
a.pu.nha.lar [apuñal´ar] *vt* pugnalare.
a.pu.ra.ção [apuras´ãw] *sf* assicurazione. **apuração de votos** scrutinio, spoglio.
a.pu.rar [apur´ar] *vt* **1** appurare. **2** accertare, verificare, controllare. **3** purificare. **4** *fig* raffinare.
a.pu.ro [ap´uru] *sm* **1** raffinamento. **2** eleganza. **3** pericolo. Veja nota em **raffinamento**.
a.qua.re.la [akwar´ɛlə] *sf Pint* acquerello.
a.quá.rio [ak´warju] *sm* **1** acquario. **2** **Aquário** *Astron, Astrol* Acquario.
a.quá.ti.co [ak´watiku] *adj* acquatico.
a.que.ce.dor [akesed´or] *sm* termosifone, stufa. **aquecedor de ambiente** calorifero.
a.que.cer [akes´er] *vt* **1** scaldare, riscaldare. *vpr* **2** scaldarsi, riscaldarsi.
a.que.ci.men.to [akesim´ẽtu] *sm* riscaldamento. **aquecimento central** termosifone.
a.que.du.to [aked´utu] *sm* acquedotto.
a.que.la [ak´ɛlə] *pron f sing* **1** quella, quell’. **2** **aquelas** *pl* quelle. Veja nota em **quella**.
a.que.le [ak´eli] *pron m sing* **1** quello, quel, quell’. **2** **aqueles** *pl* quelli, quei, quegli, quegl’. Veja notas em **colui** e **quello**.
a.qui [ak´i] *adv* **1** qui, qua. **2** ci, vi, ce, ve. **aqui e acolá** qua e là. **aqui embaixo** quaggiù. **aqui em cima** quassù. **aqui está!** ecco! tieni! **aqui estou!** eccomi! Veja notas em **ci**, **vi**, **ce** e **ve**.
a.qui.es.cên.cia [akjes´ẽsjə] *sf* acquiescenza, consentimento.
a.qui.e.tar [akjet´ar] *vt* **1** acquietare, chetare. **2** *Lit* quietare. *vpr* **3** acquietarsi.
a.qui.li.no [akil´inu] *adj* aquilino, grifagno (nariz).
a.qui.lo [ak´ilu] *pron* quello, ciò. Veja nota em **quello**.

a.qui.si.ção [akizis´ãw] *sf* **1** acquisto. **2** compra.
a.quo.so [ak´wozu] *adj* acquoso.
ar [´ar] *sm* aria. **ao ar livre** all'aperto. **ar-condicionado** aria condizionata. **ar pesado/abafado** aria pesante. **atirar tudo pelos ares** buttare tutto all'aria.
á.ra.be [´arabi] *sm+adj* arabo.
a.ra.bes.co [arab´esku] *sm* arabesco, ghirigoro.
a.rac.ní.deos [arakn´idjus] *sm pl Zool* aracnidi.
a.ra.do [ar´adu] *sm* aratro.
a.ra.me [ar´Λmi] *sm* filo di metallo. **arame farpado** filo spinato.
a.ra.nha [ar´Λñə] *sf* ragno.
a.rar [ar´ar] *vt* arare, lavorare.
a.rau.to [ar´awtu] *sm* araldo.
ar.bi.trar [arbitr´ar] *vt* arbitrare.
ar.bi.trá.rio [arbitr´arju] *adj* **1** arbitrario, parziale. **2** illegittimo.
ar.bí.trio [arb´itrju] *sm* **1** arbitrio. **2** mercé, placito. **3** discrezione.
ár.bi.tro [´arbitru] *sm* **1** arbitro, terzo. **2** giudice.
ar.bo.ri.zar [arboriz´ar] *vt* alberare.
ar.bus.to [arb´ustu] *sm* arbusto, cespuglio.
ar.ca [´arkə] *sf* arca, baule, scrigno.
ar.ca.da [ark´adə] *sf Arquit* arcata, campata.
ar.cai.co [ark´ajku] *adj* **1** arcaico. **2** antiquato.
ar.can.jo [ark´ãʒu] *sm Rel* arcangelo.
ar.ca.no [ark´Λnu] *sm* arcano. • *adj* arcano, segreto.
ar.ce.bis.pa.do [arsebisp´adu] *sm Rel* arcivescovato.
ar.ce.bis.po [arseb´ispu] *sm Rel* arcivescovo.
ar.cho.te [arʃ´ɔti] *sm* torcia, fiaccola.
ar.co [´arku] *sm* **1** arco, arcata, curvatura. **2** *Mús* archetto. **3** *Arquit* arco.
ar.co-í.ris [arku´iris] *sm sing+pl* arcobaleno, arco celeste.
ar.dên.cia [ard´ẽsjə] *sf* ardenza.
ar.den.te [ard´ẽti] *adj* **1** ardente. **2** incandescente. **3** torrido. **4** struggente. **5** fervoroso. **6** *fig* cocente.
ar.der [ard´er] *vi* **1** ardere. **2** bruciare. **3** accendersi, avvampare, friggere.
ar.dil [ard´iw] *sm* **1** broglio, sotterfugio. **2** *fig* calappio, trappola. *Pl: ardis.*
ar.di.do [ard´idu] *agg* piccante.
ar.dor [ard´or] *sm* **1** ardore. **2** bruciore. **3** ardenza. **4** passione. **5** *fig* fervore, fuoco, trasporto.
ar.do.ro.so [ardor´ozu] *adj* ardente.
ar.dó.sia [ard´ɔzjə] *sf Min* ardesia, lavagna.
ár.duo [´ardwu] *adj* **1** arduo. **2** difficile. **3** *fig* duro. **4** scabroso. **5** spinoso.
á.rea [´arjə] *sf* **1** area. **2** superficie. **3** zona. **4** campo.
a.rei.a [ar´ejə] *sf* sabbia, arena. **areias movediças** sabbie mobili.
a.re.ja.do [areʒ´adu] *adj* arioso.
a.re.jar [areʒ´ar] *vt* arieggiare, aerare.
a.re.na [ar´enə] *sf* arena.
a.re.no.so [aren´ozu] *adj* sabbioso, arenoso.
a.ren.que [ar´ẽki] *sm Zool* aringa.
ar.far [arf´ar] *vi* boccheggiare.
ar.ga.mas.sa [argam´asə] *sf* malta, cemento.
ar.gen.ti.no [arʒẽt´inu] *sm+adj* argentino.
ar.gi.la [arʒ´ilə] *sf* argilla, creta.
ar.go.la [arg´ɔlə] *sf* anello.
ar.gu.men.ta.ção [argumẽtas´ãw] *sf* ragionamento, discorso.
ar.gu.men.tar [argumẽt´ar] *vi* argomentare, ragionare.
ar.gu.men.to [argum´ẽtu] *sm* argomento, contenuto.
á.ria [´arjə] *sf Mús* aria.
a.ri.dez [arid´es] *sf* aridità, siccità.
á.ri.do [´aridu] *adj* **1** arido. **2** brullo. **3** improduttivo. **4** *fig* squallido.
Á.ries [´arjes] *sm Astron, Astrol* Ariete, Montone.
a.rí.e.te [ar´ieti] *sm Mil* ariete.
a.ris.to.cra.ci.a [aristokras´iə] *sf* aristocrazia, nobiltà.
a.ris.to.cra.ta [aristokr´atə] *s* aristocratico.
a.ris.to.crá.ti.co [aristokr´atiku] *adj* aristocratico, nobile.
a.rit.mé.ti.ca [aritm´ɛtikə] *sf* aritmetica.
ar.le.quim [arlek´ĩ] *sm* arlecchino.
ar.ma [´armə] *sf* **1** arma. **2 armas** *pl* armi. **arma branca** arma bianca. **arma de fogo** arma da fuoco. **arma de repetição/arma automática** arma a ripetizione. **chamar**

às armas arruolare. **depor as armas** deporre le armi.
ar.ma.ção [armas´ãw] *sf* **1** telaio. **2** *Náut, Aer* scheletro. **3** *Arquit* armatura. **armação de carroça** guscio. **armação de óculos** montatura. **armação de óculos com aro de tartaruga** montatura di tartaruga.
ar.ma.da [arm´adə] *sf Náut* armata, flotta.
ar.ma.di.lha [armad´iʎə] *sf* **1** trappola. **2** *fig* laccio, rete. **armadilha para passarinhos** fraschetta, gabbia.
ar.ma.du.ra [armad´urə] *sf Mil* armatura, corazza.
ar.ma.men.to [armam´ẽtu] *sm* armeggio.
ar.mar [arm´ar] *vt* **1** armare. **2** montare, allestire. *vpr* **3** armarsi. **4** guarnirsi, munirsi di. **armar o cão da espingarda** alzare il cane del fucile. Veja nota em **armare**.
ar.ma.ri.nho [armar´iñu] *sm dim* **1** merceria. **2 armarinhos** *pl* mercerie, prodotti di merceria.
ar.má.rio [arm´arju] *sm* **1** armadio. **2** guardaroba.
ar.ma.zém [armaz´ẽj] *sm* magazzino, deposito, capannone.
ar.ma.ze.nar [armazen´ar] *vt* immagazzinare, depositare.
ar.mi.nho [arm´iñu] *sm Zool* ermellino.
ar.mis.tí.cio [armist´isju] *sm* (também *fig*) armistizio, tregua.
a.ro.ma [ar´omə] *sm* aroma, fragranza, fiuto.
a.ro.má.ti.co [arom´atiku] *adj* aromatico.
a.ro.ma.ti.zar [aromatiz´ar] *vt* aromatizzare, drogare.
ar.pão [arp´ãw] *sm Náut* rampone, fiocina.
ar.que.a.do [arke´adu] *adj* arcato, arcuato.
ar.que.ar [arke´ar] *vt* **1** archeggiare, arcuare, piegare. *vpr* **2** incurvarsi.
ar.quei.ro [ark´ejru] *sm Hist* sagittario.
ar.que.jo [ark´eʒu] *sm* anelito, affanno.
ar.que.o.lo.gi.a [arkeoloʒ´iə] *sf* archeologia.
ar.que.ó.lo.go [arke´ɔlogu] *sm* archeologo.
ar.qué.ti.po [ark´ɛtipu] *sm* archetipo.
ar.qui.di.o.ce.se [arkidjos´ɛzi] *sf Rel* arcidiocesi.
ar.qui.pé.la.go [arkip´ɛlagu] *sm Geogr* arcipelago.
ar.qui.te.tar [arkitet´ar] *vt* **1** architettare. **2** *fig* macinare.
ar.qui.te.to [arkit´ɛtu] *sm* architetto.
ar.qui.te.tu.ra [arkitet´urə] *sf* architettura.
ar.qui.var [arkiv´ar] *vt* archiviare, catalogare.
ar.qui.vo [ark´ivu] *sm* (também *Inform*) archivio.
ar.rai.a [ar̄´ajə] *sf Zool* razza. *Var: raia.*
ar.rai.gar [ar̄ajg´ar] *vi* **1** allignare. *vpr* **2** radicarsi. **3** abbarbicarsi. **4** prendere (planta).
ar.ran.car [ar̄ãk´ar] *vt* **1** strappare. **2** spiccare, staccare. **3** *fig* spremere (dinheiro, de alguém). *vi* **4** fuggire, scappare.
ar.ran.co [ar̄´ãku] *sm Autom* ripresa.
ar.ra.nha-céu [ar̄ãñəs´ɛw] *sm* grattacielo. *Pl: arranha-céus.*
ar.ra.nhão [ar̄ãñ´ãw] *sm* graffio, scalfitura, striscio, unghiata.
ar.ra.nhar [ar̄ãñ´ar] *vt* **1** graffiare, scalfire. **2** grattare, raschiare. *vpr* **3** grattarsi. **arranhar um instrumento** *fam* grattare uno strumento.
ar.ran.jar [ar̄ãʒ´ar] *vt* **1** arrangiare. **2** ottenere. **3** *Mus* arrangiare, fare l'arrangiamento. *vpr* **4** arrangiarsi, aggiustarsi. **5** *pop* cavarsela. *non ti preoccupare, me la cavo* / não se preocupe, eu me arranjo.
ar.ran.jo [ar̄´ãʒu] *sm* **1** assestamento, accomodatura. **2** *Mús* arrangiamento.
ar.ran.que [ar̄´ãki] *sm* strappo.
ar.ra.sa.do [ar̄az´adu] *adj* **1** spianato. **2** distrutto. **3** umiliato. **estar arrasado** essere a terra.
ar.ra.sar [ar̄az´ar] *vt* **1** spianare, livellare. **2** distruggere. **3** umiliare. *vpr* **4** rovinarsi.
ar.ras.ta.men.to [ar̄astam´ẽtu] *sm* strascico.
ar.ras.tar [ar̄ast´ar] *vt* **1** strascicare, strisciare, trascinare. *vpr* **2** strascicarsi, strisciare, trascinarsi.
ar.re.ar [ar̄e´ar] *vt* bardare.
ar.re.ba.ta.do [ar̄ebat´adu] *adj* impetuoso.
ar.re.ba.ta.men.to [ar̄ebatam´ẽtu] *sm* **1** rapimento. **2** (também *fig, Rel*) estasi.
ar.re.ba.tar [ar̄ebat´ar] *vt* **1** strappare, togliere con forza. **2** rapire, invasare, estasiare.
ar.re.ben.tar [ar̄ebẽt´ar] *vt* rompere, spezzare.

ar.re.ca.da.ção [ar̄ekadas´ãw] *sf* riscossione.

ar.re.ca.dar [ar̄ekad´ar] *vt* riscuotere.

ar.re.dar [ar̄ed´ar] *vt* **1** ritirare, rimuovere. **2** allontanare. **não arredar pé** non tornare addietro.

ar.re.don.da.do [ar̄edõd´adu] *adj* tondo.

ar.re.don.dar [ar̄edõd´ar] *vt* arrotondare.

ar.re.do.res [ar̄ed´ɔris] *sm pl* dintorni, vicinanze, pressi. **nos arredores** nei dintorni, vicino.

ar.re.ga.çar [ar̄egas´ar] *vt* rimboccare (as mangas).

ar.re.ga.lar [ar̄egal´ar] *vt* stralunare, spalancare gli occhi.

ar.rei.o [ar̄´eju] *sm* bardatura, finimento.

ar.re.mes.sar [ar̄emes´ar] *vt* scagliare, gettare, lanciare, saettare.

ar.re.mes.so [ar̄em´esu] *sm* getto, lancio, tiro.

ar.re.pen.der-se [ar̄epẽd´ersi] *vpr* **1** pentirsi, rammaricarsi. **2** rimpiangere. **3** convertirsi.

ar.re.pen.di.do [ar̄epẽd´idu] *adj* pentito.

ar.re.pen.di.men.to [ar̄epẽdim´ẽtu] *sm* **1** pentimento, rammarico. **2** rimpianto, rimorso. **3** *Rel* pentimento, contrizione.

ar.re.pi.a.do [ar̄epi´adu] *adj* irto.

ar.re.pi.ar [ar̄epi´ar] *vt* **1** rizzare. *vpr* **2** (também *fig*) rabbrividire.

ar.re.pi.o [ar̄ep´iu] *sm* **1** brivido. **2** ribrezzo.

ar.res.tar [ar̄est´ar] *vt Dir* incamerare.

ar.ri.mo [ar̄´imu] *sm* **1** sostegno. **2** *fig* bastone.

ar.ris.ca.do [ar̄isk´adu] *adj* **1** arrischiato, rischioso, azzardoso. **2** *fig* pazzo, folle.

ar.ris.car [ar̄isk´ar] *vt* **1** arrischiare, rischiare, azzardare. *vpr* **2** azzardarsi, cimentarsi.

ar.ro.gân.cia [ar̄og´ãsjə] *sf* **1** arroganza. **2** pretensione, presunzione, tracotanza. **3** superbia. **4** boria. **5** *fig* sufficienza, pretesa.

ar.ro.gan.te [ar̄og´ãti] *adj* **1** arrogante. **2** pretenzioso, petulante. **3** superbo. **4** orgoglioso. **5** sdegnoso. **6** *fig* gonfio.

ar.ro.gar [ar̄og´ar] *vt* **1** appropriarsi di. *vpr* **2** attribuirsi.

ar.ro.ja.do [ar̄oʒ´adu] *adj* avventato.

ar.ro.jar [ar̄oʒ´ar] *vt* **1** gettare. *vpr* **2** gettarsi.

ar.rom.bar [ar̄õb´ar] *vt* sfondare.

ar.ro.tar [ar̄ot´ar] *vt* **1** *vulg, fig* ruttare (palavrões etc). *vi* **2** *vulg* ruttare, eruttare. Veja nota em **arrotare**.

ar.ro.to [ar̄´otu] *sm vulg* rutto.

ar.ro.xe.ar [ar̄oʃe´ar] *vt* arrossare.

ar.roz [ar̄´os] *sm Bot* riso. **arroz integral** riso vestito, risone.

ar.ro.zal [ar̄oz´aw] *sm* risaia. *Pl: arrozais.*

ar.ru.e.la [ar̄u´ɛlə] *sf Mec* rondella, rosetta.

ar.ru.i.na.do [ar̄ujn´adu] *adj* **1** decrepito. **2** *fig* andato. **estar arruinado** essere fritto.

ar.ru.i.nar [ar̄ujn´ar] *vt* **1** rovinare. **2** guastare. **3** demolire. **4** mandare in malora. **5** *fig* affondare. *vpr* **6** rovinarsi. **7** crollare. **8** andare in malora. **9** consumarsi. **10** *fig* perire, perdersi.

ar.ru.ma.ção [ar̄umas´ãw] *sf* assetto.

ar.ru.ma.dei.ra [ar̄umad´ejrə] *sf* cameriera.

ar.ru.mar [ar̄um´ar] *vt* **1** assettare, acconciare, aggiustare. **2** ottenere. **3** buscarsi (problemas). *vpr* **4** acconciarsi. **5** ravviarsi.

ar.se.nal [arsen´aw] *sm* arsenale. *Pl: arsenais.*

ar.sê.ni.co [ars´eniku] *sm* arsenico.

ar.te [´arti] *sf* **1** arte. **2** industria. **arte moderna** arte moderna. **artes e ofícios** arti e mestieri. **artes plásticas** plastica. **belas-artes** belle arti.

ar.te.fa.to [artef´atu] *sm* manufatto. Veja nota em **artefatto**.

ar.tei.ro [art´ejru] *adj* brigante.

ar.té.ria [art´ɛrjə] *sf Med* arteria.

ar.te.ri.os.cle.ro.se [arterjoskler´ɔzi] *sf Med* arteriosclerosi.

ar.te.sa.nal [artezan´aw] *adj* artigianale. *Pl: artesanais.*

ar.te.sa.na.to [artezan´atu] *sm* fattura.

ar.te.são [artez´ãw] *sm* artigiano. *Pl: artesões.*

ár.ti.co [´artiku] *adj* artico.

ar.ti.cu.la.ção [artikulas´ãw] *sf* **1** congiuntura. **2** *Anat* arto, giunta.

ar.ti.cu.lar [artikul´ar] *vt* articolare.

ar.tí.fi.ce [art´ifisi] *s* artefice, fabbro.

ar.ti.fi.ci.al [artifisi´aw] *adj* **1** artificiale. **2** artefatto. **3** sintetico. **4** posticcio. *Pl: artificiais.* Veja nota em **artefatto**.

ar.ti.fí.cio [artif´isju] *sm* **1** artificio, trovata. **2** *Lit* ingegno. **3** *fig* arte.

ar.ti.go [art´igu] *sm* **1** articolo. **2** genere,

prodotto, roba. **3** notizia. **artigos domésticos** casalinghi.
ar.ti.lha.ri.a [artiλar'iə] *sf Mil* artiglieria.
ar.ti.lhei.ro [artiλ'ejru] *sm* artigliere.
ar.ti.ma.nha [artim'Λñə] *sf* **1** trovata, trucco. **2** *fig* stratagemma.
ar.tis.ta [art'istə] *s* **1** artista. **2** artefice. **3** attore. **4** stilista. **5** *fig* autore.
ar.tís.ti.co [art'istiku] *adj* artistico.
ar.tri.te [artr'iti] *sf Med* artrite.
ár.vo.re ['arvori] *sf* albero. **a árvore se conhece pelos frutos** ogni erba si conosce per lo seme. **árvore de Natal** albero di Natale. **árvore genealógica** albero genealogico, albero di famiglia.
ar.vo.re.do [arvor'edu] *sm* albereto.
as [as] *art def f pl* le (l'). • *pron f pl* **1** le. **2** loro.

O artigo definido feminino plural em italiano normalmente é **le**: *le case* / as casas. *le pietre* / as pedras. *le scuole* / as escolas. *le anime* / as almas. *le orse* / as ursas. Antes de palavra que começa com a letra **e**, pode-se escrever **l'**, desde que as formas do substantivo no singular e no plural sejam diferentes: *l'erbe* ou *le erbe* / as ervas (o singular é *l'erba* / a erva). Veja outras notas em **le** e **loro**.

ás ['as] *sm* **1** asso (das cartas de jogo). **2** *fig* asso, campione. *um ás de uma arte, de um esporte* / l'asso di un'arte, di uno sport.
a.sa ['azə] *sf* **1** ala. **2** manico, presa. Veja nota em **ala** (italiano).
as.cen.dên.cia [asẽd'ẽsjə] *sf* ascendenza.
as.cen.den.te [asẽd'ẽti] *s* ascendente, antenato. • *adj* ascendente.
as.cen.der [asẽd'er] *vi* ascendere.
as.cen.são [asẽs'ãw] *sf* ascensione, ascesa. **Ascensão de Cristo** *Rel* l'Ascensione.
as.fal.tar [asfawt'ar] *vt* asfaltare.
as.fal.to [asf'awtu] *sm* asfalto.
as.fi.xi.a [asfiks'iə] *sf Med* asfissia.
as.fi.xi.ar [asfiksi'ar] *vt* asfissiare, soffocare.
a.si.á.ti.co [azi'atiku] *sm+adj* asiatico.
a.si.lar [azil'ar] *vt* albergare.
a.si.lo [az'ilu] *sm* **1** asilo. **2** ospizio. **3** ricovero. **asilo de idosos** gerontrofio. **asilo para os pobres** ricovero di mendicità. **asilo político** asilo.
as.ma ['azmə] *sf Med* asma.
as.má.ti.co [azm'atiku] *adj* asmatico.
as.nei.ra [azn'ejrə] *sf* **1** asineria, balordaggine, bestemmia, stupidaggine. **2** *pop* assurdità. **dizer asneiras** bestemmiare, far ridere i polli.
as.no ['aznu] *sm* **1** *Zool* asino, somaro, ciuco. **2** *pop* stupido. **3** *fig* bestia.
as.par.go [asp'argu] *sm Bot* asparago.
as.pas ['aspas] *sf pl* virgolette.
as.pec.to [asp'ɛktu] *sm* **1** aspetto. **2** apparenza, immagine, forma. **3** figura, fisionomia. **4** *Poét* sembiante. **5** *fig* colore, viso, faccia.
as.pe.re.za [asper'ezə] *sf* **1** asprezza. **2** acerbità, acredine. **3** asperità, ruvidezza.
as.per.gir [asperʒ'ir] *vt* spruzzare.
ás.pe.ro ['asperu] *adj* **1** aspro. **2** acido, acerbo. **3** brusco. **4** ruvido. **5** scabro. **6** rude. **7** *fig* duro.
ás.pi.de ['aspidi] *s* aspide, serpe.
as.pi.ra.ção [aspiras'ãw] *sf* **1** aspirazione. **2** speranza. **3** *fig* anelito, mira.
as.pi.ra.dor [aspirad'or] *sm* aspirapolvere.
as.pi.ran.te [aspir'ãti] *s+adj* **1** aspirante. **2** concorrente.
as.pi.rar [aspir'ar] *vt* **1** aspirare, inalare. **2** aspirare a, anelare a, pretendere. **3** *fig* mirare.
as.pi.ri.na [aspir'inə] *sf* aspirina.
as.que.ro.so [asker'ozu] *adj* **1** ripugnante. **2** sordido. **3** lercio.
as.sa.dei.ra [asad'ejrə] *sf* tortiera.
as.sa.do [as'adu] *sm* arrosto. **carne assada** carne arrosto.
as.sa.la.ri.ar [asalari'ar] *vt* assoldare.
as.sal.tan.te [asawt'ãti] *sm* rapinatore, brigante.
as.sal.tar [asawt'ar] *vt* **1** assaltare, assalire. **2** rapinare, rubare. **3** razziare.
as.sal.to [as'awtu] *sm* **1** assalto. **2** aggressione. **3** rapina. **4** *Mil* razzia. **assalto à mão armada** assalto/rapina a mano armata. **tomar de assalto** assaltare.
as.sa.nha.da [asañ'adə] *sf fig pop* civetta.
as.sar [as'ar] *vt* arrostire, cuocere arrosto.
as.sas.si.nar [asasin'ar] *vt* **1** assassinare, ammazzare, uccidere. **2** *fig* scannare.
as.sas.si.na.to [asasin'atu] *sm* assassinio, uccisione.

as.sas.si.no [asas´inu] *sm+adj* assassino.
as.se.a.do [ase´adu] *adj* lindo, pulito.
as.se.di.ar [asedi´ar] *vt* assediare.
as.sé.dio [as´ɛdju] *sm* assedio.
as.se.gu.ra.do [asegur´adu] *adj* **1** assicurato. **2** certo.
as.se.gu.rar [asegur´ar] *vt* **1** assicurare, asseverare, attestare, certificare. *vpr* **2** assicurarsi.
as.sei.o [as´eju] *sm* lindezza, pulizia.
as.sel.va.jar [asewvaʒ´ar] *vt* **1** inselvatichire. *vpr* **2** inselvatichire, inselvatichirsi.
as.sem.blei.a [asẽbl´ɛjə] *sf* **1** assemblea. **2** congresso, consiglio. **3** riunione, adunanza. **4** conferenza. **assembleia legislativa** parlamento.
as.se.me.lhar [asemeλ´ar] *vt* **1** rendere somigliante. *vpr* **2** somigliare, assomigliare, parere.
as.se.nho.re.ar [aseñore´ar] *vt* **1** dominare. *vpr* **2** insignorirsi di.
as.sen.tar [asẽt´ar] *vt* **1** puntare, appoggiare. **2** stabilire. **3** adattare. *vi* **4** calzare. **5** *Quím* depositare.
as.sen.tir [asẽt´ir] *vt+vi* assentire.
as.sen.to [as´ẽtu] *sm* sedile, seggio, banca, cassapanca. Veja nota em **banca** (italiano).
as.sep.si.a [aseps´iə] *sf Med* asepsia.
as.sép.ti.co [as´ɛptiku] *adj Med* asettico, sterile.
as.ses.sor [ases´or] *sm* assessore, ausiliare.
as.ses.so.rar [asesor´ar] *vt* **1** assistere. **2** consigliare.
as.ses.so.ri.a [asesor´iə] *sf* **1** assistenza. **2** consiglio.
as.se.ve.ra.ção [aseveras´ãw] *sf* asseveranza.
as.se.xu.al [aseksu´aw] *adj* asessuale. *Pl: assexuais.*
as.si.du.i.da.de [asidwid´adi] *sf* assiduità, frequenza, costanza.
as.sí.duo [as´idwu] *adj* assiduo, costante.
as.sim [as´ĩ] *adv* così, in questo modo. • *conj* così, perciò. **assim assim** *dep* così così. **assim como** come. **assim que** appena, appena che, non appena. **e assim por diante** e così via. **e assim seja** e così sia.
as.si.me.tri.a [asimetr´iə] *sf* asimmetria.
as.si.mé.tri.co [asim´ɛtriku] *adj* **1** asimmetrico. **2** sproporzionato.
as.si.mi.lar [asimil´ar] *vt* **1** assimilare. **2** digerire, smaltire. **3** capire. **4** accomunare. **5** *fig* assorbire.
as.si.na.do [asin´adu] *adj* firmato, autografo.
as.si.na.lar [asinal´ar] *vt* **1** segnalare. **2** segnare, bollare. **3** notare. **4** citare. **5** delimitare.
as.si.nan.te [asin´ãti] *sm* socio, abbonato.
as.si.nar [asin´ar] *vt* **1** firmare, sottoscrivere. **2** abbonare, associarsi. **assinar uma letra** *Com* accettare una cambiale.
as.si.na.tu.ra [asinat´urə] *sf* **1** firma, sottoscrizione. **2** abbonamento.
as.sis.tên.cia [asist´ẽsjə] *sf* **1** assistenza. **2** beneficenza.
as.sis.ten.te [asist´ẽti] *s+adj* assistente, ausiliare.
as.sis.tir [asist´ir] *vt* **1** assistere. **2** presenziare. **3** aiutare, coadiuvare. **assistir um doente** vegliare.
as.so.a.lho [aso´aλu] *sm* solaio, tavolato, assito, pavimento di legno. *Var: soalho.*
as.so.bi.ar [asobi´ar] *vi* fischiare, sibilare, zufolare. *Var: assoviar.*
as.so.bi.o [asob´iu] *sm* **1** fischio, sibilo. **2** *Mús* zufolo. *Var: assovio.*
as.so.ci.a.ção [asosjas´ãw] *sf* **1** associazione. **2** società. **3** consorzio, federazione. **4** circolo, club. **5** confederazione. **associação religiosa** congregazione.
as.so.ci.a.do [asosi´adu] *sm* socio, membro.
as.so.ci.ar [asosi´ar] *vt* **1** associare. *vpr* **2** associarsi, aderire, iscriversi a.
as.so.lar [asol´ar] *vt* **1** devastare. **2** infestare. **3** distruggere.
as.som.bra.ção [asõbras´ãw] *sf* spettro, fantasma.
as.som.brar [asõbr´ar] *vt* **1** sbalordire, stupire. *vpr* **2** stupirsi.
as.som.bre.ar [asõbre´ar] *vt* adombrare, coprire d'ombra.
as.som.bro [as´õbru] *sm* stupore.
as.som.bro.so [asõbr´ozu] *adj* stupendo, stupefacente.
as.so.prar [asopr´ar] *vt* **1** soffiare. *vi* **2** soffiare, spirare.
as.so.pro [as´opru] *sm* soffio, fiato.

as.so.vi.ar [asovi´ar] *vi V assobiar.*
as.so.vi.o [asov´iu] *sm V assobio.*
as.su.mir [asum´ir] *vt* **1** assumere. **2** accettare.
as.sun.ção [asũs´ãw] *sf* **1** assunzione. **2 Assunção** *Rel* l'Assunzione di Maria.
as.sun.to [as´ũtu] *sm* **1** argomento, tema, oggetto. **2** affare. **assunto encerrado!** punto e basta! **estar por dentro do assunto** essere al corrente dell'affare. **ficar mudando de assunto** saltare di palo in frasca. **mudar de assunto** *fig* uscire dal seminato. **puxar assunto** *pop* attaccare conversazione. **tocar num assunto** toccare un argomento.
as.sus.ta.do [asust´adu] *adj* **1** impaurito, spaventato. **2** *fig* scosso.
as.sus.ta.dor [asustad´or] *adj* spaventoso, orrendo, orribile, pauroso.
as.sus.tar [asust´ar] *vt* **1** spaventare. **2** allarmare. **3** atterrire. **4** *fig* gelare. *vpr* **5** spaventarsi. **6** allarmarsi. **7** *fig* sussultare.
as.te.ris.co [aster´isku] *sm* asterisco.
as.te.roi.de [aster´ɔjdi] *sm Astron* asteroide.
as.tig.ma.tis.mo [astigmat´izmu] *sm* astigmatismo.
as.tral [astr´aw] *adj* astrale. *Pl: astrais.*
as.tro [´astru] *sm* **1** *Astron* astro. **2** *fig* astro, celebrità.
as.tro.lo.gi.a [astroloʒ´iə] *sf* astrologia.
as.tró.lo.go [astr´ɔlogu] *sm* astrologo.
as.tro.nau.ta [astron´awtə] *s* astronauta, cosmonauta.
as.tro.na.ve [astron´avi] *sf* astronave, nave spaziale.
as.tro.no.mi.a [astronom´iə] *sf* astronomia.
as.tro.nô.mi.co [astron´omiku] *adj* **1** astronomico. **2** *fig* astronomico, molto elevato. *preço astronômico* / prezzo astronomico.
as.trô.no.mo [astr´onomu] *sm* astronomo.
as.tú.cia [ast´usjə] *sf* **1** astuzia, furbizia, scaltrezza, malizia. **2** *fig* stratagemma.
as.tu.ci.o.so [astusi´ozu] *adj V astuto.*
as.tu.to [ast´utu] *adj* **1** astuto, furbo, scaltro, malizioso. **2** *fig* strategico. *Sin: astucioso.*
a.ta [´atə] *sf* verbale, rapporto di riunione.
a.ta.ca.dis.ta [atakad´istə] *s+adj* grossista.
a.ta.ca.do [atak´adu] *adj Med* preso, affetto. • *sm Com* vendita all'ingrosso. **no atacado** all'ingrosso.
a.ta.can.te [atak´ãti] *s* assalitore, aggressore.
a.ta.car [atak´ar] *vt* **1** attaccare. **2** assalire, avventarsi. **3** aggredire, affrontare.
a.ta.du.ra [atad´urə] *sf Med* fasciatura, benda, bendaggio. **pôr atadura** bendare.
a.ta.lai.a [atal´ajə] *sf* vedetta.
a.ta.lho [at´aλu] *sm* sentiero, viottolo.
a.ta.que [at´aki] *sm* **1** attacco. **2** assalto. **3** aggressione, affronto. **4** offensiva. **5** *Med* attacco, accesso, crisi. **6** *Mil* razzia, carica. Veja nota em **affronto.**
a.tar [at´ar] *vt* legare, allacciare, annodare. **atar as mãos** *fig* legare le mani, impedir di agire.
a.ta.re.fa.do [ataref´adu] *adj* affaccendato.
a.tar.ra.ca.do [atar̄ak´adu] *adj* tozzo.
a.ta.ú.de [ata´udi] *sm* bara, feretro.
a.té [at´ɛ] *prep* fino, sino. • *adv* **1** anche. **2** infino, insino. **3** magari. **até agora** finora, sinora. **até este exato momento** fin ora. **até hoje/até esta época** finora. **até mesmo** perfino, persino, magari. **até que/até quando** finché. *ficarei aqui até que você chegue* / resterò qui finché arrivi. Veja nota em **finora.**
a.te.ís.mo [ate´izmu] *sm* ateismo.
a.te.li.ê [ateli´e] *sm fr* studio, *atelier.*
a.te.mo.ri.zar [atemoriz´ar] *vt* **1** intimorire, sgomentare. *vpr* **2** sgomentarsi.
a.ten.ção [atẽs´ãw] *sf* **1** attenzione. **2** impegno. **3** cura. **4** vigilanza, accortezza. **5** cortesia, sollecitudine. **6** *fig* applicazione. • *interj* attenzione! badate! all'erta! **chamar a atenção de** ammonire. **prestar atenção** a) attendere. b) *fig* allungare le orecchie, badare.
a.ten.ci.o.so [atẽsi´ozu] *adj* **1** diligente. **2** sollecito.
a.ten.der [atẽd´er] *vt* **1** assistere, accudire. **2** deferire (um pedido, um requerimento).
a.ten.ta.do [atẽt´adu] *sm* attentato. **atentado ao pudor** *Dir* oltraggio al pudore.
a.ten.tar [atẽt´ar] *vt* **1** osservare, considerare. **2** attentare, commettere un attentato.

a.ten.to [at´ẽtu] *adj* **1** attento. **2** diligente, intento. **3** accorto, vigilante. **4** premuroso. **5** accurato.

a.te.nu.ar [atenu´ar] *vt* **1** attenuare, alleggerire, alleviare. **2** *fig* temperare, smussare.

a.ter [at´er] *vt* **1** detenere. *vpr* **2** attenersi.

a.ter.ra.gem [ater̄´aʒẽj] *sf Aer* atterraggio.

a.ter.rar [ater̄´ar] *vt* **1** atterrire, spaventare. **2** terrapienare. *vi* **3** *Aer* atterrare.

a.ter.ro [at´er̄u] *sm* terrapieno.

a.ter.ro.ri.zan.te [ater̄oriz´ãti] *adj* pauroso.

a.ter.ro.ri.zar [ater̄oriz´ar] *vt* **1** atterrire, inorridire, sgomentare. **2** *fig* agghiacciare. *vpr* **3** atterrirsi, sgomentarsi. **4** *fig* agghiacciarsi.

a.tes.ta.do [atest´adu] *sm* **1** attestato, certificato. **2** licenza. **3** *Dir* atto.

a.tes.tar [atest´ar] *vt* attestare, asserire, certificare, testimoniare.

a.teu [at´ew] *sm+adj* ateo, empio.

a.ti.çar [atis´ar] *vt* **1** attizzare. **2** *fig* rinfocolare.

á.ti.mo [´atimu] *sm* **1** attimo. **2** *fig* palpito. **num átimo** in un attimo, in un salto.

a.tin.gir [atĩʒ´ir] *vt* **1** toccare, attingere. **2** colpire. **3** ottenere, conseguire. **4** giungere. **5** ascendere a (valor, despesa).

Em italiano, o verbo **attingere** é pouco usado como "atingir" no sentido de "tocar", "pôr-se em contato com".

a.tí.pi.co [at´ipiku] *adj* atipico, anomalo.

a.ti.ra.dei.ra [atirad´ejrə] *sf* fionda, frombola.

a.ti.ra.do [atir´adu] *adj* disinvolto.

a.ti.rar [atir´ar] *vt* **1** buttare, lanciare, scagliare. *vi* **2** sparare, scoccare. *vpr* **3** scagliarsi. **atirar com arma de fogo** tirare.

a.ti.tu.de [atit´udi] *sf* **1** attitudine, gesto, condotta. **2** *fig* atteggiamento.

a.ti.var [ativ´ar] *vt* attivare.

a.ti.vi.da.de [ativid´adi] *sf* **1** attività. **2** bottega. **3** *fig* barca. **atividade lucrativa** *fig* vigna.

a.ti.vo [at´ivu] *adj* **1** attivo. **2** operoso, alacre. **3** efficace. **4** dinamico, disinvolto, spedito. **5** *fig* giovanile. • *sm Com* attivo. **ativo e passivo** attivo e passivo, entrata e uscita.

a.tlân.ti.co [atl´ãtiku] *adj* atlantico.

a.tlas [´atlas] *sm sing+pl* atlante.

a.tle.ta [atl´ɛtə] *s* atleta, ginnasta.

a.tlé.ti.co [atl´ɛtiku] *adj* atletico.

a.tle.tis.mo [atlet´izmu] *sm* atletismo, ginnastica.

at.mos.fe.ra [atmosf´ɛrə] *sf* **1** atmosfera. **2** *fig* aria.

at.mos.fé.ri.co [atmosf´ɛriku] *adj* atmosferico.

a.to [´atu] *sm* **1** atto. **2** azione. **3** documento. **4** *Teat* atto, tempo. **5** *fig* passo, provvedimento. **no ato** *Dir* in flagrante. **um ato de bondade** un tratto di buon cuore.

a.to.lar [atol´ar] *vi+vpr* infognarsi.

a.to.lei.ro [atol´ejru] *sm* acquitrino, pantano.

a.tô.mi.co [at´omiku] *adj* atomico.

á.to.mo [´atomu] *sm Fís, Quím* atomo.

a.tô.ni.to [at´onitu] *adj* attonito, perplesso.

á.to.no [´atonu] *adj Gram* atono.

a.tor [at´or] *sm* attore.

a.tor.do.ar [atordo´ar] *vt* **1** stordire, rintronare. **2** *fig* assordare. *vpr* **3** stordirsi.

a.tor.men.ta.do [atormẽt´adu] *adj* **1** afflitto. **2** *fig* crocifisso.

a.tor.men.tar [atormẽt´ar] *vt* **1** tormentare. **2** angosciare, angustiare. **3** angariare, vessare. **4** *fig* asfissiare. **5** perseguitare. **6** torturare. *vpr* **7** tormentarsi, consumarsi. **8** *fig* torturarsi.

a.tra.ca.dou.ro [atrakad´owru] *sm Náut* approdo.

a.tra.ção [atras´ãw] *sf* **1** attrazione. **2** attrattiva, richiamo. **3** *Teat* attrazione, numero. **4** *fig* malia.

a.tra.car [atrak´ar] *vt Náut* approdare, ancorare, pigliar terra.

a.tra.en.te [atra´ẽti] *adj* **1** attraente. **2** seducente, stuzzicante. **3** carino, provocante, simpatico. **4** *fig* appetitoso. **5** suggestivo.

a.tra.ir [atra´ir] *vt* **1** attrarre. **2** allettare, attirare, conquistare. **3** *Cin, Teat* richiamare. **4** *fig* sedurre, provocare, illudere. Veja nota em **allettare**.

a.tra.pa.lhar [atrapaʎ´ar] *vt* **1** imbarazzare. **2** imbrogliare. **3** arruffare. **4** frastornare. **5** *fig* aggrovigliare. *vpr* **6** imbrogliarsi. **7** *fig* aggrovigliarsi.

a.trás [atr'as] *adv* indietro, addietro, dietro, di dietro. Veja nota em **appresso**.

a.tra.sa.do [atraz'adu] *adj* **1** ritardato. **2** arretrato. **3** tardo. **estar atrasado** essere in ritardo.

a.tra.sar [atraz'ar] *vt* **1** ritardare. **2** indugiare. **3** far retrocedere. *vi* **4** ritardare, rimanere addietro (relógio). *vpr* **5** ritardare, attardarsi.

a.tra.so [atr'azu] *sm* **1** ritardo, dimora. **2** indugio. **3** *Dir* mora.

a.tra.ti.vo [atrat'ivu] *sm* attrattiva, incanto. • *adj* attraente, allettante.

a.tra.vés [atrav'ɛs] *adv* attraverso. **através de** attraverso, per. Veja nota em **per**.

a.tra.ves.sa.do [atraves'adu] *adj* **1** traverso. **2** trapassato. **3** percorso.

a.tra.ves.sa.dor [atravesad'or] *sm* strozzino.

a.tra.ves.sar [atraves'ar] *vt* **1** attraversare. **2** passare. **3** varcare. **4** penetrare, perforare, trapassare.

a.tre.lar [atrel'ar] *vt* bardare, attaccare.

a.tre.ver-se [atrev'ersi] *vpr* ardire, osare.

a.tre.vi.do [atrev'idu] *adj* **1** audace. **2** impertinente, insolente, sfacciato.

a.tre.vi.men.to [atrevim'ẽtu] *sm* **1** audacia. **2** impertinenza, insolenza, sfacciataggine. **3** arditezza.

a.tri.bu.i.ção [atribujs'ãw] *sf* attributo, appartenenza, spettanza, mansione.

a.tri.bu.ir [atribu'ir] *vt* **1** attribuire, conferire. **2** *fig* annettere. *vpr* **3** attribuirsi. Veja nota em **conferire**.

a.tri.bu.lar [atribul'ar] *vt* tribolare.

a.tri.bu.to [atrib'utu] *sm* **1** attributo. **2** condizione. **3** appannaggio.

á.trio ['atrju] *sm* atrio, vestibolo.

a.tri.to [atr'itu] *sm* **1** attrito. **2** frizione. **3** briga.

a.triz [atr'is] *sf* attrice.

a.tro.ci.da.de [atrosid'adi] *sf* **1** atrocità, eccesso. **2** *fig* enormità.

a.tro.fi.a [atrof'iə] *sf Med* atrofia.

a.tro.fi.ar [atrofi'ar] *vt* **1** atrofizzare. *vpr* **2** atrofizzarsi.

a.tro.pe.la.men.to [atropelam'ẽtu] *sm* investimento.

a.tro.pe.lar [atropel'ar] *vt* investire, arrotare. Veja nota em **arrotare**.

a.troz [atr'ɔs] *adj* **1** atroce. **2** straziante.

a.tu.a.ção [atwas'ãw] *sf* attuazione.

a.tu.al [atu'aw] *adj* **1** attuale, corrente, moderno, presente. **2** *fig* giovane. *Pl: atuais*.

a.tu.a.li.da.de [atwalid'adi] *sf* attualità.

a.tu.a.li.za.ção [atwalizas'ãw] *sf* **1** aggiornamento. **2** *fig* appendice.

a.tu.a.li.za.do [atwaliz'adu] *adj* aggiornato, giornaliero.

a.tu.a.li.zar [atwaliz'ar] *vt* **1** aggiornare. *vpr* **2** aggiornarsi.

a.tu.al.men.te [atwawm'ẽti] *adv* attualmente, al presente.

a.tu.ar [atu'ar] *vi* **1** attuare, agire. **2** *Cin*, *Teat* recitare. **atuar como** agire da.

a.tum [at'ũ] *sm Zool* tonno.

a.tu.rar [atur'ar] *vt* subire, tollerare, soffrire.

a.tur.dir [aturd'ir] *vt* **1** stordire, sbalordire. **2** *fig* pietrificare.

au.dá.cia [awd'asjə] *sf* **1** audacia. **2** coraggio, ardire. **3** baldanza, temerità. **4** *fig* fegato, animo.

au.da.ci.o.so [awdasi'ozu] *adj* audace, baldo, baldanzoso.

au.daz [awd'as] *adj* audace, fiero, ardito.

au.di.ção [awdis'ãw] *sf* udire, udito.

au.di.ên.cia [awdi'ẽsjə] *sf* udienza. **conseguir audiência** avere udienza.

au.di.tor [awdit'or] *sm* **1** *Dir* uditore. **2** *Com, Contab* revisore, sindaco. **3** *Rel* auditore.

au.di.tó.rio [awdit'ɔrju] *sm* **1** auditorio, platea, aula. **2** uditorio. Veja notas em **aula** (italiano), **auditorio** e **uditorio**.

au.ge ['awʒi] *sm* auge, pieno. **no auge** in auge, nel pieno.

au.gú.rio [awg'urju] *sm* auspicio.

au.gus.to [awg'ustu] *sm* augusto, titolo romano. • *adj* augusto.

au.la ['awlə] *sf* lezione. **aula particular** ripetizione. **matar aula** *fig* salare la scuola. Veja nota em **aula** (italiano).

au.men.tar [awmẽt'ar] *vt* **1** aumentare. **2** ingrandire, ampliare. **3** esagerare. **4** alzare. **5** accrescere, aggiungere. **6** *fig* dilatare. *vi* **7** aumentare. **8** crescere. **9** montare. **10** proliferare.

au.men.ta.ti.vo [awmẽtat'ivu] *adj* aumentativo.

au.men.to [awm´ẽtu] *sm* **1** aumento. **2** crescita, incremento. **3** ingrandimento. **4** aggiunta, addizione, supplemento. **5** rialzo. **6** rincaro.
au.ra [´awrə] *sf* aura.
áu.reo [´awrju] *adj* aureo.
au.ré.o.la [awr´ɛolə] *sf* aureola, raggiera.
au.ro.ra [awr´ɔrə] *sf* aurora, alba.
aus.cul.tar [awskuwt´ar] *vt Med* auscultare.
au.sên.cia [awz´ẽsjə] *sf* **1** assenza. **2** lontananza. **3** vuoto.
au.sen.tar-se [awzẽt´arsi] *vpr* **1** assentarsi. **2** allontanarsi. **3** partire.
au.sen.te [awz´ẽti] *adj* **1** assente. **2** lontano.
aus.pí.cio [awsp´isju] *sm* **1** auspicio, presagio. **2 auspícios** *pl* auspici, protezione.
aus.te.ri.da.de [awsterid´adi] *sf* **1** austerità. **2** severità. **3** *fig* asperità.
aus.te.ro [awst´ɛru] *adj* **1** austero. **2** solenne. **3** severo. **4** spoglio.
aus.tral [awstr´aw] *adj* **1** australe. **2** *fig* antartico. *Pl: austrais.*
aus.tra.li.a.no [awstrali´ʌnu] *sm+adj* australiano.
aus.trí.a.co [awstr´iaku] *sm+adj* austriaco.
au.tar.qui.a [awtark´iə] *sf* autarchia, entità autonoma.
au.ten.ti.ca.ção [awtẽtikas´ãw] *sf* **1** legalizzazione. **2** convalida.
au.ten.ti.car [awtẽtik´ar] *vt* **1** autenticare, certificare, controfirmare. **2** *Dir* legalizzare.
au.ten.ti.ci.da.de [awtẽtisid´adi] *sf* autenticità.
au.tên.ti.co [awt´ẽtiku] *adj* **1** autentico. **2** genuino. **3** concreto. **4** autografo. **5** *Lit* verace. **6** *fig* sincero.
au.to[1] [´awtu] *sm abrev V automóvel.*
au.to[2] [´awtu] *sm* **1** atto, documento. **2** *Teat* commedia, dramma. **3 autos** *pl Dir* atti.
au.to.bi.o.gra.fi.a [awtobiograf´iə] *sf* autobiografia.
au.to.con.tro.le [awtokõtr´oli] *sm* padronanza.
au.to.cra.ta [awtokr´atə] *s* autocrate.
au.to.di.da.ta [awtodid´atə] *s+adj* autodidatta.
au.tó.dro.mo [awt´ɔdromu] *sm* autodromo.
au.tó.gra.fo [awt´ɔgrafu] *sm* autografo.
au.to.má.ti.co [awtom´atiku] *adj* automatico.
au.tô.ma.to [awt´omatu] *sm* automa, robot.
au.to.mo.bi.lis.mo [awtomobil´izmu] *sm* automobilismo.
au.to.mó.vel [awtom´ɔvew] *sm* automobile, macchina. *Abrev: auto*. Veja nota em **carro** (português). *Pl: automóveis*.
au.to.no.mi.a [awtonom´iə] *sf* autonomia, autarchia.
au.tô.no.mo [awt´onomu] *adj* **1** autonomo. **2** indipendente.
au.tóp.sia [awt´ɔpsjə] *sf Med* autopsia, necropsia.
au.tor [awt´or] *sm* **1** autore. **2** *fig* capostipite.
au.to.ri.da.de [awtorid´adi] *sf* **1** autorità. **2** facoltà. **3** potere, balia. **4** importanza. **5** comando. **6** dominazione. **7** *fig* influenza. **8** sovranità. **ter autoridade num assunto** *fig* aver voce in capitolo.
au.to.ri.tá.rio [awtorit´arju] *adj* **1** autoritario, prepotente. **2** *fig* dogmatico.
au.to.ri.za.ção [awtorizas´ãw] *sf* **1** autorizzazione. **2** permesso, concessione. **3** consentimento.
au.to.ri.zar [awtoriz´ar] *vt* autorizzare, consentire.
au.xi.li.ar [ausili´ar] *s+adj* ausiliare, assistente. • *vt* **1** aiutare, assistere, cooperare con. **2** spalleggiare. **3** giovare, assecondare. **4** *fig* appoggiare.
au.xí.lio [aws´ilju] *sm* **1** ausilio. **2** aiuto. **3** soccorso. **4** assistenza. **5** sussidio. **6** grazia. **7** *fig* rifugio.
a.val [av´aw] *sm* **1** avallo. **2** *fig* attestato. *Pl: avales, avais.*
a.va.lan.cha [aval´ãʃə] *sf* **1** valanga. **2** *fig* valanga, massa, grande quantità.
a.va.li.a.ção [avalias´ãw] *sf* **1** opinione, critica. **2** *Com* valutazione, estimo, stima.
a.va.li.ar [avali´ar] *vt* **1** calcolare, quotare. **2** giudicare. **3** *Com* valutare, stimare. **4** *fig* misurare.
a.va.li.zar [avaliz´ar] *vt* avallare.
a.van.ça.do [avãs´adu] *adj* **1** avanzato. **2** futuristico. **3** *fig* estremo. **avançado na idade** avanzato.
a.van.çar [avãs´ar] *vi* **1** avanzare. **2** andare

avanti, inoltrarsi. **3** correre (tempo). **4** guadagnar terreno. **5** *fig* marciare.

a.van.ço [av´ãsu] *sm* **1** avanzamento. **2** progresso.

a.van.te [av´ãti] *adv* **1** avanti. **2** innanzi. • *inter* avanti! via! Veja nota em **avanti**.

a.va.ren.to [avar´ẽtu] *sm* **1** avaro, spilorcio. **2** *fig* granfia, lesina. • *adj* avaro, spilorcio, gretto, taccagno.

a.va.re.za [avar´ezə] *sf* **1** avarizia, grettezza, tirchieria. **2** *fig* meschinità.

a.va.ri.a [avar´iə] *sf* avaria, danno, guasto.

a.va.ri.ar [avari´ar] *vt* avariare.

a.va.ro [av´aru] *sm+adj V avarento.*

a.ve [´avi] *sf* uccello, volatile. • *interj* ave! **ave de mau agouro** uccello di malaugurio. **ave de rapina** rapace, uccello di preda.

a.vei.a [av´ejə] *sf Bot* avena, biada.

a.ve.lã [avel´ã] *sf Bot* avellana, nocciola.

a.ve.lei.ra [avel´ejrə] *sf Bot* avellano, nocciolo.

a.ve.ni.da [aven´idə] *sf* viale.

a.ven.tal [avẽt´aw] *sm* grembiule. *Pl: aventais.*

a.ven.tu.ra [avẽt´urə] *sf* **1** avventura. **2** peripezia. **3** *fig* odissea. **4 aventuras** *pl* sventure.

a.ven.tu.ra.do [avẽtur´adu] *adj* avventuroso.

a.ven.tu.rar [aventur´ar] *vt* **1** arrischiare. *vpr* **2** avventurarsi, azzardarsi, provarsi, esporsi.

a.ven.tu.rei.ro [avẽtur´ejru] *sm* avventuriere.

a.ve.ri.gua.ção [averigwas´ãw] *sf* **1** indagine, accertamento, verifica. **2** *Dir* accesso.

a.ve.ri.guar [averig´war] *vt* indagare, accertarsi, verificare, chiarire.

a.ver.me.lha.do [avermeλ´adu] *adj* **1** arrossato. **2** ardente. **3** *fig* acceso.

a.ver.me.lhar [avermeλ´ar] *vt* **1** arrossare. *vpr* **2** rosseggiare.

a.ver.são [avers´ãw] *sf* **1** avversione. **2** antipatia, ripulsa. **3** aborrimento. **4** inimicizia. **5** malanimo. **6** odio, astio. **7** *fig* nausea.

a.ves.sas [av´εsas] *sf pl* usado na locução adverbial **às avessas** all'inverso.

a.ves.so [av´esu] *sm+adj* rovescio. **do avesso** *adv* a rovescio, alla rovescia.

a.ves.truz [avestr´us] *sm* struzzo.

a.vi.a.ção [avjas´ãw] *sf* aviazione.

a.vi.a.dor [avjad´or] *sm* aviatore, aeronauta.

a.vi.ão [avi´ãw] *sm Aer* aereo, aeroplano. **avião a jato** aviogetto, aereo a reazione. **avião de carreira** aeroplano di linea. **de avião** per aereo.

a.vi.ar [avi´ar] *vt Med* spedire.

a.vi.á.rio [avi´arju] *sm* aviario, uccelliera.

a.vi.dez [avid´es] *sf* **1** avidità, brama. **2** *fig* fame.

á.vi.do [´avidu] *adj* **1** avido, cupido, vago. **2** *fig* ghiotto, famelico, assetato.

a.vi.na.grar [avinagr´ar] *vt* **1** acetare. *vpr* **2** acetire.

a.vi.sar [aviz´ar] *vt* **1** avvisare. **2** comunicare. **3** notificare. **4** avvertire. **5** ammonire.

a.vi.so [av´izu] *sm* **1** avviso. **2** annuncio, comunicato. **3** consiglio, avvertimento. **4** ammonizione. **5** parere. **6** segnale, cenno. **7** cartello. **8** *Lit* prenunzio. **9** *fig* sintomo. **sem mais avisos** senz'altro avviso. Veja nota em **parere**.

a.vis.tar [avist´ar] *vt* avvistare, scorgere.

a.vi.var [aviv´ar] *vt* avvivare.

a.vi.zi.nhar [aviziñ´ar] *vt* **1** avvicinare, ravvicinare. *vpr* **2** avvicinarsi, ravvicinarsi a.

a.vó [av´ɔ] *sf* **1** nonna. **2** ava, avola.

a.vô [av´o] *sm* **1** nonno. **2** avo, avolo. **3 os avós** *pl fig* gli antecessori, i bisavi.

a.vul.so [av´uwsu] *adj* avulso, separato.

a.xi.la [aks´ilə] *sf Anat* ascella.

a.xi.lar [aksil´ar] *adj Anat* assillare.

a.xi.o.ma [aksi´omə] *sm Mat* assioma.

a.za.lei.a [azal´εjə] *sf Bot* azalea.

a.zar [az´ar] *sf* **1** sfortuna, disdetta. **2** avversità. **3** *gír* iella. **4** *pop* scalogna. **5** *fig* rogna.

a.za.ra.do [azar´adu] *adj* sfortunato, infelice.

a.za.ren.to [azar´ẽtu] *adj* funesto.

a.ze.dar [azed´ar] *vt* **1** inacerbire. *vi* **2** inacerbirsi.

a.ze.do [az´edu] *adj* acido, agro, aspro, acerbo.

a.ze.du.me [azed´umi] *sm* acidità, agrezza.

a.zei.te [az´ejti] *sm* olio. **ao azeite** sott'olio. **azeite de oliva** olio d'oliva.

a.zei.to.na [azejt´onə] *sf* oliva, uliva. **cor de azeitona** olivastro.

á.zi.mo [ˈazimu] *adj* azzimo, senza lievito.

a.zul [azˈuw] *sm+adj* azzurro, blu. • *adj fig* cristallino (céu). **azul ultramarino** oltremare, azzurro oltremarino. *Pl: azuis*.

a.zu.lar [azulˈar] *vi+vpr* azzurreggiare.

a.zul-ce.les.te [azuwselˈɛsti] *sm+adj* celeste. *Pl: azuis-celestes (sm)*.

a.zul-cla.ro [azuwklˈaru] *sm+adj* azzurro. *Pl: azuis-claros (sm), azul-claros (adj)*.

a.zu.le.jo [azulˈeʒu] *sm* piastrella.

a.zul-es.cu.ro [azuweskˈuro] *sm+adj* blu. *Pl: azuis-escuros (sm), azul-escuros (adj)*.

b

b [b´e] *sm* la seconda lettera dell'alfabeto portoghese.

ba.ba [b´abə] *sf* bava.

ba.bá [bab´a] *sf* bambinaia, balia asciutta.

ba.ba.ca [bab´akə] *sm vulg* minchione.

ba.ba.dor [babad´or] *sm* bavaglio.

ba.bar [bab´ar] *vt* **1** imbavare. *vi* **2** sbavare.

ba.bu.í.no [babu´inu] *sm Zool* babbuino.

ba.ca.lhau [bakaλ´aw] *sm Zool* baccalà, merluzzo, stoccafisso.

ba.ca.mar.te [bakam´arti] *sm Mil* trombone.

ba.ca.nal [bakan´aw] *sf* baccanale, orgia. *Pl: bacanais*.

ba.cha.rel [baʃar´ɛw] *sm* baccelliere. *Pl: bacharéis*.

ba.cha.re.la.do [baʃarel´adu] *sm* baccellierato.

ba.ci.a [bas´iə] *sf* **1** bacino, conca. **2** *Geogr, Anat* bacino. **bacia hidrográfica** bacino idrico.

ba.ci.lo [bas´ilu] *sm* bacillo.

ba.ço [b´asu] *sm Anat* milza.

bac.té.ria [bakt´ɛrjə] *sf* batteria.

ba.da.la.da [badal´adə] *sf* rintocco. *o relógio soou doze badaladas* / l'orologio suonò dodici rintocchi.

ba.da.lar [badal´ar] *vi* rintoccare. *o relógio badalava* / l'orologio rintoccava.

ba.da.lo [bad´alu] *sm* battaglio.

ba.de.jo [bad´eʒu] *sm Zool* nasello.

ba.der.na [bad´ɛrnə] *sf* disordine.

ba.du.la.que [badul´aki] *sm* gingillo.

ba.fo [b´afu] *sm* alito.

ba.ga.gei.ro [bagaʒ´ejru] *sm* **1** bagagliaio, carro ferroviario per i bagagli. **2** *Autom* portabagagli, portapacchi, reticella.

ba.ga.gem [bag´aʒẽj] *sf* bagaglio.

ba.ga.te.la [bagat´ɛlə] *sf* bagattella, bazzecola, nonnulla.

ba.go [b´agu] *sm* acino, chicco.

ba.gun.ça [bag´ũsə] *sf* **1** soqquadro, scompiglio. **2** baraonda. **3** *gír* casino. **4** *pop* pasticcio. **5** *fam* mescolanza. **6** *fig* bordello. **7** garbuglio.

ba.gun.çar [bagũs´ar] *vt* sconvolgere, sconcertare.

ba.í.a [ba´iə] *sf Geogr* baia, seno, rada, cala.

bai.la [b´ajlə] *sf* usado na expressão **voltar à baila** tornare a galla.

bai.la.do [bajl´adu] *sm* balletto.

bai.lar [bajl´ar] *vi* ballare, danzare.

bai.la.ri.na [bajlar´inə] *sf* ballerina, danzatrice.

bai.la.ri.no [bajlar´inu] *sm* ballerino, danzatore.

bai.le [b´ajli] *sm* ballo. **baile à fantasia** ballo in maschera.

ba.i.nha [ba´iñə] *sf* **1** bordatura, bordo, orlo, risvolto. **2** fodero, guaina (de espada). **3** *Bot* guaina (de folha).

bai.o [b´aju] *sm+adj* baio.

bai.o.ne.ta [bajon´etə] *sf Mil* baionetta.

bair.ro [b´ajr̃u] *sm* quartiere, rione, contrada.

bai.xa [b´ajʃə] *sf* **1** abbassamento (de preços). **2** *Mil* disarmo.

bai.xar [bajʃ´ar] *vt* abbassare, calare, discendere. **baixar de preço** diminuire. **baixar uma ordem** abbassare un ordine.

bai.xa.ri.a [bajʃar´iə] *sf gír* cattiveria.

bai.xe.la [bajʃ´ɛlə] *sf* finimento, fornimento da tavola.

bai.xe.za [bajʃ´ezə] *sf* **1** canagliata. **2** *fig* cattiveria, sporcizia, grettezza.

bai.xi.nho [bajʃ´iñu] *sm dim fig* tappo. • *adj* bassotto.
bai.xo [b´ajʃu] *sm* **1** basso, parte bassa. **2** *Mús* basso. • *adj* **1** basso, piccolo. **2** indegno, ignobile. **3** carnale. **4** più recente, ultimo (período histórico). *il basso Medioevo* / a baixa Idade Média. **4** *Mús* basso, grave. **5** *fig* sordo, profondo. • *adv* basso.
bai.xo-re.le.vo [bajʃur̄el´evu] *sm Arte* bassorilievo. *Pl: baixos-relevos*.
ba.ju.la.ção [baʒulas´ãw] *sf* **1** lusinga, adulazione. **2** *fig* incenso.
ba.ju.la.dor [baʒulad´or] *sm dep* leccapiedi. • *adj* **1** lusinghiero. **2** *fig* servile.
ba.ju.lar [baʒul´ar] *vt* **1** adulare, lusingare. **2** *fam* lustrare. **3** *fig* corteggiare, leccare.
ba.la [b´alə] *sf* **1** caramella. **2** *Mil* palla.
ba.la.da [bal´adə] *sf Lit, Mús* ballata.
ba.lan.ça [bal´ãsə] *sf* **1** bilancia. **2 Balança** *V Libra*. **balança de precisão** bilancia di precisione.
ba.lan.çan.do [balãs´ãdu] *adv* ciondoloni.
ba.lan.çar [balãs´ar] *vt* **1** tentennare, ciondolare, dondolare. *vi* **2** tentennare, barcollare. **3** ciondolare. **4** *Náut* beccheggiare. *vpr* **5** dondolarsi.
ba.lan.ce.ar [balãse´ar] *vt* **1** bilanciare, controbilanciare. **2** *fig* compensare.
ba.lan.cei.o [balãs´eju] *sm* beccheggio, dondolo.
ba.lan.ço [bal´ãsu] *sm* **1** barcollamento. **2** dondolo, altalena (brinquedo). **3** *Com, Contab* bilancio, conto. Veja nota em **altalena**.
ba.lão [bal´ãw] *sm* pallone.
ba.laus.tra.da [balawstr´adə] *sf Arquit* balaustra, ringhiera.
ba.la.ús.tre [bala´ustri] *sm Arquit* balaustra.
bal.bu.ci.an.te [bawbusi´ãti] *adj* balbo.
bal.bu.ci.ar [bawbusi´ar] *vt* balbettare, tartagliare.
bal.bu.ci.o [bawbus´iu] *sm* balbettio.
bal.búr.dia [bawb´urdjə] *sf* chiasso, gazzarra, baccano.
bal.cão [bawk´ãw] *sm* **1** banco (de loja). **2** *Arquit* balcone, terrazza. **balcão de informações** ufficio informazioni.
bal.co.nis.ta [bawkon´istə] *s* commesso. **balconista de bar** barista.
bal.de [b´awdi] *sm* secchio. **balde de poço** secchia.
bal.de.a.ção [bawdeas´ãw] *sf* trasbordo.
bal.de.ar [bawde´ar] *vt+vi* trasbordare.
ba.lei.a [bal´ejə] *sf Zool* balena, ceto.
ba.le.la [bal´ɛlə] *sf* diceria.
ba.lé [bal´ɛ] *sm* balletto.
ba.li.za [bal´izə] *sf* mazza, picchetto.
bal.ne.á.rio [bawne´arju] *sm* stazione balneare. • *adj* balneare.
ba.lo.fo [bal´ofu] *adj pop* pingue.
bal.sa [b´awsə] *sf Náut* **1** traghetto. **2** battello.
bál.sa.mo [b´awsamu] *sm* balsamo.
bam.bo.le.ar [bãbole´ar] *vt+vi* ciondolare.
bam.bu [bãb´u] *sm* bambù, canna.
ba.nal [ban´aw] *adj* **1** banale, comune. **2** *fig* scialbo, pedestre. *Pl: banais*.
ba.na.li.da.de [banalid´adi] *sf* banalità.
ba.na.na [ban´ʌnə] *sf Bot* banana.
ba.na.nei.ra [banan´ejrə] *sf Bot* banano.
ban.ca [b´ãkə] *sf* **1** chiosco, casotto, edicola. **2** banco (de juízes etc.). **banca de jogo** banca. Veja nota em **banca** (italiano).
ban.ca.da [bãk´adə] *sf Pol* settore.
ban.cá.rio [bãk´arju] *sm+adj* bancario.
ban.car.ro.ta [bãkar̄´otə] *sf* **1** *Com* bancarotta. **2** *fig* ruzzolone.
ban.co [b´ãku] *sm* **1** banco, panca, banca, sedile. **2** *Com* banca. **banco de areia** banco, cordone littorale. **banco de provas** *Mec* banco di prove. **banco dos réus** gabbia degli accusati. Veja nota em **banca** (italiano).
ban.da [b´ãdə] *sf* **1** banda, lato. **2** *Mús* banda, fanfara. **3 bandas** *pl* parti.
ban.da.gem [bãd´aʒẽj] *sf* bendaggio.
ban.dei.ra [bãd´ejrə] *sf* bandiera, gonfalone.
ban.dei.ran.te [bãdejr´ãti] *sf* giovane esploratrice.
ban.de.ja [bãd´eʒə] *sf* vassoio, guantiera.
ban.di.do [bãd´idu] *sm* **1** bandito, brigante, criminale, malvivente. **2** *fig* pendaglio da forca.
ban.do [b´ãdu] *sm* **1** masnada, combriccola, banda. **2** branco. **3** *fig dep* lega.
ban.do.lei.ro [bãdol´ejru] *sm* masnadiere.
ban.do.lim [bãdol´ĩ] *sm Mús* mandolino.

ban.gue-ban.gue [bãgib´ãgi] *sm Cin* film *western*. *Pl: bangue-bangues.*
ba.nha [b´Λñə] *sf* **1** grasso. **2** *fam fig* ciccia.
ba.nha.do [bañ´adu] *adj* bagnato, umido.
ba.nhar [bañ´ar] *vt* **1** bagnare, irrigare, annaffiare. *vpr* **2** bagnarsi, inzupparsi.
ba.nhei.ra [bañ´ejrə] *sf* bagno, tinozza, vasca da bagno.
ba.nhei.ro [bañ´ejru] *sm* bagno, toletta, ritirata, stanza da bagno, gabinetto da bagno.
ba.nho [b´Λñu] *sm* **1** bagno. **2** bagnata. **banho de mar** bagno al mare. **tomar banho** fare un bagno, prendere la doccia.
ba.nho-ma.ri.a [bΛñumar´iə] *sm* bagnomaria. *Pl: banhos-marias, banhos-maria.*
ba.ni.do [ban´idu] *adj* bandito, proscritto.
ba.ni.men.to [banim´ẽtu] *sm* bando, confino, cacciata, espulsione.
ba.nir [ban´ir] *vt* bandire, proscrivere, espatriare.
ban.quei.ro [bãk´ejru] *sm* banchiere.
ban.que.ta [bãk´etə] *sf dim* banca. Veja nota em **banca** (italiano).
ban.que.te [bãk´eti] *sm* banchetto.
ban.que.te.ar [bãkete´ar] *vt* **1** far banchetto in onore di. *vpr* **2** banchettare.
ban.qui.nha [bãk´iñə] *sf dim* banchetto.
ban.qui.nho [bãk´iñu] *sm dim* sgabello.
ba.que.ta [bak´etə] *sf Mús* bacchetta.
bar [b´ar] *sm* caffè, ritrovo, bettola, bar.
ba.ra.lho [bar´aλu] *sm* mazzo, risma.
ba.rão [bar´ãw] *sm* barone.
ba.ra.ta [bar´atə] *sf Zool* blatta, scarafaggio.
ba.ra.to [bar´atu] *adj* **1** a buon mercato, basso (preço). **2** *fig* di poco pregio. • *adv* a buon mercato, per poco. **o barato sai caro** chi più spende, meno spende. Veja nota em **baratto**.
bar.ba [b´arbə] *sf* barba.
bar.ban.te [barb´ãti] *sm* spago, spaghetto, funicella.
bar.bá.rie [barb´arji] *sf* **1** barbarie. **2** *fig* ignoranza, buio.
bár.ba.ro [b´arbaru] *sm* barbaro. • *adj* **1** barbaro, barbaresco. **2** *fig* crudele.
bar.ba.ta.na [barbat´Λnə] *sf Zool* pinna.
bar.be.a.dor [barbead´or] *sm* rasoio di sicurezza. **barbeador elétrico** rasoio elettrico.
bar.be.ar [barbe´ar] *vt* **1** radere, rasare. *vpr* **2** radersi, raparsi, rasarsi.
bar.be.a.ri.a [barbear´iə] *sf* barbieria.
bar.bei.ro [barb´ejru] *sm* barbiere.
bar.bu.do [barb´udu] *sm* barbone.
bar.ca [b´arkə] *sf Náut* barca, traghetto.
bar.ca.ça [bark´asə] *sf Náut* chiatta.
bar.co [b´arku] *sf* barca, bastimento. **barco a remo** barca a remi. **barco a vapor** vaporetto. **barco a vela** barca a vela.
bar.co-pa.tru.lha [barkupatr´uλə] *sm Náut* vedetta. *Pl: barcos-patrulhas.*
bar.do [b´ardu] *sm* bardo, cantastorie.
ba.rí.to.no [bar´itonu] *sm Mús* baritono.
ba.rô.me.tro [bar´ometru] *sm* barometro.
ba.ro.ne.sa [baron´ezə] *sf* baronessa.
bar.quei.ro [bark´ejru] *sm* barcaiolo.
bar.qui.nho [bark´iñu] *sm dim* battello, barchetta, navicello, guscio.
bar.ra [b´ar̄ə] *sf* **1** barra, sbarra. **2** stanga. **3** traversa. **4** spranga. **5** *Mec* braccio. **barra de chocolate** tavoletta di cioccolata. **barra de metal** verga. **barra de ouro etc.** lingotto. **barra para ginástica** sbarra per ginnastica. **barra paralelas** *Esp* parallele.
bar.ra.ca [bar̄´akə] *sf* baracca, tenda, capanna, padiglione. **barraca de acampar/barraca de campanha** *Mil* tenda da campo / tenda da campeggio.
bar.ra.gem [bar̄´aʒẽj] *sf* diga, chiusa, serrata.
bar.ran.co [bar̄´ãku] *sm* dirupo, burrone, balza.
bar.ra.qui.nha [bar̄ak´iñə] *sf dim* chiosco.
bar.rar [bar̄´ar] *vt* **1** barrare, sbarrare. **2** *fig* barricare.
bar.rei.ra [bar̄´ejrə] *sf* **1** barriera, argine, terrapieno. **2** *fig* muraglia.
bar.ri.ca [bar̄´ikə] *sf* barile, botte.
bar.ri.ca.da [bar̄ik´adə] *sf* trincea.
bar.ri.ga [bar̄´igə] *sf* **1** pancia. **2** *pop* buzzo. **3** *irôn* trippa. **4** *fig* sacco. **barriga cheia goiaba tem bicho** all'uomo sazio il dolce pare amaro. **barriga da perna** *Anat* polpaccio. **de barriga para baixo** bocconi. **reclamar de barriga**

cheia *fam* piangere miseria. Veja nota em **sacco**.
bar.ril [bar̄ˈiw] *sm* barile, botte, bidone. *Pl: barris.*
bar.ri.le.te [bar̄ilˈeti] *sm dim* barile.
bar.ro [bˈar̄u] *sm* **1** argilla, terra. **2** mota.
ba.ru.lhei.ra [baruλˈejrə] *sf* schiamazzo, chiasso.
ba.ru.lhen.to [baruλˈẽtu] *adj* rumoroso, chiassoso, strepitoso, fragoroso.
ba.ru.lho [barˈuλu] *sm* **1** rumore, strepito, fracasso. **2** *fig* clamore, grancassa. **fazer barulho** chiassare, schiamazzare.
ba.se [bˈazi] *sf* **1** base. **2** basamento. **3** appoggio. **4** *Mec* supporto, fondazione. **5** *Mil* base. **6** *fig* cuore. **7** perno. **as bases (de grupo ou movimento)** la base. Veja nota em **fondamento**.
ba.se.ar [bazeˈar] *vt* **1** basare. *vpr* **2** basarsi. **3** appoggiarsi, fondarsi.
bá.si.co [bˈaziku] *adj* **1** basico, fondamentale, basilare. **2** *Quím* basico.
ba.sí.li.ca [bazˈilikə] *sf Rel* basilica.
bas.que.te [baskˈɛti] *sm Esp* pallacanestro.
bas.sê [basˈe] *sm* bassotto.
bas.tan.te [bastˈãti] *adj* sufficiente. • *adv* abbastanza, assai.
bas.tão [bastˈãw] *sm* **1** bastone. **2** mazza. **3** randello, manganello.
bas.tar [bastˈar] *vt+vi* **1** bastare, sopperire a, esser da tanto. **2** *fig* arrivare. Veja nota em **arrivare**.
bas.tar.do [bastˈardu] *sm* bastardo, figliastro. • *adj* **1** bastardo. **2** illeggittimo, adulterino, naturale. **3** spurio.
bas.ti.dor [bastidˈor] *sm Teat* retroscena, quinta. **nos bastidores** dietro le quinte.
ba.ta.lha [batˈaλə] *sf* **1** battaglia. **2** conflitto, combattimento. **3** cimento. **4** *fig* scontro.
ba.ta.lha.dor [bataλadˈor] *adj fig* polemico.
ba.ta.lhão [bataλˈãw] *sm Mil* battaglione.
ba.ta.ta [batˈatə] *sf* patata, pomo di terra. **batatas fritas** patate fritte. Veja nota em **patata**.
ba.ta.ta-do.ce [batatədˈoci] *sf* patata dolce. Veja nota em **patata**. *Pl: batatas-doces.*
ba.te-bo.ca [batibˈokə] *sm pop* **1** battibecco, baruffa, diverbio. **2** *fig* scontro. *Pl: bate-bocas.*
ba.te.dei.ra [batedˈejrə] *sf* frullatore. **batedeira manual** frullino.
ba.te.dor [batedˈor] *sm* **1** *Mil* informatore. **2** *fig* guida. **batedor de carteira** tagliaborse, borsaiolo.
ba.te-es.ta.ca [batjestˈakə] *sm Arquit* gatto, mazzacavallo. *Pl: bate-estacas.*
ba.ten.te [batˈẽti] *sm* battente, anta.
ba.te-pa.po [batipˈapu] *sm pop* chiacchierata, conversazione. *Pl: bate-papos.*
ba.ter [batˈer] *vt* **1** battere. **2** colpire, pestare, picchiare. **3** urtare (veículo). **4** frullare (leite, ovos). **5** *Com* scontrare. **6** *fig* bastonare. *vi* **7** battere. **8** urtare, cozzare. **9** pulsare. **10** sbattere (porta, janela, asas). **11** *Med* palpitare (coração). **12** *fig* battere, suonare (horas). *vpr* **13** battersi, picchiarsi. **bater à máquina** battere a macchina. **bater à porta** picchiare, bussare, battere alla porta. **bater a porta na cara** sbattere la porta in faccia. **bater em retirada** battere in ritirata. **bater os pés de raiva** pestare i piedi.
ba.te.ri.a [baterˈiə] *sf Elet, Mil, Mús* batteria. **carregar a bateria** caricare la batteria.
ba.ti.da [batˈidə] *sf* **1** battuta. **2** urto, collisione. **3** colpo, percossa. **4** botta. **5** *fig* bastonata, nespola. **batida à porta** picchio. **batida policial** battuta.
ba.ti.do [batˈidu] *adj* **1** battuto, colpito. **2** sbattuto.
ba.ti.men.to [batimˈẽtu] *sm Fisiol* battito, palpito, polso, ritmo.
ba.ti.na [batˈinə] *sf Rel* abito, sottana. **largar a batina** spogliare l'abito.
ba.tis.mo [batˈizmu] *sm* battesimo.
ba.ti.zar [batizˈar] *vt* **1** battezzare. **2** chiamare.
ba.tom [batˈõw] *sm* rossetto.
ba.tu.ta [batˈutə] *sf Mús* bacchetta direttoriale.
ba.ú [baˈu] *sm* baule, cofano.
bau.ni.lha [bawnˈiλə] *sf* vaniglia.
ba.zar [bazˈar] *sm* bazar.
bê [bˈe] *sm* bi, il nome della lettera B.
be.a.ti.fi.car [beatifikˈar] *vt Rel* beatificare.

be.a.to [be´atu] *sm Rel* **1** beato. **2** devoto. **3** *dep* bacchettone, baciapile, bigotto. **4** *fig* tartufo. • *adj* **1** beato. **2** devoto.
bê.ba.do [b´ebadu] *sm* ubriacone, beone. • *adj* **1** ubriaco, ebbro, alto dal vino. **2** *fig* cotto.
be.bê [beb´e] *s* **1** bambino. **2** bambina. **3** *fam* bimbo. **4** bimba.
be.be.dei.ra [bebed´ejrə] *sf* sbornia, ebbrezza.
be.be.dou.ro [bebed´owru] *sm* fontanella.
be.ber [beb´er] *vt* **1** bere. **2** sorbire. **3** *fig* bagnarsi le labbra.
be.be.ra.gem [beber´aʒẽj] *sf* beveraggio, beverone, bibita. Veja nota em **bibita**.
be.be.ri.car [beberik´ar] *vt* bevicchiare, centellinare.
be.ber.rão [beber̄´ãw] *sm* **1** beone. **2** *fig* spugna.
be.bi.da [beb´idə] *sf* **1** bevanda, bibita. **2** beveraggio. Veja nota em **bibita**.
be.co [b´eku] *sm* **1** vicolo, angiporto. **2** *Lit* vico. **beco sem saída** (também *fig*) vicolo cieco. *estar num beco sem saída* / essere in un vicolo cieco, in una situazione difficile o senza soluzione.
be.del [bed´ɛw] *sm* bidello. *Pl: bedéis*.
be.de.lho [bed´eʎu] *sm* saliscendi. **meter o bedelho num assunto** metter lo zampino in una faccenda.
bei.ço [b´ejsu] *sm* **1** labbro. **2** *fig* muso. **lamber os beiços** *fig* leccarsi le labbra.
bei.ja-flor [bejʒəfl´or] *sm* colibrì, uccello mosca. *Pl: beija-flores*.
bei.jar [bejʒ´ar] *vt* **1** baciare. *vpr* **2** baciarsi. **beijar o chão** baciare la terra.
bei.jo [b´ejʒu] *sm* bacio.
bei.ra [b´ejrə] *sf* **1** sponda. **2** ripa. **3** riva. **estar à beira da morte** essere per morire.
bei.rar [bejr´ar] *vt fig* rasentare. *estas ideias beiram o absurdo* / queste idee rasentano l'assurdo.
be.las-ar.tes [belaz´artis] *sf pl* belle arti.
bel.da.de [bewd´adi] *sf Poét* beltà.
be.le.za [bel´ezə] *sf* **1** bellezza, **2** grazia. **3** *Poét* beltà. **4** *fig* poesia. **é uma beleza!** *fam* è un bel poema!
be.li.che [bel´iʃi] *sm* letto a castello.
bé.li.co [b´ɛliku] *adj* **1** bellico. **2** *fig* marziale.
be.li.co.so [belik´ozu] *adj* bellicoso, guerresco.
be.lis.car [belisk´ar] *vt* pizzicare.
be.lis.cão [belisk´ãw] *sm* pizzico.
be.lo [b´ɛlu] *adj* **1** bello. **2** attraente. **3** *Poét* formoso. **é um belo de um ladrão!** è un bravo ladro!
bel.tra.no [bewtr´ʌnu] *sm+pron* sempronio.
bem [b´ẽj] *sm* **1** il bene, il buono. **2** roba, cosa. **3 bens** *pl* beni, averi, possessioni, capitale. • *adv* **1** bene. **2** orbene. **de bem** ammodo, perbene, per bene, a modo, bravo, di buona lega. **muito bem!** bravo! **por bem ou por mal** *fig* o di riffa o di raffa. **se bem que** benché, sebbene, nonostante che, contuttoché, malgrado.
bem-cri.a.do [bẽjkri´adu] *adj* benallevato. *Pl: bem-criados*.
bem-dis.pos.to [bẽdisp´ostu] *adj* ben disposto. **estar bem-disposto** esser di buona voglia. **estar muito bem-disposto a** essere in voga di. *Pl: bem-dispostos*.
bem-e.du.ca.do [bẽjeduk´adu] *adj* **1** benallevato, civile. **2** *fig* corretto. *Pl: bem-educados*.
bem-es.tar [bẽjest´ar] *sm* benessere, agiatezza. *Pl: bem-estares*.
bem-in.ten.ci.o.na.do [bẽjĩtẽsjon´adu] *adj* bene intenzionato. *Pl: bem-intencionados*.
be.mol [bem´ɔw] *sm Mus* bemolle. *Pl: bemóis*.
bem-vin.do [bẽjv´ĩdu] *adj* benvenuto, benarrivato. **bem-vindo a Roma!** benvenuto a Roma! *Pl: bem-vindos*.
bên.ção [b´ẽsãw] *sf* benedizione. **dar a bênção** benedire. *Pl: bênçãos*.
ben.di.to [bẽd´itu] *adj* benedetto.
ben.di.zer [bẽdiz´er] *vt* benedire.
be.ne.fi.cên.cia [benefis´ẽsjə] *sf* beneficenza, assistenza.
be.ne.fi.ci.ar [benefisi´ar] *vt* **1** beneficare. **2** proteggere. **3** *fig* assistere. *vpr* **4** godere, usufruire, godersi.
be.ne.fí.cio [benef´isju] *sm* beneficio, tornaconto, vantaggio.
be.né.fi.co [ben´ɛfiku] *adj* benefico.
be.ne.vo.lên.cia [benevol´ẽsjə] *sf* **1** benevolenza. **2** benvolere. **3** bontà. **4** favore. **5** affezione.

B

be.né.vo.lo [ben´ɛvolu] *adj* **1** benevolo. **2** benigno, buono. **3** clemente. **4** amichevole.

ben.fa.ze.jo [bẽfaz´eʒu] *adj* benefico.

ben.fei.to [bẽjf´ejtu] *adj* **1** benfatto, diligente (coisa). **2** *Poét* formoso (pessoa).

ben.fei.tor [bẽfejt´or] *sm* benefattore, filantropo.

ben.fei.to.ri.a [bẽfejtor´iə] *sf* miglioria.

ben.ga.la [bẽg´alə] *sf* bastone da passeggio.

be.nig.no [ben´ignu] *adj* **1** benigno. **2** benefico. **3** indulgente. **4** amichevole. **5** *Med* benigno. *tumor benigno* / tumore benigno.

ben.to [b´ẽtu] *adj* benedetto.

ben.zer [bẽz´er] *vt* benedire.

ben.zi.na [bẽz´inə] *sf* benzina.

ber.ço [b´ersu] *sf* culla.

ber.ga.mo.ta [bergam´ɔtə] *sf Bot* bergamotta, specie di pera. **pé de bergamota** bergamotto.

be.rin.je.la [berĩʒ´ɛlə] *sf* melanzana.

ber.lin.da [berl´ĩdə] *sf fig* gogna. **colocar na berlinda** mettere alla gogna.

ber.rar [ber̃´ar] *vi* berciare, urlare, strepitare.

ber.ro [b´ɛr̃u] *sm* bercio, urlo, grido. **dar um berro** cacciare un urlo. Veja nota em **grido**.

be.sou.ro [bez´owru] *sm Zool* cervo volante.

bes.ta [b´estə] *sf* **1** bestia, animale. **2** giumento.

bes.tei.ra [best´ejrə] *sf* **1** banalità, gingillo. **2** *pop* assurdità. **3** *fig* bubbola. **4** eresia. **dizer besteiras** bestemmiare, cianciare.

bes.ti.al [besti´aw] *adj* **1** bestiale, animalesco, ferino, brutale. **2** *fig* crudele, barbaro. *Pl: bestiais*.

be.ter.ra.ba [beter̃´abə] *sf* barbabietola.

be.tu.me [bet´umi] *sm* bitume.

be.xi.ga [beʃ´igə] *sf* **1** *Anat* vescica. **2** *Med* buttero (da varíola). **3** *Zool* vescica. **bexiga natatória** vescica natatoria.

be.zer.ro [bez´er̃u] *sm* vitello, giovenco.

bi.be.lô [bibel´o] *sm* soprammobile, suppellettile. Veja nota em **suppellettile**.

Bí.blia [b´ibljə] *sf* Bibbia.

bí.bli.co [b´ibliku] *adj* biblico.

bi.bli.o.gra.fi.a [bibljograf´iə] *sf* bibliografia.

bi.bli.o.te.ca [bibljot´ɛkə] *sf* biblioteca, libreria.

bi.bli.o.te.cá.rio [bibljotek´arju] *sm* bibliotecario.

bi.ca.da [bik´adə] *sf* beccatura, pizzico.

bi.car [bik´ar] *vt* beccare, pizzicare.

bi.car.bo.na.to [bikarbon´atu] *sm Quím* bicarbonato. **bicarbonato de sódio** bicarbonato di sodio.

bi.cha [b´iʃə] *s gír, vulg* finocchio.

bi.char [biʃ´ar] *vi* bacare.

bi.chi.nho [biʃ´iñu] *sm* bacherozzo.

bi.cho [b´iʃu] *sm* **1** animale (terrestre). **2** *fig* istrice, persona intrattabile. **bicho de sete cabeças** affare imbrogliato.

bi.cho-da-se.da [biʃudəs´edə] *sm Zool* baco da seta. *Pl: bichos-da-seda*.

bi.cho-pa.pão [biʃupap´ãw] *sm* gattomammone, babau. *Pl: bichos-papões*.

bi.cho-pre.gui.ça [biʃupreg´isə] *sm Zool* bradipo. *Pl: bichos-preguiça*.

bi.ci.cle.ta [bisikl´ɛtə] *sf* bicicletta.

bi.co [b´iku] *sm* becco, rostro. **2** *irôn* grugno, volto umano. **bico de mamadeira** tettarella. **bico do seio** capezzolo. **fazer bico** fare il grugno. **levar no bico** *fam* menare per il naso.

bi.co.lor [bikol´or] *adj* bicolore.

bi.dê [bid´e] *sm* bidé.

bi.e.nal [bjen´aw] *adj* biennale. *Pl: bienais*.

bi.ê.nio [bi´enju] *sm* biennio.

bi.fe [b´ifi] *sf* bistecca, braciola, manzo.

bi.fur.ca.ção [bifurkas´ãw] *sf* bivio.

bi.fur.ca.do [bifurk´adu] *adj* forcuto, in forma di forca.

bi.fur.car [bifurk´ar] *vt* **1** biforcare. *vpr* **2** biforcarsi.

bi.ga.mi.a [bigam´iə] *sf* bigamia.

bí.ga.mo [b´igamu] *sm+adj* bigamo.

bi.go.de [big´ɔdi] *sm* baffi.

bi.gor.na [big´ɔrnə] *sf* (também *Anat*) incudine.

bi.ju.te.ri.a [biʒuter´iə] *sf* bigiotteria.

bi.la.te.ral [bilater´aw] *adj* bilaterale. *Pl: bilaterais*.

bi.lhão [biλ´ãw] *sm+num* bilione, miliardo.
bi.lhar [biλ´ar] *sm* bigliardo (o jogo e a mesa).
bi.lhe.te [biλ´eti] *sm* **1** biglietto. **2** passaggio. **bilhete de jogo ou loteria** cartella. Veja nota em **biglietto**.
bi.lhe.tei.ro [biλet´ejru] *sm* bigliettaio.
bi.lhe.te.ri.a [biλeter´iə] *sf* biglietteria, cassa.
bi.li.ar [bili´ar] *adj* biliare, della bile.
bi.lín.gue [bil´ĩgwi] *adj* bilingue.
bí.lis [b´ilis] *sf sing+pl Fisiol* bile, fiele.
bi.mes.tral [bimestr´aw] *adj* bimestrale, che dura un bimestre o accade ogni due mesi. *Pl: bimestrais*.
bi.mes.tre [bim´ɛstri] *sm* bimestre.
bi.mo.tor [bimot´or] *sm* bimotore.
bi.ná.rio [bin´arju] *sm+adj* binario.
bi.nó.cu.lo [bin´ɔkulu] *sm* binocolo.
bi.o.gra.fi.a [bjograf´iə] *sf* **1** biografia. **2** vita. **3** memorie.
bi.o.lo.gi.a [bjoloʒ´iə] *sf* biologia.
bi.om.bo [bi´õbu] *sm* paravento.
bí.pe.de [b´ipedi] *s+adj* bipede.
bi.pla.no [bipl´ʌnu] *sm* biplano.
bi.quei.ra [bik´ejrə] *sf* gronda.
bi.quí.ni [bik´ini] *sm* due pezzi, bikini.
bir.ra [b´ir̃ə] *sf* **1** bizza, capriccio. **2** *fig* picca.
bi.ru.ta [bir´utə] *sf* **1** *Aer* manica a vento. **2** *gír* matto, pazzo.
bis [b´is] *sm* bis. • *interj* bis!
bi.são [biz´ãw] *sm Zool* bisonte.
bi.sar [biz´ar] *vt Teat* bissare.
bi.sa.vó [bizav´ɔ] *sf* bisnonna, bisava.
bi.sa.vô [bizav´o] *sm* bisnonno, bisavo.
bis.bi.lho.tar [bizbiλot´ar] *vi pop* **1** curiosare. **2** *fig dep* fiutare.
bis.bi.lho.tei.ro [bizbiλot´ejru] *sm+adj pop* curioso.
bis.coi.to [bisk´ojtu] *sm* biscotto.
bis.na.ga [bizn´agə] *sm dim* tubetto.
bis.ne.to [bizn´ɛtu] *sm* (*f* **bisneta**) pronipote, bisnipote.

Atenção: **pronipote** e **bisnipote** são substantivos comum de dois, portanto podem ser traduzidos como "bisneto" ou "bisneta".

bis.pa.do [bisp´adu] *sm Rel* vescovato.
bis.pal [bisp´aw] *adj* episcopale, vescovile. *Pl: bispais*.
bis.po [b´ispu] *sm Rel* vescovo.
bis.sex.to [bis´estu] *adj* bisestile.
bis.se.xu.al [biseksu´aw] *s+adj* bisessuale. *Pl: bissexuais*.
bis.sí.la.bo [bis´ilabu] *adj* bisillabo.
bis.te.ca [bist´ɛkə] *sf* bistecca.
bis.tu.ri [bistur´i] *sm Med* bisturi.
bi.zan.ti.no [bizãt´inu] *adj* bizantino.
bi.zar.ro [biz´ar̃u] *adj* **1** bizzarro. **2** eccentrico. **3** elegante.
blas.fe.mar [blasfem´ar] *vi* bestemmiare, imprecare, inveire.
blas.fê.mia [blasf´emjə] *sf* bestemmia, imprecazione.
blin.da.gem [blĩd´aʒẽj] *sf* blindaggio.
blin.dar [blĩd´ar] *vt* blindare.
blo.co [bl´ɔku] *sm* blocco.
blo.que.ar [bloke´ar] *vt* **1** bloccare, arrestare. **2** chiudere (passagem). **3** *fig* congelare.
blo.quei.o [blok´eju] *sm* blocco.
blu.sa [bl´uzə] *sf* **1** blusa. **2** camicetta.
blu.são [bluz´ãw] *sm* giacca, giubba.
bo.a-fé [boəf´ɛ] *sf* credulità. *Pl: boas-fés*.
bo.as-vin.das [boazv´ĩdas] *sf pl* benvenuto. **dar as boas-vindas a alguém** dare il benarrivato ad uno.
bo.a.te [bo´ati] *sf* ritrovo, locale notturno.
bo.a.to [bo´atu] *sm* voce, diceria, rumore, ciancia. **boatos infundados** voce infondata.
bo.bei.ra [bob´ejrə] *sf* sciocchezza.
bo.bi.na [bob´inə] *sf* **1** rocchetto. **2** bobina.
bo.bo [b´obu] *sm* **1** sciocco, balordo, babbeo, citrullo. **2** *fam* tonto, maccherone. **3** *fig* melone, salame, gnocco. • *adj* **1** sciocco, balordo, babbeo. **2** *fig* insulso, pecorino. **bobo da corte** buffone, giullare. **fazer-se de bobo** fare il nesci.
bo.bo.ca [bob´ɔkə] *s gír* pollo.
bo.ca [b´okə] *sf* **1** bocca. **2** *fig* becco. **3** **bocas** *pl* bocche, persone. **boca a boca** di bocca in bocca. **boca do fogão** fornello. **calar a boca** tappare la bocca. **dar de comer na boca** imboccare. **ficar de boca aberta** *pop* restare a bocca aperta. **ficar de boca fechada** *pop* tenere la bocca chiusa.
bo.ca.di.nho [bokad´iñu] *sm dim* bocconcino, brandello, zinzino.

bo.ca.do [bok´adu] *sm* boccone, morsetto, boccata, morso.

bo.cal [bok´aw] *sm* imboccatura. *Pl: bocais.*

bo.ce.jar [boseʒ´ar] *vi* sbadigliare.

bo.ce.jo [bos´eʒu] *sm* sbadiglio.

bo.ce.ta [bos´etə] *sf vulg* fica, potta.

bo.cha [b´ɔʃə] *sf Esp* boccia.

bo.che.cha [boʃ´eʃə] *sf* **1** guancia. **2** *fam* mascella.

bo.có [bok´ɔ] *sm+adj fam* tonto.

bo.das [b´odas] *sf pl* nozze, giubileo. **bodas de diamante** nozze di diamante. **bodas de ouro** nozze d'oro. **bodas de prata** nozze d'argento.

bo.de [b´ɔdi] *sm Zool* capro, becco. **bode expiatório** capro espiatorio, vittima.

bo.de.ga [bod´ɛgə] *sf dep* taverna.

bo.ê.mia [bo´emjə], **bo.e.mi.a** [boem´iə] *sf* **1** vita mondana. **2** vagabondaggio.

bo.ê.mio [bo´emju] *sm+adj* **1** vagabondo. **2** *fig* zingaro.

bo.fe.ta.da [bofet´adə] *sf* ceffone, schiaffo.

bo.fe.tão [bofet´ãw] *sm* ceffone, guanciata, traverso.

boi [b´oj] *sm* bue.

boi.a [b´ɔjə] *sf Náut* segnale.

boi.a.dei.ro [bojad´ejru] *sm* bovaro.

boi.ar [boj´ar] *vi* **1** galleggiare. **2** *fig* nuotare.

boi.co.tar [bojkot´ar] *vt* boicottare.

boi.co.te [bojk´ɔti] *sm* boicottaggio.

bo.jo [b´oʒu] *sm* pancia, ventre (de tonel).

bo.la [b´ɔlə] *sf* **1** palla. **2** globo. **bola de bilhar** biglia. **não dar bola** *pop* infischiarsi.

bo.la.cha [bol´aʃə] *sf* biscotto.

bo.le.tim [bolet´ĩ] *sm* **1** bollettino. **2** *fig* foglio. Veja nota em **bollettino**.

bo.lha [b´oλə] *sf* **1** bolla. **2** ampolla. **3** vescicola. **bolha de queimadura** *Med* vescica.

bo.li.nha [bɔl´iñə] *sf dim* pallina. **bolinha de gude** pallina. **bolinha de pingue-pongue** pallina.

bo.li.nho [bol´iñu] *sm dim* crocchetta.

bo.lo [b´olu] *sm* torta. **bolo de carne moída** polpettone.

bo.lor [bol´or] *sm* muffa.

bo.lo.ta [bol´ɔtə] *sf Bot* ghianda.

bol.sa [b´owsə] *sf* **1** borsa. **2** sacca. **bolsa de estudos** pensionato. **bolsa de pastor** zaino. **bolsa de valores** *Com* borsa.

bol.so [b´owsu] *sm* tasca.

bom [b´õw] *adj* **1** buono. **2** benigno. **3** bello (tempo). **bom senso** buonsenso. *o que tem feito de bom?* cosa hai fatto di bello?

bom.ba [b´õbə] *sf* **1** pompa. **2** *Mil* bomba. **3** *pop* riprovazione (em exame). **4** *fig* bomba, fatto sorprendente, notizia sensazionale. **à prova de bombas** a prova di bomba. **bomba atômica** bomba atomica. **bomba de água** *Mec* tromba. **bomba de gás** bomba a gas. **bomba de gasolina** distributtore di benzina. **bomba de hidrogênio** bomba all'idrogeno. **bomba incendiária** bomba incendiaria. **levar bomba** *pop* bocciare.

bom.bar.de.ar [bõbarde´ar] *vt Mil* bombardare, cannoneggiare.

bom.bar.dei.o [bõbard´eju] *sm Mil* bombardamento, cannoneggiamento.

bom.bar.dei.ro [bõbard´ejru] *sm Aer* bombardiere, fortezza volante.

bom.ba-re.ló.gio [bõbər̄el´ɔʒju] *sf* bomba a orologeria. *Pl: bombas-relógios, bombas-relógio.*

bom.be.ar [bõbe´ar] *vt* pompare (água).

bom.bei.ro [bõb´ejru] *sm* pompiere, vigile del fuoco.

bom.bom [bõb´õw] *sm* cioccolatino, *bonbon.*

bom.bor.do [bõb´ɔrdu] *sm Náut* babordo, sinistra. **a bombordo** a babordo.

bo.na.chão [bonaʃ´ãw] *sm+adj* bonaccione.

bo.nan.ça [bon´ãsə] *sf Náut* bonaccia.

bon.da.de [bõd´adi] *sf* **1** bontà. **2** generosità. **3** clemenza. **4** gentilezza. **5** *fig* cuore. **ter a bondade de** degnarsi a.

bon.de [b´õdi] *sm* tram, tranvai, tranvia. **condutor de bonde** tranviere.

bon.di.nho [bõd´iñu] *sm dim* funivia.

bon.do.so [bõd´ozu] *adj* **1** benevolo, affabile. **2** generoso.

bo.né [bon´ɛ] *sm* berretto.

bo.ne.ca [bon´ɛkə] *sf* bambola, pupa.

bo.ne.co [bon´ɛku] *sm* fantoccio.

bo.ne.qui.nha [bonɛk´iñə] *sf afet* pupa, bambina molto bella.
bo.ni.ti.nho [bonit´iñu] *adj* carino.
bo.ni.to [bon´itu] *adj* bello. **muito bonito!** *irôn* bello!
bô.nus [b´onus] *sm sing+pl Com* buono, titolo.
bo.qui.nha [bok´iñə] *sf pop* spuntino, piccola refezione.
bor.bo.le.ta [borbol´etə] *sf Zool* farfalla.
bor.bu.lha [borb´uλə] *sf* bollore.
bor.bu.lhar [borbuλ´ar] *vi* scrosciare.
bor.da [b´ɔrdə] *sf* **1** bordo. **2** orlo. **3** margine. **4** sponda. **5** ciglio, banchina. Veja nota em **ciglio**.
bor.da.do [bord´adu] *sm* ricamo.
bor.dão [bord´ãw] *sm* bordone.
bor.dar [bord´ar] *vt* ricamare.
bor.del [bord´ɛw] *sm* bordello. *Pl: bordéis*.
bor.do [b´ɔrdu] *sm Náut* bordo, lato della nave. **a bordo** a bordo.
bor.do.a.da [bordo´adə] *sf* mazzata.
bo.re.al [bore´aw] *adj* boreale, artico. *Pl: boreais*.
bor.ra [b´or̄ə] *sf* feccia, sedimento, fondo.
bor.ra.cha [bor̄´aʃə] *sf* gomma, caucciù. **borracha de apagar** gomma.
bor.ras.ca [bor̄´askə] *sf* **1** burrasca, tempesta. **2** *Náut* fortuna, fortunale.
bor.ri.far [bor̄if´ar] *vt* spruzzare, aspergere, cospargere.
bor.ri.fo [bor̄´ifu] *sm* spruzzo.
bos.que [b´ɔski] *sm* bosco, macchieto.
bo.ta [b´ɔtə] *sf* stivale. **bater as botas** a) *irôn* tirar le cuoia. b) *vulg* andare a ingrassare i cavoli. **bota de alpinismo** scarpa da montagna.
bo.tâ.ni.ca [bot´Λnikə] *sf* botanica.
bo.tâ.ni.co [bot´Λniku] *sm+adj* botanico.
bo.tão [bot´ãw] *sm* bottone. **apertar o botão** premere il bottone. **botão de flor** boccia, bottone di un fiore.
bo.te [b´ɔti] *sm* barchetta, canotto. **bote salva-vidas** canotto di salvataggio.
bo.te.quim [botek´ĩ] *sm* bettola, caffè, taverna.
bo.te.qui.nei.ro [botekin´ejru] *sm* bettoliere.
bo.ti.cá.rio [botik´arju] *sm* speziale.
bo.ti.cão [botik´ãw] *sm* cane.
bo.ti.ja [bot´iʒə] *sf* vaso. **pegar com a boca na botija** *fig* cogliere con le mani nel sacco.
bo.ti.na [bot´inə] *sf* stivaletto.
bo.vi.no [bov´inu] *adj* bovino.
bo.xe [b´ɔksi] *sm Esp* pugilato.
bra.ça.da [bras´adə] *sf* fascio.
bra.ce.le.te [brasel´eti] *sm* bracciale, braccialetto.
bra.ço [br´asu] *sm* **1** braccio. **2** *Mús* manico (de instrumento). **braço de mar** gomito. **braço de rio** *Geogr* braccio, corno, ramo. **braço direito** *fig* violino di spalla. **de braços abertos** a braccia aperte. **de braços cruzados** con le braccia in croce. **ficar de braços cruzados** star con le mani in tasca, non far nulla. **não dar o braço a torcer** non darsi per vinto. **sair no braço** *pop* accapigliarsi. Veja notas em **braccio** e **corno** (italiano).
bra.dar [brad´ar] *vi* gridare, esclamare.
bra.do [br´adu] *sm* grido. Veja nota em **grido**.
bra.gui.lha [brag´iλə] *sf* brachetta.
bra.mi.do [bram´idu] *sm* **1** fremito. **2** *fig* ruggito.
bra.mir [bram´ir] *vi* **1** fremere. **2** *fig* ruggire.
bran.co [br´ãku] *adj* **1** bianco, candido, albo. **2** canuto (cabelo, barba).
bran.cu.ra [brãk´urə] *sf* candore, candidezza, albore.
bran.do [br´ãdu] *adj* **1** blando. **2** discreto, moderato.
bran.que.ar [brãke´ar] *vt* **1** biancheggiare, imbiancare, candire. **2** curare (tecidos).
brân.quia [br´ãkjə] *sf Zool* branchia.
bra.sa [br´azə] *sf* brace. **puxar a brasa para a sua sardinha** tirare l'acqua al suo mulino.
bra.são [braz´ãw] *sm* blasone, insegna. **brasão de armas** stemma, insegna.
bra.sei.ro [braz´ejru] *sm* braciere.
bra.si.lei.ris.mo [brazilejr´izmu] *sm* brasilianismo.
bra.si.lei.ro [brazil´ejru] *sm+adj* brasiliano.
bra.vi.o [brav´iu] *adj* brado, indomato.

bra.vo [br´avu] *sm* prode. • *adj* **1** coraggioso, valoroso, baldo. **2** indomato (animal). • *interj* bravo!

bra.vu.ra [brav´urə] *sf* **1** bravura, coraggio, valore, fortezza. **2** *fig* risoluzione.

bre.cha [br´ɛʃə] *sf* **1** breccia. **2** *fig* apertura.

bre.ga [br´ɛgə] *s gír* barbone, cafone. • *adj pop* pacchiano, cafone.

bre.jo [br´ɛʒu] *sm* acquitrino, palude.

breu [br´ew] *sm* buio pesto.

bre.ve [br´ɛvi] *adj* **1** breve. **2** conciso, sommario, succinto. **3** corto, poco. **4** fugace. **em breve** in breve. Veja nota em **poco**.

bre.vi.da.de [brevid´adi] *sf* **1** brevità. **2** concisione.

bri.ga [br´igə] *sf* **1** lite, rissa, baruffa, zuffa. **2** discordia, briga, questione.

bri.ga.da [brig´adə] *sf Mil* brigata.

bri.ga.dei.ro [brigad´ejru] *sm Mil* brigadiere.

bri.gão [brig´ãw] *sm* **1** attaccabrighe. **2** *gír* bullo. • *adj* **1** rissoso, riottoso. **2** *fig* bellicoso. *Sin: briguento.*

bri.gar [brig´ar] *vi* **1** litigare, contendere. **2** bisticciare, disputarsi. **3** picchiarsi, acchiapparsi. **brigar por uma ninharia** cavillare.

bri.guen.to [brig´ẽtu] *sm+adj V brigão.*

bri.lhan.te [briλ´ãti] *sm* brillante. • *adj* **1** brillante. **2** chiaro, luminoso, lucido. **3** geniale, arguto. **4** grande, splendido (ideia).

bri.lhan.ti.na [briλãt´inə] *sf* brillantina, manteca, pomata per i capelli.

bri.lhar [briλ´ar] *vi* brillare, risplendere, sfavillare.

bri.lho [br´iλu] *sm* lume, lustro, lucido, fulgore, sfavillio. **brilho intenso** chiarore. **dar brilho** brunire. **dar brilho metálico** metallizzare. **falso brilho** *fig* lustrino.

brin.ca.dei.ra [brĩkad´ejrə] *sf* **1** giuoco, balocco, trastullo. **2** scherzo, celia, burla. **3** *fig* battuta, tiro. **brincadeira de mau gosto** *fig* birbanteria, giochetto. **levar na brincadeira** prendere a gabbo. **por brincadeira** per scherzo. **sem brincadeira?** senza scherzi?

brin.ca.lhão [brĩkaλ´ãw] *sm* **1** burlone. **2** *fam* zuzzurellone. • *adj* scherzoso.

brin.car [brĩk´ar] *vi* **1** giocare, gingillare. **2** scherzare, celiare. **brincar com fogo** scherzare col fuoco. **brincar com a morte** scherzare con la morte.

brin.co [br´ĩku] *sm* orecchino, ciondolo. **brincos de argola** campanella.

brin.de [br´ĩdi] *sm* **1** brindisi. **2** regalo.

Usa-se **brindisi** para indicar o brinde que se faz ao beber. Usa-se **regalo** para indicar brinde no sentido de "presente".

brin.que.do [brĩk´edu] *sm* giocattolo, gingillo, trastullo, balocco.

bri.sa [br´izə] *sf* **1** brezza. **2** *Poét* aura. **3** *fig* alito.

bri.tâ.ni.co [brit´Λniku] *sm+adj* britannico.

bro.ca [br´ɔkə] *sf* **1** *Zool* bruco. **2** *Mec* trapano. **broca de dentista** trapano.

bro.che [br´ɔʃi] *sm* spillone, spilla, fermaglio.

bró.co.los [br´ɔkolus] *sm pl Bot* broccolo.

bron.ca [br´õkə] *sf* **1** *gír* cicchetto. **2** *pop* lavata di capo, sgridata, rabbuffo, paternale.

bron.co [br´õku] *adj fig* ottuso.

brôn.quios [br´õkjus] *sm pl Anat* bronchi.

bron.qui.te [brõk´iti] *sf Med* bronchite.

bron.ze [br´õzi] *sm* bronzo.

bron.ze.a.do [brõze´adu] *adj* abbronzato, bruno.

bron.ze.a.men.to [brõzeam´ẽtu] *sm* abbronzamento.

bron.ze.ar [brõze´ar] *vt* **1** abbronzare. *vpr* **2** abbronzarsi, imbrunirsi.

bro.tar [brot´ar] *vi* **1** germogliare, germinare. **2** nascere, sgorgare, scaturire (água).

bro.to [br´otu] *sm Bot* **1** germoglio, getto, rampollo. **2** pollone (de árvore).

bru.ços [br´usus] *sm pl* usado na locução adverbial **de bruços** bocconi.

bru.ma [br´umə] *sf* bruma, foschia.

brus.co [br´usku] *adj* **1** brusco. **2** *fig* duro.

bru.tal [brut´aw] *adj* **1** brutale, bruto. **2** *fig* bestiale, animalesco. *Pl: brutais.*

bru.ta.li.da.de [brutalid´adi] *sf* brutalità. *fig* ferocia.

bru.ta.mon.tes [brutam´õtis] *sm sing+pl fam, dep* grandaccio.

bru.to [br´utu] *sm* bruto. • *adj* **1** bruto. **2** greggio, grezzo, grossolano. **3** incivile. **4** lordo (peso).

B

bru.xa [br´uʃə] *sf* **1** strega, saga. **2** *fig* megera.
bru.xa.ri.a [bruʃar´iə] *sf* incantesimo.
bru.xo [br´uʃu] *sm* stregone.
bru.xu.le.an.te [bruʃule´ãti] *adj* tremulo.
bru.xu.le.ar [bruʃule´ar] *vi* tremolare.
bu.cho [b´uʃu] *sm* buzzo.
bu.ço [b´usu] *sm* lanugine.
bu.có.li.co [buk´ɔliku] *adj* **1** bucolico. **2** *fig* campestre, agreste.
bu.dis.mo [bud´izmu] *sm* buddismo.
bú.fa.lo [b´ufalu] *sm* bufalo.
bu.fão [buf´ãw] *sm* buffone, giullare.
bu.far [buf´ar] *vi* sbuffare, ansare. **bufar de raiva** soffiare.
bu.fê [buf´e] *sm buffet*, buffè.
bu.fe.te [buf´eti] *sm* credenza.
bu.gi.gan.ga [buʒig´ãgə] *sf* bagattella, bazzecola.
bu.la [b´ulə] *sf Rel* bolla.
bul.bo [b´uwbu] *sm* **1** bulbo. **2** cipolla. **bulbo de lâmpada** *Elet* ampolla.
bu.le [b´uli] *sm* teiera, cuccuma.
búl.ga.ro [b´uwgaru] *sm+adj* bulgaro.
bum.bo [b´ũbu] *sf Mús* grancassa, tamburone.
bu.me.ran.gue [bumer´ãgi] *sm Esp boomerang*.
bun.da [b´ũdə] *sf pop* sedere.
bu.quê [buk´e] *sm* **1** mazzo di fiori. **2** grazia (do vinho).
bu.ra.co [bur´aku] *sm* **1** buco, buca. **2** foro. **3** cavo. **4** sacca. **5** cava. **6** *Esp* buca (do golfe). **7** *fig* capanna, tugurio. **buraco da agulha** cruna. **colocar num buraco** imbucare.
bur.bu.ri.nho [burbur´iñu] *sm* mormorio.
bur.go [b´urgu] *sm* borgo.
bur.guês [burg´es] *s+adj* **1** borghese. **2** conservatore.
bur.gue.si.a [burgez´iə] *sf* borghesia.
bur.lar [burl´ar] *vt* **1** burlare, gabbare. **2** *fig* fregare.
bur.les.co [burl´esku] *adj* burlesco, giocoso.
bu.ro.cra.ci.a [burokras´iə] *sf* burocrazia.
bu.ro.cra.ta [burokr´atə] *s* burocrate.
bu.ro.crá.ti.co [burokr´atiku] *adj* burocratico.
bur.ra.da [bur̄´adə] *sf* **1** *pop* bestemmia, cappella. **2** *vulg* cazzata.
bur.ri.ce [bur̄´isi] *sf* **1** stupidaggine, imbecillità. **2** *fig* cecità.
bur.ro [b´ur̄u] *sm* **1** *Zool* asino, somaro, ciuco. **2** *pop* stupido, testone. **3** *fig* rapa. • *adj* grullo, testone. **burro de carga** *fig* bestia da soma. **burro selvagem** onagro. **dar com os burros n'água** fare un buco nell'acqua.
bus.ca [b´uskə] *sf* busca, cerca.
bus.car [busk´ar] *vt* buscare, cercare. **ir buscar algo** andare per una cosa.
bús.so.la [b´usolə] *sf* bussola.
bus.to [b´ustu] *sm* **1** *Anat* busto, fusto. **2** *Escult* busto.
bu.zi.na [buz´inə] *sm Autom* tromba, clacson.
byte [b´ajt] *sm ingl Inform byte*.

C

c [s´e] *sm* la terza lettera dell'alfabeto portoghese.

cá [k´a] *sm* kappa, il nome della lettera K. • *adv* qua. **cá e lá** qua e là. **cá embaixo** quaggiù. **cá em cima** quassù. **de cá** di qua, quindi. **para cá** in qua.

ca.ba.na [kab´ʌnə] *sf* capanna, baracca, baita.

ca.be.ça [kab´esə] *sf* **1** *Anat* capo, testa, fronte. **2** *irôn* pera. **3** *fig* testa, capo di un gruppo. **4** *dep* zucca. **andar de cabeça erguida** andare a capo alto. **cabeça coroada** testa coronata, re. **cabeça de alfinete/prego** capocchia. **cabeça de melão** testa di cavolo, imbecille. **cabeça de rebanho** capo. **da cabeça aos pés** da capo a piedi. **de cabeça erguida** a fronte alta, a testa alta. **de cabeça para baixo** a capofitto, a capo all'ingiù, sottosopra. **digo o que me vem à cabeça** dico ciò che viene alla bocca. **meter na cabeça (uma idéia)** intestarsi un'idea. **pedir a cabeça de alguém** domandar la testa di uno. **perder a cabeça** *fig* perder la testa, scatenarsi, distillarsi, impazzire. **pôr de cabeça para baixo** capovolgere, rovesciare. **quebrar a cabeça** *fig* grattarsi la testa, lambiccarsi il cervello. **ter a cabeça no lugar** avere la testa a posto. **tirar algo da cabeça** togliere qualcosa dal capo.

ca.be.ça.da [kabes´adə] *sf* **1** testata. **2** *irôn* zuccata.

ca.be.ça-du.ra [kabesəd´urə] *s fig* testa di ferro. • *adj* caparbio. *Pl: cabeças--duras.*

ca.be.ça.lho [kabes´aλu] *sm* capopagina, testata, titolo.

ca.be.cei.ra [kabes´ejrə] *sf* **1** capezzale (da cama). **2** sorgente (de rio).

ca.be.çu.do [kabes´udu] *sm* capone, testone. • *adj* cocciuto

ca.be.lei.ra [kabel´ejrə] *sf* **1** capelliera, chioma. **2** *pop* capigliatura. **3** *Astron* chioma, criniera.

ca.be.lei.rei.ro [kabelejr´ejru] *sm* parruchiere.

ca.be.lo [kab´elu] *sm* capello. **arrepiar os cabelos** far venire la pelle d'oca. **cabelos brancos/grisalhos** *fig* argento, neve. **cortar os cabelos** tagliare i capelli. **secador de cabelos** fon.

ca.be.lu.do [kabel´udu] *adj* capelluto.

ca.ber [kab´er] *vt* **1** capire, starci. **2** appartenere, competere, toccare, spettare a. *isto não cabe a mim* / questo non mi appartiene.

ca.bi.de [kab´idi] *sm* **1** gruccia, stampella. **2** attaccapanni.

ca.bi.na [kab´inə] *sf* **1** cabina. **2** *Aer* carlinga. **cabina telefônica** cabina telefonica.

ca.bis.bai.xo [kabizb´ajʃu] *adj* a capo basso.

ca.bo [k´abu] *sm* **1** cavo, fune, corda, canapo. **2** manico, ansa, presa. **3** fine, termine. **4** *Geogr* capo. **5** *Mil* capo, caporale. **cabo de bengala** gruccia. **cabo de vassoura** bastone. **cabo do chicote** bacchetta. **cabo submarino** cordone sottomarino. **cabo telegráfico/telefônico** filo. **levar a cabo** trarre a fine.

ca.bra [k´abrə] *sf Zool* capra.

ca.bra-ce.ga [kabrəs´ɛgə] *sf* mosca cieca. *Pl: cabras-cegas.*

ca.bres.to [kabr´estu] *sm* capestro.

ca.bri.to [kabr´itu] *sm Zool* capretto.
ca.bu.lar [kabul´ar] *vi fig* salare la scuola.
ca.ça [k´asə] *sf* **1** caccia. **2** preda, selvaggina. *sm* **3** *Aer* caccia. **caça reservada** caccia riservata. **presa de caça** *pop* caccia.
ca.ça.da [kas´adə] *sf* cacciata.
ca.ça.pa [kas´apə] *sf* biglia.
ca.çar [kas´ar] *vt* cacciare.
ca.ca.re.jar [kakareʒ´ar] *vi* chiocciare, schiamazzare.
ca.ca.re.jo [kakar´eʒu] *sm* schiamazzo.
ca.ça.ro.la [kasar´ɔlə] *sf* casseruola, pentola, pignatta, tegame.
ca.cau [kak´aw] *sm Bot* cacao.
ca.ce.ta.da [kaset´adə] *sf* mazzata.
ca.ce.te [kas´eti] *sm* **1** bastone. **2** *fam fig* impiastro. • *adj* **1** *fam* importuno. **2** *pop* stucchevole.
ca.cha.lo.te [kaʃal´ɔti] *sm Zool* capidoglio.
ca.chê [kaʃ´e] *sm cachet*, pagamento.
ca.che.col [kaʃek´ɔw] *sm* sciarpa. *Pl: cachecóis*.
ca.chim.bo [kaʃ´ĩbu] *sm* pipa. **encher o cachimbo** caricare la pipa.
ca.cho [k´aʃu] *sm* **1** ricciolo, riccio, ciocca, anello di capelli. **2** *Bot* grappolo, ciocca.
ca.cho.ei.ra [kaʃo´ejrə] *sf* cascata.
ca.cho.la [kaʃ´ɔlə] *sf fig dep* zucca.
ca.chor.ri.nho [kaʃor̄´iñu] *sm dim* cagnolino, botolo.
ca.chor.ro [kaʃ´or̄u] *sm* **1** *Zool* cane. **2** *vulg* stronzo. **cachorro novo** cucciolo. **laçador de cachorro** accalappiacani.
ca.co [k´aku] *sm* frammento, rottame, frantume.
ca.ço.ar [kaso´ar] *vt+vi* sghignazzare.
ca.co.fo.ni.a [kakofon´iə] *sf Gram* cacofonia.
cac.to [k´aktu] *sm Bot* cacto.
ca.da [k´adə] *pron* ogni. **a cada dois dias** ogni due giorni. **cada um** ognuno, ciascuno. **cada um dá o que tem** la botte dà il vino che ha. Veja nota em **ogni**.
ca.dar.ço [kad´arsu] *sm* fettuccia, fiocco.
ca.das.tral [kadastr´aw] *adj* catastale. *Pl: cadastrais*.
ca.das.tro [kad´astru] *sm Com* catasto, estimo.
ca.dá.ver [kad´aver] *sm* cadavere, corpo, salma.
ca.da.vé.ri.co [kadav´ɛriku] *adj* **1** cadaverico. **2** *fig* cereo, cinereo.
ca.de.a.do [kade´adu] *sm* lucchetto.
ca.dei.a [kad´ejə] *sf* **1** catena, serie, sequenza. *uma cadeia de lojas* / una catena di negozi. **2** carcere, prigione. *fugir da cadeia* / scappare dal carcere. **cadeia de montanhas** *Geogr* catena di montagne, serra. **pôr na cadeia** incarcerare, *fig* ingabbiare. Veja nota em **catena**.
ca.dei.ra [kad´ejrə] *sf* sedia, seggiola. **cadeira de balanço** dondola, sedia a dondolo. **cadeira elétrica** sedia elettrica.
ca.dei.ras [kad´ejras] *sf pl Anat* fianchi.
ca.de.la [kad´ɛlə] *sf* cagna.
ca.de.li.nha [kadɛl´iñə] *sf dim* cuccia.
ca.dên.cia [kad´ẽsjə] *sf* **1** *Mús, Poét* cadenza, ritmo. **2** *fig* andatura, battuta.
ca.der.ne.ta [kadern´etə] *sf dim* libretto, taccuino. **caderneta de anotações** agenda. **caderneta de poupança** libretto di risparmio.
ca.der.no [kad´ɛrnu] *sm* quaderno. **caderno de caligrafia** esemplare. **caderno de endereços** rubrica. **caderno pautado** quaderno a righe. **caderno quadriculado** quaderno quadrettato.
ca.de.te [kad´eti] *sm Mil* cadetto.
ca.du.car [kaduk´ar] *vi* **1** rimbambire. **2** *fig* rammollirsi.
ca.du.co [kad´uku] *adj* **1** caduco. **2** decrepito.
ca.fa.jes.te [kafaʒ´ɛsti] *sm* gaglioffo.
ca.fé [kaf´ɛ] *sm* caffè. **café com leite** cappuccino. **café da manhã** colazione del mattino, prima colazione. **café de coador** caffè al filtro. **café em grãos** caffè in grani. **café expresso** caffè espresso. **café moído/café em pó** caffè macinato. **café puro** caffè schietto. Veja nota em **colazione**.
ca.fe.tão [kafet´ãw] *sm bras* ruffiano, sfruttatore di donne.
ca.fe.tei.ra [kafet´ejrə] *sf* caffettiera, cuccuma.
ca.fe.ti.na [kafet´inə] *sf bras* ruffiana.
ca.fo.na [kaf´onə] *s* **1** *fig* cafone, bifolco. **2** *gír* barbone. • *adj fig* cafone, bifolco.
ca.ga.ço [kag´asu] *sm* **1** *vulg* tremarella. **2** *gír* fifa.

C

ca.ga.da [kag´adə] *sf vulg* cazzata.

ca.ga.nei.ra [kagan´ejrə] *sf vulg* cacaiola.

ca.gão [kag´ãw] *sm vulg* cacone, stronzo.

ca.gar [kag´ar] *vt+vi vulg* cacare.

cai.ar [kaj´ar] *vt* imbiancare.

cãi.bra [k´ãjbrə] *sf Med* crampo, granchio.

cai.pi.ra [kajp´irə] *s+adj bras* **1** cafone. **2** *fig* bifolco, buzzuro.

ca.ir [ka´ir] *vi* **1** cadere. **2** piombare, precipitare. **3** crollare, rovinare. **4** scendere, discendere. **cai fora!** *pop* vattene! **cair bem (roupa)** *fam* stare a pennello. **cair de cara** baciare la terra. **cair em (feriado etc.)** ricorrere di. *o meu aniversário cai hoje* / oggi ricorre il mio compleanno.

cais [k´ajs] *sm sing+pl Náut* banchina, scalo, pontile.

cai.xa [k´ajʃə] *sf* **1** cassa, scatola, astuccio, custodia. *sm Com* **2** cassa. **3** cassiere, funzionario della cassa. **caixa do correio** buca / cassetta delle lettere. **caixa econômica** cassa di risparmio. **caixa para guardar chapéus** cappelliera. **caixa postal** casella postale. **caixa torácica** *Anat* gabbia toracica. **colocar em caixa** incassare.

cai.xa-for.te [kajʃəf´ɔrti] *sf* cassaforte. *Pl: caixas-fortes.*

cai.xão [kajʃ´ãw] *sm* bara, feretro, cataletto.

cai.xei.ro-vi.a.jan.te [kajʃejruvjaʒ´ãti] *sm* commesso viaggiatore. *Pl: caixeiros-viajantes.*

cai.xi.lho [kajʃ´iλu] *sm Arquit* battente, anta, cornice, telaio di una finestra.

cai.xi.nha [kajʃ´iñə] *sf dim* **1** cassetta, astuccio. **2** *pop* benandata, bustarella, gratificazione.

ca.ja.do [kaʒ´adu] *sm* bordone, manganello.

cal [k´aw] *sf Min* calce, calcina. **cal extinta** calce estinta. **cal viva** calce viva. *Pl: cais, cales.*

ca.la [k´alə] *sf Náut* approdo.

ca.la.do [kal´adu] *adj* muto. **ficar calado** star zitto.

ca.la.fe.tar [kalafet´ar] *vt Náut* calafatare.

ca.la.fri.o [kalafr´iu] *sm* brivido, ribrezzo. **ter calafrios** (também *fig*) rabbrividire.

ca.la.mi.da.de [kalamid´adi] *sf* **1** calamità, avversità, sventura, sciagura. **2** *fig* male, mazzata.

ca.lar [kal´ar] *vt* **1** zittire. *vi+vpr* **2** tacere, zittirsi, ammutolire. **calar a boca de alguém** *fam* mettere la museruola a qualcuno. **cale a boca!/cale-se!** taci! acqua in bocca!

cal.ça [k´awsə] *sf*, **cal.ças** [k´awsəs] *sf pl* pantaloni, calzoni. **uma calça *jeans*** un paio di *jeans*.

cal.ça.da [kaws´adə] *sf* marciapiede.

cal.ça.dei.ra [kawsad´ejrə] *sf* calzascarpe, corno da scarpe.

cal.ça.do [kaws´adu] *sm* calzatura.

cal.ça.men.to [kawsam´ẽtu] *sm* selciato, suolo.

cal.ca.nhar [kawkañ´ar] *sm Anat* calcagno, tallone. Veja nota em **calcagno**. **calcanhar de aquiles** tallone d'Achille, punto vulnerabile.

cal.car [kawk´ar] *vt* calcare, comprimere.

cal.çar [kaws´ar] *vt* **1** calzare. *calçar sapatos, luvas, calze* / calçar sapatos, luvas, meias. **2** acciottolare, pavimentare (com pedras). **calçar bem** andare.

cal.cá.rio [kawk´arju] *sm Min* calcare.

cal.ci.nar [kawsin´ar] *vt* **1** calcinare. **2** incenerire.

cal.ci.nha [kaws´iñə] *sf* **cal.ci.nhas** [kaws´iñəs] *sf pl* mutande, mutandine.

cál.cio [k´awsju] *sm Quím* calcio.

cal.cu.la.do [kawkul´adu] *adj* **1** calcolato. **2** *fig* atteso.

cal.cu.la.do.ra [kawkulad´orə] *sf* calcolatrice, calcolatore.

cal.cu.lar [kawkul´ar] *vt* calcolare, numerare, computare, annoverare.

cal.cu.lis.ta [kawkul´istə] *s+adj* calcolatore.

cál.cu.lo [k´awkulu] *sm* **1** calcolo, computo, conto. **2** *Med* calcolo, pietra.

cal.dei.ra [kawd´ejrə] *sf* caldaia.

cal.dei.rei.ro [kawdejr´ejru] *sm* calderaio.

cal.do [k´awdu] *sm* **1** brodo. **2** sugo. **caldo de carne** consumato.

ca.lei.dos.có.pio [kalejdosk´ɔpju] *sm* caleidoscopio.

ca.len.dá.rio [kalẽd´arju] *sm* **1** calendario. **2** *fig* agenda. **calendário de bolso** taccuino.

ca.lham.be.que [kaʎãb´ɛki] *sm fig* macinino, automobile vecchia.

ca.lhar [kaʎ´ar] *vi* riscontrare. **vir bem a calhar** *fig* cascare come il cacio sui maccheroni.

ca.li.brar [kalibr´ar] *vt* calibrare.

ca.li.bre [kal´ibri] *sm Mec* calibro, regolo a corsoio. **calibre de arma** calibro.

cá.li.ce [k´alisi] *sm* **1** calice, cicchetto, coppa, bicchiere. **2** *Rel, Bot* calice.

ca.li.fa [kal´ifə] *sm* califfo.

ca.li.gem [kal´iʒẽj] *sf* caligine.

ca.li.gra.fi.a [kaligraf´iə] *sf* calligrafia.

ca.lis.ta [kal´istə] *s* callista.

cal.ma [k´awmə] *sf* **1** calma. **2** quiete, serenità. **3** placidezza. **4** *fig* flemma, freddezza. **5** tregua. **perder a calma** a) turbarsi. b) *fig* scomporsi.

cal.man.te [kawm´ãti] *sm+adj* calmante, analgesico.

cal.ma.ri.a [kawmar´iə] *sf Náut* calmeria, calma, bonaccia.

cal.mo [k´awmu] *adj* **1** calmo. **2** quieto. **3** sereno. **4** pacifico, placido. **5** docile. **6** *Lit* queto. **7** *fig* bucolico. **8** flemmatico, freddo.

ca.lo [k´alu] *sm* callo.

ca.lom.bo [kal´õbu] *sm* durezza. **calombo na cabeça** corno. Veja nota em **corno** (italiano).

ca.lor [kal´or] *sm* **1** caldo. **2** calore. **3** fervore. **calor sufocante** *fig* afa.

ca.lo.ri.a [kalor´iə] *sf* caloria.

ca.lo.ro.so [kalor´ozu] *adj* **1** caloroso. **2** caldo.

ca.lo.ta [kal´ɔtə] *sf* callotta.

ca.lo.te.ar [kalote´ar] *vt* frodare.

ca.lou.ro [kal´owru] *sm* matricolino, matricola.

ca.lú.nia [kal´unjə] *sf* calunnia, falsa accusa.

ca.lu.ni.a.dor [kalunjad´or] *adj* maldicente.

ca.lu.ni.ar [kaluni´ar] *vt* **1** calunniare. infamare, diffamare, dir male di. **2** *fig* sussurrare contro.

cal.va [k´awvə] *sf* testa calva.

cal.ví.cie [kawv´isji] *sf* calvizie.

cal.vo [k´awvu] *sm+adj* calvo.

ca.ma [k´ʌmə] *sf* **1** letto. **2** *fam* nido. **cama de casal** letto a due piazze, letto matrimoniale. **cama de molas** elastico. **cama de solteiro** letto a una piazza, letto singolo.

ca.ma.da [kam´adə] *sf* strato, falda, suolo.

ca.ma.le.ão [kamale´ãw] *sm Zool* camaleonte.

câ.ma.ra [k´ʌmarə] *sf* camera. **câmara de ar** camera d'aria. **câmara dos deputados** camera dei deputati. **câmara frigorífica** cella frigorifera.

ca.ma.ra.da [kamar´adə] *s* camerata, commilitone.

ca.ma.ra.da.gem [kamarad´aʒẽj] *sf* **1** cameratismo. **2** *fig* amicizia.

ca.ma.rão [kamar´ãw] *sm Zool* gamberetto.

ca.ma.rei.ra [kamar´ejrə] *sf* cameriera, domestica.

ca.ma.rei.ro [kamar´ejru] *sm* cameriere.

ca.ma.rim [kamar´ĩ] *sm* camerino.

ca.ma.ro.te [kamar´ɔti] *sm* **1** *Náut* cabina. **2** *Teat* palco. **camarote de primeira classe** *Teat* palco di prima fila.

cam.ba.da [kãb´adə] *sf fig dep* lega.

cam.ba.le.ar [kãbale´ar] *vi* vacillare, andare barcolloni.

cam.ba.lei.o [kãbal´eju] *sm* barcollamento.

cam.ba.lho.ta [kãbaʎ´ɔtə] *sf* capriola, capitombolo.

câm.bio [k´ãbju] *sm Com, Mec* cambio.

cam.bis.ta [kãb´istə] *s* cambiavalute, agente di cambio.

ca.mé.lia [kam´ɛljə] *sf Bot* camelia.

ca.me.lo [kam´elu] *sm Zool* cammello.

câ.me.ra [k´ʌmerə] *sf* **1** camera. *sm* **2** operatore cinematografico, operatore. **câmera de televisão** telecamera.

ca.mi.nha.da [kamiñ´adə] *sf* camminata.

ca.mi.nhão [kamiñ´ãw] *sm* autocarro. **caminhão com reboque** autotreno. **caminhão de lixo** cassino.

ca.mi.nhar [kamiñ´ar] *vi* **1** camminare. **2** *fig* circolare. **caminhar com dificuldade** strascicarsi. **caminhar rápido** galoppare.

ca.mi.nho [kam´iñu] *sm* **1** cammino. **2** tragitto, tracciato. **3** andamento. **4** tramite. **5** *fig* strada, traiettoria. **6** viaggio. **7** sentiero. **abrir caminho à força** fare alle gomitate. **bloquear o caminho** tagliare la strada.

caminho estreito sentiero, calle. **pôr-se a caminho** inviarsi. **sair do caminho** deviare.
ca.mi.nho.ne.te [kamiñon´ɛti] *sf dim* furgoncino.
ca.mi.sa [kam´izə] *sf* camicia. **camisa de operário** blusa.
ca.mi.se.ta [kamiz´etə] *sf* camiciola, maglia. **camiseta feminina** camicia da giorno.
ca.mi.so.la [kamiz´ɔlə] *sf* camicia da notte.
ca.mo.mi.la [kamom´ilə] *sf* camomilla.
ca.mor.ra [kam´or̄ə] *sf* camorra.
cam.pa.i.nha [kãpa´iñə] *sf* campanella.
cam.pa.ná.rio [kãpan´arju] *sm* campanile.
cam.pa.nha [kãp´Λñə] *sf Com, Mil* campagna.
cam.pe.ão [kãpe´ãw] *sm* **1** campione. **2** *fig* asso, cannone.
cam.pe.o.na.to [kãpeon´atu] *sm* campionato.
cam.pes.tre [kãp´ɛstri] *adj* campestre, agreste, bucolico, paesano.
cam.po [k´ãpu] *sm* **1** campo, campagna, agro. **2** *Esp* campo, arena. **3** *fig* competenza, ambito, dominio. **campo de ação** a) *Dir* giurisdizione. b) *fig* signoria. **campo de batalha** *Mil* terreno. **campo de trabalho** branca.
cam.po.nês [kãpon´es] *sm* campagnuolo, contadino, rurale, rustico, cafone, paesano, villano. *adj* campagnuolo, cafone, paesano, rustico.
ca.mu.flar [kamufl´ar] *vt* **1** camuffare, dissimulare. *vpr* **2** appostarsi.
ca.mun.don.go [kamũd´õgu] *sm bras* topo.
ca.mur.ça [kam´ursə] *sf Zool* camozza, camoscio.
ca.na [k´Λnə] *sf* **1** *Bot* canna. **2** *gír* gattabuia.
ca.na-da-ín.dia [kãnəda´ĩdjə] *sf Bot* canna d'India, giunco d'India. *Pl: canas-da--índia.*
ca.nal [kan´aw] *sm* **1** canale, condotto, roggia. **2** *Geogr* canale, stretto. **3** *Anat* canale, dotto. **canal de TV** canale di TV. *Pl: canais.*
ca.na.le.ta [kanal´etə] *sf* gronda.
ca.na.lha [kan´aλə] *sm* **1** canaglia, lazzarone, gaglioffo. **2** *fig* cialtrone.
ca.na.li.zar [kanaliz´ar] *vt* canalizzare, incanalare.
ca.na.pé [kanap´ɛ] *sm* tartina.
ca.ná.rio [kan´arju] *sm Zool* canarino.
ca.nas.tra [kan´astrə] *sf* **1** forziere, baule. **2** canasta.
ca.na.vi.al [kanavi´aw] *sm* canneto. *Pl: canaviais.*
can.ção [kãs´ãw] *sf* canzone, cantico, canto, ballata. **canção de ninar** ninna nanna.
can.ce.la.men.to [kãselam´ẽtu] *sm* **1** annullazione. **2** *Dir* storno.
can.ce.lar [kãsel´ar] *vt* **1** cancellare. **2** annullare. **3** barrare, radiare, eliminare da una lista. **cancelar um contrato** *Dir* stornare un contratto.
cân.cer [k´ãser] *sm* **1** *Med* cancro, canchero. **2** *fig* bubbone. **3 Câncer** *Astron, Astrol* Cancro.
can.ci.o.nei.ro [kãsjon´ejru] *sm* canzoniere.
can.cro [k´ãkru] *sm Med* cancro.
can.de.ei.ro [kãde´ejru] *sm* lume.
can.de.la.bro [kãdel´abru] *sm* candelabro.
can.di.da.to [kãdid´atu] *sm* candidato, concorrente, aspirante.
cân.di.do [k´ãdidu] *adj* candido.
can.du.ra [kãd´urə] *sf* candore, candezza.
ca.ne.la [kan´ɛlə] *sf* **1** *Bot* cannella. **2** *Bot V caneleira.* **3** *Anat* stinco, garretto. **esticar as canelas** *irôn* tirar le cuoia.
ca.ne.lei.ra [kanel´ejrə] *sf Bot* cannella. *Sin: canela.*
ca.ne.lo.ne [kanel´oni] *sm* cannelloni. Veja nota em **lasagna.**
ca.ne.ta [kan´etə] *sf* penna. **caneta esferográfica** penna a sfera, biro.
ca.ne.ta-tin.tei.ro [kanetətĩt´ejru] *sf* penna stilografica. *Pl: canetas-tinteiros, canetas-tinteiro.*
cân.fo.ra [k´ãforə] *sf* canfora.
câ.nha.mo [k´Λñamu] *sm Bot* canapa.
ca.nhão [kañ´ãw] *sm* **1** cannone. **2** *irôn fam* foca, donna grassa e brutta.
ca.nho.to [kañ´otu] *sm* **1** mancino. **2** *Com* scontrino, riscontro, marca. *adj* mancino, manco.

ca.ni.bal [kanib'aw] *s+adj* cannibale, antropofago. *Pl: canibais.*
ca.ni.ba.lis.mo [kanibal'izmu] *sm* antropofagia.
ca.ni.ço [kan'isu] *sm* cannaio.
ca.nil [kan'iw] *sm* canile. *Pl: canis.*
ca.ni.ve.te [kaniv'ɛti] *sm* temperino.
ca.no [k'ʌnu] *sm* **1** gola, fistola. **2** gambale, tromba (da bota). **cano de despejo** acquaio.
ca.no.a [kan'oə] *sf* canotto, barchetta.
ca.no.a.gem [kano'aʒẽj] *sf Esp* canottaggio.
câ.non [k'ʌnõw] *sm Rel* canone..
ca.nô.ni.co [kan'oniku] *adj Rel* canonico.
ca.no.ni.zar [kanoniz'ar] *vt Rel* canonizzare, santificare.
ca.no.ro [kan'ɔru] *adj* canoro.
can.sa.ço [kãs'asu] *sm* stanchezza, fiacchezza, affaticamento, fatica.
can.sa.do [kãs'adu] *adj* **1** stanco, morto, fiacco. **2** *fig* sazio. **3** rotto. **cansado de** sazio di. *estou cansado dessas besteiras* / sono sazio di queste sciocchezze.
can.sar [kãs'ar] *vt* **1** stancare, affaticare, spossare, prostrare. **2** *fig* saziare. *vpr* **3** stancarsi, affaticarsi. **4** *fig* fiaccarsi.
can.sa.ti.vo [kãsat'ivu] *adj* **1** faticoso, gravoso. **2** *fig* duro, forte.
can.sei.ra [kãs'ejrə] *sf* stanchezza.
can.ta.dor [kãtad'or] *adj* cantante.
can.tão [kãt'ãw] *sm* cantone.
can.tar [kãt'ar] *vt* **1** cantare. *vi* **2** cantare **3** cinguettare, chioccolare. **quem canta seus males espanta** uomo allegro il cielo l'aiuta.
cân.ta.ro [k'ãtaru] *sm* cantaro, brocca **chover a cântaros** piovere a secchie.
can.ta.ro.lar [kãtarol'ar] *vt+vi* canterellare.
can.tei.ro [kãt'ejru] *sm* aiuola, quaderno.
cân.ti.co [k'ãtiku] *sm* cantico.
can.ti.ga [kãt'igə] *sf* canzone.
can.til [kãt'iw] *sm Mil* borraccia. *Pl: cantis.*
can.to [k'ãtu] *sm* **1** canto. **2** angolo, cantone. **3** canzone. **4** cantica. **5** verso. **6** *fig* gorgheggio. **canto do galo** chicchirichì. **em todos os cantos** in ogni angolo.
can.to.chão [kãtoʃ'ãw] *sm Mús* canto fermo.
can.to.nei.ra [kãton'ejrə] *sf* cantoniera.
can.tor [kãt'or] *sm* cantante.
ca.nu.do [kan'udu] *sm* tubo.
cão [k'ãw] *sm Zool* cane. **cão de arma** cane. **cão de guarda** cane di guardia. **cão de parada** cane da fermo. **cão policial** cane poliziotto. **cão que muito ladra não morde** cane che abbaia non morde. **quem não tem cão caça com gato** chi non possiede un cane va a caccia col gatto. **ser como cão e gato** essere come cane e gatto. *Pl: cães.*
ca.o.lho [ka'oλu] *adj* losco.
caos [k'aws] *sm sing+pl* **1** caos, baraonda, confusione. **2** *fig* bolgia, quarantotto.
ca.ó.ti.co [ka'ɔtiku] *adj* **1** caotico. **2** *fig* anarchico, confuso, sconnesso.
cão.zi.nho [kãwz'iñu] *sm dim* cagnolino.
ca.pa [k'apə] *sf* cappa, veste. **capa de chuva** impermeabile. **capa de livro** copertina. **capa e espada** *Lit, Cin* cappa e spada, romanzo di avventure. **capa masculina** tabarro.
ca.pa.ce.te [kapas'eti] *sm* casco, celata.
ca.pa.cho [kap'aʃu] *sm* **1** zerbino. **2** *fig* leccapiedi.
ca.pa.ci.da.de [kapasid'adi] *sf* **1** capacità. **2** volume, tenuta, capienza. **3** intelligenza, abilità, competenza. **4** *fig* braccio, risorsa. Veja nota em **braccio**.
ca.pa.ci.tar [kapasit'ar] *vt* capacitare.
ca.pan.ga [kap'ãgə] *sm* **1** bravo, sgherro, sicario. **2** *fig* gorilla.
ca.par [kap'ar] *vt* accapponare.
ca.pa.taz [kapat'as] *sm* fattore.
ca.paz [kap'as] *adj* **1** capace. **2** abile, competente, bravo.
cap.ci.o.so [kapsi'ozu] *adj* capzioso.
ca.pe.la [kap'ɛlə] *sf* **1** cappella, edicola. **2** *Mús* cappella.
ca.pe.lão [kapel'ãw] *sm* cappellano. *Pl: capelães.*
ca.pi.lar [kapil'ar] *adj* capillare.
ca.pim [kap'ĩ] *sm Bot* gramigna.
ca.pi.tal [kapit'aw] *sm* **1** capitale, averi, fondi. **2** *fig* denaro. *sf* **3** capitale. **4** capoluogo (de província). *adj* capitale, essenziale. **capital improdutivo** capitale morto. *Pl: capitais.*

ca.pi.ta.lis.mo [kapital'izmu] *sm* capitalismo.
ca.pi.ta.lis.ta [kapital'istə] *s* capitalista.
ca.pi.ta.li.zar [kapitaliz'ar] *vt* **1** capitalizzare. **2** *fig* accumulare.
ca.pi.ta.ne.ar [kapitane'ar] *vt* capitanare.
ca.pi.tão [kapit'ãw] *sm* capitano. *Pl: capitães.*
ca.pi.tu.lar [kapitul'ar] *vi* capitolare, darsi per vinto, arrendersi.
ca.pí.tu.lo [kap'itulu] *sm* capitolo.
ca.pô [kap'o] *sm Autom V capota.*
ca.po.ta [kap'ɔtə] *sf Autom* cofano. *Sin: capô.*
ca.po.tar [kapot'ar] *vi Autom* ribaltare, dare balta.
ca.po.te [kap'ɔti] *sm* cappotto, tabarro, cappa, pastrano.
ca.pri.cha.do [kapriʃ'adu] *adj* diligente.
ca.pri.char [kapriʃ'ar] *vt* far con diligenza.
ca.pri.cho [kapr'iʃu] *sm* **1** capriccio. **2** bizza. **3** bizzarria, fissazione, fantasia. **4** lusso. **5** accuratezza, diligenza. **6** *fig* grillo, grilletto. **ter caprichos** frullare.
ca.pri.cho.so [kapriʃ'ozu] *adj* **1** bizzarro, bisbetico. **2** accurato, diligente.

Bizzarro e **bisbetico** significam "cheio de caprichos, de manias, de extravagâncias"; **accurato** e **diligente** significam "feito (ou quem faz) com capricho, com esmero".

Ca.pri.cór.nio [kaprik'ɔrnju] *sm Astron, Astrol* Capricorno.
ca.pri.no [kapr'inu] *adj* caprino, di capra.
cáp.su.la [k'apsulə] *sf* **1** capsula. **2** *Med* compressa.
cap.tar [kapt'ar] *vt* **1** captare. **2** capire. **3** *fig* annusare.
cap.tu.ra [kapt'urə] *sf* **1** cattura, arresto, fermo. **2** *Mil* presa.
cap.tu.rar [kaptur'ar] *vt* catturare, arrestare.
ca.pu.chi.nho [kapuʃ'iñu] *sm Rel* cappuccino.
ca.puz [kap'us] *sm* cappuccio, bacucco.
ca.qué.ti.co [kak'ɛtiku] *adj* cachettico.
ca.qui [kak'i] *sm Bot* cachi.
cá.qui [k'aki] *sm* cachi.
ca.qui.zei.ro [kakiz'ejru] *sm Bot* cachi.
ca.ra [k'arə] *sf* **1** faccia. **2** *irôn* ceffo. **3** *fig dep* muso, grifo, grugno. *s* **4** *pop* tipo, coso. **cara a cara** a faccia a faccia, a viso a viso. **cara amarrada** grinta. **cara de pau** a) *pop* faccia, franchezza. b) *gír* sfacciataggine. c) *fig* faccia tosta. d) *pop* sfrontato. e) *gír* sfacciato. **cara feia** cipiglio. **de cara fechada** arcigno. **fazer cara feia** guardare di traverso. **fazer uma cara triste** fare il viso lungo. **na cara de** in faccia, sul viso di. **quebrar a cara** a) *pop* rompere il grifo. b) *fig* rompersi il collo. **ter duas caras** avere due facce. Veja nota em **coso**.
ca.ra.bi.na [karab'inə] *sf* carabina, schioppo.
ca.ra.col [karak'ɔw] *sm* chiocciola. **caracol dos cabelos** riccio, ricciolo. *Pl: caracóis.*
ca.rac.te.rís.ti.ca [karakter'istikə] *sf* **1** caratteristica, carattere, qualità. **2** *fig* prerogativa. **3 características** *pl* tratti, fisionomia.
ca.rac.te.rís.ti.co [karakter'istiku] *adj* caratteristico, tipico, individuale.
ca.rac.te.ri.zar [karakteriz'ar] *vt* caratterizzare.
ca.ra.du.ra [karad'urə] *s fig* faccia tosta.
ca.ram.ba [kar'ãbə] *interj* accidenti! caspita!
ca.ra.me.lar [karamel'ar] *vt* caramellare.
ca.ra.me.lo [karam'ɛlu] *sm* caramellato.
ca.ra.mu.jo [karam'uʒu] *sm* chiocciola.
ca.ran.gue.jo [karãg'eʒu] *sm* **1** *Zool* granchio. **2 Caranguejo** *Astron, Astrol* Cancro.
ca.ra.pa.ça [karap'asə] *sf* corazza.
ca.ra.tê [karat'e] *sm Esp* caratè.
ca.rá.ter [kar'ater] *sm* **1** carattere. **2** indole, temperamento, natura. **3** tipo di stampa, lettera dell'alfabeto. **4** *fig* tempra, calibro, tessuto. *Pl: caracteres.*
ca.ra.va.na [karav'ʌnə] *sf* carovana, convoglio.
ca.ra.ve.la [karav'ɛlə] *sf* caravella.
car.bo.ni.zar [karboniz'ar] *vt* carbonizzare.
car.bo.no [karb'onu] *sm Quím* carbonio.
car.bún.cu.lo [karb'ũkulu] *sm Med* antrace.
car.bu.ra.dor [karburad'or] *sm Autom* carburatore.
car.ca.ça [kark'asə] *sf* **1** carcassa, carogna,

cadavere di animale. **2** *Náut, Aer* carcassa, scheletro.
cár.ce.re [k´arseri] *sm* **1** carcere, prigione. **2** *fig* galera, galea.
car.ce.rei.ro [karser´ejru] *sm* **1** carceriere. **2** *fig* boia.
car.dá.pio [kard´apju] *sm* lista delle vivande.
car.de.al [karde´aw] *sm Zool, Rel* cardinale. • *adj* cardinale. **pontos cardeais** punti cardinali. *Pl: cardeais*.
car.dí.a.co [kard´iaku] *sm+adj* cardiaco.
car.di.nal [kardin´aw] *adj* cardinale. *Pl: cardinais*.
car.di.o.lo.gis.ta [kardjoloʒ´istə] *sm* cardiologo.
car.do [k´ardu] *sm Bot* cardo.
ca.re.ca [kar´ɛkə] *sm+adj* calvo. • *sf* **1** testa calva. **2** *dep* zucca.
ca.rên.cia [kar´ẽsjə] *sf* **1** carenza. **2** mancanza. **3** deficienza.
ca.ren.te [kar´ẽti] *s* bisognoso, povero. • *adj* **1** carente, sfornito. **2** *fig* digiuno.
ca.res.ti.a [karest´iə] *sf* carestia.
ca.re.ta [kar´etə] *sf* **1** smorfia. **2** *irôn* grugno.
car.ga [k´argə] *sf* **1** carico, soma. **2** ricambio. **3** *Mil* carica. **4** *fig* bagaglio. **carga de arma** cartoccio.
car.go [k´argu] *sm* carica, ufficio, posto, funzione. **a meu cargo** per mio conto.
ca.ri.ar [kari´ar] *vt+vi* cariare.
ca.ri.ca.to [karik´atu] *adj* burlesco.
ca.ri.ca.tu.ra [karikat´urə] *sf* caricatura.
ca.rí.cia [kar´isjə] *sf* **1** carezza, vezzo, festa. **2 carícias** *pl* lusinghe, tenerezze.
ca.ri.da.de [karid´adi] *sf* **1** carità. **2** beneficenza, assistenza. **3** elemosina. **4** filantropia. **5** *fig* umanità. **caridade por interesse** carità pelosa.
ca.ri.do.so [karid´ozu] *adj* **1** caritatevole. **2** *fig* benefico, umano.
cá.rie [k´arji] *sf Med* carie.
ca.rim.bar [karĩb´ar] *vt* bollare, timbrare
ca.rim.bo [kar´ĩbu] *sm* bollo, timbro, marca.
ca.ri.nho [kar´iñu] *sm* **1** amorevolezza, affetto, carezza, festa. **2 carinhos** *pl* lusinghe, tenerezze.
ca.ri.nho.so [kariñ´ozu] *adj* amorevole, affettuoso, carezzevole, vezzeggiativo.
car.lin.ga [karl´ĩgə] *sf Náut, Aer* carlinga.
car.mim [karm´ĩ] *sm* carminio.
car.nal [karn´aw] *adj* carnale. *Pl: carnais*.
car.na.val [karnav´aw] *sm* Carnevale. *Pl: carnavais*.
car.na.va.les.co [karnaval´esku] *adj* carnevalesco.
car.ne [k´arni] *sf* **1** carne. **2** *fam* ciccia. **carne moída** carne macinata. **da cor de carne** incarnato. **em carne e osso** in carne e ossa.
car.nei.ro [karn´ejru] *sm* **1** *Zool* pecoro, montone, ariete. **2 Carneiro** *Astron, Astrol* Montone.
car.ne-se.ca [karnis´ekə] *sf* carne secca. *Pl: carnes-secas*.
car.ni.ça [karn´isə] *sf* carname.
car.ni.fi.ci.na [karnifis´inə] *sf* **1** carneficina, massacro, strazio. **2** *fig* beccheria, ecatombe.
car.ní.vo.ro [karn´ivoru] *adj* carnivoro.
car.nu.do [karn´udu] *adj* carnoso, ciccioso.
ca.ro [k´aru] *adj* **1** caro. **2** costoso, dispendioso. **3** *fig* salato.
ca.ro.ço [kar´osu] *sm Bot* nocciolo, torso, osso. Veja nota em **osso** (italiano).
ca.ro.la [kar´ɔlə] *s* baciapile, bacchettone, bigotto.
ca.ro.na [kar´onə] *sf* passaggio. **pedir carona** chiedere un passaggio.
ca.ró.ti.da [kar´ɔtidə] *sf Anat* carotide.
car.pa [k´arpə] *sf Zool* carpio.
car.pin.tei.ro [karpĩt´ejru] *sm* carpentiere, falegname.
car.ran.ca [kar̄´ãkə] *sf* grinta, cipiglio.
car.ran.cu.do [kar̄ãk´udu] *adj* arcigno, burbero.
car.ra.pa.to [kar̄ap´atu] *sm Zool* zecca.
car.ras.co [kar̄´asku] *sm* carnefice, boia, esecutore di giustizia.
car.re.ga.do [kar̄eg´adu] *adj* **1** carico. **2** grave. **3** affetto.
car.re.ga.dor [kar̄egad´or] *sm* facchino, portabagagli.
car.re.ga.men.to [kar̄egam´ẽtu] *sm* carico, arrivo, blocco di merce.
car.re.gar [kar̄eg´ar] *vt* **1** caricare. *carregar as baterias, os fuzis* / caricare le batterie, i fucili. *carregar o caminhão com produtos* / caricare l'autocarro con

C

prodotti. **2** portare, arrecare. *a mulher carregava uma bolsa pesada* / la donna portava una borsa pesante. **3** aggravare, appesantire. **carregar às costas** indossare. Veja notas em **caricare** e **levare**.

car.rei.ra [kar̄´ejrə] *sf* carriera. **fazer carreira** fare strada. **seguir carreira militar** seguire la carriera delle armi. **seguir carreira religiosa** vestire l'abito.

car.re.ta [kar̄´etə] *sf* baroccio.

car.re.tel [kar̄et´ɛw] *sm* rocchetto, bobina. *Pl: carretéis.*

car.ri.nho [kar̄´iñu] *sm dim* baroccio. **carrinho de mão** carretto.

car.ro [k´ar̄u] *sm* **1** macchina, automobile, auto, vettura. **2** carro. **carro com placa de Gênova** macchina targata Genova. **carro de corrida** auto da corsa. **carro de praça** vettura di piazza, tassì. **carro de série** auto di serie. **carro esporte** vettura *sport*.

Atenção: em italiano, o substantivo **carro** nunca é usado para indicar "automóvel". **Carro** em italiano significa apenas "carro de madeira não motorizado para transporte" ou "vagão de trem".

car.ro.ça [kar̄´ɔsə] *sf* cocchio, calesse. **carroça de duas rodas** carretta.

car.ro.ce.ri.a [kar̄ɔser´iə] *sf Autom* carrozzeria.

car.ro.ci.nha [kar̄ɔs´iñə] *sf dim* **carrocinha de cachorro** cassino.

car.ro-dor.mi.tó.rio [kar̄udormit´ɔrju] *sm* vettura letto, vagone letto. *Pl: carros--dormitórios.*

car.ro-res.tau.ran.te [kar̄ur̄estawr´ãti] *sm* vettura ristorante, vagone ristorante. *Pl: carros-restaurantes.*

car.ros.sel [kar̄os´ɛw] *sm* carosello. *Pl: carrosséis.*

car.ru.a.gem [kar̄u´aʒẽj] *sf* carrozza, carro, calesse, cocchio, cupè.

car.ta [k´artə] *sf* lettera. **carta anônima** lettera anonima. **carta de recomendação** lettera di raccomandazione, commendatizia. **carta de vinhos** lista dei vini. **carta registrada com valor declarado** lettera assicurata. **carta registrada sem valor declarado** lettera raccomandata. **carta via aérea** lettera aerea. Veja nota em **biglietto**.

car.tão [kart´ãw] *sm* **1** cartolina. **2** tessera, scheda. **3** cartone. **cartão de visita** biglietto da visita.

car.tão-pos.tal [kartãwpost´aw] *sm* **1** cartolina illustrata. **2** cartolina postale. *Pl: cartões-postais.*

car.taz [kart´as] *sm* cartello, affisso, manifesto.

car.tei.ra [kart´ejrə] *sf* **1** borsellino, borsa. **2** tessera. **carteira de identidade** carta d'identità. **carteira de motorista** patente di guida.

car.tei.ri.nha [kartejr´iñə] *sf dim* tessera.

car.tei.ro [kart´ejru] *sm* portalettere, postino.

car.te.la [kart´ɛlə] *sf* cartella. **cartela de loto** polizza del lotto.

car.ti.la.gem [kartil´aʒẽj] *sf* cartilagine.

car.ti.la.gi.no.so [kartilaʒin´ozu] *adj* cartilaginoso.

car.to.la [kart´ɔlə] *sf* tuba, cilindro.

car.to.man.te [kartom´ãti] *sf* cartomante.

car.tó.rio [kart´ɔrju] *sm* ufficio anagrafe.

car.tu.cho [kart´uʃu] *sm* cartoccio.

ca.run.cho [kar´ũʃu] *sm Zool* tarlo.

car.va.lho [karv´aʎu] *sm Bot* quercia.

car.vão [karv´ãw] *sm* **1** carbone. **2** brace. **carvão animal** carbone animale.

ca.sa [k´azə] *sf* **1** casa. **2** residenza. **3** *fig* appartamento. **4** nido, tetto, focolare. **casa da moeda** zecca. **casa de botão** occhiello, asola. **casa de campo** villa, casino, rustico. **casa decimal** cifra decimale. **casa de detenção** casa di pena, carcere. **casa de jogo** casa di giuoco, bisca, casinò. **casa de repouso** casa di riposo, asilo. **casa do xadrez** quadretto. **casa velha** casolare. **de casa** di casa. **em casa de** da. *estou na casa de Maria* / sono da Maria. **em minha casa** a casa mia. **ficar fechado em casa** tapparsi in casa. **mudar de casa** trasferirsi. **ó de casa!** ehi di casa! **ser da casa** frequentare, bazzicare.

ca.sa.ca [kaz´akə] *sf* **1** finanziera. **2** *fam* coda di rondine.

ca.sa.co [kaz´aku] *sm* casacca, mantello, paltò. **casaco feminino** cappotta. **casaco masculino** giacca.

ca.sa.dou.ro [kazad´owru] *adj* nubile. **moça casadoura** ragazza da marito.
ca.sal [kaz´aw] *sm* coppia. *Pl: casais.*
ca.sa.men.to [kazam´ẽtu] *sm* **1** matrimonio, sposalizio, nozze. **2** *fig* unione. **casamento civil** matrimonio civile. **casamento de pessoas de religião diferente** matrimonio promiscuo. **casamento religioso** matrimonio religioso.
ca.sa.qui.nho [kazak´iñu] *sf dim* giacchetto di donna.
ca.sar [kaz´ar] *vt* **1** sposare. **2** maritare. **3** *fig* unire. *vpr* **4** sposarsi. **5** maritarsi. **6** *fig* coniugarsi, armonizzare.
cas.ca [k´askə] *sf* **1** corteccia. **2** scorza. **3** crosta. **4** buccia. **5** guscio.
cas.ca.lho [kask´aλu] *sm* breccia.
cas.cão [kask´ãw] *sm* **1** scorza. **2** *fam* roccia.
cas.ca.ta [kask´atə] *sf Geogr* cascata, salto.
cas.ca.vel [kaskav´ɛw] *sf Zool* crotalo. *Pl: cascavéis.*
cas.co [k´asku] *sm Zool* **1** unghia. **2** zoccolo. **3** *Náut* scafo.
ca.se.bre [kaz´ɛbri] *sm* **1** stamberga, catapecchia, baracca, capanna. **2** *fig* buco, spelonca, tana.
ca.sei.ro [kaz´ejru] *sm* casiere. *adj* **1** casalingo. **2** nostrano, domestico. **3** artigianale.
ca.ser.na [kaz´ɛrnə] *sf Mil* caserma.
ca.si.nha [kaz´iñə] *sf dim* casipola. **casinha de cachorro** cuccia.
ca.so [k´azu] *sm* caso, episodio, evento, avvenimento, circostanza, contingenza. • *conj* se. **caso contrário** se no. **fazer pouco caso de** ridersi di. **não fazer caso de** infischiarsi di. **no caso de** caso mai, se mai. **se for o caso** se mai, se pure.
cas.pa [k´aspə] *sf* forfora.
cas.sa.ção [kasas´ãw] *sf Dir* cassazione.
cas.sar [kas´ar] *vt Dir* cassare.
cas.sa.ta [kas´atə] *sf* cassata.
cas.se.te.te [kaset´ɛti] *sm* sfollagente, manganello.
cas.si.no [kas´inu] *sm* casinò, casa di giuoco.
cas.ta [k´astə] *sf* casta, ceto, classe. Veja nota em **classe** (italiano).
cas.ta.nha [kast´Λñə] *sf* castagna. **castanha de caju** anacardio, acagiù. **tirar a castanha do fogo com a mão do gato** cavar la castagna dal fuoco con la zampa del gatto.
cas.ta.nhei.ro [kastañ´ejru] *sm* castagno.
cas.ta.nho.las [kastañ´ɔlas] *sf pl Mús* nacchere.
cas.te.lo [kast´ɛlu] *sm* castello. **fazer castelos no ar** *fig* fare castelli in aria.
cas.ti.çal [kastis´aw] *sm* candeliere, bugia. *Pl: castiçais.*
cas.ti.da.de [kastid´adi] *sf* **1** castità. **2** verginità. **3** pudore.
cas.ti.gar [kastig´ar] *vt* **1** castigare, punire, condannare. **2** *fig* sistemare. **3** sferzare.
cas.ti.go [kast´igu] *sm* **1** castigo, pena, punizione, penitenza, condanna. **2** *fig* purgatorio, croce, tormento, verga. **castigo eterno** *fig* inferno. **ter o castigo que merece** pagare il fio.
cas.to [k´astu] *adj* **1** casto. **2** vergine. **3** pudico. **4** *fig* puro. **5** platonico.
cas.tor [kast´or] *sm Zool* castoro.
cas.trar [kastr´ar] *vt* castrare, accapponare.
ca.su.al [kazu´aw] *adj* casuale, fortuito, contingente. **roupa casual** abito giovanile. *Pl: casuais.*
ca.sua.li.da.de [kazwalid´adi] *sf* casualità.
ca.su.lo [kaz´ulu] *sm* bozzolo.
ca.ta.cum.ba [katak´ũbə] *sf* catacomba.
ca.ta.lep.si.a [kataleps´iə] *sf Med* catalessi.
ca.ta.li.sar [kataliz´ar] *vt Quím, fig* catalizzare.
ca.ta.lo.gar [katalog´ar] *vt* **1** catalogare. **2** classificare. **3** codificare.
ca.tá.lo.go [kat´alogu] *sm* **1** catalogo. **2** lista, elenco. **3** campionario. **4** tabella. **catálogo de livros** inventario di libri.
ca.ta.plas.ma [katapl´azmə] *sf* cataplasma.
ca.ta.pul.ta [katap´uwtə] *sf Mil* catapulta, mangano.
ca.ta.ra.ta [katar´atə] *sf* **1** cateratta, cascata. **2** *Med* cateratta.
ca.tar.ro [kat´ar̄u] *sm Med* catarro.
ca.tás.tro.fe [kat´astrofi] *sf* **1** catastrofe, sciagura. **2** *fig* apocalisse. **3** dramma.
ca.tas.tró.fi.co [katastr´ɔfiku] *adj* **1** catastrofico. **2** *fig* apocalittico.
ca.ta-ven.to [katəv´ẽtu] *sm* girandola, mulinello. **cata-vento do telhado** gallo. *Pl: cata-ventos.*

ca.te.cis.mo [kates´izmu] *sm* catechismo.
cá.te.dra [k´atedrə] *sf* cattedra.
ca.te.dral [katedr´aw] *sf* cattedrale, duomo. *Pl: catedrais.*
ca.te.drá.ti.co [katedr´atiku] *adj* cattedratico.
ca.te.go.ri.a [kategor´iə] *sf* **1** categoria. **2** classe. **3** tipo, ordine, gruppo. Veja nota em **classe** (italiano).
ca.te.gó.ri.co [kateg´ɔriku] *adj* categorico, tassativo.
ca.te.que.se [katek´ɛzi] *sf* catechesi.
ca.te.qui.zar [katekiz´ar] *vt* catechizzare.
ca.te.to [kat´etu] *sm Geom* cateto.
ca.te.ter [katet´ɛr] *sm Med* catetere. *Pl: cateteres.*
ca.ti.van.te [kativ´ãti] *adj* **1** accattivante. **2** *fig* carezzevole.
ca.ti.var [kativ´ar] *vt* cattivarsi, conquistare.
ca.ti.vei.ro [kativ´ejru] *sm* cattività.
ca.to.li.cis.mo [katolis´izmu] *sm* cattolicismo.
ca.tó.li.co [kat´ɔliku] *sm+adj* cattolico.
ca.tor.ze [kat´orzi] *sm+num V quatorze.*
cau.ção [kaws´ãw] *sf Dir* cauzione, garanzia.
cau.cho [kawʃ´u] *sm* caucciù.
cau.da [k´awdə] *sf* **1** coda. **2** *Astron* coda, criniera. **cauda de vestido** strascico.
cau.le [k´awli] *sm Bot* caule, fusto.
cau.sa [k´awzə] *sf* **1** causa, motivo, ragione. **2** *Dir* causa. **3** *fig* germe, fonte, radice. **falar com conhecimento de causa** parlare con cognizione di causa. **por causa de** a causa di, a causa che, in virtù di, per motivo di.
cau.sar [kawz´ar] *vt* **1** causare. **2** motivare, provocare, portare a. **3** determinare. **4** cagionare. **5** *fig* arrecare. **6** creare, generare, produrre. **7** eccitare. **8** fruttare.
cáus.ti.co [k´awstiku] *adj* caustico, corrosivo.
cau.te.la [kawt´ɛlə] *sf* **1** cautela, attenzione, prudenza, accortezza. **2** *fig* saggezza. **agir com cautela** *fig* andare coi piedi di piombo.
cau.te.lo.so [kawtel´ozu] *adj* prudente, savio, saggio.
cau.te.ri.zar [kawteriz´ar] *vt Med* cauterizzare.
cau.to [k´awtu] *adj* cauto, prudente.
ca.va.do [kav´adu] *adj* incavato, concavo, fondo.
ca.va.lar [kaval´ar] *adj* cavallino.
ca.va.la.ri.a [kavalar´iə] *sf* cavalleria.
ca.va.la.ri.ça [kavalar´isə] *sf* cavallerizza.
ca.va.la.ri.ço [kavalar´isu] *sm* cavallerizzo, palafreniere.
ca.va.lei.ra [kaval´ejrə] *sf Esp* amazzone.
ca.va.lei.ro [kaval´ejru] *sm* cavaliere.
ca.va.le.te [kaval´eti] *sm* cavalletto.
ca.val.ga.da [kavawg´adə] *sf* cavalcata.
ca.val.ga.du.ra [kavawgad´urə] *sf* **1** bestia da cavalcare. **2** *pop* stupido.
ca.val.gar [kavawg´ar] *vt* **1** cavalcare, montare. *vi* **2** cavalcare.
ca.va.lhei.res.co [kavaλejr´esku] *adj* cavalleresco.
ca.va.lhei.ris.mo [kavaλejr´izmu] *sm* cavalleria.
ca.va.lhei.ro [kavaλ´ejru] *sm* **1** gentiluomo, nobiluomo. **2** *fig* signore.
ca.va.li.nho [kaval´iñu] *sm dim* cavallino, puledro.
ca.va.lo [kav´alu] *sm* cavallo. **a cavalo** a cavalcioni. **a cavalo dado não se olham os dentes** a cavallo donato non si guarda in bocca. **andar a cavalo** cavalcare. **cavalo de corrida** corsiere, corsiero, cavallo da corsa. **cavalo de força** *Mec V cavalo-vapor*. **cavalo de raça** puro sangue. **cavalo para ginástica** cavalletto.
ca.va.lo-ma.ri.nho [kavalumar´iñu] *sm Zool* ippocampo. *Pl: cavalos-marinhos.*
ca.va.lo-va.por [kavaluvap´or] *sm Mec* cavallo vapore, cavallo dinamico. *Sin: cavalo de força. Pl: cavalos-vapor.*
ca.va.nha.que [kavañ´aki] *sm* pizzo.
ca.var [kav´ar] *vt* **1** cavare, scavare. **2** incavare.
ca.vei.ra [kav´ejrə] *sf Anat* cranio.
ca.ver.na [kav´ɛrnə] *sf* caverna, spelonca, grotta, antro.
ca.ver.no.so [kavern´ozu] *adj* **1** cavernoso. **2** *fig* profondo, cupo.
ca.vi.ar [kavi´ar] *sm* caviale.
ca.vi.da.de [kavid´adi] *sf* **1** cavità, cavo. **2** avvallamento, concavità. **3** fossa, scavo.

ca.vo [k´avu] *adj* cavo.
ca.xi.as [kaʃ´ias] *s sing+pl gír* sgobbone.
ca.xum.ba [kaʃ´ũbə] *sf* **1** *Med* gattoni. **2** *pop* orecchioni.
CD [sed´e] *sm* CD. **aparelho de CD** lettore di CD.
cê [s´e] *sm* ci, il nome della lettera C.
ce.ar [se´ar] *vt+vi* cenare.
ce.bo.la [seb´olə] *sf* cipolla.
cê-dê-e.fe [sede´ɛfi] *s gír* sgobbone. *Pl: cê-dê-efes*.
ce.der [sed´er] *vt* **1** cedere, alienare, rilasciare, dare. **2** *Dir* trapassare (direito, propriedade). *vi* **3** cedere. **4** concedersi, smontarsi, darla vinta.
ce.do [s´edu] *adv* presto. **mais cedo** prima. **mais cedo ou mais tarde** prima o poi, quando che sia. **o mais cedo possível** quanto prima.
ce.dro [s´ɛdru] *sm Bot* cedro.
cé.du.la [s´ɛdulə] *sf* **1** cedola, cupone, tagliando, effetto. **2 cédulas** *pl* biglietti, valori. **cédula eleitoral** scheda elettorale. Veja nota em **nota** (italiano).
ce.gar [seg´ar] *vt* **1** accecare. **2** folgorare. **3** abbacinare, abbagliare. **4** sfilare.
ce.go [s´ɛgu] *sm+adj* cieco, orbo. **às cegas** a chius'occhio. **ir às cegas** andar tastoni. **pior cego é aquele que não quer ver** non v'è peggior sordo di chi non vuol udire.
ce.go.nha [seg´oñə] *sf Zool* cicogna.
ce.guei.ra [seg´ejrə] *sf* cecità, accecamento.
cei.a [s´ejə] *sf* cena.
cei.fa [s´ejfə] *sf* segatura.
cei.far [sejf´ar] *vt* segare, mietere, falciare.
ce.la [s´ɛlə] *sf* **1** cella. **2** cubicolo.
ce.le.bra.ção [selebras´ãw] *sf* **1** cerimonia. **2** *fig* apoteosi.
ce.le.brar [selebr´ar] *vt* **1** celebrare. **2** commemorare, festeggiare. **3** acclamare, decantare. **4** *Rel* celebrare, officiare (a missa).
ce.le.bra.ti.vo [selebrat´ivu] *adj* commemorativo.
cé.le.bre [s´ɛlebri] *adj* **1** celebre. **2** famoso, rinomato, insigne. **3** illustre, conosciuto.
ce.le.bri.da.de [selebrid´adi] *sf* **1** celebrità. **2** fama, gloria. **3** personaggio illustre.
ce.lei.ro [sel´ejru] *sm* granaio.
cé.le.re [s´ɛleri] *adj* celere, veloce.
ce.les.te [sel´ɛsti] *adj* celeste.
ce.les.ti.al [selesti´aw] *adj* **1** celestiale. **2** santo. **3** *Poét* etereo. *Pl: celestiais*.
ce.li.ba.tá.rio [selibat´arju] *sm+adj* celibatario.
ce.li.ba.to [selib´atu] *sm* celibato.
cé.lu.la [s´ɛlulə] *sf* cellula.
ce.lu.lar [selul´ar] *adj* cellulare.
ce.lu.lói.de [selul´ɔjdi] *sm* celluloide.
ce.lu.lo.se [selul´ɔzi] *sf* cellulosa.
cem [s´ẽj] *sm+num* cento.
ce.mi.té.rio [semit´ɛrju] *sm* cimitero, camposanto.
ce.na [s´enə] *sf* **1** *Teat* scena. **2** *fig* commedia. *teu choro é apenas cena* / il tuo pianto è solo commedia. **entrar em cena** entrare in scena.
ce.ná.rio [sen´arju] *sm Teat* scenario, scena.
cê.ni.co [s´eniku] *adj Teat* scenico.
ce.nou.ra [sen´owrə] *sf* carota.
cen.so [s´ẽsu] *sm* censo.
cen.sor [sẽs´or] *sm* censore.
cen.su.ra [sẽs´urə] *sf* **1** censura. **2** riprovazione, biasimo. **3** ramanzina, sgridata. **4** *fig* sermone.
cen.su.rar [sẽsur´ar] *vt* **1** censurare. **2** rimbrottare. **3** espurgare. **4** *fig* criticare, deplorare.
cen.ta.vo [sẽt´avu] *sm* centesimo. **não vale um centavo** non vale un quattrino.
cen.tei.o [sẽt´eju] *sm Bot* segale.
cen.te.lha [sẽt´eλə] *sf* scintilla, favilla.
cen.te.na [sẽt´enə] *sf* cento, centinaio.
cen.te.ná.rio [sẽten´arju] *sm* centenario. • *adj* **1** centenario, centenne. **2** *fig* secolare.
cen.te.si.mal [sẽtezim´aw] *adj* centesimale. *Pl: centesimais*.
cen.té.si.mo [sẽt´ɛzimu] *sm+num* centesimo.
cen.to [s´ẽtu] *sm* cento. **por cento** percento. *dez por cento dos trabalhadores* / il dieci percento dei lavoratori.
cen.to.péi.a [sẽtop´ɛjə] *sf* centogambe.
cen.tral [sẽtr´aw] *adj* centrale. *Pl: centrais*.
cen.tra.li.zar [sẽtraliz´ar] *vt* **1** centralizzare, accentrare, incentrare. *vpr* **2** incentrarsi.
cen.trar [sẽtr´ar] *vt* centralizzare.

cen.trí.fu.go [sẽtr´ifugu] *adj* centrifugo.
cen.trí.pe.to [sẽtr´ipetu] *adj* centripeto.
cen.tro [s´ẽtru] *sm* **1** centro. **2** nucleo. **3** mezzo. **4** *fig* asse, cuore, nocciolo, ombelico. **5** focolaio (de uma rebelião).
cen.tro.a.van.te [sẽtrwav´ãti] *sm Esp* centro avanti.
cen.tu.pli.car [sẽtuplik´ar] *vt* centuplicare.
cên.tu.plo [s´ẽtuplu] *sm+num* centuplo.
cen.tu.ri.ão [sẽturi´ãw] *sm* centurione.
ce.pa [s´epə] *sf Bot* ceppa.
ce.po [s´epu] *sm* ceppo, toppo.
ce.ra [s´erə] *sf* **1** cera. **2** lustro, lucido. **3** patina. **cera dos ouvidos** cerume. **de cera** cereo, ceroso.
ce.râ.mi.ca [ser´Λmikə] *sf* ceramica, terraglia.
cer.ca [s´erkə] *sf* steccato, recinto. • *adv* circa, quasi. **cerca de** circa a, circa di, intorno a. *agora isto vale cerca da metade do valor* / adesso questo vale circa a metà del valore. *cerca de um mês* / circa di un mese.
cer.ca.do [serk´adu] *sm* steccato. **cercado de bebê** recinto.
cer.car [serk´ar] *vt* **1** circondare, cingere, chiudere. **2** cintare. **3** contornare. **4** *Mil* assediare, aggirare. **5** (também *fig*) avvolgere. *vpr* **6** circondarsi.
cer.co [s´erku] *sm* assedio.
cer.das [s´ɛrdas] *sf pl* setola.
ce.re.al [sere´aw] *sm* cereale, biade. *Pl: cereais*.
ce.re.be.lo [sereb´elu] *sm Anat* cervelletto.
ce.re.bral [serebr´aw] *adj* cerebrale. *Pl: cerebrais*.
cé.re.bro [s´ɛrebru] *sm* **1** *Anat* cervello, cerebro. **2** *fig* cranio. Veja nota em **cervello**.
ce.re.ja [ser´eʒə] *sf* ciliegia.
ce.re.jei.ra [sereʒ´ejrə] *sf* ciliegio.
ce.ri.mô.nia [serim´onjə] *sf* **1** cerimonia, rituale, gala. **2** *Rel* cerimonia, rito, funzione. **fazer cerimônia** fare i convenevoli.
ce.ri.mo.ni.al [serimoni´aw] *sm* **1** cerimoniale, cerimonia. **2** *fig* rito, rituale. • *adj* cerimoniale. *Pl: cerimoniais*.
ce.ri.mo.ni.o.so [serimoni´ozu] *adj* cerimonioso, formale.
cer.ra.ção [ser̄as´ãw] *sf* foschia, bruma.
cer.ra.do [ser̄´adu] *adj* **1** denso, folto. **2** chiuso.
cer.rar [ser̄´ar] *vt* serrare, chiudere, racchiudere.
cer.ta.men.te [sɛrtam´ẽti] *adv* certamente, certo, sicuro, senz'altro.
cer.te.za [sert´ezə] *sf* **1** certezza. **2** sicurezza. **com certeza** certo, senza fallo, senza forse. **com certeza!** sicuro! altro che!
cer.ti.fi.ca.do [sertifik´adu] *sm* **1** certificato. **2** attestato, fede. **3** diploma. **4** carta, patente.
cer.ti.fi.car [sertifik´ar] *vt* **1** certificare. **2** accertare. *vpr* **3** assicurarsi. **4** accertarsi.
cer.to [s´ɛrtu] *adj* **1** certo. **2** corretto. **3** sicuro. **4** infallibile. **estar certo** a) aver ragione (pessoa). b) andar bene (relógio). **um certo** cotale.
cer.ve.ja [serv´eʒə] *sf* birra.
cer.ve.ja.ri.a [serveʒar´iə] *sf* birreria.
cer.vo [s´ervu] *sm Zool* cervo.
ce.sa.ri.a.no [sezari´Λnu] *adj* cesareo. • *sf* **cesariana** *Med* taglio cesareo.
ces.são [ses´ãw] *sf* cessione, rilascio.
ces.sar [ses´ar] *vi* **1** cessare, finire. **2** smettere di.
ces.ta [s´estə] *sf* **1** cesta, canestra. **2** paniere.
ces.ti.nho [sest´iñu] *sm dim* cestino.
ces.to [s´estu] *sm* cesto, canestro. **cesto para bebê** cestino.
ce.tá.ceo [set´asju] *sm+adj Zool* cetaceo.
ce.ti.cis.mo [setis´izmu] *sm* **1** scetticismo. **2** *fig* disfattismo.
cé.ti.co [s´ɛtiku] *adj* **1** scettico. **2** *fig* cauto.
ce.tim [set´ĩ] *sm* raso.
ce.tro [s´ɛtru] *sm* scettro.
céu [s´ɛw] *sm* **1** cielo. **2** *Poét* etere. **céu da boca** *pop* volta palatina.
ce.va.da [sev´adə] *sf Bot* orzo.
chá [ʃ´a] *sm* **1** tè. **2** tisana, infusione.
cha.cal [ʃak´aw] *sm Zool* sciacallo. *Pl: chacais*.
cha.ci.na [ʃas´inə] *sf* carneficina, massacro.
cha.ci.nar [ʃasin´ar] *vt* **1** massacrare. **2** *fig* macellare.
cha.co.ta [ʃak´ɔtə] *sf* canzonatura, beffa.
cha.fa.riz [ʃafar´is] *sm* fontana.
cha.ga [ʃ´agə] *sf* piaga.
cha.lei.ra [ʃal´ejrə] *sf* teiera.

cha.lé [ʃal´ɛ] *sm* baita.
cha.ma [ʃ´ʌmə] *sf* **1** fiamma, vampa, vampata. **2** *fig* fiaccola.
cha.ma.da [ʃam´adə] *sf* **1** chiamata. **2** appello. **3** telefonata. **4** *pop* ammonizione.
cha.ma.do [ʃam´adu] *sm* richiamo, appello. • *adj* **1** chiamato. **2** detto.
cha.mar [ʃam´ar] *vt* **1** chiamare. **2** denominare, nominare, battezzare, intitolare. **3** appellare, convocare. *vpr* **4** chiamarsi, denominarsi, nominarsi, intitolarsi. **chamar a atenção** richiamare l'attenzione. **chamar de você** dare del tu. **chamar público** *Cin* e *Teat* richiamare. **ir chamar** andare per, andare da.
cha.ma.riz [ʃamar´is] *sm* **1** zimbello, esca. **2** *fig* zuccherino. Veja nota em **esca**.
cha.ma.ti.vo [ʃamat´ivu] *adj* vistoso, sgargiante.
cha.me.jar [ʃameʒ´ar] *vi* vampeggiare, fiammeggiare.
cha.mi.né [ʃamin´ɛ] *sf* **1** camino, focolare. **2** ciminiera, fumaiolo.
cham.pa.nha [ʃãp´ʌñə] *sf* sciampagna.
cha.mus.car [ʃamusk´ar] *vt* bruciare, abbronzare.
chan.ce.la.ri.a [ʃãselar´iə] *sf* cancelleria.
chan.ce.ler [ʃãsel´ɛr] *sm* cancelliere.
chan.ta.ge.ar [ʃãtaʒe´ar] *vt Dir* ricattare.
chan.ta.gem [ʃãt´aʒẽj] *sf Dir* ricatto.
chantilly [ʃãtil´i] *sm fr* panna montata.
chão [ʃ´ãw] *sm* terra, suolo. **beijar o chão** mordere la polvere, cader vinto. *Pl: chãos*.
cha.pa [ʃ´apə] *sf* **1** targa. **2** lamiera. **3** *Autom* targa, placca. **chapa de ferro** piastra. **chapa de metal** lastra.
cha.pa.da [ʃap´adə] *sf Geogr* tavoliere.
cha.pe.ar [ʃape´ar] *vt* laminare.
cha.pe.la.ri.a [ʃapelar´iə] *sf* cappelleria.
cha.pe.lei.ra [ʃapel´ejrə] *sf* cappelliera, custodia per cappelli.
cha.pe.lei.ro [ʃapel´ejru] *sm* cappellaio.
cha.péu [ʃap´ɛw] *sm* **1** cappello. **2** berretto. **chapéu de feltro** feltro. **chapéu de palha** paglia. *Pl: chapéus*.
cha.ra.da [ʃar´adə] *sf* **1** sciarada, indovinello, enigma. **2** *fig* rompicapo.
char.co [ʃ´arku] *sm* fango, pantano, brago, palude, acquitrino, stagno.
char.la.tão [ʃarlat´ãw] *sm* ciarlatano. *Pl: charlatões, charlatães*.
char.ne.ca [ʃarn´ɛkə] *sf* landa, sodo.
cha.ru.ta.ri.a [ʃarutar´iə] *sf* tabaccheria.
cha.ru.tei.ro [ʃarut´ejru] *sm* tabaccaio.
cha.ru.to [ʃar´utu] *sm* sigaro. **charuto havana** sigaro avana.
chas.si [ʃas´i] *sm Autom* telaio.
cha.ta [ʃ´atə] *sf Náut* chiatta.
cha.te.a.ção [ʃateas´ãw] *sf* **1** molestia, disturbo. **2** *gír* barba. **3** *pop* noia. **4** *fam* grattacapo. **5** *fig* macigno. **que chateação!** *irôn* è un bell'affare!
cha.te.a.do [ʃate´adu] *adj* annoiato, buzzo.
cha.te.ar [ʃate´ar] *vt* **1** annoiare. **2** *fam* disturbare. *vpr* **3** annoiarsi.
cha.ti.ce [ʃat´isi] *sf* **1** *fam* rompimento di tasche. **2** *fig pop* mattone.
cha.to [ʃ´atu] *sm* **1** *Zool* piattola, specie di parassita. **2** *pop* zanzara, seccante. **3** *fam* rompiscatole. **4** *fig* mosca, mignatta, persona noiosa. • *adj* **1** piatto, chiatto, camuso. **2** monotono. **3** *pop* noioso, seccante, stucchevole. **4** *fam* importuno.
cha.vão [ʃav´ãw] *sm aum* **1** *cliché*. **2** *irôn* frase fatta. **3** *fig* luogo comune.
cha.ve [ʃ´avi] *sf* chiave. **chave de fenda/de parafusos** cacciavite.
cha.vei.ro [ʃav´ejru] *sm* portachiavi.
che.fão [ʃef´ãw] *sm* capoccia.
che.fa.tu.ra [ʃefat´urə] *sf* na expressão **chefatura de polícia** questura.
che.fe [ʃ´ɛfi] *sm* **1** capo, condottiere, principale, capoccia. **2** *fig* guida, testa, capitano. **chefe de cozinha** capocuoco. **chefe de família** capo famiglia, capo di casa. **chefe de polícia** questore. **chefe de seção** caposezione.
che.fi.ar [ʃefi´ar] *vt* **1** capitanare, comandare, capeggiare. **2** *fig* condurre, guidare.
che.ga.da [ʃeg´adə] *sf* **1** arrivata, arrivo, comparsa, venuta. **2** *fig* sbarco.
che.ga.do [ʃeg´adu] *adj* **1** prossimo, vicino. **2** *fig* stretto.
che.gar [ʃeg´ar] *vt* **1** arrivare. *vi* **2** arrivare, giungere, venire. **3** *fig* avvicinarsi. **4** capitare. • *interj* a) basta! b) *irôn* buona notte! **chegar a** a) montare a, ascendere a (despesa, valor). b) ridursi a. **chegar inesperadamente** sopraggiungere, sopravve-

nire. **chegar para** bastare per, sopperire a. Veja notas em **arrivare** e **venire**.

chei.a [ʃ´ejə] *sf* piena.

chei.o [ʃ´eju] *adj* **1** pieno. **2** colmo. **3** carico. **4** ricolmo. **5** fitto, folto. **6** esuberante. **7** sazio (de comida). **8** zeppo. **9** repleto. **10** *fig* sazio, stufo. **11** pregno. **cheio de** stufo di. **cheio de si** baldanzoso. **muito cheio** ripieno.

chei.rar [ʃejr´ar] *vt* odorare, fiutare. **cheirar a** a) odorare di. b) puzzare di.

chei.ro [ʃ´ejru] *sm* odore, fiuto. **cheiro de corpo** lezzo. **mau cheiro** puzzo, tanfo, lezzo. **sentir o cheiro de** odorare. **ter cheiro de** odorare a, sentire di.

chei.ro.so [ʃejr´ozu] *adj* **1** odorato. **2** *Poét* olente.

che.que [ʃ´ɛki] *sm* assegno bancario. **cheque cruzado** assegno sbarrato. **cheque sem fundos** a) assegno a vuoto. b) *fig cabriolet*.

chi.a.dei.ra [ʃjad´ejrə] *sf* cigolio. **chiadeira dos pulmões** *Med* scricchiolio.

chi.a.do [ʃi´adu] *sm* cigolio, stridore.

chi.an.te [ʃi´ãti] *adj* stridente.

chi.ar [ʃi´ar] *vi* stridere, cigolare.

chi.ba.ta [ʃib´atə] *sf* sferza, frusta, flagello.

chi.ba.ta.da [ʃibat´adə] *sf* sferzata.

chi.cle.te [ʃikl´ɛti] *sm* gomma da masticare.

chi.có.ria [ʃik´ɔrjə] *sf Bot* cicoria, radicchio.

chi.co.ta.da [ʃikot´adə] *sf* sferzata.

chi.co.te [ʃik´ɔti] *sm* sferza, nerbo, scudiscio, staffile, frusta.

chi.co.te.ar [ʃikote´ar] *vt* **1** sferzare, frustare, flagellare. **2** *Lit* fustigare.

chi.fre [ʃ´ifri] *sm* **1** corno. **2 chifres** (no marido traído) *pl vulg* corna. **ser do chifre furado** *fig* avere addosso l'argento vivo. Veja nota em **corno** (italiano).

chi.fru.do [ʃifr´udu] *adj* cornuto.

chil.re.ar [ʃiwr̃e´ar] *vi* garrire.

chim.pan.zé [ʃĩpãz´ɛ] *sm Zool* scimpanzé.

chin.chi.la [ʃĩʃ´ilə] *sf Zool* cinciglia.

chi.ne.lo [ʃin´ɛlu] *sm* ciabatta, pantofola, babbuccia.

chi.nês [ʃin´es] *s+adj* cinese.

chi.que [ʃ´iki] *adj pop* fine, fino.

chi.quei.ro [ʃik´ejru] *sm* (também *fig*) porcile, porcaro. *aquela casa é um chiqueiro* / quella casa è un porcile.

chis.par [ʃisp´ar] *vi* guizzare.

chis.te [ʃ´isti] *sm* **1** barzelletta, arguzia. **2** *fig* battuta.

cho.ça [ʃ´ɔsə] *sf* capanna.

cho.ca.dei.ra [ʃokad´ejrə] *sf* madre artificiale.

cho.ca.do [ʃok´adu] *adj* scosso.

cho.ca.lho [ʃok´aλu] *sm* sonaglio.

cho.car [ʃok´ar] *vt+vi* **1** covare (ovo). *vt* **2** *fig* scuotere, scandalizzare. *vpr* **3** urtarsi, cozzare. **4** *fig* scuotersi, scandalizzarsi.

cho.co [ʃ´oku] *sm* cova. *adj* **1** covaticcio. *galinha choca* / gallina covaticcia. **2** barlaccio. *ovo choco* / uovo barlacio.

cho.co.la.te [ʃokol´ati] *sm* **1** cioccolata, cioccolato. **2** *bonbon*. Veja nota em **cioccolata**.

cho.fer [ʃof´ɛr] *sm* conducente, autista. **chofer de praça** autista di piazza.

cho.que [ʃ´ɔki] *sm* **1** urto, botta, *shock*. **2** *fig* mazzata, tuffo. **choque elétrico** scossa elettrica. **choque emocional** colpo.

cho.ra.dei.ra [ʃorad´ejrə] *sf* piagnisteo.

cho.ra.min.gar [ʃoramĩg´ar] *vi* **1** piagnucolare, gemere, frignare. **2** *fig* gagnolare.

cho.rão [ʃor´ãw] *sm* frignone.

cho.rar [ʃor´ar] *vt* **1** piangere. **2** *fig* lamentare. *vi* **3** piangere. **4** *dep* frignare.

cho.ro [ʃ´oru] *sm* **1** pianto. **2** *fig* lamentazione.

chou.pa.na [ʃowp´Λnə] *sf* stamberga, antro.

cho.ver [ʃov´er] *vi* (também *fig*) piovere. **chover no molhado** *pop* piovere sul bagnato. **chover torrencialmente** diluviare.

chum.bar [ʃũb´ar] *vt* piombare, impiombare.

chum.bo [ʃ´ũbu] *sm Quím* piombo.

chu.par [ʃup´ar] *vt* succhiare.

chu.pe.ta [ʃup´etə] *sf* tettarella, succhiotto.

chur.ras.ca.ri.a [ʃur̃askar´iə] *sf* rosticceria.

chur.ras.co [ʃur̃´asku] *sm* manzo allo spiedo.

chu.tar [ʃut´ar] *vt+vi* dar calci.

chu.te [ʃ´uti] *sm* **1** calcio. **2** tiro.

chu.va [ʃ´uvə] *sf* **1** *Met* pioggia. **2** *fig* nembo, gran quantità. **chuva de pedra** *pop* gragnuola. **chuva de verão** passata. **chuva torrencial** diluvio.

chu.va.ra.da [ʃuvar´adə] *sf* scroscio.
chu.vei.ro [ʃuv´ejru] *sm* doccia.
chu.vis.car [ʃuvisk´ar] *vi* spruzzare.
chu.vis.co [ʃuv´isku] *sm* acquerella, acquolina.
chu.vo.so [ʃuv´ozu] *adj* piovoso.
ci.ca.triz [sikatr´is] *sf* cicatrice, stigma, segno.
ci.ca.tri.za.ção [sikatrizas´ãw] *sf* cicatrizzazione, saldatura.
ci.ca.tri.zar [sikatriz´ar] *vt* **1** cicatrizzare, saldare. *vi+vpr* **2** cicatrizzarsi, richiudersi.
ci.ce.ro.ne [siser´oni] *sm* cicerone, guida.
ci.ce.ro.ne.ar [siserone´ar] *vt* guidare.
cí.cli.co [s´ikliku] *adj* ciclico.
ci.clis.mo [sikl´izmu] *sm* ciclismo.
ci.clis.ta [sikl´istə] *s+adj* ciclista.
ci.clo [s´iklu] *sm* **1** ciclo. **2** *fig* avvicendamento.
ci.clo.ne [sikl´oni] *sm* ciclone, tifone.
ci.clo.pe [sikl´ɔpi] *sm Mit* ciclope.
ci.da.da.ni.a [sidadan´iə] *sf* **1** cittadinanza. **2** nazionalità. **3** naturalità.
ci.da.dão [sidad´ãw] *sm* cittadino, privato. *Pl: cidadãos*.
ci.da.de [sid´adi] *sf* città. **cidade fantasma** *fig* necropoli.
ci.dra [s´idrə] *sf Bot* cedro.
ci.drei.ra [sidr´ejrə] *sf Bot* cedro.
ci.ên.cia [si´ẽsjə] *sf* **1** scienza. **2** sapere. **3** dottrina.
ci.en.te [si´ẽti] *adj* sciente, consapevole, conscio.
ci.en.tí.fi.co [sjẽt´ifiku] *adj* scientifico.
ci.en.tis.ta [sjẽt´istə] *sm* scienziato, studioso.
ci.fra [s´ifrə] *sf* cifra.
ci.frar [sifr´ar] *vt* cifrare, codificare.
ci.ga.no [sig´ʌnu] *sm* zingaro. **cigano espanhol** gitano.
ci.gar.ra [sig´ar̄ə] *sf Zool* cicala.
ci.gar.rei.ra [sigar̄´ejrə] *sf* portasigarette.
ci.gar.ro [sig´ar̄u] *sm* sigaretta.
ci.la.da [sil´adə] *sf* **1** imboscata, agguato, appostamento, posta. **2** tranello. **3** *fig* laccio, trabocchetto. **preparar cilada** appostare.
ci.lha [s´iλə] *sf* cinghia.
ci.lhar [siλ´ar] *vt* cinghiare.
ci.lín.dri.co [sil´ĩdriku] *adj* cilindrico.
ci.lin.dro [sil´ĩdru] *sm* cilindro, rullo.
cí.lio [s´ilju] *sm Anat* ciglio. Veja nota em **ciglio**.
ci.ma [s´imə] *sf* cima, vetta. **de cima para baixo** dall'alto in basso, a volo d'uccello. **em cima** sopra, addosso, insù, su. **em cima de** addosso a, su.
cím.ba.lo [s´ĩbalu] *sm Mús* cimbalo.
ci.men.tar [simẽt´ar] *vt* cementare.
ci.men.to [sim´ẽtu] *sm* cemento. **cimento armado** cemento armato.
ci.mo [s´imu] *sm* vetta, cocuzzolo.
cin.co [s´ĩku] *sm+num* cinque.
ci.ne.ma [sin´emə] *sm* cinema. **ir ao cinema** andare al cinema.
ci.ne.ma.te.ca [sinemat´ɛkə] *sf* cineteca.
cin.gir [sĩʒ´ir] *vt* avvincere, abbracciare.
cí.ni.co [s´iniku] *sm* **1** cinico. **2** *fig* faccia tosta. • *adj* cinico.
ci.nis.mo [sin´izmu] *sm* cinismo.
cin.quen.ta [sĩk´wẽtə] *sm+num* cinquanta. **cinquenta avos** cinquantesimo, quinquagesimo.
cin.ta [s´ĩtə] *sf V cinto*.
cin.ti.la.ção [sĩtilas´ãw] *sf* sfavillio.
cin.ti.lan.te [sĩtil´ãti] *adj* scintillante, brillante.
cin.ti.lar [sĩtil´ar] *vi* scintillare, sfavillare, brillare.
cin.to [s´ĩtu] *sm* cinto, cinta, cinghia, cintola, cintura. **cinto de segurança** *Autom* cintura di sicurezza. **cinto salva-vidas** *Náut* cintura di salvataggio. *Sin: cinta*.
cin.tu.ra [sĩt´urə] *sf Anat* cintura, cintola, vita.
cin.tu.rão [sĩtur´ãw] *sm* cinturone, cinta. **cinturão verde** zona verde.
cin.za [s´ĩzə] *sm* grigio. • *adj* grigio, cenerino, cinereo.
cin.zas [s´ĩzas] *sf pl* cenere. **reduzir a cinzas** *fig* ridurre in polvere, distruggere. Veja nota em **cenere**.
cin.zei.ro [sĩz´ejru] *sm* portacenere, posacenere.
cin.zel [sĩz´ɛw] *sm* cesello, scalpello. *Pl: cinzéis*.
cin.ze.lar [sĩzel´ar] *vt* cesellare.
cin.zen.to [sĩz´ẽtu] *adj* grigiastro, bigio.

ci.pres.te [sipr´ɛsti] *sm Bot* cipresso.
cir.cen.se [sirs´ẽsi] *adj* circense, del circo.
cir.co [s´irku] *sm* circo.
cir.cui.to [sirk´ujtu] *sm* **1** circuito. **2** giro, cerchio. **3** autodromo.
cir.cu.la.ção [sirkulas´ãw] *sf* circolazione. **fora de circulação** fuori corso (moeda). **tirar de circulação** *Econ* mettere il fermo a.
cir.cu.lar [sirkul´ar] *vt* **1** circondare, rigirare. *vi* **2** circolare. **3** girare. • *adj* **1** circolare. **2** rotondo. **3** tondo.
cír.cu.lo [s´irkulu] *sm* **1** circolo. **2** circonferenza. **3** cerchio, tondo. **4** giro, ambiente, cerchia. **5** associazione. **círculo social** *fig* sfera. **círculo vicioso** circolo vizioso. **voar em círculos** far la ruota.
cir.cun.ci.dar [sirkũsid´ar] *vt* circoncidere.
cir.cun.ci.são [sirkũsiz´ãw] *sf* circoncisione.
cir.cun.dar [sirkũd´ar] *vt* circondare, contornare, attorniare.
cir.cun.fe.rên.cia [sirkũfer´ẽsjə] *sf Geom* circonferenza, circolo, cerchio.
cir.cun.fle.xo [sirkũfl´ɛksu] *adj* circonflesso.
cir.cuns.cre.ver [sirkũskrev´er] *vt* **1** circoscrivere. **2** delimitare. **3** circondare.
cir.cuns.cri.ção [sirkũskris´ãw] *sf* circoscrizione.
cir.cuns.pec.ção [sirkũspeks´ãw] *sf* circospezione.
cir.cuns.pec.to [sirkũsp´ɛktu] *adj* circospetto.
cir.cuns.tân.cia [sirkũst´ãsjə] *sf* **1** circostanza. **2** congiuntura, occasione. **3** evento, situazione.
cir.cuns.tan.ci.al [sirkũstãsi´aw] *adj* circostanziale. *Pl: circunstanciais.*
cí.rio [s´irju] *sm* cero, candela.
ci.rur.gi.a [sirurʒ´iə] *sf Med* chirurgia, operazione, intervento.
ci.rur.gi.ão [sirurʒi´ãw] *sm* chirurgo, medico chirurgo.
ci.sal.pi.no [sizawp´inu] *adj* cisalpino.
ci.são [siz´ãw] *sf* scissione.
cis.car [sisk´ar] *vi* raspare.
cis.mar [sizm´ar] *vt* mettersi in capo.
cis.ne [s´izni] *sm Zool* cigno.
cis.ter.na [sist´ɛrnə] *sf* cisterna, pozzo.
cis.to [s´istu] *sm Med* ciste. *Var: quisto.*
ci.ta.ção [sitas´ãw] *sf* **1** citazione, menzione. **2** *Dir* citazione.
ci.tar [sit´ar] *vt* **1** citare, riportare, addurre, far menzione di. **2** *Dir* citare, intimare.
cí.tri.co [s´itriku] *adj* citrico. **frutas cítricas** agrumi.
ci.ú.me [si´umi] *sm* gelosia.
ci.u.men.to [sjwm´ẽtu] *adj* geloso.
cí.vi.co [s´iviku] *adj* civico.
ci.vil [siv´iw] *sm+adj* civile. *Pl: civis.*
ci.vi.li.za.ção [sivilizas´ãw] *sf* **1** civilizzazione. **2** civiltà. **3** cultura.
ci.vi.li.zar [siviliz´ar] *vt* civilizzare.
ci.vis.mo [siv´izmu] *sm* civismo.
clã [kl´ã] *sm* casata.
cla.mor [klam´or] *sm* **1** clamore. **2** *fig* grido.
cla.mo.ro.so [klamor´ozu] *adj* **1** clamoroso. **2** *fig* chiassoso.
clan.des.ti.no [klãdest´inu] *sm+adj* clandestino.
cla.ra [kl´arə] *sf* chiara, bianco d'uovo.
cla.ra.bói.a [klarab´ɔjə] *sf Arquit* lucernario, lanterna.
cla.rão [klar´ãw] *sm* chiarore, bagliore.
cla.re.ar [klare´ar] *vt* **1** chiarire, schiarire. **2** illuminare. **3** attenuare (uma cor). *vi* **4** schiarire. **5** serenarsi (céu). **6** rimettersi (tempo).
cla.re.za [klar´ezə] *sf* **1** chiarezza. **2** limpidezza, lucidità. **3** nitidezza, evidenza. **4** serenità (do céu). **5** *fig* trasparenza.
cla.ri.da.de [klarid´adi] *sf* luce, barlume.
cla.ri.ne.te [klarin´eti] *sm Mús* clarinetto, clarino.
cla.ri.vi.den.te [klarivid´ẽti] *s* **1** chiaroveggente. **2** profeta. **3** profetessa.
cla.ro [kl´aru] *sm* chiaro. • *adj* **1** chiaro. **2** limpido, nitido. **3** sereno. **4** distinto. **5** evidente. **6** bello (tempo). **7** *fig* cristallino, trasparente. **8** visibile.
clas.se [kl´asi] *sf* **1** classe. **2** genere, sorta. **3** ordine, rango. **4** categoria. **5** aula. **6** ricercatezza, squisitezza. **7** *fig* condizione. **classe média** borghesia. **classe social** classe sociale, casta, ceto. **ser de primeira classe** essere di primo ordine. Veja notas em **aula** e **classe** (italiano).
clás.si.co [kl´asiku] *adj* classico.

clas.si.fi.car [klasifik´ar] *vt* **1** classificare, catalogare, codificare. **2** distribuire.
claus.tro [kl´awstru] *sm* chiostro.
cláu.su.la [kl´awzulə] *sf* clausola, condizione.
clau.su.ra [klawz´urə] *sf* chiusura, clausura.
cla.va [kl´avə] *sf* clava, bastone, mazza.
cla.ve [kl´avi] *sf Mús* chiave.
cla.ví.cu.la [klav´ikulə] *sf Anat* clavicola.
cle.mên.cia [klem´ẽsjə] *sf* **1** clemenza. **2** misericordia.
cle.men.te [klem´ẽti] *adj* clemente, indulgente, longanime.
clep.to.ma.ní.a.co [kleptoman´iaku] *sm+adj* cleptomane.
cle.ri.cal [klerik´aw] *adj* clericale. *Pl: clericais*.
clé.ri.go [kl´ɛrigu] *sm* chierico.
cle.ro [kl´ɛru] *sm* **1** chiesa. **2** *pop* clero.
cli.chê [kliʃ´e] *sm* **1** *cliché*. **2** matrice. **3** frase fatta.
cli.en.te [kli´ẽti] *s* cliente, avventore.
cli.en.te.la [kljẽt´ɛlə] *sf* clientela.
cli.ma [kl´imə] *sm* **1** clima. **2** *fig* atmosfera.
clí.max [kl´imaks] *sm* **1** apogeo, apice. **2** *fig* zenit. *Pl: clímaces*.
clí.ni.ca [kl´inikə] *sf* clinica, clinica medica.
clí.ni.co [kl´iniku] *sm+adj* clinico.
cli.pe [kl´ipi] *sm* **1** *clip*. **2** *videoclip*, video.

Atenção: ***clip*** em italiano se refere ao "clipe para papel".

clo.a.ca [klo´akə] *sf* cloaca, chiavica, fogna.
clo.ro [kl´ɔru] *sm Quím* cloro.
clo.ro.fi.la [klorof´ilə] *sf Bot* clorofilla.
clo.ro.fór.mio [klorof´ɔrmju] *sm Quím* cloroformio.
clu.be [kl´ubi] *sm* circolo, *club*.
co.a.ção [koas´ãw] *sf* coazione, coercizione.
co.a.bi.tar [koabit´ar] *vt* coabitare.
co.ad.ju.van.te [koadʒuv´ãti] *s Cin, Teat* comparsa.
co.ad.ju.var [koadʒuv´ar] *vt* coadiuvare, assistere.
co.a.dor [koad´or] *sm* **1** colatoio, filtro, cola. **2** colabrodo.
co.a.du.ra [koad´urə] *sf* colaggio.
co.a.gi.do [koaʒ´idu] *adj* coatto.
co.a.gir [koaʒ´ir] *vt* costringere, forzare.
co.a.gu.la.ção [koagulas´ãw] *sf* coagulamento, quagliamento.
co.a.gu.lar [koagul´ar] *vt* **1** coagulare, quagliare, appallottolare, ristagnare. *vi+vpr* **2** quagliare, aggrumarsi, appallottolarsi, ristagnarsi.
co.á.gu.lo [ko´agulu] *sm* **1** coagulo. **2** caglio, quaglio. **3** grommo, assodamento. **4** grumo.
co.a.lha.du.ra [koaλad´urə] *sf* coagulamento.
co.a.lhar [koaλ´ar] *vt* **1** quagliare. *vi+vpr* **2** quagliarsi, cagliare.
co.a.lho [ko´aλu] *sm* caglio, quaglio.
co.a.li.zão [koaliz´ãw] *sf* coalizione, alleanza.
co.a.li.zar-se [koaliz´arsi] *vpr* coalizzarsi.
co.ar [ko´ar] *vt* colare, filtrare, scolare.
co.a.xar [koaʃ´ar] *vi* gracidare.
co.bal.to [kob´awtu] *sm Quím* cobalto.
co.ber.ta [kob´ɛrtə] *sf* **1** coperta, coltre. **2** *Náut* coperta. **3** *fig* manto.
co.ber.tor [kobert´or] *sm* coperta.
co.ber.tu.ra [kobert´urə] *sf* **1** copertura. **2** rivestimento, involucro. **3** *Zool* copula di animali. **4** *Mil* copertura. **5** *fig* armatura, cortina. **cobertura de doce** copertura. **sem cobertura** *Com* allo scoperto. **sem cobertura cambial** *Com* franco valuta.
co.bi.ça [kob´isə] *sf* **1** avidità, brama, bramosia, cupidigia. **2** *fig* gola, ingordigia.
co.bi.çar [kobis´ar] *vt* bramare, agognare, desiderare, aspirare a.
co.bi.ço.so [kobis´ozu] *adj* **1** avido, cupido. **2** *fig* ingordo.
co.bra [k´ɔbrə] *sf* **1** *Zool* biscia, serpe, serpente. **2** *fig* vipera, persona cattiva. **cobra naja** vipera dagli occhiali.
co.bra.dor [kobrad´or] *sm* **1** collettore. **2** bigliettaio.
co.bran.ça [kobr´ãsə] *sf Com* riscossione.
co.brar [kobr´ar] *vt Com* riscuotere, incassare.
co.bre [k´ɔbri] *sm Quím* rame.
co.brir [kobr´ir] *vt* **1** coprire. **2** rivestire. **3** ammantare, avvolgere. **4** montare. **5** chiudere. **6** *fig* vestire. *vpr* **7** coprirsi, ricoprirsi. **cobrir despesas** *fig* coprire spese.

co.ca [k´ɔkə] *sf* **1** *Bot* coca. **2** cocaina. **3** *gír* hascisc.
co.ca.í.na [koka´inə] *sf* cocaina.
co.çar [kos´ar] *vt* **1** grattare. *vi* **2** prudere, pizzicare.
cóc.cix [k´ɔksis] *sm sing+pl Anat* coccige.
co.cei.ra [kos´ejrə] *sf* prurito, rosa.
co.che [k´oʃi] *sm* cocchio, calesse, vettura.
co.chei.ra [koʃ´ejrə] *sf* cavallerizza.
co.chei.ro [koʃ´ejru] *sm* cocchiere, vetturino.
co.chi.char [koʃiʃ´ar] *vi* rumoreggiare.
co.chi.cho [koʃ´iʃu] *sm* rumore.
co.chi.lar [koʃil´ar] *vi* pisolare, sonnecchiare, dormicchiare.
co.chi.lo [koʃ´ilu] *sm* pisolino. **dar um cochilo** fare un pisolino.
co.co [k´oku] *sm* cocco, noce di cocco.
co.cô [kok´o] *sm pop* cacca.
co.cu.ru.to [kokur´utu] *sm* cocuzzolo.
co.di.fi.car [kodifik´ar] *vt* codificare, cifrare.
có.di.go [k´ɔdigu] *sm* **1** codice. **2** testo antico. **3** *fig* cifra.
co.dor.na [kod´ɔrnə] *sf Zool* quaglia, coturnice.
co.e.fi.ci.en.te [koefisi´ẽti] *sm Fís, Mat* coefficiente, fattore.
co.e.lho [ko´eλu] *sm* coniglio. **matar dois coelhos com uma só cajadada** prendere due colombi ad una fava. **neste mato tem coelho!** gatta ci cova!
co.en.tro [ko´ẽtru] *sm Bot* coriandolo.
co.er.ção [koers´ãw] *sf* coercizione.
co.er.ci.ti.vo [koersit´ivu] *adj* coercitivo.
co.er.cí.vel [koers´ivew] *adj* coercibile. *Pl: coercíveis*.
co.e.rên.cia [koer´ẽsjə] *sf* **1** coerenza, concordanza. **2** *fig* armonia.
co.e.ren.te [koer´ẽti] *adj* coerente, concorde, consono.
co.e.são [koez´ãw] *sf* coesione, ligazione delle molecole.
co.e.xis.tên.cia [koezist´ẽsjə] *sf* coesistenza.
co.e.xis.tir [koezist´ir] *vi* coesistere.
co.fre [k´ɔfri] *sm* **1** cassaforte, forziere. **2** scrigno. **3** arca, baule, cofano. **cofre de aluguel** (em banco) cassetta di sicurezza.
cog.ni.ção [kognis´ãw] *sf* cognizione.
cog.no.me [kogn´omi] *sm* nomignolo.
co.gu.me.lo [kogum´ɛlu] *sm* fungo.
coi.ce [k´ojsi] *sm* **1** zampata. **2** *fig* scortesia.
co.in.ci.dên.cia [koĩsid´ẽsjə] *sf* coincidenza.
co.in.ci.den.te [koĩsid´ẽti] *adj* coincidente.
co.in.ci.dir [koĩsid´ir] *vi* coincidere, corrispondere.
coi.sa [k´ojzə] *sf* **1** cosa. **2** affare. **3** roba. **4** coso. **5** *pop* oggetto. **alguma coisa** un non so che. **coisa de louco** roba da matti. **coisa insignificante** a) roba da nulla, cosa da strapazzo. b) *irôn* affare di Stato. **coisa malfeita** a) strazio. b) *irôn* infamia. **é outra coisa** è un altro affare. **é tudo a mesma coisa** a) è tutt'uno. b) *fig* se non è zuppa è pan bagnato. **não ser nem uma coisa nem outra** non essere né carne né pesce. **outra coisa** altro. Veja nota em **negozio**.
coi.ta.di.nho [kojtad´iñu] *sm dim irôn* vittima.
coi.ta.do [kojt´adu] *adj* misero, povero. **pobre coitado** *pop* povero diavolo.
coi.to [k´ojtu] *sm* coito.
co.la [k´ɔlə] *sf* colla.
co.la.bo.ra.dor [kolaborad´or] *sm* collaboratore, ausiliare, ausiliario.
co.la.bo.rar [kolabor´ar] *vt* collaborare con, cooperare con, coadiuvare.
co.lap.so [kol´apsu] *sm* **1** *Med* collasso, svenimento. **2** *fig* tracollo.
co.lar[1] [kol´ar] *sm* collana, filo.
co.lar[2] [kol´ar] *vt* ingommare, appiccicare, applicare.
co.la.ri.nho [kolar´iñu] *sm* collarino, colletto, collare, collaretto. **colarinho de padre** collare, collarino. **colarinho reto** colletto dritto.
co.la.te.ral [kolater´aw] *s+adj* collaterale. *Pl: colaterais*.
col.cha [k´owʃə] *sf* sopraccoperta, coltre.
col.chão [kowʃ´ãw] *sm* materassa.
col.che.te [kowʃ´eti] *sm Gram* parentesi quadra, graffa, grappa. **colchete para roupas** gancio.
co.le.ção [koles´ãw] *sf* **1** collezione. **2** raccolta. **3** repertorio. **4** collana, serie (de livros). **5** *fig* campionario.
co.le.ci.o.na.dor [kolesjonad´or] *sm* collezionista.

co.le.ci.o.nar [kolesjon´ar] *vt* raccogliere.
co.le.ga [kol´ɛgə] *s* **1** collega. **2** compagno. **3** compagna.
co.le.gi.al [koleʒi´aw] *s+adj* collegiale. **colegial em biológicas e exatas** liceo scientifico. **colegial em humanas** liceo classico. *Pl: colegiais.*
co.lé.gio [kol´ɛʒju] *sm* collegio, educandato. **colégio interno** convitto.
co.lei.ra [kol´ejrə] *sf* collare (para animais).
có.le.ra [k´ɔlerə] *sf* **1** collera, rabbia, stizza, furia, furore. **2** *Med* colera.
co.lé.ri.co [kol´ɛriku] *adj* **1** collerico, furioso. **2** *Med* colerico.
co.le.ta [kol´ɛtə] *sf* colletta.
co.le.tâ.nea [kolet´ʌnjə] *sf* raccolta di testi.
co.le.te [kol´eti] *sm* panciotto, gilè.
co.le.ti.vi.da.de [koletivid´adi] *sf* **1** collettività, società. **2** *fig* città.
co.le.ti.vo [kolet´ivu] *adj* collettivo, generale.
co.le.tor [kolet´or] *sm* collettore.
co.lhei.ta [koλ´ejtə] *sf* **1** messe. **2** raccolta. **3** segatura. **4** *fig* vendemmia.
co.lher[1] [koλ´er] *vt* cogliere, raccogliere, spiccare.
co.lher[2] [koλ´ɛr] *sm* cucchiaio. **colher de café** cucchiaino. **colher de pedreiro** cazzuola, mestola, cucchiaia.
co.lhi.do [koλ´idu] *part* colto.
co.li.bri [kolibr´i] *sm Zool* colibrì, uccello mosca.
có.li.ca [k´ɔlikə] *sf* **1** *Med* colica. **2** **cólicas** *pl* dolori colici.
co.li.dir [kolid´ir] *vt+vi* urtare.
co.li.ga.ção [koligas´ãw] *sf* **1** collegamento. **2** *fig* bretella.
co.li.gar [kolig´ar] *vt* collegare, unire.
co.li.na [kol´inə] *sf* collina, colle, poggio.
co.lí.rio [kol´irju] *sm* collirio.
co.li.são [koliz´ãw] *sf* collisione, urto.
co.li.seu [koliz´ew] *sm* colosseo.
col.méi.a [kowm´ɛjə] *sf* arnia, alveare, apiario.
co.lo [k´ɔlu] *sm* **1** grembo. **2** collo. **colo de um osso** collo di un osso.
co.lo.ca.ção [kolokas´ãw] *sf* collocamento, messa, disposizione.
co.lo.ca.do [kolok´adu] *adj* **1** messo, posto. **2** giacente. **3** imposto (nome).
co.lo.car [kolok´ar] *vt* **1** collocare. **2** mettere, porre. **3** situare. **4** calzare (chapéu). **5** imporre (nome). *vpr* **6** collocarsi, mettersi. **colocar à parte** smettere. **colocar à venda** mettere in vendita. **colocar com cuidado** adagiare. **colocar debaixo** sottoporre. **colocar em cima** addossare. **colocar no meio** frapporre. **colocar os pingos nos is** mettere i puntini sugli i. **colocar uma idéia na cabeça** mettere un'idea in testa.
co.lom.bi.a.no [kolõbi´ʌnu] *sm+adj* colombiano.
có.lon [k´ɔlõw] *sm Anat* colon.
co.lô.nia [kol´onjə] *sf* **1** colonia, possedimento. **2** acqua di Colonia.
co.lo.ni.al [koloni´aw] *adj* coloniale. *Pl: coloniais.*
co.lo.ni.zar [koloniz´ar] *vt* colonizzare.
co.lo.no [kol´onu] *sm* **1** colono. **2** agricoltore.
co.ló.quio [kol´ɔkju] *sm* colloquio.
co.lo.ra.ção [koloras´ãw] *sf* **1** colorazione. **2** tinta. **3** *Min* acqua (de pedras preciosas).
co.lo.ran.te [kolor´ãti] *sm* colorante, tintura. *adj* colorante.
co.lo.ri.do [kolor´idu] *sm* colorito. • *adj* colorato.
co.lo.rir [kolor´ir] *vt* colorare, dipingere.
co.los.sal [kolos´aw] *adj* colossale, gigantesco, madornale. *Pl: colossais.*
co.los.so [kol´osu] *sm* colosso.
co.lu.na [kol´unə] *sf* **1** *Arquit* colonna. **2** *Jorn* rubrica. **coluna de texto** colonnino. **coluna vertebral** colonna vertebrale, spina dorsale.
com [k´õw] *prep* con.
co.ma [k´omə] *sm Med* coma.
co.ma.dre [kom´adri] *sf* **1** comare. **2** padella, specie di orinale degli ospedali.
co.man.dan.te [komãd´ãti] *sm* **1** *Mil* comandante, caposquadra. **2** *fig* capitano, capo.
co.man.dar [komãd´ar] *vt* **1** comandare. **2** capeggiare, capitanare. **3** ordinare, dettar legge, volere. **4** *fig* condurre, guidare. **5** dirigere. **6** prescrivere.
co.man.do [kom´ãdu] *sm* **1** comando. **2** ordine, comandamento. **3** controllo. **4**

C

Inform comando. **5** *Mil* consegna. **6** *fig* briglia, regia, timone.

com.ba.te [kõb´ati] *sm* **1** combattimento, battaglia, cimento. **2** *fig* scontro.

com.ba.ter [kõbat´er] *vt* **1** combattere. **2** avversare, contrastare. *vi* **3** combattere, guerreggiare, lottare. **4** *fig* scontrarsi.

com.ba.ti.vo [kõbat´ivu] *adj* **1** combattivo. **2** *fig* polemico.

com.bi.na.ção [kõbinas´ãw] *sf* **1** combinazione. **2** sottoveste. **3** *dep* lega.

com.bi.nar [kõbin´ar] *vt* **1** combinare. **2** comporre, conciliare, concordare. *vi* **3** coincidere, concertarsi. **4** intonarsi (cores, sons etc.).

com.boi.o [kõb´oju] *sm* (também *Mil, Náut*) convoglio.

com.bus.tão [kõbust´ãw] *sf* **1** combustione. **2** ignizione. **combustão espontânea** combustione spontanea.

com.bus.tí.vel [kõbust´ivew] *sm+adj* combustibile. *Pl: combustíveis*.

co.me.çar [komes´ar] *vt* **1** cominciare. **2** iniziare, principiare, intraprendere, dare inizio a. **3** fondare. **4** attaccare. **5** inaugurare, battezzare. **6** *pop* incominciare. *vi* **7** principiare, partire. **8** *fig* scoccare. **começar a** porsi a, mettersi a. **começar a falar** aprire bocca. **começar uma discussão** appiccare una lite.

co.me.ço [kom´esu] *sm* **1** inizio. **2** cominciamento, avvio. **do começo** daccapo. **todo começo é difícil** il peggior passo è quello dell'uscio.

co.mé.dia [kom´ɛdjə] *sf* **1** commedia. **2** film comico.

co.me.di.an.te [komedi´ãti] *s* commediante, comico.

co.me.di.do [komed´idu] *adj* **1** moderato. **2** frugale. **3** contenuto.

co.me.di.men.to [komedim´ẽtu] *sm* **1** moderazione, discrezione. **2** *fig* gravità.

co.me.mo.ra.ção [komemoras´ãw] *sf* commemorazione.

co.me.mo.rar [komemor´ar] *vt* commemorare, festeggiare, celebrare.

co.me.mo.ra.ti.vo [komemorat´ivu] *adj* commemorativo.

co.men.da [kom´ẽdə] *sf* commenda.

co.men.da.dor [komẽdad´or] *sm* commendatore.

co.men.tar [komẽt´ar] *vt* **1** commentare. **2** criticare. **3** annotare.

co.men.tá.rio [komẽt´arju] *sm* **1** commento, commentario. **2** chiosa, nota. **3** annotazione. **4** critica. **5** corsivo. Veja nota em **nota** (italiano).

co.mer [kom´er] *vt+vi* **1** mangiare. **2** pascere, pascolare. **3** *vulg* fottere. **comer alguém vivo** mangiare vivo uno, riproverarlo con severità. **comer com os olhos** mangiare con gli occhi. **comer demais** *fam* pappare.

Atenção: **pascere** e **pascolare** são usados apenas com referência a animais.

co.mer.ci.al [komersi´aw] *sm* annuncio, pubblicità. • *adj* commerciale. *Pl: comerciais*.

co.mer.ci.an.te [komersi´ãti] *s* commerciante, negoziante, mercante, trafficante.

co.mer.ci.ar [komersi´ar] *vt* **1** negoziare, mercanteggiare, trafficare. *vi* **2** commerciare, negoziare, mercanteggiare.

co.mér.cio [kom´ɛrsju] *sm* **1** commercio. **2** bottega. **3** traffico, scambio, mercanzia. **4** vendita. **comércio a varejo** commercio al minuto. **comércio exterior** commercio esterno. **comércio por atacado** commercio all'ingrosso. **livre comércio (internacional)** libero scambio.

co.mes.tí.vel [komest´ivew] *adj* commestibile, mangereccio, mangiabile. *Pl: comestíveis*.

co.me.ta [kom´etə] *sm Astron* cometa.

co.me.ter [komet´er] *vt* **1** commettere. **2** perpetrare, compiere, consumare (crime).

co.mi.chão [komiʃ´ãw] *sf* pizzicore, prurito, formicolio.

co.mí.cio [kom´isju] *sm* comizio.

cô.mi.co [k´omiku] *sm* comico, caratterista. • *adj* **1** comico, buffo, burlesco, umoristico. **2** *Mús* buffo, giocoso.

co.mi.da [kom´idə] *sf* **1** vitto, alimento, cibarie, commestibili. **2** *pop* cibo.

co.mi.go [kom´igu] *pron* con me.

co.mi.lan.ça [komil´ãsə] *sf* stravizio, gozzoviglia.

co.mi.lão [komil´ãw] *sm* mangione, ghiotto. • *adj* ghiotto, goloso.

co.mi.nho [kom´iñu] *sm Bot* comino.

co.mi.se.ra.ção [komizeras´ãw] *sf* commiserazione.

co.mis.são [komis´ãw] *sf* **1** commissione. **2** comitato. **comissão parlamentar** commissione parlamentare.

Commissione indica comissão no sentido de "encargo", "tarefa", e de "grupo de pessoas encarregadas", ao passo que **comitato** se refere apenas ao "grupo de pessoas encarregadas".

co.mis.sá.rio [komis´arju] *sm* commissario
co.mi.tê [komit´e] *sm* comitato.
co.mi.ti.va [komit´ivə] *sf* **1** comitiva, codazzo, seguito, corteggio. **2** *fig* carovana
co.mo [k´omu] *adv* come. • *prep+conj* come, conforme. • *interj* come? come mai? **como se** quasi che, quasi come. **como se deve** ammodo. **seja como for** comunque.
co.mo.ção [komos´ãw] *sf* **1** commozione. **2** emozione, moto. **3** *fig* esplosione.
cô.mo.da [k´omodə] *sf* cassettone.
co.mo.di.da.de [komodid´adi] *sf* **1** comodità. **2** conforto. **3** agio, agiamento. **4** destro. Veja nota em **agio**.
cô.mo.do [k´omodu] *sm* stanza, camera, ambiente, vano di una casa. • *adj* **1** comodo. **2** confortevole. **3** facile, agevole.
co.mo.do.ro [komod´ɔru] *sm Mil* commodoro.
co.mo.ven.te [komov´ẽti] *adj* **1** commovente, patetico. **2** *fig* drammatico.
co.mo.ver [komov´er] *vt* **1** commuovere. **2** intenerire. **3** impressionare. **4** *fig* toccare, smuovere. *vpr* **5** commuoversi. **6** *fig* rammollirsi.
co.mo.vi.do [komov´idu] *adj* commosso.
com.pac.tar [kõpakt´ar] *vt* render compatto, assodare.
com.pac.to [kõp´aktu] *adj* **1** compatto. **2** sodo, saldo, duro. **3** folto, fitto.
com.pa.de.cer [kõpades´er] *vt+vpr* compatire, compiangere, commiserare.
com.pa.dre [kõp´adri] *sm* compare.
com.pai.xão [kõpajʃ´ãw] *sf* compassione, compatimento, commiserazione, carità.
com.pa.nhei.ris.mo [kõpañejr´izmu] *sm* cameratismo.
com.pa.nhei.ro [kõpañ´ejru] *sm* **1** compagno. **2** camerata, collega, amico. **3** commilitone, correligionario. **4** amante, uomo. **5** *fig* fratello. **companheiros inseparáveis** *fig* fratelli siamesi.
com.pa.nhi.a [kõpañ´iə] *sf* **1** compagnia. **2** comitiva. **3** *Mil* banda di soldati. **4** *Com* compagnia, società. **companhia aérea** compagnia di navigazione aerea. **companhia teatral** compagnia teatrale.
com.pa.ra.ção [kõparas´ãw] *sf* paragone, riscontro, confronto.
com.pa.rar [kõpar´ar] *vt* **1** comparare, paragonare, confrontare. *vpr* **2** paragonarsi.
com.pa.ra.ti.vo [kõparat´ivu] *sm+adj* (também *Gram*) comparativo.
com.pa.re.cer [kõpares´er] *vi* comparire, figurare.
com.pa.re.ci.men.to [kõparesim´ẽtu] *sm* comparsa.
com.par.ti.lhar [kõpartiλ´ar] *vt* compartire, compartecipare.
com.par.ti.men.to [kõpartim´ẽtu] *sm* compartimento, scompartimento, casella.
com.pas.so [kõp´asu] *sm* **1** compasso. **2** *Mús* compasso, battuta. **compasso de espera** battuta di aspetto.
com.pa.tí.vel [kõpat´ivew] *adj* compatibile. *Pl: compatíveis*.
com.pa.tri.o.ta [kõpatri´ɔtə] *s* compatriotta, compaesano, concittadino, conterraneo.
com.pen.di.ar [kõpẽdi´ar] *vt* compendiare.
com.pên.dio [kõp´ẽdju] *sm* compendio, sunto.
com.pe.ne.trar-se [kõpenetr´arsi] *vpr* convincersi.
com.pen.sa.ção [kõpẽsas´ãw] *sf* **1** compenso. **2** indennizzo. **3** ricompensa. **compensação bancária** bancogiro.
com.pen.sar [kõpẽs´ar] *vt* **1** compensare. **2** indennizzare. **3** *fig* coprire.
com.pe.tên.cia [kõpet´ẽsjə] *sf* **1** competenza. **2** abilità, idoneità. **3** appartenenza, spettanza. **4** *Dir* giurisdizione.
com.pe.ten.te [kõpet´ẽti] *adj* competente, bravo, autorevole.
com.pe.ti.ção [kõpetis´ãw] *sf* **1** competizione. **2** gara, incontro, campionato. **3** giuoco. **4** premio. **5** antagonismo. **6** *Poét* ludo. **7** *fig* confronto.

com.pe.ti.dor [kõpetid´or] *sm+adj* concorrente, contendente, avversario.
com.pe.tir [kõpet´ir] *vt* **1** competere. **2** gareggiare, misurarsi, rivaleggiare. **3** concorrere. **4** appartenere a, spettare a, toccare a.
com.pi.lar [kõpil´ar] *vt* compilare.
com.pla.cên.cia [kõplas´ẽsjə] *sf* compiacimento.
com.plei.ção [kõplejs´ãw] *sf* complessione, aspetto, corporatura, fisico, taglia.
com.ple.men.tar [kõplement´ar] *adj* **1** complementare, secondario, accessorio. **2** *fig* secondo, ulteriore.
com.ple.men.to [kõplem´ẽtu] *sm* complemento, aggiunta.
com.ple.ta.men.te [kõplɛtam´ẽti] *adv* completamente, affatto, appieno.
com.ple.tar [kõplet´ar] *vt* **1** completare. **2** colmare. **3** integrare. **4** concludere, ultimare.
com.ple.to [kõpl´ɛtu] *adj* **1** completo. **2** colmo. **3** integro, intero, tutto. **4** perfetto. **5** *fig* capillare, minuzioso.
com.ple.xo [kõpl´ɛksu] *sm* **1** complesso, insieme, assieme. **2** *Psic* complesso. *adj* **1** complesso. **2** *fig* tortuoso.
com.pli.ca.ção [kõplikas´ãw] *sf* **1** affare imbrogliato. **2** *Lit* groviglio.
com.pli.ca.do [kõplik´adu] *adj* **1** astruso, complesso, laborioso. **2** *fig* cerebrale, bizantino.
com.pli.car [kõplik´ar] *vt* complicare, intricare.
com.po.nen.te [kõpon´ẽti] *sm* **1** componente. **2** membro. **3** ingrediente.
com.por [kõp´or] *vt* **1** comporre, fare. **2** *Mús* comporre. **3** *fig* formare. *vpr* **4** comporsi di, consistere in (ou di).
com.por.ta [kõp´ɔrtə] *sf* conca, paratoia.
com.por.ta.men.to [kõportam´ẽtu] *sm* **1** comportamento, condotta. **2** procedimento. **3** modi, tratti. **4** *fig* atteggiamento.
com.por.tar [kõport´ar] *vt* **1** comportare. *vpr* **2** comportarsi, portarsi, agire, condursi. **comportar-se bem** *fig* rigare. **comportar-se devidamente** dare buon conto di sé. **não saber se comportar** *fig* sbagliare strada.
com.po.si.ção [kõpozis´ãw] *sf* **1** composizione. **2** redazione, componimento, tema. **3** *fig* scritto.
com.po.si.tor [kõpozit´or] *sm* compositore, musicista, musico. **grande compositor** maestro.
com.pos.tu.ra [kõpost´urə] *sf* **1** compostezza. **2** *fig* gravità.
com.po.ta [kõp´ɔtə] *sf* composta.
com.pra [k´õprə] *sf* **1** compra, acquisto. **2** spesa.
com.pra.dor [kõprad´or] *sm* compratore.
com.prar [kõpr´ar] *vt* **1** comprare. **2** acquistare. **3** *fig* corrompere, subornare.
com.pra.zer [kõpraz´er] *vi* compiacere.
com.pre.en.der [kõpreẽd´er] *vt* **1** comprendere. **2** capire, accorgersi di, capacitarsi. **3** annoverare, contenere, coprire. **4** *gír* registrare. **5** *fig* assimilare. **6** involgere. **compreender mal** fraintendere.
com.pre.en.di.do [kõpreẽd´idu] *adj* **1** compreso. **2** incluso.
com.pre.en.são [kõpreẽs´ãw] *sf* **1** comprensione. **2** cognizione, intendimento. **3** condiscendenza, benevolenza, generosità.
com.pre.en.sí.vel [kõpreẽs´ivew] *adj* **1** comprensibile, intelligibile. **2** *fig* facile, piano. *Pl: compreensíveis.*
com.pre.en.si.vo [kõpreẽs´ivu] *adj* **1** comprensivo, generoso. **2** *fig* malleabile.
com.pres.sa [kõpr´ɛsə] *sf Med* compressa.
com.pri.do [kõpr´idu] *adj* lungo.
com.pri.men.to [kõprim´ẽtu] *sf* lunghezza, lungo. **cabo com um metro de comprimento** fune lungo un metro.
com.pri.mi.do [kõprim´idu] *sm Med* compressa, capsula. • *adj* stretto.
com.pri.mir [kõprim´ir] *vt* **1** comprimere. **2** condensare. **3** calcare, premere. *vpr* **4** comprimersi. **5** serrarsi.
com.pro.me.ter [kõpromet´er] *vt* **1** compromettere, coinvolgere. **2** *fig* insudiciare. *vpr* **3** compromettersi, sbilanciarsi. **4** involgersi in.
com.pro.me.ti.do [kõpromet´idu] *adj* compromesso.
com.pro.me.ti.men.to [kõprometim´ẽtu] *sm* compromesso.
com.pro.mis.so [kõprom´isu] *sm* **1** compromesso. **2** *fig* transazione.

com.pro.va.ção [kõprovas´ãw] *sf* comprovamento, conferma.
com.pro.van.te [kõprov´ãti] *sm* bolletta, biglietto, marca. Veja nota em **biglietto**.
com.pro.var [kõprov´ar] *vt* provare, comprovare, confermare.
com.pul.só.rio [kõpuws´ɔrju] *adj* compulsorio, obbligatorio.
com.pu.ta.dor [kõputad´or] *sm Inform computer*, calcolatore, calcolatrice.
com.pu.tar [kõput´ar] *vt* computare.
côm.pu.to [k´õputu] *sm* computo, calcolo.
co.mum [kom´ũ] *adj* **1** comune. **2** collettivo, generale. **3** banale, triviale. **4** consueto, convenzionale. **5** ordinario, volgare. **6** *fig* pedestre.
co.mun.gar [komũg´ar] *vi Rel* comunicarsi.
co.mu.nhão [komuñ´ãw] *sf* **1** comunione, società. **2** *Rel* comunione, comunicazione. **ministrar a comunhão** *Rel* comunicare.
co.mu.ni.ca.ção [komunikas´ãw] *sf* **1** comunicazione. **2** partecipazione. **3** nota, notificazione. **comunicação oficial** dispaccio. Veja nota em **nota** (italiano).
co.mu.ni.ca.do [komunik´adu] *sm* comunicato, annuncio, avviso. *adj* comunicato, detto.
co.mu.ni.car [komunik´ar] *vt* **1** comunicare. **2** partecipare, annunciare, avvisare, notificare. **3** trasmettere, portare. *vpr* **4** comunicare. Veja nota em **conferire**.
co.mu.ni.ca.ti.vo [komunikat´ivu] *adj* comunicativo.
co.mu.ni.da.de [komunid´adi] *sf* comunità, associazione.
co.mu.nis.mo [komun´izmu] *sm* comunismo.
co.mu.nis.ta [komun´istə] *s* **1** comunista. **2** *fig* rosso.
co.mu.ni.tá.rio [komunit´arju] *adj* **1** comunitativo. **2** *fig* civico.
co.mu.ta.ção [komutas´ãw] *sf Dir* commutazione, permuta.
co.mu.tar [komut´ar] *vt Dir* commutare, permutare.
con.ca.te.nar [kõkaten´ar] *vt* **1** concatenare. *vpr* **2** *fig* incatenarsi.
con.ca.vi.da.de [kõkavid´adi] *sf* concavità, avvallamento.
côn.ca.vo [k´õkavu] *adj* concavo, cavo, affossato, incavato.
con.ce.ber [kõseb´er] *vt* **1** concepire, divisare. **2** *fig* modellare, disegnare.
con.ce.bi.men.to [kõsebim´ẽtu] *sm* concepimento.
con.ce.der [kõsed´er] *vt* concedere, cedere, conferire, graziare. Veja nota em **conferire**.
con.cei.to [kõs´ejtu] *sm* **1** concetto. **2** concezione, idea. **3** *fig* opinione.
con.cen.tra.ção [kõsẽtras´ãw] *sf* **1** concentramento, raccoglimento. **2** *fig* applicazione.
con.cen.tra.do [kõsẽtr´adu] *adj* **1** concentrato, ristretto. **2** attento, assorto.
con.cen.trar [kõsẽtr´ar] *vt* **1** concentrare. **2** condensare. **3** incentrare. *vpr* **4** concentrarsi. **5** incentrarsi. **6** convergere. **7** *fig* tuffarsi in.
con.cep.ção [kõseps´ãw] *sf* **1** concezione. **2** concepimento. **3** veduta.
con.cer.nen.te [kõsern´ẽti] *adj* concernente, pertinente, relativo.
con.cer.nir [kõsern´ir] *vt* concernere, riguardare, interessare a, attenere a.
con.cer.tar [kõsert´ar] *vt* **1** riordinare. **2** raffazzonare.
con.cer.to [kõs´ertu] *sm* **1** aggiustamento. **2** armonia. **3** *Mús* concerto. **dar concerto** concertare. **sala de concertos** concerto.
con.ces.são [kõses´ãw] *sf* concessione.
con.cha [k´õʃə] *sf* **1** *Zool* conchiglia, guscio. **2** *fig* corazza.
con.cha.vo [kõʃ´avu] *sm dep* lega.
con.ci.da.dão [kõsidad´ãw] *sm* concittadino, compatriotta, compaesano. *Pl: concidadãos*.
con.ci.li.a.ção [kõsiljas´ãw] *sf* conciliazione, accomodamento.
con.ci.li.ar [kõsili´ar] *vt* conciliare, accordare, accomodare.
con.ci.li.á.vel [kõsili´avew] *adj* conciliabile, compatibile. *Pl: conciliáveis*.
con.cí.lio [kõs´ilju] *sm Rel* concilio.
con.ci.são [kõsiz´ãw] *sf* concisione.
con.ci.so [kõs´izu] *adj* conciso, breve, succinto, sintetico.
con.clu.den.te [kõklud´ẽti] *adj* conclusivo.

con.clu.ir [kõklu´ir] *vt* **1** concludere. **2** completare. **3** finire, terminare, ultimare. **4** dedurre, ricavare. **5** argomentare.
con.clu.são [kõkluz´ãw] *sf* **1** conclusione. **2** compimento. **3** induzione. **4** esito. **chegar a uma conclusão** venire alle strette. **em conclusão** insomma, a conti fatti, in fine dei conti.
con.clu.si.vo [kõkluz´ivu] *adj* conclusivo.
con.co.mi.tan.te [kõkomit´ãti] *adj* concomitante, simultaneo.
con.cor.dân.cia [kõkord´ãsjə] *sf* **1** concordia, unanimità. **2** *Gram* concordanza.
con.cor.dan.te [kõkord´ãti] *adj* concorde, coerente.
con.cor.dar [kõkord´ar] *vt* **1** concordare con, aderire a, acconsentire, arrangiare. *vi* **2** accordarsi. **concordar o verbo com o sujeito** *Gram* accordare il verbo con il soggetto.
con.cor.da.ta [kõkord´atə] *sf* concordato.
con.cor.de [kõk´ɔrdi] *adj* concorde, conforme.
con.cór.dia [kõk´ɔrdjə] *sf* **1** concordia. **2** *fig* unione, unità.
con.cor.rên.cia [kõkor̄´ẽsjə] *sf* concorrenza, antagonismo, gara.
con.cor.ren.te [kõkor̄´ẽti] *s+adj* concorrente.
con.cor.rer [kõkor̄´er] *vt* **1** concorrere, competere, rivaleggiare. **2** concorrere, contribuire.
con.cre.ti.za.ção [kõkretizas´ãw] *sf* **1** realizzazione. **2** attuazione.
con.cre.ti.zar [kõkretiz´ar] *vt* **1** concretare, realizzare, costituire. **2** avviare.
con.cre.to [kõkr´ɛtu] *sm* betone. • *adj* **1** concreto. **2** materiale. **3** realistico.
con.cu.bi.na [kõkub´inə] *sf* concubina, amante, amasia.
con.cu.bi.na.to [kõkubin´atu] *sm* concubinato, connubio.
con.cur.so [kõk´ursu] *sm* concorso, esame, gara.
con.de [k´õdi] *sm* conte.
con.de.co.ra.ção [kõdekoras´ãw] *sf* decorazione, commenda.
con.de.na.ção [kõdenas´ãw] *sf* **1** condanna. **2** *fig* critica. **3** folgore, fulmine.
con.de.na.do [kõden´adu] *sm* condannato, carcerato. • *adj* **1** condannato. **2** maledetto.
con.de.nar [kõden´ar] *vt* **1** condannare, biasimare. **2** *fig* criticare, deplorare.
con.de.ná.vel [kõden´avew] *adj* condannabile, riprovevole. *Pl: condenáveis*.
con.den.sa.ção [kõdẽsas´ãw] *sf* condensazione.
con.den.sar [kõdẽs´ar] *vt* **1** condensare. *vpr* **2** condensarsi.
con.des.cen.dên.cia [kõdesẽd´ẽsjə] *sf* condiscendenza, cedevolezza, remissione, facilità.
con.des.cen.den.te [kõdesẽd´ẽti] *adj* **1** condiscendente. **2** *fig* malleabile, flessibile.
con.des.cen.der [kõdesẽd´er] *vt* accondiscendere, condiscendere, transigere.
con.des.sa [kõd´esə] *sf* contessa.
con.di.ção [kõdis´ãw] *sf* **1** condizione. **2** clausola, patto. **3** posizione, rango. **4** situazione, stato. **com a condição de que** a condizione che, con questo che. **com condições favoráveis** a gonfie vele. **em boas condições** in buone condizioni. **estar em condições de** essere in grado di.
con.di.ci.o.nal [kõdisjon´aw] *sm Gram* condizionale. • *adj* condizionale. *Pl: condicionais*.
con.di.ci.o.na.men.to [kõdisjonam´ẽtu] *sm* condizionamento, assuefazione.
con.di.ci.o.nar [kõdisjon´ar] *vt* condizionare, assuefare, subordinare.
con.di.men.tar [kõdimẽt´ar] *vt* condire.
con.di.men.to [kõdim´ẽtu] *sm* condimento.
con.di.zer [kõdiz´er] *vt* confarsi a.
con.do.er-se [kõdo´ersi] *vpr* condolersi.
con.do.lên.cias [kõdol´ẽsjas] *sf pl* condoglianze.
con.do.mí.nio [kõdom´inju] *sm* condominio.
con.dô.mi.no [kõd´ominu] *sm* condomino.
con.dor [kõd´or] *sm Zool* condore.
con.du.ção [kõdus´ãw] *sf* **1** conduzione, governo, guida. **2** *pop* veicolo, mezzo di trasporto.
con.du.ta [kõd´utə] *sf* condotta, comportamento, portamento, procedimento.
con.du.to [kõd´utu] *sm* **1** condotto, presa. **2** *Anat* orifizio, via, tuba.
con.du.tor [kõdut´or] *sm* **1** conduttore,

manovratore, conducente (de veículo). 2 presa (de água, de gás etc.). 3 *Fís, Elet* conduttore. • *adj Fís* conduttore.

con.du.zir [kõduz´ir] *vt* **1** condurre. **2** accompagnare. **3** guidare. **4** portare, recare. **5** governare. **6** capeggiare, capitanare. **7** *fig* presiedere. *vpr* **8** condursi, comportarsi, agire.

co.ne [k´oni] *sm* cono.

co.nec.tar [konekt´ar] *vt* connettere, collegare, combinare.

co.ne.xão [koneks´ãw] *sf* **1** connessione. **2** congiuntura. **3** attinenza, correlazione, rapporto. **4** *Mec* giunto.

con.fec.ção [kõfeks´ãw] *sf* **1** confezione. **2** **confecções** *pl* confezioni.

con.fec.ci.o.nar [kõfeksjon´ar] *vt* confezionare.

con.fe.de.ra.ção [kõfederas´ãw] *sf* confederazione, federazione, collegamento.

con.fe.de.rar [kõfeder´ar] *vt* **1** unire in confederazione. *vpr* **2** confederarsi.

con.fei.tar [kõfejt´ar] *vt* confettare, candire.

con.fei.ta.ri.a [kõfejtar´iə] *sf* pasticceria.

con.fei.tei.ra [kõfejt´ejrə] *sf* bomboniera.

con.fei.to [kõf´ejtu] *sm* confetto, dolce, caramella, candito.

con.fe.rên.cia [kõfer´ẽsjə] *sf* **1** conferenza, consulta. **2** controllo, collazione.

con.fe.ren.ci.ar [kõferẽsi´ar] *vi* conferire. Veja nota em **conferire**.

con.fe.ren.te [kõfer´ẽti] *sm* controllore. • *adj* conferente.

con.fe.rir [kõfer´ir] *vt* **1** conferire, dare, attribuire. **2** controllare, collazionare. Veja nota em **conferire**.

con.fes.sar [kõfes´ar] *vt* **1** confessare, ammettere. *vpr* **2** confessarsi, concedersi.

con.fes.si.o.nal [kõfesjon´aw] *adj* confessionale. *Pl: confessionais*.

con.fes.si.o.ná.rio [kõfesjon´arju] *sm* confessionale.

con.fe.tes [kõf´ɛtis] *sm pl* coriandoli.

con.fi.an.ça [kõfi´ãsə] *sf* **1** fiducia. **2** fede, confidenza. **3** sicurezza. **4** *fig* assegnamento. **ter confiança em** credere a, affidarsi a, fidarsi di.

con.fi.an.te [kõfi´ãti] *adj* fidente, speranzoso, sicuro.

con.fi.ar [kõfi´ar] *vt* **1** affidare, consegnare, dare. **2** confidare in. **3** fidarsi di. **4** sperare in. **confiar totalmente em** abbandonarsi a.

con.fi.dên.cia [kõfid´ẽsjə] *sf* confidenza, segreto. **fazer confidências** *fig* sfogarsi, aprire il cuore a qualcuno, sbottonarsi.

con.fi.den.ci.al [kõfidẽsi´aw] *adj* **1** confidenziale, segreto. **2** *fig* riservato. *Pl: confidenciais*.

con.fi.den.ci.ar [kõfidẽsi´ar] *vt* confidare.

con.fi.den.te [kõfid´ẽti] *s+adj* confidente.

con.fim [kõf´ĩ] *sm* confine, termine.

con.fi.nan.te [kõfin´ãti] *adj* confinante.

con.fi.nar [kõfin´ar] *vt* **1** confinare. **2** bandire.

con.fir.ma.ção [kõfirmas´ãw] *sf* **1** conferma, convalida. **2** *fig* cresima.

con.fir.mar [kõfirm´ar] *vt* **1** confermare. **2** ratificare. **3** avvalorare, confortare. **4** affermare, certificare. **5** *fig* accreditare.

con.fis.car [kõfisk´ar] *vt* confiscare, incamerare, pignorare.

con.fis.co [kõf´isku] *sm* confisca, pignorazione, apreensione di beni.

con.fis.são [kõfis´ãw] *sf* **1** *Dir* confessione. **2** *Rel* confessione, professione.

con.fla.grar [kõflagr´ar] *vt* conflagare.

con.fli.to [kõfl´itu] *sm* **1** conflitto. **2** lotta, combattimento, battaglia. **3** *fig* contrasto.

con.flu.ir [kõflu´ir] *vi* **1** confluire. **2** convergere. **3** gettarsi.

con.for.mar [kõform´ar] *vt* **1** conciliare. *vpr* **2** rassegnarsi, mettere l'animo in pace. **3** adattarsi, uniformarsi. **4** sottoporsi.

con.for.me [kõf´ɔrmi] *adj* conforme, consono. • *prep+conj* conforme, secondo.

con.for.mis.ta [kõform´istə] *s+adj* **1** conformista. **2** *fig* borghese.

con.for.tar [kõfort´ar] *vt* **1** confortare, consolare, rincuorare. **2** *fig* sollevare. *vpr* **3** confortarsi. **4** *fig* sollevarsi.

con.for.tá.vel [kõfort´avew] *adj* confortevole, comodo. *Pl: confortáveis*.

con.for.to [kõf´ortu] *sm* **1** conforto. **2** comodità, agiatezza, agi. **3** sollievo, alleggerimento. **4** *fig* oasi. **5** balsamo, ristoro. **ter todo o conforto** stare come un padre abate.

con.fra.de [kõfr´adi] *sm* confratello.

con.fra.ri.a [kõfrar´iə] *sf* congregazione, congrega.

con.fra.ter.ni.zar [kõfraterniz´ar] *vt* **1** affratellare. *vpr* **2** affratellarsi.

con.fron.tar [kõfrõt´ar] *vt* **1** confrontare, raffrontare, giustaporre. *vpr* **2** competere, scontrarsi. Veja nota em **conferire**.

con.fron.to [kõfr´õtu] *sm* **1** confronto. **2** sfida. **3** *fig* battaglia.

con.fun.dir [kõfũd´ir] *vt* **1** confondere. **2** scompigliare. **3** imbrogliare. **4** scambiare. **5** *fig* accecare. *vpr* **6** confondersi. **7** *fig* perdersi.

con.fu.são [kõfuz´ãw] *sf* **1** confusione. **2** disordine, scompiglio. **3** caos, anarchia. **4** bailamme. **5** agitazione. **6** baraonda. **7** baldoria. **8** accozzaglia, ammasso. **9** turbazione. **10** *gír* casino. **11** *fig* bolgia, miscuglio. **12** manicomio.

con.fu.so [kõf´uzu] *adj* **1** confuso. **2** astruso. **3** *fig* caotico. **4** nebbioso. **ficar confuso** *fig* a) grattarsi il capo. b) aggrovigliarsi.

con.ge.lar [kõʒel´ar] *vt* **1** agghiacciare. *vi+vpr* **2** agghiacciare, agghiacciarsi.

con.gê.ne.re [kõʒ´eneri] *adj* congenere.

con.gê.ni.to [kõʒ´enitu] *adj* congenito, innato, genetico.

con.ges.tão [kõʒest´ãw] *sf* *Med* congestione.

con.ges.ti.o.nar [kõʒestjon´ar] *vt* congestionare.

con.glo.me.ra.do [kõglomer´adu] *sm+adj* conglomerato, aggregato.

con.glo.me.rar [kõglomer´ar] *vt* conglomerare.

con.gra.çar [kõgras´ar] *vt* conciliare.

con.gra.tu.la.ção [kõgratulas´ãw] *sf* congratulazione.

con.gra.tu.lar [kõgratul´ar] *vt* **1** felicitare. *vpr* **2** congratularsi, complimentarsi, felicitarsi con.

con.gre.ga.ção [kõgregas´ãw] *sf* congregazione, congrega.

con.gre.gar [kõgreg´ar] *vt* congregare.

con.gres.sis.ta [kõgres´istə] *s+adj* congressista.

con.gres.so [kõgr´ɛsu] *sm* **1** congresso, convegno, riunione. **2** conferenza, seminario. **3** gabinetto.

co.nha.que [koñ´aki] *sm* *cognac*.

co.nhe.ce.dor [koñesed´or] *sm* cultore. • *adj* **1** consapevole, conscio. **2** sapiente. **3** competente. **4** cultore.

co.nhe.cer [koñes´er] *vt* **1** conoscere. **2** sapere. **3** apprendere. **4** praticare. **conhecer a fundo** possedere. **conhecer o mundo** girare il mondo.

co.nhe.ci.do [koñes´idu] *sm* familiare, conoscenza, persona conosciuta. • *adj* **1** conosciuto. **2** celebre, noto. **3** manifesto.

co.nhe.ci.men.to [koñesim´ẽtu] *sm* **1** conoscenza. **2** cognizione. **3** competenza. **4** scienza. **5** notizia. **6** *fig* contatto, amicizia.

cô.ni.co [k´oniku] *adj* conico.

co.ni.ven.te [koniv´ẽti] *adj* connivente.

con.je.tu.ra [kõʒet´urə] *sf* **1** congettura. **2** supposizione. **3** pronostico. **4** *fig* calcolo.

con.je.tu.rar [kõʒetur´ar] *vt* **1** congetturare. **2** supporre, presupporre.

con.ju.ga.ção [kõʒugas´ãw] *sf* *Gram* coniugazione.

con.ju.gal [kõʒug´aw] *adj* coniugale. *Pl: conjugais*.

con.ju.gar [kõʒug´ar] *vt* **1** *Gram* coniugare. *vpr* **2** *Gram* coniugarsi.

côn.ju.ge [k´õʒuʒi] *s* **1** coniuge. **2** sposo. **3** sposa.

con.jun.ção [kõʒũs´ãw] *sf* *Gram* congiunzione. **conjunção aditiva** *Gram* copula.

con.jun.ta.men.te [kõʒũtam´ẽti] *adv* congiuntamente, assieme.

con.jun.ti.vi.te [kõʒũtiv´iti] *sf* *Med* congiuntivite.

con.jun.to [kõʒ´ũtu] *sm* **1** gruppo. **2** insieme, complesso, assieme. **3** collezione. **4** *fig* somma. **5** batteria. **conjunto de instrumentos cirúrgicos** armamentario. **conjunto musical** banda.

con.jun.tu.ra [kõʒũt´urə] *sf* **1** congiuntura. **2** crisi.

con.ju.ra.ção [kõʒuras´ãw] *sf* congiura, cospirazione.

con.ju.rar [kõʒur´ar] *vt* congiurare, cospirare.

co.nos.co [kon´osku] *pron* con noi.

con.quan.to [kõk´wãtu] *conj* contuttoché.

con.quis.ta [kõk´istə] *sf* **1** conquista. **2** occupazione. **3** presa. **4** *fig* messe.

con.quis.ta.dor [kõkistad´or] *sm* **1** conquistatore. **2** *fig* ladro di cuori.
con.quis.tar [kõkist´ar] *vt* **1** conquistare. **2** occupare, espugnare. **3** cattivarsi. **4** ammaliare. **5** appropriarsi di. **6** conseguire. **7** *fig* sedurre.
con.sa.gra.ção [kõsagras´ãw] *sf* **1** consacrazione. **2** dedicazione.
con.sa.grar [kõsagr´ar] *vt* **1** consacrare, sacrare, benedire. *vpr* **2** votarsi, donarsi.
con.san.guí.neo [kõsãg´winju] *sm+adj* consanguineo.
con.san.gui.ni.da.de [kõsãgwinid´adi] *sf* **1** consanguineità, parentela. **2** *Lit* parentado.
cons.ci.ên.cia [kõsi´ẽsjə] *sf* coscienza.
cons.ci.en.ci.o.so [kõsjẽsi´ozu] *adj* **1** coscienzioso. **2** *fig* scrupoloso.
cons.ci.en.te [kõsi´ẽti] *adj* conscio, consapevole, sciente.
con.se.cu.ti.vo [kõsekut´ivu] *adj* consecutivo, successivo.
con.se.guin.te [kõseg´ĩti] *adj* conseguente. **por conseguinte** quindi.
con.se.guir [kõseg´ir] *vt* **1** conseguire. **2** guadagnare, ottenere, acquistare. **3** riuscire a. **4** procurare. **5** trarre. **6** *fig* raggiungere, arrivare a. **conseguir com astúcia** strappare. **conseguir com esforço** *fig* sudare. **não conseguir** *fig* andare a vuoto. Veja notas em **arrivare** e **procurare**.
con.se.lhei.ro [kõseλ´ejru] *sm+adj* consigliere.
con.se.lho [kõs´eλu] *sm* **1** consiglio. **2** parere. **3** suggerimento, avvertimento. **4** adunanza, camera, comitato, concilio. **5** *fig* lume. **pedir conselhos** consultare, consigliarsi.
con.sen.so [kõs´ẽsu] *sm* **1** consenso. **2** consentimento, assenso. **3** concordia.
con.sen.ti.men.to [kõsẽtim´ẽtu] *sm* consentimento, annuenza, consenso, acquiescenza.
con.sen.tir [kõsẽt´ir] *vt* consentire a, acconsentire a, ammettere, autorizzare, approvare.
con.se.quên.cia [kõsek´wẽsjə] *sf* **1** conseguenza. **2** risultato, successo, conclusione. **3** *fig* eco, strascico. **4** prodotto, riflesso. Veja nota em **eco** (italiano).
con.se.quen.te [kõsek´wẽti] *adj* conseguente.
con.se.quen.te.men.te [kõsekwẽtem´ẽti] *conj* consequentemente, allora, ora.
con.ser.tar [kõsert´ar] *vt* **1** riparare. **2** ammendare, rappezzare, raffazzonare. **3** accomodare, assestare. **4** *fig* rattoppare. **5** medicare.
con.ser.to [kõs´ertu] *sm* **1** riparazione. **2** ammendamento, rappezzo. **3** *fig* rattoppo.
con.ser.va [kõs´ɛrvə] *sf* conserva (de alimentos). **alimentos em conserva** alimenti sott'aceto.
con.ser.va.ção [kõservas´ãw] *sf* conservazione, conserva, mantenimento.
con.ser.va.do [kõserv´adu] *adj* conservato. **idoso bem-conservado** anziano giovanile.
con.ser.va.dor [kõservad´or] *sm* **1** conservatore, reazionario. **2** *fig* malva. • *adj* conservatore, reazionario.
con.ser.var [kõserv´ar] *vt* **1** conservare. **2** preservare. **3** detenere, ritenere. **4** guardare, serbare. *vpr* **5** conservarsi. **6** mantenersi. **7** serbarsi. **conservar queijo** stagionare.
con.ser.va.tó.rio [kõservat´ɔrju] *sm* conservatorio.
con.si.de.ra.ção [kõsideras´ãw] *sf* **1** considerazione. **2** commento. **3** riguardo, rispetto. **4** pregio, onore. **levar em consideração** contemplare (lei, regra). **ter consideração por** considerare.
con.si.de.rar [kõsider´ar] *vt* **1** considerare. **2** osservare. **3** giudicare. **4** contemplare. **5** stimare. **6** reputare, ritenere. **7** *fig* valutare, misurare. *vpr* **8** considerarsi, tenersi, immaginarsi. **9** *fig* vedersi. **considerando-se que** siccome, in vista di.
con.si.de.rá.vel [kõsider´avew] *adj* **1** considerevole, notevole. **2** *fig* rispettabile. *Pl: consideráveis*.
con.sig.na.ção [kõsignas´ãw] *sf* assegno, assegnamento.
con.sig.nar [kõsign´ar] *vt* assegnare, rassegnare.
con.si.go [kõs´igu] *pron* con sé. **consigo mesmo** fra sé.
con.sis.tên.cia [kõsist´ẽsjə] *sf* **1** consistenza.

C

2 (também *fig*) solidità, corpo. **dar consistência a** dare corpo a.
con.sis.ten.te [kõsist´ẽti] *adj* **1** consistente. **2** (também *fig*) solido.
con.sis.tir [kõsist´ir] *vt* consistere in (ou di).
con.so.an.te [kõso´ãti] *sf Gram* consonante. • *adj* consono. • *prep* conforme.
con.so.la.ção [kõsolas´ãw] *sf* **1** consolazione, sollievo. **2** *fig* balsamo, addolcimento.
con.so.lar [kõsol´ar] *vt* **1** consolare, confortare, rincuorare. *vpr* **2** consolarsi.
con.so.li.dar [kõsolid´ar] *vt* **1** consolidare, stabilizzare. **2** *fig* cementare. *vpr* **3** consolidarsi.
con.so.lo [kõs´olu] *sm* conforto, sollievo.
con.so.nân.cia [kõson´ãsjə] *sf Mús* consonanza.
con.so.nan.te [kõson´ãti] *adj* consonante.
con.sór.cio [kõs´ɔrsju] *sm* consorzio, associazione.
cons.pi.ra.ção [kõspiras´ãw] *sf* **1** cospirazione, congiura. **2** maneggio. **3** *fig* retroscena.
cons.pi.rar [kõspir´ar] *vt* **1** cospirare, congiurare. **2** *Pol* fornicare. **3** *fig* tramare, ordire.
cons.tân.cia [kõst´ãsjə] *sf* costanza, assiduità.
cons.tan.te [kõst´ãti] *adj* **1** costante. **2** continuo, regolare. **3** inalterabile, continuato. **4** uniforme, uguale. **5** *fig* fermo, saldo.
cons.tar [kõst´ar] *vt* constare di.
cons.ta.tar [kõstat´ar] *vt* constatare, accertare.
cons.te.la.ção [kõstelas´ãw] *sf Astron* costellazione.
cons.ter.nar [kõstern´ar] *vt* costernare.
cons.ti.pa.ção [kõstipas´ãw] *sf Med* costipazione: a) infreddatura, raffredore. b) stitichezza.

Costipazione tem os mesmos significados que "constipação" em português: a) "resfriado". b) "prisão de ventre".

cons.ti.pa.do [kõstip´adu] *adj Med* **1** costipato. **2** stitico.
cons.ti.tu.i.ção [kõstitujs´ãw] *sf* **1** costituzione. **2** complessione, corporatura. **3** *Dir* costituzione, legge fondamentale.
cons.ti.tu.ir [kõstitu´ir] *vt* **1** costituire. **2** *fig* formare. **constituir alguém herdeiro** istituire erede qualcuno.
cons.tran.ger [kõstrãʒ´er] *vt* **1** costringere, obbligare. **2** *fig* violentare, piegare.
cons.tran.gi.do [kõstrãʒ´idu] *adj* costretto, coatto.
cons.tran.gi.men.to [kõstrãʒim´ẽtu] *sm* **1** coazione. **2** *fig* schiavitù.
cons.tri.ção [kõstris´ãw] *sf* costrizione.
cons.tru.ção [kõstrus´ãw] *sf* **1** costruzione. **2** edificazione. **3** edificio, opera. **4** erezione. **5** *fig* architettura, struttura.
cons.tru.ir [kõstru´ir] *vt* **1** costruire. **2** edificare, erigere, fabbricare. **3** formare, fare. **4** murare, alzare (muros). **5** *fig* tessere.
cons.tru.ti.vo [kõstrut´ivu] *adj* costruttivo.
côn.sul [k´osuw] *sm* console.
con.su.la.do [kõsul´adu] *sm* consolato.
con.sul.ta [kõs´uwtə] *sf* consulto (a médico, a advogado).
con.sul.tar [kõsuwt´ar] *vt* consultare.
con.sul.tó.rio [kõsuwt´ɔrju] *sm* consultorio, gabinetto.
con.su.ma.ção [kõsumas´ãw] *sf* consumazione.
con.su.mar [kõsum´ar] *vt* consumare, compiere.
con.su.mi.do [kõsum´idu] *adj* **1** consumato. **2** logoro, usato. **3** *fig* trito.
con.su.mir [kõsum´ir] *vt* **1** consumare. **2** usare. **3** logorare, corrodere. **4** disperdere. **5** bere (motor). **6** *fig* disfare, distruggere. **7** dissipare, divorare. *vpr* **8** consumarsi. **9** logorarsi. **10** rifinirsi. **11** *fig* distruggersi. **12** divorarsi.
con.su.mo [kõs´umu] *sm* **1** consumo. **2** uso. **3** logoro.
con.ta [k´õtə] *sf* **1** conto. **2** calcolo, computo. **3** nota, parcella. **4** grano (do rosário, de um cordão). **5** *Contab* conto. **conta corrente** *Comm* conto corrente. **conta exata** conto tondo. **dar-se conta** avvedersi. **em conta** a buon mercato. **fazer de conta que** fare conto che. **fica por minha conta** *pop* è a mio carico. **levar em conta** *fig* badare. **não é da minha conta** non è affare mio, non mi appartiene. **no fim das contas** in

fine dei conti, a conti fatti, dopotutto. **por conta própria** a proprie spese, in proprio. **prestar contas** (também *fig*) fare i conti. **prestar contas de** rendere conto di. **tomar conta de algo** tenere di conto, curare. **verificar as contas** *Com* scontrare. Veja nota em **nota** (italiano).

con.tá.bil [kõt´abiw] *adj* contabile. *Pl: contábeis*.

con.ta.bi.li.da.de [kõtabilid´adi] *sf Com* contabilità, ragioneria, computisteria.

con.ta.bi.lis.ta [kõtabil´istə] *s Com* contabile.

con.ta.dor [kõtad´or] *sm* **1** *Com* ragioniere, computista, contabile. **2** narratore.

con.ta.gem [kõt´aʒẽj] *sf* **1** conto, contata. **2** *Esp* punteggio.

con.ta.gi.ar [kõtaʒi´ar] *vt* **1** contagiare, impestare. **2** *fig* avvelenare.

con.tá.gio [kõt´aʒju] *sm Med* contagio, infezione.

con.ta-go.tas [kõtəg´otəs] *sm sing+pl* contagocce.

con.ta.mi.na.ção [kõtaminas´ãw] *sf* **1** *Med* contaminazione, contagio. **2** *Lit* inquinamento.

con.ta.mi.nar [kõtamin´ar] *vt* **1** contaminare, contagiare, appestare, infettare. **2** *fig* ammorbare. **3** *Lit* inquinare. *vpr* **4** infettarsi.

con.tan.to [kõt´ãtu] na expressão **contanto que** *conj* purché, a patto che, ove.

con.tar [kõt´ar] *vt* **1** contare, computare, numerare. **2** raccontare, narrare, rapportare. *vi* **3** contare, calcolare. **4** contare, essere importante. **5** *fig* valere. **contar com alguém** contare su, confidare in qualcuno. **contar com o que ainda não possui** vendere la pelle dell'orso prima di averlo ucciso. **contar tudo nos mínimos detalhes** raccontare per filo e per segno. **não se pode contar com isso** *fig* questo non è terreno da piantar vigna.

Atenção: em italiano, **contare** nunca é usado com o sentido de "contar uma história, um caso, um fato".

con.ta.tar [kõtat´ar] *vt* contattare.

con.ta.to [kõt´atu] *sm* **1** contatto. **2** *fig* commercio.

con.tem.plar [kõtẽpl´ar] *vt* contemplare, ammirare.

con.tem.po.râ.neo [kõtẽpor´Ʌnju] *adj* **1** contemporaneo. **2** simultaneo.

con.ten.ção [kõtẽs´ãw] *sf* **1** contesa. **2** repressione.

con.ten.ta.men.to [kõtẽtam´ẽtu] *sm* contentezza, allegria, appagamento, giubilo.

con.ten.tar [kõtẽt´ar] *vt* **1** contentare, appagare. **2** *fig* quietare. *vpr* **3** contentarsi, gongolare.

con.ten.te [kõt´ẽti] *adj* contento, felice, lieto, beato. **ficar contente** giubilare.

con.ter [kõt´er] *vt* **1** contenere. **2** racchiudere. **3** circoscrivere. **4** reprimere. **5** *fig* trattenere. *vpr* **6** contenersi, governarsi, dominarsi, frenarsi.

con.ter.râ.neo [kõter̃´Ʌnju] *sm* conterraneo, compatriotta, concittadino. • *adj* conterraneo, concittadino.

con.tes.ta.ção [kõtestas´ãw] *sf* **1** contestazione. **2** risposta.

con.tes.tar [kõtest´ar] *vt* **1** contestare, confutare, contraddire, contrastare, contrapporre. **2** *fig* ribattere, impugnare. *vi* **3** opporsi, ribellarsi, controvertere.

con.te.ú.do [kõte´udu] *sm* **1** contenuto, capienza. **2** *fig* tenore.

con.tex.to [kõt´estu] *sm* contesto.

con.ti.do [kõt´idu] *adj* **1** contenuto. **2** moderato.

con.ti.go [kõt´igu] *pron* con te.

con.tí.guo [kõt´igwu] *adj* contiguo, circostante, confinante, adiacente.

con.ti.nên.cia [kõtin´ẽsjə] *sf Mil* saluto. **bater continência** *Mil* salutare.

con.ti.nen.tal [kõtinẽt´aw] *adj* continentale. *Pl: continentais*.

con.ti.nen.te [kõtin´ẽti] *sm Geogr* continente. **Novíssimo Continente** Mondo Nuovissimo.

con.tin.gên.cia [kõtĩʒ´ẽsjə] *sf* contingenza, circostanza.

con.tin.gen.te [kõtĩʒ´ẽti] *sm Mil* contingente. • *adj* contingente.

con.ti.nu.a.ção [kõtinwas´ãw] *sf* continuazione, proseguimento, seguito.

con.ti.nu.a.do [kõtinu´adu] *adj* continuato.

con.ti.nu.ar [kõtinu´ar] *vt* **1** continuare, proseguire, seguire. *vi* **2** continuare. **3**

seguire, proseguire. **4** durare. **5** persistere. **6** resistere.

con.tí.nuo [kõt´inwu] *sm* fattorino. • *adj* **1** continuo. **2** costante, ininterrotto, assiduo. **3** continuato, perpetuo. **4** cronico. **5** *fig* duraturo.

con.to [k´õtu] *sm* racconto, narrazione, storia.

con.tor.ção [kõtors´ãw] *sf* contorsione.

con.tor.cer [kõtors´er] *vt* **1** contorcere, divincolare. *vpr* **2** contorcersi, torcersi. **3** *fig* agitarsi.

con.tor.nar [kõtorn´ar] *vt* contornare, circondare, cintare.

con.tor.no [kõt´ornu] *sm* **1** contorno, dintorno. **2** *Pint* contorno, linea.

con.tra [k´õtrə] *adv* contro. • *prep* **1** contro. **2** verso. • *sm* **1** contro. **2** ostaculo. **3** obiezione. **apostar uma lira contra cem** scommettere una lira contro cento. **ficar contra** opporsi a. **ser do contra** esser dalla parte del torto.

Antes de pronome pessoal, geralmente se usa **contro di**: *contra mim* / contro di me.

con.tra-a.ta.car [kõtrəatak´ar] *vt Mil* contrattaccare.

con.tra.bai.xo [kõtrab´ajʃu] *sm Mús* **1** contrabbasso. **2** violone.

con.tra.ba.lan.çar [kõtrabalãs´ar] *vt* **1** controbilanciare, bilanciare. **2** *fig* compensare.

con.tra.ban.de.ar [kõtrabãde´ar] *vt* frodare, mercanteggiare.

con.tra.ban.dis.ta [kõtrabãd´istə] *s* contrabbandiere.

con.tra.ban.do [kõtrab´ãdu] *sm* contrabbando.

con.tra.ção [kõtras´ãw] *sf* **1** contrazione. **2** calo.

con.tra.cep.ti.vo [kõtrasept´ivu] *sm+adj* contraccettivo, anticoncezionale.

con.tra.di.ção [kõtradis´ãw] *sf* **1** contraddizione, contrasto. **2** *fig* antitesi. **entrar em contradição** contraddirsi.

con.tra.di.tó.rio [kõtradit´ɔrju] *adj* contraddittorio, incoerente, antitetico, contrario.

con.tra.di.zer [kõtradiz´er] *vt* **1** contraddire. **2** *fig* urtare. *vpr* **3** contraddirsi.

con.tra.en.te [kõtra´ẽti] *s+adj* contraente.

con.tra.gol.pe [kõtrag´ɔwpi] *sm* contraccolpo, ripercussione.

con.tra.gos.to [kõtrag´ostu] *adv* na expressão **a contragosto** di malavoglia, a controstomaco.

con.tra.í.do [kõtra´idu] *adj* contratto.

con.tra.ir [kõtra´ir] *vt* **1** contrarre. **2** buscarsi (doença). **3** *fig* stringere (amizade). *vpr* **4** contrarsi.

con.tra.pe.so [kõtrap´ezu] *sm* contrappeso (da balança).

con.tra.pon.to [kõtrap´õtu] *sm Mús* contrappunto.

con.tra.por [kõtrap´or] *vt* contrapporre, opporre.

con.tra.ri.a.men.te [kõtrarjam´ẽti] *adv* contrariamente, contro.

con.tra.ri.ar [kõtrari´ar] *vt* **1** contrariare, confutare. **2** *fig* combattere.

con.tra.ri.e.da.de [kõtrarjed´adi] *sf* **1** contrarietà. **2** imprevisto. **3** dispiacere.

con.trá.rio [kõtr´arju] *sm* contrario, inverso, rovescio, l'opposto. *adj* **1** contrario. **2** opposto, rovescio. **3** avverso, sfavorevole. **ao contrário** a) al contrario, all'inverso, alla rovescia. b) piuttosto. **pelo contrário** anzi, invece.

con.tras.sen.so [kõtrəs´ẽsu] *sm* **1** controsenso. **2** *fig* errore.

con.tras.tar [kõtrast´ar] *vt* **1** contrastare. **2** *fig* urtare.

con.tras.te [kõtr´asti] *sm* **1** contrasto, stacco. **2** *fig* urto, conflitto, antitesi.

con.tra.ta.ção [kõtratas´ãw] *sf* contrattazione.

con.tra.tar [kõtrat´ar] *vt* contrattare.

con.tra.tem.po [kõtrat´ẽpu] *sm* **1** contrattempo. **2** imprevisto. **3** disappunto.

con.tra.to [kõtr´atu] *sm* contratto, atto, scrittura.

con.tra.ven.ção [kõtravẽs´ãw] *sf* contravvenzione.

con.tra.ve.ne.no [kõtraven´enu] *sm* contravveleno.

con.tri.ção [kõtris´ãw] *sf Rel* contrizione, pentimento.

con.tri.bu.i.ção [kõtribwis´ãw] *sf* **1** contributo, apporto. **2** *fig* tributo.

con.tri.bu.in.te [kõtribu´ĩti] *s+adj* contribuente.

con.tri.bu.ir [kõtribu´ir] *vt* contribuire.
con.tro.la.do [kõtrol´adu] *adj* moderato, contenuto.
con.tro.lar [kõtrol´ar] *vt* **1** controllare. **2** contenere. **3** curare. **4** reprimere. **5** *fig* frenare, tenere a freno. *vpr* **6** controllarsi, moderarsi, dominarsi.
con.tro.le [kõtr´oli] *sm* **1** controllo. **2** dominio. **3** cura, custodia. **4** assistenza. **5** *fig* occhio. **6** freno, redine. **7** possesso. **controle remoto** telecommando. **perder o controle** *fig* scattare, scoppiare.
con.tro.vér.sia [kõtrov´ɛrsjə] *sf* **1** controversia. **2** alterco. **3** pendenza. **4** *fig* battaglia. **5** differenza.
con.tro.ver.ter [kõtrovert´er] *vt+vi* controvertere.
con.tro.ver.ti.do [kõtrovert´idu] *adj* controverso.
con.tu.do [kõt´udu] *conj* tuttavia, peraltro, nondimeno.
con.tun.den.te [kõtũd´ẽti] *adj* contundente.
con.tun.dir [kõtũd´ir] *vt* contundere.
con.tur.ba.do [kõturb´adu] *adj* **1** conturbato. **2** *fig* torbido.
con.tur.bar [kõturb´ar] *vt* conturbare, commuovere.
con.tu.são [kõtuz´ãw] *sf Med* contusione, trauma, livido.
con.va.les.cen.ça [kõvales´ẽsə] *sf* convalescenza.
con.ven.ção [kõvẽs´ãw] *sf* **1** convenzione. **2** parametro. **3** congresso, assemblea.
con.ven.cer [kõvẽs´er] *vt* **1** convincere, persuadere. **2** *fig* comprare. **3** condurre, trascinare. *vpr* **4** convincersi, persuadersi, capacitarsi.
con.ven.ci.do [kõvẽs´idu] *adj* **1** convinto. **2** *fig* presuntuoso, cattedratico.
con.ven.ci.men.to [kõvẽsim´ẽtu] *sm* **1** convincimento, convinzione. **2** *fig* presunzione.
con.ven.ci.o.nal [kõvẽsjon´aw] *adj* **1** convenzionale. **2** *fig* stereotipato, clericale *Pl: convencionais*.
con.ven.ci.o.nar [kõvẽsjon´ar] *vt* stipulare
con.ve.ni.ên.cia [kõveni´ẽsjə] *sf* **1** convenienza, convenevole. **2** *fig* beneficio.
con.ve.ni.en.te [kõveni´ẽti] *adj* **1** conveniente. **2** adeguato, adatto. **3** appropriato. **4** opportuno. **5** vantaggioso. **6** ragionevole. **7** confacente, apposito.
con.ve.ni.en.te.men.te [kõvenjẽtem´ẽti] *adv* convenientemente, ammodo.
con.vê.nio [kõv´enju] *sm* **1** contratto. **2** patto, accordo.
con.ven.to [kõv´ẽtu] *sm* convento, monastero.
con.ver.gên.cia [kõverʒ´ẽsjə] *sf* **1** convergenza. **2** concorso. **3** affluenza.
con.ver.gir [kõverʒ´ir] *vt* **1** convergere. **2** confluire, affluire. **3** coincidere.
con.ver.sa [kõv´ɛrsə] *sf* **1** conversazione, colloquio, dialogo. **2** appuntamento, abboccamento. **3** discorso. **conversa à toa** ciarla. **conversa fiada** a) ciancia, fiaba, fola. b) *pop* chiacchiera, chiacchierata. **iniciar a conversa** attaccare conversazione. **jogar conversa fora** fare accademia.
con.ver.sa.ção [kõversas´ãw] *sf* conversazione, colloquio.
con.ver.são [kõvers´ãw] *sf* **1** *Autom* conversione, giro. **2** *Rel* conversione.
con.ver.sar [kõvers´ar] *vi* conversare, dialogare. Veja nota em **conferire**.
con.ver.sí.vel [kõvers´ivew] *sm Autom cabriolet*. • *adj* (também *Autom*) convertibile. *Pl: conversíveis*.
con.ver.ter [kõvert´er] *vt* **1** convertire, catechizzare. *vpr* **2** convertirsi.
con.vés [kõv´ɛs] *sm Náut* ponte. *Pl: conveses*.
con.ve.xo [kõv´ɛksu] *adj* convesso, colmo.
con.vic.ção [kõviks´ãw] *sf* **1** convinzione. **2** convincimento, certezza. **3** principio. **4** *fig* saldezza. **5** religione.
con.vi.dar [kõvid´ar] *vt* **1** invitare. **2** chiamare. **3** convocare. **4** *fig* attrarre. **convidar para jantar** invitare a pranzo.
con.vi.da.ti.vo [kõvidat´ivu] *adj* **1** invitativo, attraente, stuzzicante. **2** *fig* appetitoso.
con.vir [kõv´ir] *vt* convenire, addirsi, confarsi, fare per. **não convir** dissentire. **não convém** non è affare.
con.vi.te [kõv´iti] *sm* invito.
con.vi.ver [kõviv´er] *vt* convivere, coabitare con.
con.vo.ca.ção [kõvokas´ãw] *sf* **1** convocazione, chiamata. **2** *Mil* leva.

con.vo.car [kõvok´ar] *vt* **1** convocare, adunare, riunire. **2** bandire.
con.vos.co [kõv´osku] *pron* con voi.
con.vul.são [kõvuws´ãw] *sf Med* convulsione.
co.o.pe.ra.dor [kooperad´or] *sm* cooperatore.
co.o.pe.rar [kooper´ar] *vt* cooperare, collaborare, coadiuvare.
co.o.pe.ra.ti.va [kooperat´ivə] *sf* cooperativa, consorzio.
co.or.de.na.ção [koordenas´ãw] *sf* **1** coordinazione, organizzazione. **2** *fig* regia.
co.or.de.na.da [koorden´adə] *sf Mat* coordinata.
co.or.de.nar [koorden´ar] *vt* coordinare, organizzare, collegare.
co.pa [k´ɔpə] *sf* **1** dispensa. **2** *Bot* chioma. **3 copas** *pl* coppe, cuori (naipe das cartas).
co.pa.do [kop´adu] *adj* fronzuto (árvore etc.).
co.pei.ro [kop´ejru] *sm* coppiere, garzone.
có.pia [k´ɔpjə] *sf* **1** copia. **2** riproduzione. **3** imitazione, falso. **4** esemplare, doppione.
co.pi.a.do.ra [kopjad´orə] *sf* copialettere, duplicatore.
co.pi.ão [kopi´ãw] *sm Cin, Teat* copione.
co.pi.ar [kopi´ar] *vt* **1** copiare. **2** imitare. **3** ricalcare. **4** riprodurre. **5** motteggiare. **6** contraffare. **7** *fig Com* pirateggiare.
co.pi.nho [kɔp´iñu] *sm dim* cicchetto.
co.pi.o.so [kopi´ozu] *adj* **1** copioso. **2** abbondante, ricco. **3** numeroso. **4** *fig* fitto. **5** largo.
co.po [k´ɔpu] *sm* bicchiere.
có.pu.la [k´ɔpulə] *sf* **1** copula, coito. **2** *Gram* copula.
co.pu.lar [kopul´ar] *vt* **1** copulare. **2** *Zool* montare, accoppiarsi.
co.quei.ro [kok´ejru] *sm Bot* cocco.
co.que.lu.che [kokel´uʃi] *sf Med* tosse convulsa, pertosse.
cor [k´or] *sm* colore, tinta, colorazione, colorito.
co.ra.ção [koras´ãw] *sm* **1** cuore. **2** *fig* centro, entragna. **3** seno, petto. **abrir o coração para** aprire il cuore a. **com o coração na boca** *pop* con il cuore in bocca. **coração de ouro** cuor d'oro. **coração de pedra** *fig* a) cuore di ghiaccio. b) persona di stucco. **de coração** di cuore, di animo. **de coração aberto** a viso aperto, senza paura. **ficar de coração partido** *fig* schiantarsi il cuore. **partir o coração** *fig* strappare il cuore.
co.ra.gem [kor´aʒẽj] *sf* **1** coraggio. **2** ardimento, audacia, bravura, valore. **3** animo, vigore. **4** *fig* petto, cuore. **5** faccia. **6** fegato, stomaco. • *interj* animo! **criar coragem/tomar coragem** prendere animo, affrancarsi. **perder a coragem** perdere il coraggio, scoraggiarsi.
co.ra.jo.so [koraʒ´ozu] *adj* **1** coraggioso. **2** ardito, audace, bravo, valoroso. **3** vigoroso. **4** arrischiato. **5** intrepido, eroico, prode. **6** *fig* risoluto.
co.ral [kor´aw] *sm Zool* corallo. *Pl: corais.*
co.ran.te [kor´ãti] *sm+adj* colorante.
Co.rão [kor´ãw] *sm V Alcorão.*
co.rar [kor´ar] *vi* **1** arrossire. **2** *fig* avvampare. **corar ao sol** (roupas) curare.
cor.ça [k´orsə] *sf Zool* damma, cerva, capriola, camozza.
cor.cel [kors´ɛw] *sm Zool* corsiere, corsiero. *Pl: corcéis.*
cor.ço [k´orsu] *sm Zool* daino, camoscio.
cor.co.va [kork´ɔvə] *sf Zool* gobba.
cor.cun.da [kork´ũdə] *sm* **1** gobbo, chi ha gobba. *sf* **2** gobba. *adj* gobbo, gibboso.
cor.da [k´ɔrdə] *sf* **1** corda, fune, cavo. **2** nervo (de um arco). **3** *Mús* corda armonica. **cordas vocais** *Anat* corde vocali. **dar corda num relógio** caricare un orologio, montare un orologio.
cor.dão [kord´ãw] *sm* **1** spago, fettuccia. **2** cordone. **3** vezzo (jóia). **cordão de marionete** filo. **cordão de sapato** fiocco, stringa. **cordão umbilical** cordone ombelicale.
cor.dei.ri.nho [kordejr´iñu] *sm dim* pecorino.
cor.dei.ro [kord´ejru] *sm* agnello.
cor.del [kord´ɛw] *sm* **1** spago, funicella. **2** *bras* specie di letteratura popolare. *Pl: cordéis.*
cor-de-ro.sa [kordir̃´ɔzə] *sm+adj sing+pl* rosa.

cor.di.al [kordi´aw] *adj* cordiale, cortese, amabile, caloroso, aperto. *Pl: cordiais.*
cor.di.a.li.da.de [kordjalid´adi] *sf* **1** cortesia. **2** *fig* amicizia.
cor.di.lhei.ra [kordiλ´ejrə] *sf Geogr* catena di montagne.
co.re.o.gra.fi.a [koreograf´iə] *sf* coreografia.
cor.na.mu.sa [kornam´uzə] *sf Mús* cornamusa, zampogna.
cor.ne [k´ɔrni] *sm Mús* corno. Veja nota em **corno** (italiano).
cór.nea [k´ɔrnjə] *sf Med* cornea.
cor.ne.ta [korn´etə] *sf Mús* cornetta.
cor.no [k´orno] *sm* **1** corno. **2 cornos** *pl vulg* corna (no marido traído). Veja nota em **corno** (italiano).
cor.nu.do [korn´udu] *adj* **1** cornuto. **2** *vulg* cornuto (marido traído).
co.ro [k´oru] *sm* (também *Arquit*) coro.
co.ro.a [kor´oə] *sf* **1** corona, diadema. **2** *Astron* corona. **coroa de flores** a) ghirlanda. b) *Poét* serto.
co.ro.ar [koro´ar] *vt* **1** coronare, incoronare. *vpr* **2** incoronarsi.
co.ro.nel [koron´ɛw] *sm Mil* colonnello. *Pl: coronéis.*
cor.pe.te [korp´eti] *sm* corpetto, copribusto.
cor.po [k´orpu] *sm* **1** corpo. **2** corporatura, essere. **corpo de baile** corpo di ballo. **corpo de delito** *Dir* corpo del delitto. **corpo de voluntários** *Mil* milizia irregolare. **corpo diplomático** corpo diplomatico. **o corpo humano** il corpo umano, le membra umane.
cor.po.ra.ção [korporas´ãw] *sf* corporazione, corpo, associazione.
cor.po.ral [korpor´aw] *adj* corporale, del corpo. *Pl: corporais.*
cor.pu.len.to [korpul´ẽtu] *adj* corpulento.
cor.re.ção [kor̄es´ãw] *sf* **1** correzione. **2** correttezza. **3** esattezza. **4** rettifica, smentita. **5** ammendamento. **6** *fig* rimedio.
cor.re.dor [kor̄ed´or] *sm* **1** corridoio, corsia. **2** corridore. • *adj* corridore. **corredor subterrâneo** galleria.
cór.re.go [k´ɔr̄egu] *sm* ruscello, rigagnolo.
cor.rei.a [kor̄´ejə] *sf* guinzaglio.
cor.rei.o [kor̄´eju] *sm* posta. **correio aéreo** posta aerea. **pôr no correio** imbucare, impostare.
cor.re.la.ção [kor̄elas´ãw] *sf* **1** correlazione, corrispondenza. **2** *fig* coincidenza.
cor.re.li.gi.o.ná.rio [kor̄eliʒjon´arju] *sm+adj* correligionario.
cor.ren.te [kor̄´ẽti] *sf* **1** corrente. **2** catena. **3** guinzaglio. **4** *Náut* deriva. • *adj* **1** corrente. **2** attuale. **3** fluido, scorrevole. **corrente alternada** *Elet* corrente periodica. **corrente de ar** corrente d'aria. Veja nota em **catena**.
cor.ren.tis.ta [kor̄ẽt´istə] *s Com* correntista.
cor.rer [kor̄´er] *vi* **1** correre. **2** fuggire. **3** fluire, scorrere. **4** *fig* filare. **correr muito** *fig* avere le ali ai piedi.
cor.re.ri.a [kor̄er´iə] *sf* **1** fuggi fuggi. **2** *Mil* incursione, invasione.
cor.res.pon.dên.cia [kor̄espõd´ẽsjə] *sf* **1** corrispondenza. **2** correlazione. **3** concordanza. **4** carteggio. **5** *fig* coincidenza.
cor.res.pon.den.te [kor̄espõd´ẽti] *sm+adj* corrispondente.
cor.res.pon.der [kor̄espõd´er] *vt* **1** corrispondere. **2** rispondere. **3** *fig* valere. *vpr* **4** corrispondere.
cor.re.ta.gem [kor̄ɛt´aʒẽj] *sf Com* mediazione.
cor.re.ta.men.te [kor̄ɛtam´ẽti] *adv* correttamente, bene.
cor.re.ti.vo [kor̄et´ivu] *sm pop* sgridata.
cor.re.to [kor̄´ɛtu] *adj* **1** corretto. **2** esatto, giusto. **3** impeccabile. **4** ammodo, perbene, bravo.
cor.re.tor [kor̄et´or] *sm Com* sensale, mediatore.
cor.ri.da [kor̄´idə] *sf* **1** corsa, carriera. **2** *fig* maratona. **corrida com obstáculos** corsa a ostacoli.
cor.ri.gir [kor̄iʒ´ir] *vt* **1** correggere. **2** aggiustare. **3** ammendare. **4** emendare. **5** rifare. **6** rimediare. **7** rigenerare. **8** *fig* rettificare. **9** addirizzare. *vpr* **10** correggersi. **11** rigenerarsi, ricredersi.
cor.ri.men.to [kor̄im´ẽtu] *sm* fiotto, corso.
cor.ro.er [kor̄o´er] *vt* corrodere, rodere, intaccare, bruciare.
cor.rom.per [kor̄õp´er] *vt* **1** corrompere. **2** pervertire, rovinare. **3** subornare, pagare.

4 adulterare, deturpare. **5** *Lit* inquinare. **6** *fig* infettare, avvelenare. **7** guastare. **8** sedurre. *vpr* **9** degenerare. **10** pervertirsi. **11** *fig* infettarsi.

cor.rom.pi.do [koȓõp´idu] *adj* **1** corrotto. **2** guasto. **3** degenere. **4** vizioso. **5** infetto.

cor.ro.são [koȓoz´ãw] *sf* corrosione, erosione.

cor.ro.si.vo [koȓoz´ivu] *adj* corrosivo, caustico.

cor.rup.ção [koȓups´ãw] *sf* **1** corruzione. **2** *fig* marcio. **corrupção de menores** *Dir* corruzione di minorenni.

cor.rup.to [koȓ´uptu] *adj* **1** corrotto. **2** *fig dep* venale.

cor.tan.te [kort´ãti] *adj* **1** acuto (som). **2** molto freddo, gelido.

cor.tar [kort´ar] *vt* **1** tagliare. *cortar o bolo* / tagliare la torta. *cortar o fornecimento de água* / tagliare l'acqua. **2** mozzare, recidere. **3** falciare. **4** cancellare, sottrarre. **5** incidere, rescindere. **6** smussare (pontas). **7** *Med* incidere. **8** *fig* affettare. **9** fendere. *vpr* **10** tagliarsi. **cortar as asinhas de** *fig* abbassare le ali di. **cortar caminho** tagliare. *cortar caminho por uma rua* / tagliare per una strada. **cortar mal** cincischiare. **cortar o coração** *fig* strappare il cuore.

cor.te[1] [k´ɔrti] *sm* **1** taglio. **2** tacca. **3** incisione. **4** filo (de facas, tesouras). **5** *fig* braciola (ao fazer a barba). **corte de cabelo** taglio di capelli. **corte de tecido** taglio d'abito, panno.

cor.te[2] [k´orti] *sf* **1** corte. **2** aula. **3** comitiva, codazzo. **corte de apelação** *Dir* corte di appello. **corte de justiça** foro, giustizia. Veja nota em **aula** (italiano).

cor.te.jar [korteʒ´ar] *vt* corteggiare.

cor.te.jo [kort´eʒu] *sm* corteggio, seguito, corte, codazzo.

cor.tês [kort´es] *adj* **1** cortese. **2** gentile, delicato. **3** civile, urbano. **4** affabile, carino. **5** premuroso. **6** galante, cavalleresco. **7** *fig* pulito.

cor.te.são [kortez´ãw] *sm+adj* cortigiano. *Pl: cortesãos, cortesões.*

cor.te.si.a [kortez´iə] *sf* **1** cortesia. **2** gentilezza, finezza, creanza. **3** attenzione, premura. **4** favore. **5** complimento. **cortesia exagerada** cerimonie.

cor.ti.ça [kort´isə] *sf* corteccia, scorza, buccia.

cor.ti.ço [kort´isu] *sm* bassifondi.

cor.ti.na [kort´inə] *sf* **1** cortina. **2** *Teat* tela, tenda. **Cortina de Ferro** *Pol* sipario di ferro.

co.ru.ja [kor´uʒə] *sf Zool* civetta.

co.ru.jão [koruʒ´ãw] *sm Zool* civettone, barbagianni.

cor.vo [k´orvu] *sm Zool* corvo.

co.ser [koz´er] *vt* cucire.

cos.mé.ti.co [kozm´ɛtiku] *sm* cosmetico, belletto, trucco. • *adj* cosmetico.

cós.mi.co [k´ɔzmiku] *adj* cosmico, astrale.

cos.mo [k´ɔzmu] *sm V cosmos.*

cos.mo.nau.ta [kozmon´awtə] *s* cosmonauta.

cos.mo.po.li.ta [kozmopol´itə] *s+adj* cosmopolita.

cos.mos [k´ɔzmus] *sm sing+pl* cosmo, universo, creato. *Var: cosmo.*

cos.ta [k´ɔstə] *sf* costa, riviera, litorale.

cos.ta.do [kost´adu] *sm* costolatura. **o costado de um navio** la costolatura di una nave.

cos.tas [k´ɔstas] *sf pl Anat* **1** spalle, dosso, dorso, schiena. **2** *irôn* groppa. **às costas** addosso. **às costas de** addosso. **costas da faca** costola. **costas de animal** dosso, dorso, groppa. **costas de objeto** dorso, retro. **rir pelas costas de** ridere alle spalle di. **ter as costas largas** avere le spalle grosse, sopportar calunnie. Veja notas em **dorso** (italiano) e **dosso.**

cos.te.ar [koste´ar] *vt+vi Náut* costeggiare, fiancheggiare, navigare lungo la costa.

cos.tei.ro [kost´ejru] *adj* costiero.

cos.te.la [kost´ɛlə] *sf* **1** costoletta (de animal). **2** *Anat* costola, costa.

cos.te.le.ta [kostel´etə] *sf* **1** costoletta, braciola. **2 costeletas** *sf pl* basette.

cos.tu.mar [kostum´ar] *vt* costumare, usare.

cos.tu.me [kost´umi] *sm* **1** costume. **2** abitudine, abito. **3** usanza, uso, consuetudine. **4** maniera, metodo. **5** assuefazione. **6** vezzo. **7 costumes** *pl* a) folclore. b) *fig* convenzioni. **como de costume** di rito. **de costume** di solito. **mau costume** malcostume. **ser costume** usare.

cos.tu.mei.ro [kostum´ejru] *adj* **1** abituale. **2** usato, consueto, solito. **3** convenzionale. **4** *fig* cronico.
cos.tu.ra [kost´urə] *sf* **1** costura. **2** cucito.
cos.tu.ra.do [kostur´adu] *adj* cucito.
cos.tu.rar [kostur´ar] *vt* cucire.
cos.tu.rei.ra [kostur´ejrə] *sf* cucitrice, sarta.
co.ta [k´ɔtə] *sf V quota*.
co.ta.ção [kotas´ãw] *sf* **1** *Com* quotazione. **2** catalogo.
co.tar [kot´ar] *vt* quotare.
co.te.jar [koteʒ´ar] *vt* collazionare, paragonare.
co.te.jo [kot´eʒu] *sm* collazione, paragone.
co.ti.di.a.no [kotidi´ʌnu] *adj V quotidiano*.
co.to [k´otu] *sm* mozzicone.
co.to.ve.la.da [kotovel´adə] *sf* gomitata.
co.to.ve.lo [kotov´elu] *sm Anat* gomito, cubito.
co.to.vi.a [kotov´iə] *sf Zool* allodola.
co.tur.no [kot´urnu] *sm* coturno, stivale alto dell'Antichità.
cou.ra.ça [kowr´asə] *sf* corazza.
cou.ra.ça.do [kowras´adu] *adj* corazzato.
cou.ro [k´owru] *sm* cuoio. **couro cabeludo** *dep* cotenna. Veja nota em **cuoio**.
cou.ve [k´owvi] *sm* cavolo.
cou.ve-flor [kowvifl´or] *sm* cavolfiore. *Pl: couves-flores*.
co.va [k´ɔvə] *sf* **1** fossa. **2** cava, buca. **3** antro. **estar com o pé na cova** *pop* avere i piedi nella fossa.
cô.va.do [k´ovadu] *sm Mat* cubito.
co.var.de [kov´ardi] *sm* codardo, vigliacco. • *adj* **1** codardo, vigliacco, pauroso. **2** *fig* servile.
co.var.di.a [kovard´iə] *sf* codardia, vigliaccheria, viltà.
co.vei.ro [kov´ejru] *sm* beccamorti, becchino.
co.vil [kov´iw] *sm* **1** covile, covo, cova, tana. **2** *fig* bozzolo. **covil de cachorro** canile, cuccia. *Pl: covis*.
co.xa [k´oʃə] *sf Anat* coscia.
co.xe.ar [koʃe´ar] *vi* zoppicare, arrancare.
co.xo [k´oʃu] *sm+adj* zoppo. **quem anda com coxo aprende a coxear** a) chi pratica lo zoppo impara a zoppicare. b) chi va col lupo impara a urlare.
co.ze.du.ra [kozed´urə] *sf* cottura.
co.zer [koz´er] *vt* cuocere.
co.zi.do [koz´idu] *sm, adj* cotto, lesso. **cozido demais** stracotto.
co.zi.men.to [kozim´ẽtu] *sm* cottura, cotto, cotta.
co.zi.nha [koz´iñə] *sf* cucina.
co.zi.nhar [koziñ´ar] *vt* cucinare, bollire, mettere al fuoco una vivanda.
co.zi.nhei.ro [koziñ´ejru] *sm* cuoco, cuciniere.
crâ.nio [kr´ʌnju] *sm Anat* cranio.
cra.se [kr´azi] *sf Gram* crasi.
cras.so [kr´asu] *adj* **1** crasso. **2** *fig* massiccio.
cra.te.ra [krat´ɛrə] *sf* cratere.
cra.va.do [krav´adu] *adj* fitto, infisso.
cra.var [krav´ar] *vt* **1** ficcare, figgere, conficcare, piantare. *vpr* **2** ficcarsi, incarnarsi. **cravar o olhar em** piantare occhi addosso a.
cra.vo [kr´avu] *sm* **1** *Bot* garofano. **2** *Mús* cembalo, clavicembalo.
cre.che [kr´ɛʃi] *sf* nido d'infanzia.
cre.den.ci.al [kredẽsi´aw] *sf* credenziale, lettera credenziale. • *adj* credenziale. *Pl: credenciais*.
cre.di.tar [kredit´ar] *vt* accreditare, avvalorare. **posso creditar-lhes mil liras** vi posso accreditare di mille lire.
cré.di.to [kr´ɛditu] *sm* **1** credito. **2** fido. **3** fede, fiducia. **vender a crédito** vendere a fido.
cre.do [kr´ɛdu] *sm* credo, credenza.
cre.dor [kred´or] *sm* creditore.
cre.du.li.da.de [kredulid´adi] *sf* credulità.
cré.du.lo [kr´ɛdulu] *adj* credulo, gonzo.
cre.ma.ção [kremas´ãw] *sf* cremazione, incinerazione.
cre.mar [krem´ar] *vt* cremare, incenerire.
cre.me [kr´emi] *sm* crema. **creme *chantilly*** *V chantilly*. **creme de barbear** sapone per barba. **creme dental** dentifricio.
cren.ça [kr´ẽsə] *sf* **1** credenza, credo, fede, convinzione. **2** *fig* religione, vangelo.
cren.te [kr´ẽti] *s* **1** credente. **2** *bras pop, dep* protestante. • *adj* credente, religioso.
cre.pi.ta.ção [krepitas´ãw] *sf* scoppio.
cre.pi.tar [krepit´ar] *vi* crepitare, scoppiettare.

cre.pús.cu.lo [krep´uskulu] *sm* crepuscolo. **no crepúsculo** tra il lusco ed il brusco.
crer [kr´er] *vt* **1** credere, giudicare, ritenere. **2** *fig* parere a. Veja nota em **parere**.
cres.cer [kres´er] *vi* **1** crescere. **2** aumentare, accrescersi. **3** svilupparsi, svolgersi. **4** allungarsi. **5** lievitare. **6** montare, salire. **7** germogliare, vegetare, attaccare (planta).
cres.ci.men.to [kresim´ẽtu] *sm* **1** crescita. **2** aumento, incremento. **3** ingrandimento.
cres.po [kr´espu] *adj* riccio.
cre.ti.no [kret´inu] *sm* cretino.
cri.a [kr´iə] *sf* allievo.
cri.a.ção [krjas´ãw] *sf* **1** creazione. **2** creato. **3** costituzione. **4** allevamento. **5** *fig* allattamento. **6** parto.
cri.a.da [kri´adə] *sf* **1** cameriera, serva, domestica. **2** donna di servizio.
cri.a.da.gem [krjad´aʒẽj] *sf* servitù.
cri.a.do [kri´adu] *sm* cameriere, servo, domestico. • *adj* **1** creato. **2** allevato. **3** prodotto.
cri.a.do-mu.do [krjadum´udu] *sm* comodino, tavolino da notte. *Pl: criados-mudos*.
cri.a.dor [krjad´or] *sm* **1** creatore. **2** *fig* autore, architetto, capostipite. • *adj* creativo. **o Criador** il Creatore.
cri.a.dou.ro [krjad´owru] *sm* allevamento.
cri.an.ça [kri´ãsə] *sf* **1** bambino. **2** bambina. **3** *fam* bimbo. **4** bimba. **comportar-se como criança** bambineggiare.

Em italiano, não existe uma palavra comum de dois gêneros equivalente a "criança" de ambos os sexos. Deve-se sempre especificar o gênero, usando-se **bambino** ou **bimbo** para os meninos, e **bambina** ou **bimba** para as meninas.

cri.an.ci.ce [krjãs´isi] *sf* bambinata.
cri.ar [kri´ar] *vt* **1** creare. **2** immaginare, inventare. **3** allevare. **4** impiantare. **5** trovare. **6** avviare. **7** educare, tirare su. **8** *Lit* nutrire. **9** *fig* concepire, partorire. **10** modellare, coniare.
cri.a.ti.vi.da.de [krjativid´adi] *sf* **1** creatività. **2** *fig* spirito.
cri.a.ti.vo [krjat´ivu] *adj* creativo.
cri.a.tu.ra [krjat´urə] *sf* creatura.
cri.me [kr´imi] *sm* crimine, reato, delitto, misfatto. **crime político** delitto politico.
cri.mi.nal [krimin´aw] *adj* criminale. *Pl: criminais*.
cri.mi.no.so [krimin´ozu] *sm* criminale, delinquente.
cri.na [kr´inə] *sf Zool* crine, criniera.
cri.ou.lo [kri´owlu] *sm St* creolo, persona d'origine europea, nata nelle colonie d'America.
crip.ta [kr´iptə] *sf* cripta, arca.
cri.se [kr´izi] *sf* **1** crisi, recessione, crollo del mercato. **2** *Med* crisi, accesso. **3** *fig* strettoia, congiuntura.
cris.ma [kr´izmə] *sf Rel* cresima, conferma.
cris.ta [kr´istə] *sf Zool, Geogr* cresta.
cris.tal [krist´aw] *sm* cristallo. *Pl: cristais*.
cris.ta.li.no [kristal´inu] *sm Anat* cristallino. • *adj* **1** cristallino, chiaro. **2** *fig* argentino.
cris.tão [krist´ãw] *sm+adj* cristiano. *Pl: cristãos*.
cri.té.rio [krit´ɛrju] *sm* **1** criterio. **2** giudizio, senno. **3** norma, regola.
crí.ti.ca [kr´itikə] *sf* **1** critica. **2** osservazione. **3** recensione. **4** riprovazione, biasimo, censura.
cri.ti.car [kritik´ar] *vt* **1** criticare. **2** recensire, commentare. **3** biasimare, censurare, rimproverare. **4** *fig* tagliare i panni addosso a. **criticar impiedosamente** *fig* stroncare.
crí.ti.co [kr´itiku] *sm+adj* critico.
cri.var [kriv´ar] *vt* crivellare.
cri.vo [kr´ivu] *sm* crivo, vaglio.
cro.co.di.lo [krokod´ilu] *sm Zool* coccodrillo.
croissant [kroas´ã] *sm fr* cornetto.
cro.mo [kr´omu] *sm Quím* cromo.
crô.ni.ca [kr´onikə] *sf* cronaca.
crô.ni.co [kr´oniku] *adj* cronico.
cro.no.gra.ma [kronogr´ʌmə] *sm* cronogramma.
cro.no.lo.gi.a [kronoloʒ´iə] *sf* cronologia.
cro.nô.me.tro [kron´ometru] *sm* cronometro.
cro.que.te [krok´ɛti] *sm* crocchetta.
cros.ta [kr´ostə] *sf* crosta.
cru [kr´u] *adj* crudo, greggio, grezzo.
cru.ci.fi.ca.do [krusifik´adu] *adj* crocifisso.
cru.ci.fi.car [krusifik´ar] *vt* crocifiggere.
cru.ci.fi.xo [krusif´iksu] *sm* crocifisso.

cru.el [kru´ɛw] *adj* **1** crudele. **2** sanguinario. **3** disumano. **4** brutale, mostruoso. **5** truculento. **6** *fig* duro, empio. **7** barbaro, selvaggio, feroce. *Pl: cruéis.*
cru.el.da.de [krwewd´adi] *sf* **1** crudeltà. **2** crudezza. **3** *fig* durezza. **4** barbarie, ferocia.
cru.e.za [kru´ezə] *sf* crudezza.
crus.tá.ceo [krust´asju] *sm Zool* crostaceo.
cruz [kr´us] *sf* **1** croce. **2** *fig* castigo. **cada um com sua cruz** ognuno ha la sua croce. **Cruz Vermelha** Croce Rossa. **estar entre a cruz e a espada** essere tra l'incudine ed il martello.
cru.za.da [kruz´adə] *sf Hist, fig* crociata.
cru.za.do [kruz´adu] *sm Hist* crociato, membro di una Crociata. • *adj* incrociato.
cru.za.dor [kruzad´or] *sm Náut* incrociatore.
cru.za.men.to [kruzam´ẽtu] *sm* **1** incrocio. **2** crocevia, bivio.

Incrocio é usado no sentido de "cruzamento de animais" ou "de ruas"; **crocevia** e **bivio**, por outro lado, são usados apenas no sentido de "cruzamento de ruas".

cru.zar [kruz´ar] *vt* **1** incrociare. **2** tagliare. **3** *Náut, Aer* incrociare. *vpr* **4** incrociarsi. **5** convergere. **cruzar os braços** *fig* incrociare le braccia.
cru.zei.ro [kruz´ejru] *sm* **1** *Arquit* crociata. **2** *Náut* crociera. **Cruzeiro do Sul** *Astron* Croce.
cu [k´u] *sm vulg* culo. **tomar no cu** fare in culo.
cú.bi.co [k´ubiku] *adj* cubico. **metro cúbico** metro cubo.
cu.bí.cu.lo [kub´ikulu] *sm* cubicolo.
cu.bo [k´ubu] *sm* cubo. **cubo da roda** *Mec* mozzo.
cu.ca [k´ukə] *sf fig, dep* zucca.
cu.co [k´uku] *sm Zool* cucco, cuculo.
cu.e.cas [ku´ɛkas] *sf pl* mutande.
cui.da.do [kujd´adu] *sm* **1** attenzione, vigilanza. **2** cura, sollecitudine. **3** accuratezza. **4** cautela, sensatezza, avvertenza. • *interj* badare! **com cuidado** adagio, ammodo. **cuidado com o cachorro** attenti al cane. **inspirar cuidados** mettere pensiero. **não tomar cuidado com** a) strapazzare. b) *Lit* negligere. **ter cuidado/tomar cuidado** badare. **ter cuidado para não errar** badare di non sbagliare.
cui.da.do.so [kujdad´ozu] *adj* **1** attento, vigilante. **2** sollecito, alacre. **3** diligente, geloso. **4** cauto, prudente, sensato, assennato. **5** guardingo.
cui.dar [kujd´ar] *vt* **1** badare, trattare di. *vpr* **2** risparmiarsi. **cuidar da própria vida** badare ai fatti propri.
cu.ja [k´uʒə] *pron f sing* **1** la cui. *o pintor cuja obra me agrada* / il pittore la cui opera mi piace. **2 cujas** *pl* le cui. *esta é a mulher cujas filhas eu conheço* / questa è la donna le cui figlie conosco.
cu.jo [k´uʒu] *pron m sing* **1** il cui. *a escola, cujo diretor é jovem, fica em Roma* / la scuola, il cui direttore è giovane, è a Roma. **2 cujos** *pl* i cui. *o autor, cujos livros nunca li, chegará ao Brasil amanhã* / l'autore, i cui libri non ho mai letto, arriverà domani in Brasile.
cu.li.ná.ria [kulin´arjə] *sf* **1** culinaria. **2** *fig* tavola.
cu.li.ná.rio [kulin´arju] *adj* culinario.
cul.pa [k´uwpə] *sf* colpa, torto, fallo. **ter culpa no cartório** *fig pop* avere la coda di paglia. Veja nota em **torto** (italiano).
cul.pa.do [kuwp´adu] *sm+adj* reo, colpevole.
cul.par [kuwp´ar] *vt* **1** incolpare, aggravare, accusare, tacciare. **2** *fig* addebitare.
cul.po.so [kuwp´ozu] *adj Dir* colposo.
cul.ti.va.ção [kuwtivas´ãw] *sf* coltivazione, coltura.
cul.ti.va.dor [kuwtivad´or] *sm+adj* cultore.
cul.ti.var [kuwtiv´ar] *vt* coltivare, lavorare, arare.
cul.ti.vo [kuwt´ivu] *sf* (também *fig*) coltivazione, coltura, cultura, lavorazione.
cul.to [k´uwtu] *sm* **1** *Rel* culto. **2** *fig* culto, adorazione. • *adj* colto, culto, erudito, dotto, letterato.
cul.tu.ra [kuwt´urə] *sf* **1** coltura, coltivazione (de plantas). **2** cultura, sapienza, civiltà.
cu.me [k´umi] *sm* **1** *Geogr* culmine, cima, cocuzzolo, vetta, cresta. **2** *fig* apice, apogeo.
cúm.pli.ce [k´ũplisi] *s* **1** complice. **2** *fig* socio. • *adj* connivente.

cum.pri.men.tar [kũprimẽt´ar] *vt* **1** complimentare. **2** felicitare. **3** salutare. **4** riverire. **5** inchinarsi. *vpr* **6** complimentarsi, salutarsi, congratularsi.

cum.pri.men.to [kũprim´ẽtu] *sm* **1** complimento. **2** congratulazione. **3** saluto. **4** chino, riverenza. **5** soddisfazione, esecuzione. **dar os cumprimentos** fare i convenevoli.

cum.prir [kũpr´ir] *vt* **1** compiere, adempire. **2** effettuare, eseguire. **3** soddisfare. **4** assolvere (um dever). *vpr* **5** compiersi, adempirsi. **cumprir a pena** scontare la pena. **cumprir com a palavra** rispettare la propria firma. **cumprir uma obrigação** *fam* supplire a un obbligo. Veja nota em **adempiere**.

cú.mu.lo [k´umulu] *sm* **1** sommo, sommità, cima. **2 cúmulos** *pl Met* cumuli.

cu.nha [k´uñə] *sf* cuneo, conio, zeppa, bietta.

cu.nha.do [kuñ´adu] *sm* cognato.

cu.nhar [kuñ´ar] *vt* coniare, battere una moneta.

cu.nho [k´uñu] *sm* cuneo, conio.

cu.pê [kup´e] *sm* cupè.

cú.pi.do [k´upidu] *adj* cupido.

cu.pom [kup´õw] *sm Com* cupone, tagliando, cedola. **cupom internacional do correio** cupone internazionale.

cú.pu.la [k´upulə] *sf* cupola, duomo.

cu.ra [k´urə] *sf* **1** *Med* guarigione. *sm* **2** *Rel* curato.

cu.rar [kur´ar] *vt* **1** sanare, risanare, guarire. *vpr* **2** guarirsi, rimettersi.

cú.ria [k´urjə] *sf Rel* curia.

cu.rin.ga [kur´ĩgə] *sm* matta.

cu.ri.o.si.da.de [kurjozid´adi] *sf* curiosità. **mate minha curiosidade** levami una curiosità.

cu.ri.o.so [kuri´ozu] *adj* **1** curioso. **2** indiscreto, ficcanaso. **3** singolare, ameno.

cur.ral [kur̄´aw] *sm* bovile. *Pl: currais.*

cur.rí.cu.lo [kur̄´ikulu] *sm curriculum.*

cur.si.vo [kurs´ivu] *sm* italico. • *adj* corsivo.

cur.so [k´ursu] *sm* **1** corso. **2** andamento. **3** trascorso. **no curso de** durante.

cur.sor [kurs´or] *sm Inform, Mec* cursore.

cur.ti.men.to [kurtim´ẽtu] *sm* concia, addobbo.

cur.tir [kurt´ir] *vt* **1** conciare, addobbare (pele). **2** *gír* godere.

cur.to [k´urtu] *adj* **1** corto. **2** scarso, poco. **3** breve, piccolo (tempo). Veja nota em **poco**.

cur.to-cir.cui.to [kurtusirk´ujtu] *sm* corto circuito. *Pl: curtos-circuitos.*

cur.tu.me [kurt´umi] *sm* concia.

cur.va [k´urvə] *sf* **1** curva, ansa, svolta, arco, gomito. **curva em aclive** curva in salita. **curva em declive** curva in discesa. **fazer uma curva** curvare, svoltare.

cur.va.do [kurv´adu] *adj* curvo, arcuato.

cur.var [kurv´ar] *vt* **1** curvare, incurvare, piegare, archeggiare. *vpr* **2** curvarsi, incurvarsi, piegarsi.

cur.va.tu.ra [kurvat´urə] *sf* curvatura, curva, arco.

cur.vo [k´urvu] *adj* curvo, arcato.

cus.pe [k´uspi] *sm* sputo.

cus.pir [kusp´ir] *vt+vi* sputare.

cus.tar [kust´ar] *vt+vi* costare. **custar os olhos da cara** *pop* costare un occhio della testa. **o que custa fazer isto?** che ci vorrebbe a fare questo? **quanto custa?** quanto costa? quanto viene?

cus.tas [k´ustas] *sf pl* costo. **às custas de outra pessoa** a ufo.

cus.tei.o [kust´eju] *sm Com* patrocinio.

cus.to [k´ustu] *sm* **1** costo. **2** importo, valore. **3** stento. **a todo o custo** *fig* a) di riffa o di raffa. b) volere o volare. **com muito custo** a stento, a grande stento.

cus.tó.dia [kust´ɔdjə] *sf* custodia.

cus.to.so [kust´ozu] *adj* costoso, dispendioso, sontuoso.

cu.te.lo [kut´ɛlu] *sm* coltellaccio, mannaia.

cu.tí.cu.la [kut´ikulə] *sf Anat* cuticola.

cú.tis [k´utis] *sf sing+pl Anat* cute, pelle.

cu.tu.car [kutuk´ar] vt stuzzicare.

d [d´e] *sm* la quarta lettera dell'alfabeto portoghese.

dá.blio [d´ablju] *sm* vu doppia, il nome della lettera W.

dá.di.va [d´adivə] *sf* dono.

da.do [d´adu] *sm* **1** dado. **2** dato, informazione. • *adj* dato, delegato. **dado que** siccome.

da.í [da´i] *adv* ne. Veja nota em **ne**.

da.li [dal´i] *adv* ne. Veja nota em **ne**.

dá.lia [d´aljə] *sf Bot* dalia.

dal.to.nis.mo [dawton´izmu] *sm Med* daltonismo.

da.ma [d´Λmə] *sf* **1** dama, gentildonna, nobildonna. **2** dama, regina (no xadrez). **3** *fig* signora. **dama de companhia** dama di compagnia. **dama medieval** madonna. **jogo de dama** gioco della dama.

da.mas.co [dam´asku] *sm* albicocca.

da.mas.quei.ro [damask´ejru] *sm* albicocco.

da.nar [dan´ar] *vt Rel* dannare.

dan.ça [d´ãsə] *sf* danza, ballo, ballata.

dan.çar [dãs´ar] *vi* danzare, ballare. **dançar conforme a música** *fig* navigare secondo vento. **dançar um pouco** far quattro salti.

dan.ça.ri.na [dãsar´inə] *sf* danzatrice, ballerina.

dan.ça.ri.no [dãsar´inu] *sm* danzatore, ballerino.

da.ni.fi.ca.do [danifik´adu] *adj* danneggiato, guasto, malconcio.

da.ni.fi.car [danifik´ar] *vt* **1** danneggiare, avariare, sciupare, guastare. **2** *fig* rovinare. *vpr* **3** sciuparsi.

da.no [d´Λnu] *sm* **1** danno. **2** guasto. **3** avaria. **4** detrimento, pregiudizio. **5** scapito. **6** aggravio. **7** *fig* male. **causar dano** nuocere.

da.no.so [dan´ozu] *adj* dannoso, nocivo, pernicioso, malefico.

da.qui [dak´i] *adv* ne, di qui, di qua, quindi. **daqui a oito dias** oggi a otto. **daqui a pouco** presto. **daqui a um ano** di qui a un anno.

dar [d´ar] *vt* **1** dare. **2** donare, presentare. **3** concedere, graziare. **4** allungare, porgere. **5** battere, suonare (horas). **6** *Lit* ministrare. **7** *fig* fornire. *vpr* **8** darsi. **dá na mesma** fa lo stesso. **dar a entender** dare ad intendere, sottintendere. **dar com** incontrare. **dar de mamar** dare la poppa. **dar de ombros** alzare le spalle. **dar duro** sgobbare. **dar em** (rua) a) sboccare in. b) *fig* sfociare in. **dar emprego** impiegare. **dar para trás** *pop* fare marcia indietro. **dar uma pancada** *fig* assestare un colpo. **dar-se por vencido** darsi per vinto. **não dar a mínima** fregarsi.

dar.do [d´ardu] *sm* dardo, freccia, asta.

da.ta [d´atə] *sf* data.

da.tar [dat´ar] *vt* datare. **datar de** datare da.

da.ti.lo.gra.far [datilograf´ar] *vt* dattilografare, scrivere a macchina, battere a macchina.

da.ti.lo.gra.fi.a [datilograf´iə] *sf* dattilografia.

da.ti.ló.gra.fo [datil´ɔgrafu] *sm* dattilografo.

DDD [deded´e] *sm* teleselezione.

de [d´i] *prep* **1** di. **2** da. Veja notas em **di** e **in**.

dê [d´e] *sm* di, il nome della lettera D.

de.bai.xo [deb´ajʃu] *adv* giù, sotto, disotto.

de.ban.da.da [debãd´adə] *sf* dispersione.
de.ban.dar [debãd´ar] *vi* disperdersi.
de.ba.te [deb´ati] *sm* **1** dibattito, discussione. **2** disputa, contesa.
de.ba.ter [debat´er] *vt* **1** discutere, ragionare. **2** disputare. **3** contestare. *vi* **4** dibattere, conferire, polemizzare. *vpr* **5** dibattersi. **6** sbattersi, torcersi. **7** *fig* agitarsi. Veja nota em **conferire**.
de.be.lar [debel´ar] *vt* debellare.
dé.bil [d´ɛbiw] *adj* **1** debole. **2** languido. **3** fioco. **4** *Lit* lieve. **5** *fig* fragile, anemico, molle. **débil mental** *Med* imbecille. *Pl: débeis*.
de.bi.li.da.de [debilid´adi] *sf* **1** debolezza, languidezza. **2** *Med* debilità. **3** *fig* mollezza.
de.bi.li.ta.do [debilit´adu] *adj* **1** esausto, snervato. **2** *fig* anemico, floscio.
de.bi.li.tar [debilit´ar] *vt* **1** indebolire, estenuare, snervare. **3** *Med* debilitare. **4** *fig* effeminare, abbattere. *vpr* **5** indebolirsi, affievolirsi, snervarsi.
de.bi.tar [debit´ar] *vt Com* addebitare.
dé.bi.to [d´ɛbitu] *sm* **1** *Com* debito, passivo, dovuto. **2** *fig* dovere, foglio.
de.bu.lhar [debuʎ´ar] *vt* sgranare. **debulhar o rosário** *fig* sgranare il rosario, pregare.
dé.ca.da [d´ɛkadə] *sf* decade, serie di dieci.
de.ca.dên.cia [dekad´ẽsjə] *sf* **1** decadenza, decadimento, scadimento. **2** *fig* marasma. **estar em decadência** *fig* volgersi al tramonto.
de.ca.ir [deka´ir] *vi* **1** decadere, declinare, scadere, andare giù. **2** *fig* calare.
de.cal.car [dekawk´ar] *vt* ricalcare.
de.cal.que [dek´awki] *sm* calco.
de.can.tar [dekãt´ar] *vt Quím* decantare.
de.ca.pi.tar [dekapit´ar] *vt* decapitare, decollare.
de.cas.sí.la.bo [dekas´ilabu] *sm+adj* decasillabo.
de.cên.cia [des´ẽsjə] *sf* decenza, modestia.
de.cê.nio [des´enju] *sm* decennio.
de.cen.te [des´ẽti] *adj* decente, modesto.
de.ce.par [desep´ar] *vt* **1** mozzare, stroncare. **2** *fig* falciare.
de.cep.ci.o.nar [desepsjon´ar] *vt* disilludere.
de.ci.bel [desib´ɛw] *sm Fís* decibel. *Pl: decibéis*.
de.ci.di.do [desid´idu] *adj* **1** deciso. **2** fermo. **3** vigoroso. **4** *fig* risoluto, sicuro.
de.ci.dir [desid´ir] *vt* **1** decidere. **2** deliberare. **3** risolvere. **4** determinare. **5** arbitrare. *vi* **6** decidere, deliberare. *vpr* **7** decidersi. **8** risolversi. **9** disporsi a. **10** determinarsi a.
de.ci.frar [desifr´ar] *vt* decifrare.
de.ci.mal [desim´aw] *adj* decimale. *Pl: decimais*.
dé.ci.mo [d´ɛsimu] *num* decimo.
de.ci.são [desiz´ãw] *sf* **1** decisione. **2** conclusione, soluzione, risoluzione. **3** risolutezza. **4** arbitrio. **decisão precipitada** colpo di testa.
de.ci.si.vo [desiz´ivu] *adj* decisivo, risolutivo.
de.cla.mar [deklam´ar] *vt* declamare, recitare.
de.cla.ra.ção [deklaras´ãw] *sf* **1** dichiarazione. **2** attestato, certificato. **3** annuncio. **4** asserzione. **5** professione. **declaração em testamento** disposizione.
de.cla.ra.do [deklar´adu] *adj* dichiarato, manifesto, formale.
de.cla.rar [deklar´ar] *vt* **1** dichiarare. **2** enunciare. **3** asserire, assicurare. **4** proferire. **5** testimoniare. **6** *Dir* declarare. **7** *fig* svelare. *vpr* **8** dichiararsi. **9** professarsi, protestarsi. **declarar em testamento** disporre.
de.cli.na.ção [deklinas´ãw] *sf Gram* declinazione.
de.cli.nar [deklin´ar] *vi* **1** declinare, decadere. **2** *Gram* declinare. **3** *fig* calare.
de.clí.nio [dekl´inju] *sm* **1** declino, declinazione, scadimento. **2** *fig* tramonto, discesa.
de.cli.ve [dekl´ivi] *sm* **1** declivio. **2** pendio, inclinazione. **3** scesa, discesa.
de.co.la.gem [dekol´aʒẽj] *sf Aer* decollaggio, decollo.
de.co.lar [dekol´ar] *vi Aer* decollare.
de.com.por [dekõp´or] *vt* **1** scomporre. **2** decomporre. **3** analizzare. **4** dissolvere. *vpr* **5** scomporsi. **6** decomporsi. **7** dissolversi.
de.com.po.si.ção [dekõpozis´ãw] *sf* **1** scomposizione. **2** analisi.

de.com.pos.to [dekõp´ostu] *adj* scomposto.
de.co.ra.ção [dekoras´ãw] *sf* **1** decorazione. **2** attrezzi.
de.co.rar [dekor´ar] *vt* **1** decorare, addobbare, parare. **2** ritenere, imparare a memoria.
de.co.ra.ti.vo [dekorat´ivu] *adj* decorativo, ornamentale.
de.co.ro [dek´oru] *sm* decoro, compostezza.
de.cor.rer [dekor̄´er] *vi* decorrere, trascorrere, passare. **no decorrer de** durante. Veja nota em **passare**.
de.co.ta.do [dekot´adu] *adj* scollato.
de.co.tar [dekot´ar] *vt* scollare.
de.co.te [dek´ɔti] *sm* scollato. **usar decote** scollarsi.
de.cré.pi.to [dekr´ɛpitu] *adj* **1** decrepito, senile. **2** *gír* bacucco.
de.cre.pi.tu.de [dekrepit´udi] *sf* senilità.
de.cres.cer [dekres´er] *vi* decrescere.
de.cre.tar [dekret´ar] *vt* **1** decretare. **2** comandare. **3** stabilire. **4** proclamare.
de.cre.to [dekr´ɛtu] *sm* **1** decreto. **2** editto, bando. **3** disposizione, ordinanza, ordine.
de.cre.to-lei [dekrɛtul´ej] *sm Dir* decreto legge. *Pl: decretos-lei, decretos-leis.*
de.cur.so [dek´ursu] *sm* decorso, trascorso.
de.dal [ded´aw] *sm* ditale. *Pl: dedais.*
de.dão [ded´ãw] *sm aum pop* **dedão do pé** alluce, dito grosso.
de.di.ca.ção [dedikas´ãw] *sf* **1** dedicazione, dedica. **2** zelo, attenzione. **3** devozione, culto.
de.di.ca.do [dedik´adu] *adj* **1** dedicato. **2** devoto. **3** zelante.
de.di.car [dedik´ar] *vt* **1** dedicare. *os antigos dedicavam animais às divindades* / gli antichi votavano animali alle divinità. **2** *fig* consacrare. *vpr* **3** dedicarsi. **4** darsi, donarsi, votarsi. **5** occuparsi. **6** applicarsi, concentrarsi. **7** *fig* tuffarsi, accanirsi. **dedicar um livro** dedicare un libro. **dedicar-se ao trabalho** tuffarsi nel lavoro. **dedicar-se com ardor a** mettersi in voga a.
de.di.ca.tó.ria [dedikat´ɔrjə] *sf* dedica, indirizzo.
de.di.lhar [dediλ´ar] *vt Mús* digitare, pizzicare.
de.do [d´edu] *sm* dito (da mão, do pé, de uma luva). **dedo anular** *Anat* anulare. **dedo indicador** *Anat* indice. **dedo médio** *Anat* medio. **dedo mínimo** *Anat* mignolo. **ficar chupando o dedo** *fig, pop* restare con un palmo di naso. **meter o dedo na ferida** toccare sul vivo. **não mover um dedo** star con le mani in tasca. Veja notas em **anulare** e **dito** (italiano).
de.du.ção [dedus´ãw] *sf* **1** deduzione. **2** *fig* teoria.
de.du.zir [deduz´ir] *vt* **1** dedurre. **2** ritenere, scontare (valor). **3** ricavare, venire a capo.
de.fe.car [defek´ar] *vi* defecare, evacuare, svuotarsi.
de.fec.ti.vo [defekt´ivu] *adj* (também *Gram*) difettivo.
de.fei.to [def´ejtu] *sm* **1** difetto. **2** avaria. **3** imperfezione. **4** vizio. **5** *Náut, Aer* panna. **6** *fig* macchia, tacca.
de.fei.tu.o.so [defejtu´ozu] *adj* **1** difettoso, deficiente, imperfetto, difettivo. **2** *fig* zoppo, monco.
de.fen.der [defẽd´er] *vt* **1** difendere. **2** proteggere. **3** tutelare, guardare. **4** apologizzare. **5** giustificare. **6** *Dir* patrocinare. *vpr* **7** difendersi. **8** pararsi. **9** tutelarsi. **10** spalleggiarsi. **11** preservarsi.
de.fen.sor [defẽs´or] *sm* **1** difensore, apostolo, tutore. **2** *fig* avvocato. • *adj* tutelare.
de.fe.rên.cia [defer´ẽsjə] *sf* deferenza.
de.fe.rir [defer´ir] *vi* deferire.
de.fe.sa [def´ezə] *sf* **1** difesa. **2** protezione, guardia. **3** apologia. **4** riparo. **5** *Mil* copertura. **6** *Dir* patrocinio. **7** *fig* tutela. **8** paravento. **defesa de tese** disputa. **defesa pessoal** difesa personale.
de.fi.ci.ên.cia [defisi´ẽsjə] *sf* deficienza, pecca.
de.fi.ci.en.te [defisi´ẽti] *s+adj* deficiente. **deficiente mental** ritardato.
dé.fi.cit [d´ɛfisit] *sm sing+pl Com* deficit, disavanzo, sbilancio.
de.fi.nhar [defiñ´ar] *vi* deperire.
de.fi.ni.do [defin´idu] *adj* **1** definito. **2** nitido. **3** deciso. **4** *Gram* determinativo (artigo).

D

de.fi.nir [defin´ir] *vt* definire, decidere, regolare, giudicare.
de.fi.ni.ti.vo [definit´ivu] *adj* definitivo, decisivo, finale.
de.fla.grar [deflagr´ar] *vt* deflagrare.
de.flo.rar [deflor´ar] *vt* deflorare, sverginare.
de.for.ma.do [deform´adu] *adj* sformato, informe, storpio.
de.for.mar [deform´ar] *vt* **1** deformare, sformare. **2** *fig* acciaccare.
de.for.mi.da.de [deformid´adi] *sf* deformità.
de.fron.te [defr´õti] *adv* avanti. **defronte de** avanti, contro. Veja nota em **avanti**.
de.fu.mar [defum´ar] *vt* affumicare.
de.fun.to [def´ũtu] *sm* defunto, estinto, buon'anima. • *adj* defunto, fu.
de.ge.lar [deʒel´ar] *vi* dighiacciare.
de.ge.ne.ra.ção [deʒeneras´ãw] *sf* **1** degenerazione. **2** *Psic* inversione.
de.ge.ne.ra.do [deʒener´adu] *adj* degenere.
de.ge.ne.rar [deʒener´ar] *vi* **1** degenerare, depravarsi. **2** *fig* marcire, tralignare.
de.glu.tir [deglut´ir] *vt* deglutire.
de.go.lar [degol´ar] *vt* scannare, sgozzare.
de.gra.da.ção [degradas´ãw] *sf* **1** degradazione, corrompimento. **2** *Lit* inquinamento.
de.gra.dar [degrad´ar] *vt* **1** degradare. **2** corrompere. **3** *Lit* inquinare. *vpr* **4** degradarsi. **5** *fig* consumarsi, calare.
de.grau [degr´aw] *sm* **1** gradino, scalino. **2** *Autom* pedana. *Pl: degraus*.
de.gre.dar [degred´ar] *vt* esiliare, sfrattare.
de.gre.do [degr´edu] *sm* esilio, sfratto.
de.gus.ta.ção [degustas´ãw] *sf* degustazione, assaggio.
de.gus.tar [degust´ar] *vt* degustare, gustare, assaggiare, assaporare.
dei.da.de [dejd´adi] *sf* deità.
dei.fi.car [dejfik´ar] *vt* deificare, divinizzare.
dei.ta.do [dejt´adu] *adj* giacente, a sdraio. **estar deitado** stare a sdraio.
dei.tar [dejt´ar] *vt* **1** sdraiare, coricare, distendere, adagiare. *vpr* **2** sdraiarsi, coricarsi, distendersi, adagiarsi. **3** mettersi a sdraio.
dei.xar [dejʃ´ar] *vt* **1** lasciare. **2** permettere, consentire. **3** abbandonare, lasciare addietro. **4** *fig* piantare. *vpr* **5** lasciarsi. **deixar como está** lasciar stare. **deixar de** a) smettere di. b) *fig* far divorzio da. **deixar de fumar** smettere di fumare. **deixar-se levar** *fig* andare alla deriva. **deixe comigo!** ci penso io!
de.la.ção [delas´ãw] *sf* delazione, denunzia.
de.la.tar [delat´ar] *vt* denunziare.
de.la.tor [delat´or] *sm* delatore.
de.le.ga.ção [delegas´ãw] *sf* delegazione, commissione, comitato.
de.le.ga.do [deleg´adu] *sm+adj* delegato.
de.le.gar [deleg´ar] *vt* delegare.
de.lei.tar [delejt´ar] *vt* **1** dilettare, deliziare. *vpr* **2** dilettarsi, compiacersi.
de.lei.te [del´ejti] *sm* diletto, delizia.
de.lei.to.so [delejt´ozu] *adj* dilettoso, delizioso.
del.fim [dewf´ĩ] *sm Zool* delfino.
del.ga.do [dewg´adu] *adj* **1** gracile, affilato, smilzo. **2** *fig* fragile.
de.li.be.ra.ção [deliberas´ãw] *sf* deliberazione, risoluzione.
de.li.be.ra.da.men.te [deliberadam´ẽti] *adv* apposta. Veja nota em **apposta**.
de.li.be.rar [deliber´ar] *vt+vi* deliberare.
de.li.ca.de.za [delikad´ezə] *sf* **1** delicatezza. **2** gentilezza, squisitezza. **3** sottigliezza. **4** *fig* morbidezza, mollezza, dolcezza. **5** tatto.
de.li.ca.do [delik´adu] *adj* **1** delicato. **2** gentile, fine. **3** fragile, cagionevole. **4** sottile. **5** *fig* morbido, molle. **6** angelico. **7** squisito (sabor). **situação delicada** *fam* situazione problematica. Veja notas em **dorso** (italiano) e **squisito**.
de.lí.cia [del´isjə] *sf* **1** delizia. **2** diletto. **3** squisitezza.
de.li.ci.ar [delisi´ar] *vt* **1** deliziare, dilettare. *vpr* **2** deliziarsi, dilettarsi.
de.li.ci.o.so [delisi´ozu] *adj* **1** delizioso, dilettoso, saporoso, saporito. **2** *fig* squisito. Veja nota em **squisito**.
de.li.mi.tar [delimit´ar] *vt* delimitare, limitare, circoscrivere, contornare.
de.li.ne.ar [deline´ar] *vt* **1** delineare. **2** lineare. **3** sbozzare, figurare. *vpr* **4** formarsi.
de.lin.quen.te [delĩk´wẽti] *s* delinquente, criminale, fetente. • *adj* delinquente.

de.li.ran.te [delir´ãti] *adj* **1** delirante. **2** *fig* frenetico.
de.li.rar [delir´ar] *vi* **1** delirare, farneticare. **2** entusiasmarsi, stravedere.
de.lí.rio [del´irju] *sm* **1** frenesia. **2** *Med* delirio.
de.li.to [del´itu] *sm Dir* delitto, reato. **delito grave** misfatto.
del.ta [d´ɛwtə] *sm Geogr* delta (de rio).
de.ma.go.gi.a [demagoʒ´iə] *sf* demagogia.
de.mais [dem´ajs] *adv* troppo, oltre misura.
de.man.da [dem´ãdə] *sf* **1** *Com* richiesta. **2** *Dir* lite.
de.mão [dem´ãw] *sf* mano. *Pl: demãos.*
de.mar.car [demark´ar] *vt* demarcare.
de.ma.si.a [demaz´iə] *sf* troppo.
de.ma.si.a.do [demazi´adu] *adj* troppo.
de.mên.cia [dem´ẽsjə] *sf Med* demenza, pazzia, follia.
de.men.te [dem´ẽti] *s+adj Med* demente, pazzo, folle.
de.mis.são [demis´ãw] *sf* dimissione, dispensa.
de.mi.tir [demit´ir] *vt* **1** dimettere. **2** licenziare, congedare. **3** esonerare. **4** destituire. **5** *fig* mettere alla porta, mettere sulla strada. *vpr* **6** dimettersi, ritirarsi, licenziarsi da. **demitir do emprego** dispensare.
de.mo.cra.ci.a [demokras´iə] *sf* democrazia.
de.mo.cra.ta [demokr´atə] *s Pol* democratico.
de.mo.crá.ti.co [demokr´atiku] *adj* democratico.
de.mo.gra.fi.a [demograf´iə] *sf* demografia
de.mo.lir [demol´ir] *vt* **1** demolire, diroccare, buttare giù. **2** *fig* radere.
de.mo.ní.a.co [demon´iaku] *adj* demoniaco
de.mô.nio [dem´onju] *sm* **1** *Rel* demone, demonio. **2** diavolo. **3** *fig* persona cattiva.
de.mons.tra.ção [demõstras´ãw] *sf* dimostrazione, conferma, riprova.
de.mons.trar [demõstr´ar] *vt* **1** dimostrare **2** comprovare, confermare. **3** certificare **4** mostrare.
de.mo.ra [dem´ɔrə] *sf* indugio, aggiornamento, lunghezza, trattenimento. **sem demora** senz'altro, senza più.
de.mo.ra.da.men.te [demoradam´ẽti] *adv* a lungo.
de.mo.ra.do [demor´adu] *adj* lungo.
de.mo.rar [demor´ar] *vt* **1** allungare. *vi* **2** indugiare, tardare, ritardare, prender tempo. *vpr* **3** fermarsi, trattenersi. **4** allungarsi (tempo).
de.mo.ver [demov´er] *vt* stornare.
de.ne.grir [denegr´ir] *vt* **1** denigrare, calunniare. **2** *fig* macchiare.
den.go.so [dẽg´ozu] *adj* smorfioso.
den.gui.ce [dẽg´isi] *sf* smorfia.
de.no.mi.na.ção [denominas´ãw] *sf* denominazione, titolo, appellativo.
de.no.mi.na.do [denomin´adu] *adj* denominato, detto.
de.no.mi.nar [denomin´ar] *vt* **1** denominare, nominare. *vpr* **2** denominarsi, nominarsi.
de.no.tar [denot´ar] *vt* denotare, significare, designare.
den.sa.men.te [dẽsam´ẽti] *adv* a capo fitto.
den.si.da.de [dẽsid´adi] *sf* **1** densità, compattezza. **2** *fig* spessore, consistenza. **densidade populacional** densità, popolazione relativa.
den.so [d´ẽsu] *adj* **1** denso. **2** spesso, folto, fitto. **3** compatto, sodo. **4** *fig* grasso.
den.ta.da [dẽt´adə] *sf* dentata.
den.ta.du.ra [dẽtad´urə] *sf* dentiera.
den.te [d´ẽti] *sm* (também *Anat*) dente (humano ou de objetos). **arrancar um dente** togliere / estrarre un dente. **arreganhar os dentes** mostrar le zanne. **dente canino** canino. **dente de leite** dente da latte, dente lattaiolo, dente deciduo. **dente de ouro** dente d'oro. **dente do siso** dente del giudizio. **dente incisivo** incisivo. **dente molar** molare. **dente pré-molar** premolare.
den.tis.ta [dẽt´istə] *s* **1** dentista. **2** *dep* cavadenti.
den.tro [d´ẽtru] *adv* dentro, addentro. **dentro de** dentro, dentro di, dentro a, in. *as meias estão dentro daquela gaveta* / le calze sono dentro di quel cassetto. **para dentro** dentro, addentro. Veja nota em **in**.
de.nún.cia [den´ũsjə] *sf* denunzia.
de.nun.ci.ar [denũsi´ar] *vt* **1** denunziare. **2** indiziare. **3** *fig* soffiare.

de.pa.rar [depar´ar] *vt* incontrare, inciampare in.

de.par.ta.men.to [departam´ẽtu] *sm* dipartimento, sezione.

de.pau.pe.rar [depawper´ar] *vt* immiserire.

de.pe.nar [depen´ar] *vt* **1** spennare, pelare. **2** *fig* pelare (de bens materiais).

de.pen.dên.cia [depẽd´ẽsjə] *sf* **1** dipendenza, soggezione. **2** *fig* schiavitù, assuefazione.

de.pen.den.te [depẽd´ẽti] *adj* dipendente, soggetto.

de.pen.der [depẽd´er] *vt* dipendere da.

de.pen.du.ra.do [depẽdur´adu] *adj* pendente. • *adv* penzoloni, ciondoloni.

de.pen.du.rar [depẽdur´ar] *vt* **1** sospendere. *vpr* **2** appiccarsi.

de.pi.lar [depil´ar] *vt* **1** depilare, radere. *vpr* **2** radersi.

de.plo.rar [deplor´ar] *vt* deplorare, lamentare.

de.plo.rá.vel [deplor´avew] *adj* lamentevole, riprovevole. *Pl: deploráveis*.

de.po.i.men.to [depojm´ẽtu] *sm Dir* deposizione, testimonianza.

de.pois [dep´ojs] *adv* **1** dopo, poi. **2** più innanzi. **depois que** dopoché, poiché. **depois de** a) *prep* dopo. *depois da aula* / dopo la lezione. b) *prep* dietro. c) *conj* dopo. *depois de ter estudado, dormiu* / dopo aver studiato, dormì. **depois de tudo** dopotutto.

Antes de pronome pessoal, usa-se **dopo di** para significar "depois de": *depois de mim* / dopo di me. Veja outra nota em **appresso**.

de.por [dep´or] *vt* **1** deporre: a) porre giù, posare. b) destituire, dimettere. c) *Dir* testimoniare. **2** *Quím* depositare.

de.por.tar [deport´ar] *vt* deportare, confinare.

de.po.si.ção [depozis´ãw] *sf* **1** deposizione, deposito. **2** *Quím* deposizione (de sedimentos).

de.po.si.tar [depozit´ar] *vt Com* depositare, versare.

de.pó.si.to [dep´ɔzitu] *sm* deposito: a) magazzino, capannone. b) sedimento, fondo. c) *Com* deposito, versamento. d) *Min* giacimento. **depósito de bagagens** deposito bagagli.

de.pra.va.ção [depravas´ãw] *sf* **1** depravazione, perversione, perdizione. **2** *fig* corruzione.

de.pra.va.do [deprav´adu] *adj* **1** depravato, sudicio. **2** *fig* marcio.

de.pra.var [deprav´ar] *vt* **1** depravare, pervertire, demoralizzare. **2** *fig* viziare, sedurre. *vpr* **3** depravarsi, pervertirsi. **4** *fig* viziarsi.

de.pre.ci.ar [depresi´ar] *vt* **1** *Com* deprezzare, svalutare. *vpr* **2** sminuirsi. **3** *fig* offuscarsi.

de.pre.ci.a.ti.vo [depresjat´ivu] *adj Gram* dispregiativo.

de.pre.dar [depred´ar] *vt* depredare.

de.pres.são [depres´ãw] *sf* **1** depressione, fossa, avvallamento. **2** *fig* tristezza, avvilimento.

de.pri.men.te [deprim´ẽti] *adj* deprimente.

de.pri.mi.do [deprim´idu] *adj* triste, sbattuto, un po'giù. **estar deprimido** giacere.

de.pri.mir [deprim´ir] *vt* **1** deprimere, avvilire, buttare giù. **2** *fig* abbassare, abbacchiare. *vpr* **3** deprimersi.

de.pu.ra.ção [depuras´ãw] *sf* spurgo.

de.pu.rar [depur´ar] *vt Quím* depurare.

de.ri.va [der´ivə] *sf Náut* deriva. **ficar à deriva** *Náut* andare alla deriva.

de.ri.var [deriv´ar] *vt* **1** derivare. **2** procedere, provenire, conseguire da. **3** *fig* sorgere.

der.ma.to.lo.gi.a [dermatoloʒ´iə] *sf Med* dermatologia.

der.me [d´ɛrmi] *sf Anat* derma.

der.ra.ma.men.to [der̃amam´ẽtu] *sm* getto.

der.ra.mar [der̃am´ar] *vt* **1** spargere, effondere. **2** versare, rovesciare. *vi* **3** versare, trasbordare. **derramar-se em prantos** sciogliersi in pianto.

der.ra.par [der̃ap´ar] *vi Autom* sbandare.

der.re.ter [der̃et´er] *vt* **1** fondere, liquefare, sciogliere. *vpr* **2** fondersi, liquefarsi. **3** dighiacciare.

der.re.ti.men.to [der̃etim´ẽtu] *sm* fusione, scioglimento.

der.ro.ta [der̃´ɔtə] *sf* sconfitta, disfatta, rotta.

der.ro.ta.do [der̃ot´adu] *adj* vinto.

der.ro.tar [der̃ot´ar] *vt* **1** sconfiggere,

vincere, debellare. **2** *fig* sterminare, dare scacco matto.

der.ro.tis.mo [derot´izmu] *sm* disfattismo.

der.ru.bar [der̄ub´ar] *vt* **1** buttar giù, diroccare, abbattere. **2** demolire. **3** arrovesciare. **4** rovesciare. **5** *Aer* smontare (o inimigo).

de.sa.ba.far [dezabaf´ar] *vt* **1** sfogare. *vi* **2** spassionarsi, svuotarsi, sfogarsi.

de.sa.ba.fo [dezab´afu] *sm* sfogo.

de.sa.ba.men.to [dezabam´ẽtu] *sm* cedimento. **desabamento de terra** frana.

de.sa.bar [dezab´ar] *vi* **1** rovinare, franare, piombare. **2** *fig* schiantarsi.

de.sa.bi.ta.do [dezabit´adu] *adj* disabitato, inabitato, deserto, solitario.

de.sa.bi.tar [dezabit´ar] *vt* spopolare.

de.sa.bi.tu.ar [dezabitu´ar] *vt* disabituare.

de.sa.bo.to.ar [dezaboto´ar] *vt* sbottonare.

de.sa.bro.char [dezabroʃ´ar] vi sbocciare, schiudersi, aprirsi.

de.sa.ce.le.rar [dezaseler´ar] *vt* **1** rallentare. *vi+vpr* **2** rallentarsi.

de.sa.co.mo.dar [dezakomod´ar] *vt* **1** disagiare. *vpr* **2** disagiarsi.

de.sa.com.pa.nha.do [dezakõpañ´adu] *adj* singolo.

de.sa.con.se.lhar [dezakõseλ´ar] *vt* sconsigliare.

de.sa.cor.do [dezak´ordu] *sm* **1** disaccordo, discrepanza. **2** contesa. **3** alterco, controversia. **4** *fig* conflitto.

de.sa.cos.tu.mar [dezakostum´ar] *vt* **1** disabituare, svezzare. *vpr* **2** svezzarsi.

de.sa.cre.di.tar [dezakredit´ar] *vt* **1** screditare. **2** smentire, smascherare. **3** *fig* squalificare.

de.sa.fei.ção [dezafejs´ãw] *sf* disaffezione, disamore.

de.sa.fi.ar [dezafi´ar] *vt* sfidare, bravare.

de.sa.fi.na.ção [dezafinas´ãw] *sf Mús* discordanza.

de.sa.fi.nar [dezafin´ar] *vi* **1** *Mús* stonare scordare. **2** *fig* ragliare.

de.sa.fio [dezaf´iu] *sm* sfida, provocazione, cimento.

de.sa.fo.gar [dezafog´ar] *vt* sfogare.

de.sa.fo.ro [dezaf´oru] *sm* cattiva parola.

de.sa.for.tu.na.do [dezafortun´adu] *adj* sfortunato, sventurato.

de.sa.gra.dar [dezagrad´ar] *vt* **1** disgustare. **2** dispiacere, spiacere, sgradire. **3** scontentare. **4** *fig* dolere. Veja nota em **spiacere**.

de.sa.gra.dá.vel [dezagrad´avew] *adj* **1** sgradevole. **2** spiacevole. **3** ingrato. *Pl: desagradáveis.*

de.sa.gra.do [dezagr´adu] *sm* disgrado.

de.sa.gre.ga.ção [dezagregas´ãw] *sf* disgregazione.

de.sa.gre.gar [dezagreg´ar] *vt* disgregare, disintegrare, smembrare.

de.sa.guar [dezag´war] *vi* sfociare, sboccare.

de.sa.jei.ta.do [dezaʒejt´adu] *adj* sgraziato, sguaiato, maldestro.

de.sa.ju.i.za.do [dezaʒujz´adu] *adj* imprudente.

de.sa.li.nha.do [dezaliñ´adu] *adj* negletto, trasandato.

de.sa.li.nho [dezal´iñu] *sm* **1** negligenza. **2** disordine.

de.sa.lo.jar [dezaloʒ´ar] *vt* sloggiare.

de.sa.mar.rar [dezamar̄´ar] *vt* **1** slacciare, slegare. *vpr* **2** slacciarsi, slegarsi.

de.sa.mor [dezam´or] *sm* disamore, disaffezione.

de.sa.ni.ma.do [dezanim´adu] *adj* svogliato, sfiduciato.

de.sa.ni.mar [dezanim´ar] *vt* **1** disanimare, scoraggiare. **2** *fig* abbattere. *vi+vpr* **3** disanimarsi, scoraggiarsi, sbigottirsi, buttarsi giù, perdersi d'animo. **4** *fig* sgonfiarsi.

de.sâ.ni.mo [dez´Λnimu] *sm* **1** sbigottimento, sgomento, sfiducia. **2** *fig* catalessi.

de.sa.pa.re.cer [dezapares´er] *vi* **1** sparire, svanire, scomparire, andar via. **2** *fam* squagliarsi. **3** *fig* eclissarsi, evaporare.

de.sa.pa.re.ci.men.to [dezaparesim´ẽtu] *sm* scomparsa, sparizione.

de.sa.per.tar [dezapert´ar] *vt* allentare.

de.sa.pon.ta.men.to [dezapõtam´ẽtu] *sm* disappunto.

de.sa.pro.pri.ar [dezapropri´ar] *vt Dir* espropiare.

de.sa.pro.va.ção [dezaprovas´ãw] *sf* biasimo.

de.sa.pro.var [dezaprov´ar] *vt* disapprovare, riprovare, biasimare, sconfessare.

de.sar.ma.do [dezarm´adu] *adj* disarmato, indifeso.
de.sar.ma.men.to [dezarmam´ẽtu] *sm Mil* disarmo.
de.sar.mar [dezarm´ar] *vt* **1** disarmare. **2** smontare, disfare.
de.sar.mo.ni.a [dezarmon´iə] *sf* **1** disarmonia, dissenso. **2** *Pint* discordanza.
de.sar.mô.ni.co [dezarm´oniku] *adj* **1** disarmonico. **2** *fig* stridente.
de.sar.ran.jar [dezar̄ãʒ´ar] *vt* **1** disagiare, disorganizzare. *vpr* **2** sconcertarsi.
de.sar.ran.jo [dezar̄´ãʒu] *sm* (também *Med*) sconcerto.
de.sar.ru.mar [dezar̄um´ar] *vt* disorganizzare.
de.sar.ti.cu.lar [dezartikul´ar] *vt* disarticolare, smembrare.
de.sas.sos.se.ga.do [dezasoseg´adu] *adj* inquieto.
de.sas.sos.se.go [dezasos´egu] *sm* inquietudine.
de.sas.tra.do [dezastr´adu] *adj* **1** maldestro. **2** *fig irôn* grazioso come un orso.
de.sas.tre [dez´astri] *sm* **1** disastro. **2** sinistro. **3** calamità, catastrofe. **4** bancarotta, rovina. **5** *fig* avversità.
de.sas.tro.so [dezastr´ozu] *adj* **1** funesto, rovinoso. **2** *fig* apocalittico.
de.sa.tar [dezat´ar] *vt* sciogliere, slegare, snodare, svincolare.
de.sa.ten.ção [dezatẽs´ãw] *sf* **1** distrazione. **2** *fig* freddezza.
de.sa.ten.to [dezat´ẽtu] *adj* disattento, sbadato, distratto.
de.sa.tre.lar [dezatrel´ar] *vt* staccare.
de.sa.ven.ça [dezav´ẽsə] *sf* **1** dissenso, dissensione, divisione. **2** *fig* differenza.
de.sa.ver.go.nha.do [dezavergoñ´adu] *adj* svergognato, spudorato.
des.ban.car [dezbãk´ar] *vt* sbancare.
des.ba.ra.tar [dezbarat´ar] *vt* **1** sgominare. **2** *Mil* sbaragliare (um exército). **3** *fig* stritolare.
des.ba.ra.te [dezbar´ati] *sm Mil* sbaraglio (de um exército).
des.bas.tar [dezbast´ar] *vt* digrossare, asciare.
des.bei.ça.do [dezbejs´adu] *adj* sboccato.
des.blo.que.ar [dezbloke´ar] *vt* sbloccare.
des.bo.ca.do [dezbok´adu] *adj* **1** sboccato, licenzioso. **2** *fig* grasso.
des.bo.ta.do [dezbot´adu] *adj* smorto, slavato, stinto, giallo.
des.bo.tar [dezbot´ar] *vi* **1** stingere, scolorire. **2** *fig* impallidire.
des.ca.be.lar [deskabel´ar] *vt* **1** spettinare. *vpr* **2** spettinarsi.
des.cal.çar [deskaws´ar] *vt* scalzare.
des.cal.ço [desk´awsu] *adj* scalzo.
des.ca.mar [deskam´ar] *vt* scagliare.
des.can.sar [deskãs´ar] *vt* **1** riposare, adagiare (um objeto). *vi* **2** riposare, rilassarsi, ristorarsi.
des.can.so [desk´ãsu] sm **1** riposo, ristoro. **2** villeggiatura, feria. **3** posa. **4** *fig* tregua. **dar descanso** ristorare. **descanso eterno** riposo eterno, l'aldilà.
des.ca.ra.do [deskar´adu] *sm fig* faccia tosta. • *adj* **1** sfacciato, sfrontato, svergognato. **2** *pop* cinico. **3** *fig* franco.
des.ca.ra.men.to [deskaram´ẽtu] *sm* **1** sfacciataggine, sfrontatezza, faccia fresca. **2** *pop* cinismo. **3** *fig* franchezza.
des.car.ga [desk´argə] *sf* scarica, scarico, discarico.
des.car.na.do [deskarn´adu] *adj* scarno, smunto.
des.car.nar [deskarn´ar] *vt* scarnare.
des.car.re.ga.do [deskar̄eg´adu] *adj* scarico.
des.car.re.gar [deskar̄eg´ar] *vt* **1** scaricare, sgravare, sbarcare. *vpr* **2** scaricarsi.
des.car.tar [deskart´ar] *vt* scartare.
des.cas.ca.men.to [deskaskam´ẽtu] *sm* sbucciatura.
des.cas.car [deskask´ar] *vt* scorticare, sbucciare, sgusciare.
des.ca.so [desk´azu] *sm* imprevidenza.
des.cen.dên.cia [desẽd´ẽsjə] *sf* **1** discendenza. **2** generazione, stirpe, casato. **3** *Lit* prole.
des.cen.den.te [desẽd´ẽti] *s* **1** discendente. **2** *Poét* germe. **3** *fig* rampollo. • *adj* discendente. **os descendentes** i discendenti, i figli, i pronipoti.
des.cen.der [desẽd´er] *vt* discendere.
des.cen.tra.li.zar [desẽtraliz´ar] *vt* decentrare.
des.cer [des´er] *vt* **1** scendere, discendere. **2** ammainare (velas, bandeiras). *vi* **3**

scendere. **4** calare. **5** digradare. **descer de veículo** smontare da un veicolo.
des.ci.da [des'idə] *sf* discesa, scesa, declivio.
des.co.ber.ta [deskob'ɛrtə] *sf* scoperta, ritrovamento, ritrovato.
des.co.ber.to [deskob'ɛrtu] *adj* scoperto.
des.co.bri.dor [deskobrid'or] *sm* scopritore.
des.co.bri.men.to [deskobrim'ẽtu] *sm* scoprimento, scoperta.
des.co.brir [deskobr'ir] *vt* **1** scoprire. **2** trovare, ritrovare. **3** rivelare. **4** *fig* svelare, denudare.
des.co.la.do [deskol'adu] *adj* scollato.
des.co.lar [deskol'ar] *vt* **1** scollare. *vpr* **2** scollarsi.
des.co.lo.rar [deskolor'ar] *vt+vi V descolorir*.
des.co.lo.ri.do [deskolor'idu] *adj* scolorito, stinto, slavato.
des.co.lo.rir [deskolor'ir] *vt+vi* scolorire, sbiadire, stingere. *Sin: descolorar*.
des.co.me.di.do [deskomed'idu] *adj* sgangherato.
des.co.me.di.men.to [deskomedim'ẽtu] *sm* sfrenatezza.
des.co.mu.nal [deskomun'aw] *adj* enorme. *Pl: descomunais*.
des.con.cen.tra.do [deskõsẽtr'adu] *adj* distratto.
des.con.cen.trar [deskõsẽtr'ar] *vt* **1** distrarre. *vpr* **2** distrarsi, svagarsi.
des.con.cer.ta.do [deskõsert'adu] *adj* sconcertato, confuso.
des.con.cer.tar [deskõsert'ar] *vt* **1** sconcertare, sgomentare. **2** *fig* disorientare *vpr* **3** sconcertarsi.
des.co.nec.tar [deskonekt'ar] *vt* **1** sconnettere, scommettere. *vpr* **2** scommettersi.
des.co.ne.xo [deskon'ɛksu] *adj* sconnesso, incoerente.
des.con.fi.a.do [deskõfi'adu] *adj* **1** sfiduciato, malfidato. **2** *fig* cauto.
des.con.fi.an.ça [deskõfi'ãsə] *sf* sfiducia, sospetto.
des.con.fi.ar [deskõfi'ar] *vt* **1** sospettare, temere. *vi* **2** sospettare.
des.co.nhe.cer [deskoɲes'er] *vt* sconoscere, disconoscere, ignorare.
des.co.nhe.ci.do [deskoɲes'idu] *sm* sconosciuto. • *adj* **1** sconosciuto. **2** inesplorato. **3** anonimo. **4** *fig* oscuro.
des.con.jun.ta.do [deskõʒũt'adu] *adj* sgangherato, sconnesso.
des.con.jun.tar [deskõʒũt'ar] *vt* **1** sgangherare, sconnettere, scommettere. *vpr* **2** disarticolarsi, scommettersi.
des.con.so.lar [deskõsol'ar] *vt* sconsolare.
des.con.ta.mi.nar [deskõtamin'ar] *vt* sterilizzare.
des.con.tar [deskõt'ar] *vt Com* scontare, scalare.
des.con.ten.ta.men.to [deskõtẽtam'ẽtu] *sm* scontentezza, scontento, malcontento.
des.con.ten.tar [deskõtẽt'ar] *vt* scontentare, sgradire.
des.con.ten.te [deskõt'ẽti] *adj* scontento, malcontento, insoddisfatto.
des.con.tí.nuo [deskõt'inwu] *adj* discontinuo.
des.con.to [desk'õtu] *sm* **1** *Com* sconto, abbuono. **2** *fig* tara.
des.con.tro.lar [deskõtrol'ar] *vt* **1** squilibrare. *vpr* **2** perdere la testa. **3** *fig* scoppiare, sbottare.
des.con.tro.le [deskõtr'oli] *sm* sfrenatezza.
des.co.rar [deskor'ar] *vt* scolorire.
des.cor.tês [deskort'es] *adj* **1** scortese, incivile, sgarbato, rude. **2** *fig* selvatico, ruvido.
des.cor.te.si.a [deskortez'iə] *sf* **1** scortesia. **2** sgarbatezza, rozzezza. **3** *fig* ruvidezza.
des.cos.tu.rar [deskostur'ar] *vt* scucire.
des.cré.di.to [deskr'ɛditu] *sm* discredito, scredito.
des.cren.te [deskr'ẽti] *adj* incredulo.
des.crer [deskr'er] *vt* discredere, dubitare.
des.cre.ver [deskrev'er] *vt* **1** descrivere, figurare, rendere. **2** *fig* dipingere.
des.cri.ção [deskris'ãw] *sf* descrizione, cronaca. **descrição minuciosa** *fig* pittura.
des.cui.da.do [deskujd'adu] *adj* disattento, sbadato, negligente, incauto.
des.cui.dar [deskujd'ar] *vt* **1** trascurare. *vpr* **2** strapazzarsi, spregiarsi, dispregiarsi. **3** *fig* rilassarsi.
des.cui.do [desk'ujdu] *sm* **1** noncuranza, trascuranza. **2** distrazione, inavvertenza, incuria, imprevidenza. **3** sbaglio, svista. **4** *fig* freddezza.

des.cul.pa [desk´uwpə] *sf* **1** discolpa. **2** scusa. **3** pretesto. **4** perdono. **5** scappatoia, sotterfugio. **6** *fig* argomento. **7** uncino, rampino.

des.cul.par [deskuwp´ar] *vt* **1** discolpare, scolpare. **2** scusare. **3** perdonare, graziare. **4** giustificare. **5** scagionare. *vpr* **6** discolparsi, scolparsi. **7** scusarsi. **8** giustificarsi. **9** scagionarsi. Veja nota em **spiacere**.

des.cum.pri.men.to [deskũprim´ẽtu] *sm* **1** defezione. **2** *Dir, Com* inadempimento.

des.de [d´ezdi] *prep* da. **desde quando** dal momento che. **desde que** a) dal momento che. b) purché, con questo che.

des.dém [dezd´ẽj] *sm* sdegno, disdegno, spregio, disprezzo.

des.de.nhar [dezdeñ´ar] *vt* sdegnare, disdegnare, spregiare, disprezzare.

des.de.nho.so [dezdeñ´ozu] *adj* sdegnoso.

des.di.ta [dezd´itə] *sf* disdetta.

des.di.zer [dezdiz´er] *vt* **1** disdire. *vpr* **2** ritrattarsi.

des.do.bra.men.to [dezdobram´ẽtu] *sm* sdoppiamento.

des.do.brar [dezdobr´ar] *vt* **1** sdoppiare, spiegare. *vpr* **2** spiegarsi.

de.se.ja.do [dezeʒ´adu] *adj* **1** desiderato. **2** *fig* atteso.

de.se.jar [dezeʒ´ar] *vt* **1** desiderare. **2** volere. **3** bramare, smaniare di. **4** invogliarsi di. **5** augurare, sperare. **6** *fig* aspirare a, anelare a.

de.se.já.vel [dezeʒ´avew] *adj* **1** desiderevole. **2** *fig* appetitoso. *Pl: desejáveis.*

de.se.jo [dez´eʒu] *sm* **1** desiderio. **2** voglia, volontà. **3** brama, bramosia, frega. **4** ticchio, arbitrio. **5** piacere. **6** concupiscenza. **7** augurio, voto. **8** *fam* fregola. **9** *fig* sete, fame. **10** appetito. **11** aspirazione, sogno. **12** pizzicore.

de.se.jo.so [dezeʒ´ozu] *adj* **1** desideroso. **2** *fig* famelico, smanioso.

de.se.le.gân.cia [dezeleg´ãsjə] *sf* malagrazia.

de.se.le.gan.te [dezeleg´ãti] *adj* **1** sgraziato, goffo, sguaiato. **2** pesante.

de.sem.ba.ra.ça.do [dezẽbaras´adu] *adj* disinvolto, spedito, franco.

de.sem.ba.ra.çar [dezẽbaras´ar] *vt* **1** sbarazzare, disimbarazzare. **2** *Com* sdoganare. *vpr* **3** sbarazzarsi.

de.sem.ba.ra.ço [dezẽbar´asu] *sm* disinvoltura.

de.sem.bar.car [dezẽbark´ar] *vi Náut, Aer* sbarcare, smontare da.

de.sem.bar.que [dezẽb´arki] *sm Náut, Aer* sbarco.

de.sem.bo.ca.du.ra [dezẽbokad´urə] *sf* sbocco, imbocco.

de.sem.bo.car [dezẽbok´ar] *vi* sboccare, sfociare, versarsi in.

de.sem.bol.sar [dezẽbows´ar] *vt* **1** sborsare. **2** *fig* scucire.

de.sem.bol.so [dezẽb´owsu] *sm Com* sborso.

de.sem.bru.lhar [dezẽbruλ´ar] *vt* svolgere, svoltare, sviluppare.

de.sem.bu.char [dezẽbuʃ´ar] *vt fam* spifferare.

de.sem.pa.tar [dezẽpat´ar] *vt* ballottare.

de.sem.pa.te [dezẽp´ati] *sm* ballottaggio.

de.sem.pre.ga.do [dezẽpreg´adu] *sm+adj* disoccupato, inoccupato.

de.sem.pre.go [dezẽpr´egu] *sm* disoccupazione.

de.sen.ca.de.ar [dezẽkade´ar] *vt* scatenare.

de.sen.ca.lhar [dezẽkaλ´ar] *vt* disincagliare.

de.sen.ca.mi.nhar [dezẽkamiñ´ar] *vt* **1** sviare, fuorviare, traviare. *vpr* **2** sviarsi.

de.sen.car.go [dezẽk´argu] *sm* **1** *Com* sgravio. **2** *fig* discarico.

de.sen.co.ra.jar [dezẽkoraʒ´ar] *vt* **1** scoraggiare. **2** disanimare. **3** sconsigliare.

de.sen.fre.a.do [dezẽfre´adu] *adj* sfrenato.

de.sen.ga.na.do [dezẽgan´adu] *adj* disingannato. **desenganado pelos médicos** abbandonato dai medici.

de.sen.ga.nar [dezẽgan´ar] *vt* **1** disingannare, disilludere. *vpr* **2** disingannarsi.

de.sen.gon.ça.do [dezẽgõs´adu] *adj* sgangherato.

de.sen.gon.çar [dezẽgõs´ar] *vt* sgangherare.

de.sen.gros.sar [dezẽgros´ar] *vt* digrossare.

de.se.nhar [dezeñ´ar] *vt* disegnare, figurare. **desenhar mal** *fam* imbrattare.

de.se.nho [dez´eñu] *sm* disegno, figura, illustrazione, grafico. **desenho animado** cartone animato.

de.sen.la.ce [dezẽl´asi] *sm* scioglimento, esito.

de.sen.ro.lar [dezẽr̄ol´ar] *sm* procedimento, processione (dos fatos). • *vt* **1** svolgere, svoltare, sviluppare. *vpr* **2** svilupparsi.

de.sen.ten.di.men.to [dezẽtẽdim´ẽtu] *sm* **1** dissenso, discordia. **2** *fig* zizzania.

de.sen.ter.rar [dezẽter̄´ar] *vt* **1** disseppellire, esumare. **2** *fig* levar dalla dimenticanza.

de.sen.tor.tar [dezẽtort´ar] *vt* drizzare.

de.sen.vol.to [dezẽv´owtu] *adj* **1** disinvolto, scorrevole. **2** *fig* sciolto.

de.sen.vol.tu.ra [dezẽvowt´urə] *sf* **1** disinvoltura, franchezza. **2** *fig* scioltezza.

de.sen.vol.ver [dezẽvowv´er] *vt* **1** sviluppare. **2** *fig* distendere. *vpr* **3** svilupparsi. **4** svolgersi. **5** crescere. **6** attecchire.

de.sen.vol.vi.do [dezẽvowv´idu] *adj* sviluppato.

de.sen.vol.vi.men.to [dezẽvowvim´ẽtu] *sm* **1** sviluppo. **2** svolgimento. **3** incremento. **4** processo, andamento. **5** decorso (de guerra, de doença). **6** procedimento (dos fatos).

de.se.qui.li.brar [dezekilibr´ar] *vt* (também *fig*) **1** squilibrare, sbilanciare. *vpr* **2** squilibrarsi.

de.se.qui.lí.brio [dezekil´ibrju] *sm* squilibrio, sbilancio. **desequilíbrio mental** squilibrio mentale.

de.ser.ção [dezers´ãw] *sf Mil* diserzione, defezione.

de.ser.dar [dezerd´ar] *vt* diseredare.

de.ser.tar [dezert´ar] *vt* **1** *Mil* disertare, rinnegare. *vi* **2** *Mil* disertare, defezionare.

de.ser.to [dez´ɛrtu] *sm* deserto. • *adj* **1** deserto. **2** inabitato, disabitato. **3** solitario. **tornar deserto** disertare.

de.ser.tor [dezert´or] *sm Mil* disertore, rinnegato, fuggitivo.

de.ses.pe.ra.do [dezesper´adu] *adj* disperato, affranto. **estar desesperado** *fig* vendere l'anima al diavolo.

de.ses.pe.rar [dezesper´ar] *vt* **1** disperare, costernare. *vi* **2** disperare. *vpr* **3** disperarsi.

de.ses.pe.ro [dezesp´eru] *sm* disperazione.

des.fal.car [desfawk´ar] *vt* defalcare.

des.fa.le.cer [desfales´er] *vi* svenire, ammortire, basire.

des.fa.le.ci.men.to [desfalesim´ẽtu] *sm* svenimento.

des.fal.que [desf´awki] *sm* defalco.

des.fa.vo.rá.vel [desfavor´avew] *adj* sfavorevole. *Pl: desfavoráveis.*

des.fa.zer [desfaz´er] *vt* **1** disfare. **2** scomporre. **3** guastare. **4** *fig* fondere. *vpr* **5** disfarsi. **6** scomporsi. **7** disordinarsi. **8** buttar via. **9** trinciarsi (roupas).

des.fe.cho [desf´eʃu] *sm* scioglimento, finale.

des.fe.rir [desfer´ir] *vt* **1** abbassare. **2** *fam* accoccare.

des.fi.ar [desfi´ar] *vt* **1** sfilare. *vpr* **2** sfilarsi.

des.fi.gu.ra.do [desfigur´adu] *adj* **1** sfigurato. **2** sformato.

des.fi.gu.rar [desfigur´ar] *vt* **1** sfigurare. **2** sformare, disformare. **3** deturpare. *vpr* **4** sfigurarsi.

des.fi.la.dei.ro [desfilad´ejru] *sm Geogr* stretta, gola, passaggio.

des.fi.lar [desfil´ar] *vi* sfilare.

des.fi.le [desf´ili] *sm* sfilata. Veja nota em **parata**.

des.fo.car [desfok´ar] *vt Fot* sfocare.

des.fo.lhar [desfoλ´ar] *vt* **1** sfogliare, sfrondare. *vpr* **2** sfogliarsi, sfrondarsi.

des.for.ra [desf´ɔr̄ə] *sf* **1** vendetta, rivalsa. **2** *Esp* rivincita.

des.for.rar [desfor̄´ar] *vt* **1** vendicare. *vpr* **2** vendicarsi, prendersi una rivincita.

des.fral.dar [desfrawd´ar] *vt* sventolare, spiegare, sciogliere (uma bandeira).

des.fru.tar [desfrut´ar] *vi* sfruttare, fruire, approfittare.

des.fru.te [desfr´uti] *sm* sfruttamento.

des.gar.rar-se [dezgar̄´arsi] *vpr* tralignare.

des.gas.tar [dezgast´ar] *vt* **1** logorare, consumare. **2** *Geol* degradare (por erosão). **3** *fig* rifinire (a saúde). *vpr* **4** logorarsi, consumarsi. **5** rifinirsi.

des.gas.te [dezg´asti] *sm* **1** logoro. **2** erosione. **3** corrosione.

des.gos.tar [dezgost´ar] *vt* **1** disgustare. **2** *fig* dolere. *vpr* **3** disgustarsi.

des.gos.to [dezg´ostu] *sm* **1** disgusto. **2** dispiacere. **3** disturbo. **4** *fig* dolore. **causar desgosto** costernare.

des.gos.to.so [dezgost´ozu] *adj* disgustoso, scontento, discontento.

D

des.gra.ça [dezgr´asə] *sf* **1** disgrazia. **2** calamità, catastrofe, disastro. **3** sventura, sfortuna. **4** sciagura, perdizione. **5** *fig* rovescio.

des.gra.çar [dezgras´ar] *vt* **1** mandare in malora. *vpr* **2** perdersi.

des.gre.nhar [dezgreñ´ar] *vt* arruffare, scapigliare (os cabelos).

des.gru.dar [dezgrud´ar] *vt* scollare.

de.si.dra.tar [dezidrat´ar] *vt* disidratare.

de.sig.na.ção [dezignas´ãw] *sf* nomina.

de.sig.nar [dezign´ar] *vt* **1** designare. **2** nominare. **3** indicare. **4** destinare.

de.síg.nio [dez´ignju] *sm* **1** intento, proposito. **2** decreto.

de.si.gual [dezig´waw] *adj* disuguale, ineguale, dispari, dissimile. *Pl: desiguais.*

de.si.lu.dir [dezilud´ir] *vt* **1** disilludere, disingannare. *vpr* **2** disilludersi, disingannarsi.

de.si.lu.são [deziluz´ãw] *sf* **1** disillusione, disappunto. **2** *fig* amaro.

de.sim.pe.dir [dezĩped´ir] *vt* sgombrare, sgomberare, sbarazzare.

de.sin.char [dezĩʃ´ar] *vt* **1** sgonfiare. *vi* **2** *Med* rientrare (tumor). *vpr* **3** sgonfiarsi.

de.si.nên.cia [dezin´ẽsjə] *sf Gram* desinenza, terminazione.

de.sin.fe.ta.do [dezĩfet´adu] *adj* disinfettato, sterilizzato, asettico.

de.sin.fe.tan.te [dezĩfet´ãti] *sm+adj* antisettico, disinfettante.

de.sin.fe.tar [dezĩfet´ar] *vt* disinfettare, sterilizzare.

de.sin.te.gra.ção [dezĩtegras´ãw] *sf Fís* disintegrazione, disgregazione.

de.sin.te.grar [dezĩtegr´ar] *vt* disintegrare.

de.sin.te.res.sa.do [dezĩteres´adu] *adj* **1** generoso. **2** indifferente.

de.sin.te.res.sar [dezĩteres´ar] *vt* **1** disinteressare. *vpr* **2** disinteressarsi di.

de.sin.te.res.se [dezĩter´esi] *sm* disinteresse.

de.sis.tên.cia [dezist´ẽsjə] *sf* desistenza.

de.sis.tir [dezist´ir] *vt* **1** desistere da. **2** rinunciare a, lasciare. **3** astenersi da. *vi* **4** desistere. **5** rinunciare. **6** cedere, smontarsi. **7** astenersi. **desistir a tempo** ritirarsi in buon ordine. **desistir de um concurso** *fig* ritirarsi da un concorso.

des.je.jum [deʒeʒ´ũ] *sm* colazione del mattino, prima colazione.

des.le.al [dezle´aw] *adj* **1** sleale. **2** infedele, perfido. **3** disonesto. *Pl: desleais.*

des.le.al.da.de [dezleawd´adi] *sf* **1** slealtà. **2** infedeltà, perfidia. **3** malafede.

des.lei.xa.do [dezlejʃ´adu] *adj* **1** sciatto, sbadato, trasandato. **2** *fig* goffo.

des.lei.xo [dezl´ejʃu] *sm* sciattaggine, imprevidenza.

des.li.gar [dezlig´ar] *vt* **1** sciogliere, staccare. *vpr* **2** separarsi, staccarsi. **3** *fig* slegarsi.

des.li.zar [dezliz´ar] *vi* scivolare, scorrere, slittare.

des.lo.ca.men.to [dezlokam´ẽtu] *sm* **1** dislocamento. **2** *Med* lussazione, slogatura.

des.lo.car [dezlok´ar] *vt* **1** dislocare, spostare, smuovere. **2** *Med* storcere, lussare. *vpr* **3** spostarsi. **4** *Med* lussarsi.

des.lum.bra.men.to [dezlũbram´ẽtu] *sm* abbagliamento.

des.lum.brar [dezlũbr´ar] *vt* **1** abbagliare, abbacinare. **2** *fig* affascinare, confondere.

des.mai.ar [dezmaj´ar] *vi* mancare, sfinire, svenire, uscire di sé, ammortire.

des.mai.o [dezm´aju] *sm* svenimento, mancanza.

des.ma.mar [dezmam´ar] *vt* **1** svezzare. *vi* **2** svezzarsi.

des.man.cha-pra.ze.res [dezmãʃəpraz´eris] *s sing+pl* guastafeste.

des.man.char [dezmãʃ´ar] *vt* **1** sciogliere, guastare, disfare. *vpr* **2** sciogliersi, consumarsi, disfarsi. **3** trinciarsi. **4** *fig* sgretolarsi.

des.mas.ca.rar [dezmaskar´ar] *vt* **1** smascherare. **2** sventare. *vpr* **3** smascherarsi.

des.ma.ze.la.do [dezmazel´adu] *adj* sciatto, trasandato.

des.ma.ze.lo [dezmaz´elu] *sm* sciattaggine.

des.me.di.do [dezmed´idu] *adj* **1** smisurato. **2** enorme. **3** *fig* spropositato.

des.mem.brar [dezmẽbr´ar] *vt* smembrare.

des.men.ti.do [dezm´ẽtidu] *sm* smentita, ritrattazione.

des.men.tir [dezmẽt´ir] *vt* **1** smentire. **2** rinnegare, ritrattare. *vpr* **3** smentirsi.

des.me.re.cer [dezmeres´er] *vt* demeritare.

des.me.re.ci.men.to [dezmeresim´ẽtu] *sm* demerito.

des.me.su.ra.da.men.te [dezmezurada-m´ẽti] *adv* oltremisura, soprammodo.
des.mi.o.la.do [dezmjol´adu] *sm* balordo. • *adj* smidollato, balordo.
des.mon.tar [dezmõt´ar] *vt* **1** smontare. **2** scomporre, disfare. *vi* **3** smontare, scavalcare.
des.mo.ra.li.za.ção [dezmoralizas´ãw] *sf* demoralizzazione, avvilimento.
des.mo.ra.li.zar [dezmoraliz´ar] *vt* demoralizzare, avvilire, prostituire.
des.mo.ro.na.men.to [dezmoronam´ẽtu] *sm* frana.
des.mo.ro.nar [dezmoron´ar] *vi* franare.
des.mo.ti.va.do [dezmotiv´adu] *adj* sbattuto, apatico.
des.na.tu.ra.do [deznatur´adu] *adj fig* cattivo, crudele.
des.ní.vel [dezn´ivew] *sm* dislivello. *Pl: desníveis.*
des.nor.te.a.do [deznorte´adu] *adj* (também *fig*) attonito.
des.nor.te.ar [deznorte´ar] *vt* **1** disorientare. **2** turbare, sconcertare. *vpr* **3** disorientarsi. **4** *fig* perdere la tramontana.
des.nu.dar [deznud´ar] *vt* **1** denudare, spogliare, svestire. *vpr* **2** denudarsi, spogliarsi, svestirsi.
des.nu.do [dezn´udu] *adj* nudo, denudato, spoglio.
des.nu.tri.ção [deznutris´ãw] *sf* denutrizione.
des.nu.tri.do [deznutr´idu] *adj* denutrito, striminzito.
de.so.be.de.cer [dezobedes´er] *vt* disubbidire
de.so.be.di.ên.cia [dezobedi´ẽsjə] *sf* disubbidienza.
de.so.be.di.en.te [dezobedi´ẽti] *adj* **1** disubbidiente. **2** ribelle.
de.so.bri.ga.ção [dezobrigas´ãw] *sf* dispensa, disimpegno.
de.so.bri.gar [dezobrig´ar] *vt* **1** disobbligare, dispensare. *vpr* **2** disimpegnarsi, sgravarsi.
de.so.cu.pa.ção [dezokupas´ãw] *sf* disoccupazione.
de.so.cu.pa.do [dezokup´adu] *sm+adj* disoccupato, inoccupato.
de.so.cu.par [dezokup´ar] *vt* **1** disoccupare. **2** evacuare.
de.so.do.ran.te [dezodor´ãti] *sm+adj* deodorante.
de.so.la.ção [dezolas´ãw] *sf* **1** desolazione. **2** sconforto.
de.so.la.do [dezol´adu] *adj* **1** desolato. **2** arido, brullo. **3** *fig* doloroso.
de.so.lar [dezol´ar] *vt* desolare, devastare.
de.so.nes.ti.da.de [dezonestid´adi] *sf* disonestà, dissolutezza.
de.so.nes.to [dezon´ɛstu] *sm* briccone. • *adj* **1** disonesto, dissoluto. **2** *fig* marcio, sporco.
de.son.ra [dez´õr̄ə] *sf* disonore, infamia, vergogna.
de.son.ra.do [dezõr̄´adu] *adj* disonorato, improbo.
de.son.rar [dezõr̄´ar] *vt* **1** disonorare, infamare. **2** *fig* sporcare, profanare. *vpr* **3** disonorarsi, infamarsi. **4** *fig* macchiarsi.
de.sor.dem [dez´ɔrdẽj] *sf* **1** disordine. **2** confusione. **3** scompiglio, soqquadro, trambusto. **4** perturbazione. **5** caos, garbuglio. **6** sommossa, tafferuglio. **7** *gír* casino. **8** *fig* bordello. **9** pasticcio. **em desordem** sottosopra.
de.sor.de.na.do [dezorden´adu] *adj* **1** disordinato, confuso. **2** *fig* caotico.
de.sor.de.nar [dezorden´ar] *vt* **1** disordinare. **2** disorganizzare. **3** scompigliare, arruffare. **4** dissestare.
de.sor.ga.ni.za.ção [dezorganizas´ãw] *sf* **1** disorganizzazione. **2** *fig* marasma.
de.sor.ga.ni.zar [dezorganiz´ar] *vt* **1** disorganizzare. **2** disagiare, dissestare. **3** scompigliare, sconvolgere.
de.so.ri.en.ta.ção [dezorjẽtas´ãw] *sf* **1** disorientamento, sgomento. **2** *fig* smarrimento.
de.so.ri.en.tar [dezorjẽt´ar] *vt* **1** disorientare. **2** *fig* confondere.
de.sos.sar [dezos´ar] *vt* disossare.
des.pa.cha.do [despaʃ´adu] *adj* **1** spedito. **2** agile.
des.pa.char [despaʃ´ar] *vt* spedire, spiccare.
des.pa.cho [desp´aʃu] *sm* dispaccio.
des.pe.da.çar [despedas´ar] *vt* **1** spezzare, fare a pezzi. **2** rompere. **3** lacerare. **4** sbranare. *vpr* **5** spezzarsi. **6** lacerarsi. **7** fracassarsi.

D

des.pe.di.da [desped´idə] *sf* **1** addio. **2** congedo, commiato. **dar as despedidas** fare gli addii. **espetáculo de despedida** serata d'addio.
des.pe.dir [desped´ir] *vt* **1** licenziare, congedare, mettere alla porta, dimettere. *vpr* **2** congedarsi, accomiatarsi.
des.pei.to [desp´ejtu] *sm* **1** dispetto. **2** *fig* picca. **a despeito de** a) nonostante. b) benché. c) *fig* alla barba di. **a despeito disso** peraltro.
des.pei.to.so [despejt´ozu] *adj* dispettoso.
des.pe.jar [despeʒ´ar] *vt* **1** versare. **2** gettare.
des.pen.car [despẽk´ar] *vi* precipitarsi.
des.pe.nha.dei.ro [despeñad´ejru] *sm* precipizio, baratro, dirupo, burrone.
des.pe.nhar [despeñ´ar] *vt* precipitare.
des.pen.sa [desp´ẽsə] *sf* **1** dispensa. **2** conserva.
des.pen.te.ar [despẽte´ar] *vt* **1** spettinare, arruffare. *vpr* **2** spettinarsi.
des.per.ce.bi.do [desperseb´idu] *adj* non visto. **passar despercebido** sfuggire.
des.per.di.çar [desperdis´ar] *vt* **1** sprecare, scialacquare, sperperare. **2** *fig* gettare.
des.per.dí.cio [desperd´isju] *sm* spreco, scialacquo, sperpero, getto.
des.per.ta.dor [despertad´or] *sm* sveglia, orologio a sveglia.
des.per.tar [despert´ar] *sm* risveglio. • *vt* **1** svegliare, destare. **2** riscuotere. **3** *fig* stimolare, incitare. *vi* **4** svegliarsi, risvegliarsi, destarsi.
des.per.to [desp´ɛrtu] *adj* sveglio.
des.pe.sa [desp´ezə] *sf* **1** spesa, dispendio. **2** conto. **3** *Com* esito, uscita.
des.pi.do [desp´idu] *adj* **1** nudo, ignudo, spoglio. **2** *fig* scalzo.
des.pir [desp´ir] *vt* **1** spogliare, svestire, denudare. *vpr* **2** spogliarsi, svestirsi, denudarsi.
des.po.ja.do [despoʒ´adu] *adj* spoglio.
des.po.jar [despoʒ´ar] *vt* **1** spogliare. *vpr* **2** *fig* spogliarsi.
des.po.jo [desp´oʒu] *sm* **1** preda. **2** *Mil* bottino, trofeo. **3 despojos** *pl* spoglie, salma.
des.pon.tar [despõt´ar] *vi* spuntare, apparire, rompere.
des.po.sar [despoz´ar] *vt* sposare.
dés.po.ta [d´ɛspotə] *s* (também *fig*) despota, tiranno, autocrate.
des.pó.ti.co [desp´ɔtiku] *adj* dispotico.
des.po.tis.mo [despot´izmu] *sm* dispotismo, tirannia, assolutismo.
des.po.vo.a.do [despovo´adu] *adj* disabitato.
des.po.vo.ar [despovo´ar] *vt* **1** spopolare, disertare, rendere inabitato. *vpr* **2** spopolare.
des.pra.zer [despraz´er] *sm* dispiacere, disgusto, disturbo, rincrescimento. Veja nota em **spiacere**.
des.pre.ga.do [despreg´adu] *adj* scollato.
des.pren.der [desprẽd´er] *vt* **1** scollare. *vpr* **2** scollarsi.
des.pren.di.men.to [desprẽdim´ẽtu] *sm* disinteresse.
des.pre.o.cu.pa.ção [despreokupas´ãw] *sf* disinteresse.
des.pre.o.cu.pa.da.men.te [despreokupadam´ẽti] *adv* a cuor leggero.
des.pre.o.cu.pa.do [despreokup´adu] *adj* **1** senza preoccupazioni. **2** *fig* superficiale, scarico.
des.pre.pa.ra.do [despre'ar´adu] *adj* **1** disadatto, disacconcio. **2** greggio, grezzo. **estar despreparado** essere in erba.
des.pres.ti.gi.ar [desprestiʒi´ar] *vt* sfatare.
des.pre.zar [desprez´ar] *vt* **1** dispregiare, sprezzare, sdegnare, ridersi di. **2** *fig* posporre.
des.pre.zí.vel [desprez´ivew] *sm* **1** vile. **2** *fig* verme. • *adj dep* **1** miserabile, miserevole, vile, senza nome. **2** *fig* fetente. *Pl: desprezíveis.*
des.pre.zo [despr´ezu] *sm* dispregio, disprezzo, sprezzo, sdegno, disdegno.
des.pro.por.ci.o.nal [desproporsjon´aw] *adj* sproporzionato. *Pl: desproporcionais.*
des.pro.po.si.ta.do [despropozit´adu] *adj* **1** spropositato. **2** *fig* irragionevole.
des.pro.pó.si.to [desprop´ɔzitu] *sm* sproposito.
des.pro.te.gi.do [desproteʒ´idu] *adj* **1** indifeso. **2** *fig* scoperto.

des.pro.ver [desprov´er] *vt* sfornire.
des.pro.vi.do [desprov´idu] *adj* **1** sfornito, privo. **2** *Lit* orbo.
des.pu.do.ra.do [despudor´adu] *adj* **1** spudorato, sfrontato. **2** *fig* tosto.
des.qua.li.fi.car [deskwalifik´ar] *vt Esp* squalificare.
des.ra.ti.zar [dezr̄atiz´ar] *vt* deratizzare.
des.re.gra.do [dezr̄egr´adu] *adj* sregolato, scostumato.
des.re.gra.men.to [dezr̄egram´ẽtu] *sm* sregolatezza, scostumatezza.
des.re.gu.la.do [dezr̄egul´adu] *adj* sregolato.
des.res.pei.tar [dezr̄espejt´ar] *vt* disubbidire.
des.ta.ca.do [destak´adu] *adj* **1** staccato. **2** *fig* eminente.
des.ta.ca.men.to [destakam´ẽtu] *sm Mil* presidio.
des.ta.car [destak´ar] *vt* **1** staccare, distaccare, spiccare. *vpr* **2** staccarsi, distaccarsi, spiccarsi. **3** *fig* innalzarsi.
des.tam.par [destãp´ar] *vt* stappare, sturare. **destampar uma garrafa** aprire una bottiglia.
des.ta.par [destap´ar] *vt* **1** scoprire. **2** sturare.
des.ta.que [dest´aki] *sm* distacco, stacco.
des.te.mi.do [destem´idu] *adj* valoroso, arrischiato, gagliardo.
des.tem.pe.ran.ça [destẽper´ãsə] *sf* stravizio.
des.ter.ra.do [desteȓ´adu] *sm* fuoruscito.
des.ter.rar [desteȓ´ar] *vt* bandire, espatriare.
des.ter.ro [dest´eȓu] *sm* bando, confino.
des.ti.la.dor [destilad´or] *sm* distillatoio.
des.ti.lar [destil´ar] *vt* distillare, stillare, lambiccare.
des.ti.la.ri.a [destilar´iə] *sf* distilleria.
des.ti.na.ção [destinas´ãw] *sf* destinazione, destino.
des.ti.nar [destin´ar] *vt* **1** destinare. **2** assegnare. **3** *Com* stanziare.
des.ti.no [dest´inu] *sm* **1** destino. **2** fato, sorte. **3** direzione, arrivo. **4** *fig* stella.
des.ti.tu.ir [destitu´ir] *vt* **1** destituire. **2** deporre, spodestare. **3** detronizzare. **4** *fig* scalzare.
des.to.an.te [desto´ãti] *adj* **1** dissonante. **2** *fig* stridente.
des.to.ar [desto´ar] *vt* **1** discordare, dissonare. **2** *fig* stridere. *vi* **3** dissonare, stonare.
des.tra [d´estrə] *sf* destra, diritta.
des.tre.za [destr´ezə] *sf* destrezza, perizia, pratica, scioltezza.
des.trin.char [destrĩʃ´ar] *vt* trinciare.
des.tri.par [destrip´ar] *vt* sbudellare.
des.tro [d´estru] *adj* **1** destro. **2** pratico, sciolto. **3** diritto. **4** *fig* diplomatico.
des.tro.çar [destros´ar] *vt* schiantare, fiaccare, spezzare con violenza.
des.tro.ços [destr´ɔsus] *sm pl Aer, Náut* rottami di un naufragio.
des.tro.nar [destron´ar] *vt* detronizzare, spodestare, deporre.
des.tru.i.ção [destrwis´ãw] *sf* **1** distruzione. **2** rovina. **3** strazio. **4** vandalismo.
des.tru.i.dor [destruid´or] *sm* distruttore.
des.tru.ir [destru´ir] *vt* **1** distruggere. **2** rovinare. **3** *fig* fulminare. **4** decimare. **5** estinguere, annichilire. **6** estirpare. **7** demolire. **8** dissipare. **9** divorare. **10** fondere. *vpr* **11** distruggersi. **12** *fig* consumarsi, divorarsi.
des.tru.tí.vel [destrut´ivew] *adj* distruggibile. *Pl: destrutíveis*.
des.tru.ti.vo [destrut´ivu] *adj* distruttivo, rovinoso.
de.su.ma.ni.da.de [dezumanid´adi] *sf* **1** disumanità. **2** crudeltà.
de.su.ma.no [dezum´ʌnu] *sm fig* barbaro. • *adj* **1** disumano. **2** crudele, spietato. **3** brutale, atroce. **4** *fig* bestiale, barbaro.
de.su.ni.ão [dezuni´ãw] *sf* **1** disunione, disaccordo, discordia. **2** *fig* divisione. **3** disgregazione.
de.su.nir [dezun´ir] *vt* **1** disunire. **2** separare, sconnettere. **3** disgregare, dissociare. **4** *fig* dividere. *vpr* **5** disunirsi. **6** disgregarsi.
de.su.so [dez´uzu] *sm* disuso.
des.vai.rar [dezvajr´ar] *vi+vpr* delirare, farneticare.
des.va.lo.ri.zar [dezvaloriz´ar] *vt* svalutare, deprezzare.
des.van.ta.gem [dezvãt´aʒẽj] *sm* svantaggio.

D

des.va.ri.o [dezvar´iu] *sm* delirio.
des.ven.ci.lhar [dezvẽsiλ´ar] *vt* **1** sciogliere, slegare. *vpr* **2** disfarsi di. **3** *fig* buttare.
des.ven.dar [dezvẽd´ar] *vt* **1** sventare. **2** sciogliere (um mistério).
des.ven.tu.ra [dezvẽt´urə] *sf* **1** sventura. **2** sfortuna. **3** calamità, disgrazia, fatalità.
des.ven.tu.ra.do [dezvẽtur´adu] *adj* sventurato, sfortunato, infelice.
des.vi.ar [dezvi´ar] *vt* **1** deviare, disviare. **2** sviare, traviare. **3** alienare, distaccare. **4** stornare. *vi* **5** deviare, fuorviare, sviarsi. **6** traviare. *vpr* **7** fuorviare. **8** traviare. **9** digredire.
des.vin.cu.lar [dezvĩkul´ar] *vt* **1** disobbligare. **2** *Dir* svincolare. **3** *Lit* francare. *vpr* **4** emanciparsi.
des.vi.o [dezv´iu] *sm* **1** deviazione, disvio, diversione. **2** digressione. **3** *Autom* conversione. **4** *Náut* deriva (de navio). **desvio de ferrovia** scambio.
des.vir.gi.nar [dezvirʒin´ar] *vt* sverginare.
des.vir.tu.ar [dezvirtu´ar] *vt* **1** traviare. *vpr* **2** degenerare.
de.ta.lha.do [detaλ´adu] *adj* minuzioso.
de.ta.lhar [detaλ´ar] *vt* dettagliare.
de.ta.lhe [det´aλi] *sm* dettaglio, minutezza, minuzia. **prestar atenção aos mínimos detalhes** badare a tutte le virgole.
de.ten.ção [detẽs´ãw] *sf* **1** detenzione. **2** trattenimento. **3** arresto. **4** carcerazione. **5** ritegno.
de.ten.to [det´ẽtu] *sm* prigioniero.
de.ter [det´er] *vt* **1** detenere. **2** trattenere. **3** arrestare. **4** fermare. **5** ritenere. **6** *fig* agganciare, inchiodare. *vpr* **7** trattenersi. **8** fermarsi, rimanere.
de.ter.gen.te [deterʒ´ẽti] *sm+adj* detergente, detersivo.
de.te.ri.o.ra.ção [deterjoras´ãw] *sf* guasto.
de.te.ri.o.ra.do [deterjor´adu] *adj* **1** deteriorato. **2** *fig* marcio.
de.te.ri.o.rar [deterjor´ar] *vt* **1** deteriorare, guastare. *vpr* **2** deteriorarsi. **3** deperire. **4** alterarsi. **5** *fig* arrugginirsi.
de.ter.mi.na.ção [determinas´ãw] *sf* **1** determinazione. **2** decreto. **3** imposizione. **4** risolutezza.
de.ter.mi.na.do [determin´adu] *adj* **1** determinato. **2** dato. **3** fisso. **4** *fig* sicuro.
de.ter.mi.nan.te [determin´ãti] *adj* risolutivo.
de.ter.mi.nar [determin´ar] *vt* **1** determinare. **2** definire. **3** decretare. **4** designare. **5** fissare. **6** destinare. **7** assegnare. *vpr* **8** determinarsi.
de.tes.tar [detest´ar] *vt* **1** detestare, odiare, abominare, avversare. **2** *fig* rifuggire da.
de.tes.tá.vel [detest´avew] *adj* detestabile. *Pl: detestáveis.*
de.te.ti.ve [detet´ivi] *sm* poliziotto.
de.to.nar [deton´ar] *vt* detonare.
de.trás [detr´as] *adv* di dietro di. *detrás da porta* / di dietro della porta.
de.tri.men.to [detrim´ẽtu] *sm* detrimento, svantaggio. **em detrimento de** a scapito di.
de.tri.to [detr´itu] *sm* detrito.
de.tur.par [deturp´ar] *vt* **1** deturpare. **2** *fig* storpiare.
deus [d´ews] *sm* **1** dio, divinità. **2 Deus** *np* Dio, Iddio, il Creatore. **Deus ajuda a quem se ajuda** chi si aiuta, Dio l'aiuta. **Deus dá nozes a quem não tem dentes** Dio dà noci a chi non ha denti. **Deus dá o frio conforme o cobertor** Dio manda il freddo secondo i panni. **Deus nos livre!** Dio ci scampi! **Deus te ajude!** che Dio ti aiuti! **queira Deus!** magari! **quisera Deus que fosse assim!** magari fosse così! **valha-me Deus**! Dio mi aiuti!
deu.sa [d´ewzə] *sf* dea, diva.
de.va.gar [devag´ar] *adv* piano, adagio, tardi. **devagar se vai ao longe** piano piano si va lontano.
de.va.ga.ri.nho [devagar´iñu] *adv* pianino.
de.va.ne.ar [devane´ar] *vi* delirare, fantasticare, sragionare.
de.vas.si.dão [devasid´ãw] *sf* **1** libertinaggio, dissolutezza. **2** crapula, eccesso. **3** scostumatezza.
de.vas.so [dev´asu] *sm* libertino. *adj* **1** libertino, dissoluto. **2** scostumato.
de.vas.ta.ção [devastas´ãw] *sf* devastazione, guasto, desolazione, strage.
de.vas.tar [devast´ar] *vt* devastare, guastare, desolare, disertare.
de.ve.dor [deved´or] *sm Com* debitore.

de.ver [dev´er] *vt* dovere, avere da. • *sm* **1** dovere, dovuto. **2** bisogno. **3** compito. **4** obbligo, mansione. **5** responsabilità. **6** uffici. **7** *fig* debito. **8 deveres** *pl* competenze. **cumprir o seu dever** *fig* filar dritto, rigare.

de.vi.do [dev´idu] *adj* **1** dovuto. **2** debito. **3** condegno. **4** doveroso.

de.vo.ção [devos´ãw] *sf* devozione, rispetto, pietà.

de.vo.lu.ção [devolus´ãw] *sf* devoluzione, restituzione, ricambio, rimando.

de.vol.ver [devowv´er] *vt* restituire, ricambiare, rimandare.

de.vo.rar [devor´ar] *vt* **1** divorare. **2** inghiottire. **3** *pop* ingollare. **4** *irôn* macinare. **5** *fam* diluviare. **6** *fig* sgranare, spolverare. **7** guardare con bramosia. *vpr* **8** divorarsi. **9** *fig* struggersi dal desiderio.

de.vo.ta.do [devot´adu] *adj* votato.

de.vo.tar [devot´ar] *vt* **1** votare. *devotou a vida aos pobres* / votò la vita ai poveri. *vpr* **2** votarsi.

de.vo.to [dev´ɔtu] *sm* **1** *Rel* devoto. **2** *dep* bacchettone. • *adj* devoto, pio. **falso devoto** *fig* tartufo.

dez [d´ɛs] *num* dieci. **uns dez/umas dez** una diecina.

de.zem.bro [dez´ẽbru] *sm* dicembre.

de.ze.na [dez´enə] *sf* diecina.

de.ze.no.ve [dezen´ɔvi] *num* diciannove.

de.zes.seis [dezes´ejs] *num* sedici.

de.zes.se.te [dezes´ɛti] *num* diciassette.

de.zoi.to [dez´ojtu] *num* diciotto.

di.a [d´iə] *sm* **1** giorno. **2** giornata. **3** dì. **4** *Poét* sole. **5** *fig* luce. **bom dia!** buon giorno! **dia após dia** di giorno in giorno. **dia cansativo** giornata pesante. **Dia de Ano Novo** Capodanno. **Dia de finados** giorno dei morti. **Dia de Todos os Santos** *Rel* Ognissanti. **dia do nascimento** natale, natalizio. **dia do santo** *Rel* giorno onomastico. **Dia do Trabalho** Primo Maggio. **dia santo** festa. **dia sim, dia não** ogni due giorni. **dia útil** giorno feriale. **há alguns dias** l'altro ieri. **hoje em dia** in adesso. **no dia vinte e quatro** a dì ventiquattro. **nos dias de hoje** oggigiorno, oggidì, al giorno d'oggi, al dì d'oggi. **o primeiro dia** il primo. **que dia é hoje?** che giorno è oggi? **todos os dias** tutti i giorni, quotidianamente.

> Atenção para os usos de **giorno**, **giornata** e **dì**.
> **Giorno** significa "dia" nos seguintes sentidos: a) "oposto da noite" ou "espaço de tempo em que o Sol brilha no céu". b) "espaço de 24 horas, incluindo o período da noite".
> **Giornata** significa: a) "dia, considerando-se as condições do ar e do céu". *era um dia feio de inverno* / era una brutta giornata d'inverno. b) "dia de trabalho". c) "percurso de um dia". d) "pagamento de um dia".
> **Dì** é usado em algumas expressões, exemplificadas no corpo do verbete.

di.a.be.tes [diab´ɛtis] *s sing+pl Med* diabete. **diabetes sacarina/diabetes melita** diabete zuccherino, diabete mellito.

di.a.bo [di´abu] *sm* **1** diavolo, demonio. **2** satana. **diabos!** diavolo! diamine! **estar com o diabo no corpo** avere il diavolo addosso. **falou no diabo, aparece o rabo** *pop* quando si nomina il diavolo, se ne vede spuntare la coda. **mas que diabos você está fazendo?** ma che fai?

di.a.bó.li.co [diab´ɔliku] *adj* diabolico, satanico.

di.a.de.ma [djad´emə] *sf* diadema.

di.á.fa.no [di´afanu] *adj* diafano, traslucido, trasparente.

di.a.frag.ma [diafr´agmə] *sm Anat, Mec* diaframma.

di.ag.nos.ti.car [djagnostik´ar] *vt* **1** giudicare. **2** *Med* diagnosticare.

di.ag.nós.ti.co [djagn´ɔstiku] *sm Med* diagnosi.

di.a.go.nal [djagon´aw] *sf Geom* diagonale. • *adj* diagonale. *Pl: diagonais*.

di.a.gra.ma [djagr´ʌmə] *sm* **1** diagramma, grafico. **2** *fig* tavola, paradigma.

di.a.lé.ti.ca [djal´ɛtikə] *sf* dialettica.

di.a.le.to [dial´ɛtu] *sm* dialetto.

di.á.li.se [di´alizi] *sf Quím* dialisi.

di.a.lo.gar [djalog´ar] *vt* **1** dialogare. *vi* **2** dialogare, conversare.

di.á.lo.go [di´alogu] *sm* dialogo.

di.a.man.te [djam´ãti] *sm* **1** diamante. **2** brillante. **diamante falso** brillo.

di.â.me.tro [di´Λmetru] *sm* diametro.

di.an.te [di´ãti] *adv* davanti, dinanzi. **diante de** avanti, dinanzi a. **em diante** innanzi. *de hoje em diante* / d'oggi innanzi.

di.an.tei.ra [diãt´ejrə] *sf* **1** davanti. **2** *Mil* avanguardia. **3** *Esp* vantaggio.

di.a.pa.são [diapaz´ãw] *sm Mús* diapason.

di.á.ria [di´arjə] *sf* diaria, giornata, pagamento diario.

di.á.rio [di´arju] *sm* **1** diario. **2** giornale, quotidiano. **3** *fig* calendario. **4** agenda. • *adj* giornaliero, quotidiano. **diário de bordo** *Náut* giornale di bordo.

di.ar.rei.a [djar̄´ɛjə] *sf* **1** *Med* diarrea, scarica di ventre. **2** *pop* sciolta.

dic.ção [diks´ãw] *sf* dizione.

di.ci.o.ná.ri.o [disjon´ariu] *sm* **1** dizionario. **2** glossario, vocabolario. **dicionário de nomes próprios** lessico onomastico.

di.dá.ti.co [did´atiku] *adj* didattico.

di.é.re.se [di´ɛrezi] *sf Gram* dieresi.

di.e.ta [di´ɛtə] *sf Med* dieta, regime. **ficar de dieta** stare a dieta.

di.e.té.ti.co [djet´ɛtiku] *adj* dietetico.

di.fa.ma.ção [difamas´ãw] *sf* diffamazione, calunnia.

di.fa.ma.dor [difamad´or] *sm* mala lingua.

di.fa.mar [difam´ar] *vt* diffamare, calunniare, infamare, denigrare.

di.fe.ren.ça [difer´ẽsə] *sf* **1** differenza. **2** discrepanza, discordanza, stacco. **3** distinzione. **4** *Mat* differenza, resto.

di.fe.ren.ci.al [diferẽsi´aw] *sm Med* differenziale. • *adj* differenziale. **cálculo diferencial** *Mat* calcolo differenziale. *Pl: diferenciais.*

di.fe.ren.ci.ar [diferẽsi´ar] *vt* **1** differenziare. **2** discernere. **3** discriminare. **4** distinguere. **5** diversificare. *vpr* **6** differenziarsi.

di.fe.ren.te [difer´ẽti] *adj* **1** differente. **2** distinto, diverso, vario. **3** dissimile. **4** disuguale, ineguale. **5** altro. **6** *fig* lontano. **é bem diferente do que eu pensava** è tutt'altro da quello che credevo.

di.fe.rir [difer´ir] *vi* differire, variare.

di.fí.cil [dif´isiw] *adj* **1** difficile. **2** complesso. **3** difficoltoso. **4** faticoso. **5** arduo. **6** astruso. **7** *fig* scabroso. **8** duro. **9** alto (leitura). *Pl: difíceis.*

di.fi.cul.da.de [difikuwd´adi] *sf* **1** difficoltà. **2** imbarazzo, imbroglio. **3** guaio, problema. **4** *fig* asprezza, durezza. **5** nodo, blocco. **6** strettoia. **com dificuldade** a stento, appena, a malapena. **dificuldades econômicas** strettezze. **sem dificuldade** *fig* a piè pari.

di.fi.cul.tar [difikuwt´ar] *vt* **1** rendere difficile. **2** intrigare. **3** complicare.

di.fi.cul.to.so [difikuwt´ozu] *adj* difficoltoso.

di.fun.dir [difũd´ir] *vt* **1** diffondere. **2** propagare. **3** comunicare, propalare. **4** *fig* seminare, disseminare. *vpr* **5** propagarsi. **6** propalarsi. **7** estendersi. **8** *fig* spandersi, distendersi.

di.fu.são [difuz´ãw] *sf* **1** diffusione. **2** comunicazione. **3** circolazione.

di.ge.rir [diʒer´ir] *vt* digerire, smaltire.

di.ge.rí.vel [diger´ivew] *adj* digeribile, commestibile. *Pl: digeríveis.*

di.ges.tão [diʒest´ãw] *sf* digestione.

di.ges.ti.vo [diʒest´ivu] *adj* digestivo, digerente.

di.gi.tal [diʒit´aw] *adj* digitale, delle dita. *Pl: digitais.*

di.gi.tar [diʒit´ar] *vt* digitare.

dig.nar-se [dign´arsi] *vpr* degnarsi a.

dig.ni.da.de [dignid´adi] *sf* dignità, decoro, compostezza.

dig.no [d´ignu] *adj* **1** degno. **2** meritevole. **3** probo, onesto. **digno de nota** notabile. **digno de pena** miserabile. **julgar digno** degnare.

di.gres.são [digres´ãw] *sf* digressione.

di.la.ce.ran.te [dilaser´ãti] *adj* straziante (dor).

di.la.ce.rar [dilaser´ar] *vt* **1** lacerare, stracciare. **2** strappare. **3** schiantare. *vpr* **4** lacerarsi.

di.la.pi.dar [dilapid´ar] *vt* (também *fig*) dilapidare, consumare.

di.la.ta.ção [dilatas´ãw] *sf* dilatazione, allargamento.

di.la.tar [dilat´ar] *vt* **1** dilatare. **2** gonfiare. *vpr* **3** dilatarsi. **4** crescere.

di.le.ma [dil´emə] *sm* **1** dilemma. **2** *fig* bivio.

di.li.gên.cia [diliʒ´ẽsjə] *sf* **1** diligenza. **2** esattezza. **3** impegno. **4** zelo.

di.li.gen.te [diliʒ´ẽti] *adj* **1** diligente. **2** esatto. **3** zelante.

di.lu.i.ção [dilwis´ãw] *sf* diluzione, soluzione, allungamento di liquidi.

di.lu.ir [dilu´ir] *vt* diluire, allungare, sciogliere.

di.lú.vio [dil´uvju] *sm* diluvio. **o Dilúvio** *Rel* Diluvio Universale.

di.men.são [dimẽs´ãw] *sf* **1** dimensione. **2** estensione. **3** taglia.

di.mi.nu.i.ção [diminwis´ãw] *sf* **1** diminuzione. **2** calo. **3** riduzione. **4** scorciamento, ritrazione. **diminuição gradual** digradazione.

di.mi.nu.ir [diminu´ir] *vt* **1** diminuire. **2** abbassare. **3** ridurre, sminuire. **4** defalcare. **5** attenuare, attutire. **6** smorzare (luz). **7** accorciare, scorciare. *vi* **8** diminuire. **9** decrescere. **10** cadere, scendere (febre, temperatura). **11** accorciarsi, scorciarsi. **12** scemarsi, minorare. **13** *Com* diminuire, scendere (preços). **14** *fig* calare. **diminuir aos poucos** digradare.

di.mi.nu.ti.vo [diminut´ivu] *sm+adj Gram* diminutivo.

di.mi.nu.to [dimin´utu] *adj* minuto, ridotto, scemo.

di.na.mar.quês [dinamark´es] *sm+adj* danese.

di.nâ.mi.co [din´ʌmiku] *adj* **1** dinamico. **2** *fig* giovanile.

di.na.mi.te [dinam´iti] *sf* dinamite.

dí.na.mo [d´inamu] *sm* dinamo.

di.nas.ti.a [dinast´iə] *sf* **1** dinastia. **2** *fig* casa.

di.nhei.ro [diñ´ejru] *sm* **1** denaro, danaro. **2** moneta. **3** quattrini, soldi. **4** risorse. **5** *Com* valuta. **6** *fig* oro, argento. **dinheiro chama dinheiro** denari fanno denari. **pedir dinheiro a** *fig* frecciare. **ter dinheiro** avere i soldi. **tirar muito dinheiro** *fig* fare un salasso.

di.nos.sau.ro [dinos´awru] *sm* dinosauro.

di.o.ce.se [dios´ɛzi] *sf Rel* diocesi.

di.plo.ma [dipl´omə] *sf* **1** diploma. **2** patente, abilitazione. **diploma de doutor** laurea, diploma di laurea.

di.plo.ma.ci.a [diplomas´iə] *sf* **1** diplomazia. **2** *fig* tatto.

di.plo.mar [diplom´ar] *vt* **1** laureare, licenziare. *vpr* **2** laurearsi, addottorarsi.

di.plo.ma.ta [diplom´atə] *sm* diplomatico.

di.plo.má.ti.co [diplom´atiku] *adj* diplomatico.

di.que [d´iki] *sm* diga, argine, chiusa.

di.re.ção [dires´ãw] *sf* **1** direzione. **2** destino. **3** senso. **4** governo, comando. **5** *Cin, Teat* regia. **6** *Autom* volante, sterzo. **7** *fig* strada, binario. **8** timone, bussola. **ir na direção de** *fig* gravitare verso. **na direção de** verso, per, in direzione di.

di.rei.ta [dir´ejtə] *sf* **1** destra. **2** diritta, mano diritta. **3** *Esp* destro (golpe). **manter a direita** tenere la destra.

di.rei.to [dir´ejtu] *sm* **1** diritto, facoltà. **2** ritto (de tecido). **3** *Dir* diritto. **4** *Lit* gius. **5** *Esp* destro (golpe). **6** *fig* legge. • *adj* **1** diritto, dritto. **2** destro. **3** retto. **4** diretto. **direito autoral** diritto d'autore.

di.re.ta.men.te [dirɛtam´ẽti] *adv* dirittamente, diritto.

di.re.to [dir´ɛtu] *adj* **1** diretto. **2** sincero. **3** *fig* frontale. • *adv* diritto.

di.re.tor [diret´or] *sm* **1** direttore. **2** *Cin, Teat* regista. **3** *fig* amministratore, guida.

di.re.to.ra [diret´or´ə] *sf* **1** direttrice. **2** *Cin, Teat* regista.

di.re.to.ri.a [diretor´iə] *sf* **1** direzione. **2** i direttori.

di.re.triz [diretr´is] *sf Geom* direttrice.

di.ri.gen.te [diriʒ´ẽti] *s* **1** direttore. **2** direttrice.

di.ri.gir [diriʒ´ir] *vt* **1** dirigere. **2** governare, amministrare. **3** comandare, presiedere. **4** condurre, guidare. **5** incamminare, indirizzare. **6** manovrare. **7** rivolgere. *vpr* **8** dirigersi. **9** andare, recarsi a. **10** rivolgersi a. **11** incamminarsi, indirizzarsi a. **dirigir a palavra a** rivolgere la parola a.

dis.ca.gem [disk´aʒẽj] *sf* na expressão **discagem direta à distância** teleselezione.

dis.cer.ni.men.to [disernim´ẽtu] *sm* **1** discernimento. **2** criterio, giudizio. **3** discrezione, tatto. Veja nota em **cervello**.

dis.cer.nir [disern´ir] *vt* discernere, distinguere.
dis.ci.pli.na [disipl´inə] *sf* **1** disciplina. **2** controllo. **3** materia. **4** *fig* scienza.
dis.ci.pli.na.do [disiplin´adu] *adj* diligente.
dis.cí.pu.lo [dis´ipulu] *sm* **1** discepolo. **2** allievo, scolaro, alunno. **3** compagno.
dis.co [d´isku] *sm* **1** (também *Esp, Inform*) disco. **2** *Mús* disco fonografico. **disco voador** disco volante.
dis.cor.dân.cia [diskord´ãsjə] *sf* **1** discordanza, discordia. **2** *fig* disarmonia.
dis.cor.dan.te [diskord´ãti] *adj* **1** discorde, dissonante. **2** *fig* stridente.
dis.cor.dar [diskord´ar] *vt* **1** discordare da. **2** dissentire da, opporsi a. **3** contraddire. *vi* **4** discordare, differire. **5** *fig* scontrarsi.
dis.cór.dia [disk´ɔrdjə] *sf* **1** discordia. **2** dissenso. **3** contesa. **4** *fig* zizzania.
dis.cor.rer [diskoȓ´er] *vi* discorrere, dissertare.
dis.cre.pân.cia [diskrep´ãsjə] *sf* **1** discrepanza. **2** discordanza. **3** *fig* urto.
dis.cre.pan.te [diskrep´ãti] *adj* discorde.
dis.cre.ta.men.te [diskrεtam´ẽti] *adv* discretamente, all'agevole.
dis.cre.to [diskr´εtu] *adj* **1** discreto. **2** pudico. **3** *fig* riservato.
dis.cri.ção [diskris´ãw] *sf* **1** discrezione. **2** riservatezza, riserbo, pudore. **3** attillatezza.
dis.cri.mi.nar [diskrimin´ar] *vt* discriminare.
dis.cur.sar [diskurs´ar] *vi* far un discorso.
dis.cur.so [disk´ursu] *sm* **1** discorso, conferenza. **2** parlata, parlare. **3** *Lit* orazione. **fazer um discurso afetado** confettare un discorso.
dis.cus.são [diskus´ãw] *sf* **1** discussione. **2** controversia, disputa. **3** dibattito. **4** discorso, ragionamento. **5** alterco, battibecco. **discussão acalorada** diverbio. **discussão inútil** questione di lana caprina.
dis.cu.tir [diskut´ir] *vt* **1** discutere. **2** dibattere. **3** dissertare, ragionare. **4** *fig* trattare. *vi* **5** litigare, altercare. **6** argomentare. **7** disputare, polemizzare. **8** discorrere di. **9** *fig* scontrarsi. **discutir por uma ninharia** cavillare. **discutir uma proposta** ventilare una proposta.
dis.cu.tí.vel [diskut´ivew] *adj* discutibile, controverso. *Pl: discutíveis.*
di.sen.te.ri.a [dizẽter´iə] *sf* **1** *Med* dissenteria. **2** *pop* sciolta.
dis.far.ça.do [disfars´adu] *adj* **1** truccato. **2** travestito.
dis.far.çar [disfars´ar] *vt* **1** truccare. **2** travestire. **3** dissimulare, camuffare. **4** *Lit* palliare. *vpr* **5** truccarsi. **6** travestirsi.
dis.far.ce [disf´arsi] *sm* **1** trucco. **2** *fig* maschera. **3** cortina, copertura.
dis.for.me [disf´ɔrmi] *adj* **1** deforme. **2** sformato, storpio. **3** malfatto, mostruoso.
dis.fun.ção [disfũs´ãw] *sf* **1** *Med* disfunzione, disturbo. **2** *fig* disfunzione.
dís.par [d´ispar] *adj* dispari, impari.
dis.pa.ra.da [dispar´adə] *sf* guizzo.
dis.pa.rar [dispar´ar] *vt* **1** sparare, tirare. **2** scoccare. *vi* **3** tirare. **4** scoccare. **5** martellare (o coração).
dis.pa.ra.ta.do [disparat´adu] *adj* incoerente.
dis.pa.ra.te [dispar´ati] *sm* sproposito, controsenso, nonsenso. **dizer disparates** dirle grosse.
dis.pa.ro [disp´aru] *sm* **1** sparo, tiro. **2** fuoco.
dis.pên.dio [disp´ẽdju] *sm* dispendio, spesa.
dis.pen.di.o.so [dispẽdi´ozu] *adj* dispendioso, caro.
dis.pen.sa [disp´ẽsə] *sf* **1** dispensa. **2** credenza, dispensa per alimenti. **3** *Mil* licenza.
dis.pen.sar [dispẽs´ar] *vt* **1** dispensare. **2** congedare. **3** esonerare. **4** esentare. **5** giubilare. **6** mandare a spasso. **7** *Mil* licenziare, disarmare.
dis.pen.sá.vel [dispẽs´avew] *adj* dispensabile, superfluo.
dis.per.são [dispers´ãw] *sf* **1** dispersione. **2** distrazione. **3** *Mil* sbaraglio (de un exército).
dis.per.sar [dispers´ar] *vt* **1** disperdere. **2** sparpagliare. **3** fare piazza pulita. **4** *Mil* sbaragliare, sbandare (um exército). *vpr* **5** disperdersi. **6** sparpagliarsi.
dis.per.so [disp´εrsu] *adj* **1** disperso. **2** sparso.

dis.po.ní.vel [dispon´ivew] *adj* disponibile. *Pl: disponíveis.*
dis.por [disp´or] *vt* **1** disporre. **2** organizzare, ordinare. **3** distribuire. *vpr* **4** disporsi a.
dis.po.si.ção [dispozis´ãw] *sf* **1** disposizione. **2** assetto, organizzazione. **3** decreto, ordinanza. **4** voglia, volontà. **5** vocazione, vena. **disposição testamentária** *Dir* ultima volontà. **ter à disposição** disporre di, tenere a mano.
dis.po.si.ti.vo [dispozit´ivu] *sm* **1** *Mec* dispositivo, apparecchio, apparato, congegno. **2** *Dir* dispositivo legale. **3** *fig* arnese.
dis.pos.to [disp´ostu] *adj* **1** disposto. **2** intento. **3** benevolo.
dis.pu.ta [disp´utə] *sf* **1** disputa. **2** lotta. **3** gara, incontro, certame. **4** discussione, battibecco, controversia. **5** *fig* combattimento.
dis.pu.tar [disput´ar] *vt* **1** disputare, concorrere a. *vi* **2** disputare, competere, gareggiare, essere in gara. **3** disputarsi, litigare.
dis.que.te [disk´ɛti] *sm dim Inform* dischetto.
dis.se.car [disek´ar] *vt Med* dissecare.
dis.se.mi.nar [disemin´ar] *vt* **1** disseminare, sparpagliare. *vpr* **2** sparpagliarsi.
dis.ser.ta.ção [disertas´ãw] *sf* dissertazione, saggio, tesi.
dis.ser.tar [disert´ar] *vt* dissertare, discorrere.
dis.si.dên.cia [disid´ẽsjə] *sf* dissidenza.
dis.si.den.te [disid´ẽti] *s* **1** *Pol* dissidente, ribelle. **2** *fig* settario. • *adj* dissidente.
dis.si.mu.la.ção [disimulas´ãw] *sf* dissimulazione, finta.
dis.si.mu.lar [disimul´ar] *vt* **1** dissimulare, fingere. **2** *fig* ammantare, adombrare.
dis.si.par [disip´ar] *vt* **1** dissipare, consumare. *vpr* **2** dissiparsi, svanire.
dis.so.ci.ar [disosi´ar] *vt* dissociare.
dis.so.lu.ção [disolus´ãw] *sf* **1** dissoluzione, scioglimento. **2** dissolutezza, corruzione morale. **3** *Dir, Quím* risoluzione.
dis.so.lu.to [disol´utu] *adj* dissoluto.
dis.sol.ven.te [disowv´ẽti] *sm+adj* dissolvente, solvente.
dis.sol.ver [disowv´er] *vt* **1** dissolvere, sciogliere. **2** risolvere. **3** *Med* fondere *vpr* **4** dissolversi, sciogliersi. **5** dissiparsi. **6** risolversi.
dis.so.nân.cia [dison´ãsjə] *sf* (também *Mús*) dissonanza, disarmonia, disaccordo.
dis.so.nan.te [dison´ãti] *adj* dissonante.
dis.so.nar [dison´ar] *vi* dissonare.
dis.su.a.dir [diswad´ir] *vt* dissuadere.
dis.tân.cia [dist´ãsjə] *sf* **1** distanza. **2** intervallo. **3** lontananza. **4** tratto.
dis.tan.ci.a.men.to [distãsjam´ẽtu] *sf* separazione, assenza.
dis.tan.ci.ar [distãsi´ar] *vt* **1** distanziare. **2** allontanare. **3** astrarre. *vpr* **4** allontanarsi, partirsi. **5** astrarsi. **6** *fig* deviare. **7** divagare.
dis.tan.te [dist´ãti] *adj* **1** distante, lontano, remoto, discosto. **2** sfumato (som). • *adv* distante, lontano.
dis.tar [dist´ar] *vi* distare.
dis.ten.der [distẽd´er] *vt* **1** distendere. **2** stendere, sciorinare. **3** sporgere.
dis.tin.ção [distĩs´ãw] *sf* **1** distinzione. **2** finezza, raffinatezza.
dis.tin.guir [distĩg´ir] *vt* **1** distinguere. **2** discernere, differenziare. **3** riconoscere, ravvisare. **4** discriminare. **5** scorgere. *vpr* **6** distinguersi. **7** *fig* brillare, emergere.
dis.tin.ti.vo [distĩt´ivu] *sm* distintivo, divisa, contrassegno. • *adj* distintivo.
dis.tin.to [dist´ĩtu] *adj* **1** distinto. **2** differente. **3** chiaro. **4** *fig* elegante.
dis.tor.ção [distors´ãw] *sf Fís* distorsione.
dis.tor.cer [distors´er] *vt* storcere.
dis.tor.ci.do [distors´idu] *adj* **1** storto. **2** malinteso.
dis.tra.ção [distras´ãw] *sf* **1** distrazione. **2** divertimento, svago, trastullo.
dis.tra.í.do [distra´idu] *adj* distratto, sbadato.
dis.tra.ir [distra´ir] *vt* **1** distrarre. **2** divertire, svagare. *vpr* **3** distrarsi. **4** divertirsi, svagarsi. **5** astrarsi.
dis.tri.bu.i.ção [distribwis´ãw] *sf* **1** distribuzione. **2** dispensa, consegna. **3** *Mec* distribuzione.
dis.tri.bu.i.dor [distribwid´or] *sm* distributore.
dis.tri.bu.ir [distribu´ir] *vt* **1** distribuire. **2** dispensare, consegnare. **3** dividere, ripartire, spartire.

D

dis.tri.to [distr´itu] *sm* distretto, rione. **distrito policial** stazione di polizia. Veja nota em **distretto**.

dis.túr.bio [dist´urbju] *sm* **1** disturbo. **2** dispiacere, incomodo. **3** scompiglio. **4** *Med* disturbo, acciacco. **5 distúrbios** *pl* torbidi, tumulti. **distúrbio estomacal** sovversione.

di.ta.dor [ditad´or] *sm* dittatore, tiranno.

di.ta.du.ra [ditad´urə] *sf* dittatura, tirannia, assolutismo.

di.tar [dit´ar] *vt* **1** dettare. **2** *fig* imporre.

di.to [d´itu] *sm* **1** detto. **2** parola. **3** sentenza. • *adj* detto.

di.ton.go [dit´õgu] *sm Gram* dittongo.

di.u.ré.ti.co [djur´ɛtiku] *sm+adj Med* diuretico.

di.ur.no [di´urnu] *adj* diurno, giornaliero.

di.u.tur.no [djut´urnu] *adj* diuturno.

di.vã [div´ã] *sm* divano, sofà.

di.va.ga.ção [divagas´ãw] *sf* **1** digressione. **2** *fig* preambolo, volo.

di.va.gar [divag´ar] *vi* **1** divagare. **2** arzigogolare. **3** andarsene a ragionamenti. **4** *Lit* vagare. **5** *fig* spaziare.

di.ver.gên.cia [diverʒ´ẽsjə] *sf* **1** divergenza. **2** discordia, disaccordo. **3** diversione. **4** briga, lite. **5** *fig* discrepanza, differenza. **6** disarmonia, discordanza. **7** urto.

di.ver.gen.te [diverʒ´ẽti] *adj* divergente, discorde, dissidente.

di.ver.gir [diverʒ´ir] *vi* **1** divergere. **2** discordare, dissentire. **3** litigare. **4** *fig* dissonare.

di.ver.são [divers´ãw] *sf* divertimento, spasso, trattenimento, giuoco.

di.ver.si.da.de [diversid´adi] *sf* **1** diversità. **2** differenza. **3** discordanza.

di.ver.si.fi.car [diversifik´ar] *vt* diversificare, differenziare.

di.ver.so [div´ɛrsu] *adj* **1** diverso. **2** differente, distinto, vario. **3** *fig* lontano. **4** **diversos** *pl* diversi, vari.

di.ver.ti.do [divert´idu] *adj* divertente, dilettoso, giocoso, spiritoso, scherzoso.

di.ver.ti.men.to [divertim´ẽtu] *sm* **1** divertimento. **2** diletto, distrazione, ricreazione, svago. **3** giuoco, trastullo. **4** *hobby*. **5** *fig* balocco.

di.ver.tir [divert´ir] *vt* **1** divertire. **2** dilettare, ricreare, intrattenere. *vpr* **3** divertirsi. **4** dilettarsi, spassarsi, svagarsi. **5** gingillarsi. **6** *fig* baloccarsi. **divertir-se às custas de** prendersi spasso di.

dí.vi.da [d´ividə] *sf* **1** dovuto, impegno. **2** *Com* debito. **3** *fig* dovere. **contrair dívidas** *pop* piantare chiodi. **dívida pública** debito pubblico. **pagar/saldar uma dívida** estinguere un debito.

di.vi.den.do [divid´ẽdu] *sm* **1** *Mat* dividendo. **2** *Com* dividendo, premio.

di.vi.dir [divid´ir] *vt* **1** dividere. **2** ripartire, partire, spartire. **3** separare, disunire. **4** sezionare. **5** compartire, scompartire. **6** disarticolare. *vpr* **7** dividersi. **8** spartirsi. **9** aprirsi.

di.vin.da.de [divĩd´adi] *sf* divinità, deità.

di.vi.ni.zar [diviniz´ar] *vt* divinizzare, deificare.

di.vi.no [div´inu] *adj* **1** divino. **2** soprannaturale. **3** santo. **4** celestiale, celeste. Veja nota em **santo**.

di.vi.sa [div´izə] *sf* **1** divisa, assisa. **2** *Com* divisa, valuta.

di.vi.são [diviz´ãw] *sf* **1** divisione. **2** ripartizione. **3** distribuzione. **4** selezione. **5** scissione. **6** sezione. **7** compartimento. **8** riparto. **9** casella. **10** fazione. **11** *Mat, Mil* divisione.

di.vi.sor [diviz´or] *sm+adj* divisore. **máximo divisor comum** massimo comune divisore.

di.vi.só.ria [diviz´ɔrjə] *sf* tramezzo, tavolato, assito.

di.vor.ci.ar [divorsi´ar] *vt* **1** divorziare, far divorzio da. *vpr* **2** divorziarsi.

di.vór.cio [div´ɔrsju] *sm* divorzio.

di.vul.ga.ção [divuwgas´ãw] *sf* divulgazione.

di.vul.ga.dor [divuwgad´or] *sm* **1** divulgatore. **2** *fig* portabandiera, predicatore.

di.vul.gar [divuwg´ar] *vt* **1** divulgare. **2** annunciare. **3** pubblicare. **4** comunicare. **5** volgarizzare. **6** diffondere. **7** predicare. **8** *fig* seminare. *vpr* **9** divulgarsi, spargersi.

di.zer [diz´er] *vt* **1** dire. **2** parlare. **3** articolare. **4** *fig* fiatare. **digo o que penso** dico la mia. **dizer impropérios para**

alguém vomitare improperi contro qualcuno. **dizer palavrões/obscenidades** parlare grasso. **dizer uma coisa e fazer outra** accennar coppe e dar denari. **dizer umas verdades a alguém** servire uno di barba e parrucca. **diz-se que** corre voce che.

di.zi.mar [dizim´ar] *vt Mil, fig* decimare.

dí.zi.mo [d´izimu] *sm* decima.

dó [d´ɔ] *sm* **1** pena. **2** *Mús* do, prima nota musicale. **dar dó** fare pena.

do.a.ção [doas´ãw] *sf* **1** donazione, oblazione, offerta. **2** donativo.

do.a.dor [doad´or] *sm* donatore. **doador de sangue** donatore di sangue.

do.ar [do´ar] *vt* donare, dare.

do.bra [d´ɔbrə] *sf* **1** piega. **2** rivolta.

do.bra.di.ça [dobrad´isə] *sf* ganghero, cerniera.

do.bra.di.nha [dobrad´iñə] *sf dim* busecchia.

do.bra.do [dobr´adu] *adj* **1** piegato. **2** doppio, duplo, duplicato. **3** *Lit* gemino.

do.brão [dobr´ãw] *sm* doppione (moeda).

do.brar [dobr´ar] *vt* **1** doppiare, duplicare, raddoppiare. **2** piegare, ripiegare. **3** curvare. **4** rimboccare. **5** *Arquit, Bot* geminare. **6** *Náut* doppiare (uma ilha, um cabo). *vi* **7** raddoppiarsi. **8** rintoccare. *vpr* **9** ripiegarsi. **10** curvarsi.

do.bre [d´ɔbri] *sm* doppio, rintocco.

do.bro [d´obru] *sm+num* doppio.

do.ce [d´osi] *sm* **1** dolce, confetto. **2 doces** *pl* pasticceria, paste. • *adj* **1** dolce. **2** *fig* soave, blando, mansueto. **3** lusinghiero. **ficar doce** addolcirsi, indolcirsi.

do.cei.ro [dos´ejru] *sm* pasticciere, dolciere.

do.cen.te [dos´ẽti] *sm* docente. • *adj* docente, insegnante. **corpo docente** corpo docente.

do.ce.ri.a [doser´iə] *sf* pasticceria.

dó.cil [d´ɔsiw] *adj* **1** docile. **2** ubbidiente. **3** *fig* facile, flessibile. *Pl: dóceis.*

do.ci.li.da.de [dosilid´adi] *sf* docilità, ubbidienza.

do.ci.nho [dos´iñu] *sm dim* pasticcino, candito, caramella.

do.cu.men.ta.ção [dokumẽtas´ãw] *sf* **1** documentazione. **2** pratica.

Pratica refere-se ao "conjunto de documentos para um determinado negócio etc.".

do.cu.men.tá.rio [dokumẽt´arju] *sm Cin* documentario.

do.cu.men.to [dokum´ẽtu] *sm* **1** documento. **2** certificato. **3** *fig* foglio. **4** scritto. **documento pessoal** carta. **validar um documento** abbonare un documento.

do.çu.ra [dos´urə] *sf* **1** dolcezza. **2** *fig* zucchero.

do.en.ça [do´ẽsə] *sf* **1** malattia, male, infermità. **2** *Med* morbo. **3** *fig* malanno. **doença contagiosa** malattia contagiosa. **doença crônica** malattia cronica. **doença infecciosa** malattia infettiva.

do.en.te [do´ẽti] *sm+adj* malato, ammalato, infermo. **estar doente** essere infermo, giacere. **ficar doente/cair doente** ammalarsi, infermarsi. **meio doente** malaticcio, infermiccio, ammalaticcio.

do.en.ti.nho [doẽt´iñu] *adj fam* ammalaticcio, infermiccio.

do.en.ti.o [doẽt´iu] *adj* **1** cagionevole. **2** *fig* insano, anormale.

do.er [do´er] *vi* dolere.

dog.ma [d´ɔgmə] *sm Rel, fig* dogma.

dog.má.ti.co [dogm´atiku] *adj* dogmatico.

doi.do [d´ojdu] *sm* matto, pazzo. • *adj* **1** matto. **2** *fig* astrale. **3** balordo (tempo). **doido varrido** pazzo da legare.

do.í.do [do´idu] *adj* dolente.

dois [d´ojs] *num* due. **os dois/todos os dois** ambidue.

dó.lar [d´ɔlar] *sm* dollaro.

do.lo [d´olu] *sm Dir* dolo.

do.lo.ri.do [dolor´idu] *adj* doloroso, dolente.

do.lo.ro.so [dolor´ozu] *adj* **1** doloroso. **2** penoso. **3** straziante. **4** tragico. **5** *fig* amaro. **6** duro.

do.lo.so [dol´ozu] *adj Dir* doloso.

dom [d´õw] *sm* dono, dote (qualidade).

do.ma.dor [domad´or] *sm* addomesticatore.

do.mar [dom´ar] *vt* **1** domare. **2** addomesticare.

do.mes.ti.ca.do [domestik´adu] *adj* **1** addomesticato. **2** mansueto.

do.mes.ti.car [domestik´ar] *vt* addomesticare, domare, ammansare.

do.més.ti.co [dom´ɛstiku] *adj* **1** domestico. **2** casalingo.

do.mi.cí.lio [domis´ilju] *sm* domicilio, dimora, residenza, recapito, abitazione.

do.mi.na.ção [dominas´ãw] *sf* **1** dominazione, dominio. **2** *fig* giogo, signoria, ferri.

do.mi.na.dor [dominad´or] *sm fig* tiranno. • *adj* **1** prepotente. **2** *fig* possessivo.

do.mi.nar [domin´ar] *vt* **1** dominare. **2** padroneggiare, signoreggiare. **3** soggiogare, vincere. **4** superare. **5** possedere. **6** contenere. **7** *fig* controllare. **8** domare. **9** piegare. **10** regnare. **11** reprimere. **12** campeggiare. *vpr* **13** dominarsi, contenersi, governarsi.

do.min.go [dom´ĩgu] *sm* domenica. **Domingo de Ramos** Domenica delle Palme.

do.mí.nio [dom´inju] *sm* **1** dominio. **2** dominazione. **3** possesso. **4** possedimento. **5** balia. **6** comando. **7** padronanza. **8** *fig* regno. **9** egemonia. **10** controllo, autorità. **de domínio público** di pubblico dominio.

do.mi.nó [domin´ɔ] *sm* domino.

do.mo [d´omu] *sm Arquit* duomo.

do.na [d´onə] *sf* **1** padrona. **2** donna (título de nobreza). **3** *fig* signora.

do.na.ti.vo [donat´ivu] *sm* donativo, elemosina. **fazer um donativo** fare un'elemosina.

do.ni.nha [don´iñə] *sf Zool* donnola, puzzola.

do.no [d´onu] *sm* **1** padrone, proprietario. **2** *fig* signore. • *adj* proprietario. **dono de bar** bettoliere. **sem dono** randagio (animal).

don.ze.la [dõz´ɛlə] *sf* **1** donzella, vergine. **2** *Hist* donzella.

dor [d´or] *sf* **1** dolore. **2** doglia. **3** dispiacere. **4** patimento. **5** pena. **6** *fig* male. **7** piaga, spasimo. **8** strazio. **9** stretta. **dor de** mal di. **dor de barriga** mal di ventre. **dor de cabeça** a) mal di testa. b) *fam* grattacapo. c) *fig* chiodo. **dor de estômago** bruciore di stomaco. **dor de garganta** mal di gola. **dor do parto** *Med* doglia. **dor forte** *irôn* macina.

dor.men.te [dorm´ẽti] *adj* **1** torpido. **2** *fig* addormentato.

dor.mi.nho.co [dormiñ´oku] *sm* dormiglione.

dor.mir [dorm´ir] *vi* dormire. **dormir de olhos abertos** dormire con gli occhi aperti. **dormir sobre os louros da vitória** *fig* addormentarsi sugli allori.

dor.mi.tar [dormit´ar] *vi* dormicchiare.

dor.mi.tó.rio [dormit´ɔrju] *sm* dormitorio, camera da letto. **dormitório coletivo** camerata.

dor.sal [dors´aw] *adj* dorsale, del dorso. *Pl: dorsais.*

dor.so [d´orsu] *sm* **1** *Anat* dorso, schiena, spalle. **2** *irôn* groppa. **3** *Zool* dorso, groppa, schiena di animale. **4** *Geogr* dorso (de montanha). Veja notas em **dosso** e **dorso** (italiano).

do.sar [doz´ar] *vt* dosare.

do.se [d´ɔzi] *sf* dose. **dose de droga** *gír* pera.

dos.si.ê [dosi´e] *sm* **1** carteggio. **2** *fig* plico.

do.tar [dot´ar] *vt* dotare.

do.te [d´ɔti] *sm* dote. **constituir dote** dotare.

dou.rar [dowr´ar] *vt* dorare, indorare. **dourar a pílula** *fig* indorare la pillola.

dou.to [d´owtu] *adj* dotto, erudito.

dou.tor [dowt´or] *sm* **1** dottore. **2** medico. **3** *fig* professore.

dou.to.ra [dowt´orə] *sf* **1** dottoressa. **2** medichessa. **3** *fig* professoressa.

dou.to.ra.do [dowtor´adu] *sm* dottorato.

dou.to.rar [dowtor´ar] *vt* **1** addottorare. *vpr* **2** addottorarsi.

dou.tri.na [dowtr´inə] *sf* **1** dottrina. **2** cognizioni. **3** pensiero, sistema. **4** credo, credenza.

dou.tri.nar [dowtrin´ar] *vt* **1** addottrinare, ammaestrare. **2** *fig* catechizzare.

do.ze [d´ozi] *sm+num* dodici.

dra.ga [dr´agə] *sf* draga.

dra.gão [drag´ãw] *sm Zool, Mit* dragone, drago.

dra.gar [drag´ar] *vt* dragare.

dra.ma [dr´Ʌmə] *sm* **1** *Teat* dramma. **2** *irôn* tragedia.

dra.ma.lhão [dramaʎ´ãw] *sm dep* drammone.

dra.má.ti.co [dram´atiku] *adj* **1** drammatico, tragico. **2** *fig* biblico.
dra.ma.ti.zar [dramatiz´ar] *vt Teat* sceneggiare.
drás.ti.co [dr´astiku] *adj* **1** drastico. **2** *fig* radicale.
dre.na.gem [dren´aʒẽj] *sf* drenaggio.
dre.no [dr´enu] *sm Med* tubo di drenaggio.
dri.blar [dribl´ar] *vt Esp* palleggiare.
dri.ble [dr´ibli] *sm Esp* finta.
drin.que [dr´ĩki] *sm* bevanda.
dro.ga [dr´ɔgə] *sf* **1** droga, narcotico, stupefacente. **2 drogas** *pl Med* spezie.
dro.gar [drog´ar] *vt* **1** drogare, narcotizzare. *vpr* **2** drogarsi.
drui.da [dr´ujdə] *sm* druida.
du.as [d´uas] *num* (*f* de **dois**) due. **as duas/ todas as duas** ambedue.
dú.bio [d´ubju] *adj* dubbio, ambiguo.
du.bla.gem [dubl´aʒẽj] *sf Cin* doppiaggio.
du.blar [dubl´ar] *vt Cin* doppiare.
du.ca.do [duk´adu] *sm* ducato.
du.cha [d´uʃə] *sf* doccia. **uma ducha de água fria** *fig* una doccia fredda, notizia spiacevole.
duc.to [d´uktu] *sm Anat* dotto.
due.lar [dwel´ar] *vi* duellare, battersi in duello, sfidarsi.
du.e.lo [du´ɛlu] *sm* duello, armeggiamento, cimento, sfida, partita d'onore.
du.e.to [du´etu] *sm* (também *Mús*) duetto, duo. *Sin: duo*.
du.na [d´unə] *sf* duna.
du.o [d´uu] *sm V dueto.*
du.o.de.no [dwod´enu] *sm Anat* duodeno.
du.pla [d´uplə] *sf* coppia.
du.pli.ca.ção [duplikas´ãw] *sf* raddoppio.
du.pli.ca.do [duplik´adu] *adj* **1** duplicato, doppio. **2** *Lit* gemino.
du.pli.car [duplik´ar] *vt* **1** duplicare. **2** doppiare. **3** riprodurre. **4** *Arquit, Bot* geminare.
du.pli.ca.ta [duplik´atə] *sf* **1** duplicato. **2** copia, riproduzione. **3** doppio. **4** doppione. **5** *Com* duplicato.
dú.pli.ce [d´uplisi] *num* duplice.
du.plo [d´uplu] *sm+num* doppio. • *adj* **1** duplo, doppio. **2** *fig* bilaterale.
du.que [d´uki] *sm* duca.
du.que.sa [duk´ezə] *sf* duchessa.
du.ra.ção [duras´ãw] *sf* **1** durata. **2** età.
du.ra.dou.ro [durad´owru] *adj* **1** duraturo. **2** permanente, stabile. **3** continuato.
du.ran.te [dur´ãti] *prep* durante, per. Veja nota em **per**.
du.rão [dur´ãw] *sm aum fig* macigno.
du.rar [dur´ar] *vi* **1** durare. **2** continuare.
du.rá.vel [dur´avew] *adj* **1** durevole. **2** permanente. *Pl: duráveis.*
du.re.za [dur´ezə] *sf* **1** durezza. **2** rigore, severità. **3** *pop* strettezze. **4** *fig* solidità. **5** asprezza, acerbità. **6** crudezza. **7** tenacia.
du.ro [d´uru] *sm* duro. • *adj* **1** duro. **2** solido. **3** *pop* asciutto (sem dinheiro). **4** *fig* rigido, rigoroso. **5** brusco, secco. **6** tosto. **7** acerbo. **8** tenace. • *adv* duro, duramente. **estar duro** a) essere al verde. b) *pop* essere a corto.
dú.vi.da [d´uvidə] *sf* **1** dubbio. **2** incertezza. **3** scrupolo, riserva. **4** paura, sospetto. **5** *fam* se. **colocar em dúvida** porre in dubbio. **estar em dúvida** stare tra due acque, essere tra il sì ed il no. **pôr em dúvida** mettere in dubbio. **sem dúvida** senza dubbio, senz'altro, sicuro.
du.vi.dar [duvid´ar] *vt* **1** dubitare di, porre in dubbio. **2** temere. **3** contestare. *vi* **4** dubitare.
du.vi.do.so [duvid´ozu] *adj* **1** dubbioso. **2** dubbio, sospetto. **3** incerto, indeciso. **4** improbabile. **5** *fig* losco, obliquo, bieco.
du.zen.tos [duz´ẽtus] *num* duecento.
dú.zia [d´uzjə] *sf dozzina.*

e[1] [´e] *sm* **1** la quinta lettera dell'alfabeto portoghese. **2** e, il nome della lettera E.

e[2] [´i] *conj* e, ed. Veja nota em **e** (italiano).

é.ba.no [´ɛbanu] *sm* ebano.

é.brio [´ɛbrju] *adj* ebbro, brillo.

e.bu.li.ção [ebulis´ãw] *sf* ebollizione.

e.bu.lir [ebul´ir] *vi* bollire, fervere.

e.cle.si.ás.ti.co [eklezi´astiku] *sm* ecclesiastico. • *adj* ecclesiastico, clericale.

e.clip.sar [eklips´ar] *vt Astron* **1** eclissare. *vpr* **2** eclissarsi.

e.clip.se [ekl´ipsi] *sm* eclissi.

e.clu.sa [ekl´uzə] *sf* chiusa, conca.

e.co [´ɛku] *sm* **1** eco. **2** ripercussione. Veja nota em **ẹco** (italiano).

e.co.ar [eko´ar] *vi* **1** echeggiare. **2** risuonare, ripercuotere. **3** ripercuotersi.

e.co.lo.gi.a [ekoloʒ´iə] *sf* ecologia.

e.co.no.mi.a [ekonom´iə] *sf* **1** economia. **2** risparmio. **3** parsimonia. **4 economias** *pl* risparmi.

e.co.nô.mi.co [ekon´omiku] *adj* economico.

e.co.no.mi.zar [ekonomiz´ar] *vt* **1** economizzare. **2** lesinare, risparmiare. **3** capitalizzare. **4** conservare, mettere da parte. **5** *fig* accumulare.

e.cu.mê.ni.co [ekum´eniku] *adj Rel* ecumenico.

e.de.ma [ed´emə] *sm Med* edema.

É.den [´ɛdẽj] *sm Rel* Eden, Paradiso Terrestre.

e.di.ção [edis´ãw] *sf* **1** edizione. **2** stampa, impressione.

e.di.fi.ca.ção [edifikas´ãw] *sf* edificazione.

e.di.fi.car [edifik´ar] *vt* edificare, costruire, erigere, fabbricare.

e.di.fí.cio [edif´isju] *sm* **1** edificio. **2** palazzo.

e.di.tal [edit´aw] *sm* affisso, pubblicazione. *Pl: editais.*

e.di.tar [edit´ar] *vt* pubblicare, riprodurre. *texto editado por* / testo a cura di.

é.di.to [´ɛditu] *sm* editto, bando.

e.di.tor [edit´or] *sm* editore.

e.di.to.ra [edit´orə] *sf* **1** casa editrice. **2** editrice (pessoa).

e.dre.dom [edred´õ] *sm* piumino.

e.du.ca.ção [edukas´ãw] *sf* **1** educazione. **2** istruzione, allevamento. **3** cortesia, civiltà, creanza. **4** *fig* finezza, correttezza. **educação física** educazione fisica, ginnastica. **falta de educação** sgarbatezza.

e.du.ca.do [eduk´adu] *adj* **1** educato. **2** colto. **3** cortese, civile, urbano. **4** *fig* corretto, pulito.

e.du.car [eduk´ar] *vt* **1** educare. **2** allevare. **3** civilizzare. **4** *Lit* nutrire. **5** *fig* formare. **6** coltivare, raffinare.

e.fe [´ɛfi] *sm* effe, il nome della lettera F.

e.fei.to [ef´ejtu] *sm* **1** effetto. **2** conseguenza, risultato. **3** successo. **4** *fig* riflesso. **de efeito** *fig* di effetto. **sentir o efeito de** risentirsi di. **ter efeito** riuscire.

e.fê.me.ro [ef´emeru] *adj* **1** effimero, fugace. **2** *fig* caduco.

e.fe.mi.nar [efemin´ar] *vt* effeminare.

e.fer.ves.cen.te [eferves´ẽti] *adj* effervescente.

e.fe.ti.va.men.te [efetivam´ẽti] *adv* effettivamente, in effetto.

e.fe.ti.vo [efet´ivu] *sm Mil* effettivo, numero di soldati. • *adj* **1** effettivo. **2** concreto. **3** positivo. **4** *fig* materiale.

e.fe.tua.ção [efetwas´ãw] *sf* effettuazione, compimento.

e.fe.tu.ar [efetu´ar] *vt* effettuare, realizzare, recare ad effetto.
e.fi.cá.cia [efik´asjə] *sf* **1** efficacia. **2** potenza.
e.fi.caz [efik´as] *adj* **1** efficace. **2** potente, forte. **3** valido.
e.fi.ci.ên.cia [efisi´ẽsjə] *sf* **1** efficienza. **2** potenza. **3** validità.
e.fi.ci.en.te [efisi´ẽti] *adj* **1** efficiente. **2** funzionale. **3** effettivo. **4** attivo. **5** potente.
e.gíp.cio [eʒ´ipsju] *sm+adj* egiziano.

Egiziano se refere apenas ao Egito Moderno.

e.go [´ɛgu] *sm* io. Veja nota em **io**.
e.go.cên.tri.co [egos´ẽtriku] *adj* egocentrico.
e.go.ís.mo [ego´izmu] *sm* egoismo.
e.go.ís.ta [ego´istə] *s+adj* **1** egoista. **2** *fig* avaro.
e.gré.gio [egr´ɛʒju] *adj* egregio, eminente.
é.gua [´ɛgwə] *sf* cavalla.
eh [´e] *interj* eh! Veja nota em **eh** (italiano).
ei [´ej] *interj* ehi! Veja nota em **ehi**.
ei.a [´ejə] *interj* eia!
eis [´ejs] *interj* ecco!
ei.xo [´ejʃu] *sm* **1** *Mec* asse, perno, bilico. **2** *Autom* assale, asse. **3** *fig* centro, parte principale. **eixo terrestre** *Geogr* asse.
e.ja.cu.la.ção [eʒakulas´ãw] *sf* eiaculazione.
e.ja.cu.lar [eʒakul´ar] *vi* **1** eiaculare. **2** *fig* venire.
e.la [´ɛlə] *pron f sing* **1** ella. **2** essa. **3** lei. **4** colei. **5 elas** *pl* a) loro. b) esse. **a ela** le. **a elas** loro. **ela mesma** lei stessa. Veja notas em **essa**, **lei** (italiano), **ella** e **loro**.
e.la.bo.rar [elabor´ar] *vt* **1** elaborare. **2** *fig* cesellare.
e.lás.ti.co [el´astiku] *sm* elastico. • *adj* **1** elastico. **2** versatile.
e.le[1] [´ɛli] *sm* elle, il nome della lettera L.
e.le[2] [´eli] *pron m sing* **1** egli. **2** esso. **3** lui. **4** colui. **5 eles** *pl* a) loro. b) essi. c) coloro. **a ele** gli. **a eles** loro. **ele mesmo** lui stesso. Veja notas em **colui**, **egli**, **esso**, **loro** e **lui**.
e.léc.tron [el´ɛktrõw] *sm Fís, Quím* elettrone.
e.le.fan.te [elef´ãti] *sm Zool* elefante.
e.le.fan.ta [elef´ãtə] *sf Zool* elefantessa.
e.le.gân.cia [eleg´ãsjə] *sf* **1** eleganza. **2** distinzione, ricercatezza, squisitezza. **3** attillatezza. **4** garbo, grazia. **5** *fig* finezza.
e.le.gan.te [eleg´ãti] *adj* **1** elegante. **2** distinto, ricercato, squisito. **3** attillato. **4** grazioso. Veja nota em **squisito**.
e.le.ger [eleʒ´er] *vt* **1** eleggere. **2** scegliere. **3** acclamare. **4** *fig* votare.
e.lei.ção [elejs´ãw] *sf* **1** elezione. **2** scelta.
e.lei.to [el´ejtu] *sm Rel* eletto (ao Paraíso). • *adj* eletto.
e.lei.tor [elejt´or] *sm* elettore.
e.le.men.tar [elemẽt´ar] *adj* **1** elementare. **2** rudimentale. **3** *fig* semplice.
e.le.men.to [elem´ẽtu] *sm* **1** elemento. **2** *dep* individuo. **3** *Quím* elemento chimico.
e.le.tri.ci.da.de [eletrisid´adi] *sf* elettricità.
e.lé.tri.co [el´ɛtriku] *adj* elettrico.
e.le.tri.fi.car [eletrifik´ar] *vt* elettrizzare.
e.le.tri.zar [eletriz´ar] *vt* **1** *Fís* elettrizzare. **2** *fig* entusiasmare.
e.le.tro.car.di.o.gra.ma [elɛtrokardjogr´ʌmə] *sm Med* elettrocardiogramma.
e.le.tro.cu.tar [eletrokut´ar] *vt Elet* fulminare, folgorare.
e.le.tro.do [eletr´odu] *sm Fís, Quím* elettrodo.
e.le.tro.do.més.ti.co [elɛtrodom´ɛstiku] *sm* elettrodomestico.
e.le.trô.ni.ca [eletr´onikə] *sf* elettronica.
e.le.trô.ni.co [eletr´oniku] *adj* elettronico.
e.le.va.ção [elevas´ãw] *sf* **1** elevazione. **2** alzata. **3** ascesa. **4** rialzo. **5** altura, rilievo, gobba. **elevação do terreno** rialto.
e.le.va.do [elev´adu] *adj* **1** elevato. **2** grande, notevole, eminente. **3** augusto, alto. **4** *fam* favoloso.
e.le.va.dor [elevad´or] *sm* ascensore.
e.le.var [elev´ar] *vt* **1** elevare, alzare, innalzare. **2** costruire, erigere. *vpr* **3** elevarsi. **4** innalzarsi. **5** ascendere.
e.li.mi.na.ção [eliminas´ãw] *sf* **1** eliminazione. **2** soppressione.
e.li.mi.nar [elimin´ar] *vt* **1** eliminare. **2** scartare. **3** annullare, cancellare. **4** rimuovere. **5** smaltire. **6** annichilire. **7** *fig* cassare. **8** liquidare.
e.lip.se [el´ipsi] *sf* **1** *Geom* ellisse. **2** *Gram* ellissi, ommissione.
e.líp.ti.co [el´iptiku] *adj* ellittico.
e.li.te [el´iti] *sf* **1** eletta. **2** *fig* scelta.
e.li.xir [eliʃ´ir] *sm* elisire. **elixir da longa**

E

vida elisir di lunga vita. **elixir do amor** filtro.

el.mo [´ɛwmu] *sm* elmo.

e.lo.gi.ar [eloʒi´ar] *vt* **1** elogiare. **2** lodare, complimentare. **3** esaltare. **4** *fig* applaudire. **5** elevare.

e.lo.gi.o [eloʒ´iu] *sm* **1** elogio. **2** lode, complimento. **3** apologia. **trocar elogios** *fig* incensarsi.

e.lo.quên.cia [elok´wẽsjə] *sf* eloquenza, retorica.

e.lo.quen.te [elok´wẽti] *adj* eloquente.

e.lu.ci.dar [elusid´ar] *vt* elucidare.

em [´ẽj] *prep* **1** in. **2** a. *estou em Milão* / sono a Milano. **3** dentro, dentro di, dentro a. Veja notas em **in** e **per**.

e.ma [´emə] *sf Zool* nandù.

e.ma.ci.ar [emasi´ar] *vt* emaciare.

e.ma.gre.cer [emagres´er] *vt* **1** snellire. *vi* **2** dimagrire, snellirsi. **3** *fam* allungare il muso. **4** *fig* risecchire.

e.ma.nar [eman´ar] *vt* emanare, esalare, spirare.

e.man.ci.par [emãsip´ar] *vt* **1** emancipare. *vpr* **2** emanciparsi.

e.ma.ra.nha.do [emarañ´adu] *sm* groviglio, inviluppo.

e.ma.ra.nhar [emarañ´ar] *vt* **1** aggrovigliare, scapigliare. *vpr* **2** aggrovigliarsi.

em.ba.ça.do [ẽbas´adu] *adj* fosco.

em.bai.xa.da [ẽbajʃ´adə] *sf* ambasciata.

em.bai.xa.dor [ẽbajʃad´or] *sm* **1** ambasciatore. **2** legato. **3** emissario. **4** *fig* araldo.

em.bai.xo [ẽb´ajʃu] *adv* giù, sotto, disotto. **embaixo de** sotto.

em.ba.la.gem [ẽbal´aʒẽj] *sf* imballaggio, confezione.

em.ba.lar [ẽbal´ar] *vt* **1** imballare, confezionare, condizionare. **2** cullare (bebê).

em.ba.lo [ẽb´alu] *sm* dondolo.

em.bal.sa.mar [ẽbawsam´ar] *vt* imbalsamare.

em.ba.ra.çar [ẽbaras´ar] *vt* **1** imbarazzare. *vpr* **2** imbarazzarsi.

em.ba.ra.ço [ẽbar´asu] *sm* imbarazzo.

em.ba.ra.ço.so [ẽbaras´ozu] *adj* delicato.

em.ba.ra.lhar [ẽbaraʎ´ar] *vt* **1** accozzare, mescolare. **2** scozzare. Veja nota em **scozzare**.

em.bar.ca.ção [ẽbarkas´ãw] *sf* imbarcazione, bastimento, barca.

em.bar.ca.dou.ro [ẽbarkad´owru] *sm Náut* imbarcatoio, imbarco, pontile.

em.bar.car [ẽbark´ar] *vt* **1** imbarcare. *vi* **2** imbarcare, imbarcarsi.

em.bar.gar [ẽbarg´ar] *vt Dir* sequestrare.

em.bar.go [ẽb´argu] *sm Dir* sequestro, embargo.

em.bar.que [ẽb´arki] *sm* imbarco, imbarcazione.

em.ba.sar [ẽbaz´ar] *vt Arquit* imbasare.

em.be.be.dar [ẽbebed´ar] *vt* **1** ubriacare, alcolizzare. *vpr* **2** ubriacarsi, sborniarsi, prendere una sbornia.

em.be.ber [ẽbeb´er] *vt* **1** imbevere, bagnare, inzuppare, impregnare. *vpr* **2** imbeversi.

em.be.le.zar [ẽbelez´ar] *vt* **1** abbellire, adornare. **2** *fig* guarnire, arricchire. *vpr* **3** abbellirsi, adornarsi. **4** *fig* stuccarsi.

em.ble.ma [ẽbl´emə] *sm* **1** emblema, insegna, divisa, distintivo. **2** *fig* gonfalone.

em.bo.ca.du.ra [ẽbokad´urə] *sf* bocca.

em.bo.car [ẽbok´ar] *vt* abboccare.

êm.bo.lo [´ẽbolu] *sm* **1** *Med* embolo, coagulo sanguigno. **2** *Mec* pistone.

em.bo.ne.car [ẽbonek´ar] *vt* **1** adornare. *vpr* **2** *pop* affettarsi.

em.bo.ra [ẽb´ɔrə] *adv* via. • *conj* sebbene, benché, contuttoché, nonostante che.

em.bor.car [ẽbork´ar] *vt* rimboccare.

em.bos.ca.da [ẽbosk´adə] *sf* **1** imboscata. **2** agguato, appostamento. **3** tranello.

em.bos.car [ẽbosk´ar] *vt* appostare, aspettare al varco.

em.bo.tar [ẽbot´ar] *vt* **1** spuntare. *vpr* **2** spuntarsi.

em.bran.que.cer [ẽbrãkes´er] *vt* **1** imbiancare. *vi* **2** imbiancarsi.

em.bre.a.gem [ẽbre´aʒẽj] *sf Autom* frizione.

em.bre.nhar [ẽbreñ´ar] *vt* **1** nascondere in un bosco. *vpr* **2** inselvarsi.

em.bri.a.ga.do [ẽbrjag´adu] *adj* ubriaco, avvinazzato, ebbro.

em.bri.a.gar [ẽbrjag´ar] *vt* **1** ubriacare, alcolizzare. *vpr* **2** ubriacarsi.

em.bri.a.guez [ẽbrjag´es] *sf* **1** ubriachezza, ebbrezza. **2** *fam* cotta.

em.bri.ão [ẽbri´ãw] *sm Med, Zool* embrione, feto.
em.bri.o.ná.rio [ẽbrjon´arju] *adj* embrionale.
em.bro.mar [ẽbrom´ar] *vt gír* bidonare.
em.bru.lha.da [ẽbruλ´adə] *sf* **1** *pop* imbroglio. **2** *fig* inviluppo, matassa.
em.bru.lhão [ẽbruλ´ãw] *sm* imbroglione, ciarlatano.
em.bru.lhar [ẽbruλ´ar] *vt* **1** avvolgere, imballare, incartare, confezionare. **2** nauseare. **3** *pop* avviluppare. **4** *fig* imbrogliare, ingannare.
em.bru.lho [ẽbr´uλu] *sm* involto, cartoccio, pacchetto, inviluppo.
em.bru.te.cer [ẽbrutes´er] *vt, vi+vpr* abbruttire.
em.bus.te [ẽb´usti] *sm* **1** inganno, imbroglio, raggiro. **2** *gír* bidonata. **3** *fig* amo.
em.bus.tei.ro [ẽbust´ejru] *sm* imbroglione, impostore.
em.bu.tir [ẽbut´ir] *vt* incrostare.
e.me [´emi] *sm* emme, il nome della lettera M.
e.men.da [em´ẽdə] *sf* **1** emenda. **2** correzione.
e.men.dar [emẽd´ar] *vt* **1** emendare, correggere, rimediare. *vpr* **2** emendarsi, ravvedersi.
e.mer.gên.cia [emerʒ´ẽsjə] *sf* emergenza.
e.mer.gir [emerʒ´ir] *vi* emergere.
e.mer.são [emers´ãw] *sf* emergenza.
e.mi.gra.ção [emigras´ãw] *sf* **1** emigrazione. **2** *fig* esodo.
e.mi.grar [emigr´ar] *vi* emigrare.
e.mi.nên.cia [emin´ẽsjə] *sf* **1** eminenza. **2** **Eminência** Eminenza.
e.mi.nen.te [emin´ẽti] *adj* eminente, insigne, esimio.
e.mis.são [emis´ãw] *sf* emissione.

Emissione é usado em todos os sentidos do português, incluindo "emissão de moeda ou de ações".

e.mis.sá.rio [emis´arju] *sm* emissario.
e.mis.sor [emis´or] *adj* emittente.
e.mis.so.ra [emis´orə] *sf* emittente. **emissora de televisão** stazione TV.
e.mi.ten.te [emit´ẽti] *adj* emittente.
e.mi.tir [emit´ir] *vt* **1** emettere. **2** rilasciare (documento). **emitir moeda** emettere moneta, coniare moneta.
e.mo.ção [emos´ãw] *sf* **1** emozione. **2** *fig* batticuore, sensazione.
e.mo.ci.o.na.do [emosjon´adu] *adj* **1** commosso. **2** *fig* rotto.
e.mo.ci.o.nar [emosjon´ar] *vt* **1** emozionare. **2** *fig* scuotere, rimescolare.
e.mol.du.rar [emowdur´ar] *vt* corniciare, incorniciare, inquadrare.
e.mo.lu.men.to [emolum´ẽtu] *sm* **1** emolumento. **2** onorario. **3** guadagno.
e.mo.ti.vi.da.de [emotivid´adi] *sf* emotività, sensibilità.
e.mo.ti.vo [emot´ivu] *adj* emotivo, sensibile, sentimentale.
em.pa.co.ta.gem [ẽpakot´aʒẽj] *sf* imballaggio.
em.pa.co.tar [ẽpakot´ar] *vt* appacchettare, imballare, incartare, confezionare.
em.pa.da [ẽp´adə] *sf* pasticcio (de carne, peixe).
em.pa.dão [ẽpad´ãw] *sm aum* timballo.
em.pa.lar [ẽpal´ar] *vt* impalare.
em.pa.lhar [ẽpaλ´ar] *vt* impagliare.
em.pa.li.de.cer [ẽpalides´er] *vi* **1** impallidire. **2** sfumare. **3** scolorire.
em.pa.nar [ẽpan´ar] *vt* **1** abbuiare. **2** infoscare.
em.pan.tur.ra.do [ẽpãtur̄´adu] *adj* **1** rimpinzato, sazio. **2** *fig* pieno come un otre.
em.pan.tur.rar [ẽpãtur̄´ar] *vt* **1** rimpinzare, saziare. *vpr* **2** rimpinzarsi, saziarsi.
em.pa.pe.lar [ẽpapel´ar] *vt* incartare.
em.pa.re.lhar [ẽpareλ´ar] *vt* **1** pareggiare. **2** appaiare, accoppiare. *vpr* **3** pareggiarsi.
em.pas.tar [ẽpast´ar] *vt* intridere.
em.pa.tar [ẽpat´ar] *vt+vi Esp* impattare, fare patta.
em.pa.te [ẽp´ati] *sm Esp* patta, pareggio.
em.pe.ci.lho [ẽpes´iλu] *sm* **1** impedimento, ostacolo. **2** *fig* peso morto.
em.pe.der.nir [ẽpedern´ir] *vt* impietrire, petrificare.
em.pe.drar [ẽpedr´ar] *vt* **1** pavimentare con pietre. *vi* **2** impietrirsi.
em.pe.nhar [ẽpeñ´ar] *vt* **1** impegnare. *vpr* **2** adoperarsi per, sforzarsi di, studiarsi.
em.pe.nho [ẽp´eñu] *sm* **1** impegno. **2** *fig* applicazione, battaglia.

E

em.pes.tar [ẽpest´ar] *vt* **1** impestare. **2** *fig* avvelenare, ammorbare.
em.pi.lhar [ẽpiλ´ar] *vt* accatastare, addossare.
em.pi.nar [ẽpin´ar] *vt* **1** elevare. *vpr* **2** inalberarsi, impennarsi (cavalo).
em.pí.ri.co [ẽp´iriku] *adj* empirico.
em.plas.tar [ẽplast´ar] *vt V emplastrar.*
em.plas.to [ẽpl´astu] *sm V emplastro.*
em.plas.trar [ẽplastr´ar] *vt Med* impiastrare. *Var: emplastar.*
em.plas.tro [ẽpl´astru] *sm Med* impiastro, ansaplasto, cataplasma. *Var: emplasto.*
em.plu.mar [ẽplum´ar] *vt* impiumare.
em.po.ar [ẽpo´ar] *vt* spolverare.
em.po.bre.cer [ẽpobres´er] *vt* **1** impoverire, immiserire. *vi+vpr* **2** impoverire, impoverirsi, immiserirsi.
em.po.çar [ẽpos´ar] *vt* appozzare.
em.po.ei.rar [ẽpoejr´ar] *vt* **1** impolverare. *vpr* **2** impolverarsi.
em.po.la.do [ẽpol´adu] *adj* ampolloso.
em.por.ca.lhar [ẽporkaλ´ar] *vt* **1** sporcare, imbrattare. *vpr* **2** sporcarsi, imbrattarsi.
em.pó.rio [ẽp´ɔrju] *sm* emporio.
em.pos.sar [ẽpos´ar] *vt* **1** investire, installare, insediare di. **2** *Dir* immettere.
em.pre.en.de.dor [ẽpreẽded´or] *sm* imprenditore, impresario. • *adj* intraprendente. **espírito empreendedor** spirito intraprendente.
em.pre.en.der [ẽpreẽd´er] *vt* intraprendere, imprendere.
em.pre.en.di.men.to [ẽpreẽdim´ẽtu] *sm* intrapresa, impresa.
em.pre.ga.da [ẽpreg´adə] *sf* donna di servizio, domestica.
em.pre.ga.do [ẽpreg´adu] *sm* **1** impiegato, servitore. **2** domestico. **3** *fig* garzone. **empregado temporário** provvisorio, avventizio, straordinario.
em.pre.ga.dor [ẽpregad´or] *sm* datore di lavoro.
em.pre.gar [ẽpreg´ar] *vt* **1** impiegare. **2** ingaggiare (trabalhador). **3** spendere, consumare. **4** adoperare, usare. **5** *Com* impiegare, rigirare (dinheiro). **6** *fig* applicare. *vpr* **7** impiegarsi.
em.pre.go [ẽpr´egu] *sm* **1** impiego. **2** ufficio, servizio, attività. **3** uso, adozione. **4** *fig* posto. **ter um bom emprego** occupare un buon posto.
em.prei.ta.da [ẽprejt´adə] *sf* appalto, impresa.
em.prei.tei.ro [ẽprejt´ejru] *sm* appaltatore, impresario.
em.pre.nhar [ẽpreñ´ar] *vt* **1** impregnare. *vpr* **2** impregnarsi.
em.pre.sa [ẽpr´ezə] *sf* **1** impresa. **2** azienda, ditta, compagnia. **3** bottega, casa di commercio. **4** intrapresa.
em.pre.sá.rio [ẽprez´arju] *sm* impresario.
em.pres.tar [ẽprest´ar] *vt* prestare.
em.prés.ti.mo [ẽpr´ɛstimu] *sm* prestito, mutuo. **fazer empréstimo** prendere a mutuo.
em.pu.nhar [ẽpuñ´ar] *vt* impugnare, stringere.
em.pur.rão [ẽpur̃´ãw] *sm* spinta, impulso.
em.pur.rar [ẽpur̃´ar] *vt* **1** spingere, sospingere. **2** *Lit* impellere.
e.mu.de.cer [emudes´er] *vt* **1** (também *fig*) ammutolire. *vi* **2** zittirsi.
e.na.mo.ra.do [enamor´adu] *adj* **1** innamorato. **2** *fig* cotto.
e.na.mo.rar [enamor´ar] *vt* **1** innamorare, appassionare. *vpr* **2** invogliarsi di.
en.ca.de.a.men.to [ẽkadeam´ẽtu] *sm* catena.
en.ca.de.ar [ẽkade´ar] *vt* **1** concatenare. *vpr* **2** incatenarsi.
en.ca.der.na.ção [ẽkadernas´ãw] *sf* rilegatura, legatura.
en.ca.der.nar [ẽkadern´ar] *vt* rilegare, legare. **encadernar com** rilegare in.
en.cai.xar [ẽkajʃ´ar] *vt* **1** incassare. **2** imboccare in (peças). **3** combaciare, coincidere. *vpr* **4** imboccarsi. **5** combaciarsi.
en.cai.xe [ẽk´ajʃi] *sm* **1** commessura. **2** imbocco, sede (de uma peça).
en.cai.xo.tar [ẽkajʃot´ar] *vt* incassare.
en.cal.ço [ẽk´awsu] *sm* incalzo. **estar no encalço de** a) essere sulle piste di. b) *fig* stare alle calcagna di. **ir no encalço de** andare in traccia di. **sair no encalço de** incalzare.
en.ca.lhar [ẽkaλ´ar] *vi Náut* incagliare, arenare, arenarsi, dare in secco.
en.ca.mi.nha.men.to [ẽkamiñam´ẽtu] *sm* indirizzo.

en.ca.mi.nhar [ẽkamiñ´ar] *vt* **1** incamminare, indirizzare. **2** orientare. **3** *Com* inoltrare. **4** *fig* avviare, incanalare. *vpr* **5** incamminarsi, inviarsi, andare.
en.ca.na.dor [ẽkanad´or] *sm pop* fontaniere.
en.ca.nar [ẽkan´ar] *vt* incanalare.
en.can.ta.dor [ẽkãtad´or] *adj* **1** maliardo, adorabile. **2** *fig* dolce. **3** magico. **4** suggestivo.
en.can.ta.men.to [ẽkãtam´ẽtu] *sm* **1** incantesimo. **2** malia, sortilegio.
en.can.tar [ẽkãt´ar] *vt* **1** incantare. **2** affascinare. **3** ammaliare. **4** conquistare. **5** appassionare, innamorare. **6** *fig* magnetizzare. *vpr* **7** incantarsi.
en.can.to [ẽk´ãtu] *sm* **1** incanto, incantesimo. **2** *fig* prestigio. **3** magia, suggestione. **quebrar o encanto** rompere l'incantesimo.
en.ca.po.tar [ẽkapot´ar] *vt* **1** incappottare. *vpr* **2** incappottarsi.
en.ca.pu.zar [ẽkapuz´ar] *vt* **1** incappucciare. *vpr* **2** incappucciarsi.
en.ca.ra.co.la.do [ẽkarakol´adu] *adj* riccio.
en.ca.ra.co.lar [ẽkarakol´ar] *vt* **1** arricciare, arricciolare, increspare. *vpr* **2** arricciarsi.
en.car.ce.ra.do [ẽkarser´adu] *sm+adj* carcerato, recluso.
en.car.ce.rar [ẽkarser´ar] *vt* incarcerare, imprigionare.
en.car.di.do [ẽkard´idu] *adj fam* roccioso.
en.ca.re.cer [ẽkares´er] *vt+vi* rincarare.
en.car.go [ẽk´argu] *sm* **1** incarico. **2** incombenza, commissione. **3** compito, mandato. **4** onere. **5** *Com* gravame, soma. **6** *fig* carico, nomina. Veja nota em **comissão**.
en.car.na.ção [ẽkarnas´ãw] *sf Rel* incarnazione.
en.car.nar [ẽkarn´ar] *vt* **1** *Rel* incarnare. *vpr* **2** *Rel* incarnarsi.
en.car.qui.lhar [ẽkarkiλ´ar] *vt+vi* raggrinzire.
en.car.re.ga.do [ẽkar̄eg´adu] *sm* incaricato, delegato, responsabile. • *adj* incaricato, delegato. **ser encarregado de** avere addosso.
en.car.re.gar [ẽkar̄eg´ar] *vt* **1** incaricare, delegare, addossare, assegnare, attribuire. *vpr* **2** incaricarsi di, addossarsi, assumere, assumersi.
en.ca.va.do [ẽkav´adu] *adj* incavato.
en.ca.va.lar [ẽkaval´ar] *vt* incavalcare.
en.ca.var [ẽkav´ar] *vt* incavare.
en.ce.fa.li.te [ẽsefal´iti] *sf Med* encefalite.
en.cé.fa.lo [ẽs´ɛfalu] *sm Anat* encefalo.
en.ce.na.ção [ẽsenas´ãw] *sf Teat* messinscena.
en.ce.nar [ẽsen´ar] *vt Teat* inscenare, sceneggiare, mettere in scena.
en.ce.ra.dei.ra [ẽserad´ejrə] *sf* lucidatrice.
en.ce.rar [ẽser´ar] *vt* incerare, lucidare, patinare.
en.cer.ra.men.to [ẽser̄am´ẽtu] *sm* **1** chiusa. **2** finale, fine. **3** conclusione.
en.cer.rar [ẽser̄´ar] *vt* **1** finire. **2** *fig* liquidare (um negócio).
en.char.ca.do [ẽʃark´adu] *adj* bagnato fradicio.
en.char.car [ẽʃark´ar] *vt* **1** inzuppare. *vpr* **2** inzupparsi. **3** *fig* bagnarsi fino alle ossa.
en.chen.te [ẽʃ´ẽti] *sf* fiotto.
en.cher [ẽʃ´er] *vt* **1** riempire, colmare, empiere, gremire. **2** affollare, stipare. **3** impregnare. **4** *pop* annoiare, seccare. **5** *fam* disturbare. **6** *fig* saziare, stufare. *vi* **7** gonfiare (rio, maré). *vpr* **8** riempirsi, empiersi, gremirsi. **9** *fig* saziarsi. **encher com um líquido** imbevere. **encher o tanque** *Autom* fare il pieno. **encher pneu** gonfiare. **encher um formulário** riempire un modulo.
en.chi.men.to [ẽʃim´ẽtu] *sm* ripieno.
en.cho.va [ẽʃ´ovə] *sf Zool V anchova.*
en.ci.clo.pé.dia [ẽsiklop´ɛdjə] *sf* enciclopedia.
en.ci.lhar [ẽsiλ´ar] *vt* cinghiare.
en.ci.u.mar [ẽsjum´ar] *vt* **1** ingelosire. *vpr* **2** ingelosire, ingelosirsi.
en.co.ber.to [ẽkob´ɛrtu] *adj* **1** coperto. **2** nebbioso, brutto (céu).
en.co.brir [ẽkobr´ir] *vt* **1** velare, ammantare, dissimulare. **2** celare, nascondere.
en.co.le.ri.zar [ẽkoleriz´ar] *vt* **1** stizzire, esacerbare. *vpr* **2** incollerire, incollerirsi.
en.co.lher [ẽkoλ´er] *vt* **1** contrarre. **2** riprendere, ritirare (roupa). *vi* **3** accorciarsi. *vpr* **4** contrarsi. **5** *fig* ritrarsi.

en.co.lhi.do [ẽkoλ´idu] *adj* contratto.
en.co.lhi.men.to [ẽkoλim´ẽtu] *sm* contrazione, scorciamento.
en.co.men.da [ẽkom´ẽdə] *sf* **1** incarico, incombenza. **2** *Com* richiesta, commissione. **encomenda postal** pacco postale.
en.co.men.dar [ẽkomẽd´ar] *vt* **1** incaricare. **2** *Com* ordinare.
en.con.trão [ẽkõtr´ãw] *sm* urto.
en.con.trar [ẽkõtr´ar] *vt* **1** trovare. **2** incontrare. **3** riscontrare. **4** *fig* vedere. *vpr* **5** trovarsi. **6** incontrarsi, inciamparsi. **7** scontrarsi con. **8** riscontrarsi. **9** essere, stare. **10** riunirsi, raccogliersi. **11** *fig* confluire. **encontrar alguém** (ou **encontrar-se com alguém**) **por acaso** a) intopparsi in, imbattersi in qualcuno. b) *fig* dare in qualcuno. **encontrar-se para conversar** abboccarsi. **ir encontrar-se com alguém** andare a trovare qualcuno. Veja nota em **essere**.
en.con.tro [ẽk´õtru] *sm* **1** incontro. **2** appuntamento, abboccamento. **3** convegno, raduno. **de encontro a** contro, contro a, contro di. **de encontro ao muro** contro il/al/del muro. **encontro ao acaso** intoppo, riscontro. **ir de encontro a** incontrare.
en.co.ra.ja.dor [ẽkoraʒad´or] *adj* lusinghiero.
en.co.ra.jar [ẽkoraʒ´ar] *vt* **1** incoraggiare. **2** confortare, rincuorare. **3** rianimare, animare. **4** *fig* stimolare, spronare.
en.cor.pa.do [ẽkorp´adu] *adj* **1** corpulento. **2** pastoso (vinho).
en.cos.ta [ẽk´ɔstə] *sf Geogr* costa, costiera.
en.cos.tar [ẽkost´ar] *vt* **1** appoggiare. **2** approssimare, appressare. *vpr* **3** addossarsi. **encostar a porta** accostare la porta.
en.cos.to [ẽk´ostu] *sm* appoggiatoio. **encosto para a cabeça** reggitesta.
en.cou.ra.ça.do [ẽkowras´adu] *adj* corazzato.
en.cou.ra.çar [ẽkowras´ar] *vt* corazzare, blindare.
en.co.va.do [ẽkov´adu] *adj* **1** incavato. **2** affossato.
en.co.var [ẽkov´ar] *vt* affossare.
en.cra.var [ẽkrav´ar] *vi* incarnarsi (dente, unha).
en.cren.ca [ẽkr´ẽkə] *sf* **1** *gír* grattacapo. **2** guaio, problema. **3** imbroglio, intrigo. **procurar encrenca** *fig* dar filo da torcere.
en.cres.pa.do [ẽkresp´adu] *adj* riccio. **mar encrespado** mare mosso.
en.cres.par [ẽkresp´ar] *vt* **1** increspare. **2** arricciare (cabelos). **3** raggrinzire. *vpr* **4** incresparsi. **5** raggrinzire, raggrinzirsi. **6** ondeggiare (mar).
en.cru.zar [ẽkruz´ar] *vt* incrociare.
en.cru.zi.lha.da [ẽkruziλ´adə] *sf* crocevia, crocicchio, incrociata.
en.cur.ta.men.to [ẽkurtam´ẽtu] *sm* scorciamento, abbreviazione.
en.cur.tar [ẽkurt´ar] *vt* **1** scorciare, accorciare, abbreviare, smozzicare. *vi* **2** scorciarsi.
en.cur.va.do [ẽkurv´adu] *adj* **1** curvo, ricurvo, arcato, uncinato. **2** gibboso.
en.cur.var [ẽkurv´ar] *vt* incurvare, curvare.
en.de.mi.a [ẽdem´iə] *sf Med* endemia.
en.de.mo.ni.nha.do [ẽdemoniñ´adu] *sm* ossesso. • *adj* ossesso, demoniaco, energumeno.
en.de.mo.ni.nhar [ẽdemoniñ´ar] *vt* **1** indemoniare, indiavolare, invasare. *vpr* **2** indemoniarsi.
en.de.re.çar [ẽderes´ar] *vt* **1** indirizzare. **2** dirigere, rivolgere. **3** *fig* avviare.
en.de.re.ço [ẽder´esu] *sm* **1** indirizzo. **2** recapito.
en.di.a.bra.do [ẽdjabr´adu] *sm+adj pop* discolo.
en.di.rei.tar [ẽdirejt´ar] *vt* **1** drizzare, raddrizzare, rettificare. *vpr* **2** addirizzarsi.
en.di.vi.da.do [ẽdivid´adu] *adj* in debito. **estar endividado** trovarsi in debito.
en.di.vi.dar [ẽdivid´ar] *vt* **1** indebitare, dissestare. *vpr* **2** indebitarsi, dissestarsi.
en.do.cri.no.lo.gi.a [ẽdokrinoloʒ´iə] *sf Med* endocrinologia.
en.doi.de.cer [ẽdojdes´er] *vi* impazzare, impazzire.
en.dos.co.pi.a [ẽdoskop´iə] *sf Med* endoscopia.
en.dos.san.te [ẽdos´ãti] *s+adj Com* garante.
en.dos.sar [ẽdos´ar] *vt Com* girare, avallare.
en.dos.so [ẽd´osu] *sm Com* girata, garanzia.

en.du.re.cer [ẽdures´er] *vt* **1** indurire, assodare. *vi+vpr* **2** indurire, indurirsi, assodarsi.
en.du.re.ci.men.to [ẽduresim´ẽtu] *sm* assodamento.
e.ne [´eni] *sm* enne, il nome della lettera N.
e.ne.gre.cer [enegres´er] *vt* annerire, annerare.
e.ner.gi.a [enerʒ´iə] *sf* **1** energia. **2** vitalità. **3** attività. **4** *fig* anima, sangue, vita. **5** braccio, forza. **energia elétrica** energia elettrica. **energia térmica** energia termica. Veja nota em **braccio**.
e.nér.gi.co [en´ɛrʒiku] *adj* **1** energico. **2** efficace, drastico. **3** intenso, veemente. **4** *fig* forte.
e.ner.var [enerv´ar] *vt* **1** snervare. **2** *fig* alterare. *vpr* **3** snervarsi.
e.né.si.mo [en´ɛzimu] *adj* ennesimo.
e.ne.vo.ar [enevo´ar] *vt* **1** annuvolare. **2** annebbiare.
en.fa.dar [ẽfad´ar] *vt* **1** infastidire. *vpr* **2** infastidirsi.
en.fa.do [ẽf´adu] *sm* infastidimento, broncio.
en.fa.do.nho [ẽfad´oñu] *adj* **1** molesto, monotono. **2** *fig* gravoso.
en.fai.xa.men.to [ẽfajʃam´ẽtu] *sm* fasciatura.
en.fai.xar [ẽfajʃ´ar] *vt* (também *Med*) fasciare, bendare.
ên.fa.se [´ẽfazi] *sf* **1** enfasi. **2** veemenza. **3** *fig* accentuazione.
en.fas.ti.ar [ẽfasti´ar] *vt+vpr V enfadar*.
en.fa.ti.zar [ẽfatiz´ar] *vt* accentuare, esclamare.
en.fei.tar [ẽfejt´ar] *vt* **1** addobbare, decorare. **2** adornare, abbellire. **3** fregiare. **4** *fig* bardare. *vpr* **5** adornarsi, acconciarsi. **enfeitar um discurso** *fig* ricamare un discorso.
en.fei.te [ẽf´ejti] *sm* **1** ornamento, decorazione, apparato. **2** arredo, suppellettile, soprammobile. **3** monile. **4** fregio. **5** gala, finimento. **enfeite extravagante** girigogolo. Veja nota em **suppellettile**.
en.fei.ti.çar [ẽfejtis´ar] *vt* **1** stregare, ammaliare, incantare, affascinare. **2** *fig* magnetizzare.
en.fer.mar [ẽferm´ar] *vt* infermare.
en.fer.ma.ri.a [ẽfermar´iə] *sf* **1** infermeria. **2** corsia.
en.fer.mei.ra [ẽferm´ejrə] *sf* infermiera.
en.fer.mei.ro [ẽferm´ejru] *sm* infermiere.
en.fer.mi.da.de [ẽfermid´adi] *sf* **1** infermità, malattia, morbo. **2** *fig* malanno.
en.fer.mo [ẽf´ermu] *sm* malato, ammalato. • *adj* malato, ammalato, infermo, malsano.
en.fer.ru.jar [ẽfer̄uʒ´ar] *vt* **1** arrugginire, ossidare. *vi+vpr* **2** arrugginirsi, ossidarsi.
en.fi.ar [ẽfi´ar] *vt* **1** infilare, infilzare. **2** ficcare, conficcare, cacciare. *vpr* **3** cacciarsi.
en.fi.lei.rar [ẽfilejr´ar] *vt* **1** schierare, affilare, allineare. *vpr* **2** schierarsi.
en.fim [ẽf´ĩ] *adv* infine, alfine.
en.fo.car [ẽfok´ar] *vt* mettere a fuoco.
en.for.ca.men.to [ẽforkam´ẽtu] *sm* **1** impiccagione. **2** *fig* capestro.
en.for.car [ẽfork´ar] *vt* **1** impiccare, appiccare. *vpr* **2** impiccarsi, appiccarsi, sospendersi.
en.for.mar [ẽform´ar] *vt* informare.
en.for.nar [ẽforn´ar] *vt* infornare.
en.fra.que.cer [ẽfrakes´er] *vt* **1** indebolire, infiacchire. **2** fiaccare, estenuare, spossare. **3** illanguidire. **4** deprimere. **5** *Med* debilitare. **6** *fig* minare. *vi+vpr* **7** indebolirsi, infiacchirsi. **8** estenuarsi, sfinire.
en.fra.que.ci.men.to [ẽfrakesim´ẽtu] *sm* **1** affiocamento. **2** consumazione, abbattimento.
en.fras.car [ẽfrask´ar] *vt* infiascare.
en.fren.tar [ẽfrẽt´ar] *vt* affrontare (um perigo).
en.fu.re.cer [ẽfures´er] *vt* **1** adirare. **2** stizzire, esasperare. *vi+vpr* **3** infuriarsi. **4** arrabbiarsi, stizzirsi. **5** esaltarsi. **6** infuriare (mar). **7** *fig* inalberarsi.
en.fu.re.ci.do [ẽfures´idu] *adj* infuriato, furioso, arrabbiato, collerico.
en.fur.nar [ẽfurn´ar] *vt* **1** imbucare. *vpr* **2** imbucarsi.
en.gai.o.lar [ẽgajol´ar] *vt* ingabbiare.
en.ga.jar [ẽgaʒ´ar] *vt* ingaggiare, assoldare.
en.ga.na.dor [ẽganad´or] *sm* ciarlatano. • *adj* fallace, capzioso.
en.ga.nar [ẽgan´ar] *vt* **1** ingannare, imbrogliare, raggirare, illudere, trarre in ingan-

no. **2** *gír* bidonare. **3** *fam* menare per il naso. **4** *fig* accalappiare, intrappolare, dare la polvere negli occhi. *vpr* **5** ingannarsi, errare, cadere in errore, sbagliare. **6** *fig* prendere un granchio. **se não me engano** se non sbaglio.

en.gan.char [ẽgãʃ´ar] *vt* inganciare, uncinare, agganciare.

en.ga.no [ẽg´ʌnu] *sm* **1** inganno. **2** imbroglio, raggiro, trucco. **3** sbaglio, equivoco, torto, abbaglio. **4** illusione. **5** *gír* bidone, bidonata. **6** *fig* trappola, amo. **7** granchio. Veja nota em **torto** (italiano).

en.ga.no.so [ẽgan´ozu] *adj* **1** fallace, illusorio. **2** *Dir* doloso.

en.gar.ra.far [ẽgar̄af´ar] *vt* imbottigliare, infiascare.

en.ga.ti.lhar [ẽgatiλ´ar] *vt* alzare il cane del fucile.

en.ga.ti.nhar [ẽgatiñ´ar] *vi* andar gatton gattoni, andar carponi.

en.ge.nha.ri.a [ẽʒeñar´iə] *sf* ingegneria.

en.ge.nhei.ro [ẽʒeñ´ejru] *sm* ingegnere.

en.ge.nho [ẽʒ´eñu] *sm* **1** ingegno, genio, talento. **2** apparecchio, dispositivo. **engenho de açúcar** zuccherificio.

en.ge.nho.so [ẽʒeñ´ozu] *adj* **1** ingegnoso. **2** arguto. **3** *fig* strategico.

en.glo.bar [ẽglob´ar] *vt* unificare.

en.go.do [ẽg´odu] *sm* **1** esca, richiamo. **2** *fig* zimbello, ghiottoneria. Veja nota em **esca**.

en.go.lir [ẽgol´ir] *vt* **1** inghiottire, deglutire. **2** *fig* mandare giù (ofensas, injustiças etc.). **engolir sem mastigar** ingollare.

en.go.mar [ẽgom´ar] *vt* ingommare, dare l'amido.

en.gor.dar [ẽgord´ar] *vt* ingrassare.

en.gra.ça.di.nho [ẽgrasad´iñu] *adj* vezzoso.

en.gra.ça.do [ẽgras´adu] *adj* giocoso, comico.

en.gra.da.do [ẽgrad´adu] *sm* gabbia.

en.gran.de.cer [ẽgrãdes´er] *vt* **1** ingrandire, aggrandire. **2** esaltare *vpr* **3** aggrandirsi.

en.gran.de.ci.men.to [ẽgrãdesim´ẽtu] *sm* ingrandimento, aggrandimento.

en.gra.vi.dar [ẽgravid´ar] *vt* **1** ingravidare. **2** impregnare. *vi* **3** ingravidare. **4** impregnarsi.

Impregnare e **impregnarsi** são usados apenas com relação às fêmeas dos animais.

en.gra.xar [ẽgraʃ´ar] *vt* lustrare, lucidare, patinare.

en.gra.xa.te [ẽgraʃ´ati] *sm* lustrascarpe, lustrino.

en.gre.na.gem [ẽgren´aʒẽj] *sf* ingranaggio.

en.gre.nar [ẽgren´ar] *vt+vi* ingranare.

en.gros.sar [ẽgros´ar] *vt* **1** ingrossare. *vi* **2** ingrossare, ingrossarsi.

en.gui.a [ẽg´iə] *sf Zool* anguilla.

en.gui.ço [ẽg´isu] *sm* affare imbrogliato.

e.nig.ma [en´igmə] *sm* **1** enigma, mistero, segreto. **2** *fig* sciarada.

e.nig.má.ti.co [enigm´atiku] *adj* enigmatico, ambiguo.

en.jo.o [ẽʒ´ou] *sm Med* nausea, sovversione. **enjoo de avião** male d'aria. **enjoo de navio** male di mare.

en.la.çar [ẽlas´ar] *vt* allacciare, accalappiare.

en.la.me.ar [ẽlame´ar] *vt* inzaccherare.

en.le.var [ẽlev´ar] *vt* **1** estasiare. **2** *fig* rapire. *vpr* **3** estasiarsi.

en.le.vo [ẽl´evu] *sm* **1** estasi, incantesimo. **2** *Rel* estasi. **3** *fig* ubriachezza.

en.lou.que.cer [ẽlowkes´er] *vt* **1** far impazzire. **2** *fig* dar di volta al cervello. *vi* **3** impazzire, ammattire, andare matto. **4** *fig* perdere il lume della ragione.

en.lu.tar [ẽlut´ar] *vt* mettere a lutto, abbrunare.

e.no.bre.cer [enobres´er] *vt* annobilire.

e.no.jar [enoʒ´ar] *vt* **1** schifare, fare schifo, rivoltare, ripugnare a. **2** *fig* saziare.

e.nor.me [en´ɔrmi] *adj* enorme, gigantesco, immane, colossale, smisurato.

e.nor.mi.da.de [enormid´adi] *sf* **1** enormità. **2** carrettata.

en.qua.drar [ẽkwadr´ar] *vt* incorniciare, corniciare.

en.quan.to [ẽk´wãtu] *conj* mentre. **enquanto isso** nel frattempo, intanto. **por enquanto** per il momento, intanto.

en.rai.ve.cer [ẽr̄ajves´er] *vi+vpr* arrabbiare.

en.rai.ve.ci.do [ẽr̄ajves´idu] *adj* **1** furioso, collerico. **2** *fig* rabbioso.

en.rai.zar [ẽr̄ajz´ar] *vt* **1** attaccare in terra con le radici. *vpr* **2** (também *fig*) radicarsi,

abbarbicarsi. *radicar-se numa cidade* / radicarsi in una città.
en.re.dar [ẽr̃ed´ar] *vt* arretare.
en.re.do [ẽr̃´edu] *sm Lit* trama, tela, tessitura, groviglio.
en.ri.je.cer [ẽr̃iʒes´er] *vt* **1** irrigidire, indurire. *vi+vpr* **2** irrigidirsi.
en.ri.que.cer [ẽr̃ikes´er] *vt* **1** arricchire. **2** *fig* guarnire. *vi+vpr* **3** arricchire, arricchirsi.
en.ri.que.ci.men.to [ẽr̃ikesim´ẽtu] *sm* arricchimento.
en.ro.la.do [ẽr̃ol´adu] *adj* **1** involto. **2** *gír* confuso.
en.ro.lar [ẽr̃ol´ar] *vt* **1** arrotolare. **2** avvolgere, avviluppare. **3** attorcigliare. **4** arricciolare, increspare (cabelos). **5** *pop* abbindolare, imbrogliare. *vpr* **6** arrotolarsi. **7** incresparsi.
en.rou.que.cer [ẽr̃owkes´er] *vt* **1** arrochire. *vi* **2** arrochire, infiochire (som, voz).
en.ru.bes.cer [ẽr̃ubes´er] *vi* arrossire.
en.ru.ga.do [ẽr̃ug´adu] *adj* rugoso.
en.ru.gar [ẽr̃ug´ar] *vt* **1** raggrinzire. **2** increspare. *vpr* **3** raggrinzire, raggrinzirsi. **4** incresparsi.
en.sa.bo.ar [ẽsabo´ar] *vt* **1** insaponare. *vpr* **2** insaponarsi.
en.sa.car [ẽsak´ar] *vt* insaccare.
en.sai.ar [ẽsaj´ar] *vt* concertare.
en.sai.o [ẽs´aju] *sm* **1** saggio. **2** *Quím, Fís* esperienza, esperimento. **3** *Teat* prova.
en.san.guen.tar [ẽsãgwẽt´ar] *vt* insanguinare, sanguinare.
en.se.a.da [ẽse´adə] *sf Geogr* insenatura, seno, rada, cala.
en.se.bar [ẽseb´ar] *vt* insegare.
en.se.jo [ẽs´eʒu] *sm* opportunità, luogo.
en.si.na.men.to [ẽsinam´ẽtu] *sm* **1** insegnamento. **2** lezione. **3** *fig* messaggio, scuola.
en.si.nar [ẽsin´ar] *vt* **1** insegnare, educare, addottrinare, ammaestrare. **2** *fig* mostrare.
en.si.no [ẽs´inu] *sm* insegnamento.
en.so.pa.do [ẽsop´adu] *sm* ragù. • *adj* zuppo, bagnato fradicio. **ficar ensopado** imbeversi.
en.so.par [ẽsop´ar] *vt* **1** inzuppare, bagnare, imbevere. *vpr* **2** inzupparsi, imbeversi. Veja nota em **affogare**.
en.sur.de.cer [ẽsurdes´er] *vt* **1** assordare. **2** *fig* rompere i timpani. *vi* **3** assordire, insordire.
en.ta.lha.do [ẽtaλ´adu] *adj* inciso.
en.ta.lhar [ẽtaλ´ar] *vt* intagliare, intaccare, frastagliare, cesellare, scolpire.
en.ta.lhe [ẽt´aλi] *sm* intaglio, tacca.
en.tão [ẽt´ãw] *adv* **1** allora. **2** ivi, in quel tempo. **3** perciò, sicché. **4** dunque. **até então** fin d'allora. **desde então** d'allora in poi, d'allora innanzi. **e então?** e così?
en.tar.de.cer [ẽtardes´er] *sm* crepuscolo.
en.te [´ẽti] *sm* ente, entità.
en.te.a.do [ẽte´adu] *sm* figliastro.
en.te.di.a.do [ẽtedi´adu] *adj* **1** stufo. **2** *fig* sazio.
en.te.di.an.te [ẽtedi´ãti] *adj* **1** noioso, stucchevole. **2** *fig* appiccicoso.
en.te.di.ar [ẽtedi´ar] *vt* **1** tediare, annoiare, infastidire. *vpr* **2** infastidirsi.
en.ten.der [ẽtẽd´er] *sm* intendimento. • *vt* **1** capire. **2** comprendere, intendere. **3** cogliere, pigliare. **4** raccapezzarsi. **5** *fig* concepire, vedere. **6** *gír* registrare. *vpr* **7** intendersi. **eles se entendem!** se la intendono! **entender de** intendersi di, conoscere. **entender o contrário** intendere a rovescio. **entender-se com** intendersi con. **fazer-se entender** spiegarsi. **no meu entender** secondo me.
en.ten.di.men.to [ẽtẽdim´ẽtu] *sm* intendimento, comprensione, concezione, concepimento.
en.ter.ne.ce.dor [ẽternesed´or] *adj* commovente.
en.ter.ne.cer [ẽternes´er] *vt* **1** commuovere. *vpr* **2** commuoversi.
en.ter.ne.ci.do [ẽternes´idu] *adj* commosso.
en.ter.rar [ẽter̃´ar] *vt* **1** interrare. **2** seppellire. **3** inumare. **4** sotterrare. **5** affossare. **6** affondare.
en.ter.ro [ẽt´er̃u] *sm* seppellimento, sepoltura.
en.ti.da.de [ẽtid´adi] *sf* **1** entità. **2** spirito. **3** *fig* organismo.
en.to.a.ção [ẽtoas´ãw] *sf* intonazione.
en.to.ar [ẽto´ar] *vt* intonare.
en.to.na.ção [ẽtonas´ãw] *sf Gram* intonazione, cadenza, tono.
en.tor.pe.cen.te [ẽtorpes´ẽti] *sm Med*

stupefacente, allucinogeno, droga. • *adj Med* stupefacente.

en.tor.pe.cer [ẽtorpes´er] *vt* **1** intorpidire, intormentire, irrigidire. **2** *fig* addormentare. *vi+vpr* **3** intorpidirsi, intormentire, irrigidirsi. **4** *fig* addormentarsi.

en.tor.pe.ci.men.to [ẽtorpesim´ẽtu] *sm* torpore.

en.tra.da [ẽtr´adə] *sf* **1** entrata, accesso, ingresso. **2** apertura. **3** anticamera. **4** antipasto. **5** *Teat* ingresso, biglietto d'ingresso. **6** *Com* entrata. **a entrada em cena de um ator** l'uscita di un attore. **entrada de capital** *Com* messa. **entrada de edifício** portineria. **entrada de porto/golfo** *Geogr* foce. **entrada de rua/túnel** imbocco.

en.tran.çar [ẽtrãs´ar] *vt* **1** intrecciare. *vpr* **2** intrecciarsi.

en.tra.nha [ẽtr´Λñə] *sf* **1** entragna. **2 entranhas** *pl* (também *fig*) viscere. **as entranhas da Terra** le viscere della Terra. **entranhas de animal** interiora, interiori.

en.trar [ẽtr´ar] *vi* **1** entrare. **2** introdursi. **3** penetrare, addentrarsi. **deixar entrar** ammettere. **fazer entrar** immettere. **posso entrar?** permettete?

en.tre [´ẽtri] *prep* tra, fra, tramezzo, frammezzo. Veja nota em **tra**.

en.tre.a.brir [ẽtreabr´ir] *vt* socchiudere, schiudere.

en.tre.a.to [ẽtre´atu] *sm Teat* intervallo.

en.tre.ga [ẽtr´ɛgə] *sf* consegna, recapito.

en.tre.gar [ẽtreg´ar] *vt* **1** consegnare. **2** assegnare. **3** dare, presentare. **4** recapitare, rimettere. **5** tradire, denunciare. **6** restituire. **7** affidare, fidare. *vpr* **8** dedicarsi, darsi. **9** votarsi. **10** occuparsi di. **11** arrendersi, capitolare, cedere. **12** abbandonarsi. **13** *fig* immergersi in, volgersi a. **entregar a alma a Deus** rendere l'anima a Dio. **entregar-se ao destino** *fig* andare alla deriva.

en.tre.la.ça.do [ẽtrelas´adu] *adj* conserto.

en.tre.la.çar [ẽtrelas´ar] *vt* **1** intrecciare, consertare, contessere. *vpr* **2** intrecciarsi.

en.tre.li.nha [ẽtrel´iñə] *sf* interlinea. **ler nas entrelinhas** *fig* leggere tra le righe.

en.tre.tan.to [ẽtret´ãtu] *adv* mentre, nel contempo. • *conj* tuttavia.

en.tre.te.cer [ẽtretes´er] *vt* contessere.

en.tre.te.ni.men.to [ẽtretenim´ẽtu] *sm* trattenimento, divertimento.

en.tre.ter [ẽtret´er] *vt* **1** intrattenere, trattenere, divertire. *vpr* **2** trattenersi.

en.tre.ti.do [ẽtret´idu] *adj* distratto.

en.tre.ver [ẽtrev´er] *vt* intravvedere, scorgere.

en.tre.vis.ta [ẽtrev´istə] *sf* **1** abboccamento. **2** *Jorn* intervista.

en.tre.vis.tar [ẽtrevist´ar] *vt Jorn* intervistare.

en.trin.chei.rar [ẽtrĩʃejr´ar] *vt* **1** trincerare. *vpr* **2** trincerarsi, barricarsi.

en.tris.te.cer [ẽtristes´er] *vt* **1** rattristare, addolorare, amareggiare, sconsolare. *vi+vpr* **2** rattristare, intristire, divenire triste.

en.tro.ni.zar [ẽtroniz´ar] *vt* intronizzare.

en.tu.lha.do [ẽtuλ´adu] *adj* pieno zeppo.

en.tu.lhar [ẽtuλ´ar] *vt* ingombrare.

en.tu.pir [ẽtup´ir] *vt* **1** ostruire. **2** ingombrare.

en.tu.si.as.ma.do [ẽtuzjazm´adu] *adj* **1** giulivo. **2** *fig* ubriaco.

en.tu.si.as.mar [ẽtuzjazm´ar] *vt* **1** entusiasmare, invasare. **2** *fig* elettrizzare. *vpr* **3** entusiasmarsi, invasarsi. **4** *fig* elettrizzarsi.

en.tu.si.as.mo [ẽtuzi´azmu] *sm* **1** entusiasmo. **2** animazione. **3** *fig* ardore, calore. **4** trasporto, orgasmo. **5** impeto, slancio. **sem entusiasmo** *fig* a freddo.

e.nu.me.rar [enumer´ar] *vt* **1** enumerare, annoverare. **2** *fig* sciorinare.

e.nun.ci.ar [enũsi´ar] *vt* **1** enunciare. **2** *fig* pronunziare, pronunciare.

en.vai.de.cer [ẽvajdes´er] *vt* **1** infatuare, insuperbire. *vpr* **2** infatuarsi, insuperbirsi. **3** *fig* gonfiarsi.

en.ve.lhe.cer [ẽveλes´er] *vt* **1** invecchiare. *vi* **2** invecchiare, invecchiarsi. **3** *fig* avvizzire.

en.ve.lhe.ci.do [ẽveλes´idu] *adj* vecchio (vinho).

en.ve.lo.pe [ẽvel´ɔpi] *sm* busta.

en.ve.ne.na.men.to [ẽvenenam´ẽtu] *sm* attossicamento.

en.ve.ne.nar [ẽvenen´ar] *vt* **1** avvelenare. **2** intossicare, attossicare. **3** appestare, ammorbare. **4** contaminare.

en.ver.go.nha.do [ẽvergoñ´adu] *adj* **1** vergognoso. **2** *fig* pudico.
en.ver.go.nhar [ẽvergoñ´ar] *vt* **1** umiliare. **2** *fig* confondere. *vpr* **3** vergognarsi. **4** *fig* arrossire.
en.ver.ni.zar [ẽverniz´ar] *vt* verniciare, patinare.
en.vi.a.do [ẽvi´adu] *sm* **1** corriere. **2** *fig* araldo.
en.vi.ar [ẽvi´ar] *vt* inviare, mandare, rimettere, spedire, inoltrare.
en.vi.e.sa.do [ẽvjez´adu] *adj* sbieco, sghembo, bieco.
en.vi.le.cer [ẽviles´er] *vt* **1** invilire. *vi* **2** invilirsi.
en.vi.o [ẽv´iu] *sm* invio, rimessa, spedizione.
en.vol.to [ẽv´owtu] *adj* involto.
en.vol.tó.rio [ẽvowt´ɔrju] *sm* foglia.
en.vol.ver [ẽvowv´er] *vt* **1** involgere. **2** coinvolgere, implicare. **3** sedurre. **4** avviluppare. **5** arrotolare, attorcigliare. *vpr* **6** involgersi. **7** implicarsi.
en.vol.vi.do [ẽvowv´idu] *adj* involto.
en.vol.vi.men.to [ẽvowvim´ẽtu] *sm* avvolgimento.
en.xa.da [ẽʃ´adə] *sf* zappa, marra.
en.xa.guar [ẽʃag´war] *vt* **1** risciacquare. *vpr* **2** risciacquarsi.
en.xá.gue [ẽʃ´agwi] *sm* risciacquo.
en.xa.me [ẽʃ´ʌmi] *sm* **1** sciame. **2** *fig* sciame, folla, moltitudine.
en.xa.que.ca [ẽʃak´ekə] *sf Med* cefalea.
en.xer.gar [ẽʃerg´ar] *vt* **1** vedere. **2** *fig* presentire. **3** indovinare. **não enxergar um palmo diante do nariz** non vedere più in là del naso.
en.xe.ri.do [ẽʃer´idu] *sm dep* ficcanaso.
en.xer.tar [ẽʃert´ar] *vt* innestare, inserire.
en.xer.to [ẽʃ´ertu] *sm* innesto, annestamento, inserzione.
en.xo.fre [ẽʃ´ofri] *sm* zolfo, solfo.
en.xo.tar [ẽʃot´ar] *vt* scacciare, espellere.
en.xo.val [ẽʃov´aw] *sm* corredo. *Pl: enxovais.*
en.xu.gar [ẽʃug´ar] *vt* asciugare, seccare, tergere.
en.xur.ra.da [ẽʃur̄´adə] *sf* alluvione.
en.xu.to [ẽʃ´utu] *adj* **1** asciutto. **2** secco.
en.zi.ma [ẽz´imə] *sf* enzima, fermento.
é.pi.co [´ɛpiku] *sm+adj* **1** epico. **2** *fig* eroico.
e.pi.de.mi.a [epidem´iə] *sf* **1** epidemia. **2** *fig* morbo.
e.pi.der.me [epid´ɛrmi] *sf Anat* epidermide.
e.pí.gra.fe [ep´igrafi] *sf* epigrafe.
e.pi.lep.si.a [epileps´iə] *sf Med* epilessia, mal caduco.
e.pi.lé.ti.co [epil´ɛtiku] *sm+adj* epilettico.
e.pí.lo.go [ep´ilogu] *sm* epilogo.
e.pi.só.di.co [epiz´ɔdiku] *adj* incidentale, casuale.
e.pi.só.dio [epiz´ɔdju] *sm* episodio, avvenimento, caso, evento, vicenda. **episódio de uma obra** episodio di un'opera.
e.pi.tá.fio [epit´afju] *sm* epitaffio.
e.pí.te.to [ep´itetu] *sm* epiteto.
é.po.ca [´ɛpokə] *sf* **1** epoca. **2** tempo, giorni. **3** stadio. **4** *fig* era, fase.
e.po.pei.a [epop´ɛjə] *sf Lit* epopea, epica.
e.qua.ção [ekwas´ãw] *sf Mat* equazione.
E.qua.dor [ekwad´or] *sm Geogr* Equatore.
e.qua.to.ri.al [ekwatori´aw] *adj* equatoriale. *Pl: equatoriais.*
e.qui.da.de [ekwid´adi] *sf* equità.
e.qui.dis.tan.te [ekwidist´ãti] *adj* equidistante.
e.qui.lá.te.ro [ekwil´ateru] *adj Geom* equilatero.
e.qui.li.bra.do [ekilibr´adu] *adj* **1** stabile. **2** armonioso, simmetrico.
e.qui.li.brar [ekilibr´ar] *vt* **1** equilibrare. **2** bilanciare, controbilanciare. **3** pareggiare. *vpr* **4** equilibrarsi. **5** barcamenarsi.
e.qui.lí.brio [ekil´ibrju] *sm* **1** equilibrio. **2** simmetria. **3** *fig* bilico. **4** armonia, bellezza. **perder o equilíbrio** perdere l'equilibrio.
e.qui.li.bris.ta [ekilibr´istə] *s* equilibrista.
e.qui.no [ek´winu] *adj* equino. **os equinos** *Zool* gli equini.
e.qui.nó.cio [ekin´ɔsju] *sm* equinozio. **equinócio da primavera** equinozio di primavera. **equinócio do outono** equinozio d'autunno.
e.qui.pa.gem [ekip´aʒẽj] *sf* equipaggio.
e.qui.pa.men.to [ekipam´ẽtu] *sm* **1** equipaggio, apparato. **2** *fig* assetto.

e.qui.par [ekip´ar] *vt* equipaggiare, corredare, fornire, provvedere, approvigionare.

e.qui.pa.ra.ção [ekiparas´ãw] *sf* equiparazione. **equiparação salarial** contingenza.

e.qui.pa.rar [ekipar´ar] *vt* **1** equiparare. **2** comparare, confrontare. **3** pareggiare. **4** livellare. *vpr* **5** pareggiarsi. **6** andare alla pari (com alguém).

e.qui.ta.ção [ekitas´ãw] *sf* equitazione.

e.qui.va.lên.cia [ekival´ẽsjə],

e.qui.va.lên.cia [ekwival´ẽsjə] *sf* equivalenza, uguaglianza.

e.qui.va.len.te [ekival´ẽti],

e.qui.va.len.te [ekwival´ẽti] *adj* equivalente, analogo, pari.

e.qui.va.ler [ekival´er],

e.qui.va.ler [ekwival´er] *vt* equivalere a, corrispondere a, valere.

e.qui.vo.car [ekivok´ar] *vt* equivocare.

e.quí.vo.co [ek´ivoku] *sm* equivoco, malinteso, quiproquo.

e.ra [´ɛrə] *sf* **1** era. **2** età. **3** *fig* anno, secolo. **Era Cristã** Era Cristiana, Era Volgare.

e.rá.rio [er´arju] *sm* erario, fisco.

e.re.ção [eres´ãw] *sf Fisiol* erezione.

e.re.to [er´ɛtu] *adj* ritto.

er.guer [erg´er] *vt* **1** alzare, innalzare, elevare. **2** erigere. **3** edificare. **4** rizzare, sollevare. *vpr* **5** alzarsi, innalzarsi. **6** erigersi. **7** sollevarsi. **8** sporgersi.

e.ri.ça.do [eris´adu] *adj* irto.

e.ri.çar [eris´ar] *vpr* rizzarsi.

e.ri.gir [eriʒ´ir] *vt* **1** erigere. **2** alzare, costruire. **3** fondare, creare.

er.mo [´ermu] *sm* ermo, solitudine. • *adj* **1** inabitato, deserto, solitario. **2** *Poét* ermo.

e.ro.são [eroz´ãw] *sf Geol* erosione.

e.ró.ti.co [er´ɔtiku] *adj* **1** erotico, venereo. **2** *fig* sensuale, sessuale.

er.ra.di.car [er̄adik´ar] *vt* **1** sradicare. **2** *fig* estirpare.

er.ra.do [er̄´adu] *adj* **1** sbagliato, incorretto, inesatto, scorretto. **2** *fig* storto.

er.ran.te [er̄´ãti] *adj* **1** errante, girovago, randagio. **2** *fig* nomade. **cavaleiro errante** cavaliere errante.

er.rar [er̄´ar] *vt* **1** sbagliare. **2** fallire. *vi* **3** errare. **4** vagare, girovagare, vagabondare. **5** divagare. **6** sbagliare, ingannarsi. **7** *fig* prendere un granchio. **errando é que se aprende** errando si impara. **errar é humano** è umano errare. **errar o passo** sbagliare il passo.

er.ra.ta [er̄´atə] *sf* errata, lista di errori.

er.re [´ɛr̄i] *sm* erre, il nome della lettera R.

er.ro [´er̄u] *sm* **1** errore. **2** sbaglio, equivoco, mancanza. **3** inesattezza. **4** illusione. **5** torto. **6** *fig* granchio, papera, abbaglio. **cometer um erro** *fig* mancare, prendere un granchio. **erro crasso** *fig* gambero. Veja nota em **torto** (italiano).

er.rô.neo [er̄´onju] *adj* erroneo, scorretto.

e.ru.di.ção [erudis´ãw] *sf* erudizione, sapienza, sapere.

e.ru.di.to [erud´itu] *sm* erudito, dotto. • *adj* **1** erudito. **2** letterato.

e.rup.ção [erups´ãw] *sf Geol, Med* eruzione.

er.va [´ɛrvə] *sf* **1** *Bot* erba. **2** *gír* hascisc. **erva daninha** erbaccia. **erva ruim geada não mata** erba mala presto cresce.

er.va-ci.drei.ra [ɛrvəsidr´ejrə] *sf Bot* cedronella. *Pl: ervas-cidreiras.*

er.va-do.ce [ɛrvəd´osi] *sf Bot* finocchio. *Pl: ervas-doces.*

er.va-ma.te [ɛrvəm´ati] *sf Bot* mate, matè. *Pl: ervas-mate.*

er.vi.lha [erv´iλə] *sf* pisello.

es.ban.ja.dor [ezbãʒad´or] *sm* **1** dissipatore. **2** *fam dep* spendaccione.

es.ban.ja.men.to [ezbãʒam´ẽtu] *sm* sperpero, getto, scialacquo.

es.ban.jar [ezbãʒ´ar] *vt* **1** sperperare, scialacquare, scialare, dilapidare. **2** *fig* dissipare.

es.bel.to [ezb´ɛwtu] *adj* svelto, snello.

es.bo.çar [ezbos´ar] *vt* **1** sbozzare, tracciare, schizzare, abbozzare. **2** *fig* delineare.

es.bo.ço [ezb´osu] *sm* **1** sbozzo, schizzo, abbozzo. **2** brutta copia. **3** schema, bozza, canovaccio. **4** *fig* scheletro.

es.bran.qui.ça.do [ezbrãkis´adu] *adj* albiccio.

es.bu.ga.lhar [ezbugaλ´ar] *vt* **1** stralunare, spalancare. **2** *fig* sgranare.

es.bu.ra.car [ezburak´ar] *vt* sforacchiare, crivellare, bucare.

es.ca.bro.so [eskabr´ozu] *adj* scabro, scabroso.

es.ca.da [esk´adə] *sf* scala, gradinata. **escada em caracol** scala a chiocciola. **escada rolante** scala mobile.
es.ca.da.ri.a [eskadar´iə] *sf* scalinata, gradinata.
es.ca.fan.dro [eskaf´ãdru] *sm Náut* scafandro.
es.ca.la [esk´alə] *sf* **1** scala, sequenza. **2** *Aer, Náut* scalo. **fazer escala num porto** *Náut* toccare un porto.
es.ca.la.da [eskal´adə] *sf* scalata.
es.ca.lão [eskal´ãw] *sm Mil* scaglione.
es.ca.lar [eskal´ar] *vt* **1** scalare. **2** arrampicarsi.
es.cal.dar [eskawd´ar] *vt* scottare, arroventare.
es.ca.le.no [eskal´enu] *adj Geom* scaleno.
es.ca.ma [esk´Λmə] *sf Zool* squama, scaglia.
es.ca.mo.so [eskam´ozu] *adj* squamoso.
es.can.ca.rar [eskãkar´ar] *vt* **1** spalancare. **2** aprire a forza. **3** *fig* squarciare.
es.can.da.li.zar [eskãdaliz´ar] *vt* **1** scandalizzare. *vpr* **2** scandalizzarsi, formalizzarsi.
es.cân.da.lo [esk´ãdalu] *sm* **1** scandalo. **2** *irôn* tragedia. **3** *fig* scena.
es.can.da.lo.so [eskãdal´ozu] *adj* scandaloso.
es.can.di.na.vo [eskãdin´avu] *sm+adj* scandinavo.
es.can.tei.o [eskãt´eju] *sm Fut* calcio d'angolo.
es.ca.pa.da [eskap´adə] *sf* scappata, fuga, scampo.
es.ca.par [eskap´ar] *vt+vi* **1** scappare. **2** fuggire. **3** sfuggire a. **4** sgusciare. **5** evadere. **6** sopravvivere. **7** *irôn* galoppare. **8** *pop* far fagotto. **9** *fig* prendere il volo. **deixar escapar** lasciar andare.
es.ca.pa.tó.ria [eskapat´ɔrjə] *sf* scappatoia.
es.ca.pu.lir [eskapul´ir] *vi* **1** fuggire. **2** *fam* battersela.
es.ca.ra.mu.ça [eskaram´usə] *sf Mil* scaramuccia, avvisaglia.
es.ca.ra.ve.lho [eskarav´eλu] *sm Zool* scarabeo.
es.car.céu [eskars´εw] *sm* **1** schiamazzo, gridata. **2** *Náut* cavallone.
es.car.la.te [eskarl´ati] *sm+adj* scarlatto.
es.car.ne.cer [eskarnes´er] *vt* schernire.
es.cár.nio [esk´arnju] *sm* scherno, beffa, burla.
es.car.pa [esk´arpə] *sf* scarpata.
es.car.pa.do [eskarp´adu] *adj* ripido, erto.
es.car.rar [eskar̄´ar] *vi* scaracchiare, espettorare.
es.car.ro [esk´ar̄u] *sm* scaracchio.
es.cas.se.ar [eskase´ar] *vi* scarseggiare.
es.cas.sez [eskas´es] *sf* **1** scarsezza, scarsità, penuria. **2** *fig* ristrettezza.
es.cas.so [esk´asu] *adj* **1** scarso, raro, esiguo, poco. **2** *fig* magro. Veja nota em **poco**.
es.ca.va.ção [eskavas´ãw] *sf* **1** scavatura. **2** scavo.
es.ca.va.do [eskav´adu] *adj* concavo, fondo.
es.ca.var [eskav´ar] *vt* scavare, cavare, incavare.
es.cla.re.cer [esklares´er] *vt* **1** chiarire, spiegare, illustrare. **2** appurare, constatare, assodare. **3** *fig* illuminare.
es.cla.re.ci.men.to [esklaresim´ẽtu] *sm* **1** spiegazione, illustrazione, informazione. **2** *fig* luce.
es.cle.ro.sa.do [eskleroz´adu] *adj gír* bacucco.
es.cle.ro.se [eskler´ɔzi] *sf Med* sclerosi.
es.co.a.dou.ro [eskoad´owru] *sm* scolatoio, acquaio.
es.co.a.men.to [eskoam´ẽtu] *sm* scolo.
es.co.ar [esko´ar] *vi* scolare, colare, filtrare.
es.co.cês [eskos´es] *sm+adj* scozzese.
es.co.la [esk´ɔlə] *sf* **1** scuola. **2** collegio. **3** corrente (de ideias). **escola de equitação** maneggio. **escola maternal** giardino d'infanzia, asilo d'infanzia. **escola mista** scuola promiscua. **escola para rapazes** scuola maschile. **escola primária** scuola elementare. **escola secundária** scuola media, scuola secondaria, liceo, ginnasio.
es.co.lha [esk´oλə] *sf* **1** scelta. **2** selezione. **3** elezione, adozione. **4** partito. **5** *Dir* opzione. **à escolha** a scelta.
es.co.lher [eskoλ´er] *vt* **1** scegliere. **2** selezionare. **3** eleggere, adottare. **4** assortire. **5** ottare per. **6** *Dir* optare per. **7** *fig* votare. **8** filtrare.
es.co.lhi.do [eskoλ´idu] *adj* **1** scelto. **2** eletto.

E

es.co.lho [esk´oλu] *sm Geogr* scoglio.
es.col.ta [esk´ɔwtə] *sf* **1** scorta. **2** *Poét* scolta.
es.col.tar [eskowt´ar] *vt* scortare, fare la scolta.
es.con.der [eskõd´er] *vt* **1** nascondere. **2** occultare. **3** celare. **4** covare, chiudere. **5** *fig* velare, mascherare. **6** *gír* imboscare. *vpr* **7** nascondersi. **8** occultarsi, eclissarsi. **9** annidarsi. **10** appostarsi, imboscarsi. **11** *fig* svanire.
es.con.de.ri.jo [eskõder´iʒu] *sm* **1** nascondiglio. **2** *fig* baita, buco.
es.con.di.do [eskõd´idu] *adj* **1** nascosto. **2** occulto. **3** segreto. **4** latente. **5** furtivo. **às escondidas** sotto mano, nell'ombra, alla sordina, alla zitta.
es.co.po [esk´opu] *sm* scopo, effetto.
es.có.ria [esk´ɔrjə] *sf* **1** scoria. **2** *fig* gentaglia. Veja nota em **scoria**.
es.co.ri.a.ção [eskorjas´ãw] *sf* escoriazione.
es.co.ri.ar [eskori´ar] *vt* escoriare, scorticare.
es.cor.pi.ão [eskorpi´ãw] *sm* **1** scorpione. **2 Escorpião** *Astron, Astrol* Scorpione.
es.cor.re.ga.di.o [eskor̃egad´iu] *adj* scivoloso, sdrucciolevole, lubrico.
es.cor.re.gão [eskor̃eg´ãw] *sm aum* **1** sdrucciolone. **2** *fig* capitombolo.
es.cor.re.gar [eskor̃eg´ar] *vi* scivolare, sdrucciolare, slittare. **escorregando** *adv* sdruccioloni. **escorregar por entre as mãos** sgusciare.
es.cor.rer [eskor̃´er] *vi* **1** scorrere, fluire. **2** scolare.
es.co.tei.ro [eskot´ejru] *sm* giovane esploratore.
es.co.ti.lha [eskot´iλə] *sf Náut* boccaporto.
es.co.va [esk´ovə] *sf* spazzola. **escova de dentes** spazzolino da denti.
es.co.var [eskov´ar] *vt* **1** spazzolare, spolverare. **2** ravviare (cabelos).
es.co.vi.nha [eskov´iñə] *sf dim* spazzolino.
es.cra.vi.dão [eskravid´ãw] *sf* **1** schiavitù, servitù. **2** *fig* catene, ferri.
es.cra.vo [eskr´avu] *sm+adj* **1** schiavo, servo. **2** *fig* prigioniero.
es.cre.ven.te [eskrev´ẽti] *s* scrivente.
es.cre.ver [eskrev´er] *vt* **1** scrivere. **2** redigere, comporre, stendere. **escrever à máquina** scrivere a macchina. **escrever em código** cifrare.
es.cre.vi.nhar [eskreviñ´ar] *vt fig, dep* scarabocchiare.
es.cri.ta [eskr´itə] *sf* **1** scritta, scrittura. **2** *fig* cifra. **escrita contábil** *Com* scrittura. **escrita ilegível** *fig* geroglifico.
es.cri.to [eskr´itu] *sm* scritto, testo. • *adj* scritto. **fazer por escrito** *fig* mettere il nero sul bianco.
es.cri.tor [eskrit´or] *sm* **1** scrittore, romanziere. **2** *fig* autore.
es.cri.tó.rio [eskrit´ɔrju] *sm* ufficio, gabinetto, studio. **no escritório de** da. *ir no escritório de um advogado* / andare da un avvocato.
es.cri.tu.ra [eskrit´urə] *sf Dir* scrittura.
es.cri.tu.ra.ção [eskrituras´ãw] *sf Com* scrittura.
es.cri.tu.rar [eskritur´ar] *vt Contab* scritturare, impostare.
es.cri.va.ni.nha [eskrivan´iñə] *sf* scrivania, scrittoio.
es.cri.vão [eskriv´ãw] *sm* scrivano.
es.cro.to [eskr´otu] *sm Anat* scroto.
es.crú.pu.lo [eskr´upulu] *sm* scrupolo.
es.cru.pu.lo.so [eskrupul´ozu] *adj* **1** scrupoloso. **2** coscienzioso. **3** minuzioso. **4** *fig* religioso.
es.cru.tí.nio [eskrut´inju] *sm* scrutinio.
es.cu.dei.ro [eskud´ejru] *sm Hist* scudiero, palafreniere.
es.cu.de.ri.a [eskuder´iə] *sf Hist, Esp* scuderia.
es.cu.do [esk´udu] *sm* **1** scudo. **2** insegna. **3** *fig* corazza.
es.cul.pir [eskuwp´ir] *vt* scolpire, figurare.
es.cul.tor [eskuwt´or] *sm* **1** scultore. **2** *fig* scalpello.
es.cul.tu.ra [eskuwt´urə] *sf* scultura.
es.cu.ma.dei.ra [eskumad´ejrə] *sf* mestola.
es.cu.re.cer [eskures´er] *vt* **1** scurire, abbuiare. **2** annerire, annerare. **3** oscurare. **4** *Astron* eclissare. *vi* **5** scurire, scurirsi. **6** abbuiare, abbuiarsi (tempo). **7** annottare, imbrunirsi (céu). **8** *Astron* eclissarsi.
es.cu.ri.dão [eskurid´ãw] *sf* **1** scurità. **2** oscurità, buio. **3** *fig* notte.
es.cu.ro [esk´uru] *sm* scuro, buio. • *adj* **1**

scuro. **2** buio, tenebroso. **3** cupo. **4** tetro. **5** torbido. **6** oscuro. **casa escura** casa scura, casa affogata. **pele escura** pelle scura, pelle bruna.

es.cu.ta [esk´utə] *sf* ascolto. **à escuta** in ascolto.

es.cu.tar [eskut´ar] *vt* **1** ascoltare, sentire, udire. *vi* **2** ascoltare.

es.fa.ce.lar [esfasel´ar] *vt* **1** sfracellare. *vpr* **2** sgretolarsi.

es.fa.que.ar [esfake´ar] *vt* scoltellare.

es.far.ra.pa.do [esfar̄ap´adu] *sm* straccione. • *adj* stracciato, cencioso.

es.far.ra.par [esfar̄ap´ar] *vt* stracciare.

es.fe.ra [esf´ɛrə] *sf* **1** *Geom* sfera, globo. **2** *fig* sfera, ambito, dominio.

es.fé.ri.co [esf´ɛriku] *adj* sferico, tondo, rotondo.

es.fínc.ter [esf´ĩkter] *sm Anat* sfintere. *Pl: esfíncteres.*

es.fin.ge [esf´ĩʒi] *sf Hist, Mit* sfinge.

es.fo.lar [esfol´ar] *vt* **1** scorticare, spellare, escoriare. *vpr* **2** scorticarsi.

es.fo.me.a.do [esfome´adu] *adj* affamato, famelico.

es.for.çar [esfors´ar] *vt* **1** rinvigorire. **2** incoraggiare, animare. *vpr* **3** sforzarsi, faticare. **4** sforzarsi di, adoperarsi per.

es.for.ço [esf´orsu] *sm* **1** sforzo. **2** fatica, stento. **3** tentativo. **4** *fig* maratona.

es.fre.ga [esfr´ɛgə] *sf* **1** fregata, fregatura. **2** *fam* parrucca. **3** *pop* rabbuffo, sgridata.

es.fre.ga.ção [esfregas´ãw] *sf* frizione, fregata.

es.fre.gar [esfreg´ar] *vt* **1** sfregare, fregare, strisciare. *vpr* **2** fregarsi, strofinarsi.

es.fri.ar [esfri´ar] *vt* **1** freddare, infreddare, infrigidire. *vi+vpr* **2** freddare, freddarsi, infrigidirsi, intiepidirsi.

es.fu.ma.ça.do [esfumas´adu] *adj* bigio.

es.fu.ma.çar [esfumas´ar] *vt* **1** affumicare. **2** attenuare (cor).

es.fu.mar [esfum´ar] *vt Pint* sfumare.

es.fu.ma.tu.ra [esfumat´urə] *sf Pint* sfumatura, gradazione.

es.ga.nar [ezgan´ar] *vt* strozzare, strangolare, torcere il collo.

es.go.ta.do [ezgot´adu] *adj* **1** estenuato. **2** *fig* smunto.

es.go.tar [ezgot´ar] *vt* **1** esaurire. **2** estenuare. **esgotar um assunto** *fig* esaurire un argomento.

es.go.to [ezg´otu] *sm* fogna, chiavica, cloaca, emissario.

es.gri.ma [ezgr´imə] *sf Esp* scherma.

es.gri.mis.ta [ezgrim´istə] *s Esp* schermitore.

es.gue.lha [ezg´eλə] *sf* na expressão **de esguelha** di scorcio.

es.gui.char [ezgiʃ´ar] *vt* **1** schizzare, gettare. *vi* **2** schizzare, zampillare.

es.gui.cho [ezg´iʃu] *sm* schizzo, zampillo, getto.

es.la.vo [ezl´avu] *sm+adj* slavo.

es.ma.e.cer [ezmaes´er] *vt Pint* digradare.

es.ma.e.ci.men.to [ezmaesim´ẽtu] *sm Pint* digradazione.

es.ma.gar [ezmag´ar] *vt* **1** schiacciare, calpestare, calcare. **2** *fig* distruggere.

es.mal.tar [ezmawt´ar] *vt* smaltare.

es.mal.te [ezm´awti] *sm* smalto. **esmalte para unhas** smalto per unghie.

es.me.ra.do [ezmer´adu] *adj* accurato, lindo.

es.me.ral.da [ezmer´awdə] *sf Min* smeraldo.

es.me.ro [ezm´eru] *sm* accuratezza, lindezza.

es.mi.ga.lhar [ezmigaλ´ar] *vt* sbriciolare, stritolare, sfracellare.

es.mi.u.çar [ezmjus´ar] *vt* **1** sminuzzare. **2** *fig* svolgere, spiegar minuziosamente.

es.mo [´ezmu] *sm* na expressão **a esmo** a vanvera.

es.mo.la [ezm´ɔlə] *sf* elemosina, accatto, carità. **dar uma esmola** fare un'elemosina. **pedir esmolas** elemosinare, mendicare, accattare.

es.mo.lar [ezmol´ar] *vt+vi* elemosinare, questuare.

es.mo.re.cer [ezmores´er] *vt* **1** addormentare. *vi* **2** sbigottirsi, abbattersi, abbandonarsi, disanimarsi. **3** *fig* sgonfiarsi.

es.mo.re.ci.men.to [ezmoresim´ẽtu] *sm* sbigottimento.

e.sô.fa.go [ez´ofagu] *sm Anat* esofago.

e.so.té.ri.co [ezot´ɛriku] *adj* esoterico.

es.pa.çar [espas´ar] *vt* **1** spaziare. **2** *fig* alternare.

es.pa.ce.jar [espaseʒ´ar] *vt* spazieggiare.

es.pa.ci.al [espasi´aw] *adj* spaziale. *Pl: espaciais.*

es.pa.ço [esp´asu] *sm* **1** spazio. **2** superficie, tratto. **3** lacuna. **4** recinto.

es.pa.ço.so [espas´ozu] *adj* **1** spazioso, ampio. **2** *Lit* lato.

es.pa.da [esp´adə] *sf* **1** spada. **2 espadas** *pl* picche, spade (naipe das cartas).

es.pa.da.chim [espadaʃ´ĩ] *sm* **1** *Hist* spadaccino. **2** *Esp* schermitore.

es.pá.dua [esp´adwə] *sf Anat* spalla.

es.pa.gue.te [espag´ɛti] *sm* spaghetti. Veja nota em **lasagna**.

es.pa.lha.do [espaλ´adu] *adj* **1** sparso. **2** diffuso.

es.pa.lhar [espaλ´ar] *vt* **1** spargere. **2** cospargere. **3** diffondere (notícia). **4** spandere. *vpr* **5** spargersi. **6** spandersi. **7** *Med* irradiarsi.

es.pan.car [espãk´ar] *vt* **1** bastonare, legnare, picchiare, bordare. **2** *fam* pestare.

es.pa.nhol [españ´ɔw] *sm* spagnolo. • *adj* spagnolo, ispanico, ispano. *Pl: espanhóis.*

es.pan.ta.lho [espãt´aλu] *sm* spauracchio, fantoccio.

es.pan.tar [espãt´ar] *vt* **1** spaventare. **2** *fig* agghiacciare. *vpr* **3** spaventarsi. **4** *fig* agghiacciarsi.

es.pan.to [esp´ãtu] *sm* spavento.

es.pan.to.so [espãt´ozu] *adj* **1** spaventoso. **2** stupefacente, strabiliante.

es.pa.ra.dra.po [esparadr´apu] *sm Med* sparadrappo, drappo.

es.par.gir [esparʒ´ir] *vt* spargere, cospargere, spandere.

es.par.ra.mar [esparam´ar] *vt* **1** sparpagliare, disseminare. **2** disperdere.

es.par.ti.lho [espart´iλu] *sm* busto, gilè.

es.pas.mo [esp´azmu] *sm Med* spasimo, spasmo.

es.pe.ci.al [espesi´aw] *adj* **1** speciale. **2** specifico. **3** raro, straordinario. *Pl: especiais.*

es.pe.ci.a.li.da.de [espesjalid´adi] *sf* specialità, branca.

es.pe.ci.a.lis.ta [espesjal´istə] *s* esperto, perito, professionista. • *adj* esperto, perito, competente. **ser especialista em** essere saputo di.

es.pe.ci.a.li.za.ção [espesjalizas´ãw] *sf* specializzazione, campo, branca.

es.pe.ci.a.li.zar [espesjaliz´ar] *vt* **1** specificare. *vpr* **2** specializzarsi.

es.pe.ci.a.ri.as [espesjar´iəs] *sf pl* spezie, aromi, droghe. **temperar com especiarias** drogare.

es.pé.cie [esp´ɛsji] *sf* **1** specie. **2** genere, natura, qualità. **3** *Zool* specie. **4** *fig* risma.

es.pe.ci.fi.car [espesifik´ar] *vt* **1** specificare, precisare. **2** *Dir* declarare.

es.pe.cí.fi.co [espes´ifiku] *adj* specifico.

es.pé.ci.me [esp´ɛsimi] *sm Zool* esemplare.

es.pec.ta.dor [espektad´or] *sm* spettatore, astante, ascoltatore.

es.pec.tro [esp´ɛktru] *sm* **1** spettro. **2** fantasma, apparizione. **3** *fig* larva.

es.pe.cu.lar [espekul´ar] *vt* **1** *Fil, Com* speculare. **2** *fig* pappare.

es.pe.cu.la.ti.vo [espekulat´ivu] *adj* speculativo, teorico.

es.pe.lhar [espeλ´ar] *vt* **1** rispecchiare, riflettere. *vpr* **2** specchiarsi.

es.pe.lhi.nho [espeλ´iñu] *sm dim* specchietto.

es.pe.lho [esp´eλu] *sm* specchio. **espelho retrovisor** *Autom* specchietto retrovisivo.

es.pe.lun.ca [espel´ũkə] *sf* bisca, piccola casa di gioco.

es.pe.ra [esp´ɛrə] *sf* attesa, aspetto, aspettativa. **à espera de** in attesa di. **ficar à espera** attendere.

es.pe.ran.ça [esper´ãsə] *sf* **1** speranza. **2** *fig* assegnamento. **a esperança é a última que morre** finché v'è fiato, v'è speranza. **perder a esperança** disperare. **ter esperança** a) sperare. b) *fig* aver buon giuoco.

es.pe.ran.ço.so [esperãs´ozu] *adj* speranzoso.

es.pe.rar [esper´ar] *vt+vi* **1** aspettare. **2** attendere. **3** sperare. **esperar muito tempo por alguma coisa** *fig* allungare il collo. **espero que não** spero di no. **espero que sim** spero di sì.

es.per.ma [esp´ɛrmə] *sm Fisiol* sperma.

es.per.ma.to.zoi.des [espermatoz´ɔjdis] *sm pl Fisiol* spermatozoi.

es.per.ne.ar [esperne´ar] *vi* **1** sgambettare. **2** *irôn* zampettare.

es.per.ta.lhão [espertaλ´ãw] *sm dep* **1** furbo. **2** *fam* filone. **3** *fig* volpe.

es.per.te.za [espert´ezə] *sf* **1** furbizia. **2** furberia. **3** astuzia, malizia. **4** destrezza, scaltrezza. **5** vivacità. **6** *fig* acume.

es.per.to [espˈɛrtu] *adj* **1** furbo. **2** astuto, scaltro. **3** avveduto. **4** malizioso. **5** vivace. **6** lesto, svelto.
es.pes.so [espˈesu] *adj* **1** spesso, fitto, denso. **2** *fig* grasso.
es.pes.su.ra [espesˈurə] *sf* spessore, grossezza.
es.pe.ta.cu.lar [espetakulˈar] *adj* spettacolare.
es.pe.tá.cu.lo [espetˈakulu] *sm Cin, Teat* spettacolo, recita, rappresentazione. **espetáculo de variedades** varietà.
es.pe.tar [espetˈar] *vt* pizzicare.
es.pe.to [espˈetu] *sm* spiedo, spiede.
es.pi.ão [espiˈãw] *sm* **1** spia. **2** emissario. **3** delatore. **4** *fig gír* canarino.
es.pi.ar [espiˈar] *vt* spiare.
es.pi.ga [espˈigə] *sf* spiga.
es.pi.na.fre [espinˈafri] *sm* spinacio.
es.pin.gar.da [espĩgˈardə] *sf* spingarda, schioppo.
es.pi.nha [espˈiñə] *sf Anat* spina. **espinha de peixe** *Zool* lisca, spina. **espinha dorsal** *Anat* spina dorsale.
es.pi.nha.ço [espiñˈasu] *sm Geogr* dosso. Veja nota em **dosso**.
es.pi.nhal [espiñˈaw] *adj Anat* spinale. *Pl: espinhais.*
es.pi.nho [espˈiñu] *sm Bot* spina. **espinho de roseira** aculeo.
es.pi.nho.so [espiñˈozu] *adj* spinoso.
es.pi.o.na.gem [espjonˈaʒẽj] *sf* spionaggio.
es.pi.o.nar [espjonˈar] *vt* **1** spiare, codiare. **2** *fig* ascoltare.
es.pi.ral [espirˈaw] *sf* **1** spirale. **2** voluta. • *adj* spirale. *Pl: espirais.*
es.pí.ri.ta [espˈiritə] *s* spiritista.
es.pi.ri.tis.mo [espiritˈizmu] *sm* spiritismo.
es.pí.ri.to [espˈiritu] *sm* **1** spirito. **2** anima. **3** demone. **4** il morale. **5** *Mit* genio, gnomo. **6** *Quím* spirito. **espírito de corporação** *Mil* spirito di corpo. **o Espírito Santo** lo Spirito Santo.
es.pi.ri.tu.al [espirituˈaw] *adj* **1** spirituale. **2** immateriale. **3** angelico. **4** morale. *Pl: espirituais.*
es.pi.ri.tu.o.so [espirituˈozu] *adj* spiritoso.
es.pir.rar [espir̃ˈar] *vt* **1** schizzare, aspergere, cospargere. *vi* **2** schizzare. **3** starnutire.
es.pir.ro [espˈir̃u] *sm* starnuto.
es.plên.di.do [esplˈẽdidu] *adj* splendido, magnifico.
es.plen.dor [esplẽdˈor] *sm* splendore, fulgore.
es.plen.do.ro.so [esplẽdorˈozu] *adj* **1** splendido. **2** *fig* aureo.
es.po.li.ar [espoliˈar] *vt* spogliare.
es.pó.lio [espˈɔlju] *sm* preda, spoglie.
es.pon.ja [espˈõʒə] *sf* spugna. **beber como uma esponja** bere come una spugna. **esponja para pó de arroz** piumino.
es.pon.jo.so [espõʒˈozu] *adj* **1** spugnoso. **2** *fig* poroso.
es.pon.tâ.neo [espõtˈʌnju] *adj* **1** spontaneo. **2** franco. **3** *fig* fluido. **4** fresco. **5** brillante (sorriso).
es.po.ra [espˈɔrə] *sf* sprone, sperone.
es.po.rá.di.co [esporˈadiku] *adj* sporadico, contingente.
es.po.rar [esporˈar] *vt* spronare.
es.por.te [espˈɔrti] *sm sport.*
es.por.tis.ta [esportˈistə] *s* sportista, atleta.
es.por.ti.vo [esportˈivu] *adj* sportivo, atletico.
es.po.sa [espˈozə] *sf* **1** sposa, moglie, coniuge. **2** *irôn* femmina. **3** *fig* signora.
es.po.so [espˈozu] *sm* sposo, coniuge.
es.pre.gui.ça.dei.ra [espregisadˈejrə] *sf* sedia a sdraio.
es.pre.gui.çar-se [espregisˈarsi] *vpr* sdraiarsi, stirarsi, protendersi.
es.prei.ta [esprˈejtə] *sf* vigilanza.
es.prei.tar [esprejtˈar] *vt* **1** spiare, sorvegliare. **2** *fig* ascoltare.
es.pre.me.dor [espremedˈor] *sm* spremitoio.
es.pre.mer [espremˈer] *vt* spremere, premere, strizzare.
es.pu.ma [espˈumə] *sf* spuma, schiuma.
es.pu.mar [espumˈar] *vi* spumare, schiumare.
es.pú.rio [espˈurju] *adj* spurio.
es.qua.dra [eskˈwadrə] *sf* **1** *Mil, Aer* squadra. **2** *Náut* squadra, flotta.
es.qua.drão [eskwadrˈãw] *sm Mil* squadrone. **esquadrão de polícia** squadra.
es.qua.drar [eskwadrˈar] *vt* squadrare, mettere in angolo retto.
es.qua.dri.a [eskwadrˈiə] *sf* quartabuono.

es.qua.dri.lha [eskwadr´iλə] *sf* **1** *Mil* squadriglia. **2** *Aer* squadriglia, flotta aerea.

es.qua.dri.nhar [eskwadriñ´ar] *vt fig* squadrare, esaminar minuziosamente.

es.qua.dro [esk´wadru] *sm* squadra, quartabuono. **sair de esquadro** uscire di squadra.

es.quá.li.do [esk´walidu] *adj* squallido.

es.quar.te.jar [eskwarteʒ´ar] *vt* squartare.

es.que.cer [eskes´er] *vt* **1** dimenticare, scordare. **2** *fig* archiviare, seppellire. *vpr* **3** dimenticarsi, scordarsi. Veja nota em **affogare**.

es.que.ci.do [eskes´idu] *adj* **1** dimenticato. **2** negligente.

es.que.ci.men.to [eskesim´ẽtu] *sm* **1** dimenticanza. **2** omissione.

es.que.lé.ti.co [eskel´ɛtiku] *adj* **1** scheletrico. **2** cadaverico, smunto, sparuto. **ser esquelético** *fig* essere un'ombra.

es.que.le.to [eskel´etu] *sm Anat* **1** scheletro. **2** carcame. **3** *Arquit* armatura. **4** *fig* stoccafisso, larva, persona magra. **esqueleto de objeto** struttura.

es.que.ma [esk´emə] *sm* **1** schema. **2** diagramma, tavola. **3** bozza. **4** sintesi. **5** *fig* scheletro. **6** specchietto.

es.que.má.ti.co [eskem´atiku] *adj* schematico.

es.que.ma.ti.zar [eskematiz´ar] *vt* **1** sintetizzare. **2** *fig* condensare.

es.quen.ta.do [eskẽt´adu] *adj* **1** scaldato. **2** *fig* stizzoso.

es.quen.tar [eskẽt´ar] *vt* **1** riscaldare, scaldare, accalorare. *vi* **2** riscaldarsi. *vpr* **3** scaldarsi, accalorarsi. **4** *fig* stizzirsi.

es.quer.da [esk´erdə] *sf* (também *Pol*) sinistra. **à esquerda** a sinistra. **virar à esquerda** voltare a sinistra.

es.quer.do [esk´erdu] *adj* **1** sinistro. **2** manco, mancino.

es.qui [esk´i] *sm Esp* sci. **esqui aquático** sci d'acqua.

es.qui.a.dor [eskjad´or] *sm* sciatore.

es.qui.ar [eski´ar] *vi* sciare.

es.qui.lo [esk´ilu] *sm Zool* scoiattolo.

es.qui.mó [eskim´ɔ] *s+adj* eschimese.

es.qui.na [esk´inə] *sf* angolo, gomito di una via. **na esquina de** all'angolo di.

es.qui.si.ti.ce [eskizit´isi] *sf* bizzarria, stranezza, stravaganza, fisima, stramberia.

es.qui.si.to [eskiz´itu] *adj* **1** bizzarro, strano, stravagante, strampalato. **2** *pop dep* strambo. **3** *fig* matto. Veja nota em **squisito**.

es.qui.var [eskiv´ar] *vt* **1** schivare, fuggire. *vpr* **2** schivarsi, sottrarsi. **3** *fig* aggirare.

es.qui.vo [esk´ivu] *adj* schivo.

es.qui.zo.frê.ni.co [eskizofr´eniku] *sm+adj Psic* schizofrenico.

es.sa [´ɛsə] *pron f sing* **1** codesta. **2 essas** *pl* codeste. Veja nota em **codesto**.

es.se[1] [´ɛsi] *sm* esse, il nome della lettera S. Veja nota em **s** (italiano).

es.se[2] [´esi] *pron m sing* **1** codesto. **2 esses** *pl* codesti. Veja nota em **codesto**.

es.sên.cia [es´ẽsjə] *sf* **1** essenza. **2** natura, contenuto. **3** anima. **4** *fig* centro, cuore. **5** sugo.

es.sen.ci.al [esẽsi´aw] *sm* essenziale, punto principale. • *adj* **1** essenziale. **2** capitale, principale. **3** necessario, vitale. *Pl: essenciais.*

es.ta [´ɛstə] *pron f sing* **1** questa, quest'. **2 estas** *pl* queste. Veja notas em **questa** e **queste**.

es.ta.be.le.cer [estabeles´er] *vt* **1** stabilire. **2** fissare. **3** disporre. **4** fondare. **5** designare, determinare. *vpr* **6** stabilirsi. **7** fissarsi. **8** stanziarsi.

es.ta.be.le.ci.men.to [estabelesim´ẽtu] *sm* stabilimento.

es.ta.bi.li.da.de [estabilid´adi] *sf* **1** stabilità. **2** durata. **3** saldezza. **4** *fig* tenacia.

es.ta.bi.li.zar [estabiliz´ar] *vt* **1** stabilizzare. **2** fissare. **3** consolidare. **4** *Lit* francare. *vpr* **5** stabilizzarsi, fissarsi.

es.tá.bu.lo [est´abulu] *sm* stalla, mandra.

es.ta.ca [est´akə] *sf* palanca, palo, picchetto. **prender uma planta em estaca** impalare una pianta.

es.ta.ção [estas´ãw] *sf* **1** stazione. **2** stagione. **estação de rádio** canale di radio, stazione radiofonica. **estação de televisão** canale di TV, stazione TV **estação inicial** stazione di testa.

Stagione significa "estação do ano"; **stazione** é usado nos demais sentidos.

es.ta.ci.o.na.men.to [estasionam´ẽtu] *sm Autom* parcheggio, posteggio, sosta.

es.ta.ci.o.nar [estasjon´ar] *vt* **1** parcheggiare, posteggiare. *vi* **2** stazionare, sostare.
es.ta.di.a [estad´iə] *sf* soggiorno.
es.tá.dio [est´adju] *sm Esp* stadio, arena.
es.ta.dis.ta [estad´istə] *s* statista.
es.ta.do [est´adu] *sm* **1** stato. **2** situazione. **3** disposizione. **4** grado. **5** *fig* livello. **estado civil** stato civile. **estado de espírito** a) stato d'animo. b) *fig* umore. **estado de graça** stato di grazia. **estado de sítio** stato d'assedio. **o Estado** *Pol* lo Stato.
es.ta.du.ni.den.se [estadunid´ẽsi] *s+adj* statunitense.
es.tá.gio [est´aʒju] *sm* **1** fase. **2** noviziato, tirocinio.
es.tag.na.ção [estagnas´ãw] *sf* **1** inerzia. **2** *fig* palude.
es.tag.nar [estagn´ar] *vt* **1** stagnare, ristagnare. *vpr* **2** stagnare, ristagnare, ristagnarsi.
es.ta.la.gem [estal´aʒẽj] *sf* osteria, locanda.
es.ta.la.ja.dei.ro [estalaʒad´ejru] *sm* locandiere.
es.ta.lar [estal´ar] *vi* crepitare, scoppiettare.
es.ta.lei.ro [estal´ejru] *sm Náut* cantiere.
es.ta.lo [est´alu] *sm* **1** crepito. **2** scoppio.
es.tam.pa [est´ãpə] *sf* stampa.
es.tam.par [estãp´ar] *vt* stampare, imprimere.
es.tam.pi.do [estãp´idu] *sm* gazzarra (de arma).
es.tam.pi.lha [estãp´iλə] *sf* marca da bollo.
es.tan.car [estãk´ar] *vt* stagnare (sangue).
es.tân.cia [est´ãsjə] *sf* stanza.
es.tan.dar.te [estãd´arti] *sm* **1** stendardo, insegna, gonfalone. **2** *fig* bandiera.
es.ta.nhar [estañ´ar] *vt* stagnare, coprire di stagno.
es.ta.nho [est´Λñu] *sm Min* stagno. **estanho refinado** peltro.
es.tan.te [est´ãti] *sf* **1** scansia. **2** libreria.
es.tar [est´ar] *vaux* **1** essere. *vt* **2** stare. **estar a ponto de** essere sul punto di. **estar em ótimo estado** fiorire, essere in fiore. **estar prestes a** essere lì lì per.

Em italiano, prefere-se utilizar **essere** na maioria dos casos em que se usa "estar" em português. *estamos felizes* / siamo felici. *estou aqui* / sono qui.
Stare é menos usado, e principalmente no sentido de a) "estar de saúde": *como você está?* come stai? b) "estar em determinada posição": *estar de pé, estar sentado* / stare in piedi, stare seduto.
Também se usa **stare** acompanhado do gerúndio, como em português: *estava estudando* / stava studiando. Veja outra nota em **essere**.

es.tar.re.cer [estar̃es´er] *vt* terrificare.
es.tá.ti.co [est´atiku] *adj* statico.
es.ta.tís.ti.ca [estat´istikə] *sf* statistica.
es.ta.ti.zar [estatiz´ar] *vt Econ* statizzare, statalizzare.
es.tá.tua [est´atwə] *sf* **1** statua. **2** idolo. **ficar como uma estátua** restare come una statua.
es.ta.tu.e.ta [estatu´etə] *sf dim* statuetta.
es.ta.tu.ra [estat´urə] *sf* statura, corporatura, taglia.
es.ta.tu.to [estat´utu] *sm* statuto.
es.tá.vel [est´avew] *adj* **1** stabile. **2** immutabile, inalterato. **3** costante. **4** statico, fisso. **5** *fig* sodo, fermo, saldo. *Pl: estáveis.*
es.te[1] [´esti] *pron m sing* **1** questo, quest'. **2 estes** *pl* questi. Veja notas em **costui**, **questo** e **questi**.
es.te[2] [´ɛsti] *sm* est.
es.tei.ra [est´ejrə] *sf* **1** stuoia. **2** *Náut* solco.
es.te.lar [estel´ar] *adj* stellare, astrale.
es.te.li.o.na.to [esteljon´atu] *sm Dir* stellionato.
es.ten.der [estẽd´er] *vt* **1** stendere. **2** allargare. **3** distendere. **4** spiegare, coricare. **5** porgere, protendere. **6** estendere, espandere. *vpr* **7** stendersi. **8** distendersi. **9** spiegarsi. **10** protendersi, sporgersi. **11** estendersi, espandersi.
es.ten.di.do [estẽd´idu] *adj* esteso.
es.te.no.gra.fi.a [estenograf´iə] *vt* stenografia.
es.te.pe [est´ɛpi] *sm Autom* ruota di ricambio, ruota di scorta.
es.ter.co [est´erku] *sm* sterco, letame.
es.té.reo [est´ɛrju] *sm pop* stereo. • *adj* stereo, stereofonico.
es.te.re.o.fô.ni.co [estereof´oniku] *adj* stereofonico, stereo.

es.te.re.o.ti.pa.do [estereotip´adu] *adj fig* stereotipato.
es.te.re.ó.ti.po [estere´ɔtipu] *sm* stereotipo.
es.té.ril [est´ɛriw] *adj* **1** sterile. **2** improduttivo, infecondo. **3** arido. **4** *fig* magro.
es.te.ri.li.da.de [esterilid´adi] *sf* **1** sterilità. **2** aridità. **3** *fig* magrezza.
es.te.ri.li.za.do [esteriliz´adu] *adj Med* sterilizzato, asettico, sterile.
es.te.ri.li.zar [esteriliz´ar] *vt* sterilizzare.
es.ter.no [est´ɛrnu] *sm Anat* sterno.
es.ter.tor [estert´or] *sm* rantolo.
es.té.ti.ca [est´ɛtikə] *sf* estetica.
es.te.tos.có.pio [estetosk´ɔpju] *sm Med* stetoscopio.
es.ti.a.gem [esti´aʒẽj] *sf* siccità.
es.ti.bor.do [estib´ɔrdu] *sm Náut* tribordo.
es.ti.ca.do [estik´adu] *adj* teso.
es.ti.car [estik´ar] *vt* **1** stirare, distendere, tendere. *vpr* **2** distendersi, sporgersi.
es.tig.ma [est´igmə] *sm Bot* stigma.
es.ti.lar [estil´ar] *vt* stillare.
es.ti.le.te [estil´eti] *sm* stiletto.
es.ti.lha.çar [estiλas´ar] *vt* scheggiare.
es.ti.lha.ço [estiλ´asu] *sm* scheggia.
es.ti.lin.gue [estil´ĩgi] *sm* fionda, frombola.
es.ti.lis.ta [estil´istə] *s* stilista.
es.ti.lo [est´ilu] *sm* **1** stile. **2** genere. **3** dicitura. **4** *fig* atteggiamento, tocco. **em grande estilo** in grande stile. **estilo artístico** maniera.
es.ti.ma [est´imə] *sf* **1** stima. **2** considerazione, pregio, rispetto. **3** onore. **4** benevolenza, grazia.
es.ti.mar [estim´ar] *vt* **1** stimare. **2** avere in stima, apprezzare. **3** considerare. **4** quotare. **5** *Com* valutare.
es.ti.ma.ti.va [estimat´ivə] *sf Com* estimo, valutazione, preventivo.
es.ti.mu.lan.te [estimul´ãti] *sm Med* stimolante. • *adj* **1** stuzzicante. **2** *Med* stimolante.
es.ti.mu.lar [estimul´ar] *vt* **1** stimolare. **2** eccitare. **3** sollecitare. **4** provocare, suscitare. **5** *fig* accendere, svegliare. **6** spronare, sferzare, stuzzicare.
es.tí.mu.lo [est´imulu] *sm* **1** stimolo. **2** incentivo. **3** istigazione. **4** *fig* stimolante, sveglia. **5** sprone, sferza. **6** spinta, impulso.
es.ti.pu.lar [estipul´ar] *vt* stipulare.
es.ti.ra.men.to [estiram´ẽtu] *sm* distensione.
es.ti.rar [estir´ar] *vt* stirare, coricare, distendere.
es.tir.pe [est´irpi] *sf* **1** stirpe. **2** lignaggio, progenie. **3** casata, famiglia. **4** *fig* sangue. **5** ramo.
es.to.far [estof´ar] *vt* imbottire.
es.to.jo [est´oʒu] *sm* **1** astuccio, custodia. **2** capsula.
es.to.la [est´ɔlə] *sf* stola.
es.to.ma.cal [estomak´aw] *adj* stomacale, gastrico. *Pl: estomacais.*
es.tô.ma.go [est´omagu] *sm Anat* stomaco. **estar de estômago vazio** essere a stomaco vuoto. **estômago de avestruz** *fig* stomaco di struzzo.
es.ton.te.ar [estõte´ar] *vt* stordire, assordare.
es.to.pa [est´opə] *sf* stoppa.
es.to.pim [estop´ĩ] *sm* stoppino.
es.to.que [est´ɔki] *sm* riserva. **estoque de mercadorias** blocco di merce. **fim de estoque** *Com* fondo di magazzino.
es.tor.nar [estorn´ar] *vt Com* stornare.
es.tor.no [est´ornu] *sm Com* storno.
es.tor.var [estorv´ar] *vt* impedire.
es.tor.vo [est´orvu] *sm* impedimento, impiccio.
es.tou.rar [estowr´ar] *vt* **1** esplodere. *vi* **2** esplodere, scoppiare, sbottare, schiantarsi. **3** *fig* deflagrare (uma guerra).
es.tou.ro [est´owru] *sm* **1** esplosione. **2** *fig* tuono.
es.trá.bi.co [estr´abiku] *sm* strabico, guercio. • *adj* strabico, guercio, strambo.
es.tra.bis.mo [estrab´izmu] *sm Med* strabismo.
es.tra.ça.lhar [estrasaλ´ar] *vt* stracciare, lacerare.
es.tra.da [estr´adə] *sf* **1** strada. **2** *fig* traiettoria. **estrada de ferro** strada ferrata, ferrovia. **estrada de rodagem** autostrada. **pegar a estrada errada** sbagliare strada.
es.tra.do [estr´adu] *sm* castello.
es.tra.ga.do [estrag´adu] *adj* **1** guasto. **2** logoro, consumato. **3** corrotto. **4** decrepito. **5** marcio, rancido (alimento).

es.tra.gar [estrag´ar] *vt* **1** guastare. **2** danneggiare. **3** logorare. **4** rompere. **5** sprecare, sperperare. **6** deteriorare. **7** corrompere, deturpare. *vi* **8** marcire. **9** avariarsi. **10** andare in acqua (leite). *vpr* **11** guastarsi. **12** deteriorarsi. **13** andare a male. **14** logorarsi.
es.tra.go [estr´agu] *sm* **1** guasto. **2** danno. **3** spreco. **4** corruzione. **5** malestro.
es.tran.gei.ro [estrãʒ´ejru] *sm+adj* straniero, forestiero, estero, estraneo.
es.tran.gu.la.men.to [estrãgulam´ẽtu] *sm* strozzatura.
es.tran.gu.lar [estrãgul´ar] *vt* **1** strangolare, strozzare. *vpr* **2** strangolarsi, strozzarsi.
es.tra.nhe.za [estrañ´ezə] *sf* **1** stranezza. **2** stravaganza.
es.tra.nho [estr´Λñu] *sm* estraneo. • *adj* **1** strano. **2** bizzarro, stravagante. **3** anormale, bislacco. **4** estraneo, alieno. **5** incomprensibile. **6** *fam* poetico. **7** *fig* matto. Veja nota em **squisito**.
es.tra.ta.ge.ma [estrataʒ´emə] *sm* **1** artificio, malizia, accorgimento. **2** *Lit* ingegno. **3** *Mil* stratagemma. **4** *fig* calappio, acrobazia.
es.tra.té.gia [estrat´ɛʒjə] *sf* strategia, tattica.
es.tra.té.gi.co [estrat´ɛʒiku] *adj* strategico.
es.tra.te.gis.ta [estrateʒ´istə] *s* strategico.
es.tra.ti.fi.ca.ção [estratifikas´ãw] *sf Min* giacimento.
es.tre.ar [estre´ar] *vi* debuttare.
es.tre.ba.ri.a [estrebar´iə] *sf* cavallerizza, mandra, stalla.
es.trei.a [estr´ɛjə] *sf* debutto.
es.trei.tar [estrejt´ar] *vt* stringere.
es.trei.te.za [estrejt´ezə] *sf* strettezza, ristrettezza, angustia.
es.trei.to [estr´ejtu] *sm Geogr* stretto. • *adj* **1** stretto, sottile. **2** angusto, ristretto. **3** aderente. Veja nota em **distretto**.
es.tre.la [estr´elə] *sf* **1** stella, astro. **2** *Cin, Teat* stella, diva, celebrità, attrice famosa. **estrela cadente** *Astron* stella cadente. **ver estrelas** vedere le stelle sentir dolore.
es.tre.la.do [estrel´adu] *adj* stellato.
es.tre.la-do-mar [estreləd um´ar] *sf Zool* stella di mare. *Pl: estrelas-do-mar.*
es.tre.me.cer [estremes´er] *vi* **1** tremare, sussultare. **2** vibrare. **3** rabbrividire. **4** sobbalzare.
es.tre.me.ci.men.to [estremesim´ẽtu] *sm* **1** tremore, tremito. **2** vibrazione.
es.tri.a [estr´iə] *sf* stria.
es.tri.bei.ra [estrib´ejrə] *sf* staffa. **perder as estribeiras** *fig* perdere le staffe.
es.tri.bi.lho [estrib´iλu] *sm Mús, Poét* ritornello, ripresa.
es.tri.bo [estr´ibu] *sm* **1** *Anat* staffa. **2** *Autom* pedana. **3** *Equit* staffa, pedana.
es.tri.den.te [estrid´ẽti] *adj* stridente.
es.tri.par [estrip´ar] *vt* sbudellare, sviscerare, sventrare.
es.tri.to [estr´itu] *adj* stretto (sentido).
es.tro.fe [estr´ɔfi] *sf Mús, Poét* strofa, stanza.
es.tron.de.ar [estrõde´ar] *vi* tuonare.
es.tron.do [estr´õdu] *sm* **1** tuono, frastuono, boato. **2** *fig* ruggito.
es.tron.do.so [estrõd´ozu] *adj* fragoroso.
es.tro.pi.a.do [estropi´adu] *adj* storpio.
es.tro.pi.ar [estropi´ar] *vt* **1** storpiare. *vpr* **2** storpiarsi.
es.tru.me [estr´umi] *sm* letame, marcime, concime animale.
es.tru.tu.ra [estrut´urə] *sf* **1** struttura. **2** telaio. **3** architettura. **4** *fig* anatomia.
es.tu.á.rio [estu´arju] *sm Geogr* estuario, foce, sbocco, bocca di fiume.
es.tu.car [estuk´ar] *vt* stuccare.
es.tu.dan.te [estud´ãti] *s* **1** studente, scolaro, allievo, alunno. **2** studentessa, allieva, alunna. • *adj* studente. **estudante aplicado** sgobbone.
es.tu.dan.til [estudãt´iw] *adj* studentesco. *Pl: estudantis.*
es.tu.dar [estud´ar] *vt* **1** studiare. **2** analizzare, considerare. **3** esplorare. **4** imparare. **5** *fig* coltivare. *vi* **6** studiare, addottrinarsi. **7** *fig* illuminarsi. **estudar a fundo** approfondirsi, addentrarsi. **estudar na Universidade** frequentare l'Università.
es.tú.dio [est´udju] *sm* **1** studio. **2** gabinetto. **3** *atelier*. **4** *Cin, TV* studio, teatro di posa.
es.tu.di.o.so [estudi´ozu] *sm* **1** studioso, scienziato. **2** *fig* professore. • *adj* studioso, diligente.

es.tu.do [est´udu] *sm* **1** studio. **2** analisi. **3** ricerca. **4** esercizio.
es.tu.fa [est´ufə] *sf* stufa. **estufa para plantas** serra.
es.tu.pe.fa.ci.en.te [estupefasi´ẽti] *adj Med* stupefacente.
es.tu.pen.do [estup´ẽdu] *adj* stupendo, meraviglioso.
es.tu.pi.dez [estupid´es] *sf* **1** stupidaggine, imbecillità. **2** *fig* asineria. **que estupidez!** *irôn* bel giudizio!
es.tú.pi.do [est´upidu] *sm* **1** stupido, cretino, imbecille. **2** *fig* coglione. **3** somaro. • *adj* **1** stupido, imbecille. **2** *fig* ottuso. **que estúpido!** *irôn* che testa!
es.tu.por [estup´or] *sm* stupore.
es.tu.prar [estupr´ar] *vt* stuprare, violentare.
es.tu.pro [est´upru] *sm Dir* stupro, oltraggio.
es.tu.que [est´uki] *sm* stucco. **rebocar com estuque** stuccare.
es.tur.jão [esturʒ´ãw] *sm Zool* storione.
es.va.ir [ezva´ir] *vt* **1** dissipare. *vpr* **2** svanire. **3** dissiparsi.
es.va.zi.ar [ezvazi´ar] *vt* svuotare, vuotare.
es.ver.de.ar [ezverde´ar] *vt* **1** inverdire. *vi* **2** inverdire, inverdirsi.
es.vo.a.çar [ezvoas´ar] *vi* svolazzare, aleggiare, frullare.
e.ta.pa [et´apə] *sf* **1** tappa, stadio. **2** *fig* scalo, gradino.
é.ter [´ɛter] *sm Quím* etere.
e.té.reo [et´ɛrju] *adj* etereo.
e.ter.ni.da.de [eternid´adi] *sf* eternità, immortalità.
e.ter.ni.zar [eterniz´ar] *vt* **1** eternare, far eterno. *vpr* **2** eternarsi, perpetuarsi, diventare eterno.
e.ter.no [et´ɛrnu] *adj* **1** eterno. **2** immortale. **3** infinito. **4** continuo.
é.ti.ca [´ɛtikə] *sf* etica.
é.ti.co [´ɛtiku] *sm+adj* etico.
e.ti.mo.lo.gi.a [etimoloʒ´iə] *sf* etimologia.
e.tí.o.pe [et´iopi] *s+adj* etiope.
e.ti.que.ta [etik´etə] *sf* **1** etichetta. **2** cerimonia. **3** cartellino. **4** *fig* rito, rituale.
ét.ni.co [´ɛtniku] *adj* etnico.
e.trus.co [etr´usku] *sm+adj* etrusco.
eu [´ew] *pron* io. • *sm* io, l'ego. Veja nota em **io**.
eu.ca.lip.to [ewkal´iptu] *sm Bot* eucalipto.
eu.fe.mis.mo [ewfem´izmu] *sm Gram* eufemismo.
eu.fo.ni.a [ewfon´iə] *sf Gram* eufonia.
eu.fo.ri.a [ewfor´iə] *sf* euforia.
eu.nu.co [ewn´uku] *sm* eunuco.
eu.ro.peu [ewrop´ew] *sm+adj* europeo.
eu.ta.ná.sia [ewtan´azjə] *sf Med* eutanasia.
e.va.cu.a.ção [evakwas´ãw] *sf Fisiol* sgravio, espulsione.
e.va.cu.ar [evaku´ar] *vt* **1** evacuare. **2** scaricare. *vi* **3** svuotare, svuotarsi. **evacuar multidão** fare piazza pulita.
e.va.dir [evad´ir] *vt* **1** sfuggire a. *vpr* **2** evadere.
E.van.ge.lho [evãʒ´ɛʎu] *sm Rel* Vangelo.
e.van.ge.li.zar [evãʒeliz´ar] *vt* evangelizzare.
e.va.po.rar [evapor´ar] *vt* **1** evaporare. *vi+vpr* **2** evaporare, sfumare. **3** *fam* squagliarsi, scappare.
e.va.são [evaz´ãw] *sf* evasione.
e.va.si.va [evaz´ivə] *sf* **1** scusa, arzigogolo, avvolgimento. **2** *pop* storie. **usar evasivas** tergiversare.
e.ven.to [ev´ẽtu] *sm* evento, fatto, vicenda, avventura.
e.ven.tu.al [evẽtu´aw] *adj* eventuale, contingente. *Pl: eventuais.*
e.ven.tu.al.men.te [evẽtwawm´ẽti] *adv* eventualmente, per avventura.
e.vi.dên.cia [evid´ẽsjə] *sf* **1** evidenza, stacco. **2** *fig* rilievo, risalto. **colocar em evidência** mettere in evidenza, mettere in luce.
e.vi.den.ci.ar [evidẽsi´ar] *vt* **1** mettere in evidenza, accentuare. *vpr* **2** risaltare.
e.vi.den.te [evid´ẽti] *adj* **1** evidente. **2** chiaro, ovvio, palese, patente. **3** *fig* flagrante, visibile.
e.vis.ce.rar [eviser´ar] *vt* sviscerare, sventrare.
e.vi.tar [evit´ar] *vt* **1** evitare. **2** sfuggire a, schivare, scansare. **3** prevenire, parare. **4** *fig* aggirare, rifuggire da.
e.vo.car [evok´ar] *vt* evocare, chiamare le anime.

e.vo.lu.ção [evolus´ãw] *sf* **1** evoluzione. **2** andamento, processo. **3** progresso. **4** *Mil, Náut* manovra, maneggio. **5** *fig* cammino. **6** profitto.

e.xa.cer.bar [ezaserb´ar] *vt* esacerbare.

e.xa.ge.ra.da.men.te [ezaʒeradam´ẽti] *adv* oltre misura, all'eccesso.

e.xa.ge.ra.do [ezaʒer´adu] *adj* **1** esagerato, eccessivo, smodato. **2** *fig* astronomico (número, preço).

e.xa.ge.rar [ezaʒer´ar] *vt* **1** esagerare. **2** caricare. **3** *fig* montare, gonfiare. *vi* **4** abusare. Veja nota em **caricare**.

e.xa.ge.ro [ezaʒ´eru] *sm* **1** esagerazione. **2** estremo. **3** enfasi. **4** *irôn* tragedia. **5** *fig* caricatura. **6** follia.

e.xa.lar [ezal´ar] *vt* esalare, emanare, spirare.

e.xal.ta.ção [ezawtas´ãw] *sf* **1** esaltazione. **2** elevazione. **3** furore. **4** *fig* apoteosi. **5** febbre.

e.xal.ta.do [ezawt´adu] *adj* **1** esaltato. **2** impetuoso. **3** *fig* ubriaco, folle.

e.xal.tar [ezawt´ar] *vt* **1** esaltare. **2** decantare, celebrare. **3** *fig* porre sugli altari. **4** elevare, innalzare. *vpr* **5** esaltarsi. **6** *fig* ubriacarsi.

e.xa.me [ez´ʌmi] *sm* **1** esame. **2** analisi. **3** discussione. **4** concorso. **5** prova. **6** osservazione. **7** *fig* cimento. **8** rassegna, vaglio. *fazer um exame de sangue* / fare un esame del sangue. **fazer exame de consciência** esaminarsi. **fazer um exame** fare un esame. **passar num exame** superare un esame. **prestar um exame** dare un esame/ fare un esame/sostenere un esame. Veja nota em **esame**.

e.xa.mi.nar [ezamin´ar] *vt* **1** esaminare. **2** analizzare. **3** discutere. **4** osservare, guardare, contemplare. **5** esplorare. **6** studiare, considerare. **7** *fig* stacciare. **8** sviscerare. **examinar atenciosamente** *fig* digerire.

e.xas.pe.rar [ezasper´ar] *vt* **1** esasperare. *vpr* **2** esasperarsi.

e.xa.ta.men.te [ezatam´ẽti] *adv* **1** esattamente. **2** appunto, giusto. **3** proprio.

e.xa.ti.dão [ezatid´ãw] *sf* esattezza, correttezza, precisione.

e.xa.to [ez´atu] *adj* **1** esatto. **2** corretto, giusto. **3** preciso, accurato. **4** testuale.

e.xau.rir [ezaur´ir] *vt* **1** esaurire. **2** sterilizzare, rendere sterile (solo). *vpr* **3** esaurirsi.

e.xaus.to [ez´awstu] *adj* esausto, stanco, morto.

ex.ce.ção [eses´ãw] *sf* **1** eccezione. **2** *Dir* riserva. **a exceção confirma a regra** l'eccezione conferma la regola. **à exceção de/com exceção de** salvo, ecceto, fuorché.

ex.ce.den.te [esed´ẽti] *sm* eccedente, avanzo, sopravanzo, eccesso. • *adj* eccedente, avanzato.

ex.ce.der [esed´er] *vt* **1** eccedere. **2** oltrepassare, sorpassare, sopravanzare. **3** *Lit* trascendere. *vpr* **4** eccedere, disordinare. **5** *fig* sconfinare.

ex.ce.lên.cia [esel´ẽsjə] *sf* **1** eccellenza. **2** squisitezza. **3** grandezza. **Sua Excelência, o Ministro** Sua Eccellenza, il Ministro. **Vossa Excelência** Vostra Eccellenza/ l'Eccellenza Vostra. Veja nota em **la**[2], **le** e **lei** (italiano).

ex.ce.len.te [esel´ẽti] *adj* **1** eccellente. **2** ottimo. **3** squisito. **4** grande, esimio. **5** senza pari. **6** *fam* numero uno. **7** *fig* sublime, divino. Veja nota em **squisito**.

ex.cel.so [es´ɛwsu] *adj* eccelso, sublime.

ex.cen.tri.ci.da.de [esẽtrisid´adi] *sf* eccentricità, cervellaggine, stramberia.

ex.cên.tri.co [es´ẽtriku] *adj* **1** eccentrico, fuori del centro. **2** *pop, dep* strambo. **3** *fig* bisbetico, lunatico, strampalato. • *sm fig* originale.

ex.cep.ci.o.nal [esepsjon´aw] *adj* **1** eccezionale. **2** raro, straordinario. **3** formidabile. *Pl: excepcionais.*

ex.cer.to [es´ɛrtu] *sm* frammento (de um texto).

ex.ces.si.va.men.te [esesivam´ẽti] *adv* eccessivamente, all'eccesso, troppo, a dismisura.

ex.ces.si.vo [eses´ivu] *adj* **1** eccessivo. **2** smisurato. **3** smodato, troppo. **4** ridondante. **5** *fig* spropositato.

ex.ces.so [es´ɛsu] *sm* **1** eccesso. **2** sopravanzo, esorbitanza, troppo. **3** crapula. **4** abuso. **excesso de peso** sovraccarico.

ex.ce.to [es´ɛtu] *prep* eccetto, salvo, tranne, fuorché.

ex.ce.tu.a.do [esetu´adu] *adj* eccettuato.

E

ex.ce.tu.ar [esetu´ar] *vt* eccettuare, escludere.
ex.ci.ta.ção [esitas´ãw] *sf* **1** eccitazione. **2** agitazione, batticuore. **3** animazione. **4** entusiasmo. **5** *fig* orgasmo.
ex.ci.ta.do [esit´adu] *adj* **1** eccitato. **2** *fig* acceso.
ex.ci.tan.te [esit´ãti] *adj* **1** eccitante. **2** stuzzicante. **3** stimolante.
ex.ci.tar [esit´ar] *vt* **1** eccitare. **2** destare, svegliare. **3** provocare, infiammare. **4** invogliare, stuzzicare. **5** agitare. **6** stimolare. *vpr* **7** eccitarsi. **8** infiammarsi. **9** animarsi, accalorarsi. **10** palpitare. **excitar a curiosidade** aguzzare la curiosità.
ex.cla.mar [esklam´ar] *vi* esclamare.
ex.clu.í.do [esklu´idu] *adj* **1** escluso. **2** eccettuato.
ex.clu.ir [esklu´ir] *vt* escludere, eliminare, eccettuare.
ex.clu.si.vo [eskluz´ivu] *adj* **1** esclusivo. **2** privato. **3** ristretto.
ex.co.mun.gar [eskomũg´ar] *vt Rel* scomunicare.
ex.co.mu.nhão [eskomuñ´ãw] *sf Rel* scomunica.
ex.cre.ção [eskres´ãw] *sf* escrezione, escremento.
ex.cre.men.to [eskrem´ẽtu] *sm* **1** escremento. **2** *fig* cacca. **3 excrementos** *pl* escrementi, materie fecali, lordura.
ex.cur.são [eskurs´ãw] *sf* escursione, gita, giro, girata.
e.xe.crar [ezekr´ar] *vt* esecrare.
e.xe.cu.ção [ezekus´ãw] *sf* **1** esecuzione, attuazione, compimento. **2** *Mús* esecuzione.
e.xe.cu.tar [ezekut´ar] *vt* **1** eseguire. **2** effettuare, fare. **3** attendere a. **4** praticare. **5** giustiziare. **6** *Mús* eseguire.
e.xe.cu.tor [ezekut´or] *sm* **1** esecutore. **2** *Dir* esecutore di giustizia.
e.xem.plar [ezẽpl´ar] *sm* esemplare, esempio, copia. • *adj* **1** esemplare. **2** *fig* luminoso.
e.xem.plo [ez´ẽplu] *sm* **1** esempio. **2** *fig* modello. **3** orma, specchio. **bom exemplo** *fig* edificazione. **dar bom exemplo** *fig* edificare. **mau exemplo** scandalo. **por exemplo** per esempio, ad esempio. **seguir bons exemplos** *fig* edificarsi. **seguir o exemplo de** ricalcare.
e.xé.quias [ez´ɛkjas] *sf pl* esequie.
e.xer.cer [ezers´er] *vt* esercire, professare, fungere.
e.xer.cí.cio [ezers´isju] *sm* **1** esercizio. **2** pratica. **3** compito. **4** *Com* esercizio, annata. **5** *Mil* esercizio, manovra.
e.xer.ci.tar [ezersit´ar] *vt* **1** esercitare. **2** allenare. **3** addestrare. **4** praticare. *vpr* **5** esercitarsi. **6** addestrarsi, maneggiarsi, provarsi.
e.xér.ci.to [ez´ɛrsitu] *sm* esercito, armata di terra.
e.xi.bi.ção [ezibis´ãw] *sf* millanteria, ostentazione, bravata. **primeira exibição** prima visione.
e.xi.bi.ci.o.nis.mo [ezibisjon´izmu] *sm* esibizionismo, mostra.
e.xi.bi.ci.o.nis.ta [ezibisjon´istə] *s* esibizionista, saccente. • *adj* **1** saccente. **2** *fig* ricercato.
e.xi.bir [ezib´ir] *vt* **1** esibire. **2** mostrare, produrre, sciorinare. **3** affettare. *vpr* **4** esibirsi. **5** prodursi.
e.xi.gên.cia [eziʒ´ẽsjə] *sf* esigenza, pretesa, pretensione.
e.xi.gen.te [eziʒ´ẽti] *adj* **1** esigente. **2** *fig* fiscale.
e.xi.gir [eziʒ´ir] *vt* **1** esigere. **2** pretendere. **3** richiedere, costare.
e.xí.guo [ez´igwu] *adj* **1** esiguo. **2** ristretto. **3** *fig* striminzito, minuscolo.
e.xi.la.do [ezil´adu] *sm+adj* fuoruscito, proscritto.
e.xi.lar [ezil´ar] *vt* **1** esiliare, deportare, proscrivere, espatriare, bandire. *vpr* **2** esiliarsi.
e.xí.lio [ez´ilju] *sm* esilio, bando, confino.
e.xí.mio [ez´imju] *adj* esimio, bravo, valente.
e.xi.mir [ezim´ir] *vt* **1** esimere. **2** *fig* affrancare. *vpr* **3** esimersi, esentarsi, dispensarsi.
e.xis.tên.cia [ezist´ẽsjə] *sf* **1** esistenza. **2** vita.
e.xis.tir [ezist´ir] *vi* **1** esistere. **2** esserci. **3** sussistere. Veja nota em **essere**.
ê.xi.to [´ezitu] *sm* **1** esito, successo, riuscita. **2** *fig* vittoria.

ê.xo.do [ˈezodu] *sm* esodo.
e.xo.ne.ra.ção [ezonerasˈãw] *sf* esonero dispensa, rimozione.
e.xo.ne.rar [ezonerˈar] *vt* esonerare, dispensare, giubilare.
e.xor.bi.tân.cia [ezorbitˈãsjə] *sf* esorbitanza.
e.xor.bi.tan.te [ezorbitˈãti] *adj* **1** esorbitante. **2** *fam* favoloso.
e.xor.bi.tar [ezorbitˈar] *vi* esorbitare, eccedere, uscire dai limiti.
e.xor.cis.mo [ezorsˈizmu] *sm Rel* esorcismo.
e.xor.ci.zar [ezorsizˈar] *vt Rel* esorcizzare.
e.xor.ta.ção [ezortasˈãw] *sf* incentivo.
e.xor.tar [ezortˈar] *vt* esortare, indurre.
e.xó.ti.co [ezˈɔtiku] *adj* **1** esotico. **2** *fig* pittoresco.
ex.pan.dir [espãdˈir] *vt* **1** espandere. **2** spandere. **3** effondere. *vpr* **4** espandersi. **5** spandersi. **6** effondersi. **7** *Fís* dilatarsi (gás). **8** *fig* irradiarsi.
ex.pan.são [espãsˈãw] *sf* espansione.
ex.pan.si.vo [espãsˈivu] *adj* espansivo, comunicativo.
ex.pa.tri.a.ção [espatrjasˈãw] *sf* espatriazione, confino.
ex.pa.tri.a.do [espatriˈadu] *adj* espatriato, bandito.
ex.pa.tri.ar [espatriˈar] *vt* espatriare, esiliare.
ex.pec.ta.ti.va [espektatˈivə] *sf* **1** aspettativa, prospettiva. **2** *fig* assegnamento.
ex.pec.to.rar [espektorˈar] *vt Med* espettorare, espellere.
ex.pe.di.ção [espedisˈãw] *sf* **1** spedizione. **2** invio. **3** emissione. **expedição militar** giornata.
ex.pe.di.en.te [espediˈẽti] *sm* espediente, trucco, ritrovato.
ex.pe.dir [espedˈir] *vt* **1** spedire. **2** inviare. **3** emettere. **4** rilasciare.
ex.pe.lir [espelˈir] *vt* **1** espellere. **2** smaltire. **3** rigurgitare. **4** *fig* vomitare, eruttare.
ex.pe.ri.ên.cia [esperiˈẽsjə] *sf* **1** esperienza. **2** pratica. **3** conoscenza. **4** prova, saggio. **5** fatto. **6** *Quím, Fís* esperienza, esperimento. **7** *fig* arte. **ter experiência com** essere pratico di, conoscere.
ex.pe.ri.en.te [esperiˈẽti] *adj* esperto, pratico, valente.
ex.pe.ri.men.tar [esperimẽtˈar] *vt* **1** sperimentare. **2** provare, saggiare. **3** tentare. **4** assaggiare, gustare. **5** dare un'indossata. **6** *fig* tastare. **7** attraversare.
ex.pe.ri.men.to [esperimˈẽtu] *sm Quím, Fís* esperimento, esperienza, saggio.
ex.pi.a.ção [espjasˈãw] *sf Rel* espiazione, penitenza, riscatto.
ex.pi.ar [espiˈar] *vt* **1** espiare. **2** *fig* purgare.
ex.pi.rar [espirˈar] *vi* **1** spirare. **2** espirare. **3** crepare, morire.
ex.pli.ca.ção [esplikasˈãw] *sf* **1** spiegazione. **2** commento, illustrazione. **3** esposizione, versione. **4** difesa. **5** discolpa. **6** *fig* luce.
ex.pli.car [esplikˈar] *vt* **1** spiegare. **2** chiarire. **3** esporre. **4** interpretare, illustrare. **5** giustificare, motivare. **6** *Dir* declarare. **7** *fig* illuminare. **8** tradurre. *vpr* **9** spiegarsi. **10** difendersi.
ex.plí.ci.to [esplˈisitu] *adj* esplicito, espresso.
ex.plo.dir [esplodˈir] *vt* **1** esplodere. *vi* **2** esplodere. **3** detonare. **4** scoppiare, sbottare.
ex.plo.ra.ção [esplorasˈãw] *sf* **1** esplorazione. **2** sfruttamento. **3** *Mil* ricognizione. **4** *fig* rapina, strozzatura.
ex.plo.ra.dor [esploradˈor] *sm* **1** esploratore. **2** *fig* avvoltoio, mignatta.
ex.plo.rar [esplorˈar] *vt* **1** esplorare. **2** perlustrare. **3** tastare, brancicare. **4** sfruttare, salassare. **5** *Mil* riconoscere, battere. **6** *fam* frugare. **7** *fig* curiosare. **explorar ilegalmente** far mercanzia di.
ex.plo.são [esplozˈãw] *sf* esplosione. **explosão de raiva** scatto. **explosão emocional** *fig* tempesta.
ex.plo.si.vo [esplozˈivu] *sm* esplosivo, bomba, mina. • *adj* esplosivo.
ex.po.en.te [espoˈẽti] *sm Mat* esponente. • *adj* esponente.
ex.por [espˈor] *vt* **1** esporre. **2** mostrare. **3** compromettere. **4** enunciare. *vpr* **5** esporsi. **6** scoprirsi. **7** *fig* smascherarsi. **expor-se ao perigo** cimentarsi. **expor-se ao ridículo** *fig* far ridere i polli.
ex.por.ta.ção [esportasˈãw] *sf* esportazione.

ex.por.tar [esport´ar] *vt* esportare, estrarre.
ex.po.si.ção [espozis´ãw] *sf* **1** esposizione. **2** discorso. **3** mostra, fiera campionaria. **4** *Fot* esposizione, ripresa.
ex.po.si.tor [espozit´or] *sm+adj* esponente.
ex.pos.to [esp´ostu] *adj* **1** esposto. **2** suscettibile, soggetto.
ex.pres.são [espres´ãw] *sf* **1** espressione, modo di dire. **2** *Gram* frase. **expressão algébrica** *Mat* espressione algebrica, espressione letterale. **expressão aritmética** *Mat* espressione aritmetica.
ex.pres.si.vo [espres´ivu] *adj* **1** espressivo, significativo, significante, eloquente. **2** *fig* parlante.
ex.pres.so [espr´ɛsu] *adj* **1** espresso. **2** esplicito. **3** formale. • *sm* espresso (trem, mensageiro).
ex.pri.mir [esprim´ir] *vt* **1** esprimere. **2** esternare. **3** enunciare. **4** rendere. **5** *fig* spirare.
ex.pro.pri.ar [espropri´ar] *vt Dir* espropiare.
ex.pul.são [espuws´ãw] *sf* **1** espulsione. **2** cacciata. **3** sfratto. **4** esilio.
ex.pul.sar [espuws´ar] *vt* **1** espellere. **2** cacciar via, scacciare. **3** sfrattare, sloggiare. **4** esiliare. **5** *fig* scalzare.
ex.pur.gar [espurg´ar] *vt* spurgare, espurgare.
ex.pur.go [esp´urgu] *sm* spurgo.
êx.ta.se [´estazi] *sm* **1** estasi, rapimento. **2** *Rel* estasi, ratto. **3** *fig* ubriachezza, trasporto. **chegar ao êxtase** *fig* toccare il diapason.
ex.ta.si.ar [estazi´ar] *vt* **1** estasiare. **2** *fig* rapire. *vpr* **3** estasiarsi, bearsi.
ex.tem.po.râ.neo [estẽpor´ʌnju] *adj* estemporaneo.
ex.ten.são [estẽs´ãw] *sf* **1** estensione. **2** espansione. **3** ampiezza. **4** lunghezza. **5** largura.
ex.ten.so [est´ẽsu] *adj* **1** esteso. **2** grande. **3** ampio. **por extenso** per esteso.
ex.te.nu.ar [estenu´ar] *vt* estenuare, depauperare.
ex.te.ri.or [esteri´or] *sm* **1** esteriore. **2** *fig* facciata. • *adj* **1** esteriore. **2** esterno, di fuori. **3** estrinseco. **4** (também *fig*) apparente. **no exterior** all'estero. **o exterior** l'estero.
ex.te.ri.o.ri.zar [esterjoriz´ar] *vt* esternare.
ex.ter.mi.nar [estermin´ar] *vt* **1** sterminare. **2** *fig* distruggere, sopprimere.
ex.ter.mí.nio [esterm´inju] *sm* sterminio, carneficina.
ex.ter.no [est´ɛrnu] *adj* esterno, esteriore.
ex.tin.ção [estĩs´ãw] *sf* **1** estinzione. **2** ammortamento.
ex.tin.guir [estĩg´ir] *vt* **1** estinguere. **2** chiudere. **3** smorzare. **4** spegnere, soffocare (fogo). **5** ammortizzare, ammortare (dívida). *vpr* **6** estinguersi. **7** spegnersi.
ex.tin.to [est´ĩtu] *adj* estinto, spento.
ex.tin.tor [estĩt´or] *sm* **extintor de incêndio** estintore.
ex.tir.par [estirp´ar] *vt* estirpare, smuovere, sradicare, eradicare.
ex.tor.quir [estork´ir] *vt* **1** estorcere, carpire, strappare. **2** *fig* spellare, spennare. **3** spremere.
ex.tor.são [estors´ãw] *sf* estorsione.
ex.tra [´ɛstrə] *sm* straordinario.
ex.tra.di.ção [estradis´ãw] *sf Pol* estradizione.
ex.tra.di.tar [estradit´ar] *vt Pol* estradare.
ex.tra.ir [estra´ir] *vt* **1** estrarre. **2** cavare, ricavare. **3** estirpare.
ex.tra.or.di.ná.rio [estraordin´arju] *adj* **1** straordinario. **2** raro, insolito. **3** sorprendente, incredibile, inaudito. **4** stupendo.
ex.tra.ter.res.tre [ɛstrater̄´ɛstri] *sm* alieno.
ex.tra.to [estr´atu] *sm* **1** *Geol* strato. **2** *Quím* estratto.
ex.tra.va.gân.cia [estravag´ãsjə] *sf* **1** stravaganza. **2** bizzarria, fantasticheria. **3** stramberia, stranezza. **4** capriccio, ticchio, fisima. **5** *fig* pazzia.
ex.tra.va.gan.te [estravag´ãti] *adj* **1** stravagante. **2** bizzarro, eccentrico, strampalato, bislacco. **3** *pop, dep* strambo. Veja nota em **squisito**.
ex.tra.va.sar [estravaz´ar] *vi* traboccare.
ex.tra.vi.ar [estravi´ar] *vt* **1** smarrire. *vpr* **2** smarrirsi.
ex.tra.vi.o [estrav´iu] *sm* smarrimento, disvio.
ex.tre.ma-un.ção [estreməũs´ãw] *sf Rel* estrema unzione. *Pl: extrema-unções, extremas-unções.*
ex.tre.mi.da.de [estremid´adi] *sf* **1** estre-

mità. **2** cima, punta. **3** confine, termine. **4** polo. **5** ciglio. **6** *fig* orlo.

A “extremidade da goteira ou biqueira do telhado” chama-se **grondaia** em italiano. Veja nota em **ciglio**.

ex.tre.mo [estr´emu] *sm* **1** estremo. **2** estremità. **3** *fig* fondo. • *adj* **1** estremo. **2** *fig* supremo. **3** matto.

ex.trín.se.co [estr´ĩseku] *adj* estrinseco.

ex.tro.ver.ti.do [estrovert´idu] *adj* **1** estroverso, comunicativo, socievole, brioso. **2** *fig* chiassoso. **caráter extrovertido** carattere brillante.

e.xu.be.ran.te [ezuber´ãti] *adj* **1** esuberante, lussureggiante. **2** *fig* giovanile.

e.xul.tar [ezuwt´ar] *vt* esultare, trionfare.

e.xu.mar [ezum´ar] *vt* *esumare, disseppellire.*

E

f

f [´ɛfi] *sm* la sesta lettera dell'alfabeto portoghese.
fá [f´a] *sm Mús* fa.
fã [f´ã] *sm* **1** fanatico. **2** *pop* tifoso.
fá.bri.ca [f´abrikə] *sf* fabbrica, opificio, stabilimento.
fa.bri.ca.ção [fabrikas´ãw] *sf* **1** fabbricazione, industria. **2** costruzione. **3** produzione.
fa.bri.car [fabrik´ar] *vt* **1** fabbricare. **2** costruire. **3** produrre. **4** fare, formare.
fá.bu.la [f´abulə] *sf* favola, fiaba, fola.
fa.bu.lo.so [fabul´ozu] *adj* **1** favoloso. **2** formidabile. **3** *fig* splendido.
fa.ca [f´akə] *sf* coltello, coltellaccio. **faca de dois gumes** (também *fig*) arma a doppio taglio.
fa.ca.da [fak´adə] *sf* coltellata.
fa.ça.nhas [fas´ʌñas] *sf pl* gesta. *as façanhas de um herói* / le gesta di un eroe.
fac.ção [faks´ãw] *sf* **1** fazione, parte. **2** ala di un partito. **3** *fig* setta. Veja nota em **ala** (italiano).
fac.ci.o.so [faksi´ozu] *adj* parziale, settario.
fa.ce [f´asi] *sf* **1** faccia. **2** viso. **3** sembianza. **4** *Poét* volto. **5** *fig* faccia (de objetos). **face a face** a viso a viso.
fa.ce.ta [fas´etə] *sf* faccetta.
fa.ce.ta.do [faset´adu] *adj* a faccetta.
fa.cha.da [faʃ´adə] *sf* **1** facciata, aspetto esterno. **2** *Arquit* facciata, fronte. **3** *fig* crosta.
fa.cho [f´aʃu] *sm* fiaccola.
fa.ci.al [fasi´aw] *adj* faciale, della faccia. *Pl: faciais.*
fá.cil [f´asiw] *adj* **1** facile. **2** agevole, andante. **3** *fig* rapido, semplice. *Pl: fáceis.*
fa.ci.li.da.de [fasilid´adi] *sf* **1** facilità, agevolezza, correntezza. **2** *fig* semplicità. **com facilidade** all'agevole, di sotto gamba.
fa.ci.li.tar [fasilit´ar] *vt* **1** facilitare, agevolare, ammollire. **2** *fig* spianare, lastricare.
fac-sí.mi.le [faks´imili] *sm* facsimile. *Pl: fac-símiles.*
fac.tí.vel [fakt´ivew] *adj* fattibile. *Pl: factíveis.*
fa.cul.da.de [fakuwd´adi] *sf* **1** facoltà. **2** competenza. **3** capacità. **faculdade de medicina** facoltà di medicina.
fa.da [f´adə] *sf* **1** fata. **2** *fig* bella, donna formosa. **fada morgana** *Fís* fata morgana.
fa.di.ga [fad´igə] *sf* fatica, stanchezza, affaticamento, strapazzo.
fa.do [f´adu] *sm* **1** fato, destino, sorte. **2** canzone popolare portoghese.
fa.go.te [fag´ɔti] *sm Mús* fagotto.
fa.go.tis.ta [fagot´istə] *s Mús* fagotto.
fa.gu.lha [fag´uλə] *sf* favilla, scintilla, barlume.
fai.são [fajz´ãw] *sm Zool* fagiano.
fa.ís.ca [fa´iskə] *sf* **1** scintilla. **2** fulmine.
fa.is.car [fajsk´ar] *vi* scintillare, sfavillare, guizzare.
fai.xa [f´ajʃə] *sf* fascia, cinta, benda, lista. **faixa de pedestres** passaggio pedonale. **faixa de tecido** banda. **faixa em uniforme** striscia.
fa.la [f´alə] *sf* parlata, parola. **fala de um ator** *Cin, Teat* battuta.
fa.la.dor [falad´or] *sm* **1** parolaio. **2** *pop* chiacchierone. • *adj* parolaio, loquace.
fa.lan.ge [fal´ãʒi] *sf* **1** *Anat* falange. **2** *Hist* falange, fanteria greca.

fa.lan.te [fal´ãti] *adj* parlante.
fa.lar [fal´ar] *vt* **1** parlare. **2** dire. *vi* **3** parlare, conversare. **ele sempre fala de música** ha sempre musica in bocca. **e não se fala mais nisso!** punto e basta! **está falando sério?** senza scherzi? **falar alto** schiamazzare. **falar às claras** buttare in faccia, dirne quattro a uno. **falar a sério** dir davvero. **falar cara a cara** parlare a quattr'occhi. **falar claramente** mettere in volgare, dir pane al pane e vino al vino. **falar com dificuldade** a) impuntare. b) *fig* biascicare le parole. **falar demais** berciare. **falar mal de** *fig* dire corna di, tagliare i panni addosso a. **falar sem pensar** parlare a vanvera. **falar sobre tudo** parlare del più e del meno. **não falar sem pensar** *fig* tenere la lingua a posto.
fal.cão [fawk´ãw] *sm Zool* falco.
fa.le.cer [fales´er] *vi* **1** morire, spirare, mancare. **2** *fig* scomparire, spegnersi.
fa.le.ci.do [fales´idu] *sm* trapassato, buon'anima. • *adj* fu, andato.
fa.le.ci.men.to [falesim´ẽtu] *sm* **1** decesso, obito. **2** *fig* scomparsa.
fa.lên.cia [fal´ẽsjə] *sf* **1** *Com* fallimento, bancarotta, sbilancio. **2** *fig* tracollo, capitombolo.
fa.lha [f´aλə] *sf* **1** fallo, colpa. **2** peccato. **3** mancanza, lacuna. **4** imperfezione, pecca.
fa.lhar [faλ´ar] *vt* **1** fallare. *vi* **2** fallare, fallire, cadere in errore. **3** *fig* peccare.
fa.lir [fal´ir] *vi* **1** *Com* fallire. **2** *fig* naufragare.
fa.lo [f´alu] *sm Anat* fallo.
fal.sá.rio [faws´arju] *sm* falsario.
fal.si.da.de [fawsid´adi] *sf* **1** falsità. **2** finzione. **3** affettazione.
fal.si.fi.ca.ção [fawsifikas´ãw] *sf* **1** falsificazione. **2** *fig* copia.
fal.si.fi.ca.do [fawsifik´adu] *adj* **1** falsificato, falso, artefatto. **2** *fig* spurio. Veja nota em **artefatto**.
fal.si.fi.car [fawsifik´ar] *vt* **1** falsificare, falsare. **2** alterare, sofisticare. **3** copiare, contraffare. **4** *fig* truccare.
fal.so [f´awsu] *sm* **1** falso, bugiardo. **2** *pop* sornione. • *adj* **1** falso. **2** artificiale. **3** bugiardo. **4** finto. **5** fittizio, illusorio. **6** *pop* sornione. Veja nota em **artefatto**.
fal.ta [f´awtə] *sf* **1** mancanza, vuoto. **2** assenza. **3** deficienza. **falta de apetite** *Med* inappetenza. **falta de dinheiro** *fig* malessere. **faltas cometidas** *Esp* falli fatti. **sem falta** senza fallo. **sentir falta** *fig* mancare.
fal.tan.te [fawt´ãti] *adj* assente.
fal.tar [fawt´ar] *vt+vi* **1** mancare. **2** venir meno, fallire. **3** non esserci. **4** essere insufficiente. **5** mancarci (tempo). *falta pouco para as oito horas* / ci manca poco alle otto. **era só o que faltava!** non mancherebbe altro! **faltar com a palavra** mancare di parola. **só nos faltava essa!** ci mancava solo questa!
fa.ma [f´Λmə] *sf* **1** fama. **2** gloria, celebrità, notorietà. **3** reputazione, nome, rinomanza. **4** *pop* nomina. **5** *fig* marchio, marco, grido. **má fama** infamia, scredito, taccia.
fa.mí.lia [fam´iljə] *sf* **1** famiglia. **2** casato. **3** *fig* casa. **4** razza, sangue. **a Família Real** i Reali. **Sagrada Família** *Rel* Sacra Famiglia. **ser da família** frequentare.
fa.mi.li.ar [famili´ar] *sm* famigliare, parente, congiunto. • *adj* **1** familiare. **2** confidenziale.
fa.mi.li.a.ri.da.de [familjarid´adi] *sf* **1** familiarità. **2** confidenza. **3** *fig* amicizia, conoscenza.
fa.mi.li.a.ri.zar [familjariz´ar] *vt* **1** familiarizzare. *vpr* **2** familiarizzarsi, addomesticarsi.
fa.min.to [fam´ĩtu] *adj* affamato.
fa.mo.so [fam´ozu] *adj* famoso, celebre, illustre, noto, rinomato. **um famoso pintor** un pittore di grido.
fa.ná.ti.co [fan´atiku] *sm* **1** fanatico. **2** *Esp* tifoso. • *adj* fanatico.
fa.na.tis.mo [fanat´izmu] *sm* **1** fanatismo. **2** *Esp* tifo.
fan.far.ra [fãf´ar̄ə] *sf Mús* fanfara.
fan.far.rão [fãfar̄´ãw] *sm* **1** fanfarone, parolaio. **2** *gír* ballista. **3** *fam* zuzzurellone. **4** *fig* buffone, saltimbanco.
fan.ta.si.a [fãtaz´iə] *sf* **1** fantasia. **2** visione, illusione. **3** capriccio. **4** *fig* chimera, follia, utopia.
fan.ta.si.ar [fãtazi´ar] *vt* **1** fantasticare. **2** *fig* architettare, fabbricare. *vi* **3** fantasticare, arzigogolare. **4** *fig* sognare, almanaccare.

vpr **5** mascherarsi. *fantasiar-se de colombina* / mascherarsi da colombina.

fan.ta.si.o.so [fãtazi´ozu] *adj* **1** fantasioso. **2** *fig* astratto, utopistico.

fan.tas.ma [fãt´azmə] *sm* **1** fantasma, spettro, apparizione. **2** *Mit* incubo. **3** *fig* ombra, larva.

fan.tás.ti.co [fãt´astiku] *adj* **1** fantastico. **2** favoloso, sensazionale. **3** immaginario. **4** *fam* poetico. **5** *fig* chimerico.

fan.to.che [fãt´ɔʃi] *sm* **1** fantoccio, burattino. **2** *fig* automa.

fa.quei.ro [fak´ejru] *sm* coltelliera.

fa.quir [fak´ir] *sm* fachiro.

fa.ra.ó [fara´ɔ] *sm* faraone.

far.da [f´ardə] *sf* **1** uniforme, assisa. **2** *Mil* tenuta. Veja nota em **uniforme** (português).

far.do [f´ardu] *sm* **1** fardello, balla. **2** *fig* bagaglio.

fa.re.jar [fareʒ´ar] *vt* **1** fiutare, annusare. *vi* **2** fiutare.

fa.re.lo [far´ɛlu] *sm* crusca, semola.

fa.rin.ge [far´ĩʒi] *sf Anat* faringe.

fa.ri.nha [far´iñə] *sf* farina. **farinha de milho** farina gialla. **sujar-se de farinha** infarinarsi. **todos farinha do mesmo saco** *irôn, dep* ragazzacci della stessa risma.

far.ma.cêu.ti.co [farmas´ewtiku] *sm* farmacista, speziale.

far.má.cia [farm´asjə] *sf* farmacia.

fa.ro [f´aru] *sm* **1** fiuto, annuso. **2** *gír* fiuto (para negócios etc.).

fa.rol [far´ɔw] *sm* **1** *Náut* faro, fanale, lanterna. **2** *Autom* faro. **farol alto** faro abbagliante. **farol antineblina** faro antinebbia. **farol baixo** faro antiabbagliante. *Pl: faróis.*

far.ra.po [far̃´apu] *sm* straccio, cencio.

far.sa [f´arsə] *sf* **1** *Teat* farsa. **2** *fig* giuoco.

far.tar [fart´ar] *vt* **1** rifocillare, empire, rimpinzare. **2** *fig* stufare, stuccare. *vpr* **3** rifocillarsi, empirsi. **4** *fig* riempirsi, inzepparsi.

far.to [f´artu] *adj* **1** sazio, stufo, stucco. **2** ricco. **estar farto de algo** esser sazio di, avere abbastanza.

far.tu.ra [fart´urə] *sf* abbondanza, dovizia, ricchezza, piena. **viver com fartura** scialare.

fas.ci.na.ção [fasinas´ãw] *sf* fascinazione, fascino, incantesimo.

fas.ci.nan.te [fasin´ãti] *adj* **1** affascinante. **2** *fig* suggestivo, magico.

fas.ci.nar [fasin´ar] *vt* **1** affascinare, incantare, ammaliare. **2** *fig* abbagliare, sedurre.

fas.cí.nio [fas´inju] *sm* **1** fascino, fascinazione. **2** *fig* incanto, magia. **3** seduzione, attrazione.

fa.se [f´azi] *sf* **1** fase, tappa. **2** *Astron, Fís* fase.

fas.ti.o [fast´iu] *sm* infastidimento.

fa.tal [fat´aw] *adj* **1** fatale. **2** inevitabile. *Pl: fatais.*

fa.ta.li.da.de [fatalid´adi] *sf* **1** fatalità. **2** caso, destino. **3** disastro, rovescio.

fa.ti.a [fat´iə] *sf* fetta, taglio, fettone. **cortar em fatias** affettare.

fa.ti.gan.te [fatig´ãti] *adj* faticoso, improbo.

fa.ti.gar [fatig´ar] *vt* **1** stancare, strapazzare, stremare. **2** fiaccare. *vpr* **3** stancarsi, fiaccarsi.

fa.to [f´atu] *sm* **1** fatto. **2** episodio, vicenda, contingenza. **3** dato. **4** *fig* scena. **de fato** infatti, appunto, in fatto. **é fato que** sta di fatto che.

fa.tor [fat´or] *sm Mat, Fís* fattore.

fa.tu.ra [fat´urə] *sf Com* fattura. **fatura *pro forma*** fattura *pro forma*.

fa.tu.rar [fatur´ar] *vt Com* fatturare.

fau.na [f´awnə] *sf* fauna.

faus.to [f´awstu] *sm* fasto, sfarzo, sfoggio.

faus.to.so [fawst´ozu] *adj* sfarzoso.

fa.va [f´avə] *sf Bot* fava, baccello, cornetto.

fa.ve.la [fav´ɛlə] *sf* bassifondi.

fa.vo [f´avu] *sm* favo di miele.

fa.vor [fav´or] *sm* **1** favore. **2** cortesia, gentilezza. **3** grazia, piacere. **4** appoggio. **5** beneficio, protezione. **6** vantaggio. **7** *fig* regalo. **8** **favores** *pl* auspici. **a favor de** pro. **fazer um favor** fare un piacere. **por favor**! a) per piacere! per carità! b) pure (dando permissão). *diga, por favor!* dica pure!

fa.vo.rá.vel [favor´avew] *adj* **1** favorevole. **2** propizio. **3** prospero. **4** ridente (sorte). *Pl: favoráveis.*

fa.vo.re.cer [favores´er] *vt* **1** favoreggiare,

favorire. **2** aiutare, giovare, appoggiare. **3** beneficare, proteggere. **4** arridere a.
fa.vo.re.ci.do [favores´idu] *sm+adj* favorito.
fa.vo.re.ci.men.to [favoresim´ẽtu] *sm* favore.
fa.vo.ri.to [favor´itu] *sm* favorito, eletto.
fa.zen.da [faz´ẽdə] *sf* **1** stoffa, panno, pezza. **2** podere, proprietà rurale. **3** finanze. **fazenda pública** fisco.
fa.zen.dei.ro [fazẽd´ejru] *sm* agricoltore.
fa.zer [faz´er] *vt* **1** fare. **2** confezionare. **3** formare. **4** praticare. *vpr* **5** fare, fingersi. *fazer-se de inocente* / fare l'innocente. **fazer a cama** rifare il letto. **fazer amizade** *fig* stringere amicizia, legare amicizia. **fazer às pressas** affrettarsi. **fazer de tudo (para conseguir algo)** a) *fam* far Roma e toma. b) *fig* farsi in quattro. **fazer malfeito** abborracciare. **fazer-se de miguel** *fam* fare lo gnorri. **fazer uma pergunta** porre una domanda/una questione. **não saber o que fazer** *fig* perdere la tramontana. **tanto faz** fa lo stesso. Veja nota em **fare**.
fé [f´ɛ] *sf* **1** fede. **2** credo, credenza. **3** convinzione, sicurezza. **4** speranza. **5** *fig* ardore. **6** religione, vangelo. **a fé move montanhas** la fede trasporta montagne. **ter fé** credere, confidare.
fe.bre [f´ɛbri] *sf* (também *fig*) febbre. **febre amarela** febbre gialla, peste americana. **febre do feno** febbre da fieno.
fe.bril [febr´iw] *adj* febbrile, ardente. *Pl: febris.*
fe.cha.do [feʃ´adu] *adj* **1** chiuso. **2** *fig* sornione, taciturno, cupo. **3** inclemente (tempo). **hermeticamente fechado** stagno. **vogal fechada** *Gram* vocale stretta.
fe.cha.du.ra [feʃad´urə] *sf* serratura.
fe.cha.men.to [feʃam´ẽtu] *sm* chiusura, otturazione.
fe.char [feʃ´ar] *vt* **1** chiudere, serrare. **2** otturare, tappare. **3** *fig* incarcerare. **4** sigillare. **5** liquidare (empresa). *vpr* **6** chiudersi, serrarsi. **7** tapparsi. **8** cicatrizzarsi. **9** *fig* abbottonarsi. **fechar novamente** richiudere.
fe.cho [f´eʃu] *sm* fermaglio, cerniera, fibula.
fé.cu.la [f´ɛkulə] *sf* fecola.
fe.cun.dar [fekũd´ar] *vt* fecondare.
fe.cun.di.da.de [fekũdid´adi] *sf* fecondità, fertilità.
fe.cun.do [fek´ũdu] *adj* fecondo, fertile, fruttifero.
fe.der [fed´er] *vi* puzzare.
fe.de.ra.ção [federas´ãw] *sf* federazione, confederazione.
fe.de.ral [feder´aw] *adj* federale. *Pl: federais.*
fe.di.do [fed´idu] *adj* fetente, fetido.
fe.dor [fed´or] *sm* puzzo, fetore, tanfo, lezzo.
fe.do.ren.to [fedor´ẽtu] *adj* fetido, infetto.
fei.ção [fejs´ãw] *sf* **1** sembianza. **2 feições** *pl* fisionomia, lineamenti.
fei.jão [fejʒ´ãw] *sm* fagiolo. **feijão verde** fagiolino.
fei.o [f´eju] *adj* **1** brutto. **2** sconcio, deforme. **fazer feio** fare una brutta figura, sfigurare.
fei.ra [f´ejrə] *sf* **1** fiera, esposizione. **2** mercato.
fei.ti.ça.ri.a [fejtisar´iə] *sf* incantesimo, incanto, sortilegio.
fei.ti.cei.ra [fejtis´ejrə] *sf* strega, maga, maliarda, saga.
fei.ti.cei.ro [fejtis´ejru] *sm* stregone, mago.
fei.ti.ço [fejt´isu] *sm* ammaliamento, malia.
fei.ti.o [fejt´iu] *sm* **1** fatta. **2** fattura.
fei.to [f´ejtu] *sm* azione, atto. • *adj* fatto. **feitos heroicos** gesta.
fei.tor [fejt´or] *sm* fattore.
fei.tu.ra [fejt´urə] *sf* fattura.
fei.ú.ra [fej´urə] *sf* sconcezza, deformità.
fei.xe [f´ejʃi] *sm* fascio. **feixe de luz** fascio luminoso.
fel [f´ɛw] *sm Fisiol* fiele. *Pl: féis, feles.*
fe.li.ci.da.de [felisid´adi] *sf* **1** felicità, gioia, allegria. **2** *fig* fortuna, riso.
fe.li.ci.ta.ções [felisitas´õjs] *sf pl* felicitazioni, congratulazioni, rallegramenti.
fe.li.ci.tar [felisit´ar] *vt* **1** felicitare. **2** beare, rendere felice. **3** complimentare. *vpr* **4** felicitarsi con, complimentarsi, congratularsi.
fe.li.no [fel´inu] *sm+adj Zool* felino.
fe.liz [fel´is] *adj* **1** felice. **2** allegro, contento, gaio. **3** venturoso, benedetto. **4** *fig* aureo, roseo.

F

fel.pa [f´ewpə] *sf* felpa.
fel.tro [f´ewtru] *sm* feltro.
fê.mea [f´emjə] *sf* **1** femmina. **2** *Mec* madrevite.
fe.mi.ni.no [femin´inu] *sm Gram* genere femminile. • *adj* femminile.
fê.mur [f´emur] *sm Anat* femore.
fen.da [f´ẽdə] *sf* fenditura, crepa, fessura, spaccatura.
fen.der [fẽd´er] *vt* **1** fendere, crepare, spaccare. *vpr* **2** fendersi.
fê.nix [f´eniks] *sf Mit* fenice.
fe.no [f´enu] *sm* fieno.
fe.nô.me.no [fen´omenu] *sm* **1** fenomeno, fatto. **2** *Quím* fenomeno, modificazione della materia.
fe.ra [f´ɛrə] *sf* **1** fiera, belva, bestia. **2** *fig* tigre, persona crudele.
fé.re.tro [f´ɛretru] *sm* feretro.
fe.ri.a.do [feri´adu] *sm* festa, giorno festivo, feria. **feriado nacional** festa nazionale. **feriados móveis** feste mobili.
fé.rias [f´ɛrjas] *sf pl* vacanze, ferie, villeggiatura. **tirar férias** fare vacanze.
fe.ri.da [fer´idə] *sf* ferita.
fe.ri.do [fer´idu] *adj* ferito, leso.
fe.ri.men.to [ferim´ẽtu] *sm* **1** ferimento. **2** contusione, colpo. **3** fitta.
fe.ri.no [fer´inu] *adj* ferino, crudele, disumano.
fe.rir [fer´ir] *vt* **1** ferire. **2** lesionare. **3** colpire. **4** offendere. *vpr* **5** ferirsi, tagliarsi.
fer.men.tar [fermẽt´ar] *vi* fermentare, ribollire, lievitare.
fer.men.to [ferm´ẽtu] *sm* fermento, lievito.
fe.ro.ci.da.de [ferosid´adi] *sf* ferocia, accanimento.
fe.roz [fer´ɔs] *adj* feroce, fiero.
fer.ra.du.ra [fer̄ad´urə] *sf* ferro da cavallo.
fer.ra.men.ta [fer̄am´ẽtə] *sf* utensile, strumento.
fer.rão [fer̄´ãw] *sm* puntiglione, punta.
fer.rar [fer̄´ar] *vt* **1** ferrare, munire di ferro. **2** *vulg* fottere. **ferrar o cavalo** ferrare il cavallo.
fer.rei.ro [fer̄´ejru] *sm* ferraio, fabbro ferraio.
fér.reo [f´ɛr̄ju] *adj* ferreo, di ferro.
fer.ro [f´ɛr̄u] *sm* ferro. **ferro batido** ferro battuto. **ferro de passar** ferro da stiro. **malhar o ferro enquanto está quente** *pop* battere il ferro mentre è caldo. **quem com ferro fere, com ferro será ferido** chi di spada ferisce, di spada perisce.

Ferro em italiano é usado como em português, indicando o "elemento químico", o "metal", e "qualquer instrumento ou utensílio feito de ferro".

fer.ro.lho [fer̄´oλu] *sm* chiavistello, spranga.
fer.ro-ve.lho [fer̄uv´ɛλu] *sm* **1** ferravecchio (o estabelecimento que vende). **2** ferraglia (o material que se vende). **3** *fig* macinino, veicolo vecchio. *Pl: ferros-velhos.*
fer.ro.vi.a [fer̄ov´iə] *sf* ferrovia, strada ferrata.
fer.ro.vi.á.rio [fer̄ovi´arju] *sm* ferroviere, impiegato di ferrovia.
fer.ru.gem [fer̄´uʒẽj] *sf* ruggine.
fer.ru.gi.no.so [fer̄uʒin´ozu] *adj* ferruginoso.
fér.til [f´ɛrtiw] *adj* **1** fertile, fecondo, fruttifero. **2** *fig* generoso, grasso, ricco. *Pl: férteis.*
fer.ti.li.da.de [fertilid´adi] *sf* **1** fertilità, fecondità. **2** *fig* grassezza.
fer.ti.li.zan.te [fertiliz´ãti] *sm* fertilizzante, concime. • *adj* fertilizzante.
fer.ti.li.zar [fertiliz´ar] *vt* fertilizzare, concimare.
fer.ven.te [ferv´ẽti] *adj* fervente.
fer.ver [ferv´er] *vt* **1** bollire. *vi* **2** (também *fig*) fervere, bollire, ribollire. **ferver de raiva** *fig* bollire.
fer.vi.lhar [ferviλ´ar] *vi* formicolare, brulicare.
fer.vor [ferv´or] *sm* **1** fervore. **2** attività. **3** *fig* ardore, calore, caldo.
fer.vo.ro.so [fervor´ozu] *adj* **1** fervoroso, ardente. **2** *fig* fervente.
fer.vu.ra [ferv´urə] *sf* ebollizione.
fes.ta [f´ɛstə] *sf* **1** festa. **2** *fig* pasqua, serata. **festa de despedida** festa d'addio, serata d'addio.
fes.tan.ça [fest´ãsə] *sf* gozzoviglia.
fes.te.jar [festeʒ´ar] *vt* **1** festeggiare, commemorare. **2** *fig* celebrare. *vi* **3** festeggiare.
fes.tim [fest´ĩ] *sm* banchetto.
fes.ti.val [festiv´aw] *sm* **1** festival. **2** sagra, festa. *Pl: festivais.*
fes.ti.vo [fest´ivu] *adj* festivo, festevole.
fe.ti.che [fet´iʃi] *sm* feticcio.

fé.ti.do [f´ɛtidu] *adj* fetido, fetente, puzzolente, infetto.
fe.to [f´ɛtu] *sm Med, Zool* feto, embrione.
feu.dal [fewd´aw] *adj* feudale, di feudo. *Pl: feudais.*
feu.do [f´ewdu] *sm* feudo (propriedade, tributo e bens).
fe.ve.rei.ro [fever´ejru] *sm* febbraio. **o dia vinte e nove de fevereiro** il bisesto.
fe.zes [f´ɛzis] *sf pl* feci, feccie, escrementi.
fi.a.ção [fjas´ãw] *sf* filatura.
fi.a.do [fi´adu] *sm Com* fido. **vender fiado** vendere a fido.
fi.a.dor [fjad´or] *sm Com* garante.
fi.an.ça [fi´ãsə] *sf Com* garanzia, pegno.
fi.ar [fi´ar] *vt* **1** filare. **2** fidare. *vpr* **3** fidarsi, affidarsi.
fi.as.co [fi´asku] *sm* **1** fiasco, disastro. **2** *fig* aborto.
fi.bra [f´ibrə] *sf* **1** *Anat, Bot* fibra, filamento. **2** *fig* tempra, sangue. **fibra têxtil** fibra tessile.
fi.car [fik´ar] *vt* **1** restare, permanere, stare. **2** divenire, diventare. **3** sedersi (cidade, lugar). **ficar fora de si** a) uscire di sé, uscire di senno. b) *fig* perdere il lume della ragione. **ficar impassível** *fig* restare come una statua, restare immobile. **ficar junto** tenersi insieme. **ficar para trás** a) rimanere addietro. b) *fig* cedere il passo. **ficar sem nada** *fig* restare a mani vuote.
fic.ção [fiks´ãw] *sf Lit* prosa narrativa. **ficção científica** fantascienza.
fi.cha [f´iʃə] *sf* scheda, cartellino, formulario. **ficha de jogo** gettone. **ficha telefônica** gettone.
fi.chá.rio [fiʃ´arju] *sm* schedario, casellario.
fic.tí.cio [fikt´isju] *adj* fittizio, immaginario.
fi.de.dig.no [fided´ignu] *adj* fededegno, degno di fede.
fi.de.li.da.de [fidelid´adi] *sf* **1** lealtà. **2** assiduità.
fi.el [fi´ɛw] *s* **1** *Rel* fedele, credente. **2** *fig* apostolo. • *adj* **1** fedele. **2** leale, fido, assiduo. **3** credente. **fiel da balança** ago della bilancia, perno. *Pl: fiéis.*
fí.ga.do [f´igadu] *sm Anat* fegato.
fi.go [f´igu] *sm* fico.
fi.go-da-ín.dia [f´igudə´ĩdjə] *sm* fico d'India. *Pl: figos-da-índia.*
fi.guei.ra [fig´ejrə] *sf* fico.
fi.gu.ra [fig´urə] *sf* **1** figura. **2** illustrazione, disegno, immagine. **3** personale. **4** apparenza. **5** forma. **6** *fam* tipo, persona originale.
fi.gu.ra.do [figur´adu] *part+adj* figurato. **linguagem figurada** linguaggio figurato.
fi.gu.ran.te [figur´ãti] *s Cin, Teat* comparsa.
fi.gu.rão [figur´ãw] *sm* **1** *aum fam* pezzo grosso. **2** *fig* personaggio, persona importante.
fi.gu.rar [figur´ar] *vt* figurare, raffigurare.
fi.gu.ri.no [figur´inu] *sm* **1** figurino, rivista di moda. **2** **figurinos** *pl Cin, Teat* figurini.
fi.la [f´ilə] *sf* fila, linea, riga, coda. **fazer fila** fare la fila. **fila indiana** fila indiana.
fi.la.men.to [filam´ẽtu] *sm Bot, Anat* filamento.
fi.lan.tro.pi.a [filãtrop´iə] *sf* filantropia, altruismo.
fi.lan.tro.po [filãtr´opu] *sm* filantropo, benefattore.
fi.lão [fil´ãw] *sm* **1** filone, bastone di pane. **2** *Min* filone, vena, giacimento, falda.
fi.lar.mô.ni.ca [filarm´onikə] *sf* filarmonica.
fi.la.te.li.a [filatel´iə] *sf* filatelia.
fi.lé [fil´ɛ] *sm* filetto.
fi.lei.ra [fil´ejrə] *sf* **1** riga. **2** *Mil* fila, schiera, rango. **juntar-se às fileiras de alguém** schierarsi dalla parte di, unirsi ad uno. Veja nota em **ala** (italiano).
fi.le.te [fileti] *sm* (também *Anat, Arquit*) filetto.
fi.lha.ra.da [fiλar´adə] *sf fig, fam* nidiata.
fi.lhi.nho [fiλ´iñu] *sm fam* nino. **filhinho de papai** figlio di papà.
fi.lho [f´iλu] *sm* **1** figlio, figliolo, creatura. **2** *Poét* portato. **3** *fig* rampollo. **filho pródigo** figliolo prodigo. **o Filho** *Rel* il Figliolo.
fi.lho.te [fiλ´ɔti] *sm* piccolo.
fi.li.al [fili´aw] *sf Com* filiale, agenzia, dipendenza. • *adj* filiale. *Pl: filiais.*

fi.li.ar [fili´ar] *vt* **1** affiliare. *vpr* **2** affiliarsi. **3** accostarsi (a um partido).

fil.mar [fiwm´ar] *vt Cin* filmare, girare, riprendere.

fil.me [f´iwmi] *sm Cin, Fot* film, pellicola. **está passando um bom filme no cinema X** danno un buon film al cinema X. **filme de mistério/de suspense** film giallo. **filme em branco e preto** film in bianco e nero. **filme em cores** film a colori, pellicola a colori. **filme em três dimensões** film a tre dimensioni. **filme falado** film sonoro. **filme mudo** film muto. **filme policial** film poliziesco.

fi.lo.lo.gi.a [filoloʒ´iə] *sf Gram* filologia.

fi.lo.so.far [filozof´ar] *vi* filosofare.

fi.lo.so.fi.a [filozof´iə] *sf* **1** filosofia. **2** pensiero.

fi.ló.so.fo [fil´ɔzofu] *sm* filosofo, teorico.

fil.trar [fiwtr´ar] *vt* filtrare, colare.

fil.tro [f´iwtru] *sm* **1** filtro. **2** colatoio. **3** elisir dell'amore.

fim [f´ĩ] *sm* **1** fine. **2** conclusione, cessazione. **3** finale, intento, intenzione. **4** obiettivo, scopo. **5** effetto, oggetto. **6** *fig* tramonto. **a fim de/a fim de que** affinché, perché. *escrevi para você a fim de que me explicasse tudo* / ti scrisse affinché mi spiegassi tutto. **até o fim** a oltranza. **chegar ao fim** finire. **fim de semana** fine settimana. **ir até o fim numa investigação** *fig* andare a fondo. **para este fim** a tale scopo. **por fim** a) alfine. b) da ultimo. **pôr fim** porre termine. **pôr fim a uma disputa** accomodare una disputa.

> Atenção: em italiano, o substantivo **fine** tem dois gêneros: a) quando significa "término, conclusão", é feminino. *o fim do dia* / la fine del giorno. b) quando significa "objetivo, finalidade, intenção", é masculino. *o fim não justifica os meios* / il fine non giustifica i mezzi.

fi.nal [fin´aw] *sm* **1** finale, conclusione, termine. **2** *Mús* finale. *sf* **3** *Esp* finale, partita decisiva. • *adj* **1** finale. **2** terminale, estremo. **no final** in ultimo. *Pl: finais.*

fi.na.li.da.de [finalid´adi] *sf* finalità, fine.

fi.na.li.za.ção [finalizas´ãw] *sf* consumazione.

fi.nal.men.te [finawm´ẽti] *adv* finalmente, insomma, infine, alfine.

fi.nan.ça [fin´ãsə] *sf* **1** finanza. **2 finanças** *pl* a) finanze dello Stato. b) erario.

fi.nan.cei.ro [finãs´ejru] *sm V financista.* • *adj* finanziario

fi.nan.ci.a.men.to [finãsiam´ẽtu] *sm* sussidio.

fi.nan.ci.ar [finãsi´ar] *vt* finanziare, sussidiare.

fi.nan.cis.ta [finãs´istə] *s* finanziere.

fin.ca.do [fĩk´adu] *adj* infisso, fitto.

fin.car [fĩk´ar] *vt* **1** ficcare, figgere, conficcare. *vpr* **2** infiggersi.

fin.do [f´ĩdu] *adj* finito, consumato.

fi.ne.za [fin´ezə] *sf* **1** finezza, gentilezza. **2** sottigliezza. **3** squisitezza. **4** *fig* mollezza.

fin.gi.do [fĩʒ´idu] *sm* **1** *pop* gattamorta, sornione. **2** *fig dep* gesuita. • *adj* finto, fittizio.

fin.gi.men.to [fĩʒim´ẽtu] *sm* **1** finzione, finta. **2** simulazione. **3** affettazione. **4** *fig* maschera, recita. **5** mostra. **6** invenzione.

fin.gir [fĩʒ´ir] *vt* **1** fingere, inscenare, simulare. *vi* **2** fingere. *vpr* **3** fingersi, fare. *ele se fingia de louco* / lui faceva il matto. *fingir-se de médico* / fingersi medico. **fingir que está gostando** far buon viso a cattivo giuoco.

fi.no [f´inu] *adj* **1** fine, fino, sottile, tenue. **2** *fig* ricercato, squisito. Veja nota em **squisito**.

fin.ta [f´ĩtə] *sf Esp* finta.

fi.nu.ra [fin´urə] *sf* finezza.

fi.o [f´iu] *sm* **1** filo (de tecido; de metal; de telégrafo, de telefone). **2** filo, taglio (de lâmina, de tesoura etc.). **encontrar o fio da meada** trovare il bandolo della matassa, risolvere una situazione difficile. **fio duplo de tecido** doppione. **fio terra** *Elet* filo di terra. **por um fio** per un pelo. **transformar metais em fio** filare metalli.

fir.ma [f´irmə] *sf* **1** firma, sottoscrizione. **2** *Com* ditta, azienda, casa commerciale.

fir.ma.men.to [firmam´ẽtu] *sm* firmamento, cielo.

fir.mar [firm´ar] *vt* **1** fermare, stabilire, basare. **2** firmare, segnare. **3** *fig* cementare.

fir.me [f´irmi] *adj* **1** fermo, fisso, sicuro. **2** stabile. **3** immobile. **4** tenace.

fir.me.za [firm´ezə] *sf* **1** fermezza. **2** tenacia, saldezza. **3** fortezza, energia, vigore. **4** stabilità.

fis.cal [fisk´aw] *sm* controllore. • *adj* fiscale, del fisco. *Pl: fiscais.*

fis.ca.li.za.ção [fiskalizas´ãw] *sf* controllo.

fis.ca.li.zar [fiskaliz´ar] *vt* **1** controllare. *vi* **2** fiscaleggiare, fare il fiscale.

fis.co [f´isku] *sm* fisco.

fí.si.ca [f´izikə] *sf* fisica.

fí.si.co [f´iziku] *sm* **1** fisico, studioso di fisica. **2** fisico, corpo, aspetto, costituzione fisica. • *adj* fisico. **educação física** educazione fisica.

fi.si.o.lo.gi.a [fizjoloʒ´iə] *sf* fisiologia.

fi.si.o.no.mi.a [fizjonom´iə] *sf* fisionomia, lineamenti.

fis.são [fis´ãsw] *sf Fís* fissione nucleare, disgregazione.

fis.su.ra [fis´urə] *sf* **1** fessura, breccia. **2** crepa, fistola.

fís.tu.la [f´istulə] *sf Med* fistola.

fi.ta [f´itə] *sf* **1** nastro, striscia. **2** fettuccia. **3** filetto, fiocco. **4** *Cin* film. **fita isolante** nastro isolante **fita métrica** misura.

fi.tar [fit´ar] *vt* fissare, affissare, mirare, appuntare gli occhi.

fi.ve.la [fiv´ɛlə] *sf* fibbia, fibula.

fi.xa.ção [fiksas´ãw] *sf* **1** fissazione, affissamento. **2** ossessione, complesso, fisima.

fi.xar [fiks´ar] *vt* **1** fissare, affissare. **2** legare. **3** stabilire. **4** *Lit* francare. *vpr* **5** fissarsi. **6** radicarsi.

fi.xo [f´iksu] *adj* **1** fisso. **2** fermo, fitto. **3** inalterato. **4** *fig* immobile.

flá.ci.do [fl´asidu] *adj* **1** flaccido, moscio. **2** atono (corpo).

fla.ge.lar [flaʒel´ar] *vt* flagellare, sferzare.

fla.ge.lo [flaʒ´ɛlu] *sm* **1** flagello, disciplina. **2** *Zool* flagello, organo di movimento dei protozoi.

fla.gran.te [flagr´ãti] *sm+adj Dir* flagrante. **em flagrante** *Dir* in flagrante. **pegar em flagrante** cogliere in flagrante.

fla.grar [flagr´ar] *vt* beccare, cogliere in flagrante.

fla.me.jar [flameʒ´ar] *vi* fiammeggiare.

fla.men.go [flam´ẽgu] *sm+adj* fiammingo.

fla.min.go [flam´ĩgu] *sm Zool* fiammingo.

flâ.mu.la [fl´ʌmulə] *sf Náut* fiamma.

flan.co [fl´ãku] *sm* **1** lato. **2** *Mil* fianco, ala, spalla (de um exército). Veja nota em **ala** (italiano).

fla.ne.la [flan´ɛlə] *sf* flanella.

flan.que.ar [flãke´ar] *vt Mil* fiancheggiare.

fla.tu.lên.cia [flatul´ẽsjə] *sf Med* flatulenza, gas.

flau.ta [fl´awtə] *sf Mús* flauto, zufolo. **tocar flauta** zufolare.

flau.tis.ta [flawt´istə] *s* flautista.

fle.cha [fl´ɛʃə] *sf* **1** freccia, dardo. **2** *Lit* saetta. **3** *Poét* quadrello.

fle.char [fleʃ´ar] *vt* frecciare, saettare.

fler.tar [flert´ar] *vi* flirtare, accoppiarsi.

fler.te [fl´erti] *sm* filarino.

fleu.ma [fl´ewmə] *sf* flemma.

fleu.má.ti.co [flewm´atiku] *adj* flemmatico.

fle.xão [fleks´ãw] *sf* **1** flessione. **2** inflessione.

fle.xi.bi.li.da.de [fleksibilid´adi] *sf* flessibilità, cedevolezza.

fle.xí.vel [fleks´ivew] *adj* **1** flessibile. **2** cedevole. **3** versatile. **4** agile (corpo). **5** dolce (metal). *Pl: flexíveis.*

flo.co [fl´ɔku] *sm* fiocco, falda (de neve).

flor [fl´or] *sm Bot* fiore. **à flor da idade** sul fiore dell'età. **fina flor** *fig* fiore.

flo.ra [fl´ɔrə] *sf Geogr* flora, vegetazione.

flor-do-cam.po [florduk´ãpu] *sf* fiore campestre. *Pl: flores-do-campo.*

flo.re.ar [flore´ar] *vt* fioreggiare, ornare di fiori. **florear um discurso** *fig* ricamare un discorso.

flo.rei.o [flor´eju] *sm* ricamo. **fazer floreios** *Mús, fig* fioreggiare.

flo.res.cên.cia [flores´ẽsjə] *sf* florescenza.

flo.res.cen.te [flores´ẽti] *adj* **1** florescente, florido. **2** *fig* prospero.

flo.res.cer [flores´er] *vi* **1** fiorire. **2** germinare. **3** infiorarsi. **4** *fig* prosperare. **5** risorgere.

flo.res.ta [flor´ɛstə] *sf* foresta, selva, bosco.

flo.ri.cul.tu.ra [florikuwt´urə] *sf* floricultura, arte di coltivare i fiori.

flo.ri.do [flor´idu] *adj* florido, pieno di fiori.

flo.rir [flor´ir] *vt+vi* fiorire.
flo.ris.ta [flor´istə] *s* fiorista.
flo.ti.lha [flot´iʎə] *sf* **1** *Náut* flottiglia. **2** *Aer* flotta aerea.
flu.en.te [flu´ẽti] *adj* fluente, scorrevole.
flui.do [fl´ujdu] *sm* **1** fluido. **2** *fig* acqua. • *adj* fluido, scorrevole.
flu.ir [flu´ir] *vi* fluire, scorrere, sgorgare.
flú.or [fl´uor] *sm Quím* fluore.
flu.o.res.cên.cia [flwores´ẽsjə] *sf* fluorescenza.
flu.tu.a.ção [flutwas´ãw] *sf Com* oscillazione, variazione (de valores, preços).
flu.tu.ar [flutu´ar] *vi* **1** fluttuare. **2** svolazzare. **3** *fig* nuotare.
flu.vi.al [fluvi´aw] *adj* fluviale. *Pl: fluviais.*
flu.xo [fl´uksu] *sm* **1** flusso, deflusso, corso, corrente. **2** *Med* afflusso. **3** *Náut* flusso.
fo.bi.a [fob´iə] *sf Psic* fobia.
fo.ca [f´ɔkə] *sf Zool* foca, lupo di mare, vitello marino.
fo.ci.nhei.ra [fosiñ´ejrə] *sf* museruola, mordacchia.
fo.ci.nho [fos´iñu] *sm* muso, ceffo, grifo, grugno.
fo.co [f´ɔku] *sm* **1** *Fís, Fot* fuoco. **2** *Med* focolaio, sede. **3** *fig* focolaio, nucleo. **estar em foco** *Fot* essere a fuoco.
fo.der [fod´er] *vt vulg* fottere.
fo.fo [f´ofu] *adj* soffice.
fo.fo.ca [fof´ɔkə] *sf* chiacchiera, ciarla, pettegolezzo.
fo.fo.car [fofok´ar] *vi* chiacchierare, ciarlare, pettegoleggiare.
fo.fo.quei.ra [fofok´ejrə] *sf* **1** pettegola, malalingua. **2** *gír* comare.
fo.fo.quei.ro [fofok´ejru] *sm* **1** malalingua, pettegolo. **2** *pop* chiacchierone.
fo.ga.ça [fog´asə] *sf* focaccia.
fo.gão [fog´ãw] *sm* fornello, cucina.
fo.ga.rei.ro [fogar´ejru] *sm* fornello.
fo.go [f´ogu] *sm* **1** fuoco. **2** *fig* passione. **3** incendio. • *interj* fuoco! **atiçar o fogo** stuzzicare il fuoco. **fogo de palha** fuoco di paglia, cosa di breve durata. **fogos de artifício** fuochi di artifizio, fuochi artificiali. **pegar fogo** prendere fuoco, incendiare. **pôr fogo em** accendere.
fo.go-fá.tuo [foguf´atwu] *sm* fuoco fatuo. *Pl: fogos-fátuos.*
fo.go.so [fog´ozu] *adj* **1** focoso. **2** *fig* feroce.
fo.guei.ra [fog´ejrə] *sf* falò, rogo.
fo.gue.te [fog´eti] *sm* razzo.
fo.gue.tei.ro [foget´ejru] *sm* fochista.
fo.gue.tó.rio [foget´ɔrju] *sm* gazzarra.
fo.guis.ta [fog´istə] *s* fochista.
foi.ce [f´ojsi] *sf* falce. **foice de mão** falce messoria.
fol.clo.re [fowkl´ɔri] *sm* folclore.
fô.le.go [f´olegu] *sm* respiro, fiato.
fol.ga [f´ɔwgə] *sf* **1** vacanza, riposo. **2** larghezza.
fol.ga.do [fowg´adu] *adj* **1** largo. **2** *gír* sfacciato. **ficar folgado** (calçado ou roupa) ballare.
fo.lha [f´oʎə] *sf* **1** foglio (de papel, de revista etc.). **2** *Bot* foglia. **3** *Arquit* foglia, ornamento simile a foglia. **folha de metal** foglia. **folha em branco** guardia. **novinho em folha** nuovo di zecca.
fo.lha.gem [foʎ´aʒẽj] *sf Bot* fogliame, fronde, chioma.
fo.lhe.a.do [foʎe´adu] *sm* fogliame.
fo.lhe.ar [foʎe´ar] *vt* sfogliare, percorrere, trascorrere (livro etc.).
fo.lhe.tim [foʎet´ĩ] *sm Lit* romanzo a puntate.
fo.lhe.to [foʎ´etu] *sm* **1** foglietto, opuscolo. **2** dispensa.
fo.lhi.nha [foʎ´iñə] *sf dim* calendario.
fo.me [f´omi] *sf* **1** fame. **2** appetito. **3** *fig* ambizione, brama. **matar a fome** (de outra pessoa) sfamare. **matar a (própria) fome** *fig* rinfrescarsi.
fo.men.tar [fomẽt´ar] *vt* **1** fomentare. **2** *fig* alimentare.
fo.ne [f´oni] *sm* cornetta del telefono. **fone de ouvido de telefonista** cuffia.
fo.né.ti.ca [fon´ɛtikə] *sf Gram* fonetica.
fo.né.ti.co [fon´ɛtiku] *adj Gram* fonético. **símbolo fonético** segno fonetico. **transcrição fonética** scrittura fonetica.
fon.ta.ne.la [fõtan´ɛlə] *sf Anat* fontanella.
fon.te [f´õti] *sf* **1** fonte. **2** sorgente. **3** fontana. **4** *fig* base. **5** fonte, testo originale.
fo.ra [f´ɔrə] *adv* fuori. • *interj* fuori! via! **fora da estação** fuori di tempo. **fora de mão** fuori di mano.

fo.ras.tei.ro [forast´ejru] *sm+adj* forestiere, straniero.
for.ca [f´orkə] *sf* **1** forca. **2** *fig* capestro.
for.ça [f´orsə] *sf* **1** forza. **2** fortezza, potenza. **3** energia, vigore. **4** efficacia. **5** *Fís* forza. **6** *fig* fibra, tempra. **7** fiato. **à força** per forza, controvoglia. **as Forças Armadas** le Forze Armate. **com força** forte, di forza. **com toda a força** *fig* a tutt'uomo. **dar força a** corroborare. **fazer força** puntare. **força bruta** *fig* forza. **força de vontade** volontà. **força maior** *Dir* forza maggiore. **força pública** forza pubblica. **ganhar força** pigliare piedi. **medir forças** battersi. **recobrar as forças** prendere fiato. **tomar à força** predare.

Forza se refere à força física; **fortezza**, à força espiritual, moral.

for.ca.do [fork´adu] *sm* forca, forcella.
for.ça.do [fors´adu] *adj* **1** forzato. **2** manierato, affettato.
for.çar [fors´ar] *vt* **1** forzare, sforzare. **2** costringere. **3** aprire con violenza. **4** *fig* violentare. **5** urgere. **forçar a falar** *fig* cavar di bocca.
for.ço.so [fors´ozu] *adj* forzoso, obbligatorio.
fór.ceps [f´ɔrseps] *sm sing+pl Med* forcipe.
fo.ren.se [for´ẽsi] *adj* forense, dei tribunali.
for.ja [f´ɔrʒə] *sf* fucina.
for.jar [forʒ´ar] *vt* **1** forgiare. **2** *fig* creare.
for.ma[1] [f´ɔrmə] *sf* **1** forma. **2** fatta, figura. **3** *Esp* forma. **4** *fig* anatomia. **da mesma forma** altresì, parimenti. **da mesma forma que** a somiglianza di. **de forma que** cosicché. **de outra forma** altrimenti. **dessa forma** così. **estar em forma** essere in forma. **forma de governo** *Pol* regime. **perder a forma** sformarsi, disformarsi.
for.ma[2] [f´ormə] *sf* **1** modello. **2** stampo (para bolo etc.). **forma de sapato** forma.
for.ma.ção [formas´ãw] *sf* **1** formazione, costituzione. **2** *Lit* genesi.
for.mal [form´aw] *adj* formale, manierato, compito. *Pl: formais.*
for.ma.li.da.de [formalid´adi] *sf* **1** formalità, forma, cerimonia. **2** *Dir* solennità. **3 formalidades** *pl* convenevoli, etichetta.
for.ma.li.zar [formaliz´ar] *vt* formalizzare.
for.man.do [form´ãdu] *sm* laureando.
for.mão [form´ãw] *sm* scalpello.
for.mar [form´ar] *vt* **1** formare, costituire. **2** formalizzare. **3** *fig* forgiare, plasmare. *vpr* **4** formarsi, informarsi. **5** svilupparsi. **6** *fig* laurearsi, formarsi (numa escola).
for.ma.tu.ra [format´urə] *sf* laurea.
for.mi.dá.vel [formid´avew] *adj* formidabile. *Pl: formidáveis.*
for.mi.ga [form´igə] *sf Zool* formica.
for.mi.ga.men.to [formigam´ẽtu] *sm* formicolio.
for.mi.gar [formig´ar] *vi* formicolare, brulicare.
for.mi.guei.ro [formig´ejru] *sm* formicaio.
for.mol [form´ɔw] *sm Quím* formolo.
for.mo.so [form´ozu] *adj* **1** bello, leggiadro. **2** *Poét* formoso.
for.mo.su.ra [formoz´urə] *sf* leggiadria, bellezza.
fór.mu.la [f´ɔrmulə] *sf* **1** (também *Mat, Quím, Med*) formula. **2** *fig* ricetta. **coleção de fórmulas** formulario.
for.mu.lar [formul´ar] *vt* formulare, spiegare esattamente.
for.mu.lá.rio [formul´arju] *sm* formulario, scheda, stampiglia.
for.na.lha [forn´aλə] *sf* fornace, forno, focolare.
for.ne.cer [fornes´er] *vt* **1** fornire, sopperire, corredare. **2** *Lit* ministrare.
for.ne.ci.men.to [fornesim´ẽtu] *sm* fornimento, rifornimento.
for.ni.car [fornik´ar] *vt* fornicare.
for.no [f´ornu] *sm* **1** forno, fornace. **2** *Mec* focolare. **3** *fig* forno, luogo troppo caldo. **ao forno** al forno.
fo.ro [f´oru] *sm Dir* **1** foro. **2** curia. *Var: fórum.*
for.qui.lha [fork´iλə] *sf* forcella, forca.
for.ra.gem [for̄´aʒẽj] *sf* foraggio.
for.rar [for̄´ar] *vt* foderare.
for.ro [f´or̄u] *sm* fodera. **forro do teto** solaio.
for.ta.le.cer [fortales´er] *vt* **1** fortificare, tonificare, rinvigorire. *vpr* **2** fortificarsi, rafforzarsi. **3** affermarsi.
for.ta.le.ci.men.to [fortalesim´ẽtu] *sm* rafforzamento.

for.ta.le.za [fortal´ezə] *sf Mil* fortezza, roccaforte. **fortaleza voadora** *Aer* fortezza volante, bombardiere.
for.te [f´ɔrti] *sm* **1** *Mil* forte, fortezza. *s* **2** uomo o donna forte. • *adj* **1** forte. **2** potente, robusto, vigoroso. **3** tarchiato, quartato. **4** *fig* atletico, muscoloso, taurino. **5** efficace. **6** acuto (dor). **7** generoso (vinho). **o forte de um exército** il nerbo di un esercito.
for.ti.fi.ca.ção [fortifikas´ãw] *sf* **1** rafforzamento. **2** *Mil* caposaldo, fortezza.
for.ti.fi.can.te [fortifik´ãti] *sm Med* tonico.
for.ti.fi.car [fortifik´ar] *vt* **1** fortificare, tonificare, rinforzare. **2** *Mil* fortificare. **3** *fig* barricare. *vpr* **4** (também *Mil*) fortificarsi.
for.tui.to [fort´ujtu] *adj* fortuito, occasionale.
for.tu.na [fort´unə] *sf* ricchezza, capitale, fortuna.
fó.rum [f´ɔrũ] *sm V foro.*
fos.co [f´osku] *adj* **1** fosco, opaco. **2** *fig* plumbeo.
fos.fa.to [fosf´atu] *sm Quím* fosfato.
fos.fo.res.cên.cia [fosfores´ẽsjə] *sf* fosforescenza.
fós.fo.ro [f´ɔsforu] *sm* **1** fiammifero. **2** *Quím* fosforo.
fos.sa [f´ɔsə] *sf* fogna, cloaca. **fossa negra** pozzo nero.
fós.sil [f´ɔsiw] *sm+adj* fossile. *Pl: fósseis.*
fos.si.li.zar [fosiliz´ar] *vt* fossilizzare.
fos.so [f´osu] *sm* **1** fossa. **2** roggia. **3** avvallamento. **fosso de castelo** fosso.
fo.to [f´ɔtu] *sf V fotografia.*
fo.to.có.pia [fɔtok´ɔpjə] *sf* xerocopia.
fo.to.co.pi.ar [fɔtokopi´ar] *vt* fotocopiare.
fo.to.e.lé.tri.co [fɔtoel´ɛtriku] *adj* fotoelettrico.
fo.to.gê.ni.co [fotoʒ´eniku] *adj* fotogenico.
fo.to.gra.far [fotograf´ar] *vt* **1** fotografare. **2** *pop* ritrarre.
fo.to.gra.fi.a [fotograf´iə] *sf* **1** fotografia. **2** *pop* ritratto. *Abrev: foto.*
fo.to.no.ve.la [fɔtonov´ɛlə] *sf* fotoromanzo.
fo.tos.sín.te.se [fɔtos´ĩtezi] *sf* fotosintesi.
foz [f´ɔs] *sf Geogr* foce, estuario, sbocco.
fra.ção [fras´ãw] *sf* **1** (também *Mat*) frazione. **2** *Com* rata. **fração decimal** frazione decimale.
fra.cas.sar [frakas´ar] *vi* **1** fare fiasco, riuscire male. **2** *fig* far naufragio.
fra.cas.so [frak´asu] *sm* **1** fiasco, fallimento. **2** disastro, disgrazia. **3** infelicità. **4** *fig* sconfitta.
fra.ci.o.nar [frasjon´ar] *vt* (também *fig*) articolare.
fra.ci.o.ná.rio [frasjon´arju] *adj* frazionario.
fra.co [fr´aku] *adj* **1** debole. **2** fiacco. **3** snervato, languido. **4** sfumato, fioco (som). **5** lungo (vinho etc.). **6** *Lit* lieve. **7** *fig* fragile, tenue, anemico.
fra.co.te [frak´ɔti] *sm dep* femmina.
fra.de [fr´adi] *sm* frate, monaco. **frade franciscano** cappuccino. **tornar-se frade** *fig* incappucciarsi.
fra.ga.ta [frag´atə] *sf Náut, Zool* fregata.
frá.gil [fr´aʒiw] *adj* **1** fragile, delicato, cagionevole. **2** inconsistente. **3** *fig* tenue. *Pl: frágeis.*
frag.men.tar [fragmẽt´ar] *vt* frammentare.
frag.men.to [fragm´ẽtu] *sm* frammento, rottame, briciolo, brano, pezzo.
fra.go.ro.so [fragor´ozu] *adj* fragoroso.
fra.grân.cia [fragr´ãsjə] *sf* **1** fragranza, aroma. **2** *fig* concia.
fral.da [fr´awdə] *sf* pezza.
fram.bo.e.sa [frãbo´ezə] *sf Bot* lampone.
fram.bo.e.sei.ro [frãboez´ejru] *sm Bot* lampone.
fran.ca.men.te [frãkam´ẽti] *adv* francamente, addirittura.
fran.cês [frãs´es] *sm+adj* francese.
fran.ce.sis.mo [frãsez´izmu] *sm Gram* gallicismo.
fran.cis.ca.no [frãsisk´ʌnu] *sm+adj* francescano.
fran.co [fr´ãku] *adj* **1** franco, sincero. **2** *Hist* franco. **3** *fig* aperto, netto, schietto. • *sm* franco, moneta francese.
fran.co-a.ti.ra.dor [frãkwatirad´or] *sm Mil* francotiratore, partigiano. *Pl: francos--atiradores.*
fran.go [fr´ãgu] *sm Zool* galletto, pollastro.
fran.go.te [frãg´ɔti] *sm fig, pop* pollastro.
fran.ja [fr´ãʒə] *sf* **1** frangia, frappa. **2** frangetta.

Frangia e **frappa** se referem à “franja de uma roupa”; **frangetta** indica a “franja dos cabelos”.

fran.que.a.do [frãke´adu] *adj Com* franco.
fran.que.ar [frãke´ar] *vt Com* francare.
fran.que.za [frãk´ezə] *sf* **1** franchezza, sincerità. **2** *fig* nettezza, schiettezza.
fran.qui.a [frãk´iə] *sf* franchigia, francatura.
fran.zir [frãz´ir] *vt* increspare. **franzir a testa** accigliarsi.
fra.que [fr´aki] *sm* marsina, frac.
fra.que.za [frak´ezə] *sf* **1** debolezza, fiacchezza. **2** languidezza. **3** remissione d'animo. **4** *Med* debilità, tabe. **5** *fig* mollezza.
fras.co [fr´asku] *sm* boccetta.
fra.se [fr´azi] *sf* **1** frase, locuzione, costrutto. **2** detto. **3** *Gram, Mús* frase. **frase feita** frase fatta.
fra.se.a.do [fraze´adu] *sm Mús* frase.
fra.ter.ni.da.de [fraternid´adi] *sf* **1** fraternità. **2** (também *fig*) fratellanza.
fra.tu.ra [frat´urə] *sf Med* frattura.
fra.tu.rar [fratur´ar] *vt Med* fratturare.
frau.dar [frawd´ar] *vt* frodare.
frau.de [fr´awdi] *sf* **1** frode, trucco. **2** *Dir* dolo. **3** *gír* bidonata, bidone. **4** *fig* colpo.
frau.du.len.to [frawdul´ẽtu] *adj* **1** fraudolento. **2** *Dir* doloso.
fre.ar [fre´ar] *vt* frenare, raffrenare.
fre.guês [freg´es] *sm* cliente, frequentatore, avventore.
fre.gue.si.a [fregez´iə] *sf* clientela.
frei.o [fr´eju] *sm* freno. **freio de mão** *Autom* freno a mano.
frei.ra [fr´ejrə] *sf* suora, monaca. **tornar-se freira** *fig* velarsi, prendere il velo.
fre.ne.si [frenez´i] *sm* frenesia.
fre.né.ti.co [fren´ɛtiku] *adj* **1** frenetico. **2** *fig* vertiginoso, caotico.
fren.te [fr´ẽti] *sf* davanti, prospetto. **de frente** dinanzi. **de frente para** dinanzi a. **em frente/à frente** avanti, innanzi, dinanzi. **em frente de** innanzi a, avanti, dinanzi a. **fazer frente** far fronte. **ficar à frente de todos** mettersi alla testa. **ficar de frente para** guardare. **frente a** innanzi a. **frente a frente** a petto a petto. **frente de combate** *Mil* fronte. **na frente** davanti. Veja nota em **avanti**.
fre.quên.cia [frek´wẽsjə] *sf* **1** frequenza. **2** ripetizione. **3** affluenza. **4** *Fís* frequenza. **com frequência** spesso, di frequente.
fre.quen.ta.dor [frekwẽtad´or] *sm* frequentatore, avventore.
fre.quen.tar [frekwẽt´ar] *vt* frequentare, bazzicare, battere un luogo.
fre.quen.te [frek´wẽti] *adj* frequente, spesso.
fre.quen.te.men.te [frekwẽtem´ẽti] *adv* frequentemente, di frequente, spesso, non di rado.
fres.co [fr´esku] *adj* **1** fresco. **2** *fig* giovanile. **legume fresco** legume verde.
fres.cor [fresk´or] *sm* fresco.
fres.cu.ra [fresk´urə] *sf* **1** fresco. **2** *pop* ticchio. **3** *fig* grilletto.
fres.ta [fr´ɛstə] *sf* spiraglio.
fre.ta.men.to [fretam´ẽtu] *sm* noleggio.
fre.tar [fret´ar] *vt* noleggiare.
fre.te [fr´ɛti] *sm* nolo, noleggio. **ceder a frete** dare a nolo. **tomar a frete** prendere a nolo.
fric.ção [friks´ãw] *sf* frizione.
fric.ci.o.nar [friksjon´ar] *vt* fregare.
fri.ei.ra [fri´ejrə] *sf* gelone.
fri.e.za [fri´ezə] *sf* **1** freddezza. **2** frigidità. **3** severità.
fri.gi.dei.ra [friʒid´ejrə] *sf* padella. **cair da frigideira para o fogo** cadere dalla padella nella brace.
fri.gi.dez [friʒid´es] *sf* frigidità.
frí.gi.do [fr´iʒidu] *adj* **1** frigido. **2** *fig* gelido.
fri.gir [friʒ´ir] *vt* friggere.
fri.go.rí.fe.ro [frigor´iferu] *adj* frigorifero.
fri.o [fr´iu] *sm* **1** freddo, freddezza. **2** gelo, ghiaccio. • *adj* **1** freddo. **2** frigido. **3** gelato. **4** secco, aspro. **5** insensibile, impassibile. **6** *Lit* gelido. **está um frio dos diabos!** fa un freddo da cani! **recepção fria** accoglienza glaciale. **suar frio** sudare freddo.
fri.sar [friz´ar] *vt* fregiare.
fri.so [fr´izu] *sm Arquit* fregio.
fri.ta.da [frit´adə] *sf* frittura.
fri.tar [frit´ar] *vt* friggere.
fri.to [fr´itu] *adj* **1** fritto. **2** *fig* fritto, senza speranza. **estar frito** essere fritto.
fri.tu.ra [frit´urə] *sf* **1** frittura (ação de fritar). **2** fritto, alimento fritto.
fri.vo.li.da.de [frivolid´adi] *sf* **1** frivolezza, futilità. **2** *fig* vuoto.
frí.vo.lo [fr´ivolu] *adj* **1** frivolo, futile, inetto. **2** *fig* superficiale, vacuo.

F

fron.do.so [frõd´ozu] *adj* fronzuto.
fro.nha [fr´oñə] *sf* federa, guscio.
fron.tal [frõt´aw] *sm Anat* frontale (osso). • *agg* **1** frontale. **2** anteriore. **3** contrario. *Pl: frontais.*
fron.te [fr´õti] *sf Anat* fronte.
fron.tei.ra [frõt´ejrə] *sf* frontiera, confine, limite. **atravessar a fronteira** passare la frontiera.
fron.tei.ro [frõt´ejru] *adj* dirimpetto, contrario.
fron.tis.pí.cio [frõtisp´isju] *sm* frontespizio.
fro.ta [fr´ɔtə] *sf Náut* **1** flotta, naviglio. **2** armata di mare.
frou.xo [fr´owʃu] *adj* floscio, flaccido.
fru.gal [frug´aw] *adj* frugale, parco. *Pl: frugais.*
frus.tra.do [frustr´adu] *adj* frustrato, scontento.
frus.trar [frustr´ar] *vt* **1** frustrare, deludere, sventare. **2** *fig* castrare.
fru.ta [fr´utə] *sf* frutta, pomo. **fruta muito doce** frutta zuccherina. **fruta quase podre** frutta mezza. Veja nota em **frutto**.
fru.tei.ra [frut´ejrə] *sf* fruttiera.
fru.tei.ro [frut´ejru] *sm* fruttaiolo.
fru.tí.fe.ro [frut´iferu] *adj* fruttifero.
fru.ti.fi.car [frutifik´ar] *vi* **1** fruttare, produrre. **2** *Bot* fruttificare.
fru.to [fr´utu] *sm* **1** frutto. **2** *fig* creazione. Veja nota em **frutto**.
fu.ça [f´usə] *sf dep* muso.
fu.çar [fus´ar] *vt* **1** grufolare. **2** *pop* curiosare, frugare. **3** *fig* investigare.
fu.ga [f´ugə] *sf* **1** fuga, evasione, scampo. **2** *Mús* fuga.
fu.gaz [fug´as] *adj* **1** fugace. **2** *fig* fuggitivo, fuggiasco.
fu.gi.di.o [fuʒid´iu] *adj* sfuggevole, fuggiasco.
fu.gir [fuʒ´ir] *vi* **1** fuggire. **2** sfuggire a. **3** evitare, evadere a. **4** disertare da (uma obrigação etc.). **5** battere in ritirata. **6** *fam* battersela. **7** *irôn* galoppare. **8** *fig* alzare il tacco, prendere il volo.
fu.gi.ti.vo [fuʒit´ivu] *sm* fuggitivo. • *adj* fuggitivo, fuggiasco, sfuggevole.
fu.i.nha [fu´iñə] *sf Zool* faina, mustela.
fu.la.no [ful´ʌnu] *sm* **1** tizio, tale. **2** *fam* coso. • *pron m sing* colui. **fulano de tal** il tale dei tali. Veja notas em **colui** e **coso**.
ful.gor [fuwg´or] *sm* fulgore, splendore, bagliore.
ful.gu.ran.te [fuwgur´ãti] *adj* fulgente, radiante.
ful.gu.rar [fuwgur´ar] *vi* folgorare.
fu.li.gem [ful´iʒẽj] *sf* fuliggine.
ful.mi.nar [fuwmin´ar] *vt* **1** fulminare. **2** uccidere.
ful.vo [f´uwvu] *adj* fulvo.
fu.ma.ça [fum´asə] *sf* fumo. **soltar fumaça de raiva** *fig* schizzare fuoco, schizzare veleno. **virar fumaça** *fig* svanire.
fu.man.te [fum´ãti] *sm* fumatore.
fu.mar [fum´ar] *vt* fumare. **fumar exageradamente** fumare come un turco.
fu.me.gar [fumeg´ar] *vi* fumare, fumicare.
fu.mo [f´umu] *sm* **1** tabacco. **2** *gír* hascisc. **fumo para cachimbo** tabacco da pipa.
fun.ção [fũs´ãw] *sf* **1** funzione. **2** ufficio, servizio, attività. **3** impiego. **4** carica. **5** *Rel* funzione religiosa. **exercer função de** funzionare da. **funções vitais** funzioni vitali.
fun.cho [f´ũʃu] *sm Bot* finocchio.
fun.ci.o.nal [fũsjon´aw] *adj* funzionale, pratico, comodo. *Pl: funcionais.*
fun.ci.o.na.men.to [fũsjonam´ẽtu] *sm* funzionamento, operazione.
fun.ci.o.nar [fũsjon´ar] *vi* funzionare. **fazer funcionar** attivare, avviare. **funcionar como** fungere da. **funcionar mal** *fig* zoppicare.
fun.ci.o.ná.rio [fũsjon´arju] *sm* **1** ufficiale. **2 funcionários** *pl pop* personale. **funcionário da alfândega** doganiere. **funcionário público** pubblico ufficiale, funzionario, statale.
fun.da [f´ũdə] *sf* fionda, frombola.
fun.da.ção [fũdas´ãw] *sf* **1** fondazione. **2** istituzione. **3** impianto. **4** *Arquit* fondazione, sodo.
fun.da.dor [fũdad´or] *sm* **1** creatore. **2** *fig* capostipite.
fun.da.men.tal [fũdamẽt´aw] *adj* **1** fondamentale. **2** capitale, basilare. **3** basico, primario, primo. **4** rudimentale. *Pl: fundamentais.*

fun.da.men.tar [fũdamẽt´ar] *vt* **1** fondamentare. *vpr* **2** fondamentarsi, appoggiarsi.
fun.da.men.to [fũdam´ẽtu] *sm* **1** fondamento. **2** ragione. **3** *fig* base, perno. **4** **fundamentos** *pl* fondamenta, nozioni, rudimenti, principi. **não ter fundamento** *fig* non reggersi in piedi. Veja nota em **fondamento**.
fun.dar [fũd´ar] *vt* **1** fondare. **2** fondamentare. **3** creare, istituire, costituire. **4** impiantare, stabilire. **5** erigere. **6** cominciare.
fun.de.ar [fũde´ar] *vt Náut* ancorare.
fun.di.ção [fũdis´ãw] *sf* fonderia, fusione.
fun.di.do [fũd´idu] *adj* fuso.
fun.dir [fũd´ir] *vt* **1** fondere. **2** unificare. **3** amalgamare. **4** incorporare. **5** sciogliere. *vpr* **6** fondersi. **7** incorporarsi. **8** sciogliersi.
fun.do [f´ũdu] *sm* **1** fondo. **2** sfondo. **3** **fundos** *pl Com, Econ* fondi, riserva. • *adj* **1** fondo. **2** profondo. **3** incavato (olho). **a fundo** affondo. **a fundo perdido** *Econ* a fondo perduto. **fundo de pensão** fondo di previdenza. **fundo de reserva** *Com* massa di rispetto. **fundo de reserva legal** *Com, Dir* fondo di riserva. **fundo falso** doppio fondo. **no fundo** addentro, giù. **no fundo, no fundo** in fondo in fondo. **sem fundo** sfondato.
fú.ne.bre [f´unebri] *adj* **1** funebre. **2** funerario. **3** macabro, tetro.
fu.ne.ral [funer´aw] *sm* **1** funerale. **2** **funerais** *pl* onore, onoranze.
fu.ne.rá.rio [funer´arju] *adj* funerario.
fu.nes.to [fun´ɛstu] *adj* **1** funesto, nefasto. **2** *fig* triste.
fun.go [f´ũgu] *sm* fungo.
fu.nil [fun´iw] *sm* imbuto. *Pl: funis.*
fu.ni.lei.ro [funil´ejru] *sm* stagnino.
fu.ra.cão [furak´ãw] *sm* uragano, ciclone, tifone, fortuna.
fu.ra.dor [furad´or] *sm* foratoio.
fu.rão [fur´ãw] *sm Zool* furetto.
fu.rar [fur´ar] *vt* **1** forare, bucare. **2** perforare. **3** attraversare, traforare, trapassare. **furar de lado a lado** passare fuor fuori.
fur.gão [furg´ãw] *sm* furgone.
fú.ria [f´urjə] *sf* **1** furia, collera. **2** accanimento.
fu.ri.o.so [furi´ozu] *adj* **1** furioso, arrabbiato, infuriato. **2** *fig* frenetico. **3** energumeno. **ficar furioso** *fig* guastare il sangue.
fur.na [f´urnə] *sf* covo, tana.
fu.ro [f´uru] *sm* foro, buco, orifizio, punto. **encher de furos** crivellare. **furo em fundo de vaso** fogna.
fu.ror [fur´or] *sm* **1** furore, furia, frenesia. **2** *fig* violenza, tempesta.
fur.tar [furt´ar] *vt* **1** rubare, borseggiare, sottrarre. **2** *Lit* involare. **3** *fig* agguantare.
fur.ti.va.men.te [furtivam´ẽti] *adv* furtivamente, di nascosto, di contrabbando.
fur.ti.vo [furt´ivu] *adj* furtivo, quatto.
fur.to [f´urtu] *sm* **1** furto, rapina. **2** *Dir* sottrazione.
fu.rún.cu.lo [fur´ũkulu] *sm Med* foruncolo, bitorzolo.
fu.são [fuz´ãw] *sf Fís, fig* fusione.
fu.se.la.gem [fuzel´aʒẽj] *sf Aer* fusoliera.
fu.sí.vel [fuz´ivew] *sm Elet* tappo fusibile. *Pl: fusíveis.*
fu.so [f´uzu] *sm* fuso. **fuso horário** fuso orario. Veja nota em **fuso** (italiano).
fus.ti.gar [fustig´ar] *vt Lit* fustigare.
fu.te.bol [futeb´ɔw] *sm Esp* calcio, pallone.
fú.til [f´utiw] *adj* **1** futile, frivolo, inetto. **2** *fig* gonfio, superficiale. *Pl: fúteis.*
fu.ti.li.da.de [futilid´adi] *sf* **1** futilità, frivolezza. **2** *fig* vanità. **3** gingillo.
fu.tu.ris.ta [futur´istə] *adj Arte* futuristico.
fu.tu.ro [fut´uru] *sm* **1** futuro, l'avvenire, il poi. **2** *Gram* futuro. • *adj* futuro, seguente, venturo. **no futuro** in futuro. **prever o futuro** predire la ventura.
fu.zil [fuz´iw] *sm* fucile.
fu.zi.la.men.to [fuzilam´ẽtu] *sm* fucilazione.
fu.zi.lar [fuzil´ar] *vt* **1** fucilare. **2** *fig* mettere al muro.
fu.zi.lei.ro [fuzil´ejru] *sm Mil* fuciliere.

F

g

g [ʒ´e] *sm* la settima lettera dell'alfabeto portoghese.
ga.bar [gab´ar] *vt* **1** millantare. *vpr* **2** millantarsi, lodarsi, gloriarsi. **3** *fig* compiacersi.
ga.bi.ne.te [gabin´eti] *sm* gabinetto, studio.
ga.do [g´adu] *sm* bestiame, armento. **gado de pequeno porte** bestiame minuto.
ga.fa.nho.to [gafañ´otu] *sm Zool* cavalletta, locusta.
ga.gá [gag´a] *adj gír* bacucco.
ga.go [g´agu] *sm* tartaglione. • *adj* balbo, balbuziente.
ga.gue.jar [gageʒ´ar] *vi* tartagliare, balbettare, barbugliare.
gai.o.la [gaj´ɔlə] *sf* gabbia, uccelliera.
gai.ta [g´ajtə] *sf gír* lira, denaro. **gaita de foles** *Mús* zampogna, cornamusa, piva. **gaita de boca** *Mús* armonica a bocca.
gai.vo.ta [gajv´ɔtə] *sf Zool* gabbiano, mugnaio.
ga.la [g´alə] *sf fam* gala. **noite de gala** serata di gala.
ga.lan.te [gal´ãti] *adj* galante, cavalleresco.
ga.lan.te.ar [galãte´ar] *vt* **1** corteggiare. *vi* **2** galanteggiare.
ga.lan.tei.o [galãt´eju] *sm* corteggiamento.
ga.lão [gal´ãw] *sm* **1** gala, filetto. **2** gallone. Veja nota em **gallone**.
ga.lá.xia [gal´aksjə] *sf Astron* galassia.
ga.le.ra [gal´ɛrə] *sf* **1** *Náut* galera. **2** *pop* il pubblico.
ga.le.ri.a [galer´iə] *sf* **1** galleria. **2** *Arquit* loggia. **3** *Teat* galleria, balconata. **galeria de arte** galleria d'arte.
ga.lês [gal´es] *sm+adj* gallese, del Paese di Galles.
ga.le.to [gal´etu] *sm dim Zool* galletto.
ga.lhe.ta [gaλ´etə] *sf* ampolla.
ga.li.cis.mo [galis´izmu] *sm Gram* gallicismo. **usar galicismos** gallicizzare.
ga.li.nha [gal´iñə] *sf* **1** gallina. **2** *vulg* vacca, troia. **3** *gír* bagascia, fraschetta. **criador de galinhas** gallinaio. **galinha choca** chioccia.
ga.li.nhei.ro [galiñ´ejru] *sm* **1** pollaio. **2** gallinaio.
ga.lo [g´alu] *sm* **1** *Zool* gallo. **2** bernoccolo, bitorzolo (na cabeça). Veja nota em **corno** (italiano).
ga.lo.cha [gal´ɔʃə] *sf* caloscia.
ga.lo.par [galop´ar] *vi* galoppare.
ga.lo.pe [gal´ɔpi] *sm* galoppo.
gal.pão [gawp´ãw] *sm* capannone.
ga.ma [g´ʌmə] *sf* **1** gamma, assortimento. **2** gruppo. **3** gamma, lettera greca.
ga.nân.cia [gan´ãsjə] *sf* cupidigia.
ga.nan.ci.o.so [ganãsi´ozu] *adj* cupido.
gan.cho [g´ãʃu] *sm* gancio, uncino, graffa, rampino. **gancho de esqui** *Esp* attacco.
gân.glio [g´ãglju] *sm Anat* ganglio.
gan.gre.na [gãgr´enə] *sf Med* cancrena, necrosi.
gan.gre.nar [gãgren´ar] *vt* **1** *Med* mortificare. *vi* **2** *Med* incancrenire.
ga.nha.dor [gañad´or] *sm+adj* vincitore.
ga.nhar [gañ´ar] *vt* **1** guadagnare. **2** cattivarsi. **3** acquistare, conseguire. *ganhar terreno* / acquistare terreno. **4** lucrare. **5** *Dir* acquisire. **6** *fig* risanare. **ganhar ilegalmente** *fig* mangiare. **ganhar tempo** guadagnare tempo. **ganhar um prêmio** vincere un premio.
ga.nho [g´ʌñu] *sm* **1** guadagno. **2** lucro, utile. **3** tornaconto, vantaggio, beneficio. **4** profitto, rendita. **5** provento, emolumento. • *adj* **1** guadagnato. **2** vinto.

ga.ni.do [gan´idu] *sm* guaito, mugolio.
ga.nir [gan´ir] *vi* guaire, mugolare, gagnolare.
gan.so [g´ãsu] *sf* oca. **ganso novo** papero. **ganso selvagem/bravo** oca selvatica.
ga.ra.gem [gar´aʒẽj] *sf* autorimessa, rimessa.
ga.ra.nhão [garañ´ãw] *sm* stallone.
ga.ran.ti.a [garãt´iə] *sf* **1** garanzia, arra, pegno. *fig* **2** avallo. **3** attestato.
ga.ran.tir [garãt´ir] *vt* **1** garantire. **2** assicurare. **3** attestare. **4** *fig* avallare. *vpr* **5** ricoprirsi.
gar.bo [g´arbu] *sm* garbo, gentilezza.
gar.ça [g´arsə] *sf Zool* garza.
gar.çom [gars´õw] *sm* **1** cameriere. **2** barista.
gar.ço.ne.te [garson´εti] *sf* cameriera.
gar.fo [g´arfu] *sm* forchetta. **bom garfo** *fig* buona forchetta, buongustaio.
gar.ga.lha.da [gargaλ´adə] *sf* risata.
gar.ga.lhar [gargaλ´ar] *vi* sghignazzare.
gar.ga.lo [garg´alu] *sm* collo di una bottiglia.
gar.gan.ta [garg´ãtə] *sf* **1** *Anat* gola. **2** *pop* gozzo. **3** *Geogr* gola, foce, stretta. **4** *fig* strettoia, ugola. **molhar a garganta** *fig, irôn* bagnarsi l'ugola.
gar.gan.ti.lha [gargãt´iλə] *sf* vezzo.
gar.ga.re.jar [gargareʒ´ar] *vt+vi* gargarizzare.
gar.ga.re.jo [gargar´eʒu] *sm* gargarismo.
ga.ri [gar´i] *sm* netturbino.
ga.ro.to [gar´otu] *sm* fanciullo. Veja nota em **fanciullo**.
gar.ra [g´ar̄ə] *sf* **1** graffa, unghia, artiglio. **2** branca, rampa. **garra de ave** granfia. **garra de instrumento** granchio. **garras de caranguejo, escorpião** *Zool* chele, pinze. **garras de tenaz** ganascie. **mostrar as garras** metter fuori le unghie, mostrar le zanne. **pôr as garras em** metter le unghie addosso a.
gar.ra.fa [gar̄´afə] *sf* bottiglia, fiasca, boccetta. **garrafa térmica** termos.
gar.ra.fão [gar̄af´ãw] *sm* fiasco. **garrafão de vinho** (forrado de palha) damigiana.
gar.ran.cho [gar̄´ãʃu] *sm* **1** scarabocchio. **2** *fam* zampe di gallina, uncino. **3** *fig* scritto arabico.
ga.ru.pa [gar´upə] *sf* groppa.
gás [g´as] *sm* **1** *Quím* gas. **2 gases** *pl Med* a) gas, flatulenza. b) *fam* aria. **gás lacrimogêneo** gas lacrimogeno.
ga.sei.fi.car [gazejfik´ar] *vt Quím* gasificare.
ga.so.li.na [gazol´inə] *sf* benzina.
ga.so.so [gaz´ozu] *adj* gassoso.
gas.ta.dor [gastad´or] *sm* **1** dissipatore. **2** *fam, dep* spendaccione.
gas.tar [gast´ar] *vt* **1** spendere, consumare. **2** usare. **3** logorare. **4** corrodere. **5** dilapidare, disperdere. **6** *fig* dissipare, divorare, distruggere. **7** dissanguare (dinheiro). *vpr* **8** logorarsi.
gas.to [g´astu] *sm* **1** consumo, consumazione. **2** spesa, dispendio. **3** logoro. **4** uso. • *adj* **1** consumato. **2** usato. **3** logoro, fradicio. **4** cencioso, ragnato (tecido).
gás.tri.co [g´astriku] *adj* gastrico.
gas.tri.te [gastr´iti] *sf Med* gastrite.
gas.tro.no.mi.a [gastronom´iə] *sf* **1** gastronomia. **2** *fig* tavola.
gas.trô.no.mo [gastr´onomu] *sm* gastronomo, buongustaio.
ga.ta [g´atə] *sf* gatta.
ga.tar.rão [gatar̄´ãw] *sm aum* gattone.
ga.ti.lho [gat´iλu] *sm* grilletto.
ga.ti.nha [gat´iñə] *sf dim pop* bambola.
ga.ti.nhas [gat´iñəs] *adv* na expressão **de gatinhas** gatton gattoni, carponi. **andar de gatinhas** andar carponi.
ga.to [g´atu] *sm* gatto, micio. **à noite todos os gatos são pardos** al buio tutte le gatte sono bigie. **quando o gato sai, os ratos fazem a festa** via il gatto, ballano i topi. **vender gato por lebre** *fig* far vedere lucciole per lanterne.
ga.tu.no [gat´unu] *sm* gatto, ladro.
gau.lês [gawl´es] *sm+adj* gallo, della Gallia.
gá.vea [g´avjə] *sf Náut* gabbia.
ga.ve.ta [gav´etə] *sf* cassetto, tiretto.
ga.ve.tei.ro [gavet´ejru] *sm* cassettone.
ga.ze [g´azi] *sf Med* garza, benda.
ga.ze.la [gaz´εlə] *sf Zool* gazzella.
ga.ze.ta [gaz´etə] *sf* gazzetta.
gê [ʒ´e] *sm* gi, il nome della lettera G.
ge.a.da [ʒe´adə] *sf* brina, gelata, gelo.

G

ge.la.dei.ra [ʒelad'ejrə] *sf* frigorifero.
ge.la.do [ʒel'adu] *adj* **1** gelato. **2** *Lit* gelido. **3** *fig* polare. **ficar gelado** gelare.
ge.lar [ʒel'ar] *vt+vi* **1** gelare, ghiacciare. *vpr* **2** gelarsi, ghiacciarsi, congelarsi.
ge.la.ti.na [ʒelat'inə] *sf* gelatina.
ge.lei.a [ʒel'ɛjə] *sf* marmellata.
ge.lei.ra [ʒel'ejrə] *sf* ghiacciaio.
gé.li.do [ʒ'ɛlidu] *adj Lit* gelido.
ge.lo [ʒ'elu] *sm* ghiaccio. **quebrar o gelo** *fig* rompere il ghiaccio, iniziare una conversazione.
ge.lo-se.co [ʒelus'eku] *sm* ghiaccio secco. *Pl: gelos-secos.*
ge.ma [ʒ'emə] *sf* **1** giallo d'uovo, rosso d'uovo. **2** *Min* gemma. **3** *Lit* margherita.
gê.meo [ʒ'emju] *sm* **1** gemello. **2 Gêmeos** *pl Astron, Astrol* Gemini, Gemelli. • *adj* **1** gemello. **2** *Lit* gemino.
ge.mer [ʒem'er] *vi* **1** gemere. **2** *fig* singhiozzare, sospirare.
ge.mi.do [ʒem'idu] *sm* **1** gemito. **2** *fig* singhiozzo.
ge.mi.na.do [ʒemin'adu] *adj Arquit, Bot* gemino.
ge.mi.nar [ʒemin'ar] *vt Arquit, Bot* geminare.
ge.ne.a.lo.gi.a [ʒenealoʒ'iə] *sf* genealogia.
ge.ne.a.ló.gi.co [ʒeneal'ɔʒiku] *adj* genealogico.
ge.ne.ral [ʒener'aw] *sm Mil* generale. *Pl: generais.*
ge.ne.ra.la [ʒener'alə] *sf* generalessa, sposa di generale.
ge.ne.ra.li.zar [ʒeneraliz'ar] *vt+vi* generalizzare.
ge.né.ri.co [ʒen'ɛriku] *adj* generico, generale, indefinito.
gê.ne.ro [ʒ'eneru] *sm* **1** genere. **2** classe, fatta. **3** stirpe, razza. **4** *Com* genere, merce. **5** *Gram, Lit* genere. **gêneros alimentícios** generi alimentari, commestibili. Veja nota em **classe** (italiano).
ge.ne.ro.si.da.de [ʒenerozid'adi] *sf* **1** generosità. **2** grandezza d'animo, magnificenza. **3** *fig* carità. **4** nobiltà. **5** larghezza.
ge.ne.ro.so [ʒener'ozu] *adj* **1** generoso. **2** magnanimo. **3** liberale. **4** caritatevole. **5** *fig* benefico. **6** nobile. **7** largo. **ser generoso** largheggiare.
ge.nes [ʒ'enis] *sm pl Biol* geni.
gê.ne.se [ʒ'enezi] *sf* **1** *Lit* genesi, nascimento. *s* **2 o Gênese** *Rel* Genesi.
ge.né.ti.ca [ʒen'ɛtikə] *sf Biol* genetica.
ge.né.ti.co [ʒen'ɛtiku] *adj Biol* genetico, congenito.
gen.gi.bre [ʒẽʒ'ibri] *sm Bot* ginepro, zenzero.
gen.gi.va [ʒẽʒ'ivə] *sf Anat* gengiva.
ge.ni.al [ʒeni'aw] *adj* **1** geniale. **2** brillante, grande (ideia). *Pl: geniais.*
gê.nio [ʒ'enju] *sm* **1** genio. **2** talento. **3** indole, temperamento. **4** *Mit* genio. **5** *fig* arte. **6** testa quadra, uomo di alto ingegno.
ge.ni.tal [ʒenit'aw] *sm+adj Anat* genital. *Pl: genitais.*
ge.ni.tor [ʒenit'or] *sm* **1** padre. **2** *Lit* genitore.
gen.ro [ʒ'ẽru] *sm* genero.
gen.ta.lha [ʒẽt'aλə] *sf* **1** *dep* gentaglia, plebaglia. **2** *pop* masnada, minutaglia. **3** *fig* ciurma, schiuma. Veja nota em **scoria**.
gen.te [ʒ'ẽti] *sf* **1** gente. **2** *fig* razza. **estar cheio de gente** traboccare.
gen.til [ʒẽt'iw] *adj* **1** gentile. **2** cortese, civile, urbano. **3** delicato. **4** simpatico. **5** *fig* pulito, fine. *Pl: gentis.*
gen.ti.le.za [ʒẽtil'ezə] *sf* **1** gentilezza, cortesia, civiltà, delicatezza. **2** complimento. **3** favore, piacere, grazia. **4** piacevolezza. **5** *fig* finezza. **6** attenzione.
gen.ti.nha [ʒẽt'iñə] *sf dep* **1** canaglia, gente bassa. **2** *fig* ciurma.
gen.ti.o [ʒẽt'iu] *sm+adj Hist* gentile, etnico.
ge.nu.í.no [ʒenu'inu] *adj* **1** genuino, legittimo, vero. **2** *fig* sincero.
ge.o.gra.fi.a [ʒeograf'iə] *sf* geografia.
ge.o.grá.fi.co [ʒeogr'afiku] *adj* geografico.
ge.ó.gra.fo [ʒe'ɔgrafu] *sm* geografo.
ge.o.lo.gi.a [ʒeoloʒ'iə] *sf* geologia.
ge.o.ló.gi.co [ʒeol'ɔʒiku] *adj* geologico.
ge.ó.lo.go [ʒe'ɔlogu] *sm* geologo.
ge.o.me.tri.a [ʒeometr'iə] *sf* geometria.
ge.ra.ção [ʒeras'ãw] *sf* **1** generazione. **2** età. **3** concezione. **4** progenie.
ge.ra.dor [ʒerad'or] *sm Elet* generatore, batteria.
ge.ral [ʒer'aw] *adj* **1** generale. **2** generico.

3 concorde (opinião). 4 *fig* globale. **em geral** in generale, in genere. *Pl: gerais.*
ge.râ.nio [ʒer´ʌnju] *sm Bot* geranio.
ge.rar [ʒer´ar] *vt* **1** generare: a) concepire procreare. b) *fig* creare. **2** *fig* causare. *vpr* **3** generarsi.
ge.rên.cia [ʒer´ẽsjə] *sf* **1** gerenza. **2** *fig* conduzione.
ge.ren.ci.ar [ʒerẽsi´ar] *vt* gestire, amministrare.
ge.ren.te [ʒer´ẽti] *sm* **1** gerente, conduttore. **2** *fig* amministratore. **3** guida.
ger.mâ.ni.co [ʒerm´ʌniku] *sm+adj* germanico.
ger.me [ʒ´ɛrmi] *sm* **1** germe, batteria. **2** *Bot* embrione. **3** *fig* cellula, origine. **germe patogênico** *Med* germe patogeno.
ger.mi.nar [ʒermin´ar] *vi Bot* germogliare, germinare.
ge.rún.dio [ʒer´ũdju] *sm Gram* gerundio.
ges.so [ʒ´esu] *sm* gesso. **obra em gesso** gesso.
ges.ta.ção [ʒestas´ãw] *sf* gestazione, gravidanza.
ges.tão [ʒest´ãw] *sf* **1** gestione. **2** *fig* conduzione. **3** controllo.
ges.ti.cu.lar [ʒestikul´ar] *vi* gesticolare, gestire.
ges.to [ʒ´ɛstu] *sm* **1** gesto, cenno. **2** atto, mossa. **3** segno, segnale. **4** *fig* provvedimento.
gi.gan.te [ʒig´ãti] *sm Mit, fig* gigante.
gi.gan.tes.co [ʒigãt´esku] *adj* gigantesco, colossale, enorme, smisurato.
gi.le.te [ʒil´ɛti] *sf* rasoio di sicurezza.
gi.ná.sio [ʒin´azju] *sm* ginnasio. **ginásio esportivo** palestra.
gi.nas.ta [ʒin´astə] *s* ginnasta, atleta.
gi.nás.ti.ca [ʒin´astikə] *sf* ginnastica, palestra. **ginástica de salão** ginnastica da camera. **ginástica rítmica** ginnastica ritmica. **professor de ginástica** ginnasta.
gin.ca.na [ʒĩk´ʌnə] *sf* gimcana.
gi.ne.co.lo.gi.a [ʒinekoloʒ´iə] *sf* ginecologia.
gi.ra.fa [ʒir´afə] *sf Zool* giraffa.
gi.rar [ʒir´ar] *vt* **1** girare, ruotare, voltare. **2** *Com* rigirare (dinheiro). *vi* **3** girare, ruotare.
gi.ras.sol [ʒiras´ɔw] *sm Bot* girasole. *Pl: girassóis.*
gí.ria [ʒ´irjə] *sf* gergo.
gi.ri.no [ʒir´inu] *sm Zool* girino.
gi.ro [ʒ´iru] *sm* **1** giro, girata. **2** circuito.
giz [ʒ´is] *sm* **1** gessetto (de escrever). **2** *Min* creta. *Pl: gizes.*
gla.cê [glas´e] *sm* copertura.
gla.ci.al [glasi´aw] *adj* glaciale. *Pl: glaciais.*
gla.di.a.dor [gladjad´or] *sm Hist* gladiatore.
glan.de [gl´ãdi] *sf Anat* glande.
glân.du.la [gl´ãdulə] *sf* **1** *Anat* glandula. **2** *Lit, Poét* mamma. **glândulas endócrinas** glandule endocrine. **glândulas lacrimais, mamárias, salivares, gástricas** glandule lacrimali, mammarie, salivari, gastriche. **glândulas suprarrenais** glandule surrenali.
glan.du.lar [glãdul´ar] *adj Anat* glandulare.
glau.co.ma [glawk´omə] *sm Med* glaucoma.
gli.ce.ri.na [gliser´inə] *sf Quím* glicerina.
gli.co.se [glik´ɔzi] *sf Quím, Biol* glicosio, glucosio. *Var: glucose.*
glo.bal [glob´aw] *adj* globale, totale. *Pl: globais.*
glo.bo [gl´obu] *sm* **1** globo. **2** *Geom* sfera. **globo ocular** globo dell'occhio. **globo terrestre** a) globo terraqueo (o objeto). b) globo terrestre (o planeta).
gló.bu.lo [gl´ɔbulu] *sm Anat* globulo. **glóbulo branco** globulo bianco. **glóbulo vermelho** globulo rosso.
gló.ria [gl´ɔrjə] *sf* **1** gloria. **2** celebrità. **3** *fig* corona. **4** apoteosi. **5 glórias** *pl fig* allori.
glo.ri.fi.car [glorifik´ar] *vt* glorificare, esaltare, celebrare, magnificare.
glo.ri.o.so [glori´ozu] *adj* glorioso.
glos.sá.rio [glos´arju] *sm* glossario.
glo.te [gl´ɔti] *sf Anat* glottide.
glo.to.lo.gi.a [glotoloʒ´iə] *sf Ling* glottologia.
glu.co.se [gluk´ɔzi] *sf Quím V glicose.*
glu.tão [glut´ãw] *sm* ghiotto. • *adj* ghiotto, goloso, ingordo.
glú.ten [gl´utẽj] *sm Quím* glutine.
glú.teos [gl´utjus] *sm pl Anat* glutei.
gno.mo [gn´omu] *sm Mit* gnomo.

go.e.la [go'ɛlə] *sf pop* gola, gozzo.
gol [g'ow] *sm Fut* **1** porta. **2** rete.

Em italiano, **porta** indica as balizas, onde joga o goleiro; **rete** indica o ponto marcado no jogo de futebol.

go.la [g'ɔlə] *sf* bavero, colletto, collare, collaretto.
go.le [g'ɔli] *sm* sorso.
go.lei.ro [gol'ejru] *sm Fut* portinaio.
gol.fe [g'owfi] *sm Esp golf.*
gol.fi.nho [gowf'iñu] *sm Zool* delfino.
gol.fo [g'owfu] *sm Geogr* golfo, baia, cala.
gol.pe [g'ɔwpi] *sm* **1** colpo. **2** percossa, pacca, cozzo. **3** botta. **4** *shock, choc.* **5** canzonatura. **6** *fig* mazzata, nespola. **7** tiro. **8** batosta. **dar um golpe** *fig* allungare un colpo, battere. **golpe decisivo** *fig* colpo di grazia. **golpe de Estado** colpo di stato. **golpe de mestre** colpo da maestro. **golpe de misericórdia** colpo di grazia. **golpe de vista** colpo d'occhio. **ter um golpe de sorte** *fig* vincere un terno al lotto.
gol.pe.ar [gowpe'ar] *vt* colpire, battere, percuotere.
gol.pis.ta [gowp'istə] *s* imbroglione.
go.ma [g'omə] *sf* gomma. **goma de mascar** gomma, gomma da masticare. **goma elástica** gomma elastica. **goma para roupas** amido.
go.ma-a.rá.bi.ca [gomər'abikə] *sf* gomma arabica. *Pl: gomas-arábicas.*
go.mo [g'omu] *sm Bot* gemma.
gôn.do.la [g'õdolə] *sf* gondola.
gon.do.lei.ro [gõdol'ejru] *sm* gondoliere.
gon.go [g'õgu] *sm Mús gong.*
go.nor.rei.a [gonor̄'ɛjə] *sf* **1** *Med* gonorrea. **2** *gír* scolo.
gor.dão [gord'ãw] *adj pop* pingue.
gor.di.nho [gord'iñu] *adj V gorducho.*
gor.do [g'ordu] *sm fam* grasso, persona grassa. • *adj* grasso.
gor.du.cho [gord'uʃu] *adj* grassoccio, grassotto. *Sin: gordinho.*
gor.du.ra [gord'urə] *sf* **1** grasso. **2** grassezza.
gor.du.ro.so [gordur'ozu] *adj* grasso.
gor.gon.zo.la [gorgõz'ɔlə] *sm* gorgonzola.
go.ri.la [gor'ilə] *sf* **1** *Zool* gorilla. **2** *gír* gorilla.
gor.je.ar [gorʒe'ar] *vi* gorgheggiare, trillare, cinguettare.
gor.jei.o [gorʒ'eju] *sm* gorgheggio, trillo.
gor.je.ta [gorʒ'etə] *sf* **1** mancia, propina, regalia. **2** *gír* bustarella. **3** *pop* buonamano. **4** *fig* beveraggio. **dar gorjeta** *pop* gratificare.
gos.tar [gost'ar] *vt* **1** piacere. **2** apprezzare. **3** affezionarsi a.

Atenção para o verbo **piacere**: a "coisa de que se gosta" ou "pessoa de quem se gosta" é o sujeito do verbo, e a "pessoa que gosta" é sempre um objeto indireto (pronome pessoal ou substantivo com a preposição **a**): *eu gosto de sorvete* / il gelato mi piace. *nós gostamos dela* / lei ci gradisce. *gosto muito disso* / questo mi piace un mondo. *o menino não gosta de espinafre* / lo spinacio non piace al bambino.

gos.to [g'ostu] *sm* **1** gusto, sapore. **2** genio. **bom gosto** gusto, raffinatezza. **com muito gosto** volentieri. **de bom gosto** di buon gusto. **de mau gosto** di cattivo gusto. **gosto agradável** gustosità. **gosto bom** *fig* sapore. **mau gosto** mal gusto. **sem gosto** sciocco. **ter gosto de** sapere a, sentire di.
gos.to.so [gost'ozu] *adj* **1** gustoso, delizioso, saporoso, saporito. **2** *fig* squisito. Veja nota em **squisito**.
gos.to.su.ra [gostoz'urə] *sf* delizia.
go.ta [g'otə] *sf* **1** goccia. **2** *Med* gotta. **3** *fig* goccia, lacrima, piccola quantità di liquido.
go.tei.ra [got'ejrə] *sf Arquit* gronda, gocciolatoio.
go.te.jar [goteʒ'ar] *vi* gocciare, gocciolare, stillare, sgocciolare.
gó.ti.co [g'ɔtiku] *adj* gotico. **letra gótica** carattere gotico.
go.ver.nan.ta [govern'ãtə] *sf* governante, donna che governa i servitori di una casa.
go.ver.nan.te [govern'ãti] *s* **1** governante. **2** statista. **3** *fig* pilota. • *adj* governante.
go.ver.nar [govern'ar] *vt* **1** governare. **2** gestire. **3** reggere. **4** capeggiare. **5** *fig* dirigere, amministrare, controllare, guidare.
go.ver.no [gov'ernu] *sm* **1** governo. **2** gestione. **3** reggimento. **4** dominazione, dominio. **5** *fig* controllo, conduzione.

o Governo i governanti, lo Stato. **no governo de** sotto.
go.za.ção [gozas´ãw] *sf* beffa, canzonatura, scherzo. **de gozação** da scherzo per scherzo.
go.za.dor [gozad´or] *sm* burlone. • *adj* beffardo, irriverente.
go.zar [goz´ar] *vt* **1** godere, godere di fruire di. **2** canzonare, beffare, schernire deridere. *vi* **3** godere, deliziarsi.
go.zo [g´ozu] *sm* godimento, diletto.
gra.ça [gr´asə] *sf* **1** grazia. **2** cortesia, favore. **3** celia, barzelletta. **4** leggiadria. **5** *Rel* grazia. **6** *fig* bellezza, attrattiva, dote **7** benedizione. **8** amenità, giuoco. **com a graça de Deus** la Dio mercé. **de graça** a) gratuito, grazioso. b) gratis, di grazia a ufo. **graças a** grazie a, per merito di mercé. **graças a Deus** grazie a Dio. **sem graça** a) banale. b) sgraziato. c) insulso Veja nota em **per**.
gra.ce.jar [graseʒ´ar] *vi* celiare, buffare.
gra.ce.jo [gras´eʒu] *sm* **1** celia, barzelletta spiritosaggine, burla, motteggio, scherzo **2** *fig* giuoco, battuta.
gra.ci.nha [gras´iñə] *sf dim* **1** spiritosaggine. **2** *pop* arguzia.
gra.ci.o.so [grasi´ozu] *adj* **1** grazioso, bello carino, leggiadro. **2** *fig* dolce, sinuoso.
gra.da.ção [gradas´ãw] *sf* **1** gradazione. **2** *Pint* digradazione.
gra.de [gr´adi] *sf* grata.
gra.do [gr´adu] *sm* apenas nas expressões **de bom grado** di buon grado. **de mau grado** di malavoglia.
gra.dua.ção [gradwas´ãw] *sf* graduazione scala.
gra.du.ar [gradu´ar] *vt* **1** graduare. **2** scalare.
gra.fi.a [graf´iə] *sf* scrittura.
grá.fi.co [gr´afiku] *sm*+*adj* grafico. **artes gráficas** arti grafiche.
gra.fi.te [graf´iti] *sm Min* grafite. **grafite para lapiseira** mina di ricambio matita.
gra.fo.lo.gi.a [grafoloʒ´iə] *sf* grafologia.
gra.lha [gr´aλə] *sf Zool* gracchia, cornacchia. **gralha macho** gracchio.
gra.ma [gr´Λmə] *sf* **1** *Bot* erba, gramigna *sm* **2** grammo (unidade de medida).
gra.ma.do [gram´adu] *sm Esp* campo.
gra.má.ti.ca [gram´atikə] *sf* grammatica.
gra.ma.ti.cal [gramatik´aw] *adj* grammaticale. *Pl: gramaticais.*
gram.pe.a.dor [grãpead´or] *sm* cucitrice.
gram.pe.ar [grãpe´ar] *vt* fissare con graffe.
gram.po [gr´ãpu] *sm* **1** forcina, forcella. **2** graffa.

Forcina e **forcella** significam "grampo para os cabelos"; **graffa** significa "grampo para papéis".

gra.na [gr´Λnə] *sf gír* lira.
gra.na.da [gran´adə] *sf* **1** *Mil* granata, bomba a mano. **2** *Min* granato.
gran.da.lhão [grãdaλ´ãw] *sm* **1** *aum* gigante. **2** *fam dep* grandaccio. **3** *fig* colosso.
gran.de [gr´ãdi] *adj* **1** grande, grosso. **2** corpulento. **3** voluminoso. **4** crasso (erro). **5** *irôn* maiuscolo. **6** *Lit* magno. **7** *fig* rotondo, tozzo.
gran.de.za [grãd´ezə] *sf* **1** grandezza. **2** *Fís, Mat* grandezza. **3** *fig* altezza, nobiltà.
gran.di.lo.quen.te [grãdilok´wẽti] *adj* ampolloso.
gran.di.o.so [grãdi´ozu] *adj* **1** grandioso, spettacolare, superbo. **2** *fig* monumentale.
gra.ni.to [gran´itu] *sm Min* granito.
gra.ni.zar [graniz´ar] *vi* grandinare.
gra.ni.zo [gran´izu] *sm* grandine, nevischio, chicchi di grandine.
gra.nu.la.do [granul´adu] *adj* granito.
gra.nu.lar [granul´ar] *vt*+*adj* granular.
grâ.nu.lo [gr´Λnulu] *sm* granulo, grommo, chicco. **grânulo de farinha** grumo.
grão [gr´ãw] *sm* **1** grano, chicco. **2 grãos** *pl* (de trigo, milho) granelli. **grão de uva** acino.
grão-de-bi.co [gr´ãwdib´iku] *sm* cece. *Pl: grãos-de-bico.*
gras.nar [grazn´ar] *vi* gracchiare, cornacchiare.
gras.ni.do [grazn´idu] *sm* gracchio.
gra.ti.dão [gratid´ãw] *sf* gratitudine, riconoscenza.
gra.ti.fi.ca.ção [gratifikas´ãw] *sf* gratificazione.
gra.ti.fi.car [gratifik´ar] *vt* gratificare.
grá.tis [gr´atis] *adv* gratis, in dono, di grazia. *Sin: gratuitamente.*

gra.to [gr´atu] *adj* grato, grazioso.
gra.tui.ta.men.te [gratujtam´ẽti] *adv V grátis.*
gra.tui.to [grat´ujtu] *adj* gratuito, grazioso.
grau [gr´aw] *sm* **1** grado. **2** rango. **3** *Mat* grado (de ângulo). **4** *Fís* grado (de temperatura). **5** *Mil* grado, posto. **equação de primeiro grau** equazione di primo grado.
gra.va.ção [gravas´ãw] *sf* **1** iscrizione. **2** registrazione.
gra.va.do [grav´adu] *adj* inciso.
gra.va.dor [gravad´or] *sm* registratore, magnetofono.
gra.va.me [grav´Λmi] *sm* **1** onere, peso. **2** *Com* onere, soma. **3** *Dir* gravame.
gra.var [grav´ar] *vt* **1** incidere, intagliare, cesellare, scolpire, stampare. **2** registrare (som).
gra.va.ta [grav´atə] *sf* cravatta.
gra.ve [gr´avi] *adj* **1** grave. **2** serio. **3** basso (som). **4** *fig* massiccio (erro). • *sm Mús* grave, nota grave. **acento grave** accento grave. **doença grave** malattia acuta.
grá.vi.da [gr´avidə] *adj f* gravida.
gra.vi.da.de [gravid´adi] *sf* **1** gravità. **2** serietà. **3** *Fís* gravità, forza della gravità. **4** *fig* entità, enormità.
gra.vi.dez [gravid´es] *sf* gravidanza, gestazione.
gra.vi.ta.ção [gravitas´ãw] *sf* gravitazione. **gravitação universal** gravitazione universale.
gra.vi.tar [gravit´ar] *vi Fís* gravitare.
gra.vu.ra [grav´urə] *sf* **1** illustrazione, stampa. **2** incisione, intaglio.
gra.xa [gr´aʃə] *sf Mec, Autom* grasso. **graxa de sapatos** lucido, patina, cera da scarpe.
gre.go [gr´egu] *sm+adj* greco, della Grecia. **falar grego** *fig* parlar turco, dir cose incomprensibili. **grego moderno** neogreco, della Grecia moderna. **isso é grego para mim!** è arabo per me! **os gregos ortodoxos** *Rel* gli ortodossi.
gre.lha [gr´eλə] *sf* ferri, bistecchiera.
gre.lha.do [greλ´adu] *adj* ai ferri.
gre.ve [gr´ɛvi] *sf* sciopero. **fazer greve** a) scioperare. b) *fig* incrociare le braccia. **greve de fome** sciopero della fame. **greve patronal** *Econ* serrata.
gri.far [grif´ar] *vt* sottolineare.
gri.fo [gr´ifu] *sm* sottolineatura.
gri.lhão [griλ´ãw] *sm* **1** catena. **2** *fig* giogo, dominazione. Veja nota em **catena**.
gri.lo [gr´ilu] *sm Zool* grillo.
gri.nal.da [grin´awdə] *sf* ghirlanda, corona.
gri.par [grip´ar] *vt* influenzare.
gri.pe [gr´ipi] *sf Med* influenza, grippe. **pegar uma gripe** prendere un'influenza.
gri.sa.lho [griz´aλu] *adj* canuto, grigio, brizzolato. • *sm fig* neve. **ficar grisalho** imbiancarsi.
gri.tar [grit´ar] *vt* **1** gridare. *vi* **2** gridare, berciare, urlare, esclamare. **gritar aos quatro ventos** gridare ai quattro venti. **gritar com alguém** sgridare uno.
gri.ta.ri.a [gritar´iə] *sf* gridata.
gri.to [gr´itu] *sm* grido, bercio, urlo, strillo. **dar um grito** lanciare un grido, mandare un grido. Veja nota em **grido**.
gro.se.lha [groz´ɛλə] *sf Bot* ribes.
gro.se.lhei.ra [grozeλ´ejrə] *sf Bot* ribes.
gros.sei.rão [grosejr´ãw] *sm aum fig* troglodita, facchino, contadino.
gros.sei.ro [gros´ejru] *adj* **1** grossolano. **2** rustico, grezzo, rozzo. **3** incivile, zotico, indelicato. **4** volgare. **5** *fig* paesano, ruvido, selvaggio.
gros.se.ri.a [groser´iə] *sf* **1** rozzezza. **2** scortesia, villania, sgarbatezza. **3** *fig* ruvidezza, selvatichezza. **4** zampata. **responder com grosseria** rispondere con sale e pepe.
gros.so [gr´osu] *adj* **1** grosso. **2** spesso. **3** rude, scostumato, villano. • *sm* il grosso.
gros.su.ra [gros´urə] *sf* grossezza, spessore.
gro.tes.co [grot´esku] *adj* grottesco.
grou [gr´ow] *sm Zool* gru.
gru.a [gr´uə] *sf Zool, Mec* gru.
gru.dar [grud´ar] *vt* ingommare.
gru.den.to [grud´ẽtu] *adj* colloso, piaccicoso.
gru.me.te [grum´eti] *sm Náut* mozzo.
gru.mo [gr´umu] *sm* grommo, grumo.
gru.nhir [gruñ´ir] *vi* grugnire.
gru.po [gr´upu] *sm* **1** gruppo. **2** ambiente, corpo. **3** associazione, aggruppamento. **4** *fig* banda, blocco. **em grupo** a schiera. **grupo de teatro** compagnia teatrale.

gru.ta [gr´utə] *sf* grota, caverna, spelonca.
gua.ra.ná [gwaran´a] *sm Bot* guarana.
guar.da [g´wardə] *sm* **1** guardia. **2** guardiano, custode. **3** poliziotto. **4** *pop* questurino. **5** *Mil* sentinella. **6** *Poét* scolta. **7** *fig* palo. • *sf* **1** guardia. **2** vedetta. **3** fazione. **4** *Dir* tutela. **corpo da guarda** corpo di guardia. **em guarda!** in guardia! all'erta! occhio! **ficar de guarda** a) stare in guardia, stare di sentinella. b) *fig* dormire con gli occhi aperti. **guarda aduaneiro** doganiere. **guarda alfandegário** guardia di finanza, finanziere. **guarda carcerário** carceriere. **guarda costeira** *Náut* guardacoste. **guarda municipal** vigile urbano. **guarda penitenciário** guardiano. **guarda pessoal de um governante** guardia del corpo. **montar guarda** vigilare. **velha guarda** vecchia guardia, gruppo dei veterani (de um partido, associação etc.).
guar.da-chu.va [gwardaʃ´uvə] *sm* ombrello. *Pl: guarda-chuvas.*
guar.da-cos.tas [gwardak´ɔstas] *sm sing+pl* **1** scorta, guardaspalle. **2** *Náut* guardacoste (navio). **3** *fig* gorilla.
guar.da-flo.res.tal [gwardəflorest´aw] *sm* guardaboschi. *Pl: guardas-florestais.*
guar.da-li.vros [gwardəl´ivrus] *sm sing+pl Com* ragioniere, computista.
guar.da.na.po [gwardən´apu] *sm* salvietta, tovagliolo.
guar.da-no.tur.no [gwardənot´urnu] *sm* guardia notturna, metronotte. *Pl: guardas-noturnos.*
guar.da-pó [gwardəp´ɔ] *sm* cappotto. *Pl: guarda-pós.*
guar.dar [gward´ar] *vt* **1** guardare. **2** custodire, badare a, vegliare su. **3** riservare, salvare, serbare, metter da parte.
guar.da-rou.pa [gwardər̄´owpə] *sm* guardaroba. *Pl: guarda-roupas.*
guar.da-sol [gwardəs´ɔw] *sm* ombrellone, parasole. *Pl: guarda-sóis.*
guar.di.ão [gwardi´ãw] *sm* **1** guardiano, custode. **2** *Rel* guardiano. **3** *fig* carabiniere.
gua.ri.ta [gwar´itə] *sf Mil* garitta, casotto.
guar.ne.cer [gwarnes´er] *vt* **1** guarnire. **2** (também *fig*) approvigionare.
guar.ni.ção [gwarnis´ãw] *sf Mil* guarnigione, presidio, contingente.
guel.ra [g´ɛwr̄ə] *sf Zool* branchia.
guer.ra [g´ɛr̄ə] *sf* **1** guerra. **2** conflitto. **guerra civil** guerra civile. **Guerra Fria** *Hist* Guerra Fredda.
guer.re.ar [ger̄e´ar] *vi* guerreggiare, combattere. **guerrear um contra o outro** guerreggiarsi.
guer.rei.ro [ger̄´ejru] *sm* guerriero. • *adj* guerriero, bellico.
guer.ri.lha [ger̄´iλə] *sf* guerriglia.
guer.ri.lhei.ro [ger̄iλ´ejru] *sm Mil* guerrigliero, partigiano.
gue.to [g´etu] *sm* ghetto, quartiere per gli Ebrei.
gui.a [g´iə] *sm* **1** guida, comandante. **2** cicerone. **3** *Lit* mentore. • *sf* **1** guida, governo. **2** *Com* bulletta, bolletta. **3** *fig* binario, briglia. **4** testa, capitano, pilota. **guia da calçada** paracarro.
gui.ar [gi´ar] *vt* **1** guidare. **2** condurre, incamminare. **3** governare, dirigere. **4** *fig* incanalare. **5** dominare. **guiar um cego** menare un cieco.
gui.chê [giʃ´e] *sm* sportello, cassa.
gui.dão [gid´ãw] *sm* sterzo.
gui.lho.ti.na [giλot´inə] *sf* ghigliottina.
guin.das.te [gĩd´asti] *sm* gru, martinetto, mangano.
guir.lan.da [girl´ãdə] *sf* ghirlanda, corona.
gui.sa [g´izə] *sf* apenas na expressão **à guisa de** a guisa di.
gui.sa.do [giz´adu] *sm* stufato, guazzetto, ragù.
gui.sar [giz´ar] *vt* stufare.
gui.tar.ra [git´ar̄ə] *sf* chitarra.
gui.tar.ris.ta [gitar̄´istə] *s* chitarrista.
gui.zo [g´izu] *sm* sonaglio, bubbolo.
gu.la [g´ulə] *sf* **1** golosità. **2** *Rel* gola. **3** *fig* avidità. **gula insaciável** ingordigia.
gu.lo.di.ce [gulod´isi] *sf V guloseima.*
gu.lo.sei.ma [guloz´ejmə] *sf* golosità, leccornia. *Sin: gulodice.*
gu.lo.so [gul´ozu] *sm* ghiotto, mangione. • *adj* ghiotto, goloso, ingordo.
gu.tu.ral [gutur´aw] *agg* gutturale. *Pl: guturais.*

h

h [ag´a] *sm* l'ottava lettera dell'alfabeto portoghese. Veja nota em **h** (italiano).
há.bil [´abiw] *adj* **1** abile. **2** destro, capace. **3** competente, bravo. **4** idoneo. **5** *fig* diplomatico. *Pl: hábeis.*
ha.bi.li.da.de [abilid´adi] *sf* **1** abilità. **2** destrezza. **3** competenza, bravura. **4** idoneità. **5** *fig* arte, tecnica. **6** diplomazia. **com habilidade** con arte, ad arte.
ha.bi.li.do.so [abilid´ozu] *adj* abile.
ha.bi.li.ta.ção [abilitas´ãw] *sf* abilitazione.
ha.bi.li.tar [abilit´ar] *vt* **1** abilitare. *vpr* **2** abilitarsi.
ha.bi.ta.ção [abitas´ãw] *sf* abitazione, casa, dimora.
ha.bi.tan.te [abit´ãti] *s+adj* residente.
ha.bi.tar [abit´ar] *vt* abitare, dimorare.
há.bi.to [´abitu] *sm* **1** abitudine, uso, costume, consuetudine, abito. **2** *Rel* abito, tonaca, veste dei religiosi. **de hábito** di rito. **mau hábito** malcostume, vizio. **o hábito não faz o monge** l'abito non fa il monaco. **ter o hábito de** usare.
ha.bi.tu.a.do [abitu´adu] *adj* avvezzo. **habituado a** rotto a.

Rotto a sempre se refere a maus hábitos, a vícios.

ha.bi.tu.al [abitu´aw] *adj* **1** abituale, usuale, solito, usato. **2** comune, ordinario. **3** familiare. **4** *fig* cronico. *Pl: habituais.*
ha.bi.tu.ar [abitu´ar] *vt* **1** abituare, accostumare, familiarizzare. **2** *fig* acclimare. *vpr* **3** abituarsi, familiarizzarsi. **4** *fig* acclimarsi.
há.li.to [´alitu] *sm* alito, fiato.
ha.lo [´alu] *sm Astron* alone, corona.
han.gar [ãg´ar] *sm Aer hangar*, rimessa.
hardware [h´ardwer] *sm ingl Inform hardware.*
ha.rém [ar´ẽj] *sm* arem, *harem.*
har.mo.ni.a [armon´iə] *sf* **1** armonia. **2** concordia, accordo. **3** fratellanza, fraternità. **4** simmetria. **5** *Mús* armonia, concerto. **6** *fig* bellezza. **7** unità, coesione.
har.mô.ni.ca [arm´onikə] *sf Mús* armonica.
har.mô.ni.co [arm´oniku] *adj* **1** armonico. **2** *fig* proporzionato.
har.mo.ni.o.so [armoni´ozu] *adj* **1** armonioso, armonico. **2** regolare, simmetrico. **3** coerente. **4** canoro. **5** *fig* classico.
har.mo.ni.zar [armoniz´ar] *vt* **1** armonizzare. **2** coordinare. **3** *Mús* armonizzare, concertare. *vi+vpr* **4** armonizzare, essere in armonia.
har.pa [´arpə] *sf Mús* arpa.
has.te [´asti] *sf* **1** asta. **2** *Bot* gamba, stelo. **haste de cereal** gambale. **haste dentada** *Mec* dentiera. **hastes dos óculos** stanghetta, aste degli occhiali.
has.te.ar [aste´ar] *vt* inalberare, alzare, rizzare una bandiera.
ha.ver [av´er] *vaux* **1** avere. *v impess* **2** esserci, esistere. **há** (no singular) c'è. **há** (no plural) ci sono. **haver de fazer** avere da fare. **não há de quê** non c'è di che! prego! di niente! Veja nota em **essere**.
ha.xi.xe [aʃ´iʃi] *sm Bot hascisc.*
he.brai.co [ebr´ajku] *sm+adj* **1** ebraico, ebreo. **2** giudeo.
he.ca.tom.be [ekat´õbi] *sf* **1** *Hist* ecatombe. **2** *fig* massacro, carneficina.
hec.ta.re [ekt´ari] *sm* ettaro.
he.ge.mo.ni.a [eʒemon´iə] *sf* **1** egemonia. **2** *fig* comando, controllo.

he.lê.ni.co [el´eniku] *adj* ellenico, dei greci.
hé.li.ce [´ɛlisi] *sf* elica.
he.li.cóp.te.ro [elik´ɔpteru] *sm* elicottero.
hé.lio [´ɛlju] *sm Quím* elio.
he.má.cia [em´asjə] *sf Med* hemazia, globulo rosso.
he.ma.to.ma [emat´omə] *sm Med* hematoma, botta, bernoccolo, colpo.
he.mis.fé.rio [emisf´ɛrju] *sm* emisfero.
he.mo.glo.bi.na [emoglob´inə] *sf Med* emoglobina.
he.mor.ra.gi.a [emor̄aʒ´iə] *sf Med* emorragia.
he.mor.roi.das [emor̄´ɔjdas] *sf pl Med* emorroidi.
he.pa.ti.te [epat´iti] *sf Med* epatite.
he.ra [´ɛrə] *sf Bot* edera.
he.ran.ça [er´ãsə] *sf* **1** *Fisiol* eredità. **2** *Dir* eredità, legato. **lei da herança** *Fisiol* eredità, principio di eredità.
her.bí.vo.ro [erb´ivoru] *sm+adj Zool* erbivoro.
her.cú.leo [erk´ulju] *adj* erculeo.
her.dar [erd´ar] *vt+vi* ereditare.
her.dei.ro [erd´ejru] *sm* **1** erede. **2** successore.
he.re.di.tá.rio [eredit´arju] *adj* **1** ereditario, congenito, genetico. **2** *fig* ancestrale.
he.re.ge [er´ɛʒi] *s* **1** eretico. **2** *fig* settario.
he.re.si.a [erez´iə] *sf* eresia, bestemmia.
he.ré.ti.co [er´ɛtiku] *adj* eretico.
her.ma.fro.di.ta [ermafrod´itə] *s+adj* ermafrodito, androgino.
her.mé.ti.co [erm´ɛtiku] *adj* **1** ermetico. **2** *fig* incomprensibile, enigmatico.
he.rói [er´ɔj] *sm* eroe.
he.roi.co [er´ɔjku] *adj* **1** eroico. **2** coraggioso, prode, audace.
he.ro.í.na [ero´inə] *sf* **1** eroina. **2** *Quím* eroina, sostanza stupefacente.
her.pes [´ɛrpis] *sm sing+pl Med* erpete.
he.si.ta.ção [ezitas´ãw] *sf* esitanza, vacillazione, titubanza.
he.si.tan.te [ezit´ãti] *adj* esitante, riluttante, perplesso, dubbioso, indeciso.
he.si.tar [ezit´ar] *vi* **1** esitare, titubare, vacillare, indugiare. **2** *fig* tentennare, ondeggiare. **não hesitar em** non esitare a.
he.te.ro.do.xo [eterod´ɔksu] *adj* eterodosso.
he.te.ro.gê.neo [eteroʒ´enju] *adj* **1** eterogeneo. **2** *fig* ibrido.
he.xá.go.no [ez´agonu] *sm Geom* esagono.
hi.a.to [i´atu] *sm Gram* iato.
hi.ber.na.ção [ibernas´ãw] *sf Zool* ibernazione, letargo.
hí.bri.do [´ibridu] *adj* **1** ibrido. **2** *fig* bastardo.
hi.dran.te [idr´ãti] *sm* idrante.
hi.dra.tar [idrat´ar] *vt Quím* idratare.
hi.dra.to [idr´atu] *sm Quím* idrato.
hi.dráu.li.ca [idr´awlikə] *sf Fís* idraulica.
hi.dre.lé.tri.co [idrel´ɛtriku] *adj* idroelettrico.
hi.dro.a.vi.ão [idroavi´ãw] *sm* idrovolante.
hi.dro.fo.bi.a [idrofob´iə] *sf Med* idrofobia, rabbia, lissa.
hi.dró.fo.bo [idr´ɔfobu] *adj Med* idrofobo, rabbioso.
hi.dro.gra.fi.a [idrograf´iə] *sf Geogr* idrografia.
hi.e.na [i´enə] *sf Zool* iena.
hi.e.rar.qui.a [jerark´iə] *sf* gerarchia.
hi.e.ró.gli.fo [jer´ɔglifu] *sm* geroglifico.
hí.fen [´ifẽj] *sm Gram* trattino, lineetta. *Pl: hifens, hífenes.*
hi.gi.e.ne [iʒi´eni] *sf* igiene.
hi.la.ri.an.te [ilari´ãti] *adj* esilarante. **gás hilariante** gas esilarante.
hí.men [´imẽj] *sm Anat* imene. *Pl: himens, hímenes.*
hi.no [´inu] *sm* inno. **hino em louvor** cantico. **hino nacional** inno nazionale.
hi.pér.bo.le [ip´ɛrboli] *sf Geom, Gram* iperbole.
hi.per.ten.são [ipertẽs´ãw] *sf Med* ipertensione.
hí.pi.co [´ipiku] *adj* ippico.
hi.pis.mo [ip´izmu] *sm* ippica.
hip.no.se [ipn´ɔzi] *sf* ipnosi.
hip.no.tis.mo [ipnot´izmu] *sm* ipnotismo.
hip.no.ti.zar [ipnotiz´ar] *vt* **1** ipnotizzare. **2** *fig* incantare, magnetizzare.
hi.po.cri.si.a [ipokriz´iə] *sf* **1** ipocrisia. **2** finzione.
hi.pó.cri.ta [ip´ɔkritə] *s* **1** ipocrita. **2** *fig* gesuita, tartufo. • *adj* ipocrito.
hi.po.dér.mi.co [ipod´ɛrmiku] *adj* ipodermico.
hi.pó.dro.mo [ip´ɔdromu] *sm* ippodromo.

hi.pó.fi.se [ip´ɔfizi] *sf Anat* ipofisi.
hi.po.pó.ta.mo [ipop´ɔtamu] *sm* ippopotamo.
hi.po.te.ca [ipot´ɛkə] *sf Dir* ipoteca.
hi.po.te.car [ipotek´ar] *vt* ipotecare.
hi.pó.te.se [ip´ɔtezi] *sf* **1** *Fil, Mat* ipotesi, congettura, astrazione, supposizione, pronostico. **2** *fig* calcolo. **fazer hipóteses** postulare. **na pior das hipóteses** andare a peggio.
hi.po.té.ti.co [ipot´ɛtiku] *adj* ipotetico.
hir.su.to [irs´utu] *adj* irsuto, peloso.
his.pâ.ni.co [isp´ʌniku] *adj* ispanico, ispano.
his.té.ri.co [ist´ɛriku] *sm+adj* isterico.
his.tó.ria [ist´ɔrjə] *sf* **1** storia. **2** fatto. **3** bugia, fola. **4** *gír* bubbola. **5** *fig* invenzione. **contar histórias** a) novellare. b) *fig* abballare. **história em quadrinhos** fumetti.
his.to.ri.a.dor [istorjad´or] *sm* storico.
his.tó.ri.co [ist´ɔriku] *adj* storico, della storia. • *sm curriculum.*
ho.di.er.no [odi´ɛrnu] *adj* odierno, moderno, attuale.
ho.je [´oʒi] *adv* oggi. • *sm* l'oggi, il tempo presente. **até hoje** sinora. **de hoje em diante** da oggi in poi. **hoje à noite** stasera, stanotte. **hoje em dia** oggigiorno, oggidì. **hoje pela manhã** stamattina, stamani.
ho.lan.dês [olãd´es] *sm+adj* olandese.
ho.lo.caus.to [olok´awstu] *sm Hist, fig* olocausto.
ho.mem [´omẽj] *sm* uomo. **bom homem** buonuomo. **homem bonito** bello. **homem de ação** uomo d'azione, attivo. **homem de armas** uomo d'arme, militare. **homem de letras** uomo di lettere. **homem de palavra** uomo di parola. **homem feito** uomo fatto. **homem honesto** galantuomo. **homem mau** *fig* cane. **o Homem** l'Uomo. **que grande homem!** che testa! **um homem se conhece por suas obras** dal frutto si conosce l'albero.
ho.mem-rã [omẽjr̃´ã] *sm* uomo rana. *Pl: homens-rãs, homens-rã.*
ho.me.na.gem [omen´aʒẽj] *sf* **1** omaggio. **2** ossequio, tributo. **3** *fig* culto.
ho.men.zi.nho [omẽjz´iñu] *sm dim* (também *fig*) ometto.
ho.me.o.pa.ta [omeop´atə] *s* omeopatico.
ho.me.o.pa.ti.a [omeopat´iə] *sf* omeopatia.
ho.me.o.pá.ti.co [omeop´atiku] *adj* omeopatico.
ho.mi.ci.da [omis´idə] *s* omicida, assassino.
ho.mi.cí.dio [omis´idju] *sm* omicidio, assassinio.
ho.mó.fo.no [om´ɔfonu] *adj* omofono.
ho.mo.gê.neo [omoʒ´enju] *adj* omogeneo, uniforme.
ho.mo.lo.gar [omolog´ar] *vt Lit* omologare.
ho.mô.ni.mo [om´onimu] *sm+adj* omonimo.
ho.mos.se.xu.al [omoseksu´aw] *sm* **1** omossessuale, pederasta, invertito. **2** *gír* finocchio. *sf* **3** omossessuale, lesbica. *Pl: homossexuais.*
ho.nes.ti.da.de [onestid´adi] *sf* **1** onestà. **2** decenza. **3** rettitudine. **4** *fig* correttezza, pulizia, chiarezza.
ho.nes.to [on´ɛstu] *adj* **1** onesto. **2** integro, probo. **3** pulito, morale. **4** perbene. **5** rispettabile. **6** *fig* retto, corretto, cristallino.
ho.no.rá.rio [onor´arju] *adj* onorario, di onore. **honorários** *sm pl Com* onorario, competenze.
hon.ra [´õr̃ə] *sf* **1** onore. **2** decoro. **3** dignità. **4** orgoglio. **5** *fig* lustro. **6 honras** *pl* onori, onoranze. **dívida de honra** debito d'onore. **é uma questão de honra** ne va dell'onore. **fazer as honras da casa** fare gli onori di casa. **lugar de honra** posto d'onore. **ofender a honra de** disonorare. **palavra de honra** parola d'onore. **questão de honra** punto d'onore. **ter a honra de** avere l'onore di.
hon.ra.dez [õr̃ad´es] *sf* **1** onoratezza, onestà. **2** *fig* chiarezza.
hon.ra.do [õr̃´adu] *adj* onorato, onesto, rispettabile.
hon.rar [õr̃´ar] *vt* **1** onorare. **2** rispettare. *vpr* **3** onorarsi.
hon.ra.ri.as [õr̃ar´ias] *sf pl* onoranze.
hon.ro.so [õr̃´ozu] *adj* onorevole.
hó.quei [´ɔkej] *sm Esp hockey*. **hóquei sobre o gelo** *hockey* su ghiaccio.

ho.ra [ˈɔrə] *sf* ora. **antes da hora** anzitempo. **a toda hora** ognora. **dar as horas** (o relógio) suonare le ore. **em hora inoportuna** fuori di luogo. **em má hora** male a proposito. **fora de hora** fuori di stagione. **hora de agir** momento di agire. **hora extra** straordinario. **hora marcada** appuntamento. **meia hora** mezz'ora. **na hora** a) al momento. b) in orario (trem, avião). **que horas são?** che ora è? **um quarto de hora** un quarto d'ora, quindici minuti. Veja nota em **mezza**.

ho.rá.rio [orˈarju] *sm* orario. **horário de inverno** orario invernale. **horário de pico** ora di punta. **horário de verão** orario estivo, ora legale, ora estiva.

hor.da [ˈɔrdə] *sf Hist* orda.

ho.ri.zon.tal [orizõtˈaw] *adj* orizzontale. *Pl: horizontais.*

ho.ri.zon.te [orizˈõti] *sm* **1** orizzonte. **2** sfondo.

hor.mô.nio [ormˈonju] *sm Fisiol* ormone.

ho.rós.co.po [orˈɔskopu] *sm* oroscopo. **fazer horóscopo** tirare l'oroscopo.

hor.ren.do [or̃ˈẽdu] *adj* **1** orrendo. **2** *fig* atro.

hor.ri.pi.lan.te [or̃ipilˈãti] *adj* orripilante, tremendo.

hor.rí.vel [or̃ˈivew] *adj* **1** orribile. **2** terribile, tetro. **3** atroce. **4** *fig* maledetto. *Pl: horríveis.*

hor.ror [or̃ˈor] *sm* **1** orrore, terrore, atterrimento. **2** *fig* brivido. **ter horror a** aborrire.

hor.ro.ri.zar [or̃orizˈar] *vt* **1** inorridire. *vpr* **2** inorridire.

hor.ro.ro.so [or̃orˈozu] *adj* orrendo, tremendo.

hor.ta [ˈɔrtə] *sf* orto.

hor.ta.li.ça [ortalˈisə] *sf* ortaggio, verdura.

hor.te.lã [ortelˈã] *sf Bot* menta.

hor.tên.sia [ortˈẽsjə] *sf Bot* ortensia.

hos.pe.dar [ospedˈar] *vt* albergare, alloggiare, ospitare.

hos.pe.da.ri.a [ospedarˈiə] *sf* albergo.

hós.pe.de [ˈɔspedi] *s* ospite. **hóspede de um hotel** forestiere. **hóspede é como peixe, com três dias fede** l'ospite è come il pesce, fra tre giorni rincresce.

hos.pe.dei.ro [ospedˈejru] *sm* albergatore.

hos.pí.cio [ospˈisju] *sm* manicomio.

hos.pi.tal [ospitˈaw] *sm* ospedale, clinica. *Pl: hospitais.*

hos.pi.ta.lei.ro [ospitalˈejru] *adj* ospitale.

hos.pi.ta.li.da.de [ospitalidˈadi] *sf* **1** ospitalità. **2** *fig* albergo.

hós.tia [ˈɔstjə] *sf Rel, Med* ostia.

hos.til [ostˈiw] *adj* ostile, avverso, infesto. **olhar hostil** sguardo storto. *Pl: hostis.*

hos.ti.li.da.de [ostilidˈadi] *sf* **1** ostilità, inimicizia, avversione, animosità. **2** *fig* guerra.

hos.ti.li.zar [ostilizˈar] *vt* osteggiare, infestare.

ho.tel [otˈɛw] *sm* albergo, *hotel*. *Pl: hotéis.*

ho.te.lei.ro [otelˈejru] *sm* albergatore.

hu.ma.ni.da.de [umanidˈadi] *sf* **1** umanità. **2** *fig* mondo. **a humanidade** l'Uomo, gli uomini. **as humanidades** le umanità, studio delle lettere classiche.

hu.ma.nis.mo [umanˈizmu] *sm Lit, Hist* umanesimo.

hu.ma.ni.tá.rio [umanitˈarju] *adj* umanitario.

hu.ma.ni.zar [umanizˈar] *vt* **1** umanizzare. *vpr* **2** umanizzarsi.

hu.ma.no [umˈʌnu] *adj* **1** umano. **2** *fig* pietoso, tollerante, pio.

hu.mil.da.de [umiwdˈadi] *sf* umiltà.

hu.mil.de [umˈiwdi] *adj* umile, sottomesso.

hu.mi.lha.ção [umiʎasˈãw] *sf* **1** umiliazione, avvilimento, abbassamento. **2** *fig* abbattimento.

hu.mi.lhan.te [umiʎˈãti] *adj* umiliante.

hu.mi.lhar [umiʎˈar] *vt* **1** umiliare, avvilire, deprimere. **2** *fig* abbattere, prostrare. *vpr* **3** umiliarsi, abbassarsi. **4** *fig* abbassare la testa, piegare la testa.

hu.mor [umˈor] *sm* **1** *Anat* umore. **2** *fig* umore, stato dello spirito. **estar de bom humor** essere in buona luna. **humor aquoso** umore acqueo. **mau humor** malumore, broncio.

hu.mo.ris.ta [umorˈistə] *s+adj* umorista.

hu.mo.rís.ti.co [umorˈistiku] *adj* umoristico, giocoso.

hú.mus [ˈumus] *sm sing+pl Biol humus.*

hún.ga.ro [ˈũgaru] *sm* ungherese. • *adj* ungherese, ungaro, ungarico.

i

i [´i] *sm* **1** la nona lettera dell'alfabeto portoghese. **2** i, il nome della lettera I. Veja nota em **j** (italiano).
i.an.que [i´ãki] *sm+adj yankee.*
i.a.te [i´ati] *sm Náut* panfilo.
i.bé.ri.co [ib´ɛriku] *adj* iberico.
i.çar [is´ar] *vt Náut* issare, inalberare.
í.co.ne [´ikoni] *sm* icona.
i.co.no.clas.ta [ikonokl´astə] *s+adj* iconoclasta.
ic.te.rí.cia [ikter´isjə] *sf Med* itterizia.
i.da [´idə] *sf* andata.
i.da.de [id´adi] *sf* **1** età. **2** *Hist* evo. **3** *fig* anno. **idade adulta** età matura, maturità. **Idade Antiga** Evo Antico. **Idade Contemporânea** Età Contemporanea. **Idade Média** Medioevo. **Idade Moderna** Età Moderna.
i.de.al [ide´aw] *sm* **1** ideale, credo. **2** *fig* aspirazione. **3** bandiera. **4** utopia. • *adj* **1** ideale. **2** *fig* astratto. **3** platonico. *Pl: ideais.*
i.de.a.lis.mo [ideal´izmu] *sm* idealismo.
i.de.a.li.zar [idealiz´ar] *vt* **1** ideare, idearsi, divisare. **2** *Lit* idealizzare. **3** *fig* concepire.
i.dei.a [id´ɛjə] *sf* **1** idea. **2** disegno, progetto. **3** creazione. **4** concetto, opinione. **5** nozione. **dar uma vaga ideia de** dare una sfumatura di. **ideia brilhante** trovata. **ideia central** *fig* midollo. **ideia fixa** fissazione, ossessione. **insistir numa ideia** battere. **mudar de ideia** mutare idea, ripensare.
i.dên.ti.co [id´ẽtiku] *adj* **1** identico. **2** uguale. **3** medesimo. **4** congenere.
i.den.ti.da.de [idẽtid´adi] *sf* identità.
i.den.ti.fi.car [idẽtifik´ar] *vt* **1** identificare, riconoscere. **2** immedesimare, rendere identico. *vpr* **3** identificarsi. **4** immedesimarsi.
i.de.o.lo.gi.a [ideoloʒ´iə] *sf* ideologia, credo, filosofia, credenza.
i.dí.lio [id´ilju] *sm Lit, fig* idillio.
i.di.o.ma [idi´omə] *sm* idioma, lingua.
i.di.o.má.ti.co [idjom´atiku] *adj* idiomatico.
i.di.o.ta [idi´ɔtə] *s+adj* **1** idiota, imbecille, scemo, babbeo. **2** *Med* idiota. **3** *fig* deficiente.
i.di.o.ti.a [idjot´iə] *sf Med* idiozia.
i.di.o.ti.ce [idjot´isi] *sf* **1** imbecillità. **2** *fig* bubbola.
i.do.la.trar [idolatr´ar] *vt* idolatrare, stravedere.
i.do.la.tri.a [idolatr´iə] *sf* idolatria.
í.do.lo [´idolu] *sm* (também *fig*) **1** idolo. **2** feticcio.
i.do.nei.da.de [idonejd´adi] *sf* idoneità.
i.dô.neo [id´onju] *adj* **1** idoneo. **2** adatto. **3** atto.
i.do.so [id´ozu] *sm* anziano. • *adj* anziano, avanzato, attempato.
ig.ni.ção [ignis´ãw] *sf* ignizione, accensione.
ig.nó.bil [ign´ɔbiw] *adj* ignobile. *Pl: ignóbeis.*
ig.no.rân.cia [ignor´ãsjə] *sf* **1** ignoranza. **2** mancanza di educazione. **3** *fig* tenebra, oscurità.
ig.no.ran.te [ignor´ãti] *s* **1** ignorante, imbecille. **2** *fig* bestia, somaro, buzzurro. • *adj* ignorante, ignaro.
ig.no.rar [ignor´ar] *vt* **1** ignorare. **2** sconoscere. **3** trascurare. **4** infischiarsi.
i.gre.ja [igr´eʒə] *sf* **1** chiesa. **2** *pop* clero. **igreja paroquial** pieve.

i.gre.ji.nha [igreʒ´iñə] *sf dim* cappella.
i.gual [ig´waw] *adj* **1** uguale. **2** eguale. **3** pari. **4** stesso. • *sm* pari. **de igual para igual** alla pari. *Pl: iguais.*
i.gua.lar [igwal´ar] *vt* **1** uguagliare. **2** equiparare. **3** adeguare. **4** livellare, pareggiare. *vpr* **5** uguagliarsi. **6** adeguarsi. **7** livellarsi.
i.gual.da.de [igwawd´adi] *sf* uguaglianza, eguaglianza, equità, parità.
i.gual.men.te [igwawm´ẽti] *adv* ugualmente, egualmente, parimenti.
i.gua.ri.a [igwar´iə] *sf* **1** vivanda, squisitezza. **2** *pop* cibo.
ih [´i] *interj* ih! eh! Veja nota em **eh.**
i.le.gal [ileg´aw] *adj* **1** illegale. **2** fuori legge. **3** illeggittimo. **4** clandestino. • *s* clandestino. *Pl: ilegais.*
i.le.gí.ti.mo [ileʒ´itimu] *adj* **1** illegitimo. **2** illegale. **3** bastardo, adulterino, spurio (filho).
i.le.gí.vel [ileʒ´ivew] *adj* illeggibile. *Pl: ilegíveis.*
i.le.so [il´ezu] *adj* **1** illeso, salvo. **2** *fig* sano.
i.le.tra.do [iletr´adu] *adj* **1** illetterato. **2** *fig* incolto.
i.lha [´iλə] *sf* isola. **ilha fluvial** isola su fiume.
i.lhar.ga [iλ´argə] *sf Anat* fianco.
i.lhéu [iλ´ɛw] *sm* (*f* **ilhoa**) insulare.
i.lí.ci.to [il´isitu] *adj* illecito.
i.li.mi.ta.do [ilimit´adu] *adj* **1** illimitato. **2** assoluto. **3** sconfinato.
i.ló.gi.co [il´ɔʒiku] *adj* illogico, incoerente, sconclusionato.
i.lu.dir [ilud´ir] *vt* **1** illudere. **2** ingannare, imbrogliare, raggirare. **3** deludere. **4** *fig* abbagliare, dare la polvere negli occhi. *vpr* **5** illudersi, imbrogliarsi, lusingarsi.
i.lu.mi.na.ção [iluminas´ãw] *sf* illuminazione.
i.lu.mi.nar [ilumin´ar] *vt* **1** illuminare, rischiarare. *vpr* **2** illuminarsi.
i.lu.são [iluz´ãw] *sf* **1** illusione. **2** imbroglio, lusinga. **3** *fig* fantasma, miraggio. **4** sogno, chimera. **ilusão de ótica** illusione ottica.
i.lu.si.o.nis.ta [iluzjon´istə] *s* illusionista.
i.lu.só.rio [iluz´ɔrju] *adj* **1** illusorio. **2** falso. **3** apparente. **4** *fig* chimerico, utopistico.
i.lus.tra.ção [ilustras´ãw] *sf* **1** illustrazione. **2** figura.
i.lus.trar [ilustr´ar] *vt* **1** illustrare. **2** figurare. **3** decorare con disegni.
i.lus.tre [il´ustri] *adj* **1** illustre. **2** celebre, esimio, grande, notevole. **3** *fig* nobile (nome). **ilustre desconhecido** *irôn* illustre sconosciuto. **tornar ilustre** *fig* illustrare.
í.mã [´imã] *sm* magnete. **ímã artificial** magnete artificiale. **ímã natural** magnete naturale.
i.ma.cu.la.do [imakul´adu] *adj* immacolato, incontaminato, puro.
i.ma.gem [im´aʒẽj] *sf* **1** immagine. **2** apparenza, forma. **3** figura. **4** disegno. **5** allegoria. **6** idea, concetto. **7** *fig* fantasma.
i.ma.gi.na.ção [imaʒinas´ãw] *sf* **1** immaginazione. **2** fantasia. **3** *fig* chimera, sogno.
i.ma.gi.nar [imaʒin´ar] *vt* **1** immaginare. **2** creare, ideare, inventare. **3** fantasticare. **4** fare conto che. **5** *fig* concepire, architettare. **6** sognare. **7** supporre.
i.ma.gi.ná.rio [imaʒin´arju] *adj* **1** immaginario. **2** ideale. **3** fittizio, astratto. **4** infondato. **5** *fig* chimerico.
i.ma.nen.te [iman´ẽti] *adj Lit* immanente.
i.man.tar [imãt´ar] *vt* magnetizzare.
i.ma.te.ri.al [imateri´aw] *adj* **1** immateriale, astratto. **2** *fig* spirituale. *Pl: imateriais.*
i.ma.tu.ri.da.de [imaturid´adi] *sf* **1** immaturo. **2** *fig* acerbità.
i.ma.tu.ro [imat´uru] *adj* **1** immaturo. **2** *fig* giovane, acerbo.
im.be.cil [ĩbes´iw] *s+adj* **1** imbecille, idiota, scemo, stupido. **2** *Med* imbecille. *Pl: imbecis.*
im.be.ci.li.da.de [ĩbesilid´adi] *sf* **1** imbecillità. **2** *Med* imbecillità, debilità intelettuale. **3** *fig* infermità.
im.ber.be [ĩb´ɛrbi] *adj* imberbe.
i.me.di.a.ta.men.te [imedjatam´ẽti] *adv* immediatamente, subito, tosto, ad un tratto.
i.me.di.a.to [imedi´atu] *adj* **1** immediato. **2** susseguente. **3** diretto.

i.men.si.dão [imẽsid'ãw] *sf* **1** immenso. **2** *fig* oceano.

i.men.so [im'ẽsu] *adj* immenso, smisurato, sconfinato, immane.

i.men.su.rá.vel [imẽsur'avew] *adj* immensurabile, incommensurabile. *Pl: imensuráveis.*

i.mer.gir [imerʒ'ir] *vt* **1** immergere, tuffare. *vi* **2** immergersi.

i.mer.são [imers'ãw] *sf* immersione, tuffo.

i.mer.so [im'ɛrsu] *adj* **1** immerso. **2** affondato. **3** assorto (em pensamentos etc.).

i.mi.grar [imigr'ar] *vt* immigrare.

i.mi.nên.cia [imin'ẽsjə] *sf* imminenza, urgenza.

i.mi.nen.te [imin'ẽti] *adj* imminente, urgente, pendente, sovrastante.

i.mis.cu.ir-se [imisku'irsi] *vpr* immischiarsi.

i.mi.ta.ção [imitas'ãw] *sf* **1** imitazione, riproduzione. **2** falso. **3** *fig* copia.

i.mi.tar [imit'ar] *vt* **1** imitare. **2** copiare, motteggiare. **3** ripetere. **4** contraffare. **5** ricalcare, arieggiare. **6** seguire. **7** *fig* specchiarsi in.

i.mo.bi.li.da.de [imobilid'adi] *sf* **1** immobilità, quiete. **2** *fig* paralisi.

i.mo.bi.li.zar [imobiliz'ar] *vt* **1** immobilizzare, bloccare. **2** *fig* congelare.

i.mo.lar [imol'ar] *vt* **1** immolare, sacrificare. *vpr* **2** immolarsi.

i.mo.ral [imor'aw] *adj* **1** immorale. **2** scandaloso. **3** osceno. **4** scostumato. **5** illecito. **6** *fig* lubrico. *Pl: imorais.*

i.mor.tal [imort'aw] *s* immortale. • *adj* immortale, eterno. **os imortais** *pl Mit* gl'immortali. *Pl: imortais.*

i.mor.ta.li.da.de [imortalid'adi] *sf* immortalità.

i.mor.ta.li.zar [imortaliz'ar] *vt* **1** eternare. *vpr* **2** eternarsi.

i.mó.vel [im'ɔvew] *sm Com, Dir* immobile. • *adj* **1** immobile, statico, inerte. **2** *Com, Dir* immobile, stabile. *Pl: imóveis.*

im.pa.ci.ên.cia [ĩpasi'ẽsjə] *sf* **1** impazienza, smania, frega. **2** *fam, fig* fregola.

im.pa.ci.en.te [ĩpasi'ẽti] *adj* impaziente, frettoloso, smanioso.

im.pal.pá.vel [ĩpawp'avew] *adj* impalpabile, vago. *Pl: impalpáveis.*

ím.par ['ĩpar] *adj* impari, dispari.

im.par.ci.al [ĩparsi'aw] *adj* imparziale, giusto. *Pl: imparciais.*

im.pas.sí.vel [ĩpas'ivew] *adj* **1** impassibile, imperturbabile, severo. **2** *fig* gelido. *Pl: impassíveis.*

im.pe.cá.vel [ĩpek'avew] *adj* impeccabile, perfetto, esatto. *Pl: impecáveis.*

im.pe.di.men.to [ĩpedim'ẽtu] *sm* **1** impedimento, imbarazzo, ostacolo, difficoltà. **2** *Esp* fuorigiuoco. **3** *fig* muro, scoglio. Veja nota em **muro** (italiano).

im.pe.dir [ĩped'ir] *vt* **1** impedire. **2** chiudere, arrestare. **3** contrastare. **4** imbarazzare. **5** immobilizzare. **6** sbarrare. **7** *fig* castrare. **8** inibire.

im.pe.lir [ĩpel'ir] *vt* **1** spingere, sospingere, muovere. **2** *Lit* impellere.

im.pe.ne.trá.vel [ĩpenetr'avew] *adj* impenetrabile. *Pl: impenetráveis.*

im.pen.sa.do [ĩpẽs'adu] *adj* impensato, spensierato, immeditato, avventato.

im.pe.ra.dor [ĩperad'or] *sm* imperatore.

im.pe.rar [ĩper'ar] *vt* imperare, regnare.

im.pe.ra.ti.vo [ĩperat'ivu] *sm Gram* imperativo. • *adj* imperativo, categorico.

im.per.cep.tí.vel [ĩpersept'ivew] *adj* impercettibile. *Pl: imperceptíveis.*

im.per.fei.ção [ĩperfejs'ãw] *sf* **1** imperfezione. **2** mancanza. **3** errore. **4** *fig* ombra, tacca, neo.

im.per.fei.to [ĩperf'ejtu] *adj* **1** imperfetto. **2** difettoso. **3** incompleto, difettivo. • *sm Gram* imperfetto (tempo verbal).

im.pe.ri.al [ĩperi'aw] *adj* imperiale. *Pl: imperiais.*

im.pe.ri.a.lis.mo [ĩperjal'izmu] *sm* imperialismo.

im.pe.rí.cia [ĩper'isjə] *sf* imperizia, inesperienza.

im.pé.rio [ĩp'ɛrju] *sm* **1** impero. **2** *fig* trono.

im.pe.ri.o.so [ĩperi'ozu] *adj* **1** imperioso. **2** tassativo. **3** urgente.

im.per.me.a.bi.li.zar [ĩpermeabiliz'ar] *vt* **1** impermeabilizzare. **2** *Náut* calafatare.

im.per.me.á.vel [ĩperme'avew] *adj* **1** impermeabile. **2** stagno, ermetico. *Pl: impermeáveis.*

im.per.ti.nên.cia [ĩpertin'ẽsjə] *sf* impertinenza, sfrontatezza, ardire.

im.per.ti.nen.te [ĩpertin´ẽti] *adj* impertinente, sfrontato, petulante.
im.per.tur.bá.vel [ĩperturb´avew] *adj* imperturbabile. *Pl: imperturbáveis.*
im.pes.so.al [ĩpeso´aw] *adj* **1** impersonale. **2** anonimo. **3** imparziale. *Pl: impessoais.*
ím.pe.to [´ĩpetu] *sm* **1** impeto. **2** furia, furore. **3** scatto. **4** *fig* ardore, caldo. **5** violenza. **6** slancio.
im.pe.tu.o.si.da.de [ĩpetwozid´adi] *sf* impetuosità, impeto, furore, fierezza.
im.pe.tu.o.so [ĩpetu´ozu] *adj* **1** impetuoso, impulsivo, fiero. **2** *fig* vertiginoso. **3** feroce, violento.
im.pi.e.do.so [ĩpjed´ozu] *adj* **1** spietato. **2** crudele. **3** inclemente. **4** terribile, belluino.
ím.pio [´ĩpju] *sm+adj* empio, ateo.
im.pla.cá.vel [ĩplak´avew] *adj* implacabile, inflessibile. *Pl: implacáveis.*
im.plan.ta.ção [ĩplãtas´ãw] *sf* impianto.
im.plan.tar [ĩplãt´ar] *vt* **1** impiantare. **2** fondare, istituire.
im.pli.car [ĩplik´ar] *vt* **1** implicare, costare, comportare. *vpr* **2** implicarsi.
im.plí.ci.to [ĩpl´isitu] *adj* **1** implicito, sottinteso. **2** *fig* tacito.
im.plo.rar [ĩplor´ar] *vt* implorare, supplicare. **implorar por proteção** raccomandarsi.
im.po.nên.cia [ĩpon´ẽsjə] *sf* imponenza, solennità.
im.po.nen.te [ĩpon´ẽti] *adj* imponente, solenne, grandioso, aitante.
im.po.pu.lar [ĩpopul´ar] *adj* impopolare.
im.por [ĩp´or] *vt* **1** imporre, infliggere, porre. *vpr* **2** imporsi, signoreggiare. **3** *fig* innalzarsi.
im.por.ta.ção [ĩportas´ãw] *sf* importazione.
im.por.tân.cia [ĩport´ãsjə] *sf* **1** importanza, gravità, significato. **2** *Com* importo, prezzo. **3** *fig* rilievo. **4** peso, momento. **não dar importância a** trascurare. **ter importância** *fig* pesare.
im.por.tan.te [ĩport´ãti] *adj* **1** importante. **2** grave, serio. **3** autorevole. **4** grande, notevole. **5** rilevante. **6** significativo.
im.por.tar [ĩport´ar] *vt* **1** importare. **2** premere. **3** pesare, significare. **não me importo nem um pouco com isso** non me ne importa un cavolo. **não se importar** fregarsi, beffarsi.
im.por.tu.nar [ĩportun´ar] *vt* **1** importunare. **2** disturbare. **3** seccare, gonfiare. **4** *vulg* rompere gli stivali.
im.por.tu.no [ĩport´unu] *adj* importuno, incomodo, sgradito. • *sm fig* mosca, mignatta.
im.po.si.ção [ĩpozis´ãw] *sf* imposizione, coercizione.
im.pos.si.bi.li.da.de [ĩposibilid´adi] *sf* impossibilità.
im.pos.si.bi.li.tar [ĩposibilit´ar] *vt* impossibilitare, rendere impossibile.
im.pos.sí.vel [ĩpos´ivew] *adj* **1** impossibile. **2** *fig* utopistico. *Pl: impossíveis.*
im.pos.to [ĩp´ostu] *sm* **1** imposta. **2** tributo, tassa, balzello. **3** diritto. **4** gravame, aggravio. • *adj* imposto. **imposto de renda** imposta sul reddito. **imposto proporcional** tassa proporzionale. **imposto sobre mercadorias** dazio.
im.pos.tor [ĩpost´or] *sm* impostore, ciarlatano. • *adj* impostore.
im.po.tên.cia [ĩpot´ẽsjə] *sf* impotenza, incapacità.
im.po.ten.te [ĩpot´ẽti] *adj* **1** impotente. **2** debole, fiacco. **3** inefficace.
im.pra.ti.cá.vel [ĩpratik´avew] *adj* impraticabile. *Pl: impraticáveis.*
im.pre.ca.ção [ĩprekas´ãw] *sf* imprecazione, bestemmia.
im.pre.car [ĩprek´ar] *vt+vi* imprecare, bestemmiare.
im.pre.ci.são [ĩpresiz´ãw] *sf* imprecisione, inesattezza.
im.pre.ci.so [ĩpres´izu] *adj* **1** impreciso, indefinito. **2** *fig* sfumato.
im.preg.na.do [ĩpregn´adu] *adj* **1** impregnato. **2** *fig* pregno.
im.preg.nar [ĩpregn´ar] *vt* **1** impregnare, imbevere. *vpr* **2** impregnarsi, assorbire.
im.pren.sa [ĩpr´ẽsə] *sf* stampa.
im.pren.sar [ĩprẽs´ar] *vt* **1** pressare. **2** imprimere (uma obra).
im.pres.cin.dí.vel [ĩpresĩd´ivew] *adj* **1** imprescindibile. **2** obbligatorio. **3** basilare. *Pl: imprescindíveis.*
im.pres.são [ĩpres´ãw] *sf* **1** impressione. **2** impronta. **3** stampa. **4** sensazione. **causar**

boa impressão far bella vista. **impressão digital** impronta digitale.
im.pres.si.o.na.do [ĩpresjon´adu] *adj* commosso, scosso.
im.pres.si.o.nan.te [ĩpresjon´ãti] *adj* impressionante, sensazionale, straordinario.
im.pres.si.o.nar [ĩpresjon´ar] *vt* **1** impressionare, suggestionare. **2** *fig* percuotere, scuotere, toccare.
im.pres.si.o.ná.vel [ĩpresjon´avew] *adj* impressionabile, suggestionabile. *Pl: impressionáveis.*
im.pres.so [ĩpr´ɛsu] *sm* stampa, foglietto, modulo.
im.pres.sor [ĩpres´or] *sm* impressore, stampatore.
im.pre.vi.dên.cia [ĩprevid´ẽsjə] *sf* imprevidenza, inavvertenza.
im.pre.vi.den.te [ĩprevid´ẽti] *adj* imprevidente, incauto, imprudente.
im.pre.vis.to [ĩprev´istu] *sm* imprevisto, incidente, avventura. • *adj* imprevisto, inaspettato, inatteso, improvviso, impensato.
im.pri.mir [ĩprim´ir] *vt* imprimere, stampare, improntare, tirare.
im.pro.du.ti.vi.da.de [ĩprodutivid´adi] *sf* improduttività, sterilità.
im.pro.du.ti.vo [ĩprodut´ivu] *adj* improduttivo, sterile, arido.
im.pro.pé.rio [ĩprop´ɛrju] *sm* improperio, bestemmia.
im.pró.prio [ĩpr´ɔprju] *adj* improprio, inconveniente, inadatto, disdicevole.
im.pro.vá.vel [ĩprov´avew] *adj* improbabile, difficile, dubbio. *Pl: improváveis.*
im.pro.vi.sa.ção [ĩprovizas´ãw] *sf V improviso.*
im.pro.vi.sa.do [ĩproviz´adu] *adj* improvvisato, estemporaneo.
im.pro.vi.sar [ĩproviz´ar] *vt* improvvisare.
im.pro.vi.so [ĩprov´izu] *sm* improvviso. *Sin: improvisação.*
im.pru.dên.cia [ĩprud´ẽsjə] *sf* **1** imprudenza. **2** insensatezza, sconsideratezza, temerità.
im.pru.den.te [ĩprud´ẽti] *adj* **1** imprudente. **2** incauto. **3** insensato.
im.pul.são [ĩpuws´ãw] *sf Fís* impulsione.
im.pul.si.vo [ĩpuws´ivu] *adj* **1** impulsivo, impetuoso. **2** *fig* subitaneo, uterino.
im.pul.so [ĩp´uwsu] *sm* **1** impulso. **2** spinta, scatto, movente. **3** moto. **4** appetito, desiderio. **5** *Elet* impulso.
im.pu.ne [ĩp´uni] *adj* impune, senza punizione.
im.pu.re.za [ĩpur´ezə] *sf* **1** impurità. **2** *fig* schiuma, feccia.
im.pu.ro [ĩp´uru] *adj* **1** impuro. **2** *fig* immondo.
im.pu.tar [ĩput´ar] *vt* **1** imputare, incolpare, accagionare, incriminare. **2** *fig* appiccicare. **imputar de** imputare di.
i.mun.dí.cie [imũd´isji] *sf* **1** immondezza, sporcizia, lordura. **2** *pop* immondizia. **3** *fig* cesso.
i.mun.do [im´ũdu] *adj* (também *fig*) immondo, sudicio, sporco, sordido, lercio, sozzo.
i.mu.ne [im´uni] *adj* immune, esente, salvo.
i.mu.ni.da.de [imunid´adi] *sf* **1** immunità. **2** *Pol* franchigia.
i.mu.ni.zar [imuniz´ar] *vt Med* immunizzare.
i.mu.tá.vel [imut´avew] *adj* immutabile, inalterabile. *Pl: imutáveis.*
i.ná.bil [in´abiw] *adj* **1** inabile, inatto. **2** *fig* goffo. *Pl: inábeis.*
i.na.cei.tá.vel [inasejt´avew] *adj* inaccettabile, inammissibile. *Pl: inaceitáveis.*
i.na.ces.sí.vel [inases´ivew] *adj* **1** inaccessibile. **2** *fig* chiuso. *Pl: inacessíveis.*
i.na.cre.di.tá.vel [inakredit´avew] *adj* incredibile, inconcepibile, strabiliante. *Pl: inacreditáveis.*
i.na.de.qua.do [inadek´wadu] *adj* **1** inadatto, inconveniente, improprio. **2** *fig* inferiore.
i.na.dim.plên.cia [inadĩpl´ẽsjə] *sf Dir, Com* inadempimento.
i.nad.mis.sí.vel [inadmis´ivew] *adj* inammissibile, intollerabile. *Pl: inadmissíveis.*
i.nad.ver.tên.cia [inadvert´ẽsjə] *sf* inavvertenza, errore.
i.na.la.ção [inalas´ãw] *sf* **1** inalazione. **2** *Med* aerosol.
i.na.lar [inal´ar] *vt* inalare, inspirare.
i.na.li.e.ná.vel [inaljen´avew] *adj* inalienabile. *Pl: inalienáveis.*
i.nal.te.ra.do [inawter´adu] *adj* inalterato, intatto.

i.nal.te.rá.vel [inawter´avew] *adj* inalterabile, immutabile, impassibile. *Pl: inalteráveis.*
i.na.ni.ção [inanis´ãw] *sf Med* inanizione
i.na.ni.ma.do [inanim´adu] *adj* inanimato, inerte.
i.na.pe.tên.cia [inapet´ẽsjə] *sf Med* inappetenza.
i.na.pro.pri.a.do [inapropri´adu] *adj* inadatto, inadeguato.
i.nap.ti.dão [inaptid´ãw] *sf* inettitudine.
i.nap.to [in´aptu] *adj* inatto, inetto, disacconcio, disadatto.
i.na.ti.vi.da.de [inativid´adi] *sf* **1** inattività **2** inerzia. **3** *fig* paralisi.
i.na.ti.vo [inat´ivu] *adj* inattivo, inoperoso, inerte. **capital inativo** *Com* capitale inoperoso.
i.na.to [in´atu] *adj* innato.
i.nau.di.to [inawd´itu] *adj* **1** inaudito. **2** *fig* straordinario, incredibile.
i.nau.dí.vel [inawd´ivew] *adj* inaudibile fioco, fievole. *Pl: inaudíveis.*
i.nau.gu.ra.ção [inawguras´ãw] *sf* inaugurazione, impianto, apertura.
i.nau.gu.ral [inawgur´aw] *adj* inaugurale *Pl: inaugurais.*
i.nau.gu.rar [inawgur´ar] *vt* inaugurare impiantare.
in.cal.cu.lá.vel [ĩkawkul´avew] *adj* incalcolabile, inestimabile. *Pl: incalculáveis.*
in.can.des.cen.te [ĩkãdes´ẽti] *adj* incandescente.
in.can.sá.vel [ĩkãs´avew] *adj* instancabile accanito, alacre. *Pl: incansáveis.*
in.ca.pa.ci.da.de [ĩkapasid´adi] *sf* **1** incapacità. **2** impotenza.
in.ca.pa.ci.ta.do [ĩkapasit´adu] *adj Dir* incapace.
in.ca.pa.ci.tar [ĩkapasit´ar] *vt* rendere incapace.
in.ca.paz [ĩkap´as] *adj* **1** incapace. **2** incompetente, inabile, inetto, inatto. **3** disadatto **4** impotente. **5** *fig* goffo.
in.cau.to [ĩk´awtu] *adj* incauto, sconsiderato
in.cen.di.ar [ĩsẽdi´ar] *vt* **1** incendiare bruciare, accendere. *vpr* **2** incendiarsi bruciare, deflagrare.
in.cên.dio [ĩs´ẽdju] *sm* **1** incendio, fuoco **2** *fig* rogo.
in.cen.sar [ĩsẽs´ar] *vt* incensare.
in.cen.so [ĩs´ẽsu] *sm* incenso.
in.cen.ti.va.dor [ĩsẽtivad´or] *adj* stimolante, che incita.
in.cen.ti.var [ĩsẽtiv´ar] *vt* **1** promuovere. **2** *fig* catalizzare.
in.cen.ti.vo [ĩsẽt´ivu] *sm* **1** incentivo, stimolo, stimolante. **2** *fig* molla, aculeo, sferza.
in.cer.te.za [ĩsert´ezə] *sf* **1** incertezza. **2** paura, timore. **3** dubbio, forse. **4** imprecisione.
in.cer.to [ĩs´ɛrtu] *adj* **1** incerto. **2** dubbio. **3** impreciso. **4** vago, aleatorio. **5** dubbioso, timoroso. **6** *fig* sospeso. **7** nebbioso, nebuloso.
in.ces.san.te [ĩses´ãti] *adj* incessante, continuo.
in.ces.to [ĩs´ɛstu] *sm* incesto.
in.cha.ção [ĩʃas´ãw] *sf* **1** gonfiore, gonfio. **2** bitorzolo. **3** *fam* vanità, orgoglio.
in.cha.ço [ĩʃ´asu] *sm* **1** gonfiore, gonfio. **2** *Med* enfiato, bernoccolo, bubbone.
in.cha.do [ĩʃ´adu] *adj* **1** gonfio, enfiato. **2** *fam* vanitoso, orgoglioso.
in.char [ĩʃ´ar] *vt* **1** enfiare. *vi+vpr* **2** gonfiare, gonfiarsi, enfiarsi. **3** *fam* infatuarsi, orgogliarsi.
in.ci.den.tal [ĩsidẽt´aw] *adj* incidentale. *Pl: incidentais.*
in.ci.den.te [ĩsid´ẽti] *sm* incidente, avvenimento, imprevisto. • *adj* incidente.
in.ci.dir [ĩsid´ir] *vt* incidere.
in.ci.ne.ra.ção [ĩsineras´ãw] *sf* incinerazione.
in.ci.ne.rar [ĩsiner´ar] *vt* incenerire, bruciare, cremare, carbonizzare.
in.ci.são [ĩsiz´ãw] *sf* incisione, tacca.
in.ci.so [ĩs´izu] *sm* inciso, parentesi, comma. • *adj* inciso.
in.ci.tar [ĩsit´ar] *vt* **1** incitare. **2** esortare, spingere. **3** aizzare, istigare. **4** *Lit* impellere. **5** *fig* spronare, stimolare. **6** coltivare. **7** animare.
in.cle.men.te [ĩklem´ẽti] *adj* **1** inclemente. **2** aspro (tempo).
in.cli.na.ção [ĩklinas´ãw] *sf* **1** inclinazione. **2** pendio, pendenza, declivio. **3** vocazione, attitudine, tendenza. **4** inflessione. **5** *fig* bernoccolo.

in.cli.na.do [ĩklin´adu] *adj* **1** chino, pendente. **2** quatto, sbieco.
in.cli.nar [ĩklin´ar] *vt* **1** inclinare, chinare, pendere. **2** *Lit* reclinare (a cabeça). *vpr* **3** inclinarsi, chinarsi, piegarsi. **4** *Náut* sbandare.
in.clu.í.do [ĩklu´idu] *adj* incluso.
in.clu.ir [ĩklu´ir] *vt* **1** includere. **2** comprendere, contenere, comportare. **3** accogliere. **4** allegare, accludere (cartas, documentos etc).
in.clu.são [ĩkluz´ãw] *sf* inclusione.
in.clu.so [ĩkl´uzu] *adj* incluso.
in.co.e.rên.cia [ĩkoer´ẽsjə] *sf* incoerenza, controsenso, assurdità.
in.co.e.ren.te [ĩkoer´ẽti] *adj* **1** incoerente. **2** illogico. **3** assurdo, sconclusionato. **4** *fig* sconnesso.
in.cóg.ni.ta [ĩk´ɔgnitə] *sf* (também *fig*) incognita.
in.cóg.ni.to [ĩk´ɔgnitu] *adj* incognito, sconosciuto.
in.co.lor [ĩkol´or] *adj* incolore, senza colore.
in.co.mo.dar [ĩkomod´ar] *vt* **1** incomodare. **2** disagiare, disturbare. **3** dare fastidio, indisporre. **4** importunare, molestare. **5** imbarazzare. *vpr* **6** incomodarsi, disagiarsi, disturbarsi. Veja nota em **spiacere**.
in.cô.mo.do [ĩk´omodu] *sm* **1** incomodo. **2** indisposizione. **3** disturbo, fastidio. **4** imbarazzo. **5** *fam* grattacapo. **6** *fig* rompicapo. • *adj* incomodo, molesto, importuno.
in.com.pa.rá.vel [ĩkõpar´avew] *adj* incomparabile. *Pl: incomparáveis.*
in.com.pa.tí.vel [ĩkõpat´ivew] *adj* incompatibile. *Pl: incompatíveis.*
in.com.pe.tên.cia [ĩkõpet´ẽsjə] *sf* incompetenza, imperizia.
in.com.pe.ten.te [ĩkõpet´ẽti] *adj* incompetente, incapace.
in.com.ple.to [ĩkõpl´ɛtu] *adj* **1** incompleto, imperfetto. **2** *fig* carente, monco.
in.com.pre.en.sí.vel [ĩkõpreẽs´ivew] *adj* **1** incomprensibile. **2** *fig* confuso, oscuro. *Pl: incompreensíveis.*
in.co.mum [ĩkom´ũ] *adj* insolito, raro.
in.con.ce.bí.vel [ĩkõseb´ivew] *adj* inconcepibile. *Pl: inconcebíveis.*
in.con.di.ci.o.nal [ĩkõdisjon´aw] *adj* senza condizioni, incondizionato, assoluto. *Pl: incondicionais.*
in.con.fun.dí.vel [ĩkõfũd´ivew] *adj* distinto, diverso. *Pl: inconfundíveis.*
in.cons.ci.en.te [ĩkõsi´ẽti] *adj* **1** incosciente. **2** ignaro. **3** *fig* meccanico.
in.con.se.quen.te [ĩkõsek´wẽti] *adj* inconseguente.
in.con.sis.tên.cia [ĩkõsist´ẽsjə] *sf* inconsistenza, vanità.
in.con.sis.ten.te [ĩkõsist´ẽti] *adj* **1** inconsistente. **2** *fig* aereo, scheletrico.
in.cons.tân.cia [ĩkõst´ãsjə] *sf* **1** incostanza. **2** *fig* leggerezza, mobilità.
in.cons.tan.te [ĩkõst´ãti] *adj* **1** incostante, volubile. **2** *fig* lunatico, mobile.
in.con.tá.vel [ĩkõt´avew] *adj* innumerevole, innumerabile, senza numero. *Pl: incontáveis.*
in.con.tes.tá.vel [ĩkõtest´avew] *adj* **1** incontestabile, innegabile. **2** *fig* pacifico. *Pl: incontestáveis.*
in.con.ve.ni.ên.cia [ĩkõveni´ẽsjə] *sf* sconvenienza, indiscrezione.
in.con.ve.ni.en.te [ĩkõveni´ẽti] *adj* **1** sconveniente. **2** inconveniente. **3** disdicevole. **4** improprio, inadatto. **5** sconcio, sguaiato.
in.cor.po.rar [ĩkorpor´ar] *vt* **1** incorporare, amalgamare. *vpr* **2** incorporarsi.
in.cor.re.ção [ĩkor̄es´ãw] *sf* **1** imperfezione, difetto. **2** errore, fallo.
in.cor.rer [ĩkor̄´er] *vt* incorrere.
in.cor.re.ta.men.te [ĩkor̄ɛtam´ẽti] *adv* scorrettamente, male.
in.cor.re.to [ĩkor̄´ɛtu] *adj* incorretto, scorretto, erroneo.
in.cor.ri.gí.vel [ĩkor̄iʒ´ivew] *adj* incorreggibile. *Pl: incorrigíveis.*
in.cre.du.li.da.de [ĩkredulid´adi] *sf* incredulità, infedeltà.
in.cré.du.lo [ĩkr´ɛdulu] *adj* incredulo, empio, scettico. • *sm* empio.
in.cre.men.to [ĩkrem´ẽtu] *sm* incremento, sviluppo.
in.cri.mi.nar [ĩkrimin´ar] *vt* incriminare, incolpare, accusare.

in.crí.vel [ĩkr´ivew] *adj* incredibile, favoloso, inaudito, strabiliante. *Pl: incríveis.*
in.crus.tar [ĩkrust´ar] *vt* incrostare.
in.cu.ba.ção [ĩkubas´ãw] *sf* **1** *Biol* incubazione, cova. **2** *Med* incubazione. **incubação artificial** incubazione artifiziale.
in.cu.ba.do.ra [ĩkubad´orə] *sf* incubatrice, madre artificiale (para bebês; para ovos).
in.cu.bar [ĩkub´ar] *vt* covare, incubare.
ín.cu.bo [´ĩkubu] *sm Mit* incubo, fantasma, spirito maschile.
in.cul.to [ĩk´uwtu] *adj* incolto: a) non coltivato. b) ignorante. c) barbaro.
in.cum.bên.cia [ĩkũb´ẽsjə] *sf* incombenza, incarico, missione, onere.
in.cum.bi.do [ĩkũb´idu] *adj* incaricato, delegato.
in.cum.bir [ĩkũb´ir] *vt* incaricare.
in.cu.rá.vel [ĩkur´avew] *adj* incurabile, insanabile, inguaribile, disperato, brutto. *Pl: incuráveis.*
in.cur.são [ĩkurs´ãw] *sf Mil* incursione, razzia, scorreria.
in.cu.tir [ĩkut´ir] *vt* incutere, infondere.
in.da.gar [ĩdag´ar] *vt* **1** indagare, ricercare. **2** *fig* tastare, curiosare.
in.dé.bi.to [ĩd´ɛbitu] *sm Dir* indebito. • *adj* indebito.
in.de.cên.cia [ĩdes´ẽsjə] *sf* **1** indecenza. **2** sconcezza. **3** schifo. **4** *fig* sporcizia, melma, lezzo.
in.de.cen.te [ĩdes´ẽti] *adj* **1** indecente. **2** immorale, disdicevole. **3** disonesto. **4** basso, laido, schifoso. **5** *fig* immondo, fetido.
in.de.ci.são [ĩdesiz´ãw] *sf* indecisione, incertezza, titubanza, esitanza, timidezza.
in.de.ci.so [ĩdes´izu] *adj* **1** indeciso. **2** perplesso, dubbioso, irresoluto. **3** pauroso, timoroso. **4** *fam* problematico.
in.de.co.ro.so [ĩdekor´ozu] *adj* indecoroso, indecente.
in.de.fe.so [ĩdef´ezu] *adj* **1** indifeso. **2** *fig* scoperto. **ficar indefeso** *fig* scoprirsi.
in.de.fi.ni.do [ĩdefin´idu] *adj* **1** indefinito. **2** pendente. **3** *fig* sfumato. **4** *Gram* indeterminativo (artigo).
in.de.fi.ní.vel [ĩdefin´ivew] *adj* indefinibile. *Pl: indefiníveis.*
in.de.li.ca.de.za [ĩdelikad´ezə] *sf* **1** indelicatezza, scortesia, malacreanza. **2** *fig* zampata.
in.de.li.ca.do [ĩdelik´adu] *adj* **1** indelicato, scortese, screanzato. **2** *fig* scorretto.
in.de.ni.za.ção [ĩdenizas´ãw] *sf* indennizzo, rimborso, compenso.
in.de.ni.zar [ĩdeniz´ar] *vt* indennizzare, risarcire, rimborsare, compensare.
in.de.pen.den.te [ĩdepẽd´ẽti] *adj* **1** indipendente. **2** autonomo, libero.
in.des.cri.tí.vel [ĩdeskrit´ivew] *adj* indescrivibile. *Pl: indescritíveis.*
in.de.se.ja.do [ĩdeʒeʒ´adu] *adj* sgradito.
in.des.tru.tí.vel [ĩdestrut´ivew] *adj* **1** indistruttibile. **2** *fig* a prova di bomba. *Pl: indestrutíveis.*
in.de.ter.mi.na.ção [ĩdeterminas´ãw] *sf* imprecisione.
in.de.ter.mi.na.do [ĩdetermin´adu] *adj* **1** indeterminato. **2** impreciso, vago, incerto. **3** indeciso. **4** *fig* confuso, vaporoso.
in.de.vi.do [ĩdev´idu] *adj* indebito.
in.di.a.no [ĩdi´ʌnu] *sm+adj* indiano.
in.di.ca.ção [ĩdikas´ãw] *sf* **1** indicazione. **2** cenno, indizio. **3** annuncio, avviso. **4** citazione.
in.di.ca.dor [ĩdikad´or] *sm* **1** indicatore. **2** indice, ago (de instrumentos). **3** *Anat* indice (dedo). **4** *fig* esponente. • *adj* indicativo. **indicador do nível de gasolina** *Autom* indicatore livello carburante.
in.di.car [ĩdik´ar] *vt* **1** indicare. **2** additare, mostrare, accennare. **3** citare, segnalare. **4** designare. **5** denotare, riflettere. **indicar alguém a um cargo** proporre uno per un ufficio.
in.di.ca.ti.vo [ĩdikat´ivu] *sm Gram* indicativo. • *adj* indicativo, che indica.
ín.di.ce [´ĩdisi] *sm* **1** indice. **2** sommario. **3** tavola. **4** elenco, repertorio.
in.di.ci.ar [ĩdisi´ar] *vt Dir* indiziare.
in.dí.cio [ĩd´isju] *sm* **1** indizio, segno, accenno. **2** *Dir* prova. **3** *fig* odore, fiuto. **4** vestigio. Veja nota em **vestigio**.
in.di.fe.ren.ça [ĩdifer´ẽsə] *sf* **1** indifferenza. **2** freddezza. **3** noncuranza. **4** *fig* ghiaccio.
in.di.fe.ren.te [ĩdifer´ẽti] *adj* **1** indifferente. **2** freddo. **3** apatico, impassibile. **4** inflessibile.

I

in.dí.ge.na [ĩd'iʒenə] *s+adj* indigeno.
in.di.gen.te [ĩdiʒ'ẽti] *adj* indigente, squattrinato. • *s fig* straccione.
in.di.ges.to [ĩdiʒ'ɛstu] *adj* indigesto.
in.dig.na.ção [ĩdignas'ãw] *sf* indignazione, sdegno.
in.dig.nar [ĩdign'ar] *vt* **1** indignare. *vpr* **2** indignarsi, sdegnarsi.
in.dig.ni.da.de [ĩdignid'adi] *sf* indegnità.
in.dig.no [ĩd'ignu] *adj* **1** indegno. **2** *fig* inferiore, fetente.
ín.di.go ['ĩdigu] *sm* indaco.
ín.dio ['ĩdju] *sm+adj* indiano.
in.di.re.to [ĩdir'ɛtu] *adj* **1** indiretto. **2** *Gram* obliquo.
in.dis.ci.pli.na [ĩdisipl'inə] *sf* indisciplina.
in.dis.ci.pli.na.do [ĩdisiplin'adu] *adj* indisciplinato, insubordinato, ribelle.
in.dis.cre.to [ĩdiskr'ɛtu] *adj* **1** indiscreto. **2** disdicevole. **3** curioso.
in.dis.cri.ção [ĩdiskris'ãw] *sf* indiscrezione.
in.dis.cu.tí.vel [ĩdiskut'ivew] *adj* **1** indiscutibile, incontestabile. **2** *fig* pacifico. *Pl: indiscutíveis.*
in.dis.pen.sá.vel [ĩdispẽs'avew] *adj* **1** indispensabile, necessario, essenziale. **2** *fig* vitale. *Pl: indispensáveis.*
in.dis.por [ĩdisp'or] *vt* **1** indisporre. **2** contrariare.
in.dis.po.si.ção [ĩdispozis'ãw] *sf Med* indisposizione, malessere, malore, mancamento.
in.dis.tin.to [ĩdist'ĩtu] *adj* **1** indistinto. **2** fioco (som).
in.di.vi.du.al [ĩdividu'aw] *adj* individuale, singolo, particolare. *Pl: individuais.*
in.di.ví.duo [ĩdiv'idwu] *sm* **1** individuo. **2** singolo, soggetto. **3** tale, tipo. **4** *irôn* arnese. **5** *fig* anima.
in.dó.cil [ĩd'ɔsiw] *adj* **1** indocile. **2** *fig* riottoso. *Pl: indóceis.*
ín.do.le ['ĩdoli] *sf* **1** indole, carattere, natura, temperamento. **2** *fig* tessuto. **boa índole** bontà.
in.do.lên.cia [ĩdol'ẽsjə] *sf* **1** indolenza, pigrizia, inerzia, accidia. **2** *fig* torpore.
in.do.len.te [ĩdol'ẽti] *s* indolente, cialtrone. • *adj* indolente, pigro, svogliato.
in.do.ma.do [ĩdom'adu] *adj* indomato.
in.do.má.vel [ĩdom'avew] *adj* indomabile, fiero, indocile. *Pl: indomáveis.*
in.du.ção [ĩdus'ãw] *sf Fís* induzione, influenza.
in.du.bi.ta.vel.men.te [ĩdubitavewm'ẽti] *adv* indubitabilmente, davvero, senza dubbio.
in.dul.gên.cia [ĩduwʒ'ẽsjə] *sf* **1** indulgenza. **2** clemenza, compassione, compatimento. **3** assoluzione, amnistia.
in.dul.gen.te [ĩduwʒ'ẽti] *adj* **1** indulgente. **2** generoso. **3** longanime. **4** clemente.
in.dul.to [ĩd'uwtu] *sm Dir* perdono, grazia.
in.dús.tria [ĩd'ustrjə] *sf* **1** industria. **2** fabbrica. **3** stabilimento, opificio.
in.dus.tri.al [ĩdustri'aw] *s+adj* industriale. *Pl: industriais.*
in.du.zir [ĩduz'ir] *vt* **1** indurre. **2** istigare, urgere. **3** cagionare, condurre. **4** *Fís* indurre. **induzir a erro** indurre in errore.
i.ne.bri.ar [inebri'ar] *vt* **1** ubriacare. **2** *fig* esaltare. *vpr* **3** ubriacarsi.
i.né.di.to [in'ɛditu] *adj* **1** inedito. **2** non pubblicato.
i.ne.fi.caz [inefik'as] *adj* **1** inefficace, inutile. **2** *fig* nullo.
i.ne.fi.ci.en.te [inefisi'ẽti] *adj* **1** inefficiente. **2** *fig* sterile.
i.ne.gá.vel [ineg'avew] *adj* innegabile. *Pl: inegáveis.*
i.nép.cia [in'ɛpsjə] *sf* inezia.
i.nep.to [in'ɛptu] *adj* inetto, disacconcio, disadatto.
i.nér.cia [in'ɛrsjə] *sf* **1** inerzia, apatia. **2** *Fís* inerzia. **3** *fig* palude.
i.ne.ren.te [iner'ẽti] *adj* inerente.
i.ner.te [in'ɛrti] *adj* **1** inerte. **2** senza vita. **3** inattivo.
i.nes.pe.ra.da.men.te [inesperadam'ẽti] *adv* inaspettatamente, di sorpresa, all'improvviso, subito.
i.nes.pe.ra.do [inesper'adu] *adj* **1** inaspettato, inatteso. **2** imprevisto, impensato, improvviso. **3** repentino, brusco, subitaneo.
i.nes.que.cí.vel [ineskes'ivew] *adj* indimenticabile. *Pl: inesquecíveis.*
i.nes.ti.má.vel [inestim'avew] *adj* inestimabile. *Pl: inestimáveis.*

i.ne.vi.tá.vel [inevit´avew] *adj* **1** inevitabile. **2** forzoso, infallibile. **3** fatale. **4** categorico. *Pl: inevitáveis.*
i.ne.xa.ti.dão [inezatid´ãw] *sf* inesattezza.
i.ne.xa.to [inez´atu] *adj* **1** inesatto, scorretto. **2** *fig* storto.
i.ne.xis.tên.cia [inezist´ẽsjə] *sf* inesistenza.
i.ne.xis.ten.te [inezist´ẽti] *adj* inesistente.
i.nex.pe.ri.ên.cia [inesperi´ẽsjə] *sf* **1** inesperienza. **2** imperizia. **3** ignoranza.
i.nex.pe.ri.en.te [inesperi´ẽti] *adj* inesperto, ignaro, ignorante, profano.
i.nex.pli.cá.vel [inesplik´avew] *adj* **1** inesplicabile. **2** *fig* soprannaturale. *Pl: inexplicáveis.*
i.nex.plo.ra.do [inesplor´adu] *adj* **1** inesplorato. **2** *fig* sconosciuto.
i.nex.pres.si.vo [inespres´ivu] *adj* **1** inespressivo. **2** *fig* slavato (rosto).
in.fa.lí.vel [ĩfal´ivew] *adj* infallibile. *Pl: infalíveis.*
in.fa.mar [ĩfam´ar] *vt* **1** infamare, diffamare, disonorare. **2** *fig* maculare. *vpr* **3** infamarsi.
in.fa.me [ĩf´Λmi] *adj* **1** infame, turpe. **2** *irôn* famoso. **3** *dep* miserabile.
in.fâ.mia [ĩf´Λmjə] *sf* infamia.
in.fân.cia [ĩf´ãsjə] *sf* infanzia.
in.fan.ta.ri.a [ĩfãtar´iə] *sf Mil* fanteria.
in.fan.til [ĩfãt´iw] *adj* infantile, bambinesco. *Pl: infantis.*
in.fan.ti.li.da.de [ĩfãtilid´adi] *sf* bambinata.
in.far.to [ĩf´artu] *sm Med* infarto.
in.fec.ção [ĩfeks´ãw] *sf* **1** *Med* infezione. **2** contagio. **3** *Lit* inquinamento.
in.fec.ci.o.na.do [ĩfeksjon´adu] *adj* infetto
in.fec.ci.o.nar [ĩfeksjon´ar] *vt* infettare.
in.fec.tar [infekt´ar] *vt* **1** infettare. **2** contagiare. **3** contaminare, ammorbare, appestare. **4** *Lit* inquinare. **5** *fig* avvelenare *vpr* **6** infettarsi.
in.fec.to [ĩf´ɛktu] *adj* **1** infetto. **2** fetido, putrido.
in.fe.cun.do [ĩfek´ũdu] *adj* infecondo, sterile.
in.fe.li.ci.da.de [ĩfelisid´adi] *sf* **1** infelicità. **2** tristezza. **3** disgrazia, sfortuna. **4** infortunio.
in.fe.liz [ĩfel´is] *adj* **1** infelice. **2** triste, mesto. **3** sventurato, sciagurato, tapino. **4** doloroso. **5** inefficace (opinião, ideia).
in.fe.liz.men.te [ĩfelizm´ẽti] *adv+interj* purtroppo.
in.fe.ri.or [ĩferi´or] *sm* inferiore. • *adj compar* (de **baixo**) **1** inferiore. **2** sottostante, secondo.
in.fe.ri.o.ri.da.de [ĩferjorid´adi] *sf* inferiorità.
in.fer.no [ĩf´ɛrnu] *sm* **1** *Rel* inferno. **2** *fig* tormento. **3** confusione. **condenar ao inferno** dannare. **ir para o inferno** dannarsi, perdere l'anima. **mandar alguém para o inferno** a) mandare uno a carte quarantotto. b) *fam* mandare a quel paese. **vá para o inferno!** *vulg* va al diavolo! alla malora! in malora!
in.fér.til [ĩf´ɛrtiw] *adj* **1** sterile. **2** *fig* magro. *Pl: inférteis.*
in.fer.ti.li.da.de [ĩfertilid´adi] *sf* **1** sterilità. **2** *fig* magrezza.
in.fes.tar [ĩfest´ar] *vt Med, fig* infestare.
in.fi.de.li.da.de [ĩfidelid´adi] *sf* infedeltà, slealtà, perfidia.
in.fi.el [ĩfi´ɛw] *sm* **1** adultero, traditore. **2** *Rel* infedele. • *adj* **1** infedele. **2** sleale, perfido. **3** adultero. *Pl: infiéis.*
in.fil.tra.ção [ĩfiwtras´ãw] *sf* infiltrazione.
in.fil.trar [ĩfiwtr´ar] *vt* **1** penetrare. *vpr* **2** infiltrarsi. **3** *fig* introdursi, intrudersi, insinuarsi, inserirsi.
ín.fi.mo [´ĩfimu] *adj superl* (de **baixo**) infimo.
in.fin.dá.vel [ĩfĩd´avew] *adj* interminabile, infinito. *Pl: infindáveis.*
in.fi.ni.da.de [ĩfinid´adi] *sf* infinità.
in.fi.ni.ti.vo [ĩfinit´ivu] *sm Gram* infinitivo.
in.fi.ni.to [ĩfin´itu] *adj* **1** infinito. **2** sconfinato. **3** ennesimo. • *sm* l'infinito.
in.fla.ção [ĩflas´ãw] *sf Com* inflazione.
in.fla.ci.o.nar [ĩflasjon´ar] *vt* **1** *Com* svalutare. *vi* **2** *Com* svalutarsi.
in.fla.ma.ção [ĩflamas´ãw] *sf Med* infiammazione, irritazione.
in.fla.ma.do [ĩflam´adu] *adj* **1** infiammato. **2** *Lit* igneo. **3** *fig* accalorato, appassionato (discurso).
in.fla.mar [ĩflam´ar] *vt* **1** infiammare, accendere. **2** *Med* irritare. *vpr* **3** infiammarsi. **4** *fig* agitarsi.

I

in.fla.ma.tó.rio [ĩflamat´ɔrju] *adj* infiammatorio.
in.fla.má.vel [ĩflam´avew] *adj* infiammabile. *Pl: inflamáveis.*
in.fle.xão [ĩfleks´ãw] *sf* **1** inflessione. **2** *Gram* inflessione, tono, cadenza.
in.fle.xí.vel [ĩfleks´ivew] *adj* inflessibile. *Pl: inflexíveis.*
in.fli.gir [ĩfliʒ´ir] *vt* infliggere.
in.flo.res.cên.cia [ĩflores´ẽsjə] *sf Bot* infiorescenza, florescenza.
in.flu.ên.cia [ĩflu´ẽsjə] *sf* **1** influenza. **2** autorità, prestigio. **3** ingerenza. **4** *fig* contagio. **5** magistero. **ter influência** *fig* aver le braccia lunghe.
in.flu.en.ci.ar [ĩflwẽsi´ar] *vt* **1** influenzare, suggestionare. **2** *fig* contagiare.
in.flu.en.ci.á.vel [ĩflwẽsi´avew] *adj* suggestionabile. *Pl: influenciáveis.*
in.flu.en.te [ĩflu´ẽti] *adj* influente, autorevole.
in.flu.ir [ĩflu´ir] *vt* influire.
in.flu.xo [ĩfl´uksu] *sm Fís* influenza.
in.for.ma.ção [ĩformas´ãw] *sf* **1** informazione. **2** notizia, annuncio. **3** referenze. **4** cognizione. **pedir uma informação** chiedere un'informazione.
in.for.ma.do [ĩform´adu] *adj* informato. **estar bem informado** essere a giorno. **manter-se informado** aggiornarsi, tenere a giorno.
in.for.man.te [ĩform´ãti] *s* **1** informatore, spia, delatore. **2** *fig, gír* canarino.
in.for.mar [ĩform´ar] *vt* **1** informare. **2** comunicare, partecipare. **3** avvisare, avvertire. *vpr* **4** informarsi. **5** consultare.
in.for.ma.ti.vo [ĩformat´ivu] *adj* informativo.
in.for.me [ĩf´ɔrmi] *adj* informe, senza forma.
in.for.tú.nio [ĩfort´unju] *sm* infortunio, avversità, sfortuna, infelicità, disgrazia.
in.fra.ção [ĩfras´ãw] *sf* **1** infrazione. **2** trasgressione, violazione, mancanza. **3** delitto, reato.
in.fra.tor [ĩfrat´or] *sm+adj* delinquente.
in.fra.ver.me.lho [ĩfraverm´eλu] *adj Fís, Med* infrarosso.
in.frin.gir [ĩfrĩʒ´ir] *vt* infrangere, violare, trasgredire.
in.fru.tí.fe.ro [ĩfrut´iferu] *adj* infruttifero, infecondo, sterile.
in.fun.da.do [ĩfũd´adu] *adj* **1** infondato. **2** inconsistente. **3** ingiusto. **4** *fig* aereo.
in.fun.dir [ĩfũd´ir] *vt* infondere, incutere (medo, respeito).
in.fu.são [ĩfuz´ãw] *sf Med* infusione, tisana.
in.ge.nu.i.da.de [ĩʒenwid´adi] *sf* **1** ingenuità. **2** innocenza, candezza. **3** inesperienza. **4** credulità.
in.gê.nuo [ĩʒ´enwu] *sm* **1** babbeo. **2** *fam* buonuomo. **3** *fig* bue. • *adj* **1** ingenuo. **2** innocente, candido. **3** semplice. **4** credulo. **5** gonzo.
in.ge.rên.cia [ĩʒer´ẽsjə] *sf* ingerenza, intromissione.
in.ge.rir [ĩʒer´ir] *vt* **1** ingerire. *vpr* **2** ingerirsi, intrometersi, immischiarsi.
in.glês [ĩgl´es] *sm+adj* inglese, britannico.
in.gra.ti.dão [ĩgratid´ãw] *sf* ingratitudine.
in.gra.to [ĩgr´atu] *adj* ingrato.
in.gre.di.en.te [ĩgredi´ẽti] *sm* ingrediente.
ín.gre.me [´ĩgremi] *adj* ripido, erto, acclive.
in.gres.so [ĩgr´ɛsu] *sm* **1** ingresso, entrata, accesso. **2** *Cin, Teat* biglietto d'ingresso. Veja nota em **biglietto**.
i.ni.bi.ção [inibis´ãw] *sf* inibizione.
i.ni.bir [inib´ir] *vt* **1** inibire. **2** vietare. **3** impedire. **4** imbarazzare.
i.ni.ci.al [inisi´aw] *sf* **1** iniziale (letra). **2** **iniciais** *pl* sigla, cifra. • *adj* **1** iniziale. **2** inaugurale. **colocar as iniciais** cifrare. **inicial maiúscula** lettera capitale.
i.ni.ci.an.te [inisi´ãti] *s* principiante.
i.ni.ci.ar [inisi´ar] *vt* **1** iniziare. **2** cominciare. **3** inaugurare. **4** introdurre (num estudo). **5** *pop* incominciare. **6** *fig* formare.
i.ni.ci.a.ti.va [inisjat´ivə] *sf* iniziativa.
i.ní.cio [in´isju] *sm* **1** inizio. **2** principio, capo. **3** origine. **4** preludio. **5** *fig* aurora. **6** seme, germe. **7** anticamera, apertura. **8** fonte. **9** infanzia (de ciência, arte etc.). **dar início a** a) dare inizio a. b) aprire. c) avviare. **desde o início** daccapo. **no início** in principio, da principio.
i.ni.ma.gi.ná.vel [inimaʒin´avew] *adj* inimmaginabile, inconcepibile. *Pl: inimagináveis.*

i.ni.mi.go [inim´igu] *sm+adj* nemico avversario.
i.ni.mi.za.de [inimiz´adi] *sf* **1** inimicizia disaffezione. **2** *fig* ruggine.
i.nin.te.li.gí.vel [inĩteliʒ´ivew] *adj* inintelligibile, incomprensibile. *Pl: ininteligíveis.*
i.nin.ter.rup.to [inĩter̃´uptu] *adj* ininterrotto, continuo, continuato.
in.je.ção [ĩʒes´ãw] *sf* iniezione, puntura **injeção lombar** puntura lombare.
in.je.tar [ĩʒet´ar] *vt* iniettare, inoculare. **injetar-se de sangue** iniettarsi di sangue (olhos).
in.jú.ria [ĩʒ´urjə] *sf* ingiuria, villania, offesa.
in.ju.ri.ar [ĩʒuri´ar] *vt* ingiuriare.
in.jus.ti.ça [ĩʒust´isə] *sf* ingiustizia, sopruso, torto. Veja nota em **torto** (italiano).
in.jus.to [ĩʒ´ustu] *adj* **1** ingiusto. **2** parziale, arbitrario. **3** indebito.
i.no.cên.cia [inos´ẽsjə] *sf* **1** innocenza. **2** ingenuità. **3** semplicità. **4** *fig* giovanezza.
i.no.cen.te [inos´ẽti] *adj* **1** innocente. **2** casto, vergine. **3** ingenuo. **4** *fig* puerile.
i.no.cu.lar [inokul´ar] *vt* inoculare.
i.nó.cuo [in´ɔkwu] *adj* innocuo.
i.no.do.ro [inod´ɔru] *adj* inodoro, senza odore.
i.no.fen.si.vo [inofẽs´ivu] *adj* inoffensivo, innocente.
i.no.pe.ran.te [inoper´ãti] *adj* inoperoso, inattivo.
i.no.por.tu.na.men.te [inoportunam´ẽti] *adv* inopportunamente, fuori di tempo.
i.no.por.tu.no [inoport´unu] *adj* **1** inopportuno. **2** intempestivo, estemporaneo. **3** prematuro. **4** sconveniente, improprio, disadatto. **5** impertinente. **6** indebito.
i.no.va.ção [inovas´ãw] *sf* innovazione, novità.
i.no.va.dor [inovad´or] *adj* innovatore, avanzato, rivoluzionario.
i.no.var [inov´ar] *vt* innovare.
in.que.brá.vel [ĩkebr´avew] *adj* infrangibile. *Pl: inquebráveis.*
in.qué.ri.to [ĩk´ɛritu] *sm Dir* inquisizione, accesso.
in.qui.e.ta.ção [ĩkjetas´ãw] *sf* **1** inquietudine, smania, agitazione. **2** *fig* tremore.
in.qui.e.tar [ĩkjet´ar] *vt* **1** inquietare, tribolare. *vpr* **2** inquietarsi, tribolarsi, smaniare.
in.qui.e.to [ĩki´ɛtu] *adj* inquieto, impaziente, smanioso.
in.qui.li.no [ĩkil´inu] *sm* inquilino, affittuario, locatario.
in.qui.rir [ĩkir´ir] *vt Dir* inquisire.
In.qui.si.ção [ĩkizis´ãw] *sf Hist* L'Inquisizione.
in.sa.ci.á.vel [ĩsasi´avew] *adj* **1** insaziabile. **2** *fig* sfondato. **fome insaciável** *fig* fame da lupo. *Pl: insaciáveis.*
in.sa.lu.bre [ĩsal´ubri] *adj* insalubre, malsano.
in.sa.no [ĩs´ʌnu] *adj Lit* insano.
in.sa.tis.fa.ção [ĩsatisfas´ãw] *sf* insoddisfazione, malcontento.
in.sa.tis.fei.to [ĩsatisf´ejtu] *adj* insoddisfatto, scontento, discontento.
ins.cre.ver [ĩskrev´er] *vt* **1** iscrivere, ascrivere. *vpr* **2** iscriversi, ascriversi, prenotarsi.
ins.cri.ção [ĩskris´ãw] *sf* **1** iscrizione. **2** scritta. **3** epigrafe.
in.se.gu.ran.ça [ĩsegur´ãsə] *sf* incertezza, timidezza.
in.se.gu.ro [ĩseg´uru] *adj* **1** malsicuro. **2** *fam* problematico.
in.sen.sa.tez [ĩsẽsat´es] *sf* **1** insensatezza, sconsideratezza. **2** *fig* delirio.
in.sen.sa.to [ĩsẽs´atu] *adj* **1** insensato, sconclusionato, sconsiderato, bislacco. **2** *fig* pazzo.
in.sen.si.bi.li.da.de [ĩsẽsibilid´adi] *sf* **1** insensibilità. **2** *fig* ghiaccio.
in.sen.si.bi.li.zar [ĩsẽsibiliz´ar] *vt* **1** indurire, rendere insensibile o imune. *vpr* **2** irrigidirsi.
in.sen.sí.vel [ĩsẽs´ivew] *adj* **1** insensibile. **2** impassibile. **3** implacabile. **4** *fig* duro. *Pl: insensíveis.*
in.se.pa.rá.vel [ĩsepar´avew] *adj* inseparabile. *Pl: inseparáveis.*
in.ser.ção [ĩsers´ãw] *sf* inserimento, inserzione.
in.se.rir [ĩser´ir] *vt* **1** inserire. **2** aggiungere. **3** includere. **4** interpolare (num texto).
in.se.ti.ci.da [ĩsetis´idə] *sm* insetticida.
in.se.to [ĩs´ɛtu] *sm* insetto.

in.sig.ne [ĩs´igni] *adj* insigne, egregio.
in.síg.nia [ĩs´ignjə] *sf* **1** insegna, divisa, distintivo. **2** assisa. **3** *fig* stendardo, gonfalone. Veja nota em **gallone**.
in.sig.ni.fi.cân.cia [ĩsignifik´ãsjə] *sf* pochezza.
in.sig.ni.fi.can.te [ĩsignifik´ãti] *adj* **1** insignificante. **2** infimo. **3** minuto. **4** *fam* ridicolo. **5** *Lit* lieve. **6** *fig* magro.
in.si.nu.a.ção [ĩsinwas´ãw] *sf* insinuazione.
in.si.nu.ar [ĩsinu´ar] *vt* insinuare, suggerire.
in.sí.pi.do [ĩs´ipidu] *adj* **1** insipido. **2** sciapo, scipito, sciocco. **3** insulso, scialbo (pessoa).
in.sis.ten.te [ĩsist´ẽti] *adj* insistente, accanito.
in.sis.tên.cia [ĩsist´ẽsjə] *sf* insistenza, persistenza.
in.sis.tir [ĩsist´ir] *vt* **1** insistere. **2** perseverare. **3** continuare. **4** *fig* ribattere.
in.so.la.ção [ĩsolas´ãw] *sf Med* insolazione, colpo di sole.
in.so.lên.cia [ĩsol´ẽsjə] *sf* insolenza, impertinenza, sfrontatezza, audacia, tracotanza.
in.so.len.te [ĩsol´ẽti] *adj* insolente, impertinente, irriverente, audace.
in.só.li.to [ĩs´ɔlitu] *adj* **1** insolito, incidentale, strano. **2** *fig* surreale.
in.sô.nia [ĩs´onjə] *sf* insonnia.
in.sos.so [ĩs´osu] *adj* **1** insulso. **2** insipido, sciapo. **3** banale. **4** goffo.
ins.pe.ção [ĩspes´ãw] *sf* **1** ispezione. **2** *Mil* rivista. **3** *Com* estimo. **inspeção aduaneira** visita di dogana.
ins.pe.ci.o.nar [ĩspesjon´ar] *vt* **1** ispezionare, visitare. **2** *fam* frugare.
ins.pe.tor [ĩspet´or] *sm* ispettore.
ins.pi.ra.ção [ĩspiras´ãw] *sf* **1** ispirazione. **2** fantasia. **3** suggerimento. **4** corrente. **5** *Med* inspirazione. **6** *fig* vena. **7** scintilla.
ins.pi.ra.do [ĩspir´adu] *adj* **1** ispirato. **2** *fig* biblico.
ins.pi.rar [ĩspir´ar] *vt* **1** ispirare. **2** suscitare. **3** incutere. **4** influire su, muovere. **5** *Med* inspirare, aspirare aria. *vpr* **6** ispirarsi in.
ins.ta.lar [ĩstal´ar] *vt* **1** installare. *vpr* **2** installarsi.
ins.tan.ta.ne.a.men.te [ĩstãtaneam´ẽti] *adv* istantaneamente, di volo.
ins.tan.tâ.neo [ĩstãt´Λnju] *adj* istantaneo, repentino, immediato.
ins.tan.te [ĩst´ãti] *sm* **1** istante, attimo, momento, tratto. **2** *fig* secondo, minuto, baleno. **no mesmo instante** all'istante. **num instante** in un soffio, in due battute.
ins.tau.rar [ĩstawr´ar] *vt Lit* instaurare.
ins.tá.vel [ĩst´avew] *adj* **1** instabile. **2** precario. **3** volubile. **4** ballerino. **5** *fig* fragile. **6** balordo (tempo). *Pl: instáveis.*
ins.ti.ga.ção [ĩstigas´ãw] *sf* istigazione, stimolo.
ins.ti.gar [ĩstig´ar] *vt* **1** istigare. **2** aizzare. **3** incitare. **4** *fig* spingere, sospingere. **5** stimolare.
ins.tin.ti.vo [ĩstĩt´ivu] *adj* **1** istintivo. **2** congenito. **3** *fig* uterino.
ins.tin.to [ĩst´ĩtu] *sm* **1** istinto. **2** intuizione. **3** impulso. **4** *fig* fiuto.
ins.ti.tu.i.ção [ĩstitwis´ãw] *sf* **1** istituzione. **2** organizzazione. **3** fondazione. **4** *Dir* istituto, fatto giuridico. **5** *fig* organismo. **instituição pública** istituzione pubblica. **instituições de caridade** opere pie.
ins.ti.tu.ir [ĩstitu´ir] *vt* **1** istituire. **2** fondare, creare. **3** costituire, formare. **4** stabilire. **5** erigere. **6** *Lit* instaurare.
ins.ti.tu.to [ĩstit´utu] *sm* istituto, stabilimento.
ins.tru.ção [ĩstrus´ãw] *sf* **1** istruzione. **2** insegnamento. **3** allenamento, avviamento. **4** cultura. **5** avvertenza.
ins.tru.ir [ĩstru´ir] *vt* **1** istruire. **2** insegnare, educare. **3** allenare, ammaestrare. **4** *Dir* istruire, informare di. **5** *Lit* nutrire. **6** *fig* catechizzare. *vpr* **7** istruirsi, addottrinarsi. **8** *fig* illuminarsi.
ins.tru.men.tal [ĩstrumẽt´aw] *sm fig* arsenale. • *adj* strumentale. *Pl: instrumentais.*
ins.tru.men.to [ĩstrum´ẽtu] *sm* **1** strumento. **2** arnese, attrezzo. **instrumento cortante** strumento da taglio. **instrumento de cordas** *Mús* strumento a corda. **instrumento de percussão** *Mús* strumento a percussione. **instrumento de sopro** *Mús* strumento a fiato. **instrumentos cirúrgicos** ferri.

ins.tru.ti.vo [ĩstrut´ivu] *adj* istruttivo.
ins.tru.tor [ĩstrut´or] *sm+adj* istruttore.
in.su.bor.di.na.ção [ĩsubordinas´ãw] *sf* insubordinazione, indisciplina.
in.su.bor.di.na.do [ĩsubordin´adu] *adj* insubordinato.
in.subs.ti.tu.í.vel [ĩsubstitu´ivew] *adj* imprescindibile, indispensabile. *Pl: insubstituíveis.*
in.su.ces.so [ĩsus´ɛsu] *sm* **1** insuccesso, disastro, fallimento. **2** *fig* fiasco, sconfitta, scacco.
in.su.fi.ci.ên.cia [ĩsufisi´ẽsjə] *sf* insufficienza.
in.su.fi.ci.en.te [ĩsufisi´ẽti] *adj* **1** insufficiente. **2** scarso, poco. **3** deficiente. **4** *fig* carente. **5** inferiore. **ser insuficiente** mancare.
in.su.lar [ĩsul´ar] *adj* insulare.
in.sul.so [ĩs´uwsu] *adj V insosso.*
in.sul.tar [ĩsuwt´ar] *vt* **1** insultare, offendere, ingiuriare. **2** *fig* assalire, calpestare.
in.sul.to [ĩs´uwtu] *sm* **1** insulto, affronto, ingiuria. **2** *fig* flagello, schiaffo. **trocar insultos** *fam* guerreggiarsi. Veja nota em **affronto**.
in.su.pe.rá.vel [ĩsuper´avew] *adj* insuperabile. *Pl: insuperáveis.*
in.su.por.tá.vel [ĩsuport´avew] *adj* insopportabile, intollerabile.
in.sur.gir [ĩsurʒ´ir] *vt* **1** ammutinare. *vpr* **2** insorgere, ribellarsi.
in.sur.rei.ção [ĩsur̃ejs´ãw] *sf* **1** insurrezione, sollevazione, rivolta, rivoluzione. **2** *fig* tumulto.
in.tac.to [ĩt´aktu] *adj* intatto, illeso, vergine.
in.te.gra.ção [ĩtegras´ãw] *sf* integrazione.
in.te.gral [ĩtegr´aw] *adj* **1** integrale. **2** completo. **3** totale. **cálculo integral** calcolo integrale. **farinha integral** farina integrale. **pão integral** pane integrale. *Pl: integrais.*
in.te.gran.te [ĩtegr´ãti] *s* **1** componente, membro. **2** ingrediente.
in.te.grar [ĩtegr´ar] *vt* integrare.
in.te.gri.da.de [ĩtegrid´adi] *sf* **1** integrità. **2** interezza. **3** onestà, serietà.
ín.te.gro [´ĩtegru] *adj* **1** integro. **2** intero, completo. **3** onesto, serio. **4** puro, santo.
in.tei.ra.men.te [ĩtejram´ẽti] *adv* interamente, tutto, perbene, del tutto. *é uma história inteiramente diferente* / è una storia tutto diversa.
in.tei.re.za [ĩtejr´ezə] *sf* interezza.
in.tei.ro [ĩt´ejru] *sm* intero, tutto. • *adj* **1** intero. **2** intatto. **3** tutto. *a casa inteira* / tutta la casa. **o dia inteiro** tutto il giorno. **por inteiro** per intero.
in.te.lec.to [ĩtel´ɛktu] *sm* **1** intelletto, mente. **2** *fig* testa.
in.te.lec.tu.al [ĩtelektu´aw] *s+adj* intellettuale. *Pl: intelectuais.*
in.te.li.gên.cia [ĩteliʒ´ẽsjə] *sf* **1** intelligenza. **2** intelletto, ingegno. **3** arguzia, sagacia. **4** *fig* cervello, testa. **5** spirito, sale. Veja nota em **cervello**.
in.te.li.gen.te [ĩteliʒ´ẽti] *adj* **1** intelligente. **2** bravo. **3** furbo. **4** perspicace. **5** agile (mente).
in.te.li.gí.vel [ĩteliʒ´ivew] *adj* intelligibile. *Pl: inteligíveis.*
in.tem.pé.rie [ĩtẽp´ɛrji] *sf* intemperie.
in.tem.pes.ti.vo [ĩtẽpest´ivu] *adj* intempestivo, inopportuno, estemporaneo.
in.ten.ção [ĩtẽs´ãw] *sf* **1** intenzione. **2** proposito, intendimento. **3** intento, mira. **4** *fig* voglia.
in.ten.ci.o.na.do [ĩtẽsjon´adu] *adj* nas expressões **bem-intencionado** bene intenzionato, ben disposto. **mal-intencionado** male intenzionato.
in.ten.ci.o.nal [ĩtẽsjon´aw] *adj* intenzionale. *Pl: intencionais.*
in.ten.ci.o.nal.men.te [ĩtẽsjonawm´ẽti] *adv* intenzionalmente, apposta. Veja nota em **apposta**.
in.ten.den.te [ĩtẽd´ẽti] *s* intendente.
in.ten.si.da.de [ĩtẽsid´adi] *sf* **1** intensità. **2** veemenza. **3** *fig* profondità. **4** forza.
in.ten.si.fi.car [ĩtẽsifik´ar] *vt* rendere intenso, catalizzare.
in.ten.si.vo [ĩtẽs´ivu] *adj* intensivo. **agricultura intensiva** coltivazione intensiva.
in.ten.so [ĩt´ẽsu] *adj* **1** intenso. **2** veemente. **3** gagliardo (vento, ataque). **4** *fig* profondo. **5** matto. **6** violento. **7** fervente, cocente.

I

in.ten.to [ĩt´ẽtu] *sm* intento, proposito, scopo.

in.ter.ca.lar [ĩterkal´ar] *vt* intercalare, alternare, intromettere.

in.ter.ce.der [ĩtersed´er] *vt* intercedere. **interceder junto a... em favor de** intercedere da... per.

in.ter.cep.tar [ĩtersept´ar] *vt* intercettare, arrestare.

in.ter.ces.são [ĩterses´ãw] *sf* intercessione.

in.ter.di.ção [ĩterdis´ãw] *sf* interdizione.

in.te.res.sa.do [ĩteres´adu] *adj* interessato. • *sm Com* interessato.

in.te.res.san.te [ĩteres´ãti] *adj* **1** interessante. **2** *fig* bestiale.

in.te.res.sar [ĩteres´ar] *vt* **1** interessare, appassionare, avvincere. **2** interessare a, importare a. *vpr* **3** interessarsi di, appassionarsi a.

in.te.res.se [ĩter´esi] *sm* **1** interesse. **2** attenzione. **3** convenienza. **4** *fig* calcolo. **5 interesses** *pl* interessi. **no interesse de** nell'interesse di.

in.te.res.sei.ro [ĩteres´ejru] *sm* calcolatore. • *adj* interessato, calcolatore.

in.ter.fe.rir [ĩterfer´ir] *vt* interferire in, frapporsi.

in.te.ri.no [ĩter´inu] *adj Pol* interino.

in.te.ri.or [ĩteri´or] *sm* **1** interiore. **2** interno, parte interna. **3** fondo (de uma pessoa). **4** *fig* entragna. • *adj* interiore, interno. **ministro do Interior** ministro dell'Interno. Veja nota em **interiore**.

in.ter.jei.ção [ĩterʒejs´ãw] *sf Gram* interiezione.

in.ter.lo.cu.tor [ĩterlokut´or] *sm* interlocutore.

in.ter.me.di.a.ção [ĩtermedjas´ãw] *sf* mediazione.

in.ter.me.di.á.rio [ĩtermedi´arju] *sm* **1** intermediario. **2** mediatore, agente. **3** sensale. • *adj* intermediario, mediano.

in.ter.mé.dio [ĩterm´ɛdju] *sm* intervento. **por intermédio de** grazie a.

in.ter.mi.ná.vel [ĩtermin´avew] *adj* interminabile, infinito. *Pl: intermináveis.*

in.ter.mi.ten.te [ĩtermit´ẽti] *adj* intermittente. **febre intermitente** febbre ricorrente.

in.ter.na.ci.o.nal [ĩternasjon´aw] *adj* internazionale. *Pl: internacionais.*

in.ter.nar [ĩtern´ar] *vt* **1** internare. *vpr* **2** internarsi.

in.ter.na.to [ĩtern´atu] *sm* **1** convitto. **2** educandato.

Educandato é usado apenas para colégio de moças.

in.ter.no [ĩt´ɛrnu] *sm* interno (de internato). • *adj* interno, interiore, intestino.

in.ter.pe.lar [ĩterpel´ar] *vt* interpellare, rivolgersi a.

in.ter.po.lar [ĩterpol´ar] *vt* interpolare.

in.ter.por [ĩterp´or] *vt* **1** interporre, frapporre. *vpr* **2** interporsi in.

in.ter.pre.ta.ção [ĩterpretas´ãw] *sf* **1** interpretazione. **2** versione.

in.ter.pre.tar [ĩterpret´ar] *vt* **1** interpretare. **2** tradurre, rendere. **3** commentare.

in.tér.pre.te [ĩt´ɛrpreti] *sm* interprete.

in.ter.ro.ga.ção [ĩter̃ogas´ãw] *sf* interrogazione, domanda.

in.ter.ro.gar [ĩter̃og´ar] *vt* **1** interrogare, domandare. **2** *Dir* inquisire, esaminare.

in.ter.ro.ga.ti.vo [ĩter̃ogat´ivu] *adj* interrogativo, interrogatorio.

in.ter.ro.ga.tó.rio [ĩter̃ogat´ɔrju] *sm* **1** interrogatorio. **2** indagine. **3** *Dir* inchiesta, esame. Veja nota em **esame**.

in.ter.rom.per [ĩter̃õp´er] *vt* **1** interrompere. **2** sospendere. **3** troncare. **4** smettere. **5** *fig* disturbare. **6** rompere.

in.ter.rom.pi.do [ĩter̃õp´idu] *adj* **1** sospeso. **2** tronco. **3** discontinuo.

in.ter.rup.ção [ĩter̃ups´ãw] *sf* **1** interruzione. **2** sospensione. **3** blocco. **4** pausa, sosta. **5** rottura. **6** cessazione. **7** *fig* paralisi.

in.ter.rup.tor [ĩter̃upt´or] *sm+adj* interruttore. **interruptor elétrico** interruttore elettrico.

in.te.rur.ba.no [ĩterurb´ʌnu] *adj* interurbano.

in.ter.va.lo [ĩterv´alu] *sm* **1** intervallo. **2** tratto. **3** tappa. **4** recesso. **5** *Mús* intermezzo, riposo. **6** *Teat* intermezzo. **7** *fig* parentesi. **em intervalos** a tratti.

in.ter.ven.ção [ĩtervẽs´ãw] *sf* **1** intervento. **2** intromissione. **intervenção cirúrgica** intervento chirurgico.

in.ter.vir [ĩterv´ir] *vt* intervenire, ingerirsi, intromettersi.
in.tes.ti.nal [ĩtestin´aw] *adj* intestinale. *Pl: intestinais.*
in.tes.ti.no [ĩtest´inu] *sm* **1** *Anat* intestino, budello. **2 intestinos** *pl* visceri. • *adj* intestino. **intestino delgado** *Anat* intestino tenue. Veja nota em **budello**.
in.ti.ma.ção [ĩtimas´ãw] *sf Dir* intimazione, citazione, mandato di comparizione.
in.ti.mar [ĩtim´ar] *vt Dir* intimare, convenire, chiamare in giudizio.
in.ti.mi.da.de [ĩtimid´adi] *sf* **1** intimità. **2** confidenza.
in.ti.mi.dar [ĩtimid´ar] *vt* **1** intimidire. *vpr* **2** intimidirsi.
ín.ti.mo [´ĩtimu] *sm* **1** intimo, fondo. **2** *fig* seno, viscere. • *adj* **1** intimo. **2** familiare. **3** confidenziale. **4** profondo. **5** *pop* di casa. **partes íntimas** parti intime. **roupas íntimas** indumenti intimi. **ser íntimo de alguém** darsi del tu.
in.ti.tu.lar [ĩtitul´ar] *vt* **1** intitolare. *vpr* **2** intitolarsi.
in.to.ca.do [ĩtok´adu] *adj* illeso, incolume.
in.to.le.ran.te [ĩtoler´ãti] *adj* **1** intollerante. **2** intransigente.
in.to.le.rá.vel [ĩtoler´avew] *adj* intollerabile. *Pl: intoleráveis.*
in.to.xi.ca.ção [ĩtoksikas´ãw] *sf* attossicamento.
in.to.xi.car [ĩtoksik´ar] *vt* intossicare, attossicare, avvelenare.
in.tran.si.gên.cia [ĩtrãziʒ´ẽsjə] *sf* intransigenza.
in.tran.si.gen.te [ĩtrãziʒ´ẽti] *adj* intransigente, esclusivo.
in.tran.si.tá.vel [ĩtrãzit´avew] *adj* impraticabile (estrada). *Pl: intransitáveis.*
in.tran.si.ti.vo [ĩtrãzit´ivu] *adj Gram* intransitivo. **verbo intransitivo** verbo intransitivo, verbo neutro.
in.tra.tá.vel [ĩtrat´avew] *adj* **1** intrattabile, impraticabile. **2** *fig* selvatico, difficile, bisbetico. *Pl: intratáveis.*
in.tré.pi.do [ĩtr´ɛpidu] *adj* intrepido, audace.
in.tri.car [ĩtrik´ar] *vt V intrincar.*
in.tri.ga [ĩtr´igə] *sf* **1** intrigo, congiura, cospirazione. **2** *Lit* tessitura. **3** *fig* trama. **4** pantano, vespaio. **tecer intrigas** intrigare, architettare.
in.trin.ca.do [ĩtrĩk´adu] *adj* intricato, complesso.
in.trin.car [ĩtrĩk´ar] *vt* intricare. *Var: intricar.*
in.trín.se.co [ĩtr´ĩseku] *adj* intrinseco, inerente.
in.tro.du.ção [ĩtrodus´ãw] *sf* **1** introduzione. **2** inserimento, inserzione. **3** *Mús* introduzione, entrata. **4** *fig* cappello.
in.tro.du.zir [ĩtroduz´ir] *vt* **1** introdurre. **2** inserire. **3** internare, ficcare. **4** intrudere. *vpr* **5** introdursi. **6** internarsi. **7** *fig* infiltrarsi.

Intrudere significa "introduzir com deslealdade ou às escondidas".

in.tro.me.ter [ĩtromet´er] *vt* **1** intromettere. *vpr* **2** intromettersi, ingerirsi, inserirsi. **3** *fig* metter bocca in.
in.tro.me.ti.do [ĩtromet´idu] *sm* **1** ficcanaso. **2** *fig* zanzara, carabiniere. • *adj* curioso, inframmettente.
in.tro.mis.são [ĩtromis´ãw] *sf* intromissione.
in.tros.pec.ção [ĩtrospeks´ãw] *sf* introspezione.
in.tro.ver.são [ĩtrovers´ãw] *sf* introversione.
in.tro.ver.ti.do [ĩtrovert´idu] *adj* **1** introverso, sornione, burbero. **2** *fig* taciturno, chiuso.
in.tu.i.ção [ĩtwis´ãw] *sf* **1** intuizione. **2** intuito. **3** comprensione. **4** *fig* naso, fiuto.
in.tu.ir [ĩtu´ir] *vt* intuire.
in.tu.i.ti.vo [ĩtwit´ivu] *adj* intuitivo.
in.tui.to [ĩt´ujtu] *sm* **1** intento, intenzione. **2** fine, mira.
in.tu.mes.cer [ĩtumes´er] *vt* **1** enfiare, gonfiare. *vi* **2** enfiarsi, gonfiarsi.
in.tu.mes.ci.men.to [ĩtumesim´ẽtu] *sm Med* enfiato, gonfio, gonfiore.
i.nu.mar [inum´ar] *vt* inumare, seppellire, sotterrare.
i.nu.me.rá.vel [inumer´avew] *adj* innumerevole, incalcolabile, innumerabile. *Pl: inumeráveis.*

I

i.nun.da.ção [inũdas´ãw] *sf* inondazione, allagamento, alluvione, diluvio, piena.
i.nun.dar [inũd´ar] *vt* **1** inondare. **2** allagare, bagnare, diluviare. **3** invadere.
i.nu.si.ta.do [inuzit´adu] *adj* inusitato.
i.nú.til [in´utiw] *adj* **1** inutile. **2** inefficace, vano. **3** ozioso. **4** futile. **5** *fig* nullo, sterile. *Pl: inúteis.*
i.nu.ti.li.da.de [inutilid´adi] *sf* **1** inutilità. **2** vanità.
i.nu.til.men.te [inutiwm´ẽti] *adv* inutilmente, a vuoto.
in.va.dir [ĩvad´ir] *vt* **1** invadere. **2** entrare a forza in. **3** occupare, conquistare, prendere. **4** compenetrare. **5** *fig* penetrare in.
in.va.li.dar [ĩvalid´ar] *vt* **1** invalidare. **2** sconfessare.
in.vá.li.do [ĩv´alidu] *sm* invalido. • *adj* **1** invalido. **2** nullo.
in.va.ri.á.vel [ĩvari´avew] *adj* **1** invariabile. **2** uniforme, costante, fisso. **3** monotono. *Pl: invariáveis.*
in.va.são [ĩvaz´ãw] *sf* **1** invasione. **2** irruzione. **3** *Mil* incursione, occupazione.
in.ve.ja [ĩv´ɛʒə] *sf* invidia, gelosia, astio, livore.
in.ve.jar [ĩveʒ´ar] *vt* invidiare, agognare.
in.ve.jo.so [ĩveʒ´ozu] *adj* invidioso, geloso.
in.ven.ção [ĩvẽs´ãw] *sf* **1** invenzione. **2** creazione. **3** ritrovato. **4** bugia, frottola. **5** *fig* parto.
in.ven.cí.vel [ĩvẽs´ivew] *adj* **1** invincibile. **2** *fig* a prova di bomba. *Pl: invencíveis.*
in.ven.tar [ĩvẽt´ar] *vt* **1** inventare. **2** creare. **3** trovare, pensare. **4** fantasticare, immaginare. **5** fingere. **6** *fig* coniare, fabbricare. **7** partorire.
in.ven.tá.rio [ĩvẽt´arju] *sm Com, Dir* inventario.
in.ven.tor [ĩvẽt´or] *sm* **1** inventore. **2** creatore. **3** autore. **4** *fig* fabbro, artefice.
in.ver.no [ĩv´ɛrnu] *sm* **1** inverno. **2** *fig* freddo. **no inverno** d'inverno.
in.ve.ros.sí.mil [ĩveros´imiw] *adj* inverosimile. *Pl: inverossímeis.*
in.ver.são [ĩvers´ãw] *sf* inversione, invertimento.
in.ver.so [ĩv´ɛrsu] *sm* inverso, contrario. • *adj* inverso.
in.ver.te.bra.do [ĩvertebr´adu] *sm+adj Zool* invertebrato.
in.ver.ter [ĩvert´er] *vt* invertire, capovolgere, girare, rovesciare, scambiare, trasporre.
in.ver.ti.do [ĩvert´idu] *adj* inverso.
in.vés [ĩv´ɛs] *sm* il rovescio. **ao invés** invece, piuttosto. **ao invés de** invece di, in luogo di. anziché. **ao invés disso** anzi.
in.ves.ti.ga.ção [ĩvestigas´ãw] *sf* **1** investigazione. **2** indagine, esame, accertamento. **3** ricerca, inchiesta. Veja nota em **esame**.
in.ves.ti.ga.dor [ĩvestigad´or] *sm* **investigador de polícia** agente investigativo.
in.ves.ti.gar [ĩvestig´ar] *vt* **1** investigare. **2** indagare, inquisire. **3** ricercare, cercare. **4** esaminare, accertare. **5** esplorare. **6** *fam* frugare. **7** *fig* sondare, tastare.
in.ves.ti.men.to [ĩvestim´ẽtu] *sm Com* investimento.
in.ves.tir [ĩvest´ir] *vt* **1** investire, attaccare, affrontare. **2** *Com* investire.
in.ve.te.ra.do [ĩveter´adu] *adj* inveterato.
in.vic.to [ĩv´iktu] *adj* invitto.
in.vi.o.lá.vel [ĩvjol´avew] *adj* inviolabile. *Pl: invioláveis.*
in.vi.sí.vel [ĩviz´ivew] *adj* invisibile. *Pl: invisíveis.*
in.vo.ca.ção [ĩvokas´ãw] *sf* **1** invocazione. **2** appello.
in.vo.car [ĩvok´ar] *vt* **1** invocare, chiamare. **2** pregare, supplicare.
in.vó.lu.cro [ĩv´ɔlukru] *sm* involucro.
in.vo.lun.tá.rio [ĩvolũt´arju] *adj* **1** involontario. **2** *Dir* colposo.
in.vul.ne.rá.vel [ĩvuwner´avew] *adj* invulnerabile. *Pl: invulneráveis.*
i.o.do [i´odu] *sm Quím* iodio.
i.o.ga [i´ogə] *sf* ioga (a doutrina).
i.o.gue [i´ogi] *s* ioga (quem pratica ioga).
i.o.gur.te [jog´urti] *sm yogurt.*
io-iô [joj´o] *sm* jo-jo.
í.on [´iõw] *sm Quím* ione.
íp.si.lon [´ipsil´õw] *sm* ipsilon, il nome della lettera Y.
ir [´ir] *vt+vi* **1** andare (a, in etc.). **2** dirigersi a, recarsi a, rivolgersi a. **3** *Lit, Poét* ire. **4** stare. *como vão?* / come state? **devagar**

se vai ao longe chi va piano, va sano e va lontano. **ir acabar em** capitare. **ir adiante** a) tirar via. b) *fig* avventurarsi. **ir a pé** camminare, andare a piedi. **ir bem** (negócio) andare. **ir de bicicleta** andare in bicicletta. **ir de bonde** andare in tram. **ir de carro** andare in macchina. **ir embora** andar via, andarsene, prendere l'uscio, partire, uscire. **ir em socorro de** accorrere. **ir mal** andare arrovescio. **vá embora!** via! vattene! **vamos!** su! dai! orsù! via! eia!

i.ra [ˈirə] *sf* **1** ira, furia, rabbia, stizza, collera. **2** *fig* fuoco. **ira divina** fulmine.

i.ra.do [irˈadu] *adj* **1** adirato, collerico, infuriato. **2** *fig* rabbioso.

i.rar [irˈar] *vt* **1** adirare. *vpr* **2** adirarsi, accanirsi, infuriarsi. **3** *fig* accendersi.

i.ras.cí.vel [irasˈivew] *adj* **1** irascibile. **2** *fig* suscettibile.

í.ris [ˈiris] *sf sing+pl Anat* iride. **diafragma íris** *Fot* diaframma a iride.

ir.lan.dês [irlˈãdˈes] *sm+adj* irlandese.

ir.mã [irmˈã] *sf* **1** sorella. **2** *Rel* suora, monaca.

ir.ma.nar [irmanˈar] *vt* **1** affratellare. *vpr* **2** affratellarsi.

ir.man.da.de [irmãdˈadi] *sf* fratellanza, confraternita.

ir.mão [irmˈãw] *sm* **1** fratello. **2** *Rel* fratello, monaco. **irmão de leite** fratello di latte. **irmãos siameses** fratelli siamesi. **meio irmão** fratellastro.

i.ro.ni.a [ironˈiə] *sf* ironia, frizzo. **ironia do destino** ironia della sorte.

i.rô.ni.co [irˈoniku] *adj* **1** ironico, satirico, mordace, caustico. **2** *fig* salato, pepato.

ir.ra.ci.o.nal [ir̃asjonˈaw] *adj* **1** irragionevole. **2** irrazionale. **3** illogico. **4** *fig* pazzo. **animais irracionais** *Zool* animali irragionevoli. **números irracionais** *Mat* numeri irrazionali. *Pl: irracionais.*

ir.ra.di.a.ção [ir̃adjasˈãw] *sf* irradiazione.

ir.ra.di.ar [ir̃adiˈar] *vt* irradiare.

ir.re.al [ir̃eˈaw] *adj* **1** irreale. **2** fantastico, chimerico. **3** fittizio, finto. *Pl: irreais.*

ir.re.co.nhe.cí.vel [ir̃ekoñesˈivew] *adj* irriconoscibile. *Pl: irreconhecíveis.*

ir.re.cu.sá.vel [ir̃ekuzˈavew] *adj* irrecusabile. *Pl: irrecusáveis.*

ir.re.fle.ti.do [ir̃efletˈidu] *adj* impulsivo, spensierato.

ir.re.fle.xão [ir̃efleksˈãw] *sf* inavvertenza.

ir.re.fu.tá.vel [ir̃efutˈavew] *adj* irrefutabile. *Pl: irrefutáveis.*

ir.re.gu.lar [ir̃egulˈar] *adj* **1** irregolare. **2** anomalo. **3** disuguale. **4** aspro (superfície).

ir.re.gu.la.ri.da.de [ir̃egularidˈadi] *sf* **1** irregolarità. **2** disordine.

ir.re.le.van.te [ir̃elevˈãti] *adj* irrilevante.

ir.re.pre.en.sí.vel [ir̃epreẽsˈivew] *adj* **1** irreprensibile. **2** *fig* corretto. **moral irrepreensível** *fig* morale cristallina. *Pl: irrepreensíveis.*

ir.re.qui.e.to [ir̃ekiˈɛtu] *adj* **1** irrequieto. **2** turbolento. **menino irrequieto** discolo.

ir.re.sis.tí.vel [ir̃ezistˈivew] *adj* **1** irresistibile. **2** prepotente. **olhar irresistível** *fig* sguardo assassino. *Pl: irresistíveis.*

ir.re.so.lu.to [ir̃ezolˈutu] *adj* irresoluto, incerto, indeterminato.

ir.res.pon.sá.vel [ir̃espõsˈavew] *adj* irresponsabile. *Pl: irresponsáveis.*

ir.re.ve.ren.te [ir̃everˈẽti] *adj* irriverente.

ir.re.ver.sí.vel [ir̃eversˈivew] *adj* irreversibile. *Pl: irreversíveis.*

ir.ri.ga.ção [ir̃igasˈãw] *sf* irrigazione.

ir.ri.gar [ir̃igˈar] *vt* irrigare.

ir.ri.ta.ção [ir̃itasˈãw] *sf* irritazione, collera. *Med* irritazione.

ir.ri.ta.di.ço [ir̃itadˈisu] *adj* **1** nervoso, stizzoso, permaloso. **2** *fig* nevrastenico.

ir.ri.ta.do [ir̃itˈadu] *adj* arrabbiato. **ficar irritado** saltare la mosca al naso.

ir.ri.tan.te [ir̃itˈãti] *adj* irritante.

ir.ri.tar [ir̃itˈar] *vt* **1** irritare. **2** esasperare. **3** accanire. **4** disgustare. **5** provocare. **6** *Med* irritare. **7** *fig* stuzzicare, pungere. *vpr* **8** irritarsi. **9** adirarsi, accanirsi. **10** arrabbiarsi, incollerirsi. **11** disgustarsi. **12** *fig* alterarsi, montare sulle furie.

ir.rom.per [ir̃õpˈer] *vi* **1** irrompere, entrare a forza. **2** erompere.

ir.rup.ção [ir̃upsˈãw] *sf* irruzione.

is.ca [ˈiskə] *sf* **1** esca, richiamo. **2** *fig* amo, zuccherino. **morder a isca** *fig* mordere all'amo. Veja nota em **esca**.

i.sen.ção [izẽsˈãw] *sf* **1** esenzione. **2** immunità. **3** dispensa. **4** franchigia.

i.sen.tar [izẽt´ar] *vt* **1** esentare. **2** dispensare, esimere. *vpr* **3** esentarsi, esimersi, sottrarsi.

i.sen.to [iz´ẽtu] *adj* **1** esente. **2** immune, libero. **3** franco.

is.lâ.mi.co [izl´ʌmiku] *adj* islamico, dell'Islamismo.

is.lan.dês [izlãd´es] *sm+adj* islandese.

i.so.la.do [izol´adu] *adj* isolato.

i.so.la.men.to [izolam´ẽtu] *sm* **1** isolamento. **2** *fig* bozzolo.

i.so.lan.te [izol´ãti] *sm+adj* isolante.

i.so.lar [izol´ar] *vt* **1** isolare. **2** segregare. **3** assediare. **4** allontanare, appartare. **5** astrarre. **6** localizzare. **7** *Elet* isolare. **8** *fig* bloccare. *vpr* **9** isolarsi. **10** segregarsi. **11** allontanarsi, appartarsi.

is.quei.ro [isk´ejru] *sm* accendisigari.

is.ra.e.li.ta [isr̃ael´itə] *s+adj* israelita, giudeo, ebreo.

is.so [´isu] *pron* codesto. • *interj* appunto! già! **é isso mesmo** per l'appunto. **isso mesmo!** così è! **o que é isso?** che affare è questo? **por isso** così, dunque, pertanto. Veja nota em **codesto**.

is.to [´istu] *pron* **1** questo. **2** ciò. **isto é** cioè, ovvero. **isto e aquilo** questo e quello. **isto me agrada** questo mi piace. **por isto** a) per questo. b) perciò. c) quindi, allora. Veja nota em **questo**.

i.ta.li.a.no [itali´ʌnu] *sm+adj* italiano, dell'Italia. **à italiana** all'italiana.

i.tá.li.co [it´aliku] *sm* italico. • *adj Poét* italico.

O adjetivo **italico** se refere à Itália antes dos romanos.

í.ta.lo [´italu] *adj Lit, Poét* italo, dell'Italia.

i.tem [´itẽj] *sm* voce, capo.

i.ti.ne.rá.rio [itiner´arju] *sm* **1** itinerario. **2** rotta. **3** *fig* cammino.

i.u.gos.la.vo [jugozl´avu] *sm+adj* jugoslavo.

j

j [ʒ´ɔtə] *sm* la decima lettera dell'alfabeto portoghese. Veja nota em **j** (italiano).

já [ʒ´a] *adv* **1** già. **2** ora, adesso. **3** ormai, oramai. • *interj Esp* via! **desde já** ormai. **já que** *conj* giacché, poiché, dacché.

ja.ca.ré [ʒakar´ɛ] *sm* coccodrillo.

ja.cen.te [ʒas´ẽti] *adj* giacente, che giace.

ja.de [ʒ´adi] *sm Min* giada.

ja.guar [ʒag´war] *sm Zool* giaguaro.

ja.gun.ço [ʒag´ũsu] *sm bras* bravo, cagnotto.

ja.mais [ʒam´ajs] *adv* giammai, mai.

ja.nei.ro [ʒan´ejru] *sm* gennaio.

ja.ne.la [ʒan´ɛlə] *sf* (também *Inform*) finestra.

jan.ga.da [ʒãg´adə] *sf* zattera.

ja.no.ta [ʒan´ɔtə] *sm* zerbino, zerbinotto, bellimbusto.

jan.tar [ʒãt´ar] *sm* pranzo, cena. • *vt+vi* pranzare, cenare. **jantar de gala** pranzo di gala.

ja.po.nês [ʒapon´es] *sm+adj* giapponese.

ja.que.ta [ʒak´etə] *sf* giacca, giacchetta, giacchetto, giubba. **jaqueta acolchoada** piumino.

ja.que.tão [ʒaket´ãw] *sm* casacca, giacchettone.

jar.dim [ʒard´ĩ] *sm* giardino. **jardim botânico** giardino botanico, orto botanico. **jardim zoológico** giardino zoologico. **jardim de infância** giardino d'infanzia, asilo d'infanzia.

jar.di.na.gem [ʒardin´aʒẽj] *sf* giardinaggio.

jar.di.nei.ra [ʒardin´ejrə] *sf* giardiniera: a) femminile di giardiniere. b) mobile per piante. c) insalata di verdure.

jar.di.nei.ro [ʒardin´ejru] *sm* giardiniere, fioraio.

jar.gão [ʒarg´ãw] *sm* gergo.

jar.ra [ʒ´ar̄ə] *sf* giara, cantaro.

jar.re.te [ʒar̄´eti] *sm Anat* garretto.

jar.ro [ʒ´ar̄u] *sm* giara, brocca, caraffa.

jas.mim [ʒazm´ĩ] *sm Bot* gelsomino.

jas.mi.nei.ro [ʒazmin´ejru] *sm Bot* gelsomino.

jas.pe [ʒ´aspi] *sm Min* diaspro.

ja.to [ʒ´atu] *sm* **1** zampillo, sgorgo. **2** *Aer* aviogetto.

jau.la [ʒ´awlə] *sf* gabbia.

ja.va.li [ʒaval´i] *sm* cinghiale, porco selvatico.

ja.zer [ʒaz´er] *vi* **1** giacere. **2** *fig* riposare, riposarsi.

ja.zi.da [ʒaz´idə] *sf Min* giacimento.

jazz [dz´ɛs] *sm ingl jazz.*

jei.ti.nho [ʒejt´iñu] *sm dim pop* na expressão **dar um jeitinho** barcamenarsi.

jei.to [ʒ´ejtu] *sm* modo, forma, guisa, fatta. **de jeito nenhum** per nulla, per nulla al mondo, per nessun conto, nemmeno per ombra. **de jeito nenhum!** niente affatto! nemmeno per sogno! no, altrimenti! **desse jeito** di questo andare. **jeito de andar** camminata. **jeito de vestir** foggia. **ter jeito para** *fig* essere portato per.

je.ju.ar [ʒeʒu´ar] *vi* **1** digiunare, far penitenza. **2** *Rel* far Quaresima.

je.jum [ʒeʒ´ũ] *sm* **1** digiuno. **2** *Rel* vigilia, divieto. **3** (também *fig*) astinenza. **em jejum** digiuno. **fazer jejum** digiunare.

jér.sei [ʒ´ɛrsej] *sm* **1** *jersey*. **2** maglia di lana. **jérsei de seda** maglia di seta.
je.su.í.ta [ʒezu´itə] *sm* gesuita.
Je.sus [ʒez´us] *sm Rel* Gesù. **Companhia de Jesus** Compagnia di Gesù, i gesuiti. **Jesus Cristo** Gesù Cristo.
ji.boi.a [ʒib´ɔjə] *sf Zool* boa.
ji.pe [ʒ´ipi] *sm* camionetta, *jeep*.
jiu-jí.tsu [ʒjuʒ´itsu] *sm Esp jiu-jitsu*, lotta giapponese.
jo.a.lhei.ro [ʒoaλ´ejru] *sm* gioielliere.
jo.a.lhe.ri.a [ʒoaλer´iə] *sf* gioielleria.
jo.a.ni.nha [ʒoan´iñə] *sf Zool* coccinella.
jo.ão-de-bar.ro [ʒo´ãwdib´ar̄u] *sm Zool* fornaio. *Pl: joões-de-barro.*
jo.ão-nin.guém [ʒoãwnĩg´ẽj] *sm fig* re di picche, zero, zoccolo, uomo da niente. *Pl: joões-ninguém.*
jo.co.so [ʒok´ozu] *adj* giocoso.
jo.e.lhei.ra [ʒoeλ´ejrə] *sf Esp* ginocchiello.
jo.e.lho [ʒo´eλu] *sm Anat* ginocchio. **de joelhos** genuflesso. Veja nota em **ginocchio**.
jo.ga.dor [ʒogad´or] *sm* giocatore.
jo.gar [ʒog´ar] *vt* **1** gettare, buttare, lanciare, proiettare, slanciare. **2** *Esp* giocare a. **3** *fig* sputare. *vi* **4** giocare. *vpr* **5** buttarsi, gettarsi, lanciarsi, slanciarsi. **jogar fora** a) buttar via. b) sperperare. **jogar na cara** *pop* buttare. **jogar para longe** sbalzare. **jogar tênis** giocare a tennis. **jogar-se debaixo de** buttarsi giù.
jo.go [ʒ´ogu] *sm* **1** gioco. **2** *Esp* partita, combattimento. **3** *Poét* ludo. **abrir o jogo** *pop* giocare a carte scoperte, mettere le carte in tavola. **fazer o jogo de** fare il giuoco di. **jogo amistoso** incontro amichevole. **jogo de azar** gioco a premio, gioco di azzardo. **jogo de jantar** servizio (da tavola). **jogo de palavras** gioco di parole, bisticcio. **jogos públicos** (na Roma antiga) *pl Hist* ludi.
joi.a [ʒ´ɔjə] *sf* **1** gioia, gioiello, monile. **2** *fig* gioia, persona o cosa cara.
joi.o [ʒ´oju] *sm Bot* loglio, zizzania. **separar o joio do trigo** *fig* distinguere il grano dal loglio.
jó.quei [ʒ´ɔkej] *sm Esp* fantino.
jor.na.da [ʒorn´adə] *sf* **1** giornata. **2** giorno. **3** *Mil* giornata.
jor.nal [ʒorn´aw] *sm* **1** giornale, diario, gazzetta, bollettino. **2** *fig* foglio, organo. **jornal diário** quotidiano. **sede do jornal** giornale. Veja nota em **bollettino**. *Pl: jornais.*
jor.na.lei.ro [ʒornal´ejru] *sm* giornalaio.
jor.na.lis.mo [ʒornal´izmu] *sm* giornalismo.
jor.na.lis.ta [ʒornal´istə] *s* giornalista.
jor.rar [ʒor̄´ar] *vt* **1** schizzare, gettare. **2** *fig* vomitare. *vi* **3** schizzare, sgorgare, sfogare. **4** *fig* vomitare.
jor.ro [ʒ´or̄u] *sm* getto, sgorgo.
jo.ta [ʒ´ɔtə] *sm* i lunga, il nome della lettera J. Veja nota em **j** (italiano).
jo.vem [ʒ´ɔvẽj] *sm* **1** giovanotto. **2** *fam* figliolo. • *adj* **1** giovane. **2** novello. **3** piccolo. **4** *fig* verde. **uma jovem** una giovane. **um jovem** un giovane.
jo.vi.al [ʒovi´aw] *adj* gioviale, piacevole, gaio, alacre. *Pl: joviais.*
jo.vi.a.li.da.de [ʒovjalid´adi] *sf* giovialità, piacevolezza.
ju.ba [ʒ´ubə] *sf Zool* giubba, criniera.
ju.bi.lar [ʒubil´ar] *vt* giubilare.
ju.bi.leu [ʒubil´ew] *sm* giubileo.
jú.bi.lo [ʒ´ubilu] *sm* **1** giubilo, allegria. **2** (também *fig, Rel*) estasi.
ju.dai.co [ʒud´ajku] *adj* giudaico.
ju.deu [ʒud´ew] *sm+adj* giudeo, ebreo.
ju.di.ar [ʒudi´ar] *vt pop* bistrattare.
ju.di.ci.al [ʒudisi´aw] *adj* giudiziale. *Pl: judiciais.*
ju.di.ci.á.rio [ʒudisi´arju] *adj* giudiziario.
ju.dô [ʒud´o] *sm Esp* judò.
ju.go [ʒ´ugu] *sm fig* dominazione, schiavitù.
ju.gu.lar [ʒugul´ar] *adj Anat* giugulare.
ju.iz [ʒu´is] *sm* **1** giudice, arbitro, magistrato. **2** *Esp* arbitro, terzo.
ju.í.zo [ʒu´izu] *sm* giudizio, discernimento, criterio, sensatezza, senno. **chamar a juízo** *Dir* citare. **Dia do Juízo Final** *Rel* Giorno del Giudizio. **o Juízo Final** *Rel* il Giudizio Finale. **recuperar o juízo** rinsavire. Veja nota em **cervello**.
jul.ga.men.to [ʒuwgam´ẽtu] *sm* arbitrio, opinione, vedere, avviso. **julgamento sumário** giustizia sommaria.

jul.gar [ʒuwg´ar] *vt* **1** giudicare. **2** credere, congetturare. **3** ritenere, reputare, stimare. **4** arbitrare, decidere. **5** *fig* valutare. *vi* **6** *Dir* sentenziare. **7** *fig* parere a. *vpr* **8** ritenersi, stimarsi, tenersi. **julgar bem alguém** vedere bene una persona. **julgar mal alguém** vedere male, sbagliare i conti. Veja nota em **parere**.

ju.lho [ʒ´uʎu] *sm* luglio.

ju.men.to [ʒum´ẽtu] *sm* giumento.

jun.ção [ʒũs´ãw] *sf* **1** connessione, annestamento, congiuntura. **2** *fig* fusione.

jun.co [ʒ´ũku] *sm Bot* giunco, biodo.

ju.nho [ʒ´uñu] *sm* giugno.

jú.nior [ʒ´unjor] *sm+adj* iuniore. *Pl: juniores.*

jun.ta [ʒ´ũtə] *sf* **1** congiuntura, commessura. **2** *Med* giunta, arto. **3** *Pol* giunta. **4** *Mec* giunto. **junta de animais** muta.

jun.tar [ʒũt´ar] *vt* **1** giungere. **2** giuntare. **3** riunire. **4** aggruppare, raggruppare, congregare, radunare. **5** ammassare. **6** aggiungere. **7** connettere. **8** *fig* maritare, sposare. *vpr* **9** accozzarsi, radunarsi, adunarsi. **10** ammassarsi. **11** confluire (rios, ruas). **12** *fig* maritarsi.

jun.to [ʒ´ũtu] *adj* giunto, congiunto. • *adv* insieme, assieme, accanto, accosto. **junto de** accanto a, accosto a. **junto com** insieme a, insieme con. *os livros estão junto com os cadernos* / i libri sono insieme ai quaderni. *passear junto com alguém* / fare una passeggiata insieme con qualcuno.

jun.tu.ra [ʒũt´urə] *sf* attacco.

ju.ra.do [ʒur´adu] *sm Dir* giurato. • *adj* giurato.

ju.ra.men.ta.do [ʒuramẽt´adu] *adj Dir* giurato. **tradutor juramentado** traduttore giurato.

ju.ra.men.to [ʒuram´ẽtu] *sm* **1** giuramento. **2** *Lit* sacramento. **3** *Rel* voto. **prestar juramento** *Dir* giurare.

ju.rar [ʒur´ar] *vt+vi* giurare. **jurar fidelidade à bandeira** asseverare la bandiera.

jú.ri [ʒ´uri] *sm Dir* giuria.

ju.rí.di.co [ʒur´idiku] *adj* giuridico, della legge.

ju.ris.di.ção [ʒurizdis´ãw] *sf* **1** *Dir* giurisdizione. **2** foro, dizione. **3** *fig* competenza.

ju.ris.pru.dên.cia [ʒurisprud´ẽsjə] *sf Dir* giurisprudenza, diritto.

ju.ro [ʒ´uru] *sm* **1** *Com* tasso d'interesse. **2 juros** *pl Com* interessi, frutto. Veja nota em **frutto**.

jus [ʒ´us] *sm Lit* gius. **fazer jus** fare onore.

jus.ta.men.te [ʒustam´ẽti] *adv* giustamente, giusto.

jus.ta.por [ʒustap´or] *vt* giustaporre.

jus.ti.ça [ʒust´isə] *sf* **1** giustizia. **2** giusto. **3** equità. **4** *fig* diritto. **fazer justiça** render ragione. **ministrar justiça** rendere giustizia.

jus.ti.fi.ca.ção [ʒustifikas´ãw] *sf* **1** giustificazione. **2** discolpa, difesa. **3** *fig* argomento, sgravio, scarico, discarico. *Sin: justificativa.*

jus.ti.fi.car [ʒustifik´ar] *vt* **1** giustificare, difendere, discolpare, motivare. *vpr* **2** giustificarsi, difendersi, discolparsi, scolparsi.

jus.ti.fi.ca.ti.va [ʒustifikat´ivə] *sf V justificação.*

jus.to [ʒ´ustu] *adj* **1** giusto. **2** imparziale, equo. **3** onesto. **4** debito. **5** *fig* diretto, retto.

ju.ta [ʒ´utə] *sf* iuta.

ju.ve.nil [ʒuven´iw] *adj* giovanile. *Pl: juvenis.*

ju.ven.tu.de [ʒuvẽt´udi] *sf* gioventù, giovinezza, giovanezza. **a juventude** *pop* la gioventù, i giovani.

k

k [k´a] *sm* lettera che non fa parte dell'alfabeto portoghese, usata soltanto in parole straniere e abbreviature. Sostituita da *c* o *qu*.

l

l [ˈɛli] *sm* l'undicesima lettera dell'alfabeto portoghese.
la [lə] *pron f sing* **1** la. **2** lei. Veja notas em **la**[2] e **lei** (italiano).
lá[1] [lˈa] *sm* la, sesta nota musicale.
lá[2] [lˈa] *adv* là, lì, ci, vi, ivi, colà. **de lá** di là. **estar mais para lá que para cá** *pop* essere più di là che di qua. **ir para lá** andare per lì. **lá embaixo** laggiù. **lá em cima** lassù. **lá está ele!** eccolo là! **lá longe** laggiù. **para lá** lì. **vir de lá** venire di lì, venire da lì. Veja nota em **ne**.
lã [lˈã] *sf* lana.
la.ba.re.da [labarˈedə] *sf* **1** vampa, vampata, fiamma. **2** *fig* lingua.
lá.bia [lˈabjə] *sf* **1** astuzia, scaltrezza. **2** *fig* politica.
la.bi.al [labiˈaw] *sf Gram* labiale. • *adj* labiale. *Pl: labiais.*
lá.bio [lˈabju] *sm Anat* labbro. Veja nota em **labbro**.
la.bi.rin.to [labirˈĩtu] *sm* **1** labirinto. **2** *Anat* labirinto, orecchio interno. **2** *fig* meandro.
la.bo.ra.tó.rio [laboratˈɔrju] *sm* laboratorio, gabinetto.
la.bu.ta [labˈutə] *sf* **1** travaglio. **2** *fig* combustione.
la.ca [lˈakə] *sf* lacca.
la.ça.da [lasˈadə] *sf* cappio.
la.çar [lasˈar] *vt* acalappiare.
la.ce.ra.ção [laserasˈãw] *sf* lacerazione, squarcio.
la.ce.rar [laserˈar] *vt* **1** lacerare. **2** *fig* macerare.
la.ço [lˈasu] *sm* **1** laccio, calappio. **2** fiocco.
la.crar [lakrˈar] *vt* sigillare.
la.cre [lˈakri] *sm* ceralacca.
la.cri.mal [lakrimˈaw] *adj* lacrimale. *Pl: lacrimais.*
la.cri.me.jar [lakrimeʒˈar] *vi* lacrimare.
lac.tan.te [laktˈãti] *s+adj* lattante.
lác.teo [lˈaktju] *adj* latteo, di latte. **Via Láctea** *Astron* Via Lattea.
lac.to.se [laktˈɔzi] *sm Quím* lattosio.
la.cu.na [lakˈunə] *sf* lacuna.
la.da.i.nha [ladaˈiñə] *sf* **1** *Rel* litania. **2** *irôn* musica, macina. **3** *fig* litania.
la.dei.ra [ladˈejrə] *sf* erta, montata, rampa, salita, scesa.
la.do [lˈadu] *sm* **1** lato, banda. **2** fianco. **3** canto, cantone. **4 lados** *pl* parti (de litígio etc). **ao lado** accanto, daccanto. **ao lado de** accanto a, a lato di. **colocar de lado** mettere a dormire. **de lado** di fianco, da banda, di scorcio. **de lado a lado** attraverso. **de um lado ao outro** da un lato all'altro. **do lado mais alto** a monte. **do lado paterno** dal lato paterno. **do outro lado** di là, aldilà. **por outro lado** d'altra parte.
la.drão [ladrˈãw] *sm* **1** ladro, rapinatore. **2** borsaiolo, tagliaborse. **3** *fig* gatto. **ladrão de casaca** a) ladro in guanti gialli. b) *irôn* cavaliere d'industria. **ladrão de corações** *fig* ladro di cuori. **ladrão de galinhas** gallinaio.
la.drar [ladrˈar] *vi* latrare, abbaiare.
la.dri.lhar [ladriʎˈar] *vt* ammattonare, acciottolare.
la.dri.lho [ladrˈiʎu] *sm dim* piastrella, mattonella.
la.dro.ei.ra [ladroˈejrə] *sf* **1** ladroneria. **2** *pop* ruberia. **3** *fig* rapina.
la.gar.ta [lagˈartə] *sm Zool* **1** baco, bachеrozzo. **2** bruco.

la.gar.ti.xa [lagart´iʃə] *sf Zool* geco, lucertola.
la.gar.to [lag´artu] *sm Zool* lucertola.
la.go [l´agu] *sm Geogr, fig* lago.
la.gos.ta [lag´ostə] *sf Zool* aragosta, gambero di mare.
la.gos.tim [lagost´ĩ] *sm Zool* gambero.
lá.gri.ma [l´agrimə] *sf* lacrima. **lágrimas de crocodilo** *fig* lacrime di coccodrillo.
lai.a [l´ajə] *sf* tipo, specie, stoffa.
lai.co [l´ajku] *adj* laico, secolare.
la.je [l´aʒi] *sf* lastra. **calçar com lajes** lastricare.
la.je.a.do [laʒe´adu] *sm* lastricato, lastrico.
la.je.ar [laʒe´ar] *vt* lastricare.
la.jo.ta [laʒ´ɔtə] *sf* lastra, piastrella.
la.ma [l´ʌmə] *sf* **1** fango, brago, mota. **2** *Lit* limo. *sm* **3** *Rel* lama (sacerdote tibetano).
la.ma.çal [lamas´aw] *sm* brago, acquitrino, pozzanghera. *Pl: lamaçais.*
la.ma.cen.to [lamas´ẽtu] *adj* limaccioso.
lam.ber [l´ãber] *vt* **1** leccare, lambire. **2** *pop* adulare, lisciare. *vpr* **3** leccarsi.
lam.bi.da [lãb´idə] *sf* leccata.
lam.bre.ta [lãbr´etə] *sf* motoretta.
la.men.ta.ção [lamẽtas´ãw] *sf* **1** piagnisteo. **2** *fig* mormorio.
la.men.tar [lamẽt´ar] *vt* **1** lamentare. **2** deplorare. **3** rimpiangere. *vi* **4** deplorare. **5** *fig* dolere. *vpr* **6** lamentarsi, lagnarsi. **7** rammaricarsi. **8** querelarsi, strillare. **9** brontolare. **10** *fig* sospirare. Veja nota em **querelare**.
la.men.tá.vel [lamẽt´avew] *adj* lamentevole. *Pl: lamentáveis.*
la.men.to [lam´ẽtu] *sm* **1** lamento, lagnanza. **2** *fig* pianto, sospiro.
lâ.mi.na [l´ʌminə] *sf* **1** lama, lamina. **2** piastra. **lâmina da guilhotina** mannaia. **lâmina de barbear** lama da barba, lametta. **lâmina de metal** latta, foglia di metallo.
la.mi.nar [lamin´ar] *vt* laminare. *laminar com ouro* / placcare in oro. • *adj* laminare.
lâm.pa.da [l´ãpadə] *sf* lampada, lume. **lâmpada de neon** lampada al neon. **lâmpada fluorescente** lampada fluorescente.
lam.pa.ri.na [lãpar´inə] *sf* lucerna.
lam.pe.jar [lãpeʒ´ar] *vi* balenare.
lam.pi.ão [lãpi´ãw] *sm* lampione, lanterna, lucerna, fanale.
lam.prei.a [lãpr´ejə] *sf Zool* lampreda.
la.mú.ria [lam´urjə] *sf* piagnisteo.
lan.ça [l´ãsə] *sf* **1** lancia, asta. **2** *Hist* picca.
lan.ça-cha.mas [lãsəʃ´ʌməs] *sm sing+pl Mil* lanciafiamme.
lan.ça.men.to [lãsam´ẽtu] *sf* lancio, getto, tiro, proiezione, slancio. **lançamento contábil** partita, posta. **lançamento publicitário** lancio pubblicitario.
lan.çar [lãs´ar] *vt* **1** lanciare, gettare, tirare, buttare. **2** *fig* sputare. *vpr* **3** lanciarsi, slanciarsi, avventarsi. **lançar lava** eruttare lava. **lançar um produto** *Com* lanciare un prodotto.
lan.ce [l´ãsi] *sm* **1** lancio, getto. **2** avvenimento, caso, occorrenza. **3** *Com* offerta (em leilão). **lance de escadas** scalinata, rampa, branca.
lan.cei.ro [lãs´ejru] *sm Mil* lanciere.
lan.cha [l'ãʃə] *sf Náut* lancia, motoscafo, idroplano.
lan.char [lãʃ´ar] *vt* merendare.
lan.che [l´aʃi] *sm* merenda.
lan.gui.dez [lãgid´es] *sf* languidezza.
lân.gui.do [lãgidu] *adj* languido, flaccido.
la.ni.fí.cio [lanif´isju] *sm* lanificio.
lan.te.jou.la [lãteʒ´owlə] *sf* lustrino.
lan.ter.na [lãt´ɛrnə] *sf* **1** lanterna, lampione, fanale. **2** *Autom* fanalino. **lanterna mágica** lanterna magica. **lanterna traseira** fanale d'arresto.
lan.ter.ni.nha [lãtɛrn´iñə] *sm dim Cin* maschera.
la.pe.la [lap´ɛlə] *sf* risvolto.
lá.pi.de [l´apidi] *sf* lapide.
lá.pis [l´apis] *sm sing+pl* matita, lapis. **lápis de cor** matita colorata. **lápis indelével** matita copiativa. **lápis para os olhos** matita per gli occhi. **lápis preto** matita nera.
la.pi.sei.ra [lapiz´ejrə] *sm* matitatoio, portalapis.
lap.so [l´apsu] *sm* lasso.
la.que.a.du.ra [lakead´urə] *sf Med* legatura.
lar [l´ar] *sm* **1** focolare. **2** casa. **3** *fig* nido, tetto.

la.ran.ja [lar´ãʒə] *sf* **1** arancia. *sm* **2** arancione (cor). • *adj* **1** rancio. **2** arancione. **cor de laranja** arancione.
la.ran.ja.da [larãʒ´adə] *sf* aranciata.
la.ran.jal [larãʒ´aw] *sm* aranceto. *Pl: laranjais.*
la.ran.jei.ra [lar´ãʒejrə] *sf* arancio.
la.rá.pio [lar´apju] *sm* barattiere.
la.rei.ra [lar´ejrə] *sm* camino, focolare.
lar.ga.da [larg´adə] *sf Esp* partenza. **foi dada a largada!** via!
lar.gar [larg´ar] *vt* lasciare, abbandonare.
lar.go [l´argu] *sm* **1** largo. **2** *Mús* largo. • *adj* **1** largo. **2** ampio. **3** alto (tecido). **4** *Lit* lato. **ombros largos** spalle quadrate. **ser muito largo** (calçado, roupa) ballare.
lar.gu.ra [larg´urə] *sf* **1** larghezza, largo. **2** altezza (de tecido).
la.rin.ge [lar´ĩʒi] *sf Anat* laringe.
la.rin.gi.te [larĩʒ´iti] *sf Med* laringite.
lar.va [l´arvə] *sf* larva, baco.
la.sa.nha [laz´ʌñə] *sf* lasagne. Veja nota em **lasagna.**
las.ca [l´askə] *sf* **1** scheggia. **2** *Min* scaglia.
las.car [lask´ar] *vt* scheggiare.
las.cí.via [las´ivjə] *sf* **1** lascivia, libidine. **2** *fig* sensualità, brama, bramosia.
las.ci.vo [las´ivu] *adj* **1** lascivo, libidinoso, carnale. **2** *fig* lubrico.
las.ti.mar [lastim´ar] *vt* compiangere, rimpiangere, deplorare.
la.ta [l´atə] *sf* **1** latta. **2** scatola, bidone. **3** bandone. **lata de lixo** pattumiera.
la.tão [lat´ãw] *sm* ottone.
la.ten.te [lat´ẽti] *adj* latente.
la.te.ral [later´aw] *sm* **1** *Fut* laterale. *sf* **2** fianco, parte laterale. • *adj* laterale, del alto. *Pl: laterais.*
lá.tex [l´ateks] *sm sing+pl Bot* lattice.
la.ti.cí.nio [latis´inju] *sm* latticinio.
la.ti.do [lat´idu] *sm* abbaio.
la.ti.fun.di.á.rio [latifũdi´arju] *sm* latifondista.
la.ti.fún.dio [latif´ũdju] *sm* latifondo.
la.tim [lat´ĩ] *sm* latino. **latim arcaico** latino arcaico. **latim vulgar** latino volgare.
la.ti.nha [lat´iñə] *sf dim* scatola.
la.ti.no [lat´inu] *adj* latino.
la.tir [lat´ir] *vi* latrare, abbaiare. **latir para a lua** abbaiare alla luna.
la.ti.tu.de [latit´udi] *sf Geogr* latitudine.
la.to [l´atu] *adj Lit* lato, ampio.
la.tri.na [latr´inə] *sf* **1** latrina, ritirata, vaso da gabinetto. **2** *fam* gabinetto. **3** *gír* cesso.
la.tro.cí.nio [latros´inju] *sm* ladrocinio, latrocinio, rapina, ruberia.
lau.do [l´awdu] *sm Dir* lodo.
la.va [l´avə] *sf Geol* lava.
la.va.bo [lav´abu] *sm* lavabo.
la.va.da [lav´adə] *sf* **1** *fam* predica. **2** *gír* cicchetto. **3** *pop* paternale.
la.va.dei.ra [lavad´ejrə] *sf* lavandaia.
la.va.du.ra [lavad´urə] *sf* lavatura, lavanda.
la.va.gem [lav´aʒẽj] *sf* **1** lavaggio, lavanda, lavatura. **2** imbratto (para os porcos). **lavagem a seco** lavatura a secco. **lavagem cerebral** lavaggio del cervello. **lavagem do estômago** *Med* lavatura gastrica.
la.va-lou.ças [lavəl´owsas] *sf sing+pl* lavapiatti.
la.van.da [lav´ãdə] *sf* **1** lavanda. **2** essenza di lavanda.
la.van.de.ria [lavãder´iə] *sf* **1** lavanderia. **2** *bras* tintoria. **lavanderia automática** lavanderia automatica.
la.var [lav´ar] *vt* **1** lavare.**lavar as mãos** lavarsi le mani.
la.va.tó.rio [lavat´ɔrju] *sm* lavabo.
la.vra [l´avrə] *sf* lavorazione.
la.vra.dor [lavrad´or] *sm* colono.
la.xan.te [laʃ´ãti] *sm+adj Med* lassativo.
la.zer [laz´er] *sm* ozio.
le.al [le´aw] *adj* **1** leale, fedele, fido. **2** *fig* netto. *Pl: leais.*
le.al.da.de [leawd´adi] *sf* lealtà, fede.
le.ão [le´ãw] *sm* **1** leone. **2 Leão** *Astron, Astrol* Leone. **ficar com a parte do leão** *pop* farsi la parte del leone.
le.brão [lebr´ãw] *sm* (macho da lebre) lepre.
le.bre [l´ɛbri] *sf* lepre.
le.ci.o.nar [lesjon´ar] *vt+vi* insegnare, leggere.
le.ga.ção [legas´ãw] *sf Pol* legazione.
le.ga.do [leg´adu] *sm* **1** *Dir* legato, lascito. **2** *Pol* legato.
le.gal [leg´aw] *adj* **1** legale. **2** lecito, legittimo. **3** onesto. *Pl: legais.*
le.ga.li.zar [legaliz´ar] *vt* **1** autenticare, certificare. **2** *Dir* legalizzare un documento.

le.gar [leg´ar] *vt* **1** lasciare. **2** *Dir* legare, lasciare per testamento.

le.gen.da [leʒ´ẽdə] *sf* **1** leggenda. **2** *Cin* didascalia. **legenda em brasão** motto.

le.gen.dá.rio [leʒẽd´arju] *adj* leggendario.

le.gi.ão [legi´ãw] *sf Mil* legione. **legião estrangeira** legione straniera.

le.gis.la.ção [leʒizlas´ãw] *sf* **1** legislazione. **2** codice.

le.gis.la.dor [leʒizlad´or] *sm* legislatore.

le.gis.la.ti.vo [leʒizlat´ivu] *adj* legislativo.

le.gis.la.tu.ra [leʒizlat´urə] *sf* legislatura.

le.gis.ta [leʒ´istə] *s+adj* legista, legale.

le.gi.ti.mar [leʒitim´ar] *vt* legittimare.

le.gí.ti.mo [leʒ´itimu] *adj* legittimo, vero.

le.gí.vel [leʒ´ivew] *adj* leggibile, intelligibile. *Pl: legíveis.*

lé.gua [l´ɛgwə] *sf* lega.

le.gu.me [leg´umi] *sm* **1** legume, baccello. **2** *bras* verdura, ortaggio. **3 legumes** *pl* legumi.

le.gu.mi.no.so [legumin´ozo] *adj Bot* leguminoso.

lei [l´ej] *sf* **1** legge. **2** codice. **3** editto. **4** *Fís* legge, principio. **conforme a lei** *Dir* di rito.

lei.go [l´ejgu] *adj* **1** *Rel* laico, secolare. **2** inesperto, non perito.

lei.lão [lejl´ãw] *sm Com* asta, incanto.

lei.te [l´ejti] *sm* **1** latte. **2** *fig* poppa. **leite batido** frullato. **leite coagulado** grumo. **leite condensado** latte condensato. **leite de coco** latte di cocco. **leite pasteurizado** latte pastorizzato.

lei.tei.ra [lejt´ejrə] *sf* lattiera.

lei.tei.ro [lejt´ejru] *sm+adj* lattaio. **vaca leiteira** vacca lattaia.

lei.te.ri.a [lejter´iə] *sf* latteria.

lei.to [l´ejtu] *sm* **1** letto. **2** alcova. **3** *Geogr* letto, alveo (de rio).

lei.tor [lejt´or] *sm* lettore.

lei.tu.ra [lejt´urə] *sf* lettura. **leitura superficial** letta.

le.ma [l´emə] *sm* bandiera, divisa.

lem.bran.ça [lẽbr´ãsə] *sf* **1** ricordo. **2** reminiscenza. **3** immagine. **dê minhas lembranças!** tanti saluti!

lem.brar [lẽbr´ar] *vt* **1** ricordare, rammentare. **2** richiamare, evocare. **3** assomigliare. **4** *fig* avvicinarsi. *vpr* **5** ricordarsi, rammentarsi.

lem.bre.te [lẽbr´eti] *sm* **1** appunto, memoria. **2** *fig* asterisco.

le.me [l´emi] *sm Náut, Aer* timone.

len.ço [l´ẽsu] *sf* fazzoletto, pezzuola.

len.çol [lẽs´ɔw] *sm* lenzuolo. **estar em maus lençóis** avere l'acqua alla gola. *Pl: lençóis.* Veja nota em **lenzuolo**.

len.da [l´ẽdə] *sf* **1** leggenda. **2** favola, fiaba. **3** *fig* credenza, tradizione.

len.dá.rio [lẽd´arju] *adj* leggendario.

lên.dea [l´ẽdjə] *sf Zool* lendine.

len.ga.len.ga [lẽgal´ẽgə] *sf* **1** *irôn* musica, macina. **2** *fig* litania.

le.nha [l´eñə] *sf* legname. **lenha para fogueira** ciocco.

le.nha.dor [leñad´or] *sm* boscaiolo, tagliaboschi.

le.nho [l´eñu] *sm Bot* legno.

len.ta.men.te [lẽtam´ẽti] *adv* adagio, piano, lento, tardi.

len.te [l´ẽti] *sf* **1** lente. **2** vetro. **lente de aumento** lente da ingrandimento.

len.ti.dão [lẽtid´ãw] *sf* **1** lentezza. **2** *fig* flemma.

len.ti.lha [lẽt´iʎə] *sf* lenticchia, lente.

len.to [l´ẽtu] *adj* **1** lento, tardo, lungo. **2** pesante (movimento). **3** *fig* grave, piano. **cozinhar em fogo lento** cuocere a fuoco lento.

le.o.a [le´oə] *sf* leonessa.

le.o.par.do [leop´ardu] *sm Zool* gattopardo, leopardo. **um leopardo nunca perde as suas manchas** il lupo perde il pelo ma non il vizio.

le.pra [l´ɛprə] *sf Med* lebbra.

le.que [l´ɛki] *sm* ventaglio.

ler [l´er] *vt+vi* leggere. **ler rapidamente** percorrere, scorrere.

le.são [lez´ãw] *sf* **1** lesione. **2** ferita. **3** *Med* trauma.

le.sar [lez´ar] *vt* pregiudicare.

lés.bi.ca [l´ɛzbikə] *sf* lesbica.

les.ma [l´ezmə] *sf* **1** *Zool* lumaca. **2** *fig* lumaca, polenta, persona lenta.

les.te [l´ɛsti] *sm* est.

le.tal [let´aw] *adj* letale. *Pl: letais.*

le.tar.gi.a [letarʒ´iə] *sf Med* letargo.

le.tra [l´etrə] *sf* **1** lettera, carattere. **2** *Com* lettera, effetto. **3 letras** *pl* lettere. **ao pé da letra** a) letterale. *tradução ao pé da letra* / traduzione letterale. b) alla lettera. *seguir ordens ao pé da letra* / seguire ordini alla lettera. **emitir uma letra de câmbio** trarre una cambiale. **letra de câmbio** *Com* cambiale, lettera di cambio. **letra de forma** stampatello. **letra de mão** corsivo. **letra morta** lettera morta, scritto invalido. **letra pagável à vista** *Com* cambiale pagabile a vista. **letra pagável no vencimento** *Com* cambiale pagabile a scadenza. **letra ruim** a) brutta scrittura. b) *fam* zampe di gallina.

le.tra.do [letr'adu] *sm+adj* letterato.

leu.ce.mi.a [lewsem'iə] *sf Med* leucemia.

le.va.do [lev'adu] *adj* **1** portato, tratto, mosso. **2** birichino, birbante. *menino levado* / bambino birichino.

le.van.ta.men.to [levãtam'ẽtu] *sm* alzata, levata, elevazione.

le.van.tar [levãt'ar] *vt* **1** alzare, innalzare, elevare, levare. **2** erigere. *vpr* **3** alzarsi, innalzarsi, levarsi. **4** erigersi, drizzarsi. **5** balzare dal letto. Veja nota em **levare**.

le.var [lev'ar] *vt* **1** portare, recare. **2** condurre, menare. **3** trasportare. **4** apportare, arrecare. **deixar-se levar** cullarsi. **levar a** a) comportare. b) indurre, istigare. c) *fig* costare. d) uscire in, condurre a (rua, estrada). **levar a cabo** recare ad effetto. **levar adiante** continuare. **levar a mal** *fig* prendere a rovescio. **levar a pior** rompersi le corna. **levar às costas** indossare. **levar a sério** prendere sul serio. **levar embora** a) portare via. b) *gír* imboscare. c) *fig* ghermire. **não levar a sério** prendere a gabbo. Veja nota em **levare**.

le.ve [l'ɛvi] *adj* **1** leggero. **2** grazioso. **3** debole, blando. **4** *fig* fine. **5** superficiale. **6** fresco (tecido).

lê.ve.do [l'evedu], **le.ve.do** [lev'edu] *sm* lievito. **lêvedo/levedo de cerveja** fermento della birra.

le.ve.du.ra [leved'urə] *sf* lievito, fermento.

le.ve.za [lev'ezə] *sf* **1** leggerezza. **2** grazia.

le.vi.an.da.de [leviãd'adi] *sf* **1** frivolezza, futilità. **2** *fig* leggerezza.

le.vi.a.no [levi'ʌnu] *adj* **1** frivolo, futile, inetto. **2** *fig* leggero.

le.vi.ta.ção [levitas'ãw] *sf* levitazione.

lé.xi.co [l'ɛksiku] *sm Gram* lessico, glossario.

le.xi.co.gra.fi.a [leksikograf'iə] *sf Gram* lessicografia.

lha.ma [λ'ʌmə] *sm Zool* lama.

lhe [λi] *pron m sing* gli. • *pron f sing* le. • *pron sing* **1** ti. **2** te. **3 lhes** *pl* loro. Veja notas em **gli**, **le**, **ti**[2], **te** e **loro**.

li.ba.nês [liban'es] *sm+adj* libanese.

li.bé.lu.la [lib'ɛlulə] *sf Zool* libellula.

li.be.ra.ção [liberas'ãw] *sf* **1** liberazione. **2** dispensa (de encargo).

li.be.ral [liber'aw] *s* liberale. • *adj* **1** liberale. **2** *fig* largo. **profissão liberal** professione liberale, professione libera. **ser liberal** *fig* largheggiare. *Pl: liberais.*

li.be.rar [liber'ar] *vt* **1** liberare. **2** rilasciare. **3** esimere, dispensare. **4** *Lit* francare. **5** *fig* sollevare.

li.ber.da.de [liberd'adi] *sf* **1** libertà. **2** franchezza. **dar total liberdade** *fig* dare carta bianca.

li.ber.ta.ção [libertas'ãw] *sf* **1** liberazione. **2** scampo.

li.ber.tar [libert'ar] *vt* **1** liberare. **2** affrancare. **3** scarcerare. **4** scatenare. **5** *fig* riscattare, slacciare. *vpr* **6** liberarsi. **7** svincolarsi, affrancarsi. **8** scatenarsi, sciogliersi. **9** *fig* riscattarsi, slacciarsi.

li.ber.tá.rio [libert'arju] *adj* libertario.

li.ber.ti.na.gem [libertin'aʒẽj] *sf* **1** libertinaggio, dissolutezza, sregolatezza, sfrenatezza. **2** *fig* melma, lordura.

li.ber.ti.no [libert'inu] *sm* libertino. • *adj* libertino, dissoluto, sregolato, scostumato, sfrenato.

li.bi.di.na.gem [libidin'aʒẽj] *sf* libidine, lascivia.

li.bi.di.no.so [libidin'ozu] *sm* libidinoso. • *adj* **1** libidinoso, lascivo. **2** *fig* sensuale.

li.bi.do [lib'idu] *sf* libidine.

li.bra [l'ibrə] *sf* **1** libbra. **2 Libra/Balança** *Astron, Astrol* Libra, Bilancia. **libra esterlina** lira sterlina.

li.bre.to [libr'etu] *sm Mús* libretto.

li.ção [lis'ãw] *sf* lezione, didascalia. **lição de casa** compito, dovere. Veja nota em **aula** (italiano).

li.cen.ça [lis´ẽsə] *sf* **1** licenza. **2** permesso, concessione. **3** patente. **4** congedo. **5** *Mil* licenza. **6** *Com* porto. **com licença?** permesso? con permesso? permettete? **licença de caça** permesso di caccia. **licença do veículo** libretto di circolazione. **licença poética** licenza poetica.

li.cen.ci.ar [lisẽsi´ar] *vt* **1** congedare, accomiatare. **2** *Mil* disarmare.

li.cen.ci.o.si.da.de [lisẽsjozid´adi] *sf* **1** licenza, sfrenatezza. **2** *fig* sensualità.

li.cen.ci.o.so [lisẽsi´ozu] *adj* licenzioso, sfrenato.

li.ceu [lis´ew] *sm* liceo.

li.ci.ta.ção [lisitas´ãw] *sf* licitazione.

lí.ci.to [l´isitu] *adj* lecito, onesto.

li.cor [lik´or] *sm* **1** liquore. **2** *Poét* licore. **licor digestivo** amaro.

li.dar [lid´ar] *vi* brigare. **lidar com** a) trattare con. *lidar com as pessoas* / trattare con le persone. b) *fig* trafficare.

lí.der [l´ider] *sm* **1** capo, condottiere. **2** *fig* guida.

li.de.ran.ça [lider´ãsə] *sf* **1** direzione, comando. **2** *Esp* vantaggio.

li.de.rar [lider´ar] *vt* guidare.

li.do [l´idu] *adj* letto.

li.ga [l´igə] *sf* **1** lega, associazione. **2** collegamento.

li.ga.ção [ligas´ãw] *sf* **1** legamento, legame. **2** nesso, vincolo. **3** *Elet, Mec* avviamento, messa a punto. **4** *Quím* allegazione. **5** *fig* laccio. **6** contatto. **ligação de peças** inserimento.

li.ga.do [lig´adu] *adj* **1** congiunto. **2** *fig* acceso (motor).

li.ga.du.ra [ligad´urə] *sf Mús* legatura.

li.ga.men.to [ligam´ẽtu] *sm Anat* legamento, ligamento.

li.gar [lig´ar] *vt* **1** legare. **2** associare, combinare. **3** collegare, connettere. **4** copulare, accoppiare. **5** *Elet, Mec* azionare, accendere (motor). **6** *Quím* allegare. **7** inserire (peças). **8** *fig* incatenare. *vpr* **9** legarsi. **10** collegarsi, unirsi. **11** comunicare. **não ligar** a) beffarsi. b) *vulg* fregarsi.

li.gei.re.za [liʒejr´ezə] *sf* prestezza.

li.gei.ro [liʒ´ejru] *adj* presto, pronto, snello, spedito, svelto.

li.lás [lil´as] *sf* lilla, lillà.

li.ma [l´ima] *sf* **1** lima, raspa. **2** *Bot* limetta. **lima de unhas** limettina. Veja nota em **raspa** (italiano).

li.ma.lha [lim´aλə] *sf* limaglia.

li.mão [lim´ãw] *sm* limone.

li.mar [lim´ar] *vt* limare.

li.mi.ar [limi´ar] *sm fig* limitare.

li.mi.ta.ção [limitas´ãw] *sf* **1** restrizione, ristrettezza, strettezza. **2** *fig* blocco, cecità.

li.mi.ta.do [limit´adu] *adj* **1** limitato, ristretto, stretto, moderato. **2** *fig* corto.

li.mi.tar [limit´ar] *vt* **1** limitare. **2** restringere, reprimere, contenere. **3** delimitare. **4** *fig* inibire. *vpr* **5** limitarsi, restringersi. **limitar-se a** limitarsi a.

li.mi.te [lim´iti] *sm* **1** limite. **2** frontiera, bordo, confine. **3** *fig* misura. **limite de tempo** termine. **limite de velocidade** limite di velocità. **marcar os limites** delimitare. **passar dos limites** a) eccedere, trascendere. b) *fig* passare il segno. c) uscire di squadra. **sem limites** illimitato.

li.mí.tro.fe [lim´itrofi] *adj* limitrofo, contiguo, circostante.

li.mo.ei.ro [limo´ejru] *sm* limone.

li.mo.na.da [limon´adə] *sf* limonata.

lim.par [lĩp´ar] *vt* **1** pulire, nettare, purgare, depurare. **2** *Lit* polire. **3** *fig* pelare (o dinheiro de outra pessoa). *vi* **4** serenare (céu). **5** schiarire (tempo). **limpar a garganta** raschiare.

lim.pe.za [lĩp´ezə] *sf* **1** pulizia, nettezza, pulimento. **2** spurgo. **limpeza urbana** nettezza urbana.

lim.pi.dez [lĩpid´es] *sf* limpidezza, nitidezza.

lím.pi.do [l´ĩpidu] *adj* **1** limpido, nitido. **2** *fig* cristallino. **céu límpido** *fig* cielo chiaro.

lim.po [l´ĩpu] *adj* **1** pulito, netto. **2** puro, limpido. **3** chiaro, sereno (céu). **4** *fig* cristallino.

lin.ce [l´ĩsi] *sm Zool* lince, lupo cerviero.

lin.char [lĩʃ´ar] *vt* linciare.

lin.do [l´ĩdu] *adj* **1** bello. **2** *Poét* formoso.

li.ne.ar [line´ar] *adj* lineare.

lin.fá.ti.co [lĩf´atiku] *adj* linfatico. **sistema linfático** sistema linfatico.

lin.go.te [lĩg´ɔti] *sm dim* lingotto, barra (de metal).
lín.gua [l´ĩgwə] *sf* **1** lingua, idioma. **2** *Anat* lingua. **arranhar uma língua** *fam* masticare una lingua. **língua do sapato** linguetta. **língua ferina** lingua affilata. **língua italiana** lingua italiana, lingua del sì. **língua morta** lingua morta. **línguas antigas** lingue antiche, lingue dotte. **línguas clássicas** lingue classiche. **língua vernácula** volgare. **língua viva** lingua viva.
lin.gua.do [lĩgw´adu] *sf Zool* linguata.
lin.gua.gem [lĩgw´aʒẽj] *sf* linguaggio, parlare.
lin.gua.ru.do [lĩgwar´udu] *adj* linguacciuto.
lin.gue.ta [lĩg´wetə] *sf dim* linguetta.
lin.gui.ça [lĩg´wisə] *sm* cotechino, coteghino.
lin.guis.ta [lĩg´wistə] *s* linguista.
lin.guís.ti.ca [lĩg´wistikə] *sf* linguistica, glottologia.
li.nha [l´iñə] *sf* **1** linea, riga. **2** tratto, rigo, frego. **3** filo. **andar na linha** *pop fig* filare dritto. **linha aérea** linea aerea, aerolinea. **linha de bonde** linea tranviaria. **linha de chegada** meta. **linha de costura** filo. **linha de ônibus** linea d'autobus. **linha de pesca** lenza. **linha de trem** linea ferroviaria. **linha reta** linea retta. **linha telefônica** linea telefonica. **sair da linha** tralignare.
li.nha.gem [liñ´aʒẽj] *sf* **1** lignaggio, stirpe, famiglia. **2** *fig* ramo, razza, tronco.
li.nho [l´iñu] *sm* lino.
li.que.fa.zer [likefaz´er] *vt* **1** liquefare, fondere, sciogliere. *vpr* **2** liquefarsi, fondersi.
lí.quen [l´ikẽj] *sm Bot* lichene.
li.qui.da.ção [likidas´ãw], **li.qui.da.ção** [likwidas´ãw] *sf* **1** liquidazione. **2** vendita di liquidazione.
li.qui.dar [likid´ar], **li.qui.dar** [likwid´ar] *vt* **1** liquidare. **2** regolare (uma dívida). **3** *fig* finire, sopprimere.
lí.qui.do [l´ikidu], **lí.qui.do** [l´ikwidu] *sm* **1** liquido, fluido. **2** *Com* liquido. • *adj* **1** liquido. **2** *Com* netto (peso). **3** liquido (valor).
li.ra [l´irə] *sf* **1** lira (moeda). **2** *Mús* lira.
lí.ri.co [l´iriku] *adj* lirico.
lí.rio [l´irju] *sm Bot* giglio.
li.so [l´izu] *adj* **1** liscio. **2** scivoloso.
li.son.ja [liz´õʒə] *sf* **1** lusinga, adulazione. **2** *fig* incenso. **3 lisonjas** *pl* blandizie.
li.son.je.ar [lizõʒe´ar] *vt* **1** lusingare, blandire. **2** *fam* lustrare. **3** *fig* corteggiare.
li.son.jei.ro [lizõʒ´ejru] *adj* lusinghiero.
lis.ta [l´istə] *sf* **1** lista, elenco, ruolo. **2** *V listra*. **lista de preços** *Com* catalogo. **lista telefônica** elenco telefonico. Veja nota em **nota** (italiano).
lis.ta.do [list´adu] *adj V listrado*.
lis.tar [list´ar] *vt* **1** elencare. **2** *fig* sciorinare. **3** *V listrar*.
lis.tra [l´istrə] *sf* lista, riga, stria. *Var: lista*.
lis.tra.do [listr´adu] *adj* fatto a liste. *Var: listado*.
lis.trar [listr´ar] *vt* rigare, striare. *Var: listar*.
li.su.ra [liz´urə] *sf* liscezza.
li.ta.ni.a [litan´iə] *sf Rel* litanie.
li.tei.ra [lit´ejrə] *sf* lettiga, portantina.
li.te.ral [liter´aw] *adj* **1** letterale. **2** testuale. *Pl: literais*.
li.te.ral.men.te [literawm´ẽti] *adv* alla lettera.
li.te.ra.to [liter´atu] *sm* letterato, erudito.
li.te.ra.tu.ra [literat´urə] *sf* letteratura, lettere.
li.ti.gar [litig´ar] *vi Dir* litigare.
li.tí.gio [lit´iʒju] *sm* **1** controversia, discussione, alterco. **2** *Dir* litigio, lite, processo.
li.ti.gi.o.so [litiʒi´ozu] *adj Dir* litigioso.
li.to.ral [litor´aw] *sm* litorale, costa, costiera. *Pl: litorais*.
li.to.râ.neo [litor´ʌnju] *adj* litoraneo, litorale.
li.tro [l´itru] *sm* litro. **meio litro** mezzo litro.
li.tur.gi.a [liturʒ´iə] *sf* **1** *Rel* liturgia. **2** *fig* culto.
li.túr.gi.co [lit´urʒiku] *adj* liturgico.
lí.vi.do [l´ividu] *adj* livido, cadaverico, cinereo.
li.vrar [livr´ar] *vt* **1** liberare. **2** disobbligare, esentare. *vpr* **3** liberarsi. **4** sciogliersi,

esimersi, disfarsi. **5** riscuotersi. **6** *fig* scaricarsi di, buttare.

li.vra.ri.a [livrar´iə] *sf* libreria.

li.vre [l´ivri] *adj* **1** libero. **2** indipendente. **3** esente, franco. **4** sciolto. **5** vuoto (lugar). **6** *fig* disponibile. **livre de** spoglio di. **livre de despesas** franco di spese. **tradução livre** traduzione libera, non letterale.

li.vrei.ro [livr´ejru] *sm* libraio.

li.vre.to [livr´etu] *sm* opuscolo.

li.vri.nho [livr´iñu] *sm dim* libretto. **livrinho de notas** taccuino.

li.vro [l´ivru] *sm* **1** libro. **2** album. **3** *fig* scritto. **folhear um livro** trascorrere un libro. **livro caixa** *Com* libro cassa, quaderno di cassa. **livro de bolso** libro tascabile. **livro diário/livro razão/livro mestre** *Com* libro mastro. **marcador de livro** segnalibro.

li.xa [l´iʃə] *sf* cartavetrata.

li.xei.ra [liʃ´ejrə] *sf* cestino.

li.xo [l´iʃu] *sm* **1** sudiciume, immondezza, rifiuti. **2** *pop* immondizia.

lo [lu] *pron m sing* **1** lo. *queria vê-lo* / vorrei vederlo. **2** lui. **3 los** *pl* li. Veja nota em **lo**, **lui** e **li**.

lo.ba [l´obə] *sf Zool* lupa.

lo.bi.so.mem [lobiz´omẽj] *sm Mit* lupo mannaro.

lo.bo[1] [l´obu] *sm Zool* lupo.

lo.bo[2] [l´ɔbu] *sm Anat* lobo. **lobo do mar** *fig* lupo di mare, marinaio vecchio ed esperto.

lo.bo-ma.ri.nho [lobumar´iñu] *sm Zool* lupo di mare. *Pl: lobos-marinhos.*

ló.bu.lo [l´ɔbulu] *sm dim Anat* piccolo lobo. **lóbulo da orelha** lobo dell'orecchio, lobulo.

lo.ca.ção [lokas´ãw] *sm* locazione.

lo.ca.dor [lokad´or] *sm* locatore.

lo.cal [lok´aw] *sm* **1** luogo. **2** recinto. **3** *Lit* sito. • *adj* **1** locale. **2** nostrano. *Pl: locais.*

lo.ca.li.da.de [lokalid´adi] *sf* località.

lo.ca.li.za.do [lokaliz´adu] *adj* sito.

lo.ca.li.zar [lokaliz´ar] *vt* **1** localizzare. *vpr* **2** trovarsi, stare, giacere. **3** *fig* sedersi.

lo.ção [los´ãw] *sf* lozione.

lo.ca.tá.rio [lokat´arju] *sm* locatario, affittuario, inquilino.

lo.cau.te [lok´awti] *sm Econ* serrata.

lo.co.mo.ção [lokomos´ãw] *sf Fisiol* locomozione.

lo.co.mo.ti.va [lokomot´ivə] *sf* locomotiva, motrice.

lo.cu.ção [lokus´ãw] *sf* **1** locuzione. **2** dizione. **3** modo di dire. **4** *Gram* frase.

lo.da.çal [lodas´aw] *sm* fango. *Pl: lodaçais.*

lo.do [l´odu] *sm* fango, brago. **lodo de fundo de rio** melma.

lo.ga.rit.mo [logar´itmu] *sm Mat* logaritmo.

ló.gi.ca [l´ɔʒikə] *sf* **1** logica. **2** ragione. **3** dialettica.

ló.gi.co [l´ɔʒiku] *sm* logico. • *adj* **1** logico. **2** razionale, ragionevole. **3** coerente.

lo.go [l´ɔgu] *adv* **1** presto, subito, tosto. **2** di lancio. **3** fra poco. • *conj* dunque. **até logo!** arrivederci! **logo que** appena, appena che, non appena. *logo que chegam numa cidade, começam a procurar uma casa para morar* / non appena arrivano in una città, cominciano a buscare una casa da vivere.

lo.go.ti.po [logot´ipu] *sm* logotipo.

lo.grar [logr´ar] *vt* **1** ingannare. **2** *fig* accalappiare.

lo.gro [l´ogru] *sf* inganno, frode.

loi.ro [l´ojru] *sm+adj* biondo. *Var: louro.*

lo.ja [l´ɔʒə] *sf* **1** magazzino, bottega, negozio. **2** *gír* baracca. **3** *fig* barca. **loja maçônica** loggia. Veja nota em **negozio**.

lo.jis.ta [loʒ´istə] *s* bottegaio, commerciante.

lom.bar [lõb´ar] *adj* lombare.

lom.bo [lõbu] *sm Anat* lombo. **lombo de boi** falda.

lom.bri.ga [lõbr´igə] *sf Zool* lombrico.

lo.na [l´onə] *sf* filondente.

lon.ge [l´õʒi] *adj* lontano. • *adv* lontano, distante, discosto, in là. **longe de** lontano da. **muito longe** mille miglia.

lon.ge.vi.da.de [lõʒevid´adi] *sf* longevità.

lon.gín.quo [lõʒ´ĩkwu] *adj* longinquo, assente, distante, discosto.

lon.gi.tu.de [lõʒit´udi] *sf* longitudine.

lon.go [l'õgu] *adj* lungo. • *sm* abito lungo. **ao longo de** lungo.
lon.tra [l'õtrə] *sf Zool* lontra.
lor.de [l'ɔrdi] *sm Hist, Pol* pari, *lord*.
lo.ro.ta [lor'ɔtə] *sf* **1** fola. **2** *gír* bubbola. **3** *fig* storia, favola.
lo.san.go [loz'ãgu] *sm Geom* losanga.
lo.ta.do [lot'adu] *adj* pieno zeppo.
lo.te [l'ɔti] *sm* **1** lotto. **2** terreno.
lo.te.ri.a [loter'iə] *sf* lotteria.
lo.to [l'ɔtu] *sf* lotto, tombola.
lou.ça [l'owsə] *sf* **1** terraglia, stoviglie. **2** *pop* vasellame.
lou.co [l'owku] *sm+adj* **1** matto, demente, folle. **2** *Med* pazzo. **estar louco por** andare pazzo per. **ficar louco** impazzare, impazzire.
lou.cu.ra [lowk'urə] *sf* **1** mattezza. **2** mattia, follia. **3** *Med* pazzia, alienazione mentale. **4** *fig* squilibrio, delirio. **fazer loucuras** *fam* fare il matto. **que loucura!** *irôn* bel giudizio! che giudizio!
lou.rei.ro [lowr'ejru] *sm Bot* alloro, lauro.
lou.ro [l'owru] *sm* **1** *V loiro*. **2** *Bot* alloro, lauro. **3** *pop* pappagallo. **4 os louros** *pl fig* i lauri, gli allori, la gloria.
lou.sa [l'owzə] *sf* lavagna.
lou.var [lowv'ar] *vt* **1** lodare, esaltare, decantare. **2** *fig* applaudire.
lou.vá.vel [lowv'avew] *adj* lodabile, apprezzabile. *Pl: louváveis.*
lou.vor [lowv'or] *sf* lode, elogio.
lu.a [l'uə] *sf* luna. **lua cheia** luna piena, plenilunio. **lua nova** luna nuova. **lua virada** *pop* broncio. **lua de mel** luna di miele.
lu.ar [lu'ar] *sm* chiaro di luna.
lu.bri.fi.can.te [lubrifik'ãti] *sm Mec, Autom* grasso.
lu.bri.fi.car [lubrifik'ar] *vt* lubrificare, ungere.
lu.ci.dez [lusid'es] *sf fig* lucidità.
lú.ci.do [l'usidu] *adj* **1** *fig* lucido, sobrio. **2** *fig* giovanile.
lu.crar [lukr'ar] *vt* **1** lucrare, guadagnare. *vi* **2** lucrare. **lucrar ilegalmente** *fig* pappare.
lu.cro [l'ukru] *sm* **1** lucro. **2** guadagno. provento, ricavo. **3** interesse, tornaconto. **4** *Com* utile, frutto. **5** *fig* bottino, profitto **lucro bruto** utile lordo. **lucro líquido** utile netto. Veja nota em **frutto**.
lu.di.bri.ar [ludibri'ar] *vt* **1** ingannare. **2** *fig* intrappolare, fregare.
lu.gar [lug'ar] *sm* **1** luogo, posto. **2** terra. **3** veci. **4** *Cin, Teat* posto. **5** *Lit* sito. **6** *Poét* lido. **dar lugar** allogare. **deste lugar** quindi. **em lugar de** a) invece di. b) anziché. **em primeiro lugar** a) anzitutto. b) per primo. **em qualquer lugar** a) dove che sia. b) *Lit* ovunque. **em todo lugar/ em todos os lugares** dappertutto, per ogni dove, dovunque. **fora do lugar** fuori posto. **lugar de honra** posto d'onore. **lugar em pé** (em ônibus) posto in piedi. **lugar mal frequentado** luogo infame. **lugar pequeno** cubicolo. **lugar remoto** luogo lontano. **lugar reservado** posto riservato. **lugar seguro** a) salvo. b) *fig* roccaforte. **lugar sentado** (em ônibus) posto a sedere. **mandar para aquele lugar** *fam* mandare a quel paese. **naquele lugar** là, lì, colà, laddove. **ter lugar** aver luogo, avvenire, compiersi.
lu.gar-co.mum [lugarkom'ũ] *sm fig* luogo comune, cliché. *Pl: lugares-comuns.*
lu.ga.re.jo [lugar'eʒu] *sm dim* loghicciolo.
lú.gu.bre [l'ugubri] *adj* **1** lugubre, funesto, cupo. **2** *fig* tenebroso, funebre.
lu.la [l'ulə] *sm Zool* calamaro.
lu.mi.no.si.da.de [luminozid'adi] *sf* lume.
lu.mi.no.so [lumin'ozu] *adj* **1** luminoso. **2** chiaro.
lu.nar [lun'ar] *adj* lunare.
lu.ná.ti.co [lun'atiku] *adj* **1** lunatico. **2** *fig* bisbetico.
lu.pi.no [lup'inu] *adj* lupino, di lupo.
lu.pa [l'upə] *sf* lente da ingrandimento.
lus.co-fus.co [luskuf'usku] *sm* na expressão **no lusco-fusco** tra il lusco ed il brusco. *Pl: lusco-fuscos.*
lus.trar [lustr'ar] *vt* lustrare, lucidare.
lus.tre [l'ustri] *sm* lampadario, candelabro.
lus.tro [l'ustru] *sm* **1** lustro, lucido. **2** lustro, spazio di cinque anni.
lus.tro.so [lustr'ozu] *adj* lucido, lustro.
lu.ta [l'utə] *sf* **1** lotta. **2** battaglia, combattimento. **3** gara, certame. **4** contesa, conflitto. **5** *fig* guerra. **6** confronto. **7** maratona. **luta corporal** zuffa. **luta de**

classes lotta di classe. **luta greco-romana** lotta greco-romana. **luta livre** lotta libera.

lu.tar [lut´ar] *vi* lottare, gareggiare, battersi.

lu.te.ra.no [luter´Λnu] *sm+adj Rel* luterano.

lu.to [l´utu] *sm* lutto. **luto profundo** lutto chiuso, lutto stretto. **vestir luto** portare il lutto.

lu.va [l´uvə] *sf* guanto. **tratar com luvas de pelica** trattare coi guanti, con molto riguardo.

lu.xa.ção [luʃas´ãw] *sf Med* lussazione, slogatura, distorsione.

lu.xar [luʃ´ar] *vt Med* lussare, storcere.

lu.xo [l´uʃu] *sm* **1** lusso, pompa, fasto. **2** *fam* gala. **3** *fig* splendore, ricchezza.

lu.xu.o.so [luʃu´ozu] *adj* **1** lussuoso, pomposo, sontuoso, lauto. **2** *fig* ricco.

lu.xú.ria [luʃ´urjə] *sf* **1** lussuria, libidine. **2** *fig* brama, bramosia.

lu.xu.ri.an.te [luʃuri´ãti] *adj* lussureggiante.

lu.xu.ri.o.so [luʃuri´ozu] *adj* lussurioso, carnale.

luz [l´us] *sf* luce, lume. **acender a luz** accendere la luce. **apagar a luz** spegnere la luce. **dar à luz** dare alla luce, concepire, partorire. **em plena luz do dia** in pieno giorno. **luzes da ribalta** luci della ribalta. **trazer à luz** *fig* disseppellire.

lu.zir [luz´ir] *vi* **1** lustrare. **2** *fig* radiare.

m

m [´emi] *sm* la dodicesima lettera dell'alfabeto portoghese.

ma.ca [m´akə] *sf* **1** barella, lettiga. **2** *Náut* amaca, letto dei marinai.

ma.ça [m´asə] *sf* mazza, clava.

ma.çã [mas´ã] *sf* mela. **maçã do rosto** guancia.

ma.ca.bro [mak´abru] *adj* **1** macabro. **2** *fig* funebre. **dança macabra** danza macabra.

ma.ca.cão [makak´ãw] *sm* tuta.

ma.ca.co [mak´aku] *sm* **1** *Zool* scimmia, macaco. **2** *Autom* martinetto. **cada macaco no seu galho** ognuno stia al suo posto. **estar com a macaca** avere il diavolo addosso.

ma.ça.ne.ta [masan´etə] *sf* maniglia, gruccia.

ma.çan.te [mas´ãti] *adj* **1** seccante, importuno, stucchevole. **2** *fig* lungo come la Quaresima.

ma.car.rão [makar̃´ãw] *sm* maccherone, pasta.

ma.car.ro.na.da [makar̃on´adə] *sf* maccheronata, pasta asciutta.

ma.ce.rar [maser´ar] *vt* macerare.

ma.cha.di.nha [maʃad´iñə] *sf dim* mannaia.

ma.cha.do [maʃ´adu] *sf* ascia, accetta, scure.

ma.cho [m´aʃu] *sm+adj* maschio.

> **Maschio** também se usa para indicar a peça com extremidade saliente (macho) que se encaixa em outra (fêmea).

ma.chu.car [maʃuk´ar] *vt* **1** ferire. **2** contundere, lesionare. **3** *fig* offendere. *vpr* **4** ferirsi.

ma.ci.ço [mas´isu] *adj* massiccio, compatto, sodo, solido, duro. • *sm Geogr* massiccio.

ma.ci.ei.ra [masi´ejrə] *sf* melo, pomo.

ma.ci.ez [masi´es] *sf* morbidezza, tenerezza.

ma.ci.o [mas´iu] *adj* **1** morbido, soffice, tenero. **2** *fig* dolce.

ma.ço [m´asu] *sm* **1** mazzo. **2** plico, fascio. **3** *fig* ciuffo. **maço de cartas** mazzo, risma. **maço de cigarros** pacchetto di sigarette.

ma.çom [mas´õw] *sm* massone, franco muratore, libero muratore.

ma.ço.na.ria [masonar´iə] *sf* massoneria.

má.cu.la [m´akulə] *sf* **1** chiazza. **2** *Lit* ignominia. **3** *fig* macchia.

ma.cu.lar [makul´ar] *vt* **1** maculare. **2** *fig* macchiare.

ma.dei.ra [mad´ejrə] *sm* legno, legname. **madeira compensada** legno compensato.

ma.dei.xa [mad´ejʃə] *sf* ciocca.

ma.dras.ta [madr´astə] *sf* matrigna.

ma.dre [m´adri] *sf Rel* madre. **madre superiora** madre superiora.

ma.dre.pé.ro.la [madrep´ɛrolə] *sf* madreperla.

ma.dri.nha [madr´iñə] *sf* madrina, comare.

ma.dru.ga.da [madrug´adə] *sf* alba. **de madrugada** di buon'ora.

ma.du.ro [mad´uru] *adj* **1** maturo. **2** grande.

mãe [m´ãj] *sf* madre. **mãe desnaturada** *fig* matrigna.

ma.es.tri.a [maestr´iə] *sf* **1** maestria. **2** *fig* arte.

ma.es.tri.na [maestr´inə] *sf Mús* maestra.

ma.es.tro [ma´ɛstru] *sm Mús* maestro.

mãe.zi.nha [mãjz´iñə] *sf dim fam* mammina. *Sin: mamãezinha.*

má-fé [maf´ɛ] *sf* **1** malafede. **2** *Dir* dolo. *Pl: más-fés.*
má.fia [m´afjə] *sf* (também *fig*) mafia, camorra.
ma.ga [m´agə] *sf* maga, fata.
ma.ga.zi.ne [magaz´ini] *sm* magazzino.
ma.gi.a [maʒ´iə] *sf* **1** magia, incantesimo, incanto. **2** *fig* suggestione. **magia branca** magia bianca. **magia negra** magia nera.
má.gi.co [m´aʒiku] *adj* magico. • *sm* illusionista.
ma.gis.té.rio [maʒist´ɛrju] *sm* magistero.
ma.gis.tra.do [maʒistr´adu] *sm* magistrato.
ma.gis.tral [maʒistr´aw] *adj* magistrale, maestro, di maestro. *Pl: magistrais.*
ma.gis.tra.tu.ra [maʒistrat´urə] *sf* magistratura, gente di toga.
mag.ma [m´agmə] *sm Geol* magma.
mag.nâ.ni.mo [magn´ʌnimu] *adj* **1** magnanimo. **2** magnifico. **3** *fig* nobile.
mag.na.ta [magn´atə] *sm* magnate.
mag.né.sio [magn´ɛzju] *sm Quím* magnesio.
mag.né.ti.co [magn´ɛtiku] *adj* magnetico. **campo magnético** campo magnetico.
mag.ne.tis.mo [magnet´izmu] *sf* **1** magnetismo. **2** *fig* attrazione.
mag.ne.ti.ta [magnet´itə] *sf* magnete naturale.
mag.ne.ti.zar [magnetiz´ar] *vt* magnetizzare.
mag.ne.to [magn´ɛtu] *sm Mec* magnete.
mag.ni.fi.car [magnifik´ar] *vt* magnificare.
mag.ni.fi.cên.cia [magnifis´ẽsjə] *sf* magnificenza.
mag.ní.fi.co [magn´ifiku] *adj* **1** magnifico, grandioso, superbo, eccelso. **2** *fig* sublime.
mag.no [m´agnu] *adj Lit* magno.
mag.nó.lia [magn´ɔljə] *sf Bot* magnolia.
ma.go [m´agu] *sm* mago.
má.goa [m´agwə] *sf* dolore, rammarico.
ma.go.ar [mago´ar] *vt* **1** rammaricare, addolorare. **2** *fig* ferire. *vpr* **3** risentirsi, addolorarsi, piccarsi.
ma.gre.la [magr´ɛlə] *s Fig* acciuga.
ma.gre.za [magr´ezə] *sf* **1** magrezza. **2** *fig* secchezza.
ma.gro [m´agru] *adj* magro, snello, esile, scarno.
mai.o [m´aju] *sm* maggio. **Primeiro de Maio** Primo Maggio.
mai.ô [maj´o] *sm* costume da bagno. **maiô de duas peças** due pezzi, bikini.
mai.o.ne.se [majon´ɛzi] *sf* maionese.
mai.or [maj´ɔr] *adj compar* (de **grande**) maggiore. **maior de idade** maggiorenne. **os maiores** i più grandi.
mai.o.ri.a [major´iə] *sf* maggioranza, maggiorità, il più. **maioria absoluta** maggioranza assoluta.
mai.o.ri.da.de [majorid´adi] *sf* maggiorità, età maggiore.
mais [m´ajs] *adj* più. *veio mais gente hoje* / più gente è venuta oggi. • *adv* **1** più. *os mais belos* / i più belli. *não aguento mais* / non ne posso più. **2** di più. *não jogo mais* / non gioco di più. **3** altrimenti. *não falarei mais disso* / non ne parlerò altrimenti. **a mais** in soprannumero. **mais de** (tempo) oltre. *il viaggio durò oltre un mese* / a viagem durou mais de um mês. **mais do que tudo** più che altro. **mais ou menos** a) più o meno, su per giù, suppergiù. b) all'ingrosso. c) incirca, circa, forse. d) *dep* così così. **nem mais nem menos** né più né meno. **nunca mais** mai più.
mais-que-per.fei.to [m´ajskiperf´ejtu] *sm Gram* trapassato, più che perfetto. *Pl: mais-que-perfeitos.*
mai.ús.cu.lo [ma´juskulu] *adj* maiuscolo. **letra maiúscula** ou apenas **maiúscula** lettera maiuscola.
ma.jes.ta.de [maʒest´adi] *sf* **1** maestà. **2** *fig* corona. **Sua Majestade** Sua Maestà. **Vossa Majestade** Vostra Maestà.
ma.jes.to.so [maʒest´ozu] *adj* **1** maestoso, altiero, regale, solenne. **2** *fig* monumentale, sublime.
ma.jor [maʒ´ɔr] *sm Mil* maggiore.
mal [m´aw] *sm* male. • *adv* **1** male. *parlo male il francese* / falo mal o francês. **2** appena. *não falarei de um tema que mal conheço* / non parlerò di un tema che conosco appena. • *conj* appena, appena che, non appena. *logo que o sol nasce, pula da cama para ir à escola* / appena che il sole si leva, balza dal letto per andare a scuola. **fazer mal** nuocere. **há males que**

vêm para bem non tutto il male viene per nuocere. **mal interpretado** malinteso. **mal súbito** mancamento, malore. **não faz mal** a) non fa niente. b) non c'è male. Veja nota em **appena**.

ma.la [m'alə] *sf* **1** valigia. **2** *gír* rompiscatole. **fazer as malas** fare le valigie. **mala diplomática** valigia diplomatica. **mala do carro** *Autom* bagagliaio.

ma.la.ba.ris.ta [malabar'istə] *s* **1** giocoliere. **2** *fig* ginnasta.

mal-a.gra.de.ci.do [malagrades'idu] *adj* ingrato. *Pl: mal-agradecidos.*

ma.lan.dra.gem [malãdr'aʒẽj] *sf* furfanteria.

ma.lan.dro [mal'adru] *sm* birbante, furfante, birbone. • *adj* birbante, furfante.

ma.lá.ria [mal'arjə] *sf Med* malaria.

mal.chei.ro.so [mawʃejr'ozu] *adj* fetente, fetido.

mal.cri.a.ção [mawkrjas'ãw] *sf* malacreanza, sgarbo.

mal.cri.a.do [mawkri'adu] *adj* **1** malcreato, scostumato, sgarbato. **2** *fig* selvatico, bifolco. • *sm fig* bifolco.

mal.da.de [mawd'adi] *sf* **1** malvagità, cattiveria, canagliata. **2** crudeltà. **3** *fig* acredine, enormità.

mal.di.ção [mawdis'ãw] *sf* **1** maledizione, imprecazione. **2** *fig* bestemmia. **3** flagello.

mal.di.to [mawd'itu] *adj* maledetto.

mal.di.zer [mawdiz'er] *vt* **1** maledire, bestemmiare. **2** *fig* flagellare. *vi* **3** inveire.

ma.le.a.bi.li.da.de [maleabilid'adi] *sf* **1** malleabilità. **2** cedevolezza.

ma.le.á.vel [male'avew] *adj* **1** malleabile. **2** cedevole. **3** *fig* dolce (metal). *Pl: maleáveis.*

ma.le.di.cên.cia [maledis'ẽsjə] *sf* **1** maldicenza. **2** *fig* critica, flagello.

ma.le.di.cen.te [maledis'ẽti] *adj* maldicente.

mal-e.du.ca.do [maleduk'adu] *adj* **1** maleducato, incivile, ignorante, screanzato, sgarbato. **2** *fig* scorretto. • *sm* **1** bruto, ignorante. **2** *fig* contadino. *Pl: mal-educados.*

ma.lé.fi.co [mal'ɛfiku] *adj* **1** malefico. **2** *fig* pestilente, bieco.

mal-en.ca.ra.do [malẽkar'adu] *adj* cipigliuto. *Pl: mal-encarados.*

mal-en.ten.di.do [malẽtẽd'idu] *sm* malinteso, quiproquo. *Pl: mal-entendidos.*

mal-es.tar [malest'ar] *sm* malessere, disagio. *Pl: mal-estares.*

ma.le.vo.len.te [malevol'ẽti] *adj V malévolo.*

ma.lé.vo.lo [mal'ɛvolu] *adj* malevolo. *Sin: malevolente.*

mal.fei.to [mawfe'jtu] *adj* malfatto, guasto.

mal.fei.tor [mawfejt'or] *sm* criminale, bandito.

mal.gra.do [mawgr'adu] *prep* malgrado. Veja nota em **malgrado** (italiano).

ma.lha [m'aλə] *sf* **1** maglia. **2** golf. **malha de lã** maglia di lana. **malha de seda** maglia di seta. **malha grossa** maglione.

ma.lha.do [maλ'adu] *adj* chiazzato.

ma.lhar [maλ'ar] *vt* martellare.

ma.lha.ri.a [maλar'iə] *sf* maglieria.

ma.lho [m'aλu] *sm* maglio, martinetto.

mal-hu.mo.ra.do [malumor'adu] *adj* stizzoso. **ser mal-humorado** *pop* avere la luna. *Pl: mal-humorados.* M

ma.lí.cia [mal'isjə] *sf* **1** malizia. **2** astuzia.

ma.li.ci.o.so [malisi'ozu] *adj* **1** malizioso. **2** astuto, furbo, arguto. **3** *fig* piccante.

ma.lig.no [mal'ignu] *adj* **1** maligno, malefico. **2** *fig* sinistro, velenoso.

mal-in.ten.ci.o.na.do [malĩtẽsjon'adu] *adj* malintenzionato. *Pl: mal-intencionados.*

mal.ta [m'awtə] *sf* malta.

mal.te [m'awti] *sm* malto.

mal.tra.pi.lho [mawtrap'iλu] *sm* straccione. • *adj* stracciato, cencioso, malvestito.

mal.tra.tar [mawtrat'ar] *vt* maltrattare, angariare, bistrattare, strapazzare.

ma.lu.co [mal'uku] *sm fam* matto. • *adj* matto, bislacco.

ma.lu.qui.ce [maluk'isi] *sf* mattezza, mattia.

mal.va [m'awvə] *sf Bot* malva.

mal.va.de.za [mawvad'ezə] *sf* **1** malvagità. **2** *fig* enormità.

mal.va.do [mawv'adu] *adj* cattivo, malvagio, tristo, scellerato, sciagurato.

mal.vis.to [mawv'istu] *adj* malvisto, malaccetto, sgradito.

ma.ma [m´ʌmə] *sf* **1** *Anat* mammella. **2** *Zool* poppa. **3** *gír* tetta. **4** *Lit, Poét* mamma.
ma.ma.da [mam´adə] *sf* poppata.
ma.ma.dei.ra [mamad´ejrə] *sf* poppatoio, biberon.
ma.mãe [mam´ãj] *sf fam* mamma.
ma.mãe.zi.nha [mamãjz´iñə] *sf V mãezinha.*
ma.mão [mam´ãw] *sm* papaia.
ma.mar [mam´ar] *vt* **1** poppare. *vi* **2** lattare.
ma.me.lu.co [mamel´uku] *sm bras* meticcio da indigeno e bianco.
ma.mí.fe.ro [mam´iferu] *sm+adj* mammifero.
ma.mi.lo [mam´ilu] *sm* capezzolo.
ma.mo.na [mam´onə] *sm Bot* ricino.
ma.mu.te [mam´uti] *sm Zool* mammut.
ma.na.da [man´adə] *sf* mandra, branco.
ma.nan.ci.al [manãsi´aw] *sf* sorgente. *Pl: mananciais.*
ma.nar [man´ar] *vi* scaturire.
man.car [mãk´ar] *vi* zoppicare, arrancare.
man.cha [m´ãʃə] *sf* **1** macchia, chiazza, schizzo. **2** *Med* placca. **mancha de gordura** grasso.
man.cha.do [mãʃ´adu] *adj* chiazzato.
man.char [mãʃ´ar] *vt* **1** macchiare, schizzare. **2** *fig* insudiciare, macchiare, intaccare (a reputação). *vi* **3** schizzare. *vpr* **4** macchiarsi.
man.co [m´ãku] *sm+adj* zoppo.
man.co.mu.na.do [mãkomun´adu] *adj* connivente.
man.da.do [mãd´adu] *sm Dir* mandato. **mandado de prisão** *Dir* mandato di cattura.
man.da.men.to [mãdam´ẽtu] *sm* comandamento.
man.dan.te [mãd´ãti] *s Dir* mandante. • *adj* mandante, che manda.
man.dar [mãd´ar] *vt* **1** mandare. **2** ordinare. **3** imporre, dirigere, volere. **4** inviare, indirizzare. **5** *fig* imperare. **mandar e desmandar** farla da padrone, padroneggiare. **mandar embora** a) mandar via, cacciar via. b) mettere all'uscio. **mandar para o inferno** mandare al diavolo. **mandar passear** mandare a spasso, mandar via. **mandar uma carta registrada com valor declarado** assicurare una lettera.
man.da.rim [mãdar´ĩ] *sm Hist* mandarino.
man.da.tá.rio [mãdat´arju] *sm* emissario.
man.da.to [mãd´atu] *sm* mandato.
man.dí.bu.la [mãd´ibulə] *sf Anat* mandibola.
man.dril [mãdr´iw] *sm* **1** *Zool* mandrillo. **2** *Mec* mandrino. *Pl: mandris.*
ma.nei.ra [man´ejrə] *sf* **1** maniera. **2** metodo, mezzo, modo. **3** stile, forma, fatta, foggia. **4** *fig* tocco. **5** **maneiras** *pl* comportamento. **à maneira de Giotto** alla maniera di Giotto. **boas maneiras** civiltà. **de maneira que** di modo che, di guisa che, talché, sicché. **de maneira nenhuma** a niun patto. **de qualquer maneira** a) ad ogni modo, in ogni modo. b) a torto o a ragione. **dessa maneira** così, come. **desta maneira** in questo modo. **de tal maneira** tanto. **de todas as maneiras** di ogni fatta.
ma.ne.jar [maneʒ´ar] *vt* **1** maneggiare. *vi* **2** armeggiare.
ma.ne.jo [man´eʒu] *sm* maneggio.
ma.ne.quim [manek´ĩ] *sm* **1** manichino, fantoccio. **2** indossatore. *sf* **3** modella, indossatrice.
ma.ne.ta [man´etə] *adj* monco.
man.ga [m´ãgə] *sf* **1** manica. **2** *Bot* mango.
man.guei.ra [mãg´ejrə] *sf Bot* mango.
ma.nha [m´ʌñə] *sf* **1** bizza. **2** capriccio. **fazer manha** far le bizze (criança).
ma.nhã [mañ´ã] *sf* mattina, mattino. **de manhã** mattina. **esta manhã** stamattina, stamani.
ma.nho.so [mañ´ozu] *adj* bizzarro.
ma.ni.a [man´iə] *sf* **1** mania. **2** *Med* mania, ossessione, complesso. **mania de grandeza** mania di grandezza, megalomania.
ma.ní.a.co [man´iaku] *sm+adj* maniaco.
ma.ni.cô.mio [manik´omju] *sm* manicomio.
ma.ni.cu.ra [manik´urə] *sf* manicure.
ma.ni.fes.tar [manifest´ar] *vt* **1** manifestare, esprimere, palesare. **2** *fig* mostrare, svelare. *vpr* **3** manifestarsi. **4** pronunciarsi. **5** apparire. **6** *fig* trasparire, affacciarsi.
ma.ni.fes.to [manif´ɛstu] *sm* manifesto. • *adj* **1** evidente, espresso. **2** *fig* flagrante.
ma.ni.pu.lar [manipul´ar] *vt* **1** manipolare, contraffare, trattare. **2** *fig* dominare.

ma.ni.ve.la [maniv´ɛlə] *sf* manovella.
man.je.dou.ra [mãʒed´owrə] *sf* greppia.
man.je.ri.cão [mãʒerik´ãw] *sm Bot* basilico.
man.je.ro.na [mãʒer´onə] *sf Bot* maggiorana.
ma.no.bra [man´ɔbrə] *sf* **1** manovra. **2** *Mil* manovra, mossa, maneggio. **3** *Mil* esercizio. **4** *Pol* maneggio. **5** *Náut* maneggio. **6** *fig* tattica.
ma.no.brar [manobr´ar] *vt* **1** manovrare. *vi* **2** brigare. **3** barcamenarsi. **4** *Mil* manovrare.
man.si.nho [mãs´iñu] *adv* na expressão **de mansinho** alla chetichella.
man.so [m´ãsu] *adj* mansueto, docile.
man.tei.ga [mãt´ejgə] *sf* burro.
man.ter [mãt´er] *vt* **1** mantenere. **2** conservare, ritenere. **3** tenere, reggere, sostenere. **4** sostentare. **5** attendere (promessa). **6** *fig* alimentare. **7** serbare. *vpr* **8** mantenersi. **9** conservarsi. **10** tenersi, reggersi, sostenersi. **11** sostentarsi.
man.ti.men.to [mãtim´ẽtu] *sf* mantenimento, alimenti.
man.to [m´ãtu] *sm* manto, cappa.
man.tô [mãt´o] *sm* mantello, mantò.
ma.nu.al [manu´aw] *sm* manuale, guida. • *adj* **1** manuale. **2** artigianale. *Pl: manuais.*
ma.nu.fa.tu.ra [manufat´urə] *sf* manifattura, fabbrica, fattura.
ma.nu.fa.tu.ra.do [manufatur´adu] *adj* manufatto, fatto a mano.
ma.nus.cri.to [manuskr´itu] *sm* **1** manoscritto. **2** *Cin, Teat* copione. • *adj* manoscritto, scritto a mano.
ma.nu.se.ar [manuze´ar] *vt* **1** trattare, rimestare. *vi* **2** trattare.
ma.nu.ten.ção [manutẽs´ãw] *sf* mantenimento.
mão [m´ãw] *sf* **1** *Anat* mano. **2** *irôn* zampa. **3** *fig* branca. **à mão armada** a mano armata. **apertar a mão de** dare la mano a, stringere la mano a. **caminho fora de mão** cammino fuori di mano. **colocar as mãos em** mettere mano a, porre mano a. **dar uma mão** *pop* dare una mano. **estender a mão** porgere la mano, aiutare. **feito à mão** fatto a mano. **ficar de mãos abanando** a) restare a mani vuote, restare a bocca asciutta. b) *fig* restare con un pugno di mosche. **ladrão de mão leve** ladro lesto di mano. **lavar as mãos de** lavarsi le mani di. **mão de ferro** *fig* guanto di ferro. **mão de obra** mano d'opera. **mão de pintura** mano. **mão de vaca** *pop* granfia, guitto, spilorcio. • *adj pop* guitto, spilorcio. **mão direita** destra, diritta. **mão esquerda** sinistra, mancino. **mão única** *Autom* senso unico. **pedir a mão** chiedere la mano. **ter alguém nas mãos** tenere alcuno in pugno, dominare. **ter à mão** tenere a mano. **voltar de mãos abanando** *fig* tornare con le pive nel sacco. *Pl: mãos*
mão-a.ber.ta [mãwab´ɛrtə] *sm fam dep* spendaccione. *Pl: mãos-abertas.*
ma.o.me.ta.no [maomet´ʌnu] *sm+adj* maomettano.
ma.pa [m´apə] *sf* **1** mappa, carta, carta geografica. **2** *fig* tavola.
ma.pa-mún.di [mapam´ũdi] *sm* mappamondo. *Pl: mapas-múndi.*
ma.que.te [mak´ɛti] *sf* modello, plastico.
ma.qui.a.gem [maki´aʒẽj] *sf* trucco, belletto.
ma.qui.ar [maki´ar] *vt* **1** truccare. **2** *fig* dissimulare. *vpr* **3** truccarsi.
má.qui.na [m´akinə] *sf* macchina, congegno. **feito à máquina** fatto a macchina. **máquina a vapor** macchina a vapore. **máquina de calcular** calcolatrice. **máquina de costura** macchina da cucire. **máquina de escrever** macchina da scrivere. **máquina de lavar** lavatrice. **máquina fotográfica** macchina fotografica. **máquina operatriz** macchina operatrice.
ma.qui.na.ção [makinas´ãw] *sf* **1** macchinazione. **2** *fig* macchina.
ma.qui.nar [makin´ar] *vt* **1** macchinare. **2** *fig* tramare, tessere.
mar [m´ar] *sm* **1** mare. **2** *fig* gran quantità. **água do mar** acqua marina. **mar alto** *V alto-mar*. **mar de rosas** *fig* letto di rose. **por mar** per mare.
ma.ra.cu.já [marakuʒ´a] *sm Bot* granadiglia.

ma.ra.já [maraʒ´a] *sm* maragia, maragià.
ma.ras.mo [mar´azmu] *sm Med, fig* marasma, tabe.
ma.ra.to.na [marat´onə] *sf Esp, fig* maratona.
ma.ra.vi.lha [marav´iλə] *sf* **1** meraviglia. **2** fenomeno, prodigio. **3** incanto. **4** *fig* miracolo, specie. **5** gioiello. **a oitava maravilha do mundo** l'ottava meraviglia del mondo. **as sete maravilhas do mundo** le sette meraviglie del mondo. **que maravilha!** è un incanto!
ma.ra.vi.lha.do [maraviλ´adu] *adj* attonito, stordito.
ma.ra.vi.lhar [maraviλ´ar] *vt* **1** meravigliare, sbalordire, incantare, fare specie a. **2** *fig* pietrificare. *vpr* **3** meravigliarsi, incantarsi.
ma.ra.vi.lho.so [maraviλ´ozu] *adj* **1** meraviglioso, prodigioso. **2** *fig* squisito. Veja nota em **squisito**.
mar.ca [m´arkə] *sf* **1** marca, marchio. **2** segno, contrassegno. **3** botta, livido. **4** impronta. **5** nota. **6** *Med* stigma. **7** *fig* orma, traccia. **8** punzone. **marca comercial** marca di fabbrica, marchio, marco.
mar.ca.ção [markas´ãw] *sf* segnatura.
mar.ca.do [mark´adu] *adj* **1** marcato. **2** segnato. **3** riservato (horário).
mar.car [mark´ar] *vt* **1** marcare. **2** segnare. **3** appuntare, notare. **4** prenotare, fissare, riservare. **5** bollare, improntare. **6** *fig* imprimere (na memória).
mar.cha [m´arʃə] *sf* **1** marcia, giornata. **2** *Mús, Autom, Mil* marcia. **dar marcha a ré** fare marcia indietro. **marcha a ré** *Autom* marcia indietro. **marcha fúnebre** marcia funebre.
mar.char [marʃ´ar] *vi* **1** marciare. **2** *Mil* sfilare.
mar.ci.al [marsi´aw] *adj* **1** marziale. **2** *Lit* marziale, di Marte. **corte marcial** corte marziale. **lei marcial** legge marziale. *Pl: marciais.*
mar.co [m´arku] *sm* **1** limite. **2** segno. **3** marco (moeda). **4** *Arquit* colonnino.
mar.ço [m´arsu] *sm* marzo.
ma.ré [mar´ɛ] *sf* marea, fiotto. **maré alta** alta marea. **maré baixa** bassa marea.
ma.re.chal [mareʃ´aw] *sm Mil* maresciallo. *Pl: marechais.*
ma.re.mo.to [marem´ɔtu] *sm* maremoto.
mar.fim [marf´ĩ] *sm* avorio.
mar.ga.ri.da [margar´idə] *sf Bot* margherita.
mar.ga.ri.na [margar´inə] *sf* margarina.
mar.gem [m´arʒẽj] *sf* margine, orlo, riva, bordo, ciglio. Veja nota em **ciglio**.
mar.gi.nal [marʒin´aw] *adj* marginale, delle margini. • *s* malvivente. *Pl: marginais.*
mar.gi.na.li.da.de [marʒinalid´adi] *sf* malavita.
ma.ri.cas [mar´ikas] *sm sing+pl dep* effeminato, femmina.
ma.ri.do [mar´idu] *sm* marito, sposo, coniuge, compagno.
ma.ri.nha [mar´iñə] *sf Mil* marina, armata di mare. **marinha de guerra** marina da guerra. **marinha mercantil** marina mercantile.
ma.ri.nhei.ro [mariñ´ejru] *sm* **1** marinaio, marino, marittimo. **2** *pop* marinaro.
ma.ri.nho [mar´iñu] *adj* marino, marittimo.
ma.ri.o.ne.te [marjon´ɛti] *sm* **1** marionetta, burattino, pupo. **2** *fig* uomo di stoppa.
ma.ri.po.sa [marip´ozə] *sf Zool* falena.
ma.ris.co [mar´isku] *sm Zool* cozza, arsella.
ma.ri.tal [marit´aw] *adj* coniugale. *Pl: maritais.*
ma.rí.ti.mo [mar´itimu] *adj* marittimo, navale. • *sm* marittimo, marinaio.
mar.me.lei.ro [marmel´ejru] *sm Bot* cotogno, melo cotogno.
mar.me.lo [marm´ɛlu] *sm Bot* cotogna, mela cotogna.
mar.mi.ta [marm´itə] *sf* marmitta.
már.mo.re [m´armori] *sm* marmo.
mar.mo.ri.zar [marmoriz´ar] *vt* marmorizzare.
ma.ro.to [mar´otu] *sm+adj* birbante.
mar.que.sa [mark´ezə] *sf* marchesa.
mar.quês [mark´es] *sm* marchese.
mar.re.ta [mar̄´etə] *sf* mazza.
mar.rom [mar̄´õw] *sm+adj* marrone.
mar.ro.qui.no [mar̄ok´inu] *sm+adj* marocchino.

mar.su.pi.ais [marsupi´ajs] *sm pl Zool* marsupiali.
mar.te.lar [martel´ar] *vt* martellare.
mar.te.lo [mart´ɛlu] *sm* martello. **martelo do ouvido** *Anat* martello dell'orecchio. **martelo do piano** *Mús* martello del pianoforte.
már.tir [m´artir] *sm* (também *fig*) martire.
mar.tí.rio [mart´irju] *sm* **1** martirio. **2** *fig* tormento, sofferenza.
mar.ti.ri.zar [martiriz´ar] *vt* martirizzare.
ma.ru.jo [mar´uʒu] *sm* marino.
mar.xis.mo [marks´izmu] *sm Pol* marxismo.
mar.zi.pã [marzip´ã] *sm* marzapane.
mas [m´as] *conj* **1** ma, però, tuttavia. **2** pure. **mas como?** ma come? Veja nota em **e**[2].
mas.car [mask´ar] *vt* biascicare.
más.ca.ra [m´askarə] *sf* **1** maschera. **2** trucco. **3** *Teat* maschera. **4** *fig* copertura, cortina. **baile de máscaras** ballo in maschera. **máscara antigases** maschera antigas.
mas.ca.rar [maskar´ar] *vt* **1** mascherare, truccare, travestire. **2** *fig* adombrare, ombreggiare. *vpr* **3** mascherarsi, truccarsi, travestirsi.
mas.ca.vo [mask´avu] *adj* greggio, grezzo (açúcar).
mas.cu.li.ni.da.de [maskulinid´adi] *sf* mascolinità.
mas.cu.li.no [maskul´inu] *adj* maschile, mascolino.
más.cu.lo [m´askulu] *adj* maschio, virile.
ma.so.quis.mo [mazok´izmu] *sm Psic* masochismo.
mas.sa [m´asə] *sf* **1** massa. **2** pasta. **3** impasto. **4** calca, accozzaglia. **5** *Fís* massa. **6** *fig* pecorame, gregge. **7** *dep* piazza. **8 as massas** *pl* le masse. **as massas de um movimento** la base di un movimento. **em massa** in massa, tutti insieme. **fazer massa** impastare. **massa falida** *Com* massa del fallimento. **massa folhada** pasta sfoglia, sfogliata.
mas.sa.crar [masakr´ar] *vt* **1** massacrare, sterminare, trucidare. **2** *fig* macellare.
mas.sa.cre [mas´akri] *sm* **1** massacro, carneficina, sterminio, strazio. **2** *fig* macello.
mas.sa.ge.ar [masaʒe´ar] *vt Med* massaggiare, manipolare.
mas.sa.gem [mas´aʒẽj] *sf* massaggio.
mas.ti.gar [mastig´ar] *vt* masticare, biascicare.
mas.tim [mast´ĩ] *sm* mastino.
mas.tro [m´astru] *sm Náut* albero, fusto, tronco. **mastro principal** *Náut* albero di maestra.
mas.tur.bar-se [masturb´arsi] *vpr* masturbarsi.
ma.ta [m´atə] *sf* bosco, macchieto, selva, foresta. **mata fechada** fitto.
ma.ta.dor [matad´or] *sm* assassino. **matador de aluguel** bravo, sicario.
ma.ta.dou.ro [matad´owru] *sm* mattatoio, macello, ammazzatoio.
ma.ta.gal [matag´aw] *sf* boscaglia, macchia. *Pl: matagais.*
ma.tan.ça [mat´ãsə] *sf* **1** uccisione, carneficina, strage. **2** *fig* macello.
ma.tar [mat´ar] *vt* **1** uccidere, ammazzare, assassinare. **2** *fig* liquidare, fulminare. **3** mietere, falciare. **4** sbudellare, scannare. **5** spegnere, estinguere. *vpr* **6** ammazzarsi.
ma.te [m´ati] *sm* mate, matè.
ma.te.má.ti.ca [matem´atikə] *sf* matematica.
ma.te.má.ti.co [matem´atiku] *sm+adj* matematico.
ma.té.ria [mat´ɛrjə] *sf* **1** materia. **2** disciplina. **3** *fig* scienza. **4** stoffa.
ma.te.ri.al [materi´aw] *sm* materiale, materia. • *adj* materiale, fisico. **materiais de construção** materiali da costruzione. *Pl: materiais.*
ma.te.ri.a.lis.mo [materjal´izmu] *sm* materialismo.
ma.te.ri.a.li.zar [materjaliz´ar] *vt* materializzare, concretare.
ma.té.ria-pri.ma [matɛrjəpr´imə] *sf* materia prima, materia grezza. *Pl: matérias-primas.*
ma.ter.ni.da.de [maternid´adi] *sf* **1** maternità. **2** casa di maternità.
ma.ter.no [mat´ɛrnu] *adj* materno, della madre.
ma.ti.nal [matin´aw] *adj* mattinale, mattutino. *Pl: matinais*
ma.ti.nê [matin´e] *sf* mattinata.

M

ma.tiz [mat´is] *sf* **1** sfumatura. **2** *Pint* digradazione, tono.
ma.ti.zar [matiz´ar] *vt Pint* digradare.
ma.to [m´atu] *sf* boscaglia, macchia.
ma.trei.ro [matr´ejru] *adj* astuto.
ma.tri.ar.ca.do [matrjark´adu] *sm* matriarcato.
ma.trí.cu.la [matr´ikulə] *sf* **1** matricolazione, iscrizione. **2** matricola.
ma.tri.cu.lar [matrikul´ar] *vt* **1** matricolare, immatricolare. *vpr* **2** matricolarsi, iscriversi.
ma.tri.mo.ni.al [matrimoni´aw] *adj* coniugale. *Pl: matrimoniais.*
ma.tri.mô.nio [matrim´onju] *sm* **1** matrimonio, connubio, sposalizio. **2** *fig* unione.
ma.triz [matr´is] *sf* **1** matrice, madre. **2** sede. **3** cliché. **4** *Escult* forma.
ma.tu.ri.da.de [maturid´adi] *sf* maturità.
ma.tu.tar [matut´ar] *vi pop* almanaccare.
ma.tu.ti.no [matut´inu] *adj* mattutino, mattinale, antimeridiano.
ma.tu.to [mat´utu] *sm bras* **1** cafone. **2** *fig* contadino.
mau [m´aw] *adj* **1** cattivo. **2** malo. **3** tristo, malvagio, perfido. **4** *fig* velenoso. **homens maus** uomini di male affare.
mau-o.lha.do [mawoλ´adu] *sf* malocchio, iettatura. *Pl: maus-olhados.*
mau.so.léu [mawzol´ɛw] *sm* mausoleo.
maus-tra.tos [mawstr´atus] *sm pl* strapazzo.
ma.xi.la [maks´ilə] *sf Anat* mascella.
ma.xi.lar [maksil´ar] *sm Anat* mascella. • *adj* mascellare.
má.xi.ma [m´asimə] *sf* massima.
má.xi.mo [m´asimu] *sm* **1** il massimo. **2** *fig* culmine, apogeo, vetta. • *adj superl* (de **grande**) massimo. **no máximo** al più alto.
me [mi] *pron sing* **1** me. **2** mi. Veja notas em **me** (italiano) e **mi**[2].
me.a.da [me´adə] *sf* accia.
me.an.dro [me´ãdru] *sm* **1** meandro. **2** *Geogr* meandro, seno, ansa (de um rio).
me.câ.ni.ca [mek´Λnikə] *sf* meccanica.
me.câ.ni.co [mek´Λniku] *sm* meccanico. • *adj* **1** meccanico. **2** *fig* meccanico, involontario. **mecânico de avião** *Aer* motorista.
me.ca.nis.mo [mekan´izmu] *sm* **1** meccanismo. **2** congegno, strumento, dispositivo. **3** *fig* arnese.
me.ce.nas [mes´enəs] *s sing+pl* mecenate.
me.cha [m´ɛʃə] *sf* stoppino, cerino.
me.da.lha [med´aλə] *sf* medaglia, decorazione. **medalha comemorativa** medaglia commemorativa.
me.da.lhão [medaλ´ãw] *sm aum* medaglione.
mé.dia [m´ɛdjə] *sf* media. **em média** in media.
me.di.a.ção [medjas´ãw] *sf* **1** mediazione. **2** intromissione. **3** *fig* tramite.
me.di.a.dor [medjad´or] *sm* **1** mediatore, intermediario. **2** *fig* agente.
me.di.a.no [medi´Λnu] *adj* **1** mediano. **2** medio, mezzo.
me.di.an.te [medi´ãti] *prep* mediante.
me.di.ar [medi´ar] *vt* **1** mediare. **2** interporre. **3** *Lit* intercedere.
mé.di.ca [m´ɛdikə] *sf* medichessa.
me.di.ca.ção [medikas´ãw] *sf* medicazione, medicamento.
me.di.ca.men.to [medikam´ẽtu] *sm Med* medicina, medicamento, rimedio, farmaco.
me.di.ção [medis´ãw] *sf* misura, misurazione.
me.di.car [medik´ar] *vt* **1** medicare, rimediare. *vpr* **2** medicarsi, prendere medicina.
me.di.ci.na [medis´inə] *sf* medicina. **medicina alopática** medicina allopatica. **medicina homeopática** medicina omeopatica. **medicina legal** medicina legale.
me.di.ci.nal [medisin´aw] *adj* medicinale. *Pl: medicinais.*
mé.di.co [m´ɛdiku] *sm* medico, dottore, sanitario. • *adj* medico. **médico obstetra** ostetrico.
me.di.da [med´idə] *sf* **1** misura. **2** providenza, provvedimento. **3** *Fís, Mat* grandezza. **4** *fig* misura, dose. **roupa sob medida** abito su misura. Veja nota em **gallone**.
me.di.dor [medid´or] *sm* misura.
me.di.e.val [medjev´aw] *adj* medioevale. *Pl: medievais.*
mé.dio [m´ɛdju] *sm* **1** *Anat* medio, dito medio. **2** *Fut* mediano. • *adj* **1** medio.

2 mediano, mezzano. **3** mezzo. **ouvido médio** orecchio medio.
me.dí.o.cre [med´iokri] *adj* **1** mediocre. **2** modesto, ordinario.
me.dir [med´ir] *vt* **1** misurare. **2** *fig* calcolare, calibrare. *vpr* **3** misurarsi, cimentare con. **medir as palavras** misurare le parole, parlare con prudenza. **medir os atos** misurare i gesti, agire con prudenza.
me.di.ta.ção [meditas´ãw] *sf* meditazione, riflessione.
me.di.tar [medit´ar] *vi* **1** meditare, riflettere, almanaccare. **2** *fig* rimuginare, masticare, stillarsi il cervello.
me.di.ter.râ.neo [mediter̄´Λnju] *adj* mediterraneo. **o Mediterrâneo** *np* il Mediterraneo.
mé.dium [m´ɛdjũ] *sm* **1** medium. **2** *fig* sensitivo.
me.do [m´edu] *sm* **1** paura, timore, fobia, fifa, codardia. **2** *fam* tremarella. **3** *pop* spaghetto. **4** *fig* tremore, dubbio. **dar medo** a) metter paura. b) *fig* gelare. **morrer de medo** *pop* farsela nei calzoni.
me.do.nho [med´oñu] *adj* orribile, orrendo.
me.dro.so [medr´ozu] *adj* **1** pauroso, timoroso, codardo. **2** *fig* servile. • *sm* **1** codardo. **2** *fig* coniglio.
me.du.la [med´ulə] *sf Anat* midollo. **medula espinhal** midollo spinale, midollo vertebrale.
me.du.sa [med´uzə] *sf Zool* medusa.
me.ga.fo.ne [megaf´oni] *sm* portavoce.
me.ga.lo.ma.ni.a [megaloman´iə] *sf* megalomania.
me.ge.ra [meʒ´ɛrə] *sf* megera, furia, donna cattiva.
mei.a [m´ejə] *sf* **1** calza. **2** calzino.

Calza indica qualquer tipo de meia; **calzino** usa-se principalmente para indicar meia masculina.

mei.a-di.rei.ta [mejədir´ejtə] *sm Fut* ala destra. *Pl: meias-direitas.*
mei.a-es.quer.da [mejəesk´erdə] *sm Fut* ala sinistra. *Pl: meias-esquerdas.*
mei.a-i.da.de [mejəid´adi] *sf* na expressão **de meia-idade** di mezza età, ammezzato. *Pl: meias-idades.*
mei.a-lu.a [mejəl´uə] *sf* mezzaluna. *Pl: meias-luas.*
mei.a-noi.te [mejən´ojti] *sf* mezzanotte. **meia-noite e meia** mezzanotte e mezza. *Pl: meias-noites.*
mei.go [m´ejgu] *adj* **1** amorevole. **2** *fig* tenero.
mei.gui.ce [mejg´isi] *sf fig* tenerezza.
mei.o [m´eju] *sm* **1** mezzo. **2** modo. **3** risorsa, ricorso. **4 meios** *pl* mezzi. • *adj* mezzo. • *adv* mezzo. *meio quente* / mezzo caldo. **chegar ao meio** ammezzare. **colocar no meio/dividir pelo meio** ammezzare. **meio de transporte** mezzo di trasporto. **meter-se no meio** inframmettersi. **no meio de** tra, fra, frammezzo. **por meio de** per mezzo di, attraverso, mediante. Veja nota em **mezza**.
mei.o-di.a [mejud´iə] *sm* mezzodì, mezzogiorno. **ao meio-dia** a mezzodì. **meio-dia e meia** mezzogiorno e mezza. *Pl: meios-dias.*
mei.o-so.pra.no [mejusopr´Λnu] *sm Mús* mezzosoprano, mezzo soprano. *Pl: meios--sopranos.*
mel [m´ɛw] *sm* miele. *Pl: méis, meles.*
me.lan.ci.a [melãs´iə] *sf* cocomero, anguria.
me.lan.co.li.a [melãkol´iə] *sf* **1** malinconia, tristezza. **2** *fig* tedio, depressione.
me.lan.có.li.co [melãk´ɔliku] *adj* **1** malinconico, triste. **2** *fig* grigio, mesto.
me.lão [mel´ãw] *sm* melone, popone. *Pl: melões.*
me.lhor [meλ´ɔr] *sm* **1** il migliore, il meglio. *sf* **2** la meglio. • *adj compar* (de **bom**) **1** migliore. **2** meglio. **3** superiore. • *adv* **1** piuttosto. **2** *adv compar* (de **bem**) meglio. **de bem para melhor** di bene in meglio. **levar a melhor** avere la meglio. **mas o melhor veio depois** *irôn* ma il bello è venuto dopo.
me.lho.ra [meλ´ɔrə] *sf* **1** miglioramento. **2** *Med* declinazione (de uma doença). **3** *fig* riforma. **melhora de saúde** miglioria.
me.lho.ra.men.to [meλoram´ẽtu] *sm* miglioramento, ammendamento. **melhoramento agrícola** miglioria.
me.lho.rar [meλor´ar] *vt* **1** migliorare. **2** correggere. **3** *fig* riformare. **4** arricchire. *vi* **5** migliorare. **6** perfezionarsi. **7** emendarsi. **8** ristabilirsi. **9** *Med* risolversi. *vpr* **10**

M

migliorarsi. **melhorar o inglês** rinfrescare il suo inglese.
me.lho.ri.a [meλor'iə] *sf* miglioramento.
me.lin.dro.so [melĩdr'ozu] *adj fig* suscettibile.
me.lo.di.a [melod'iə] *sf* melodia.
me.lo.dra.ma [melodr'Λmə] *sm* melodramma.
me.lo.ei.ro [melo'ejru] *sm Bot* melone, popone.
mel-ro.sa.do [mɛwr̃oz'adu] *sm Med* miele rosato. *Pl: méis-rosados, meles-rosados.*
mem.bra.na [mẽbr'Λnə] *sf Anat* membrana. **membrana da cebola** foglia.
mem.bro [m'ẽbru] *sm* **1** membro, socio, adepto. **2** *Anat* membro, estremità. **3** *Gram* membro. **4** *fig* membro, pene, organo sessuale maschile. **membro articulado** arto.
me.mo.ran.do [memor'ãdu] *sm* memorandum.
me.mó.ria [mem'ɔrjə] *sf* **1** memoria, mente. **2** *Inform* memoria. **3 memórias** *pl* memorie.
me.mo.ri.zar [memoriz'ar] *vt* fissare.
men.ção [mẽs'ãw] *sf* menzione, citazione. **fazer menção a** far menzione di, menzionare. **menção honrosa** menzione d'onore.
men.ci.o.na.do [mẽsjon'adu] *adj* detto. **acima mencionado** *adj* suddetto, sopraddetto.
men.ci.o.nar [mẽsjon'ar] *vt* menzionare, citare, nominare.
men.di.can.te [mẽdik'ãti] *adj* mendicante, mendico.
men.di.cân.cia [mẽdik'ãsjə] *sf* accatto.
men.di.gar [mẽdig'ar] *vt* **1** mendicare, accattare. *vi* **2** pitoccare.
men.di.go [mẽd'igu] *sm* **1** mendicante, accattone, pitocco. **2** *gír* barbone.
me.ne.ar [mene'ar] *vi+vpr* ancheggiare.
me.nes.trel [menestr'ɛw] *sm* menestrello, cantastorie, giullare. *Pl: menestréis.*
me.ni.na [men'inə] *sf* **1** bambina, fanciulla, ragazza. **2** *fam* bimba. **menina dos olhos** a) *fam* pupilla. b) *fig* fiore all'occhiello, perla coltivata. **menina linda** pupa.
me.nin.gi.te [menĩʒ'iti] *sf Med* meningite.
me.ni.ni.ce [menin'isi] *sf* infanzia.
me.ni.no [men'inu] *sm* **1** bambino, fanciullo, ragazzo, puttino. **2** *fam* bimbo, fantoccio. **3** *fig* pupo. **menino de rua** ragazzo di strada. **Menino Jesus** Gesù Bambino. **menino travesso** a) monello. b) *gír* scugnizzo. Veja nota em **fanciullo**.
me.no.pau.sa [menop'awzə] *sf Med* menopausa.
me.nor [men'ɔr] *adj compar* (de **pequeno**) minore. • *sm Dir* pupillo. **menor de idade** minore. **ordens menores** *Rel* ordini minori.
me.no.ri.da.de [menorid'adi] *sf* minorità, età minore.
me.nos [m'enus] *adv* **1** manco. **2** *adv compar* (de **pouco**) meno. • *prep* eccetto. *todos menos um* / tutti eccetto uno. **ao menos/pelo menos** a) almeno. b) se non altro. **menos mal** meno male.
me.nos.pre.zar [menosprez'ar] *vt* **1** *fig* posporre. *vpr* **2** sminuirsi.
men.sa.gei.ro [mẽsaʒ'ejru] *sm* **1** messaggero, emissario, messo. **2** corriere, fattorino. **3** *fig* ambasciatore. • *adj* messaggero.
men.sa.gem [mẽs'aʒẽj] *sf* **1** messaggio, ambasciata, rigo, comunicazione. **2** biglietto. Veja nota em **biglietto**.
men.sal [mẽs'aw] *adj* mensile. *Pl: mensais.*
men.sa.li.da.de [mẽsalid'adi] *sf Com* retta.
mens.tru.a.ção [mẽstrwas'ãw] *sf* mestruazione.
mens.tru.ar [mẽstru'ar] *vi* mestruare.
men.ta [m'ẽtə] *sf Bot* menta.
men.tal [mẽt'aw] *adj* mentale. *Pl: mentais.*
men.te [m'ẽti] *sf* **1** mente. **2** *fig* cervello. **3** interiore. Veja notas em **cervello** e **interiore**.
men.te.cap.to [mẽtek'aptu] *sm+adj* mentecatto.
men.tir [mẽt'ir] *vi* mentire, dir menzogne.
men.ti.ra [mẽt'irə] *sf* **1** bugia, menzogna, finzione, fola, frottola. **2** *gír* bubbola. **3** *fig* invenzione, carota, pera, cosa da gazzetta. **a mentira tem perna curta** le bugie hanno gambe corte.

men.ti.ro.so [mẽtir´ozu] *sm* **1** bugiardo, menzognero. **2** *gír* ballista. **3** *fig, dep* gesuita. • *adj* **1** bugiardo, menzognero. **2** *gír* ballista.
men.tor [mẽt´or] *sm Lit* mentore.
me.nu [men´u] *sm* **1** lista. **2** (também *Inform*) menù.
mer.ca.do [merk´adu] *sm* **1** mercato, fiera, emporio, bazar. **2** *Com* mercato, piazza. **mercado de peixe** *pop* baccano. **mercado negro** mercato nero.
mer.ca.dor [merkad´or] *sm* commerciante.
mer.ca.do.ri.a [merkador´iə] *sf* merce, mercanzia, genere. **liberar uma mercadoria** *Com* svincolare. **mercadoria não vendida** merce giacente.
mer.can.til [merkãt´iw] *adj* mercantile. *Pl: mercantis.*
mer.cê [mers´e] *sf Lit* mercé.
mer.ce.a.ri.a [mersear´iə] *sf* drogheria.
mer.ce.ei.ro [merse´ejru] *sm* droghiere.
mer.ce.ná.rio [mersen´arju] *sm+adj* mercenario. **soldado mercenário** soldato mercenario.
mer.cú.rio [merk´urju] *sm Quím* mercurio, argento vivo.
mer.da [m´ɛrdə] *sf vulg* merda, cacca.
me.re.ce.dor [meresed´or] *adj* meritevole, degno.
me.re.cer [meres´er] *vt* meritare.
me.re.ci.do [meres´idu] *adj* condegno.
me.re.ci.men.to [meresim´ẽtu] *sm* merito.
me.ren.da [mer´ẽdə] *sf* merenda.
me.ren.dar [merẽd´ar] *vt* merendare.
me.re.trí.cio [meretr´isju] *sm* meretricio.
me.re.triz [meretr´is] *sf* meretrice, bagascia, sgualdrina.
mer.gu.lha.dor [merguλad´or] *sm Náut* palombaro.
mer.gu.lhar [merguλ´ar] *vt* **1** tuffare, immergere, sommergere. *vi* **2** tuffarsi, tonfare, sommergersi, buttarsi. **mergulhar de nariz** *Aer* picchiare.
mer.gu.lho [merg´uλu] *sm* tuffo, tonfo, bagnata. **dar um mergulho** fare un tuffo.
me.ri.di.a.no [meridi´anu] *sm Geogr* meridiano. • *adj* meridiano.
me.ri.di.o.nal [meridjon´aw] *adj* **1** meridionale. **2** *fig* antartico. *Pl: meridionais.*
mé.ri.to [m´ɛritu] *sm* **1** merito, pregio, valore. **2** *fig* lode. **entrar no mérito de** entrare nel merito di. **mérito da causa** merito della causa.
me.ro [m´ɛru] *adj* mero.
mês [m´es] *sf* **1** mese. **2** mesata.
me.sa [m´ezə] *sf* **1** tavola. **2** banco (de deputados ou juízes). **mesa de cabeceira** comodino, tavolino da notte. **mesa de jogo** tavola da gioco. **mesa de operação** *Med* tavolo operatorio. **mesa farta** tavola allegra. **mesa girante** *Espirit* tavolino parlante. **mesa para refeições** mensa. **pôr a mesa** apparecchiare. **pôr a refeição à mesa** servire la refezione.
mes.cla [m´ɛsklə] *sf* mescolanza, mistura, impasto.
mes.clar [meskl´ar] *vt* mescolare, mistura-re, immischiare, impastare.
me.si.nha [mez´iñə] *sf dim* tavolino.
mes.mo [m´ezmu] *pron* medesimo, stesso. *eu mesmo* / io stesso. • *adv* **1** appunto, infatti, addirittura. **2** proprio. *a vida é assim mesmo* / la vita è proprio così. • *sm* il medesimo. **estar na mesma** *fam* essere alle stesse. **mesmo que** contuttoché. **nem mesmo** manco.
mes.qui.nha.ri.a [meskiñar´iə] *sf* **1** grettezza. **2** avarizia.
mes.qui.nhez [meskiñ´es] *sf* **1** grettezza, miseria. **2** meschinità, cattiveria.
mes.qui.nho [mesk´iñu] *adj* **1** gretto, cattivo, tristo. **2** meschino, avaro.
mes.qui.ta [mesk´itə] *sf Rel* moschea.
mes.se [m´ɛsi] *sf Lit* messe, raccolta.
mes.si.â.ni.co [mesi´ʌniku] *adj* messianico.
mes.tra [m´ɛstrə] *sf* maestra. **a dor é uma grande mestra** il dolore è un gran maestro.
mes.tra.do [mestr´adu] *sm* maestrato.
mes.tre [m´ɛstri] *sm* **1** maestro. **2** docente. **3** artefice. **4** *fig* artista. • *adj* maestro, mastro, artefice. **mestre de cerimônias** maestro di cerimonie, cerimoniere. **mestre de obras** capomaestro.

M

me.su.ra [mez´urə] *sf* riverenza, chino, inchino.
me.ta [m´ɛtə] *sf* **1** meta. **2** ideale, mente. **3** fine, finalità. **4** *fig* bersaglio, mira, sogno.
me.ta.de [met´adi] *sf* metà.
me.ta.fí.si.ca [metaf´izikə] *sf* metafisica.
me.ta.fí.si.co [metaf´iziku] *sm+adj* metafisico.
me.tá.fo.ra [met´aforə] *sf Gram* metafora, allegoria.
me.ta.fó.ri.co [metaf´ɔriku] *adj* metaforico, allegorico.
me.tal [met´aw] *sm* **1** *Quím* metallo. **2 metais** *pl Mús* ottoni. **metal leve** metallo leggiero. **o vil metal** *dep* il vil metallo, l'oro. *Pl: metais.*
me.tá.li.co [met´aliku] *adj* **1** metallico. **2** *fig* cristallino (som).
me.ta.li.zar [metaliz´ar] *vt* metallizzare.
me.ta.lur.gi.a [metalurʒ´iə] *sf* metallurgia.
me.ta.lúr.gi.co [metal´urʒiku] *adj* metallurgico.
me.ta.mor.fo.se [metamorf´ɔzi] *sf* metamorfosi, mutazione.
me.ta.no [met´Λnu] *sm Quím* metano.
me.te.o.ri.to [meteor´itu] *sm Astron* meteorite.
me.te.o.ro.lo.gi.a [meteoroloʒ´iə] *sf* meteorologia.
me.ter [met´er] *vt* **1** porre, mettere. *vpr* **2** curiosare. **3** avvolgersi, entrare. **3** *fam* imbucarsi. **4** *fig* ficcarsi, bracare.
me.ti.cu.lo.si.da.de [metikulozid´adi] *sf* **1** meticolosità, pignoleria. **2** *fig* scrupolo, gelosia.
me.ti.cu.lo.so [metikul´ozu] *adj* **1** meticoloso, minuzioso, accurato. **2** *fig* scrupoloso, geloso.
me.ti.do [met´idu] *sm* **1** ficcanaso. **2** *fig* fante di picche, vescica gonfia. • *adj* **1** inframmettente. **2** *pop* borioso.
me.tó.di.co [met´ɔdiku] *adj* metodico, sistematico, diligente.
mé.to.do [m´ɛtodu] *sm* **1** metodo. **2** processo, sistema, via. **3** criterio, regola. **4** *fig* binario, chiave. **método dedutivo** metodo deduttivo. **método experimental** metodo sperimentale. **método indutivo** metodo induttivo.
me.tra.lha.do.ra [metraλad´orə] *sf* mitragliatrice.
me.tra.lhar [metraλ´ar] *vt* mitragliare.
mé.tri.co [m´ɛtriku] *adj* metrico. **sistema métrico decimal** sistema metrico decimale.
me.tro [m´ɛtru] *sm* **1** metro (unidade de medida). **2** *Lit, Poét* metro, misura (do verso).
me.trô [metr´o] *sm bras* sotterranea, metropolitana.
me.tró.po.le [metr´ɔpoli] *sf* metropoli.
me.tro.po.li.ta.no [metropolit´Λnu] *adj* metropolitano.
meu [m´ew] *pron m sing* **1** mio. **2 meus** *pl* miei. **os meus bens** *fig* il mio. **os meus (parentes)** *fig* i miei.
me.xer [meʃ´er] *vt* **1** rimestare. **2** muovere. **3** toccare.
me.xe.ri.ca [meʃer´ikə] *sf Bot* bergamotta, mandarino. **pé de mexerica** bergamotto.
me.xe.ri.car [meʃerik´ar] *vi* pettegoleggiare.
me.xe.ri.co [meʃer´iku] *sm* pettegolezzo, ciarla, chiacchiera.
me.xe.ri.quei.ra [meʃerik´ejrə] *sf* **1** pettegola. **2** *gír* comare.
me.xe.ri.quei.ro [meʃerik´ejru] *sm* **1** pettegolo. **2** *pop* chiacchierone.
me.xi.ca.no [meʃik´Λnu] *sm+adj* messicano.
me.xi.lhão [meʃiλ´ãw] *sm Zool* cozza, arsella.
me.za.ni.no [mezan´inu] *sm* mezzanino, ammezzato.
mi [m´i] *sm Mús* mi, terza nota musicale.
mi.a.do [mi´adu] *sm* miagolo.
mi.ar [mi´ar] *vi* miagolare, gnaulare.
mi.co [m´iku] *sm* micco.
mi.co.se [mik´ɔzi] *sf Med* micosi.
mi.cró.bio [mikr´ɔbju] *sm Med* microbo, batterio, germe patogeno.
mi.cro.fo.ne [mikrof´oni] *sm* microfono.
mi.cro.pro.ces.sa.dor [mikroprosesad´or] *sm Inform* microprocessore.
mi.cror.ga.nis.mo [mikrorgan´izmu] *sm* microrganismo.
mi.cros.có.pio [mikrosk´ɔpju] *sm* microscopio.
mi.ga.lha [mig´aλə] *sf* **1** briciola, briciolo. **2** *fig* filo.

mi.gra.ção [migras´ãw] *sf* migrazione.
mi.grar [migr´ar] *vi* migrare.
mi.jar [miʒ´ar] *vi vulg* pisciare, mingere, orinare.
mi.jo [m´iʒu] *sm vulg* piscio.
mil [m´iw] *sm+num* mille. **uns mil/umas mil** un migliaio. Veja nota em **mille**.
mi.la.gre [mil´agri] *sm* **1** miracolo, prodigio. **2** meraviglia.
mi.la.gro.so [milagr´ozu] *adj* miracoloso, prodigioso, soprannaturale.
mi.le.nar [milen´ar] *adj* **1** millenario. **2** *fig* secolare.
mi.lê.nio [mil´enju] *sm* millennio, mille anni.
mi.lé.si.mo [mil´ɛzimu] *sm+num* millesimo.
mi.lha [m´iλə] *sf* miglio. **milha inglesa** miglio inglese. **milha marítima** miglio marino.
mi.lhão [miλ´ãw] *sm+num* milione.
mi.lhar [miλ´ar] *sm* migliaio. *milhares de pessoas* / un migliaio di persone.
mi.lho [m´iλu] *sm* granturco, grano turco, mais.
mi.lí.cia [mil´isjə] *sf* milizia.
mi.li.gra.ma [miligr´Λmə] *sm* milligrammo.
mi.lí.me.tro [mil´imetru] *sm* millimetro.
mi.li.o.ná.rio [miljon´arju] *sm* **1** milionario, quattrinaio. **2** *fig* magnate. • *adj* milionario.
mi.li.tan.te [milit´ãti] *s Pol* militante.
mi.li.tar [milit´ar] *sm* **1** militare, milite, uomo d'arme. **2** *fig* carabiniere. • *adj* **1** militare, bellico. **2** *fig* marziale. • *vi* militare. **militar em** *fig* militare in, partecipare a.
mi.li.ta.ri.zar [militariz´ar] *vt* armare. Veja nota em **armare**.
mim [m´ĩ] *pron* me. **a mim** a me. **de mim** di me. **para mim** secondo me. **quanto a mim** per me. **sem mim** senza di me. Veja nota em **me** (italiano).
mi.mar [mim´ar] *vt* coccolare.
mí.mi.ca [m´imikə] *sf* mimica.
mí.mi.co [m´imiku] *sm* mimo. • *adj* mimico.
mi.mo [m´imu] *sm* carezza.
mi.mo.so [mim´ozu] *adj* vezzoso.
mi.na [m´inə] *sf* **1** mina (explosivo). **2** *Min* miniera, cava. **3** giacimento. **mina de ouro** miniera di oro. **mina de prata** argentiera.
mi.nar [min´ar] *vt* (também *fig*) minare.
min.di.nho [mĩd´iñu] *sm dim pop* mignolo.
mi.ne.ral [miner´aw] *sm+adj* minerale. **água mineral** acqua minerale. **reino mineral** regno minerale. *Pl: minerais.*
mi.nes.tro.ne [minestr´oni] *sm* minestrone.
min.gua.do [mĩg´wadu] *adj* esiguo, scemo.
mi.nha [m´iñə] *pron f sing* **1** mia. **2 minhas** *pl* mie. **a minha família** *fig* i miei.
mi.nho.ca [miñ´ɔkə] *sf* lombrico.
mi.ni.a.tu.ra [minjat´urə] *sf* miniatura. **em miniatura** in miniatura.
mi.ni.mi.zar [minimiz´ar] *vt* **1** ridurre, appicciolire. **2** *fig* smussare.
mí.ni.mo [m´inimu] *adj superl* (de **pequeno**) minimo. • *sm* minimo, la minima parte. **não dar a mínima** *pop* beffarsi. **no mínimo** a) almeno. b) se non altro.
mi.nis.té.rio [minist´ɛrju] *sm* ministero, gabinetto. **ministério público** *Dir* pubblico ministero.
mi.nis.tra [min´istrə] *sf* ministressa.
mi.nis.trar [ministr´ar] *vt Lit* ministrare. **ministrar os sacramentos** amministrare i sacramenti.
mi.nis.tro [min´istru] *sm* ministro. **ministro da Igreja** ministro di Dio. **ministro das Relações Exteriores** ministro degli Esteri.
mi.no.rar [minor´ar] *vt* **1** minorare. **2** *Com* sgravare.
mi.no.ri.a [minor´iə] *sf* minoranza, minorità.
mi.nú.cia [min´usjə] *sf* minuzia, minutezza.
mi.nu.ci.o.so [minusi´ozu] *adj* **1** minuzioso, rigoroso, minuto. **2** *fig* analitico, capillare.
mi.nús.cu.lo [min´uskulu] *adj* **1** minuscolo. **2** minuto. **3** esiguo. **letra minúscula** ou apenas **minúscula** lettera minuscola.
mi.nu.ta [min´utə] *sf* minuta. **minuta de reunião** verbale.

mi.nu.ti.nho [minut´iñu] *sm dim fig* secondo.
mi.nu.to [min´utu] *sm* minuto.
mi.o.lo [mi´olu] *sm* mollica, midolla (de pão). **miolos de animais** cervella.
mí.o.pe [m´iopi] *s+adj* miope.
mi.o.pi.a [miop´iə] *sf* miopia.
mi.ra [m´irə] *sf* **1** mira. **2** mirino. **3** scopo. **fazer mira** prendere la mira.
mi.ra.gem [mir´aʒẽj] *sf* **1** *Fís* miraggio. **2** fata morgana, visione. **3** *fig* chimera.
mi.ran.te [mir´ãti] *sf* belvedere.
mi.rar [mir´ar] *vt* mirare, bersagliare, puntare, prendere la mira.
mir.ra.do [mir̄´adu] *adj* sparuto.
mir.rar [mir̄´ar] *vi* sfiorire.
mis.ce.lâ.nea [misel´ʌnjə] *sf* miscellanea.
mi.se.rá.vel [mizer´avew] *s* **1** miserabile. **2** meschino, misero. **3** nullatenente. **4** *fig* straccione. • *adj* **1** miserabile. **2** misero, bisognoso. **3** sciagurato. **4** *fig* squallido. *Pl: miseráveis.*
mi.sé.ria [miz´ɛrjə] *sf* **1** miseria, meschinità, scarsezza. **2** *fig* estremità. **ficar na miséria** *fig* ridursi sul lastricato.
mi.se.ri.cór.dia [mizerik´ɔrdjə] *sf* **1** misericordia, clemenza, compassione. **2** *Dir* grazia. **golpe de misericórdia** colpo di grazia. **sem misericórdia** senza misericordia.
mi.se.ri.cor.di.o.so [mizerikordi´ozu] *adj* **1** misericordioso, clemente. **2** caritatevole.
mí.se.ro [m´izeru] *adj* misero, meschino, piccolo.
mis.sa [m´isə] *sf Rel* messa, servizio divino. **Missa do Galo** Messa di Mezzanotte.
mis.são [mis´ãw] *sf* **1** missione, incarico, incombenza. **2** *Rel* missione.
mís.sil [m´isiw] *sm* **1** *Mil* missile. **2** *Aer* siluro. *Pl: mísseis.*
mis.si.o.ná.rio [misjon´arju] *sm Rel* missionario, apostolo.
mis.ter [mist´ɛr] *sm* **1** mestiere, professione. **2** incombenza.
mis.té.rio [mist´ɛrju] *sm* **1** mistero, segreto, enigma, arcano. **2** *Rel* mistero. **3** *fig* rompicapo.
mis.te.ri.o.so [misteri´ozu] *adj* **1** misterioso. **2** segreto, incognito. **3** enigmatico, arcano. **4** *fig* ermetico.
mis.ti.cis.mo [mistis´izmu] *sm* misticismo.
mís.ti.co [m´istiku] *adj* **1** mistico, trascendente. **2** *fig* spirituale. • *sm* mistico.
mis.ti.fi.car [mistifik´ar] *vt* mistificare.
mis.to [m´istu] *sm+adj* misto.
mis.tu.ra [mist´urə] *sf* **1** mistura, mescolanza, miscellanea, misto. **2** amalgama. **3** miscuglio, guazzabuglio. **4** dedalo. **5** *fig* zuppa.
mis.tu.ra.do [mistur´adu] *adj* **1** misto, promiscuo, eterogeneo. **2** *fig* ibrido.
mis.tu.rar [mistur´ar] *vt* **1** misturare, mescolare. **2** fondere, amalgamare, impastare. **3** aggiungere. *vpr* **4** mescolarsi, immischiarsi, accomunarsi. Veja nota em **scozzare**.
mí.ti.co [m´itiku] *adj* **1** mitico. **2** *fig* eroico.
mi.ti.gar [mitig´ar] *vt Lit* mitigare.
mi.to [m´itu] *sm* **1** mito. **2** favola, fiaba. **3** *fig* tradizione.
mi.to.lo.gi.a [mitoloʒ´iə] *sf* mitologia.
mi.u.de.za [miud´ezə] *sf* **1** minutezza. **2** *fig* finezza. **3** **miudezas** *pl* chincaglieria. **4** mercerie. **5** *pop* minutaglia, minuteria.
mi.ú.do [mi´udu] *adj* **1** minuto. **2** *fig* fine, fino. • *sm pl* **miúdos** visceri, trippa.
mi.xa.ri.a [miʃar´iə] *sf* **1** bagattella, quisquilia, nonnulla. **2** *fig* neo.
mó [m´ɔ] *sf* macina, mola.
mo.bí.lia [mob´iljə] *sf* **1** mobilia, suppellettile, corredo. **2** *pop* arredamento. Veja nota em **suppellettile**.
mo.bi.li.ar [mobili´ar] *vt* mobiliare, ammobiliare, addobbare, corredare.
mo.bi.li.da.de [mobilid´adi] *sf* mobilità.
mo.ça [m´osə] *sf* ragazza, signorina, giovane. **moça bonita** *fig* bambola. **moça nobre** *Hist* donzella.
mo.ção [mos´ãw] *sf* mozione.
mo.cas.sim [mokas´ĩ] *sm* mocassino.
mo.chi.la [moʃ´ilə] *sf* **1** zaino. **2** sacco da montagna.
mo.cho [m´oʃu] *sm Zool* gufo, allocco, barbagianni.
mo.ci.nha [mos´iñə] *sf dim* **1** giovane. **2** *fig* ninfa.
mo.ço [m´osu] *sm* ragazzo, giovane.

mo.da [m´ɔdə] *sf* **1** moda. **2** voga, uso. **3** *fig* attualità. **à moda antiga** all'antica. **a última moda** l'ultima moda. **estar em moda** essere di moda, usare, essere in voga. **fora de moda** fuori moda, vecchio. **na moda** a) di moda. b) *pop* giovane.
mo.de.lar [model´ar] *vt* **1** modellare, plasmare, formare. *vpr* **2** modellarsi, seguire un modello. • *adj* esemplare.
mo.de.lo [mod´elu] *sm* **1** modello. **2** plastico. **3** calco, schema. **4** esempio, tipo, archetipo. **5** creazione. **6** indossatore, manichino. **7** *fig* stampa. **8** cliché. • *sf* indossatrice, modella. **modelo fotográfico** modello fotografico.
mo.de.ra.ção [moderas´ãw] *sf* **1** moderazione, sobrietà, discrezione. **2** *fig* parsimonia, misura.
mo.de.ra.do [moder´adu] *adj* **1** moderato. **2** contenuto. **3** sobrio, discreto. **4** blando. **5** *Lit* mite. • *sm Pol* moderato.
mo.de.ra.dor [moderad´or] *sm Pol* moderatore.
mo.de.rar [moder´ar] *vt* **1** moderare. **2** governare. **3** *fig* frenare, raffrenare. **4** temperare.
mo.der.ni.da.de [modernid´adi] *sf* modernità.
mo.der.nis.mo [modern´izmu] *sm* modernismo.
mo.der.ni.zar [moderniz´ar] *vt* rendere moderno, aggiornare.
mo.der.no [mod´ɛrnu] *adj* **1** moderno. **2** contemporaneo, giornaliero. **3** nuovo. **4** civile. **5** *fig* attuale.
mo.des.to [mod´ɛstu] *adj* **1** modesto. **2** umile. **3** *fig* semplice.
mo.dés.tia [mod´ɛstjə] *sf* **1** modestia. **2** umiltà. **3** *fig* semplicità. **modéstia à parte** modestia a parte.
mó.di.co [m´ɔdiku] *adj* **1** modico, modesto. **2** *Lit* mite.
mo.di.fi.ca.ção [modifikas´ãw] *sf* **1** modificazione. **2** riforma. **3** variante.
mo.di.fi.car [modifik´ar] *vt* **1** modificare, alterare, cambiare, riformare. **2** rivoluzionare. **3** correggere, emendare. **4** *fig* capovolgere.
mo.dis.ta [mod´istə] *s* modista, stilista.
mo.do [m´ɔdu] *sm* **1** modo. **2** maniera, via. **3** forma, stile, sorta. **4** *Gram, Mús* modo. **5** *fig* chiave. **6** **modos** *pl* modi, tratti, garbo. **de modo que** di guisa che, cosicché, sicché, talché. **de qualquer modo** comunque. **desse modo** così. **maus modos** brutti modi, malagrazia. **modo de andar** portamento. **modo de dizer** dire. **modo de ver** opinione.
mo.du.lar [modul´ar] *vt* modulare.
mó.du.lo [m´ɔdulu] *sm* modulo, capsula (de nave espacial).
mo.e.da [mo´ɛdə] *sf* **1** moneta. **2** denaro. **3** *Com* divisa, valuta. **4** *fig* soldo. **moeda antiga** moneta antica. **moeda de ouro** oro. **moeda de prata** argento. **pagar na mesma moeda** ricambiare della stessa moneta.
mo.e.dor [moed´or] *sm* macinino.
mo.er [mo´er] *vt* macinare, tritare, triturare, pestare.
mo.fa.do [mof´adu] *adj* rancido.
mo.far [mof´ar] *vi* ammuffire.
mo.fo [m´ofu] *sm* muffa.
mog.no [m´ɔgnu] *sm Bot* mogano.
mo.í.do [mo´idu] *adj* trito, pesto.
mo.i.nho [mo´iñu] *sm* mulino. **moinho de água** mulino ad acqua. **moinho de vento** mulino a vento.
moi.ta [m´ojtə] *sf* cespuglio.
mo.la [m´ɔlə] *sf* molla.
mo.lar [mol´ar] *sm* molare, dente molare. • *adj* molare.
mol.dar [mowd´ar] *vt* informare.
mol.de [m´ɔwdi] *sm* **1** modello. **2** matrice, madre. **3** calco. **molde oco** cavo. **molde vazado** stampo. **tirar o molde** prendere l'impronta.
mol.du.ra [mowd´urə] *sf* cornice.
mo.le [m´ɔli] *adj* **1** molle, floscio. **2** *fig* dolce.
mo.le.ca.gem [molek´aʒẽj] *sf* birbanteria.
mo.le.co.te [molek´ɔti] *sm+adj* birbante.
mo.lé.cu.la [mol´ɛkulə] *sf Quím* molecola.
mo.lei.ra [mol´ejrə] *sf Anat pop* fontanella.
mo.lei.ro [mol´ejru] *sm* mugnaio.
mo.le.jo [mol´eʒu] *sm Mec* gioco.
mo.le.que [mol´ɛki] *sm* **1** monello. **2** *gír* scugnizzo. **3** *fig* pupo. **moleque travesso** birichino, peste, diavolo scatenato.

M

mo.les.tar [molest´ar] *vt* **1** molestare, incomodare. **2** *fig* cuocere, asfissiare.

mo.lés.tia [mol´ɛstjə] *sf* **1** malattia, infermità. **2** incomodo, fastidio.

mo.le.za [mol´ezə] *sf* mollezza, cedevolezza.

mo.lha.do [moλ´adu] *adj* bagnato, molle, umido, zuppo.

mo.lhar [moλ´ar] *vt* **1** bagnare, infradiciare. *vpr* **2** bagnarsi, infradiciarsi.

mo.lho [m´oλu] *sm* **1** salsa, sugo. **2** molle. **3** mazzo, fascio di chiavi. **molho branco** salsa bianca. **molho de tomate** salsa di pomodoro.

mo.lus.co [mol´usku] *sm* mollusco.

mo.men.ta.ne.a.men.te [momẽtaneam´ẽti] *adv* a momento.

mo.men.tâ.neo [momẽt´Λnju] *adj* momentaneo, fugace, avventizio.

mo.men.to [mom´ẽtu] *sm* **1** momento. **2** attimo, istante, ora. **3** circostanza, congiuntura. **4** *Fís* momento. **5** *fig* minuto. **6** punto. **em momento inoportuno** fuori di stagione. **em momentos difíceis como este** a questi lumi di luna. **momento de decisão** svolta. **momento histórico** momento storico. **naquele momento** in quel mentre. **nesse mesmo momento** intanto. **neste momento** adesso, ora. **no momento** intanto. **no momento oportuno** a tempo e luogo. **num primeiro momento** alla prima giunta, di primo lancio. **por um momento** a momento.

mo.nar.ca [mon´arkə] *sm* monarca.

mo.nar.qui.a [monark´iə] *sf* monarchia.

mo.nár.qui.co [mon´arkiku] *adj* monarchico.

mo.nar.quis.ta [monark´istə] *s* monarchico.

mo.ne.tá.rio [monet´arju] *adj* monetario.

mon.ge [m´õʒi] *sm* monaco.

mo.ni.tor [monit´or] *sm Inform* video.

mon.ja [m´õʒə] *sf* monaca.

mo.nó.cu.lo [mon´ɔkulo] *sm* monocolo, caramella.

mo.no.cul.tu.ra [monokuwt´urə] *sf* monocoltura.

mo.no.ga.mi.a [monogam´iə] *sf* monogamia.

mo.nó.ga.mo [mon´ɔgamo] *sm+adj* monogamo.

mo.no.gra.fi.a [monograf´iə] *sf* studio.

mo.no.gra.ma [monogr´Λmə] *sm* sigla.

mo.nó.lo.go [mon´ɔlogu] *sm* monologo.

mo.no.pó.lio [monop´ɔlju] *sm Com* monopolio.

mo.no.po.li.zar [monopoliz´ar] *vt* **1** *Com* monopolizzare. **2** *gír* imboscare.

mo.nos.si.lá.bi.co [monosil´abiku] *adj* monosillabo.

mo.nos.sí.la.bo [monos´ilabu] *sm Gram* monosillabo.

mo.no.te.ís.mo [monote´izmu] *sm Rel* monoteismo.

mo.no.to.ni.a [monoton´iə] *sf* monotonia.

mo.nó.to.no [mon´ɔtono] *adj* **1** monotono. **2** *fig* uguale, grigio. **3** soporifero. **4** atono (fala, voz).

mons.tren.go [mõstr´ẽgu] *sm fig, dep* scarabocchio, sgorbio, rospo.

mons.tro [m´õstru] *sm* **1** mostro. **2** *fig* mostro, persona cattiva. **monstro sagrado** *Teat big*.

mons.tru.o.so [mõstru´ozo] *adj* **1** mostruoso. **2** deforme. **3** immane. **4** turpe.

mon.ta.gem [mõt´aʒẽj] *sf* montaggio, montatura.

mon.ta.nha [mõt´Λñə] *sf* **1** *Geogr* montagna, monte. **2** *fig* roccia.

mon.ta.nhês [mõtañ´es] *sm+adj* montanaro.

mon.ta.nho.so [mõtañ´ozu] *adj* montagnoso.

mon.tan.te [mõt´ãti] *sm* **1** ammonto, ammontare. **2** *Com* somma.

mon.tão [mõt´ãw] *sm* **1** cumulo. **2** *fam* pila. **3** *pop* carrettata, caterva. **4** *fig* monte. **aos montões** a torrente.

mon.tar [mõt´ar] *vt* **1** montare. **2** cavalcare. **3** inforcare. **4** comporre, mettere insieme (peças). **montar um cavalo** montare un cavallo.

mon.te [m´õti] *sm* **1** mucchio, cumulo. **2** *Geogr* monte. **3** *fam* pila. **4** *pop* carrettata, caterva. **5** *fig* monte, sacco, montagna, mare. *um monte de problemas* / un mare di guai. **monte de cartas** monte di carte. **um monte** *gír* una barca. Veja nota em **sacco.**

mo.nu.men.tal [monumẽt´aw] *adj* monumentale. *Pl: monumentais.*
mo.nu.men.to [monum´ẽtu] *sm* monumento.
mo.ra [m´ɔrə] *sf Dir* mora.
mo.ra.di.a [morad´iə] *sf* residenza, abitazione.
mo.ra.dor [morad´or] *sm+adj* residente.
mo.ral [mor´aw] *sm* **1** il morale. *sf* **2** la morale. *a moral da história* / la morale della favola. • *adj* morale. *Pl: morais.*
mo.ra.lis.ta [moral´istə] *s+adj fig, dep* moralista.
mo.ra.li.zar [moraliz´ar] *vt+vi* moralizzare.
mo.ran.go [mor´ãgu] *sm* fragola.
mo.ran.guei.ro [morãg´ejru] *sm* fragola.
mo.rar [mor´ar] *vi* risiedere, vivere, abitare, dimorare. **morar em** risiedere a.
mo.ra.tó.ri.a [morat´ɔrjə] *sf Dir, Com* moratoria.
mor.ce.go [mors´egu] *sm Zool* pipistrello, nottola.
mor.da.ça [mord´asə] *sf* **1** mordacchia, bavaglio, museruola. **2** *fig* mordacchia, censura, freno alla libertà di espressione.
mor.daz [mord´as] *adj* **1** mordace, satirico. **2** *fig* caustico, salato, pepato, acido.
mor.der [mord´er] *vt* **1** mordere, morsicare. **2** addentare. **3** azzannare. *vpr* **4** mordersi. **5** *fig* macerarsi da. *morder-se de inveja* / macerarsi dall'invidia. **morder a língua (para não falar)** mordersi la lingua, mordersi le labbra. Veja nota em **azzannare**.
mor.di.da [mord´idə] *sf* morso, dentata.
mor.di.do [mord´idu] *adj* morso.
mor.dis.car [mordisk´ar] *vt* **1** rosicare, rosicchiare. **2** *fig* beccare.
mor.do.mo [mord´omu] *sm* maggiordomo.
mo.rei.a [mor´ɛjə] *sf Zool* murena.
mo.re.no [mor´enu] *adj* bruno, moro.
mor.fi.na [morf´inə] *sf Quím* morfina.
mor.fo.lo.gi.a [morfoloʒ´iə] *sf Gram* morfologia.
mo.ri.bun.do [morib´ũdu] *sm+adj* moribondo.
mo.rin.ga [mor´ĩgə] *sf* caraffa.
mor.ma.ço [morm´asu] *sm* afa.
mor.no [m´orno] *adj* poco caldo.
mor.rer [mor̄´er] *vi* **1** morire, decedere, perire, spirare. **2** *fam* far fagotto. **3** *fig* scomparire, soccombere, spegnersi, chiudere gli occhi. **morrer de fome** *fig* morire di fame. **morrer de raiva** *fig* morire di rabbia. **morrer de rir** *fig* sganasciarsi, crepare dalle risa, ridere a crepapelle. **morrer de vontade** *fig* crepare di voglia. Veja nota em **cuoio**.
mor.ro [m´or̄u] *sf* colle, collina, poggio.
mor.ta.de.la [mortad´ɛlə] *sf* mortadella.
mor.tal [mort´aw] *adj* **1** mortale. **2** letale, fatale. • *sm* mortale. **os mortais** i mortali, il genere umano. *Pl: mortais.*
mor.ta.lha [mort´aλə] *sf* sindone, strato funebre.
mor.te [m´ɔrti] *sf* **1** morte, decesso. **2** *fig* fine, scomparsa, sparizione. **condenar à morte** mandare a morte.
mor.tei.ro [mort´ejru] *sm Mil* mortaio.
mor.ti.ço [mort´isu] *adj* morticcio.
mor.tí.fe.ro [mort´iferu] *adj* mortifero, letale, mortale.
mor.ti.fi.car [mortifik´ar] *vt* mortificare.
mor.to [m´ortu] *sm* morto, defunto, trapassato, estinto. • *adj* **1** morto. **2** defunto. **3** inerte. **4** estinto. **5** *Lit* spento. **cair morto** ammortire. **morto de cansaço** *fig* stanco morto.
mo.sai.co [moz´ajku] *sm* mosaico.
mos.ca [m´oskə] *sf* **1** *Zool* mosca. **2** *fig* mosca (tipo de barba, centro do alvo). **mosca tsé-tsé** mosca tsetse.
mos.qui.tei.ro [moskit´ejru] *sm* zanzariera.
mos.qui.to [mosk´itu] *sm Zool* **1** zanzara. **2** culice.
mos.tar.da [most´ardə] *sf Bot* mostarda, senape.
mos.tei.ro [most´ejru] *sm* **1** monastero, convento. **2** *fig* chiostro.
mos.tra [m´ɔstrə] *sf* mostra, esposizione.
mos.tra.dor [mostrad´or] *sm* indicatore, indice. **mostrador da bússola** quadrante della bussola. **mostrador do relógio** mostra, quadrante dell'orologio.
mos.trar [mostr´ar] *vt* **1** mostrare. **2** esporre, esibire. **3** indicare, segnalare. **4** manifestare, rivelare. **5** *fig* riflettere. *vpr* **6** mostrarsi. **7** manifestarsi, rivelarsi. **8** apparire. **9** *fig* prodursi. **10** smascherarsi. **mostrar os dentes** mostrare i denti, minacciare.

M

mos.tru.á.rio [mostru´arju] *sm* campionario.
mo.te [m´ɔti] *sm* **1** motto. **2** *fig* divisa.
mo.tim [mot´ĩ] *sm* ammutinamento, trambusto, rivolta.
mo.ti.var [motiv´ar] *vt* motivare, determinare, causare, dar motivo a.
mo.ti.vo [mot´ivu] *sf* motivo, ragione, causa, cagione. **por todos os motivos** per ogni verso. **sem motivo** a) *adj* gratuito. *violência sem motivo* / violenza gratuita. b) *adv fig* a freddo. *matar sem motivo* / uccidere a freddo.
mo.to [m´ɔtu] *sf abrev V motocicleta.*
mo.to.ci.cle.ta [motosikl´ɛtə] *sf* motocicletta, motociclo, moto. *Abrev: moto.*
mo.tor [mot´or] *sm+adj* motore. **motor a explosão** motore a scoppio. **motor a reação** motore a reazione. **motor a vapor** motore a vapore.
mo.to.ris.ta [motor´istə] *s* **1** autista, vetturino. **2** *fig* conducente. **motorista de táxi** autista di piazza.
mo.triz [motr´is] *adj* motrice. **força motriz** forza motrice.
mou.ro [m´owru] *sm Hist* moro.
mou.se [m´awzi] *sm Inform* mouse.
mó.vel [m´ɔvew] *sm* **1** mobile, arredo. **2** **móveis** *pl pop* arredamento. • *adj* mobile. **bens móveis** beni mobili. **feriados móveis** feste mobili. **móvel velho** ciscranna. *Pl: móveis.*
mo.ver [mov´er] *vt* **1** muovere. *vpr* **2** muoversi. **3** andare. **4** agitarsi.
mo.vi.do [mov´idu] *adj* mosso. **movido pela piedade** mosso dalla pietà.
mo.vi.men.ta.ção [movimẽtas´ãw] *sf* **1** movimento. **2** andirivieni, mossa, flusso di persone.
mo.vi.men.ta.do [movimẽt´adu] *adj* **1** mosso. **2** avventuroso. **3** *fig* burrascoso.
mo.vi.men.tar [movimẽt´ar] *vt* **1** movimentare. *vpr* **2** muoversi.
mo.vi.men.to [movim´ẽtu] *sm* **1** movimento, moto. **2** azione, mossa, atteggiamento. **3** corrente. **4** *Com* movimento. **5** *Pol* moto, movimento politico. **movimento uniforme** moto uniforme.
mo.za.re.la [mozar´ɛlə] *sf V muçarela.*
mu.ça.re.la [musar´ɛlə] *sf* mozzarella. *Var: mozarela.*
mu.co [m´uku] *sm Fisiol* muco.
mu.co.sa [muk´ɔzə] *sf Anat* mucosa.
mu.çul.ma.no [musuwm´ʌnu] *sm+adj* musulmano.
mu.da [m´udə] *sf* muta.
Muta também significa "muda de roupa".
mu.dan.ça [mud´ãsə] *sf* **1** modificazione, mutazione, cambiamento. **2** innovazione. **3** dislocamento.
mu.dar [mud´ar] *vt* **1** mutare. **2** modificare, alterare, trasformare. **3** riformare, riorganizzare. **4** rivoluzionare, innovare. *vi* **5** mutare, trasformarsi. **6** volgere (tempo). *vpr* **7** mutarsi, spostarsi. **8** mutare casa. **mudar de direção** a) cambiar direzione. b) *Náut, Aer* virare. **mudar de penas/ mudar de pele** mudare.
mu.dez [mud´es] *sf* mutezza.
mu.do [m´udu] *sm+adj* muto. **cinema mudo** cinema muto. **consoante muda** *Gram* consonante muta. **filme mudo** film muto.
mu.gi.do [muʒ´idu] *sm* muggito, boato.
mu.gir [muʒ´ir] *vi* muggire, mugghiare.
mui.to [m´ũjtu] *pron m sg* **1** molto, assai, tanto. *muito respeito* / molto rispetto. **2** **muita** *f sg* molta. *muita gente* / molta gente. **3** **muitos** *m pl* a) molti. b) vari. **4** **muitas** *f pl* molte, assai. *muitas mulheres* / molte donne. • *adv* **1** molto, assai, un bel po'. *muito pequeno* / molto piccolo. **2** bene. **3** parecchio. **não muito bem** piuttosto male. **quando muito** a fare assai.
mu.la [m´ulə] *sf* mula.
mu.la.to [mul´atu] *sm+adj* mulatto, meticcio.
mu.le.ta [mul´etə] *sf* gruccia, stampella.
mu.lher [muλ´ɛr] *sf* **1** donna, femmina. **2** moglie, sposa, coniuge. **3** *fig* sottana. **mulher acabada** *pop, fig* ciscranna. **mulher bonita** bella, beltà. **mulher da vida** donna allegra. **mulher do povo** *fig* pedina. **mulher fatal** *fig* maliarda. **mulher feia** *fig* strega. **mulher forte** *fig* amazzone. **mulher magra** *fig* acciuga. **mulher mandona** *fig* gendarme.
mu.lhe.ren.go [muλer´ẽgu] *sm* sottaniere.
mu.lo [m´ulu] *sm* mulo.
mul.ta [m´uwtə] *sf* multa, contravvenzione, penale, ammenda. **levar uma multa**

prendere una multa. **pagar a multa** pagare la multa.

mul.tar [muwt´ar] *vt* multare.

mul.ti.co.lo.ri.do [muwtikolor´idu] *adj* multicolore.

mul.ti.dão [muwtid´ãw] *sf* **1** moltitudine, folla, calca, pressa. **2** *fig* orda, esercito, formicaio. **3** *dep* branco, piazza.

mul.ti.pli.car [muwtiplik´ar] *vt+vi* **1** moltiplicare. *vpr* **2** moltiplicarsi, proliferare.

mul.ti.pli.ci.da.de [muwtiplisid´adi] *sf* **1** moltiplicità, varietà. **2** *Lit* pluralità.

múl.ti.plo [m´uwtiplu] *sm Mat* multiplo. • *adj* multiplo, svariato. **mínimo múltiplo comum** minimo comune multiplo.

mú.mia [m´umjə] *sf* mummia.

mu.mi.fi.car [mumifik´ar] *vt* mummificare.

mun.da.no [mũd´ʌnu] *adj* **1** mondano, profano, secolare. **2** *fig* terreno.

mun.di.al [mũdi´aw] *adj* mondiale. *Pl: mundiais.*

mun.do [m´ũdu] *sm* **1** mondo. **2** universo. **3** *Astron* orbe. **4** *fig* globo. **5** mondo, gran quantità di cose. **coisas do outro mundo** cose dell'altro mondo. **ficar no fim do mundo** essere in capo al mondo, essere troppo lontano. **Novo Mundo** Mondo Nuovo. **o outro mundo** il mondo di là. **por nada neste mundo** per nulla al mondo. **todo o mundo/o mundo inteiro** gli uomini. **Velho Mundo** Mondo Antico.

mu.ni.ção [munis´ãw] *sf Mil* munizione, piombo.

mu.ni.ci.pal [munisip´aw] *adj* **1** municipale. **2** cittadino, civico. *Pl: municipais.*

mu.ni.cí.pio [munis´ipju] *sm* municipio, comune.

mu.nir [mun´ir] *vt* **1** munire, fornire, guarnire. *vpr* **2** guarnirsi, munirsi di.

mu.ra.lha [mur´aλə] *sf* muraglia, cinta, muro. Veja notas em **muro** (português e italiano).

mu.rar [mur´ar] *vt* murare, chiudere con muro.

mur.char [murʃ´ar] *vi* avvizzire, appassire.

mur.cho [m´urʃu] *adj* vizzo, appassito.

mur.mu.rar [murmur´ar] *vt* **1** sussurrare, bisbigliare. *vi* **2** mormorare, rumoreggiare. **3** mormoreggiare. **4** stormire.

mur.mú.rio [murm´urju] *sm* mormorio, sussurro, bisbiglio, brusio. **murmúrio de vozes** rumore.

mu.ro [m´uru] *sm* **1** muro. **2** muretto. **muro de tijolos** muro di cotto. **muro fechado** muro cieco.

Em italiano, usa-se **muro** para indicar "muro em geral", incluindo "muro de cidade ou de fortaleza", "muralha". A palavra **muretto** é usada exclusivamente para indicar o "muro que cerca uma casa externamente". Mas atenção: **muro**, em italiano, também significa "parede". Veja outra nota em **muro** (italiano).

mur.ro [m´ur̄u] *sm* pugno, cazzotto. **dar murro em ponta de faca** raddrizzare le gambe ai cani.

mu.sa [m´uzə] *sf* **1** musa, ispiratrice. **2** *Mit* musa.

mus.cu.lar [muskul´ar] *adj* muscolare.

mus.cu.la.tu.ra [muskulat´urə] *sf* muscolatura.

mús.cu.lo [m´uskulu] *sm Anat* muscolo.

mus.cu.lo.so [muskul´ozu] *adj* **1** muscoloso. **2** *fig* carnoso.

mu.seu [muz´ew] *sm* museo. **peça de museu** *irôn* roba da museo, cosa antica.

mus.go [m´uzgu] *sm* musco.

mú.si.ca [m´uzikə] *sf* musica. **música para dançar** musica da ballo.

mu.si.cal [muzik´aw] *adj* musicale, musico. *Pl: musicais.*

mú.si.co [m´uziku] *sm+adj* musico.

mus.se.li.na [musel´inə] *sf* mussola, mussolina.

mu.ta.ção [mutas´ãw] *sf* mutazione.

mu.tá.vel [mut´avew] *adj* **1** mutabile. **2** *fig* versatile. *Pl: mutáveis.*

mu.ti.lar [mutil´ar] *vt* mutilare, troncare, amputare.

mu.tu.á.rio [mutu´arju] *sm Dir* mutuatario.

mú.tuo [m´utwu] *adj* mutuo, reciproco. • *sm Dir* mutuo.

M

n

n [´eni] *sm* la tredicesima lettera dell'alfabeto portoghese.
na.bo [n´abu] *sm* rapa.
na.ção [nas´ãw] *sf* **1** nazione, popolo, gente. **2** *fig* nazionalità.
na.ci.o.nal [nasjon´aw] *adj* nazionale. *Pl: nacionais.*
na.ci.o.na.li.da.de [nasjonalid´adi] *sf* nazionalità.
na.ci.o.na.lis.mo [nasjonal´izmu] *sm Pol* nazionalismo.
na.ci.o.na.li.zar [nasjonaliz´ar] *vt* **1** nazionalizzare. **2** *Econ* statizzare, statalizzare.
na.co [n´aku] *sm* fettone, pezzo.
na.da [n´adə] *pron* niente, nulla. • *adv* **1** punto. **2** *fam* mica. *não está nada bem* / non è punto bene. *nada mal!* / mica male! • *sm* **1** il niente. **2** *fig* zero, acca. **de nada** prego, non c'è di che, di niente. **nada de** niente. *nada de açúcar, por favor* / niente zucchero, per favore. **nada mais** nient'altro. **não é nada disso!** *vulg* un corno! **não presta para nada** non è da cosa alcuna. **não valer nada** non valere uno zero, non valere un'acca, non valere un corno. **quase nada** *fig* un pelo.

Os advérbios **punto** e **mica** são usados como reforço.

na.da.dei.ra [nadad´ejrə] *sf* **1** *Zool* pinna, natatoia. **2** *Esp* pinna.
na.da.dor [nadad´or] *sm* nuotatore.
na.dar [nad´ar] *vi* **1** nuotare. **2** *fig* nuotare, avere molto di. **nadar em dinheiro** *fig* nuotare nell'oro.
ná.de.ga [n´adegə] *sf Anat* **1** natica. **2** **nádegas** *pl pop* chiappe.
naf.ta [n´aftə] *sf Quím* nafta.
naf.ta.li.na [naftal´inə] *sf Quím* naftalina.
nái.lon [n´ajlõw] *sm* nailon. *Pl: náilones, náilons.*
nai.pe [n´ajpi] *sm* seme (das cartas).
na.ja [n´aʒə] *sf Zool* naia.
na.mo.ra.da [namor´adə] *sf* **1** innamorata. **2** *fig* ragazza, bella.
na.mo.ra.dei.ra [namorad´ejrə] *sf* **1** civettuola. **2** *pop* civetta, fraschetta.
na.mo.ra.do [namor´adu] *sm* **1** innamorato, filarino. **2** *fig* ragazzo.
na.mo.ra.dor [namorad´or] *sm* civettone.
na.mo.rar [namor´ar] *vt* **1** corteggiare. *vi* **2** amoreggiare.
na.mo.ri.car [namorik´ar] *vi* **1** amoreggiare, flirtare. **2** *fam* filare. **3** *fig* civettare.
na.mo.ri.co [namor´iku] *sm* amoretto.
na.mo.ro [nam´oru] *sm* **1** corteggiamento, amore, filarino. **2** *pop* filo. **3** *fig* cotta.
na.na [n´ʌnə] *sf* nanna, ninna. **fazer nana** fare la nanna. **ir fazer nana** andare a nanna. *Dim: naninha.*
na.ni.nha [nan´iñə] *sf dim fam V nana.*
não [n´ãw] *adv* **1** no. *você leu este livro? não!* / hai letto questo libro? no! *é este? não!* / è questo? no! **2** non. *não falamos italiano* / non parliamo italiano. *não está aqui* / non è qui. • *sm* no, negazione. *responder com um não* / rispondere con un no. **absolutamente não!** no, altrimenti! **não só ... mas também** non solo ... ma anche. **um não sei quê** non so che. Veja notas em **no** (italiano), **non** e **ohibò**.
nar.ci.sis.mo [narsiz´izmu] *sm* narcisismo.
nar.ci.so [nars´izu] *sm Bot, fig* narciso.

nar.có.ti.co [nark´ɔtiku] *sm+adj* **1** narcotico. **2** anestetico, sonnifero. **3** stupefacente.
nar.co.ti.zar [narkotiz´ar] *vt* narcotizzare, anestetizzare.
na.ri.gão [narig´ãw] *sm aum irôn* nappa.
na.ri.na [nar´inə] *sf Anat* narice.
na.riz [nar´is] *sm Anat* naso. **assoar o nariz** soffiarsi il naso. **nariz afilado** naso affilato. **nariz aquilino** naso aquilino, naso adunco. **torcer o nariz** a) storcere il naso. b) *pop* torcere il grifo.
nar.ra.ção [nar̄as´ãw] *sf* **1** narrazione. **2** cronaca. **3** fatto, episodio.
nar.ra.dor [nar̄ad´or] *sm* narratore.
nar.rar [nar̄´ar] *vt* narrare, raccontare.
nar.ra.ti.va [nar̄at´ivə] *sf* narrativa, narrazione.
nar.ra.ti.vo [nar̄at´ivu] *adj* narrativo.
na.sal [naz´aw] *adj* nasale, del naso. **consoante nasal** *Gram* consonante nasale. *Pl: nasais.*
nas.cen.ça [nas´ẽsə] *sf* nascita.
nas.cen.te [nas´ẽti] *sf* sorgente, fonte, presa dell'acqua.
nas.cer [nas´er] *vi* **1** nascere. **2** *fig* sorgere. **3** germinare. **4** levarsi (sol). **5** nascere, sgorgare, scaturire (água). **6** mettere (pelos, penas). • *sm* levata (do sol). **nascer com boa estrela** *fig* nascere sotto buona stella. **nascer de** procedere da, emanare da.
nas.ci.do [nas´idu] *adj* nato.
nas.ci.men.to [nasim´ẽtu] *sm* **1** nascimento, nascita. **2** origine. **3** apparizione. **4** *Lit* genesi.
na.ta [n´atə] *sf* **1** panna, crema, fiore di latte. **2** *fig* scelta, eletta.
na.ta.ção [natas´ãw] *sf* nuoto.
na.tal [nat´aw] *sm Rel* Natale, Pasqua di Ceppo. • **natal** *adj* natale. **terra natal** terra natale. *Pl: natais.*
na.ta.lí.cio [natal´isju] *sm+adj* natalizio, natale.
na.ti.vi.da.de [natívid´adi] *sf Rel* natività.
na.ti.vo [nat´ivu] *sm+adj* nativo, natio, indigeno.
na.to [n´atu] *adj* nato. *um poeta nato* / un poeta nato.
na.tu.ral [natur´aw] *adj* **1** naturale. **2** congenito, innato. **3** logico, ovvio, andante. **4** greggio, grezzo. **5** *fig* fresco. **é natural que** va da sé che. **vegetação natural** vegetazione spontanea. *Pl: naturais.*
na.tu.ra.li.da.de [naturalid´adi] *sf* **1** naturalità. **2** naturalezza.
na.tu.ra.lis.mo [natural´izmu] *sm Arte, Fil* naturalismo.
na.tu.ra.li.zar [naturaliz´ar] *vt* **1** dare (a uno straniero) i diritti dei naturali di un paese. **2** nazionalizzare. *vpr* **3** naturalizzarsi.
na.tu.re.za [natur´ezə] *sf* **1** natura. **2** stile, indole. **3** contenuto. **4** *fig* stampo, tipo. **5** anatomia, forma. **coisas desta natureza** cose di questa natura.
na.tu.re.za-mor.ta [naturezəm´ɔrtə] *sf Pint* natura morta. *Pl: naturezas-mortas.*
nau [n´aw] *sf Náut* nave, vascello.
nau.fra.gar [nawfrag´ar] *vi* **1** *Náut* naufragare, andare a picco. **2** *fig* fallire, rovinarsi.
nau.frá.gio [nawfr´aʒju] *sm Náut* naufragio, infortunio.
náu.fra.go [n´awfragu] *sm+adj Náut* naufrago.
náu.sea [n´awzjə] *sf* **1** ribrezzo, schifo, fastidio. **2** *Med* nausea. **dar náuseas** nauseare, far nausea.
nau.se.an.te [nawze´ãti] *adj* nauseante.
nau.se.ar [nawze´ar] *vt* **1** nauseare, schifare, far nausea. **2** *fig* saziare.
náu.ti.ca [n´awtikə] *sf* nautica.
náu.ti.co [n´awtiku] *adj* nautico.
na.val [nav´aw] *adj* navale. *Pl: navais.*
na.va.lha [nav´aλə] *sf* rasoio. **caminhar no fio de uma navalha** *fig* camminare sul filo di un rasoio.
na.va.lha.da [navaλ´adə] *sf* **1** colpo di rasoio. **2** *fig* braciola.
na.ve [n´avi] *sf* **1** *Náut, Aer* nave. **2** *Arquit* navata. *a nave central da igreja* / la navata centrale della chiesa. **nave espacial** nave spaziale, astronave.
na.ve.ga.ção [navegas´ãw] *sf* navigazione. **navegação aérea** navigazione aerea. **navegação fluvial** navigazione fluviale. **navegação marítima** navigazione marittima.

N

na.ve.ga.dor [navegad´or] *sm* navigatore.
na.ve.gan.te [naveg´ãti] *s+adj* navigante.
na.ve.gar [naveg´ar] *vt+vi Náut* navigare. **navegar com vento favorável** avere il vento in poppa, navigare secondo vento. **navegar contra a corrente** a) risalire. b) *fig* andare contro corrente. **navegar contra o vento** navigare contro vento, esser sotto vento. **navegar pelos mares** navigare i mari.
na.vi.o [nav´iu] *sm Náut* nave, bastimento. **navio a vapor** vapore, piroscafo. **navio à vela** nave a vela. **navio de carga** nave da carico. **navio de guerra** nave da guerra. **navio de passageiros** nave passeggeri. **navio mercante** nave mercantile.
na.vi.o-pe.tro.lei.ro [naviupetrol´ejru] *sm Náut* petroliera. *Pl: navios-petroleiros.*
na.zis.mo [naz´izmu] *sm* nazismo.
ne.bli.na [nebl´inə] *sf* nebbia, bruma, foschia.
ne.bu.lo.sa [nebul´ɔzə] *sf Astron* nebulosa.
ne.bu.lo.so [nebul´ozu] *adj* nebbioso, nebuloso, nuvoloso, fosco.
ne.ces.sa.ri.a.men.te [nesesarjam´ẽti] *adv* necessariamente, di legge.
ne.ces.sá.rio [neses´arju] *adj* **1** necessario. **2** essenziale, occorrente. **3** forzoso, doveroso. • *sm* il necessario, l'occorrente. **ser necessário** necessitare, occorrere, bisognare, volere, esser mestiere.
ne.ces.si.da.de [nesesid´adi] *sf* **1** necessità. **2** bisogno, occorrenza. **3** penuria, disagio, carestia.
ne.ces.si.ta.do [nesesit´adu] *adj* bisognoso, carente, indigente. • *sm* bisognoso.
ne.ces.si.tar [nesesit´ar] *vt* **1** necessitare di. **2** bisognare, occorrere. **3** *fig* richiedere.
ne.cró.po.le [nekr´ɔpoli] *sf* necropoli.
ne.cro.sar [nekroz´ar] *vt Med* necrotizzare, mortificare.
ne.cro.se [nekr´ɔzi] *sf Med* necrosi, cancro.
néc.tar [n´ɛktar] *sm Bot* nettare. **néctar dos deuses** *Mit* nettare degli dei. *Pl: néctares.*
ne.fas.to [nef´astu] *adj* nefasto.
ne.ga.ção [negas´ãw] *sf* **1** negazione. **2** negativa. **3** smentita, rifiuto.
ne.gar [neg´ar] *vt* **1** negare. **2** ricusare, rifiutare. **3** contendere. **4** smentire, sconfessare. **5** rinnegare. *vpr* **6** rifiutarsi. **7** ricusarsi a.
ne.ga.ti.va [negat´ivə] *sf* negativa.
ne.ga.ti.vo [negat´ivu] *adj* **1** negativo. **2** dannoso. • *sm Fot* negativo. **polo negativo** polo negativo.
ne.gli.gên.cia [negliʒ´ẽsjə] *sf* negligenza, indolenza, incuria, noncuranza, trascuranza.
ne.gli.gen.ci.ar [negliʒẽsi´ar] *vt* trascurare.
ne.gli.gen.te [negliʒ´ẽti] *adj* negligente, indolente, negletto. • *s* negligente, indolente.
ne.go.ci.a.ção [negosjas´ãw] *sf* **1** contrattazione. **2** *Mil* parlamento. **3** *fig* commercio.
ne.go.ci.an.te [negosi´ãti] *s* **1** negoziante, mercante, trafficante, venditore. **2** *fig* commerciante.
ne.go.ci.ar [negosi´ar] *vt* **1** negoziare: a) mercanteggiare. b) *fig* trattare. *negociar a paz entre duas nações* / negoziare la pace fra due nazioni. *vi* **2** negoziare, mercanteggiare. *negociar com títulos* / negoziare in titoli. *negociar na bolsa* / negoziare in borsa. **3** commerciare, contrattare. **4** *fig* trattare.
ne.gó.cio [neg´ɔsju] *sm* **1** negozio. **2** azienda, bottega. **3** commercio, vendita. **4** affare, faccenda. **5** coso. **6** *gír* baracca. **7 negócios** *pl* affari, interessi. **homem de negócios** uomo d'affari. **não é bom negócio** non è affare. **negócio da China** affarone. **negócio de Estado** affare di Stato. Veja notas em **coso** e **negozio.**
ne.gri.to [negr´itu] *sm* neretto.
ne.gro [n´egru] *sm+adj* **1** nero. **2** *Lit* negro. **humor negro** umor nero.
ne.gru.ra [negr´urə] *sf* nerezza.
nem [n´ẽj] *conj* né, neanche, neppure, nemmeno. **nem mesmo** neanche, neppure, nemmeno. **nem sonhando!** neanche per sogno!
ne.nê [nen´e] *s* **1** bebè. **2** bambino, bambina.
ne.nhum [neñ´ũ] *pron* **1** nessuno, niuno. *não teve nenhuma resposta* / non ebbe nessuna risposta. **2** niente. **3** (com palavra

negativa) alcun. *sem nenhum mistério* / senza alcun mistero. Veja nota em **alcuno**.

ne.o.clás.si.co [nɛokl´asiku] *adj* neoclassico.

ne.o.la.ti.no [nɛolat´inu] *adj* neolatino.

ne.o.lí.ti.co [neol´itiku] *sm+adj Arqueol* neolitico.

ne.o.lo.gis.mo [neoloʒ´izmu] *sm Gram* neologismo.

né.on [n´ɛõw] *sm Quím* neon. *Pl: néones, néons.*

ne.po.tis.mo [nepot´izmu] *sm* nepotismo.

ner.vo [n´ervu] *sm* **1** *Anat* nervo. **2** *pop* nerbo. **dar nos nervos de alguém** dare ai nervi a qualcuno. **nervo óptico** nervo ottico. **ter os nervos à flor da pele** avere i nervi scoperti.

ner.vo.sis.mo [nervoz´izmu] *sm* nervosismo.

ner.vo.so [nerv´ozu] *adj* **1** nervoso: a) dei nervi. b) teso. **2** *fig* nevrastenico, schizofrenico. • *sm fig* schizofrenico. **deixar nervoso** arrabbiare. **estar nervoso** avere i nervi. **ficar nervoso** *fig* bollire, riscaldarsi. **sistema nervoso** *Anat* sistema nervoso. **tecido nervoso** tessuto nervoso.

nés.cio [n´ɛsju] *sm+adj* nesci. Veja nota em **nesci**.

nês.pe.ra [n´esperə] *sf Bot* nespola.

nes.pe.rei.ra [nesper´ejrə] *sm Bot* nespolo.

ne.to [n´ɛtu] *sm* (*f* **neta**) nipote.

Atenção: **nipote** é substantivo comum de dois, portanto pode ser traduzido como "neto" ou "neta".

neu.ras.te.ni.a [newrasten´iə] *sf Med* nevrastenia.

neu.ras.tê.ni.co [newrast´eniku] *adj* nevrastenico.

neu.ro.lo.gi.a [newroloʒ´iə] *sf Med* neurologia.

neu.ro.se [newr´ɔzi] *sf Med* nevrosi.

neu.ró.ti.co [newr´ɔtiku] *adj* nevrotico.

neu.tra.li.da.de [newtralid´adi] *sf* (também *Quím*) neutralità.

neu.tra.li.zar [newtraliz´ar] *vt* **1** neutralizzare. *vpr* **2** neutralizzarsi.

neu.tro [n´ewtru] *adj* (também *Quím, Fís, Gram*) neutro. **ficar neutro** stare di mezzo.

nêu.tron [n´ewtrõw] *sm Quím* neutrone. *Pl: nêutrones, nêutrons.*

ne.va.da [nev´adə] *sf* nevicata.

ne.va.do [nev´adu] *adj* nevoso.

ne.var [nev´ar] *vi* nevicare.

ne.vas.ca [nev´askə] *sf* tormenta, bufera di neve.

ne.ve [n´ɛvi] *sf* neve. **cheio de neve** nevoso.

né.voa [n´ɛvwə] *sf* **1** nebbia, bruma, caligine. **2** *fig* velo. **névoa densa** nebbione.

ne.vo.ei.ro [nevo´ejru] *sm* nebbione.

ne.vo.en.to [nevo´ẽtu] *adj* nebbioso, fosco.

ne.vral.gi.a [nevrawʒ´iə] *sf Med* nevralgia.

ne.vrál.gi.co [nevr´awʒiku] *adj Med* nevralgico.

ne.xo [n´ɛksu] *sm* nesso. **falar ou escrever coisas sem nexo** *fig* sconnettere.

nhan.du [ñãd´u] *sm Zool* nandù.

nho.que [ñ´ɔki] *sm* gnocco.

ni.cho [n´iʃu] *sm* edicola. **nicho ecológico** ambiente.

Edicola se refere a "nicho para imagem de santo, na parede".

ni.co.ti.na [nikot´inə] *sf* nicotina.

ni.di.fi.car [nidifik´ar] *vi* nidificare.

ni.i.lis.mo [niil´izmu] *sm* nichilismo.

ni.nar [nin´ar] *vt* **1** *fam* ninnare, cullare. *vi* **2** *fam* fare la ninna nanna.

nin.fa [n´ĩfə] *sf Zool, Mit* ninfa.

nin.fe.ta [nĩf´etə] *sf gír* ninfetta.

nin.fo.ma.ni.a [nĩfoman´iə] *sf Psic* ninfomania.

nin.guém [nĩg´ẽj] *pron* nessuno, niuno. *não há ninguém* / non c'è nessuno, non c'è alcuno. *não vejo ninguém* / non vedo nessuno.

ni.nha.da [niñ´adə] *sf* nidiata, figliata, chiocciata.

ni.nha.ri.a [niñar´iə] *sf* **1** bagatella, quisquilia, nonnulla, inezia, bazzecola. **2** gingillo, ninnolo. **3** *fig* acca, giuggiola.

ni.nho [n´iñu] *sm* **1** nido, cova, covo. **2** *fig* nido, focolare.

ní.quel [n´ikew] *sm Quím* nichel. *Pl: níqueis.*

ni.que.lar [nikel´ar] *vt* nichelare.

ni.ti.dez [nitid´es] *sf* nitidezza, limpidezza.

ní.ti.do [n´itidu] *adj* **1** nitido. **2** chiaro, limpido. **3** distinto (som).

ni.tra.to [nitr´atu] *sm Quím* nitrato.

ni.tro.gê.nio [nitroʒ´enju] *sm Quím* nitrogeno.

ni.tro.gli.ce.ri.na [nitrogliser´inə] *sf Quím* nitroglicerina.

ní.vel [n´ivew] *sm* **1** livello, tenore, rango. **2** livella. **nível de vida** livello di vita, tenore di vita. **nível social** livello sociale. **passagem de nível** passaggio a livello. *Pl: níveis.*

Livella é o "instrumento usado para verificar se um plano está horizontal".

ni.ve.lar [nivel´ar] *vt* **1** livellare. **2** appianare, appiattire. **3** pareggiare, uguagliare. *vpr* **4** nivellarsi.

ní.veo [n´ivju] *adj* niveo, bianco come la neve.

nó [n´ɔ] *sm* **1** nodo. **2** groviglio. **3** *Náut* nodo. **nó corrediço** nodo scorsoio. **nó da garganta** *Anat* noce del collo.

no.bre [n´ɔbri] *s* **1** nobile. **2** nobiluomo. **3** nobildonna. **4** *fig* signore. **5** signora. • *adj* **1** nobile. **2** aristocratico. **3** illustre, augusto. **4** generoso.

no.bre.za [nobr´ezə] *sf* **1** nobiltà. **2** dignità, distinzione. **3** aristocrazia. **4** *fig* altezza.

no.ção [nos´ãw] *sf* nozione. **noção superficial** *fig* tinta, tintura.

no.ci.vo [nos´ivu] *adj* **1** nocivo, dannoso, infesto. **2** malefico, maligno. **3** *fig* velenoso.

nó.doa [n´ɔdwə] *sf* chiazza.

no.guei.ra [nog´ejrə] *sf Bot* noce.

noi.ta.da [nojt´adə] *sf* nottata.

noi.te [n´ojti] *sf* **1** notte. **2** nottata. **3** *fig* ombra. **à noite/durante a noite** di notte. **a noite é boa conselheira** la notte porta consiglio. **boa noite!** buona notte! **esta noite** stasera, stanotte. **noite em claro** notte bianca, senza dormire. **noite escura** notte fitta.

noi.va [n´ojvə] *sf* **1** fidanzata, promessa sposa. **2** *fig* bella.

noi.var [nojv´ar] *vi* fidanzarsi.

noi.vo [n´ojvu] *sm* fidanzato, promesso sposo. **os noivos** (ao se casarem) i contraenti.

no.jei.ra [noʒ´ejrə] *sf* bruttura.

no.jen.to [noʒ´ẽtu] *adj* **1** schifoso, nauseante. **2** ripugnante, repulsivo, sordido. **3** *fig* fetente. • *sm fig* verme.

no.jo [n´oʒu] *sm* **1** ribrezzo, schifo, ripugnanza. **2** *fig* nausea, rigetto. **ter nojo de alguma coisa** avere qualcosa a schifo.

nô.ma.de [n´omadi] *s+adj* **1** nomade. **2** vagabondo, ramingo, girovago. • *s fig* zingaro.

no.me [n´omi] *sm* **1** nome. **2** titolo. **3** *fig* credito. **com nome falso** sotto falso nome. **conhecer de nome** conoscere di nome. **em meu nome** a nome mio. **nome de batismo** nome di battesimo. **nome de família** nome di famiglia. **nome próprio** nome proprio.

no.me.a.ção [nomeas´ãw] *sf* nomina, elezione, scelta.

no.me.ar [nome´ar] *vt* nominare, eleggere.

no.men.cla.tu.ra [nomẽklat´urə] *sf* nomenclatura, glossario.

no.mi.nal [nomin´aw] *adj* nominale. **valor nominal** *Com* valore nominale. *Pl: nominais.*

no.na.gé.si.mo [nonaʒ´ɛzimu] *sm+num* novantesimo, nonagesimo.

no.no [n´onu] *sm+num* nono.

no.ra [n´ɔrə] *sf* nuora.

nór.di.co [n´ɔrdiku] *sm+adj* nordico.

nor.ma [n´ɔrmə] *sf* **1** norma. **2** regola, precetto. **3** criterio, metodo, formula. **4** costume, usanza. **5** codice. **6 normas** *pl* a) norme. b) guide, convenzioni. **norma de vida** massima. **obedecer às normas rigorosamente** *fig* stare a virgola.

nor.mal [norm´aw] *adj* normale, comune, convenzionale, consueto. *Pl: normais.*

nor.ma.li.da.de [normalid´adi] *sf* normalità.

nor.ma.li.zar [normaliz´ar] *vt* **1** normalizzare. **2** regolamentare.

nor.te [n´ɔrti] *sm Geogr* nord, tramontana.

nor.te-a.me.ri.ca.no [nɔrtjamerik´ʌnu] *sm+adj* statunitense, *yankee. Pl: norte-americanos.*

no.ru.e.guês [norweg´es] *sm+adj* norvegese.

nos [nus] *pron pl* **1** ci, ce. **2** noi. Veja notas em **ci, ce** e **noi**.

nós [n´ɔs] *pron pl* noi. **a nós** ci, ce, a noi. Veja notas em **ci, ce** e **noi**.

nos.sa [n´ɔsə] *pron f sing* **1** nostra. **2 nossas** *pl* nostre.

nos.so [n´ɔsu] *pron m sing* **1** nostro. **2** **nossos** *pl* nostri.
nos.tal.gi.a [nostawʒ´iə] *sf* nostalgia.
nos.tál.gi.co [nost´awʒiku] *adj* **1** nostalgico. **2** *fig* retrogrado.
no.ta [n´ɔtə] *sf* **1** nota. **2** annotazione, appunto. **3** commento, critica. **4** chiosa. **5** parcella. **6** richiamo, rimando. **7** rigo. **8** *Com* banconota, biglietto di banca. **nota de valor alto** banconota di taglio grosso. **nota diplomática** nota diplomatica, memorandum. **nota escolar** voto, computo, punto. **nota musical** nota musicale. **tirar uma boa nota** prendere un buon voto. **tomar nota** annotare. Veja nota em **nota** (italiano).
no.ta.ção [notas´ãw] *sf Mús* notazione.
no.tar [not´ar] *vt* **1** notare, avvedersi di. **2** *fig* vedere. **fazer-se notar** farsi notare.
no.tá.rio [not´arju] *sm* notaio.
no.tá.vel [not´avew] *adj* **1** notabile. **2** notevole. **3** apprezzabile. **4** considerevole. **5** insigne. **6** *fig* rispettabile. • *sm* notabile. *Pl: notáveis.*
no.tí.cia [not´isjə] *sf* notizia, nuova, novella.
no.ti.ci.ar [notisi´ar] *vt* annunciare.
no.ti.ci.á.rio [notisi´arju] *sm* **1** notiziario. **2** giornale, bollettino, cronaca. Veja nota em **bollettino**.
no.ti.fi.ca.ção [notifikas´ãw] *sf* (também *Dir*) notificazione, notifica.
no.ti.fi.car [notifik´ar] *vt* **1** notificare, dichiarare. **2** *Dir* notificare, significare.
no.to.ri.e.da.de [notorjed´adi] *sf* notorietà, fama.
no.tó.rio [not´ɔrju] *adj* notorio, noto, conosciuto, manifesto.
no.tur.no [not´urnu] *adj* notturno, della notte. • *sm Mús* notturno.
no.va [n´ɔvə] *sf* nuova, novità, novella.
no.va.men.te [nɔvam´ẽti] *adv* di nuovo, ancora, da capo.
no.va.to [nov´atu] *adj* novizio, principiante, neofita.
no.ve [n´ɔvi] *sm+num* nove.
no.ve.cen.tos [nɔves´ẽtus] *sm+num* novecento.
no.ve.la [nov´ɛlə] *sf* **1** teleromanzo. **2** *Lit* novella.
no.ve.lis.ta [novel´istə] *s* novelliere.
no.ve.lo [nov´elu] *sm* gomitolo, matassa.
no.vem.bro [nov´ẽbru] *sm* novembre.
no.ve.na [nov´enə] *sf* novena.
no.ven.ta [nov´ẽtə] *sm+num* novanta. **noventa avos** novantesimo, nonagesimo.
no.vi.ci.a.do [novisi´adu] *sm* noviziato.
no.vi.da.de [novid´adi] *sf* **1** novità. **2** innovazione.
no.vi.lho [nov´iλu] *sm* vitello, manzo, giovenco.
no.vo [n´ovu] *adj* **1** nuovo. **2** novello. **3** giovane. **4** recente. **5** piccolo, piccino. **6** altro. **7** *fig* fresco. **de novo** di nuovo, ancora, daccapo. **de novo!** bis! **sensação nova** *fig* sensazione giovanile.
noz [n´ɔs] *sf Bot* noce.
noz-mos.ca.da [nɔzmosk´adə] *sf Bot* noce moscata. *Pl: nozes-moscadas.*
nu [n´u] *adj* **1** nudo, ignudo. **2** brullo, senza vegetazione. **3** *fig* spoglio. • *sm Pint* nudo.
nu.an.ça [nu´ãsə] *sf* sfumatura.
nu.bla.do [nubl´adu] *adj* nuvoloso, brutto. **ficar nublado** rannuvolarsi.
nu.blar [nubl´ar] *vt* annuvolare, annebbiare.
nu.ca [n´ukə] *sf Anat* nuca, cervice, occipite.
nu.cle.ar [nukle´ar] *adj* **1** nucleare, del nucleo. **2** *Fís* nucleare, atomico. **física nuclear** fisica nucleare, fisica atomica.
nú.cleo [n´uklju] *sm* **1** (também *Fís*, *Quím*, *Biol*) nucleo. **2** *fig* centro, anima.
nu.dez [nud´es] *sf* nudità.
nu.dis.mo [nud´izmu] *sm* nudismo.
nu.li.da.de [nulid´adi] *sf* **1** nullità. **2** *fig* uomo da niente.
nu.lo [n´ulu] *adj* nullo.
nu.me.ra.ção [numeras´ãw] *sf* numerazione.
nu.me.ral [numer´aw] *sm* **1** numero. **2** *Gram* aggettivi numerali. • *adj* numerale, di numero. *Pl: numerais.*
nu.me.rar [numer´ar] *vt* **1** numerare, enumerare. **2** contare.
nu.mé.ri.co [num´ɛriku] *adj* numerico.
nú.me.ro [n´umeru] *sm* **1** numero, cifra. **2** *Teat* numero, attrazione. **em grande número** in quantità. **grande número**

N

moltiplicità. **número de uma roupa** taglia di un abito. **número perfeito** *Mat* numero perfetto. **número singular e plural** *Gram* numero singolare e plurale. **número um** *fam* numero uno. **sem número** senza numero. **sortear um número** pescare.

nu.me.ro.so [numer´ozu] *adj* numeroso, parecchio, svariato. **exército numeroso** esercito gagliardo.

nun.ca [n´ũkə] *adv* mai, giammai. *nunca veio aqui* / non è mai venuto qui. • *interj* che! **mais do que nunca** più che mai. **pior do que nunca!** peggio che mai! Veja nota em **ohibò**.

nup.ci.al [nupsi´aw] *adj Lit* nuziale. *Pl: nupciais.*

núp.cias [n´upsjas] *sf pl* nozze.

nu.tri.ção [nutris´ãw] *sf* **1** nutrizione. **2** *pop* cibo.

nu.tri.ci.o.nis.ta [nutrisjon´istə] *sf* dietologa.

nu.trir [nutr´ir] *vt* **1** nutrire, alimentare, cibare, allevare. **2** *fig* albergare.

nu.tri.ti.vo [nutrit´ivu] *adj* **1** nutritivo, sostanzioso. **2** *fig* ricco.

nu.vem [n´uvẽj] *sf Met* nuvola. **cair das nuvens** *fig* cadere dalle nuvole, sorprendersi. **ter a cabeça nas nuvens** *fig* avere la testa nelle nuvole.

O

o[1] [ˈɔ] *sm* la quattordicesima lettera dell'alfabeto portoghese.

o[2] [u] *art def m sing* il, lo (l'). • *pron m sing* **1** lo. **2** lui.

> O artigo definido masculino singular em italiano varia conforme a letra inicial da palavra seguinte. Antes de consoante (exceto *s impura, ps, z, gn, x*), usa-se **il**: *il cane* / o cão. *il panno* / o pano. Antes de *s impura, ps, z, gn, x*, usa-se **lo**: *lo studente* / o estudante. *lo zio* / o tio. *lo gnomo* / o gnomo. Antes de vogal, usa-se **l'**: *l'anno* / o ano. *l'eroe* / o herói. *l'orso* / o urso. Veja outras notas em **gli**, **li**, **lo**, **loro** e **lui**.

ô [ˈo] *sm* o, il nome della lettera O.

ó [ˈɔ] *interj* o! oh! ehi! *ó menino!* / o ragazzo! Veja nota em **ehi** e **o**[2] (italiano).

o.á.sis [oˈazis] *sm sing+pl Geogr* oasi. **um oásis de felicidade** un'oasi di felicità.

o.be.de.cer [obedesˈer] *vt* **1** ubbidire, obbedire, rispettare, attenersi a. *vi* **2** ubbidire, obbedire. **obedecer aos pais** ubbidire i genitori / ai genitori.

o.be.di.ên.cia [obediˈẽsjə] *sf* **1** ubbidienza, obbedienza. **2** concordanza. **3** devozione. **em obediência a** in ossequio a.

o.be.di.en.te [obediˈẽti] *adj* **1** ubbidiente, obbediente. **2** docile.

o.be.lis.co [obelˈisku] *sm* obelisco.

o.be.si.da.de [obezidˈadi] *sf* obesità, grassezza.

o.be.so [obˈezu] *adj* obeso.

ó.bi.to [ˈɔbitu] *sm* obito.

ob.je.ção [obʒesˈãw] *sf* obiezione, opposizione, contro.

ob.je.tar [obʒetˈar] *vt* **1** opporre, confutare, opporsi a. **2** *Lit* obiettare.

ob.je.ti.vo [obʒetˈivu] *sm* **1** obiettivo, obietto. **2** ideale. **3** intento, intenzione. **4** fine, finalità. **5** *fig* bersaglio, meta. • *adj* obiettivo.

ob.je.to [obʒˈɛtu] *sm* **1** oggetto, cosa, ente. **2** *Gram* oggetto. **3** *Fil, Lit* obietto. **objeto direto** *Gram* complemento oggetto. **objetos de valor** valori.

o.blí.quo [oblˈikwu] *adj* **1** obliquo. **2** sbieco. **3** diagonale. **4** indiretto. **5** *Gram* obliquo.

o.bo.é [oboˈɛ] *sm Mús* oboe.

ó.bo.lo [ˈɔbolu] *sf* oblazione.

o.bra [ˈɔbrə] *sf* **1** opera. **2** composizione. **3** impresa. **4** mano. **5** *Arte* opera, lavoro, fattura. **6** *fig* creazione, parto. **obra de arte** *fig* gioiello. **obra incompleta** *fig* aborto. **obra malfeita** abborracciamento. **obra sem valor** *fig* scarabocchio. **terminar a obra** compire l'opera.

o.bra-pri.ma [ɔbrəprˈimə] *sf* capolavoro. *Pl: obras-primas.*

o.brar [obrˈar] *vi* operare.

o.bri.ga.ção [obrigasˈãw] *sf* **1** obbligazione, obbligo. **2** incarico. **3** dovere. **4** responsabilità, impegno. **5** *Com* obbligazione, debito.

o.bri.ga.do [obrigˈadu] *adj* obbligato, coatto, costretto. • *interj* grazie! **muito obrigado!** tante grazie! **obrigado por tudo!** grazie di tutto!

o.bri.gar [obrigˈar] *vt* **1** obbligare, costringere, forzare. *vpr* **2** impegnarsi. **3** vincolarsi.

o.bri.ga.tó.rio [obrigatˈɔrju] *adj* obbligatorio, compulsorio, forzoso, doveroso, di rigore.

obs.ce.ni.da.de [obsenidˈadi] *sf* **1** oscenità,

sconcezza, sozzura. **2** *fig* immondezza, porcheria.

obs.ce.no [obs´enu] *adj* **1** osceno. **2** indecente, turpe, licenzioso. **3** volgare, sudicio (linguagem). **4** *fig* immondo, immorale.

obs.cu.re.cer [obskures´er] *vt* **1** oscurare, abbuiare. **2** offuscare. *vpr* **3** oscurarsi. **4** offuscarsi.

obs.cu.ri.da.de [obskurid´adi] *sf* **1** oscurità. **2** *fig* anonimato.

obs.cu.ro [obsk´uru] *adj* **1** oscuro, scuro, tenebroso. **2** *Lit* scurrile. **3** *fig* anonimo, sconosciuto. **4** incomprensibile.

ob.sé.quio [obz´ɛkju] *sm* favore, cortesia.

ob.ser.va.ção [observas´ãw] *sf* **1** osservazione. **2** commento, considerazione. **3** controllo, esame. **4** corsivo. **5** richiamo, asterisco. Veja nota em **esame**.

ob.ser.var [observ´ar] *vt* **1** osservare. **2** riguardare. **3** attendere. **4** contemplare. **5** controllare, esaminare. **observar alguém** accompagnare uno con l'occhio.

ob.ser.va.tó.rio [observat´ɔrju] *sm* osservatorio. **observatório astronômico** osservatorio astronomico.

ob.ses.são [obses´ãw] *sf* **1** *Psic* ossessione. **2** *fig* ossessione, mania, smania, assillo.

ob.so.le.to [obsol´etu] *adj* **1** obsoleto. **2** arcaico, antiquato. **3** *fig* antico.

obs.tá.cu.lo [obst´akulu] *sm* **1** ostacolo. **2** impedimento, imbarazzo. **3** problema, difficoltà. **4** *fig* blocco, muraglia. **corrida de obstáculos** corsa ad ostacoli. **criar obstáculos/pôr obstáculos** *fig* mettere i bastoni fra le ruote. **encontrar obstáculos** *fig* incagliare. Veja nota em **muro** (italiano).

obs.tan.te [obst´ãti] *adj* usado na expressão **não obstante** a) nonostante, malgrado. b) nondimeno, peraltro. Veja nota em **malgrado** (italiano).

obs.te.trí.cia [obstetr´isjə] *sf* *Med* ostetricia.

obs.té.tri.co [obst´ɛtriku] *adj* ostetrico.

obs.ti.na.ção [obstinas´ãw] *sf* **1** ostinazione, testardaggine, pertinacia. **2** fissazione. **3** *fig* tenacia.

obs.ti.na.do [obstin´adu] *adj* **1** ostinato, testardo. **2** *fig* tenace. • *sm* testone, capone.

obs.ti.nar-se [obstin´arsi] *vpr* ostinarsi, fissarsi.

obs.tru.ção [obstrus´ãw] *sf* ostruzione, otturazione.

obs.tru.ir [obstru´ir] *vt* ostruire, otturare, ingombrare.

ob.ter [obt´er] *vt* **1** ottenere. **2** buscare, procurare. **3** trarre. **4** attingere, conseguire, acquistare. **5** *Dir* acquisire. **6** *fig* raggiungere. Veja nota em **procurare**.

ob.tu.ra.ção [obturas´ãw] *sf* otturazione.

ob.tu.rar [obtur´ar] *vt* **1** otturare. **2** piombare, impiombare (dentes).

ob.tu.so [obt´uzu] *adj* **1** *Geom* ottuso. **2** *fig* stupido.

ób.vio [´ɔbvju] *adj* ovvio, chiaro. **é óbvio!** è ovvio!

o.ca.si.ão [okazi´ãw] *sf* **1** occasione. **2** occorrenza, vece. **3** *fig* momento. **a ocasião faz o ladrão** l'occasione fa l'uomo ladro. **na ocasião mais oportuna** a miglior tempo. **naquela ocasião** in quell'ora.

o.ca.si.o.nal [okazjon´aw] *adj* occasionale, casuale, fortuito. *Pl: ocasionais.*

o.ca.si.o.nar [okazjon´ar] *vt* **1** cagionare, determinare. **2** *fig* generare.

o.ca.so [ok´azu] *sm* **1** tramonto. **2** *Lit, Poét* occaso.

o.ce.a.no [ose´ʌnu] *sm* **1** *Geogr* oceano. **2** *fig* gran quantità. **Oceano Atlântico** Atlantico.

o.ci.den.tal [osidẽt´aw] *s+adj* occidentale. *Pl: ocidentais.*

o.ci.den.te [osid´ẽti] *sm* *Geogr* occidente, ovest.

ó.cio [´ɔsju] *sm* ozio, dolce far niente.

o.ci.o.si.da.de [osjozid´adi] *sf* oziosità.

o.ci.o.so [osi´ozu] *adj* ozioso, inoperoso. **ficar ocioso** a) oziare, poltrire. b) *fig* grattarsi la pancia.

o.co [´oku] *sm* vano. • *adj* cavo, incavato, vuoto. **cabeça oca** testa vuota.

o.cor.rên.cia [okor̄´ẽsjə] *sf* occorrenza, avvenimento.

o.cor.rer [okor̄´er] *vi* avvenire, succedere, capitare, occorrere.

o.cor.ri.do [okor̄´idu] *adj* successo, avvenuto, accaduto. • *sm* successo, fatto.

oc.to.gé.si.mo [oktoʒ´ɛzimu] *sm+num* ottantesimo.

o.cu.lar [okul´ar] *adj* oculare, dell'occhio. **testemunho ocular** testimonio oculare.
o.cu.lis.ta [okul´istə] *s* oculista.
ó.cu.los [´ɔkulus] *sm pl* occhiali, lenti, occhiali a stanghetta. **óculos de sol** occhiali da sole. **óculos de soldador** occhiali di metallo. **colocar os óculos** mettersi gli occhiali.
o.cul.tar [okuwt´ar] *vt* **1** occultare, nascondere, celare. **2** *gír* imboscare. **3** *fig* mascherare, coprire, velare. *vpr* **4** occultarsi, nascondersi.
o.cul.to [ok´uwtu] *adj* **1** occulto, nascosto. **2** segreto, incognito, arcano. **3** *fig* ermetico.
o.cu.pa.ção [okupas´ãw] *sf* occupazione, attività.
o.cu.pa.do [okup´adu] *adj* **1** ocupato. **2** affaccendato.
o.cu.par [okup´ar] *vt* **1** occupare. **2** assalire, prendere. *vpr* **3** occuparsi, dedicarsi, curarsi. **4** *fig* volgersi, volgere l'animo ad una cosa.
o.da.lis.ca [odal´iskə] *sf* odalisca.
o.di.ar [odi´ar] *vt* **1** odiare, detestare, avversare, maledire. **2** *fig* rifuggire da. *vpr* **3** odiarsi.
ó.dio [´ɔdju] *sm* **1** odio. **2** aborrimento. **3** livore, astio. **4** *fig* fiele, bile, ruggine. **ter ódio de** avercela con.
o.di.o.so [odi´ozu] *adj* ripugnante, repellente.
o.dis.sei.a [odis´ɛjə] *sf fig* odissea.
o.don.to.lo.gi.a [odõtoloʒ´iə] *sf* odontologia.
o.dor [od´or] *sm* odore, fiuto.
o.dre [´odri] *sm* otre.
o.es.te [o´ɛsti] *sm Geogr* ovest, ponente.
o.fe.gan.te [ofeg´ãti] *adj* **1** ansimante. **2** *fig* asmatico.
o.fe.gar [ofeg´ar] *vi* ansimare, anelare, ansare, boccheggiare.
o.fe.go [of´egu] *sm* anelito.
o.fen.der [ofẽd´er] *vt* **1** offendere, ingiuriare, insultare. **2** *fig* aggredire, ferire. **3** scottare, punzecchiare. **4** frecciare uno. *vpr* **5** offendersi. **6** *fig* scottarsi. **ofender levemente** graffiare.
o.fen.di.do [ofẽd´idu] *adj* offeso.
o.fen.sa [of´ẽsə] *sf* **1** offesa. **2** ingiuria, affronto. **3** insulto, improperio, cattiva parola. **4** *fig* ferita. **ofensa grave** oltraggio, infamia. Veja nota em **affronto**.
o.fen.si.va [ofẽs´ivə] *sf* offensiva, attacco. **tomar a ofensiva** prendere l'offensiva.
o.fen.si.vo [ofẽs´ivu] *adj* offensivo.
o.fe.re.cer [oferes´er] *vt* **1** offrire. **2** esibire, presentare. **3** proporre. **4** regalare. **5** *fig* porgere, fornire. *vpr* **6** offrirsi. **7** esibirsi. **8** proporsi a.
o.fer.ta [of´ɛrtə] *sf* **1** offerta. **2** proposta, approccio. **3** *Com* occasione.
o.fi.ci.al [ofisi´aw] *sm Mil* ufficiale. • *adj* ufficiale, d'ufficio, formale. **oficial de justiça** usciere. **oficial judiciário** ufficiale giudiziario. *Pl: oficiais.*
o.fi.ci.al.men.te [ofisjawm´ẽti] *adv* ufficialmente, d'ufficio.
o.fi.ci.ar [ofisi´ar] *vt* officiare, celebrare.
o.fi.ci.na [ofis´inə] *sf* officina, bottega. **oficina de artesão** fucina. **oficina mecânica** officina riparazioni, garage.
o.fí.cio [of´isju] *sm* **1** ufficio. **2** industria. **3** professione, mestiere, funzione.
o.fi.ci.o.so [ofisi´ozu] *adj* ufficioso, confidenziale, non ufficiale.
o.fí.dio [of´idju] *sm Zool* ofidio.
of.tal.mo.lo.gi.a [oftawmoloʒ´iə] *sf Med* oftalmologia.
of.tal.mo.lo.gis.ta [oftawmoloʒ´istə] *s Med* oftalmologo.
o.fus.ca.ção [ofuskas´ãw] *sf* offuscamento, abbagliamento.
o.fus.car [ofusk´ar] *vt* **1** offuscare. **2** folgorare. **3** annebbiare, ottenebrare, abbuiare. **4** *fig* confondere. **5** ammantare. *vpr* **6** offuscarsi.
oh [´ɔ] *interj* **1** o! oh! eh! oh! (dor, susto, surpresa etc.). **2** ohibò! (maravilha). **3** uh, uhi! (horror, maravilha). **oh, meu filho!** ma, figlio mio! Veja notas em **eh**, **oh** e **ohibò**.
oi [´oj] *interj* ciao! olà! Veja também nota em **ciao**.
oi.ta.vo [ojt´avu] *sm+num* ottavo.
oi.ten.ta [ojt´ẽtə] *sm+num* ottanta. **oitenta avos** ottantesimo.
oi.to [´ojtu] *sm+num* otto.
oi.to.cen.tos [ojtos´ẽtus] *sm+num* ottocento.

O

o.lá [ol´a] *interj* olà!

o.la.ri.a [olar´iə] *sf* mattonaia.

o.lei.ro [ol´ejru] *sm* vasaio.

ó.leo [´ɔlju] *sm* (também *Quím*) olio. **óleo de fígado de bacalhau** olio di fegato di merluzzo. **óleo de rícino** olio di ricino. **óleo mineral** olio minerale.

o.le.o.so [ole´ozu] *adj* oleoso.

ol.fa.to [owf´atu] *sm* olfatto, odorato, naso.

o.lha.da [oλ´adə] *sf* **1** sguardo, occhiata, guardata. **2** letta, scorsa. **dar uma olhada** gettare uno sguardo.

o.lha.de.la [oλad´ɛlə] *sf* guardata.

o.lhar [oλ´ar] *sm* **1** sguardo, veduta. **2** *fig* occhio. • *vt+vi* guardare. • *interj* **1** guarda! (apontando). **2** guai! (indicando ameaça). **olhar atentamente** riguardare. **olhar atravessado** guardare di traverso. **olhar com desdém** *fig* guardare dall'alto in basso. **olhar distante** sguardo errante. **olhar fixamente** piantare occhi addosso ad una cosa. **olhar fixo** affissamento. **olha só quem fala!** da che pulpito viene la predica!

o.lhei.ra [oλ´ejrə] *sf* occhiaia, calamaio.

o.lho [´oλu] *sm* **1** *Anat* occhio. **2** *Mec* occhio di uno strumento. **a olho nu** ad occhio nudo. **arregalar os olhos** sbarrare gli occhi. **bons olhos o vejam!** beato chi ti vede! **de olhos fechados** ad occhi chiusi. **estar com os olhos cheios d'água** aver gli occhi umidi. **ficar de olhos abertos** stare a occhi aperti, vigilare. **não ver com bons olhos** vedere in malocchio, non simpatizzare con. **num piscar de olhos** in un batter d'occhio. **olho da cauda do pavão** *Zool* occhio. **olho de peixe** occhio di pernice. **olho mágico** spia. **olho por olho, dente por dente** occhio per occhio, dente per dente. **olho roxo** occhio pesto. **olhos de lince** *fig* occhio di lince, visione acutissima. **piscar os olhos** ammiccare. **tirar os olhos de** rivolgere la vista da.

o.lim.pí.a.das [olĩp´iadas] *sf pl* Olimpiade.

o.lím.pi.co [ol´ĩpiku] *adj* olimpico. **os deuses olímpicos** i dei olimpici.

o.li.va [ol´ivə] *sf* oliva, uliva.

o.li.vei.ra [oliv´ejrə] *sm* olivo, ulivo.

om.bro [´õbru] *sm* **1** *Anat* spalla. **2** *Lit* omero. **encolher os ombros** (em sinal de indiferença) alzare le spalle, stringersi alle spalle. **nos ombros/nos ombros de** addosso.

o.me.le.te [omel´ɛti] *sf* frittata.

o.mis.são [omis´ãw] *sf* omissione.

o.mi.tir [omit´ir] *vt* **1** omettere, preterire, saltare. **2** *fig* postergare, sorvolare.

o.mo.pla.ta [omopl´atə] *sf Anat* omoplata, scapola.

on.ça [´õsə] *sf* **1** oncia (unidade de medida). **2** *Zool* giaguaro, leopardo americano.

on.da [´õdə] *sf* onda, voga, fiotto. **ondas acústicas ou sonoras** onde acustiche o sonore. **ondas curtas e médias** onde corte e medie. **ondas elétricas** onde elettriche. **ondas luminosas** onde luminose.

on.de [´õdi] *pron* dove. • *adv* dove, ove. **de onde** di dove. **onde quer que** dovunque. **onde quer que seja** *Lit* ovunque. **para onde** dove.

on.de.ar [õde´ar] *vi Náut* ondeggiare, beccheggiare.

on.du.la.ção [õdulas´ãw] *sf* ondulazione, beccheggio.

on.du.la.do [õdul´adu] *adj* ondulato, sinuoso.

on.du.lar [õdul´ar] *vt* **1** ondulare. **2** arricciare. *vi* **3** ondulare, barcollare, fluttuare.

o.ne.rar [oner´ar] *vt* **1** gravare, dissestare. **2** *Dir* onerare.

o.ne.ro.so [oner´ozu] *adj* oneroso, gravoso.

ô.ni.bus [´onibus] *sm sing+pl* autobus. **ônibus de excursão** torpedone, corriera. **ônibus elétrico** filobus.

o.ni.po.ten.te [onipot´ẽti] *s+adj* onnipotente.

o.ní.ri.co [on´iriku] *adj* **1** onirico, di sogno. **2** *fig* chimerico.

o.ní.vo.ro [on´ivoru] *adj Biol* onnivoro.

o.no.más.ti.co [onom´astiku] *adj* onomastico.

o.no.ma.to.pei.a [onomatop´ɛjə] *sf* onomatopea.

on.tem [´õtẽj] *adv* ieri. **antes de ontem** altrieri, avantieri.

ô.nus [´onus] *sm sing+pl* **1** *Com* onere, gravame, peso. **2** *fig* carico.

on.ze [´õzi] *sm+num* undici.
o.pa.co [op´aku] *adj* **1** opaco. **2** *fig* plumbeo.
op.ção [ops´ãw] *sf Com, Dir* opzione.
ó.pe.ra [´ɔperə] *sf Mús* opera.
o.pe.ra.ção [operas´ãw] *sf* **1** operazione, maneggio. **2** *Med* chirurgia, operazione, intervento. **operação cesariana** taglio cesareo. **operação plástica** plastica, operazione plastica.
o.pe.ra.dor [operad´or] *sm* operatore. **operador de caldeira** calderaio.
o.pe.rar [oper´ar] *vt* **1** maneggiare. **2** (também *Med*) operare. *vi* **3** operare, lavorare.
o.pe.rá.rio [oper´arju] *sm* operaio, fabbro.
o.pe.ra.tó.rio [operat´ɔrju] *adj* operatorio.
o.pe.re.ta [oper´etə] *sf Mús* operetta.
o.pe.ro.so [oper´ozu] *adj* operoso.
o.pi.nar [opin´ar] *vt+vi Lit* opinare, pensare, ritenere.
o.pi.ni.ão [opini´ãw] *sf* **1** opinione. **2** idea. **3** giudizio, avviso. **4** *fig* concetto. **5** apprezzamento. **dar uma opinião** esprimere un'opinione. **em minha opinião** secondo me. **mudar de opinião** a) tornare indietro, stornarsi. b) *fig* dar di volta al cervello. **opinião política** *fig* colore.
ó.pio [´ɔpju] *sm* oppio, alloppio.
o.por [op´or] *vt* **1** opporre, contrapporre. *vpr* **2** opporsi, contrastare. **3** reagire, rifiutarsi.
o.por.tu.na.men.te [oportunam´ẽti] *adv* opportunamente, a proposito, alla stagione.
o.por.tu.ni.da.de [oportunid´adi] *sf* **1** opportunità. **2** occasione. **3** pretesto. **4** *fig* momento, tempo. **5** fortuna. **aproveitar a oportunidade** *fig* afferrare l'occasione, prendere la palla al balzo.
o.por.tu.no [oport´unu] *adj* **1** opportuno. **2** conveniente, convenevole, confacente, comodo. **ser oportuno** venire in acconcio.
o.po.si.ção [opozis´ãw] *sf* **1** opposizione. **2** obiezione. **3** contrasto, discrepanza. **4** contrarietà. **5** *Dir* resistenza. **partido de oposição** *Pol* opposizione politica.
o.po.si.tor [opozit´or] *sm+adj* avversario.
o.pos.to [op´ostu] *sm* **1** opposto. **2** contrario. **3** inverso. • *adj* **1** opposto. **2** contrario, rovescio. **3** contraddittorio.
o.pres.são [opres´ãw] *sf* **1** oppressione. **2** coercizione. **3** angheria, sopruso. **4** repressione. **5** *fig* tirannia.
o.pres.sor [opres´or] *sm* oppressore. • *adj* opprimente.
o.pri.mir [oprim´ir] *vt* **1** opprimere. **2** angariare. **3** caricare, gravare. **4** *fig* reprimere.
op.tar [opt´ar] *vt* **1** ottare per. **2** *Dir* optare per.
óp.ti.ca [´ɔptikə] *sf* **1** *Fís* ottica. **2** *fig* profilo, punto di vista. *Var: ótica.*
óp.ti.co [´ɔptiku] *sm+adj* ottico, dell'occhio. **nervo óptico** nervo ottico. *Var: ótico.*
o.pu.lên.cia [opul´ẽsjə] *sf* **1** opulenza, abbondanza. **2** *fig* grassezza.
o.pu.len.to [opul´ẽtu] *adj* **1** opulento, agiato. **2** *fig* grasso.
o.ra [´ɔrə] *conj* **1** ora. **2** orbene. **a vida é ora triste, ora alegre** la vita è ora triste, ora felice. **ora ... ora** ora ... ora.
o.ra.ção [oras´ãw] *sf* **1** *Gram* orazione. **2** *Rel* preghiera, orazione. **oração subordinada** *Gram* proposizione subordinata.
o.rá.cu.lo [or´akulu] *sm Mit* oracolo.
o.ral [or´aw] *adj* **1** orale. **2** verbale. **exame oral** esame orale. *Pl: orais.*
o.ran.go.tan.go [orãgot´ãgu] *sm Zool* orango, orangutan, urango.
o.rar [or´ar] *vi* pregare.
o.ra.tó.ria [orat´ɔrjə] *sf* oratoria, retorica.
o.ra.tó.rio [orat´ɔrju] *sm Rel, Mús* oratorio. • *adj* oratorio, dell'oratoria.
ór.bi.ta [´ɔrbitə] *sf* **1** *Astron* orbita. **2** *Anat* orbita, occhiaia.
or.ca [´ɔrkə] *sf Zool* orca.
or.dem [´ɔrdẽj] *sf* **1** ordine. **2** comando, ordinamento. **3** disciplina. **4** disposizione. **5** mandato. **6** *Zool* ordine. **7** *Mil* consegna. **à ordem de** all'ordine di. **colocar em ordem** ordinare, assettare. **em ordem** in ordine. **ordem de batalha** ordine di battaglia. **ordem de pagamento** *Com* vaglia, mandato di pagamento. **ordem do dia** ordine del giorno. **ordem dos advogados** ordine degli avvocati. **ordem religiosa** ordine religioso. **ordem universal** *fig* legge. **ordens arquitetônicas** ordini architettonici. **ordens sacras** ordini sacri. **por ordem de** da parte di.

or.de.na.ção [ordenas'ãw] *sf* ordinamento.

or.de.na.do [orden'adu] *sm* stipendio, paga. • *adj* ordinato, organizzato, sistematico.

or.de.nan.ça [orden'ãsə] *sm Mil* ordinanza, ufficiale d'ordinanza.

or.de.nar [orden'ar] *vt* **1** ordinare. **2** comandare, prescrivere, imporre. **3** coordinare. **4** comporre. **5** scalare. **6** *Rel* ordinare. *vpr* **7** (também *Rel*) ordinarsi. **ordenar as ideias** raccogliere le idee.

or.de.nha [ord'eñə] *sf* mungitura.

or.de.nhar [ordeñ'ar] *vt* mungere.

or.di.nal [ordin'aw] *adj* ordinale. *Pl: ordinais.*

or.di.ná.rio [ordin'arju] *adj* **1** ordinario. **2** triviale. **3** grossolano. **4** *pop* di dozzina. **5** *fig* plebeo. • *sm* **1** ordinario, abituale. **2** *Rel* ordinario, superiore ecclesiastico.

o.ré.ga.no [or'ɛganu] *sm Bot* origano.

o.re.lha [or'eλə] *sf* orecchio, orecchia. **ficar de orelha ligada** tendere gli orecchi, stare a orecchi tesi.

o.re.lhão [oreλ'ãw] *sm bras* telefono pubblico.

or.fa.na.to [orfan'atu] *sm* orfanotrofio, ospizio.

ór.fão ['ɔrfãw] *sm+adj* orfano. *Pl: órfãos.*

or.ga.nis.mo [organ'izmu] *sm* organismo.

or.ga.ni.za.ção [organizas'ãw] *sf* **1** organizzazione. **2** società. **3** coordinazione. **4** disciplina. **5** *fig* organismo.

or.ga.ni.za.do [organiz'adu] *adj* **1** organizzato. **2** disposto, sistematico. **3** diligente.

or.ga.ni.zar [organiz'ar] *vt* **1** organizzare. **2** coordinare, sistemare. **3** disporre, combinare. **4** *fig* costruire. *vpr* **5** organizzarsi.

or.gas.mo [org'azmu] *sm Fisiol* orgasmo.

ór.gão ['ɔrgãw] *sm Mús, Fisiol* organo. **órgão de imprensa** *fig* organo. **órgão sexual** sesso. **órgãos genitais** genitali. *Pl: órgãos.*

or.gi.a [orʒ'iə] *sf* **1** orgia, baccanale, crapula. **2** *fig* baldoria.

or.gu.lhar [orguλ'ar] *vt* **1** inorgoglire, insuperbire, infatuare. *vpr* **2** inorgoglirsi, insuperbirsi, infatuarsi, pregiarsi.

or.gu.lho [org'uλu] *sm* **1** orgoglio. **2** boria, sussiego. **3** gioiello. **4** *fig* sufficienza, cresta.

or.gu.lho.so [orguλ'ozu] *adj* **1** orgoglioso, altiero, altezzoso, borioso. **2** *fig* gonfio. • *sm Lit* otre gonfio di vento, persona molto superba. **ficar orgulhoso** montarsi, alzare le corna.

o.ri.en.ta.dor [orjẽtad'or] *sm fig* pilota, guida.

o.ri.en.tal [orjẽt'aw] *s+adj* orientale. *Pl: orientais.*

o.ri.en.tar [orjẽt'ar] *vt+vi* **1** orientare. *vpr* **2** orientarsi, regolarsi.

o.ri.en.te [ori'ẽti] *sm Geogr* oriente, est. **Extremo Oriente** Estremo Oriente.

o.ri.fí.cio [orif'isju] *sm* orifizio, buco.

o.ri.gem [or'iʒẽj] *sf* **1** origine. **2** causa, cagione. **3** stirpe, ceppo. **4** *fig* madre, fonte. **5** germe, seme, radice. **6** alba, aurora. **7 origens** *pl* origini. **dar origem a** *Lit* originare. **ter origem em** muovere da.

o.ri.gi.nal [oriʒin'aw] *sm* originale, prototipo, tipo. • *adj* **1** originale. **2** autentico. **3** curioso, geniale, singolare. **4** *fig* pittoresco. *Pl: originais.*

o.ri.gi.nar [oriʒin'ar] *vt* **1** causare, determinare. **2** *Lit* originare. **3** *fig* procurare. *vpr* **4** originarsi, derivare, emanare. **5** *fig* germogliare da.

o.ri.gi.ná.rio [oriʒin'arju] *adj* originario.

o.ri.un.do [ori'ũdu] *adj* oriundo.

or.la ['ɔrlə] *sf* **1** orlo, bordo, margine, sponda. **2** bordatura (de tecido).

or.lar [orl'ar] *vt* orlare.

or.na.do [orn'adu] *adj* ornato, adornato.

or.na.men.tal [ornamẽt'aw] *adj* ornamentale. *Pl: ornamentais.*

or.na.men.tar [ornamẽt'ar] *vt* ornare, decorare, adornare, aggraziare.

or.na.men.to [ornam'ẽtu] *sm* **1** ornamento, adornamento. **2** ornato, fregio, applicazione.

or.nar [orn'ar] *vt* **1** ornare, abbigliare. *vpr* **2** ornarsi.

or.ni.to.lo.gi.a [ornitoloʒ'iə] *sf* ornitologia.

or.ques.tra [ork'ɛstrə] *sf* orchestra.

or.quí.dea [ork'idjə] *sf Bot* orchidea.

or.to.do.xo [ortod'ɔksu] *adj* **1** ortodosso. **2** *fig* clericale. • *sm Rel* ortodosso.

or.to.gra.fi.a [ortograf'iə] *sf Gram* ortografia.
or.to.pe.di.a [ortoped'iə] *sf Med* ortopedia.
or.to.pé.di.co [ortop'εdiku] *adj Med* ortopedico.
or.to.pe.dis.ta [ortoped'istə] *s Med* ortopedico.
or.va.lho [orv'aλu] *sm* rugiada, guazza.
os [us] *art def m pl* i, gli (gl'). • *pron m pl* **1** li. **2** loro.

O artigo definido masculino plural em italiano varia conforme a letra inicial da palavra seguinte. Antes de consoante (exceto *s impura*, *ps*, *z*, *gn*, *x*), usa-se **i**: *i cani* / os cães. *i panni* / os panos. Antes de *s impura, ps, z, gn, x*, usa-se **gli**: *gli studenti* / os estudantes. *gli zii* / os tios. *gli gnomi* / os gnomos. Antes das vogais **a**, **e**, **o**, **u**, usa-se **gli**: *gli anni* / os anos. *gli eroi* / os heróis. *gli orsi* / os ursos. Antes da vogal **i**, usa-se **gl'**: *gl'indici* / os índices. Veja outras notas em **li** e **loro**.

os.ci.la.ção [osilas'ãw] *sf* oscillazione, dondolo.
os.ci.lar [osil'ar] *vi* **1** oscillare, tentennare, barcollare. **2** *fig* dondolare.
os.mo.se [ozm'ɔzi] *sf Fís* osmosi.
os.sa.da [os'adə] *sf* carogna, carcame.
ós.seo ['ɔsju] *adj* osseo.
os.so ['osu] *sm Anat* osso. **osso do pulso** nocella della mano. **osso duro de roer** *fig* osso duro. **osso sacro** *Anat* osso sacro. Veja nota em **osso** (italiano).
os.ten.si.vo [ostẽs'ivu] *adj* ostensivo, ostensibile.
os.ten.ta.ção [ostẽtas'ãw] *sf* **1** ostentazione, mostra. **2** pompa, lusso, fasto. **3** vanagloria. **4** *fam* gala.
os.ten.tar [ostẽt'ar] *vt* ostentare, affettare.
os.tra ['ostrə] *sf* ostrica. **ostra perlífera** ostrica perlifera.
os.tra.cis.mo [ostras'izmu] *sm Hist* ostracismo.
o.tá.rio [ot'arju] *sm* **1** *gír* bamboccio. **2** *fig* pesce.
ó.ti.ca ['ɔtikə] *sf V óptica.*
ó.ti.co ['ɔtiku] *sm+adj V óptico.*
o.ti.mis.mo [otim'izmu] *sm* ottimismo.
o.ti.mis.ta [otim'istə] *s* ottimista. **ser otimista** *fig* vedere rosa.
ó.ti.mo ['ɔtimu] *adj superl* (de **bom**) **1** ottimo, eccellente. **2** *fig* esimio. **3** unico.
o.ti.te [ot'iti] *sf Med* otite.
o.tor.ri.no.la.rin.go.lo.gis.ta [otor̃inolar̃igoloʒ'istə] *s Med* otorinolaringoiatra.
ou ['ow] *conj* **1** o, od. **2** oppure. **ou ... ou** o ... o. Veja nota em **o**[2] (italiano).
ou.ri.ço [owr'isu] *sm Zool* riccio.
ou.ri.ço-do-mar [owr'isudum'ar] *sm Zool* riccio di mare. *Pl: ouriços-do-mar.*
ou.ri.ves [owr'ivis] *sm sing+pl* orefice.
ou.ro ['owru] *sm* **1** oro. **2 ouros** *pl* denari, mattoni, quadri (naipe das cartas de baralho). **nem tudo o que reluz é ouro** non è tutt'oro quel che riluce. **ouro branco** oro bianco. **por todo o ouro do mundo** per tutto l'oro del mondo.
ou.sa.di.a [owzad'iə] *sf* **1** ardire, audacia, temerità, coraggio. **2** franchezza.
ou.sa.do [owz'adu] *adj* **1** ardito, audace, coraggioso. **2** franco. **3** rischioso.
ou.sar [owz'ar] *vt+vi* **1** osare, arrischiare, ardire. **2** avventurarsi.
ou.to.no [owt'onu] *sm* autunno. **no outono** in autunno.
ou.tor.ga [owt'ɔrgə] *sf* **1** approvazione, assenso. **2** assegnamento, concessione.
ou.tor.gar [owtorg'ar] *vt* **1** approvare. **2** acconsentire, assentire a. **3** assegnare, conferire.
ou.trem ['owtrẽj] *pron* altri. **de outrem** *adj+pron* altrui.
ou.tro ['owtru] *pron* altro. **a outra** *sf pop* la ganza. **de outra pessoa / dos outros** *adj+pron* altrui. *a casa dos outros* / la casa altrui. **de outro lugar** *adv* altronde. **em outro lugar** altrove. **entre outras coisas** tra le altre. **o outro** *pop* il ganzo. **os outros** gli altri. **outro dia** l'altro giorno. **por outro lado** altronde. **uma e outra** ambedue. **um e outro** ambidue. **virei outra vez** verrò un'altra volta.
ou.tro.ra [owtr'ɔrə] *adv* già, anticamente.
ou.tu.bro [owt'ubru] *sm* ottobre.
ou.vi.do [owv'idu] *sm* orecchio, orecchia. • *adj* udito. **aguçar os ouvidos** tendere gli orecchi. **chegar aos ouvidos de** venire agli orecchi di. **dizer alguma coisa no ouvido** dire una parolina in un orecchio. **fazer ouvidos de mercador** fare orecchi

di mercante. **ser todo ouvidos** esser tutt'orecchi, fare attenzione. **ter ouvido para a música** avere orecchio per la musica.

ou.vin.te [owv'ĩti] *sm* ascoltatore, uditore, auditore, chi ode.

ou.vir [owv'ir] *vt* **1** sentire, udire, ascoltare. *vi* **2** ascoltare.

o.va.ção [ovas'ãw] *sf* **1** ovazione, applauso. **2** *fig* trionfo.

o.va.ci.o.nar [ovasion'ar] *vt* (também *fig*) applaudire.

o.val [ov'aw] *adj* ovale, oblungo. • *sf* ovale, forma ovale. *Pl: ovais.*

o.vá.rio [ov'arju] *sm* **1** *Anat* ovario, ovaia. **2** *Bot* ovario.

o.ve.lha [ov'eʎə] *sf* pecora.

o.vi.no [ov'inu] *adj* ovino, pecorino.

o.vo ['ovu] *sm* uovo. **ovo duro** uovo sodo. **ovo estrelado** uovo al tegame. **ovo frito** uovo fritto. **ovo mexido** uovo strapazzato. **ovo quente** uovo da bere.

ó.vu.lo ['ɔvulu] *sm Fisiol, Bot* ovulo.

o.xi.dar [oksid'ar] *vt* **1** ossidare, arrugginire. *vpr* **2** ossidarsi, arrugginirsi.

ó.xi.do ['ɔksidu] *sm Quím* ossido.

o.xi.ge.nar [oksiʒen'ar] *vt* ossigenare. **oxigenar os cabelos** ossigenare i capelli.

o.xi.gê.nio [oksiʒ'enju] *sm Quím* ossigeno.

o.xí.to.no [oks'itonu] *adj Gram* ossitono, tronco.

o.zô.nio [oz'onju] *sm Quím* ozono.

p

p [p´e] *sm* la quindicesima lettera dell'alfabeto portoghese.

pá [p´a] *sf* pala, vanga. Veja nota em **pala** (italiano).

pa.ca [p´akə] *sf Zool* paca.

pa.ca.to [pak´atu] *adj* pacato, bonaccione.

pa.chor.ra [paʃ´or̃ə] *sf* flemma.

pa.ci.ên.cia [pasi´ẽsjə] *sf* **1** pazienza. **2** sofferenza. **3** *fig* flemma. **encher a paciência** *fam* rompere le scatole. **jogo de paciência** gioco di pazienza. **perder a paciência** a) perdere la pazienza. b) *fam* fumare.

pa.ci.en.te [pasi´ẽti] *s Med* paziente. • *adj* **1** paziente. **2** flemmatico. **3** *Gram* paziente.

pa.ci.fi.car [pasifik´ar] *vt* pacificare, calmare, rabbonire, rappacificare.

pa.cí.fi.co [pas´ifiku] *adj* **1** pacifico. **2** pacato, calmo, mansueto. **3** incontestabile.

pa.ci.fis.mo [pasif´izmu] *sm Pol* pacifismo.

pa.co.te [pak´ɔti] *sm* pacco, imballaggio, cartoccio, involto, collo.

pa.co.ti.nho [pakɔt´iñu] *sm dim* pacchetto.

pac.to [p´aktu] *sm* patto, accordo, arrangiamento.

pac.tu.ar [paktu´ar] *vt* **1** patteggiare, combinare, negoziare. *vi* **2** patteggiare, accordarsi.

pa.da.ri.a [padar´iə] *sf* panetteria, panificio, forno.

pa.de.cer [pades´er] *vt* **1** patire, subire, soffrire. *vi* **2** provare.

pa.de.ci.men.to [padesim´ẽtu] *sm* **1** patimento, sofferenza, passione. **2** *fig* inferno, tormento.

pa.dei.ro [pad´ejru] *sm* panettiere, fornaio.

pa.di.o.la [padi´ɔlə] *sf* barella.

pa.dras.to [padr´astu] *sm* patrigno.

pa.dre [p´adri] *sm Rel* prete, padre, reverendo. **Santo Padre** Santo Padre, il Papa.

pa.dri.nho [padr´iñu] *sm* padrino, compare. **padrinho num duelo** secondo.

pa.dro.ei.ro [padro´ejru] *sm Rel* patrono.

pa.dro.ni.zar [padroniz´ar] *vt* unificare, uniformare.

pa.ga.men.to [pagam´ẽtu] *sm* **1** contributo. **2** ricompensa. **3** soddisfazione, disimpegno. **4** emolumento. **5** *Com* pagamento, versamento. **6** *fig* soldo, pagnotta. **pagamento anual** annata. **pagamento à vista** pagamento in contanti. **pagamento em cheque** pagamento in assegno. **pagamento pela missa** elemosina. **pagamento semanal** settimanale. **suspender o pagamento** *Com* fare il punto.

pa.ga.nis.mo [pagan´izmu] *sm* paganesimo.

pa.gão [pag´ãw] *sm* **1** *Rel* pagano, infedele. **2** *Hist* etnico, gentile. • *adj Rel* pagano, etnico. *Pl: pagãos.*

pa.gar [pag´ar] *vt* **1** pagare. **2** ricompensare. **3** assoldare. **4** espiare (os pecados). **5** *Com* saldare. **6** versare. **7** *fig* spegnere. **pagar uma promessa** disimpegnarsi da una promessa.

pá.gi.na [p´aʒinə] *sf* pagina.

pai [p´aj] *sm* **1** padre. **2** *Lit* genitore. **3** *fig* capostipite, autore. **os pais** i genitori. **pai adotivo** padre adottivo. **pai de família** padre famiglia. **Pai Eterno** Eterno Padre.

pai.nel [pajn´ɛw] *sm Elet* quadro. *Pl: painéis.*

pai.o [p´aju] *sm* cotechino, coteghino.

pai.rar [pajr´ar] *vi* **1** svolazzare. **2** minacciare, pendere, essere imminente.
pa.ís [pa´is] *sm* paese.
pai.sa.gem [pajz´aʒẽj] *sf* paesaggio, vista.
pai.sa.no [pajz´ʌnu] *sm* **1** civile. **2** paesano, compaesano.
pai.xão [pajʃ´ãw] *sf* **1** passione, amore. **2** *fig* fuoco, febbre, vampa. **3** violenza. **a Paixão de Jesus Cristo** *Rel* la Passione di Gesù Cristo. **paixão ardente** *fig* incendio.
pa.jé [paʒ´ɛ] *sm bras* stregone.
pa.jem [p´aʒẽj] *sm Hist* paggio, valletto.
pa.la [p´alə] *sf* **1** visiera (do chapéu). **2** forca, sprone (da camisa). **3** *Hist* palla, veste greca.
pa.la.ci.a.no [palasi´ʌnu] *sm+adj* cortigiano.
pa.lá.cio [pal´asju] *sm* palazzo, castello. **palácio real** palazzo reale.
pa.la.dar [palad´ar] *sm* gusto, palato.
pa.la.fi.ta [palaf´itə] *sf* palafitta.
pa.la.to [pal´atu] *sm Anat* palato, volta palatina. **palato mole** velo palatino.
pa.la.vra [pal´avrə] *sf* **1** parola, verbo. **2** *Gram* voce. **a palavra é de prata, o silêncio é de ouro** la parola è d'argento, il silenzio è d'oro. **a palavra final** l'ultima parola. **conseguir a palavra** (em reunião) avere la parola. **dar a palavra** (em reunião) dare la parola. **em outras palavras** in altri termini. **não dizer uma só palavra** *fam* non dire sillaba. **palavra de ordem** parola d'ordine, motto. **palavras cruzadas** parole incrociate. **para bom entendedor, meia palavra basta** a buon intenditore mezza parola basta. **pedir a palavra** (em reunião) chiedere la parola. **tirar as palavras da boca de alguém** *pop* levare la parola di bocca altrui.
pa.la.vrão [palavr´ãw] *sm* parolaccia, titolo.
pa.la.vre.a.do [palavre´adu] *sm* **1** fiaba. **2** *fig* preambolo.
pa.la.vró.rio [palavr´ɔrju] *sm* fola.
pal.co [p´awku] *sm* **1** palco. **2** *Teat* palcoscenico, scena.
pa.le.on.to.lo.gi.a [paleõtoloʒ´iə] *sf* paleontologia.
pa.le.tó [palet´ɔ] *sm* giacca, giubba.
pa.lha [p´aλə] *sf* paglia. **fogo de palha** fuoco di paglia. **forrar ou cobrir de palha** impagliare.
pa.lha.ça.da [paλas´adə] *sf* carnevalata.
pa.lha.ço [paλ´asu] *sm* **1** pagliaccio, buffone. **2** *fig* pagliaccio, persona buffa.
pa.lhe.ta [paλ´etə] *sf* **1** *Mús* plettro, penna. **2** *Pint* tavolozza.
pa.lhi.nha [paλ´iñə] *sf dim* **palhinha de aço** paglia di ferro, lana d'acciaio.
pa.li.a.ti.vo [paljat´ivu] *sm+adj* palliativo.
pa.li.ça.da [palis´adə] *sf* palizzata, barriera.
pa.li.dez [palid´es] *sf* pallidezza.
pá.li.do [p´alidu] *adj* **1** pallido, livido, squallido. **2** *fig* spento, stinto.
pa.li.to [pal´itu] *sm* **1** stuzzicadenti. **2** *fig* stoccafisso, persona troppo magra. **palito de fósforo** fiammifero.
pal.ma [p´awmə] *sf* **1** *Anat* palma. **2 palmas** *pl* applauso, battimano.
pal.ma.da [pawm´adə] *sf* palmata.
pal.mei.ra [pawm´ejrə] *sf Bot* palma.
pal.mi.lha [pawm´iλə] *sf* soletta.
pal.mi.to [pawm´itu] *sm Bot* palmito, midollo commestibile della palma.
pal.mo [p´awmu] *sm* palmo.
pál.pe.bra [p´awpebrə] *sf Anat* palpebra.
pal.pi.ta.ção [pawpitas´ãw] *sf Med* palpitazione, palpito, batticuore, battito.
pal.pi.tar [pawpit´ar] *vi* **1** pulsare. **2** *Med* palpitare.
pam.pa [p´ãpə] *sm* pampa.
pa.na.ca [pan´akə] *s* sempliciotto, sciocco, allocco.
pan-a.me.ri.ca.no [pʌnamerik´ʌnu] *adj* panamericano. *Pl: pan-americanos.*
pan.ça [p´ãsə] *sf* **1** *pop* pancia. **2** *irôn* trippa. **2** *fig, dep* otre.
pan.ca.da [pãk´adə] *sf* colpo, picchio, bastonata, legnata.
pân.creas [p´ãkrjas] *sm sing+pl Anat* pancreas.
pa.ne [p´ʌni] *sf Náut, Aer* panna.
pa.ne.la [pan´ɛlə] *sf* pentola, pignatta, tegame. **panela de pressão** pentola a pressione.
pa.ne.to.ne [panet´oni] *sm* panettone.
pâ.ni.co [p´ʌniku] *sm* panico.

pa.ni.fi.ca.do.ra [panifikad´orə] *sf* panificio, forno.
pa.no [p´Λnu] *sm* panno, drappo, tessuto. **esfregar com pano** strofinare. **fazer por debaixo dos panos** *fig* fare alla macchia. **pano de boca** *Teat* sipario, tela, tenda. **pano de prato** asciugatoio, canovaccio. **pano para limpeza** strofinaccio. **pano verde da mesa de jogo** tappeto verde.
pa.no.ra.ma [panor´Λmə] *sm* panorama.
pa.no.râ.mi.ca [panor´Λmikə] *sf* panorama.
pân.ta.no [p´ãtanu] *sm* pantano, palude, acquitrino, stagno.
pan.ta.no.so [pãtan´ozu] *adj* pantanoso.
pan.te.ra [pãt´ɛrə] *sf Zool* pantera. **pantera negra** pantera nera.
pan.tu.fa [pãt´ufə] *sf* babbuccia, ciabatta.
pan.tur.ri.lha [pãtur̄´iλə] *sf Anat* polpaccio.
pão [p´ãw] *sm* pane. **pão branco** pane bianco. **pão de cada dia** *fig* pagnotta. **pão de fubá** pane giallo. **pão fresco** pane fresco. **pão sovado** pagnotta. *Pl: pães.*
pão-du.ro [pãwd´uru] *sm pop* spilorcio, lesina. *Pl: pães-duros.*
pão.zi.nho [pãwz´iñu] *sm dim* panino. *Pl: pãezinhos.*
pa.pa [p´apə] *sm* **1** *Rel* papa. *sf* **2** pappa.
pa.pa.gai.o [papag´aju] *sm* **1** *Zool* pappagallo. **2** cervo volante, aquilone. **3** *fig* persona che parla troppo. **papagaio velho não aprende a falar** cane vecchio non si avvezza al collare.
pa.pai [pap´aj] *sm fam* papà, babbo. **Papai Noel** Babbo Natale.
pa.par [pap´ar] *vt fam* pappare.
pa.pe.ar [pape´ar] *vi* ciarlare.
pa.pel [pap´ɛw] *sm* **1** carta. **2** *Cin, Teat* ruolo, parte. **3** *fig* foglio. **enrolar com papel** incartare. **fazer papel de** atteggiarsi a. **papel de carta** carta da lettere. **papel de parede** carta da parato, tappezzeria. **papel higiênico** carta igienica. **papel mata-borrão** carta assorbente. **papel ofício** carta protocollo, carta di formato protocollo. **papel pega-mosca** carta moschicida. **papel timbrado** carta intestata. *Pl: papéis.*
pa.pe.la.da [papel´adə] *sf* pratica. Veja nota em **documentação**.
pa.pe.lão [papel´ãw] *sm* cartone.
pa.pe.la.ri.a [papelar´iə] *sf* cartoleria.
pa.pel-car.bo.no [papɛwkarb´onu] *sm* cartacarbone. *Pl: papéis-carbonos, papéis-carbono.*
pa.pel-mo.e.da [papɛwmo´ɛdə] *sf* carta moneta, banconota, biglietti di banca. *Pl: papéis-moedas, papéis-moeda.*
pa.pi.nha [pap´iñə] *sf dim fam* pappa.
pa.pi.nho [pap´iñu] *sm dim pop* chiacchierata.
pa.po [p´apu] *sm* **1** *Anat, Med* gozzo. **2** *pop* chiacchierata, conversazione. **bater papo** *pop* conversare. **papo furado** *pop* chiacchiera.

Gozzo também se refere ao "papo das aves".

pa.pou.la [pap´owlə] *sf Bot* papavero.
pa.que.ra [pak´ɛrə] *sf pop* civetteria.
pa.que.ra.dor [pakerad´or] *sm pop* civettone.
pa.que.rar [paker´ar] *vt* **1** *fam* filare. *vi* **2** *pop* civettare. **3** *irôn* far la ruota.
par [p´ar] *sm* **1** pari. **2** paio. *um par de sapatos* / un paio di scarpe. **3** coppia. **4** *Hist, Pol* pari. • *adj* pari. **tirar no par ou ímpar** fare a pari e caffo.
pa.ra [p´arə] *prep* **1** in. *ir para a América* / andare in America. *traduzir para o português* / tradurre in portoghese. **2** a. *vou para Roma* / vado a Roma. **3** per. *um trem para Turim* / un treno per Torino. *há um remédio para esta doença* / c'è una medicina per questa malattia. *para mim você está enganado* / per me sei sbagliato. **4** verso. *correr para a saída* / correre verso l'uscita. **5** (com verbo no infinitivo) da. *casa para vender* / casa da vendere. **para que** perché, affinché, acciocché. *você me deu o livro para que eu o lesse* / tu mi desti il libro perché lo leggessi. Veja notas em **in** e **per**.
pa.ra.béns [parab´ẽjs] *sm pl* complimenti, congratulazioni, rallegramenti. • *interj* tanti auguri!
pa.rá.bo.la [par´abolə] *sf Geom, Lit* parabola.
pa.ra-bri.sa [parəbr´izə] *sm Autom, Aer*

P

parabrezza. **limpador de para-brisa** *Autom* tergicristallo. *Pl: para-brisas.*

pa.ra-cho.que [parəʃ´ɔki] *sm Autom* paraurti. *Pl: para-choques.*

pa.ra.da [par´adə] *sf* **1** fermata. **2** posa. **3** stazione, tappa, soggiorno. **4** *Mil* parata. Veja nota em **parata**.

pa.ra.dig.ma [parad´igmə] *sm Gram* paradigma.

pa.ra.di.sí.a.co [paradiz´iaku] *adj* paradisiaco, celestiale.

pa.ra.do [par´adu] *adj* **1** immobile, quieto. **2** *Lit* queto.

pa.ra.fi.na [paraf´inə] *sf Quím* paraffina.

pa.rá.fra.se [par´afrazi] *sf Lit* parafrasi.

pa.ra.fu.so [paraf´uzu] *sm* vite, bullone. **ele tem um parafuso a menos** *fig* gli manca un venerdì, ha poco sale in zucca. **mergulhar em parafuso** *Aer* scendere in vite, cadere in vite. **parafuso sem fim** vite senza fine, vite perpetua.

pa.rá.gra.fo [par´agrafu] *sm* **1** paragrafo. **2** clausola. **3** capoverso. **parágrafo de lei** comma. **começar um outro parágrafo** andare a capo.

pa.ra.í.so [para´izu] *sm* **1** paradiso, cuccagna. **2** *fig* paradiso, eden.

pa.ra-la.ma [parəl´ʌmə] *sm Autom* parafango. *Pl: para-lamas.*

pa.ra.le.la [paral´ɛlə] *sf Geom* parallela.

pa.ra.le.le.pí.pe.do [paralelep´ipedu] *sm Geom* parallelepipedo.

pa.ra.le.lo [paral´ɛlu] *adj* parallelo, collaterale. • *sm* confronto. **circuitos paralelos** *Elet* circuiti in parallelo.

pa.ra.li.sar [paraliz´ar] *vt* **1** paralizzare. **2** *fig* congelare, ammortire.

pa.ra.li.si.a [paraliz´iə] *sf Med* paralisi. **paralisia infantil** paralisi infantile.

pa.ra.lí.ti.co [paral´itiku] *adj* paralitico.

pa.râ.me.tro [par´ʌmetru] *sm* parametro.

pa.ra.nin.fo [paran´ĩfu] *sm* paraninfo.

pa.ra.noi.a [paran´ɔjə] *sf Psic* paranoia.

pa.ra.pei.to [parap´ejtu] *sm Arquit* parapetto, ringhiera.

pa.ra.ple.gi.a [paraple3´iə] *sf Med* paraplegia.

pa.ra.que.das [parək´ɛdas] *sm sing+pl Aer* paracadute.

pa.rar [par´ar] *vt* **1** fermare. **2** immobilizzare. **4** ritenere. **5** *fig* bloccare, sospendere. *vi* **6** cessare. **7** fermarsi, stazionare, sostare. **8** finire. **9** *Com* incagliare (comércio). **10** *fig* stagnare. **parar de** smettere di. *pare de fumar, por favor* / smetti di fumare, per piacere. **parar de falar** interrompersi. **parar em** soggiornare in. **parar um pouco** a) *vt* soffermare. b) *vi* soffermarsi. **pare com isso!** smettila! va'via, non ti credo!

pa.ra-rai.os [parər̄´ajus] *sm sing+pl* parafulmine.

pa.ra.si.ta [paraz´itə] *sm* **1** *Zool, Bot* parassita. **2** *fig* sanguisuga, strozzino.

pa.ra-ven.to [parəv´ẽtu] *sm* paravento. *Pl: para-ventos.*

par.cei.ro [pars´ejru] *sm* amante.

par.ci.al [parsi´aw] *adj* **1** parziale. **2** partigiano. **3** arbitrario. *Pl: parciais.*

par.ci.mô.nia [parsim´onjə] *sf* parsimonia, sobrietà, economia.

par.co [p´arku] *adj* parco, sobrio.

par.dal [pard´aw] *sm Zool* passero. *Pl: pardais.*

par.do [p´ardu] *adj* bigio, soriano. **gato pardo** gatto soriano.

pa.re.cer [pares´er] *vt* **1** parere. **2** sembrare. **3** somigliare a. **4** parere a. *isto parece impossível para as pessoas* / questo pare impossibile alla gente. **5** *fig* avvicinarsi a. • *sm* **1** parere, opinione, giudizio di esperto. **2** *fig* concetto. **parece que sim** pare di sì, sembra di sì. Veja nota em **parere**.

pa.re.ci.do [pares´idu] *adj* somigliante, altrettale.

pa.re.dão [pared´ãw] *sm aum* muro alto. **condenar ao paredão** *fig* mandare al muro.

pa.re.de [par´edi] *sf* **1** parete, muro. **2** *Anat* parete. **colocar contra a parede** *fig* mettere con le spalle al muro, forzare uno a decidersi. **falar com as paredes** *fig* parlare al muro. Veja nota em **muro** (italiano).

pa.re.lha [par´eλə] *sf* pariglia, muta, tiro.

pa.ren.te [par´ẽti] *sm* parente, famigliare. **os parentes** la parentela, la gente. **parente distante** parente lontano. **parente próximo** parente congiunto.

pa.ren.tes.co [parẽt´esku] *sm* parentela.
pa.rên.te.se [par´ẽtezi] *sm* (*pl* **parênteses**) **1** parentesi, inciso, spiegazione. **2** *Gram* parentesi tonda, graffa. *Var: parêntesis.*
pa.rên.te.sis [par´ẽtezis] *sm sing+pl V parêntese*.
pá.reo [p´arju] *sm Esp* palio, gara.
pa.ri.da.de [parid´adi] *sf* parità.
pa.rir [par´ir] *vt* partorire, sgravarsi.
par.la.men.tar [parlamẽt´ar] *s+adj* parlamentare, congressista. **ser um parlamentar** sedere in Parlamento. *vi* parlamentare.
par.la.men.to [parlam´ẽtu] *sm* parlamento, congresso, camera.
pá.ro.co [p´aroku] *sm* **1** *Rel* parroco, curato, prete, pievano. **2** *fig* pastore.
pa.ró.dia [par´ɔdjə] *sf Lit* parodia.
pa.ro.di.ar [parodi´ar] *vt* parodiare.
pa.ró.quia [par´ɔkjə] *sf Rel* parrocchia, cura, pieve.
pa.ro.qui.a.no [paroki´ʌnu] *sm+adj Rel* parrocchiano.
pa.ro.xí.to.no [paroks´itonu] *sm+adj Gram* parossitono.
par.que [p´arki] *sm* parco. **parque nacional** parco nazionale.
par.te [p´arti] *sf* **1** parte. **2** porzione, quota. **3** ala. **4** lato. **5** *Com* rata, riparto. **a maior parte** la maggior parte, il più, il grosso. **a maior parte já foi feita** il più è già fatto. **a melhor parte** il meglio, il migliore. **a menor parte** il meno. **à parte** da banda. **a parte de baixo/a parte inferior** il disotto. **a parte de cima/a parte superior** il disopra, il capo. **a parte de trás/a parte traseira** il di dietro, il retro. **a pior parte** il peggio, il peggiore. **as partes (de um contrato)** i contraenti. **da parte de** da parte di, da canto di. **de minha parte** per parte mia, dal mio lato. **deixar à parte** mettere a dormire. **em toda parte** a) dappertutto, dovunque. b) *Lit* ovunque. **parte em dinheiro** contributo. **por parte de mãe** per parte di madre, dal lato materno. **tomar parte** competere. Veja nota em **ala** (italiano).
par.tei.ra [part´ejrə] *sf* levatrice.
par.ti.ci.pa.ção [partisipas´ãw] *sf* **1** partecipazione. **2** adesione. **3** contributo.
par.ti.ci.par [partisip´ar] *vt* **1** partecipare. **2** parteggiare. **3** aderire.
par.ti.cí.pio [partis´ipju] *sm Gram* participio.
par.tí.cu.la [part´ikulə] *sf dim* particella. **partícula gramatical** *Gram* comma. **partícula negativa** *Gram* negativa.
par.ti.cu.lar [partikul´ar] *adj* **1** particolare. **2** peculiare. **3** privato. **4** segreto. • *sm* particolare. **em particular** in particolare.
par.ti.cu.la.ri.da.de [partikularid´adi] *sf* **1** particolarità, dettaglio. **2** *fig* prerogativa.
par.ti.da [part´idə] *sf* **1** partenza, partita, commiato. **2** *Esp* partita, gioco. **dar o sinal de partida** dare il via. **partida de automóvel** messa a punto, messa in moto. **partida de mercadorias** *Com* partita. **partida de simples** *Esp* singolo. **uma partida de café** una partita di caffè.
par.ti.dá.rio [partid´arju] *sm* **1** adepto. **2** *Pol* partigiano. • *adj* adepto.
par.ti.do [part´idu] *sm* **1** *Pol* partito. **2** *fig* setta, colore. **3** partito, vantaggio. • *adj* spezzato. **partidos de esquerda** *Pol* partiti estremi.
par.ti.lha [part´iλə] *sf* scompartimento.
par.ti.lhar [partiλ´ar] *vt* compartire, scompartire.
par.tir [part´ir] *vt* **1** partire, spartire. *vi* **2** partire, andarsene. **3** uscire. **4** allontanarsi. **5** accomiatarsi. *vpr* **6** fendersi, spezzarsi. **a partir de** a partire da, più innanzi. **estar prestes a partir** essere sulle mosse.
par.ti.tu.ra [partit´urə] *sf Mús* partitura.
par.to [p´artu] *sm* **1** parto. **2** *Poét* portato. **parto de trigêmeos** parto trigemino.
par.tu.ri.en.te [parturi´ẽti] *sf+adj* partoriente.
pás.coa [p´askwə] *sf* Pasqua.
pas.mar [pazm´ar] *vt* **1** stupire. *vpr* **2** stupirsi, formalizzarsi.
pas.mo [p´azmu] *sm* stupore, sorpresa. • *adj* sorpreso.
pas.quim [pask´ĩ] *sm* pasquinata.
pas.sa [p´asə] *sf* uva passa.
pas.sa.da [pas´adə] *sf* passo. **com passadas rápidas** a passo svelto.
pas.sa.di.ço [pasad´isu] *sm* ballatoio. • *adj* passeggero, transitorio.

P

pas.sa.di.nha [pasad´iñə] *sf dim pop* corsa.
pas.sa.do [pas´adu] *sm* passato. • *adj* **1** trascorso (tempo). **2** stantio (alimento). **3** passo, vizzo, mezzo (fruto). **no passado** nel passato, per l'addietro, già. **o ano passado** l'altr'anno.
pas.sa.gei.ro [pasaʒ´ejru] *sm* passeggero. • *adj* **1** passeggero. **2** transitorio. **3** breve, sfuggevole. **4** *Dir, Lit* transeunte. **5** *fig* caduco. **6** fragile.
pas.sa.gem [pas´aʒẽj] *sf* **1** passaggio. **2** biglietto. **3** passo, varco. **4** transito, circolazione. **5** corsia. **6** *fig* via, uscita. **ave de passagem** uccello di passo. **dar passagem** fare ala. **estar de passagem por** essere di passaggio a. **meia passagem** mezzo biglietto. **passagem de ida e volta** biglietto d'andata e ritorno. **passagem de nível** passaggio a livello. **passagem de um texto** brano, passata. **passagem do tempo** decorso. **passagem estreita** *Geogr* passo. **passagem só de ida** biglietto d'andata. **passagem subterrânea** sottopassaggio. Veja nota em **biglietto**.
pas.sa.por.te [pasap´ɔrti] *sm* passaporto.
pas.sar [pas´ar] *vt* **1** passare. **2** trascorrere, spendere. **3** varcare. **4** mandare, spedire. *vi* **5** passare. **6** correre, scorrere. *vpr* **7** succedere, accadere. **com o passar do tempo** in progresso di tempo. **passar a noite em claro** passare la notte in bianco. **passar de** oltrepassare. **passar de ano (na escola)** passare la classe. **passar desta para melhor** passare a miglior vita, morire. **passar maus bocados** passare un brutto momento. **passar na casa de alguém** passare da qualcuno. **passar para o lado inimigo** passare al nemico. **passar por inocente** passare da innocente. **passar roupa** stirare. Veja nota em **passare**.
pas.sa.re.la [pasar´ɛlə] *sf* passerella.
pas.sa.ri.nho [pasar´iñu] *sm* **1** *dim* uccelletto. **2** *vulg* uccello, membro virile.
pás.sa.ro [p´asaru] *sm* uccello, volatile. **é melhor um pássaro na mão do que dois voando** meglio un uovo oggi che una gallina domani.
pas.sa.tem.po [pasat´ẽpu] *sm* passatempo, svago, divertimento, ricreazione, trastullo.
pas.sá.vel [pas´avew] *adj* discreto. *Pl: passáveis.*
pas.se.ar [pase´ar] *vi* **1** passeggiare. **2** *fig* circolare. **ir passear** andare a passeggio.
pas.se.a.ta [pase´atə] *sf* manifestazione, dimostrazione.
pas.sei.o [pas´eju] *sm* passeggiata, passeggio, giro, gita. **dar um passeio** fare una passeggiata. **passeio no campo** scampagnata. **passeio rápido** scorsa. **passeio turístico** escursione.
pas.si.o.nal [pasjon´aw] *adj* passionale. *Pl: passionais.*
pas.si.vo [pas´ivu] *sm Com* passivo, disavanzo. • *adj* **1** passivo, apatico. **2** *Gram, Com* passivo.
pas.so [p´asu] *sm* **1** passo. **2** *Geogr* passo, varco. **acelerar o passo** allungare il passo. **ao passo que** mentre. **passo de cavalo** *Equit* passata.
pas.ta [p´astə] *sf* **1** pasta. **pasta de dentes** dentifricio, pasta dentifricia. **pasta para papéis** portafogli, cartella.

Atenção: em italiano, a palavra **pasta** se refere apenas a uma "mistura de matéria dissolvida em água" ou "massa". Nunca é usada para indicar "pasta para guardar papéis" ou "carteira".

pas.tar [past´ar] *vt+vi* **1** pascere, pascolare, mangiare (animais). **2** *fig* soffrire.
pas.tel [past´ɛw] *sm* pasticcio. *Pl: pastéis.*

Pasticcio designa uma espécie de pastelão assado ou empada. Não equivale ao pastel frito, comum no Brasil.

pas.teu.ri.zar [pastewriz´ar] *vt* pastorizzare.
pas.ti.cho [past´iʃu] *sm* **1** *Arte* pasticcio. **2** *fig* polpettone.
pas.ti.lha [past´iλə] *sf* pastiglia, pasticca.
pas.to [p´astu] *sm* pascolo.
pas.tor [past´or] *sm* **1** pastore. **2** *Rel* pastore, reverendo, sacerdote protestante.
pas.to.re.ar [pastore´ar] *vt* pascere, pascolare.
pas.to.so [past´ozu] *adj* pastoso, morbido.
pa.ta [p´atə] *sf* zampa, gamba.
pa.ta.da [pat´adə] *sf* zampata.
pa.ta.mar [patam´ar] *sm* pianerottolo, caposcala.
pa.ta.vi.na [patav´inə] *sf pop* niente, un'acca.

pa.tê [pat´e] *sm* patè.
pa.ten.te [pat´ẽti] *sf* brevetto, patente d'invenzione. • *adj* **1** patente, palese, chiaro. **2** *fig* scoperto.
pa.ten.te.ar [patẽte´ar] *vt* brevettare.
pa.ter.nal [patern´aw] *adj* paterno. *Pl: paternais.*
pa.ter.no [pat´ɛrnu] *adj* **1** paterno. **2** patrio.
pa.te.ta [pat´ɛtə] *s fig* papero.
pa.té.ti.co [pat´ɛtiku] *adj* patetico, struggente, sentimentale. • *sm Anat* patetico (nervo).
pa.ti.fa.ri.a [patifar´iə] *sf* furfanteria, vigliaccheria, canagliata.
pa.ti.fe [pat´ifi] *sm* furfante, vigliacco, mascalzone. • *adj* furfante, vigliacco, fetente.
pa.tim [pat´ĩ] *sm* pattino. **patim com rodas** pattino a rotelle.
pá.ti.na [p´atinə] *sf* patina.
pa.ti.na.ção [patinas´ãw] *sf* pattinaggio.
pa.ti.nar [patin´ar] *vi* pattinare.
pá.tio [p´atju] *sm* atrio, corte. **pátio interno de edifício** cortile.
pa.to [p´atu] *sm* **1** anatra. **2** *fig* pesce, vittima.
pa.to.lo.gi.a [patoloʒ´iə] *sf Med* patologia.
pa.trão [patr´ãw] *sm* **1** padrone, principale. **2** *fig* signore.
pá.tria [p´atrjə] *sf* **1** patria, terra natale. **2** *fig* casa. **voltar à pátria** rimpatriare.
pa.tri.ar.ca [patri´arkə] *sm* **1** *Hist* patriarca. **2** *fig* patriarca, capo di una famiglia.
pa.trí.cio [patr´isju] *sm* patrizio. • *adj* patrizio, paesano.
pa.tri.mô.nio [patrim´onju] *sm* **1** patrimonio, capitale, censo, averi. **2** *fig* ricchezza. **patrimônio cultural** patrimonio culturale.
pá.trio [p´atrju] *adj* patrio. **pátrio poder** patria potestà.
pa.tri.o.ta [patri´ɔtə] *s* patriota.
pa.tri.o.tis.mo [patrjot´izmu] *sm* patriotismo.
pa.tro.a [patr´oə] *sf* **1** padrona. **2** *fig* signora.
pa.tro.ci.nar [patrosin´ar] *vt Com, Dir* patrocinare.
pa.tro.cí.nio [patros´inju] *sm Com, Dir* patrocinio.
pa.tro.no [patr´onu] *sm* patrono.
pa.tru.lha [patr´uλə] *sf Mil* pattuglia.
pa.tru.lhar [patruλ´ar] *vt* perlustrare.
pau [p´aw] *sm* **1** bastone, bacchio. **2** *vulg* pisello, verga, organo genitale maschile. **3 paus** *pl* bastoni, fiori (naipe das cartas de baralho). **levar pau** *pop* bocciare. **pau que nasce torto morre torto** la volpe perde il pelo, non il vizio.
pau.la.da [pawl´adə] *sf* legnata, bastonata.
pau.sa [p´awzə] *sf* **1** pausa, sosta, fermata, respiro. **2** *Mús* pausa. **3** *fig* attesa, parentesi.
pau.ta [p´awtə] *sf* riga.
pau.tar [pawt´ar] *vt* rigare.
pa.vão [pav´ãw] *sm Zool* pavone.
pa.vi.lhão [paviλ´ãw] *sm* **1** padiglione. **2** stendardo, bandiera. **3** braccio di un edificio. **pavilhão auditivo** *Anat* padiglione dell'orecchio.
pa.vi.men.ta.ção [pavimẽtas´ãw] *sf* selciato.
pa.vi.men.tar [pavimẽt´ar] *vt* pavimentare, acciottolare.
pa.vi.men.to [pavim´ẽtu] *sm* **1** pavimento. **2** piano. **3** suolo.
pa.vi.o [pav´iu] *sm* **1** lucignolo, cerino. **2** miccia, stoppino.
pa.vo.a [pav´oə] *sf Zool* pavonessa.
pa.vor [pav´or] *sm* panico, spavento, terrore.
pa.vo.ro.so [pavor´ozu] *adj* **1** spaventevole, belluino. **2** *fig* tenebroso.
paz [p´as] *sf* **1** pace. **2** concordia. **3** calma. **4** *fig* bonaccia. **5** riposo. **deixar em paz** lasciare in pace. **fazer as pazes** pacificarsi, rappacificarsi. **paz eterna** pace eterna.
pê [p´e] *sm* pi, il nome della lettera P.
pé [p´ɛ] *sm* **1** base, basamento di un oggetto. **2** *Anat, Bot* piede. **3** *Poét* piè. **4** piede di un verso. **5** *Mec* supporto. **6** *Geogr* piede di un monte. **7** *Mat* piede (unidade de medida). **ao pé da letra** a rigor di termine. **ao pé da página** a piè di pagina, in calce. **apoio ou encosto para os pés** pedana. **beijar os pés de alguém** lustrare gli stivali ad uno. **colocar os pés num lugar** mettere piede in

un luogo. **dar no pé** a) *fam* battersela. b) *pop* prendere il volo. c) *fig* alzare il tacco, battere il tacco. **de pés juntos** a piè pari. **em pé** *adv* in piedi, ritto. **em pé de guerra** *Mil* in piede di guerra. **estar com o pé na cova** *pop* avere un piede nella sepoltura. **ficar a pé** restare a piedi. **ficar de pé** rizzarsi. **ir a pé** andare a piedi. **levar ao pé da letra** pigliar le parole per il loro verso. **não se aguentar de pé** non reggersi in piedi. **pé de cabra** zampa di porco. **pé de chinelo** *pop* povero diavolo. **pé de galunha** *fam* zampe di gallina. **pé de pato** *Esp* pinna. **tomar pé** pigliare piedi.

pe.ão [pe´ãw] *sm* **1** pedina, pedone degli scacchi. **2** *bras* lavoratore.

pe.ça [p´ɛsə] *sf* **1** *Mec* pezzo. **2** *Arte* fattura. **3** *fig* canzonatura, colpo, tiro. **4** *Teat* spettacolo, dramma, commedia. **peça de carne** garretto. **peça de museu** *fig, gír* caffettiera, apparecchio vecchio che funziona male. **peça de reposição** pezzo di ricambio. **peça de tecido** pezza. **peça do jogo de damas** pedina. **peça moldada** getto. **peça musical** *Mús* pezzo. **peças do jogo de xadrez** gli scacchi. **pregar uma peça** burlare.

pe.ca.do [pek´adu] *sm Rel* peccato. **pecado capital** peccato capitale. **pecado mortal** peccato mortale. **pecado original** peccato originale.

pe.ca.mi.no.so [pekamin´ozu] *adj Rel* peccaminoso, immondo.

pe.car [pek´ar] *vi* peccare.

pe.chin.cha [peʃ´ĩʃə] *sf* **1** affarone, occasione. **2** *pop* vigna.

pe.cu.li.ar [pekuli´ar] *adj* peculiare, specifico.

pe.cu.li.a.ri.da.de [pekuljarid´adi] *sf* peculiarità.

pe.cú.lio [pek´ulju] *sm* peculio.

pe.da.ci.nho [pedas´iñu] *sm dim* **1** pezzetto. **2** morseto, bocconcino. **3** brandello. **cortar em pedacinhos** tagliuzzare.

pe.da.ço [ped´asu] *sm* **1** pezzo. **2** parte, porzione. **3** boccone, morso. **4** brano. **5** fetta. **6** frammento. **cortar em pedaços** smozzicare. **fazer em pedaços com raiva** fare a pezzi. **pedaço de asno** *irôn* pezzo di asino, persona stupida. **pedaço de pano** brandello. **pedaço de pão** tozzo. **pedaço grande** fettone.

pe.dá.gio [ped´aʒju] *sm* pedaggio, balzello.

pe.da.go.gi.a [pedagoʒ´iə] *sf* pedagogia.

pe.da.go.go [pedag´ogu] *sm* pedagogo.

pé-d'á.gua [pɛd´agwə] *sm pop* acquazzone. *Pl: pés-d'água.*

pe.dal [ped´aw] *sm* pedale. *Pl: pedais.*

pe.da.lar [pedal´ar] *vi* pedalare.

pe.dan.te [ped´ãti] *adj* pedante. • *s dep* **1** pedante. **2** *fig* pinocchio.

pe.dan.tis.mo [pedãt´izmu] *sm* pedanteria.

pe.de.ras.ta [peder´astə] *sm* pederasta.

pe.des.tal [pedest´aw] *sm* **1** piedistallo, rialto. **2** dado. **3** *Mec* supporto. **colocar num pedestal** mettere sul piedistallo, esaltare. *Pl: pedestais.*

pe.des.tre [ped´ɛstri] *sm* pedone. • *adj* pedestre.

pe.di.a.tra [pedi´atrə] *s Med* pediatra.

pe.di.a.tri.a [pedjatr´iə] *sf Med* pediatria.

pe.di.cu.ra [pedik´urə] *sf* pedicure, callista.

pe.di.do [ped´idu] *sm* **1** richiesta, chiesta, domanda. **2** *Com* ordine.

pe.din.te [ped´ĩti] *s* **1** accattone. **2** *gír, fig* barbone. • *adj* pezzente.

pe.dir [ped´ir] *vt* chiedere, pregare, domandare, sollecitare.

pe.dra [p´ɛdrə] *sf* **1** pietra. **2** sasso. **3** ciottolo. **4** *Med* calcolo, pietra. **colocar uma pedra em cima de** *fig* metterci una pietra sopra, non pensarci più. **coração de pedra** cuore di sasso. **Idade da Pedra** Età della Pietra. **pedra de amolar** mola. **pedra de moinho** macina, mola. **pedra do jogo de damas** pedina. **pedra miliar** pietra miliare. **pedra preciosa** *Min* pietra preziosa, gemma, gioia.

pe.dra.da [pedr´adə] *sf* pietrata.

pe.dre.gu.lho [pedreg´uλu] *sm* ciottolo, sasso, ghiaia.

pe.drei.ra [pedr´ejrə] *sf* petraia.

pe.drei.ro [pedr´ejru] *sm* muratore.

pe.dún.cu.lo [ped´ũkulu] *sm Bot* stelo.

pe.ga.da [peg´adə] *sf* orma, pesta, traccia, pedata, vestigio. Veja nota em **vestigio**.

pe.ga.jo.so [pegaʒ´ozu] *adj* piaccicoso, appiccicoso, colloso, vischioso.

pe.gar [peg´ar] *vt* **1** prendere. **2** tenere. **3** afferrare, agguantare. **4** pigliare. **5** buscarsi. *vpr* **6** accapigliarsi, acchiapparsi, scannarsi, venire alle mani. **ir pegar algo** andare per una cosa. **pega!/pega ladrão!** acchiappalo! **pegar o touro à unha** prendere il toro per le corna. **pegar para si** appropriarsi di. **pegar pelos cabelos** acciuffare.

pe.go [p´egu] *adj* preso, giunto.

pei.do [p´ejdu] *sm vulg* peto.

pei.ti.lho [pejt´iλu] *sm* petto della camicia.

pei.to [p´ejtu] *sm Anat* **1** petto. **2** seno. **3** *gír* tetta. **peito de pombo** petto carenato.

pei.to.ril [pejtor´iw] *sm* parapetto, davanzale della finestra. *Pl: peitoris.*

pei.xe [p´ejʃi] *sm* **1** pesce. **2 Peixes** *pl Astron, Astrol* Pesci. **ser um peixe fora d'água** essere un pesce fuori dell'acqua.

pei.xe-es.pa.da [pejʃjesp´adə] *sm Zool* pesce spada. *Pl: peixes-espadas, peixes--espada.*

pei.xe-vo.a.dor [pejʃivoad´or] *sm Zool* pesce volante, pesce rondine. *Pl: peixes--voadores.*

pe.jo.ra.ti.vo [peʒorat´ivu] *adj* peggiorativo.

pe.la.do [pel´adu] *adj pop* nudo.

pe.la.gem [pel´aʒẽj] *sf Zool* pelame, mantello, colore dei peli. **pelagem de cavalo** pelo.

pe.lar [pel´ar] *vt* pelare, spelare, levare i peli.

pe.le [p´ɛli] *sf* **1** pelle, pelliccia. **2** *Anat* pelle. **casaco de peles** pelliccia. **estar na pele de alguém** *fig* trovarsi nei panni di uno. **loja de peles** pellicceria. **pele de cobra** scorza. **pele de porco** cotenna. **salvar a pele** salvare la pelle. **ser pele e osso** *fig* essere pelle ed ossa, molto magro. **tirar a pele de** spellare, scorticare.

pe.li.ça [pel´isə] *sf* pelliccia.

pe.lí.cu.la [pel´ikulə] *sf* **1** pellicola, velo. **2** film. **3** *Bot* involucro. **4** foglia della cipolla.

pe.lo [p´elu] *sm* pelo, capello. **forrado de pelos** foderato di pelo. **procurar pelo em ovo** cercare il pelo nell'uovo.

pe.lo.tão [pelot´ãw] *sm Mil* plotone.

pe.lu.do [pel´udu] *adj* peloso.

pél.vis [p´ɛwvis] *sf sing+pl Anat* pelvi.

pe.na [p´enə] *sf* **1** compassione, commiserazione. **2** pena, castigo. **3** *Dir* sanzione. **4** *fig* croce, purgatorio. **5** disciplina. **a duras penas** a malapena. **dar pena** far pietà. **pena capital/pena de morte** a) pena capitale, supplizio estremo. b) *fig* capestro. **pena de ave** penna. **pena para escrever** penna, stilo. **que pena!** peccato! che peccato! **ser uma pena** essere un peccato. **sujeito à pena de morte** pena la vita, pena la testa. **ter pena de** commiserare. **valer a pena** mettere conto, tornare conto.

pe.na.cho [pen´aʃu] *sm* pennacchio.

pe.nal [pen´aw] *adj* penale. *Pl: penais.*

pe.na.li.da.de [penalid´adi] *sf* penalità. **penalidade máxima** *V pênalti.*

pê.nal.ti [p´enawti] *sm Fut* o **penalidade máxima** *sf Fut* calcio di rigore.

pe.nar [pen´ar] *vi* penare, stentare.

pen.dên.cia [pẽd´ẽsjə] *sf* **1** pendenza. **2** dislivello.

pen.den.te [pẽd´ẽti] *adj* pendente, pendolo, controverso.

pen.der [pẽd´er] *vi* pendere, penzolare, ciondolare.

pên.du.lo [p´ẽdulu] *sm* **1** pendolo. **2** *pop* dondolo.

pen.du.ra.do [pẽdur´adu] *adj* pendente. • *adv* penzoloni, ciondoloni.

pen.du.rar [pẽdur´ar] *vt* **1** appendere, sospendere, appiccare. *vpr* **2** sospendersi.

pen.du.ri.ca.lho [pẽdurik´aλu] *sm* ciondolo, gingillo.

pe.nei.ra [pen´ejrə] *sf* buratto, crivello, staccio. **peneira grossa** cola.

pe.nei.rar [penejr´ar] *vt* abburattare, crivellare, stacciare.

pe.ne.trar [penetr´ar] *vt* **1** penetrare. **2** trapassare. **3** forare. *vi* **4** penetrare. **5** entrare. **6** intrudersi. **7** *fig* introdursi, infiltrarsi.

pe.nhas.co [peñ´asku] *sm Geogr* dirupo, rupe.

pe.nhor [peñ´or] *sm Com* pegno, caparra, arra. **tirar do penhor** disimpegnare.

pe.nho.ra [peñ´ɔrə] *sf Dir* pignorazione.

pe.nho.rar [peñor´ar] *vt Dir* pignorare.

pe.ni.ci.li.na [penisil'inə] *sf Med* penicillina.
pe.ni.co [pen'iku] *sm pop* orinale.
pe.nín.su.la [pen'ĩsulə] *sf Geogr* penisola.
pê.nis [p'enis] *sm sing+pl Anat* pene.
pe.ni.tên.cia [penit'ẽsjə] *sf* (também *Rel*) penitenza.
pe.ni.ten.ci.á.ria [penitẽsi'arjə] *sf* penitenziario, carcere, casa di pena.
pe.ni.ten.ci.á.rio [penitẽsi'arju] *adj* penitenziario.
pe.ni.ten.ci.ar [penitẽsi'ar] *vt* **1** infliggere penitenza a. **2** espiare. *vpr* **3** far penitenza. **penitenciar-se com açoite** macerarsi.
pe.no.so [pen'ozu] *adj* **1** penoso, difficile, straziante, doloroso. **2** *fig* amaro.
pen.sa.dor [pẽsad'or] *sm* **1** studioso, uomo di pensiero. **2** filosofo.
pen.sa.men.to [pẽsam'ẽtu] *sm* pensiero, pensamento, concezione.
pen.são [pẽs'ãw] *sf* **1** pensione. **2** dozzina. **dar pensão** tenere a dozzina. **pagar pensão** stare a dozzina.

Em italiano, **pensione** traduz "pensão" nos seguintes sentidos: a) "pensão paga pelo Estado". b) "pequeno hotel familiar". **Dozzina** e **retta** se referem a pagamento mensal ou outro encargo devido por particular.

pen.sar [pẽs'ar] *vt* **1** pensare. *em que você está pensando?* a che pensi? / che stai pensando? *pensar em fazer algo* / pensare di fare qualcosa. **2** giudicare. **3** credere. **4** *fig* calcolare, masticare. *vi* **5** pensare, riflettere. **6** *fig* parere a. **pensar antes de falar** studiare la parola.
pen.sa.ti.vo [pẽsat'ivu] *adj* pensieroso, cogitabondo, cupo.
pên.sil [p'ẽsiw] *adj Lit* pensile. *Pl: pênseis.*
pen.si.o.nar [pẽsjon'ar] *vt* tenere a dozzina.
pen.si.o.nis.ta [pẽsjon'istə] *s* **1** pensionante. **2** dozzinante.
pen.tá.go.no [pẽt'agonu] *sm Geom* pentagono.
pen.ta.tlo [pẽt'atlu] *sm Esp* pentatlo.
pen.te [p'ẽti] *sm* pettine.
pen.te.a.dei.ra [pẽtead'ejrə] *sf* toletta, *toilette.*
pen.te.a.do [pẽte'adu] *sm* pettinatura, acconciatura, messa in piega.
pen.te.ar [pẽte'ar] *vt* **1** pettinare, ravviare. *vpr* **2** pettinarsi, acconciarsi, ravviarsi.
pen.te.lho [pẽt'eʎu] *sm gír* rompiscatole, impiastro.
pe.nu.gem [pen'uʒẽj] *sf* **1** lanugine. **2** piumino. **3** bordone.
pe.núl.ti.mo [pen'uwtimu] *adj* penultimo.
pe.num.bra [pen'ũbrə] *sf* penombra.
pe.nú.ria [pen'urjə] *sf* **1** penuria, bisogno, scarsezza, disagio. **2** *fig* carestia, malessere.
pe.pi.no [pep'inu] *sm Bot* cetriolo.
pe.pi.ta [pep'itə] *sf Min* pepita.
pe.que.nez [peken'es] *sf* piccolezza, pochezza.
pe.que.ni.no [peken'inu] *adj afet* **1** piccolino. **2** *fig* minuscolo.
pe.que.no [pek'enu] *adj* **1** piccolo, piccino. **2** basso. **3** breve.
pe.quer.ru.cho [pekeȓ'uʃu] *adj afet* piccolino.
pe.ra [p'erə] *sf* pera.
pe.ram.bu.lar [perãbul'ar] *vi* **1** vagare. **2** *fig* svolazzare.
per.ce.ber [perseb'er] *vt* **1** percepire. **2** notare, capire, accorgersi di, rendersi conto di. **3** intuire. **4** dedurre. **5** *fig* annusare, vedere.
per.cen.ta.gem [persẽt'aʒẽj] *sf V porcentagem.*
per.cen.tu.al [persẽtu'aw] *sm* **1** percentuale. **2** *fig* aliquota. • *adj* percentuale. *Pl: percentuais.*

Atenção: **percentuale** em italiano é substantivo feminino.

per.cep.ção [perseps'ãw] *sf* **1** percezione. **2** comprensione.
per.ce.ve.jo [persev'eʒu] *sm Zool* cimice.
per.cor.rer [perkoȓ'er] *vt* percorrere, scorrere.
per.cur.so [perk'ursu] *sm* **1** percorso, corso, tragitto, corsa, tracciato. **2** *fig* cammino, via.
per.cus.são [perkus'ãw] *sf Mús* percussione, batteria.
per.da [p'erdə] *sf* **1** perdita, smarrimento. **2** danno, disavanzo. **perda de gás** fuga.

per.dão [perd'ãw] *sm* **1** perdono, remissione. **2** misericordia. **3** *Dir* perdono, grazia. **4** *Rel* perdono. **5** *fig* amnistia.
per.der [perd'er] *vt* **1** perdere, smarrire. *perder o ônibus, o trem* / perdere l'autobus, il treno. *vi* **2** perdere, essere sconfitto. *vpr* **3** perdersi. **4** smarrirsi. **5** errare. **6** dissipare. **7** *Rel* dannarsi. **8** *Lit* vagare, ire. **9** *fig* spegnersi. **a perder de vista** a perdita d'occhio. **perder quase tudo** *fig* dissanguare.
per.di.ção [perdis'ãw] *sf* perdizione, malora.
per.di.gão [perdig'ãw] *sm* pernice.
per.di.guei.ro [perdig'ejru] *sm* bracco, cane da punta.
per.diz [perd'is] *sf* pernice.
per.do.ar [perdo'ar] *vt* **1** perdonare. **2** scusare, discolpare. **3** assolvere, graziare. **4** dimettere. **5** *fig* scordare. *vi* **6** perdonare. **não perdoar ninguém** *fig* non perdonare ad alcuno.
per.du.rar [perdur'ar] *vi* **1** persistere. **2** trascinarsi. **3** deperire. **4** *Lit* perdurare.
pe.re.cer [peres'er] *vi* **1** perire, crepare. **2** morire. **3** *fig* soccombere.
pe.re.gri.nar [peregrin'ar] *vi* pellegrinare.
pe.re.gri.no [peregr'inu] *sm* pellegrino, romeo.
pe.rei.ra [per'ejrə] *sf* pero.
pe.re.ne [per'eni] *adj* perenne. **planta perene** pianta perenne.
pe.re.re.ca [perer'ɛkə] *sf* *Zool* raganella.
per.fec.ci.o.nis.mo [perfeksjon'izmu] *sf* pignoleria.
per.fec.ci.o.nis.ta [perfeksjon'istə] *s* pignolo, pinocchio.
per.fei.ção [perfejs'ãw] *sf* perfezione, eccellenza, squisitezza.
per.fei.ta.men.te [perfejtam'ẽti] *adv* perfettamente, a menadito, a pennello.
per.fei.to [perf'ejtu] *adj* **1** perfetto, impeccabile. **2** *fig* sublime, divino. • *sm* *Gram* perfetto.
per.fil [perf'iw] *sm* profilo, dintorno. **perfil literário** profilo letterario. *Pl: perfis.*
per.fi.lar [perfil'ar] *vt* **1** profilare. **2** *Mil* distendere. *vpr* **3** profilarsi. **4** fare ala.
per.fu.ma.do [perfum'adu] *adj* **1** aromatico. **2** *Poét* olente.
per.fu.mar [perfum'ar] *vt* **1** profumare, aromatizzare. *vpr* **2** profumarsi.
per.fu.ma.ri.a [perfumar'iə] *sf* profumeria.
per.fu.me [perf'umi] *sm* **1** profumo. **2** fragranza, essenza. **3** aroma.
per.fu.ra.ção [perfuras'ãw] *sf* perforazione.
per.fu.rar [perfur'ar] *vt* perforare, traforare, bucare, forare.
per.fu.ra.triz [perfuratr'is] *sf* *Min* perforatrice, trivella. **perfuratriz a ar comprimido** perforatrice ad aria compressa.
per.ga.mi.nho [pergam'iñu] *sm* pergamena, cartapecora.
per.gun.ta [perg'ũtə] *sf* chiesta, domanda, interrogazione, quesito.
per.gun.tar [pergũt'ar] *vt* chiedere, domandare, indagare, interrogare. **perguntar a si mesmo** interrogare se stesso.
pe.rí.cia [per'isjə] *sf* **1** perizia. **2** destrezza. **3** maestria. **4** competenza, pratica. **5** *Com* estimo. **6** *Dir* perizia. **perícia médica** reperto medico.
pe.ri.fe.ri.a [perifer'iə] *sf* periferia, sobborgo.
pe.ri.go [per'igu] *sm* **1** pericolo, rischio, azzardo. **2** *fig* dubbio, spettro. **colocar em perigo** porre allo sbaraglio. **correr perigo** correre pericolo. **estar em perigo** *fig* avere l'acqua alla gola.
pe.ri.go.so [perig'ozu] *adj* pericoloso, arrischiato, rischioso, azzardoso.
pe.rí.me.tro [per'imetru] *sm* perimetro.
pe.ri.ó.di.co [peri'ɔdiku] *sm* periodico, giornale non diario. • *adj* periodico, ciclico, ricorrente.
pe.rí.o.do [per'iodu] *sm* **1** periodo, ciclo, tratto. **2** *Gram, Astron, Fís* periodo. **3** *fig* fase.
pe.ri.pé.cia [perip'ɛsjə] *sf* **1** peripezia. **2** **peripécias** *pl* peripezie, sventure.
pe.ri.qui.to [perik'itu] *sm* *Zool* pappagallino verde. **periquito australiano** parrochetto.
pe.ris.có.pio [perisk'ɔpju] *sm* periscopio.
pe.ri.to [per'itu] *sm* **1** specialista, pratico. **2** *Dir* perito. • *adj* **1** perito. **2** valente, competente.
per.ju.rar [perʒur'ar] *vt* *Dir, Rel* spergiurare.

per.jú.rio [perʒ´urju] *sm Dir, Rel* spergiuro.

per.ma.ne.cer [permanes´er] *vi* rimanere, restare, permanere, fare stanza.

per.ma.nên.cia [perman´ẽsjə] *sf* permanenza, dimora.

per.ma.nen.te [perman´ẽti] *sf* permanente, ondulazione dei capelli. • *adj* **1** permanente. **2** cronico. **3** *Lit* immanente. **exército permanente** esercito permanente.

per.me.ar [perme´ar] *vt* compenetrare.

per.mis.são [permis´ãw] *sf* permissione, permesso, licenza, consentimento, annuenza. **permissão para entrar** permesso d'ingresso. **permissão para sair** permesso d'uscita.

per.mi.ti.do [permit´idu] *adj* permesso, lecito.

per.mi.tir [permit´ir] *vt* **1** permettere, autorizzare, consentire, accordare. **2** *fig* sbloccare. *vi* **3** accordare, assentire. *vpr* **4** permettersi, concedersi.

per.mu.ta [perm´utə] *sf* permuta, baratto. Veja nota em **baratto**.

per.mu.tar [permut´ar] *vt* permutare, barattare, commutare.

per.na [p´ɛrnə] *sf* **1** *Anat* gamba. **2** basamento, base (de um objeto). **de pernas para o ar** *adv* sottosopra. **estar bem das pernas** essere in gamba.

per.ni.ci.o.so [pernisi´ozu] *adj* pernicioso, dannoso.

per.ni.lon.go [pernil´õgu] *sm Zool* zanzara, culice.

per.no [p´ɛrnu] *sm Mec* perno, pernio.

per.noi.tar [pernojt´ar] *vi* pernottare.

per.noi.te [pern´ojti] *sm* **1** pernottamento. **2** fermata, bivacco.

per.nós.ti.co [pern´ɔstiku] *sm+adj* pedante.

pé.ro.la [p´ɛrolə] *sf* **1** perla. **2** *Lit* margherita. **jogar pérolas aos porcos** lavare il capo all'asino. **pérola artificial** perla orientale. **pérola barroca** perla barocca. **pérola cultivada** perla coltivata.

pe.rô.nio [per´onju] *sm Anat* peroneo.

per.pen.di.cu.lar [perpẽdikul´ar] *adj* perpendicolare. • *sf Geom* perpendicolare, linea perpendicolare.

per.pe.trar [perpetr´ar] *vt* perpetrare, compiere (crimes).

per.pe.tu.ar [perpetu´ar] *vt* **1** perpetuare. *vpr* **2** perpetuarsi.

per.pé.tuo [perp´ɛtwu] *adj* **1** perpetuo, perenne, immortale, eterno. **2** *fig* duraturo.

per.ple.xo [perpl´ɛksu] *adj* **1** perplesso, riluttante, dubbioso. **2** *fig* confuso.

per.se.gui.ção [persegis´ãw] *sf* persecuzione, incalzo, inseguimento.

per.se.guir [perseg´ir] *vt* **1** perseguitare, inseguire, incalzare, tracciare. **2** *fig* cacciare, braccare.

per.se.ve.ran.ça [persever´ãsə] *sf* **1** perseveranza. **2** *fig* tenacia.

per.se.ve.ran.te [persever´ãti] *adj* **1** perseverante, cocciuto. **2** *fig* tenace.

per.se.ve.rar [persever´ar] *vi* **1** perseverare, insistere, persistere. **2** *fig* durare.

per.si.a.na [persi´ʌnə] *sf* persiana.

per.sis.tên.cia [persist´ẽsjə] *sf* persistenza, perseveranza.

per.sis.ten.te [persist´ẽti] *adj* persistente, insistente, caparbio.

per.sis.tir [persist´ir] *vi* persistere, perseverare, seguire, continuare.

per.so.na.gem [person´aʒẽj] *s* personaggio. **personagem ilustre** *fig* personaggio, pezzo grosso.

per.so.na.li.da.de [personalid´adi] *sf* **1** personalità, temperamento. **2** *fig* statura.

per.so.ni.fi.car [personifik´ar] *vt* **1** personificare. **2** *fig* immedesimarsi.

pers.pec.ti.va [perspekt´ivə] *sf* **1** *Arte* prospettiva, vista, veduta. **2** *fig* punto di vista.

pers.pi.cá.cia [perspik´asjə] *sf* **1** perspicacia, sagacità, accortezza. **2** *fig* acutezza, acume.

pers.pi.caz [perspik´as] *adj* **1** perspicace, accorto, sagace, sottile. **2** *fig* acuto, fine.

pers.pi.rar [perspir´ar] *vi* traspirare.

per.su.a.dir [perswad´ir] *vt* **1** persuadere, convincere, dare a vedere. **2** *fig* condurre, trascinare. *vpr* **3** persuadersi, convincersi.

per.su.a.são [perswaz´ãw] *sf* persuasione, convincimento, convinzione.

per.ten.cen.te [pertẽs´ẽti] *adj* appartenente, inerente.

per.ten.cer [pertẽs´er] *vt* **1** appartenere. **2** riguardare.

per.ti.nên.cia [pertin´ẽsjə] *sf* pertinenza.
per.ti.nen.te [pertin´ẽti] *adj* pertinente.
per.to [p´ɛrtu] *adv* presso, vicino, accanto, accosto, dintorno, appresso. **ali perto** giù di lì. **muito perto** rasente. **muito perto de** rasente. **perto de** presso, vicino a, accanto a, accosto a, attorno a, appresso a. Veja nota em **appresso**.
per.tur.ba.ção [perturbas´ãw] *sf* perturbazione, turbazione, imbarazzo, scompiglio.
per.tur.ba.do [perturb´adu] *adj* perturbato, turbato, commosso.
per.tur.bar [perturb´ar] *vt* **1** perturbare, turbare, disturbare. **2** importunare. **3** sconcertare. **4** imbarazzare. **5** *fig* alterare. **6** martellare, rompere i timpani. *vi* **7** rincrescere. **8** *fig* gravare. *vpr* **9** perturbarsi, turbarsi, disturbarsi. **10** incomodarsi. **11** alterarsi, inquietarsi.
pe.ru [per´u] *sm Zool* tacchino.
pe.ru.a [per´uə] *sf* **1** *Zool* tacchina, femmina del tacchino. **2** *Autom* giardinetta. **3** furgone. **4** *fig* civetta, pavonessa, donna vanitosa.
pe.ru.ca [per´ukə] *sf* parrucca.
per.ver.são [pervers´ãw] *sf* **1** perversione, perfidia. **2** *fig* corruzione.
per.ver.si.da.de [perversid´adi] *sf* **1** perversità, perversione. **2** *fig* barbarie.
per.ver.so [perv´ɛrsu] *adj* **1** perverso, malvagio, perfido, scellerato, sciagurato. **2** *fig* diabolico.
per.ver.ter [pervert´er] *vt* **1** pervertire. **2** corrompere, depravare. **3** deturpare. **4** *fig* traviare. *vpr* **5** pervertirsi, depravarsi. **6** *fig* traviarsi.
per.ver.ti.do [pervert´idu] *sm* depravato, libidinoso.
pe.sa.de.lo [pezad´elu] *sm* incubo.
pe.sa.do [pez´adu] *adj* **1** pesante. **2** grave. **3** carico. **4** faticoso, gravoso, rude. **5** sgraziato. **6** cattivo, stantio (ar). **7** *fig* indigesto.
pe.sa.gem [pez´aʒẽj] *sf* pesaggio.
pê.sa.mes [p´ezamis] *sm pl* condoglianze.
pe.sar [pez´ar] *sm* dolore, dispiacere, agro. • *vt* **1** pesare. *pesar mercadorias* / pesare merci. *isto pesa um quilo* / questo pesa un chilo. *uma condenação pesa sobre mim* / una condanna pesa su di me. **2** soppesare, gravare. **3** *fig* calcolare, calibrare. **4** significare, essere importante. *vi* **5** pesare. *quanto você pesa?* / quanto pesi? **6** gravare, gravitare. **7** *fig* importare. *aqui a tua opinião não importa* / qui la tua opinione non pesa. **com pesar** a malincuore.
pe.sa.ro.so [pezar´ozu] *adj* **1** dolente. **2** rammaricato.
pes.ca [p´ɛskə] *sf* pesca. **pesca submarina** caccia subacquea.
pes.ca.do [pesk´adu] *sm* pesca.
pes.ca.dor [peskad´or] *sm* pescatore.
pes.car [pesk´ar] *vt* pescare. **pescar corais** pescar coralli. **pescar pérolas** pescar perle.
pes.co.ço [pesk´osu] *sm Anat* collo.
pe.so [p´ezu] *sm* **1** peso, soma, pesantezza. **2** gravame. **3** fardello. **4** *fig* peso, significato. **a peso de ouro** a peso d'oro. **livrar-se de um peso** sgravarsi. **peso atômico** *Quím* peso atomico. **peso bruto** peso lordo. **peso da balança** peso della bilancia. **peso líquido** peso netto. **peso morto** *fig* peso morto. **peso para papéis** calcafogli. **peso pesado, médio, leve, galo, pluma** *Esp* peso massimo, medio, leggero, gallo, piuma. **ter peso** contare, pesare. **tirar um peso de** sgravare.
pes.qui.sa [pesk´izə] *sf* ricerca, inchiesta, indagine.
pes.qui.sar [peskiz´ar] *vt* **1** ricercare. **2** cercare, esplorare.
pês.se.go [p´esegu] *sm* pesca.
pes.se.guei.ro [peseg´ejru] *sm* pesco.
pes.si.mis.mo [pesim´izmu] *sm* **1** pessimismo. **2** *fig* disfattismo.
pes.si.mis.ta [pesim´istə] *s* pessimista. **ser pessimista** vedere nero.
pés.si.mo [p´ɛsimu] *adj superl* (de **ruim**) **1** pessimo. **2** infame.
pes.so.a [pes´oə] *sf* **1** persona, soggetto, singolo. **2** *Gram* persona. **3** **pessoas** *fig* bocche. **certa pessoa** tale. **de pessoa a pessoa** di bocca in bocca. **outra pessoa** altro, altri. **pessoa alegre** *fig* capo ameno. **pessoa de confiança** *fig* violino di spalla. **pessoa pouco sociável** a) *fig* gufo. b) *dep*

P

gufaccio. **pessoa sem juízo** testa matta. **pessoas influentes** *fig* amicizie. **precisa sustentar quatro pessoas** ha quattro persone sulle braccia.

pes.so.al [peso´aw] *sm pop* ruolo, personale, impiegati. • *adj* **1** personale, individuale. **2** *fig* profondo. **pessoal diplomático** diplomazia. *Pl: pessoais.*

pes.so.al.men.te [pesoawm´ẽti] *adv* personalmente, di persona, sul viso.

pes.ta.na [pest´Λnə] *sf Anat* ciglio. Veja nota em **ciglio**.

pes.te [p´ɛsti] *sf* **1** peste, malattia contagiosa. **2** *fig* peste, persona cattiva. **peste bubônica** peste bubbonica. **peste suína** peste suina.

pes.ti.len.to [pestil´ẽtu] *adj* pestilente.

pes.ti.nha [pɛst´iñə] *sf dim fig* peste, bambino irrequieto.

pé.ta.la [p´ɛtalə] *sf Bot* petalo, foglia.

pe.te.ca [pet´ɛkə] *sf Esp* volano.

pe.ti.ção [petis´ãw] *sf Dir* petizione, supplica.

pe.tis.co [pet´isku] *sm* pietanza, manicaretto.

pe.tri.fi.ca.do [petrifik´adu] *adj* pietrificato. **ficar petrificado** rimanere di sasso.

pe.tri.fi.car [petrifik´ar] *vt* **1** pietrificare, impietrire. *vpr* **2** pietrificarsi, impietrirsi.

pe.tro.lei.ro [petrol´ejru] *sm Náut* petroliera.

pe.tró.leo [petr´ɔlju] *sm* petrolio.

pe.tu.lan.te [petul´ãti] *adj* petulante, audace.

pi.a [p´iə] *sf* lavabo. **pia de água benta** pila.

pi.a.da [pi´adə] *sf* **1** barzelletta, aneddoto. **2** *fig* battuta. **contar piadas** scherzare.

pi.a.do [pi´adu] *sm* pigolio, pio.

pi.a.nis.ta [pjan´istə] *s Mús* pianista.

pi.a.no [pi´Λnu] *sm Mús* piano, pianoforte. **piano de cauda** pianoforte a coda.

pi.ão [pi´ãw] *sm* girella, trottola. *Pl: piões.*

pi.ar [pi´ar] *vi* pigolare.

pi.ca [p´ikə] *sf vulg* verga, organo genitale maschile.

pi.ca.da [pik´adə] *sf* **1** puntura, pizzico. **2** beccatura. **3** *bras* sentiero. **picada de inseto** appinzatura.

pi.ca.do [pik´adu] *adj* **1** punto. **2** tagliato, trito, tagliuzzato.

pi.can.te [pik´ãti] *adj* piccante, acre. *fig* salato, saporito. **história picante** storia piccante.

pi.ca-pau [pikəp´aw] *sm Zool* picchio. *Pl: pica-paus.*

pi.car [pik´ar] *vt* **1** pungere, punzecchiare. **2** pizzicare. **3** beccare. **4** azzeccare. **5** far pizzicore. **6** tagliare, tritare, tagliuzzare.

pi.ca.re.ta [pikar´etə] *sf* piccone.

pi.che [p´iʃi] *sm* pece.

pi.cles [p´iklis] *sm pl* sottaceti.

pi.co [p´iku] *sm Geogr* picco, cresta, culmine, penna.

pi.co.tar [pikot´ar] *vt* tagliuzzare.

pi.e.da.de [pjed´adi] *sf* **1** pietà. **2** clemenza. **3** compassione, commiserazione. **4** carità. **5** *Lit* mercé. **6** *fig* cuore. • *interj* ohimè!

pi.e.do.so [pjed´ozu] *adj* **1** pietoso, clemente, caritatevole. **2** *fig* umano.

pig.men.to [pigm´ẽtu] *sm Fisiol* pigmento.

pig.meu [pigm´ew] *sm* pigmeo.

pi.ja.ma [piʒ´Λmə] *sf* pigiama.

pi.lão [pil´ãw] *sm* **1** mortaio. **2** pila.

pi.lar [pil´ar] *sm Arquit* pila, colonnino.

pi.lha [p´iλə] *sf* **1** ammasso, cumulo. **2** *Elet* batteria, pila.

pi.lha.gem [piλ´aʒẽj] *sf* saccheggio.

pi.lhar [piλ´ar] *vt* saccheggiare, rapinare.

pi.lo.ta.gem [pilot´aʒẽj] *sf* pilotaggio, guida.

pi.lo.tar [pilot´ar] *vt* pilotare, guidare.

pi.lo.to [pil´otu] *sm* **1** pilota. **2** aviatore. **3** *fig* conducente. **piloto de corrida** corridore.

pí.lu.la [p´ilulə] *sf Med* pillola, compressa.

pi.men.ta [pim´ẽtə] *sf* pepe, pimento. **pimenta vermelha** paprica.

pi.men.tão [pimẽt´ãw] *sm* peperone. **vermelho como um pimentão** rosso come un peperone.

pi.men.tei.ra [pimẽt´ejrə] *sf* pepe.

pin.ça [p´ĩsə] *sf* **1** pinzetta, pinzette. **2** *Mec* branca. **3 pinças** (de caranguejo, escorpião) *pl Zool* pinze, chele, tanaglie.

pin.cel [pĩs´ɛw] *sm* pennello. **pincel de barba** pennello per barba. *Pl: pincéis.*

pin.ce.la.da [pĩsel´adə] *sf* pennellata, colpo.

pin.ce.lar [pĩsel´ar] *vt+vi* pennellare.

pin.gar [pĩg´ar] *vt* **1** stillare. *vi* **2** gocciare, gocciolare, stillare. **3** *fig* lacrimare.

pin.gen.te [pĩʒ´ẽti] *sm* pendaglio, pendente, ciondolo, goccia. **pingente de cortina** nappa.

pin.go [p´ĩgu] *sm* **1** goccia. **2** *fig* lacrima, piccola quantità di liquido.

pin.gue-pon.gue [pĩgip´õgi] *sm Esp* ping-pong. *Pl: pingue-pongues.*

pin.guim [pĩg´wĩ] *sm* pinguino.

pi.nha [p´iñə] *sf Bot* pina, pigna.

pi.nhão [piñ´ãw] *sm Bot* pinocchio, pignolo.

pi.nhei.ro [piñ´ejru] *sm Bot* pino.

pi.no [p´inu] *sm* **1** *Mec* perno. **2** *fig* apice, culmine, apogeo. **pino de tomada** *Elet* spina.

pi.noi.a [pin´ɔjə] *sf pop* nonnulla, inezia. **uma pinoia!** *vulg* un corno!

pin.ta [p´ĩtə] *sf* macchia. **pinta falsa** neo finto. **pinta na pele** neo.

pin.ta.do [pĩt´adu] *adj* colorato.

pin.tar [pĩt´ar] *vt* **1** colorare, tingere. **2** dipingere, figurare. *vpr* **3** tingersi.

pin.tas.sil.go [pĩtas´iwgu] *sm Zool* cardellino.

pin.ti.nho [pĩt´iñu] *sm dim Zool* pulcino.

pin.to [p´ĩtu] *sm* **1** *Zool* pulcino. **2** *vulg* cazzo, uccello, organo sessuale maschile.

pin.tor [pĩt´or] *sm* pittore.

pin.tu.ra [pĩt´urə] *sf* **1** pittura. **2** tela, quadro. **pintura a aquarela** pittura ad acquarello. **pintura a guache** pittura a guazzo. **pintura a óleo** pittura a olio.

pi.o [p´iu] *sm* pio. • *adj* pio, religioso.

pi.o.lho [pi´oλu] *sm* pidocchio.

pi.or [pi´ɔr] *sm* **1** il peggio, il peggiore. *sf* **2** la peggio. • *adj compar* (de **ruim**) peggio, peggiore. • *adv compar* (de **mal**) peggio. **cada vez pior** *irôn* di bene in meglio. **de mau a pior** di male in peggio. **levar a pior** avere la peggio.

pi.o.ra [pi´ɔrə] *sf* peggioramento.

pi.o.rar [pjor´ar] *vt* **1** peggiorare, aggravare. *vi* **2** peggiorare. **3** degenerare. **4** retrocedere. **5** aggravarsi (a saúde). **6** *fig* deperire.

pi.pa [p´ipə] *sf* **1** botte, barile, bidone. **2** aquilone, cervo volante (brinquedo).

pi.que [p´iki] *sm* **1** apice, culmine. **2** agitazione, entusiasmo, frenesia. **a pique** *adv* a picco, a piombo. **ir a pique** *Náut* andare a picco, affondare.

pi.que.ni.que [piken´iki] *sm picnic.*

pi.que.te [pik´eti] *sm* picchetto.

pi.ra [p´ira] *sf* pira, rogo.

pi.ra.do [pir´adu] *sm+adj pop* matto, pazzo.

pi.râ.mi.de [pir´Λmidi] *sf Geom, Arquit* piramide.

pi.ra.nha [pir´Λñə] *sf* **1** *Zool* piranha, pesce carnivoro. **2** *gír, fig* sgualdrina, baldracca.

pi.rar [pir´ar] *vi pop* **1** ammattire, impazzire. **2** battere il tacco, scappare.

pi.ra.ta [pir´atə] *sm* pirata.

pi.ra.te.ar [pirate´ar] *vt+vi* **1** pirateggiare. **2** *fig Com* pirateggiare, plagiare, contraffare.

pi.res [p´iris] *sm sing+pl* piattino.

pi.ri.lam.po [piril´ãpu] *sm Zool* lucciola.

pi.ru.e.ta [piru´etə] *sf* **1** piroetta. **2** *Esp* volteggio.

pi.sa.da [piz´adə] *sf* pestata, pedata, orma.

pi.sa.de.la [pizad´ɛlə] *sf* calpestio.

pi.sa.do [piz´adu] *adj* pesto.

pi.sa.du.ra [pizad´urə] *sf Med* contusione.

pi.são [piz´ãw] *sm* calpestio, pedata.

pi.sar [piz´ar] *vt* pestare, calpestare. **pisar as uvas** pigiare le uve. **pisar no calo de alguém** pestare i calli ad uno, incomodarlo.

pis.ca-pis.ca [piskap´iskə] *sm Autom* lampeggiatore. *Pl: piscas-piscas, pisca--piscas.*

pis.car [pisk´ar] *vt* **1** ammicare. **2** lampeggiare. • *sm* na expressão **piscar de olhos 1** ammicco. **2** *pop* baleno. **num piscar de olhos** in un batter d'occhio. **piscar os olhos (como sinal)** strizzare gli occhi.

pis.ci.na [pis´inə] *sf* piscina, vasca.

pi.so [p´izu] *sm* pavimento. **piso de ladrilhos** pavimento a piastrelle.

pi.so.te.ar [pizote´ar] *vt* calpestare.

pis.ta [p´istə] *sf* **1** pista. **2** impronta, orma, traccia. **3** autodromo. **estreitamento de pista** strettoia, strozzatura. **pista de aterragem** pista di atterraggio. **pista de**

P

dança pista da ballo. **pista de decolagem** pista di decollo.
pis.ta.che [pist´aʃi] *sm* pistacchio.
pis.tão [pist´ãw] *sm Mús, Mec* pistone.
pis.to.la [pist´ɔlə] *sf* pistola, rivoltella.
pis.to.lão [pistol´ãw] *sm pop* amicizie.
pi.ta.da [pit´adə] *sf* pizzico, presa, zinzino.
pi.tei.ra [pit´ejrə] *sf* bocchino.
pi.to [p´itu] *sm* **1** paternale. **2** *fam* predica.
pi.to.res.co [pitor´esku] *adj* pittoresco.
pi.tu [pit´u] *sm Zool bras* gambero.
piz.za [p´itsə] *sf* pizza.
piz.zai.o.lo [pitsaj´olu] *sm* pizzaiolo.
piz.za.ri.a [pitsar´iə] *sf* pizzeria.
pla.ca [pl´akə] *sf* **1** *Autom* targa, placca. **2** *Med* placca.
pla.ci.dez [placid´es] *sf* placidezza, placidità.
plá.ci.do [pl´asidu] *adj* placido, sereno, calmo.
pla.gi.ar [plaʒi´ar] *vt* **1** plagiare, contraffare. **2** *fig* saccheggiare un autore.
plá.gio [pl´aʒju] *sm* plagio, furto.
plai.na [pl´ʌjnə] *sf* pialla.
pla.na.dor [planad´or] *sm Aer* aliante.
pla.nal.to [plan´awtu] *sm Geogr* ripiano, scaglione.
pla.nar [plan´ar] *vi* planare.
pla.ne.ja.men.to [planeʒam´ẽtu] *sm* progetto, coordinazione.
pla.ne.jar [planeʒ´ar] *vt* **1** proiettare, ideare. **2** *fig* disegnare, delineare.
pla.ne.ta [plan´etə] *sm Astron* pianeta. **o planeta Terra** globo terrestre.
pla.ne.tá.rio [planet´arju] *sm+adj* planetario.
pla.ní.cie [plan´isji] *sf Geogr* pianura, piana.
pla.ni.lha [plan´iλə] *sf* scheda per calcoli. **planilha eletrônica** *Inform* foglio elettronico.
pla.no [pl´ʌnu] *sm* **1** piano. **2** superficie piana. **3** progetto, prospetto, programma, schema. **4** *Geom* plano. **5** *fig* embrione. • *adj* piano.
plan.ta [pl´ãtə] *sf* **1** *Bot* pianta. **2** *Arquit* pianta, carta. **planta do pé** *Anat* pianta.
plan.ta.ção [plãtas´ãw] *sf* piantagione, coltivazione.
plan.ta.do [plãt´adu] *adj* **1** colto. **2** *fig* fermo, statico, immobile.
plan.tar [plãt´ar] *vt* **1** piantare, coltivare. *vpr* **2** piantarsi a. • *adj Anat* plantare.
plas.ma [pl´azmə] *sm* plasma.
plas.mar [plazm´ar] *vt* plasmare.
plás.ti.ca [pl´astikə] *sf Med* plastica.
plás.ti.co [pl´astiku] *sm* plastica. • *adj* plastico.
pla.ta.for.ma [plataf´ɔrmə] *sf* piattaforma. **plataforma continental** platea continentale.
pla.tei.a [plat´ɛjə] *sf* platea, pubblico.
pla.ti.na [plat´inə] *sf Quím, Min* platino.
pla.tô.ni.co [plat´oniku] *adj* platonico.
ple.be [pl´ɛbi] *sf dep* **1** plebe, gentaglia, gente bassa, volgo. **2** *Poét* vulgo.
ple.beu [pleb´ew] *sm Hist fig, dep* plebeo. • *adj* **1** plebeo, della plebe. **2** umile.
ple.bis.ci.to [plebis´itu] *sm Pol* plebiscito.
plei.te.ar [plejte´ar] *vt+vi* pretendere, esigere, reclamare.
ple.na.men.te [plenam´ẽti] *adv* pienamente, a pieno.
ple.ni.tu.de [plenit´udi] *sf* pienezza, interezza.
ple.no [pl´enu] *adj* pieno, assoluto, totale, illimitato.
ple.o.nas.mo [pleon´azmu] *sm Gram* pleonasmo.
pleu.ra [pl´ewrə] *sf Anat* pleura.
ple.xo [pl´ɛksu] *sm Anat* plesso.
plu.ma [pl´umə] *sf* piuma.
plu.ma.gem [plum´aʒẽj] *sf* piumaggio.
plúm.beo [pl´ũbju] *adj* plumbeo.
plu.ral [plur´aw] *sm+adj Gram* plurale. *Pl: plurais.*
plu.ra.li.da.de [pluralid´adi] *sf Lit* pluralità.
plu.vi.al [pluvi´aw] *adj* **1** piovano, della pioggia. **2** *Lit* pluviale. *Pl: pluviais.*
pneu [pn´ew] *sm Autom* pneumatico, gomma. **pneu sobressalente** ruota di ricambio.
pneu.má.ti.co [pnewm´atiku] *adj* pneumatico.
pneu.mo.ni.a [pnewmon´iə] *sf Med* polmonite.
pó [p´ɔ] *sm* polvere. **pó de arroz** cipria, polvere di riso. **tirar o pó** spolverare.

po.bre [p´ɔbri] *s* povero, nullatenente. • *adj* **1** povero, bisognoso. **2** *fig* nudo. **3** semplice. **pobre de mim!** (lamentando-se) povero me! **pobre de você!** (ameaçando) guai a te!
po.bre-di.a.bo [pɔbridi´abu] *sm pop* povero cristo. *Pl: pobres-diabos.*
po.bre.tão [pobret´ãw] *sm aum* misero, meschino.
po.bre.za [pobr´ezə] *sf* **1** povertà, disagio, ristrettezze, strettezze. **2** *fig* aridità. **3** carestia.
po.ça [p´osə] *sf* pozza, pozzanghera. **mergulhar em poça** appozzare.
po.ção [pos´ãw] *sf* pozione, beverone, beveraggio, bibita. Veja nota em **bibita**.
po.cil.ga [pos´iwgə] *sf* (também *fig*) porcile, porcaro.
po.ço [p´osu] *sm* **1** pozzo, cisterna. **2** *Min* sorgente. **poço artesiano** pozzo artesiano. **poço de conhecimento** *fig* pozzo di scienza, persona molto colta. **poço de petróleo** pozzo petrolifero. **poço de sabedoria** *fig* pozzo di sapere.
po.dar [pod´ar] *vt* potare, cimare alberi.
po.der [pod´er] *sm* **1** potere. **2** dominio. **3** balia, autorità. **4** *fig* magistero, signoria. • *vi* potere. **os poderes do Estado** *Pol* i poteri dello Stato. **plenos poderes** pieni poteri. **poder calórico dos alimentos** potere calorifico. **poder de compra** *Econ* potere d'acquisto. **poder legislativo, executivo e judiciário** potere legislativo, esecutivo e giudiziario. **pode ser (que)** può darsi (che), magari. **quarto poder** quarto potere, la stampa.
po.de.ro.so [poder´ozu] *adj* forte, gigantesco.

A palavra **poderoso** também existe em italiano, mas seu uso é apenas literário.

po.dre [p´odri] *adj* **1** marcio, putrefatto, fracido. **2** *fig* purulento. **ovo podre** uovo barlaccio. **podre de rico** ricco sfondato.
po.dri.dão [podrid´ãw] *sf* **1** fracidezza, marcio. **2** *fig* torbido.
po.ei.ra [po´ejrə] *sf* polvere.
po.e.ma [po´emə] *sm* **1** poema, poesia, canto. **2** *fig* rima. **poema sinfônico** poema sinfonico.
po.en.te [po´ẽti] *sm Geogr* ponente, tramonto.
po.e.si.a [poez´iə] *sf* **1** poesia, canto. **2** *fig* musa. **poesia dialetal/poesia escrita em dialeto** poesia vernacola. **poesia épica** epopea, epica.
po.e.ta [po´ɛtə] *sm* poeta, bardo. **poeta épico** epico.
po.é.ti.co [po´ɛtiku] *adj* poetico. **licença poética** *Lit* licenza poetica. **veia poética** *fig* vena poetica, ispirazione.
po.e.ti.sa [poet´izə] *sf* poetessa.
pois [p´ojs] *conj* **1** dunque. **2** così. **pois é!** già! **pois não!** pure (dando permissão). *pois não, diga!* / dica pure!
po.la.co [pol´aku] *sm+adj* polacco.
po.lai.na [pol´ʌjnə] *sf* ghetta.
po.lar [pol´ar] *adj* polare.
po.le.ga.da [poleg´adə] *sf* pollice.
po.le.gar [poleg´ar] *sm* pollice, dito grosso.
po.lei.ro [pol´ejru] *sm Teat* balconata. **poleiros das gaiolas** ballatoi. **poleiro de galinheiro** bastone da pollaio.
po.lê.mi.ca [pol´emikə] *sf* **1** polemica. **2** *fig* combattimento.
po.lê.mi.co [pol´emiku] *adj* polemico.
po.le.mi.zar [polemiz´ar] *vi* polemizzare, far polemica.
pó.len [p´ɔlẽj] *sm Bot* polline.
po.len.ta [pol´ẽtə] *sf* polenta.
po.li.a [pol´iə] *sf Mec* puleggia, carrucola.
po.lí.cia [pol´isjə] *sf* polizia. **polícia científica** polizia scientifica. **polícia marítima** *Náut* guardacoste. **polícia sanitária** polizia sanitaria.
po.li.ci.al [polisi´aw] *sm* **1** poliziotto, carabiniere, agente di polizia, gendarme. **2** *gír* piedipiatti, sbirro. **3** *pop* questurino. • *adj* di polizia. *Pl: policiais.*
po.li.do [pol´idu] *adj* **1** pulito. **2** cortese, gentile.
po.li.fo.ni.a [polifon´iə] *sf Mús* polifonia.
po.li.ga.mi.a [poligam´iə] *sf* poligamia.
po.lí.ga.mo [pol´igamu] *sm+adj* poligamo.
po.lí.go.no [pol´igonu] *sm Geom* poligono.
po.li.men.to [polim´ẽtu] *sm* pulimento, lustro, lustramento.
pó.lio [p´ɔlju] *sf abrev Med V poliomielite.*

po.li.o.mi.e.li.te [pɔliomiel´iti] *sf Med* poliomielite. *Abrev: polio.*

po.lir [pol´ir] *vt* **1** pulire, lucidare, lustrare, brunire. **2** *Lit* polire, forbire. **3** *fig* cesellare.

po.lis.sí.la.bo [polis´ilabu] *sm+adj Gram* polisillabo.

po.li.te.ís.mo [polite´izmu] *sm Rel* politeismo.

po.lí.ti.ca [pol´itikə] *sf* politica.

po.lí.ti.co [pol´itiku] *sm+adj* politico.

po.lo [p´ɔlu] *sm Geogr, Fís, Esp* polo. **polo aquático** pallanuoto. **polo magnético** (da Terra) polo magnetico. **polos magnéticos** (do ímã) poli magnetici, poli della calamita. **polo positivo e negativo** polo positivo e negativo.

po.lo.nês [polon´es] *sm+adj* polacco.

pol.pa [p´owpə] *sf* **1** polpa. **2** midolla, midollo. **polpa dos dentes** polpa dentaria.

pol.tro.na [powtr´onə] *sf* **1** poltrona. **2** seggio. **3** posto (em auditório, cinema, trem).

po.lu.ção [polus´ãw] *sf Med* polluzione.

po.lu.i.ção [polwis´ãw] *sf* inquinamento.

po.lu.ir [polu´ir] *vt* inquinare.

pol.vi.lhar [powviλ´ar] *vt* spolverare.

pol.vo [p´owvu] *sm Zool* polpo, piovra.

po.ma.da [pom´adə] *sf* pomata.

po.mar [pom´ar] *sm* pometo, frutteto.

pom.bal [põb´aw] *sm* colombaia. *Pl: pombais.*

pom.bo [p´õbu] *sm Zool* colombo, piccione. **pombo doméstico** piccione torraiolo.

pom.bo-cor.rei.o [põbukor̃´eju] *sm Zool* piccione viaggiatore. *Pl: pombos-correios, pombos-correio.*

po.mo [p´omu] *sm* pomo. **pomo da discórdia** *Mit, fig* pomo della discordia. **pomo de adão** *Anat* pomo d'Adamo, noce del collo.

pom.pa [p´õpə] *sf* **1** pompa, lusso, sontuosità, fasto, sfarzo. **2** *fam* gala. **3** *fig* splendore.

pom.po.so [põp´ozu] *adj* **1** pomposo. **2** lussuoso, sontuoso, fastoso. **3** solenne, ampolloso. **4** grandioso, magnifico. **5** *fig* ricco.

pon.che [p´õʃi] *sm* ponce.

pon.de.ra.ção [põderas´ãw] *sf* ponderazione.

pon.de.rar [põder´ar] *vt* **1** ponderare. **2** *fig* calcolare, pesare. *vi* **3** riflettere.

pon.ta [p´õtə] *sf* **1** punta. **2** cima. **3** estremità. **4** *Geogr* capo. **de ponta** avanzato (tecnologia, aparelho). **ponta da bigorna** cornetto. **ponta de cigarro** a) mozzicone. b) *fam* cicca. **ponta de espora** aculeo. **sair na ponta dos pés** uscire in punta di piedi.

pon.ta.da [põt´adə] *sf* puntata.

pon.ta.pé [põtap´ɛ] *sm* calcio.

pon.ta.ri.a [põtar´iə] *sf* mira, punteria.

pon.te [p´õti] *sf* **1** ponte. **2** *Náut* coperta, ballatoio. **ponte de comando** *Náut* ponte di comando. **ponte levadiça** ponte levatoio. **ponte pênsil** ponte pensile.

Atenção para o fato de que **ponte**, em italiano, é substantivo masculino.

pon.tei.ro [põt´ejru] *sm* lancetta, indice, ago.

pon.tí.fi.ce [põt´ifisi] *sm Rel* pontefice. **Sumo Pontífice** Sommo Pontefice.

pon.ti.lhar [põtiλ´ar] *vt* punteggiare.

pon.ti.nho [põt´iñu] *sm dim* puntino.

pon.to [p´õtu] *sm* **1** punto. **2** lezione. **3** *Geom* punto. **4** *Esp* punto (em jogo). **5** *fig* punto nel tempo, nello spazio. **dois pontos** *Gram* due punti. **em ponto** in punto. **esse é o ponto!** qui sta l'affare! **estar a ponto de** essere in punto di. **o ponto forte** il forte. **o ponto fraco** a) il debole. b) *fig* breccia. **ponto cardeal** *Geogr* punto cardinale. **ponto central** *fig* polpa. **ponto culminante** auge. **ponto de encontro** ritrovo. **ponto de exclamação** *Gram* punto esclamativo. **ponto de fusão** *Fís* punto di fusione. **ponto de interrogação** *Gram* punto interrogativo. **ponto de ônibus** fermata. **ponto de partida** punto di partenza. **ponto de referência** a) punto di riferimento. b) *fig* pietra miliare. **ponto de táxi** posto di tassì. **ponto de vista** a) punto di vista, profilo. b) *fig* concetto, prospettiva. **ponto e vírgula** *Gram* punto e virgola. **ponto final** *Gram* punto, punto fermo. **ponto final (de linha de ônibus)** capolinea. **ponto morto** *Autom* marcia in folle.

pon.tu.a.ção [põtwas´ãw] *sf* **1** punteggiatura. **2** *Esp* punteggio.
pon.tu.al [põtu´aw] *adj* puntuale. **ser bastante pontual** spaccare il minuto. **ser pontual** essere un orologio. *Pl: pontuais.*
pon.tu.ar [põtu´ar] *vt* punteggiare.
pon.tu.do [põt´udu] *adj* **1** appuntato, acuto, aguzzo. **2** *fig* fine, fino.
po.pa [p´opə] *sf Náut* poppa.
po.pu.la.ção [populas´ãw] *sf* popolazione.
po.pu.la.cho [popul´aʃu] *sm* popolaccio.
po.pu.lar [popul´ar] *adj* **1** popolare. **2** rinomato, conosciuto.
po.pu.la.ri.da.de [popularid´adi] *sf* **1** popolarità. **2** *fig* aura.
po.pu.la.ri.zar [populariz´ar] *vt* volgarizzare.
po.pu.lo.so [popul´ozu] *adj* popoloso.
pô.quer [p´oker] *sm* poker. *Pl: pôqueres.*
por [p´or] *prep* **1** per. **2** da. **por que** perché. *por que você está rindo?* / perché ridi? **por quê?** perché? *ela não veio à festa. e por quê?* / lei non è venuta alla festa. e perché? Veja nota em **per**.
pôr [p´or] *vt* **1** porre, mettere, apporre. *vpr* **2** porsi, mettersi. **3** *Astron* tramontare, declinare, calare, volgersi al tramonto. **pôr do sol** a) tramonto b) *Lit, Poét* occaso. **pôr no chão** deporre. **pôr-se a** mettersi a. *ele se pôs a cantar* / si mise a cantare.
po.rão [por´ãw] *sm* sotterraneo.
por.ca [p´ɔrkə] *sf* **1** porca, scrofa, troia. **2** *vulg* maiala. **3** *Mec* madrevite, chiocciola.
por.ca.lhão [porkaλ´ãw] *sm* **1** porcaccione. **2** *pop* sporcaccione. **3** *fig* porco, maiale.
por.ção [pors´ãw] *sf* porzione, parte, fetta, partita. **meia porção** mezza. **porção de batatas** porzione di patate. Veja nota em **mezza**.
por.ca.ri.a [porkar´iə] *sf* **1** porcheria, immondezza, sudiciume. **2** *pop* immondizia. **3** *fig* porcheria, lavoro mal fatto.
por.ce.la.na [porsel´ʌnə] *sf* porcellana.
por.cen.ta.gem [porsẽt´aʒẽj] *sf* **1** percento. **2** tenore. *Var: percentagem.*
por.co [p´orku] *sm* **1** *Zool* porco, suino. **2** *pop* sporcaccione. • *adj* **1** sporco. **2** *fam* immondo. **porco castrado** maiale.
por.co-es.pi.nho [porkwesp´iñu] *sm Zool* istrice, riccio. *Pl: porcos-espinhos, porcos-espinho.*
po.rém [por´ẽj] *conj* **1** però. **2** ma tuttavia. **3** pure. Veja nota em **e**[2] (italiano).
por.me.nor [pormen´ɔr] *sm* dettaglio.
por.me.no.ri.zar [pormenoriz´ar] *vt* dettagliare.
por.no.gra.fi.a [pornograf´iə] *sf* pornografia.
po.ro [p´ɔru] *sm* poro.
po.ro.so [por´ozu] *adj* poroso.
por.que [pork´e] *conj* perché, ché. *não trabalhei hoje porque estou doente* / non ho lavorato oggi perché sono malato.
por.quê [pork´e] *sm* il perché, motivo, ragione. *você sabe me dizer o porquê?* / sai dirmi il perché?
por.re [p´ɔr̄i] *sm pop* sbornia. **tomar um porre** prendere una sbornia.
por.re.te [por̄´eti] *sm* clava, randello.
por.ta [p´ɔrtə] *sf* porta, uscio. **esmolar de porta em porta** andare di porta in porta. **porta de carro** portiera. **sentença a portas fechadas** *Dir* sentenza a porte chiuse.
por.ta-a.vi.ões [pɔrtəavi´õjs] *sm sing+pl Náut* portaerei.
por.ta-ban.dei.ra [pɔrtəbãd´ejrə] *sm Mil* portabandiera. *Pl: porta-bandeiras.*
por.ta.dor [portad´or] *sm Com* portatore (de um cheque).
por.ta-es.tan.dar.te [pɔrtəestãd´arti] *sm Mil* gonfaloniere. *Pl: porta-estandartes.*
por.ta-joi.as [pɔrtəʒ´ɔjəs] *sm sing+pl* portagioielli.
por.tal [port´aw] *sm Arquit* portale. *Pl: portais.*
por.ta-lu.vas [pɔrtəl´uvas] *sm sing+pl Autom* cassetto del cruscotto.
por.ta-ma.las [pɔrtəm´alas] *sm sing+pl Autom* bagagliaio, portabagagli.
por.ta-mo.e.das [pɔrtəmo´ɛdas] *sm sing+pl* portamonete.
por.ta-ní.queis [pɔrtən´ikejs] *sm sing+pl* borsellino.
por.tan.to [port´ãtu] *conj* **1** pertanto, dunque, quindi, perciò, così. **2** allora, ora.
por.tão [port´ãw] *sm* porta, porta d'ingresso.
por.tar [port´ar] *vt* **1** portare. *vpr* **2** portarsi, comportarsi, agire.

P

por.ta-re.tra.tos [pɔrtərêtr´atus] *sm sing+pl* portaritratti.
por.ta.ri.a [portar´iə] *sf* portineria.
por.tá.til [port´atiw] *adj* portabile. *Pl: portáteis.*
por.ta-voz [pɔrtəv´ɔs] *sm* **1** portavoce. **2** *fig* araldo. *Pl: porta-vozes.*
por.te [p´ɔrti] *sm* **1** portamento, andatura, atteggiamento. **2** *Com* porto. **porte de arma** porto d'armi. **porte pago** porto pagato.
por.tei.ra [port´ejrə] *sf* portiera.
por.tei.ro [port´ejru] *sm* portiere, portinaio, usciere, custode.
pór.ti.co [p´ɔrtiku] *sm Arquit* portico.
por.to [p´ortu] *sm* **1** *Náut* porto, scalo, approdo. **2** *Geogr* rada. **3** *fig* sbarco.
por.tu.á.rio [portu´arju] *adj* portuale.
por.tu.guês [portug´es] *sm+adj* portoghese.
por.tu.gue.sis.mo [portugez´izmu] *sm* portoghesismo.
por.ven.tu.ra [porvẽt´urə] *adv* forse.
por.vir [porv´ir] *sm* futuro.
po.sar [poz´ar] *vi Arte* posare. **posar de** posare a. *ela posa de grande atriz* / lei posa a grande attrice.
po.se [p´ozi] *sf* **1** *Arte* posa. **2** *fig* sfoggio.
po.si.ção [pozis´ãw] *sf* **1** posizione. **2** veci. **posição social** *fig* stato, condizione.
po.si.ci.o.nar [pozisjon´ar] *vt* **1** collocare. *vpr* **2** collocarsi.
po.si.ti.vo [pozit´ivu] *adj* **1** positivo. **2** benefico, costruttivo. • *sm Fot* positiva.
pos.por [posp´or] *vt* posporre.
pos.san.te [pos´ãti] *adj* **1** forte, gigantesco. **2** *Poét* possente.
pos.se [p´ɔsi] *sf* **1** possesso. **2** possedimento, padronanza, dominio. **3** godimento. **4** ingresso (num cargo). **5** *fig* signoria. **6 posses** *pl* possessioni, beni, averi. **dar posse de (um cargo)** insediare. **ter posses** aver possessioni. **tomar posse de** appropriarsi di, impadronirsi di. **tomar posse (de um cargo)** insediarsi.
pos.ses.são [poses´ãw] *sf* **1** possessione. **2** possesso. **3** ossessione. **4** *Pol* possedimento.
pos.ses.si.vi.da.de [posesivid´adi] *sf* possessività, gelosia.
pos.ses.si.vo [poses´ivu] *adj* **1** *Gram* possessivo. **2** *fig* possessivo, geloso.
pos.ses.so [pos´ɛsu] *sm* ossesso.
pos.ses.sor [poses´or] *sm V possuidor.*
pos.si.bi.li.da.de [posibilid´adi] *sf* **1** possibilità. **2** probabilità. **3** alternativa.
pos.sí.vel [pos´ivew] *sm* possibile. • *adj* possibile, probabile, fattibile. **é possível** magari. **fazer o possível e o impossível** fare il possibile e l'impossibile. *Pl: possíveis.*
pos.su.í.do [posu´idu] *sm+adj* ossesso, energumeno.
pos.su.i.dor [poswid´or] *sm* possessore. *Sin: possessor.*
pos.su.ir [posu´ir] *vt* **1** possedere. **2** avere. **3** tenere. **possuir uma alma** invasare un'anima.
pos.tal [post´aw] *adj* postale, della posta. *Pl: postais.*
pos.tar [post´ar] *vt* **1** (também *Mil*) impostare, smistare. *vpr* **2** postarsi. **postar uma carta** imbuccare una lettera.
pos.te [p´ɔsti] *sm* palo.
pos.ter.gar [posterg´ar] *vt* **1** postergare. **2** posporre. **3** trascurare.
pos.te.ri.or [posteri´or] *adj* posteriore, successivo, seguente, ulteriore.
pos.te.ri.or.men.te [posterjorm´ẽti] *adv* posteriormente, dopo.
pos.ti.ço [post´isu] *adj* posticcio, finto.
pos.to [p´ostu] *sm* **1** posto, carica, funzione. **2** *Mil* posto, grado. **3** *fig* seggio. • *adj* posto, messo. **a posto!** a posto! **colocar-se a postos** impostarsi. **isso posto** posto ciò. **posto avançado** *Mil* posto avanzato, presidio. **posto de coronel** *Mil* posto di colonnello. **posto de fronteira** *Mil* barriera. **posto de gasolina** stazione di rifornimento. **posto de guarda** posto di guardia. **posto de pronto-socorro** posto di pronto soccorso. **posto de saúde** ufficio sanitario. **posto que** *conj* posto che, contuttoché.
pos.tu.lan.te [postul´ãti] *s Dir* postulante, ricorrente.
pos.tu.lar [postul´ar] *vt Dir* postulare, ricorrere.
pós.tu.mo [p´ɔstumu] *adj* postumo.
pos.tu.ra [post´urə] *sf* gesto, atteggiamento.

po.tás.sio [pot´asju] *sm Quím* potassio.
po.tá.vel [pot´avew] *adj* potabile. *Pl: potáveis.*
po.tên.cia [pot´ẽsjə] *sf* **1** potenza. **2** efficacia. **3** *Mil* forza.
po.ten.ci.a.ção [potensias´ãw] *sf Mat* elevazione a potenza.
po.ten.ci.al [potẽsi´aw] *sm+adj* potenziale. *Pl: potenciais.*
po.ten.te [pot´ẽti] *adj* **1** potente. **2** baldo. **3** efficace. **4** *Poét* possente. **5** *fig* forte.
po.tro [p´otru] *sm* puledro, cavallino.
pou.co [p´owku] *sm* poco, pizzico. • *adj* poco. *pouco tempo* / poco tempo. *pouca coisa* / poca cosa. *poucos homens* / pochi uomini. *poucas mulheres* / poche donne. • *adv* poco. *você fala pouco* / parli poco. **aos poucos/pouco a pouco** a poco a poco, pianino, a goccia a goccia. **daqui a pouco** fra poco. **há pouco** poco fa, poc'anzi. **nem um pouco** punto. *ele não é nem um pouco educado* / non è punto gentile. **por pouco** per poco. **um pouco** alquanto. *um pouco baixo* / alquanto basso. **um pouco de** un po' di. *um pouco de açúcar* / un po' di zucchero. Veja nota em **guari**.
pou.pan.ça [powp´ãsə] *sf* risparmio, economia.
pou.par [powp´ar] *vt* **1** risparmiare. **2** economizzare, capitalizzare. *vpr* **3** risparmiarsi.
pou.qui.nho [powk´iñu] *sm dim* **1** pizzico, manetta, assaggio. **2** *fig* un grano di qualcosa.
pou.sa.da [powz´adə] *sf* **1** locanda, albergo. **2** *Mil* posata.
pou.sar [powz´ar] *vt* **1** posare, deporre. *vi* **2** posarsi. **3** *Aer* atterrare.
pou.so [p´owzu] *sm Aer* atterraggio.
po.vão [pov´ãw] *sm pop* plebe.
po.vo [p´ovu] *sm* **1** popolo. **2** gente. **3** pubblico. **4** *dep* i plebei. **5** *fig* razza, stirpe. **homem do povo** uomo del popolo. **vir do povo** venire dal popolo.
po.vo.a.do [povo´adu] *sm* borgo.
po.vo.ar [povo´ar] *vt* popolare, colonizzare.
pra.ça [pr´asə] *sf* **1** piazza, largo. **2** *Com* piazza. **praça pública** foro.
pra.da.ri.a [pradar´iə] *sf* prateria.
pra.do [pr´adu] *sm* prato.
pra.ga [pr´agə] *sf* **1** imprecazione. **2** peste. **3** *fig* bubbone, morbo.
pra.gue.jar [pragеʒ´ar] *vi* imprecare, inveire, bestemmiare.
prai.a [pr´ajə] *sf* spiaggia, piaggia, riva, sponda, lido.
pran.cha [pr´ãʃə] *sf* asse. **prancha de madeira** tavola.
pran.to [pr´ãtu] *sm* **1** pianto. **2** *Lit* gemito.
pra.ta [pr´atə] *sf Min* argento.
pra.te.a.do [prate´adu] *adj* argentino.
pra.te.lei.ra [pratel´ejrə] *sf* ripiano, scaffale.
prá.ti.ca [pr´atikə] *sf* **1** pratica. **2** prassi, esercizio. **3** conoscenza. **pôr em prática/ colocar em prática** porre in atto. **ter prática em** essere pratico di.
pra.ti.car [pratik´ar] *vt* **1** praticare, mettere in pratica, esercitare, commettere. *vi* **2** esercitare.
prá.ti.co [pr´atiku] *adj* **1** pratico. **2** realistico. **3** funzionale, comodo. • *sm* pratico, esperto.
pra.to [pr´atu] *sm* **1** piatto. **2** alimento, vivanda, pietanza. **3** *pop* cibo. **4 pratos** *pl Mús* piatti, cimbali. **como segundo prato** di secondo. **o prato do toca-discos** il piatto del giradischi. **o primeiro prato** il primo piatto. **prato da balança** piatto della bilancia, guscio della bilancia. **prato fundo** *pop* fondina. **lavador de pratos** lavapiatti.
pra.xe [pr´aʃi] *sf* prassi, cerimonia, forma. **de praxe** di ritto, convenzionale.
pra.zer [praz´er] *sm* piacere, diletto, delizia, gusto, godimento, grado. **com prazer** volentieri, di tutto cuore. **com prazer!** si figuri! **muito prazer**! molto lieto! **tenho muito prazer em conhecê-lo(a)!** sono lieto di fare la vostra conoscenza! **ter prazer** godere.
pra.ze.ro.so [prazer´ozu] *adj* dilettoso, piacevole.
pra.zo [pr´azu] *sm* termine, scadenza. **a curto prazo** a breve scadenza. **a longo prazo** a lunga scadenza. **vender e pagar a prazo** vendere e pagare a rate.
pre.a.mar [pream´ar] *sf Náut* flusso.
pre.âm.bu.lo [pre´ãbulu] *sm* preambolo.

P

pre.a.nun.ci.ar [preanũsi´ar] *vt* preannunciare, anticipare, preannunziare.
pre.cá.rio [prek´arju] *adj* precario.
pre.cau.ção [prekaws´ãw] *sf* precauzione, previdenza, cautela, riguardo.
pre.ca.ver [prekav´er] *vt* **1** prevenire. *vpr* **2** assicurarsi.
pre.ca.vi.do [prekav´idu] *adj* guardingo.
pre.ce [pr´ɛsi] *sf* **1** preghiera, orazione. **2** *Lit, Poét* prece.
pre.ce.dên.cia [presed´ẽsjə] *sf* precedenza, antecedenza.
pre.ce.den.te [presed´ẽti] *sm* precedente. • *adj* precedente, previo.
pre.ce.der [presed´er] *vt* **1** precedere, prevenire, anticipare. *vi* **2** precedere.
pre.cei.to [pres´ejtu] *sm* **1** precetto. **2** prescrizione, norma. **3** massima. **4** *Rel* canone.
pre.ci.o.so [presi´ozu] *adj* prezioso, inestimabile.
pre.ci.pí.cio [presip´isju] *sm* precipizio, dirupo, balza, baratro.
pre.ci.pi.ta.ção [presipitas´ãw] *sf* precipitazione, premura, fretta, impazienza.
pre.ci.pi.ta.do [presipit´adu] *adj* frettoloso, impaziente.
pre.ci.pi.tar [presipit´ar] *vt* **1** precipitare. *vpr* **2** precipitarsi.
pre.ci.sa.men.te [presizam´ẽti] *adv* precisamente, appunto, proprio.
pre.ci.são [presiz´ãw] *sf* **1** precisione. **2** accuratezza, esattezza. **3** chiarezza, nitidezza. **instrumentos de precisão** strumenti di precisione.
pre.ci.sar [presiz´ar] *vt* **1** precisare, spiegare, definire. **2** occorrere, bisognare. **3** aver bisogno di, necessitare.

Em italiano, **precisare** nunca é usado no sentido de "ser preciso", "ser necessário"; nesse caso, usa-se: a) **occorrere** ou **bisognare**, quando o verbo é impessoal. *precisa haver uma punição para estes crimes* / bisogna aver una punizione per questi delitti. b) **aver bisogno di** ou **necessitare**, quando pessoal. *preciso sair* / ho bisogno di uscire.

pre.ci.so [pres´izu] *adj* **1** preciso. **2** nitido. **3** accurato, esatto. **4** testuale. **5** giusto. **6** *fig* matematico. **instrumento preciso** strumento sensibile. **ser muito preciso** (relógio) spaccare il minuto. **ser preciso/ ser necessário** bisognare, esser mestiere. *é preciso ter paciência* / bisogna aver pazienza.
pre.ço [pr´esu] *sm* prezzo, costo. **preço de custo** prezzo di costo. **preço de venda** prezzo di vendita. **preço unitário** prezzo unitario.
pre.co.ce [prek´ɔsi] *adj* **1** precoce, prematuro. **2** *fig* immaturo.
pre.con.ce.bi.do [prekõseb´idu] *adj* preconcetto.
pre.con.cei.to [prekõs´ejtu] *sm* pregiudizio, preconcetto.
pre.co.ni.zar [prekoniz´ar] *vt Lit* preconizzare.
pre.cur.sor [prekurs´or] *sm* precursore, antecessore. • *adj* precursore.
pre.da.dor [predad´or] *sm* predatore.
pre.de.ces.sor [predeses´or] *adj* predecessore.
pre.des.ti.nar [predestin´ar] *vt* predestinare, predire, annunciare.
pre.de.ter.mi.nar [predetermin´ar] *vt* predeterminare, prefiggere.
pre.di.ca.do [predik´adu] *sm* **1** *Gram* predicato. **2** *fig* dote, pregio, virtù.
pre.di.ção [predis´ãw] *sf* predizione, profezia.
pre.di.le.ção [prediles´ãw] *sf* predilezione.
pre.di.le.to [predil´ɛtu] *sm+adj* prediletto, diletto.
pré.dio [pr´ɛdju] *sm* palazzo.
pre.dis.por [predisp´or] *vt* **1** predisporre, approntare. *vpr* **2** predisporsi.
pre.dis.po.si.ção [predispozis´ãw] *sf* **1** predisposizione. **2** vocazione. **3** *Med* disposizione.
pre.di.to [pred´itu] *adj* anzidetto.
pre.di.zer [prediz´er] *vt* predire, profetizzare, augurare.
pre.do.mi.nan.te [predomin´ãti] *adj* predominante.
pre.do.mi.nar [predomin´ar] *vi* **1** predominare. **2** *fig* regnare.
pre.do.mí.nio [predom´inju] *sm* predominio, supremazia, impero.
pre.en.cher [preẽʃ´er] *vt* **1** riempire formu-

lário. **2** eseguire, compiere. **3** soddisfare (uma exigência).

pre.fá.cio [pref´asju] *sm* prefazione, presentazione, preambolo.

pre.fei.to [pref´ejtu] *sm* sindaco, prefetto.

pre.fei.tu.ra [prefejt´urə] *sf* prefettura.

pre.fe.rên.cia [prefer´ẽsjə] *sf* preferenza, predilezione.

pre.fe.ri.do [prefer´idu] *sm* **1** prediletto, favorito. **2** *fam* cucco. **3** *gír* cocco. • *adj* prediletto, favorito.

pre.fe.rir [prefer´ir] *vt* **1** preferire, scegliere. **2** *fig* anteporre.

pre.fi.xa.do [prefiks´adu] *adj* prefisso.

pre.fi.xar [prefiks´ar] *vt* prefiggere, predeterminare.

pre.fi.xo [pref´iksu] *sm Gram* prefisso.

pre.ga [pr´ɛgə] *sf* **1** piega, rivolta. **2** grinza.

pre.ga.ção [pregas´ãw] *sf Rel* predica, sermone.

pre.ga.dor [pregad´or] *sm Rel* predicatore.

pre.gar [preg´ar] *vt* **1** affissare, affiggere, applicare, attaccare. **2** inchiodare. **3** *Rel* predicare. **pregar no deserto** *fig* predicare al deserto **pregar uma peça em alguém** *fig* accoccarla a uno.

pre.go [pr´ɛgu] *sm* chiodo. **bater um prego** ribadire.

pre.gue.ar [prege´ar] *vt* pieghettare.

pre.gui.ça [preg´isə] *sf* **1** pigrizia, indolenza, inerzia. **2** *fig* letargo, torpore. **3** *Zool* bradipo.

pre.gui.ço.so [pregis´ozu] *adj* **1** pigro, indolente. **2** *fig* svogliato, addormentato. • *sm* bighellone, fannullone, scansafatiche. **ficar preguiçoso** anneghittire.

pré-his.tó.ri.co [prɛist´ɔriku] *adj* preistorico. *Pl: pré-históricos.*

pre.ju.di.car [preʒudik´ar] *vt* **1** pregiudicare, danneggiare, nuocere. **2** *fig* dare il gambetto ad uno. *vpr* **3** pregiudicarsi. **prejudicar a si mesmo** *pop* darsi la zappa sui piedi. **prejudicar mais ainda** *fig* compire l'opera.

pre.ju.di.ci.al [preʒudisi´aw] *adj* **1** pregiudiziale, dannoso, infesto. **2** *fig* mortifero. *Pl: prejudiciais.*

pre.ju.í.zo [preʒu´izu] *sm* **1** pregiudizio. **2** danno, disavanzo, guasto, svantaggio. **3** detrimento. **com o prejuízo de** a scapito di.

pre.li.mi.nar [prelimin´ar] *sf+adj* preliminare.

pre.lo [pr´ɛlu] *sm* torchio.

pre.lú.dio [prel´udju] *sm* **1** preludio. **2** *Mús* preludio, apertura, entrata.

pre.ma.tu.ro [premat´uru] *adj* **1** prematuro, precoce. **2** *fig* immaturo.

pre.me.di.tar [premedit´ar] *vt Dir* premeditare.

pre.mer [prem´er] *vt* premere, pigiare.

pre.mi.ar [premi´ar] *vt* premiare, ricompensare, rimunerare, gratificare.

prê.mio [pr´emju] *sm* **1** premio. **2** ricompensa, taglia. **3** *Esp* premio, competizione, gara. **4** *Com* premio, buono. **5** *fig* zuccherino. **prêmio de consolação** premio di consolazione. **prêmio de seguro** premio di assicurazione.

pré-mo.lar [prɛmol´ar] *sm+adj* premolare. *Pl: pré-molares.*

pre.mo.ni.ção [premonis´ãw] *sf* premonizione, visione.

pren.der [prẽd´er] *vt* **1** prendere. **2** afferrare, agganciare. **3** attaccare, legare. **4** catturare, arrestare, incarcerare. **5** *fig* ammanettare. **prender a respiração** mozzare il fiato.

pre.nhe [pr´eñi] *adj f Zool* pregna, gravida.

pre.no.me [pren´omi] *sm* prenome, nome di battesimo.

pren.sa [pr´ẽsə] *sf Mec* pressa. **prensa hidráulica** pressa idraulica.

pren.sar [prẽs´ar] *vt* pressare, calcare.

pre.nún.cio [pren´ũsju] *sm Lit* prenunzio.

pre.o.cu.pa.ção [preokupas´ãw] *sf* **1** preoccupazione, apprensione, inquietudine. **2** *fam* grattacapo. **3** *fig* angoscia, assillo.

pre.o.cu.pa.do [preokup´adu] *adj* preoccupato, apprensivo, pensieroso, inquieto.

pre.o.cu.pan.te [preokup´ãti] *adj* **1** preoccupante. **2** *fam* problematico.

pre.o.cu.par [preokup´ar] *vt* **1** preoccupare, turbare. **2** *fig* opprimere. *vpr* **3** preoccuparsi, turbarsi, affliggersi. **preocupar-se com coisas imaginárias** *fig* dare corpo alle ombre.

pre.pa.ra.ção [preparas´ãw] *sf* **1** preparazione, allenamento. **2** *fig* gestazione. **em preparação** in gestazione.

pre.pa.ra.do [prepar´adu] *adj* preparato,

P

pronto, disposto. • *sm* preparazione, prodotto chimico.

pre.pa.rar [prepar´ar] *vt* **1** preparare. **2** approntare, apprestare. **3** elaborare, confezionare. **4** disporre. **5** apparecchiare. **6** *fig* iniziare. *vpr* **7** prepararsi. **8** predisporsi. **9** apparecchiarsi, armarsi. **10** apprestarsi. **preparar conserva de alimentos** acconciare alimenti.

pre.pa.ra.ti.vos [preparat´ivus] *sm pl* preparativi, corredi.

pre.pa.ra.tó.rio [preparat´ɔrju] *adj* preparatorio.

pre.pa.ro [prep´aru] *sm* preparazione, confezione.

pre.pon.de.rar [prepõder´ar] *vi* prevalere.

pre.pon.de.ran.te [prepõder´ãti] *adj* preponderante.

pre.po.si.ção [prepozis´ãw] *sf Lit, Gram* preposizione.

pre.po.tên.cia [prepot´ẽsjə] *sf* **1** prepotenza, coercizione, angheria. **2** *fig* tirannia.

pre.po.ten.te [prepot´ẽti] *sm* **1** prepotente. **2** *fig* tiranno. • *adj* **1** prepotente. **2** autoritario.

pre.pú.cio [prep´usju] *sm Anat* prepuzio.

prer.ro.ga.ti.va [preȓogat´ivə] *sf* **1** prerogativa, regalia, privilegio. **2** *fig* appannaggio.

pre.sa [pr´ezə] *sf* **1** preda di caccia. **2** zanna, dente di animale. **presa de guerra** *Mil* preda.

pres.bi.te.ri.a.no [prezbiteri´ʌnu] *sm+adj Rel* presbiteriano.

pres.cin.dir [presĩd´ir] *vt* prescindere da, astrarre da.

pres.cre.ver [preskrev´er] *vt* prescrivere, imporre, disporre.

pres.cri.ção [preskris´ãw] *sf* prescrizione, comando, disposizione, disposto. **prescrição do crime** *Dir* prescrizione del delitto. **prescrição médica** *Med* prescrizione, ricetta.

pre.sen.ça [prez´ẽsə] *sf* **1** presenza. **2** intervento. **na presença de** in presenza di, davanti a, innanzi a. **presença de espírito** presenza di spirito.

pre.sen.ci.ar [prezẽsi´ar] *vt* presenziare a, assistere a.

pre.sen.te [prez´ẽti] *sm* **1** il presente. **2** regalo, dono, presente. **3** *Gram* presente dei verbi. **4** *fig* benedizione. • *adj* presente, attuale, corrente. • *interj* presente! **dar um presente** fare un regalo. **estar presente a** ritrovarsi a. **no presente** al presente. **os presentes** i presenti, gli astanti. Veja nota em **brinde**.

pre.sen.te.ar [prezẽte´ar] *vt* regalare, donare, presentare, offrire.

pre.sé.pio [prez´ɛpju] *sm Rel* presepio.

pre.ser.var [prezerv´ar] *vt* **1** preservare, conservare. *vpr* **2** preservarsi.

pre.ser.va.ti.vo [prezervat´ivu] *sm+adj* preservativo.

pre.si.dên.cia [prezid´ẽsjə] *sf* presidenza.

pre.si.den.te [prezid´ẽti] *sm+adj* presidente.

pre.si.dir [prezid´ir] *vt* presiedere.

pre.so [pr´ezu] *sm* prigioniero, carcerato. • *adj* preso.

pres.sa [pr´ɛsə] *sf* **1** fretta, premura. **2** precipitazione. **3** impazienza. **4** *fig* corsa. **a pressa é inimiga da perfeição** presto e bene non si conviene.

pres.sa.gi.ar [presaʒi´ar] *vt* presagire.

pres.sá.gio [pres´aʒju] *sm* **1** presagio, augurio, auspicio, avvisaglia. **2** *fig* avvertimento.

pres.são [pres´ãw] *sf* pressione. **pressão sanguínea ou arterial** pressione sanguigna o arteriosa.

pres.sen.ti.men.to [presẽtim´ẽtu] *sm* **1** premonizione, divinazione, presagio. **2** *fig* fiuto.

pres.sen.tir [presẽt´ir] *vt* **1** presentire, presagire, divinare. **2** *fig* sentire, fiutare.

pres.si.o.nar [presjon´ar] *vt* far pressione.

pres.su.por [presup´or] *vt* presupporre, presumere, supporre.

pres.su.pos.to [presup´ostu] *sm* presunzione.

pres.ta.ção [prestas´ãw] *sf Com* rata, quota. **comprar alguma coisa a prestação** pigliare una cosa a credito. **prestação de contas** *Com* resoconto, rendiconto, bilancio, bolletino.

pres.tar [prest´ar] *vt* **1** prestare. *vi* **2** servire. *vpr* **3** prestarsi a. **prestar ajuda** prestare aiuto. **prestar as honras** rendere onore. **prestar homenagem** prestare omaggio.

pres.ta.ti.vo [prestat´ivu] *adj* sollecito, premuroso.

pres.tes [prˈɛstis] *adj pl* na expressão **estar prestes a** essere in punto di, stare per.
pres.te.za [prestˈezə] *sf* prestezza, prontezza, sollecitudine, lestezza.
pres.ti.di.gi.ta.ção [prestidiʒitasˈãw] *sf* prestigio.
pres.ti.di.gi.ta.dor [prestidiʒitadˈor] *sm* prestigiatore, giocoliere.
pres.tí.gio [prestˈiʒju] *sm* **1** prestigio, pregio, vaglia. **2** *fig* influenza.
pre.su.mir [prezumˈir] *vt* **1** supporre, congetturare. **2** *Lit* presumere.
pre.sun.ção [prezũsˈãw] *sf* **1** presunzione. **2** pretensione, superbia. **3** pedanteria. **4** *fig* pretesa. **5** fumo.
pre.sun.ço.so [prezũsˈozu] *sm* **1** *dep* pedante. **2** *fig* fante di picche, vescica gonfia. • *adj* **1** presuntuoso. **2** pretenzioso, altezzoso. **3** pedante, ammanierato.
pre.sun.to [prezˈũtu] *sm* prosciutto.
pre.ten.der [pretẽdˈer] *vt* **1** pretendere. **2** reclamare, esigere. **3** intendere, contare di.
pre.ten.são [pretẽsˈãw] *sf* **1** pretensione. **2** pretesa. **3** esigenza. **4** affettazione, boria. **5** *fig* vista.
pre.ten.si.o.so [pretẽsiˈozu] *adj* pretenzioso, affettato, borioso, appariscente.
pre.te.rir [preterˈir] *vt* preterire.
pre.té.ri.to [pretˈɛritu] *sm Gram* preterito.
pre.tex.to [pretˈestu] *sm* **1** pretesto, scusa. **2** scappatoia, sotterfugio. **3** occasione. **4** *fig* argomento. **5** velo, coperta. **6** uncino, rampino.
pre.to [prˈetu] *adj* nero. **pôr o preto no branco** mettere il nero sul bianco.
pre.va.le.cer [prevalesˈer] *vi* **1** prevalere, predominare, dominare. **2** *fig* regnare.
pre.ve.ni.do [prevenˈidu] *adj* guardingo, cauto, prudente.
pre.ve.nir [prevenˈir] *vt* **1** prevenire, avvisare. *vpr* **2** assicurarsi.
pre.ven.ti.vo [prevẽtˈivu] *adj* preventivo. **prisão preventiva** carcere preventivo.
pre.ver [prevˈer] *vt* **1** prevedere, anticipare. **2** *Lit* preconizzare. **3** *fig* intravvedere.
pre.vi.dên.cia [previdˈẽsjə] *sf* previdenza, provvidenza. **previdência social** previdenza sociale.
pré.vio [prˈɛvju] *adj* previo. **aviso prévio** previo avviso.
pre.vi.são [previzˈãw] *sf* **1** previsione. **2** profezia. **3** pronostico, prospettiva. **4** *Com* valutazione. **5** *fig* oracolo.
pre.vi.sí.vel [previzˈivew] *adj* prevedibile. *Pl: previsíveis.*
pre.vis.to [prevˈistu] *adj* **1** previsto. **2** *fig* atteso.
pre.zar [prezˈar] *vt* pregiare, stimare, gradire.
pri.má.rio [primˈarju] *adj* **1** primario. **2** *fig* primo.
pri.ma.tas [primˈatas] *sm pl Zool* primati.
pri.ma.ve.ra [primavˈɛrə] *sf* primavera. **na primavera** in primavera. **primavera da vida** *fig* primavera.
pri.mei.ra.nis.ta [primejranˈistə] *s* matricola, matricolino.
pri.mei.ro [primˈejru] *num* primo. • *adj* **1** primo. **2** *Cin, Teat* primo, principale. • *adv* dapprima. • *sf Autom* marcia prima. **primeiro ator** *Teat, Cin* primo attore. **Primeiro do Ano** Capodanno. **primeiro que** avanti che.
pri.mei.ro-mi.nis.tro [primejruminˈistru] *sm Pol* primo ministro. *Pl: primeiros-ministros.*
pri.mi.ti.vo [primitˈivu] *adj* **1** primitivo. **2** arcaico. **3** primario, rudimentale. **4** primordiale. **5** *fig* ancestrale.
pri.mo [prˈimu] *sm* **1** cugino. *sf* **2** prima cugina. • *adj Mat* primo. **número primo** numero primo. **primo em primeiro grau** cugino di primo grado. **primo em segundo grau** cugino di secondo grado, biscugino.
pri.mo.gê.ni.to [primoʒˈenitu] *sm+adj* primogenito.
pri.mor.di.al [primordiˈaw] *adj* primordiale. *Pl: primordiais.*
prin.ce.sa [prĩsˈezə] *sf* principessa.
prin.ci.pal [prĩsipˈaw] *adj* **1** principale. **2** primario, basilare, cardinale. **3** maestro. **4** *Cin, Teat* principale, primo, centrale. **cantor principal** primo cantante. *Pl: principais.*
prin.ci.pal.men.te [prĩsipawmˈẽti] *adv* principalmente, soprattutto, anzitutto.
prín.ci.pe [prˈĩsipi] *sm* principe.
prin.ci.pi.an.te [prĩsipiˈãti] *s* **1** principiante. **2** *fig* recluta. • *adj* principiante, novizio.

P

prin.ci.pi.ar [prĩsipi´ar] *vt* **1** principiare, cominciare. **2** *pop* incominciare. *vi* **3** principiare.
prin.cí.pio [prĩs´ipju] *sm* **1** principio. **2** inizio, capo. **3** origine. **4** educazione, morale. **5** *Fís* principio. **6** *fig* elemento, fondamento, rudimento. **7** germe, seme, fonte. **8** **princípios** *pl* principi. **desde o princípio** dall'inizio, da capo. **do princípio ao fim** dal principio alla fine. **no princípio** all'inizio, di primo tratto. Veja nota em **fondamento**.
pri.o.ri.da.de [prjorid´adi] *sf* priorità.
pri.são [priz´ãw] *sf* **1** prigione. **2** penitenziario. **3** cattura, arresto. **4** *Dir* reclusione. **5** *fig* gabbia. **prisão de ventre** *Med* stitichezza. **prisão domiciliar** domicilio coatto. **prisão perpétua** carcere a vita.
pri.si.o.nei.ro [prizjon´ejru] *sm* prigioniero, carcerato, recluso. • *sm+adj fig* schiavo.
pris.ma [pr´izmə] *sm* prisma. **prisma óptico** prisma ottico.
pri.va.ção [privas´ãw] *sf* **1** privazione, astinenza. **2** *fig* sacrificio, digiuno.
pri.va.da [priv´adə] *sf* **1** latrina, vaso da gabinetto. **2** *fam* gabinetto. **3** *gír* cesso.
pri.va.do [priv´adu] *adj* **1** privato. **2** privo. **3** *Lit* orbo. **4** *fig* riservato, chiuso.
pri.var [priv´ar] *vt* **1** privare. *vpr* **2** privarsi, sfornirsi. **3** *fig* spogliarsi.
pri.va.ti.vo [privat´ivu] *adj* privativo, particolare, esclusivo.
pri.vi.le.gi.ar [privileʒi´ar] *vt* **1** privilegiare. **2** *fig* anteporre.
pri.vi.lé.gio [privil´ɛʒju] *sm* **1** privilegio, prerogativa, diritto, regalia. **2** *Pol* franchigia. **3** *fig* appannaggio, monopolio.
pró [pr´ɔ] *sm* pro. *avaliar os prós e os contras* / valutare il pro ed il contro.
pro.a [pr´oə] *sf Náut* prora, prua.
pro.ba.bi.li.da.de [probabilid´adi] *sf* probabilità, alea.
pro.ble.ma [probl´emə] *sm* **1** problema, guaio, contrattempo. **2** *fig* rompicapo, strettoia.
pro.ble.má.ti.co [problem´atiku] *adj* problematico. **situação problemática** situazione tesa.
pro.bo [pr´obu] *adj* probo, retto, onesto.
pro.ce.dên.cia [prosed´ẽsjə] *sf* procedenza, origine.
pro.ce.der [prosed´er] *vt* procedere da, provenire da.
pro.ce.di.men.to [prosedim´ẽtu] *sm* procedimento, processo, mezzo, andamento, passo.
pro.ces.sar [proses´ar] *vt* processare.
pro.ces.so [pros´ɛsu] *sm* **1** processo. **2** metodo, tecnica. **3** *Dir* processo, causa, lite. **4** atti, documenti.
pro.cis.são [prosis´ãw] *sf Rel* processione.
pro.cla.mas [prokl´ʌmas] *sf pl* pubblicazione.
pro.cla.ma.ção [proklamas´ãw] *sf* proclama, dichiarazione.
pro.cla.mar [proklam´ar] *vt* proclamare, proferire, dichiarare.
pro.cras.ti.nar [prokrastin´ar] *vt* procrastinare, aggiornare.
pro.cri.ar [prokri´ar] *vt* procreare, generare.
pro.cu.ra [prok´urə] *sf* **1** cerca, busca, ricerca. **2** *Com* domanda, richiesta. **3** *fig* caccia. Veja nota em **procura** (italiano).
pro.cu.ra.ção [prokuras´ãw] *sf Dir* procura, lettera credenziale. **por procuração** per procura. Veja nota em **procura** (italiano).
pro.cu.ra.do [prokur´adu] *adj* cercato, ricercato. • *adj Dir* quesito.
pro.cu.ra.dor [prokurad´or] *sm Dir* procuratore, fattore. **Procurador da República** Procuratore della Repubblica.
pro.cu.ra.do.ri.a [prokurador´iə] *sf Dir* procura. Veja nota em **procura** (italiano).
pro.cu.rar [prokur´ar] *vt* **1** cercare, buscare, ricercare. **2** *fig* pescare. **ir procurar alguém** andare per. **procurar desesperadamente** *fig* frugare. **procurar em vão** *fig* mendicare. **procurar nos bolsos** frugarsi. **procurar por todos os lados** *fig* cercare per mare e per terra. Veja nota em **procurare**.
pro.dí.gio [prod´iʒju] *sm* **1** prodigio. **2** *fig* miracolo.
pro.di.gi.o.so [prodiʒi´ozu] *adj* **1** prodigioso. **2** meraviglioso. **3** straordinario.
pró.di.go [pr´ɔdigu] *adj* prodigo.
pro.du.ção [produs´ãw] *sf* **1** produzione, industria, fruttato. **2** *Teat* produzione.

pro.du.ti.vi.da.de [produtivid´adi] *sf Mec* produttività, rendimento.
pro.du.ti.vo [produt´ivu] *adj* **1** produttivo. **2** costruttivo. **3** fertile.
pro.du.to [prod´utu] *sm* **1** prodotto. **2** merce. **3** ricavo. **4** *Mat* prodotto. **5** *fig* bottino. **produto agrícola** fruttato. **produtos farmacêuticos** *Med* spezie.
pro.du.zir [produz´ir] *vt* **1** produrre. **2** ingenerare. **3** rendere, fruttare. **4** fabbricare, fare. **5** indurre. **6** *fig* creare. *vi* **7** fruttare. **produzir obra literária** comporre.
pro.e.mi.nên.cia [proemin´ẽsjə] *sf* prominenza, sporgenza.
pro.e.mi.nen.te [proemin´ẽti] *adj* prominente.
pro.fa.na.ção [profanas´ãw] *sf* **1** *Rel* profanazione, sacrilegio. **2** *fig* violazione.
pro.fa.nar [profan´ar] *vt* **1** profanare, offendere. **2** *fig* violare.
pro.fa.no [prof´ʌnu] *adj* **1** profano. **2** empio. **3** mondano, terreno. • *sm* profano.
pro.fe.ci.a [profes´iə] *sf* **1** profezia, predizione. **2** *fig* oracolo.
pro.fe.rir [profer´ir] *vt* proferire. **proferir uma sentença** proferire una sentenza.
pro.fes.sar [profes´ar] *vt* **1** professare, esercitare. *vi* **2** *Rel* professare, far voti.
pro.fes.sor [profes´or] *sm* professore, insegnante, docente. **professor de bailado** ballerino. **professor primário** maestro.
pro.fes.so.ra [profes´orə] *sf* professoressa.
pro.fes.so.ri.nha [profesor´iñə] *sf dim* maestrina.
pro.fe.ta [prof´ɛtə] *sm* **1** profeta. **2** *Lit, Poét* veggente.
pro.fe.ti.sa [profet´izə] *sf* profetessa.
pro.fe.ti.zar [profetiz´ar] *vt* **1** profetizzare, augurare, presagire. *vi* **2** profetizzare.
pro.fi.la.xi.a [profilaks´iə] *sf Med* profilassi.
pro.fis.são [profis´ãw] *sf* **1** professione. **2** mestiere. **3** carriera. **4** *fig* arte. **profissão de fé** *Rel, Pol* professione di fede.
pro.fis.si.o.nal [profisjon´aw] *s* professionista. *Pl: profissionais.*
pro.fun.de.za [profũd´ezə] *sf* profondità.
pro.fun.di.da.de [profũdid´adi] *sf* profondità, profondo, fondo.
pro.fun.do [prof´ũdu] *adj* **1** profondo. **2** fondo. **3** cavernoso. **4** grave. **5** *fig* intenso. **6** alto (lago, silêncio, sono). **7** aperto (mar). **8** basso (som).
pro.ge.ni.tor [proʒenit´or] *sm* progenitore. **os progenitores** i progenitori, l'ascendenza.
prog.nos.ti.car [prognostik´ar] *vt* pronosticare, preannunciare.
prog.nós.ti.co [progn´ɔstiku] *sm* **1** pronostico. **2** congettura. **3** previsione.
pro.gra.ma [progr´ʌmə] *sm* (também *Teat, Inform, TV*) programma.
pro.gre.dir [progred´ir] *vi* **1** progredire. **2** prosperare. **3** avanzare. **4** svilupparsi, maturare. **não progredir** *fam* andare come i gamberi.
pro.gres.são [progres´ãw] *sf* progressione. **progressão aritmética** progressione aritmetica. **progressão geométrica** progressione geometrica.
pro.gres.so [progr´ɛsu] *sm* **1** progresso. **2** svolgimento, avanzamento. **3** *fig* carriera, profitto. **fazer progresso em** fare progresso in.
pro.i.bi.ção [projbis´ãw] *sf* **1** proibizione. **2** divieto, veto. **3** interdizione.
pro.i.bi.do [projb´idu] *adj* **1** proibito, vietato. **2** *fig* chiuso. **entrada proibida** divieto di ingresso. **proibido colar cartazes** divieto di affissione. **proibido dar gorjetas** vietate le mance. **proibido falar com o motorista** vietato parlare al manovratore. **proibido fumar** vietato fumare. **proibido jogar lixo** vietato gettare rifiuti. **proibido pisar na grama** vietato camminare sull'erba.
pro.i.bir [projb´ir] *vt* **1** proibire. **2** vietare. **3** censurare. **4** interdire, inibire.
pro.i.bi.ti.vo [projbit´ivu] *adj* proibitivo.
pro.je.ção [proʒes´ãw] *sf* proiezione. **projeção cartográfica** *Geogr* proiezione cartografica. **projeção cinematográfica** visione cinematografica.
pro.je.tar [proʒet´ar] *vt* **1** progettare. **2** proiettare. **3** tracciare. **4** *fig* concepire, disegnare, delineare. **projetar um filme** proiettare un film.
pro.jé.til [proʒ´ɛtiw] *sm* proiettile. *Pl: projéteis.*

P

pro.je.to [proʒ´ɛtu] *sm* **1** progetto. **2** piano, disegno. **3** prospetto, programma. **4** schema, bozza.
pro.je.tor [proʒet´or] *sm* proiettore.
pro.le [pr´ɔli] *sf* **1** *Lit* prole. **2** *fig* seme.
pro.le.tá.rio [prolet´arju] *sm* proletario.
pro.li.fe.rar [prolifer´ar] *vi* **1** proliferare. **2** *fig* diffondersi, allignare.
pro.li.xi.da.de [proliksid´adi] *sf* prolissità.
pro.li.xo [prol´iksu] *adj* prolisso.
pró.lo.go [pr´ɔlogu] *sm Lit* prologo.
pro.lon.ga.do [prolõg´adu] *adj* prolungato, continuo, duraturo.
pro.lon.ga.men.to [prolõgam´ẽtu] *sm* prolungamento, allungamento.
pro.lon.gar [prolõg´ar] *vt* **1** prolungare. **2** allargare, allungare. **3** differire. *vpr* **4** stendersi. **5** continuare, trascinarsi.
pro.mes.sa [prom´ɛsə] *sf* **1** promessa. **2** *fig* parola. **promessa vã** *fig* promessa di marinaio.
pro.me.ter [promet´er] *vt* **1** promettere. **2** impegnare. **3** *fig* promettere, essere promettente. **prometer a si mesmo** promettersi. **prometer mundos e fundos** a) promettere mari e monti. b) *fam* promettere Roma e toma.
pro.mis.sor [promis´or] *adj* promettente. **futuro promissor** futuro promettente, brillante.
pro.mo.ção [promos´ãw] *sf* promozione. **promoção de cargo** graduazione.
pro.mo.tor [promot´or] *sm* promotore.
pro.mo.ver [promov´er] *vt* **1** promuovere, fomentare. **2** *Com* patrocinare. **3** *fig* coltivare.
pro.mul.gar [promuwg´ar] *vt Dir* promulgare, emanare.
pro.no.me [pron´omi] *sm Gram* pronome.
pron.ti.dão [prõtid´ãw] *sf* prontezza, prestezza, lestezza.
pron.to [pr´õtu] *adj* **1** pronto. **2** atto. **pronto para o que der e vier** pronto a ogni sbaraglio.
pro.nún.cia [pron´ũsjə] *sf* **1** pronuncia. **2** parlata.
pro.nun.ci.ar [pronũsi´ar] *vt* **1** pronunciare, articolare, parlare. *vpr* **2** pronunciarsi. **pronunciar mal** *fig* masticar le parole.
pro.pa.ga.ção [propagas´ãw] *sf* diffusione, conduzione, circolazione.
pro.pa.gan.da [propag´ãdə] *sf* propaganda, annuncio, pubblicità, richiamo. **fazer propaganda** fare pubblicità.
pro.pa.gar [propag´ar] *vt* **1** propagare, diffondere, allargare. *vpr* **2** propagarsi, allargarsi.
pro.pa.lar [propal´ar] *vt* propalare.
pro.pen.são [propẽs´ãw] *sf* **1** tendenza. **2** istinto. **3** debolezza. **4** *fig* inclinazione.
pro.pi.ci.ar [propisi´ar] *vt* propiziare.
pro.pí.cio [prop´isju] *adj* propizio, favorevole, prospero.
pro.pi.na [prop´inə] *sf* propina, benandata.
pró.po.lis [pr´ɔpolis] *sf sing+pl* propoli.
pro.por [prop´or] *vt* **1** proporre, consigliare, designare. **2** *fig* mettere sul tappeto. *vpr* **3** proporsi, offrirsi. **propor-se a** proporsi a, prefiggersi a.
pro.por.ção [propors´ãw] *sf Mat* proporzione, rapporto.
pro.por.ci.o.nal [proporsion´aw] *adj* **1** proporzionale. **2** contenuto. *Pl: proporcionais.*
pro.por.ci.o.nar [proporsjon´ar] *vt* proporzionare, render proporzionale.
pro.po.si.tal [propozit´aw] *adj* intenzionale. *Pl: propositais.*
pro.po.si.tal.men.te [propozitawm´ẽti] *adv* appositamente.
pro.pó.si.to [prop´ɔzitu] *sm* **1** proposito, scopo, finalità. **2** *fig* oggetto. **a propósito** a proposito. **a propósito de** circa. **de propósito** appositamente, apposta.
pro.pos.ta [prop´ɔstə] *sf* **1** proposta, approccio. **2** *fig* mozione.
pro.pri.e.da.de [proprjed´adi] *sf* **1** proprietà. **2** tenuta, terreno. **3** possesso, dominio. **4 propriedades** *pl* beni. **propriedade rural** *fig* campagna.
pro.pri.e.tá.rio [proprjet´arju] *sm* **1** proprietario. **2** padrone di casa. **3** locatore, albergatore. • *adj* proprietario.
pró.prio [pr´ɔprju] *adj* proprio. *ver com os próprios olhos* / vedere con i propri occhi. *estas coisas são próprias de um louco* / queste cose sono proprie di un matto. • *pron* (usado com o artigo definido)

proprio. *aqui é o próprio paraíso* / qui è il proprio paradiso.
pro.pul.são [propuwsˈãw] *sf Fís* propulsione. **propulsão a jato** propulsione a razzo.
pror.ro.ga.ção [proȓogasˈãw] *sf* proroga, rimando.
pror.ro.gar [proȓogˈar] *vt* **1** prorogare, differire, rimandare. **2** *fig* prolungare.
pro.sa [prˈɔzə] *sf Lit* prosa.
pro.sai.co [prozˈajku] *adj* **1** prosaico. **2** *fig* banale, triviale.
pros.cre.ver [proskrevˈer] *vt* proscrivere.
pros.cri.to [proskrˈitu] *sm+adj* proscritto, fuoruscito.
pros.pec.to [prospˈɛktu] *sm* **1** prospetto. **2** piano, progetto.
pros.pe.rar [prosperˈar] *vi* **1** prosperare, venire su. **2** *fig* risorgere.
prós.pe.ro [prˈɔsperu] *adj* **1** prospero, benestante, fausto, felice. **2** *fig* florido.
pros.se.gui.men.to [prosegimˈẽtu] *sm* proseguimento.
pros.se.guir [prosegˈir] *vt* **1** proseguire, continuare, seguire. *vi* **2** proseguire, procedere.
prós.ta.ta [prˈɔstatə] *sf Anat* prostata.
pros.tí.bu.lo [prostˈibulu] *sm* postribolo, casa di piacere.
pros.ti.tu.ir [prostituˈir] *vt* **1** prostituire. *vpr* **2** prostituirsi.
pros.ti.tu.ta [prostitˈutə] *sf* **1** prostituta, baldracca, bagascia, sgualdrina. **2** *vulg* puttana, troia.
pros.tra.ção [prostrasˈãw] *sf Med* prostrazione, abbattimento.
pros.trar [prostrˈar] *vt* **1** prostrare. *vpr* **2** prostrarsi.
pro.ta.go.nis.ta [protagonˈistə] *s* protagonista.
pro.te.ção [protesˈãw] *sf* **1** protezione. **2** riparo, difesa. **3** favore. **4** *fam* sponda. **5** *fig* scudo. **6** tutela. **com a proteção de** *fig* sotto le ali di.
pro.te.ger [proteʒˈer] *vt* **1** proteggere. **2** difendere. **3** riparare. **4** tutelare. **5** favorire. **6** custodire, guardare. **7** *fig* portare in palmo di mano. *vpr* **8** difendersi. **9** ripararsi. **10** tutelarsi.
pro.te.gi.do [proteʒˈidu] *sm+adj* **1** protetto. **2** favorito. **3** *fig* pupillo.
pro.te.í.na [proteˈinə] *sf* proteina.
pro.te.la.ção [protelasˈãw] *sf* indugio, differimento.
pro.te.lar [protelˈar] *vt* indugiare, differire.
pró.te.se [prˈɔtezi] *sf Med* protesi. **prótese dentária** protesi dentaria.
pro.tes.tan.te [protestˈãti] *s+adj Rel* protestante.
pro.tes.tan.tis.mo [protestãtˈizmu] *sm Rel* protestantesimo.
pro.tes.tar [protestˈar] *vt* **1** protestare. *vi* **2** reclamare, brontolare, strillare. **3** ribellarsi. **protestar uma nota** *Com* protestare una cambiale.
pro.tes.to [protˈɛstu] *sm* **1** protesta, reclamo, strillo. **2** *Dir* protesto. **mandar uma letra de câmbio para protesto** mandare una cambiale in protesto.

Protesta é usado em sentido geral. *protesto contra a guerra* / protesta contro la guerra. **Protesto** é usado apenas no sentido jurídico, de "protesto de títulos".

pro.te.tor [protetˈor] *sm* **1** protettore. **2** tutore. **3** *fig* avvocato. • *adj* tutelare.
pro.to.co.lo [protokˈɔlu] *sm* **1** protocollo. **2** *fig* etichetta.
pro.tó.ti.po [protˈɔtipu] *sm* prototipo.
pro.tu.be.rân.cia [protuberˈãsjə] *sf* protuberanza, sporgenza, gobba.
pro.va [prˈɔvə] *sf* **1** prova. **2** compito, esame. **3** esperimento. **4** concorso. **5** *Dir* prova, reperto. **6** *Mat* prova, riprova. **7** *fig* cimento. **8** testimonianza. **à prova d'água** stagno. **a prova dos nove** *Mat* la prova del nove. **a toda prova** a tutta prova. **fazer uma prova** dare un esame/sostenere un esame/fare un esame. **pôr à prova** mettere alla prova, cimentare. **prova de roupa** indossata. **prova final** bella copia. **prova tipográfica** bozza. Veja nota em **esame**.
pro.va.ção [provasˈãw] *sf* sofferenza, patimento.
pro.var [provˈar] *vt* **1** provare. **2** certificare. **3** assaggiare, degustare, tastare un alimento. **4** dare un'indossata. **5** *fig* mostrare.
pro.vá.vel [provˈavew] *adj* probabile. **é bem provável que** forse forse. *Pl: prováveis.*

P

pro.vei.to [prov´ejtu] *sm* profitto, guadagno, tornaconto, sfruttamento.

pro.vei.to.so [provejt´ozu] *adj* profittevole, vantaggioso.

pro.ve.ni.ên.cia [proveni´ẽsjə] *sf* provenienza.

pro.ven.to [prov´ẽtu] *sm Com* provento, cespite.

pro.ver [prov´er] *vt* **1** provvedere, fornire, sopperire, approvigionare. *vpr* **2** munirsi di.

pro.vér.bio [prov´ɛrbju] *sm* **1** proverbio, adagio. **2** *fig* sentenza.

pro.vi.dên.cia [provid´ẽsjə] *sf* **1** provvidenza. **2** provvedimento, misura. **a Divina Providência** *Rel* la Divina Provvidenza.

pro.vi.den.ci.ar [providẽsi´ar] *vt* provvedere.

pro.vín.cia [prov´ĩsjə] *sf* provincia.

pro.vin.ci.a.no [provĩsi´ʌnu] *sm+adj* cafone.

pro.vir [prov´ir] *vt* provenire da, derivare da, emanare da.

pro.vi.são [proviz´ãw] *sf* **1** provvisione, approvigionamento. **2** riserva. **3** cibarie, vettovaglie. **4** *Mil* provvisione, munizione. **5** *fig* alimenti.

pro.vi.só.rio [proviz´ɔrju] *adj* provvisorio, avventizio.

pro.vo.ca.ção [provokas´ãw] *sf* **1** provocazione, cimento. **2** *fig* impulso.

pro.vo.can.te [provok´ãti] *adj* provocante.

pro.vo.car [provok´ar] *vt* **1** provocare. **2** promuovere, suscitare. **3** fomentare. **4** tentare, attizzare. **5** aggredire. **6** *Lit* impellere. **7** *fig* arrecare, generare. **8** eccitare, stuzzicare. **9** spingere.

pro.xi.mi.da.de [prosimid´adi] *sf* **1** prossimità, vicinanza. **2 as proximidades** *pl* i pressi, le vicinanze.

pró.xi.mo [pr´ɔsimu] *adj* **1** prossimo. **2** vicino, contiguo. **3** futuro. • *adv* vicino, presso, addosso, accosto. • *sm* il prossimo. **próximo a** vicino a, presso, addosso a, accosto a, appresso a. Veja nota em **appresso**.

pru.dên.cia [prud´ẽsjə] *sf* **1** prudenza. **2** cautela, cauzione, sensatezza, accortezza. **3** circospezione. **4** saggezza.

pru.den.te [prud´ẽti] *adj* **1** prudente. **2** cauto, sensato, avveduto, assennato. **3** circospetto, guardingo. **4** saggio.

pru.mo [pr´umu] *sm Arquit* piombo, piombino. **a prumo** a piombo.

pru.ri.do [prur´idu] *sm* prurito, pizzicore, formicolio.

pseu.dô.ni.mo [psewd´onimu] *sm* pseudonimo, nome d'arte.

psi.ca.ná.li.se [psikan´alizi] *sf* psicanalisi, analisi.

psi.co.lo.gi.a [psikoloʒ´iə] *sf* psicologia.

psi.có.lo.go [psik´ɔlogu] *sm* psicologo.

psi.co.se [psik´ɔzi] *sf* psicosi.

psi.co.te.ra.pi.a [psikoterap´iə] *sf* psicoterapia.

psi.qui.a.tra [psiki´atrə] *sm Med* psichiatra.

psí.qui.co [ps´ikiku] *adj* psichico.

pu.ber.da.de [puberd´adi] *sf* pubertà.

pú.bis [p´ubis] *sm sing+pl Anat* pube.

pu.bli.ca.ção [publikas´ãw] *sf* **1** pubblicazione. **2** gazzetta. **publicação anual** annuario.

pu.bli.car [publik´ar] *vt* **1** pubblicare. **2** emanare (leis). **3** *fig* imprimere.

pu.bli.ci.da.de [publisid´adi] *sf* **1** pubblicità. **2** annuncio.

pú.bli.co [p´ubliku] *sm* pubblico. • *adj* **1** pubblico. **2** notorio, palese. **3** formale.

pu.di.co [pud´iku] *adj* pudico, modesto.

pu.dim [pud´ĩ] *sm* budino.

pu.dor [pud´or] *sm* pudore, modestia.

pu.e.ril [pwer´iw] *adj* puerile, infantile, bambinesco. *Pl: pueris.*

pu.gi.lis.ta [puʒil´istə] *sm Esp* pugilatore.

pu.lar [pul´ar] *vt* **1** saltare. **2** *fig* sorvolare. *vi* **3** saltare, balzare. **pular da cama** balzare dal letto. **pular por cima** scavalcare.

pul.ga [p´uwgə] *sf* pulce. **deixar com a pulga atrás da orelha** mettere una pulce nell'orecchio.

pu.li.nho [pul´iñu] *sm pop* corsa.

pul.mão [puwm´ãw] *sm Anat* polmone. **a plenos pulmões** a piena voce. **pulmão artificial** polmone d'acciaio.

pu.lo [p´ulu] *sm* salto, balzo, sbalzo, scatto. **andar aos pulos** camminare a balzelloni. **aos pulos** *adv* saltelloni.

pu.lô.ver [pul´over] *sm* maglione, golf. *Pl: pulôveres.*
pul.sar [puws´ar] *vi* **1** pulsare, battere. **2** *fig* fervere.
pul.so [p´uwsu] *sm* (também *Fisiol*) polso. **com pulso firme** con polso fermo, con rigore.
pu.lu.lar [pulul´ar] *vi* **1** pullulare. **2** germogliare. **3** abbondare.
pul.ve.ri.zar [puwveriz´ar] *vt* polverizzare, sbriciolare.
pun.ção [pũs´ãw] *sm* punzone.
pun.gen.te [pũʒ´ẽti] *adj* pungente, agro.
pun.gir [pũʒ´ir] *vt* **1** pungere. **2** *Med* incidere. **3** *fig* offendere. **4** stimolare.
pu.nha.do [puñ´adu] *sm* pugno, manciata.
pu.nhal [puñ´aw] *sm* pugnale, daga, stiletto. *Pl: punhais.*
pu.nho [p´uñu] *sm Anat* pugno. **carta de próprio punho** lettera di proprio pugno. **punho da espada** pomo. **punho de manga** polsino, risvolto.
pu.ni.ção [punis´ãw] *sf* **1** punizione, castigo, pena. **2** *fig* croce. **3** flagello.
pu.nir [pun´ir] *vt* **1** punire, castigare, condannare. **2** *fig* sistemare, sferzare.
pu.pa [p´upə] *sf Biol* pupa.
pu.pi.la [pup´ilə] *sf* **1** *Anat* pupilla, luce. **2** *Dir* pupilla, minorenne tutelata.
pu.pi.lo [pup´ilu] *sm* **1** *Dir* pupillo. **2** *gír* cocco.
pu.rê [pur´e] *sm* purea.
pu.re.za [pur´ezə] *sf* **1** purezza. **2** semplicità. **3** verginità. **4** *fig* candore, mondezza.
pur.gan.te [purg´ãti] *sm Med* purgante. • *adj* purgante, purgatorio. **tomar purgante** purgarsi.
pur.gar [purg´ar] *vt* **1** purgare, spurgare, depurare. **2** *Med* purgare. **3** *fig* mondare.
pur.ga.tó.rio [purgat´ɔrju] *sm* **1** *Rel* Purgatorio. **2** *fig* tormento. • *adj* purgatorio, purgante.
pu.ri.fi.car [purifik´ar] *vt* **1** purificare, spurgare, depurare. **2** *fig* mondare, lavare. *vpr* **3** purificarsi, depurare.
pu.ri.ta.no [purit´ʌnu] *sm+adj* **1** *Rel* puritano. **2** *fig, dep* puritano, moralista.
pu.ro [p´uru] *adj* **1** puro. **2** genuino. **3** casto, vergine. **4** mero, solo. **5** schietto. **6** semplice. **7** *fig* candido.
pu.ro-san.gue [purus´ãgi] *sm+adj* puro sangue. *Pl: puros-sangues.*
púr.pu.ra [p´urpurə] *sf* porpora.
pu.ru.len.to [purul´ẽtu] *adj Med* purulento.
pus [p´us] *sm Med* pus.
pu.ta [p´utə] *sf vulg* puttana, troia, bagascia.
pu.tre.fa.ção [putrefas´ãw] *sf* putrefazione, fracidezza.
pu.tre.fa.to [putref´atu] *adj* putrefatto.
pu.tre.fa.zer [putrefaz´er] *vt* **1** rendere putrido. *vpr* **2** putrefarsi.
pu.xa [p´uʃə] *interj* caspita!
pu.xão [puʃ´ãw] *sm* strappo. **dar um puxão de orelhas** tirare gli orecchi. **puxão de orelhas** *fam* tirata d'orecchi, lavata di testa.
pu.xar [puʃ´ar] *vt* tirare, trarre, trascinare.
pu.xa-sa.co [puʃəs´aku] *sm pop, dep* leccapiedi. *Pl: puxa-sacos.*

P

q

q [k´e] *sm* la sedicesima lettera dell'alfabeto portoghese.
qua.dra [k´wadrə] *sf Lit* quartina.
qua.dra.do [kwadr´adu] *sm+adj* **1** quadro, quadrato. **2** *Mat* quadrato di un numero.
qua.dra.gé.si.mo [kwadraʒ´ɛzimu] *sm+num* quarantesimo, quadragesimo.
qua.dran.te [kwadr´ãti] *sm* quadrante.
qua.dri.cu.la.do [kwadrikul´adu] *sm* casella. • *adj* a quadretti.
qua.dril [kwadr´iw] *sm Anat* anca, fianco. *Pl: quadris.*
qua.dri.lá.te.ro [kwadril´ateru] *sm+adj Geom* quadrilatero.
qua.dri.lha [kwadr´iλə] *sf* **1** masnada, banda, combriccola. **2** *Mús* quadriglia.
qua.dro [k´wadru] *sm* **1** quadro. **2** tabella, tavola. **3** sintesi. **4** veduta. **5** *Pint* quadro, tela. **6** *Teat* numero, scena, tempo. **7** *fig* paradigma. **8** spettacolo. **quadro de avisos** albo.
qua.dro-ne.gro [kwadrun´egru] *sm* lavagna. *Pl: quadros-negros.*
qua.drú.pe.de [kwadr´upedi] *sm+adj* quadrupede.
qua.dru.pli.car [kwadruplik´ar] *vt* quadruplicare.
qual [k´waw] *pron* **1** quale. *qual era o seu livro?* / qual era il tuo libro? **2** cotale. **o qual**, **a qual** a) il quale, la quale. b) cui, che. **os quais**, **as quais** a) i quali, le quali. b) cui, che. **ao qual, do qual etc** cui. *Pl: quais.* Veja notas em **cotale**, **cui** e **quale**.
qua.li.da.de [kwalid´adi] *sf* **1** qualità. **2** condizione.
qua.li.fi.ca.ção [kwalifikas´ãw] *sf* **1** qualificazione. **2** attributo.
qua.li.fi.car [kwalifik´ar] *vt* qualificare, caratterizzare.
qua.li.ta.ti.vo [kwalitat´ivu] *adj* qualitativo.
qual.quer [kwawk´ɛr] *adj+pron* **1** qualsiasi, qualsisia, qualunque, qualsivoglia. *aceito qualquer trabalho* / accetto qualsiasi lavoro. **2** purchessia. *um trabalho qualquer* / un lavoro purchessia. **qualquer coisa** checchessia. **qualquer um/ qualquer pessoa** chicchessia, chiunque. *Pl: quaisquer.*
quan.do [k´wãdu] *adv* quando, qualora. • *conj* quando, allorché, allorquando, dove. **de quando em quando/de vez em quando** di quando in quando, di tanto in tanto, ogni tanto. **quando muito** al più alto.
quan.ti.a [kwãt´iə] *sf Com* somma. **uma pequena quantia** *fig* un grano.
quan.ti.da.de [kwãtid´adi] *sf* **1** quantità, quanto. **2** volume. **em grande quantidade** in quantità, a bizzeffe, a torrente. **em pequena quantidade** poco. **grande quantidade** a) molto. b) *fig* mare, montagna, sacco. **pequena quantidade** a) poco. b) *fig* pelo. **uma quantidade indeterminada** un tanto. Veja nota em **poco** e **quanto** (italiano).
quan.ti.ta.ti.vo [kwãtitat´ivu] *adj* quantitativo.
quan.to [k´wãtu] *sm* quanto. • *adj+pron* **1** quanto. *quanto dinheiro* / quanto denaro. **2 quanta** quanta. *quanta coisa* / quanta cosa. **3 quantos** quanti. *quantos gatos* / quanti gatti. **4 quantas** quante. *quantas mulheres* / quante donne. • *adv* quanto. **o quanto antes** quanto prima. **quanto a mim** per parte mia. **quanto**

custa? quanto costa? **quanto mais ..., tanto mais** quanto più ..., tanto più. **tanto quanto** tanto quanto. Veja nota em **quanto** (italiano).

qua.ren.ta [kwar´ẽtə] *sm+num* quaranta. **quarenta avos** quarantesimo, quadragesimo.

qua.ren.tão [kwarẽt´ãw] *sm+adj* quarantenne.

qua.ren.te.na [kwarẽt´enə] *sf* quarantena.

quar.ta-fei.ra [kwartəf´ejrə] *sf* mercoledì. **às quarta-feiras** di mercoledì. **quarta-feira de cinzas** le Ceneri, Mercoledì delle Ceneri. *Pl: quartas-feiras.*

quar.tei.rão [kwartejr´ãw] *sm* isolato.

quar.tel [kwart´ɛw] *sm Mil* quartiere. *Pl: quartéis.*

quar.tel-ge.ne.ral [kwart´ɛwʒener´aw] *sm Mil* quartiere generale. *Pl: quartéis-generais.*

quar.te.to [kwart´etu] *sm* **1** (também *Mús*) quartetto. **2** *Lit* quartina.

quar.to [k´wartu] *sm* **1** camera, stanza, camera da letto. **2** ambiente, locale. *sf* **3 quarta** a) *pop* mercoledì. b) *Autom* quarta, quarta velocità. • *sm+num* quarto. **quarta dimensão** quarta dimensione. **quarto crescente** luna crescente, primo quarto. **quarto de casal** camera a due letti. **quarto de solteiro** camera a un letto. **quarto minguante** luna calante, ultimo quarto.

quart.zo [k´wartzu] *sm Min* quarzo.

qua.se [k´wazi] *adv* **1** quasi. **2** circa, incirca. **3** per poco. **estar quase** *pop* essere in via di.

qua.tor.ze [kwat´orzi] *sm+num* quattordici.

qua.tro [k´watru] *sm+num* quattro.

qua.tro.cen.tos [kwatros´ẽtus] *sm+num* quattrocento.

qua.tro-o.lhos [kwatru´ɔλus] *sm sing+pl pop* quattrocchi.

que [k'i] *pron* che, quale. • *conj* che. **o que/tudo o que** ciò. **o que?** che cosa? **o que quer que** checchessia. **o que você quer?** cosa vuole? **que casa você comprou?** qual casa hai comprato? Veja nota em **quale**.

quê¹ [k´e] *sm* **1** cu, il nome della lettera Q. **2** qualcosa, qualche cosa. **3** *fig* difficoltà, ostacolo.

quê² [k´e] *interj* che! **o quê!** che! **quê! não é possível!** che! non è possibile!

que.bra [k´ɛbrə] *sf* rompimento, rottura, rotto, rotta.

que.bra-ca.be.ça [kɛbrəkab´esə] *sm* rompicapo. *Pl: quebra-cabeças.*

que.bra.do [kebr´adu] *adj* rotto.

que.bra-luz [kɛbrəl´us] *sm* paralume. *Pl: quebra-luzes.*

que.bra-mar [kɛbrəm´ar] *sm Náut* frangionda. *Pl: quebra-mares.*

que.bra-no.zes [kɛbrən´ɔzis] *sm sing+pl* schiaccianoci.

que.bran.to [kebr´ãtu] *sm* iettatura.

que.bra-pau [kɛbrəp´aw] *sm pop* baruffa. *Pl: quebra-paus.*

que.brar [kebr´ar] *vt* **1** rompere, infrangere, spezzare. **2** fratturare. *vi* **3** *Com* fallire. *vpr* **4** rompersi, infrangersi, spezzarsi. **5** cedere, recidersi. **quebrar a cara** battersi la fronte.

que.da [k´ɛdə] *sf* **1** caduta. **2** capitombolo, ruzzolone, tombola, tonfo. **3** *fig* capitombolo, tracollo, rovina. **queda dos preços** crollo dei prezzi.

que.da-d'á.gua [kɛdad´agwə] *sf* cateratta. *Pl: quedas-d'água.*

quei.jo [k´ejʒu] *sm* formaggio. **queijo de ovelha** pecorino.

quei.ma [k´ejmə] *sf* combustione.

quei.ma.ção [kejmas´ãw] *sf* bruciore, cociore.

quei.ma.da [kejm´adə] *sf* debbio. **fazer queimada** debbiare.

quei.ma.do [kejm´adu] *adj* bruciato. **queimado de sol** cotto dal sole.

quei.ma.du.ra [kejmad´urə] *sf* bruciatura, scottatura, cociore. **marca de queimadura** cottura. **queimadura de primeiro grau** scottatura di primo grado.

quei.mar [kejm´ar] *vt* **1** bruciare, scottare. **2** abbronzare. **3** cremare, carbonizzare, incenerire. **4** *fig* bere, consumare (combustível). *vi* **5** ardere, scottare. *vpr* **6** bruciare, scottarsi. **7** abbronzarsi.

quei.ma-rou.pa [kejmər̄´owpə] *sf* na expressão **à queima-roupa** a bruciapelo. *Pl: queima-roupas.*

Q

quei.xa [k´ejʃə] *sf* **1** lagnanza. **2** querela, reclamo, denunzia. **3** *fig* mormorio. **dar queixa** fare una denunzia. **prestar queixa** *Dir* querelare.
quei.xa.da [kejʃ´adə] *sf* ganascia.
quei.xar-se [kejʃ´arsi] *vpr* **1** querelarsi. **2** lagnarsi, lamentarsi, dolersi. **3** *fig* gagnolare. Veja nota em **querelare**.
quei.xo [k´ejʃu] *sm Anat* mento.
quem [k´ẽj] *pron* chi. **quem?** chi? **quem dera que não viesse hoje!** così non venisse oggi! **quem quer que / quem quer que seja** *pron* chicchessia.
quen.te [k´ẽti] *adj* **1** caldo. **2** *fig* roco, sensuale.
que.pe [k´ɛpi] *sm Mil* chepì.
quer [k´ɛr] *conj* sia.
que.re.la [ker´ɛlə] *sf Dir* querela.
que.re.lar [kerel´ar] *vt* **1** *Dir* querelare. *vi* **2** *Dir* querelarsi. Veja nota em **querelare**.
que.re.na [ker´enə] *sf Náut* carena.
que.rer [ker´er] *sm* volere, voglia. • *vt* **1** volere, desiderare. **2** esigere. *vi* **3** volere. **4** intendere. *vpr* **5** volersi. *eles se querem bem* / si vogliono bene. **como eu quero** a mio volere. **quem quer faz** chi fa da sé, fa per tre. **quem tudo quer tudo perde** chi troppo vuole, niente ha. **querer bem a** a) voler bene. b) amare. **querer dizer** a) voler dire. b) *fig* suonare. **querer mal** voler male. **quer queira quer não** a torto o a ragione.
que.ri.da [ker´idə] *sf* **1** cara. **2** *fam* bella.
que.ri.di.nha [kerid´iñə] *sf dim fig* pupilla.
que.ri.di.nho [kerid´iñu] *sm dim* **1** *fam* cucco. **2** *gír* cocco. **3** *fig* pupillo.
que.ri.do [ker´idu] *sm* **1** diletto. **2** *fam* bello, gioia. **3** *fig* tesoro, gemma. • *adj* caro, diletto. **meu querido** *fam* nino.
que.ru.bim [kerub´ĩ] *sm Rel* cherubino.
que.si.to [kez´itu] *sm* quesito.
ques.tão [kest´ãw] *sf* questione, problema, quesito.
ques.ti.o.nar [kestjon´ar] *vt* **1** contendere. *vi* **2** questionare, altercare.
ques.ti.o.ná.rio [kestjon´arju] *sm* questionario.
qui.çá [kis´a] *adv* forse.
qui.e.ti.nho [kjɛt´iñu] *adv pop* quatto quatto.
qui.e.to [ki´ɛtu] *adj* **1** quieto, cheto, tranquillo. **2** zitto. **3** *Lit* queto.
qui.la.te [kil´ati] *sm* carato.
qui.lha [k´iλə] *sf Náut* chiglia, carena.
qui.lo [k´ilu] *sm V quilograma.*
qui.lo.gra.ma [kilogr´Λmə] *sm* chilogramma, chilo. *Abrev: quilo.*
qui.lô.me.tro [kil´ometru] *sm* chilometro.
qui.me.ra [kim´ɛrə] *sf* chimera, illusione.
qui.mé.ri.co [kim´ɛriku] *adj* chimerico, fantastico.
quí.mi.ca [k´imikə] *sf* chimica.
quí.mi.co [k´imiku] *sm+adj* chimico.
qui.mo.no [kim´onu] *sm* chimono, kimono.
qui.na [k´inə] *sf* **1** angolo, cantone della tavola. **2** cinquina.
qui.nhen.tos [kiñ´ẽtus] *sm+num* cinquecento. **são outros quinhentos** è un altro paio di maniche.
quin.qua.gé.si.mo [kwĩkwaʒ´ɛzimu] *sm+num* cinquantesimo, quinquagesimo.
quin.quê.nio [kwĩk´wenju] *sm* quinquennio.
quin.qui.lha.ri.a [kĩkiλar´iə] *sf* chincaglieria, bazzecola, minutaglia, minuteria, banalità.
quin.ta-fei.ra [kĩtəf´ejrə] *sf* giovedì. *Pl: quintas-feiras.*
quin.tal [kĩt´aw] *sm* cortile. *Pl: quintais.*
quin.te.to [kĩt´etu] *sm* (também *Mús*) quintetto.
quin.to [k´ĩtu] *sm+num* **1** quinto. **2 quinta** *sf* a) *pop* giovedì. b) *port* villa.
quin.tu.pli.car [kĩtuplik´ar] *vt* quintuplicare.
quin.ze [k´ĩzi] *sm+num* quindici.
quin.ze.na [kĩz´enə] *sf* quindicina.
quin.ze.nal [kĩzen´aw] *adj* quindicinale. *Pl: quinzenais.*
qui.os.que [ki´ɔski] *sm* chiosco, casotto, padiglione.
qui.ro.man.ci.a [kiromãs´iə] *sf* chiromanzia.
qui.ro.man.te [kirom´ãti] *s* chiromante.
quis.to [k´istu] *sm Med V cisto.*
qui.ta.ção [kitas´ãw] *sf Com* quietanza, ricevuta.

qui.tar [kit´ar] *vt Com* quietanzare.

qui.te [k´iti] *adj* pari, pari e patta. **estar quite com** essere pari con, non aver debiti o crediti con.

qui.tu.te [kit´uti] *sm* manicaretto, pietanza.

quo.ci.en.te [kwosi´ẽti] *sm Mat* quoziente. **quociente eleitoral** quoziente elettorale.

quó.rum [k´wɔrũ] *sm Pol* quoziente.

quo.ta [kw´ɔtə] *sf* **1** quota, contributo. **2** *Com* aliquota, rata, riparto. **quota de amortização** quota di ammortamento.

quo.ti.di.a.no [kwotidi´Λnu] *agg* quotidiano.

r

r [ˊɛr̄i] *sm* la diciasettesima lettera dell'alfabeto portoghese.

rã [r̄ˊã] *sf Zool* rana, ranocchio.

ra.ba.ne.te [r̄abanˊeti] *sm* ravanello.

ra.be.ca [r̄abˊɛkə] *sf Mús* violino.

ra.be.cão [r̄abekˊãw] *sm Mús* violone.

ra.bi.cho [r̄abˊiʃu] *sm dim* codino.

ra.bis.car [r̄abiskˊar] *vt* **1** scarabocchiare, sgorbiare. **2** *fam* imbrattare.

ra.bis.co [r̄abˊisku] *sm* **1** scarabocchio, sgorbio, ghirigoro. **2** *fig, dep* arabesco.

ra.bo [r̄ˊabu] *sm* **1** coda. **2** *fig, vulg* culo. **rabo do cavalo** crine.

ra.bu.gen.to [r̄abuʒˊẽtu] *adj* stizzoso.

ra.ça [r̄ˊasə] *sf* **1** razza. **2** generazione, stirpe. **3** *fig* stipite. **de raça** (diz-se de animal) reale.

ra.ção [r̄asˊãw] *sf* razione.

ra.cha.du.ra [r̄aʃadˊurə] *sf* **1** spaccatura. **2** fenditura, fessura. **3** crepa, spiraglio.

ra.char [r̄aʃˊar] *vt* **1** spaccare, fendere. **2** crepare, incrinare. *vi+vpr* **3** fendersi. **4** incrinarsi.

ra.ci.al [r̄asiˊaw] *adj* razziale. *Pl: raciais.*

ra.ci.o.ci.nar [r̄asjosinˊar] *vi* raziocinare, ragionare.

ra.ci.o.cí.nio [r̄asjosˊinju] *sm* raziocinio, ragionamento, logica, ragione.

ra.ci.o.nal [r̄asjonˊaw] *adj* **1** razionale. **2** ragionevole. **3** logico. **4** funzionale. *Pl: racionais.*

ra.ci.o.na.li.da.de [r̄asjonalidˊadi] *sf* razionalità.

ra.cis.mo [r̄asˊizmu] *sm* razzismo.

ra.dar [r̄adˊar] *sm Mil* radar.

ra.di.a.ção [r̄adjasˊãw] *sf Fís* radiazione, irradiazione. **radiação cósmica** *Fís* radiazione cosmica.

ra.di.a.dor [r̄adjadˊor] *sm* radiatore.

ra.di.an.te [r̄adiˊãti] *adj* **1** radiante. **2** giulivo. **3** brillante.

ra.di.ar [r̄adiˊar] *vi* radiare.

ra.di.cal [r̄adikˊaw] *sm Quím, Mat, Gram, Pol* radicale. • *adj* radicale. *Pl: radicais.*

ra.di.car [r̄adikˊar] *vt* **1** fissare in terra con le radici. *vpr* **2** radicarsi.

rá.dio [r̄ˊadju] *sm* **1** radio, apparecchio radio. **2** *Anat, Quím* radio. **rádio receptor** radio ricevente. **rádio transmissor** radio trasmittente.

Radio, na acepção **1**, é substantivo feminino: *o rádio receptor* / la radio ricevente.

ra.di.o.a.ma.dor [r̄adioamadˊor] *sm* radioamatore.

ra.di.o.a.ti.vo [r̄adjoatˊivu] *adj Fís* radioattivo.

ra.di.o.gra.fi.a [r̄adjografˊiə] *sf Med* radiografia.

ra.di.os.co.pi.a [r̄adjoskopˊiə] *sf Med* radioscopia.

rai.a [r̄ˊajə] *sf Zool V arraia.*

ra.i.nha [r̄aˊiñə] *sf* **1** regina. **2** donna (no xadrez).

rai.o [r̄ˊaju] *sm* **1** fulmine, lampo. **2** *Geom, Fís* raggio. **3** *Poét* folgore. **4** *Lit* saetta. **5** *fig* folgore, azione improvvisa. **6** fulmine, cosa o persona velocissima. **raio de ação** campo. **raio X** raggio X.

rai.va [r̄ˊajvə] *sf* **1** rabbia. **2** collera, ira. **3** stizza, dispetto, sdegno. **4** *Med* rabbia, idrofobia. **5** *fig* bile, muffa, fuoco.

rai.vo.so [r̄ajvˊozu] *adj* **1** infuriato. **2** *Med* rabbioso, arrabbiato (animal).

ra.iz [r̄aˊis] *sf Anat, Bot, Gram* radice. **criar raízes** a) attecchire. b) (também *fig*)

radicarsi, abbarbicarsi. **raiz quadrada** radice quadrata.
ra.ja.da [r̄aʒ´adə] *sf* raffica. **rajada de vento** sbuffo, buffa.
ra.lar [r̄al´ar] *vt* grattare.
ra.lé [r̄al´ɛ] *sf* **1** *dep* gentaglia, popolaccio, plebaglia. **2** *pop* masnada, minutaglia. **3** *fig, dep* schiuma, progenie. Veja nota em **scoria**.
ra.lhar [r̄aλ´ar] *vt+vi* sgridare, inveire contro.
ra.lo [r̄´alu] *adj* rado, poco spesso.
ra.mal [r̄am´aw] *sm* tronco, ramo (de estrada). **ramal (telefônico)** numero interno. *Pl: ramais.*
ra.ma.lhe.te [r̄amaλ´eti] *sm* mazzo, ciuffo, ciocca.
ra.mei.ra [r̄am´ejrə] *sf gír* sgualdrina.
ra.me.la [r̄am´ɛlə] *sf* cispa.
ra.mi.fi.ca.ção [r̄amifikas´ãw] *sf* **1** ramificazione. **2** *fig* tentacolo, ramo.
ra.mi.fi.car [r̄amifik´ar] *vt* **1** dividere in rami. *vpr* **2** ramificare, ramificarsi.
ra.mi.nho [r̄am´iñu] *sm dim Bot* ramoscello.
ra.mo [r̄´ʌmu] *sm* **1** *Bot* ramo, frasca, mazzo. **2** *fig* giro. **ramo de atividade** branca. **ramo familiar** *fig* ramo. **ramo fino** verga. **ser do ramo** *fam* essere del mestiere, essere esperto.
ram.pa [r̄´ãpə] *sf* rampa, salita.
ran.cho [r̄´ãʃu] *sm Mil* rancio.
ran.ço [r̄´ãsu] *sm* rancido.
ran.cor [r̄ãk´or] *sm* **1** rancore, risentimento, odio, animosità, livore. **2** *fig* bile.
ran.co.ro.so [r̄ãkor´ozu] *adj* **1** rancoroso, dispettoso. **2** *fig* acido, acre.
ran.ço.so [r̄ãs´ozu] *adj* rancido, stantio.
ran.ger [r̄ãʒ´er] *vt* **1** arrotare (os dentes). *vi* **2** scricchiolare, cigolare. **3** scrosciare (sapatos). Veja nota em **arrotare**.
ran.gi.do [r̄ãʒ´idu] *sm* scricchiolio, cigolio.
ra.nho [r̄´ʌñu] *sm vulg* muco.
ra.par [r̄ap´ar] *vt* rapare, radere.
ra.paz [r̄ap´as] *sm* **1** ragazzo, giovanotto, giovane. **2** *fam* figliolo.
ra.pa.zi.nho [r̄apaz´iñu] *sm dim* giovane.
ra.pé [r̄ap´ɛ] *sm* rapè, tabacco da fiuto.
ra.pi.da.men.te [r̄apidam´ẽti] *adv* rapidamente, presto, tosto.
ra.pi.dez [r̄apid´es] *sf* **1** rapidità, velocità, prontezza, prestezza. **2** *fig* corsa.
ra.pi.di.nho [r̄apid´iñu] *adv fam* in quattro e quattro otto.
rá.pi.do [r̄´apidu] *adj* **1** rapido. **2** veloce, celere, svelto. **3** sbrigativo, spedito. **4** pronto. **5** fugace. • *adv* presto. **o mais rápido possível** quanto prima.
ra.pi.na [r̄ap´inə] *sf* furto. **de rapina** *adj Zool* rapace, grifagno (ave).
ra.po.sa [r̄ap´ozə] *sf Zool* volpe. **raposa velha** *fig* volpe, politico.
rap.tar [r̄apt´ar] *vt Dir* rapire, sequestrare.
rap.to [r̄´aptu] *sm Dir* ratto, sequestro.
ra.que.te [r̄ak´ɛti] *sf Esp* racchetta.
ra.quí.ti.co [r̄ak´itiku] *adj* rachitico.
ra.ra.men.te [r̄aram´ẽti] *adv* raramente, di rado.
ra.re.ar [r̄are´ar] *vi* scarseggiare.
ra.ri.da.de [r̄arid´adi] *sf* **1** rarità. **2** scarsezza, scarsità. **3** *fig* gemma, fenice, cosa rara.
ra.ro [r̄´aru] *adj* **1** raro. **2** rado. **3** scarso, deficiente. **4** singolare. **5** prezioso. **6** sporadico.
ras.cu.nhar [r̄askuñ´ar] *vt* abbozzare, sbozzare.
ras.cu.nho [r̄ask´uñu] *sm* **1** abbozzo. **2** bozza, schizzo. **3** minuta. **4** brutta copia.
ras.ga.do [r̄azg´adu] *adj* **1** stracciato. **2** cencioso.
ras.gão [r̄azg´ãw] *sm V rasgo.*
ras.gar [r̄azg´ar] *vt* **1** stracciare, strappare. **2** squarciare. *vpr* **3** squarciarsi.
ras.go [r̄´azgu] *sm* squarcio, strappo. *Sin: rasgão.*
ra.so [r̄´azu] *adj* raso. **uma colher rasa** un cucchiaio raso.
ras.pa.do [r̄asp´adu] *adj* raso.
ras.par [r̄asp´ar] *vt* raschiare, raspare, grattare, radere.
ras.tei.ra [r̄ast´ejrə] *sf* gambetto. **dar uma rasteira em** a) dare il gambetto. b) *fig* cercar di nuocere.
ras.te.jar [r̄asteʒ´ar] *vi* trascinarsi.
ras.to [r̄´astu] *sm V rastro.*
ras.tro [r̄´astru] *sm* **1** orma, impronta, pesta, pista. **2** traccia. **3** vestigio, segno. *Var: rasto.* Veja nota em **vestigio**.

R

ra.su.ra [r̄az´urə] *sf* cancellatura, rasura.
ra.su.rar [r̄azur´ar] *vt* cancellare, cassare.
ra.ta [r̄´atə] *sf* **1** *Zool* topa, sorcia. **2** *fig* granchio, errore. **3** fiasco, insucesso.
ra.te.ar [r̄ate´ar] *vt Com* ratizzare.
ra.ti.fi.ca.ção [r̄atifikas´ãw] *sf* ratificazione, conferma, convalida.
ra.ti.fi.car [r̄atifik´ar] *vt* **1** ratificare, confermare. **2** *Dir* sanzionare, sancire.
ra.to [r̄´atu] *sm* topo, sorcio, ratto. **muito sabe o rato, mas mais o gato** molto sa il topo ma di più ne sa il gatto. **rato de biblioteca** *fig* topo di biblioteca, studioso.
ra.to.ei.ra [r̄ato´ejrə] *sf* trappola.
ra.vi.ó.li [r̄avi´ɔli] *sm* ravioli. Veja nota em **lasagna**.
ra.zão [r̄az´ãw] *sf* **1** ragione. **2** intelligenza, cervello. **3** giudizio. **4** cagione, movente. **5** spiegazione. **6** prova. **7** *Mat* ragione, rapporto. **apresentar razões** portare ragioni. **não ter razão** aver torto. **por esta razão** perciò, quindi. **razão aritmética e geométrica** *Mat* ragione aritmetica e geometrica. **razão social** *Com* ragione sociale. **ter razão** aver ragione. Veja nota em **cervello**.
ra.zo.á.vel [r̄azo´avew] *adj* **1** ragionevole. **2** discreto. **3** giusto. *Pl: razoáveis.*
ra.zo.a.vel.men.te [r̄azoavewm´ẽti] *adv* piuttosto bene.
ré [r̄´ɛ] *sf* **1** *Dir* rea, accusata. **2** *Mús* re, seconda nota musicale. **3** *Autom V marcha.*
re.a.brir [r̄eabr´ir] *vt* riaprire.
re.a.ção [r̄eas´ãw] *sf* **1** reazione. **2** *fig* contraccolpo.
re.a.ci.o.ná.rio [r̄easjon´arju] *sm* **1** reazionario, conservatore. **2** *fig* malva. • *adj* reazionario, conservatore.
re.ad.qui.rir [r̄eadkir´ir] *vt* riscattare.
re.a.gir [r̄eaʒ´ir] *vt* **1** reagire contro. **2** contrattaccare. *vi* **3** (também *Quím, Med*) reagire.
re.a.jus.tar [r̄eaʒust´ar] *vt* raggiustare.
re.al [r̄e´aw] *adj* **1** reale. **2** regale, di re. **3** vero, autentico. **4** concreto, materiale. **5** effettivo. • *sm* reale, moneta antica. *Pl: reais.*
re.al.çar [r̄eaws´ar] *vt* mettere in evidenza.
re.al.ce [r̄e´awsi] *sm* **1** evidenza. **2** *fig* risalto.
re.a.le.jo [r̄eal´eʒu] *sm Mús* organetto.
re.a.li.da.de [r̄ealid´adi] *sf* realtà, reale. **na realidade** in realtà, infatti.
re.a.lis.mo [r̄eal´izmu] *sm* realismo.
re.a.lis.ta [r̄eal´istə] *adj* realista, realistico. • *s* realista.
re.a.lís.ti.co [r̄eal´istiku] *adj* realistico, crudo (linguagem etc).
re.a.li.za.ção [r̄ealizas´ãw] *sf* realizzazione, attuazione.
re.a.li.zar [r̄ealiz´ar] *vt* **1** realizzare. **2** attuare, effettuare, operare, compiere. **3** costituire. *vpr* **4** realizzarsi. **5** accadere, verificarsi. **realizar um patrimônio** *Com* realizzare un patrimonio, convertire in danaro.
re.al.men.te [r̄eawm´ẽti] *adv* **1** realmente, in realtà, infatti, veramente, addirittura. **2** proprio. *você está realmente seguro daquilo que diz?* / sei proprio sicuro di quello che dici?
re.a.ni.mar [r̄eanim´ar] *vt* **1** rianimare. *vpr* **2** rianimarsi, rinvenire, tornare a sé.
re.a.pa.re.cer [r̄eapares´er] *vi* **1** riapparire, risorgere. **2** *fig* rinascere.
re.a.pa.re.ci.men.to [r̄eaparesim´ẽtu] *sm* risorgimento, ritorno.
re.as.su.mir [r̄easum´ir] *vt* riassumere.
re.a.tar [r̄eat´ar] *vt* riattaccare.
re.a.ti.var [r̄eativ´ar] *vt* riattivare.
re.a.tor [r̄eat´or] *sm Fís, Quím* reattore. **reator nuclear** reattore nucleare, pila atomica.
re.a.ver [r̄eav´er] *vt* riavere, recuperare, riscattare.
re.bai.xa.men.to [r̄ebajʃam´ẽtu] *sm* abbassamento.
re.bai.xar [r̄ebajʃ´ar] *vt* **1** abbassare. **2** invilire. **3** *Mil* retrocedere. *vpr* **4** abbassarsi, invilirsi, umiliarsi. **5** prostituirsi.
re.ba.nho [r̄eb´ʌñu] *sm* **1** gregge, branco, mandra. **2** *Rel* popolo. **3** *fig* pecorame, branco, massa. **rebanho de ovelhas** pecorame.
re.ba.te [r̄eb´ati] *sm* allarme.
re.ba.ter [r̄ebat´er] *vt* **1** ribattere. **2** replicare. **3** contrapporre. **rebater uma carta** ribattere una lettera.

re.be.lar [r̄ebel´ar] *vt* **1** ribellare. *vpr* **2** ribellarsi, insorgere, sollevarsi, rivoltarsi.
re.bel.de [r̄eb´ɛwdi] *s* **1** ribelle. *sm* **2** rivoltoso. • *adj* **1** ribelle. **2** rivoltoso. **3** discolo. **4** *fig* riottoso.
re.be.li.ão [r̄ebeli´ãw] *sf* ribellione, insurrezione, sollevazione, sommossa, rivolta.
re.ben.to [r̄eb´ẽtu] *sm Bot* germoglio, pollone, getto, rampollo, gemma.
re.bo.ca.dor [r̄ebokad´or] *sm Náut* rimorchiatore.
re.bo.car [r̄ebok´ar] *vt* **1** intonacare, stuccare. **2** rimorchiare, trainare.
re.bo.lar [r̄ebol´ar] *vi pop* ancheggiare.
re.bo.que [r̄eb´ɔki] *sm* **1** intonaco. **2** rimorchio.
re.bus.ca.do [r̄ebusk´adu] *adj* **1** sofisticato, complicato. **2** *fig* bizantino.
re.ca.do [r̄ek´adu] *sm fam* messaggio. **deixar um recado** lasciare un messaggio.
re.ca.í.da [r̄eka´idə] *sf Med* ricaduta.
re.cam.bi.ar [r̄ekãbi´ar] *vt Com* ricambiare.
re.câm.bio [r̄ek´ãbju] *sm Com* ricambio.
re.can.to [r̄ek´ãtu] *sm Lit* recesso.
re.ca.pi.tu.la.ção [r̄ekapitulas´ãw] *sf* ricapitolazione, riepilogo, riassunto, ripetizione.
re.ca.pi.tu.lar [r̄ekapitul´ar] *vt* ricapitolare, riepilogare, riassumere.
re.car.ga [r̄ek´argə] *sf* ricarica, ricambio.
re.car.re.gar [r̄ekar̄eg´ar] *vt* ricaricare.
re.ca.to [r̄ek´atu] *sm* **1** cautela, prudenza, riserva. **2** pudore.
re.ce.ar [r̄ese´ar] *vt* temere, aver paura di.
re.ce.ber [r̄eseb´er] *vt* **1** ricevere. **2** prendere. **3** accettare. **4** avere. **5** accogliere, ammettere. **6** *Com* percepire, ricevere denaro. **7** captar. *receber as ondas eletromagnéticas* / captare le onde elettromagnetiche.
re.ce.bi.men.to [r̄esebim´ẽtu] *sm* **1** ricevimento. **2** *fig* saluto.
re.cei.o [r̄es´eju] *sm* **1** timore, paura. **2** apprensione.
re.cei.ta [r̄es´ejtə] *sf* ricetta (de comida etc). **2** *Med* ricetta, prescrizione. **3** *Com* rendita. **receita e despesa** *Contab* entrata e uscita. **receita pública** rendita pubblica.
re.cei.tar [r̄esejt´ar] *vt Med* ricettare.
re.cém [r̄es´ẽj] *adv* di recente, appena.
re.cém-for.ma.do [r̄es´ẽjform´adu] *sm* fresco di studi. *Pl: recém-formados.*
re.cém-nas.ci.do [r̄es´ẽjnas´idu] *sm* neonato, creatura. *Pl: recém-nascidos.*
re.cen.se.a.dor [r̄esẽsead´or] *sm* censore.
re.cen.te [r̄es´ẽti] *adj* **1** recente, nuovo, giornaliero. **2** *fig* giovane, fresco.
re.cen.te.men.te [r̄esẽtem´ẽti] *adv* recentemente, di recente.
re.ce.o.so [r̄ese´ozu] *adj* **1** timoroso, pauroso. **2** apprensivo. **3** *fig* geloso.
re.cep.ção [r̄eseps´ãw] *sf* ricevimento, festa, serata. **recepção oficial** gala.
re.cep.ci.o.nar [r̄esepsjon´ar] *vt* ricevere, aprire la casa a.
re.cep.tar [r̄esept´ar] *vt Dir* ricettare, detenere (coisas ilícitas).
re.cep.ti.vo [r̄esept´ivu] *adj* ricettivo.
re.cep.tor [r̄esept´or] *sm* **1** ricevitore (pessoa, aparelho). **2** cornetta del telefono.
re.ces.são [r̄eses´ãw] *sf Econ* recessione.
re.ces.so [r̄es´ɛsu] *sm* recesso.
re.cha.çar [r̄eʃas´ar] *vt* respingere.
re.che.a.do [r̄eʃe´adu] *adj* **1** imbottito, ripieno. **2** *fig* pieno (de erros etc).
re.che.ar [r̄eʃe´ar] *vt* imbottire.
re.chei.o [r̄eʃ´eju] *sm* ripieno.
re.ci.bo [r̄es´ibu] *sm Com* scontrino, biglietto, ricevuta, talloncino, bolletta. **recibo de quitação** quietanza. Veja nota em **biglietto**.
re.ci.clar [r̄esikl´ar] *vt* riciclare, recuperare.
re.ci.fe [r̄es´ifi] *sm Geogr, Náut* scoglio, roccia.
re.cin.to [r̄es´ĩtu] *sm* recinto, luogo chiuso.
re.ci.pi.en.te [r̄esipi´ẽti] *sm* recipiente.
re.cí.pro.co [r̄es´iproku] *adj* **1** reciproco, mutuo, scambievole. **2** *fig* bilaterale.
ré.ci.ta [r̄´ɛsitə] *sf Cin, Teat* recita.
re.ci.tar [r̄esit´ar] *vt* recitare.
re.cla.ma.ção [r̄eklamas´ãw] *sf* **1** reclamo, reclamazione. **2** *Dir* ricorso, rivendicazione. **3** *fig* mugolio.
re.cla.mar [r̄eklam´ar] *vt* **1** reclamare, esigere, richiedere. **2** *Dir* rivendicare. *reclamo os meus direitos* / rivendico i miei diritti. **3** *Med* reclamar de. *o paciente reclama de dor de cabeça* / il paziente

R

accusa un dolore alla testa. *vi* **4** reclamare, brontolare, borbottare. **5** *fig* mugolare.

re.cla.me [r̄ekl´ʌmi] *sm* richiamo, propaganda.

re.cli.na.do [r̄eklin´adu] *adj* **1** chino. **2** *Lit* reclinato.

re.cli.nar [r̄eklin´ar] *vt* **1** chinare, inchinare. **2** *Lit* reclinare.

re.clu.são [r̄ekluz´ãw] *sf Dir* reclusione, carcerazione.

re.clu.so [r̄ekl´uzu] *sm* recluso, carcerato. • *adj* recluso.

re.co.brir [r̄ekobr´ir] *vt* ricoprire, coprire.

re.co.lher [r̄ekoλ´er] *vt* **1** raccogliere. **2** cogliere. **3** ammainare (vela, bandeira).

re.co.lhi.men.to [r̄ekoλim´ẽtu] *sm* raccoglimento, colletta.

re.co.lo.car [r̄ekolok´ar] *vt* **1** riporre, rimettere. *vpr* **2** riporsi.

re.co.me.çar [r̄ekomes´ar] *vt* **1** ricominciare. **2** *fig* riattaccare (um discurso). *vi* **3** ricominciare, rimettersi. **recomeçar a** tornare a.

re.co.me.ço [r̄ekom´esu] *sm* ripresa.

re.co.men.da.ção [r̄ekomẽdas´ãw] *sf* **1** raccomandazione. **2** avvertimento.

re.co.men.dar [r̄ekomẽd´ar] *vt* **1** raccomandare. **2** commettere. **3** avvertire.

re.com.pen.sa [r̄ekõp´ẽsə] *sf* **1** ricompensa. **2** premio, taglia. **3** compenso, retribuzione. **4** rimunerazione. **5** ricognizione. **6** *Poét* mercé. **7** *fig* zuccherino.

re.com.pen.sar [r̄ekõpẽs´ar] *vt* **1** ricompensare. **2** compensare, retribuire. **3** rimunerare. **4** gratificare. **5** *fig* pagare.

re.com.por [r̄ekõp´or] *vt* ricomporre, ricostituire.

re.con.ci.li.ar [r̄ekõsili´ar] *vt* **1** riconciliare, rappacificare. **2** *fig* raggiustare. *vpr* **3** riconciliarsi, rappacificarsi. **4** *fig* raggiustarsi.

re.con.for.tar [r̄ekõfort´ar] *vt* confortare.

re.co.nhe.cer [r̄ekoñes´er] *vt* **1** riconoscere: a) identificare, ravvisare. *reconheceu o amigo pela voz* / riconobbe l'amico alla voce. b) discernere. c) ammettere, accettare. *reconheceu a vitória dos adversários* / riconobbe la vittoria degli avversari. *reconheceu que os adversários tinham vencido* / riconobbe che gli avversari avevano vinto. d) certificare, autenticare. *reconhecer a assinatura* / riconoscere la firma. e) confessare. f) *Mil* riconoscere. *vi* **2** riconoscere, essere grato. **reconhecer um direito** riconoscere un diritto.

re.co.nhe.ci.men.to [r̄ekoñesim´ẽtu] *sm* **1** riconoscimento, ricognizione. **2** riconoscenza, gratitudine, grazia. **3** fama. **4** *Mil* ricognizione.

re.con.quis.tar [r̄ekõkist´ar] *vt* riconquistare, ricuperare, riavere, riprendere.

re.cons.ti.tu.ir [r̄ekõstitu´ir] *vt* **1** ricostituire. **2** ricreare.

re.cons.tru.ir [r̄ekõstru´ir] *vt* ricostruire, rifare.

re.cor.da.ção [r̄ekordas´ãw] *sf* **1** ricordo. **2** reminiscenza, memoria. **3** *fig* orma, segno.

re.cor.dar [r̄ekord´ar] *vt* **1** ricordare. **2** rammentare, avere a memoria. **3** richiamare, assomigliare a. **4** evocare. **5** *fig* celebrare. *vpr* **6** ricordarsi, rammentarsi.

re.cor.de [r̄ek´ɔrdi] *sm Esp* primato, record.

re.cor.dis.ta [r̄ekord´istə] *s* **1** primatista. **2** *fig* asso.

re.cor.ren.te [r̄ekor̄´ẽti] *sm Dir* ricorrente. • *adj* ricorrente.

re.cor.rer [r̄ekor̄´er] *vt* **1** ricorrere. **2** *Dir* ricorrere a, appellarsi a. **não saber a quem recorrer** *fig* non sapere dove battere il capo.

Ricorrere equivale a "recorrer" nos seguintes sentidos, além do jurídico: a) correr de novo. b) dirigir-se a. *recorreu aos médicos* / ricorse ai medici. c) valer-se de. *recorrer às armas* / ricorrere alle armi.

re.cor.tar [r̄ekort´ar] *vt* **1** ritagliare. **2** frastagliare.

re.cre.a.ção [r̄ekreas´ãw] *sf* ricreazione, svago, divertimento.

re.cre.ar [r̄ekre´ar] *vt* ricreare, divertire, distrarre.

re.crei.o [r̄ekr´eju] *sm* **1** ricreazione, intervallo (na escola). **2** spasso.

re.cri.a.ção [r̄ekrjas´ãw] *sf* ricreazione.

re.cri.ar [r̄ekri´ar] *vt* **1** ricreare, ricostruire. **2** simulare (uma cena).

re.cri.mi.nar [r̄ekrimin´ar] *vt* **1** recriminare. **2** biasimare, criticare.

re.cru.ta [r̄ekr´utə] *sm Mil* recluta, coscritto.

re.cru.tar [r̄ekrut´ar] *vt* **1** *Mil* reclutare, arruolare, assoldare. **2** *Com* reclutare.
re.cu.ar [r̄eku´ar] *vi* **1** rinculare, arretrare, retrocedere, dare addietro. **2** *Mil* ripiegare, ritirarsi.
re.cu.o [r̄ek´uu] *sm* rinculo, retrocesso.
re.cu.pe.ra.ção [r̄ekuperas´ãw] *sf* **1** ricuperazione. **2** convalescenza.
re.cu.pe.rar [r̄ekuper´ar] *vt* **1** recuperare, riavere, riprendere, riconquistare. **2** *fig* risanare. *vpr* **3** rimettersi, riaversi.
re.cur.so [r̄ek´ursu] *sm* **1** ricorso, risorsa. **2** *Dir* ricorso. **3 recursos** *pl* risorse. **não ter recursos** essere al secco. **recursos financeiros** mezzi.
re.cur.va.do [r̄ekurv´adu] *adj* ricurvo, storto.
re.cu.sa [r̄ek´uzə] *sf* **1** ricusa. **2** declinazione. **3** rifiuto, rigetto.
re.cu.sar [r̄ekuz´ar] *vt* **1** ricusare. **2** negare, respingere, rifiutare. **3** declinare (convite, honra). **4** rigettare. **5** scartare. *vpr* **6** ricusarsi a, rifiutarsi a.
re.da.ção [r̄edas´ãw] *sf* **1** redazione. **2** giornale.
re.da.tor [r̄edat´or] *sm* redattore.
re.de [r̄´edi] *sf* rete. **rede para dormir** amaca. **rede telefônica** rete telefonica.
ré.dea [r̄´ɛdjə] *sf* briglia, redine.
re.de.mo.i.nho [r̄edemo´iñu] *sm* mulinello, remolino.
re.den.ção [r̄edẽs´ãw] *sf* **1** redenzione, salvezza. **2** *Rel* redenzione, riscatto.
re.den.tor [r̄edẽt´or] *sm* redentore.
re.di.gir [r̄ediʒ´ir] *vt* redigere, scrivere.
re.di.mir [r̄edim´ir] *vt* **1** redimere, salvare, riscattare. *vpr* **2** redimersi, riscattarsi, correggersi.
re.do.brar [r̄edobr´ar] *vt* **1** raddoppiare. *vi* **2** raddoppiare, raddoppiarsi.
re.do.bro [r̄ed´obru] *sm* raddoppio.
re.don.de.zas [r̄edõd´ezas] *sf pl* i dintorni, le vicinanze.
re.don.do [r̄ed´õdu] *adj* rotondo, tondo.
re.dor [r̄ed´ɔr] *sm* usado em expressões: **ao redor/em redor** a) intorno, attorno, presso. b) in giro. **ao redor de** intorno a, attorno a, presso.
re.du.ção [r̄edus´ãw] *sf* **1** riduzione. **2** diminuzione. **3** crollo. **4** calo. **redução de preços** abbassamento di prezzi, scalo.
re.dun.dân.cia [r̄edũd´ãsjə] *sf* **1** ridondanza. **2** *fig* zeppa.
re.dun.dan.te [r̄edũd´ãti] *adj* ridondante.
re.du.zi.do [r̄eduz´idu] *adj* **1** ridotto. **2** ristretto. **3** sparuto.
re.du.zir [r̄eduz´ir] *vt* **1** ridurre. **2** diminuire, minorare. **3** appicciolire. **4** abbassare. *vpr* **5** ridursi. **6** diminuirsi. **reduzir-se a pó** ridursi a polvere.
re.e.di.tar [r̄eedit´ar] *vt* ristampare.
re.em.bol.sar [r̄eẽbows´ar] *vt* rimborsare, ripagare.
re.em.bol.so [r̄eẽb´owsu] *sm* rimborso, compenso.
re.en.con.trar [r̄eẽkõtr´ar] *vt* **1** ritrovare, rivedere, rinvenire. *vpr* **2** ritrovarsi.
re.en.con.tro [r̄eẽk´õtru] *sm* ritrovamento.
re.en.tra.da [r̄eẽtr´adə] *sf* rientrata.
re.es.cre.ver [r̄eeskrev´er] *vt* riscrivere, rifondere un lavoro, un libro.
re.es.tru.tu.ra.ção [r̄eestruturas´ãw] *sf* riforma.
re.es.tru.tu.rar [r̄eestrutur´ar] *vt* **1** riformare, riorganizzare. **2** *fig* ricostruire.
re.es.tu.dar [r̄eestud´ar] *vt* ristudiare, rivedere.
re.fa.zer [r̄efaz´er] *vt* **1** rifare, rinnovare, ricomporre. *vpr* **2** rifarsi.
re.fei.ção [r̄efejs´ãw] *sf* **1** refezione, pasto. **2** *Mil* rancio. **3** *fig* mensa. **refeição a bordo** pasto a bordo. **refeição diária** vitto. **refeição rápida** spuntino.
re.fei.tó.rio [r̄efejt´ɔrju] *sm* refettorio. **refeitório estudantil** mensa studentesca.
re.fém [r̄ef´ẽj] *sm* ostaggio.
re.fe.rên.cia [r̄efer´ẽsjə] *sf* **1** riferimento, allusione. **2** rimando. **3 referências** *pl* *Com* referenze, informazione.
re.fe.ren.te [r̄efer´ẽti] *adj* relativo, concernente a.
re.fe.ri.do [r̄efer´idu] *adj* anzidetto.
re.fe.rir [r̄efer´ir] *vt* **1** riferire, citare. *vpr* **2** riferirsi a, alludere a, concernere, riguardare.
re.fi.na.do [r̄efin´adu] *adj* **1** raffinato. **2** squisito, fino, signorile. Veja nota em **squisito**.
re.fi.na.men.to [r̄efinam´ẽtu] *sm* **1** raffi-

namento. **2** raffinatezza. Veja nota em **raffinamento**.

re.fi.nar [r̄efin´ar] *vt* **1** raffinare. **2** *fig* polire. **3** affinare. *vpr* **4** raffinarsi.

re.fle.ti.do [r̄eflet´idu] *adj* riflesso.

re.fle.tir [r̄eflet´ir] *vt* **1** riflettere. **2** rispecchiare. **3** riverberare. *vi* **4** riflettere, meditare. *vpr* **5** riflettersi. **6** specchiarsi, riverberarsi. **7** ripercuotersi.

re.fle.xão [r̄efleks´ãw] *sf* riflessione.

re.fle.xi.vo [r̄efleks´ivu] *adj Gram* riflessivo.

re.fle.xo [r̄efl´ɛksu] *sm+adj* riflesso.

re.flo.res.tar [r̄eflorest´ar] *vt* rimboschire.

re.for.çar [r̄efors´ar] *vt* **1** rinforzare, rafforzare. **2** fortificare. **3** consolidare. **4** *fig* cementare.

re.for.ço [r̄ef´orsu] *sm* rinforzo, rafforzamento, rinfranco.

re.for.ma [r̄ef´ɔrmə] *sf* **1** riforma. **2** rinnovazione. **3** innovazione. **4** *Mil* riforma.

re.for.ma.do [r̄eform´adu] *adj* **1** riformato. **2** *Mil* pensionato, a riposo.

re.for.mar [r̄eform´ar] *vt* **1** riformare. **2** rinnovare. **3** innovare. **4** *Mil* riformare. **5** *Dir* emendare. **6** *fig* ricostruire.

re.for.ma.tó.rio [r̄eformat´ɔrju] *sm* riformatorio, casa di rieducazione.

re.fra.ção [r̄efras´ãw] *sf Fís* rifrazione.

re.frão [r̄efr´ãw] *sm Mús, Poét* ritornello, ripresa.

re.fra.tá.rio [r̄efrat´arju] *sm+adj* refrattario.

re.fre.ar [r̄efre´ar] *vt* **1** raffrenare. **2** *fig* frenare. *vpr* **3** raffrenarsi.

re.fres.car [r̄efresk´ar] *vt* **1** rinfrescare. *vpr* **2** rinfrescarsi. **refrescar a memória** rinfrescare la memoria.

re.fres.co [r̄efr´esku] *sm* rinfresco.

re.fri.ge.ra.ção [r̄efriʒeras´ãw] *sf* raffreddamento. **refrigeração a água/a ar** *Autom* raffreddamento ad acqua / ad aria.

re.fri.ge.ra.dor [r̄efriʒerad´or] *sm* frigorifero.

re.fri.ge.ran.te [r̄efriʒer´ãti] *sm* analcolico.

re.fri.ge.rar [r̄efriʒer´ar] *vt* refrigerare, raffreddare, rinfrescare.

re.fri.gé.rio [r̄efriʒ´ɛrju] *sm* refrigerio.

re.fu.gi.ar [r̄efuʒi´ar] *vt* **1** rifugiare, ricoverare, annidare. *vpr* **2** rifugiarsi, ricoverarsi, ripararsi. **3** *fig* ritirarsi.

re.fú.gio [r̄ef´uʒju] *sm* **1** rifugio, ricovero, riparo. **2** *fig* asilo, tetto. **3** baita. **4** porto. **5** bozzolo.

re.fu.go [r̄ef´ugu] *sm* **1** rifiuto. **2** *fig* coccio.

re.fu.tar [r̄efut´ar] *vt* **1** confutare, negare, respingere. **2** *fig* ribattere, impugnare.

re.ga [r̄´ɛgə] *sf* annaffiatura, adacquamento.

re.ga.dor [r̄egad´or] *sm* annaffiatoio.

re.ga.li.a [r̄egal´iə] *sf* regalia.

re.gar [r̄eg´ar] *vt* **1** annaffiare, adacquare. **2** *fig* aspergere.

re.ga.ta [r̄eg´atə] *sf Esp* regata.

re.ga.to [r̄eg´atu] *sm Geogr* ruscello, rigagnolo.

re.gên.cia [r̄eʒ´ẽsjə] *sf* **1** reggenza. **2** *Gram* reggimento.

re.ge.ne.rar [r̄eʒener´ar] *vt* **1** rigenerare. **2** cicatrizzare. *vpr* **3** rigenerarsi. **4** cicatrizzarsi.

re.ger [r̄eʒ´er] *vt* **1** reggere, capeggiare. **2** *Gram* reggere.

re.gi.ão [r̄eʒi´ãw] *sf* **1** regione, zona, terra. **2** *fig* area, ambito. **região costeira** costiera. **região mais rica** (de cidade, país etc.) *fig* grasso.

re.gi.me [r̄eʒ´imi] *sm* **1** *Med* regime, dieta. **2** *Pol* regime, reggimento.

re.gi.men.to [r̄eʒim´ẽtu] *sm Mil* reggimento, truppa, unità.

ré.gio [r̄´ɛʒju] *adj* reale, regale, del re.

re.gis.trar [r̄eʒistr´ar] *vt* **1** registrare. **2** iscrivere. **3** catalogare. **4** segnare. **5** *Contab* impostare. **registrar uma carta** raccomandare una lettera.

re.gis.tro [r̄eʒ´istru] *sm* **1** registro. **2** registrazione. **3** iscrizione. **4** *Contab* registro, scrittura. **5** partita, conto, posta. **registro civil** anagrafe. **registro eleitoral** lista elettorale.

Em italiano, **registro** indica o livro ou escritório em que se registra, e o próprio registro escrito. **Registrazione** significa apenas o "ato de registrar".

re.go [r̄´egu] *sm* fosso.

re.go.zi.jar [r̄egoziʒ´ar] *vt* **1** rallegrare, allegrare. *vpr* **2** giubilare, esultare, compiacersi, gongolare.

re.go.zi.jo [r̄egoz´iʒu] *sm* giubilo, allegria.

re.gra [r̄´ɛgrə] *sf* **1** regola. **2** norma. **3**

ordine, ordinamento. **4** usanza. **5** forma, formula. **regra de juros** *Com* regola d'interesse. **regra de três** *Mat* regola del tre. **ser regra geral** *fig* essere l'ago della bilancia.

re.gre.dir [r̄egred'ir] *vi* **1** regredire. **2** retrocedere. **3** dare balta (doença).

re.gres.são [r̄egres'ãw] *sf* regressione, regresso.

re.gres.sar [r̄egres'ar] *vi* regressare, ritornare, tornare.

re.gres.so [r̄egr'ɛsu] *sm* regresso, ritorno.

ré.gua [r̄'ɛgwə] *sf* riga, regolo. **régua de cálculo** *Mat* regolo calcolatore.

ré.gua-tê [r̄ɛgwət'e] *sf* riga a T. *Pl: réguas-tê, réguas-tês.*

re.gu.la.dor [r̄egulad'or] *sm* moderatore (de uma máquina).

re.gu.la.men.tar [r̄egulamẽt'ar] *vt* regolamentare, regolare, codificare. • *adj* regolamentare.

re.gu.la.men.to [r̄egulam'ẽtu] *sm* regolamento, statuto, regola, ordinamento.

re.gu.lar [r̄egul'ar] *vt* **1** regolare. **2** regolamentare. **3** moderare, temperare. **4** aggiustare. *vpr* **5** regolarsi. **6** governarsi. • *adj* **1** regolare. **2** normale. **3** continuo. **4** modesto. **5** costante, uguale.

re.gu.la.ri.zar [r̄egulariz'ar] *vt* regolarizzare, normalizzare.

re.gur.gi.tar [r̄egurʒit'ar] *vt* rigurgitare.

rei [r̄'ej] *sm* **1** re, sovrano. **2** *fig* re, principe (de uma arte, ciência etc.). **3 os Reis** *pl* i Reali, la Famiglia Reale.

re.im.pri.mir [r̄eĩprim'ir] *vt* ristampare, ritirare.

rei.na.do [r̄ejn'adu] *sm* regno.

rei.nar [r̄ejn'ar] *vi* regnare.

re.i.ni.ci.ar [r̄ejnisi'ar] *vt* **1** ricominciare, riprendere. **2** *fig* riattaccare (discurso).

re.i.ní.cio [r̄ejn'isju] *sm* ripresa.

rei.no [r̄'ejnu] *sm* **1** regno. **2** *fig* corona, scettro.

re.in.te.grar [r̄eĩtegr'ar] *vt* reintegrare.

rei.te.rar [r̄ejter'ar] *vt* reiterare, rifare, replicare.

rei.tor [r̄ejt'or] *sm* rettore.

rei.to.ri.a [r̄ejtor'iə] *sf* rettoria.

rei.vin.di.ca.ção [r̄ejvĩdikas'ãw] *sf Dir* rivendicazione.

rei.vin.di.car [r̄ejvĩdik'ar] *vt Dir* **1** rivendicare, reclamare. **2** arrogarsi (algo indevido).

re.jei.ção [r̄eʒejs'ãw] *sf* rigetto, ripudio.

re.jei.tar [r̄eʒejt'ar] *vt* **1** rigettare. **2** ripudiare, scartare. **3** respingere, ricusare, rifiutare. **rejeitar um candidato** *fig* bocciare un candidato.

re.ju.ve.nes.cer [r̄eʒuvenes'er] *vt+vi* **1** ringiovanire. *vpr* **2** ringiovanirsi.

re.la.ção [r̄elas'ãw] *sf* **1** relazione. **2** rapporto, correlazione, connessione. **3** elenco, lista, repertorio, canone. **com relação a** rispetto a, quanto a, verso, circa. **estabelecer relações com** stringere relazioni con. **estar de relações cortadas com** essere in rotta con. **relação sexual** rapporto sessuale, coito. **relações hostis** rapporti tesi. **relações sociais** aderenze. **romper/cortar relações com** rompere relazioni con, guastarsi con. **ter boas relações com** essere in buone relazioni con. **ter relações íntimas com** intendersi con.

re.la.ci.o.na.men.to [r̄elasjonam'ẽtu] *sm* **1** relazione, rapporto, amore. **2** *fig* contatto.

re.la.ci.o.nar [r̄elasjon'ar] *vt* **1** elencare, enumerare. **2** concatenare.

re.lâm.pa.go [r̄el'ãpagu] *sm* **1** lampo, baleno. **2** *Poét* folgore.

re.lam.pe.jar [r̄elãpeʒ'ar] *vi* lampeggiare, balenare, saettare, baluginare, folgorare.

re.lan.ce [r̄el'ãsi] *sm* na expressão **de relance** a volo d'uccello.

re.la.tar [r̄elat'ar] *vt* riportare, rapportare, riferire.

re.la.ti.vi.da.de [r̄elativid'adi] *sf* relatività.

re.la.ti.vo [r̄elat'ivu] *adj* **1** relativo. **2** pertinente. **pronome relativo** *Gram* pronome relativo. **relativo a** relativo a.

re.la.tó.rio [r̄elat'ɔrju] *sm* **1** rapporto. **2** relazione. **3** bollettino. Veja nota em **bollettino**.

re.la.xa.do [r̄elaʃ'adu] *adj* trasandato.

re.la.xa.men.to [r̄elaʃam'ẽtu] *sm Med* rilassamento.

re.la.xar [r̄elaʃ'ar] *vt* **1** rilassare. **2** *fig* allentare. *vpr* **3** rilassarsi. **relaxar os músculos** sciogliere i muscoli.

R

re.le.gar [r̄eleg´ar] *vt* relegare.
re.ler [r̄el´er] *vt* **1** rileggere. **2** *fig* ripassare.
re.les [r̄´ɛlis] *adj sing+pl* **1** ordinario, vile. **2** insignificante.
re.le.vân.cia [r̄elev´ãsjə] *sf* **1** rilevanza, importanza. **2** *fig* entità.
re.le.van.te [r̄elev´ãti] *adj* **1** rilevante. **2** importante.
re.le.var [r̄elev´ar] *vt* **1** scusare, giustificare. *vi* **2** rilevare, essere importante.
re.le.vo [r̄el´evu] *sm* **1** rilievo. **2** risalto.
re.li.gi.ão [r̄eliʒi´ãw] *sf* **1** religione, credo. **2** *fig* chiesa.
re.li.gi.o.so [r̄eliʒi´ozu] *adj* **1** religioso, pio. **2** *fig* spirituale. • *sm* religioso, chierico.
re.lin.char [r̄elĩʃ´ar] *vi* nitrire, annitrire.
re.lin.cho [r̄el´ĩʃu] *sm* nitrito.
re.lí.quia [r̄el´ikjə] *sf* **1** *Rel* reliquia. **2** **relíquias** *pl* antichità. Veja nota em **antichità**.
re.ló.gio [r̄el´ɔʒju] *sm* orologio. **funcionar como um relógio** essere un'orologio. **o relógio adianta uma hora por dia** l'orologio corre di un'ora al giorno. **o relógio atrasa** l'orologio ritarda. **o relógio parou** l'orologio è fermo. **relógio de água** orologio ad acqua. **relógio de areia** orologio a sabbia. **relógio de bolso** orologio da tasca. **relógio de parede** orologio da muro. **relógio de pulso** orologio da polso. **relógio solar** orologio solare.
re.lo.jo.ei.ro [r̄eloʒo´ejru] *sm* orologiaio.
re.lu.tan.te [r̄elut´ãti] *adj* riluttante, dubbioso.
re.lu.zen.te [r̄eluz´ẽti] *adj* lucente, brillante.
re.lu.zir [r̄eluz´ir] *vi* **1** splendere, luccicare, sfavillare. **2** *Lit* rilucere.
re.ma.dor [r̄emad´or] *sm* canottiere.
re.mar [r̄em´ar] *vi* remare, vogare. **remar contra a maré** *fig* essere sotto vento.
re.me.di.ar [r̄emedi´ar] *vt* **1** rimediare, riparare. **2** *fig* sanare, rettificare.
re.mé.dio [r̄em´ɛdju] *sm* **1** *Med* medicina, farmaco, medicinale, rimedio. **2** *fig* riparo, antidoto. **que remédio!** per forza! **tomar um remédio** prendere una medicina.
re.me.la [r̄em´ɛlə] *sf* cispa.
re.me.mo.rar [r̄ememor´ar] *vt* ricordare, volgersi addietro.
re.men.dar [r̄emẽd´ar] *vt* **1** rammendare, rappezzare, rattoppare. **2** *fig* cucire.
re.men.do [r̄em´ẽdu] *sm* rammendo, rappezzo, rattoppo, pezza.
re.mes.sa [r̄em´ɛsə] *sf* rimessa, spedizione, indirizzo.
re.me.ten.te [r̄emet´ẽti] *s* mittente.
re.me.ter [r̄emet´er] *vt* **1** rimettere, spedire, indirizzare. *vpr* **2** rimettersi, riferirsi.
re.me.xer [r̄emeʃ´er] *vt* **1** rimescolare, rimestare. **2** sconvolgere. **3** rovistare. **4** *fig* scavare (coisas do passado).
re.mi.nis.cên.cia [r̄eminis´ẽsjə] *sf* reminiscenza, memoria.
re.mir [r̄em´ir] *vt Dir* redimere.
re.mis.são [r̄emis´ãw] *sf* **1** remissione. **2** *Rel* perdono.
re.mo [r̄´emu] *sm* remo.
re.mo.ção [r̄emos´ãw] *sf* rimozione, levata.
re.mo.çar [r̄emos´ar] *vt* ringiovanire.
re.mo.i.nho [r̄emo´iñu] *sm dim* remolino, mulinello.
re.mon.tar [r̄emõt´ar] *vt* **1** rimontare, montar di nuovo. **2** rimontare a, risalire a.
re.mor.so [r̄em´ɔrsu] *sm* rimorso, pentimento.
re.mo.to [r̄em´ɔtu] *adj* **1** remoto. **2** longinquo. **3** antico. **4** lontano. **passado remoto** *Gram* passato remoto.
re.mo.ver [r̄emov´er] *vt* rimuovere, ritirare, levare, sgombrare, scostare, togliere. Veja nota em **levare**.
re.mu.ne.ra.ção [r̄emuneras´ãw] *sf* rimunerazione, ricompensa.
re.mu.ne.rar [r̄emuner´ar] *vt* rimunerare, ricompensare.
re.na [r̄´enə] *sf Zool* renna.
Re.nas.cen.ça [r̄enas´ẽsə] *sf Hist* la Rinascenza.
re.nas.cer [r̄enas´er] *vi* **1** rinascere, rivivere. **2** *Bot* rimettere. **3** *fig* risorgere.
re.nas.ci.men.to [r̄enasim´ẽtu] *sm* **1** rinascimento, rinascita, rinascenza. **2** *fig* risorgimento, risveglio. **o Renascimento** *Hist* il Rinascimento.
ren.da [r̄´ẽdə] *sf* **1** pizzo, merletto. **2** *Com* rendita, rendimento, reddito. **3** profitto, interesse, utile. **4** entrata. **renda per capita** reddito per abitante.

ren.der [r̃ẽd´er] *vt* **1** rendere, valere, fruttare. *vpr* **2** rendersi, arrendersi. **3** *Mil* cadere, capitolare. **4** *fig* piegarsi.
ren.di.ção [r̃ẽdis´ãw] *sf* resa
ren.di.men.to [r̃ẽdim´ẽtu] *sm* **1** *Com* rendimento. **2** provento, utile. **3** fruttato. **4** *Mec* rendimento, ritmo di una macchina. **5** *fig* bottino. **rendimento bruto** ricavo lordo, rendita lorda.
ren.do.so [r̃ẽd´ozu] *adj* **1** lucrativo. **2** *fig* pingue.
re.ne.ga.do [r̃eneg´adu] *sm+adj* rinnegato.
re.ne.gar [r̃eneg´ar] *vt* rinnegare.
re.ni.ten.te [r̃enit´ẽti] *adj* renitente, ostinato.
re.no.ma.do [r̃enom´adu] *adj* rinomato, celebre, conosciuto, grande.
re.no.me [r̃en´omi] *sm* **1** rinomanza, fama, celebrità, nome. **2** *fig* marchio.
re.no.va.ção [r̃enovas´ãw] *sf* **1** rinnovazione, riforma. **2** *fig* risveglio.
re.no.var [r̃enov´ar] *vt* **1** rinnovare. **2** riformare. **3** reiterare. **4** *fig* rinfrescare. *vpr* **5** rinnovarsi.
ren.te [r̃´ẽti] *adj* raso. • *adv* rasente. **passar rente a** *fig* radere. **rente a** rasente, raso. **rente à terra** raso terra.
re.nún.cia [r̃en´ũsjə] *sf* **1** rinuncia. **2** cedimento. **3** astinenza. **4** dimissione. **5** *fig* sacrificio.
re.nun.ci.ar [r̃enũsi´ar] *vt+vi* **1** rinunciare a. **2** astenersi da, privarsi di. **3** desistere di. **4** abdicare.
re.or.de.nar [r̃eorden´ar] *vt* riordinare.
re.or.ga.ni.zar [r̃eorganiz´ar] *vt* riorganizzare.
re.pa.gar [r̃epag´ar] *vt* ripagare, pagar di nuovo.
re.pa.ra.ção [r̃eparas´ãw] *sf* **1** compenso, ammenda. **2** aggiustamento. **3** *Dir* riparazione. **reparação de guerra** *Mil* riparazioni di guerra.
re.pa.rar [r̃epar´ar] *vt* **1** riparare, raggiustare, rappezzare. **2** notare, accorgersi di, avvedersi di. **3** indennizzare. **4** *fig* sanare.
re.pa.ro [r̃ep´aru] *sm* riparazione, rappezzo, ammendamento.
re.par.ti.ção [r̃epartis´ãw] *sf* **1** ripartizione. **2** divisione. **3** distribuzione. **4** reparto, sezione, dipartimento. **repartição aduaneira** ufficio di dogana. **repartição pública** ufficio.
re.par.tir [r̃epart´ir] *vt* **1** ripartire, spartire, dividere, distribuire. *vpr* **2** dividersi.
re.pas.sar [r̃epas´ar] *vt* ripassare. **repassar um texto** ripassare un testo.
re.pas.se [r̃ep´asi] *sm* ripetizione (de leções).
re.pa.tri.a.ção [r̃epatrjas´ãw] *sf* rimpatrio.
re.pa.tri.ar [r̃epatri´ar] *vt* rimpatriare.
re.pe.len.te [r̃epel´ẽti] *adj* repellente, repulsivo, ripugnante.
re.pe.lir [r̃epel´ir] *vt* **1** respingere. **2** allontanare. **3** ricusare.
re.pen.te [r̃ep´ẽti] *sm* **1** impulso. **2** improvviso. **de repente** *V repentinamente.*
re.pen.ti.na.men.te [r̃epẽtinam´ẽti] *adv* d'un tratto, all'improvviso, subito, di soprassalto. *Sin: de repente.*
re.pen.ti.no [r̃epẽt´inu] *adj* repentino, subitaneo, subito.
re.per.cus.são [r̃eperkus´ãw] *sf* ripercussione.
re.per.cu.tir [r̃eperkut´ir] *vt* **1** ripercuotere, riverberare. **2** *fig* percuotere. *vi+vpr* **3** ripercuotere, riverberare, echeggiare, riflettersi.
re.per.tó.rio [r̃epert´ɔrju] *sm* repertorio.
re.pe.ti.ção [r̃epetis´ãw] *sf* **1** ripetizione. **2** replica. **3** bis. **4** frequenza.
re.pe.ti.do [r̃epet´idu] *adj* **1** ripetuto. **2** frequente.
re.pe.tir [r̃epet´ir] *vt* **1** ripetere. **2** reiterare, rifare, rinnovare. **3** replicare. **4** ridire. **5** *Teat* bissare. **6** *fig* ribadire. *vpr* **7** ripetersi. **8** rinnovarsi. **repetir na escola** *fig* bocciare.
re.pi.car [r̃epik´ar] *vi* scampanare.
re.pi.que [r̃ep´iki] *sm* scampanata.
re.ple.to [r̃epl´ɛtu] *adj* **1** repleto, ripieno. **2** esuberante.
ré.pli.ca [r̃´ɛplikə] *sf* replica, risposta.
re.pli.car [r̃eplik´ar] *vt* **1** replicare. **2** *fig* ritorcere.
re.po.lho [r̃ep´oλu] *sm* cavolo.
re.por [r̃ep´or] *vt* riporre, rimettere.

R

re.por.tar [r̄eport´ar] *vt* **1** riportare, riferire, citare. *vpr* **2** rapportarsi a, riportarsi a.
re.pór.ter [r̄ep´ɔrter] *sm* reporter.
re.po.si.ção [r̄epozis´ãw] *sf* riposizione.
re.pou.sar [r̄epowz´ar] *vt* **1** riposare. *vi* **2** riposare, riposarsi, rilassarsi, posarsi.
re.pou.so [r̄ep´owzu] *sm* **1** riposo. **2** respiro. **3** fermata, tappa. **4** quiete. **5** *fig* tregua.
re.pre.en.der [r̄epreẽd´er] *vt* **1** rimproverare. **2** riprendere, avvertire, ammonire. **3** sgridare, redarguire. **4** biasimare, censurare.
re.pre.en.são [r̄epreẽs´ãw] *sf* **1** rimprovero. **2** ammonizione, avviso. **3** sgridata, paternale, rabbuffo. **4** censura. **5** *pop* lavata di capo. **6** *fig* lezione, sermone.
re.pre.sá.lia [r̄eprez´aljə] *sf* rappresaglia.
re.pre.sen.ta.ção [r̄eprezẽtas´ãw] *sf* **1** rappresentazione. **2** simbolo, concetto. **3** simulazione. **4** diagramma. **5** ambasciata, comitato, rappresentanza diplomatica. **6** *Teat* recita, rappresentazione.
re.pre.sen.tan.te [r̄eprezẽt´ãti] *s* **1** rappresentante. **2** agente. **3** parlamentare. **4** *fig* esponente. • *adj* rappresentante.
re.pre.sen.tar [r̄eprezẽt´ar] *vt* **1** rappresentare. **2** fungere da. **3** raffigurare, ritrarre. **4** esprimere. **5** descrivere. **6** *Cin, Teat* rappresentare, recitare, allestire. **7** *fig* dipingere. **8** incarnare. **representar um papel** interpretare una parte.
re.pres.são [r̄epres´ãw] *sf* **1** repressione. **2** *fig* museruola.
re.pres.sor [r̄epres´or] *adj* repressore, coercitivo.
re.pri.mir [r̄eprim´ir] *vt* **1** reprimere. **2** contenere, limitare. **3** impedire, vietare. **4** dominare. **5** *fig* soffocare, annegare. **6** stroncare, fiaccare.
re.pri.se [r̄epr´izi] *sf Cin* seconda visione.
re.pro.du.ção [r̄eprodus´ãw] *sf* **1** riproduzione. **2** copia.
re.pro.du.tor [r̄eprodut´or] *sm+adj* riproduttore.
re.pro.du.zir [r̄eproduz´ir] *vt* **1** riprodurre. **2** rappresentare. **3** ricostruire. *vpr* **4** riprodursi.
re.pro.va.ção [r̄eprovas´ãw] *sf* **1** riprovazione. **2** biasimo, critica. **3** paternale. **4** rimando. **5** *fig* condanna, attacco.
re.pro.va.do [r̄eprov´adu] *adj* riprovato. **ser reprovado (na escola)** *fig* bocciare.
re.pro.var [r̄eprov´ar] *vt* **1** riprovare. **2** disapprovare. **3** criticare, censurare. **4** rimbrottare, ridire. **5** *fig* condannare. **reprovar num exame** a) rimandare. b) *fig* bocciare.
re.pro.vá.vel [r̄eprov´avew] *adj* riprovevole, condannabile. *Pl: reprováveis.*
rép.til [r̄´ɛptiw] *sm Zool* rettile. *Pl: répteis.*
re.pú.bli.ca [r̄ep´ublikə] *sf* repubblica.
re.pu.di.ar [r̄epudi´ar] *vt* ripudiare, sconfessare.
re.pú.dio [r̄ep´udju] *sm* ripudio, rigetto.
re.pug.nân.cia [r̄epugn´ãsjə] *sf* **1** ripugnanza. **2** disgusto, ripulsa. **3** ribrezzo, schifo, sconcezza.
re.pug.nan.te [r̄epugn´ãti] *adj* **1** ripugnante, schifoso, turpe. **2** *fig* fetente.
re.pug.nar [r̄epugn´ar] *vi* ripugnare.
re.pul.sa [r̄ep´uwsə] *sf* **1** ripulsa, ripugnanza, schifo, ribrezzo. **2** antipatia, fastidio, disgusto.
re.pul.são [r̄epuws´ãw] *sf Fís* ripulsa.
re.pul.si.vo [r̄epuws´ivu] *adj* repulsivo, schifoso, disgustoso.
re.pu.ta.ção [r̄eputas´ãw] *sf* **1** reputazione. **2** fama. **3** credito. **4** *fig* grido. **má reputação** discredito. Veja nota em **grido**.
re.pu.tar [r̄eput´ar] *vt* reputare, considerare, credere.
re.que.brar [r̄ekebr´ar] *vi pop* ancheggiare.
re.que.ren.te [r̄eker´ẽti] *s Dir* richiedente.
re.que.rer [r̄eker´er] *vt* **1** *Dir* richiedere, postulare. **2** *fig* richiedere, occorrere, esigere.
re.que.ri.men.to [r̄ekerim´ẽtu] *sm Dir* supplica.
re.quin.te [r̄ek´ĩti] *sm* raffinatezza, squisitezza. Veja nota em **raffinamento**.
re.qui.si.tar [r̄ekizit´ar] *vt* richiedere, postulare.
re.qui.si.to [r̄ekiz´itu] *sm* requisito, condizione.
res.cin.dir [r̄esĩd´ir] *vt Dir* rescindere, disdire un contratto.

res.ci.são [r̄esiz'ãw] *sf Dir* rescissione, risoluzione, disdetta.

re.se.nha [r̄ez'eñə] *sf* recensione, rassegna, critica.

re.se.nhar [r̄ezeñ'ar] *vt* recensire, rassegnare, criticare.

re.ser.va [r̄ez'ɛrvə] *sf* **1** riserva. **2** scorta. **3** riservatezza, riserbo, pudore. *sm* **4** *Esp* riserva (jogador). **reserva de caça** riserva di caccia. **reservas monetárias** *Com, Econ* risparmi.

re.ser.va.do [r̄ezerv'adu] *adj* **1** riservato. **2** chiuso, reticente. **3** pudico.

re.ser.var [r̄ezerv'ar] *vt* **1** riservare. **2** conservare, riporre. **3** prenotare (lugar no teatro, quarto em hotel etc). **4** *Com* stanziare (dinheiro).

re.ser.va.tó.rio [r̄ezervat'ɔrju] *sm* **1** serbatoio. **2** vasca, conserva di acqua.

res.fo.le.gar [r̄esfoleg'ar] *vi* sbuffare.

res.fri.a.do [r̄esfri'adu] *sm Med* raffreddore, infreddatura. Veja nota em **constipação**.

res.fri.a.men.to [r̄esfrjam'ẽtu] *sm* raffreddamento.

res.fri.ar [r̄esfri'ar] *vt* **1** freddare, refrigerare, gelare, congelare. **2** raffreddare. *vi+vpr* **3** freddare, freddarsi. **4** raffreddarsi, infreddarsi.

res.ga.tar [r̄ezgat'ar] *vt* **1** riscattare. **2** affrancare. **3** redimere. **4** *Com* incassare, percepire (dinheiro).

res.ga.te [r̄ezg'ati] *sm* **1** riscatto. **2** taglia.

res.guar.dar [r̄ezgward'ar] *vt* **1** custodire. **2** proteggere. *vpr* **3** riguardarsi.

re.si.dên.cia [r̄ezid'ẽsjə] *sf* residenza, dimora, domicilio, sede. **comprovante de residência** certificato di residenza. **residência presidencial** presidenza.

re.si.den.te [r̄ezid'ẽti] *s+adj* residente.

re.si.dir [r̄ezid'ir] *vt* risiedere, abitare, dimorare, vivere a.

re.si.du.al [r̄ezidu'aw] *adj* residuo, avanzato. *Pl: residuais.*

re.sí.duo [r̄ez'idwu] *sm* **1** residuo. **2** avanzo, reperto. **3** detrito, sedimento. **4** *fig* traccia.

re.sig.na.ção [r̄ezignas'ãw] *sf* rassegnazione.

re.sig.nar-se [r̄ezign'arsi] *vpr* rassegnarsi, inchinarsi.

re.si.na [r̄ez'inə] *sf Bot* resina.

re.sis.tên.cia [r̄ezist'ẽsjə] *sf* **1** resistenza, durezza, consistenza. **2** *fig* tenacia. **membro da resistência** *Mil* resistente. **resistência elétrica** *Fís* resistenza elettrica.

re.sis.ten.te [r̄ezist'ẽti] *adj* **1** resistente, duro. **2** *fig* forte, tenace.

re.sis.tir [r̄ezist'ir] *vt* **1** resistere a, respingere. *vi* **2** resistere, reggere.

res.ma [r̄'ezmə] *sf* risma.

res.mun.gar [r̄ezmũg'ar] *vt* **1** brontolare, borbottare. **2** *fig* masticare, biascicare. *vi* **3** borbottare, mormorare. **4** *fig* ringhiare. **5** *dep* grugnire.

re.so.lu.ção [r̄ezolus'ãw] *sf* **1** risoluzione. **2** soluzione, conclusione. **3** decisione, proposito.

re.so.lu.to [r̄ezol'utu] *adj* **1** risoluto. **2** fermo. **3** categorico, fisso. **4** rapido. **5** ostinato.

re.sol.ver [r̄ezowv'er] *vt* **1** risolvere. **2** concludere, liquidare. **3** decidere, deliberare, giudicare. **4** definire, stabilire. *vpr* **5** risolversi, decidersi. **6** disporsi a.

res.pei.tar [r̄espejt'ar] *vt* **1** rispettare, osservare. *vpr* **2** rispettarsi. **não respeitar ninguém** *fig* non perdonare ad alcuno.

res.pei.tá.vel [r̄espejt'avew] *adj* **1** rispettabile, egregio. **2** considerevole, apprezzabile. *Pl: respeitáveis.*

res.pei.to [r̄esp'ejtu] *sm* **1** rispetto. **2** considerazione. **3** reverenza, riguardo, deferenza. **4** cortesia. **5** concordanza (a leis, a regras). **a respeito de** rispetto a, su, intorno a, quanto a. **dizer respeito a** a) competere a. b) concernere. c) interessare a. **faltar com o respeito** mancare di riguardo. **impor respeito** farsi rispettare, farsi valere. **no que diz respeito a** da canto di. **no que me diz respeito** per mio conto.

res.pei.to.so [r̄espejt'ozu] *adj* rispettoso.

res.pi.ra.ção [r̄espiras'ãw] *sf* **1** respirazione. **2** respiro. **3** fiato, soffio. **4** *fig* alito. **prender a respiração** trattenere il respiro.

res.pi.rar [r̄espir'ar] *vt* **1** respirare. *vi* **2** respirare, spirare, fiatare. **3** alitare.

R

res.plan.de.cên.cia [r̄esplãdes´ẽsjə] *sf* chiarore.
res.plan.de.cen.te [r̄esplãdes´ẽti] *adj* fulgente, fulgido, lucente.
res.plan.de.cer [r̄esplãdes´er] *vi* **1** risplendere, splendere, fiammeggiare, brillare. **2** *fig* lampeggiare, radiare.
res.plen.dor [r̄esplẽd´or] *sm* splendore, barlume, sfavillio.
res.pon.der [r̄espõd´er] *vt+vi* rispondere, replicare. **responder mal** rispondere a traverso, rispondere con sale e pepe. **responder para** rispondere a. **responder por** rispondere di, essere responsabile di.
res.pon.sa.bi.li.da.de [r̄espõsabilid´adi] *sf* responsabilità. **assumir uma responsabilidade** prendere una cosa sopra di sé.
res.pon.sa.bi.li.zar [r̄espõsabiliz´ar] *vt* **1** incolpare, imputare. **2** *fig* addebitare a.
res.pon.sá.vel [r̄espõs´avew] *s+adj* responsabile.
res.pos.ta [r̄esp´ɔstə] *sf* risposta, replica. **resposta definitiva** *fig* risposta secca.
res.sa.ca [r̄es´akə] *sf* **1** *Náut* risacca. **2** *pop* malessere (depois de uma bebedeira).
res.sal.tar [r̄esawt´ar] *vt* **1** mettere in evidenza, marcare. *vi* **2** risaltare, staccare, rilevare.
res.sal.to [r̄es´awtu] *sm* risalto.
res.sal.va [r̄es´awvə] *sf Dir* riserva.
res.sar.cir [r̄esars´ir] *vt* **1** risarcire, rimborsare, indennizzare, compensare. **2** *fig* rifondere.
res.se.car [r̄esek´ar] *vt* **1** essiccare. *vi* **2** risecchire.
res.sen.ti.men.to [r̄esẽtim´ẽtu] *sm* risentimento, rancore, odio.
res.sen.tir-se [r̄esẽt´irsi] *vpr* risentirsi, piccarsi.
res.so.ar [r̄eso´ar] *vi* risuonare.
res.so.nan.te [r̄eson´ãti] *adj* risonante, sonoro.
res.so.nar [r̄eson´ar] *vi* **1** russare. **2** echeggiare.
res.sur.gi.men.to [r̄esurʒim´ẽtu] *sm* risorgimento.
res.sur.gir [r̄esurʒ´ir] *vi* **1** risorgere, riapparire. **2** *fig* rinascere.
res.sur.rei.ção [r̄esur̄ejs´ãw] *sf* risurrezione.
res.sus.ci.tar [r̄esusit´ar] *vt* **1** risuscitare. **2** ravvivare. *vi* **3** risuscitare. **4** *fig* risorgere.
res.ta.be.le.cer [r̄estabeles´er] *vt* **1** ristabilire. **2** restaurare. **3** ricostituire. *vpr* **4** ristabilirsi. **5** ristorarsi, guarire.
res.ta.be.le.ci.men.to [r̄estabelesim´ẽtu] *sm* guarigione.
res.tan.te [r̄est´ãti] *sm* rimanente, resto. • *adj* **1** rimanente. **2** residuo. **3** altro. **4** *fig* giacente (correspondência).
res.tar [r̄est´ar] *vi* restare, rimanere, avanzare.
res.tau.ran.te [r̄estawr´ãti] *sm* **1** ristorante. **2** trattoria. **restaurante de estação de trem** buffè.
res.tau.rar [r̄estawr´ar] *vt* **1** restaurare. **2** riattare. **3** rifocillare. *vpr* **4** rifocillarsi.
res.ti.nho [r̄ɛst´iñu] *sm dim pop* rimasuglio.
res.ti.tu.i.ção [r̄estituis´ãw] *sf* restituzione, resa, rimando.
res.ti.tu.ir [r̄estitu´ir] *vt* restituire, rendere, rimandare, rimettere.
res.to [r̄´ɛstu] *sm* **1** resto. **2** avanzo, rimasuglio, reperto. **3** rifiuto, straccio. **4** rottame. **5** ritaglio. **6** *Mat* resto, differenza. **7** *fig* carcassa. **8 restos** *pl* a) vestigi, vestigia. b) scorie, detrito. **restos de mercadoria** *Com* spurgo. **restos mortais** avanzi mortali, spoglie. Veja nota em **scoria**.
res.tri.ção [r̄estris´ãw] *sf* **1** restrizione, condizione. **2** ristrettezza, strettezza.
res.trin.gir [r̄estrĩʒ´ir] *vt* **1** restringere, limitare, circoscrivere. *vpr* **2** restringersi, limitarsi.
res.tri.ti.vo [r̄estrit´ivu] *adj* restrittivo.
res.tri.to [r̄estr´itu] *adj* ristretto, stretto, limitato.
re.sul.ta.do [r̄ezuwt´adu] *sm* **1** risultato. **2** conclusione, esito, conseguenza, effetto, successo. **3** *Mat* risultato. **4** *fig* frutto, prodotto. **5** caccia, bottino. **dar como resultado** *Mat* risultare. Veja nota em **frutto**.
re.sul.tar [r̄ezuwt´ar] *vt* **1** risultare. **2** conseguire, esser conseguenza di.
re.su.mi.do [r̄ezum´idu] *adj* **1** riassunto, conciso, sintetico, succinto. **2** ridotto (texto).

re.su.mir [r̄ezum´ir] *vt* **1** riassumere, compendiare, sintetizzare, ricapitolare, riepilogare. **2** ridurre (um texto). **3** *fig* condensare.
re.su.mo [r̄ez´umu] *sm* **1** riassunto, sunto, compendio, sintesi, ricapitolazione, riepilogo. **2** *fig* specchietto.
re.ta [r̄´ɛtə] *sf Geom* retta. **reta em estrada** rettilineo.
re.ta.lhar [r̄etaλ´ar] *vt* **1** ritagliare. **2** frastagliare.
re.ta.lho [r̄et´aλu] *sm* ritaglio, scampolo, brandello, cencio, straccio.
re.tân.gu.lo [r̄et´ãgulu] *sm+adj Geom* rettangolo.
re.tar.da.do [r̄etard´adu] *adj* ritardato.

Ritardato em italiano tem os mesmos significados que "retardado" em português: a) atrasado. b) "que tem desenvolvimento mental abaixo do normal".

re.tar.da.men.to [r̄etardam´ẽtu] *sm* ritardo.
re.tar.dar [r̄etard´ar] *vt* ritardare, tardare.
re.tar.do [r̄et´ardu] *sm* ritardo, dimora.
re.ten.ção [r̄etẽs´ãw] *sf* **1** ritenimento, trattenimento. **2** *Med* ritenzione.
re.ter [r̄et´er] *vt* ritenere, trattenere.
re.ti.cên.cias [r̄etis´ẽsjas] *sf pl* puntini sospensivi.
re.ti.cen.te [r̄etis´ẽti] *adj* reticente, guardingo, zitto.
re.ti.dão [r̄etid´ãw] *sf* **1** rettitudine, equità, coscienza. **2** *fig* chiarezza.
re.ti.fi.ca.ção [r̄etifikas´ãw] *sf* rettifica, smentita.
re.ti.fi.car [r̄etifik´ar] *vt* rettificare, correggere, aggiustare.
re.ti.lí.neo [r̄etil´inju] *adj Geom* rettilineo.
re.ti.na [r̄et´inə] *sf Anat* retina.
re.ti.ra.da [r̄etir´adə] *sf* **1** levata. **2** *Com* levata. **3** *Mil* ritirata. **bater em retirada** *Mil* ritirarsi. **retirada estratégica** ritirata strategica.
re.ti.rar [r̄etir´ar] *vt* **1** ritirare. **2** levare, togliere. **3** eliminare. **4** estrarre. *vpr* **5** ritirarsi. **6** accomiatarsi. **7** scostarsi. **8** *Mil* ritirarsi. Veja nota em **levare**.
re.to [r̄´ɛtu] *sm Anat* retto. • *adj* **1** retto. **2** diritto, diretto, ritto. **3** imparziale. **ângulo reto** *Geom* angolo retto. **caso reto** *Gram* caso retto.
re.to.car [r̄etok´ar] *vt* **1** ritoccare, rifinire, finire. **2** *fig* tornire, limare.
re.to.ma.da [r̄etom´adə] *sf* ripresa.
re.to.mar [r̄etom´ar] *vt* riprendere, tornare a, rimettersi a.
re.to.que [r̄et´ɔki] *sm* ritocco. **dar o último retoque** *fam* fare il becco all'oca. **último retoque** ultima mano, fine di un'opera.
re.tor.cer [r̄etors´er] *vt* **1** torcere, storcere, attorcigliare, ritorcere. *vpr* **2** torcersi.
re.tor.ci.do [r̄etors´idu] *adj* torto, storto. Veja nota em **torto** (italiano).
re.tó.ri.ca [r̄et´ɔrikə] *sf* retorica.
re.tor.nar [r̄etorn´ar] *vi* ritornare, tornare, regredire.
re.tor.no [r̄et´ornu] *sm* ritorno, regresso, venuta.
re.tra.ção [r̄etras´ãw] *sf* **1** retrazione, ritrazione. **2** contrazione. **retração do mercado** *Econ* crollo del mercato.
re.tra.i.men.to [r̄etrajm´ẽtu] *sm* **1** contrazione. **2** *fig* riserva, timidezza.
re.tra.ir [r̄etra´ir] *vt* **1** contrarre. *vpr* **2** ritrarsi, rientrare.
re.tra.ta.ção [r̄etratas´ãw] *sf* ritrattazione.
re.tra.tar [r̄etrat´ar] *vt* **1** ritrattare. **2** ritrarre. **3** descrivere, figurare. **4** rappresentare. *vpr* **5** ritrattarsi. **6** disdirsi.
re.tra.to [r̄etr´atu] *sm* ritratto.
re.tri.bu.i.ção [r̄etribujs´ãw] *sf* **1** retribuzione. **2** ricompensa, compenso.
re.tri.bu.ir [r̄etribu´ir] *vt* **1** retribuire. **2** ricompensare, compensare. **3** ricambiare.
re.tro.a.ti.vo [r̄etroat´ivu] *adj* retroattivo.
re.tro.ce.der [r̄etrosed´er] *vi* **1** retrocedere, rinculare, arretrare, recedere. **2** regredire. **3** *fig* calare.
re.tro.ces.so [r̄etros´ɛsu] *sm* **1** retrocessione. **2** regressione, regresso. **3** recessione.
re.tró.gra.do [r̄etr´ɔgradu] *adj* retrogrado.
re.tros.pec.ti.vo [r̄etrospekt´ivu] *adj* retrospettivo.
re.tru.car [r̄etruk´ar] *vt* **1** ritorcere. *vi* **2** ribattere.
re.tum.bar [r̄etũb´ar] *vi* **1** rintronare. **2** *fig* ruggire.
réu [r̄´ɛw] *sm+adj* reo, accusato, colpevole.
reu.ma.tis.mo [r̄ewmat´izmu] *sm Med* reumatismo, reuma.

R

re.u.ni.ão [r̄ewni´ãw] *sf* **1** riunione. **2** adunanza, assemblea, congresso. **3** appuntamento. **4** collezione. **5** festa. **reunião de família** brigata.
re.u.nir [r̄ewn´ir] *vt* **1** riunire. **2** radunare, raccogliere, raggruppare. **3** adunare, congregare. **4** compilare. **5** agglomerare, assembrare. *vpr* **6** riunirsi. **7** radunarsi, ritrovarsi, raccogliersi. **8** affollarsi, ammassarsi. **reunir fundos/capital** fondarsi.
re.u.ti.li.zar [r̄ewtiliz´ar] *vt* riutilizzare, recuperare, riciclare.
re.van.che [r̄ev´ãʃi] *sf Esp* rivincita.
re.ve.la.ção [r̄evelas´ãw] *sf* **1** rivelazione. **2** *Fot* sviluppo.
re.ve.lar [r̄evel´ar] *vt* **1** rivelare. **2** palesare. **3** confidare. **4** tradire. **5** *Fot* sviluppare. **6** *gír* cantare. **7** *fig* svelare, denudare. **8** denunziare. *vpr* **9** rivelarsi, palesarsi. **10** *fig* smascherarsi.
re.ven.da [r̄ev´ẽdə] *sf Com* rivendita.
re.ven.de.dor [r̄evẽded´or] *sm Com* rivenditore.
re.ven.der [r̄evẽd´er] *vt Com* rivendere.
re.ver [r̄ev´er] *vt* rivedere.
re.ver.be.rar [r̄everber´ar] *vt* **1** riverberare. *vi* **2** riverberare, riverberarsi.
re.ve.rên.cia [r̄ever´ẽsjə] *sf* **1** riverenza. **2** rispetto, considerazione. **3** venerazione. **4** ossequio. **5** inchino. **fazer reverência** inchinarsi.
re.ve.ren.ci.ar [r̄everẽsi´ar] *vt* **1** riverire. **2** rispettare. **3** venerare, adorare.
re.ve.ren.do [r̄ever´ẽdu] *sm Rel* reverendo. • *adj* reverendo.
re.ve.ren.te [r̄ever´ẽti] *adj* riverente, rispettoso.
re.ver.são [r̄evers´ãw] *sf* **1** reversione. **2** *Fís, Psic* inversione.
re.ver.sí.vel [r̄evers´ivew] *adj* riversibile. *Pl: reversíveis.*
re.ver.so [r̄ev´ɛrsu] *sm* rovescio. **o reverso da medalha** *fig* il rovescio della medaglia.
re.ver.ter [r̄evert´er] *vt* invertire.
re.vés [r̄ev´ɛs] *sm* rovescio. *Pl: reveses.*
re.ves.ti.men.to [r̄evestim´ẽtu] *sm* **1** rivestimento, involucro. **2** *fig* armatura.
re.ves.tir [r̄evest´ir] *vt* **1** rivestire, coprire. **2** *fig* vestire.
re.ve.za.men.to [r̄evezam´ẽtu] *sm* avvicendamento, alternanza.
re.ve.zar [r̄evez´ar] *vt* **1** avvicendare rilevare. *vpr* **2** avvicendarsi, alternarsi.
re.vi.dar [r̄evid´ar] *vt* (também *Mil*) contrattaccare.
re.vi.go.rar [r̄evigor´ar] *vt* **1** rinvigorire, rinforzare. **2** *fig* rianimare. *vpr* **3** rinvigorirsi, rafforzarsi, riaversi.
re.vi.rar [r̄evir´ar] *vt* **1** rivolgere, rivoltare. *vpr* **2** rovesciarsi.
re.vi.ra.vol.ta [r̄evirav´ɔwtə] *sf* svolta.
re.vi.são [r̄eviz´ãw] *sf* **1** revisione. **2** recensione, rivista. **3** ripetizione.
re.vi.sar [r̄eviz´ar] *vt* **1** rivedere. **2** recensire.
re.vi.sor [r̄eviz´or] *sm* revisore.
re.vis.ta [r̄ev´istə] *sf* **1** rivista. **2** *Mil* rassegna, rivista. **3** *Teat* rivista, varietà.
re.vis.tar [r̄evist´ar] *vt* **1** rovistare. **2** *fam* frugare.
re.vi.ver [r̄eviv´er] *vt* **1** ravvivare. **2** resuscitare. *vi* **3** ravvivarsi. **4** resuscitare.
re.vo.ga.ção [r̄evogas´ãw] *sf Dir* revoca.
re.vo.gar [r̄evog´ar] *vt Dir* revocare, rivocare.
re.vol.ta [r̄ev´ɔwtə] *sf* **1** rivolta, ribellione, sommossa. **2** indignazione. **3** ripugnanza, ripulsa.
re.vol.ta.do [r̄evowt´adu] *sm+adj* **1** rivoltoso, ribelle. **2** indignato, sdegnato.
re.vol.tar [r̄evowt´ar] *vt* **1** rivoltare, indignare. *vpr* **2** rivoltarsi, insorgere. **3** indignarsi. **revoltar-se contra** voltarsi contro.
re.vol.to.so [r̄evowt´ozu] *sm+adj* rivoltoso.
re.vo.lu.ção [r̄evolus´ãw] *sf* **1** rivoluzione. **2** *Pol* moto.
re.vo.lu.ci.o.nar [r̄evolusjon´ar] *vt* rivoluzionare.
re.vo.lu.ci.o.ná.rio [r̄evolusjon´arju] *sm+adj* **1** rivoluzionario. **2** sovversivo.
re.vol.ver [r̄evowv´er] *vt* rimescolare, rimestare. **revolver a terra** rimboccare la terra.
re.vól.ver [r̄ev´ɔwver] *sm* rivoltella, revolver.
re.zar [r̄ez´ar] *vt+vi* pregare.
ri.a.cho [r̄i´aʃu] *sm* ruscello.
rí.ci.no [r̄´isinu] *sm Bot* ricino.
ri.co [r̄´iku] *sm* **1** ricco, benestante, quat-

trinaio. **2** *fig* capitalista. • *adj* **1** ricco. **2** benestante, agiato. **3** opulento. **4** *fig* grasso, nutriente (alimento). **5** fertile, fecondo (terreno).

ri.co.che.te [r̄ikoʃ´eti] *sm* rimbalzo.

ri.co.che.te.ar [r̄ikoʃete´ar] *vi* rimbalzare.

ri.co.ta [r̄ik´ɔtə] *sf* ricotta.

ri.dí.cu.lo [r̄id´ikulu] *adj* **1** ridicolo. **2** buffo. **3** *fig* stupido. • *sm* ridicolo.

ri.fa [r̄´ifə] *sf* riffa.

ri.gi.dez [r̄iʒid´es] *sf* **1** rigidità. **2** rigore. **3** durezza. **4** *fig* asperità. **rigidez cadavérica** rigidità cadaverica.

rí.gi.do [r̄´iʒidu] *adj* **1** rigido. **2** duro. **3** severo, rigoroso, austero. **4** contratto. **5** *fig* ferreo. **6** fiscale.

ri.gor [r̄ig´or] *sm* **1** rigore. **2** *fig* durezza, rigidità. **a rigor** a rigore.

ri.go.ro.so [r̄igor´ozu] *adj* **1** rigoroso. **2** severo, duro, rigido. **3** stretto (sentido). **4** inclemente (tempo). **5** *fig* selettivo (exame).

ri.jo [r̄´iʒu] *adj* **1** rigido, duro. **2** robusto, vigoroso. **3** energico.

rim [r̄´ĩ] *sm Anat* rene. **rim de animal** rognone.

ri.ma [r̄´imə] *sf Poét* rima.

ri.mar [r̄im´ar] *vi Poét* rimare.

rin.gue [r̄´ĩgi] *sm Esp* ring.

ri.no.ce.ron.te [r̄inoser´õti] *sm Zool* rinoceronte.

ri.o [r̄´iu] *sm* **1** fiume. **2** *fig* mare, gran quantità. **subir o curso de um rio** rimontare un fiume.

ri.pa [r̄´ipə] *sf* asserella.

ri.que.za [r̄ik´ezə] *sf* **1** ricchezza. **2** abbondanza, dovizia. **3** fasto. **4** benessere, agiatezza. **5** denaro. **6** *fig* oro. **7 riquezas** *pl* a) ricchezze. b) *fig* fortuna.

rir [r̄´ir] *vi* **1** ridere. *vpr* **2** ridersi di, canzonare. **rir com gosto** fare grosse risate. **rir consigo mesmo** ridere sotto i baffi. **ri melhor quem ri por último** ride bene chi ride ultimo.

ri.sa.da [r̄iz´adə] *sf* risata, riso. **dar boas risadas** fare grasse risate. **dar uma risada** fare una risata.

ris.ca [r̄´iskə] *sf* lista, stria. **risca dos cabelos** divisa.

ris.car [r̄isk´ar] *vt* **1** striare. **2** strisciare, grattare, sfregare. **riscar de uma lista** cassare, radiare.

ris.co [r̄´isku] *sm* **1** rischio, alea, azzardo. **2** linea, frego. **3** cancellatura. **correr o risco** correre il rischio, correre l'alea. **pôr em risco** mettere a rischio, arrischiare.

ri.so [r̄´izu] *sm* riso.

ri.so.nho [r̄iz´oñu] *adj* ridente, allegro, ilare.

ri.so.to [r̄iz´otu] *sm* risotto.

rít.mi.co [r̄´itmiku] *adj Lit* ritmico. **ginástica rítmica** *Esp* ginnastica ritmica.

rit.mo [r̄´itmu] *sm* **1** *Mús* e *Poét* ritmo, cadenza. **2** *fig* battuta, andatura.

ri.to [r̄´itu] *sm Rel* rito.

ri.tu.al [r̄itu´aw] *sm* **1** rituale, cerimonia. **2** *Rel* rito. **3** (também *fig*) culto. • *adj* rituale. *Pl: rituais.*

ri.val [r̄iv´aw] *s+adj* **1** rivale. **2** concorrente. **3** avversario. *Pl: rivais.*

ri.va.li.da.de [r̄ivalid´adi] *sf* **1** rivalità. **2** antagonismo. **3** conflitto, gara. **4** *fig* attrito.

ri.va.li.zar [r̄ivaliz´ar] *vt* rivaleggiare con, gareggiare con.

ri.xa [r̄´iʃə] *sf* rissa, zuffa, tafferuglio, baruffa, bisticcio, conflitto.

ro.bô [r̄ob´o] *sm* automa, robot.

ro.bus.te.cer [r̄obustes´er] *vt* **1** irrobustire. *vpr* **2** irrobustirsi.

ro.bus.tez [r̄obust´es] *sf* **1** robustezza, forza, durezza. **2** *fig* virilità.

ro.bus.to [r̄ob´ustu] *adj* **1** robusto. **2** forte, resistente. **3** duro, saldo. **4** corpulento, tarchiato, quartato. **5** forzuto, aitante. **6** *fig* ferreo. **7** muscoloso, taurino. **ser robusto** *fig* avere buoni lombi.

ro.ça.gem [r̄os´aʒẽj] *sf* debbio.

ro.çar [r̄os´ar] *vt* **1** rasentare. **2** debbiare. **3** *fig* radere, lambire.

ro.cha [r̄´ɔʃə] *sf* roccia, sasso, masso.

ro.che.do [r̄oʃ´edu] *sm Geogr* rupe, macigno.

ro.cho.so [r̄oʃ´ozu] *adj* roccioso.

ro.da [r̄´ɔdə] *sf* ruota. **roda da fortuna** ruota della fortuna. **roda de máquina** *Mec* volano. **roda dentada** *Mec* ruota dentata, stella.

ro.da.pé [r̄odap´ɛ] *sm* **1** piè di pagina. **2** *Arquit* zoccolo. **no rodapé** in calce, a piè di pagina.

R

ro.dar [r̄od´ar] *vt+vi* ruotare, roteare, girare.
ro.de.ar [r̄ode´ar] *vt* **1** contornare, cingere, attorniare. **2** aggirare.
ro.dei.o [r̄od´eju] *sm* **1** aggiramento. **2** arzigogolo. **3** *pop* storie.
ro.di.nha [r̄od´iñə] *sf dim* rotella.
ro.dí.zio [r̄od´izju] *sm* **1** avvicendamento, turno. **2** rotella (de um móvel).
ro.do.vi.a [r̄odov´iə] *sf* autostrada, strada.
ro.e.dor [r̄oed´or] *sm+adj Zool* rosicante, roditore.
ro.er [r̄o´er] *vt* **1** rodere, rosicchiare. **2** corrodere, consumare.
ro.gar [r̄og´ar] *vt* supplicare, implorare. **rogar uma praga em alguém** maledire uno.
rol [r̄´ɔw] *sm* ruolo, elenco.
ro.lar [r̄ol´ar] *vt* **1** rotolare. *vi* **2** rotolare, ruzzolare. **rolando** a ruzzoloni.
rol.da.na [r̄owd´Λnə] *sf Mec* girella, carrucola, puleggia.
ro.lha [r̄´oλə] *sf* tappo, turacciolo.
ro.lo [r̄´olu] *sm* **1** rullo. **2** rotolo. **3** cilindro. **4** *fig pop* casino. **rolo compressor** rullo compressore. **rolo de fita** pezza. **rolo de macarrão** matterello.
ro.mã [r̄om´ã] *sf Bot* melograna, granato.
ro.man.ce [r̄om´ãsi] *sm* **1** *Lit* romanzo. **2** *irôn* lettera troppo lunga. **romance de suspense** romanzo giallo.
ro.man.cis.ta [r̄omãs´istə] *s* romanziere.
ro.ma.no [r̄om´Λnu] *sm* romano. • *adj* romano, romanesco. **algarismos romanos** *Mat* numeri romani. **caráter romano** carattere romano.
ro.mân.ti.co [r̄om´ãtiku] *adj* romantico.
ro.man.tis.mo [r̄omãt´izmu] *sm* romanticismo.
ro.mã.zei.ra [r̄omãz´ejrə] *sf Bot* melograno, granato.
ro.mei.ro [r̄om´ejru] *sm* romeo.
ro.me.no [r̄om´enu] *sm+adj* romeno.
rom.per [r̄õp´er] *vt* **1** rompere. **2** infrangere, fracassare. **3** schiacciare. **4** *Dir* rescindere. *vpr* **5** rompersi, fracassarsi.
rom.pi.men.to [r̄õpim´ẽtu] *sm* **1** rompimento, cedimento. **2** *fig* rottura.
ron.car [r̄õk´ar] *vi* russare.
ron.da [r̄´õdə] *sf Mil* ronda.
ron.ro.nar [r̄õr̄on´ar] *vi* far le fusa.
ro.sa [r̄´ɔzə] *sf Bot* rosa. • *sm+adj* rosa (cor). **rosa dos ventos** rosa dei venti. **toda rosa tem espinhos** non c'è rosa senza spine.
ro.sa.do [r̄oz´adu] *adj* roseo, rosa.
ro.sá.rio [r̄oz´arju] *sm Rel* rosario, corona.
ros.bi.fe [r̄ozb´ifi] *sm* rosbiffe.
ros.ca [r̄´oskə] *sf* **1** ciambella. **2** *Mec* filetto, pane (de parafuso).
ro.sei.ra [r̄oz´ejrə] *sm Bot* rosa, rosaio.
ró.seo [r̄´ɔzju] *adj* roseo.
ro.se.ta [r̄oz´etə] *sf* rosetta. **roseta da espora** stella.
ros.na.do [r̄ozn´adu] *sm* ringhio.
ros.nar [r̄ozn´ar] *vi* ringhiare.
ros.to [r̄´ostu] *sm* **1** viso, faccia, fronte. **2** *irôn* ceffo. **3** *Poét* volto. **4** *fig dep* grugno.
ro.ta [r̄´ɔtə] *sf* **1** (também *Aer, Náut*) rotta. **2** *fig* cammino. **marcar a rota** dare la rotta.
ro.ta.ção [r̄otas´ãw] *sf* **1** rotazione. **2** giro. **3** turno. **rotação de culturas** rotazione agraria. **rotação de uma máquina** numero dei giri. **rotação por minuto** (nos discos) giro.
ro.ti.na [r̄ot´inə] *sf* consuetudine, uso, abitudine.
ro.ti.nei.ro [r̄otin´ejru] *adj* consueto, usuale, abituale.
ro.to [r̄´otu] *adj* **1** rotto. **2** dirotto. **3** cencioso.
ró.tu.la [r̄´ɔtulə] *sf Anat* rotula, rotella.
ró.tu.lo [r̄´ɔtulu] *sm* etichetta.
rou.ba.lhei.ra [r̄owbaλ´ejrə] *sf pop* ruberia.
rou.bar [r̄owb´ar] *vt* **1** rubare. **2** rapinare, predare. **3** saccheggiare, spogliare. **4** copiare. **5** *fam* mangiare. **6** *fig* graffiare, raspare. **roubar os corações** rubare i cuori.
rou.bo [r̄´owbu] *sm* **1** ruberia, furto, rapina, ladroneria. **2** sottrazione. **3** *fig* rapina, salasso, abuso.
rou.co [r̄´owku] *adj* rauco, roco.
rou.pa [r̄´owpə] *sf* **1** abito. **2** tenuta. **3** costume. **4 roupas** *pl* confezioni, panni. **roupa de cama** biancheria da letto. **roupa de mesa** biancheria da tavola. **trocar de roupa** cambiarsi d'abito, rivestirsi.

rou.pa-bran.ca [r̄owpəbr´ãkə] *sf* biancheria. *Pl: roupas-brancas.*
rou.pão [r̄owp´ãw] *sm* vestaglia.
rou.qui.dão [r̄owkid´ãw] *sf* raucedine, rochezza.
rou.xi.nol [r̄owʃin´ɔw] *sm Zool* usignolo. *Pl: rouxinóis.*
ro.xo [r̄´oʃu] *sm* viola, paonazzo.
ru.a [r̄´uə] *sf* **1** strada. **2** via. **3** corso. **colocar no olho da rua** *pop* mettere uno alla porta, mettere uno sulla strada. **rua de mão única** strada a senso unico. **rua de vilarejo** contrada. **rua preferencial** strada maestra. **rua principal** strada maestra. **rua sem saída** strada senza uscita. **rua transversal** traversa.
ru.bé.o.la [r̄ub´ɛolə] *sf Med* rosolia.
ru.bi [r̄ub´i] *sm Min* rubino.
ru.bor [r̄ub´or] *sm fig* fiamma, vampa.
ru.bri.ca [r̄ubr´ikə] *sf* **1** firma. **2** rubrica, titolo scritto in inchiostro rosso.
ru.bro [r̄´ubru] *adj* **1** rosso vivo. **2** *fig* acceso.
ru.de [r̄´udi] *adj* **1** rozzo. **2** incivile, zotico. **3** brusco, ruvido. **4** grossolano, rustico. **5** *Lit* rude. **6** *fig* selvaggio. **7** selvatico.
ru.de.za [r̄ud´ezə] *sf* **1** rozzezza. **2** ruvidezza. **3** grossezza. **4** *fig* selvatichezza.
ru.di.men.tar [r̄udimẽt´ar] *adj* **1** rudimentale, elementare. **2** *fig* primitivo.
ru.di.men.tos [r̄udim´ẽtus] *sm pl* **1** rudimenti. **2** *fig* alfabeto, tinta.
ru.fi.ão [r̄ufi´ãw] *sm* **1** ruffiano. **2** mezzano.
ru.fo [r̄´ufu] *sm* rullo (do tambor).
ru.ga [r̄´ugə] *sf* **1** ruga. **2** grinza.
ru.ge [r̄´uʒi] *sm* rosso per guance.
ru.gi.do [r̄uʒ´idu] *sm* **1** ruggito. **2** muggito.
ru.gir [r̄uʒ´ir] *vi* **1** ruggire. **2** muggire.
ru.go.so [r̄ug´ozu] *adj* rugoso.
ru.í.do [r̄u´idu] *sm* **1** chiasso. **2** strepito, clamore. **3** fracasso. **4** rumore. **5** brusio. **não fazer ruído** tacere. **sem ruído** piano.
ru.i.do.so [r̄ujd´ozu] *adj* **1** chiassoso, rumoroso. **2** strepitoso, clamoroso, fragoroso.
ru.im [r̄u´ĩ] *adj* **1** cattivo. **2** malvagio, velenoso, bieco. **3** malfatto, imperfetto.
ru.í.na [r̄u´inə] *sf* **1** rovina. **2** strage, strazio. **3** crollo, bancarotta, tracollo. **4** desolazione. **5** *fig* flagello. **6** sconfitta, caduta. **7** **ruínas** *pl Arqueol* rovine, avanzi, vestigia.
ru.in.da.de [r̄uĩd´adi] *sf* cattiveria.
ru.ir [r̄u´ir] *vi* franare, smottare.
rui.vo [r̄´ujvu] *sm* rosso, persona di capelli rossi. • *adj* rosso, fulvo.
rum [r̄´ũ] *sm* rum.
ru.mi.nan.te [r̄umin´ãti] *sm+adj* ruminante.
ru.mi.nar [r̄umin´ar] *vt* **1** ruminare. **2** *pop* pensare. *vi* **3** ruminare, pascolare.
ru.mo [r̄´umu] *sm* **1** direzione. **2** *fig* sentiero. **perder o rumo** *fig* perdere la tramontana.
ru.mor [r̄um´or] *sm* **1** rumore. **2** chiasso.
ru.mo.re.jar [r̄umoreʒ´ar] *vi* rumoreggiare, scrosciare, mormorare, mormoreggiare.
ru.mo.re.jo [r̄umor´eʒu] *sm* scroscio.
ru.mo.ro.so [r̄umor´ozu] *adj* **1** rumoroso. **2** sonoro.
rup.tu.ra [r̄upt´urə] *sf* rottura, frattura, rotto.
ru.ral [r̄ur´aw] *adj* rurale, agreste, campestre. *Pl: rurais.*
rus.so [r̄´usu] *sm+adj* russo.
rús.ti.co [r̄ustiku] *adj* **1** rustico. **2** agreste. **3** scortese. **4** *fig* primitivo, selvatico. • *sm* rustico, bifolco.

R

S

s [´ɛsi] *sm* la diciottesima lettera dell'alfabeto portoghese.

sá.ba.do [s´abadu] *sm* sabato. **aos sábados** di sabato. **Sábado de Aleluia** *Rel* Sabato di Alleluia.

sa.bão [sab´ãw] *sm* **1** sapone, sapone da bucato. **2** *pop* sgridata. **bola de sabão** bolla di sapone.

sa.be.dor [sabed´or] *adj* sciente, sapiente.

sa.be.do.ri.a [sabedor´iə] *sf* **1** sapienza, saggezza. **2** esperienza. **3** *fig* profondità.

sa.ber [sab´er] *vt* **1** sapere. **2** conoscere. • *sm* sapere, dottrina. **a saber** cioè. **fazer saber** avvertire. **não saber o que fazer** *fig* non sapere che pesci pigliare. **saber fazer** sapere. **saber o que fazer** sapere il conto suo. **tentar saber** a) stare sull'intesa. b) *fig* sondare.

sa.be-tu.do [sabit´udu] *sm+adj sing+pl irôn* oracolo.

sa.bi.chão [sabiʃ´ãw] *sm dep* saccente.

sa.bi.do [sab´idu] *sm+adj* **1** astuto. **2** furbo. • *part* saputo.

sá.bio [s´abju] *sm* **1** saggio, sapiente, dotto. **2** *fig* patriarca. • *adj* **1** saggio, saputo. **2** *fig* maturo.

sa.bo.ne.te [sabon´eti] *sm* saponetta, sapone da *toilette*.

sa.bo.ne.tei.ra [sabonet´ejrə] *sf* saponiera.

sa.bor [sab´or] *sm* sapore, gusto. **sabor agradável** gustosità.

sa.bo.re.ar [sabore´ar] *vt* assaporare, centellinare, godersi, gustare.

sa.bo.ro.so [sabor´ozu] *adj* saporoso, saporito, gustoso.

sa.bo.ta.gem [sabot´aʒẽj] *sf* sabotaggio.

sa.bo.tar [sabot´ar] *vt* sabotare.

sa.bre [s´abri] *sm Mil* sciabola.

sa.ca.da [sak´adə] *sf* balcone, bovindo.

sa.ca.na.gem [sakan´aʒẽj] *sf gír* fregatura.

sa.ca.ne.ar [sakane´ar] *vt vulg* fottere.

sa.car [sak´ar] *vt* **1** *Com* trarre, emettere una cambiale, un assegno. **2** *gír* fiutare, capire.

sa.ça.ri.car [sasarik´ar] *vi pop* civettare.

sa.ca.ri.na [sakar´inə] *sf Quím* saccarina.

sa.ca-ro.lhas [sakər̄´oλas] *sm sing+pl* cavatappi.

sa.cer.dó.cio [saserd´ɔsju] *sm* **1** *Rel* sacerdozio. **2** *fig* missione importante.

sa.cer.do.te [saserd´ɔti] *sm* **1** *Rel* sacerdote. **2** religioso. **sumo sacerdote** sommo sacerdote.

sa.cer.do.ti.sa [saserdot´izə] *sf Rel* sacerdotessa.

sa.ci.ar [sasi´ar] *vt* **1** saziare, satollare, rifocillare. **2** *fig* stuccare, annoiare. *vpr* **3** saziarsi, satollarsi, rifocillarsi. **4** *fig* stuccarsi, annoiarsi.

sa.co [s´aku] *sm* **1** sacco. **2** *vulg* coglione. **encher o saco** *vulg* romper le tasche, romper gli stivali. **puxação de saco** *vulg* adulazione. **puxar o saco** *vulg* adulare. **saco de gatos** *pop* gabbia di matti, riunione confusa. Veja nota em **sacco**.

sa.co.la [sak´ɔlə] *sf* sacca, bolgia.

sa.cra.men.to [sakram´ẽtu] *sm Rel* sacramento.

sa.cri.fi.car [sakrifik´ar] *vt* **1** sacrificare, immolare. *vpr* **2** sacrificarsi, immolarsi. **sacrificar-se por uma causa nobre** *fig* offrirsi in olocausto.

sa.cri.fí.cio [sakrif´isju] *sm* sacrificio.

sa.cri.lé.gio [sakril´ɛʒju] *sm Rel* sacrilegio.

sa.cris.tão [sakrist´ãw] *sm Rel* sagrestano.

sa.cro [s´akru] *adj* **1** sacro, santo, benedetto. **2** *Anat* sacro.
sa.cu.di.de.la [sakudid´ɛlə] *sf* scossa, scrollata.
sa.cu.dir [sakud´ir] *vt* **1** scuotere, scrollare, agitare, sbattere. *vi* **2** tremare. *vpr* **3** scrollarsi, riscuotersi, tentennare.
sá.di.co [s´adiku] *sm+adj* **1** sadico. **2** *fig* sanguinario.
sa.di.o [sad´iu] *adj* sano, salubre.
sa.dis.mo [sad´izmu] *sm Psic* sadismo.
sa.fá.ri [saf´ari] *sm* safari.
sa.far-se [saf´arsi] *vpr* fuggire, scappare.
sa.fi.ra [saf´irə] *sf Min* zaffiro.
sa.ga [s´agə] *sf Poét* saga.
sa.ga.ci.da.de [sagasid´adi] *sf* sagacità, accortezza.
sa.gaz [sag´as] *adj* **1** sagace, perspicace, avveduto, accorto. **2** *fig* acuto.
Sa.gi.tá.rio [saʒit´arju] *sm Astron, Astrol* Sagittario.
sa.gra.do [sagr´adu] *adj* sacro, santo, ieratico.
sa.grar [sagr´ar] *vt* sacrare.
sa.guão [sag´wãw] *sm Teat* ridotto.
sai.a [s´ajə] *sf* gonna, sottana, gonnella. **debaixo da saia de** *fam* sotto le ali di. **saia curta** gonnellina. **saia e casaco** (*tailleur*) abito a giacca.
sai.bro [s´ajbru] *sm* breccia, ghiaia.
sa.í.da [sa´idə] *sf* **1** uscita. **2** esodo. **3** sfogo. **4** *Com* uscita, sbocco. **não há saída** non c'è mezzo. **saída de dinheiro ou mercadorias** *Com* scarico. **saída de emergência/de incêndio** uscita di sicurezza. **sem saída** (caminho, rua) cieco.
sai.o.te [saj´ɔti] *sm* gonnellina.
sa.ir [sa´ir] *vi* **1** uscire, levarsi. **2** *fig* prendere l'uscio. **deixar sair** sfogare. **saia daqui!** fuori! **sair de moda** passare di moda. **sair do sério** a) *fam* uscire dei gangheri. b) *fig* scatenarsi. **sair em** (rua, estrada) uscire in, sboccare in. **sair-se bem** disimpegnarsi. **sair-se mal** *fig* rompersi le corna.
sal [s´aw] *sm* sale. *Pl: sais.*
sa.la [s´alə] *sf* sala. **sala de espera** a) sala di aspetto. b) *Teat* ridotto. **sala de estar / de visitas** soggiorno, sala da soggiorno, salotto. **sala de jantar** sala da pranzo. **sala de operação** *Med* sala operatoria. **sala do tribunal** *Dir* sala di udienza. **sala reservada para fumantes** scompartimento per fumatori.
sa.la.da [sal´adə] *sf* **1** insalata. **2** *pop* verdura. **salada de legumes** giardiniera. **salada russa** insalata russa.
sa.la.dei.ra [salad´ejrə] *sf* insalatiera.
sa.la.man.dra [salam´ãdrə] *sf Zool* salamandra.
sa.la.me [sal´ʌmi] *sm* salame.
sa.lão [sal´ãw] *sm* aula. **salão de baile** sala da ballo. **salão de barbeiro** barbieria. **salão de beleza** istituto di bellezza. **salão de bilhar** bigliardo. **salão real** aula. Veja nota em **aula** (italiano).
sa.lá.rio [sal´arju] *sm* **1** salario, stipendio, paga, emolumento, soldo. **2** *fig* pagnotta. **ganhar um salário** prendere uno stipendio. **salário de um dia** giornata. **salário mensal** mensile, mesata.
sal.dar [sawd´ar] *vt Com* saldare, quietanzare.
sal.do [s´awdu] *sm Com* saldo, resto.
sa.lei.ro [sal´ejru] *sm* saliera.
sal.ga.do [sawg´adu] *adj* salato, salso.
sal.gar [sawg´ar] *vt* salare.
sa.li.ên.cia [sali´ẽsjə] *sf* **1** sporgenza, risalto, protuberanza, rilievo. **2** *fig* impertinenza.
sa.li.en.tar [saljẽt´ar] *vt* sottolineare, mettere in evidenza.
sa.li.en.te [sali´ẽti] *adj* **1** saliente. **2** *fig* impertinente.
sa.li.na [sal´inə] *sf* salina.
sa.li.tre [sal´itri] *sm Quím* salnitro.
sa.li.va [sal´ivə] *sf Fisiol* saliva.
sa.li.var [saliv´ar] *vi* salivare, produrre saliva.
sal.mão [sawm´ãw] *sm Zool* salmone.
sal.mo [s´awmu] *sm Rel* salmo.
sal.mou.ra [sawm´owrə] *sf* salamoia.
sa.lo.bre [sal´obri] *adj* salmastro.
sal.sa [s´awsə] *sf Bot* prezzemolo.
sal.si.cha [saws´iʃə] *sf* salsiccia.
sal.tar [sawt´ar] *vt* **1** saltare. *vi* **2** saltare, balzare, scattare, sbalzare. **3** *fig* ballare. **saltar aos olhos** saltare agli occhi, essere evidente. **saltar de** (um veículo) smontare da. *saltar do ônibus* / smontare dall'autobus.

sal.te.a.dor [sawtead´or] *sm* malandrino, masnadiere.
sal.tim.ban.co [sawtĩb´ãku] *sm Teat* saltimbanco.
sal.ti.tar [sawtit´ar] *vi* **1** saltellare, balzellare. **2** *fam* trotterellare.
sal.to [s´awtu] *sm* **1** salto, sbalzo. **2** scatto. **3** slancio. **4** capriola. **5** *Geogr* salto. **aos saltos** saltelloni, a scatti. **de um salto** in un salto. **salto com vara** *Esp* salto con l'asta. **salto de sapato** tacco.
sal.to-mor.tal [sawtumort´aw] *sm* salto mortal. *Pl: saltos-mortais.*
sa.lu.bre [sal´ubri] *adj* salubre.
sa.lu.tar [salut´ar] *adj* **1** salutare. **2** *fig* fruttifero.
sal.va [s´awvə] *sf Mil* salva. **uma salva de palmas** *fig* una salva di applausi.
sal.va.ção [sawvas´ãw] *sf* **1** salvezza. **2** redenzione. **3** *fig* benedizione.
sal.va.guar.dar [sawvagward´ar] *vt* salvaguardare.
sal.va.men.to [sawvam´ẽtu] *sm* salvezza.
sal.var [sawv´ar] *vt* **1** salvare, scampare. **2** redimere. **3** conservare. *vpr* **4** salvarsi, scampare. **5** *fig* sopravvivere. **salve!** salve! ave! evviva! viva!
sal.va-vi.das [sawvəv´idas] *sm sing+pl* salvagente.
sal.vo [s´awvu] *adj* salvo. • *prep* salvo, eccetto, tranne, fuorché. **colocar-se a salvo** mettersi in salvo, mettersi al sicuro.
sa.mam.bai.a [samãb´ajə] *sf Bot* felce.
sa.nar [san´ar] *vt* sanare, risanare, guarire.
sa.na.tó.rio [sanat´ɔrju] *sm Med* sanatorio.
san.ção [sãs´ãw] *sf Dir* sanzione.
san.ci.o.nar [sãsjon´ar] *vt Dir* sanzionare, firmare.
san.dá.lia [sãd´aljə] *sf* sandalo.
sân.da.lo [s´ãdalu] *sm Bot* sandalo.
san.du.í.che [sãdu´iʃi] *sm* panino imbottito, tramezzino, tartina.
san.fo.na [sãf´onə] *sf Mús* fisarmonica.
san.grar [sãgr´ar] *vt* **1** dissanguare. **2** *Med* salassare. *vi* **3** sanguinare. **sangrar ao fazer a barba** sgranarsi.
san.gren.to [sãgr´ẽtu] *adj* **1** sanguigno. **2** accanito.
san.gri.a [sãgr´iə] *sf Med* salasso.
san.gue [s´ãgi] *sm* sangue. **esvair-se em sangue** dissanguarsi. **sangue azul** sangue blu.
san.gue-fri.o [sãgifr´iu] *sm* sangue freddo. *Pl: sangues-frios.*
san.gues.su.ga [sãgis´ugə] *sf* **1** *Zool* sanguisuga, mignatta. *s* **2** *fig* parassita, vampiro.
san.gui.ná.rio [sãgin´arju], *adj* sanguinario, belluino.
san.guí.neo [sãg´winju], *adj* sanguigno.
sa.ni.da.de [sanid´adi] *sf* sanità, salute.
sa.ni.tá.rio [sanit´arju] *sm* toletta, *toilette*. • *adj* sanitario.
san.ti.da.de [sãtid´adi] *sf* santità.
san.ti.fi.car [sãtifik´ar] *vt* santificare.
san.to [s´ãtu] *sm Rel* santo. • *adj* santo (san), benedetto. **o Santo Padre** il Santo Padre, il Papa. **santo do pau oco** gattamorta. Veja nota em **santo** (italiano).
san.tu.á.rio [sãtu´arju] *sm* **1** santuario. **2** chiesa.
são [s´ãw] *adj* **1** sano. **2** san. *São Paulo* / San Paolo. *São Carlos* / San Carlo. **3** *fig* saldo. **são e salvo** a) illeso. b) *Lit* incolume. *Pl: sãos.*
sa.pa.ta.da [sapat´adə] *sf* scarpata.
sa.pa.ta.ri.a [sapatar´iə] *sf* calzoleria.
sa.pa.tei.ro [sapat´ejru] *sm* calzolaio, ciabattino.
sa.pa.to [sap´atu] *sm* scarpa, calzatura. **sapato alto** scarpa alta. **tirar os sapatos** scalzarsi.
sa.po [s´apu] *sm Zool* rospo, botta. **engolir um sapo** *fig* ingoiare un rospo.
sa.que [s´aki] *sm* **1** saccheggio. **2** *Com* levata (de dinheiro). **3** *Mil* razzia. **4** trofeo, spoglie.
sa.que.ar [sake´ar] *vt* **1** saccheggiare, mettere a sacco, rapinare, predare. **2** *Mil* razziare.
sa.ra.co.te.ar [sarakote´ar] *vi* ancheggiare.
sa.ram.po [sar´ãpu] *sm Med* morbillo. **sarampo alemão** rosolia.
sa.rar [sar´ar] *vi* **1** guarire. **2** cicatrizzarsi.
sa.rau [sar´aw] *sm* serata.
sar.cas.mo [sark´azmu] *sm* sarcasmo, frizzo.

sar.cás.ti.co [sark´astiku] *adj* **1** sarcastico, beffardo. **2** *fig* mordace, caustico.
sar.da [s´ardə] *sf* lentiggine, crusca, semola.
sar.di.nha [sard´iñə] *sf Zool* sardina, sardella. **apertados como sardinhas em lata** stretti come acciughe.
sar.gen.to [sarʒ´ẽtu] *sm Mil* sergente.
sar.je.ta [sarʒ´etə] *sf* cunetta.
sar.na [s´arnə] *sf Med* scabbia, rogna.
sar.nen.to [sarn´ẽtu] *adj* scabbioso.
sar.ra.fo [sar̄´afu] *sm* asserella.
sa.tã [sat´ã] *sm Rel V satanás.*
sa.ta.nás [satan´as] *sm Rel* satana, demonio, diavolo. *Var: satã.*
sa.tâ.ni.co [sat´ʌniku] *adj* satanico.
sa.té.li.te [sat´ɛliti] *sm Astron* satellite.
sá.ti.ra [s´atirə] *sf* **1** *Lit* satira. **2** *fig* satira, pasquinata.
sa.tí.ri.co [sat´iriku] *adj* **1** satirico. **2** ironico, mordace.
sa.ti.ri.zar [satiriz´ar] *vt+vi* satireggiare.
sa.tis.fa.ção [satisfas´ãw] *sf* **1** soddisfazione. **2** gusto, grado, coccolo. **3** allegria, contentezza.
sa.tis.fa.tó.rio [satisfat´ɔrju] *adj* soddisfacente.
sa.tis.fa.zer [satisfaz´er] *vt* **1** soddisfare, saziare, contentare. **2** *fig* quietare. *vpr* **3** soddisfarsi, contentarsi.
sa.tis.fei.to [satisf´ejtu] *adj* **1** soddisfatto. **2** sazio. **3** contento, felice. **4** pieno.
sa.tu.rar [satur´ar] *vt* saturare.
sau.da.ção [sawdas´ãw] *sf* **1** saluto, ossequio. **2** *fig* benvenuto. **3 saudações** *pl* saluti, convenevoli, doveri.
sau.da.de [sawd´adi] *sf* rimpianto. **saudade da terra natal / da pátria** nostalgia, male di paese.
sau.dar [sawd´ar] *vt* salutare.
sau.dá.vel [sawd´avew] *adj* **1** salutare, sano. **2** ben disposto. **3** *fig* fruttifero. *Pl: saudáveis.*
sa.ú.de [sa´udi] *sf* **1** salute, sanità, benessere, salvezza. **2** *fig* vita. • *interj* salute! **à saúde!** *interj* alla salute! **estar com saúde** *fig* essere in gamba. **saúde de ferro** salute ferrea.
sau.do.so [sawd´ozu] *adj* nostalgico.
sau.na [s´awnə] *sf* sauna.
sa.xo.fo.ne [saksof´oni] *sm Mús* sassofono.
se[1] [si] *pron sing+pl* si. Veja notas em **se** e **si** (italiano).
se[2] [s´i] *conj* **1** se. **2** ove. **3** se mai, caso mai. **4** quando, qualora.
sé [s´ɛ] *sf Rel* sede. **Santa Sé** *Rel* Santa Sede.
se.bo [s´ebu] *sm* **1** sego. **2** negozio di libri usati.
se.bor.rei.a [sebor̄´ɛjə] *sf Med* seborrea.
se.bo.so [seb´ozu] *adj* segoso.
se.ca [s´ekə] *sf* siccità.
se.ção [ses´ãw] *sf* **1** sezione. **2** divisione. **3** settore, ripartizione, reparto. **seção eleitoral** seggio elettorale. *Var: secção.*
se.car [sek´ar] *vt* **1** seccare. **2** asciugare. *vi+vpr* **3** seccarsi. **4** asciugarsi. **5** sfiorire. **6** inaridirsi.
sec.ção [seks´ãw] *sf V seção.*
sec.ci.o.nar [seksjon´ar] *vt V secionar.*
se.ci.o.nar [sesjon´ar] *vt* sezionare. *Var: seccionar.*
se.co [s´eku] *adj* **1** secco. **2** asciutto. **3** arido. **4** passo. **5** *fig* scheletrico.
se.cre.ção [sekres´ãw] *sf Fisiol* secrezione, umore.
se.cre.ta.ri.a [sekretar´iə] *sf* segreteria.
se.cre.tá.rio [sekret´arju] *sm* segretario. **secretário de Estado** segretario di Stato.
se.cre.to [sekr´ɛtu] *adj* **1** segreto. **2** recondito. **3** cheto. **4** esoterico.
sec.tá.rio [sekt´arju] *sm+adj* settario.
se.cu.lar [sekul´ar] *adj* **1** secolare, laico. **2** *fig* centenario.
sé.cu.lo [s´ɛkulu] *sm* **1** secolo. **2** età. **o século XIII** il Duecento. **o século XIV** il Trecento. **o século XV** il Quattrocento. **o século XVI** il Cinquecento. **o século XVII** il Seicento. **o século XVIII** il Settecento. **o século XIX** l'Ottocento. **o século XX** il Novecento.
se.cun.dá.rio [sekũd´arju] *adj* **1** secondario, superfluo, accessorio. **2** *fig* marginale.
se.cu.ra [sek´urə] *sf* secchezza, aridità.
se.da [s´edə] *sf* seta. **seda artificial** seta artificiale.
se.dar [sed´ar] *vt Lit, Med* sedare, calmare.
se.da.ti.vo [sedat´ivu] *sm+adj Med* sedativo.

S

se.de[1] [s´edi] *sf* **1** sete. **2** *fig* avidità, brama, bramosia, ambizione. **matar a (própria) sede** *fig* bagnarsi le labbra. **ter sede** assetare.
se.de[2] [s´ɛdi] *sf* sede.
se.den.tá.rio [sedẽt´arju] *adj* sedentario.
se.den.to [sed´ẽtu] *adj* assetato.
se.di.men.tar [sedimẽt´ar] *vi* posare.
se.di.men.to [sedim´ẽtu] *sm* **1** sedimento. **2** gromma. **3** deposito, fondo.
se.du.ção [sedus´ãw] *sf* **1** seduzione, attrazione, incantesimo. **2** *fig* incanto.
se.du.tor [sedut´or] *sm* seduttore. • *adj* attraente, provocante, maliardo.
se.du.to.ra [sedut´orə] *sf* **1** seduttrice. **2** *fig* maga, maliarda.
se.du.zir [seduz´ir] *vt* **1** sedurre, incantare, ammaliare, allettare. **2** *fig* attrarre, comprare. Veja nota em **allettare**.
se.ga.dei.ra [segad´ejrə] *sf* falce fienaia.
se.ga.du.ra [segad´urə] *sf* segatura.
se.gar [seg´ar] *vt* segare, mietere.
seg.men.to [segm´ẽtu] *sm* **1** sezione. **2** *Geom* segmento.
se.gre.do [segr´edu] *sm* **1** segreto. **2** sigillo. **3** mistero, arcano. **guardar/manter segredo** abbottonarsi, tacere. **segredo da confissão** *Rel* segreto della confessione. **segredo profissional** segreto professionale.
se.gre.gar [segreg´ar] *vt* **1** segregare, isolare, appartare. **2** sequestrare. *vpr* **3** segregarsi.
se.gui.da [seg´idə] *sf* na expressão **em seguida** al seguito, appresso, poi.
se.gui.do [seg´idu] *adj* consecutivo. **três vezes seguidas** tre volte consecutive.
se.gui.dor [segid´or] *sm* **1** discepolo, compagno. **2** *Rel* fedele. **3** *fig* apostolo. **seguidor fanático** settario.
se.gui.men.to [segim´ẽtu] *sm* seguito.
se.guin.te [seg´ĩti] *adj* **1** seguente. **2** successivo, susseguente. **3** prossimo, altro.
se.guir [seg´ir] *vt* **1** seguire. **2** perseguitare, incalzare. **3** professare. **4** continuare. **5** *fig* abbracciare. **6** specchiarsi in. *vpr* **7** seguire, succedersi. **seguir carreira militar** militare.
se.gun.da [seg´ũdə] *sf* **1** *pop* lunedì. **2** *Autom* seconda, seconda velocità. **de segunda** *pop* di dozzina, da dozzina.
se.gun.da-fei.ra [segũdəf´ejrə] *sf* lunedì.
se.gun.do [seg´ũdu] *sm* secondo. *espere um segundo!* / aspetta un secondo! • *num* secondo. • *prep+conj* secondo, conforme. *segundo a lei nacional* / secondo la legge nazionale. **em segundo lugar** di secondo. **o segundo em comando** *Náut* il secondo.
se.gu.ra.men.te [seguram´ẽti] *adv* sicuramente, di sicuro.
se.gu.ran.ça [segur´ãsə] *sf* **1** sicurezza. **2** certezza. **3** cauzione, assicurazione. **Segurança Pública** Pubblica Sicurezza.
se.gu.rar [segur´ar] *vt* **1** tenere, afferrare, sostenere, reggere, stringere. *vpr* **2** tenersi, avvinghiarsi.
se.gu.ro [seg´uru] *adj* **1** sicuro, certo. **2** fermo. • *sm Com* assicurazione. **seguro contra roubo** assicurazione contro furti. **seguro de vida** assicurazione sulla vita. **seguro morreu de velho** fidare è bene, ma non fidare è meglio. **seguro social** assicurazioni sociali.
sei.o [s´eju] *sm Anat* seno, petto. **seio materno** *fig* utero. **no seio da sociedade, da família etc** *fig* nel seno della società, in grembo della famiglia ecc.
seis [s´ejs] *sm+num* sei.
seis.cen.tos [sejs´ẽtus] *sm+num* seicento.
sei.ta [s´ejtə] *sf* setta.
sei.va [s´ejvə] *sf Bot* sugo.
sei.xo [s´ejʃu] *sm* sasso, ghiaia.
se.ja [s´eʒə] *conj* sia. **ou seja** ossia, ovvero.
se.la [s´ɛlə] *sf* sella.
se.la.gem [sel´aʒẽj] *sf* francatura.
se.lar [sel´ar] *vt* **1** sigillare. **2** chiudere. **3** bollare, timbrare, francare. **4** sellare, bardare (cavalo).
se.le.ção [seles´ãw] *sf* **1** selezione. **2** scelta. **3** antologia.
se.le.ci.o.nar [selesjon´ar] *vt* selezionare, scegliere.
se.le.ti.vo [selet´ivu] *adj* selettivo.
se.lim [sel´ĩ] *sm* sellino.
se.lo [s´elu] *sm* **1** sigillo. **2** francobollo, bollo. **3** timbro. **4** marca da bollo. **5** *Lit* stigma.
sel.va [s´ɛwvə] *sf* selva, foresta.
sel.va.gem [sewv´aʒẽj] *s* **1** selvaggio. **2**

barbaro. **3** *fig* belva. • *adj* **1** selvaggio. **2** feroce. **3** barbaro. **4** selvatico. **5** *fig* crudele.

sel.va.ge.ri.a [sewvaʒer´iə] *sf* **1** selvatichezza. **2** *fig* crudeltà.

sem [s´ẽj] *prep* senza. **sem mim** senza di me. **sem ti/sem você** senza di te. Veja nota em **senza**.

se.má.fo.ro [sem´aforu] *sm* semaforo.

se.ma.na [sem´ʌnə] *sf* settimana. **na semana que vem** l'altra settimana. **Semana Santa** Settimana Santa.

se.ma.nal [seman´aw] *adj* settimanale. *Pl: semanais.*

se.ma.ná.rio [seman´arju] *sm* settimanale, periodico pubblicato ogni settimana.

se.mân.ti.ca [sem´ãtikə] *sf Gram* semantica.

sem.blan.te [sẽbl´ãti] *sm* **1** sembianza. **2** *Poét* sembiante. **3** *fig* fisionomia. **4** apparenza.

se.me.a.du.ra [semead´urə] *sf* semente.

se.me.ar [seme´ar] *vt* **1** seminare, disseminare, piantare semi. **2** *fig* diffondere.

se.me.lhan.ça [semeλ´ãsə] *sf* **1** somiglianza, similitudine, sembianza. **2** affinità. **3** *fig* ritratto.

se.me.lhan.te [semeλ´ãti] *sm* somigliante, pari, affine. • *adj* **1** somigliante, simile, similare. **2** affine, analogo. **3** conforme.

sê.men [s´emẽj] *sm Fisiol* seme, sperma.

se.men.te [sem´ẽti] *sf* **1** *Bot* seme, semente. **2** granello. **semente da discórdia** *fig* pietra dello scandalo. **semente de aveia** grano.

se.mes.tre [sem´ɛstri] *sm* semestre.

se.mi.cír.cu.lo [semis´irkulu] *sm* **1** *Geom* semicircolo. **2** *Arquit* coro.

se.mi.ná.rio [semin´arju] *sm* **1** seminario, simposio, congresso. **2** *Rel* seminario.

se.mi.ta [sem´itə] *s* semita.

se.mi.vo.gal [semivog´aw] *sf Gram* semivocale. *Pl: semivogais.*

sem.pre [s´ẽpri] *adv* **1** sempre. **2** ognora. **sempre que** ogni qualvolta.

sem-ver.go.nha [sẽverg´oñə] *s sing+pl* **1** ribaldo. **2** *pop* furfante. • *adj* **1** ribaldo. **2** *pop* furfante, svergognato, spudorato.

sem-ver.go.nhi.ce [sẽvergoñ´isi] *sf pop* furfanteria. *Pl: sem-vergonhices.*

se.na.do [sen´adu] *sm Pol* senato.

se.na.dor [senad´or] *sm Pol* senatore.

se.não [sen´ãw] *conj* **1** se no, altrimenti. **2** anzi. • *sm* ma.

se.nha [s´eñə] *sf* contrassegno.

se.nhor [señ´or] *sm* **1** signore. **2** gentiluomo, nobiluomo. **ao senhor** le. **aos senhores/dos senhores** loro. **Nosso Senhor** *Rel* Nostro Signore. **o senhor** a) lei. b) la. **os senhores** a) loro. b) le. **senhor de si** *fig* sovrano. **senhor idoso** *fam* zio. **tornar-se senhor de algo** insignorirsi di una cosa. Veja notas em **la**[2], **le** (italiano), **lei** e **loro**.

se.nho.ra [señ´ɔrə] *sf* **1** signora. **2** dama, gentildonna, nobildonna. **a senhora** a) lei. b) la. **à senhora** le. **as senhoras** a) loro. b) le. **às senhoras/das senhoras** loro. **minha Nossa Senhora!** Madonna mia! **Nossa Senhora** Nostra Signora, La Madonna. **senhora idosa** *fam* zia. Veja notas em **la**[2], **le** (italiano), **lei** e **loro**.

se.nho.re.ar [señore´ar] *vt+vi* signoreggiare.

se.nho.ri.a [señor´iə] *sf* **1** padrona di casa. **2** *Hist* signoria, dominio di un principe. **vossa senhoria** ella. Veja notas em **la**[2] e **le** (italiano).

se.nho.ril [señor´iw] *adj* signorile, cavalleresco.

se.nho.ri.o [señor´iu] *sm* padrone di casa.

se.nho.ri.ta [señor´itə] *sf* **1** signorina. **2** *Poét* donzella.

se.nil [sen´iw] *adj* senile.

se.ni.li.da.de [senilid´adi] *sf* senilità.

sê.nior [s´enjor] *sm* seniore, maggiore, membro più antico. • *adj* seniore.

se.no [s´enu] *sm Mat* seno.

sen.sa.ção [sẽsas´ãw] *sf* **1** sensazione. **2** *fig* clamore, chiasso.

sen.sa.ci.o.nal [sẽsasjon´aw] *adj* sensazionale, clamoroso, chiassoso.

sen.sa.tez [sẽsat´es] *sf* sensatezza, buonsenso, assennatezza, riflessione, giudizio.

sen.sa.to [sẽs´atu] *adj* sensato, assennato, accorto, logico.

sen.si.bi.li.da.de [sẽsibilid´adi] *sf* **1** sensibilità, sentimento. **2** *fig* cuore, fibra.

sen.si.bi.li.zar [sẽsibiliz´ar] *vt* **1** commuovere. **2** *fig* smuovere. *vpr* **3** commuoversi.

S

sen.si.ti.vo [sẽsit´ivu] *sm+adj* sensitivo, chiaroveggente.

sen.sí.vel [sẽs´ivew] *adj* **1** sensibile. **2** permaloso. **3** *fig* tenero. *Pl: sensíveis.*

sen.so [s´ẽsu] *sm* senso, costrutto. **bom senso** buon senso, senno, tatto, giudizio. **senso comum** senso comune.

sen.su.al [sẽsu´aw] *adj* **1** sensuale. **2** lussurioso, erotico. **3** caldo, carnale. **4** *fig* roco (voz). *Pl: sensuais.*

sen.su.a.li.da.de [sẽswalid´adi] *sf* **1** sensualità. **2** lussuria, voluttà. **3** *fig* concupiscenza.

sen.ta.do [sẽt´adu] *adj* seduto. **sentado sobre os calcanhares** *adv* coccoloni.

sen.tar [sẽt´ar] *vt* **1** sedere. *vpr* **2** sedersi. **3** accomodarsi, assettarsi. **sentar à mesa** sedere a tavola (per mangiare). **sentem-se!** accomodatevi!

sen.ten.ça [sẽt´ẽsə] *sf* **1** detto, massima. **2** *Dir* sentenza, giudizio.

sen.ten.ci.ar [sẽtẽsi´ar] *vt+vi* **1** *Dir* sentenziare. **2** *fig* pronunciare.

sen.ti.do [sẽt´idu] *sm* **1** senso. **2** significato, costrutto. **3** direzione, verso. **duplo sentido** doppio senso. **em todos os sentidos** in tutto e per tutto. **fazer sentido** avere senso. **os cinco sentidos** i cinque sensi. **perder os sentidos** uscire di sé. **recobrar os sentidos** tornare a sé, rinvenire. **sexto sentido** a) sesto senso. b) *fig* naso. **ter sexto sentido** avere buon naso.

sen.ti.men.tal [sẽtimẽt´aw] *adj* sentimentale. *Pl: sentimentais.*

sen.ti.men.to [sẽtim´ẽtu] *sm* sentimento.

sen.ti.ne.la [sẽtin´ɛlə] *s* **1** *Mil* sentinella, guardia, vedetta. **2** *fig* palo.

sen.tir [sẽt´ir] *vt* **1** sentire. **2** *fig* odorare, fiutare. *vi* **3** sentire. **4** condolersi. *vpr* **5** sentirsi, stare, trovarsi. **sinto muito!** mi dispiace!

se.pa.ra.ção [separas´ãw] *sf* **1** separazione. **2** scissione. **3** divisione, disgregazione. **4** assenza. **5** *Quím* dialisi. **6** *Dir* separazione dei coniugi. **7** *fig* lontananza.

se.pa.ra.do [separ´adu] *adj* **1** separato. **2** scisso. **3** distinto. **4** *fig* avulso.

se.pa.rar [separ´ar] *vt* **1** separare. **2** disunire. **3** isolare, segregare. **4** allontanare, appartare. **5** assortire. **6** astrarre, staccare. **7** distinguere. *vpr* **8** separarsi. **9** dividersi, disunirsi. **10** isolarsi, esiliarsi. **11** staccarsi. **12** distinguersi.

se.pul.cro [sep´uwkru] *sm* sepolcro, tumulo.

se.pul.ta.men.to [sepuwtam´ẽtu] *sm* seppellimento, sepoltura.

se.pul.tar [sepuwt´ar] *vt* **1** seppellire, inumare. **2** sotterrare.

se.pul.tu.ra [sepuwt´urə] *sf* sepoltura, sepolcro, tomba.

se.que.la [sekw´ɛlə] *sf Med* postumo.

se.quên.cia [sek´wẽsjə] *sf* **1** sequenza, seguenza. **2** serie, successione, sfilza. **3** *fig* filo, catena. **sequência cinematográfica** sequenza. Veja nota em **catena.**

se.ques.trar [sekwestr´ar] *vt Dir* **1** sequestrare. **2** rapire. **3** confiscare.

se.ques.tro [sek´wɛstru] *sm Dir* **1** sequestro. **2** ratto, rapimento. **3** embargo, pignorazione.

sé.qui.to [s´ɛkitu] *sm* seguito, corteggio, corte.

ser [s´er] *va* essere. • *sm* essere, ente, entità. **ser vivo** essere vivente. Veja nota em **essere.**

se.rão [ser´ãw] *sm* **1** veglia. **2** lavoro notturno. **fazer serão** vegliare.

se.rei.a [ser´ejə] *sf Mit* sirena.

se.re.nar [seren´ar] *vt* **1** serenare, rasserenare. *vi+vpr* **2** serenarsi, rasserenare, rasserenarsi.

se.re.na.ta [seren´atə] *sf* serenata.

se.re.ni.da.de [serenid´adi] *sf* serenità, calma.

se.re.no [ser´enu] *sm* rugiada. • *adj* **1** sereno, calmo. **2** ameno (lugar). **3** *fig* campestre.

sé.rie [s´ɛrji] *sf* **1** serie. **2** sequenza, successione. **3** fila, sfilza. **4** gruppo, assortimento. **5** *Lit* sequela. **6** *fig* catena. Veja nota em **catena.**

se.ri.e.da.de [serjed´adi] *sf* **1** serietà. **2** severità. **3** coscienza.

se.rin.ga [ser´ĩgə] *sf Med* siringa.

sé.rio [s´ɛrju] *adj* **1** serio. **2** austero, severo. **3** coscienzioso.

ser.mão [serm´ãw] *sm* **1** sermone. **2** *Rel* sermone, predica. **3** *fam* parrucca. **fazer sermão** *fig* sentenziare.

ser.pen.te [serp´ẽti] *sf* serpe, serpente, biscia, aspide.
ser.pen.ti.na [serpẽt´inə] *sf* stelle filanti, serpentina.
ser.ra [s´ɛr̄ə] *sf* **1** sega. **2** *Geogr* serra. **serra circular** sega circolare.
ser.ra.gem [ser̄´aʒẽj] *sf* segatura, polvere del legno.
ser.ra.lhei.ro [ser̄aλ´ejru] *sm* ferraio.
ser.rar [ser̄´ar] *vt* segare.
ser.ra.ri.a [ser̄ar´iə] *sf* segheria.
ser.ro.te [ser̄´ɔti] *sm* saracco.
ser.ven.te [serv´ẽti] *s* servente.
ser.ven.ti.a [servẽt´iə] *sf* utilità.
ser.vi.çal [servis´aw] *s* servitore. *Pl: serviçais.*
ser.vi.ço [serv´isu] *sm* **1** servizio. **2** affare, opera. **3** ufficio. **4** favore. **prestar serviço militar** stare sotto le armi. **serviço de mesa** finimento da tavola, fornimento da tavola. **serviço divino** servizio divino. **serviço fúnebre** servizio funebre. **serviço militar** fazione. **serviços domésticos** lavori di casa.
ser.vi.dão [servid´ãw] *sf* **1** servitù. **2** cattività. **3** *fig* vassallaggio.
ser.vi.dor [servid´or] *sm* servitore.
ser.vil [serv´iw] *adj* servile, sottomesso.
ser.vir [serv´ir] *vt* **1** servire. **2** portare in tavola. **3** giovare. **4** prestarsi a. **5** militare in (exército). **6** *fig* fruttare a. *vpr* **7** servirsi di. **8** adoperare. **9** aiutarsi, avvantaggiarsi. **não serve para mim** non è pane per i miei denti.
ser.vo [s´ɛrvu] *sm* **1** servo. **2** *fig* vassallo.
ses.são [ses´ãw] *sf* **1** sessione. **2** udienza.
ses.sen.ta [ses´ẽtə] *sm+num* sessanta. **sessenta avos** sessantesimo, sessagesimo.
se.ta [s´ɛtə] *sf* **1** freccia. **2** *Lit* saetta. **3** *Poét* quadrello. **seta luminosa** *Autom* indicatore a freccia.
se.te [s´ɛti] *sm+num* sette.
se.te.cen.tos [sɛtes´ẽtus] *sm+num* settecento.
se.tem.bro [set´ẽbru] *sm* settembre.
se.ten.ta [set´ẽtə] *sm+num* settanta. **setenta avos** settantesimo, settuagesimo.
se.ten.tri.o.nal [setẽtrjon´aw] *adj* **1** settentrionale, del nord. **2** boreale, artico. *Pl: setentrionais.*
sé.ti.mo [s´ɛtimu] *sm+num* settimo.
se.tor [set´or] *sm* **1** settore. **2** ambito, campo. **3** reparto. **4** *fig* competenza.
se.tu.a.gé.si.mo [setwaʒ´ɛzimu] *sm+num* settantesimo, settuagesimo.
seu [s´ew] *pron m sing* **1** tuo. **2** suo. **3** vostro. **4** loro. **5 seus** *pl* a) tuoi. b) suoi. c) vostri. d) loro.

Quando se traduz para o italiano, é preciso prestar atenção na ambiguidade de **seu** e suas formas (**sua, seus, suas**) em português, que podem significar "dele", "dela", "deles", "delas", "de você", "de vocês". Veja outra nota em **suo**.

se.ve.ri.da.de [severid´adi] *sf* **1** severità, rigore. **2** *fig* durezza, crudezza, rigidità.
se.ve.ro [sev´ɛru] *adj* **1** severo. **2** serio. **3** austero. **4** rigoroso, inclemente. **5** agro. **6** *irôn* feroce. **7** *fig* rigido. **8** secco, acerbo. **9** gravoso.
se.xa.ge.ná.rio [seksaʒen´arju] *sm+adj* sessagenario, sessantenne.
se.xa.gé.si.mo [seksaʒ´ɛzimu] *sm+num* sessantesimo, sessagesimo.
se.xo [s´ɛksu] *sm* sesso.
sex.ta-fei.ra [sestəf´ejrə] *sf* venerdì. **às sexta-feiras** di venerdì. **Sexta-feira Santa/Sexta-feira da Paixão** Venerdì Santo. *Pl: sextas-feiras.*
sex.te.to [sest´etu] *sm* (também *Mús*) sestetto.
sex.to [s´estu] *sm+num* **1** sesto. *sf* **2 sexta** *pop* venerdì.
se.xu.al [seksu´aw] *adj* sessuale. *Pl: sexuais.*
se.xu.a.li.da.de [sekswalid´adi] *sf* **1** sessualità. **2** *fig* concupiscenza.
si[1] [s´i] *sm Mús* sì.
si[2] [s´i] *pron sing+pl* sé (se). **estar cheio de si** essere pieno di sé. **por si só** da sé. **si mesmo** se stesso. Veja notas em **sé** e **se** (italiano).
si.a.mês [sjam´es] *sm+adj* siamese, del Siam. **gato siamês** gatto siamese.
si.bi.lar [sibil´ar] *vi* sibilare.
si.bi.lo [sib´ilu] *sm* sibilo.
si.de.rur.gi.a [siderurʒ´iə] *sf* siderurgia.
si.de.rúr.gi.co [sider´urʒiku] *adj* siderurgico.

si.dra [s´idrə] *sf* sidro, vino di mele.
si.fão [sif´ãw] *sm* sifone, fistola.
sí.fi.lis [s´ifilis] *sf sing+pl Med* sifilide, lue, morbo venereo.
si.gi.lo [siʒ´ilu] *sm* sigillo. **sigilo da correspondência** segreto epistolare.
si.gla [s´iglə] *sf* **1** sigla. **2** segnatura. **3** *fig* cifra.
sig.na.tá.rio [signat´arju] *sm Com* firmatario.
sig.ni.fi.ca.ção [signifikas´ãw] *sf* significazione, significato.
sig.ni.fi.ca.do [signifik´adu] *sm* **1** significato, significazione. **2** nozione, senso. **3** forza. **4** *fig* tenore.
sig.ni.fi.can.te [signifik´ãti] *adj* significante, significativo, importante. • *sm Ling* significante.
sig.ni.fi.car [signifik´ar] *vt* **1** significare. **2** voler dire, valere. **3** rappresentare, denotare. **4** *Lit* importare.
sig.ni.fi.ca.ti.vo [signifikat´ivu] *adj* **1** significativo. **2** considerevole. **3** rispettabile. **4** *fig* grasso (ganho).
sig.no [s´ignu] *sm Astrol* segno.
sí.la.ba [s´ilabə] *sf Gram* sillaba.
si.len.ci.ar [silẽsi´ar] *vt* **1** far tacere. *vi* **2** tacere, zittirsi.
si.lên.cio [sil´ẽsju] *sm* silenzio. • *interj* zitto! acqua in bocca! **em absoluto silêncio** quatto quatto. **em silêncio** in silenzio, quattoni, piano. **pedir silêncio** zittire. **silêncio de morte** (também *fig*) silenzio di tomba.
si.len.ci.o.so [silẽsi´ozu] *adj* **1** silenzioso, zitto, cheto. **2** muto, tacito.
si.lhu.e.ta [siλu´etə] *sf* siluetta, contorno.
si.lo [s´ilu] *sm* silo.
sil.var [siwv´ar] *vi* sibilare.
sil.ves.tre [siwv´ɛstri] *adj* **1** selvatico. **2** *Lit* silvestre.
sil.vi.cul.tu.ra [siwvikuwt´urə] *sf* silvicultura.
sil.vo [s´iwvu] *sm* sibilo.
sim [s´ĩ] *adv* sì. **mas sim** ma sì.
sim.bó.li.co [sĩb´ɔliku] *adj* simbolico, allegorico.
sim.bo.li.zar [sĩboliz´ar] *vt* simboleggiare, raffigurare, rappresentare, designare.
sím.bo.lo [s´ĩbolu] *sm* **1** simbolo. **2** segnatura. **3** emblema. **4** figura. **5** *Quím* simbolo, notazione. **6** *fig* bandiera, stendardo.
si.me.tri.a [simetr´iə] *sf* **1** simmetria. **2** *fig* armonia.
si.mé.tri.co [sim´ɛtriku] *adj* simmetrico.
si.mi.lar [simil´ar] *sm* simile. • *adj* similare, simile, somigliante.
si.mi.la.ri.da.de [similarid´adi] *sf* similarità, somiglianza.
sí.mi.le [s´imili] *sm* analogia. • *adj* simile.
si.mi.li.tu.de [similit´udi] *sf* similitudine, somiglianza.
sim.pa.ti.a [sĩpat´iə] *sf* **1** simpatia. **2** benevolenza. **3** piacevolezza. **4** *fig* amicizia.
sim.pá.ti.co [sĩp´atiku] *adj* simpatico, amabile, piacevole, grazioso.
sim.pa.ti.zar [sĩpatiz´ar] *vt* simpatizzare con, avere uno in simpatia.
sim.ples [s´ĩplis] *adj sing+pl* **1** semplice. **2** facile, agevole. **3** mero, solo. **4** puro, scempio. **5** sobrio, frugale. **6** *fig* primitivo.
sim.pli.ci.da.de [sĩplisid´adi] *sf* **1** semplicità. **2** facilità. **3** chiarezza. **4** sobrietà. **5** naturalezza.
sim.pli.fi.car [sĩplifik´ar] *vt* **1** semplificare. **2** *fig* alleggerire, alleviare.
sim.pló.rio [sĩpl´ɔrju] *sm* **1** sempliciotto, babbeo. **2** *gír* bamboccio. • *adj* **1** sempliciotto, babbeo, sciocco. **2** *fig* scempio.
sim.pó.sio [sĩp´ɔzju] *sm* simposio, seminario, conferenza.
si.mu.la.ção [simulas´ãw] *sf* simulazione, finzione.
si.mu.la.do [simul´adu] *adj* simulato, finto, fittizio.
si.mu.lar [simul´ar] *vt* simulare, fingere, atteggiarsi a, affettare.
si.mul.tâ.neo [simuwt´ʌnju] *adj* simultaneo, coincidente, concomitante.
si.na.go.ga [sinag´ɔgə] *sf Rel* sinagoga.
si.nal [sin´aw] *sm* **1** segnale. **2** segno. **3** cenno. **4** indizio, accenno. **5** avviso. **6** cartello. **7** avvertimento. **8** *Com* caparra, anticipo, pegno. **9** *fig* sintomo, traccia, vestigio. **avançar o sinal** *fig* passare il segno. **dar um sinal** ammiccare. **deixar sinal** improntare. **sinal da cruz** *Rel* segno

della croce. **fazer o sinal da cruz** *Rel* segnarsi. **sinal de subtração** *Mat* meno. **sinal na pele** macchia. *Pl: sinais.* Veja nota em **vestigio**.

si.na.li.za.ção [sinalizas'ãw] *sf* segnale. **sinalização das estradas** segnale stradale.

sin.ce.ra.men.te [sĩsɛram'ẽti] *adv* sinceramente, di cuore.

sin.ce.ri.da.de [sĩserid'adi] *sf* **1** sincerità, franchezza. **2** *fig* nettezza, schiettezza.

sin.ce.ro [sĩs'ɛru] *adj* **1** sincero, franco. **2** *fig* netto, schietto.

sín.co.pe [s'ĩkopi] *sf Med, Gram, Mús* sincope.

sin.crô.ni.co [sĩkr'oniku] *adj* sincronico.

sin.di.cân.cia [sĩdik'ãsjə] *sf Pol* indagine. **fazer sindicância** indagare.

sin.di.ca.to [sĩdik'atu] *sm* sindacato.

sín.di.co [s'ĩdiku] *sm* sindaco (de associação, edifício).

sín.dro.me [s'ĩdromi] *sf Med* sindrome.

si.ne.ta [sin'etə] *sf dim* campanella, campana.

si.ne.te [sin'eti] *sm* sigillo, bollo.

sin.fo.ni.a [sĩfon'iə] *sf Mús* sinfonia.

sin.fô.ni.co [sĩf'oniku] *adj Mús* sinfonico.

sin.ge.lo [sĩʒ'ɛlu] *adj* **1** scempio. **2** *fig* genuino.

sin.gu.lar [sĩgul'ar] *sm Gram* singolare. • *adj* **1** singolare. **2** anomalo, particolare. **3** unico. **4** originale.

sin.gu.la.ri.da.de [sĩgularid'adi] *sf* **1** singolarità. **2** particolarità.

si.ni.nho [sin'iñu] *sm dim* bubbolo.

si.nis.tro [sin'istru] *sm* sinistro, incidente. • *adj* **1** sinistro. **2** tetro, funesto. **3** tragico. **4** *fig* grifagno (olhar).

si.no [s'inu] *sm* campana.

si.nô.ni.mo [sin'onimu] *sm+adj Gram* sinonimo.

si.nop.se [sin'ɔpsi] *sf* sinossi, sintesi, sommario, sunto.

si.nóp.ti.co [sin'ɔptiku] *adj* sinottico, sintetico.

sin.tá.ti.co [sĩt'atiku] *adj Gram* sintattico.

sin.ta.xe [sĩt'asi] *sf Gram* sintassi.

sín.te.se [s'ĩtezi] *sf* **1** sintesi, sinossi, compendio. **2** *Fil, Quím* sintesi.

sin.té.ti.co [sĩt'ɛtiku] *adj* **1** sintetico. **2** artificiale, di laboratorio. **3** breve (discurso).

sin.te.ti.zar [sĩtetiz'ar] *vt* **1** sintetizzare. **2** riepilogare, compendiare.

sin.to.ma [sĩt'omə] *sm Med* sintomo, segnale, indizio.

sin.to.má.ti.co [sĩtom'atiku] *adj Med* sintomatico.

si.nu.ca [sin'ukə] *sf* **1** bigliardo (o jogo e a mesa). **2** *fig* strettoia, difficoltà.

si.nu.o.so [sinu'ozu] *adj* sinuoso, tortuoso.

si.nu.si.te [sinuz'iti] *sf Med* sinusite.

si.re.ne [sir'eni] *sf* sirena.

sí.rio [s'irju] *sm+adj* sirio, soriano.

sis.te.ma [sist'emə] *sm* **1** sistema. **2** meccanismo. **3** filosofia. **4** *Inform* sistema. **5** *fig* organismo. **sistema de equações** *Mat* sistema di equazioni.

sis.te.má.ti.co [sistem'atiku] *adj* sistematico.

sis.te.ma.ti.zar [sistematiz'ar] *vt* **1** sistemare. **2** *fig* cucinare.

si.su.dez [sizud'es] *sf* serietà.

si.su.do [siz'udu] *adj* serio.

si.ti.ar [siti'ar] *vt* assediare.

sí.tio [s'itju] *sm* **1** piccolo podere. **2** *Mil* assedio. **3** *Lit* sito. **sítio arqueológico** scavo archeologico.

si.to [s'itu] *adj V situado.*

si.tu.a.ção [sitwas'ãw] *sf* **1** situazione. **2** stato, posizione, livello. **3** contesto, circostanza. **4** occasione. **5** *fig* momento, quadro. **situação delicada** posizione delicata.

si.tu.a.do [situ'adu] *adj* sito, posto, giacente. *Sin: sito.*

si.tu.ar [situ'ar] *vt* **1** situare, localizzare. **2** ambientare (uma história). *vpr* **3** trovarsi, giacere.

smoking [zm'okĩ] *sm ingl* giacca da sera, *smoking.*

só [s'ɔ] *adj* solo, singolo. *ficou só em casa* / restò solo a casa. • *adv* **1** solo. *nós falamos só português* / parliamo solo il portoghese. **2** appena. *são só quatro horas* / sono appena le quattro. **só ela** altri che lei.

so.a.lho [so'aλu] *sm V assoalho.*

S

so.ar [so´ar] *vt* **1** battere. *vi* **2** suonare. **soaram dez horas** suonarono le dieci.
sob [s´ob] *prep* sotto.
so.be.ra.ni.a [soberan´iə] *sf* sovranità.
so.be.ra.no [sober´ʌnu] *sm* sovrano, principe. • *adj* sovrano.
so.ber.ba [sob´erbə] *sf* superbia, orgoglio.
so.ber.bo [sob´erbu] *adj* superbo, imperioso.
so.bra [s´ɔbrə] *sf* **1** avanzo. **2** eccedente, sopravanzo. **3 sobras** *pl* scorie. **de sobra** d'avanzo. **ter razões de sobra** *fig* aver ragioni da rivendere. Veja nota em **scoria**.
so.bran.ce.lha [sobrãs´eʎə] *sf Anat* sopracciglio.
so.brar [sobr´ar] *vi* **1** avanzare, restare, rimanere. **2** sopravanzare. **sobrando** in soprannumero.
so.bre [s´obri] *prep* **1** su. **2** sopra, addosso. **3** circa, intorno a. **4** *Poét* sovra. **estar sobre as pedras** essere sulle pietre. **falar sobre o amor** parlare sull'amore.
so.bre.ca.pa [sobrek´apə] *sf* sopraccoperta di libro.
so.bre.car.ga [sobrek´argə] *sf* sovraccarico, sovrappeso, aggravio.
so.bre.car.re.ga.do [sobrekar̃eg´adu] *adj* sovraccarico.
so.bre.car.re.gar [sobrekar̃eg´ar] *vt* **1** aggravare. **2** caricare. *sobrecarregar alguém de responsabilidades* / caricare qualcuno di responsabilità. *vpr* **3** gravarsi.
so.bre-hu.ma.no [sobrjum´ʌnu] *adj* soprannaturale. **força sobre-humana** forza bestiale. *Pl: sobre-humanos.*
so.bre.ma.nei.ra [sobreman´ejrə] *adv V sobremodo.*
so.bre.mo.do [sobrem´ɔdu] *adv* soprammodo. *Sin: sobremaneira.*
so.bre.na.tu.ral [sobrenatur´aw] *sm* soprannaturale. • *adj* **1** soprannaturale, trascendente. **2** *fig* miracoloso. *Pl: sobrenaturais.*
so.bre.no.me [sobren´omi] *sm* cognome, nome di famiglia, casato.
so.bre.por [sobrep´or] *vt* **1** sovrapporre, giustaporre, incavalcare. *vpr* **2** sovrapporsi.
so.bre.pu.jar [sobrepuʒ´ar] *vt* **1** sorpassare, superare. **2** *fig* eclissare.
so.bres.sa.ir [sobresa´ir] *vi* **1** grandeggiare, risaltare. *vpr* **2** sopravanzare. **3** *fig* campeggiare.
so.bres.sal.tar [sobresawt´ar] *vt* **1** spaventare. *vpr* **2** allarmarsi. **3** *fig* sussultare.
so.bres.sal.to [sobres´awtu] *sm* **1** soprassalto. **2** *fig* scossa, tuffo. **de sobressalto** *adv* di soprassalto.
so.bre.ta.xa [sobret´aʃə] *sf Com* soprattassa.
so.bre.tu.do [sobret´udu] *sm* soprabito, cappotto, pastrano. • *adv* soprattutto.
so.bre.vir [sobrev´ir] *vi* sopraggiungere, sopravvenire, presentarsi.
so.bre.vi.vên.cia [sobreviv´ẽsjə] *sf* **1** sopravvivenza. **2** sussistenza.
so.bre.vi.ven.te [sobreviv´ẽti] *s+adj* sopravvivente, superstite.
so.bre.vi.ver [sobreviv´er] *vi* **1** sopravvivere. **2** rimanere. **3** campare, galleggiare.
so.bre.vo.ar [sobrevo´ar] *vt Lit* sorvolare.
so.bri.e.da.de [sobrjed´adi] *sf* sobrietà.
so.bri.nho [sobr´iñu] *sm* (*f* **sobrinha**) nipote.

Atenção: **nipote** é substantivo comum de dois, portanto pode ser traduzido como "sobrinho" ou "sobrinha".

so.bri.nho-ne.to [sobriñun´ɛtu] *sm* (*f* **sobrinha-neta**) pronipote.

Atenção: **pronipote** é substantivo comum de dois, portanto pode ser traduzido como "sobrinho-neto" ou "sobrinha-neta".

só.brio [s´ɔbrju] *adj* **1** sobrio. **2** contenuto. **3** astemio.
so.ci.al [sosi´aw] *adj* **1** sociale. **2** *fig* civico. *Pl: sociais.*
so.ci.a.lis.mo [sosjal´izmu] *sm Pol* socialismo.
so.ci.á.vel [sosi´avew] *adj* socievole. *Pl: sociáveis.*
so.ci.e.da.de [sosjed´adi] *sf* **1** società. **2** associazione, circolo, consorzio. **3** compagnia. **4** fondazione. **5** comunità. **alta sociedade** gran mondo, bel mondo. **sociedade anônima** società anonima. **sociedade por responsabilidade limitada** società a responsabilità limitata.
só.cio [s´ɔsju] *sm* socio.
so.ci.o.lo.gi.a [sosjoloʒ´iə] *sf* sociologia.

so.ci.ó.lo.go [sosi´ɔlogu] *sm* sociologo.
so.co [s´oku] *sm* pugno, cazzotto.
so.ço.brar [sosobr´ar] *vi Náut* ribaltare.
so.cor.rer [sokor̄´er] *vt* soccorrere, assistere.
so.cor.ro [sok´or̄u] *sm* soccorso. • *interj* aiuto! **primeiros socorros** pronto soccorso.
so.da [s´ɔdə] *sf Quím* soda. **soda cáustica** soda caustica.
só.dio [s´ɔdju] *sm Quím* sodio.
so.do.mi.a [sodom´iə] *sf* sodomia.
so.fá [sof´a] *sm* sofà, divano.
so.fis.ti.ca.ção [sofistikas´ãw] *sf* ricercatezza, finezza.
so.fis.ti.ca.do [sofistik´adu] *adj* **1** sofisticato. **2** ricercato, fine. **3** cervellotico. **4** *fig* bizantino, cerebrale.
so.fis.ti.car [sofistik´ar] *vt* sofisticare.
so.frer [sofr´er] *vt* **1** soffrire. **2** patire, subire. **3** espiare. **4** guadagnarsi (acidente, desgraça). *vi* **5** soffrire. **6** patire, penare, stentare. **7** affliggersi, consumarsi, tribolarsi. **fazer sofrer** amareggiare. **sofrer calado** a) soffrire in silenzio. b) *fig* digerire.
so.fri.men.to [sofrim´ẽtu] *sm* **1** sofferenza, patimento. **2** afflizione, dolore, passione. **3** *fig* purgatorio, croce.
software [s´ɔftwer] *sm ingl Inform software.*
so.gra [s´ɔgrə] *sf* suocera.
so.gro [s´ogru] *sm* suocero.
so.ja [s´ɔʒə] *sf Bot* soia.
sol [s´ɔw] *sm* **1** *Astron* sole. **2** *Mús* sol. **secar ao sol** soleggiare. **tomar sol** prendere sole. **ver o sol nascer quadrado** vedere il sole a scacchi.
so.la [s´ɔlə] *sf* suola.
so.lar [sol´ar] *adj* solare, del Sole.
so.la.van.co [solav´ãku] *sm* scossa.
sol.da [s´ɔwdə] *sf* saldatura, piombatura.

Note-se que **saldatura** e **piombatura** podem indicar tanto a “substância metálica, fusível, usada para ligar peças” (*solda*) quanto o “ato de soldar” (*soldadura*).

sol.da.do [sowd´adu] *sm Mil* soldato, milite. **soldado da guarda costeira** *Náut* guardacoste. **soldado de cavalaria** cavalleggiere. **soldado de infantaria** fante, fuciliere. **soldado desconhecido** milite ignoto. **soldados do fogo** vigili del fuoco, pompieri.
sol.da.du.ra [sowdad´urə] *sf* saldatura, piombatura. Veja nota em **solda**.
sol.dar [sowd´ar] *vt* saldare.
sol.do [s´owdu] *sm Mil* soldo, paga dei soldati.
so.lei.ra [sol´ejrə] *sf* **1** soglia. **2** *Lit* limitare.
so.le.ne [sol´eni] *adj* **1** solenne. **2** austero. **3** ampolloso. **4** famoso. **5** *Mús* maestoso.
so.le.ni.da.de [solenid´adi] *sf* **1** solennità. **2** *Rel* funzione.
so.li.ci.ta.ção [solisitas´ãw] *sf* sollecitazione.
so.li.ci.tar [solisit´ar] *vt* **1** sollecitare. **2** *fig* incalzare.
so.lí.ci.to [sol´isitu] *adj* **1** sollecito. **2** premuroso. **3** presto.
so.li.ci.tu.de [solisit´udi] *sf* **1** sollecitudine. **2** premura.
so.li.dão [solid´ãw] *sf* **1** solitudine. **2** desolazione.
so.li.dá.rio [solid´arju] *adj Dir* solidale.
so.li.dez [solid´es] *sf* **1** solidità. **2** compattezza. **3** consistenza. **4** forza, durezza.
so.li.di.fi.car [solidifik´ar] *vt* **1** assodare. *vpr* **2** assodarsi.
só.li.do [s´ɔlidu] *sm Fís, Geom* solido. • *adj* **1** solido, sodo. **2** compatto, massiccio. **3** resistente. **4** duro, forte. **5** *fig* ferreo.
so.lis.ta [sol´istə] *s Mús* solista.
so.li.tá.ria [solit´arjə] *sf* **1** *Med* verme solitario. **2** *Dir* prigione di rigore.
so.li.tá.rio [solit´arju] *sm* **1** solitario. **2** *fig* gufo. • *adj* **1** solitario, solo. **2** deserto. **3** *Poét* ermo.
so.lo [s´ɔlu] *sm* **1** suolo, terra, terreno. **2** *Mús* solo.
sols.tí.cio [sowst´isju] *sm Astron* solstizio. **solstício de inverno** solstizio invernale, solstizio meridionale. **solstício de verão** solstizio estivo, solstizio boreale.
sol.tar [sowt´ar] *vt* **1** sciogliere, svincolare. **2** slegare, scatenare. **3** scarcerare. *vpr* **4** sciogliersi, svincolarsi. **5** slegarsi, scatenarsi.
sol.tei.rão [sowtejr´ãw] *sm+adj pop* celibatario, vecchio scapolo.

sol.tei.ro [sowt´ejru] *sm+adj* celibe, scapolo.
sol.tei.ro.na [sowtejr´onə] *sf irôn* zittellona.
sol.to [s´owtu] *adj* **1** sciolto, lento. **2** agile (estilo). **3** folle (polia, roda de máquina).
so.lu.ção [solus´ãw] *sf* **1** soluzione. **2** risoluzione. **3** esito. **4** *fig* rimedio, riparo.
so.lu.çar [solus´ar] *vi* singhiozzare.
so.lu.ço [sol´usu] *sm* singhiozzo.
so.lú.vel [sol´uvew] *adj* solubile. *Pl: solúveis.*
sol.ven.te [sowv´ẽti] *sm Quím* solvente, dissolvente. • *adj* solvente, dissolvente.
som [s´õw] *sm* **1** suono. **2** *Mús* voce (de instrumento). **emitir um som** mandare un suono.
so.ma [s´omə] *sf* **1** tanto, ammontare. **2** *Mat* somma, addizione. **3** *Com* somma, importo.
so.mar [som´ar] *vt* **1** *Mat* sommare, addizionare, totalizzare. **2** montare a, importare a.
som.bra [s´õbrə] *sf* **1** ombra. **2** *fig* velo. **à sombra** all'ombra. **nem sombra** nemmeno per ombra. **ser uma sombra** essere un'ombra. **sombras chinesas** ombre cinesi.
som.bre.ar [sõbre´ar] *vt* ombreggiare, adombrare.
som.bri.o [sõbr´iu] *adj* **1** buio. **2** *fig* triste.
so.men.te [sɔm´ẽti] *adv* **1** soltanto. **2** solo. **3** pure.
so.nâm.bu.lo [son´ãbulu] *sm Med* sonnambulo.
so.na.ta [son´atə] *sf Mús* sonata.
son.da [s´õdə] *sf* **1** *Med, Mec* sonda. **2** *Min* trivella.
son.dar [sõd´ar] *vt* **1** tentare. **2** *Med, Mec* sondare. **sondar uma pessoa** tastare.
so.ne.ca [son´ɛkə] *sf dim pop* pisolino. **tirar uma soneca** pisolare, fare un pisolino, dormicchiare.
so.ne.to [son´etu] *sm Lit* sonetto.
so.nha.dor [soñad´or] *sm+adj* sognatore, visionario.
so.nhar [soñ´ar] *vt* **1** sognare. **2** aspirare a, appetire. *vi* **3** sognare. **4** fantasticare. **nem sonhando!** manco per sogno! nemmeno per idea!
so.nho [s´oñu] *sm* **1** sogno. **2** visione. **3** *fig* chimera, miraggio, utopia. **4** aspirazione, ideale.
so.ní.fe.ro [son´iferu] *sm Med* sonnifero. • *adj* sonnifero, soporifero.
so.no [s´onu] *sm* sonno. **o sono eterno** *fig* il sonno eterno, la morte. **pegar no sono** assopirsi. **perder o sono (de preocupação)** perdere il sonno.
so.no.lên.cia [sonol´ẽsjə] *sf* sonnolenza, torpore.
so.no.len.to [sonol´ẽtu] *adj* sonnolento.
so.no.ro [son´ɔru] *adj* sonoro.
so.pa [s´opə] *sf* minestra, brodo. **sopa com fatias de pão** zuppa. **sopa italiana de arroz (ou macarrão) e legumes** minestrone.
so.pa.po [sop´apu] *sm* traverso.
so.pé [sop´ɛ] *sm Geogr* piede.
so.pei.ra [sop´ejrə] *sf* zuppiera, terrina.
so.po.rí.fe.ro [sopor´iferu] *adj* soporifero.
so.pra.no [sopr´ʌnu] *sm Mús* soprano.
so.prar [sopr´ar] *vt* **1** soffiare. **2** *gír* cantare (resposta). *vi* **3** soffiare, spirare. **4** ventare, tirare (vento).
so.pro [s´opru] *sm* **1** soffio, fiato, alito. **2** *Med* soffio. **sopro vital** *fig* anima.
so.que.te [sok´eti] *sm Elet* portalampada.
sór.di.do [s´ɔrdidu] *adj* **1** sordido. **2** immondo, sporco.
so.ro [s´oru] *sm Fisiol, Med* siero.
só.ror [s´ɔror] *sf Rel* suora.
sor.ra.tei.ra.men.te [sor̄atejram´ẽti] *adv* alla chetichella.
sor.rir [sor̄´ir] *vi* sorridere, arridere.
sor.ri.so [sor̄´izu] *sm* sorriso.
sor.te [s´ɔrti] *sf* **1** fortuna. **2** sorte, destino, fato. **3** ventura, bazza. **4** *fig* culo, stella. **boa sorte!** tanti auguri! in bocca al lupo! **confiar na sorte** brancolare. **má sorte** a) sfortuna. b) *pop* scalogna. **sorte tua!** beato te! **tentar a sorte** estrarre a sorte, trarre il dado, azzardare. **ter sorte inesperada** *fig* vincere un terno al lotto.
sor.te.ar [sorte´ar] *vt* sorteggiare, sortire, estrarre a sorte, tirare a sorte.
sor.tei.o [sort´eju] *sm* sorteggio.
sor.ti.do [sort´idu] *adj* **1** assortito. **2** *Com* in sorta.
sor.ti.lé.gio [sortil´ɛʒju] *sm* sortilegio, incantesimo.

sor.ti.men.to [sortim´ẽtu] *sm* assortimento.
sor.tir [sort´ir] *vt* assortire.
sor.ver [sorv´er] *vt* sorbire.
sor.ve.te [sorv´eti] *sm* **1** gelato. **2** sorbetto.
sor.ve.tei.ra [sorvet´ejrə] *sf* gelatiera.
sor.ve.tei.ro [sorvet´ejru] *sm* gelatiere, sorbettiere.
sor.vo [s´orvu] *sm* bevuta.
sos.lai.o [sozl´aju] *sm* usado na expressão **de soslaio** di sbieco.
sos.se.ga.do [soseg´adu] *adj* calmo, tranquillo, cheto.
sos.se.gar [soseg´ar] *vt* **1** calmare, chetare, acchetare. *vi* **2** acchetarsi, abbonacciarsi.
sos.se.go [sos´egu] *sm* calma, quiete, pace. **não dar sossego a** *fig* perseguitare. Veja nota em **sussiego**.
só.tão [s´ɔtãw] *sm* soffitta.
so.ter.rar [soter̃´ar] *vt* sotterrare.
so.tur.no [sot´urnu] *sm+adj* sornione.
so.va [s´ɔvə] *sf fam* pestata.
so.va.co [sov´aku] *sm pop* ascella.
so.var [sov´ar] *vt* impastare.
so.vi.na [sov´inə] *sm* avaro, spilorcio. • *adj* **1** avaro, spilorcio, taccagno, gretto. **2** *fig* meschino.
so.zi.nho [sɔz´iñu] *adj* solo, solitario, singolo, da sé.
strip-tease [stript´izi] *sm ingl* spogliarello.
su.a [s´uə] *pron f sing* **1** tua. **2** sua. **3** vostra. **4** loro. **5 suas** *pl* a) tue. b) sue. c) vostre. d) loro. Veja nota em **seu**.
su.ar [su´ar] *vt* **1** sudare. *vi* **2** sudare, traspirare. **3** *fig* liquefarsi, bollire. **suar frio** sudare freddo.
su.a.ve [su´avi] *adj* **1** soave. **2** delicato. **3** morbido. **4** discreto. **5** *Lit* mite. **6** *fig* dolce, angelico, celeste.
su.a.vi.da.de [swavid´adi] *sf* **1** soavità. **2** morbidezza. **3** discrezione. **4** *fig* dolcezza.
su.a.vi.zar [swaviz´ar] *vt* **1** attenuare. **2** *Med* lenire. **3** *Lit* mitigare. **4** *fig* addolcire. *vpr* **5** *fig* addolcirsi.
su.bal.ter.no [subawt´ɛrnu] *sm+adj* subalterno, subordinato.
sub.cons.ci.en.te [subkõsi´ẽti] *sm Psic* subcosciente.
sub.cu.tâ.neo [subkut´ʌnju] *adj* sottocutaneo, ipodermico.
sub.di.vi.dir [subdivid´ir] *vt* **1** suddividere. **2** articolare.
sub.di.vi.são [subdiviz´ãw] *sf* suddivisione, ripartizione, riparto.
sub.en.ten.der [subẽtẽd´er] *vt* sottintendere, alludere, accennare.
sub.es.ti.mar [subestim´ar] *vt fig* svalutare.
su.bi.da [sub´idə] *sf* **1** salita. **2** ascensione, ascesa. **3** erta, montata.
su.bir [sub´ir] *vt* **1** salire, montare, scalare. **2** aumentare (temperatura). *vi* **3** salire, montare. **4** arrampicarsi. **5** elevarsi. **6** aumentare (temperatura). **subir de novo** risalire.
su.bi.ta.men.te [subitam´ẽti] *adv* subitamente, subito.
sú.bi.to [s´ubitu] *adj* subito, subitaneo.
sub.je.ti.vo [subʒet´ivu] *adj* soggettivo.
sub.ju.gar [subʒug´ar] *vt* **1** soggiogare, assoggettare. **2** *fig* dominare, conquistare.
sub.le.va.ção [sublevas´ãw] *sf* sollevazione, ammutinamento.
sub.le.var [sublev´ar] *vt* **1** sollevare, ammutinare. *vpr* **2** sollevarsi, ammutinarsi.
su.bli.me [subl´imi] *adj* **1** sublime. **2** *fig* divino, eccelso. **3** eminente.
su.bli.nha.do [subliñ´adu] *sm* sottolineatura. • *adj* sottolineato.
su.bli.nhar [subliñ´ar] *vt* sottolineare.
sub.ma.ri.no [submar´inu] *sm Náut* sottomarino, sommergibile. • *adj* sottomarino.
sub.mer.gir [submerʒ´ir] *vt* **1** sommergere, affondare. **2** *fig* subissare. *vi* **3** sommergersi, affondare.
sub.mer.são [submers´ãw] *sf* sommersione, affondamento.
sub.me.ter [submet´er] *vt* **1** sottomettere, sottoporre. **2** *fig* domare, dominare. *vpr* **3** sottomettersi, sottoporsi, soggiacere a.
sub.mis.são [submis´ãw] *sf* **1** sottomissione, sommissione, soggezione, ubbidienza. **2** dipendenza. **3** *fig* schiavitù, vassallaggio.
sub.mis.so [subm´isu] *adj* **1** sottomesso, suddito, ubbidiente, docile. **2** *fig* schiavo.
sub.mun.do [subm´ũdu] *sm* malavita.

su.bor.di.na.do [subordin´adu] *sm+adj* subordinato, subalterno.
su.bor.di.nar [subordin´ar] *vt* **1** subordinare. **2** condizionare. *vpr* **3** dipendere da.
su.bor.nar [suborn´ar] *vt* **1** subornare, pagare. **2** *fig* corrompere, ungere.
su.bor.no [sub´ornu] *sm* **1** subornazione. **2** *fig* corruzione.
subs.cre.ver [subskrev´er] *vt* sottoscrivere, firmare.
subs.cri.ção [subskris´ãw] *sf* sottoscrizione, abbonamento.
subs.cri.to [subskr´itu] *adj* sottoscritto.
sub.se.quen.te [subsek´wẽti] *adj* susseguente, conseguente.
sub.si.di.ar [subsidi´ar] *vt* **1** sussidiare. **2** *fig* alimentare.
sub.si.di.á.rio [subsidi´arju] *adj* sussidiario.
sub.sí.dio [subs´idju] *sm Econ* sussidio, sovvenzione.
sub.sis.tên.cia [subsist´ẽsjə] *sf* sussistenza.
sub.sis.tir [subsist´ir] *vi* sussistere, esistere.
sub.so.lo [subs´ɔlu] *sm* **1** sotterraneo. **2** *Geogr* sottosuolo.
subs.tân.cia [subst´ãsjə] *sf* **1** sostanza. **2** senso. **3** essenza. **4** *fig* parte essenziale.
subs.tan.ci.o.so [substãsi´ozu] *adj* **1** sostanzioso. **2** succulento. **3** *fig* ricco.
subs.tan.ti.vo [substãt´ivu] *sm Gram* sostantivo, nome.
subs.ti.tu.i.ção [substitwis´ãw] *sf* sostituzione, cambio. **em substituição a** in sostituzione di.
subs.ti.tu.ir [substitu´ir] *vt* **1** sostituire. **2** cambiare, avvicendare. **3** fare le veci di uno.
subs.ti.tu.to [substit´utu] *sm* **1** sostituto. **2** successore, supplente. **3** riserva.
subs.tra.to [substr´atu] *sm* sostrato.
sub.ter.fú.gio [subterf´uʒju] *sm* sotterfugio, arzigogolo.
sub.ter.râ.neo [subter̃´ʌnju] *sm+adj* sotterraneo.
sub.tra.ção [subtras´ãw] *sf* sottrazione.
sub.tra.ir [subtra´ir] *vt* **1** sottrarre. **2** ritenere (valores).
su.bur.ba.no [suburb´ʌnu] *adj* suburbano.
su.búr.bio [sub´urbju] *sm* sobborgo, periferia.
sub.ven.ção [subvẽs´ãw] *sf* **1** *Econ* sovvenzione, sussidio. **2** *Teat* dote.
sub.ven.ci.o.nar [subvẽsjon´ar] *vt Com* sovvenzionare, sussidiare.
sub.ver.são [subvers´ãw] *sf* sovversione.
sub.ver.si.vo [subvers´ivu] *sm* sovversivo, agitatore. • *adj* sovversivo.
sub.ver.ter [subvert´er] *vt* sovvertire, sconvolgere.
su.ce.der [sused´er] *vi* **1** succedere. **2** capitare, accadere. **3** subentrare. *vpr* **4** succedersi, avvicendarsi.
su.ces.são [suses´ãw] *sf* **1** successione. **2** sequenza, continuo. **3** *fig* catena. Veja nota em **catena**.
su.ces.si.vo [suses´ivu] *adj* successivo.
su.ces.so [sus´ɛsu] *sm* **1** successo, esito, riuscita. **2** *fig* vittoria. **fazer sucesso** spiccarsi. **não ter sucesso** *fig* fare un buco nell'acqua. **ter sucesso** riuscir bene.
su.ces.sor [suses´or] *sm* successore.
su.cin.to [sus´ĩtu] *adj* succinto, conciso, sintetico.
su.co [s´uku] *sm* sugo. **suco de frutas** succo, succo di frutta. **suco gástrico** succo gastrico. **suco intestinal** succo intestinale.
su.cu.len.to [sukul´ẽtu] *adj* succulento.
su.cum.bir [sukũb´ir] *vi* **1** capitolare. **2** *Lit* soccombere. **3** *fig* perire.
su.cur.sal [sukurs´aw] *sf Com* succursale, filiale, dipendenza.
su.dá.rio [sud´arju] *sm* sindone. **o Santo Sudário** *Rel* la Santa Sindone.
su.des.te [sud´ɛsti] *sm* sud-est.
sú.di.to [s´uditu] *sm* **1** suddito. **2** *fig* vassallo.
su.do.es.te [sudo´ɛsti] *sm* sud-ovest.
su.e.co [su´ɛku] *sm+adj* svedese.
su.fi.ci.ên.cia [sufisi´ẽsjə] *sf* sufficienza.
su.fi.ci.en.te [sufisi´ẽti] *adj* sufficiente. • *sm* il sufficiente. **ser suficiente** esser da tanto, bastare.
su.fi.ci.en.te.men.te [sufisjẽtem´ẽti] *adv* sufficientemente, a sufficienza, abbastanza, assai.
su.fi.xo [suf´iksu] *sm Gram* suffisso. **sufixo afetivo** sufisso vezzeggiativo.

su.flê [sufl´e] *sm* sformato.
su.fo.ca.ção [sufokas´ãw] *sf* **1** affogamento. **2** *fig* repressione.
su.fo.can.te [sufok´ãti] *adj* **1** soffocante. **2** *fig* pesante, plumbeo.
su.fo.car [sufok´ar] *vt* **1** soffocare, affogare, asfissiare. **2** *fig* opprimere. **3** strangolare. *vi* **4** soffocare, affogare, respirare a stento.
su.fo.co [suf´oku] *sm* oppressione, ansia, affanno, apprensione.
su.frá.gio [sufr´aʒju] *sm* suffragio. **sufrágio universal** suffragio universale.
su.gar [sug´ar] *vt* succhiare. **sugar o sangue de** *fig* succhiare il sangue a.
su.ge.rir [suʒer´ir] *vt* **1** suggerire. **2** consigliare, raccomandare, avvertire. **3** proporre. **4** ispirare. **5** *fig* dettare.
su.ges.tão [suʒest´ãw] *sf* **1** suggerimento, consiglio, avvertimento. **2** *Psic* suggestione (hipnotismo).
su.ges.ti.o.nar [suʒestjon´ar] *vt* **1** suggestionare. **2** *fig* ipnotizzare.
su.ges.ti.o.ná.vel [suʒestjon´avew] *adj* suggestionabile. *Pl: sugestionáveis.*
su.ges.ti.vo [suʒest´ivu] *adj* suggestivo.
su.i.ci.da [sujs´idə] *s* suicida.
su.i.ci.dar-se [sujsid´arsi] *vpr* suicidarsi, ammazzarsi. **suicidar-se com um tiro** tirarsi.
su.i.cí.dio [sujs´idju] *sm* suicidio.
su.í.ço [su´isu] *sm+adj* svizzero.
su.í.no [su´inu] *sm* suino. • *adj* suino, porcino.
su.jar [suʒ´ar] *vt* **1** insudiciare, sporcare, imbrattare. **2** *fig* maculare (reputação). *vpr* **3** insudiciarsi, sporcarsi, imbrattarsi.
su.jei.ção [suʒejs´ãw] *sf* **1** soggezione. **2** *fig* freno.
su.jei.ra [suʒ´ejrə] *sf* **1** sozzura, sporcizia, immondezza. **2** porcheria, sudiciume. **3** rifiuti. **4** *pop* immondizia. **5** *fig* cacca.
su.jei.tar [suʒejt´ar] *vt* **1** assoggettare. *vpr* **2** assoggettarsi, sottoporsi. **3** *fig* esporsi a.
su.jei.to [suʒ´ejtu] *sm* **1** soggetto, tale, tipo. **2** *fam* coso. **3** *irôn* arnese. **4** *Gram* soggetto. **5** *fig, dep* individuo. • *adj* soggetto a, passibile di, suscettibile di. **bom sujeito** *pop* buon diavolo. **um mau sujeito** *irôn, fig* buona lana. Veja nota em **coso**.
su.jo [s´uʒu] *adj* **1** sudicio. **2** sporco, sozzo, lordo. **3** immondo. **4** impuro.
sul [s´uw] *sm Geogr* sud. **o Sul** *fig* il Mezzogiorno.
sul.co [s´uwku] *sm* solco, stria.
su.lis.ta [sul´istə] *s* meridionale.
sul.tão [suwt´ãw] *sm* sultano.
su.ma [s´umə] *sf* usado na expressão **em suma** in somma, in sostanza, a farla corta.
su.má.rio [sum´arju] *sm* **1** sommario. **2** compendio, riassunto. **3** indice. • *adj* **1** sommario. **2** succinto.
su.mi.ço [sum´isu] *sm* sparizione.
su.mi.da.de [sumid´adi] *sf* sommità.
su.mir [sum´ir] *vi* **1** sparire, svanire. **2** *fig* sfumare, evaporare, andare in fumo.
su.mo [s´umu] *sm* **1** sugo. **2** *fig* essenza, centro. • *adj superl* (de **alto**) sommo, supremo. **sumo de frutas cítricas** agro.
sun.tu.o.so [sũtu´ozu] *adj* sontuoso, lauto.
su.or [su´ɔr] *sm* sudore, traspirazione.
su.pe.ra.do [super´adu] *adj* **1** superato. **2** anacronistico.
su.pe.rar [super´ar] *vt* **1** superare. **2** oltrepassare, sorpassare. **3** eccedere, sopravanzare. **superar a si mesmo** superare se stesso.
su.per.fi.ci.al [superfisi´aw] *adj* superficiale, apparente. *Pl: superficiais.*
su.per.fí.cie [superf´isji] *sf* **1** superficie. **2** area. **3** faccia (de objetos).
su.pér.fluo [sup´ɛrflwu] *sm* superfluo. • *adj* **1** superfluo. **2** ridondante, accessorio. **3** *fig* marginale, accidentale.
su.pe.rin.ten.dên.cia [superĩtẽd´ẽsjə] *sf* sovrintendenza.
su.pe.rin.ten.den.te [superĩtẽd´ẽti] *s+adj* sovrintendente.
su.pe.rin.ten.der [superĩtẽd´er] *vt* sovrintendere.
su.pe.ri.or [superi´or] *adj compar* (de **alto**) **1** superiore. **2** alto, eminente, eccelso. • *sm* superiore. **superior franciscano** *Rel* guardiano.
su.pe.ri.o.ra [superi´orə] *sf Rel* superiora.
su.pe.ri.o.ri.da.de [superjorid´adi] *sf* **1** superiorità. **2** supremazia. **3** sussiego. **4** grandezza. **5** maggioranza.

su.per.la.ti.vo [superlat´ivu] *sm+adj Gram* superlativo.
su.per.mer.ca.do [supermerk´adu] *sm* magazzino, supermercato.
su.per.sô.ni.co [supers´oniku] *adj* supersonico. **avião supersônico** aereo supersonico.
su.pers.ti.ção [superstis´ãw] *sf* superstizione.
su.pers.ti.ci.o.so [superstisi´ozu] *adj* superstizioso.
su.per.vi.são [superviz´ãw] *sf* sovrintendenza, controllo.
su.per.vi.si.o.nar [supervizjon´ar] *vt* sovrintendere, controllare.
su.per.vi.sor [superviz´or] *sm+adj* sovrintendente.
su.plan.tar [suplãt´ar] *vt* soppiantare.
su.ple.men.tar [suplemẽt´ar] *adj* supplementare, sussidiario.
su.ple.men.to [suplem´ẽtu] *sm* **1** supplemento, aggiunta. **2** *fig* appendice.
su.plen.te [supl´ẽti] *s+adj* supplente.
sú.pli.ca [s´uplikə] *sf* supplica, preghiera.
su.pli.car [suplik´ar] *vt* supplicare, implorare, pregare.
su.plí.cio [supl´isju] *sm* supplizio.
su.por [sup´or] *vt* **1** supporre. **2** fare conto che. **3** mettere, porre. *suponhamos que ...* / poniamo che ... **4** sospettare. **5** congetturare, postulare. **6** *Lit* presumere. *vpr* **7** immaginarsi. **supondo que** qualora.
su.por.tar [suport´ar] *vt* **1** sopportare. **2** tollerare, sostenere. **3** subire, soffrire. *vi* **4** soffrire. **5** resistere.
su.por.te [sup´ɔrti] *sm* **1** supporto, sostegno, base. **2** *fig* appoggio, perno. **suporte para máquinas** fondazione.
su.po.si.ção [supozis´ãw] *sf* **1** supposizione, congettura, assunto, presunzione. **2** *fig* teoria. **3 suposições** *pl* parole.
su.po.si.tó.rio [supozit´ɔrju] *sm Med* supposta.
su.pos.to [sup´ostu] *adj* supposto, posto.
su.pre.ma.ci.a [supremas´iə] *sf* **1** supremazia. **2** *fig* egemonia.
su.pre.mo [supr´emu] *adj superl* (de **alto**) **1** supremo, sommo. **2** assoluto.
su.pres.são [supres´ãw] *sf* soppressione.
su.pri.men.to [suprim´ẽtu] *sm* rifornimento, provvista.
su.pri.mir [suprim´ir] *vt* **1** sopprimere. **2** cancellare. **3** abolire. **4** annullare.
su.prir [supr´ir] *vt* supplire, sopperire.
su.pu.ra.ção [supuras´ãw] *sf Med* suppurazione, maturazione.
su.pu.rar [supur´ar] *vi Med* suppurare, maturare.
sur.dez [surd´es] *sf* sordità.
sur.di.na [surd´inə] *sf Mús* sordina. **na surdina** alla sordina.
sur.do [s´urdu] *sm+adj* (também *fig*) sordo. **fazer-se/fingir-se de surdo** *fig* far orecchi di mercante, fare l'indiano.
sur.do-mu.do [surdum´udu] *sm+adj* sordomuto. *Pl: surdos-mudos (sm), surdo-mudos (adj).*
sur.gi.men.to [surʒim´ẽtu] *sm* apparizione, comparsa, venuta.
sur.gir [surʒ´ir] *vi* **1** sorgere, insorgere. **2** nascere. **3** venire. **4** sgorgare. **5** *fig* fiorire. **6** emergere. **7** scaturire. **surgir repentinamente** balzare fuori. Veja nota em **venire**.
sur.pre.en.den.te [surpreẽd´ẽti] *adj* sorprendente, straordinario, strabiliante.
sur.pre.en.der [surpreẽd´er] *vt* **1** sorprendere. **2** giungere, cogliere. **3** allarmare. **4** fare specie a. **5** *fig* confondere.
sur.pre.sa [surpr´ezə] *sf* sorpresa. **de surpresa** di sorpresa. **fazer uma surpresa** fare una sorpresa.
sur.pre.so [surpr´ezu] *adj* sorpreso. **ficar surpreso** rimanere di stucco, restare di sale.
sur.ra [s´ur̄ə] *sf* **1** busse. **2** *irôn* carezza. **3** *fam* pestata. **dar uma surra em** *fam* dare addosso a.
sur.rar [sur̄´ar] *vt* picchiare, bastonare. *fam* pestare.
sur.re.al [sur̄e´aw] *adj* surreale. *Pl: surreais.*
sur.ru.pi.ar [sur̄upi´ar] *vt* carpire, agguantare.
sur.tir [surt´ir] *vi* sortire. **surtir efeito** sortire effetto.
sus.ce.tí.vel [suset´ivew] *adj* suscettibile. *Pl: suscetíveis.*
sus.ci.tar [susit´ar] *vt* suscitare, cagionare.
sus.pei.ta [susp´ejtə] *sf* **1** sospetto. **2** dubbio, sfiducia. **3** insinuazione. **4** *fig* gelosia. **5** sensazione, fiuto.

sus.pei.tar [suspejt´ar] *vt+vi* sospettare, temere.
sus.pei.to [susp´ejtu] *adj* **1** sospetto. **2** ambiguo, losco. • *sm* persona sospetta.
sus.pen.der [suspẽd´er] *vt* **1** sospendere. **2** appendere, appiccare. **3** interrompere. **4** *fig* troncare. *vpr* **5** sospendersi, appiccarsi.
sus.pen.são [suspẽs´ãw] *sf* **1** sospensione. **2** *fig* attesa.
sus.pen.so [susp´ẽsu] *adj* **1** sospeso. **2** *fig* tronco.
sus.pen.só.rio [suspẽs´ɔrju] *sm* bretella.
sus.pi.rar [suspir´ar] *vi* sospirare.
sus.pi.ro [susp´iru] *sm* **1** sospiro. **2** *Lit* gemito.
sus.sur.rar [susur̃´ar] *vt* **1** sussurrare, bisbigliare. **2** *fig* zufolare. *vi* **3** sussurrare, mormorare, bisbigliare.
sus.sur.ro [sus´ur̃u] *sm* sussurro, fruscio, bisbiglio.
sus.tar [sust´ar] *vt* **1** interrompere. *vi* **2** sostare, fermarsi. **sustar um cheque** sospendere un assegno.
sus.te.ni.do [susten´idu] *adj Mús* sostenuto.
sus.ten.ta.ção [sustẽtas´ãw] *sf* **1** supporto. **2** appoggio. **3** *fig* stelo.
sus.ten.tar [sustẽt´ar] *vt* **1** sostenere, sopportare, reggere. **2** sostentare, mantenere. **3** *fig* appoggiare. **4** alimentare. *vpr* **5** sostenersi, reggersi. **6** sostentarsi, mantenersi, campare.
sus.ten.to [sust´ẽtu] *sm* **1** sostegno. **2** nutrimento. **3** *fig* sussistenza, pane, pagnotta.
sus.ter [sust´er] *vt* sorreggere.
sus.to [s´ustu] *sm* spavento, soprassalto.
su.ti.ã [suti´ã] *sm* reggiseno.
su.til [sut´iw] *adj* **1** sottile. **2** fine, tenue. **3** acuto, aguzzo. **4** astuto, perspicace.
su.ti.le.za [sutil´ezə] *sf* **1** sottigliezza. **2** arguzia, argutezza. **3** sfumatura.
su.tu.ra [sut´urə] *sf Med* sutura, saldatura.
su.tu.rar [sutur´ar] *vt Med* suturare.

S

t

t [t´e] *sm* la diciannovesima lettera dell'alfabeto portoghese.

ta.ba.ca.ri.a [tabakar´iə] *sf* tabaccheria.

ta.ba.co [tab´aku] *sm* tabacco. **tabaco para mascar** tabacco da masticare.

ta.be.la [tab´ɛlə] *sf* **1** tabella, tavola. **2** *fig* paradigma.

ta.be.li.ão [tabeli´ãw] *sm* **1** notaio, notaro. **2 Tabelião** Ufficio di Stato Civile.

ta.ber.na [tab´ɛrnə] *sf* **1** taverna, osteria, trattoria. **2** cantina. **3** bottiglieria. *Var: taverna.*

ta.ber.nei.ro [tabern´ejru] *sm* taverniere, bettoliere. *Var: taverneiro.*

ta.bi.que [tab´iki] *sm* assito.

ta.bla.do [tabl´adu] *sm* **1** tavolato, assito. **2** palco.

ta.ble.te [tabl´ɛti] *sm* tavoletta di medicamento.

ta.bu [tab´u] *sm+adj* tabù.

tá.bua [t´abwə] *sf* tavola, asse. **as Tábuas da Lei** *Rel* le Tavole della Legge. **tábua de passar** tavola da stirare. **tábua de salvação** *fig* tavola di salvamento.

ta.bu.lei.ro [tabul´ejru] *sm* tavoliere. **tabuleiro de xadrez** scacchiera.

ta.bu.le.ta [tabul´etə] *sf dim* tavoletta.

ta.ça [t´asə] *sf* tazza, coppa, ciotola.

ta.ca.nho [tak´Λñu] *adj* **1** taccagno, avaro, spilorcio. **2** minuscolo, ridotto.

ta.cha [t´aʃə] *sf* taccia.

ta.char [taʃ´ar] *vt* tacciare, incolpare, accusare.

tá.ci.to [t´asitu] *adj* **1** tacito. **2** implicito. **3** occulto.

ta.ci.tur.no [tasit´urnu] *adj* **1** taciturno. **2** cupo, triste.

ta.co [t´aku] *sm* solaio. **taco de bilhar** stecca.

ta.ga.re.la [tagar´ɛlə] *s* **1** ciarliero. **2** *pop* chiacchierone. **3** *fig* pappagallo, cornacchia.

ta.ga.re.lar [tagarel´ar] *vi* **1** ciarlare. **2** *pop* chiacchierare.

ta.ga.re.li.ce [tagarel´isi] *sf pop* chiacchierio.

tailleur [taj´er] *sm fr* abito a giacca.

tal [t´aw] *adj+pron* tale. **a tal ponto** a tale. **um tal** certuno, cotale. Veja nota em **cotale**.

ta.la [t´alə] *sf Med* stecca.

ta.lão [tal´ãw] *sm* **1** *Anat* tallone. **2** *Com* matrice, talloncino, cartellino. **talão de cheques** libretto d'assegni.

tal.co [t´awku] *sm* talco.

ta.len.to [tal´ẽtu] *sm* **1** talento, ingegno. **2** valentia. **3** *fig* dote, bernoccolo.

ta.len.to.so [talẽt´ozu] *adj* ingegnoso, valente.

ta.lhar [taλ´ar] *vt* tagliare, incidere.

ta.lha.rim [taλar´ĩ] *sm* taglierini, tagliatelle. Veja nota em **lasagna**.

ta.lher [taλ´ɛr] *sm* posata.

ta.lho [t´aλu] *sm* taglio, tacca.

ta.lis.mã [talizm´ã] *sm* talismano, amuleto.

ta.lo [t´alu] *sm Bot* **1** tallo. **2** nervo. **3** costola.

tal.vez [tawv´es] *adv* **1** magari, forse. **2** può darsi che, forse che.

ta.man.co [tam´ãku] *sm* zoccolo.

ta.ma.nho [tam´Λñu] *sm* **1** taglia. **2** dimensione.

tâ.ma.ra [t´Λmarə] *sf Bot* dattero.

ta.ma.rei.ra [tamar´ejrə] *sf Bot* dattero.

tam.bém [tãb´ẽj] *adv* **1** anche. **2** altresì. **3** pure. **4** fino. **mas também** ma anche.
tam.bor [tãb´or] *sm Mús* **1** tamburo. **2** grancassa.
tam.bo.rim [tãbor´ĩ] *sm Mús* tamburino.
tam.pa [t´ãpə] *sf* tappo, turacciolo.
tam.pão [tãp´ãw] *sm Med* tampone.
tam.par [tãp´ar] *vt* tappare, turare, chiudere.
tam.pi.nha [tãp´iñə] *sf dim fig* tappo, persona di bassa statura.
tam.pou.co [tãp´owku] *avv* neanche.
tan.gen.te [tãʒ´ẽti] *sf Geom* tangente.
tan.ge.ri.na [tãʒer´inə] *sf Bot* bergamotta. **pé de tangerina** bergamotto.
tan.go [t´ãgu] *sm Mús* tango.
tan.que [t´ãki] *sf* vasca. **encher o tanque** *Autom* fare il pieno. **tanque de gasolina** *Autom* serbatoio.
tan.to [t´ãtu] *pron+adv* tanto. • *sm* tanto, quantità indeterminata. **tanto ... como** tanto ... come. **tanto ... quanto** tanto ... quanto. **um tanto** alquanto. *um tanto velho* / alquanto vecchio.
tão [t´ãw] *pron+adv* tanto, così. **tão grande** tale. **tão ... como** tanto ... come. **tão ... quanto** tanto ... quanto. **tão ... que** così ... che. *era tão bonita que todos a olhavam* / era così bella che tutti la guardavano.
ta.pa [t´apə] *sm* ceffone, schiaffo.
ta.par [tap´ar] *vt* turare, accecare.
ta.pe.a.ção [tapeas´ãw] *sf* inganno.
ta.pe.ar [tape´ar] *vt* ingannare.
ta.pe.ça.ri.a [tapesar´iə] *sf* **1** tappezzeria. **2** arazzo.
ta.pe.cei.ro [tapes´ejru] *sm* tapezziere.
ta.pe.ra [tap´ɛrə] *sf* capanna.
ta.pe.te [tap´eti] *sm* **1** tappeto. **2** arazzo. **tapete de beira de cama** scendiletto. Veja nota em **arazzo.**
ta.pi.o.ca [tapi´ɔkə] *sf* tapioca.
ta.pir [tap´ir] *sm Zool* tapiro.
ta.pu.me [tap´umi] *sm* chiudenda.
ta.qui.car.di.a [takikard´iə] *sf Med* tachicardia, palpitazione, batticuore.
ta.qui.gra.fi.a [takigraf´iə] *sf* tachigrafia.
ta.ra [t´arə] *sf* **1** *Med* tara, pecca. **2** *Com* tara.
ta.rân.tu.la [tar´ãtulə] *sf Zool* tarantola.
tar.dar [tard´ar] *vi* tardare.
tar.de [t´ardi] *sf* **1** sera, pomeriggio, vespro. **2** serata. • *adv* tardi. **antes tarde do que nunca** meglio tardi che mai. **à tarde** *adv* di sera, dopo pranzo. **até mais tarde!** a più tardi!
ta.re.fa [tar´ɛfə] *sf* compito, impresa, incarico, commissione. Veja nota em **comissão.**
ta.ri.fa [tar´ifə] *sf* tariffa.
ta.ri.far [tarif´ar] *vt* tariffare.
tár.ta.ro [t´artaru] *sm* **1** tartaro. **2** gromma. • *sm+adj* tartaro, della Tartaria.
tar.ta.ru.ga [tartar´ugə] *sf* **1** *Zool* tartaruga, testuggine. **2** *fig* tartaruga, persona lenta.
tar.tu.fo [tart´ufu] *sm fig dep* tartufo, bacchettone, baciapile.
ta.ta.ra.vó [tatarav´ɔ] *sf* quartavola.
ta.ta.ra.vô [tatarav´o] *sm* quartavolo.
ta.te.ar [tate´ar] *vt* tastare, brancolare. **ir tateando** andar tastoni, andar brancoloni.
tá.ti.ca [t´atikə] *sf* (também *fig*) tattica, strategia.
ta.to [t´atu] *sm* **1** tatto, tasto, tocco. **2** *fig* diplomazia.
ta.tu [tat´u] *sm Zool* tatù, armadillo.
ta.tu.a.gem [tatu´aʒẽj] *sf* tatuaggio.
ta.tu.zi.nho [tatuz´iñu] *sm dim Zool* glomeride.
tau.ri.no [tawr´inu] *adj* taurino, di toro.
ta.ver.na [tav´ɛrnə] *sf V taberna.*
ta.ver.nei.ro [tavern´ejru] *sm V taberneiro.*
ta.xa [t´aʃə] *sf* tassa, tributo, diritto, aggravio. **taxa alfandegária** tassa di dogana.
ta.xar [taʃ´ar] *vt* tassare, gravare.
ta.xa.ti.vo [taʃat´ivu] *adj Dir* tassativo.
tá.xi [t´aksi] *sm* tassì, vettura di piazza. **tomar um táxi** prendere un tassì.
ta.xí.me.tro [taks´imetru] *sm* tassametro.
tchau [tʃ´aw] *interj* ciao! (alla partenza). Veja nota em **ciao.**
te [ti] *pron sing* **1** te. **2** ti. Veja notas em **te** e **ti** (italiano).
tê [t´e] *sm* te, il nome della lettera T.
te.ar [te´ar] *sm* telaio.
te.a.tro [te´atru] *sm* **1** teatro. **2** *fig* commedia. **teatro de vanguarda** teatro d'avanguardia. **teatro de variedades** teatro di varietà. **teatro lírico** teatro lirico.

te.cer [tes´er] *vt* tessere, filare, tramare.
te.ci.do [tes´idu] *sm* **1** tessuto, stoffa, drappo, panno. **2** *Anat, Bot* tessuto. **tecido listrado** tessuto striato.
te.cla [t´ɛklə] *sf Mús, Mec, Inform* tasto.
te.cla.do [tekl´adu] *sm Mús, Inform* tastiera.
téc.ni.ca [t´ɛknikə] *sf* **1** tecnica, processo. **2** *fig* arte. **técnica de laboratório** tecnica di laboratorio.
téc.ni.co [t´ɛkniku] *sm* tecnico, specialista. • *adj* tecnico. **técnico contábil** perito contabile. **técnico de TV** tecnico della TV.
tec.no.lo.gi.a [teknoloʒ´iə] *sf* tecnologia.
té.dio [t´ɛdju] *sm* **1** tedio, fastidio, noia. **2** *fam* imbarazzo. **3** *fig* afa, penitenza, fatica.
te.di.o.so [tedi´ozu] *adj* **1** noioso, stucchevole. **2** *fig* soporifero, pesante.
tei.a [t´ejə] *sf Zool, fig* tela. **teia de aranha** ragna, ragnatela.
tei.ma [t´ejmə] *sf* fissazione.
tei.mar [tejm´ar] *vt+vi* mettersi in capo, fissarsi, incaponirsi.
tei.mo.si.a [tejmoz´iə] *sf* testardaggine, caponaggine.
tei.mo.so [tejm´ozu] *adj* testardo, ostinato, caparbio. • *sm* capone, testone.
te.la [t´ɛlə] *sf* **1** tela (espécie de tecido). **2** *Cin, TV* schermo. **3** *Pint* tela. **tela de televisão** schermo televisivo.
te.le.fé.ri.co [telef´ɛriku] *sm* teleferica, funivia.
te.le.fo.nar [telefon´ar] *vt+vi* telefonare.
te.le.fo.ne [telef´oni] *sm* telefono. **telefone público** telefono pubblico.
te.le.fo.ne.ma [telefon´emə] *sm* telefonata.
te.le.fô.ni.co [telef´oniku] *adj* telefonico. **central telefônica** centrale telefonica.
te.le.fo.nis.ta [telefon´istə] *s* telefonista.
te.le.gra.far [telegraf´ar] *vt* telegrafare.
te.lé.gra.fo [tel´ɛgrafu] *sm* telegrafo.
te.le.gra.ma [telegr´ʌmə] *sm* telegramma, cablogramma. **telegrama comum** telegramma ordinario. **telegrama urgente** telegramma urgente.
te.le.jor.nal [tɛleʒorn´aw] *sm* telegiornale. *Pl: telejornais.*
te.le.no.ve.la [tɛlenov´ɛlə] *sf* teleromanzo.
te.le.pa.ti.a [telepat´iə] *sf* telepatia.
te.les.có.pio [telesk´ɔpju] *sm* telescopio, cannocchiale.
te.les.pec.ta.dor [tɛlespektad´or] *sm* telespettatore.
te.le.vi.são [televiz´ãw] *sf* televisione.
te.le.vi.sor [televiz´or] *sm* televisore, apparecchio televisivo. **televisor em cores** televisore a colori.
te.lha [t´eλə] *sf Arquit* tegola, gronda. **telha do beiral** gocciolatoio.
te.lha.do [teλ´adu] *sm* tegolato, tetto. **quem tem telhado de vidro não joga pedras no do vizinho** chi ha il tetto di vetro non lancia pietre.
te.ma [t´emə] *sm* **1** tema, soggetto, argomento. **2** *Mús, Gram* tema. **3** *fig* punto.
te.mer [tem´er] *vt* **1** temere. *vi* **2** temere. **3** dubitare.
te.me.ri.da.de [temerid´adi] *sf* temerità.
te.me.ro.so [temer´ozu] *adj* **1** timoroso, timido. **2** *fig* servile. **3** geloso.
te.mí.vel [tem´ivew] *adj* temibile. *Pl: temíveis.*
te.mor [tem´or] *sm* **1** timore, paura, fobia. **2** *fig* tremore. **3** dubbio. **4** gelosia.
têm.pe.ra [t´ẽperə] *sf* **1** *Téc, Pint* tempera. **2** *fig* temperamento.
tem.pe.ra.do [tẽper´adu] *adj* **1** condito. **2** *Geogr* temperato, dolce (clima).
tem.pe.ra.men.to [tẽperam´ẽtu] *sm* **1** temperamento. **2** complessione, costituzione. **3** *fig* tessuto.
tem.pe.rar [tẽper´ar] *vt* condire. **temperar metais** temperar metalli.
tem.pe.ra.tu.ra [tẽperat´urə] *sf* temperatura. **temperatura de ebulição** temperatura di ebollizione. **temperatura de fusão** temperatura di fusione.
tem.pe.ro [tẽp´eru] *sm* condimento.
tem.pes.ta.de [tẽpest´adi] *sf* tempesta, tormenta, temporale, burrasca. **fazer tempestade num copo de água** far tempesta in un bichier d'acqua. **tempestade de neve** tormenta.
tem.plo [t´ẽplu] *sm* **1** templo. **2** chiesa.
tem.po [t´ẽpu] *sm* **1** tempo. **2** epoca, età. **3** *Gram, Mús* tempo. **4** *Esp* tempo, ripresa. **5** *fig* giorno, era. **ao mesmo tempo** nel

contempo, insieme. **a seu tempo** a suo tempo. **com o passar do tempo** a lungo andare. **dar tempo ao tempo** dar tempo al tempo. **em tempo útil** in tempo utile. **em três tempos** in due battute. **é preciso dar tempo ao tempo** col tempo e con la paglia maturano le nespole. **ganhar tempo** acquistare tempo. **há pouco tempo/pouco tempo atrás** tempo fa, or ora, appena, poc'anzi. **matar o tempo** *fig* ammazzare il tempo, grattarsi la pancia. **mau tempo** *Met* tempo brutto. **naquele tempo** in quel tempo, allora. **nesse meio tempo** intanto, nel frattempo. **no meu tempo** ai miei giorni. **o tempo voa** il tempo vola. **perder tempo** a) perdere tempo, indugiare. b) *fig* pestare l'acqua nel mortaio. **por muito tempo** alla lunga. **tempo bom** *Met* bel tempo. **tempo disponível** agio. **tempo é dinheiro** il tempo è denaro. **tempo livre** tempo avanzato.

têm.po.ra [t'ẽporə] *sf Anat* tempia.

tem.po.ra.da [tẽpor'adə] *sf* stagione teatrale.

tem.po.ral [tẽpor'aw] *sm* temporale, tempesta, rovescio d'acqua. • *adj* **1** temporale, secolare. **2** *Anat* temporale, delle tempie. **cair um temporal** scoppiare un temporale. **osso temporal** *Anat* temporale. **temporal passageiro** passata. *Pl: temporais.*

tem.po.rão [tẽpor'ãw] *adj* precoce.

tem.po.rá.rio [tẽpor'arju] *adj* temporale, temporaneo, transitorio, avventizio. • *sm* avventizio, impiegato provvisorio.

te.na.ci.da.de [tenasid'adi] *sf* tenacia, accanimento.

te.naz [ten'as] *sf* tanaglia, tenaglia, arzinga, branca. • *adj* **1** tenace. **2** ostinato. **3** perseverante.

ten.ci.o.nar [tẽsjon'ar] *vi* intendere a.

ten.da [t'ẽdə] *sf* tenda, padiglione.

ten.dão [tẽd'ãw] *sm Anat* tendine, nerbo. **tendão de Aquiles** tendine d'Achille.

ten.dên.cia [tẽd'ẽsjə] *sf* **1** tendenza. **2** attitudine, indole. **3** talento. **4** disposizione, predisposizione.

ten.der [tẽd'er] *vt* tendere a, propendere a.

te.ne.bro.so [tenebr'ozu] *adj* tenebroso, tetro, buio.

te.nen.te [ten'ẽti] *sm Mil* tenente.

te.nen.te-co.ro.nel [tenẽtikoron'ɛw] *sm Mil* tenente colonnello. *Pl: tenentes-coronéis.*

tê.nis [t'enis] *sm sing+pl Esp* tennis.

te.nor [ten'or] *sm Mús* tenore.

ten.ro [t'ẽru] *adj* **1** tenero, cedevole. **2** delicato. **3** recente.

ten.são [tẽs'ãw] *sf* tensione. **tensão arterial** *Med* tensione arteriosa. **tensão elétrica** tensione elettrica. **tensão nervosa** tensione nervosa.

ten.so [t'ẽsu] *adj* **1** teso. **2** *fig* nervoso, ansioso. **3** difficile, problematico.

ten.ta.ção [tẽtas'ãw] *sf* tentazione, allettamento.

ten.tá.cu.lo [tẽt'akulu] *sm Zool* tentacolo.

ten.tar [tẽt'ar] *vt* **1** tentare. **2** cercare di, procurare. **3** allettare, invogliare, attrarre. **tentar a sorte** tentare la sorte. **tentar novamente** riprovare. Veja notas em **allettare** e **procurare**.

ten.ta.ti.va [tẽtat'ivə] *sf* **1** tentativo. **2** *fig* sforzo, tiro. **fazer uma última tentativa** *fig* giocare l'ultima carta.

tê.nue [t'enwi] *adj* **1** tenue. **2** debole, esile. **3** sfumato.

te.o.lo.gi.a [teoloʒ'iə] *sf Rel* teologia.

te.or [te'or] *sm* tenore. **teor alcoólico** tenore alcolico, gradazione alcolica.

te.o.re.ma [teor'emə] *sm* teorema.

te.o.ri.a [teor'iə] *sf* **1** teoria. **2** sistema. **Teoria da Relatividade** *Fís* Teoria della Relatività.

te.ó.ri.co [te'ɔriku] *sm* **1** teorico. **2** *fig* capostipite, creatore. • *adj* teorico.

ter [t'er] *vaux* **1** avere. *vt* **2** possedere, tenere. **3** godere. **ter o que fazer** avere da fare. **ter (algo) para dar e vender** averne da vendere.

te.ra.peu.ta [terap'ewtə] *s* terapeuta.

te.ra.pi.a [terap'iə] *sf Med* terapia.

ter.ça [t'ersə] *sf pop* martedì.

ter.ça-fei.ra [tersəf'ejrə] *sf* martedì. **terça-feira gorda** martedì grasso. *Pl: terças-feiras.*

ter.cei.ro [ters'ejru] *sm+num* **1** terzo. **2 terceira** *sf Autom* terza, terza velocità. **um terceiro** una terza persona.

ter.ce.to [ters'etu] *sm Mús, Poét* terzetto.

T

ter.ço [t´ersu] *sm+num* terzo. • *sm Rel* terza parte del rosario.
ter.çol [ters´ɔw] *sm Med* orzaiolo. *Pl: terçóis.*
ter.mas [t´ɛrmas] *sf pl* terme.
tér.mi.co [t´ɛrmiku] *adj* termico.
ter.mi.na.ção [terminas´ãw] *sf Gram* terminazione, desinenza, finale.
ter.mi.nal [termin´aw] *adj* terminale. *Pl: terminais.*
ter.mi.nar [termin´ar] *vt* **1** terminare. **2** completare, concludere. **3** finire, trarre a fine. **4** compiere. **5** *fig* maturare. *vi* **6** terminare, finire, cessare. **7** *fig* morire. **terminar em** a) *Gram* (palavra) finire in, uscire in. b) *fig* (rua) sfociare a.
tér.mi.no [t´ɛrminu] *sm* **1** termine, terminazione, conclusione. **2** *fig* morte.
ter.mo [t´ermu] *sm* **1** termine. **2** *Com* termine, scadenza. **3** *Gram, Mat* termine. **4** *fig* limite. **em outros termos** in altri termini.
ter.mô.me.tro [term´ometru] *sm* termometro. **um termômetro da situação política** *fig* un termometro della situazione politica.
ter.mos.ta.to [tɛrmost´atu] *sm* termostato.
ter.no [t´ɛrnu] *sm* **1** vestito da uomo, abito completo. **2** terno (em jogo). • *adj* **1** tenero, amorevole. **2** *fig* dolce, carezzevole.
ter.nu.ra [tern´urə] *sf* tenerezza, amore.
ter.ra [t´ɛr̄ə] *sf* **1** terra. **2** *Elet* massa. **3** *Poét* lido. **4** *fig* casa. **5** globo. **6 Terra** *Astron* Terra, il Mondo. **terra cultivável** terreno. **terra firme** terra ferma. **terra prometida** *fig* cuccagna. **voltar à terra natal** rimpatriare.
ter.ra.ço [ter̄´asu] *sm* **1** *Arquit* terrazzo, veranda, balcone, verone. **2** *Geogr* ripiano.
ter.ra.ple.nar [ter̄aplen´ar] *vt* terrapienare.
ter.ra.ple.no [ter̄apl´enu] *sm* terrapieno.
ter.re.mo.to [ter̄em´ɔtu] *sm* terremoto.
ter.re.no [ter̄´enu] *sm* **1** terreno. **2** tenuta. **3** suolo. **ganhar terreno** acquistare terreno, progredire. **perder terreno** perdere terreno, regredire. **preparar o terreno** *fig* preparare il terreno.
tér.reo [t´ɛr̄ju] *sm* pianterreno. • *adj* terreo.
ter.res.tre [ter̄´ɛstri] *adj* terrestre, terreno.
ter.ri.na [ter̄´inə] *sf* terrina, zuppiera, scodella.
ter.ri.tó.rio [ter̄it´ɔrju] *sm* **1** territorio, zona. **2** *fig* ambiente. **território neutro** territorio neutro.
ter.rí.vel [ter̄´ivew] *adj* **1** terribile, tremendo. **2** atroce. **3** *fig* feroce. *Pl: terríveis.*
ter.ror [ter̄´or] *sm* **1** terrore, orrore, panico, sgomento. **2** *fig* brivido.
ter.ro.ris.ta [ter̄or´istə] *s* terrorista.
ter.ro.so [ter̄´ozu] *adj* terreo.
te.são [tez´ãw] *sm gír, vulg* fregola.
te.se [t´ɛzi] *sf* tesi, assunto, disputa. **tese de graduação** tesi di laurea.
te.so [t´ezu] *adj* teso, contratto.
te.sou.ra [tez´owrə] *sf* cesoie, forbici.
te.sou.ra.ri.a [tezowrar´iə] *sf* tesoreria.
te.sou.rei.ro [tezowr´ejru] *sm* tesoriere, cassiere.
te.sou.ro [tez´owru] *sm* (também *fig*) tesoro. **tesouro público** tesoro pubblico, erario.
tes.ta [t´ɛstə] *sf Anat* fronte. **testa de ferro** *fig* marionetta.
tes.ta.men.to [testam´ẽtu] *sm* testamento. **o Novo Testamento** il Nuovo Testamento. **o Antigo Testamento** l'Antico Testamento.
tes.tar [test´ar] *vt* **1** provare, sperimentare. **2** cimentare. *testar a paciência de alguém* / cimentare la pazienza di qualcuno.
tes.te [t´ɛsti] *sm* **1** esame, concorso. **2** *fig* vaglio. Veja nota em **esame**.
tes.te.mu.nha [testem´uñə] *sf* **1** testimonio, testimone. **2** *fig* spettatore.
tes.te.mu.nhar [testemuñ´ar] *vt* **1** testimoniare, attestare, certificare. **2** *fig* deporre.
tes.te.mu.nho [testem´uñu] *sm* **1** testimonianza, asserzione. **2** *Dir* deposizione. **3** *fig* pegno.
tes.tí.cu.lo [test´ikulu] *sm Anat* testicolo.
te.ta [t´etə] *sf* **1** *Zool* poppa. **2** *gír* tetta. **as tetas do governo** *fig, irôn* la greppia dello Stato.
té.ta.no [t´ɛtanu] *sm Med* tetano.
te.to [t´ɛtu] *sm* **1** tetto, copertura. **2** *fig* casa.
té.tri.co [t´ɛtriku] *adj* **1** tetro, lugubre. **2** orribile.

teu [t´ew] *pron m sing* **1** tuo. **2 teus** *pl* tuoi. **os teus bens** *fig* il tuo. **os teus (parentes)** *fig* i tuoi.
têx.til [t´estiw] *adj* tessile. **fibra têxtil** fibra tessile. *Pl: têxteis.*
tex.to [t´estu] *sm* **1** testo, componimento. **2** *fig* scritto. **os Textos Sagrados** i Testi Sacri. **processador de textos** *Inform* elaboratore di testi. **texto original** fonte.
tex.tu.al [testu´aw] *adj* testuale. *Pl: textuais.*
tex.tu.ra [test´urə] *sf* tessitura.
ti [t´i] *pron sing* (dopo *prep*) te. **a ti** te, a te. **de ti** di te. **para ti** a) te, a te. b) secondo te. Veja notas em **te** e **ti**[2] (italiano).
ti.a [t´iə] *sf* **1** zia. **2** *fam* zia, donna anziana.
ti.a.ra [ti´arə] *sf* tiara.
tí.bia [t´ibjə] *sf Anat* tibia, stinco.
ti.fo [t´ifu] *sm Med* tifo.
ti.fo.so [tif´ozu] *adj Med* tifoso.
ti.ge.la [tiʒ´ɛlə] *sf* scodella.
ti.gre [t´igri] *sm* tigre.
ti.jo.lo [tiʒ´olu] *sm* mattone, quadrello.
til [t´iw] *sm* tilde.
ti.mão [tim´ãw] *sm Náut, Aer* timone, governale. **dirigir o timão** *Náut* governare.
tim.ba.le [tĩb´ali] *sm Mús* timballo.
tim.brar [tĩbr´ar] *vt* timbrare.
tim.bre [t´ĩbri] *sm* **1** timbro, bollo, sigillo. **2** *Lit* stigma. **3** *Mús* timbro.
ti.me [t´imi] *sm Esp* squadra.
ti.mi.dez [timid´es] *sf* **1** timidezza. **2** *fig* pudore.
tí.mi.do [t´imidu] *adj* **1** timido. **2** schivo. **3** timoroso. **4** *fig* pudico, cauto.
ti.mo.nei.ro [timon´ejru] *sm Náut* timoniere, nostromo.
tím.pa.no [t´ĩpanu] *sm Anat, Mús* timpano.
ti.na [t´inə] *sf* tinozza, tino.
tin.gi.men.to [tĩʒim´ẽtu] *sm* tintura.
tin.gir [tĩʒ´ir] *vt* **1** tingere, colorire. *vpr* **2** tingersi.
ti.nir [tin´ir] *vi* tintinnare.
tin.ta [t´ĩtə] *sf* tinta, inchiostro, vernice, colore. **tinta a óleo** colore a olio. **tinta aquarela** colore ad acquarello. **tinta fresca** vernice fresca. **tinta nanquim** inchiostro di China. **tinta para cabelos** *V tintura.*
tin.tei.ro [tĩt´ejru] *sm* calamaio.
tin.tu.ra [tĩt´urə] *sf* tintura, tinta. **tintura/tinta para cabelos** tintura per capelli.
tin.tu.ra.ri.a [tĩturar´iə] *sf* tintoria.
ti.o [t´iu] *sm* **1** zio. **2** *fam* zio, uomo anziano.
tí.pi.co [t´ipiku] *adj* tipico, caratteristico, proprio.
ti.po [t´ipu] *sm* **1** tipo, genere, specie, sorta, classe. **2** tipo da stampa. **3** *fam* tipo, persona originale. **4** *irôn* arnese. **de todos os tipos** di ogni fatta. Veja nota em **classe** (italiano).
ti.po.gra.fi.a [tipograf´iə] *sf* tipografia.
ti.pó.gra.fo [tip´ɔgrafu] *sm* tipografo, stampatore.
ti.que [t´iki] *sm Med* ticchio, tic.
ti.ra [t´irə] *sf* **1** fascia, benda, striscia, lista. *sm* **2** *gír* piedipiatti, sbirro. **tira de couro para afiar navalhas** coramella. **tira de madeira para cestas** stecca.
ti.ra.co.lo [tirak´ɔlu] *sm* tracolla. **a tiracolo** a tracolla, ad armacollo.
ti.ra.ni.a [tiran´iə] *sf* **1** tirannia, oppressione. **2** *fig* autorità.
ti.râ.ni.co [tir´ʌniku] *adj* tirannico, dispotico.
ti.ra.no [tir´ʌnu] *sm* **1** tiranno, despota, prepotente. **2** *fig* autocrate.
ti.rar [tir´ar] *vt* **1** togliere, levare. **2** estrarre, rimuovere. **3** escludere. **4** *gír* imboscare. **5** *fig* squarciare. **tirar a roupa** mutare, togliersi. **tirar as medidas de alguém** prendere le misure di qualcuno. Veja nota em **levare**.
ti.ri.tar [tirit´ar] *vi* tremare. **tiritar de frio** battere le gazzette.
ti.ro [t´iru] *sm* tiro, sparo. **tiro ao alvo** tiro a segno. **tiro às cegas** tiro cieco. **tiro no escuro** *fam* salto nel buio.
ti.ro.tei.o [tirot´eju] *sm* sparatoria.
tí.si.ca [t´izikə] *sf Med* tisi.
tí.si.co [t´iziku] *sm+adj* tisico.
ti.tã [tit´ã] *sm Mit* gigante.
tí.te.re [t´iteri] *sf* marionetta.
ti.ti.a [tit´iə] *sf* **1** *fam* zia. **2** *irôn* zittellona.
ti.tu.be.ar [titube´ar] *vi* titubare, dubitare.
ti.tu.lar [titul´ar] *s+adj* titolare.
tí.tu.lo [t´itulu] *sm* **1** titolo. **2** rubrica, testata. **3** cognome. **4** *Com* titolo, valore.

T

título acadêmico titolo accademico. **título nobiliárquico** titolo nobiliare. **título profissional** abilitazione.

to.a [t´oə] *sf* usado na expressão **à toa** a vanvera.

to.a.le.te [toal´ɛti] *sf* toletta, *toilette*. **toalete feminino** toletta donne. **toalete masculino** toletta uomini.

to.a.lha [to´aλə] *sf* **1** asciugamano. **2** tovaglia, mantile. **jogar a toalha** *fig* ammainare la bandiera.

to.bo.gã [tobog´ã] *sf* toboga.

to.ca [t´ɔkə] *sf* tana, buca, covile. **toca de cachorro** canile.

to.ca-dis.cos [tɔkəd´iskus] *sm sing+pl* **1** giradischi, grammofono. **2** *gír* stereo.

to.ca-fi.tas [tɔkəf´itəs] *sm sing+pl* registratore.

to.cai.a [tok´ajə] *sf* imboscata, agguato. **ficar de tocaia** (também *fig*) aspettare al varco.

to.can.te [tok´ãti] *adj* commovente, struggente.

to.car [tok´ar] *vt* **1** toccare. **2** tastare. **3** commuovere, attingere. **4** bussare. **5** *Mús* toccare, suonare. *vi* **6** battere. **7** rintoccare. **8** competere a, appartenere a. **não tocar num fio de cabelo** *fig* non torcere un capello. **tocar de leve** *fig* radere. **tocar em assuntos passados** *fig* scavare. **tocar instrumentos de corda com arco** archeggiare. **tocar mal** (piano, órgão) *irôn* pestare. **tocar o coração** toccare il cuore.

to.ca.ta [tok´atə] *sf Mús* toccata.

to.cha [t´ɔʃə] *sf* torcia, fiaccola.

to.co [t´oku] *sm* toppo, mozzicone.

to.da.vi.a [todav´iə] *conj* tuttavia, però.

to.do [t´odu] *adj* tutto. *comi todo o pão* / ho mangiato tutto il pane. • *pron* tutto. *o mundo todo a conhece* / tutto il mondo la conosce. • *pron m pl* **1** tutti. *chegaram todos* / arrivarono tutti. **2** ogni. *havia um erro em todos os trabalhos* / c'era un errore in ogni lavoro. *pron f pl* **3** tutte. **4** ogni. • *sm* tutto, intero. **a toda prova** a tutta prova. **a toda velocidade** a tutta velocità. **todas as duas** tutte e due, entrambe. **todo o dia** tutto il giorno. **todo o mundo** tutti. **todos os dois** tutti e due, entrambi. **todos os três** tutti e tre. Veja nota em **ogni**.

To.do-Po.de.ro.so [todupoder´ozu] *sm Rel* l'Onnipotente, Dio.

to.ga [t´ɔgə] *sf* toga, lucco.

tol.do [t´owdu] *sm* **1** tenda. **2** *Náut* coperta.

to.le.rân.cia [toler´ãsjə] *sf* **1** tolleranza. **2** condiscendenza, remissione. **3** sofferenza.

to.le.ran.te [toler´ãti] *adj* **1** tollerante. **2** indulgente.

to.le.rar [toler´ar] *vt* **1** tollerare. **2** sopportare. **3** soffrire, subire, patire.

to.lher [toλ´er] *vt* togliere, impedire.

to.li.ce [tol´isi] *sf* **1** sciocchezza, asineria. **2** gingillo, banalità.

to.lo [t´olu] *sm* **1** sciocco, balordo. **2** *fam* maccherone. **3** *fig* baccalà, gnocco. • *adj* **1** sciocco, balordo, gonzo. **2** *fig* pecorino.

tom [t´õw] *sm* **1** *Mús, Pint* tono, tonalità, sfomatura. **2** *Gram* cadenza. **dar o tom de uma discussão** *fig* dare il la. **tom de voz** tono, accento.

to.ma.da [tom´adə] *sf* **1** *Elet* presa di corrente. **2** *Cin* ripresa.

to.mar [tom´ar] *vt* **1** prendere, togliere, pigliare. **2** rapire. **3** usurpare. **4** estorcere. **5** *fig* abboccare. **tomar o tempo de alguém** rubare il tempo a qualcuno. **tomar uma coisa por outra** prendere una cosa per un'altra. **tomar um remédio** prendere una medicina.

to.ma.te [tom´ati] *sm* **1** pomodoro. **2** *pop* pomidoro.

to.ma.tei.ro [tomat´ejru] *sm* **1** pomodoro. **2** *pop* pomidoro.

tom.bar [tõb´ar] *vt* **1** far crollare. *vi* **2** crollare, cadere.

tom.bo [t´õbu] *sm* **1** tombolo, crollo, caduta, ruzzolone, sdrucciolone. **2** *fig* capitombolo. **levar um tombo** cadere, tonfare.

tôm.bo.la [t´õbolə] *sf* tombola.

to.mo [t´omu] *sm* tomo, volume.

to.na.li.da.de [tonalid´adi] *sf* tonalità.

to.nel [ton´ɛw] *sm* botte, barile, vaso di cantina.

to.ne.la.da [tonel´adə] *sf* tonnellata.

tô.ni.co [t´oniku] *sm+adj Med* tonico.

to.ni.fi.car [tonifik´ar] *vt* tonificare.

ton.to [t´õtu] *sm* **1** giucco. **2** *fam* tonto. **3** *fig* salame, oca. • *adj* **1** giucco, cucco. **2** *fam* tonto.
ton.tu.ra [tõt´urə] *sf Med* capogiro, giracapo, vertigine.
to.pa.da [top´adə] *sf* intoppo.
to.par [top´ar] *vt* **1** inciampare in. **2** incontrare, incappare.
to.pá.zio [top´azju] *sm Min* topazio.
to.pe.te [top´ɛti] *sm* ciuffo.
tó.pi.co [t´ɔpiku] *sm* lezione, capo.
to.po [t´opu] *sm* culmine, alto, sommità.
to.po.gra.fi.a [topograf´iə] *sf* topografia.
to.pó.gra.fo [top´ɔgrafu] *sm* topografo.
to.que [t´ɔki] *sm* tocco, tasto. **dar toque de recolher** *Mil* sonar a raccolta. **o toque da campainha** il tocco del campanello. **toque de levantar** *Mil* sveglia. **toque de sinos** doppio, scampanata.
to.ra [t´ɔrə] *sf* ceppo.
tó.rax [t´ɔraks] *sm sing+pl Anat* torace.
tor.ção [tors´ãw] *sf* torsione, contorsione.
tor.ce.dor [torsed´or] *sm Esp* tifoso.
tor.cer [tors´er] *vt* **1** torcere, divincolare. **2** *Fut* sostenere. *vpr* **3** torcersi, divincolarsi. **torcer o pescoço de** *fig* torcere il collo a.
tor.ci.co.lo [torsik´ɔlu] *sm Med* torcicollo.
tor.ci.do [tors´idu] *adj* torto. Veja nota em **torto** (italiano).
tor.men.ta [torm´ẽtə] *sf* tormenta, burrasca.
tor.men.to [torm´ẽtu] *sm* **1** tormento. **2** ansietà. **3** *fig* martirio, tortura, travaglio, croce.
tor.na.do [torn´adu] *sm* tornado.
tor.nar [torn´ar] *vt* **1** rendere. *vpr* **2** divenire, diventare, farsi, rendersi. **tornar-se um só** immedesimarsi.
tor.ne.ar [torne´ar] *vt Com* tornire.
tor.nei.o [torn´eju] *sm* torneo, armeggiamento.
tor.nei.ra [torn´ejrə] *sf* rubinetto.
tor.no [t´ornu] *sm Com* tornio. **em torno** intorno, attorno. **em torno de** intorno a.
tor.no.ze.lo [tornoz´elu] *sm Anat* caviglia, nocella, noce del piede.
to.ró [tor´ɔ] *sm pop* acquazzone.
tor.pe [t´orpi] *adj* **1** turpe, immondo. **2** *fig* bieco.
tor.pe.do [torp´edu] *sm Náut* torpedine, siluro, arma subacquea.
tor.por [torp´or] *sm* **1** torpore. **2** *fig* letargo.
tor.quês [tork´es] *sm* tanaglia, tenaglia.
tor.ra.da [tor̄´adə] *sf* crostino.
tor.ra.do [tor̄´adu] *adj* torrefatto, tosto.
tor.rão [tor̄´ãw] *sm* zolla. **um torrão de açúcar** un zuccherino, una zolla di zucchero.
tor.rar [tor̄´ar] *vt* torrefare, tostare, abbrustolire.
tor.re [t´or̄i] *sf* torre. **torre de castelo** rocca. **torre de comando** *Náut* torre di comando. **torre de controle de tráfego** *Aer* torre di controllo del traffico. **torre de vigia** vedetta.
tor.ren.ci.al [tor̄ẽsi´aw] *adj* torrenziale. *Pl: torrenciais.*
tor.ren.te [tor̄´ẽti] *sf* torrente.
tor.res.mo [tor̄´ezmu] *sm* cicciolo.
tór.ri.do [t´ɔr̄idu] *adj* torrido.
tor.so [t´orsu] *sm Anat* torso, fusto.
tor.ta [t´ɔrtə] *sf* torta, timballo. **torta salgada** sformato.
tor.to [t´ortu] *adj* **1** sbieco, sghembo, storto. **2** strambo (pé, perna). **ficar torto** uscire di squadra.
tor.tu.o.so [tortu´ozu] *adj* **1** tortuoso. **2** sinuoso. **3** complesso.
tor.tu.ra [tort´urə] *sf* **1** tortura. **2** tormento. **3** *fig* agonia.
tor.tu.ra.dor [torturad´or] *sm* boia.
tor.tu.rar [tortur´ar] *vt* **1** torturare. **2** tormentare, affliggere. **3** *fig* flagellare. *vpr* **4** *fig* torturarsi, tormentarsi, rodersi, struggersi.
to.sar [toz´ar] *vt* tosare, rapare. *Sin: tosquiar.*
tos.co [t´osku] *adj* grossolano, rustico, rozzo.
tos.qui.ar [toski´ar] *vt V tosar.*
tos.se [t´ɔsi] *sf Med* tosse. **tosse comprida** *Med* pertosse. **tosse seca** tosse secca.
tos.sir [tos´ir] *vi* tossire.
tos.ta.do [tost´adu] *adj* tostato, tosto.
tos.tão [tost´ãw] *sm* **1** antica moneta brasiliana. **2** *fam* un'acca. **não ter um tostão** *pop* essere a corto.
tos.tar [tost´ar] *vt* tostare, arrostire, abbrustolire.
to.tal [tot´aw] *sm* **1** totale, ammontare. **2** *Mat* somma. • *adj* **1** totale. **2** assoluto. **3** *fig* globale. *Pl: totais.*

T

to.ta.li.da.de [totalid´adi] *sf* totalità, interezza.
to.ta.li.zar [totaliz´ar] *vt* totalizzare, ammontare a.
to.tal.men.te [totawm´ẽti] *adv* totalmente, del tutto, affatto, tutto.
tou.ca [t´owkə] *sf* cuffia.
tou.ca.dor [towkad´or] *sm* toletta, *toilette*.
tou.ci.nho [tows´iñu] *sm* lardo.
tou.ro [t´owru] *sm* **1** toro. **2 Touro** *Astron, Astrol* Toro. **forte como um touro** *Astron, fig* forte come una quercia.
tó.xi.co [t´ɔksiku] *sm+adj* tossico.
to.xi.na [toks´inə] *sf* tossina, tossico.
tra.ba.lha.dor [trabaλad´or] *sm* lavoratore. • *adj* laborioso, operoso. **trabalhador esforçado** sgobbone.
tra.ba.lhar [trabaλ´ar] *vt* **1** lavorare. *vi* **2** lavorare. **3** faticare. **4** funzionare. **fazer trabalhar** affannare. **trabalhar de** agire da. **trabalhar de graça** lavorare a vuoto. **trabalhar muito** sgobbare. **trabalhar pesado** *fig* sudare. **trabalhar sem descanso** lavorare senza posa.
tra.ba.lhi.nho [trabaλ´iñu] *sm dim* operetta.
tra.ba.lho [trab´aλu] *sm* **1** lavoro. **2** servizio, negozio, attività. **3** occupazione. **4** opera, componimento. **5** fatica. **6** *gír* baracca. **7** *fig* barca. **8** sudore. **dar-se o trabalho** incomodarsi. **doenças do trabalho** malattie del lavoro. **ter tanto trabalho para nada** *pop* far bollire e mal cuocere. **ter trabalho para** stentare a. **trabalho de argila/de terracota** lavoro di cotto. **trabalho de parto** travaglio del parto. **trabalho de um dia** giornata. **trabalho escolar** dovere. **trabalho pesado** lavoro pesante, travaglio. **trabalhos forçados** lavori forzati. Veja nota em **negozio**.
tra.ba.lho.so [trabaλ´ozu] *adj* laborioso, difficile, faticoso.
tra.ça [tr´asə] *sf Zool* tarma.
tra.ça.do [tras´adu] *sm* **1** tracciato. **2** *Arquit* pianta. • *adj* tracciato.
tra.ção [tras´ãw] *sf* trazione, tiro.
tra.çar [tras´ar] *vt* **1** tracciare. **2** disegnare. **3** *Geom* descrivere.
tra.ci.nho [tras´iñu] *sm dim* trattino.
tra.ci.o.na.men.to [trasjonam´ẽtu] *sm Mec* tiro.
tra.ço [tr´asu] *sm* **1** tratto, linea, rigo. **2** cancellatura. **3 traços** *pl* rovine, resti.
tra.di.ção [tradis´ãw] *sf* **1** tradizione, costume, usanza, consuetudine. **2** *fig* credenza.
tra.di.ci.o.nal [tradisjon´aw] *adj* tradizionale. *Pl: tradicionais*.
tra.du.ção [tradus´ãw] *sf* **1** traduzione. **2** *Lit* trasporto.
tra.du.tor [tradut´or] *sm* traduttore.
tra.du.zir [traduz´ir] *vt* **1** tradurre, rendere, volgere, trasporre. **2** *Lit* trasportare.
trá.fe.go [tr´afegu] *sm* **1** traffico. **2** transito, circolazione. **3** circolazione stradale.
tra.fi.can.te [trafik´ãti] *sm* trafficante.
tra.fi.car [trafik´ar] *vt* trafficare, mercanteggiare.
trá.fi.co [tr´afiku] *sm* **1** traffico. **2** *Com* tratta.
tra.ga.da [trag´adə] *sf* boccata.
tra.gar [trag´ar] *vt* inghiottire.
tra.gé.dia [traʒ´ɛdjə] *sf* **1** tragedia. **2** *fig* dramma.
trá.gi.co [tr´aʒiku] *sm Lit* tragico. • *adj* tragico.
tra.go [tr´agu] *sm* sorso, boccata.
tra.i.ção [trajs´ãw] *sf* **1** tradimento, diserzione, denunzia. **2** *fig* imboscata, agguato. **alta traição** alto tradimento.
tra.i.ço.ei.ro [trajso´ejru] *adj* sleale.
tra.i.dor [trajd´or] *sm* **1** traditore, delatore. **2** rinnegato. • *adj* **1** infedele, sleale. **2** rinnegato.
tra.ir [tra´ir] *vt* **1** tradire. **2** denunziare. **3** rinnegare. **4** *gír* cantare. **5** *fig* pugnalare, vendere. *vpr* **6** smentirsi. **7** *fig* smascherarsi.
tra.je [tr´aʒi] *sm* abito, costume. **traje espacial** *Astron* scafandro.
tra.je.to [traʒ´ɛtu] *sm* **1** tragitto, itinerario, corsa. **2** *fig* cammino, via.
tra.je.tó.ria [traʒet´ɔrjə] *sf* traiettoria. **trajetória de projétil** linea, volata.
tra.ma [tr´ʌmə] *sf* **1** trama. **2** cospirazione, intrigo. **3** *Lit* tela. **4** *fig* pantano.
tra.mar [tram´ar] *vt* **1** tramare, ordire, tessere. **2** *fig* macchinare, manovrare. *vi* **3** *fig* cospirare, congiurare, intrigare. **4** *Pol* fornicare.

trâ.mi.te [tr´ʌmiti] *sm Dir* tramite, via.
tra.moi.a [tram´ɔjə] *sf* trama, retroscena, trabocchetto.
tram.po.lim [trãpol´ĩ] *sm* **1** *Esp* trampolino. **2** *fig* pedana. **servir de trampolim para alguém** *fig* far da trampolino a uno, aiutare qualcuno.
tran.ça [tr´ãsə] *sf* treccia.
tran.ca [tr´ãkə] *sf* stanga, spranga, barra, chiavistello.
tran.car [trãk´ar] *vt* stangare.
tran.que.ta [trãk´etə] *sf* chiavistello.
tran.qui.li.da.de [trãkwilid´adi] *sf* **1** tranquillità, calma, quiete, serenità. **2** pace. **3** *fig* flemma, bonaccia. **4** silenzio.
tran.qui.li.zan.te [trãkwiliz´ãti] *sm+adj Med* tranquillante, sonnifero.
tran.qui.li.zar [trãkwiliz´ar] *vt* **1** tranquillare, tranquillizzare, calmare. *vpr* **2** tranquillarsi, tranquillizzarsi, serenarsi.
tran.qui.lo [trãk´wilu] *adj* **1** tranquillo, calmo, sereno. **2** pacato, pacifico. **3** flemmatico, imperturbabile. **4** *Lit* queto. **5** *fig* bucolico. **estar tranquilo** *fig* dormire tra due guanciali.
tran.sa.ção [trãzas´ãw] *sf Dir, Com* transazione.
tran.sar [trãz´ar] *vi pop* accoppiarsi. **transar com alguém** *gír* scopare uno.
trans.bor.dar [trãzbord´ar] *vi* traboccare, sboccare, versare, irrompere.
trans.cen.den.te [trãsẽd´ẽti] *sm+adj* trascendente.
trans.cen.der [trãsẽd´er] *vt+vi Lit* trascendere.
trans.cor.rer [trãskor̄´er] *vi* trascorrere, passare, decorrere.
trans.cre.ver [trãskrev´er] *vt* trascrivere, copiare.
tran.se.un.te [trãze´ũti] *adj Dir, Lit* transeunte.
trans.fe.rên.cia [trãsfer´ẽsjə] *sf* trasferimento, cessione. **transferência de empregados** movimento.
trans.fe.rir [trãsfer´ir] *vt* **1** trasferire, trasmettere. **2** alienare. *vpr* **3** trasferirsi. **4** spostarsi.
trans.fi.gu.rar [trãsfigur´ar] *vt* trasfigurare.
trans.for.ma.ção [trãsformas´ãw] *sf* **1** trasformazione, mutazione. **2** *fig* rivoluzione.
trans.for.ma.dor [trãsform´ador] *sm Elet* trasformatore.
trans.for.mar [trãsform´ar] *vt* **1** trasformare, trasfigurare. *vpr* **2** trasformarsi, mutare, divenire, diventare.
trans.fu.são [trãsfuz´ãw] *sf Med* trasfusione. **transfusão de sangue** trasfusione di sangue.
trans.gre.dir [trãzgred´ir] *vt* **1** trasgredire, violare, infrangere, disobbedire. **2** *fig* rompere.
trans.gres.são [trãzgres´ãw] *sf* trasgressione, violazione, infrazione, contravvenzione.
tran.si.gir [trãziʒ´ir] *vt Dir* transigere.
tran.si.tar [trãzit´ar] *vt* **1** passare. **2** *fig* circolare. Veja nota em **passare**.
trân.si.to [tr´ãzitu] *sm* transito, traffico passaggio, circolazione stradale. **sinal de trânsito / placa de trânsito** cartello indicatore.
tran.si.tó.rio [trãzit´ɔrju] *adj* **1** transitorio, passeggero, provvisorio, fugace, sfuggevole. **2** *Dir, Lit* transeunte. **3** *fig* fuggitivo.
trans.lú.ci.do [trãzl´usidu] *adj* traslucido, diafano.
trans.mis.são [trãzmis´ãw] *sf* (também *Autom, Med*) trasmissione. **transmissão ao vivo** trasmissione dal vivo. **transmissão de pensamento** trasmissione del pensiero. **transmissão de rádio/ radiofônica** trasmissione radiofonica, diffusione. **transmissão de TV** trasmissione radiovisiva.
trans.mis.sor [trãzmis´or] *sm* (também *Elet*) trasmettitore.
trans.mi.tir [trãzmit´ir] *vt* **1** trasmettere. **2** portare. **3** contagiare. **4** *Com* inoltrare.
trans.pa.rên.cia [trãspar´ẽsjə] *sf* **1** trasparenza, limpidezza. **2** *Min* acqua.
trans.pa.ren.te [trãspar´ẽti] *adj* **1** trasparente, diafano. **2** limpido, chiaro. **3** *fig* vaporoso (roupa).
trans.pas.sar [trãspas´ar] *vt* trapassare, attraversare, trafiggere, passare fuor fuori.

T

trans.pi.ra.ção [trãspiras´ãw] *sf* traspirazione.
trans.pi.rar [trãspir´ar] *vi* traspirare.
trans.por [trãsp´or] *vt* trasporre.
trans.por.ta.do.ra [trãsportad´orə] *sf* corriere.
trans.por.tar [trãsport´ar] *vt* **1** trasportare. **2** trasporre. **3** portare, caricare, condurre. *vpr* **4** trasportarsi. Veja nota em **caricare**.
trans.por.te [trãsp´ɔrti] *sm* trasporto. **meios de transporte** mezzi di locomozione.
trans.tor.na.do [trãstorn´adu] *adj* **1** frastornato. **2** *fig* cieco.
trans.tor.nar [trãstorn´ar] *vt* **1** frastornare, turbare, incomodare. **2** *fig* assordare. *vpr* **3** *fig* assordire.
trans.tor.no [trãst´ornu] *sm* incomodo, disagio, turbazione.
trans.ver.sal [trãsvers´aw] *adj* trasversale, traverso, storto. • *sf Geom* trasversale. *Pl: transversais.*
tra.pa.ça [trap´asə] *sf* **1** frode, garbuglio, finzione. **2** *gír* fregatura. **3** *fig* trama, rigiro.
tra.pa.ce.ar [trapase´ar] *vi* frodare, barare.
tra.pa.cei.ro [trapas´ejru] *sm* imbroglione, birbone, barattiere, briccone.
tra.pé.zio [trap´ɛzju] *sm* (também *Geom, Anat*) trapezio.
tra.po [tr´apu] *sm* straccio, strofinaccio, cencio.
tra.quei.a [trak´ɛjə] *sf Anat* trachea.
trás [tr´as] *prep* **1** dietro. **2** dopo. **para trás** indietro, addietro.
tra.sei.ra [traz´ejrə] *sf fam* il di dietro.
tra.sei.ro [traz´ejru] *sm* **1** deretano. **2** *Anat* sedere. **3** *fam* preterito, il di dietro. **4** *vulg, fig* culo. • *adj* deretano.
tras.la.dar [trazlad´ar] *vt* tradurre, trasportare, trasferire.
tras.la.do [trazl´adu] *sm* traduzione, trasporto, trasferenza.
tra.ta.do [trat´adu] *sm* **1** trattato, contratto. **2** alleanza. • *adj* curato. **tratado de biologia** trattato di biologia. **tratado de paz** trattato di pace.
tra.ta.men.to [tratam´ẽtu] *sm* trattamento, cura.
tra.tan.te [trat´ãti] *sm* **1** furfante. **2** *fig* cialtrone.
tra.tar [trat´ar] *vt* **1** trattare. **2** curare, medicare. **3** adulterare. **4** fatturare. **5** trattare di, contrattare. **6** trattare di, abbordare (um assunto). **7** conciare (tabaco, azeitonas). *vpr* **8** trattarsi, curarsi. **tratar por você** dare del tu. **tratar-se de** trattarsi di. *de quê se trata?* / di che cosa si tratta?
tra.tá.vel [trat´avew] *adj* **1** trattabile. **2** di facile abbordo (pessoa). *Pl: tratáveis.*
tra.to [tr´atu] *sm* accordo, patto, convenzione.
trau.ma [tr´awmə] *sm Med* trauma, *choc, shock*. **trauma psicológico** trauma psichico.
trau.má.ti.co [trawm´atiku] *adj Med* traumatico.
trau.ma.ti.zan.te [trawmatiz´ãti] *adj* traumatico.
trau.ma.ti.zar [trawmatiz´ar] *vt* traumatizzare.
tra.var [trav´ar] *vt* **1** bloccare. **2** frenare.
tra.ve [tr´avi] *sf* trave, spranga, traversa, sbarra.
tra.ves.sa [trav´ɛsə] *sf* **1** traversa, trasversale. **2** piatto da portata.
tra.ves.são [traves´ãw] *sm* **1** barra. **2** *Gram* trattino, lineetta.
tra.ves.sei.ro [traves´ejru] *sm* guanciale, cuscino. **travesseiro longo e estreito** capezzale.
tra.ves.so [trav´esu] *sm* **1** birbante. **2** *pop* discolo. • *adj* **1** birichino, brigante, vivace. **2** *pop* discolo. **ser muito travesso** *fig* avere addosso l'argento vivo.
tra.ves.su.ra [traves´urə] *sf* birbanteria.
tra.ves.ti [travest´i] *sm* travestito.
tra.zer [traz´er] *vt* trarre, portare, apportare. **trazer consigo** avere con sé. **trazer sorte** portare fortuna.
tre.cho [tr´eʃu] *sm* **1** tratto. **2** brano, passo, frammento di un testo. **3** *fig* squarcio. **trecho de estrada** *fig* tronco.
tré.gua [tr´ɛgwə] *sf* tregua, sollievo, armistizio.
trei.na.men.to [trejnam´ẽtu] *sm* **1** addestramento, allenamento. **2** esercizio. **3** *fig* preparazione.
trei.nar [trejn´ar] *vt* **1** addestrare, allenare. **2** esercitare. **3** istruire.

tre.jei.to [treʒ´ejtu] *sm* smorfia.
tre.la [tr´ɛlə] *sf* guinzaglio.
trem [tr´ẽj] *sm* treno. **trem a vapor** treno a vapore. **trem de carga** treno merci. **trem direto** treno diretto. **trem elétrico** treno elettrico, elettrotreno. **trem expresso** treno espresso, treno direttissimo. **trem local** treno locale. **trem metropolitano** metropolitana. **trem rápido** treno rapido. **viagem de trem** viaggio in treno. **viajar de trem** viaggiare per ferrovia.
tre.me.dei.ra [tremed´ejrə] *sf* **1** fremito. **2** *fam* tremarella.
tre.me.lu.zir [tremeluz´ir] *vi* tremolare.
tre.mer [trem´er] *vi* **1** tremare, fremere. **2** trepidare, sussultare. **3** rabbrividire.
tre.mo.ço [trem´osu] *sm Bot* lupino.
tre.mor [trem´or] *sm* **1** tremore, fremito. **2** vibrazione.
tre.mu.lar [tremul´ar] *vi* tremolare, spiegare.
trê.mu.lo [tr´emulu] *adj* tremulo.
tre.nó [tren´ɔ] *sm* slitta. **andar de trenó** slittare.
tré.pa.no [tr´ɛpanu] *sm Med* trapano.
tre.par [trep´ar] *vt* arrampicarsi su. **trepar com** *vulg* fottere.
tre.pi.dar [trepid´ar] *vi* trepidare, vibrare.
três [tr´es] *sm+num* tre.
tres.pas.sar [trespas´ar] *vt* trafiggere.
tre.vas [tr´ɛvas] *sf pl* **1** tenebre, caligine, buio. **2** *fig* notte.
tre.vo [tr´evu] *sm Bot* trifoglio. **trevo de quatro folhas** quadrifoglio.
tre.ze [tr´ezi] *sm+num* tredici.
tre.zen.tos [trez´ẽtus] *sm+num* trecento.
tri.an.gu.lar [trjãgul´ar] *adj* triangolare, a triangolo. • *vt* triangolare.
tri.ân.gu.lo [tri´ãgulu] *sm Geom, Mús* triangolo.
tri.bo [tr´ibu] *sf* tribù.
tri.bu.la.ção [tribulas´ãw] *sf* **1** tribolazione. **2** contrarietà.
tri.bu.na [trib´unə] *sf* tribuna, podio.
tri.bu.nal [tribun´aw] *sm* **1** tribunale, foro. **2** *fig* giustizia. *Pl: tribunais.*
tri.bu.tar [tribut´ar] *vt* tributare.
tri.bu.to [trib´utu] *sm* tributo, imposta, tassa, aggravio.
tri.ci.clo [tris´iklu] *sm* triciclo.
tri.cô [trik´o] *sm* lavoro ai ferri.
tri.co.lor [trikol´or] *adj* tricolore.
tri.co.tar [trikot´ar] *vt+vi* lavorare a maglia.
tri.ê.nio [tri´enju] *sm* triennio.
tri.gê.meo [triʒ´emju] *sm+adj* trigemino.
tri.gé.si.mo [triʒ´ɛzimu] *sm+num* trentesimo, trigesimo.
tri.go [tr´igu] *sm* frumento, grano. **trigo sarraceno** grano saraceno.
tri.go.no.me.tri.a [trigonometr´iə] *sf* trigonometria.
tri.guei.ro [trig´ejru] *adj* **1** moro. **2** *fig* abbronzato.
tri.lha [tr´iλə] *sf* **1** orma, pesta. **2** sentiero, viottolo. **trilha sonora** *Cin* colonna sonora.
tri.lhão [triλ´ãw] *sm* trilione.
tri.lho [tr´iλu] *sm* binario, rotaia. **trilho de janela etc** guida.
tri.mes.tre [trim´ɛstri] *sm* trimestre.
tri.na.do [trin´adu] *sm* trillo.
tri.nar [trin´ar] *vi* trillare.
trin.car [trĩk´ar] *vt* **1** incrinare. *vi* **2** incrinarsi.
trin.char [trĩʃ´ar] *vt* trinciare, cincischiare.
trin.chei.ra [trĩʃ´ejrə] *sf* trincea.
trin.da.de [trĩd´adi] *sf* trinità. **a Santíssima Trindade** *Rel* la Trinità.
trin.ta [tr´ĩtə] *sm+num* trenta. **trinta avos** trentesimo, trigesimo.
tri.o [tr´iu] *sm* **1** terno, terzetto. **2** (também *Mús*) trio.
tri.pas [tr´ipas] *sf pl* busecchia.
tri.pli.car [triplik´ar] *vt* triplicare.
trí.pli.ce [tr´iplisi] *num* triplice. • *adj* triplice, terno.
tri.plo [tr´iplu] *sm+num* triplo.
tri.pu.la.ção [tripulas´ãw] *sf* **1** *Mil, Aer, Náut* equipaggio. **2** *pop* ciurma.
tri.sa.vó [trizav´ɔ] *sf* arcavola.
tri.sa.vô [trizav´o] *sm* arcavolo.
tris.si.lá.bi.co [trisil´abiku] *adj Gram* trisillabo.
tris.sí.la.bo [tris´ilabu] *sm+adj Gram* trisillabo.
tris.te [tr´isti] *adj* **1** triste. **2** mesto. **3** cupo. **4** tragico. **5** arido (paisagem). **6** scuro (futuro). **7** *fig* grigio.
tris.te.za [trist´ezə] *sf* **1** tristezza. **2** desolazione. **3** *fig* amarezza.

tri.ton.go [trit´õgu] *sm Gram* trittongo.

tri.tu.rar [tritur´ar] *vt* triturare, tritare, macinare, pestare, sbriciolare.

tri.un.fal [triũf´aw] *adj* trionfale.

tri.un.far [triũf´ar] *vt* **1** trionfare su. *vi* **2** trionfare.

tri.un.fo [tri´ũfu] *sm* **1** trionfo. **2** *fig* apoteosi. **3 triunfos** *pl fig* allori. **carregar alguém em triunfo** portare uno in trionfo.

tri.vi.al [trivi´aw] *adj* triviale, banale, prosaico. *Pl: triviais.*

triz [tr´is] *sm* na expressão **por um triz** per un pelo.

tro.ca [tr´ɔkə] *sf* cambio, cambiamento, scambio, muta, mutamento, baratto. **troca da guarda** muta della guardia. Veja nota em **baratto**.

tro.ca.di.lho [trokad´iλu] *sm* gioco di parole, bisticcio, frasca.

tro.car [trok´ar] *vt* **1** cambiare, scambiare, mutare, permutare. **2** cambiare, scambiare (dinheiro). **3** spezzare (dinheiro). *vpr* **4** rivestirsi, cambiarsi d'abito. **trocar de penas ou pele** mudare.

> **Cambiare** e **scambiare** (acepção **1**) são usados no sentido de "trocar dinheiro nacional pelo equivalente em moeda estrangeira, ou vice-versa, segundo a taxa de câmbio". **Spezzare** (acepção **2**), por sua vez, significa "trocar uma soma em dinheiro em notas ou moedas de menor valor".

tro.co [tr´oku] *sm* **1** resto. **2** spiccioli.

> **Resto** significa "troco" no sentido de "dinheiro que se recebe de volta de um pagamento"; **spiccioli** significa "troco" no sentido de "dinheiro trocado, notas ou moedas de pequeno valor".

tro.féu [trof´ɛw] *sm Esp* trofeo. *Pl: troféus.*

trom.ba [tr´õbə] *sf Zool* tromba.

trom.ba-d'á.gua [trõbəd´agwə] *sf Náut* tromba. *Pl: trombas-d'água.*

trom.be.ta [trõb´etə] *sf Mús* trombetta, cornetta.

trom.bo.ne [trõb´oni] *sm Mús* trombone.

trom.pa [tr´õpə] *sf* **1** *Anat* tromba. **2** *Mús* tromba, tuba.

tron.co [tr´õku] *sm* **1** *Anat* tronco. **2** *Bot* tronco, fusto, piede.

tro.no [tr´onu] *sm* trono.

tro.pa [tr´ɔpə] *sf* **1** *Mil* truppa. **2** *fig* falange.

tro.pe.çar [tropes´ar] *vt+vi* inciampare in, intoppare in.

tro.pel [trop´ɛw] *sm* calca, ammasso. *Pl: tropéis.*

tro.pi.cal [tropik´aw] *adj* tropicale, del Tropico. *Pl: tropicais.*

Tró.pi.co [tr´ɔpiku] *sm Geogr* Tropico. **Trópico de Câncer** Tropico del Cancro. **Trópico de Capricórnio** Tropico del Capricorno.

tro.tar [trot´ar] *vi* trottare.

trou.xa [tr´owʃə] *sf* **1** fardello, balla. *s* **2** *gír* pesce, balordo.

tro.va [tr´ɔvə] *sf* canzone, cantica.

tro.va.dor [trovad´or] *sm Hist* trovatore, cantastorie, giullare.

tro.vão [trov´ãw] *sm* tuono.

tro.ve.jar [troveʒ´ar] *vi* tuonare.

tru.ci.dar [trusid´ar] *vt* **1** trucidare, massacrare, ammazzare, assassinare. **2** *fig* sgozzare.

tru.cu.len.to [trukul´ẽtu] *adj* truculento.

tru.fa [tr´ufə] *sf Bot* tartufo.

trun.ca.do [trũk´adu] *adj* tronco.

trun.car [trũk´ar] *vt* troncare, stroncare.

tru.que [tr´uki] *sm* **1** trucco, artificio, sotterfugio. **2** *gír* bidone. **3** *fig* arte, tattica.

tru.ta [tr´utə] *sf Zool* trota.

tu [t´u] *pron sg* tu. Veja nota em **tu** (italiano).

tu.a [t´uə] *pron f sing* **1** tua. **2 tuas** *pl* tue. **a tua família** *fig* i tuoi.

tu.ba [t´ubə] *sf Mús* tuba.

tu.ba.rão [tubar´ãw] *sm Zool* squalo, pescecane.

tu.ber.cu.lo.se [tuberkul´ɔzi] *sf Med* tubercolosi, tisi. mal sottile.

tu.ber.cu.lo.so [tuberkul´ozu] *sm+adj Med* tubercoloso, tisico, etico.

tu.bi.nho [tub´iñu] *sm dim* tubetto.

tu.bo [t´ubu] *sm* **1** tubo. **2** condotto, gola. **3** cilindro. **tubo da televisão** tubo elettronico. **tubo de ensaio** *Quím* tubo di saggio. **tubo de lançamento de torpedos** *Náut* tubo di lancio. **tubo digestivo** *Anat* tubo digerente.

tu.bu.la.ção [tubulas´ãw] *sf* tubazione, condotto.

tu.do [t´udu] *pron* tutto, ogni cosa. *eu vi tudo* / ho visto tutto. **é tudo a mesma coisa** *fig* se non è zuppa è pan bagnato. **tudo menos** tutt'altro che.
tu.fão [tuf´ãw] *sm* tifone, ciclone.
tu.fo [t´ufu] *sm* ciocca.
tu.le [t´uli] *sm* tulle.
tu.li.pa [tul´ipə] *sf Bot* tulipano.
tum.ba [t´ũbə] *sf* tomba, arca.
tu.me.fa.ção [tumefas´ãw] *sf Med* bubbone.
tu.mor [tum´or] *sm* tumore, edema. **tumor benigno** tumore benigno. **tumor maligno** tumor maligno. **tumor subcutâneo** *Med* nodulo.
tú.mu.lo [t´umulu] *sm* tumulo, sepoltura.
tu.mul.to [tum´uwtu] *sm* **1** tumulto, confusione, trambusto, tafferuglio. **2** *fig* movimento. **3 tumultos** *pl* torbidi.
tu.mul.tu.a.do [tumuwtu´adu] *adj* **1** chiassoso. **2** *fig* burrascoso.
tu.mul.tu.ar [tumuwtu´ar] *vi* tumultuare.
tú.nel [t´unew] *sm* sottopassaggio. *Pl: túneis.*
tú.ni.ca [t´unikə] *sf* **1** tunica. **2** tonaca.
Em italiano, **tunica** se refere a "túnica de mulher" ou "túnica usada na Antiguidade" (por gregos, romanos etc.); **tonaca** se refere apenas a "túnica sacerdotal".
tur.ban.te [turb´ãti] *sm* turbante.
tur.bi.lhão [turbiλ´ãw] *sm* **1** turbine, nodo di vento. **2** *fig* turbine.
tur.bi.na [turb´inə] *sf* turbina.
tur.bu.len.to [turbul´ẽtu] *adj* turbolento.
tur.co [t´urku] *sm+adj* turco.
tur.fa [t´urfə] *sf Min* torba.
tur.fe [t´urfi] *sm* ippica.
tu.ris.ta [tur´istə] *s* turista.
tur.ma [t´urmə] *sf* **1** gruppo. **2** turno, squadra (de operários). **3** brigata (de amigos). **4** *fig* schiera.
tur.no [t´urnu] *sm* turno, guardia. **segundo turno de eleição** *Pol* ballottaggio. **turno da noite** turno di notte.
tur.que.sa [turk´ezə] *sf Min* turchese, turchina.
tur.rão [tur̄´ãw] *sm+adj* caparbio, testardo.
tur.var [turv´ar] *vt* **1** torbidare, intorbidare, intorbidire. *vpr* **2** intorbidarsi, intorbidirsi.
tur.vo [t´urvu] *adj* torbido, opaco.
tu.ta.no [tut´Λnu] *sm* midollo.
tu.te.la [tut´ɛlə] *sf* **1** custodia. **2** *Dir* tutela.
tu.te.lar [tutel´ar] *vt* **1** tutelare. **2** custodire. **3** proteggere. • *adj* tutelare.
tu.tor [tut´or] *sm* tutore, custode.

U

u [ˈu] *sm* **1** la ventesima lettera dell'alfabeto portoghese. **2** u, il nome della lettera U.
ui [ˈuj] *interj* ahi! uh! uhi! ohi!
u.ís.que [uˈiski] *sm* whisky.
ui.var [ujvˈar] *vi* urlare, uggiolare.
ui.vo [ˈujvu] *sm* urlo.
úl.ce.ra [ˈuwserə] *sf Med* **1** ulcera. **2** fistola. **úlcera duodenal** ulcera duodenale. **úlcera gástrica** ulcera gastrica.
ul.te.ri.or [uwteriˈor] *adj* ulteriore.
úl.ti.mo [ˈuwtimu] *sm* l'ultimo. • *adj* **1** ultimo, finale, estremo. **2** *fig* supremo. **as últimas** l'ultima ora. **estar nas últimas** *pop* essere agli estremi.
ul.tra.jan.te [uwtraʒˈãti] *adj* oltraggioso.
ul.tra.jar [uwtraʒˈar] *vt* oltraggiare.
ul.tra.je [uwtrˈaʒi] *sm* oltraggio, ingiuria.
ul.tra.ma.ri.no [uwtramarˈinu] *adj* oltremarino.
ul.tra.pas.sa.do [uwtrapasˈadu] *adj* antiquato, obsoleto.
ul.tra.pas.sar [uwtrapasˈar] *vt* **1** oltrepassare. **2** sorpassare, passare oltre. **3** eccedere. **4** *Lit* trascendere. **5** *fig* varcare. **6** eclissare.
ul.tras.som [uwtrasˈõw] *sm Fís* ultrasuono.
ul.tra.vi.o.le.ta [uwtraviolˈetə] *adj Fís, Med* ultravioletto.
um [ˈũ] *sm+num* uno. • *adj* alcuno. • *art indef m sing* un, uno. **um a um** a uno a uno. **um depois do outro** in giro. **um e outro** questo e quello, entrambi. **um por vez** uno alla volta. Veja notas em **alcuno**, **un** e **uno**.
u.ma [ˈumə] *num* (feminino de **um**) una. • *art indef f sing* **1** una (un'). **2 umas** *pl* alcune. **uma e outra** entrambe.

> Em italiano não existe artigo indefinido no plural. Pode-se usar o pronome indefinido **alcune**, ou as formas da preposição **di** contraídas com os artigos definidos: *umas casas* / alcune case = delle case.
> Veja outras notas em **di** e **una**.

um.bi.go [ũbˈigu] *sm Anat* ombelico.
um.bi.li.cal [ũbilikˈaw] *adj* ombelicale. *Pl: umbilicais.*
um.bral [ũbrˈaw] *sm Arquit* stipite.
u.me.de.cer [umedesˈer] *vt* **1** inumidire, ammollire. *vi* **2** inumidirsi.
ú.me.ro [ˈumeru] *sm Anat* omero.
u.mi.da.de [umidˈadi] *sf* umidità.
ú.mi.do [ˈumidu] *adj* umido.
u.nâ.ni.me [unˈʌnimi] *adj* unanime.
un.ção [ũsˈãw] *sf* ungitura.
un.gir [ũʒˈir] *vt* **1** ungere, impiastrare. *vpr* **2** ungersi, impiastrarsi.
un.guen.to [ũgˈwẽtu] *sm* unguento, ansaplasto.
u.nha [ˈuñə] *sf* **1** unghia, artiglio. **2** *Zool* branca, graffa. **roer as unhas** mordersi le unghie. **unha do martelo** granchio. **unha encravada** unghia incarnata.
u.nha.da [uñˈadə] *sf* unghiata, granfiata.
u.nhar [uñˈar] *vt* graffiare.
u.ni.ão [uniˈãw] *sf* **1** unione. **2** riunione. **3** società. **4** lega. **5** collegamento. **6** federazione. **7** coalizione. **8** *Lit, fig* blocco. **9** confederazione. **10** unità.
ú.ni.co [ˈuniku] *adj* **1** unico. **2** singolo. **3** incomparabile. **4** raro.
u.ni.da.de [unidˈadi] *sf* **1** unità. **2** *Mil* divisione, unità. **3** *fig* copia. **as unidades de medida** *Fís, Quím* le unità di misura. **unidade de tiro** *Mil* batteria.

u.ni.fi.ca.ção [unifikas´ãw] *sf* unificazione, unità. **a Unificação da Itália** *Hist* il Risorgimento.
u.ni.fi.car [unifik´ar] *vt* unificare.
u.ni.for.me [unif´ɔrmi] *sm* **1** uniforme. **2** divisa. **3** livrea. **4** *Mil* tenuta. • *adj* **1** uniforme. **2** uguale. **3** monotono, regolare. **4** coerente.

Atenção para o fato de que **uniforme**, em italiano, é substantivo feminino.

u.ni.for.mi.da.de [uniformid´adi] *sf* uniformità, uguaglianza, eguaglianza.
u.ni.for.mi.zar [uniformiz´ar] *vt* **1** uniformare, conformare. **2** unificare.
u.nir [un´ir] *vt* **1** unire. **2** legare, collegare, congiungere. **3** connettere, accoppiare. **4** giungere. **5** *fig* impastare. **6** maritare. *vpr* **7** unirsi. **8** legarsi, collegarsi. **9** convergere. **10** *fig* fondersi. **11** maritarsi. **unir pedaços** *fig* innestare pezzi. **unir-se em matrimônio** unirsi in matrimonio.
u.nís.so.no [un´isonu] *sm+adj* unisono. **em uníssono** all'unisono.
u.ni.tá.rio [unit´arju] *adj* unitario.
u.ni.ver.sal [univers´aw] *adj* **1** universale. **2** generale. **3** *Rel* ecumenico. **4** *fig* globale. • *sm* l'universale. **Dilúvio Universal** *Rel* Diluvio Universale. **herdeiro universal** *Dir* erede universale. *Pl: universais.*
u.ni.ver.si.da.de [universid´adi] *sf* università.
u.ni.ver.si.tá.rio [universit´arju] *sm+adj* universitario.
u.ni.ver.so [univ´ɛrsu] *sm* **1** universo. **2** mondo, creato.
u.ní.vo.co [un´ivoku] *adj* univoco.
uns [´ũs] *art indef m pl* alcuni.

Em italiano não existe artigo indefinido no plural. Pode-se usar o pronome indefinido **alcuni**, ou as formas da preposição **di** contraídas com os artigos definidos: *uns meninos* / alcuni bambini = dei bambini. Veja outra nota em **di**.

un.tar [ũt´ar] *vt* **1** ungere. **2** *pop* untare.
u.râ.nio [ur´ʌnju] *sm Quím* uranio.
ur.ba.nis.mo [urban´izmu] *sm* urbanesimo.
ur.ba.no [urb´ʌnu] *adj* **1** urbano. **2** della città. **3** cittadino, civico. **4** cortese, gentile.
ur.dir [urd´ir] *vt* **1** ordire, tessere. **2** *fig* tramare.
u.re.tra [ur´ɛtrə] *sf Anat* uretra.
ur.gên.cia [urʒ´ẽsjə] *sf* urgenza.
ur.gen.te [urʒ´ẽti] *adj* **1** urgente. **2** imprescindibile. **3** imminente.
ur.gir [urʒ´ir] *vt+vi* urgere.
u.ri.na [ur´inə] *sf Fisiol* orina, urina.
u.ri.nar [urin´ar] *vt* orinare.
u.ri.nol [urin´ɔw] *sm* orinale, padella, vaso da notte. *Pl: urinóis.*
ur.na [´urnə] *sf* **1** urna. **2** *Hist* urna, vaso.
ur.rar [ur̄´ar] *vi* ruggire, berciare. **urrar de raiva ou dor** *fig* mugghiare.
ur.ro [´ur̄u] *sm* ruggito.
ur.sa [´ursə] *sf Zool* orsa. **Ursa Menor** e **Ursa Maior** *Astron* Orsa Minore e Orsa Maggiore.
ur.so [´ursu] *sm Zool* orso.
ur.so-bran.co [ursubr´ãku] *sm Zool* orso bianco. *Pl: ursos-brancos.*
ur.ti.ga [urt´igə] *sf Bot* ortica.
u.ru.ca [ur´ukə] *sf* **1** *gír* iella. **2** *fig, pop* scalogna.
u.sa.do [uz´adu] *adj* usato, consumato.
u.sar [uz´ar] *vt* **1** usare, utilizzare, impiegare, adoperare. **2** sfruttare. **3** vestire, portare, mettere. *vpr* **4** usarsi. *aqui se usam roupas leves* / qui si usano abiti freschi.
u.so [´uzu] *sm* **1** uso. **2** costume, usanza. **3** impiego, utilizzazione. **4** maniera. **5** consumo, logoro. **6** godimento. **7 usos** *pl* folclore.
u.su.al [uzu´aw] *adj* usuale, comune, consueto. *Pl: usuais.*
u.su.fru.ir [uzufru´ir] *vt* usufruire, gioire di, avantaggiarsi di, fare uso di.
u.su.fru.to [uzufr´utu] *sm* usufrutto, godimento.
u.su.ra [uz´urə] *sf* **1** usura. **2** *fig* strozzatura.
u.su.rar [uzur´ar] *vt* strozzare.
u.su.rá.rio [uzur´arju] *sm* **1** usuraio, strozzino. **2** *fig* mignatta. • *adj* usuraio.
u.sur.pa.dor [uzurpad´or] *sm* usurpatore.
u.sur.par [uzurp´ar] *vt* usurpare, occupare, arrogarsi.

U

u.ten.sí.lio [utẽs´ilju] *sm* arnese, utensile, attrezzo, strumento. **utensílios de cozinha** rami, batteria di cucina.
u.te.ri.no [uter´inu] *adj Anat* uterino.
ú.te.ro [´uteru] *sm Anat* utero, matrice.
ú.til [´utiw] *adj* **1** utile. **2** valido, efficiente, costruttivo. **dia útil** giorno feriale, non festivo. **o útil e o agradável** l'utile ed il dilettevole. *Pl: úteis.*
u.ti.li.da.de [utilid´adi] *sf* **1** utilità. **2** convenienza. **3** validità.
u.ti.li.za.ção [utilizas´ãw] *sf* **1** utilizzazione, uso, impiego, adozione. **2** consumo. **3** sfruttamento.
u.ti.li.zar [utiliz´ar] *vt* **1** utilizzare, usare. **2** sfruttare.
u.to.pi.a [utop´iə] *sf* utopia, fisima, astrazione.
u.tó.pi.co [ut´ɔpiku] *adj* **1** utopistico. **2** *fig* astratto.
u.va [´uvə] *sf* uva. **uva passa** uva passa.
ú.vu.la [´uvulə] *sf Anat* ugola.

V

v [v´e] *sm* la ventunesima lettera dell'alfabeto portoghese.

va.ca [v´akə] *sf* **1** vacca. **2** *vulg* vacca, troia. **3** *gír* sgualdrina.

va.ci.la.ção [vasilas´ãw] *sf* vacillamento, vacillazione, esitanza, titubanza.

va.ci.lar [vasil´ar] *vi* **1** vacillare, dubitare, esitare, titubare, barcollare. **2** *fig* tentennare, ondeggiare.

va.ci.na [vas´inə] *sf Med* vaccinazione. **vacina antirrábica** vaccinazione antirabbica. **vacina antitetânica** vaccinazione antitetanica.

va.ci.na.ção [vasinas´ãw] *sf Med* vaccinazione, innesto.

va.ci.nar [vasin´ar] *vt Med* vaccinare, immunizzare, innestare.

vá.cuo [v´akwu] *sm* **1** vacuo. **2** *Fís* vuoto. **3** *Aer* vuoto d'aria. • *adj Lit* vacuo.

va.di.ar [vadi´ar] *vi* **1** vagabondare, bighellonare. **2** *fig* dondolarsi.

va.di.o [vad´iu] *sm+adj* vagabondo, poltrone.

va.ga [v´agə] *sf* fiotto, flutto.

va.ga.bun.da [vagab´ũdə] *sf gír* bagascia, prostituta.

va.ga.bun.da.gem [vagabũd´aʒẽj] *sf* vagabondaggio.

va.ga.bun.de.ar [vagabũde´ar] *vi* **1** vagabondare. **2** girovagare, aggirarsi. **3** bighellonare, oziare.

va.ga.bun.do [vagab´ũdu] *sm* **1** vagabondo. **2** girovago, ramingo. **3** poltrone, bighellone, scansafatiche. • *adj* **1** vagabondo. **2** errante, girovago, randagio. **3** sfaccendato, ozioso.

va.ga.lhão [vagaʎ´ãw] *sm Náut* cavallone, fiotto, flutto.

va.ga-lu.me [vagəl´umi] *sm Zool* lucciola. *Pl: vaga-lumes.*

va.gão [vag´ãw] *sm* vagone, vettura, carro, carrozza. Veja nota em **carro** (português).

va.gar [vag´ar] *vi* **1** vagare, errare, aggirarsi, spaziare. **2** *fig* svolazzare, andare a zonzo.

va.ga.ro.si.da.de [vagarozid´adi] *sf* lentezza.

va.ga.ro.so [vagar´ozu] *adj* **1** lento. **2** pesante (movimento). **3** *fig* piano.

va.gem [v´aʒẽj] *sf Bot* fagiolino, cornetto. **vagem de qualquer leguminosa** a) baccello, legume. b) *pop* guscio.

va.gi.na [vaʒ´inə] *sf Anat* vagina.

va.go [v´agu] *adj* **1** vago. **2** impreciso, indefinito, indeterminato, dubbio. **3** vuoto (posto). **4** *fig* sfumato, vaporoso.

va.gue.ar [vage´ar] *vt+vi* girare.

vai.a [v´ajə] *sf* fischiata, ciuciata.

vai.ar [vaj´ar] *vi* fischiare, ciuciare.

vai.da.de [vajd´adi] *sf* **1** vanità. **2** vanagloria, boria, sussiego. **3** *fig* vento, fumo. Veja nota em **sussiego**.

vai.do.so [vajd´ozu] *adj* **1** vanitoso. **2** borioso. **3** *fig* vano. • *sm fig* narciso.

vai.vém [vajv´ẽj] *sm* **1** andirivieni, girata. **2** *fig* carosello.

va.la [v´alə] *sf* avvallamento, fosso, fossa.

va.le [v´ali] *sm* **1** *Geogr* valle, conca. **2** *Com* vaglia, pagherò. **vale postal** vaglia postale.

va.len.tão [valẽt´ãw] *sm* **1** attaccabrighe, fanfarone. **2** *gír* bullo.

va.len.te [val´ẽti] *adj* **1** valente, valoroso, bravo, prode, gagliardo. **2** *fig* forte, erculeo.

va.len.ti.a [valẽt´iə] *sf* **1** valentia, bravura. **2** *fig* gagliardia, cuore.
va.ler [val´er] *vt* **1** valere. **2** costare. *vi* **3** valere. *vpr* **4** valersi di, approfittare, ricorrere a, adoperare. **valer a pena** valere la pena. **valer tanto quanto pesa** valere tanto oro quanto pesa.
va.le.ta [val´etə] *sf* cunetta.
va.le.te [val´ɛti] *sm* **1** fante (das cartas de baralho). **2** *Hist* valletto. **valete de espadas** fante di picche.
va.li.da.de [valid´adi] *sf* validità.
va.li.dar [valid´ar] *vt* munire.
vá.li.do [v´alidu] *adj* valido, funzionale.
va.li.o.so [vali´ozu] *adj* **1** di valore. **2** *fig* ricco.
va.lor [val´or] *sm* **1** valore. **2** prezzo, costo. **3** forza, coraggio, bravura. **4** pregio, vaglia, validità. **5** *Com* importanza, importo. **6** *fig* statura, peso. **7** virtù. **dar valor a** avvalorare. **homem de valor** uomo di vaglia. **moeda sem valor** moneta fuori corso. **perder o valor** scadere. **valor combinado** *Com* valuta intesa. **valor real** giusto. **valor total** *Com* ammonto.
va.lo.ri.zar [valoriz´ar] *vt* valorizzare, mettere in valore.
va.lo.ro.so [valor´ozu] *adj* **1** valoroso, eroico, valido. **2** *fig* forte.
val.sa [v´awsə] *sf Mús* valzer.
vál.vu.la [v´awvulə] *sf Anat, Mec, Elet* valvola. **válvula de segurança** valvola di sicurezza.
vam.pi.ro [vãp´iru] *sm* **1** vampiro. **2** *fig* strozzino, sfruttatore.
van.da.lis.mo [vãdal´izmu] *sm* vandalismo.
vân.da.lo [v´ãdalu] *sm* vandalo.
van.gló.ria [vãgl´ɔrjə] *sf* vanagloria, bravata.
van.glo.ri.ar-se [vãglori´arsi] *vpr* vanagloriarsi, millantarsi, gloriarsi.
van.guar.da [vãg´wardə] *sf* **1** *Arte* avanguardia. **2** *Mil* avanguardia, fronte.
van.ta.gem [vãt´aʒẽj] *sf* **1** vantaggio. **2** tornaconto, convenienza. **3** guadagno, profitto. **4** *Esp* vantaggio. **5** *fig* beneficio. **levar vantagem/tirar vantagem** avvantaggiarsi di, approfittare. **obter vantagens** ritrarre vantaggi. **vantagem própria** calcolo. Veja nota em **frutto**.
van.ta.jo.so [vãtaʒ´ozu] *adj* **1** vantaggioso, benefico. **2** *fig* generoso. **3** grasso (negócio).
vão [v´ãw] *sm* vano. • *adj* **1** vano, futile. **2** *fig* vuoto, gonfio. **em vão** a vuoto, invano.
va.por [vap´or] *sm* **1** vapore, fumo. **2** *Náut* piroscafo, vapore. **a todo o vapor** a tutto vapore.
va.po.ro.so [vapor´ozu] *adj* vaporoso. **roupa vaporosa** *fig* abito vaporoso.
va.quei.ro [vak´ejru] *sm* vaccaro, bovaro.
va.ra [v´arə] *sf* **1** verga, frusta, pertica, bacchetta. **2** gregge di porci. **3** *Dir* giurisdizione. **tremer como vara verde** tremare a verga a verga, tremare come una verga. **vara de pescar** canna da pesca. **vara para salto em altura** *Sp* pertica per il salto.
va.ran.da [var´ãdə] *sf Arquit* veranda, balcone, balconata, verone.
va.ra.pau [varap´aw] *sm* pertica.
va.re.jis.ta [vareʒ´istə] *s* rivenditore.
va.re.jo [var´eʒu] *sm Com* vendita al minuto. **vender no varejo** vendere al minuto, rivendere.
va.re.ta [var´etə] *sf* **1** stecca, verga. **2** *fig* canna. **varetas do guarda-chuva** stecche dell'ombrello.
va.ri.a.ção [varjas´ãw] *sf* **1** variazione, variante. **2** *Mús* variazione. **variação de valores ou preços** *Com* oscillazione.
va.ri.a.do [vari´adu] *adj* **1** vario, svariato, assortito. **2** disparato, dissimile.
va.ri.an.te [vari´ãti] *sf+adj* variante.
va.ri.ar [vari´ar] *vt* **1** variare. **2** diversificare. *vi* **3** fluttuare (população, valores). **4** *fig* oscillare (preços, valores).
va.ri.á.vel [vari´avew] *adj* variabile, incostante. *Pl: variáveis.*
va.ri.e.da.de [varjed´adi] *sf* varietà.
va.ri.nha [var´iñə] *sf* bacchetta. **varinha mágica ou de condão** bacchetta magica.
vá.rios [v´arjus] *adj pl* vari.
va.riz [var´is] *sf Med* varice.
var.rer [var̄´er] *vt* spazzare, scopare.
vas.cu.lar [vaskul´ar] *adj Anat* vascolare. **sistema vascular** sistema vascolare.

va.se.li.na [vazel´inə] *sf* vaselina.
va.si.lha [vaz´iλə] *sf* vaso. **vasilha de barro** coccio.
va.si.lha.me [vaziλ´Λmi] *sm* vasellame.
va.so [v´azu] *sm* **1** vaso. **2** *Náut* vascello. **3 vasos** *pl Anat* vasi. **vaso de flores** vaso da fiori. **vaso de guerra** vascello da guerra. **vasos linfáticos** vasi linfatici. **vaso para água** *Hist* urna. **vasos sanguíneos** vasi sanguigni.
vas.sa.la.gem [vasal´aʒẽj] *sf Hist* vassallaggio.
vas.sa.lo [vas´alu] *sm Hist* vassallo.
vas.sou.ra [vas´owrə] *sf* granata, scopa.
vas.ti.dão [vastid´ãw] *sf* vastità.
vas.to [v´astu] *adj* vasto, esteso, aperto, grande.
va.za.men.to [vazam´ẽtu] *sm* **1** versamento. **2** gettata, getto.
va.zar [vaz´ar] *vt* **1** gettare (metais liquefeitos). *vi* **2** versare.
va.zi.o [vaz´iu] *sm* vuoto, vacuo, vano. • *adj* **1** vuoto, cavo, vano. **2** deserto. **3** *Lit* vacuo. **4** *fig* vuoto, gonfio. **de mãos vazias** a mani vuote.
vê [v´e] *sm* vu, il nome della lettera V.
ve.a.do [ve´adu] *sm Zool* cervo, daino, capriolo.
ve.de.te [ved´ɛti] *sf Cin, Teat* **1** astro. **2** stella, diva.
ve.e.mên.cia [veem´ẽsjə] *sf* veemenza, fierezza.
ve.e.men.te [veem´ẽti] *adj* veemente, furioso, fiero.
ve.ge.ta.ção [veʒetas´ãw] *sf* vegetazione.
ve.ge.tal [veʒet´aw] *sm+adj* vegetale. **terra vegetal** terra vegetale. *Pl: vegetais.*
ve.ge.tar [veʒet´ar] *vi* (também *fig*) vegetare.
ve.ge.ta.ri.a.no [veʒetari´Λnu] *sm+adj* vegetariano.
ve.ge.ta.ti.vo [veʒetat´ivu] *adj* vegetativo.
vei.a [v´ejə] *sf Anat* vena. **veia poética** *fig* vena poetica.
ve.í.cu.lo [ve´ikulu] *sm* **1** veicolo. **2** *fig* veicolo, mezzo di trasmissione o comunicazione.
vei.o [v´eju] *sm Min* vena, filone, falda.
ve.la [v´ɛlə] *sf* **1** candela, cera. **2** cero. **3** *Náut* vela. **4** *Autom* candela. **navegar à vela** andare a vela. **vela mestra** *Náut* maestra.
ve.la.do [vel´adu] *adj* **1** velato, sfumato. **2** *fig* opaco.
ve.lar [vel´ar] *vt* **1** velare, annebbiare. **2** vegliare. **3** *fig* ammantare. **velar um negativo** *Fot* velare una negativa.
ve.lei.ro [vel´ejru] *sm Náut* veliero.
ve.le.jar [veleʒ´ar] *vi Náut* veleggiare.
ve.lha.ca.ri.a [veλakar´iə] *sf* vigliaccheria, furfanteria.
ve.lha.co [veλ´aku] *sm* **1** vigliacco, canaglia, furfante, farabutto, mascalzone. **2** *fig* cialtrone. • *adj* vigliacco, furfante, furbo.
ve.lha.ri.a [veλar´iə] *sf irôn* roba da museo, ferravecchio.
ve.lhi.ce [veλ´isi] *sf* **1** vecchiaia. **2** *fig* sera.
ve.lhi.nho [vɛλ´iñu] *sm+adj* anzianotto. *Sin: velhote.*
ve.lho [v´ɛλu] *sm* **1** vecchio. **2** *fig* nonno. **3** *dep* mummia. • *adj* **1** vecchio. **2** antico, attempato. **3** *fig* rancido. **mais velho** *adj* maggiore.
ve.lho.te [veλ´ɔti] *sm+adj V velhinho.*
ve.lo.ci.da.de [velosid´adi] *sf* **1** velocità. **2** correntezza. **3** *fig* corsa, andatura. **em altíssima velocidade** a rotta di collo.
ve.lo.cí.me.tro [velos´imetru] *sm* contachilometri.
ve.ló.rio [vel´ɔrju] *sm* vigilia.
ve.loz [vel´ɔs] *adj* **1** veloce. **2** rapido, snello, lesto, leggiero. **3** fugace. **4** pronto. **5** subito.
ve.lu.do [vel´udu] *sm* velluto.
ve.nal [ven´aw] *adj* venale. *Pl: venais.*
ven.ce.dor [vẽsed´or] *sm* vincitore. • *adj* vincitore, vittorioso.
ven.cer [vẽs´er] *vt* **1** vincere. **2** sconfiggere. **3** battere. **4** debellare. **5** soggiogare. **6** superare, sormontare. **7** *fig* dare scacco matto. **8** sterminare. *vi* **9** vincere, trionfare. **10** *Com* scadere. **vencer por pontos** battere ai punti.
ven.ci.do [vẽs´idu] *adj* vinto. **dívidas vencidas** debiti arretrati.
ven.ci.men.to [vẽsim´ẽtu] *sm* **1** stipendio. **2** *Com* scadenza.
ven.da [v´ẽdə] *sf* **1** vendita, smercio. **2** bottega. **à venda** da vendere. **venda em leilão** vendita all'asta.

V

ven.de.dor [vẽded´or] *sm* **1** venditore. **2** commesso. **3** *fig* agente. **vendedor ambulante** barattiere. **vendedor de ferro-velho** rigattiere.
ven.dei.ro [vẽd´ejru] *sm* bettoliere.
ven.der [vẽd´er] *vt* **1** vendere, trafficare, smerciare. *vi* **2** mercanteggiare. *vpr* **3** vendersi. **está vendendo saúde!** ha salute da vendere! **vender por menos** *fig* gettare. **vende-se** da vendere.
ve.ne.no [ven´enu] *sm* veleno, tossico.
ve.ne.no.so [venen´ozu] *adj* **1** velenoso, tossico, malefico. **2** *pop* mordace. **3** *fig* acre.
ve.ne.ra.ção [veneras´ãw] *sf* **1** venerazione, devozione, riverenza. **2** *fig* idolatria.
ve.ne.rar [vener´ar] *vt* **1** venerare, adorare, riverire. **2** *fig* porre sugli altari, idolatrare.
ve.né.reo [ven´ɛrju] *adj Med* venereo.
ve.ne.zi.a.na [venezi´ʌnə] *sf* veneziana, gelosia.
ven.ta [v´ẽtə] *sf Anat* pinna.
ven.tar [vẽt´ar] *vi* ventare, tirar vento. **ventar forte** frullare.
ven.ti.la.do [vẽtil´adu] *adj* ventilato, arioso.
ven.ti.la.dor [vẽtilad´or] *sm* ventilatore.
ven.ti.lar [vẽtil´ar] *vt* ventilare, arieggiare, aerare, sventolare.
ven.to [v´ẽtu] *sm* vento. **com vento favorável** a gonfie vele. **ir de vento em popa** avere il vento in poppa. **quem semeia ventos colhe tempestades** chi ha mangiato i baccelli spazzi i gusci. **rajada de vento** folata di vento. **vento marítimo** vento marino. **vento norte** *Geogr* tramontana.
ven.to.sa [vẽt´ɔzə] *sf* ventosa.
ven.tre [v´ẽtri] *sm* **1** *Anat* ventre. **2** *fig* utero.
ven.trí.cu.lo [vẽtr´ikulu] *sm Anat* ventricolo (do coração).
ven.trí.lo.quo [vẽtr´ilokwu] *sm* ventriloquo.
ven.tu.ra [vẽt´urə] *sf* ventura, fortuna.
ven.tu.ro.so [vẽtur´ozu] *adj* venturoso, avventuroso, fausto.
ver [v´er] *vt* **1** vedere. **2** avvistare. **3** osservare. **4** distinguere. **5** visitare. *vi* **6** vedere. *vpr* **7** vedersi. • *sm* vedere. **daqui se vê toda a cidade de Roma** da qui si abbraccia tutta Roma. **não ver a hora de** non vedere l'ora di. **ter a ver com** aver che vedere con. **veja lá!** (chamando a atenção) và là! **ver bem** stravedere. **ver de longe** scorgere. **ver dobrado** (estando bêbado) vedere doppio. **ver estrelas** vedere le stelle, provar un gran dolore.
ve.ra.ci.da.de [verasid´adi] *sf* **1** verità. **2** *Lit* veracità.
ve.rão [ver´ãw] *sm* estate. **no verão** d'estate.

> Atenção para o fato de que **estate** é substantivo feminino.

ve.raz [ver´as] *adj Lit* verace.
ver.bal [verb´aw] *adj* verbale.
ver.bal.men.te [verbawm´ẽti] *adv* verbalmente, a bocca.
ver.bo [v´ɛrbu] *sm Gram* verbo. **Verbo Divino** *Rel* Verbo Divino. **Verbo Encarnado** *Rel* Verbo Incarnato, Gesù Cristo. **verbo regular** *Gram* verbo regolare.
ver.da.de [verd´adi] *sf* **1** verità, vero. **2** *fig* luce. **na verdade** in verità, davvero, invero, per vero.
ver.da.dei.ro [verdad´ejru] *adj* **1** vero. **2** autentico, genuino. **3** reale, legittimo. **4** esatto, certo. **5** fedele. **6** *Lit* verace. **7** *fig* sincero. **8** storico.
ver.de [v´erdi] *sm* verde. • *adj* **1** verde. **2** verde, acerbo, crudo, immaturo (fruto). **estar ainda verde** essere in erba. **fruta verde** frutto verde. **um pouco verde** *adj* verdetto. **verdes anos** anni verdi, la giovinezza.
ver.de.jar [verdeʒ´ar] *vi* verdeggiare.
ver.de-o.li.va [verdjol´ivə] *adj+sm* colore oliva. *Pl: verdes-olivas, verdes-oliva* (do *sm).*
ver.du.ra [verd´urə] *sf* verdura.
ve.re.da [ver´edə] *sf* sentiero, viottola, calle.
ve.re.dic.to [vered´iktu] *sm Dir* verdetto, sentenza, giudizio. *Var: veredito.*
ver.gar [verg´ar] *vi* curvarsi.
ver.go.nha [verg´oñə] *sf* **1** vergogna. **2** schifo, sconcezza. **3** *fig* pudore. **4** demerito. **5** **vergonhas** *pl* vergogne.

ver.go.nho.so [vergoñ´ozu] *adj* **1** vergognoso. **2** scandaloso, schifoso, sconcio. **3** umiliante.
ve.rí.di.co [ver´idiku] *adj* **1** veridico. **2** autentico. **3** *Lit* verace.
ve.ri.fi.ca.ção [verifikas´ãw] *sf* verifica, controllo, accertamento, assicurazione.
ve.ri.fi.car [verifik´ar] *vt* **1** verificare, controllare, accertare. **2** constatare, appurare. *vpr* **3** verificarsi.
ver.me [v´ɛrmi] *sm* **1** verme, baco. **2** *vulg* stronzo. **3** *fig* verme, rettile, persona vile.
ver.me.lho [verm´eλu] *sm* rosso. • *adj* **1** rosso. **2** infocato. **ficar vermelho** arrossire. **ficar vermelho de vergonha** esser rosso di vergogna. **vermelho de raiva** *fig* infocato.
ver.mu.te [verm´uti] *sm* vermut.
ver.ná.cu.lo [vern´akulu] *sm* vernacolo, lingua nazionale.
ver.nis.sa.gem [vernis´aʒẽj] *sf Pint* vernice.
ver.niz [vern´is] *sf* **1** vernice, patina. **2** *fig* apparenza superficiale.
ve.ro [v´ɛru] *adj* vero.
ve.ros.sí.mil [veros´imiw] *adj* verosimile, verosimigliante. *Var: verossimilhante. Pl: verossímeis.*
ve.ros.si.mi.lhan.ça [verosimiλ´ãsə] *sf* verosimile, verisimile.
ve.ros.si.mi.lhan.te [verosimiλ´ãti] *adj V verossímil.*
ver.ru.ga [ver̄´ugə] *sf* verruca, bitorzolo.
ver.ru.ma [ver̄´umə] *sf* succhiello.
ver.são [vers´ãw] *sf* **1** versione. **2** spiegazione. **3** interpretazione. **4** *Gram* versione, traduzione.
ver.sá.til [vers´atiw] *adj* versatile. *Pl: versáteis.*
ver.sí.cu.lo [vers´ikulu] *sm Rel* versetto.
ver.so [v´ɛrsu] *sm* **1** verso, rovescio, retro. **2** volta di un foglio. **3** *Lit, Poét* verso. **4** riga. **verso livre** *Lit* verso sciolto. **vide verso** vedi verso.
vér.te.bra [v´ɛrtebrə] *sf Anat* vertebra.
ver.te.bra.do [vertebr´adu] *sm+adj Zool* vertebrato.
ver.ten.te [vert´ẽti] *sf* costa.
ver.ter [vert´er] *vt* versare, effondere.
ver.ti.cal [vertik´aw] *sf+adj* verticale. *Pl: verticais.*
vér.ti.ce [v´ɛrtisi] *sm* vertice.
ver.ti.gem [vert´iʒẽj] *sf Med* vertigine, capogiro. **ter vertigem** girarsi la testa.
ver.ti.gi.no.so [vertiʒin´ozu] *adj* **1** vertiginoso. **2** *fig* frenetico, caotico.
ves.go [v´ezgu] *sm* guercio, strabico. • *adj* guercio, orbo, strabico.
ve.sí.cu.la [vez´ikulə] *sf* **1** *Anat* vescica. **2** vescicola. **3** *Zool* vescica. **vesícula biliar** *Anat* fiele, vescicola.
ves.pa [v´espə] *sf* **1** motoretta. **2** *Zool* vespa.
ves.pão [vesp´ãw] *sm Zool* calabrone.
ves.pei.ro [vesp´ejru] *sm* vespaio.
vés.pe.ra [v´ɛsperə] *sf* **1** vigilia. **2 vésperas** *pl Rel* vespro, parte della messa. **véspera de Natal** vigilia di Natale.
ves.te [v´ɛsti] *sf* cotta.
ves.tí.bu.lo [vest´ibulu] *sm* vestibolo, anticamera, atrio.
ves.ti.do [vest´idu] *sm* vestito, abito, veste. • *adj* vestito. **bem vestido** attillato. **mal vestido** malvestito. **vestido comprido** abito lungo. **vestido de baile** abito da sera. **vestido de bebê** gonnellina. **vestido de uma só peça** abito intero. **vestido três-quartos** abito da sera tre quarti.
ves.tí.gio [vest´iʒju] *sm* **1** vestigio, indizio. **2 vestígios** *pl* vestigi, vestigia. **3** *Arqueol* avanzi. **4** *fig* rovine. Veja nota em **vestigio**.
ves.ti.men.ta [vestim´ẽtə] *sf* **1** roba, tenuta, drappo. **2** *fig* assetto.
ves.tir [vest´ir] *vt* **1** vestire, portare, indossare. *vpr* **2** vestirsi, indossarsi.
ves.tu.á.rio [vestu´arju] *sm* vestiario.
ve.tar [vet´ar] *vt* vietare, proibire, contendere, censurare.
ve.te.ra.no [veter´ʌnu] *sm* veterano. **veterano de guerra** veterano di guerra, superstite.
ve.te.ri.ná.rio [veterin´arju] *sm+adj* veterinario.
ve.to [v´ɛtu] *sm* veto.
véu [v´ɛw] *sm* **1** velo. **2** *fig* velo, manto. **véu de poeira** velo di polvere. **véu para o rosto** cuffia.
ve.xa.me [veʃ´ʌmi] *sm* **1** brutta figura. **2** vergogna. **3** oltraggio, affronto. **dar vexame** far una brutta figura.

ve.xar [veʃ´ar] *vt* vessare, umiliare.
ve.xa.tó.rio [veʃat´ɔrju] *adj* vessatorio, vergognoso.
vez [v´es] *sf* **1** vece. **2** volta. **apenas uma vez** una volta tanto. **às vezes/de vez em quando** a volte, alle volte, di quando in quando, talora. **certa vez** un tempo, prima. **cinco vezes dois, dez** cinque via due, dieci. **de uma só vez** in picchio. **de uma vez** senz'altro, senza più. **de uma vez por todas** addirittura. **em vez de** in vece di. **era uma vez** c'era una volta. **mais uma vez** ancora. **muitas vezes** molte volte. **na maior parte das vezes** per lo più. **nem uma só vez** mai da Dio. **poucas vezes** rare volte. **toda vez que/todas as vezes que** ogni qualvolta. **uma vez que** giacché, siccome, posto che, poiché, dacché.
vi.a [v´iə] *sf* **1** via, mezzo, modo. **2** *Med* via. **3** *Dir* tramite. **duas vias** duplice copia. **via lateral** trasversale. **via terrestre, marítima, aérea** per via di terra, di mare, d'aria.
vi.a.du.to [vjad´utu] *sm* viadotto.
vi.a.gem [vi´aʒẽj] *sf* viaggio, giro. **boa viagem!** buon viaggio! **viagem de lua de mel** viaggio di nozze. **viagem de turismo** viaggio di piacere.
vi.a.jan.te [vjaʒ´ãti] *s* **1** viaggiatore. **2** passeggero.
vi.a.jar [vjaʒ´ar] *vi* viaggiare. *viajar de trem, de avião, de navio* / viaggiare in treno, in aereo, in nave. *viajar a cavalo* / viaggiare a cavallo. *viajar por terra, por mar* / viaggiare per terra, per mare. *viajar a trabalho* / viaggiare per lavoro. *viajar para estudar* / viaggiare per istruzione. *os meus pensamentos viajam* / i miei pensieri viaggiano.
ví.bo.ra [v´iborə] *sf* **1** vipera, serpe, serpente. **2** *fig* rettile, persona vile.
vi.bra.ção [vibras´ãw] *sf* **1** vibrazione, tremore, tremito. **2** *fig* palpito.
vi.brar [vibr´ar] *vt* **1** vibrare. *vi* **2** vibrare. **3** fremere. **4** *fig* fervere.
vi.ce [v´isi] *sm* vice, coadiutore.
vi.ce-ver.sa [visiv´ɛrsə] *adv* viceversa.
vi.ci.a.do [visi´adu] *adj* **1** inveterato, avvezzo. **2** stantio (ar).
vi.ci.ar [visi´ar] *vt* **1** viziare, avvezzare. **2** contaminare, rovinare. *vpr* **3** viziarsi.
vi.ci.nal [visin´aw] *adj* vicinale. **estrada vicinal** strada vicinale. *Pl: vicinais.*
ví.cio [v´isju] *sm* **1** vizio. **2** dissolutezza, crapula. **3** pecca, perdizione. **4** difetto. **5** *fig* fango, pece.
vi.ci.o.so [visi´ozu] *adj* **1** vizioso. **2** dissoluto.
vi.ço [v´isu] *sm* vigore.
vi.ço.so [vis´ozu] *adj* **1** lussureggiante. **2** *fig* florido.
vi.da [v´idə] *sf* **1** vita. **2** essere. **3** *fig* anima. **a vida eterna** la vita eterna, l'altra vita. **dar sinal de vida** farsi vivo. **levar uma vida miserável** trascinare una misera vita. **levar vida desregrada** *fig* uscire di squadra. **modo de vida** vivere. **subir na vida** fare strada, sfondare. **vida vegetativa** vita vegetativa.
vi.dei.ra [vid´ejrə] *sf Bot* vite.
vi.den.te [vid´ẽti] *s* **1** chiaroveggente. **2** *Poét* veggente.
ví.deo [v´idju] *sm* **1** *V videocassete*. **2** *V videoclipe*.
vi.de.o.cas.se.te [videokas´ɛti] *sm* videocassetta. *Sin: vídeo.*
vi.de.o.cli.pe [videokl´ipi] *sm* videoclip, video. *Sin: vídeo.*
vi.dra.ça [vidr´asə] *sf* vetrata, invetriata, vetro.
vi.dra.ça.ri.a [vidrasar´iə] *sf* vetreria, magazzino di vetri.
vi.dra.cei.ro [vidras´ejru] *sm* vetraio.
vi.dra.do [vidr´adu] *adj gír* cotto, innamorato.
vi.dra.ri.a [vidrar´iə] *sf* vetreria, fabbrica di vetri.
vi.dro [v´idru] *sm* **1** vetro. **2** cristallo. **vidro esmerilhado** vetro smerigliato. **vidro inquebrável** vetro infrangibile.
vi.e.la [vi´ɛlə] *sf* angiporto.
vi.ga [v´igə] *sf* trave.
vi.gá.rio [vig´arju] *sm Rel* vicario, curato.
vi.gen.te [viʒ´ẽti] *adj* vigente.
vi.gé.si.mo [viʒ´ɛzimu] *sm+num* ventesimo, vigesimo.
vi.gi.a [viʒ´iə] *sm Mil* vedetta. **ficar de vigia** vigilare.
vi.gi.ar [viʒi´ar] *vt* **1** vigilare. **2** controllare, sorvegliare. **3** custodire, curare. **4** stare dietro a. *vi* **5** vigilare, vegliare.

vi.gi.lân.cia [viʒil´ãsjə] *sf* **1** vigilanza. **2** cura. **3** assistenza. **4** controllo.
vi.gi.lan.te [viʒil´ãti] *sm* guardia. • *adj* **1** vigilante, vigile. **2** *fig* attento.
vi.gí.lia [viʒ´iljə] *sf Rel* vigilia.
vi.gor [vig´or] *sm* **1** vigore. **2** energia, potenza. **3** robustezza. **4** vitalità. **5** gagliardia. **6** *fig* nervo, polso. **entrar em vigor** entrare in vigore.
vi.go.rar [vigor´ar] *vi* **1** essere in vigore. **2** *Lit* vigere.
vi.go.ro.so [vigor´ozu] *adj* **1** vigoroso. **2** energico, potente. **3** robusto. **4** gagliardo. **5** *fig* atletico, taurino. **6** vivo, florido.
vil [v´iw] *adj* **1** vile. **2** senza nome. **3** cattivo, tristo. **4** infame. **5** turpe. **6** sudicio. **7** *fig* fetente.
vi.la [v´ilə] *sf* **1** villaggio, borgo, luogo. **2** villa, casa di campagna. **3** *Lit* vico.
vi.la.re.jo [vilar´eʒu] *sm* **1** paese, villaggio. **2** *Lit* vico.
vi.le.za [vil´ezə] *sf* viltà.
vi.me [v´imi] *sm* vimine.
vi.na.gre [vin´agri] *sm* aceto.
vin.cu.lar [vĩkul´ar] *vt* **1** vincolare. **2** *fig* incatenare. *vpr* **3** vincolarsi. **4** impegnarsi.
vín.cu.lo [v´ĩkulu] *sm* **1** vincolo. **2** *fig* legame, cappio, nodo.
vin.da [v´ĩdə] *sf* **1** venuta. **2** comparsa.
vin.di.ma [vĩd´imə] *sf* vendemmia.
vin.dou.ro [vĩd´owru] *adj* venturo, futuro.
vin.gan.ça [vĩg´ãsə] *sf* vendetta, rivalsa.
vin.gar [vĩg´ar] *vi* **1** attecchire. *vpr* **2** rivalersi, rifarsi, prendersi una rivincita. **3** *fig* rendere pane per focaccia.
vi.nha [v´iñə] *sf* vigna.
vi.nhe.do [viñ´edu] *sm* vigneto.
vi.nho [v´iñu] *sm* vino. **vinho branco** vino bianco. **vinho de maçã** vino di mele. **vinho de mesa** vino da pasto. **vinho doce** vino dolce. **vinho espumante** vino spumante, sciampagna. **vinho fraco** acquerello. **vinho moscatel** vino moscato. **vinho quente** vino caldo. **vinho seco** vino secco. **vinho tinto** vino rosso.
vin.te [v´ĩti] *sm+num* venti. **vinte avos** ventesimo, vigesimo.
vi.o.la [vi´ɔlə] *sf Mús* **1** viola. **2** chitarra.
vi.o.la.ção [vjolas´ãw] *sf* violazione, infrazione.
vi.o.lão [vjol´ãw] *sm Mús* chitarra.
vi.o.lar [vjol´ar] *vt* **1** violare. **2** infrangere. **3** *fig* profanare. **4** rompere (acordos).
vi.o.lên.cia [vjol´ẽsjə] *sf* **1** violenza, riffa. **2** *fig* ardore. **3** forza.
vi.o.len.tar [vjolẽt´ar] *vt* **1** violentare. **2** stuprare.
vi.o.len.to [vjol´ẽtu] *adj* **1** violento. **2** aggressivo. **3** gagliardo. **4** drastico. **5** *fig* torrenziale. **6** forte. **7** bellicoso.
vi.o.le.ta [vjol´etə] *sm* **1** viola, violetto (cor). *sf* **2** *Bot* violetta, viola, mammola. • *adj* violetto, paonazzo.
vi.o.li.no [vjol´inu] *sm Mús* violino. **primeiro violino** violino di spalla.
vi.o.lon.ce.lo [vjolõs´ɛlu] *sm Mús* violoncello.
vir [v´ir] *vi* **1** venire. **2** avvenire. **3** *fig* avvicinarsi. **vir abaixo** sdrucciolare. **vir a calhar/vir a propósito** venire a proposito, venire in taglio. **vir antes** antivenire. **vir ao mundo** venire al mondo, nascere. **vir a saber** venire a sapere. **vir de** a) venire da. b) uscire da. c) provenire da, conseguire da. **vir embora** venir via. Veja nota em **venire**.
vi.ra-ca.sa.ca [virəkaz´akə] *s fig* camaleonte, girella.
vi.ra-la.ta [virəl´atə] *sm* cane randagio. • *adj* randagio (animal). *Pl: vira-latas.*
vi.rar [vir´ar] *vt* **1** voltare, volgere, rivolgere. **2** torcere. **3** *Náut, Aer* virare. *vi* **4** voltare, volgere. **5** trasformarsi. **6** curvare, sterzare. **7** *Náut, Aer* virare. *vpr* **8** voltarsi, volgersi. **9** rovesciarsi. **10** *pop* cavarsela, arrangiarsi, barcamenarsi. **virar casaca** voltare la casacca, voltare la giubba. **virar do avesso/de ponta-cabeça** rovesciare.
vir.gem [v´irʒẽj] *sf* **1** vergine. **2 Virgem** *Astron, Astrol* Vergine. • *adj* **1** vergine. **2** greggio, grezzo. **3** inesplorato, sconosciuto. **4** *fig* puro, casto. **a Virgem** *Rel* la Vergine. **floresta virgem** foresta vergine. **terra virgem** terra vergine.
vir.gi.nal [virʒin´aw] *adj* verginale. *Pl: virginais.*
vir.gin.da.de [virʒĩd´adi] *sf* verginità.

V

vír.gu.la [v'irgulə] *sf* virgola. **não mudar uma vírgula** non levare nemmeno una virgola, non alterare un testo.
vi.ril [vir'iw] *adj* **1** virile. **2** potente. **3** *fig* maschio.
vi.ri.lha [vir'iλə] *sf Anat* anguinaia, inguine.
vi.ri.li.da.de [virilid'adi] *sf* **1** virilità. **2** potenza.
vir.tu.al [virtu'aw] *adj* virtuale. *Pl: virtuais.*
vir.tu.de [virt'udi] *sf* **1** virtù. **2** valore, forza. **em virtude de** in virtù di.
vir.tu.o.se [virtu'ozi] *sm* **1** *Mús* virtuoso. **2** *fig* artista. *Var: virtuoso.*
vir.tu.o.so [virtu'ozu] *adj* virtuoso, casto. • *sm V virtuose.*
ví.rus [v'irus] *sm sing+pl Med* virus.
vi.são [viz'ãw] *sf* **1** visione. **2** vista (o sentido). **3** punto di vista. **4** *fig* ombra, fantasma.
vís.ce.ra [v'iserə] *sf* **1** *Anat* viscere, entragna, budello. **2 vísceras** a) (em geral) viscere. b) (só de animais) interiora, interiori. c) *fig* viscere, parte più interna. Veja notas em **budello** e **interiore**.
vis.con.de [visk'õdi] *sm* visconte.
vis.con.des.sa [viskõd'esə] *sf* viscontessa.
vis.co.so [visk'ozu] *adj* vischioso, colloso.
vi.sei.ra [viz'ejrə] *sf* visiera.
vi.si.o.ná.rio [vizjon'arju] *sm+adj* visionario.
vi.si.ta [viz'itə] *sf* **1** visita. **2** soggiorno. **3** gita. **fazer uma visita** fare una visita. **visita médica** visita medica.
vi.si.tan.te [vizit'ãti] *s* visita.
vi.si.tar [vizit'ar] *vt* **1** visitare (lugar, pessoa). **2** *fig* vedere. **visitar os clientes de uma praça** *Com* fare la piazza.
vi.si.ti.nha [vizit'iñə] *sf dim pop* corsa, scappata.
vi.sí.vel [viz'ivew] *adj* visibile. *Pl: visíveis.*
vis.lum.brar [vizlũbr'ar] *vt* intravvedere.
vis.lum.bre [vizl'ũbri] *sm* barlume.
vi.sor [viz'or] *sm* mirino.
vis.ta [v'istə] *sf* **1** vista, veduta. **2** *fig* spettacolo. **à primeira vista** a prima vista, a primo abbordo. **até a vista!** arrivederci! **à vista** *Com* a vista, a pronti. **colocar à vista** mettere in vista, mostrare a tutti. **dar vista para** guardare. **em vista de** in vista di. **fazer vista grossa** *fig* chiudere un occhio, fare l'indiano. **não perder de vista** non perder di vista. **pagamento à vista** pagamento in contanti. **pagável à vista** *Com* pagabile a vista. **ter vista curta** *fig* aver corta vista. **vista para o mar** vista sul mare.
vis.to [v'istu] *sm Com* visto, convalida. • *adj* visto. **nunca visto** *adj* inaudito. **visto que** *conj* visto che, giacché, perché.
vis.to.ri.a [visto'riə] *sf* **1** ispezione. **2** *Dir* perizia.
vis.to.ri.ar [vistori'ar] *vt* visitare, ispezionare.
vis.to.so [vist'ozu] *adj* **1** vistoso, appariscente, sgargiante. **2** *fig* chiassoso.
vi.su.al [vizu'aw] *adj* visuale. *Pl: visuais.*
vi.tal [vit'aw] *adj* vitale. *Pl: vitais.*
vi.ta.li.da.de [vitalid'adi] *sf* **1** vitalità. **2** *fig* vita.
vi.ta.mi.na [vitam'inə] *sf Med* vitamina.
vi.te.la [vit'ɛlə] *sf* vitello (carne).
vi.te.lo [vit'ɛlu] *sm* vitello (animal).
ví.ti.ma [v'itimə] *sf Dir, irôn* vittima.
vi.tó.ria [vit'ɔrjə] *sf* **1** vittoria, vincita, trionfo, la meglio. **2** *fig* palma.
vi.tó.ria-ré.gia [vitɔrjər̄'ɛʒjə] *sf Bot* vittoria regia. *Pl: vitórias-régias.*
vi.to.ri.o.so [vitori'ozu] *sm+adj* vincitore, vittorioso.
vi.tral [vitr'aw] *sm* vetrata, invetriata. **vitrais artísticos** vetrate artistiche. **vitrais coloridos** vetrate a colori. *Pl: vitrais.*
vi.tri.na [vitr'inə] *sf* vetrina.
vi.tro.la [vitr'ɔlə] *sf* giradischi, grammofono.
vi.u.vez [vjuv'es] *sf* vedovanza.
vi.ú.vo [vi'uvu] *sm+adj* vedovo.
vi.va.ci.da.de [vivasid'adi] *sf* **1** vivacità. **2** brio. **3** animazione.
vi.vaz [viv'as] *adj* **1** vivace, brioso. **2** allegro, gaio, svelto. **3** *fig* fresco, desto.
vi.vei.ro [viv'ejru] *sm* vivaio. **viveiro de aves** aviario.
vi.ver [viv'er] *vt* **1** vivere. *vi* **2** vivere. **3** campare. **4** *fig* respirare. **quem viver verá** chi vivrà, vedrà. **viva!** viva! evviva! *viva a Itália!* / evviva l'Italia! **viver ao deus-dará** vivere alla giornata. **viver**

bem passarsela bene. **viver com dificuldade/às duras penas** tirare avanti, stentare.
ví.ve.res [v´iveris] *sm pl* viveri, cibarie, commestibili, vettovaglie.
vi.vo [v´ivu] *adj* **1** vivo. **2** vivace, vispo, agile, svelto. **3** caldo. **4** pastoso. **5** *Lit* vivido. **6** *fig* parlante. **7** sveglio. **8** chiassoso. **cor viva** colore vivace. **ser muito vivo** essere tutto pepe.
vi.zi.nhan.ça [viziñ´ãsə] *sf* **1** vicinanza. **2** contrada. **as vizinhanças** le vicinanze. **na vizinhança/nas vizinhanças** vicino, attorno.
vi.zi.nho [viz´iñu] *sm* vicino. • *adj* **1** vicino. **2** prossimo. **3** contiguo. • *adv* in vicinanza, dappresso.
vô [v´o] *sm fam* nonno.
vó [v´ɔ] *sf fam* nonna.
vo.a.dor [voad´or] *adj* volante, alato.
vo.ar [vo´ar] *vi* (também *fig*) volare. *os pássaros voavam* / gli uccelli volavano. *o tempo voa* / il tempo vola.
vo.ca.bu.lá.rio [vokabul´arju] *sm* **1** vocabolario, lessico. **2** *fig* dizionario.
vo.cá.bu.lo [vok´abulu] *sm* **1** vocabolo. **2** *Gram* voce, termine.
vo.ca.ção [vokas´ãw] *sf* vocazione.
vo.cal [vok´aw] *adj* vocale. *Pl: vocais.*
vo.cê [vos´e] *pron sing* **1** tu. **2 vocês** *pl* voi. **a você** te, a te, ti. **a vocês** voi. **com você** con te. **com vocês** con voi. **para você** a) te, ti. b) secondo te. **por vocês** per voi. **tratar por você** darsi del tu. **vocês mesmos** voi stessi. Veja notas em **tu, te, ti**[2] (italiano), **ve** e **voi**.
vod.ca [v´ɔdkə] *sf* vodca.
vo.ga [v´ɔgə] *sf* voga. **estar em voga** essere in voga.
vo.gal [vog´aw] *sf Gram* vocale. *Pl: vogais.*
vo.gar [vog´ar] *vi* vogare.
vo.lan.te [vol´ãti] *sm* **1** *Autom* volante, guida, sterzo. **2** *Mec* volano.
vo.lá.til [vol´atiw] *adj* volatile. *Pl: voláteis.*
volt [v´owt] *sm fr Elet* volta.
vol.ta [v´ɔwtə] *sf* **1** volta. **2** venuta, regresso, ritorno. **3** curva, diversione. **4** voluta, spirale. **5** *Esp* giro, circuito. **6** *Autom* conversione. **7** *fig* girata. **em volta** dintorno a, presso. **em volta de** intorno a, attorno, presso. **por volta de** a) com quantidades: circa. b) referindo-se a tempo: per. *voltarei por volta das cinco* / ritornerò per le cinque.
vol.ta.gem [vowt´aʒẽj] *sf Elet* voltaggio.
vol.tar [vowt´ar] *vt+vi* **1** tornare, ritornare, retrocedere. **2** sterzare, curvare. *vpr* **3** voltarsi, volgersi, svoltare. **não voltar atrás** non tornare addietro. **voltar a** tornare a. **voltar ao assunto** *fig* tornare a bomba. **voltar a si** tornare a sé, rinvenire. **voltar atrás** tornare indietro, mutare idea, stornarsi.
vol.tei.o [vowt´eju] *sm Esp* volteggio.
vol.ti.nha [vɔwt´iñə] *sf dim pop* passeggiata. **dar uma voltinha** fare quattro passi.
vo.lu.bi.li.da.de [volubilid´adi] *sf* **1** volubilità. **2** *fig* mobilità.
vo.lu.me [vol´umi] *sm* **1** volume. **2** tomo, stampa.
vo.lu.mo.so [volum´ozu] *adj* voluminoso: a) grosso. b) che si compone di molti volumi. *uma enciclopédia volumosa* / un'enciclopedia voluminosa. c) *fig* rotondo.
vo.lun.tá.rio [volũt´arju] *sm* volontario. • *adj* volontario, spontaneo. **voluntário da Cruz Vermelha** milite.
vo.lú.pia [vol´upjə] *sf* voluttà.
vo.lup.tu.o.so [voluptu´ozu] *adj* voluttuoso.
vo.lú.vel [vol´uvew] *adj* **1** volubile, incostante. **2** *fig* leggero, mobile, lunatico. **pessoa volúvel** *fig* girandola. *Pl: volúveis.*
vol.ver [vowv´er] *vt+vi* volgere.
vo.mi.tar [vomit´ar] *vt* **1** vomitare, rigurgitare, rigettare, rimettere. *vi* **2** vomitare.
vô.mi.to [v´omitu] *sm Med* vomito.
von.ta.de [võt´adi] *sf* **1** voglia. **2** volontà. **3** desiderio, bisogno. **4** capriccio, gusto. **5** disposizione. **6** *fig* appetito, ambizione. **7** fibra. **à vontade** a volontà, a piacere. **à vontade!** si figuri! **comer, beber à vontade** mangiare, bere a discrezione. **contra a minha vontade** mio malgrado. **de boa vontade** volentieri, di buona voglia, di buon grado. **de má vontade/contra a vontade** malvolentieri, di malavoglia, controvoglia. **fazer a vontade de** contentare. **má vontade** malavoglia, mal talento. **por minha livre e espontânea**

vontade di mio volere. **por vontade própria** di buon grado. **segundo a minha vontade** a mio piacere. **ter vontade de** invogliarsi di. **última vontade** *Dir* ultima volontà (no testamento). **vontade férrea** volontà ferrea.

vo.o [v´ou] *sm* volo, volata. **levantar voo** alzar volo, prendere il volo. **voo rasante** *Mil* volo radente.

vo.ra.ci.da.de [vorasid´adi] *sf* voracità, ingordigia.

vo.raz [vor´as] *adj* **1** vorace, ingordo. **2** *fig* goloso.

vos [vus] *pron pl* **1** voi. **2** vi. **3** ve. Veja notas em **voi, vi** e **ve**.

vós [v´ɔs] *pron pl* voi. **a vós/para vós** vi, ve. **por vós** per voi. **vós mesmos** voi stessi. Veja nota em **voi**.

vos.sa [v´ɔsə] *pron f sg* **1** vostra. **2 vossas** *pl* vostre.

vos.so [v´ɔsu] *pron m sg* **1** vostro. **2 vossos** *pl* vostri.

vo.tar [vot´ar] *vt+vi* votare. *os deputados votaram a proposta* / i deputati votarono la proposta. *votar num candidato* / votare per un candidato. *votar a favor de alguma coisa* / votare in favore di qualcosa.

vo.to [v´ɔtu] *sm* **1** voto. **2** suffragio. **3** augurio. **4 votos** *pl Rel* voto. **fazer os votos** *Rel* professare i voti, far voti. **fazer votos de** augurare. **fazer votos de castidade** far voto di castità. **voto de fé** voto di fiducia.

vo.vó [vov´ɔ] *sf fam* nonna.

vo.vô [vov´o] *sm fam* nonno.

voz [v´ɔs] *sf* **1** voce, suono. **2** *Mús* voce. **a voz do povo é a voz de Deus** voce di popolo, voce di Dio. **coro a cinco vozes** coro a cinque voci. **de viva voz** a viva voce. **em voz alta** ad alta voce, forte. **em voz baixa** sotto voce. **ter voz ativa** *fig* aver voce in capitolo. **voz da consciência** voce della coscienza. **voz de animal** verso. **voz de tenor** voce di tenore.

vo.ze.ri.o [vozer´iu] *sm* gazzarra, schiamazzo, baccano, baldoria.

vul.cão [vuwk´ãw] *sm Geogr* vulcano.

vul.gar [vuwg´ar] *adj* **1** volgare. **2** licenzioso, sporco. **3** triviale, pacchiano. **4** *fig* plebeo. • *sm Lit, Gram* volgare.

vul.ga.ri.da.de [vuwgarid´adi] *sf* **1** volgarità, sozzura. **2** *fig* porcheria.

vul.ga.ri.zar [vuwgariz´ar] *vt* volgarizzare, render volgare.

vul.go [v´uwgu] *sm* **1** volgo. **2** *Poét* vulgo. • *adv* conosciuto come.

vul.ne.rá.vel [vuwner´avew] *adj* vulnerabile. *Pl: vulneráveis.*

vul.va [v´uwvə] *sf Anat* vulva.

W

w [d´ablju] *sm* lettera che non fa parte dell'alfabeto portoghese, usata soltanto in parole straniere e abbreviature. Sostituita da *v* o *u*.

watt [v´ati, ´wat] *sm ingl watt*.

X

x [ʃ´is] *sm* la ventiduesima lettera dell'alfabeto portoghese.
xa.drez [ʃadr´es] *sm* **1** scacco. **2** *pop* prigione. **3** *gír* gattabuia. • *adj* a quadretti. **o jogo de xadrez** gli scacchi.
xa.le [ʃ´ali] *sm* scialle.
xam.pu [ʃãp´u] *sm shampoo.*
xa.ro.pe [ʃar´ɔpi] *sm Med* sciroppo. • *s+adj pop* zanzara, seccante.
xe.no.fo.bi.a [ʃenofob´iə] *sf* xenofobia.
xe.que [ʃ´ɛki] *sm* **1** scacco (no jogo de xadrez). **2** sceicco, capo arabo.
xe.que-ma.te [ʃɛkim´ati] *sm* scacco matto. **dar xeque-mate** dare scacco matto. *Pl: xeques-mate, xeques-mates.*
xe.re.ta [ʃer´etə] *s pop* ficcanaso.
xe.re.tar [ʃeret´ar] *vi pop* frugare, curiosare.
xe.ri.fe [ʃer´ifi] *sm* sceriffo.
xe.ro.có.pia [ʃerok´ɔpjə] *sf* xerocopia.
xi [ʃ´i] *interj* ih!
xí.ca.ra [ʃ´ikarə] *sf* tazza, ciotola, chicchera. **xícara para café** tazza da caffè. **xícara para chá** tazza da tè.
xi.lo.fo.ne [ʃilof´oni] *sm Mús* xilofono.
xi.lo.gra.fi.a [ʃilograf´iə] *sf* xilografia.
xin.gar [ʃĩg´ar] *vt* **1** inveire contro. *vi* **2** inveire, ruttare improperi. **3** *fig* sputar veleno.
xis [ʃ´is] *sm sing+pl* ics, il nome della lettera X.
xo.dó [ʃod´ɔ] *sm fam* cucco, pupilla.

Y

y [ˈipsilõw] *sm* lettera che non fa parte dell'alfabeto portoghese, usata soltanto in parole straniere e abbreviature. Sostituita da i.

Z

z [z´e] *sm* la ventitreesima e ultima lettera dell'alfabeto portoghese.

za.bai.o.ne [zabaj´oni] *sm* zabaione.

za.bum.ba [zab´ũbə] *sf Mús* grancassa, tamburone.

za.guei.ro [zag´ejru] *sm Fut* terzino.

zan.ga [z´ãgə] *sf* **1** stizza, rovello, ira. **2** irritazione, malumore.

zan.ga.do [zãg´adu] *adj* **1** stizzoso. **2** irritato. **estar zangado com** avercela con.

zan.gão [zãg´ãw] *sm Zool* calabrone.

zan.gar [zãg´ar] *vt* **1** stizzire. *vpr* **2** stizzirsi, adirarsi, incollerirsi.

zan.zar [zãz´ar] *vi pop* svolazzare.

za.ra.ba.ta.na [zarabat´ʌnə] *sf* cerbottana.

za.ro.lho [zar´oλu] *adj* losco, orbo.

zar.par [zarp´ar] *vt+vi Náut* salpare.

zê [z´e] *sm* zeta, il nome della lettera Z.

ze.bra [z´ebrə] *sf Zool* zebra.

ze.bu [zeb´u] *sm Zool* zebù.

ze.la.dor [zelad´or] *sm* custode.

ze.lo [z´elu] *sm* zelo, sollecitudine.

ze.lo.so [zel´ozu] *adj* zelante, sollecito.

ze.ro [z´ɛru] *sm+num* zero. **abaixo de zero** sotto zero. **acima de zero** sopra zero. **zero absoluto** *Fís* zero assoluto.

zi.gue-za.gue [zigiz´agi] *sm* zigzag.

zi.gue.za.gue.ar [zigizage´ar] *vi* **1** andare a zigzag. **2** snodarsi (estrada, rio).

zin.co [z´ĩku] *sm Quím* zinco.

zí.per [z´iper] *sm* chiusura lampo, zip.

zo.dí.a.co [zod´iaku] *sm Astrol, Astron* zodiaco.

zom.bar [zõb´ar] *vt* **1** schernire, canzonare, ridersi di, motteggiare, prendere in giro. *vi* **2** sghignazzare, giocare.

zom.ba.ri.a [zõbar´iə] *sf* beffa, scherno, canzonatura, burla, baia.

zom.be.tei.ro [zõbet´ejru] *adj* beffardo, irriverente. • *sm* burlone.

zo.na [z´onə] *sf* zona, campo.

zo.o [z´ou] *sm* zoo.

zo.o.lo.gi.a [zooloʒ´iə] *sf* zoologia.

zo.o.ló.gi.co [zool´ɔʒiku] *sm* giardino zoologico, zoo. • *adj* zoologico.

zo.ó.lo.go [zo´ɔlogu] *sm* zoologo.

zo.o.tec.ni.a [zootekn´iə] *sf* zootecnia.

zum.bi.do [zũb´idu] *sm* ronzio, vibrazione. *Var: zunido.*

zum.bir [zũb´ir] *vi* ronzare, vibrare. *Var: zunir.*

zu.ni.do [zun´idu] *sm V zumbido.*

zu.nir [zun´ir] *vi V zumbir.*

zur.rar [zur̄´ar] *vi* ragliare.

APÊNDICE

Notas gramaticais do italiano

1. Elisão e truncamento

a) Elisão: supressão da vogal final átona de uma palavra, antes de outra palavra iniciada por vogal. Indicada pelo apóstrofo:
l'amico - un'aquila - c'è - d'onore - quell'uomo

b) Truncamento: supressão de vogal ou sílaba final átona precedida de **l**, **m**, **n** ou **r**. Ocorre geralmente com **uno**, pronomes, substantivos, adjetivos, infinitivo dos verbos etc.:
bel tempo - quel cane - mal di testa - esser da tanto

2. Artigos definidos e indefinidos

Os artigos variam de acordo com a inicial da palavra à qual se referem. Não há artigos indefinidos no plural.

Artigos masculinos
Antes de consoante simples: **il** (plural **i**), **un**: il cane, i gatti, un luogo.
Antes de *s impura*, *z*, *ps*, *gn*, *x*: **lo** (plural **gli**), **uno**: lo specchio, gli gnomi, uno psicologo.
Antes das vogais *a*, *e*, *o*, *u*: **l'** (plural **gli**), **un**: l'uomo, gli uomini, un aereo.
Antes da vogal *i*: **l'** (plural **gl'**), **un**: l'inglese, gl'Inglesi, un italiano.

Artigos femininos
Antes de consoante simples, *s impura*, *z*, *ps*, *gn*, *x*: **la** (plural **le**), **una**: la casa, le stelle, una spada.
Antes de vogal: **l'** (plural **le**), **un'**: l'anima, le aquile, un'ora.
Antes da letra *e*, o artigo definido feminino pode ser **l'**, desde que o plural não seja confundido com o singular: le erbaccie ou l'erbaccie (singular l'erbaccia).

3. Contrações e combinações

a) As preposições *a*, *con*, *da*, *di*, *in*, *per* e *su* ligam-se aos artigos definidos, formando **preposizioni articolate**, que seguem as mesmas regras de uso dos artigos.

	il	**l'**	**lo**	**i**	**gli**	**gl'**	**la**	**le**
a	al	all'	allo	ai	agli	agl'	alla	alle
con	col	(*)	(*)	coi	(*)	(*)	(*)	(*)
da	dal	dall'	dallo	dai	dagli	dagl'	dalla	dalle
di	del	dell'	dello	dei	degli	degl'	della	delle
in	nel	nell'	nello	nei	negli	negl'	nella	nelle
per	pel	(*)	(*)	pei	(*)	(*)	(*)	(*)
su	sul	sull'	sullo	sui	sugli	sugl'	sulla	sulle

(*) As contrações de **con** e **per** não são mais utilizadas. Apenas *col*, *coi*, *pel* e *pei* ainda são toleradas. Ainda assim, é preferível utilizar *con il*, *con i*, *per il* e *per i*.

b) O pronome *gli* liga-se aos pronomes *la, le, li, lo, ne*, formando as seguintes **combinações**: *gliela, gliele, glieli, glielo, gliene.*

4. Divisão silábica

A divisão silábica em italiano é quase igual à do português. Deve-se destacar, porém:

a) São hiatos, e portanto se separam:
– **AE, AO, EA, EO, OA, OE**: *a.e.re.o, po.e.ta*
– **I** ou **U** tônico + outra vogal: *mi.o, pa.u.ra*
– **IU** e **UI**, quando o **I** for tônico: *flu.i.re*
Por razões estéticas, em italiano também não se deve isolar uma vogal em início ou final de linha.
b) As consoantes duplas se dividem, como no português. O encontro **CQ** é considerado duplo **C** Ex.: *tut.to, cap.pel.lo, mac.chi.na, ac.que.dot.to.*

c) O **S** seguido de outra consoante é chamado **s impura**, e forma sílaba **sempre** com a consoante seguinte. Ex.: *e.sta.te, a.spet.ta.re, a.stro, u.sci.ta, a.sbe.sto.*

d) Não se dividem os grupos consonantais com os quais se pode iniciar uma palavra italiana, e aqueles em que o **N** segue uma outra consoante. Portanto, não devem ser divididos os grupos seguintes: **PS, PN, TM, PT, GN** e **TN**. Ex.: *ra.pso.di.a, i.pno.si, ri.tmo, ma.gni.fi.co, ca.pta.re, e.tni.co.*

Obs.: Alguns gramáticos discordam do item *d* acima.

Numerais

Cardinais / Cardinali

0	zero	zero
1	um (*f* uma)	uno (*f* una)
2	dois (*f* duas)	due
3	três	tre
4	quatro	quattro
5	cinco	cinque
6	seis	sei
7	sete	sette
8	oito	otto
9	nove	nove
10	dez	dieci
11	onze	undici
12	doze	dodici
13	treze	tredici
14	quatorze, catorze	quattordici
15	quinze	quindici
16	dezesseis	sedici
17	dezessete	diciassette
18	dezoito	diciotto
19	dezenove	diciannove
20	vinte	venti
21	vinte e um	ventuno
22	vinte e dois	ventidue
30	trinta	trenta
40	quarenta	quaranta
50	cinquenta	cinquanta
60	sessenta	sessanta
70	setenta	settanta
80	oitenta	ottanta
90	noventa	novanta
100	cem	cento
101	cento e um	centuno
102	cento e dois	centodue
200	duzentos	duecento
300	trezentos	trecento

400	quatrocentos	quattrocento
500	quinhentos	cinquecento
600	seiscentos	seicento
700	setecentos	settecento
800	oitocentos	ottocento
900	novecentos	novecento
1.000	mil	mille
1.001	mil e um	milleuno
2.000	dois mil	duemila
100.000	cem mil	centomila
1.000.000	um milhão	un milione

Ordinais / Ordinali

0	-	-
1	primeiro	primo
2	segundo	secondo
3	terceiro	terzo
4	quarto	quarto
5	quinto	quinto
6	sexto	sesto
7	sétimo	settimo
8	oitavo	ottavo
9	nono	nono
10	décimo	decimo
11	décimo primeiro, undécimo	undicesimo, undecimo
12	décimo segundo, duodécimo	dodicesimo, duodecimo
13	décimo terceiro	tredicesimo, decimoterzo
14	décimo quarto	quattordicesimo, decimoquarto
15	décimo quinto	quindicesimo, decimoquinto
16	décimo sexto	sedicesimo, decimosesto
17	décimo sétimo	diciassettesimo, decimosettimo
18	décimo oitavo	diciottesimo, decimottavo
19	décimo nono	diciannovesimo, decimonono
20	vigésimo	ventesimo, vigesimo
21	vigésimo primeiro	ventunesimo, ventesimoprimo
22	vigésimo segundo	ventiduesimo, ventesimosecondo
30	trigésimo	trentesimo, trigesimo
40	quadragésimo	quarantesimo, quadragesimo
50	quinquagésimo	cinquantesimo, quinquagesimo

60	sexagésimo	sessantesimo, sessagesimo
70	setuagésimo	settantesimo
80	octogésimo	ottantesimo
90	nonagésimo	novantesimo
100	centésimo	centesimo
101	centésimo primeiro	centesimoprimo
102	centésimo segundo	centesimosecondo
200	ducentésimo	duecentesimo
300	trecentésimo	trecentesimo
400	quadringentésimo	quattrocentesimo
500	quingentésimo	cinquecentesimo
600	seiscentésimo, sexcentésimo	seicentesimo
700	setingentésimo	settecentesimo
800	octingentésimo	ottocentesimo
900	nongentésimo	novecentesimo
1.000	milésimo	millesimo
1.001	milésimo primeiro	millesimoprimo
2.000	dois milésimos	duemillesimo
100.000	cem milésimos	centomillesimo
1.000.000	milionésimo	un milionesimo

Observações:

1. Os numerais compostos de **tre** recebem acento: **ventitré**.

2. As dezenas e as centenas perdem a vogal final quando se unem aos numerais **uno** e **otto**:

trenta + uno = **trentuno**; novanta + otto = **novantotto**.

3. Os numerais compostos de **uno** sofrem truncamento: **ventun quaderni**.

4. Os milhares formam-se com **mila** (plural de **mille**):

due + mille = **duemila**; trenta + mille = **trentamila**.

5. Costuma-se escrever os numerais numa só palavra, principalmente datas e valores. Assim, 1997 pode ser escrito como: **millenovecentonovantasette**.

6. Pode-se acrescentar o sufixo **-enne** (plural **-enni**) aos numerais cardinais, formando adjetivos que indicam idade: **duenne** (de dois anos de idade), **treenne** (de três anos de idade), **quattrenne** (de quatro anos de idade), **cinquenne** (de cinco anos de idade), **seenne** (de seis anos de idade), **settenne** (de sete anos de idade), **ottenne** (de oito anos de idade), **novenne** (de nove anos de idade), **decenne** (de dez anos de idade), **undicenne** (de onze anos de idade), **dodicenne** (de doze anos de idade), **ventenne** (de vinte anos de idade), **trentenne** (de trinta anos de idade) etc.

un uomo **trentenne** = um homem de trinta anos

Substantivos e adjetivos pátrios relativos a regiões e cidades da Itália

abruzzese *s+agg* abruzense, da região dos Abruzes (em italiano, Abruzzi).

bolognese *s+agg* bolonhês, da cidade de Bolonha (em italiano, Bologna).

calabrese *s+agg* calabrês, da região da Calábria (em italiano, Calabria).

emiliano-romagnolo *sm+agg* emiliano-romanholo, da região da Emília-Romanha (em italiano, Emilia-Romagna).

fiorentino *sm+agg* florentino, da cidade de Florença (em italiano, Firenze).

friulano *sm+agg* friulano, da região do Friuli.

genovese *s+agg* genovês, da cidade de Gênova (em italiano, Genova).

ligure *s+agg* lígure, da região da Ligúria (em italiano, Liguria).

lombardo *sm+agg* lombardo, da região da Lombardia.

milanese *s+agg* milanês, da cidade de Milão (em italiano, Milano).

napoletano *sm+agg* napolitano, da cidade de Nápoles (em italiano, Napoli).

padovano *sm+agg* paduano, da cidade de Pádua (em italiano, Padova).

perugino *sm+agg* perusino, da cidade de Perúsia (em italiano, Perugia).

piemontese *s+agg* piemontês, da região do Piemonte.

pisano *sm+agg* pisano, da cidade de Pisa.

romano *sm+agg* romano, da cidade de Roma.

sardo *sm+agg* sardo, da região/ilha da Sardenha (em italiano, Sardegna).

senese *s+agg* sienense, da cidade de Siena.

siciliano *sm+agg* siciliano, da região/ilha da Sicília (em italiano, Sicilia).

torinese *s+agg* turinense, da cidade de Turim (em italiano, Torino).

toscano *sm+agg* toscano, da região da Toscana.

udinese *s+agg* udinense, da cidade de Udine.

umbro *sm+agg* úmbrio, da região da Úmbria (em italiano, Umbria).

veneto *sm+agg* vêneto, da região do Vêneto (em italiano, Veneto).

veneziano *sm+agg* veneziano, da cidade de Veneza (em italiano, Venezia).

veronese *s+agg* veronês, veronense, da cidade de Verona.

Equivalência dos tempos verbais

PORTUGUÊS	ITALIANO
Infinitivo	Infinito
Gerúndio	Gerundio
Particípio	Participio
Indicativo	**Indicativo**
Presente	Presente
Pretérito imperfeito	Imperfetto
Pretérito perfeito	Passato remoto
Pretérito mais-que-perfeito	Trapassato
Futuro do presente	Futuro semplice
	Condizionale
Futuro do pretérito	Presente
Subjuntivo	**Congiuntivo**
Presente	Presente
Pretérito imperfeito	Imperfetto
Futuro	(não existe)
Imperativo	**Imperativo**
Afirmativo	Affermativo
Negativo	Negativo

Conjugação dos verbos em italiano

Verbos auxiliares

ESSERE (= ser; estar)
Infinito essere
Gerundio essendo
Participio stato

INDICATIVO
Presente
io sono
tu sei
lui è
noi siamo
voi siete
loro sono

Imperfetto
io ero
tu eri
lui era
noi eravamo
voi eravate
loro erano

Passato remoto
io fui
tu fosti
lui fu
noi fummo
voi foste
loro furono

Futuro semplice
io sarò
tu sarai
lui sarà
noi saremo
voi sarete
loro saranno

CONDIZIONALE
Presente
io sarei
tu saresti
lui sarebbe
noi saremmo
voi sareste
loro sarebbero

CONGIUNTIVO
Presente
io sia
tu sia
lui sia
noi siamo
voi siate
loro siano

Imperfetto
io fossi
tu fossi
lui fosse
noi fossimo
voi foste
loro fossero

IMPERATIVO
sii tu
sia lei
siamo noi
siate voi
siano loro

AVERE (= haver; ter)
Infinito avere
Gerundio avendo
Participio avuto

INDICATIVO
Presente
io ho
tu hai
lui ha
noi abbiamo
voi avete
loro hanno

Imperfetto
io avevo
tu avevi
lui aveva
noi avevamo
voi avevate
loro avevano

Passato remoto
io ebbi
tu avesti
lui ebbe
noi avemmo
voi aveste
loro ebbero

Futuro semplice
io avrò
tu avrai
lui avrà
noi avremo
voi avrete
loro avranno

CONDIZIONALE
Presente
io avrei
tu avresti
lui avrebbe
noi avremmo
voi avreste
loro avrebbero

CONGIUNTIVO
Presente
io abbia
tu abbia
lui abbia
noi abbiamo
voi abbiate
loro abbiano

Imperfetto
io avessi
tu avessi
lui avesse
noi avessimo
voi aveste
loro avessero

IMPERATIVO
abbi tu
abbia lei
abbiamo noi
abbiate voi
abbiano loro

Modelos de verbos regulares

(A terminação está em negrito)

PRIMEIRA CONJUGAÇÃO

AMARE (= amar)

Infinito am**are**
Gerundio am**ando**
Participio am**ato**

INDICATIVO

Presente
io am**o**
tu am**i**
lui am**a**
noi am**iamo**
voi am**ate**
loro am**ano**

Imperfetto
io am**avo**
tu am**avi**
lui am**ava**
noi am**avamo**
voi am**avate**
loro am**avano**

Passato remoto
io am**ai**
tu am**asti**
lui am**ò**
noi am**ammo**
voi am**aste**
loro am**arono**

Futuro semplice
io am**erò**
tu am**erai**
lui am**erà**
noi am**eremo**
voi am**erete**
loro am**eranno**

CONDIZIONALE

Presente
io am**erei**
tu am**eresti**
lui am**erebbe**
noi am**eremmo**
voi am**ereste**
loro am**erebbero**

CONGIUNTIVO

Presente
io am**i**
tu am**i**
lui am**i**
noi am**iamo**
voi am**iate**
loro am**ino**

Imperfetto
io am**assi**
tu am**assi**
lui am**asse**
noi am**assimo**
voi am**aste**
loro am**assero**

IMPERATIVO

am**a** tu
am**i** lei
am**iamo** noi
am**ate** voi
am**ino** loro

SEGUNDA CONJUGAÇÃO

TEMERE (= temer)
Infinito tem**ere**

Gerundio tem**endo**
Participio tem**uto**

INDICATIVO
Presente
io tem**o**
tu tem**i**
lui tem**e**
noi tem**iamo**
voi tem**ete**
loro tem**ono**

Imperfetto
io tem**evo**
tu tem**evi**
lui tem**eva**
noi tem**evamo**
voi tem**evate**
loro tem**evano**

Passato remoto
io tem**ei** (tem**etti**)
tu tem**esti**
lui tem**é** (tem**ette**)
noi tem**emmo**
voi tem**este**
loro tem**erono** (tem**ettero**)

Futuro semplice
io tem**erò**
tu tem**erai**
lui tem**erà**
noi tem**eremo**
voi tem**erete**
loro tem**eranno**

CONDIZIONALE
Presente
io tem**erei**
tu tem**eresti**
lui tem**erebbe**
noi tem**eremmo**
voi tem**ereste**
loro tem**erebbero**

CONGIUNTIVO
Presente
io tem**a**
tu tem**a**
lui tem**a**
noi tem**iamo**
voi tem**iate**
loro tem**ano**

Imperfetto
io tem**essi**
tu tem**essi**
lui tem**esse**
noi tem**essimo**
voi tem**este**
loro tem**essero**

IMPERATIVO
tem**i** tu
tem**a** lei
tem**iamo** noi
tem**ete** voi
tem**ano** loro

TERCEIRA CONJUGAÇÃO (I)

<u>**SENTIRE**</u> (= ouvir; sentir)
Infinito sent**ire**
Gerundio sent**endo**
Participio sent**ito**

INDICATIVO
Presente
io sent**o**
tu sent**i**
lui sent**e**
noi sent**iamo**

voi sent**ite**
loro sent**ono**

Imperfetto
io senti**vo**
tu senti**vi**
lui senti**va**
noi senti**vamo**
voi senti**vate**
loro senti**vano**

Passato remoto
io senti**i**
tu senti**sti**
lui sentì
noi sent**immo**
voi sent**iste**
loro sent**irono**

Futuro semplice
io sent**irò**
tu sent**irai**
lui sent**irà**
noi sent**iremo**
voi sent**irete**
loro sent**iranno**

CONDIZIONALE
Presente
io sent**irei**
tu sent**iresti**
lui sent**irebbe**
noi sent**iremmo**
voi sent**ireste**
loro sent**irebbero**

CONGIUNTIVO
Presente
io sent**a**
tu sent**a**
lui sent**a**
noi sent**iamo**
voi sent**iate**
loro sent**ano**

Imperfetto
io sent**issi**
tu sent**issi**
lui sent**isse**
noi sent**issimo**
voi sent**iste**
loro sent**issero**

Imperativo
sent**i** tu
sent**a** lei
sent**iamo** noi
sent**ite** voi
sent**ano** loro

TERCEIRA CONJUGAÇÃO (II)

FINIRE (= terminar)
Infinito finire
Gerundio finendo
Participio finito

INDICATIVO
Presente
io fin**isco**
tu fin**isci**
lui fin**isce**
noi fin**iamo**
voi fin**ite**
loro fin**iscono**

Imperfetto
io fini**vo**
tu fini**vi**
lui fini**va**
noi fini**vamo**
voi fini**vate**
loro fini**vano**

Passato remoto
io fin**ii**
tu fin**isti**
lui fin**ì**
noi fin**immo**
voi fin**iste**
loro fin**irono**

Futuro semplice
io fin**irò**
tu fin**irai**
lui fin**irà**
noi fin**iremo**
voi fin**irete**
loro fin**iranno**

CONDIZIONALE
Presente
io fin**irei**
tu fin**iresti**
lui fin**irebbe**
noi fin**iremmo**
voi fin**ireste**
loro fin**irebbero**

CONGIUNTIVO
Presente
io fin**isca**
tu fin**isca**
lui fin**isca**
noi fin**iamo**
voi fin**iate**
loro fin**iscano**

Imperfetto
io fin**issi**
tu fin**issi**
lui fin**isse**
noi fin**issimo**
voi fin**iste**
loro fin**issero**

IMPERATIVO
finisci tu
finisca lei
finiamo noi
finite voi
finiscano loro

Observações sobre a TERCEIRA CONJUGAÇÃO:

a) A maior parte dos verbos regulares desta conjugação acrescenta **ISC** no **presente do indicativo**, **presente do congiuntivo** e **imperativo**.

b) Alguns verbos possuem duas formas para os tempos acima, ou seja, podem ser conjugados tanto como **finire** quanto como **sentire**.

c) Uma minoria dos verbos regulares conjuga-se como **sentire**. Para os verbos desta conjugação, veja a **Relação dos verbos irregulares, defectivos ou difíceis em italiano**.

Observação sobre o IMPERATIVO:

a) As terceiras pessoas do **imperativo** referem-se às formas de cortesia.

b) O **imperativo negativo** é idêntico ao **imperativo afirmativo**, exceto na segunda pessoa do singular, em que é igual ao **infinitivo**. Exemplo:

Ama tu non am**are**
Ami lei non am**i** lei etc.

Relação dos verbos irregulares, defectivos ou difíceis em italiano

O símbolo ⇒ significa "conjugar como"

A

abolire regular. *Indicativo presente* com **isc**.
aborrire regular. *Indicativo presente* com ou sem **isc**.
accadere ⇒ *cadere*.
accendere *Participio:* acceso. *Passato remoto:* accesi, accendesti, accese, accendemmo, accendeste, accesero.
accingersi ⇒ *cingere*.
accludere ⇒ *concludere*.
accogliere ⇒ *cogliere*.
accorgersi *Participio:* accortosi. *Passato remoto:* mi accorsi, ti accorgesti, si accorse, ci accorgemmo, vi accorgeste, si accorsero.
accrescere ⇒ *crescere*.
addirsi defectivo, só nas 3.as pessoas. *Indicativo: presente:* si addice, si addicono. *Imperfetto:* si addiceva, si addicevano. *Congiuntivo: presente:* si addica, si addicano. *Imperfetto:* si addicesse, si addicessero.
addurre *Gerundio:* adducendo. *Participio:* addotto. *Indicativo: presente:* adduco, adduci, adduce, adduciamo, adducete, adducono. *Imperfetto:* adducevo, adducevi, adduceva ecc. *Passato remoto:* addussi, adducesti, addusse, adducemmo, adduceste, addussero. *Futuro:* addurrò, addurrai, addurrà ecc. *Condizionale:* addurrei, addurresti, addurrebbe ecc. *Congiuntivo: presente:* adduca, adduca, adduca, adduciamo, adduciate, adducano. *Imperfetto:* adducessi, adducessi, adducesse ecc. *Imperativo:* adduci, adduca, adduciamo, adducete, adducano.
adempire regular. *Indicativo presente* com **isc**.
affiggere *Participio:* affisso. Demais tempos como *figgere*.
affliggere *Participio:* afflitto. *Passato remoto:* afflissi, affligesti, afflisse, affliggemmo, affliggeste, afflissero.
aggiungere ⇒ *giungere*.
aggredire regular. *Indicativo presente* com **isc**.
agire regular. *Indicativo presente* com **isc**.
alludere *Participio:* alluso. *Passato remoto:* allusi, alludesti, alluse, alludemmo, alludeste, allusero.
ambire regular. *Indicativo presente* com **isc**.
ammettere ⇒ *mettere*.
andare *Participio:* andato. *Indicativo: presente:* vado, vai, va, andiamo, andate, vanno. *Futuro:* andrò, andrai, andrà, andremo, andrete, andranno. *Condizionale:* andrei, andresti, andrebbe, andremmo, andreste, andrebbero. *Congiuntivo: presente:* vada, vada, vada, andiamo, andiate, vadano. *Imperativo:* va' (vai), vada, andiamo, andate, vadano. Demais tempos regulares, com radical **and**.
annettere *Participio:* annesso. *Passato remoto:* annettei (annessi), annettesti,

annetté (annesse), annettemmo, annetteste, annetterono (annessero).

apparire *Participio:* apparso. *Indicativo: presente:* appaio (apparisco), appari (apparisci), appare (apparisce), appariamo, apparite, appaiono (appariscono). *Passato remoto:* apparii (apparvi, apparsi), apparisti, apparì (apparve, apparse), apparimmo, appariste, apparirono (apparvero, apparsero). *Congiuntivo: presente:* appaia (apparisca), appaia (apparisca), appaia (apparisca), appariamo, appariate, appaiano (appariscano). *Imperativo:* appari (apparisci), appaia (apparisca), appariamo, apparite, appaiano (appariscano). Demais tempos regulares.

appendere ⇒ *dipendere.*

applaudire regular. *Indicativo presente* com ou sem **isc**.

apporre ⇒ *porre.*

apprendere ⇒ *prendere.*

aprire *Participio:* aperto. *Indicativo: presente* regular, sem **isc**. *Passato remoto:* aprii (apersi), apristi, aprì (aperse), aprimmo, apriste, aprirono (apersero).

ardere *Participio:* arso. *Passato remoto:* arsi, ardesti, arse, ardemmo, ardeste, arsero.

ardire regular. *Indicativo presente* com **isc**.

arrendersi ⇒ *rendere.*

arricchire regular. *Indicativo presente* com **isc**.

arridere ⇒ *ridere.*

arrossire regular. *Indicativo presente* com **isc**.

ascendere ⇒ *scendere.*

ascrivere ⇒ *scrivere.*

aspergere ⇒ *emergere.*

assalire *Indicativo: presente:* assalgo (assalisco), assali (assalisci), assale (assalisce), assaliamo, assalite, assalgono (assaliscono). *Congiuntivo: presente:* assalga (assalisca), assalga (assalisca), assalga (assalisca), assaliamo, assaliate, assalgano (assaliscano). *Imperativo:* assali, assalga, assaliamo, assalite, assalgano. Demais tempos regulares.

asserire regular. *Indicativo presente* com **isc**.

assistere *Participio:* assistito. *Passato remoto:* assistei (assistetti), assistesti, assisté (assistette), assistemmo, assisteste, assisterono (assistettero).

assolvere *Participio:* assolto (assoluto). *Passato remoto:* assolsi (assolvei, assolvetti), assolvesti, assolse (assolvé, assolvette), assolvemmo, assolveste, assolsero (assolverono, assolvettero).

assorbire regular. *Indicativo presente* com ou sem **isc**.

assumere *Participio:* assunto. *Passato remoto:* assunsi, assumesti, assunse, assumemmo, assumeste, assunsero.

attendere ⇒ *tendere.*

attenere ⇒ *tenere.*

atterrire regular. *Indicativo presente* com **isc**.

attingere ⇒ *tingere.*

attrarre ⇒ *trarre.*

avvedersi ⇒ *vedere.*

avvenire ⇒ *venire.* Só se usa nas terceiras pessoas, singular e plural.

avvertire ⇒ *divertire.*

avvolgere ⇒ *volgere.*

B

bandire regular. *Indicativo presente* com **isc**.

benedire *Passato remoto:* benedissi (benedii), benedicesti, benedisse

(benedì), benedicemmo, benediceste, benedissero (benedirono).
Imperativo: benedici, benedica, benediciamo, benedite, benedicano.
Demais tempos como *dire*.

bere *Participio:* bevuto. *Indicativo: presente:* bevo, bevi, beve, beviamo, bevete, bevono.
Passato remoto: bevvi (bevetti), bevesti, bevve (bevette), bevemmo, beveste, bevvero (bevettero).
Futuro: berrò, berrai, berrà, berremo, berrete, berranno.
Condizionale: berrei, berresti, berrebbe, berremmo, berreste, berrebbero.
Demais tempos regulares, com radical **bev**.

bollire regular. *Indicativo presente* com ou sem **isc**.

C

cadere *Participio:* caduto. *Passato remoto:* caddi, cadesti, cadde, cademmo, cadeste, caddero.
Futuro: cadrò, cadrai, cadrà, cadremo, cadrete, cadranno.
Condizionale: cadrei, cadresti, cadrebbe, cadremmo, cadreste, cadrebbero.
Demais tempos regulares.

capire regular. *Indicativo presente* com **isc**.

cedere *Passato remoto:* cedei (cedetti), cedesti, cedé (cedette), cedemmo, cedeste, cederono (cedettero).

chiedere *Participio:* chiesto. *Passato remoto:* chiesi, chiedesti, chiese, chiedemmo, chiedeste, chiesero.

chiudere *Participio:* chiuso.
Passato remoto: chiusi, chiudesti, chiuse, chiudemmo, chiudeste, chiusero.

cingere *Participio:* cinto.
Passato remoto: cinsi, cingesti, cinse, cingemmo, cingeste, cinsero.

circoncidere ⇒ *decidere*.

cogliere *Participio:* colto. *Indicativo: presente:* colgo, cogli, coglie, cogliamo, cogliete, colgono. *Passato remoto:* colsi, cogliesti, colse, cogliemmo, coglieste, colsero. *Congiuntivo: presente:* colga, colga, colga, cogliamo, cogliate, colgano. *Imperativo:* cogli, colga, cogliamo, cogliete, colgano.
Demais tempos regulares.

coincidere ⇒ *decidere*.

colpire regular. *Indicativo presente* com **isc**.

commettere ⇒ *mettere*.

commuovere ⇒ *muovere*.

comparire ⇒ *apparire*.

compartire regular. *Indicativo presente* com ou sem **isc**.

compatire regular. *Indicativo presente* com **isc**.

compiacere ⇒ *piacere*.

compiangere ⇒ *piangere*.

compiere regular.

compire regular. *Indicativo presente* com **isc**.

comporre ⇒ *porre*.

comprendere ⇒ *prendere*.

comprimere *Participio:* compresso.
Passato remoto: compressi, comprimesti, compresse, comprimemmo, comprimeste, compressero.

concedere *Participio:* concesso (conceduto). *Passato remoto:* concessi (concedei, concedetti), concedesti, concesse (concedé, concedette), concedemmo, concedeste, concessero (concederono, concedettero).

concepire regular. *Indicativo presente* com **isc**.

concludere *Participio:* concluso. *Passato*

remoto: conclusi, concludesti, concluse, concludemmo, concludeste, conclusero.
concorrere ⇒ *correre*.
condire regular. *Indicativo presente* com **isc**.
condolersi ⇒ *Participio:* condolutosi. *Indicativo: presente:* mi condolgo, ti conduoli, si conduole, ci condogliamo, vi condolete, si condolgono. *Passato remoto:* mi condolsi, ti condolesti, si condolse, ci condolemmo, vi condoleste, si condolsero. *Futuro:* mi condorrò, ti condorrai, si condorrà, ci condorremo, vi condorrete, si condorranno. *Condizionale:* mi condorrei, ti condorresti, si condorrebbe, ci condorremmo, vi condorreste, si condorrebbero. *Congiuntivo: presente:* mi condolga, ti condolga, si condolga, ci condogliamo, vi condogliate, si condolgano. *Imperativo:* conduoliti, si condolga, condogliamoci, condoletevi, si condolgano. Demais tempos regulares.
condurre ⇒ *addurre*.
confondere ⇒ *fondere*.
congiungere ⇒ *giungere*.
connettere ⇒ *annettere*.
conoscere *Participio:* conosciuto. *Passato remoto:* conobbi, conoscesti, conobbe, conoscemmo, conosceste, conobbero.
conseguire ⇒ *seguire*.
consistere ⇒ *assistere*.
contendere ⇒ *tendere*.
contenere ⇒ *tenere*.
contorcere ⇒ *torcere*.
contraddire ⇒ *dire*.
contrarre ⇒ *trarre*.
contundere *Participio:* contuso. *Passato remoto:* contusi, contundesti, contuse, contundemmo, contundeste, contusero.
convertire ⇒ *divertire*.
convincere ⇒ *vincere*.
convivere ⇒ *vivere*.
coprire ⇒ *aprire*.
correggere ⇒ *reggere*.
correre *Participio:* corso. *Passato remoto:* corsi, corresti, corse, corremmo, correste, corsero.
corrispondere ⇒ *rispondere*.
corrodere ⇒ *rodere*.
corrompere ⇒ *rompere*.
cospargere ⇒ *spargere*.
costituire regular. *Indicativo presente* com **isc**.
costringere ⇒ *stringere*.
costruire *Participio:* costruito (costrutto). *Indicativo: presente:* regular, com **isc**. *Passato remoto:* costruii (costrussi), costruisti, costruì (costrusse), costruimmo, costruiste, costruirono (costrussero).
crescere *Participio:* cresciuto. *Passato remoto:* crebbi, crescesti, crebbe, crescemmo, cresceste, crebbero.
crocifiggere *Participio:* crocifisso. Demais tempos como *figgere*.
cucire *Indicativo: presente:* cucio, cuci, cuce, cuciamo, cucite, cuciono. *Congiuntivo: presente:* cucia, cucia, cucia, cuciamo, cuciate, cuciano. Demais tempos regulares.
cuocere *Participio:* cotto. *Indicativo: presente:* cuocio, cuoci, cuoce, cociamo, cocete, cuociono. *Imperfetto:* cocevo, cocevi, coceva ecc. *Passato remoto:* cossi, cocesti, cosse, cocemmo, coceste, cossero. *Futuro:* cocerò, cocerai, cocerà ecc. *Condizionale:* cocerei, coceresti, cocerebbe ecc. *Congiuntivo: presente:* cuocia, cuocia, cuocia, cociamo, cociate, cuociano.

Imperfetto: cocessi, cocessi, cocesse ecc. *Imperativo:* cuoci, cuocia, cociamo, cocete, cuociano.

D

dare *Participio:* dato. *Indicativo: presente:* do, dai, dà, diamo, date, danno. *Imperfetto:* regular. *Passato remoto:* diedi (detti), desti, diede (dette), demmo, deste, diedero (dettero). *Futuro:* darò, darai, darà, daremo, darete, daranno. *Condizionale:* darei, daresti, darebbe, daremmo, dareste, darebbero. *Congiuntivo: presente:* dia, dia, dia, diamo, diate, diano. *Imperfetto:* dessi, dessi, desse, dessimo, deste, dessero. *Imperativo:* da' (dai), dia, diamo, date, diano.
decadere ⇒ *cadere.*
decidere *Participio:* deciso. *Passato remoto:* decisi, decidesti, decise, decidemmo, decideste, decisero. Demais tempos regulares.
decorrere ⇒ *correre.*
decrescere ⇒ *crescere.*
dedurre ⇒ *addurre.*
deludere ⇒ *alludere.*
deprimere ⇒ *comprimere.*
deridere ⇒ *ridere.*
descrivere ⇒ *scrivere.*
difendere *Participio:* difeso. *Passato remoto:* difesi, difendesti, difese, difendemmo, difendeste, difesero.
differire ⇒ *ferire.*
diffondere ⇒ *fondere.*
digerire regular. *Indicativo presente* com **isc**.
dimettere ⇒ *mettere.*
dipendere *Participio:* dipeso. *Passato remoto:* dipesi, dipendesti, dipese, dipendemmo, dipendeste, dipesero.
dipingere *Participio:* dipinto. *Passato remoto:* dipinsi, dipingesti, dipinse, dipingemmo, dipingeste, dipinsero.
dire *Participio:* detto. *Indicativo: presente:* dico, dici, dice, diciamo, dite, dicono. *Passato remoto:* dissi, dicesti, disse, dicemmo, diceste, dissero. *Futuro:* dirò, dirai, dirà ecc. *Condizionale:* direi, diresti, direbbe ecc. *Congiuntivo: presente:* dica, dica, dica, diciamo, diciate, dicano. *Imperativo:* di', dica, diciamo, dite, dicano. Demais tempos regulares, com radical **dic**.
dirigere *Participio:* diretto. *Passato remoto:* diressi, dirigesti, diresse, dirigemmo, dirigeste, diressero.
discendere ⇒ *scendere.*
discernere *Participio:* não existe. *Passato remoto:* discersi (discernei), discernesti, discerse (discerné), discernemmo, discerneste, discersero (discernerono).
disciogliere ⇒ *sciogliere.*
disconoscere ⇒ *conoscere.*
discutere *Participio:* discusso. *Passato remoto:* discussi, discutesti, discusse, discutemmo, discuteste, discussero.
disdire ⇒ *dire.*
dispiacere ⇒ *piacere.*
disporre ⇒ *porre.*
dissolvere *Participio:* dissolto. *Passato rem.* dissolsi (dissolvei), dissolvesti, dissolse (dissolvé), dissolvemmo, dissolveste, dissolsero (dissolverono).
dissuadere ⇒ *persuadere.*
distinguere *Participio:* distinto. *Passato remoto:* distinsi, distinguesti, distinse, distinguemmo, distingueste, distinsero.
distruggere ⇒ *struggere.*
divertire regular. *Indicativo presente* sem **isc**.
dividere *Participio:* diviso. *Passato remoto:* divisi, dividesti, divise, dividemmo, divideste, divisero.

dolere *Participio:* doluto. *Indicativo: presente:* dolgo, duoli, duole, dogliamo, dolete, dolgono. *Passato remoto:* dolsi, dolesti, dolse, dolemmo, doleste, dolsero. *Futuro:* dorrò, dorrai, dorrà, dorremo, dorrete, dorranno. *Condizionale:* dorrei, dorresti, dorrebbe, dorremmo, dorreste, dorrebbero. *Congiuntivo: presente:* dolga, dolga, dolga, dogliamo, dogliate, dolgano. *Imperativo:* duoli, dolga, dogliamo, dolete, dolgano. Demais tempos regulares.

dormire regular. *Indicativo presente* sem **isc**.

dovere *Participio:* dovuto. *Indicativo: presente:* devo (debbo), devi, deve, dobbiamo, dovete, devono (debbono). *Futuro:* dovrò, dovrai, dovrà, dovremo, dovrete, dovranno. *Condizionale:* dovrei, dovresti, dovrebbe, dovremmo, dovreste, dovrebbero. *Congiuntivo: presente:* debba, debba, debba, dobbiamo, dobbiate, debbano. Demais tempos regulares, com radical **dov**.

E

effondere ⇒ *fondere*.

eleggere ⇒ *leggere*.

emergere *Participio:* emerso. *Passato remoto:* emersi, emergesti, emerse, emergemmo, emergeste, emersero. Demais tempos regulares.

empire regular. *Indicativo presente* sem **isc**.

erigere ⇒ *dirigere*.

erompere ⇒ *rompere*.

esaurire regular. *Indicativo presente* com **isc**.

escludere ⇒ *concludere*.

eseguire regular. *Indicativo presente* com ou sem **isc**.

esistere ⇒ *assistere*.

espellere *Participio:* espulso. *Passato remoto:* espulsi, espellesti, espulse, espellemmo, espelleste, espulsero.

esplodere *Participio:* esploso. *Passato remoto:* esplosi, esplodesti, esplose, esplodemmo, esplodeste, esplosero.

esporre ⇒ *porre*.

esprimere ⇒ *comprimere*.

estinguere ⇒ *distinguere*.

estrarre ⇒ *trarre*.

evadere *Participio:* evaso. *Passato remoto:* evasi, evadesti, evase, evademmo, evadeste, evasero.

F

fare *Participio:* fatto. *Indicativo: presente:* faccio (fo), fai, fa, facciamo, fate, fanno.
Passato remoto: feci, facesti, fece, facemmo, faceste, fecero.
Futuro: farò, farai, farà, faremo, farete, faranno.
Condizionale: farei, faresti, farebbe, faremmo, fareste, farebbero.
Congiuntivo: presente: faccia, faccia, faccia, facciamo, facciate, facciano.
Imperativo: fai (fa'), faccia, facciamo, fate, facciano. Demais tempos regulares, com radical **fac**.

favorire regular. *Indicativo presente* com **isc**.

ferire regular. *Indicativo presente* com **isc**.

fervere defectivo, só nas 3.as pessoas. *Participio:* não existe. *Indicativo: presente:* ferve, fervono. *Imperfetto:* ferveva, fervevano. *Passato remoto:* fervette, fervettero. *Futuro:* ferverà, ferveranno. *Condizionale:* ferverebbe, ferverebbero. *Congiuntivo: presente:*

ferva, fervano. *Imperfetto:* fervesse, fervessero. *Imperativo:* ferva, fervano.

figgere *Participio:* fisso (*ou* fitto). *Passato remoto:* fissi, figgesti, fisse, figgemmo, figgeste, fissero.

fingere *Participio:* finto. *Passato remoto:* finsi, fingesti, finse, fingemmo, fingeste, finsero.

fiorire regular. *Indicativo presente* com **isc**.

fondere *Participio:* fuso. *Passato remoto:* fusi, fondesti, fuse, fondemmo, fondeste, fusero.

frangere *Participio:* franto. *Passato remoto:* fransi, frangesti, franse, frangemmo, frangeste, fransero.

friggere *Participio:* fritto. *Passato remoto:* frissi, friggesti, frisse, friggemmo, friggeste, frissero.

fuggire regular. *Indicativo presente* sem **isc**.

G

garrire regular. *Indicativo presente* com **isc**.

giacere *Participio:* giaciuto. *Indicativo: presente:* giaccio, giaci, giace, giaciamo (giacciamo), giacete, giacciono. *Passato remoto:* giacqui, giacesti, giacque, giacemmo, giaceste, giacquero. *Congiuntivo: presente:* giaccia, giaccia, giaccia, giaciamo (giacciamo), giaciate, giacciano. *Imperativo:* giaci, giaccia, giaciamo, giacete, giacciano. Demais tempos regulares.

giungere *Participio:* giunto. *Passato remoto:* giunsi, giungesti, giunse, giungemmo, giungeste, giunsero.

gradire regular. *Indicativo presente* com **isc**.

guarire regular. *Indicativo presente* com **isc**.

guarnire regular. *Indicativo presente* com **isc**.

I

illudere ⇒ *alludere*.

immergere ⇒ *emergere*.

immettere ⇒ *mettere*.

impazzire regular. *Indicativo presente* com **isc**.

impedire regular. *Indicativo presente* com **isc**.

imporre ⇒ *porre*.

imprendere ⇒ *prendere*.

imprimere ⇒ *comprimere*.

incidere ⇒ *decidere*.

includere ⇒ *concludere*.

incorrere ⇒ *correre*.

incutere *Participio:* incusso. *Passato remoto:* incussi, incutesti, incusse, incutemmo, incuteste, incussero.

indurre ⇒ *addurre*.

infiggere *Participio:* infisso. Demais tempos como *figgere*.

infliggere ⇒ *affliggere*.

influire regular. *Indicativo presente* com **isc**.

infondere ⇒ *fondere*.

infrangere ⇒ *frangere*.

inghiottire regular. *Indicativo presente* com ou sem **isc**.

inibire regular. *Indicativo presente* com **isc**.

inserire regular. *Indicativo presente* com **isc**.

insistere ⇒ *assistere*.

insorgere ⇒ *sorgere*.

intendere ⇒ *tendere*.

interrompere ⇒ *rompere*.

intraprendere ⇒ *prendere*.

intridere *Participio:* intriso. *Passato remoto:* intrisi, intridesti, intrise, intridemmo, intrideste, intrisero.

introdurre ⇒ *addurre*.
intrudere *Participio:* intruso. *Passato remoto:* intrusi, intrudesti, intruse, intrudemmo, intrudeste, intrusero.
invadere ⇒ *evadere*.
involgere ⇒ *volgere*.
ire defectivo, só nos tempos e pessoas seguintes. *Participio:* ito. *Indicativo: presente:* ite (2.ª plural). *Imperfetto:* ivo, ivi, iva, (não tem 1.ª e 2.ª plural), ivano. *Passato remoto:* isti (2.ª singular), irono (3.ª plural). *Futuro:* iremo, irete (1.ª e 2.ª plural). *Imperativo:* ite (2.ª singular).
irridere ⇒ *ridere*.
iscrivere ⇒ *scrivere*.
istruire regular. *Indicativo presente* com **isc**.

L

leggere *Participio:* letto. *Passato remoto:* lessi, leggesti, lesse, leggemmo, leggeste, lessero.

M

maledire ⇒ *dire*.
mantenere ⇒ *tenere*.
mentire regular. *Indicativo presente* com ou sem **isc**.
mettere *Participio:* messo. *Passato remoto:* misi, mettesti, mise, mettemmo, metteste, misero.
mordere *Participio:* morso. *Passato remoto:* morsi, mordesti, morse, mordemmo, mordeste, morsero.
morire *Participio:* morto. *Indicativo: presente:* muoio, muori, muore, moriamo, morite, muoiono. *Futuro:* regular, *ou* morrò, morrai, morrà ecc. *Condizionale:* regular, *ou* morrei, morresti, morrebbe ecc. *Congiuntivo: presente:* muoia, muoia, muoia, moriamo, moriate, muoiano. *Imperativo:* muori, muoia, moriamo, morite, muoiano. Demais tempos regulares.
muggire regular. *Indicativo presente* com ou sem **isc**.
mungere ⇒ *giungere*.
munire regular. *Indicativo presente* com **isc**.
muovere *Participio:* mosso. *Passato remoto:* mossi, movesti, mosse, movemmo, moveste, mossero.

N

nascere *Participio:* nato. *Passato remoto:* nacqui, nascesti, nacque, nascemmo, nasceste, nacquero.
nascondere *Participio:* nascosto. *Passato remoto:* nascosi, nascondesti, nascose, nascondemmo, nascondeste, nascosero.
nuocere *Participio:* nociuto. *Indicativo: presente:* noccio, nuoci, nuoce, nociamo, nocete, nocciono. *Passato remoto:* nocqui, nocesti, nocque, nocemmo, noceste, nocquero. *Congiuntivo: presente:* noccia, noccia, noccia, nociamo, nociate, nocciano. *Imperativo:* nuoci, noccia, nociamo, nocete, nocciano. Demais tempos regulares, com radical **noc**.
nutrire regular. *Indicativo presente* com ou sem **isc**.

O

occorrere ⇒ *correre*.
offendere ⇒ *difendere*.
offrire *Participio:* offerto. *Indicativo: presente:* regular, sem **isc**. *Passato remoto:* offrii (offersi), offristi, offrì (offerse), offrimmo, offriste, offrirono (offersero).

omettere ⇒ *mettere.*
opporre ⇒ *porre.*
opprimere ⇒ *comprimere.*
ottenere ⇒ *tenere.*

P

parere *Participio:* parso. *Indicativo: presente:* paio, pari, pare, paiamo, parete, paiono. *Passato remoto:* parvi, (parsi), paresti, parve, (parse), paremmo, pareste, parvero (parsero). *Futuro:* parrò, parrai, parrà ecc. *Condizionale:* parrei, parresti, parrebbe ecc. *Congiuntivo: presente:* paia, paia, paia, paiamo, paiate, paiano. *Imperativo:* pari, paia, pariamo, parete, paiano. Demais tempos regulares.
partire regular. *Indicativo presente* com **isc** (no sentido de *dividir*) ou sem **isc** (no sentido de *ir embora*).
patire regular. *Indicativo presente* com **isc**.
pattuire regular. *Indicativo presente* com **isc**.
pentirsi regular. *Indicativo presente* sem **isc**.
percorrere ⇒ *correre.*
percuotere *Participio:* percosso. *Passato remoto:* percossi, percotesti, percosse, percotemmo, percoteste, percossero.
perdere *Participio:* perduto (perso). *Passato remoto:* persi (perdei, perdetti), perdesti, perse (perdé, perdette), perdemmo, perdeste, persero (perderono, perdettero).
perire regular. *Indicativo presente* com **isc**.
persistere ⇒ *assistere.*
persuadere *Participio:* persuaso. *Passato remoto:* persuasi, persuadesti, persuase, persuademmo, persuadeste, persuasero.
pervertire regular. *Indicativo presente* com ou sem **isc**.
piacere *Participio:* piaciuto. *Indicativo: presente:* piaccio, piaci, piace, piacciamo, piacete, piacciono. *Passato remoto:* piacqui, piacesti, piacque, piacemmo, piaceste, piacquero. *Congiuntivo: presente:* piaccia, piaccia, piaccia, piacciamo, piacciate, piacciano. *Imperativo:* piaci, piaccia, piacciamo, piacete, piacciano. Demais tempos regulares.
piangere *Participio:* pianto. *Passato remoto:* piansi, piangesti, pianse, piangemmo, piangeste, piansero.
piovere *Participio:* piovuto. *Passato remoto:* piovve. É impessoal.
porgere *Participio:* porto. *Passato remoto:* porsi, porgesti, porse, porgemmo, porgeste, porsero.
porre *Participio:* posto. *Indicativo: presente:* pongo, poni, pone, poniamo, ponete, pongono. *Passato remoto:* posi, ponesti, pose, ponemmo, poneste, posero. *Futuro:* porrò, porrai, porrà ecc. *Condizionale:* porrei, porresti, porrebbe ecc. *Congiuntivo: presente:* ponga, ponga, ponga, poniamo, poniate, pongano. *Imperativo:* poni, ponga, poniamo, ponete, pongano. Demais tempos regulares, com radical **pon**.
potere *Participio:* potuto. *Indicativo: presente:* posso, puoi, può, possiamo, potete, possono. *Futuro:* potrò, potrai, potrà ecc. *Condizionale:* potrei, potresti, potrebbe ecc. *Congiuntivo: presente:* possa, possa, possa, possiamo, possiate, possano. *Imperativo:* não existe. Demais tempos regulares.
precedere ⇒ *cedere.*
predisporre ⇒ *porre.*
preferire ⇒ *ferire.*

prefiggere *Participio:* prefisso. Demais tempos como *figgere*.
prendere *Participio:* preso. *Passato remoto:* presi, prendesti, prese, prendemmo, prendeste, presero.
prescindere *Participio:* prescisso. *Passato remoto:* prescissi, prescindesti, prescisse, prescindemmo, prescindeste, prescissero.
prescrivere ⇒ *scrivere*.
presiedere ⇒ *sedere*.
presumere *Participio:* presunto. *Passato remoto:* presunsi, presumesti, presunse, presumemmo, presumeste, presunsero.
pretendere ⇒ *tendere*.
preterire regular. *Indicativo presente* com **isc**.
prevalere ⇒ *valere*.
prevedere ⇒ *vedere*.
procedere ⇒ *cedere*.
produrre ⇒ *addurre*.
proferire ⇒ *ferire*.
proibire regular. *Indicativo presente* com **isc**.
promettere ⇒ *mettere*.
proscrivere ⇒ *scrivere*.
proseguire ⇒ *seguire*.
proteggere *Participio:* protetto. *Passato remoto:* protessi, proteggesti, protesse, proteggemmo, proteggeste, protessero.
protendere ⇒ *tendere*.
provvedere ⇒ *vedere*.
pungere *Participio:* punto. *Passato remoto:* punsi, pungesti, punse, pungemmo, pungeste, punsero.
punire regular. *Indicativo presente* com **isc**.

R

raccogliere ⇒ *cogliere*.
radere *Participio:* raso. *Passato remoto:* rasi, radesti, rase, rademmo, radeste, rasero.
raggiungere ⇒ *giungere*.
rapire regular. *Indicativo presente* com **isc**.
reagire regular. *Indicativo presente* com **isc**.
recedere ⇒ *cedere*.
recidere ⇒ *decidere*.
redimere *Participio:* redento. *Passato remoto:* redensi, redimesti, redense, redimemmo, redimeste, redensero.
reggere *Participio:* retto. *Passato remoto:* ressi, reggesti, resse, reggemmo, reggeste, ressero.
rendere *Participio:* reso. *Passato remoto:* resi, rendesti, rese, rendemmo, rendeste, resero.
reprimere ⇒ *comprimere*.
resistere ⇒ *assistere*.
restituire regular. *Indicativo presente* com **isc**.
restringere ⇒ *stringere*.
retribuire regular. *Indicativo presente* com **isc**.
retrocedere ⇒ *concedere*.
riassumere ⇒ *assumere*.
richiedere ⇒ *chiedere*.
riconoscere ⇒ *conoscere*.
ridere *Participio:* riso. *Passato remoto:* risi, ridesti, rise, ridemmo, rideste, risero.
ridire ⇒ *dire*.
ridurre ⇒ *addurre*.
riempire regular. *Indicativo presente* com **isc**.
riflettere *Participio:* riflesso (*ou* riflettuto). *Passato remoto:* riflessi (riflettei), riflettesti, riflesse (rifletté), riflettemmo, rifletteste, riflessero (rifletterono).
rifondere ⇒ *fondere*.

rilucere *Participio:* não existe. *Passato remoto:* rilussi, rilucesti, rilusse, rilucemmo, riluceste, rilussero.
rimanere *Participio:* rimasto. *Indicativo: presente:* rimango, rimani, rimane, rimaniamo, rimanete, rimangono. *Passato remoto:* rimasi, rimanesti, rimase, rimanemmo, rimaneste, rimasero. *Futuro:* rimarrò, rimarrai, rimarrà ecc. *Condizionale:* rimarrei, rimarresti, rimarrebbe ecc. *Congiuntivo: presente:* rimanga, rimanga, rimanga, rimaniamo, rimaniate, rimangano. *Imperativo:* rimani, rimanga, rimaniamo, rimanete, rimangano. Demais tempos regulares.
rimettere ⇒ *mettere*.
rimpiangere ⇒ *piangere*.
rimuovere ⇒ *muovere*.
rinascere ⇒ *nascere*.
rincrescere ⇒ *crescere*.
rinvigorire regular. *Indicativo presente* com **isc**.
ripartire regular. *Indicativo presente* com **isc** (no sentido de *distribuir*) ou sem **isc** (no sentido de *repartir de novo*).
riporre ⇒ *porre*.
riprendere ⇒ *prendere*.
riscuotere ⇒ *percuotere*.
risiedere ⇒ *sedere*.
risolvere ⇒ *assolvere*.
risorgere ⇒ *sorgere*.
rispondere *Participio:* risposto. *Passato remoto:* risposi, rispondesti, rispose, rispondemmo, rispondeste, risposero.
ritenere ⇒ *tenere*.
ritorcere ⇒ *torcere*.
ritrarre ⇒ *trarre*.
riuscire ⇒ *uscire*.
rivalersi ⇒ *valere*.
rivedere ⇒ *vedere*.
riverire regular. *Indicativo presente* com **isc**.
rivestire ⇒ *vestire*.
rivivere ⇒ *vivere*.
rivolgere ⇒ *volgere*.
rodere *Participio:* roso. *Passato remoto:* rosi, rodesti, rose, rodemmo, rodeste, rosero.
rompere *Participio:* rotto. *Passato remoto:* ruppi, rompesti, ruppe, rompemmo, rompeste, ruppero.
ruggire regular. *Indicativo presente* com ou sem **isc**.

S

salire *Indicativo: presente:* salgo, sali, sale, saliamo, salite, salgono. *Congiuntivo: presente:* salga, salga, salga, saliamo, saliate, salgano. *Imperativo:* sali, salga, saliamo, salite, salgano. Demais tempos regulares.
sapere *Participio:* saputo. *Indicativo: presente:* so, sai, sa, sappiamo, sapete, sanno. *Passato remoto:* seppi, sapesti, seppe, sapemmo, sapeste, seppero. *Futuro:* saprò, saprai, saprà ecc. *Condizionale:* saprei, sapresti, saprebbe ecc. *Congiuntivo: presente:* sappia, sappia, sappia, sappiamo, sappiate, sappiano. *Imperativo:* sappi, sappia, sappiamo, sappiate, sappiano. Demais tempos regulares.
sbalordire regular. *Indicativo presente* com **isc**.
sbigottire regular. *Indicativo presente* com **isc**.
scadere ⇒ *cadere*.
scegliere *Participio:* scelto. *Indicativo: presente:* scelgo, scegli, sceglie, scegliamo, scegliete, scelgono. *Passato remoto:* scelsi, scegliesti, scelse, scegliemmo, sceglieste, scelsero. *Congiuntivo: presente:* scelga, scelga, scelga, scegliamo, scegliate, scelgano.

Imperativo: scegli, scelga, scegliamo, scegliete, scelgano. Demais tempos regulares.

scendere *Participio:* sceso. *Passato remoto:* scesi, scendesti, scese, scendemmo, scendeste, scesero.

schernire regular. *Indicativo presente* com **isc**.

sciogliere *Participio:* sciolto. *Indicativo: presente:* sciolgo, sciogli, scioglie, sciogliamo, sciogliete, sciolgono. *Passato remoto:* sciolsi, sciogliesti, sciolse, sciogliemmo, scioglieste, sciolsero. *Congiuntivo: presente:* sciolga, sciolga, sciolga, sciogliamo, sciogliate, sciolgano. *Imperativo:* sciogli, sciolga, sciogliamo, sciogliete, sciolgano. Demais tempos regulares.

scolpire regular. *Indicativo presente* com **isc**.

scommettere ⇒ *mettere*.

scomporre ⇒ *porre*.

sconfiggere *Participio:* sconfitto. Demais tempos como *figgere*.

sconnettere ⇒ *annettere*.

sconoscere ⇒ *conoscere*.

scorgere ⇒ *accorgersi*.

scorrere ⇒ *correre*.

scrivere *Participio:* scritto. *Passato remoto:* scrissi, scrivesti, scrisse, scrivemmo, scriveste, scrissero.

scuotere ⇒ *percuotere*.

sedere *Participio:* seduto. *Indicativo: presente:* siedo (seggo), siedi, siede, sediamo, sedete, siedono (seggono). *Congiuntivo: presente:* sieda (segga), sieda (segga), sieda (segga), sediamo, sediate, siedano (seggano). *Imperativo:* siedi, sieda (segga), sediamo, sedete, siedano (seggano). Demais tempos regulares.

sedurre ⇒ *addurre*.

seguire regular. *Indicativo presente* sem **isc**.

seppellire *Participio:* seppellito, sepolto. *Indicativo: presente:* regular, com **isc**.

servire regular. *Indicativo presente* sem **isc**.

sfuggire ⇒ *fuggire*.

sminuire regular. *Indicativo presente* com **isc**.

smuovere ⇒ *muovere*.

soccorrere ⇒ *correre*.

soddisfare ⇒ *fare*.

soffrire ⇒ *offrire*.

soggiacere ⇒ *giacere*.

sommergere ⇒ *emergere*.

sopprimere ⇒ *comprimere*.

soprassedere ⇒ *sedere*.

sorbire regular. *Indicativo presente* com ou sem **isc**.

sorgere *Participio:* sorto. *Passato remoto:* sorsi, sorgesti, sorse, sorgemmo, sorgeste, sorsero.

sorprendere ⇒ *prendere*.

sorridere ⇒ *ridere*.

sortire regular. *Indicativo presente* sem **isc**.

sospendere ⇒ *dipendere*.

sospingere ⇒ *dipingere*.

sostenere ⇒ *tenere*.

sottomettere ⇒ *mettere*.

sottoscrivere ⇒ *scrivere*.

sovvertire ⇒ *divertire*.

spandere *Participio:* spanto. Demais tempos regulares.

spargere *Participio:* sparso. *Passato remoto:* sparsi, spargesti, sparse, spargemmo, spargeste, sparsero.

sparire regular. *Indicativo presente* com **isc**.

spartire regular. *Indicativo presente* com **isc**.

spedire regular. *Indicativo presente* com **isc**.

spegnere *Participio:* spento. *Indicativo: presente:* spengo, spegni, spegne, spegniamo, spegnete, spengono. *Passato remoto:* spensi, spegnesti, spense, spegnemmo, spegneste, spensero. *Congiuntivo: presente:* spenga, spenga, spenga, spegniamo, spegniate, spengano. *Imperativo:* spegni, spenga, spegniamo, spegnete, spengano. Demais tempos regulares.

spendere *Participio:* speso. *Passato remoto:* spesi, spendesti, spese, spendemmo, spendeste, spesero.

spingere ⇒ *dipingere.*

sporgere ⇒ *porgere.*

stabilire regular. *Indicativo presente* com **isc**.

stare *Participio:* stato. *Indicativo: presente:* sto, stai, sta, stiamo, state, stanno. *Imperfetto:* regular. *Passato remoto:* stetti, stesti, stette, stemmo, steste, stettero. *Futuro:* starò, starai, starà, staremo, starete, staranno. *Condizionale:* starei, staresti, starebbe, staremmo, stareste, starebbero. *Congiuntivo: presente:* stia, stia, stia, stiamo, stiate, stiano. *Imperfetto:* stessi, stessi, stesse, stessimo, steste, stessero. *Imperativo:* sta' (stai), stia, stiamo, state, stiano.

stendere ⇒ *tendere.*

stingere ⇒ *tingere.*

storcere ⇒ *torcere.*

stordire regular. *Indicativo presente* com **isc**.

stringere *Participio:* stretto. *Passato remoto:* strinsi, stringesti, strinse, stringemmo, stringeste, strinsero.

struggere *Participio:* strutto. *Passato remoto:* strussi, struggesti, strusse, struggemmo, struggeste, strussero.

stupire regular. *Indicativo presente* com **isc**.

succedere ⇒ *concedere.*

suddividere ⇒ *dividere.*

sussistere ⇒ *assistere.*

svanire regular. *Indicativo presente* com **isc**.

svenire *Indicativo: Futuro* e *Condizionale:* regulares. Demais tempos como *venire.*

svolgere ⇒ *volgere.*

T

tacere *Participio:* taciuto. *Indicativo: presente:* taccio, taci, tace, taciamo, tacete, tacciono. *Passato remoto:* tacqui, tacesti, tacque, tacemmo, taceste, tacquero. *Congiuntivo: presente:* taccia, taccia, taccia, taciamo, taciate, tacciano. *Imperativo:* taci, taccia, taciamo, tacete, tacciano. Demais tempos regulares.

tendere *Participio:* teso. *Passato remoto:* tesi, tendesti, tese, tendemmo, tendeste, tesero.

tenere *Indicativo: presente:* tengo, tieni, tiene, teniamo, tenete, tengono. *Passato remoto:* tenni, tenesti, tenne, tenemmo, teneste, tennero. *Futuro:* terrò, terrai, terrà ecc. *Condizionale:* terrei, terresti, terrebbe ecc. *Congiuntivo: presente:* tenga, tenga, tenga, teniamo, teniate, tengano. *Imperativo:* tieni, tenga, teniamo, tenete, tengano. Demais tempos regulares.

tergere ⇒ *emergere.*

tingere *Participio:* tinto. *Passato remoto:* tinsi, tingesti, tinse, tingemmo, tingeste, tinsero.

togliere *Participio:* tolto. *Indicativo: presente:* tolgo, togli, toglie, togliamo, togliete, tolgono. *Passato remoto:* tolsi, togliesti, tolse, togliemmo, toglieste, tolsero. *Congiuntivo: presente:* tolga, tolga, tolga, togliamo, togliate, tolgano. *Imperativo:* togli, tolga, togliamo, togliete, tolgano. Demais tempos regulares.

torcere *Participio:* torto. *Passato remoto:* torsi, torcesti, torse, torcemmo, torceste, torsero.

tossire regular. *Indicativo presente* com ou sem **isc**.

tradire regular. *Indicativo presente* com **isc**.

tradurre ⇒ *addurre.*

trarre *Participio:* tratto. *Indicativo: presente:* traggo, trai, trae, traiamo, traete, traggono. *Passato remoto:* trassi, traesti, trasse, traemmo, traeste, trassero. *Futuro:* trarrò, trarrai, trarrà ecc. *Condizionale:* trarrei, trarresti, trarrebbe ecc. *Congiuntivo: presente:* tragga, tragga, tragga, traiamo, traiate, traggano. *Imperativo:* trai, tragga, traiamo, traete, traggano. Demais tempos regulares, com radical **tra**.

trascrivere ⇒ *scrivere.*

trattenere ⇒ *tenere.*

U

ubbidire regular. *Indicativo presente* com **isc**.

uccidere ⇒ *decidere.*

udire *Indicativo: presente:* odo, odi, ode, udiamo, udite, odono. *Futuro:* regular, *ou* udrò, udrai, udrà ecc. *Condizionale:* regular, *ou* udrei, udresti, udrebbe ecc. *Congiuntivo: presente:* oda, oda, oda, udiamo, udiate, odano. *Imperativo:* odi, oda, udiamo, udite, odano. Demais tempos regulares, com radical **ud**.

ungere ⇒ *giungere.*

unire regular. *Indicativo presente* com **isc**.

urgere defectivo, só nas 3.as pessoas. *Indicativo: presente:* urge, urgono. *Imperfetto:* urgeva, urgevano. *Futuro:* urgerà, urgeranno. *Condizionale:* urgerebbe, urgerebbero. *Congiuntivo: presente:* urga, urgano. *Imperfetto:* urgesse, urgessero. Não tem *Participio*, nem *Passato remoto*, nem *Imperativo*.

uscire *Indicativo: presente:* esco, esci, esce, usciamo, uscite, escono. *Congiuntivo: presente:* esca, esca, esca, usciamo, usciate, escano. *Imperativo:* esci, esca, usciamo, uscite, escano. Demais tempos regulares, com radical **usc**.

V

valere *Participio:* valso (valuto). *Indicativo: presente:* valgo, vali, vale, valiamo, valete, valgono. *Passato remoto:* valsi, valesti, valse, valemmo, valeste, valsero. *Futuro:* varrò, varrai, varrà ecc. *Condizionale:* varrei, varresti, varrebbe ecc. *Congiuntivo: presente:* valga, valga, valga, valiamo, vagliate, valgano. *Imperativo:* vali, valga, valiamo, valete, valgano. Demais tempos regulares, com radical **val**.

vedere *Participio:* visto (veduto). *Indicativo: presente:* vedo (veggo), vedi, vede, vediamo, vedete, vedono (veggono).
Passato remoto: vidi, vedesti, vide, vedemmo, vedeste, videro.
Futuro: vedrò, vedrai, vedrà ecc.
Condizionale: vedrei, vedresti, vedrebbe ecc.
Congiuntivo: presente: veda (vegga), veda (vegga), veda (vegga), vediamo, vediate, vedano (veggano).

Imperativo: vedi, veda (vegga), vediamo, vedete, vedano (veggano). Demais tempos regulares, com radical **ved**.

venire *Participio:* venuto. *Indicativo: presente:* vengo, vieni, viene, veniamo, venite, vengono. *Passato remoto:* venni, venisti, venne, venimmo, veniste, vennero. *Futuro:* verrò, verrai, verrà ecc. *Condizionale:* verrei, verresti, verrebbe ecc.
Congiuntivo: presente: venga, venga, venga, veniamo, veniate, vengano.
Imperativo: vieni, venga, veniamo, venite, vengano. Demais tempos regulares.

vestire regular. *Indicativo presente* sem **isc**.

vigere defectivo, só nas 3.as pessoas dos tempos seguintes. *Indicativo: presente:* vige, vigono.
Imperfetto: vigeva, vigevano. *Futuro:* vigerà, vigeranno.

vincere *Participio:* vinto. *Passato remoto:* vinsi, vincesti, vinse, vincemmo, vinceste, vinsero.

vivere *Participio:* vissuto. *Passato remoto:* vissi, vivesti, visse, vivemmo, viveste, vissero. *Futuro:* vivrò, vivrai, vivrà ecc. *Condizionale:* vivrei, vivresti, vivrebbe ecc. Demais tempos regulares.

volere *Indicativo: presente:* voglio, vuoi, vuole, vogliamo, volete, vogliono.
Passato remoto: volli, volesti, volle, volemmo, voleste, vollero. *Futuro:* vorrò, vorrai, vorrà ecc. *Condizionale:* vorrei, vorresti, vorrebbe ecc.
Congiuntivo: presente: voglia, voglia, voglia, vogliamo, vogliate, vogliano.
Imperativo: voglia, voglia, vogliamo, vogliate, vogliano. Demais tempos regulares.

volgere *Participio:* volto. *Passato remoto:* volsi, volgesti, volse, volgemmo, volgeste, volsero.

Z

zittire regular. *Indicativo presente* com **isc**.

Conjugação dos verbos auxiliares e regulares em português

Verbos auxiliares

SER
Infinitivo ser
Gerúndio sendo
Particípio sido

INDICATIVO
Presente
eu sou
tu és
ele é
nós somos
vós sois
eles são

Pretérito imperfeito
eu era
tu eras
ele era
nós éramos
vós éreis
eles eram

Pretérito perfeito
eu fui
tu foste
ele foi
nós fomos
vós fostes
eles foram

Pretérito mais-que-perfeito
eu fora
tu foras
ele fora
nós fôramos
vós fôreis
eles foram

Futuro do Presente
eu serei
tu serás
ele será
nós seremos
vós sereis
eles serão

Futuro do pretérito
eu seria
tu serias
ele seria
nós seríamos
vós seríeis
eles seriam

SUBJUNTIVO
Presente
eu seja
tu sejas
ele seja
nós sejamos
vós sejais
eles sejam

Pretérito imperfeito
eu fosse
tu fosses

ele fosse
nós fôssemos
vós fôsseis
eles fossem

Futuro
eu for
tu fores
ele for
nós formos
vós fordes
eles forem

IMPERATIVO
Afirmativo
sê tu
seja você
sejamos nós
sede vós
sejam vocês

Negativo
não sejas tu
não seja você
não sejamos nós
não sejais vós
não sejam vocês

<u>**ESTAR**</u>
Infinitivo estar
Gerúndio estando
Particípio estado

INDICATIVO
Presente
eu estou
tu estás
ele está
nós estamos
vós estais
eles estão

Pretérito imperfeito
eu estava
tu estavas
ele estava
nós estávamos
vós estáveis
eles estavam

Pretérito perfeito
eu estive
tu estiveste
ele esteve
nós estivemos
vós estivestes
eles estiveram

Pretérito mais-que-perfeito
eu estivera
tu estiveras
ele estivera
nós estivéramos
vós estivéreis
eles estiveram

Futuro do Presente
eu estarei
tu estarás
ele estará
nós estaremos
vós estareis
eles estarão

Futuro do pretérito
eu estaria
tu estarias
ele estaria
nós estaríamos
vós estaríeis
eles estariam

SUBJUNTIVO
Presente
eu esteja
tu estejas
ele esteja
nós estejamos
vós estejais
eles estejam

Pretérito imperfeito
eu estivesse
tu estivesses
ele estivesse
nós estivéssemos
vós estivésseis
eles estivessem

Futuro
eu estiver
tu estiveres
ele estiver
nós estivermos
vós estiverdes
eles estiverem

IMPERATIVO
Afirmativo
está tu
esteja você
estejamos nós
estai vós
estejam vocês

Negativo
não estejas tu
não esteja você
não estejamos nós
não estejais vós
não estejam vocês

TER
Infinitivo ter
Gerúndio tendo
Particípio tido

INDICATIVO
Presente
eu tenho
tu tens
ele tem
nós temos
vós tendes
eles têm

Pretérito imperfeito
eu tinha
tu tinhas
ele tinha
nós tínhamos
vós tínheis
eles tinham

Pretérito perfeito
eu tive
tu tiveste
ele teve
nós tivemos
vós tivestes
eles tiveram

Pretérito mais-que-perfeito
eu tivera
tu tiveras
ele tivera
nós tivéramos
vós tivéreis
eles tiveram

Futuro do Presente
eu terei
tu terás

ele terá
nós teremos
vós tereis
eles terão

Futuro do pretérito
eu teria
tu terias
ele teria
nós teríamos
vós teríeis
eles teriam

SUBJUNTIVO
Presente
eu tenha
tu tenhas
ele tenha
nós tenhamos
vós tenhais
eles tenham

Pretérito imperfeito
eu tivesse
tu tivesses
ele tivesse
nós tivéssemos
vós tivésseis
eles tivessem

Futuro
eu tiver
tu tiveres
ele tiver
nós tivermos
vós tiverdes
eles tiverem

IMPERATIVO
Afirmativo
tem tu
tenha você
tenhamos nós
tende vós
tenham vocês

Negativo
não tenhas tu
não tenha você
não tenhamos nós
não tenhais vós
não tenham vocês

HAVER
Infinitivo haver
Gerúndio havendo
Particípio havido

INDICATIVO
Presente
eu hei
tu hás
ele há
nós havemos
vós haveis
eles hão

Pretérito imperfeito
eu havia
tu havias
ele havia
nós havíamos
vós havíeis
eles haviam

Pretérito perfeito
eu houve
tu houveste
ele houve
nós houvemos
vós houvestes
eles houveram

Pretérito mais-que-perfeito
eu houvera
tu houveras
ele houvera
nós houvéramos
vós houvéreis
eles houveram

Futuro do Presente
eu haverei
tu haverás
ele haverá
nós haveremos
vós havereis
eles haverão

Futuro do pretérito
eu haveria
tu haverias
ele haveria
nós haveríamos
vós haveríeis
eles haveriam

SUBJUNTIVO
Presente
eu haja
tu hajas
ele haja
nós hajamos
vós hajais
eles hajam

Pretérito imperfeito
eu houvesse
tu houvesses
ele houvesse
nós houvéssemos
vós houvésseis
eles houvessem

Futuro
eu houver
tu houveres
ele houver
nós houvermos
vós houverdes
eles houverem

IMPERATIVO
Afirmativo
há tu
haja você
hajamos nós
havei vós
hajam vocês

Negativo
não hajas tu
não haja você
não hajamos nós
não hajais vós
não hajam vocês

Modelos de verbos regulares

CANTAR (1.ª conjugação)
Infinitivo cantar
Gerúndio cantando
Particípio cantado

INDICATIVO
Presente
eu canto
tu cantas
ele canta
nós cantamos
vós cantais
eles cantam

Pretérito imperfeito
eu cantava
tu cantavas
ele cantava
nós cantávamos
vós cantáveis
eles cantavam

Pretérito perfeito
eu cantei
tu cantaste
ele cantou
nós cantamos
vós cantastes
eles cantaram

Pretérito mais-que-perfeito
eu cantara
tu cantaras
ele cantara
nós cantáramos
vós cantáreis
eles cantaram

Futuro do Presente
eu cantarei
tu cantarás
ele cantará
nós cantaremos
vós cantareis
eles cantarão

Futuro do pretérito
eu cantaria
tu cantarias
ele cantaria
nós cantaríamos
vós cantaríeis
eles cantariam

SUBJUNTIVO
Presente
eu cante
tu cantes
ele cante
nós cantemos
vós canteis
eles cantem

Pretérito imperfeito
eu cantasse
tu cantasses
ele cantasse
nós cantássemos
vós cantásseis
eles cantassem

Futuro
eu cantar
tu cantares

ele cant**ar**
nós cant**armos**
vós cant**ardes**
eles cant**arem**

IMPERATIVO
Afirmativo
cant**a** tu
cant**e** você
cant**emos** nós
cant**ai** vós
cant**em** vocês

Negativo
não cant**es** tu
não cant**e** você
não cant**emos** nós
não cant**eis** vós
não cant**em** vocês

VENDER (2.ª conjugação)
Infinitivo vender
Gerúndio vend**endo**
Particípio vend**ido**

INDICATIVO
Presente
eu vend**o**
tu vend**es**
ele vend**e**
nós vend**emos**
vós vend**eis**
eles vend**em**

Pretérito imperfeito
eu vend**ia**
tu vend**ias**
ele vend**ia**
nós vend**íamos**
vós vend**íeis**
eles vend**iam**

Pretérito perfeito
eu vend**i**
tu vend**este**
ele vend**eu**
nós vend**emos**
vós vend**estes**
eles vend**eram**

Pretérito mais-que-perfeito
eu vend**era**
tu vend**eras**
ele vend**era**
nós vend**êramos**
vós vend**êreis**
eles vend**eram**

Futuro do Presente
eu vend**erei**
tu vend**erás**
ele vend**erá**
nós vend**eremos**
vós vend**ereis**
eles vend**erão**

Futuro do pretérito
eu vend**eria**
tu vend**erias**
ele vend**eria**
nós vend**eríamos**
vós vend**eríeis**
eles vend**eriam**

SUBJUNTIVO
Presente
eu vend**a**
tu vend**as**
ele vend**a**
nós vend**amos**

vós vend**ais**
eles vend**am**

Pretérito imperfeito
eu vend**esse**
tu vend**esses**
ele vend**esse**
nós vend**êssemos**
vós vend**êsseis**
eles vend**essem**

Futuro
eu vend**er**
tu vend**eres**
ele vend**er**
nós vend**ermos**
vós vend**erdes**
eles vend**erem**

IMPERATIVO
Afirmativo
vend**e** tu
vend**a** você
vend**amos** nós
vend**ei** vós
vend**am** vocês

Negativo
não vend**as** tu
não vend**a** você
não vend**amos** nós
não vend**ais** vós
não vend**am** vocês

PARTIR (3.ª conjugação)
Infinitivo partir
Gerúndio part**indo**
Particípio part**ido**

INDICATIVO
Presente
eu part**o**
tu part**es**
ele part**e**
nós part**imos**
vós part**is**
eles part**em**

Pretérito imperfeito
eu part**ia**
tu part**ias**
ele part**ia**
nós part**íamos**
vós part**íeis**
eles part**iam**

Pretérito perfeito
eu part**i**
tu part**iste**
ele part**iu**
nós part**imos**
vós part**istes**
eles part**iram**

Pretérito mais-que-perfeito
eu part**ira**
tu part**iras**
ele part**ira**
nós part**íramos**
vós part**íreis**
eles part**iram**

Futuro do Presente
eu part**irei**
tu part**irás**
ele part**irá**
nós part**iremos**
vós part**ireis**
eles part**irão**

Futuro do pretérito
eu part**iria**
tu part**irias**
ele part**iria**
nós part**iríamos**
vós part**iríeis**
eles part**iriam**

Futuro
eu part**ir**
tu part**ires**
ele part**ir**
nós part**irmos**
vós part**irdes**
eles part**irem**

SUBJUNTIVO

Presente
eu part**a**
tu part**as**
ele part**a**
nós part**amos**
vós part**ais**
eles part**am**

Pretérito imperfeito
eu part**isse**
tu part**isses**
ele part**isse**
nós part**íssemos**
vós part**ísseis**
eles part**issem**

IMPERATIVO

Afirmativo
part**e** tu
part**a** você
part**amos** nós
part**i** vós
part**am** vocês

Negativo
não part**as** tu
não part**a** você
não part**amos** nós
não part**ais** vós
não part**am** vocês

Relação dos verbos irregulares, defectivos ou difíceis em português

O símbolo ⇒ significa "conjugar como"

A

abastecer ⇒ *tecer*.
abençoar ⇒ *soar*.
abolir *Indicativo: presente:* (não existe a 1.ª pessoa do singular) aboles, abole, abolimos, abolis, abolem. *Imperativo:* abole; aboli. *Subjuntivo: presente:* não existe.
aborrecer ⇒ *tecer*.
abranger *Indicativo: presente:* abranjo, abranges, abrange, abrangemos, abrangeis, abrangem. *Imperativo:* abrange, abranja, abranjamos, abrangei, abranjam. *Subjuntivo: presente:* abranja, abranjas etc.
acentuar ⇒ *suar*.
aconchegar ⇒ *ligar*.
acrescer ⇒ *tecer*.
acudir ⇒ *subir*.
adelgaçar ⇒ *laçar*.
adequar *Indicativo: presente:* adequamos, adequais. *Pretérito perfeito:* adequei, adequaste etc. *Imperativo:* adequai. *Subjuntivo: presente:* não existe.
aderir ⇒ *ferir*.
adoçar ⇒ *laçar*.
adoecer ⇒ *tecer*.
adormecer ⇒ *tecer*.
aduzir ⇒ *reduzir*.
advir ⇒ *vir*.
advogar ⇒ *ligar*.
afagar ⇒ *ligar*.
afeiçoar ⇒ *soar*.
afligir ⇒ *dirigir*.
afogar ⇒ *ligar*.
agir ⇒ *dirigir*.
agradecer ⇒ *tecer*.
agredir ⇒ *prevenir*.
alargar ⇒ *ligar*.
alcançar ⇒ *laçar*.
alegar ⇒ *ligar*.
almoçar ⇒ *laçar*.
alongar ⇒ *ligar*.
alugar ⇒ *ligar*.
amaldiçoar ⇒ *soar*.
amargar ⇒ *ligar*.
ameaçar ⇒ *laçar*.
amolecer ⇒ *tecer*.
amontoar ⇒ *soar*.
amplificar ⇒ *ficar*.
ansiar ⇒ *odiar*.
antepor ⇒ *pôr*.
antever ⇒ *ver*.
aparecer ⇒ *tecer*.
apegar ⇒ *ligar*.
aperfeiçoar ⇒ *soar*.
aplicar ⇒ *ficar*.
apodrecer ⇒ *tecer*.
aquecer ⇒ *tecer*.
arcar ⇒ *ficar*.
arrancar ⇒ *ficar*.
assoar ⇒ *soar*.
atacar ⇒ *ficar*.
atear ⇒ *recear*.
atenuar ⇒ *suar*.
atingir ⇒ *dirigir*.
atordoar ⇒ *soar*.
atrair *Indicativo: presente:* atraio, atrais, atrai, atraímos, atraís, atraem. *Pretérito imperfeito:* atraía, atraías etc. *Pretérito perfeito:* atraí, atraíste, atraiu, atraímos, atraístes, atraíram. *Pretérito mais-que-perfeito:* atraíra, atraíras etc. *Imperativo:* atrai, atraia, atraiamos, atraí, atraiam. *Subjuntivo: presente:* atraia, atraias etc. *Pretérito imperfeito:* atraísse, atraísses etc. *Futuro:* atrair,

atraíres, atrair, atrairmos, atrairdes, atraírem.
atribuir ⇒ *possuir.*
atuar ⇒ *suar.*
autenticar ⇒ *ficar.*
avançar ⇒ *laçar.*

B
balançar ⇒ *laçar.*
balear ⇒ *recear.*
barbear ⇒ *recear.*
bendizer ⇒ *dizer.*
bloquear ⇒ *recear.*
bobear ⇒ *recear.*
bombardear ⇒ *recear.*
brecar ⇒ *ficar.*
brigar ⇒ *ligar.*
brincar ⇒ *ficar.*
bronzear ⇒ *recear.*
buscar ⇒ *ficar.*

C
caber *Indicativo: presente:* caibo, cabes, cabe, cabemos, cabeis, cabem. *Pretérito perfeito:* coube, coubeste, coube, coubemos, coubestes, couberam. *Pretérito mais-que-perfeito:* coubera, couberas etc. *Imperativo:* não existe. *Subjuntivo: presente:* caiba, caibas etc. *Pretérito imperfeito:* coubesse, coubesses etc. *Futuro:* couber, couberes etc.
caçar ⇒ *laçar.*
cair ⇒ *atrair.*
carecer ⇒ *tecer.*
carregar ⇒ *ligar.*
castigar ⇒ *ligar.*
cear ⇒ *recear.*
certificar ⇒ *ficar.*
chatear ⇒ *recear.*
chegar ⇒ *ligar.*
classificar ⇒ *ficar.*
coagir ⇒ *dirigir.*
cobrir ⇒ *dormir.*
coçar ⇒ *laçar.*
comparecer ⇒ *tecer.*
competir ⇒ *ferir.*
compor ⇒ *pôr.*
comunicar ⇒ *ficar.*
condizer ⇒ *dizer.*
conduzir ⇒ *reduzir.*
conferir ⇒ *ferir.*
conhecer ⇒ *tecer.*
conjugar ⇒ *ligar.*
conseguir ⇒ *seguir.*
constituir ⇒ *possuir.*
construir *Indicativo: presente:* construo, constróis, constrói, construímos, construís, constroem. *Pretérito imperfeito:* construía, construías etc. *Pretérito perfeito:* construí, construíste etc. *Pretérito mais-que-perfeito:* construíra, construíras etc. *Imperativo:* constrói, construa, construamos, construí, construam. *Subjuntivo: presente:* construa, construas etc. *Pretérito imperfeito:* construísse, construísses etc. *Futuro:* construir, construíres, construir, construirmos, construirdes, construírem.
consumir ⇒ *subir.*
continuar ⇒ *suar.*
contradizer ⇒ *dizer.*
contrapor ⇒ *pôr.*
contribuir ⇒ *possuir.*
convir ⇒ *vir.*
corrigir ⇒ *dirigir.*
crescer ⇒ *tecer.*
crer *Indicativo: presente:* creio, crês, crê, cremos, credes, creem. *Imperativo:* crê, creia, creiamos, crede, creiam. *Subjuntivo: presente:* creia, creias etc.

D
dar *Indicativo: presente:* dou, dás, dá, damos, dais, dão. *Pretérito imperfeito:* dava, davas etc. *Pretérito perfeito:* dei, deste, deu, demos, destes, deram. *Pretérito mais-que-perfeito:* dera, deras, dera etc. *Futuro:* darei, darás etc. *Imperativo:* dá, dê, demos, dai, deem. *Subjuntivo: presente:* dê, dês, dê, demos, deis, deem. *Pretérito imperfeito:* desse, desses etc. *Futuro:* der, deres etc.

decair ⇒ *atrair*.
decompor ⇒ *pôr*.
deduzir ⇒ *reduzir*.
deferir ⇒ *ferir*.
delinquir ⇒ *abolir*.
demolir ⇒ *abolir*.
depor ⇒ *pôr*.
descobrir ⇒ *cobrir*.
desaparecer ⇒ *tecer*.
desconhecer ⇒ *tecer*.
descrer ⇒ *crer*.
desdizer ⇒ *dizer*.
desembaraçar ⇒ *laçar*.
desencadear ⇒ *recear*.
desfalecer ⇒ *tecer*.
desfazer ⇒ *fazer*.
desimpedir ⇒ *pedir*.
desligar ⇒ *ligar*.
desmentir ⇒ *ferir*.
despedir ⇒ *pedir*.
despentear ⇒ *recear*.
despir ⇒ *ferir*.
desprevenir ⇒ *prevenir*.
destacar ⇒ *ficar*.
diferir ⇒ *ferir*.
digerir ⇒ *ferir*.
diluir ⇒ *possuir*.
dirigir *Indicativo: presente:* dirijo, diriges, dirige, dirigimos, dirigis, dirigem. *Imperativo:* dirige, dirija, dirijamos, dirigi, dirijam. *Subjuntivo: presente:* dirija, dirijas etc.
disfarçar ⇒ *laçar*.
dispor ⇒ *pôr*.
distinguir *Indicativo: presente:* distingo, distingues etc. *Imperativo:* distingue, distinga, distingamos, distingui, distingam. *Subjuntivo: presente:* distinga, distingas etc.
distrair ⇒ *atrair*.
distribuir ⇒ *possuir*.
divertir ⇒ *ferir*.
dizer *Indicativo: presente:* digo, dizes, diz, dizemos, dizei, dizem. *Pretérito perfeito:* disse, disseste, disse, dissemos, dissestes, disseram. *Pretérito mais-que-perfeito:* dissera, disseras etc. *Futuro:* direi, dirás, dirá, diremos, direis, dirão. *Futuro do pretérito:* diria, dirias etc. *Imperativo:* diz, diga, digamos, dizei, digam. *Subjuntivo: presente:* diga, digas etc. *Pretérito imperfeito:* dissesse, dissesses etc. *Futuro:* disser, disseres etc.
dormir *Indicativo: presente:* durmo, dormes, dorme, dormimos, dormis, dormem. *Imperativo:* dorme, durma, durmamos, dormi, durmam. *Subjuntivo: presente:* durma, durmas etc.

E

efetuar ⇒ *suar*.
empregar ⇒ *ligar*.
encadear ⇒ *recear*.
encobrir ⇒ *dormir*.
enfraquecer ⇒ *tecer*.
engolir ⇒ *dormir*.
enjoar ⇒ *soar*.
enriquecer ⇒ *tecer*.
ensaboar ⇒ *soar*.
entrelaçar ⇒ *laçar*.
entreouvir ⇒ *ouvir*.
entrever ⇒ *ver*.
envelhecer ⇒ *tecer*.
equivaler ⇒ *valer*.
erguer *Indicativo: presente:* ergo, ergues, ergue, erguemos, ergueis, erguem. *Imperativo:* ergue, erga, ergamos, erguei, ergam. *Subjuntivo: presente:* erga, ergas etc.
escassear ⇒ *recear*.
esclarecer ⇒ *tecer*.
escorregar ⇒ *ligar*.
esquecer ⇒ *tecer*.
estar Veja verbo conjugado.
estragar ⇒ *ligar*.
estremecer ⇒ *tecer*.
excluir ⇒ *possuir*.
exercer ⇒ *tecer*.
exigir ⇒ *dirigir*.
expedir ⇒ *pedir*.
explodir ⇒ *abolir*.
expor ⇒ *pôr*.
extrair ⇒ *atrair*.

F

falecer ⇒ *tecer.*
fatigar ⇒ *ligar.*
favorecer ⇒ *tecer.*
fazer *Indicativo: presente:* faço, fazes, faz, fazemos, fazeis, fazem. *Pretérito perfeito:* fiz, fizeste, fez, fizemos, fizestes, fizeram. *Pretérito mais-que-perfeito:* fizera, fizeras etc. *Futuro:* farei, farás etc. *Futuro do pretérito:* faria, farias etc. *Imperativo:* faz, faça, façamos, fazei, façam. *Subjuntivo: presente:* faça, faças etc. *Pretérito imperfeito:* fizesse, fizesses etc. *Futuro:* fizer, fizeres etc.
ferir *Indicativo: presente:* firo, feres, fere, ferimos, feris, ferem. *Imperativo:* fere, fira, firamos, feri, firam. *Subjuntivo: presente:* fira, firas etc.
ficar *Indicativo: presente:* fico, ficas, fica, ficamos, ficais, ficam. *Pretérito perfeito:* fiquei, ficaste etc. *Imperativo:* fica, fique, fiquemos, ficai, fiquem. *Subjuntivo: presente:* fique, fiques etc.
fingir ⇒ *dirigir.*
fluir ⇒ *possuir.*
flutuar ⇒ *suar.*
folhear ⇒ *recear.*
frear ⇒ *recear.*
fugir *Indicativo: presente:* fujo, foges, foge, fugimos, fugis, fogem. *Imperativo:* foge, fuja, fujamos, fugi, fujam. *Subjuntivo: presente:* fuja, fujas etc.

G

golpear ⇒ *recear.*
graduar ⇒ *suar.*
grampear ⇒ *recear.*

H

habituar ⇒ *suar.*
haver Veja verbo conjugado.
hipotecar ⇒ *ficar.*
homenagear ⇒ *recear.*

I

impedir ⇒ *pedir.*
impelir ⇒ *ferir.*
impor ⇒ *pôr.*
incendiar ⇒ *odiar.*
incluir ⇒ *possuir.*
indispor ⇒ *pôr.*
induzir ⇒ *reduzir.*
ingerir ⇒ *ferir.*
inserir ⇒ *ferir.*
insinuar ⇒ *suar.*
instituir ⇒ *possuir.*
instruir ⇒ *possuir.*
interferir ⇒ *ferir.*
interpor ⇒ *pôr.*
interrogar ⇒ *ligar.*
intervir ⇒ *vir.*
introduzir ⇒ *reduzir.*
investir ⇒ *ferir.*
ir *Indicativo: presente:* vou, vais, vai, vamos, ides, vão. *Pretérito imperfeito:* ia, ias, ia, íamos, íeis, iam. *Pretérito perfeito:* fui, foste, foi, fomos, fostes, foram. *Pretérito mais-que-perfeito:* fora, foras etc. *Imperativo:* vai, vá, vamos, ide, vão. *Subjuntivo: presente:* vá, vás etc. *Pretérito imperfeito:* fosse, fosses etc. *Futuro:* for, fores etc.

J

jejuar ⇒ *suar.*
julgar ⇒ *ligar.*
justapor ⇒ *pôr.*

L

largar ⇒ *ligar.*
ler ⇒ *crer.*
ligar *Pretérito perfeito:* liguei, ligaste, ligou, ligamos, ligastes, ligaram. *Imperativo:* liga, ligue, liguemos, ligai, liguem. *Subjuntivo: presente:* ligue, ligues etc.
lotear ⇒ *recear.*

M

magoar ⇒ *soar.*
maldizer ⇒ *dizer.*
manter ⇒ *ter.*
medir ⇒ *pedir.*

mentir ⇒ *ferir*.
merecer ⇒ *tecer*.
moer *Indicativo: presente:* moo, móis, mói, moemos, moeis, moem. *Pretérito imperfeito:* moía, moías etc. *Pretérito perfeito:* moí, moeste, moeu etc. *Imperativo:* mói, moa, moamos, moei, moam. *Subjuntivo: presente:* moa, moas etc.

N
nascer ⇒ *tecer*.
nortear ⇒ *recear*.

O
obedecer ⇒ *tecer*.
obrigar ⇒ *ligar*.
obter ⇒ *ter*.
odiar *Indicativo: presente:* odeio, odeias, odeia, odiamos, odiais, odeiam. *Imperativo:* odeia, odeie, odiemos, odiai, odeiem. *Subjuntivo: presente:* odeie, odeies, odeie, odiemos, odieis, odeiem.
oferecer ⇒ *tecer*.
opor ⇒ *pôr*.
ouvir *Indicativo: presente:* ouço, ouves, ouve, ouvimos, ouvis, ouvem. *Imperativo:* ouve, ouça, ouçamos, ouvi, ouçam. *Subjuntivo: presente:* ouça, ouças etc.

P
padecer ⇒ *tecer*.
parecer ⇒ *tecer*.
passear ⇒ *recear*.
pedir *Indicativo: presente:* peço, pedes, pede, pedimos, pedis, pedem. *Imperativo:* pede, peça, peçamos, pedi, peçam. *Subjuntivo: presente:* peça, peças etc.
pegar ⇒ *ligar*.
pentear ⇒ *recear*.
perder *Indicativo: presente:* perco, perdes, perde, perdemos, perdeis, perdem. *Imperativo:* perde, perca, percamos, perdei, percam. *Subjuntivo: presente:* perca, percas etc.
permanecer ⇒ *tecer*.
perseguir ⇒ *seguir*.
pertencer ⇒ *tecer*.
poder *Indicativo: presente:* posso, podes, pode, podemos, podeis, podem. *Pretérito perfeito:* pude, pudeste, pôde, pudemos, pudestes, puderam. *Pretérito mais-que-perfeito:* pudera, puderas etc. *Imperativo:* não existe. *Subjuntivo: presente:* possa, possas etc. *Pretérito imperfeito:* pudesse, pudesses etc. *Futuro:* puder, puderes etc.
poluir ⇒ *possuir*.
pôr *Indicativo: presente:* ponho, pões, põe, pomos, pondes, põem. *Pretérito imperfeito:* punha, punhas etc. *Pretérito perfeito:* pus, puseste, pôs, pusemos, pusestes, puseram. *Pretérito mais-que-perfeito:* pusera, puseras etc. *Imperativo:* põe, ponha, ponhamos, ponde, ponham. *Subjuntivo: presente:* ponha, ponhas etc. *Pretérito imperfeito:* pusesse, pusesses etc. *Futuro:* puser, puseres etc.
possuir *Indicativo: presente:* possuo, possuis, possui, possuímos, possuís, possuem. *Pretérito imperfeito:* possuía, possuías etc. *Pretérito perfeito:* possuí, possuíste, possuiu, possuímos, possuístes, possuíram. *Pretérito mais-que-perfeito:* possuíra, possuíras etc. *Imperativo:* possui, possua, possuamos, possuí, possuam. *Subjuntivo: presente:* possua, possuas etc. *Pretérito imperfeito:* possuísse, possuísses etc. *Futuro:* possuir, possuíres, possuir etc.
precaver *Indicativo: presente:* precavemos, precaveis. *Imperativo:* precavei. *Subjuntivo: presente:* não existe.
predispor ⇒ *pôr*.
predizer ⇒ *dizer*.
preferir ⇒ *ferir*.
pressentir ⇒ *ferir*.
pressupor ⇒ *pôr*.
prevenir *Indicativo: presente:* previno, prevines, previne, prevenimos, prevenis,

previnem. *Imperativo:* previne, previna, previnamos, preveni, previnam. *Subjuntivo: presente:* previna, previnas etc.
prever ⇒ *ver.*
produzir ⇒ *reduzir.*
progredir ⇒ *prevenir.*
propor ⇒ *pôr.*
prosseguir ⇒ *seguir.*
proteger ⇒ *abranger.*
provir ⇒ *vir.*

Q

querer *Indicativo: presente:* quero, queres, quer, queremos, quereis, querem. *Pretérito perfeito:* quis, quiseste etc. *Pretérito mais-que--perfeito:* quisera, quiseras etc. *Imperativo:* quer, queira, queiramos, querei, queiram. *Subjuntivo: presente:* queira, queiras etc. *Pretérito imperfeito:* quisesse, quisesses etc. *Futuro:* quiser, quiseres etc.

R

rasgar ⇒ *ligar.*
reagir ⇒ *dirigir.*
reaver *Indicativo: presente:* (apenas a 1.ª e a 2.ª pessoas do plural) reavemos, reaveis. *Pretérito perfeito:* reouve, reouveste etc. *Pretérito mais-que--perfeito:* reouvera, reouveras etc. *Imperativo:* reavei. *Subjuntivo: presente:* não existe. *Pretérito imperfeito:* reouvesse, reouvesses etc. *Futuro:* reouver, reouveres etc.
recair ⇒ *atrair.*
recear *Indicativo: presente:* receio, receias, receia, receamos, receais, receiam. *Imperativo:* receia, receie, receemos, receai, receiem. *Subjuntivo: presente:* receie, receies etc.
rechear ⇒ *recear.*
recobrir ⇒ *dormir.*
recompor ⇒ *pôr.*
reconhecer ⇒ *tecer.*
recuar ⇒ *suar.*
redigir ⇒ *dirigir.*
reduzir *Indicativo: presente:* reduzo, reduzes, reduz, reduzimos, reduzis, reduzem. *Imperativo:* reduz *ou* reduze, reduza, reduzamos, reduzi, reduzam.
refletir ⇒ *ferir.*
reforçar ⇒ *laçar.*
regredir ⇒ *prevenir.*
reler ⇒ *crer.*
repor ⇒ *pôr.*
reproduzir ⇒ *reduzir.*
requerer *Indicativo: presente:* requeiro, requeres, requer, requeremos, requereis, requerem. *Pretérito perfeito:* requeri, requereste etc. *Imperativo:* requer, requeira, requeiramos, requerei, requeiram. *Subjuntivo: presente:* requeira, requeiras etc.
restituir ⇒ *possuir.*
reter ⇒ *ter.*
retribuir ⇒ *possuir.*
rever ⇒ *ver.*
rir *Indicativo: presente:* rio, ris, ri, rimos, rides, riem. *Imperativo:* ri, ria, riamos, ride, riam. *Subjuntivo: presente:* ria, rias etc.
roer ⇒ *moer.*

S

saber *Indicativo: presente:* sei, sabes, sabe, sabemos, sabeis, sabem. *Pretérito perfeito:* soube, soubeste etc. *Pretérito mais-que-perfeito:* soubera, souberas etc. *Imperativo:* sabe, saiba, saibamos, sabei, saibam. *Subjuntivo: presente:* saiba, saibas etc. *Pretérito imperfeito:* soubesse, soubesses etc. *Futuro:* souber, souberes etc.
sacudir ⇒ *subir.*
sair ⇒ *atrair.*
satisfazer ⇒ *fazer.*
seduzir ⇒ *reduzir.*
seguir *Indicativo: presente:* sigo, segues, segue, seguimos, seguis, seguem. *Imperativo:* segue, siga, sigamos, segui, sigam. *Subjuntivo: presente:* siga, sigas etc.

sentir ⇒ *ferir*.
ser Veja verbo conjugado.
servir ⇒ *ferir*.
simplificar ⇒ *ficar*.
situar ⇒ *suar*.
soar *Indicativo: presente:* soo, soas, soa, soamos, soais, soam. *Imperativo:* soa, soe, soemos, soai, soem.
sobrepor ⇒ *pôr*.
sobressair ⇒ *atrair*.
sobrevir ⇒ *vir*.
sorrir ⇒ *rir*.
suar *Indicativo: presente:* suo, suas, sua, suamos, suais, suam. *Pretérito perfeito:* suei, suaste etc. *Imperativo:* sua, sue, suemos, suai, suem. *Subjuntivo: presente:* sue, sues etc. *Pretérito imperfeito:* suasse, suasses etc. *Futuro:* suar, suares etc.
subir *Indicativo: presente:* subo, sobes, sobe, subimos, subis, sobem. *Imperativo:* sobe, suba, subamos, subi, subam.
substituir ⇒ *possuir*.
subtrair ⇒ *atrair*.
sugerir ⇒ *ferir*.
sumir ⇒ *subir*.
supor ⇒ *pôr*.
surgir ⇒ *dirigir*.

T

tapear ⇒ *recear*.
tecer *Indicativo: presente:* teço, teces, tece, tecemos, teceis, tecem. *Imperativo:* tece, teça, teçamos, tecei, teçam. *Subjuntivo: presente:* teça, teças etc.
ter Veja verbo conjugado.
tossir ⇒ *dormir*.
traçar ⇒ *laçar*.
trair ⇒ *atrair*.
transgredir ⇒ *prevenir*.
transpor ⇒ *pôr*.
trazer *Indicativo: presente:* trago, trazes, traz, trazemos, trazeis, trazem. *Pretérito perfeito:* trouxe, trouxeste, trouxe, trouxemos, trouxestes, trouxeram. *Pretérito mais-que-perfeito:* trouxera, trouxeras, trouxera, trouxéramos, trouxéreis, trouxeram. *Futuro:* trarei, trarás, trará, traremos, trareis, trarão. *Futuro do pretérito:* traria, trarias, traria, traríamos, traríeis, trariam. *Imperativo:* traz, traga, tragamos, trazei, tragam. *Subjuntivo: presente:* traga, tragas etc. *Pretérito imperfeito:* trouxesse, trouxesses etc. *Futuro:* trouxer, trouxeres etc.

U

usufruir ⇒ *possuir*.

V

valer *Indicativo: presente:* valho, vales, vale, valemos, valeis, valem. *Imperativo:* vale, valha, valhamos, valei, valham. *Subjuntivo: presente:* valha, valhas etc.
ver *Indicativo: presente:* vejo, vês, vê, vemos, vedes, veem. *Pretérito imperfeito:* via, vias etc. *Pretérito perfeito:* vi, viste, viu, vimos, vistes, viram. *Pretérito mais-que-perfeito:* vira, viras etc. *Imperativo:* vê, veja, vejamos, vede, vejam. *Subjuntivo: presente:* veja, vejas etc. *Pretérito imperfeito:* visse, visses etc. *Futuro:* vir, vires etc.
vestir ⇒ *ferir*.
vir *Indicativo: presente:* venho, vens, vem, vimos, vindes, vêm. *Pretérito imperfeito:* vinha, vinhas etc. *Pretérito perfeito:* vim, vieste, veio, viemos, viestes, vieram. *Pretérito mais-que-perfeito:* viera, vieras etc. *Imperativo:* vem, venha, venhamos, vinde, venham. *Subjuntivo: presente:* venha, venhas etc. *Pretérito imperfeito:* viesse, viesses etc. *Futuro:* vier, vieres etc.
voar ⇒ *soar*.